Neuseeland

Charles Rawlings-Way

Brett Atkinson, Sarah Bennett, Peter Dragicevich,
Scott Kennedy

CAPE REINGA (S. 197)
Die mystische Schönheit der heiligsten aller Maoristätten spüren und sehen, wie zwei Ozeane zusammentreffen

WHITIANGA (S. 229)
An den Sandstränden im klaren Wasser baden oder die zerklüftete Kalksteinküste entlangpaddeln

ROTORUA (S. 351)
Kia ora und *haere mai* – den Maori gegenüberstehen und sich von kulturellen und geothermischen Hot Spots einheizen lassen

NAPIER (S. 418)
In der Art-déco-Atmosphäre der Weinregion Hawke's Bay ein eigenes Saughinger

AUCKLAND (S. 102)
Das Vulkan- und Inselhopping kann man in Neuseelands größter Stadt mit kulturellen und kulinarischen Stopps ergänzen

RAGLAN (S. 250)
In die entspannte Atmosphäre dieser lässigen Surfstadt eintauchen

TONGARIRO NATIONAL PARK (S. 335)
Bei einer der besten Wandertouren der Welt oder auf einer atemberaubenden Mountainbiketour dieses vulkanische Wunderland entdecken

WHANGANUI NATIONAL PARK (S. 303)
Den geschichtsträchtigen Whanganui River mit dem Kanu oder Kajak hinunterschippern oder die Whanganui River Road entlangfahren

SÜD-PAZIFIK

TASMANSEE

LEGENDE
Autobahn
Hauptstraße
Landstraße
Verbindungsstraße
unbefestigte Straße

0 ——— 150 km

HÖHENSTUFEN
2500 m
2000 m
1500 m
1000 m
500 m
200 m
0

Unterwegs

CHARLES RAWLINGS-WAY
Hauptautor
In Neuseeland gibt es so viele großartige Anblicke, weite, einsame Küstenstreifen und schneebedeckte Berge, dass die Einheimischen dazu neigen, alles Kleinere langweilig zu finden. Dabei ist das auch nicht weniger schön, nur weniger groß! Wairere Falls (S. 389), ein hübscher kleiner Wasserfall an einer Klippe hinter der Hauptstraße von Whakatane, wird kaum erwähnt.

SCOTT KENNEDY Queenstown (S. 675), die Abenteuerhauptstadt der Welt, ohne Thrill erleben? Das geht nicht! In einer Stadt, in der zu allem *fear* und *beer* gehören, hing ich über einer Klippe und fragte mich, was ich hier tat. Doch es gab keinen Ausweg – alles, was ich tun konnte, war, mich zurückzulehnen und zu genießen.

SARAH BENNETT Aufgrund eines Tipp der Leute vom hiesigen Mountainbike-Club bin ich den Canaan Downs Loop Track (S. 527) gefahren. Trotz kniffliger Stellen und des üblichen Schafproblems bin ich die meiste Zeit im Sattel geblieben. Und ich bin sogar mal ein bisschen abgehoben – juhu!

BRETT ATKINSON Während meines Aufenthalts in den Catlins habe ich keine echten Wale gesehen, aber dieser hier bei der Lost Gypsy Gallery (S. 745) war auch super. Er ist größer als die meisten anderen beweglichen Skulpturen von Blair Sommerville – cool. Später konnte ich meine Meeressäugerliste doch erweitern: Bei Nugget Point sonnte sich ein Seelöwe.

PETER DRAGICEVICH Matakana (S. 162) nördlich von Auckland mag zwar sehr bürgerlich sein (kaum zu glauben, dass diese Riesinnen mit den Steinnasen die neuen öffentlichen Toiletten zieren), aber für Wein-, Restaurant- und Strandfans – ich bekenne mich schuldig in allen Punkten – ist es toll. Aber Vorsicht beim Abschieds-*hongi* (Maori-Gruß)!

Vollständige Autorenbiografien gibt's auf S. 810.

Highlights

Neuseeland ist atemberaubend, keine Frage. Doch was macht das kleine Land zu einem Reiseziel, das man nicht verpassen sollte? Um dieser Frage auf den Grund zu gehen, haben wir einige leidenschaftliche Kiwis gebeten, uns ihren Lieblingsplatz in Aotearoa zu nennen. Vom hohen Norden bis in den tiefen Süden, von brummenden Städten bis zu einsamen Stränden – auf den folgenden Seiten präsentieren wir ganz persönliche Neuseeland-Highlights.

Wer sich die Tipps angesehen hat, mag sich auf den Weg machen, um sein eigenes kleines Paradies zu finden. Vielleicht versteckt es sich ja bereits auf diesen Seiten, vielleicht aber auch irgendwo sonst in Neuseeland. In jedem Fall wartet hier ein faszinierendes Land darauf, entdeckt zu werden!

MICAH WRIGHT

GOLDEN BAY, MARLBOROUGH

Die Golden Bay (S. 526) hat alles, was ich von einem Wunder erwarte: eine traumhafte Landschaft, eine tolle Kunstszene, eine großartige Küche. Man hat nicht wirklich gelebt, bevor man nicht von einer wilden Robbe verfolgt wurde. Bei meinem letzten Abstecher zum Wharariki Beach mit seinen windgepeitschten Dünen und riesigen Felsformationen habe ich diesen Punkt abgehakt. Um diesen menschenleeren Ort zu erreichen, muss man weit durch Ackerland, Hügel und Buschland fahren – aber die fantastische Aussicht auf den Ozean macht das schnell vergessen. Nach diesem Abenteuer empfehle ich eine herzhafte Wildschwein-Pastete im Naked Possum Café. Ach ja, bloß nicht vergessen, hier Brustwarzenwärmer aus Possumfell zu kaufen. Der perfekte Abschluss des Tages ist dann ein Captain Cooker Manuka Honey Beer im Mussel Inn; auf dem Weg dorthin sollte man noch in einen der erfrischenden Flüsse springen. Könnte ein bisschen kühl sein … aber man hat ja jetzt die Wärmer!

Rhys Darby, Schauspieler & Stand-up-Comedian

WAITOMO CAVES, WAIKATO

Am besten erkundet man die Waitomo Caves (S. 264) bei einer unterirdischen Raftingtour. Es ist ein grandioses Erlebnis: Erst quetscht man sich in einen Neopren-anzug (das Gelächter dabei ist schon der halbe Spaß) und platziert sich in einem überdimensionalen Reifenschlauch (auch das ist eine heitere Angelegenheit), dann lässt man sich an der Seite von zwei Guides durch die Kalksteinhöhlen treiben. Man sollte für das Abenteuer schon ein wenig beweglich sein und Mumm in den Knochen haben, wenn es rückwärts kleine Wasserfälle hinuntergeht. Am Ende gleitet man aber ruhig durch die Höhlen – dann heißt es Helmlampen ausschalten und den Glühwürmchenzauber betrachten.

Dr. Farah Rangikoepa Palmer, ehem. Kapitänin der Black Ferns (Neuseelands Frauen-Rugbyteam)

WAIHEKE ISLAND, REGION AUCKLAND

Noch vor 30 Jahren war Waiheke Island (S. 142) die Heimat von Outlaws, die nicht in einer „normalen" Gesellschaft leben konnten oder wollten: Hippies und Einsiedler, Alternativheiler und Schriftsteller, Töpfer und Hasch-Pflanzer, und alles dazwischen. Irgendwann in den 1980er-Jahren wurde Waiheke dann „entdeckt". Und heute ist es nicht wiederzuerkennen. Doch trotz aller Neuerungen, zu denen exquisite Restau-rants, Weingüter und luxuriöse Feriendomizile gehören, sind die Identität und der Geist Waihekes unverkennbar. Das schöne Wetter gibt es immer noch, genauso wie phänomenale Pano-ramen, eine üppige Fauna, vielfältige Vogelwelt, Hühner im Nachbargarten und der Eindruck, die Uhren bewegten sich etwas langsamer (wir nennen es „Waiheke-Zeit"). Auch auf den Duft des Geißblattes, kristallklares Wasser und die besten Fish & Chips weit und breit muss man nicht verzichten. Das Haus, in dem ich geboren bin, steht immer noch, und ein paar Hasch-Pflanzer sind wohl auch noch aktiv. Waiheke ist und bleibt ein Unikum!

Zoë Bell, Stuntwoman & Schauspielerin

WHANGANUI RIVER

Whanganui hat einen tollen schwarzsandigen Surfstrand bei Castlecliff, meiner Heimat, und einen Fluss (S. 303), auf dem der Schlamm obenauf schwimmt – lehmbraun und doch hinreißend. Er ist wahrhaftig atemberaubend und der längste schiffbare Wasserweg Neuseelands. Man sollte sich einer geführten Kanu- oder Bootstour anschließen, vorbei an Stromschnellen, die herausfordernd, aber bestimmt nicht lebensgefährlich sind. Unterwegs sieht man eine spektakuläre, üppige Natur und historische Orte wie Jerusalem, wo der Poet James K. Baxter einige Zeit lebte.

Peter Gordon, Küchenchef, Kochbuchautor & Gastronom

DISCOVER WANGANUI

EAST CAPE (S. 398)

Östlich von allem, dort wo die dunklen Raukumara Ranges sich erstrecken, wurde das Land von Sonne und Regen bis auf die blanken Knochen zermürbt. Im Land der schmollenden Finnwale, der Possums, Hirsche und Ratten, erzählen sie Dir viele Geschichten von arbeitenden Hunden und dem Mann aus den Footrot Flats.

Aus *The Ballad of Footrot Flats* von Murray Ball

OLIVER STREWE

CHRISTCHURCH, CANTERBURY

Ich hatte das Glück, über 100 Länder bereisen zu dürfen, doch wie es so treffend heißt: Am schönsten ist es zu Hause. Und mein Zuhause ist Christchurch (S. 577). Meine Eltern betrieben ein B&B direkt vor den Toren der Stadt, und ich habe ihnen über die Jahre etliche Menschen aus aller Welt als Gäste vermittelt. Mein Vater ist Agrarwissenschaftler und ein wandelndes Lexikon zu allen Fragen rund um die Fauna und Flora der Region. Ich liebe es, dass ich nur wenige Stunden von Christchurch entfernt Buckelwale beobachten, traumhafte Berge à la *Herr der Ringe* erkunden, mit dem Jetboat über kristallklare Flüsse düsen, Weltklasse-Weine verkosten oder an ein und dem selben Tag surfen und skifahren kann. Das Zentrum von Christchurch verströmt altenglischen Charme: Stocherkähne gleiten gemächlich über den River Avon, Straßenbahnen rattern durch die Gassen und Familien picknicken im atemberaubenden Hagley Park. **Phil Keoghan, TV-Moderator, Produzent & Autor**

COLAC BAY, SOUTHLAND

Hier haben sich zwei meiner Ahnen gegenseitig gefunden: Ein amerikanischer Walfangkapitän, Gerüchten zufolge ein halber Tahitianer, und eine Angehörige der Kai Tahu/Kati Mamoe hatten einen Sohn – meinen Großvater. Es gibt nicht viel in Colac Bay (S. 734), einen Strand, Brandung und eine *marae*. Oh, und dann wären da noch die schräge Surferstatue, Wochenendhäuschen und Felsenfischer … Und wie wäre es, ein bisschen die Küste entlangzuspazieren und einen Trip nach Cozy Nook zu machen? Doch die größte Attraktion von Colac Bay ist der Klang des Meeres: Ich habe ganze Tage damit verbracht, ihm zu lauschen, umherzustreifen, wieder zu lauschen, zu grübeln und mich von der Brandung in den Schlaf säuseln zu lassen. Ein toller Ort, um einfach für einen Tag (oder drei, oder mehr) abzuschalten. Man sollte nur auf eine steife Brise gefasst sein, die antarktische Kälte mit sich bringt – doch keine Sorge, meistens ist es windstill und sonnig …   **Keri Hulme, Schriftstellerin**

THE FAR NORTH

Ich liebe den Norden der Nordinsel (S. 191), seine zerzauste, derbe und faszinie-rende Landschaft. Die kleinen Ortschaften und Städte – in einer davon wuchs ich auf – säumen die düstere Westküste. Als Kind schlich ich mich morgens mit meinem Bruder nach Ngawha Springs, um ein Schlammbad zu nehmen; den restlichen Tag stanken wir nach faulen Eiern. In Opononi gingen wir mit Onkel Rata auf den Felsen Krabben jagen. Bei Pawarenga, einem staubigen, alten Maori-Ort, ritten wir mit unseren Cousins, lernten von unserem Großvater Maori, aßen *karahus* und Austern und zechten, schon etwas älter, auch mal mit unseren Tanten und Onkeln. Wir fuhren nach Kaitaia, kauften dort Essen für die ganze nächste Woche und lungerten in Kneipen rum. Weiter im Norden steuerten wir den Fish-&-Chips-Shop Mangonui an, der das beste *kai* von ganz Aotearoa anbietet. Und wenn wir müde waren, ging's nach Ahipara, wo wir am Strand ein Schläfchen machten.   **Anika Moa, Sängerin**

LOUISE HYAT

REES VALLEY, REGION QUEENSTOWN

So oft ich kann, fahre ich zu meiner Ferienhütte im Rees Valley (S. 700), am oberen Ende des Lake Wakatipu. Ich liebe den See, die Majestät der ihn umgebenden Berge, das angenehme Klima, die Wanderwege, die Flüsse, das Gefühl, am Ende der Welt zu sein, und die lakonischen Menschen, die hier leben. Wer mich hier besucht, teilt umgehend meine Begeisterung für die zauberhafte Landschaft und versteht, wie sich die Probleme des Alltags in Luft auflösen. Am Lake Sylvan gibt es einen von vielen tollen Wanderwegen durchs Unterholz – ein verhältnismäßig kurzer Weg, bedenkt man die Weite der Landschaft. Es ist eine wahre Wonne, wenn man mit der Natur eins wird. Unlängst stieg der Pegel des Sees und man konnte fabelhaft darin schwimmen.

Jane Campion, Filmemacherin & Drehbuchautorin

STRÄNDE

Mich hat das Meer schon immer magisch angezogen. Nur wo anfangen? Wenn ich den French Pass erwähne, sollte ich Te Hapua nennen. Und wenn ich Te Hapua nenne, darf ich die Drunken Bay auf Rangitoto Island nicht vergessen. Und deshalb müsste ich unbedingt auch noch Mana Island erwähnen … Hier also ein Gedicht über drei Menschen an all diesen Küstenabschnitten. Es heißt *To do with horizons*:

Why a man, a woman and child
stand on a beach
throw stones out to sea?

It's a flint-stoned beach –
they are well armed –
this could go on for weeks.

The enemy? must be
the sea
and all the sea

Does to a man,
a woman and a child –
to do with horizons.

Any wonder they throw stones?
Sam Hunt, Dichter

MICHAEL GEBICI

HANMER SPRINGS, CANTERBURY

Hanmer Springs (S. 609) ist ein friedlicher Erholungsort 130 km nordwestlich von Christchurch, eine 90-minütige Fahrt durch eine malerische Szenerie aus Weingütern, Flüssen, Bergen und winzigen ländlichen Ortschaften. In dem kleinen alpinen Dorf angekommen, wird man von den warmen Thermalquellen in Empfang genommen, für die Hanmer bekannt ist und die von allen Besuchern geschätzt werden. Zu den weiteren Attraktionen im Ort und in der Umgebung gehören ein Golfplatz, Waldwanderwege, Ausritte, Jetboat- und Raftingtouren, Bungeespringen, Radfahren, ein kleines Skigebiet und einige Läden. Außerdem gibt es eine Menge Motels und Ferienwohnungen, die nur einen Steinwurf von Restaurants und Bars entfernt sind. So sieht für mich Urlaub aus.

Sir Richard Hadlee, ehem. Kricketspieler

ROBERT BIRD / ALAMY

TOURISM AUCKLAND

HILLARY TRAIL (S. 154), REGION AUCKLAND

Meine Familie liebt seit jeher Aucklands raue Westküste, an der die Brandung der Tasmansee gegen schwarzsandige Strände hämmert und Möwen auf Westwinden reiten. Meine Familie erwandert und erkundet diese Region seit fast einem Jahrhundert. Nachdem meine Mutter und meine Schwester bei einem Flugzeugabsturz 1975 tödlich verunglückt waren, suchten wir hier Trost, und die kräftigende Brise und die aufbrausende Tasmansee waren Balsam für unsere verwundeten Seelen. Mein Vater kam immer hierher, um zu träumen und Expeditionen vorzubereiten. Es muss wohl die richtige Umgebung für ihn gewesen sein: eine energiegeladene, spektakuläre Küste mit riesigen Klippen, krachenden Wellen, dichtem Busch und einem quälend weiten Horizont. **Peter Hillary, Bergsteiger & Forscher**

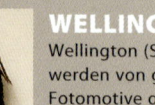

WELLINGTON

Wellington (S. 437) ist eine wunderbare Stadt: Ihre tollen Viertel am Wasser werden von grünen Hügeln eingefasst, Sehenswürdigkeiten und großartige Fotomotive gibt es in Hülle und Fülle. Das Zentrum kann man locker zu Fuß erkunden, und wer einen Boxenstopp machen will, kann dies in zahllosen Cafés und Restaurants tun. Wellington zeigt sich auch sehr familienfreundlich: Im Zoo lernen Besucher den tapferen Kiwi kennen, während nur eine kurze Busfahrt entfernt das Nationalmuseum Te Papa unter einem Dach Geschichte und moderne Technologien vereint. Und die Wellingtoner sind wirklich immer freundlich und einladend und jederzeit bereit, den Besuchern ihrer Stadt zu helfen.   **Tana Umaga, ehem. Kapitän der All Blacks**

PAUL KENNE

ABEL TASMAN NATIONAL PARK, MARLBOROUGH

Der Abel Tasman National Park (S. 522) an der Spitze der Südinsel ist atemberaubend schön. Ob man nun an der Küste entlangwandert oder mit dem Kajak die Buchten erkundet – sicher wird man von den heimischen Pflanzen und Tieren verzaubert und von Wellen, Meer und Stränden regelrecht hypnotisiert. Wer es gemütlich angehen möchte, kann den Sea Shuttle vom Kaiteriteri Beach zur Awaroa Bay nehmen – unterwegs geht es vorbei am Split Apple Rock und einer Robbenkolonie – und sich für ein paar Nächte in der Awaroa Lodge einquartieren. In der Wildnis versteckt, ist diese nur zu Fuß oder mit dem Boot zu erreichen. Wer sich zu Tageswanderungen aufmacht, sollte unbedingt das leckere Lunchpaket ordern!   **Hayley Westenra, Sängerin, Songwriter & Unicef-Botschafterin**

DAVID W.

Inhalt

Regionalkarten

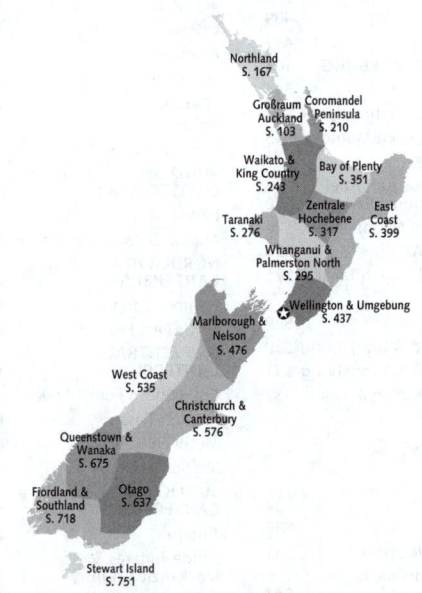

Northland
S. 167

Großraum
Auckland
S. 103

Coromandel
Peninsula
S. 210

Waikato &
King Country
S. 243

Bay of Plenty
S. 351

Taranaki
S. 276

Zentrale
Hochebene
S. 317

East
Coast
S. 399

Whanganui &
Palmerston North
S. 295

Wellington & Umgebung
S. 437

Marlborough &
Nelson
S. 476

West Coast
S. 535

Christchurch &
Canterbury
S. 576

Queenstown &
Wanaka
S. 675

Fiordland &
Southland
S. 718

Otago
S. 637

Stewart Island
S. 751

Reiseziel Neuseeland

Die meisten Neuseeland-Traveller kennen die Schönheit des Landes wahrscheinlich bereits – aus Reisekatalogen, aus *Der Herr der Ringe* oder aus Naturdokus. Vielleicht haben sie auch schon gehört, dass Neuseeland ein Traumziel für Abenteuerurlauber ist. Tatsächlich hat diese Nation einen derart starken Hang dazu, mit Hilfsmitteln aus Gummi und Plastik verrückte Dinge zu tun, dass sie nicht nur das Bungee-Jumping erfunden hat, sondern auch das Black-Water-Rafting (Raften auf Wasserläufen in und durch Höhlen) und das Zorbing. Möglicherweise ist einem auch bekannt, dass Neuseeland ein vehementer Atomkraftgegner ist und eine Leidenschaft sowohl für Rugby wie für Schafe hegt. Und man hat vielleicht auch schon mal neuseeländisches Lammfleisch gegessen, Butter aus Neuseeland auf seinen Toast geschmiert oder eine besonders schön geformte Flasche Sauvignon Blanc aus Marlborough geleert.

Unter der Oberfläche jedoch, die das Land für seinen Tanz auf dem internationalen Parkett immer weiter perfektioniert, verbirgt sich eine Dimension, die man auf einer Neuseelandreise wahrscheinlich nicht erwartet hätte: die tiefe Aufrichtigkeit, mit der die meisten Einheimischen, die „Kiwis", jedem Besucher zu einem großartigen Aufenthalt in ihrer Heimat verhelfen möchten. Was auch immer ihre Motivation dafür ist – Zyniker dürften es wohl als Unsicherheit interpretieren –, eines steht fest: Die Erlebnisse und Begegnungen mit den typischen, stets auf Freundlichkeit bedachten Kiwis werden einem für immer in Erinnerung bleiben. Ein bis heute gültiges Sprichwort der Maori bringt diese Haltung auf den Punkt: *He aha te mea nui o te ao? He tangata! He tangata! He tangata!* (Was ist das Wichtigste auf der Welt? Die Menschen! Die Menschen! Die Menschen!).

Das alles heißt aber nicht, dass hier alle mit einem Dauergrinsen herumlaufen und Bäume umarmen – eine kurze Fahrt auf Aucklands Autobahnen, und schon ist man von dieser Vorstellung geheilt. Auch die Neuseeländer sind nur Menschen und knabbern noch an den düsteren Folgen der weltweiten Finanzkrise, die ihre Wirtschaft in die Rezession gestürzt und die Arbeitslosenrate in die Höhe getrieben hat.

Was sich in ein paar Jahren doch alles ändern kann! In der letzten Ausgabe dieses Reiseführers haben wir die Stabilität der Wirtschaft gepriesen, die niedrige Arbeitslosigkeit, die großen Gewinne der Landwirtschaft aus dem Exportgeschäft und die hohen Haushaltsüberschüsse. Damals war die streng auftretende, aber hochangesehene Helen Clark Premierministerin. Im Jahr 2008, als in den USA George Bush von Barack Obama abgelöst wurde, demonstrierte Neuseeland dann wieder einmal, was es vom Vorbild anderer Länder hält, und tauschte seine Mitte-Links-Regierung gegen eine Mitte-Rechts-Führung ein. Clark wurde nach neun Jahren als Staatsoberhaupt verstoßen und nahm den dritthöchsten Posten bei der UN an – den der Chefin des Entwicklungsprogramms der Vereinten Nationen.

Auftritt John Key. Der neue Premierminister des Landes schwimmt auf einer Welle der Popularität, die er vor allem seinem Image des durch und durch sympathischen Burschen aus Neuseeland zu verdanken hat. Er ist der typische Klischee-Kiwi, der mit einer Flasche Bier in der Hand für Prinz William, den künftigen König des Landes, eine Barbecue-Party gibt; der tollpatschige Junge, der beim Feiern des Chinesischen Neujahrs die Treppe hinunterfällt und sich den Arm bricht. Seine gelassene Art spiegelt die Mentalität der Neuseeländer genauso wider wie die Vorliebe seiner Vorgängerin für Wanderungen in der Wildnis und Klettertouren.

KURZINFOS

Bevölkerung: 4,4 Mio.

Fläche: 268 680 km² (etwas größer als Großbritannien)

BIP-Wachstum: −1 % (2009)

Inflation: 2 %

Arbeitslosenquote: 6,5 %

Lebenserwartung in Jahren: Brückenechsen über 100, Kauri-Bäume über 2000

Internationale Besucher: 2,4 Mio. (2009)

Anzahl der Schlangen: 0

Anzahl der einheimischen Säugetierarten: 2 (beides Fledermäuse)

Entfernung zwischen Nord- und Südinsel: 23 km

Aber genug von Politik: Die meisten Kiwis interessieren sich dann doch mehr für Rugby. 2011 wird in Neuseeland die Rugby-Union-Weltmeisterschaft (Rugby World Cup, RWC) ausgetragen, und wer dann hierherkommt – egal ob vor dem Ereignis, währenddessen oder danach –, wird am Ende der Reise das Wort Rugby nicht mehr hören können.

Dass Rugby im nationalen Bewusstsein der Kiwis eine ganz besondere Rolle spielt, liegt vor allem daran, dass es einer der ersten Bereiche war, in denen Neuseeland wirklich brillierte. Die All Blacks sind das erfolgreichste nationale Team in der Geschichte (ihre Siegquote von 74 % ist Rekord), doch die Weltmeisterschaft konnten sie bislang erst einmal für sich entscheiden. Nach einer weiteren haushohen Niederlage in Frankreich im Jahr 2007 sind die All Blacks nun entschlossen, sich auf heimischem Boden zu rehabilitieren. Damals nahm die nationale Psyche großen Schaden, verzweifelte Neuseeländer schauten sich an und riefen: „Nun versagen wir auch noch in der einzigen Sache, die wir können!"

Nun, ganz so ist es dann aber auch wieder nicht. Neuseeland ist amtierender Weltmeister in der Rugby Football League (RFL; ja, das ist eine andere Art Rugby) und im Frauenrugby sowie Vize im Netball. Und mittlerweile haben sie es auch schon zum zweiten Mal geschafft, sich für die Fußballweltmeisterschaft zu qualifizieren (auch wenn es leider sowohl 1982 als auch 2010 nur für die Vorrunde gereicht hat).

All diese Erfolge werden jedoch verblassen und bedeutungslos werden, wenn das neuseeländische Team 2011 dann zum bereits fünften Mal in Folge in den letzten Runden der Rugby-Union-WM ausscheiden sollte. Im Frühling 2011 tun Traveller also gut daran, genug Taschentücher mitzubringen, um im Notfall die Tränen einer ganzen Nation trocknen zu können, – und sich für den Fall des Sieges gleichzeitig schon mal auf eine Massenhysterie einzustellen.

Wie um das Image der harten Rugbyfan-Nation auszugleichen, ist das zweite Symbol des Landes ganz sanft, flauschig … und schmackhaft! So wie sich der Nationalstolz auf Rugby gründet, ruht die Wirtschaft Neuseelands auf dem Rücken der Schafe. 1982 zählte man hier 70,3 Mio. Schafe – 22 Tiere pro Kopf! Seit damals jedoch hat der Staat die Subventionen heruntergeschraubt, die Milchwirtschaft gewann zunehmend an Attraktivität, und die Herden wurden kleiner; heute findet sich jeder Neuseeländer in Gesellschaft von nicht einmal mehr acht Schafen.

Kühe sind aber nicht nur weit weniger niedlich als Schafe, sie verursachen auch viel größere Schäden an der Umwelt. Ihre Haltung ist deutlich aufwendiger, man benötigt mehr Dünger, mehr Futter, mehr Wasser, und als wäre das alles noch nicht genug, ist der Methanausstoß der 7 Mio. Exemplare auf den Inseln für einen Großteil der schädlichen CO_2-Emissionen des Landes verantwortlich – was die frühere Regierung dazu veranlasst hatte, über eine „Winde-Steuer" nachzudenken …

Vorläufig aber sind diese Winde noch kostenlos, und unabhängig davon, wie sich die Dinge in Sachen Wirtschaft oder Rugby entwickeln werden, dürfen sich Traveller auf ein herzliches Willkommen aus dem Munde der meisten Kiwis freuen, die ihnen begegnen. Die Einheimischen teilen ihr spektakuläres Land bereitwillig mit Besuchern. Sie nutzen dies als Chance, ihre Heimat durch die fremden Augen noch einmal ganz neu zu sehen, liebend gerne erinnern sie sich immer wieder aufs Neue daran, von welch wilder Schönheit ihre Strände, Berge, Fjorde, Gletscher, Wälder und heißen Quellen sind. Und wer all diese Wunder der Natur erst einmal selbst erlebt hat, dem wird es ganz genauso gehen.

„Die meisten Kiwis wollen jedem Besucher zu einem großartigen Aufenthalt in ihrer Heimat verhelfen."

Bevor es losgeht

Im weltweiten Vergleich gilt Neuseeland als entspanntes, leicht erreichbares Reiseziel. Freundliche Einwohner, moderates Klima, persönliche Sicherheit, prima Straßen, gut organisierte Aktivitäten und das fantastische Netzwerk der i-SITE Visitor Information Centers (s. S. 775) machen das Reisen hier zur wahren Freude. Auch das Department of Conservation (DOC) betreibt landesweit rund 30 Visitor Centers, die beim Planen von Aktivitäten in Parks oder anderer Unternehmungen rund um Natur und Kultur sehr nützlich sind. Verpflegung und Unterkünfte gibt's für jeden Geldbeutel – von der Falafel und einem Bett im Schlafsaal bis zu köstlichen Krebsen und einer Suite im Wellnesshotel.

Wer auf der Suche nach urbanen Annehmlichkeiten von Stadt zu Stadt zieht, muss vorab nicht allzu viel planen. Bei Ausflügen in die Wildnis oder längeren Radtouren ist es aber ratsam, sich vorab über Ausrüstung, Unterkunft, Wander- und Hüttenpässe sowie das Wetter zu informieren und die Ausrüstung frühzeitig zu buchen.

Mehr Infos zum Klima gibt's in den Klimatabellen auf S. 769.

REISEZEIT

Die Hauptreisezeit ist in den wärmeren Monaten (Nov.–April) und bietet sich für Aktivitäten in der Natur an. Im Sommer (Dez.–Feb.) kann man zudem typische Gastro- und Weinfestivals, Konzerte und Sportveranstaltungen miterleben. Im äußersten Norden fällt im Dezember jedoch oft Regen. Die beste Zeit für Skifahrer ist zwischen Juni und August, wenn die Schneedecke am dicksten ist und auf den Pisten Hochbetrieb herrscht. Achtung: In den Strandorten fühlt man sich im Winter wie in Geisterstädten.

Wer zum Übernachten und zum Essengehen alle Optionen haben möchte, sollte Schulferien (besonders Ende Dez.–Anfang Feb.) und Feiertage (S. 763) meiden. In der weniger überlaufenen Zwischensaison – von Ende Februar bis April – ist das Wetter sowieso am besten (mit nur sehr geringem Niederschlagsrisiko), die Kinder gehen zur Schule, und das Meer ist immer noch relativ warm, kurz: perfekte Bedingungen für eine Neuseeland-Reise!

Das Kiwiland liegt mitten in den Roaring Forties – das ganze Jahr über ziehen diese Winde, die von sanften Brisen bis zu wilden Orkanen reichen können, von West nach Ost über das Land. Auf beiden Inseln ist es im Osten trockener als im Westen, da Bergketten die Regenwolken abfangen,

---

AN ALLES GEDACHT?

- Die Visa-Bestimmungen noch mal checken (s. S. 780)
- Eine Reiseversicherung, die auch riskantere Aktivitäten einschließt (s. S. 780)
- Insektenschutzmittel gegen lästige Sandmücken (s. S. 765)
- Fähigkeit, bei einem Rugby-Match so richtig auszuflippen (S. 46)
- Führerschein – Neuseelands Ecken und Kanten entdeckt man am besten im ganz eigenen Tempo (S. 785)
- Unbegrenzten Appetit auf Kiwi-Essen und -Weine (S. 65)
- Handy (S. 774), um unterwegs Unterkünfte und Tische im Restaurant zu reservieren
- Offenes Ohr und Notizbuch, um aufzuschreiben, welche neuseeländischen Bands man zu Hause herunterladen muss (www.amplifier.co.nz)

die von der Tasmansee herüber kommen. Auf der Südinsel ist es normalerweise etwas kühler als auf der Nordinsel. Doch generell sollte man nie vergessen, dass in Neuseeland maritimes Klima herrscht: Das Wetter kann sich schnell ändern. Bei Wanderungen sollte man stets darauf vorbereitet sein, egal zu welcher Jahreszeit. Der **New Zealand Mountain Safety Council** (☎ 04-385 7162; www.mountainsafety.org.nz) liefert alle Infos dazu, genau wie die DOC Visitor Centres.

PREISE

In den letzten Jahren stiegen mit der wachsenden Tourismusbranche in Neuseeland auch die Preise. Trotzdem: Für Besucher aus Europa ist Neuseeland noch immer ein recht günstiges Reiseziel, es sei denn, man springt täglich aus einem Flugzeug oder fährt dauernd Jetboat – solche Aktivitäten sind mit die teuersten. Man sollte sich gut überlegen, wofür man Geld ausgibt.

Feinschmecker werden von den hohen Restaurantpreisen überrascht sein – ein Frühstück in einem schicken Café kostet durchschnittlich 16 NZ$, Hauptgerichte in edleren Restaurants gibt's ab 30 NZ$. Auch in abgelegenen Gegenden ist das Essen teurer, aber nicht notwendigerweise besser.

Wer sich Sehenswürdigkeiten ansieht, ein- bis zweimal am Tag essen geht und in günstigen Motels oder B & Bs absteigt, sollte mindestens 150 NZ$ (pro Pers., wenn man zu zweit reist) kalkulieren, Mietwagen und Aktivitäten exklusive. Reisen mit Kindern erfordern natürlich ein größeres Budget, aber in Museen und Kinos sowie bei Ausflügen und Aktivitäten gibt's meist Rabatt für die Kleinen, und viele Attraktionen draußen sind sowieso kostenlos.

Reisende, die zelten oder in Hostels wohnen, selbst kochen, sich beim Bier zurückhalten, Sehenswertes auf eigene Faust erkunden und mit einem Buspass unterwegs sind, kommen mit etwa 80 NZ$ pro Tag aus. Möchte man auch mal essen gehen und ein Glas Wein trinken, ist eher mit 100 NZ$ zu rechnen.

VERANTWORTUNGSBEWUSST REISEN

Seit 1973 ermuntern wir von Lonely Planet unsere Leser dazu, die Welt verantwortungsbewusst und respektvoll zu erkunden und den Zauber des unabhängigen Reisens zu genießen. Die internationale Reiseindustrie wächst atemberaubend schnell und wir glauben noch immer fest daran, dass Reisen etwas Positives ist – aber wie immer wollen wir auch dazu aufrufen, über die Auswirkungen nachzudenken, die das eigene Verhalten auf unseren gesamten Planeten und auf die Ökonomie, Kulturen und Ökosysteme vor Ort hat.

Es ist nicht schwer, in Neuseeland umweltfreundlich zu reisen. Unser GreenDex (S. 829) informiert z. B. über umweltbewusste Reiseveranstalter. Vor Ort kann man sich bei Umweltschutzprogrammen engagieren und für seinen Flug einen Emissionsausgleich leisten. Wer eine Tour machen möch-

WAS KOSTET WIE VIEL?

Tasse leckerer Kaffee 4 NZ$

Kinokarte 14 NZ$

Bett im Schlafsaal 25–35 NZ$

Motelzimmer 100–160 NZ$

Traumhafte Landschaft 0 NZ$

NEUSEELAND: AUF EIGENE FAUST

Wir von Lonely Planet lieben das Reisen (ja, tatsächlich …!) und wir finden, dass das Abenteuer erst richtig beginnt, wenn man einfach mal ins kalte Wasser springt. Natürlich wollen wir in erster Linie umfassende und hilfreiche Infos liefern, aber auch dazu ermutigen, den Reiseführer mal zur Seite zu legen. Also, einen Tag oder eine Woche Auszeit nehmen und Neuseeland auf eigene Faust erkunden!

Geringe Bevölkerungsdichte bedeutet jede Menge Platz – hier findet man schnell kaum beschrittene Pfade. Man kauft sich eine detaillierte Karte, sucht sich eine kleine Stadt aus, und los – bei der wunderschönen Landschaft überall kann man nichts falsch machen! Am schwarzen Brett im Café nach Unterhaltung am Abend suchen, im Pub mit den Einwohnern plaudern: Kiwis sind für ihre Freundlichkeit bekannt und erzählen gern, wo sie am liebsten essen, entspannen oder feiern. Und auf www.lonelyplanet.com/contact kann man nach der Reise erzählen, was man erlebt hat.

TOP 10

UNBEDINGT ANSCHAUEN

Zwei oder auch drei Abende mit Neuseeland-Klassikern stimmen bestens auf die allseits bekannte Landschaft ein und lassen einen in die Seele des Landes blicken. Den Zuschauer erwarten trockener Humor und eine oft düstere Mystik. Beschreibungen dieser und anderer Filme aus Neuseeland gibt's auf S. 51.

1 *Die letzte Kriegerin* (1994)
Regie: Lee Tamahori

2 *Der Herr der Ringe*-Trilogie (2001–2003)
Regie: Peter Jackson

3 *Whale Rider* (2002) Regie: Niki Caro

4 *Rain – Regentage* (2003) Regie: Christine Jeffs

5 *Das Piano* (1993) Regie: Jane Campion

6 *Als das Meer verschwand* (2004)
Regie: Brad McGann

7 *Kaikohe Demolition* (2004)
Regie: Florian Harbicht

8 *Boy* (2010) Regie: Taika Waititi

9 *Out of the Blue* (2006) Regie: Robert Sarkies

10 *Sione's Wedding* (2006) Regie: Chris Graham

UNBEDINGT LESEN

Realitätsferne Handlungen, erfundene Wirklichkeiten, sozialkritische Charakterstudien: Mit Kiwi-Literatur kann man eine Menge über das Land lernen – sie basiert auf der unbeständigen Geschichte des Landes, fördert kulturelles Bewusstsein, vermittelt ein Gefühl für die Landschaft. Mehr Details findet man auf S. 49.

1 *Unter dem Tagmond* (1988) Keri Hulme

2 *Mister Pip* (2007) Lloyd Jones

3 *The Carpathians* (1988) Janet Frame

4 *Potiki* (1986) Patricia Grace

5 *Bulibasha: King of the Gypsies* (1994) Witi Ihimaera

6 *Live Bodies* (1998) Maurice Gee

7 *The 10pm Question* (2009) Kate de Goldi

8 *Der Engel mit den dunklen Flügeln* (2000) Elizabeth Knox

9 *Opportunity* (2007) Charlotte Grimshaw

10 *Hibiscus Coast* (2005) Paula Morris

UNBEDINGT MITFEIERN

Die Neuseeländer lieben es, zu feiern! Darum sollten Traveller ihre zahllosen Feste rund um Essen, Wein oder Kunst nicht verpassen; im Folgenden haben wir die besten Entschuldigungen zusammengestellt, um der Feierlaune zu verfallen. Mehr Informationen und Empfehlungen zu landesweit stattfindenden Events gibt's auf S. 763 und jeweils unter „Festivals & Events" in den einzelnen Regionenkapiteln.

1 **World Buskers Festival** (www.worldbuskers festival.com) Christchurch, Januar (S. 590)

2 **Parihaka** (www.parihaka.com) Taranaki, Januar (s. Kasten S. 292)

3 **Rippon Festival** (www.ripponfestival.co.nz) Wanaka, Februar (S. 709)

4 **Fringe NZ** (www.fringe.org.nz) Wellington, Februar/März (S. 450)

5 **Pasifika Festival** (www.aucklandcity.govt.nz/ whatson/events/pasifika) Auckland, März (S. 122)

6 **New Zealand Gold Guitar Awards** (www.goldguitars.co.nz) Gore, Juni (S. 742)

7 **Queenstown Winter Festival** (www.winter festival.co.nz) Queenstown, Juni/Juli (S. 688)

8 **Nelson Arts Festival** (www.nelsonartsfestival. co.nz) Nelson, Oktober (S. 509)

9 **Seafest** (www.seafest.co.nz) Kaikoura, Oktober (S. 501)

10 **Opotiki Rodeo** (www.rodeonz.co.nz) Opotiki, Dezember (S. 394)

te, fragt am besten den Touranbieter nach seiner Umweltpolitik: Ist es ein Unternehmen mit Sitz in Neuseeland? Achtet es die Kultur der Ureinwohner? Am besten isst man in örtlichen Restaurants und kauft auf Märkten Produkte aus der Region. Statt eines Mietwagens kann man Fahrgemeinschaften nutzen, um von Stadt zu Stadt zu reisen – an den schwarzen Brettern in Hostels werden ständig Mitfahrer gesucht. Generell sind Hostels und Hotels zu wählen, die recyceln und versuchen, Müll zu vermeiden. Wer in den Wäldern oder entlang der Küsten wandert, sollte seinen Müll mit zurückbringen, in kleinen Gruppen reisen, auf festem Untergrund zelten und sich nicht in der Nähe von oder gar in natürlichen Quellen waschen.

Noch mehr Tipps gibt's online:

Department of Conservation (DOC; www.doc.govt.nz/getting-involved) Events und Programme für Naturschutz, an denen Reisende sich beteiligen können

Leave No Trace (www.lnt.org) Wander- und Campingtipps im Sinne des nachhaltigen Tourismus

Lonely Planet (www.lonelyplanet.com/responsibletravel) Tipps zu verantwortungsvollem Reisen

Organic Explorer (www.organicexplorer.co.nz) Umfangreicher Reiseführer mit umweltfreundlichen Restaurants, Unterkünften und Attraktionen in ganz Neuseeland

REISELEKTÜRE

Angesichts von Neuseelands Hauptrolle auf der weltweiten Tourismusbühne überrascht der momentane Überfluss neuseeländischer Reiseliteratur nicht.

Bob Moore, ein Engländer mit Wohnsitz in Wellington, reiste den kompletten State Hwy 1 (Neuseelands Nationalstraße) hinunter; seine Erlebnisse schrieb er nieder in *The 1 Thing: A Small Epic Journey Down New Zealand's Mother Road* (2006). Der in Lyttelton lebende Joe Bennett erzählt in *A Land of Two Halves* (2004), was er beim Trampen durch das Land erlebt hat. Radfahrer sollten *Long Cloud Ride* lesen, in dem die Britin Josie Dew (2007) ihre neunmonatige, 10 000 km lange Reise durch Neuseeland beschreibt.

Liberalen Geistern, die auch gern mal Bäume umarmen, wird *Slipping into Paradise: Why I Live in New Zealand* von Jeffrey Moussaieff Masson (2004) gefallen, ein überschwängliches Sonett eines relativ neuen Staatsbürgers.

In *How to Watch a Game of Rugby* (2004) erklärt der Sportjournalist Spiro Zavos auf großartige Weise die Besessenheit einer Nation. In der gleichen Reihe erschien von dem Astronom Richard Hall *How to Gaze at the Southern Stars* (2005), mit dem man das Kreuz des Südens garantiert findet.

Ebenfalls eine gute Vorbereitung ist *100 Essential New Zealand Films* (2009) von Hamish McDouall, und Geschichtsfans werden die umfassende *Penguin History of New Zealand* (2003) von Michael King lieben.

INFOS IM INTERNET

100% Pure New Zealand (www.newzealand.com) Neuseelands offizielle Tourismusseite.

Department of Conservation (DOC; www.doc.govt.nz) Unerlässliche Infos zu DOC-Parks, Naturschutz und Naturerhaltungsprogrammen in Neuseeland.

DineOut (www.dineout.co.nz) Landesweite Restaurantkritiken und -informationen.

Living Landscapes (www.livinglandscapes.co.nz) Von Maori geführte touristische Einrichtungen im ganzen Land.

Lonely Planet (www.lonelyplanet.de, www.lonelyplanet.com) Infos und Erfahrungsberichte.

Muzic.net (www.muzic.net.nz) Auftritte, Kritiken, Biografien und Charts.

Neuseeland.de (www.neuseeland.de) Deutschsprachige umfangreiche Homepage mit vielen Infos zum Land und zum Reisen

New Zealand Tourism Online (www.tourism.net.nz) Kommerzielle Seite mit über 10 000 Einträgen und jeder Menge nützlicher Infos.

Stuff (www.stuff.co.nz, www.stuff.co.nz/blogs) Neuseeländische Nachrichten (veröffentlicht von Fairfax New Zealand) und zahlreiche Blogs.

Te Ara (www.teara.govt.nz) Online-Lexikon über Neuseeland.

Reiserouten

KURZTRIPS

AUCKLAND ENTDECKEN   4–7 Tage/von Auckland nach Auckland

Aucklands großartige Bars, Restaurants, Museen, seine Inseln und Strände präsentieren das multikulturelle Neuseeland von seiner besten Seite.

Und los: Maorigalerie im **Auckland Museum** (S. 107), durch den Domain rüber zur **K Rd** zum Mittagessen (S. 129) – dem architektonischen **Stadtspaziergang** (S. 120) folgen, Halt in der **Auckland Art Gallery** (S. 111) und am unübersehbaren **Sky Tower** (S. 111) – Abendessen in **Ponsonby** (S. 131).

Frisch weiter mit der Fähre zur **Rangitoto Island** (S. 141), danach wird in **Devonport** (S. 132) gegessen und am **Cheltenham Beach** (S. 114) relaxt. Nächster Stopp zum Essen fassen: der **Engine Room** (S. 132). Nach der Erkundung des **Waitakere Ranges Regional Park** (S. 154), des **Karekare** (S. 155) und des **Piha** (S. 155) stürzt man sich auf **Kingslands** (S. 130) Restaurants. Am Morgen gibt's eine Stärkung in **Mt. Eden** (S. 130), dann wird der **Maungawhau** (S. 111) bezwungen. Die Fähre bringt einen zur wohlverdienten Belohnung: zu den Weinkellereien und Stränden von **Waiheke Island** (S. 142).

Nun geht man im **Goat Island Marine Reserve** (S. 164) schnorcheln, die **Bay of Islands** (S. 176) erkunden, am **Cape Reinga** (S. 197) aufs Meer und im **Waipoua Kauri Forest** (S. 205) die Bäume anstarren, die **Waitomo Caves** (S. 264) erforschen, bei **Raglan** (S. 250) surfen oder in **Whitianga** (S. 229) chillen.

Cape Reinga

Bay of Islands

*SÜD-
PAZIFIK*

Waipoua Kauri Forest

Goat Island Marine Reserve

Rangitoto Island

Waiheke Island

Karekare & Piha

Whitianga

Waitakere Ranges Regional Park

AUCKLAND

TASMANSEE

Raglan

Nordinsel

Waitomo Caves

Manche nennen Auckland das Sydney für Anfänger. Wir sind anderer Meinung. Sydney kann weder mit zwei Ozeanen noch mit der erstaunlichen Mischung polynesischer Kulturen dieser „Stadt der Segel" mithalten. Auf der 450–900 km langen Route entdeckt man zuerst den „Big-Smoke" und dann eine Menge Highlights vor Ort.

CHRISTCHURCH ERKUNDEN   4–7 Tage/von Christchurch nach Christchurch

Wer für Christchurch etwa eine Woche Zeit mitbringt, wird sich prächtig amüsieren – in der Stadt und in der Wildnis!

Auf Touren kommt man mit einem bärenstarken Kaffee in einem **Café auf der High St** (S. 595), dann checkt man von der **Straßenbahn** (S. 581) aus erstmal die Lage. Am **Arts Centre** (S. 579) raus und die Galerien hier erkunden – Pflicht sind das **Canterbury Museum** (S. 581) und die **Christchurch Art Gallery** (S. 584). Am Abend müssen ein Drink in einer der verrückten Kneipen von **Lyttelton** (S. 602) und ein Essen in einem Restaurant in **Sumner** (S. 594) sein.

Der Avon River schlängelt sich langsam und gemütlich durch die Stadt – man begegnet ihm im **Botanischen Garten** (S. 579) oder rückt ihm in einem **Kahn** (S. 586) auf die Pelle. Den Abend lässt man feuchtfröhlich in der **Poplar St** und am **SOL Sq** (S. 596) ausklingen.

Die **Geschäfte** in der High St (S. 599) werden gestürmt, danach gibt's Erholung im **International Antarctic Centre** (S. 585) oder einen Paddeltrip in einem Maorikanu durch die **Willowbank Wildlife Reserve** (S. 586) mit anschließendem traditionellen Maorifestgelage.

Genug von der Stadt? Dann nichts wie raus hier, und zwar mit der **Gondel** (S. 586). Danach stattet man der ehemals vulkanischen **Banks Peninsula** einen Besuch ab, erkundet dort das frankophile **Akaroa** (S. 603) mit seinem Hafen voller Wildnis und die fotogenen Buchten an der Spitze der Halbinsel.

Ein paar Tage auf der Straße sind auch drin: Gen Norden gelangt man in wenigen Stunden nach **Kaikoura** (S. 497), wo man Wale beobachtet und Krebse fängt, im Westen sind der **Lake Tekapo** (S. 624) und die schneebedeckten Gipfel von **Aoraki/Mt. Cook** (S. 629) zu entdecken und südlich warten die Felsen von **Moeraki** (S. 672; unbedingt in **Fleur's Place** dinieren; S. 673).

Christchurch, das ist städtische Zivilisation und wilde Natur in unmittelbarer Nähe. Nach ein paar Tagen in angesagten Kneipen, Läden, Museen und Galerien kann man sich auf diesem 650–750 km langen Trip ganz entspannt von Bergen, Walen, Seen und Wäldern en masse inspirieren lassen.

KIWI-KLASSIKER   12 Tage/von Auckland nach Auckland

Wer nur zwölf Tage hat, muss sich beeilen, um alle Leckerbissen mitzunehmen, die Norden und Süden bereithalten.

Auckland (S. 102) ist ein Schmelztiegel im Südpazifik – hier kann man
tagelang shoppen, essen und ausgehen und Neuseeland von seiner kos-
mopolitischsten Seite kennenlernen. Wasserratten planschen in der **Bay of
Islands** (S. 176) im Norden, dann geht's zu den Wäldern und Stränden der
Coromandel Peninsula (S. 209). In **Rotorua** (S. 351) inhaliert man eine Prise
Schwefel, lacht sich schlapp über vulkanische Schlammblasen und taucht
in die Maorikultur ab. Dann auf die Inliner und nach **Napier** (S. 418) gedüst,
Neuseelands Prototyp einer Sonnenstadt im Art-déco-Stil. Wer schon mal
hier ist, sollte im **Hawke's Bay Wine Country** (S. 430) ein paar Gläschen probieren.
In **Wellington** (S. 437) ist der Kaffee heiß, das Bier kalt und der Wind, den die
Politiker machen, erzeugt sein eigenes Tiefdruckgebiet.

Für ein paar Tage geht's auf die Südinsel, wo man das Beste des Südens
genießt: eine Tour durch die **Marlborough Wine Region** (S. 494), per Boot,
Flugzeug oder Hubschrauber zu den sanften Riesen in **Kaikoura** (S. 496), ein
Besuch im gepflegten **Christchurch** (S. 577). Den Abschluss bildet ein Trip auf
der Küstenstraße gen Süden zur wilden **Otago Peninsula** (S. 651), die vor den
viktorianischen Fassaden der Studentenstadt **Dunedin** (S. 638) liegt. Nach
Livemusik-Events Ausschau halten!

Auf dem SH8 fährt man landeinwärts zum bungeesüchtigen **Queenstown**
(S. 675). Wer Zeit hat, sollte sich eine unvergessliche Begegnung mit dem
Franz Josef Glacier (S. 564) und dem **Fox Glacier** (S. 568) an der Westküste gönnen. Von **Hokitika** (S. 555) geht's mit dem Flieger nach Christchurch und
von dort wieder zurück nach Auckland.

Großartige Städte,
Geothermie,
fantastische
Weine, Maorikul-
tur, Gletscher,
Extremsport, ab-
gelegene Strände
und Wälder – das
sind nur einige der
Highlights Neusee-
lands und genau
das, was man auf
einer ersten kurzen
Reise sehen will.
Auf dieser 3000 km
langen Route
bekommt man das
Beste der beiden
Inseln.

AUSGEDEHNTERE REISEN

PFLICHT & KÜR   4–6 Wochen/von Auckland nach Christchurch

Wer zum ersten Mal nach Neuseeland kommt, absolviert sicher das Touri-Pflichtprogramm – wie wär's dazu mit ein bisschen Wildnis als Extrakick?

Man erkundet zuerst den mit Segeln gespickten Hafen vor der hippen Innenstadt von **Auckland** (S. 102), nimmt dann den SH1 nach Norden zur tollen, konstant warmen **Bay of Islands** (S. 176) und wählt: Surfbrett, Kajak oder Tauchausrüstung? Südlich von Auckland an den Schwefelquellen von **Rotorua** (S. 351) durch den Mund atmen und schnell weiter gen Süden, ins idyllische **Taupo** (S. 316). Im wilden **Tongariro National Park** (S. 335) locken drei Berge und viele Wanderwege. Der SH43 Richtung Westen führt nach New Plymouth, wo man den fotogenen **Mt. Taranaki** (S. 275) bewundert, bevor man über die wunderschöne **Whanganui River Road** (S. 303) nach Whanganui im Südosten kommt. Im aufgedrehten **Wellington** (S. 437) wird die Nacht zum Tag – die Freakshow hier lässt nur noch staunen.

Man überquert die Cook Strait, fährt im **Abel Tasman National Park** (S. 522) im Westen Kajak oder taucht in die **Marlborough Sounds** (S. 482) ab.

Dann geht's an der regnerischen Westküste und ihren berühmten **Gletschern** (S. 564 & S. 568) entlang zur **Jackson Bay** (S. 573) und über den Haast Pass in die Adrenalin-Stadt **Queenstown** (S. 675). Mehrere Wege führen nach Te Anau, eine kurzweilige Nebenstraße weiter nach **Milford Sound** (S. 728), auf Schleichwegen geht's zum SH6. Vom SH8 im Norden hält man nach **Aoraki/Mt. Cook** (S. 630) Ausschau, kehrt zurück zur Kathedrale von **Christchurch** (S. 577) und widmet der **Banks Peninsula** (S. 603) noch einen Nachmittag.

Hier kann man einige der absoluten Pflichtpunkte abarbeiten. Kajakfahren, Wandern und Tiere beobachten lockern das Ganze auf. Die beliebte 3300 km lange Strecke nimmt etwas Zeit in Anspruch, deshalb: auf Ferienmodus umstellen, die Natur umarmen und jeden Moment der Reise über die beiden Inseln genießen.

GEGEN DEN STROM
4–6 Wochen/von Auckland nach Christchurch

Die Reise von einem Ende Neuseelands zum anderen bringt einen an Orte fernab aller städtischen Hektik.

Vom überspannten **Auckland** (S. 102) ins winzige **Tutukaka** (S. 174) flüchten und die fischreichen Gewässer und Unterwasserlabyrinthe um die **Poor Knights Islands** (S. 174) besuchen. Jenseits der Bay of Islands lockt die raue Aupouri Peninsula mit **Cape Reinga** (S. 197) – Einsamkeit und Maorikultur pur.

Über Rotorua fährt man zurück zu den grünen Wäldern des **Te Urewera National Park** (S. 415) und den zerklüfteten Felsen des **East Cape** (S. 398). Man nimmt den SH2 in das schaflastige **Wairarapa** (S. 468), überwindet die wolkenverhangene Rimutaka Range und fährt auf der kurvigen Akatarawa Rd zu den verlassenen Stränden der **Kapiti Coast** (S. 464). Wer Zeit hat, bestaunt das mystische **Kapiti Island** (S. 467) vor der Küste; dann geht es über die Cook Strait nach Picton und zu den **Marlborough Sounds** (S. 482).

Ein Abstecher führt über den Künstlerort Nelson ins umweltfreundliche **Golden Bay** (S. 526; mehr Pinsel als Menschen) und zum riesigen **Kahurangi National Park** (S. 532). Richtung Südwesten kommt man auf einer tollen Straße nördlich von Westport zu den Höhlen des **Oparara Basin** (S. 542), gen Süden lohnt der Weg zum **Nationalpark Arthur's Pass** (S. 614). Der **Doubtful Sound** (S. 731) ist ein Muss. Eine Fähre bringt einen ans Ende der Welt, nach **Stewart Island** (S. 750), dann steht Chillen in den **Catlins** (S. 743) an.

Man nimmt den SH8 durch das zentrale Otago, vorbei an winzigen Orten, schwingt sich in **Alexandra** (S. 659) auf das Mountainbike und fliegt in **Omarama** (S. 670) Drachen. Der SH83 führt durch das **Waitaki Valley** (S. 670) zurück zur Ostküste, dann geht's noch südlich ins relaxte **Oamaru** (S. 664). In **Christchurch** (S. 577) hat einen die Realität wieder.

Es ist nicht gerade leicht, den Touristen in Neuseeland aus dem Weg zu gehen. Diese abwechslungsreiche, 5400 km lange Route vom Finger an der Nordspitze bis zum südlichsten Zeh führt jedoch meilenweit durch menschenleere Landschaft. Wer zur richtigen Zeit kommt, fühlt sich, als hätte er ein Stück Himmel ganz für sich allein.

MASSGESCHNEIDERTE TOUREN

FLIEGER, ZÜGE, AUTOS

Dank zahlloser perfekter Kameramotive ist schon der Weg von A nach B das (halbe) Ziel.

Neuseeland aus der Vogelperspektive bieten ein Gleitseglerflug über **Omarama** (S. 670), ein Panoramaflug über den **Milford Sound** (S. 687), eine Motorradfahrt über **Aoraki/Mt. Cook** (S. 633) und die **Gletscher der Westküste** (S. 564 & S. 568) oder auch ein aufregender Drachenflug über **Nelson** (S. 508) oder **Queenstown** (S. 682).

Zugfans sollten die **Taieri Gorge Railway** (S. 651), den **Overlander** (S. 139) von Auckland nach Wellington über die Raurimu Spiral und den Tongariro National Park oder den **TranzAlpine** (S. 554) von Christchurch nach Greymouth über den verschneiten Arthur's Pass in die Planung einbeziehen.

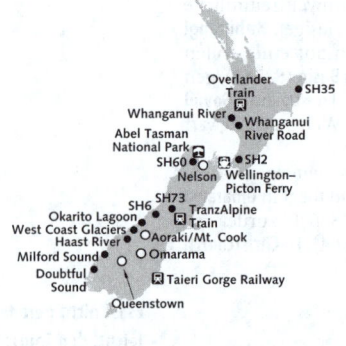

Zu den besten Autostraßen Neuseelands zählen der State Highway 6 (**SH6**) an der Westküste (insbesondere um Punakaiki und von Haast nach Queenstown), der **SH73** von Christchurch nach Greymouth über Arthur's Pass, der herrlich einsame **SH35** um das East Cape, die regnerische **Whanganui River Road** (S. 307), der kahle **SH2** von Wellington nach Featherston über die Rimutaka Range und der **SH60** über Takaka Hill westlich von Motueka.

Auf dem Wasser bekommt man auf der **Fähre von Wellington nach Picton** (S. 461) perfekte Einblicke in die Marlborough Sounds. Kajakfahren ist im **Abel Tasman National Park** (S. 524), im **Doubtful Sound** (S. 732) oder auch in der **Okarito Lagoon** (S. 562) schön, eine Flussfahrt kann man auf dem **Haast River** (S. 572), eine Fahrt im Jetboot in **Queenstown** (S. 682) und eine Paddel-Tour auf dem **Whanganui River** (S. 300) machen.

LECKERES NEUSEELAND

Nein, es gibt nicht nur Haferschleim und Fleisch mit Gemüse: Die zeitgenössische Küche Neuseelands ist eine wahre Gaumenfreude. Zelebriert wird sie auf Food Festivals, edlen Weingütern, Märkten und in Maorifestmahlen.

Hier ein paar Feinschmeckerfeste, die man unbedingt besuchen sollte: **Harvest Hawke's Bay** (S. 429), **Gisborne Food & Wine Festival** (S. 409), **Whitianga Scallop Festival** (S. 231), **Hokitika Wildfoods Festival** (S. 557), **Kawhia Kai Festival** (S. 263), **Bluff Oyster & Southland Seafood Festival** (S. 741), **Seafest** (S. 501), **Marlborough Wine Festival** (S. 491) und **Toast Martinborough** (S. 470).

Frisches Obst und Gemüse bekommt man beispielsweise in Bioläden oder auf dem **Hawke's Bay Farmers Market** (S. 432), dem **Farmers Market in Lyttelton** (S. 602) bei Christchurch, dem **Bauernmarkt** in Dunedin (S. 647) oder dem **Nelson Market** (S. 507).

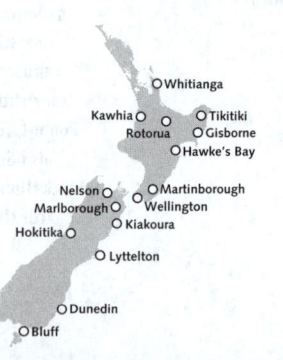

Ein traditionelles *hangi* (Maorifestmahl) kann man beim **Eastender Backpackers** (S. 403) in Tikitiki, im **Maoridorf Mitai** oder im **Maoridorf Tamaki** (S. 356) in Rotorua erleben.

Geschichte <small>James Belich</small>

Die Geschichte Neuseelands ist zwar recht kurz, dafür aber rasant. In weniger als 1000 Jahren erschienen hier zwei neue Völker auf der Bildfläche: die polynesischen Maori und die europäischen Neuseeländer. Letztere haben auch einen Maorinamen, obwohl sie ihn nicht gern hören: „Pakeha". Einige Aspekte der Geschichte teilt Neuseeland mit dem restlichen Polynesien und anderen europäischen Kolonien, anderes ist jedoch einzigartig.

DIE MAORI

Trotz hartnäckiger Mythen (s. Kasten S. 30) besteht kein Zweifel daran, dass die polynesischen Vorfahren der heutigen Maori die ersten Siedler Neuseelands waren. Dennoch bleiben Fragen offen: Aus welchem Teil Ostpolynesiens kamen sie: von den Cookinseln, aus Tahiti, von den Marquesas? Wann landeten sie hier? Kamen die ersten Siedler in einer oder in mehreren Gruppen? Einerseits deutet einiges, z. B. die DNA von Ratten, die mit den Siedlern auf Neuseeland strandeten, auf mehrere Siedlungsreisen hin. Andererseits haben nur Ratten und Hunde der Siedler überlebt, nicht aber die nützlicheren Schweine und Hühner. Das Überleben dieser geschätzten Tiere hätte wohl oberste Priorität gehabt – das Scheitern einer erfolgreichen Einführung lässt auf weniger Reisen schließen (s. Kawhia S. 262 & Kasten S. 391).

Im Vergleich zu Australien ist Neuseeland zwar klein, doch es ist größer als Großbritannien und sehr viel größer als die anderen polynesischen Inseln. Landschaft und Klima des Landes könnten vielfältiger nicht sein. Die ersten Siedlungen wurden an der Küste im Warmen angelegt, sodass in den Gärten die mitgebrachten polynesischen Pflanzen (Kumara bzw. Süßkartoffeln, Gourd, Yam und Taro) gedeihen konnten. Es gab viele Steine, die sich zu Messern und Beilen verarbeiten ließen, zudem Gegenden mit viel Großwild. Neuseeland hat zwar außer einigen Fledermausarten keine Landsäuger, dennoch ist „Großwild" keine Übertreibung: Die Inseln waren die Heimat eines Dutzends von Moa-Arten (großer, flugunfähiger Vögel), von denen die größten bis zu 240 kg wogen und etwa doppelt so groß wie Strauße waren. Außerdem bevölkerten noch andere Arten flugunfähiger Vögel das Festland, und große Meeressäuger, z. B. Seelöwen, das Wasser. Für die polynesischen Jäger waren diese Tiere wie ein Sechser im Lotto. Innerhalb von nur 100 Jahren verteilten sich die Siedler von der Spitze der Nordinsel bis zum Ende der Südinsel. Für diese Bevölkerungsexplosion wird die proteinreiche Ernährung verantwortlich gemacht.

Etwa um 1400, mit dem Schwinden des Großwildbestands, wandten sich die Maori den kleineren Tieren zu – Waldvögeln und Ratten – und aus den

James Belich, einer der führenden Historiker Neuseelands, hat eine Reihe Bücher über die neuseeländische Geschichte geschrieben und moderierte die TV-Dokumentarreihe *NZ Wars*.

Näheres zu Maui und anderen mythologischen Figuren, dem Aufbau der Maoristämme und zu darstellenden Künsten unter *Kultur der Maori* (S. 56).

Ähnlichkeiten in den Sprachen der Maori und der Tahitianer deuten auf einen Kontakt in früherer Zeit hin. Maori ähnelt dem Tahitianischen etwa wie Spanisch dem Französischen – trotz der fast 4300 km, die zwischen den beiden Inselgruppen liegen.

ZEITLEISTE

1000–1200	1642	1769
Möglicher Zeitpunkt des Eintreffens der Maori in Neuseeland. Archäologische Befunde deuten auf ca. 1200 hin; für die erste menschliche Einflussnahme auf die Natur der Insel werden aber frühere Daten gehandelt.	Abel Tasman findet auf seiner Expedition von Niederländisch-Ostindien aus das „Great South Land". Nach einem Scharmützel mit den Maori auf See verlässt die Gruppe die Gegend ohne Landgang.	Der Kontakt mit Europa wird durch James Cook und Jean de Surville wiederhergestellt. Es gelingt ihnen, mit den Maori zu kommunizieren. Neuseelands Verbindung zur Außenwelt wird von Dauer sein.

DIE MORIORI & IHR MYTHOS

Eine der hartnäckigsten Legenden Neuseelands besagt, dass die Maori das Land bei ihrem Eintreffen bereits bewohnt vorfanden. Die melanesischen Moriori sollen dort gelebt haben – ein friedvolles Volk, das von den Maori ausgelöscht worden sein soll. Dieser Mythos wurde seit den 1920er-Jahren immer wieder von Forschern verworfen, hat aber dennoch bis heute überlebt.

Was die Sache noch komplizierter macht: Die Moriori gab es wirklich und die Maori haben sie schlecht behandelt. Die echten Moriori lebten auf den Chatham-Inseln, einer Inselgruppe 900 km östlich des Kernlands. Sie waren selbst echte Polynesier und stammten von den Maori ab – „Moriori" war ihre Version desselben Wortes. 1835 kamen im Zuge der Musketenkriege Maori von den Hauptinseln auf die Chathams. Sie töteten einige Moriori, versklavten den Rest, löschten sie aber nicht aus. So bleiben die Moriori der Hauptinseln ein Mythos.

Jägern wurden mehr und mehr Bauern und Fischer. Ein Überleben war noch gut möglich, auch wenn dafür genauere Ortskenntnisse, unermüdliche Anstrengungen und eine komplizierte Organisation nötig waren. Die Maoristämme mussten sich anpassen. Der Wettbewerb um Ressourcen verschärfte sich, ebenso die Konflikte. Das führte zur Entwicklung von immer raffinierteren Befestigungen, den *pa*. Überreste dieser *pa*-Erdbauten sind noch überall im Land zu finden, z. B. auf den Hügeln von Auckland.

Die Maori kannten weder Metall noch eine Schrift (ebenso wenig wie Alkohol oder Drogen). Doch ihr kulturelles und spirituelles Leben war bunt und einzigartig. Neben Ranginui (Himmelsvater) und Papatuanuku (Erdenmutter) gab es noch Götter des Landes, des Waldes und des Meeres, zu denen noch vergöttlichte Vorfahren kamen. Der schelmische Halbgott Maui war besonders wichtig. Der Legende zufolge besiegte er die Sonne und fischte die Nordinsel auf, bevor er zwischen den Schenkeln der Göttin Hine-nui-te-po starb, als er versuchte, die ihm verkörperte menschliche Sterblichkeit zu besiegen. Die traditionelle Aufführungskunst der Maori, der Gruppengesang und Tanz bekannt als *kapa haka,* ist dynamisch und begeistert auch heutige Zuschauer. Die Kunst, vor allem die Holzschnitzerei, ist einzigartig.

Abel Tasman taufte Neuseeland „Staten Landt" im Glauben, es sei mit einer Insel an der Südspitze Südamerikas verbunden gewesen. Später wurde es dann nach der holländischen Provinz Zeeland in der Heimat Tasmans benannt.

AUFTRITT DER EUROPÄER

1840 wurde Neuseeland offiziell zur britischen Kolonie. Der erste verbürgte Kontakt zwischen den Maori und der Außenwelt aber bereits 1642 in der Golden Bay auf der Südinsel statt. Damals kamen niederländische Schiffe aus Indonesien auf der Suche nach dem „Great South Land" und den Schätzen, die dort vermutet wurden. Der Kommandant Abel Tasman sollte gegenüber Eingeborenen so tun, als sei man nicht an Edelmetallen interessiert, und er sollte sie auch nicht über deren Wert aufklären.

Als Tasmans Schiff in der Bucht ankerte, erschienen Maori in ihren Kanus, um die klassische Frage zu stellen: Freund oder Feind? Die Holländer

---

1772	1790er-Jahre	1818–1836
Unter Marion du Fresne trifft eine französische Expedition ein, die in der Bay of Islands Kraft tankt. Zunächst ist das Verhältnis zu den Maori gut, ein Verstoß gegen deren *tapu* führt aber zu Auseinandersetzungen.	Walfangschiffe und Robbenfänger erreichen das Land. Es entstehen Beziehungen zu den Maori, wobei vor allem die Europäer, die Nahrungsmittel, Wasser und Schutz brauchen, darauf angewiesen sind.	Zeitpunkt der „Musketenkriege" zwischen einzelnen Maoristämmen: Einige beschaffen sich Musketen und besiegen die „Unbewaffneten". 1836 endet der Krieg, weil nun Waffengleichheit herrscht.

verstanden nicht und bliesen zum Angriff. Ein Boot wurde angegriffen, vier Besatzungsmitglieder fielen. Tasman segelte davon und kam nie wieder. Ebenso verfuhren alle Europäer für die nächsten 127 Jahre. Immerhin jedoch ließen die Niederländer einen Namen zurück – „Nieuw Zeeland".

Erst 1769 wurde der Kontakt zwischen Europäern und den Maori erneuert, als unter James Cook (s. Kasten S. 32) und Jean de Surville englische und französische Entdecker landeten. Die Beziehungen waren harmonischer, und weitere Expeditionen wurden unternommen, motiviert durch Wissenschaft, Profitdenken und die Rivalität der Großmächte. Zwischen 1773 und 1777 kam Cook noch zweimal nach Neuseeland, außerdem gab es weitere französische Expeditionen.

Ab den 1790er-Jahren gab es auch inoffizielle „Besuche" durch Walfänger im Norden und Robbenjäger im Süden. 1814 wurde in der Bay of Islands die erste Missionsstation gegründet. Weitere folgten: Anglikaner, Methodisten und Katholiken. Der Flachs- und Holzhandel ließ in den 1820er-Jahren erste kleine Siedlungen von Europäern und Maori entstehen. Überraschenderweise kamen wohl die meisten europäischen Besucher aus Amerika. Walfänger aus Neuengland rasteten gerne in der Bay of Islands. Allein zwischen 1833 und 1839 waren es 271. Doch für die Walfänger bedeutete „Rast" Sex und Saufen. Am liebsten suchten sie dabei die kleine Stadt Kororareka (heute Russell) heim. Die Missionare nannten sie nur „das Höllenloch des Pazifik".

Vor 1840 belasteten einige blutige Auseinandersetzungen die Beziehungen zwischen Europäern und Maori, sie blieben aber recht überschaubar. Die Europäer brauchten den Schutz der Maori, ihre Nahrung und Arbeitskraft. Die Maori wollten ihrerseits Waren von den Europäern, vor allem Musketen. Walfangstationen und Missionen wurden durch Eheschließungen mit ansässigen Maori etabliert, was auch dazu beitrug, den Frieden zu sichern. Am häufigsten kam es unter den Maori selbst zu Kriegshandlungen, vor allem in den grausamen Musketenkriegen von 1818 bis 1836. Die Maori im Norden hatten früh Kontakt zu den Europäern, weshalb der dortige Stamm der Ngapuhi als erster Feuerwaffen besaß. Unter ihrem General Hongi Hika überfielen die Ngapuhi den Süden und besiegten in blutigen Kämpfen die herkömmlich bewaffneten Stämme. Kaum selbst im Besitz von Musketen, schlossen sich diese den Ngapuhi an und überfielen ihrerseits die noch weiter südlichen Stämme. Dieser Dominoeffekt erreichte schließlich 1836 den äußersten Süden der Südinsel. Wenn die Missionare behaupteten, ihr Einfluss hätte schließlich die Kriege beendet, so war es doch eher das Kräftegleichgewicht, das nun durch die Verteilung von Musketen erreicht war.

Aus Europa kamen nicht nur Waffen und Schießpulver, sondern auch Schweine oder Kartoffeln, wovon auch die Maori profitierten. Musketen und Krankheiten hatten den entgegengesetzten Effekt, aber die negativen Auswirkungen der Kolonialisierung wurden mitunter überschätzt: Die ersten Schätzungen der Maoribevölkerung waren mit bis zu 1 Mio. Menschen

Neuerdings mehren sich Gerüchte, der Riesenvogel Moa habe überlebt, bestätigt wurden sie jedoch nicht. Wer unterwegs einen Moa sieht: Sofort fotografieren – denn das wäre die größte zoologische Entdeckung der letzten 100 Jahre.

Der schottische Einfluss ist in Neuseeland immer noch spürbar, vor allem im Süden der Südinsel. Im ganzen Land gibt es pro Kopf mehr schottische Dudelsack-Bands als in Schottland selbst.

1840	**1844**	**1853–1856**
Am 6. Februar wird der Vertrag von Waitangi von 40 Häuptlingen unterzeichnet. Kopien des Vertrags werden verteilt, um Unterschriften zu sammeln. Neuseeland wird nominell britische Kolonie.	Der junge Ngapuhi-Häuptling Hone Heke fordert die britische Herrschaft heraus, als er zuerst die britische Flagge in Russell und dann die Stadt selbst zerstört. Der folgende Northland-Krieg dauert bis 1846.	Gewählte Provinz- und Zentralregierungen entstehen. 1853 wird das erste Parlament gewählt; wählen dürfen erwachsene, männliche, britische Staatsbürger; nicht viele Maori sind stimmberechtigt.

JAMES COOK *Tony Horwitz*

Sollten einmal Außerirdische die Erde besuchen, dann wundern sie sich bestimmt über die vielen Obelisken, Gedenktafeln und Statuen eines Mannes mit Perücke, der von Alaska bis Australien, von Neuseeland bis North Yorkshire und von Sibirien bis zum Pazifik überall aufs Meer hinausblickt. James Cook (1728–79) entdeckte mehr von der Welt, als sonst jemand vor und nach ihm. Es ist fast unmöglich, den Pazifik zu bereisen, ohne dem Bild des Kapitäns und seinem umstrittenen Erbe zu begegnen, das er in den vielen, von ihm für den Westen geöffneten Ländern hinterließ.

Cook, der so viel in der Welt herumkam und so berühmt wurde, stammte aus einem extrem armen und provinziellen Elternhaus. Der Sohn eines Tagelöhners im ländlichen Yorkshire kam in einer Lehmhütte zur Welt, genoss kaum Schulbildung und schien der geborene Bauer zu sein. Stattdessen ging Cook als Jugendlicher zur See, arbeitete sich vom Diener auf einem Kohlendampfer rauf bis zum Offizier und machte durch seine außergewöhnlichen Karten von Kanada auf sich aufmerksam. Doch wahrscheinlich wäre Cook ein unbekannter zweiter Offizier geblieben, hätte ihn nicht 1768 die Royal Navy auserwählt, eine gewagte Expedition in die Südsee zu leiten.

In einem umgebauten Kohlenschiff, der *Endeavour*, segelte Cook nach Tahiti und war der erste Europäer, der in Neuseeland und an der Ostküste Australiens an Land ging. Obwohl das Schiff nach einer Kollision mit dem Great Barrier Reef beinahe sank und 40 % der Mannschaft von Krankheiten dahingerafft wurden oder durch Unfälle starben, schaffte es die *Endeavour* 1771 irgendwie nach Hause. Auf einer weiteren Reise (1772–75) überquerte Cook als erster Seefahrer den südlichen Polarkreis. Mit seiner Expedition in den äußersten Süden des Globus zerstörte er den alten Mythos eines riesigen, bevölkerten und fruchtbaren Kontinents um den Südpol. Zudem befuhr Cook den ganzen Pazifik von den Osterinseln bis nach Melanesien und entdeckte unterwegs Dutzende von Inseln. Obwohl die Maori zehn Seeleute töteten und kochten, hatte Cook für die Insulaner stets Verständnis. „Gleichwohl sie Kannibalen sind", schrieb er, „sind sie von der Natur ihres Charakters her gut".

Auf seiner letzten Reise (1776–79) war Cook auf der Suche nach der Nordwestpassage. Dabei wurde er zum ersten Europäer, der Hawaii betrat. Er segelte an der amerikanischen Küste entlang

Hier gibt es einen kompletten Überblick über die neuseeländische Geschichte, von Gondwana bis heute: http://Geschichte-nz.org.

zunächst viel zu hoch. Heute wird angenommen, dass 1769 zwischen 85 000 und 110 000 Maori in Neuseeland lebten. Die Musketenkriege töteten etwa 20 000, ebenso wüteten eingeschleppte Krankheiten – auch wenn die Abgeschiedenheit Neuseelands eine Art natürliche Quarantäne war: Infizierte Europäer erholten sich entweder auf der langen Reise oder sie starben. Manche Krankheiten wie die Pocken, die unter den amerikanischen Ureinwohnern wüteten, schafften es gar nicht bis Neuseeland. Alles in allem wurde bis 1840 die Zahl der Maori auf etwa 70 000 reduziert, was einen Schwund von weniger als 20 % bedeutet.

DIE PAKEHA

Seit 1840 bezeichneten die Maoristämme die Europäer als „ihre Pakeha" und schätzten Profit und Prestige, die mit ihnen ins Land kamen. Die Maori

1860/1861	1861	1863/1864
Der erste Taranaki-Krieg beginnt mit kontroversen Auseinandersetzungen, weil die Regierung in Waitara versucht, den Maori Land abzunehmen. Am Kampf sind auch Krieger der Waikatostämme beteiligt.	Gabriel Read, ein australischer Goldsucher, entdeckt in Otago Gold. Aufgrund dessen steigt die Bevölkerungszahl von Otago innerhalb von sechs Monaten von unter 13 000 auf über 30 000.	Waikato-Krieg: Mehr als 5000 Maori widersetzen sich einer Invasion von 20 000 britischen Truppen plus einiger Maori. Dennoch werden sie besiegt und der Großteil ihres Landes wird beschlagnahmt.

von Oregon bis Alaska. Als das arktische Packeis ihn zur Rückkehr zwang, kehrte er nach Hawaii zurück. Dort wurde er während eines Scharmützels mit den Insulanern getötet, die ihn anfangs noch als einen polynesischen Gott verehrt hatten. In einem einzigen Jahrzehnt hatte Cook die Karte des Pazifiks gefüllt und ließ seinen Überwältigern, wie ein französischer Seemann es auf den Punkt brachte, nicht mehr viel zu tun, als seine Entdeckungen zu bewundern.

Cooks Erbe beinhaltet weit mehr als seine Karten des Pazifiks, auch wenn einige davon so genau waren, dass sie bis in die 1990er-Jahre benutzt wurden. Seine Fahrten waren die ersten wirklich wissenschaftlichen Entdeckungsreisen, denn auf seinen Schiffen waren geschulte Beobachter: Künstler, Astronomen, Botaniker – sogar Dichter. Ihre Beobachtungen legten den Grundstein für Disziplinen wie die Anthropologie und die Museumswissenschaft. Sie bewegten aber auch westliche Künstler und Schriftsteller dazu, den Südpazifik als unschuldiges Paradies zu romantisieren. Indem sie Tier- und Pflanzenarten sammelten, revolutionierten Cooks Leute die Art und Weise, wie der Westen die Natur sah, öffneten sie die Augen der zivilisierten Welt für die Vielfalt von Flora und Fauna. Charles Darwins Reise auf der *Beagle* war hier schon vorgezeichnet.

Doch Cooks Reisen brachten schließlich auch den Kolonialismus in den Pazifikraum. Innerhalb weniger Jahrzehnte nach seinem Tod kamen Missionare, Walfänger, Händler und Siedler und begannen, die Inselkulturen zu verändern – und auch oft zu zerstören. Daher betrachten viele der einheimischen Völker James Cook als einen imperialistischen Schurken, der dem Pazifik nur Seuchen, Enteignungen und andere Übel bescherte (deshalb die andauernden Schändungen der Cook-Denkmäler). Wie auch immer – bei der Wiederbelebung traditioneller Fertigkeiten und Künste, von der Tätowierung bis zum *tapa*, dienen den Völkern die Aufzeichnungen von Cook und seinen Begleitern dennoch oft als Quelle der kulturellen Erneuerung. Wie man ihn auch letztlich bewerten mag, der Bauernbursche aus Yorkshire hat den modernen Pazifikraum geprägt wie kein anderer.

Tony Horwitz, Pulitzerpreisträger, Reporter und Autor. Bei seinen Nachforschungen zu Cook. Die Entdeckung eines Entdeckers *bereiste Tony den Pazifik – „und ging stolz dort, wo Cook vor mir ging".*

wollten mehr von beidem, und die Briten als Autorität anzuerkennen, war in ihren Augen der richtige Weg, gleichzeitig gab die britische Regierung ihre Zurückhaltung auf. In London standen neben Profit und Prestige auch humanitäre Erwägungen im Vordergrund. Dabei gingen die Briten fälschlicherweise davon aus, dass die Maori der vielen inoffiziellen Beziehungen mit Europäern nicht Herr werden könnten. So schlossen Briten und Maori am 6. Februar 1840 ein Abkommen: Der Vertrag von Waitangi hat heute einen fast so hohen Stellenwert wie die Verfassung der USA, allerdings ist er noch umstrittener. Das Problem ist seine Auslegung durch die Vertragspartner. Nach der englischen Version wurden den Maori Rechte garantiert, diese mussten sich dafür der britischen Regierung unterordnen. Die Version der Maori will dagegen eine Wiederherstellung der Häuptlingswürden erkennen, was zugleich das Recht auf eine regionale Regierung begründete. Zunächst war dieses Prob-

Die Waitangi Treaty Grounds (S. 184) an der Stelle, an der 1840 der Vertrag von Waitangi unterzeichnet wurde, sind heute eine Touristenattraktion für Kiwis wie für Nicht-Kiwis. Jeden 6. Februar finden in Waitangi Erinnerungsfeiern und Proteste statt.

1865–1869	1868–1872	1882
Der zweite Taranaki-Krieg wurde durch den Widerstand einiger Maori ausgelöst, die sich gegen Landenteignungen zur Wehr setzten, die auf den ersten Taranaki-Krieg gefolgt waren.	Ostküstenkrieg: Te Kooti führt nach seiner Flucht aus dem Gefängnis auf den Chatham Islands einen Heiligen Guerillakrieg in der Urewera-Region. Schließlich zieht er sich zurück und gründet die Ringatu-Kirche.	Erster Kühltransport nach GB. Bislang wurde meist Wolle auf die Britischen Inseln exportiert, doch die Kühlung ermöglicht Transporte von Fleisch und Milchprodukten – Neuseelands Industrie profitiert davon.

lem überschaubar, denn die Version der Maori setzte sich nur außerhalb der europäischen Siedlungen durch. Doch diese Siedlungen wuchsen ...

1840 lebten nur etwa 2000 Europäer in Neuseeland. Damals war Kororareka (heute Russell) die Hauptstadt und zugleich der größte Ort. Bis 1850 entstanden sechs weitere Siedlungen (Auckland, Wellington, New Plymouth, Nelson, Christchurch und Dunedin), in denen 22 000 Siedler eine Heimat fanden. Etwa die Hälfte von ihnen kam unter die Schirmherrschaft der New Zealand Company und ihrer Partner. Diese Gesellschaft beruhte auf einer Idee von Edward Gibbon Wakefield. Er wollte die barbarische Phase der Besiedlung verkürzen, indem er auf die „sofortige Zivilisation" setzte. Sein Erfolg war eher bescheiden. Ab den 1850er-Jahren wurden seine Siedler, die vorrangig aus der Ober- und Mittelschicht stammten, mit immer neuen Immigrationswellen konfrontiert, die bis ca. 1890 dauerten. Bei diesen kamen Menschen ins Land, die zur großen britischen und irischen Diaspora Australiens und weiter Teile Nordamerikas gehörten. Doch die neuseeländische Mischung wurde eine spezielle. So waren Siedler aus den schottischen Lowlands in Neuseeland präsenter als sonst auf der Welt. Die neuseeländischen Iren stammten meist aus dem Norden Irlands. Neuseelands Engländer wiederum kamen aus der Gegend um London. Und es gab kleinere Gruppen von Deutschen, Skandinaviern und Chinesen, auch wenn Letztere seit den 1880er-Jahren Vorurteilen ausgesetzt waren. Zu der Zeit gab es dann rund 500 000 Paheka.

Katalysator der Massenimmigration waren auch Maßnahmen der Provinz- und Zentralregierungen, die vor allem zwischen 1870 und 1880 unter Julius Vogel öffentliche Bauvorhaben planten. 1876 schaffte Vogel die Provinzen ab, weil sie seiner Meinung nach die Entwicklung hemmten. Der letzte Gouverneur des Empires, der wirklich Macht besaß, war der talentierte, aber skrupellose George Grey, dessen zweite Amtszeit 1868 endete. Die Gouverneure nach ihm (ab 1917 Generalgouverneure) waren nur dem Titel nach Staatsoberhäupter. Die Regierungschefs (Premierminister) hatten mehr zu sagen. Und die Zentralregierung, die eigentlich schwächer als die Provinzregierungen, die Gouverneure und die Maoristämme sein sollte, häufte letztlich mehr Macht als diese drei Organe an.

Doch die Maoristämme gingen nicht kampflos unter. Ihr Widerstand war einer der heftigsten, der je gegen die europäische Kolonisation geleistet wurde. Zum ersten Zusammenstoß kam es 1843 im Wairau Valley. Ein Trupp von Siedlern zog aus, um den Mythos der britischen Kontrolle auf die Probe zu stellen, doch sie lernten die Macht der Maori kennen. 22 Siedler wurden getötet, unter ihnen Wakefields Bruder Arthur, sowie sechs Maori. 1845 kam es dann zu Gefechten in der Bay of Islands, als Hone Heke eine britische Siedlung plünderte. Heke und sein Verbündeter Kawiti leiteten drei britische Strafexpeditionen in die Irre, indem sie eine moderne Variante der traditionellen *pa*-Festungen errichteten. Überreste dieser Erdbauten sind

---

„Ich glaube, wir sind alle froh, Neuseeland zu verlassen. Es ist kein netter Ort. Bei den Eingeborenen vermisse ich diese charmante Einfachheit ... und der Großteil der Engländer ist der Abfall der Gesellschaft."

Charles Darwin 1860 über Kororareka (Russell)

Maurice Shadbolts *Season of the Jew* (1987) erzählt die teils fiktive Geschichte eines blutigen Feldzugs, den der Krieger Te Kooti in den 1860er-Jahren gegen die Briten in der Poverty Bay führte. Te Kooti und seine Anhänger verglichen sich mit den aus Ägypten verbannten Israeliten.

1890–1912

Die liberale Regierung sieht sich einer Wirtschaft gegenüber, die sich von einer Depression erholen muss. Ihre wichtigste Führungsperson ist Richard John Seddon: „Man nennt mich meist King Dick."

1893

Als erstes Land weltweit erteilt Neuseeland den Frauen das Wahlrecht, nachdem sich die Regierung endlich einer von Kate Sheppard seit Jahren geführten Kampagne gebeugt hatte.

1914–1918

Neuseelands Beteiligung am Ersten Weltkrieg ist für ein Land mit nur ca. 1 Mio. Einwohnern beträchtlich: 100 000 Männer dienen in Übersee, an die 60 000 fallen, die meisten an der Westfront in Frankreich.

noch heute in Ruapekapeka (südlich von Kawakawa) zu sehen. Gouverneur Grey erklärte sich zwar im Norden zum Sieger, doch konnte er nur wenige davon überzeugen. Im Süden hatte Grey mehr Erfolg, wo er Te Rauparaha, den wichtigen Häuptling der Ngati Toa gefangen nahm. Auf der Südinsel konnten die Pakeha die wenigen Maori einfach überrennen. Dennoch, die Kämpfe der 1840er-Jahre zeigten, dass man auf der Nordinsel mit den Maori ständig um das freie Kernland ringen musste.

     Im folgenden Jahrzehnt wuchs die Zahl der Siedler und damit auch deren Wunsch, noch mehr Land zu besetzen. Die Folge waren erneute Kämpfe, die in den 1860er-Jahren begannen. Bis 1872 dauerten die Kriege auf der ganzen Nordinsel. Die King Movement (s. Kasten S. 245), zunächst eine nationalistische Organisation der Maori, wurde zum Rückgrat des Widerstands. In den späteren Jahren übernahmen einige bemerkenswerte Propheten-Generäle, vor allem Titokowaru und Te Kooti (s. Kasten S. 407), das Kommando. Die meisten Kriege waren begrenzt – nicht aber der Waikato-Krieg von 1863/64. Zum Einsatz kamen gepanzerte Dampfschiffe, schwere Artillerie und zehn britische Regimenter. Dennoch gelang es den Maori, mehrere Gefechte zu gewinnen, etwa das von Gate Pa bei Tauranga 1864. Letztlich unterlagen sie der europäischen Übermacht. Die politische, nicht aber die kulturelle Freiheit ebbte in den letzten Jahrzehnten des 19. Jhs. ab. Als die Polizei 1916 ihre letzte Zufluchtstätte, die Urewara Mountains, besetzte, erlosch sie endgültig.

„Kaore e mau te rongo – ake, ake!" (Niemals soll Frieden geschlossen werden – niemals, niemals!)

Ausruf des Kriegsführers Rewi Maniapoto bei der Schlacht von Orakau, 1864

WOHLFAHRT & KRIEGE

Wollexporte, Goldrausch und Überseeanleihen ließen ab 1850 die Wirtschaft der Pakeha trotz der Konflikte mit den Maori boomen. Erst in den 1880er-Jahren kam der Crash, dem eine lange Depression folgte. 1891 kamen die Liberalen an die Macht, wo sie bis 1912 blieben, wohl auch weil sich die Wirtschaft erholte. Die Liberalen bildeten die erste organisierte politische Partei Neuseelands und stellten die erste von mehreren Regierungen, die Neuseeland den Ruf des „größten sozialen Versuchs der Welt" einbrachten: 1893 führte Neuseeland als erstes Land der Welt das Frauenwahlrecht und 1898 ein Rentensystem ein. Doch auch das von den Liberalen beschlossene betriebliche Schlichtungsverfahren konnte 1912/13 erbitterte Arbeiterunruhen nicht verhindern. Dies geschah aber bereits unter der „Reformregierung" der Konservativen, die 1912 die Liberalen abgelöst hatten. Die Reform Party, die später in der National Party aufging, blieb bis 1928 im Amt. Als 1929 die Weltwirtschaftskrise begann, wurde auch Neuseeland nicht verschont.

     1935 kam eine zweite Reformregierung ins Amt: die erste Labour-Regierung, angeführt von Michael Joseph Savage, dem beliebtesten Australier Neuseelands. Zeitweise galt die Labour-Regierung als die sozialistischste Regierung außerhalb der Sowjetunion. Doch als 1939 in Europa die Würfel gefallen waren, zögerte die Labour Party nicht, Großbritannien zu unterstützen. Dies hatte Tradition: Neuseeland stand bereits im Burenkrieg (1899–

Mehr über die neuseeländischen Kriege erfährt man unter www.newzealandwars.co.nz.

„Das Land Gottes, aber das Chaos des Teufels."

Premierminister Richard („King Dick") Seddon über die Herkunft des selbstgewählten neuseeländischen Spitznamens „Godzone".

1935–1949	1939–1945	1974
Unter Michael Savage kommt die erste Labour-Regierung an die Macht. Sie schafft Neuseelands wegweisende Version eines Wohlfahrtsstaates und ergreift unabhängig die Initiative in der Außenpolitik.	Während des Zweiten Weltkriegs unterstützen neuseeländische Truppen Großbritannien und die Alliierten; ab 1942 kommen 100 000 amerikanische Soldaten nach Neuseeland, um es vor Japan zu schützen.	Auswanderer von den pazifischen Inseln, deren Visum abgelaufen ist, werden unter Robert Muldoon und der Nationalregierung durch Razzien aufgespürt. Diese finden bis in die 1980er-Jahre statt.

LANDKRIEGE *Errol Hunt*

Fünf große, unabhängige Konflikte werden heute gemeinhin als die Neuseelandkriege bezeichnet (teilweise auch als Landkriege oder Maorikriege). Sie nahmen ihren Anfang im Northland, von wo aus sie sich langsam auf der Nordinsel ausbreiteten. Die Kriege wurden aus den unterschiedlichsten Gründen geführt, aber um *whenua* (Land) ging es bei allen. In allen fünf Kriegen kämpften Maori sowohl für als auch gegen die Regierung, die außerdem von der Imperial British Army, den Australiern und Neuseelands eigener bewaffneter Polizei unterstützt wurde. Maori, die sich an diesen Kriegen beteiligten, wurde zur Strafe Land aberkannt. Noch heute ist dies Gegenstand von Auseinandersetzungen, wobei die Regierung sich mit der Finanzierung der Ausgleichszahlungen schwer tut, auch wenn die Beschlagnahmungen längst als unrechtmäßig gelten.

Northland-Krieg (1844–1846) „Hone Hekes Krieg" begann mit der berühmten Zerstörung des Fahnenmastes in Kororareka (dem heutigen Russell, S. 180) und „endete" in Ruapekapeka (südlich von Kawakawa). Im Prinzip handelte es sich hierbei um einen Bürgerkrieg zwischen rivalisierenden Ngapuhi-Stämmen, bei dem die Regierung für eine Seite Partei ergriff.

Erster Taranaki-Krieg (1860–1861) Der Erste Taranaki-Krieg begann in Waitara, doch bald beteiligten sich Maori auf der ganzen Nordinsel leidenschaftlich an den Auseinandersetzungen.

Waikato-Krieg (1863–1864) Der größte der fünf Kriege. Der Waikato Krieg, an dem hauptsächlich Kingitanga (s. Kasten S. 245) beteiligt waren, wurde auch dadurch ausgelöst, dass die Regierung ihre Souveränität bedroht sah. Der Hauptgrund für die Unstimmigkeiten war jedoch, einmal mehr, Land. Nach mehreren Niederlagen, wie etwa in Rangiriri (S. 244), wurde das Volk der Waikato vollständig von seinem Land vertrieben und musste sich weiter südlich in einer Gegend niederlassen, die als King Country bekannt wurde.

Zweiter Taranaki-Krieg (1865–1869) In diesem Krieg übten die Maori Widerstand gegen die Beschlagnahmungen ihres Landes, die auf den Ersten Taranaki-Krieg gefolgt waren. In diesen Auseinandersetzungen kamen sie unter dem brillanten, einäugigen, prophetenhaften General Titokowaru einem Sieg vielleicht am nächsten. Mit dem Verlust des Respekts seiner Männer (vermutlich aufgrund einer Affäre mit der Frau eines seiner Krieger) verlor er jedoch auch diesen Krieg.

Ostküstenkrieg (1868–1872) Te Kootis heiliger Guerillakrieg, s. Kasten S. 407.

1902) und im Ersten Weltkrieg (1914–18) auf der Seite des Mutterlands, im letzten Fall mit besonders großen Verlusten. Denkmäler für die Gefallenen finden sich fast in jeder Stadt – und die Zahl der zwischen 1914 und 1918 Gefallenen übersteigt die der Opfer des Zweiten Weltkriegs. Auch in diesem trug Neuseeland seinen Teil bei: Rund 100 000 Neuseeländer kämpften in Europa und im Nahen Osten. Auch wenn Neuseeland friedlich erscheint, so hat es doch einen großen Teil seiner Geschichte mit Kriegen zugebracht. Im 19. Jh. kämpfte es zu Hause, im 20. Jh. in Übersee.

DIE BESSEREN BRITEN?

Britischen Besuchern kam Neuseeland lange allzu vertraut vor. Das liegt jedoch nicht nur an den britischen und irischen Wurzeln der meisten Pakeha, sondern auch an den seit 1882 immer enger werdenden Beziehungen zwi-

1975

Vor dem Waitangi Tribunal sollen Beschwerden von Maori geprüft werden, die mit dem Vertrag von Waitangi zusammenhängen. Später nimmt man sich auch früherer Konfiszierungen der Krone an.

1981

Die Tour des südafrikanischen Rugbyteams (Springboks) spaltet das Land. Viele Kiwis zeigen ihre Anti-Apartheidshaltung durch Demonstrationen. Andere befürworten die Durchführung der Tour.

1984

Die vierte Labour-Regierung wird gewählt; sie verspricht eine Anti-Atom-Politik und eine Wirtschaftspolitik der vielen Märkte. Diverse Beschränkungen werden gelöst – die Kneipen sind länger geöffnet.

schen Neuseeland und Großbritannien. Damals wurden erstmals gekühlte Waren nach London verschifft. Die neuseeländische Wirtschaft passte sich immer mehr den Wünschen des Mutterlands an, und mit den wirtschaftlichen Beziehungen wurden auch die kulturellen verbessert. Die Kinder studierten britische Geschichte und Literatur, nicht ihre eigene. Neuseelands führende Wissenschaftler und Schriftsteller, etwa Ernest Rutherford und Katherine Mansfield (s. Kasten S. 447), fühlten sich zu Großbritannien hingezogen. Daran änderte sich auch nicht viel, als Neuseeland 1947 als Mitglied des Commonwealth of Nations die volle Unabhängigkeit erlangte.

Die engen Beziehungen wurden gern als „Rekolonialisierung" bezeichnet. Doch wäre es falsch, Neuseelands Geschichte als die einer ausgebeuteten Kolonie zu betrachten. So war der durchschnittliche Lebensstandard höher als in Großbritannien, und das Sozialwesen und die unteren Bildungssysteme waren besser ausgebildet. Die Neuseeländer hatten zum Markt Großbritanniens genauso Zugang wie zu dessen Kultur, zu der sie auch ihren eigenen beachtlichen Teil beitrugen. Die Liste der „britischen" Schriftsteller, Akademiker, Wissenschaftler, Militärs, Verleger usw., die in Wirklichkeit aus Neuseeland stammen, ist lang. Tatsächlich sahen sich die Neuseeländer, vor allem in Kriegsdingen und im Sport, als eine bessere Version der Briten an – die besseren Briten des Südens.

Nicht zu Unrecht schmückte sich das „rekolonialisierte" Neuseeland mit seinem Reichtum, seiner Gleichheit und der sozialen Harmonie. Doch es war auch konformistisch und sogar puritanisch geprägt. Bis in die 1950er-Jahre war es Bauern aus moralischen Gründen praktisch untersagt, ihr Vieh an öffentlichen Straßen kopulieren zu lassen. Sonntagszeitungen gab es bis 1969 nicht, bis 1989 durfte an Sonntagen nicht gearbeitet werden. Lizenzierte Restaurants waren bis in die 1960er-Jahre spärlich gesät, ebenso Supermärkte oder Fernsehen. Und von 1917 bis 1967 war die Sperrstunde ab 18 Uhr für Pubs berüchtigt. Doch all dies ist nur die halbe Wahrheit. Am sonntäglichen Arbeitsverbot hielt man nicht nur aus religiösen Motiven fest, vielmehr sollten auch die Arbeiter ein Wochenende haben – und auf dem Land war die Sperrstunde sowieso ein Witz. Es gab also schon immer so etwas wie eine Kiwi-Gegenkultur und zwar noch vor den großen Gegenkulturen der 1960er-Jahre. Bereits in den 1930er-Jahren entstand ein kulturelles Nationalbewusstsein, das nach 1970 seine Blüte erlebte.

IMMER WIEDER NEUES

Das „rekolonialisierte" System wurde nach 1935 mehrfach erschüttert, doch es überlebte bis 1973. In diesem Jahr schloss sich Mutter England der Europäischen Gemeinschaft an. Neuseeland erschloss nun außer Großbritannien auch andere Märkte und Alternativen zu den bisherigen Exportschlagern Wolle, Fleisch und Milchprodukten. Großraumflugzeuge erlaubten es der Welt und Neuseeland, sich immer häufiger gegenseitig zu be-

Die gebürtige Wellingtonerin Nancy Wake – Codename „die weiße Maus" – führte mit einer 7000-köpfigen Armee einen Guerillaangriff gegen die Nazis in Frankreich. Sie erhielt viele Auszeichnungen, gehörte zu den meistgesuchten Personen der Gestapo und wurde mit den höchsten Ehren der Alliierten im Zweiten Weltkrieg dekoriert.

Die Geschichtsseite des Ministeriums für Kultur und Kulturerbe (www. nzGeschichte.net.nz) ist eine hervorragende Quelle zur neuseeländischen Geschichte.

1985	**1992**	**1996**
Die französische Regierung versenkt die *Rainbow Warrior*, um Greenpeaceaktivisten daran zu hindern, ihre Reise zum Moruroa-Atoll fortzusetzen, vor dem die französische Regierung Atomtests durchführt.	Die Regierung beginnt mit Reparationszahlungen für Land, das während der Landkriege beschlagnahmt wurde, und bestätigt im „Sealord-Deal" die Fischrechte der Maori. Es folgen große Wiedergutmachungen.	Neuseeland ändert sein Wahlrecht von einem reinen Mehrheitswahlsystem mit zwei Parteien zu einem Zweistimmenwahlsystem. Dies ermöglicht kleinen Parteien wie den Grünen, mitzuregieren.

Six o'Clock Swill („Sechs-
Uhr-Saufen") bezog
sich auf das ausfernde
Trinken nach Feierabend,
wenn die Männer zwi-
schen 17.05 Uhr und der
strikten Sperrstunde um
18 Uhr soviel wie möglich
zu trinken versuchten.

Wegen seiner über-
zeugten Anti-Atom-
Haltung wird Neuseeland
gerne als „die Maus, die
brüllte" bezeichnet.

suchen. 1960 kamen gerade einmal 36 000 Touristen nach Neuseeland, heute sind es mehr als 2 Mio. jährlich. Mit dem Wandel gingen auch gesellschaftliche Veränderungen einher: Frauen eroberten immer höhere Positionen in der Arbeitswelt und schließlich auch in der Politik. Schwule wagten sich trotz heftiger Bemühungen der Konservativen, das zu verhindern, mehr und mehr in die Öffentlichkeit.

Ab 1945 wuchs die Bevölkerung der Maori, und es zog sie zunehmend in die Städte. 1936 lebten noch 17 % der Maori in den Städten und 83 % auf dem Land. 50 Jahre später hatte sich dieses Verhältnis umgekehrt. Die Tore für Einwanderer, die bis 1960 fast nur Weiße durchqueren konnten, hatten sich auch anderen geöffnet. So brachten Menschen von den pazifischen Inseln erstmals ihre Arbeitskraft ins Land und (Ost-)Asiaten ihr Geld. Und diese Veränderungen wären wohl der größte sozio-ökonomische Wandel des 20. Jhs. gewesen, hätte nicht in der Politik ab 1984 ein mindestens ebenso großer Umschwung eingesetzt.

Denn in diesem Jahr brachte die neue Regierung – die vierte von den Labour geführte – die dritten großen Reformen auf den Weg. Die Regierung praktizierte eine antinukleare Außenpolitik, was den Linken gefiel, und richtete die Wirtschaftspolitik nach den Märkten aus, was den Rechten gefiel. Wirtschaftliche Kontrollmechanismen wurden rasant abgebaut. Vielen Neuseeländern behagte die Antinuklearpolitik zunächst nicht, weil sie den ANZUS-Pakt mit Australien und den USA gefährdete. Doch 1985 versenkten französische Spione das Greenpeace-Schiff *Rainbow Warrior* (s. Kasten S. 193) im Hafen von Auckland – ein Besatzungsmitglied wurde getötet. Während die Amerikaner diesen Akt allenfalls halbherzig verurteilten, stand plötzlich ganz Neuseeland hinter der Anti-Atom-Politik. Die marktorientierte Wirtschaftspolitik dagegen war bei Weitem bei allen Neuseeländern beliebt, doch hatten die Kritiker keine Alternative parat. Von der neuen Freiheit beflügelt ließen sich neuseeländische Investoren zu Spekulationen hinreißen – und litten dann mehr als der Rest der Welt unter der Wirtschaftskrise von 1987.

Doch so, wie das Land diese Herausforderung meisterte, wird es auch die Folgen des schweren Erdbebens vom 4. September 2010 bewältigen: In Christchurch wurden schätzungsweise 20 % der Gebäude so stark beschädigt, dass sie unbewohnbar wurden. Der Wiederaufbau soll nach Angaben von Premierminister John Key mindestens ein Jahr in Anspruch nehmen. Und dennoch kamen die Neuseeländer noch glimpflich davon – dass keine Menschen starben, ist ein Verdienst der erdbebensicheren Architektur.

So schaut Neuseeland trotz aller Widrigkeiten zuversichtlich ins noch junge 21. Jh. Essen und Wein sowie Literatur und Film erleben eine nie da gewesene Blüte, zudem prägt der ethnische Mix eine völlig neue Musik. Aber es gibt auch Kontinuität: der Pub, der Sportplatz, die *quarter-acre section* (das typische neuseeländische Wohngrundstück), der Busch, der Strand, das Ferienhaus – alles Gründe, weshalb Besucher so gern hierher kommen.

2004	2008	2010
Das Maori-Fernsehen nimmt den Sendebetrieb auf – erstmals gibt es einen Kanal, der neuseeländische Inhalte vermitteln und die Sprache und Kultur der Maori wiederbeleben möchte.	Nach neun Jahren Labour-Regierung unter Helen Clark übernimmt John Key von der New Zealand National Party (den Konservativen) das Amt des Premierministers.	Am 4. September richtete ein Erdbeben der Stärke 7,1 in Christchurch Schäden in Höhe von ca. 1,1 Mrd. € an. Das Epizentrum lag nur wenige tausend Meter unter der Erdoberfläche.

Kultur

MENTALITÄT

Neuseeland ergeht es ein bisschen wie dem kleinen Jungen in der Schule, wenn die Rugbyteams gewählt werden – er wartet still darauf, beachtet zu werden, und sehnt sich verzweifelt nach Zuneigung. Wird er dann ausgewählt, gelingt ihm, weil er wild entschlossen ist, seinen Wert zu beweisen, ein völlig unerwarteter Punkt, und wenn seine Mannschaftskameraden ihn beglückwünschen, starrt er zu Boden und murmelt: „Ey, nicht der Rede wert, Mann."

Die Kiwis sind zwar stolz auf ihr kleines Land, aber von Haus aus keine Angeber. Hurra-Patriotismus ist eher verpönt. Wer sich auf der internationalen Bühne einen Namen gemacht hat, wird respektiert und bewundert, aber auffällig großen Mohnblumen werden gern mal die Köpfe abgehackt, wie der Neuseeländer sagt. Das sind vermutlich Reste von früheren egalitären Idealen – etwa von solchen, mit denen man die schlimmsten Ungerechtigkeiten des „Mutterlands" (Großbritannien) zu vermeiden versuchte, indem der Großgrundbesitz aufgeteilt und mit Überzeugung ein Wohlfahrtsstaat „von der Wiege bis zur Bahre" eingeführt wurde. „Nur dass jemand ein größeres Auto oder stärkere Waffen hat als ich, macht ihn nicht besser", ist generell die Einstellung der Kiwis.

Die Größe des Landes hat den internationalen Auftritt selten beeinflusst. Neuseeland war Gründungsmitglied des Völkerbunds (des Vorgängers der Vereinten Nationen) und verärgerte zwischen den beiden Weltkriegen einige Leute, weil es sich weigerte, der Position Großbritanniens blind zu folgen. Erst in den 1980er-Jahren wurde die Lage wirklich interessant.

Die moderne neuseeländische Kultur wandelte sich in dieser Zeit. Als erstes wurde die unantastbare Vorrangstellung des Rugby als Quelle des nationalen Zusammenhalts infrage gestellt (Rugby war für die Bildung der Nation sicherlich ebenso wichtig wie das Engagement des Landes in den beiden Weltkriegen): 1981 gingen Zehntausende Neuseeländer auf die Straße, um gegen die Springbok Tour des südafrikanischen Rugby-Teams zu demonstrieren. Die Apartheid hatte in ihren Augen nichts im Sport zu suchen. Und plötzlich gab es Unruhen im Paradies. Die Wunde ist immer noch so tief, dass es bei Neuseeländern über 30 reicht, „die Tour" zu sagen, damit jeder sofort weiß, was gemeint ist.

Die Proteste gaben der politischen und kulturellen Renaissance der Maori Auftrieb. Bereits drei Jahre später wurden ihre Rechte gestärkt: Die reformfreudige Labour-Regierung stattete das Waitangi-Tribunal mit statuarischen Befugnissen aus. Das Waitangi-Tribunal hat seitdem durchgesetzt, dass Land zurückgegeben und Entschädigung für die Fehler in der Vergangenheit geleistet wurde und dass der Vertrag von Waitangi – der Pakt von 1840 zwischen den Maori und der englischen Krone – als gültiges Dokument in Erinnerung gerufen wurde.

Zur gleichen Zeit kamen die Anti-Atomkraft-Proteste, die seit Jahren rumorten, richtig in Schwung, und es gab Massenblockaden gegen Besuche der US-Kriegsmarine. 1984 sperrte Premierminister David Lange heimische Gewässer für Schiffe mit Nuklearantrieb oder Nuklearwaffen an Bord. Die Maus hatte gebrüllt. Als Konsequenz warfen die USA Neuseeland aus dem ANZUS, der wichtigsten strategischen Militärallianz des Landes, die auch Australien einschloss, und erklärten Neuseeland zum „Freund, aber nicht Verbündeten".

Im folgenden Jahr geschah etwas, das Neuseelands Beziehungen zum Rest der Welt komplett veränderte. Französische Regierungsagenten versenkten

Für viele war Sir Edmund Hillary, der erste Mensch auf dem Mt. Everest, der Neuseeländer schlechthin: bescheiden, praktisch veranlagt, auf soziale Gerechtigkeit bedacht. Viele Menschen trauerten, als er 2008 verstarb.

Ironischerweise war es ein Neuseeländer, der das Nuklearzeitalter einläutete: Ernest Rutherford war 1917 der erste, der einen Atomkern spaltete. Sein Gesicht ziert den 100-NZ$-Schein.

bei einem Angriff im Hafen von Auckland das Greenpeace-Flaggschiff
Rainbow Warrior und töteten ein Besatzungsmitglied. Die Bombardierung
durch ein Land, mit dem Neuseeland in zwei Weltkriegen gemeinsam gekämpft hatte, und die nur leise oder gar nicht erfolgende Verurteilung durch
andere Verbündete hinterließen eine unauslöschliche Narbe. Der Vorfall
stärkte Neuseelands Entschlossenheit, in der Außenpolitik dem eigenen
Gewissen zu folgen, und so wurde 1987 der *NZ Nuclear Free Zone, Disar-
mament & Arms Control Act* Gesetz.

Von den Buren bis zum Vietnamkrieg war Neuseeland munter dem
Geheiß Großbritanniens oder der USA gefolgt. Damit ist es nun vorbei, wie
das Land mit seiner Nichtbeteiligung am Irakkonflikt demonstriert. Seinen
internationalen Verpflichtungen kommt Neuseeland aber weiterhin nach,
seine Truppen werden weltweit in Friedensmissionen eingesetzt, zur Zeit
etwa in Afghanistan.

Als wäre das nicht genug Umbruch für eine Dekade, entzweite 1986 ein
weiterer heftiger Streit die Gesellschaft – diesmal über die Entkriminalisie-
rung der Homosexualität. Die Debatte wurde ausgesprochen erbittert geführt,
doch schließlich wurde das Gesetz, das bis dahin einvernehmlichen Sex
zwischen homosexuellen Erwachsenen unter Strafe stellte, aufgehoben – was
den Weg zu der generell toleranten neuseeländischen Gesellschaft von
heute ebnete. Nur 13 Jahre später sollte Georgina Beyer, eine offen transse-
xuelle frühere Prostituierte, den Konservativen auf dem Land den einst sicheren Parlamentssitz abnehmen – ein undenkbarer Erfolg in den meisten
Ländern der Welt.

Doch während das Land in den 1980er-Jahren in gesellschaftlichen Fragen
einen Linksruck erlebte, wurden gleichzeitig wirtschaftliche Reformen durchgesetzt, die einen extremen Rechtsdrall hatten. Man strich den aufgeblähten
öffentlichen Sektor zusammen, verkaufte alles Staatseigentum, das nicht
niet- und nagelfest war, setzte Vorschriften und Regelungen in vielen Sek-
toren außer Kraft, baute Handelsbarrieren ab und beschnitt die Macht der
Gewerkschaften drastisch.

Auch wenn man allgemein der Ansicht war, dass die Umstrukturierungen
der Wirtschaft nötig waren, hatten die Reformen einen hohen Preis. Die
alten sozialen Garantieleistungen sind gar nicht mehr so garantiert. Neuseeländer arbeiten lange und für niedrigere Löhne, als ihre australischen Cousins
je tolerieren würden. Verglichen mit anderen Nationen, die Mitglied in der
OECD (Organisation für wirtschaftliche Zusammenarbeit und Entwicklung)
sind, sind die Familieneinkommen niedrig, die Zahl der von Armut betrof-
fenen Kinder ist hoch, die Kluft zwischen Reich und Arm wird immer größer.

Dennoch lässt sich in Neuseeland eine Dynamik feststellen, die in den
„freundlichen" Jahren vor den Reformen selten war. Neuseeländische Farmer
nehmen es auch ohne die großen Subventionen von einst mit den Bauern
der restlichen Welt auf, und die Innenstadt von Wellington – einst wegen
der strengen Gesetze über den Ausschank und Verkauf alkoholischer Getränke nach Einbruch der Dunkelheit praktisch tot – blüht nun mit tollen
Bars und Restaurants richtig auf.

Einigen Neuseeländern ist der „Vertragsprozess" mit den Maori etwas
unheimlich, ebenso wie die großen wirtschaftlichen Reformen es sind. Die
Unsicherheit über das Ausmaß der Entschädigung und die Versöhnung mit
den Maori beunruhigt viele Menschen mehr als die Tatsache, dass überhaupt
etwas passiert. Ein Gerichtsbeschluss, der einigen Maori unerwartet Rechte
am Meeresboden und an den Küsten einräumt, traf bei manchen einen emp-
findlichen Nerv. So meinen viele Neuseeländer, ihr „Geburtsrecht" auf einen
freien Zugang zum Strand verteidigen zu müssen, obwohl die rechtliche
Grundlage dafür mehr als schwammig ist. Die konservative National Party,

die in der Opposition vor sich hin dümpelte, machte sich das öffentliche Unbehagen über die neue und unerwartete Dimension des Vertragsprozesses zunutze und behauptete, dass sich das Land einem „Separatismus" nähere – damit schoss sie in den Meinungsumfragen nach oben. Die unter Druck geratene Labour-Regierung erließ darauf ein Gesetz, dass der Meeresboden und das Uferland der Öffentlichkeit gehöre, bot jedoch den Maorigruppen an, ihre „Gewohnheitsrechte" auf Orte, die sie traditionell aufsuchen, zu untersuchen.

Viele Maori hatten den Verdacht, dass die ihnen zustehenden politischen Verpflichtungen zurückgenommen würden. 15 000 Stammesangehörige protestierten in einem *hikoi* (Marsch) zum Parlament und Spekulationen kamen auf, dass politische Bündnisse neu geschmiedet würden. Und die Spekulationen waren begründet: Die Bewegung, die durch den *hikoi* ausgelöst wurde, führte geradewegs zur Gründung der Maori Party, die nun fünf der sieben für die Maori reservierten Wahlkreise hält (und damit jeweils einen Labour-Abgeordneten verdrängt hat). Die Maori Party hat im Moment eine „Vertrauens- und Unterstützungsvereinbarung" mit der von der National Party gestellten Regierung, und zum Zeitpunkt der Recherche schien es wahrscheinlich, dass die einstigen Feinde, die National Party, beim Thema Uferland und Meeresboden Zugeständnisse machen.

Die jüngere Generation, für die die 1980er-Jahre prähistorisch sind, interessiert sich nicht sonderlich für Politik. Vielleicht ist das so, weil ihnen das Jahrzehnt des fortschrittlichen Regierungsstils wenig Protestgrund lieferte – im Gegensatz zu ihren Vorgängern, die von den Protestbewegungen in den USA, Großbritannien und Australien gegen den Irakkrieg politisiert worden waren. Zu einer Zeit, da Neuseeland endlich seine eigenen, unabhängigen kulturellen Standards definiert hat, scheint die Jugend des Landes ironischerweise mehr denn je von der US-Kultur besessen zu sein.

2009 stand Neuseeland im Global Peace Index an erster Stelle und war damit das friedlichste Land der Welt.

Dies gilt insbesondere für die Hip-Hop-Szene, in der eine absurde Identifikation mit der amerikanischen Gangsta-Kultur zu einem Besorgnis erregenden Problem mit Jugendbanden geführt hat. Noch lächerlicher sind die Auswüchse der illegalen Straßenrennen junger Erwachsener in aufgemotzten V8-Vehikeln.

Trotz allen Wandels bleiben Schlüsselelemente der neuseeländischen Identität unangetastet: Erfolg ist immer noch an wirtschaftliches Denken gebunden und nicht an eine Klassenzugehörigkeit, Gäste in Restaurants oder Geschäften werden aus Höflichkeit oder aus Spaß an der Arbeit gut bedient, nicht aus Unterwürfigkeit.

In ländlichen Gegenden oder auf Spaziergängen im Busch wird man bei Begegnungen häufig begeistert gegrüßt, vor allem auf der Südinsel. Höflichkeit gilt allgemein als eine der höchsten Tugenden, ein Erbe der britischen Vergangenheit, mit „bitte" und „danke" kommt man weit. Die drei großen Ausnahmen von dieser Regel gelten: a) auf der Straße, wo nette Dr. Jekylls zu wutentbrannten Mr. Hydes werden, besonders wenn man das Pech hat, die Fahrspur wechseln zu müssen; b) wenn man nicht sehr gut Englisch spricht; und c) bei Australiern.

Die letzten beiden Punkte ergeben sich aus der Insellage und einem engen Blickwinkel, der aber bei Kiwis mit Reiseerfahrung (davon gibt es zum Glück viele) eher verschwindet. Die Rivalität mit Australien wird auf dieser Seite der Tasmansee viel ernster genommen. Es ist zwar ziemlich unwahrscheinlich, dass Kiwis offen unhöflich werden, aber die auf Besuch hier verweilenden Aussies wird die ständige Stichelei sicher nerven, zumal sie meist auch noch erstaunlich unwitzig ist. Traurig, aber wahr: Die meisten Australier würden zwar jede neuseeländische Mannschaft anfeuern, wenn sie nicht gerade gegen ein eigenes Team antritt, doch in Neuseeland ist das genau umgekehrt.

In der australischen Verfassung wird Neuseeland als Bundesstaat bezeichnet – zu der Zeit, als sich Australien zu einem Staat vereinigte, hoffte man auf einen Beitritt Neuseelands. Auf der hiesigen Seite der Tasmansee war diese Idee damals genauso unpopulär wie noch heute.

Zu den Kiwi-Erfindungen gehören die Einwegspritze, der kurzschlusssichere Elektrozaun, das Navman-GPS und Pillendosen mit Kindersicherung.

Traveller werden unterwegs öfter mal den Ausdruck „number-eight wire" (Draht Nr. 8) hören und sich fragen, was in aller Welt das bedeuten soll. Neuseeländer halten mit diesem Schlagwort einen nationalen Mythos aufrecht, nämlich dass durch Neuseelands Isolation und das Erbe der Pioniere eine Kultur entstand, die Schwierigkeiten durch Einfallsreichtum löst und Werkzeuge aus dem Nichts schafft. Es hieß, ein neuseeländischer Farmer konnte jedes Problem mit einem Stück Draht Nr. 8 beheben (ein Draht der Stärke 8, der für die Zäune der Farmen verwendet wurde).

Das trifft großteils noch immer zu – man muss sich nur mal den Erfindungsreichtum auf neuseeländischen Farmen anschauen. Ein Grund, warum große ausländische Film- und Fernsehproduzenten ihre Projekte in Neuseeland realisieren, ist – abgesehen von den niedrigen Löhnen und der

„WAS HALTEN SIE EIGENTLICH VON NEUSEELAND?" *Russell Brown*

Diese Frage wird Besuchern, besonders den wichtigen, traditionellerweise kaum eine Stunde nach ihrer Ankunft in Neuseeland gestellt. Manchmal dürfen sie sich einen ganzen Tag lang umschauen, bevor sie sich erklären müssen, aber die Frage kommt früher oder später. Zu gleichen Teilen genährt von großem Stolz und schleichendem Zweifel, steht sie stellvertretend für das nationale Selbstbewusstsein.

Als George Bernard Shaw 1934 für vier Wochen zu Besuch kam, wurde er im ganzen Land von Zeitungsreportern mit Was-halten-Sie-von-Fragen geradezu überschüttet. Auch wenn er selbst nie ein Wort über Neuseeland schrieb, wurden seine Antworten auf diese Reporterfragen gesammelt und unter dem Titel *What I Saw in New Zealand: the Newspaper Utterances of George Bernard Shaw in New Zealand* veröffentlicht. Ja, die Leute waren wirklich scharf auf eine gute Presse.

Andere Besucher waren bereit, sich schriftlich zu äußern, etwa David Goldblatt, der britische Parlamentsabgeordnete der Liberalen, der 1955 nach Neuseeland kam, um sich von einem Herzanfall zu erholen. Das Land faszinierte ihn, und er schrieb ein wundervolles und weitsichtiges kleines Buch mit dem Titel *Democracy At Ease: a New Zealand Profile*.

Goldblatt hielt die Neuseeländer für ein lustiges Völkchen; freundlich, erfolgreich, begeistert von Maschinen und eher an Praxis denn an Theorie interessiert. In „einem Land, in dem tatkräftige Nachbarschaftshilfe sehr stark entwickelt ist", wollte niemand etwas, und nur wenige schienen auf mehr zu hoffen. Er bewunderte das Bildungssystem des Landes und seine Zeitungen, verzweifelte an seinen Zöllen und Hemmnissen und wunderte sich über Gesetze, die „eine vollständige Kontrolle des Einzelnen durch den Staat" ermöglichten.

Er war nicht der erste, der über die Widersprüche des Landes nachgrübelte – der amerikanische Wissenschaftler Leslie Lipson, der die Jahre des Zweiten Weltkriegs an der Victoria-Universität in Wellington überstand, bewunderte die neuseeländische „Leidenschaft für soziale Gerechtigkeit", ärgerte sich aber über die „Beschränkung von Begabungen" und den „Mangel an kulturellen Errungenschaften".

Für den *bon vivant* Goldblatt war die Haltung zu Essen und Trinken aufschlussreich: Außer bei einem Besuch in einem versteckten Restaurant im europäischen Stil in Auckland, wo die Flaschen unter den Tischen verborgen wurden, fand er nur „die einfache Kost und die noch einfacheren Selbstbedienungsrestaurants der normalen Versorgungsindustrie des Landes" und Läden, die „ihre anspruchslosen Kunden ebenso anspruchslos versorgen – jeden Tag gibt's dasselbe".

Demnach hatte ein Volk Zugang zu den besten frischen Zutaten der Welt und kochte sie zu Brei. Ein Land, in dem fast überall klasse Mikroklimata für Weinbau herrschten, produzierte nur billige Likörweine. Materielle Bequemlichkeit wurde geschätzt, aber sie war in der Tat nur einfacher Natur.

Es dauerte ein weiteres Vierteljahrhundert, bis sich die Neuseeländer von ihren „immergleichen öden Sandwiches" getrennt und ein Qualitätsbewusstsein entwickelt hatten – und wie Goldblatt richtig vorausgesehen hatte, waren „Zufälle und Missgeschicke" vonnöten, damit die „göttliche Unzufriedenheit" einen Wandel in Gang setzen konnte.

Aber als es dann soweit war, geschah wirklich etwas.

Russell Brown ist Journalist und Verwalter des beliebten Blogs Public Address (www.publicaddress.net).

großen Vielfalt von Drehorten – die Alles-ist-machbar-Haltung und die
Zielstrebigkeit der neuseeländischen Technik-Crews. Weit mehr Neuseeländer haben als Manager, Roadies oder Köche für berühmte Popstars gearbeitet (von Led Zeppelin über U2 bis zu Madonna), als selbst im Rampenlicht
standen. Und das zeigt, dass Neuseeländer dann am besten sind, wenn sie
Praktisches mit Kreativität in Einklang bringen können, gepaart mit einer
beständigen (und manchmal enervierenden) Bescheidenheit.

LEBENSART

Auf einer Insel zu leben, hat seine Vorteile, besonders im Sommer. Ab
Wochenmitte schielt der durchschnittliche Kiwi-Büromensch nervös auf die
Wettervorhersage und betet, dass sich der Regen bis nach dem Wochenende
Zeit lässt, damit man an den Strand gehen oder vielleicht mit der Gartenarbeit beginnen kann oder zumindest die Kinder für ein paar Stunden aus dem
Haus hat. Natürlich holen die ganz Eifrigen auch das Beste aus den langen
Sommerabenden heraus – Lehrerin Carmen fährt nach der Schule mit dem
Kajak zum Fischen, Projektplaner Steve hat das Surfbrett im Auto und brennt
darauf, in den verbleibenden Stunden Tageslicht auf Wellen zu reiten.

| Von keinem Ort in Neuseeland ist das Meer weiter als 128 km entfernt.

Der aktive und gesundheitsbewusste Kiwi ist nicht nur ein Stereotyp, und
auch andere Klischees entsprechen durchaus der Wirklichkeit. Susan sitzt
noch spät im Büro. Wieder. (Neuseeländer haben mit die längste Arbeitszeit
aller Industrieländer.) Sie wird wahrscheinlich auf dem Heimweg beim
Schnellimbiss vorbeigehen, und ja, sie will Pommes dazu. (Ein Viertel der
erwachsenen Neuseeländer sind fettleibig.) Und Dean hängt mit seinen
Kumpels im Teenageralter auf der Straße herum und versucht, cool auszusehen, während er seinen Kapuzenpulli vollschwitzt. Tatsache ist, dass es
den neuseeländischen Lifestyle nicht gibt.

Die meisten Kiwis (außer vielleicht die Landwirte) wünschen sich wahrscheinlich etwas weniger Regen und etwas mehr Gehalt. Manchmal dauert
es ein paar Jahre, in denen sie für ihr „Big OE" (Overseas Experience, Auslandserfahrung – ein traditioneller Initiationsritus) umherreisen, bevor sie
erkennen, wie gut sie es haben. In einer Studie von 2009 zur Lebensqualität
in den Großstädten der Welt landete Auckland auf dem vierten und Wellington auf dem zwölften Platz.

Weil hier so wenige Menschen lebten und das Land so weit war, wohnten
die Neuseeländer meist in frei stehenden Häusern mit großen Grünflächen.
Das ist oft immer noch so, doch langsam ändert sich die Situation.

In Auckland lassen die wuchernden Vorstädte, der schlechte öffentliche
Nahverkehr und der Zuzug wohlhabenderer Leute in die ehemals ärmere
Innenstadt den Bau von Reihenhäusern und Wohnungen boomen – sowohl
im Zentrum als auch an den Rändern der Städte. Durch die Immigranten
wächst die Bevölkerungszahl, und es wird immer enger und teurer. Mehr
und mehr Bewohner Aucklands müssen lernen, auf das Eigenheim zu verzichten, das ihnen per Geburtsrecht eigentlich zustand – ganz zu schweigen
von einem Hinterhof!

| „Wie zufrieden sind sie mit Ihrem Leben im Großen und Ganzen?" 2009 haben 86 % der für die Erhebung befragten Neuseeländer hierauf mit „zufrieden" oder „sehr zufrieden" geantwortet.

Wellingtons Innenstadt-Boom verläuft etwas anders. Durch die Verschlankung des öffentlichen Dienstes und den Wegzug größerer Firmen wurden
hier alte Bürogebäude und Kaufhäuser frei, die man in Wohnhäuser umwandelte.

Gleichzeitig gibt's einen Trend, an die Küste zu ziehen. In schönen Gebieten wie rund um Nelson an der Spitze der Südinsel explodieren die
Grundstückspreise, Obstgärten werden plattgemacht, um Platz für neue
Häuser zu schaffen. Im Zuge dessen verschwand zusehends eine Ikone des
neuseeländischen Lebens, das *bach* („bätsch" ausgesprochen) – ein einfaches
Strandhaus, das meist innerhalb der Familie weitervererbt wurde. Viele

Neuseeländer empfinden das als Verlust, insbesondere wenn Ausländer das Land kaufen. Die Angst, dass die Küste nicht mehr für normale Familien zugänglich sein soll, ist ein wichtiges politisches Thema.

Die Zunahme der ökonomischen Ungleichheiten in den vergangenen Jahrzehnten macht sich besonders in einigen armen Stadtgebieten bemerkbar, etwa im südlichen Auckland. Zwei oder drei Familien teilen sich hier ein einzelnes Haus, Probleme im öffentlichen Gesundheitswesen kommen auf. Mit einer partiellen Rückkehr zur Sozialwohnungspolitik, die einen großen Brocken des öffentlichen Wohnungsbaus ausmacht, versucht man nun, dieser Probleme Herr zu werden.

Die Familienentwicklung folgt dem allgemeinen Trend in den westlichen Ländern. Die Neuseeländer heiraten später – das Durchschnittsalter stieg in den letzten 20 Jahren von einst knapp über 20 auf über 30 Jahre – oder gar nicht. Ein Drittel aller Menschen zwischen 15 und 44 Jahren lebt in Partnerschaften ohne Trauschein. Und von den rund 21 000 Paaren, die sich Jahr für Jahr das Ja-Wort geben, lässt sich die Hälfte wieder scheiden.

In den Gesetzen wurden die Prinzipien des ehelichen Güterstands auf unverheiratete Paare (einschließlich gleichgeschlechtlicher) ausgedehnt. Trotz des üblichen Aufschreis der Konservativen wurden 2005 eingetragene Lebenspartnerschaften eingeführt und damit eine der Ehe ähnliche, aber doch unterschiedliche Art von Partnerschaft – mit Unterstützung des Großteils der Bevölkerung.

WIRTSCHAFT

Neuseeland mag weit entfernt sein von fast überall, aber gegenüber den Launen der Weltwirtschaft ist es trotzdem nicht immun. Im zweiten Quartal 2009 kämpfte sich die neuseeländische Wirtschaft nach sechs Quartalen negativen Wachstums mühsam aus der schlimmsten Rezession seit 30 Jahren heraus. Zum Zeitpunkt der Recherche war noch unsicher, ob die Erholung anhalten würde.

Dass es den schlimmsten Folgen der weltweiten Finanzkrise entgehen konnte, hat Neuseeland teilweise seiner Stärke auf dem Bankensektor zu verdanken, der niemals in jene Kreditkrise geriet, die das Problem verschäfte. Neuseelands Bruttoinlandsprodukt (BIP) beträgt momentan um die 128 Mrd. NZ$ pro Jahr. Die Arbeitslosenrate ist auf 6,5 % gestiegen – den höchsten Prozentsatz in den letzten neun Jahren.

Das mittlere Jahreseinkommen liegt bei 24 400 NZ$, der Reichtum ist deutlich ungleichmäßiger verteilt als noch vor 25 Jahren: 18 % verdienen mehr als das Doppelte, während 43 % mit weniger als 20 000 NZ$ auskommen müssen. Die reichste Region ist Wellington; hier streicht einer von 20 Erwachsenen mehr als 100 000 NZ$ jährlich ein.

Was den Reichtum angeht, steht Neuseeland unter den 30 OECD-Staaten an 22. Stelle, wenn man das BIP pro Kopf in Form der „Kaufkraftparität" als Maßstab nimmt, d. h. seine Bevölkerung ist fast ein Viertel weniger wohlhabend als die von Australien und etwa genau so vermögend wie der durchschnittliche Südkoreaner.

Noch in den aufregenden Jahren nach dem Zweiten Weltkrieg fand sich Neuseeland fast an der Spitze dieser Liste, angetrieben von der starken Nachfrage nach Wolle, Fleisch und Milchprodukten. Die Dinge wandten sich ab 1973 zum Schlechteren, als die Vorzugskonditionen mit Großbritannien ausliefen, weil das Vereinigte Königreich Mitglied der Europäischen Wirtschaftsgemeinschaft (und später der Europäischen Union) wurde. Neuseeland war gezwungen, neue Märkte zu finden und exportiert heute hauptsächlich nach Australien, in die USA, nach Japan und China. Die Hauptexportartikel sind (in der Reihenfolge ihrer Wichtigkeit) Milchprodukte,

Einer Befragung von 2009 zufolge leben die glücklichsten Frauen des Landes in der Bay of Plenty und die glücklichsten Männer in Nelson/Marlborough. Die Wellingtoner bezeichneten sich am wenigsten als glücklich.

Laut einem UN-Bericht von 2009 besteht in Neuseeland die sechstgrößte Kluft zwischen Arm und Reich unter den Industriestaaten.

Fleisch, Holz, Fisch und Maschinen. Das Land importiert aber deutlich mehr, als es ausführt (besonders Konsumartikel und andere Fertigwaren), was zu einer problematischen Zahlungsbilanz führt.

BEVÖLKERUNG & MULTIKULTURELLES

Neuseeland hat geschätzte 4,4 Mio. Einwohner, und fast ein Drittel von ihnen lebt in der größten Stadt Auckland. Deren Wachstum wurde sowohl durch einen seit Jahrzehnten anhaltenden Strom nach Norden beschleunigt als auch durch Einwanderungswellen in neuerer Zeit. Die allgemeine Landflucht hat dazu geführt, dass heute etwa 86 % der Bevölkerung in Städten leben.

Als sie vor 200 Jahren erstmals mit Europäern in Kontakt kamen, lebten zwischen 100 000 und 200 000 Maori in Neuseeland. Krankheiten und Kriege haben sie danach nahezu ausgelöscht, doch dank einer hohen Geburtenrate können sich heute etwa 15 % der Neuseeländer (565 000 Menschen) als Maori bezeichnen, und dieser Anteil wird vermutlich noch steigen.

Eine Folge des Vertrags von Waitangi ist eine Partnerschaft zwischen den Maori und der Krone (steht für die Neuseeländer britischer Herkunft, die „Pakeha" genannt werden), die zusammen eine bikulturelle Nation bilden. Nach jahrzehntelangen Versuchen einer kulturellen Verschmelzung wird heute von den meisten akzeptiert, dass der Kultur der Ureinwohner innerhalb der ethnischen Zusammensetzung des Landes ein besonderer Status zukommt. So ist Maori inzwischen die zweite Amtssprache, und es gibt getrennte Wahlen, die den Maori eine bestimmte Anzahl von Parlamentssitzen garantieren.

Doch es musste auch ein Platz geschaffen werden für die vielen Neuseeländer, die weder britischen noch Maori-Ursprungs waren. Jede neue Immigrationswelle wurde zunächst einmal verteufelt, bevor die Vorzüge der neuen Kultur akzeptiert und begrüßt wurden. Das erlebten die Chinesen Mitte des 19. Jhs., die Kroaten Anfang des 20. Jhs., Einwanderer von den Pazifischen Inseln in den 1970er-Jahren und erst vor Kurzem erneut die Chinesen in den 1990ern. Trotzdem steht die neuseeländische Gesellschaft Immigranten offener gegenüber als die der meisten anderen Länder. Menschen aller Rassen finden sich in allen Gesellschaftsschichten, und die Rasse steht dem Erfolg nicht im Weg.

Auckland galt bei den Volkschinesen als erste Wahl, seit 1987 die Einwanderung erleichtert wurde. Obwohl viele asiatische Immigranten sich bevorzugt in den östlichen Vororten Aucklands niederließen, sind Besucher doch immer wieder überrascht über die „Asiatisierung" der Innenstadt, wo Tausende ostasiatische Studenten leben, die entweder an der Universität von Auckland studieren oder Englisch lernen – oder beides gleichzeitig tun.

Gelegentliche Zwischenfälle, an denen Asiaten beteiligt waren (darunter einige Verbrechen von Asiaten an Asiaten, die große Beachtung in den Medien fanden), haben das Unbehagen über die Immigration aus Asien in manchen Teilen der Gesellschaft verschärft. Meinungsumfragen zeigen jedoch, dass die meisten Aucklander den Beitrag der neuen Mitbewohner zu schätzen wissen. Heute sind 13 % der Aucklander asiatischer Abstammung und man schätzt, dass ihre Zahl innerhalb von sieben Jahren auf 400 000 anwachsen wird.

Etwa 20 % der Chinesen Aucklands wurden in Neuseeland geboren, aber die besondere Aufmerksamkeit gilt der sogenannten „Generation 1,5": jungen Chinesen, die im Ausland geboren, aber in Neuseeland aufgewachsen (und manchmal ausgebildet) worden sind. Die traditionell sehr zurückhaltende Kultur der chinesischstämmigen Neuseeländer wurde in den letzten Jahren von einer dynamischen Gruppe junger Asiaten herausgefordert, die nach Führungsrollen streben, nicht nur innerhalb ihrer eigenen Gemeinschaft, sondern in der größeren neuseeländischen Gesellschaft.

Wenn man alle Menschen mitrechnet, die gern in Neuseeland leben würden, betrüge die Einwohnerzahl des Landes fast 11 Mio.! Das hat das Markt- und Meinungsforschungsinstitut Gallup herausgefunden. In dessen Potential Net Migration Index lag Neuseeland im Jahr 2009 damit auf Platz 3.

23 % der Einwohner Neuseelands wurden im Ausland geboren. Die meisten von ihnen kommen aus Großbritannien und Irland (29 %), von den Pazifikinseln (15 %), aus Nordostasien (15 %) und aus Australien (7 %).

Auckland ist bei Weitem das größte multikulturelle Zentrum Neuseelands, denn nur wenig mehr als die Hälfte der Einwohner sind europäischen Ursprungs (wohingegen es im größten Teil der Südinsel etwa 80 % sind). Die Stadt ist gewissermaßen die Hauptstadt des Südpazifiks, hier leben fast 177 000 Menschen, die von den Pazifikinseln stammen. Pazifikinsulaner stellen etwa 7 % der Bevölkerung des Landes, in Auckland sind es 14 %.

Anders als Australien hatte Neuseeland nie eine offizielle „weiße" Einwanderungspolitik, aber jahrzehntelang sah sich das Land doch eher als britischer Außenposten. Heute spielen andere Einflüsse – Neuseelands Rolle im Pazifik, seine aufkeimenden wirtschaftlichen Verbindungen nach Asien, das Asylangebot an Flüchtlinge – eine Rolle bei der Frage, was es heißt, Neuseeländer zu sein.

Prozentual gibt's in Auckland die siebtgrößte Anzahl von chinesischstämmigen Menschen in einer Stadt außerhalb Chinas.

SPORT

Die Arena, in der Kiwis ihren Hunger nach Anerkennung auf der Weltbühne am besten stillen können, ist die des Sports. Den größten Teil des 20. Jhs. beherrschten die All Blacks, Neuseelands Nationalmannschaft, die internationale Rugby-Szene; ein Team bekam sogar den Spitznamen „The Invincibles", die Unbesiegbaren. Seit dieser Zeitvertreib der britischen Oberschicht herüberschwappte, wirkte er wahre Wunder für das Nationalgefühl Neuseelands. Heute ist das Spiel eng verwoben mit Geschichte und Kultur des Landes. Wenn also die All Blacks im Halbfinale des Rugby World Cup scheitern (was ihnen in den letzten Turnieren nicht weniger als viermal passiert ist), herrscht Staatstrauer. Nur wenige finden im Erfolg des Frauenteams Trost (oder nehmen diesen auch nur zur Kenntnis); die Black Ferns haben die letzten drei World Cups im Frauen-Rugby gewonnen. Etwas unterhalb des internationalen Topniveaus bieten die Wettkämpfe der „Super 14" (mit Teams aus Australien und Südafrika) das beste Rugby der Welt,

DIE RUGBY-UNION-WELTMEISTERSCHAFT 2011

Am 9. September 2011 wird ein Haufen kräftiger Männer in schwarzen Trikots anfangen, sich auf die fleischigen Schenkel zu klopfen, die Augen zu verdrehen, die Zungen rauszustrecken und den Gegnern blutrünstige Kampfgesänge entgegenzuschleudern. So will es die neuseeländische Rugby-Tradition. Die allermeisten der Zuschauer, die sich beim Eröffnungsspiel der siebten Rugby-Union-Weltmeisterschaft gegen Tonga im Eden Park Stadium in Auckland drängen, werden hoffen und beten, dass das gleiche Ritual am 23. Oktober beim Finale hier noch einmal wiederholt wird.

Zwischen Eröffnungsspiel und Finale werden 20 Teams (aufgeteilt in vier Gruppen zu fünf Mannschaften) bei Spielen im ganzen Land gegeneinander antreten, in Whangarei im Norden genauso wie in Invercargill im Süden. Die Viertelfinals sind für das Wochenende am 8. und 9. Oktober (in Wellington und Christchurch) angesetzt, die Halbfinals in Auckland für das darauffolgende Wochenende. Zu dieser Zeit werden Unterkünfte in der Nähe der Austragungsorte nur schwer zu finden sein.

Der öffentliche Ticketverkauf beginnt Ende 2010; die Tickets für die Finals gibt es aber erst Anfang 2011 (Näheres auf www.rugbyworldcup.com). Die Preise für eine Karte liegen zwischen 30 NZ$ (Kind 15 NZ$) für Gruppenspiele mit weniger populären Mannschaften und 450 NZ$ für die besten Plätze bei Gruppenspielen der All Blacks (der neuseeländischen Mannschaft). Viertelfinaltickets gibt's ab 190 NZ$ und solche für das Finale ab 390 NZ$.

Für alle, die kein Ticket ergattern (oder sich keins leisten) können, veranstalten die größeren Städte Public-Viewing-Events mit großen Leinwänden, auf denen das Geschehen verfolgt werden kann. Diesbezüglich tut sich besonders Auckland hervor: Hier gedenkt man, Princes Wharf für die Dauer der WM in ein Partyzentrum zu verwandeln. Egal ob man einem Spiel beiwohnt und Namibia anfeuert oder sich das Ganze auf einem kleinen Bildschirm in einer Kneipe anschaut – die WM ist mit Sicherheit eine klasse Zeit für einen Neuseelandbesuch.

obwohl Puristen vor Ort immer noch die National Provincial Championship
(NPC) bevorzugen.

Auch wenn Rugby die Kultur beeinflusst, sollten Besucher eines Spiels
keinesfalls Lärm- und Jubelorgien erwarten. Rugby-Zuschauer im Eden Park
von Auckland (S. 136) sind so zurückhaltend, wie ihre Mannschaften hoch-
mütig sind, aber Richtung Süden werden sie immer lauter. Die Fans im
großartigen AMI Stadium in Canterbury (S. 598) gelten als die besessensten.

Im Gegensatz dazu ist ein Rugby-League-Heimspiel der New Zealand
Warriors im Mt. Smart Stadium (S. 136) in Auckland ein aufregendes Spektakel, vor allem wenn die polynesischen Trommler mitmischen. Die Warri-
ors sind das einzige neuseeländische Team in der australischen NRL (National Rugby League). Die Rugby League gilt eher als eine Angelegenheit der
Arbeiterklasse und erfreut sich vor allem bei Maori, Polynesiern und anderen
Immigrantengemeinschaften in Auckland größter Beliebtheit. Momentan
ist Neuseeland Rugby-League-Champion; es knüpfte den Australiern (in
Australien!) im Jahr 2008 den Titel ab. Die Nachbarn ausgerechnet in deren
Lieblingssportart zu besiegen, brachte selbst die Gesichter der eingefleisch-
testen Fans der anderen Rugby-Version (Union Rugby) zum Strahlen.

Die All Whites, Neuseelands Fußballnationalmannschaft, haben sich für
die Fußballweltmeisterschaft 2010 qualifiziert, das zweite Mal in der Geschichte. Niemand hat erwartet, dass sie so erfolgreich sind wie die Jungs
aus der Rugby-League – schon an der WM teilnehmen zu können, war ein
Riesending für diese rugbyverrückte Nation. Aber mit den drei Unentschie-
den gegen die Slowakei, gegen Paraguay und den bis dato amtierenden
Weltmeister Italien haben die Fußballzwerge beachtliche Überraschungs-
erfolge erzielt – verloren haben sie schließlich nicht!

Netball ist die führende Sportart bei den Frauen. Die Silver Ferns als
Nationalmannschaft liefern sich mit den Australierinnen einen beständigen
Kampf um die Vorherrschaft in der Welt – bei jeder Weltmeisterschaft
bisher siegte entweder das eine oder das andere Land (bis auf ein Unent-
schieden 1979, bei dem es am Ende drei Weltmeisternationen gab: Australien, Neuseeland und Trinidad-Tobago). Die Rivalität hat seit 2008 einen
neuen Höhepunkt erreicht, da die beiden Länder mit dem ANZ Championship einen neuen Wettbewerb ins Leben gerufen haben, an dem fünf australische und fünf neuseeländische Mannschaften teilnehmen.

Kricket ist im Sommer der Mannschaftssport schlechthin. Den ganzen
Sommer über finden neben internationalen Spielen unter Beteiligung der
Nationalmannschaft Black Caps der State-Shield-(One Day-)Wettbewerb
sowie die Wettkämpfe zum State Championship in den Provinzen statt. Das
Basin Reserve in Wellington ist der letzte ausschließlich für Test-Kricket ge-
nutzte Platz in einem Hauptzentrum (nur wenige Gehminuten von den Bars
und Restaurants am Courtenay Pl entfernt) und der Pukekura Park (S. 279)
in New Plymouth gehört schlicht zu den schönsten Kricketfeldern der Welt.

Auch beim Segeln, Rudern, Kanufahren und Reiten sowie beim Triathlon
gehört das kleine Neuseeland zu den großen Nationen. Die meisten olympischen Medaillen gewann das Land bislang in der Leichtathletik, vor allem
in Lauf- und Wurfdisziplinen.

Neuseeländer schauen beim Sport nicht nur zu, sie nehmen auch aktiv
teil. In vielen Betrieben treten Teams aus Arbeitskollegen oder Kumpels zu
Freundschaftsspielen gegeneinander an. Die beliebtesten Sportarten der
Männer sind dabei (in dieser Reihenfolge) Golf, Kricket, Tennis, Touch
Football (eine Variante des American Football) und Skifahren. Die Frauen
spielen Netball, Tennis, Golf und Touch Football und gehen Skifahren.
Weitere beliebte Freizeitaktivitäten sind Kajakfahren, Mountainbiken, Wal-
king und Laufen.

Der erste Schiedsrichter
der Welt, der mit einer
Pfeife ein Spiel unter-
brach, war William Atack
aus Christchurch: 1884
benutzte er dieses (heute
selbstverständliche und
allgegenwärtige) Hilfs-
mittel zum ersten Mal.

MEDIEN

Nahezu alle Städte in Neuseeland haben ihre eigene Morgenzeitung, manche erscheinen in Kooperation mit dem in Auckland beheimateten *New Zealand Herald* (www.nzherald.co.nz).

Auf dem Magazinmarkt ist die Vielfalt größer; hier geben unabhängige Herausgeber den Ton an. Der *Listener* (er gehört wie der *Herald* zur australischen Mediengruppe APN) erscheint wöchentlich mit einer Programmvorschau für Fernsehen und Radio. Aucklands Zeitschrift *Metro* kommt, passend zum Stil der Stadt, als schicker Guide daher. *Cuisine* ist ein edler, beliebter und maßgebender Führer in Sachen Essen und Wein.

Das frei empfangbare Fernsehen wird von den beiden öffentlich-rechtlichen Sendern der TV New Zealand beherrscht (TV One und TV2), wohingegen TV3 und sein Ableger, der Musiksender C4, Australien gehören. Auf Maori TV gibt es sehr viele vor Ort produzierte Programme, aber auch interessante aus dem Ausland übernommene Dokumentationen und Filme. Viel davon wird auf Maori ausgestrahlt, häufig mit (englischen) Untertiteln.

Radio Sport liefert einen der Sounds des neuseeländischen Sommers: Kricket-Kommentare. Der Radiosender Radio New Zealand ist in Wellington ansässig; sein Flaggschiff National Radio bietet gute Nachrichten und Reportagen und kann im ganzen Land empfangen werden.

Das Netzwerk der Studentensender, das bNet, liefert eine engagierte und abenteuerliche Alternative und ist die erste Adresse für lokale Veranstaltungen; der anspruchsvollste aller Sender, Aucklands 95b FM, hat viel Einfluss bei der Etablierung neuer alternativer Musik.

Zudem gibt es das landesweite Netz von *iwi*-(Stammes-)Sendern, von denen einige wie Radio Tainui in Waikato eine willkommene Abwechslung zu den kommerziellen Sendern bieten. Andere, beispielsweise Aucklands Mai FM, nehmen es mit kommerziellen Anbietern auf. Interessant sind auch der nationale Pacific-Island-Sender Niu FM und der Tanzsender George FM, der einst seinen Ursprung in einem Schlafzimmer in Grey Lynn, Auckland, hatte und heute in 16 Städten zu hören ist.

Interessante Analysen von Tagesthemen sowie Klatsch von der Straße findet man auf der ausgezeichneten *Public-Address*-Blogsite (www.public address.net). Wellington wird von *Wellingtonista* gut versorgt (www.welling tonista.com), der „alles mögliche Zeug über Neuseelands Hauptstadt" liefert.

RELIGION

Zwar ist die Nationalhymne „God defend New Zealand" eine Anrufung des Allmächtigen, und auch das Parlament beginnt seine tägliche Arbeit mit Gebeten, aber die Neuseeländer sind kein sehr frommes Volk – den Umfragen nach zu urteilen weit weniger als die Australier. Der Neuseeländer findet seine spirituelle Erfüllung viel eher in der Natur als in der Kirche. Land und Meer waren in der voreuropäischen Maorikultur spirituelle Konstanten, und sie sind es heute kaum weniger.

Neuseeland ist überwiegend ein christliches Land (56%), doch mehr als ein Drittel der Bevölkerung fühlt sich überhaupt keiner Religion zugehörig. Die Menschen, die sich selbst als Christen bezeichnen, werden immer weniger (es gab einen Rückgang von 5% zwischen den Volkszählungen 2001 und 2006), nur in den Gemeinden der Pazifikinsulaner bekennen sich 80% zu diesem Glauben.

Durch das englische Erbe ist Neuseeland nominell anglikanisch; das gilt immer dann, wenn Religion in öffentlichen Angelegenheiten auftaucht. Doch die katholische Kirche gewinnt an Boden, die Zahl ihrer Anhänger ist in den letzten Jahren um 5% auf 508 000 gestiegen. Demgegenüber gibt es etwa 555 000 Anglikaner. Die Spiritualität der Maori hat sich seit der Kolonisation in Bewegungen wie Ratana und Ringatu mit dem Christentum verbunden, wird aber zunehmend wieder eigenständig gelebt.

Die Einwanderer haben ihre eigenen Glaubensrichtungen mitgebracht, doch gehören Religionen wie dem Islam, Hinduismus, Sikhismus, Judentum und Buddhismus weniger als 4 % der Bevölkerung an.

FRAUEN IN NEUSEELAND

Neuseeland ist berechtigterweise stolz darauf, als erstes Land der Welt das Frauenwahlrecht eingeführt zu haben (1893). Kate Sheppard, die Heldin der Suffragettenbewegung, ziert sogar den 10-NZ$-Schein.

Trotz dieser frühen Errungenschaft blieb die tatsächliche Rolle der Frauen im öffentlichen Leben viele Jahre lang eher bescheiden. Das kann man heute kaum noch so sagen. Das Land hatte zwei Premierministerinnen und für eine gewisse Zeit befand sich im Jahr 2000 jede konstitutionelle Schlüsselposition in der Hand einer Frau: Es gab eine Generalstaatsanwältin, eine Chief Justice, eine Generalgouverneurin und auch das Staatsoberhaupt war weiblich – auch wenn die Neuseeländer nicht für sich beanspruchen können, Elizabeth Windsor in dieses Amt gewählt zu haben. Gleichzeitig stand eine Königin der Maori an der Spitze der Kingitanga (s. Kasten S. 245), und eine Frau führte das größte börsennotierte Unternehmen.

Doch obwohl es ein eigenes Frauenministerium gibt, dauert es seine Zeit, bis manche Errungenschaft auch die normale neuseeländische Frau erreichen: Die bezahlte Elternzeit wurde z. B. erst 2002 eingeführt. Wie in den meisten Staaten sind die Löhne der Frauen im Allgemeinen niedriger als die der Männer, auch wenn die Lücke kleiner wird. Frauen haben fast doppelt so oft mindestens einen Zweitjob, und es gibt mehr als dreimal so viele Männer im obersten Zehntel der Verdienstspanne (über 67 000 NZ$ im Jahr).

Neuseeländische Frauen beklagen nicht ganz zu Unrecht einen Mangel an vorzeigbaren Männern: Auf 104 Frauen kommen nur 100 Männer. Die Männerknappheit ist für Hetero-Frauen in den Dreißigern besonders eklatant, denn das ist das Alter, in dem die Kiwikerle häufiger im Ausland leben als ihre Landsfrauen. Wenn eine Frau sich dann einen geangelt hat, ist dieser meist älter – das Durchschnittsalter einer Braut ist 30, das der Bräutigame dagegen 33.

Dafür leben die Frauen länger: Ihre durchschnittliche Lebenserwartung liegt bei 82 Jahren, Männer werden nur 78.

Neuseeland hat eine beschämend hohe Rate an häuslicher Gewalt und Kindesmissbrauch. Laut einer Studie von 2007 ist schon jede vierte neuseeländische Frau ein Opfer sexuellen Missbrauchs geworden, bevor sie 15 wird. Bei Frauen aus ländlichen Gegenden liegen die Zahlen noch höher.

KUNST
Literatur

In der Literatur der 1930er-Jahre tauchten erstmals nationalistische Töne auf, die die Auffassung infrage stellten, Neuseeland sei ein Anhängsel des „Mutterlands" (Großbritannien), und stattdessen nach einer unabhängigen Identität strebten. Einige Schriftsteller aus dieser Zeit – besonders die Dichter Allen Curnow, Denis Glover, A. R. D. Fairburn und R. A. K. Mason – wurden zu bestimmenden Figuren bei der Definition einer neuen Kultur und in den 1950er-Jahren dann ein Teil dessen, was der prominente Historiker Keith Sinclair (selbst Dichter) die Zeit nannte, „zu der Neuseelands Intellekt und Fantasie aufleben".

Das Werk Katherine Mansfields begründete eine neuseeländische Tradition der Kurzgeschichte, und jahrelang setzte die Romanautorin Janet Frame Standards. Das ungewöhnliches Leben der Letzteren schildert Jane Campi-

Die bezaubernde, auf Rotorua geborene Jean Batten, bekannt als Hine-o-te-Rangi (Tochter der Himmel), war eine berühmte Pilotin und in den 1930er-Jahren die populärste Neuseeländerin. Während ihrer schillernden Karriere brach sie einige Rekorde im Langdistanz-Alleinflug.

Als Penny Jamieson 1989 als Bischöfin von Dunedin eingesegnet wurde, war sie die zweite anglikanische Bischöfin weltweit und die erste Frau an der Spitze einer Diözese.

ons Verfilmung ihrer Autobiografie *Ein Engel an meiner Tafel* (1993). Ihr Roman *The Carpathians* (1989) gewann den Commonwealth Writers Prize. Mit Keri Hulmes eindringlichem *Unter dem Tagmond* (1987), der den Booker Prize gewann, begann im Jahr 1985 eine neue Ära internationaler Anerkennung.

Erst 2007 wäre einem anderem Kiwi beinahe Ähnliches gelungen. Lloyd Jones' *Mister Pip* (2008) wurde bei genau dieser Verleihung um Haaresbreite geschlagen, aber alleine die Nominierung brachte sein Buch auf den Bestsellerlisten weltweit nach oben.

Der international weniger bekannte Maurice „Mensch-habe-ich-eine-Menge-Preise-gewonnen" Gee hat für *Blindsight* (2005), *Lebende Fracht* (1998), *Going West* (1992), *The Burning Boy* (1990), *Plumb* (1978) und *A Glorious Morning Comrade* (1975) den jährlich vergebenen Prosapreis des Landes erhalten. Sein vielgeliebtes Kinderbuch *Under The Mountain* (1979) wurde 1981 als einflussreiche neuseeländische Fernsehserie und 2009 dann in Form eines längeren Streifens verfilmt. 2004 gewann die Adaption eines weiteren seiner Romane, *In My Father's Den* (1972), größere Preise bei internationalen Filmfestivals. Außerdem ist der Streifen einer der kommerziell erfolgreichsten Filme des Landes. Gees neuester Roman (erschienen 2009) heißt *Access Road*.

Einige der interessantesten und vergnüglichsten Stimmen neuseeländischer Belletristik gehören Autoren der Maori. Witi Ihimaeras Romane geben wunderbare Einblicke in das Maori-Kleinstadtleben an der Ostküste – besonders *Bulibasha* (1994) und *Whale Rider* (2003), der auch erfolgreich verfilmt wurde –, während *Nights In The Gardens Of Spain* (1996) ein erhellendes Licht auf Aucklands Schwulenszene wirft. Sein neuester Roman ist *The Trowenna Sea* (2009). Die Werke von Patricia Grace sind ähnlich hervorragend erzählte Geschichten vom ländlichen Leben rund um die

---

Witi Ihimaera schrieb 1987 seinen Roman *Whale Rider* innerhalb von nur drei Wochen, nachdem seine Töchter sich beschwert hatten, sie bekämen im Kino nur Filme mit männlichen Helden zu sehen.

NEUSEELANDS HERR DER BÄNDER *Errol Hunt*

Peter Jackson war bereits ein Lokalheld der neuseeländischen Filmindustrie, bevor er die Regie bei der legendären *Herr-der-Ringe*-Trilogie führte. Von seinem ersten Film *Bad Taste* (Kotze fressende Außerirdische und explodierende Schafe; 1987) an war klar, dass er ein einzigartiges Talent ist. Dem ersten Film folgten *Meet the Feebles* (Puppen auf LSD; 1989) und der noch blutigere Zombiefilm *Braindead* („I kick ass for the Lord"; 1992). Zwei etwas weniger blutriefende Filme – *Himmlische Kreaturen* (1994) und *Frighteners* (1996) – gingen den *Ring*-Filmen voraus, und *King Kong* (2005) und *In meinem Himmel* (2009) sind danach in die riesigen Fußstapfen der kleinen Hobbits getreten.

Die Auswirkungen der *Ring*-Trilogie auf Neuseeland waren einzigartig: Das Land nahm Jackson und die Filme mit Begeisterung auf. Wellington wurde Ende 2001 für die Woche der Erscheinung des ersten Films in „Mittelerde" umbenannt, die neuseeländische Regierung setzte einen Minister für die *Ring*-Filme ein und Jackson bekam für seine Errungenschaften in der Filmindustrie den neuseeländischen Verdienstorden. Die *Ring*-Ekstase nahm beim zweiten und dritten Streifen noch zu, besonders als die Weltpremiere von *Die Rückkehr des Königs* im Dezember 2003 in Wellington stattfand und natürlich, als er dann mit elf Oscars dekoriert wurde.

Eine super Beschäftigung für ein verregnetes Wochenende ist es, die DVD-Rücken der Jackson-Filme nach dem Regisseur zu durchforsten. Er selbst spielt den Kettensägen schwingenden Derek und den Außerirdischen Robert in *Bad Taste* und hatte Gastauftritte als Assistent des Bestattungsunternehmers in *Braindead*, als heruntergekommener Landstreicher in *Himmlische Kreaturen* und als tollpatschiger, mit Ketten behängter Biker in *Frighteners*. In den *Ring*-Filmen taucht Jackson als rülpsender Hobbit vor einem Pub in *Die Gefährten* auf, als Steine werfender Verteidiger von Helms Klamm in *Die zwei Türme* und als Korsaren-Kapitän in *Die Rückkehr des Königs*. In *King Kong* spielt der abgespeckte Jackson einen der Schützen auf einer Doppeldeckermaschine und in *In meinem Himmel* ist er ein Kunde im Kameraladen.

MITTELERDE-TOURISMUS

Wer zu den Travellern gehört, die wegen der Szenerie der *Herr-der-Ringe*-Filme nach Neuseeland kommen, wird nicht enttäuscht werden. Jacksons Entscheidung, in Neuseeland zu drehen, war nicht nur bloßer Patriotismus. Nirgendwo sonst auf der Welt gibt es so abwechslungsreiche und unberührte Landschaften wie hier.

Einige Orte aus den Filmen erkennt man sicherlich wieder, beispielsweise Hobbingen (nahe Matamata; S. 260), den Schicksalsberg (sofort erkennbar im gewaltigen Ngauruhoe; S. 337) oder die Nebelberge (die Southern Alps der Südinsel). Die Visitor Information Centres in Wellington, Twizel und Queenstown können einem in der Regel sagen, wie man zu den lokalen *Ring*-Drehorten kommt. Wer es ganz genau wissen will, sollte sich Ian Brodies *The Lord of the Rings: Location Guidebook* zulegen; es enthält Wegbeschreibungen und sogar GPS-Koordinaten, um alle Drehorte zu finden.

---

marae (Gebiet um das Versammlungshaus eines Maoriklans): etwa *Mutuwhenua* (1978), *Potiki* (1993) oder *Tu* (2004).

Ein paar Lesestunden wert sind auch Elizabeth Knox (*Der Engel mit den dunklen Flügeln*, 2000; *The Angel's Cut*, 2009), Charlotte Grimshaw (*Opportunity*, 2007) und Emily Perkins (*Roman über meine Frau*, 2009).

Kino & TV

Wer sein erwachendes Interesse an Neuseeland der Kinoleinwand verdankt, befindet sich in guter Gesellschaft. Peter Jacksons in Neuseeland gedrehte *Herr-der-Ringe*-Trilogie war das Beste, das dem Neuseeland-Tourismus seit Käpt'n Cook passiert ist.

Doch das neuseeländische Kino ist selten so leichtfüßig. In seiner von der BBC finanzierten Dokumentation *Cinema of Unease* beschreibt der in Neuseeland geborene Schauspieler Sam Neill die Filmindustrie seines Landes als „einzigartig seltsam und dunkel"; sie produzieren düstere, unheimliche Werke. Es reicht, sich Lee Tamahores erschütternden Film *Die letzte Kriegerin* (1994) anzusehen, um zu verstehen, was er meint.

Der Filmkritiker des *Listener*, Philip Matthews, sieht die Sache etwas optimistischer: „An (Niki Caros) *Whale Rider*, (Christine Jeffs) *Rain* und dem *Herrn der Ringe* kann man die Qualitäten erkennen, die unsere besten Filme auszeichnen. Außer der gekonnten technischen Ausführung haben sie eine Art Mystizismus, eine dem Land innewohnende übernatürliche Empfindsamkeit."

Dieser Liste kann man noch Jane Campions *Das Piano* (1993), Brad McGanns *Als das Meer verschwand* (2004), James Napier-Robertsons *I'm Not Harry Jenson* (2009) und Jacksons *Himmlische Kreaturen* (1994) hinzufügen – sie alle betten verstörende Gewalt in eine magisch aufgeladene Szenerie ein. Der Mystizismus in diesem Land balanciert ständig auf der Grenze zum Grusel.

Der Humor der Kiwis ist so konsequent schwarz wie ihre Rugby-Trikots. Beispiele wären etwa Jacksons frühe Splatter-Feste (s. Kasten S. 50), Taika Cohens exzentrische Verliererposse *Eagle vs. Shark* (2007) und Jonathan Kings so kranke wie urkomische Horrorkomödie *Black Sheep* (2006) – „sei bereit für das Morden der Lämmer". Neuseeländische Komödien zu exportieren ist nicht ganz einfach, doch der für HBO produzierten TV-Musical-Parodie *Flight of the Conchords* – über ein unbeholfen murmelndes, Folk singendes Kiwi-Duo, das in New York sein Glück sucht – war ein erstaunlicher internationaler Erfolg beschert, besonders in der vermeintlich ironiefreien Zone USA.

Haben Neuseeländer sich erst überhaupt nicht im internationalen Kino wiedergefunden, so waren schließlich ganze Klonarmeen von Temuera

Außer dem Sieger von 2003, *Die Rückkehr des Königs*, ist *Das Piano* der einzige neuseeländische Film, der je für die Kategorie „Bester Film" nominiert wurde. Jane Campion war die erste Kiwi, die für die beste Regie nominiert war, und Peter Jackson der erste Neuseeländer, der die Trophäe gewann.

Morrison an der Invasion der Galaxis in *Star Wars* beteiligt. Bekannte Gesichter wie Cliff Curtis und Karl Urban scheinen ständig als mexikanische oder russische Gangster in Actionfilmen aufzutauchen. Viele begannen ihre Karriere in der Langzeit-Soap *Shortland St* (Mo–Fr 19 Uhr auf TV2).

Weitere lokale Shows, die einen Blick wert sind, sind *Outrageous Fortune*, ein Comedy-Drama, das in West Auckland spielt, und *bro'Town*, die besser gezeichnete polynesische Version von *South Park*. Es ist der polynesische Kicherfaktor, der am ehesten dazu geeignet scheint, die Düsternis des neuseeländischen Kinos aufzuhellen. Die Jungs aus *bro'Town* (die unter dem Künstlernamen Naked Samoans auch Stand-up-Comedy machen) haben 2006 mit *Sione's Wedding*, einer Durch-und-durch-Wohlfühl-Liebeskomödie, die große Leinwand erobert – sie verzeichnete lokal die zweithöchsten Einnahmen, die ein neuseeländischer Film bisher je einbrachte.

Nachdem es nicht gelang, einen weiteren Blockbuster im Stil der *Ring*-Filme zu landen, hat die neuseeländische Filmindustrie still und leise weiter gut gemachte, bewegende Streifen produziert, z. B. *Dean Spanley* (2008), *The Strength Of Water* (2009), *The Topp Twins: Untouchable Girls* (2009 der Publikumspreisgewinner bei den Filmfestivals in Toronto und Melbourne) und *In meinem Himmel* (2009).

Die einzigen Kiwis, die einen Oscar als „beste Darsteller" bekamen, sind Anna Paquin (für *Das Piano*) und Russell Crowe (für *Gladiator*). Paquin wurde in Kanada geboren und zog mit vier Jahren nach Neuseeland, während Crowe im gleichen Alter von Neuseeland nach Australien zog.

Musik   Gareth Shute

Die ersten neuseeländischen Musikformen waren die *waiata* (Gesänge) der Maori, die diese seit ihrer Ankunft im Land entwickelt hatten. Die wichtigsten Musikinstrumente waren Windinstrumente aus Knochen oder Holz, von denen das *nguru* (allgemein bekannt als „Nasenflöte") das bekannteste ist; das Trommeln auf Brust und Schenkel ersetzte das Schlagzeug. Heutzutage kann man Maori-Livemusik am besten bei den Kapa-Haka-Wettbewerben (s. S. 764) miterleben, wo Gruppen mit ihren eigenen Programmen aus traditionellen Gesängen und Tanz gegeneinander antreten. Ähnlich läuft auch das Pasifika Festival (S. 122) in Auckland ab, bei dem Auftritte stattfinden, die jede der pazifischen Inseln repräsentieren. Hier kann man prima sowohl die traditionellen als auch die modernen Formen der polynesischen Musik kennenlernen, ob in Form von zeitgenössischem Hip-Hop oder durch hämmernde Cook-Island-Trommeln, Insel-Gitarren, Ukulelen und Slide-Gitarren.

Europäische Musik kam mit den ersten Immigranten aus Europa nach Neuseeland und entwickelte in den ersten Jahrzehnten des 20. Jhs. eigene Varianten. In den 1950er-Jahren wurde Douglas Lilburn einer der ersten international bekannten Klassikkomponisten. In neuerer Zeit hat das Land auf diesem Gebiet einige weltberühmte Musiker hervorgebracht, darunter die Opernsängerin Dame Kiri Te Kanawa, die beliebte Popdiva Hayley Westenra, der Komponist John Psathas (der die Musik für die Olympischen Spiele 2004 kreierte) und der Komponist bzw. Perkussionist Gareth Farr (der auch als Dragqueen unter dem Namen Lilith auftritt). Jede der großen neuseeländischen Universitäten hat ihre eigene Musikschule, die häufig kostenlose Konzerte gibt, welche auch für Besucher offen sind. Weitere groß angelegte Aufführungen werden an verschiedenen Versammlungsorten angeboten, z. B. im Rahmen der Edge-Events in Auckland (S. 136), in der Town Hall bzw. dem Michael Fowler Centre in Wellington (S. 459) und in der Town Hall in Christchurch (S. 597).

Neuseeland hat auch eine starke Rockmusikszene: Besonders bejubelte Exporte sind das verehrte Indie-Label Flying Nun und die Musik der Finn Brothers (S. 53). Flying Nun wurde 1981 von Roger Shepherd, Besitzer eines Plattengeschäfts in Christchurch, gegründet. Viele der frühen Gruppen kamen aus Dunedin, wo die örtlichen Musiker den Do-it-yourself-Anspruch

Gareth Shute hat vier Bücher geschrieben, darunter *Hip Hop Music In Aotearoa* und *NZ Rock 1987–2007*. Als Musiker und Bandmitglied der Ruby Suns und der Brunettes tourte er durch Großbritannien, Europa und Australien. Heute spielt er mit den Conjurors und den Cosbys.

Auf www.nzlive.com wird eine große Bandbreite von kulturellen Veranstaltungen aufgelistet – eine gute Adresse, um Kapa-Haka-Vorstellungen zu finden.

des Punk zu schlichtem Indie-Pop verwandelten, der bei den Leuten von *NME* in Großbritannien und beim Magazin *Rolling Stone* in den USA gut ankam. *Billboard* behauptete 1989 sogar: „Es scheint bei Flying Nun Records nichts unterhalb von herausragend zu geben." Viele Musiker der Flying-Nun-Szene treten auch heute noch live auf, beispielsweise David Kilgour (von The Clean), Martin Phillipps (von The Chills) und Shayne Carter (von den Straitjacket Fits, heute Frontmann von Dimmer). Chick's Hotel (S. 649) in Port Chalmers (bei Dunedin) und das Dux De Lux (S. 596) in Christchurch (und im Winter die Schwesterbar in Queenstown; s. S. 694) sind noch immer Heimat einer blühenden Indie-Rock-Szene. Ebenfalls zu empfehlen ist die Wunderbar (S. 602) in Lyttelton (nahe Christchurch), eine rustikale Location, von der aus man einen fantastischen Blick vom Hügel aus auf den Hafen hat.

Flying Nun wurde vor Kurzem vom einstigen Besitzer Roger Shepherd zurückgekauft und veröffentlicht weiterhin aufregende Musik von neuen Bands wie den Mint Chicks. Weitere junge Indie-Labels sind in der Zwischenzeit auch entstanden, z. B. Lil Chief Records und Arch Hill Recordings. Abenteuerlustigeren Hörern sei gesagt, dass Bruce Russell immer noch in der einflussreichen Untergrundband The Dead C spielt und über sein Label Corpus Hermeticum Musik vermarktet.

Im neuen Jahrtausend hat die neuseeländische Musikszene neues Leben entwickelt, nachdem die Regierung die privaten Radiosender im Land zu einer freiwilligen 20-Prozent-Quote für einheimische Musik überredet hat. Den kommerzieller orientierten Musikern hat dies zu sicheren Karrieren verholfen. Rockgruppen wie Shihad, The Feelers und Op-shop sind unter diesen Bedingungen aufgeblüht, ebenso wie eine ganze Reihe weiblicher Soul-Solokünstler (die zufällig alle Maori-Wurzeln haben): Bic Runga, Anika Moa und Brooke Fraser (die Tochter des All-Black-Spielers Bernie Fraser).

Konzerte und Vorträge klassischer Musik sind auf www.eventfinder.co.nz zu finden. Speziellere Informationen zur neuseeländischen Klassikmusikszene gibt's auf www.sounz.org.nz.

Eines der vollständigsten Verzeichnisse neuseeländischer Bands aus den letzten paar Jahrzehnten gibt's auf www.muzic.net.nz. Eine lebendige Blogger-Community diskutiert auf www.nzmusic.com außerdem lokale Musik.

DIE GEBRÜDER FINN

Es gibt gewisse Melodien, die alle Kiwis mitsingen können, ein Bier und die Gelegenheit vorausgesetzt. Viele dieser Melodien sind von Tim und Neil Finn – viele ihrer Songs sind auch international zu Hits geworden.

Tim Finn wurde in den späten 1970er-Jahren mit der Gruppe Split Enz bekannt. Als deren Gitarrist die Band verließ, flog Neil rüber nach Großbritannien, um Bandmitglied zu werden, obwohl er zu dieser Zeit erst 15 Jahre alt war. Split Enz eroberte sich eine feste Fangemeinde in Australien, Neuseeland und Kanada, bevor sie sich 1985 trennten. Neil gründete dann mit zwei australischen Musikern (Paul Hester und Nick Seymour) Crowded House. Eine ihrer ersten Singles, *Don't Dream It's Over*, schaffte es bis auf Platz 2 der US-Charts. Tim war später für kurze Zeit Mitglied der Band; in diesem Zeitraum schrieben die Brüder *Weather With You*, einen Song, der auf Platz 7 der britischen Charts landete und ihrem Album *Woodface* gute Verkaufszahlen bescherte. Die Originalbesetzung von Crowded House gab 1996 auf den Stufen des Sydney Opera House vor 100 000 Menschen ihr letztes Konzert (auch wenn Finn und Seymour die Band 2007 wiederbelebten, weiterhin touren und gelegentlich auch etwas aufnehmen). Tim und Neil haben beide eine ganze Reihe Soloalben auf den Markt gebracht und taten sich auch einmal für ein gemeinsames Album als Finn Brothers zusammen.

Erst kürzlich erhielt Tims Solokarriere wieder Auftrieb: Einer seiner Songs wurde als Filmmusik in *Die Chroniken von Narnia: Der König von Narnia* verwendet. Neil ist ebenfalls noch im Geschäft; er organisiert Shows und Veröffentlichungen unter dem Namen Seven Worlds Collide, das wiederum eine Zusammenarbeit von bekannten Musikern aus Übersee ist, z. B. Jeff Tweedy (Wilco), Johnny Marr (The Smiths) und Mitgliedern von Radiohead. Tim und Neil wurden beide in der Kleinstadt Te Awamutu geboren. Das hiesige Museum stellt eine Sammlung aus, die das Werk der Jungs dokumentiert (S. 255).

TYPISCHE NEUSEELAND-SONGS

Unten sind 20 Songs aufgelistet, die jeder Kiwi, der was auf sich hält, kennen muss. Wer gerne einen passenden Soundtrack für seinen Neuseelandbesuch hätte, kann sich die folgenden Titel (selbstverständlich auf legale Weise) herunter- und auf den MP3-Player laden, entweder über iTunes oder über die Website www.amplifier.co.nz, die auf das Downloaden neuseeländischer Musik spezialisiert ist. Alternativ kann man auch den Sampler *The Great New Zealand Songbook* durchforsten oder sich eine Sammlung aus der *Nature's-Best*-Reihe besorgen.

Bic Runga (1997) Sway	**Hello Sailor** (1977) Blue Lady
Che Fu and DLT (1996) Chains	**John Rowles** (1970) Cheryl Moana Marie
The Chills (1991) Heavenly Pop Hit	**Kiri Te Kanawa** (diese Version: 1999) Pokarekare Ana
Chris Knox (1990) Not Given Lightly	**Ladyhawke** (2009) Magic
The Clean (1981) Tally Ho	**Savage** (2008) Swing
Crowded House (1986) Don't Dream it's Over	**Scribe** (2003) Not Many
David Dobbyn with Herbs (1986) Slice of Heaven	**Shihad** (1997) Home Again
Dragon (1978) April Sun in Cuba	**Split Enz** (1982) Six Months in a Leaky Boat
The Exponents (1991) Why Does Love Do This to Me?	**Straitjacket Fits** (1987) She Speeds
Fourmyula (1969) Nature	**The Swingers** (1981) Counting the Beat

Aktuelle Termine für Gigs in den großen Zentren findet man auf www. grooveguide.co.nz. Wer sich für Indierock interessiert, wird www. cheeseontoast.co.nz lieben, das umfassende Infos, Veranstaltungen und Interviews/Fotos von lokalen wie internationalen Bands liefert.

Die hiesige Hip-Hop-Szene hat ihren Mittelpunkt in den Vororten von South Auckland, in denen sehr viele Maori und Pazifikinsulaner wohnen. In dieser Gegend ist auch eines von Neuseelands führenden Hip-Hop-Labels, Dawn Raid, zu Hause, dessen Name von den schändlichen frühmorgendlichen Hausdurchsuchungen in den 1970er-Jahren herrührt, die die Polizei bei Pazifikinsulanern vornahm, deren Visa abgelaufen waren. Dawn Raids erfolgreichster Künstler ist Savage, der 1 Mio. Exemplare seiner Single „Swing" verkauft hat, nachdem diese im Soundtrack des Kinofilms *Beim ersten Mal* aufgetaucht war. In Neuseeland sind die Hip-Hop-Acts Scribe, Che Fu und Smashproof (die Band mit der Single, die am längsten auf Platz 1 der Charts war) am bekanntesten. Hip-Hop-Events finden in Auckland an den verschiedensten Veranstaltungsorten statt; die beliebtesten sind das 4:20, das Rising Sun (S. 135) und die funkige Khuja Lounge (S. 135).

Zu Beginn des neuen Jahrtausends wurde Neuseeland nach dem internationalen Erfolg zweier einheimischer Bands, Datsuns und D4, für Garage Rock bekannt. Die Hauptlokalitäten in Auckland für Freunde dieser Musikrichtung sind das Kings Arms (S. 134) und die Cassette Number Nine (S. 135), aber ebenfalls beliebt sind der Wine Cellar und die Whammy Bar (S. 134) in der St. Kevins Arcade (abseits der Karangahape Rd). In Wellington gibt's auch überall Livemusiklocations, vom Mighty Mighty (S. 456) über das San Francisco Bath House (S. 458) bis zur Bodega (S. 458).

Die Dance Music erlebte in den 1990er-Jahren in Christchurch ihre Blütezeit, als dort die beliebte Dub-/Electronica-Formation Salmonella Dub entstand. Auch Drum 'n' Bass ist in manchen Gegenden noch angesagt; zu den international erfolgreichen Künstlern gehören Concord Dawn und Shapeshifter.

Die TV-Show *Popstars*, die in Neuseeland durch ihre Band-Schöpfung True Bliss bekannt wurde, war kurzlebig. Das Showkonzept wurde dann nach Australien, Großbritannien und in die USA exportiert und inspirierte z. B. zu *Deutschland sucht den Superstar*.

In den Sommermonaten kommen Bands auf Tour auch in viele Küstenorte (und treten auch oft in Winzereien auf). Eine wichtige Location in diesem Zusammenhang ist das Leigh Sawmill Café (S. 163) in Leigh (85 km von Auckland entfernt), das außerdem Übernachtungsmöglichkeiten anbietet und sich in der Nähe des beliebten Tauch- und Schnorchelspots Goat Island befindet.

Eine Reihe von Festivals gibt's im Sommer ebenfalls, darunter das legendäre Big Day Out (S. 122), das Neujahrsevent Rhythm & Vines (S. 409) und

das christliche Rockfestival Parachute (www.parachutemusic.com) im Januar (in der Nähe von Wellington). Ebenfalls empfehlenswert ist das Under-
ground-Festival, das jedes Jahr von A Low Hum (www.alowhum.com)
veranstaltet wird. Wer auf Weltmusik steht, mag vielleicht die hiesige Version des Womad (S. 281), die in New Plymouth stattfindet. Einheimische
Acts treten hier genauso auf wie solche aus Übersee – alle kommen aus der
traditionellen Musikszene.

Bildende Künste

Die „Kann ich, mach ich"-Einstellung der Neuseeländer erstreckt sich auch
auf die bildenden Künste. Wer Einheimische zu Hause besucht, wird dort
öfter mal ein Bild an der Wand hängen sehen, das der Eigentümer selbst
gemalt hat, oder im Garten eine Skulptur, die ein Freund aus Muschelscha-
len, Treibholz und einem Stück des magischen Drahts Nr. 8 gebaut hat.

Solche Objekte prägen die blühende Kunst- und Kunsthandwerksszene
vor Ort, die durch praxisnahe Hochschulkurse gepflegt wird, denen am
laufenden Band traditionelle Schnitzer und Weber, Schmuckhersteller,
Multimediaexperten sowie Glas- und Metallkünstler entspringen. In den
größeren Städten gibt's ausgezeichnete Kunstgalerien, die Werke von interessanten einheimischen Künstlern aller Art ausstellen.

Einige der besten Galerien finden sich auch außerhalb von Auckland oder
Wellington. Schon allein die energiegeladene Govett-Brewster Art Gallery
(S. 278) – sie beherbergt das Erbe des Bildhauers und Regisseurs Len Lye –
ist eine Reise nach New Plymouth wert, und die Eastern Southland Gallery
in Gore (S. 742) zeigt eine bedeutende und stetig wachsende Sammlung der
Werke von Ralph Hotere, Rita Angus und anderen.

Die traditionelle Maorikunst hat einen ausgeprägt visuellen Stil mit
detailliert herausgearbeiteten Motiven, die sich neuseeländische Künstler
gleich welcher Herkunft zu eigen gemacht haben. In der Malerei gehören die
kühle Moderne der Arbeiten von Gordon Walter dazu und der eher umstrit-
tene Pop-Art-Ansatz von Dick Frizzells Tiki-Serie. Ähnlich verbreitet sind
Themen und Motive der Pazifikinseln, vor allem in Auckland. Als Beispiel
kann hier das Werk von John Pule dienen, der auf Niue geboren, in Auckland
aufgewachsen und auch als Dichter und Romancier bekannt ist.

Es dürfte niemanden überraschen, dass in einem Land, das so sehr von
seiner natürlichen Umgebung geprägt ist, die Landschaftsmalerei zur ersten
(nacheuropäischen) Kunstrichtung wurde. John Gully und Petrus van der
Velden gehörten zu denen, die kamen und einprägsame – wenngleich mitunter überdramatisierte – Darstellungen des Landes malten.

Etwas später schuf Charles Frederick Goldie eine Serie fesselnder, rea-
listischer Porträts von Maori, die als vom Aussterben bedroht galten. Der
Streit um die politische Korrektheit von Goldies Werk dauerte Jahre, doch
inzwischen wird seine Bedeutung weithin anerkannt – nicht zuletzt, weil die
Maori selbst sie im Allgemeinen als Darstellungen ihrer Ahnen anerkennen
und wertschätzen.

In den 1930er-Jahren wurde die neuseeländische Kunst etwas moderner
und brachte einige der gefeiertsten Künstler des Landes hervor, darunter
Rita Angus, Toss Woollaston und Colin McCahon. McCahon gilt gemeinhin
als bedeutendster Künstler Neuseelands. Seine Bilder mögen rätselhaft, ja
abstoßend wirken, aber selbst dort, wo McCahon in katholischem Mystizismus abtauchte oder ganze Romane aus der Bibel zitierte, war seine Spiritualität im Land verwurzelt. Seine trostlosen, düsteren Landschaften machten
die ungeheure Kraft Neuseelands quasi fassbar. Der Einfluss seiner dramatischen, einfachen Gemälde wird in den Arbeiten gefeierter Künstler der
Gegenwart wie Ralph Hotere und Shane Cotton deutlich.

How Bizarre war 1996 in Europa, Großbritannien, den USA und Australien ein Megahit. Der Song stammte von OMC – eine Abkürzung für „Otara Millionaire's Club", die ironisch die Heimat des Sängers, eines der ärmsten Stadtviertels Aucklands, bezeichnet.

Cass (1936) von Rita Angus wurde 2006 zum besten Gemälde des Landes gewählt. Es hängt in der Christchurch Art Gallery.

Kultur der Maori John Huria

John Huria (Ngai Tahu, Muaupoko) ist Redakteur, Forscher und Schriftsteller mit Schwerpunkt Maoriliteratur und -kultur. Er war Cheflektor des Verlags für Maori-Veröffentlichungen Huia (Neuseeland) und hat ein eigenes Redaktions- und Verlagsbüro, Ahi Text Solutions Ltd. (www. ahitextsolutions.co.nz).

„Maori" bedeutete einst „üblich" oder „alltäglich"; heute jedoch bedeutet es viel mehr … Nun, fangen wir mal so an: In der Welt der Maori gibt es viel Vergangenes, aber auch viel Gegenwärtiges. In manchen Fällen ist die kulturelle Gegenwart die nahtlose Fortsetzung der Vergangenheit, in anderen haben sich die Verhältnisse grundlegend geändert, und manchmal hoffen die Maori auch einfach auf die Zukunft.

Die Maori von heute kann man nicht einfach über einen Kamm scheren. Einige leben ganz in der traditionellen Kultur, andere versuchen, die Traditionen anzupassen und in einen Dialog mit der sich globalisierenden Kultur zu treten. Das Konzept der *whanaungatanga* – Familienbindung – hat einen hohen Stellenwert in der Kultur der Maori. Die Familien bilden *whanau* (Großfamilien), diese wiederum *hapu* (Unterstämme), und diese schließlich gehören großen Stämmen (*iwi*) an. In gewissem Sinne reichen diese Verbindungen über die Welt der Menschen hinaus bis in die Natur und in die Geisterwelt.

Die Maori sind Neuseelands *tangata whenua* („das Volk des Landes"); ihre Beziehung zu dem Land ist aus Hunderten von Jahren der Inbesitznahme entstanden. Einst lebten die Maori überwiegend auf dem Land; heute wohnen viele in den Städten, fern ihrer traditionellen Heimat. Aber noch immer ist es üblich, sich bei förmlichen Anlässen bei der Selbstvorstellung auf seine Herkunft zu beziehen: auf einen Berg, einen Fluss, einen See oder einen Ahnen. Es gibt keinen zweiten Ort wie die Heimat, aber auch anderswo lässt es sich gut leben.

Wer in Neuseeland die Maori erleben will, kann dies nahezu überall tun – bei Kunstdarbietungen, bei Gesprächen, in einer Kunstgalerie, bei einem Ausflug …

MAORIVERGANGENHEIT

Vor rund 3000 Jahren begannen die Menschen, ostwärts in den Pazifik vorzudringen. Dabei hatten sie gegen energische Winde und starke Strömungen zu kämpfen (die Hinfahrt gestaltete sich mühsam, dafür war aber die Rückkehr um so einfacher und sicherer). Einige machten in Tonga und Samoa Halt, andere ließen sich auf den kleinen tropischen Inseln im zentralen Ostpolynesien nieder.

Von Kupes Reise zeugen Spuren rund um Neuseeland: Er hinterließ seine Segel (Nga Ra o Kupe) nahe Cape Palliser in Gestalt dreieckiger Landmassen, benannte die zwei Inseln im Hafen von Wellington nach seinen Töchtern Matiu und Makoro, und sein Blut färbte die Felsen an der Südküste von Wellington rot.

Die Maori kamen ursprünglich aus einem Land, das sie Hawaiki nennen, als sie Aotearoa kolonisierten. Kundige Seefahrer und Segler steuerten mithilfe navigatorischer Hilfsmittel – Strömungen, Winde, Sterne, Vogelzüge, Wellenmuster – ihre großen, ozeantüchtigen, mit doppeltem Rumpf versehenen Schiffe (Auslegerkanus) über den Pazifik zu dem neuen Land. Der erste von vielen war der große Seefahrer Kupe, der der Legende nach das Land fand, als er einen großen Kraken namens Muturangi jagte. Seinen bekannten Maorinamen Aotearoa aber hat Neuseeland ihm zu verdanken, sondern seiner Frau Kuramarotini, die ausrief: *„He ao, he ao tea, he ao tea roa!"* („Eine Wolke, eine weiße Wolke, eine lange, weiße Wolke!").

Kupe und seine Besatzung umrundeten das ganze Land, und viele Orte rund um die Cook Strait (die die Nord- von der Südinsel trennt) und um Hokianga in Northland tragen noch heute die Namen, die sie ihnen einst gaben; auch die Spuren der Überfahrt sind noch zu sehen. Kupe taufte Hokianga in Northland und kehrte von dort aus nach Hawaiki zurück, wo er sein wertvolles nautisches Wissen an andere Seefahrer weitergab. Und dann kamen die großen *waka* (ozeantüchtige Schiffe).

Diese ozeantüchtigen Boote, mit denen die ersten Siedler ins Land kamen, und ihre Anlegestellen wurden durch die Stammesgeschichten vor dem Vergessen bewahrt. Berühmte *waka* sind z.B. *Takitimu, Kurahaupo, Te Arawa, Mataatua, Tainui, Aotea* und *Tokomaru*. Natürlich gibt's noch viele weitere. Die Maori führen ihre Ahnenreihe bis auf jene zurück, die in den *waka* ins Land kamen (und sogar noch weiter).

Wie wohl der Umzug von ihren kleinen tropischen Inseln auf eine viel größere und kühlere Landmasse gewesen sein mag? Auf Wiedersehen, Brotfrucht, Kokosnüsse und Papier-Maulbeerbäume – seid gegrüßt, Moas, Adlerfarn und Flachs! Und dazu (relativ gesehen) immens viel Land. Neuseeland hat eine Küstenlinie von mehr als 15 000 km Länge, Rarotongas Küstenlinie zum Vergleich ist gerade einmal etwas mehr als 30 km lang. Es gab viel Fläche und eine Tier- und Pflanzenwelt, die sich 80 Mio. Jahre lang vom Rest der Welt unbeeinflusst entwickelt hatte. Es gab gewaltige, unberührte Fischgründe. Es gab, bildlich gesprochen, ganze Supermärkte voller Meeressäuger – Robben und Seelöwen – und eine sagenhafte Vielfalt von Vögeln.

Die frühen Siedler zogen umher, getrieben von Liebe, Handelschancen oder der Aussicht auf größere Ressourcen, aber auch von Streitigkeiten und der Bedrohung durch andere Stämme. Wo die Maori sich niederließen, begründeten sie *mana whenua* (örtliche Gemeinwesen), teils mithilfe von Kriegszügen, teils auf friedlichem Wege durch Diplomatie und wechselseitige Heiraten. Anhand der Stammesgeschichte kann man diese vielen Bündnisse, Eingliederungen von Stämmen in andere und auch die Auslöschungen nachverfolgen.

Die Geschichten wurden mündlich in Form von Erzählungen, Liedern und Gesängen überliefert. Auf die genaue Wiedergabe wurde großer Wert gelegt, denn in einer Kultur ohne Schrift ersetzen die Menschen die Bibliotheken und das Vergangene ist immer nur eine oder zwei Generationen vom Vergessenwerden entfernt.

Die Maori lebten in *kainga*, kleinen Dörfern, denen oft große Gärten angeschlossen waren. Die Unterkünfte waren, verglichen mit dem heutigen Standard, sehr beengt – oft konnte man kaum aufrecht darin stehen. Dann und wann verließen die Menschen ihr Dorf, um Lebensmittel der jeweiligen Jahreszeit zu ernten. Bei kriegerischen Konflikten zogen sie sich in ihre *pa* (befestigte Wohnanlagen) zurück.

Und dann kamen die Europäer (s. S. 30).

MAORIGEGENWART

Die heutige Maorikultur ist von neuen Entwicklungen in den Künsten, der Geschäftswelt, dem Sport und der Politik geprägt. Nach wie vor wird historischer Groll gehegt, aber einige *iwi* (beispielsweise Ngai Tahu und Tainui) haben die geschichtlichen Streitigkeiten beigelegt und gehören heute zu den Hauptkräften in der neuseeländischen Wirtschaft. Auch gegen den Niedergang ihrer Sprache haben die Maori mit der Gründung von *kohanga reo*, *kura kaupapa Maori* und *wananga* (Vorschulen, Schulen und Universitäten, in denen Maori gesprochen wird) etwas unternommen. Heute gibt es wieder Menschen, deren Muttersprache Maori ist. Es besteht ein Netzwerk von Rundfunkstationen, die auf Maori senden, und auch das Maorifernsehen hat seine treuen Fans. Immer größerer Beliebtheit erfreut sich die wiederentdeckte Maorifeier Matariki, das Maorineujahr. Matariki ist auch die Maoribezeichnung für das Sternbild der Plejaden (Siebengestirn). Dieses ist ab Ende Mai oder Anfang Juni am Himmel zu sehen, und sein Erscheinen läutet traditionell eine Zeit des Lernens, der Planung und der Vorbereitung ein, aber auch des Singens, Tanzens und Feierns. In dieser Zeit werden

Bei der ersten Ankunft in Neuseeland entdeckten zwei Mitglieder der Besatzung der *Tainui* die roten Blüten des Pohutukawa-Baums und warfen ihren wertvollen roten Federschmuck fort: Sie glaubten, derlei finde man am Strand in Hülle und Fülle.

Maorilegenden berühren einen in ganz Neuseeland: Mauis *waka* sind die heutigen Southern Alps; ein *taniwha* formte in seinem Todeskampf den Lake Waikaremoana und der verstoßene Mt. Taranaki verließ das Gebirge im Zentrum der Nordinsel und ging ins Exil, wobei er dem Whanganui River seinen Weg bahnte.

DIE ERSCHAFFUNG DER WELT

In der Schöpfungsgeschichte der Maori war zu Anfang die Leere, es folgte die Nacht, dann entstanden Rangi-nui und Papa-tu-a-nuku (der Himmelsvater und die Erdmutter), die miteinander verschlungen waren und ihre Kinder zwischen sich hegten. Aber das Nest wurde zu eng, die Kinder verkümmerten in der Dunkelheit der Umarmung. Da sie sich nicht entfalten und in der Dunkelheit nicht gut sehen konnten, versuchten die Kinder, ihre Eltern zu trennen. Tawhiri-matea, der Windgott, stürmte gegen die beiden; Tu-mata-uenga, der Kriegsgott, griff sie an. Ein Götterkind nach dem anderen versuchte, sie zu trennen, aber noch immer drängten sich Rangi und Papa aneinander. Da jedoch stemmte Tane-mahuta, der Gott der großen Wälder und der Menschheit, seine Füße gegen den Vater und seinen Rücken gegen die Mutter und langsam, aber unaufhaltsam drückte er sie auseinander: Die Welt des Lichts, der Halbgötter und der Menschen entstand.

In diese Welt des Lichts hinein wurde Maui geboren, der Ahnen-Halbgott. Nach der Geburt wurde er auf dem Meer ausgesetzt und im Dutt seiner Mutter schwimmend gefunden. Er war ein Gestaltwandler: Mal nahm er die Gestalt einer Taube an, mal die eines Hundes oder die eines Aals – ganz wie es ihm gerade passte. Er stahl den Göttern das Feuer. Mit dem Gebiss seiner Großmutter schubste er die Sonne zurück, sodass sie nur langsam über den Himmel ziehen konnte und die Menschen genug Zeit hatten, um tagsüber ihre Sachen zu erledigen (wenn er das doch nur noch einmal machen würde!). Mit der Südinsel als Kanu und dem Gebiss der Großmutter als Haken angelte er sich Te Ika a Maui (den Fisch des Maui) – die Nordinsel. Das Ende ereilte Maui, als er versuchte, den Tod zu besiegen. Hine Nui Te Po, die Todesgöttin, hatte Obsidianzähne in ihrer Vagina. (Obsidian ist ein vulkanisches Gesteinsglas mit rasiermesserscharfen Kanten.) Maui versuchte, die Geburt umzukehren und damit den Tod zu besiegen: Als sie schlief, kroch er in ihren Geburtskanal, um bis an ihr Herz vorzudringen. Ein kleiner Vogel, ein Graufächerschwanz, brach bei dem absurden Anblick in Gelächter aus. Daran erwachte Hine Nui Te Po und zerquetschte Maui zwischen ihren Hüften – 1:0 für den Tod!

Diskussionen und Vorträge, Konzerte, Abendessen und sogar richtige Bälle veranstaltet.

Eine Übersicht über die *iwi* sowie eine gute Liste von *iwi*-Websites gibt's bei Wikipedia (www.wikipedia.de, Suchbegriff: „Liste der Iwi der Māori").

RELIGION

Christliche Kirchen und Konfessionen spielen eine wichtige Rolle für die Maori: Es gibt einfach alles, von Fernsehpredigern über große Kirchen für regelmäßige und gelegentliche Kirchgänger bis hin zu zwei großen Maorikirchen (Ringatu und Ratana).

Vor den jüdisch-christlichen Einflüssen aber gab es die *atua Maori*, die Maorigötter, und für viele Maori sind diese noch immer eine lebendige und relevante Instanz. Es ist z. B. üblich, bei einer offiziellen Ansprache in einer *marae* (Versammlungshaus) die Erdmutter und den Himmelsvater zu begrüßen. Die Götter werden in Bildnissen und Schnitzereien dargestellt, man besingt sie in *waiata* (Liedern) und ruft sie an in *karakia* (Gebet und Beschwörung), wenn ein Versammlungshaus eröffnet, ein *waka* vom Stapel gelassen oder auch nur eine Mahlzeit serviert wird. Man spricht von ihnen in den *marae* und in anderen maorispezifischen Zusammenhängen. Die traditionelle Schöpfungsgeschichte der Maori ist allseits bekannt und wird weithin gefeiert (s. Kasten oben).

KUNST

Es gibt viele Sammlungen von Maori-*taonga* (Schätzen) im ganzen Land. Zu den größten und umfassendsten Sammlungen gehören die des Te Papa Museum in Wellington (S. 446) sowie die des Auckland Museum (S. 107). Auch das Canterbury Museum (S. 581) in Christchurch zeigt einen guten Bestand, und im West Coast Historical Museum (S. 556) in Hokitika gibt's eine spezielle Ausstellung nur zur Geschichte der *pounamu* (Jade).

Um in Sachen Maorikunst auf dem Laufenden zu bleiben, sind das Magazin *Mana* (bei den meisten Zeitungshändlern erhältlich), die *iwi*-Rundfunksender (www.irirangi.net) und die wöchentlichen Podcasts von Radio New Zealand (www.radionz.co.nz/genre/maori,pacific) zu empfehlen. Auch im Maorifernsehen gibt's regelmäßig Beiträge über Maorikunst – das Programm findet sich auf www.maoritelevision.com.

Das Maorifernsehen ging 2004 auf Sendung, und für viele Maori war es sehr aufwühlend, endlich die eigene Kultur, die eigenen Probleme und die eigene Sprache in einem Massenmedium zu finden. Über 90 % des Programms sind neuseeländische Eigenproduktionen; die Sendungen sind auf Maori oder Englisch, jeweils untertitelt und damit für jeden verständlich. Wer aus dem Fernsehsessel einen Eindruck vom Rhythmus dieser Sprache gewinnen möchte, sollte Te Reo einschalten, einen Kanal, der ausschließlich Sendungen auf Maori zeigt.

Ta moko

Ta moko ist die Tätowierkunst der Maori. Traditionell tragen Männer Tätowierungen im Gesicht, auf Hüften und Hintern, Frauen hingegen nur auf Kinn und Lippen. *Moko* waren permanente Muster aus Pigmenten (hergestellt aus verbrannten Raupen oder dem Fleisch der Kaurimuschel), die mit Meißeln aus Knochen eingeritzt wurden: Für die Grobarbeit verwendete man feine, scharfe Kämme, für die Details gerade Klingen. Die Museen in Auckland, Wellington und Christchurch stellen die traditionellen Werkzeuge für *ta moko* aus.

Heute sind die modernen Tattoomaschinen weit verbreitet, aber bei Maori, die sich der Tradition verbunden fühlen, ist auch der Knochenmeißel wieder im Einsatz. Seit dem Wiederaufleben der Maorikultur in den 1960er-Jahren betätigen sich viele Künstler im *ta-moko*-Bereich und heute tragen eine Menge Maori ihre *mokos* mit stillem Stolz und Bescheidenheit.

Ist diese Kunst auch etwas für Besucher, kann man sich auch tätowieren lassen? Ja. Der Begriff *kirituhi* („Hautinschrift") bezeichnet von Maorimotiven inspirierte moderne Tattoos, die auch Nicht-Maori tragen dürfen. Wer Genaueres über *ta moko* erfahren oder sich ein *kirituhi* verpassen lassen möchte, sollte als erstes einen Blick auf www.tamoko.org.nz werfen: Auf der Website findet man Zeitungsartikel, Galerien und Links zu Künstlern in Neuseeland.

Schnitzkunst

Traditionelle Maorischnitzereien faszinieren den Betrachter mit ihren feinen Details und den gekrümmten Linien. Die Werke sind umso erstaunlicher, als sie vor Aufkommen des Eisens (als Nägel plötzlich sehr beliebt wurden) ausschließlich mit mühsam hergestellten Steinwerkzeugen geschaffen wurden.

Einige der wichtigsten Motive der Schnitzkunst sind *waka* (Kanus), *pataka* (Vorratshäuser) und *wharenui* (Versammlungshäuser). Erstklassige Exemplare zeigen neben dem Te Papa Museum (S. 446) in Wellington u. a. auch die folgenden Museen und Galerien:

Auckland Museum (S. 107) Hier gibt's eine spezielle Maoriabteilung.

Hell's Gate (S. 370) In der Nähe von Rotorua; hier sind täglich Schnitzer bei der Arbeit zu beobachten.

Otago Museum (S. 639) Dunedin; hier findet man hübsche alte Schnitzereien (*waka* und *whare runanga*).

Parihaka (S. 292) Historische Stätte am Surf-Highway 45, Taranaki.

Putiki Church (S. 298) In Whanganui; das Innere der Kirche ist mit Schnitzereien und *tukutuku* (Wandreliefs) bedeckt.

Je nach Region erfüllen die Geschlechter beim *powhiri* bestimmte Rollen: Die Frauen (*karanga*) rufen, die Männer halten Reden (*whaikorero*); die Frauen führen zur *marae*, die Männer sitzen auf der *paepae* (Rednerbank vorne). Heutzutage werden solche Unterschiede kritisiert.

Ausführliche Infos, beeindruckende Bilder und einen bewegenden Kommentar bietet Ngahuia Te Awekotukus *Mau Moko: The World of Maori Tattoo* (2007).

Taupo Museum & Art Gallery (S. 319) Mit Schnitzereien verziertes Versammlungshaus.
Te Manawa (S. 309) Palmerston North; Museum mit Schwerpunkt auf Maorikunst.
Waikato Museum (S. 246) Hamilton; ein wunderschön geschnitztes *waka taua* (Kriegskanu) ist
zu sehen.
Wairakei Terraces Taupo (S. 329) Mit Schnitzereien verziertes Versammlungshaus.
Waitangi Treaty Grounds (S. 184) *Whare runanga* und *waka taua.*
Whakarewarewa Thermal Village (S. 355) Rotorua; im „Museumsdorf" werden Schnitzerei-
en, andere Kunst, ein Versammlungshaus und Vorführungen geboten.
Whanganui Regional Museum (S. 297) Ein wunderschönes, geschnitztes *waka* (Kanu).

Der Höhepunkt der heutigen Schnitzkunst ist das *whare whakairo* (mit
Schnitzereien verziertes Versammlungshaus). Die Gruppe, die den Auftrag
erteilt, erzählt dem Bildschnitzer ihre Geschichte und die ihrer Ahnen. Der
Künstler bringt dann unter symbolischer Verwendung (oft sehr frei inter-
pretierter) traditioneller Motive das Erzählte und die Ahnengestalten auf
Holz oder Sperrholzplatten.

Das Rongomaraeroa Marae, geschaffen von Cliff Whiting und zu sehen
im Te Papa in Wellington, ist ein farbenfrohes Beispiel für die zeitgenössische
Adaption einer traditionellen Kunstform. Die größte Veränderung in der
Schnitzkunst war – wie in den meisten traditionellen Kunstformen – der
Einsatz von neuen Materialien und Werkzeugen. Rangi Kipa etwa benutzt
für sein *hei tiki* ein synthetisches Polymer namens Corian, einen Stoff, aus
dem sonst Küchenarbeitsplatten gemacht werden. Infos über seine Galerie
gibt's auf www.rangikipa.com.

Webkunst

Weben war einst ein wichtiges Kunsthandwerk; mit dieser Technik wurden
Kleidung, Netze und Taue, festes Schuhwerk für unwegsames Gelände,
Matten für Tonfußböden und *kete* (Taschen) hergestellt. Viele Erzeugnisse
dieser Kunst sind schön und praktisch zugleich. Manche Stücke waren
wahre Lebenswerke – die Herstellung von *korowai* (Umhängen) konnte
durchaus Jahre dauern. Sie wurden vorwiegend aus Flachs und Vogelfedern
gewebt; heute trägt man die allseits bewunderten Stücke zu zeremoniellen
Anlässen.

Wenn man mit der Verarbeitung natürlicher Materialien zum Allgemein-
wohl beitrug, musste man auch für den nötigen Nachschub an Rohmaterial
und dessen Funktionsfähigkeit sorgen. Dafür waren genaue Vorschriften
notwendig und die Frauen waren zum Weben unter der Schutzherrschaft
der Götter berufen. Heutzutage wird die Tradition zwar hochgehalten, aber
nicht alle Traditionen werden auch ausgelebt.

Flachs war (und ist noch immer) ein bevorzugtes Material für die Webkunst. Um aus den Flachsblättern eine widerstandsfähige Faser zu gewinnen,
wurde zuerst das Fleisch der Blätter mit einer Muschelschale vorsichtig
abgekratzt. Dann klopfte man die Faser, bis sie weich war, färbte sie, und
schließlich wurde sie getrocknet. Heute jedoch werden alle möglichen Materialien verwendet: Bast, Kupferdraht, Gummi – ja, sogar Fleece und Gar-
tenschläuche!

Infos zur heutigen
Maorikunst findet man
bei Toi Maori auf www.
maoriart.org.nz.

DIE BEZIEHUNG ZUM LAND

Wer etwas über das Verhältnis der *tangata whenua* zu ihrem Land erfahren möchte, sollte
auf die Straße gehen und das persönliche Gespräch mit den Maori suchen. Welche konkreten
Möglichkeiten es dazu gibt, erläutern die „Maori"-Kästen, die in den einzelnen Regionenkapiteln
zu finden sind.

Den besten Einblick in die Webkunst bekommt man bei einem der vielen Weber, die eigene Werkstätten haben. Wenn man das Handwerk kennt, weiß man die prachtvollen Arbeiten in den Museen erst richtig zu schätzen. Und wer auf den Geschmack gekommen ist: Gewebte *kete* und Rucksäcke sind mittlerweile modische Accessoires und werden in den meisten Städten zum Kauf angeboten. Webkunst kann man außerdem im ganzen Land in Kunstgalerien erwerben.

Haka

Haka zu beobachten, kann einem schon einen Adrenalinstoß versetzen, wie 1929 ein Pakeha-Beobachter feststellte, der sich an eine dunkle, satanische Fabrik erinnert fühlte: „Die Leute sahen aus wie Teufel aus der Hölle, die von irgendeinem Mechanismus angetrieben wurden." So ein *haka* kann Furcht einflößen, aber er kann auch Mut machen. Er ist nicht bloß ein Kriegstanz: Mit ihm begrüßt man auch Besucher, lobt besondere Leistungen, bringt die eigene Identität zum Ausdruck oder tut nachdrücklich seine Meinung kund.

Ein *haka* besteht traditionell aus gesungenen Texten, schnellen Bewegungen und dem *pukana* (Mienenspiel; die Darsteller schneiden dabei Grimassen, verdrehen die Augen, bis das Weiße darin zu sehen ist, oder strecken die Zunge heraus).

Der berühmte *haka* „Ka Mate", den die All Blacks immer vor ihren Rugbyspielen aufführen, ist dem verschlagenen Kriegshäuptling Te Rauparaha gewidmet. Dessen Errettung vor dem Tod wird damit gefeiert, und die sah folgendermaßen aus: Er wurde von seinen Feinden verfolgt und versteckte sich in einem Futtersilo. Als die Feinde verschwunden waren, befreite ihn ein Freund, der Häuptling Te Whareangi (der „haarige Mann", der in dem *haka* auftaucht), Te Rauparah stieg hinauf ans Tageslicht und führte einen Freudentanz auf – den „Ka Mate".

Haka kann man bei verschiedenen kulturellen Veranstaltungen erleben: im Mitai Maori Village (S. 356), im Tamaki Maori Village (S. 356), in Te Puia (S. 354) und im Whakarewarewa Thermal Village (S. 355) in Rotorua, bei den Katoro Waka Heritage Tours (S. 586) und bei Ko Tane (S. 581) in Christchurch, bei Maori Tours (S. 501) in Kaikoura und bei Myths & Legends Eco-tours (S. 483) in Picton.

Die zweifellos spektakulärsten *haka*-Darbietungen sind beim Te Matatini National Kapa Haka Festival (www.tematatini.org.nz) zu sehen: Hier treten die besten Gruppen Neuseelands gegeneinander an. Das Festival findet alle zwei Jahre statt, das nächste steigt 2011 in Gisborne.

Zeitgenössische bildende Kunst

Die bildende Kunst der Maori ist im Wesentlichen von der Spannung zwischen traditionellen Vorstellungen und modernen künstlerischen Ausdrucksweisen und Trends geprägt. Shane Cotton etwa schuf eine Reihe von Arbeiten in Anlehnung an die bemalten Versammlungshäuser aus dem 19. Jh., die ihrerseits nach dem Vorbild der traditionellen, mit Schnitzereien verzierten Versammlungshäuser der Maori entstanden waren. Ein anderer Künstler, Kelcy Taratoa, verbindet Spielzeug, Comic-Helden und Motive aus der städtischen Popkultur mit Mustern aus der Webkunst und der Schnitzerei.

Natürlich greifen längst nicht alle Maorikünstler auf Maorimotive zurück. Ralph Hotere z. B. ist ein wichtiger neuseeländischer Künstler und, wie er selbst sagt, nur „zufälligerweise Maori". Seine lebenslangen Experimente mit der Farbe Schwarz haben mehr mit Modernismus zu tun als mit einem traditionellen *marae*-Hintergrund.

Vor der Rundreise durch Neuseeland unbedingt eine Manaaki-Karte mitnehmen – mit dieser kleinen Karte bekommt man Rabatte in den meisten Touristenattraktionen, die von Maori betrieben werden. Außerdem ist sie zugleich eine Telefonkarte. Nähere Infos gibt's auf www.manaaki.co.nz.

Ausführliche Beschreibungen der Maorisitten finden sich in Hirini Moko Meads *Tikanga Maori*, in *Visiting a Marae* von Pat und Hiwi Tauroa sowie in Anne Salmonds *Hui*.

BESUCH EINER *MARAE*

Bei der Reise durch Neuseeland trifft man auf viele *marae*-Anlagen. Oft gehören sie einer durch ihre Abstammung verbundenen Gruppe oder auch städtischen Maorigemeinden, Schulen, Universitäten oder Kirchengemeinden. Nach Vereinbarung mit den Besitzern kann man sie in der Regel besichtigen. Einige *marae*, die besucht werden können: die Huria Marae (S. 375) in Tauranga, die Koriniti Marae an der Whanganui River Road (S. 307) und die Te Papa Museum Marae in Wellington (S. 446).

Zu einer *marae*-Anlage gehört ein *wharenui* (Versammlungshaus), das häufig einen Ahnen verkörpert. Der Dachfirst ist sein Rückgrat, die Sparren sind seine Rippen; das Haus schützt seine Nachkommen. Vor dem *wharenui* gibt es einen freien Platz, den *marae atea*. Manchmal sind auch noch ein *wharekai* (Speisesaal), ein Sanitärblock mit Toilette und Dusche und sogar Unterrichtsräume, Spielzimmer oder dergleichen vorhanden.

Hier werden Versammlungen *(hui)* abgehalten, Fragen diskutiert, Kurse gegeben, Jubiläen gefeiert und die Toten verabschiedet. Man spricht – manchmal nur – Te reo Maori (die Maorisprache).

Wenn die *hui* länger als einen Tag dauert, schlafen die Besucher im Versammlungshaus auf Matratzen, die auf dem Fußboden ausgebreitet werden. Irgendjemand hat vielleicht eine Gitarre dabei, und die Nacht verstreicht beim Erzählen von Geschichten und Scherzen.

Das *powhiri*

Besucht man eine *marae* im Rahmen einer organisierten Tour, wird man mit einem *powhiri* begrüßt. Die üblichen Zeremonien, die darunter zu verstehen sind, sind die folgenden:

Zu Anfang gibt es meist einen *wero* (Kampfforderung). Ein Krieger mit einem *taiaha* (Schlagstock) tritt vor die Besucher und legt den Stock nieder, damit ein Besucher ihn aufnehmen kann.

Dann folgt der *karanga* (zeremonieller Zuruf). Eine Frau aus der Gruppe der Gastgeber ruft den Besuchern zu, eine Frau aus der Besuchergruppe antwortet. Die langen, hohen und singenden Anrufe vermischen sich, die Besuchergruppe tritt auf den *marae atea* vor. Nun ist es Zeit für *whaikorero* (Reden halten), die Gastgeber begrüßen die Besucher, diese antworten. Die Reden werden mit einem *waiata* (Lied) abgeschlossen; dann legt der Sprecher der Besucher ein *koha* (Geschenk, in der Regel ein Geldumschlag) in die *marae*. Die Gastgeber laden die Besucher zum *hariru* (Händeschütteln) und zum *hongi* (s. unten) ein. Nun herrscht Einigkeit zwischen Besuchern und Gastgebern und man teilt sich eine kleine Erfrischung oder eine Mahlzeit.

Das *hongi*

Stirn und Nase werden fest gegeneinander gepresst, man schüttelt sich die Hände und spricht eine Grußformel wie „Kia ora" oder „Tena koe". Manche bevorzugen einen längeren Stirn-Nase-Druck (2–3 Sek. oder länger), andere zwei kürzere hintereinander. Männer und Frauen küssen sich manchmal auch auf eine Wange. Manche Leute glauben, beim *hongi* würden nur die Nasen gegeneinander gedrückt (wäre unangenehm!) oder aneinander gerieben (noch unangenehmer!).

Das *tapu*

Tapu (spirituelle Verbote) und *mana* (Macht und Ansehen) werden in der Welt der Maori ernst genommen. Man setzt sich auf Stühle oder angebotene Plätze, aber nie auf einen Tisch. Menschen, die auf dem Boden liegen, umgeht man, man darf nicht über sie steigen. Das *powhiri* ist *tapu*, Essen während eines *tapu* ist eine schwere Beleidigung. Man darf erst essen und trinken, wenn die Gastgeber dazu einladen. Aber keine Sorge, man muss weder hungern noch dürsten: *mana-akitanga* (Großzügigkeit) ist unter den Maori eine hoch geschätzte Tugend.

Zeitgenössische Maorikunst ist keinesfalls nur auf Malerei beschränkt. Viele Künstler bedienen sich bevorzugt der Installation – bemerkenswert sind hier etwa die Arbeiten von Jacqueline Fraser und Peter Robinson.

In den größeren Zentren gibt's einige wunderbare Dauerausstellungen von bildender Kunst der Maori. Einen guten Bestand haben die Kunstgalerien in Auckland und Christchurch sowie das Te Papa in Wellington.

Zeitgenössisches Theater

In den 1970er-Jahren wagten sich erstmals viele Maori-Theaterschreiber mit ihren Stücken an die Öffentlichkeit; heute ist das Theater ein wichtiger Bestandteil der Maorikultur. Das Maoritheater war stark an die Traditionen der *marae* gebunden: Statt das Licht auszumachen und direkt mit der Vorstellung anzufangen, begannen viele Maori-Schauspieltruppen mit einem stilisierten *powhiri* (s. S. 62), gaben dem Publikum Raum für Reaktionen auf das Stück und endeten mit einem *karakia* (Segensspruch oder Gebet) oder einer Verabschiedung.

Taki Rua führt seit mehr als 25 Jahren Maoritheater für Kinder und Erwachsene auf. Seine Truppe zeigt ihre Stücke in den großen Städten, geht mit den meisten aber auch auf Tour – das aktuelle Programm findet sich auf der Website www.takirua.co.nz. Maoridramen sind auch häufig zu sehen in den offiziellen Theaterhäusern der großen Städte sowie beim alle zwei Jahre stattfindenden New Zealand International Festival. Hone Kouka und Briar Grace-Smith (deren Stücke es auch in Buchform gibt) haben ihre Werke überall in Neuseeland sowie bei Festivals in Großbritannien gezeigt.

Moderner Tanz

Der moderne Tanz der Maori ist vielfach vom *kapa haka* und der traditionellen Bilderwelt der Maori inspiriert, wie auch von deren Lebensweise vor Ankunft der Europäer. So machte der Maorichoreograf Moss Patterson *kokowai* (eine Körperfarbe aus rotem Lehm und Haifischöl) zum Thema seiner jüngsten gleichnamigen Tanzaufführung.

Neuseelands führende auf Maoritanz spezialisierte Truppe ist das Atamira Dance Collective (www.atamiradance.co.nz). Seit 2000 zeigt es von den Kritikern bejubelte, schöne und anspruchsvolle Arbeiten. Wenn einem das zu ernst erscheint, mag man vielleicht eher die Choreografien von Mika Torotoro, der in seinen Arbeiten unbekümmert *kapa haka,* Travestie, Oper, Ballett und Disco mixt. Kostproben in Videoform bekommt man auf www. mika.co.nz.

Musik spielt eine wichtige Rolle in der traditionellen und zeitgenössischen Kultur der Maori; Details auf S. 52.

Maorifilm

Es gab zwar schon früher erfolgreiche Maori-Dokumentarfilme (*Patu!* und die Serie *Tangata Whenua* sind brillant; man bekommt sie in einigen städtischen Videotheken), aber der erste abendfüllende neuseeländische Spielfilm eines Maoriregisseurs erschien erst 1987: *Ngati* von Barry Barclay. Mereta Mita, die erste Maoriregisseurin, drehte ihren Spielfilm *Mauri* im Jahr 1988. Sowohl Mita als auch Barclay verfolgten hochgesteckte politische Ziele und Arbeitsweisen: Während langer Arbeitsphasen im Vorfeld berieten sie sich mit den *kaumatua* (Stammesältesten) und holten deren Meinungen ein. Andere Filme, an denen Maori beteiligt waren oder Regie führten, sind der erschütternde Streifen *Die letzte Kriegerin* und der erhebende *Whale Rider*. Der für die Oscar-Vorauswahl nominierte Taika Waititi, der der Ahnenreihe von Te Whanau-a-Apanui entstammt, schrieb und drehte den Film *Eagle vs. Shark*.

Das New Zealand Film Archive (www.filmarchive.org.nz) ist ein super Ort, um den Maorifilm kennenzulernen; die meisten Vorführungen hier sind entweder kostenlos oder zumindest verhältnismäßig günstig. Die Institution betreibt auch Zweigstellen in Auckland (s. S. 136) und Wellington (S. 443).

Der erste neuseeländische Hip-Hop-Song, der ein großer Hit wurde, war „Poi E" von Dalvanius Prime, gesungen (ausschließlich in Maori) vom Patea Maori Club. Der Song verkaufte sich 1984 in Neuseeland besser als alle Platten von ausländischen Künstlern.

Maoriliteratur

Es gibt viele Novellen und Sammlungen von Kurzgeschichten, deren Autoren Maori sind. Die Auswahl hängt ganz vom persönlichen Geschmack ab.

Eine Möglichkeit ist es, sich der Maoriliteratur nach Regionen zu nähern: In der Gegend um Wellington etwa wäre Patricia Grace (*Potiki; Drei Cousinen; Dogside Story; Tu*) die richtige Lektüre, an der Ostküste der Nordinsel vielleicht Witi Ihimaera (*Pounamu, Pounamu; The Matriarch; Bulibasha; Whale Rider*), für die Südinsel empfiehlt sich Keri Hulme (*Unter dem Tagmond; Stonefish*). Alan Duff (*Warriors*, Grundlage des Films *Die letzte Kriegerin*) kann man überall lesen, allerdings nur, wenn man bereit ist, sich deprimiert, traurig oder schockiert zu fühlen. An den Westküstenstränden von Auckland oder den Ninety Mile Beach von Northland ist James George (*Hummingbird; Ocean Roads*) ein prima Reisebegleiter. Paula Morris (*Queen of Beauty; Hibiscus Coast; Trendy but Casual*) und Kelly Ana Morey (*Bloom; Grace is Gone*) passen nach Auckland.

Sonst noch was? Wer Gedichte mag, sollte den Giganten der Maoridichtung in englischer Sprache nicht übersehen, den verstorbenen und betrauerten Hone Tuwhare (*Was wirklicher ist als Sterben*). Seine Gedichte kann man wirklich überall lesen: Man fühlt sich dabei gleichzeitig wie in der Kirche und in der Kneipe.

Essen & Trinken Lauraine Jacobs

Der weltweit gute Ruf Neuseelands als Produzent gesunder und umwelt-
schonender Nahrungsmittel kommt nicht von ungefähr: Das gemäßigte
Klima, der fruchtbare Boden und die Balance zwischen Sonne und Regen
garantieren gute Ernten für den einheimischen Markt und für den Export.
Zudem legt man hier viel Wert auf Frische und Natürlichkeit der Produkte.

Wer sich gut beraten lässt und sich etwas mit den regionalen Spezialitäten
auskennt, wird auf seiner Reise unvergessliche kulinarische Abenteuer erleben.

Lauraine Jacobs ist eine preisgekrönte Gastro-Autorin und Redakteurin der Zeitschrift Cuisine. Die leidenschaftliche Liebhaberin von neuseeländischem Wein und Essen tingelt auf der Suche nach kulinarischen Highlights und Neuheiten durch das ganze Land.

VOM *HANGI* ZUR INTERNATIONALEN KÜCHE

In voreuropäischer Zeit ernährten sich die Maori hauptsächlich von Fisch,
Vögeln und Wurzelgemüse wie Kumura (Süßkartoffeln, die sie aus Polynesien mitbrachten und in Neuseeland anbauten). Die Mahlzeiten wurden oft
in einer in die Erde gegrabenen Grube, genannt *hangi*, gegart.

Die ersten europäischen Siedler (überwiegend Briten) brachten Rinder,
Schafe und Schweine ins Land, und für mehr als ein Jahrhundert erinnerte
die Ernährung der Kiwis an die im Vereinigten Königreich vor dem Krieg
übliche eher einfallslose Kost: Es gab viel Brot und Kartoffeln, alles wurde
überwiegend gebraten und gekocht, und zum Abendessen aß man im ganzen
Land jeden Tag Fleisch (Hammel und Rind) mit drei Gemüsesorten.

Viele kochen auch heute noch so und ergänzen das Ganze durch Besuche
bei den international bekannten Fastfood-Ketten, die es im ganzen Land
gibt. Doch in den letzten 30 Jahren haben sich die Essgewohnheiten stark
verändert, hin zu einer abwechslungsreichen, von der internationalen Küche
inspirierten Ernährung. Neuseeland hat sich Asien und den Inseln im Pazifik angenähert und die Einwanderer aus diesen Gebieten haben neue Aromen
und Kochstile in Neuseelands Küchen gebracht. Gleichzeitig erproben junge Neuseeländer auf ihren Reisen neue Geschmacksrichtungen und kehren
mit einem gesunden Appetit auf leichtere, frischere Kost zurück. Sie verbinden die kulinarischen Köstlichkeiten der mediterranen Küche mit denen des
Ostens oder der „neuen" britischen Küche, die sie beim Arbeiten in Küchen
und Pubs der britischen Inseln kennengelernt haben. Hauptsächlich servieren die Cafés und Restaurants Neuseelands heute eine Küche, die am besten
als Pazifik-Fusion bezeichnet werden kann und Elemente und Zutaten aus
Südostasien, Indien und den Ländern am Pazifik verwendet.

Ein guter Führer zu Essen und Wein ist auf www. cuisine.co.nz zu finden.

NEUSEELAND AUF BIOKURS

Niemand ist sich der Bedeutung nachhaltigen Wirtschaftens für das Land mehr bewusst als die
einheimischen Landwirte. Die Wirtschaft des Landes hing und hängt von Landwirtschaft und
Viehzucht ab, weshalb es allen ein Anliegen ist, für saubere, unbelastete Böden, Wasser und
Luft zu sorgen.

Ökologisches Bewusstsein wie ökologischer Anbau wachsen rapide – viele Kiwis begrüßen das
Konzept der ökologisch produzierten Lebensmittel, weil sie von deren gesundheitlichen Vorzügen
überzeugt sind, und suchen gezielt nach geprüften Bioprodukten. Bioläden findet man in allen
größeren Städten im ganzen Land, und Lebensmittel aus Bioanbau werden auf Bauernmärkten
und in Supermärkten stolz als solche gekennzeichnet und angeboten.

Obwohl das Land mehr Lebensmittel produziert, als es selbst verbrauchen kann, werden viele
Produkte noch immer importiert. Wer also neuseeländische Qualität schmecken will, sollte sicherstellen, dass das Fleisch, Geflügel, Gemüse oder Obst auf den Speisekarten und in den Läden
auch tatsächlich von hier stammen.

POLYNESISCHE SPEZIALITÄTEN

Einige Lebensmittel werden von den Maori und Pazifikinsulanern hoch geschätzt, finden sich aber nur auf wenigen Speisekarten.

Kurzschwanz-Sturmtaucher ist vielleicht nicht jedermanns Sache, da er sehr fett ist und fischig schmeckt, aber wer nach Stewart Island kommt, muss ihn unbedingt probieren. Ähnlich fett ist *palusami*, ein Lieblingsgericht der Pazifikinsulaner. Taroblätter oder Spinat werden mit Kokosnuss und Corned Beef auf kleiner Flamme gegart und ergeben eine reichhaltige, schmackhafte Mahlzeit.

Puha (Raue Gänsedistel) ist eine beliebte Zutat in der Maoriküche und wächst wild in Hinterhöfen und auf Farmen im ganzen Land. Die grünen Blätter werden mit Schweinefleisch, Muscheln oder Hammelknochen aufgekocht.

Man sollte auch nach Kina und Paua (Seeohren) Ausschau halten. Kina ist ein Seeigel, den man entlang der Küstenlinie zwischen den Felsen findet und dessen Rogen roh aus der stachligen Schale gegessen wird. Die Paua haben schwarzes Fleisch, das gegrillt oder gehackt und in Teig ausgebacken werden kann; sie sind sehr teuer und schmecken würzig-pikant.

In letzter Zeit zeigen Küchenchefs immer mehr Interesse an heimischen Kräutern und Gewürzen, die sie als Würzmittel für Fleisch- und Fischgerichte verwenden. Den feurigen Horopito (eine Buschpfefferart), duftenden Kawakawa (Neuseeländischer Pfefferbaum) und aus Seetang gewonnenes Salz findet man auf Speisekarten und abgepackt in Feinkostgeschäften.

Auch einige Landwirte haben sich von der traditionellen Viehwirtschaft verabschiedet und versuchen sich an Weinreben, Oliven und Kiwis. Besonders Wein und Kiwis wurden – die Wirtschaft hätte es sich vor 35 Jahren nicht träumen lassen – von Nischenprodukten zu riesigen Exportschlagern.

TYPISCHES & SPEZIALITÄTEN
Fleisch

Einer der großen Genüsse in Neuseeland ist das Fleisch von Rindern, Schafen und Rotwild, die das ganze Jahr über auf saftigen Weiden grasen und alle Freiheiten der Freilandhaltung genießen. Sie liefern mageres, schmackhaftes Fleisch, das umweltverträglich erzeugt wird.

Lamm ist ein Muss für jeden Fleischfan, ob als mariniertes Stück vom Grill, als geröstete Keule mit traditioneller Minzsauce am Tisch des Bauernhauses oder als innovatives Gericht in einem Spitzenrestaurant. Perfekte Beilagen sind Bratkartoffeln, Kumarastücke und frisches grünes Gemüse.

Auch ihr Steak lieben die Neuseeländer, und Restaurants bieten oft zumindest ein Gericht mit fein gemasertem Rindfleisch an. Dem Phänomen Sauvignon Blanc hart auf die Fersen, haben die heimische Rotweine international Aufsehen erregt, und die Tropfen aus den Pinot-Noir- oder den Syrahtrauben sind wunderbare Begleiter zu rotem Fleisch.

Meeresfrüchte

Bei mehr als 19 000 km unberührter Küste und den größten Fischgründen der Welt sind Meeresfrüchte auf einer Neuseelandreise ein kulinarisches Muss. In den Küstengewässern leben unzählige Schalentiere; die berühmten Bluff-Austern sind bei den Einheimischen erste Wahl. Man bekommt jedoch selten Austern frisch aus der Schale – Fischgeschäfte, Supermärkte und Märkte verkaufen sie meist ohne Schale, verpackt in Plastikbehältern mit Salzwasser.

Zu den Meeresfrüchtespezialitäten gehören Grünschalmuscheln (sehr lecker und oft viel größer als gewöhnlich) sowie Herz-, Venus- und Jakobsmuscheln. Die Languste ist reichhaltig und süß, aber teuer. Sehr beliebt sind Whitebait, kleine fadenförmige Fische, die meist in einer Panade als Whitebait Fritters serviert werden und von September bis Dezember an den Westküsten der Inseln gefangen werden dürfen. Ein Freitagabend-Familien-

Auf dem Wildfoods Festival, das im März in Hokitika stattfindet, gibt's so ausgefallene Leckereien wie frittierte Huhu-Larven (fett und nahrhaft!), frittierte Fischaugen und marinierte Entenzungen.

Bluff-Austern gibt's nur in Neuseeland. Die wilde Austernart wird aus den tiefen Gewässern in der Nähe von Bluff heraufgeholt. Die Saison beginnt Mitte April und dauert so lange, bis die streng kontrollierte Fangquote ausgeschöpft ist.

ritual ist es, Fish & Chips zu bestellen, die es überall in Neuseeland in guter Qualität und in rauen Mengen gibt.

Abgesehen von den großen Anlagen zur Lachs-, Austern- und Muschelzucht steckt die Aquakultur Neuseelands noch in den Kinderschuhen. Passionierte Angler werden an den vielen Seen und Flüssen hier genug Stellen finden, um Regenbogen- und Bachforellen zu fangen – übrigens der einzige Weg, diese Delikatessen zu genießen, denn Forellen werden legal nicht verkauft.

Obst und Gemüse

Frisches einheimisches Obst und Gemüse gibt's überall – auf Bauernmärkten, in Supermärkten und Feinkostläden oder an Straßenständen. Im Norden findet man rund um Kerikeri Stände mit Zitrusfrüchten, bei Tauranga Avocados und Kiwis und in Hawke's Bay Äpfel und Kernobst. Im Süden warten Obst- und Gemüseverkäufer in ganz Nelson und Marlborough. Die Bauern bei Oamaru bieten frisch geerntete Kartoffeln an, hervorragende Trockenfrüchte erwirbt man an Stopps rund um Cromwell im zentralen Otago.

Süßigkeiten & Desserts

Besucher sollten sich auch so typische Naschereien nicht entgehen lassen wie Pavlova (eine mit Sahne und Früchten überhäufte Baisertorte) und Hokey-Pokey-Eis (Vanilleeis mit knusprigen Karamelltoffees). Süßschnäbel werden sich in die vielen sortenreinen Honige verlieben, jeder mit dem Aroma der speziellen Vegetation seiner Region; dem Manukahonig wird gar eine außergewöhnlich gesunde, heilende Wirkung zugeschrieben.

Der Dairy

Vom Eigentümer geführte Läden, hier „dairy" genannt, sind in kleinen Städten und in den Vororten von Großstädten allgegenwärtig. Sie führen nahezu alles Essbare, von Eis (auf Bestellung) über Brot bis zu Milch, außerdem Zeitungen und alle notwendigen Grundnahrungsmittel.

GETRÄNKE

Ob nach der Arbeit, beim Barbecue, am Strand oder in den Cafés landauf, landab: Bier, Wein und Cocktails sind Teil des gesellschaftlichen Lebens.

Der perlende Sauvignon Blanc aus Marlborough – mit seinen frischen, fruchtigen, beinahe kräuterwürzigen Aromen, die geradezu aus dem Glas sprudeln – ist einzigartig und rund um den Globus gefragt. In den Restaurants stehen auf fast jedem Tisch eine oder zwei geöffnete Weinflaschen, die beim Essen getrunken werden. Alle Supermärkte verkaufen einheimische

> Die Kiwi mit ihrer pelzigen Haut und dem smaragdgrünen Inneren voller Vitamin C avancierte zum Liebling aller Konditormeister weltweit. Ihre goldene Schwester hat eine weichere Haut, hellgelbes Fruchtfleisch und sogar einen noch höheren Vitamin-C-Gehalt.

> War Neuseeland jahrelang nur für seinen hervorragenden Cheddar berühmt, so gibt es inzwischen viele kleine Produzenten, die ihre Käsesorten aus Kuh-, Schafs- und Ziegenmilch von Hand schöpfen. Jeder Käse im Land muss laut Gesetz aus pasteurisierter Milch hergestellt werden.

DER MARKT RUFT

Bauernmärkte erweitern die Einkaufsmöglichkeiten in Neuseeland erst seit Kurzem. In den letzten fünf Jahren stieg ihre Zahl, aus einem Markt im Jahr 2001 (in Whangarei im Norden) wurden mehr als 50 im ganzen Land.

Die meisten dieser ungezwungenen Veranstaltungen, bei denen man die Produzenten treffen und Frischwaren kaufen kann, finden am Wochenende vormittags statt. Die Märkte sind eine gute Möglichkeit, die Spezialitäten der Region kennenzulernen. Normalerweise gibt's einen Kaffeestand, und so mancher Händler mit Geschäftssinn bietet Kostproben von neuen Produkten an.

Besucher sollten immer eine Tasche für ihre Einkäufe dabei haben, da viele der umweltfreundlich orientierten Märkte Plastiktüten verbannt haben. Die besten Produkte sind immer sehr schnell weg, darum so früh wie möglich da sein!

Auf www.farmersmarkets.org.nz gibt's Termine und Zeiten für alle Bauernmärkte des Landes.

Weine, häufig zu Schnäppchenpreisen, aber die besten lokalen Tropfen, die sich auf den Weinkarten vieler gehobenerer Restaurants finden, werden meist in speziellen Geschäften verkauft.

Auch Bier ist seit Langem Teil der neuseeländischen Kultur, und Sorten aus kleinen Familienbetrieben sind zahlreich vertreten. Vor allem in der Region Nelson – wo die wichtigste Bierzutat, der Hopfen, angebaut wird – haben sich kleine Brauereien angesiedelt. Besucher können sich bei ihnen anmelden und bei verschiedenen Arbeitsabläufen zusehen, bevor sie sich mit „einem Dutzend" (oder zwei) an den Strand begeben.

Eine weitere empfehlenswerte Getränkespezialität ist der international gefeierte Wodka 42Below, ein schönes Beispiel für den Einfallsreichtum der Kiwis: Der Erfinder Geoff Ross füllte Wodka mit typisch neuseeländischen Aromen (u. a. Kiwi, Manukahonig, Feijoa) in eleganten Flaschen ab und verkaufte seine Firma dann für viele Millionen an Bacardi; ihn selbst beauftragte Bacardi mit der Kontrolle der Qualitätsstandards.

Kaffeegenuss gehört inzwischen ebenfalls zur Kiwi-Kultur, was auch die ständig steigende Zahl der Cafés demonstriert. Um den besten Kaffee zu finden, empfiehlt sich die bewährte Regel: einfach all den anderen zum belebtesten Laden in der Stadt folgen!

FESTESSEN

Während der Erntezeit im Spätsommer (Feb.–April) werden Wein und Essen in vielen Weinanbaugebieten mit örtlichen Festivals gefeiert. Wein gibt's dabei kostenlos, und überall verkaufen Stände örtliche Spezialitäten. Alle haben schrecklich viel Spaß, besonders wenn sich der Tag dem Ende zuneigt und der Wein seine Wirkung tut.

AUF DEN SPUREN DER WEINE

Neuseelandbesucher mit einem Faible für gutes Essen und guten Wein können statt der üblichen Touripfade einer Weinroute folgen, die von Nord nach Süd durch das ganze Land führt. Möglich sind beispielsweise Fahrradtouren oder Ausflüge in Minivans, die von Weinexperten organisiert werden. Wo guter Wein gekeltert wird, überzeugt in der Regel auch das einheimische Essen.

In jedem Anbaugebiet gibt's zahllose Weingüter, die Besuchern gern ihre Keller zeigen, und viele haben gute Restaurants, in denen sich das Essen nach den vor Ort gekelterten Weinen richtet.

Da Traveller meist auf dem Flughafen von Auckland ankommen, bietet sich als erstes ein Tagesausflug nach Matakana (S. 162) an, wo Pinot Gris produziert wird. Alternativ geht's nach Waiheke Island (S. 142; 45 Min. mit der Fähre von Aucklands Zentrum aus), um die intensiven Rotweine und den Chardonnay der Insel zu verkosten.

Die Route, an der alle großen Weinanbaugebiete liegen, führt südlich von Auckland nach Hawke's Bay (S. 413), wo Chardonnay- und Syrahtrauben angebaut werden. Da dies ein riesiges Gebiet ist, sollte man die Strecke gut planen, um endloses Kreuz-und-Querfahren zu vermeiden. Als nächstes geht's zwischen ausgedehnten Schafweiden hindurch nach Wairarapa, um die berühmten Pinot Noirs von Martinborough (S. 469) zu probieren. Nach einer berauschenden Fahrt über die Rimutaka-Hügel erreicht man Wellington und überquert die Cook-Straße mit der Fähre oder dem Flugzeug Richtung Marlborough.

Die Sauvignon Blancs von Marlborough sind international bekannt und der Grundstein für Neuseelands Glaubwürdigkeit in der Welt der Weine. Ein Abstecher, um die aromatischen Weißweine aus der Region um Nelson zu probieren, ist eine sehr gute Idee.

Man folgt der Route weiter durch Waipara und das nördliche Canterbury (S. 609) mit ihren Riesling- und Pinot-Noir-Weinen und kommt schließlich im malerischen Central Otago (S. 656) an, wo der Weintourismus eine willkommene Ergänzung zum Abenteuertourismus bildet, für den die Gegend berühmt ist. Die Pinot Noirs von Otago schmecken förmlich nach dem wilden Thymian und dem Heidekraut, die die Hügel dieser Region bedecken.

TOP 10: KLEINBRAUEREIEN

In ganz Neuseeland braut sich was zusammen! Hier eine Auswahl der wahrscheinlich besten Kleinbrauereien, die einem unterwegs begegnen könnten:

Brew Moon Brewery (S. 609) Kurz vor dem Weinanbaugebiet Waipara Valley in North Canterbury lockt die Brew Moon Brewery in Amberley Besucher mit drei Bieren vom Fass und einem ausgezeichneten Café. Das schokoladige Brew Moon Dark Side Stout sollte man probieren.

Croucher Brewing Co (S. 366; www.croucherbrewing.co.nz) Crouchers helles Ale und Pils sind die Herren im Haus in der feuchtfröhlichen Underground Bar in Rotorua.

Emerson's Brewery (S. 648; www.emersons.co.nz) Dunedin ist voller Studenten, und Studenten lieben Bier – welch ein Segen für sie, dass es hier Emersons gibt! Im Angebot sind Weizenbiere, Pils, Porter und Bitter Ales mit vollem Malz- und Gewürzgeschmack.

Founders Brewery (S. 507; www.biobrew.co.nz) Neuseelands erste zertifizierte Biobrauerei sitzt in Nelson. Bei einem Blick hinter die Kulissen kann man auch ein Schlückchen ihrer guten Gebräue genießen.

Hallertau (S. 157; www.hallertau.co.nz) Aucklands Bierexperten sind große Fans dieser Kleinbrauerei, die im Barriquefass gereiftes Bier in edle Flaschen füllt (das „Porter Noir" gärt in alten Pinotfässern!). Das Helle ist ein Traum aus Hopfen.

Moa Beer (S. 496; www.moabeer.co.nz) Josh Scott, Sohn eines Winzers, produziert in seiner Bar mit Verkaufs- und Verkostungsraum mitten in den Weinbergen von Marlborough eine Reihe flaschengereifter Biere.

Renaissance Brewing Co (S. 496; www.renaissancebrewing.co.nz) Wahrhaft gute Biere mit Medaillen, die die Qualität beweisen, werden in dieser früheren Eisfabrik in Blenheim hergestellt – eine fantastische Nutzungsidee!

Three Boys Brewery (www.threeboysbrewery.co.nz) Das IPA (India Pale Ale) von Three Boys gibt's in anspruchsvollen Bars und Restaurants in Christchurch. Die hopfenreiche authentische Sorte wurde ursprünglich für die lange Reise ins koloniale Indien gebraut.

Wanaka Beerworks (S. 705; www.wanakabeerworks.co.nz) Diese Biere werden von Restaurants um Queenstown und Wanaka ausgeschenkt. Das blumige, hopfenlastige Brewski-Pils ahmt erfolgreich ein tschechisches Lager nach.

White Cliffs Organic Brewery (S. 286; www.organicbeer.co.nz) White Cliffs genießt weit über Taranaki hinaus einen guten Ruf, vor allem wegen Mike's Mild – das bernsteinfarbene Ale mit Aromen aus Frucht und gerösteten Nüssen ist ein Tropfen für wahre Kenner.

Manche Besucher haben das Glück, ein *hangi* der Maori zu erleben, das zu nahezu jeder Versammlung, jedem Ereignis, jeder Beerdigung in der *marae* (Versammlungshaus) abgehalten wird. Dazu wird eine Grube ausgehoben und ein Feuer darin entzündet, auf das Steine gelegt werden. Wenn die Steine heiß genug sind, legt man Stücke von Hähnchen, Lamm oder Schwein, Kumara, Kartoffeln, Mais, Kürbis und anderes Gemüse auf die Steine, abgedeckt mit Sackleinen. Obendrauf kommt Erde, dann gart das Essen eine oder zwei Stunden lang, bevor es herausgeholt und zum Tisch getragen wird. Die Speisen, die normalerweise nicht gewürzt sind, schmecken rauchig und zart. Ein großer Teil eines *hangi* besteht natürlich auch aus gemeinsamem Trinken, Quatschen und Kameradschaftlichkeit.

Als sich Neuseeland immer mehr zu einer multikulturellen Gesellschaft entwickelte, haben die unterschiedlichen ethnischen Gruppen ihre eigenen Feste in die kulturelle Landschaft eingebracht. Das Pasifika, das die polynesische Kultur zelebriert, findet an einem Februarwochenende in Auckland statt. Zwei Tage lang gibt's Inselessen, Pazifikfrüchte und -gemüse, klebrige Kokosbrötchen, Spanferkel, gebackene Spinat- oder Taroblätter mit Kokosnuss und, und, und. Das Rahmenprogramm bilden Inselsport, Musik und kulturelle Tänze.

Auch das Diwali-Fest der indischen Gemeinschaft hat einen festen Platz in Aucklands Kalender. Im Oktober sind ein Wochenende lang viele kleine Stände beim Hafen aufgebaut; würzige Aromen wabern durch die Luft und das Angebot an Snacks und Süßigkeiten ist unwiderstehlich.

Rauchen am Arbeitsplatz ist verboten, ebenso an allen öffentlichen Orten, an denen Essen und Trinken serviert wird, und es gilt als sehr schlechtes Benehmen, sich in geschlossenen Räumen oder ohne Erlaubnis eine anzustecken.

TOP GASTRO-TIPPS

So wie sich das Klima von Süden nach Norden verändert, ändern sich auch die Spezialitäten mit jeder Region. In eher vornehmen Restaurants spiegelt sich der Stolz auf die heimischen Nahrungsmittel häufig in der Speisekarte. Küchenchefs suchen sorgfältig nur das Beste aus und präsentieren frisches, vor Ort angebautes Obst und Gemüse, lokal produzierte Olivenöle sowie Fleisch aus der Region und Fisch aus dem Meer vor der eigenen Küste; oft stehen die Lieferanten mit auf der Karte. Auch Cafés lassen sich manchmal von örtlichen Produzenten beliefern.

Zu den Spezialitäten, die im hohen Norden und in der Region Auckland die Speisekarten dominieren, gehören dank des subtropischen Klimas Avocados, Nüsse, Zitrusfrüchte und asiatisches Gemüse. Der Fisch auf der Nordinsel unterscheidet sich von dem in den Gewässern im Süden: Schnapper, Hapuku, Tarakihi und Flunder sind im Norden häufig anzutreffen, im kälteren Süden gehen eher Zackenbarsch, Seezunge, Glattbutt, Sandbarsch und Steinbutt ins Netz.

Fleisch von lokal aufgezogenen Lämmern und Rindern in hoher Qualität gibt's in Hawke's Bay, Taranaki, Wairarapa, Canterbury und Southland. Auch Cervena-Wildbret (fettarmes, gesundes rotes Fleisch) stammt hauptsächlich aus diesen Gegenden.

In den meisten neuseeländischen Weinbaugebieten gedeiht auch eine Vielzahl von Obstsorten. Traveller können tolle Gerichte verspeisen, die zu den jeweiligen Weinspezialitäten passen; Standbesitzer auf Bauernmärkten empfehlen einem bereitwillig Restaurants und Cafés, die sich für die heimische Produktion einsetzen und ihre Erzeugnisse verwenden.

Hier essen unsere Autoren am liebsten:

■ Mt. Maunganuis schillernder neuer Gastrotempel **Providores Urban Food Store** (S. 383) kombiniert lässigen Strandcharme mit höchster Ernsthaftigkeit im Hinblick auf die Qualität seiner Kulinaria. Unterhalten von Surfvideos muss man sich entscheiden: frische butterweiche Kuchen und Killerkaffee, selbstgeräuchertes Fleisch und Käse oder süße Biomarmelade – oder von allem etwas? Weiter östlich rund um die Bay of Plenty hat das einsame Maketu schon bessere Tage gesehen, aber allein das legendäre **Maketu Pies** (S. 387) lohnt den Abstecher. Ich schnappte mir eine Spezialität mit Lamm und Minze direkt aus dem Ofen des Fabrikladens und verschlang sie am Ufer, dass die Krümel nur so durch die salzige Luft flogen. *Charles Rawlings-Way*

■ Man kann nicht oft jedes einzelne Gericht auf der Speisekarte testen, aber der Junggesellinnenabschied einer Freundin bei **Clooney** (S. 129) machte es möglich (ich war der Brautführer bei dieser sehr modernen Hochzeit). Jeder Teller war ein Treffer – interessant, geschickt ausgeführt, köstlich. Ein Witzbold scherzte „Toll, die Stripper sind da", als zwei sehr bekannte

In ländlichen Gegenden demonstrieren lokale Bauernverbände einmal im Jahr auf speziellen Ausstellungsgeländen landwirtschaftliche Techniken und stellen Tiere aus. An diesen fröhlichen Tagen finden jede Menge Wettbewerbe und Events statt; das angebotene Essen – meist einfache Kuchen, Hamburger, gegrillte Würstchen und Hotdogs – ist allerdings Nebensache.

WOHIN ZUM ESSEN?

Was die Restaurants in Auckland und Wellington zu bieten haben, lässt sich auf www.menus.co.nz oder auf www.dineout.co.nz herausfinden.

In den größeren Städten hat man eine bemerkenswerte Auswahl, wenn man essen gehen möchte, vom Restaurant mit stilvoller und einfallsreicher Speisekarte bis zu kleinen Lokalen mit einfachem Ambiente, in denen authentische Gerichte mit Liebe zubereitet werden. Cafés gibt's überall, besonders in den Städten entlang der Hauptreiserouten; meist servieren sie herzhafte Kost vom Land. Viele Cafés öffnen um 7 und schließen schon um 16 oder 17 Uhr, man bekommt also kein Abendessen. Öffnungszeiten von Pubs und Restaurants stehen auf S. 770.

In entlegeneren Regionen bieten B & Bs oft Abendessen an, allerdings in der Regel nur, wenn die Gäste lange vor Ankunft anfragen. Bars im ländlichen Stil sind nahezu überall zu finden und immer gibt's ein paar einfache Mahlzeiten zum schäumenden kalten Bier (wenn auch nur selten Gourmetware).

konservative Politiker mittleren Alters sich am Nachbartisch niederließen. So ein Ort ist das. Der **Mangonui Fish Shop** (S. 196) ist da ganz anders. Hier schwamm ein Stachelrochen vorbei, während ich meine Fish & Chips verputzte. Magisch! *Peter Dragicevich*

- Es ist amtlich: Das **Kai Kart** (S. 757) in Stewart Island ist Neuseelands südlichstes Lokal, und man kann durch das ganze Land reisen, ohne bessere Fish & Chips zu finden. Der winzige Caravan tischt unglaublich frischen Sandbarsch und köstliche Muscheln oder Austern im Teigmantel auf. In Mengen bestellen, noch warm mitnehmen und frisch essen, den Wind des Südpolarmeers im Gesicht – und die Sataysauce zu den Muscheln nicht vergessen! In den Catlins konnte mich die eher bescheidene neuseeländische Version der Niagarafälle nicht ganz überzeugen, doch das nahe gelegene **Niagara Falls Café** (S. 747) machte das wieder wett: Das Café mit Kunstgalerie in einem restaurierten Schulhaus aus dem 19. Jh. ist definitiv einen Besuch wert. Beim ersten Mal probierte ich Kaffee und Käsekuchen (jeweils den besten der Südinsel), ein paar Tage später kehrte ich mit meiner Frau zurück und genoss wunderbaren Sandbarsch im Parmesanmantel. Die Biersorten der Invercargill Brewery und die Weine aus Central Otago verlocken ebenfalls dazu, hier vorbeizuschauen. *Brett Atkinson*

- An keinem Ort, den ich unterwegs besucht hatte, war die heimische Kiwi-Backtradition so lebendig wie im **Wakamarinian Café** (S. 489) in Havelock. Um den Eigentümer des Havelock Garden Motel zu zitieren: „Wenn Sie den Himbeerkuchen mit weißer Schokolade nicht lieben, stimmt mit Ihnen etwas nicht." Und das ist nur zu wahr! Aber es gibt mehr im Leben als Gebäck – etwa die Paua-Ravioli, das Aushängeschild des **Logan-Brown** (S. 455). In dem tollen Bankgebäude aus den 1920er-Jahren in der groovigen Cuba St verbirgt sich das beste Restaurant von Wellington – und von ganz Neuseeland! *Sarah Bennett*

- Essen in Queenstown ist ein unterschätztes Vergnügen. Wer auf der Suche nach einer schnellen Mahlzeit ist, sollte bei **Fergburger** (S. 692) reinschauen. Dieser Dauerliebling ist zu einem unabdingbaren Bestandteil der Queenstown-Erfahrung geworden. Das Ferg's hat sich so perfekt in das hiesige Konzept des gemeinschaftlichen Essens eingefügt, dass man als Queenie-Besucher, ob Backpacker oder Milliardär, einfach hier gewesen sein *muss*. Und das zu Recht: Die Burger sind der Hammer! Wer lieber drinnen isst oder nicht auf lautes Drum 'n' Bass steht, ist bei **Solero Vino** (S. 691) direkt nebenan richtig. Das gehobene französische Restaurant ist das Größte für das kultivierte, kulinarisch interessierte Volk dank östlicher Aromen, erstaunlichen Weines und eines fantastischen Services – *bon appetit!* *Scott Kennedy*

Bauernmärkte werden meistens am Samstag- oder Sonntagvormittag abgehalten und sind eine hervorragende Gelegenheit, die lokale Esskultur zu erforschen, die örtlichen Nahrungsmittelproduzenten zu treffen und wunderbar frisches Essen zu genießen. Meist gibt's einen mobilen Kaffeestand, und gewöhnlich bieten ein paar Händler „Frühstücksbrötchen" an, die mit Spiegelei und Schinken belegt sind.

VEGETARIER & VEGANER

Vegetarier müssen nicht befürchten, in Neuseeland zu verhungern. Es gibt zwar keine große Auswahl an vegetarischen Restaurants, aber nahezu alle Restaurants und Cafés haben fleischlose Speisen auf der Karte (allerdings manchmal nur eine oder zwei); viele Cafés bieten auch glutenfreie und vegane Kost an. Man sollte sich jedoch vergewissern, dass auch die Brühen und Saucen vegetarisch zubereitet sind, da viele Köche, die nicht regelmäßig vegetarisch kochen, darunter einfach den Verzicht auf Fleisch und Fisch verstehen.

Es zahlt sich aus, dem Restaurant oder B & B etwaige Diätwünsche schon bei der Reservierung anzugeben. In diesem fleischliebenden Land ist diese Angabe sogar bei Privateinladungen geradezu essenziell.

Das Gaststättengewerbe ist der größte Arbeitgeber auf dem Privatsektor, nahezu 4 % aller Erwerbstätigen Neuseelands sind hier beschäftigt.

Natur & Umwelt Vaughan Yarwood

GEOGRAFIE

Neuseeland ist ein junges Land: In seiner heutigen Form ist es weniger als 10 000 Jahre alt. Vor etwa 130 Mio. Jahren ist es – wie auch Afrika, Australien, die Antarktis und Südamerika – vom Superkontinent Gondwana abgebrochen und ließ Auffaltungen und Erosionen, Stauchungen und Risse und den langsamen Anstieg und Abfall des Meeres während der Eiszeiten über sich ergehen. Neuseeland breitet sich über zwei aufeinanderprallende Kontinentalplatten (die Pazifische und die Indisch-Australische) aus und ist bis heute Spielball starker Naturgewalten.

Heraus kam eine der vielfältigsten und spektakulärsten Landschaften der Welt: geprägt von schneebestäubten Bergen und überschwemmten Gletschertälern, von Regenwäldern, Dünenlandschaften und einem sagenhaften Vulkanplateau. Diese Vielfalt von geologischen Formen erwartet man eher über einen ganzen Kontinent verteilt als auf einer kleinen Inselgruppe im Südpazifik.

Überall finden sich Zeugnisse der turbulenten neuseeländischen Vergangenheit. Die Gebirgskette der Südinsel – die 650 km langen Southern Alps – ist durch den Zusammenprall der beiden Kontinentalplatten entstanden. Das Land hat sich schnell aufgefaltet – und dieser Prozess beschleunigt sich bis heute sogar noch. Obwohl Neuseelands höchster Berg Aoraki/Mt. Cook (S. 630) 1991 quasi über Nacht 10 m seiner Höhe bei einem Erdrutsch eingebüßt hat, wachsen die Alps so schnell, dass sie in ein paar Millionen Jahren zehnmal so groß sein werden wie heute.

Auf der Nordinsel wurden die größten Veränderungen durch Vulkane ausgelöst. Auckland liegt an einer Landenge und ist von Vulkankegeln umgeben, auf denen man immer noch die *pa* (befestigte Dörfer) der frühen Maori sehen kann. Der größte und jüngste Vulkan der Stadt ist eigentlich eine Vulkaninsel: das 600 Jahre alte Rangitoto Island (S. 141). Etwa 300 km

Vaughan Yarwood ist Autor für Geschichts- und Reiseliteratur und hat schon viel in Neuseeland und im Ausland veröffentlicht. Sein jüngstes Buch heißt *The History Makers: Adventures in New Zealand Biography.*

VERANTWORTUNGSBEWUSSTES REISEN

Toitu te whenua – achte auf das Land. Folgende Richtlinien helfen, die Umwelt zu schützen:

- Die Wälder und die heimischen Tiere und Pflanzen Neuseelands respektvoll behandeln! In den meisten Teilen des Landes ist die Beschädigung oder das Pflücken von Pflanzen verboten.

- Müll entsorgen! Abfälle in der Landschaft sind nicht nur hässlich, sie können auch Ungeziefer anlocken und Krankheiten verursachen. Darum nicht vergraben oder verbrennen, sondern einfach alles wieder mitnehmen.

- In Gebieten ohne Sanitäreinrichtungen die Notdurft abseits von Wegen, Hütten, Zeltplätzen und Wasserwegen in flachen Löchern vergraben.

- Bäche und Seen sauber halten, indem man beim Waschen Abstand zu Wasserläufen hält. Waschwasser auf den Boden schütten, um Seifen- und Waschmittelreste herauszufiltern. Wenn man den Verdacht hat, dass das Wasser verschmutzt sein könnte, sollte man es vor der Nutzung drei Minuten kochen, filtern oder chemisch reinigen.

- Nach Möglichkeit tragbare Benzinkocher benutzen! Offene Feuer klein halten und nur totes Holz verwenden. Vor der Abfahrt sicherstellen, dass das Feuer wirklich gelöscht ist; dazu die Feuerstelle mit Wasser begießen und die Asche kontrollieren.

- Wo immer möglich, nicht von den Wegen abweichen. Vor dem Betreten von Privatgrundstücken Genehmigung einholen und weidende Viehherden umgehen.

weiter südlich wacht der schneebedeckte Mt. Taranaki/Egmont (S. 286) mit der so charakteristischen Kegelform über die ruhigen Milchviehweiden. Doch das eigentliche vulkanische Herz des Landes verläuft durch das Zentrum der Nordinsel: von dem ruhelosen Brocken Mt. Ruapehu im Tongariro National Park (S. 335) in nordöstlicher Richtung durch das Seengebiet Rotoruas (S. 360) bis zu Neuseelands aktivstem Vulkan, White Island (S. 392) in der Bay of Plenty. Das großartige, 250 km lange, zerklüftete Areal namens Taupo Volcanic Zone ist Teil einer Vulkankette, die als „Pacific Ring of Fire" bezeichnet wird. Die heftigen Eruptionen dieses „Feuerrings" haben das Land in Form und Kultur stark geprägt.

Beeindruckend müssen die Eruptionen des Vulkans Taupo gewesen sein, der den Lake Taupo (S. 316) erschaffen hat. Er gilt – gemessen am Materialausstoß – als einer der fleißigsten Vulkane der Welt. Der Taupo brach zuletzt vor 1800 Jahren aus und zündete dabei das gewaltigste Feuerwerk, das in den letzten 5000 Jahren auf der Erde stattgefunden hat.

In kleinerem Maßstab lässt sich die vulkanische Zerstörungswut im Buried Village (verschüttetes Dorf) der Te Wairoa (S. 371) nahe Rotorua am Ufer des Lake Tarawera nachvollziehen. Hier liegen die teilweise freigelegten und der Öffentlichkeit zugänglich gemachten Überreste eines Maoridorfes aus dem 19. Jh., das ohne Vorwarnung vom Mt. Tarawera begraben wurde. Die einst bekannten Pink and White Terraces – sie gehörten zu den zahlreichen Anwärtern auf den begehrten Titel „Achtes Weltwunder" – wurden über Nacht durch den Ausbruch des gleichen Vulkans zerstört.

Was die Natur zerstört, erschafft sie anderswo neu: Das Waimangu Valley (S. 372) entstand während all dieser brutalen geothermischen Veränderungen. Hier kommt man der Hitze des Erdinneren am nächsten und kann Geysire, blubbernde Schlammlöcher und die größte Thermalquelle der Erde bewundern. Oder man wandert um das Whakarewarewa Thermal Village (S. 355) in Rotorua. Dort leben die Nachfahren der von der Eruption vertriebenen Maori inmitten von rauchenden Entlüftungslöchern und bereiten das Essen für Besucher in Becken mit kochendem Wasser zu.

Das zweite Nebenprodukt der sich verschiebenden Platten sind seismische Aktivitäten: Erdbeben. Nicht umsonst wird Neuseeland „the Shaky Isles" (die zitternden Inseln) genannt. Die meisten Beben bringen aber nur die Gläser im Schrank zum Klirren. Eines jedoch war indirekt für die Erschaffung einer Touristenattraktion verantwortlich …

1931 erschütterte ein Erdbeben die Stadt Napier (S. 418) an der Hawke's Bay, verursachte große Schäden und forderte einige Menschenleben. Napier wurde fast vollständig wieder aufgebaut – im damals modernen Art-déco-Stil. Heute zieht es Architekturliebhaber aus der ganzen Welt an (S. 420).

Auch auf der Südinsel sieht man einige Zeugnisse des Vulkanismus – würden die Reste des alten Vulkans auf der Banks Peninsula (S. 603) keine Barriere zum Meer bilden, wären die Canterbury Plains bereits vor langer Zeit weggespült worden. Doch im Süden sind es die Southern Alps, die das Land dominieren. Sie bestimmen die Siedlungsstrukturen, stellen bautechnische Herausforderungen dar und prägen das Wetter. Denn das bergige Rückgrat steht den Westwinden im Weg, die feuchte Luft von der Tasmansee mit sich führen. So gehören die Hänge der westlichen Southern Alps mit einem jährlichen Niederschlag von 15 000 mm zu den feuchtesten Orten der Erde. Wenn sich die Wolken abgeregnet haben, weht der Wind trocken über die östlichen Ebenen Richtung Pazifik.

Auf der Nordinsel gibt es einen gleichmäßigeren Niederschlag und keine so extremen Temperaturen wie im Süden – hier können sie in den Keller purzeln, wenn der Wind aus der Antarktis herüberweht. Man sollte nicht vergessen, dass Neuseeland ein maritimes Klima hat, besonders wenn man

Im GreenDex (S. 829) am Ende dieses Führers sind umweltfreundliche Orte in ganz Neuseeland aufgelistet, in denen man auf Erkundungsreisen gehen, übernachten oder essen kann. Mehr über den Ökotourismus im ganzen Land steht in Leonie Johnsens *Organic Explorer New Zealand* (www.organicexplorer.co.nz).

UMWELTPROBLEME IN AOTEAROA *Nandor Tanczos*

Die meisten Menschen denken bei Erwähnung Aotearoas an saubere, grüne Landschaften, an einen Ort, wo die Umwelt respektiert wird. Der New Zealand Forest Accord, ein Vertrag zwischen forstwirtschaftlichen Verbänden und Umweltgruppen, schützt die heimischen Wälder; Nationalparks und Schutzgebiete nehmen mittlerweile ein Drittel der Landfläche ein, an der Küste entstehen immer mehr Meeresschutzgebiete, und unser Anti-Atomkraftgesetz scheint unanfechtbar. Wer aber genauer hinschaut, entdeckt, dass die Situation in Wirklichkeit nicht ganz so perfekt ist.

Neuseeland ist eines der Länder mit der höchsten CO_2-Emissionsrate pro Kopf, und wir gehören zu den größten Energieverschwendern unter den Industrieländern. Öffentliche Verkehrsmittel sind meistens kaum vorhanden, und bei der Planung und dem Bau von Städten und Gebäuden spielen Umweltaspekte nur eine sehr kleine Rolle. Nimmt man noch die andauernden Streitereien in vielen Gemeinden um die Entsorgung von Abwässern und Giftmüll in Wasserwege hinzu, bei denen übrigens oft die *tangata whenua* (einheimische Maori) an vorderster Front kämpfen, bekommt das Image vom sauberen und grünen Neuseeland deutliche Risse.

Der größte Verschmutzungsfaktor ist die Landwirtschaft; sie verursacht die Hälfte der landesweiten CO_2-Emissionen. Die Einführung von Weiden zur Schaf- und Rinderzucht nach europäischer Art hat viele Hügel veröden lassen, sie ihrer Bäume beraubt und der Erosion ausgesetzt. In vielen Gebieten bedroht die Weidewirtschaft die Wasserwege: Das Vieh verursacht Schäden an den Bach- und Seeufern, und die Gülle führt zu einer Nährstoffüberlastung der Wasserwege und damit zu Algenblüten. Die Milchwirtschaft ist aufgrund ihrer großen Ausbreitung der größte Missetäter: Sie dehnt sich immer weiter aus auf Gebiete, die für diese Art der Nutzung ungeeignet sind, und ist darum verstärkt auf Bewässerung angewiesen – als Folge ist für viele Gebiete die Übernutzung des Wassers zu einem Problem geworden. Gemeinderäte und Bauernorganisationen befestigen und bepflanzen zwar zum Schutz der Wasserqualität die Bachufer, aber ihre Anstrengungen scheitern immer wieder am schnellen Wachstum der Milchwirtschaft.

Nach der Parlamentswahl 2008 hat die Mitte-Rechts-Regierung einige bedeutende Umweltschutzbestimmungen außer Kraft gesetzt. So wurde das schon vorher unzulängliche Emissions Trading Scheme (Programm zum Emissionsrechtehandel) abgeschwächt, ebenso das

---

in höheren Lagen unterwegs ist. Das Wetter kann sich jederzeit ändern und schlecht vorbereitete Traveller eiskalt erwischen.

TIERE & PFLANZEN

Neuseeland mag geologisch betrachtet noch relativ jung sein, Flora und Fauna haben allerdings schon etliche Jahre auf dem Buckel. Beispielsweise lebte die Brückenechse, ein uraltes, einzigartiges Reptil, das nur noch in Neuseeland vorkommt, bereits in Gondwana und ist eng mit den Dinosauriern verwandt. Dagegen haben viele flugunfähige Vögel (Laufvögel) entfernte Verwandte in Afrika und Südamerika. Weil sich die Landmasse abgetrennt hat, bevor Säugetiere auf den Plan traten, haben sich Vögel und Insekten in spektakulärer Weise entwickelt, um diese Lücke zu füllen. Und auch für einzigartige und vielfältige Pflanzen ist Neuseeland ein Paradies – die meisten davon gibt es nirgendwo sonst.

Der ausgestorbene, flugunfähige Moa – bis zu 3,5 m groß und über 200 kg schwer – graste auf den offenen Weiden (Skelette sind im Auckland Museum zu sehen; S. 107). Der kleinere Kiwi stöbert nachts im Laub des Waldes nach Insekten und Würmern. Und eines der furchteinflößendsten Insekten des Landes ist die mausgroße Weta, die nun die Müllbeseitigung übernommen hat. Als einer der letzten Orte der Erde, der von Menschen besiedelt wurde, war Neuseeland Tausende von Jahren ein sicheres Laboratorium für alle diese interessanten Evolutionsexperimente. Doch mit dem Eintreffen der Maori und wenig später der Europäer ging es mit der Natur schnell bergab.

Neuseeland ist einer der besten Orte der Welt, um sich spektakuläre Geysire anzuschauen. Rotoruas kurzlebiger Waimangu-Geysir, der sich nach der Eruption des Mt. Tarawera gebildet hatte, war einst der größte Geysir der Welt und spuckte sein Wasser oft schwindelerregende 400 m in die Höhe.

weltweit führende Resource Management Act (Gesetz zum nachhaltigen Umgang mit Ressourcen), und es ist geplant, vom Department of Conservation geschützte und andere Landstriche für den Bergbau freizugeben. Lokale Gemeinschaften, beispielsweise auf der Coromandel Peninsula, forcieren nun eine Wiederbelebung der leidenschaftlichen Kämpfe für den Umweltschutz in den 1970er- und 1980er-Jahren, an deren Ende Coromandel zum Tabugebiet für den Bergbau erklärt wurde. Aber es gibt auch ein paar gute Seiten an Neuseeland. Ein recht hoher Prozentsatz der Energie Neuseelands stammt aus Wasserkraft. Das Vieh auf den Höfen, mit Ausnahme der Schweine und Hühner, kann fast immer frei auf den Weiden grasen. Inzwischen sind auch Müllreduktion und Energiesparen ein ernsthaftes Thema. Unser größter Pluspunkt ist aber die geringe Bevölkerungszahl. Aotearoa ist also auf jeden Fall einen Besuch wert. Mit seiner unglaublichen geografischen und ökologischen Vielfalt ist es wunderschön. Die Wälder sind einzigartig und prächtig, und die Vogelarten, die sich hier entwickelten, weil es praktisch keine Säugetiere gab, sind spektakulär, auch wenn ihre Zahl wegen eingeschleppter Räuber wie Ratten, Wieseln und Igeln inzwischen sinkt.

In der Verantwortung der Neuseeländer liegt es, nicht nur auf persönlicher, sondern auch auf institutioneller und infrastruktureller Ebene für einen Wandel hin zu ökologischer Nachhaltigkeit zu sorgen. Und in der Verantwortung der Besucher liegt es, der einzigartigen biologischen Vielfalt des Landes respektvoll zu begegnen und Fragen zu stellen: Jedes Mal, wenn man sich erkundigt, wo das Recycling-Zentrum ist, wenn man sich überrascht zeigt über das Ausmaß des Energieverbrauchs, der Autonutzung sowie der Wasserverschwendung, wenn man in einem Café oder Restaurant Bioprodukte bestellt, beeinflusst man die Menschen, mit denen man spricht.

Aotearoa hat das Potenzial, in Sachen Ökologie eine weltweit führende Position einzunehmen. Es gibt eine starke Tradition, auf die wir zurückgreifen können: den schonenden Umgang mit der Natur, den die Maori über viele Generationen entwickelt haben. Wir leben am Rand des Pazifik, am Rim of Fire, dem Überbleibsel der uralten Wälder von Gondwana. Verantwortungsbewusste Traveller sind immer willkommen.

Nandor ist Aktivist, Wissenschaftler und Pädagoge und lebt in Ngaruawahia;
bis 2008 saß er für die Green Party im neuseeländischen Parlament.

Viele endemische Lebewesen wie der Moa und der Huia, ein begnadeter Singvogel, wurden im Laufe der Zeit ausgerottet. Die Menschen rodeten die riesigen Wälder, um Bauholz und Agrarland zu gewinnen. Die Vernichtung einheimischer Arten und die Einführung exotischer Tiere und Pflanzen hatten fatale Auswirkungen auf das Ökosystem – heute kämpfen die Neuseeländer eine späte Schlacht, um wenigstens das zu retten, was noch übrig geblieben ist.

Vögel & andere Tiere

Die ersten polynesischen Siedler fanden kaum Säugetiere vor – es gab lediglich zwei Fledermausarten. Dafür wimmelten die Wälder, Ebenen und Küsten nur so von Vögeln. Die neuseeländischen Vögel haben kein auffälliges Gefieder; sie legen wie die einheimischen Pflanzen ein gewisses Understatement an den Tag und buhlen nicht um Aufmerksamkeit.

Zu den musikalischsten Vögeln gehört der Makomako, der außer in Northland in allen heimischen und exotischen Wäldern lebt, aber wie die meisten anderen Vögel eher zu hören als zu sehen ist. Sein Ruf klingt wie eine Reihe von Glockentönen und man hört ihn am häufigsten während der Morgen- und der Abenddämmerung.

Der Tui, ein anderer Nektarfresser und der schönste Singvogel des Landes, ist ein großartiger Stimmenimitator und erzeugt seltsame Klick-, Grunz- und Kichergeräusche. Erkennbar ist der Tui an den weißen Federn an seiner Kehle, die sich von dem sonst dunklen Gefieder abheben. Er ernährt sich oft von den Flachsblumen in den Gärten der Vorstädte, ist aber eigentlich in

B. Heathers und H. Ro-
bertsons *Field Guide to
the Birds of New Zealand*
ist der umfangreichste
Führer für Vogelbeobach-
ter und eine große Hilfe
für alle, die sich auch
nur am Rande für das
bemerkenswerte Leben
der Vögel in diesem Land
interessieren.

den undurchdringlichen Wäldern – die Neuseeländer nennen sie einfach „Busch" – zu Hause.

Dem Fächerschwanz begegnet man meist auf Waldwegen, wenn er versucht, nach Insekten zu schnappen, die Wanderer aufgeschreckt haben. Das Purpurhuhn (Pukeko) hat ein schwarzes Gefieder und einen leuchtend roten Schnabel. Es lebt in Feuchtgebieten, aber auch in der Nähe von Straßen – Vorsicht: Purpurhühner haben kein Gespür für Autos! Im Hochland der Südinsel lebt der furchtlose und neugierige Kea, ein eher ungewöhnlich grau-grüner Papagei mit leuchtend roten Flügelinnenseiten. Dem Kea begegnet man oft auf den Parkplätzen des Fox- und Franz-Josef-Gletschers (S. 568 & S. 564), wo er nach Essensresten Ausschau hält oder am Gummi an der Windschutzscheibe herumpickt. Und dann gibt es noch den Takahe, einen seltenen flugunfähigen Vogel, von dem man annahm, er sei ausgestorben, bevor man 1948 eine kleine Kolonie entdeckte.

Ebenso wenig fliegen kann der Kiwi, das Wahrzeichen Neuseelands. Er hat einen runden Körper, ein grobes Federkleid, kräftige Beine und einen auffällig langen Schnabel; mit den Nasenlöchern an dessen Spitze schnüffelt er nach Nahrung. Es ist nicht ganz einfach, ihn in freier Wildbahn zu entdecken, jedoch kann er in dunklen, seinem natürlichen Lebensraum nachempfundenen Gehegen gut beobachtet werden. Eines der schönsten ist das Otorohanga Kiwi House (S. 263), in dem noch andere Vögel wie Falken, Neuseeland-Kukuckskauze und Wekas leben.

Um ein Gefühl dafür zu bekommen, wie der „Busch" einst ausgesehen haben mag, lohnt sich ein Trip nach Tiritiri Matangi Island (S. 147). Auf der Insel konnte sich die Natur regenerieren; sie ist ein frei zugängliches Schutzgebiet und einer der erfolgreichsten Versuche, Umweltschutz zu praktizieren.

VOGELBEOBACHTUNG

Die meisten Vogelbeobachter sind darauf erpicht, den flugunfähigen Kiwi zu erspähen. Vertreter der auf der Stewart Island beheimateten Unterart können das ganze Jahr über gesichtet werden. Anderswo lässt sich der immer seltener werdende nachtaktive Laufvogel kaum noch in freier Wildbahn aufspüren, nur noch in Gehegen. Andere Vögel, denen Vogelbeobachter gern nachstellen, sind der Königsalbatross, der Silberreiher, der Fiordland-

---

KIWIS BEOBACHTEN

Der Kiwi ist eine bedrohte Art und, weil er nachtaktiv ist, sehr schwer zu entdecken. Nur auf Stewart Island (S. 750) stehen die Chancen gut, ihn in freier Wildbahn zu sehen. Man kann ihn aber trotzdem beobachten – in einem der vielen künstlich angelegten, dunklen „Kiwi-Häuser":

- Auckland Zoo (S. 111)
- Otorohanga Kiwi House Native Bird Park (S. 263)
- National Aquarium of New Zealand, Napier (S. 421)
- Nga Manu Nature Reserve, Waikanae (S. 467)
- Pukaha Mt. Bruce National Wildlife Centre, nahe Masterton (S. 473)
- Wellington Zoo (S. 445)
- Southern Encounter Aquarium & Kiwi House, Christchurch (S. 579)
- Orana Wildlife Park, Christchurch (S. 585)
- Willowbank Wildlife Reserve, Christchurch (S. 586)
- Kiwi Birdlife Park, Queenstown (S. 679)

(bzw. Dickschnabel-) und der Gelbaugenpinguin, der australische Tölpel sowie der Schiefschnabel-Regenpfeifer.

Die Coromandel Peninsula und der Firth of Thames (insbesondere Miranda) sind ein Paradies für Zugvögel, und im Wharekawa Wildlife Refuge bei Opoutere Beach brütet der gefährdete neuseeländische Maori-Regenpfeifer. Bei Muriwai, westlich von Auckland, gibt es eine sehr gut erreichbare Kolonie australischer Tölpel, eine weitere findet man in Hawke's Bay. Beliebte Ausflüge zur Beobachtung von Seevögeln starten in Kaikoura, und Königsalbatrosse kann man auf der Otago Peninsula zu Gesicht bekommen. Zwei gute Führer zu Neuseelands Vogelwelt sind der vor Kurzem neu überarbeitete *Field Guide to the Birds of New Zealand* von Barrie Heather und Hugh Robertson sowie *Birds of New Zealand: Locality Guide* von Stuart Chambers.

MEERESSÄUGER BEOBACHTEN

Kaikoura an der Nordostküste der Südinsel ist das neuseeländische Zentrum, was die Beobachtung von Meeressäugern betrifft. Die größte Attraktion hier sind die Wale. Sie zeigen sich jedoch nicht bei jedem Wetter – gleich nach der Ankunft aufs Meer hinaus zu fahren und einen traumhaften Anblick zu erleben, darf man nicht erwarten. Der Pottwal, der größte Zahnwal, lebt ganzjährig hier, und je nach Jahreszeit erblickt man auch vorüberziehende Buckel-, Pilot- und Blauwale sowie Südkaper (Glattwal). Weitere Meeressäuger, u. a. Robben und Schwarzdelfine, sieht man das ganze Jahr über.

Kaikoura ist auch ein toller Ort, um mit Delfinen zu planschen. Schwärme von bis zu 500 munteren Schwarzdelfinen schwimmen einem praktisch täglich über den Weg. Mit Delfinen im Wasser herumtollen kann man überall in Neuseeland; die Tiere sammeln sich vor der Nordinsel in der Nähe von Whakatane, Paihia, Tauranga und im Hauraki-Gulf sowie vor Akaroa auf der Banks Peninsula der Südinsel. Mit Seehunden schwimmen kann man in Kaikoura und im Abel Tasman National Park.

Wer will, kann in Tutukaka und Gisborne auch mit Haien Bekanntschaft schließen – natürlich in einem sicheren Schutzkäfig.

Bäume

Kein Besucher wird in Neuseeland weit kommen, ohne von dem riesigen Schaden zu hören, den der schlecht erzogene australische Import, das Possum (Kusus; australische Beutelratte), im neuseeländischen Busch hinterlassen hat. Die Liste der Säugetier-„Schädlinge", die ins Land kamen, ist lang: Hirsche, Hasen, Wiesel, Schweine, Ziegen … Doch am verheerendsten waren die Auswirkungen des Possums – die Plage ist kaum unter Kontrolle zu bringen, noch immer fressen sich 70 Mio. Exemplare pro Jahr durch Millionen Tonnen Laub.

Die Lieblingsmahlzeit des Possums ist u. a. Neuseelands farbenprächtigster Baum, der Kowhai. Der kleinblättrige Baum wird bis zu 11 m hoch und

---

ÜBERRAGENDER KAURI-BAUM

Als Shakespeare geboren wurde, war er bereits 300 Jahre alt. Er überragt die meisten großen Kirchen Europas. Sein Stamm ist kerzengerade und so dick wie eine Rakete, die Hälfte ist astlos. Farne sprießen aus seinen Rissen. Seine Krone ist ein asymmetrisches Durcheinander, als ob das Wurzelwerk oben wäre. Ich lehne mich an ihn, gebe ihm einen Klaps. Es fühlt sich an, als würde man ein Haus schlagen. Dieser Baum scheint direkt aus Tolkiens Büchern zu stammen. Er ist ein Kauri-Baum.

Joe Bennett (A Land of Two Halves) über den McKinney-Kauri in Northland

NATIONALPARKS

0 ⊏⊐⊏⊐⊏⊐⊏⊐■■■■ 200 km

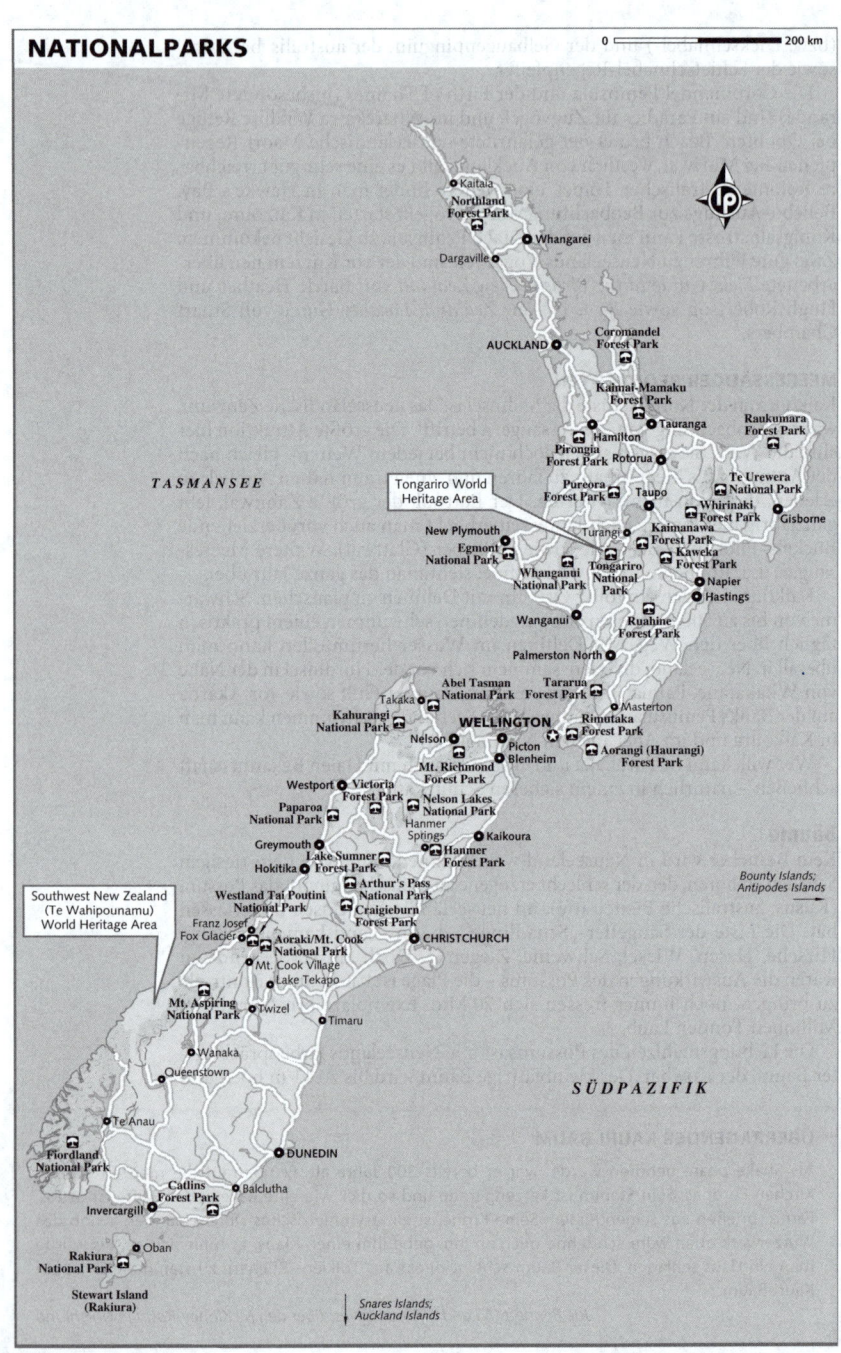

Kaitaia
Northland
Forest Park
Whangarei
Dargaville

TASMANSEE

Coromandel
Forest Park
AUCKLAND

Kaimai-Mamaku
Forest Park
Raukumara
Forest Park
Hamilton
Tauranga
Pirongia
Forest Park
Rotorua
Pureora
Forest Park
Taupo
Te Urewera
National Park
Whirinaki
Forest Park
Gisborne

Tongariro World
Heritage Area

New Plymouth
Turangi
Kaimanawa
Forest Park
Egmont
National Park
Kaweka
Forest Park
Whanganui
National Park
Tongariro
National
Park
Napier
Hastings
Wanganui
Ruahine
Forest Park
Palmerston North

Abel Tasman
National Park
Tararua
Forest Park
Takaka
Kahurangi
National Park
Masterton
Rimutaka
Forest Park
Nelson
WELLINGTON
Picton
Blenheim
Aorangi (Haurangi)
Forest Park
Westport
Victoria
Forest Park
Mt. Richmond
Forest Park
Paparoa
National Park
Nelson Lakes
National Park
Hanmer
Springs
Kaikoura
Greymouth
Lake Sumner
Forest Park
Hanmer
Forest Park
Hokitika
Arthur's Pass
National Park
Westland Tai Poutini
National Park
Craigieburn
Forest Park

Southwest New Zealand
(Te Wahipounamu)
World Heritage Area

Franz Josef
Fox Glacier
Aoraki/Mt. Cook
National Park
CHRISTCHURCH
Mt. Cook Village
Lake Tekapo
Mt. Aspiring
National Park
Twizel
Timaru
Wanaka
Queenstown

Bounty Islands;
Antipodes Islands

SÜDPAZIFIK

Te Anau
Fiordland
National Park
DUNEDIN
Catlins
Forest Park
Balclutha
Invercargill
Rakiura
National Park
Oban
Stewart Island
(Rakiura)

Snares Islands;
Auckland Islands

ist im Frühling voller Büschel leuchtend gelber Blüten (der Nationalblume Neuseelands). Der Pohutukawa, ein wunderschöner Küstenbaum im Norden der Nordinsel, ist im Dezember mit leuchtend roten Blüten übersät und trägt daher den Spitznamen „Weihnachtsbaum". Ähnlich purpurrot blüht der Rata-Baum, von dem es Arten auf beiden Inseln gibt. Der im Norden schlingt sich im frühen Stadium als Kletterpflanze um einen Wirtsbaum (und erstickt diesen eventuell auch).

Die wenigen Orte, an denen noch jahrhundertealte Kauri-Bäume stehen, sind beeindruckende Sinnbilder vergangener Zeiten. Ihre riesigen, fleckigen Stämme und die gewaltigen, umrankten Äste lassen alle anderen Bäume wie Zwerge aussehen. Sie sind die wenigen Überlebenden des Baubooms. Am besten kann man die Riesen im Waipoua Kauri Forest in Northland (S. 205) bestaunen. Heute werden Kauri-Bäume, aber auch andere Bäume zur Bauholzgewinnung, etwa der markante Dacrydium (eine Kiefernart) oder der langlebige Totara, meist durch den erfolgreichsten Import des Landes ersetzt: *Pinus radiata*. Diese Kiefer erreicht in nur 35 Jahren ihre volle Größe und wird nun zur Aufforstung weiter Teile der Nordinsel verwendet – die größte Baumplantage der südlichen Hemisphäre ist der Kaingaroa Forest, südöstlich von Rotorua.

Wer sich durch die Wälder kämpft, stößt unweigerlich auch auf das typische Merkmal der neuseeländischen Vegetation – den Baumfarn. Leicht zu erkennen sind der Mamaku (Schwarzer Baumfarn), der bis zu 20 m hoch wird und in den Feuchtgebieten im ganzen Land wächst, sowie der 10 m hohe Ponga (Silberfarn) mit seiner markanten weißen Unterseite. Der Silberfarn wird gern als Firmenlogo benutzt und schmückt die Trikots vieler hochkarätiger neuseeländischer Sportler.

Lifestyles of New Zealand Forest Plants von J. Dawson und R. Lucas ist ein Streifzug durch die Wälder Neuseelands anhand wunderschöner Fotos. Die üppigen Wälder sind ganz und gar nicht eintönig und farblos; hier leben Tierarten, die teilweise noch aus der Zeit der Dinosaurier stammen. Wer diesen Führer liest, wird sofort seine Wanderstiefel schnüren!

NATIONALPARKS

Ein Drittel des Landes – mehr als 5 Mio. ha – steht unter Schutz, jede nur erdenkliche Landschaftsform gehört dazu: mangrovengesäumte Buchten im Norden, die schneebedeckten Vulkane des Zentralplateaus, die ursprünglichen Wälder der Ureweras im Osten und die majestätischen Berge, Gletscher und Fjorde der Südalpen. Die 14 Nationalparks, drei Meeresparks und zwei Meeresreservate sowie zahlreiche Waldparks bieten Tausende Möglichkeiten, die Wildnis aktiv zu erleben: beim Klettern, Skifahren, Mountainbiken, Wandern, Kajakfahren und Forellenfangen.

Drei Orte wurden zum Weltkulturerbe erhoben: Neuseelands Subantarktische Inseln, der Tongariro National Park (S. 335) und Te Wahipounamu (S. 726). Einzigartige Pflanzen und Tiere aus der Gondwana-Zeit sind hier im Südwesten Neuseelands zu Hause.

Der Zugang zur Wildnis ist relativ unkompliziert, allerdings braucht man für die Nutzung der Hütten an den Wanderwegen Pässe. Eigentlich sind die Unterschiede zwischen einem Nationalpark und einem Waldpark gering; Hunde sind in Nationalparks ohne Genehmigung nicht erlaubt. Campen kann man in allen Parks, manchmal aber nur auf ausgewiesenen Zeltplätzen, darum vorher Infos einholen! Im Inland braucht man fürs Jagen (Federwild) Genehmigungen und fürs Fischen (Forelle, Lachs) Lizenzen. Beides gibt's online auf www.fishandgame.org.nz.

Die Website des Department of Conservation (www.doc.govt.nz) bietet nützliche Informationen zu den Nationalparks und den Wander- und Spazierwegen des Landes und listet zudem Hütten und Campingplätze in der Wildnis auf.

Outdooraktivitäten

Auf S. 759 finden sich Tipps zu weniger schweißtreibenden Aktivitäten (Angeln, Golf, Rundflüge, Segeln), S. 75 informiert über Vogel- und Tierbeobachtungen.

Neuseelands einmalige Naturschönheiten treiben auch ausgeprägte Stubenhocker ins Freie, viele Reisende kommen sogar ausschließlich wegen der Outdooraction hierher. Aber die großartige Natur ist nicht allein die Domäne von Touristen, die einen Kick suchen – das Leben hier draußen ist ein essentieller Bestandteil der neuseeländischen Kultur. Ob Familiencampen in den Ferien oder anspruchsvolle Klettertouren, es gehört einfach zur nationalen Lebensweise, durch die Wildnis zu wandern und die unberührte Natur zu genießen.

Daher überrascht es nicht, dass im ganzen Land Aktivitäten geboten werden und dass diese stets erstaunlich gut organisiert sind. Kommerzielle Veranstalter können mit allem dienen, was man sich nur vorstellen und wünschen kann: vom Bungeejumping in eine Schlucht hinein bis zum Kajakfahren auf dem Meer in einem Nationalpark. Das Schönste an Neuseeland aber ist, dass man auch eine ganze Menge auf eigene Faust unternehmen kann, ohne bei einer Tour mitzucokeln zu müssen. Hier gibt's noch immer wildes Grenzland – also nichts wie los, um der Natur Auge in Auge zu begegnen, Millionen Meilen von zu Hause, ganz allein mit der großen Weite.

Aktivitäten, die den Adrenalinspiegel pushen, bergen natürlich ein gewisses Risiko. Das gilt insbesondere für Wildwasserfahrten, Kajakfahren und alles, was mit einem Fall aus großer Höhe zu tun hat – aber die Gefahr zu spüren, gibt nun einmal erst den richtigen Kick … Die Wahrscheinlichkeit eines Unfalls ist – trotz einiger Unglücke in jüngerer Zeit – sicher gering, dennoch sollte man unbedingt eine Reiseversicherung abschließen, die alle möglichen Unfälle voll abdeckt, wenn man solche Unternehmungen plant. Mehr Infos dazu gibt's auf S. 780.

WANDERN

Wer die erste Wanderung plant, sollte sich vorher www.tramper.co.nz anschauen, eine fantastische Website mit Wegbeschreibungen und -bewertungen.

Wandern (in Neuseeland als „Tramping" bezeichnet) ist die perfekte Art, um mit den Naturschönheiten des Kiwilands auf Tuchfühlung zu gehen. Es gibt Tausende Kilometer von Wanderwegen – manche davon sind sehr gut markiert, andere dagegen kaum mehr als eine Linie auf der Karte –, dazu ein ausgezeichnetes Netz an Hütten, die es den Wanderern ersparen, Zelte und (manchmal auch) Kochausrüstung mit sich herumzuschleppen. Bevor man sich in den Wald aufmacht, sollte man sich bei der zuständigen Behörde – in der Regel dem **Department of Conservation** (DOC; www.doc.govt.nz) – oder bei den i-SITE Visitor Information Centers vor Ort mit den aktuellsten Infos eindecken.

Zu den meistbewanderten Tracks gehören der Routeburn, der Milford, der Tongariro Northern Circuit (und der eintägige Tongariro Alpine Crossing),

---

FREIWILLIGENARBEIT FÜR REISENDE

Neuseeland bietet Travellern eine Menge Gelegenheiten zu aktiver Freiwilligenarbeit an der frischen Luft, die einem das gute Gefühl geben, etwas für die Umwelt zu tun. Vom Bäumepflanzen und dem Entfernen von Unkraut bis zum Anlegen von Wegen oder Maßnahmen zum Schutz und zur Einfriedung von Lebensräumen ist alles möglich. Infos über die konkreten Möglichkeiten vor Ort gibt es in allen regionalen i-SITE Visitor Information Centers oder auf www.conservationvolunteers.org.nz sowie auf www.doc.govt.nz (Pfad: „Getting involved" – „In your community" – „Volunteer programme"). Auf beiden Websites kann man in den örtlichen Angeboten stöbern; s. auch Wwoofing (S. 777).

der Kepler, der Lake Waikaremoana, der Queen Charlotte und der Abel Tasman Coast Track. Wer unbedingt im Sommer den Milford Track, den Routeburn Track oder einen anderen der Great Walks abwandern will, muss sich nach den Buchungsbedingungen erkundigen und früh aufbrechen. Will man den Massen aus dem Weg gehen, empfiehlt sich eine Wanderung in der Nebensaison. Die Mitarbeiter des DOC helfen einem bei der Planung von Touren auf weniger bekannten Strecken; Details gibt's auf der DOC-Website.

Reisezeit

Die Hauptsaison für Wanderer sind die Sommerferien, die zwei Wochen vor Weihnachten beginnen und Ende Januar enden – diese Zeit sollte man möglichst meiden. Die besten Witterungsbedingungen herrschen von Januar bis März, aber auf den meisten nichtalpinen Strecken kann man zwischen Oktober und April jederzeit problemlos wandern. Im Winter (Juni–Aug.) wagt man sich besser nicht in die Wildnis, und erst recht nicht in große Höhen: Einige Wege sind um diese Zeit wegen Lawinengefahr gesperrt, und insgesamt stehen weniger Einrichtungen und Dienstleistungen zur Verfügung.

Ausrüstung

Damit die Wanderung auch wirklich toll wird, ist in erster Linie an Füße und Schultern zu denken: Festes, bequemes Schuhwerk ist unverzichtbar, und das Gepäck sollte nicht allzu schwer sein. Wichtig sind außerdem ordentliche Regenklamotten, besonders dann, wenn man an der feuchten Westküste der Südinsel unterwegs ist. Wer zeltet oder in Hütten ohne Herd übernachtet (beispielsweise auf dem Abel Tasman Coast Track oder dem Lake Waikaremoana Track), sollte einen Campingkocher mitnehmen. Und nicht das Studentenfutter vergessen, um sich unterwegs ab und zu einen Energieschub gönnen zu können!

Bücher

Das DOC gibt Bücher mit ausführlichen Information zur Flora und Fauna, zur Geologie und zur Geschichte der Nationalparks in Neuseeland heraus; außerdem publiziert es Broschüren (0,50–2 NZ$) zu Hunderten von Wanderwegen überall in Neuseeland.

Tramping in New Zealand von Lonely Planet beschreibt rund 50 Wege von unterschiedlicher Länge und unterschiedlichem Schwierigkeitsgrad, 101 Great Tramps von Mark Pickering und Rodney Smith gibt Anregungen zu zwei- bis sechstägigen Wanderungen überall im Land. Ein anderer Führer aus der gleichen Reihe, 202 Great Walks: the Best Day Walks in New Zealand von Mark Pickering, hat Tipps für kürzere, familiengerechte Ausflüge. Auch Accessible Walks von Anna und Andrew Jameson ist ein exzellenter Führer für ältere Wanderer, Menschen mit Behinderungen und Familien: Er beschreibt mehr als 100 Wanderstrecken auf der Südinsel mit ausführlichen Infos zu den Wegbedingungen.

Wanderneulinge sollten einen Blick in Don't Forget Your Scroggin von Sarah Bennett und Lee Slater werfen – hier erfährt man alles über Sicherheit und die richtige Vorbereitung. Die Birdseye Tramping Guides von Craig Potton Publishing enthalten fabelhafte topografische Karten. Daneben gibt es unzählige Bücher, die sich mit einzelnen Wanderstrecken oder kürzeren Stadtspaziergängen überall in Neuseeland beschäftigen – einfach ein bisschen in den Buchhandlungen stöbern!

Karten

Mit den topografischen Karten von **Land Information New Zealand** (LINZ; www.linz. govt.nz) ist man auf der sicheren Seite. Leider haben viele Buchläden keine

Wanderer, die keine Lust
haben, ständig juckende
Stiche abzubekommen
und sich wochenlang
kratzen zu müssen,
sollten unbedingt ein
Schutzmittel gegen die
Sandfliegen dabei haben
(s. S. 765).

gute Auswahl dieser Karten, aber LINZ hat in den größeren Städten und
Ortschaften eigene Verkaufsstellen, und die DOC-Büros verkaufen oft LINZ-
Karten für Wanderstrecken in den jeweils von ihnen betreuten Gebieten.
Vorrätig sind die Karten auch häufig bei Outdoorausrüstern (s. Kasten
S. 88). LINZ verlegt u. a. Karten zu Parks (Nationalparks, staatlichen Parks
und Naturschutzgebieten) und Wanderstrecken sowie die supergenauen
„Topomaps" – es kommt vor, dass man für eine einzige Wanderstrecke zwei
oder drei von ihnen benötigt.

Wegekategorien

Die Wege sind nach verschiedenen Merkmalen klassifiziert, u. a. auch nach
dem Schwierigkeitsgrad. Im Folgenden wird eine grobe Einteilung in „einfach", „mittelschwer", „anspruchsvoll" und „schwierig" vorgenommen. Weit
verbreitet ist auch dieses Klassifikationssystem:

Short Walk Gut angelegter Weg, für Rollstuhlfahrer zugänglich oder mit normalen Schuhen zu
bewältigen (keine Wanderstiefel notwendig); geeignet für Menschen jedes Alters und für jeden
Trainingszustand.

Walking Track Längerer, aber einfacher, gut angelegter Wanderweg, der mit normalen Schuhen
bewältigt werden kann; geeignet für Menschen der meisten Altersklassen und Trainingsstufen.

Easy Tramping Track oder Great Walk Gut angelegter Weg; die meisten Stellen, an denen ein
Wasserlauf kreuzt, sind mit Brücken versehen, die Wegkreuzungen sind markiert. Leichte Wanderschuhe sind erforderlich.

Tramping Track Verlangt Können, Erfahrung und Wanderschuhe; geeignet für Menschen von
durchschnittlicher körperlicher Fitness. Einige Wasserläufe müssen eventuell durchwatet werden.

Route Verlangt Können, Erfahrung und einen guten Orientierungssinn; nur für gut ausgerüstete
Wanderer.

Sicherheit auf der Strecke

Tausende Menschen wandern unfallfrei durch Neuseeland, aber jedes Jahr
kommen auch ein paar in den Bergen zu Tode. Manche Wege sind wirklich
nur etwas für erfahrene, gut trainierte und gut ausgerüstete Wanderer – man
wagt sich besser nicht daran, wenn man das nicht sicher zu sein behaupten
kann. Das Wetter kann in Neuseeland schnell umschlagen, und höher
gelegene Wege können auch im Sommer unter Schnee und Eis liegen;
deswegen immer aktuelle Infos zur Wetterlage und zum Streckenzustand
einholen, bevor es losgeht. Vor Antritt einer längeren Wanderung sollte man
immer ein DOC Visitor Center zu Rate ziehen und einem Verantwortlichen
mitteilen, was man vorhat. Nähere Informationen finden sich unter www.
mountainsafety.org.nz.

Die Great Walks

Neuseelands neun offizielle „Great Walks" (von denen einer eine
Flusswanderung ist) sind die beliebtesten Wanderstrecken im Land. Hier
gibt es Naturschönheiten in masse, doch muss man mit mindestens genau-
sovielen Menschen rechnen, insbesondere während des Sommers, wenn
Menschen aus aller Welt hier ihre Wanderstiefel schnüren.

Die Whanganui Journey
wird zwar zu den Great
Walks gezählt, ist aber
keine Wanderung,
sondern eine Kajaktour
durch den Whanganui-
Nationalpark.

In diesem Buch und in *Tramping in New Zealand* von Lonely Planet
sind alle Great Walks beschrieben. Detaillierte Angaben enthalten zudem
die Broschüren in den DOC Visitor Centers, wo es auch die nützlichen
ParkMaps gibt.

Wer auf diesen Strecken wandern möchte, braucht einen Great Walk Pass,
der vor Antritt der Wanderung in einem DOC Visitor Information Center
erworben werden kann; DOC-Büros gibt's in der Nähe aller Strecken. Die
auf die jeweilige Strecke bezogenen Pässe decken die Übernachtung in einer
Hütte (12–45 NZ$/Pers. & Nacht, je nach Strecke und Jahreszeit) und/oder

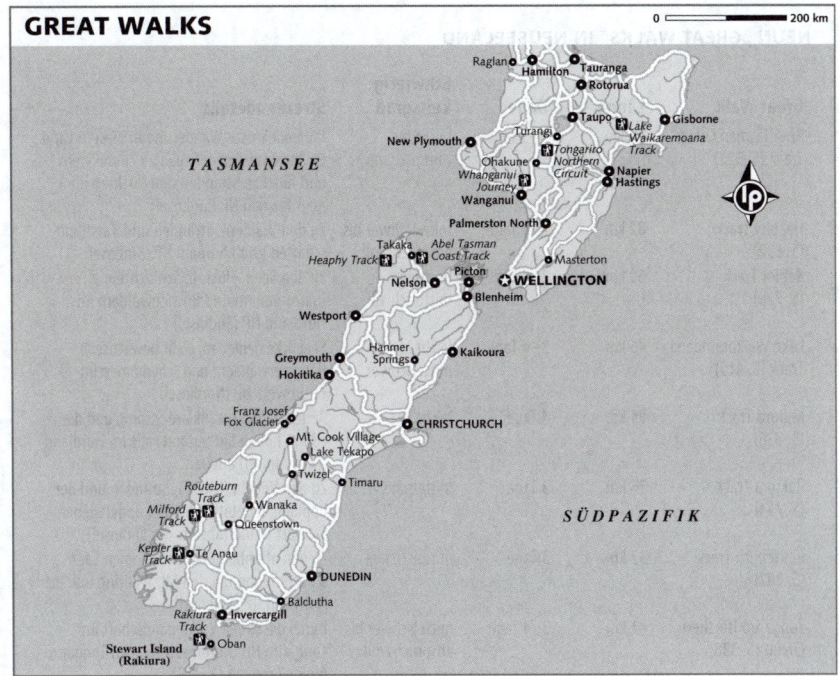

GREAT WALKS

beim Campen (0–15 NZ$/Pers. & Nacht) ab. Zelten ist nur auf den ausge-
wiesenen Campingplätzen erlaubt. Achtung: Am Milford Track gibt es keine
Campingmöglichkeiten! Außerhalb der Spitzensaison (d. h. zwischen Mai
& Sept.) werden in vielen Hütten auch Backcountry Hut Passes (90 NZ$,
12 Monate gültig) akzeptiert, und Einzeltickets, die man jeweils direkt vor
Ort bezahlt (S. 85). Die Übernachtung für Kinder unter 18 Jahren ist in den
Hütten und auf den Campingplätzen an den Great Walks kostenlos.

Für sechs der Great Walks hat das DOC ein Buchungssystem eingeführt,
um eine Überfüllung zu vermeiden und die Umwelt zu schonen. Wanderer
müssen die Hütte oder den Campingplatz ihrer Wahl sowie den genauen
Termin angeben, wenn sie einen Great Walk Pass kaufen.

- **Lake Waikaremoana Track, Abel Tasman Coast Track, Heaphy Track** – Reservierung ganzjährig erforderlich
- **Kepler Track, Milford Track, Routeburn Track** – Reservierung von Oktober
  bis April erforderlich
- **Rakiura Track, Tongariro Northern Circuit, Whanganui Journey** – Reservierung
  nicht erforderlich

Reservierungen können online (www.doc.govt.nz), per E-Mail (greatwalks
booking@doc.govt.nz), Telefon, Fax oder persönlich bei den DOC-Büros an
den Wanderstrecken vorgenommen werden. Alle Einzelheiten dazu findet
man auf der Website des DOC. Tageswanderungen sind auf alle Strecken
kostenlos, nur für Übernachtungen muss man bezahlen.

Noch mehr Wanderwege

Selbstverständlich gibt es im Kiwiland noch eine Menge mehr Wanderwege
außer den Great Walks. Empfehlenswert sind z. B. die folgenden:

NEUN „GREAT WALKS" IN NEUSEELAND

Great Walk	Länge	Dauer	Schwierig-keitsgrad	Streckendetails
Abel Tasman Coast Track (S. 522)	51 km	3–5 Tage	leicht bis mittelschwer	Die beliebteste Wanderung in diesem Land ist auch mit einem Seekajak zu meistern und führt zu Stränden und Buchten im Abel Tasman NP (Südinsel)
Heaphy Track (S. 532)	82 km	4–6 Tage	mittelschwer bis anspruchsvoll	Zu den Wäldern, Stränden und Karstland-schaften im Kahurangi NP (Südinsel)
Kepler Track (S. 720)	60 km	3–4 Tage	leicht bis mittelschwer	Zu den Seen, Flüssen, Schluchten, Urstromtälern und Buchenwäldern im Fiordland NP (Südinsel)
Lake Waikaremoana Track (S. 415)	46 km	3–4 Tage	leicht bis mittelschwer	Seeblicke genießen, dicht bewachsene Hänge erwandern und schwimmen im Te Urewera NP (Nordinsel)
Milford Track (S. 726)	54 km	4 Tage	leicht	Regenwald, kristallklare Ströme und die 630 m hohen Sutherland Falls im Fiordland NP (Südinsel) erleben
Rakiura Track (S. 754)	36 km	3 Tage	mittelschwer	Zu den Vögeln (Kiwis!), Stränden und der üppigen Vegetation auf der abgelegenen Stewart Island (abseits der Südinsel)
Routeburn Track (S. 702)	32 km	3 Tage	mittelschwer	Zu den atemberaubenden alpinen Land-schaften rund um den Mt. Aspiring und im Fiordland NP (Südinsel)
Tongariro Northern Circuit (S. 338)	41 km	3–4 Tage	mittelschwer bis anspruchsvoll	Durch die aktive Vulkanlandschaft im Tongariro NP (Nordinsel); s. auch Tongariro Alpine Crossing (S. 338)
Whanganui Journey (S. 305)	145 km	5 Tage	leicht	Mit Kanu oder Kajak auf dem Whanganui River im Whanganui NP (Nordinsel)

NORDINSEL

Cape Reinga Coastal Walkway 50 km lange, einfache Strandwanderung für drei Tage (Über-nachtung nur auf Campingplätzen) in Northland. Man kann auch in sechs bis acht Tagen 132 km zurücklegen; mehr Infos auf www.doc.govt.nz.

Mt. Holdsworth–Jumbo Circuit Mittelschwere bis anspruchsvolle dreitägige Wanderung im Holdsworth Forest Park, außerhalb von Masterton. Der Weg führt durch den Wald und über den Gipfel des Mt. Holdsworth. Mehr Infos auf www.doc.govt.nz.

Pouakai Circuit Die 25 km lange Strecke führt einen in zwei bis drei Tagen durch Regenwälder im Tiefland, vorbei an Klippen und durch subalpine Wälder am Fuß des Mt. Taranaki im Egmont National Park; s. S. 287.

Tongariro Alpine Crossing Tolle, 18 km lange, mittelschwere Tageswanderung durch den Tongariro National Park; s. S. 338.

SÜDINSEL

Arthur's Pass Im Arthur's Pass National Park gibt es viele Wanderwege, die meisten sind schwierig; s. S. 614.

Banks Peninsula Track 35 km lange, zweitägige (mittelschwere) oder viertägige (einfache) Wanderung über die Hügel und entlang der Küste der Banks Peninsula. Die Strecke führt bei Akaroa auch über Privatgelände; s. S. 605.

Greenstone Track & Caples Track Zwei schwierigere Wanderwege in Naturschutzgebieten, gleich außerhalb des Fiordland National Park. Sie stoßen beide auf den Routeburn Track und bieten sich somit als Ausgangs- oder Zielpunkte für diese beliebte Wanderung an; s. S. 702.

Hump Ridge Track Ein ausgezeichneter, 53 km langer, dreitägiger Rundkurs, dessen Anfang und
Ende am Bluecliffs Beach in der Te Waewae Bay, 20 km von Tuatapere, liegt (S. 734).

Inland Pack Track 27 km lange, mittelschwere Strecke im Paparoa National Park, die den
Flusstälern durch die Karstlandschaft bei Punakaiki an der West Coast folgt (S. 546).

Kaikoura Coast Track Ein einfacher, 40 km langer, drei Tage dauernder Weg längs der spektakulären Küste 50 km südlich von Kaikoura, der zum Teil auch über Privatgelände führt; s. S. 500.

Matukituki Valley Walks Schöne mittelschwere bis anspruchsvolle Wanderungen durch das
Matukituki Valley im Mt. Aspiring National Park in der Nähe von Wanaka (S. 705).

North-West Circuit Anspruchsvolle, durch schlammiges Gelände führende Wanderung auf
Stewart Island, für die acht bis zwölf Tage anzusetzen sind; s. S. 754.

Queen Charlotte Track Drei- bis fünftägige, mittelschwere Wanderung in den Marlborough
Sounds mit einem großartigen Blick auf das Wasser, super Unterkünften und Trinkwasser. S. 485.

Rees-Dart Track 70 km lange, vier bis fünf Tage fordernde, anspruchsvolle Wanderstrecke im Mt.
Aspiring National Park, die durch Flusstäler und über einen Gebirgspass führt (S. 703).

St. James Walkway Diese 65 km lange, mittelschwere Wanderstrecke führt einen innerhalb
von drei bis fünf Tagen im Lake Sumner Forest Park/Lewis Pass Reserve durch eine prachtvolle,
subalpine Landschaft (S. 613).

Wangapeka Track & Leslie-Karamea Track Der Wangapeka Track ist eine vier bis fünf
Tage dauernde, mittelschwere Wanderung, die an Flusstälern entlang und über Pässe führt. Der
Leslie-Karamea Track misst 90 bis 100 km, ist nur für erfahrene Wanderer geeignet und von diesen
in fünf bis sieben Tagen zu bewältigen. Der Weg führt durch Flusstäler und Schluchten und über
Pässe. Beide Wanderstrecken durchqueren die Südinsel im Nordwesten, zwischen Golden Bay und
Karamea (S. 533).

> Gegen Ende des Jahres
> 2010 wird der anspruchs-
> volle Te Araroa (www.
> teararoa.org.nz) eröffnet:
> Der 3000 km lange Wan-
> derweg von Cape Reinga
> im Norden bis nach Bluff
> im Süden verbindet
> bereits bestehende Wege
> und ergänzt diese um
> neue Teilstrecken. Also,
> dranbleiben!

Geführte Wanderungen

Erfahrene, unabhängige Wanderer wissen meist, wie man am besten Wege
findet, Übernachtungen in Hütten bucht, sich bevorratet und unterwegs
kocht, und das Zelt über die neuseeländischen Berge schleift – für alle anderen bieten sich geführte Wanderungen an. Wer also noch nie gewandert
ist oder es sich einfach etwas bequemer machen möchte, findet ein paar
Unternehmen, die einen durch die Wildnis begleiten und für Unterkunft in
komfortablen Hütten, Mahlzeiten und den Transport der Ausrüstung sorgen.

Auf der Nordinsel kann man sich z.B. am Lake Waikaremoana (S. 417)
und im Tongariro National Park (S. 335) für geführte Wanderungen anmelden. Wanderwillige auf der Südinsel sind in Kaikoura (S. 500), am Milford
Track (S. 726), am Heaphy Track (S. 528) oder am Hollyford Track (S. 726)
richtig. Für eine Tour mit vier Übernachtungen bezahlt man mindestens
1500 NZ$, die Luxusvariante gibt's für bis zu 2000 NZ$.

Hütten- & Campinggebühren

Das DOC betreibt mehr als 950 Hütten in den National- und Waldparks von
Neuseeland. Es gibt Hütten der Kategorie „Great Walk" (mit Stockbetten
oder Schlafplätzen mit Matratzen, fließendem Wasser, Heizung, Toiletten,
oft Solarbeleuchtung, Kochgelegenheiten und einem Hausmeister), „Standard
Huts" (mit Stockbetten oder Schlafplätzen mit Matratzen, fließendem
Wasser, Heizung, Toiletten und manchmal Kochgelegenheiten) sowie „Basic
Huts" (primitive Schutzverschläge). Einzelheiten zur Ausstattung der ein-
zelnen Hütten finden sich auf der Website des DOC. Die Gebühren für
die Übernachtung in einer Hütte liegen pro Erwachsenem zwischen 0 und
45 NZ$, Tickets sind im Voraus bei den DOC Visitor Centers zu kaufen.
Kinder unter 10 Jahren übernachten kostenlos, Kinder zwischen 11 und 17
Jahren zahlen den halben Preis. Für Vielwanderer bietet das DOC den ein
Jahr gültigen **Backcountry Hut Pass** (Erw./Kind 90/45 NZ$) an, der in den meisten
Hütten akzeptiert wird mit Ausnahme derer, die in der DOC-Broschüre
„Backcountry Huts" eigens aufgeführt sind – dazu gehören während des

VERANTWORTUNGSBEWUSST WANDERN

Zum Schutz der Umwelt und der Schönheit Neuseelands sollte man beim Wandern ein paar Regeln beachten. Einige mögen geradezu lächerlich selbstverständlich erscheinen, aber der eine oder andere Hinweis ist vielleicht doch ganz brauchbar. Wer mehr zum Thema wissen möchte, kann sich online auf www.lnt.org informieren, und Camper finden auf der DOC-Website www.camping.org.nz Tipps zu umweltbewusstem Zelten. Im Zweifel bei einem DOC- oder i-SITE-Büro nachfragen!

Lächerlich selbstverständlich:

- Möglichst nicht in der Spitzensaison auf Wanderschaft gehen, denn weniger Leute bedeuten weniger Stress für die Natur – und weniger Schnarcher in den Hütten!
- Alle Abfälle wieder mitnehmen (auch so unglamuröse wie Kondome, Tampons und Toilettenpapier) und niemals vergraben: Das Graben beeinträchtigt das natürliche Gleichgewicht des Bodens und der Vegetation und fördert die Erosion. Zudem wird vergrabener Abfall wahrscheinlich von Tieren wieder ausgegraben.
- Keine Reinigungsmittel, Shampoos oder Zahnpasta in oder in der Nähe von Wasserläufen verwenden – auch nicht, wenn sie biologisch abbaubar sind.
- Zum Kochen kein offenes Feuer benutzen, sondern einen leichten, mit Kerosin, Alkohol oder Naphta betriebenen Kocher; keine Einweg-Butankanister verwenden.
- Wo es eine Toilette gibt, sollte diese benutzt werden. Wenn keine vorhanden ist: Notdurft vergraben (mindestens 15 cm tief und 100 m von jeglichen Wasserläufen entfernt) und mit Erde und einem Felsblock abdecken. Auch bei Schnee bis unter die Erdoberfläche aufgraben!
- Wenn ein oft benutzter Weg durch eine matschige Stelle führt, trotzdem hindurchlaufen. Versuche, sie am Außenrand zu umgehen, werden die Stelle nur unnötig vergrößern.
- Bei Privatgrundstücken den Eigentümer stets vorher um die Erlaubnis zum Campen bitten. Das Gelände schonend behandeln, wie anderswo selbstverständlich auch.

Vielleicht ganz brauchbar:

- Beim Waschen von Geschirr mindestens 50 m Abstand zu Wasserläufen einhalten und statt Spülmittel Topfkratzer, Sand oder Schnee verwenden.
- Wenn unbedingt nötig, für die Körperreinigung biologisch abbaubare Seife und einen Eimer verwenden. Mindestens 50 m Abstand zu Wasserläufen einhalten. Das gebrauchte Wasser über eine große Fläche verteilen, damit der Boden die Fremdstoffe besser herausfiltern kann.
- Wo Feuer erlaubt ist, nur vorhandene Feuerstellen und nur totes, herumliegendes Holz benutzen (das Holzsammeln rund um Campingplätze dezimiert den Wald ganz schnell), die Feuerstelle nicht mit Steinen umlegen, übriges Holz für den nächsten Glücklichen zurücklassen.
- Die Taschen mit den Nahrungsmitteln außer Reichweite von Aasfressern lagern, d. h. beispielsweise an Dachbalken oder Bäumen aufhängen.
- Tiere nicht füttern: Das kann das ökologische Gleichgewicht stören und bei den Tieren zu Krankheiten oder zur Abhängigkeit von Fütterungen führen. Die getrockneten Aprikosen also selbst essen!
- Als Unterkunft an der Wanderstrecke Orte wählen, die umweltbewusst ausgestattet und geführt sind. Eine Auswahl von großartigen Optionen dieser Art findet sich auf S. 829.

Sommers viele Hütten an den Great Walks (für die man einen Great Walk Pass braucht, s. S. 82). In der Nebensaison (Mai–Sept.) bekommt man an manchen Great Walks auch mit einem Backcountry Hut Pass oder einem einzelnen Ticket einen Schlaf- oder Stellplatz.

Je nach Kategorie der Hütte kostet eine Übernachtung ein oder zwei Tickets. An der Hütte angekommen, müssen die Tickets datiert und in den dafür bereitstehenden Kasten geworfen werden. Die Unterkunft kann nicht reserviert werden – wer zuerst kommt, mahlt zuerst.

Das DOC betreibt außerdem 250 „Conservation Campsites", die für Fahrzeuge zugänglich sind. Die einfachsten dieser Campingplätze („basic") sind kostenlos; die Übernachtung auf Plätzen der Kategorien „standard" und „serviced" kostet zwischen 3 und 14 NZ$ pro Person. Die „serviced"-Kategorie bietet eine gute Ausstattung (Toiletten, fließendes Wasser, Duschen und Picknicktische), mancherorts gibt es sogar Grillplätze, eine Küche und eine Waschküche. Die Standard-Plätze verfügen über Toiletten und Wasser, manchmal auch über Grillstellen und Picknicktische.

An- & Weiterreise

Die Ausgangspunkte der Wanderwege zu erreichen und von den Endpunkten weiterzukommen, kann ganz schön schwierig werden: Nur die besonders beliebten Routen werden von öffentlichen Verkehrsmitteln oder speziellen Transporten für Wanderer bedient. Mit dem eigenen Auto kann man zwar bequem zu dem einen Ende der Strecke kommen, muss aber später sein Fahrzeug irgendwie wieder einsammeln. Wenn die Wanderstrecke am Ende einer Sackgasse beginnt oder endet, dürfte es auch kaum möglich sein, per Anhalter hinzukommen.

Selbstverständlich sind die Routen, die leicht mit öffentlichen Transportmitteln zu erreichen sind (z. B. der Abel Tasman Track), zugleich auch die überlaufensten. Eine gute Alternative kann es sein, einen privaten Transport zu vereinbaren, entweder mit einem Freund oder mit einem Mietwagen, der einen am Anfang der Strecke absetzt und am Ende wieder abholt. Wer das eigene Auto am Ausgangspunkt der Strecke abstellt, um es später dort wieder abzuholen, sollte nichts Wertvolles im Auto liegen lassen – Diebstähle aus Autos, die in abgelegenen Gebieten geparkt werden, kommen leider häufig vor.

EXTREMSPORT

Der Neuseeländer A. J. Hackett machte Bungeejumping 1986 mit seinem Sprung vom Eiffelturm weltbekannt; anschließend entwickelte er gemeinsam mit dem neuseeländischen Ski-Profi Henry van Asch aus dem Abenteuer ein äußerst profitables Unternehmen. Dass eine Panik auslösende, unsinnige Sache wie das Bungeejumping heute in Neuseeland etwas ganz Alltägliches ist, verrät eine Menge darüber, welchen Stellenwert „Extremsport" hierzulande hat. Bungeejumping, Fallschirmspringen, Jetbootfahren, Paragliding und Kiteboarden sind feste Größen, aber daneben kann man auch noch so abwegigen, seltsamen Aktivitäten wie Zorbing (dabei rollt man im Innern eines durchsichtigen Plastikballs einen Hügel hinunter), Quadbiken, Höhlen-Rafting, Riversledging (Wildwasser-Surfen) oder Blokarting (Windsurfen auf Rädern) frönen. Der Sky Jump (S. 118) und der Sky Screamer (S. 118) in Auckland und der Shotover Canyon Swing (S. 681) sowie der Ledge Sky Swing (S. 681) in Queenstown sind ein paar Variationen zum Thema Extremsport – sie alle verstoßen gegen die Gesetze der Natur, und sie alle machen eine Menge Spaß!

Der 109 m tiefe Sprung in den Shotover Canyon wird als der längste weltweit beworben.

Bungeejumping

Bungeejumping – es dürfte hinreichend bekannt sein: Man stürzt sich von einer Brücke, und nur ein endlos langes, an den Fußgelenken befestigtes Gummiseil bewahrt einen vor einem Sturz in die Ewigkeit – ist ein Zeitvertreib für Tollkühne und Wagemutige.

Queenstown ist praktisch rundum von Bungee-Sprungseilen gefesselt. Erwähnenswert sind u. a. der 43 m tiefe Sprung von der Kawarau Bridge

TOP IN SACHEN AUSRÜSTUNG

Die folgenden Ausrüster zählen landesweit zu den besten, wenn es gilt, eine geborstene Zeltstange reparieren zu lassen oder einen wärmeren Schlafsack zu erstehen:

- Auckland: **Kathmandu** (Karte S. 108 f.; ☎ 09-377 7560; www.kathmandu.co.nz; 200 Victoria St; ⊙ Mo–Do 9–17.30, Fr 9–19, Sa 9–17, So 10–16.30 Uhr)

- Christchurch: **Snowgum** (Karte S. 582 f.; ☎ 03-365 4336; www.snowgum.co.nz; 637 Colombo St; ⊙ 9–17.30 Uhr)

- Dunedin: **Bivouac Outdoor** (Karte S. 640; ☎ 03-477 3679; www.bivouac.co.nz; 171 George St; ⊙ Mo–Do 9–17.30, Fr 9–18, Sa 9–16, So 10–16 Uhr)

- Hamilton: **Bivouac Outdoor** (Karte S. 247; ☎ 07-839 4206; www.bivouac.co.nz; 611 Victoria St; ⊙ Mo–Fr 9.30–17.30, Sa 10–16, So 10–15 Uhr)

- Kaikoura: **R&R Sport** (Karte S. 498; ☎ 03-319 5028; www.rrsport.co.nz; 14 West End; ⊙ Mo–Sa 9–19, So 10–16 Uhr, Winter Mo–Sa 9–17.30 Uhr)

- Napier: **Kathmandu** (Karte S. 419; ☎ 06-835 5859; www.kathmandu.co.nz; 8 Dickens St; ⊙ Mo–Do 9–17.30, Fr 9–18, Sa 9–16, So 10–16 Uhr)

- Nelson: **R&R Sport** (Karte S. 506; ☎ 03-548 4999; www.rrsport.co.nz; Ecke Rutherford & Bridge Sts; ⊙ Mo–Do 9–17.30, Fr 9–19, Sa 9.30–16, So 10–15 Uhr)

- New Plymouth: **Kiwi Outdoors Centre** (Karte S. 278; ☎ 06-758 4152; www.kiwioutdoorsstores.co.nz; 18 Ariki St; ⊙ Mo–Fr 8.30–17, Sa 9–14.30, So 10–14 Uhr)

- Palmerston North: **Bivouac Outdoor** (Karte S. 310; ☎ 06-359 2162; www.bivouac.co.nz; 400 Ferguson St; ⊙ Mo–Do 9–17.30, Fr 9–18, Sa 9–16, So 10–16 Uhr)

- Queenstown: **Outside Sports** (Karte S. 680; ☎ 03-441 0074; www.outsidesports.co.nz; 36 Shotover St; ⊙ 8–20 Uhr)

- Rotorua: **Outdoorsman Headquarters** (Karte S. 369; ☎ 07-345 9333; www.outdoorsman.co.nz; 6 Tarawera Rd; ⊙ 9–17.30 Uhr)

- Taupo: **Outdoor Attitude** (Karte S. 328; ☎ 06-378 6628; www.outdoorattitude.co.nz; 37 Tuwharetoa St; ⊙ Mo–Fr 9–17, Sa 9–16, So 10–15 Uhr)

- Tauranga: **Bivouac Outdoor** (Karte S. 374; ☎ 07-579 5127; www.bivouac.co.nz; 131 Willow St; ⊙ Mo–Fr 9–17, Sa 9–16, So 10–15 Uhr)

- Te Anau: **Outside Sports** (Karte S. 719; ☎ 03-249 8195; www.sportsworldteanau.co.nz; 38 Town Centre; ⊙ 9–21 Uhr)

- Wanaka: **Outside Sports** (Karte S. 706; ☎ 03-443 7966; www.good-sports.co.nz; 17-23 Dunmore St; ⊙ 9–17.30 Uhr)

- Wellington: **Bivouac Outdoor** (Karte S. 442; ☎ 04-473 2587; www.bivouac.co.nz; 39 Mercer St; ⊙ Mo–Do 9–17.30, Fr 9–19, Sa 10–17, So 11–17 Uhr)

- Whanganui: **Kathmandu** (Karte S. 298; ☎ 06-348 2262; www.kathmandu.co.nz; 128 Victoria Ave; ⊙ Mo–Fr 9–17, Sa 10–16 Uhr)

- Whangarei: **Kathmandu** (Karte S. 170; ☎ 09-438 7193; www.kathmandu.co.nz; 22 James St; ⊙ Mo–Fr 9–17.30, Sa 9–16, So 10–15 Uhr)

(hier gibt es auch ein Kino samt Museum zu diesem Thema), der 47 m lange freie Fall von einem Brett auf dem Dach der Skyline Gondola, und als Krönung des Ganzen der Nevis-Sprung mit 134 m. Weitere Bungeejumping-Plattformen auf der Südinsel finden sich am Waiau River (in der Nähe von Hanmer Springs) und auf dem Skigelände des Mt. Hutt. Auf der Nordinsel gibt's Bungeejumping-Möglichkeiten in Taupo, Auckland, Rotorua und auf der Mokai Bridge über dem Rangitikei River.

Fallschirmspringen
Sich in großer Höhe aus einem Flugzeug zu stürzen, ist in Neuseeland
sehr beliebt. Es gibt viele professionelle Anbieter, und in den meisten
Sprunggebieten ist der Ausblick beim Hochfliegen (und natürlich erst recht
beim Fall!) einfach atemberaubend.

Einige Veranstalter und Vereine bieten für Anfänger Sprünge von einer
festen Stelle aus oder „Accelerated Free Fall"-Kurse („beschleunigter freier
Fall"), aber für die meisten Neulinge dürfte ein Tandem-Sprung das Beste
sein. Nachdem man fest mit dem hoch qualifizierten Sprunglehrer vertäut
wurde, erlebt man bis zu 45 Sekunden freien Fall in Hochgeschwindigkeit,
ehe sich schließlich der Fallschirm öffnet. Dieser Nervenkitzel ist wirklich
jeden Dollar wert (und zwar genauer gesagt jeden der ca. 250/330/430 NZ$,
die so ein Absprung aus 2700/3600/4500 m Höhe kostet). Für Videos, DVDs
oder Fotos, mit denen man seine springerischen Leistungen demonstrieren
kann, muss man extra zahlen.

Tandemsprünge werden auf der Nordinsel in Auckland, Matamata,
Tauranga, der Bay of Islands, in Taupo und Rotorua sowie auf der Südinsel
in Nelson, Motueka, Christchurch, am Fox Glacier, in Methven, Wanaka,
Queenstown, Te Anau und Kaikoura angeboten.

Die New Zealand Parachute Federation (www.nzpf.org) – der Name ist Programm – ist *die* Adresse für Fallschirmspringerlebnisse hier. Auf ihrer Website gibt's Infos und Listen mit Anbietern.

Jetboat
Das Jetboat ist eine neuseeländische Erfindung, erdacht 1957 von CWF
Hamilton. Ein Motor saugt Wasser in eine Röhre am Boden des Bootes,
und ein von diesem Motor getriebenes Laufrad treibt es durch eine Düse am
Heck des Schiffs wieder hinaus. Gesteuert wird, indem man die Richtung des
Ausstoßes ändert. Jetboats sind perfekt für flache Gewässer und Wildwasser,
weil sie keine crashanfälligen Propeller besitzen, mehr freier Raum unter dem
Boot bleibt und die Saugrichtung der Düse zum schnellen Abbremsen sofort
umgekehrt werden kann. Dank der rasanten Reaktion des Düsenantriebs
bekommen die Schiffe unglaubliche Wendemanöver hin.

Auf der Südinsel sind der Shotover und der Kawarau River nahe
Queenstown sowie der Buller River bei Westport beliebte Jetboating-
Wasserstraßen. Der Dart River wird weniger befahren, eignet sich aber auch
gut, ebenso versprechen der Waiatoto River in der Nähe von Haast und der
Wilkin River im Mt. Aspiring National Park tolle Erlebnisse. Auch zu empfehlen: der Kawarau River (außerhalb von Cromwell), der Waiau River (außerhalb von Te Anau) und der Wairahurahiri River (außerhalb von Tuatatpere).

Auf der Nordinsel bieten die Flüsse Whanganui, Motu, Rangitaiki
und Waikato tolle Möglichkeiten, im Agrodome in Rotorua gibt's zudem
Sprintboote. Beliebt ist auch die Jetboat-Fahrt um die Bay of Islands in
Northland, besonders der Trip zum Hole in the Rock.

Paragliding & Kiteboarden
Paragliding ist für Menschen die vielleicht einfachste Art, sich in die Lüfte
zu erheben. Man verwendet für diesen Sport einen Fallschirm, der so prä-
pariert wurde, dass man damit durch die Luft gleiten kann. Schon nach
einer halbtägigen Einweisung kann man als Anfänger kurze Flüge allein
unternehmen – praktisch im Handumdrehen segelt man 300 m hoch durch
die Lüfte. Die **New Zealand Hang Gliding and Paragliding Association** (www.nzhgpa.org.
nz) hat hier das Sagen. Einer der besten neuseeländischen Veranstalter für
Paragliding-Kurse ist Wanaka Paragliding (S. 707).

Tandemflüge, bei denen man bei einem erfahrenen Paraglider eingehakt
ist, werden im ganzen Land angeboten. Beliebte Tandemflugmöglichkeiten
sind die in Queenstown, in Nelson sowie die vom Te Mata Peak in Hawke's
Bay aus.

Mal was anderes: Wie wär's damit, in Wellington abzuheben und in Picton (fallschirmgebremst) zu landen? Das ist die extreme Alternative zu den Fähren über die Cook Strait! Weitere Infos s. Kasten S. 467.

Beim Kiteboarding (oder Kitesurfing) zieht ein kleiner Fallschirm das etwas kleinere Surfbrett samt Mensch übers Meer hinter sich her – eine ziemlich schräge Sache … Daran versuchen kann man sich in Paihia, Tauranga, Mt. Maunganui, Raglan, Wellington und Nelson. In den meisten dieser Orte kann man auch richtigen Unterricht nehmen. Ein Kiteboarder-Mekka ist die Karikari Peninsula nahe Cape Reinga an der nördlichen Spitze Neuseelands.

SKIFAHREN & SNOWBOARDEN

Infos zu einer Reihe von Snowboard- und Skitouren auf der Nordinsel gibt's unter www.newzealandsnowtours.com

Wegen der Erderwärmung geht der Schnee weltweit zurück, aber Neuseeland ist bis heute noch eines der beliebtesten Ziele für Skifans auf der südlichen Halbkugel. Hier kann man hervorragend alpinem Abfahrtslauf, Skilanglauf, Skiwandern und Ski-Bergsteigen frönen. Auch Heliskiing ist beliebt; dabei befördern Hubschrauber die Skifahrer zum oberen Ende einer langen, einsamen Abfahrt auf unberührtem Tiefschnee. Die Skisaison in Neuseeland dauert in der Regel von Juni bis Oktober, das variiert aber beträchtlich von einem Skigebiet zum anderen und erstreckt sich manchmal sogar bis in den November.

Anders als in Europa, Amerika oder sogar Australien sind die kommerziellen Skigebiete Neuseelands nur selten erschlossene Ferienorte mit Chalets, Hütten oder Hotels. Um Unterkünfte und Après-Ski-Unterhaltung zu finden, muss man vielmehr häufig in die umliegenden Kleinstädte, von denen täglich Shuttleservices zu den Hängen fahren.

Die Vielfalt der Stellen und die unterschiedlichen Bedingungen machen es schwer, die Skigebiete nach irgendwelchen Gesichtspunkten zu vergleichen. Manche legen Wert auf die Nähe zur Partyszene von Queenstown oder auf die klassische Vulkanlandschaft des Mt. Ruapehu; andere ziehen die hohen

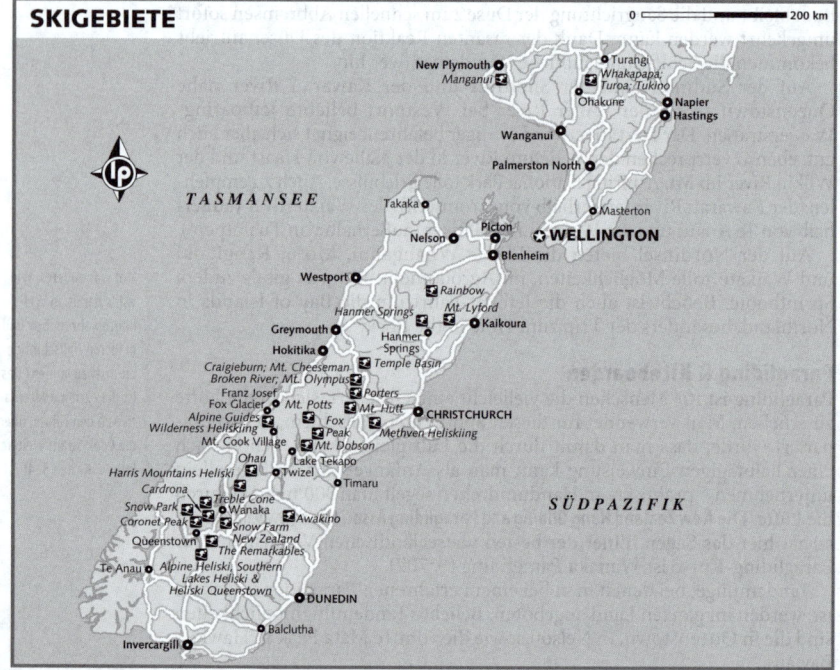

Hänge und erstklassigen Pisten des Mt. Hutt, das weniger überlaufene Rainbow Valley oder weniger hektische Skiclubgebiete vor. Solche Gebiete sind öffentlich zugänglich, meist nicht so stark frequentiert und dabei billiger als kommerzielle Skigebiete, auch wenn die Gebühr für Nichtmitglieder etwas höher ist. In vielen Skiclubgebieten gibt es Hütten zum Übernachten – in den Winterferien und an den Wochenenden sind sie aber meist ausgebucht, an Wochentagen hat man bessere Chancen, hier einen Platz zu bekommen.

Die Visitor Information Centres in Neuseeland und das weltweit agierende New Zealand Tourism Board (NZTB) haben Broschüren über die verschiedenen Skigebiete und nehmen auch Buchungen vor. Die Preise für den Skilift liegen zwischen 35 und 90 NZ$ pro Tag (Kinder zahlen etwa die Hälfte, Schüler zwei Drittel des Preises). In den meisten Gebieten gibt's Pakete mit Skikursen und Liftbenutzung. Die Leihgebühr für Skiausrüstung (Skier, Stiefel und Stöcke) beginnt bei 40 NZ$ pro Tag; für Snowboards und Snowboardstiefel sind mindestens 45 NZ$ zu berappen. Bei einer Ausleihe für mehrere Tage verringert sich die Tagesgebühr. Am besten leiht man die Ausrüstung vor Ort aus, dann kann man sie leicht umtauschen, wenn irgendetwas nicht passt.

Nordinsel
TONGARIRO NATIONAL PARK
Auf der Nordinsel gibt es Pisten vor allem rund um die Vulkane. Das bedeutendste Skigebiet liegt um den aktiven Mt. Ruapehu im Tongariro National Park.

Die Zwillingsorte **Whakapapa** und **Turoa** (☎ Whakapapa 07-892 3738, Schneebericht 08-322 2182, Turoa 06-385 8456, Schneebericht 08-322 2180; www.mtruapehu.com; Tagesgebühr Lift Erw./Kind 83/48 $) am Mt. Ruapehu (ein Nachbar des Mt. Ngaruhoe alias Schicksalsberg aus *Herr der Ringe*) bilden das wohl größte Skigebiet Neuseelands. Die Liftkarten gelten für beide Resorts.

Whakapapa, 6 km oberhalb von Whakapapa Village im Tongariro National Park, hat 30 gute Pisten. Hier gibt's viele Möglichkeiten zum Snowboardfahren, Skilanglauf, Abfahrtslauf und Skiwandern, außerdem einen Terrain Park. Man kann mit dem Auto zu den Hängen fahren oder den Shuttle-Minibus von Whakapapa Village, der National Park Township, von Taupo oder Turangi aus nehmen. Das kleinere Turoa hat einen Lift für Anfänger, Hänge für Snowboarder und Downhill-Freaks sowie Loipen. Es gibt hier keine Maut- oder Parkgebühr; eine tägliche Transportmöglichkeit existiert vom 16 km entfernten Ohakune aus, das die lebendigste Après-Ski-Szene im Norden hat.

Das von einem Club betriebene **Tukino** (☎ 0800 885 466, 06-387 6294, Schneebericht 08-822 5000; www.tukino.co.nz; Tagesgebühr Lift Erw./Kind 45/25 NZ$) liegt 50 km von Turangi an der Ostseite des Mt. Ruapehu. Der Ort ist abgelegen und über eine 14 km lange Schotterpiste zu erreichen, die von der befestigten Desert Rd (SH 1) abzweigt – ein Geländewagen ist notwendig (der Club holt seine Gäste nach Voranmeldung auch ab). Die Anlage ist nicht überfüllt, die Strecken sind meist jedoch nur für Anfänger oder Fortgeschrittene, nicht aber für Pistenprofis reizvoll. Mehr Infos gibt's auf S. 335.

TARANAKI
Manganui (☎ 027 280 0860, Schneebericht 06-759 1119; www.skitaranaki.co.nz; Tagesgebühr Lift Erw./ Kind 40/25 NZ$) ermöglicht von einem Club organisierte Abfahrten auf den östlichen Vulkanhängen des tollen Mt. Taranaki im Egmont National Park, 22 km von Stratford entfernt. Wenn das Wetter mitspielt, kann man sogar vom Gipfel aus starten – der schweißtreibende, zweistündige Aufstieg zum Kraterrand wird mit einer 1300 m langen Abfahrt belohnt (für Details, s. S. 286).

Südinsel

QUEENSTOWN & WANAKA

Neuseelands bekannteste (und beste) Skigebiete liegen auf der Südinsel, die meisten um die Ferienorte Queenstown und Wanaka herum.

Das älteste Skigebiet in der Region um Queenstown ist der **Coronet Peak** (☎ 0800 365 696, 03-442 4620, Schneebericht 03-442 1970; www.nzski.com; Tagesgebühr Lift Erw./Kind 93/51 NZ$). Dank einer viele Millionen Dollar teuren Kunstschneeanlage und baumfreien Hängen gibt's hier ausgezeichnete Bedingungen für Skifahrer aller Niveaus. Das gleichmäßige Gefälle und die vielen Windungen der Hänge machen das Gelände außerdem zu einem Paradies für Snowboardfahrer. Zwischen Ende Juni und Ende September kann man freitags und samstags auch bei Nacht fahren. Das Gebiet ist vom 18 km entfernten Queenstown aus mit Shuttleservices zu erreichen.

Die **Remarkables** (☎ 03-442 4615, Schneebericht 03-442 4615; www.nzski.com; Tagesgebühr Lift Erw./Kind 87/48 NZ$) sind ein optisch eindrucksvolles Skigebiet ebenfalls in der Nähe von Queenstown (Entfernung 28 km); während der Saison erreicht man es mit Shuttlebussen. Hier gibt es tolle Pisten für Anfänger, Fortgeschrittene und Profis, Sessellifte und Babylifte für Anfänger. Die Anlage ist zudem familienfreundlich (Kinder unter 10 Jahren fahren umsonst). Besonders toll ist die geschwungene Abfahrtspiste, die den Namen Homeward Bound trägt.

Das höchstgelegene und größte der Skigebiete an den südlichen Seen, **Treble Cone** (☎ 03-443 7443, Schneebericht 03-443 7444; www.treblecone.com; Tagesgebühr Lift Erw./Kind 89/39 NZ$), befindet sich 26 km von Wanaka entfernt in spektakulärer Lage. Es hat steile Hänge, die für durchschnittlich gute bis fortgeschrittene Skifahrer geeignet sind. Daneben gibt es hier zahlreiche Halfpipes und einen Geländepark zum Snowboarden.

Rund 34 km von Wanaka entfernt erwartet **Cardrona** (☎ 03-443 7341, Schneebericht 03-443 7007; www.cardrona.com; Tagesgebühr Lift Erw./Kind 85/42 NZ$) die Skihasen mit mehreren leistungsstarken Sesselliften, Babyliften für Anfänger und Extremgelände für Snowboarder. Während der Saison verbinden Busse das Skigebiet mit Wanaka und mit Queenstown. Cardrona hat dank verschiedener Angebote auch bei Skifahrern mit Behinderungen einen guten Ruf, und es war das erste Resort auf der Südinsel mit einem Tageskindergarten. Im Sommer werden die Skifahrer von Mountainbikern abgelöst.

Die **Snow Farm New Zealand** (☎ 03-443 7542; www.snowfarmnz.com; Tagesgebühr Loipen Erw./Kind 35/15 NZ$), Neuseelands einziges kommerzielles Langlaufgebiet, liegt auf der Pisa Range, hoch über dem Lake Wanaka und 35 km von Wanaka entfernt. Es gibt 50 km gepflegte Loipen und Tausende Hektar offenes, gewelltes Terrain für klassisches Skitouring. Auf der Pisa Range verteilen sich Hütten mit sanitären Einrichtungen.

Der **Snow Park** (☎ 03-443 9991; www.snowparknz.com; Tagesgebühr Lift Erw./Kind 75/40 NZ$) hat sich als Neuseelands einziges Skigebiet dem Freestyle-Ski und -Snowboardfahren verschrieben. Es gibt hier Unmengen an Pipes, Geländeparks, Boxen, Spurrillen, Hindernissen und Schneekanonen. Zur Verfügung stehen außerdem eine Unterkunft im Backpacker-Stil, ein Restaurant und eine Bar. Die Anlage ist 34 km von Wanaka und 58 km von Queenstown entfernt.

Infos zu den Einrichtungen vor Ort findet man in den Kapiteln zu Queenstown (S. 675) und Wanaka (S. 704).

SOUTH CANTERBURY

Das kommerzielle Skigebiet **Ohau** (☎ 03-438 9885; www.ohau.co.nz; Tagesgebühr Lift Erw./Kind 68/26 NZ$) liegt am Mt. Sutton, 42 km von Twizel entfernt. Hier gibt es einen hohen Prozentsatz an Hängen für durchschnittlich gute und fortgeschrittene Skifahrer, ausgezeichnetes Gelände für Snowboardfahrer und

Langläufer sowie eine Skihütte, in der man übernachten kann. Infos zu weiteren Unterkünften gibt's auf S. 629.

Das 3 km breite Talbecken am **Mt. Dobson** (☎ 03-685 8039, Schneebericht 0900 39 888; www.dobson.co.nz; Tagesgebühr Lift Erw./Kind 65/25 NZ$) ist ein kommerzielles Skigebiet, das 26 km von Fairlie entfernt ist. Es ist auf Anfänger ausgerichtet, hat aber auch ein großes Gelände für Fortgeschrittene sowie einen Geländepark und glänzt mit herrlich trockenem Pulverschnee. An klaren Tagen kann man vom Gipfel des Mt. Dobson aus den Aoraki/Mt. Cook und den Pazifik erblicken.

Fox Peak (☎ 03-696 4808, Schneebericht 03-688 0044; www.foxpeak.co.nz; Tagesgebühr Lift Erw./ Kind 45/15 NZ$) ist ein Skiclubgebiet im Two Thumb Range, 29 km von Fairlie entfernt. Fox Peak hat vier Seillifte und gute Möglichkeiten zum Skiwandern vom Gipfel aus. Unterkünfte im Schlafsaal gibt's in der Fox Lodge, 3 km unterhalb des Skigebiets. Infos zu nahe gelegenen Einrichtungen stehen auf S. 624.

Round Hill (☎ 021 680 694, Schneebericht 03-680 6977; www.roundhill.co.nz; Tagesgebühr Lift Erw./Kind 65/32 NZ$) ist ein kleines Skigebiet mit weiten, sanften Hängen für Anfänger und durchschnittlich gute Skifahrer und befindet sich ungefähr 32 km von Lake Tekapo Village entfernt. Für Infos über die Unterkünfte vor Ort, s. S. 624.

CENTRAL CANTERBURY

Am **Mt. Hutt** (☎ 03-302 8811, Schneebericht 03-308 5074; www.nzski.com; Tagesgebühr Lift Erw./Kind 87/48 NZ$) kann man in einem der höchsten Skigebiete der südlichen Hemisphäre und einem der schönsten Neuseelands skifahren. Es liegt in der Nähe von Methven und ist per Bus auch von Christchurch (118 km östlich) zu erreichen. Skishuttles werden von beiden Städten aus angeboten; die Zufahrtsstraße ist eine einfache Schotterpiste – Vorsicht mit dem Auto bei Hundewetter! Die Pisten eignen sich für Anfänger wie für Fortgeschrittene und Könner. Zudem im Angebot: ein sechssitziger Sessellift, andere Lifte und Heliskiing-Transporte zu abgelegenen Hängen. Das weite Gelände eignet sich gut für Snowboard-Anfänger (für Infos zu Unterkunft und Essen in der Gegend, s. S. 617).

Einzigartig in Mt. Potts – einer der schneeweißen Juwele Neuseelands oberhalb der Quellen des Rangitata River, 75 km von Methven entfernt – ist **HeliPark New Zealand** (☎ 0800 435 472, 03-303 9060; www.mtpotts.co.nz, www.helipark. co.nz; Eintritt inkl. 1. Runde 225 NZ$, jede weitere Runde 85 NZ$). Hier geht's mit dem Hubschrauber zum Skifahren. Unterkunft und Verpflegung bekommt man in einer 8 km vom Skigebiet entfernten Hütte – Abendessen, Übernachtung und Frühstück (DB&B) sind zusammen ab 109 NZ$ zu haben. Infos zur nahe gelegenen Ortschaft Mt. Somers finden sich auf S. 619.

Das Christchurch am nächsten gelegene Skigebiet ist **Porters** (☎ 03-318 4002, Schneebericht 03-383 8888; www.skiporters.co.nz; Tagesgebühr Lift Erw./Kind 75/40 NZ$). Über die Arthur's Pass Rd legt man bis hierher 96 km zurück. Porters' „Big Mama" (620 m) ist eine der steilsten Pisten Neuseelands, es gibt aber auch noch ein paar andere, etwas sanftere Hänge hier. Für Snowboarder ist eine Halfpipe vorhanden, außerdem findet man auf dem Gebirgskamm gute Langlaufloipen. Unterkunft gibt's in Hütten (DB&B 83 NZ$). Für Infos zu Unterkünften in dem Gebiet, s. S. 613.

Temple Basin (☎ 03-377 7788, Schneebericht 03-383 8888; www.templebasin.co.nz; Tagesgebühr Lift Erw./Kind 60/35 NZ$) ist ein Clubgelände, 4 km von der Ortschaft Arthur's Pass entfernt. Die Wanderung vom Parkplatz zu den Lodges dauert ca. 50 Minuten. Nachts kann bei Flutlicht Ski gefahren werden, im Hinterland gibt's tolle Snowboard-Pisten (für Infos über Einrichtungen, s. S. 615).

Craigieburn Valley (☎ 03-318 8711, Schneebericht 03-383 8888; www.craigieburn.co.nz; Tagesgebühr Lift Erw./Kind 65/35 NZ$), etwa 40 km von Arthur's Pass entfernt,

Auf Websites wie www.snow.co.nz, www.chillout.co.nz und www.nzski.com kann man sich Berichte zu den Skibedingungen, Tipps zu Jobs, Webcams und virtuelle Touren durch ganz Neuseeland anschauen.

liegt rund um den Hamilton Peak. Es ist eines der anspruchsvollsten Skiclubgelände Neuseelands – Fortgeschrittene und Experten werden von den Pisten gefordert, Anfänger sind überfordert. Nicht weit entfernt ist **Broken River** (☎ 03-318 7270, Schneebericht 03-383 8713; www.brokenriver.co.nz; Tagesgebühr Lift Erw./ Kind 50/30 NZ$), ebenfalls ein Clubgelände, der Weg vom Parkplatz dauert 15 bis 20 Minuten (zu Unterkünften und Gastronomie s. S. 613 und S. 614). Hier fühlt man sich wirklich wie der einzige Mensch auf Erden.

Ein weiteres cooles Gelände im Craigieburn Range, das familienfreundliche **Mt. Cheeseman** (☎ 03-344 3247, Schneebericht 03-383 8888; www.mtcheeseman.co.nz; Tagesgebühr Lift Erw./Kind 60/30 NZ$), ist mit 112 km Entfernung das Gebiet unter den Clubgebieten, das Christchurch am nächsten ist. Sein Skigelände um den Mt. Cockayne liegt in einem weiten, geschützten Talbecken; hier kann man mit dem Auto bis in den Schnee fahren. Ebenfalls in Craigieburn liegt – etwas versteckt, aber die Suche lohnt sich – das Clubgelände des **Mt. Olympus** (☎ 03-318 5840, Schneebericht 03-383 8888; www.mtolympus.co.nz; Tagesgebühr Lift Erw./Kind 60/30 NZ$), 58 von Methven und 12 km von Lake Ida entfernt. Das Gelände hat vier Schlepplifte zu mittelschweren bis anspruchsvollen Pisten, außerdem gibt's gute Langlaufloipen, die in andere Skigebiete führen. Erreichbar ist es, je nach Wetterlage, oft nur für Fahrzeuge mit Allradantrieb. Übernachten kann man in einer Lodge. Detaillierte Infos zu Unterkünften und Restaurants in der Umgebung des Mt. Cheeseman und des Mt. Olympus sind auf S. 613 und auf S. 614 zu finden.

NÖRDLICHE SÜDINSEL

Es gibt zwei Skigebiete in der Nähe von Hanmer Springs; Unterkünfte sind auf dem Gelände, man kann aber auch im Ort übernachten (S. 611). Das Skigebiet **Hanmer Springs** (☎ 027 434 1806, Schneebericht 03-383 8888; www.skihanmer.co.nz; Tagesgebühr Lift Erw./Kind 55/25 NZ$) erstreckt sich um den Mt. St. Patrick, 17 km von der Gemeinde Hanmer Springs entfernt, und bietet hauptsächlich mittelschwere und anspruchsvolle Pisten. Außerdem warten natürliche und angelegte Pipes auf Snowboarder. **Mt. Lyford** (☎ 03-315 6178, Schneebericht 03-366 1220; www.mtlyford.co.nz; Tagesgebühr Lift Erw./Kind 60/30 NZ$) ist 60 km von Hanmer Springs und Kaikoura sowie 4 km von Mt. Lyford Village entfernt. Das hier ist ein Ferienort im eigentlichen Sinne, mit Unterkünften und vielen Restaurants. Es gibt eine gute Mischung aus Pisten für Skifahrer und solchen für Snowboarder aller Leistungsstufen, außerdem einen Geländepark.

Sogar in der sonnigen Region um Nelson gibt es ein Skigebiet, nur 100 km von der Stadt (und von Blenheim) entfernt. **Rainbow** (☎ 03-521 1861, Schneebericht 0832 226 05; www.skirainbow.co.nz; Tagesgebühr Lift Erw./Kind 62/30 NZ$) grenzt an den Nelson Lakes National Park und bietet abwechslungsreiches Gelände, wenig Andrang und gute Langlaufoptionen. Zur Anfahrt braucht man oft Schneeketten. Die nächstgelegene Ortschaft ist St. Arnaud (S. 514), 32 km entfernt.

OTAGO

Awakino (☎ 03-313 7229; www.skiawakino.com; Tagesgebühr Lift Erw./Kind 35/25 NZ$) in North Otago ist nur ein kleines Licht in Sachen Ski, aber für fortgeschrittene Skifahrer lohnt sich ein Besuch dennoch. Oamaru (S. 664) liegt 45 km entfernt an der Küste, Omarama 66 km entfernt im Binnenland (S. 670). Eine preisgünstige Option fürs Wochenende sind die Pauschalangebote mit Unterkunft und Skipass.

Heliskiing

Neuseelands abgelegene Höhen sind ideal für Heliskiing. Zwischen Juli und Oktober kann man an Hubschrauberflügen in die weiten Gebiete abseits der präparierten und gut besuchten Pisten in den Southern Alps teilnehmen. Die

Der *NZ Ski & Snowboard Guide*, jährlich von Brown Bear herausgegeben, ist ein ausgezeichneter Führer für Skibegeisterte mit Details zu den 26 Skigebieten des Landes. Zu finden unter www.brownbear.co.nz/ski

Kosten liegen etwa zwischen 750 und 1200 NZ$ für drei bis acht Abfahrten. Der HeliPark New Zealand (s. S. 93) am Mt. Potts hat sich auf Heliskiing spezialisiert; weitere Angebote gibt's in den Skigebieten Coronet Peak, Treble Cone, Cardrona, Mt. Hutt, Mt. Lyford, Ohau und Hanmer Springs. Alternativ kann man sich an einen dieser unabhängigen Anbieter wenden:

Alpine Heli Ski (☎ 03-441 2300; www.alpineheliski.com; Queenstown)

Backcountry Helicopters NZ (☎ 0800 583 945, 03-443 9032; www.heliskinz.com; Wanaka)

Harris Mountains Heli ski (☎ 03-442 6722; www.heliski.co.nz; Queenstown & Wanaka)

Heli Ski Queenstown (☎ 0800 123 4354, 03-442 7733; www.flynz.co.nz; Queenstown)

Methven Heliski (☎ 03-302 8108; www.methvenheli.co.nz; Methven)

Southern Lakes Heliski (☎ 03-442 6222; www.southernlakesheliski.co.nz; Queenstown)

Wilderness Heliski (☎ 03-435 1834; www.wildernessheli.co.nz; Aoraki/Mt. Cook)

MOUNTAINBIKEN

Neuseeland bietet eine Reihe erstklassiger Möglichkeiten zum Mountainbiken. In den größeren Ortschaften sowie in Zentren für Abenteuerurlaub wie Queenstown, Wanaka, Nelson, Picton, Taupo und Rotorua kann man Mountainbikes mieten; hier gibt's auch Reparaturwerkstätten.

Zahlreiche Veranstalter bringen einen samt Drahtesel auf die Gipfel von Bergen und Vulkanen (z. B. auf den Mt. Ruapehu, die Port Hills bei Christchurch, nach Cardrona und auf die Remarkables), sodass man direkt hinuntersausen kann, ohne sich erst schweißtreibend hinaufquälen zu müssen. Der Redwood Grove von Rotorua ist bei Mountainbikern sehr beliebt, ebenso die 42 Traverse nahe dem Ort National Park (beim Tongariro National Park), die Goldminenwege bei Alexandra in Central Otago und Twizel in der Nähe des Mt. Cook. Weitere tolle Locations auf der Nordinsel sind etwa Woodhill Forest, Waihi, Te Aroha, der Te Mata Peak und der Makara Peak in Wellington; im Süden bieten sich das Waitati Valley, Hayward Point nahe Dunedin, Canaan Downs nahe dem Abel Tasman National Park, der Mt. Hutt, Methven und die Banks Peninsula an.

Einige der zum Wandern bestimmten Wege stehen auch Mountainbikern offen. Das DOC hat dieses Nutzungsrecht aber häufig eingeschränkt, weil zuviele Schäden an den Wegen entstanden und die Wanderer sich, vor allem in der Hauptsaison, belästigt fühlten. Nie sollte man auf Wanderwegen in den Nationalparks in die Pedale treten, es sei denn, es ist ausdrücklich erlaubt (beim DOC nachfragen) – Uneinsichtige ziehen sich den Zorn der Wandernden zu und zahlen deftige Geldstrafen. Der Queen Charlotte Track eignet sich gut zum Radfahren, ein Teil der Strecke ist aber im Sommer gesperrt.

RADTOUREN

Vor allem im Sommer trifft man überall auf den Highways viele schwer bepackte Radler, die mit dem einen Auge die Landschaft bestaunen und mit dem anderen nach Schlaglöchern Ausschau halten. Nicht dass Schlaglöcher hier ein Problem wären – die Straßen sind normalerweise als ordentlich. In den meisten Ortschaften bekommt man in Backpacker-Hostels oder Fahrradgeschäften Tourenräder zum Leihen; Fahrradservice und Reparaturwerkstätten gibt's in den Großstädten. Nähere Hinweise dazu finden sich in den jeweiligen Regionenkapiteln.

Zum Thema gibt es einige ausgezeichnete Bücher, etwa Lonely Planets *Cycling New Zealand* und die *Pedallers' Paradise*-Büchlein von Nigel Rushton (www.paradise-press.co.nz). Alle, die eine Fahrradtour planen, sollten sich die Tourenvorschläge unter www.cyclehire.co.nz. anschauen – insbesondere, wenn man über die Südinsel cruisen will.

Fast jede Straße in Neuseeland, die Städte verbindet oder über die Berge führt, lockt Radfahrer an. Wen's nicht in die Höhe zieht, für den bietet sich

Classic New Zealand Mountain Bike Rides stellt eine Vielzahl kurzer und langer Mountainbike-touren überall in Neuseeland vor (www. kennett.co.nz). Das Magazin *New Zealand Mountain Biker* (www. nzmtbr.co.nz) erscheint alle zwei Monate.

der Central Otago Rail Trail (S. 659) zwischen Middlemarch und Clyde an. Der Little River Rail Trail (S. 586) in Canterbury (auf dem Weg Richtung Banks Peninsula) ist ebenfalls sagenhaft. Wer etwas Ausgefalleneres sucht, sollte sich die Southern Scenic Route (S. 733) von Invercargill rund um Tuatapere nach Te Anau gönnen.

Der schätzungsweise 50 Mio. NZ$ teure **New Zealand Cycle Trail** (www.tourism. govt.nz/our-work/new-zealand-cycle-trail-project) – ein nationaler Radweg von Kaitaia nach Bluff – steckt noch in den Kinderschuhen; ein paar Teilstrecken sind bereits geöffnet, man sollte die Sache also im Auge behalten.

Online bekommen Radfahrer zahllose Infos auf www.cycletour.co.nz.

KAJAKFAHREN AUF DEM MEER

Zu den tollen Gebieten zum Kajakfahren auf dem Meer gehören in Neuseelands Norden der Hauraki-Golf (insbesondere vor Waiheke und den Great Barrier Islands), die Bay of Islands und die Coromandel Peninsula und im Süden die Marlborough Sounds (Picton) sowie die Küstenstreifen des Abel Tasman National Park, wo das Kajakfahren fast so beliebt ist wie das Wandern. Auch Fiordland ist eine gute Adresse, wie die Zahl der Veranstalter in Te Anau, Milford, Doubtful Sound und Manapouri beweist. Bei diesen kann man tolle Ausflüge zu den dortigen Seen und Fjorden buchen. Ebenfalls klasse: die Halbinsel Otago, Stewart Island und Kaikoura unten im Süden sowie Waitemata Harbour, Hahei, Raglan und East Cape oben im Norden. Die **Kiwi Association of Sea Kayakers** (KASK; www.kask.org.nz) ist die tonangebende Organisation auf diesem Gebiet.

Paddler (und die, die es werden wollen) finden auf der Website der Sea Kayak Operators Association of New Zealand (www.skoanz. org.nz) eine Karte der einschlägigen Orte und Links zu Veranstaltern in den einzelnen Gebieten.

KANUFAHREN

Kanufahren auf dem Whanganui River auf der Nordinsel ist so beliebt, dass die Tour sogar in die „Great Walks" aufgenommen wurde. Aber auch auf Seen der Nordinsel wie dem Lake Taupo und dem Lake Rotorua sowie auf den Süßwasserseen der Südinsel sind Kanuausflüge der Renner.

In vielen Backpacker-Hostels, die in der Nähe geeigneter Gewässer liegen, bekommt man gegen Gebühr oder kostenlos Kanadier und Kajaks geliehen, und landesweit gibt's auf den Flüssen und Seen geführte Touren für alle, denen es an Ausrüstung oder Erfahrung fehlt. Viele Trips bieten gleich auch noch eine besondere Naturerfahrung, etwa durch Vogelbeobachtung – das ist z. B. erstklassig möglich in der wunderschönen Okarito-Lagune an der Westküste der Südinsel.

RAFTING & KAJAKFAHREN

Raftingmöglichkeiten gibt's fast so viele wie Flüsse in Neuseeland (also quasi wie Sand am Meer …), und an Veranstaltern für den Nervenkitzel im rauschenden Nass mangelt es ebenfalls wahrlich nicht. **Whitewater NZ** (www. rivers.org.nz) ist der richtige Ansprechpartner rund ums Wildwasser.

Bei Wildwasser-Freaks beliebt sind auf der Südinsel der Shotover River und der Kawarau in der Nähe von Queenstown; der Rangitata River (südlich von Christchurch) gilt als einer der besten des Landes zum Raften. Auch der Norden der Insel hat großartige Möglichkeiten zu bieten. Zu nennen sind hier insbesondere der Buller River bei Murchison und der Karamea River in der Nähe von Westport. An der Westküste bieten sich der Arnold River und der Waiho an.

Die Website von Whitewater NZ (www. rivers.org.nz) bietet landesweite aktuelle Infos zu Regenfällen und Fließgeschwindigkeiten der Flüsse.

Auch auf der Nordinsel kommen Raftingfans auf ihre Kosten, z. B. auf dem Rangitaiki, dem Wairoa, dem Motu, dem Mokau, dem Mohaka, dem Waitomo, dem Tongariro und dem Rangitikei. Und dann gibt's da noch die Kaituna Cascades nahe Rotorua – deren unumstrittener Höhepunkt ist der 7 m-Fall bei den Okere Falls.

Die Flüsse werden in Kategorien von I bis VI eingeteilt, wobei VI „nicht befahrbar" bedeutet. Der Shotover Canyon bekommt je nach Jahreszeit eine Kategorie zwischen III und V+ verpasst, der Kawarau River hat die Kategorie IV, der Rangitata alles von I bis V, je nach Abschnitt. Auf gefährlicheren Strecken dürfen Kinder unter 12 oder 13 Jahren meist nicht mitfahren. Die Sicherheitsausrüstung wird von den Veranstaltern gestellt. Auf der Website der **New Zealand Rafting Association** (NZRA; www.nz-rafting.co.nz) gibt es einen Flussführer und eine Liste der registrierten Veranstalter.

Von September bis April bietet die **New Zealand Kayak School** (☎ 03-352 5786; www.nzkayakschool.com) in Murchison mehrtägige Intensivkurse für Anfänger und Fortgeschrittene (ab 395 NZ$) an.

Das landesweit bedeutendeste Magazin für Kajakfahrer ist das alle zwei Monate erscheinende *New Zealand Kayak* (erhältlich im Zeitschriftenhandel).

REITEN

Reiten ist in Neuseeland ein weit verbreiteter Freizeitspaß. Anders als in manch anderen Teilen der Welt, wo sich Anfänger nur an der Führleine auf der Koppel im Kreis herumtragen lassen dürfen, kann man hier ins Gelände hinaus und sich in Wäldern oder am Strand tummeln. Man hat die Wahl: Von einstündigen Ausritten (ab 50 NZ$) bis zu wochenlangen Unternehmungen inklusive kompletter Verpflegung ist alles zu haben.

Auf der Südinsel bieten sich die Gebiete um Kaikoura, Nelson, den Mt. Cook, den Lake Tekapo, um Hanmer Springs, Queenstown, Glenorchy, Methven, den Mt. Hutt, Cardrona, Te Anau und Dunedin zum Ausreiten an. Geführte Ausritte gibt's entlang des Paparoa National Park an der Westküste.

Auf der Nordinsel bieten sich in Taupo Möglichkeiten zum Reiten in der freien Natur und in den Hügeln oberhalb der heißen Regionen. Tolle Erlebnisse zu Pferde kann man zudem auf der Coromandel Peninsula, in Waitomo, in Pakiri, am Ninety Mile Beach, in Rotorua, um die Bay of Plenty und am East Cape haben.

Pferdenarren finden auch online Infos, etwa auf der Website von **Auckland SPCA Horse Welfare Auxiliary Inc** (www.horsetalk.co.nz); Veranstalter von Treks sind auf www.truenz.co.nz/horsetrekking oder auf www.newzealand.com gelistet.

Auf der Webseite www.ridenz.com finden sich Links zu Anbietern von Ausritten in verschiedenen Gegenden des Landes.

KLETTERN

Zu den beliebten Klettergebieten gehören auf der Nordinsel der Mt. Eden Quarry in Auckland, die Whanganui Bay, Kinloch, die Kawakawa Bay und Motuoapa nahe des Lake Taupo, das Mangatepopo Valley und die Whakapapa Gorge auf dem Central Plateau, Humphries Castle und Warwick Castle am Mt. Taranaki sowie Piarere in der Umgebung von Cambridge. Als einer der landesweit besten Orte zum Klettern gilt Wharepapa, ungefähr 20 km südöstlich von Te Awamutu.

Auf der Südinsel bietet das Gebiet der Port Hills oberhalb von Christchurch unzählige Möglichkeiten zum Kraxeln. 100 km weiter, auf der Straße zum Arthur's Pass, lockt Castle Hill mit großartigen Spalten und Felsen. Erstklassig eignen sich außerdem westlich von Nelson die Marmor- und Kalksteinberge der Golden Bay und von Takaka Hill. Weitere Locations sind Long Beach (nördlich von Dunedin) sowie Mihiwaka und Lovers Leap auf Otago.

Infos zu den angesagtesten Kletterplätzen – mit Hinweisen zum Zugang und der Vorgehensweise – gibt's auf www.climb.co.nz.

BERGSTEIGEN

Neuseeland besitzt eine ansehnliche Bergsteigegeschichte – es ist schließlich die Heimat von Sir Edmund Hillary (1919–2008), der zusammen mit Tenzing Norgay als erster Mensch den Mt. Everest bezwang. Als er wieder unten war, sagte Hillary zu seinem Freund George Lowe die berühmten Worte: „George, wir haben es dem Bastard gezeigt!".

In den Southern Alps gibt es zahlreiche beeindruckende Gipfel und anspruchsvolle Aufstiege. Herausragend ist dabei die Region Aoraki/Mt.

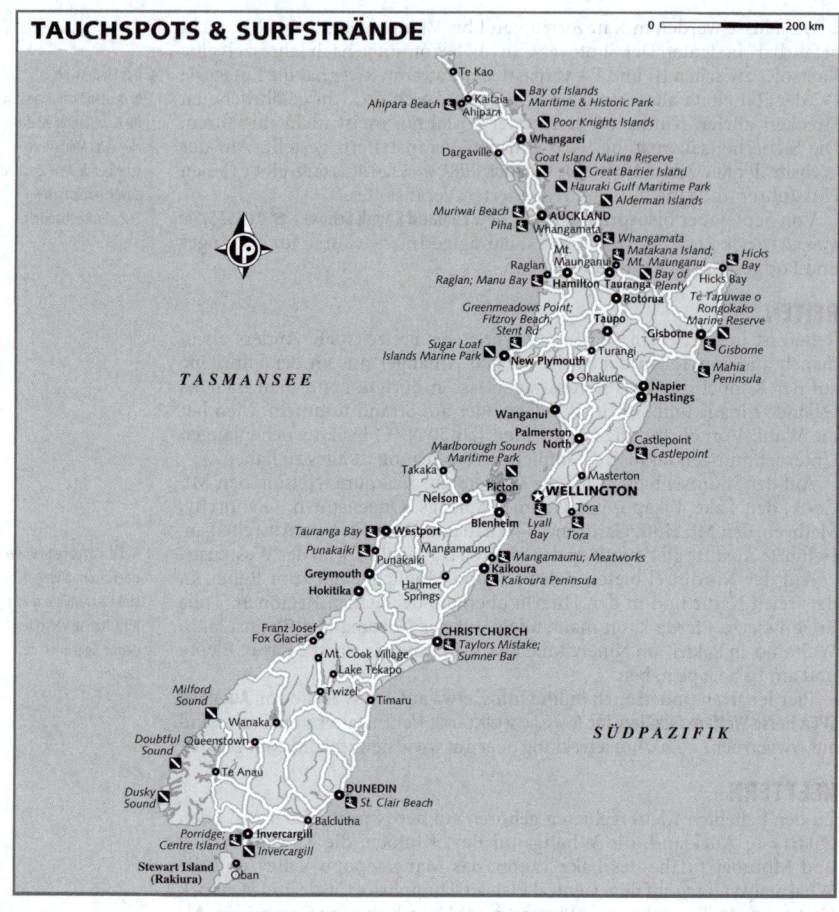

TAUCHSPOTS & SURFSTRÄNDE

0 [===] 200 km

Cook; andere gute Ziele finden sich längs des Felsgrats der Südinsel von Tapuaenuku (in den Kaikoura Ranges) und den Gipfeln um die Nelson Lakes im Norden bis hinunter zu den zerklüfteten, südlichen Bergen von Fiordland. Ein weiteres Gebiet mit Bergsteigemöglichkeiten für Kletterer aller Leistungsniveaus ist der Mt. Aspiring National Park. Südlich davon, in den Forbes Mountains, liegt der Mt. Earnslaw, der von den Flüssen Rees und Dart flankiert wird.

Classic Peaks of New Zealand von Hugh Logan, ein Klassiker der Bergsteigerliteratur, behandelt 17 legendäre Berge Neuseelands.

Der **New Zealand Alpine Club** (NZAC; ☎ 03-377 7595; www.alpineclub.org.nz) in Christchurch versorgt einen mit Insider-Informationen und veröffentlicht das jährlich erscheinende *NZAC Alpine Journal* sowie das Magazin *The Climber* (vierteljährlich). Professionelle Veranstalter, die Training, Touren und eine Menge Erfahrung im Angebot haben, gibt es in Wanaka, Aoraki/ Mt. Cook, am Lake Tekapo, am Fox Glacier und am Franz Josef Glacier.

TAUCHEN

Neuseeland ist ein prima Gefilde für Sporttaucher, besonders der Norden: Die Gewässer sind warm, das Meer wimmelt nur so von Leben, und es

> ## SURFEN IN NEUSEELAND *Josh Kronfeld*
>
> Surfer verraten nur ungern Geheimnisse – aber Neuseeland bietet einen Mix aus erstklassigen Wellen, gleichermaßen perfekt für Anfänger und erfahrene Surfer. Wer sich abseits der ausgetretenen Pfade hält, wird großartige Wellen ohne Menschenmassen finden. Das ganze Jahr über werden die neuseeländischen Inseln aus allen Windrichtungen mit Dünung versorgt. Brecher an Landspitzen, Riffs, felsigen Bänken und an flachem Sandstrand – alles zu finden! An den besten Surfstränden gibt es Surfschulen. Vor der Anreise lohnt es sich, zu recherchieren: **Surfing New Zealand** (www.surfingnz.co.nz) empfiehlt einige Schulen auf seiner Website. Und wer in Neuseeland Surfurlaub machen möchte, sollte sich ein Exemplar des *New Zealand Surfing Guide* von Mike Bhana zulegen. **Surf.co.nz** (www.surf.co.nz) liefert Informationen über viele gute Stellen zum Surfen, aber eigentlich haben die meisten Strände gute Wellen. Hier ein paar, die besonders toll sind:
>
> - **Waikato** Raglan, Neuseelands berühmtester Surfstrand, üblicherweise der erste Stopp von Surfern aus Übersee
> - **Coromandel** Whangamata
> - **Bay of Plenty** Mt. Maunganui, jetzt mit einem künstlichen Riff, das hohe Wellen erzeugt, und Matakana Island
> - **Taranaki** Fitzroy Beach, Stent Rd und Greenmeadows Point liegen alle am „Surf Highway"
> - **Ostküste** Hicks Bay, die Strände der Stadt Gisborne und Mahia Peninsula
> - **Gebiet um Wellington** Strände wie Lyall Bay, Castlepoint und Tora
> - **Marlborough & Nelson** Kaikoura Peninsula, Mangamaunu und Meatworks
> - **Canterbury** Taylors Mistake und Sumner Bar
> - **Otago** Dunedin ist ein gutes Surfquartier auf der Südinsel, es hat prachtvolle Strände wie den St. Clair Beach
> - **Westküste** Punakaiki und Tauranga Bay
> - **Southland** Porridge und Centre Island
>
> Von Nord nach Süd variieren die Wassertemperaturen und das Klima erheblich. Zum Surfen sollte man einen Kälteschutzanzug anziehen. Auf der Nordinsel reichen im Sommer ein Springeranzug und das Brett; auf der Südinsel ein Schutzanzug von 2–3 mm Stärke. Im Winter sollte man auf der Nordinsel auch einen Anzug wählen, auf der Südinsel einen von 3–5 mm Stärke mit sämtlichen Extras.
>
> *Josh ist ein begeisterter Surfer aus der Region Hawke's Bay. Als Spieler der All Blacks (1995–2000) gelang es ihm, Surfen und Popmusik mit einer internationalen Rugbykarriere zu verbinden.*

gibt eine Menge spannender Tauchspots sowohl für Anfänger als auch für erfahrene Taucher.

Auf (oder vielmehr vor) der Nordinsel gehören zu den beliebten Anlaufstellen für Sporttaucher: der Bay of Islands Maritime and Historic Park, der Hauraki Gulf Maritime Park, die Bay of Plenty, Great Barrier Island, das Goat Island Marine Reserve, die Alderman Islands, das Te Tapuwae o Rongokako Marine Reserve in der Nähe von Gisborne sowie der Sugar Loaf Islands Marine Park nahe New Plymouth. Das Gebiet um die Poor Knights Islands vor der Ostküste der Nordinsel gilt als der beste Tauchspot des Kiwilands – schon der berühmte Jacques Cousteau zählte das Gebiet zu den zehn besten Tauchplätzen der Welt. In der Nähe liegt auch das Wrack des Greenpeace-Flaggschiffs *Rainbow Warrior*, zu dem man tauchen kann.

Unten im Süden wartet der Marlborough Sounds Maritime Park mit einigen interessanten Tauchstellen auf, darunter auch mit der *Mikhail Lermontov*, dem weltweit größten Wrack eines Kreuzfahrtschiffes, das für Taucher erreichbar ist. Fiordland bietet ungewöhnliche Naturphänomene: Die häufigen starken Regenfälle lassen das Wasser von den Bergen hinunterrauschen, so dass sich auf das Salzwasser der Fjorde, vor allem des Dusky Sound, des Milford Sound und des Doubtful Sound, eine Schicht dunkles, stark mit Erde durchsetztes Süßwasser legt. Dieses Wasser filtert das Licht, verhindert damit das Wachstum von Seetang und sorgt so für nahezu tiefseeartige Verhältnisse dicht unter der Wasseroberfläche. Auch in Invercargill mit seinen antarktischen Gewässern existiert ein Tauchclub.

Ein kurzer, einführender Tauchkurs im Pool ist ab 170 NZ$ zu haben; für einen viertägigen, PADI-zertifizierten Tauchkurs im Ozean blättert man mindestens 495 NZ$ hin. Einzeltauchgänge (vom Boot oder von Land aus) kosten ungefähr 165 NZ$.

Weitere Infos zu den Tauchspots in Neuseeland hat die **New Zealand Underwater Association** (☎ 09-623 3252; www.nzunderwater.org.nz) in Auckland. Die Website von **Dive New Zealand** (www.divenewzealand.com) vermittelt viel Wissenswertes über die Welt unter Wasser, vor allem über Tauchplätze und erreichbare Wracks. Daneben gibt's hier auch noch eine Auflistung von Anbietern, Clubs und Läden.

HÖHLENWANDERN

Gelegenheiten zum Erkunden von Höhlen (in Neuseeland auch „Spelunking" genannt) bieten sich in den porösen Karstgebieten der Inseln in Hülle und Fülle. Aktive örtliche Vereine und organisierte Ausflüge finden sich in der Gegend um Auckland, Waitomo, Whangarei, Westport und Karamea. Auch die Golden Bay hat ein paar spektakuläre Höhlen zu bieten. Ein ganz besonderes Erlebnis ist der 100 m tiefe Abstieg am Seil in die „Lost World"-*tomo* (Höhle) in der Nähe von Waitomo. Zu den örtlichen „Untergrundorganisationen" gehören die **Wellington Caving Group** (www.caving.wellington.net.nz) und die **Auckland Speleo Group** (www.asg.org.nz). Mehr Infos bietet die Webseite der **New Zealand Speleological Society** (www.caves.org.nz).

Auckland & Umgebung

Paris ist vielleicht die Stadt der Liebe, aber Auckland ist die Stadt der vielen Liebenden. Das bedeutet zumindest ihr Maori-Name Tamaki Makaurau. Tatsächlich bewunderten ihre Verehrer diese schöne Stadt so sehr, dass sie jahrhundertelang um sie kämpften.

Eine besser gelegene Stadt ist kaum vorstellbar. Die zwei herrlichen Häfen umrahmen eine Landenge mit Vulkankegeln und fruchtbarem Ackerland. An jedem der vielen Aussichtspunkte wird man verblüfft feststellen, wie die Tasmansee und der Pazifik kurz davor sind, sich zu berühren und eine neue Insel zu formen. So kommt es, dass immer Wasser in der Nähe ist. Die 135 000 Schiffchen, die in den Jachthäfen liegen, haben der Stadt ihren beständigsten Spitznamen verliehen: Stadt der Segel. Dichte Regenwälder, Thermalquellen, menschenleere Strände, Weingüter und Naturschutzgebiete liegen nur eine Stunde Autofahrt von den Hochhäusern der Innenstadt entfernt. Trotzdem haben sich die Annehmlichkeiten einer Großstadt bis in alle Ecken der Region ausgebreitet: Ein anständiger Kaffee oder Chardonnay ist leicht zu bekommen.

Der Rest des Landes liebt es allerdings, diese Region zu hassen. Es wird geschimpft über das Verkehrschaos und die vermeintliche Selbstverliebtheit der Einwohner. Mit seinen vielen Reichtümern kann Auckland den Lästermäulern aber zu Recht erwidern: „Don't hate me because I'm beautiful!"

HIGHLIGHTS

- Zusammen mit den Massen das faszinierende **Auckland Volcanic Field** (S. 106) erkunden
- Auf den Inseln des schönen **Hauraki-Golf** (S. 140) zurück zur Natur finden
- Staunend die *taonga* (Schätze) der Maori im **Auckland Museum** (S. 107) bewundern
- Zu den schwarzen Sandstränden von **Karekare** (S. 155) und **Piha** (S. 155) fahren
- In der **Goat Island Marine Reserve** (S. 164) mit den Fischen schwimmen
- Weltklasse-Weingüter und Strände auf **Waiheke Island** (S. 142) abklappern
- Cafés plus Bars in **Kingsland** (S. 130) und **Ponsonby** (S. 131) kennenlernen
- Beim **Pasifika Festival** (S. 122) im Western Springs Park Polynesien-Flair schnuppern

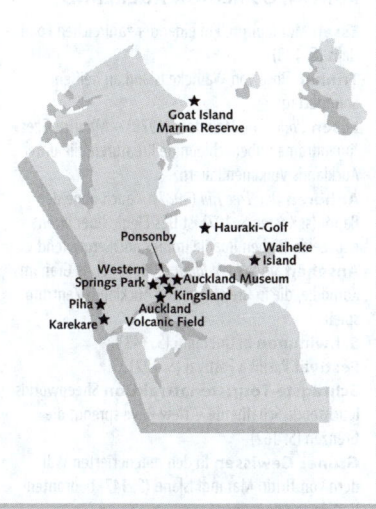

- Vorwahl: 09
- www.aucklandnz.com
- www.arc.govt.nz

Klima

Das Klima in Auckland ist mit gelegentlichem Frost im Winter und mit hoher Luftfeuchtigkeit im Sommer eher mild. In jedem Sommermonat regnet es durchschnittlich acht Tage, aber das Wetter ist bekanntermaßen sehr unbeständig. Das ganze Jahr über sind „vier Jahreszeiten an einem Tag" möglich.

AUCKLAND

1,2 Mio. Ew.

Auckland ist eine Stadt der Vulkane. Die Gräben der Lavaströme geben den großen Verkehrsstraßen die Form vor, und die vielen Vulkankegel erheben sich wie grüne Inseln aus dem Meer der Vorstädte. Auckland ist nicht nur bei Weitem die größte, sondern auch die multikulturellste Stadt Neuseelands. Eine ziemlich große asiatische Gemeinde trifft auf die größte polynesische Stadtbevölkerung der Welt.

Die traditionelle Sehnsucht der Kiwis nach einem frei stehenden Haus auf einem großen Grundstück hatte eine weitläufige, sich immer weiter ausbreitende Stadt zur Folge. Die Innenstadt hat sich schon seit langer Zeit zu einem Geschäftsviertel entwickelt; der Trend, hier in Apartments zu wohnen, beginnt erst

---

MAORI: AUCKLAND & UMGEBUNG

Der Beweis für Maoribesiedlung ist buchstäblich in Aucklands Vulkankegel (S. 106) eingemeißelt. Vorherrschender *iwi* (Stamm) auf der Landenge waren einst die Ngati Whatua. Heute leben hier jedoch Maori fast aller neuseeländischen *iwi* und werden manchmal kollektiv als Ngati Akarana (Auckland-Stamm) bezeichnet.

Einen ersten Eindruck von der Maorikultur vermittelt das Auckland Museum (S. 107) mit einer wunderbaren Sammlung, einem gewaltigen Kriegskanu und einer Kulturshow. Tiefer blicken lassen der Urban-Maori-Trip von Potiki (S. 121) oder die Tamaki-Hikoi-Tour der Ngati Whatua (S. 121).

---

jetzt, sich durchzusetzen. Während es die Geografie gut gemeint hat, war die Stadtplanung eher schlecht. Die ungezügelte und schlecht durchdachte Entwicklung ist für einige architektonische Peinlichkeiten in der Innenstadt verantwortlich. Wer unter die Oberfläche von Auckland dringen möchte, macht sich am besten auf den Weg zu den Villen aus dem viktorianischen und dem eduardianischen Zeitalter in den angesagten innerstädtischen Vororten.

GESCHICHTE

Die Maori haben sich vor etwa 800 Jahren in der Region Auckland angesiedelt. Die ersten Siedlungen konzentrierten sich auf die Küstenregionen der Inseln im Hauraki-Golf, aber allmählich wurde die fruchtbare Landenge immer verlockender und das Land wurde für den Anbau von Nahrung nutzbar gemacht.

Über Hunderte von Jahren kämpften die verschiedenen Stämme der Tamaki um die Vorherrschaft in der Region und errichteten *pa* (befestigte Dörfer) auf den zahlreichen Vulkankegeln. Der *iwi* (Stamm) Ngati Whatua vom Kaipara Harbour gewann 1741 die Oberhand und besetzte die größten *pa*. In den Musketenkriegen der 1820er-Jahre wurden sie vom Ngapuhi-Stamm aus dem Norden stark dezimiert und das Land war praktisch wieder verlassen.

Zu der Zeit, als 1840 der Vertrag von Waitangi unterzeichnet wurde, hatte Governor Hobson seinen Sitz in Okiato in der Nähe von Russell in der Bay of Islands. Als Te Kawau, Häuptling der Ngati Whatua, 12 km² Land

---

KURZINFOS REGION AUCKLAND

Essen Multikulturell in einer der zahlreichen Food Halls (S. 128)

Trinken Rosé von Waiheke Island an heißen Sommertagen

Lesen *Under The Mountain* (1979) – Maurice Gees Jugendroman über schleimige Kreaturen, die unter Aucklands Vulkanen lauern

Anhören *One Tree Hill* (1987) – auch ohne den Baum (s. Kasten S. 107) ist U2s Elegie über ihren neuseeländischen Roadie immer noch ergreifend

Ansehen *Sione's Wedding* (2006) – Chris Grahams Komödie, die in Grey Lynn und Aucklands Zentrum spielt

Schwimmen In Onetangi (S. 143)

Festival Pasifika Festival (S. 122)

Schrägste Touristenattraktion Sheepworlds leuchtende Schafherde – New Rave sprengt die Grenzen (S. 162)

Grünes Gewissen In den regenerierten Wäldern von Tiritiri Matangi Island (S. 147) bedrohten Vogelarten begegnen

GROSSRAUM AUCKLAND

am nördlichen Ende von Waitemata Harbour zum Verkauf anbot, beschloss Hobson, eine neue Hauptstadt zu errichten und benannte sie nach einem seiner Gönner: George Eden, Earl of Auckland.

Zuerst bestand Auckland nur aus ein paar Zelten am Strand, doch die Siedlung wuchs rasch und schon bald herrschte im Hafen reges Treiben. Erzeugnisse aus der Region wurden exportiert, darunter auch das Holz des neuseeländischen Kauribaums. Allerdings wurde nur nur 25 Jahren Wellington zur Hauptstadt ernannt.

Seit Anfang des 20. Jhs. ist Auckland die am schnellsten wachsende Stadt Neuseelands und das Hauptindustriezentrum des Landes. Politische Entscheidungen mögen vielleicht in Wellington getroffen werden, aber Auckland ist die große Rauchsäule im „Land der langen weißen Wolke".

ORIENTIERUNG

Die Landenge von Auckland verläuft mehr oder weniger von Westen nach Osten, wobei Waitemata Harbour nördlich liegt (in den Hauraki-Golf führend) und Manukau Harbour südlich (in die Tasmansee führend). Die Harbour Bridge verbindet die Stadt mit der North Shore, die Innenstadt liegt östlich.

Das kommerzielle Herz der Stadt bildet die Queen St, die vom Ufer aus hoch zu Newtons Karangahape Rd (K Rd) führt, einer lebhaften, unkonventionellen, teils sandigen Straße mit günstigen Restaurants und lockeren Bars.

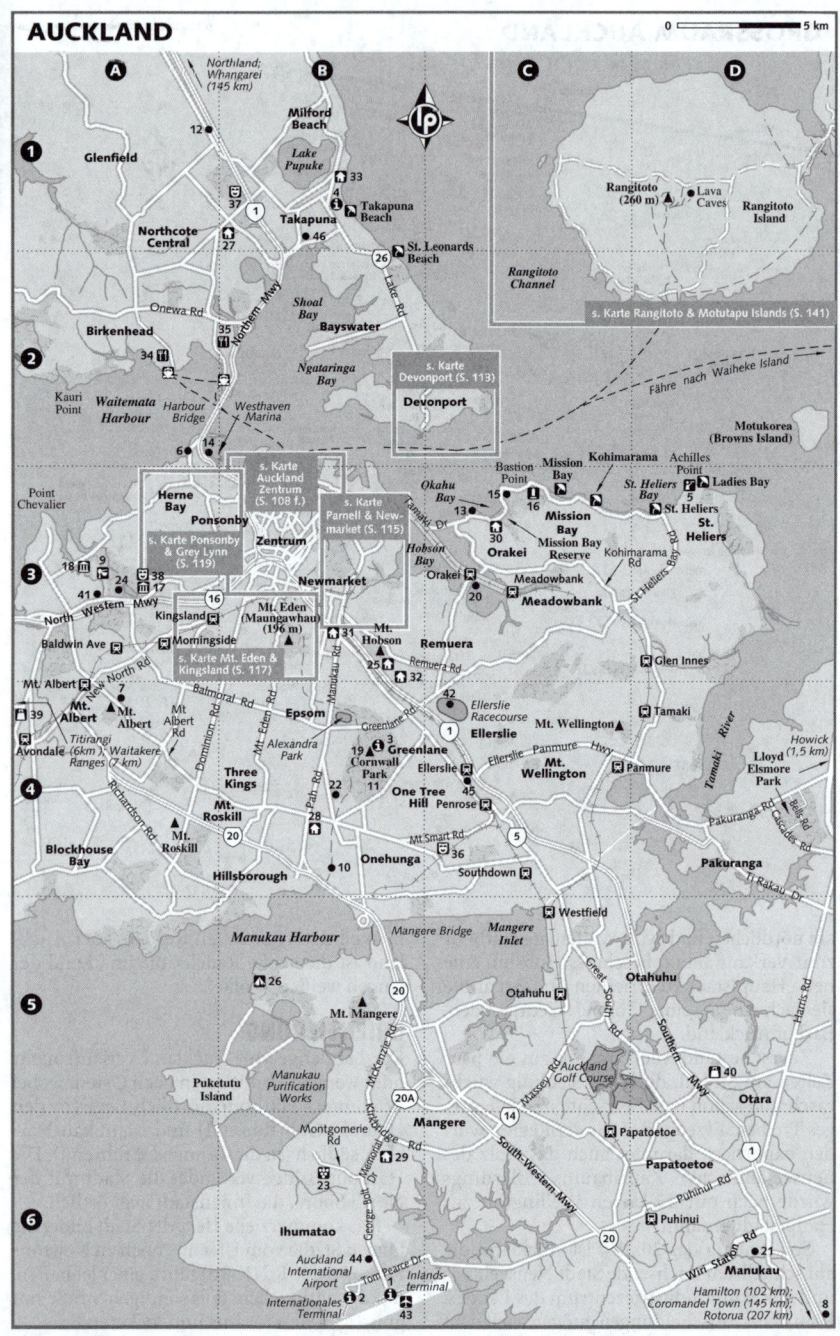

AUCKLAND

0 ▭▭▭▭ 5 km

In den Anfangstagen war die Gegend gleich östlich der Innenstadt eher vornehm und von Anglikanern bewohnt, während im westlichen Gebiet mehr Katholiken und Menschen aus der Arbeiterklasse lebten. Heutzutage sind all diese Viertel ziemlich teuer, wobei in Parnell und Remuera Überbleibsel des alten Geldadels erhalten geblieben sind, während Ponsonby und Grey Lynn etwas alternativer sind. Mt. Eden liegt irgendwo zwischen den beiden – sowohl physisch als auch soziologisch.

Der Flughafen befindet sich 23 km südlich vom Stadtzentrum.

Karten & Stadtpläne
Auckland Map Centre (Karte S. 108 f.; ☎ 09-309 7725; www.aucklandmapcentre.co.nz; 209 Queen St; 🕐 Mo–Fr 9–17, Sa 10–16 Uhr)

PRAKTISCHE INFORMATIONEN
Buchläden
Unity Books (Karte S. 108 f.; ☎ 09-307 0731; 19 High St; 🕐 Mo–Do 8.30–19, Fr 8.30–21, Sa 9–18, So 11–18 Uhr) Toller eigenständiger Buchladen mit sachkundigem Personal.

Whitcoulls (Karte S. 108 f.; ☎ 09-984 5400; 210 Queen St; 🕐 Mo–Do 8–19, Fr 8–21, Sa 9–18, So 10–18 Uhr) Einheimische Kette mit guter Reise- und Belletristikabteilung.

Women's Bookshop (Karte S. 119; ☎ 09-376 4399; 105 Ponsonby Rd; 🕐 Mo–Fr 10–18, Sa & So 10–17 Uhr) Treffpunkt und guter, eigenständiger Buchladen.

Geld
Aucklands zahlreiche Wechselstuben, Banken und Geldautomaten findet man vor allem in der Queen St. Für Transaktionen am Wochenende empfiehlt sich die **ASB** (Karte S. 108 f.; Ecke Queen St & Customs St; 🕐 Mo–Fr & Sa 9–16.30, So 10–16 Uhr) in Westfield Downtown.

Infos im Internet
Auckland NZ (www.aucklandnz.com) Offizielles Touristikportal der Stadt.

Auckland Regional Council (ARC; www.arc.govt.nz) Regionale Park- und Veranstaltungsinfos.

Dine Out (www.dineout.co.nz) Restaurantkritiken von Einheimischen.

MAXX Regional Transport (www.maxx.co.nz) Fahrpläne und Routenplaner für öffentliche Verkehrsmittel.

Internetzugang
Aucklands Internetcafés verlangen ca. 3 NZ$ pro Stunde und haben teilweise rund um die Uhr geöffnet. Parnells kostenlose WLAN-Zone deckt die meisten Cafés an der dortigen Hauptstraße ab.

Medien
Metro Hochglanz-Monatsmagazin mit detailliertem Blick auf Auckland.

New Zealand Herald (www.nzherald.co.nz) Größte Tageszeitung des Landes.

Medizinische Versorgung
Auckland City Hospital (Karte S. 108 f.; ☎ 09-379 0000; Park Rd, Grafton; 🕐 24 Std.) Hauptkrankenhaus von Auckland mit Unfall- und Notaufnahme (Accident & Emergeny; A & E).

Auckland Metro Doctors & Travelcare (Karte S. 108 f.; ☎ 09-373 4621; 17 Emily Place, Auckland

AUCKLAND IN ...

... zwei Tagen

Zuerst einen Tisch fürs morgige Abendessen buchen. Nach dem Frühstück in **Ponsonby** (S. 131) geht's zwecks Maorisammlung und Kulturshow per Link Bus zum **Auckland Museum** (S. 107). Es folgt ein Domain-Spaziergang in Richtung **K Road** (S. 129) mit Möglichkeiten zum Mittagessen. Nun dem Stadtspaziergang auf S. 120 folgen und unterwegs zumindest einen kurzen Zwischenstopp einlegen, um durch den Neuseeland-Bereich der **Auckland Art Gallery** (S. 111) zu schlendern. Der Abend klingt schließlich bei einem entspannten Drink oder Essen am **Viaduct Harbour** (S. 116) aus.

Am zweiten Tag gibt's Frühstück in der Innenstadt, bevor um 9.15 Uhr die Fähre nach **Rangitoto** (S. 141) ablegt. So bleibt genug Zeit, die Vulkaninsel vor der mörderischen Mittagshitze zu erkunden. Die Fähre um 12.45 Uhr bringt einen zum Mittagessen nach **Devonport** (S. 113). Bei ausreichend Restenergie heißt es nun **North Head** (S. 113) erforschen und sich am **Cheltenham Beach** (S. 114) erfrischen, sofern Wetter und Gezeiten mitspielen. Dann am North Shore bleiben, um ein tolles Abendessen im **Engine Room** (S. 132) oder **Eight.Two** (S. 132) zu genießen.

... vier Tagen

Am dritten Tag geht's gen Westen. Nach dem Frühstück in **Titirangi** (S. 154) stehen **Waitakere Ranges Regional Park** (S. 154), **Karekare** (S. 155) und **Piha** (S. 155) auf dem Programm. Ohne eigenes Auto sind die Tagesausflüge von **Potiki Tours** (S. 121) in Option. Auf dem Rückweg bietet sich **Elevation** (S. 155) für ein Glas Wein bei atemberaubendem Stadtblick an. Anschließend für den Abend frischmachen und in **Kingsland** (S. 130) essen bzw. ausgehen.

Der vierte Tag beginnt mit Frühstück in **Mt. Eden** (S. 130) und einem Aufstieg am **Maungawhau** (S. 111). Nun per Zug nach Britonmart zurückfahren und um 11 Uhr die Fähre nach **Waiheke Island** (S. 142) nehmen. Dort gibt's Mittag- und Abendessen auf einem Weingut, während nachmittags die Strände rufen (oder bei schlechtem Wetter weitere Weingüter). Auf keinen Fall die letzte Fähre zurück verpassen!

Central; Mo–Fr 9–17.30, Sa 10–14 Uhr) Kümmert sich speziell um die Gesundheit von Travellern (z. B. mit Impfungen oder reisemedizinischer Beratung).
Starship Children's Hospital (Karte S. 108 f.; 09-367 0000; Park Rd, Grafton; 24 Std.) Mit eigener Unfall- und Notaufnahme (Accident & Emergency; A & E).

Notfall
Rettungsdienst, Feuerwehr & Polizei (111)
Polizeistation Auckland Zentrum (Karte S. 108 f.; 09-302 6400; Ecke Vincent St & Cook St)

Post
Post in der Wellesley Street (Karte S. 108 f.; 24 Wellesley St) Abholen postlagernder Sendungen gegen Vorlage eines Ausweises.

Touristeninformation
i-SITE am Auckland Domestic Airport (Karte S. 104; 09-256 8480; 6–22 Uhr) Im Inlandsflughafenbereich von Air New Zealand.
i-SITE am Auckland International Airport (Karte S. 104; 09-275 6467; 24 Std.) Gleich links hinter dem Zoll kann man von hier aus kostenlos bei Unterkünften in Auckland anrufen.

Auckland i-SITE (Karte S. 108 f.; 09-363 7182; www.aucklandnz.com; Sky Tower Atrium, Ecke Victoria St & Federal St; 8–20 Uhr)
Automobile Association (AA; Karte S. 108 f.; 09-966 8919; www.aa.co.nz; 99 Albert St; Mo–Fr 9–17 Uhr) Karten und Unterkunftsverzeichnisse.
Cornwall Park Information Centre (Karte S. 104; 09-630 8485; www.cornwallpark.co.nz; Huia Lodge; 10–16 Uhr)
Devonport i-SITE (Karte S. 113; 09-446 0677; www.tourismnorthshore.org.nz; 3 Victoria Rd; 8.30–17 Uhr) Praktische Infos und Internetzugang.
DOC Information Centre (Karte S. 108 f.; 09-379 6476; www.doc.govt.nz; 137 Quay St; Mo–Fr 9–17, Sa 10–15 Uhr)
New Zealand i-SITE (Karte S. 108 f.; 09-307 0612; 137 Quay St; Mai–Okt. 9–17.30 Uhr, Nov.–April 8–19 Uhr)
Takapuna i-SITE (Karte S. 104; 09-486 8670; 49 Hurstmere Rd; Mo–Fr 8.30–17, Sa & So 10–15 Uhr)

SEHENSWERTES
Auckland Volcanic Field
Einige Städte halten sich für ganz mutig, weil sie im Schatten eines Vulkans existieren.

Auckland wurde auf 50 Vulkanen errichtet, und – nein – sie sind noch nicht alle erloschen. Der letzte Vulkan, der ausbrach, war vor etwa 600 Jahren der Rangitoto (S. 141), und niemand kann vorhersehen, wann der nächste Ausbruch stattfinden wird. Auckland ist im wahrsten Sinne des Wortes ein Hotspot: 100 km unter der Erdoberfläche wartet ein Becken voller Magma nur darauf, seinen Inhalt an die Oberfläche zu bugsieren. Aber keine Sorge, in den letzten 20 000 Jahren ist das nur 19-mal vorgekommen.

Manche Vulkane Aucklands sind Kegel, manche sind voller Wasser, andere wiederum wurden schon vollständig abgetragen. Es gibt Planungen, das Feld zum Weltkulturerbe zu ernennen und somit die Überreste zu schützen. Die meisten verbliebenen Kegel weisen Anzeichen von Terrassenbau auf aus der Zeit, als es hier noch zahlreiche *pa* der Maori gab.

Abgesehen von denen, die in diesem Kapitel beschrieben werden, sind auch die folgenden Orte einen Besuch wert:

Mt. Wellington (Maungarei; Karte S. 104)
Mt. Albert (Owairaka; Karte S. 104)
Mt. Roskill (Karte S. 104)
Lake Pupuke (Karte S. 104)
Mt. Mangere (Karte S. 104)
Mt. Hobson (Karte S. 104)

Auckland Museum & Domain

Das ca. 80 ha große Grüngelände der **Auckland Domain** (Karte S. 115) umfasst Sportplätze, interessante Skulpturen, gestutzte Gärten und verwilderte Ecken. Hinzu kommt ein **Wintergarten** (Karte S. 115; Eintritt frei; ☻ Nov.–März Mo–Sa 9–17.30, So 9–19.30 Uhr, April–Okt. 9–16.30 Uhr) mit Farnen, Tropenhaus, Kalthaus, niedlicher Katzenstatue und angrenzendem Café. Ein Hügel in der Parkmitte ist alles, was von einem Auckland-Vulkan namens **Pukekaroa** (Karte S. 115) übrig geblieben ist. Umgeben

von Zaunlatten ehrt der Totarabaum auf dem bescheidenen Gipfel den ersten Maorikönig (s. Kasten S. 245).

Das Ganze wird vom prächtigen **Auckland Museum** (Karte S. 115; ☎ 09-309 0443; www.auckland museum.com; Erw./Kind 5 NZ$/frei; ☻ 10–17 Uhr) dominiert, einem imposanten griechischen Tempel mit eindrucksvoller moderner Kuppel. Die umfangreiche Ausstellung im Erdgeschoss ist definitiv Pflicht. Sie zeigt Maori-Artefakte und Stücke von den Pazifikinseln. Zu ihren Highlights zählen ein 25 m langes Kriegskanu und original erhaltenes, mit Schnitzereien verziertes Versammlungshaus aus der Umgebung von Thames (s. S. 212). Wer vorher seine Schuhe auszieht, darf das Haus betreten.

Die **Führung durch die Museumshighlights** (☎ 09-306 7048; Erw./Kind 10/5 NZ$; ☻ 10.30 & 14 Uhr) muss im Voraus gebucht werden. **Führungen durch die Maorigalerie** (gleiche Preise) gibt's um 11.30 und 14 Uhr. Die täglichen **Kulturshows der Maori** (Erw./Kind 25/13 NZ$; ☻ 11, 12 & 13.30 Uhr) geben eine gute und humorvolle Einführung in die Maoriwelt.

Freunde männlicher Formen freuen sich über das **Grafton Gate** (Karte S. 108 f.; Park Rd) des Domain: Die wundervolle Sandsteinkonstruktion im Art-déco-Stil wird von einer überlebensgroßen Statue eines Nackten gekrönt.

Zwischen Stadtzentrum und Park liegen ca. 30 Gehminuten. Alternativ fährt der Link Bus (S. 140) zum benachbarten Krankenhaus.

One Tree Hill (Maungakiekie)

Dieser Vulkankegel (Karte S. 104) war das wichtigste *pa* der Landenge und die größte Festung im ganzen Land. Der Grund dafür ist leicht zu sehen: Eine Fahrt oder ein Spaziergang auf den Gipfel (182 m) bietet atemberaubende Panoramaaussichten. Auf dem Gipfel befindet sich das Grab von John Logan Campbell, der das Land 1901 der Stadt

---

EIN BAUM, SIE ZU KNECHTEN …?

Der erste Gedanke beim Blick auf den One Tree Hill lautet wahrscheinlich: „Wo ist der verdammte Baum?" Gute Frage. Bis zum Jahr 2000 stand noch eine Monterey-Kiefer auf dem Gipfel – als Ersatz für einen heiligen Totara, der 1852 von britischen Siedlern gefällt wurde. Maori-Aktivisten griffen den fremden Thronräuber erstmals 1994 an und machten ihm sechs Jahre später den Garaus. Wahrscheinlich wird ein neuer Baum erst nach Schlichtung der lokalen Landkonflikte gepflanzt. Doch dann sprießt hier garantiert ein einheimisches Gewächs.

Aucklands beliebtestes Wahrzeichen erlangte 1987 weltweite Beachtung, als U2 den Song *One Tree Hill* auf ihrem gefeierten Album *The Joshua Tree* veröffentlichten. Das Lied erschien nur in Neuseeland als Single, wurde aber dort zum Nummer-Eins-Hit.

AUCKLAND ZENTRUM

AUCKLAND & UMGEBUNG

PRAKTISCHES
ASB 1 D2
Polizeistation
Auckland Zentrum 2 C4
Auckland City Hospital 3 E7
Auckland i-SITE .... (siehe 22)
Auckland Map Centre .... (siehe 31)
Auckland Metro Doctors &
Travelcare 4 E3
Automobile Association 5 C3
DOC Information Centre ...... (siehe 103)
Irische Botschaft 6 D2
New Zealand i-SITE 7 D2
Starship Children's Hospital 8 E6
Unity Books 9 D3
Post in der Wellesley St 10 C4
Whitcoulls 11 D3

SEHENSWERTES & AKTIVITÄTEN
360 Discovery 12 D2
Albert Barracks Wall 13 E4
Albert Park 14 D4
Auckland Art Gallery (Main) 15 D4
Auckland Art Gallery (New) 16 D4
Civic Theatre 17 D4
Fullers .... (siehe 103)
Grafton Gate 18 E7
Old Government House 19 E4
Sail NZ 20 C2
Sky Jump .... (siehe 22)
Sky Screamer 21 D3
Sky Tower 22 C3
Sky Walk .... (siehe 22)
St. Patrick's Cathedral 23 D3
University Clock Tower 24 E4
Viktorianische Handelshäuser ...25 E4
Voyager - New Zealand
Maritime Museum 26 D2

SCHLAFEN
Aspen House 27 E3
Auckland City Hotel 28 C4
Auckland City YHA 29 C6
Auckland International YHA 30 D5
Base Auckland 31 D4
BK Hostel 32 C6
City Groove 33 F4
City Lodge 34 C5
CityLife 35 D3

Elliott Hotel 36 D4
Frienz.com 37 D4
Hotel de Brett 38 D3
Hotel Formule 1 ....39 D3
Langham 40 D6
Nomads Auckland 41 D3
Quadrant 42 E3
Westin 43 B2

ESSEN
Alleluya 44 C6
Auckland Fish Market 45 B1
City Farmers' Market 46 E2
Clooney 47 B4
Euro 48 D1
Food Alley 49 D2
French Cafe 50 C8
Grove 51 D3
Ima 52 E3
MacGregor Brothers 53 D4
O'Connell St Bistro .... (siehe 38)
O'Sarracino 54 C8
Rasoi 55 C6
Raw Power 56 D3
Reslau 57 D4
Revive .... (siehe 41)
Satya 58 B6

AUSGEHEN
Agents & Merchants/Racket 59 E2
Bluestone Room 60 D3
Chambers Bar 61 D3
Dot's 62 C8
Family 63 C6
Galbraith's Alehouse 64 C8
Hotel de Brett .... (siehe 38)
Lenin Bar 65 D2
Minus 5° Bar .... (siehe 65)
Mo's 66 D2
Naval & Family 67 C6
Northern Steamship Co 68 E2
Occidental Belgian Beer Cafe ...69 D3
Pasha 70 D1
Shakespeare 71 D3
Urge 72 B6
Wine Cellar 73 C6

UNTERHALTUNG
Academy Cinemas 74 D4

Aotea Centre 75 C4
ASB Tennis Centre 76 F5
Auckland Town Hall 77 D5
Boogie Wonderland 78 D2
Cassette Number Nine 79 D3
Centurian 80 B6
Civic Theatre .... (siehe 17)
Classic Comedy Club 81 C5
Dogs Bollix 82 A7
Ink & Coherent 83 C6
Khuja Lounge 84 C6
Kings Arms Tavern 85 B7
Maidment Theatre 86 E4
NZ Film Archives 87 B6
Rising Sun & 4:20 ....88 B6
SkyCity Queen St 89 D4
SkyCity Theatre 90 C4
Thirsty Dog 91 B6
Ticketek .... (siehe 75)
Ticketek .... (siehe 90)
Ticketmaster .... (siehe 92)
Ticketmaster .... (siehe 97)
Vector Arena 92 F3

SHOPPEN
Karen Walker 93 D3
Kathmandu 94 B3
O'Kai Oceanikart 95 C6
Pauanesia 96 D3
Real Groovy 97 D5
Zambesi 98 D3

TRANSPORT
A2B 99 F4
Air New Zealand .... (siehe 78)
Budget 100 F4
City Car Fair 101 B2
Escape 102 E3
Ferry Building 103 D2
Hertz 104 C3
Jucy 105 F4
Sealink Ferry Terminal 106 B1
SkyCity Coach Terminal 107 C3
Taxistand 108 C3
Taxistand 109 D3
Taxistand 110 D2
Thrifty 111 D8
Bushaltestelle für Touristen- und
Regionalbusse 112 D2

schenkte und dafür verlangte, dass den Maori ein Denkmal errichtet werde (der beeindruckende Obelisk und die Statue über dem Grab). Ganz in der Nähe befindet sich der Baumstumpf des letzten „One Tree" (s. Kasten S. 107).

Besucher sollten sich ein paar Stunden Zeit nehmen, um die Krater und den umliegenden **Cornwall Park** (Karte S. 104) mit seinen eindrucksvollen Bäumen und dem historischen Cottage zu erkunden. Im Informationszentrum (S. 106) veranschaulichen faszinierende interaktive Schaukästen, wie das pa ausgesehen hätte, wenn 5000 Menschen hier gelebt hätten.

In der Nähe des **Kinderspielplatzes** veranstaltet das **Stardome Observatory** (Karte S. 104; ☎ 09-624 1246; www.stardome.org.nz; Erw./Kind 16/8 NZ$) regelmäßig Sternbeobachtungs- und Planetarium-Shows, die von Aucklands unbeständigem Wetter abhängig sind (normalerweise Mi–Sa 20 Uhr; vorher anrufen).

Um von der Stadt hierherzukommen, nimmt man Bus 328 von der Customs St zur Manukau Rd (Erw./Kind 4,30/2,40 NZ$, 21 Min.). Wer mit dem Auto unterwegs ist, verlässt den Southern Motorway an der Ausfahrt Greenlane und biegt rechts in die Green Lane West ein.

Mt. Eden (Maungawhau)

Die Aussicht vom Mt. Eden (Karte S. 117), Aucklands höchstem Vulkankegel (196 m), ist erstklassig. Der symmetrische Krater (50 m tief) ist bekannt als Te Ipu Kai a Mataaho (die Nahrungsquelle von Mataaho, des Gottes der im Boden versteckten Dinge) und absolut *tapu* (heilig). Man darf zwar nicht in den Krater hinein, aber auf dem Rest des Berges kann man sich frei bewegen. Die Überreste von terrassenförmigen *pas* und Lagergruben sind deutlich zu erkennen.

An den Osthängen stellen die **Eden Gardens** (Karte S. 117; ☎ 09-638 8395; 24 Omana Ave, Epsom; Erw./Kind 6 NZ$/frei; ☼ 9–16 Uhr) einen gärtnerischen Schaukasten für Kamelien, Rhododendren und Azaleen dar.

Western Springs

Der **Auckland Zoo** (Karte S. 104; ☎ 09-360 3800; www.aucklandzoo.co.nz; Motions Rd; Erw./Kind 19/9 NZ$; ☼ 9.30–17.30 Uhr) ist ein ausgezeichneter moderner Zoo mit großem, natürlichem Gelände. Die Infrarotbeleuchtung im Nachthaus bietet die seltene Chance, den Kiwis bei ihrem Treiben zuzusehen. Die großen Tiere aus dem Ausland stehlen den schüchternen einheimischen Tierchen zwar oft die Show, aber wer es schafft, seine Kinder von den Tigern und Elefanten loszureißen, der wird Brückenechsen und jede Menge verschiedene einheimische Vogelarten zu Gesicht bekommen.

Der angrenzende **Western Springs Park** (Karte S. 104) liegt um einen See herum, der sich durch den Zusammenfluss von Lavaströmen gebildet hat. Bis 1902 war der See Aucklands Hauptwasserspeicher: Mehr als 4 Mio. l steigen täglich auf. Die Kinder kommen hierher, um von aufdringlichen, fettgefütterten Gänsen traumatisiert zu werden und um den beliebten Abenteuerspielplatz erleben zu können. Dieser Ort eignet sich perfekt für ein Picknick und um ums Bekanntschaft mit verspielten Pukekos (Purpurhühnern) zu machen.

Nie fühlt man sich älter, als wenn man Gegenstände aus seiner Kindheit in einem Museum sieht. Diese ernüchternde Erfahrung können Besucher des **MOTAT** (Museum of Transport & Technology; Karte S. 104; ☎ 09-815 5800; www.motat.org.nz; 805 Great North Rd; Erw./Kind 14/7 NZ$; ☼ 10–17 Uhr) machen, eines 19 ha großen Paradieses für Eisenbahnliebhaber, das sich über zwei Anlagen erstreckt. Im MOTAT 1 sollte man nach Helen Clarks Motorrad Honda 50 und dem kitschigen Pionierdorf Ausschau halten. Das MOTAT 2 ist ein Friedhof für Fluggeräte, auf dem seltene normale und Militärflugzeuge zum ewigen Schlaf gebettet sind. Die beiden Anlagen sind durch eine altmodische Trambahn miteinander verbunden (Erw./Kind 2/1 NZ$, 10–16.30 Uhr alle 30 Min.), die am Park und am Zoo vorbeifährt. Die Fahrt ist ein Spaß für Jung und Alt, egal ob man das MOTAT besichtigt oder nicht.

Von der Stadt aus fährt jeder Bus (Erw./Kind 3,20/1,80 NZ$, 16 Min.) in Richtung Westen über die Great North Rd hierher. Autofahrer müssen vom North Western Motorway die Ausfahrt Western Springs nehmen.

Auckland Art Gallery

Die **Auckland Art Gallery** (Karte S. 108 f.; ☎ 09-379 1349; www.aucklandartgallery.com; Eintritt frei; ☼ 10–17 Uhr) belegt zwei benachbarte Gebäude: Die **Main Gallery** (Ecke Wellesley St & Kitchener St) im französischen Chateaustil ist nicht gerade groß, beherbergt aber eine europäische Sammlung mit bedeutenden Werken von Guido Reni und Pieter Brueghel dem Jüngeren – ergänzt durch eine mächtige Ausstellung von neuseeländischer Kunst. Ein Besuch lohnt sich schon alleine wegen Charles Goldies und Gottfried Lindauers intimen Porträts tätowierter Maorimodelle aus dem 19. Jh. Die **New Gallery** (Ecke Wellesley St & Lorne St) konzentriert sich auf Zeitgenössisches und Wanderausstellungen mit unterschiedlichen Eintrittspreisen. In nächster Nähe zur Auckland Art Gallery gibt's auch zehn kommerzielle Galerien.

Bis April 2011 ist die Main Gallery wegen Generalrenovierung geschlossen. Unterdessen sind die Highlights ihrer Dauerausstellung in der New Gallery zu sehen.

Sky Tower

Der unübersehbare **Sky Tower** (Karte S. 108 f.; ☎ 09-363 6000; www.skycityauckland.co.nz; Ecke Federal St & Victoria St; Erw./Kind 25/8 NZ$; ☼ So–Do 8.30–22.30, Fr & Sa 8.30–23.30 Uhr) sieht aus wie eine riesige Injektionsnadel, die dem Himmel einen Schuss verpassen will. Eine spektakuläre Beleuchtung verleiht dem Ganzen bei Nacht sogar noch einen Touch Weltraumatmosphäre. Bei besonderen Veranstaltungen verändern sich die Farben, und an Silvester lassen emporschießende Feuerwerkskörper den Turm noch phallischer aussehen.

Der Turm ist das beste Stück des SkyCity-Komplexes, eines schäbigen 24-Stunden-Kasinos mit Restaurants, Cafés, Bars und einem Hotel. Mit 328 m ist er das höchste Bauwerk der südlichen Hemisphäre. In 40 magenumdrehenden Sekunden bringt ein Aufzug die Besucher auf die Aussichtsplattformen. Wer noch einen Extrakick braucht, der kann durch die Glasbodenplatten nach unten schauen. Es kostet noch einmal 3 NZ$, mit dem Skyway-Aufzug zur ultimativen Aussichtsplattform zu fahren. Der späte Nachmittag ist die beste Zeit, hier hoch zu kommen: Die Besucher können sich dann bei Sonnenuntergang in der Sky Lounge einen Drink genehmigen. Auf S. 118 stehen alle möglichen verrückten Sachen, die man hier oben unternehmen kann – beispielsweise spazieren gehen. Unspektakulär?!

Kelly Tarlton's Antarctic Encounter & Underwater World

Das einzigartige **Aquarium** (Karte S. 104; ☎ 09-531 5065; www.kellytarltons.co.nz; 23 Tamaki Dr, Orakei; Erw./Kind 32/16 NZ$; 🕐 9.30–17.30 Uhr) hat seine Heimat in ehemaligen Regen- und Abwasserauffangbecken. Besucher werden in einem durchsichtigen Acryltunnel auf einer Art Förderband mitten durch die Unterwasserwelt transportiert und können dabei in aller Ruhe die umher schwimmenden Fische – z. B. Haie oder Stachelrochen – bewundern. Wer einen der Meeresbewohner in aller Ruhe studieren möchte, kann jederzeit vom Band herunterspringen.

Die absolute Hauptattraktion ist jedoch eine wunderbare Landschaft, das Antarctic Encounter, in der das ganze Jahr über Winter ist. Man kann durch einen Nachbau von Scotts Antarktishütte aus dem Jahr 1911 schlendern, mit einem beheizten Schneemobil durch die frostige Umgebung fahren und eine Kolonie von Königs- und Eselspinguinen bei Temperaturen unter dem Gefrierpunkt besuchen. Hier finden sich außerdem ein antarktisches futuristisches Forschungslabor und Ausstellungsstücke über die Geschichte der Antarktis. Dass dies ein großartiges Abenteuer für Kinder ist, versteht sich wohl von selbst.

Weniger großartig sind die Warteschlangen, die sich in der Hauptsaison hier bilden. Wer nicht ganz so lange warten möchte, sollte seine Eintrittskarten vorab reservieren.

Alle Busse der Nummern 745 bis 769 fahren ab Britomart hierher. Alternativ startet ein kostenloser, haiförmiger Shuttlebus stündlich an der 172 Quay St gegenüber vom Fährterminal (9–16 Uhr, nicht um 14 Uhr). Er hält jeweils zehn Minuten später auch am Atrium der SkyCity und verlässt Kelly Tarlton's wieder nach 40 Minuten.

Tamaki Drive

Die landschaftlich schöne, von Pohutukawa-Bäumen gesäumte Straße führt von der Stadt in Richtung Osten am Wasser entlang. Im Sommer trifft man hier Jogger, Radfahrer und Rollerblader, das sieht dann richtig nett aus.

Gleich hinter Kelly Tarlton's führt die Hapimana St zum Bastion Point (s. Kasten S. 114) und zum **Michael Joseph Savage Memorial** (Karte S. 104) hinauf. Savage (1872–1940) war der erste Labour-Premierminister des Landes und wird allgemein als einer der besten angesehen. Wegen seiner Sozialreformen verehrte ihn das Volk, was dieses aufwendige Mausoleum auf der Klippe beweist. Folgt man dem Rasen, kommt man zu einem Kanonengraben aus dem Zweiten Weltkrieg – einer von vielen, die den Hafen säumen.

Hinter der Landzunge liegt **Mission Bay**, ein beliebter Strand mit einem wahrzeichenhaften Brunnen, einem historischen Missionshaus, Restaurants und Bars. An den sich anschließenden Stränden **Kohimarama** und **St. Heliers** kann man unbesorgt ins Wasser gehen. Weiter in Richtung Osten entlang der Cliff Rd bietet der **Achilles Point Lookout** (Karte S. 104) schöne Panoramaausblicke. Am Fuße des Aussichtspunktes befindet sich die **Ladies Bay**, an der Nacktbader zugunsten der Abgeschiedenheit Schlamm und Muscheln in Kauf nehmen.

Die Busse Nr. 745 bis 769 vom Britomart fahren auf dieser Strecke.

Albert Park & Auckland University

Auf dem Hügel im Osten der Stadt liegt der **Albert Park** (Karte S. 108 f.), ein bezaubernder viktorianischer Garten, der während des Semesters voll ist mit Studenten. Die Vandalen unter ihnen verunstalten immer mal wieder die Statuen von Governor Grey und Queen Victoria. Der Campus der Auckland University erstreckt sich über mehrere Straßen und nimmt eine Reihe von stattlichen **viktorianischen Handelshäusern** (Karte S. 108 f.; Princes St) und das **Old Government House** (Karte S. 108 f.; Waterloo Quadrant) in Beschlag. Letzteres war von 1856 bis 1865, als Wellington Hauptstadt wurde, der Sitz der Macht.

Der **University Clock Tower** (Karte S. 108 f.; 22 Princes St) ist Aucklands architektonischer Triumph. Die Architektur des stattlichen „Elfenbeinturms" von 1926 geht in Richtung Jugendstil (die Darstellung der neuseeländischen Flora und Fauna in der Verzierung) und Chicago School (die Art, wie der Turm im Boden verankert ist). Er ist meistens geöffnet, man kann also hineingehen.

Mitten auf dem Campus steht eine Mauer der **Albert Barracks** (1847; Karte S. 108 f.). Die Festung umfasste während der Neuseelandkriege 9 ha, u. a. den Albert Park.

Devonport

Am Ende der North Shore liegt Devonport, ein schönes Ziel für einen Tagesausflug mit der Fähre von der Stadt aus. Dieser Ort ist malerisch, ohne zu niedlich zu wirken. Er hat die Atmosphäre eines Dorfes und es gibt

viele gut erhaltene, viktorianische und eduardianische Gebäude und etliche Cafés. Wer sich nicht so sehr für das Vornehme interessiert, für den gibt es hier auch zwei Vulkankegel und leichten Zugang zum ersten Strand an der North Shore.

Die Geschichte der Marine, die hier stationiert ist, wird im **Navy Museum** (Karte S. 113; ☎ 09-445 5186; Spring St; www.navymuseum.mil.nz; King Edward Pde; Eintritt gegen Spende; ☯ 10–16.30 Uhr) dargestellt. Ihre zivilen Nachbarn präsentieren ihre Kultur im **Devonport Museum** (Karte S. 113; ☎ 09-445 2661; www.devonportmuseum.org.nz; 33a Vauxhall Rd; Eintritt frei; ☯ Sa & So 14–16 Uhr).

Mt. Victoria (Takarunga; Karte S. 113; Victoria Rd) und **North Head** (Maungauika; Karte S. 113; Takarunga Rd; ☎ 6–22 Uhr) waren *pas* der Maori und sind bei-

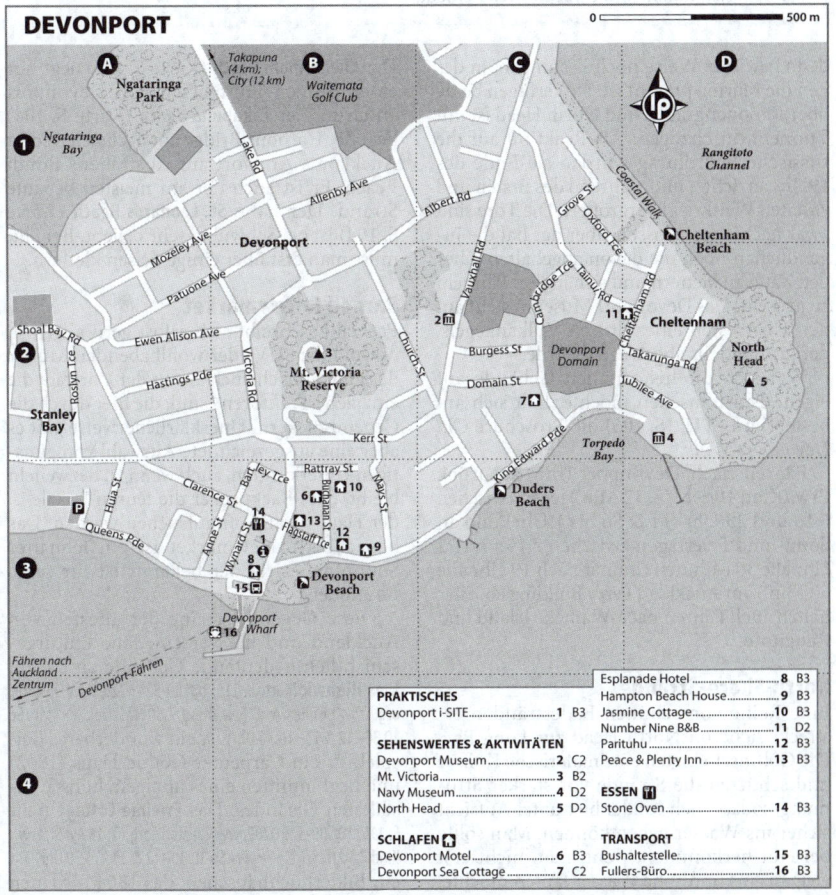

DEVONPORT

PRAKTISCHES	
Devonport i-SITE.........................1	B3

SEHENSWERTES & AKTIVITÄTEN	
Devonport Museum.......................2	C2
Mt. Victoria.................................3	B2
Navy Museum...............................4	D2
North Head..................................5	D2

SCHLAFEN	
Devonport Motel..........................6	B3
Devonport Sea Cottage.................7	C2

Esplanade Hotel...........................8	B3
Hampton Beach House...................9	B3
Jasmine Cottage..........................10	B3
Number Nine B&B........................11	D2
Parituhu...................................12	B3
Peace & Plenty Inn......................13	B3

ESSEN	
Stone Oven................................14	B3

TRANSPORT	
Bushaltestelle.............................15	B3
Fullers-Büro...............................16	B3

WAS WURDE AUS DEN NGATI WHATUA?

Ende der 1840er-Jahre stellten die Maori im Bereich von Auckland bereits eine Minderheit dar. Schließlich wurde der *hapu* (Unterstamm) Ngati Whatua o Orakei auf einen kleinen Landstreifen nahe Okahu Bay und Bastion Point verwiesen. 1886 beschlagnahmte die Regierung den Bastion Point zu militärischen Zwecken. 1908 fiel noch mehr Land einer neuen Abwasserleitung zum Opfer, die ungeklärte Rückstände direkt vor dem letzten Dorf des *hapu* an der Okahu Bay ins Meer pumpte. 1951 konfiszierte man alles bis auf den Friedhof und vertrieb die Menschen aus ihren Häusern. Dann wurde das Dorf zerstört, um die Gegend vor dem königlichen Besuch Elizabeths II. von England zu „reinigen".

Als die Regierung 1977 den Verkauf der wertvollsten Grundstücke am Bastion Point beschloss, initiierte der *hapu* eine friedliche Besetzung. Sie dauerte 507 Tage, bis die Maori wieder einmal in Gewahrsam genommen wurden. Es war ein bahnbrechender Moment in der Protestgeschichte ihres Volkes. Während des nächsten Jahrzehnts entschuldigte sich die Regierung und rückte das Land heraus, auf dem heute die *marae* steht. Zum Zeitpunkt der Recherche waren weitere Verhandlungen zwischen Regierung und *hapu* im Gang, die wohl einige Vulkankegel zum Teil der endgültigen Siedlung machen sollen. Bereits zurückgegeben wurde das Ex-Eisenbahngelände, auf dem sich nunmehr die Vector Arena erhebt.

---

de in gewisser Weise noch Festungen, in denen die Marine präsent ist. Sie verfügen beide über Kanonengräben und North Head ist mit Tunneln durchzogen. Als Reaktion auf die russische Bedrohung wurden sie Ende des 19. Jhs. errichtet und während des Ersten und Zweiten Weltkriegs vergrößert. Die Tore sind zwar nachts geschlossen, aber das hat die Jugendlichen noch nie davon abgehalten, über den Zaun zu klettern und sich in den Tunneln zu gruseln. Das Devonport Museum steht auf den Überresten eines dritten Vulkankegels, der größtenteils abgetragen wurde.

Wer sich die historischen Gebäude auf eigene Faust ansehen möchte, holt sich am besten im i-SITE (S. 106) die Broschüre *Old Devonport Walk*.

Fähren nach Devonport (hin & zurück Erw./Kind 10/5 NZ$, 12 Min.) legen zwischen 6.15 und 23 Uhr (Fr & So bis 1 Uhr) und an Sonn- und Feiertagen zwischen 7.15 und 22 Uhr alle 30 Minuten (immer nach 19 Uhr alle 60 Min.) am Auckland Ferry Building ab. Hier halten auch Fähren nach Waiheke Island und Rangitoto.

North-Shore-Strände

Eine Reihe von schönen Badestränden erstreckt sich von North Head zur Long Bay. Die Golfinseln bieten eine malerische Kulisse und schützen die Strände vor starker Strömung, sodass auch Kinder hier unter Aufsicht sicher ins Wasser gehen können. Man sollte bei Flut herkommen, wenn man nicht erst ewig bis ins hüfthohe Wasser laufen möchte.

Der **Cheltenham Beach** (Karte S. 113) liegt nur einen kurzen Fußmarsch von Devonport entfernt. Der **Takapuna Beach** (Karte S. 104) liegt der Harbour Bridge am nächsten und ist Aucklands Antwort auf Australiens Bondi Beach. Er ist auch der am meisten bebaute Strand. Der nahe **St. Leonards Beach** (Karte S. 104) ist bei Schwulen sehr beliebt. Bei Flut muss man erst über einige Felsen klettern.

Parnell & Newmarket

Parnell beschreibt sich selbst gern als Dorf, obwohl die SUVs der wohlhabenden Mütter des Fußballnachwuchses aus der Vorstadt die einzigen „Traktoren" sind, die hier durch die Gegend tuckern. Unerklärlicherweise gibt es aber eine ausgezeichnete Auswahl von günstigen Unterkünften, auch wenn zu bezweifeln bleibt, dass Backpacker die teuren Lokale in der Hauptstraße oft aufsuchen werden. Das benachbarte Newmarket ist ein lebhafter Shoppingbezirk, der bekannt ist für seine Boutiquen.

Diese Gegend ist eine der ältesten von Auckland und hat verschiedene kulturgeschichtlich bedeutende Gebäude zu bieten. Das **Highwic** (Karte S. 115; ☎ 09-524 5729; www.historic. org.nz; 40 Gillies Ave; Erw./Kind 7,50 NZ$/frei; ⊙ Mi–So 10.30–12 & 13–16.30 Uhr) ist ein wunderbares Beispiel für ein Carpenter-Gothic-Haus (1862) und liegt inmitten eines üppigen, hübsch gestalteten Geländes. Das **Ewelme Cottage** (Karte S. 115; ☎ 09-379 0202; www.historic.org.nz; 14 Ayr St; Erw./ Kind 7,50 NZ$/frei; ⊙ Fr–So 10.30–12 & 13–16.30 Uhr) ist ein Bilderbuchhäuschen, das 1864 für einen

PARNELL & NEWMARKET

0   500 m

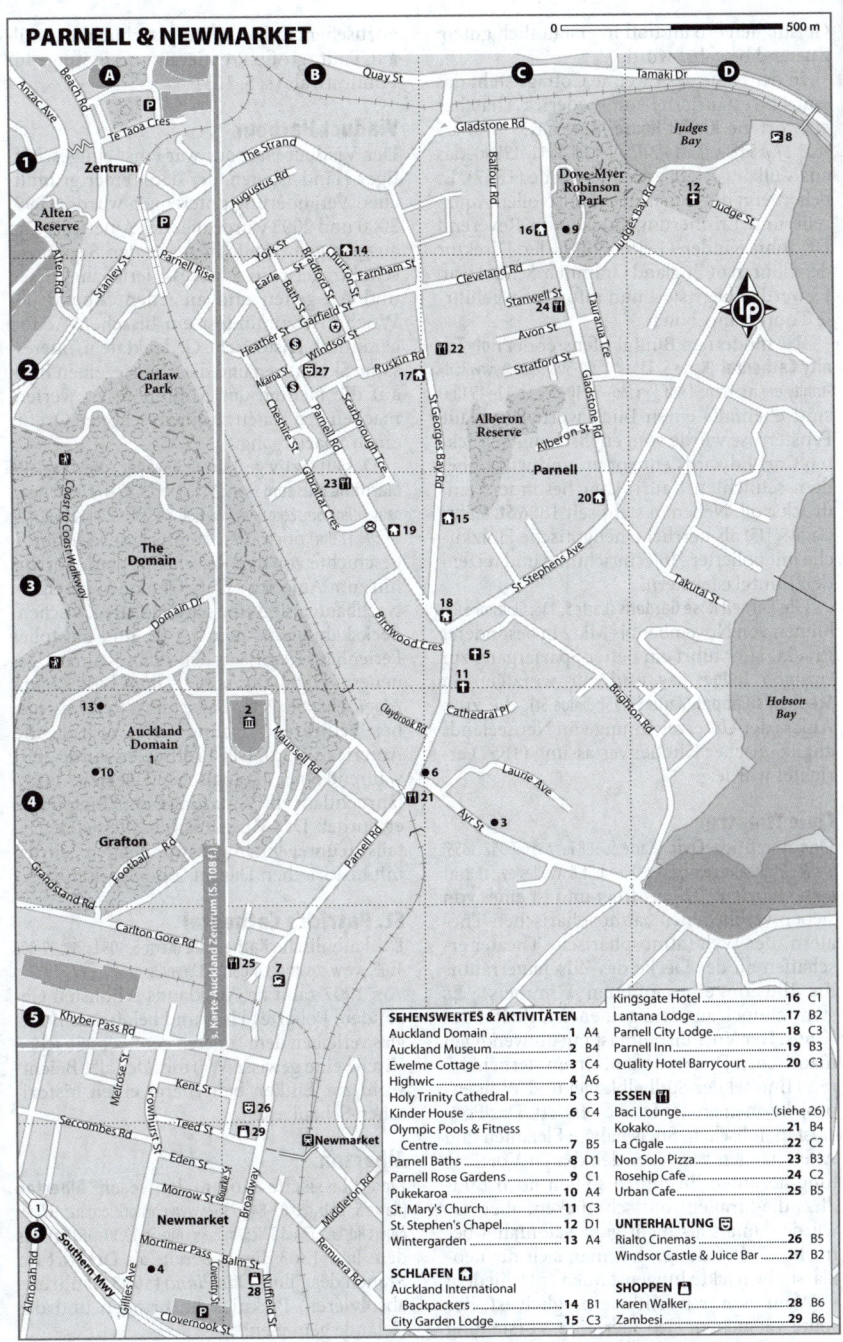

SEHENSWERTES & AKTIVITÄTEN
Auckland Domain 1 A4
Auckland Museum 2 B4
Ewelme Cottage 3 C4
Highwic 4 A6
Holy Trinity Cathedral 5 C3
Kinder House 6 C4
Olympic Pools & Fitness
   Centre 7 B5
Parnell Baths 8 D1
Parnell Rose Gardens 9 C1
Pukekaroa 10 A4
St. Mary's Church 11 C3
St. Stephen's Chapel 12 D1
Wintergarden 13 A4

SCHLAFEN
Auckland International
   Backpackers 14 B1
City Garden Lodge 15 C3

Kingsgate Hotel 16 C1
Lantana Lodge 17 B2
Parnell City Lodge 18 C3
Parnell Inn 19 B3
Quality Hotel Barrycourt 20 C3

ESSEN
Baci Lounge .... (siehe 26)
Kokako 21 B4
La Cigale 22 C2
Non Solo Pizza 23 B3
Rosehip Cafe 24 C2
Urban Cafe 25 B5

UNTERHALTUNG
Rialto Cinemas 26 B5
Windsor Castle & Juice Bar 27 B2

SHOPPEN
Karen Walker 28 B6
Zambesi 29 B6

Geistlichen erbaut und in erstaunlich gutem Zustand bewahrt wurde.

In der Nähe des Ewelme Cottage steht das einfach restaurierte, von Frederick Thatcher entworfene **Kinder House** (Karte S. 115; ☎ 09-379 4008; 2 Ayr St; Erw./Kind 4/2 NZ$; ☺ Di–So 11–15 Uhr), das aus Vulkangestein errichtet wurde (1857). Es beherbergt die feinen, aber kunstvollen Aquarelle und Erinnerungsstücke von Reverend Dr. John Kinder (1819–1903), der Direktor der Church of England Grammar School war. Es werden begeistert und informativ geführte Touren angeboten.

Die modernen Buntglasfenster der **Holy Trinity Cathedral** (Karte S. 115; ☎ 09-303 9500; www.holy -trinity.org.nz; Parnell Rd; ☺ Mo–Sa 10–15, So 11–15 Uhr) sind ebenfalls einen Blick wert: Die blaue Fensterrose wurde vom englischen Architekten Carl Edwards entworfen und wirkt über dem schlichten Kauri-Altar besonders eindrucksvoll. Nebenan steht seit 1886 **St. Mary's** (Karte S. 115) als herrliche neugotische Holzkirche mit polierter Holzeinrichtung und reizenden Buntglasfenstern.

Die **Parnell Rose Gardens** (Karte S. 115; Gladstone Rd) blühen von November bis März in besonderer Pracht. Hier führt ein netter Spaziergang zur ruhigen **Judges Bay** und zur winzigen **St. Stephen's Chapel** (Karte S. 115; Judge St), die zum Anlass der Unterzeichnung von Neuseelands anglikanischer Kirchenverfassung (1857) errichtet wurde.

Civic Theatre

Das mächtige **Civic** (Karte S. 108 f.; ☎ 09-357 3355; www.civictheatre.co.nz; Ecke Queen St & Wellesley St) hat seine Pforten 1929 geöffnet und ist eines von sieben verbliebenen „atmosphärischen Theatern" der Welt (atmosphärische Theater erschaffen an der Decke des Zuschauerraums die Illusion eines offenen Himmels). Es stammt noch aus dem goldenen Zeitalter des Kinos. Der Vorführraum ist mit aufwendigen maurischen Dekorationen, einem sternenklaren Himmel der Südhalbkugel und Wolkenprojektionen an der Decke verziert. Das Foyer ist in indischem Stil gehalten: Elefanten und Affen hängen von jeder denkbaren Vorrichtung herunter. Eigentlich sollten noch Buddhas die Straßenfront schmücken, aber das wurde damals als nicht ganz salonfähig betrachtet – stattdessen hat man sich für neoklassische nackte Jungenstatuen entschieden!

Wem es nur irgendwie möglich ist, der sollte versuchen, sich hier eine Vorstellung anzusehen. Es laufen hauptsächlich Musicals auf Tour, große Premieren und Beiträge für Filmfestivals (s. S. 123).

Viaduct Harbour

Der Viaduct Harbour war einst ein geschäftiger Handelshafen, der dann einer gründlichen Veränderung unterzogen wurde. 1999/ 2000 und 2003 wurde hier der America's Cup ausgetragen. Heute bietet er den Segeltuchschuhträgern ein schickes Viertel zum Essen und Ausgehen und an jedem Abend der Woche ist zumindest ein bisschen Action garantiert. Historische Gedenktafeln, interessante Skulpturen und die Chance, einen Blick auf die Jachten der Millionäre zu werfen, machen den Hafen zu einem schönen Ort für einen Spaziergang.

Das attraktiv gestaltete **Voyager – New Zealand Maritime Museum** (Karte S. 108 f.; ☎ 09-373 0800; www. nzmaritime.org; Ecke Quay St & Hobson St; Erw./Kind 16/8 NZ$; ☺ 9–17 Uhr) porträtiert Neuseelands Seefahrtsgeschichte von den Reisekanus der Maori bis hin zum America's Cup. Unter den gezeigten Nachbauten sind eine schwenkbare Zwischendeckskabine aus dem 19. Jh. und ein tolles Ferienhaus (*bach*) aus den 1950er-Jahren. Das neueste Highlight namens *Blue Water Black Magic* ehrt Sir Peter Blake (einst Regattasieger bei Whitbread Round The World und America's Cup). Der Profisegler wurde 2001 während einer ökologischen Überwachungsfahrt entlang des Amazonas von Flusspiraten ermordet. Die Museumswebseite liefert Details zu unregelmäßig stattfindenden Fahrten mit historischen Dampf- und Segelschiffen.

St. Patrick's Cathedral

Die katholische **Kathedrale** (Karte S. 108 f.; ☎ 09-303 4509; www.stpatricks.org.nz; 43 Wyndham St; ☺ 7–19 Uhr) von 1907 zählt zu Aucklands schönsten Gebäuden. Poliertes Holz und belgisches Buntglas verleihen dem Inneren der majestätischen Kirche eine gewisse Wärme. Der alte Beichtstuhl zur Linken beherbergt einen historischen Schaukasten.

Alberton

Das klassische Kolonialanwesen **Alberton** (Karte S. 104; ☎ 09-846 7367; www.historic.org.nz; 100 Mt Albert Rd; Erw./Kind 8 NZ$/frei; ☺ Mi–So 10.30–16 Uhr) aus dem Jahr 1863 diente bereits als Drehort für Szenen des Films *Das Piano* (1993). Führung absolvieren, Picknick mitbringen und das Gelände genießen!

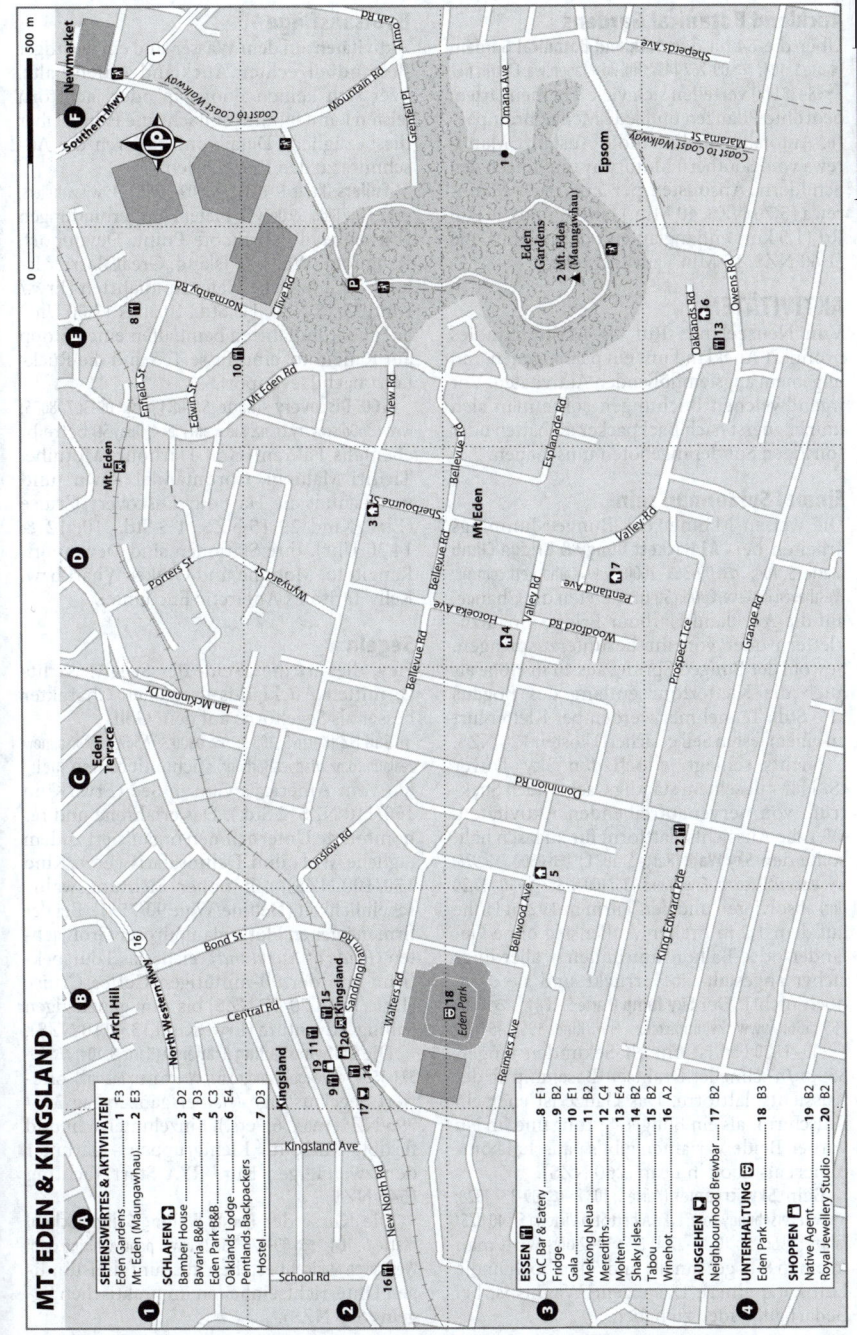

MT. EDEN & KINGSLAND

SEHENSWERTES & AKTIVITÄTEN
Eden Gardens 1 F3
Mt. Eden (Maungawhau) 2 E3

SCHLAFEN 🏠
Bamber House 3 D2
Bavaria B&B 4 D3
Eden Park B&B 5 C3
Oaklands Lodge 6 E4
Pentlands Backpackers
Hostel 7 D3

ESSEN 🍴
CAC Bar & Eatery 8 E1
Fridge 9 B2
Gala 10 E1
Mekong Neua 11 B2
Merediths 12 C4
Molten 13 E4
Shaky Isles 14 B2
Tabou 15 B2
Winehot. 16 A2

AUSGEHEN 🍷
Neighbourhood Brewbar 17 B2

UNTERHALTUNG 🎭
Eden Park 18 B3

SHOPPEN 🛍
Native Agent. 19 B2
Royal Jewellery Studio 20 B2

500 m

0

AUCKLAND &

Auckland Botanical Gardens

Über die 64 ha der **Auckland Botanical Gardens** (Karte S. 104; ☎ 09-267 1457; Hill Rd, Manurewa; Eintritt frei; ☻ 8–18 Uhr) verteilen sich viele Themengärten, bedrohte Pflanzen und jede Menge Brautpaare. Autofahrer nehmen die Ausfahrt Manurewa vom Southern Motorway und folgen den Schildern. Ansonsten per Zug nach Manurewa (5,70 NZ$, 40 Min.) fahren und die Hill Rd (1,5 km) entlanglaufen oder auf Bus 466 (1,60 NZ$, 15 Min.) zurückgreifen.

AKTIVITÄTEN

Von Neuseelands Ruf als Actionparadies profitiert Auckland mit ein paar eigenen und ungemein angsteinflößenden Aktivitäten. Vor irgendwelchen Buchungen sollte man sich immer zuerst nach Backpacker-Rabatten oder sonstigen Sonderangeboten umschauen.

Einmal Spiderman sein

Die weisen Männer des Bungee-Jumpings arbeiten bei **AJ Hackett Bungy & Bridge Climb** (Karte S. 104; ☎ 09-361 2000; www.ajhackett.com/nz; Westhaven Reserve, Curran St) und bieten die Chance, auf die Auckland Harbour Bridge hinaufzuklettern oder von ihr herunterzuspringen. Sowohl der Bungee-Sprung aus 40 m Höhe als auch die Klettertour entlang des Bogens (1½ Std.; Teilnehmer werden per Klettergurt an einem festen Seil gesichert) kosten 120 NZ$.

Nichts schlägt jedoch den Sky Tower (S. 111) mit seinem ständig wachsenden Spektrum von nervenaufreibenden Aktivitäten. Wer die Aussichtsplattform für zu lasch hält, sollte den **Sky Walk** (Karte S. 108 f.; ☎ 0800 759 925; www.skywalk.co.nz; Erw./Kind 135/100 NZ$; ☻ 10–17.30 Uhr) absolvieren und den Turm in 192 m Höhe auf dem 1,2 m breiten Außensteg ohne Geländer oder Balkon umrunden – allerdings sicher angeseilt (so verrückt sind sie dann doch nicht). Der **Sky Jump** (Karte S. 108 f.; ☎ 0800 759 586; www.skyjump.co.nz; Erw./Kind 195/145 NZ$; ☻ 10–17.30 Uhr) ist ein elf Sekunden langer, 85 km/h schneller Drahtseil-Basejump ab der Aussichtsplattform. Das Ganze ist eher ein Fallschirm- als ein Bungee-Sprung und im Nu vorbei. Beide Varianten gibt's pauschal kombiniert als Look 'n Leap (260 NZ$).

Beim **Sky Screamer** (Karte S. 108 f.; ☎ 09-377 1328; www.reversebungy.com; Ecke Albert St & Victoria St; 40 NZ$/ Fahrt; ☻ So–Do 10.30–22, Fr & Sa 10–2 Uhr) wird man in einen Sitz geschnallt und 60 m hoch in die Luft katapultiert. Das eigene Wagnis ist bei Bedarf auf Video zu haben.

Bootsausflüge

Aktivitäten auf dem Wasser sind ein wichtiger Bestandteil echter Auckland-Aufenthalte. Wer sich keinen Bootstrip oder Jachttörn leisten kann, nimmt einfach eine Fähre. Über diesbezügliche Details informieren die Abschnitte zu den Einzelzielen.

Fullers (Karte S. 108 f.; ☎ 09-367 9111; www.fullers. co.nz; Ferry Bldg, 99 Quay St) bietet Fährverbindungen (Birkenhead, Northcote Point, Devonport, Rangitoto, Waiheke Island, Great Barrier Island) und tägliche Hafenrundfahrten (Erw./ Kind 35/18 NZ$, 1½ Std., 10.30 & 13.30 Uhr) an. Die Rundfahrten beinhalten einen Stopp auf Rangitoto, eine Tasse Tee und die Rückfahrt nach Devonport.

360 Discovery (Karte S. 108 f.; ☎ 09-307 8005; www.360discovery.co.nz; Kiosk am Pier 4, Quay St) betreibt ebenfalls Fähren (Gulf Harbour, Motuihe, Tiritiri Matangi, Coromandel Town) und veranstaltet die Harbour Discovery Cruise (Erw./Kind 29/15 NZ$, 1½ Std., 10, 12 & 14.30 Uhr). Ihre Stationen sind Devonport, Rangitoto, Motuihe und Orakei Wharf bzw. Kelly Tarlton's Antarctic Encounter.

Segeln

Hey, dies ist die „Stadt der Segel"! Nichts vermittelt Aucklands ureigenen Charakter besser als Segeltörns auf dem Golf.

Sail NZ (Karte S. 108 f.; ☎ 0800 397 567; www.sailnewzealand.co.nz; Viaduct Harbour) sticht mit echten Jachten vom America's Cup in See (Erw./Kind 150/110 NZ$, 2 Std.). Das erfahrene und renommierte Unternehmen organisiert zudem tägliche Wal- und Delfinsafaris (Erw./Kind 150/100 NZ$) mit hoher Sichtungswahrscheinlichkeit (Delfine/Wale 90/75 %). Bei der firmeneigenen Flotte glamouröser Großjachten (*Pride of Auckland*) reicht das Tourspektrum von der 90-minütigen Coffee Cruise (Erw./Kind 70/37 NZ$) bis zum ganztägigen Sailing Adventure (Erw./Kind 135/110 NZ$).

Die **Gulfwind Sailing Academy** (Karte S. 104; ☎ 09-521 1564; www.gulfwind.co.nz; Westhaven Marina) offeriert Segelausflüge (halber/ganzer Tag 395/ 795 NZ$, max. 6 Pers.), Einzelunterricht und flexible Kurse für Kleingruppen – darunter den zweitägigen Kurs RYA Start Yachting (545 NZ$).

Die Kurse der **Penny Whiting Sailing School** (Karte S. 104; ☎ 09-376 1322; www.pennywhiting.com; Westhaven Marina) bestehen aus fünf dreistündigen Unterrichtseinheiten im praktischen Segeln (650 NZ$).

Wandern & Trekken

Visitors Centres, DOC-Büros und öffentliche Bibliotheken verteilen Broschüren mit Wanderrouten in bzw. rund um Auckland. Die Version *Auckland City's Walkways* der Stadtverwaltung enthält eine gute Auswahl von Stadtspaziergängen, zu denen auch der **Coast to Coast Walkway** (Karte S. 104; 16 km, 4 Std.) zählt. Er führt durch die schöne Landschaft zwischen Waitemata und Manukau Harbour – vorbei an Albert Park, Universität, Domain, Mt. Eden (Maungawhau) und One Tree Hill (Maungakiekie). Statt durch städtische Straßen führt die Strecke so weit wie möglich durch geschützte Natur. Ihre Südroute ab dem Viaduct Basin ist mit gelben Schildern und Meilensteinen markiert. Ab Onehunga weisen dagegen blaue Schilder den Weg nach Norden. Zurück in die Stadt geht's am besten mit Bus 328, 334, 348 oder 354 ab der Onehunga Mall (5,40 NZ$, 50 Min.).

Drachenfliegen & Fallschirmspringen

Active Sky Hang Gliding (☎ 021 170 3646; www.active skyhanggliding.co.nz) lässt Kunden südwestlich von Auckland wie Kahus (einheimische Falken – Neuseeland ist adlerfrei) fliegen – soll heißen: bei Tandemflügen (175 NZ$) von den Klippen des Kariotahi Beach.

NZ Skydive (☎ 09-373 5778; www.nzskydive.co.nz) bietet berauschende Tandem-Fallschirmsprünge aus 3657 m Höhe (inkl. 2133 m freiem Fall) für 299 NZ$ an. Die eigene Aufregung/Angst lässt sich für weitere 165 NZ$ auf

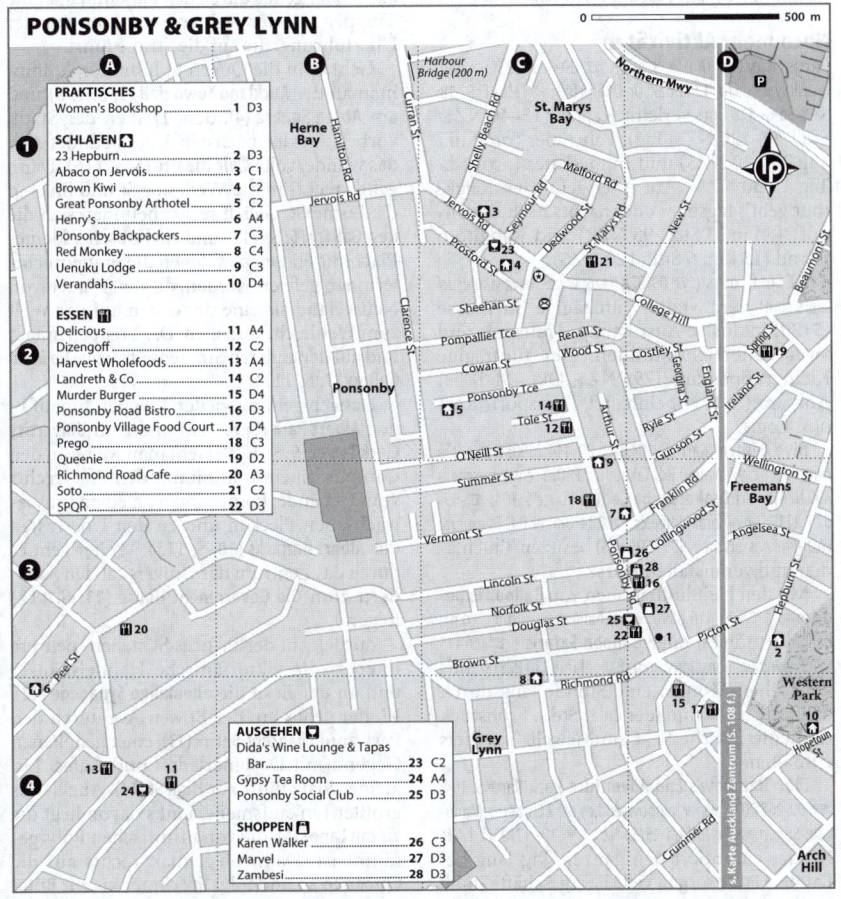

PONSONBY & GREY LYNN

PRAKTISCHES	
Women's Bookshop	1 D3

SCHLAFEN	
23 Hepburn	2 D3
Abaco on Jervois	3 C1
Brown Kiwi	4 C2
Great Ponsonby Arthotel	5 C2
Henry's	6 A4
Ponsonby Backpackers	7 C3
Red Monkey	8 C4
Uenuku Lodge	9 C3
Verandahs	10 D4

ESSEN	
Delicious	11 A4
Dizengoff	12 C2
Harvest Wholefoods	13 A4
Landreth & Co	14 C2
Murder Burger	15 D4
Ponsonby Road Bistro	16 D3
Ponsonby Village Food Court	17 D4
Prego	18 C3
Queenie	19 D2
Richmond Road Cafe	20 A3
Soto	21 C2
SPQR	22 D3

AUSGEHEN	
Dida's Wine Lounge & Tapas Bar	23 C2
Gypsy Tea Room	24 A4
Ponsonby Social Club	25 D3

SHOPPEN	
Karen Walker	26 C3
Marvel	27 D3
Zambesi	28 D3

DVD festhalten. Die Sprünge finden 55 km südlich von Auckland über dem Flugplatz Mercer statt.

Schwimmen

Wenn das Wetter fürs Baden am Strand zu schlecht ist, bietet Auckland ein paar super Alternativen:

Olympic Pools & Fitness Centre (Karte S. 115; ☎ 09-522 4414; www.theolympic.co.nz; 77 Broadway; Erw./Kind 7/4,50 NZ$; ☒ Mo–Fr 5.45–22, Sa & So 7–20 Uhr) Diverse Becken, Fitnessraum, Sauna, Dampfbad und Kinderhort.

Parnell Baths (Karte S. 115; ☎ 09-373 3561; www.parnellbaths.co.nz; Judges Bay Rd; Erw./Kind 5,70/3,90 NZ$; ☒ Nov.–April Mo–Fr 6–20, Sa & So 8–20 Uhr) Salzwasserbecken im Freien, beliebte Bereiche zum Sonnen und ein tolles Wandgemälde aus den 1950er-Jahren.

Noch mehr Aktivitäten

Fergs Kayaks (Karte S. 104; ☎ 09-529 2230; www.fergskayaks.co.nz; 12 Tamaki Dr, Okahu Bay; ☒ Mo–Fr 9–18, Sa & So 8–118 Uhr) verleiht Kajaks (15–40 NZ$/Std., 50–120 NZ$/Tag), Fahrräder (pro Std./Tag 20/120 NZ$) und Inlineskates (pro Std./Tag 15/30 NZ$). Auf einer geführten Kajaktour geht's tagsüber oder nachts nach Devonport (8 km, 3 Std., 95 NZ$) und Rangitoto Island (13 km, 6 Std., 120 NZ$).

NZ Surf Tours (☎ 09-828 0426; www.newzealandsurftours.com) veranstaltet ganztägige Surfkurse ($120) inklusive Ausrüstung, Transport und zwei Unterrichtsstunden. Der fünftägige Kleingruppenkurs (799 NZ$, Okt.–Mai) bei Ahipara (S. 199) beinhaltet Transport, Kost und Logis.

Dive Centre (Karte S. 104; ☎ 09-444 7698; www.divecentre.co.nz; 97 Wairau Rd, Takapuna; PADI-Freiwasserschein 499 NZ$) und **Orakei Scuba Centre** (Karte S. 104; ☎ 09-524 2117; www.orakeidive.co.nz; 234 Orakei Rd, Remuera; PADI-Freiwasserschein 399–599 NZ$) besitzen Tauchläden und veranstalten Kurse.

Mit den Heißluftballonen von **Balloon Expeditions** (☎ 09-416 8590; www.balloonexpeditions.co.nz; Ballonfahrt 320 NZ$) oder **Balloon Safaris** (☎ 09-415 8289; www.balloonsafaris.co.nz; Ballonfahrt 330 NZ$) geht's am frühen Morgen eine Stunde lang durch die Lüfte (Gesamtdauer ca. 4 Std.). Frühstück und eine Flasche Sekt sind jeweils im Preis enthalten.

Der **Rainbow's End Adventure Park** (Karte S. 104; ☎ 09-262 2030; www.rainbowsend.co.nz; 2 Clist Cres, Manukau; Superpass Erw./Kind 45/35 NZ$; ☒ 10–17 Uhr) hält Kinder garantiert den ganzen Tag lang bei Laune. Dafür sorgen viele Fahrgeschäfte (inkl.

Korkenzieher-Achterbahn und „Power Surge"), Shows, interaktive Unterhaltung und jede Menge energiespendende Süßigkeiten. Mit einem Superpass kann man die Fahrgeschäfte unbegrenzt nutzen.

STADTSPAZIERGANG

Aucklands Zentrum kann manchmal düster und ziemlich gewöhnlich wirken. Dieser Stadtspaziergang soll einige interessante versteckte Nischen und architektonische Leckerbissen zeigen.

Los geht's zwischen den verrückten Second-Hand-Läden in der **St. Kevin's Arcade (1)**, dann die Treppen runter zum Myers Park. Am Ende der Stufen auf der rechten Seite steht eine Nachbildung von **Michelangelos Moses (2)**. Weiter geht's durch den Park und über die Treppen auf der rechten Seite kurz vor der Überführung, die auf die Straße führt.

Geht man die Queen St hinunter, kommt man an der **Auckland Town Hall (3**; S. 136) und am **Aotea Square (4)**, dem Herzen der Stadt, vorbei. An der nächsten Ecke befindet sich das wundervolle **Civic Theatre (5**; S. 116). Dann geht's rechts in die Wellesley St und links in die Lorne St. Gleich rechts befinden sich die **New Gallery (6**; S. 111) und ein hübscher kleiner Platz mit Fliesen, auf denen die Frauenrechtlerinnen gefeiert werden, die den Frauen von Neuseeland als eine der ersten auf der Welt zum Wahlrecht verhalfen. Die Treppen hinauf und auf der anderen Straßenseite liegt die **Main Gallery (7**; S. 111).

Danach geht es wieder Treppen hinauf in den **Albert Park (8**; S. 112) zum **University Clock Tower (9**; S. 112). Geht man weiter in den Campus hinein und nimmt den Pfad rechts vom Gebäude, kommt man an einen grasbewachsenen Flecken und zu den Überresten der **Albert Barracks (10**; S. 113). Weiter geht es durch das Zentrum der Universität den Schildern zum **Old Government House (11**; S. 112) folgend.

Zurück auf der Princes St stehen mehrere interessante viktorianische Handelshäuser und an der Ecke die **ehemalige Synagoge (12)**. Weiter geht's auf der Bowen Ave durch den Park zum **Chancery-Bezirk (13)**, einer gehobenen Gegend mit Designerläden und Cafés. Ein kleiner Platz führt zur **High St (14)**, Aucklands größter Einkaufsmeile. Links davon liegt die **Vulcan Lane (15)**, die von historischen Pubs gesäumt ist. Dann biegt man rechts auf die Queen St ab und folgt ihr runter bis zur **Brito-**

SPAZIERGANG

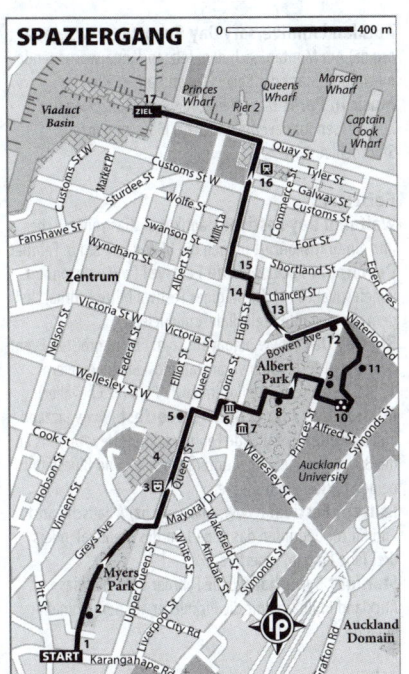

0 —————— 400 m

ROUTENINFOS

Start St. Kevin's Arcade (Karangahape Rd)
Ziel Viaduct Harbour
Strecke 4 km
Dauer ca. 2 Std.

mart Train Station (16), die im gewaltigen Gebäude der ehemaligen Hauptpost untergebracht ist. Jetzt steht man auf künstlich aufgeschüttetem Küstengebiet – die ursprüngliche Küstenlinie befand sich bei der Fort St.

Dann geht es links in die Quay St und zum **Viaduct Harbour (17**; S. 116)**, wo man am Ufer spazieren oder einfach etwas trinken kann.

AUCKLAND MIT KINDERN

Wetterunabhängig bietet Auckland zahlreiche Unterhaltungsoptionen für Kinder. Bei entsprechender Beaufsichtigung sind alle Ostküstenstrände (St. Heliers, Kohimarama, Mission Bay, Okahu Bay, Cheltenham, Narrow Neck, Takapuna, Milford, Long Bay) ausreichend sicher. Zu den weiteren Highlights zählen Rainbow's End Adventure Park

(S. 120), Kelly Tarlton's Antarctic Encounter & Underwater World (S. 112) und Auckland Zoo (S. 111). Die ganzjährig geöffneten Parnell Baths (S. 120) haben ein Kinderbecken. An kalten Tagen empfehlen sich die Thermalpools in Parakai (S. 158) oder Waiwera (S. 160).

GEFÜHRTE TOUREN

Dreistündige Bustouren führen Touristen für 67 NZ$ normalerweise durch das Stadtzentrum, über die Harbour Bridge und am Tamaki Dr entlang, mit Stopps am Mt. Eden, am Auckland Museum und in Parnell. Sowohl **Gray Line** (☎ 09-307 7880; www.graylinetours.co.nz) als auch **Great Sights** ☎ 09-583 5790; www.greatsights. co.nz) bieten diesen Service an.

Potiki Tours (☎ 09-845 5932; www.potikitours.com) veranstaltet eine ausgezeichnete, eintägige Urban-Maori-Tour (Erw./Kind 195/100 NZ$) für kleine Gruppen. Dabei überlässt man Mt. Eden den Reisebussen und fährt stattdessen zum One Tree Hill (Maungakiekie), wo man alles über das *pa* am Berg erfährt. Nach einem kurzen Mittagessen geht es an die Strände der Westküste, wo Wanderwege durch Gebüsch und über Strände mit Schöpfungsgeschichten der Maori, *karakia* (Zauberformeln) und Erläuterungen zur traditionellen Nutzung der Pflanzen aufgepeppt werden. Individuellere Touren richten sich ganz nach den Interessen der Teilnehmer. Man kann z. B. einheimische Künstler besuchen.

Eine weitere, sehr empfehlenswerte, von Ngati-Whatua-Maori geführte Tour veranstaltet **Tamaki Hikoi** ☎ 0800 282 552; www.tamakihikoi. co.nz; Erw./Kind 80/40 NZ$). Zum Paket gehören auch der Transfer auf den Mt. Eden (Maungawhau) und eine dreistündige geführte Wanderung vom Berg zum Hafen hinunter. Unterwegs wird auf bedeutende Punkte hingewiesen.

Der **Explorer Bus** (☎ 0800 439 756; www.explorerbus. co.nz; Erw./Kind 35/15 NZ$), bei dem man beliebig ein- und aussteigen kann, fährt zwischen 10 und 15 Uhr jede Stunde (im Sommer häufiger) vom Ferry Building ab und bringt die Touristen zu 14 Attraktionen im Zentrum von Auckland.

Weitere Möglichkeiten:

Auckland Adventures (☎ 09-379 4545; www. aucklandadventures.co.nz; Nachmittags-/Tagestouren 85/120 NZ$) Die Nachmittagstouren (12.45–17 Uhr) führen zur Tölpelkolonie Muriwai, einer Obstplantage, zu Weingütern und nach Mt. Eden. Tagestouren (9–17 Uhr) können einen Wander- oder Mountainbiketrip beinhalten.

Auckland Ghost Tours (☎ 09-630 5721; www.
aucklandghosttours.com; Erw./Kind 50/25 NZ$) Zweistün-
dige Spaziergänge durch das Stadtzentrum, deren Begleit-
geschichten Aucklands gruselige Seite nicht nur in puncto
Architektur beleuchten.

Bush & Beach (☎ 0800 423 224; www.bushandbeach.
co.nz; Wanderung 5/7 Std. 135/205 NZ$) Geführte
Wanderungen inklusive Waitakere Ranges, schwarzen
Sandstränden und Stadtzentrum.

Fine Wine Tours (☎ 09-529 5227; www.insider
touring.co.nz) Touren zu den Weingütern von West
Auckland (inkl. Mittagessen): vierstündige Trips (ohne/
mit Käseprobe149/169 NZ$), sechsstündige Ausflüge
mit Besuch des Muriwai Beach und einer Kleinbrauerei
(269 NZ$) und die Option „Food & Wine" (199 NZ$) mit
Zwischenstopps bei Händlern im Stadtzentrum.

Great Taste Tours (☎ 09-424 1741; www.greattaste
tours.co.nz; Touren 115–245 NZ$) Gastro-, Wein- und
Kunsttouren in Matakana oder Kumeu.

Hiking NZ (☎ 0800 697 232; www.hikingnewzea
land.com) Wandersafaris ab Auckland: Volcanic Plateau
(745 NZ$, 5 Tage), Far North (795 NZ$, 6 Tage) sowie
Volcanoes & Rainforest (1550 NZ$, 10 Tage).

Ports of Auckland Tours (☎ 0800 360 3472;
www.360discovery.co.nz; ⌚ Di alle 14 Tage) Kostenlose,
einstündige Bootsausflüge im Bereich der Häfen (Reservierung erforderlich).

TIME Unlimited (☎ 09-446 6677; www.newzealand
tours.travel) Das hiesige Motto lautet „To Integrate Maori
Experiences" (alias TIME; etwa „Maori-Erfahrungen integrieren"): Das satte Tourangebot auf der Website umfasst
diverse Kultur-, Angel-, Kajak-, Wander- und Sightseeing-
Exkursionen – beispielsweise super Angelausflüge per
Kajak (Tagestour/mit Übernachtung 290/590 NZ$).

Wine Trail Tours (☎ 09-630 1540; www.winetrail
tours.co.nz) Kleingruppentrips, die West Aucklands
Weingüter und die Waitakere Ranges (halber/ganzer Tag
105/215 NZ$), Matakana weiter draußen (235 NZ$) oder
beides zusammen (235 NZ$) besuchen.

FESTIVALS & EVENTS

Unter www.aucklandnz.com gibt's umfangreiche Details zu aktuellen Veranstaltungen
vor Ort.

Januar
ASB Classic (www.asbclassic.co.nz) Aufwärmprogramm
der Tennisdamen-Weltelite für die Australian Open. Anfang
Januar im ASB Tennis Centre.

Heineken Open (www.heinekenopen.co.nz) Das Gleiche
für Männer Mitte Januar.

Big Day Out (www.bigdayout.com) Australasiens größtes
Musikfestival lockt bekannte Alternative-Bands und viele
neuseeländische Newcomer Mitte Januar ins Mt. Smart
Stadium.

Auckland Anniversary Day Regatta (www.regatta.
org.nz) Am Montag nach dem letzten Januarwochenende
macht die „Stadt der Segel" ihrem Namen alle Ehre.

Music In Parks Diese Reihe von Gratiskonzerten und
kostenlosen Kinoevents findet bis März im ganzen
Stadtgebiet statt.

Februar
Waitangi Day Festival Maorikultur, Gastronomisches
und ein Gratiskonzert prägen die Okahu Bay am 6. Februar.

Devonport Food & Wine Festival (www.devonport
winefestival.co.nz) Zweitägiges Festival Mitte Februar, bei
dem die elegante Welt diniert und feiert.

Big Gay Out (www.biggayout.co.nz) Beim größten Event
des schwul-lesbischen Veranstaltungskalenders feiern
12 000 Besucher kostenlos im Coyle Park (Pt Chevalier).

Mission Bay Jazz & Blues Streetfest (www.jazzand
bluesstreetfest.com) Ende Februar kommt New Orleans an
die Bay, wenn zu Sonnenuntergang Jazz- und Bluesbands
beide Straßenseiten säumen.

Lantern Festival (www.asianz.org.nz) Asiatische Kost
und Kultur begrüßen das neue Jahr des Mondkalenders
drei Tage lang im Albert Park.

Starlight Symphony Ende Februar unterhält das
Auckland Philharmonic die Picknicker auf dem Domain-
gelände.

März
Auckland Cup Week (www.aucklandcupweek.co.nz) Anfang März heißt es beim größten Pferderennen des Jahres
auf dem Ellerslie Racecourse den Gewinner zu erahnen.

Auckland Festival (www.aucklandfestival.co.nz)
Aucklands größtes Kunstfestival steigt immer in ungeraden
Jahren.

Pasifika Festival Anfang bis Mitte März prägt diese tolle
polynesische Riesenparty den Western Springs Park mit
Musik, Tanz und Gastrofreuden.

Polyfest (www.asbpolyfest.co.nz) Aucklands höhere
Schulen feiern die Kultur der Maori und Pazifinseln mit
dem größten Pacific-Islander-Kulturfest (PI) des Planeten.

Royal Easter Show (www.royaleastershow.co.nz)
Familienspaß mit landwirtschaftlichem Touch.

April/Mai
NZ International Comedy Festival (www.comedy
festival.co.nz) Dreiwöchiges Comedy-Festival mit einheimischen und internationalen Künstlern. Mitte April bis
Anfang Mai.

NZ Boat Show (www.boatshow.co.nz) Mitte Mai stellt
eine der weltbesten Segelnationen ihre Prunkstücke zur
Schau – da ist für jeden Bootsliebhaber was dabei.

Auckland Art Fair (www.aucklandartfair.co.nz) Steigt im
Mai ungerader Jahre am Viaduct Harbour.

Out Takes (www.outtakes.org.nz) Schwul-lesbisches
Filmfestival von Ende Mai bis Anfang Juni.

Juli
New Zealand International Film Festival (www. nzff.telecom.co.nz) Von Mitte bis Ende Juli ist ganz Auckland verrückt nach Experimentalkino.

September
Air New Zealand Fashion Week (www.nzfashion week.com) Welches Land könnte wohl besser zeigen, was man mit Merinowolle und Einfallsreichtum alles anstellen kann? Von Mitte bis Ende September findet man hier die nächste Karen Walker oder Kate Sylvester.

Heritage Festival Zwei Wochen lang besuchen großartige (und meist kostenlose) Touren die Viertel und historischen Gebäude der Stadt.

Oktober
Diwali Festival Of Lights (www.asianz.org.nz/diwali) Mitte Oktober taucht Aucklands indische Gemeinde das Viaduct-Viertel in ein Meer von Farben, Musik und Tanz.

November
Queen of the Whole Universe (www.queenwhole universe.com) Drag-Festival (Queens, nicht Rennautos!) mit Charity-Hintergrund, das Mitte November im Aotea Centre stattfindet.

Dezember
Christmas in the Park (www.christmasinthepark.co.nz) Nur die Auckland Domain ist groß genug für diese Party.

SCHLAFEN
Für die Unterkunftsverzeichnisse zu Auckland gelten folgende Kategorien:
- Budgetunterkünfte – Doppelzimmer unter 100 NZ$
- Mittelklassehotels – günstigste Doppelzimmer 100 bis 200 NZ$
- Spitzenklassehotels – Doppelzimmer über 200 NZ$

Budgetunterkünfte
Wer Auckland als Backpacker mit einem schlechten Eindruck verlässt, hat immer in den lauten, lausigen Hostels des Stadtzentrums übernachtet. Doch nicht alle dortigen Budgetunterkünfte sind schlecht: In den aufgeführten Optionen lässt sich's wunderbar wohnen. Ganz auf Nummer Sicher geht man jedoch mit Schlafsaalbetten in den umliegenden Vororten. Parnell ist relativ teuer, hat aber hervorragende Hostels. Auch in Mt. Eden und Ponsonby gibt's ein paar tolle Adressen, während die ansonsten backpackerfreundlichen Viertel Kingsland und Grey Lynn diesbezüglich weniger gut bestückt sind.

AUCKLAND ZENTRUM
Nomads Auckland (Karte S. 108 f.; ☎ 09-300 9999; www. nomadsauckland.com; 16 Fort St; B 22–30 NZ$, Zi. 80–90 NZ$; 🖥 📶) Brummend ist geradezu untertrieben: Dieses Großhostel bietet Café, Bar, Nachtclub, Lesezimmer, Reisebüro, Dachterrasse mit Sauna und Wellnessbereich sowie ein ganzes Stockwerk nur für Mädels. Alle Schlafsäle besitzen abschließbare Spinde. Die separaten Gästezimmer haben Fernseher, aber nicht unbedingt Fenster.

Frienz.com (Karte S. 108 f.; ☎ 09-307 6437; www.frienz. com; 27–31 Victoria St; B 23–28 NZ$, DZ 72 NZ$; 🖥 📶) Das Frienz legt die Messlatte für diesen Stadtteil höher. Es gibt sich wirklich Mühe in puncto Dekor (verrückte Tapeten, helle Farben) und organisiert regelmäßig Gemeinschaftsevents wie kostenlose Grillabende oder Pokerturniere. Hinzu kommen Internetzugang für lau, Kühlschränke in den separaten Gästezimmern und eine tolle Dachterrasse. Ergo: eins der besten Zentrumshostels.

City Groove (Karte S. 108 f.; ☎ 09-303 4768; www.city groove.co.nz; 6 Constitution Hill; B 24–26 NZ$, 2BZ/DZ 60/65 NZ$; 🅿 🖥) Das heimelige Hostel versteckt sich inmitten einer Reihe vergessener Innenstadthäuser am Rand eines abschüssigen Parks. In Universitätsnähe gibt's hier gerade mal sieben Zimmer und einen herrlichen Hinterhof.

Base Auckland (Karte S. 108 f.; ☎ 09-358 4877; www. stayatbase.com; 229 Queen St; B 27–29 NZ$, DZ 74–92 NZ$, 4BZ 130 NZ$; 🖥 📶) Über 500 Betten plus großes Kontaktnetzwerk für Sightseeing und Jobsuche locken viele junge Besucher hierher, die sich einen ersten Überblick verschaffen wollen. Wer nicht auf Hochbetrieb, Gammelteppiche oder Deckenplatten steht, sollte allerdings woanders wohnen. Das Base ist voller Fragen wie: Wo gibt's das billigste Essen? Wer bietet wo Arbeit an? Lohnen sich Bungee-Sprünge wirklich? Wo sind die süßen Jungs/Mädels? Letztgenannte Frage beantwortet sich in der hauseigenen Bar.

City Lodge (Karte S. 108 f.; ☎ 09-379 6183; www.city lodge.co.nz; 150 Vincent St; EZ/3BZ 68/118 NZ$, DZ 88–98 NZ$; 🅿 🖥 📶) Das gut geführte Hochhaus erfüllt vollauf seinen pragmatischen Budgetzweck. Seine hellen Minizimmer und winzigen Bäder sind zwar nichts Besonderes, dafür aber einwandfrei komfortabel, modern und sauber. Die klasse Küche im Industriestil wird täglich von Reinigungskräften geputzt. Obendrein gibt's eine behagliche, moderne Lounge und einen Fernsehraum.

AUCKLAND & UMGEBUNG

Aspen House (Karte S. 108 f.; ☎ 09-379 6633; www. aspenhouse co.nz; 62 Emily Pl; EZ 69 NZ$, DZ 89–129 NZ$, 3BZ 99–149 NZ$, 4BZ 219 NZ$; P 🖳 🛜) In unmittelbarer Nähe eines der schönsten örtlichen Kleinparks steht das Aspen an einer reizenden, steilen Straße. Der renovierte Flügel (hohe Decken, eigene Bäder) ist den Aufpreis wert: Im älteren Hausbereich muss man sich mit miesen Betten und Toiletten für zwölf Zimmer abfinden. Super Gemeinschaftsbereiche, freundliches Personal und die versteckte Lage machen diese Option zu einem der besten Zentrumshostels.

Hotel Formule 1 (Karte S. 108 f.; ☎ 09-308 9140; www. formule1.co.nz; 20 Wyndham St; Zi. 75 NZ$; 🖳) In den Minizimmern mit klitzekleinen Fernsehern, Stereoanlagen, Bügelbrettern und Kochecken werden Gäste zu Riesen. Dafür sind die sauberen Quartiere mit allem Nötigen versehen. Das Gebäude selbst ist schon atemberaubend schmal.

NEWTON

Auckland City YHA (Karte S. 108 f.; ☎ 09-309 2802; www. yha.co.nz; 18 Liverpool St; B 24–41 NZ$, EZ/DZ/3BZ 69/82/94 NZ$; 🖳 🛜) Eine von Aucklands steilsten Straßen führt hinauf zu diesem unpersönlichen Riesenblock nahe der feierwütigen K Rd. Die sauberen, gepflegten Zimmer warten teilweise mit Terrassen und Aussicht auf.

Auckland International YHA (Karte S. 108 f.; ☎ 09-302 8200; www.yha.co.nz; 5 Turner St; B 26–31 NZ$, DZ 88–124 NZ$, 3BZ 118 NZ$; P 🖳) Das saubere YHA-Hostel in fröhlichen Farben hat 170 Betten, eine freundliche Atmosphäre, prima Security, ein Spielezimmer und jede Menge Schließfächer. Kurz: eine typische, gut geführte Jugendherberge.

BK Hostel (Karte S. 108 f.; ☎ 09-307 0052; www.bk hostel.co.nz; 3 Mercury Lane; EZ 40–45 NZ$, DZ 50–58 NZ$, 3BZ 81 NZ$; 🖳 🛜) Das BK in einem coolen Gebäude von 1910 punktet mit hohen Decken und anständiger Sicherheit. Die fensterlosen Zimmer sind günstiger und eventuell vorteilhaft, wenn man nächtelang in den umliegenden Clubs feiern möchte.

PARNELL

Auckland International Backpackers (Karte S. 115; ☎ 09-358 4584; www.aucklandinternationalbp.com; 2 Churton St; B 23–25 NZ$, EZ 48 NZ$, DZ 62–72 NZ$; 🖳) Das Backpackerhostel an einer Nebenstraße bietet Gästen die Gelegenheit, beim Essen zwischen Wintergarten, großem Speisesaal und kleinem Freiluftgarten zu wählen. Schlafsaalbewohner

müssen für Bettwäsche und Handtücher zusätzlich bezahlen.

Lantana Lodge (Karte S. 115; ☎ 09-373 4546; www. lantanalodge.co.nz; 60 St Georges Bay Rd; B/EZ/DZ/3BZ 26/65/70/90 NZ$; P 🖳) Die schnuckelige Villa an einer ruhigen Straße hat nur acht Zimmer und eine einladende Gemeinschaftsatmosphäre. Zwar überhaupt nicht elegant, aber sauber genug, um gemütlich zu sein.

City Garden Lodge (Karte S. 115; ☎ 09-302 0880; www.citygardenlodge.co.nz; 25 St Georges Bay Rd; B 28–30 NZ$, EZ/DZ 52/68 NZ$, 2BZ 58–68 NZ$; P 🖳 🛜) Das charaktervolle, gut geführte Gebäude mit zwei Stockwerken wurde einst für die Royals von Tonga errichtet. In freundlicher Backpacker-Atmosphäre gibt's hier einen netten Garten und Zimmer mit hohen Decken und massivem zeitgenössischem Mobiliar. Wer Privatsphäre braucht, bucht am besten ein niedliches Doppelzimmer. Der Rasen vor dem Haus lädt zu entspannenden Yoga-Übungen ein.

Quality Hotel Barrycourt (Karte S. 115; ☎ 09-303 3789; www.barrycourt.co.nz; 20 Gladstone Rd; Zi. 95–165 NZ$, Wohneinheit 120–199 NZ$; 🖳 🛜) Der gut gepflegte Großkomplex mit freundlichem, mehrsprachigem Personal besitzt über 100 verschiedene Motelzimmer bzw. Wohneinheiten. Der ältere Südflügel wirkt geräumig, aber abgenutzt. Sein nördliches Pendant punktet teilweise mit herrlichem Hafenblick. Die einfachen, günstigeren Südflügelzimmer haben Kochecken und ein gutes Preis-Leistungs-Verhältnis.

Parnell Inn (Karte S. 115; ☎ 09-358 0642; www.parnell inn.co.nz; 320 Parnell Rd; DZ 99–120 NZ$, 2BZ 130 NZ$, 3BZ 145–155 NZ$, 4BZ 170 NZ$; P 🖳 🛜) Das renovierte, attraktive Motel mit neu wirkenden Möbeln und Wänden voller Fotos der Gegend bereitet Gästen einen munteren Empfang. Wer dem Korridor ab der Rezeption folgt, findet zu seiner Rechten die kleineren Wohnstudios. Gegenüber liegen größere und sonnigere Varianten. In Nummer 3 und 4 genießt man einen super Hafenblick.

MT. EDEN

Oaklands Lodge (Karte S. 117; ☎ 09-638 6545; www. oaklands.co.nz; 5a Oaklands Rd; B 23–25 NZ$, EZ 43 NZ$, DZ 60–66 NZ$; 🖳 🛜) An einer von Mt. Edens schönsten ruhigen Vorstadtstraßen liegt dieses fröhliche, gut geführte Hostel in der Nähe des eigentlichen Viertels und diverser Stadtbuslinien. Die Gemeinschaftseinrichtungen sind gut in Schuss.

Bamber House (Karte S. 117; ☎ 09-623 4267; www. hostelbackpacker.com; 22 View Rd; B 25–28 NZ$, DZ 66–

86 NZ\$; 🖥 🛜) Das ursprüngliche Haus ist eine Art Herrensitz mit ein paar schön erhaltenen Elementen aus alten Tagen. Die neuen Fertigbauhütten haben weniger Charakter, aber eigene Bäder. Das Bamber bietet genügend Platz für ca. 60 Gäste, die sich auch draußen auf dem Rasen ausbreiten können. Ein Kinderspielplatz ist ebenfalls vorhanden. Alles in allem eine super Adresse.

Pentlands Backpackers Hostel (Karte S. 117; ☎ 09-638 7031; www.pentlands.co.nz; 22 Pentland Ave; B 26–28 NZ\$, EZ 42 NZ\$, DZ 64 NZ\$; 🖥 🛜) Am Ende einer ruhigen, baumgesäumten Sackgasse geht's hier recht heimelig zu – dank kleiner Schlafsäle, sonniger Terrasse und friedvoller Rasentische.

PONSONBY & HERNE BAY

Uenuku Lodge (Karte S. 119; ☎ 09-378 8990; www.uenukulodge.co.nz; 217 Ponsonby Rd; B 24–28 NZ\$, EZ 49 NZ\$, DZ 58–78 NZ\$, 3BZ/4BZ 93/112 NZ\$; P 🖥 🛜) Schwulenfreundliches Hostel in prima Lage, dessen Zimmer teilweise mit Stadtblick aufwarten. Ansonsten: Anständige Lounge, große Küche, gute Sicherheitsmaßnahmen und attraktiver Freiluftbereich.

Ponsonby Backpackers (Karte S. 119; ☎ 09-360 1311; www.ponsonby-backpackers.co.nz; 2 Franklin Rd; B 25–27 NZ\$, EZ/DZ 42/60 NZ\$; 🖥 🛜) Die turmbesetzte Holzvilla mit charmantem Personal dominiert eine Ecke an der baumgesäumten Franklin Rd. Das Innere hält jedoch nicht ganz, was der imposante Außeneindruck verspricht. Dennoch eine ausreichend saubere Option.

Brown Kiwi (Karte S. 119; ☎ 09-378 0191; www.brownkiwi.co.nz; 7 Prosford St; B 26–28 NZ\$, DZ/3BZ 68/84 NZ\$; P 🖥 🛜) Das zweistöckige Hostel ist so unauffällig wie sein Namensvetter. In der Nähe guter Restaurants und Shoppingmöglichkeiten versteckt es sich an einer tagsüber belebten Geschäftsstraße. In den Schlafsälen stehen vier oder acht Betten, während die Dreibettzimmer an einen kleinen grünen Hofgarten grenzen.

LP Tipp **Verandahs** (Karte S. 119; ☎ 09-360 4180; www.verandahs.co.nz; 6 Hopetoun St; B 26–28 NZ\$, EZ 53 NZ\$, DZ 70–88 NZ\$, 3BZ 90 NZ\$; 🖥 🛜) Das prächtige Hostel liegt in lässiger Laufentfernung zu Ponsonby Rd, K Rd und Stadtzentrum. Von den beiden benachbarten Villen blickt man auf die alten Bäume des Western Park. In die Schlafsäle ohne Stockbetten passen jeweils nur fünf Personen.

Red Monkey (Karte S. 119; ☎ 09-360 7977; www.theredmonkey.co.nz; 49 Richmond Rd; pro Woche EZ/DZ/Apt. 185/230/260 NZ\$; 🖥) Wer mindestens eine Wo-

che in Auckland bleiben möchte, sollte die renovierte Villa zu seinem Interims-Zuhause machen. Die fesch dekorierten Zimmer (auch die drei im ruhigen Garten hinten) sind mit Lampen, Nachtkästchen und eingebauten Kleiderschränken ausgestattet. Vorabbuchung lohnt sich!

Abaco on Jervois (Karte S. 119; ☎ 09-360 6850; www.abaco.co.nz; 57 Jervois Rd; Zi. 75–269 NZ\$; P) Die Motelzimmer im Obergeschoss des Abaco sind mittlerweile stilvolle Domizile mit neutraler Farbgebung. Die moderne und komfortable Einrichtung wird durch viele weiße Kuschelhandtücher für Wellnessfans ergänzt. Die Kochecken aus rostfreiem Stahl verfügen über Geschirrspülmaschinen und anständige Backöfen. Die dunkleren, unrenovierten Quartiere im Untergeschoss haben ein gutes Preis-Leistungs-Verhältnis – vor allem, wenn man seine Zeit ganz in den Cafés auf der anderen Straßenseite verbringen möchte.

NORTH SHORE

Takapuna Beach Holiday Park (Karte S. 104; ☎ 09-489 7909; www.takapunabeachholidaypark.co.nz; 22 The Promenade, Takapuna; Stellplatz 32 NZ\$, Hütte 65 NZ\$, Wohnwagen 65–80 NZ\$, Wohneinheit 115 NZ\$; 🖥 🛜) Ihre tolle Lage mit Blick auf einen von Aucklands beliebtesten Stränden macht die kleine Anlage zu einer prima Option. Die sauberen, neuen Hütten haben eigene Terrassen.

Auckland North Shore Motels & Holiday Park (Karte S. 104; ☎ 09-418 2578; www.nsmotels.co.nz; 52 Northcote Rd, Takapuna; Stellplatz 35 NZ\$/2 Pers., B 38 NZ\$, Wohneinheit 48–145 NZ\$; P 🖥 🛜 🍴) Der Ferienpark mit Motelkomplex liegt 4 km nördlich der Harbour Bridge in etwas seltsamer Schnellstraßennähe, ist aber überraschend ruhig. Hier gibt's ein Hallenbad, einen Wellnessbereich und 24-Stunden-Check-in.

ANDERE GEGENDEN

Ambury Regional Park Campsite (Karte S. 104; ☎ 09-366 2000; www.arc.govt.nz; Ambury Rd, Mangere; Stellplatz pro Erw./Kind 10/5 NZ\$) Als ein Stück Freiland im Vorstadtschungel ist der Regionalpark gleichzeitig ein bewirtschafteter Bauernhof. Die Einrichtungen beschränken sich auf ein Plumpsklo und Warmwasserduschen. Bietet zwar wenig Schatten, liegt aber in praktischer Flughafennähe direkt am Wasser und ist unglaublich günstig.

Duke's Midway Lodge (Karte S. 104; ☎ 09-625 4399; www.dukes.co.nz; 4 Vagus Pl, Royal Oak; DZ 95–110 NZ\$, 3BZ/4BZ 125/165 NZ\$; 🛜 🍴) Das Duke's verleiht dem Vagus Pl im vorstädtischen Auckland einen Hauch von Las Vegas. Das liegt vor allem am ziemlich attraktiven Pool in Gitarrenform. Ansonsten wohnt man hier in einem Durchschnittsmotel mit gutem Preis-Leistungs-Verhältnis. Die komfortablen Zimmer haben annehmbare Betten, anständige Bäder und Fernseher mit Kabelanschluss. Die ruhige Lage abseits der geschäftigen Pah Rd sorgt auf halbem Weg zum Flughafen für festen Schlaf.

Mittelklassehotels

Aucklands B&Bs und zahlreiche Motels fallen größtenteils in den Mittelklassebereich. Das eher spärliche Angebot im Zentrum schwankt ansonsten zwischen Hostels und Luxushotels. Devonport liegt nur einen entspannten Fährtrip von der Innenstadt entfernt und hat massenhaft wunderschöne B&Bs aus eduardianischen Tagen.

AUCKLAND ZENTRUM & NEWTON

Quadrant (Karte S. 108 f.; ☎ 09-984 6000; www.thequadrant.com; 10 Waterloo Quadrant; Apt. 123–400 NZ$; P 💻 🛜) Der fesche Apartmentkomplex liegt super zentral im schönsten Teil der Stadt. Alle möglichen Extras machen ihn zu einer klasse Option. Einziger Haken: die winzigen Wohnungen mit noch kleineren Bädern.

Elliott Hotel (Karte S. 108 f.; ☎ 09-308 9334; www.theelliotthotel.com; Ecke Elliott St & Wellesley St; Apt. 139–209 NZ$; 💻 🛜) Das Elliott belegt eines von Aucklands prächtigsten historischen Gebäuden aus den 1880er-Jahren. Dieses Apartmenthotel wirkt wesentlich eleganter, als seine Preise vermuten lassen. In den relativ kleinen Zimmern lassen hohe Decken den Geist emporsteigen.

Langham (Karte S. 108 f.; ☎ 09-379 5132; www.auckland.langhamhotels.co.nz; 83 Symonds St; Zi. 190–370 NZ$, Suite 470–2420 NZ$; P 💻 🛜 🖥) Zwar ein Fünf-Sterne-Hotel, aber: Der Glanz des Riesenkronleuchters im Rezeptionsbereich verblasst irgendwie, sobald man die niedrigen Gästeetagen betritt – vielleicht gibt's hier deshalb tadellosen Service, himmlische Betten und oft Sonderangebote zu Mittelklassepreisen.

Weitere Optionen:

Auckland City Hotel (Karte S. 108 f.; ☎ 09-925 0777; www.achhobson.co.nz; 157 Hobson St; Zi. 120–130 NZ$, Suite 270 NZ$; P 💻 🛜) Der moderne Gebäudeblock mit historischer Fassade beherbergt fesche, geräumige Apartments zu äußerst vernünftigen Preisen.

CityLife (Karte S. 108 f.; ☎ 09-379 9222; www.heritagehotels.co.nz/citylife-auckland; Durham St; Zi. 165–483 NZ$,

Suite 185–1890 NZ$; P 💻 🛜 🖥) Anständiges Hochhaushotel mit Hunderten von Zimmern auf zahllosen Stockwerken.

PARNELL & NEWMARKET

Parnell City Lodge (Karte S. 115; ☎ 09-377 1463; www.parnellcitylodge.co.nz; 2 St Stephens Ave; Apt. 105–170 NZ$; P) Dieses Motel besitzt neuere und ältere Bereiche. Die daher individuell verschiedenen Wohneinheiten sind jedoch alle mit Kochecken versehen und beweisen teilweise etwas Charakter. Da das Ganze an einer geschäftigen Kreuzung liegt, wird der Verkehrslärm bei leichtem Schlaf eventuell zum Problem.

Off Broadway Motel (Karte S. 104; ☎ 09-529 3550; www.offbroadway.co.nz; 11 Alpers Ave; Wohneinheit 139–255 NZ$; 🛜) Das Off Broadway ist ein geschniegeltes kleines Sternchen an Aucklands Hotelhimmel und verdient ein paar Groupies, die seine Vorzüge tüchtig preisen. Die drei kleinen Wohnstudios sind etwas düster, während die größeren Varianten dank Balkon und Badewanne ein wirklich prima Preis-Leistungs-Verhältnis haben. Und bei den Luxussuiten kommt es sogar noch besser.

Kingsgate Hotel (Karte S. 115; ☎ 0800 782 548, 09-377 3619; www.millenniumhotels.co.nz; 92 Gladstone Rd; Zi. 140–199 NZ$, 3BZ 155–229 NZ$; 💻 🛜 🖥) Das große Hotel gegenüber der Parnell Rose Gardens vermietet recht gewöhnliche Zimmer, die sich über landschaftlich hübsch gestaltete (aber relativ einheitlich wirkende) Blocks namens „Tudor" oder „Colonial" verteilen. Mit Restaurant, Pool, Wellnessbereich und vielen Parkplätzen ist diese Option vor allem bei Reisegruppen sehr beliebt.

MT. EDEN

Bavaria B&B (Karte S. 117; ☎ 09-638 9641; www.bavariabandbhotel.co.nz; 83 Valley Rd; EZ 105–115 NZ$, DZ 149–165 NZ$; 💻 🛜) Das saubere, alteingesessene B&B in einer geräumigen Villa wurde erst kürzlich mit neuen Teppichen und einem Anstrich aufgefrischt. Bewohner der großen, luftigen Zimmer kommen dank anständigem Fernsehraum, Speisesaal und Terrasse miteinander in Kontakt.

Eden Park B&B (Karte S. 117; ☎ 09-630 5721; www.bedandbreakfastnz.com; 22 Bellwood Ave; EZ 135–155 NZ$, DZ 200–225 NZ$; 💻 🛜) Rugbyfans mit Bedürfnis nach Kronleuchtern im Bad sind hier goldrichtig: Der heilige Rasen von Aucklands legendärer Rugbyarena liegt nur einen Block entfernt. Die Zimmer sind für ihr Geld nicht gerade riesig, reflektieren aber die eduardianische Eleganz der schmucken Holzvilla.

PONSONBY & GREY LYNN

23 Hepburn (Karte S. 119; ☎ 09-376 0622; www.23 hepburn.co.nz; 23 Hepburn St; Zi. 185–205 NZ$; Ⓟ 🛜) Die drei Boutiquezimmer gleichen einer Sinfonie aus gedämpften Weiß- und Cremetönen. So erwacht man hier quasi inmitten einer super schicken Pavlova-Baisertorte. Ansonsten lässt sich der Schlaf beliebig ausdehnen: Das kontinentale SB-Frühstück wird am Vorabend in den Zimmerkühlschrank gestellt.

LP Tipp Henry's (Karte S. 119; ☎ 09-360 2700; www. henrysonpeel.co.nz; 33 Peel St; Zi./Apt. 200/240 NZ$; 🛜 🖵) Die herrlichen Holzvillen repräsentieren den wahren Geist von Aucklands inneren Vorstadtbezirken. Nach stilvoller Renovierung punkten sie nun mit eigenen Bädern in den Erdgeschosszimmern und einem darüberliegenden Selbstversorger-Apartment, von dem aus der Blick auf den Hafen fällt.

NORTH SHORE

Parituhu (Karte S. 113; ☎ 09-445 6559; www.parituhu. co.nz; 3 King Edward Pde, Devonport; Zi. 100–150 NZ$) Diese schwulen- und lesbenfreundliche Option besteht aus gerade mal einem Doppelzimmer mit eigenem Bad im Uferbungalow der Eigentümerinnen. Hier herrscht eine heimelige, entspannte und einladende Atmosphäre.

Jasmine Cottage (Karte S. 113; ☎ 09-445 8825; www. photoalbum.co.nz/jasmine; 20 Buchanan St, Devonport; Zi. 120 NZ$) Blitzblank und ungemein schmuck steht die Minihütte mit eigener Kochecke im Hofgarten hinter dem Wohnhaus der Eigentümer.

Devonport Sea Cottage (Karte S. 113; ☎ 09-445 7117; www.homestaysnz.co.nz/listings/46; 3a Cambridge Tce, Devonport; Zi. 130 NZ$) Ein Pfad führt hinauf zu dieser Selbstversorgerhütte, die alles Nötige für einen erholsamen Aufenthalt in Meeresnähe bietet – beispielsweise Zugang zum Garten durch zwei Fenstertüren. Super Wochentarife im Winter.

Devonport Motel (Karte S. 113; ☎ 09-445 1010; www. devonportmotel.co.nz; 11 Buchanan St, Devonport; Zi. 130 NZ$) Das Minimotel vermietet nur zwei einfache, aber saubere und moderne Wohneinheiten im Hinterhof. Selbstversorger logieren nett und ruhig, aber noch nah genug an der (überhaupt vorhandenen?) Action in Devonport.

Number Nine B&B (Karte S. 113; ☎ 09-445 3059; tainui@xtra.co.nz; 9 Tainui Rd, Devonport; Zi. 170 NZ$) Christine und Pari heißen Gäste herzlich in ihrem gemütlichen Heim willkommen. Eines der beiden attraktiven Gästezimmer hat eine Badewanne mit Klauenfüßen. Golffans können hier Ausrüstung ausleihen und Spiele auf dem nahe gelegenen Golfplatz organisieren lassen.

Emerald Inn (Karte S. 104; ☎ 09-488 3500; www. emerald-inn.co.nz; 16 The Promenade, Takapuna; Wohneinheit 171–297 NZ$, Villa/Hütte 450/675 NZ$; 🖵 🛜 🖵) Nein, die grüne Anlage ist kein Irish Pub. Ihr Angebot umfasst üppige Gärten, schicke Möbel und einen Strand am Ende der Straße. Von den luxuriösen Ferienhäusern für Selbstversorger blickt man hinüber nach Rangitoto.

ANDERE GEGENDEN

Nautical Nook (Karte S. 104; ☎ 09-521 2544; www. nauticalnook.com; 23b Watene Cres, Orakei; EZ/DZ 97/157 NZ$) Keith betreibt das behagliche Homestay zusammen mit seiner Ehefrau Trish. Segelfreaks finden in ihm einen Seelenverwandten. Lounge und Terrasse warten mit Hafenblick auf, während die Okahu Bay in nächster Nähe liegt.

Jet Park (Karte S. 104; ☎ 09-275 4100; www.jetpark. co.nz; 63 Westney Rd, Mangere; Zi. 135–165 NZ$, Suite 240–275 NZ$; 🖵 🖵) Das freundliche Jet Park verbreitet eine angenehme Atmosphäre. Dennoch folgen viele seiner Zimmer dem „gesichtslosen" Designkonzept, das allgemein typisch für Quartiere in Flughafennähe ist. Bildschirme in der Lobby informieren über Ankunfts- und Abflugzeiten. Es gibt kostenlose Airportshuttles und einen Pool zum Relaxen, der irgendwie an eine Episode der Fernsehserie *Hawaii Fünf-Null* erinnert.

Omahu Lodge (Karte S. 104; ☎ 09-524 5648; www. omahulodge.co.nz; 33 Omahu Rd, Remuera; EZ 160–200 NZ$, DZ 195–240 NZ$, Suite 295 NZ$; 🛜 🖵) Die Wände des fröhlichen Luxus-B&Bs werden von Kunstwerken und Familienfotos geziert. Alle drei Haupthauszimmer mit eigenen Bädern bieten Aussicht auf die Umgebung. Die geräumige Suite grenzt dagegen direkt an den verlockenden, solarbeheizten Pool. Als nettes Extra gibt's kostenlos Bier, Wein und Snacks.

Spitzenklassehotels

Auckland hat zahlreiche Luxushotels. Im Zentrum sind viele große Ketten ansässig.

AUCKLAND ZENTRUM

LP Tipp Hotel de Brett (Karte S. 108 f.; ☎ 09-925 9000; www.hoteldebrett.com; 2 High St; Zi. 290–590 NZ$; 🖵 🛜) Das historische und prachtvoll renovierte Hotel ist überragend hip. Sein neues Gewand umfasst supercoole Streifenteppiche und intelligente Designelemente, die jeden Winkel der extrem komfortablen Zimmer ausfüllen. Frühstück, Breitband-Internet und ein Gratisdrink vor dem Abendessen sind inklusive.

Westin (Karte S. 108 f.; ☎ 09-909 9000; www.westin.com/auckland; 21 Viaduct Harbour Ave; Zi. 435–710 NZ$; P ▣ ⚡) Mit schlichtem Edeldesign, Maorikunst und opulentem Mobiliar hat sich das Westin selbst übertroffen. Besonders gut gefallen uns die Laken mit 250er-Fadenzahl und die Kissen mit Gänsedaunenfüllung. Ansonsten gibt's Wasser, so weit das Auge reicht – in Form des Hafens oder plätschernder Wasserspiele. Sie sind sehr entspannend, sofern sie keinen Dauerharndrang auslösen.

PONSONBY

Great Ponsonby Arthotel (Karte S. 119; ☎ 09-376 5989; www.greatpons.co.nz; 30 Ponsonby Tce; Zi. 235–400 NZ$; P ▣) Die ungemein geräumige Villa aus viktorianischer Zeit ist nicht ganz so nobel wie ihre Konkurrenz. Dafür sorgen die geselligen Eigentümer für eindrucksvollen Umweltschutz und ein tolles Frühstück. Das Haus steht einen Steinwurf von der coolen Ponsonby Rd entfernt in einer ruhigen Sackgasse. Die dazugehörigen Studioapartments grenzen an einen netten Hinterhof.

NORTH SHORE

Esplanade Hotel (Karte S. 113; ☎ 09-445 1291; www.esplanadehotel.co.nz; 1 Victoria Rd, Devonport; Zi. 200–375 NZ$, Suite 350–750 NZ$) Das wunderschöne Boutiquehotel nimmt einen Ehrenplatz in einem historischen Eckgebäude von 1903 ein. Dank sorgsam gepflegter Details von damals (z. B. herrlich hohen Decken) ist es wesentlich stilvoller als viele andere Spitzenklassehotels im Stadtzentrum. Die opulenten Zimmer weigern sich standhaft, auf irgendeinem Gebiet der Dekorationskunst nur Durchschnitt zu sein. Perfekt gelegen und beinahe schmerzlich romantisch.

Hampton Beach House (Karte S. 113; ☎ 09-445 1358; www.hamptonbeachhouse.co.nz; 4 King Edward Pde, Devonport; Zi. 205–280 NZ$; ▣ ☎) Das schwulenfreundliche Luxus-B&B in einem Haus aus eduardianischer Zeit steht zwischen anderen attraktiven Herrenhäusern am Wasser. Von den Zimmern fällt der Blick entweder auf die weitere Umgebung oder auf den Garten. Alles ist sehr geschmackvoll gestaltet. Gäste dürfen sich auf hochwertige Bettwäsche und ein Gourmetfrühstück freuen.

Peace & Plenty Inn (Karte S. 113; ☎ 09-445 2925; www.peaceandplenty.co.nz; 6 Flagstaff Tce, Devonport; EZ 195–265 NZ$, DZ 265–350 NZ$; P ▣) Das perfekt gelegene, historische Fünf-Sterne-Hotel strotzt nur so vor antiken Möbeln und Genrebildern. Die charmante Judith kennt die Herkunft jedes einzelnen Stücks. Die romantischen Luxuszimmer dieser herrlichen Herberge warten mit eigenen Bädern, Fernsehern, Blumen, kostenlosem Sherry bzw. Portwein und einheimischer Schokolade auf. Ein wahrhaft außergewöhnliches Juwel.

REMUERA

Aachen House (Karte S. 104; ☎ 09-520 2329; www.aachenhouse.co.nz; 39 Market Rd; Zi. 390–590 NZ$; ☎) Das außergewöhnliche Luxus-B&B ist in Würde gealtert und sieht immer noch mächtig gut aus. Die Detailverliebtheit ist beeindruckend: frische Blumen, Haarturbane, muschelförmige Seife und Gratis-Portwein. Wer zur Frühstückszeit eintrifft, wird vom Koch nach allen Regeln der Kunst verwöhnt. Achtung: Das Haus soll verkauft werden – die Website checken, ob der B&B-Betrieb aufrecht erhalten wird!

ESSEN

Aufgrund seiner Größe und der ethnischen Vielfalt steht Auckland an der Spitze des Landes, wenn es um die Größe und Qualität der Gastronomieszene geht. Quirlige Lokale haben eröffnet, um die zahlreichen asiatischen Studenten mit preiswerten japanischen, chinesischen und koreanischen Gerichten zu versorgen. Und wer auf seinen Geldbeutel achten muss, wird sich in die Markthallen der Stadt verlieben.

Die Bewohner Aucklands lieben guten Kaffee, man muss also nie allzu weit laufen, um ein ordentliches Café zu finden. In Vierteln wie Ponsonby, Grey Lynn, Kingsland, Mt. Eden, Parnell und Devonport wimmelt es nur so davon. Einige sind gleichzeitig Weinstuben oder streben nach höheren kulinarischen Weihen, andere sind damit zufrieden, ihre Tresen mit frischen Snacks zu vernünftigen Preisen füllen zu können.

Nach Ponsonby kommen die angesagten jungen Leute zum Essen und Vorglühen, bevor sie zum Feiern gehen. In den gehobenen Ufergegenden Princes Wharf und Viaduct Basin haben einige Restaurants eröffnet, die sich zu den belebtesten und geschäftigsten entwickelt haben. Diese Gegend ist besonders bei Krawattenträgern und auch bei Touristen sehr beliebt und an den Freitag- und Samstagabenden kann es hier ziemlich voll werden. Kingsland und die Läden von West Lynn in der Richmond Rd in Grey Lynn sind zwei kleine Enklaven, die sich erst vor Kurzem als Feinschmeckeroasen etabliert haben.

Auckland Zentrum

MacGregor Brothers (Karte S. 108 f.; ☎ 09-309 9924; 17 Wellesley St; Snacks 5–7 NZ$; ☺ Mo–Fr 6.30–15 Uhr) Die wunderbare Inneneinrichtung des winzigen Art-déco-Ladengeschäfts hat bis heute überlebt. Somit ist dies ein toller Ort für klasse Kaffee und Kuchen auf edlem Porzellan.

Reslau (Karte S. 108 f.; ☎ 09-309 5039; 39 Elliott St; Snacks 5–10 NZ$; ☺ Mo–Sa 7–20.30 Uhr) Diese Minimischung aus Café und Weinbar reicht bis hinaus auf die Gasse. Buchstäblich wagenweise serviert sie leckere Snacks und Imbisse.

Ima (Karte S. 108 f.; ☎ 09-300 7252; 57 Fort St; Frühstück 5–18 NZ$, Mittagessen 13–22 NZ$, Abendessen 18–32 NZ$; ☺ Mo–Sa morgens & mittags, Mi–Sa abends) Das Ima ist nach dem hebräischen Wort für „Mutter" benannt. Neben einer ausgewogenen Speisekarte mit Gerichten aus Israel, Palästina, dem Jemen und dem Libanon gibt's auch super Kaffee.

Raw Power (Karte S. 108 f.; ☎ 09-303 3724; Level 1, 10 Vulcan Lane; Hauptgerichte 7–17 NZ$; ☺ Mo–Fr 7–16, Sa 11–16 Uhr; Ⓥ) Gemüseförmige Salz- bzw. Pfefferstreuer, extrem bunte Wände und superfrische Zutaten locken Gäste hierher ins Obergeschoss. Der Laden ist beim veganen und vegetarischen Rockadel auf Tour sehr beliebt. Falls möglich einen Fensterplatz schnappen.

Euro (Karte S. 108 f.; ☎ 09-309 9866; Shed 22, Princes Wharf; Hauptgerichte 24–80 NZ$; ☺ mittags & abends) Durch und durch elegante Kombi aus einfallsreich-moderner Kiwi-Küche, gut aussehenden Bedienungen und sexy Ambiente. Der Hafenblick ist nicht der beste, aber das Essen sieht immer wie gemalt aus.

O'Connell St Bistro (Karte S. 108 f.; ☎ 09-377 1884; 3 O'Connell St; Mittagessen 28–32 NZ$, Abendessen 29–45 NZ$; ☺ Di–Fr mittags, Mo–Sa abends) Das reizende O'Connell ist ein erwachsen wirkendes Juwel mit elegantem Dekor und wahrhaft wunderbarem Essen und Wein. Mittags fühlen sich hier Geschäftsleute, abends Pärchen wohl. Die Speisekarte steht ganz im Zeichen von Ente, Lachs und Lamm.

LP Tipp **Grove** (Karte S. 108 f.; ☎ 09-368 4129; St. Patrick's Sq, Wyndham St; Hauptgerichte 32–48 NZ$; ☺ Mo–Fr mittags, Mo–Sa abends) Spitzenküche, Service und Romantik vom Feinsten: In einem gemütlichen Raum mit Schummerlicht wird kulinarische Experimentierfreude geweckt. Wer eventuelles Eis zwischen sich und dem Date nicht mittels der ellenlangen Weinkarte brechen kann, wird es wohl niemals schaffen.

Clooney (Karte S. 108 f.; ☎ 09-358 1702; 33 Sale St; Hauptgerichte 36–44 NZ$; ☺ Fr mittags, Mo–Sa abends) Wie der gleichnamige Hollywood-Schauspieler gibt sich das Clooney höflich, stilvoll und extrem kultiviert. Die Ergebnisse seiner komplexen Geschmackskombinationen (z. B. Wild mit Kakao-*millefeuille*, eingelegten Kirschen, Blutwurst und Süßholzsaft) sind stets tadellos.

Auf die Schnelle empfiehlt sich das **Revive** (Karte S. 108 f.; ☎ 09-307 1586; 16 Fort St; Hauptgerichte 8–14 NZ$; ☺ Mo–Do 11–20, Fr 11–15 Uhr; Ⓥ), ein Vegetarier-Paradies mit verführerischer Salatbar und super günstigen Tagesgerichten. Gesundes Fast Food? Gesundes, günstiges und leckeres Essen auf einmal? Kaum zu glauben!

In puncto echte Asia-Küche ist die große, schlichte Schlemmermeile **Food Alley** (Karte S. 108 f.; ☎ 09-373 4917; 9 Albert St; Hauptgerichte 9–17 NZ$; ☺ 10.30–22 Uhr) kaum zu schlagen: Die Gerichte aus China, Indien, Thailand, Vietnam, Malaysia, Korea, Japan, Indonesien und der Türkei sind fast alle unter 12 NZ$ zu haben.

Newton

Die K Rd ist für ihre Nachtclubs bekannt. Gleichzeitig mischen sich Cafés und viele günstige Ethno-Restaurants unter die Modeboutiquen, Tätowierstudios und Sexshops.

Rasoi (Karte S. 108 f.; ☎ 09-377 7780; 211 K Rd; Hauptgerichte 6–17 NZ$; ☺ Mo–Sa mittags & abends; Ⓥ) Köstlich und dazu herrlich günstig: Hier gibt's vegetarische Thalis, südindisches Essen, Lassis und indische Süßspeisen.

Alleluya (Karte S. 108 f.; ☎ 09-377 8424; St. Kevin's Arcade, K Rd; Hauptgerichte 10–19 NZ$; ☺ morgens & mittags) Die supercoole kleine Cafébar in Aucklands angesagtester Einkaufspassage serviert viele vegetarische Optionen und Kuchen, die nach mehr schreien.

Satya (Karte S. 108 f.; ☎ 09-377 0007; 271 K Rd; Hauptgerichte 11–26 NZ$; ☺ Mo–Sa mittags, tgl. abends; Ⓥ) Das schlicht wirkende und sehr günstige Lokal ist äußerst beliebt. Dafür sorgen z. B. das beste *dahi puri* (Vorspeise aus Kichererbsen, Kartoffeln und Joghurt auf einem Papadam-Fladen) und *masala dosa* (Fladen mit Kartoffel-Zwiebel-Curryfüllung) der Stadt.

O'Sarracino (Karte S. 108 f.; ☎ 09-309 3740; 3 Mt. Eden Rd; Hauptgerichte 16–38 NZ$; ☺ Di–Sa abends) Das hervorragende Restaurant erinnert einen auf leckere Weise daran, dass neapolitanische Küche weit über Pizza hinausreicht. Auf den Tisch kommen üppige Antipasti, leichte und einfache Pastagerichte sowie vorzügliche Meeresfrüchte-*secondi*. Die prächtig wirkende Lokalität war früher die Kapelle einer Aussegnungshalle.

French Cafe (Karte S. 108 f.; ☎ 09-377 1911; 210 Symonds St; Hauptgerichte 40 NZ$; ☻ Fr mittags, Di–Sa abends) Der legendäre Laden wird bereits seit 20 Jahren unter Aucklands beste Restaurants gewählt und übertrifft sich immer noch selbst. Wie zu erwarten, ist die Küche französisch. Dennoch bringt Chefkoch Simon Wright auch pazifische Elemente ein. Um einen Tisch zu ergattern, sollte man unbedingt früh reservieren.

Parnell

Kokako (Karte S. 115; ☎ 09-366 4464; 492 Parnell Rd; Hauptgerichte 8–17 NZ$; ☻ morgens & mittags; **V**) Das Kokako kredenzt vegetarische Bio-Köstlichkeiten aus Fair-Trade-Handel in fescher Café-Atmosphäre. Dennoch sprengen die Preise nicht das Budget – diese Leistung ist fast so selten wie der einheimische Vogel, nach dem das Ganze benannt ist. Die gute Auswahl an Thekengerichten wird durch leckeres warmes Frühstück ergänzt.

Rosehip Cafe (Karte S. 115; ☎ 09-369 1182; 82 Gladstone Rd; Hauptgerichte 13–25 NZ$; ☻ 7–16 Uhr) Der Name passt perfekt: Das Café in der Nähe der Rose Gardens wirkt tatsächlich ziemlich hip. Sein leicht kostspieliges Essen schmeckt absolut lecker – ganz besonders die Buttermilchpfannkuchen und der Tintenfisch im vietnamesischen Stil.

Non Solo Pizza (Karte S. 115; ☎ 09-379 5358; 259 Parnell Rd; Hauptgerichte 23–39 NZ$; ☻ mittags & abends) Wie der Name suggeriert, gibt's hier nicht nur Pizza. Aber die schmeckt übrigens prima! Ansonsten landen zahllose Antipasti, Nudel- und Grillgerichte nach original italienischem Traditionsrezept auf dem Teller. Die coole Bar mit Straßenblick ziert ein Kronleuchter aus Peroni-Flaschen. *Bellissimo.*

Newmarket

Urban Cafe (Karte S. 115; ☎ 09-966 6977; 139 Carlton Gore Rd; Hauptgerichte 7–18 NZ$; ☻ morgens & mittags) Die Urbanität des schicken Cafés wird durch industrielle Ästhetik betont. Die Speisekarte umfasst z. B. pikant gebratene Bagdad-Eier mit Linsen und türkischem Brot, Pasta-Tagesgerichte und verführerische Süßigkeiten.

Baci Lounge (Karte S. 115; ☎ 09-529 4360; Level 1, Rialto Centre, Broadway; Hauptgerichte 9 NZ$; ☻ 9.30–22.30 Uhr) In dieser äußerst reizvollen Mischung aus Buchladen und Café quetschen sich runde, gepolsterte Sitzecken zwischen die Regale. So kann man hier gleichzeitig leckeres Thekenessen (z. B. Salate, Panini, prima Pies, glutenfreie Kuchenschnitten) und große Literatur konsumieren.

Mt. Eden

CAC Bar & Eatery (Karte S. 117; ☎ 09-630 5790; 26 Normanby Rd; Tapas 8–19 NZ$; ☻ mittags & abends) Der schreckliche Name basiert auf der Colonial Ammunition Company, die einst die äußerst stabilen Blausteinwände des stilvoll renovierten Lagerhauses errichtete. Inzwischen sind die Kanonenkugeln Risottobällchen gewichen, und die einzige Gefahr geht von tapasbedingten Gaumenexplosionen aus, besonders vom Zwölfstundenlamm.

Gala (Karte S. 117; ☎ 09-623 1572; Zone 23, Edwin St; Hauptgerichte 9–20 NZ$; ☻ morgens & mittags) Mit einem Mix aus moderner Architektur und antikem Silberteegeschirr bringt das helle Café einen Schuss Kultur in den Gefängnisbezirk. Auf seiner weißen Tafel drängen sich viele interessante Menüoptionen. Probieren: die duftende Eiertoast-Variante namens „My Mother-in-law's North Indian Eggs".

Molten (Karte S. 117; ☎ 09-638 7236; 422 Mt Eden Rd; Hauptgerichte 29–35 NZ$; ☻ Di–Sa mittags, Mo–Sa abends) Das Molten versprüht seinen nachbarschaftlichen Charme im Schatten des Vulkans. Seine stets ausgezeichnete Saisonküche vereint polynesische Aromen zu einem stimmigen Ganzen.

Merediths (Karte S. 117; ☎ 09-623 3140; 385 Dominion Rd; Hauptgerichte 38 NZ$, Verkostungen 100 NZ$; ☻ Do & Fr mittags, Di–Sa abends) Ein Mahl im Merediths gleicht kulinarischem Höhlenrafting: An jeder Ecke warten neue Geschmacksrichtungen, während man das Folgende nur erahnen kann und schließlich erschöpft, aber glücklich am Ziel ankommt. Das Lokal zählt zu Neuseelands besten Restaurants. Wer an den exklusiven Wochenendverkostungen teilnehmen möchte, sollte seinen Tisch so früh wie möglich reservieren.

Kingsland

Fridge (Karte S. 117; ☎ 09-845 5321; 507 New North Rd; Hauptgerichte 8–18 NZ$; ☻ morgens & mittags; **V**) Super Kaffee, Gourmetpies, gesunde Salate bzw. Wraps und herrliche Kuchen.

Shaky Isles (Karte S. 117; ☎ 09-815 3591; 492 New North Rd; Hauptgerichte 8–19 NZ$; ⊙ morgens & mittags; 📶) Kingslands coolstes Café empfängt Gäste mit niedlichen Wandcartoons, Gratis-WLAN, fabulösem Frühstück und super Salaten. Geradezu unwiderstehlich ist jedoch „good stuff in a bun" – Pilze, Avocado, Feta, Pesto und Mayonnaise auf einem Brötchen.

Mekong Neua (Karte S. 117; ☎ 09-846 0323; 483 New North Rd; Hauptgerichte 17–24 NZ$; ⊙ abends; V) Das einladende Restaurant plündert die Küchen von Laos und Nordostthailand. So überflutet es seine Gäste mit herrlichen Aromen und ruft Träume von Reisfeldern hervor.

Winehot (Karte S. 117; ☎ 09-815 9463; 605 New North Rd; Hauptgerichte 19–26 NZ$; ⊙ Di–Sa abends) Das schwarz gestrichene Mini-Refugium mit Kronleuchtern versteckt sich hinter einem unscheinbaren Eingang. Herzhafte französische Küche und umfangreiche Weinkarte.

Tabou (Karte S. 117; ☎ 09-846 3474; 462 New North Rd; Hauptgerichte 28–32 NZ$; ⊙ Di–Fr mittags, Di–So abends) Elegant und kultiviert, aber zwanglos und freundlich: So ein französisches Restaurant hätte wohl jeder gern in seiner Nachbarschaft. Fungiert zu späterer Stunde auch als Bar.

Ponsonby

Aucklands belebteste Restaurant-, Café- und Barmeile ist so cool, dass sie ihre eigene Website hat (www.ponsonbyroad.co.nz).

Dizengoff (Karte S. 119; ☎ 09-360 0108; 256 Ponsonby Rd; Hauptgerichte 5–18 NZ$; ⊙ 7–17 Uhr) Das gemischte Publikum der superstylishen Schuhschachtel besteht aus Businesstypen, Modeheinis, schwulen Jungs, jüdischen Familien, Touristen und Stammgästen aus Ponsonby. Auf den Tisch kommen z. B. leckere Rühreier, verführerische Thekensnacks und kräftiger Kaffee. Ein großer Berg Lesematerial hilft, wenn Lauschen und Schauen doch langweilig werden.

Queenie (Karte S. 119; ☎ 09-378 8977; 24 Spring St, Freemans Bay; Frühstück 7–17 NZ$, Mittagessen 12–21 NZ$; ⊙ Mo–Sa morgens & mittags) Das schrullige Eckcafé steht ganz im Zeichen von „Kiwiana": Eine ganze Wand wird von einem Bild aus den 1950er-Jahren bedeckt, das eine Maorischönheit darstellt, die mittels Malen nach Zahlen entstanden ist. Die kurze, abenteuerliche Speisekarte rangiert eine Stufe über normaler Cafékost und ist sein Geld wert.

Landreth & Co (Karte S. 119; ☎ 09-360 7440; 272 Ponsonby Rd; Hauptgerichte 12–23 NZ$; ⊙ 7–16 Uhr) Beliebte Brunch-Location mit sonnigem Hinterhof und der Atmosphäre des alten Ponsonby. Wer

Lust auf Ungewöhnliches hat, bestellt *kedgeree* (Bücklinge, Reis und Eier).

Prego (Karte S. 119; ☎ 09-376 3095; 226 Ponsonby Rd; Hauptgerichte 22–35 NZ$; ⊙ 12–24 Uhr) Freundlich und stilvoll serviert dieser Italiener alle bekannten Klassiker – im Winter am offenen Kamin, im Sommer draußen auf dem Hof. Apropos Klassiker: Die Pizza ist genauso superlecker wie die einfallsreichen italienischen Hauptgerichte.

Ponsonby Road Bistro (Karte S. 119; ☎ 09-360 1611; 165 Ponsonby Rd; Hauptgerichte 26–34 NZ$; ⊙ Mo–Fr mittags, Mo–Sa abends) Das moderne Nobelrestaurant mit italienisch-französischem Touch und erstklassigem Service serviert gewaltige Portionen. Tipp: Wurstteller plus ein Glas Wein am Straßentisch.

SPQR (Karte S. 119; ☎ 09-360 1710; 150 Ponsonby Rd; Hauptgerichte 26–40 NZ$; ⊙ mittags & abends) Dieser efeubewachsene Treffpunkt an der Ponsonby Rd ist berühmt für prima Pizzas nach – wie der Name verrät – römischer Art (knusprigdünne Kruste) und tolle Hauptgerichte mit italienischem Einschlag. Die stilvolle Einrichtung kombiniert Industrielles mit Edlem. Die schummrige Beleuchtung erfordert allerdings schon fast eine Lesebrille. Vor stets lautem Hintergrund machen hier fesche, aber affektierte Kellner ihren Job.

Soto (Karte S. 119; ☎ 09-360 0021; 13 St. Marys Rd; Hauptgerichte 29–31 NZ$; ⊙ Di–Fr mittags, Di–Sa abends) Auckland hat viele Spitzenjapaner, doch das Soto sticht sie alle aus: Sein Personal schwebt in Kimonos vorbei und hinterlässt dabei eine Spur exquisit angerichteter Köstlichkeiten – beispielsweise Sushi, Sashimi und *zensai* (japanische Tapas).

Für den Happen auf die Schnelle empfiehlt sich das **Murder Burger** (Karte S. 119; ☎ 09-550 5500; 128a Ponsonby Rd; Burger 8–17 NZ$; ⊙ mittags & abends) ohne jeglichen Schnickschnack: Die Angestellten tragen T-Shirts mit der Aufschrift *Meat is Murder* (Fleisch ist Mord), während das Logo ein teuflisch fleischeslüstern blickendes Kätzchen zeigt. Die Burger sind üppig mit totem Bio-Freilandtier (Tenderloin, Sirloin vom Angusrind, Hühnchen, Wildschwein, Hirsch, Strauß, Fisch) belegt.

Als Aucklands beste Schlemmermeile serviert der **Ponsonby Village Food Court** (Karte S. 119; 106 Ponsonby Rd; Hauptgerichte 8–18 NZ$; ⊙ 10–22 Uhr; V) neben Gerichten aus Italien, Japan, Malaysia, China, Thailand, Laos, Indien, Mexiko und der Türkei auch das leckerste vietnamesische Essen im ganzen Stadtzentrum.

Grey Lynn

Richmond Road Cafe (Karte S. 119; ☎ 09-360 5559; 318 Richmond Rd; Hauptgerichte 13–29 NZ$; ☺ 7–16 Uhr) Aktuell Aucklands angesagtestes Café – aus gutem Grund: Der Service ist tadellos, und auf der Karte stehen viele günstige und interessante Cafégerichte. Wenn Essen nicht nach Kardamom-Creme oder Lavendelsirup schmeckt, ist es zu langweilig für diesen Laden. Unbedingt probieren: Das pikante Bananen-Rum-Porridge mit frischer Kokosnuss.

Delicious (Karte S. 119; ☎ 09-360 7590; 472 Richmond Rd; Hauptgerichte 26–29 NZ$; ☺ Mi–Fr mittags, Di–Sa abends) Der Name ist vollauf Programm: Das Lokal lockt Scharen von Feinschmeckern mit einfachen, aber erstklassigen Nudelgerichten zu erschwinglichen Preisen. Mangels Reservierungsmöglichkeit trotz großer Beliebtheit heißt es hier meistens warten.

North Shore

Stone Oven (Karte S. 113; ☎ 09-445 3185; 5 Clarence St, Devonport; Hauptgerichte 5–19 NZ$; ☺ 6.30–16.30 Uhr; 🖳) Am Wochenende muss man entweder früh erscheinen oder Schlange stehen. Zu kaufen gibt's Brot, Pasteten, Kuchen und andere Backwaren. Man kann sie entweder vor Ort im Sitzen oder abseits der rasenden Menge vertilgen.

Takapuna Beach Cafe (Karte S. 104; ☎ 09-484 0002; The Promenade, Takapuna; Hauptgerichte 13–25 NZ$; ☺ 7–18 Uhr) Die Karte (z. B. marokkanische Eier, tunesische Auberginen, französisch angehauchte Terrine, Chorizo, Pancetta) liest sich wie ein Reisemagazin. Auch angesichts des ultimativen Strandblicks verwundert es kaum, dass dieses moderne Café permanent brummt. Wer keinen Tisch ergattern kann, holt sich im dazugehörigen Laden einfach einen Snack oder eine Portion preisgekröntes Speiseeis.

Engine Room (Karte S. 104; ☎ 09-480 9502; 115 Queen St, Northcote; Gerichte 31–34 NZ$; ☺ Di–Sa abends) Das zwanglose Lokal ist ein heißer Anwärter auf den Titel als Aucklands bestes Restaurant: Seine Ziegenkäse-Soufflés sind leichter als Luft und werden durch einfallsreiche Hauptgerichte auf der Wandtafel ergänzt. Auch die klasse Schokotrüffel machen rechtzeitige Reservierung (und den Fährtrip) zu einem lohnenden Unterfangen.

Eight.Two (Karte S. 104; ☎ 09-419 9082; 82 Hinemoa St, Birkenhead; Hauptgerichte 35–37 NZ$; ☺ Di–Sa abends) Der strahlend weiße Speiseraum in einer alten Villa offeriert eine ähnlich moderne Speise- und eine super Weinkarte. Wer einen unvergesslichen Abend erleben möchte, schippert mit der Birkenhead-Fähre ab dem Stadtzentrum hierher.

Selbstversorger

In den meisten Vierteln sind große Supermarktketten wie Countdown, Foodtown, New World, Pak N Save oder Woolworths vertreten. Abgesehen von den aufgeführten Optionen empfehlen sich auch der Otara Market oder der Avondale Sunday Market (s. S. 137) für günstiges Frischgemüse zu Selbstversorgungszwecken.

Jede stolze Stadt in solcher Lage braucht unbedingt einen eigenen Fischmarkt. Auf dem **Auckland Fish Market** (Karte S. 108 f.; ☎ 09-379 1490; www.aucklandfishmarket.co.nz; Ecke Jellicoe St & Daldy St; ☺ 7–18.30 Uhr) geht's während der frühmorgendlichen Auktion hoch her. Zudem findet man dort Verkaufsstände, Restaurants und eine Kochschule für Meeresfrüchtefans.

Auf dem **City Farmers Market** (Karte S. 108 f.; ☎ 09-232 7933; www.cityfarmersmarket.co.nz; Ecke Gore St & Galway St; ☺ Sa 8.30–12.30 Uhr) gibt's frische Saisonprodukte und attraktive Gaumenfreuden.

LP Tipp **La Cigale** (Karte S. 115; ☎ 09-366 9361; 69 St Georges Bay Rd; ☺ Markt Sa 8–13, So 9–14 Uhr) versorgt heimwehkranke und selbsternannte Gallier mit allem Erdenklichen aus Frankreich (Wein, Käse, Weinbergschnecken in Dosen usw.). Das dazugehörige Café (Hauptgerichte 7,50–17,50 NZ$) serviert leckere Feinschmeckerplatten (18 NZ$). Doch die Bauernmärkte am Wochenende bringen die *cigale* (Zikade) erst richtig zum Zirpen: Dann verirrt man sich glatt zwischen den zahllosen Ständen voller Obst, Gemüse, Honig, selbstgemachter Marmelade und schmackhafter Snacks.

Aucklands legendärer Bioladen **Harvest Wholefoods** (Karte S. 119; ☎ 09-376 3107; 405 Richmond Rd; ☺ Mo–Fr 9–19, Sa 9–17, So 10–17 Uhr; Ⓥ) führt ökologisch korrekte Landwirtschaftsprodukte, Lebensmittel und Kosmetikartikel, aber kein Fleisch. Dafür empfiehlt sich die Bio-Metzgerei gegenüber.

AUSGEHEN

Aucklands Nachtleben ist an den Werktagen eher ruhig und sonntags sogar angenehm grabesstill. Ein spätes Erwachen findet am Freitag- und Samstagabend statt, wenn die meisten Kneipen und Bars bis 1 Uhr oder länger geöffnet haben. Im Zweifelsfall einfach Ponsonby, K Rd oder den unteren Teil der Stadt aufsuchen!

PASIFIKA

Fast 180 000 ortsansässige Pacific Islanders (PI) machen Auckland zur größten polynesischen Stadt der Welt. Auf die mit Abstand größte Gruppe der Samoaner folgen Gemeinden von den Cookinseln sowie von Tonga, Niue, Fidschi, Tokelau und Tuvalu. Die meisten Polynesier leben in South Auckland oder in Teilen West Aucklands und des Stadtzentrums.

Wie die Maorirenaissance der letzten Jahrzehnte wird auch der Pazifikstil unter Aucklands Trendsettern immer angesagter. Überall finden sich polynesische Motive: In Kunst, Architektur, Mode, Haushaltswaren und vor allem in der Musik. Die Filme *Sione's Wedding* und *No. 2* haben das polynesische Auckland auf die Kinoleinwand gebracht, während *bro'Town* die neuseeländische Antwort auf *South Park* ist. Seltsamerweise blicken örtliche Pakehas in Richtung Pazifik, während sich polynesische Teenager vom farbigen Amerika inspirieren lassen. Dank einer gewaltigen Hip-Hop-Szene ist hausgemachter Rap in Auckland immer schwer angesagt.

Als eines der besten Lokalevents lockt das Pasifika Festival (S. 122) Tausende in den Western Springs Park, die dort Polynesiens Kochkunst und Kultur in der Sonne genießen. Wer dieses Fest verpasst, bekommt seine Dosis Pazifik-Atmosphäre auf den Märkten von Otara und Avondale (S. 137) oder bei beliebigen Hip-Hop-Abenden in örtlichen Clubs. Pauanesia (S. 136) verkauft interessante Geschenke und Kunstwerke.

Auckland Zentrum

Agents & Merchants/Racket (Karte S. 108 f.; ☎ 09-309 5852; 46–50 Customs St) Dieses Duo versteckt sich in seiner eigenen überdachten Gasse. Mit Freiluft-Feuerstelle und Sofas verbreitet es eine altmodische und zugleich ganz und gar moderne Atmosphäre. Das A & M serviert tolle Tapas und Wein; die DJs vom Racket treten erst etwas später an die Plattenteller.

Bluestone Room (Karte S. 108 f.; ☎ 09-302 0930; 9 Durham Lane; ⊙ Mo–Fr 11 Uhr–open end, Sa 16 Uhr–open end) Das äußerst charaktervolle Steingebäude steht seit 1861 in einer anrüchigen Altstadtgasse. Ein glasbedeckter Brunnenschacht im Boden stammt sogar noch aus dem Jahr 1841. In den 1960er-Jahren spielten hier die Rolling Stones, heute werden an Wochenenden immer noch Liverock und -blues geboten.

Chambers Bar (Karte S. 108 f.; ☎ 09-309 8151; 6 O'Connell St; ⊙ Di–Sa 16 Uhr–open end) Wer die Treppen hinunterschleicht, betritt eine glamouröse Welt aus blitzenden Kronleuchtern, Ledersofas und kunstvollen Cocktails.

Hotel de Brett (Karte S. 108 f.; ☎ 09-925 9000; 2 High St; ⊙ 12 Uhr–open end) Die schicke Housebar im Art-déco-Stil lockt mit Cocktails. Alternativ warten Plätze am Feuer im Atrium, einer interessant gestalteten, überdachten ehemaligen Gasse zwischen den alten Gebäuden.

Lenin Bar (Karte S. 108 f.; ☎ 09-377 0040; Princes Wharf; ⊙ 15 Uhr–open end) Die russisch dekorierte Bar empfängt Gäste von Donnerstag bis Samstag mit vielen Wodkasorten und DJs. Durch ein Fenster fällt der Blick in die Eiswelt der Minus 5° Bar – ganz ohne krasse Kälte (oder Preise).

Minus 5° Bar (Karte S. 108 f.; ☎ 09-377 6702; Princes Wharf; Grundpreis vor/nach 18 Uhr 25/30 NZ$; ⊙ So–Mi 12–1, Do–Sa 12–2 Uhr) Von den Sitzgelegenheiten bis zu den Gläsern besteht hier alles aus Eis. Deshalb legt man spezielle Schutzkleidung (inkl. Handschuhe und Schuhe) an und schlürft seinen Gratiscocktail auf Wodkabasis. Aufenthalte in der schimmernden Welt sind auf 30 Minuten beschränkt – so schnell schmilzt das sauer verdiente Geld dahin!

Mo's (Karte S. 108 f.; ☎ 09-366 6066; Ecke Wolfe St & Federal St; ⊙ Mo–Fr 16–3, Sa 20–3 Uhr) Irgendetwas an dieser winzigen Eckbar treibt einen dazu, künstliche Probleme heraufzubeschwören, nur damit der Barkeeper sie dann mit beruhigenden Worten und einem hervorragend eingeschenkten Martini löst.

Northern Steamship Co. (Karte S. 108 f.; ☎ 09-374 3952; 122 Quay St) In dem coolen, großen Pub am Bahnhof hängen normale Lampen verkehrt herum von der Decke, während das Wandbild hinter der Bar den Traum von Sommerferien in Neuseeland heraufbeschwört.

Occidental Belgian Beer Cafe (Karte S. 108 f.; ☎ 09-300 6226; 6 Vulcan Lane; ⊙ Mo–Fr 7 Uhr–open end, Sa & So 9 Uhr–open end) Die historische Kneipe von 1870 steht für belgisches Bier, belgisches Essen (tonnenweise *moules* & *frites* alias Miesmuscheln & Pommes) und Livemusik.

Pasha (Karte S. 108 f.; ☎ 09-355 0077; Princes Wharf; ⊙ 16 Uhr–open end) Tolle Viaduct-Bar, die herrliche Cocktails mit maurischer Exotik mixt.

Shakespeare (Karte S. 108 f.; ☎ 09-373 5396; 61 Albert St; ⊙ 24 Std.) Altmodische Eckkneipe mit sonniger Terrasse und hauseigener Kleinbrauerei.

Newton

Galbraith's Alehouse (Karte S. 108 f.; ☎ 09-379 3557; 2 Mt. Eden Rd; ◷ Mo–Sa 17–23, So 12–22 Uhr) Dank selbstgebrautem Real Ale und Lager schenkt der englisch geprägte Pub quasi Glücksseligkeit vom Fass aus. Der Biergarten hinter dem Haus sticht die hell erleuchtete Bar aus.

Wine Cellar (Karte S. 108 f.; ☎ 09-337 8293; St. Kevin's Arcade, K Rd; ◷ Mo–Do 17–24, Fr & Sa 17–2 Uhr) Am Fuß einer Arkadentreppe versteckt sich hier die Art von Bar, in der sich Buffy die Vampirjägerin bei einem Einsatz in Auckland wahrscheinlich herumgetrieben hätte: Der düstere Laden ist schäbig und obercool. In der benachbarten Whammy Bar spielen regelmäßig Livebands.

Kingsland

Neighbourhood Brewbar (Karte S. 117; ☎ 09-529 9178; 498 New North Rd; ◷ Mo–Fr 11 Uhr–open end, Sa & So 12 Uhr–open end) Während der Rugby-Weltmeisterschaft herrscht in der Nobelkneipe absolute Anwesenheitspflicht. Dafür sorgen z. B. Panoramafenster mit Blick auf den Eden Park und eine Vorderterrasse, die ihren hohen Abschleppfaktor gleich nach Einbruch der Dunkelheit offenbart.

Ponsonby & Grey Lynn

In der Ponsonby Rd verschwimmen die Grenzen zwischen Café, Restaurant, Bar und Club: Viele Lokale engagieren Livebands oder verwandeln sich zu später Stunde in Clubs.

Gypsy Tea Room (Karte S. 119; ☎ 09-361 6970; 455 Richmond Rd; ◷ So–Do 16–23.30, Fr & Sa 15–2 Uhr) Die niedliche Wein- und Cocktailbar punktet mit massenhaft schrägem Charme. Hier trinkt niemand Tee.

Dida's Wine Lounge & Tapas Bar (Karte S. 119; ☎ 09-376 2813; 54 Jervois Rd; ◷ 11 Uhr–open end) Super Essen und eine noch bessere Weinkarte locken hauptsächlich ältere Semester hierher. Ruhig Blut, Tiger!

Ponsonby Social Club (Karte S. 119; ☎ 09-361 2320; 152 Ponsonby Rd; ◷ 17 Uhr–open end) Der langgestreckte, schmale Laden ist halb Gasse, halb Bar. Im Hinterbereich steppt am Wochenende der Bär, wenn die DJs Funkklassiker und Hip-Hop auflegen.

UNTERHALTUNG

Donnerstags- und Samstagsausgabe des *NZ Herald* enthalten mit der Beilage *Time Out* jeweils einen umfangreichen Eventkalender für die folgende Woche. Anstehende Party-

nächte in der K Rd lassen sich mittels des detaillierten Bar- und Clubverzeichnisses unter www.kroad.co.nz planen.

Tickets für die meisten Großveranstaltungen gibt's bei:

Ticketek (☎ 09-307 5000; www.ticketek.co.nz) Filialen z. B. im Aotea Centre und SkyCity Atrium.

Ticketmaster (☎ 09-970 9700; www.ticketmaster.co.nz) Ableger im Real Groovy (S. 137), in der Vector Arena (S. 135) und im Bahnhof Britomart.

Livemusik

Dogs Bollix (Karte S. 108 f.; ☎ 09-376 4600; www.dogsbollix.co.nz; Ecke K Rd & Newton Rd) Von Dienstag bis Donnerstag gibt's Livemusik in diesem Irish Pub – allerdings nicht nur irische. Einheimische Musiker hängen in ihrer Freizeit hier ab.

Thirsty Dog (Karte S. 108 f.; ☎ 09-377 9190; www.thirstydog.co.nz; 469 K Rd; ◷ 11 Uhr–open end) Dieser Hund ist gleichermaßen durstig und laut. Dafür sorgen ein anständiges Soundsystem und regelmäßige Konzerte lokaler Bands.

Kings Arms Tavern (Karte S. 108 f.; ☎ 09-373 3240; www.kingsarms.co.nz; 59 France St; ◷ 11 Uhr–open end) Einer von Aucklands führenden Kleinclubs für einheimischen Liverock, der hier an den meisten Abenden erklingt. Initiationstempel der Lokalszene.

Windsor Castle & Juice Bar (Karte S. 115; ☎ 09-356 3650; www.thewindsor.co.nz; 144 Parnell Rd) Der Ex-Gammelpub von 1847 war in den 1970er- und 1980er-Jahren das Herz der Aucklander Kneipenrockszene. Seit Generalrenovierung und

---

EINE PLAYLIST FÜR AUCKLAND

Diese Auckland-Songs gehören beim Schlendern über die städtischen Straßen unbedingt auf jeden MP3-Player:

- *Chains* – Che Fu und DLT
- *Kare Kare* – Crowded House
- *Hopetoun Bridge* – Dave Dobbyn
- *Andy* – The Front Lawn
- *Auckland CBD Part Two* – Lawrence Arabia
- *Dominion Rd* – The Mutton Birds
- *A Brief Reflection* – Nesian Mystik
- *We Are the OMC* – Otara Millionaires Club
- *Haul Away* – Split Enz
- *One Tree Hill* – U2

SCHWULEN- & LESBENSZENE IN AUCKLAND

Auckland ist auch unter dem Spitznamen „Queen City" bekannt – also passt es prima, dass hier die größte Schwulengemeinde des Landes lebt. Die hellen Lichter ziehen Schwule und Lesben aus ganz Neuseeland an. Allerdings locken die noch helleren Lichter Sydneys viele 30- bis 40-Jährige weg und sorgen so für ein tiefes Loch in der Demografie. Die Handvoll örtlicher Schwulen- und Lesbenläden ist deshalb nicht ganz lebhaft wie eventuell erwartet.

Aktuelle Szene-Events lassen sich über die zweiwöchentlich erscheinende Zeitung *Express* (erhältlich bei Schwulentreffs) oder online (www.gaynz.com) ermitteln. Größte Highlights des schwul-lesbischen Veranstaltungskalenders sind Big Gay Out (S. 122), Queen of the Whole Universe (S. 123) und das Filmfestival Out Takes (S. 122).

Obwohl die Szenelokale mit alarmierender Häufigkeit wechseln, sind folgende Adressen – zusammen mit dem heterofreundlichen SPQR (S. 131) – beständig am Start:

- **Family** (Karte S. 108 f.; ☎ 09-309 0213; www.familybar.co.nz; 270 K Rd) Kitschig, frech und jung sorgt diese Bar meist für einen Heidenspaß.
- **Naval & Family** (Karte S. 108 f.; ☎ 09-373 3409; Ecke K Rd & Pitt St) Die direkt gegenüber liegende Schwesterbar verbreitet eher Kneipenatmosphäre.
- **Urge** (Karte S. 108 f.; ☎ 09-307 2155; www.urgebar.co.nz; 490 K Rd; ☻ Do–Sa 21 Uhr–open end) Die alteingesessenste Schwulenbar des Landes ist älter und behaarter als das Family. Programm: DJs (Fr & Sa), schlüpfrige Partys und intensives Anbandeln.
- **Dot's** (Karte S. 108 f.; ☎ 09-379 7335; www.dotsbar.com; 223 Symonds St; ☻ Di–So 15 Uhr–open end) Kunterbunter Tuntenreigen inklusive Dragshows (Fr & Sa).
- **Centurian** (Karte S. 108 f.; ☎ 09-377 5571; 18 Beresford St; Eintritt vor/nach 15 Uhr 21/26 NZ$; ☻ So–Do 12–2, Fr & Sa 11–6 Uhr) Schwule Männersauna.

Wiedereröffnung im Jahr 2009 strebt der Laden danach, erneut zur führenden örtlichen Liverock-Kneipe aufzusteigen.

Große Namen aus Neuseeland und aller Welt stehen z. B. hier auf der Bühne:
Mt. Smart Stadium & Supertop (Karte S. 104; ☎ 09-571 1603; www.mtsmartstadium.co.nz; Maurice Rd, Penrose)
North Shore Events Centre (Karte S. 104; ☎ 09-443 8199; www.nseventscenter.zes.zeald.com; Argus Pl, Glenfield)
Vector Arena (Karte S. 108 f.; ☎ 09-358 1250; www.vectorarena.co.nz; Mahuhu Cres, Stadtzentrum)
Western Springs Stadium (Karte S. 104; ☎ 09-849 3807; Great North Rd, Western Springs)

Nachtclubs

Nachtclubs konzentrieren sich vor allem auf Viaduct und K Rd, sind aber vereinzelt auch im Bereich von Fort St und Ponsonby Rd zufinden. Je nach Abend und Event verlangen manche Locations einen Grundpreis.

Cassette Number Nine (Karte S. 108 f.; ☎ 09-366 0196; www.cassettenine.com; 9 Vulcan Lane; Grundpreis Fr & Sa 10 NZ$; ☻ 17 Uhr–open end) Die exzentrische Mischung aus Bar und Club zieht Aucklands abgedrehteste Trendsetter an. Hier tummeln

sich herausgeputzte New-Romantic-Klone zwischen Mädels in ultrakurzen Kleidchen. Das Musikspektrum reicht dementsprechend von Independent-Liverock bis zu internationalen DJs.

Ink & Coherent (Karte S. 108 f.; ☎ 09-358 5103; www.inkcoherent.co.nz; 268 & 262 K Rd; Grundpreis frei–45 NZ$) Benachbartes Clubduo für echte Dancefreaks, das gelegentlich Promi-DJs engagiert.

Rising Sun & 4:20 (Karte S. 108 f.; ☎ 09-358 5643; www.420.co.nz; 373 K Rd) Unten liegt ein waschechter Nachtclub mit abendabhängig variierender Musik (vor allem Hip-Hop, aber auch Electro, House oder Reggaetron). Darüber befindet sich ein großer Raum mit Aussicht und weiterer kleiner Tanzfläche.

Khuja Lounge (Karte S. 108 f.; ☎ 09-377 3711; 536 Queen St; ☻ Mi–Sa 20–3 Uhr) Die lässige Lounge über dem Westpac-Gebäude engagiert neben DJs auch Jazz-, Soul- und Hip-Hop-Bands.

Boogie Wonderland (Karte S. 108 f.; ☎ 09-361 6093; www.boogiewonderland.co.nz; Ecke Galway St & Queen St; ☻ Do–Sa 21 Uhr–open end) So kitschig und amüsant, wie es der Name verspricht: Dieser Kellerclub hält das Discofieber bis heute lebendig und ist bei Damen in gewissem Alter schwer angesagt.

Sport

Eden Park (Karte S. 117; ☎ 09-815 5551; www.edenpark.
co.nz; Reimers Ave, Kingsland) In diesem Stadion
finden die wichtigsten Rugbyspiele (Winter)
und Kricketmatches (Sommer) statt. Zur Zeit
der Recherche wurde das Ganze gerade
kräftig für die Rugby-Weltmeisterschaft 2011
umgebaut. Hier stehen die All Blacks, Black
Caps und Auckland Blues auf dem Rasen. Um
das Stadion zu erreichen, per Zug ab Britomart zur Station Kingsland fahren.

Das **Mt. Smart Stadium** ist für Fußballspiele,
Rugby-League-Begegnungen (Warriors) und
richtig große Livebands (s. S. 125) zuständig.

ASB Tennis Centre (Karte S. 108 f.; ☎ 09-373 3623; 72
Stanley St) Auf die ASB Classics der Damen
(Jan.) folgen die Heineken Open der Herren.
Dabei schwingen immer wieder berühmte
Stars den Tennisschläger.

Theater, Klassik & Comedy

Aucklands größter Kunst- und Kulturkom-
plex heißt **Edge** (☎ 09-357 3355; www.the-edge.co.nz)
und umfasst die Gebäude am Rand des Aotea
Sq (Town Hall, Civic Theatre, Aotea Centre).

Auckland Town Hall (Karte S. 108 f.; 305 Queen St) In
der eleganten, eduardianischen Konzerthalle
von 1911 spielen z. B. das New Zealand Symphony Orchestra (www.nzso.co.nz) oder die
Auckland Philharmonia (www.apo.co.nz).

Aotea Centre (Karte S. 108 f.; 50 Mayoral Dr) Aucklands größte Theater-, Tanz-, Ballett- und
Opernbühne besitzt zwei Hauptsäle: Im riesigen ASB Auditorium und im winzigen Herald Theatre finden regelmäßig Auftritte der
Auckland Theatre Company (www.atc.co.nz),
des Silo Theatre (www.silotheatre.co.nz) oder
der NZ Opera (www.nzopera.com) statt.

Civic Theatre (Karte S. 108 f.; Ecke Queen St & Wellesley
St) Das restaurierte, historische Prachttheater
(S. 116) wird von bedeutenden Tourneepro-
duktionen (Oper, Musik, Livetheater) und
dem Auckland International Film Festival
(S. 123) genutzt.

Classic Comedy Club (Karte S. 108 f.; ☎ 09-373 4321;
www.comedy.co.nz; 321 Queen St; Tickets 5–27 NZ$) Auck-
lands angesagtester Comedyclub mit fast all-
abendlichen Shows. Freitags und samstags
gibt's Spätvorstellungen.

Weitere Theater:

Maidment Theatre (Karte S. 108 f.; ☎ 09-308 2383;
www.maidment.auckland.ac.nz; Auckland University,
8 Alfred St)

SkyCity Theatre (Karte S. 108 f.; ☎ 09-363 6000;
www.skycity.co.nz; Ecke Victoria St & Federal St)

Kino

An Werktagen sind Kinotickets vor 17 Uhr
meistens billiger. Dienstag ist normalerweise
Schnäppchentag.

SkyCity Queen Street (Karte S. 108 f.; ☎ 09-979 2401;
www.skycitycinemas.co.nz; Level 3, 291 Queen St; Erw. 10–
15,50 NZ$, Kind 8–9,50 NZ$) Gehört zum SkyCity
Metro, einem modernistischen Einkaufszentrum mit Bars, Food Court und Borders-
Buchladen.

Academy Cinemas (Karte S. 108 f.; ☎ 09-373 2761;
www.academycinemas.co.nz; 44 Lorne St; Erw./erm.
15/11 NZ$) Zeigt ausländische Indie-Streifen und
Kunstfilme unten in der Central City Library.

Rialto Cinemas (Karte S. 115; ☎ 09-529 2218; www.
rialto.co.nz; 167 Broadway, Newmarket; Erw. 10–16 NZ$, Kind
8–10 NZ$) Kunstkino und Internationales plus
etwas Mainstream.

NZ Film Archives (Karte S. 108 f.; ☎ 09-379 0688; www.
filmarchive.org.nz; 300 K Rd; ⊙ Mo–Fr 11–17, Sa 11–16 Uhr)
Herrliches Archiv mit über 1000 neuseeländischen Filmen bzw. Dokus ab Produktions-
jahr 1905, die man kostenlos am Bildschirm
ansehen kann. Auf S. 21 sind ein paar echte
Kiwi-Kinohighlights aufgeführt.

SHOPPEN

High St, Chancery Lane, Newmarket, Pon-
sonby Rd und K Rd sind Topadressen für
Fashion-Freaks. Ein offizielles Rugbyshirt der
All Blacks kostet ca. 180 NZ$. Im Stadtzent-
rum (vor allem in der Queen St) gibt's viele
Läden mit Outdoorkleidung und -ausrüstung.

Geschenke & Souvenirs

Pauanesia (Karte S. 108 f.; ☎ 09-366 7782; 35 High St)
Farbenfrohe Schatztruhe voller polynesischer
Kunsthandwerks- und Geschenkartikel.

Native Agent (Karte S. 117; ☎ 09-845 3289; 507b New
North Rd) Schmuck, Bekleidung und Schnickschnack mit starkem Maoritouch – komplett
aus neuseeländischer Produktion.

O'Kai Oceanikart (Karte S. 108 f.; ☎ 09-379 9051;
65 K Rd) Panpazifische Kunst von bekannten
Meistern wie Fatu Feu'u bis hin zu spannen-
den Newcomern.

Kleidung & Accessoires

Karen Walker City (Karte S. 108 f.; ☎ 09-309 6299;
15 O'Connell St); Newmarket (Karte S. 115; ☎ 09-522 4286;
6 Balm St); Ponsonby (Karte S. 119; ☎ 09-361 6723; 171
Ponsonby Rd) Auch Madonna und Björk tragen
den coolen, aber teuren Walker-Fummel.

Marvel (Karte S. 119; ☎ 09-376 4204; 143 Ponsonby Rd)
Toller einheimischer Herrenausstatter, der

vor allem ausgeflippte Partymode und elegante Maßhemden oder -hosen aus interessanten Stoffen führt.

Royal Jewellery Studio (Karte S. 117; ☎ 09-846 0200; 486 New North Rd) Unter den reizvollen Produkten einheimischer Kunsthandwerker sind auch ein paar wunderschöne Maoriwerke. Super Adresse für Schmuck aus echter *pounamu* (Jade).

Zambesi City (Karte S. 108 f.; ☎ 09-303 1701; Ecke Vulcan Lane & O'Connell St); Newmarket (Karte S. 115; ☎ 09-523 1000; 38 Osborne St); Ponsonby (Karte S. 119; ☎ 09-360 7391; 169 Ponsonby Rd) Das zweifellos interessanteste und einflussreichste Kiwi-Modelabel steht bei Promis aus In- und Ausland hoch im Kurs.

Märkte

Otara Market (Karte S. 104; ☎ 09-274 0830; Newbury St; ◷ Sa 6–12 Uhr) Der Parkplatzmarkt zwischen Manukau Polytech und Otara Town Centre verbreitet echte polynesische Atmosphäre – dank Essen, Musik und Mode aus dem südpazifischen Raum. Erreichbar mit Bus 497 ab Britomart (5,40 NZ$, 50 Min.).

Avondale Sunday Market (Karte S. 104; ☎ 09-818 4931; Avondale Racecourse, Ash St; ◷ So 6–12 Uhr) Ähnliche Atmosphäre wie auf dem Otara Market. Den Zug zur Station Avondale nehmen.

Musik

Real Groovy (Karte S. 108 f.; ☎ 09-302 3940; 438 Queen St) Monströses Paradies für Musikliebhaber mit Massen von neuen, gebrauchten und seltenen Tonträgern. Außerdem bekommt man hier Konzerttickets, Riesenposter, DVDs, Bücher, Zeitschriften und Klamotten.

AN- & WEITERREISE
Auto
MIETEN

In Auckland gibt's zahllose Autovermietungen. Die Stadt eignet sich also perfekt, um einen fahrbaren Untersatz für Touren durch Neuseeland oder das Stadtgebiet zu mieten (oder zu kaufen). Bei längeren Mietzeiten sind Rabatte durchaus drin, doch das günstigste Angebot ist nicht immer auch das beste.

In der Beach Rd und der Stanley St nahe dem Stadtzentrum haben sich mehrere Autovermieter auf einem Fleck niedergelassen. Empfehlenswert sind die großen Firmen (Avis, Budget, Hertz und Thrifty), die auch vollen Versicherungsschutz bieten und Filialen im ganzen Land und am Flughafen unterhalten. Ihre Preise sind zwar etwas höher, man

kann sie aber bei längeren Mietzeiten und in der Nebensaison oft herunterhandeln.

Wagemutige sparen zwar mit Billiganbietern unter Umständen Geld, müssen aber im Gegenzug auf Vollkaskoversicherung verzichten und riskieren eine Selbstbeteiligung von 750 NZ$. Die Preise sind von Saison, Fahrzeugalter und Mietdauer abhängig. Die Preise in den Prospekten kann man getrost ignorieren; ein telefonischer Preisvergleich macht weitaus mehr Sinn. Nicht vergessen: wie immer vor dem Unterschreiben den Mietvertrag genau durchlesen!

Hier ein paar der verlässlicheren Autovermietungen (sie haben zum Teil auch Wohnmobile und Wohnwagen im Angebot):

A2B (Karte S. 108 f.; ☎ 0800 222 929, 09-377 0824; www.a2b-car-rental.co.nz; 11 Stanley St) Günstige Autos älteren Datums, die dank fehlender Mietwagenkennzeichnung weniger anziehend auf Diebe wirken.

Britz (Karte S. 104; ☎ 0800 831 900, 09-275 9090; www.britz.co.nz; 36 Richard Pearse Dr, Mangere)

Budget (Karte S. 108 f.; ☎ 0800 283 438, 09-529 7788; www.budget.co.nz; 163 Beach Rd)

Escape (Karte S. 108 f.; ☎ 0800 216 171, 021 288 8372; www.escaperentals.co.nz; 7 Gore St) Abgefahren lackierte Wohnmobile.

Explore More (Karte S. 104; ☎ 0800 447 363, 09-255 0620; www.exploremore.co.nz; 36 Richard Pearse Dr, Mangere)

Go Rentals (Karte S. 104; ☎ 0508 246 684, 09-525 7321; www.gorentals.co.nz; 688 Great South Rd, Penrose)

Hertz (Karte S. 108 f.; ☎ 0800 654 321, 09-367 6350; www.hertz.co.nz; 154 Victoria St)

Jucy (Karte S. 108 f.; ☎ 0800 399 736, 09-374 4360; www.jucy.co.nz; 2–16 The Strand)

Maui (Karte S. 104; ☎ 0800 651 080, 09-255 3910; www.maui.co.nz; 36 Richard Pearse Dr, Mangere)

Omega (Karte S. 108 f.; ☎ 0800 525 210, 09-377 5573; www.omegarentals.com; 75 Beach Rd)

Thrifty (Karte S. 108 f.; ☎ 0800 737 070, 09-309 0111; www.thrifty.co.nz; 150 Khyber Pass Rd)

KAUFEN

Wer zwei Monate oder länger in Neuseeland bleibt, fährt mit einem gekauften Auto eventuell besser. Fahrzeuge gibt's bei Händlern (oft mit Rückkaufgarantie), auf Automärkten oder Auktionen. Auch die Aushänge in Backpacker-Herbergen sind grundsätzlich eine gute Quelle. Vor dem Fahrzeugkauf unbedingt den technischen Zustand überprüfen – und der Wagen sollte auch nicht gerade gestohlen oder mit finanziellen Forderungen von Dritten belastet sein.

Bei Rückkaufverträgen verpflichtet sich der Händler, das Fahrzeug zu einem vorher festgelegten Betrag zurückzunehmen (meist 50 % des Kaufpreises); das lohnt sich nicht sonderlich, bietet aber eine gewisse Sicherheit, dass sich das Auto am Ende der Reise nicht als Ladenhüter entpuppt.

Sehr beliebt sind die Automärkte, auf denen Privatleute ihre fahrbaren Untersätze loswerden wollen. Die beste Auswahl gibt's zwischen 8.30 und 9.30 Uhr; um 12 Uhr bekommt man meistens – wenn überhaupt – nur noch ein paar Schrottmühlen. Zum Überprüfen der Kreditwürdigkeit Fahrgestell- und Zulassungsnummer angeben. Auf folgenden Automärkten sind Inspektionsmechaniker, Finanzierungsfirmen und „Auto Check" vorhanden:

Auckland Car Fair (Karte S. 104; ☎ 09-529 2233; www.carfair.co.nz; Ellerslie Racecourse, Green Lane East; ⊙ So 9–12 Uhr) Der größte Automarkt. Es kostet 30 NZ$, sein Auto hier auszustellen.

City Car Fair (Karte S. 108 f.; ☎ 09-837 7817; Ecke Halsey St & Gaunt St; ⊙ Sa 9–13 Uhr) Für 20 NZ$ kann man sein Auto anbieten.

Bus

Aucklands bzw. Neuseelands größtes Fernbusunternehmen ist **InterCity** (☎ 09-583 5780; www.intercity.co.nz) mit seiner Reise- und Sightseeing-Tochter **Newmans Coach Lines** (www.newmanscoach.co.nz). Ab dem **SkyCity Coach Terminal** (Karte S. 108 f.; ☎ 09-913 6220; 102 Hobson St) bedient die Firma beinahe alle größeren Städte und Touristengebiete.

Naked Bus (www.nakedbus.com) folgt dem SH1 bis nach Paihia (4 Std.) und Wellington (12 Std.). Ebenfalls bedient werden die Waitomo Caves (3¾ Std.), Whitianga (3¾ Std.), Tauranga (3½ Std.), Gisborne (9 Std.) und Napier (12 Std.). Der Startpreis liegt bei 1 NZ$. **Dalroy Express** (☎ 0508 465 622; www.dalroytours.co.nz) verkehrt einmal täglich zwischen Auckland und New Plymouth (59 NZ$, 5½ Std.). Und **Main Coachline** (☎ 09-278 8070; www.maincoachline.co.nz) pendelt sechsmal pro Woche zwischen Auckland und Dargaville (48 NZ$, 3 Std.). All diese Busse halten in Aucklands Quay St gegenüber vom Ferry Building (Karte S. 108 f.).

Go Kiwi (☎ 07-866 0336; www.go-kiwi.co.nz) bietet täglich Tür-zu-Tür-Shuttles nach/ab Auckland, Thames und Whitianga an. Je nach Jahreszeit geht's zusätzlich nach Tauranga und Rotorua.

Flugzeug

Der **Auckland International Airport** (Karte S. 104; ☎ 09-275 0789; www.auckland-airport.co.nz) liegt 21 km südlich vom Stadtzentrum. Seine beiden Terminals für Auslands- und Inlandsfluge besitzen jeweils eine Touristeninformation. Die kostenlosen Shuttlebusse zwischen den Terminals (6–22.30 Uhr, alle 20 Min.) werden durch einen ausgeschilderten Fußweg (ca. 1 km) ergänzt.

Im internationalen Bereich gibt's ein Gratistelefon für Unterkunftsbuchungen. Beide Terminals beherbergen Gepäckaufbewahrungen, Geldautomaten und Autovermietungen. Filialen in der Stadt bieten jedoch bessere Leihwagenkonditionen.

Auckland ist das Haupttor zu Neuseeland und eine Drehscheibe für Inlandsflüge. Auf S. 783 stehen Informationen zu internationalen Flügen.

Inlandsfluglinien mit Verbindungen nach/ab Auckland (inkl. bediente Ziele):

Air New Zealand (Karte S. 108 f.; ☎ 09-336 2400; www.airnewzealand.co.nz; Ecke Customs St & Queen St) Kaitaia, Kerikeri, Whangarei, Hamilton, Tauranga, Whakatane, Gisborne, Rotorua, Taupo, New Plymouth, Napier, Whanganui, Palmerston North, Masterton, Wellington, Nelson, Blenheim, Christchurch, Queenstown und Dunedin.

Fly My Sky (☎ 09-256 7025; www.flymysky.co.nz) Great Barrier Island.

Great Barrier Airlines (☎ 09-275 9120; www.greatbarrierairlines.co.nz) Great Barrier Island.

Jetstar (☎ 0800 800 995; www.jetstar.com) Wellington, Christchurch und Queenstown.

Pacific Blue (☎ 0800 670 000; www.pacificblue.co.nz) Wellington, Christchurch, Queenstown und Dunedin.

**FLUG VERSPÄTET?
ZEIT FÜR EIN GLÄSCHEN WEIN!**

Triebwerkslärm macht Reben offensichtlich nichts aus: Das neuseeländische Weingut mit den meisten Auszeichnungen liegt nur 4 km vom Flughafen entfernt. Das parkartige Gelände des **Villa Maria Estate** (Karte S. 104; ☎ 09-255 0666; 118 Montgomerie Rd; ⊙ Mo–Fr 9–18, Sa & So 10–17 Uhr) ist eine grüne Oase mitten im Industriegebiet. Um 11 und 15 Uhr finden kurze Führungen (5 NZ$) statt. Die Weinproben sind kostenpflichtig (5 NZ$), aber eine relaxte Terrassensession bei Wein und Antipasti ist garantiert schöner als ödes Herumhängen in der Abflughalle.

Motorrad

NZ Motorcycle Rentals (Karte S. 104; ☎ 09-486 2472; www.nzbike.com; 72 Barrys Point Rd, Takapuna) verleiht Motorräder zwischen 105 und 400 NZ$ pro Tag (Selbstbeteiligung bei der Versicherung ab 1500 NZ$). Das Unternehmen veranstaltet auch geführte Touren.

Zug

Der **Overlander** (☎ 0800 872 467; www.tranzscenic.co.nz) hält und startet am **Bahnhof Britomart** (Karte S. 108 f.; Queen St), dem größten unterirdischen Dieselzugbahnhof der Welt. Die Züge verlassen Auckland um 7.25 Uhr (Ende Sept.–April tgl., übriges Jahr Fr–So) und erreichen Wellington um 19.25 Uhr (in die Gegenrichtung identische Zeiten). Unterwegs halten sie praktischerweise in Hamilton (2½ Std.), Otorohanga (3 Std.), Te Kuiti (3¼ Std.), Taumarunui (4½ Std.), National Park (5½ Std.), Ohakune (6½ Std.), Palmerston North (9½ Std.) und Paraparaumu (11 Std.). Der Standardpreis nach Wellington beträgt 118 NZ$. Bei jedem Trip steht jedoch eine begrenzte Anzahl vergünstigter, reservierungsfreier *Go-Anywhere*-Plätze zur Verfügung (je nach Zusteigeort 49, 69 oder 89 NZ$).

UNTERWEGS VOR ORT
Auto & Motorrad

Zu den Stoßzeiten (7–9 & 17–19 Uhr) sind Aucklands Hauptverkehrsstraßen vor allem im Norden und Süden übel überfüllt. Ebenfalls eng wird's während des Schuljahrs ab dem Unterrichtsschluss um 15 Uhr.

Von Montag bis Samstag ist das Parken in Aucklands Zentrum fast immer kostenpflichtig. Die meisten Parkuhren (ab 1 NZ$/Std.) zeigen die Standzeit per Display an: Einfach den Anweisungen folgen, Ticket rauslassen und deutlich sichtbar hinter der Windschutzscheibe legen. Sonntags können Fahrzeuge zwischen 18 und 8 Uhr normalerweise gratis abgestellt werden. Bitte dennoch sorgfältig die Parkuhren und -schilder checken!

Aucklands Parkhäuser sind teilweise ganz schön teuer. Günstigere Alternative: die städtischen Abstellflächen in der Nähe von Bahnhof und Beach Rd (7 NZ$/Tag) oder am Ngaoho Pl (5 NZ$/Tag) abseits des Strands.

Fahrrad

Adventure Cycles (Karte S. 104; ☎ 09-940 2453; www.adventure-auckland.co.nz/adventurecycles; 9 Premier Ave, Western Springs; Leihgebühr pro Tag 20–40 NZ$, Woche 90–150 NZ$, Monat 200–300 NZ$; ☺ Do–Mo 7.30–19 Uhr) verleiht Rennräder, Mountain- und Tourenbikes für längere Trips. Außerdem gibt's Rückkauf- und Reparaturservices.

Die Radkarten von **Maxx Regional Transport** (☎ 09-366 6400; www.maxx.co.nz) gibt's kostenlos bei öffentlichen Einrichtungen wie Bahnhöfen, Bibliotheken und i-SITEs. Drahtesel können auf Fähren (kostenl.) und in Zügen (1 NZ$) mitgenommen werden. In Bussen sind aber nur Klappräder erlaubt.

Vom/zum Flughafen

Der **Airbus Express** (☎ 09-366 6400; www.airbus.co.nz; einfache Strecke/hin & zurück Erw. 16/23 NZ$, Backpacker 14/21 NZ$, Kind 6/12 NZ$) verkehrt alle 15 (7–19.30 Uhr) bzw. 30 Minuten (19.30–7 Uhr) zwischen den Terminals und dem Stadtzentrum. Unterwegs hält er z. B. in der Mt. Eden Rd (auf Anfrage), Symonds St, Queen St und am Ferry Terminal. Reservierung ist nicht erforderlich, die Tickets werden direkt beim Fahrer gekauft. In beiden Richtungen dauert die Fahrt weniger als eine Stunde (zu Hauptverkehrszeiten länger).

Der praktische **Super Shuttle** (☎ 0800 748 885; www.supershuttle.co.nz) bringt einen „von Tür zu Tür" vom Flughafen zu einem Hotel im Stadtzentrum (ca. 25 NZ$). Bei Gruppen sinkt der Preis pro Nase. Shuttles in außerhalb gelegene Vororte sind teurer.

Taxitrips zwischen Flughafen und Innenstadt kosten ca. 70 NZ$.

Öffentliche Verkehrsmittel

Wegen der zügellosen Privatisierung in den 1980er-Jahren werden Aucklands öffentliche Verkehrsmittel von vielen verschiedenen Anbietern betrieben, von denen keiner zu kooperieren scheint. Deshalb gibt es nur wenige durchgängige Pässe für die öffentlichen Verkehrsmittel. Das Auckland Regional Council versucht, das Chaos zu entwirren und betreibt den ausgezeichneten Infoservice **Maxx** (☎ 09-366 6400; www.maxx.co.nz), der für Busse, Züge und Fähren verantwortlich ist. Auf der Website gibt's einen super Routenplaner.

BUS

Durch die ganze Stadt verlaufen Busrouten. Viele Linien enden in der Nähe des Bahnhofs Britomart (Karte S. 108 f.). An den Bushaltestellen gibt es meistens elektronische Anzeigetafeln, die die ungefähre Wartezeit anzeigen. Aber Vorsicht: Die stimmen oft nicht!

AUCKLAND & UMGEBUNG

Einfache Fahrten in der Innenstadt kosten 0,50 NZ$ für Erwachsene und 0,30 NZ$ für Kinder (nach dem Einsteigen beim Fahrer zahlen), aber wenn man weiter weg fährt, reichen die Preise von 1,60/1 NZ$ (Erw./Kind) bis 9,70/5,80 NZ$. Ein Eintagespass (gilt auch für die North-Shore-Fähren) kostet 11 NZ$, und ein Wochenpass 45 NZ$ (beim Kauf über einen Agenten 40 NZ$) – hier gibt es keine Ermäßigungen für Kinder.

Der umweltfreundliche Link Bus (1,60 NZ$, 6–23.30 Uhr, alle 10–15 Min.) ist eine sehr praktische Linie, die im und gegen den Uhrzeigersinn im Kreis fährt und an Stationen wie Queen St, SkyCity, Victoria Park Market, Ponsonby Rd, K Rd, Newmarket, Parnell und Britomart hält.

Der rote City-Circuit-Bus (8–18 Uhr, alle 10 Min.) fährt kostenlos durch die Innenstadt vom Bahnhof Britomart die Queen St hoch, am Albert Park vorbei zur Auckland University, zum Sky Tower und wieder zurück zum Britomart.

ZUG

Aucklands Zugservice ist ausgezeichnet, aber im Angebot leider etwas begrenzt. Die Züge sind normalerweise sauber, billig und (meistens) pünktlich – auch wenn der kleinste Schluckauf auf der Strecke das gesamte Netzwerk zum Erliegen bringen kann. Da die Züge nicht häufig fahren, empfiehlt es sich immer, auf den Fahrplan zu schauen.

Im beeindruckenden Bahnhof Britomart (Karte S. 108 f.) gibt es Lebensmittelhändler, Wechselstuben und einen Kartenschalter. Im UG findet man vornehme Toiletten und Gepäckschließfächer.

Es gibt nur drei Zugstrecken durch Auckland und die Umgebung: Eine verläuft in Richtung Westen nach Waitakere, die anderen beiden in südliche Richtung nach Pukekohe. Die Züge fahren mindestens stündlich zwischen 6 und 20 Uhr (am Wochenende länger). Der Discovery Pass für 14 NZ$ ist in den meisten Bussen, Zügen und North-Shore-Fähren gültig. Wer keinen Pass hat, zahlt beim Schaffner im Zug (1 Zone 1,40 NZ$); einfach einen ansprechen. Alle Züge verfügen über Rollstuhlrampen.

Schiff/Fähre

Die Fähren von Fullers und 360 Discovery legen jeweils an der Quay St im Stadtzentrum ab (für Zielhäfen, s. S. 118).

Taxi

Die vielen Taxis in Auckland starten meistens an Taxiständen, man findet sie aber auch in anderen belebten Gegenden. **Auckland Co-op Taxis** (☎ 09-300 3000) ist eines der größten Unternehmen. Die Grundgebühr beträgt 3 NZ$, jeder Kilometer kostet zwischen 2,40 und 2,60 NZ$. Für den Transport zum und vom Flughafen und zu den Kreuzfahrtschiffen wird ein Aufpreis verlangt.

HAURAKI-GOLF

Der Hauraki-Golf liegt zwischen Auckland und der Coromandel Peninsula, ist durchzogen von *motu* (Inseln) und macht in puncto Schönheit der Bay of Islands Konkurrenz. Einige Inseln liegen nur ein paar Minuten von der Stadt entfernt und eignen sich ausgezeichnet für einen Tagesausflug: Die weindurchtränkte Insel Waiheke und die Vulkaninsel Rangitoto sollten auf keinen Fall ausgelassen werden. Es erfordert schon mehr Anstrengung (und Geld), nach Great Barrier zu fahren, aber dafür ist die Insel ein idyllischer Zufluchtsort vom modernen Leben.

Im Hauraki Gulf Maritime Park, der vom DOC betrieben wird, gibt es 47 Inseln. Einige sind richtig groß, andere sind nicht viel mehr als Felsen, die aus dem Meer ragen. Sie wurden locker in zwei Kategorien eingeteilt: Erholung und Naturschutz. Die Erholungsinseln kann man ganz einfach besichtigen. Im Sommer sind ihre Häfen voller Jachten. Zu den unter Naturschutz stehenden Inseln gibt es aber nur begrenzten Zugang. Einige können mit einer Erlaubnis besucht werden, andere sind komplett geschlossene Schutzgebiete für die Erhaltung seltener Pflanzen und Tiere, vor allem die von Vögeln.

Der Golf ist eine belebte Wasserstraße für Meeressäuger. Weiter außerhalb zeigen sich regelmäßig Sei-, Zwerg- und Brydewale, zusammen mit Orcas und Großen Tümmlern. Vielleicht bekommt man sogar einen vorbeiziehenden Buckelwal zu Gesicht.

Praktische Informationen

Am Ufer von Auckland gibt es ein DOC-Informationszentrum (S. 107) und ein New Zealand i-SITE (S. 107). Sie sind beide gute Quellen für Informationen zum Hauraki-Golf und seinen Inseln. Sie verteilen Karten und Wanderbroschüren.

An- & Weiterreise

Die meisten Inselfähren legen am Ufer von Auckland ab, einige aber auch in Devonport, Half Moon Bay (East Auckland), Gulf Harbour (Whangaparaoa Peninsula) und Sandspit (nahe Warkworth). Wer die letzte Fähre verpasst hat, dem schickt **Auckland Water Taxis** ☎ 0800 890 007; www.watertaxis.co.nz) 24-Stunden-Wassertaxis (von Auckland nach Waiheke kostet die Fahrt mindestens 210 NZ$, nach Rangitoto 100 NZ$). Auf S. 118 gibt's nähere Infos zu Kreuzfahrten und Segeltörns.

RANGITOTO & MOTUTAPU

75 Ew.

Der **Rangitoto** (www.rangitoto.org), mit 260 m der größte und jüngste Vulkankegel von Auckland, ragt elegant aus dem Wasser des Golfs heraus und bietet eine malerische Kulisse für alle Aktivitäten in der Stadt. Der Vulkan stieg erst vor 600 Jahren aus dem Meer empor und war wahrscheinlich einige Jahre lang aktiv, bevor er erlosch. Die Maori, die auf Motutapu (Heilige Insel) lebten, wurden höchstwahrscheinlich Zeuge der Ausbrüche, da in der Asche Fußabdrücke gefunden wurden und

mündliche Überlieferungen besagen, dass hier vor der Eruption einige Generationen lebten. Rangitoto ist heute durch einen Damm mit Motutapu verbunden.

Die Insel ist ein perfektes Ziel für einen Tagesausflug. Die rauen Hänge aus vulkanischer Schlacke haben überraschend viel Flora zu bieten und es gibt ausgezeichnete Wanderwege. Allerdings braucht man festes Schuhwerk und jede Menge Wasser. Auch wenn der Vulkan von Weitem steil aussieht, aus der Nähe betrachtet ähnelt er eher einem Ei, das in der Pfanne brutzelt. Die Wanderung auf den Gipfel dauert eine Stunde und wird mit einer atemberaubenden Aussicht belohnt. Oben angelangt führt ein Rundweg am Rand des Kraters entlang. Ein Weg zu den Lavahöhlen zweigt vom Gipfelpfad ab und dauert hin und zurück 30 Minuten. Am Anlegeplatz gibt es eine Informationstafel mit Karten.

Motutapu (www.motutapu.org.nz) ist im Gegensatz zu Rangitoto größtenteils mit Gras bewachsen, das Schafe und Rinder ernährt. Archäologisch gesehen ist die Insel sehr bedeutend. Hier finden sich Spuren von jahrhundertelanger Besiedlung durch Menschen.

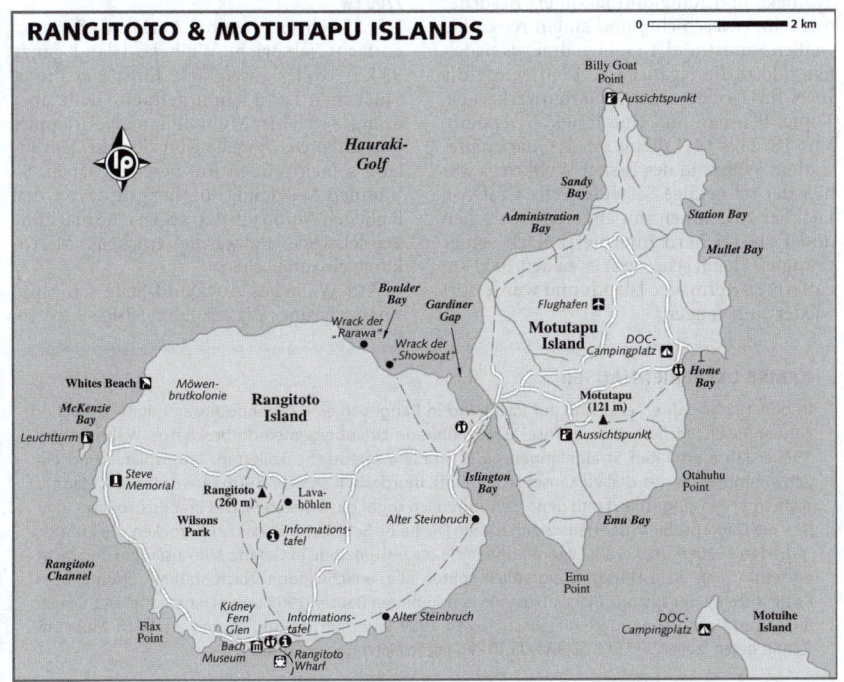

RANGITOTO & MOTUTAPU ISLANDS   0 ▭▭▭ 2 km

Die einfachen Einrichtungen des **DOC-Campingplatzes** (☎ 09-372 7348; www.doc.govt.nz; Home Bay; Erw./Kind 5/2,50 NZ$) bestehen lediglich aus Plumpsklo und Wasserhahn. Benutzer müssen entsprechende Kochausrüstung mitbringen, da offenes Feuer verboten ist. Der Platz liegt drei Wanderstunden von Rangitotos Bootsanleger entfernt. Nur an Sommerwochenenden fährt Fullers rüber zur Home Bay.

Ab Aucklands Ferry Building (Werktag/ Wochenende 3-/4-mal tgl.) bzw. Devonport (2-mal tgl.) schippern die Fähren von **Fullers** (☎ 09-367 9111; www.fullers.co.nz; hin & zurück Erw./Kind 25/13 NZ$) innerhalb von 20 Minuten nach Rangitoto. Das Unternehmen betreibt zudem den **Volcanic Explorer** (Erw./Kind 55/28 NZ$). Die geführte Inseltour in überdachten Anhängern endet am Fuß eines 900 m langen Laufstegs zum Gipfel. Der Fährtrip ist im Preis enthalten.

Reubens (☎ 0800 111 616; www.reubens.co.nz; hin & zurück 64 NZ$) betreibt einen Shuttleservice zur Islington Bay (Mi, Fr, Sa & So, Nov.–März auch Mo).

MOTUIHE ISLAND

Das 176 ha große Motuihe Island zwischen Waiheke und Rangitoto fasziniert Besucher mit seiner Geschichte und einem reizenden weißen Sandstrand. In seinen drei *pas* siedelten zuletzt die Ngati Paoa. 1840 wurde die Insel für Decken, Kittel, Gartenwerkzeuge, Töpfe, Pfannen und eine Jungkuh verkauft. Von 1872 bis 1941 diente sie als Quarantänestation. Während des Ersten Weltkriegs war hier der schneidige Seeteufel Felix Graf von Luckner zusammen mit anderen Deutschen und Österreichern interniert. Nach seiner gewagten Flucht schaffte er es zu den 1000 km entfernten Kermadec Islands und wurde dort wieder eingefangen.

Das mittlerweile schädlingsfreie Motuihe ist aktuell Objekt eines intensiven Aufforstungsprojekts engagierter Freiwilliger. Dadurch kehren bedrohte Vögel wie der geschwätzige Tieke (Sattelvogel) allmählich wieder zurück. Wer mitmachen möchte, wendet sich an den **Motuihe Trust** (☎ 0800 668 844; www.motuihe.org.nz).

Abgesehen von der Stiftungszentrale ist der einfache **DOC-Campingplatz** (Karte S. 141; ☎ 09-379 6476; www.doc.govt.nz; Erw./Kind 5/2,50 NZ$) die einzige Übernachtungsmöglichkeit vor Ort. Dort gibt's nur Toiletten und Trinkwasser. Läden oder dauerhafte Bewohner hat Motuihe nicht.

Die Inselfähren von **360 Discovery** (☎ 0800 888 006; www.360discovery.co.nz; hin & zurück Erw./Kind 24/15 NZ$) sind dreimal täglich ab/nach Auckland unterwegs. Am Wochenende stehen geführte Touren (7,50 NZ$, nur Sommer) mit Schwerpunkt auf Geschichte oder Naturschutz zur Auswahl. **Reubens** (☎ 0800 111 616; www.reubens.co.nz; hin & zurück Erw./Kind 34/17 NZ$) bietet an vier bis fünf Wochentagen einen Shuttleservice an.

WAIHEKE ISLAND
7700 Ew.

Nur 35 Fährminuten von Aucklands Zentrum entfernt verspricht Waiheke Island ganze 93 km² voller Inselglück. Einst war dieses Stückchen Land kaum gefragt. Heute aber drängen sich hier Multimillionäre, Althippies und unkonventionelle Künstler, die dem Eiland seinen grünen Ruf beschert haben. So träumen Aucklands Bürohengste davon, den täglichen Autobahnstau gegen eine maritime Pendelstrecke und warmes, trockenes Mikroklima einzutauschen.

Auf Waihekes Auckland-Seite schwappt smaragdgrünes Wasser gegen felsige Buchten.

KAMPF UM FERIENHÄUSER

In den 1920er-Jahren entstand auf Pachtland in Rangitoto eine reizende Ansammlung einfacher Ferienhäuser (*baches*), die der Insel eine blühende Urlaubergemeinde bescherte. Während der 1930er-Jahre erbauten Strafgefangene u.a. Straßen, öffentliche Toiletten, Tennisplätze und ein Schwimmbecken aus der Vulkanschlacke. Trotz mörderisch schwerer Arbeit wurden die Männer nicht in Zellen eingesperrt und genossen angeblich sogar das Inselleben. Das Brandrisiko war – und ist – ein Dauerproblem der Häuschenbesitzer: Die heiße Schlacke hält das Laub trocken wie Zunder.

In den 1970er- und 1980er-Jahren geriet die *bach*-Gemeinde in Gefahr: Mit Auslaufen der Pacht entfernte man viele Hütten – eigentlich sollten alle verschwinden. Nach starkem öffentlichem Protest stellte der Historic Places Trust die verbliebenen Bauten 1997 unter Denkmalschutz. Gleich links vom Bootskai wurde ein Häuschen von 1929 komplett restauriert und als **Bach Museum** (Eintritt gegen Spende; ☺ Sa & So 9.30–15.30 Uhr, nur Sommer) neu eröffnet.

Gen Ozean liegen dagegen ein paar der schönsten Sandstrände der Region. Das zweite Highlight ist der Wein: Auf der Insel laden 17 Nobelweingüter oft mit feschen Restaurants und atemberaubendem Stadtblick zum Genießen ein. Und es gibt Dutzende von Galerien und Kunsthandwerksläden.

Menschen – zuletzt die Ngati Paoa – siedeln mindestens seit dem 14. Jh. auf Waiheke, über das sich mehr als 40 *pas* verteilen. Im frühen 19. Jh. traf der Missionar Samuel Marsden mit den ersten Europäern ein, die kurz darauf den kompletten Kauriwald abholzten.

Orientierung & Praktische Informationen

Knapp 2 km vom Bootsanleger in Matiatia entfernt liegt das Hauptdorf Oneroa mit seinem Sandstrand. Die wenig bewohnte Osthälfte der Insel wird von Einheimischen „unteres Ende" genannt und ist unbedingt eine Erkundung wert. Tankstellen gibt's in Oneroa und Onetangi, Geldautomaten in Oneroa. Ostend hat einen Supermarkt.

Zum **Waiheke Island i-SITE** (☎ 09-372 1234; 2 Korora Rd; www.waihekenz.com; ⏰ 9–17 Uhr) im Artworks Complex gehört eine Bibliothek mit kostenlosem Internetzugang. Das i-SITE betreibt auch einen meist unbesetzten Infoschalter im Fährterminal an der Matiatia Wharf.

Sehenswertes & Aktivitäten

KUNST & KULTUR

Der **Artworks Complex** (☎ 09-379 2020; 2 Korora Rd) beherbergt ein **Gemeindetheater** (☎ 09-372 2941; www.artworkstheatre.org.nz), ein **Kunstfilmkino** (☎ 09-372 4240; www.wicc.co.nz) und eine aufsehenerregende **Kunstgalerie** (☎ 09-372 9907; www.waihekeart gallery.org.nz; Eintritt frei; ⏰ 10–16 Uhr). Parallel zeigt **Whittaker's Musical Museum** (☎ 09-372 5573; www.musical-museum.org; Eintritt gegen Spende; ⏰ 13–16 Uhr) seine Sammlung antiker Konzertinstrumente.

Das **Waiheke Island Historic Village** (☎ 09-372 2970; www.waihekemuseum.org.nz; 165 Onetangi Rd; Eintritt gegen Spende; ⏰ Mi, Sa & So 12–16 Uhr) stellt Artefakte der Inselbewohner in sechs restaurierten Gebäuden aus.

Teuer, aber toll ist **Connells Bay** (☎ 09-372 8957; www.connellsbay.co.nz; Cowes Bay Rd; Erw./Kind 30/15 NZ$; ⏰ Ende Okt.–Ende April nach Vereinbarung) mit brillanten Werken neuseeländischer Künstler. Der private Skulpturenpark kann nur im Rahmen einer Führung besichtigt werden.

Als weiteres niederregendes Privatgrundstück ist auch der **Te Whau Garden** (☎ 09-372 6748; www.tewhaugarden.co.nz; 31 Vintage Lane; Eintritt 10 NZ$; ⏰ 9–17 Uhr) für Besucher geöffnet. Seine steilen Spazierpfade führen durch Regenwälder, Feuchtbiotope und Gärten voller Skulpturen.

Die kostenlose *Waiheke Art Map* des i-SITE listet 37 Galerien und Kunsthandwerksläden auf.

STRÄNDE

Der lange weiße Sandstreifen **Onetangi** in der Inselmitte gehört zu Waihekes schönsten Stränden. Gleichermaßen attraktiv ist der **Palm Beach**, eine hübsche kleine Hufeisenbucht zwischen Oneroa und Onetangi. Die FKK-Bereiche beider Strände liegen jeweils westwärts hinter ein paar Felsen. **Oneroa** und **Little Oneroa** nebenan sind ebenfalls super.

WEINGÜTER

Waihekes heißes, trockenes Mikroklima bringt hervorragenden roten Bordeaux, Syrahs und ein paar tolle Rosés hervor. Da dabei deutlich Qualität statt Quantität im Mittelpunkt steht, ist der hier erzeugte Premiumwein relativ teuer. Die Insel ist auch Neuseelands einziges Weinbaugebiet, in dem alle Proben kostenpflichtig sind (3–10 NZ$; bei Einkauf eventuell kostenl.). Allein die spektakuläre Lage mancher Weingüter rechtfertigt einen Besuch. Im Sommer verlängern viele Winzer ihre Öffnungszeiten und betreiben teils sogar vorübergehend eigene Restaurants.

Goldwater Estate (☎ 09-372 7493; www.goldwater wine.com; 18 Causeway Rd; ⏰ März–Nov. Mi–So 12–16 Uhr, Dez.–Feb. tgl.) Waihekes Weinpioniere produzieren seit über 30 Jahren auf 8,5 ha Fläche Wein.

Passage Rock (☎ 09-372 7257; www.passagerock wines.co.nz; 438 Orapiu Rd; ⏰ 12–16 Uhr) Prima Pizza zwischen Weinreben.

Poderi Crisci (☎ 09-372 2148; www.podericrisci.co.nz; 205 Awaawaroa Rd; ⏰ Do–So 11–16.30 Uhr) Das Café gehört zu einem italienischstämmigen Patriarchen von Non Solo Pizza (S. 130) und soll bald neu eröffnen. Großes darf erwartet werden: Die vorhandenen Lesen (Pinot Grigio, Merlot) wurden bereits durch italienische Rebsorten (Montepulciano, Nebbiolo) und Oliven ergänzt.

Saratoga Estate (☎ 09-372 6450; www.saratoga estate.com; 72 Onetangi Rd; ⏰ 11–16 Uhr) Mit Café und hauseigener Kleinbrauerei.

Stonyridge (☎ 09-372 8822; www.stonyridge.co.nz; 80 Onetangi Rd; ⏰ 11.30–17 Uhr) Berühmte Bio-Rotweine, atmosphärisches Café, Führungen (10 NZ$, 35 Min., Sa & So 11.30 Uhr) und gelegentliche Tanzpartys.

Te Motu (☎ 09-372 6884; www.temotu.co.nz; 76 Onetangi Rd; ⏰ Mi–So 11–16 Uhr) Das Te Motu teilt sich

WAIHEKE ISLAND

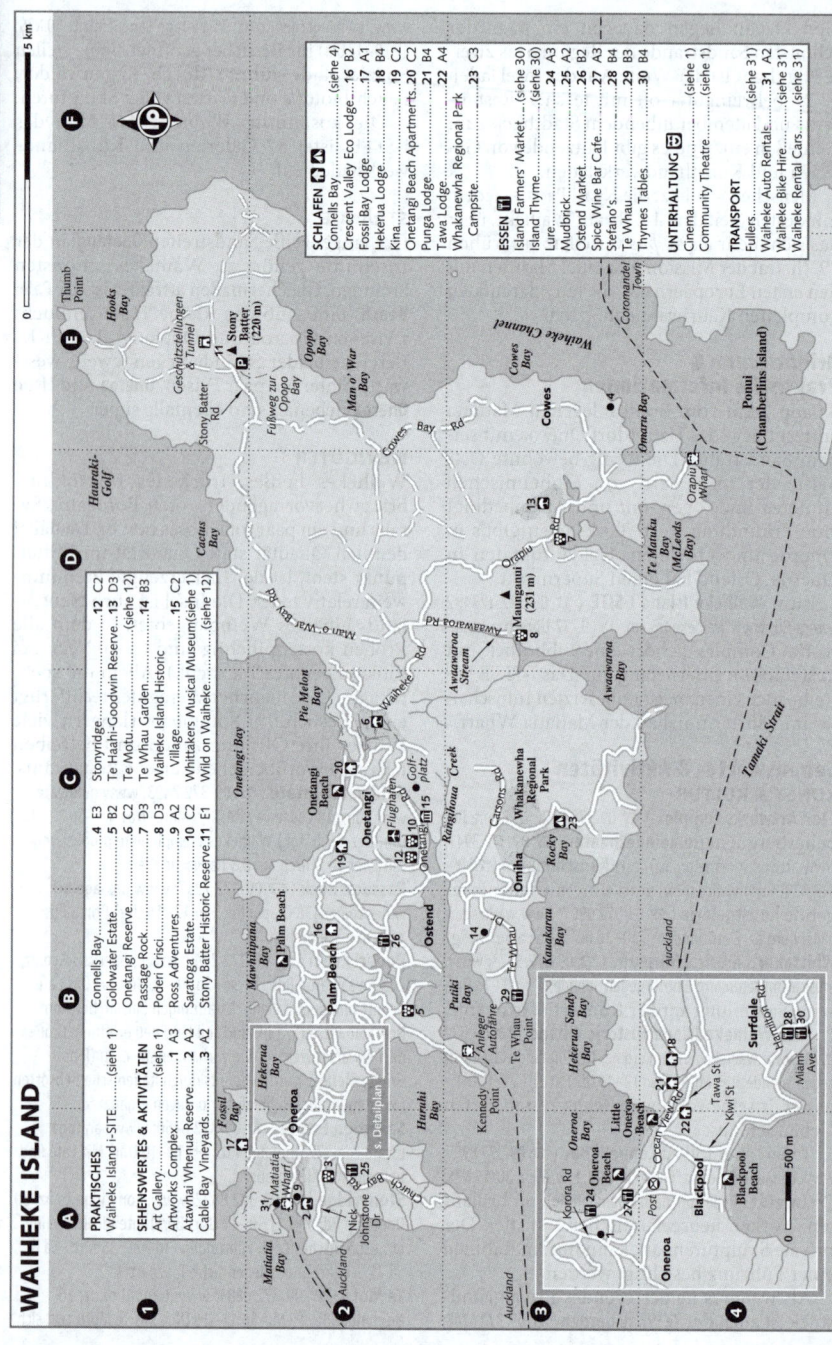

PRAKTISCHES
Waiheke Island i-SITE..............(siehe 1)

SEHENSWERTES & AKTIVITÄTEN
Art Gallery...............................1 A3
Atawhai Whenua Reserve.........2 A2
Cable Bay Vineyards................3 A2

Connells Bay..........................4 E3
Goldwater Estate.....................5 B2
Onetangi Reserve....................6 C2
Passage Rock..........................7 D3
Poderi Crisci...........................8 D3
Ross Adventures......................9 A2
Saratoga Estate.......................10 C2
Stony Batter Historic Reserve...11 E1

Stonyridge............................12 C2
Te Haahi-Goodwin Reserve......13 D3
Te Motu...................................(siehe 12)
Te Whau Garden.....................14 B3
Waiheke Island Historic
  Village..................................15 C2
Whittakers Musical Museum....(siehe 12)
Wild on Waiheke....................(siehe 12)

SCHLAFEN
Connells Bay...........................(siehe 4)
Crescent Valley Eco Lodge......16 B2
Fossil Bay Lodge.....................17 A1
Hekerua Lodge........................18 B4
Kina.......................................19 C2
Onetangi Beach Apartments.....20 C2
Punga Lodge...........................21 B4
Tawa Lodge.............................22 A4
Whakanewha Regional Park
  Campsite...............................23 C3

ESSEN
Island Farmers' Market............(siehe 30)
Island Thyme..........................(siehe 30)
Lure..24 A3
Mudbrick................................25 A2
Ostend Market........................26 B2
Spice Wine Bar Cafe...............27 A3
Stefano's................................28 B4
Te Whau..................................29 B3
Thymes Tables........................30 B4

UNTERHALTUNG
Cinema...................................(siehe 1)
Community Theatre..................(siehe 1)

TRANSPORT
Fullers....................................(siehe 31)
Waiheke Auto Rentals.............31 A2
Waiheke Bike Hire...................(siehe 31)
Waiheke Rental Cars...............(siehe 31)

die Zufahrt mit Stonyridge und hat ebenfalls ein Restaurant zu bieten.

Wild On Waiheke (☎ 09-372 3434; www.wildon waiheke.co.nz; 82 Onetangi Rd; ❂ Do–So 11–16 Uhr, Sommer tgl.) Dieses Weingut mit Kleinbrauerei ermöglicht echte Volltreffer: Nach Weinproben bzw. ein paar Gläsern kann man hier per Bogen oder auf Tontauben schießen, Boule spielen und ein Riesenschachbrett nutzen.

Ebenfalls interessant sind die Weingüter Te Whau (S. 146), Cable Bay (S. 147) und Mudbrick (S. 147). Die Karte *Waiheke Island of Wine* liefert einen Gesamtüberblick.

WANDERN & TREKKEN
Die Broschüre *Explore Waiheke Island's Walkways* enthält detaillierte Karten und Beschreibungen von insgesamt acht tollen Küstenwanderungen (1–3 Std.). Einige davon führen zu den drei Naturschutzgebieten der Royal Forest & Bird Protection Society: **Onetangi** (Waiheke Rd), **Te Haahi-Goodwin** (Orapiu Rd) und **Atawhai Whenua** (Ocean View Rd). Andere Wege durchqueren mit dem **Whakanewha Regional Park** ein Paradies für seltene Küstenvögel.

Die Tunnel und Geschützstellungen der **Stony Batter Historic Reserve** (www.fortstonybatter.org. nz; Stony Batter Rd; Eintritt/Führung 8/15 NZ$; ❂ 10–15.30 Uhr) aus dem Zweiten Weltkrieg entstanden 1941 zur Verteidigung von Aucklands Hafen. Die Wanderung führt über privates Ackerland und ist nach den mit Felsen übersäten Feldern benannt. Taschenlampe mitbringen!

KAJAKFAHREN
Ross von **Ross Adventures** (☎ 09-372 5550; www. kayakwaiheke.co.nz; Matiatia beach; geführte Touren 2/4 Std. 55/85 NZ$, ganzer Tag 145 NZ$, Leihkajaks ab 25 NZ$/Std.) findet, dass Waihekes Kajakfahrmöglichkeiten definitiv genauso toll sind wie die des berühmten Abel Tasman National Park. Und Ross muss es wissen – schließlich veranstaltet er hier seit über 20 Jahren geführte Paddeltrips. Erfahrene Seekanuten können die Insel bequem in vier Tagen umrunden und dabei versteckte Buchten oder Sandbänke erkunden, die vom Land aus nicht zugänglich sind.

Geführte Touren
Ananda Tours (☎ 09-372 7530; www.ananda.co.nz) Veranstaltet neben kombinierten Wein- und Gastrotouren (95 NZ$) auch Trips für echte Weinkenner (190 NZ$). Außerdem lassen sich zwanglose Kleingruppentouren individuell zuschneiden (beispielsweise mit Abstechern zu Künstlerateliers).

Fullers (☎ 09-367 9111; www.fullers.co.nz; Matiatia Wharf) Die Option „Wine On Waiheke" (Erw. 115 NZ$, 4¾ Std., Abfahrt in Auckland 13 Uhr) besucht drei örtliche Spitzenweingüter und beinhaltet einen Snackteller. „Taste Of Waiheke" (Erw. 112 NZ$, 5½ Std., Abfahrt in Auckland 11 Uhr) umfasst ebenfalls drei Weingüter plus Olivenhain und Mittagsimbiss. Zudem gibt's „Explorer"-Inseltouren (Erw./Kind 48/24 NZ$, 1½ Std., Abfahrt in Auckland 10, 11 & 12 Uhr). Alle Preise inklusive Fähre und Tagesbuspass.

Waiheke Executive Transport (☎ 0800 372 200; www.waiheketransport.co.nz) Kurztrips (ab 15 NZ$), Weinexkursionen (halber/ganzer Tag 55/71 NZ$, Premium-Option 95 NZ$), Kunsthandwerkstouren (71 NZ$) und geführte Wanderungen (ab 25 NZ$).

Waiheke Island Adventures (☎ 09-372 6127; www.waihekeislandadventures.com) Landschaftstouren (25 NZ$), Weinguttrips (25 NZ$) oder Ausflüge nach Stony Batter (35 NZ$) in einem 15-sitzigen Bus. Veranstaltet auch Kunst- und Strandexkursionen.

Festivals & Events
Sculpture on the Gulf (www.sculptureonthegulf. co.nz) Verrückter, 2 km langer Skulpturenpfad am oberen Klippenrand. Jeweils im Januar ungerader Jahre.
Waiheke Food & Wine Festival (www.whatson waiheke.co.nz; Eintritt 60 NZ$) Aktuell am Waitangi Day (6. Februar); gelegentlich Terminänderung.

Schlafen
Waiheke ist während der Sommerferien so beliebt, dass viele Einheimische ihre Wohnhäuser zu ultrahohen Preisen vermieten und sich selbst aus dem Staub machen. Selbst bei der obligatorischen Buchung im Voraus gibt's kaum echte Schnäppchen. Vor allem für Werktage sind die Winterpreise deutlich niedriger.

BUDGETUNTERKÜNFTE
Whakanewha Regional Park Campsite (☎ 09-366 2000; www.arc.govt.nz; Gordons Rd; Stellplatz pro Erw./Kind 10/5 NZ$) Einfacher, aber schöner Campingplatz mit Toiletten, kalten Duschen, Gasgrills und Trinkwasser. Den Zugangscode für das Tor erfährt man vorab per Telefon.

Hekerua Lodge (☎ 09-372 8990; www.hekerualodge. co.nz; 11 Hekerua Rd, Oneroa; Stellplatz 17 NZ$/Pers., B 36 NZ$, EZ/3BZ 53/108 NZ$, DZ 80–110 NZ$, Hütte 270 NZ$; ▣ ▣) Mitten in natürlichem Buschland wartet das Hostel mit Grillbereich, Steinfliesenpool, sonniger Terrasse, lässiger Lounge und eigenem Wanderpfad auf. Es ist entlegen und alles andere als luxuriös, dafür aber entspannt – nicht zuletzt aufgrund friedvoller Buddha-Bilder und flatternder tibetischer Gebetsfahnen.

Fossil Bay Lodge (☎ 09-372 8371; www.fossilbay.webs. com; 58 Korora Rd, Oneroa; Stellplatz 18 NZ$/Pers., EZ 35–45 NZ$, DZ 67 NZ$; ☎) Drei niedliche Hütten grenzen hier an einen Hof gegenüber vom Haupthaus. Letzteres beherbergt die Toiletten und eine große Gemeinschaftsküche mit Wohnbereich – ergänzt durch einen anthroposophischen Kindergarten auf der anderen Gebäudeseite. Abgesehen von gelegentlich quakenden Enten oder Kleinkindern geht's hier ruhig zu.

Kina (☎ 09-372 8971; www.kinabackpackers.co.nz; 419 Seaview Rd, Onetangi; B/EZ/2BZ 24/45/56 NZ$; DZ 65–75 NZ$; ☎) Das heruntergekommene, aber toll gelegene Hostel hat einen großen Garten mit Blick auf den Onetangi Beach. In den etwas zellenartigen Schlafsälen stehen jeweils nur zwei Stockbetten; die Bettwäsche wird gestellt. Gäste können Mountainbikes ausleihen.

MITTEL- & SPITZENKLASSEHOTELS

LP Tipp **Tawa Lodge** (☎ 09-372 9434; www.pungalodge. co.nz; 15 Tawa St, Oneroa; Zi. 110 NZ$, Apt. 165–200 NZ$) Zwischen der Selbstversorgerhütte vor dem Haus und dem Apartment im Hinterbereich befinden sich drei relativ preisgünstige Dachgeschosszimmer, die sich eine kleine Küche und das Bad teilen. Wenn sich die Gäste an heißen Tagen auf der Terrasse tummeln, herrscht hier eine wunderbar träge Atmosphäre.

Punga Lodge (☎ 09-372 6675; www.pungalodge.co. nz; 223 Ocean View Rd, Oneroa; Zi. 140–160 NZ$, Apt. 135–200 NZ$; ▣) Sowohl die farbenfrohen Haupthauszimmer mit eigenen Bädern als auch die separaten Wohneinheiten bieten jeweils Zugang zu Terrassen mit Blick auf einen üppigen Tropengarten. Die Lodge hat einen Wellnessbereich. Hausgemachtes Frühstück, Nachmittagstee und Shuttles zum Anleger sind im Preis enthalten.

Crescent Valley Eco Lodge (☎ 09-372 4321; www. waihekeecolodge.co.nz; 50 Crescent Rd East, Ostend; Zi. 145 NZ$) Das kleine Öko-Refugium wird von Buschland und friedvollen Gärten umgeben. Die liebenswerten Eigentümer vermieten lediglich zwei saubere Zimmer mit externen eigenen Bädern. Im Wellnesspool plantscht man unterm Sternenzelt.

Onetangi Beach Apartments (☎ 09-372 0003; www. onetangi.co.nz; 27 The Strand, Onetangi; Apt. 185–400 NZ$; ☎) Diese perfekt gelegene und gut geführte Option besteht aus drei unterschiedlichen Stadthausblocks. Ihre feschen, modernen Zimmer werden durch Sauna und Wellness-

bereich ergänzt. Am besten (und teuersten) sind die Strandapartments, deren große Terrassen mit Meerblick aufwarten.

Connells Bay (☎ 09 372 8957; www.connellsbay.co.nz; Cowes Bay Rd; Hütte 350–450 NZ$) Lust auf einen eigenen Rückzugsort voller Kunstwerke, der alle Highlights des Land- und Küstenlebens luxuriös, aber unprätentiös vereint? Dann schleunigst die mörderisch steile Zufahrt hinunter zum Skulpturengarten (S. 143) nehmen, die dieses außergewöhnliche Anwesen passiert: Das 100 Jahre alte Cottage mit zwei Schlafzimmern ist schick und behaglich. Direkt am Wasser offeriert es eine attraktive Küche, Kaurifußböden, Veranda und Garten.

Essen

Waiheke schätzt die schöneren Dinge des Lebens und hat ein paar hervorragende Restaurants. Mit etwas Glück lenkt die Aussicht vom zurückbleibenden Loch im Geldbeutel ab. Die einsame Insellage entschuldigt zwar die überzogenen Preise, beschränkt aber gleichzeitig die Rekrutierungsmöglichkeiten für gutes Personal. Also blättert man eventuell hohe Beträge für Mahlzeiten hin, die von ahnungslosen einheimischen Teenagern serviert werden.

Spice Wine Bar Cafe (☎ 09-372 7659; 153 Ocean View Rd, Oneroa; Hauptgerichte 7–14 NZ$; ☽ morgens & mittags) Flottes kleines Lokal mit Straßentischen, klasse Kaffee und köstlichem Zitronenkuchen.

Lure (☎ 09-372 9035; 29 Waikare Rd, Oneroa; Hauptgerichte 8–18 NZ$; ☽ morgens & mittags) Strandblick, super Kaffee, verführerische Thekengerichte und eine kleine, aber ausgewählte Karte. Heißer Tipp: Der Caesar-Salat mit Hühnchen.

Stefano's (☎ 09-372 5309; 18 Hamilton Rd, Surfdale; Hauptgerichte 16–27 NZ$; ☽ Mi–Mo 17.30–21.30 Uhr) Pastaberge und super Pizzas, serviert unter einem fragwürdigen Wandgemälde, machen das Stefano's zu Waihekes wohlriechendstem Lokal. Essen auch zum Mitnehmen!

Thymes Tables (☎ 09-372 3400; 8 Miami Ave, Surfdale; Hauptgerichte 31 NZ$; ☽ Di–Sa abends) Heikle Esser sollten sich woanders umschauen: Das hervorragende Restaurant im französischen Stil serviert pro Abend nur ein oder zwei Gerichte, die zudem täglich wechseln. Das Essen ist so edel wie der weiß gestrichene Speiseraum. Im Untergeschoss befindet sich Waihekes bestes Deli.

Te Whau (☎ 09-372 7191; 218 Te Whau Dr; Hauptgerichte 33–40 NZ$; ☽ Mi–Mo mittags, Sa abends) Das Weingutrestaurant am Ende der Halbinsel Te

Whau wartet mit Aussicht, Essen und Service vom Feinsten auf. Seine Weinkarte (z. B. mit Chateau Mouton Rothschild von 1982 für 3000 NZ$) zählt zu den besten des Landes. Für 3 NZ$ pro Probe (11–17 Uhr) kann man auch beeindruckenden Bordeaux, Merlot und Rosé aus eigener Produktion kosten.

Cable Bay Vineyards (☎ 09-372 5889; www.cablebay vineyards.co.nz; 12 Nick Johnstone Dr; Hauptgerichte 36– 49 NZ$; ☺ mittags & abends) Das Ambiente des gefeierten Lokals wird von eindrucksvoll hypermoderner Architektur, Bildhauerkunst und atemberaubender Aussicht geprägt. Der Service ist aber nicht immer so edel wie das Essen. Sollte letzteres zu teuer für die Reisekasse sein, bieten sich alternativ eine Weinprobe (5 NZ$) oder Drinks auf der Terrasse an.

Mudbrick (☎ 09-372 9050; 126 Church Bay Rd; Hauptgerichte 38–42 NZ$; ☺ mittags & abends) Von der malerischen Mudbrick-Veranda aus zeigen sich Auckland und der Golf von ihrer funkelndsten Seite. Die abenteuerlustige Speisekarte kombiniert hochwertige Zutaten auf wunderbare Weise. Geführte Touren und Weinproben (5–10 NZ$, 11–17 Uhr) sind auch im Angebot.

Frische Lokalprodukte bekommt man auf dem belebten **Ostend Market** (Ostend Hall, Belgium St; ☺ Sa 8–13 Uhr) oder dem **Island Farmers Market** (8 Belgium St; ☺ So 11–14 Uhr). Island Thyme (s. Thymes Tables, S. 135) verkauft verpackte Gourmetgerichte, Delikatessen, verführerisches Gebäck und ausgezeichneten Kaffee. Ostend hat einen Supermarkt.

Ausgehen

Abgesehen von den Weingütern gibt's auf Waiheke noch ein paar schicke Bars (in Oneroa) und Lokalkneipen (in Surfdale bzw. Ostend). Onetangi punktet mit diversen netten Uferplätzchen für Nachmittagsdrinks.

An- & Weiterreise

Fullers (☎ 09-367 9111; www.fullers.co.nz; hin & zurück Erw./Kind 32/16 NZ$; ☺ Mo–Fr 5.20–23.45, Sa 6.25–23.45, So 7–21.30 Uhr) schickt regelmäßig Fähren von Auckland zur Matiatia Wharf (9–17 Uhr stündl.). Manche fahren über Devonport.

Sealink (☎ 09-300 5900; www.sealink.co.nz; hin & zurück Erw./Kind/Auto/Motorrad 30/17/130/48 NZ$; ☺ Mo–Do 4.30–18.30, Fr 4.30–20, Sa 6–18.30, So 8–18.30 Uhr) betreibt Autofähren zum Kennedy Point, die meist an der Half Moon Bay (East Auckland) ablegen und teils auch im Stadtzentrum starten. Die reservierungspflichtige Passage (45 Min.) beginnt mindestens alle zwei Stunden.

Zwischen Auckland und Coromandel Town (s. S. 219) macht außerdem die Touristenfähre von **360 Discovery** (☎ 0800 888 006; www.360discovery.co.nz) in Orapiu Station.

Unterwegs vor Ort

AUTO & FAHRRAD

Auf Waihekes drei Fahrrad-Rundrouten (12, 25 & 70 km) gibt es zahlreiche Anstiege. **Waiheke Bike Hire** (☎ 09-372 7937; Matiatia Wharf; ☺ 9–17 Uhr) verleiht neben Mountainbikes (halber/ ganzer Tag 20/30 NZ$) auch Elektrobikes für Hügelmuffel. Beim i-SITE können Mountainbikes (halber/ganzer Tag 20/30 NZ$) und Motorräder (bei Rückgabe am selben/nächsten Tag 50/60 NZ$) ausgeliehen werden.

Waiheke Auto Rentals (☎ 09-372 8998; www. waihekerentals.co.nz; Matiatia Wharf; Auto/Motorroller/Motorrad ab 50/55/75/80 NZ$) und **Waiheke Rental Cars** (☎ 09-372 8635; www.waihekerentalcars.co.nz; Matiatia Wharf; Auto/Jeep ab 50/80 NZ$) vermieten normale Autos und Allradjeeps (Grundpreis jeweils zzgl. 0,65 NZ$/km) – allerdings nur an Kunden, die mindestens 21 Jahre alt sind. Die Kaution bzw. Selbstbeteiligung im Schadensfall beträgt bei beiden Firmen 1000 NZ$.

BUS

Regelmäßige Busverbindungen ab der Matiatia Wharf bedienen alle größeren Inselsiedlungen. Über Oneroa (Erw./Kind 1,40/ 0,80 NZ$, 3 Min.) führt die Fahrt dabei bis hinaus nach Onetangi (Erw./Kind 4/2,20 NZ$, 30 Min.) im Westen. **MAXX** (☎ 09-366 6400; www. maxx.co.nz) informiert über Details. Tagespässe (Erw./Kind 8/5 NZ$) gibt's beim Fullers-Schalter an der Matiatia Wharf.

TAXI

Zur Auswahl stehen z. B. **Waiheke Taxi Co-op** (☎ 09-372 8038), **Waiheke Taxis** (☎ 09-372 3000) oder **Waiheke Independent Taxis** (☎ 0800 300 372).

TIRITIRI MATANGI ISLAND

Auf den magischen 220 ha der raubtierfreien **Insel** (www.tiritirimatangi.co.nz) ist der Tuatara (Neuseelands Mini-Dinosaurier) zuhause – ebenso viele bedrohte einheimische Vögel wie der superseltene und farbenfrohe Südinsel-Takahe. Weiteres Federvieh sind beispielsweise Glocken- und Gelbbandhonigfresser, Sattelvögel (Tieke), Weißköpfchen, Springsittiche (Kakariki), Lappenkrähen (Kokako), Zwergkiwis, Neuseelandenten, Langbeinschnäpper, Farnsteiger und Pinguine. Bislang wurden auf

AUCKLAND

NOCH MEHR INSELN

Little Barrier Island liegt 25 km nordöstlich von Kawau Island. Neuseelands Arche ist ein raubtierfreier Zufluchtsort für bedrohte Vögel, Reptilien und Pflanzen. Für den Zugang zu diesem streng bewachten Naturschutzgebiet gelten strenge Beschränkungen: Hier darf nur mit einer DOC-Genehmigung angelegt werden. Die steilen Vulkanklippen helfen dabei, Eindringlinge fernzuhalten.

Motuora Island erstreckt sich auf halbem Weg zwischen Kawau und Tiritiri Matangi. Seine 80 raubtierfreien Hektar fungieren als Kiwi-Brutgebiet. Die Anlegestelle auf der Westseite ist nur mit eigenen Booten erreichbar. Der reservierungspflichtige **DOC-Campingplatz** (☎ 027 492 8586; www. doc.govt.nz; Erw./Kind 6/3 NZ$) verfügt über Toiletten, kalte Duschen und Trinkwasser. Er vermietet auch ein **Ferienhaus** (55 NZ$) für maximal fünf Personen. Bettwäsche und Essen sind selbst mitzubringen.

---

der Insel 78 verschiedene Vogelarten gesichtet. Mit 150 Exemplaren war der Sattelvogel einst fast ausgestorben, während allein auf Tiritiri heute wieder 600 davon leben. Wer in der **DOC-Schlafbaracke** (☎ 09-425 7812; www.doc.govt. nz; Erw./Kind 24/18 NZ$) übernachtet, erlebt die Sonnenuntergangssinfonie in voller Dröhnung – eine rechtzeitig vorgenommene Reservierung vorausgesetzt.

Als letzter Stamm siedelten die Ngati Paoa auf Tiritiri. Die Insel wurde 1841 an die englische Krone verkauft, abgeholzt und bis in die 1970er-Jahre hinein landwirtschaftlich genutzt. Seit 1984 haben Hunderte Freiwillige insgesamt 250 000 einheimische Bäume gepflanzt und so die Erholung des Waldes ermöglicht. Am östlichen Inselende steht ein Leuchtturm von 1864.

Von Mittwoch bis Sonntag schippern Fähren von **360 Discovery** (☎ 0800 888 006; www.360 discovery.co.nz; hin & zurück ab Auckland/Gulf Harbour 66/39 NZ$) nach Tiritiri. Sie verlassen Auckland um 9 Uhr bzw. Gulf Harbour (Halbinsel Whangaparaoa) um 9.50 Uhr. Check-in ist jeweils 30 Minuten vor Abfahrt. Die Schiffe laufen um 16 bzw. 16.50 Uhr wieder in Gulf Harbour und Auckland ein. Die geführten Inselwanderungen (Erw./Kind 5/2,50 NZ$) haben ein prima Preis-Leistungs-Verhältnis.

KAWAU ISLAND
300 Ew.

Kawau Island liegt 50 km nördlich von Auckland abseits der Halbinsel Mahurangi. Mangels ordentlicher Straßen verlassen sich seine Einwohner voll und ganz auf Boote. Hauptattraktion ist das **Mansion House** (☎ 09-422 8882; Erw./Kind 4/2 NZ$; Mo–Fr 12–14, Sa & So 12–15.30 Uhr) von 1845. Der eindrucksvolle hölzerne Landsitz wurde einst durch Gouverneur George Grey erweitert, der die Insel 1862 erwarb. Die tolle viktorianische Sammlung im Haus umfasst auch ein paar von Greys Privatgegenständen. Ums Haus herum erstreckt sich der original erhaltene Tropengarten. Vom Mansion House aus führen ausgeschilderte Kurzwanderungen (10–120 Min.) zu Stränden, einer alten Kupfermine und einem Aussichtspunkt. Das DOC (www.doc. govt.nz) stellt die Übersichtskarte *Kawau Island Historic Reserve* zum Download bereit.

Die **Kawau Lodge** (☎ 09-422 8831; www.kawau lodge.co.nz; North Cove; EZ 160 NZ$, DZ 195–220 NZ$) ist ein umweltbewusstes Boutiquehotel mit eigenem Landungssteg, Aussicht und rundherum verlaufenden Terrassen. Neben Mahlzeiten (10–60 NZ$) organisiert sie auch Ausflüge mit einer knapp 13 m langen Jacht oder einem Power-Katamaran.

Im Norden der Insel steht das **Beach House Resort** (☎ 09-422 8850; www.kawauresort.co.nz; Vivian Bay; Suite 320–440 NZ$) an Kawaus einzigem Sandstrand. Von seinen Zimmern blickt man entweder auf den Strand oder einen großen befestigten Hof; eine separate Hütte versteckt sich im Busch. Der Preis beinhaltet alle Mahlzeiten sowie Leihausrüstung für Angler, Schnorchler, Kanuten und Segler.

Wer keinen Picknickkorb gepackt hat, freut sich über das idyllisch gelegene **Mansion House Cafe Restaurant** (☎ 09-422 8903; Mittagessen 12–18 NZ$, Abendessen 18–28 NZ$; wechselnde Öffnungszeiten) mit Ganztagsfrühstück, Sandwiches und herzhaften Abendgerichten. Zudem ist dies der einzige Ort auf der Insel, an dem man Brot, Milch, Eis und (vorbestellte) Zeitungen bekommt.

Von Sandspit (S. 163) aus schippert **Reubens** (☎ 0508 282 552; www.aucklandescape.co.nz) täglich hinüber nach Kawau (hin & zurück Erw./Kind 47/25 NZ$; Abfahrt tgl. 10.30 Uhr, Wochenende & Sommerferien auch 14.30 Uhr, Rückfahrt um 14.30/17 Uhr). Die Super Cruise (Erw./Kind 65/28 NZ$, Mittagessen vom Grill zzgl. 22/10 NZ$) verlässt Sandspit um 10.30

Uhr und umrundet anschließend das Eiland, um Post an 75 verschiedenen Anlegeplätzen abzugeben. Reubens betreibt auch Wassertaxis (ab 125 NZ$).

GREAT BARRIER ISLAND
900 Ew.
Great Barrier Island (Aotea) ist die größte Insel im Golf (285 km²) und die viertgrößte Neuseelands hinter der Nord-, der Südinsel und den Stewart Islands. Das zerklüftete und malerische Stück Land ähnelt der Coromandel Peninsula, zu der es einst gehörte. Great Barrier Island, das seinen Namen von James Cook erhielt, wurde später zu einem wichtigen Zentrum der Walfang-, Bergbau- und Holzindustrie – doch diese Zeiten sind schon lange vorbei. Der Großteil der Insel ist in staatlichem Besitz und wird vom DOC verwaltet.

Auf der Insel findet man unberührte Strände, Thermalquellen, alte Kauridämme, ein Waldschutzgebiet und ein Netz von Wanderwegen. Da hier keine Possums ihr Unwesen treiben, ist die natürliche Vegetation sehr üppig. Die Westküste bietet ungefährliche Sandstrände, während es an der Ostküste tolle Surfspots gibt. Zu den beliebtesten Freizeitbeschäftigungen zählen Mountainbiken, Schwimmen, Angeln, Tauchen, Bootfahren, Kajakausflüge oder einfach nur Relaxen.

Obwohl nur 88 km von Auckland entfernt, wirkt die Great Barrier Island, als ob sie unendlich weit weg sei. Hier gibt's weder Supermärkte noch Stromversorgung (nur private Generatoren) oder Kanalisation (nur Desinfektionstanks). Viele Straßen sind unbefestigt und die Benzinpreise verursachen bei Sparfüchsen Schreikrämpfe. Der Handyempfang ist sehr eingeschränkt, Banken, Geldautomaten oder Straßenbeleuchtung sucht man vergeblich. Die eigentümliche Insel hat ihre eigenen Regeln, bringt aber mit ihrer Wildheit und Ungezähmtheit frischen Wind in den grauen Alltag.

Hauptsaison ist von Mitte Dezember bis Mitte Januar, daher Transport, Unterkünfte und Aktivitäten rechtzeitig buchen.

Orientierung
Die größte Siedlung Tryphena liegt 4 km von der Anlegestelle an der Shoal Bay entfernt. Sie verteilt sich auf mehrere Kilometer Küstenstraße und besteht aus ein paar Dutzend Häusern, einer Grundschule und einer Handvoll Läden und Unterkünfte. Von den Landungsbrücken sind es 3 km nach Mulberry Grove, von dort aus ist es nochmals 1 km über die Landzunge zum Pa Beach und zum Stonewall Store.

Der Flughafen befindet sich in Claris, einer kleinen Siedlung 10 km nördlich von Tryphena. Hier gibt es Gemischtwaren- und Getränkeläden, eine Wäscherei und eine Kfz-Werkstatt, eine Apotheke, ein Abenteuerzentrum und ein Café.

Whangaparapara ist eine alte Holzfällerstadt, die im 19. Jh. das Zentrum der Walfangindustrie auf der Insel war. Der zweite Haupthafen namens Port Fitzroy liegt eine Stunde Autofahrt von Tryphena entfernt an der Westküste. Nur in diesen vier Hauptsiedlungen bekommt man Benzin und Diesel.

Praktische Informationen
Die Gratisbroschüre *This Is Great Barrier Island* (www.greatbarriernz.com) und der *Great Barrier Island Visitor Information Guide* (www.thebarrier.co.nz) beinhalten neben nützlichen Karten auch zahlreiche praktische Infos. Das Büro von GBI Rent-A-Car in Claris (S. 153) beherbergt einen Infokiosk. Im Claris Texas Cafe (S. 153) gibt's einen Internetzugang. Die Post ist in Tryphena und Claris vertreten.

Aotea Health Centre (☎ 09-429 0356; Hector Sanderson Rd, Claris; ☺ Mo–Fr 9–16 Uhr)

DOC-Büro (☎ 09-429 0044; www.doc.govt.nz; Port Fitzroy; ☺ Mo–Fr 8–16.30 Uhr) Für Broschüren, Karten, Wetterinfos und Routenregistrierungen bei längeren Wanderungen.

Visitor Information Centre (☎ 09-429 0848; Port Fitzroy; ☺ Mo–Sa 9.30–15 Uhr)

Aktivitäten
SCHWIMMEN & SURFEN
Die westlichen Strände sind sicher, während an der Ostküste wegen starker Brandung stets Vorsicht geboten ist. Der breite weiße Sandstreifen des **Medlands Beach** ist einer der besten Inselstrände und von Tryphena aus leicht zugänglich. Der abgelegene **Whangapoua** im Nordosten ist dagegen vergleichsweise mühsamer zu erreichen. **Kaitoke**, **Awana Bay** und **Harataonga** an der Ostküste sind ebenfalls lohnende Ziele.

Okiwi Bar offeriert einen super Right-Hand-Break. Awana hat gleichzeitig Left- und Right-Hand-Breaks. Tryphenas Bucht säumen Pohutukawas und geschützte Strände.

AUCKLAND & UMGEBUNG

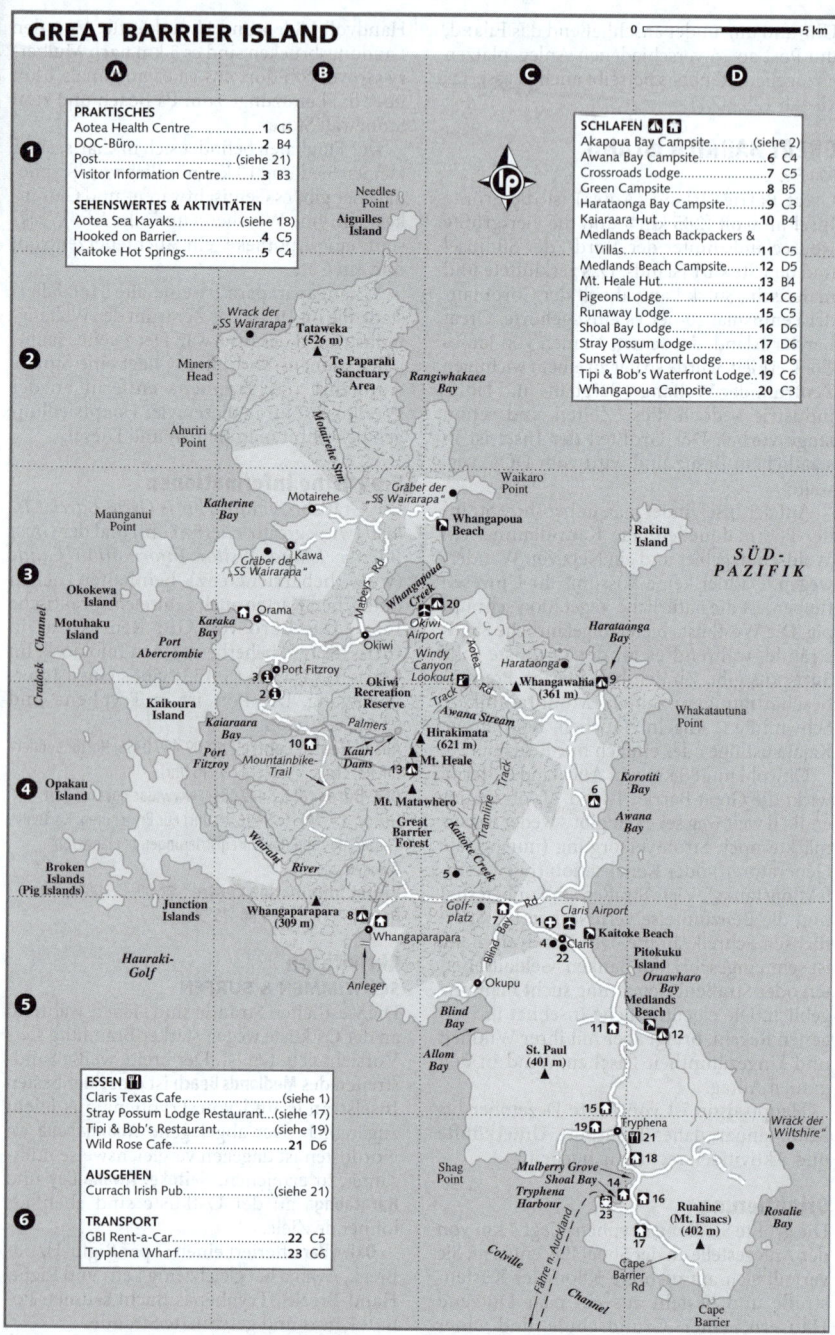

GREAT BARRIER ISLAND

0 ————————— 5 km

Ⓐ   Ⓑ   Ⓒ   Ⓓ

PRAKTISCHES
Aotea Health Centre.................1 C5
DOC-Büro................................2 B4
Post.................................(siehe 21)
Visitor Information Centre.........3 B3

SEHENSWERTES & AKTIVITÄTEN
Aotea Sea Kayaks...............(siehe 18)
Hooked on Barrier.....................4 C5
Kaitoke Hot Springs..................5 C4

SCHLAFEN 🏕 🏠
Akapoua Bay Campsite...........(siehe 2)
Awana Bay Campsite.................6 C4
Crossroads Lodge.....................7 C5
Green Campsite..........................8 B5
Harataonga Bay Campsite..........9 C3
Kaiaraara Hut..........................10 B4
Medlands Beach Backpackers &
  Villas..................................11 C5
Medlands Beach Campsite........12 D5
Mt. Heale Hut.........................13 B4
Pigeons Lodge.........................14 C6
Runaway Lodge.......................15 C5
Shoal Bay Lodge......................16 D6
Stray Possum Lodge.................17 D6
Sunset Waterfront Lodge..........18 D6
Tipi & Bob's Waterfront Lodge...19 C6
Whangapoua Campsite............20 C3

Needles Point
Aiguilles Island

Wrack der „SS Wairarapa" **Tataweka (526 m)**

Miners Head

Te Paparahi Sanctuary Area

Rangiwhakaea Bay

Ahuriri Point

Waikaro Point

Katherine Bay Motairehe

Maunganui Point

Gräber der „SS Wairarapa"

Whangapoua Beach

Rakitu Island

SÜD-PAZIFIK

Okokewa Island

Gräber der „SS Wairarapa" Kawa

Orama

Port Abercrombie

Motuhaku Island

Karaka Bay

Port Fitzroy

Okiwi

20 *Whangapoua Creek*
Okiwi Airport

Haratannga Bay

Kaikoura Island

Kaiaraara Bay

Windy Canyon Lookout

Haratanga

Whangawahia (361 m)

Whakatautuna Point

10 *Port Fitzroy*
Mountainbike-Trail

Okiwi Recreation Reserve

Palmers

Kauri Dams

Hirakimata (621 m)
13 ▲ Mt. Heale

6

Korotiti Bay

Awana Bay

Opakau Island

Wairahi River

▲ **Mt. Matawhero**

Great Barrier Forest

Kaitoke Creek

Tramline Track

Broken Islands (Pig Islands)

Junction Islands

Whangaparapara (309 m) 8

Whangaparapara

5

Golf-platz

7

Claris Airport

1 Claris

4 22

Kaitoke Beach

Pitokuku Island

Oruawharo Bay

Hauraki-Golf

Anleger

Okupu

Blind Bay

Medlands Beach

11 **12**

Blind Bay

Allom Bay

St. Paul (401 m) ▲

Shag Point

15
19

Tryphena
21
18

Wrack der „Wiltshire"

ESSEN 🍴
Claris Texas Cafe.....................(siehe 1)
Stray Possum Lodge Restaurant...(siehe 17)
Tipi & Bob's Restaurant.........(siehe 19)
Wild Rose Cafe.......................21 D6

AUSGEHEN
Currach Irish Pub....................(siehe 21)

TRANSPORT
GBI Rent-a-Car.......................22 C5
Tryphena Wharf......................23 C6

Mulberry Grove
Shoal Bay
14
Tryphena Harbour
23 **16**

Ruahine (Mt. Isaacs) (402 m) ▲

Rosalie Bay

17

Colville

Fähre n. Auckland

Cape Barrier Rd

Cape Barrier

Channel

NOCH MEHR WASSERSPORT

Vor Great Barrier warten Tauchreviere mit Felsspitzen, Schiffswracks und zahllosen Fischen. Je nach Jahreszeit beträgt die Unterwassersicht bis zu 33 m.

Hooked on Barrier (☎ 09-429 0740; info@greatbarrier lodge.co.nz; 89 Hector-Sanderson Rd, Claris) verkauft und verleiht Ausrüstung für Taucher, Schnorchler, Angler, Surfer oder Kajakfahrer (je ab 35 NZ$/ Std.). Getaucht werden kann vom Strand oder von einem Charterboot von **Tryphena Charters** (☎ 09-429 0596) aus.

Aotea Sea Kayaks (☎ 09-429 0664; www.greatbarrier kayaks.co.nz; Mulberry Grove, Tryphena) veranstaltet Paddeltouren durch den Hafen (50 NZ$, 2 Std.), zu Sonnenuntergang (60 NZ$, 2 Std.), inklusive Schnorcheln (90 NZ$, 4 Std.) oder mit Nachtbeleuchtung (90 NZ$). Das Unternehmen verleiht außerdem Kajaks (40–60 NZ$/Tag), Schnorchelausrüstung (25 NZ$/ Tag) und seetüchtige Kajaks mit komplettem Angelzeug (80 NZ$/Tag).

MOUNTAINBIKEN

Dank wilder Landschaft und wenig befahrener Straßen ist Mountainbiken auf Great Barrier sehr beliebt. Von der Whangaparapara Rd führt ein spezieller Mountainbike-Trail (20 km) durch den Wald in Richtung Port Fitzroy. Andere DOC-Wanderwege sind für Radler tabu.

GBI-Rent-A-Car (S. 153) verleiht Drahtesel für 30 NZ$ pro Tag.

WANDERN

Viele kommen zum Wandern auf die Insel; man sollte dann aber bedenken, dass die Beschilderung hier und da noch zu wünschen übrig lässt, obwohl die Pfade regelmäßig gepflegt werden. Unbedingt mitnehmen sollte man Trinkwasser, Nahrungsmittel und wetterfeste Schutzkleidung. Die besten Wanderpfade gibt's im Great Barrier Forest nördlich von Whangaparapara. Dieses Gebiet wurde zu großen Teilen wieder aufgeforstet.

Die spektakulärste Kurzwanderung führt vom Windy Canyon zum Hirakimata (Mt. Hobson). Der **Windy Canyon** liegt nur 15 Wanderminuten von der Hauptstraße zwischen Port Fitzroy und Harataonga (Aotea) entfernt; hier locken außergewöhnliche Felsformationen und eine spektakuläre Aussicht auf die Insel.

Vom Windy Canyon aus führt ein hervorragender Pfad für weitere eineinhalb Stunden durch den spärlichen Wald hinauf zum **Hirakimata** (621 m). An schönen Tagen kann man vom höchsten Punkt der Insel bis nach Coromandel und Auckland hinübersehen. Nahe beim Gipfel wachsen üppige Wälder und ein paar uralte Kauribäume, die die Abholzung überstanden haben. Vom Hirakimata aus sind es noch zwei Stunden durch die Wildnis bis zur Hütte bei Port Fitzroy – danach ist man weitere 45 Minuten bis nach Port Fitzroy unterwegs.

Eine weitere sehr beliebte Strecke ist der **Kaitoke Hot Springs Track**. Die natürlichen heißen Wasserbecken zwischen Büschen sind von der Whangaparapara Rd aus in 45 Minuten zu erreichen.

Eine größere Herausforderung ist der fünfstündige **Tramline Track**. Er beginnt an der Aotea Rd und folgt der alten Baumtransportstrecke bis zum Whangaparapara Harbour. Der Pfad führt über Stock und Stein – wenn es regnet, kann der Lehmboden ziemlich glitschig sein. Ähnlich lang, aber nicht ganz so uneben ist der 11 km lange **Harataonga Coastal Walk** (5 Std.), der von der Harataonga Bay nach Whangapoua führt.

Viele weitere Wanderwege (30 Min.–5 Std.) durchziehen den Wald. Am besten holt man sich den faltbaren DOC-Wanderführer *Great Barrier Island* (2 NZ$). Er enthält eine detaillierte Karte und Kurzbeschreibungen von 23 Wanderwegen und ist beim DOC-Büro und bei den verschiedenen Unterkünften auf der Insel erhältlich.

Ein guter Busservice bringt Wanderer an den Beginn des Weges und holt sie am anderen Ende wieder ab (s. S. 153).

Schlafen

Neben einem halben Dutzend Campingplätzen und Hostels verteilen sich über die ganze Insel auch mehr als 50 Lodges, Hütten und B&Bs. Manche Optionen bedienen ein breitgefächertes Publikum von Backpackern und Campern bis zu anspruchsvollen Flitterwöchnern. Zu den Unterkünften gehören manchmal Restaurants und Bars, die auch Nichtgästen offenstehen. Die Preise sind für das Gebotene meist ziemlich hoch, fallen aber während der Nebensaison. Die hier angegebenen Tarife gelten für die Hauptsaison. Der Buchungsservice von **Island Accommodation** (☎ 09-429 0995; www.islandaccommodation.co.nz) ist besonders praktisch, um Selbstversorgerhütten für längere Aufenthalte zu finden.

AUCKLAND & UMGEBUNG

BUDGETUNTERKÜNFTE

DOC-Campingplätze (www.doc.govt.nz; Erw./Kind 9/4,50 NZ$) Diese Campingplätze gibt's an Harataonga Bay, Medlands Beach, Akapoua Bay, Whangapoua, The Green (Whangaparapara) und Awana Bay. Alle verfügen über einfache Einrichtungen wie Wasserversorgung, chemische Toiletten, Bereiche zur Essensvorbereitung und kalte Duschen (außer The Green). Das allgemeine Feuerverbot hat zur Folge, dass überall eigene Gaskocher mitgebracht werden müssen. Mangels Platzpersonal vor Ort müssen Interessenten im Voraus buchen.

Kaiaraara & Mt. Heale Hut (www.doc.govt.nz; Erw./Kind 15/5 NZ$) Diese DOC-Hütten im Great Barrier Forest beherbergen 24 bis 28 Personen in Schlafsälen mit Stockbetten. Kaltwasser, chemische Toiletten und Küchen mit Holzöfen sind vorhanden. Schlafsäcke und Kochausrüstung müssen selbst mitgebracht werden. Online buchen!

Stray Possum Lodge (☎ 09-429 0109; www.stray possum.co.nz; 64 Cape Barrier Rd; Stellplatz 12 NZ$/Pers., B/DZ/3BZ/4BZ 23/70/85/100 NZ$, Hütte 135–195 NZ$) Diese beliebte Lodge mit Hausbar und -restaurant (s. S. 153) versteckt sich südlich von Tryphena im Busch. Allerdings hätten streunende Possums wohl keine Chance gegen die beiden Deutschen Schäferhunde, die Gästen hier einen etwas stressigen Empfang bereiten. Die Selbstversorgerhütten nehmen maximal sechs Personen auf. Schlafsaalbettwäsche kostet 5 NZ$ extra.

Runaway Lodge (☎ 09-429 0628; www.runawaylodge. co.nz; 41 Medlands Rd, Tryphena; B 25 NZ$, DZ 90–130 NZ$, 3BZ 125–150 NZ$, 4BZ 145–170 NZ$) Gleich oberhalb von Tryphena steht diese saubere Kleingruppe zweistöckiger Wohneinheiten auf einem Hügel. Drum herum erstreckt sich ein sonniger und gepflegter Garten. Eine Einheit wurde zwar zum Schlafsaal für sechs Personen (Bettwäsche zzgl. 10 NZ$) umgebaut, hat aber wie alle anderen hiesigen Quartiere ein eigenes Bad und eine Küche.

Medlands Beach Backpackers & Villas (☎ 09-429 0320; www.medlandsbeach.com; 9 Mason Rd; B/DZ 25/70 NZ$, Villa 120–200 NZ$) Buddhas meditieren im Garten des entspannten Hügelhauses mit Blick auf den wunderschönen Medlands Beach. Der Backpackerbereich ist einfach, aber sauber. Romantisch veranlagte Budgeturlauber können sich etwas abseits der anderen Gäste in eine kleine Doppelzimmerhütte zurückziehen. Die Villen für Selbstversorger beherbergen bis zu sechs Personen.

Crossroads Lodge (☎ 09-429 0889; www.xroadslodge. com; 1 Blind Bay Rd, Claris; B/EZ/DZ 30/45/70 NZ$; 🖳) In 2 km Entfernung zum Flugplatz liegt das gemütliche, unscheinbare Hostel in der Nähe von Waldwanderwegen und Thermalquellen. Vor Ort können Mountainbikes ausgeliehen werden – ebenso Golfschläger für Partien auf dem benachbarten Neunlochplatz.

MITTEL- & SPITZENKLASSEHOTELS

Shoal Bay Lodge (☎ 09-429 0890; www.shoalbaylodge. co.nz; 145 Shoal Bay Rd, Tryphena; Apt. 110–240 NZ$) Zwischen Bäumen verstecken sich diese behaglichen Apartments für Selbstversorger. Ihre Bewohner genießen Meerblick, Vogelgezwitscher, Solarstrom, umweltfreundliche Reinigungsmittel und tierversuchsfreie Kosmetikartikel. Am besten ist die Lodge mit drei Schlafzimmern und super Sonnenuntergangsterrasse.

LP Tipp **Pigeons Lodge** (☎ 09-429 0437; www. pigeonslodge.co.nz; 179 Shoal Bay Rd; Apt./DZ 145/175 NZ$) Südlich von Tryphena steht die reizende Lodge auf ca. 1 ha Buschland oberhalb des Strandes. Ihre freundlichen Betreiber servieren ein prima Frühstück (Gäste frei/15 NZ$).

Tipi & Bob's Waterfront Lodge (☎ 09-429 0550; www.waterfrontlodge.co.nz; Puriri Bay Rd, Tryphena; Wohneinheit 195–320 NZ$) Die feschen, aber teuren Wohneinheiten im Motelstil punkten westlich von Tryphena mit herrlichem Meerblick. Zum Komplex gehört ein Restaurant mit Bar (S. 153).

Sunset Waterfront Lodge (☎ 09-429 0051; www. sunsetlodge.co.nz; Mulberry Grove, Tryphena; Apt. 189–234 NZ$) Von den attraktiven Wohnstudios fällt der Blick über den Rasen hinweg aufs Meer. Um die spitz zulaufende Dachstube der A-förmigen Villen mit zwei Schlafzimmern kann man sich mit seiner Reisebegleitung balgen – die ist nämlich cool. Direkt nebenan gibt's einen kleinen Laden und ein Café.

Essen & Ausgehen

Im Sommer haben die meisten Insellokale täglich geöffnet, während des übrigen Jahres dagegen nur sporadisch. Unter www.the barrier.co.nz gibt's einmal pro Monat alle aktuellen Öffnungszeiten. Dennoch vor einem geplanten Abendessen besser anrufen!

Wild Rose Cafe (☎ 09-429 0905; Blackwell Dr, Tryphena; Hauptgerichte 5–18 NZ$; 🕒 9–15 Uhr) Die beste lokale Imitation eines echten Aucklander Cafés – allerdings mit dem Zusatz inseltypischer Lokalfavoriten (z. B. getoastete Sandwiches,

Burger) – verwendet so oft wie möglich Bio-Freilandprodukte aus der Umgebung.

Claris Texas Cafe (☎ 09-429 0811; 129 Hector-Sanderson Rd, Claris; Hauptgerichte 7,50–15 NZ$; ⊗ 8–16 Uhr; 🖥 🛜) Der beste „Lückenfüller" des Inselzentrums ist zwar nicht so schräg wie sein Name, serviert aber gute Nachos, Salate und Pies.

Currach Irish Pub (☎ 09-429 0211; Blackwell Dr, Tryphena; Hauptgerichte 14–28 NZ$; ⊗ ab 16 Uhr) Die Karte der lebhaften, kinderfreundlichen Kneipe wechselt zwischen Meeresfrüchten, Steaks und Burgern. Im sozialen Treffpunkt der Insel kann man abends bei Jamsessions (Do) auf Tuchfühlung mit einheimischen Musikern gehen.

Stray Possum Lodge Restaurant (☎ 09-429 0109; 64 Cape Barrier Rd; Hauptgerichte 14–30 NZ$; ⊗ abends) Hat eine Ausschanklizenz und tischt neben Pizzas auch wechselnde Menüs auf. Die Atmosphäre ist im Sommer besonders gesellig, während die Öffnungszeiten nicht in Stein gemeißelt sind – vorher anrufen!

Tipi & Bob's Restaurant (☎ 09-429 0550; www.waterfrontlodge.co.nz; Puriri Bay Rd, Tryphena; Hauptgerichte 26–30 NZ$; ⊗ morgens & abends) Das beliebte Restaurant besitzt eine einladende Terrasse mit Hafenblick. Ansonsten gibt's hier einfache, aber leckere, große Portionen. Die Bistrokarte der Bar ist vergleichsweise günstiger.

Selbstversorger finden kleine Läden in Tryphena, Claris, Whangaparapara und Port Fitzroy.

An- & Weiterreise
FLUGZEUG
Great Barrier Airlines (☎ 09-275 9120; www.greatbarrierairlines.co.nz; einfache Strecke Standard/erm. 109/89 NZ$) verbindet den Auckland Domestic Airport (mind. 3-mal tgl.), Whangarei (einfache Strecke 129 NZ$; 2-mal wöchentl.) und das North Shore Aerodrome südlich von Orewa (Karte S. 103; mind. 2-mal tgl.) mit Great Barrier Island. Alle Flüge (ca. 30 Min.) legen Zwischenlandungen in Claris und Okiwa ein. Die Flugzeug-Schiff-Kombi (169 NZ$) ist insgesamt günstiger, da eine Hälfte der Reisestrecke per Fähre nach/ab Auckland absolviert wird.

Fly My Sky (☎ 09-256 7025; www.flymysky.co.nz; einfache Strecke Standard/erm. 109/89 NZ$, Flugzeug & Schiff kombiniert Erw./Kind 169/110 NZ$) fliegt mindestens dreimal täglich von Auckland nach Great Barrier Island. Bei Anreise am Sonntag oder Abreise am Freitag gibt's günstigere Flüge (66 NZ$).

SCHIFF/FÄHRE
Als Hauptanbieter schickt **Sealink** (☎ 09-300 5900; www.sealink.co.nz; hin & zurück Erw./Kind/Auto/Motorrad 120/80/350/95 NZ$) seine Autofähren drei- bis sechsmal pro Woche von der Wynyard Wharf in Auckland zur Shoal Bay bei Tryphena (4½ Std.).

Fullers (☎ 09-367 9111; www.fullers.co.nz; einfache Strecke Erw./Kind 69/39 NZ$) fährt vergleichsweise schneller (2½ Std.) von Aucklands Ferry Building zur Shoal Bay (nur Mitte Dez.–Ende Jan. plus Labour Day & Osterwochenende). Von dort geht's teils weiter nach Port Fitzroy. Frühaufsteher fragen nach Sonderangeboten!

Unterwegs vor Ort
Obwohl die meisten Inselstraßen schmal und gewunden sind, können ihre unbefestigten Abschnitte selbst von kleinen Mietwagen gemeistert werden.

Great Barrier Travel (☎ 0800 426 832; www.greatbarriertravel.co.nz) bietet Busshuttles auf der ganzen Insel an. Hinzu kommt ein wunderbarer Wandererservice, der einen an beliebigen Weganfängen absetzt und am jeweiligen Streckenende wieder abholt. Die Tarife für bestimmte Einzelfahrten (z. B. Tryphena–Claris, 15 NZ$) lassen sich telefonisch ermitteln. Ansonsten gibt's auch Mehrfachpässe (1 Tag/Wochenende/3 Tage 50/75/99 NZ$). Das dazugehörige **Aotea Car Rentals** (☎ 0800 426 832; www.aoteacarrentals.co.nz) verleiht normale Autos (ab 55 NZ$), Allradjeeps (ab 75 NZ$) und Vans (ab 99 NZ$). Mietwagenkunden können den Wanderershuttle kostenlos nutzen.

GBI Rent-A-Car (☎ 09-429 0062; www.greatbarrierisland.co.nz; 67 Hector-Sanderson Rd, Claris) betreibt neben einem etwas ramponierten Mietfuhrpark (normales Auto/Allradjeep ab 55/85 NZ$) auch Shuttlebusse ab Claris. Diese fahren nach Tryphena (20 NZ$), Medlands (15 NZ$), Whangaparapara (30 NZ$) und Port Fitzroy (30 NZ$, min. 4 Pers.).

Bei rechtzeitiger Benachrichtigung holen viele Inselunterkünfte ihre Gäste am Flug- oder Anlegeplatz ab.

WESTLICH VON AUCKLAND

Das Gebiet westlich der Stadt Auckland ist der Inbegriff von rauer Natur: wilde Strände mit schwarzem Sand, von Gestrüpp durchzogene Gebirgsketten und „Westies" mit Vokuhila und schwarzen T-Shirts. Sie stellen aber nur eines der Klischees dar, die es von den Einwohnern dieser Gegend gibt. Andere sind die Hippies, die zurück zur Natur möchten, die exzentrischen, unkonventionellen Künstler und die kiffenden Surfertypen. Das eine haben sie alle gemeinsam: Sie bevorzugen ein einfaches Leben am Rand der Wildnis.

Zu dieser bunten Mischung kommen noch die kroatischen Immigranten hinzu, denen die fruchtbaren Felder am Fuß der Waitakere Ranges den Spitznamen „Daly Valley" verdanken (nach der dalmatinischen Küste, wo die meisten herkommen). Diese Pionierfamilien pflanzten Rebstöcke und erzeugten Wein, womit sie unwissentlich einen der größten Industriezweige Neuseelands schufen.

TITIRANGI

3200 Ew.

Das kleine Dorf markiert das Ende der Vororte von Auckland und ist ein guter Ort, um bei einem Milchkaffee, einem guten Wein oder einem kühlen Bier alle oben genannten Klischees zu begutachten. Hier lebte einst Neuseelands größter moderner Maler Colin McCahon, und das Dorf verbreitet immer noch eine künstlerische Atmosphäre. Titirangi bedeutet „Himmelsrand" – ein wahrlich geeigneter Name für das Tor zu den Waitakere Ranges. Oder für einen Friseursalon … Hier hat man die letzte Möglichkeit zum Tanken und zum Geldabheben auf dem Weg nach Westen.

Die **Lopdell House Gallery** (☎ 09-817 8087; www.lopdell.org.nz; 418 Titirangi Rd; Eintritt frei; ⏰ 10–16.30 Uhr) ist eine ausgezeichnete moderne Kunstgalerie, untergebracht im ehemaligen Hotel Titirangi (1930) am Rand des Dorfes.

Es ist ein Zeichen für die Wertschätzung, die Colin McCahon entgegengebracht wird: Das Haus, in dem er in den 1950er-Jahren lebte und malte, wurde als Minimuseum **McCahon House** (www.mccahonhouse.org.nz; 67 Otitori Bay Rd, French Bay; Eintritt 5 NZ$; ⏰ Mi, Sa & So 10–14 Uhr) der Öffentlichkeit zugänglich gemacht. In dem schicken Klotz daneben leben die glücklichen Künstler, die den Preis „McCahon Arts Residency" gewonnen haben. Kurz vor Titirangi nach den Schildern an der Park Rd Ausschau halten!

Das von Buschwerk umgebene und von Frank Lloyd Wright inspirierte **Fringe of Heaven** (☎ 09-817 8682; www.fringeofheaven.com; 4 Otitori Bay Rd; DZ 185–220 NZ$; 3BZ 225–260 NZ$; ⏰) bietet eine

prachtvolle Aussicht über Manukau Harbour, ein Bad im Freien, Glühwürmchen im Garten und einen Chor von Singvögeln – alles nur 20 Minuten vom Dorfzentrum entfernt.

Im beliebten **Hardware Café** (☎ 09-817 5059; 404 Titirangi Rd; Hauptgerichte 5–31 NZ$; ⏰ Mo & Di 8–17, Mi-So 8–22 Uhr) kann man hervorragend die Westies beobachten und außerdem vorzügliches und günstiges Frühstück, Mittagessen und eine verlockende Auswahl von Snacks essen. Die reichhaltigeren Abendgerichte gibt es ab 22 NZ$.

WAITAKERE RANGES

Diese 16 000 ha große Wildnis war bis Mitte des 19. Jhs. mit Kauribäumen bewachsen, bis die meisten dieser Riesen der Holzindustrie zum Opfer fielen. Einige Gruppen von Kauri- und anderen einheimischen Bäumen konnten im dichten Buschwerk des sich wieder erholenden Regenwaldes überleben, der mittlerweile im **Waitakere Ranges Regional Park** geschützt ist. Die raue Natur des Parks wird im Westen von den wunderschön wilden Stränden der Tasmansee begrenzt und ist ein ausgezeichnetes Ziel für einen Tagesausflug von Auckland aus.

Der **Scenic Drive** bahnt sich seinen Weg 28 km weit von Titirangi nach Swanson, vorbei an Wasserfällen und Aussichtspunkten. Das **Arataki Visitor Centre** (☎ 09-817 0077; www.arc.govt.nz; Scenic Dr; ⏰ Sept.–April tgl. 9–17 Uhr, Mai–Aug. Mo–Fr 10–16, Sa & So 9–17 Uhr) liegt 6 km westlich von Titirangi und bildet einen perfekten Ausgangspunkt, um die Gebirgszüge zu erkunden. Das beeindruckende, kinderfreundliche Zentrum mit Maorischnitzereien (einige ungeheuer gut bestückt) und der spektakulären Aussicht bietet nicht nur Informationen über die 250 km langen Wanderwege der Gegend, sondern ist für sich selbst schon eine Attraktion. Die riesige Schnitzerei, die die Besucher am Eingang empfängt, stellt die Vorfahren des Kawerau-*iwi* dar. Im Zentrum kann man auch einige einfache **Zeltplätze** (☎ 09-366 2000; Erw./Kind 5/3 NZ$) im Park buchen – es gibt dort aber nicht viel mehr als Toiletten.

Der 1,6 km lange Naturlehrpfad gegenüber vom Zentrum führt Besucher an gekennzeichneten einheimischen Arten wie alten Kauribäumen vorbei. Hier beginnt außerdem der **Hillary Trail** (70 km), mit dem Neuseeland seit 2010 seinen berühmtesten Sohn ehrt: Den Everest-Erstbezwinger Sir Edmund Hillary. Diese Route lässt sich entweder nur etappenweise oder gleich im Ganzen (4 Tage) absolvieren. Unterwegs kann man auf Campingplätzen übernachten. Wanderer marschieren meist zur Küste bei Huia und klappern dann nacheinander alle Westie-Kultstrände ab: Whatipu, Karekare, Piha und Sir Eds entlegenen Favoriten namens Anawhata. Von dort aus geht's entweder weiter die Küste hinauf nach Muriwai (über Bethells Beach) oder durch den landeinwärtigen Busch zum Cascades-Kauri-Gebiet, um Swansons Bahnhof zu erreichen.

Weitere lohnende Parkwanderungen führen an eindrucksvollen Wasserfällen vorbei. Dies gilt z. B. für Kitekite Track (1,8 km, einfache Strecke 45 Min.), Fairy Falls Track (5,7 km, hin & zurück 3 Std.) und Auckland City Walk (1,5 km, hin & zurück 1 Std.).

AWOL Canyoning (☎ 09-834 0501; www.awol adventures.co.nz; halber/ganzer Tag 135/165 NZ$) bietet jede Menge schlüpfrigen, glitschigen und nassen Spaß im Piha Canyon. Der Preis beinhaltet das Mittagessen, Snacks und bei Bedarf auch das Shuttle ab Auckland. Bei den Nachtausflügen (155 NZ$) bekommt man massenhaft Glühwürmchen zu sehen. Die Canyoning-Trips von **Canyonz** (☎ 0800 422 696; www.canyonz.co.nz; Touren 175 NZ$) starten in Auckland und gehen hinab zum Blue Canyon. Dort warten 18 Wasserfälle zwischen 2 und 25 m Höhe.

Beide Minizüge durch die Gebirgskette müssen jeweils im Voraus gebucht werden. Der **Rain Forest Express** (☎ 09-302 8028; www.water care.co.nz; 280 Scenic Dr; 2½-stündige Tour Erw./Kind 25/12 NZ$) ab dem Jacobsons' Depot folgt einer alten Holzfällerroute durch diverse Tunnel tief in den Busch. Interessenten müssen weit im Voraus buchen (Fahrplan s. Website). Weniger häufig finden auch Brunch- oder Dämmerungsfahrten (je Erw./Kind 28/14 NZ$, 3½ Std.) statt. Bei letzteren erspäht man z. B. Glühwürmchen und Höhlen-Weta (Langfühlerschrecken). Am anderen Parkrand veranstaltet die **Waitakere Tramline Society** (☎ 09-818 4946; www.waitakeretramline.org.nz; Erw./Kind 10/5 NZ$) jeden Sonntag vier Panoramafahrten zu den Waitakere Falls (inkl. Staudamm). Die Trips führen durch einen Glühwürmchentunnel und beginnen am Ende der Christian Rd, die südlich des Bahnhofs Swanson verläuft.

Obwohl es Auckland nicht an tollen Aussichten mangelt, bietet das **Elevation** (☎ 09-814 1919; 473 Scenic Dr; Hauptgerichte 16–29 NZ$; ☺ Mi–So mittags & abends) die allerbeste: Dieses Hügelrestaurant steht 350 m oberhalb der Stadt und überblickt somit sogar den Sky Tower. Als einziges halbwegs vernünftiges Lokal zwischen Titirangi und Piha serviert es zudem hervorragende Pizzas.

KAREKARE

Nur wenige Sandstreifen haben mehr Charakter als Karekare. Wer anfällig ist für metaphysische Grübeleien, wird unweigerlich auf Beschreibungen wie „spirituell" und „nachdenklich" zurückgreifen. Wahrscheinlich hat die Geschichte hier einen Abdruck hinterlassen: 1825 gab es an diesem Ort ein unbarmherziges Massaker durch Eindringlinge der Ngapuhi an dem einheimischen Kawerau-*iwi*. Der berühmte Strand ist wild und traumhaft unerschlossen und diente schon als Drehort sowohl für hochintellektuelle als auch für wenig anspruchsvolle Filme – vom Oscar-Gewinner *Das Piano* bis hin zu *Xena, die Kriegerprinzessin*.

Auf dem schnellsten Weg, der vom Parkplatz zum schwarzsandigen Strand führt, geht es durch einen knöchelhohen Bach. Karekare zählt zu den gefährlichsten Stränden des Landes, es gibt eine starke Unterströmung, die unvorhersehbar ihre Richtung ändert. Man darf also nicht mal daran denken, hier zu schwimmen, außer wenn der Strand von Rettungsschwimmern bewacht wird (normalerweise nur im Sommer). Eddie Vedder, der Sänger von Pearl Jam, ertrank hier beinahe, als er die Hütte von Neil Finn in Karekare besuchte.

Folgt man der Straße über die Brücke und läuft 100 m weiter die Lone Kauri Rd hinauf, beginnt auf der linken Seite ein kurzer Weg, der zu den beeindruckenden **Karekare Falls** führt. An diesem grünen Picknickplatz beginnen verschiedene Wanderwege.

In Karekare gibt es keine erwähnenswerten Läden und keine öffentlichen Verkehrsmittel. Um hierherzukommen, nimmt man den Scenic Dr und die Piha Rd, bis man an die gut beschilderte Abzweigung zur Karekare Rd kommt.

PIHA

Sieht man einen Surfertypen aus Auckland, dessen Blick in die Ferne schweift, träumt er wahrscheinlich gerade von Piha ... oder er ist einfach nur bekifft. Dieser wunderschön schroffe Strand mit Quarzsand war lange Zeit sehr beliebt bei allen, die dem Stress der Großstadt entfliehen wollten – entweder für einen Tagesausflug, für Teenie-Wochenendpartys oder zum Urlaubmachen.

Trotz seiner Beliebtheit ist Piha auch unglaublich gefährlich. Die wilde Brandung und die starke Unterströmung führten sogar zu einer populären eigenen Reality Show namens *Piha Rescue*. Wer nicht aus Versehen darin mitspielen will, sollte immer zwischen den Fahnen schwimmen. Dort können einem die Rettungsschwimmer helfen, wenn man in Schwierigkeiten kommt.

Piha ist zwar größer und dichter bevölkert als Karekare, aber trotzdem gibt es auch hier keinen Supermarkt, keine Bank und keine Tankstelle. Allerdings steht Besuchern ein kleiner Kramladen zur Verfügung, der auch als Café, Takeaway und Post dient.

Öffentliche Verkehrsmittel fahren hier keine, aber **NZ Surf'n'Snow Tours** (☎ 09-828 0426; www.newzealandsurftours.com) bietet bei guten Surfbedingungen tägliche Shuttlebusse (einfache Strecke 25 NZ$).

Sehenswertes & Aktivitäten

Wenn man die Piha Rd hinunterfährt, ist der Blick auf die Küste spektakulär. In der Nähe der Strandmitte steht der **Lion Rock** (101 m), dessen „Mähne" in der Abendsonne golden glänzt. Der Fels ist eigentlich der ausgewaschene Kern eines alten Vulkans und war ein *pa* der Maori. Ein Pfad am südlichen Ende des Strandes führt zu einigen großartigen Aussichtspunkten. Bei Ebbe kann man in südlicher Richtung am Strand entlanglaufen und der Brandung zusehen, wie sie durch eine Schlucht auf einen weiteren großen Felsen mit dem Namen **Camel** zuschießt. Noch ein bisschen weiter weg krachen die Wellen durch den **Gap** und verflachen sich zu einem sicheren Schwimmbecken. Am nördlichen Ende des Strandes nistet eine kleine Kolonie von Zwergpinguinen.

Surfbretter (3 Std./Tag 25/35 NZ$), Schwimmanzüge (8/15 NZ$) und Bodyboards (15/25 NZ$) können beim Piha Surf Shop & Crafts (S. 157) ausgeliehen werden. Man kann auch privaten Surfunterricht nehmen.

Schlafen & Essen

Piha Domain Motor Camp (☎ 09-812 8815; pihacamp@xtra.co.nz; 21 Seaview Rd; Stellplatz Erw./Kind 10/6 NZ$, Hütte EZ/DZ/3BZ 50/60/85 NZ$) Der gepflegte Campingplatz direkt am Strand bietet nicht viel Schutz vor den Elementen, ist aber spottbillig. Die winzigen Hütten sind ausreichend sauber.

Piha Surf Accommodation (☎ 09-812 8723; www.pihasurf.co.nz; 122 Seaview Rd; Wohnwagen & Hütte 24–40 NZ$/Pers.) Jeder der einfachen, aber charmanten Klapperwohnwagen verfügt über eigene Bettwäsche, Fernseher, Kühlschrank, Herd und ein externes Plumpsklo. Die Bewohner aller Wohnwagen teilen sich eine primitive Dusche. Die privaten Hütten sind in sanitärer Hinsicht gleichermaßen rudimentär, ansonsten aber komfortabler.

LP Tipp **Piha Beachstay** (☎ 09-812 8381; www.pihabeachstay.co.nz; 38 Glenesk Rd; B/EZ 30/70 NZ$, DZ 80–140 NZ$; 💻 📶) Diese Lodge ist so attraktiv und umweltbewusst wie der surfende Rettungsschwimmer, dem sie gehört. Der Bau aus Holz und Glas besitzt extrem elegante Einrichtungen. Das Anwesen liegt 1 km vom Strand entfernt. Am unteren Ende gibt's einen kleinen Bach, während Buschwanderungen in der Nähe vorbeiführen. Im Winter erwärmt ein offener Kamin die wunderbar geräumige Gemeinschaftslounge.

Black Sands Lodge (☎ 021 969 924; www.pihabeach.co.nz/Black-Sands-Lodge.htm; Beach Valley Rd; Hütte 130 NZ$, Apt. 210–260 NZ$; 💻 📶) Besagter schwarzer Sand erstreckt sich in nächster Nähe der beiden modernen Apartments mit eigenen Terrassen. Attraktive Extras wie Stereoanlagen, DVD-Player oder gute harte Betten mit schicker Bettwäsche und polierten Bodenbrettern passen perfekt zu der erstklassigen Lage. Als Ferienhäuschen im typischen Kiwi-Stil der 1950er-Jahre teilt sich die Hütte ein Bad mit dem Haupthaus. Leihfahrräder und WLAN sind für Gäste gratis. Auf Wunsch gibt's auch Massagen im Zimmer und aufwendig arrangierte Abendessen. Obendrein schwulenfreundlich.

Piha Cafe (☎ 09-812 8808; www.thepihacafe.co.nz; 20 Seaview Rd; Hauptgerichte 10–24 NZ$; 🕑 7.30–17 Uhr, Sommer verlängerte Öffnungszeiten) Während eines Diskussionssturms (im Wasserglas) öffnete das attraktive Öko-Café 2010 erstmals seine Pforten – inklusive Solarstrom, Regenwurmzucht und eigenem Grundwasserbrunnen. Mittlerweile fürchten die Einheimischen aber nicht mehr, dass Scharen von affektierten Cafébesuchern den beschaulichen Strandvibe Pihas komplett zerstören könnten. Zwischen zwei Surfrunden kann man sich hier nun zumindest an Kaffee und anständigem Essen laben.

Der **Piha Store** (☎ 09-812 8844; Seaview Rd; 🕑 Mo–Fr 8–17.30, Sa & So 8–18 Uhr) verkauft Lebensmittel, Eis und Hausgebackenes.

Shoppen

West Coast Gallery (☎ 09-812 8029; www.westcoast gallery.co.nz; Seaview Rd; Do–So 10–17 Uhr) Die gemeinnützige kleine Galerie neben Pihas Feuerwache bietet Werke von über 180 einheimischen Künstlern an.

Piha Surf Shop & Crafts (☎ 09-812 8723; www.piha surf.co.nz; 122 Seaview Rd; 8–17 Uhr) Im Erdgeschoss des familiengeführten Ladens vertreibt der bekannte Surfbrettdesinger Mike Jolly seine Produkte. Oben verkauft Ehefrau Pam Kunsthandwerk und Kaffee.

TE HENGA (BETHELLS BEACH)

Den atemberaubenden Bethells Beach erreicht man über die Te Henga Rd am Nordende des Scenic Dr. Te Henga ist ein weiterer rauer Brandungsstrand mit schwarzem Sand, windgepeitschten Dünen und Möglichkeiten zum Buschwandern – darunter eine beliebte Route, die nahe der Zufahrtsbrücke beginnt und über riesige Sanddünen zum Lake Wainamu führt.

Bethells Beach Cottages (☎ 09-810 9581; www. bethellsbeach.com; 267 Bethells Rd; Hütte 335–620 NZ$) Die beiden charmanten Selbstversorgerhütten plus Apartment liegen an einer Hügelflanke mit Blick auf Meer und Sonnenuntergang. Auf Wunsch gibt's köstliche Gerichte, die genauso hervorragend sind wie die Unterkünfte.

KUMEU & UMGEBUNG

Einige Weingüter in West Aucklands Hauptanbaugebiet werden bis heute von denselben kroatischen Familien betrieben, die einst Neuseelands Weinindustrie begründeten. Im Gegensatz zu Waiheke Island sind Weinproben hier meist kostenlos. Kumeu liegt nur ca. 30 km nördlich von Aucklands Zentrum – einfach den Northwestern Motorway (SH16) nehmen und den Schildern folgen. Die **Kumeu Library** (298 Main Rd) hat einen Internetzugang.

Das Weingut **Kumeu River** (Karte S. 103; ☎ 09-412 8415; 550 SH16, Kumeu; Mo–Fr 9–17, Sa 11–17 Uhr) gehört bis heute der Familie Brajkovich, die

hier fabulösen Chardonnay und Pinot Gris keltert. Ein weiteres kroatisch-neuseeländisches Familienweingut ist das **Soljans Estate** (Karte S. 103; ☎ 09-412 2680; 366 SH16, Kumeu; 9–17.30 Uhr) mit seinem wunderbaren **Café** (Hauptgerichte 16–33 NZ$; Mo–Fr 11–15.30, Sa & So 9–15.30 Uhr). Es serviert außergewöhnlich leckere Brunchgerichte, Tintenfisch nach dalmatinischer Art und Winzerplatten voller mediterraner Köstlichkeiten. Auf dem Gelände von **Coopers Creek** (Karte S. 103; ☎ 09-412 8560; 601 SH16, Huapai; Mo–Fr 9–17.30, Sa & So 10.30–17.30 Uhr) lässt sich gekaufter Wein beim Picknicken im schönen Garten genießen. Von Januar bis Ostern sorgen dabei Jazzsessions am Sonntagnachmittag für Unterhaltung.

Hopfenfreunde können die Produkte der Kleinbrauerei **Hallertau** (☎ 09-412 5555; www.haller tau.co.nz; 1171 Coatesville-Riverhead Hwy; Mittagessen 11–22 NZ$, Abendessen 24–33 NZ$; 11 Uhr–open end) bei fünfteiligen Bierproben (12 NZ$) testen, die unter Weinreben auf der Terrasse des Bar-Restaurants kredenzt werden.

Die auch architektonisch beeindruckende Imkerei **Bees Online** (☎ 09-411 7953; 791 SH16, Waimauku; Hauptgerichte 14–27 NZ$; Mo–Fr 11–16, Sa & So 9–17 Uhr) bietet die Möglichkeit, fleißige Bienchen hinter sicherem Glas bei der Arbeit zu beobachten. Das Endprodukt kann im Laden probiert werden – ebenso im wunderschönen Café, das auch Zutaten aus dem heimischen Busch verwendet. Während der Nachwuchs nach der Königin des Bienenschwarms späht, können Eltern vielleicht sogar mal in Ruhe ihren Kaffee trinken.

Bus 54, 55, 66 oder 67 fährt ab der Lower Albert St in Aucklands Zentrum hierher.

MURIWAI BEACH

Noch ein Strand mit schwarzem Sand und starker Brandung: Der Muriwai Beach zieht sich über 60 km hin. Der Hauptgrund für seine Bekanntheit ist die Tölpelkolonie im **Takapu Refuge**, die sich über die südliche Landzunge und abseits gelegene Felsblöcke

---

KIWIS ODER TÖLPEL?

Nach dem erfolgreichen Flüggewerden bekommen junge Tölpel die ultimative Chance auf einen Schwingentest: 2000 km nach Australien stehen an. Dort bleiben die Vögel meist einige Jahre, bevor sie nach Hause zurückfliegen und diese Reise nie wieder antreten. Nach der Heimkehr warten die Tölpel zunächst ein paar Jahre lang auf freie Plätze in ihrer jeweiligen Uferkolonie. Danach nisten sie mit festen Partnern alljährlich an denselben kahlen Fleckchen.

Somit symbolisiert der Tölpel viele junge Aucklander vielleicht passender als der Kiwi.

AUCKLAND & UMGEBUNG

verteilt. Auf Aussichtsplattformen kommt man nahe genug heran, um diese faszinierenden Wasservögel zu beobachten (und zu riechen). Jedes Jahr im August kehren die erwachsenen Vögel hierher zurück, um sich mit ihren Partnern zu treffen und sich an die Arbeit zu machen. Man kann ihnen dann dabei zusehen, wie sie ihre Hälse aneinander reiben, schnäbeln und kuscheln. In jeder Brutsaison kommt nur ein einziges Küken dabei heraus. Dezember und Januar sind die besten Monate, um die kleinen Kerle dabei zu beobachten, wie sie ihre Flügel ausprobieren, bevor sie sich auf eine beeindruckende Odyssee begeben (s. Kasten S. 157).

Ganz in der Nähe führen kurze Pfade durch den wunderschönen Busch zu einem Aussichtspunkt, der Blicke auf die ganze Länge des Strands freigibt. Wegen der wilden Brandung und trügerischer Schlitze kann man hier nur sicher schwimmen, wenn der Strand bewacht wird (zwischen den Fahnen schwimmen!). Abgesehen vom Surfen ist der Muriwai Beach auch ein beliebter Ort zum Drachenfliegen, Parapunten, Kiteboarden und zum Reiten. Außerdem gibt's hier Tennisplätze, einen Golfplatz und ein Café, das gleichzeitig als Imbiss mit Speisen zum Mitnehmen dient.

Der **Muriwai Beach Motor Camp** (☎ 09-411 9262; www.muriwaimotorcamp.co.nz; Muriwai Beach; Stellplatz Erw./Kind 12/5 NZ$) ist ein geschützter Zeltplatz im Schatten großer Tannen mit einer Gemeinschaftsküche und Münzwaschmaschinen.

HELENSVILLE
2500 Ew.

Ein paar historische Gebäude, Antiquitätenläden und Cafés machen das dorfartige Helensville zu einer guten Zwischenstation für alle, die dem SH16 gen Norden folgen. Die Regionalinfos des **Visitor Information Centre** (☎ 09-420 8060; www.helensville.co.nz; 87 Commercial Rd; 🕐 10–16.30 Uhr) umfassen die detaillierten Gratisbroschüren *Helensville Heritage Trail* und *Helensville Riverside Walkway*. Die **Helensville Library** (Commercial Rd) hat einen kostenlosen Internetzugang.

Etwa 2 km nordwestlich von Helensville liegen die **Aquatic Park Parakai Springs** (Karte S. 103; ☎ 09-420 8998; www.parakaisprings.co.nz; 150 Parkhurst Rd; Erw./Kind 16/8 NZ$; 🕐 10–21 Uhr) mit großen Thermalschwimmbecken, Privatwhirlpools (6 NZ$/Std.) und ein paar Wasserrutschen. Da der Aquatic Park günstiger als Waiwera (S. 160) ist, wird er an nassen Wintertagen

gern von Aucklandern mit gelangweilten Kindern aufgesucht. Gäste des benachbarten **Campingplatzes** (Stellplatz Erw./Kind 10/8 NZ$) können die Thermalpools zum halben Preis benutzen.

Die vielen anspruchsvollen Trails des **Woodhill Mountain Bike Park** (☎ 027-278 0949; www. bikepark.co.nz; Erw./Kind 6/4 NZ$, Leihfahrräder 25–30 NZ$/ Std.; 🕐 Mo, Di, Do & Fr 10–17, Mi 10–22, Sa & So 8–17 Uhr) bieten auch Sprungschanzen und Balancebalken. Sie führen 14 km südlich von Helensville quer durch den Woodhill Forest. Die insgesamt neun Hochseilstrecken der benachbarten **Tree Adventures** (☎ 0800 827 926; www.treeadventures. co.nz; 1/4/8/9 Seilstrecken 15/37/42/62 NZ$; 🕐 9.30–17.30 Uhr) bestehen aus schwingenden Baumstämmen, Netzen, Balancebalken, „Tarzanlianen" und einem Flying Fox (Seilrutsche). Ebenfalls im Wald unterwegs ist **4 Track Adventures** (☎ 09-420 8104; www.4trackadventures.co.nz; Touren 1/2/3 Std. 155/215/255 NZ$) – allerdings auf Quadbikes: Die zwei- oder dreistündigen Touren beinhalten jeweils Abstecher zum Strand. Shuttles ab Auckland kosten 40 NZ$ pro Nase.

Extreme 4WD Adventures (☎ 0800 493 238; www. extreme4wd.co.nz; 606 Peak Rd; 1–2 Pers. 180 NZ$) bietet die Chance auf zweistündige Spezialabenteuer per Allradfahrzeug.

Das **Malolo House B&B** (☎ 09-420 7262; www. helensville.co.nz/malolo.htm; 110 Commercial Rd; B 30–35 NZ$, DZ 65–120 NZ$) belegt eine wunderschön restaurierte Villa aus Kauriholz, die einst eine Zeit lang als Ortskrankenhaus diente. Unter den gemütlichen Unterkünften sind zwei luxuriöse Doppelzimmer mit eigenen Bädern, mehrere günstigere Varianten mit Gemeinschaftsbädern und ein kleiner Schlafsaal. Hinzu kommen ein Wellnessbereich und eine Gästelounge mit Aussicht.

Nahe Britomart (Lower Albert St) starten die Busse 66 bzw. 67 in Richtung Parakai und Helensville (9,70 NZ$, 1½ Std.).

NÖRDLICH VON AUCKLAND

Ab dem Stadtzentrum erstreckt sich der Großraum Auckland über 90 nordwärtige Kilometer bis kurz hinter den Punkt, an dem SH16 und SH1 bei Wellsford aufeinandertreffen. Zu den hiesigen Highlights zählen Strände, Regionalparks, Wanderpfade, malerische Dörfer, Wein und Möglichkeiten zum Schnorcheln oder Kajakfahren.

LONG BAY REGIONAL PARK

Die Long Bay ist die nördlichste von Aucklands East Coast Bays und ein schöner Ort für ein Familienpicknick und zum Schwimmen. Über das Jahr verteilt kommen über 1 Mio. Besucher hierher. Eine dreistündige Küstenwanderung (hin & zurück) führt nach Norden vom Sandstrand zum Okura River, vorbei an den abgeschiedenen Buchten Grannys Bay und Pohutakawa Bay (beliebt bei FKK-Fans).

Von der Albert St in Aucklands Zentrum fahren regelmäßig Busse zur Long Bay (Erw./Kind 6,50/3,80 NZ$, 1 Std.). Der Tagespass für 11 NZ$ ist die beste Lösung, man kriegt ihn bei **Maxx** (☎ 09-366 6400; www.maxx.co.nz). Autofahrer verlassen den Northern Motorway bei der Ausfahrt Oteha Valley Rd in Richtung Browns Bay und folgen den Schildern.

SHAKESPEAR REGIONAL PARK

Die Whangaparaoa Peninsula springt kurz vor Orewa hervor. Sie ist ein dicht besiedelter Landstrich mit einer großen Gemeinde südafrikanischer Auswanderer. An ihrer Spitze liegt der traumhafte, 376 ha große **Shakespear Regional Park**. Schafe, Kühe, Pfauen und Purpurhühner wackeln über die grasige Landzunge, und die von Pohutukawa-Bäumen gesäumte **Te Haruhi Bay** bietet einen tollen Ausblick auf die Golfinseln und die Stadt. Wanderwege durch die Wälder, vorbei an Schützengräben aus dem Zweiten Weltkrieg, Maoristätten und Aussichtspunkten dauern zwischen 40 Minuten und zwei Stunden. Wer es nicht übers Herz bringt, wieder abzufahren, der kann auf dem idyllischen **Campingplatz** (☎ 09-366 2000; www.arc.govt.nz; Erw./Kind 10/5 NZ$) am Ufer mit Toiletten und kalten Duschen übernachten.

Um hierher zu gelangen, muss man eine qualvolle Busfahrt vom Bahnhof Britomart in Auckland auf sich nehmen, die bei **Maxx** (☎ 09-366 6400; www.maxx.co.nz) buchbar ist (ca. 2 Std.; Routen 896, 898 & 899). Da der Fahrpreis für die einfache Strecke schon 9,70 NZ$ beträgt, lohnt sich ein Tagespass für 11 NZ$. Eine Alternative ist der Fährservice von **360 Discovery** (☎ 09-424 5510; www.360discovery.co.nz) nach Gulf Harbour (Erw./Kind 13,40/8 NZ$), eine Ansammlung aufeinander abgestimmter Stadthäuser wie aus dem Spielzeugland, ein Jachthafen, ein Country Club und ein Golfplatz. Im Fährbüro kann man nach einem Bus oder Taxi fragen, das einen hier abholt. Oder man läuft oder radelt die restlichen 3 km zum Park.

Die Fähre ist eine gute Alternative für Radfahrer, die die langweilige Strecke aus Auckland raus umgehen wollen. Räder kommen kostenlos mit.

OREWA

7300 Ew.

Die Einheimischen haben Angst, dass sich Orewa in Neuseelands Pendant zur Gold Coast von Queensland in Australien verwandelt. Aber wenn sie nicht damit anfangen, Rentner zu exportieren und sie durch Parkwächterinnen in Bikinis zu ersetzen, wird das wohl kaum passieren. Der Ort ist trotzdem sehr bebaut und langsam schießen immer mehr hohe Apartmenthäuser aus dem Boden.

Praktische Informationen

Hibiscus Coast i-SITE (☎ 09-426 0076; 214a Hibiscus Coast Hwy (HCH); ◉ Mo–Fr 9–17, Sa & So 10–16 Uhr) Informationen und Internetzugang.

Post (Hillary Sq)

Sehenswertes & Aktivitäten

In der Hauptsaison wird der 3 km lange, geschützte Sandstrand von Rettungsschwimmern bewacht.

Das **Alice Eaves Scenic Reserve** (Old North Rd) nördlich der Stadt ist ein 10 ha großes Gebiet aus einheimischem Busch mit gekennzeichneten Bäumen, einem *pa*, einem Aussichtspunkt und kurzen, einfachen Wanderpfaden. Der 8 km lange **Millennium Walkway** beginnt bei South Bridge und schlängelt sich durch diesen und andere Parks, bevor er am Strand entlang zurückführt – einfach den blauen Streckenmarkierungen folgen.

Snowplanet (☎ 09-427 0044; www.snowplanet.co.nz; 91 Small Rd; Silverdale; Tagespass Erw./Kind ab 54/42 NZ$; ◉ 10–22 Uhr) ist ein Winterwunderland, in dem jeden Tag Schnee liegt. Hier kann man drinnen Ski, Schlitten und Snowboard fahren. Es liegt gleich am SH1 8 km südlich von Orewa.

Schlafen

Orewa Beach Top 10 Holiday Park (☎ 0800 673 921; www.orewabeachtop10.co.nz; 265 HCH; Stellplatz Erw./Kind 21/9 NZ$, Hütte 52–89 NZ$, Apt. 98–114 NZ$; ▢) Der gepflegte Park mit super Einrichtungen nimmt den Großteil des südlichen Strandendabschnitts ein. Die „Touristenapartments" im Fertigbau punkten sogar mit Nachttischlampen und Kunst an den Wänden. Allerdings könnte der Straßenlärm nervig werden.

Marco Polo Backpackers Lodge (☎ 09-426 8455; www.marcopolo.co.nz; 2d Hammond Ave, Hatfields Beach, Stellplatz 19 NZ$/Pers., B 2G–28 NZ$, EZ/DZ 48/66 NZ$) Üppige Gärten verleihen dem Lodgekomplex an einer Hügelflanke seine tropische Atmosphäre. Ein paar Kilometer nördlich von Orewa gibt's hier einfache Zimmer, während kompletter Fernsehermangel für Ruhe sorgt.

Pillows Travellers Lodge (☎ 09-426 6338; www.pillows.co.nz; 412 HCH; B 20 NZ$, Zi. 49–65 NZ$) Die elf Zimmer der toll gelegenen Backpacker-Lodge grenzen an einen netten Garten. Die nach Geschlechtern getrennten Schlafsäle werden durch einen Whirlpool, eine relaxte Lounge, Gratistee bzw. -kaffee und ein Klavier ergänzt. Die separaten Gästezimmer haben Fernseher.

Orewa Motor Lodge (☎ 09-426 4027; www.orewa motorlodge.co.nz; 290 HCH; Wohneinheit 135–185 NZ$; 🛜) Die blitzsauberen Wohneinheiten aus Holz zählen zur Motelmeile an Orewas Hauptstraße. Hängende Blumentöpfe plus Whirlpool machen das Ganze noch attraktiver.

Waves (☎ 09-427 0888; www.waves.co.nz; Ecke HCH & Kohu St; Wohneinheit 176–293 NZ$) Wie ein Motel, aber wesentlich nobler: Die geräumigen, modernen Selbstversorgereinheiten des Komplexes empfangen Gäste mit Doppelglasfenstern, an die Wand montierten CD-Playern und eleganten Möbeln. Die Einheiten im Erdgeschoss haben Privatgärten und zumeist auch Whirlpools. Am allerbesten ist aber die unmittelbare Strandnähe.

Essen

Plantation (☎ 09-426 5083; 226 Hibiscus Coast Hwy; Hauptgerichte 4–21 NZ$; 🕑 7.30–20 Uhr) Bei Reisen in Richtung Norden hat hier garantiert jedes Aucklander Kind seinen Eltern schon einmal ein Eis abgerungen. Der Laden hat auch Pies, warme Gerichte, Essen zum Mitnehmen und eine gute Auswahl von Thekensnacks im Angebot.

Asahi (☎ 09-426 0065; 6 Bakehouse Lane; Hauptgerichte 12–22 NZ$; 🕑 Mo 9–15, Di–Sa 9–21 Uhr) Ein praktisches, kleines Lokal für japanische Happen zwischendurch. Besonders empfehlenswert sind die Bento-Boxen (21,50 NZ$).

Die örtliche Großfiliale der Supermarktkette **New World** (11 Moana Ave; 🕑 7–22 Uhr) verkauft Snacks und Vorräte für Selbstversorger.

An- & Weiterreise

Ab Orewa fahren Direktbusse zur Albert St im Stadtzentrum (Erw./Kind 9,70/5,80 NZ$, 75 Min.), zum Shakespear Regional Park

TIPP FÜR AUTOFAHRER

Von Auckland aus umgeht der mehrspurige Northern Motorway (SH1) Orewa und Waiwera mittels einer **Mautstrecke** (☎ 0800 40 20 20; www.tollroad.govt.nz; Maut Motorrad/Auto frei/2 NZ$), die ca. zehn Autominuten spart – vorausgesetzt, man bezahlt die Gebühr per Internet oder Telefon (im Voraus oder innerhalb von fünf Reisetagen möglich). Ansonsten muss mit Wartezeiten an den Mautstationen gerechnet werden. Von Weihnachten bis Neujahr kann die nordwärtige SH1 zwischen Mautstrecke und Wellsford extrem verstopft sein. Dann ist der SH16 über Kumeu und Helensville eine brauchbare Alternative. Dasselbe gilt kurz nach Neujahr bei Fahrten in Richtung Süden.

(Erw./Kind 3,20/1,80 NZ$, 40 Min.) und nach Waiwera (Erw./Kind 1,60/1 NZ$, 10 Min.). **Maxx** (☎ 09-366 6400; www.maxx.co.nz) beantwortet alle Fragen zum Thema Bus.

WAIWERA

Das nette Dorf an der Flussmündung hat einen tollen Strand. Aber die meisten Besucher kommen wegen *wai wera* (warmem Wasser) hierher: Aus 1500 m Tiefe sprudelt warmes Mineralwasser an die Oberfläche und füllt die 19 Becken des **Waiwera Infinity Thermal Spa Resort** (☎ 09-427 8800; www.waiwera.co.nz; 21 Main Rd; Erw./Kind 25/15 NZ$; 🕑 So–Do 9–21, Fr & Sa 9–22 Uhr). Das Thermalbad hat auch einen Kinopool, zehn große Rutschen, Grillstellen, separate Wannen (40 NZ$) und einen Wellnessbereich. Wer danach nicht gleich weiterfahren mag, kann nebenan in modernen Luxushäusern übernachten (DZ 215–245 NZ$). Am besten nach Pauschal-Verwöhnangeboten fragen!

Bei geringeren Ansprüchen empfiehlt sich der **Holiday Park** (☎ 09-426 5270; www.waiweraholiday park.co.nz; 37 Waiwera Pl; Stellplatz Erw./Kind 18/9 NZ$, Hütte 65 NZ$; 🖵) mit ultimativer Uferlage und freundlichem Management.

Der **Wenderholm Regional Park** zwischen Waiwera und Puhoi River beherbergt facettenreiche Ökologie, zahllose Vögel, Strände und Wanderrouten (30–150 Min.) auf herrlichen 134 ha. Als ursprüngliches Gehöft aus den 1860er-Jahren ist das **Couldrey House** (☎ 09-528 3713; Erw./Kind 3 NZ$/frei; 🕑 Sa & So 13–16 Uhr, 2. Weihnachtstag–Ostern tgl.) heute ein Museum. Auf dem örtlichen **Campingplatz** (☎ 09-366 2000; Erw./Kind 10/5 NZ$) gibt's leider nur Wasserhähne und Plumpsklos.

Ab der Albert St in Auckland fährt Bus 895 über Orewa nach Waiwera (Erw./Kind 9,70/5,80 NZ$, 1 Std.). **Maxx** (☎ 09-366 6400; www.maxx.co.nz) informiert über Details.

PUHOI
450 Ew.

Das malerische Dorf ist ein Stückchen echtes Böhmen: 1863 kamen ca. 200 Einwanderer aus der heutigen Republik Tschechien zu diesem Ort, der damals noch tiefster Busch war. Das **Bohemian Museum** (www.puhoihistorical society.org.nz; Puhoi Rd; Erw./Kind 3 NZ$/frei; Sa & So 13–16 Uhr, Weihnachten–Ostern tgl.) erzählt die Geschichte ihrer Not und Ausdauer. Die schmucke **katholische Dorfkirche** steht seit 1881 nebenan – inklusive Buntglas, Statuen und einem interessant bemalten Tabernakel.

Puhoi River Canoe Hire (☎ 09-422 0891; www.puhoi rivercanoes.co.nz; 84 Puhoi Rd) verleiht Kajaks und Kanadier, die entweder stundenweise (Ein-/Zweisitzerkajak 20/40 NZ$) oder für die großartige Flussabwärtsfahrt (8 km) vom Dorf zum Wenderholm Regional Park (Ein-/Zweisitzerkajak 40/80 NZ$ inkl. Rücktransport) genutzt werden können. Interessenten sollten unbedingt reservieren.

Die Barwände des charaktervollen **Puhoi Hotel** (☎ 09-422 0812; Ecke Saleyards Rd & Puhoi Rd; 10–22 Uhr) von 1879 sind komplett mit alten Fotos, Tierköpfen und historischen Haushaltsgegenständen bedeckt – erstaunlich!

Die **Puhoi Cottage Tea Rooms** (☎ 09-422 0604; 50 Ahuroa Rd; Do–Di 9.30–17 Uhr) servieren ihren Devonshire-Tee (10 NZ$) 500 m außerhalb des Orts. Nur 3 km weiter verdeutlicht das **Art of Cheese Cafe** (☎ 09-422 0670; 275 Ahuroa Rd; Käseplatten 19–22 NZ$; 9–17 Uhr) seinen Gästen, warum eine ausgewogene Ernährung zu 90 % aus Käse bestehen sollte: Man kann bei der Produktion des gelben Glücks zusehen, große Stücke davon kaufen oder eine wunderbare Käseplatte im lizenzierten Café vertilgen. Kinderkarte und -spielplatz sind vorhanden.

Puhoi liegt 1 km westlich des SH1. Die Abzweigung beginnt 2 km hinter dem Tunnel durch die Johnstone Hills.

MAHURANGI & SCANDRETT REGIONAL PARK

Dieses Paradies für Bootsfahrer säumt den oberen Bereich des Mahurangi Harbour und

hat drei charakteristische „Arme": Erstens Mahurangi West mit Zugang über eine Abzweigung, die 3 km nördlich von Puhoi beginnt. Zweitens Scott Point auf der Ostseite – erreichbar über eine Straße, deren Anfang 16 km südöstlich von Warkworth liegt. Und drittens das entlegene Mahurangi East, zu dem nur Boote vordringen können. Über den Park verteilen sich Küstenwälder, *pas* und ein historisches Gehöft mit Friedhof. Die geschützten Strände eignen sich prima zum Baden oder Picknicken. Parallel sind diverse Rundwanderungen (1½–2½ Std.) möglich. Zum **Übernachten** (☎ 09-366 2000; www.arc.govt.nz; Stellplatz 5–10 NZ$/Pers., Ferienhäuschen 100–120 NZ$) gibt's vier einfache Campingplätze und vier Ferienhäuschen (*baches*) für sechs bis acht Leute.

Auf dem Weg nach Mahurangi West passiert man den **Zealandia Sculpture Garden** (☎ 09-422 0099; www.zealandiasculpturegarden.co.nz; 138 Mahurangi West Rd; Eintritt 10 NZ$; Nov.–Dez. & Feb.–März Sa & So 10–16 Uhr, Jan. tgl. 10–16 Uhr), der Terry Stringers Werke inmitten von eindrucksvoller Architektur auf einem tollen Gelände präsentiert. Führungen finden um 11 und 14 Uhr statt.

An die Seeseite der Halbinsel Mahurangi Peninsula schmiegt sich der **Scandrett Regional Park** mit Sandstrand, Wanderwegen, regenerierenden Waldflächen, einem weiteren historischen Gehöft, noch mehr *pas* und toller Aussicht auf Kawau Island. Hier werden insgesamt drei **ARC-Ferienhäuschen** (☎ 09-366 2000; www.arc.govt.nz; Ferienhäuschen 120 NZ$) vermietet.

WARKWORTH
3300 Ew.

Warkworth am Flussufer eignet sich prima für einen Zwischenstopp. Dank hübscher Hauptstraße herrscht hier bis heute eine angenehme Dorfatmosphäre. Wer etwas mehr Zeit übrig hat, holt sich die Gratisbroschüre *Heritage Trail* beim **Warkworth i-SITE** (☎ 09-425 9081; www.warkworthnz.com; 1 Baxter St; Mo–Fr 8.30–17, Sa 9–16.30, So 9–15 Uhr;).

Gleich südlich des Orts erstreckt sich der 8,5 ha große **Parry Kauri Park** mit kurzen Wanderwegen und ein paar mächtigen Kauribäumen, zu denen auch der 800 Jahre alte McKinney Kauri (Umfang 7,6 m) zählt. Ebenfalls im Park steht das kleine **Warkworth & District Museum** (☎ 09-425 7093; www.wwmuseum.orcon.net.nz; Tudor Collins Dr; Erw./Kind 6/1 NZ$; 9–15.30 Uhr) mit Ausstellungsstücken aus der Pionierzeit.

Etwa 5 km südlich von Warkworth befindet sich das **Honey Centre** (Karte S. 103; ☎ 09-425 8003;

www.honeycentre.co.nz; Ecke SH1 & Perry Rd; ⊙ 8.30–17 Uhr) mit Café, kostenloser Honigverkostung und Bienenvölkern zum Beobachten hinter Glas. Von der Kerze bis zum Met verkauft der Laden alle möglichen Produkte, die etwas mit Bienen zu tun haben.

Das benachbarte Weingut **Ransom Wines** (Karte S. 103; ☎ 09-425 8862; www.ransomwines.co.nz; Valerie Close; Weinprobe bei Einkauf kostenl., ansonsten 5 NZ\$ Spende an das Tawharanui Open Sanctuary; ⊙ Di–So 10–17 Uhr) keltert tolle Tafeltropfen, die zusammen mit passenden Tapas (16 NZ\$/5 Stück) und Probiertellern (18 NZ\$) präsentiert werden.

Dank **Sheepworld** (Karte S. 103; ☎ 09-425 7444; www.sheepworldfarm.co.nz; SH1; Erw./Kind 14/7 NZ\$, inkl. Schafhüteshow 24/8 NZ\$; ⊙ 9–17 Uhr) erleben Großstädter 4 km nördlich von Warkworth das echte Landleben (Ponyreiten für Kinder, Lämmer füttern). Eine Hüteshow inklusive Hunden und Schafschur-Demonstration (11 & 14 Uhr) darf dabei natürlich auch nicht fehlen. Das **Black Sheep Café** (Hauptgerichte 8–16 NZ\$) serviert Kaffee und gute hausgemachte Backwaren. Ende September veranstaltet Sheepworld zwei Wochen lang das abgefahrene **Warkworth Scarecrow Festival**.

2 km weiter nördlich führt ein Fußweg vom SH1 durch den allmählich nachwachsenden **Dome Forest** zum Gipfel des Dome (336 m). Von einem nahen Aussichtspunkt kann man dort an klaren Tagen den Sky Tower erkennen. Die Gipfelwanderung (hin & zurück ca. 1½ Std.) lässt sich zu einem anstrengenden Marsch durch die **Totora Peak Scenic Reserve** (einfache Strecke 7 Std.) erweitern, der erst an der Govan Wilson Rd endet.

Bridge House Lodge & Shark Bar (☎ 09-425 8351; www.bridgehouse.co.nz; 16 Elizabeth St; 2BZ 75 NZ\$, DZ 85–100 NZ\$, 3BZ 125 NZ\$) In direkter Flusslage gibt's hier diverse Zimmer – einige neuer und schöner als andere, aber alle ausreichend sauber. Die renovierte, richtig noble Bar (geöffnet 11–1 Uhr) serviert Pizzas und ausgefallene Kneipengerichte wie Chorizo-Burger (Hauptgerichte 15–30 NZ\$).

InterCity (☎ 09-583 5780; www.intercity.co.nz) und angeschlossene Busunternehmen bedienen Warkworth auf dem Weg nach/ab Auckland (27 NZ\$, 1 Std.), Orewa (18 NZ\$, 24 Min.), Whangarei (31 NZ\$, 2 Std.), Paihia (42 NZ\$, 3 Std.) und Kerikeri (44 NZ\$, 3½ Std.). **Naked Bus** (☎ 0900 625 33, 1,80 NZ\$/Min.; www.nakedbus.com) fährt nach Auckland und nordwärts bis hinauf nach Paihia. Die begrenzten Sonderangebote des Anbieters beginnen bei 1 NZ\$.

MATAKANA & UMGEBUNG

Matakana leidet an umgekehrtem Alkoholismus: Je mehr Wein man hineinkippt, desto netter wird's! Vor ein paar Jahren war das hier noch ein unscheinbares Landnest mit ein paar historischen Gebäuden und einer altmodischen Dorfkneipe. Heute amüsieren sich die Einheimischen über Aucklands Geldadel, der hier schnatternd seine Zeit in stilvollen Weinstuben und Cafés verbringt. Auffälligstes Symbol dieses Wandels sind die großartigen **Matakana Cinemas** (☎ 09-422 9833; www.matakanacinemas.co.nz; 2 Matakana Valley Rd; Erw./Kind 15/8 NZ\$), deren Kuppeldach an ein osmanisches Badehaus erinnert. Im Schatten des Komplexes wirkt der ziemlich noble **Bauernmarkt** (⊙ Sa 8–13 Uhr) recht mickrig.

Grund für diese epikureische Ekstase ist der Erfolg regionaler Luxusweingüter, die sich einen Namen mit Pinot Gris, Merlot, Syrah und ein paar obskuren anderen Rebsorten machen. Die Gratisbroschüren *Matakana Coast Wine Country* (www.matakanacoast.com) und *Matakana Wine Trail* (www.matakanawine.com) führen lokale Produzenten auf. Beide Prospekte sind beim **Matakana Information Centre** (☎ 09-422 7433; www.matakanavillage.co.nz; ⊙ 10–13 Uhr) im Kinofoyer erhältlich. Dasselbe Gebäude beherbergt mit dem **Vintry** (☎ 09-423 0251; Weinproben ab 8,50 NZ\$; ⊙ 10–22 Uhr) eine Weinstube, die als kollektive Verkaufsstelle der hiesigen Winzer fungiert.

Zu den Weingütern mit regelmäßigen Verkostungen zählen:

Ascension Wine Estate (☎ 09-422 9601; www.ascensionwine.co.nz; 480 Matakana Rd; Weinprobe 3–5 NZ\$ auf Einkauf anrechenbar; ⊙ Mo–Fr 11–16, Sa & So 10–17 Uhr) Mit gefeiertem Restaurant (Hauptgerichte 17–34 NZ\$).

Hyperion Wines (☎ 09-422 9375; www.hyperion-wines.co.nz; 188 Tongue Farm Rd; ⊙ Sa & So 10–17 Uhr)

Omaha Bay Vineyard (☎ 09-423 0022; www.omahabay.co.nz; 189 Takatu Rd; Weinprobe 5 NZ\$, auf Einkauf anrechenbar; ⊙ Mi–So 11–17 Uhr)

Zu Brick Bay Wines gehört der **Brick Bay Sculpture Trail** (☎ 09-425 4690; www.brickbaysculpture.co.nz; Arabella Lane; Erw./Kind 10/8 NZ\$; ⊙ 10–17 Uhr), der einstündige Kunstspaziergänge auf einem Gelände voller bravouröser Bildhauerei gestattet. Das schicke Café bietet Weinproben und Snacks an.

Morris & James (☎ 09-422 7116; www.morrisandjames.co.nz; 48 Tongue Farm Rd; ⊙ Mo–Fr 8–16.30, Sa & So 9–17 Uhr) verkauft farbenfrohe Kreativkeramiken und betreibt ein nettes Hofcafé. Werktags um 11.30 Uhr finden Gratisführungen statt.

Als nächstgelegener Badestrand erstreckt sich **Omaha** 7 km weiter östlich. Dort findet man einen langen weißen Sandstreifen mit prima Brandung und ein paar Ferienhäusern. Kurz nach der Omaha-Abzweigung führt die teilweise unbefestigte Takatu Rd zum 588 ha großen **Tawharanui Regional Park** am Ende der Halbinsel. Bei diesem besonderen Ort handelt es sich um ein offenes Schutzgebiet für einheimische Vögel, das von einem Schädlingszaun umgeben ist. Die Nordküste lädt dagegen als Meeresschutzgebiet zum Schnorcheln ein (Ausrüstung nicht vergessen!). Trotz vieler Wanderwege (1½–4 Std.) ist die Anchor Bay das Highlight Nummer Eins – schließlich besitzt sie einen der schönsten weißen Sandstrände der Region. **Camping** (☎ 09-366 2000; www.arc.govt.nz; Stellplatz Erw./Kind 10/5 NZ$) ist auf einem schlichten Platz in Strandnähe erlaubt. Das ARC vermietet zudem ein *bach* (120 NZ$) für maximal sechs Personen

Schlafen
Sandspit Holiday Park (☎ 09-425 8610; www.sandspit holidaypark.co.nz; 1334 Sandspit Rd, Sandspit; Stellplatz Erw./Kind 15/8 NZ$, Hütte 50–160 NZ$; 🖥 🛜) Der wunderbare Campingplatz verkleidet sich quasi als Pionierdorf: Seine Einrichtungen integrieren historische Gebäude und nachgebaute Ladenfassaden. Die uferseitigen Selbstversorgerhütten sind fabelhaft. Das Gelände liegt 8 km vom Dorf Matakana entfernt bei Sandspit.

Matakana House Motel (☎ 09-422 7497; www.matakanahouse.co.nz; 975 Matakana Rd; Apt. 110–360 NZ$) Dieses Motel erinnert eher an eine Reihe städtischer Terrassenhäuser – sehr zentral gelegen, aber dennoch weit genug weg vom lärmigen Dorfpub. Das Spektrum an durchweg schicken Unterkünften reicht von Wohnstudios bis zu Apartments mit zwei Schlafzimmern.

Essen & Ausgehen
Brookview Teahouse (☎ 09-423 0390; 1335 Leigh Rd; Devonshire-Tee 12 NZ$; 🕑 Mi–Mo 10–16 Uhr) Der attraktive Bungalow widmet sich dem Streben nach der perfekten Tasse Tee. Inmitten von verschachtelten Gärten kredenzt er neben traditionellem Morgen- und Nachmittagstee (inkl. Scones, Lamingtons und Clubsandwiches) auch leichte Mittagsgerichte.

Tapiano (☎ 09-423 0383; Hauptgerichte 29–36 NZ$; 🕑 Fr–So mittags, Di–So abends) Matakanas nobelstes Restaurant profitiert von der Uferlage des

Kinokomplexes (S. 162). Seine mediterran angehauchte Speisekarte reicht von herzhaften französischen Gerichten bis zu Tajine und Tapas (9–15 NZ$). Tagsüber kommen verführerische Brunchklassiker (10–17 NZ$) auf den Tisch.

Matakana House (☎ 09-422 9770; 11 Matakana Valley Rd; 🕑 Mo–Fr 15 Uhr–open end, Sa & So 12 Uhr–open end) Die waschechte Dorfkneipe in einem Holzhotel von 1903 empfängt Gäste mit Tonnen von ausgestopften Tieren, vorgelagertem Biergarten und gelegentlichen Livebands bzw. DJs. Affektiertheit ist hier völlig fehl am Platz.

An- & Weiterreise
Das Dorf Matakana liegt 10 km nordöstlich von Warkworth an der Matakana Rd. Es ist nicht mit öffentlichen Verkehrsmitteln erreichbar. Fähren nach Kawau Island (s. S. 148) legen 8 km östlich von Warkworth in Sandspit ab. Dorthin führt die Sandspit Rd.

LEIGH
390 Ew.
Zum reizenden Nest Leigh (www.leighbythe sea.co.nz) gehören ein malerischer Hafen voller Fischerboote und ein anständiger Badestrand an der Matheson Bay. Highlights sind die Nähe zu Goat Island (S. 164) und der legendäre Livemusikclub Leigh Sawmill.

Die örtliche Filiale von **Goat Island Dive** (☎ 0800 348 369, 09-422 6925; www.goatislanddive.co.nz; 142a Pakiri Rd; 🕑 9–17 Uhr) betreibt ein Boot, das Taucher ganzjährig zu beliebigen Zielen (z. B. Schiffswracks) im ganzen Hauraki-Golf bringt. Ausgeliehen werden können komplette Schnochelausrüstungen (15 NZ$) und Equipment für Tauchgänge mit zwei Atemflaschen (100 NZ$). Das übrige Angebot umfasst Tauchausflüge (80–140 NZ$), betreute Strandtauchgänge (250 NZ$) und PADI-Freiwasserkurse (500 NZ$) inklusive Rettungstraining und Optionen für Fortgeschrittene.

Im verwegenen kleinen **Leigh Sawmill Café, Micro Brewery & Accommodation** (☎ 09-422 6019; www.sawmillcafe.co.nz; 142 Pakiri Rd; Brunch 9–26 NZ$, Abendessen 25–31 NZ$; 🕑 Ende Dez.–Mitte Feb. tgl. 10 Uhr–open end, Mitte Feb.–Ende Dez. Do 17–21, Fr–So 10–1 Uhr) treten im Sommer regelmäßig tourende Rockbands auf, unter denen manchmal auch überraschend große Namen sind. Die dünnen Pizzas sind so knusprig, wie sie sein sollten. An faulen Sommerabenden genießt man sie am besten im Garten. Wer in der hauseigenen **Kleinbrauerei** (🕑 Fr–So 13–17 Uhr) zu heftig gebechert hat, kann sich im alten Sägewerksschuppen zur Ruhe betten: Dort gibt's Backpacker-Quartiere (ohne/mit Bettwäsche 25/40 NZ$) und richtig große Doppelzimmer mit eigenen Bädern (125 NZ$). Eine weitere Alternative ist das Cosy Sawmill Family Cottage (ab 300 NZ$, max. 10 Pers.).

Vom Dorf Matakana aus führt die Leigh Rd in Richtung Nordosten. Auf dieser Strecke fahren keine öffentlichen Verkehrsmittel.

GOAT ISLAND MARINE RESERVE

Marker raus und diesen Park anstreichen! Das 547 ha große Gebiet liegt nur 3 km von Leigh entfernt und wurde 1975 als erster Wasserschutzpark des Landes gegründet. In gerade mal 30 Jahren hat sich das Meer in ein riesiges Aquarium zurückverwandelt und vermittelt einen Eindruck davon, wie es gewesen sein muss, bevor die Menschen ankamen. Man muss nur knietief ins Wasser gehen, um Snapper (der große Fisch mit blauen Flecken und Flossen), blaue Fegerbarsche und einen gestreiften Nagebarsch um sich herum schwimmen zu sehen. Man kann direkt vom Strand aus schnorcheln und tauchen, und es gibt Tauchgebiete direkt vor der Küste um die ganze Insel herum. Man sieht bunte Korallenschwämme, braune Seegraswälder, Eberfische, Krebse, Stachelrochen und mit viel Glück Orcas und Große Tümmler. 75 % der Zeit soll man mindestens 10 m weit sehen können.

Ausgezeichnete Infotafeln erklären die Bedeutung der Gegend für die Maori (hier legte eines der Kanus ihrer Vorfahren an) und zeigen Bilder von den Arten, die man höchstwahrscheinlich zu Gesicht bekommen wird.

Ein **Glasbodenboot** (☎ 09-422 6334; www.glass bottomboat.co.nz; Erw./Kind 25/13 NZ$) fährt ganzjährig zu jeder vollen Stunde um Goat Island herum und bietet Einblicke ins Unterwasserleben. Die Fahrten dauern 45 Minuten und starten am Strand. Ist das Meer zu stürmisch, fährt das Boot nicht – vorher telefonisch erkundigen!

Kunden von **Beach Hire** (☎ 09-422 6663) können Kajaks und Schnorchelausrüstung entweder direkt am Strand oder bei einem benachbarten Haus ausleihen. Schnorchelausrüstung (14 NZ$), Neoprenanzüge (16–18 NZ$) und Unterwasserkameras (35 NZ$)

sind leihweise bei **Seafriends** (☎ 09-422 6212; www. seafriends.org.nz; 7 Goat Island Rd; ☺ 9–19 Uhr) ca. 1 km vor dem Goat Island Beach erhältlich. Dank Gesichtsmasken mit Schliff und aufblasbaren Neonprenanzügen kommen auch kurzsichtige Kunden bzw. schlechte Schwimmer dabei nicht zu kurz. Seafriends betreibt zudem ein Salzwasseraquarium, ein Meereskundezentrum und ein Café.

Wenn ein Schnorcheltag nicht reicht, empfiehlt sich **Goat Island Camping** (☎ 09-422 6185; www.goatislandcamping.co.nz; Goat Island Rd; Stellplatz Erw./ Kind 18/8 NZ$, Wohnwagen & Hütte 60–100 NZ$, Wohneinheit 150–190 NZ$) auf Weideland oberhalb vom Strand. Bei Hammeraussicht heißt es hier zelten, einen hippiemäßigen Whirlpool beziehen oder sich in einer Selbstversorgereinheit mit eigenem Whirlpool ausbreiten. Nur schade, dass die sanitären Anlagen so begrenzt sind.

PAKIRI

Eine 12 km lange Fahrt (davon 4 km auf unbefestigter Straße) hinter Goat Island kommt der Pakiri Beach in Sicht – genauer ein breiter, weißer und komplett unberührter Sandstreifen mit krachender Brandung. 2005 erwarb das Auckland Regional Council die 52 ha große Landfläche von Boxchampion David Tua und verwandelte sie in Aucklands 25. Regionalpark. Zweifellos wird das ARC bald Wanderwege und Campingplätze nach gewohnt hohem Standard einrichten, um diesen magischen Ort für zukünftige Generationen zu erhalten.

Der **Pakiri Beach Holiday Park** (☎ 09-422 6199; www.pakiriholidaypark.co.nz; 261 Pakiri River Rd; Stellplatz Erw./Kind 15/8 NZ$, B 25–30 NZ$, Hütte 80–170 NZ$, Wohneinheit 130–310 NZ$) besitzt einen Laden und prima Wohneinheiten in geschützter Strandlage.

Nur 6 km hinter Pakiri hat **Pakiri Horse Riding** (☎ 09-422 6275; www.horseride-nz.co.nz; Rahuikiri Rd) seine Ställe. Über 80 Pferde gestatten hier herrliche Ausritte durch die Busch- und Strandlandschaft – von einstündigen Trips (55 NZ$) und Tagesausflügen (250 NZ$) bis zu längeren "Safaris". Die angebotenen **Unterkünfte** (B/Hütte/Haus mit 4 Schlafzi. 30/150/500 NZ$) sind einfach, umfassen aber spektakulär positionierte Strandhütten und ein komfortables Haus in versteckter Dünenlage.

Northland & Bay of Islands

Bei vielen Kiwis beschwört der Ausdruck „im Norden" sepiafarbene Erinnerungsbilder von Familienurlaub in der Sonne, blühenden Pohutukawas und spielenden Delfinen herauf. Er wird mit Ehrfurcht ausgesprochen, als beschriebe er einen mythischen Ort. Ob auf Schulhöfen oder in Kantinen – wer ein „bach (Ferienhaus) im Norden" hat, ist automatisch beliebt.

Die Strände sind die Hauptattraktion; es gibt sie in gewaltiger Zahl. Man hat die Wahl zwischen windgepeitschten und geschützten, riesigen und kleinen, angesagten und versteckten, welchen mit goldenem, grauem, rosa oder weißem Sand. Man findet Strände für alle Strandaktivitäten, auch fürs Schwimmen im Adams- bzw. Evakostüm. Besucher aus dicht besiedelten Ländern sind oft verblüfft, wenn sie hier unverbaute, menschenleere Strände vorfinden.

Northlands Reservate schützen die spektakulärsten Überbleibsel der uralten Kauriwälder, die einst das gesamte Land bedeckten. Die bis heute übrig gebliebenen Riesenbäume sind ein ehrfurchtgebietender Anblick und wahre Schätze des Landes.

Aber es gibt nicht nur Natur: Auch Geschichte lauert an fast jeder Ecke. Das Land wurde von einwandernden Polynesiern von Norden nach Süden kolonisiert. Daher sind die Maori hier sehr präsent, was jedem Besuch noch einmal eine zusätzliche Dimension verleiht. Die Bay of Islands wurde von den Europäern zuerst besiedelt, und hier unterzeichneten 1835 einheimische Häuptlinge die Unabhängigkeitserklärung Neuseelands und fünf Jahre später den Vertrag von Waitangi. Northland ist zweifellos die Wiege der Nation.

HIGHLIGHTS

- Irgendwo an der **Bream Bay** (S. 168) Fußspuren im Sand hinterlassen
- Am **Cape Reinga** (S. 197) sehen, wie Ozeane aufeinander treffen, und die Seele baumeln lassen
- Den uralten Giganten im **Waipoua Kauri Forest** (S. 205) seine Aufwartung machen
- Tauchen vor den **Poor Knights Islands** (S. 174), einem der Top-Tauchspots der Welt
- Unter den vielen Schlaraffenländern in der **Bay of Islands** (S. 176) sein ganz persönliches Inselparadies finden
- Am **Ninety Mile Beach** (S. 197) oder an Hokiangas **North Head** (S. 203) auf Sanddünen surfen
- In die Geschichte und Kultur der **Waitangi Treaty Grounds** (S. 184) eintauchen

★ Cape Reinga
★ Ninety Mile Beach
★ Bay of Islands
Waitangi ★
North Head ★
★ Waipoua Kauri Forest
★ Poor Knigl Islands
★ Bream Bay

- Vorwahl: 09
- www.northlandnz.com
- www.kauricoast.co.nz

KURZINFOS NORTHLAND & BAY OF ISLANDS

Essen Kumara (Süßkartoffel), Dargavilles knubbelige, violette Berühmtheit (S. 207)

Trinken Orangensaft, Kerikeris typisches Erzeugnis aus der Saftpresse (S. 189)

Lesen *The House of Strife* (1993) von Maurice Shadbolt. Der Roman spielt in der Zeit des Northland-Kriegs.

Anhören *Treaty* (1998) von Moana & the Moahunters

Ansehen *The Strength of Water* (2009) zeigt das Leben in einer Kleinstadt in Hokianga im Großformat

Schwimmen Im Mermaid Pool in Matapouri (S. 174)

Festival Waitangi Day (S. 184)

Schrägste Touristenattraktion Ancient Kauri Kingdom (S. 198)

Grünes Gewissen Mit Footprints Waipoua (S. 204) den Bäumen ein Ständchen bringen

Klima

Der „winterlose Norden" hat durchschnittlich sieben Regentage pro Monat im Sommer und 16 im Winter. Die Temperatur ist meist ein oder zwei Grad höher als in Auckland, besonders an der Ostküste.

Anreise & Unterwegs vor Ort

Es gibt zwei Hauptstraßen nach Norden: den SH1 an der Ostküste und den SH12, der bei Brynderwyn abzweigt und der Westküste durch Hokianga folgt, bis die Straßen sich bei Kaikohe wieder treffen. Dieses Kapitel folgt dieser Strecke grob gegen den Uhrzeigersinn, los geht's an der Ostküste. Die Reiseroute sollte immer von den eigenen Interessen und vom Wetter bestimmt werden.

Whangarei, Kerikeri und Kaitaia haben alle lokale Flughäfen, die über Auckland internationalen Anschluss besitzen. In Northland fahren keine Personenzüge, aber **InterCity** (☎ 09-583 5780; www.intercity.co.nz) und zugehörige Busse fahren auf dem SH1 von Auckland nach Kaitaia. **Naked Bus** (☎ 0900 625 33, 1,80 NZ$/Min.; www.nakedbus.com; bei Vorabbuchung ab 1 NZ$) bedient die gleiche Strecke, allerdings nur bis Paihia. Andere Gebiete werden seltener angefahren, nur **Main Coachline** (☎ 09-278 8070; www.maincoachline.co.nz) fährt von Auckland über den SH12 bis Dargaville (6-mal wöchentl.).

Touristenbusse fahren bis Cape Reinga und zu den Kauriwäldern in Hokianga und Waipoua. Das **Magic Travellers Network** (☎ 09-358 5600; www.magicbus.co.nz) bietet eine nützliche Verbindung von Paihia nach Auckland (nur diese Richtung) an der Hokianga und Kauri Coast über den SH12. Es gilt ein Festpreis (69 NZ$, 4-mal wöchentl.), wobei man entlang der Route überall und so oft man will Zwischenstopps einlegen kann.

Am Ende jedes Stadtkapitels sind die Transportoptionen mit Bussen genannt. Details zu Backpackerrabatten, Pässen und zum Hop-on-Hop-off-Service gibt's auf S. 791.

WHANGAREI DISTRICT

Wer diese Region wirklich kennenlernen will, muss sich darauf einrichten, nass zu werden. Strände über Strände – alle mit kristallklarem Wasser – bieten unzählige Möglichkeiten zum Schwimmen, Surfen oder Rumplanschen im seichten Wasser. Darum belagern auch viele einheimische Urlauber in der Hauptsaison die beliebtesten Stellen. Doch selbst zu dieser Zeit findet sich immer noch ein Stück-

MAORI: NORTHLAND & BAY OF ISLANDS

Northland, von den Maori Te Tai Tokerau genannt, hat eine lange und stolze Maorigeschichte und besitzt heute den größten Maoribevölkerungsanteil. Hier und an der East Coast hört man noch am häufigsten Maori. In der Mythologie symbolisiert die Region den Schwanz des Fisches von Maui.

Für die Maori sind u.a. die Waitangi Treaty Grounds (S. 184), Cape Reinga (S. 197) und Tane Mahuta (S. 205) von besonderer Bedeutung.

Empfehlenswert sind die Einblicke in ihre Kultur, die Footprints Waipoua (S. 204), Sandtrails Hokianga (S. 202), Terenga Paraoa (S. 171), Waka Tai-a-Mai (S. 186) und Culture North (S. 186) ermöglichen. Viele örtliche Tourismusunternehmen gehören Maori oder *hapu*–Gruppen (Untergruppen) bzw. werden von ihnen betrieben. **Tai Tokerau Tourism** (www.taitokerau.co.nz) nennt auf seiner Website Dutzende solcher Veranstalter, von denen viele auch in diesem Kapitel beschrieben werden.

NORTHLAND

0   50 km

Cape Reinga
Te Paki
Waitiki Landing
1F
Great Exhibition Bay
Aupouri Peninsula
Te Kao
Ngataki
SÜDPAZIFIK
Ninety Mile Beach
Pukenui
Rangiputa
Matai Bay
Matai Beach
Karikari Peninsula
Whatuwhiwhi
Whangaroa Harbour
Doubtless Bay
Hihi
Taupo Bay
Wreck of the Rainbow Warrior
Awanui
Taipa
Mangonui
Tauranga Bay
Cavalli Islands
Coopers Beach
Kahoe
Mätauri Bay
Kaitaia
Whangaroa
Kaeo
10
s. Karte Bay of Islands (S. 177)
Ahipara
Puketi Forest
Bay of Islands
Cape Brett
1
Herekino
Mangamuka Bridge
Omahuta Forest
Waimate North
Kerikeri
Waitangi
Russell
Paihia
Warawara Forest
Kohukohu
Horeke
Panguru
Ngawha Springs
Kawakawa
Mitimiti
Rawene
Wairere
Kaikohe
Hokianga Harbour
Opononi
Waima
12
Taheke
Ruapekapeka Pa
Helena Bay
Mimiwhangata **Coastal Park**
Poor Knights Islands
Omapere
Waimamaku
Hokianga Kai Iwi Coastal Track
Whakapara
Whananaki
Sandy Bay
Kawerua
Kaiwaka Forest
Mangakahia
Hikurangi
Matapouri
Tutukaka
Ngunguru
Waipoua Kauri Forest
Trounson Kauri Park
Rv
Wairua Rv
Mauriu
WHANGAREI
Ngunguru Bay
Pataua
Maunganui Bluff (460 m)
Kaihu
Maungatapere
Whangarei Airport
Kai Iwi Lakes
Maropiu
14
McLeod Bay
Parua Bay
Mt. Manaia (419 m)
Ocean Beach
Tangowahine
Whangarei Heads
Bream Head
12
Dargaville
Ruakaka
Bream Bay
Hen & Chicken Islands
Baylys Beach
Uretiti
Peach Cove
Waipu
Waipu Cove
Kauri Coast
Langs Beach
Glinks Gully
Wairoa River
Paparoa
Brynderwyn
1
Mangawhai Heads
12
Ripiro Ocean Beach
Ruawai
Matakohe
Kaiwaka
Mangawhai
TASMANSEE
Pakiri Beach
Kaipara Harbour
Tinopai
Tomarata
Goat Island
Port Albert
Pakiri
Leigh
Kaipara Lighthouse
Pouto Point
Dome Forest
Wellsford
Omaha Beach
North Head
Warkworth
Sandspit

NORTHLAND & BAY OF ISLANDS

---

chen Strand, auf dem die eigenen Fußabdrücke die einzigen sind.

Wer das hier liest und ein echter Tauchfan ist, sollte jetzt alles stehen und liegen lassen und sich schnurstracks in Richtung Tutukaka aufmachen: Die benachbarten Poor Knights Islands gehören zu den besten Tauchspots unseres Planeten.

MANGAWHAI
1200 Ew.

Magisches Mangawhai – das steht auf dem offiziellen Straßenschild, und die lügen ja fast nie. Wenn man den SH1 in Kaiwaka Richtung Osten verlässt und 13 km weiterfährt (es gibt keinen Bus), erreicht man das schnuckelige Dorf Mangawhai, das an einem hufeisenförmigen Hafen liegt. Das „magisch" bezieht sich jedoch auf das 5 km entfernte Mangawhai Heads.

Eine schmale Landzunge aus puderigem, weißem Sand erstreckt sich über einige Kilometer und formt die Südspitze, die ein Seevogelreservat beherbergt. Gegenüber liegt ein relaxtes Feriendorf mit einem Surfstrand am nördlichen Ende. An den Sommerwochenenden und während der Schulferien sind die Strände bewacht, aber trotz der Brecher ist es hier ohnehin nicht sehr gefährlich. Der **Mangawhai Cliffs Walkway** (hin & zurück 3 Std.) beginnt hier, er bietet einen tollen Blick über Meer und Land.

Verschiedene Maoristämme bewohnten die Region vor den 1660er-Jahren, als die Ngati

NORTHLAND & BAY OF ISLANDS

Whatua ihre Vorherrschaft begannen. 1807 schlugen diese die Ngapuhi aus dem Norden in einer großen Schlacht und ließen die Überlebenden entkommen. Einer von ihnen war Hongi Hika, der dann 1825 mit Musketen, die er von den Europäern besorgt hatte, zurückkehrte. Das nachfolgende Blutbad löschte den Stamm der Ngati Whatua aus, und das Areal wurde *tapu* (heilig, tabu). Britische Besatzer kamen her und wurden in den 1850er-Jahren von der Regierung mit Land bedacht. Erst in den 1990er-Jahren wurde das *tapu* durch eine Zeremonie aufgehoben.

Mangawhai Heads hat ein Teilzeit-**Information Centre** (☎ 09-431 5090; www.mangawhai.co.nz; Molesworth Dr; ☺ Fr 14–17, Sa 11–17, So 10–14 Uhr) neben rund um die Uhr zugänglichen Infotafeln.

In Mangawhai zeigt das **Mangawhai District Museum** (Moir St; Erw./Kind 2/1 NZ$; ☺ Sa 10.30–13 Uhr) eine Ausstellung mit Siedler- und Maori-Artefakten. Am besten kombiniert man den Besuch mit dem des **Bauernmarkts** (☺ Sa 9–13 Uhr) neben der Museumshalle. Da kann man prima seine Vorräte an Bio-Lebensmitteln (u. a. Wein und Olivenöl) auffüllen.

Das **Smashed Pipi Cafe, Bar, Restaurant & Gallery** (☎ 09-431 4848; www.smashedpipi.co.nz; 40 Moir St; Hauptgerichte 9–18 NZ$; ☺ tgl. morgens & mittags, Do–Sa abends) ist ein irrer Mix aus gelegentlicher Livemusik in der Bar, tollen Keramik- und Glasobjekten in der Galerie (geöffnet von 9–17.30 Uhr) und gutem Kneipenessen im Café. Die Speisekarte ist auf eine Tafel gekritzelt.

Ein Stück ländliches Frankreich zeigt sich in Mangawhai im **Bennetts** (☎ 09-431 5072; www.bennettsofmangawhai.com; 52 Moir St; Hauptgerichte 30–32 NZ$; ☺ Laden 9–16.30 Uhr, Café Di–So morgens & mittags, Fr & Sa abends). In diesem Café mit Chocolaterie kann man am Brunnen im Innenhof Edith Piaf lauschen und sich mit *macarons*, Kuchen und himmlischen Trüffeln verwöhnen.

Die meisten Besucher werden wohl in Mangawhai Heads übernachten wollen. Das **Coastal Cow Backpackers** (☎ 09-431 5444; www.mangawhaibackpackers.com; 299 Molesworth Dr; B/DZ/3BZ/4BZ 23/56/76/96 NZ$) ist ein gemütliches Hostel, das sich der Kuh-Deko verschrieben hat. Es hat einfache, saubere Zimmer zu bieten.

Das hübsche **Mangawhai Lodge B&B** (☎ 09-431 5311; www.seaviewlodge.co.nz; 4 Heather St; EZ 50–185 NZ$; DZ 175–230 NZ$; ☐ ☺) liegt fantastisch und bietet eine wunderbare Aussicht. Von seinen komfortablen, nett eingerichteten Zimmern hat man direkten Zugang zu einer Rundumveranda wie aus dem Bilderbuch.

Milestone Cottages (☎ 09-431 4018; www.milestonecottages.co.nz; 27 Moir Pt Rd; Cottage 200–320 NZ$; ☺) verzaubert die Gäste mit einem dichten tropischen Garten und Cottages für Selbstversorger (max. 5 Pers.). Im Preis enthalten sind Videos, Kajaks, Krocket und *pétanque*.

Das **Sail Rock Cafe** (☎ 09-431 4051; 12a Wood St; Hauptgerichte 12–28 NZ$; ☺ 9.30 Uhr–open end) ist zu Recht stolz auf seinen Salz-und-Pfeffer-Tintenfisch, der viele Gäste in Verzückung versetzt. Am Ende eines langen Surftags ist dies genau der Ort, um bei einem kühlen Bier über die Breaks zu diskutieren, die man nicht erwischt hat.

Am letzten Sonntag im Monat findet in Heads ein **Bauernmarkt** (Wood St; ☺ 9–13 Uhr) statt.

WAIPU & BREAM BAY

1980 Ew.

Ganze Generationen von Kiwi-Kids haben schon über den Namen „Waipu" gekichert (alle Hersteller von Durchfallmitteln haben die Riesenchance verpasst, diesen Namen für ihr Produkt auf dem neuseeländischen Markt zu verwenden). Sei's drum – Waipu und das benachbarte **Waipu Cove** sind tolle kleine Örtchen.

Die ersten 934 britischen Siedler reisten zwischen 1853 und 1860 aus Schottland über Nova Scotia (Kanada) ein. Diese mürrischen Schotten hatten genug Grips, um einen großen Bogen um das kühle Otago zu machen, wo so viele ihrer Mitstreiter siedelten, und sich in wärmeren Gefilden niederzulassen. Ihre Geschichte wird im **Waipu Museum** (☎ 09-432 0746; 36 The Centre; Erw./Kind 8/3 NZ$; ☺ 9.30–16.30 Uhr; ☐) in Hologrammen, einem kurzen Film und interaktiven Exponaten wieder lebendig. Nur noch 10 % der heutigen Bevölkerung haben schottische Wurzeln, aber jedes Jahr am 1. Januar findet eine große Zusammenkunft statt, in deren Rahmen im Caledonian Park die 1871 eingeführten **Highland Games** (☎ 09-432 1514; www.waipugames.co.nz; Erw./Kind 15/5 NZ$) abgehalten werden.

Die Bream Bay hat kilometerlange, traumhaft einsame Strände, die nur am Nordende durch eine riesige Ölraffinerie ein wenig verschandelt werden. In **Uretiti**, einem Strandabschnitt in der Nähe des **Department-of-Conservation-(DOC-)Campingplatzes** (SH1; Stellplatz Erw./Kind 7/3,50 NZ$), darf man inoffiziell nackt baden. Über Silvester sind hier neuseeländische Familien, europäische Hardcore-Nudisten und Schwule gleichermaßen vertreten.

Praktische Informationen

Touristeninfos und Internetzugang gibt's im Museum.

Schlafen

Camp Waipu Cove (☎ 09-432 0410; www.campwaipu cove.com; Cove Rd; Stellplatz EZ/DZ/3BZ 20/30/45 NZ$, Hütte 50–105 NZ$) Der große, komfortable Campingplatz am Strand hat Einrichtungen, die wirklich picobello sind.

Stonehouse (☎ 09-432 0432; www.stonehousewaipu. co.nz; 641 Cove Rd; B/EZ/DZ/3BZ/4BZ 20/110/120/150/ 180 NZ$) Dieses einzigartige im Cornwall-Stil erbaute Haus aus großen Steinplatten befindet sich an der Hauptstraße zwischen Waipu Cove und Waipu. Die Gäste sind in separaten Wohneinheiten untergebracht und können im Kajak oder Ruderboot über die Salzwasserlagune zum Strand paddeln. Hinter dem Loft für Backpacker verbirgt sich ein hübscher Dachboden, man muss sich allerdings mit einem Plumpsklo zufrieden geben.

Waipu Wanderers Backpackers (☎ 09-432 0532; www.wanderers@xtra.co.nz; 25 St Marys Rd; B/EZ/DZ 30/ 45/60 NZ$; ⑳) In dieser hellen, freundlichen Backpackerunterkunft in Waipu gibt's nur drei Zimmer. Hier fühlt man sich wie zuhause. Das bereitgestellte Obst der Saison ist gratis.

Dragon Tree Lodge (☎ 09-946 0899; www.dragontree. co.nz; 239 Massey Rd; Zi. 180–230 NZ$; ▯ ⑳) Irgendwann zwischen dem Erscheinen der letzten Ausgabe und der Recherche für diesen Band wurde aus diesem von einem netten Lesbenpaar geführten B & B nur für Frauen ein von einem netten Schwulenpaar betriebenes B & B nur für Männer – was bei vielen Travellern für Verwirrung sorgte. In ländlicher Atmosphäre werden eine stylishe Einrichtung, ein Traumblick über die Bream Bay und ein Spa unter freiem Himmel geboten.

Essen

Waipu Cafe/Deli (☎ 09-432 0990; 29 The Centre; Hauptgerichte 10–20 NZ$; ⑳ 9–16 Uhr) Selbstversorger und Koffeinjunkies sollten diesen süßen, kleinen Deli ausprobieren. Empfehlenswert sind die „Serious Fudge Brownies".

Pizza Barn (☎ 09-432 1011; 2 Cove Rd; Hauptgerichte 11–24 NZ$; ⑳ April–Nov. Mi–So 11.30 Uhr–open end, Dez.– März tgl.) In Waipu hat sogar die Pizzeria ein schottisches Logo. Serviert werden bekannte Gerichte, leichte Speisen und Pizzas für den großen Hunger, die sich prima mit einem kühlen Bier vertragen. Abends verwandelt sich dieser coole Laden in eine Bar.

Beach House (☎ 09-432 0877; 891 Cove Rd; Hauptgerichte 20–35 NZ$; ⑳ So mittags, Mi–So abends) Dieses kleine Restaurant, das den Ruf als bestes Lokal Northlands genießt, serviert herzhafte Gerichte in einem wunderschönen, von *ponga*–Baumstämmen (Baumfarn) umgebenen Hof.

An- & Weiterreise

Von Mangawhai Heads erreicht man Waipu Cove über eine besonders malerische Straße, die auch durch Langs Beach führt. Der SH1 führt 38 km südlich von Whangarei ebenfalls nach Waipu.

Busse von **InterCity** (☎ 09-583 5780; www.inter city.co.nz) und ähnlichen Unternehmen halten hier täglich auf ihrem Weg von Auckland (36 NZ$, 2½ Std.) nach Whangarei (22 NZ$, 30 Min.), Paihia (32 NZ$, 2 Std.) und Kerikeri (33 NZ$, 2½ Std.) über Warkworth (23 NZ$, 1¼ Std.).

Naked Bus (☎ 0900 625 33, 1,80 NZ$/Min.; www.naked bus.com; bei Vorabbuchung ab 1 NZ$) fährt täglich nach Auckland (2 Std.), Warkworth (1 Std.), Whangarei (40 Min.) und Paihia (2 Std.).

WHANGAREI

45 800 Ew.

Auf der Skala von hübsch bis hässlich liegt Whangarei irgendwo in der Mitte. Aber etwas Schönes ist nie weit entfernt, und viele natürliche und künstliche Sehenswürdigkeiten erwarten die Besucher des Tores zu Northland. Wer hierher kommt, wird positiv überrascht sein von der großen Auswahl an Restaurants und der allgemeinen Lockerheit, die samstagabends in den Bars herrscht. Im Stadtzentrum findet man außergewöhnlich viele Friseure und Parkplätze, obwohl weder die hiesigen Frisuren noch die Zahl der Autos deutlich vom neuseeländischen Durchschnitt abweichen.

Praktische Informationen

Automobile Association (AA; ☎ 09-438 4848; 17 James St; ⑳ Mo–Fr 8.30–17 Uhr)

DOC (☎ 09-470 3300; www.doc.govt.nz; 149 Bank St; ⑳ Mo–Fr 8.30–16 Uhr)

Post (16-20 Rathbone St) Hier kann man seine postlagernden Briefe und Pakete abholen.

Quay Info (Town Basin; ⑳ 9–17 Uhr) Im Clapham's Clocks untergebracht; Internetzugang.

Whangarei i-SITE (☎ 09-438 1079; www.whangarei nz.com; 92 Otaika Rd/SH1; ⑳ Mo–Fr 8.30–17, Sa & So 9–16.30 Uhr) Infos, Café, Toiletten und Internetzugang (6 NZ$/Std.).

NORTHLAND &
BAY OF ISLANDS

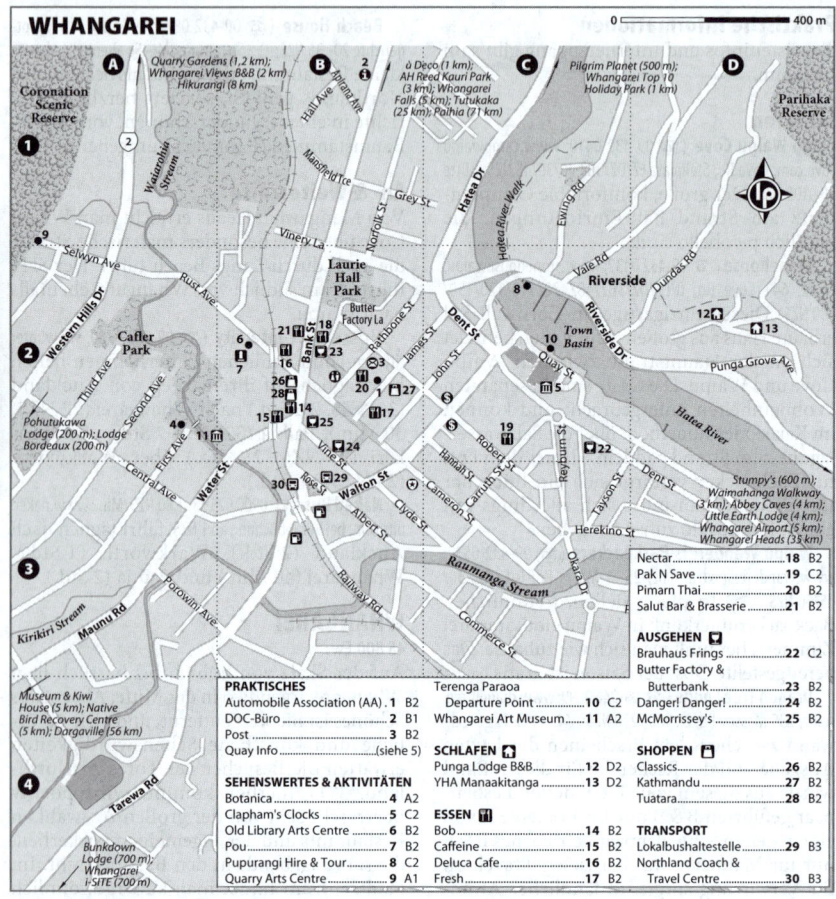

WHANGAREI

0 ⸻ 400 m

Nectar	18	B2
Pak N Save	19	C2
Pimarn Thai	20	B2
Salut Bar & Brasserie	21	B2
AUSGEHEN		
Brauhaus Frings	22	C2
Butter Factory &		
Butterbank	23	B2
Danger! Danger!	24	B2
McMorrissey's	25	B2

PRAKTISCHES		
Automobile Association (AA)	1	B2
DOC-Büro	2	B1
Post	3	B2
Quay Info	(siehe 5)	
SEHENSWERTES & AKTIVITÄTEN		
Botanica	4	A2
Clapham's Clocks	5	C2
Old Library Arts Centre	6	B2
Pou	7	B2
Pupurangi Hire & Tour	8	C2
Quarry Arts Centre	9	A1

Terenga Paraoa		
Departure Point	10	C2
Whangarei Art Museum	11	A2
SCHLAFEN		
Punga Lodge B&B	12	D2
YHA Manaakitanga	13	D2
ESSEN		
Bob	14	B2
Caffeine	15	B2
Deluca Cafe	16	B2
Fresh	17	B2

SHOPPEN		
Classics	26	B2
Kathmandu	27	B2
Tuatara	28	B2
TRANSPORT		
Lokalbushaltestelle	29	B3
Northland Coach &		
Travel Centre	30	B3

Sehenswertes & Aktivitäten

Das Waitomo für Budgettraveller sind die **Abbey Caves** (Abbey Caves Rd; Eintritt frei), ein unerschlossenes Netzwerk aus drei Höhlen voller Glühwürmchen, 4 km östlich der Stadt. Man sollte sich mit einer Taschenlampe, festem Schuhwerk und einem Kumpel bewaffnen (keiner möchte hier unten alleine sein, wenn was schief geht …) und sich darauf einstellen, nass zu werden. Der umliegende Naturpark ist ein Wald aus seltsamen Felsformationen. Wer in der benachbarten Little Earth Lodge (S. 171) wohnt, kann sich dort Helme und Kopflampen ausleihen.

Die 26 m hohen **Whangarei Falls** (Otuihau; Ngunguru Rd) sind die Paris Hilton der neuseeländischen Wasserfälle: nicht am beeindruckends-

ten, aber angeblich am häufigsten fotografiert. Auf kurzen Spaziergängen kann man sich das aus einem Basaltbecken herabstürzende Wasser anschauen. Die Fälle sind mit dem Tikipunga-Bus (3 NZ$; nur Mo–Sa) erreichbar, Abfahrt ist an der Rose St in der Stadt.

Die kostenlose Broschüre *Whangarei Walks*, die man beim i-SITE bekommt, enthält Karten und detaillierte Beschreibungen zu einigen ausgezeichneten Wanderwegen in der Gegend. Wer sich auf den **Hatea River Walk** begibt, folgt dem Fluss vom Town Basin bis zum Wasserfall. Auf dem Weg kommt man durch den **AH Reed Memorial Kauri Park** (Whareora Rd), wo ein 35-minütiger Umweg über einen geschickt angelegten Bohlenweg durch die Baumwipfel führt.

Längere Wege durchziehen das **Parihaka Reserve**, das die Reste eines Vulkankegels (241 m) und die Stätte eines großen *pa* (befestigtes Dorf) umgibt. Am Aussichtspunkt auf der Spitze, der auch mit dem Auto erreichbar ist, liegt einem die Stadt zu Füßen.

Der **Waimahanga Walkway** in Onerahi südöstlich von Whangarei ist ein einfacher, eineinhalb Stunden in Anspruch nehmender Wanderweg durch Mangroven und entlang eines alten Bahndamms, der auch über eine 300 m lange Holzbrücke führt.

Andere Strecken verlaufen durch das **Coronation Scenic Reserve**, eine Buschfläche westlich des Zentrums, in der zwei *pa*-Stätten und verlassene Steinbrüche liegen, die heute inspirierende Gemeindeprojekte sind. Freiwillige mit grünem Daumen haben die **Quarry Gardens** (☎ 09-438 7210; www.whangareiquarrygardens. org.nz; Russell Rd; Eintritt gegen Spende; ☯ 8–17 Uhr) in einen wunderschönen Park verwandelt mit einem See, einem Wasserfall, intensiven Blumenduft, wild belassenen und geordneten Teilen und ganz viel positiver Energie. Auf der anderen Seite des Parks liegt das **Quarry Arts Centre** (☎ 09-438 1215; www.quarryarts.org; 21 Selwyn Ave; Eintritt frei; ☯ 9.30–16.30 Uhr), ein exzentrisches Künstlerdörfchen mit Studios und kooperativen Galerien.

Das **Old Library Arts Centre** (☎ 09-430 6432; www. apt.org.nz; 7 Rust Ave; ☯ Di–Fr 10–16, Sa 9–12 Uhr) stellt in einem wunderbaren Art-déco-Gebäude Werke einheimischer Künstler aus. Auf dem Weg zur Bibliothek liegt das **Pou**, eine faszinierende Skulptur aus zehn großen Pfählen, in die polynesische, keltische, koreanische und Maorimotive geschnitzt worden sind. Die Bibliothek hat eine Broschüre mit Erklärungen. Der jüngste Neuzugang ist ein bunt angemalter, kroatischer Gummisucher mit einem Gummisuchstab in der Hand, dessen Herz für seine Liebste in der Heimat entflammt ist – er ist auf dem Kopf balancierend dargestellt (s. Kasten S. 200).

Das **Whangarei Art Museum** (☎ 09-430 4240; www. whangareiartmuseum.co.nz; Eintritt gegen Spende; ☯ Di–Fr 10–16 Uhr, Sa & So 12–16 Uhr) ist eine interessante kleine Galerie mit wechselnden Ausstellungen. Das Gebäude liegt im niedlichen **Cafler Park**, der sich beiderseits des Waiarohia Stream ausbreitet.

Ganz in der Nähe zeigt das **Botanica** (☎ 09-430 4200; First Ave; Eintritt frei; ☯ 10–16 Uhr) einheimische Farne, tropische Pflanzen und Kakteen. Die „friedliche" Musik hier kann einen allerdings zu Tode aufregen. **Clapham's Clocks** (☎ 09-438 3993; Town Basin; Erw./Kind 8/4 NZ$; ☯ 9–17 Uhr) ist weitaus interessanter, als es sich anhört. Die Sammlung von 1400 Uhren, die hier ticken, gongen und „Kuckuck" rufen, zeichnet Clapham's Clocks als National Clock Museum aus.

Westlich von Whangarei, nach 5 km auf der Straße nach Dargaville bei Maunu, steht das **Museum & Kiwi House** (☎ 09-438 9630; www. whangareimuseum.co.nz; SH14; Erw./Kind 10/5 NZ$; ☯ 10–16 Uhr). Der Komplex beherbergt ein echtes Dorf mit Gebäuden aus dem 19. Jh. und eine beeindruckende Sammlung von Maori-Artefakten. Hier hat man auch die seltene Gelegenheit, einen Streifenkiwi zu bewundern, der jedoch etwas schüchtern ist und oft keine Lust hat, sich seinen Bewunderern zu zeigen. Neben dem Museum befindet sich das **Native Bird Recovery Centre** (☎ 09-438 1457; www.whangarei nativebirdrecovery.org.nz; Eintritt gegen Spende; ☯ Di–Do 10.30–16.30, Mo & Fr 12–16.30 Uhr), das kranke und verletzte Vögel aufpäppelt. Unbedingt Woof Woof, den sprechenden Tui, besuchen!

Skydive Ballistic Blondes (☎ 0800 695 867; www. skydiveballisticblondes.co.nz; Tandemsprung aus 3650 m 380 NZ$) hat nicht nur den ulkigsten Namen im Land, seine Springer dürfen auch auf dem Strand (Ruakaka, Ocean Beach oder Paihia) landen.

Geführte Touren

Pupurangi Hire & Tour (☎ 09-438 8117; www.hiren tour.co.nz; Jetty 1, Riverside Dr) Organisiert im Kauri Park einstündige Abseiltouren über dem Wasserfall (35 NZ$), einstündige Radtouren durch die Stadt (35 NZ$), Flussfahrten für sechs Personen im *waka* (Kanu; 35 NZ$) oder 2½-stündige Kombinationen aus allem (85 NZ$). Hier kann man auch Kajaks (15 NZ$/Std.), *wakas* (20 NZ$), Wasserfahrräder (15 NZ$), Fahrräder (15 NZ$) und Rollerblades (10 NZ$) mieten.

Terenga Paraoa (☎ 09-430 3083; www.tours.maori. nz; Start Town Basin; Erw./Kind 50/30 NZ$; ☯ 9.30 & 13 Uhr) Geführte 2½-stündige Touren mit Schwerpunkt Maorikultur zum Parihaka Pa, zu den Whangarei Falls und in den Kauri Park.

Schlafen

BUDGETUNTERKÜNFTE

LP Tipp **Little Earth Lodge** (☎ 09-438 6562; www. littleearthlodge.co.nz; 85 Abbey Caves Rd; Stellplatz 15 NZ$/ Pers., B/EZ/DZ/3BZ 28/54/64/84 NZ$; ☐ ☏) Eines der besten Hostels überhaupt – wer einmal hier übernachtet hat, will in kein anderes mehr! Die Little Earth Lodge ist auf einer Farm 4 km außerhalb der Stadt, direkt neben den Abbey

Caves (S. 170), untergebracht und strotzt nur so vor Kunstgegenständen und balinesischen Möbeln. Schlafsäle mit furchtbaren, weichen Betten kann man getrost vergessen: Hier schläft man in sauberen, schönen Betten mit hübschem Bettzeug und maximal mit zwei weiteren Zimmerkameraden. Auch die beiden Minipferde Tom und Jerry und der liebenswerte Kläffer Muttley sind hier zuhause.

Whangarei Top 10 Holiday Park (☎ 09-437 6856; www.whangareitop10.co.nz; 24 Mair St; Stellplatz/Pers. 17 NZ$, Wohneinheit 50–121 NZ$; 💻 🛜) Dieser Holiday Park punktet mit freundlichen Betreibern, überdurchschnittlichen Wohneinheiten und glänzenden Edelstahlflächen.

Bunkdown Lodge (☎ 09-438 8886; www.bunkdown lodge.co.nz; 23 Otaika Rd; B 25–26 NZ$, EZ/2BZ/DZ 53/53/55 NZ$; 💻) In dieser zauberhaften alten Villa, die nur ein paar Schritte vom Zentrum entfernt liegt, herrscht eine gemütliche Atmosphäre. Zwei nett eingerichtete große Gemeinschaftsräume und Brettspiele erleichtern die Kontaktaufnahme.

YHA Manaakitanga (☎ 09-438 8954; www.yha.co.nz; 52 Punga Grove Ave; B/Zi. 25/63 NZ$; 💻 🛜) Das kleine, lässige Hostel bietet eine Handvoll Zimmer auf einem ruhigen Hügel mit Blick über den Fluss. Es gibt eine überdachte Terrasse und einen Grillbereich. Ein kurzer Spaziergang führt in den Busch zu den Glühwürmchen.

Punga Lodge B&B (☎ /Fax 09-438 3879; 9 Punga Grove Ave; EZ/DZ 55/75 NZ$) Direkt unterhalb des YHA befindet sich dieses gut gepflegte B & B in einem normalen Vorstadthaus. Die geräumigen Gästezimmer versprühen viel Privatsphäre. Nach dem Zimmer mit dem Balkon und dem tollen Blick fragen!

MITTEL- & SPITZENKLASSEHOTELS

Whangarei Views B&B (☎ 09-437 6238; www.whanga reiviews.co.nz; 5 Kensington Heights Rise; EZ/DZ/3BZ/4BZ 99/160/200/240 NZ$; 🛜) Der Name hält, was er verspricht: eine gute Aussicht, nicht nur auf die Stadt. Die moderne, ruhige Unterkunft verfügt über eine Zwei-Zimmer-Wohnung im Erdgeschoss und ein B & B-Zimmer im Hauptteil des Gebäudes.

Pilgrim Planet (☎ 09-459 1099; www.pilgrimplanet. co.nz; 63 Hatea Dr; Zi. 110–130 NZ$; 💻 🛜) Schicke Zimmer öffnen sich zu einer Gemeinschaftsküche und einem Aufenthaltsraum, was dieser netten Unterkunft die Gesellschaft eines Hostels verleiht, allerdings ohne die Teenager, die nur von Reis und Dosenmais leben (nicht dass daran irgendetwas falsch wäre …!).

Pohutukawa Lodge (☎ 09-430 8634; www.pohutu kawalodge.co.nz; 362 Western Hills Dr; Wohneinheit 115–150 NZ$; 💻 🛜) Direkt westlich der Stadt bietet dieses einfache, hübsch eingerichtete Motel 14 Wohneinheiten, gepflegte Einrichtungen und viele Parkplätze.

Lodge Bordeaux (☎ 09-438 0404; www.lodgebor deaux.co.nz; 361 Western Hills Dr; Wohneinheit 190–300 NZ$; 💻 🛜) Die Lodge Bordeaux rangiert irgendwo zwischen supercoolem Motel und Apartmenthotel und bringt ihre Gäste in geschmackvoll eingerichteten Wohneinheiten mit traumhaften Küchen, Bädern und eigenen Balkonen unter. Man bekommt außerdem hervorragende Weine.

Essen

Bob (☎ 09-438 0881; 29 Bank St; Frühstück 6–16 NZ$, Mittagessen 15–17 NZ$; 🕑 morgens & mittags) Hi Bob, netter Laden. Wie würdest Du Dich selbst beschreiben? Als Deli? Als Cafe? Und all die ausgefallenen Zutaten für Standardgerichte wie Kransky-Würstchen zum Frühstück! Gut gemacht, Bob.

Caffeine (☎ 09-438 6925; 4 Water St; Gerichte 6–17 NZ$; 🕑 Mo–Fr 7–14.30, Sa & So 7–13.30 Uhr) Warum die Leute hierher kommen, ist unschwer zu erraten. Gutes Frühstück und Snacks.

Deluca Cafe (☎ 09-438 7154; 6 Rust Ave; Hauptgerichte 7–19 NZ$; 🕑 Mo–Sa morgens & mittags) Am besten lässt man sich in diesem stylishen, aber dennoch recht günstigen Café in einen der weißen Plastikstühle fallen und bestellt sich etwas Leckeres aus der Auslage in der Theke.

Nectar (☎ 09-438 8084; 88 Bank St; Hauptgerichte 9–24 NZ$; 🕑 Mo–Sa morgens & mittags, Di–Sa abends) Cooler Boho-Chic, wohin man schaut. Im Nectar gibt's starken Fair-Trade-Kaffee, hippes Personal und Grooves zum Chillen. Von der Rückseite des fantastischen alten Hauses genießt man einen tollen Blick auf die Stadt. Ein süßeres Frühstück als das Passionsfruchtmüsli mit Eis gibt's wohl nirgendwo!

Fresh (☎ 09-438 2921; 12 James St; Hauptgerichte 10–20 NZ$; 🕑 Mo–Fr 8–16, Sa 8–14 Uhr) Frisch wie der Morgen: Das Fresh hat weiße Wände mit übergroßen Blumenfotos. Serviert werden guter Kaffee und schmackhaftes Frühstück.

Pimarn Thai (☎ 09-430 0718; 12 Rathbone St; Hauptgerichte 16–22 NZ$; 🕑 Mo–Sa mittags & abends; **V**) Farbenprächtiges Thai-Restaurant mit viel Gold- und Glasdeko an den Wänden (und an den Hälsen der Bedienungen). Auf der langen Speisekarte stehen all die bekannten, leckeren Thai-Gerichte und natürlich auch *pad thai*.

Salut Bar & Brasserie (☎ 09-430 8080; 69 Bank St; Mittagessen 20 NZ$, Abendessen 26–32 NZ$; ☺ mittags & abends) Tolle Location für ein feuchtfröhliches Mittagessen. Am besten genießt man die ausgezeichneten, frisch zubereiteten Speisen in einer der mit schokoladenbraunem Leder ausgekleideten Nischen. Unbedingt den Salat mit Thunfisch-Carpaccio probieren!

LP Tipp à Deco (☎ 09-459 4957; 70 Kamo Rd, Kensington; Hauptgerichte 34–36 NZ$; ☺ Mi–Fr mittags, Di–Sa abends) Northlands bestes Restaurant hat eine kreative Speisekarte, auf der einheimische Erzeugnisse überwiegen: regional gefangene Jakobsmuscheln, Thunfisch aus Tutukaka, Pilze aus Waimate, Flundern aus Kaipara, Kumara (Süßkartoffeln) aus Dargaville und die Aromen der einheimischen Pflanzen Horopito und Manuka (Südseemyrthe). Art-déco-Fans werden die Einrichtung lieben. Das mit originalem Inventar eingerichtete à Deco ist eine wundervolle Villa im Marinestil mit geschwungenen Formen.

Adressen für Selbstversorger und alle, die nur schnell einen Happen essen wollen: **Stumpy's** (☎ 09-438 1775; 121 Riverside Dr; Gerichte 4–18 NZ$; ☺ Mo–Do 10–19, Fr–So 10–20 Uhr) Der legendäre Fish-&-Chips-Laden serviert einen sagenhaften Meeresfrüchteteller (12 NZ$).

Pak N Save (☎ 09-438 1488; Carruth St; ☺ Mo–Fr 8–21, Sa & So 8–21 Uhr) Großer, preiswerter Supermarkt.

Ausgehen

Brauhaus Frings (☎ 09-438 4664; 104 Dent St; ☺ 10 Uhr–open end) In der beliebten Kleinbrauerei gibt's eine große Auswahl an chemiefreien Bieren, eine Terrasse und Brettspiele. Mittwoch- und freitagabends wird Livemusik geboten.

McMorrissey's (☎ 09-430 8081; 7 Vine St; ☺ 12 Uhr–open end) Überdurchschnittlich guter Irish Pub mit gemütlicher Einrichtung und Livemusik (traditionelle irische Musik, Rock und Jamsessions).

LP Tipp Butter Factory & Butterbank (☎ 09-430 0044; 8 Butter Factory Lane & 84 Bank St; ☺ Mi–Sa 16 Uhr–open end) Die in einer Seitenstraße versteckte Butter Factory ist eine stimmungsvolle Weinbar mit Steinwänden, freiliegenden Deckenbalken und supercooler Bedienung. Zu vorgerückter Stunde legen DJs auf und draußen stehen die Leute Schlange. Die Location ist so beliebt, dass die Räume der ehemaligen Bank im Obergeschoss dazugenommen und in eine ebenso coole Tapas- und Cocktailbar verwandelt wurden.

Danger! Danger! (☎ 09-459 7461; 37 Vine St; ☺ 10.30 Uhr–open end) Achtung: Der Drang mitzukreischen, wenn irgendeine Coverband „Living on a Prayer" spielt, ist hier ziemlich groß. Dieser extrem beliebte, holzverkleidete Schuppen ist immer proppenvoll.

Shoppen

Kathmandu (☎ 09-438 7193; 22 James St; ☺ Mo–Fr 9–17.30, Sa 9–16, So 10–15 Uhr) Diese Filiale der ausgezeichneten Outdoor- und Reisezubehörkette hat wirklich alles im Angebot – vom Adapter für Steckdosen bis zum Zelt.

Classics (☎ 09-430 8867; 41 Bank St) Bunt zusammengewürfeltes Angebot: Man bekommt ebenso Rubiks Zauberwürfel wie Literatur.

Tuatara (☎ 09-430 0121; 29 Bank St) Ausgefallenes Maori- und Pazifikdesign, Kunst, Kunsthandwerk.

Anreise & Unterwegs vor Ort
BUS

Busse halten vor dem **Northland Coach & Travel Centre** (☎ 09-438 3206; 3 Bank St; ☺ Mo–Fr 8–17, Sa & So 8.30–14.30 Uhr). Hier gibt's auch eine Gepäckaufbewahrung.

Busse von **InterCity** (☎ 09-583 5780; www.intercity.co.nz) und ähnlichen Unternehmen fahren nach Auckland (40 NZ$, 3 Std.), Orewa (34 NZ$, 2¼ Std.), Waipu (22 NZ$, 30 Min.), Paihia (27 NZ$, 80 Min.) und Kerikeri (24 NZ$, 1¾ Std.).

Naked Bus (☎ 0900 625 33, 1,80 NZ$/Min.; www.nakedbus.com; bei Vorabbuchung ab 1 NZ$) fahren täglich nach Auckland (2¼ Std.), Warkworth (90 Min.), Waipu (40 Min.) und Paihia (1¼ Std.).

Ein Privatunternehmer betreibt an Wochentagen den **Whangarei–Dargaville-Shuttle** (☎ 021 380 187; einfache Strecke 10 NZ$).

Nahverkehrsbusse starten am Platz an der Rose St. Nützliche Linien sind die zu den Whangarei Falls und zum Flughafen. Im Sommer gibt's Sonderfahrten nach Ocean Beach und zur Waipu Cove.

FLUGZEUG

Der **Whangarei Airport** (WRE; ☎ 09-436 0047; www.whangareiairport.co.nz; Handforth St) befindet sich in Onerahi, 6 km östlich des Zentrums; ein Taxi in die Stadt kostet etwa 25 NZ$. Ein städtischer Bus hält 400 m von hier entfernt (3 NZ$, Mo–Fr 19-mal, Sa 6-mal).

Air New Zealand (☎ 0800 737 000; www.airnz.co.nz) Fliegt nach Auckland (35 Min., 7–9-mal tgl.) und Wellington (1½ Std., unter der Woche).

Great Barrier Airlines (☎ 09-275 9120; www.great
barrierairlines.co.nz) Fliegt zur Great Barrier Island
(30 Min., einfacher Flug 129 NZ$, 2-mal wöchentl.).
Salt Air Xpress (☎ 09-402 8338; www.saltair.co.nz)
Täglich außer samstags Verbindungen nach Kerikeri und
Aucklands North Shore (139 NZ$, 30 Min.).

TAXI
A1 Cabs (☎ 0800 438 3377)
Kiwi Carlton Cabs (☎ 09-470 2299)

WHANGAREI HEADS

Die Whangarei Heads Rd führt über 35 km
an den nördlichen Ausläufern des Hafens
entlang und vorbei an Mangroven und von
Pohutukawa gesäumten Buchten bis zum
Hafeneingang. Um die kleine Siedlung am
Wasser herum liegen Ferienhäuser, B & Bs
und Galerien.

Von der Spitze des **Mt. Manaia** (419 m), einer
Felsnase über McLeod Bay, hat man ein großartiges Panorama, aber die eineinhalbstündige Aufstieg ist nichts für Warmduscher.

Bream Head ist das Ende der Landzunge. Die
fünfstündige Wanderung (einfache Strecke)
von der Urquharts Bay zum Ocean Beach
verläuft durch das **Bream Head Scenic Reserve**,
die zauberhafte **Smugglers Bay** und die **Peach
Cove**. In der Broschüre *Whangarei District
Walks* sind Möglichkeiten aufgeführt, den
Weg in kürzere Abschnitte zu unterteilen.

Der grandiose **Ocean Beach** erstreckt sich auf
der anderen Seite der Halbinsel über Meilen.
Man kann hier surfen und im Sommer ist der
Strand bewacht. Ein Umweg von Parua Bay
führt einen ins hübsche **Pataua**, eine kleine
Siedlung an einem seichten Meeresarm, die
über eine Fußgängerbrücke mit einem Surfstrand verbunden ist.

In McLeod Bay führt eine lange, von Bäumen gesäumte Straße hinunter zum **Breakaway
Retreat** (☎ 09-434 0711; www.breakawayretreat.co.nz;
1856 Whangarei Heads Rd; Haus 290–380 NZ$), einem
Haus mit zwei Schlafzimmern, dessen Rasen
an eine abgelegene Ecke paradiesischen Strandes grenzt. Die warme, hölzerne Einrichtung
wird durch die Badewanne und kostenlose
Kajaks abgerundet.

Die **Parua Bay Tavern** (☎ 09-436 5856; 1034 Whangarei Heads Rd; ☽ 11.30 Uhr–open end) ist im Sommer
ein magisches Fleckchen Erde. Sie liegt auf
einer daumenförmigen Halbinsel im Schatten
eines einzelnen Pohutukawa-Baumes, der sich
flammend rot gegen das grüne Wasser abhebt.
Am besten sitzt es sich auf der Holzterrasse

mit einem gut gekühlten Getränk und einem
Imbiss.

Die regelmäßig verkehrende Busse ab
Whangarei fahren nur bis Onerahi, aber im
Sommer gibt's extra Verbindungen zum
Ocean Beach.

TUTUKAKA COAST &
POOR KNIGHTS ISLANDS

Wer das Goat Island Marine Reserve (S. 164)
mag, wird die Poor Knights lieben. Abgesehen
von der natürlichen Unterwasserszenerie (s.
Kasten S. 175) findet man hier auch zwei
versenkte alte Marineschiffe – ein Traum!

Wer der Straße nordöstlich von Whangarei
für 26 km folgt, kommt im putzigen Dörfchen
Ngunguru an, nahe der Mündung eines breiten
Flusses. **Tutukaka** ist noch 1 km weiter und hat
einen geschäftigen Jachthafen, Tauchveran-
stalter und Sportangelboote zu bieten.

Von Tutukaka führt die Straße etwas landeinwärts und kehrt 10 km später am goldenen
Strand von **Matapouri** wieder ans Meer zurück.
Am Nordende des Strandes weist ein Schild
im hohen Gras den Weg zum **Mermaid Pool**,
einem tiefen, natürlichen, von den Gezeiten
ausgespülten Felsbecken mit kristallklarem
Wasser. Der Weg ist nicht einfach, aber er
lohnt sich. Der Pfad führt durch ein seltsames
Loch im Fels, nach rechts und dann für etwa
zehn Minuten über die Felsen.

Weiter nördlich von Matapouri öffnet sich
die weite **Sandy Bay**, einer der besten Surfstrände Northlands. Im Sommer finden hier
Longboard-Wettbewerbe statt. Die Straße
macht eine Schleife zurück zum SH1 bei Hikurangi. Eine Abzweigung führt dann wieder
nach Norden an die Küste von **Whananaki**, wo
es noch mehr Traumstrände und in Otamure
Bay einen **DOC-Campingplatz** (Stellplatz Erw./Kind
7/3,50 NZ$) zu entdecken gibt.

Aktivitäten
Tauchtouren starten in Tutukaka und sind für
Anfänger und Profis geeignet.

Dive! Tutukaka (☎ 0800 288 882; www.diving.co.nz;
Marina Rd; ☽ 7–19 Uhr) ist verdientermaßen der
Hauptanbieter und hat bereits zahlreiche Tou-
ristik-, Branchen- und Ökopreise abgesahnt.
Im Angebot sind verschiedene Tauchkurse
und Exkursionen, u. a. ein fünftägiger PADI-
Open-Water-Kurs (695 NZ$). Das Juwel ist
die allseits beliebte Perfect Day Ocean Cruise
(129 NZ$) – im Preis enthalten sind Erklä-
rungen, Mittagessen und Snacks, Schnorcheln

rund um die Plattform mitten im Meeresschutzgebiet und eine Kajakfahrt durch Höhlen und Bögen. Dabei bekommt man (meistens) Delfine und seltene Meeresvögel und (manchmal) Wale, Orkas und Seelöwen zu Gesicht. Abfahrt ist um 11, um 16.15 Uhr ist man zurück.

Yukon Dive (☎ 09-434 4506; www.yukon.co.nz; 125 NZ$/Tag) ist ein kleiner Anbieter, der sich jeweils mit Gruppen von vier bis acht Tauchern auf den Weg macht.

Wer zerzauste blonde Haare hat, braungebrannt ist, richtig schlabbrige, bis zu den Knien reichende Badeshorts trägt, und im Surfen aber noch so seine Schwierigkeiten hat, ist bei der **Tutukaka Surf Co** (☎ 09-434 4135; www.tutukakasurf.co.nz; Marina Dr, Tutukaka; 2 Std. Unterricht 75 NZ$.) goldrichtig. Hier beginnt der Surfunterricht im Sommer an den meisten Tagen und Wochenenden um 9 Uhr. Trainiert wird immer an dem Strand, an dem für Anfänger die beste Brandung herrscht. Wer schon die nötige Erfahrung hat, kann sich hier ein Brett mieten oder kaufen.

Schlafen

Tutukaka Holiday Park (☎ 09-434 3938; www.tutukaka -holidaypark.co.nz; Matapouri Rd, Tutukaka; Stellplatz Erw./Kind 15/7 NZ$, B 25 NZ$, Hütte 70–180 NZ$) Ausschau halten nach dem riesigen Marlin an der Einfahrt zu diesem gepflegten Komplex in der Nähe der Marina. Die Einrichtungen sind sauber und hell und die Gemeinschaftsbereiche gut in Schuss.

Bellmain House (☎ 09-434 3898; www.bellmainhouse. co.nz; 2049 Ngunguru Rd, Ngunguru; EZ 70 NZ$, DZ 115–120 NZ$, Cottage 140–180 NZ$; 🖳) Entweder teilt man sich das gemütliche Haus mit den herzlichen Gastgebern oder man übernachtet in dem separaten Cottage im Garten, in dem vier Betten stehen.

Lupton Lodge (☎ 09-437 2989; www.luptonlodge. co.nz; 555 Ngunguru Rd, Glenbervie; EZ 125–160 NZ$, DZ 160–200 NZ$, 3BZ 225 NZ$; 🐟) Die Zimmer in diesem historischen Farmhaus (1896) sind geräumig, luxuriös und stimmungsvoll. Die Lodge steht inmitten von Weideland auf halber Strecke zwischen Whangarei und Ngunguru. Hier kann man durch einen Obstgarten schlendern, im Pool planschen und in der Gästelounge Billard spielen.

Essen & Ausgehen

Schnappa Rock (☎ 09-434 3774; Frühstück/Mittagessen 6–20 NZ$, Abendessen 26–33 NZ$; 🕒 morgens, mittags & abends) Morgens tummeln sich hier erwartungsvolle Taucher, abends all jene, die ihrem „perfekten Tag" die Krone aufsetzen wollen: In dieser Café-Restaurant-Bar ist fast immer was los, nicht zuletzt wegen des göttlichen Kaffees. An den Sommerwochenenden treten hier Neuseelands Topbands auf.

Whangarei Deep Sea Anglers Club (☎ 09-434 3249; Hauptgerichte 9–23 NZ$; 🕒 Di–Do & So 16–20, Fr & Sa 16–22 Uhr) In diesem Club mit Fischen an den Wänden ist auch das Moocha's (netter Name, oder?) untergebracht. Auf der Karte stehen Standards (Burger, Fish & Chips, Schinkensteaks) und ein gutes Kindermenü. Hier ist auch der Treffpunkt redseliger Einheimischer.

Marina Pizzeria (☎ 09-434 3166; Pizza 13–24 NZ$; 🕒 Do–So mittags & abends) In diesem ausgezeichneten Restaurant mit Take-away ist alles hausgemacht – Brot, Pasta, Pizza und Eis.

An- & Weiterreise

Im Sommer fahren Busse ab Whangarei hierher (Infos im i-SITE, S. 169). **Tutukaka**

DIE MARINEN SCHÄTZE DER POOR KNIGHTS ISLANDS

Das 1981 eingerichtete Meeresschutzgebiet gehört zu den zehn besten Tauchspots der Welt. Die Inseln liegen inmitten einer subtropischen Strömung aus dem Korallenmeer, deshalb gibt's hier viele tropische und subtropische Fische, die man sonst in den Gewässern um Neuseeland nicht findet. Das Wasser ist klar und ohne Sedimente oder Verschmutzungen. Die 40 bis 60 m hohen Riffe fallen steil zum sandigen Boden ab und bilden ein Labyrinth aus Bögen, Höhlen, Tunneln und Spalten. Sie bieten den Lebensraum für eine große Vielfalt von Schwämmen und bunten Pflanzen. Auch Mantarochen sind hier keine Seltenheit.

Die beiden vulkanischen Hauptinseln Tawhiti Rahi und Aorangi waren einst die Heimat des Ngai-Wai-Stammes, aber seit einem Massaker im frühen 19. Jh. sind die Inseln *tapu* (tabu). Bis heute sind sie für die Öffentlichkeit nicht zugänglich, um die unberührte Natur zu schützen. Hier brüten Tuataras und Graumantel-Sturmtaucher, und eine absolut einzigartige Pflanzenspezies ist hier zuhause: die Poor Knights Lily.

Shuttles (☎ 021-901 408) starten nach Whangarei um 7.10 und um 15 Uhr, nach Tutukaka um 8.15 und um 16.30 Uhr (15 NZ$). Dive! Tutukaka bietet tägliche Shuttles ab Whangarei an; sie sind für Kunden kostenlos.

RUSSELL RD

Am schnellsten erreicht man Russell über den SH1 in Richtung Opua, dann geht's mit der Fähre weiter. Wer über die alte Russell Rd, eine kurvenreiche Panoramastraße, fährt, braucht eine halbe Stunde länger.

Die Ausfahrt 6 km nördlich von Hikurangi bei Whakapara ist leicht zu verfehlen. Nach 14 km lohnt sich ein Zwischenstopp beim **Gallery & Cafe** (☎ 09-433 9616; Hauptgerichte 9–17 NZ$; ⏰ 10–17 Uhr) hoch oben über der Helena Bay. Hier gibt's hervorragenden Fair-Trade-Kaffee, leckere Kuchen, eine traumhafte Aussicht und interessante Kiwi-Kunst sowie einheimisches Kunsthandwerk. Ob es wohl irgendetwas gibt, das man aus Wellblech nicht machen kann?

Bei **Helena Bay** führt ein Umweg (8 km) auf einer unbefestigten Straße zum **Mimiwhangata Coastal Park**, einem großartigen Küstenabschnitt mit Dünen, Pohutukawas, vorspringenden Landzungen und malerischen Stränden. Das **DOC** (☎ 09-433 6554; www.doc.govt.nz) unterhält einige Unterkünfte im Schutzgebiet, u. a. eine gut ausgestattete Lodge (500–2000 NZ$/Woche) sowie ein einfacheres, aber gemütliches Cottage und ein Strandhaus (jeweils für 7–8 Pers., 350–1500 NZ$/Woche). An der abgelegenen Waikahoa Bay gibt's einen einfachen Campingplatz (Erw./Kind 8/4 NZ$).

Wenn man dann wieder auf der Russell Rd ist, erreicht man die **Farm** (☎ 09-433 6894; www.thefarm.co.nz; 3632 Russell Rd, Tutaematai; Stellplatz pro Pers./B/EZ 12/20/30 NZ$, DZ 60–80 NZ$), eine coole, weitläufige Backpacker-Unterkunft mit verschiedenen Gebäuden, z. B. ein altes Wolllager mit einer Diskokugel als Deko. Am besten ist es aber, dass man hier Ausritte und Motorradtouren über das 400 ha große Gelände der bewirtschafteten Farm unternehmen kann. Die Schlafsäle sind schlicht, die Hütten und Zimmer mit Bad recht komfortabel.

An der Kreuzung kurz hinter der Farm führt von der Russell Rd eine unbefestigte, kurvenreiche Straße nach links durch das **Ngaiotonga Scenic Reserve**. Wer nicht vorhat, den Wald zu erkunden (es gibt zwei kurze Wanderwege: den 10-minütigen **Kauri Grove Nature Walk** und den 10-minütigen **Twin Bole Kauri Walk**), sollte die befestigte Rawhiti Rd

nehmen. Nach 2,6 km zweigt eine Nebenstraße zum **Whangaruru North Head Scenic Reserve** ab, das Strände, einen weiteren **DOC-Campingplatz** (☎ 09-433 6160; Stellplatz Erw./Kind 7/3,50 NZ$), Wanderwege und eine schöne Küstenlandschaft zu bieten hat.

Wer direkt nach Russell will, folgt der Rawhiti Rd für weitere 7 km und biegt dann nach links in die Manawaora Rd ab. Diese Straße führt an einigen idyllischen, winzigen Buchten vorbei und erreicht schließlich wieder die Russell Rd. In der Jacks Bay befindet sich das **Russell B&B** (☎ 09-403 7887; www.russellbedandbreakfast.co.nz; 24 Kingfisher Rd; DZ 125–135 NZ$, Bach 130 NZ$). Es ist ruhig im Busch oberhalb des Wassers gelegen. Man hat die Wahl zwischen einem Zimmer im B & B und einem *bach* für Selbstversorger (3 Betten). Von hier sind es dann noch 16 km bis nach Russell.

Auch ein Abstecher zum abgelegenen **Rawhiti**, einer kleinen Ngapuhi-Siedlung, lohnt sich. Hier dreht sich das Leben noch immer um die *marae*. Rawhiti ist der Ausgangspunkt für eine anstrengende Wanderung zum **Cape Brett** (www.capebrettwalks.co.nz); für die 16,3 km lange Strecke bis zur Spitze der Halbinsel braucht man acht Stunden. Übernachten kann man in der von DOC unterhaltenen **Cape Brett Hut** (Stellplatz Erw./Kind 12/6 NZ$). Es wird eine Gebühr fällig für das Überqueren von Privatgelände (ganze Strecke Erw./Kind 30/15 NZ$, Tagesausflügler Erw./Kind 10/5 NZ$), die man im Russell Booking & Information Centre (S. 181) bezahlt. Eine andere Möglichkeit bietet ein Wassertaxi (S. 188) von Russell, Paihia oder Rawhiti zum Leuchtturm von Cape Brett. Zurück geht's zu Fuß.

Ein kürzerer Wanderweg führt über Maoriland und durch das **Whangamumu Scenic Reserve** nach Whangamumu Harbour. Auf der Halbinsel gibt's mehr als 40 alte Maoristätten und die Überreste einer ungewöhnlichen Walfangstation: Ein zwischen dem Festland und dem Net Rock gespanntes Netz diente zum Einfangen oder Ausbremsen der Wale, damit die Harpuniere es leichter hatten.

BAY OF ISLANDS

Die Bay of Islands ist unbestreitbar wunderschön und einer der größten Touristenmagneten Neuseelands. Was Traveller dazu bewegt, dort runter zu fahren, sind definitiv Fotos, auf denen Jachten an trägen Sonnentagen zu sehen sind, die durch das türkisfarbene Wasser inmitten von ungefähr 150 unberührten Inseln gleiten. Neuseeland hat aber viele schöne Ecken, und der Rummel um diese Bucht scheint ein wenig übertrieben, auch wenn sie ganz hübsch ist.

Was die Gegend dann aber doch besonders macht, ist ihre faszinierende Geschichte und die ausgezeichnete touristische Infrastruktur. Paihia hat wohl die beste Auswahl an Budgetunterkünften überhaupt. Allerdings geht das so gesparte Geld schnell wieder zum Teufel, denn die Bootstourveranstalter haben es sich zum Ziel gemacht, die Reisekasse der Traveller deutlich zu erleichtern. Da es nun aber keinen Grund gibt, hier herzukommen, wenn man nicht aufs Wasser will, muss man wohl oder übel tief in die Tasche greifen.

Die Bay of Islands ist ein Ort mit enormer historischer Bedeutung. Die Maori kennen sie als Pewhairangi und siedelten hier seit Beginn ihrer Einwanderung. Russell ist die erste permanente englische Siedlung Neuseelands und die Geburtsstätte der europäischen Kolonisation. Hier wurde der Vertrag von Waitangi ausgearbeitet und 1840 unterzeichnet. Der Vertrag ist noch heute der Dreh- und Angelpunkt der Beziehung zwischen den Bevölkerungsgruppen (s. S. 33).

Aktivitäten

FALLSCHIRMSPRINGEN

NZ Skydive (☎ 0800 427 593; www.nzskydive.com) An den Haruru Falls oder Kerikeri Airfields; Tandemsprünge aus 3600 m Höhe (299 NZ$).

Skydive Zone (☎ 09-407 7057; www.skydivezone boi.co.nz) Am Kerikeri Airfield; Tandemsprünge aus 3600/4500 m Höhe 290/355 NZ$.

GERÄTETAUCHEN

Die Bay of Islands präsentiert sich als tolles subtropisches Tauchrevier. Die Tauchmöglichkeiten wurden durch das Versenken der 113 m langen Fregatte HMNZS *Canterbury* in der Deep Water Cove unweit vom Cape Brett noch weiter verbessert. Die hiesigen Veranstalter fahren außerdem zum Wrack der *Rainbow Warrior* vor den Cavalli Islands. Von Paihia braucht man mit dem Boot ungefähr eine Stunde.

Dive HQ (Karte S. 185; ☎ 09-402 7551; www.divenz. com; Williams Rd, Paihia; Riff & Wrack 215 NZ$) veranstal-

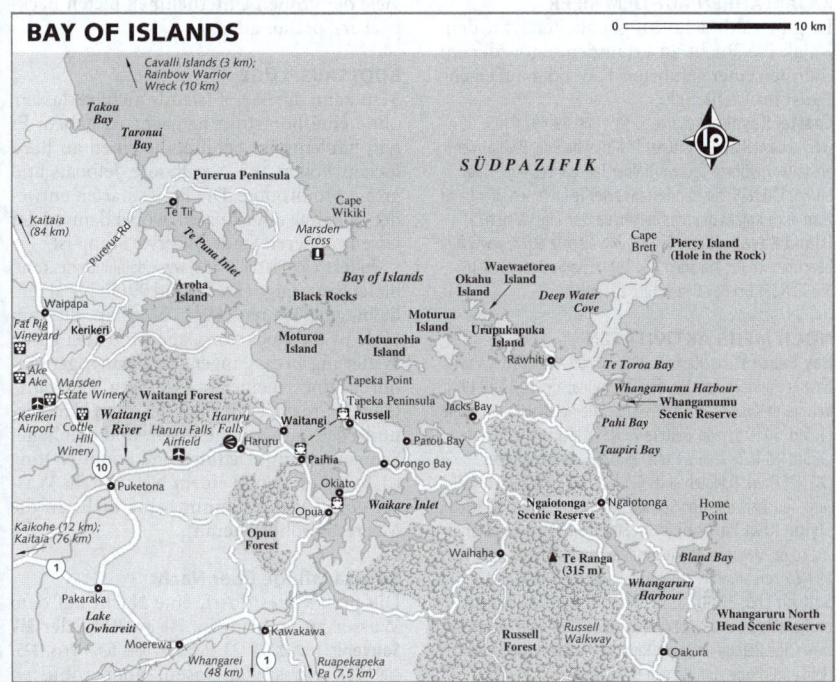

BAY OF ISLANDS

KAWAKAWA: TOILETTEN, DAMPFLOK & GLÜHWÜRMCHEN

Kawakawa ist ein ganz normaler Kiwi-Ort am SH1 südlich von Paihia. Doch die öffentliche Toilette (60 Gillies St) wurde von dem in Österreich geborenen Künstler und Öko-Architekten Friedensreich Hundertwasser entworfen. Er lebte von 1973 bis zu seinem Tod im Jahre 2000 in der Nähe von Kawakawa in einem abgelegenen Haus ohne Strom. Die meistfotografierten Toiletten Neuseelands sind typisch Hundertwasser – viele geschwungene Linien, verziert mit Keramikmosaiken und bunten Flaschen, und auf dem Dach wachsen Gras und andere Pflanzen. Weitere Arbeiten von ihm sind in Wien und in Osaka zu bewundern.

Eine andere Sehenswürdigkeit in Kawakawa ist die Eisenbahn, die auf der Hauptstraße mitten durch die Stadt dampft. Die Fahrt mit der **Dampflok Gabriel** dauert 40 Minuten (☎ 021 171 2697; www.bay ofislandsvintagerailway.org.nz; Erw./Kind 10/3 NZ$; ☯ Fr–So 11, 12, 13, 14 Uhr).

Südlich der Stadt auf dem SH1 weist ein Schild den Weg zu den **Kawiti Glowworm Caves** (☎ 09-404 0583; Erw./Kind 15/7,50 NZ$; ☯ 8.30–16.30 Uhr). Man kann eine 30-minütige Führung durch die von Glühwürmchen beleuchteten unterirdischen Höhlen unternehmen.

---

tet kombinierte Riff- und Wracktrips zur *Canterbury* oder zur *Rainbow Warrior*. Es gibt verschiedene PADI-Kurse, und man kann auch die erforderliche Ausrüstung ausleihen.

Dive North (☎ 09-402 5369; www.divenorth.co.nz; Riff & Wrack 235 NZ$) fährt u. a. zur *Rainbow Warrior* und bietet Mittagessen und einen kostenlosen Abholservice von Paihia aus an.

KAJAKFAHREN AUF DEM MEER

Es gibt zahlreiche Möglichkeiten, mit dem Kajak die Bucht zu erkunden, entweder im Rahmen einer geführten Tour oder auf eigene Faust im Leihkajak.

Coastal Kayakers (Karte S. 185; ☎ 09-402 8105; www.coastalkayakers.co.nz; Te Karuwha Pde, Paihia) Veranstaltet geführte Touren (halber Tag/ganzer Tag/2 Tage 60/80/130 NZ$) für mindestens zwei Teilnehmer. Hier kann man auch Kajaks mieten (halber/ganzer Tag 30/40 NZ$).

Island Kayaks (Karte S. 185; ☎ 09-402 6078; www.bay beachhire.co.nz; Marsden Rd, Paihia; halber/ganzer Tag 55/90 NZ$) Bei Bay Beach Hire zu finden.

NOCH MEHR AKTIVITÄTEN

Bay Beach Hire (Karte S. 185; ☎ 09-402 6078; www. baybeachhire.co.nz; Marsden Rd, Paihia; ☯ 9–17.30 Uhr) Vermietet Kajaks (ab 10 NZ$/Std.), kleine Segelkatamarane (1. Std. 50 NZ$, jede weitere 25 NZ$), kleine Motorboote (1. Std. 65 NZ$, jede weitere 25 NZ$), Mountainbikes (20 NZ$/Tag), Boogieboards (25 NZ$/Tag), Angeln (10 NZ$/ Tag), Tauchanzüge und Schnorchelausrüstung (15 NZ$/Tag).

Flying Kiwi Parasail (☎ 0800 359 691; www.parasail -nz.co.nz) Organisiert einstündige Parasailingflüge (79– 89 NZ$); im Sommer stündlich ab der Paihia's Wharf.

Salt Air (☎ 09-402 8338; www.saltair.co.nz) Veranstaltet Rundflüge, u. a. eine fünfstündige Flug- und Jeeptour zum Cape Reinga und zum Ninety Mile Beach (395 NZ$). Helikopterflüge zum Hole in the Rock kosten 215 NZ$.

Geführte Touren

Wo soll man hier anfangen? Zuerst einmal sollte man für gutes Wetter beten, denn sintflutartige Regenfälle oder eine raue See können einigen Optionen schon mal den Garaus machen. Die Touristeninformation in Paihia ist extrem hilfsbereit; hier kann man auch geführte Touren buchen. Einige Hostels können preiswerte Touren arrangieren, und viele der großen Unternehmen bieten Backpacker-Specials an.

BOOTSAUSFLÜGE

Man kann die Bay of Islands nicht verlassen, ohne eine Bootstour gemacht zu haben. Es gibt haufenweise Schiffe, die einen an Bord locken wollen, u. a. Segelboote, Jetboats und große Motorboote. Die Boote starten entweder in Paihia oder Russell, wobei dann in der jeweils anderen Stadt der erste Stopp ist.

Fullers (☎ 0800 653 339; www.dolphincruises.co.nz) bietet ganztägige (Erw./Kind 99/50 NZ$) und halbtägige Touren (89/45 NZ$) an, die zum Hole in the Rock vor Cape Brett (bei guten Witterungsbedingungen fahrt man sogar hindurch) und zu einer Insel führen. Der ganztägige „Cream Trip" folgt der alten Handels- und Postroute um die Inseln und beinhaltet Schwimmen mit Delfinen und Boom-Netting (dabei wird man in einem Netz durchs Wasser gezogen und kommt ganz dicht an die Meeresbewohner heran).

Bootsausflüge über Nacht

Die preiswerteste Art, eine Nacht auf dem Wasser zu verbringen, ist an Bord der **MV Souvenir** (☎ 0800 773 569; B/Kabine für 4 Pers. 125/ 400 NZ$), eines glanzlosen, aber robusten

40-Tonnen-Schiffs, das an verschiedenen DOC-Reservaten einen Zwischenstopp einlegt und schließlich an einem einsamen Plätzchen vor Anker geht. Für den ersten Tag muss man sich selbst Essen, Getränke und Snacks mitbringen.

Eine Alternative dazu bietet die **Rock** (☎ 0800 762 527; www.rocktheboat.co.nz; 22-stündige Fahrt 178 NZ$), eine ehemalige Autofähre, die jetzt ihren Dienst als schwimmendes Hotel aufgenommen hat. An Bord gibt's Vier-Bett-, Zwei-Bett- und Doppelkabinen und (natürlich) eine Bar. Die Doppelkabine kostet 20 NZ$ extra pro Person. Der Trip beginnt um 17 Uhr und beinhaltet ein Barbecue mit Meeresfrüchten, außerdem gibt's Livemusik. Am nächsten Tag stehen Inselhopping, Angeln, Kajakfahren, Schnorcheln und Schwimmen an.

Eine schickere Option ist die Motorjacht **Ipipiri** von Fullers (☎ 0800 653 339; www.overnight cruise.co.nz; EZ/DZ 642/732 NZ$), auf der man in prunkvollen Kabinen mit Bad übernachtet. Im Preis enthalten sind alle Mahlzeiten. Und wem es zu langweilig wird, nur an der Bar auf dem Sonnendeck herumzuhängen, der kann Kajakfahren, Schnorcheln oder über die Insel spazieren.

Ecocruz (☎ 0800 432 627; www.ecocruz.co.nz; Fahrten B/DZ 595/1350 NZ$) bietet einen sehr empfehlenswerten Segeltörn (3 Tage/2 Nächte) an Bord der hochseetauglichen, 22 m langen Jacht *Manawanui* an. Der Schwerpunkt dieser Tour ist die Meereswelt. Im Preis enthalten sind Unterkunft, Essen, Angeln, Kajakfahren und Schnorcheln.

Segeln

Am besten erkundet man die Bucht mit einem Segelboot. Meist kann man der Crew helfen (keine Erfahrung nötig) oder den Nachmittag einfach mit Inselhopping, Sonnenbaden, Schwimmen, Schnorcheln, Kajakfahren und Angeln verbringen. Ein paar empfehlenswerte Boote, mit denen man einen Tagestörn unternehmen kann:

Carino (☎ 09-402 8040; www.sailingdolphins.co.nz; Erw./Kind 99/60 NZ$) Mit dem 15 m langen Katamaran geht's zum Schwimmen mit Delfinen. Mittags gibt's ein Barbecue (6 NZ$).

Gungha II (☎ 0800 478 900; www.bayofislandssailing. co.nz; Törns 85 NZ$) Schöne, 20 m lange Hochseejacht mit freundlicher Crew. Zu Essen gibt's frisch zubereitete Sandwiches.

On the Edge (☎ 09-402 8234; www.explorenz.co.nz; Erw./Kind 120/79 NZ$) Neuseelands schnellster gewerblich

genutzter Katamaran macht über 30 Knoten und hat eine Bar mit Schanklizenz.

Phantom (☎ 0800 224 421; www.yachtphantom.com; Erw./Kind 99/50 NZ$) Schnelle, 15 m lange Rennjacht, die für ihr ausgezeichnetes Essen bekannt ist (max. 10 Pers., Selbstversorgung erlaubt).

R Tucker Thompson (☎ 09-402 8430; www.tucker. co.nz; Erw./Kind 120/60 NZ$) Mit einem majestätischen Großsegler kann man täglich Törns unternehmen, bei denen es mittags ein Barbecue gibt. Das Schiff wird von einer wohltätigen Stiftung betrieben, der Schwerpunkt liegt auf Ausbildung. Die Crew arbeitet bei speziellen Segeltörns mit dem Historic Places Trust und dem DOC zusammen.

She's a Lady (☎ 0800 724 584; www.bay-of-islands. com; Touren 90 NZ$) Schnorchel- und Paddeltouren in Kajaks mit durchsichtigem Boden.

Wer Segeln lernen will, sollte sich an **Great Escape Yacht Charters** (☎ 09-402 7143; www.great escape.co.nz; Jachtcharter 160–390 NZ$/Tag) wenden. Der angebotene Segelunterricht (inkl. 2-tägigem Törn 345 NZ$) kann mit drei Tagen Jachtcharter kombiniert werden (590 NZ$).

Schwimmen mit Delfinen

Diese Ausflüge finden das ganze Jahr über statt. Man fährt mit dem Schiff um die Inseln herum und beobachtet Delfine oder schwimmt mit ihnen. Die Anbieter haben meist Glück beim Auffinden der Tiere und verlangen nichts für die Fahrt, wenn keine gesichtet wurden. Die Touren sind von Wetter und Seegang abhängig, außerdem gibt's Einschränkungen, wenn die Delfine Nachwuchs haben. Außer großen Tümmlern und normalen Delfinen wird man auch Orkas, Wale und Pinguine zu sehen bekommen. Bei allen Anbietern geht ein Teil der Einnahmen über das DOC an die Meeresforschung.

Dolphin Discoveries (☎ 09-402 8234; www.explorenz. co.nz; Erw./Kind 89/45 NZ$) war das erste Unternehmen, das in der Bay Schwimmen mit Delfinen angeboten hat. Der Preis beinhaltet einen vierstündigen Ausflug, wer schwimmen will, muss zusätzlich 30 NZ$ hinblättern.

Neben dem Cream Trip bietet Fullers auch dreistündige Ausflüge an, auf denen man mit Delfinen schwimmen kann (Erw./Kind 89/ 45 NZ$, fürs Schwimmen 30 NZ$ extra). Die einzige Jacht, die dafür zugelassen ist, ist die *Carino*.

Jetboat fahren

Anschnallen für einen Hochgeschwindigkeitstrip zum Hole in the Rock an Bord eines

NORTHLAND & BAY OF ISLANDS

Jetboats. Die Dinger sind echt witzig und ungemein praktisch, wenn man nur wenig Zeit hat. **Mack Attack** (☎ 0800 622 528; www.mackattack.co.nz; Erw./Kind 85/40 NZ$) und Fullers **Excitor** (☎ 09-402 7421; www.awesomenz.com; Erw./Kind 89/45 NZ$) haben täglich eineinhalbstündige Touren im Angebot.

TOUREN NACH HOKIANGA & IN DEN WAIPOUA FOREST

Transportmöglichkeiten zu diesen Zielen an der Westküste sind rar, deshalb empfiehlt sich eine Tagestour, wenn man kein eigenes Auto und nur wenig Zeit hat. **Crossings Hokianga** (☎ 0800 653 339; www.dolphincruises.co.nz; Erw./Kind 93/47 NZ$) startet in Paihia um 8.30 Uhr zu einer einstündigen Waldtour mit einem Führer von Footprints Waipoua (S. 204). Dann geht's zurück nach Opononi, wo man zwischen einem Meeresfrüchte-Lunch (65 NZ$) und einem Picknick (17 NZ$) wählen kann. Es folgen Besuche in Rawene und Kohukohu; gegen 16 Uhr ist man dann wieder in Paihia. Die Touren werden auf Nachfrage durchgeführt. Man sollte sich über die Möglichkeit informieren, eine Übernachtung einzubauen und den Rest der Tour später zu machen.

TOUREN ZUM CAPE REINGA

Es ist billiger und geht schneller, wenn man von Ahipara, Kaitaia oder Doubtless Bay (s. S. 198) zum Cape Reinga fährt. Wer aber nicht viel Zeit hat, nimmt an einer der längeren Tagestouren (10–12 Std.) ab der Bay of Islands teil. Die angebotenen Fahrten sind alle ähnlich: Es geht die Straße am Ninety Mile Beach entlang, mit Stopps zum Sandboarden auf den Dünen und am Ancient Kauri Kingdom.

Fullers (☎ 0800 653 339; www.dolphincruises.co.nz) veranstaltet regelmäßig Touren und bietet backpackerfreundliche Varianten mit Besuch des Puketi Forest an. Die kinderfreundliche Standardversion (Erw./Kind 115/58 NZ$) kann man durch ein Mittagsbarbecue in Houhora (23 NZ$) ergänzen. **Awesome NZ** (☎ 0800 653 339; www.awesomenz.com; Touren 99 NZ$) hat einen Trip mit lauter Musik, mehr Zeit zum Sandboarden und Frisbee spielen am Taputaputa Beach und mit Fish & Chips in Mangonui zu bieten.

Dune Rider (☎ 09-402 8234; www.explorenz.co.nz; Erw./Kind 139/109 NZ$) fährt ebenfalls nach Mangonui, um die viel gerühmten Fish & Chips zu probieren. Im Gumdiggers Park wird ein Zwischenstopp eingelegt.

Festivals & Events

Tall Ship Race Russell; am ersten Samstag im Januar.

Waitangi Day Verschiedene zeremonielle Veranstaltungen in Waitangi am 6. Februar.

Country Rock Festival (www.country-rock.co.nz) Am zweiten Wochenende im Mai.

Russell Birdman Ein Haufen Verrückter stürzt sich zur Erheiterung der Massen in „fliegenden" Kisten ins eiskalte (Juli-)Wasser.

Jazz & Blues Festival (www.jazz-blues.co.nz) Zweites Wochenende im August.

Weekend Coastal Classic (www.coastalclassic.co.nz) Neuseelands größtes Jachtrennen von Auckland bis zur Bay of Islands; am Labour-Day-Wochenende (Okt.).

RUSSELL

820 Ew.

Auch wenn es einst als „Höllenschlund des Pazifiks" bekannt war, werden diejenigen, die mal so richtig einen draufmachen wollten, enttäuscht sein: Sie haben die Strandorgien um knapp 170 Jahre verpasst. Stattdessen findet man ein nettes historisches Örtchen vor, eine Bastion aus Cafés, Souvenirläden und B & Bs.

Bevor es Höllenschlund bzw. Russell genannt wurde, hieß der Ort klangvoll Kororareka (süßer Pinguin) und war eine befestigte Ngapuhi-Siedlung. Im frühen 19. Jh. erlaubte der Stamm die Umwandlung in Aotearoas erste europäische Siedlung. Schnell wurde die Stadt ein Sammelbecken für entflohene Sträflinge, Walfänger, Seeleute und andere raue Gesellen. In den 1830er-Jahren lagen hier Dutzende Walfangschiffe vor Anker. Charles Darwin beschrieb Russell im Jahr 1835 als „angefüllt mit dem Ausschuss der Gesellschaft".

1830 war die Siedlung Schauplatz der sogenannten „Mädchenkriege", bei dem zwei junge Maoridamen um die Gunst eines Walfängerkapitäns namens Brind buhlten. Ein zufälliges Treffen der Rivalinnen am Strand führte zuerst zu verbalen und dann zu tätlichen Auseinandersetzungen. Der eigentlich harmlose Konflikt eskalierte, als weitere Familienmitglieder aufeinandertrafen, um die Ehre der Mädchen wiederherzustellen: Innerhalb von zwei Wochen wurden Hunderte getötet oder verletzt, ehe Missionare ein Friedensabkommen aushandeln konnten.

Nach der Unterzeichnung des Vertrags von Waitangi 1840 war Okiato (wo heute die Fähre abfährt) der Sitz des Gouverneurs und zeitweilige Hauptstadt. Die Regierung wurde 1841

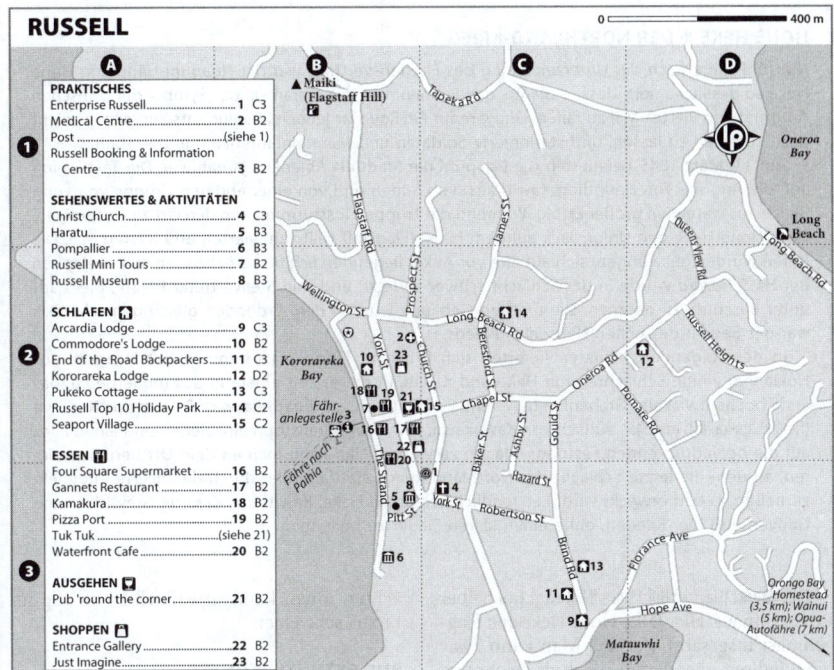

RUSSELL

0 — 400 m

PRAKTISCHES
Enterprise Russell 1 C3
Medical Centre 2 B2
Post ....(siehe 1)
Russell Booking & Information
  Centre 3 B2

SEHENSWERTES & AKTIVITÄTEN
Christ Church 4 C3
Haratu 5 B3
Pompallier 6 B2
Russell Mini Tours 7 B2
Russell Museum 8 B3

SCHLAFEN
Arcardia Lodge 9 C3
Commodore's Lodge 10 B2
End of the Road Backpackers ...11 C3
Kororareka Lodge 12 D2
Pukeko Cottage 13 C3
Russell Top 10 Holiday Park 14 C2
Seaport Village 15 B2

ESSEN
Four Square Supermarket 16 B2
Gannets Restaurant 17 B2
Kamakura 18 B2
Pizza Port 19 B2
Tuk Tuk ....(siehe 21)
Waterfront Cafe 20 B2

AUSGEHEN
Pub 'round the corner 21 B2

SHOPPEN
Entrance Gallery 22 B2
Just Imagine 23 B2

Maiki (Flagstaff Hill)
Tapeka Rd
Oneroa Bay
Long Beach
Long Beach Rd
Flagstaff Rd
James St
Queen View Rd
Russell Heights
Wellington St
Prospect St
Long Beach Rd
Beresford Rd
Oneroa Rd
Pomare Rd
Kororareka Bay
York St
Church St
Chapel St
Baker St
Ashby St
Gould St
Fähranlegestelle
The Strand
Fähre nach Paihia
Hazard St
Robertson St
Pitt St
York St
Florence Ave
Blind Rd
Oronga Bay Homestead (3,5 km); Wainui (5 km); Opua-Autofähre (7 km)
Hope Ave
Matauwhi Bay

NORTHLAND &
BAY OF ISLANDS

nach Auckland verlegt, und Okiato, das zu diesem Zeitpunkt Russell hieß, wurde aufgegeben. Der Name ging dann auf Kororareka über – eine bessere Wahl als Bruce oder Barry.

Praktische Informationen

Enterprise Russell (Traders Mall;) Internetzugang.

Medical Centre (☎ 09-403 7690; Church St)

Post (Traders Mall)

Russell Booking & Information Centre (☎ 09-403 8020; www.russellinfo.co.nz; ☼ April–Sept. 8.30–16.30 Uhr, Okt.–März 8–19 Uhr) Am Pier.

Sehenswertes & Aktivitäten

Das kleine, moderne **Russell Museum** (☎ 09-403 7701; www.russellmuseum.org.nz; 2 York St; Erw./Kind 7,50/2 NZ$; ☼ 10–16 Uhr) präsentiert eine gut aufgemachte Maori-Abteilung, ein großes Modell von Captain Cooks *Endeavour* im Maßstab 1:5 und einen 10-minütigen Film über die Geschichte der Stadt.

In Russell stehen einige der ältesten Gebäude Neuseelands, u. a. die **Christ Church** (1836), die älteste Kirche des Landes, für deren Bau Charles Darwin Geld spendete. Sie ist übersät mit Musketen- und Kanoneneinschüssen aus

der Schlacht von 1845. Der größte Gedenkstein auf dem Friedhof ist Tamati Waka Nene gewidmet, einem mächtigen Ngapuhi-Häuptling der Hokianga, die im Northland-Krieg gegen Hone Heke kämpften.

Im **Pompallier** (☎ 09-403 9015; www.pompallier.co.nz; The Strand; geführte Touren Erw./Kind 7,50 NZ$/frei; ☼ 10–16 Uhr), einem 1842 errichteten Piseebau, war die Druckerpresse der römisch-katholischen Mission untergebracht; sage und schreibe 40 000 Bücher in Maori wurden hier gedruckt. In den 1870er-Jahren wurde das Gebäude privat genutzt, doch inzwischen hat man es wieder in den Originalzustand mit Gerberei und Druckerei versetzt. Im Rahmen der Führung kann man nicht nur mit den Apparaturen spielen, man erfährt auch, wie man selbst „blau machen" kann. Es ist das letzte erhaltene Gebäude der katholischen Mission im westlichen Pazifik.

Die hiesige *marae*-Gesellschaft hat kürzlich das **Haratu** (☎ 09-403 7212; Ecke The Strand & Pitt St; ☼ 10–17 Uhr) eröffnet, das echte Kunst und ebensolches Kunsthandwerk der Maori an der Küste Russells zum Kauf anbietet. Es gibt außerdem Audiovisuelles und Infotafeln.

HONE HEKE & DER NORTHLAND-KRIEG

Nur fünf Jahre nach der Unterzeichnung des Friedensvertrags war der Ngapuhi-Häuptling Hone Heke so desillusioniert, dass er plante, den Fahnenmast in Kororareka, das Symbol der britischen Autorität, ein viertes Mal zu fällen. Gouverneur FitzRoy war jedoch absolut entschlossen, es nicht dazu kommen zu lassen, und stationierte Soldaten und Marineinfanteristen in der Stadt.

Am 11. März 1845 belagerten die Ngapuhi die Stadt als Ablenkungsmanöver. Die Taktik ging auf, die Angriffe von Häuptling Kawiti aus dem Süden und von einer anderen Gruppe von Long Beach aus waren ein großer Erfolg. Während die Truppen losstürmten, um den Ort zu verteidigen, fällte Hone Heke den Union Jack auf dem Maiki (Flagstaff Hill) zum vierten und letzten Mal. Die Briten wurden gezwungen, sich auf ihre vor Anker liegenden Schiffe zurückzuziehen. Der Kapitän der HMS *Hazard* wurde in der Schlacht schwer verletzt, und sein Stellvertreter befahl, die Stadt unter Beschuss zu nehmen. Die meisten Gebäude wurden dem Erdboden gleich gemacht. Das war der Beginn des ersten Neuseelandkriegs.

In den folgenden Monaten lieferten sich britische Truppen (zusammen mit Ngapuhi aus Hokianga) einige Schlachten mit Heke und Kawiti. In dieser Zeit entstand das moderne *pa*, das erste hochentwickelte Grabenkriegssystem. Es lohnt sich, am **Ruapekapeka Pa Historic Reserve** (Ruapekapeka Rd), am SH1 südlich von Kawakawa, einen Zwischenstopp einzulegen und einen Blick auf die beeindruckenden Festungsanlagen zu werfen. Hier kann man an dem Ort herumspazieren, an dem die letzte Schlacht des Northland-Kriegs stattfand, der durch detaillierte Infotafeln zu neuem Leben erweckt wird. Letztendlich schlossen Heke, Kawiti und George Grey (der neue Gouverneur) hier Frieden, ohne einen klaren Sieger zu benennen.

Der **Maiki** (Flagstaff Hill; Flagstaff Rd) ragt hoch über Russell hinaus. Hier fällte Hone Heke den Flaggenmast insgesamt viermal. Man kann zwar hinauffahren, aber den Ausblick als Belohnung nach einer kleinen Klettertour zu genießen, ist viel besser. Bei Ebbe den Weg von der Bootsrampe gen Westen am Strand entlang nehmen, bei Flut geht's die Wellington St hinauf.

Im Sommer gibt's entlang der Uferstraße namens The Strand oft Kajaks oder Schlauchboote zu mieten. Etwa 1,5 km hinter Russell erreicht man zu Fuß oder mit dem Fahrrad **Long Beach** (Oneroa Bay Beach). Nach links (wenn man in Richtung Meer schaut) geht's zur Donkey Bay, einer kleinen Bucht, die als inoffizieller Nacktbadestrand fungiert.

Geführte Touren

Russell Mini Tours (☎ 09-403 7866; Ecke The Strand & Cass St; Erw./Kind 25/10 NZ$; ☽ Mai–Sept. 11, 12, 13 & 14 Uhr, Okt.–April 10, 11, 12, 13, 14, 15 & 16 Uhr) Geführte Touren in Minibussen mit Erklärungen.

Auf S. 178 stehen weitere Touren rund um die Bucht.

Schlafen

Da Russell eine echte Touristenfalle ist, sind nur wenige Mittelklassehotels zu finden. Es gibt ein paar kleine, preiswerte Lodges, die man in der Hauptreisezeit aber im Voraus buchen muss. Wer hingegen nicht aufs Geld

achten muss, kann in Russell so richtig im Luxus schwelgen.

BUDGETUNTERKÜNFTE

Pukeko Cottage (☎ 09-403 8498; www.pukekocottage backpackers.co.nz; 14 Brind Rd; EZ/DZ 25/50 NZ$) Man fühlt sich hier eher wie bei einem Kumpel als wie in einem Hostel. In diesem gemütlichen Haus werden nur zwei Zimmer und ein Wohnwagen im Garten vermietet. Es ist definitiv nicht schmutzig, aber was die Sauberkeit betrifft, so ist es eben wie bei einem Kumpel. Barry, der kunstbegeisterte Besitzer, ist immer für ein Schwätzchen zu haben.

End of the Road Backpackers (☎ 09-403 8827; 13 Brind Rd; B/DZ 30/60 NZ$; P) Noch ein Knirps: Das schlichte *bach* bietet in zwei Zimmern (ein Doppel- und ein Zweibettzimmer) nur vier Personen Platz. Es ist ruhig gelegen und punktet zudem mit einem schönen Blick über den Jachthafen.

LP Tipp **Wainui** (☎ 09-403 8278; stocken@xtra.co.nz; 92d Te Wahapu Rd; B/DZ/3BZ 30/60/90 NZ$) Diese moderne Unterkunft im Busch mit direktem Zugang zum Strand ist schwer zu finden, aber die Mühe lohnt sich. Es gibt nur zwei Zimmer, die sich einen netten Aufenthaltsraum teilen. Sie liegt 5 km von Russell entfernt auf dem Weg zur Autofähre. Hin kommt man über die Te Wahapu Rd und biegt dann nach rechts in den Waiaruhe Way ab.

Seaport Village (☎ 09-403 7833; www.seaportvillage.co.nz; 10 Chapel St; B 30 NZ$; DZ 130–195 NZ$, Apt. 150–390 NZ$) Dieses zentral gelegene „Dorf" bietet für jeden Geldbeutel etwas: gemütliche B & B-Zimmer mit polierten Holzfußböden, voll eingerichtete Apartments mit mehreren Zimmern. Die beiden miteinander verbundenen Schlafsäle haben saubere Matratzen, Bad und Küche. Der Pub befindet sich direkt auf der anderen Seite des Zauns.

Russell Top 10 Holiday Park (☎ 09-403 7826; www.russelltop10.co.nz; 1 James St; Stellplatz 39 NZ$/2 Pers., Wohneinheit 80–230 NZ$; 🖳) Schöne Grünanlage mit kleinem Laden, guten Einrichtungen, wunderschönen Hortensien, sauberen Hütten und netten Wohneinheiten. Die Duschen sind picobello, wollen aber mit Münzen gefüttert werden.

MITTEL- & SPITZENKLASSEHOTELS

Kororareka Lodge (☎ 09-403 8494; www.kororareka.com; 22 Oneroa Rd; Zi. 125–148 NZ$) Eine klasse Wahl. Die Lodge befindet sich auf einem Hügel zwischen Stadt und Strand. Von den Zimmern vorne hat man einen guten Blick, die billigeren im hinteren Teil verfügen nur über kleine Fenster und Gemeinschaftsbäder. Das wird aber durch die Gemeinschaftslounge und die Terrasse wieder wettgemacht.

Commodore's Lodge (☎ 09-403 7899; www.commodoreslodgemotel.co.nz; 28 The Strand; Wohneinheit 150–650 NZ$; 🏊) Der Neid der Passanten entschädigt für den Mangel an Privatsphäre, den diese Apartments mit Blick auf die Uferpromenade aufweisen. Es gibt geräumige, nett zurechtgemachte Wohneinheiten und einen wahrhaft großartigen Pool. Kajaks, Schlauchboote und Fahrräder können kostenlos benutzt werden.

Arcadia Lodge (☎ 09-403 7756; www.arcadialodge.co.nz; 10 Florance Ave; DZ 190–295 NZ$) Die stylishen, stimmungsvollen Zimmer in diesem 1890 errichteten Haus am Hang haben interessante Antiquitäten und feinste Bettwäsche. Ein besseres Frühstück bekommt man wahrscheinlich in der ganzen Stadt nicht – es besteht nicht nur aus Biozutaten, es schmeckt auch noch fantastisch! Hausgemachtes Müsli und Orangensaft aus Kerikeri mit Blick auf die Bucht – was will man mehr?

Orongo Bay Homestead (☎ 09-403 7527; www.thehomestead.co.nz; Aucks Rd; EZ/DZ 400/650 NZ$; 🐾) Diese aus Holz erbaute Unterkunft (ca. 1860) war Neuseelands erstes amerikanisches Konsulat und befindet sich 4 km vom Trubel der Stadt entfernt. Es hat vier stylishe, schicke Zimmer, zwei davon im Haus und zwei in der umgebauten Scheune mit Blick auf einen schönen Teich. Einer der charmanten Gastgeber ist ein angesehener Gourmetkritiker und das Frühstück dementsprechend unvergesslich (Abendessen nach Vereinbarung).

Essen & Ausgehen

Für eine Touristenmetropole in einem von der Cafékultur derart besessenen Land hat Russell enttäuschend wenig zu bieten.

Pizza Port (☎ 09-403 8869; Cass St; Pizza 11–20 NZ$; 🕐 Mo–Mi 17–21, Do–So 12–21 Uhr) Es gibt ein paar Tische, aber es ist lustiger, seine Holzofenpizza am Strand gegen Möwen zu verteidigen.

Waterfront Cafe (☎ 09-403 7589; 23d The Strand; Hauptgerichte 12–18 NZ$; 🕐 morgens & mittags) Dieser Laden, eigentlich eher die Adresse für belegte Brötchen und Puddingschnecken, ist werktags Russells bestes Frühstückscafé.

Tuk Tuk (☎ 09-403 7111; 19 York St; Hauptgerichte 15–24 NZ$; 🕐 10–23 Uhr; 🇻) Thailändische Stoffe schmücken die Tische, auf der Speisekarte stehen Thai-Standardgerichte. Bei mildem Wetter setzt man sich am besten an einen der Tische draußen und lässt Russells kleine Welt an sich vorbeiziehen.

Gannets Restaurant (☎ 09-403 7990; Ecke York St & Chapel St; Hauptgerichte 15–31 NZ$; 🕐 Di–Sa abends) Dieses tolle kleine Restaurant bereitet die Meeresfrüchte so gut zu, dass selbst Anspruchsvolle ins Schwärmen kommen.

LP Tipp Kamakura (☎ 09-403 7771; 29 The Strand; Mittagessen 15–30 NZ$, Abendessen 29–33 NZ$; 🕐 Sa & So morgens, tgl. mittags & abends) Die bei Weitem edelste Adresse in Russell. Hier herrscht eine luftige Strandhausatmosphäre. Auf der Pacific-Rim-Karte stehen köstliche, wunderschön angerichtete asiatische und französische Speisen. Im Sommer findet hier jeden Monat ein Kunsthandwerkermarkt statt (www.artisanmarket.co.nz).

Pub 'round the corner (☎ 09-403 7831; 19 York St; 🕐 So & Mo 12–22, Di–Sa 12–24 Uhr) Coole, gemütliche Taverne mit Biergarten und Billardtischen; im selben Komplex wie das Tuk Tuk.

An der Uferstraße gibt's einen **Four Square Supermarket** (The Strand).

Shoppen

Entrance Gallery (☎ 09-403 7716; 13 York St) Eine echte lokale Galerie, in der die einheimischen Künstler schon seit mehr als 22 Jahren ihre Werke verkaufen.

Just Imagine ... (☎ 09-403 8360; 25 York St) Die Galerie ist voller prächtiger Glaskunst und Gemälde, verkauft aber auch Stoff für Koffein-junkies.

An- & Weiterreise

Wenn man mit dem Auto kommt, ist der schnellste Weg nach Russell die **Autofähre** (Auto & Fahrer 10 NZ$, Motorrad & Fahrer 5 NZ$, Passagier Erw./Kind 1 NZ$/0,50 NZ$), die zwischen 6.50 und 22 Uhr alle zehn Minuten von Opua (5 km von Paihia entfernt) nach Okiato (8 km von Russell entfernt) verkehrt. Tickets werden an Bord verkauft. Wer von Süden her kommt, kann die landschaftlich reizvolle Russell Rd (S. 176) nehmen.

Für Fußgänger ist die **Passagierfähre** (Erw./Kind einfach 6/3 NZ$, hin & zurück 10/5 NZ$) von Paihia die schnellste und einfachste Alternative. Sie verkehrt zwischen 7 und 19 Uhr (Okt.–Mai bis 22 Uhr) meist alle 20 Minuten, abends dann stündlich. Fahrkarten gibt's auf dem Schiff oder am i-Punkt in Paihia.

PAIHIA & WAITANGI
1800 & 800 Ew.

Waitangi, der Geburtsort von Neuseeland (im Gegensatz zu Aotearoa), nimmt einen besonderen Platz in der nationalen Psyche ein. Das zeigt sich am Mix aus Party, Gedenkfeier, Protest und Apathie, der den Geburtstag der Nation (Waitangi Day, 6. Feb.) begleitet.

Hier wurde der lange ignorierte und oft angefochtene Vertrag von Waitangi zwischen Maorihäuptlingen und der britischen Krone erstmals unterzeichnet. Im Vertrag hat man die Zugehörigkeit zu Großbritannien vereinbart – oder so was Ähnliches, je nachdem ob man die englische oder die Maoriversion des Vertrags liest. Wen die Geschichte Neuseelands und die Beziehungen zwischen den Bevölkerungsgruppen wirklich interessieren, der findet hier einen idealen Ausgangspunkt.

Paihia wäre eine unscheinbare Küstenstadt, wäre sie nicht die Pforte zur Bay of Islands. Die Orte sind durch eine Brücke verbunden.

Praktische Informationen

Bay of Islands i-SITE (☎ 09-402 7345; www.visit northland.co.nz; Marsden Rd; ⏰ März–Mitte Dez. 8–17 Uhr, Mitte Dez.–Feb. 8–20 Uhr; 🖳 📶) Infos und Internetzugang (4 NZ$/Std.).
Maritime Building (Marsden Rd) Veranstalter von Touren und Internetzugang (4 NZ$/Std.); Busse halten vor der Tür.

Medizinische Versorgung (☎ 09-402 8407; Selwyn Rd; ⏰ Mo–Fr 8.30–17 Uhr)
Post (2 Williams Rd) Schalter für postlagernde Sendungen.

Sehenswertes & Aktivitäten
WAITANGI TREATY GROUNDS

Ein Besuch der **Waitangi Treaty Grounds** (☎ 09-402 7437; www.waitangi.net.nz; 1 Tau Henare Dr; Erw./Kind 20/10 NZ$; ⏰ Mitte April–Okt. 9–18 Uhr, Nov.–Mitte April 9–19 Uhr) ist Pflicht auf jeder Reiseroute. Sie sind voller kulturell wertvoller Sehenswürdigkeiten: das Treaty House im Kolonialstil, ein gepflegter Garten und Rasen, umgebenden Busch mit zahlreichen einheimischen Vögeln, ein spiritueller *whare*, ein kriegerischer *waka*, die drei Flaggen (Großbritannien, Neuseeland und Maori) und ein Blick vom Hügel über ein immer noch wunderschönes Land.

Das **Treaty House** nimmt in der Geschichte Neuseelands eine besondere Stellung ein. Erbaut im Jahr 1832 für den Briten James Busby, war es nur acht Jahre später Schauplatz der Unterzeichnung des Vertrags von Waitangi. Das Haus mit seinen Gärten und dem bis zur Bucht reichenden Rasen wurde 1989 restauriert und als Gedenkstätte und Museum eingerichtet. Drinnen sind Fotos und Ausstellungsstücke sowie eine originalgetreue Kopie des Vertrags zu sehen.

Gleich auf der anderen Seite des Rasens liegt das prächtige **whare runanga** (Versammlungshaus), so wie es 1940 zum 100. Jahrestag der Vertragsunterzeichnung fertiggestellt wurde. Die feinen Schnitzereien repräsentieren die wichtigsten Maoristämme.

Nahe der Bucht steht das 35 m lange **waka taua** (Kriegskanu) *Ngatokimatawhaorua*. Es wurde ebenfalls zur Hundertjahrfeier gebaut; eine Fotoausstellung beschreibt, wie es aus gigantischen Kauristämmen gefertigt wurde.

Während einer 30-minütigen **Vorführung** (Erw./Kind 15/8 NZ$; ⏰ Website konsultieren oder telefonisch erfragen) werden traditionelle Maorilieder und -tänze gezeigt, u. a. ein *poi* (Formationstanz von Frauen mit einem Ball aus gewebtem Flachs) und ein *haka* (Kriegstanz). Es werden auch verschiedene **geführte Touren** (Erw./Kind 15/8 NZ$; ⏰ Website konsultieren oder telefonisch erfragen) angeboten. Das **Ultimate Waitangi Experience** (Erw./Kind 25/14 NZ$) ist ein Kombiticket für eine geführte Tour und eine Aufführung. Im Sommer findet bei Dämmerung die 45-minütige Show **Land of Plenty** (Erw./Kind 25/8 NZ$; ⏰ 18 Uhr) statt, die man als Kombipaket zusammen mit einem Essen im Café buchen kann.

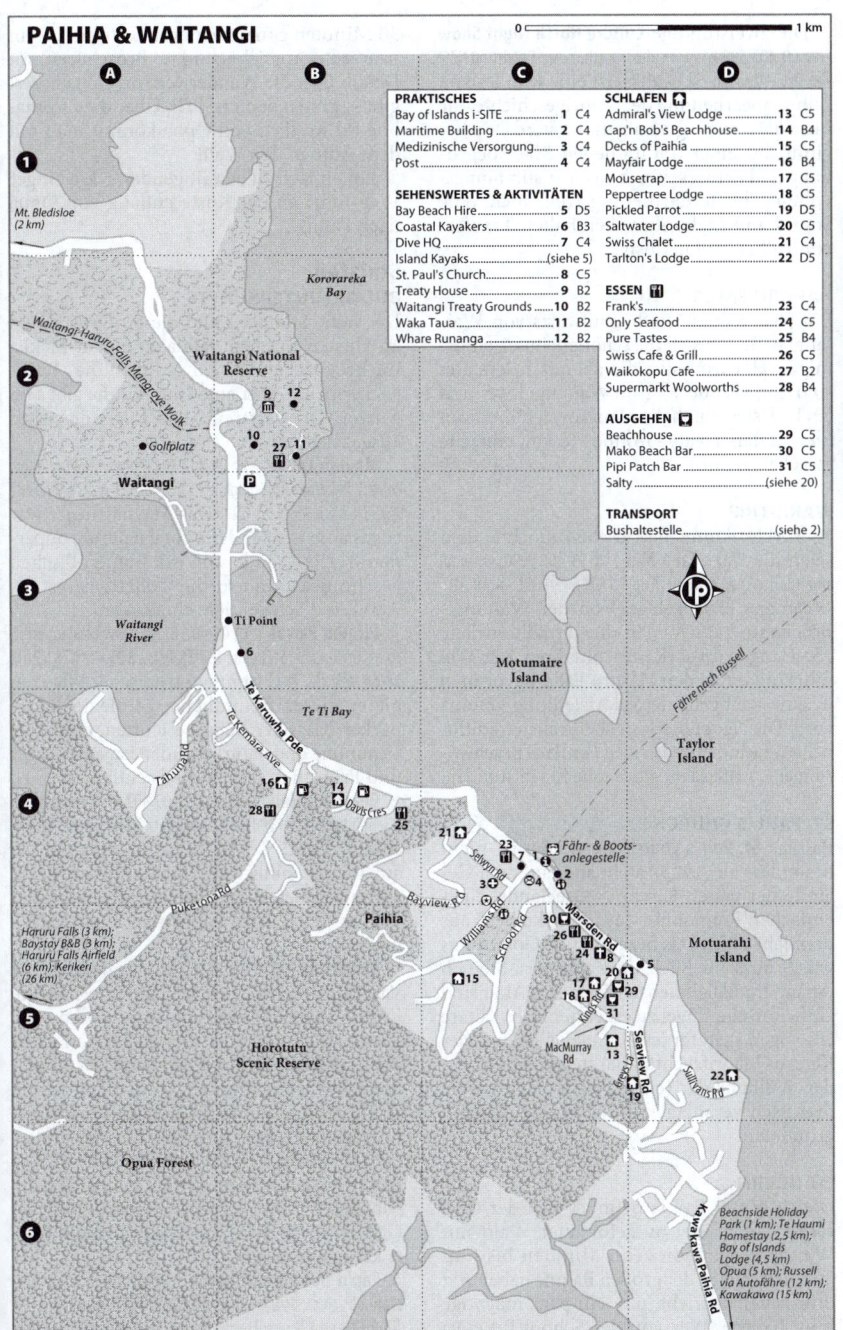

PAIHIA & WAITANGI

0 ——————————— 1 km

PRAKTISCHES
Bay of Islands i-SITE	**1** C4
Maritime Building	**2** C4
Medizinische Versorgung	**3** C4
Post	**4** C4

SEHENSWERTES & AKTIVITÄTEN
Bay Beach Hire	**5** D5
Coastal Kayakers	**6** B3
Dive HQ	**7** C4
Island Kayaks	(siehe 5)
St. Paul's Church	**8** C5
Treaty House	**9** B2
Waitangi Treaty Grounds	**10** B2
Waka Taua	**11** B2
Whare Runanga	**12** B2

SCHLAFEN
Admiral's View Lodge	**13** C5
Cap'n Bob's Beachhouse	**14** B4
Decks of Paihia	**15** C5
Mayfair Lodge	**16** B4
Mousetrap	**17** C5
Peppertree Lodge	**18** C5
Pickled Parrot	**19** D5
Saltwater Lodge	**20** C5
Swiss Chalet	**21** C4
Tarlton's Lodge	**22** D5

ESSEN
Frank's	**23** C4
Only Seafood	**24** C5
Pure Tastes	**25** B4
Swiss Cafe & Grill	**26** C5
Waikokopu Cafe	**27** B2
Supermarkt Woolworths	**28** B4

AUSGEHEN
Beachhouse	**29** C5
Mako Beach Bar	**30** C5
Pipi Patch Bar	**31** C5
Salty	(siehe 20)

TRANSPORT
Bushaltestelle	(siehe 2)

Mt. Bledisloe (2 km)

Waitangi-Haruru Falls Mangrove Walk

Kororareka Bay

Waitangi National Reserve

Golfplatz

Waitangi

Waitangi River

Ti Point

Te Ti Bay

Te Karuwha Pde

Te Kemara Ave

Tahuna Rd

Motumaire Island

Fähre nach Russell

Taylor Island

Davis Cres

Puketona Rd

Haruru Falls (3 km); Baystay B&B (3 km); Haruru Falls Airfield (6 km); Kerikeri (26 km)

Paihia

Selwyn Rd

Bayview Rd

Williams Rd

School Rd

Marsden Rd

Fähr- & Bootsanlegestelle

Motuarahi Island

King Rd

MacMurray Rd

Seaview Rd

Horotutu Scenic Reserve

Opua Forest

Kawakawa-Paihia Rd

Sullivans Rd

Beachside Holiday Park (1 km); Te Haumi Homestay (2,5 km); Bay of Islands Lodge (4,5 km); Opua (5 km); Russell via Autofähre (12 km); Kawakawa (15 km)

Die zweistündige **Culture North Night Show**
(☎ 09-402 5990; www.culturenorth.co.nz; Eintritt 60 NZ$;
🕓 Okt.–April Mo–Sa 19.30 Uhr) ist eine wunderbare
Bühnenbearbeitung der Maorigeschichte, die
im *whare runanga* aufgeführt wird. Sie beginnt mit einer traditionellen Maoribegrü-
ßung und entwickelt sich zu einer stimmungsvollen Theaterdarbietung, die auch eine
Sound-and-Light-Show beinhaltet. Tranfers
von Paihia sind inklusive.

HARURU FALLS
Ein paar Kilometer flussaufwärts von Waitangi befinden sich die schönen, hufeisenförmigen Haruru Falls, die abends beleuchtet
sind. Ein Wanderweg am Waitangi River und
ein Holzsteg durch die Mangroven führen von
hier zu den Treaty Grounds (6 km, einfache
Strecke 2½ Std.).

WAKA-TRIP
Wer Maorikultur live erleben möchte, dem
seien die **Waka Tai-a-Mai** (☎ 09-405 9990; www.tai
amaitours.co.nz; 2-stünd. Trip 75 NZ$; 🕓 Okt.–April 10–
13 Uhr) ans Herz gelegt. Von der Waitangi-
Brücke aus kann man in einem traditionellen,
15 m langen *waka* (Kanu) mitfahren. Der Trip
führt hinauf zu den Haruru Falls, bevor man
in eine nachgebaute Maorisiedlung geführt
wird. Die Ngapuhi-Gastgeber tragen traditionelle Gewänder und zeigen *karakia* (Beschwö-
rungen). Außerdem gibt's tolle Erzählstunden.

ST. PAUL'S CHURCH
Paihias **St. Paul's Church** (Marsden Rd) ist nicht
besonders alt (1925), steht aber auf dem Gelände der ersten Kirche Neuseelands, einer
einfachen Raupohütte (aus Rohrkolben) aus
dem Jahr 1823. Das bezaubernde Gotteshaus
wurde ausschließlich aus Kawakawa-Steinen
erbaut. Im Bleiglasfenster über dem Altar sind
einheimische Vögel zu erkennen. Der Kotare
(Eisvogel) steht für Jesus, und der Tui und der
Kereru (Maorifruchttaube) stellen die Gebrüder Williams dar (einer gelehrt, der andere
praktisch veranlagt), die hier eine Mission
gründeten.

WANDERN
Gleich hinter Paihia befindet sich der **Opua
Forest**, ein wieder aufgeforsteter Wald mit
Wanderwegen von zehn Minuten bis hin zu
Stunden. Einige der großen Bäume haben Axt
und Feuer überlebt, u. a. ein paar mächtige
Kauribäume. Wer von der School Rd etwa

30 Minuten hinaufwandert, kommt an ein
paar gute Aussichtspunkte. Broschüren mit
Details über die Wanderwege im Opua Forest
gibt's (gratis) beim i-SITE. Über die Oroma-
hoe Rd westlich von Opua kommt man mit
dem Auto in den Wald.

Ein einfach zu bewältigender, 5 km langer
Weg führt an der Küste entlang von Opua
nach Paihia.

Schlafen
BUDGETUNTERKÜNFTE
Der hohe Standard und die große Auswahl
an Hostels machen Paihia zu einem Mekka
für Backpacker. Die Kings Rd ist die „Back-
packermeile", aber gute Unterkünfte gibt's im
ganzen Ort verstreut. Die folgenden sind
ausgezeichnet:

Mayfair Lodge (☎ 09-402 7471; www.mayfairlodge.
co.nz; 7 Puketona Rd; Stellplatz 15 NZ$/Pers., B/EZ/2BZ/DZ/4BZ
25/55/62/65/108 NZ$; 🖵) Das Mayfair liegt zwar
etwas abseits, aber dafür total nahe am Supermarkt. Die Wände sind mit bunten Fischen
geschmückt, und in die Toilettensitze aus
Acryl sind Schalentiere eingelassen.

Pickled Parrot (☎ 09-402 6222; www.pickledparrot.
co.nz; Greys Lane; Stellplatz 18 NZ$/Pers., B 25–27 NZ$, EZ/DZ
58/64 NZ$; 🖵 🛜) Inmitten tropischer Pflanzen
bietet dieser freundliche, gepflegte Back-
packer-Klassiker hübsche Hütten, eine tolle
Stimmung und natürlich einen Papagei. Räder
und Frühstück sind im Preis enthalten.

Beachside Holiday Park (☎ 09-402 7678; www.beach
sideholiday.co.nz; 1290 SH11; Stellplatz 20 NZ$/Pers., Wohn-
einheit 70–230 NZ$; 🖵) Geschützter Campingplatz
am Wasser südlich der Stadt. Die kantigen,
zitronengelben Hütten haben den Charme der
1970er-Jahre. Hier kann man auch Kajaks
mieten.

Mousetrap (☎ 09-402 8182; www.mousetrap.co.nz; 11
Kings Rd; B 23–26 NZ$, Zi. 62 NZ$; 🖵) Viele kleine
Chilloutbereiche und maritime Deko (viel
besser als ein Nagetier-Design …) herrschen
in dieser freundlichen Unterkunft vor. Es gibt
mehrere nette Zimmer, Fahrräder, einen
Grillplatz und Boule-Bahnen im Vorgarten.

Peppertree Lodge (☎ 09-402 6122; www.peppertree.
co.nz; 15 Kings Rd; B 25–28 NZ$, Zi. 68–78 NZ$; 🖵 🛜)
Einfache, saubere Zimmer mit hohen Decken,
Fahrräder, Tennisschläger, Kajaks und zwei
Grillplätze für die Gäste. Guter Ort, um Leu-
te kennenzulernen.

Cap'n Bob's Beachhouse (☎ 09-402 8668; www.
capnbobs.co.nz; 44 Davis Cres; B/EZ 26/50 NZ$, DZ 62–88 NZ$;
🖵) Diese kleine Backpackerunterkunft ist wie

ein zweites Zuhause und hat schwer schuftende Besitzer, Meerblick von der Veranda und sehr viel Charme. Das Beachhouse ist äußerst beliebt, also unbedingt im Voraus buchen.

Saltwater Lodge (☎ 09-402 7075; www.saltwater lodge.co.nz; 14 Kings Rd; B 27–33 NZ\$, DZ/3BZ/4BZ 115/135/155 NZ\$; 🖳 🛜) In dieser zweckmäßig eingerichteten Unterkunft haben selbst die Schlafsäle eigene Bäder, Bettzeug und Schließfächer. Sofas mit Kuhfellmuster und rotem Leder verschönern die coole Gemeinschaftslounge, und es gibt große Balkone, eine Bar, kostenlose Fahrräder, Filme und Tennisschläger.

MITTEL- & SPITZENKLASSEHOTELS

Admiral's View Lodge (☎ 09-402 6236; www.admirals viewlodge.co.nz; 2 MacMurray Rd; Apt. 110–270 NZ\$; 🖳) Die auf einem Hügel gelegene Lodge bietet schicke Wohneinheiten mit Balkonen, die förmlich nach einem Gin Tonic bei Sonnenuntergang schreien. Einige Zimmer haben einen Whirlpool und Blick auf die Bucht.

Baystay B&B (☎ 09-402 7511; www.baystay.co.nz; 93a Yorke Rd, Haruru Falls; Zi. 115–145 NZ\$; 🖳 🛜) Die wahrscheinlich einzige Unterkunft in ganz Neuseeland mit einem Johnny-Mnemonic-Flipper in der Lounge ist wahrhaft kein Durchschnitts-B&B. Den Blick ins Tal kann man vom Whirlpool aus genießen. Schicke schwulenfreundliche Unterkunft.

Te Haumi Homestay (☎ 09-402 6818; joshlefi@xtra. co.nz; 41b Te Haumi Dr; EZ/DZ 125/140 NZ\$) Eine richtige Privatunterkunft: Hier frühstückt man morgens zusammen mit den freundlichen Gastgebern und trifft diese abends zu Wein und Häppchen. Wenn man dann unten in seinem gemütlichen Zimmer ist, genießt man all die Privatsphäre, die man braucht. Das Haus grenzt an ein Naturschutzgebiet und hat Blick über die Bucht. Nachts hört man Kiwis.

LP Tipp **Tarlton's Lodge** (☎ 09-402 6711; www. tarltonslodge.co.nz; 11 Sullivans Rd; Zi. inkl. Frühstück 150–240 NZ\$) Das B&B mit Blick auf die Bucht befindet sich auf einem Hügel. Es hat eine frappierende Architektur und ist hochmodern eingerichtet. Zwei der drei luxuriösen Suiten im Hauptgebäude haben einen eigenen Whirlpool unter freiem Himmel. Die ebenfalls guten Zimmer mittlerer Preisklasse befinden sich in einem älteren Gebäude auf der anderen Straßenseite, bieten aber den gleichen traumhaften Blick und Frühstück inklusive.

Swiss Chalet (☎ 09-402 7615; www.swisschalet.co.nz; 3 Bayview Rd; Wohneinheit 165–460 NZ\$) Motel mit Wellnessbereich, Grillplatz, Sky TV und einer großen Auswahl an guten, sauberen Zimmern mit Balkon. Es hat einen leichten Schweizer Touch und hebt sich so von den anderen Unterkünften ab.

Decks of Paihia (☎ 09-402 6146; www.decksofpaihia. com; 69 School Rd; DZ 195–245 NZ\$; 🖳 🖳) Das architektonisch beeindruckende Haus hat helle, moderne Zimmer, Bäder mit viel Granit und eine große Sonnenterrasse mit Blick über die Bucht. Der elegante Pool zwischen Haus und Busch ist unwiderstehlich.

Bay of Islands Lodge (☎ 09-402 6075; www.bayof islandslodge.co.nz; SH11, Port Opua; DZ 580 NZ\$; 🖳) Luxuriöse Privatunterkunft mit traumhafter Aussicht und tollem Infinity-Pool. Ein barrierefreies Zimmer ist auch vorhanden.

Essen

LP Tipp **Waikokopu Cafe** (☎ 09-402 6275; Waitangi Treaty Grounds; Hauptgerichte 14–20 NZ\$; 🕙 9–17 Uhr) Die Traumkulisse ist schon mal der erste Kracher: Das Café liegt an einem Teich mit Buschland dahinter und Blick über die Treaty Grounds. Auf der Karte steht Typisches aus der Kiwi-Küche: das allseits beliebte „Fush & Chups" und der Rainbow Warrior – in Ahornsirup getauchte Arme Ritter mit Schinken und Banane.

Frank's (☎ 09-402 7590; 68 Marsden Rd; Hauptgerichte 14–22 NZ\$; 🕙 morgens, mittags & abends) Diese tolle Pizzeria fungiert zugleich als Café und Bar. Die große, preiswerte Pizza macht mehrere Personen satt.

Swiss Cafe & Grill (☎ 09-402 6701; 48 Marsden Rd; Hauptgerichte 17–29 NZ\$; 🕙 abends) Dieses Restaurant am Ufer ist einfach, aber ausgezeichnet. Es hat eine lange Speisekarte mit ausgewählten Gerichten, u. a. Pizza, gut zubereiteter Fisch und Hausmannskost wie Schnitzel und selbst gemachter Strudel.

Only Seafood (☎ 09-402 6066; 40 Marsden Rd; Hauptgerichte 29–33 NZ\$; 🕙 abends) Eine fantastische Adresse für lokale Fischküche. Es gibt einfache Gerichte (Tagesfang mit Zitrone und Petersilie), aber auch viele sahnige, gut gewürzte Variationen. Die großen Pazifischen Felsenaustern mit Soja, Wasabi und eingelegtem Ingwer sind himmlisch.

Pure Tastes (☎ 09-402 0003; 116 Marsden Rd; Frühstück 16–19 NZ\$, Hauptgerichte 31–34 NZ\$; 🕙 morgens, mittags & abends) In einer kleinen durch Segeltuch und Glas abgetrennten Ecke des Paihia Beach Resort bietet dieses erstklassige Restaurant interessante pazifische Fusionküche, für die

NORTHLAND & BAY OF ISLANDS

hauptsächlich Zutaten aus Northland verwendet werden. Die Speisen sind wunderschön angerichtet.

Selbstversorger können sich im **Supermarkt Woolworths** (6 Puketona Rd; ☻ 7–22 Uhr) mit Proviant eindecken.

Ausgehen & Unterhaltung

Gott segne die Backpacker, denn sie sorgen dafür, dass die Kneipen voll sind. In der Kings Rd und im Zentrum gibt's haufenweise Locations, man sollte sich also durch diese Liste nicht einschränken lassen.

Pipi Patch Bar (☎ 09-402 7111; 18 Kings Rd; ☻ 16 Uhr–open end) Das Partyhostel hat auch eine Partybar – ein funkiger Laden mit großen Bildschirmen und einer netten Terrasse. Um Mitternacht werden die Gäste reingebeten, um die Nachbarn nicht zu verärgern, obwohl die meisten Backpacker sowieso hier sind.

Salty (☎ 09-402 6080; 14 Kings Rd; ☻ 16.30–1 Uhr) Diese Bar gehört zur Saltwater Lodge. Hier gibt's anständige Pizzas, Karaoke, Spiele und Quizabende.

Beachhouse (☎ 09-402 7479; 16 Kings Rd; ☻ 8–24 Uhr) Donnerstag- bis sonntagabends wird hier Livemusik geboten. Peppiger Laden mit schrägen, fantasievollen Wandmalereien.

Mako Beach Bar (☎ 09-402 8952; 50 Marsden Rd; ☻ 12 Uhr–open end) Wer keine Lust hat, immer nur mit anderen Travellern rumzuhängen, sollte in diese Bar gehen, die hauptsächlich von Einheimischen besucht wird. An den Wochenenden gibt's oft Livemusik.

Anreise & Unterwegs vor Ort

Alle Busse, die Paihia auf dem Fahrplan haben, halten am Maritime Building in der Nähe des Kais. **InterCity** (☎ 09-583 5780; www.intercity. co.nz) und Partnerunternehmen fahren täglich nach Auckland (25 NZ$, 4 Std.), Whangarei (23 NZ$, 70 Min.), Kerikeri (17 NZ$, 25 Min.), Mangonui (30 NZ$, 80 Min.) und Kaitaia (37 NZ$, 2 Std.). **Naked Bus** (☎ 0900 625 33 1,80 NZ$/Min.; www.nakedbus.com; bei Vorabbuchung ab 1 NZ$) startet um 7.20 Uhr nach Whangarei (95 Min.) und Auckland (4 Std.) und fährt weiter nach Rotorua (8½ Std.), Taupo (10 Std.) und Napier (12 Std.).

Verschiedene Tagestouren führen nach Cape Reinga (s. S. 180). Die Crossings-Hokianga-Tour findet nur bei entsprechender Nachfrage statt. Eine andere Möglichkeit, nach Opononi zu kommen, ist, ein Ticket für die Paihia-Auckland-Teilstrecke von **Magic**

Travellers Network (☎ 09-358 5600; www.magicbus. co.nz) mit Hop-on-Hop-off-Service zu kaufen. Für den Preis (69 NZ$, 4-mal wöchentl.) kann man entlang der Strecke unbegrenzt oft ein- und aussteigen, auch in Waipoua Forest und Dargaville.

Es gibt regelmäßige Fährverbindungen nach Russell. Wer viel Geld und nur wenig Zeit hat, kommt mit **Ocean Blue Water Taxis** (☎ 021 273 1655; fishcatcher@xtra.co.nz) und dem **Paihia Island Shuttle** (☎ 0800 387 892; www.island shuttle.co.nz) überall hin.

Fahrräder kann man bei **Bay Beach Hire** (☎ 09-402 6078; www.baybeachhire.co.nz; Marsden Rd; ☻ 9–17.30 Uhr) mieten.

URUPUKAPUKA ISLAND

Die größte der Bay-Inseln, Urupukapuka, ist die einzige mit regelmäßiger Fährverbindung und einigen Unterkünften. Der **Urupukapuka Island Archaeological Walk** nimmt fünf Stunden in Anspruch und führt einen an *pa*-Stätten der Ngare Raumati vorbei, die aus dem 16. Jh. stammen. Das DOC hat hierüber eine Broschüre herausgegeben. Die Ngare Raumati wurden im Jahr 1829 von den Ngapuhi besiegt.

DOC-Campingplätze (Stellplatz Erw./Kind 8/4 NZ$) gibt's in der Cable Bay, der Sunset Bay und der Urupukapuka Bay. Sie haben Wasser, kalte Duschen (außer auf dem Platz in der Sunset Bay) und Komposttoiletten. Essen, einen Kocher und Brennstoff muss man mitbringen. Im idyllisch gelegenen **Zane Grey Resort** (☎ 09-402 5207; www.zanegrey.co.nz; Otehei Bay; B/DZ/Cottage 30/85/125 NZ$) gibt's ein Restaurant und eine Bar. Kajaks kann man hier ebenfalls mieten.

Explore NZ (☎ 09-402 8234; www.explorenz.co.nz) unterhält einen Fährbetrieb ab Paihia (hin & zurück 40 NZ$).

KERIKERI

5900 Ew.

Kerikeri bedeutet „graben, graben" – die umliegenden fruchtbaren Felder werden oft umgegraben. Die Stadt ist berühmt für ihre Orangen, produziert aber auch Kiwifrüchte (bloß nicht Kiwis sagen, darauf reagieren die Einheimischen allergisch!), Gemüse und in zunehmendem Maße auch Wein. Wer nach körperlich anstrengender, schlecht bezahlter Arbeit sucht, die die Kiwis (also die Leute, nicht das Obst) nicht gerne machen, kann hier direkt aktiv werden.

Praktische Informationen

Post (6 Hobson Ave) Schalter für postlagernde Sendungen.
Procter Library (☎ 09-407 0773; www.kerikeri.co.nz;
Cobham Rd; ☻ Mo–Fr 8–17, Sa 9–14, So 9–13 Uhr; 🛜)
Touristeninfos und kostenloser Internetzugang.

Sehenswertes & Aktivitäten
KERIKERI BASIN

An diesem pittoresken Flussbecken bekommt
man anhand von einigen historischen Stätten
einen kleinen Einblick in die frühen Beziehungen zwischen den Maori und den Pakeha.
Im Jahr 1819 erhielt Reverend Samuel Marsden von dem mächtigen Ngapuhi-Häuptling
Hongi Hika die Genehmigung zur Errichtung
einer Mission unter dem Schutz seines **Kororipo Pa**.

Das **Mission House** ist das älteste Holzhaus
Neuseelands (1822), in dem man noch einiges
von der ursprünglichen Einrichtung bewundern kann. Nebenan befindet sich der **Stone
Store** (☎ 09-407 9236; 246 Kerikeri Rd; ☻ Nov.–April
10–17 Uhr, Mai–Okt. 10–16 Uhr), das älteste Steinhaus
des Landes (1836). Hier werden interessante
Mitbringsel verkauft. Es gibt aber auch Waren, mit denen früher hier gehandelt wurde
– obwohl es heutzutage schwierig sein dürfte,
Schweine gegen Musketen einzutauschen …
Führungen (10 NZ$) durch das Mission
House starten hier. Im Preis enthalten ist der
Eintritt in den ersten Stock des Stone Store
mit seinen Exponaten.

Gleich oben auf dem Hügel ist ein markierter historischer Wanderweg, der zum *pa* führt.

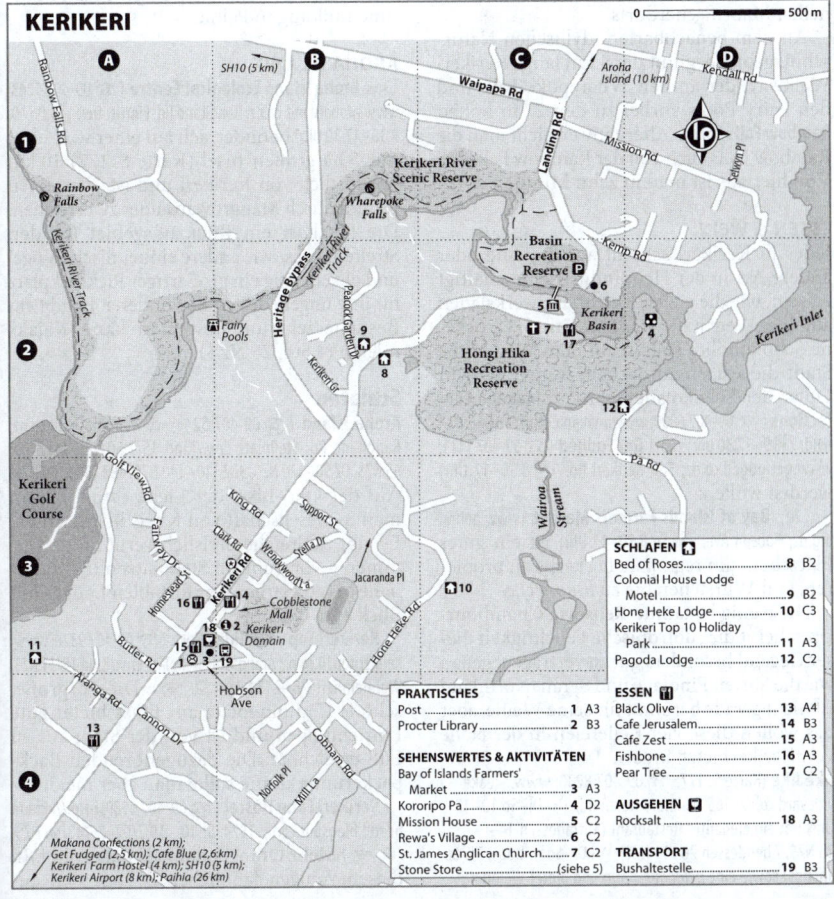

KERIKERI

0 — 500 m

SCHLAFEN 🏠
Bed of Roses	8 B2
Colonial House Lodge Motel	9 B2
Hone Heke Lodge	10 C3
Kerikeri Top 10 Holiday Park	11 A3
Pagoda Lodge	12 C2

PRAKTISCHES
Post	1 A3
Procter Library	2 B3

SEHENSWERTES & AKTIVITÄTEN
Bay of Islands Farmers' Market	3 A3
Kororipo Pa	4 D2
Mission House	5 C2
Rewa's Village	6 C2
St. James Anglican Church	7 C2
Stone Store	(siehe 5)

ESSEN 🍴
Black Olive	13 A4
Cafe Jerusalem	14 B3
Cafe Zest	15 A3
Fishbone	16 A3
Pear Tree	17 C2

AUSGEHEN 🍷
Rocksalt	18 A3

TRANSPORT
Bushaltestelle	19 B3

Makana Confections (2 km);
Get Fudged (2,5 km); Cafe Blue (2,6 km);
Kerikeri Farm Hostel (4 km); SH10 (5 km);
Kerikeri Airport (8 km); Paihia (26 km)

NORTHLAND &
BAY OF ISLANDS

Riesige Kriegerscharen verließen die Anlage einst unter Hikas Führung. Während der Musketenkriege (s. S. 30) terrorisierten und töteten sie auf der Nordinsel Tausende Menschen. Die Rolle der Missionare bei der Bewaffnung der Ngapuhi wird kontrovers diskutiert. Der Spaziergang endet in der Nähe der hübschen, hölzernen **St. James Anglican Church** (1878). Man ist seit einiger Zeit darum bemüht, das Gelände mit Laden, Haus und benachbartem *pa* als Unesco-Weltkulturerbe anerkennen zu lassen.

Wer sich nur schwer vorstellen kann, wie das *pa* im Originalzustand aussah, sollte über die Fußgängerbrücke auf die andere Flussseite gehen, wo sich **Rewa's Village** (☎ 09-407 6454; Landing Rd; Erw./Kind 5/1 NZ$; ⏰ 9.30–16.30 Uhr) befindet, ein faszinierender Nachbau eines traditionellen Maorifischerdorfs.

An dem benachbarten idyllischen Naturschutzgebiet beginnt der 4 km lange Kerikeri Walkway, der an den Wharepoke Falls und den Fairy Pools vorbei zu den 27 m hohen **Rainbow Falls** führt. Alternativ erreicht man die Rainbow Falls auch von der Rainbow Falls Rd. Von hier aus ist man in zehn Minuten dort.

ESSEN & WEIN

Jeder in Kerikeri scheint auf die eine oder andere Art in der Heimindustrie beschäftigt zu sein, wie die vielen Kunsthandwerksläden auf dem Weg in die Stadt bestätigen. Trockene Schokoholics sollten auf dem Weg in die Stadt die Augen zumachen, wenn sie nicht Opfer der Schokoladenfabriken **Makana Confections** (☎ 09-407 6800; www.makana.co.nz; 504 Kerikeri Rd; ⏰ 9–17.30 Uhr) und **Get Fudged** (☎ 09-407 1111; www.getfudged.co.nz; 560 Kerikeri Rd; ⏰ 8.30–17 Uhr) werden wollen.

Der **Bay of Islands Farmers Market** (www.boifm.org.nz; Hobson Ave; ⏰ So 8.30–12 Uhr) ist ein gutes Plätzchen, um regionale Leckerlis zu probieren, von Würstchen bis zu *limoncello*.

Die wenig bekannte Resorte Chambourcin scheint die subtropische Feuchtigkeit dieser Gegend besonders gut zu vertragen, genau wie die Sorten Pinotage und Syrah. Northland ist nicht gerade berühmt für seine Weine, aber das wollen diese vier Kellereien in der Nähe von Kerikeri jetzt ändern:

Ake Ake (Karte S. 177; ☎ 09-407 8230; www.akeake vineyard.co.nz; 165 Waimate North Rd; ⏰ Di–So 10–18 Uhr) Hat ein elegantes Restaurant (Mittagessen 14–26 NZ$, Abendessen 26–31 NZ$; ⏰ Di–So mittags, Di–Sa abends) sowie eine *pétanque*-Bahn und bietet Weinberg-

touren (5 NZ$, Sa & So 11.30 Uhr) und Weinproben (3 NZ$, zum Abendessen kostenlos) an.

Cottle Hill Winery (Karte S. 177; ☎ 09-407 5203; www.cottlehill.co.nz; Cottle Hill Dr; ⏰ Nov.–März 10–17 Uhr, April–Okt. Mi–So 10–17 Uhr) Weinproben 5 NZ$, beim Kauf von Flaschen gratis.

Fat Pig Vineyard (Karte S. 177; ☎ 09-407 3113; www.fatpig.co.nz; 177 Puketotara Rd; ⏰ 11–18 Uhr)

Marsden Estate Winery (Karte S. 177; ☎ 09-407 9398; www.marsdenestate.co.nz; Wiroa Rd; ⏰ Sept.–Juni 10–17 Uhr, Juli & Aug. Di–So 10–16 Uhr) Hier werden die Gäste auf der Terrasse bewirtet.

Total Tours (☎ 0800 264 868; www.totaltours.co.nz) organisiert ganztägige Essens-, Wein- und Kunsthandwerkstouren (99 NZ$), halbtägige Weintouren (75 NZ$) und abends *Wine-&-Dine*-Touren (120 NZ$); los geht's am Maritime Building in Paihia.

AROHA ISLAND

Das **Aroha Island Ecological Centre** (☎ 09-407 5243; www.arohaisland.co.nz; Rangitane Rd; Eintritt frei; ⏰ Do–Di 9.30–17.30 Uhr) befindet sich auf einer winzigen, nur 5 ha großen Insel (Karte S. 177) 10 km nordöstlich von Kerikeri und ist über einen Damm durch Mangrovenwälder zu erreichen. Die Insel ist ein Rückzugsgebiet für den Streifenkiwi sowie andere einheimische Vögel und gleichzeitig ein großartiger Picknickplatz für ihre ungefiederten Bewunderer. Es gibt ein Besucherzentrum und man kann Kajaks mieten (4 Std. 25 NZ$).

Schlafen

Aroha Island (☎ 09-407 5243; www.arohaisland.co.nz; Rangitane Rd; Stellplatz Erw./Kind 15/7,50 NZ$, B/EZ 20/65 NZ$, DZ 90–120 NZ$, 3BZ 110–140 NZ$, 4BZ 130–160 NZ$) Auf der Öko-Insel der Liebe (*aroha*) kann man in Gesellschaft von Kiwis übernachten. Es gibt zahlreiche preislich vernünftige Optionen – von ruhigen Stellplätzen in Strandnähe bis zu extrem komfortablen Lodges mit Blick aufs Wasser.

Kerikeri Top 10 Holiday Park (☎ 09-407 9326; www.kerikeritop10.co.nz; Aranga Rd; Stellplatz Erw./Kind 15/11 NZ$, Wohneinheit 78–245 NZ$; 🖵 🛜) Dieser große, schöne Campingplatz am Fluss bietet gute Einrichtungen und ist von der Stadt aus zu Fuß erreichbar. Die dazugehörenden Backpackerunterkünfte sollte man aber meiden.

Kerikeri Farm Hostel (☎ 09-407 6989; http://kkfarm hostel.blogspot.com; 1574 SH10; B/EZ/DZ 25/43/58 NZ$; 🖵 🛜) Mehr Orangenhain als Bauernhof. In diesem ruhigen, ländlichen Cottage 4 km außerhalb der Stadt können nur zwölf Personen übernachten. Hier wohnt man gemütlich, der Kronleuchter bringt ein bisschen Chic in die heimelige Lounge.

Hone Heke Lodge (☎ 09-407 8170; www.honeheke. co.nz; 65 Hone Heke Rd; B 25 NZ$, EZ 43–63 NZ$, DZ 58–80 NZ$; 🖳 🛜) Die Lodge hat ein paar ebenerdige Wohneinheiten mit Kühlschrank und kleiner Küche sowie einen geselligen, überdachten Hof. Es gibt Wochenpreise und gute Freizeiteinrichtungen (TV-Zimmer, Billardtische, Tischtennis, Grillplätze).

Pagoda Lodge (☎ 09-407 8617; www.pagoda.co.nz; 81 Pa Rd; DZ 85–160 NZ$, 3BZ 130–270 NZ$, 4BZ 190–390 NZ$) Die Lodge wurde in den 1930er-Jahren von einem verschrobenen Schotten mit einer Vorliebe für Asien gebaut, was an den pagodenförmigen Dächern der holzverkleideten Hütten zu erkennen ist. Das Grundstück erstreckt sich bis zum Fluss hinunter. Auf dem Gelände stehen überall Buddhas rum, und die Zelte mit zwei bis drei „Zimmern" haben saubere Betten (65–140 NZ$). Das Jade House ist ein hübsch eingerichtetes Cottage mit Wohnstudio. Dieses Haus wurde für eine Sammlung gebaut, die jetzt im Britischen Museum aufbewahrt wird.

Colonial House Lodge Motel (☎ 09-407 9106; www. colonialhousemotel.co.nz; 178 Kerikeri Rd; Wohneinheit 100–195 NZ$; 🛜 🖳) Das Colonial hat ruhige Zimmer, die sich zu einem tropischen Garten öffnen. Es ist schon etwas in die Jahre gekommen, aber WLAN und DVD-Player haben frischen Wind ins Haus gebracht.

Bed of Roses (☎ 09-407 4666; www.bedofroses.co.nz; 165 Kerikeri Rd; DZ 225–325 NZ$; 🖳) Hier schläft man noch sehr viel komfortabler als in einem Rosenbett. Die Zimmer in diesem eleganten B & B sind mit französischen Antiquitäten, luxuriöser Bettwäsche und bequemen Betten ausgestattet. Das interessante Gebäude mit Art-déco-Touch bietet eine spektakuläre Aussicht.

Essen & Ausgehen

Fishbone (☎ 09-407 6065; 88 Kerikeri Rd; Hauptgerichte 6–17 NZ$; 🕑 morgens & mittags) Das stylishe Fishbone serviert fabelhaften Kaffee und kreativ zubereitetes Essen; Dr.-Seuss-Fans sollten die grünen (Pesto-)Eier mit Schinken probieren.

Cafe Zest (☎ 09-407 7164; 73 Kerikeri Rd; Hauptgerichte 7–17 NZ$; 🕑 morgens & mittags) Inmitten von Kerikeris Orangenbäumen serviert das kleine, niedliche Zest eine verführerische Auswahl an vegetarischen Köstlichkeiten.

Cafe Blue (☎ 09-407 5150; 582 Kerikeri Rd; Hauptgerichte 9–18 NZ$; 🕑 9–15 Uhr) Dieses Gartencafé

liegt zwar an der Hauptstraße, ist aber dennoch eine Oase der Ruhe. Es gibt Sandwiches, Salate, die berühmten Cornwall-Pasteten und Grillgerichte für weniger als 20 NZ$.

Black Olive (☎ 09-407 9693; 308 Kerikeri Rd; Hauptgerichte 11–32 NZ$; 🕑 Di–So abends) Hier gibt's gute Pasta und Pizza zum Mitnehmen. Wer will, kann sich zum Essen aber auch im Restaurant oder Garten niederlassen.

Pear Tree (☎ 09-407 8479; 215 Kerikeri Rd; Hauptgerichte 15–30 NZ$; 🕑 mittags & abends) Nicht nur die Aussicht von diesem Restaurant ist fantastisch, auch das Essen ist ein Traum.

Cafe Jerusalem (☎ 09-407 1001; Cobblestone Mall, Kerikeri Rd; Hauptgerichte 16–19 NZ$; 🕑 11 Uhr–open end) Hier gibt's Northlands beste Falafel – serviert mit einem Lächeln in geselliger Atmosphäre.

Rocksalt (☎ 09-407 1050; Kerikeri Rd; 🕑 Mo & Di 11–21, Mi & Do 11–23, Fr & Sa 11–2 Uhr) Die beliebteste Location der Stadt. Die nette Bar hat einen Biergarten und strahlt in Neonorange.

Auf S. 190 sind ein paar Optionen für Selbstversorger aufgelistet.

An- & Weiterreise
BUS
Die Busse von **InterCity** (☎ 09-583 5780; www.intercity.co.nz) und seinen Partnerunternehmen starten an der Haltestelle in der Cobham Rd gegenüber der Bücherei. Es geht täglich nach Auckland (55 NZ$, 5 Std.), Whangarei (24 NZ$, 1¾ Std.), Paihia (17 NZ$, 25 Min.), Mangonui (24 NZ$, 54 Min.) und Kaitaia (33 NZ$, 1½ Std.).

FLUGZEUG
Der **Bay of Islands (Kerikeri) Airport** (Karte S. 177; ☎ 09-407 7147; www.bayofislandsairport.co.nz; 218 Wiroa Rd) liegt 8 km südwestlich der Stadt. **Air New Zealand** (☎ 0800 737 000; www.airnz.co.nz) hat drei bis fünf Flüge täglich (außer So) ab Auckland (40 Min.); Preise und Sonderangebote findet man auf der Website. **Salt Air Xpress** (☎ 09-402 8338; www.saltair.co.nz) fliegt täglich außer samstags nach Whangarei und zur North Shore Aucklands (169 NZ$, 30 Min.).

FAR NORTH

Das hört sich nach weit, weit weg an, und das ist es auch. Der abgelegene „Hohe Norden" spielt in puncto Aufmerksamkeit und Unterstützung immer nur die zweite Geige (hinter der Bay of Islands), und das, obwohl die subtropische Spitze der Nordinsel mehr atemberaubende Küste pro Quadratkilometer hat als jede andere Gegend, mit Ausnahme der küstennahen Inseln. Teile des Far North leiden unter einer wirtschaftlichen Schieflage, die in einigen Gegenden durchaus düster aussieht. Obwohl man hier nicht immer vom „winterlosen Norden" sprechen kann, sind die Sommer doch lang und ruhig. Hier ist sie also, die Chance, die ausgetretenen Pfade zu verlassen – auch wenn das meist bedeutet, dass man über Schotterstraßen fahren muss!

MATAURI BAY & TAURANGA BAY

Es ist nur ein kurzer Abstecher vom SH10, aber die Tour in Richtung Inland zu diesen Traum-

stränden ist so ganz anders als die touristische Glitzerwelt der Bay of Islands.

Die Matauri Bay ist 18 km vom SH10 entfernt und hat einen langen, sandigen Surfstrand, vor dem die 17 Cavalli Islands liegen. Der **Matauri Bay Holiday Park** (☎ 09-405 0525; www. matauribay.co.nz; Stellplatz Erw./Kind 18/8 NZ$, Hütte 100– 130 NZ$) am Nordende des Strandes hat einen Laden (mit Spirituosen) und eine Tankstelle. An der Spitze der Landzunge oberhalb des Holiday Park steht ein Denkmal für die *Rainbow Warrior* (s. Kasten S. 193). Die letzte Ruhestätte des Greenpeace-Schiffes bei den Cavalli Islands ist ein beliebter Tauchspot (s. S. 177).

Das DOC betreibt auf der Motukawanui Island eine **Hütte** (☎ 09-407 0300; www.doc.govt.nz;

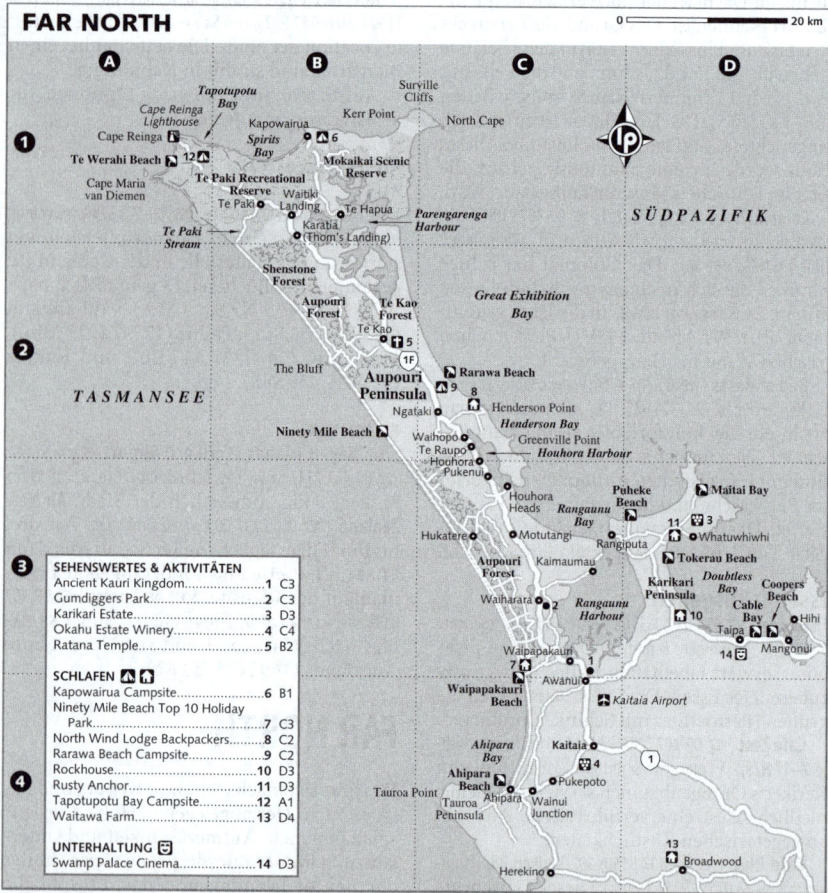

FAR NORTH

0 — 20 km

SEHENSWERTES & AKTIVITÄTEN
Ancient Kauri Kingdom.....................1 C3
Gumdiggers Park...............................2 C3
Karikari Estate....................................3 D3
Okahu Estate Winery........................4 C4
Ratana Temple...................................5 B2

SCHLAFEN
Kapowairua Campsite........................6 B1
Ninety Mile Beach Top 10 Holiday
Park...7 C3
North Wind Lodge Backpackers........8 C2
Rarawa Beach Campsite....................9 C2
Rockhouse...10 D3
Rusty Anchor.....................................11 D3
Tapotupotu Bay Campsite...............12 A1
Waitawa Farm...................................13 D4

UNTERHALTUNG
Swamp Palace Cinema.......................14 D3

DAS ATTENTAT AUF DIE *RAINBOW WARRIOR*

Als die Neuseeländer am Morgen des 10. Juli 1985 aufwachten, mussten sie erfahren, dass bei einem Terroranschlag im Hafen von Auckland ein Mensch ums Leben gekommen war. Das Flaggschiff von Greenpeace, die *Rainbow Warrior*, wurde an ihrem Liegeplatz an der Marsden Wharf versenkt. Sie wurde gerade für die Fahrt zum Mururoa Atoll in der Nähe von Tahiti vorbereitet, geplant war eine Protestaktion gegen französische Atomtests.

Es dauerte einige Zeit, bis man herausfand, was geschehen war. Einem Hinweis einer Nachbarschaftswache ist es zu verdanken, dass schließlich zwei Agenten vom französischen Geheimdienst (DGSE), die sich als Touristen ausgegeben hatten, verhaftet wurden. Die Agenten hatten zwei Sprengsätze am Schiff befestigt – der erste sollte die Crew veranlassen, das Schiff zu verlassen, der zweite sollte es dann versenken. Einige der Crewmitglieder gingen aber nach der ersten Explosion wieder an Bord, um Untersuchungen anzustellen und den Anschlag zu dokumentieren. Der Greenpeace-Fotograf Fernando Pereira kam bei der zweiten Explosion um. Die Agenten wurden des Totschlags überführt und zu zehn Jahren Haft verurteilt. Die französische Regierung drohte daraufhin mit einem Boykott neuseeländischer Waren. Der Export in die EU sollte untersagt werden, was verheerende Folgen für die neuseeländische Wirtschaft gehabt hätte. Schließlich wurde vereinbart, dass Frankreich 13 Mio. NZ$ an Neuseeland zahlen und sich entschuldigen müsse. Dafür sollten die Agenten den Franzosen ausgeliefert und drei Jahre auf einer Insel im Südpazifik inhaftiert werden. Letztendlich zahlte Frankreich als Wiedergutmachung über 8 Mio. NZ$ an Greenpeace – die Bombenleger wurden vor Ende der Haftstrafe entlassen.

Anfangs leugnete der französische Präsident Mitterrand jegliche Beteiligung der Regierung an dem Anschlag. Nach den Untersuchungen entließ er aber den Verteidigungsminister und DGSE-Leiter Admiral Pierre Lacoste. Am 20. Jahrestag des Attentats wurde in Le Monde ein Bericht von Lacoste aus dem Jahr 1986 veröffentlicht, in dem er erklärt, dass der Präsident dieses Attentat persönlich genehmigt hatte.

Der Bombenanschlag hatte nachhaltige Auswirkungen auf Neuseeland. Die französischen Atomtests auf Mururoa wurden 1996 endgültig eingestellt. Das Wrack der *Rainbow Warrior* wurde in die Gewässer um Northlands Cavalli Islands gebracht, wo es nun von Tauchern erforscht werden kann. Die Masten kaufte das Dargaville Museum, sie thronen jetzt über der Stadt. Die Erinnerung an Fernando Pereira lebt in einem friedlichen Vogelschutzgebiet in Thames weiter. Ein Denkmal für das Schiff befindet sich in einem Maori-*pa* in der Matauri Bay nördlich der Bay of Islands.

Stellplatz Erw./Kind 12/6 NZ$) für zwölf Personen. Man braucht aber ein Boot oder ein Kajak, um hinzukommen und muss im Voraus buchen. Außer Wasser, Matratzen und einer Komposttoilette wird nichts geboten, man muss also alles selbst mitbringen.

Zurück auf der Hauptstraße geht die Fahrt weiter gen Westen durch das nette Dorf Te Ngaere und an ein paar kleinen Buchten vorbei, bis man schließlich die Abfahrt zur Tauranga Bay erreicht. Der Sand an diesem kleineren Strand ist pfirsichfarben. Der **Tauranga Bay Holiday Park** (☎ 09-405 0436; www.taurangabay. co.nz; Stellplatz 15 NZ$/Pers., Hütte 60–160 NZ$; 🖳 🛜) bietet gepflegte Unterkünfte am malerischen Strand, hat aber nur wenige Bäume, sodass man dem Wetter ausgeliefert ist. Im Januar kostet der Stellplatz mindestens 50 NZ$, und man muss sieben Nächte bleiben.

An einer Privatstraße an der Tauranga Bay organisiert **Northland Sea Kayaking** (☎ 09-405

0381; www.northlandseakayaking.co.nz; Touren halber/ganzer Tag 65/85 NZ$) Kajaktouren entlang der märchenhaften Küste mit ihren kleinen Buchten, Höhlen und Inseln. Eine Unterkunft kann zusammen mit einer Tour für 20 NZ$ pro Person zusätzlich gebucht werden.

Öffentliche Verkehrsmittel in diese Gegend oder ins benachbarte Whangaroa gibt's nicht.

WHANGAROA HARBOUR

Wenn man um die Landzunge der Tauranga Bay herum fährt, kommt man zu der schmalen Einfahrt nach Whangaroa Harbour. Das kleine Fischerdorf Whangaroa liegt 6 km vom SH10 entfernt und nennt sich selbst „Marlin Capital of NZ" – der ideale Ort also, um sich beim Herausziehen eines dieser riesigen Monster die Schulter auszurenken. Die **Boyd Gallery** (☎ 09-405 0230; Whangaroa Rd; ☺ 8–19 Uhr) ist ein Gemischtwarenladen, der auch als Touristeninformation fungiert.

**NORTHLAND &
BAY OF ISLANDS**

Es gibt zahlreiche Charterboote zum **Sportangeln** (Dez.–April). Die Preise beginnen bei ca. 1200 NZ$ pro Tag. Wer einen Marlin fangen möchte, sollte darauf bestehen, dass er nach dem Fang sofort wieder freigelassen wird, denn er gehört zu den bedrohtesten Tierarten Neuseelands (s. Kasten rechte Spalte).

Die 15 m lange Jacht **Sea Eagle** (☎ 09-405 1963; www.seaeaglecharters.com; 110 NZ$/Pers., mind. 2 Pers.) unternimmt Tagestrips zu den Cavalli Islands mit ihren Traumstränden, Tauchspots, Schnorchelrevieren und Wanderwegen. Längere Charters sind ebenfalls möglich.

Ein schöner 20-minütiger Wanderweg beginnt am Parkplatz am Ende der Old Hospital Rd und führt hinauf zum **St. Paul's Rock** (213 m), der über dem Dorf in die Höhe ragt. Man braucht zwar ein Drahtseil, um sich die letzten Meter hochzuziehen, aber die Anstrengung lohnt sich.

Der **Wairakau Stream Track** in Richtung Norden zur Pekapeka Bay beginnt in der Nähe der Gemeindehalle in der Campbell Rd in Totara North, auf der anderen Seite der Bucht. Die zweistündige Wanderung führt durch Farmland, über Hügel und an der Küste entlang. Schließlich erreicht man das vom DOC betriebene **Lane Cove Cottage** (☎ 09-407 8474; Exklusivnutzung 160 NZ$) mit 16 Betten und Komposttoiletten; man muss alles selbst mitbringen und vorab buchen. Der **Duke's Nose Track** (einfache Strecke 45 Min.) beginnt hinter dem Cottage und führt hinauf zu den Kairara Rocks. Ausschau halten nach dem Profil des Dukes von Wellington mit seiner Adlernase!

Auf der anderen Seite der Nordspitze der Bucht ist die **Taupo Bay**, ein Surfstrand, der im Sommer von coolen Kiwis besucht wird. Man erreicht ihn über eine 11 km lange, teilweise unbefestigte Straße, die vom SH10 aus beschildert ist.

Schlafen & Essen

Sunseeker Lodge (☎ 09-405 0496; www.sunseekerlodge. co.nz; Old Hospital Rd; Stellplatz 15 NZ$/Pers., B/EZ 25/50 NZ$, DZ 50–86 NZ$, Wohneinheit 150–250 NZ$; 🖵) Freundliche Lodge auf dem Hügel in Whangaroa mit Spa und atemberaubendem Blick. Einen Kajak- und Motorbootverleih sowie einen Abholservice aus Kaeo am SH10 gibt's auch.

LP Tipp **Kahoe Farms Hostel** (☎ 09-405 1804; www. kahoefarms.co.nz; B/EZ 25/53 NZ$, DZ 68–88 NZ$) Das Hostel am SH10, 10 km nördlich der Abfahrt nach Whangaroa, hat einen verdientermaßen ausgezeichneten Ruf – gemütliche Zimmer, ab-

---

FISCH FÜR DIE ZUKUNFT

Obwohl Neuseelands Fischgründe strenger kontrolliert werden als die meisten anderen, monieren Umweltschutzgruppen, dass das Fischen, wie es jetzt betrieben wird, nicht nachhaltig ist. Die **Royal Forest & Bird Protection Society** (☎ 0800 200 064; www. forestandbird.org.nz) veröffentlicht jedes Jahr einen *Best Fish Guide* als Orientierungshilfe, herunterzuladen von ihrer Website. Nachstehend die für die Umwelt besten und schlechtesten Optionen für alle, die Meeresbewohner verzehren möchten.

- **Die zehn besten** Kina, Sardelle, Sardine, Sprotte, echter Bonito, Hornhecht, gelbäugige Meerbarbe, Herzmuschel, Australischer Lachs, Sandbarsche

- **Die zehn schlechtesten** Granatbarsch, Blauflossenthunfisch, Oreo (Petersfisch), Hai (Zitronenhai), Schnapper, Schwarzfisch, pazifische Makrele, Tintenfisch, Rochen, gestreifter Marlin

---

geschiedene Lage, hausgemachte italienische Gerichte und überaus nette, junge Betreiber. Die Backpacker-Villa ist schon toll, aber das stimmungsvolle Cottage auf dem Hügel toppt sie noch. Die Zimmer mit Bad sind ihren Preis unbedingt wert. Auf dem Gelände führen Wanderwege durch den Busch zu alten Kauridämmen und Schwimmbecken. Wer will, kann sich auch ein Kajak mieten und durch den Naturhafen paddeln.

Marlin (☎ 09-405 0347; Whangaroa Rd; Hauptgerichte 12–25 NZ$; ☽ mittags & abends) Freundliche Kneipe, die im dazugehörigen Café Gerichte in ordentlichen Portionen serviert.

DOUBTLESS BAY
6030 Ew.

Die Bucht verdankt ihren ungewöhnlichen Namen dem Eintrag in Cooks Logbuch, in dem er schreibt, dieses Gewässer sei „zweifelsohne (doubtless) eine Bucht". Da hatte er recht, der Käpt'n – noch dazu ist die Bucht riesig mit einer ganzen Reihe hübscher Badestrände, die sich Richtung Karikari Peninsula erstrecken!

Das Zentrum **Mangonui** („Großer Hai") konnte sich trotz der Cafés und Souvenirläden, die die schönen historischen Gebäude am Ufer verunstalten, das Flair eines Fischereihafens bewahren. Die Häuser wurden gebaut, als Mangonui ein Zentrum der Walfangindustrie (1792–1850) war und Flachs, Kauriholz und Gummi exportierte.

Die beliebten Feriensiedlungen **Coopers Beach**, **Cable Bay** und **Taipa** sind friedvolle Strandenklaven, in denen die Gentrifizierung um sich greift.

Praktische Informationen

Doubtless Bay Visitor Information Centre (☎ 09-406 2046; www.doubtlessbay.co.nz; 118 Waterfront Rd, Mangonui; ⏲ Mo–Sa 10–16 Uhr; 💻)

Post (Beach Rd, Mangonui)

Sehenswertes & Aktivitäten

Die kostenlose Broschüre **Heritage Trail** des Information Centre beschreibt einen 3 km langen Spaziergang zu 22 historischen Stätten. Weitere Wege führen zur reizenden **Mill Bay** westlich von Mangonui und zum **Rangikapiti Pa Historic Reserve** mit seinen alten Maoriterrassen und einer besonders bei Sonnenaufgang und Sonnenuntergang spektakulären Aussicht über die Doubtless Bay. Es gibt einen Fußweg von der Mill Bay zur Spitze des *pa*. Wer sich aber zu schlapp fühlt, kann auch mit dem Auto bis fast zur Spitze fahren.

Die besten Weine der Region kann man im **Far North Wine Centre** (☎ 09-406 2485; www.farnorthwinecentre.co.nz; 60 Waterfront Dr, Mangonui; ⏲ Mi–Mo 11–16 Uhr) probieren und kaufen. Pazifischen Schnickschnack bekommt man ganz in der Nähe bei **Flax Bush** (☎ 09-406 1510; www.flaxbush.co.nz; 50 Waterfront Dr).

Bei Hihi, 15 km nordöstlich von Mangonui, liegt **Butler Point**, in dessen kleinem **Whaling Museum** (☎ 09-406 0006; www.butlerpoint.co.nz; Marchant Rd; Erw./Kind 12/2 NZ$; ⏲ nach Vereinbarung) man eine Führung machen kann; die Einrichtung ist in einem viktorianischen Haus (1843) mit zauberhaften Gartenanlagen untergebracht. Der erste Besitzer, Kapitän Butler, verließ Dorset mit 14 Jahren und war mit 24 schon Kapitän eines Walfangschiffs. Er ließ sich hier 1839 nieder, hatte 13 Kinder und war Händler, Landwirt, Magistrat und Parlamentsabgeordneter.

Schlafen

Rund um die Bucht gibt's eine Vielzahl von Unterkünften, von denen die meisten im Sommer aber hoffnungslos überteuert sind – nachstehend einige ehrenwerte Ausnahmen. In der Nebensaison wird es deutlich billiger.

LP Tipp **Puketiti Lodge** (☎ 09-406 0369; www.puketitilodge.co.nz; 10 Puketiti Dr; B/EZ/DZ/3BZ 40/90/130/150 NZ$; 💻) Wenn das mit Luxus-Backpacking gemeint ist, sind wir dabei! Für 40 NZ$ bekommt man ein bequemes Bett in einem geräumigen Sechserschlafsaal mit Tür zur großen Terrasse und traumhaftem Blick, ein Schließfach, in dem selbst der riesigste Rucksack Platz hat, und – was das Beste ist – Frühstück. Die Zimmer mit Bad sind weitaus luxuriöser, als ihr Preis vermuten lässt. Von der Midgley Rd, 6 km südlich vom Dorf Mangonui und direkt nach der Ausfahrt nach Hihi, landeinwärts fahren.

Rosie's B&B (☎ 09-406 1443; www.rosiesbandb.co.nz; 136 SH10; Zi. 80 NZ$) Lässige Unterkunft mit zwei unspektakulären Zimmern mit Bad in einem Haus in Coopers Beach. Gutes Preis-Leistungs-Verhältnis. Das Zimmer oben ist kleiner, hat aber einen Balkon mit tollem Blick aufs Meer.

Doubtless Bay Lodge (☎ 09-406 1661; www.doubtlessbaylodge.co.nz; 33 Cable Bay Block Rd; EZ/DZ 80/120 NZ$) Diese Lodge, die einen zehnminütigen Fußmarsch vom Coopers Beach entfernt ist, verbindet die Privatsphäre eines Motels mit der Gastlichkeit eines B&B. Die Zimmer bieten Kabel-TV und alles, was man braucht, um sich einen Kaffee zu kochen. Zum Zeitpunkt der Recherche sollte die Lodge gerade verkauft werden. Hoffentlich behalten die neuen Eigentümer den hohen Standard bei.

Old Oak (☎ 09-406 1250; www.theoldoak.co.nz; 66 Waterfront Dr, Mangonui; EZ 125 NZ$, DZ 175–225 NZ$, Suite 295 NZ$) Zum Zeitpunkt der Recherche war die frische Farbe an den Wänden in diesem stimmungsvollen Kauriholzhaus aus dem Jahr 1861 noch nicht trocken: Es wurde gerade in ein elegantes Boutiquehotel umgebaut. Das Old Oak trieft nur so vor Charme, und das nicht zuletzt, weil es hier spuken soll!

Mangonui Waterfront Motel (☎ 09-406 0347; www.mangonuiwaterfront.co.nz; Waterfront Dr; Apt. 155–245 NZ$) Die historischen Apartments bieten Platz für zwei bis acht Personen. Sie liegen direkt am Ufer in Mangonui und verströmen eine Menge Atmosphäre. Die unterschiedlich eingerichteten Apartments haben allesamt Balkone und eigene Grills und sind relativ groß. Man sollte versuchen, das 100 Jahre alte Tahi-Apartment zu bekommen.

Essen

An den anderen Stränden gibt's zwar auch ein paar Cafés, Take-aways und Geschäfte, aber

Mangonui hat definitiv die beste Auswahl an Restaurants mit wahrhaft leckerem Essen.

Mangonui Fish Shop (☎ 09-406 0478; Waterfront Dr; Hauptgerichte 5–25 NZ$; ⏰ 10–20 Uhr) In diesem zu Recht berühmten Fish-&-Chips-Laden mit Schanklizenz kann man draußen über dem Wasser speisen. Es gibt auch geräucherten Fisch und Meeresfrüchtesalate. Einfach einen Krebssalat und ein kühles Bier bestellen, schon ist die Welt (wieder) in Ordnung.

Waterfront Cafe & Bar (☎ 09-406 0850; Waterfront Dr; Brunch 7–21 NZ$; Abendessen 14–29 NZ$; ⏰ 8.30 Uhr–open end) Das beste Café im Hohen Norden. Das Waterfront punktet mit einer kreativen Speisekarte, Meerblick, freundlichen Angestellten und dem Charme der guten alten Welt. Zum Frühstück unbedingt den marktfrischen Fisch auf Spinat mit Zitronenhollandaise probieren!

LP Tipp **Thai Chef** (☎ 09-406 1220; 80 Waterfront Dr; Hauptgerichte 18–26 NZ$; ⏰ Di–So abends) Ein besseres Thai-Restaurant gibt's im oberen Teil der Nordinsel, Auckland eingeschlossen, bestimmt nicht. Die Gerichte haben Namen wie *3 Alcoholics* und *Bananas with Hairy Legs*. Die *Sexy Little Duck* ist unwiderstehlich.

Neben der Post gibt's einen **Four-Square-Supermarkt** (Waterfront Rd).

Unterhaltung

Swamp Palace Cinema (☎ 09-408 7040; Oruru Rd) Dieses winzige Kino ist wegen seiner Einleitungsvorträge zu den Filmen eine echte Erfahrung. Es liegt 7 km landeinwärts von Taipa.

An- & Weiterreise

Die Busse von **InterCity** (☎ 09-583 5780; www.intercity.co.nz) halten an der BP-Tankstelle am Waterfront Dr in Mangonui. Sie fahren nach Kaitaia (21 NZ$, 40 Min.) und Kerikeri (24 NZ$, 54 Min.) und halten außerdem am Gemischtwarenladen am Coopers Beach, gegenüber dem Laden in Cable Bay und an der Shell-Tankstelle in Taipa. **Busabout Kaitaia** (☎ 09-408 1092; www.cbec.co.nz) bringt einen nach Kaitaia (5 NZ$, 1 Std.).

KARIKARI PENINSULA

Die Karikari Peninsula ist fast wie ein perfekter rechter Winkel geformt. Das Ergebnis sind Strände in allen vier Himmelsrichtungen, die ganz nah beieinander liegen – praktisch, wenn man mal Veränderung braucht, weil beispielsweise der Wind nervt oder die Surfbrandung fehlt oder einem der Sinn nach Sonnenauf-

gang oder Sonnenuntergang steht. Trotz ihrer Naturschätze ist die Halbinsel wunderbar unerschlossen: Die Landwirte sind den Touristikunternehmen zahlenmäßig noch immer überlegen, und es gibt keine öffentlichen Verkehrsmittel und nur wenige Geschäfte und Restaurants.

Sehenswertes & Aktivitäten

Tokerau Beach heißt der lange, schöne Abschnitt, der das westliche Ende der Doubtless Bay bildet. Das benachbarte **Whatuwhiwhi** ist kleiner und im hinteren Bereich der Bucht dichter bebaut. Die **Maitai Bay** mit ihren beiden kleinen Buchten ist die schönste von allen. Sie liegt am einsamen Zipfel der Halbinsel, am Ende einer unbefestigten Straße. Hier kann man fantastisch baden. Die Bucht ist geschützt genug für Kids, bietet aber ausreichend Brandung zum Bodysurfen.

Rangiputa liegt am Ellbogen der Halbinsel Richtung Westen. Der blütenweiße Sand und das kristallklare, geschützte Meer scheinen direkt aus einem südpazifischen Inseltraum zu stammen. Eine Abzweigung von der Straße nach Rangiputa führt zum abgelegenen **Puheke Beach**. Der lange, windige Streifen mit schneeweißen Sanddünen bildet den nördlichen Rand von Karikari.

Die einzigartigen Gegebenheiten der Karikari Peninsula machen die Halbinsel zu einem Paradies für Kiteboarder. Das ist jedenfalls die Meinung der erfahrenen Crew der **Airzone Kitesurfing School** (☎ 09-408 7129; www.kitesurfnz.com; 1-/2-tägige Kurse 175/325 NZ$). Man kann sich vom Wind um die ganze Halbinsel ziehen lassen. Anfänger finden reichlich flaches Wasser zum Üben, bevor sie sich in die Brandung stürzen.

Unheilvolle Zeichen einer schleichenden Gentrifizierung sind der luxuriöse Golfclub und ein Weingut auf dem Weg zur Maitai Bay. Das beeindruckende **Karikari Estate** (Karte S. 192; ☎ 09-408 7222; www.karikariestate.co.nz; Maitai Bay Rd; Weinprobe 12 NZ$; ⏰ 11–17 Uhr) produziert angesehene Rotweine und betreibt ein Café (Hauptgerichte 14–25 NZ$).

Schlafen & Essen

DOC-Campingplatz (☎ 09-408 6014; www.doc.govt.nz; Maitai Bay; Stellplatz Erw./Kind 8/4 NZ$) Großer Campingplatz mit Chemietoiletten und kalten Duschen.

Rusty Anchor (Karte S. 192; ☎ 0800 787 892; www.rustyanchor.co.nz; 1 Tokerau Beach Rd; Stellplatz/Pers. 10 NZ$; B/DZ/3BZ/4BZ 25/65/85/105 NZ$; 🖳) Backpackerparadies mit Touristeninformation, Bar, Takeaway und Waschsalon.

Rockhouse (Karte S. 192; ☎ 09-406 7151; rochousian@ clear.net.nz; Inland Rd; EZ/DZ/3BZ 30/50/75 NZ$) Hier trifft Fred Feuerstein auf Hundertwasser! In dieser nur 1 km vom SH10 entfernten Pension übernachtet man in ungewöhnlichen, komfortablen Zimmern mit Bad.

Whatuwhiwhi Top 10 Holiday Park (☎ 09-408 7202; www.whatuwhiwhitop10.co.nz; 17 Whatuwhiwhi Rd; Stellplatz 40 NZ$/2 Pers., Wohneinheit 96–375 NZ$; 🖳) Dieser toll gelegene, von Hügeln abgeschirmte Campingplatz mit Blick auf den Strand hat gute Einrichtungen und einen Kajakverleih.

White Sands Apartments (☎ 09-408 7080; www. whitesands.co.nz; Rangiputa Beach; Wohneinheit 125–185 NZ$) Die 1970er-Jahre wehen durch diese gemütlichen Wohneinheiten aus Holz. Im Erdgeschoss gibt's einen Laden, und nach ein paar Schritten steht man am weißen Sandstrand.

CAPE REINGA & NINETY MILE BEACH

Für die Maori ist Cape Reinga (Te Rerenga-Wairua) der Ort, an dem die Seelen der Verstorbenen ihre Reise in die spirituelle Heimat antreten. Die Aupouri Peninsula ist also ein riesiges Sprungbrett und sieht auch so aus – lang und schmal. Sie erstreckt sich über 108 km bis zu Neuseelands nördlichstem Punkt. An der Westküste befindet sich der Ninety Mile Beach („Ninety Kilometre Beach" wäre korrekter …), ein endloser Strand mit hohen Sanddünen, flankiert vom Aupouri Forest.

Sehenswertes

Wenn man am windumtosten **Cape Reinga Lighthouse** steht und über den Ozean blickt, überkommt einen das Gefühl, am Ende der Welt angekommen zu sein. Hier treffen die Tasmansee und der Pazifik aufeinander, was bei stürmischem Wetter schon mal zu 10 m hohen Wellen führen kann. Oft kleben kleine Wölkchen an den Gebirgshängen, die selbst an heißen Tagen kühle Windstöße bringen. Ganz am Ende des Kaps, etwas gen Osten, steht ein spirituell wichtiger, 800 Jahre alter **Pohutukawa-Baum**; die Seelen sollen zu seinen Wurzeln hinunter gleiten. Aus Respekt vor der heiligsten Stätte der Maori sollte man sich dem Baum nicht nähern und in seiner Umgebung nichts essen oder trinken.

Entgegen der landläufigen Meinung ist Cape Reinga nicht der nördlichste Punkt Neuseelands. Diese Ehre gebührt den Survillle

Cliffs weiter östlich. Eine Wanderung entlang des Te Werahi Beach führt zum **Cape Maria van Diemen** (hin & zurück 5 Std.), dem westlichsten Punkt. Es handelt sich um einen der zahlreichen Abschnitte des drei bis vier Tage in Anspruch nehmenden, 53 km langen **Cape Reinga Coastal Walkway** (von Kapowairua zum Te Paki Stream). Diese Tour kann man ohne Probleme allein bewerkstelligen. Die schöne **Tapotupotu Bay** ist zu Fuß in zwei Stunden erreichbar; vom Cape Reinga wandert man in Richtung Osten vorbei an der Sandy Bay und den Klippen. Von der Tapotupotu Bay führt eine achtstündige Wanderung zum Ostzipfel nach **Kapowairua** (Spirits Bay). Beide Buchten sich auch über die Straße erreichbar.

Ein großer Teil des Gebiets rund um Cape Reinga ist Teil des **Te Paki Recreation Reserve**, das vom DOC betrieben wird. Es ist öffentliches Gelände mit unbeschränktem Zugang; man sollte die Tore aber so belassen, wie man sie vorgefunden hat, und die Tiere nicht stören. Auf jeder Seite der Mündung des Te Paki Stream sind 7 km² Sanddünen, die sich für Flying Leaps oder Tobogganfahren anbieten.

An der Ostküste lockt die **Great Exhibition Bay** mit atemberaubenden, schneeweißen Quarzsanddünen. Es gibt keine öffentlichen Straßen, aber einige Touranbieter zahlen eine *koha* (Spende), um über Maoriland fahren zu dürfen, oder kommen mit Kajaks von Parengarenga Harbour übers Meer.

Neben dem Highway bei Te Kao, 46 km südlich von Cape Reinga, steht der **Ratana-Tempel** (Karte S. 192; 6576 Far North Rd), der auch Nga-Tapuwae-Ote-Mangai heißt. Ratana ist eine christliche Maorisekte mit über 50 000 Anhängern. Die Gemeinschaft wurde 1925 von Tahupotiki Wiremu Ratana gegründet, der auch als „Sprachrohr Gottes" bekannt war. Man hat den Tempel genau dort erbaut, wo der Ratana einst stand. Mit ihren beiden Kuppeltürmen (Arepa und Omeka, Alpha und Omega) und dem Ratana-Emblem (Stern und Halbmond) sieht sie ein wenig aus wie eine Moschee.

Kauriwälder bedecken dieses Gebiet seit über 100 000 Jahren und haben hier alte Baumstämme und das viel gerühmte Gum (Harz), das für Polituren und Linoleum verwendet wurde, im Boden hinterlassen. Der **Gumdiggers Park** (Karte S. 192; ☎ 09-406 7166; www. gumdiggerspark.co.nz; Heath Rd, Waiharara; Erw./Kind 10/5 NZ$; ⏲ 9–16 Uhr) erstreckt sich oberhalb einer großen Gumabbaustätte – die Hauptindustrie der Region von den 1870er- bis in die 1920er-Jahre. Im Jahr 1900 buddelten etwa 7000 Gumgräber mit Gumboots (der neuseeländische Ausdruck für Gummistiefel) an den Füßen Löcher in ganz Northland. Ein 15-minütiger Film erzählt die Geschichte der Bäume, ihrer mysteriösen Zerstörung und der Gumindustrie. Mit Seilen gesicherte Wege führen durch den Busch, vorbei an einer nachgebauten Gumgräberhütte, alten Kauristümpfen und Löchern, die von den Gräbern hinterlassen wurden. Das Leben der Arbeiter, die sich ihre Zelte, Bettzeug und Kleidung aus Jutesäcken herstellten, war hart.

Es ist kitschig und überteuert, aber das **Ancient Kauri Kingdom** (Karte S. 192; ☎ 09-406 7172; www.ancientkauri.co.nz; 229 Far North Rd, Awanui; ☯ 8.30–17 Uhr) ist dennoch einen Besuch wert. Hier kann man 50 000 Jahre alte Kauristümpfe sehen, die aus den Sümpfen ausgegraben und zu Möbeln, Holzhandwerk und allerlei Touristenkitsch verarbeitet wurden. Auf dem großen Gelände befinden sich ein Café, ein Souvenirladen und eine Werkstatt. In einen riesigen Kauristamm wurde eine beeindruckende Wendeltreppe geschnitzt, über die man die Zwischenetage erreicht.

Geführte Touren

Bustouren nach Cape Reinga werden von Kaitaia, Ahipara, der Doubtless Bay und der Bay of Islands (s. S. 180) angeboten. Andere Verkehrsmittel gibt's hier nicht, und viele Autovermieter verbieten ihren Kunden, auf dem Sand des Ninety Mile Beach oder der teilweise unbefestigten Straße nördlich von Waitiki Landing zu fahren.

Cape Reinga Adventures (☎ 09-409 8445; www.capereingaadventures.co.nz; 4WD-Trip halber/ganzer Tag 75/135 NZ$) Hier ist Action angesagt: Touren im Allradwagen (inkl. Sonnenuntergang am Cape, wenn die Massen verschwunden sind), Angel- und Kajaktouren, Sandboarding und Dünensurfen als Ganztagestouren oder Trips mit Übernachtung auf einem Campingplatz (150–220 NZ$). Man kann auch Kajaks (60 NZ$/24 Std.) und Sandboards (20 NZ$) mieten.

Far North Outback Adventures (☎ 09-408 0927; www.farnorthtours.co.nz) Flexible Tagestouren ab Kaitaia bzw. Ahipara für 600 NZ$ (für 1–3 Pers.) oder 650 NZ$ (für 4 oder 5 Pers.) inklusive zweitem Frühstück und Mittagessen. Besucht werden entlegene Ecken wie die Great Exhibition Bay (Eintritt 10 NZ$/Pers.).

Harrison's Cape Runner (☎ 0800 227 373; www.harrisonscapereingatours.co.nz; 123 North Rd, Kaitaia; Erw./Kind 45/25 NZ$) Bustagestouren einschließlich Tobboganfahren und Mittagspicknick.

Paradise 4x4 (☎ 0800 494 392; www.paradisenz.co.nz; 600 NZ$/2 Pers., extra Pers. 50 NZ$) Organisiert flexible, exklusive Touren im Allradwagen von der Doubtless Bay über den Ninety Mile Beach nach Cape Reinga, inklusive Cream Tea und Gourmet-Mittagessen mit neuseeländischem Wein. Touren nach Hokianga sind ebenfalls im Angebot.

Sand Safaris (☎ 0800 869 090; www.sandsafaris.co.nz; Erw./Kind 55/30 NZ$) Dieses Familienunternehmen bietet Bustouren mit Mittagspicknick und geführte Touren durch den Gumdiggers Park an.

Schlafen & Essen

Abgesehen von Campingplätzen findet man nicht viele anständige Unterkünfte nördlich von Pukenui. Wörtlich übersetzt heißt das Örtchen „Großer Magen", und den sollte man sich hier füllen. Es gibt ein Café, Take-aways und einen Gemischtwarenladen. Weitere Alternativen sind nichtssagende Restaurants im Ancient Kauri Kingdom (s. linke Spalte), in Houhora Heads und in Waitiki Landing.

DOC-Campingplätze (Karte S. 192; Stellplatz Erw./Kind 7,50/3,50 NZ$) In Kapowairua, Tapotupotu Bay und Rarawa Beach gibt's atemberaubend gelegene Campingplätze, die jedoch nur über Wasser und Toiletten verfügen. Man sollte sich einen Kocher mitbringen, da Feuer hier nicht erlaubt ist, und unbedingt viel Mückenspray gegen die fiesen Moskitos und Sandfliegen im Gepäck haben. Wildes Campen ist am Cape Reinga Coastal Walkway erlaubt, aber bitte: „Leave No Trace!"

Ninety Mile Beach Top 10 Holiday Park (Karte S. 192; ☎ 09-406 7298; www.ninetymilebeach.co.nz; 6 Matai St, Waipapakauri; Stellplatz 16 NZ$/Pers., Hütte 80–110 NZ$; 🖳) Saubere Wohneinheiten reihen sich in diesem gut gelegenen Holiday Park in unmittelbarer Nähe des Ninety Mile Beach aneinander. Hier ist sogar das Rauschen des Meeres zu hören.

Pukenui Lodge Motel (☎ 09-409 8837; www.pukenuilodge.co.nz; Ecke SH1 & Wharf Rd, Pukenui; B/Zi. 25/65 NZ$, Wohneinheit 115–170 NZ$; 🖳 🐾) Diese saubere, einladende Backpackerunterkunft befindet sind in einer historischen Villa (1891) mit bunt zusammengewürfelten Möbeln und einem alten Fernseher – eine charmante Alternative zu den stinknormalen Motels.

North Wind Lodge Backpackers (Karte S. 192; ☎ 09-409 8515; www.northwind.co.nz; 88 Otaipango Rd, Henderson Bay; B/2BZ/DZ/3BZ 27/58/64/84 NZ$) Dieses Haus mit dem ungewöhnlichen Dach liegt an der Ostseite der Halbinsel, 6 km abseits der Hauptstraße an einer Schotterstraße. Hier herrscht eine nette Atmosphäre und es gibt viel Rasen, auf dem man es sich mit einem Bier und einem Buch gemütlich machen kann.

Anreise & Unterwegs vor Ort

Abgesehen von zahlreichen Touren gibt's nördlich von Pukenui keine öffentlichen Verkehrsmittel mehr. Von Kaitaia aus erreicht man Pukenui mit **Busabout Kaitaia** (☎ 09-408 1092; www.cbec.co.nz) (5 NZ$, 45 Min.).

Die Far North Rd (SH1F) ist bis Waitiki Landing geteert. Die letzten 7 km werden derzeit asphaltiert, man arbeitet dabei von Cape Reinga aus rückwärts. Das Projekt soll nicht vor 2012 abgeschlossen sein, sodass man auch weiterhin mit Verzögerungen rechnen muss. Am Ende der Straße führt ein 1 km langer Weg vom Parkplatz zum Leuchtturm.

Die andere größere Straße ist der Ninety Mile Beach selbst. Hierfür braucht man aber ein robustes Fahrzeug. Es sind schon Autos im weichen Sand steckengeblieben und dann von der Flut überschwemmt worden – man sieht die Unglücksfahrzeuge noch im Sand stecken. Bevor man losfährt, unbedingt den Gezeitenkalender checken: Zweieinhalb Stunden vor und nach der Flut sollte man nicht starten! Am Te Paki Stream auf Treibsand achten – nicht anhalten. Die Leihwagenversicherung zahlt nicht, wenn man steckenbleibt. Bei Tuatua Tours (s. rechte Spalte) kann man sich nach Geländewagenvermietern erkundigen.

Bevor man die Aupouri Peninsula in Angriff nimmt, sollte man volltanken, weil die Tankstelle in Waitiki Landing manchmal kein Benzin hat.

KAITAIA

5300 Ew.

Niemand kommt nach Far North, um in diesem Provinznest herumzuhängen, aber Kaitaia ist ein guter Zwischenstopp, wenn man einen Supermarkt, eine Post oder einen Geldautomaten braucht. Hier beginnen auch die Touren zum Cape Reinga und Ninety Mile Beach (s. S. 198).

Die **Far North i-SITE** (☎ 09-408 0879; www.topofnz.co.nz; Jaycee Park, South Rd; ⏰ 8.30–17 Uhr) hat Internetzugang und Infos über die Region. Ganz in der Nähe verlockt das **Far North Regional Museum** (☎ 09-408 1403; www.farnorthmuseum.co.nz; 6 South Rd; Erw./Kind 4/1 NZ$; ⏰ 10–16 Uhr) mit einem vielfältigen Mix von Exponaten zur Geschichte des Ortes, u. a. einem mächtigen Anker von 1769.

Gleich südlich von Kaitaia an der Straße nach Ahipara liegt die **Okahu Estate Winery** (Karte S. 192; ☎ 09-408 2066; www.okahuestate.co.nz; Ecke Okahu Rd & Awaroa Rd; ⏰ Mo–Fr 12–16 Uhr), wo man an kostenlosen Weinproben teilnehmen kann.

Die freundlichen Besitzer der **Mainstreet Lodge** (☎ 09-408 1275; www.mainstreetlodge.co.nz; 235 Commerce St; B 26–30 NZ$, EZ 55–70 NZ$, DZ 62–75 NZ$, 3BZ 87–99 NZ$, 4BZ 112–128 NZ$; 💻 📶) kennen die ganze Gegend wie ihre Westentasche. Neben dem tollen alten Cottage mit vielen Maorischnitzereien gibt's auch noch einen modernen Flügel mit Blick auf den Hof.

Beachcomber (☎ 09-408 2010; 222 Commerce St; Hauptgerichte 16–32 NZ$; ⏰ Mo–Sa 11 Uhr–open end) ist wohl das beste Restaurant der Stadt. Es hält eine große Auswahl an guten Meeresfrüchte- und Fleischgerichten sowie eine reichhaltige Salatbar bereit.

Der Flughafen liegt 6 km nördlich der Stadt. **Air New Zealand** (☎ 0800 737 000; www.airnz.co.nz) fliegt täglich nach Auckland (34 Min., Preise s. Website).

Die Busse von **InterCity** (☎ 09-623 1503; www.intercity.co.nz) halten am i-SITE. Sie fahren nach Mangonui (21 NZ$, 40 Min.) und Kerikeri (33 NZ$, 1½ Std.). Mit **Busabout Kaitaia** (☎ 09-408 1092; www.cbec.co.nz) kommt man zur Doubtless Bay (5 NZ$, 1 Std.), nach Pukenui (5 NZ$, 45 Min.) und nach Ahipara (3,50 NZ$, 15 Min.).

AHIPARA

1200 Ew.

Alles Schöne geht einmal zu Ende, und der Ninety Mile Beach tut es in diesem Badeort. Zwar haben sich einige Ferienhäuser eingeschlichen, aber die Einheimischen achten darauf, dass es nicht zu viele werden. Surfer auf Besuch werden aber toleriert. Die Gegend ist bekannt für ihre riesigen Sanddünen und enormen Gum Fields, auf denen einst 2000 Menschen arbeiteten. Toboggan- und Quadfahren sind beliebte Aktivitäten in den Dünen oberhalb von Ahipara und auf der Tauroa Peninsula.

Aktivitäten

Ahipara Adventure Centre (☎ 09-409 2055; www.ahiparaadventure.co.nz; 15 Takahe St) verleiht Sand- und Surfboards (10 NZ$/Std.), Mountainbikes (25 NZ$/Std.), Kajaks (25 NZ$/Std.), Strandsegler (60 NZ$/Std.) und Quads (70 NZ$/Std.).

Tuatua Tours (☎ 09-409 4875; www.tuatuatours.com; 250 Ahipara Rd; 2-stündige Fahrt 135 NZ$/Pers., 150 NZ$/2 Pers.) bekommt gute Kritiken für seine Riff-

NGATI TARARA

Wer im Norden herumfährt, bemerkt vielleicht die ungewöhnliche Anhäufung von Straßennamen, die auf „-ich" enden. *Haere mai, dobro došli* und *welcome* (wie auf dem Schild am Ortseingang von Kaitaia steht) im ethnischen Sprachenmix!

Ende des 19. Jhs. kamen die ersten Männer von der dalmatinischen Küste Kroatiens nach Neuseeland, um hier zu arbeiten. Viele von ihnen landeten auf den Gum Fields von Northland. Die Pakeha-Gemeinde gab sich den neuen Immigranten gegenüber nicht besonders gastfreundlich, vor allem nicht im Ersten Weltkrieg, da man die Kroaten für Österreicher hielt. In den kleinen Maorigemeinden im Norden war das jedoch anders. Hier fanden sie ein Abbild des dalmatinischen Dorflebens – ausgeprägte Gastfreundschaft und Familienbande –, ganz zu schweigen von dem gemeinsamen Schicksal der ungerechten Behandlung durch die Kolonialmächte.

Die Maori nannten sie scherzhaft Tarara, da sich schnell gesprochenes Serbokroatisch in Maori-Ohren wie „ta-ra-ra-ra-ra" anhörte. Viele Kroaten heirateten einheimische *wahine* (Frauen) und gründeten Clans, und aus diesen einige der heute berühmten Maori mit kroatischen Nachnamen hervorgingen, z. B. die Sängerin Margaret Urlich und der ehemalige Rugby-Nationalspieler Frano Botica. Im Hohen Norden, Dargaville und West Auckland gibt's große Tarara-Gemeinden.

und Dünentouren sowie für die *Ultimate Sand Dune Safaris* (3 Std. inkl. Tobogganfahren, 1/2 Pers. 185/200 NZ$). Es werden auch Allradwagen (280 NZ$/Tag) vermietet, mit denen man den Ninety Mile Beach auf eigene Faust erkunden kann, ohne sich den Zorn eines Autovermieters zuzuziehen.

Alternativ nimmt man den Strand auf dem Rücken eines Pferdes in Angriff. **Ahipara Treks** (☎ 09-409 4122; ahiparahorsetreks@xtra.co.nz) organisiert ein- bis fünfstündige Ausritte am Strand (60–150 NZ$) inklusive Ausflüge zu Farmen und Reiten im Ozean (wenn es die Brandung zulässt). Eine weitere Möglichkeit sind Surf- und Reit-Kombipakete (180 NZ$).

Schlafen & Essen

90 Mile Beach Ahipara Holiday Park (☎ 09-409 4864; www.ahiparaholidaypark.co.nz; 168 Takahe St; Stellplatz 16 NZ$/Pers., B/Zi. 28/75 NZ$, Hütte 55–90 NZ$, Wohneinheit 125–145 NZ$; 🖵) Dieser Holiday Park bietet viele verschiedene Unterkünfte, u. a. Hütten, Motelwohneinheiten und eine altersschwache, aber grandiose Backpacker-Lodge, die zum YHA gehört. Im Gemeinschaftsraum warten ein offener Kamin und bunte Wandgemälde.

LP Tipp **Endless Summer Lodge** (☎ 09-409 4181; www.endlesssummer.co.nz; 245 Foreshore Rd; B 28 NZ$, DZ 68–80 NZ$; 🖵) Diese herrliche Kaurivilla (1880) gegenüber vom Strand wurde wunderschön restauriert und in das beste Hostel des Far North umgewandelt. Es gibt keinen TV, dafür kann man am langen Tisch auf der weinüberrankten Terrasse prima andere Traveller kennenlernen. Es stehen kostenlose Boogieboards und Sandboards zur Verfügung, Surfbretter

gibt's für 20 NZ$ zu mieten. Rechtzeitig buchen, sonst hat man hier schlechte Karten!

Beach Abode (☎ 09-409 4070; www.beachabode. co.nz; 11 Korora St; Apt. 125–185 NZ$; 🛜) Vom Wohnstudio oder dem Zwei-Zimmer-Apartment für Selbstversorger geht's durch einen subtropischen Garten, und schon ist man am Strand. Alternative: einfach nur im Bett liegen und die sagenhafte Aussicht genießen.

Beachfront (☎ 09-409 4007; www.beachfront.net.nz; 14 Kotare St; Apt. 175–360 NZ$) Wen kümmert's, dass es hier für Ahipara-Verhältnisse etwas spießig ist? Von den beiden vornehmen Apartments mit Küche hat man einen Traumblick und einen direkten Zugang zum Strand. In beiden Apartments können bis zu sechs Personen übernachten.

Bidz Takeaways (☎ 09-409 4727; Takahe St; Gerichte 5–11 NZ$; ⏲ 8.30–20 Uhr) Man bräuchte einen aushängbaren Unterkiefer, um den Meeresfrüchteburger (11 NZ$) von Bidz komplett in den Mund zu kriegen – er ist vollgestopft mit panierten Austern, Jakobsmuscheln, Miesmuscheln und Fisch. Ein Laden gehört ebenfalls dazu.

Gumdiggers Cafe (☎ 09-409 2012; 3 Ahipara Rd; Gerichte 6–16 NZ$; ⏲ Ostern–Weihnachten 8–19 Uhr, Weihnachten–Ostern 7.30–22 Uhr) In diesem coolen, kleinen Café gibt's guten Kaffee und leckere Kleinigkeiten. Es wird von den gleichen Leuten betrieben, denen auch Sand Safaris (S. 198) gehört.

Anreise & Unterwegs vor Ort

Busabout Kaitaia (☎ 09-408 1092; www.cbec.co.nz) fährt nach Kaitaia (3,50 NZ$, 15 Min.).

HOKIANGA

Der Hokianga Harbour streckt seine dünnen Tentakel weit aus und ist deshalb der viertgrößte Naturhafen des Landes. Die herrliche, raue Landschaft weist alle Schattierungen von Grün und Braun auf, und sein Wasser hat wegen der Buschflüsse, die den Hafen speisen, die Farbe von Ginger Ale.

Von allen entlegenen Teilen Northlands ist dies die Stelle, die am weitesten vom Mainstream entfernt zu sein scheint. Anspruchsdenken hat hier keine Chance. Isolierte, von Maori dominierte Gemeinden kuscheln sich rund um die vielen Arme des Hafens, und sie tun es schon seit Jahrhunderten. Entdeckt vom legendären Forscher Kupe ist Hokianga Harbour seit dem 14. Jh. durch die Ngapuhi besiedelt. In den 1960er-Jahren ließen sich hier Hippies nieder, ihr Vermächtnis ist eine blühende Kunstszene.

Viele der Straßen sind nicht befestigt und nach Jahrzehnten der Vernachlässigung durch die Regierungsinstitutionen in schlechtem Zustand. Die Touristendollars werden nach Osten zur Bay of Islands gelenkt, was das faszinierende Hokianga erstaunlich unterentwickelt bleiben lässt. Vielen der Einheimischen gefällt es allerdings so.

ÖSTLICHES HOKIANGA
Puketi Forest & Omahuta Forest

Landeinwärts von den östlichen Ausläufern des Hafens bilden der Puketi Forest und der Omahuta Forest ein zusammenhängendes Gebiet einheimischen Busches. In Puketi wurde die Holzfällerei 1951 gestoppt, nicht nur um die restlichen Kauri, sondern auch die bedrohte Kokako (Lappenkrähe) zu schützen. Vogelfans sollten auf Wanderungen nach diesem seltenen Charmeur (grau mit blauem Kehllappen) Ausschau halten.

Die Wälder kann man durch verschiedene Eingänge betreten. Drinnen gibt's ein Netz aus Wanderwegen von 15 Minuten (der barrierefreie Manginangina Kauri Walk) bis zu zwei Tagen Länge (der anspruchsvolle Waipapa River Track). Es gibt einen **DOC-Campingplatz** (☎ 09-407 0300; www.doc.govt.nz; Waiare Rd; Stellplatz Erw./Kind 7/3,50 NZ$), 3-Personen-Hütten (20 NZ$) und eine **Hütte** (Exklusivnutzung 60 NZ$) mit 24 Betten in der Puketi Recreation Area am Ostrand der Wälder. Die Hütte verfügt über heiße Duschen, eine Küche und Spül-

toiletten; in den Hütten und auf dem Campingplatz stehen Kaltwasserduschen zur Verfügung.

Weitere Empfehlungen für Wanderer finden sich auf der DOC-Website.

Horeke

Das kleine Horeke war Neuseelands zweite europäische Siedlung nach Russell. Von 1828 bis 1855 war hier eine Wesleyanische Mission. 1840 versammelten sich 3000 Ngapuhi zur größten Einzelunterzeichnung des Vertrags von Waitangi.

Das 1839 vervollständigte **Mangungu Mission House** (☎ 09-401 9640; www.historic.org.nz; Motukiore Rd; Erw./Kind 3/1 NZ$; ☺ Sa & So 12–16 Uhr) ist eine süße Holzhütte mit Erinnerungen an die Missionare und Horekes Vergangenheit als Schiffsbauort. Auf dem Gelände stehen ein großes Steinkreuz und eine einfache Holzkirche. Es liegt in 1 km Entfernung an der unbefestigten Straße vom Hafen zum Dorf Horeke.

Wairere Boulders Nature Park (☎ 09-401 9935; www.wairereboulders.co.nz; McDonnell Rd; Erw./Kind 10/5 NZ$; ☺ bei Tageslicht) sieht aus wie ein Zengarten aus der Jurazeit. Wege führen um und über massive Basaltformationen, die durch die Säure der alten Kauriwälder zu seltsam gerifelten Formen erodiert sind. Der Hauptrundweg dauert 40 Minuten und folgt einem gluckernden Fluss in Cola-Braun – ein schöner Weg, aber man sollte feste Schuhe tragen und sich auf Bücken und Klettern einstellen. In einer zusätzlichen Stunde kommt man durch den Regenwald zu einer Plattform am Ende des Boulder Valley. Der Park ist vom SH1 und

---

NGAWHA SPRINGS

Die Thermalquellen nahe Kaikohe werden schon seit dem 17. Jh. von den Ngapuhi wegen ihrer Heilkräfte geschätzt. Hone Heke brachte seine verwundeten Krieger während des Northland-Krieges hierher.

Im Gegensatz zu vielen anderen neuseeländischen Thermalbädern gibt's hier keine Wasserrutschen oder Planschbecken für Kids. Auch Duschen sind Fehlanzeige. Es geht nur darum, sich im trüben Wasser in kleinen Becken mit unterschiedlichen Wassertemperaturen zu erholen. In Ngawha findet man zwei Anlagen nebeneinander, die Bessere ist **Ngawha Springs Pools** (☎ 09-405 2245; Erw./Kind 4/2 NZ$; ☺ 9–21 Uhr).

von Horeke aus ausgeschildert. Die letzten 3 km sind unbefestigt.

Man fühlt sich fast wie ein Gutsbesitzer im **Riverhead Guest House** (☎ 09-401 9610; www.hokianga.co.nz/riverheadguesthouse; Main Rd; EZ/DZ/3BZ 75/95/130 NZ$), einer Kaurivilla von 1871 mit Möbeln aus der Alten Welt, von wo aus man im wahrsten Sinne des Wortes auf Horeke herabschauen kann. Die günstigeren Zimmer oben haben ein Gemeinschaftsbad, aber der Hafenblick entschädigt auf jeden Fall dafür.

NÖRDLICHES HOKIANGA
Kohukohu
190 Ew.

Kohukohu sollte schnellstens unter Denkmalschutz gestellt werden, bevor es zu spät ist. Es gibt nur wenige Orte in Neuseeland, wo ein viktorianisches Dorf voller interessanter Kaurigebäude so vollständig erhalten ist, ohne dass eine moderne Monstrosität zu sehen ist. In der Blütezeit der Kauri-Industrie war Kohukohu eine geschäftige Stadt mit einer Sägemühle, einer Werft, zwei Zeitungen und Banken. Heute ist es ein verschlafener Ort am Norduufer des Hokianga Harbour, 4 km von der Autofähre entfernt (S. 203).

LP Tipp Tree House (☎ 09-405 5855; www.treehouse.co.nz; 168 West Coast Rd; Stellplatz 18 NZ$/Pers., B 30–38 NZ$; EZ/DZ 66/76 NZ$) ist eine fantastische Unterkunft mit hilfsbereiten Gastgebern und hell gestrichenen, kleinen Cottages inmitten exotischer Obst- und Nussbäume. Die Oase ist 2 km vom Fähranleger entfernt (gleich nach Verlassen der Fähre scharf links abbiegen). Man kann in einem alten Schulbus übernachten (26–40 NZ$/Pers.), durch einen Macadamiahain spazieren oder einfach nur im Gemeinschaftsraum in den weichen Sitzkissen träumen.

Waterline Cafe (☎ 09-405 5552; Gerichte 8–18 NZ$; ☾ tgl. morgens & mittags, Fr & Sa abends) serviert in einem Gebäude, das über das Wasser hinausragt, ausgezeichnetes Essen, u. a. interessante Pizza- und Burgervarianten. Die Stühle sehen aus, als hätte man sie aus einer alten Schule mitgehen lassen, und in die Tische sind Zeitungsartikel über die Stadt eingearbeitet.

Eines ist sicher, die Käser der **Waitawa Farm** (Karte S. 192; ☎ 09-409 5809; www.farmstaynz.co.nz; 164 Pukemiro Rd, Broadwood; EZ 60 NZ$, DZ 70–80 NZ$) verstehen ihren Job. Die bewirtschaftete Milch- und Schafsfarm bietet Unterkünfte und Kurse zur Käseherstellung (4–6 Pers. 250 NZ$).

Es gibt keinen regelmäßigen Busverkehr, aber vielleicht lässt sich arrangieren, dass man aus dem Tourbus von Crossings Hokianga (S. 180), der aus Paihia kommt, hier aussteigt und erst später weiterfährt; vorher telefonisch nachfragen. Von Kohukohu kommt man mit der Autofähre nach Rawene (S. 203).

Mitimiti
Die winzige Gemeinde Mitimiti, die aus nur 30 Familien besteht und noch nicht einmal einen einzigen Laden besitzt, hat den wunderschönen, rauen, 20 km langen Küstenstreifen zwischen Hokianga Harbour und Whangape Harbour ganz für sich allein. Die 40 km lange Fahrt von Kohukohu über Panguru (14 km der Strecke sind nicht befestigt) ist wahrhaft ein Erlebnis: Hier heißt es Kühen, Schafen, Schlaglöchern und Kindern ausweichen.

Etwa auf halber Strecke sollte man einen kleinen Abstecher zur **St. Mary's Church** (Motuti Rd) machen, unter deren Altar Neuseelands erster katholischer Bischof begraben ist. Jean Baptiste Pompallier kam 1838 nach Hokianga und hielt in Totara Point die erste Messe Neuseelands ab. Nach einer emotionsgeladenen 14-wöchigen Pilgerfahrt 2002 mit vielen Maorizeremonien, auf der seine Überreste aus Frankreich hergebracht wurden, fand er hier seine letzte Ruhestätte.

Sandtrails Hokianga (☎ 09-409 5035; www.sandtrailshokianga.co.nz; 32 Paparangi Dr) bietet einen Einblick in Mitimitis eingeschworene Maorigemeinde und eine zweistündige Sandscapes-Buggytour durch die Dünen. Sie führt 12 km am Strand entlang zu den Riesendünen, die die Nordspitze des Naturhafens bilden (Erw./Kind 135/60 NZ$). Es gibt aber auch individuell zugeschnittene Touren mit Übernachtung im Haus des Tourguides (Erw. 395 NZ$).

Das **Mitimiti Beach House** (☎ 09-409 5347; www.beach-house.co.nz; 3881 West Coast Rd; EZ/DZ/3BZ/4BZ 100/130/150/180 NZ$; 🖳) ist ein Selbstversorger-Bach mit drei Schlafzimmern, in denen bis zu acht Personen Platz haben (jede weitere Pers. 25 NZ$) – ein guter Ausgangspunkt, um den meistens verlassenen Strand zu erkunden.

RAWENE
440 Ew.

Das kurz nach Horeke gegründete Rawene war Neuseelands dritte europäische Siedlung. Hier stehen noch immer überraschend viele historische Gebäude (u. a. 6 Kirchen) aus einer Zeit, als in dem Naturhafen noch bedeutend mehr los war als heute. Geldautomaten oder Banken gibt's nicht, aber eine Tankstelle.

Ein Heritage Trail mit Infotafeln führt an den Hauptsehenswürdigkeiten vorbei. Das **Clendon House** (☎ 09-405 7874; www.historic.org.nz; Clendon Esplanade; Erw./Kind 5/2,50 NZ$; ☻ Nov.–April Sa–Mo 10–16 Uhr, Mai–Okt. Mo & Di 10–16 Uhr) wurde in den betriebsamen 1860er-Jahren von James Clendon, einem Händler, Schiffseigner und Magistrat, gebaut. Nach seinem Tod stand über 34 Jahre alte Witwe Jane, eine Halbmaori, mit einem Haufen Kindern und kolossalen 5000 £ Schulden allein da. Es ist ihr gelungen, die Schulden zu begleichen, und ihre Nachfahren wohnten bis 1972 in dem Haus. Dann ging es in den Historic Places Trust über.

Im skurrilen **Outpost Hokianga** (☎ 09-405 7423; 5 Parnell St) gibt's einheimische Kunst, Kunsthandwerk, Kleidung, Musik, Kosmetika sowie neue und gebrauchte Bücher. Auf der gegenüberliegenden Straßenseite verkauft die **Hokianga Art Gallery** (☎ 09-405 7899; hokiangaartgallery@hotmail.com; 2 Parnell St; ☻ Mi–So 10–15 Uhr) interessante zeitgenössische Kunst, vorwiegend von Künstlern aus der Gegend.

Schlafen

Rawene Motor Camp (☎ 09-405 7720; www.rawenemotorcamp.co.nz; 1 Marmon St; Stellplatz Erw./Kind 14/7 NZ$, B 18 NZ$, Hütte 40–80 NZ$;) Die Zeltstellplätze in diesem gepflegten Wohnwagenpark verstecken sich im Busch. Die Hütten sind einfach; eine wurde in einen Schlafsaal für Backpacker umgebaut. Bettzeug kostet extra.

Postmaster's Lodgings (☎ 09-405 7676; www.thepostmasterslodgings.co.nz; 3 Parnell St; DZ 100–120 NZ$, 3BZ 125–145 NZ$;) Gemütliche Zimmer mit hohen Decken, Himmelbetten, Ledersofas und Rundumveranda tragen zum Alte-Welt-Charme dieser schönen Kaurivilla bei.

Hokianga Blue (☎ 09-405 7675; wicked1s@xtra.co.nz; 49 Parnell St; DZ/3BZ 110/135 NZ$) Wohnstudio mit kleiner Küche und Blick aufs Wasser, gelegen an der Hauptstraße, die in die Stadt führt.

Old Lane's Store Homestay (☎ 09-405 7554; 9 Clendon Esplanade; Zi. 120 NZ$) Hier kann man direkt am Naturhafen über dem historischen Laden in einem Apartment für Selbstversorger übernachten. Wer auf der Suche nach einem schicken Cocktailkleid ist, wird unten im Laden des Besitzers bestimmt fündig.

Essen & Ausgehen

Wardy's (☎ 09-405 7717; 12 Parnell St; ☻ Mo–Fr 11–18.30, Sa & So 11–14 Uhr) Hier kann man (hauptsächlich) seinen Vorrat an Bio-Obst und -Gemüse sowie an Fleischwaren aufstocken.

Boatshed Cafe (☎ 09-405 7728; 8 Clendon Esplanade; Hauptgerichte 6–17 NZ$; ☻ 8.30–16 Uhr) In diesem ausgezeichneten Café speist man mit Blick aufs Wasser. Es ist ein nettes Plätzchen mit gutem Essen und einem Souvenirladen.

Masonic Hotel (☎ 09-405 7822; 8 Parnell St) Der Pub des Ortes. Hier gibt's gelegentlich Country-und Western-Musik live.

An- & Weiterreise

Die **Autofähre** (☎ 09-405 2602; Auto & Fahrer einfach/hin & zurück 14/19 NZ$, Passagier 2/4 NZ$; ☻ 7.30–19.30 Uhr) fährt ins nördliche Hokianga und legt in der Nähe von Kohukohu mindestens einmal pro Stunde an. Die Fahrkarte für die 15-minütige Überfahrt kann man an Bord kaufen. Normalerweise fährt die Fähre in Rawene immer zur halben und an der Nordseite zur vollen Stunde ab. Einen regelmäßigen Busverkehr gibt es nicht, aber Magic Travellers Network (S. 188) und Crossings Hokianga (S. 180) fahren mit Touristenbussen hierher.

OPONONI & OMAPERE
500 Ew.

Die ruhigen Siedlungen am Südende von Hokianga Harbour sind mehr oder weniger verbunden. Das Wasser ist hier viel klarer, und man kann prima baden. Der Ausblick ist von den riesigen Sanddünen auf der anderen Uferseite am **North Head** geprägt.

Das **Hokianga i-SITE** (☎ 09-405 8869; hokianga@visitnorthland.co.nz; SH12, Opononi; ☻ 9–17.30 Uhr) hat Internetzugang.

Aktivitäten

Der **Hokianga Kai Iwi Coastal Track** führt vom **Arai-Te-Uru Recreation Reserve** (Signal Station Rd) am South Head des Hokianga Harbour aus die Küste entlang nach Süden. Man läuft drei Stunden zum Kaikai Beach, sechs Stunden nach Kawerua und zwölf Stunden zur Ausfahrt Kerr Rd – oder man wandert die gesamten 15 Stunden (verteilt auf 3 Tage) bis zu den Kai Iwi Lakes. Wanderer müssen genug Wasser und Essen mitnehmen und die größeren Flüsse innerhalb von zwei Stunden vor oder nach der Ebbe überqueren. Normalerweise ist es möglich, am Strand zu campen. Das DOC empfiehlt, sich bei ihm zu melden, bevor es losgeht, vor allem um sich über die Flussüberquerungen zu informieren.

Von der Cemetery Rd am Ostrand von Opononi führt ein halbstündiger Anstieg hinauf zum **Mt. Whiria**, einer *pa*–Stätte mit Blick über den Naturhafen.

2 km östlich von Opononi führt die Waiotemarama Gorge Rd über 6 km gen Süden zum **Waiotemarama Waterfall Loop Walk**, der Kauribäume und einen pittoresken Wasserfall passiert. Wenn man auf dem Rundweg oben angekommen ist, kann man einen Umweg über den Hauturu Highpoint Track machen, der zum Mt. Hauturu (679 m) hinauf führt. Auf den Gipfel hinauf und wieder hinunter braucht man je fünf Stunden. An der Straße zu den Wanderwegen liegt das **Labyrinth Woodworks** (☎ 09-405 4581; 647 Waiotemarama Gorge Rd; www.nzanity.co.nz; Irrgarten 4 NZ$; ✆ 9–17 Uhr), eine wahre Höhle Aladins mit handgemachten Geschicklichkeits- und anderen Spielen. Den Code im Irrgarten knackt man, indem man Buchstaben sammelt und daraus das richtige Wort bildet.

Am **Six Foot Track** am Ende der Mountain Rd liegen Zugänge zu vielen Wanderwegen im Waima Forest.

Geführte Touren

Der **Hokianga Express** (☎ 09-405 8872; Erw./Kind 25/15 NZ$) startet am Opononi Jetty und fährt durch den Naturhafen zu den großen, goldfarbenen Sanddünen, wo man auf einer 30 m langen Piste sandboarden und dann übers Wasser gleiten kann. Bei ausreichender Nachfrage fahren die Boote zur vollen Stunde los; Boards werden zur Verfügung gestellt.

Sandtrails Hokianga (☎ 09-409 5035; www.sandtrailshokianga.co.nz; 32 Paparangi Dr, Mitimiti) sammelt Gäste in Opononi ein, um wo es im Dünenbuggy nach Mitimiti (3¾ Std., Erw./Kind 220/105 NZ$) geht. Es gibt auch eine 70-minütige Sandsecrets-Tour (Erw./Kind 110/55 NZ$). Der Hokianga Express ist jeweils inklusive.

Footprints Waipoua (☎ 0800 687 836; www.footprintswaipoua.co.nz; Erw./Kind 95/35 NZ$) Vierstündige Tour in der Dämmerung mit Maoriführern durch den Waipoua Kauri Forest (S. 205) – eine wirklich tolle Einführung in die Maorikultur. Es werden Stammesgeschichte und -geschichten erzählt, und vor den gigantischen Bäumen wird eine hypnotisierende *karakia* gesprochen. Es gibt auch eine kürzere (kinderfreundliche) Version (90 Min., Erw./Kind 70/35 NZ$) und geführte Touren bei Tag – Treffpunkt ist der Parkplatz Tane Mahuta (25 NZ$).

Schlafen & Essen

In jedem dieser nebeneinander liegenden Dörfer gibt's einen Laden und Take-aways.

OPONONI

Okopako Lodge Farm Hostel (☎ /Fax 09-405 8815; 140 Mountain Rd; Stellplatz Erw./Kind 12/5 NZ$, B/EZ/DZ 25/42/54 NZ$) Hoch oben im Busch, 5 km östlich von Opononi, liegt diese einfache, ruhige Unterkunft, die bei Wanderern recht beliebt ist (hier beginnt der Six Foot Track). Das Hostel ist über eine 1,5 km lange Schotterstraße zu erreichen. Zum Zeitpunkt der Recherche stand es zum Verkauf, also besser vorher anrufen.

Opononi Hotel (☎ 09-405 8858; www.opononihotel.com; SH12; EZ 114 NZ$, DZ 114–129 NZ$, 3BZ 134–150 NZ$, 4BZ 172 NZ$) Der alte Opononi Pub hat sich in eine elegante Unterkunft verwandelt. Die Zimmer sind nicht riesig, aber der weiße Anstrich und die Einrichtung aus hellem Holz verleihen ihnen etwas Chic. Am besten versucht man, eines der beiden vorderen Zimmer zu bekommen – sie sind etwas größer und haben den besseren Ausblick. Ansonsten sollte man die nehmen, die am weitesten von dem coolen Pub (geöffnet 9 Uhr–open end) entfernt sind. Hier gibt's übrigens auch das beste Essen der Gegend (Gerichte 18–26 NZ$).

Opononi Lighthouse Motel (☎ 09-405 8824; www.lighthousemotel.co.nz; SH12; DZ/3BZ/4BZ 140/165/195 NZ$; 🖳) Das extrem saubere, frisch renovierte Motel hat sehr gemütliche Wohneinheiten am Naturhafen, einen tollen Grillplatz, einen Whirlpool sowie im Vorgarten einen kitschigen Leuchtturm und einen Wasserfall.

OMAPERE

GlobeTrekkers Lodge (☎ 09-405 8183; www.globetrekkerslodge.com; SH12; B/DZ 26/60 NZ$, FZ 76–96 NZ$; 🖳) Nette, gemütliche Lodge in idealer Lage, was den Zugang zu den vielen Aktivitäten der Gegend betrifft. Man kann hier aber auch einfach nur relaxen und es sich mal so richtig gutgehen lassen.

Ti Kouka B&B (☎ 09-405 8622; tikouka@xtra.co.nz; 68 Signal Station Rd; Zi. 100 NZ$) In diesem Haus auf einem Hügel mit fantastischem Blick schläft man nachts in rotem Satin. Die Zimmer gehen zu einem schönen Garten hinaus.

Hokianga Haven B&B (☎ 09-405 8285; www.hokiangahaven.co.nz; 226 SH12; Zi. 160 NZ$) Das moderne Haus an der Bucht mit echter Kiwi-Kunst an den Wänden bietet geräumige Zimmer und einen traumhaften Blick auf die Sanddünen. Man kann Heilanwendungen buchen.

Copthorne Hotel & Resort (☎ 09-405 8737; www.omapere.co.nz; SH12; DZ 169–350 NZ$, 3BZ 204–385 NZ$; 🛜 🖳) Trotz der Tatsache, dass diese großartige, original viktorianische Villa durch viel Aluminium verschandelt wurde, ist dieses Gebäude am Wasser ein herrlicher Platz für einen Sommerdrink oder einen Snack (13–30 NZ$). In dem modernen Flügel gibt's nette Wohneinheiten, von denen die teureren Terrassen und Meerblick haben.

An- & Weiterreise

Nach Opononi fahren keine öffentlichen Verkehrsmittel. Eine Option wären aber Magic Travellers Network (S. 188) und Crossings Hokianga (S. 180).

KAURI COAST

Außer vom Fluss und der sonderbaren Klippe wird die unerschlossene Küste auf den 110 km zwischen Hokianga Harbour und Kaipara Harbour durch nichts unterbrochen. Hierher kommt man vor allem, um die Kauriwälder zu bewundern, eines der großen Naturhighlights von Neuseeland. Wer gan ganz dicke Bäume knuddelt, ist hier goldrichtig – man bräuchte 8 m lange Arme, um die Burschen zu umarmen!

VON HOKIANGA NACH DARGAVILLE

Auf diesem Abschnitt ist am meisten los. Wer über Nacht bleiben will, muss sich seine Verpflegung mitbringen, denn es gibt nur wenige Geschäfte und Restaurants zwischen Opononi und Dargaville und keine Geldautomaten. Wanderer sollten sich die DOC-Website (www.doc.govt.nz) mit den Wanderwegen in dieser Gegend anschauen; s. auch Hokianga Kai Iwi Coastal Track (S. 203).

Waipoua Kauri Forest

Das Highlight von Northlands Westküste ist dieser fantastische Wald, der 1952 aufgrund des starken Drucks der Öffentlichkeit unter Naturschutz gestellt wurde. Es ist der größte Rest der einst riesigen Kauriwälder im Norden Neuseelands. Die Straße durch den Wald (SH12) ist 18 km lang und führt an ein paar riesigen Bäumen vorbei – ein Kauri kann 60 m hoch werden und einen Stamm mit einem Durchmesser von bis zu 5 m haben!

Die Aufsicht über den Park wurde vor Kurzem als Teil der Wiedergutmachung der Verletzungen des Vertrags von Waitangi an den Te-Roroa-*iwi* (Stamm) zurückgegeben. Der *iwi* betreibt auch das **Waipoua Forest Visitor Cen**tre (☎ 09-439 6445; www.teroroa.iwi.nz; 1 Waipoua River Rd; ☼ Sommer 9–18.30 Uhr, Winter 9–16.30 Uhr) und den Campingplatz am Südende des Parks.

SEHENSWERTES & AKTIVITÄTEN

Am Nordende des Parks, nicht weit von der Straße entfernt, steht der mächtige **Tane Mahuta**, der nach dem Waldgott der Maori benannt ist. Mit 51 m Höhe, einem Umfang von 13,8 m und einer Holzmasse von 244,5 m^3 ist er der größte lebende Kauri. Man kommt hier nicht einfach mal vorbei und guckt, vielmehr ist es, als ob einem eine Audienz bei seiner stillen Präsenz gewährt wird. Er hält hier seit 1200 bis 2000 Jahren Hof.

Etwas weiter südlich führt eine kurze Straße zum Parkplatz der Kauri Walks. Einbrüche in Autos waren hier ein Problem, deshalb ist der Parkplatz jetzt bewacht (eine Spende von 2 NZ$ wird empfohlen).

Von hier aus führt eine 20-minütige Wanderung (einfache Strecke) zum **Te Matua Ngahere** („Vater des Waldes"). Auch die hartnäckigsten Baumumarmer würden nicht auf die Idee kommen, hinzulaufen, die Arme um ihn zu legen und ihn „Papa" zu nennen, selbst wenn kein Zaun da wäre. Mit seinen 30 m ist er zwar kleiner als der Tane Mahuta, hat aber dieselbe erhabene Präsenz, die durch seinen enormen Umfang noch unterstützt wird – mit 16,4 m ist er der beleibteste lebende Kauri. Er wacht über eine Lichtung umgeben von ausgewachsenen Bäumen, die im Vergleich zu ihm wie Streichhölzer aussehen.

In der Nähe befinden sich auch die **Four Sisters**, ein Hain mit vier hohen, grazilen Bäumen, die am Stamm zusammengewachsen sind. 40 Wanderminuten entfernt begegnet man **Yakas**, dem siebtgrößten Kauri.

Am äußersten südlichen Ende gibt's eine Abzweigung zu einem **Aussichtspunkt**, der einen spektakulären Blick bietet. Der zehnminütige **Toatoa Viewpoint Walk** ist 1 km weiter zu finden.

SCHLAFEN & ESSEN

Waipoua Forest Campground (☎ 09-439 6445; www.teroroa.iwi.nz; 1 Waipoua River Rd; Stellplatz Erw./Kind 14/7 NZ$, Hütte EZ/2BZ/3BZ/4BZ 15/50/60/80 NZ$, Haus 175 NZ$) Dieser ruhige Campingplatz am Waipoua River neben dem Besucherzentrum bietet warme Duschen, Toiletten mit Wasserspülung und eine Küche. Die Hütten sind DOC-typisch, d. h. spartanisch eingerichtet, und die Betten haben nur Matratzen. Wer kein eigenes Bettzeug hat, kann es sich leihen.

Waipoua Lodge B&B (☎ 09-439 0422; www.waipoua lodge.co.nz; SH12; Zi. inkl. Frühstück 570–590 NZ$; ☞) Diese schöne alte Villa am Südrand des Waldes hat vier luxuriöse, geräumige Suiten, die früher einmal Ställe, Wolllager und Kälberpferche waren. Es gibt ein fürstliches Abendessen (90 NZ$).

Morrell's Cafe (☎ 09-405 4545; 7235 SH12, Waimamaku; Hauptgerichte 8–14 NZ$; ☺ 9–16 Uhr) Hier sind wahrscheinlich die Hippies von Hokianga einst gestrandet. Das hellgelbe Café mit Kunsthandwerksladen serviert leckere Snacks in einer ehemaligen Käsefabrik am Nordrand des Waldes.

Trounson Kauri Park

Im 450 ha großen Trounson Kauri Park gibt's einen einfachen halbstündigen Rundweg, der am Picknickplatz an der Straße beginnt. Er führt durch einen schönen Wald mit Flüssen, einigen Kaurihainen, ein paar umgefallenen Bäumen und weiteren Four Sisters (zwei Baumpaare mit zusammengewachsenen Stämmen). Das DOC betreibt am Parkrand einen **Campingplatz** (Stellplatz Erw./Kind 10/5 NZ$) mit Gemeinschaftsküche und warmen Duschen.

Nur 2 km vom SH12 befindet sich der **Kauri Coast Top 10 Holiday Park** (☎ 09-439 0621; www. kauricoasttop10.co.nz; Trounson Park Rd; Stellplatz/Pers. 25 NZ$, Wohneinheit 70–180 NZ$; 🖳), ein guter Campingplatz am Fluss mit ordentlichen Einrichtungen und einem kleinen Laden. Hier werden auch geführte **Nachtwanderungen** (Erw./Kind 20/12 NZ$) organisiert, auf denen die Flora und die nächtlichen Aktivitäten der hier lebenden Tiere erklärt werden. Man bekommt die seltene Gelegenheit, einen Kiwi in Freiheit zu sehen. Trounson hat ein Raubtierausrottungsprogramm und wurde so zu einem Zufluchtsort für bedrohte einheimische Vögel. Die Chancen, zumindest einen Kuckuckskauz (neuseeländische Eule) oder einen Streifenkiwi zu hören, stehen also gut.

Wenn man von Norden kommt, ist es einfacher, die zweite Abzweigung bei Kaihu zum Park zu nehmen; so umgeht man die holprige, unbefestigte Straße.

Kai Iwi Lakes

Diese drei Süßwasserseen voller Forellen liegen in Küstennähe, 12 km vom SH12 entfernt. Der größte, Taharoa, hat blaues Wasser und ist von sandigen Abschnitten und Kiefern umgeben. Der Lake Waikere ist bei Wasserskifahrern beliebt. Relativ unberührt ist der Lake Kai Iwi. Ein halbstündiger Spaziergang führt von den Seen zur Küste, nach weiteren zwei Stunden erreicht man dann den Fuß des vulkanischen Maunganui Bluff (460 m). Der Marsch zum Gipfel und wieder hinunter dauert fünf Stunden.

Campen (☎ 09-439 0986; lakes@kaipara.govt.nz; Erw./ Kind 10/5 NZ$) ist zwischen den Kiefern am Rand des Lake Taharoa erlaubt; kalte Duschen, Trinkwasser und Toiletten mit Wasserspülung sind vorhanden.

Baylys Beach

Baylys Beach, ein Dorf mit farbenfrohen Bachs und einigen neuen Ferienhäusern, liegt 12 km von Dargaville entfernt am SH12. Es ist am 100 km langen Ripiro Ocean Beach zu finden, einem Küstenabschnitt mit starker Brandung und vielen Schiffswracks. Der Strand ist ein ausgewiesener Highway: Bei Ebbe kann man über den festen Sand fahren – allerdings ist das eher etwas für Allradwagen. Obwohl es der längste befahrbare Strand Neuseelands ist, ist er weniger bekannt und folglich auch weniger überlaufen als der Ninety Mile Beach. Die Einheimischen kennen sich mit den Gegebenheiten gut aus. Bevor man sich mit dem Auto ins Sandabenteuer stürzt, unbedingt den Mietwagenvertrag genau durchlesen. Quads können am Holiday Park gemietet werden.

Es ist verrückt: Das **Skydome Observatory** (☎ 09-439 1856; www.skydome.org.nz; 28 Seaview Rd; Sterne gucken 20–40 NZ$) ist ein großes, technologisch fortschrittliches Teleskop und steht einfach im Vorgarten eines normalen Hauses. Wer durchgucken will, muss vorher anrufen.

Der mittelgroße Campingplatz **Baylys Beach Holiday Park** (☎ 09-439 6349; www.baylysbeach.co.nz; 24 Seaview Rd; Stellplatz Erw./Kind 15/8 NZ$, Hütte 50–110 NZ$, Wohneinheit 90–180 NZ$; 🖳) hat nette Betreiber und gute Einrichtungen. Man kann auch Quads mieten (75–95 NZ$/Std.).

Wer Sonnenuntergänge mit einem Sundowner in der Hand toll findet, ist in der **Sunset View Lodge** (☎ 09-439 4342; www.sunsetview lodge.co.nz; Alcemene Lane; Zi. 150–175 NZ$; 🖳 🐾), einem großen, modernen B & B, genau richtig. Von den Zimmern in der oberen Etage hat man einen fantastischen Blick aufs Meer. Außerdem gibt's eine Selbstbedienungsbar, die Büchse zum Bezahlen steht in der Lounge.

Das **Sharky's** (☎ 09-439 4549; 1 Seaview Rd; Gerichte 6–17 NZ$; ☺ morgens, mittags & abends) ist eine praktische Kombination aus Getränke- und Lebensmittelladen, Bar und Take-away. Hier bekommt man schnelle Snacks und ganztägig Frühstück.

Funky Fish (☎ 09-439 8883; 34 Seaview Rd; Mittagessen 11–16 NZ$, Abendessen 18–30 NZ$; ☷ Di–So 11 Uhr–open end) ist ein äußerst beliebtes Restaurant mit Café und Bar mit bunten Wandgemälden und Mosaiken. Die Fischgerichte auf der langen Karte sind der Renner. Im Sommer reservieren.

Eine Taxifahrt von Dargaville nach Baylys Beach kostet um die 25 NZ$.

DARGAVILLE

4500 Ew.

Von einer Stadt, die sich selbst als „Kumara Capital of NZ" (hier werden zwei Drittel der Süßkartoffeln des Landes erzeugt) bezeichnet, ist nicht allzuviel zu erwarten. Der 1872 von Holzhändler Joseph Dargaville gegründete Ort war früher ein bedeutender Flusshafen und erblühte durch den Export von Kauriholz und Gummi. Als die Wälder immer spärlicher wurden, verfiel Dargaville; heute ist es nur noch ein ruhiger Ort, der Northern Wairoa mit landwirtschaftlichen Produkten versorgt.

Praktische Informationen

DOC Kauri Coast Area Office (☎ 09-439 3450; 150 Colville Rd; ☷ Mo–Fr 8–16.30 Uhr)

Post (80 Victoria St)

Visitor Information Centre (☎ 09-439 8360; www. kauriinfocentre.co.nz; 4 Murdoch St; ☷ 9–18 Uhr; ☇) Betreibt das interessante Woodturners Kauri Gallery & Working Studio. Buchung von Unterkünften und Touren.

Sehenswertes & Aktivitäten

Das oben auf einem Hügel gelegene **Dargaville Museum** (☎ 09-439 7555; www.dargavillemuseum.co.nz; Erw./Kind 10/2 NZ$; ☷ 9–16 Uhr) ist interessanter als die meisten anderen Museen. Es beherbergt eine große Gumdigger-Ausstellung, eine maritime, eine Maori- und eine Musikinstrumentenabteilung sowie eine interessante Modelleisenbahn. Die Masten der *Rainbow Warrior* (s. Kasten S. 193) stehen draußen an einem Aussichtspunkt in der Nähe einer *pa*-Stätte.

Im Zentrum bieten die **Taha Awa Riverside Gardens** Cooles für Kids, u. a. einen Spielplatz in Form eines großen Schiffes und einen Walkiefer, einen Farngarten und Sumpf-, Küsten- und Duftgärten. Hier beginnt auch der 5 km lange Rundwanderweg **Historic River Walk**. Man sollte sich vom Informationszentrum eine Broschüre holen und den gelben Schildern bis zum Museum folgen.

Wer mehr über den harten Weg dieser Region zum Ruhm erfahren möchte, kann sich die überraschend unterhaltsame Show Kumara Ernie in der **Kumara Box** (☎ 09-439 1813; www. kumarabox.co.nz; 503 Pouto Rd; geführte Touren 15 NZ$, Reservierung erforderlich) anschauen.

Schlafen & Essen

Greenhouse Backpackers (☎ 09-439 6342; greenhouse backpackers@ihug.co.nz; 15 Gordon St; B/DZ 23/56 NZ$; ☐ ☇) In dieser umgebauten Schule von 1921 wurden die Klassenzimmer in große Schlafsäle umgewandelt. Hinten im Garten befinden sich gemütliche Wohneinheiten. Auch bunte Wandgemälde gibt es – genau wie in einer Schule.

McLeans B&B (☎ 09-439 5915; mcleans@igrin.co.nz; 136 Hokianga Rd; EZ/DZ 50/90 NZ$) Im Obergeschoss dieses geräumigen Hauses von 1934 teilen sich die Gäste einen großen Aufenthaltsraum. Die Zimmer schmücken antike Tafeln, auf den Betten liegen Rüschendecken. Die freundlichen Gastgeber versorgen einen mit Frühstück, allem, was man zum Teekochen braucht und leckeren Keksen.

Blah, Blah, Blah ... (☎ 09-439 6300; 101 Victoria St; Frühstück 6–20 NZ$, Mittagessen 8–28 NZ$, Abendessen 20–28 NZ$; ☷ tgl. morgens & mittags, Di–Sa abends) Die Nr. 1 in Dargaville (o. k., das heißt nicht viel ...) bietet einen Garten, hippe Musik, fantastische Snacks, eine internationale Speisekarte (Dukkah, Nachos, Steaks) und Cocktails.

Für Selbstversorger gibt's den **Woolworths-Supermarkt** (129 Victoria St; ☷ 7–21 Uhr). Wer etwas Kühles braucht, kann dem erstaunlich authentischen neuseeländischen Pub im **Central Hotel** (☎ 09-439 8034; Ecke Victoria St & Edward St) einen Besuch abstatten.

An- & Weiterreise

Die Hauptbushaltestelle ist in der Kapia St. **Main Coachline** (☎ 09-278 8070; www.maincoachline. co.nz) fährt sechsmal pro Woche ab bzw. nach Auckland (48 NZ$, 3 Std.) über Matakohe (18 NZ$, 35 Min.). Ein privater Anbieter betreibt werktags den **Whangarei–Dargaville-Shuttle** (☎ 021 380 187; Fahrt 10 NZ$). Magic Travellers Network (S. 188) ist eine Option, wenn man aus Paihia, Rawene oder Opononi kommt und nach Matakohe oder Auckland will.

POUTO POINT

Südlich von Dargaville, zwischen der Tasmansee und dem Wairoa River, liegt eine schmale Landzunge, die abrupt am Eingang von

Kaipara Harbour, Neuseelands größtem Naturhafen, endet. Die Landzunge ist wahrlich abgelegen, hat Dutzende von kleinen Dünenseen und das einsame **Kaipara Lighthouse** (erbaut 1884 aus Kauriholz). Weniger als 10 km liegen zwischen der Nord- und der Südspitze von Kaipara Harbour, würde man aber von einem Ende zum anderen fahren wollen, müsste man 267 km zurücklegen.

Auf dem 71 km langen Strandabschnitt von Dargaville nach **Pouto Point** kann ein Allradwagen zeigen, wozu er gemacht ist. Die DOC-Broschüre *Pouto Hidden Treasures* enthält nützliche Hinweise für Fahrer und Tipps, wie man sowohl das Auto als auch das empfindliche Ökosystem schützen kann. Die Straße durchs Landesinnere ist ungefähr gleich lang, aber kurvenreich und teilweise unbefestigt. Wer nicht riskieren will, irgendwo steckenzubleiben, kann mit **Taylor Made Tours** (☎ 09-439 1576; www.taylormadetours.co.nz; geführte Touren 95 NZ$) eine geführte Tour unternehmen.

Lighthouse Lodge B&B (☎ 09-439 5150; www. lighthouse-lodge.co.nz; 6577 Pouto Rd; DZ 250 NZ$, Suite 350–450 NZ$; 🖳) Modernes Gebäude an einem entlegenen Ort mit hellen, schicken Zimmern, Veranden und Meerblick. Auf Wunsch werden Mahlzeiten und Touren organisiert.

MATAKOHE
400 Ew.

Matakohe ist ein niedliches Dorf an einem von Kaiparas zahlreichen Meeresarmen. Ein Magnet ist der ländliche Charme dieses Ortes. Den Hauptgrund, hierher zu kommen, findet man aber im erstklassigen **Kauri Museum** (☎ 09-431 7417; www.kaurimuseum.com; 5 Church Rd; Erw./Kind 15/3 NZ$; 🕘 9–17 Uhr). Die Querschnitte durch die gigantischen Bäume sind allein schon verblüffend, aber es gibt noch mehr zu sehen. Anhand von maßstabsgetreuen Nachbauten einer Sägemühle der ersten Pioniere, eines Wohnhauses, einer Gumdigger-Hütte und eines viktorianischen Hauses – komplett mit Fotos, Artefakten, herrlichen Möbeln und Intarsienarbeiten – bekommt man einen Eindruck in die gesamte Kauri-Industrie. Der Gum Room zeigt eine sonderbare, aber wunderschöne Sammlung von Kauriharz, dieser bernsteinartigen Substanz, die man schnitzen, kneten und wie einen Edelstein polieren kann. Im Museumsladen kann man Souvenirs aus Kauriholz und Gum kaufen.

Gegenüber dem Museum steht die kleine, aus Kauriholz gebaute **Matakohe Pioneer Church**

(1867), in der sowohl methodistische als auch anglikanische Messen abgehalten wurden und die auch als Gemeindesaal und Schule diente. Ganz in der Nähe ist außerdem eine historische **Schule** (1878) und eine ebensolche **Post/ Telefonvermittlung** (1909) zu besichtigen.

Schlafen & Essen

Matakohe Top 10 Holiday Park (☎ 09-431 6431; www. matakohetop10.co.nz; Church Rd; Stellplatz 19 NZ$/Pers., Hütte 50–87 NZ$, Wohneinheit 105–145 NZ$; 🖳) Hier gibt's wahrscheinlich den gemütlichsten Gemeinschaftsraum, den man auf einem Campingplatz nur finden kann. Dieser kleine Park bietet alle modernen Annehmlichkeiten, viel Platz und einen guten Blick auf den Kaipara Harbour.

Petite Provence (☎ 09-431 7552; www.petite provence.co.nz; 703c Tinopai Rd; EZ/DZ 110/150 NZ$) In diesem französisch angehauchten B & B übernachten an den Wochenenden gern Auckländer, sodass man im Voraus ein Zimmer buchen sollte. Ein ganz hervorragendes Abendessen kann für läppische 45 NZ$ pro Person arrangiert werden.

Matakohe House (☎ 09-431 7091; www.matakohe house.co.nz; 24 Church Rd; EZ/DZ 135/160 NZ$; 🖳) Dieses B & B, zu finden in der Nähe des Museums, ist in einer hübschen Villa mit angeschlossenem Café (Hauptgerichte 29–32 NZ$) zuhause. Seine einfach eingerichteten Zimmer gehen auf die Veranda hinaus. Kleine Aufmerksamkeiten wie kostenloser Portwein und Schokolade versüßen den Gästen ihren Aufenthalt.

Sahara (☎ 09-431 6833; Ecke Franklin Rd & Paparoa Valley Rd, Paparoa; Brunch 10–15 NZ$, Hauptgerichte 18–33 NZ$; 🕘 Do–So Brunch, mittags & abends) Nichts gegen die Küche oder das nordafrikanische Wüstenstyling, aber der deplatzierte Name ist nichts gegen die Überraschung, im kleinen Paparoa, 6 km östlich von Matakohe, ein so stylishes Restaurant vorzufinden. Das Sahara befindet sich in einem wunderschön restaurierten Bankgebäude und hat eine kleine, aber äußerst feine Speisekarte mit Schwerpunkt auf einheimischen Erzeugnissen.

An- & Weiterreise

Main Coachline (☎ 09-278 8070; www.maincoachline. co.nz) fährt sechsmal pro Woche ab bzw. nach Auckland (40 NZ$, 2½ Std.) und Dargaville (18 NZ$, 35 Min.). Einzelheiten zu den Preisen von Magic Travellers Network stehen auf S. 188.

Coromandel Peninsula

Die Coromandel Peninsula sieht ein bisschen so aus wie die Seitenansicht einer Hand mit ausgestrecktem Mittelfinger. Östlich von Auckland wagt sie sich kühn in den Pazifik hinaus. Ein dramatisch in die Höhe ragender Bergrücken teilt die Halbinsel in zwei sehr ungleiche Hälften.

An der Ostküste warten weißsandigen Strände. Wenn in Auckland die Läden zu Weihnachten und Silvester zumachen, findet man ihre Besitzer garantiert hier. Jachthäfen und Cafés sind für die Wohlhabenderen da, sonst sind sandbedeckte Zehen und Shorts an der Tagesordnung. Die kitschigen Goldgräberstädte im Westen bleiben vom schlimmsten Touristenandrang verschont, da die dortigen Feuchtgebiete und steinigen Buchten für die Massen eher unattraktiv sind. Lange diente dieser Küstenabschnitt Hippies als Refugium, inzwischen prägen Biobauernhöfe und Rückzugsorte für Buddhisten das Bild. Im Zentrum der Halbinsel durchziehen Wanderpfade die Berge. Und weiter im Süden, wo sich einst die sumpfigen Hauraki Plains mit einer großen Vogelvielfalt erstreckten, haben sich ökologische Nischen erhalten. Miranda ist hier der Urlaubsort für den aufgeplusterten Jetset und seine Bewunderer.

Trotz der Nähe zu Auckland ist man in der Region Coromandel schnell und einfach in herrlicher Abgeschiedenheit. Einige der abgelegeneren Gemeinden erreicht man immer noch nur über Schotterpisten. Und die Aura rauer Eigenwilligkeit verfolgt einen auf Schritt und Tritt.

COROMANDEL PENINSULA

HIGHLIGHTS

- In **Far North Coromandel** (S. 219) unter dem purpurroten Dach alter Pohutukawa-Bäume auf abgelegenen Schotterpisten fahren

- Am **Opoutere Beach** (S. 236), **Otama Beach** (S. 229) oder **Opito Beach** (S. 229) sein eigenes Stück unberührten Sand abstecken

- Mit dem Kajak von **Whitianga** (S. 229), **Hahei** (S. 233) oder **Coromandel Town** (S. 216) versteckte Inseln, Höhlen und Buchten erforschen

- Sich in einem frisch in den Sand des **Hot Water Beach** (S. 233) gegrabenen Pool den Hintern verbrühen

- In **Coromandel Town** (S. 218) geräucherte Muscheln schlemmen

- In die geheimnisvollen Tiefen der dichten Wälder des **Coromandel Forest Park** (S. 216) und der **Karangahake Gorge** (S. 240) vordringen

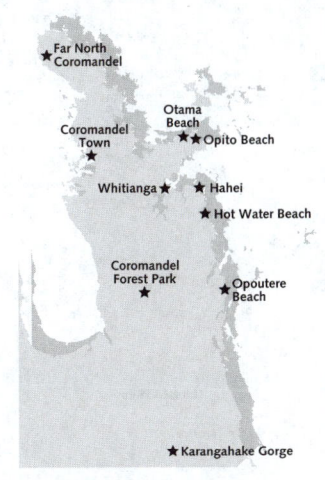

- Vorwahl: 07
- www.thecoromandel.com
- www.ew.govt.nz

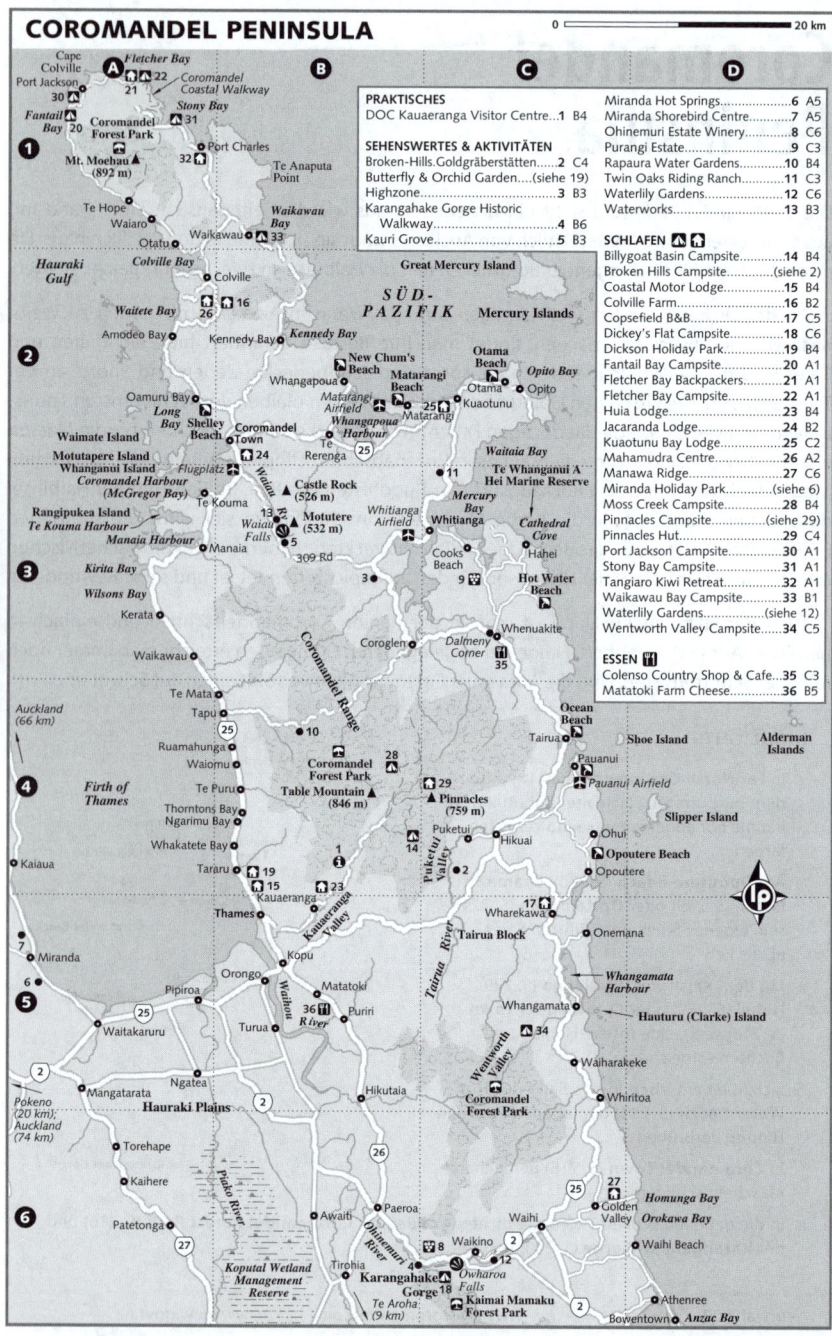

COROMANDEL PENINSULA

0 _____ 20 km

COROMANDEL PENINSULA

Geschichte

Die Maori bezeichneten die ganze Region einschließlich der Halbinsel, der Inseln und der beiden Küsten des Golfs als Hauraki. Verschiedene *iwi* (Stämme) beanspruchten Teile dieser Gegend, darunter der *Pare Hauraki*-Zweig der Tainui-Stämme oder Nachfahren der Te Arawa und früheren Migranten. Funde polynesischer Artefakte und Hinweise auf die Moa-Jagd lassen Rückschlüsse auf eine gut 1000 Jahre andauernde Besiedlung zu.

Die Hauraki-*iwi* gehörten zu den ersten, die mit europäischen Händlern in Berührung kamen. Anfangs sorgten die geografische Nähe der Region zu Auckland, sichere Anlegeplätze und reicher Nachschub an wertvollem Bauholz für den Wirtschaftsboom. Das Abholzen der Kauribäume auf der Halbinsel war ein Riesengeschäft. Mit dem Holzhandel verbunden war der Schiffsbau, der seine Anfänge im Jahr 1832 nahm, als an der Mercury Bay eine Fabrik gebaut wurde. Doch die Zeiten wurden rauer, als der Kauri-Bestand an der Küste erst einmal ausgedünnt war und die Holzfäller zur Nutzholzgewinnung tiefer in den Busch vordringen mussten. Man baute Kauri-Dämme, um mithilfe von Wasserkraft die riesigen Baumstämme zur Küste befördern zu können. Und nachdem schließlich in den 1930er-Jahren kein Kauri-Baum mehr übrig geblieben war, wurde der Industriezweig vollends stillgelegt.

Der erste Goldfund Neuseelands in der Nähe von Coromandel Town datiert aus dem Jahr 1852. Obwohl dieser erste Goldrausch kurzlebig war, machte man rund um Thames 1867 weitere Funde, später auch an anderen Orten. Die Halbinsel ist auch reich an Halbedelsteinen wie Quarz, Achat, Amethyst und Jaspis. Das Schürfen an einem beliebigen Strand der Westküste kann sich also lohnen.

Trotz jahrzehntelanger, erfolgreicher Beziehungen zu den Europäern waren die Hauraki-*iwi* von der Kolonialisierung mit am härtesten betroffen. Skrupellose Geschäfte von Siedlern und der Regierung mit dem Ziel, Zugang zu den wertvollen Ressourcen zu erlangen, führten dazu, dass die Maori in den 1880er-Jahren den Großteil ihres Landbesitzes einbüßten. Selbst heute ist die Präsenz der Maori auf der Halbinsel deutlich geringer ausgeprägt als in benachbarten Gegenden.

Klima

Aufgrund ihrer Gebirgslage fällt in der Region mehr Niederschlag – 3000 bis 4500 mm jährlich – als an der übrigen Ostküste.

Anreise & Unterwegs vor Ort

Man braucht ein Auto, um in die abgelegeneren Gegenden zu gelangen, sollte aber die Mietkonditionen sorgfältig prüfen, da es eine Menge Schotterpisten und einige Furten zu meistern gilt. Die meisten Straßen und Wege sind allerdings gut in Schuss, sodass man selbst mit einem Kleinwagen keine Probleme bekommen sollte – es sei denn, es hat zuvor stark geregnet.

Busse verkehren täglich auf der Route von Auckland nach Tauranga; sie kommen dabei auch durch Thames und Waihi. Andere wiederum drehen ihre Runden zwischen Coromandel Town, Whitianga und Tairua.

Auf jeden Fall lohnend ist die wunderschöne Schifffahrt von Auckland über Waiheke Island nach Coromandel Town (s. S. 219).

MIRANDA

Die Siedlung mit dem hübschen Namen in der Sumpflandschaft am Firth of Thames befindet sich nur eine Autostunde von Auckland entfernt. Es gibt zwei Gründe, sie zu besuchen: Man kann in den Thermalbädern herumplanschen und Vögel beobachten – beides gleichzeitig könnte aber als unhöflich angesehen werden.

Dieses Fleckchen Erde ist das ganze Jahr über einer der am einfachsten zugänglichen Regionen Neuseelands, um Sumpf- oder Watvögel zu beobachten. In der riesigen Wattlandschaft wimmelt es nur so von Ringelwürmern und Krustentieren, die im Winter Tausende

---

MAORI: COROMANDEL PENINSULA

Trotz ihrer langen und glanzvollen Maori-Vergangenheit bietet die Halbinsel Coromandel kaum Möglichkeiten, sich mit der Kultur der Ureinwohner zu beschäftigen. Viel mehr im Vordergrund stehen die Pioniere, die hier Gold suchten und Kauribäume fällten. Langsam allerdings verschiebt sich das Interesse.

Verstreut in der Gegend liegen die Stätten historischer *pas* (Wehrdörfer), von denen die bei Paku (S. 235) am leichtesten zugänglich ist. Weitere Stätten finden sich am Opito Beach (S. 229), bei Hahei (S. 233) und am Hot Water Beach (S. 233).

KURZINFOS
COROMANDEL PENINSULA

Essen Eimerweise Muscheln beim Scallop Festival in Whitianga (S. 231)

Trinken Abgekochtes Wasser auf einem Camping-platz im Gebirge

Lesen *The Penguin History of New Zealand* (2003) des verstorbenen Michael King, der in Opoutere lebte

Hören Kiwibands der Spitzenklasse beim Coro-mandel Gold New Year's Eve Festival (S. 231)

Beobachten Die Vögel im Firth of Thames (S. 211)

Schwimmen An irgendeinem der wunderschö-nen Strände an der Ostküste der Halbinsel

Festival Das Pohutukawa Festival (www.pohutu kawafestival.co.nz) erfasst die gesamte Halbinsel

Schrägste Touristenattraktion Die Muschelkopf-Musikkapelle beim Scallop Festival in Whitianga (S. 231)

Grünes Gewissen Zeuge der Wiederaufforstung am Driving Creek Railway (S. 217) werden

in der Arktis nistende Watvögel anlocken – man hat hier 43 verschiedene Watvogelarten gesichtet. Die beiden wichtigsten sind die Pfuhlschnepfe und der Knuttstrandläufer, aber auch Steinwälzer, Flussuferläufer und der eigentümliche, umherstolzierende Rotkehl-Strandläufer sind hier nicht ungewöhnlich. Der Weg einer hier erfassten Schnepfe konn-te nachverfolgt werden – sie brachte von Alas-ka aus einen 11 570 km langen Nonstop-Flug hierher hinter sich! Kurzstreckenflieger sind u. a. der Magellan-Austernfischer und der vom Aussterben bedrohte Schiefschnabel-Regen-pfeifer von der Südinsel sowie der Doppel-band-Regenpfeifer und der Stelzenläufer.

Das **Miranda Shorebird Centre** (Karte S. 210; ☎ 09-232 2781; www.miranda-shorebird.org.nz; 283 East Coast Rd; ⏰ 9–17 Uhr) zeigt Ausstellungen über Vögel, verleiht Feldstecher und verkauft nützliche Merkblätter für die Vogelbeobachtung (2 NZ$). In der Nähe sind ein Hochsitz und mehrere Wanderwege (30 Min.–2 Std.). Das Centre hat eine saubere Unterkunft mit Stock-betten und Küche (B/DZ 20/60 NZ$).

Die **Miranda Hot Springs** (Karte S. 210; ☎ 07-867 3055; Front Miranda Rd; Erw./Kind 13/6 NZ$; ⏰ 9–21.30 Uhr) befinden sich 5 km weiter südlich. Sie haben ein großes Thermalbad (angeblich das größte in der südlichen Hemisphäre), einen ange-nehm warmen Saunapool und Whirlpools, die man für sich alleine hat (10 NZ$ extra).

Nebenan erstreckt sich der **Miranda Holiday Park** (Karte S. 210; ☎ 07-867 3205; www.miranda holidaypark.co.nz; Stellplatz Erw./Kind 21/11 NZ$, DZ 33 NZ$, Einheit 139–305 NZ$; 🖳 🛜 🐾) mit ausgezeich-ne-ten, blitzsauberen Einheiten und Einrichtun-gen, eigenem Thermalbad und einem Tennis-platz mit Flutlichtanlage.

THAMES
10 000 Ew.

Thames entstand in einer Zeit, in der das Goldschürfen noch einen ganz anderen Stellenwert hatte als heute. Winzige Holzge-bäude aus dem 19. Jh. prägen noch immer das Bild des Stadtzentrums, wenngleich längst Aussteiger die raubeinigen Goldschürfer er-setzt haben. Vegetarier und Umweltaktivisten werden sich hier wie zu Hause fühlen. Die Stadt ist ein guter Ausgangspunkt für Wan-derungen oder Canyoning im nahen Kauae-ranga Valley.

1769 landete Captain James Cook in dieser Ecke der Halbinsel und nannte den Waihou River „Thames" (Themse), weil er doch eine „gewisse Ähnlichkeit mit diesem Fluss in Eng-land" habe. Die Gegend war im Besitz der Ngati Maru, Nachfahren des Tainui-Stamms. Ihr atemberaubendes Versammlungsgebäude Hotunui (1878) nimmt einen Ehrenplatz im Auckland Museum ein (s. 107).

Nachdem sie 1867 den Goldschürfern Zu-gang zur Stadt gewährt hatten, wurden die Ngati Maru in nur einem Jahr von einem Strom von 10 000 europäischen Siedlern über-schwemmt. Als der anfängliche Boom zum Erliegen kam, führte ein zweifelhaftes System von Regierungskrediten zur Verschuldung der Maori und zwang sie dazu, Land zu verkaufen.

Praktische Informationen

Post (517 Pollen St) Nimmt Postlagerndes entgegen.

Thames i-SITE (☎ 07-868 7284; www.thamesinfo. co.nz; 206 Pollen St; ⏰ Mo–Fr 8.30–17, Sa & So 9–16 Uhr) Auskünfte und Internetzugang.

Sehenswertes

Für selbstgeführte Touren hält das i-SITE kostenlose Broschüren des Historic Places Trust über die wichtigen Gebäude von Tha-mes bereit. Der Trust veranstaltet auch ge-führte Touren im interessanten **School of Mines & Mineral Museum** (☎ 07-868 6227; 101 Cochrane St; Erw./Kind 5/2 NZ$; ⏰ Mi–So 11–15 Uhr), das eine umfangreiche Sammlung neuseeländischer Steine, Mineralien und Fossilien bietet. Der

THAMES

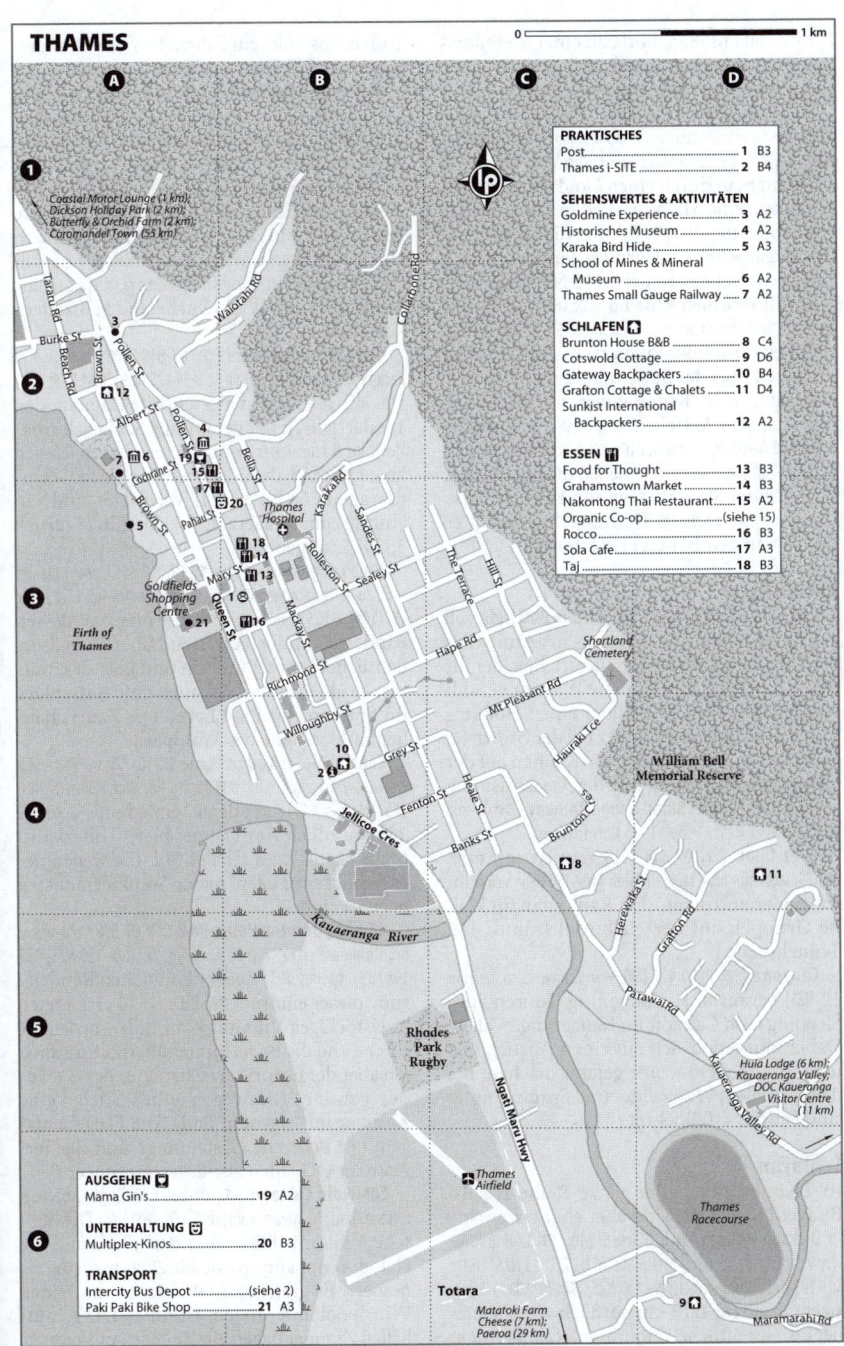

0 — 1 km

COROMANDEL PENINSULA

PRAKTISCHES

Post	1	B3
Thames i-SITE	2	B4

SEHENSWERTES & AKTIVITÄTEN

Goldmine Experience	3	A2
Historisches Museum	4	A2
Karaka Bird Hide	5	A3
School of Mines & Mineral Museum	6	A2
Thames Small Gauge Railway	7	A2

SCHLAFEN

Brunton House B&B	8	C4
Cotswold Cottage	9	D6
Gateway Backpackers	10	B4
Grafton Cottage & Chalets	11	D4
Sunkist International Backpackers	12	A2

ESSEN

Food for Thought	13	B3
Grahamstown Market	14	B3
Nakontong Thai Restaurant	15	A2
Organic Co-op	(siehe 15)	
Rocco	16	B3
Sola Cafe	17	A3
Taj	18	B3

AUSGEHEN

Mama Gin's	19	A2

UNTERHALTUNG

Multiplex-Kinos	20	B3

TRANSPORT

Intercity Bus Depot	(siehe 2)	
Paki Paki Bike Shop	21	A3

Coastal Motor Lounge (1 km);
Dickson Holiday Park (2 km);
Butterfly & Orchid Farm (2 km);
Coromandel Town (55 km)

Firth of Thames

Goldfields Shopping Centre

Thames Hospital

Shortland Cemetery

William Bell Memorial Reserve

Kauaeranga River

Rhodes Park Rugby

Thames Airfield

Totara

Thames Racecourse

Huia Lodge (6 km);
Kauaeranga Valley;
DOC Kauaeranga
Visitor Centre
(11 km)

Matatoki Farm
Cheese (7 km);
Paeroa (29 km)

Maramarahi Rd

älteste Teil (1868) gehörte zu einer methodistischen Sonntagsschule und liegt über einer alten Begräbnisstätte der Maori.

In der **Goldmine Experience** (☎ 07-868 8514; www.goldmine-experience.co.nz; Ecke Moanataiari Rd & SH25; Erw./Kind 15/5 NZ$; ☼ Jan.–März 10–16 Uhr, April–Sept. 10–13 Uhr) kann man durch einen Goldminenstollen spazieren, eine Maschine beobachten, wie sie Gestein zermalmt, etwas über die Geschichte der Bergarbeiter aus Cornwall lernen und sich als Goldwäscher versuchen (2 NZ$ extra).

Im **Historischen Museum** (☎ 07-868 8509; Ecke Cochrane St & Pollen St; Erw./Kind 5/2 NZ$; ☼ 13–16 Uhr) sind Relikte aus der Pionierzeit, allerlei Steine und alte Fotos der Stadt untergebracht.

Kinder und Kindgebliebene mit einer Schwäche für Märchen werden den **Butterfly & Orchid Garden** (Karte S. 210; ☎ 07-868 8080; Victoria St; Erw./Kind 9,50/5 NZ$; ☼ 10–16 Uhr) mögen. Er liegt nördlich der Stadt im Dickson Holiday Park. In dem regelrechten Dschungel wimmelt es nur so von exotischen Flattertieren.

Aktivitäten

Vogelfreunde kommen im **Karaka Bird Hide** voll auf ihre Kosten. Die Anlage wurde mit Geldern aus dem Schadensersatz errichtet, der für die Versenkung der Rainbow Warrior gezahlt wurde. Man erreicht sie über einen Holzsteg durch die Mangroven direkt bei der Brown St. Ganz in der Nähe können die Kleinen auf der 900 m langen Strecke mit der waaahnsinnig niedlichen **Thames Small Gauge Railway** (☎ 07-868 6803; Tickets 2 NZ$; ☼ So 11–15 Uhr) fahren.

Eyez Open (☎ 07-868 9018; www.eyezopen.co.nz; 30 NZ$/Tag, halb- bis 4-tägige Touren 110–150 NZ$) verleiht Fahrräder und organisiert Radtouren für kleine Gruppen auf der Halbinsel (mind. 4–6 Teilnehmer).

Canyonz (☎ 0800 422 696; www.canyonz.co.nz; Tour 235 NZ$) veranstaltet Canyoning-Touren zum Sleeping God Canyon im Kauaeranga Valley. Dabei muss man sich auf einen Abstieg von über 300 Höhenmetern gefasst machen, bei dem Abseilen, Waterslides und Sprünge nötig sind (mind. 4 Teilnehmer).

Schlafen

In Thames gibt's eine ganze Reihe B & Bs. Budgetunterkünfte sind aber eher rar gesät.

Dickson Holiday Park (Karte S. 210; ☎ 07-868 7308; www.dicksonpark.co.nz; Stellplatz 16 NZ$, B 25 NZ$, Hütte 55–109 NZ$, Wohneinheit 99–120 NZ$; 🖳 🛜 🚿) Versteckt in einem Tal 3 km nördlich von Thames liegt dieser ältliche Campingplatz mit einem

Laden, kostenlosem Fahrradverleih, Wanderwegen und herumwatschelnden Enten.

Gateway Backpackers (☎ 07-868 6339; www.gatewaybackpackers.co.nz; 209 Mackay St; B 23–26 NZ$, EZ/DZ 45/58–72 NZ$; 🖳) Generationen von Neuseeländern wuchsen in State Houses (vergleichbar dem Sozialen Wohnungsbau) wie diesem auf, deshalb kann man sich hier heimisch fühlen. Das entspannte Hostel hat schlichte Zimmer, einen hübschen Garten und einfache Einrichtungen. Badezimmer sind knapp, dafür ist die Benutzung von Waschküche und Fahrrädern kostenlos.

Sunkist Backpackers (☎ 07-868 8808; www.sunkistbackpackers.com; 506 Brown St; B 24–28 NZ$, Zi. 64 NZ$; 🖳) Das stilvolle, denkmalgeschützte Haus aus den 1860er-Jahren hat geräumige Schlafsäle, makellose Badezimmer und einen Garten. Neben kostenlosen Fahrrädern werden auch Geländewagen (65 NZ$/Tag) vermietet und ein Shuttle zum Kauaeranga Valley (hin & zurück 35 NZ$) angeboten.

Huia Lodge (Karte S. 210; ☎ 07-868 6557; www.thames-info.co.nz/HuiaLodge; 589 Kauaeranga Valley Rd; EZ/DZ/3BZ 75/110/150 BZ$) Das freundliche Ehepaar, dessen Kinder das Haus verlassen haben, bietet ordentliche Zimmer und ein umfassendes, warmes Frühstück und hat auch gute Ratschläge für Spaziergänger auf Lager. Das Bauernhaus liegt in der Nähe des Waldparks.

Coastal Motor Lodge (Karte S. 210; ☎ 07-868 6843; www.stayatcoastal.co.nz; 608 Tararu Rd; Wohneinheit 140–185 NZ$; 🛜) Die gepflegte, einladende Anlage 2 km nördlich von Thames bietet Unterkünfte im Motel- und Chalet-Stil, die wegen des Meerblicks vor allem in den Sommermonaten begehrt sind.

🅛🅟 Tipp Brunton House B&B (☎ 07-868 5160; www.bruntonhouse.co.nz; 210 Parawai Rd; Zi. 160–180 NZ$, 3BZ 195 NZ$; 🖳 🛜 🚻) Bei der kürzlichen Renovierung dieser eindrucksvollen, 1875 errichteten zweistöckigen Villa aus Kauriholz wurden die Küche und die Badezimmer überholt, ansonsten aber der historische Charakter des Gebäudes gewahrt (deswegen gibt's auch keine Zimmer mit eigenem Bad). Die Gartenanlagen, der Pool, die Gästelounge und die Terrasse im OG laden zur Entspannung ein.

Cotswold Cottage (☎ 07-868 6306; www.cotswoldcottage.co.nz; 36 Maramarahi Rd; Zi. 165–200 NZ$) Die hübsche Villa mit Blick über den Fluss und die Galopprennbahn wurde kürzlich luxuriös renoviert. Es gibt Luxusbettwäsche und einen Whirlpool unter freiem Himmel. Die gemütlichen Zimmer haben alle Zugang zur Veranda.

Grafton Cottage & Chalets (☎ 07-868 9971; www.
graftoncottage.co.nz; 304 Grafton Rd; Wohneinheit 165–
210 NZ$; 🖳 🐾) Die hübschen Holzchalets thronen auf einem Hügel. Die meisten sind in sich abgeschlossen und verfügen über Veranden mit tollem Ausblick. Die gastfreundlichen Betreiber bieten kostenlosen Internetzugang und Frühstück. Die Gäste können den Pool, den Whirlpool und drei Grillbereiche nutzen.

Essen

Food for Thought (☎ 07-868 6065; 574 Pollen St; Pies 1,80–4 NZ$; 🌙 Mo–Sa morgens & mittags) Vielleicht spielt man auch mit dem Gedanken an Panini, Kuchen oder Kaffee, aber eigentlich kommt man wegen der preisgekrönten Pies.

Sola Cafe (☎ 07-868 8781; 720b Pollen St; Hauptgerichte 9–13 NZ$; 🌙 8–16 Uhr; Ⓥ) Das helle und freundliche vegetarische Café ist erstklassig und besticht mit ausgezeichnetem Kaffee und einer ganzen Reihe veganer, laktose- und glutenfreier Angebote. Besonders zu empfehlen sind die himmlischen Salate.

Taj (☎ 07-868 8122; 620 Pollen St; Hauptgerichte 11–16 NZ$; 🌙 Mi–Fr mittags, tgl. abends; Ⓥ) Das Taj mag nur ein einfaches Curry-Lokal sein, aber das *saag paneer* und all die anderen scharfen Sachen sind einfach prima.

Nakontong Thai Restaurant (☎ 07-868 6821; 730 Pollen St; Hauptgerichte 16–21 NZ$; 🌙 Mo–Fr mittags, tgl. abends; Ⓥ) Die helle Beleuchtung ist zwar nicht gerade romantisch, aber die scharfen Thai-Gerichte stellen voll zufrieden und heizen ordentlich ein.

LP Tipp **Rocco** (☎ 07-868 8641; 109 Sealey St; Hauptgerichte 24–25 NZ$; 🌙 tgl. mittags, Di–So abends) Das in einer der prächtigen Villen aus Kauriholz residierende Rocco serviert eine muntere Auswahl an Tapas und sättigende Hauptgerichte, die auf regionale Zutaten (Muscheln, Fisch) und hochwertige Importartikel aus Spanien (Chorizo, Käse, Oliven) setzen. Bei mildem Wetter sitzt es sich draußen schön an den gewundenen, mit Ziegeln gepflasterten und mit zerstoßenen Muschelschalen bedeckten Wegen.

Selbstversorgen finden bei **Organic Co-op** (☎ 868 8797; 736 Pollen St; 🌙 Mo–Fr 9–17, Sa 8.30–12 Uhr; Ⓥ) umweltverträglich produziertes Gemüse, Nüsse, Brot, Eier und Fleisch. Bei **Matatoki Farm Cheese** (Karte S. 210; ☎ 07-868 1284; Ecke SH26 & Wainui Rd; 🌙 Mo–Fr 8–16.30, Sa & So 10–16 Uhr) kann man Käse probieren und kaufen, dessen Milch von Kühen und Schafen aus der Region stammt. Darunter sind auch Bioprodukte.

Ausgehen & Unterhaltung

Über einen Mangel an historischen Pubs hat Thames wahrlich nicht zu klagen. Sie ballen sich um die Pollen St, und in den meisten geht es recht rau zu. Wer Lust auf einen Kneipenbummel hat, kann den Reiseführer getrost im Hotel lassen.

Mama Gin's (☎ 07-868 6994; 746 Pollen St; 🌙 Mi–Sa 19 Uhr–Open End) Die niedlichste kleine Bar im 'Mandel hat Art-déco-Leuchter, schrille Tapeten und regelmäßig Livemusik zu bieten. Auch wer allein unterwegs ist, ob Mann oder Frau, kann sich hier ungestört bei einem Glas Wein entspannen.

Multiplex-Kinos (☎ 07-868 6602; www.cinemathames. co.nz; 708 Pollen St; Erw./Kind 12/8 NZ$) Aktuelle Blockbuster. Die Kinosäle sind allerdings schlecht gegen Lärm von außen isoliert.

Shoppen

In der Pollen St bieten eine ganze Reihe von Geschenkeshops und Haushaltswarenläden Kunsthandwerk aus der Region an. Kunsthandwerk und Bioprodukte werden samstags an den Ständen des **Grahamstown Market** (Pollen St; 🌙 Sa 9–12 Uhr) feilgeboten.

Anreise & Unterwegs vor Ort

Thames ist der Verkehrsknotenpunkt auf der Coromandel Peninsula. Busse von **InterCity** (☎ 09-583 5780; www.intercity.co.nz) und deren Tochtergesellschaften fahren täglich von/nach Auckland (28 NZ$, 2 Std.), Coromandel Town (16 NZ$, 72 Min.), Whitianga (34 NZ$, 90 Min.), Tairua (17 NZ$, 44 Min.), Waihi (20 NZ$, 45 Min.), Hamilton (24 NZ$, 1¾ Std.) und Tauranga (28 NZ$, 1¾ Std.). Die Busse halten vor dem i-SITE und dem Sunkist-Backpackers.

Naked Bus (www.nakedbus.com) bietet in Kooperation mit der **Tairua Bus Company** (☎ 07-864 7770; www.tairuabus.co.nz) täglich Busverbindungen zwischen Thames und Tairua (ab 1 NZ$, 50 Min.) mit Zwischenhalt in Ngatea an, wo man Anschluss nach Auckland, Tauranga und Rotorua hat.

Go Kiwi (☎ 0800 446 549; www.go-kiwi.co.nz) betreibt einen täglichen Shuttledienst von/nach Auckland (42 NZ$, 2 Std.), vom/zum Auckland Airport (54 NZ$, 90 Min.) und von/nach Whitianga (36 NZ$, 1¾ Std.), Tairua (26 NZ$, 70 Min.) und Whangamata (64 NZ$, 75 Min.).

Fahrräder verleiht (25 NZ$/Tag) und repariert der **Paki Paki Bike Shop** (☎ 07-867 9026; www.pakipakibikeshop.co.nz; Goldfields Shopping Centre).

COROMANDEL FOREST PARK

Mehr als 30 Wanderwege ziehen sich kreuz und quer durch den Coromandel Forest Park, der einen Teil des Zentrums der Halbinsel einnimmt. Die beliebteste, anspruchsvolle Strecke (hin & zurück 6–8 Std.) führt zu den **Pinnacles** (759 m) im Kauaeranga Valley hinauf, das hinter Thames liegt. Ausgezeichnete Wanderwege sind auch der **Coromandel Coastal Walkway** von der Fletcher Bay zur Stony Bay (s. S. 220) und der zu aufgelassenen Goldminen (s. S. 236) führende **Puketui Valley Walk**.

Das **Department of Conservation (DOC) Kauaeranga Visitor Centre** (Karte S. 210; ☎ 07-867 9080; Kauaeranga Valley Rd; ☼ Okt.–April tgl. 9–16 Uhr, Mai–Sept. Mi–So 9–15 Uhr) ist ein schicker neuer Komplex mit interessanten Ausstellungen über den Kauriwald und seine Geschichte. Das Centre verkauft Karten (1–2 NZ$), gibt Ratschläge und nimmt Reservierungen für die Pinnacles Hut an. Es liegt 14 km abseits des SH25; von ihm aus sind es noch einmal 9 km über eine Schotterpiste bis zum Beginn der Wanderwege. In den Hostels in Thames nach Shuttleverbindungen fragen!

Die vom DOC betriebene **Pinnacles Hut** (Karte S. 210; Erw./Kind 15/7,50 NZ$) hat über 80 Betten, Gaskocher, Heizgeräte, Toiletten und Kaltwasserduschen. Übernachtungen müssen vorab reserviert werden. Außerdem gibt es in diesem Teil des Parks noch drei einfache **Campingplätze** (Karte S. 210; Erw./Kind 5/2 NZ$) abseits der Straßen. Der eine befindet sich in der Nähe der Hütte, die anderen am Moss Creek bzw. am Billygoat Basin. Auf diesen Plätzen gibt's gerade mal eine Toilette und fließendes Wasser. Über die Forststraße erreicht man die acht **Campingplätze des Reservats** (Erw./Kind 9/2 NZ$); zum Zeitpunkt der Recherchen war eine zweite Hütte geplant.

Die weiteren Campingplätze in anderen Teilen des Parks sind später in diesem Kapitel erwähnt.

VON THAMES NACH COROMANDEL TOWN

Der schmale SH25 schlängelt sich vorbei an hübschen, kleinen Buchten und felsigen Stränden an der Küste entlang. Hier gibt es jede Menge Seevögel, und man kann an den Stränden angeln, nach Schalentieren, Quarzen, Jaspissen oder sogar goldhaltigen Gesteinsbrocken buddeln. Wenn im Dezember die Pohutukawas, die „neuseeländischen Weihnachtsbäume" blühen, erstrahlt die Landschaft in leuchtendem Rot. An der

Wilsons Bay wendet sich die Straße von der Küste ab und windet sich über Hügel und durch Täler, ehe sie schließlich ins 55 km von Thames entfernte Coromandel Town hinunterführt. Der Blick auf den mit Inseln übersäten Coromandel Harbour ist wunderschön.

Ein paar Läden, Motels, B & Bs und Campingplätze verteilen sich über die winzigen Siedlungen an den malerischen Buchten. In Tapu lohnt sich der Abstecher über die 6 km lange, überwiegend asphaltierte Straße ins Binnenland zu den **Rapaura Water Gardens** (Karte S. 210; ☎ 07-868 4821; www.rapaura.com; 586 Tapu-Coroglen Rd; Erw./Kind 12/5 NZ$; ☼ 9–17 Uhr), einem Arrangement aus Wasser, Gärten und Skulpturen. Es gibt auch Unterkünfte (Cottage/Lodge 165/275 NZ$) und ein ordentliches Café.

COROMANDEL TOWN

1620 Ew.

Mit noch mehr denkmalgeschützten Gebäuden als Thames ist Coromandel Town ein durch und durch idyllischer kleiner Ort. Die schicken Cafés, interessanten Kunstgalerien, ausgezeichneten Unterkünfte und leckeren geräucherten Muscheln haben schon manch einen länger als geplant verweilen lassen.

1852 wurde im Driving Creek Gold entdeckt. Anfangs behielt der örtliche Patukirikiri-*iwi* die Herrschaft über das Land und erhielt Geld für Schürflizenzen. Nach anfänglichem finanziellen Erfolg ereilte die Einheimischen aber das gleiche Schicksal wie die Ngati Maru in Thames (s. S. 212). Bis 1871 mussten sie wegen Schulden ihr gesamtes Land mit Ausnahme von 315 ha gebirgigen Geländes verkaufen. Heute sind weniger als 100 Menschen übrig, die sich diesem *iwi* zurechnen.

Praktische Informationen

Coromandel Town i-SITE (☎ 07-866 8598; www.coromandeltown.co.nz; 355 Kapanga Rd; ☼ April–Okt. Mo–Fr 9–17, Sa & So 9–16 Uhr, Nov.–März tgl. 9–17 Uhr) Internetzugang (6 NZ$/Std.) und Wanderkarten der Umgebung (1 NZ$).
Polizei (☎ 07-866 1190; 405 Kapanga Rd)
Post (Kapanga Rd)

Sehenswertes

Geschichtsfans können 28 historische Stätten entdecken, die in der Broschüre „Coromandel Town" des Historic Places Trust (gibt's kostenlos im i-SITE) aufgeführt sind.

Die **Coromandel Goldfield Centre & Stamper Battery** (☎ 07-866 7933; 410 Buffalo Rd; Erw./Kind 10/5 NZ$;

⌚ Führung Di, Do, Sa & So 14 & 15 Uhr) ist ein 1899 errichtetes Pochwerk. Die informativen Führungen dauern eine Stunde. Man kann sich auch als Goldwäscher versuchen (5 NZ$). Selbst wenn gerade keine Führung ansteht, lohnt sich ein Stopp, um Neuseelands größtes funktionsfähiges Wasserrad zu sehen.

Das kleine **Coromandel Mining & Historic Museum** (☎ 07-866 7251; 841 Rings Rd; Erw./Kind 3/0,50 NZ$; ⌚ Feb.–Mitte Dez. Sa & So 10–13 Uhr, Mitte Dez.–Ende Jan. tgl. 10–16 Uhr) gibt Einblick ins Pionier-Leben.

Aktivitäten

Die erstaunlichen **Driving Creek Railway & Potteries** (☎ 07-866 8703; www.drivingcreekrailway.co.nz; 380 Driving Creek Rd; Erw./Kind 20/11 NZ$; ⌚ Abfahrt 10.15 & 14 Uhr) befinden sich 3 km nördlich von Coro-

mandel Town. Die einmalige Bahn erklimmt steile Hänge, überquert vier Trestle-Brücken, führt durch zwei Kehren, eine doppelte Spitzkehre sowie zwei Tunnel und endet am „Eye-full Tower". Bei der einstündigen Fahrt kommt man an Kunstwerken und wieder aufgeforstetem einheimischem Wald vorbei: Mehr als 17 000 endemische Bäume wurden hier gepflanzt, darunter 9000 Kauribäume. Es lohnt sich, das Video über den interessanten Mann anzuschauen, der hinter all dem steht, der bekannte Töpfer Barry Brickell.

Megan von **Mussel Barge** (☎ 07-866 7667; Erw./Kind 50/25 NZ$) veranstaltet lustige Angelausflüge mit viel Lokalkolorit. Ihr Vater betreibt **Argo Tours** (3-stündige Tour 150 NZ$), bei denen man in einem Mini-Geländefahrzeug den Busch und

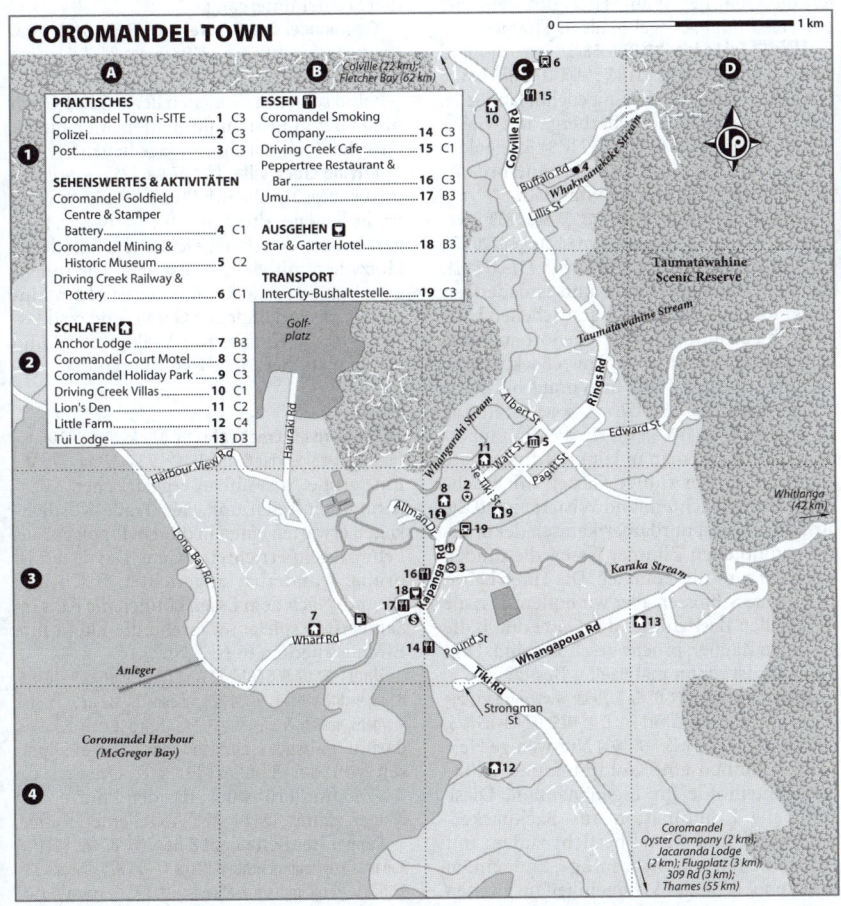

COROMANDEL TOWN

0   1 km

PRAKTISCHES
Coromandel Town i-SITE 1 C3
Polizei....................................2 C3
Post.......................................3 C3

SEHENSWERTES & AKTIVITÄTEN
Coromandel Goldfield
  Centre & Stamper
  Battery...............................4 C1
Coromandel Mining &
  Historic Museum.................5 C2
Driving Creek Railway &
  Pottery...............................6 C1

SCHLAFEN
Anchor Lodge 7 B3
Coromandel Court Motel.........8 C3
Coromandel Holiday Park.........9 C3
Driving Creek Villas 10 C1
Lion's Den 11 C2
Little Farm 12 C4
Tui Lodge 13 D3

ESSEN
Coromandel Smoking
  Company...........................14 C3
Driving Creek Cafe 15 C1
Peppertree Restaurant &
  Bar..................................16 C3
Umu....................................17 B3

AUSGEHEN
Star & Garter Hotel...............18 B3

TRANSPORT
InterCity-Bushaltestelle..........19 C3

Colville (22 km);
Fletcher Bay (62 km)

Coromandel Harbour
(McGregor Bay)

Taumatawahine
Scenic Reserve

Whitianga
(42 km)

Golf-
platz

Karaka Stream

Taumatawahine Stream

Harbour View Rd

Long Bay Rd

Anleger

Wharf Rd

Pound St

Whangapoua Rd

Tiki Rd

Strongman
St

Coromandel
Oyster Company (2 km);
Jacaranda Lodge
(2 km); Flugplatz (3 km);
309 Rd (3 km);
Thames (55 km)

alte Goldminen erkundet. Wenn man eine Gruppe zusammenbringt (bis 5 Pers.), zahlt man günstigstenfalls nur 40 NZ$ pro Person.

Coromandel Kayak Adventures (☎ 07-866 7466; www.kayakadventures.co.nz) veranstaltet Paddeltouren. Im Angebot sind halbtägige Ökotouren (200/200/267/356/425/474 NZ$ für 1/2/3/4/5/6 Paddler) und Angelausflüge (halber/ganzer Tag 195/375 NZ$).

Bei **Tri Sail Charters** (☎ 0800 024 874; www.trisail charters.co.nz; halber/ganzer Tag 50/100 NZ$) kann man mit seinen Kumpels (mind. 4 Pers.) den Coromandel Harbour auf einem 11,2 m langen Trimaran (Jacht mit drei Rümpfen) erkunden.

Schlafen

In Coromandel Town hat man bei Unterkünften die Qual der Wahl. Hier gibt's ein viel besseres Budget-Angebot als in Thames.

LP Tipp **Tui Lodge** (☎ 07-866 8237; www.coromandel tuilodge.co.nz; 60 Whangapoua Rd; Stellplatz 12 NZ$/Pers., B 25 NZ$, Zi. 55–75 NZ$; ☐) Die angenehm ländliche, freundliche Backpackerherberge mit vielen Bäumen bietet eine Sauna (5 NZ$), kostenlose Fahrräder, Obst (in der Saison) und ordentliche Zimmer, die teureren mit Bad.

Coromandel Holiday Park (☎ 07-866 8830; www. coromandelholidaypark.co.nz; 636 Rings Rd; Stellplatz 20 NZ$, B 30 NZ$, Hütte 77–137 NZ$, Wohneinheit 137–177 NZ$; ☐ ☎ ☎) Zur gepflegten und einladenden großen Anlage mit hübsch gestrichenen Hütten und getrimmtem Rasen gehört auch das halb separate Coromandel Town Backpackers. Im Sommer wird's voll, im Voraus buchen!

Lions' Den (☎ 07-866 8157; www.lionsdenhostel.co.nz; 126 Te Tiki St; B/Zi. 24/55 NZ$; ☎) An diesem zauberhaften Ort kann man in Hippie-Atmosphäre entspannen. Der ruhige Garten mit Fischteich, bunten Lichtern und Wisterien und die afrikanisch und nordamerikanisch dekorierten gemütlichen Zimmer lassen die müden Knochen zur Ruhe kommen. Die Türen haben zwar keine Schlösser, aber wir hoffen, dass die materiellen Besitztümer der Gäste durch die richtigen Zaubersprüche geschützt sind. Und hey: Was ist schon materieller Besitz?

Anchor Lodge (☎ 07-866 7992; www.anchorlodge coromandel.co.nz; 448 Wharf Rd; B 25 NZ$, DZ 60–65 NZ$, Wohneinheit 125–275 NZ$; ☎ ☎) Nur wenige Herbergen können eine Goldmine und Glühwürmchenhöhle ihr Eigen nennen. Diese gehobene Kombination aus Backpackerunterkunft und Motel besticht zudem mit einem beheizten Swimming- und einem Whirlpool. Von der Wohneinheit im zweiten

Stock blickt man über Nikau-Palmen und Agaven hinunter auf den Hafen.

Jacaranda Lodge (Karte S. 210; ☎ 07-866 8002; www. jacarandalodge.co.nz; 3195 Tiki Rd; EZ 75 NZ$, DZ 120–160 NZ$; ☎) Zweistöckiges Landhaus inmitten von Rosengärten und 6 ha idyllischem Farmland. Einige Zimmer haben zwar nur Gemeinschaftsbäder, aber jeder Gast bekommt flauschige Handtücher und seine eigene Seife in kleinen *kete* (Säckchen aus Flachs).

Little Farm (☎ 07-866 8427; www.thelittlefarm mandel.co.nz; 750 Tiki Rd; Zi. 100–120 NZ$) Die drei komfortablen Wohneinheiten bieten Frieden und Ruhe. Sie liegen hinter einer echten Farm und blicken auf ein privates Feuchtgebietsreservat. Von der größten, die eine voll ausgestattete Küche besitzt, hat man einen tollen Blick in den Sonnenuntergang.

Coromandel Court Motel (☎ 07-866 8402; www. coromandelcourtmotel.co.nz; 365 Kapanga Rd; Wohneinheit 145–215 NZ$; ☎) Diese blitzsauberen, makellosen und schicken Einheiten liegen ideal gleich hinter der Touristeninformation. Man merkt, dass die Betreiber ihre Anlage lieben.

Driving Creek Villas (☎ 07-866 7755; www.driving creekvillas.com; 21a Colville Rd; Villa 275–415 NZ$; ☎) Das ist die feudale Alternative für Arrivierte: zwei geräumige, in sich abgeschlossene, moderne Holzvillen mit viel Privatsphäre. Die Innengestaltung ist schick mit polynesischem Einschlag, die vorhandenen Geräte sind erstklassig, und die Kulisse mit Waldgelände und einem plätschernden Bach ist grandios.

Essen

LP Tipp **Driving Creek Cafe** (☎ 07-866 7066; 180 Driving Creek Rd; Hauptgerichte 8–16 NZ$; ☺ 9.30–17 Uhr; ☐ Ⓥ) Eine große Auswahl an vegetarischen, veganen, glutenfreien und Fair-Trade-Köstlichkeiten erwarten einen in diesem flippigen, aus Lehmziegeln errichteten Café. Das Essen ist prima: wunderbar angerichtet, frisch und gesund. Nach dem Essen können die Kids im Sandkasten spielen, während die Eltern ihre E-Mails checken (6 NZ$/Std.).

Umu (☎ 07-866 8618; 22 Wharf Rd; Frühstück 9–16 NZ$, Hautgerichte mittags 9–24 NZ$, abends 14–32 NZ$; ☺ tgl. morgens, mittags & abends; ☎) Caféköst mit Klasse, darunter ausgezeichnete Pizzas, leckere Speisen von der Theke (Tarts & Quiches ca. 7 NZ$) und Frühstück, das den knurrenden Magen zähmt. Dazu gibt's exzellenten Kaffee.

Pepper Tree Restaurant & Bar (☎ 07-866 8211; 31 Kapanga Rd; Hauptgerichte mittags 17–25 NZ$, abends 23–33 NZ$; ☺ tgl. mittags & abends; ☎) C-Town's nobelstes Restaurant tischt Gerichte französischer Art in großzügigen Portionen auf. Den Schwerpunkt bilden Meeresfrüchte aus der Region. An Sommerabenden sitzt man prima unter einem Baum an den Tischen im Hof.

Die wunderbare Palette an geräucherten Meeresfrüchten und Fischen der **Coromandel Smoking Co** (☎ 07-866 8793; 70 Tiki Rd; So–Do 9–17, Fr & Sa 9–17.30 Uhr) bietet prima Snacks und ist ideal für Selbstversorger. Die extrem leckeren geräucherten Muscheln unbedingt probieren!

Wer seine Schalentiere lieber frisch genießt, findet bei der **Coromandel Oyster Company** (☎ 07-866 8028; 1611 Tiki Rd; 7.30–18.30 Uhr) am Straßenrand frische Mies- und Jakobsmuscheln, gekochte Krebse und natürlich auch Austern.

Ausgehen

Coromandel hat zwar nicht so viele Pubs wie Thames, aber an der Hauptstraße gibt's doch ein paar Alternativen.

Star & Garter Hotel (☎ 07-866 8503; 5 Kapanga Rd;) Der nette Pub in einem Kaurigebäude von 1873 bietet Billardtische, einen angenehmen Geräuschpegel und an den Wochenenden Livemusik oder DJs. Prachtvoll ist der Biergarten, schick mit Wellblechdetails gestaltet.

An- & Weiterreise

Am schönsten ist von Auckland aus die Anreise mit der Fähre. **360 Discovery** (☎ 0800 888 006; www.360discovery.co.nz) fährt fünfmal pro Woche von/nach Auckland (einfache Strecke/hin & zurück 49/79 NZ$, 2 Std.) über Orapiu auf Waiheke Island (einfache Strecke/hin & zurück 39/69 NZ$, 70 Min.). Die Fahrt ist ein wunderbarer Tagesausflug, und es gibt auch eine geführte Tour (Erw./Kind 136/78 NZ$), die die Driving Creek Railway und das Goldfield Centre mit einschließt. Die Fähren legen am Hannafords Wharf, Te Kouma, an, von wo aus kostenlose Shuttlebusse die Passagiere in die Stadt fahren (10 km).

Busse von **InterCity** (☎ 09-583 5780; www.intercity.co.nz) und deren Partnergesellschaften fahren täglich von/nach Whitianga (18 NZ$, 80 Min.), Thames (16 NZ$, 72 Min.), Te Aroha (20 NZ$, 2¾ Std.) und Hamilton (40 NZ$, 3¾ Std.).

Naked Bus (www.nakedbus.com) bietet in Kooperation mit der **Tairua Bus Company** (☎ 07-864 7770; www.tairuabus.co.nz; Preise im Vorverkauf ab 1 NZ$) tägliche Busverbindungen nach Tairua (2 Std.) über Whitianga (1 Std.), Hahei (90 Min.) und den Hot Water Beach (95 Min.).

TIPP FÜR RADLER

Fahrräder werden auf den Fähren von 360 Discovery kostenlos befördert. Wer eine Radtour macht, kann die Abgase und die gefährlichen Straßen von Auckland vermeiden, indem er am Gulf Harbour (S. 159) die Fähre zum Fährterminal in Auckland nimmt und von dort direkt nach Coromandel Town weiterfährt.

Go Kiwi (☎ 0800 446 549; www.go-kiwi.co.nz) betreibt zwischen Ende Oktober und Ostern einen Shuttledienst von/nach Auckland (50 NZ$, 3¾ Std.), vom/zum Auckland Airport (66 NZ$, 3¼ Std.) sowie von/nach Whitianga (23 NZ$, 50 Min.).

FAR NORTH COROMANDEL

Die zerklüftete Spitze der Coromandel Peninsula ist sehr abgelegen und unglaublich schön. Die Mühen der Anfahrt lohnen sich gewiss. Am besten kommt man im Sommer, wenn die Schotterpisten trocken sind, die Pohutukawa-Bäume rot blühen und man zelten kann (Unterkünfte sind ziemlich rar).

Die 1260 ha große **Colville Farm** (Karte S. 210; ☎ 07-866 6820; www.colvillefarmholidays.co.nz; 2140 Colville Rd; Stellplatz 12 NZ$/Pers., B/EZ/DZ 23/38/62 NZ$, Wohneinheit 70–158 NZ$;) hat eine Reihe interessanter Unterkünfte, darunter ganz einfache Waldhütten und in sich abgeschlossene Häuser. Gäste können sich auf der Farm nützlich machen (auch als Melker) und Reitausflüge unternehmen (30–120 NZ$, 1–5 Std.).

Das nahe gelegene **Mahamudra Centre** (Karte S. 210; ☎ 07-866 6851; www.mahamudra.org.nz; Stellplatz 12 NZ$/Pers., B 20 NZ$, EZ 40–75 NZ$, 2BZ/DZ 60/85 NZ$) ist ein beschauliches, tibetisch-buddhistisches Refugium mit Stupa, Meditationshalle und regelmäßigen Meditationskursen. Einfache Unterkünfte in einer parkartigen Umgebung.

1 km weiter liegt die winzige Siedlung **Colville** (25 km nördlich von Coromandel Town). Die abgelegene Landgemeinde an einer schlammigen Bucht zieht Leute mit alternativem Lebensstil an. Hier gibt's nicht viel außer dem **Colville Café** (☎ 07-866 6690; 2312 Colville Rd; Hauptgerichte 5–19 NZ$; Mo–Mi 11–16, Do–So 8–16 Uhr), das im Sommer länger offen hat, und dem urigen **Colville General Store** (☎ 07-866 6805; Colville Rd; 8.30–17 Uhr), der alles von Biolebensmitteln bis Benzin verkauft (Achtung: die letzte Gelegenheit, sich mit beidem einzudecken).

3 km nördlich von Colville endet die geteerte Straße und gabelt sich in zwei Wege,

von denen der eine an der West- und der andere an der Ostküste verläuft. An der Westküste ragen uralte Pohutukawas in den Himmel, während man an türkisfarbenem Gewässer und Steinstränden vorbeifährt. Der kleine, vom DOC betriebene **Campingplatz Fantail Bay** (Karte S. 210; Erw./Kind 9/2 NZ$) befindet sich 23 km nördlich von Colville. Er hat fließendes Wasser und ein paar sehr einfache Toiletten im Schatten von Puriri-Bäumen. Noch 7 km weiter findet man den **Campingplatz Port Jackson** (Karte S. 210; Erw./Kind 9/2 NZ$), eine größere DOC-Anlage direkt am Strand.

Etwa 4 km weiter gibt's einen spektakulären Aussichtspunkt, an dem ein Metallkonstrukt hilft, die Inseln zu identifizieren, die man am Horizont erblickt. Die nur 20 km entfernte Great Barrier Island (s. S. 149) sieht wie eine Verlängerung der Coromandel Peninsula aus – richtig, das war sie einst auch. Die Straße endet an der **Fletcher Bay**, einem zauberhaften Landzipfel. Obwohl nur 37 km von Colville entfernt, sollte man eine Stunde Autofahrt für den Weg einplanen. Hier gibt's einen weiteren **DOC-Campingplatz** (Karte S. 210; Erw./ Kind 9/2 NZ$) und das **Fletcher Bay Backpackers** (Karte S. 210; ☎ 07-866 6685; www.fletcherbay.co.nz; B 25 NZ$) – eine einfache Angelegenheit mit je vier Stockbetten in vier Zimmern. Bettwäsche und Essen muss man selber mitbringen.

Der **Coromandel Coastal Walkway** ist eine malerische Wanderung zwischen der Fletcher Bay und der **Stony Bay**. Für den einfachen Weg benötigt man drei Stunden. Der Fußmarsch ist nicht sehr anspruchsvoll, bietet aber einen großartigen Blick auf die Küste, ein Teil des Weges verläuft über landwirtschaftlich genutztes Gebiet. Wer keine Lust hat, den ganzen Weg zurück zu gehen, kann sich von **Coromandel Discovery** (☎ 0800 668 175; www.coromandeldiscovery.co.nz; Erw./Kind 95/55 NZ$) von Coromandel Town zur Fletcher Bay fahren und vier Stunden später an der Stony Bay abholen lassen

An der Stony Bay endet die östliche Küstenstraße. Hier ist ein weiterer **DOC-Campingplatz** (Karte S. 210; Erw./Kind 9/2 NZ$). Auf dem Weg Richtung Süden zur etwas größeren Siedlung **Port Charles** passiert man ein paar hübsche Strände voller *baches* (Ferienwohnungen).

Tangiaro Kiwi Retreat (Karte S. 210; ☎ 07-866 6614; www.kiwiretreat.co.nz; 1299 Port Charles Rd; Wohneinheit 225–350 NZ$; ☜) Die Anlage bietet brandneue, in sich abgeschlossene Holzcottages mit ein oder zwei Schlafzimmern, von denen sich je zwei eine Grillstelle teilen. Es gibt einen

Whirlpool im Grünen, eine ortsansässige Masseuse (70 NZ$/Std.) und im Sommer auch ein Café und ein Restaurant mit Schanklizenz.

Nach weiteren 8 km folgt eine Abzweigung, die nach Colville zurückführt. Man kann aber auch weiter nach Süden bis zur **Waikawau Bay** fahren. Dort befindet sich ein großer **DOC-Campingplatz** (Karte S. 210; ☎ 07-866 1106; Erw./Kind 9/2 NZ$, Dez.–Jan. Reservierung erforderlich) mit Internetzugang (10 NZ$/Std.) und einem Laden, der nur im Sommer geöffnet ist. Die Straße schlängelt sich dann weiter Richtung Süden an der **Kennedy Bay** vorbei, ehe sie abbiegt und in der Nähe der Driving Creek Railway endet.

VON COROMANDEL TOWN NACH WHITIANGA

Von Coromandel Town gibt's zwei Strecken gen Südosten nach Whitianga. Die etwas längere, aber schnellere Variante führt über die Hauptstraße SH25 an der Küste entlang und bietet großartige Ausblicke auf den Pazifik; kleine Umwege zu unberührten Sandstränden sind möglich. Die andere Route ist die weniger befahrene, aber legendäre 309 Rd, eine unbefestigte, raue Piste mitten durchs Buschland.

Der State Highway 25

Der SH25 bewältigt gleich zu Beginn eine Steigung hinauf zu einem unglaublichen Aussichtspunkt, ehe er wieder steil abfällt und man in der Ferne den zerklüfteten Castle Rock (526 m) erspäht. Die Abzweigung in Te Rerenga führt am Whangapoua Harbour entlang nach Whangapoua. Außer typischen Ferienhäusern ist hier nicht viel geboten; bei einem Spaziergang an der Felsküste zum meistens verlassenen New Chum's Beach kann man sich ein wenig die Füße vertreten (30 Min.).

Weiter in Richtung Osten erreicht man schon bald Kuaotunu, einen interessanteren Ferienort an einem wunderschönen Strandabschnitt mit weißem Sand. Dort gibt's eine Galerie mit Café, einen Laden und eine uralte Zapfsäule. Das **Black Jack Backpackers** (☎ 07-866 2988; www.black-jack.co.nz; 201 SH25; B/2BZ 25/70 NZ$, DZ 80–90 NZ$) befindet sich in Toplage direkt gegenüber vom Strand und ist ein entzückendes kleines Hostel mit gepflegter Einrichtung und Fahrrad- und Kajakverleih. Außerhalb der Saison hat es gelegentlich geschlossen.

Wer etwas mehr Luxus bevorzugt, geht ein Stück am Strand zurück und dann den Hügel

(Fortsetzung auf S. 229)

Mein Neuseeland

Zwei Maori beim *hongi*, der traditionellen Begrüßung, bei der sich die Nasenspitzen berühren und man den „Atem des Lebens" teilt.

ANDERS BLOMQVIST

Naturkind

NAME	Furhana Ahmad
ALTER	48
BERUF	Guide & Inhaberin von Ruggedy Range Wilderness Experience
WOHNORT	Stewart Island

„Der fantastische Sternenhimmel auf Stewart Island lässt einen glauben, man sei im Planetarium!"

„Neuseeland muss man einfach lieben – mit seinen atemberaubenden Berggipfeln, seinen zahllosen Flüssen, die sich bis zum Meer durchs Land schlängeln, und den üppig grünen Wäldern, in denen Millionen Jahre alte Farne wachsen. Weite Landstriche sind noch immer unversehrt, und beim Wandern begegnet man oft stundenlang keiner Menschenseele. Auch das wechselhafte Wetter lässt die Landschaften immer wieder in einem anderen Licht erscheinen. Die unglaubliche Energie der Natur und ihre Wunder um einen herum lehren einen Demut.

Stewart Island ist mein Lieblingsort: eine nahezu unberührte Wildnis mit prächtigen Urwäldern voller heimischer Vögel. Winzige Orchideen, einsame Strände, an die der wilde Ozean brandet, kristallklares Wasser, in dem sich allerlei Getier tummelt … Und der fantastische Sternenhimmel auf Stewart Island lässt einen glauben, man sei im Planetarium!"

AUFGESCHRIEBEN VON BRETT ATKINSON.

Wanderer in den grünen Wäldern des Te Urewera National Park (S. 415)

OLIVER STREWE

Die Landschaft macht den Wanderer zum Zwerg: auf der Cascade Saddle Route (S. 705)

GARETH MCCORMACK

DREI TOLLE WANDERTOUREN

Heaphy Track (S. 532) Über die Vielfalt der Natur staunen: Wälder im Inland, die mit Tussockgräsern bewachsenen Gouland Downs, Nikaupalmen wie auf einer einsamen Insel – und dazu die wilde Brandung der Westküste.

Rakiura Track (S. 754) Einen Tagesmarsch von Port William entfernt bezaubert Stewart Island mit Wäldern und einer Küste, an der so viele Vögel zwitschern wie sonst nirgendwo in Neuseeland.

Rees-Dart Track (S. 703) Über den Dart Glacier geht's zum Cascade Saddle, wo atemberaubende Ausblicke auf den Mt. Aspiring warten. So weit man schaut: majestätische Landschaft.

Ein einsamer Sonnenuntergang auf Stewart Island (S. 750)

DAVID WALL

Der Heaphy Track (S. 532) beginnt mit der Überquerung einer Hängebrücke über den Kohaihai River.

ROSS BARNETT

Pazifisches Feeling trifft Stadtkultur

NAME	Shimpal Lelisi
ALTER	38
BERUF	Schauspieler (*bro'Town*, *Sione's Wedding*)
WOHNORT	Auckland

„Im Grunde geht es beim Polyfest immer noch darum, jungen Menschen die traditionellen Lieder zu vermitteln, aber es ist aufregend zu sehen, wie sich alles ändert."

„Typisch pazifische Küche findet man in Auckland auf den Märkten in Otara, Avondale oder Mangere, oder auf einem pazifischen Fest – z.B. beim Pasifika oder beim Polyfest. Das Polyfest im März ist das weltweit größte Festival der pazifischen Kultur. Man feiert es seit den frühen 1970er-Jahren, stets kommen Tausende Besucher. Als Schüler war ich in der Gruppe der Niueaner aktiv, und das weckte meine Lust am Schauspielern. Es ist unglaublich, wie gut die Vorstellungen heute sind! Die Studenten nehmen alles sehr ernst, und jedes Jahr werden neue Choreografien einstudiert. Letztes Jahr tanzten sie sogar Krumping! Im Grunde geht es beim Polyfest immer noch darum, jungen Menschen die traditionellen Lieder zu vermitteln, aber es ist aufregend zu sehen, wie sich alles ändert."

AUFGESCHRIEBEN VON BRETT ATKINSON.

Tänzer von den Cook Islands warten auf ihren Pasifika-Auftritt (S. 122).

PAUL KENNEDY

Beim Polyfest (S. 122) wird mit künstlerischen Darbietungen von Studenten in ganz Auckland die pazifische Kultur zelebriert.

MARTY TAYLOR / HEDGEHOG HOUSE / PHOTONEWZEALAND

PASIFIKA HAUTNAH

O'Kai Oceanikart (S. 136) Diese auf Kunst aus dem pazifischen Raum spezialisierte Galerie stellt Werke von so bekannten Künstlern wie Fatu Feu'u und von aufregenden Newcomern aus.

Otara-Markt (S. 137) Aucklands schönster Markt hat den besten pazifischen Reggae und Hip-Hop zu bieten. Man sollte unbedingt eines der warmen Kokosnussbrötchen probieren!

Polyfest (S. 122) Eintauchen in das Festival der Kultur der Maori und der pazifischen Inseln für Aucklands Jugend. „Hip-Hop trifft auf Tradition" ist hier das Motto.

Im multikulturellen Auckland (S. 102) leben mehr Polynesier als in jeder anderen Stadt.

HOLGER LEUE

Lebendige Geschichte

NAME	Mary Varnham
ALTER	zeitlos
BERUF	Verlegerin & Geschichtsfan
WOHNORT	Wellington

„Bis heute wirkt Akaroa sehr französisch – und erinnert lebhaft daran, dass Neuseeland ebenso gut an Frankreich hätte fallen können."

„Die Franzosen wollten Neuseeland zu ihrer Kolonie machen, aber die Briten kamen ihnen zuvor. Dennoch ließen sie sich in Akaroa nieder, das bis heute sehr französisch wirkt – und lebhaft daran erinnert, dass Neuseeland ebenso gut an Frankreich hätte fallen können.

In den 1870er- und 1880er-Jahren lebten in Arrowtown viele arme Chinesen einsam in winzigen Häusern, boten den bitterkalten Wintern die Stirn und schlugen sich mehr schlecht als recht mit der Arbeit in Goldminen durch, die eigentlich bereits ausgebeutet waren.

In der Mercury Bay führte der Maoristamm Ngati Hei dank des milden Klimas und der großzügigen Gaben aus dem Meer ein beschauliches Leben. Dies endete jedoch brutal, als das Oberhaupt der Ngapuhi, Hongi Hika, bei George VI. Musketen erstand und damit die Ostküste der Nordinsel unsicher machte; die Ngati Hei bei Hahei überlebten das nicht. Ihre *pa* am Ostende des Strandes sind noch immer zu sehen."

AUFGESCHRIEBEN VON SARAH BENNETT.

Eine halbe Stunde von Queenstown entfernt befindet sich die restaurierte Goldgräbersiedlung Arrowtown (S. 696).

GLENN VAN DER KNIJFF

So lebten die frühen
Siedler in den Gold-
gräberstädten in Cen-
tral Otago (S. 656).
JON DAVISON

HIGHLIGHTS
DER NATUR-
GESCHICHTE

Cathedral Cove (S. 233)
Heiratswillige sind hier
goldrichtig: Wunder-
schön geformte Klippen
vulkanischen Ursprungs
und dramatische
Steinbögen schaffen
die perfekte Kulisse für
das Ja-Wort.

Central Otago (S. 656)
Das ist der Beweis:
Eine „gezähmte" Natur
ist nicht automatisch
schlecht! Aus Bannock-
burn, das sichtlich vom
Bergbau beeinflusst
wurde, stammen einige
der besten Pinot Noirs
des Landes, und der
riesige künstliche Lake
Dunstan ist ebenfalls
traumhaft!

Französische Straßen-
schilder halten die
Vergangenheit Akaroas
(S. 603) lebendig.
PAUL KENNEDY

Die Wildnis im Herzen

NAME	Paul McGahan
ALTER	56
BERUF	NZ Historic Places Trust Manager
WOHNORT	Kaikoura

„WILDE" BEGEGNUNGEN

Kaikoura (S. 497) Auf Kaikoura schlägt das Herz der Wildnis! Wale beobachten ist in hier, und man begegnet Delfinen, Albatrossen und Seelöwen.

Otago Peninsula (S. 651) Nahe bei Dunedin breiten riesige Albatrosse neben winzigen (aber genauso beeindruckenden) Gelbaugenpinguinen ihre Flügel aus.

Stewart Island (S. 750) Der richtige Ort, um Neuseelands berühmtesten Vogel zu bewundern – vielleicht bekommt man einen der nachtaktiven Kiwis ja sogar tagsüber zu Gesicht!

„Auf Kaikoura kann man hervorragend Meeresbewohner beobachten – Pottwale, Südkaper, Buckelwale, die bedrohten Hector-Delfine, Schwarzdelfine, Orkas, Neuseeländische Seebären, Seeleoparden … Auch vor Arapawa Island in den Marlborough Sounds tauchen ab und zu Buckelwale auf, und vor der Küste der Catlins tummeln sich Neuseeländische Seelöwen.

Auch Vogelfreunde werden Kaikoura lieben: Hier sichtet man Albatrosse, Sturmtaucher und sogar Australische Haubentaucher. In Farewell Spit gibt's zahlreiche Tölpel und Pfuhlschnepfen, und Stewart Island lockt mit Kiwis. Auf der Otago Peninsula nahe Dunedin leben Gelbaugenpinguine und Albatrosse, und das Karori Sanctuary in Wellington beherbergt Brückenechsen.

Freiwillige Helfer können sich auf der Kaikoura Peninsula bei einem Projekt zur Umsiedlung von Huttonsturmtauchern engagieren, auf Codfish Island bei einem Kakapo-Schutzprogramm oder in Dunedin für die Gelbaugenpinguine. Auch auf der Tiritiri Matangi Island vor Auckland gibt's fantastische Angebote. Auf www.doc.govt.nz finden sich viele Infos.

AUFGESCHRIEBEN VON CHARLES RAWLINGS-WAY.

Links Delfin im Sprung vor Kaikoura (S. 497)
MICHAEL GEBICKI

Rechts Urgestein: eine Brückenechse (S. 74)
DAVID WALL

(Fortsetzung von S. 220)

hinauf zur **Kuaotunu Bay Lodge** (Karte S. 210; ☎ 07-866 4396; www.kuaotunubay.co.nz; SH25; EZ 180–225 NZ$, DZ 250–275 NZ$), einem eleganten B & B inmitten gepflegter Parkanlagen, in dem es einige wenige geräumige Zimmer mit Meerblick gibt.

Bei Kuaotunu zweigt eine unbefestigte Straße vom Highway ab, die zu einem der am besten gehüteten Geheimnisse der Coromandel Peninsula führt. Zunächst kommt der lange Streifen des **Otama Beach** in Sicht, der abgesehen von ein paar Häusern und Farmen menschenleer ist. Im **Otama Beach Camp** (☎ 07-866 2362; www.otamabeachcamp.co.nz; 400 Blackjack Rd; Stellplatz 10/5 NZ$ pro Erw./Kind, Cottage 220–260 NZ$) kann man unter sehr einfachen Bedingungen (Plumpsklo in einer Wellblechbaracke) auf dem Acker eines Farmers zelten. Am Strand steht das kürzlich errichtete, in sich abgeschlossene, mit Solarstrom und Brauchwasseraufbereitung umweltfreundliche Cottage (bis 6 Pers.), von dem man den Blick auf den Ozean genießt.

Fährt man die Straße weiter, erwartet einen eine faustdicke Überraschung. Man glaubt sich am absoluten Ende der Welt, aber plötzlich ist die Straße wieder asphaltiert und man befindet sich in **Opito** – einer versteckten Enklave mit 250 Eigenheimen, die einfach zu schick sind, um sie als Ferienhäuser zu bezeichnen. Davon sind gerade mal 16 ständig bewohnt. Das Ganze macht einen etwas gespenstischen Eindruck, aber der Strand ist sagenhaft. Man kann bis zu der Stätte eines Ngati Hei *pa* (Wehrdorfs) am äußersten Ende laufen.

In einem der „echten" Wohnhäuser leben die reizenden Leute, die die **Leighton Lodge** (☎ 07-866 0756; www.leightonlodge.co.nz; 17 Stewart Pl; EZ/DZ/3BZ 125/160/195 NZ$; 🖳) betreiben. In diesem netten B & B gibt's oben ein Zimmer mit einem tollen Aussichtsbalkon und unten eine in sich abgeschlossene Etagenwohnung.

309 Road

Die 309 Rd beginnt 3 km südlich von Coromandel Town und führt 21 km durch die Berge, ehe sie 7 km südlich von Whitianga wieder auf den SH25 trifft. 14 km dieser Piste sind unbefestigt, aber gut in Schuss. **Waterworks** (Karte S. 210; ☎ 07-866 7191; www.thewaterworks.co.nz; 471 309 Rd; Erw./Kind 15/10 NZ$; 🕘 Nov.–April 9–18 Uhr, Mai–Okt. 10–16 Uhr), 5 km abseits des SH25, ist ein wunderbar bizarrer Freizeitpark mit Wasserspielen aus alten Küchenmessern, Waschmaschinen, Fahrrädern und Toiletten.

2 km weiter gelangt man durch ein hübsches Stück Buschland in nur zwei Minuten zu den 10 m hohen **Waiau Falls**. Nach 500 m lohnt ein weiterer Stopp: Dort kann man 10 Minuten durch beschaulichen endemischen Wald zu einem wunderschönen **Kauri-Hain** (Karte S. 210) spazieren. Die 13 rund 600 Jahre alten Baumriesen entkamen der Abholzung im 19. Jh. und legen Zeugnis davon ab, wie majestätisch die Halbinsel einst wirkte. Der größte Baum hat einen Umfang von 6 m.

Wer kein Auto hat oder sich nicht auf die Schotterpisten traut, bucht bei Coromandel Discovery (S. 220) die **309 Road and Coromandel Highlights Tour** (Erw./Kind 150/90 NZ$). Los geht's in Coromandel Town; unterwegs hält man an der 309 bei Waterworks, am Kauri-Hain, an der Cathedral Cove und dem Hot Water Beach (oder bei ungünstigem Tidenstand am Lost Spring Spa in Whitianga), bevor es über den SH25 zurück zum Ausgangspunkt geht.

WHITIANGA

3800 Ew.

Wer nach Whitianga kommt, sollte das nasse Element mögen. Die großen Attraktionen sind die Sandstrände an der Mercury Bay und die tollen Möglichkeiten zu tauchen, Boot und Kajak zu fahren, die sich vor der schroffen Küste und nahe gelegenen Te Whanganui A Hei Marine Reserve bieten. Auch auf Luxus muss man – wenn man ohne nicht kann – nicht verzichten: Eine Reihe von exklusiven Restaurants und Unterkünften hat zur Versorgung der Schiffspassagiere eröffnet, die regelmäßig in den hübschen Hafen geweht werden. Die meisten Restaurants sind aber recht teuer und nicht besonders prickelnd.

Ein echter nautischer Held, der legendäre polynesische Entdecker und Seefahrer Kupe soll um 950 v. Chr. hier in der Nähe gelandet sein. Whitianga ist eine Kurzform von Te Whitianga a Kupe (etwa „Ort der Überfahrt des Kupe"). In der Nähe befinden sich zwei berühmte und fantastische Naturattraktionen: die Cathedral Cove und der Hot Water Beach.

Praktische Informationen

Medizinische Versorgung (☎ 07-866 5911; 87 Albert St; 🕘 Mo–Fr 8.30–17, Sa 9–11 Uhr)
Post (72 Albert St)
Whitianga i-SITE (☎ 07-866 5555; www.whitianga.co.nz; 66 Albert St; 🕘 Mo–Fr 9–17, Sa & So 9–16 Uhr, Sommer länger) Praktische Informationen und Internetzugang (9 NZ$/Std.).

COROMANDEL PENINSULA

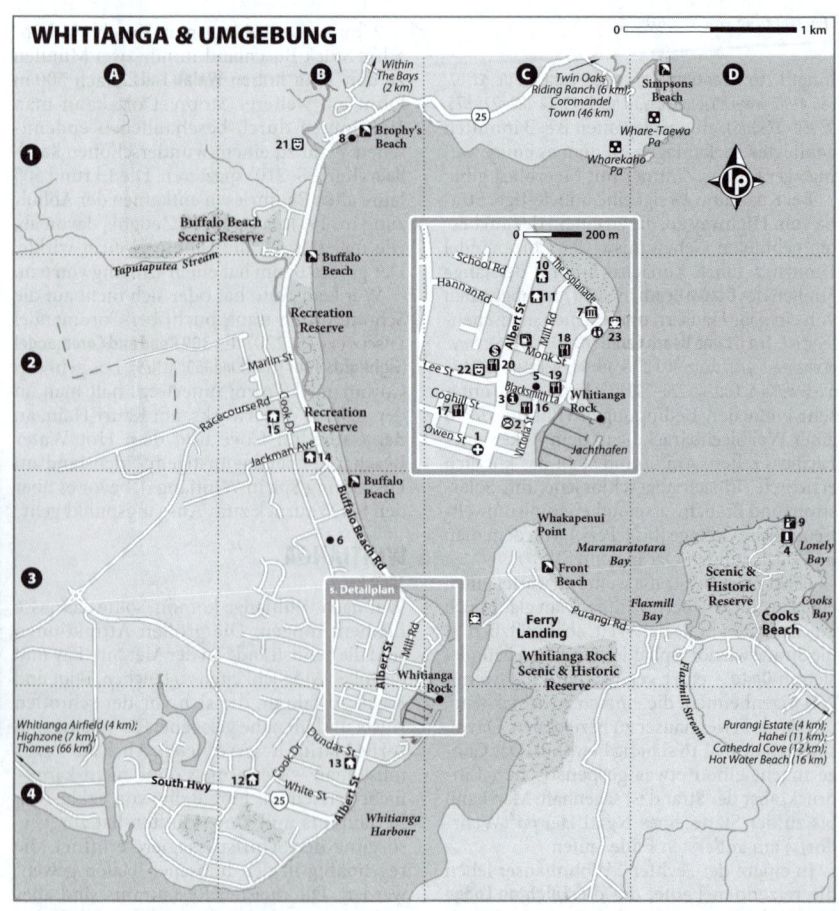

WHITIANGA & UMGEBUNG

COROMANDEL PENINSULA

Sehenswertes & Aktivitäten

Der **Buffalo Beach** erstreckt sich nördlich des Hafens an der Mercury Bay. Eine fünfminütige Fahrt mit der **Personenfähre** (Erw./Kind/Fahrrad 2/1/0,50 NZ$; ⊗ Weihnachten–Jan. 7.30–2.15 Uhr, Feb.–Weihnachten 7.30–18.30 & 19.30–20.30 & 21.30–23 Uhr) bringt einen auf die andere Hafenseite zum **Whitianga Rock Scenic & Historical Reserve**, zur **Flaxmill Bay**, zum **Shakespeare's Lookout**, zum **Captain Cook's Memorial**, zur **Lonely Bay** und zur **Cooks Bay**, die alle gut zu Fuß zu erreichen sind. Weiter entfernt liegen die Cathedral Cove (S. 233; 15 km), Hahei (S. 233; 13 km) und der Hot Water Beach (S. 233; 18 km, 1 Std. per Fahrrad). Auf dem Weg nach Hahei liegt das **Purangi Estate** (Karte S. 210; ☎ 07-866 3724; www.purangi.co.nz; 501 Purangi Rd; ⊗ 9–17 Uhr) mit Café und kostenlosen Likör- und Obstweinproben.

„Disney meets Rotorua" könnte das Motto des interessanten Thermalbadkomplexes **Lost Spring** (☎ 07-866 0456; www.thelostspring.co.nz; 121a Cook Dr; 25/50 NZ$ pro Std./Tag) lauten. Hier findet man eine Reihe heißer Pools in einer dschungelartigen Anlage, zu der auch ein „aktiver Vulkan" gehört. Der Spaß bleibt allerdings Erwachsenen vorbehalten; Kinder unter 14 Jahren haben keinen Zutritt. So können Besucher hier mit einem Cocktail in der Hand in aller Ruhe einweichen. Es gibt auch ein Mineralbad (Anwendungen 20–320 NZ$) und ein ausgezeichnetes Restaurant.

Das kleine, aber interessante **Mercury Bay Museum** (☎ 07-866 0730; 11a The Esplanade; Erw./Kind

5/0,50 NZ$; 🕙 10–16 Uhr) widmet sich der Lokalgeschichte – vor allem Whitiangas berühmtesten Besuchern, Kupe und Kapitän Cook.

Das **Dive HQ** (☎ 07-867 1580; www.divethecoromandel.co.nz; 7 Blacksmith Lane; Tour 120–225 NZ$) ist eine von der PADI mit fünf Sternen ausgezeichnete Einrichtung für Tauchsportler. Sie bietet eine Reihe von Möglichkeiten für Tauchgänge, ob von der Küste, einem Kajak oder Boot aus. Im November organisiert die Einrichtung zudem das **Divefestival** (www.divefestival.co.nz).

Wer Fische lieber fängt als bewundert, findet im Jachthafen von Whitianga zwischen Januar und März einen bekannten Ausgangspunkt für **Sportangeltouren** (zu fangen gibt's vor allem Marline und Thunfische). Im Angebot sind eine Reihe von Charterschiffen ab rund 500 NZ$; man kann aber auch gut und gern ein paar 1000 NZ$ hinblättern. Genaueres erfährt man im i-SITE oder in der Umgebung des Jachthafens. Einen Leitfaden für nachhaltiges Angeln findet man auf S. 194.

Seafari Windsurfing (☎ 07-866 0677; Brophy's Beach), 4 km nördlich von Whitianga, verleiht Surfbretter (ab 25 NZ$/Std.) und Kajaks (ab

15 NZ$/Std.) und bietet Surfunterricht an (ab 40 NZ$ inkl. Ausrüstung).

Eine weitere Gelegenheit, sich auf dem Wasser auszutoben, bietet das knallgelbe, motorisierte **Banana Boat** (☎ 07-866 5617; www.whitianga.co.nz/bananaboat; Fahrt 10–30 NZ$). Es düst allerdings nur zwischen dem 2. Weihnachtsfeiertag und Ende Januar über die Bucht.

9 km nördlich von Whitianga nimmt einen die **Twin Oaks Riding Ranch** (Karte S. 210; ☎ 07-866 5388; www.twinoaksridingranch.co.nz; SH25; 2 Std. Reiten 50 NZ$) mit auf einen Ausritt über das Gebiet der Farm und durch den Busch.

Highzone (Karte S. 210; ☎ 07-866 2113; www.highzone.co.nz; 49 Kaimarama Rd; Aktivitäten 10–70 NZ$) hat Abenteuer und Kurse im Hochseilgarten im Programm, darunter auch einen Trapezsprung und Ziplines. Die Anlage befindet sich 7 km südlich von Whitianga, unweit der Hauptstraße. Öffnungszeiten telefonisch erfragen.

Geführte Touren

Es gibt verwirrend viele geführte Touren zum **Te Whanganui-A-Hei Marine Reserve**. Dort findet man erstaunliche Felsformationen und kann, mit etwas Glück, Delfine, Robben, Pinguine und Orcas zu Gesicht bekommen. Manche Touren sind reine Kreuzfahrten, bei anderen kann man schwimmen und schnorcheln. Empfehlenswert sind folgende Anbieter:

Cave Cruzer (☎ 0800 427 893; www.cavecruzer.co.nz; 1–2½-stündige Tour 50–75 NZ$) Ein Festrumpfschlauchboot.

Glass Bottom Boat (☎ 07-867 1962; www.glasbottomboatwhitianga.co.nz; 2-stündige Tour Erw./Kind 85/50 NZ$)

Whitianga Adventures (☎ 0800 806 060; www.whitianga-adventures.co.nz; 1½-stündige Tour Erw./Kind 55/35 NZ$) Veranstaltet auch die zweistündige Tour „Sea Cave Adventure" mit einem Schlauchboot (Erw./Kind 65/40 NZ$) und vierstündige Trips zu den Mercury Islands mit einer 14 m langen Barkasse (Erw./Kind 125/70 NZ$).

Windborne (☎ 07-866 4607; www.windborne.co.nz; 80 NZ$/Pers.) Tägliche Fahrten mit einem 19 m langen Schoner von 1928.

Festivals & Events

Im August sorgt das **Scallop Festival** (www.scallopfestival.co.nz) eine Woche lang für Unterhaltung und hervorragendes Essen. Das Silvester 2009 erstmals gestartete **Coromandel Gold Festival** (www.coromandelgold.co.nz; Ohuka Farm, Buffalo Beach Rd; Tickets 88 NZ$) wurde vom Publikum begeistert angenommen. Es treten neuseeländische Top-Bands auf.

COROMANDEL PENINSULA

COROMANDEL PENINSULA

Schlafen

Mercury Bay Holiday Park (☎ 07-866 5579; www.
mercurybayholidaypark.co.nz; 121 Albert St; Stellplatz 22/8 NZ$
pro Erw./Kind, Hütten & Wohneinheiten 100–268 NZ$;
▣ 🛜 🐾) Der kleine Campingplatz liegt
seltsamerweise in einem vorstädtischen
Wohnviertel, ist aber gemütlich und sauber.
Er bietet Spielplätze, ein Trampolin, einen
Swimmingpool und einen Billardtisch.

Cat's Pyjamas (☎ 07-866 4663; www.cats-pyjamas.
co.nz; 12 Albert St; B 23 NZ$, DZ 55–65 NZ$; ▣ 🛜) Gute
Gemeinschaftseinrichtungen sorgen dafür,
dass der Laden brummt. Er hat eine perfekte
Lage zwischen den Pubs und dem Strand.

On the Beach Backpackers Lodge (☎ 07-866 5380;
www.coromandelbackpackers.com; 46 Buffalo Beach Rd; B
24–26 NZ$, EZ 49–53 NZ$, DZ 66–96 NZ$; ▣) Das hell
gestrichene, gut geführte YHA-Hostel ist
wirklich toll. Es liegt am Strand und bietet
eine große Auswahl an Zimmern, einige mit
Meerblick und eigenem Bad. Kajaks, Boogieboards und Spaten (für den Hot Water Beach)
werden kostenlos zur Verfügung gestellt.

Cosy Cat Cottage B&B (☎ 07-866 4488; www.cosycat.
co.nz; 41 South Hwy; EZ/DZ/3BZ/4BZ 85/105/120/160 NZ$)
Das schon lange existierende B & B ist mächtig skurril. Katzenabbilder verfolgen einen auf
Schritt und Tritt, darunter ein menschengro-
ßes im Vorgarten. Alle Zimmer sind recht
gemütlich, nicht alle haben ein eigenes Bad.

LP Tipp **Pipi Dune B&B** (☎ 07-869 5375; www.pipi
dune.co.nz; 5 Pipi Dune; EZ/DZ 85/125 NZ$; 🛜) In dem
attraktiven B & B, das in einer ruhigen Sackgasse liegt, fühlt man sich wohl wie die Pipi-
Muschel in ihrer Schale, nur dass es hier noch
Gästelounges mit Kochnischen, Waschküche
und kostenlosen WLAN-Zugang gibt.

Albert Number 6 (☎ 07-866 0036; www.albertnumber
6.co.nz; 6 Albert St; Zi. 95–140 NZ$; ▣) Die hellen,
sonnigen Wohneinheiten wirken wie Motelzimmer ohne Einbauküchen und liegen in der
Nähe von Strand und Läden. Die Gastgeber
versorgen einen mit einem kleinen Frühstück.

Within the Bays (☎ 07-866 2848; www.withinthebays.
co.nz; 49 Tarapatiki Dr; Zi. 360 NZ$; ▣) Das auf einem
Hügel gelegene B & B verbindet modernes
europäisches Design mit einer sagenhaften
Aussicht. Es ist ausgesprochen gut auf Gäste
mit Mobilitätseinschränkungen eingerichtet:
Es gibt sogar einen für Rollstuhlfahrer geeigneten Buschwanderweg auf dem Gelände.

Essen

Tuatua (☎ 07-866 0952; 45 Albert St; Tapas 5–14 NZ$,
Hauptgerichte 25–37 NZ$; 🕐 Mo–Do 10–17, Fr & Sa 12

Uhr–open nd) Der Tapas-Hype hat es bis nach
Whitianga geschafft, allerdings mit regiona-
lem Einschlag. Probieren sollte man die Co-
romandel-Muscheln nach Madrider Art.

Cog (☎ 07-866 0592; 10 Coghill St; Hauptgerichte
8–18 NZ$; 🕐 7–17 Uhr) Frühstarter machen es sich
auf der sonnigen Terrasse dieses Straßencafés
gemütlich. Verführerisch locken die Speisen
an der Theke, und die getoasteten Sandwiches
werden Feinschmeckeransprüchen gerecht.

Cafe Nina (☎ 07-866 5440; 20 Victoria St; Hauptgerichte 8–18 NZ$; 🕐 morgens & mittags) Barbecue zum
Frühstück? Warum nicht! Hier lässt sich die
Küche nicht in vier Wände zwängen: Schinken und Eier werden draußen auf dem Herd
gegrillt, die Gäste sitzen an Tischen im Park.

Sangam Indian Cuisine (☎ 07-867 1983; 13/1 Black-
smith Lane; Hauptgerichte 15–22 NZ$; 🕐 abends; Ⓥ) Das
große, gehobene Restaurant mit exotischen
Lampen versetzt Whitianga nach Nordindien.
Für Kinder, die es nicht scharf mögen, gibt's
Fish & Chips.

LP Tipp **18sixtyfive** (☎ 07-866 0456; 121a Cook Dr;
Hauptgerichte mittags 14–17 NZ$, abends 32–35 NZ$; 🕐 mittags & abends) Nach dem Baden in der Thermalquelle kann man sich im Restaurant des Lost
Spring richtig verwöhnen lassen. Geboten
wird gute Fusionküche im eleganten Ambiente eines umgebauten Schulhauses von 1865.

Feinschmecker unter den Selbstversorgern
finden auf dem **Monk St Market** (☎ 07-866 4500; 1
Monk St; 🕐 Mo–Sa 10–18 Uhr) diverse Delikatessen,
Importschokolade und Bioprodukte.

Unterhaltung

Mercury Twin Cinemas (☎ 07-867 1001; Lee St) Wenn
es regnet, kann man sich hier die neuesten
Blockbuster, aber auch anspruchsvollere Filme anschauen.

Anreise & Unterwegs vor Ort

Ein Bus von **InterCity** (☎ 0508 353 947; www.inter
city.co.nz) fährt täglich von/nach Thames
(34 NZ$, 90 Min.) über Tairua (17 NZ$,
44 Min.). Er hält am i-SITE, beim Cat's Pyjamas sowie beim On the Beach.

Naked Bus (www.nakedbus.com) bietet in Kooperation mit der **Tairua Bus Company** (☎ 07-864 7770;
www.tairuabus.co.nz; Tickets im Vorverkauf ab 1 NZ$) täglich
Verbindungen nach Coromandel Town
(1 Std.), Hahei (30 Min.), zum Hot Water
Beach (40 Min.) und nach Tairua (1 Std.).

Go Kiwi (☎ 0800 446 549; www.go-kiwi.co.nz) hat tägliche Shuttlebusse nach Tairua (24 NZ$, 1 Std.),
Thames (36 NZ$, 1¾ Std.) und Auckland

(65 NZ$, 4 Std.), zwischen Dezember und Ostern gibt's auch Fahrten nach Waihi (42 NZ$, 2¼ Std.) und Tauranga (60 NZ$, 3 Std.).

HAHEI
270 Ew. (Sommer 7000)

Das kleine Hahei ist eine legendäre neuseeländische Stadt am Strand. Im Sommer bläht sie sich fast bis zum Platzen auf, ansonsten aber ist sie fast verwaist – sieht man mal von den Busladungen voller Touristen ab, die den obligatorischen Zwischenstopp an der Cathedral Cove einlegen. Der Ort ist bezaubernd und eignet sich toll dazu, um einige Tage zu entspannen, besonders in den ruhigeren Monaten. Seinen Namen verdankt er Hei, dem Vorfahren des Ngati-Hei-Volks, das im 14. Jh. mit dem Kanu *Te Arawa* landete.

Sehenswertes & Aktivitäten

Die wunderschöne **Cathedral Cove** mit ihrem berühmten, gigantischen Steinbogen und der natürlichen Wasserfallbrause besucht man am besten im Frühjahr oder abends – nur so geht man den größten Menschenmassen aus dem Weg. Glaubt man dem Schild am Parkhaus 1 km nördlich von Hahei, dauert der Spaziergang zum Gewölbe 45 Minuten; wer aber bei einem kleinen Fußmarsch nicht gleich ein Sauerstoffzelt benötigt, schafft es in 30. Unterwegs kommt man an der sandigen **Stingray Bay** und der felsigen **Gemstone Bay** vorbei. Dort gibt's einen Bereich zum Schnorcheln, in dem man gute Chancen hat, Snapper, Krebse und Stachelrochen zu sehen.

Der Spaziergang von der Cathedral Cove zum **Hahei Beach** dauert 70 Minuten. Vom Südende des Hahei Beach geht man 15 Minuten nach **Te Pare** hinauf. Von der *pa*-Stätte bietet sich ein toller Blick über die Küste.

Cathedral Cove Sea Kajaking (☎ 07-866 3877; www.seaKajaktours.co.nz; 88 Hahei Beach Rd; halber/ganzer Tag 85/145 NZ$) organisiert geführte Kajakausflüge zu den Felsbögen, Höhlen und Inseln in der Cathedral Cove. Die Remote Coast Tour startet in die entgegengesetzte Richtung. Wenn es das Wetter zulässt, besucht man Höhlen, Brandungshöhlen und einen langen Tunnel.

Wem das zu anstrengend ist, der kann die Küste auch bei der einstündigen Fahrt mit dem Jetboot von **Hahei Explorer** (☎ 07-866 3910; www.haheiexplorer.co.nz; Erw./Kind 65/40 NZ$) erkunden.

Cathedral Cove Dive & Snorkel (☎ 07-866 3955; www.hahei.co.nz/diving; Hahei Beach Rd; Tauchgang 69–105 NZ$) veranstaltet täglich Tauchtouren und verleiht Tauch- (60 NZ$) und Schnorchelausrüstung (20 NZ$), Fahrräder (20 NZ$) sowie Boogieboards (20 NZ$). Der halbtägige Anfängerkurs „Discover Scuba" kostet inklusive der gesamten Ausrüstung 160 NZ$.

Schlafen & Essen

In der Nebensaison wirkt Hahei total ausgestorben. Immerhin bleibt der Laden im Ort geöffnet, und die Restaurants wechseln sich ab, sodass in der Reihe am Abend wenigstens eines auf hat. Wer mehr Auswahl sucht, fährt mit der Fähre nach Whitianga hinüber.

LP Tipp Tatahi Lodge (☎ 07-866 3992; www.tatahi lodge.co.nz; Grange Rd; B/DZ 30/80 NZ$, Wohneinheit 140–310 NZ$; 🖥 🛜) Ein wunderbare Herberge, wo Backpackern wenigstens so viel Aufmerksamkeit zu Teil wird wie dem üppigen Garten voller Bromeliengewächse. Die Schlafsäle und die ausgezeichneten Gemeinschaftseinrichtungen wirken genauso attraktiv wie die kostspieligeren, in sich abgeschlossenen Wohneinheiten. In der Saison gibt's kostenloses Obst: eine willkommene Vitaminzugabe für die Backpacker, die sich sonst mit einem Beutel Reis die Woche begnügen

Church (☎ 07-866 3533; www.thechurchhahei.co.nz; 87 Hahei Beach Rd; Cottage 130–220 NZ$; 🖥) Die wunderbar ausstaffierten, rustikalen Holzhäuschen in fotogener Gartenkulisse sind innen stilvoll und modern. In der bezaubernden Holzkirche, die am oberen Ende der Anfahrt thront, befindet sich Haheis schickstes Restaurant (Hauptgerichte 30–37 NZ$).

Anreise & Unterwegs vor Ort

Die **Tairua Bus Company** (☎ 07-864 7770; www.tairua bus.co.nz; Tickets im Vorverkauf ab 1 NZ$) bietet in Kooperation mit **Naked Bus** (www.nakedbus.com) tägliche Verbindungen nach Coromandel Town (90 Min.) über Whitianga (30 Min.) sowie nach Tairua (30 Min.) über den Hot Water Beach (10 Min.).

Vom 2. Weihnachtsfeiertag bis zum Waitangi Day betreibt die Gemeinde einen Bus, der von der Fähranlegestelle (auf der Seite des Cooks Beach) zum Hot Water Beach fährt und in Hahei (Erw./Kind 2/1 NZ$) hält.

HOT WATER BEACH

Der außerordentliche Hot Water Beach ist zu Recht berühmt. Zwei Stunden vor bis zwei Stunden nach Ebbe hat man Zugang zu einem Strandabschnitt vor einem Felsvorsprung in der Mitte des Strandes, wo heißes Wasser

---

NUR INS HEISSE WASSER GEHEN!

Am Hot Water Beach gibt's gefährliche Strömungen, und zwar vor allem genau vor dem Abschnitt mit den Thermalquellen. Nach der Zahl der Ertrunkenen handelt es sich um einen der vier gefährlichsten Strände Neuseelands, was freilich auch auf die hohe Besucherzahl zurückzuführen sein mag. Wie dem auch sei: Das Schwimmen ist hier nicht sicher. Falls gerade keine Rettungsschwimmer im Einsatz sind, sollte man sich also darauf beschränken, sich den Hintern zu verbrühen.

---

unter der sandigen Oberfläche hervorsprudelt. Man bringt einen Spaten mit, gräbt ein Loch und hat im Handumdrehen sein eigenes Thermalbad. Surfer machen noch vor dem Hauptstrand Halt, um einige ordentliche Brecher zu erwischen. Auf der Landspitze zwischen den beiden Stränden finden sich immer noch Spuren eines *pa* der Ngati Hei.

Spaten (5 NZ$) kann man im **Hot Water Beach Store** (☎ 07-866 3006; Pye Pl; ☉ Sommer 9–19 Uhr, Winter bei Ebbe) ausleihen, zu dem auch ein Café gehört. Das wundervolle **Hot Waves Café** (☎ 07-866 3887; 8 Pye Pl; Gerichte 10–17 NZ$; ☉ 8.30–17 Uhr) verleiht ebenfalls Spaten (5 NZ$) und serviert ausgezeichnetes Essen in einer tollen Umgebung. Im Sommer reicht die Schlange bis vor die Tür.

Wunderbare Dinge – Kunst, Skulpturen, Schmuck – mit einem der modernen Pazifik-Maori-Einschlag finden sich bei **Moko** (☎ 07-866 3367; www.moko.co.nz; 24 Pye Pl; ☉ 10–17 Uhr) in Strandnähe. Der von Bambus und Gummibäumen eingefasste **Hot Water Beach Holiday Park** (☎ 07-866 3116; www.hotwaterbeachholidaypark.com; 790 Hot Water Beach Rd; Stellplatz 20c NZ$/Pers; B 35 NZ$; ☐) ist ein kleiner, recht neuer Campingplatz mit einem modernen Duschen- und Toilettenblock sowie vier Hütten mit Stockbetten.

Auntie Dawn's Place (☎ 07-866 3707; www.auntie dawn.co.nz; 15 Radar Rd; B 25 NZ$, Wohneinheit 120–135 NZ$) ist ein gemütliches, geräumiges und heimeliges Haus mit großem Garten, in dem alte Pohutukawa-Bäume stehen. Im Sommer gibt's in den Gartenhütten auch Betten für Backpacker.

Das reizend auf einem Hügel gelegene **Hot Water Beach B&B** (☎ 07-866 3991; www.hotwaterbed andbreakfast.co.nz; 48 Pye Pl; Zi. 250 NZ$) hat eine unbezahlbare Aussicht, einen Whirlpool auf der Terrasse und attraktive Wohnbereiche.

Der Bus nach Hahei hält hier, allerdings nur auf Anfrage (bei Reservierung).

COROGLEN & UMGEBUNG

Einmal blinzeln und schon hat man's verpasst: Coroglen, ein kleines Dorf am SH25 südlich von Whitianga und westlich vom Hot Water Beach. Die legendäre **Coroglen Tavern** (☎ 07-866 3809; www.coroglentavern.com; 1937 SH25) ist der Archetyp eines Landgasthauses mitten im Niemandsland. Nichtsdestoweniger lockt es im Sommer bekannte neuseeländische Bands an.

Der **Coroglen Farmers Market** (☎ 07-866 3315; SH25; ☉ So 9–13 Uhr) verkauft von Gemüse bis zu Mischdünger etwas von allem, was in der Gegend produziert wird.

Ganz in der Nähe führen die Leute von der **Rangihau Ranch** (☎ 07-866 3875; www.rangihauranch.co.nz; Rangihau Rd; 1-/2-stündiger Ausritt 40/60 NZ$) mit dem Pferd einen historischen Packeselpfad hinauf. Durch wunderschönes Buschland geht's zu spektakulären Aussichtspunkten.

Colenso Country Shop & Café (Karte S. 210; ☎ 07-866 3725; Whenuakite; Hauptgerichte 7–17 NZ$; ☉ 10–17 Uhr) bietet tollen Fair-Trade-Kaffee, Scones, Kuchen, Snacks und eine süße Atmosphäre.

TAIRUA

1296 Ew.

Tairua und ihre Zwillingsstadt Pauanui liegen – den Blick aufeinander gerichtet – zu beiden Seiten einer Flussmündung, an deren Stränden kleine Kinder nach Herzenslust im Wasser planschen können. Zudem eignet sich diese Ecke perfekt zum Windsurfen: Bei beiden Orten gibt es ordentliche Surfstrände – der von Pauanui ist wohl eine Nuance besser.

Doch da hören die Gemeinsamkeiten auch schon auf. Während Tairua ein Ort für ganz normale Neuseeländer ist (es hat auch Geschäfte, Bankautomaten und einige Restaurants), stellt Pauanui ein gehobenes Refugium für den Geldadel Aucklands dar. Und damit sind Leute gemeint, die mal eben mit ihrem Privatflugzeug herjetten, es neben ihren bombastischen Strandhäusern parken und dann eine Runde Golf spielen. Das sympathische Tairua behält dagegen seine Bodenhaftung. Ach ja, eine Gemeinsamkeit gibt es dann doch noch: Im Sommer sind beide Orte äußerst beliebt.

Praktische Informationen

Tairua Information Centre (☎ 07-864 7575; www.tairua.info; 223 Main Rd; ☉ Mo–Fr 9–17, Sa & So 9–16 Uhr)

Sehenswertes & Aktivitäten

Die Nordspitze des Naturhafens bildet das felsige **Paku**, das vor rund 7 Mio. Jahren eine Vulkaninsel war. Später befand sich hier ein *pa* der Ngati Hei, ehe im 17. Jh. die Ngati Maru eindrangen. Vom oberen Ende des Paku Dr sind es 15 Gehminuten bis zum Gipfel; eine herrliche Aussicht über Tairua, Pauanui und die Alderman Islands belohnt den steilen Aufstieg. Unterwegs erläutern Gedenktafeln die Kolonialgeschichte Tairuas, während der langen Besiedlung durch die Maori nur eine einzige, noch dazu ziemlich abschätzige, gewidmet ist.

Tairua Dive & Fishinn (☎ 07-864 8054; www.dive tairua.co.nz; The Esplanade; ☽ Mi–So 8–17 Uhr, Sommer tgl.) verleiht Kajaks (darunter einige mit Glasboden), Tauch-, Schnorchel- und Angelausrüstung. Das Unternehmen veranstaltet auch Charterfahrten für Angler, Tauchtrips zu den Alderman Islands (Tauchgang & komplette Ausrüstung 220 NZ$, nur Tour 130 NZ$, Schnorcheln 95 NZ$) und PADI-Kurse (595 NZ$).

Diverse Betreiber bieten Charterfahrten für Angler und Besichtigungstouren an, darunter **Waipae Magic** (☎ 07-864 9415; dewy@slingshot.co.nz), **Taranui Charters** (☎ 07-864 8511; www.tairua.info/taranui), **Pauanui Charters** (☎ 07-864 9262; www.paua nuicharters.co.nz) sowie **Epic Adventures** (☎ 07-864 8193; www.epicadventures.co.nz). Sehr viel preiswerter sind die abendlichen Angeltouren (25 NZ$, 2–3 Std., mind. 4 Pers.), die die Tairua-Pauanui-Fähre (S. 236) anbietet.

Schlafen

Tairua Beach Villa Backpackers (☎ 07-864 8345; tairua backpackers@xtra.co.nz; 200 Main Rd; Stellplatz 22 NZ$/Pers., B 25–28 NZ$, EZ 50–55 NZ$, DZ 60–64 NZ$, 3BZ/4BZ 90/116 NZ$; ☐) Das Hostel an der Flussmündung bietet gemütliche, zwanglose Zimmer in einem umgebauten Wohnhaus. Sogar der Schlafsaal hat eine tolle Aussicht. Für die Gäste gibt's kostenlos Avocados, Feijoas und Eier sowie Angelruten, Kajaks, Surfbretter und Fahrräder. Surfunterricht kostet nur 20 NZ$.

Pinnacles Backpackers (☎ 07-864 8448; www. pinnaclesbakpak.co.nz; 305 Main Rd; B 25–28 NZ$, DZ 56 NZ$; ☐ ☎) Eine überlebensgroße Obelixzeichnung begrüßt einen in diesem Hostel mittlerer Größe nördlich vom Ortszentrum. Bei einer kürzlichen Renovierung hat das Haus einen neuen Anstrich und neue Teppiche erhalten. Es gibt einen Balkon, einen kostenlosen Billardtisch und einen Fahrradverleih.

Pacific Harbour Lodge (☎ 07-864 8581; www.pacific harbour.co.nz; 223 Main Rd; Chalet 189–259 NZ$; ☐ ☎) Die Ferienanlage im Stadtzentrum gibt sich als Südseeinsel. Sie umfasst geräumige, in sich abgeschlossene Chalets, bei deren Innengestaltung naturbelassenes Holz und Gauguin-Drucke die Akzente setzen, während draußen ein Südseegarten angelegt ist. Üblicherweise gibt es Rabattangebote.

Dell Cote (☎ 07-864 8142; www.dellcote.com; Rewarewa Valley Rd; EZ/DZ 210/240 NZ$) Lehmziegel (ohne toxische Zusätze) und Palmholz sorgen für ein naturverwachsenes Erscheinungsbild, und der große Garten fügt eine Prise Beschaulichkeit hinzu. Besonders hübsch ist das Zimmer im Dachgeschoss.

Essen & Ausgehen

Out of the Blue Cafe (☎ 07-864 8987; 227 Main Rd; Gerichte 8–18 NZ$; ☽ 7–16 Uhr) Der beliebte Treff bietet ordentlichen Kaffee, Frühstück, Snacks von der Theke und kleine Gerichte, darunter Salate und Sandwiches.

Old Mill Cafe (☎ 07-864 9390; 1 The Esplanade; Hauptgerichte 8–19 NZ$; ☽ Do–So 8.30–16.30 Uhr) Die „alte Mühle" ist ganz und gar nicht durchschnittlich. Leuchtend rosa Fensterwände und elegante Gartenmöbel sorgen für das richtige Ambiente für die angebotenen Leckerbissen wie Buttermilch- und Blaubeerpfannkuchen, Arme Ritter, New England Chowder oder die saftigen Schokoladentörtchen.

Punters Bar & Grill (☎ 07-864 9370; Main Rd; Hauptgerichte 10–30 NZ$; ☽ Di–So 11 Uhr–open end) Das Punters ist in erster Linie ein Pub, macht aber auch ordentliche Snacks (etwa knusprige Panini mit Dips) und riesige Burger mit Rindersteaks oder Fisch statt des üblichen Hackfleischs.

Manaia Cafe & Bar (☎ 07-864 9050; 228 Main Rd; Brunch 12–17 NZ$, Abendessen 18–27 NZ$; ☽ Di–So morgens, mittags & abends) Mit den Plätzen im Hof, die sich im Sommer für einen Brunch anbieten, und der Bar aus poliertem Kupfer, die zum Besuch später am Abend einlädt, ist das Manaia ein schicker Neuzugang der hiesigen Gastronomieszene. Auf der Abendkarte stehen beliebte Bistrogerichte mit kunstvollem Einschlag.

Anreise & Unterwegs vor Ort

Busse von **InterCity** (☎ 0508 353 947; www.intercity. co.nz) fahren täglich von/nach Thames (17 NZ$, 44 Min.) und Whitianga (17 NZ$, 44 Min.). Die **Tairua Bus Company** (☎ 07-864 7770; www.tairuabus.co.nz; Tickets im Vorverkauf ab 1 NZ$) bietet in Kooperation mit **Naked Bus** (www.nakedbus.com) tägliche Verbindungen nach Thames (50 Min.) und nach Coromandel Town (2 Std.) über den Hot Water Beach (25 Min.), Hahei (30 Min.) und Whitianga (1 Std.).

Go Kiwi (☎ 0800 446 549; www.go-kiwi.co.nz) betreibt tägliche Shuttles mit Haustürservice nach Whitianga (24 NZ$, 1 Std.), Thames (26 NZ$, 70 Min.) und Auckland (66 NZ$, 2¼ Std.), zwischen Dezember und Ostern auch nach Waihi (30 NZ$, 1½ Std.) und Tauranga (48 NZ$, 2¼ Std.).

Tairua und Pauanui sind durch eine **Passagierfähre** (☎ 027-497 0316; einfache Strecke/hin & zurück 3/5 NZ$; ☺ März–Nov. Sa & So, Dez.–Feb. tgl.) miteinander verbunden, die zwischen 9 und 17 Uhr alle zwei Stunden ablegt (im Sommer verdichteter Fahrplan und längere Betriebszeiten).

RUND UM TAIRUA
Puketui Valley

12 km südlich von Tairua befindet sich die Abzweigung ins Puketui Valley und zu den historischen Goldgräberstätten von **Broken Hills** (Karte S. 210), die wiederum 8 km abseits der Hauptstraße liegen und über eine Schotterpiste zu erreichen sind. Auf kurzen Wanderwegen gelangt man zu den Pochwerken, der schönste führt durch den 500 m langen Stollentunnel Collins Drive. Hinter dem Tunnel führt ein kurzer, mit „Lookout" markierter Seitenweg zu einem Aussichtspunkt, von dem aus man das ganze Panorama überschauen kann. Für diese Wanderung braucht man hin und zurück drei Stunden; nicht vergessen, eine Taschenlampe und eine Jacke mitzunehmen!

Übernachten kann man auf dem einfachen **DOC-Campingplatz** (Karte S. 210; Erw./Kind 9/2 NZ$) an einer hübschen Stelle am Fluss. Hier ist man in der Wildnis und muss entsprechend vorbereitet und umsichtig sein. Das Wasser aus dem Fluss vor Gebrauch abkochen!

Slipper Island

Auf **Slipper Island** (☎ 07-864 7560; www.slipper.co.nz), einer Insel in Privatbesitz, gibt es Campingplätze (Erw./Kind 20/15 NZ$) an der South Bay und Chalet-Unterkünfte (in sich abgeschlossene Wohneinheiten 250–750 NZ$) an der Home Bay. Um auf die Insel zu kommen, muss man im Voraus telefonisch die Abholung durch ein Charterboot (65 NZ$/Pers., mind. 4 Pers.), ein Kleinflugzeug oder einen Hubschrauber vereinbaren.

OPOUTERE

Diese langgestreckte, unberührte Sandfläche gehört sicher zu den bestgehüteten Geheimnissen – vielleicht haben sich die Ortsansässigen verschworen, um die Massen aus Auckland fernzuhalten, die in der Saison in Pauanui und Whangamata einfallen. Abgesehen von ein paar Häusern herrscht kilometerweit Einsamkeit. Das Schwimmen kann allerdings gefährlich sein, vor allem in der Nähe des Hikinui Islet, das sich in Strandnähe befindet. Auf der sandigen Landzunge befindet sich das **Wharekawa Wildlife Refuge**, ein Brutplatz des bedrohten Maoriregenpfeifers.

Zu den Hütern des Geheimnisses gehört die **Opoutere Coastal Camping** (☎ 07-865 9152; www. opouterebeach.co.nz; 460 Ohui Rd; Stellplatz pro Erw./Kind 13/8 NZ$, Hütte 75–145 NZ$), deren Slogan lautet: „Unberührt und abgelegen, genauso mögen wir es". Das Platzangebot ist strikt begrenzt, man sollte also für den nur im Sommer geöffneten Campingplatz, auf dem es ebene, geschütztes Stellplätze für Zelte und einige wenige Hütten gibt, im Voraus reservieren.

LP Tipp **Opoutere YHA** (☎ 07-865 9072; www.yha. co.nz; 389 Opoutere Rd; Stellplatz 17 NZ$/Pers., B 27–30 NZ$; DZ 76–106 NZ$; 🖵 🛜) Ein wunderbares Hostel – fern von allem, mit Vogelgezwitscher. Kajaks, Wärmflaschen, Wecker, Stelzen und Hula-Hoop-Reifen können ausgeliehen werden. Der größte Schlafsaal befindet sich in der einstigen Eingeborenenschule von Opoutere. Am Strand kann man Meeresfrüchte ernten, das übrige Essen muss man selber mitbringen.

Eine friedliche Villa im Landhausstil mit netten Gastgebern und Zimmern mit Bad ist das **Copsefield B&B** (Karte S. 210; ☎ 07-865 9555; www. copsefield.co.nz; 1055 SH25; Zi. 140–200 NZ$) Es steht in einer hübschen, üppigen Gartenanlage mit Whirlpool und einer Schwimmstelle am Fluss. In der Gästelounge erhält man kostenlose warme Getränke, die man auf den Terrassen im Jasminduft genießt.

Go Kiwi (☎ 0800 446 549; www.go-kiwi.co.nz) betreibt einen Shuttlebus zwischen Opoutere und Whangamata (11 NZ$, 10 Min.); Abfahrtzeiten telefonisch erfragen.

WHANGAMATA
3600 Ew.

Während Aucklands Oberschicht nach Pauanui strömt, zieht es die lüsterne Jugend der Stadt nach Whangamata zum Surfen, Party machen und Gleichgesinnte kennenlernen. Über Neujahr, wenn sich mehr als 40 000

Menschen im Städtchen tummeln, geht es hier recht rau zu. Im Sommer ist Whangamata ein brummender Ferienort, außerhalb der Saison wirkt die Hauptstraße wie ausgestorben.

Praktische Informationen

Bartley Internet & Graphics (☎ 07-865 8832; 706 Port Rd) Internetzugang.

Whangamata i-SITE (☎ 07-865 8340; www.whanga matainfo.co.nz; 616 Port Rd; 🕒 Mo–Fr 9–17, Sa 10–16.30, So 10–14 Uhr)

Aktivitäten

Man kann hier angeln (Angelsaison Jan.–April), in der Nähe von Hauturu (Clarke) Island schnorcheln, surfen, Kajak fahren, Orientierungsläufe machen, mit dem Mountainbike fahren oder sich auf einem der ausgezeichneten Wanderwege tummeln. Für den **Wentworth Falls Walk** (Ende der Wentworth Valley Rd) braucht man zwei Stunden (einfache Strecke); der Ausgangspunkt liegt 3 km südlich der Stadt und ist über eine gute, 4 km lange Schotterpiste zu erreichen. Weitere 3 km südlich der Wentworth Valley Rd befindet sich die Abzweigung zum **Wharekirauponga Walk** (Ende der Parakiwai Quarry Rd), eine stellenweise sumpfige Strecke (hin & zurück 10 km, 4 Std.), die zu einem Bergarbeiterlager, einem Pochwerk und einem Wasserfall führt. Unterwegs kann man ungewöhnliche, sechseckige Lavasäulen und das vielstimmige Vogelgezwitscher bewundern.

Doug Johansen ist eine Art lokaler Crocodile Dundee. Er veranstaltet ein- bis 14-tägige Wanderungen in die Wildnis unter dem Namen **Kiwi Dundee Adventures** (☎ 07-865 8809; www. kiwidundee.co.nz).

Schlafen

Wentworth Valley Campsite (Karte S. 210; ☎ 07-865 7032; Erw./Kind 9/2 NZ$) Der Campingplatz ist mit Toiletten, Warmwasserduschen (1 NZ$) und Gasgrills besser ausgestattet als die meisten anderen, die das DOC betreibt. Man erreicht ihn über den Wentworth Falls Walk.

Southpacific Accommodation (☎ 07-865 9580; www.thesouthpacific.co.nz; 249 Port Rd; B 27–29 NZ$, EZ 46 NZ$, DZ 68–74 NZ$, Wohneinheit 138–153 NZ$; 🖳 🛜) Dieser kaum zu übersehende Eckkomplex besteht aus einer großen Scheune für Backpacker und in sich abgeschlossenen Moteleinheiten. Die Waschräume sind sauber und modern; Fahrräder und Kajaks werden ausgeliehen.

Gabry's Place (☎ 07-865 6295; livio@xtra.co.nz; 103 Mark St; Wohneinheit 80 NZ$) Hier wohnt man wie bei italienischen Großeltern. Die goldigen Gastgeber geben sich alle Mühe, ihre Gäste mit Milch und Keksen zu versorgen. Danach kann man den Aufenthalt in der großen, peinlich sauberen, in sich abgeschlossenen Wohneinheit in vollen Zügen genießen.

Marine Reserved (☎ 07-865 9096; www.marine reservedapartments.co.nz; Ecke Ocean Rd & Lowe St; 🛜) Der Name ist sonderbar, und sonst ist an diesem wirklich ausgezeichneten Komplex aus Stadthäusern noch bemerkenswert, dass hier in einer der recht luxuriösen Wohneinheiten bis zu sechs Personen für 250 NZ$ wohnen können. Zu jeder Einheit gehören ein gesicherter Parkplatz im Erdgeschoss, eine komplette, moderne Küche sowie Grillstellen auf den Terrassen. Zu empfehlen sind die dreistöckigen Apartments an der Ocean Rd: Sie sind größer und höher, sodass man von ihnen aus das Meer sehen kann.

Essen & Ausgehen

Craig's Traditional Fish & Chips (☎ 07-865 8717; 701 Port Rd; Gerichte 4–10 NZ$; 🕒 Mi–Mo mittags & abends) Hier gibt's genau das, was man in einer Fish-&-Chips-Bude begehrt: frische, gegrillte Fischstücke und dicke, gesalzene Fritten bei freundlicher Bedienung. Der Fernseher und der Stapel an Trash-Illustrierten vertreiben die Langeweile.

Lazy Lizard (☎ 07-865 7340; 427 Port Rd; Hauptgerichte 6–14 NZ$; 🕒 Di–So 7.30–15.30 Uhr) Das schrille Café heimst Extrapunkte für die bizarren, von Hand geformten Hocker ein. Zu essen gibt's köstliche Dinge aus der Theke, warme Frühstücksgerichte, Bagel und Salate. Der Biokaffee aus fairem Handel ist erstklassig.

Soul Burger (☎ 07-865 8194; 441 Port Rd; Burger 7–11 NZ$; 🕒 Winter Do–So abends, Sommer tgl.) „Essen, lieben, leben" – gegen das Motto dieses hippen Ecktreffs ist genauso wenig zu sagen wie gegen die mächtigen, einfallsreichen Burger. Man kann ja mal den „Coromandel Ninja" (Rindfleisch, Wasabi, eingelegter Ingwer, Salat) oder den „Vegan Vibe" probieren.

Im riesengroßen **New World** (☎ 07-865 0400; 300 Aickin St; 🕒 7.30–18.30 Uhr) kann man sich mit Lebensmitteln eindecken.

An- & Weiterreise

Go Kiwi (☎ 0800 446 549; www.go-kiwi.co.nz) hat Shuttlebusse nach Thames (64 NZ$, 70 Min.), Auckland (82 NZ$, 2¼ Std.) und Hamilton

(70 NZ$, 3½ Std.) und von Dezember bis Ostern auch Verbindungen nach Waihi (25 NZ$, 35 Min.) und Tauranga (40 NZ$, 90 Min.).

WAIHI
4500 Ew.

Während in den meisten Orten Geldautomaten den Bürgern die Möglichkeit geben, an ihre Besitztümer zu gelangen, befindet sich in der Hauptstraße von Waihi eine riesige Tagebau-Goldmine. In der Martha Mine, Neuseelands reichster Mine, werden seit 1878 Gold und Silber gefördert. Die Stadt entstand dann schnell und schmückte sich mit großen Gebäuden und einer prächtigen Allee aus inzwischen majestätisch hohen Dattelpalmen.

Nachdem die Mine 1952 dicht gemacht hatte, wurde der Tagebau 1988 wieder aufgenommen. Die Mine bringt immer noch Erträge, die gerade so die Kosten decken: Aus 1 t Gestein werden 3 bis 6 g Gold gewonnen. Damit dürfte bald Schluss sein, und wenn der Bergbau endgültig eingestellt ist, soll aus der klaffenden Wunde der Stadt eine bedeutende Touristenattraktion werden. Man darf gespannt sein.

Praktische Informationen

Post (21 Rosemont Rd) Postlagernde Sendungen.
Waihi Visitor Centre (☎ 07-863 6715; www.waihi. org.nz; 126 Seddon St; ☺ 9–17 Uhr) Internetzugang.

Sehenswertes & Aktivitäten

In der Hauptstraße, der Seddon St, stehen interessante Skulpturen, Informationstafeln über Waihis goldene Vergangenheit und Kreisverkehrsmarkierungen, die aussehen wie plattgequetschte Daleks. In der Broschüre *Historic Hauraki Gold Towns* (kostenlos in der Touristeninformation erhältlich) sind Spaziergänge durch die Stadtzentren von Waihi und Paeroa beschrieben.

Gegenüber dem Visitor Centre steht das wichtigste Wahrzeichen der Stadt, das Skelett einer stillgelegten **Pumpstation** von 1904, das abends stimmungsvoll beleuchtet wird. Von hier aus gewährt der **Pit Rim Walkway** faszinierende Einblicke in die 250 m tiefe Martha Mine. Für alle, die sich hineinwagen, veranstaltet das Bergwerksunternehmen die einein-halbstündigen **Waihi Gold Mine Tours** (☎ 07-863 9015; Führung Erw./Kind 25/13 NZ$; ☺ Mo–Sa 10 & 12.30 Uhr). Die **Goldfields Railway** (☎ 07-863 8251; www. waihirail.co.nz; 30 Wrigley St; Erw./Kind hin & zurück 15/8 NZ$;

☺ April–Aug. Fr–Mo, Sept.–März tägl.) veranstaltet Museumsbahnfahrten nach Waikino. Abfahrt am Bahnhof Waihi ist um 10, 11.45 und 13.45 Uhr, in Waikino um 11, 13 und 14.30 Uhr. Die 7 km lange Aussichtsfahrt dauert 25 Minuten.

Das **Waihi Arts Centre & Museum** (☎ 07-863 8386; www.waihimuseum.co.nz; 54 Kenny St; Erw./Kind 5/3 NZ$; ☺ Do–So 11–15 Uhr) umfasst Exponate und Modelle zur Bergbaugeschichte in der Region und eine Galerie. Gruselig ist die Sammlung der abgehackten Daumen von Goldgräbern: Die Finger werden in Glasgefäßen aufbewahrt.

7 km südwestlich von Waihi liegen die 7,3 ha großen **Waterlily Gardens** (Karte S. 210; ☎ 07-863 8267; www.waterlily.co.nz; 441 Pukekauri Rd; Erw./Kind 8,50 NZ$/kostenlos; ☺ Okt.–April 10–16 Uhr), die mit Teichen, Pfauen und anderen hübschen Sachen aufwarten. Vor Ort gibt's auch ein Café.

Wem das zu sauber und ruhig ist, der kann per Snowboard/Skateboard mit **Dirtboard Waihi** (☎ 021-244 1646; www.dirtboard.co.nz; 30 NZ$/Std.) die Hänge hinuntersausen oder mit **Over The Top Adventures** (☎ 021-205 7266; www.overthetopadventures. co.nz; 1 Surrey St; Touren 90–460 NZ$) eine Radquerfeldeintour unternehmen. Das Unternehmen verleiht auch Mountainbikes (35–45 NZ$/Tag), die sich als besonders praktisch erweisen werden, sobald der **Hauraki Rail Trail** fertiggestellt sein wird. Zum Zeitpunkt der Recherche wurde gerade seitens der Regierung beschlossen, dem Bau dieses Radweges von Waihi nach Paeroa durch die Karangahake Gorge Priorität einzuräumen und ihn in den geplanten National Cycleway aufzunehmen.

Wer lieber den Geldbeutel als die Muskeln spielen lässt, findet bei **Artmark** (☎ 07-863 9010; 65 Seddon St; ☺ 10–17 Uhr) eine erstklassige Auswahl von Kunsthandwerk aus der Region.

Schlafen & Essen

Westwind B&B (☎ 07-863 7208; westwindgarden@xtra. co.nz; 58 Adams St; EZ/DZ 50/90 NZ$) Das altmodische Homestay-B & B bietet zwei komfortable Zimmer mit einem Gemeinschaftsbad und wird von einem netten Ehepaar geführt, die beide selber eingefleischte Traveller sind. Da darf man beim Frühstück mit interessanten Gesprächen rechnen.

Waterlily Gardens (Karte S. 210; ☎ 07-863 8267; www.waterlily.co.nz; 441 Pukekauri Rd; Cottage 250 NZ$) Wer in einer der beiden prachtvollen Cottages übernachtet, hat abends die Gartenanlage ganz für sich. Die Cottages sind wunderbar mit bequemen Betten, hochwertiger Bettwäsche, polierten Betonböden und interessanten Kunstwerken ausgestattet.

Manawa Ridge (Karte S. 210; ☎ 07-863 9400; www. manawaridge.co.nz; 267 Ngatitangata Rd; Zi. 650 NZ$) Von diesem burgartigen Ökorefugium, das auf einem 310 m hohen Hügelkamm 6 km nord-östlich von Waihi thront, hat man einen Blick über die gesamte Bay of Plenty. Das Haus ist ganz aus wiederverwertetem Holz, Lehmziegeln und kalkverputzten Strohwänden errichtet; die Zimmer wirken erdverbunden, sind dazu aber ausgesprochen luxuriös.

Ti-tree Cafe (☎ 07-863 8668; 14 Haszard St; Brunch 5–17 NZ$, Abendessen 17–24 NZ$; ☻ tgl. morgens & mittags, Fr & Sa abends) Das Café befindet sich in einem niedlichen kleinen Holzgebäude. Man sitzt draußen lauschig im Schatten von Silberfarnen. Serviert werden Biokaffee aus fairem Handel, warme Frühstücksgerichte und Holzofenpizzas.

Meeting Place Bar & Restaurant (☎ 07-863 7474; 22 Haszard St; Hauptgerichte 16–28 NZ$; ☻ Mo–Sa mittags, tgl. abends) Diese prachtvollen Räume gehörten früher mal dem Gemeinderat. Die gemütliche Bar ist ansprechender als der riesige Speisesaal, aber die Portionen sind gewaltig und die Gerichte (mit leichtem Retro-Touch) erstaunlich gut.

An- & Weiterreise

Waihi ist ein Zwischenstopp der Busse von **InterCity** (☎ 0508 353 947; www.intercity.co.nz), die zwischen Auckland (36 NZ$, 2¾ Std.) und Tauranga (20 NZ$, 1 Std.) mit weiteren Zwischenhalten in Thames (20 NZ$, 45 Min.), Paeroa (20 NZ$, 19 Min.) und Waihi Beach (9 NZ$, 12 Min.) unterwegs sind.

Naked Bus (☎ 0900 625 33 1,80 NZ$/Min.; www. nakedbus.com; Tickets im Vorverkauf ab 1 NZ$) fährt ebenfalls täglich auf der Strecke von Auckland nach Tauranga mit Anschlüssen nach Paihia, Rotorua und Gisborne.

Go Kiwi (☎ 0800 446 549; www.go-kiwi.co.nz) betreibt in der Saison zwischen Dezember und Ostern Shuttlebusse zwischen Whitianga (42 NZ$, 2¼ Std.) und dem Mt. Maunganui (28 NZ$, 80 Min.), die auch in Tairua (30 NZ$, 1½ Std.) Whangamata (25 NZ$, 35 Min.) und Tauranga (25 NZ$, 1 Std.) halten.

WAIHI BEACH

1800 Ew.

Während Waihi nur für eine Stippvisite interessant ist, wird man in Waihi Beach länger bleiben wollen. Die beiden Orte haben so viel

gemein wie Surfen und Bergbau und sind durch 11 km Farmland voneinander getrennt. Der lange Sandstrand erstreckt sich über 9 km bis nach Bowentown am nördlichen Ende des Tauranga Harbour, wo man geschützte Hafenstrände wie die wunderschöne Anzac Bay findet. Eine sehr beliebte Wanderung (45 Min.) führt nordwärts durch Buschland zur unberührten, nicht über Straßen zugänglichen Orokawa Bay.

Sunshine Surf Coaching (☎ 07-863 4857; www. sunshinesurfcoaching.co.nz; Surfunterrricht 80 NZ$) macht sich die relativ sanften Brecher bei Waihi Beach zunutze und bietet Surfunterricht für alle Altersstufen.

Am südlichen Ende hat sich der **Bowentown Beach Holiday Park** (☎ 07-863 5381; www.bowentown. co.nz; 510 Seaforth Rd; Stellplatz 19/11 NZ$ pro Erw./Kind, Hütte 65–145 NZ$, Wohneinheit 105–218 NZ$; ☐) einen fantastischen Strandabschnitt ergattert. Die Anlage ist wunderbar gepflegt und verfügt sogar über einen Grillbereich mit einem Wasserspiel.

Der **Athenree Hot Springs & Holiday Park** (☎ 07-863 5600; www.athenreehotsprings.co.nz; Athenree Rd; Stellplatz 22/11 NZ$ pro Erw./Kind, Hütte 60 NZ$, Wohneinheit 140–150 NZ$; ☐ ☎ ☻) schmiegt sich an den Hafen und besitzt zwei schöne Freiluft-Thermalbecken (Erw./Kind 7/4,50 NZ$, 10–19.30 Uhr). Wer in der schicken Anlage übernachtet, zahlt keinen Eintritt.

Der **Waihi Beach Top 10 Holiday Park** (☎ 07-863 5504; www.waihibeach.com; 15 Beach Rd; Stellplatz 25/16 NZ$ pro Erw./Kind, Hütte 75–175 NZ$, Wohneinheit 160–250 NZ$; ☐ ☎ ☻) ist eine ziemlich schicke, große Anlage im Resort-Stil mit Pool, Sporthalle, Thermalbad, einer wunderbaren Küche und einer großen Palette an Unterkunftsmöglichkeiten.

Das **Beachfront B&B** (☎ 07-863 5393; www.beach frontbandb.co.nz; 3 Shaw Rd; DZ/3BZ 120/160 NZ$) wird mit Uferlage und fantastischem Blick aufs Meer seinem Namen absolut gerecht. Die komfortable Wohnung im Erdgeschoss bietet einen Fernseher, einen Kühlschrank und direkten Strandzugang.

Porch (☎ 07-863 1330; 23 Wilson Rd; Brunch 12–19 NZ$, Abendessen 26–33 NZ$; ☻ tgl. morgens & mittags, Di–Sa abends) Das coolste Lokal vor Ort serviert raffinierte, reichhaltige Hauptgerichte.

Das schrille **Flatwhite** (☎ 07-863 1346; 21 Shaw Rd; Brunch 13–20 NZ$, Abendessen 17–30 NZ$; ☻ morgens, mittags & abends; ☎) bietet einen abwechslungsreichen Brunch und ordentliche Pizza. Es hat eine Schanklizenz und liegt direkt am Strand.

KARANGAHAKE GORGE

Die Straße zwischen Waihi und Paeroa führt durch das saftig grüne Bollwerk der Karangahake Gorge. Sie ist eine der besten Orte im Inland für einen Kurzausflug. In der Gegend kann man interessante Wanderungen machen, die über alte Maoripfade, ehemalige Bergbaugebiete, Eisenbahngeröll und durch beängstigend dichten Busch verlaufen. Nach einer Maori-Sage wird die Gegend von einem *taniwha* beschützt, einer übernatürlichen Kreatur. Den einheimischen *iwi* gelang es, den Bergbau bis 1875 von dieser Gegend fernzuhalten, indem sie sich mit den kämpferischen Te Kooti (s. Kasten S. 407) verbündeten.

Für den äußerst lohnenden, 4,5 km langen **Karangahake Gorge Historic Walkway** (Karte S. 210) braucht man von seinem Ausgangspunkt am Parkplatz 14 km westlich von Waihi eineinhalb Stunden (einfache Strecke). Der Wanderweg folgt der stillgelegten Eisenbahnlinie und dem Ohinemuri River bis zu den Owharoa Falls und der Waikino Station. Dort kann man in die Oldtimer-Eisenbahn nach Waihi einsteigen. Das **Waikino Station Café** (☎ 07-863 8640; SH2; Hauptgerichte 4–16 NZ$; ☽ tgl. 9.30–15 Uhr, Fr abends) ist ein perfekter Zwischenstopp für ein Mittagessen, ehe man sich auf den Rückweg macht.

Vom Parkplatz aus gibt's eine Reihe kürzerer Wanderpfade und Rundwege; man sollte eine Taschenlampe mitnehmen, da einige durch Tunnel verlaufen. Eine zweistündige Wanderung bringt einen zur Dickey's Flat, wo es einen kostenlosen **DOC-Campingplatz** (Karte S. 210; Dickey's Flat Rd) und eine gute Schwimmstelle gibt. Wasser aus dem Fluss muss vor dem Verzehr abgekocht werden. DOC-Informationstafeln über die Wanderungen und die Geschichte der Gegend findet man sowohl am Bahnhof als auch am Parkplatz.

Auf der anderen Seite des Parkplatzes liegt das mit nur zwölf Schlafplätzen ausgestattete **Golden Owl Backpackers** (☎ 07-862 7994; www.goldenowl.co.nz; 3 Moresby St; B/DZ 28/60 NZ$; 🖳 🛜), ein gemütliches, praktisches Basislager für Wanderungen. 5 NZ$ Aufpreis für Bettwäsche einplanen, wenn man im Schlafsaal übernachten möchte.

Weiter oben an der gleichen Straße serviert die **Ohinemuri Estate Winery** (Karte S. 210; ☎ 07-862 8874; www.ohinemuri.co.nz; Moresby St; Hauptgerichte 17–28 NZ$; ☽ Okt.–April tgl. 10–17 Uhr, Mai–Sept. Fr–So 10–17 Uhr) ausgezeichnetes Mittagessen in einem Gebäude mit lettisch beeinflusster Architek-

tur. Die Portionen sind groß und die Preise äußerst günstig. Wer vermutet, dies könne ein unüblicher Ort für Rebenanbau sein, liegt goldrichtig – das Weingut importiert Trauben aus anderen Regionen. Verkostungen kosten 5 NZ$, die bei einem Einkauf erstattet werden. Wer ein bisschen zu tief ins Glas geschaut hat, schnappt sich die chaletartige Hütte und genießt die charmante Atmosphäre des abgelegenen Orts (DZ/3BZ/4BZ 110/125/140 NZ$).

Das nahe **Talisman Café** (☎ 07-862 8306; SH2; Gerichte 5–21 NZ$; ☽ 9–16 Uhr) sticht vor allem wegen des märchenhaften New-Age-Dekors und kitschigem Kunsthandwerk hervor. Weniger berühmt sind der Kaffee und das Essen. Es gibt jedoch genug, um hungrige Wanderer zu stärken.

PAEROA

4000 Ew.

Wer sich in Paeroa ratlos am Kopf kratzt, braucht sich weiter keine Sorgen zu machen. Die ganze Stadt ist ein Insider-Witz für Neuseeländer. Hier ist die Heimat von Lemon & Paeroa (L&P), einem Inbegriff neuseeländischer Alltagskultur. Schließlich wird die Limo unter dem Motto „in Neuseeland weltberühmt" vermarktet. Dass der beliebte Sprudel heute zum Multi Coca-Cola Amatil gehört und nun in Auckland hergestellt wird, verleiht der Tatsache, dass hier jedes Schaufenster mit dem L&P-Logo zugepflastert ist, zusätzliche Ironie. Generationen von neuseeländischen Kindern haben ihren Eltern zugesetzt, bloß ja einen Abstecher nach Paeroa zu machen, weil sie unbedingt die riesigen L&P-Flaschen sehen wollten.

Das kleine **Museum** (☎ 07-862 8486; 37 Belmont Rd; Erw./Kind 2/1 NZ$; ☽ Mo–Fr 10.30–15 Uhr) besitzt eine große Sammlung an Royal-Albert-Porzellan sowie Artefakte der Maori und der frühen Siedler – einfach einen Blick in die Schubläden werfen. Wer eine Schwäche für hübsches Geschirr hat, kann sich in den zahlreichen Antiquitätenläden vor Ort umschauen.

Das **L&P Cafe & Bar** (☎ 07-862 7773; SH2; Hauptgerichte 11–19 NZ$; ☽ tgl. morgens & mittags, Mi–So abends) verstrahlt Raststättenambiente, ist aber prima, wenn man erfahren will, worum sich der ganze Rummel hier dreht. Hier gibt's L&P-Fish-&-Chips und L&P-Frühstück und natürlich auch die süße Zitronenlimo selbst. Das Café teilt sich die Fläche mit der **Touristeninformation** (☎ 07-862 8636; www.paeroa.org.nz; ☽ 9–16 Uhr).

Waikato & King Country

Sattgrüne Felder und sanft geschwungene Hügel bestimmen das Landschaftsbild um Neuseelands mächtigsten Strom, den Waikato. Wer schon einmal in Südengland war, wird hier Bekanntes wiederfinden. Besonders in Städten wie Cambridge hat man sich alle Mühe gegeben, das „Mutterland" nachzuahmen. Wen wundert es da, dass Peter Jackson Waikato für das friedliche Auenland in seiner Verfilmung von *Der Herr der Ringe* wählte.

Es ist aber nicht das Land der Hobbits, sondern der Tainui. Die mächtige Koalition verwandter Stämme tat sich in den 1850er-Jahren mit anderen zusammen, um gegen den Verlust des Landes Widerstand zu leisten. Obwohl sie das fruchtbare Waikato im Krieg verloren hatten, behielten sie die Herrschaft über diesen Landesteil, der seit Beginn des 20. Jhs. King Country heißt. An der Küste finden sich winzige Vorposten des Mauritums.

Besucher erleben aus erster Hand die feine, aber ungezwungene Widersprüchlichkeit der Gegend. Wer einen Adrenalinkick braucht, kann in den wilden Wellen von Raglan surfen oder Abenteuer in den wunderbaren Höhlen von Waitomo erleben. Gemütlicher geht es hingegen im eduardianischen Thermalkomplex von Te Aroha oder in den Gärten von Hamilton zu.

Das beste Symbol dieser Vielfältigkeit ist der Waikato River: An manchen Stellen, wo man sich die Wasserkraft zur Energiegewinnung zunutze macht, sind idyllische Seen entstanden, anderswo strömt seine *mauri* (Lebenskraft) wild und ungebändigt.

HIGHLIGHTS

- In den **Waitomo Caves** (S. 264) unterirdischen Nervenkitzel verspüren
- In **Raglan** (S. 250) mit braun gebrannten Typen abhängen und die Füße vom Surfbrett ins Wasser baumeln lassen
- An der zerklüfteten **West Coast** (S. 269) seinen ganz persönlichen waldgesäumten Schwarzsandstrand entdecken
- Beim **Kawhia Kai Festival** (S. 263) mit allen Sinnen Maorikultur erfahren
- Im Thermalwasser von **Te Aroha** (S. 261) wortwörtlich „Liebe" in sich aufsaugen
- Im überraschend quirligen **Hamilton** (S. 249) eine Kneipentour machen
- Das Paradies der **Maungatautari Ecological Island** (S. 256) erwandern

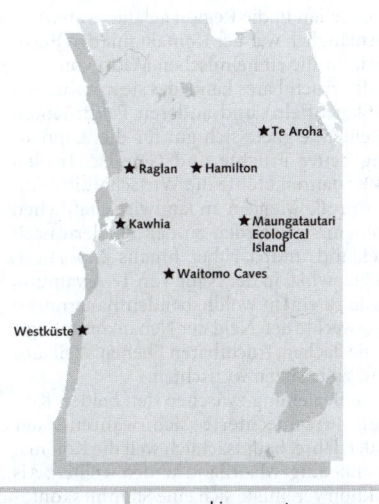

WAIKATO & KING COUNTRY

| Vorwahl: 07 | www.waikatonz.co.nz | www.kingcountry.co.nz |

Klima

In der südlichen Gegend um Taumarunui ist es feuchter und kälter als in der übrigen Region, wo im Sommer Dürren auftreten können.

Anreise & Unterwegs vor Ort

Hamilton ist der Verkehrsknotenpunkt der Region. Der Flughafen (S. 138) bietet einige Auslands- und viele Inlandsflüge. Busse verbinden die Stadt mit allen Punkten auf der Nordinsel. Die meisten Orte im Binnenland sind ebenfalls gut mit Bussen zu erreichen, während mit Ausnahme des am SH3 gelegenen Mokau die abgelegenen Küstengemeinden weniger gut erschlossen sind.

Eine weitere Option ist der Zugverkehr, aber die Züge fahren selten und schon kurze Zugfahrten sind erstaunlich teuer. Die Züge, die die Hauptstrecke von Auckland nach Wellington befahren, halten in Hamilton, Otorohanga, Te Kuiti und Taumarunui.

WAIKATO

Geschichte

Als die Europäer in diese Region kamen, die sich nach Norden bis zum Manukau Harbour von Auckland erstreckt, war diese schon seit Langem die Heimat der Waikato-Stämme, Nachkommen der Tainui (S. 244). Bei der Besiedlung des Landes hatten diese Stämme andere vertrieben, die in früheren Einwanderungswellen in die Region gelangt waren.

Anfänglich war der Kontakt mit den Europäern für die einheimischen Maori von Vorteil. Ihr fruchtbares Land, das sie mit Kumara (Süßkartoffeln) und anderen Feldfrüchten bestellten, eignete sich gut für die Anpflanzung neuer Früchte und Gemüse. In den 1840er-Jahren blühte die Wirtschaft in Waikato, große Mengen an landwirtschaftlichen Erzeugnissen wurden zu den Siedlern nach Auckland und darüber hinaus exportiert. Rangiaowhia, in der Nähe von Te Awamutu, wurde zu einem wohlhabenden Bauernort – das erweckte den Neid der Neuankömmlinge, die die flachen, fruchtbaren Ebenen Waikatos selbst zu besitzen wünschten.

Die Beziehung zwischen den beiden Kulturen verschlechterte sich während der 1850er-Jahre, hauptsächlich weil die Kolonisten unbedingt Maoriland kaufen wollten. Als Reaktion vereinigte sich eine Stammeskonföderation zum Schutz der eigenen Interessen,

wählte einen König und bildete die sogenannte King Movement (s. Kasten S. 245).

Im Juli 1863 entsandte Gouverneur Grey eine starke Streitmacht nach Waikato, um dort die Kolonialherrschaft durchzusetzen. Nach fast einjährigem Kampf, dem sogenannten Waikato-Krieg, musste sich die King Movement nach Süden in das seitdem als King Country bezeichnete Gebiet zurückziehen. Dorthin wagten sich mehrere Jahrzehnte lang keine Europäer.

Als Ergebnis des Krieges wurden 360 000 ha Land konfisziert, den größten Teil erhielten Kolonialsoldaten, die es bestellen und verteidigen sollten. 1995 entschuldigte sich die britische Krone bei den Waikato-Stämmen für die unrechtmäßige Invasion und die Beschlagnahme ihrer Ländereien. Damit verbunden war eine Wiedergutmachung in Höhe von 170 Mio. NZ$, die auch die Rückgabe von Land beinhaltete, das sich noch im Besitz der Krone befand.

NÖRDLICH VON HAMILTON

Die meisten Leute rasen in rund 90 Minuten auf dem SH1 von Auckland nach Hamilton. Wer aber ein wenig durch die Gegend gondeln will, findet am oberen Waikato River einige interessante Ziele.

Port Waikato

Beim Namen dieses Ortes denkt man vielleicht an Schwerindustrie und raue Seebären,

WAIKATO & KING COUNTRY

0 ⊏━━━━━━━━ 20 km

MAORI: WAIKATO & KING COUNTRY

Trotz oder vielleicht wegen seiner turbulenten Geschichte (s. S. 242) steht diese Gegend Neuseelands noch immer stark unter dem Einfluss der Maori. Hier schlägt das Herz der Tainui-Stämme, die ihre Abstammung auf jene Einwanderer zurückführen, die im 14. Jh. mit dem *Tainui waka* (Kanu) in Kawhia an Land gingen. Die in vier Hauptstämme (Waikato, Hauraki, Ngati Maniapoto und Ngati Raukawa) aufgeteilten Tainui sind untrennbar mit der Kingitanga (King Movement; S. 245) verbunden, die ihren Sitz in Ngaruawahia hat.

Die besten Gelegenheiten, mit der Maorikultur in Kontakt zu kommen, bieten das Kawhia Kai Festival (S. 263), der Regatta Day in Ngaruawahia und die Koroneihana-Feiern (S. 245). Interessante *taonga* (Schätze) sind in den Museen in Hamilton (S. 245) und Te Awamutu (S. 254) zu sehen. Zeugnisse des Waikato Land War finden sich in Rangiriri (s. unten), Rangiaowhia (S. 256) und Orakau (S. 256).

In der ganzen Region trifft man auf Dutzende von *marae* (Versammlungshäuser), so auch in Awakino (S. 272) und Kawhia (S. 262), wo das *Tainui waka* vergraben ist. Die *marae* kann man nur mit Genehmigung besichtigen, doch bekommt man auch vor den Toren schon ganz gute Einblicke. Einige regionale Touren widmen sich der Maorikultur, u. a. wird die Ruakuri Cave (S. 266) besichtigt und eine Fahrt durch den Hafen von Kawhia (S. 262) angeboten.

---

doch das entspricht so gar nicht der Realität in diesem kleinen Dorf an der Mündung des mächtigen Stroms. Es gibt hier kaum mehr als eine altmodische Ansammlung von *baches* (Ferienhäusern), ein paar *maraes* (Versammlungshäuser), einen Laden und einen schönen, aber tückischen Surfstrand. Im Sommer sind an den Wochenenden und in den Schulferien zwischen 10 und 18 Uhr Rettungsschwimmer im Einsatz; wegen der starken Strömung ist das Schwimmen außerhalb dieser Zeiten nicht zu empfehlen.

Die **Waikatoa Beach Lodge** (☎ 09-232 9961; www.sunsetbeach.co.nz; 8 Centreway Rd; B/EZ/DZ ab 28/38/64 NZ$, 2BZ 56–64 NZ$) verwöhnt Strandfreaks mit schicken Zimmern, hübscher Bettwäsche und einem einladenden Küchen-/Loungebereich mit Gaskochern.

Anfahrt: 50 km südlich vom Zentrum Aucklands den SH1 bei Pokeno verlassen, in Richtung Tuakau – hier gibt's einige gute Cafés – fahren und der Straße folgen, bis man die Schilder nach Port Waikato sieht. Die schöne, 35 km lange Strecke führt an dem immer breiter werdenden Fluss mit seiner üppigen Vogelwelt entlang. Hobbitfans fahren auf der Küstenstraße noch 10 km über Port Waikato hinaus gen Süden, wo sich die Kalksteinklippen von Weathertop Hollow finden, der nördlichste *Herr-der-Ringe*-Drehort in Neuseeland.

Zunächst geht's auf dieser Straße weiter, bevor man dann auf den SH22 ins Hinterland abbiegt und bald die **Nikau Cave** (☎ 09-233 3199; www.nikaucave.co.nz; 1770 Waikaretu Rd, Waikaretu; Erw./Kind 30/15 NZ$; ☺ nach Vereinbarung) erreicht. Bei der Führung (mind. 2 Pers.) durch die engen, feuchten Gänge sieht man Glühwürmchen, Kalksteinformationen und unterirdische Flüsse. Ein Café bietet Stärkungen an.

Rangiriri

Auf dem SH1 in Richtung Süden folgt man dem Weg der Kolonialarmee während des Waikato-Krieges, des berühmt-berüchtigten Landraubs. Unterstützt von Kanonenbooten und Artillerie griffen am 20. November 1863 1500 britische Soldaten (einige meinen, es seien nur 850 gewesen) die starken Befestigungsanlagen an, die die Krieger des Maorikönigs in Rangiriri errichtet hatten. Sie wurden mehrfach zurückgeschlagen und verloren 49 Mann; in der Nacht aber zogen sich viele der 500 Maorikrieger zurück; die verbliebenen 183 Mann wurden am nächsten Tag gefangen genommen, nachdem sich die Briten unter Missachtung der weißen Parlamentärflagge Zutritt zum *pa* (befestigtes Dorf) verschafft hatten. Es lohnt sich, am **Rangiriri Heritage Centre** (☎ 07-826 3663; www.nzmuseums.co.nz; 12 Rangiriri Rd; ☺ 8–16 Uhr) einen Zwischenstopp einzulegen und sich den interessanten 20-minütigen Dokumentarfilm (2 NZ$) über die Schlacht anzusehen. Auch die echt britischen Cream Scones sollte man unbedingt probieren. Auf der anderen Straßenseite befindet sich der **Maori War & Early Settlers Cemetery** (Rangiriri Rd; Eintritt frei; ☺ 24 Std.) mit den Gräbern der Soldaten und einem Hügel über dem Massengrab von 36 Maorikriegern.

Neben dem Heritage Centre steht das hübsche, historische **Rangiriri Hotel** (☎ 07-826 3467; Rangiriri St; Hauptgerichte 15–30 NZ$; ☺ 11–23 Uhr), wo man auf der sonnigen Terrasse ganz wunderbar zu Abend essen oder auch nur ein Bier genießen kann.

Ngaruawahia & Umgebung

Von Rangiriri aus folgt die Straße dem Waikato River bis nach Hamilton. Am Weg liegt **Huntly** (7070 Ew.), eine unattraktive Kohlebergbaustadt mit großem Kraftwerk. Das freundliche **Huntly i-SITE** (☎ 07-828 6406; SH1; www. huntly.net.nz; ☺ Mo–Fr 9–17, Sa & So 9–15 Uhr) ist eine gute Informationsquelle für den Besuch von Taupiri und Ngaruawahia.

Der heilige Berg des Tainui-Volks, der **Taupiri** (287 m), liegt 8 km weiter südlich am SH1. Man erkennt ihn am an den Hängen errichteten Friedhof und am Hupen der Autos – derart grüßen die Einheimischen beim Vorbeifahren ihre verstorbenen Verwandten und den Berg. Im August 2006 versammelten sich hier Zehntausende, als die geliebte Maorikönigin Dame Te Atairangikaahu in einem *waka* (Kanu) flussaufwärts zu ihrer letzten Ruhestätte in einem nicht gekennzeichneten Grab inmitten ihrer Ahnen auf dem Gipfel gebracht wurde. Traveller sind nicht gerne gesehen, wer aber ernsthaft seinen Respekt erweisen will und sich korrekt zu verhalten weiß, darf eintreten (zur Etikette gehört, nichts zu essen, auf den Wegen zu bleiben und nach dem Besuch die Hände zu waschen, um das *tapu* zu beseitigen – s. S. 62).

Wer körperlich fit ist, kann auf dem **Taupiri Mountain Walkway** (hin & zurück 80 Min.) eine herrliche Aussicht genießen. Der Weg führt übrigens nicht auf den heiligen Berg, sondern durch einen Teil des **Hakarimata Scenic Reserve**, in dem 600 Jahre alte Kauri-Bäume stehen. Das Informationszentrum in Huntly hat Karten und Infos.

Weiter südlich bzw. 19 km nördlich von Hamilton liegt am SH1 **Ngaruawahia** (4940 Ew.), das Zentrum der Maori King Movement (s. Kasten unten). Die gewaltigen Zäune des **Turangawaewae Marae** (☎ 07-824 5189; 29 River Rd) schützen die Ungestörtheit dieses Ortes; bei der **Post** (☎ 07-824 8661; www.nzpost.co.nz; 3 Jesmond St; ☺ Mo–Fr 8–17, Sa 9–16 Uhr) nach dem Weg fragen. Zweimal im Jahr sind Besucher willkommen: Mitte März ist der **Regatta Day**, an dem *waka*-Rennen und kulturelle Maoriaktivitäten aller Art stattfinden. Außerdem ist die *marae* ab dem 15. August eine Woche lang zur Feier von **Koroneihana** geöffnet, dem Jahrestag der Krönung des gegenwärtigen Königs Tuheitia. Vorher anrufen, um etwas über die Flaggenzeremonie am Eröffnungstag und über Touren zu erfahren.

HAMILTON
140 700 Ew.

Binnenstädte in einem Inselstaat besitzen nie den Glanz einer Küstenstadt. Rotorua kann dieses Manko mit seinem kochenden Schlamm und Taupo mit seinem See wettmachen – Hamilton und Palmerston North liegen zwar an majestätischen Flüssen, ansonsten sieht es aber eher mau aus.

In Hamilton ist jedoch in letzter Zeit Eigenartiges passiert. Vielleicht ist es auf den wachsenden Wohlstand der Waikato-Farmer

KINGITANGA

Die Idee eines Maorivolks ist relativ neu. Bis in die Mitte des 19. Jhs. bestand Neuseeland praktisch aus vielen unabhängigen Stammesvölkern, die sich seit 1840 das Land mit den Briten teilten.

Angesichts des Zustroms von Briten entwickelte sich 1856 die Kingitanga-Bewegung mit dem Ziel, die Stämme zu vereinigen, um so weitere Landverluste und eine drohende Zerstörung des kulturellen Erbes zu verhindern. Eine Stammesführerversammlung wählte den Waikato-Häuptling Potatau Te Wherowhero zum ersten Maorikönig, verbunden mit der Hoffnung, ein starkes *mana* (Prestige) könne den gleichen Zusammenhalt fördern, den die Briten unter ihrer Königin hatten.

Trotz der gewaltigen Verluste während des Waikato-Kriegs (S. 242) und der schließlich erfolgten Öffnung des King Country (S. 262) hat die Kingitanga überlebt, auch wenn sie keine formale verfassungsrechtliche Rolle innehat. Ein Zeichen für die Stärke der Bewegung waren die enormen Trauerbezeugungen, als Te Arikinui Dame Atairangikaahu, Potataus Ururenkelin, 2006 nach 40-jähriger Regentschaft starb. Und obwohl keine Erbmonarchie besteht – die Führer der verschiedenen Stämme wählen den Nachfolger –, ist Potataus Dynastie mit König Tuheitia Paki bis heute an der Macht.

zurückzuführen, dass an der Hauptstraße rund um die Hood St und die Victoria St elegante, pulsierende Bars und Restaurants wie Pilze aus dem Boden geschossen sind, die – zumindest an den Wochenenden – Aucklands Viaduct Harbour auf der Feierskala den Rang streitig machen.

Der mächtige, grau-grüne, ölige Waikato River bahnt sich seinen Weg direkt durch die Stadt, die aber dessen Anwesenheit fast völlig ignoriert. Dass er überhaupt da ist, merkt man eigentlich nur, wenn man über eine Brücke fährt.

Praktische Informationen

Anglesea Clinic (☎ 07-858 0800; www.anglesea medical.co.nz; Ecke Anglesea St & Thackeray St; 🕒 24 Std.) Erste Hilfe und Notdienst.

Browsers (☎ 07-839 1919; browsers@clear.net.nz; 221 Victoria St; 🕒 Mo–Fr 9.30–21.30, Sa & So 10–21.30 Uhr) Toller, altmodischer Gebrauchtbuchladen in Privathand mit guter Neuseeland-, Kinderbuch- und Belletristikabteilung.

City Internet (☎ 07-839 0215; 430 Victoria St; 🕒 Mo–Do 9–1, Fr & Sa 9–2, So 9–24 Uhr)

Department of Conservation (DOC; ☎ 07-858 1000; www.doc.govt.nz; Level 5, 73 Rostrevor St; 🕒 Mo–Fr 8–16.30 Uhr)

Dymocks (☎ 07-957 0440; www.dymocks.co.nz; 49 Bryce St; 🕒 Mo–Sa 9–17, So 10–16 Uhr) Auf Bücher und Landkarten spezialisiert.

Hamilton i-SITE (☎ 07-839 3580; www.visithamilton. co.nz; 5 Garden Pl; 🕒 Mo–Fr 9–17.30, Sa & So 9.30–15.30 Uhr)

Post (36 Bryce St) Geldwechsel.

Waikato Hospital (☎ 07-839 8899; www.waikatodhb. govt.nz; Pembroke St; 🕒 24 Std.) Südlich des Stadtzentrums.

Sehenswertes

Das ausgezeichnete **Waikato Museum** (☎ 07-838 6606; www.waikatomuseum.co.nz; 1 Grantham St; Eintritt gegen Spende, Extrapreis für Sonderausstellungen; 🕒 10–16.30 Uhr) beherbergt fünf Hauptbereiche: eine Kunstgalerie, interaktive Wissenschaftsgalerien, Tainui-Galerien mit Maorischätzen, darunter das prachtvoll geschnitzte *waka taua* (Kriegskanu), *Te Winika*, eine Ausstellung über die Geschichte Hamiltons namens *Never a Dull Moment* (Niemals langweilig) und eine Ausstellung über den Waikato River. In dem Museum finden auch zahlreiche öffentliche Veranstaltungen statt.

Die **Hamilton Gardens** (☎ 07-838 6782; www. hamiltongardens.co.nz; Cobham Dr; Eintritt frei; abgeschlossener Bereich 🕒 7.30 Uhr–Sonnenuntergang) erstrecken

sich über 50 ha Ufergelände südöstlich des Stadtzentrums und umfassen einen großen Park, ein Café, ein Restaurant und extravagante, abgeschlossene Themengärten. Zur Paradise Garden Collection gehören Gärten im Stil der italienischen Renaissance sowie ein chinesischer, ein japanischer, ein englischer, ein amerikanischer und ein indischer Garten mit Kolonnaden, Pagoden, Taubenhäusern, geharktem Sand und einem Mini-Taj-Mahal. Ebenso interessant ist die Productive Garden Collection mit einem nachhaltig genutzten Garten, der in der Größe auf Familien zugeschnitten ist, sowie einem wunderbar duftenden Kräutergarten und dem Maorigarten Te Parapara aus vorkolonialen Zeiten. Ausschau halten sollte man nach der beeindruckenden Skulptur *Nga Uri O Hinetuparimaunga* (Erddecke) an den Haupttoren zur Straße.

ArtsPost (☎ 07-838 6928; www.artspost.co.nz; 120 Victoria St; Eintritt frei; 🕒 10–16.30 Uhr) in der Nähe des Museums beherbergt in dem großartigen ehemaligen Postgebäude eine Galerie für zeitgenössische Kunst und einen Souvenirladen. Gezeigt werden hauptsächlich Werke von einheimischen Künstlern: Gemälde, Glasgegenstände, Drucke, Textilien, Fotografien. Beachtenswert sind auch die fantastischen Holzdielen.

Der **Hamilton Zoo** (☎ 07-838 6720; www.hamilton zoo.co.nz; 183 Brymer Rd; Eintritt Erw./Kind./Fam. 14/7/42 NZ$; 🕒 9–17 Uhr, letzter Einlass 15.30 Uhr) beherbergt mehr als 500 Tierarten und beteiligt sich an Zuchtprojekten für gefährdete Arten. Bei „Meet the Keeper" geben Tierpfleger abwechselnd interessante Infos über ihre Schützlinge, außerdem lebt hier der einzige Tapir Neuseelands! Der Zoo liegt 8 km außerhalb des Stadtzentrums: zunächst die Tristram St nehmen und dann in die Norton Rd abbiegen, weiter geht's auf dem SH23 nach Westen in Richtung Raglan, von dem man nach rechts in die Newcastle Rd und dann nach links in die Brymer Rd fährt.

Eines der ungewöhnlicheren öffentlichen Kunstwerke in Hamilton ist die lebensgroße Statue Richard O'Briens, des Schöpfers der *Rocky Horror Picture Show,* dargestellt im Kostüm von **Riff Raff** (Victoria St), dem den Time Warp tanzenden Alien vom Planeten Transsexual. Er schaut auf einen kleinen Park; hier befand sich früher das Embassy Theatre, in dem O'Brien als Friseur arbeitete. Die *latenight double-feature picture shows* des Embassy wurden zu einem absoluten Kultklassiker

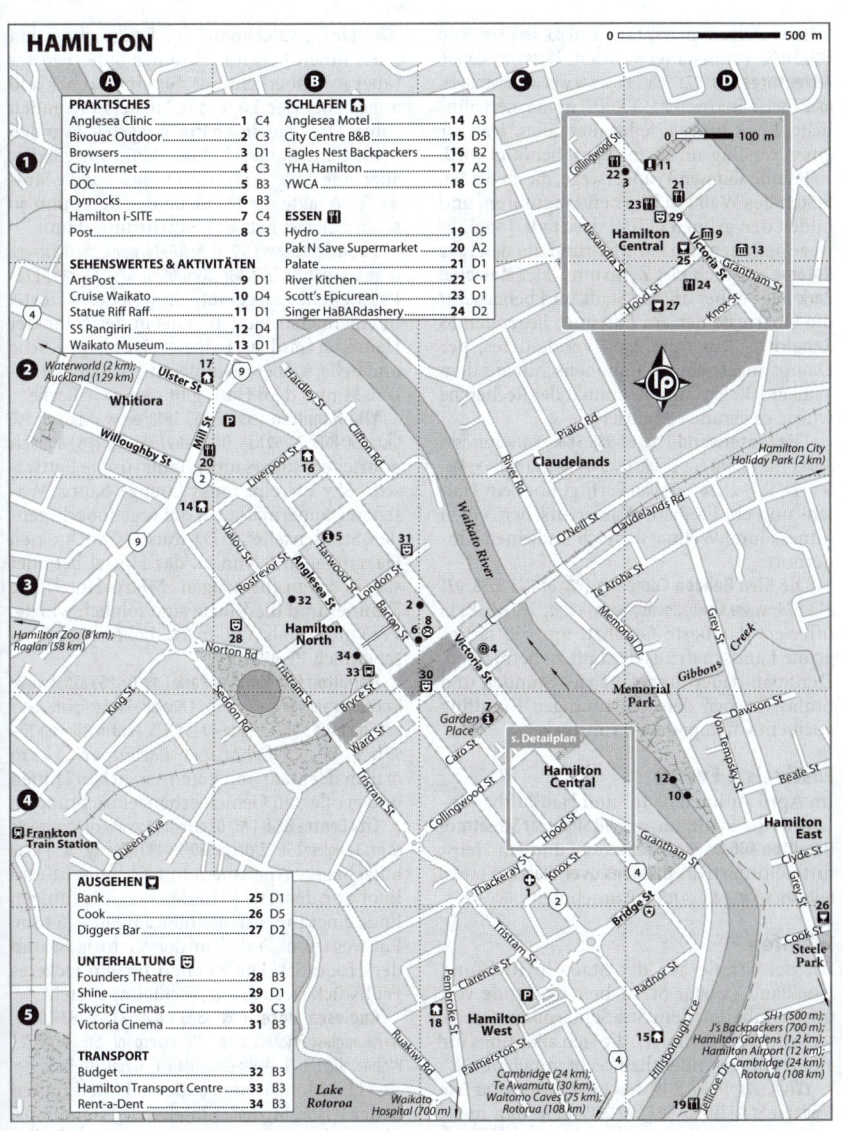

HAMILTON

0 — 500 m

PRAKTISCHES
Anglesea Clinic	**1** C4
Bivouac Outdoor	**2** C3
Browsers	**3** D1
City Internet	**4** C3
DOC	**5** B3
Dymocks	**6** B3
Hamilton i-SITE	**7** C4
Post	**8** C3

SCHLAFEN
Anglesea Motel	**14** A3
City Centre B&B	**15** D5
Eagles Nest Backpackers	**16** B2
YHA Hamilton	**17** A2
YWCA	**18** C5

ESSEN
Hydro	**19** D5
Pak N Save Supermarket	**20** A2
Palate	**21** D1
River Kitchen	**22** C1
Scott's Epicurean	**23** D1
Singer HaBARdashery	**24** D2

SEHENSWERTES & AKTIVITÄTEN
ArtsPost	**9** D1
Cruise Waikato	**10** D4
Statue Riff Raff	**11** D1
SS Rangiriri	**12** D4
Waikato Museum	**13** D1

0 — 100 m

Hamilton Central

Waterworld (2 km);
Auckland (129 km)

Whitiora

Hamilton City
Holiday Park (2 km)

Claudelands

Hamilton Zoo (8 km);
Raglan (58 km)

Hamilton North

Memorial Park

Hamilton East

Frankton Train Station

Hamilton Central
s. Detailplan

AUSGEHEN
Bank	**25** D1
Cook	**26** D5
Diggers Bar	**27** D2

UNTERHALTUNG
Founders Theatre	**28** B3
Shine	**29** D1
Skycity Cinemas	**30** C3
Victoria Cinema	**31** B3

TRANSPORT
Budget	**32** B3
Hamilton Transport Centre	**33** B3
Rent-a-Dent	**34** B3

Hamilton West

Cambridge (24 km);
Te Awamutu (30 km);
Waitomo Caves (75 km);
Rotorua (108 km)

SH1 (500 m);
J's Backpackers (700 m);
Hamilton Gardens (1,2 km);
Hamilton Airport (12 km);
Cambridge (24 km);
Rotorua (108 km)

Lake Rotoroa

Waikato Hospital (700 m)

Steele Park

WAIKATO & KING COUNTRY

– auch wenn es nur schwer vorstellbar ist, dass diese bisexuell-dekadente Aliengeschichte eine Stadt wie Hamilton in den 1960er-Jahren begeistern konnte.

Aktivitäten

Der reißende Waikato River wartet nur darauf, entdeckt zu werden. **Cruise Waikato** (☎ 0508 426

458; www.cruise-waikato.co.nz; Memorial Park Jetty; Fahrten Erw./Kind ab 20/10 NZ$) organisiert mehrere Fahrten mit unterschiedlichen Schwerpunkten: Sightseeing, Geschichte, Leckereien (Kaffee & Muffins, Sausage Sizzles oder Picknicks).

Eine weitere Alternative auf dem Wasser sind die geführten Kajakfahrten durch die Stadt, die von **City Bridges River Tour** (☎ 07-847

5565; www.canoeandkayak.co.nz; 2-stünd. Tour Erw./Kind 50/30 NZ$) veranstaltet werden. **Wiseway Canoe Adventures** (☎ 021 988 335; www.wisewayadventures. com; 2-stünd. Tour Erw./Kind 50/20 NZ$) organisiert ähnliche Trips und verleiht auch alles, was für einen Ausflug auf eigene Faust benötigt wird.

Bäume säumen Wanderwege, die an beiden Seiten des Waikato River entlangführen, und bilden den grünen Gürtel der Stadt. Joggingwege befinden sich am Ufer rund um den **Lake Rotoroa** westlich des Zentrums. Der **Memorial Park** liegt näher an der Stadt und beherbergt die Überreste der am Flussufer liegenden **SS Rangiriri** – ein mit Eisen verkleidetes, per Dampf angetriebenes Kanonenschiff aus dem Waikato-Krieg (zum Zeitpunkt der Recherche wurde es gerade restauriert).

Die **Waterworld** (☎ 07-958 5860; www.hamilton pools.co.nz; Garnett Ave; Eintritt Erw./Kind 5/2,50 NZ$; ☺ Mo-Fr 6–21, Sa 7–21, So 9–21 Uhr) verfügt über ein Hallen- und ein Freibad, Wasserrutschen, einen Fitness- und Wellnessbereich und einen Kinderhort.

Die **Kiwi Balloon Company** (☎ 07-843 8538, 021 912 679; www.kiwiballooncompany.co.nz; 290 NZ$/Pers.) offeriert das beste Gefährt, um die saftiggrüne Landschaft aus der Luft zu betrachten. Der Spaß dauert ungefähr vier Stunden und umfasst neben dem einstündigen Rundflug auch ein Champagner-Frühstück.

Festivals & Events

Im April strömen Auto- und Heißluftballonfans in die Stadt, um am **V8 Supercar Streetrace Hamilton 400** (www.v8supercar.co.nz) und am Heißluftballonfestival **Balloons over Waikato** (www. balloonsoverwaikato.co.nz) teilzunehmen.

Schlafen

An der Straße aus der Stadt in Richtung Auckland (Ulster St) stehen Dutzende von unscheinbaren, dem Straßenlärm ausgesetzten Mittelklassemotels, die sich allerdings für einen kurzen Aufenthalt recht gut eignen.

YWCA (☎ 07-838 2219; www.ywcahamilton.org.nz; Ecke Pembroke St & Clarence St; EZ/DZ 25/50 NZ$) Man muss weder jung noch eine Frau sein, um in dem vierstöckigen Hostel-Apartmentblock übernachten zu können. Die winzigen Zimmer sind makellos sauber und preiswert und bieten Privatsphäre. Auf jedem Flur gibt's Gemeinschaftsbäder, eine Küche und ein Fernsehzimmer.

Eagles Nest Backpackers (☎ 07-838 2704; www. eaglesbackpackers.co.nz; 937 Victoria St; B/EZ/DZ 25/50/60 NZ$; ▢) Der „Adlerhorst" im Erdgeschoss hat nach innen liegende Zimmer ohne Fenster (aber mit Oberlichtern). Sie sind sauber und angesichts der Lage des Hostels erfreulich ruhig. Die Gemeinschaftslounge hat zwar den Schick eines Pflegeheims, dafür entschädigt aber eine nette Terrasse mit Blick auf die Straße. Wie sagte die Dame an der Rezeption so schön: „Es ist halt keine Luxusunterkunft."

J's Backpackers (☎ 07-856 8934; www.jsbackpackers. co.nz; 8 Grey St; B/EZ/DZ/3BZ 28/60/66/82 NZ$; ▢ ☎) Das J's ist ein nettes, gemütliches, sicheres Hostel in einem charmanten Haus in der Nähe der Hamilton Gardens. Es bietet eine kleine Küche und helle, saubere Zimmer mit neuen Matratzen. Hinter dem Haus gibt's eine Grillecke.

YHA Hamilton (☎ 07-957 1848; www.yha.co.nz; 140 Ulster St; B/EZ 29/49 NZ$, DZ 59–69 NZ$; ▢ ☎) Frisch gestrichen, supersauber, fantastische Bettwäsche, Sky TV, eine funky Lounge, Sauna, Wäscherei, Supermarkt auf der gegenüberliegenden Straßenseite … Da muss es doch einen Haken geben?! Nun ja, das Hostel befindet sich in einem ehemaligen „Mikro-Hotel", die Zimmer und die Küche sind folglich winzig. Wer größer als 1,80 m ist, bekommt wahrscheinlich Probleme.

Hamilton City Holiday Park (☎ 07-855 8255; www. hamiltoncityholidaypark.co.nz; 14 Ruakura Rd; Stellplatz ohne/ mit Strom 30/32 NZ$, Hütte 40–55 NZ$, Ferienwohnung 70–95 NZ$; ▢ ☎) Schattiger Ferienpark, 2 km östlich der Stadt, mit guten, einfachen Hütten und gepflegten Gemeinschaftseinrichtungen.

City Centre B&B (☎ 07-838 1671; www.citycentrebnb. co.nz; 3 Anglesea St; EZ/DZ/3BZ 80/99/130 NZ$; ▢ ☎) Das blitzeblanke Apartment mit Kochnische und Pool vor der Tür befindet sich am ruhigen Ende einer Innenstadtstraße am Fluss (5 Min. Fußweg zum Trubel in der Victoria St und der Hood St). Die Zutaten für ein leckeres Frühstück werden zur Verfügung gestellt.

Anglesea Motel (☎ 0800 4264 5732, 07834 0010; www.angleseamotel.co.nz; 36 Liverpool St; DZ/2-Zi.-Wohneinheit/3-Zi.-Wohneinheit ab 135/260/305 NZ$; ☎) Das Motel ist den anderen Unterkünften in der Ulster St, der „Motelmeile" Hamiltons, vorzuziehen. Es ist geräumig, hat freundliches Personal, kostenloses WLAN, einen Pool, Squash- und Tennisplätze und ein recht stylishes Dekor. Besseres gibt's in der Stadt kaum.

Essen

River Kitchen (☎ 07-839 2906; 237 Victoria St; Hauptgerichte 7–16 NZ$; ☺ Mo–Fr 7–16, Sa & So 8–16 Uhr) In der Zeitschrift *Cafe* wurde das hippe River Kitchen als Waikatos „Best New Cafe" geadelt. Hier kommen leckere Kuchen, Gourmet-Frühstück und abends aus frischen Zutaten der Saison zubereitete Gerichte auf den Tisch (unbedingt die spanische Entenpastete probieren!). Auch der Barista beherrscht sein Geschäft.

Hydro (☎ 07-859 0020; 33 Jellicoe Dr; Hauptgerichte 8–19 NZ$; ☻ Mo & Di 9–15, Mi–Fr 8–15.30, Sa & So 8–16 Uhr; ☎ **V**) Das Hydro am Ostufer des Flusses (immer dem Fluss folgen) ist ein lustiges Café in einem alten Block aus kleinen Läden. Es gibt auch auf dem Bürgersteig Tische, an denen man wunderbar brunchen und leichte Gerichte in neuartigen Geschmackskombinationen genießen kann.

LP Tipp **Singer HaBARdashery** (☎ 07-839 1537; 15 Hood St; Brunch 11–19 NZ$, Tapas 9–19 NZ$; ☻ mittags & abends) Die klassische, stimmungsvolle Tapas- und Weinbar in der Hood St befindet sich im ältesten Steingebäude Hamiltons, einem ehemaligen Kurzwarengeschäft. Die Auswahl an Wein und Bier, ausgezeichnetem Kaffee, sättigendem Brunch und leckeren Tapas ist enorm (unbedingt die „Needle" probieren: auf eine Stricknadel aufgespießtes Kalbsfilet mit Champignons, Jakobsmuscheln, Chorizo und Halloumi).

Scott's Epicurean (☎ 07-839 6680; 181 Victoria St; Hauptgerichte 11–20 NZ$; ☻ Mo–Fr 7–16, Sa & So 8.30–16 Uhr) Dieser prachtvolle Laden punktet mit schicken Lederpolsterbänken, Decken aus Zinnblech, großartigem Kaffee und interessanten, erschwinglichen Gerichten: Empfehlenswert sind das süße Orangen-Frühstückscouscous und die beliebten Spaghetti aglio e olio. Die Bedienung ist freundlich, der Laden hat eine Schanklizenz und in den wärmeren Monaten lockt der hübsche Außenbereich.

Palate (☎ 07-834 2921; 170 Victoria St; Hauptgerichte 25–33 NZ$; ☻ Di–Sa abends) Angesichts der Tatsache, dass dieses Restaurant als das beste im Landesinneren der Nordinsel gilt, sind die Preise erstaunlich vernünftig. Küchenchef und Betreiber Mat McLean bietet eine innovative, moderne neuseeländische Küche und kostenlose Häppchen zwischen den Gängen.

Selbstversorger können sich im **Pak N Save** (☎ 07-839 7870; Mill St; ☻ 8–22 Uhr) mit Proviant eindecken.

Ausgehen

In den Blocks um die Victoria St und die Hood St gibt's an den Wochenenden ein recht gutes Angebot an Bars mit Livemusik und DJs (s. auch Singer HaBARdashery, linke Spalte, und Shine, unten).

Diggers Bar (☎ 07-834 2228; 17b Hood St; ☻ Di–So 15 Uhr–open end) In dieser funkigen, freundlichen Bar gibt's viele Biere vom Fass und allabendlich Livemusik in einem riesigen Raum im hinteren Teil. Das Mittwochabendspecial – „Pizza, Pommes und zwei Drinks" für 25 NZ$ – ist ein verdammt guter Deal.

Cook (☎ 07-856 6088; 7 Cook St; ☻ Mo–Fr 9 Uhr–open end, Sa & So 8.30 Uhr–open end) In dieser beliebten Café-Bar, die in einer weitläufigen, noblen, in Burgunderrot gehaltenen Fachwerkhalle (1874) untergebracht ist, werden gutes Kneipenessen (Hauptgerichte 13–24 NZ$), Livemusik, Poker-, Comedy- und Quizabende geboten.

Bank (☎ 07-839 4740; Ecke Victoria St & Hood St; ☻ So–Do 11–24, Fr & Sa 11–3 Uhr) In diesem elegant renovierten, historischen Gebäude von 1878 gibt's zahlreiche Biere vom Fass, eine gute Auswahl an Weinen und zahlreiche Bildschirme, auf denen die großen Spiele verfolgt werden können.

Unterhaltung

Shine (☎ 07-839 3173; www.shinenightclub.co.nz; 161 Victoria St; ☻ Sa & So 22–3 Uhr) Es ist Hamiltons zunehmender Aufgeschlossenheit zu verdanken, dass dieser schwul-lesbische Club sich jetzt den Passanten auf der Victoria St präsentiert. Im hinteren Bereich gibt's einen Dancefloor und vorne einen kleinen Biergarten.

Victoria Cinema (☎ 07-838 3036; www.victoriacinema. co.nz; 690 Victoria St; Tickets Erw./Kind 15,50/10 NZ$; ☻ 17 Uhr–open end) Anspruchsvolle Filme und Alkoholisches.

Skycity Cinemas (☎ 07-835 0088; www.skycity cinemas.co.nz; Level 2, Centreplace Mall, Ecke Ward St & Anglesea St; Tickets Erw./Kind 15/9 NZ$; ☻ 10–23 Uhr) Multiplexkino mit sieben Sälen. Erwachsene zahlen dienstags nur 10 NZ$.

Theateraufführungen und Konzerte (von Bee-Gees-Tributes bis zum New Zealand Symphony Orchestra) finden im **Founders Theatre** (☎ 07-838 6600; www.hamiltontheatres.co.nz; 221 Tristram St; ☻ Kartenvorverkauf Mo–Fr 9–17 Uhr) statt.

An- & Weiterreise
BUS

Alle Busse starten am **Hamilton Transport Centre** (☎ 07-834 3457; Ecke Anglesea St & Bryce St) und kommen dort natürlich auch an.

WAIKATO & KING COUNTRY

Busit! (☎ 0800 4287 5463; www.busit.co.nz) von Environment Waikato fährt zahlreiche Orte in der Region an, u. a. Ngaruawahia (3,70 NZ$, 25 Min.), Cambridge (6 NZ$, 40 Min.), Te Awamutu (6 NZ$, 30 Min.) und Raglan (7,30 NZ$, 1 Std.).

Dalroy Express (☎ 0508 465 622, 06-759 0197; www.dalroytours.co.nz) verkehrt einmal täglich zwischen Auckland (22 NZ$, 2 Std.) und New Plymouth (40 NZ$, 4 Std.) und hält in den meisten Städten, so auch in Te Kuiti (18 NZ$, 1¾ Std.) und Te Awamutu (12 NZ$, 20 Min.).

Raglan Shuttle Co (☎ 0800 8873 2 7873, 0212 612 563; www.solscape.co.nz/shuttle.html) fährt von Hamilton nach Raglan (einfache Strecke 60 NZ$) und hat auch Verbindungen nach Auckland.

InterCity (☎ 09-583 5780; www.intercity.co.nz) fährt zahlreiche Orte an:

Ziel	Preis	Dauer	Häufigkeit
Auckland	21 NZ$	2 Std.	10-mal tgl.
Cambridge	19 NZ$	25 Min.	5-mal tgl.
Matamata	25 NZ$	1 Std.	2-mal tgl.
Ngaruawahia	18 NZ$	20 Min.	10-mal tgl.
Rotorua	34 NZ$	1½ Std.	6-mal tgl.
Te Aroha	10 NZ$	25 Min.	2-mal tgl.
Te Awamutu	17 NZ$	25 Min.	3-mal tgl.
Wellington	75 NZ$	9 Std.	4-mal tgl.

Naked Bus (☎ 0900 625 33; www.nakedbus.com) fährt u. a. die folgenden Orte an (wer Geld sparen will, sollte rechtzeitig buchen):

Ziel	Preis	Dauer	Häufigkeit
Auckland	21 NZ$	2¼ Std.	3–5-mal tgl.
Cambridge	14 NZ$	30 Min.	3–4-mal tgl.
Matamata	15 NZ$	1 Std.	1-mal tgl.
Ngaruawahia	28 NZ$	30 Min.	3–5-mal tgl.
Rotorua	24 NZ$	2 Std.	2–3-mal tgl.
Wellington	49 NZ$	10 Std.	1–3-mal tgl.

FLUGZEUG
Air New Zealand (☎ 0800 737 000; www.airnewzealand.co.nz) fliegt regelmäßig vom **Hamilton Airport** (☎ 07-848 9027; www.hamiltonairport.co.nz; Airport Rd) direkt nach Auckland, Christchurch, Gisborne, Napier, New Plymouth, Palmerston North, Rotorua, Tauranga, Wellington und Whakatane.

Pacific Blue (☎ 0800 670 000; www.pacificblue.com.au) unterhält internationale Flüge von Hamilton nach Sydney und Brisbane.

Sunair Aviation Ltd (☎ 07-575 7799; www.sunair.co.nz) fliegt direkt nach Gisborne, Napier, New Plymouth, Palmerston North und Whakatane.

ZUG
Hamilton liegt an der Strecke des **Overlander** (☎ 0800 872 467; www.tranzscenic.co.nz; Okt.–April tgl., Mai–Sept. Fr–So), der Auckland (53 NZ$, 2½ Std.) via Otorohanga (53 NZ$, 45 Min.) mit Wellington (107 NZ$, 9½ Std.) verbindet. Die Züge halten in Hamilton an der **Frankton Train Station** (Queens Ave) 1 km westlich des Stadtzentrums; dort gibt's auch einen Fahrkartenschalter.

Unterwegs vor Ort
AUTO
Budget (☎ 07-838 3585; www.budget.co.nz; 4 Vialou St; ☾ Mo–Fr 7.30–17.30, Sa & So 9–12 Uhr)
Rent-a-Dent (☎ 07-839 1049; www.rentadent.co.nz; 383 Anglesea St; ☾ Mo–Fr 7.30–17, Sa 8–12 Uhr)

BUS
Hamiltons Busunternehmen **Busit!** (☎ 0800 4287 5463; www.busit.co.nz; Tickets Erw./Kind 2,90/1,30 NZ$) ist täglich von etwa 7 bis 19.30 Uhr (Fr länger) im Stadtzentrum und in den Vororten im Einsatz. Alle Busse fahren über das Hamilton Transport Centre. Busit! bietet auch einen kostenlosen **CBD Shuttle** (☾ Mo–Fr 7–18, Sa 9–13 Uhr) an, der alle zehn Minuten im Kreis durch die Victoria St, die Liverpool St, die Anglesea St und die Bridge St fährt.

VOM/ZUM FLUGHAFEN
Der Hamilton Airport befindet sich 12 km südlich der Stadt. Bei internationalen Flügen beträgt die Flughafensteuer für Erwachsene und Jugendliche ab 12 Jahren 25 NZ$, für Kinder 10 NZ$. **Super Shuttle** (☎ 0800 748 885, 07-843 7778; www.supershuttle.co.nz; einfache Strecke 21 NZ$) bietet einen Tür-zu-Tür-Service in die Stadt an. Ein Taxi kostet ca. 40 NZ$.

TAXI
Hamilton Taxis (☎ 07-8477 477)
Red Cabs (☎ 07-839 0500)

RAGLAN
2700 Ew.

Das coole Raglan ist der perfekte Surferort in Neuseeland. Das Städtchen ist klein genug, um der Massenerschließung zu entgehen – vielleicht auch, weil die meisten Kiwis die sicheren weißen Sandstrände an der Ostküste vorziehen –, gleichzeitig aber so groß, dass hier ein bisschen Rummel herrscht. Es gibt mehrere gute Restaurants und eine Bar, in der im Sommer bekannte Bands auftreten.

Die nahen Surfspots – Indicators, Whale Bay und Manu Bay – sind über Neuseelands Grenzen hinaus für ihre Point Breaks bekannt und ziehen Surfer aus aller Welt an. Der klassische Surffilm *The Endless Summer* von Bruce Brown aus dem Jahre 1964 wurde an der Manu Bay gedreht. Wer nicht so weit raus will, kann im Raglan Harbour ganz ausgezeichnet Kajak fahren, angeln und schwimmen. Kein Wunder, dass sportliche junge Leute aus der ganzen Welt nach Raglan strömen, einem der vielleicht am schönsten wirkenden Orte Neuseelands.

Infos im Internet gibt es auf www.raglan.net.nz.

Praktische Informationen

Post (39 Bow St)

United Video (☎ 07-825 0008; 9a Bow St; ☾ 10–21 Uhr) Hier kommt man auch ins Internet.

Visitor Information Centre (☎ 07-825 0556; www.raglan.org.nz; 2 Wainui Rd; ☾ Mo–Fr 9.30–17, Sa 10–17, So 10–16 Uhr) Gute Broschüren und Infos über Unterkünfte und Aktivitäten. Im Winter verkürzte Öffnungszeiten.

West Coast Health Centre (☎ 07-825 0114; 12 Wallis St; ☾ Mo–Fr 9–17 Uhr) Allgemeine medizinische Hilfe.

Sehenswertes & Aktivitäten

Das **Old School Arts Centre** (☎ 07-825 0023; www.raglanartscentre.co.nz; Stewart St; Eintritt frei; ☾ Mo & Mi 10–14 Uhr, wechselnde Ausstellungen) ist im Gemeindezentrum zuhause, zeigt wechselnde Ausstellungen und veranstaltet Workshops, in denen man u. a. Weben, Schnitzen, Yoga und die Kunst des Erzählens erlernen kann. Der an Hippie-Zeiten erinnernde Bio-Markt **Raglan Creative Market** (☎ 07-825 8862; www.raglanmarket.com; ☾ am 2. So des Monats 9–14 Uhr) findet einmal im Monat vor dem Old School Arts Centre statt.

Das kleine, altmodische **Raglan & District Museum** (☎ 07-825 8416; 13 Wainui Rd; Eintritt gegen Spende; ☾ Sa & So 13–15.30 Uhr) gewährt mit Artefakten, Fotos und Zeitungen Einblick in die Geschichte der einheimischen Maori- und Pakeha-Pioniere.

Das **Te Kopua Recreational Reserve**, das man vom Holiday Park aus über eine Fußgängerbrücke erreicht, hat einen sicheren, ruhigen Strand, der bei Familien beliebt ist.

Die Lehrer der **Raglan Surf School** (☎ 07-825 7873; www.raglansurfingschool.co.nz; 5b Whaanga Rd, Whale Bay; 3 Std. Unterricht inkl. Transport 89 NZ$) verweisen

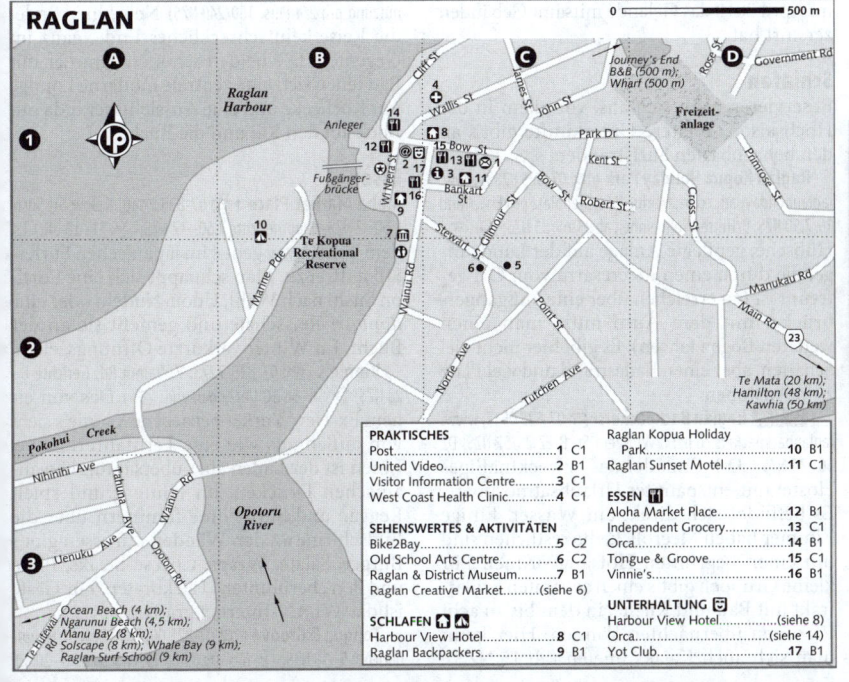

RAGLAN   0 ————————— 500 m

WAIKATO & KING COUNTRY

PRAKTISCHES	
Post	1 C1
United Video	2 B1
Visitor Information Centre	3 C1
West Coast Health Clinic	4 C1

SEHENSWERTES & AKTIVITÄTEN	
Bike2Bay	5 C2
Old School Arts Centre	6 C2
Raglan & District Museum	7 B1
Raglan Creative Market	(siehe 6)

SCHLAFEN	
Harbour View Hotel	8 C1
Raglan Backpackers	9 B1

Raglan Kopua Holiday	
Park	10 B1
Raglan Sunset Motel	11 C1

ESSEN	
Aloha Market Place	12 B1
Independent Grocery	13 C1
Orca	14 B1
Tongue & Groove	15 C1
Vinnie's	16 B1

UNTERHALTUNG	
Harbour View Hotel	(siehe 8)
Orca	(siehe 14)
Yot Club	17 B1

stolz darauf, dass sich 95 % der Anfänger schon in der ersten Stunde auf dem Brett halten können. Erfahrene Surfer können sich hier Surfbretter (ab 15 NZ$/Std.), Boogie Boards (5 NZ$/Std.) und Neoprenanzüge (5 NZ$/Std.) leihen. Die Schule befindet sich in der Karioi Lodge (S. 254) an der Whale Bay.

Solscape (☎ 07-825 8268; www.solscape.co.nz; 611 Wainui Rd, Manu Bay; Unterricht 85 NZ$) erteilt zweieinhalbstündigen Unterricht und verleiht Surfbretter sowie Neoprenanzüge (40 NZ$/halber Tag.).

Wer seine Zeit lieber über als im Wasser verbringt, erfährt in der **Raglan Kite Surf School** (☎ 07-825 8702, 0212 524 117; Unterricht 60 NZ$/Std.), woher der Wind weht.

Raglan Harbour eignet sich großartig zum Kajakfahren. Der sanft dahinfließende Opotoru River ist genau das Richtige, um die Grundfertigkeiten zu erlernen. Und schon bald wird man jeden Winkel der flachen Felsen am Nordrand der Bucht erforschen wollen. Raglan Backpackers (s. unten) vermietet seetüchtige Einer- und Zweierkajaks (halber Tag 30/40 NZ$). Vielleicht hat sich in der Zwischenzeit auch **Raglan Kayak** (☎ 07-825 8862; www.raglaneco.co.nz) von dem Brand erholt, der im April 2010 das Gelände mitsamt Gebäuden zerstört hat.

Schlafen

Reservieren zahlt sich aus, vor allem in der Hochsaison. Weitere Unterkünfte gibt's an den benachbarten Surfstränden, s. S. 253.

Raglan Kopua Holiday Park (☎ 07-825 8283; www.raglanholidaypark.co.nz; Marine Pde; Stellplatz pro Erw./Kind 15/7,50 NZ$, B/Hütte/Wohneinheit ab 23/65/85 NZ$; 🖳 🛜) Hübsche, gepflegte Anlage auf der Landzunge, die durch einen Meeresarm vom Ort getrennt ist (zu erreichen über eine Fußgängerbrücke; mit dem Auto muss man einen weiteren Bogen fahren). Es gibt hier nicht viel Schatten, aber einen Badestrand und viel Platz zum Austoben.

LP Tipp **Raglan Backpackers** (☎ 07-825 0515; www.raglanbackpackers.co.nz; 6 Wi Neera St; B/EZ 25/52 NZ$, DZ 66–76 NZ$; 🖳) Einladendes, zweckmäßiges Hostel mit entspannter Urlaubsatmosphäre. Es befindet sich direkt am Wasser. Einige Zimmer haben Meerblick, die restlichen sind um einen begrünten Hof angeordnet. Für kleine Gruppen gibt's einen separaten Schlaftrakt mit Bad und Küche, in dem bis zu acht Personen übernachten können. Hier kann man sich auch Kajaks mieten (ab 15 NZ$).

Wem das zu anstrengend ist, der kann an einem Yogakurs teilnehmen oder sich einfach in die Hängematte legen, auf einer Gitarre klimpern oder in der Sauna schwitzen. Hier bleibt man gerne noch eine Nacht länger als geplant.

Harbour View Hotel (☎ 07-825 8010; harbourview hotel@paradise.net.nz; 14 Bow St; EZ/DZ 60/80 NZ$, FZ 95–110 NZ$) Wer meint, dass nur Spaßbremsen und Greise ins Bett gehen, bevor die Party zu Ende ist, ist in diesem zweistöckigen, 100 Jahre alten Pub (Ausschank bis in die Puppen) mit seinen sonnigen Veranden und dem Kauri-Schmuck genau richtig. Die Zimmer sind sauber, die Betten allerdings durchgelegen, und das Bad muss man sich mit anderen teilen.

Raglan Sunset Motel (☎ 07-825 0500; www.raglan sunsetmotel.co.nz; 7 Bankart St; DZ 140 NZ$; 🛜) Das zweistöckige, kaum sieben Jahre alte Motel mit Fensterläden befindet sich etwa einen Block von der Action entfernt. Und natürlich ist alles gut in Schuss. Die Betreiber haben im Ort auch Apartments mit Kochnische (2 Pers. ab 150 NZ$) und Strandhäuser (4 Pers. ab 250 NZ$) im Angebot.

Journey's End B&B (☎ 07-825 6727; www.raglan accommodation.co.nz; 49 Lily St; EZ/DZ 90/140 NZ$, Alleinnutzung pro 2/4 Pers. 180/240 NZ$) Nein, hier findet die Reise kein schreckliches Ende, ganz im Gegenteil: Die beiden schönen Zimmer mit Bad teilen sich eine zentrale moderne Lounge mit Kochecke und eine Aussichtsveranda mit Blick auf den Kai und die Bucht.

Essen

Aloha Market Place (☎ 07-825 7440; 5 Bow St; Sushi 1,50–2 NZ$, Hauptgerichte 7,50–12 NZ$; ⏰ 11–17 Uhr) In dem Take-away geht's im japanischen Surfer-Stil fettfrei zu. Man schnappt sich eine Portion Sushi nach Wahl, Udon-Nudeln oder eine *donburi*-Reisschale und genießt sie an der Bucht. Im Winter verkürzte Öffnungszeiten.

Vinnie's (☎ 07-825 7273; 7 Wainui Rd; Gerichte 8–23 NZ$; ⏰ Di–So 10 Uhr–open end; 🛜) Das von einem Ex-New-Yorker betriebene Vinnie's sieht von außen aus wie eine Fernfahrerkneipe. Innen ist der Laden aber übersät mit hawaiianischen Drucken, im Hintergrund spielt Reggae und Surf-Filme flimmern über die Bildschirme an den Wänden. Zu essen gibt's Burger, Salate, Wraps, Cheese-Steaks, Pizza und den „berühmten" Hackbraten. Für Gäste ist das WLAN-Internet gratis.

Tongue & Groove (☎ 07-825 0027; 19 Bow St; Hauptgerichte 9–18 NZ$; ⏰ Mo–Do 8.30–15, Fr & Sa 8.30–20.30,

So 8.30–20 Uhr; **V**) In dem schrillen Eckcafé mit Sitzplätzen draußen und bequemen Sofas drinnen kann man gut ein Gläschen Wein genießen. Überall liegen Surf-Zeitungen rum und auch an Werken einheimischer Künstler fehlt es nicht. Das köstliche vegetarische Roti ist ein echtes Schnäppchen (14 NZ$).

Orca (☎ 07-825 6543; 2 Wallis St; Frühstück 11–17 NZ$, Hauptgerichte 17–32 NZ$; Mo–Fr 9 Uhr–open end, Sa & So 8 Uhr–open end) Ein Tag, der an einem der Fensterplätze mit Blick übers Wasser, einem Egg Benedict und einem vorzüglichen Kaffee beginnt, kann nur gut werden. Abends gibt's Paella mit Meeresfrüchten, Weinproben und Livemusik.

Selbstversorger können sich im **Independent Grocery** (☎ 07-825 6533; 37 Bow St; Mo–Fr 9–17.30, Sa & So 10–17 Uhr; **V**) mit Bioprodukten, Vollwertkost, frischem Obst und Gemüse, Brot und echt leckerer Erdnussbutter eindecken.

Ausgehen

Im Orca und im Harbour View Hotel gibt's Livemusik. Besonders gut stehen die Aussichten an den Sommerwochenenden, wenn sich im Harbour View die Upper Class des Kiwi-Rock einfindet.

Yot Club (☎ 07-825 8702; 9 Bow St; Eintritt frei–25 NZ$; 21 Uhr–open end) In die laute Nachtbar geht man, wenn man zur Musik von tourenden DJs und Bands abtanzen will. Billard und Importbiere.

Anreise & Unterwegs vor Ort

Von Hamilton erreicht man Raglan (48 km) über den SH23 in westlicher Richtung. Unbefestigte Nebenstraßen verbinden Raglan mit den 50 km südlich gelegenen Kawhia. Auf den kurvenreichen, immer wieder von Felsrutschen bedrohten Straßen kommt man zwar nur langsam voran, dafür ist die abseits der Touristenpfade gelegene Strecke malerisch. Man fährt zunächst 7 km nach Hamilton zurück, nimmt dann die Ausfahrt „Te Mata/Kawhia" und folgt den Schildern. Die Fahrt dauert mindestens eine Stunde.

Die Busse von Environment Waikatos **Busit!** (☎ 0800 4287 5463; www.busit.co.nz; Erw./Kind 7,30/ 3,70 NZ$) verkehren werktags dreimal täglich und an den Wochenenden zweimal täglich zwischen Hamilton und Raglan (1 Std.).

Raglan Shuttle Co (☎ 0800 8873 2 7873, 0212 612 563; www.solscape.co.nz/shuttle.html) verbindet Raglan mit Hamilton (einfache Strecke 60 NZ$) und Auckland (100 NZ$).

Bike2Bay (☎ 07-825 0309; www.bike2bay.com; 24b Stewart St; Leihräder Std./halber/ganzer Tag 8/22/33 NZ$; 9.30–17 Uhr) verleiht Mountainbikes und repariert Drahtesel.

Taxis gibt's bei **Raglan Taxi** (☎ 07-825 0506).

SÜDLICH VON RAGLAN
Ocean Beach

Der Strand an der Mündung der Bucht liegt nur 4 km südwestlich von Raglan und ist über den Riria Kereopa Memorial Dr zu erreichen. Er ist beliebt bei Wind- und Kitesurfern, wegen der starken Strömung aber für Schwimmer extrem gefährlich.

Ngarunui Beach

Weniger als 1 km weiter südlich dieser Strand, der besonders für Surfanfänger geeignet ist. Oben auf der Klippe befindet sich der Club der freiwilligen Rettungsschwimmer, die von Ende Oktober bis April einen Teil des schwarzen Sandstrands überwachen. Es ist der einzige Strand mit Rettungsschwimmern und die beste Stelle der Umgebung, um im Ozean ein Bad zu nehmen.

Manu Bay

Nach weiteren 2,5 km erreicht man diesen legendären Surfspot mit den angeblich längsten Left Hand Breaks des Planeten. Die langen, gleichförmigen Wellen entstehen durch den Winkel, in dem die Strömung der Tasmanischen See auf die Küste trifft (bei Südwestdünung besonders toll).

LP Tipp **Solscape** (☎ 07-825 8268; www.solscape. co.nz; 611 Wainui Rd; Stellplatz 15 NZ$/Pers., Waggon B/DZ 25/60 NZ$, Tipi EZ/DZ/4BZ 50/68/136 NZ$, Cottage DZ 110– 180 NZ$;) Backpackerunterkünfte in umgebauten Eisenbahnwaggons und eine gemütliche Gemeinschaftslounge/-küche. Ein ultimatives Ökoerlebnis ist die Übernachtung in einem der erstaunlich komfortablen Tipis mitten im Busch. Hier nächtigt man wirklich in völliger Abgeschiedenheit, braucht aber dennoch nicht auf eine warme Dusche (solarbetrieben) und einfache Toiletten (kompostierend) nicht zu verzichten. Cottages mit Küche und Meerblick, Surfunterricht (S. 251) und Massagen (65 NZ$/Std.) vervollständigen das unglaublich breite Angebot.

Whale Bay

Der berühmte Surfspot liegt 1 km westlich der Manu Bay. Um den weniger bevölkerten Strand zu erreichen, muss man aber unten von der Calvert St aus 600 m über die Felsen klettern.

Mitten im ursprünglichen Buschland bietet die **Karioi Lodge** (☎ 07-825 7873; www.karioilodge.co.nz; 5b Whaanga Rd; B/DZ 27/69 NZ$; 🖳) eine Sauna, einen Flying Fox (Seilrutsche), Mountainbikes, Busch- und Strandwanderungen, nachhaltige Gartengestaltung, eine Baumschule und die Raglan Surf School (S. 251). Die Zimmer haben kein eigenes Bad, sind aber sauber und gemütlich. Die gleichen freundlichen Betreiber führen ganz in der Nähe auch **Sleeping Lady Lodging** (☎ 07-825 7873; www.sleepinglady.co.nz; 5b Whaanga Rd; Lodge 125–240 NZ$), eine Reihe von Luxuslodges mit Küche. Das Angebot reicht vom Wohnstudio/Apartment „Sweet As" bis hin zur „Lava Lounge" mit eigenem Whirlpool und Meerblick, in der bis zu zwölf Personen übernachten können.

Das **Indicators Beach House** (☎ 07-825 7889; www.indicators.co.nz; Whaanga Rd, DZ 150–220 NZ$, zusätzl. Pers. 50 NZ$; 🖳) hat zwei Etagen, die als eine oder zwei separate Einheiten mit Küche gebucht werden können. Die geräumigen, mit Holz verkleideten Einheiten bieten Platz für bis zu zwölf Personen, haben riesige Terrassen (mit Wahnsinnsblick!) und lassen keinen Wunsch offen. Für Kinder unter 12 Jahren ist der Aufenthalt kostenlos. Hier möchte man gleich für immer bleiben!

Mt. Karioi

In der Legende ist der **Mt. Karioi** (756 m), die „Schlafende Lady" – nach Ähnlichkeiten Ausschau halten –, die Schwester des Mt. Pirongia (s. rechte Spalte). Am Fuß bildet die **Te Toto Gorge** einen steilen Spalt im Berghang. Vom Parkplatz der Te Toto Gorge südlich der Whale Bay führt ein anstrengender, aber malerischer Wanderweg den westlichen Berghang hinauf. Man braucht zweieinhalb Stunden, um den Aussichtspunkt zu erreichen, und dann noch einmal eine weniger strapaziöse Stunde bis hinauf zum Gipfel. Auf der Ostseite führt der Wairake Track, ein steiler, zweieinhalbstündiger Weg zum Gipfel hinauf, wo er dann auf den Te Toto Track trifft.

Ruapuke Beach

An der Whale Bay endet die befestigte Straße. Von dort führt eine Schotterstraße zum **Ruapuke Beach**, der 28 km von Raglan entfernt ist. Schwimmen ist an dem Strand gefährlich, bei Brandungsanglern ist er aber beliebt. Das

Ruapuke Beach Motor Camp (☎ 07-825 6800; Stellplatz ohne/mit Strom 20/24 NZ$, Hütte ab 35 NZ$) liegt in der Nähe des Strandes und wirkt total abgeschieden. Die Schotterstraße führt weiter rund um den Mt. Karioi und trifft bei Te Mata auf die Straße durchs Binnenland.

Bridal Veil Falls

Gleich hinter Te Mata (von der Hauptstrecke Raglan–Hamilton ein kurzer Abstecher in Richtung Süden) befindet sich die Abzweigung zu den 55 m hohen Bridal Veil Falls. Sie liegen 4 km abseits der Hauptstraße. Vom Parkplatz aus führt ein leichter, zehnminütiger Spaziergang durch vermoosten Busch zum Scheitelpunkt des Wasserfalls. Der Ort hat etwas Magisches, wozu auch die tanzenden Regenbogen über dem khakibraunen Teich weit unten beitragen. Ein weiterer zehnminütiger Spaziergang führt nach unten. Das geparkte Auto stets gut abschließen – Diebstähle sind hier keine Seltenheit.

Zurück in Te Mata, kann man mit **Magic Mountain Horse Treks** (☎ 07-825 6892, www.magicmountain.co.nz; 334 Houtchen Rd; Ausritte ½ Std. 40/65 NZ$) durch die Berge und zu den Bridal Veil Falls (80 NZ$) reiten.

Four Brothers Scenic Reserve

Auf halber Strecke zwischen Hamilton und Raglan beginnt am SH23 der **Karamu Walkway**, der durch ein Naturschutzgebiet führt. Eine 15-minütige Wanderung auf einem verwilderten Weg führt hinauf auf den Hügel, wo Kühe und Schafe das Panorama genießen.

Pirongia Forest Park

Die Hauptattraktion des 17 000 ha großen Parks ist der **Mt. Pirongia** (www.mtpirongia.org.nz), dessen 959 m hoher Gipfel von einem großen Teil Waikatos aus deutlich sichtbar ist. In der Regel besteigt man den Berg von der Corcoran Rd aus (einfache Strecke 3–5 Std.). Interessanterweise steht Neuseelands größter Kahikatea-Baum (66,5 m) am Berghang. Falls man hier übernachten muss: In der Nähe des Gipfels gibt's eine Hütte des DOC mit sechs Schlafplätzen. Karten und Infos hat das DOC in Hamilton (S. 246).

TE AWAMUTU
9800 Ew.

Das Zentrum der Milchwirtschaft ist Te Awamutu. Der Ortsname bedeutet „abgeschnittener Fluss" – der Waikato war ab hier für große Kanus nicht mehr befahrbar. Te Awamutu ist eine echte Arbeiterstadt mit echten, arbeitenden Menschen – landwirtschaftliche Rechtschaffenheit en masse! (Auf dem Schild an der Tür zum Pub steht denn auch: „Gummistiefel bitte ausziehen!") Es gibt eine von blühenden Bäumen gesäumte Hauptstraße und ein nettes Museum, sodass man hier gut eine Nacht verbringen kann (Finn-Fans bleiben vielleicht auch etwas länger; s. Kasten unten).

Praktische Informationen

Im **Te Awamutu i-SITE** (☎ 07-871 3259; www.teawamutuinfo.com; 1 Gorst Ave; ☽ Mo–Fr 9–16.30, Sa & So 10–16 Uhr) bekommt man viele Infos über den Ort und seine Umgebung.

Sehenswertes

Das **Te Awamutu Museum** (☎ 07-872 0085; www.tamuseum.org.nz; 135 Roche St; Eintritt gegen Spende; ☽ Mo–Fr 10–16, Sa 10–13, So 13–16 Uhr), „in dem sich die Geschichte niemals wiederholt", beherbergt einen in *True Colours* bemalten Schrein für die Lokalhelden Tim und Neil Finn. Es können goldene Schallplatten, originale Songtexte, Erinnerungsstücke und auch Kurioses wie Neils Übungsbuch aus der zweiten Klasse bewundert werden. Außerdem gibt's eine schöne Sammlung von Maori-*taonga* (Schätze), darunter der verehrte Gott „Uenuku", und eine ausgezeichnete Ausstellung über den Waikato-Krieg. Ein wirklich tolles kleines Museum.

Der **Rose Garden** (Ecke Gorst Ave & Arawata St; Eintritt frei; ☽ 24 Std.) neben der i-SITE hat 2000 Rosenstöcke und 51 Arten mit so wunderbaren Namen wie Big Daddy, Disco Dancer, Lady Gay und Sexy Rexy. Die Rosen blühen normalerweise von November bis April.

Schlafen

Rosetown Motel (☎ 0800 767 386, 07-871 5779; www.rosetownmotel.co.nz; 844 Kihikihi Rd; DZ 99–110 NZ$, FZ 155 NZ$; ☎ ☒) Die altmodischen Wohneinheiten im Rosetown – viel Teakholz-Furnier und gelbes Marmorimitat – haben Küchen, Sky TV und ein Gemeinschaftsspa. Damit sind sie eine gute Wahl für alle, die eine solide Übernachtung in einer Kleinstadt suchen.

Cloverdale House (☎ 07-872 1702; www.cloverdalehouse.co.nz; 141 Long Rd; DZ/4BZ 140/200 NZ$) In dieser schicken, neuen Unterkunft im Zentrum der Milchwirtschaft, 8 km östlich der Cambridge Rd, kann man sich wie ein echter Farmer fühlen. Die beiden Doppelzimmer mit Bad teilen sich eine Lounge und eine Küche (die Zutaten für das Frühstück werden bereitgestellt).

Essen & Ausgehen

Indian Aroma (☎ 07-871 5555; 23 Arawata St; Hauptgerichte 13–17 NZ$; ☽ Mo–Fr mittags, tgl. abends; Ⓥ) Dieses ansprechende Restaurant erhellt den Ort mit seinem leuchtenden Safrangelb. Die wunderbar duftenden Gerichte werden an Glastischen serviert.

Redoubt Bar & Eatery (☎ 07-871 4768; Ecke Rewi St & Alexandra St; Hauptgerichte 16–32 NZ$; ☽ 11 Uhr–open end) Lässiges kleines Barrestaurant mit preiswerten, aber starken Cocktails, alten Fotos an den Wänden und einer ordentlichen Speisekarte, die alles von Pasta bis Currys bietet. Tipp: den Bagel mit Hähnchenfleisch probieren.

Unterhaltung

Regent 3 Cinema (☎ 07-871 6678; www.regent3.itgo.com; Alexandra St; Tickets Erw./Kind 15/13 NZ$; ☽ wechselnde Öffnungszeiten) Das 1932 errichtete Art-déco-Kino hat fünf Säle und zeigt im Foyer tolle cineastische Erinnerungsstücke.

TE AWAMUTUS HEILIGER SOUND

Mit den Anfangszeilen der ersten Single *(Mean to Me)* von Crowded House verhalf Neil Finn im Alleingang seiner verschlafenen Heimatstadt Te Awamutu zu internationalem Ruhm. Inspiriert hatte den Ort aber auch schon vorher: Die Songs *Haul Away* und *Kia Kaha* von Split Enz mit dem älteren Bruder Tim enthalten ähnliche Bezüge.

Auch wenn das brillante neuseeländische Songwriter-Brüderpaar nicht mehr auf der Höhe seines Ruhmes steht, pilgern Finn-Fans noch immer nach Te Awamutu – man braucht sich nur bei den Angestellten im i-SITE zu erkundigen. Hier wird mächtig mit Finn-T-Shirts gehandelt, mit Finn-Briefmarken und Broschüren, die Wanderungen zu den Stätten der Finn-Story beschreiben (das Haus in der Teasdale St 588, in dem sie ihre Kindheit verbrachten, ihre Schule, ja sogar das Haus von Neils Klavierlehrerin). Das Ganze ist die neuseeländische Version von Graceland.

Wer allerdings hofft, den beiden persönlich zu begegnen, dürfte enttäuscht werden – die Jungs haben den Ort schon vor Jahrzehnten verlassen.

In der Redoubt Bar & Eatery (S. 255) gibt's jeden zweiten Mittwoch Comedy-Shows und freitagabends Livemusik.

An- & Weiterreise

Te Awamutu liegt am SH3 auf halber Strecke zwischen Hamilton und Otorohanga (jeweils 29 km). Das regionale Busunternehmen **Busit!** (☎ 0800 4287 5463; www.busit.co.nz) bietet die billigste Möglichkeit für eine Fahrt nach Hamilton (Erw./Kind 6/4 NZ$, 30 Min., 5-mal tgl.). **InterCity** (☎ 09-583 5780; www.intercity.co.nz) fährt dreimal täglich von Te Awamutu nach Auckland (43 NZ$, 2½ Std.), Hamilton (21 NZ$, 40 Min.) und Otorohanga (21 NZ$, 25 Min.).

Die Busse von **Dalroy Express** (☎ 0508 465 622; www.dalroytours.co.nz) verkehren täglich zwischen Auckland (28 NZ$, 2½ Std.) und New Plymouth (39 NZ$, 3½ Std.). Sie halten vor dem Visitor Information Centre; Zwischenstopps sind u. a. Hamilton (12 NZ$, 25 Min.) und Otorohanga (11 NZ$, 20 Min.).

RUND UM TE AWAMUTU
Stätten des Waikato-Kriegs

Vor der Besetzung von Waikato war **Rangiaowhia** (5 km östlich von Te Awamutu) eine blühende Bauerngemeinde der Maori mit zwei Kirchen, einer Mühle und einer Rennbahn. Sie bot Tausenden von Einwohnern eine Heimat, die Weizen, Mais, Kartoffeln und Obst nach Australien exportierten. In vielerlei Hinsicht war die Stadt ein perfektes Modell für das, was sich die Maori von dem Vertrag von Waitangi erhofft hatten: die Existenz zweier souveräner Völker, die nach gemeinsamen Interessen handelten.

Im Februar 1864 blieb die Siedlung unverteidigt, während die Krieger von König Tawhiao befestigte Stellungen weiter nördlich einnahmen. Mit einem entscheidenden taktischen Schachzug umging General Cameron sie und nahm die Stadt, tötete dabei Frauen, Kinder und alte Menschen. Das war ein Wendepunkt in dem Feldzug. Die Maori waren demoralisiert, ihre Krieger verließen die fast uneinnehmbaren *pas* (Befestigungen).

Übrig geblieben sind von der Ortschaft leider nur die schicke anglikanische **St. Paul's Church** von 1854 und der **Friedhof** der katholischen Mission. Das stehen inmitten reichen Ackerlands, das den Maori weggenommen und an Kolonialsoldaten verteilt wurde.

Der Krieg endete weiter südlich bei **Orakau**, wo ein Obelisk an der Straße die Stelle mar-

kiert, an der 300 Maori unter Führung von Rewi Maniapoto drei Tage lang die Angriffe von 1500 Soldaten gegen ein unfertiges *pa* zurückschlugen, ehe sie ausbrachen und sich unter Verlust von 70 Kriegern in das heute als King Country bekannte Gebiet zurückzogen. Rewis trotziger Ausruf – *„ka whawhai tonu ahau ki a koe, ake, ake, ake!"* (Wir werden immer weiter kämpfen!) – ist bis zum heutigen Tag ein Schlachtruf von Maoriaktivisten. Ein **Denkmal für Rewi Maniapoto**, der von beiden Seiten geachtet wurde, findet sich 4 km südlich von Te Awamutu im am SH3 gelegenen Kihikihi.

Maungatautari

Kann ein Vulkan im Binnenland zu einem Inselparadies werden? Die eindrucksvolle **Maungatautari Ecological Island** (☎ 07-823 7455; www.maungatrust.org) gibt die Antwort. Angeregt vom Erfolg der Schädlingsausrottung und der Wiedereinführung endemischer Arten am Hauraki-Golf, hat eine Gemeindestiftung einen 47 km langen schädlingssicheren Zaun um die drei Gipfel des Maungatautari (797 m) gezogen und so ein Regenwald-Atoll geschaffen, das die Silhouette zwischen Te Awamutu und Karapiro bestimmt und nun die ersten Kiwi-Küken seit 100 Jahren beherbergt. Der kürzeste Weg zum Gipfel (1 Std. 40 Min.) beginnt an der Nordseite; für die gesamte Wanderung von Norden nach Süden sollte man rund sechs Stunden einkalkulieren. Von Karapiro aus geht's zur Maungatautari Rd und weiter zur Hicks Rd, von Te Awamutu aus nimmt man die Arapuni Rd und dann die Tari Rd.

Out In The Styx (☎ 07-872 4505; www.styx.co.nz; 2117 Arapuni Rd, Pukeatua; B 85 NZ$, EZ 130–155 NZ$, DZ 260–310 NZ$), nahe dem südlichen Ende von Maungatautari, bringt seine Gäste zum Nordeingang (10 NZ$/Pers.). Die drei luxuriös ausgestatteten Themenzimmer (polynesisch, afrikanisch und Maori) sind besonders hübsch; außerdem gibt's für müde Füße ein Spa. Im Preis inbegriffen sind ein Abendessen mit vier Gängen und das Frühstück.

Wharepapa South

Die surreale Landschaft aus zerklüftetem Kalkstein bietet mit die besten Klettergelegenheiten auf der Nordinsel. Sie ist sicher nicht der Ort, an dem sich angehende Spidermen (oder Spiderwomen) zum allerersten Mal in den Lycra-Anzug zwängen sollten. Wer aber über Grundkenntnisse verfügt, kann hier zeigen, was er drauf hat.

Bryce's Rockclimbing (☎ 07-872 2533; www.rock climb.co.nz; 1424 Owairaka Valley Rd; B/DZ 25/66 NZ$) ist genau das Richtige für erfahrene Klettermaxen. Hier befindet sich Neuseelands größter Klettershop, der jedes erdenkliche Kletterequipment verkauft und verleiht. Außerdem gibt's eine Kletterhöhle (für Übernachtungsgäste der netten Unterkunft gratis) und ein Café mit Schanklizenz (leichte Gerichte 4–10 NZ$; mittags geöffnet). Ein eintägiger Kletterkurs kostet für eine oder zwei Personen 365 NZ$.

CAMBRIDGE
15 200 Ew.

Der Name ist Programm. Trotz des wilden Waikato River, der so gar nichts vom Namensvetter in England hat, geben sich die Einwohner dieses Ortes wahrhaft britisch vornehm. Es gibt grüne Dorfplätze, Alleen mit prachtvollen exotischen Bäumen und unzählige Häuser im nachgemachten Tudor-Stil. Selbst die öffentliche Toilette gleicht einem viktorianischen Cottage.

Der Ort ist berühmt für die Aufzucht und Ausbildung von Rassepferden. Man kann den Reichtum an der Hauptstraße mit ihren schönen Häusern im eduardianischen und Art-déco-Stil förmlich greifen. Bei den öffentlichen Skulpturen geht's fast immer um Pferde, Plaketten erinnern an die Sieger des Melbourne Cups. Hier kann man sich so richtig schön englisch geben und einen oder zwei Tage vertrödeln.

Praktische Informationen
Im **Cambridge i-SITE** (☎ 07-823 3456; www.cambridge. co.nz; Ecke Victoria St & Queen St; ☘ Mo–Fr 9–17, Sa & So 10–16 Uhr; 🖳) Kostenlose Karten zum Heritage Trail, Stadtpläne und Internetzugang.

Sehenswertes & Aktivitäten
HISTORISCHE GEBÄUDE
Ob man nun scharf auf Geschichte ist oder Bäume bewundern will, der **Heritage & Tree Trail** und der **Boutique Trail** umfassen alle Sehenswürdigkeiten, auch am **Waikato River** und den von Bäumen gesäumten kleinen **Lake Koutu** geht es vorbei. Unbedingt anschauen sollte man sich auch das beeindruckende Gewölbe im Inneren der 1873 errichteten **St. Andrew's Anglican Church** (☎ 07-827 6751; www.standrew cambridge.wordpress.com; 85 Hamilton Rd; Eintritt frei;

☘ Gottesdienst So 8 & 9.30 Uhr), dem ältesten Gebäude in Cambridge (Ausschau halten nach dem Gallipoli-Fenster).

Abgesehen von der einer spanischen Mission entlehnten **Turmuhr** sind die **Jubilee Gardens** (Victoria St) ein wahres Tribut ans „Mutterland". Ein britischer Löwe bewacht das **Kenotaph**, auf dessen Tafel zu lesen steht: „Sage Britannien, wer dieses Denkmal betrachtet: in Treue zu ihr fielen wir und ruhen hier zufrieden". Man fragt sich, ob die Statue des Soldaten aus sentimentalen Beweggründen oder aufgrund der sonderbaren Grammatik so verwirrt dreinschaut.

Das skurrile alte **Cambridge Museum** (☎ 07-827 3319; www.cambridgemuseum.org.nz; 24 Victoria St; Eintritt gegen Spende; ☘ 10–16 Uhr) in dem ehemaligen Gerichtsgebäude beherbergt zahlreiche Relikte aus der Pionierzeit, einen Raum mit Exponaten zur Militärgeschichte und ein maßstabsgetreues Modell des Te Totara Pa, das einst in der Gegend stand und zerstört wurde.

PFERDE
Die **Cambridge Thoroughbred Lodge** (☎ 07-827 8118; www.cambridgethoroughbredlodge.co.nz; Führung Erw./Kind 8/5 NZ$, Show Erw./Kind 12/5 NZ$; ☘ Führungen 10–15 Uhr nach Vereinbarung), 6 km südlich der Stadt am SH1 gelegen, ist ein erstklassiges Gestüt. Tickets für die einstündige Führung oder die mehrmals wöchentlich stattfindende Show „NZ Horse Magic" unbedingt vorher reservieren.

Stud Tours (☎ 07-827 5910, 027 497 5346; www. barrylee.co.nz; geführte Touren 120 NZ$) veranstaltet von Pferdeexperten geführte Besichtigungen von Gestüten. Da der Preis für bis zu vier Personen gilt, ist diese einzigartige Führung erstaunlich preiswert. Unbedingt vorher reservieren.

Auf dem grünen **Cambridge Raceway** (☎ 07-827 5506; www.cambridgeraceway.co.nz; Taylor St; Eintritt 5 NZ$) gibt es dreimal im Monat Trab- und Windhundrennen. Veranstaltungstermine sind der Website zu entnehmen.

LAKE KARAPIRO
Karapiro, 8 km südöstlich von Cambridge, ist in der Kette von acht Wasserkraftwerken am Waikato River dasjenige, das am weitesten flussabwärts liegt. Es bietet einen eindrucksvollen Anblick, besonders wenn man oben über den 1947 errichteten Staudamm fährt. Der 21 km lange See eignet sich für alle Wassersportarten. Er ist vor allem bei Ruderern beliebt.

WAIKATO & KING COUNTRY

Im **Boatshed Cafe** (☎ 07-827 8286; www.theboat shed.net.nz; 21 Amber Lane; Hauptgerichte 10–17 NZ$; ☯ Mi–Fr 10–16, Sa & So 9.30–17 Uhr) am See (vom SH1 die Gorton Rd nehmen) kommen vorwiegend hausgemachte Gerichte auf den Tisch, von denen einige aus gluten- und laktosefreien Zutaten zubereitet wurden. Das Ruderboot des Olympiasiegers Rob Waddell ist Teil der Ausstattung – Waddell trainierte hier früher. Einfache Kajaks kann man für 20/40 NZ$ pro halben/ganzen Tag mieten, etwas bessere Varianten kosten 25/50 NZ$. In etwa einer Stunde kann man zu mehreren Wasserfällen paddeln.

Mit **Camjet** (☎ 0800 226 538; www.camjet.co.nz; Trips Erw./Kind 65/40 NZ$) werden Adrenalin-Junkies die Spinnweben los, die sie in Cambridge angesetzt haben. Mit dem Jetboot saust man in 45 Minuten zum Karapiro (mind. 2 Pers.).

RADFAHREN

Die 100 km langen, kurvenreichen **Waikato River Trails** (www.waikatorivertrails.com) verlaufen östlich von Cambridge und bekamen als Teil des geplanten **New Zealand Cycle Trail** (www.tourism. govt.nz/our-work/new-zealand-cycle-trail-project) „QuickStart"-Status. Ein großer Teil der Strecke ist bereits freigegeben. Genaueres erfährt man auf der Website.

Schlafen

Lake Karapiro Camping & Pursuits Centre (☎ 07-827 4178; www.lakekarapiro.co.nz; 601 Maungatautari Rd; Stellplatz pro Erw./Kind 12/9 NZ$, Chalets DZ/3BZ/4BZ 60/72/96 NZ$) Der für Ruderevents eingerichtete Komplex am See liegt 15 Minuten von der Stadt entfernt und ist abseits der großen Veranstaltungen relaxt und ruhig. Die gepflegten Holzchalets haben Etagenbetten, Bäder, Kühlschrank und Gemeinschaftsküchen.

Cambridge Motor Park (☎ 07-827 5649; www. cambridgemotorpark.co.nz; 32 Scott St; Stellplatz 28 NZ$, Hütte EZ/DZ ab 35/45 NZ$, Wohneinheit DZ 95 NZ$; ☍) Ruhiger, gepflegter Campingplatz mit viel saftiggrünem Gras. Vom Ortszentrum erreicht man den Platz über die schmale Victoria Bridge.

Birches (☎ 07-827 6556; www.birches.co.nz; 263 Maungatautari Rd; EZ/DZ 80/120 NZ$; ☍) Südöstlich von Cambridge bietet das pittoreske Farmhaus von 1930 seinen Gästen einen Pool, einen Wellnessbereich und einen Tennisplatz. Man übernachtet im Haupthaus oder im separaten Cherry Tree Cottage. Entlang der von Narzissen gesäumten Zufahrt gehen Schafe ihrer Lieblingsbeschäftigung nach: sie mampfen.

Lofthouse (☎ 07-827 3693; www.lofthouse.co.nz; 17 Dunning Rd; Apt. 130 NZ$) Der Preis gilt für bis zu vier Personen – wer also mit Freunden unterwegs ist, für den ist dieses separate Refugium ein wahres Schnäppchen. Außerdem werden ein Spa und ein traumhafter Blick geboten. Das Haus liegt 3 km abseits des SH1 in der Nähe des Karapiro-Staudamms und 11 km von Cambridge entfernt.

Cambridge Mews (☎ 07-827 7166; www.cambridge mews.co.nz; 20 Hamilton Rd; Wohneinheit 145–190 NZ$; ☍) Die geräumigen Wohneinheiten in diesem chaletartigen Motel haben Bäder mit Doppelwhirlpool und einfache Küchen. Alles ist in einwandfreiem Zustand. Der Architekt hat seine Sache prima gemacht, der Innenarchitekt weniger.

Park House (☎ 07-827 6368; www.parkhouse.co.nz; 70 Queen St; DZ inkl. Frühstück 160–310 NZ$; ☍) Bei der Beschreibung des zentral gelegenen, 1918 errichteten Hauses im Tudor-Stil hat man Mühe, das Wort „bezaubernd" zu vermeiden: Es trifft nicht nur auf die Antiquitäten, Messingbetten, Quilts und den Krimskrams aus der guten alten Zeit zu, sondern auch auf die sachkundigen Gastgeber, die ein reichliches Frühstück (Obstkompott, Landeier, Wurst …) servieren.

Houseboat Holidays (☎ 07-827 2195; www.house boatescape.co.nz; 2 Nächte 600 NZ$) Man darf vor noch „Proud Mary" trällern, ist doch der Lake Karapiro technisch gesehen noch immer ein Fluss, auf dem man aber eher relaxt als schaukelt. Einfach Kajaks und Angelausrüstung mit auf dieses smarte Hausboot (max. 7 Pers.) nehmen und ein paar sensationelle Tage verbringen.

Emanuel's Lake Karapiro Lodge (☎ 07-823 7414; www.emanuels.co.nz; 1829 SH1; DZ/Suite inkl. Frühstück 400/750 NZ$; ☍) Eine wahre rustikale Pracht. Das moderne Haus mit traumhaftem Blick auf den Lake Karapiro hat hohe Decken, schön geformte Simse und Deckenleuchter. Wer glaubt, die Standardzimmer seien der pure Luxus, hat mit Sicherheit die prächtige Versace Suite (goldene Badarmaturen!) und die gigantische Sir Tristram Suite noch nicht gesehen. Die Lodge liegt 20 km von Cambridge entfernt hoch oben über der Straße in der Nähe der Abzweigung nach Tauranga.

Essen

LP Tipp **Red Cherry** (☎ 07-823 1515; Ecke SH1 & Forrest Rd; Gerichte 6–17 NZ$; ☯ 9–15 Uhr) Die nette Bedienung und die kirschrote Espressomaschine sind im Dauereinsatz. Das einer Scheune ähnelnde Red Cherry röstet die Kaffeebohnen selbst, serviert leckeres Kneipenessen und fantastische warme Frühstücksgerichte (wie wär's mit Haferpfannkuchen oder Frühstücksrisotto?). Das Red Cherry ist das beste Café in Cambridge und Umgebung (es befindet sich 4 km außerhalb des Ortes an der Straße nach Hamilton). Wer etwas Landluft schnuppern will, nimmt an einem der Tische draußen Platz.

Rata (☎ 07-823 0999; 64c Victoria St; Gerichte 6–20 NZ$; ⏱ 8.30–16 Uhr) Sitzplätze gibt's in dem funkigen alten Laden und im begrünten Innenhof. In den lokalen Medien wurde das Rata mit den Worten beschrieben: „Hausmannskost – gut zubereitet, große Portionen". Noch Fragen?

Onyx (☎ 07-827 7740; 70 Alpha St; Hauptgerichte 17–24 NZ$; ⏱ morgens, mittags & abends) Das edle, den ganzen Tag geöffnete Lokal ist mit viel schwarzem Onyx ausgestattet und hat einen in warmen Tönen gehaltenen Holzfußboden. Hier gibt's hauptsächlich Pizza aus dem mit Holz befeuerten Ofen, aber auch Salate, Tortilla, Sandwiches, Steaks, Kuchen und guten Kaffee. Abends ist hier einiges los.

Cafe Oasis (☎ 07-827 8004; 35 Duke St; Hauptgerichte 20–30 NZ$; ⏱ Mo–Do 9–21, Fr & Sa 9 Uhr–open end, So 10–21 Uhr; Ⓥ) Es ist schon sonderbar – bei dem Namen denkt man an Falafel, stattdessen dudelt Musik aus dem Radio und auf der Speisekarte stehen echt thailändische und typisch europäische Gerichte. Wer soll sich da noch auskennen?

An- & Weiterreise

Cambridge liegt 22 km südöstlich von Hamilton am SH1 und ist daher gut mit dem Bus zu erreichen. Die Busse von Environment Waikatos **Busit!** (☎ 0800 4287 5463; www.busit.co.nz) fahren wochentags dreimal nach Hamilton (6 NZ$, 40 Min.).

InterCity (☎ 09-583 5780; www.intercity.co.nz) steuert die folgenden Ziele an:

Ziel	Preis	Dauer	Häufigkeit
Auckland	38 NZ$	2½ Std.	10-mal tgl.
Hamilton	21 NZ$	30 Min.	8-mal tgl.
Matamata	20 NZ$	30 Min.	1-mal tgl.
Rotorua	28 NZ$	1¼ Std.	5-mal tgl.
Wellington	75 NZ$	8½ Std.	3-mal tgl.

Naked Bus (☎ 0900 625 33; www.nakedbus.com) bedient die gleichen Strecken. Durch frühes Buchen kann man seine Reisekasse entlasten.

Ziel	Preis	Dauer	Häufigkeit
Auckland	27 NZ$	2½ Std.	5-mal tgl.
Hamilton	14 NZ$	30 Min.	3-mal tgl.
Matamata	12 NZ$	40 Min.	2-mal tgl.
Rotorua	15 NZ$	1½ Std.	2-mal tgl.
Wellington	45 NZ$	9½ Std.	1-mal tgl.

TIRAU
730 Ew.

Die gemütliche Anglophilie von Cambridge scheint noch übertriebener, wenn man den nächsten Halt am SH1 erreicht. Ganz Tirau hat sich bis über beide Ohren in Wellblech verliebt. Das **Tirau i-SITE** (☎ 07-883 1202; www.tirau info.co.nz; SH1; ⏱ 9–17 Uhr) befindet sich in einem riesigen Hund aus Wellblech. Auch viele andere Häuser sind ähnlich geriffelte, übergroße Skulpturen (ein Stück Käse, ein Schafhirte, eine Tulpe …).

Direkt neben dem SH27, 5 km nördlich von Tirau, liegt der **Oraka Deer Park** (☎ 07-883 1382; www.oraka-deer.co.nz; 71 Bayly Rd; DZ 100 NZ$, Cottage 200–260 NZ$; ☒). Es gibt ein separates Cottage mit Küche (für 5 Pers.) und ein Zimmer mit Bad im Haupthaus. Kids werden von den Rehen begeistert sein, ganz zu schweigen von dem Pool, dem Spa und dem Tennisplatz!

MATAMATA
7800 Ew.

Matamata ist zwar nicht so gut betucht wie Cambridge, aber genauso pferdebesessen – kurz, eine jener netten Kleinstädte, durch die man einfach durchfahren würde, wäre da nicht Peter Jacksons epische Filmtrilogie vom *Herrn der Ringe*. Während der Dreharbeiten konnte man in Matamata prima leben, wenn man klein und pausbackig war – 300 Einheimische bekamen Jobs als Statisten (behaarte Füße waren keine Bedingung).

Die meisten Touristen, die nach Matamata kommen, sind denn auch eingefleischte Hobbitfans. Alle anderen erfreuen sich an einem großartigen Café, Alleen mit alten Bäumen und einer hügeligen Landschaft – ganz wie in Good Old England. Wer an ein Vollblut-Rennpferd als Mitbringsel denkt, ist hier genau richtig.

Praktische Informationen

Das äußerst hilfsbereite Personal im **Matamata i-SITE** (☎ 07-888 7260; www.matamatanz.co.nz; 45 Broadway; ⏱ Mo–Fr 9–17, Sa & So 9–15 Uhr) hält kostenlose Stadtpläne und Infos über die Attraktionen der Gegend parat. Im Sommer verlängerte Öffnungszeiten. Hier starten auch die geführten Hobbiton-Touren.

Sehenswertes & Aktivitäten

Hobbiton Movie Set & Farm Tours (☎ 07-888 6838; www. hobbitontours.com; Erw./Kind unter 5 Jahren/ Kind 5–9 Jahre/ Kind 10–14 Jahre 58 NZ$/frei/5/29 NZ$; ☼ geführte Touren 9.50, 10.45, 12, 13.15, 14.30, 15.45 Uhr) Die Touren sind für alle Hobbitfans die Topattraktion des Landes und selbst für diejenigen interessant, die die Filme nicht gesehen haben (soll's ja auch geben). Aufgrund von Copyrightbestimmungen mussten all die aufwendig konstruierten Kulissen in der Gegend abgerissen werden, die Eigentümer von Hobbingen setzten aber in Verhandlungen durch, dass zumindest die Hobbithöhlen erhalten blieben – wenn auch ohne die wunderschönen Außenkulissen. Fans (und von denen gibt es viele) können aber ihrer Fantasie freien Lauf lassen. Man kann sich auch einer geführte Tour von **Sheep Farm Experience** (Erw./Kind 16/8 NZ$) anschließen, auf der man alles anfassen kann und die Dinge erklärt bekommt. Am Matamata i-SITE starten kostenlose Shuttlebusse. Mit dem eigenen Auto fährt man in Richtung Cambridge, biegt erst rechts in die Puketutu Rd und dann links in die Buckland Rd ab und hält vor dem Café Shire's Rest.

Skydive Waikato (☎ 07-888 8763; www.freefall.co. nz; Tandemsprung aus 2700–4500 m Höhe 240–290 NZ$) und **Dropzone** (☎ 027 494 2537; www.dropzonenz.co.nz; Tandemsprung aus 2700 m Höhe 220 NZ$) bieten spannende Abenteuer im freien Fall. Los geht's auf dem Matamata Airfield, 10 km nördlich von Matamata am SH27 gelegen.

Der **Firth Tower** (☎ 07-888 8369; www.firthtower. co.nz; Tower Rd; Eintritt frei; ☼ 10–16 Uhr) wurde von Josiah Firth, einem Geschäftsmann aus Auckland, errichtet. Zuvor hatte er rund 22 700 ha Land von seinem Freund Wiremu Tamihana, dem Häuptling der Ngati Haua, gekauft. Der 18 m hohe Betonturm (1882) war ein modisches Statussymbol und diente nicht der Verteidigung. Er beherbergt Artefakte der Maori und Pioniere. Um ihn herum stehen zehn weitere historische Gebäude (Di & Mi geschl.), u. a. eine Schule, eine Kirche und ein Gefängnis. All das findet sich 3 km östlich der Stadt.

Die **Opal Hot Springs** (☎ 07-888 8198; www.opal hotsprings.co.nz; 257 Okauia Springs Rd; Eintritt Erw./Kind 6/3 NZ$, 30 Min. im Einzel-Whirlpool 8/4 NZ$; ☼ 9–21 Uhr) sind bei Weitem nicht so glamourös, wie der Name vermuten lässt, haben aber immerhin drei große Thermalbecken. Unmittelbar

nördlich vom Firth Tower abbiegen und der Straße 2 km folgen.

Fährt man von den Opal Pools an den Kaimai Ranges entlang nach Norden, erreicht man nach 9 km die spektakulären, 150 m hohen **Wairere Falls**. Vom Parkplatz wandert man 45 Minuten durch den Busch oder 90 Minuten den steilen Anstieg hinauf zur Fallkante der Wasserfälle.

Schlafen

Broadway Motel & Miro Court Villas (☎ 07-888 8482; www.broadwaymatamata.co.nz, www.mirocourt.co.nz; 128 Broadway; EZ 70–135 NZ$, DZ 85–155 NZ$; ☐ ☎) Der weitläufige Motelkomplex mit einem gepflegten älteren Block wird nach und nach durch neue, vornehmere Blocks erweitert, die von der Straße zurückgesetzt liegen. Am hübschesten sind die schicken Miro Court Villas im Apartmentstil. Auf dem Gelände befindet sich ein toller Kinderspielplatz.

Southern Belle (☎ 07-888 5518; www.southernbelle. co.nz; 101 Firth St; EZ & DZ 120 NZ$, zusätzl. Pers. 40 NZ$; ☎) Im oberen Stockwerk des großartigen alten Hauses (das auch in Savannah oder Baton Rouge stehen könnte) befindet sich eine Suite mit drei eleganten Schlafzimmern, einem gemütlichen Aufenthaltsbereich und einer kleinen Küche (zum Kochen gibt's nur eine Mikrowelle, den Grill unten dürfen die Gäste allerdings jederzeit benutzen).

Essen & Ausgehen

Redoubt Bar & Eatery (☎ 07-888 8585; 48 Broadway; Mittagessen 10–18 NZ$, Abendessen 22–31 NZ$; ☼ Di–So morgens, mittags & abends) Matamatas gelungener Ableger des Restaurants Redoubt in Te Awamutu (S. 255): dünne, knusprige Pizzen, Eintöpfe, Steak-Sandwiches und freitags Livemusik – oh, und viele hopfenhaltige Getränke von Monteith's!

LP Tipp **Workman's Cafe Bar** (☎ 07-888 5498; 52 Broadway; Mittagessen 15–16 NZ$, Abendessen 28–32 NZ$; ☼ morgens, mittags & abends) Wahrhaft verschroben: Die eine Wand prunkt mit Art-déco-Spiegeln, an der anderen hängt eine beeindruckende Sammlung von afrikanischen Frauenbüsten. Der Ruf des funky Restaurants reicht über Matamatas Grenzen hinaus. Der pochierte Lachs Benedict ist mit hoher Wahrscheinlichkeit der beste des Landes.

An- & Weiterreise

Matamata liegt am SH27, 20 km nördlich von Tirau.

InterCity-Busse (☎ 09-583 5780; www.intercity. co.nz) fahren einmal täglich nach Cambridge (20 NZ$, 30 Min.), Hamilton (25 NZ$, 1 Std.), Rotorua (26 NZ$, 1 Std.) und Tauranga (21 NZ$, 1 Std.). **Naked Bus** (☎ 0900 625 33; www.nakedbus.com) fährt einmal täglich nach Auckland (27 NZ$, 3½ Std.), Cambridge (12 NZ$, 30 Min.), Hamilton (15 NZ$, 1 Std.) und Tauranga (12 NZ$, 45 Min.). Wer rechtzeitig bucht, bezahlt vielleicht nur 1 NZ$.

TE AROHA
3800 Ew.

In Te Aroha herrscht eine tolle Atmosphäre – wenn man so will, „die Liebe" höchstpersönlich, lautet doch so die wörtliche Übersetzung des Namens. Der Ort am Fuß des mit Büschen bewachsenen Mt. Te Aroha (952 m) ist ein guter Ausgangspunkt für Buschwanderungen oder für Entspannung in den heilsamen Thermalquellen.

Praktische Informationen
Te Aroha i-SITE (☎ 07-884 8052; www.tearohanz. co.nz; 102 Whitaker St; ☯ Mo–Fr 9.30–17, Sa & So 9.30–16 Uhr)

Sehenswertes & Aktivitäten
Der Thermalbereich der Stadt befindet sich in der idyllischen eduardianischen **Hot Springs Domain**, einem Park hinter dem i-SITE. Er ist in separate Einrichtungen für Wellnessgäste und Planscher unterteilt. Das **Te Aroha Mineral Spa Bath House** (☎ 07-884 8717; www.tearohapools.co.nz; 30 Min. Sitzung 30 NZ$/Paar; ☯ 10.30–22 Uhr) bietet entspannende Einzelwannen, Massagen, Schönheitspflege und Aromatherapie. In der Nähe des Eingangs kann man an einem **Trinkbrunnen** warmes Sodawasser probieren – der Geschmack ist gewöhnungsbedürftig, soll aber bei Verstopfung helfen. Hier spuckt der temperamentvolle **Mokena Geyser**, der einzige bekannte Sodageysir der Welt, etwa alle 40 Minuten 3 m hohe Wasserfontänen in die Luft (besonders aktiv ist er zwischen 12 und 14 Uhr).

Weiter unten auf dem Anwesen finden sich die **Leisure Pools** (☎ 07-884 4498; www.tearohapools. co.nz; Eintritt Erw./Kind 5/3 NZ$; ☯ Mo–Fr 10–17.45, Sa & So 10–18.45 Uhr) mit beheizten Süßwasserbecken unter freiem Himmel, in denen man so richtig schön planschen kann.

Direkt unten am Hügel steht das **Te Aroha Museum** (☎ 07-884 4427; www.tearoha-museum.com;

Eintritt Erw./Kind 3/1 NZ$; ☯ Nov.–März 11–16 Uhr, April–Okt. 12–15 Uhr), das in dem kunstvoll verzierten ehemaligen Thermalsanatorium untergebracht ist. Hier sind skurrile Keramikgegenstände zu bewundern.

Die **Wanderwege** auf den Mt. Te Aroha beginnen oben auf dem Anwesen. Der Anstieg zum **Bald Spur/Whakapipi Lookout** (350 m) dauert 45 Minuten. Von dort sind es weitere 2,7 km (2 Std.) bis zum Gipfel.

Schlafen
Te Aroha Holiday Park (☎ 07-884 9567; www.tearoha holidaypark.co.nz; 217 Stanley Rd; Stellplatz 10 NZ$/Pers., B 15 NZ$, Hütte 35–45 NZ$, Wohneinheit 50–90 NZ$; ☐ ☏ ☏) Morgens wird man vom Gezwitscher der Vögel geweckt, die in den großen Eichen sitzen. Auf dem 2 km südwestlich der Stadt gelegenen Gelände gibt es einen Tennisplatz, einen Fitnessraum und einen Warmwasserpool. Die Besitzer sprechen Deutsch.

Te Aroha YHA (☎ 07-884 8739; www.yha.co.nz; Miro St; B/3BZ 23/56 NZ$) Das Love YHA ist ein behagliches, fernsehfreies Cottage mit drei Schlafzimmern, einer gemütlichen Atmosphäre, herzlichen Betreibern und einem gut bestückten Kräuteregal. Mountainbikes stehen den Gästen kostenlos zur Verfügung, und gleich hinter dem Haus beginnt eine 10 km lange Mountainbikestrecke. Unbedingt vorher anrufen. Im Winter ist manchmal geschlossen.

Te Aroha Motel (☎ 07-884 9417; tearohamotel@xtra. co.nz; 108 Whitaker St; EZ/DZ/3BZ/4BZ 80/95/115/135 NZ$; ☏) Herzlich willkommen im Love Motel (mit den Palmen vor dem Haus könnte man fast denken, man sei in Las Vegas)! Die altmodischen, günstigen, sauberen Wohneinheiten mit kleiner Küche befinden sich direkt im Ortszentrum. Kostenloses WLAN.

Aroha Mountain Lodge (☎ 07-884 8134; www.aroha mountainlodge.co.nz; 5 Boundary St; EZ/DZ/Suite/Cottage 115/125/145/250 NZ$) Die Mountain Lodge an einem Hang über dem Ort besteht aus zwei eduardianischen Villen im *aroha*-Look. Es bietet erschwinglichen Luxus und wahlweise auch Frühstück (20 NZ$/Pers.). Es ist *wirklich* alles viel schöner als in einem normalen Motel. In dem separaten Gold Miner's Cottage können bis zu sechs Personen übernachten.

Essen & Ausgehen
Behr Burger (☎ 07-884 9451; 176 Whitaker St; Burger 8–12 NZ$; ☯ Mo–Mi 16–21, Do–So 11–21 Uhr) Die äußerst leckeren Hamburger sind der Renner in

diesem Teil der geschäftigen Hauptstraße. „The Chief" (neuseeländisches Rumpsteak, honiggeräucherter Schinkenspeck, unterschiedlich zubereitete Eier, Cheddar, Salat und Aioli) macht mit Sicherheit jeden satt.

Berlusconi on Whitaker (☎ 07-884 9307; 149 Whitaker St; Brunch 12–18 NZ$; Hauptgerichte 22–28 NZ$; ☾ Mi 17.30 Uhr–open end, Do–So 10 Uhr–open end) Man weiß ja, dass der italienische Ministerpräsident bei Vielem seine Finger im Spiel hat, aber sicher nicht bei dieser gehobenen Wein-, Tapas- und Pizzabar in Te Aroha. Trotzdem geht es hier weltmännisch zu.

Selbstversorger bekommen im **Organic Health Shop** (☎ 07-884 9696; 9 Lawrence Ave; ☾ Mo–Fr 9–17 Uhr) frisches Obst und Gemüse, Milchprodukte, Müsli und glutenfreie Speisen.

An- & Weiterreise

Te Aroha liegt am SH26, 21 km südlich von Paeroa und 55 km nordöstlich von Hamilton. Die Busse von Environment Waikatos **Busit!** (☎ 0800 4287 5463; www.busit.co.nz) fahren wochentags dreimal nach Hamilton (7,80 NZ$, 1 Std.).

KING COUNTRY

Das Gebiet kann gut und gerne als ländliches Kernland Neuseelands gelten. Hier mag man keinen Kokolores, sondern züchtet Rinder und widmet sich den All Blacks, der neuseeländischen Rugbymannschaft. Die Bastion des unabhängigen Maoritums wurde im Krieg gegen die King Movement nicht erobert (s. Kasten S. 245). Nach einer Legende soll König Tawhiao seinen Hut auf eine große Karte Neuseelands gesetzt und erklärt haben, das Land, das der Hut bedecke, werde unter seiner *mana* (Herrschaft) verbleiben. Und tatsächlich war diese Region für die Europäer bis 1883 praktisch unbetretbar.

Zu jenem Zeitpunkt war es noch weitgehend von *Te Nehe-nehe-nui* (der große Wald) bedeckt und Heimat der Ngati Maniapoto, Abkömmlinge der Tainui-Einwanderer. Nachdem es Eisenbahnvermessern gestattet worden war, das Land zu untersuchen, wurde die Herrschaft der Maori nach und nach gebrochen. Ein Beispiel sind die Waitomo Caves, die sich die Krone 1906 aneignete und die erst 1989 wieder in die Hände der rechtmäßigen Eigentümer zurückgegeben wurden.

Die Höhlen sind die Hauptattraktion der Region. Sie sind schon an sich ein unglaubliches Naturphänomen, aber zusätzlich gibt es noch jede Menge aufregende Aktivitäten.

Mehr Infos zu dieser Region gibt's auf www.sacredpeaks.com.

KAWHIA

670 Ew.

Das Fischerdorf (ausgesprochen „wie Mafia, nur mit K", so eine Einheimische) ist kultureller Gleichmacherei und großen touristischen Erschließungen aus dem Wege gegangen. Trotz der beträchtlichen Naturattraktionen herrscht eine geruhsame Atmosphäre. Der Ort wirkt wie eine Kreuzung aus Raglan (S. 250) und dem Hot Water Beach (S. 233), allerdings ohne Touristen. Es gibt hier nicht viel außer dem Gemischtwarenladen, der zugleich eine Postfiliale ist, ein paar Imbissen und einer Tankstelle. Selbst James Cook hat nicht genau hingeschaut und den schmalen Eingang zu dem großen Hafen verpasst, als er 1770 hier vorbeisegelte.

In Kawhia legte das *Tainui waka* endgültig an – eines jener Kanus, in denen die Maoriahnen im 14. Jh. nach Neuseeland kamen. Die beiden Anführer – der Häuptling/Kapitän Hoturoa und der *tohunga* (Priester) Rakataura – wussten, dass sie ihre neue Heimat an der Westküste finden sollten, und suchten, bis sie schließlich den prophezeiten Ort fanden. Als sie landeten, machten sie das *waka* an einem Pohutukawa-Baum am Strand fest und nannten den Baum Tangi te Korowhiti. Der Baum (kein Schild) steht immer noch an der Küstenlinie zwischen dem Kai und der Maketu Marae. Am Ende seiner langen, epischen Reise wurde das *waka* auf einen Hügel gezogen und dort vergraben. Heilige Steine wurden an beiden Enden aufgestellt, um die Ruhestätte zu markieren.

In der Nähe wurde in den 1760er-Jahren auch Te Rauparaha geboren, der sagenumwobene Kriegshäuptling der Ngati Toa und Verfasser des berühmten *haka* „Ka Mate".

Sehenswertes & Aktivitäten

Das **Kawhia Museum & Gallery** (☎ 07-871 0161; www. kawhiaharbour.co.nz; Kawhia Wharf; Eintritt frei; ☾ Mi–So 11–16 Uhr) in der Nähe des Kais ist bescheiden, aber nett und dient als Informationszentrum.

Kajaks können bei Flut bei Kawhia Beachside S-Cape (S. 263) für 10 NZ$ die Stunde ausgeliehen werden. Der Skipper von **Kawhia**

Harbour Cruises (☎ 07-871 0149; Rundfahrt 1 Std./2 Std. 25/35 NZ$) ist genau der richtige Ansprechpartner, um etwas über die Kultur und Geschichte der Gegend zu erfahren – seine Familie wohnt in Kawhia seit der Ankunft des *Tainui waka*. Angelausflüge organisiert **Dove Charters** (☎ 07-871 5854; www.westcoastfishing.co.nz; 100 NZ$/Tag).

4 km westlich von Kawhia liegt **Ocean Beach** mit seinen hohen schwarzen Sanddünen. Baden kann gefährlich sein, eine bis zwei Stunden vor und nach der Ebbe aber kann man die **Te Puia Hot Springs** im Sand entdecken – einfach ein Loch graben, und schon hat man seinen eigenen warmen Naturpool.

Vom Kai aus führt ein Weg die Küste entlang zur **Maketu Marae**, wo das mit beeindruckenden Schnitzereien versehene Versammlungshaus Auaukiterangi steht. Durchquert man das *marae*-Gelände, erblickt man hinter einem Holzzaun zwei Steine (Hani und Puna). Sie markieren die Stelle, an der das *Tainui waka* (S. 262) vergraben ist. Die *marae* ist in Privatbesitz – eine Genehmigung zur Besichtigung bekommt man beim Maketu Marae Committee (info@kawhia.maori.nz). Leider ist von der Straße aus nicht viel zu sehen.

Festivals & Events

Zu dem jährlich Anfang Februar stattfindenden **Kai Festival** (www.kawhiaharbour.co.nz/maori-kai -festival.html) kommen mehr als 10 000 Besucher, um traditionelles Maori-*kai* (Essen) zu genießen und sich mit *whanau* (Verwandte) zu treffen. Wenn man genug Meeresfrüchte, *rewana*-Brot und vergorenes Getreide zu sich genommen hat, lauscht man den Bands und schaut sich die mitreißenden *kapa-haka*-Vorführungen an.

Schlafen & Essen

Kawhia Beachside S-Cape (☎ 07-871 0727; www. kawhiabeachsidescape.co.nz; 225 Pouewe St; Stellplatz ab 34 NZ$, Hütte B/EZ/DZ ab 30/45/55 NZ$, Cottage 130–180 NZ$) Der Campingplatz in perfekter Uferlage am Ortseingang von Kawhia vermietet gemütliche Cottages. Es gibt eine Wäscherei und einen Sanitärblock. Der Bereich für Backpacker ist eher rudimentär ausgestattet – Campen ist die bessere Alternative.

Kawhia Motel (☎ 07-871 0865, kawhiamotel@xtra. co.nz; Ecke Jervois St & Tainui St; EZ 99–155 NZ$, zusätzl. Pers. 20 NZ$) Sechs witzig angemalte, gut gepflegte, herkömmliche Motel-Wohneinheiten in unmittelbarer Nähe zu den Geschäften.

Annie's Cafe & Restaurant (☎ 07-871 0198; 146 Jervois St; Gerichte 5–25 NZ$; ☯ 9.30–16 Uhr, im Winter Mo & Di geschl.) Altmodisches Restaurant mit Schanklizenz in der Hauptstraße. Hier gibt's Espresso, Sandwiches und lokale Spezialitäten wie Flunder und Breitling. Internetzugang.

An- & Weiterreise

Zu diesem abgelegenen Örtchen fahren keine Busse. Hin kommt man über den SH31 von Otorohanga (58 km) oder über die malerische, aber holprige Schotterstraße nach Raglan (s. S. 253).

OTOROHANGA
2700 Ew.

Otorohanga (für die Einheimischen Oto) gehört zu den unscheinbaren Orten auf der Nordinsel, die ihren eigenen Tick pflegen – ähnlich wie Tirau, Paeroa, Katikati, Bulls und Hobbingen, äh, sorry: Matamata. Die Hauptstraße ist gesäumt von den heiß geliebten Kiwiana-Ikonen. Man erfährt einiges über Schafe, Gummistiefel, Flip-Flops, den Draht Nr. 8, die All Blacks, die beliebten Buzzy-Bee-Spielsachen und – auf die Gefahr hin, mit der Australian Country Women's Association Probleme zu bekommen – über die „Pavlova" (ein Dessert aus Baiser mit viel Sahne). Aber auch ohne all diese Ticks und Spielereien lohnt sich ein Besuch im Kiwi House.

Praktische Informationen

Otorohanga i-SITE (☎ 07-873 8951; www.otorohanga. co.nz; 21 Maniapoto St; ☯ Mo–Fr 9–17, Sa & So 10–14 Uhr) Internetzugang und Infos.

Sehenswertes

Der **Otorohanga Kiwi House Native Bird Park** (☎ 07-873 7391; www.kiwihouse.org.nz; 20 Alex Telfer Dr; Eintritt Erw./Kind 16/4 NZ$; ☯ Sept.–Mai 9–17 Uhr, Juni–Aug. 9–16.30 Uhr) hat ein Nachtgehege, in dem man Kiwis beobachten kann, wie sie energisch mit ihren langen Schnäbeln nach Nahrung buddeln. Es ist der einzige Ort in Neuseeland, wo man einen Great Spotted Kiwi, die größte der drei Kiwi-Arten, zu Gesicht bekommt. Auch andere einheimische Vögel wie Kakas, Keas, Falken, Kuckuckskauze und Wekas kann man bewundern.

In dem kleinen **Otorohanga Museum** (☎ 07-873 8849; Kakamutu Rd; Eintritt frei; ☯ So 13–17 Uhr) lernt man alles über die Geschichte des Ortes. Es sind auch einige historische Gebäude zu sehen, u. a. eine Kirche und ein Gefängnis.

Genau wie in der Hauptstraße Kiwiana gibt's auf dem **Ed Hillary Walkway**, der von der Maniapoto St abzweigt, Infotafeln zu den All Blacks, zu Marmite, zu Neuseelands Teilnahme am America's Cup und natürlich zu Sir Ed.

Schlafen

Otorohanga Holiday Park (☎ 07-873 7253; www.kiwi holidaypark.co.nz; 20 Huiputea Dr; Stellplatz ohne/mit Strom 30/34 NZ\$, Hütte 52–58 NZ\$, Wohneinheit 75–105 NZ\$; 🖥 🛜) Die Lage an den Bahngleisen ist vielleicht nicht die beste, doch die Betreiber haben stets ein Lächeln auf den Lippen. Zu den sauberen Einrichtungen des Parks gehören ein Fitnesscenter und eine Sauna. Otorohanga ist nur 16 km von Waitomo entfernt und somit eine gute Alternative, falls man dort keine Unterkunft findet.

Essen & Ausgehen

Thirsty Weta (☎ 07-873 6699; 57 Maniapoto St; Gerichte 7–16 NZ\$; 🕑 10–1 Uhr) Die beste Option im Ort. Hier gibt's herzhafte Snacks (Pizza, Pasta und Quesadilla) und die Aussicht, dass es nach dem Abendessen richtig abgeht, wenn die Musiker loslegen und die Gäste in der Weinbar in Stimmung kommen.

Origin Coffee Station (☎ 07-873 8550; 7 Wahanui Cres; Kaffee 3–5 NZ\$; 🕑 Mo–Fr 8.30–16.30 Uhr) Von Malawi bis zum alten Bahnhof in Otorohanga ist es eine lange Reise – den Kaffeebohnen scheint dies aber nichts auszumachen. Die Betreiber des Origin nehmen das Thema Kaffee todernst, spüren ihn auf, importieren und rösten ihn selbst. Danach wird er serviert, stark und vollmundig und meist mit einem Stückchen Kuchen.

Bei den Waitomo Caves gibt's keinen Supermarkt, sodass man sich bei **Woolworths** (☎ 07-873 7378; 123 Maniapoto St; 🕑 7–22 Uhr) in Oto rund 300 m nördlich der Brücke über den Waipa River mit Proviant eindecken sollte.

An- & Weiterreise

Die Busse von **InterCity** (☎ 09-583 5780; www.inter city.co.nz) halten vor dem i-SITE. Es gibt tägliche Verbindungen nach Auckland (50 NZ\$, 3¼ Std., 4-mal tgl.), Te Awamutu (21 NZ\$, 20 Min., 3-mal tgl.), Te Kuiti (17 NZ\$, 20 Min., 3-mal tgl.) und Rotorua (52 NZ\$, 2½ Std., 1-mal tgl.).

Naked Bus (☎ 0900 625 33; www.nakedbus.com) fährt etwa fünfmal wöchentlich zu den Waitomo Caves (12 NZ\$, 20 Min.), nach Hamilton (13 NZ\$, 50 Min.) und New Plymouth

(37 NZ\$, 3¼ Std.). Rechtzeitig buchen, dann bezahlt man weniger.

Der **Waitomo Shuttle** (☎ 07-873 8279; waikiwi@ ihug.co.nz; einfache Strecke Erw./Kind 10/5 NZ\$) startet fünfmal täglich zu den Höhlen. Die Abfahrtszeiten sind auf die ankommenden Busse und Züge abgestimmt.

Die Busse von **Dalroy Express** (☎ 0508 465 622; www.dalroytours.co.nz) verkehren täglich zwischen Auckland (36 NZ\$, 3 Std.) und New Plymouth (34 NZ\$, 3¼ Std.) und halten in Otorohanga. Weitere Stopps sind Hamilton (16 NZ\$, 50 Min.) und Te Awamutu (11 NZ\$, 25 Min.).

Otorohanga liegt an der Bahnstrecke des **Overlander** (☎ 0800 872 467; www.tranzscenic.co.nz; Okt.–April tgl., Mai–Sept. Fr–So) zwischen Auckland (81 NZ\$, 3¼ Std.) und Wellington (107 NZ\$, 9 Std.) über Hamilton (53 NZ\$, 50 Min.) und Te Kuiti (53 NZ\$, 15 Min.).

WAITOMO CAVES

Selbst wenn es einem schon beim bloßen Gedanken an dunkle Tunnel graust, sollte man sich ein Herz fassen, eine Beruhigungstablette schlucken und trotzdem nach Waitomo fahren. Die Kalksteinhöhlen mit ihren Steinformationen und den leuchtenden Pilzmücken sind zu Recht eine der Hauptattraktionen der Nordinsel.

Waitomo zeigt sich Klaustrophoben gegenüber oft rücksichtsvoll, z. B. in der beleuchteten, kathedralenartigen und überaus schönen Glow Worm Cave. Doch wer Adrenalin freisetzen, seine Eingeweide spüren und in nachtschwarzer Dunkelheit und Enge in großer Tiefe patschnass werden will, kommt hier ebenfalls auf seine Kosten.

Der Name Waitomo leitet sich von *wai* (Wasser) und *tomo* (Loch oder Schacht) ab; überall ist die Landschaft von zahlreichen Schächten durchsetzt, die unvermittelt zu unterirdischen Höhlensystemen und Wasserläufen führen. Es gibt mehr als 300 kartierte Höhlen im Gebiet von Waitomo. Die drei Haupthöhlen – die Glow Worm, die Ruakuri und die Aranui Cave – ziehen schon seit mehr als 100 Jahren Besucher in ihren Bann.

Geschichte

Die Ruakuri Cave wurde vor 400 bis 500 Jahren von den Maori entdeckt, als ein Jäger während eines Kriegszugs des Kawhia-Häuptlings Tane Tinorau von einem Hunderudel angegriffen wurde, das im Höhlenein-

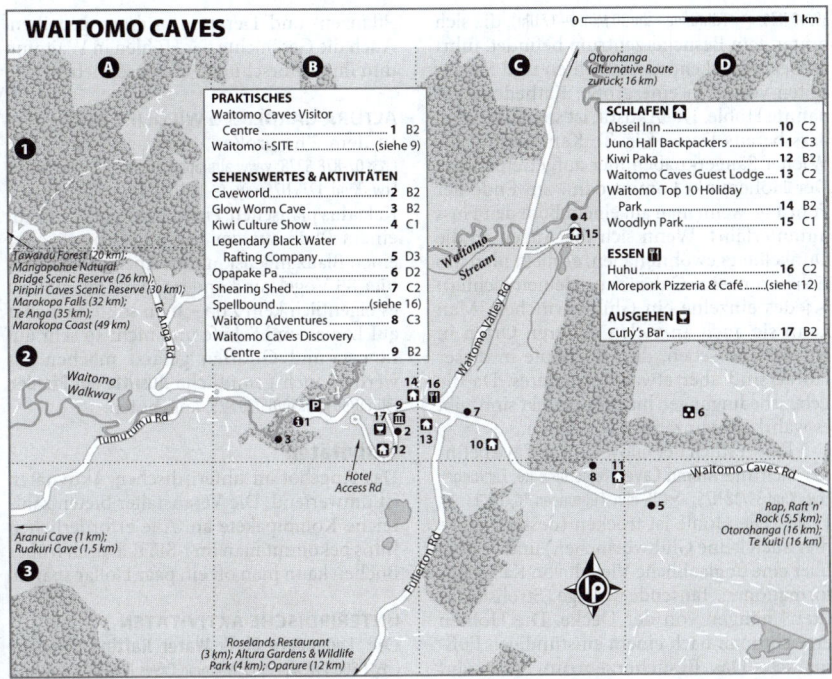

WAITOMO CAVES

0 _____ 1 km

PRAKTISCHES
Waitomo Caves Visitor
 Centre 1 B2
Waitomo i-SITE ....(siehe 9)

SEHENSWERTES & AKTIVITÄTEN
Caveworld 2 B2
Glow Worm Cave 3 B2
Kiwi Culture Show 4 C1
Legendary Black Water
 Rafting Company 5 D3
Opapake Pa 6 D2
Shearing Shed 7 C2
Spellbound ....(siehe 16)
Waitomo Adventures 8 C3
Waitomo Caves Discovery
 Centre 9 B2

SCHLAFEN
Abseil Inn 10 C2
Juno Hall Backpackers 11 C3
Kiwi Paka 12 B2
Waitomo Caves Guest Lodge 13 C2
Waitomo Top 10 Holiday
 Park 14 B2
Woodlyn Park 15 C1

ESSEN
Huhu 16 C2
Morepork Pizzeria & Café ....(siehe 12)

AUSGEHEN
Curly's Bar 17 B2

Ororohanga
(alternative Route
zurück; 16 km)

Tawarau Forest (20 km);
Mangapohue Natural
Bridge Scenic Reserve (26 km);
Piripiri Caves Scenic Reserve (30 km);
Marokopa Falls (32 km);
Te Anga (35 km);
Marokopa Coast (49 km)

Waitomo
Walkway

Te Anga Rd

Tumutumu Rd

Waitomo
Stream

Waitomo Valley Rd

Hotel
Access Rd

Fullerton Rd

Aranui Cave (1 km);
Ruakuri Cave (1,5 km)

Waitomo Caves Rd

Rap, Raft 'n'
Rock (5,5 km);
Otorohanga (16 km);
Te Kuiti (16 km)

Roselands Restaurant
(3 km); Altura Gardens & Wildlife
Park (4 km); Oparure (12 km)

---

gang hauste. Die Hunde wurden gefangen und verspeist, der Name Ruakuri (Grube der Hunde) blieb jedoch am Ort haften. Kurz darauf siedelte Tinorau mit seinen Leuten in das Gebiet um und die Höhle wurde zu einem *wahi tapu* (heiliger Ort), der für Begräbnisse und zur Verwahrung wichtiger *taonga* genutzt wurde. Im 20. Jh. ging das Land in den Besitz der Familie Holden über, der es heute noch gehört.

Die Glow Worm Cave war den einheimischen Maori seit Langem bekannt, sie hatten aber nicht das Verlangen, sie zu erforschen. Das änderte sich im Dezember 1887, als der Häuptling, der abermals Tane Tinorau hieß, mit dem englischen Landvermesser Fred Mace in das Höhlensystem vordrang. Mace legte einen Bericht über diese Expedition vor, eine Karte wurde gezeichnet, die Regierung erhielt Fotografien und schon bald veranstaltete Tane Tinorau Höhlenführungen. Die Touren müssen Eindruck hinterlassen haben, denn 19 Jahre später verstaatlichte die Regierung das Land und nahm damit dem lokalen *hapu* (Unterstamm) eine schöne Einnahmequelle weg. Erst 1989 wurde dieses Unrecht

rückgängig gemacht – heute ist der *hapu* wieder der Besitzer des Geländes, der es gegen eine Beteiligung an den Einnahmen verpachtet und außerdem einen großen Teil der Arbeitskräfte stellt.

Praktische Informationen

Das **Waitomo i-SITE** (☎ 07-878 7640; www.waitomocaves.com; 21 Waitomo Caves Rd; ⏰ Jan. & Feb. 8–20 Uhr, März–Dez. 8.45–17 Uhr; ▢) hat Internetzugang und fungiert als Post und Reisebüro.

Sehenswertes
WAITOMO CAVES

Die drei großen Höhlen werden alle von der gleichen Gesellschaft verwaltet, die ihren Hauptsitz im neuen **Waitomo Caves Visitor Centre** (☎ 0800 456 922; www.waitomo.com; Waitomo Caves Rd; ⏰ 9–17 Uhr) hat. Es gibt verschiedene Kombi-Tickets, z. B. das Triple Cave Combo (Erw./Kind 105/44 NZ$). Man sollte möglichst den großen Reisegruppen aus dem Weg gehen, die normalerweise zwischen 10.30 und 14.30 Uhr eintreffen.

Die 45-minütige Führung durch die **Glow Worm Cave** (Waitomo Caves Rd; Führungen Erw./Kind

39/18 NZ$; ☺ Führungen alle 30 Min. 9–17 Uhr), die sich hinter dem Besucherzentrum befindet, führt an beeindruckenden Stalaktiten und Stalagmiten vorbei in eine große, Kathedrale genannte Höhle. Die Akustik ist so bestechend, dass bereits Dame Kiri Te Kanawa und die Wiener Sängerknaben hier aufgetreten sind. Der Höhepunkt kommt dann am Ende der Führung, wenn man auf einem Boot den Fluss hinunterfährt. Wenn sich die Augen an die Dunkelheit gewöhnt haben, erblickt man um sich herum eine Galaxie aus kleinen Lichtern – jedes einzelne ein Glühwürmchen. Man kann sie auch an vielen anderen Orten in Neuseeland sehen, die Geschöpfe in dieser Höhle sind aber etwas Besonderes. Da die Lebensbedingungen hier fast perfekt sind, gibt es wahrhaftig unzählige von ihnen.

3 km westlich der Glow Worm Cave befindet sich die **Aranui Cave** (Tumutumu Rd; Führungen Erw./Kind 39/18 NZ$; ☺ 45-min. Führungen 10, 11, 13, 14, 15 Uhr). Die Höhle ist trocken (deshalb gibt's hier auch keine Glühwürmchen) und verfügt über eine unglaubliche Vielfalt von Kalksteinformationen. Tausende winzige „Strohstalaktiten" hängen von der Decke. Die Höhlen erreicht man nach einem einstündigen Fußmarsch. Das Besucherzentrum kann auf Wunsch auch den Transport organisieren.

In der kulturell bedeutsamen **Ruakuri Cave** (☎ 0800 228 464; Tumutumu Rd; Führungen Erw./Kind 60/24 NZ$; ☺ 2-stünd. Führungen 9, 10, 11.30, 12.30, 13.30, 14.30 & 15 Uhr) gibt's jetzt eine 15 m hohe Wendeltreppe, sodass man nicht mehr über die Maorigrabstätte (s. S. 264) am Höhleneingang trampeln muss (wie es die Besucher 84 Jahre lang taten). Die Führung geht durch 1,6 km des insgesamt 7,5 km langen Systems. Zu sehen gibt's Glühwürmchen, unterirdische Ströme und Wasserfälle sowie komplexe Kalksteininformationen. Seit diese Höhle für die Öffentlichkeit zugänglich ist, beschreiben Menschen den Besuch als spirituelles Erlebnis – manche behaupten sogar, es spuke hier. Beim Verlassen der Höhle will es der Brauch, dass man sich die Hände wäscht, um das *tapu* (s. S. 62) zu entfernen. Die Führungen starten bei der Legendary Black Water Rafting Company (s. rechte Spalte).

Neben dem i-SITE befindet sich das **Waitomo Caves Discovery Centre** (☎ 07-878 7640; www.waitomo-museum.co.nz; 21 Waitomo Caves Rd; Eintritt Erw./Kind 5/3 NZ$; ☺ Jan. & Feb. 8–20 Uhr, März–Dez. 8.45–17 Uhr). Anhand ausgezeichneter Exponate wird erklärt, wie Höhlen entstehen und welche Pflanzen- und Tierarten in ihnen gedeihen. Auch die Geschichte der Höhlen in Waitomo und ihre Erforschung wird beschrieben.

ALTURA GARDENS & WILDLIFE PARK
In dem 2 ha großen, privat geführten **Park** (☎ 07-878 5278; www.alturapark.co.nz; 477 Fullerton Rd; Erw./Kind 12/5 NZ$; ☺ 9–17 Uhr) kann man mit Kakadus plauschen, einen Kuckuckskauz mit einem Blick aus der Fassung bringen oder einen Blauzungenskink streicheln. Obwohl es hier 85 Vogel- und andere Tierarten gibt, ist es eigentlich kein Zoo – man sollte sich eher auf Lamas und Schafe und nicht so sehr auf Löwen und Giraffen gefasst machen. Es werden auch gemütliche **Ausritte auf Pferden** (30/60/90 Min. 50/65/80 NZ$) angeboten.

Aktivitäten
Das Angebot an unterirdischen Aktivitäten ist umwerfend. Die Veranstalter bieten zahlreiche Kombipakete an. Alle erforderlichen Infos bekommt man im i-SITE. Durch frühes Buchen kann man oft ein paar Dollar sparen.

UNTERIRDISCHE AKTIVITÄTEN
Die **Legendary Black Water Rafting Company** (☎ 0800 228 464; 585 Waitomo Caves Rd; www.waitomo.com) rühmt sich damit, das Rafting auf unterirdischen Gewässern erfunden zu haben. Bei der Black Labyrinth Tour (3 Std., 110 NZ$, Mindestalter 12 Jahre) treibt man mit einem Neoprenanzug bekleidet in einem Reifen auf einem Fluss, der durch die Ruakuri Cave fließt. Der Höhepunkt ist das Passieren eines kleinen Wasserfalls und das anschließende Entlanggleiten durch einen langen, von Glühwürmchen bevölkerten Tunnel. Der Trip endet mit einer Dusche, Suppe und Bagels in dem Café. Die Black Abyss Tour (5 Std., 215 NZ$, Mindestalter 16 Jahre) ist noch abenteuerlicher: Die Teilnehmer seilen sich 30 m tief in die Ruakuri Cave ab und bekommen noch mehr Glühwürmchen, Tubing und Klettern in der Höhle geboten.

Spellbound (☎ 0800 773 552, 07-878 7622; www.glow-worm.co.nz; 10 Waitomo Caves Rd; geführte Touren Erw./Kind 66/24 NZ$) ist eine gute Alternative für alle, die nicht nass werden und die großen Gruppen in den Haupthöhlen umgehen wollen. Die dreistündige Tour und Floßfahrt beginnt an dem einer Pyramide ähnelnden Ticketschalter im Ortszentrum (meistens um 10, 11, 14 & 15 Uhr, je nach Saison) und führt durch Teile des von Glühwürmchen bevölkerten Manga-

GLÜHWÜRMCHENZAUBER

Glühwürmchen sind die Larven der Pilzmücke und sehen aus wie große Mücken ohne Kauwerkzeuge. Die Glühwürmchenlarven haben Leuchtorgane, die ein sanftes grünes Licht erzeugen. Sie leben in einer Art Hängematte, die von einem Überhang herabbaumelt, und spinnen klebrige, nach unten hängende Fäden, mit denen sie unachtsame Insekten fangen, die durch das Licht angezogen werden. Fliegt ein Opfer ins Licht, bleibt es an den Spinnfäden kleben. Danach rollt das Glühwürmchen den Faden auf und frisst das Insekt.

Das Larvenstadium dauert sechs bis neun Monate, je nachdem, wie viel die Glühwürmchen zu fressen bekommen. Wenn sie die Größe eines Streichholzes erreicht haben, verpuppen sie sich zu einer Art Kokon. Nach etwa zwei Wochen schlüpft daraus die ausgewachsene Pilzmücke.

Die ausgewachsenen mundlosen Insekten leben nicht sehr lange. Sie schlüpfen, paaren sich, legen Eier und sterben – alles in zwei bis drei Tagen. Aus den klebrigen Eiern, die in Gruppen von jeweils 40 oder 50 gelegt werden, schlüpfen innerhalb von etwa drei Wochen schon wieder die nächsten Glühwürmchenlarven.

Glühwürmchen leben eigentlich in feuchten, dunklen Höhlen, können aber auch überall dort überleben, wo es Feuchtigkeit, Überhänge und Insekten zum Fressen gibt. Waitomo ist berühmt für seine Glühwürmchen; es gibt sie aber auch an vielen anderen Orten in Neuseeland zu sehen, und zwar sowohl in Höhlen als auch im Freien.

Wer auf Glühwürmchen trifft, sollte weder ihre Hängematten noch ihre Fäden berühren, leise sein und sie nicht anleuchten, denn all das wird sie veranlassen, ihr Licht zu dämmen. Es dauert dann mehrere Stunden, bis sie wieder funkeln, und in dieser Zeit bekommen sie natürlich Hunger. Die am hellsten leuchtenden Glühwürmchen sind die hungrigsten.

---

whitiakau-Höhlensystems, 12 km südlich von Waitomo.

Waitomo Adventures (☎ 0800 924 866, 07-878 7788; www.waitomo.co.nz; 654 Waitomo Caves Rd) bietet fünf verschiedene Höhlenabenteuer an. Wer mehrere Touren im Voraus bucht, bekommt einen Rabatt. Der Lost World Trip (4-/7-stündiger Trip 270/395 NZ$) beginnt mit 100 m tiefem Abseilen in die Höhle. Danach erkundet man dann zu Fuß, auf allen Vieren, kletternd und kriechend das Höhlensystem, wobei auch niedrige, enge Felsvorsprünge überwunden und Flüsse durchwatet und durchschwommen werden müssen. Schließlich braucht es drei Stunden, um vorbei an Glühwürmchen, faszinierenden Felsformationen, Wasserfällen und dergleichen durch eine 30 m hohe Höhle wieder ans Tageslicht zu gelangen. Im Preis enthalten sind das Mittagessen (in der Höhle) und das Abendessen. Bei der kürzeren Version entfallen der nasse Abschnitt sowie Mittag- und Abendessen.

Haggas Honking Holes (4 Std., 215 NZ$) heißt eine Tour, die einen professionellen Abseilkurs beinhaltet. Danach folgen drei Abseilvorgänge, Bergsteigen und eine Tour entlang eines unterirdischen Flusses mit Wasserfällen, über schmale Wege und durch riesige Kavernen. Unterwegs sieht man Glühwürmchen und eine Vielzahl von Höhlenformationen, u. a. Stalaktiten, Stalagmiten, Säulen, Flowstones (von einer dünnen Wasserschicht bedeckte Kalzitflächen) und Höhlenkorallen. Der Name des Abenteuers geht übrigens zurück auf einen einheimischen Farmer (Haggas) und auf Figuren der Geschichte *Honking Holers* von Dr. Seuss.

TumuTumu Toobing (4 Std., 150 NZ$) ist eine Tour, auf der man wandert, watet, schwimmt und im Gummireifen treibt. Bei der Tour durch das tolle St. Benedict's Cavern (3 Std., 145 NZ$) mit ihren dünnen Stalagmiten seilt man sich ab und macht eine Fahrt auf einem unterirdischen Flying Fox (Seilrutsche).

Unsere Leser empfehlen auch **Green Glow Eco-Adventures** (☎ 0800 476 459; www.greenglow.co.nz; 6-stünd. geführte Touren 2–4 Teilnehmer 100 NZ$/Pers., 1 Teilnehmer 200 NZ$). Die kleinen Gruppen können wählen zwischen Caving, Klettern, Abseilen, Fotospots und Spritztouren zu Glühwürmchen (wer sich nicht entscheiden kann, kann auch alle Bausteine buchen). Der Veranstalter sitzt in Te Kuiti, 20 Minuten von Waitomo entfernt. **Caveworld** (☎ 0800 228 396; www.caveworld.co.nz; Ecke Waitomo Caves Rd & Hotel Access Rd) bietet mit Black Magic (2½ Std., 124 NZ$) eine unterirdische Raftingtour durch die Höhle Te Anaroa an, in der es von Glühwürmchen nur so wimmelt. Es besteht auch die Möglichkeit, sich bei Tag oder Nacht (im Schein der

WAIKATO & KING COUNTRY

Glühwürmchen) in die 45 m tiefe, Canyon genannte Felsspalte abzuseilen (2 Std., Nacht/Tag 144/175 NZ$). Für verschiedene Kombiangebote gibt's Rabatt.

Rap, Raft 'n' Rock (☎ 0800 228 372, 07-873 9149; www.caveraft.com; 95 Waitomo Caves Rd; geführte Tour 135 NZ$) veranstaltet fünfstündige Touren in kleinen Gruppen. Los geht's mit einer Abseil-Einführung, dann kommen ein Abstieg von 27 m in eine Naturhöhle und eine Fahrt im Gummireifen auf einem unterirdischen Fluss vorbei an unzähligen Glühwürmchen. Nach einer kleinen Wanderung durch die Höhle klettert man schließlich 20 m nach oben ans Tageslicht.

SPAZIERGÄNGE/WANDERUNGEN

Das i-SITE hat kostenlose Broschüren über Spaziergänge und Wanderungen in der Umgebung. Die Strecke von der Aranui Cave zur Ruakuri Cave führt über einen ausgezeichneten kurzen Wanderweg. Vom Ticketschalter der Glow Worm Cave erreicht man in zehn Minuten einen Aussichtspunkt. Ebenfalls am Ticketschalter beginnt der 5 km lange **Waitomo Walkway**, für den man hin und zurück drei Stunden benötigt. Er führt durch Weideland und folgt dem Waitomo Stream bis zum **Ruakuri Scenic Reserve**, wo ein 30-minütiger Rundweg an einem natürlichen Kalksteintunnel vorbeiführt. Nachts kann man hier Glühwürmchen bewundern – einfach auf dem Parkplatz halten und eine Taschenlampe mitbringen, damit man sich zurechtfindet. In der Nähe von Juno Hall Backpackers führt ein steiler, 20-minütiger Anstieg durch den Busch und dann an Weideland entlang zum verlassenen **Opapake Pa**, wo Terrassen und Kumarafelder zu sehen sind.

Der privat betriebene **Dundle Hill Walk** (☎ 0800 924 866, 07-878 7788; www.waitomowalk.com; Erw./Kind 75/35 NZ$) ist ein 27 km langer, zwei Tage in Anspruch nehmender Rundkurs durch Busch- und Weideland. Übernachtet wird mitten im Busch in einer Schlafbaracke.

NOCH MEHR AKTIVITÄTEN

Die **Kiwi Culture Show** (☎ 07-878 6666; www.wood lynpark.co.nz; 1177 Waitomo Valley Rd; Eintritt Erw./Kind 25/13 NZ$; ☺ Show 13.30 Uhr) ist ein Bauerntheater, in dem Einheimische in einer einstündigen Farmshow Geschichten, derben Humor und Tierchen auf die Bühne bringen; die Zuschauer werden auch einbezogen.

Im **Shearing Shed** (☎ 07-878 8371; shearingshed@ xtra.co.nz; 718 Waitomo Caves Rd; Eintritt frei; ☺ 9–16 Uhr) werden große, flauschige, überraschend kontaktfreudige Angorakaninchen vor Publikum geschoren (tgl. 12.45 Uhr). Hierzu gibt's die Genehmigung der SPCA. Den Kaninchen scheint das wahrhaft nichts auszumachen. Im dazugehörigen Laden werden Angoraartikel verkauft.

Schlafen

Juno Hall Backpackers (☎ 07-878 7649; www.juno waitomo.co.nz; 600 Waitomo Caves Rd; Stellplatz 15 NZ$/Pers., B 27 NZ$, DZ mit/ohne Bad 76/66 NZ$, 3BZ 95/85 NZ$, 4BZ 120 NZ$; ☐ ☎ ☒) Ein gutes, zweckmäßig gebautes Hostel 1 km außerhalb des Ortes mit herzlicher Atmosphäre, einem Kamin im Loungebereich, einem Pool im Freien und einem Tennisplatz.

Waitomo Top 10 Holiday Park (☎ 0508 498 666, 07-878 7639; www.waitomopark.co.nz; 12 Waitomo Caves Rd; Stellplatz ab 20 NZ$, Hütte 65–110 NZ$, Wohneinheit 130–170 NZ$; ☐ ☎ ☒) Dieser fantastische Campingplatz mitten im Ort bietet makellose Einrichtungen, wunderschöne neue Hütten und viel Outdooraction für Kids (Pool, Spa, Spielplatz und nebenan ein Rugbyfeld …).

Rap, Raft 'n' Rock Backpackers (☎ 0800 228 372, 07-873 9149; www.caveraft.com; 95 Waitomo Caves Rd; B/DZ 28/66 NZ$; ☐ ☎) Das gemütlichste der Hostels in Waitomo ist in einem Farmhaus 7 km außerhalb des Ortes untergebracht. Die hell gestrichenen Wände können einem nach einem Tag in den Höhlen ganz schön in den Augen schmerzen.

Kiwi Paka (☎ 07-878 3395; www.kiwipaka.co.nz; Hotel Access Rd; B/EZ/DZ 29/62/66 NZ$, Chalet 2BZ/DZ/4BZ 95/110/145 NZ$; ☐) Die Unterkunft ist zu groß, als dass Geselligkeit aufkommen könnte. Aber dafür bietet das schicke, zweckmäßig gebaute Hostel im alpinen Stil Schlafsäle mit je vier Betten, Chalets mit Spitzdach, das Restaurant Morepork (S. 269) und pieksaubere Einrichtungen.

Waitomo Caves Guest Lodge (☎ 07-878 7641; www. waitomocavesguestlodge.co.nz; 7 Waitomo Caves Rd; EZ 80 NZ$, DZ 100–120 NZ$, zusätzl. Pers. 25 NZ$, inkl. Frühstück; ☎) In der zentral gelegenen Lodge mit hübsch angelegtem Garten und Hund übernachtet man in gemütlichen kleinen Hütten mit Bad. Von denen weiter oben kann man das Tal überblicken. Das reichhaltige kontinentale Frühstück ist inklusive.

Abseil Inn (☎ 07-878 7815; www.abseilinn.co.nz; 709 Waitomo Caves Rd; DZ inkl. Frühstück 135–165 NZ$; ☎)

Eine *sehr* steile Auffahrt – es wäre einfacher, sich von einem Hubschrauber abzuseilen – führt zu diesem reizenden B&B mit vier unter einem bestimmten Motto stehenden Zimmern, fantastischem Frühstück und witzigen Gastgebern. Das größte Zimmer hat eine Doppelwanne und Blick aufs Tal.

Woodlyn Park (☎ 07-878 6666; www.woodlynpark. co.nz; 1177 Waitomo Valley Rd; DZ 160–225 NZ$, zusätzl. Pers. 15 NZ$) Die Unterkunft kann sich damit rühmen, das einzige Hobbitmotel der Welt zu sein (die Zimmer wurden ins Erdreich gegraben und haben runde Fenster und Türen). Man kann aber auch im Cockpit eines Kampfflugzeugs, in einem Eisenbahnwaggon und in der „Waitanic" übernachten, einem umgebauten Patrouillenboot aus dem Zweiten Weltkrieg mit Kronleuchtern, verzierten Decken und glänzenden Messingbullaugen. Eine ausgesprochen gut geführte Anlage, in der sich Kids mit Sicherheit wohlfühlen werden.

Essen & Ausgehen
In Waitomo gibt's weder einen Supermarkt noch einen Geldautomaten oder einen Tante-Emma-Laden. Man sollte sich also in Otorohanga (S. 263) oder Te Kuiti (S. 272) mit Proviant eindecken.

Morepork Pizzeria & Cafe (☎ 07-878 3395; Kiwi Paka, Hotel Access Rd; Frühstück & Mittagessen 7–15 NZ$, Abendessen 13–27 NZ$; 🕐 8–20 Uhr) In diesem netten, beliebten Restaurant im Kiwi Paka kann man morgens, mittags und abends entweder drinnen im Speisesaal oder draußen auf der Terrasse essen. Die „Caveman-Pizza" ist der Renner (der erste Gast, der mehr Schweinefleisch wünscht, fliegt raus).

LP Tipp Huhu (☎ 07-878 6674; 10 Waitomo Caves Rd; Mittagessen 12–19 NZ$, Abendessen 23–35 NZ$; 🕐 10.30–21 Uhr; 🛜 Ⓥ) Mit Abstand die beste Option. Auch wer hier zweimal täglich isst, wird nicht enttäuscht sein. Das schicke, moderne Lokal hat eine charmante Bedienung und eine großartige Aussicht von der Terrasse, die sich für einen kleinen Drink am Nachmittag anbietet. Gute, moderne Neuseelandküche. Auf der saisonalen Tapas-Karte (große und kleine Portionen) stehen Kiwispezialitäten wie *rewana*-Brot und rote *urenika*-Kartoffeln. Das WLAN ist kostenlos. Unten verkauft der Huhu Store Souvenirs von neuseeländischen Designern.

Roselands Restaurant (☎ 07-878 7611; 579 Fullerton Rd; Buffet pro Erw./Kind 27/14 NZ$; 🕐 11–14 Uhr) Das 3 km von Waitomo entfernte Roselands mit dem wunderschönen Garten wird oft von Touristenbussen angefahren. Das Mittagsbuffet ist äußerst vielfältig: frischer Fisch, Kurzgebratenes, fantastisch zubereitete Steaks.

Curly's Bar (☎ 07-878 8448; Hotel Access Rd; 🕐 11–2 Uhr; 🖳) Ordentliches Lokal mit vielen Bieren vom Fass, gutem Kneipenessen (Hauptgerichte 7–18 NZ$), rustikalen Holztischen, Internetzugang und manchmal Livemusik.

An- & Weiterreise
Naked Bus (☎ 0900 625 33; www.nakedbus.com) fährt ca. fünfmal wöchentlich ab bzw. nach Otorohanga (12 NZ$, 20 Min.), Hamilton (29 NZ$, 1 Std.) und New Plymouth (39 NZ$, 3 Std.). Bei rechtzeitiger Buchung bekommt man Tickets für nur 1 NZ$.

Waitomo Shuttle (☎ 07-873 8279; waikiwi@ihug. co.nz; einfache Strecke Erw./Kind 10/5 NZ$) startet von Otorohanga (15 Min. entfernt) fünfmal täglich zu den Höhlen. Die Abfahrtszeiten sind auf die Ankunft der Busse und Züge abgestimmt.

Waitomo Wanderer (☎ 0508 926 337; www.waitomotours.co.nz, geführte Tagestouren inkl. Eintritt in die Glow Worm Cave 119 NZ$) fährt täglich nach Rotorua oder Taupo und zurück. Caving und Fahrten im Gummireifen können hinzugebucht werden (Pakete 188–288 NZ$). Wer nur den Shuttleservice in Anspruch nimmt, zahlt pro Fahrt 45 NZ$.

VON WAITOMO NACH AWAKINO
Die abgelegene Route, die auf der Te Anga Rd von Waitomo aus in Richtung Westen führt, ist der Inbegriff einer Nebenstraße. Es ist eine zeitintensive, aber faszinierende Alternative zum SH3, wenn das Ziel Taranaki heißt. Nur 12 km der 111 km langen Strecke sind noch nicht befestigt, jedoch ist die Straße fast auf der gesamten Länge kurvenreich und schmal. Man sollte etwa zwei Stunden einkalkulieren (ohne Zwischenstopps) und vorher volltanken.

Die Wanderwege im **Tawarau Forest**, 20 km westlich der Höhlen, sind in der DOC-Broschüre *West of Marokopa* (1 NZ$) beschrieben, u. a. auch der einstündige Marsch vom Ende der Appletree Rd zu den Tawarau Falls.

Das **Mangapohue Natural Bridge Scenic Reserve** 26 km westlich von Waitomo ist ein 5,5 ha großes Naturschutzgebiet mit einem riesigen Kalksteinbogen. Über den auch für Rollstuhlfahrer zugänglichen Weg spaziert man in fünf Minuten zum Felsbogen. Auf der anderen Seite ragen große, mit 35 Mio. Jahre alten fossilen Austern übersäte Felsblöcke aus dem Gras. Nachts kann man das Leuchten der Glühwürmchen beobachten. Für den Weg zurück zum Parkplatz sollte man 15 Minuten veranschlagen.

Etwa 4 km weiter westlich liegt das **Piripiri Caves Scenic Reserve**. Ein fünfminütiger Spaziergang führt zu einer großen Höhle mit fossilen Riesenaustern. Unbedingt eine Taschenlampe mitbringen. Nach starken Regenfällen kann die Wanderung eine ziemlich matschige Angelegenheit sein. Eine Treppe führt hinunter ins Dunkel …

Die beeindruckend abgestuften **Marokopa Falls** befinden sich 32 km westlich von Waitomo. Ein kurzer Weg (hin & zurück 15 Min.) führt von der Straße zum Fuß des Wasserfalls.

Der Wasserfall liegt in der Nähe von Te Anga, wo man in der freundlichen **Te Anga Tavern** (☎ 07-876 7815; Te Anga Rd; Gerichte 12–13 NZ$; ☻ Di–So 12–1 Uhr) einen Zwischenstopp einlegen und sich einen Drink und gutes Kneipenessen genehmigen kann. Wer will, kann auch die Jukebox mit ihren Countrysongs anwerfen. Direkt hinter Te Anga geht es entweder nach Norden zum 59 km entfernt liegenden Kawhia (S. 262) oder in südwestlicher Richtung nach **Marokopa** (1560 Ew.). In dem kleinen Küstenort mit schwarzem Sandstrand entstehen allmählich immer mehr erschreckend große, neue Villen. Die ganze Gegend um Te Anga und Marokopa ist gespickt mit Höhlen.

Der **Marokopa Campground** (☎ 07-876 7444; marokopacampground@xtra.co.nz; Rauparaha St; Stellplatz ohne/mit Strom 24/28 NZ$, B 18 NZ$, Wohnmobil DZ 45 NZ$) ist nicht luxuriös, befindet sich aber auf einem hübschen Fleckchen Erde unweit der Küste. Es gibt einen kleinen Laden mit dem Wichtigsten (Brot, Milch, Käse), einen Tennisplatz und eine winzige Bücherei.

Die Straße führt weiter gen Süden nach Kiritehere; dort folgt sie einem plätschernden Flüsschen durch idyllisches Weideland nach Moeatoa, wo sie dann nach rechts (gen Süden) in die Mangatoa Rd abbiegt. Nun ist man wirklich im allertiefsten Hinterland und gelangt in den dichten **Whareorino Forest**. Den Film *Beim Sterben ist jeder der Erste* sollte man sich lieber nicht anschauen, wenn man vorhat, durch diese völlig abgelegene, dichte Wildnis zu wandern. Die vom DOC geführte **Leitch's Hut** (www.doc.govt.nz; 5 NZ$/Erw.) mit 16 Schlafplätzen hat eine Toilette, Wasser und einen Holzofen. Im DOC-Büro in Hamilton oder Te Kuiti ist ein Infoblatt erhältlich.

In Waikawau lohnt sich der 5 km lange Umweg auf der unbefestigten Straße hin zur Küste in der Nähe von **Ngarupupu Point**, wo ein 100 m langer Weg durch einen feuchten Tunnel zu einem ausgezeichnet einsamen schwarzen Sandstrand führt. Man sollte sich zweimal überlegen, ob man hier ins Wasser geht: Wenn einen die Strömung erfasst, ist man schneller auf halbem Weg nach Melbourne, als irgendjemand Hilfe holen kann. (Wer frühmorgens hierher kommt, hat den Strand mit Sicherheit für sich allein.)

Die Straße führt auf kurvenreichen weiteren 28 km durch Wald- und Weideland und trifft schließlich östlich von Awakino (S. 272) auf den SH3.

TE KUITI
4380 Ew.
Das niedlich kleine Te Kuiti liegt eingebettet in einem Tal zwischen malerischen Hügeln. Hier hat man zwar keinen Tick, dafür aber den Anspruch auf den sonderbaren Titel „Schafschurhauptstadt der Welt"! Die Wahrheit dieser Aussage wird man nicht bezweifeln, wenn man das Städtchen während der Great New Zealand Muster (s. unten) besucht.

Praktische Informationen
Department of Conservation (DOC; ☎ 07-878 1050; www.doc.govt.nz; 78 Taupiri St; ☻ Mo–Fr 8–16.30 Uhr)
i-SITE (☎ 07-878 8077; www.waitomo.govt.nz; Rora St; ☻ Mo–Fr 9–17, Sa & So 10–16 Uhr; 💻) Internetzugang und Besucherinfos.

Festivals & Events
Das Highlight der **Great New Zealand Muster** (www.waitomo.govt.nz; ☻ Ende März/Anfang April) ist der legendäre Schafauftrieb „Running of the Sheep". Pamplona sieht alt aus angesichts der 2000 wolligen Teufel, die die Hauptstraße von Te Kuiti entlanggrasen. Zum Programm gehören außerdem u. a. Schafschurwettbewerbe, ein Umzug, Maorikulturveranstaltungen, Livemusik, Barbecues, *hangi* (ein Festmahl mit in einem Erdloch gegarten Speisen) und jede Menge Marktbuden.

Sehenswertes & Aktivitäten
Das auffälligste Wahrzeichen des Ortes ist die 7 m hohe und 7,5 t schwere Statue des **Big Shearer** am südlichen Ende der Einkaufsstraße Rora St. Schräg gegenüber befindet sich die mit wunderschönen Schnitzereien versehene **Te Tokanganui-a-noho Marae**. Sie war das Ge-

schenk des Rebellenführers Te Kooti an seine Gastgeber, die Ngati Maniapoto, die ihm vor seiner Begnadigung 1883 (s. S. 407) Unterschlupf gewährt hatten. Ohne Erlaubnis kommt man nicht rein, aber vom Tor aus hat man einen recht guten Blick.

Weiter unten in der Rora St befindet sich der **Te Kuititanga-O-Nga-Whakaaro** (Treffpunkt der Gedanken und Ideen), ein wunderschöner Pavillon mit Ätzglas, *tukutuku* (gewebte Flachspanele) und Holzschnitzereien, die die Geschichte des Ortes hochleben lassen.

An der nordwestlichen Ortsgrenze von Te Kuiti liegt der **Brook Park** (Te Kumi Rd) mit einem Wanderweg hinauf zum historischen Matakiora Pa (40 Min.), das im 17. Jh. errichtet wurde. Südlich von Te Kuiti bekam der **Central North Island Rail Trail** als Teil des geplanten Projekts **New Zealand Cycle Trail** (www.tourism.govt.nz/our-work/new-zealand-cycle-trail-project) „Quick-Start"-Status. Der größte Teil der Strecke führt über Land, das unter DOC-Verwaltung steht. Aktuelle Infos zu diesem Thema gibt's auf der Website.

Schlafen

Casara Mesa Backpackers (☎ 07-878 6697; casara@xtra. co.nz; Mangarino Rd; B/2BZ 25/55 NZ$, DZ mit/ohne Bad 60/55 NZ$) Aller Stress ist in dem Moment vergessen, in dem man aus der Stadt abgeholt wird und nach fünf Minuten oben auf dem Hügel in der baufälligen, schlichten Farmunterkunft mit dem tollen Blick von der ruhigen Veranda ankommt.

Simply the Best B&B (☎ 07-878 8191; www.simply thebestbnb.co.nz; 129 Gadsby Rd; EZ/DZ inkl. Frühstück 50/100 NZ$) Gegen den unbescheidenen Namen lässt sich bei so vernünftigen Preisen und so netten Gastgebern kaum etwas sagen. Achtung: Von der spektakulären Aussicht sollte man sich aber trotzdem nicht dazu verführen lassen, den Tina-Turner-Song anzustimmen.

LP Tipp **Waitomo Lodge Motel** (☎ 07-878 0003; www.waitomo-lodge.co.nz; 62 Te Kumi Rd; DZ/FZ ab 110/185 NZ$) Für alle, die in Waitomo selbst keine Bleibe finden (was passieren kann), ist dieses toll designte Motel am Ortsausgang von Te Kuiti in Richtung Waitomo eine ausgezeichnete Alternative. Die 20 geräumigen, modernen, mit Holz verschalten Zimmer bieten zeitgenössische Kunst, eine stimmungsvolle Beleuchtung und Flachbildfernseher. Von den kleinen Terrassen der Wohneinheiten kann man außerdem noch den Blick auf den Mangaokewa Stream genießen. Das Bosco Cafe

(s. unten) findet sich auf der gegenüberliegenden Straßenseite. Eine hippe Location in einem so überhaupt nicht hippen Ort!

Essen & Ausgehen

Bosco Cafe (☎ 07-878 3633; 57 Te Kumi Rd; Hauptgerichte 9–20 NZ$ ✍ morgens & mittags; **V**) Es soll keine indirekte Kritik, sondern ein Lob sein, wenn gesagt wird, dass das Bosco der coolste Ort in ganz Te Kuiti ist. Das ausgezeichnete Café im Industriedesign punktet mit einem netten Service, großartigem Kaffee und verführerischem Essen (unbedingt die Tarte mit Spinat, Feta und Pinienkernen probieren). So richtig schön ist es hier an einem sonnigen Nachmittag, wenn die Türen zum Brook Park aufgemacht werden.

Riverside Lodge (☎ 07-878 8027; 1 Riverside Lane; Mittagessen 9–23 NZ$, Abendessen 18–35 NZ$; ✍ Di–So mittags & abends) Das familienfreundliche Bar-Bistro direkt hinter der King St am Flussufer serviert ausgezeichnete Muscheln, sättigendes Kneipenessen, Minipizzen und ordentliche Snacks für zwischendurch (9 NZ$). Es gibt ein paar Billardtische und eine Jukebox mit *Lyin' Eyes* von den Eagles.

Selbstversorger, die auf dem Weg nach Waitomo sind, sollten sich in **New World** (☎ 07-878 8072; Te Kumi Rd; ✍ 8–20 Uhr) mit Proviant versorgen.

An- & Weiterreise

Die Busse von **InterCity** (☎ 09-583 5780; www.inter city.co.nz) fahren täglich u. a. folgende Ziele an:

Ziel	Preis	Dauer	Häufigkeit
Auckland	55 NZ$	3½ Std.	4-mal tgl.
Mokau	28 NZ$	1 Std.	2-mal tgl.
New Plymouth	28 NZ$	2½ Std.	2-mal tgl.
Otorohanga	20 NZ$	20 Min.	3-mal tgl.
Taumarunui	27 NZ$	1¼ Std.	1-mal tgl.

Naked Bus (☎ 0900 625 33; www.nakedbus.com) schickt pro Woche etwa fünf Busse nach Auckland (33 NZ$, 4 Std.), Hamilton (20 NZ$, 1½ Std.), New Plymouth (45 NZ$, 2¼ Std.) und Otorohanga (13 NZ$, 40 Min.). Frühes Buchen macht sich bezahlt.

Der **Dalroy Express** (☎ 0508 465 622; www.dalroy tours.co.nz) verkehrt täglich zwischen Auckland (38 NZ$, 3½ Std.) und New Plymouth (28 NZ$, 2¼ Std.) mit Zwischenstopps in Te Kuiti, Hamilton (18 NZ$, 1½ Std.), Mokau (17 NZ$, 1 Std.) und Otorohanga (11 NZ$, 15 Min.).

WAIKATO & KING COUNTRY

Die Züge des **Overlander** (☎ 0800 872 467; www. tranzscenic.co.nz; Okt.–April tgl., Mai–Sept. Fr–So) halten in Te Kuiti auf ihrer Fahrt von Auckland (81 NZ$, 3½ Std.) via Hamilton (53 NZ$, 1 Std.) und Taumarunui (53 NZ$, 50 Min.) nach Wellington (107 NZ$, 8¾ Std.).

VON TE KUITI NACH MOKAU
☎ 06

Von Te Kuiti führt der SH3 zunächst in südwestlicher Richtung zur Küste und folgt dann der zerklüfteten Küstenlinie nach New Plymouth. An dieser malerischen Strecke liegen sowohl Schaffarmen als auch bizarre Kalksteinformationen, die etwas später – wenn der Highway dem Lauf des Awakino River folgt – üppigem, ursprünglichem Busch weichen.

Bei **Awakino** (60 Ew.) mündet der Fluss dann in die Tasmanische See. Hier liegen Boote geschützt in der Flussmündung, und die Einheimischen treffen sich im bodenständigen (oder vielleicht doch eher wasserständigen) **Awakino Hotel** (☎ 06-752 9815; SH3; Gerichte 5–20 NZ$; ☼ Mo–Mi 11–23, Do–Sa 11–24, So 12–20 Uhr).

Etwas weiter im Süden beherrscht die eindrucksvolle **Maniaroa Marae** die Klippen oberhalb des Highways. Dieser bedeutende Komplex beherbergt den Ankerstein des *Tainui waka*, mit dem die ersten Einwohner dieser Region aus ihrer polynesischen Heimat kamen. Bemerkenswert sind auch der Palisadenturm und das mit fantastischen Schnitzereien geschmückte Versammlungshaus Te Kohaarua. Wenn man vor dem Zaun steht, hat man einen guten Blick auf die Anlage. Man darf die *marae* nicht ohne ausdrückliche Einladung betreten.

5 km weiter südlich erscheint der perfekt geformte Mt. Taranaki am Horizont. Hier liegt das Dorf **Mokau** (400 Ew.) mit einem schönen schwarzen Sandstrand und guten Surf- und Angelmöglichkeiten. Von August bis November bietet der Mokau River, der zweitlängste Fluss der Nordinsel, einige der besten Breitling-Fischgründe auf der Nord-

---

VORWAHLNUMMERN

Wer die Vorwahlnummer 07 für die wochenlange Reise durch Waikato und das King Country in seinem Handy gespeichert hat, sollte daran denken, dass ab Awakino in Richtung Süden die 06 vorzuwählen ist.

---

insel – folglich verteidigen unzählige Angler ihr Revier hartnäckig.

Das **Tainui Historical Society Museum** (☎ 06-752 9072; mokaumuseum@vodafone.co.nz; SH3; Eintritt gegen Spende; ☼ 10–16 Uhr) beherbergt eine interessante Sammlung alter Fotos und Artefakte – Pianolas, Walknochen, angestaubte Fotos der Queen – aus der Zeit, als dieser einst abgelegene Vorposten ein Hafen war, in dem Kohle und Holz für die Siedlungen am Fluss verladen wurden.

Mokau River Cruises (☎ 0800 665 2874, 06-752 9775; www.mokaurivercruises.co.nz; Fahrt Erw./Kind 40/15 NZ$) veranstaltet dreistündige, kommentierte Flussfahrten auf der historischen *MV Cygnet*.

Gleich nördlich von Mokau befindet sich der **Seaview Holiday Park** (☎ /Fax 06-752 9708; SH3; Stellplatz ohne/mit Strom 20/30 NZ$, Hütte DZ 50–60 NZ$, Wohneinheit ab 85 NZ$). Der einfach ausgestattete Platz liegt direkt am Strand. Die Hütten haben einen hübschen hellen Anstrich.

Auf dem Hügel oberhalb des Dorfes punktet das etwas schmucklos aussehende, aber sehr freundliche **Mokau Motel** (☎ 06-752 9725; www.mokaumotels.co.nz; SH3; EZ/DZ/3BZ 80/100/110 NZ$; ☏) mit Angeltipps, separaten Wohneinheiten ohne Schnickschnack und – als Überraschung – drei Luxuswohnstudios, wie sie in größeren Städten Standard sind.

Im **River Run Cafe** (☎ 06-752 9859; SH3; Gerichte 5–23 NZ$; ☼ 7–19 Uhr) stehen in der Saison (Mitte Aug.–Ende Nov.) Breitling auf der Speisekarte. Doch das ist noch lange nicht das Ende der Fahnenstange: Es werden auch Burger, Pies und warme Gerichten sowie Eis und selbstgebackener Kuchen serviert.

TAUMARUNUI
5140 Ew.

Vielleicht sollte sich Taumarunui auch einen Spleen zulegen, vermittelt doch dieser kleine Ort einen etwas düsteren Eindruck. Der Hauptgrund, sich hier eine Bleibe zu suchen, sind Kajakfahren auf dem Whanganui River (s. S. 305). Außerdem ist der Ort ein preiswerter Ausgangspunkt für alle, die im Tongariro National Park Ski fahren wollen.

Praktische Informationen

Department of Conservation (DOC; ☎ 07-895 8201; www.doc.govt.nz; Cherry Grove Domain; ☼ Mo–Fr 8–17 Uhr) Die Außenstelle ist nicht immer besetzt (am besten vorher anrufen).

Taumarunui i-SITE (☎ 07-895 7494; www.visit ruapehu.com; Hakiaha St; ☼ 9–17 Uhr) Besucherinfos und Internetzugang. Infos über die Gegend sind in der Broschüre *Ruapehu Chosen Pathways* enthalten.

Sehenswertes & Aktivitäten

In der Hauptstraße, der Hakiaha St, gibt's einiges Interessantes. Am östlichen Ende ist das **Hauaroa Whare**, ein Haus mit wunderschönen Schnitzereien. Am westlichen Ende gedenkt das **Te Rohe Potae** der Aussage von König Tawhiao, er werde sein *mana* (Macht) über das King Country behaupten. Bei der Skulptur handelt es sich um einen auf einem großen Felsen platzierten Hut (s. S. 262). Am Ende der Marae St liegt die **Ngapuwaiwaha Marae** mit interessanten Schnitzereien und zwei historischen Fluss-*waka*, die von der Straße aus zu sehen sind. Den Komplex bitte keinesfalls ohne Genehmigung betreten!

Der 3 km lange **Riverbank Walk** entlang des Whanganui River führt von der Cherry Grove Domain, 1 km südlich der Stadt, zum Taumarunui Holiday Park (s. unten). Der **Te Peka Lookout** auf der anderen Seite des Ongarue River am Westrand der Stadt ist ein guter Aussichtspunkt.

Die **Raurimu Spiral**, 30 km südlich gelegen, ist eine einmalige Leistung des Eisenbahnbaus, die 1908 nach zehnjähriger Arbeit fertiggestellt wurde. Eisenbahnfreaks bewundern die Anlage auf einer Fahrt mit dem Zug (s. rechte Spalte) zum Ort National Park (hin & zurück 106 NZ$).

Taumarunui Jet Tours (☎ 0800 853 886, 07-896 6055; www.taumarunuijettours.co.nz; Cherry Grove Domain; Fahrt 30 Min./1 Std. 60/90 NZ$) veranstaltet benzinlastige Jetboat-Fahrten auf dem Whanganui River.

Infos über den **Forgotten World Highway** zwischen Taumarunui und Stratford stehen auf S. 289. Für Details über Veranstalter von Kanu- und Kajakausflügen auf dem Whanganui River, s. S. 305.

Schlafen & Essen

Taumarunui Holiday Park (☎ 07-895 9345; www.taumarunuiholidaypark.co.nz; SH4; Stellplatz 27 NZ$, Hütte DZ 45–55 NZ$, Cottage DZ 65 NZ$, zusätzl. Pers. 15 NZ$; ▯) Der schattige Campingplatz am Whanganui River, 3 km östlich der Stadt, hat sichere Badestellen und saubere Einrichtungen.

Twin Rivers Motel (☎ 07-895 8063; www.twinriversinfo.co.nz; 23 Marae St; Wohneinheit 85–185 NZ$; ▨) Das Motel ist tadellos und wird laufend modernisiert (der Grund ist Bürgerstolz!). In einigen der größeren Wohneinheiten können bis zu sieben Personen übernachten.

Flax (☎ 07-895 6611; 1 Hakiaha St; Brunch 9–17 NZ$, Abendessen 22–34 NZ$; ⏰ Di 10–14, Mi & So 9–14 & 17 Uhr–open end, Fr–So 9 Uhr–open end) Einige Einheimische sagen, dass das Flax auch nicht mehr das sei, was es einmal war. Aber es ist noch immer der einzige Ort in Taumarunui, an dem man Haloumi und eine Tarte mit Dörrtomaten bekommt. An den Wänden hängen Kunstwerke, die Speisekarte zeigt sich einfallsreich und modern.

An- & Weiterreise

Taumarunui liegt am SH4, 81 km südlich von Te Kuiti und 41 km nördlich der Siedlung National Park.

Die Busse von **InterCity** (☎ 0508 353 947; www.intercity.co.nz) starten täglich am i-SITE nach Auckland (58 NZ$, 4½ Std., 2-mal tgl.) über Te Kuiti (27 NZ$, 1 Std., 2-mal tgl.) und nach Palmerston North (52 NZ$, 4¾ Std., 1-mal tgl.) über National Park (21 NZ$, 30 Min., 1-mal tgl.).

Taumarunui liegt an der Strecke des **Overlander** (☎ 0800 872 467; www.tranzscenic.co.nz; Okt.–April tgl., Mai–Sept. Fr–So), der von Auckland (81 NZ$, 4¾ Std.) nach Wellington (107 NZ$, 7½ Std.) via Te Kuiti (53 NZ$, 1¼ Std.) und National Park (53 NZ$, 1¼ Std.) fährt.

OWHANGO

210 Ew.

In dem Miniort Owhango beginnen alle Straßennamen mit einem O. Er eignet sich als gemütliches Basislager für Wanderer, Mountainbiker (hier endet die 42 Traverse; s. S. 342) und Skifahrer, die sich eine Unterkunft dichter an den Hängen im Tongariro National Park (S. 91) nicht leisten können oder wollen. Von der Omaki Rd aus erreicht man einen Rundweg (2 Std.) durch den unberührten Wald des Ohinetonga Scenic Reserve.

Schlafen

Forest Lodge (☎ 07-895 4773; www.forest-lodge.co.nz; 12 Omaki Rd; B/EZ/DZ 25/45/65 NZ$, Motel & Cottage 95–120 NZ$; ▯) Eine ausgezeichnete, behagliche Backpackerunterkunft mit gemütlichen, sauberen Zimmern und guten Gemeinschaftsbereichen. Für Leute, die ihre Privatsphäre schätzen, gibt's gleich nebenan separate Motel- und Cottage-Wohneinheiten. Zum Zeitpunkt der Recherche wurde diese Unterkunft gerade zum Verkauf angeboten – hoffentlich ändern die neuen Eigentümer nicht allzu viel!

Blue Duck Lodge (☎ 07-895 6276; www.blueduck lodge.co.nz; RD2; B 35 NZ$, DZ 80–185 NZ$, zusätzl. Erw./Kind 37/20 NZ$) Die Öko-Unterkunft mit Blick über den Retaruke River 36 km südwestlich von Owhango (1 km südlich der Stadt die Kaitieke-Abzweigung nehmen) besteht eigentlich aus drei Häusern. Man kann in Schlafsälen in einem alten Schafscherer quartier übernachten oder in separaten Familien-Cottages, in denen bis zu acht Personen Platz finden. Die Betreiber sind begeisterte Umweltschützer. Sie kümmern sich um die heimische Vogelwelt und restaurieren historische Gebäude – freiwillige Helfer sind stets gern gesehen.

Fernleaf B&B (☎ 07-895 4847; www.fernleaffarmstay. co.nz; 58 Tunanui Rd; EZ 85 NZ$, DZ 100–120 NZ$, inkl. Frühstück) Die stilvolle Villa steht auf einer Rinder- und Schaffarm, die in der dritten Generation bewirtschaftet wird. Es gibt zwei Zimmer mit Bad und Blick auf den Garten sowie ein Zwei-Bett-Zimmer und ein Doppelzimmer im separaten Cottage, die sich ein Bad teilen. Das üppige Frühstück und das Abendessen (30 NZ$/Pers., nach Vereinbarung) werden mit viel Liebe zubereitet. Die Unterkunft befindet sich gleich hinter dem SH4, 7 km nördlich von Owhango.

Essen & Ausgehen

Out Of The Fog Cafe (☎ 07-895 4800; SH4; Gerichte 9–17 NZ$; ☒ Sa & So morgens & mittags) Das superstylishe Café könnte sich auch in einer Großstadt behaupten. Die Gerichte sind köstlich und die Preise vernünftig, der Kaffee ist ausgezeichnet und der elektrische Kamin verführt an kälteren Tagen zum Verweilen. Leider öffnet dieses Café nur an den Wochenenden.

Owhango Hotel (☎ 07-895 4854; SH4; Hauptgerichte 15–24 NZ$; ☒ 10.30 Uhr–open end) Der Pub fungiert zugleich auch als Laden. Auf den Tisch kommt solide Kost, z. B. Lammhaxe und vegetarische Pasta.

An- & Weiterreise

Owhango liegt 14 km südlich von Taumarunui am SH4. Alle Busse von **InterCity** (☎ 0508 353 947; www.intercity.co.nz), die in Taumarunui halten, legen auch hier einen Stopp ein.

Taranaki

Taranaki, auf halbem Weg zwischen Auckland und Wellington gelegen, ist in vielerlei Hinsicht einzigartig. Etwas abseits vom Schuss lebt die Region vom fruchtbaren Land und den natürlichen Ressourcen vor der Küste. Tatsächlich ist Taranaki so etwas wie das Texas Neuseelands: Das Öl und Gas der Bohrinseln versorgen die Region mit einem beneidenswerten stabilen Wohlstand. Dennoch sind es nicht nur ausländische Traveller, die die Abzweigung nach Taranaki verpassen; auch viele Neuseeländer lassen es links liegen.

Dies ist bemerkenswert, bedenkt man, was die Region auf die Landkarte bringt: Der düstere und magnetische Vulkankegel des Mt. Taranaki mitten im Egmont National Park sollte eigentlich zum Pflichtprogramm eines jeden Neuseelandreisenden gehören. Im Schatten des Riesen liegen viele kleine Orte – meist verschlafen und ländlich, aber überaus sympathisch. An der östlichen Grenze der Provinz befindet sich Neuseelands einzige Republik, Whangamomona, eine buschige kleine Siedlung, die im Paradies gestrandet ist. New Plymouth dagegen ist das Zentrum von „'naki", Heimat der fabelhaften Govett-Brewster Art Gallery, eines grandiosen Provinzmuseums, und etlicher Anlaufstellen für Koffeinjunkies auf Entzug.

Auch Sonnenanbeter kommen nicht zu kurz. Taranaki hat etliche schwarze Sandstrände zu bieten. In den Sommermonaten, wenn eine Welle von Surfern und Urlaubern auf die Küste zurollt, füllt sich die Region. Doch auch das restliche Jahr über gibt es viel zu sehen und viele Orte zu entdecken – Hauptsache, man ist so relaxt wie die Einheimischen.

HIGHLIGHTS

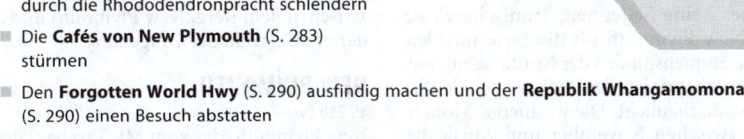

- Den gewaltigen **Mt. Taranaki** (S. 286) bezwingen
- Am **Surf Hwy 45** (S. 290) die Wellen reiten
- In der **Govett-Brewster Art Gallery** (S. 278) von New Plymouth experimentelle Kunst erleben
- Einen Ausflug hinaus zum **Sugar Loaf Islands Marine Park** (S. 280) unternehmen und Robben beobachten
- Im **Pukeiti Rhododendron Trust** (S. 285) durch die Rhododendronpracht schlendern
- Die **Cafés von New Plymouth** (S. 283) stürmen
- Den **Forgotten World Hwy** (S. 290) ausfindig machen und der **Republik Whangamomona** (S. 290) einen Besuch abstatten

■ Vorwahl: 06   ■ www.taranaki.co.nz   ■ www.newplymouthnz.com

TARANAKI

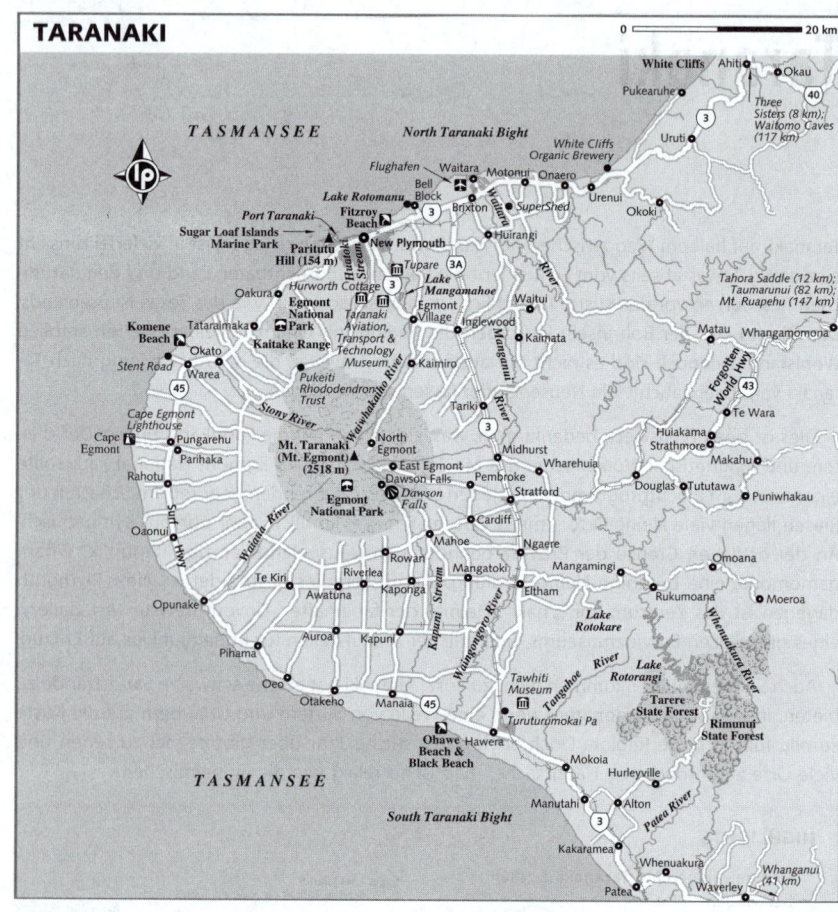

Klima

Der Mt. Taranaki gehört zu den regenreichsten Orten Neuseelands und bekommt auch häufig Schnee ab. Die feuchten Winde, die von der Tasmansee herüberwehen, sind dafür verantwortlich; durch die Berge werden sie in die Höhe gelenkt, wo sie sich abkühlen. Das Wetter auf dem Berg kann extrem schwanken (s. Kasten S. 287) – Schnee ist selbst im Sommer keine Seltenheit. Ironischerweise führt New Plymouth oft die Liste mit den meisten Sonnenstunden der Nordinsel an, was die Wetterkapriolen der Region noch deutlicher veranschaulicht. Die wärmeren Monate liegen zwischen November und April, die Temperatur pendelt dann um die 20 °C. Von Mai bis August fällt sie auf etwa 5 bis 14 °C.

An- & Weiterreise

Air New Zealand hat Inlandsflüge mit Anschluss an internationale Flüge ab New Plymouth. InterCity und Naked Bus haben mehrere Busverbindungen ab New Plymouth. Dalroy Express und White Star sind kleinere Buslinien, die die Strecken vor Ort bedienen.

Zum Mt. Taranaki kommt man problemlos – es gibt viele Busverbindungen (S. 289) zwischen dem Berg, New Plymouth und anderen Städten in der Umgebung.

NEW PLYMOUTH

45 230 Ew.

New Plymouth, das vom Mt. Taranaki überragt wird und von saftigem Ackerland umgeben ist, hat den einzigen internationalen

Tiefwasserhafen an der Westküste vorzuweisen, der dann auch einen Großteil der Güter für diesen Teil der Nordinsel abwickelt. Die Stadt lässt sich aber nicht nur aufs Geschäft reduzieren – sie hat eine blühende Kunstszene und nicht minder blühende Natur. Sowohl in der Stadt als auch in der Umgebung warten schöne Strände auf Traveller, die es etwas ruhiger angehen lassen wollen, während Naturfreunde nur eine kurze Fahrt vom Egmont National Park entfernt sind. Auch wer gern shoppen geht, wird nicht enttäuscht – im Stadtzentrum gibt es eine ermutigende Anzahl einheimischer Läden (von geringem architektonischem Wert). Der obligatorische Kleinstadtkonvoi von jugendlichen Rasern bevölkert die längste Hauptstraße des Landes.

Geschichte

Die einheimischen Maori-*iwi* (Stämme) haben Taranaki lange verteidigt. In den 1820er-Jahren sind sie vor den Waikato-Stämmen zur Cook-Straße geflohen, bevor diese die Region 1832 in Besitz nahmen. Nur eine kleine Gruppe blieb in Okoki Pa (New Plymouth), wo bald auch Walfänger auftauchten. Als 1841 europäische Siedler an die Küste von Taranaki kamen, war sie geradezu ausgestorben, und es gab nur wenig Widerstand gegen die Besiedlung. Die New Zealand Company kaufte den verbliebenen Maori große Landstücke ab.

Als Gruppen der Taranaki-Stämme aus dem Exil zurückkehrten, protestierten sie gegen die Landverkäufe. Ihre Forderungen wurden durch die Entscheidung von Gouverneur Fitzroy unterstützt, sodass die New Zealand Company etwas mehr als 10 km² der um New Plymouth erworbenen 250 km² behalten durfte. Allerdings erwarb die Krone nach und nach mehr Land von den Maori; gleichzeitig weckte das fruchtbare Land um Waitara immer mehr die Gier der europäischen Siedler.

Die Situation eskalierte schließlich, als die Siedler die Regierung zwangen, die Verhandlungen mit den Maori abzubrechen. 1860 kam es schließlich zum Krieg. Während die Maori eine Guerillataktik verfolgten und das Hinterland kontrollierten, besetzten die Siedler Waitara. Da die Häuptlinge Taranakis sich 1840 geweigert hatten, den Vertrag von Waitangi zu unterzeichnen, wurden sie von den Europäern als Aufständische behandelt. 1870 waren über 500 ha ihres Landes konfisziert, der Rest wurde durch zweifelhafte Transaktionen erworben.

KURZINFOS TARANAKI

Essen Irgendwas im Sugar Juice Café (S. 292)

Trinken Eine Flasche Mike's Mild Ale der White Cliffs Organic Brewery (S. 286)

Lesen *The Captive Wife* von Fiona Kidman, die fiktionalisierte Geschichte von Betty Guards überwiegend angenehmer Gefangenschaft bei den Taranaki-Maori in der Blütezeit des Walfangs in den 1830er-Jahren

Hören Die lokalen Radiosender spielen bis zum Abwinken Bryan Adams, Shania Twain und Fleetwood Mac

Anschauen *Last Samurai* mit Tom Cruise (bei dem der Mt. Taranaki der eigentliche Star ist)

Schwimmen Am schwarzsandigen Surfstrand Oakura Beach (S. 290)

Festival Die WOMAD (World of Music Arts and Dance) findet jeden März im Bowl of Brooklands (S. 281) von New Plymouth statt

Schrägste Touristenattraktion Das Schild „Welcome to Manaia the Bread Capital" am Surf Hwy 45

Grünes Gewissen Environmental Products (S. 289) – mit jedem Possumprodukt, das man hier kauft, hilft man, den wunderschönen, einheimischen Busch vor diesen Schädlingen zu schützen

---

Die Zeit des relativen Friedens führte zu ökonomischer Stabilität, die größtenteils der Milchwirtschaft zu verdanken war. Die Entdeckung von Gas und Öl 1959 und die jüngste Erschließung eines Gasfelds vor der South Taranaki Bight haben den Wohlstand der Provinz bewahrt.

Orientierung

Die Devon St (East und West) bildet das Zentrum der Stadt und ist angeblich die längste Hauptstraße im Land.

Praktische Informationen

Infos über die Region gibt's in den kostenlosen Reiseführern *Taranaki: Like No Other*, *Northern Taranaki* und *South Taranaki*. Online lohnt sich ein Blick auf die Websites www.newplymouthnz.com und www.windwand.co.nz.

BUCHLÄDEN

Benny's Books (☎ 06-759 4350; www.bennysbooks.co.nz; 21 Devon St E; ⏰ Mo, Mi & Do 8.30–17.30, Di 9–17.30, Fr 8.30–18, Sa 9–14 Uhr) Neuerscheinungen, Kinderbücher und Zeitschriften.

TARANAKI

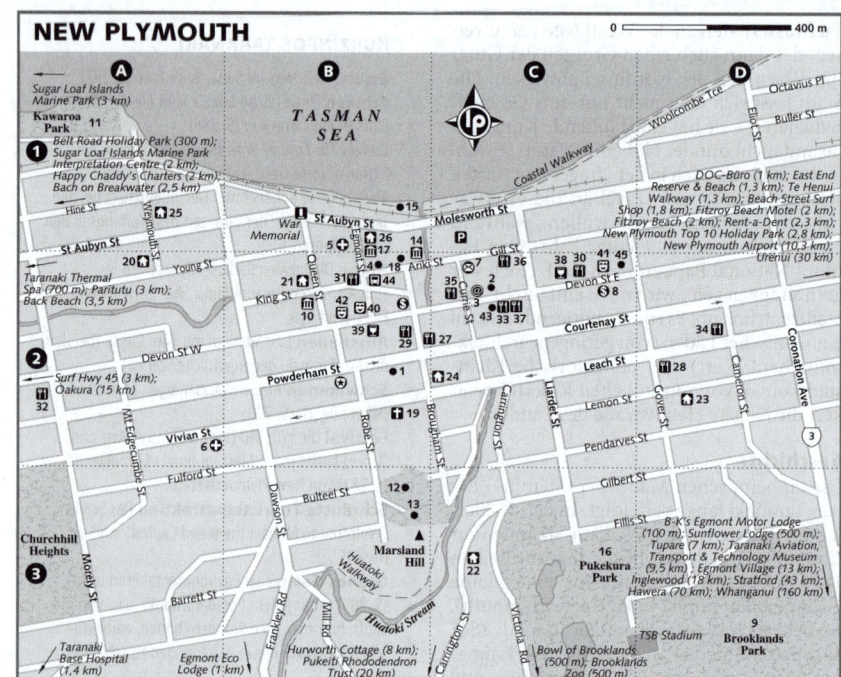

NEW PLYMOUTH

GELD
Die großen Banken haben hier Filialen und Geldautomaten. Geld wechselt man bei **TSB Foreign Exchange** (☎ 06-968 3713; www.tsbbank.co.nz; 87 Devon St E; ☉ Mo–Fr 9–17, Sa 10–13 Uhr) oder der Post.

INTERNETZUGANG
Internetzugang bieten das i-SITE und das Internetcafé **Cyber Surf** (11b Devon St E; ☉ Mo–Fr 8.30–19, Sa & So 9.30–19 Uhr).

MEDIZINISCHE VERSORGUNG
Medicross (☎ 06-759 8915; medicross@xtra.co.nz; 8 Egmont St; ☉ 8–20 Uhr)
Phoenix Urgent Doctors (☎ 06-759 4295; npdocs@clear.net.nz; 95 Vivian St; ☉ 8.30–20 Uhr)
Taranaki Base Hospital (☎ 06-753 6139; www.tdhb.org.nz; David St; ☉ 24 Std.)

POST
Post (www.nzpost.co.nz; 21 Currie St) Auch Geldtausch.

TOURISTENINFORMATION
Automobile Association (AA; ☎ 06-759 4010; www.aa.co.nz; 49–55 Powderham St; ☉ Mo & Mi–Fr 8.30–17, Di 9–17 Uhr)

Department of Conservation (DOC; ☎ 06-759 0350; www.doc.govt.nz; 55a Rimu St; ☉ Mo–Fr 8–16.30 Uhr)
New Plymouth i-SITE (☎ 0800 639 759, 06-759 6060; www.newplymouthnz.com; 1 Ariki St; ☉ Mo, Di, Do & Fr 9–18, Mi 9–21, Sa & So 9–17 Uhr; 🖵) Im Puke-Ariki-Gebäude. Internetzugang.

Sehenswertes
PUKE ARIKI
Im **Puke Ariki** (☎ 06-759 6060; www.pukeariki.com; 1 Ariki St; Eintritt frei; ☉ Mo & Di, Do & Fr 9–18, Mi 9–21, Sa & So 9–17 Uhr), was übersetzt „Hügel der Häuptlinge" bedeutet, sind das i-SITE, ein Museum, eine Bibliothek, ein Café und das hervorragende Restaurant Arborio (S. 283) untergebracht. Das ausgezeichnete **Museum** hat eine umfangreiche Sammlung von Maori-Artefakten sowie Ausstellungen zur Flora und Fauna und zur Kolonialzeit. Die regelmäßige Show „Taranaki Experience" erzählt die Geschichte der Provinz, während das Publikum in leuchtenden Sitzen durchgerüttelt wird.

GALERIEN
Die **Govett-Brewster Art Gallery** (☎ 06-759 6060; www.govettbrewster.com; 42 Queen St; Eintritt frei; ☉ 10–17

Uhr) ist die wohl beste regionale Kunstgalerie des Landes und das publikumsträchtigste Juwel der Stadt. Mit ihren Ausstellungen zur zeitgenössischen – oft experimentellen – regionalen und internationalen Kunst ist die Galerie besonders für ihre enge Beziehung zum neuseeländischen Bildhauer, Filmemacher und Künstler Len Lye (1901–80) berühmt, dessen Werk hier gut vertreten ist: Zu sehen sind seine Animationsfilme aus den 1930er-Jahren, aber auch einige seiner Skulpturen und super-cleveren kinetischen Arbeiten. Auf dem Gelände befindet sich auch das **Café Govett-Brewster** (Gerichte 5–20 NZ$; ☽ Mo–Fr 8–17, Sa & So 9–17 Uhr) mit seiner Glasfassade.

Wer sich für die Arbeiten lokaler Künstler interessiert, sollte die in einem umgebauten Lagerhaus untergebrachte **Real Tart Gallery** (☎ 06-769 5717; www.real.tart.co.nz; 19 Egmont St; Eintritt frei; ☽ Mo–Fr 10–17, Sa & So 11–16 Uhr) besuchen. Die Ausstellungen wechseln regelmäßig, und die meisten Arbeiten stehen zum Verkauf.

PARKS

New Plymouth hat mehrere malerische Parks, von denen der **Pukekura Park** (☎ 06-758 0370; www. pukekura.org.nz; am Ende der Liardet St; ☽ tagsüber) der schönste ist. Vom Stadtzentrum aus in nur zehn Minuten gemütlich zu Fuß zu erreichen, bietet der Park auf 49 ha Gartenanlagen, Spielplätze, Naturpfade, Bäche, Wasserfälle, Teiche und Ausstellungshäuser (8.30–16 Uhr). Direkt neben dem größten See (in dem es von armdicken Aalen und Enten nur so wimmelt) serviert das **Tea House** (Snacks 3–8 NZ$; ☽ 10–17 Uhr) kleine Gerichte und Nachmittagstee. An den

Wochenenden und an Sommerabenden werden **Ruderboote** (10 NZ$/30 Min.) vermietet, mit denen man entspannt über das Wasser gleiten kann. Im Sommer zieht das bunte Festival of Lights (s. S. 281) ein großes Publikum an. Dasselbe gilt für das klassische englische Kricketfeld, dessen Sitzreihen terrassenförmig in die umliegenden Hügel eingehauen sind.

Gleich neben dem Pukekura Park befindet sich der **Brooklands Park** (☎ 06-759 6060; www. newplymouthnz.com; Brooklands Park Dr; ☽ tagsüber) mit der **Bowl of Brooklands** (www.bowl.co.nz), einer Freilichtmusikbühne von Weltklasse, wo Festivals wie das WOMAD (S. 281) stattfinden und Rocker der alten Schule wie Elton John und Fleetwood Mac auftreten. Der Park selber liegt auf dem Grundstück einer der ersten Farmen weißer Siedler in der Region, die von den Maori zerstört wurde; nur der Kamin und die Feuerstelle haben bis heute überdauert. Zu den Highlights gehören ein 2000 Jahre alter Puriri-Baum, eine Talsenke mit 300 verschiedenen Rhododendronarten und der bauernhofartige **Brooklands Zoo** (Eintritt frei; ☽ 9–17 Uhr).

An der Uferpromenade liegt das **Puke Ariki Landing** (St Aubyn St), ein historisches Viertel mit einigen Skulpturen, zu denen auch die wundervoll exzentrische **Wind Wand** (www.windwand. co.nz) gehört. Die 45 m hohe, biegsame kinetische Skulptur stammt von Len Lye, der die Stadt in die Moderne versetzt hat. Sie ist ein beliebtes, sehr phallisches Wahrzeichen.

HISTORISCHE STÄTTEN

Mit der im i-SITE erhältlichen kostenlosen Broschüre *Heritage Trail New Plymouth* kann

TARANAKI

MAORI: TARANAKI

Seit sich der Mt. Taranaki wegen romantischen Komplikationen (S. 286) hierher geflüchtet hat, blickt die Region auf eine turbulente Geschichte zurück. Sie hat Konflikte zwischen einheimischen *iwi* (Stämmen) und Eindringlingen aus Waikato erlebt. Dann kam es zu zwei Kriegen mit der Regierung (s. Kasten S. 36) – der erste 1860–1861, als der Waikato-*iwi*, eigentlich ein Erzfeind (S. 244), den Bewohnern Taranakis zu Hilfe kam, der zweite 1865–1869, als sich die einheimischen Kämpfer sehr erfolgreich schlugen. Nach den Kriegen wurden große Landstriche konfisziert, wogegen sich in Parihaka (s. Kasten S. 292) eine starke Welle passiven Widerstands formierte.

Wer die Geschichte der hiesigen Maori genauer kennenlernen will, sollte das Puke Ariki (S. 278) in New Plymouth und, wenn möglich, Parihaka besuchen. Wissbegierige Leseratten greifen zu Dick Scotts *Ask That Mountain* oder zu Maurice Shadbolts sehr witzigem Buch *Monday's Warriors*.

man auf eigene Faust eine interessante Tour zu den rund 31 historischen Stätten unternehmen.

Das bescheidene, mit Artefakten gefüllte **Richmond Cottage** (☎ 06-759 6060; www.pukeariki.com; Ecke Ariki & Brougham St; Eintritt frei; ✆ Sa & So 11–15.30 Uhr) wurde 1854 gegenüber von der St. Aubyn St errichtet und Anfang der 1960er-Jahre an seinen jetzigen Standort versetzt. Das ändert nichts daran, dass es eines der ältesten Gebäude von New Plymouth ist.

Die strenge, 1846 errichtete **St. Mary's Church** (☎ 06-758 3111; www.stmarys.org.nz; 37 Vivian St; Gottesdienst So 8, 10 & 17 Uhr) ist eine der ältesten Steinkirchen Neuseelands. Auf ihrem Friedhof findet man die Grabsteine der frühen Siedler und der Soldaten, die während der Taranaki Land Wars (1860–1861 und 1865–1869) fielen. Die Briten waren von der Tapferkeit der Maori so beeindruckt, dass sie auch mehrere Häuptlinge hier begruben.

SUGAR LOAF ISLANDS MARINE PARK

Die zerklüfteten Inselchen, ein Teil des Back Beach an der Westseite des Paritutu und die Uferregion bis 1 km vor der Küste wurden 1991 zum **Marinepark** (http://homepages.ihug.co.nz/~lealand) erklärt. Die Inseln – Reste erodierter Vulkane – bilden eine Zuflucht für Meeresvögel und mehr als 400 Neuseeländische Seebären. Die meisten kommen von Juni bis Oktober; manche bleiben aber auch das ganze Jahr. Im winzigen **Interpretation Centre** (Ocean View Pde; Eintritt frei; ✆ tgl. 9–17 Uhr) an der Lee Breakwater Promenade erfährt man mehr über den Marinepark.

Mit **Happy Chaddy's Charters** (☎ 06-758 9133; www.windwand.co.nz/chaddiescharters; Ocean View Pde; Trips Erw./Kind 30/10 NZ$) kann man die Inseln besuchen. Chaddy ist ein irrer Typ und bietet für das Geld tolle Trips: Bei der einstündigen Fahrt auf dem Wasser serviert er mindestens vier Lacher pro Minute. Je nach Wetter- und Gezeitenlage legt er täglich von Lee Breakwater ab. Hier kann man auch Kajaks (Einer/Zweier 15/30 NZ$ pro Std.) und Räder (10 NZ$/30 Min.) ausleihen.

Auch Canoe & Kayak Taranaki organisiert Touren (s. S. 257).

NEW PLYMOUTH OBSERVATORY

Ganz oben auf dem Marsland Hill hat man nicht nur eine großartige Aussicht; dort steht auch ein winziges **Observatorium** (☎ 06-753 2358; http://sites.google.com/site/astronomynp; Marsland Hill, abseits der Robe St; Eintritt 5 NZ$; ✆ März–Okt. Di 19.30–21.30 Uhr, Nov.–Feb. Di 20.30–22 Uhr). An den Publikumsabenden gibt's ein Planetarium-Programm und, bei klarem Wetter, einen Blick durch das Refraktor-Teleskop mit einer 15 cm dicken Linse. Auf dem Hügel findet man auch das mit 37 Glocken bestückte **Kibby Carillon**, eine riesiges automatisiertes Glockenspiel, dessen Klänge über die Dächer von New Plymouth schallen.

PARITUTU

Westlich der Stadt thront über dem E-Werk der Paritutu, ein felsiger **Hügel** mit steiler Wand. Sein Name bedeutet „emporragender Felshang". Vom Gipfel aus kann man meilenweit sehen: bis hin zu den Sugar Loaves, nach unten in die Stadt hinein und bis zu den Bergen dahinter. Um diesen Ausblick genießen zu können, muss man allerdings 20 Minuten bis auf den Gipfel des Hügels hinaufkraxeln. Aber die Anstrengung lohnt sich.

Aktivitäten

SURFEN

Die mit schwarzem, vulkanischen Sand bedeckten Strände von Taranaki sind bei Surfern und Windsurfern weltweit beliebt. In der

Nähe des östlichen Stadtrands liegen der **Fitzroy Beach** und der **East End Beach** (angeblich der sauberste Strand Ozeaniens). Ein ordentlicher Surfstrand ist auch der **Back Beach** am westlichen Stadtrand, in der Nähe des Parututu. Sehr beliebt ist auch **Oakura** (S. 290; erreichbar mit den CityLink-Bussen; s. S. 285). Tatsächlich gibt es entlang der Küste so viele Surfstrände, dass die Straße nach Süden einfach nur Surf Hwy 45 (S. 290) genannt wird.

Der **Beach Street Surf Shop** (☎ 06-758 0400; www. taranakisurf.com; 39 Beach St, Fitzroy; 2-stündiger Kurs 75 NZ$; ☺ 9–18 Uhr) gibt Stunden, verleiht Ausrüstungen und organisiert Touren. Die **Tarawave Surf School** (☎ 06-752 7474; tarawave@xtra.co.nz; 1½-stündiger Kurs 65 NZ$) befindet sich weiter südlich in Oakura, und **Taranaki Coastal Surf Charters** (☎ 06-751 2483) bieten auf Kundenwünsche zugeschnittene Surftouren an.

WANDERN
Im i-SITE erhält man die Broschüre *New Plymouth District Guide to Walkways*, in der Wanderwege an der Küste, in den Naturschutzgebieten und Parks eingezeichnet sind. Auf dem malerischen **Coastal Walkway** (7 km) vom Lake Rotomanu bis Port Taranaki kann man sich einen ersten Überblick über die Stadt verschaffen. Der empfehlenswerte **Te Henui Walkway** (6 km) verläuft von der Küste am East End Reserve bis zum südlichen Stadtrand und ist ein interessanter Spazierweg an einem Bach. Der **Huatoki Walkway** (5 km) folgt dem Flusslauf des Huatoki Stream und ist ein attraktiver Weg ins Stadtzentrum.

NOCH MEHR AKTIVITÄTEN
Das warme Mineralwasser des **Taranaki Thermal Spa** (☎ 06-759 1666; www.windwand.co.nz/mineralpools; 8 Bonithon Ave; Anwendung 5–245 NZ$; ☺ Mo & Di 9–17, Mi–Fr 9–21, Sa 12–21, So 12–20 Uhr) wurde um 1910 entdeckt, als man eigentlich auf der Suche nach Öl war. Für die Gäste wird bei ihrer Ankunft jeweils ein privates Becken befüllt. Es gibt auch eine ganze Reihe Massagen und Schönheitskuren. Entspannung pur.

Gleich westlich der Stadt liegt im grasbewachsenen Kawaroa Park das **Todd Energy Aquatic Centre** (☎ 06-759 6060; www.newplymouthnz.com; Kawaroa Park; Eintritt Erw./Kind 4/3 NZ$, Wasserrutsche 3,50 NZ$; ☺ Mo–Fr 6–20.30, Sa & So 8.30–19 Uhr), das eine Wasserrutsche, einen Freiluftpool und eine Schwimmhalle zu bieten hat.

Canoe & Kayak Taranaki (s. rechte Spalte) veranstaltet Paddeltouren.

Geführte Touren
Touren gibt's auch bei Scenic Flights (S. 287) und Happy Chaddy's Charters (S. 256).

Canoe & Kayak Taranaki (☎ 06-769 5506; www. canoeandkayak.co.nz; halbtägiger Trip inkl. Ausrüstung 70 NZ$) Man paddelt hinaus zu den Sugar Loaf Islands oder über die sanften Stromschnellen des Waitara River.

Taranaki Adventure Tours (☎ 021 183 9044; www. taranakiadventure.com; 1-/2-tägige Tour 249/949 NZ$) Bietet ausführliche Erkundungen von Stadt, Berg und Umland, bei denen man ganz schön ins Schwitzen kommt.

Taranaki Tours (☎ 0800 886 877, 06-757 9888; www. taranakitours.com; Tour halber/ganzer Tag ab 80/120 NZ$) Im Angebot sind mehrere themenbezogene Touren, die sich auf Maori-Kultur und Naturgeschichte konzentrieren.

Festivals & Events
Festival of Lights (☎ 06-759 6060; www.festivaloflights.co.nz) Von Ende Dezember bis Mitte Februar leuchtet der Pukekura Park in bunten Farben, während Menschen in farbenfrohen Kostümen durch die Büsche ziehen.

Taranaki Rhododendron & Garden Festival (☎ 06-759 8412; www.rhodo.co.nz) Neuseelands ältestes und berühmtestes Gartenfest findet jedes Jahr Ende Oktober/Anfang November statt.

WOMAD (World of Music Arts & Dance; ☎ 06-759 8412; www.womad.co.nz) Jedes Jahr im März treten diverse einheimische und internationale Künstler im Bowl of Brooklands auf.

Schlafen
BUDGETUNTERKÜNFTE
Sunflower Lodge (☎ 0800 422 257, 06-759 0050; www. sunflowerlodge.co.nz; 33 Timandra St; B/DZ 25/65 NZ$; 🖳 🛜) Fährt man von der Stadt südwärts eine steile Straße hinunter, gelangt man nach ein paar Minuten zum Sunflower, das so gut wie möglich seine Anfänge als Ferienhaus in der Mitte der 1980er-Jahre zu überwinden versucht (was auch, bis auf die schonungslose Blumentapete an einigen Stellen, gelungen ist). Dazu tragen auch Extras wie hochwertige Matratzen, kostenfreie Ortsgespräche, die strapazierfähige Küche und Waschküche bei.

Shoestring Backpackers (☎ 06-758 0404; www. shoestring.co.nz; 48 Lemon St; B/EZ/DZ 28/50/70 NZ$; 🖳 🛜) Das Shoestring ist in einem labyrinthartigen, denkmalgeschützten Gebäude aus den 1920er-Jahren mit viel Holz untergebracht. Es ist zwar nicht die nobelste Adresse, dafür aber gepflegt und voller Charakter. Die Zimmer im Obergeschoss sind die besten: in sich abgeschlossen, ruhig und mit Morgensonne. An der Hinterseite gibt es eine Terrasse und Grillstellen. Direkt daneben liegt das Cottage

TARANAKI

Mews Motel (S. 282), das den gleichen Besitzern gehört.

Egmont Eco Lodge (☎ 06-753 5720; www.yha.co.nz; 12 Clawton St; B/DZ ab 28/70 NZ$; ⌨) Eine makellose, an die YHA angeschlossene Einrichtung in einer Lichtung mit zwitschernden Vögeln und einem plätschernden Bach. Es gibt gemischtgeschlechtliche Schlafräume in der Hauptlodge, weiter unten kleinere Kiefernholzhütten für bis zu vier Personen und eine saubere (wenn auch kleine) Küche. Man muss zwar von der Stadt aus zu Fuß einen kleinen Aufstieg in Kauf nehmen, aber die Aussicht auf den allabendlichen kostenlosen Egmont-Kuchen verleiht einem neue Kräfte.

Seaspray House (☎ 06-759 8934; www.seasprayhouse. co.nz; 13 Weymouth St; B/EZ/DZ 29/45/70 NZ$; ⌨) Großes, altes Haus wurde vor Kurzem renoviert, ist aber trotzdem entspannt und erschwinglich geblieben und bietet ein ausgesuchtes Mobiliar aus Retro und Antiquitäten. Eine frische, künstlerisch angehauchte Backpackerunterkunft mit nur 14 Betten (keine Etagenbetten, was selten ist). Juni und Juli geschlossen.

Arcadia Lodge (☎ 0508 272 233, 06-769 9100; www. arcadialodge.net; 52 Young St; B/DZ/FZ mit Frühstück 35/85/150 NZ$; ⌨ 🛜) Untergebracht in einem ehemaligen Ferienhaus, das angebaut ist an eine große, alte, zitronenfarbene Villa (die ursprünglich für den Herausgeber der Lokalzeitung gebaut wurde). Das Arcadia ist ein heimeliges B&B mit einem hübschen Frühstücksraum, einer vornehmen Lounge, einem Spa, einer Grillstelle und einem herrlichen Familienzimmer mit Holzdecke und Seeblick im Obergeschoss.

Belt Road Holiday Park (☎ 0800 804 204, 06-758 0228; www.beltroad.co.nz; 2 Belt Rd; Stellplatz 32 NZ$, Hütte 65–120 NZ$; ⌨ 🛜) Der mit Pōhutukawa-Bäumen übersäte Holiday Park ist nicht die schillerndste Unterkunft, befindet sich aber oben auf einem Felsvorsprung mit Blick auf das interessante Lee-Breakwater-Gebiet und ist zu Fuß gerade mal zehn Minuten von der Stadt entfernt. Die Aussicht ist Millionen wert!

New Plymouth Top 10 Holiday Park (☎ 0800 758 256, 06-758 2566; www.nptop10.co.nz; 29 Princes St, Fitzroy; Stellplatz/Hütte ab 38/75 NZ$, Wohneinheit 85–110 NZ$, Motel 95–180 NZ$; ⌨ 🛜 🐾) Das Top 10 liegt in Fitzroy, 3,5 km östlich der Stadt und zu Fuß sieben Minuten vom Strand entfernt. Zwischen den aufgereihten putzigen, kleinen, blau-gelben Wohneinheiten fühlt man sich ein wenig wie im Schullandheim. Das Schach-

spiel mit lebensgroßen Figuren, das Trampolin, die Waschküche und die geräumige Küche lohnen den Aufenthalt aber.

MITTEL- & SPITZENKLASSEHOTELS

Carrington Motel (☎ 06-757 9431; www.newplymouth motel.co.nz; 61 Carrington St; EZ/DZ/FZ 90/105/165 NZ$) Die 16 alten, aber gepflegten Wohneinheiten liegen in der Nähe des Pukekura Park und zu Fuß zehn Minuten von der Stadt entfernt. Das Motel ist sehr familienfreundlich und (vor allem im Winter) preiswert, allerdings laut, wenn die Autos über die Carrington St brausen. Die Duschen sind ein Tsunami von oben.

Cottage Mews Motel (☎ 06-758 0403; www.cottage mews.net.nz; 50 Lemon St; EZ/DZ 95/105 NZ$; 🛜) Ein kleines, bescheidenes Motel, in dem man sich eher zu Hause als zu Gast fühlt. Die gepflegten Zimmer sind interessant ausgestattet, und es gibt einen Rasen vor dem Gebäude anstelle des üblichen Parkplatzes. Man kann auch einen Blick ins danebenliegende Shoestring Backpackers (S. 281) werfen, das dem gleichen Inhaber gehört, und sich daran erinnern, wie das Reisen war, bevor man Karriere gemacht hat.

B-K's Egmont Motor Lodge (☎ 0800 115 033, 06-758 5216; www.egmontmotorlodge.co.nz; 115 Coronation Ave; DZ 115–170 NZ$; ⌨ 🛜) Das zu einem Unternehmen gehörende B-K's gegenüber der Rennbahn hat Wohneinheiten im Erdgeschoss und jede Menge Parkplätze. Die Zimmer sind einfach, aber komfortabel und sauber, und der Manager scherzt gern einmal mit seinen Angestellten (was immer ein gutes Zeichen ist). Internet und DVDs sind kostenfrei.

Bella Vista (☎ 0800 235 528, 06-769 5932; www. bellavistamotels.co.nz; Ecke King & Queen St; DZ 120–160 NZ$; ⌨) Eine verlässliche, leicht an Spanien erinnernde Unterkunft mitten im Stadtzentrum. In den einfacheren Zimmern gibt es nur Toaster, die besseren haben voll ausgestattete Kochnischen. Es gibt noch jede Menge Extras wie Fair-Trade-Kaffee aus der Presskanne, kostenlose Fahrräder und Internet.

LP Tipp Fitzroy Beach Motel (☎ 06-757 2925; www. fitzroybeachmotel.co.nz; 25 Beach St; EZ/DZ 120/130 NZ$, Wohneinheit mit 2 Schlafzi. 165 NZ$; 🛜) Das alte Motel (nur 160 m vom Fitzroy Beach entfernt) wurde gründlich renoviert und ausgebaut und war bei unserem Besuch tipptopp. Zu den Highlights zählen hochwertige Teppiche, Doppelglasfenster, hübsche Badezimmer und große LCD-Fernseher. Und statt winziger, studioartiger Zimmer gibt's hier Wohneinheiten, die ein oder zwei Schlafzimmer haben. Der absolute Topspot!

Waterfront (☎ 06-769 5301; www.waterfront.co.nz; 1 Egmont St; Zi. 190–550 NZ$; 💻 🛜) Das schicke Waterfront ist die beste Unterkunft, vor allem wenn der Chef die Rechnung zahlt. Die minimalistischen Studios sind recht protzig, aber die Penthäuser stehlen ihnen mit ihren großen Fernsehern und kleinen Balkonen die Show. In manchen Zimmern (nicht in allen) hat man eine sagenhafte Aussicht, vom Bar-Restaurant mit seiner kurvigen Vorderfront auf jeden Fall.

Nice Hotel (☎ 06-758 6423; www.nicehotel.co.nz; 71 Brougham St; DZ/Suite ab 230/290 NZ$; 🛜) Hochklassig von Kopf bis Fuß – insofern ist „nice" im Sinne von „ganz nett" die Untertreibung des Jahrhunderts. Die sieben Zimmer sind mit Luxusmöbeln, Designerbadezimmern und ausgesuchten Kunstgegenständen bestückt, und die Suite im Erdgeschoss hat nicht nur mehrere Zimmer, sondern sogar einen Konzertflügel! Das im Haus ansässige Restaurant, das Table, ist etwas für echte Gourmets (Hauptgerichte 35 NZ$, abends geöffnet).

Essen
RESTAURANTS

Frederic's (☎ 06-759 1227; 34 Egmont St; Teller 7–18 NZ$; 🕙 Mo–Do 14 Uhr–open end, Fr–So 11 Uhr–open end) Das Freddy's ist eine fabelhafte neue Schlemmerbar mit witziger Innenausstattung (rustikale, mittelalterliche Kandelaber, Tapeten mit Pfauenfedern und religiöse Ikonenbilder), in der große Portionen serviert werden, die man sich teilen kann. Einfach Fleischbällchen in Paprikasauce oder zum Bier neuseeländische Grünlippmuscheln mit Kokoscreme, Chili und Koriander bestellen.

Bach on Breakwater (☎ 06-769 6967; Ocean View Pde; Brunch 10–20 NZ$, Abendessen 24–34 NZ$; 🕙 Mi–So 9.30–22 Uhr; 🅥) Das aus schweren, wiederverwerteten Balken erbaute coole Café-Bistro im aufstrebenden Viertel Lee Breakwater sieht aus wie eine alte Seemannskiste, die nach einem Sturm an Land gespült wurde. Hier erwarten einen Meeresfrüchte in Hülle und Fülle sowie Steaks, außerdem aus der asiatischen und nahöstlichen Küche inspirierte Leckerbissen (Currys, Wontons und Falafels) und mörderisch guter Kaffee. Der Meeresfrüchte-Eintopf wärmt an kalten Wintertagen.

LP Tipp **Arborio** (☎ 06-759 1241; im Puke Ariki, 1 Ariki St; Brunch 11–13 NZ$, Abendessen 16–32 NZ$; 🕙 morgens, mittags & abends) Auch wenn es aussieht wie eine Käsereibe, ist das Arborio der Star unter den Restaurants von New Plymouth. Es ist luftig, künstlerisch angehaucht und modern, blickt aufs Meer und hat einen tadellosen Service. Die mediterran angehauchte Speisekarte bietet alles von leckerer marokkanischer Lamm-Pizza bis Pasta, Risotto und gegrilltem Tintenfisch mit Chili und Litschi-Gurke-Nudelsalat. Es gibt auch Cocktails und neuseeländische Weine.

IndiaToday (☎ 06-758 4444; 40 Devon St E; Hauptgerichte 16–18 NZ$; 🕙 Mo–Fr mittags, tgl. abends; 🅥) Das üppig mit Gold und Seide drapierte IndiaToday verlockt schon auf der Straße mit aromatischen Gerüchen und züngelnden Tabla-Klängen. Die adretten Kellner, perfekt altindisch in goldene Tuniken und schwarze Hosen gekleidet, servieren klassische und kreative Currys.

Portofino (☎ 06-757 8686; 14 Gill St; Hauptgerichte 19–60 NZ$; 🕙 abends) Das von einer Familie betriebene diskrete, kleine Lokal gibt's schon seit Jahren. Serviert werden Pizza und Pasta nach alter Tradition, genau wie sie die *nonna* zu machen pflegte. Die *Rigatoni Portofino* sind der Kracher (mit Spinat, Feta, Knoblauch und sonnengetrockneten Tomaten).

André L'Escargot (☎ 06-758 4812; 37 Brougham St; Hauptgerichte 30–34 NZ$; 🕙 Mo–Sa abends, nach Vereinbarung mittags) Wem das Beste in der Stadt gerade gut genug ist, der ist hier richtig. Hut ab vor dem Mann, der wagemutig seine Bar hochgezogen und am Laufen gehalten hat, denn schon seit 1976 serviert André in Taranaki Schnecken. Es gibt auch alle leckeren und schweren französischen Klassiker – und erstklassige Cocktails.

CAFÉS

Chaos (☎ 06-759 8080; 36 Brougham St; Snacks 4–6 NZ$; Gerichte 6–16 NZ$; 🕙 morgens & mittags; 🅥) Das Chaos, eher liebenswert verlottert als chaotisch, ist ein verlässliches Lokal für ein kräftigendes Frühstück oder einen Kaffee. Hier warten Pfannkuchen mit Ricotta und Blaubeeren, Jazz im Hintergrund, freundlich lächelnde Angestellte und ein künstlerisch angehauchtes Ambiente – schwer zu toppen! Es gibt auch eine große Auswahl an vegetarischen und glutenfreien Gerichten.

Empire (☎ 06-758 1148; 112 Devon St W; Mittagessen 6–10 NZ$; 🕙 Mo–Fr 7.30–16.30, Sa 9–14 Uhr) Das Empire mit hübschen Porzellantellern an der Wand und einem sonnigen Hinterhof hat sich zu einer perfekten neuseeländischen Teestube gemausert. Es gibt leckere Sandwiches, Salate,

Lasagne und gefüllte Blätterteigpasteten und als Nachtisch köstlichen Kuchen und Kekse.

Elixir (☎ 06-769 9020; 117 Devon St E; Brunch 7–18 NZ$; Abendessen 18–22 NZ$; ⌚ Mo 7.30–16, Di–Fr 7.30 Uhr–open end, Sa 9 Uhr–open end, So 9–15 Uhr) Hinter den sonderbaren Jalousien an der Devon St entfaltet das Elixir eine Atmosphäre wie in einem amerikanischen Diner und serviert alles Mögliche von Kaffee, Kuchen, Bagels und Toast mit Ei bis zu einfallsreicheren Abendgerichten. Die Kaffeemaschine vor der mit Rock-Postern übersäten Wand leistet gute Arbeit.

Petit Paris (☎ 06-759 0398; 34 Currie St; Mittagessen 8–15 NZ$; ⌚ 7.30–16 Uhr) Oh là là: Hier gibt's jede Menge buttrige Leckerbissen! Das Petit Paris, stolz unter der wehenden *tricolore*, ist eine *boulangerie* und Patisserie, in der man knusprige Baguettes und *tart au citron* (Zitronenkuchen) oder als Mittagessen auch Omelette oder *croque monsieur* bekommt.

AUF DIE SCHNELLE

Andre's Pies & Patisserie (☎ 06-758 3062; 44 Leach St; Snacks 3–7 NZ$; ⌚ Mo–Fr 6–15.30 Uhr) Seit 1972 sorgt diese Patisserie fürs leibliche Wohl der Gäste. Sie ist von der durch die Stadt führenden Hauptstraße aus einfach zu erreichen. Es gibt saftige Pies und kalorienreiche Kuchenstücke.

Sandwich Extreme (☎ 06-759 6999; 52 Devon St E; Gerichte 7–13 NZ$; ⌚ Mo–Fr 8–16, Sa 8.30–15 Uhr) Freundliche Angestellte und schneller Service. Es gibt Toasts, Sandwiches, Backkartoffeln, Kaffee, Salate, Bagels und Kuchen.

SELBSTVERSORGER

Fresha (☎ 06-758 8284; Ecke Devon & Morley St; Snacks 7–13 NZ$; ⌚ Mo–Fr 9–18, Sa 9–17 Uhr; Ⓥ) Das Kaufhaus hat alles fürs Picknick: Fleisch, Weine, Olivenöl, Würzsaucen, Obst und Gemüse, Käse, Konfitüren und Fertiggerichte (empfehlenswert ist die Fisch-Pie). Außerdem gibt's hier auch ein ausgezeichnetes Café.

Der riesige Supermarkt **Pak N Save** (☎ 06-758 1594; 53 Leach St; ⌚ 8–24 Uhr) liegt gleich östlich des Stadtzentrums.

Ausgehen

Matinee (☎ 06-759 2088; 69 Devon St W; ⌚ Di–Sa 9.30 Uhr–open end) Eine gute Option (eigentlich die einzige) für alle, die auf gute Musik von den neuseeländischen Tui Awards bis zu Electronica und Rock der '80er stehen. Drinnen ist das ehemalige Kino mit Spiegeln, Seidendrapierung und Jugendstiltapeten ausgestattet; an den Tischen draußen kann man relaxen

und die Leute beobachten. Freitags wird Jazz gespielt, und samstags legen DJs auf.

Powder Room (☎ 06-759 2089; 108 Devon St W; ⌚ Di–Sa 16 Uhr–open end) Die reizende rot-weiß-schwarze Bar mit Zottelteppichen an den Wänden serviert supermilde Cocktails und wundersame Weine. Nach ein paar Gläsern ist man in der richtigen Stimmung, sich zur Tanzfläche durchzuschlängeln (häufig legen DJs auf) und das Tanzbein zu schwingen.

Crowded House (☎ 06-759 4921; 93 Devon St E; ⌚ 10 Uhr–open end) Eine Sportbar, in der sich viele Leute tummeln, die gern mal einen heben. Mit Billardtischen (gut in Schuss), einem Restaurant (Pommes mit allem Möglichen) und Großbild-TVs. Aber keine Spur von Neil Finn.

Unterhaltung

Basement Bar (☎ 06-758 8561; Basement, Ecke Devon St W & Egmont St; Eintritt frei–10 NZ$; ⌚ je nach Veranstaltung) Die schmuddelige Basement Bar ist zwar ein Irish Pub, aber auch der beste Ort in der Stadt, um Nachwuchsmusiker (größtenteils Rock, Metal und Punk) zu erleben.

TSB Showplace (☎ 06-759 0021; 92 Devon St W; ⌚ Kartenschalter Mo–Fr 9–17, Sa 10–13 Uhr) Das Showplace mit drei Bühnen ist im alten Opernhaus untergebracht. Hier finden große Aufführungen (*Miss Saigon, Schwanensee*) statt, ebenso die Bowl of Brooklands (S. 279), die von denselben Leuten veranstaltet wird. Karten bucht man bei Ticketek (www.ticketek.co.nz) oder Ticket Direct (www.ticketdirect.co.nz).

Top Town Cinema 5 (☎ 06-759 9077; www.skycity cinemas.co.nz; 119 Devon St E; Ticket Erw./Kind 12,50/7,50 NZ$; ⌚ 10–23 Uhr) Verschlissener Kinokomplex, dessen Boden mit Popcorn übersät ist.

An- & Weiterreise

Tickets für InterCity, Tranz Scenic und die Fähren von Interislander und Bluebridge bekommt man im i-SITE im Puke Ariki.

BUS

Der Busbahnhof befindet sich an der Ecke Egmont und Ariki St.

InterCity (☎ 09-583 5780; www.intercity.co.nz) bedient zahlreiche Ziele, darunter:

Ziel	Preis (NZ$)	Dauer (Std.)	Häufigkeit
Auckland	52	6¼	4-mal tgl.
Hamilton	45	4	2-mal tgl.
Palmerston North	29	4	1-mal tgl.
Wellington	39	7	1-mal tgl.
Whanganui	29	3	1-mal tgl.

TARANAKI

Naked Bus (☎ 0900 625 33; www.nakedbus.com) hat Busse zu folgenden Zielen (u. a.). Wer im Voraus bucht, kann viel Geld sparen.

Ziel	Preis (NZ$)	Dauer (Std.)	Häufigkeit
Auckland	29	6¼	1-mal tgl.
Hamilton	26	3½	1-mal tgl.
Palmerston North	18	3½	1-mal tgl.
Wellington	29	6	1-mal tgl.
Whanganui	17	2½	1-mal tgl.

Der **Dalroy Express** (☎ 0508 465 622, 06-759 0197; www. dalroytours.co.nz) fährt täglich zwischen Auckland (59 NZ$, 6 Std.) und Hawera (18 NZ$, 45 Min.), im Süden geht's weiter nach Hamilton (40 NZ$, 4 Std.).

White Star (☎ 0800 465 622, 06-759 0197; www. whitestarbus.co.nz) hat donnerstags und freitags je zwei Busse und an den anderen Tagen jeweils einen Bus von/nach Whanganui (27 NZ$, 2½ Std.), Palmerston North (30 NZ$, 4¼ Std.), Wellington (47 NZ$, 6¼ Std.) und zu vielen Kleinstädten dazwischen.

FLUGZEUG
Air New Zealand (☎ 0800 737 000, 06-757 3300; www. airnz.co.nz; 12 Devon St E; ☼ Mo–Mi & Fr 9–17, Do 9.30–17 Uhr) hat täglich Direktflüge von/nach Auckland (45 Min., 4-mal tgl.), Wellington (50 Min., 4-mal tgl.) und Christchurch (1½ Std., 1-mal tgl.) mit Anschluss zu anderen Zielen.

Der **New Plymouth Airport** (☎ 06-755 2250) befindet sich 11 km östlich vom Zentrum abseits des SH3. **Scott's Airport Shuttle** (☎ 0800-373 001, 06-769 5974; www.npairportshuttle.co.nz; Erw. ab 22 NZ$) betreibt einen Flughafen-Shuttle von Tür zu Tür, den man online buchen kann.

Unterwegs vor Ort
Busse von **CityLink** (☎ 06-758 2799; www.taranakibus. info; Erw. 3–5 NZ$) fahren montags bis samstags in der ganzen Stadt sowie werktags Richtung Norden nach Waitara und Richtung Süden nach Oakura. Abfahrt ist am Busbahnhof Ecke Egmont und Ariki St.

Cycle Inn Bike Hire (☎ 06-758 7418; www.cycleinn. co.nz; 133 Devon St E; halber/ganzer Tag 10/15 NZ$; ☼ Mo– Fr 8.30–17, Sa 9–15, So 10.30–13 Uhr) verleiht Fahrräder. Ebenso **Happy Chaddy's Charters** (S. 280).

Ein Mietauto zu günstigem Preis bekommt man bei **Rent-a-Dent** (☎ 06-757 5362; www.new plymouthcarrentals.co.nz; 592 Devon St E). Ein Taxi bestellt man bei **Energy City Cabs** (☎ 06-757 5580).

Infos zu Busshuttles zum Mt. Taranaki gibt's auf S. 289.

RUND UM NEW PLYMOUTH
Zwar ist der Egmont National Park die größte Attraktion in der Region, aber es gibt noch viele andere Orte im Umkreis von New Plymouth, wo man viel Spaß haben kann.

Südlich der Stadt
PUKEITI RHODODENDRON TRUST
In dem 4 km² großen **Park** (☎ 06-752 4141; www. pukeiti.org.nz; 2290 Carrington Rd; Erw./Kind 12 NZ$/frei; ☼ Okt.–März 9–17 Uhr, April–Sept. 10–15 Uhr), 20 km südlich von New Plymouth, findet man Rhododendron- und Azaleensträucher. In der Regel blühen sie zwischen September und November, aber auch sonst lohnt sich ein Besuch. Die malerische Fahrt hierher führt durch die Pouakai und Kaitake Ranges (eine schmale Straße – nicht die Nerven verlieren!). Hier ist auch das Gatehouse Café (Gerichte 7–18 NZ$; 10–16 Uhr).

TUPARE
Das von dem berühmten Architekten James Chapman-Taylor entworfene **Tupare** (☎ 06-765 7127; www.tupare.info; 487 Mangorei Rd; Eintritt frei; ☼ 9–17 Uhr, Führungen Mo–Fr 11 Uhr) ist ein Haus im Tudor-Stil. Es ist an sich schon postkartenwürdig, aber das Highlight der 7 km südlich der Stadt gelegenen Anlage ist der atemberaubende, 3,6 ha große Garten um das Haus herum. Glockenblumen und Vogelgesang – der Traum eines jeden Picknickenden.

HURWORTH COTTAGE
Das 1856 errichtete **Cottage** (☎ 06-759 2006; www. historic.org.nz; 906 Carrington Rd; Erw./Kind 5/2 NZ$; ☼ Sa & So 11–15 Uhr), rund 8 km südlich von New Plymouth, wurde für Harry Atkinson erbaut, den viermaligen Premierminister Neuseelands. Das Häuschen ist das letzte Überbleibsel einer Siedlung, die zu Beginn der Taranaki Land Wars aufgegeben wurde, und gewährt einen interessanten Einblick in das Leben der frühen Siedler.

TARANAKI AVIATION, TRANSPORT & TECHNOLOGY MUSEUM & LAKE MANGAMAHOE
Ca. 9,5 km südlich von New Plymouth liegt das **Taranaki Aviation, Transport & Technology Museum** (TATATM; ☎ 06-752 2845; www.nzmuseums.co.nz; Ecke SH3 & Kent Rd; Erw./Kind 7/2 NZ$; ☼ Sa & So 10.30–16 Uhr), das mit seinen klapprigen alten Flugzeugen, Zügen, Automobilen und Haushaltsgegenständen die Besucher auf eine Reise in die

TARANAKI

Vergangenheit mitnimmt. Man sollte sich auch die Sachen zeigen lassen, die der verrückte Bienenzüchter gemacht hat (Sechsecke ohne Ende). Auf dem Lake Mangamahoe (Zugang 7–20.30 Uhr) gegenüber vom Highway tummeln sich unzählige Enten.

Nach Norden über den SH3

Nördlich von New Plymouth verläuft entlang der Küste die malerische SH3. Dies ist die Strecke nach Waitomo und eine der Straßen nach Hamilton. Die Broschüre *Northern Taranaki* gibt's kostenlos im i-SITE in Otorohanga (S. 263) oder New Plymouth (S. 278).

Fährt man auf dem SH3 weiter nach Norden, gelangt man zu mehreren Abzweigen, die ans Meer mit hohen Sanddünen und Surfstränden führen. **Urenui**, 16 km hinter Waitara, ist ein beliebtes Sommerziel.

Ungefähr 5 km hinter Urenui findet man das wohl größte Highlight von North Taranaki: die **White Cliffs Organic Brewery** (☎ 06-752 3676; www.organicbeer.co.nz; Main Rd Nth; kostenlose Verkostung, Führung 5 NZ$; ☸ 10–18 Uhr), die für ihre preisgekrönten Biere bekannt ist. Die Brauerei bietet Führungen (im Voraus buchen), Biere zum Mitnehmen, Verkostungen des legendären Mike's Pale Ale (aber auch das Pilsener und das Lager sind klasse) und ein Oktoberfest jedes Jahr im (erraten!) Oktober. Fährt man etwas weiter, kommt man zur Abzweigung nach Pukearuhe und zu den **Whitecliffs**, riesigen Steilhängen, die an die namensgebenden weißen Felsen von Dover erinnern. Von hier führt der **Whitecliffs Walkway** (☸ Okt.–Juni) über einen Tunnel vom Strand (Achtung: wechselnde Gezeiten; den Tunnel nur bei Ebbe betreten) zum Tongaporutu River. An klaren Tagen bietet der fünf- bis siebenstündige Wanderweg einen tollen Ausblick auf die Küste und die Berge (Taranaki und Ruapehu).

Auf dem Weg weiter nach Mokau lohnt sich ein Zwischenstopp bei den **Three Sisters**, die gleich südlich der Tongaporutu Bridge ausgeschildert sind. Bei Ebbe kann man die Küste entlanglaufen. Der Strand ist dramatisch: Zwei der drei Schwestern stehen ziemlich verloren vor der Küste, die dritte ist leider zu einem Haufen zusammengefallen.

MT. TARANAKI (EGMONT NATIONAL PARK)

Der Mt. Taranaki, ein typisch geformter 2518 m hoher Vulkankegel, dominiert die Landschaft und wirkt sofort magnetisch, sobald man ihn das erste Mal gesehen hat. Geologisch ist der Taranaki der jüngste von drei großen Vulkanen – der Kaitake und der Pouakai sind die anderen beiden –, die sich entlang derselben Verwerfungszone befinden. Der letzte Ausbruch liegt mehr als 350 Jahre zurück (Lavaflüsse bedecken die oberen 1400 m), weshalb Experten die Meinung vertreten, ein neuer Ausbruch sei überfällig. Man sollte sich davon jedoch nicht abschrecken lassen – der Berg ist eine Schönheit und das Highlight eines jeden Besuchs in der Region.

Geschichte

Einer Maorilegende zufolge gehörte Taranaki zu einem Stamm von Vulkanen im Zentrum der Nordinsel. Jedoch wurde er in grauer Vorzeit von dort vertrieben, nachdem er mit der wunderschönen Pihanga, dem Vulkan in der Nähe des Lake Taupo und der Geliebten des Mt. Tongariro, erwischt wurde. Als er nach Süden floh – manche sagen aus Schande, andere, um den Frieden zu bewahren –, hinterließ Taranaki eine große Narbe in der Erde, durch die heute der Whanganui River fließt. Schließlich ließ sich der Vulkan im Westen an seinem jetzigen Standort nieder, an dem er in majestätischer Einsamkeit steht und sein Gesicht hinter einer Wolke aus Tränen versteckt.

Die Maori ließen die Gegend zwischen Taranaki und Pihanga weitgehend unbesiedelt, weil sie die Wiedervereinigung der Liebenden in einem spektakulären Ausbruch befürchteten. Stattdessen reihten sich die Maorisiedlungen in dieser Region an der Küste zwischen Mokau und Patea und konzentrierten sich um Urenui und Waitara. Der Berg selbst war den Maori äußerst heilig, er diente ihnen als Begräbnisstätte für Häuptlinge wie auch als Versteck in Zeiten der Gefahr.

Kapitän James Cook nannte den Berg nach einem Earl, dem er in diesem speziellen Moment zu schmeicheln versuchte, Mt. Egmont. Der Egmont National Park wurde 1900 gegründet, er ist damit der zweitälteste Neuseelands. Inzwischen hat der Taranaki seinen alten Namen zurückbekommen, auch wenn der Earl immer noch herumgeistert. Und als Fujiyama spielte der Riese eine Hauptrolle in *Last Samurai* (2003) – die Produktion versachte fast eine Hysterie unter den Einheimischen, besonders als ein gewisser Tom Cruise in die Stadt kam.

TARANAKI

Praktische Informationen

Dawson Falls Visitor Centre (☎ 027 443 0248; www. doc.govt.nz; Manaia Rd, Kaponga; ◷ März–Nov. Do–So 9–16 Uhr, Dez.–Feb. tgl.) An der Südostseite des Berges. Davor steht ein gewaltiger Totempfahl.

Metphone (☎ 0900 999 06) Infos zur aktuellen Wetterlage.

North Egmont Visitor Centre (☎ 06-756 0990; North Egmont; www.doc.govt.nz; ◷ 8–16.30 Uhr) Hat aktuelle, umfangreiche Infos über den Nationalpark und ein kleines, schmuddeliges Café (Gerichte 11–19 NZ$).

Aktivitäten

RUNDFLÜGE

Wer Lust auf einen Rundflug über den Berghängen hat, kann sich an folgende Veranstalter wenden:

Beck Helicopters (☎ 0800 336 644, 06-764 7073; www.heli.co.nz) Rundflüge über den Berg ab 225 NZ$.

Heliview (☎ 0508 435 484, 06-753 0123; www.heliview.co.nz) Bietet eine Reihe von Sightseeing-Touren. Ein halbstündiger Flug über Stadt und Berg kostet 280 NZ$.

New Plymouth Aero Club (☎ 06-755 0500; www. airnewplymouth.co.nz) Normale und auf Kundenwünsche zugeschnittene Rundflüge ab 66 NZ$.

Precision Helicopters Limited (PHL; ☎ 0800 246 359, 06-752 3291; www.precisionhelicopters.com) Ein 50-minütiger Flug über den Berg kostet 280 NZ$.

SKIFAHREN

Von Stratford aus fährt man über die Pembroke Rd hinauf zum Stratford Plateau. Von dort aus geht's 1,5 km zu Fuß bis zum kleinen Skigebiet des **Manganui** Club (s. S. 91). Im i-SITE von Stratford gibt es tagesaktuell Infos zu Wetter- und Schneelage. Man kann sich aber auch telefonisch beim **Snow-Phone** (☎ 06-759 1119) erkundigen oder unter www.skitaranaki.co.nz die Webcam studieren.

WANDERN

Weil er gut zugänglich ist, gilt der Mt. Taranaki als der meistbestiegene Berg Neuseelands. Trotzdem ist das Wandern hier gefährlich und sollte nicht auf die leichte Schulter genommen werden (s. Kasten rechte Spalte). Auf jeden Fall vorher Ratschläge einholen und vor Aufbruch das DOC Visitor Centre oder das i-SITE informieren!

Die meisten Wanderwege sind von North Egmont, Dawson Falls oder East Egmont aus erreichbar. Weitere Infos gibt's im DOC-Flyer *Short Walks in Egmont National Park* (2,50 NZ$) und in der kostenlosen Broschüre *Taranaki: A Walker's Guide*.

DER TRÜGERISCHE BERG

Der Mt. Taranaki mag aussehen, als wäre er leicht zu besteigen, aber der malerische Berg hat schon über 60 Menschenleben gefordert. Das größte Risiko ist das Wetter: Es kann fast von einer Minute zur nächsten von Sommersonne zu Schneesturm umschlagen! Es kann gut sein, dass man bei Sonnenschein in New Plymouth loszieht und sich auf dem Berg mitten im tiefsten Schneefall wiederfindet. Außerdem drohen steil abfallende Felsvorsprünge und vereiste, steile Berghänge.

Es gibt viele kurze Wanderstrecken, die die meiste Zeit des Jahres sicher sind. Für Abenteuerlustige ist aber die Zeit zwischen Januar und März die beste. Vor dem Aufbruch sollte man sich die entsprechende Karte besorgen (die beim DOC erhältliche detaillierte Wanderkarte *Egmont National Park* kostet 19 NZ$) und im DOC aktuelle Infos einholen. Außerdem muss man sich vor Aufbruch im DOC Visitor Centre oder im i-SITE registrieren.

Der wichtigste Wanderweg von North Egmont aus ist der malerische **Pouakai Circuit**, ein zwei bis drei Tage in Anspruch nehmender, 23 km langer Rundweg durch alpine, sumpfige und von Büschen überzogene Gebiete mit toller Aussicht. Von hier aus gibt's auch kürzere Wanderwege, z. B. den **Ngatoro Loop Track** (1 Std.), den **Veronica Loop** (2 Std.) und den **Connett Loop** (hin & zurück 40 Min.). Der **Summit Track** beginnt auch in North Egmont. Es handelt sich um einen anspruchsvollen Wanderweg, der hin und zurück acht bis zehn Stunden (14 km) dauert. Unerfahrene Wanderer sollten ihn meiden, vor allem bei Eis und Schnee.

Behindertengerechte Wege in East Egmont sind der **Potaema Track** (hin & zurück 30 Min.) und der **East Egmont Lookout** (hin & zurück 30 Min.). Ein längerer Wanderweg ist der steile **Enchanted Track** (hin & zurück 2–3 Std.).

In Dawson Falls kann man mehrere kurze Wanderstrecken bewältigen, darunter den **Wilkies Pools Loop** (hin & zurück 1 Std.) oder den ausgezeichneten, aber beschwerlichen **Fanthams Peak Return** (hin & zurück 5 Std.), der im Winter eingeschneit ist. Der **Kapuni Loop Track** (1½ Std.) führt zu den eindrucksvollen **Dawson Falls** selbst.

Der schwierige, 55 km lange **Around-the-Mountain Circuit** nimmt drei bis fünf Tage in

Anspruch und ist nur erfahrenen Wanderern zu empfehlen. Auf der Strecke gibt's eine Reihe von Hütten; „Tickets" für die Hütten sollte man im Voraus kaufen (s. S. 288).

Der **York Loop Track** (3 Std.), zu erreichen von der York Rd nördlich von Stratford, ist ein faszinierender Wanderweg, der teilweise einer stillgelegten Bahnstrecke folgt.

Zwischen Februar und März, wenn es weniger schneit, kann man ohne Bergführer wandern. Zu anderen Zeiten sollten unerfahrene Bergwanderer sich beim DOC Infos über hiesige Clubs und Guides geben lassen. Mietet man sich einen Führer an, kostet das rund 300 NZ$ pro Tag. Verlässliche Veranstalter sind u. a. folgende:
Adventure Dynamics (☎ 0800 151 589, 06-751 3589; www.adventuredynamics.co.nz)
MacAlpine Guides (☎ 06-765 6234, 027 441 7042; www.macalpineguides.com)
Top Guides (☎ 0800 448 433, 021 838 513; www.topguides.co.nz)

Schlafen

Auf dem Berg gibt es mehrere Hütten des DOC, die über die Wanderwege erreichbar sind. Die meisten kosten 15 NZ$ pro Nacht (Syme und Kahui jeweils 5 NZ$); die Tickets für die Hütten kauft man jeweils im Voraus beim DOC. Kochutensilien, Verpflegung und Schlafsack selber mitbringen! Vorausbuchungen sind nicht möglich – wer zuerst kommt, mahlt zuerst. Achtung: Allen Abfall wieder mitnehmen!

Missing Leg (☎ 06-752 2570; missingleg@xtra.co.nz; 1082 Junction Rd, Egmont Village; Stellplatz ohne/mit Strom 15/17 NZ$, B/DZ 25/60 NZ$; 🖳) Die exzentrische Backpackerunterkunft bekommt merkwürdigerweise kaum Tageslicht ab, aber zum Schlafen ist es o. k. Der Schlafsaal liegt oben im Loft. Außerdem gibt es hinter dem Haus eine Handvoll schäbig-schicker Hütten.

Konini Lodge (☎ 06-756 0990; www.doc.govt.nz; Upper Manaia Rd; B Erw./Kind 20/10 NZ$) Die einfache Unterkunft mit Etagenbetten liegt 100 m unterhalb des Dawson Falls Visitor Centre. Zu den Schlafsälen gehört ein riesiger Gemeinschaftsbereich.

Eco Inn (☎ 06-752 2765; www.ecoinn.co.nz; 671 Kent Rd; EZ/2BZ/DZ 30/52/60 NZ$; 🛜) Das absolut umweltfreundliche, mit Solar-, Wind- und Wasserkraft betriebene Haus aus wiederverwertetem Holz befindet sich ungefähr 6,5 km von der Abzweigung zum Aviation, Transport & Technology Museum (S. 285) entfernt. Es gibt ein

Spa und einen Billardtisch. Transportmittel für einen Ausflug zum Berg sind ebenfalls vorhanden. Gut für Gruppen!

Camphouse (☎ 0800 688 272, 06-756 9093; www.mttaranaki.co.nz/retreat/camphouse; North Egmont; B/DZ/FZ 30/70/160 NZ$) Das mit Etagenbetten wie eine Backpackerunterkunft gestaltete Camphouse ist hinter dem North Egmont Visitor Centre in einem historischen Wellblechhaus von 1850 untergebracht. An den Wänden sieht man immer noch die Einschusslöcher von den Kugeln, die die einheimischen Maori in den Taranaki Land Wars auf die europäischen Siedler abgefeuert haben. Von der Veranda blickt man auf den Horizont.

Rahiri Cottage (☎ 06-756-9093; www.mttaranaki.co.nz; Egmont Rd, RD6; DZ mit/ohne Frühstück 160/145 NZ$) Direkt am Rand des Egmont National Park auf dem Weg nach North Egmont. Der 1929 errichtete Klinkerbau mitten im Busch diente früher als Parkschranke und bietet heute luxuriöse B&B-Zimmer. Gehoben, aber unprätentiös mit Platz für bis zu fünf Personen (das ganze Cottage kostet 305 NZ$).

Anderson's Alpine Lodge (☎ 06-765 6620; www.andersonsalpinelodge.co.nz; 922 Pembroke Rd; DZ mit Frühstück 160–190 NZ$; 🛜) Die hübsche Lodge einer Schweizer Inhaberin auf der Stratford-Seite des Bergs bietet einen Postkartenblick auf die Berge. Drinnen gibt's drei in sich abgeschlossene Zimmer mit vielen Holzarbeiten, draußen unzählige Vögel und Lady Hookswood-Smith, ein recht aufmüpfiges Schwein.

Mountain House (☎ 06-765 6100; www.mountainhouse.co.nz; Pembroke Rd; EZ/DZ 170/195 NZ$) Die Lodge auf der Stratford-Seite des Bergs (15 km von der Abzweigung auf SH3 und 3 km vom Skigebiet Manganui entfernt) bietet kürzlich renovierte Zimmer im Motelstil und Berghütten mit Küche. Außerdem gibt's hier ein europäisches Restaurant (Gerichte 12–42 NZ$; früh, mittags & abends geöffnet).

An- & Weiterreise

Es gibt drei Hauptzugangsstraßen zum Egmont National Park, die alle gut ausgeschildert sind und entweder am DOC Visitor Centre vorbeiführen oder dort enden. New Plymouth am nächsten liegt North Egmont: Man fährt über den SH3, nimmt 12 km südlich von New Plymouth die Abzweigung bei Egmont Village und folgt 14 km dem Straßenverlauf. Von Stratford aus nimmt man die Abzweigung an der Pembroke Rd und folgt der Straße 15 km bis East Egmont bzw. Skigebiet Manganui

(S. 91). Aus südöstlicher Richtung führt die Upper Manaia Rd zum 23 km von Stratford entfernten Dawson Falls.

Es gibt zwar keine öffentlichen Busse zum Nationalpark, dafür aber zahlreiche Shuttle-busbetreiber, die einen gerne dorthin kutschieren (einfache Strecke 30–40 NZ$, hin & zurück 45–50 NZ$):

Cruise NZ Tours (☎ 0800 688 687; kirkstall@xtra.co.nz) Fährt um 7.30 Uhr von New Plymouth nach North Egmont; Rückfahrt 16.30 Uhr. Nach Vereinbarung kann man auch an anderen Orten abgeholt und abgesetzt werden.

Eastern Taranaki Experience (☎ 06-765 7482; www.eastern-taranaki.co.nz) Abfahrt in Stratford; Aufpreis bei Abfahrt in New Plymouth.

Kiwi Outdoors (Karte S. 278; ☎ 06-758 4152; www.kiwioutdoorsstores.co.nz; 18 Ariki St, New Plymouth; ⏰ Mo–Fr 8.30–17, Sa 9–14.30, So 10–14 Uhr) Abfahrtszeiten und Abholorte nach Vereinbarung. Vermietet auch Ausrüstung.

Taranaki Tours (☎ 0800 886 877, 06-757 9888;www.taranakitours.com) Abfahrtszeiten und Abholorte nach Vereinbarung.

RUND UM DEN MT. TARANAKI

Es gibt zwei Hauptstraßen um den Berg herum. Beide verbinden New Plymouth mit Hawera. Der SH3, auf der landeinwärts gewandten Seite des Berges, ist stärker befahren. Die längere Straße, der SH45, auch Surf Hwy 45 (S. 290) genannt, führt an der Küste entlang.

Inglewood
3090 Ew.

Die kleine Ortschaft Inglewood (www.inglewood.co.nz) mit einer Hauptstraße liegt auf dem Weg zum Berg am SH3. Hier kann man gut einen Zwischenstopp einlegen, um im Supermarkt seine Vorräte aufzustocken oder sich in **Nelsons Bakery** (☎ 06-756 7123; 45 Rata St; Pies 3–4 NZ$; ⏰ Mo–Fr 6–16.30, Sa 7–16 Uhr) den Bauch mit einer Pie mit Steak und Ei vollzuschlagen. Inglewoods zweites Highlight ist das reizende **Fun Ho! National Toy Museum** (☎ 06-756 7030; www.funho.com; 25 Rata St; Erw./Kind 6 NZ$/frei; ⏰ 10–16 Uhr), in dem altmodische Sandguss-Spielzeuge aus der Vergangenheit Neuseelands gezeigt und verkauft werden. Das Museum dient zugleich als Besucherinformation.

An der Straße von New Plymouth in den Ort hinein liegt das schlichte, aber saubere und ruhige **White Eagle Motel** (☎ 06-756 8252; www.whiteeaglemotel.co.nz; 87b Rata St; EZ/DZ ab 90/95 NZ$, weitere Pers. 20 NZ$). Die Wohneinheiten mit zwei Schlafzimmern wirken größer als sie sind.

Das in einem feuerwehrroten, denkmalgeschützten Gebäude untergebrachte jazzige **Macfarlane's Caffe** (☎ 06-756 6665; 1 Kelly St; Brunch 9–17 NZ$, Abendessen 14–28 NZ$; ⏰ So–Mi 9–17, Do–Sa 9 Uhr–open end) verkauft tagsüber u. a. riesig große Eiercremetörtchen und Kaffee und abends Wildschweinwürstchen. Der Hit ist aber der Taranaki Burger mit Wildfleisch.

Im hippen **Funkfish Grill** (☎ 06-756 7287; 32 Matai St; Hauptgerichte 24–33 NZ$; ⏰ Di–Do, Sa & So 16 Uhr–open end, Fr 15 Uhr–open end) gibt's Pizza und Fish & Chips zum Mitnehmen oder Hieressen. Abends verwandelt sich der Grill in eine Bar. Zu empfehlen sind die Tempura-Muscheln.

Stratford
5330 Ew.

Stratford liegt 40 km südöstlich von New Plymouth am SH3. Es hat es nicht versäumt, allerorten auf seinen Namensvetter Stratford-upon-Avon, dem Geburtsort Shakespeares, hinzuweisen, indem es seine Straßen nach Figuren aus den Werken des Dramatikers benannt hat. Ferner besitzt das Städtchen auch Neuseelands erstes **Glockenspiel** (⏰ 10, 13, 15 & 19 Uhr): Viermal am Tag gibt es Shakespeares größte Hits auf recht hölzerne Art zum Besten.

Im **Stratford i-SITE** (☎ 0800 765 6708, 06-765 6708; www.stratfordnz.co.nz; Prospero Pl; ⏰ Mo–Fr 8.30–17, Sa & So 10–15 Uhr) ist auch die **Percy Thomson Gallery** (☎ 06-765 0917; www.percythomsongallery.org.nz; Eintritt frei; ⏰ Mo–Fr 10.30–16, Sa & So 10.30–15 Uhr) untergebracht, eine Gemeindegalerie mit Wechselausstellungen und einer bunten Sammlung einheimischer Kunstwerke.

Das **Taranaki Pioneer Village** (☎ 06-765 5399; www.pioneervillage.co.nz; Erw./Kind/Fam. 10/5/20 NZ$; ⏰ 10–16 Uhr), 1 km südlich von Stratford am SH3, ist ein 4 ha großes Freiluftmuseum mit 40 historischen Gebäuden. Es lässt vergangene Zeiten hochleben und ist dabei mehr als nur ein wenig gruselig. Aber nach einem Besuch hier wird man vielleicht nicht mehr darüber jammern, wie hart das Leben heutzutage ist.

Nicht weit von der Abzweigung nach Dawson Falls, 11 km von Stratford entfernt, liegt **Environmental Products** (☎ 06-764 6133; www.envirofur.co.nz; 1013 Opunake Rd, Mahoe; ⏰ Mo–Fr 9–17, Sa & So 10–16 Uhr). In der Gerberei werden Taschen, Stiefel, Pantoffeln, Hüte, Teppiche und andere Accessoires aus Possumleder hergestellt. Denn je weniger lästige Possums es gibt, desto mehr wird die einheimische Flora und Fauna geschützt.

Der hübsche, rosafarbene **Stratford Top Town Holiday Park** (☎ 06-765 6440; www.stratfordtoptown holidaypark.co.nz; 10 Page St; B ab 22 NZ$, Stellplatz ohne/mit Strom ab 28/34 NZ$, Hütte/WE ab 50/90 NZ$; ⊚) ist ein gepflegter Wohnmobil-Park, der aber auch Ein-Zimmer-Hütten, Wohneinheiten im Motelstil und Etagenbetten für Backpacker sowie Spa, Grill und Fahrradverleih zu bieten hat.

Das mit Steinsäulen, kecken Dächern, Holzjalousien und gedämpften dunklen Tönen prunkende **Amity Court Motel** (☎ 06-765 4496; www.amitycourtmotel.co.nz; 35 Broadway N; DZ/1 Schlafzi./2 Schlafzi. 120/140/160 NZ$; ⊚) ist das Neueste und Beste, was Stratford an Unterkünften bietet.

Weitere Unterkünfte rund um Stratford sind auf S. 288 aufgelistet.

Gegenüber vom Stratford i-SITE liegt die **Casa Pequena** (☎ 06-765 6680; 280 Broadway; Snacks 3–5 NZ$, Gerichte 12–28 NZ$; ⏲ Mo–Fr 6–16, Sa 7–13.30 Uhr), ein dermaßen retro erscheinendes Teehaus, dass man meint, es sei in einer Zeitschleife gefangen. Serviert werden Klassiker wie Würstchen mit Kartoffelbrei und warme Sandwiches mit Fleisch und Würzsauce.

Forgotten World Hwy

Die 150 km lange Straße zwischen Stratford und Taumarunui (SH43) ist auch als Forgotten World Hwy bekannt. Die Strecke, von der 12 km nicht asphaltiert sind, windet sich durch hügeliges Buschland, vorbei an historischen Orten und Kulturerbestätten. Dazu gehören *pa* der Maori, aufgelassene Kohlebergwerke und Denkmäler für Verstorbene. Man sollte vier Stunden und viele Stopps einplanen und vorher noch einmal volltanken, da es an der Strecke keine Tankstellen gibt. Eine Broschüre über die Strecke haben die i-SITEs und DOC Visitor Centres der Gegend.

Ein Highlight ist **Whangamomona** (170 Ew.). Das sonderbare Dorf hat sich nach Meinungsverschiedenheiten mit den Behörden (s. Kasten S. 291) zur unabhängigen Republik ausgerufen. Im Ort steht das prächtige **Whangamomona Hotel** (☎ 06-762 5823; www.whangamomonahotel.co.nz; 6018 Forgotten World Hwy; Gerichte 12–18 NZ$; ⏲ 11 Uhr–open end), ein Gasthaus mit Unterkunft (110 NZ$/ Pers. inkl. Abendessen & Frühstück), das „echte ländliche Gastlichkeit" verspricht.

Im Tahora Saddle, dem höchsten Punkt auf dem Highway, bietet das **Kaieto Café** (☎ 06-762 5858; kaietocafe@quicksilver.net.nz; SH43; Gerichte 7–20 NZ$; ⏲ mittags) Mittagessen, Panoramablick, eine Hütte mit vier Betten und einen Zeltplatz (Stellplatz/Hütte 10/35 NZ$ pro Pers.).

Eastern Taranaki Experience (☎ 06-765 7482; www. eastern-taranaki.co.nz) organisiert Touren durch die Gegend (Tagesausflug ab 45 NZ$/Pers.; Ausflug 4 Tage & 3 Nächte 460 NZ$/Pers., min. 4 Teilnehmer).

Das **Central Taranaki Tourism Network** (☎ 06-765 7180; cttn@xtra.co.nz) veranstaltet mehrere Tagesausflüge in der Region, darunter die Trips „Forgotten World Discoveries" (189 NZ$/ Pers.) und „Highway 43 Explorer" (99 NZ$).

SURF HWY 45

Der 105 km lange SH45 von New Plymouth nach Hawera ist auch als Surf Hwy 45 bekannt. Und obwohl es auf der Strecke tatsächlich etliche tolle Strände gibt, sollte man nicht erwarten, den ganzen Weg entlang fantastische Wellen ans Ufer prallen zu sehen. Die Fahrt verläuft in der Regel kreuz und quer durch Farmland – man muss also damit rechnen, unerwarteten Traktoren und Holden-Autos auszuweichen. Die Broschüre *Surf Highway 45* gibt's in den Visitor Centres.

Oakura
1220 Ew.

Von New Plymouth kommend ist der erste Stopp das entspannte, 15 km südwestlich am SH45 gelegene Oakura. Sein breiter Strand wird wegen seiner Right-Hander-Breaks von Surfern frequentiert, doch auch Familien haben hier eine Menge Spaß (Sandalen mitnehmen – der schwarze Sand verbrutzelt einem sonst die Füße!). Surfunterricht erteilt der Surfshop an der Hauptstraße, **Vertigo** (☎ 06-752 7363; vertigosurf@xtra.co.nz; 2-stünd. Unterricht 75 NZ$; ⏲ Mo–Fr 9–17, Sa 10–16 Uhr). Für weitere Infos, s. auch Tarawave (S. 281).

SCHLAFEN & ESSEN

Wave Haven (☎ 06-752 7800; www.thewavehaven.co.nz; Ecke Ahu Ahu Rd & SH45; B/EZ/DZ 20/40/60 NZ$) Eine Backpackerunterkunft für Surfer in der Nähe der großen Wellen mit kolonialzeitlichem Charme, einer Kaffeemaschine, einer großen Veranda zum Relaxen und überall herumstehenden Surfbrettern und leeren Weinflaschen.

Oakura Beach Holiday Park (☎ 06-752 7861; www. oakurabeach.com; 2 Jans Tce; Stellplatz ohne/mit Strom 32/36 NZ$, Hütte 65–120 NZ$; ⊚) Klassischer Ferienpark am Strand, vor allem auf Wohnmobile ausgerichtet, aber auch mit einfachen Hütten und guten Zeltstellplätzen (direkt am Strand!).

Oakura Beach Motel (☎ 06-752 7680; www.oakura beachmotel.co.nz; 53 Wairau Rd; EZ/DZ ab 90/100 NZ$; ⊚)

EIN PUDEL ALS PRÄSIDENT?!

Whangamomona ist Neuseelands einzige Republik. Ausgerufen wurde sie nach Streitigkeiten mit den staatlichen Behörden. Die Geschichte begann damit, dass 1989 der Gemeinderat die Grenzen des Orts korrigieren, ihn dadurch der Zuständigkeit des Taranaki Council entziehen und stattdessen der Gemeinde Manawatu-Whanganui angliedern wollte. Die Bürger – unabhängige, hartgesottene Leute – wollten dies jedoch nicht tatenlos hinnehmen, schon allein, weil dieser Schritt zur Folge gehabt hätte, dass sie für ein verfeindetes Rugbyteam hätten spielen müssen. Also gaben sie beiden Gemeinderäten den Laufpass und erklärten sich zu einer eigenständigen Republik – mit demokratisch gewählten Präsidenten, u. a. Billy Gumboot, die Ziege (gewählt, nachdem sie alle Gegenstimmen aufgefressen hatte), und Tai Poutu, dem Pudel (der nach einem Attentatsversuch zurücktrat). Der momentane Präsident ist Murt „Murtle the Turtle" (Murtle, die Schildkröte) Kennard, der allerdings ein Mensch ist.

Der Ort feiert alle zwei Jahre im Januar seinen Tag der Republik mit der Parodie einer Militärparade. Besucher (viele reisen mit dem Zug von Auckland an – Pass erforderlich) können Gummistiefel werfen, Peitschen knallen lassen, bei Schafrennen wetten, einem Possum die Haut abziehen und an vielen anderen Aktivitäten vergessener Welten teilnehmen.

Ruhiges Motel mit sieben Zimmern, abseits von der Hauptstraße und nur drei Gehminuten vom Strand entfernt. Die Anlage ist aus den '70ern, aber die Inhaber halten alles tipp topp, und es gibt 300 DVDs zum Anschauen!

Ahu Ahu Beach Villas (☎ 06-752 7370; www.ahu. co.nz; 321 Ahu Ahu Rd; EZ/DZ/FZ ab 250/250/350 NZ$; 🖳) Teuer, aber beeindruckend: Die von Architekten gestalteten Luxusvillen auf einer Anhöhe mit Blick über den Ozean sind ausgefallen: riesige, wiederverwertete Holzbalken, in die Wand eingelassene Flaschen und polierte Betonböden mit eingelassenen Paua-Muscheln. Hier steigen sogar Rockstars ab.

Snickerdoodles (☎ 06-752 7227; 1151 SH45; Gebäck 4–7 NZ$; 🕑 Mo–Sa morgens & mittags) Die winzige Bäckerei an der Hauptstraße backt täglich frisch. Einfach vorbeikommen und ein dickes Käsebrötchen, das leckere Kürbiskernbrot oder auch nur einen Kaffee genießen.

Carriage (☎ 06-752 1007; Rückseite der 1145 SH45; Brunch 12–15 NZ$; Abendessen 14–28 NZ$; 🕑 Mo–Do 17 Uhr–open end, Fr–So 10–15 & 17 Uhr–open end) Ein ungewöhnliches Lokal: Wie der Name vermuten lässt, ist das Carriage in einem langsam rollenden Eisenbahnwagen abseits der Hauptstraße untergebracht. Serviert werden gute Burger, Steaks, Pasta, Frühlingsrollen und Currys.

Von Oakura nach Opunake

Bei Oakura verlässt der SH45 die Küste, wobei immer wieder Nebenstraßen zu netten Stränden abgehen. Das 130 Jahre alte **Stony River Hotel** (☎ 06-752 4253; www.stonyriverhotel.co.nz; 2502 SH45, Okato; EZ/DZ/3BZ mit Frühstück 80/122/183 NZ$) liegt in der Nähe von Okato am Highway und hat einfache Zimmer im Landhausstil mit Bad und eine schlichte Bar (Hauptgerichte 10–28 NZ$, Mi–Sa abends).

Gleich hinter Warea beginnt die **Stent Road**, ein legendärer, flacher Brandungsgürtel, an dem erfahrene Surfer ihren Spaß haben. Anfänger sollten sich an die kleineren Wellen am **Komene Beach** halten, der an der Mündung des Stony River liegt und vielen interessanten Vögeln, beispielsweise schwarzen Schwänen, Lebensraum bietet.

Eine weitere Abzweigung Richtung Küste führt bei **Pungarehu** zum 20 km entfernten **Cape Egmont Lighthouse** (☎ 06-278 8599; Bayly Rd; 🕑 Sa & So nach Vereinbarung), einem malerischen, gusseisernen Leuchtturm, der 1881 hierher versetzt wurde. Die Straße nach Parihaka (s. Kasten S. 292) führt von diesem Abschnitt des Highway landeinwärts.

Opunake
1500 Ew.

Das Sommerstädtchen Opunake ist das Surfzentrum Taranakis und hat einen geschützten Familienstrand und weiter draußen viele herausfordernde Wellen.

Das in der Bibliothek untergebrachte **Opunake i-SITE** (☎ 0800 111 323, 06-761 8663; opunakei@stdc. govt.nz; Tasman St; 🕑 Mo–Fr 9–17, Sa 9.30–13 Uhr; 🖳 🛜) bietet kostenloses Internet. Internetzugang hat auch der **Dreamtime Surf Shop** (☎ 06-761 7570; 102 Tasman St; 🕑 9–17 Uhr), in dem man Surfausrüstungen leihen kann (Surfbrett/Bodyboard/ Surfanzug 30/20/10 NZ$ pro halbem Tag).

Das **Opunake Motel & Backpackers** (☎ 06-761 8330; www.opunakemotel.co.nz; 36 Heaphy Rd; B 25 NZ$,

Cottage & Wohneinheit DZ 85–100 NZ$) bietet eine Palette von Unterkünften von Motelzimmern alten Stils bis hin zu einer witzigen, als Schlafsaal dienenden Lodge am Rande verschlafener Felder (wahrlich ein Triumph des authentischen Retro-Stils).

In einem alten, mit bunten Wandbildern verzierten Bankgebäude ist die **Surf Lodge 45** (☎ 06-761 8345; sl45@xtra.co.nz; Ecke Tasman & Napier St; EZ/DZ/FZ 25/50/75 NZ$) untergebracht. Mit einfachen, schmucklosen Backpackerzimmern im Obergeschoss ist sie drinnen aber weitaus weniger aufregend.

Der **Opunake Beach Holiday Park** (☎ 0800 758 009, 06-761 7525; www.opunakebeachnz.co.nz; Beach Rd; Stellplatz/Hütte/Cottage 32/60/85 NZ$; 🖵 🛜) ist ein heiterer Ort am Surfstrand. Der lustige Gastgeber zeigt einem den grasbewachsenen Stellplatz, die große Lagerküche oder die höhlenartigen Sanitäranlagen.

LP Tipp Im brummenden **Sugar Juice Café** (☎ 06-761 7062; 42 Tasman St; Snacks 4–10 NZ$, Hauptgerichte 25–29 NZ$; 🕙 Di & So 9–16, Mi–Sa 9–22 Uhr) gibt's das beste Essen am SH45: lauter leckere, sättigende Sachen (wie wär's mit Snapper in Basilikumkruste oder Lammschenkeln mit Preiselbeeren?), tollen Kaffee, Salate, Wraps, Tarts, Kuchen und auch großes Frühstück.

Hawera
11 000 Ew.

Viel städtischen Charme darf man vom landwirtschaftlich geprägten Hawera, der größten Stadt South Taranakis, nicht erwarten. Trotzdem eignet es sich gut, um seine Vorräte aufzustocken, die Beine auszustrecken oder auch die Nacht zu verbringen. Die Stadt liegt nicht direkt an der Küste, über den SH3 70 km südlich von New Plymouth und 90 km von Whanganui.

PRAKTISCHE INFORMATIONEN
Automobile Association (AA; ☎ 06-278 5095; www.aa.co.nz; 121 Princes St; 🕙 Mo–Fr 8.30–17 Uhr)
Hawera i-SITE (☎ 06-278 8599; www.stdc.co.nz; 55 High St; 🕙 Mo–Fr 8.30–17.15, Sa & So 10–15 Uhr, Winter verkürzte Öffnungszeiten)

SEHENSWERTES & AKTIVITÄTEN
Der strenge **Wasserturm** (Erw./Kind/Fam. 2/1/5 NZ$; 🕙 10–14 Uhr) neben dem i-SITE ist eines der coolsten Dinge in Hawera. Einfach beim

---

PARIHAKA

Ab Mitte der 1860er-Jahre wurde Parihaka, eine kleine Maorisiedlung östlich des Hwy 45 in der Nähe von Pungarehu, das Zentrum einer friedlichen Widerstandsbewegung, der sich nicht nur andere Stämme aus Taranaki, sondern Maori aus dem ganzen Land anschlossen. Ihre Anführer, Te Whiti-o-Rongomai und Tohu Kakahi, waren Angehörige sowohl des Taranaki- als auch des Te-Ati-Awa-*iwi*.

Nach den Landkriegen (s. Kasten S. 36) war die Konfiszierung von Stammesland das zentrale Problem, dem sich die Maori von Taranaki gegenübersahen. Und unter der Führung Te Whitis wurde eine neue Herangehensweise an dieses Problem entwickelt: mit gewaltfreien Methoden Widerstand gegen europäische Siedlungen leisten.

Als die Regierung 1879 damit begann, beschlagnahmtes Land in der Waimate-Ebene zu vermessen, behinderten unbewaffnete Anhänger von Te Whiti die Arbeiten. Mit einer weißen Feder im Haar und bester Laune pflügten sie Gräben quer über die Straßen, stellten wahllos Zäune auf und zogen Vermessungspfosten aus der Erde. Viele wurden verhaftet und ohne Gerichtsverfahren auf der Südinsel festgehalten, doch die Proteste gingen weiter und nahmen sogar noch zu. Im November 1881 entsandte die Regierung schließlich eine Streitmacht von mehr als 1500 Mann nach Parihaka. Die Einwohner wurden verhaftet oder vertrieben, und das Dorf wurde später zerstört. Te Whiti und Tohu wurden verhaftet und bis 1883 eingesperrt. In ihrer Abwesenheit wurde Parihaka wieder aufgebaut, und die Pflugaktionen hielten bis in die 1890er-Jahre an. Auch wurden bis in die 1890er-Jahre protestierende Maori aus Parihaka ohne Gerichtsverhandlung inhaftiert.

2006 entschuldigte sich die neuseeländische Regierung offiziell bei den Stämmen, die von der Invasion und der Konfiszierung des Parihaka-Lands betroffen gewesen waren, und entschädigte sie finanziell. Te Whitis Geist lebt in Parihaka mit jährlichen Treffen seiner Nachfahren und einem öffentlichen Musik- und Kunstfestival weiter, das zu Anfang eines jeden Jahres stattfindet. Am 18. und 19. jedes Monats ist Parihaka für die Öffentlichkeit zugänglich. Wer noch mehr erfahren will, sollte *Ask That Mountain* von Dick Scott oder das wundervolle *Parihaka – The Art of Passive Resistance* von Gregory O'Brien und Te Miringa Hohaias lesen oder auf www.parihaka.com vorbeischauen.

SNELLY!

Opunake ist mehr als nur ein Surfermekka. Es ist der Geburtsort des Mittelstreckenläufers Peter Snell (geb. 1938), der in Neuseeland Kultstatus erreicht hat. Bei den Olympischen Spielen von 1960 in Rom und von 1964 in Tokio rannte er seinen Konkurrenten einfach davon. Old Snelly gewann in Italien beim 800-m-Lauf die Goldmedaille; in Japan holte er Gold sowohl über 800 m als auch über 1500 m. Er ist eine Legende! Vor dem i-SITE in Opunake steht eine drollige Statue, die ihm beim Laufen zeigt.

---

i-SITE den Schlüssel abholen, auf den Turm steigen und dann den Horizont nach Lebenszeichen absuchen (an klaren Tagen kann man sogar die Küste und den Mt. Taranaki sehen).

Elvis lebt! Zumindest im **Elvis Presley Memorial Record Room** (☎ 027 498 2942; www.digitalus.co.nz/elvis; 51 Argyle St; Eintritt gegen Spende; ☉ nach Vereinbarung), das eine Sammlung mit über 5000 Platten, Souvenirs und seinen Cadillac zeigt.

Das ausgezeichnete **Tawhiti Museum** (☎ 06-278 6837; www.tawhitimuseum.co.nz; 401 Ohangai Rd; Erw./Kind 10/2 NZ$; ☉ Feb.–April & Sept.–Dez. Fr–Mo 10–16 Uhr, Juni–Aug. nur So, Jan. tgl.) beherbergt eine Privatsammlung eindrucksvoller Exponate, Modelle und Dioramen. Für die beängstigend lebensechten Figuren haben Menschen aus der Region Modell gestanden. Die große Traktoren-Sammlung würdigt das ländlichen Erbe der Provinz. 4 km von der Stadt entfernt, nahe der Kreuzung mit der Tawhiti Rd.

Kaitiaki Adventures (☎ 06-752 8242; www.damdrop.com; 3-stündige Fahrt 100 NZ$) bietet aufregende Wildwasserfahrten, bei denen man auf einem Schlitten einen 7 m hohen Damm hinunterrutscht, bevor man weitere 5 km auf dem Waingongoro River „rodelt" (Schwierigkeitsstufe II–III). Außerdem fährt man an einer historischen *pa*-Stätte vorbei, wo der Maoriprophet Tohu Kakahi geboren wurde. Kaitiaki hat auch Trips ab Rotorua (s. S. 359).

An der Turuturu Rd, 2 km nördlich von Hawera, liegen die Überreste der präeuropäischen Siedlung **Turuturumokai Pa**. Der Name, wörtlich übersetzt „Pfähle für getrocknete Köpfe", verweist auf den Brauch, mit dem damals potenzielle Angreifer abgeschreckt wurden. Alles, was von der Siedlung übrig ist, sind ein paar Reste von Befestigungsmauern und Vorratsgruben. Täglich geöffnet.

Nordöstlich von Hawera liegt der **Lake Rotorangi**, der längste künstliche See Neuseelands (46 km). Es gibt drei Zufahrtsstraßen: die Ball Rd, nördlich von Patea, von der man auch den Damm besichtigen kann, die weitgehend unbefestigte Tangahoe Rd und die Mangamingi Rd, wo es einen frei zugänglichen Bereich gibt. Erlaubt ist freies Campen an der Patea Ball Rd und an den Zugängen zum See Tangahoe und Eltham (Glen Nui), wo man auch Trinkwasser und sanitäre Anlagen findet. Detaillierte Karten hat Haweras i-SITE oder die Automobile Association (s. S. 292).

SCHLAFEN & ESSEN

LP Tipp Wheatly Downs Farmstay (☎ 06-278 6523; www.mttaranaki.co.nz; 46 Ararata Rd, Hawera; Stellplatz ohne Strom 36 NZ$, B/EZ/2BZ 30/70/70 NZ$, DZ mit/ohne Bad 115/70 NZ$) Das in ländlicher Idylle gelegene denkmalgeschützte Gebäude ist mit seinen groben Holzböden und der schlichten Ausstattung ein Klassiker. Hausherr Gary ist sehr freundlich, gern zeigt er einem seine besonderen Schweine und lässt einen die Kühe melken. Anfahrt: am Tawhiti Museum vorbei und weitere 5,5 km die Ararata Rd entlang fahren. Abholung nach Vereinbarung.

Caniwi Lodge (☎ 06-764 7577; www.caniwilodge.co.nz; 505a Aorere Rd, Lake Rotorangi; DZ Hütte/Chalet 50/295 NZ$) Diese Lodge am Ufer des Lake Rotorangi hält mit ihren einfachen Hütten und Luxus-Chalets etwas für jeden Geschmack bereit. In der freien Natur kann man z. B. Kajak fahren oder Vögel beobachten – oder bei den Farmtieren herumhängen. Von Eltham folgt man 15 km der King Edward St (die dann zur Rawhitiroa Rd wird), biegt dann rechts in die Aorere Rd ein und folgt der Straße weitere 5 km.

Hawera Central Motor Lodge (☎ 06-278 8831; www.haweracentralmotorlodge.co.nz; 53 Princes St, Hawera; DZ 125–165 NZ$; 🖳) Das beste Motel der Stadt (mit besserer Lage und viel ruhiger als die an der South Rd) ist das nagelneue Hawera Central. Hier hat alles Stil: die grau- und eukalyptusgrünen Farbtöne, die Glasduschkabinen, die großen Flachbild-TVs, die gute Sicherheit, die DVD-Player, die kostenlose Filmbibliothek.

Indian Zaika (☎ 06-278 3198; 91 Princess St, Hawera; Hauptgerichte 16–19 NZ$; ☉ Mo–Sa mittags, tgl. abends) Ein gutes Mittag- oder Abendessen bekommt man in dem schwarz-weiß gestalteten Diner, in dem es herrlich nach Gewürzen duftet. Das Lokal serviert ordentliche Currys in einem hübschen Umfeld, auch zum Mitnehmen.

TARANAKI

Whanganui &
Palmerston North

Die Bezirke Whanganui und Manawatu nehmen einen Großteil der südlichen Nordinsel ein. Diese Region erstreckt sich vom Tongariro National Park im Norden hinunter bis nach Wellington. Zwischen den grünen Hügeln der ländlichen Gegend liegen sanft gewundene Straßen und bedeutende Städte – und traumhafte Nationalparks, Flüsse und Schluchten.

Der geschichtsträchtige Whanganui schlängelt sich durch den Whanganui National Park hinunter zur Stadt Whanganui. Die Whanganui River Rd mit vielen Outdoor-Möglichkeiten folgt den Schleifen des Flusses. Der ursprüngliche Flusshafen Whanganui aus dem 19. Jh. ist in Würde gealtert. Kürzlich hat sich die Stadt als nationales Glaskunstzentrum neu definiert.

Als Manawatus Hauptstadt wird Palmerston North von zwei verschiedenen Menschentypen bewohnt: Fast-Food-Provinzler mit unverblümter Ausdrucksweise und aufgemotzten Autos leben friedlich neben intellektuellen Koffeinjunkies von der Massey University. Den Konkurrenzkampf Landeier gegen Stadtsnobs wie in Cambridge gibt's hier nicht.

Die Region Manawatu rund um die Stadt vereint ländliche Gelassenheit mit der Beschaulichkeit vergangener Tage. Quer hindurch verläuft die spektakuläre Manawatu Gorge. Fahrten über Manawatus kurvige Straßen sind ein perfekter Ausgleich zum Touristentrubel.

HIGHLIGHTS

- Glasbläservorführungen in einer der **Glaswerkstätten Whanganuis** (S. 298) erleben
- Bei einer Jetbootfahrt auf dem **Whanganui River** (S. 305) auf andere Gedanken kommen
- Verregnete Autofahrten auf der **Whanganui River Road** (S. 307) ohne Hast genießen
- Auf dem Matemateaonga und dem Manga-pu-rua Track im **Whanganui National Park** (S. 307) wandern
- Im **New Zealand Rugby Museum** (S. 309) in Palmerston North die Geschichte der All Blacks verfolgen
- Auf der hippen Cafémeile George St in **Palmerston North** (S. 312) den Koffeinspiegel wieder auf Niveau bringen
- Im **Te Manawa Museum** (S. 309) in Palmerston North Leben, Kunst und Geist in Einklang bringen
- Durch die wunderbare **Manawatu Gorge** (S. 314) wandern

Whanganui
★ National Park

Whanganui
River ★

★ Whanganui
River Road

★ Whanganui

★ Manawatu
Gorge

Palmerston North ★

- Vorwahl: 06
- www.wanganui.com
- www.manawatunz.co.nz

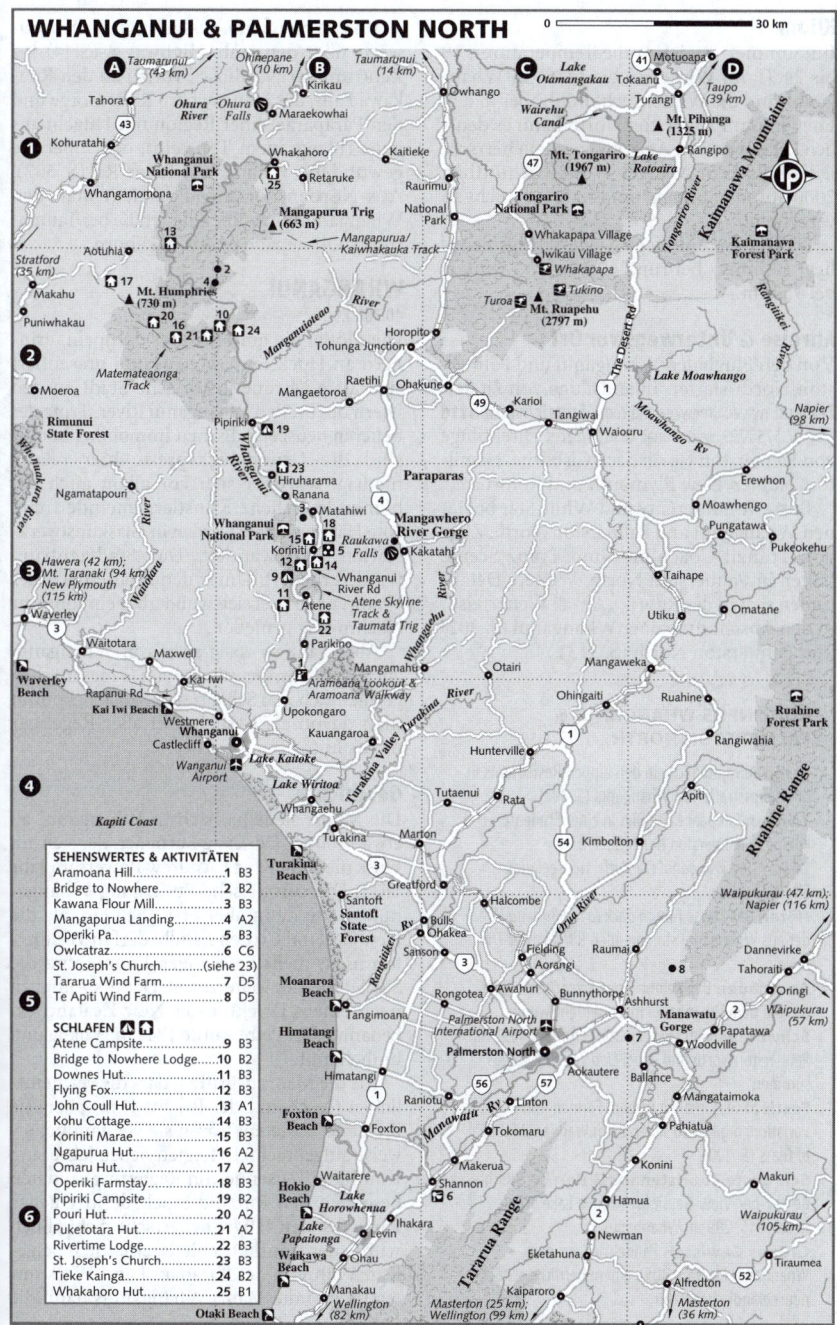

WHANGANUI & PALMERSTON NORTH

0 _____ 30 km

SEHENSWERTES & AKTIVITÄTEN
Aramoana Hill...........................1 B3
Bridge to Nowhere....................2 B2
Kawana Flour Mill.....................3 B3
Mangapurua Landing.................4 A2
Operiki Pa................................5 B3
Owlcatraz................................6 C6
St. Joseph's Church...........(siehe 23)
Tararua Wind Farm....................7 D5
Te Apiti Wind Farm....................8 D5

SCHLAFEN
Atene Campsite..........................9 B3
Bridge to Nowhere Lodge.........10 B2
Downes Hut.............................11 B3
Flying Fox...............................12 B3
John Coull Hut.........................13 A1
Kohu Cottage...........................14 B3
Koriniti Marae..........................15 B3
Ngapurua Hut...........................16 A2
Omaru Hut...............................17 B3
Operiki Farmstay......................18 B3
Pipiriki Campsite......................19 B2
Pouri Hut.................................20 A2
Puketotara Hut.........................21 A2
Rivertime Lodge.......................22 B3
St. Joseph's Church..................23 B3
Tieke Kainga............................24 B2
Whakahoro Hut........................25 B1

Klima

Im Sommer erreichen die Temperaturen 19
bis 24 °C; im Winter 10 bis 14 °C. In Whanganui sind die Winter recht mild, aber in den
Ebenen um Palmerston North kann es deutlich kälter werden. An Sonnenschein herrscht
jedenfalls kein Mangel – durchschnittlich
2000 Stunden im Jahr sind wahrlich nicht zu
verachten!

Die durchschnittliche Niederschlagsmenge
liegt sommers bei rund 60 mm und winters
bei 95 mm.

Anreise & Unterwegs vor Ort

Von den Flughäfen Whanganui und Palmerston North starten Inlandsflüge von **Air New
Zealand** (www.airnewzealand.com). **Sunair Aviation Ltd**
(☎ 07-575 7799; www.sunair.co.nz) bietet Direktflüge
von Palmerston North nach Gisborne, Hamilton, Napier, New Plymouth und Rotorua.

Busse von InterCity und White Star bedienen Whanganui und Palmerston North. Züge
von Tranzit Coachlines und Tranz Scenic
halten in Palmerston North. Weitere Details
finden sich in der Rubrik „An- & Weiterreise"
in den Abschnitten über Whanganui (S. 302)
und Palmerston North (S. 313).

**KURZINFOS WHANGANUI &
PALMERSTON NORTH**

Essen Alles mögliche in den hippen Restaurants in
der Hauptstraße von Whanganui (S. 301)

Trinken Ein paar kalte Bier in einer Studenten-
kneipe in Palmerston North (S. 312)

Lesen Den *Wanganui Chronicle,* Neuseelands
älteste Zeitung

Hören Das klasse Album *Back to the Burning Wreck*
der aus Whanganui stammenden Riff-Meister The
Have

Anschauen Das Kolonialepos *River Queen* (2006),
das auf dem Whanganui River gedreht wurde

Schwimmen Im Lido Aquatic Centre (S. 309) von
Palmerston North und dabei *Lido* von Boz Scaggs
summen

Festival Glas in allen Farben, Formen und
Variationen gibt's zu sehen beim Wanganui Festival
of Glass (S. 300)

Schrägste Touristenattraktion Der kitschi-
ge Pay-per-View-Geysir im Virginia Lake Scenic
Reserve (S. 299) in Whanganui

Grünes Gewissen Paddeltrips auf dem
Whanganui River (S. 305), einem herrlichen Stück
neuseeländischer Natur

Von Whanganui aus gelangt man nordwärts über den State Highway 4 (SH4) ins
Zentrum der Nordinsel, vorbei an den Raukawa Falls, der Mangawhero River Gorge und
den Paraparas, einer Region mit Hügeln aus
papa (blaugrauem Tonstein), oder über die
gewundene Whanganui River Rd (S. 307).
Aus Norden kommend erreicht man den
Whanganui River über die Straße bei Taumarunui, Ohinepane und Whakahoro.

WHANGANUI
40 700 Ew.

Die Flöße, die am Flussufer dümpeln, erinnern an Huck Finn: Whanganui präsentiert
sich als eine raue historische Stadt an den
Ufern des breiten Whanganui River. Trotz des
neueren neuseeländischen Immobilienbooms
sind die Grundstückspreise hier relativ
niedrig, worüber sich vor allem auch die
blühende örtliche Künstlergemeinde freut.
Alte Hafengebäude werden in Glaskunstwerk-
stätten umgewandelt. Das Stadtzentrum
wurde erneuert: Unter dem Blätterdach der
Victoria Ave lässt sich wunderbar ein sonniger
Nachmittag genießen.

Aber ganz so rosig sieht's in Whanganui
auch nicht aus: Gewalttakte von Gangs machen
gelegentlich mal Schlagzeilen, doch bekommt
man davon als Besucher in aller Regel gar
nichts mit.

Geschichte

Die Maori siedelten sich in Whanganui ab
etwa 1100 an. Der erste Europäer, der sich am
Fluss niederließ, war Andrew Powers im Jahr
1831. Die europäische Besiedlung Whanganuis setzte dann aber erst 1840 ein, als die
New Zealand Co den Landbedarf in Wellington nicht mehr befriedigen konnte und die
Siedler hierher weiterzogen. Der ursprünglich
nach einem Direktor der New Zealand Co
benannte Ort Petre wurde 1844 in Whanganui
umbenannt.

Als die Maori begriffen, dass die vermeint-
lichen Geschenke der Pakeha (Europäer) sie
ihr Land kosteten, waren sie verständlicher-
weise aufgebracht. Es folgten sieben Jahre lang
Konflikte. Tausende von Regierungssoldaten
besetzten den Rutland Stockade in Queens
Park, der den Hügel beherrschte. Schließlich
wurde der Konflikt schiedsgerichtlich beigelegt. Während der Taranaki Land Wars un-
terstützten die Maori Whanganuis dann die
Pakeha.

MAORI: WHANGANUI & PALMERSTON NORTH

Über die Whanganui River Road (S. 307) gelangt man tief in traditionelles Maorigebiet. Unterwegs kommt man u. a. an den Maori-Dörfern Atene, Koriniti, Ranana und Hiruharama vorbei. Über das Maori-Erbe gibt's Informationen im Geschichtsabschnitt auf S. 303. Sehr sehenswert sind die wunderbaren Exponate der indigenen Kultur im Whanganui Regional Museum (s. unten) in Whanganui. Erstklassige Maori-Schnitzereien schmücken die Putiki Church (S. 298), ebenfalls in Whanganui.

Drüben in Palmerston North legt das Te Manawa Museum (S. 309) einen Schwerpunkt auf die Kultur der Maori, während das New Zealand Rugby Museum (S. 309) die Verdienste der Maori bei den All Blacks würdigt, ohne die das Team niemals internationale Bedeutung erlangt hätte. Nordöstlich von Palmerston North lohnt die von Maori-Erbe strotzende Manawatu Gorge (S. 314) einen Abstecher.

Orientierung

Whanganui liegt auf halbem Weg zwischen Wellington und New Plymouth. Der Fluss fließt träge von Norden nach Süden an der Stadt vorbei, deren Zentrum am Westufer liegt. Die Somme Pde und der Taupo Quay verlaufen am Westufer; die Anzac Pde verläuft parallel zum Ostufer und führt zum Whanganui National Park im Norden. Blumenampeln und tiefe Veranden zieren die Victoria Ave, Whanganuis Hauptstraße.

Kostenlose Stadtpläne gibt's im i-SITE. Man kann sich auch bei der **Automobile Association** (AA; ☎ 06-348 9160; www.aatravel.co.nz; 78 Victoria Ave; ☾ Mo–Fr 8.30–17 Uhr) mit Karten eindecken.

Praktische Informationen

In der Victoria Ave finden sich Geldautomaten und Filialen größerer Banken.

Computer Valet (☎ 06-348 5805; 1 Victoria Ave; ☾ Mo–Fr 8.30–17, Sa 10–12.30 Uhr) Internetzugang.

Department of Conservation (DOC; ☎ 06-349 2100; www.doc.govt.nz; 74 Ingestre St; ☾ Mo–Fr 8.30–16.30 Uhr) Touristeninformation.

Paper Plus (☎ 06-348-0351; www.nzpost.co.nz; Trafalgar Square Shopping Mall, Taupo Quay) Postdienstleistungen.

Polizei (☎ 06-349 0600; www.police.govt.nz; 10 Bell St; ☾ 24 Std.)

Post (☎ 06-345 4103; www.nzpost.co.nz; 226 Victoria Ave; ☾ Mo–Fr 8.30–17, Sa 9–12 Uhr)

Sacred Peaks (www.sacredpeaks.com) Informationen zur Region.

Whanganui Hospital (☎ 06-348 1234; www.wdhb.org.nz; 100 Heads Rd; ☾ 24 Std.)

Whanganui i-SITE (☎ 06-349 0508; www.wanganui.com; 101 Guyton St; ☾ Mo–Fr 8.30–17, Sa & So 9–15 Uhr; 🖳) Touristeninformation und Internetzugang.

Whitcoulls (☎ 06-345 8747; www.whitcoulls.co.nz; 115 Victoria Ave; ☾ Mo–Fr 8.30–17.30, Sa 9–16, So 10–16 Uhr) Gutes Büchersortiment.

Sehenswertes & Aktivitäten

WHANGANUI RIVERBOAT CENTRE

Das **Riverboat Centre** (☎ 0800 783 2637, 06-347 1863; www.riverboats.co.nz; 1a Taupo Quay; Eintritt frei; ☾ Sept.–Juli Mo–Sa 9–16, So 10–16 Uhr) besitzt historische Exponate, aber die Massen kommen vor allem wegen der *Waimarie*, dem letzten Schaufelraddampfer auf dem Whanganui River. Im Jahr 1900 wurde die *Waimarie* als Bausatz aus England angeliefert und dann in Whanganui zusammenmontiert. Nachdem der Dampfer 50 Jahre lang den Whanganui hinauf und hinunter geschippert war, sank er 1952 unrühmlich an seiner Anlegestelle. Nach 41 Jahren wurde das Wrack gehoben, restauriert und schließlich am ersten Tag des dritten Jahrtausends wieder vom Stapel gelassen. Details über Touren auf diesem mit Kohle betriebenen Traumschiff gibt's auf S. 300.

Samstagmorgens findet gleich neben dem Riverboat Centre der **River Traders Market** (☎ 06-343 9795; www.therivertraders.co.nz; ☾ Sa 9–13 Uhr) statt, auf dem jede Menge einheimisches Kunsthandwerk und Biowaren angeboten werden.

MUSEEN, GALERIEN & KIRCHEN

Das **Whanganui Regional Museum** (☎ 06-349 1110; www.wanganui-museum.org.nz; Watt St, Queens Park; Erw./Kind 10 NS$/frei; ☾ 10–16.30 Uhr) gehört zu den besseren neuseeländischen Naturkundemuseen. Bemerkenswert unter den Maori-Exponaten sind das beschnitzte Kriegskanu *Te Mata o Houroa* und mehrere brutal aussehende *mere* (Keulen aus Jade). Die Installationen zur Kolonialgeschichte und Tierwelt sind erstklassig. Dass es viele Knöpfe zu drücken und Schubladen zu öffnen gibt, hält die lieben Kleinen bei Laune.

„Historisch, zeitgenössisch, einmalig": die elegant neoklassizistische **Sarjeant Gallery** (☎ 06-349 0506; www.sarjeant.org.nz; Queens Park; Eintritt

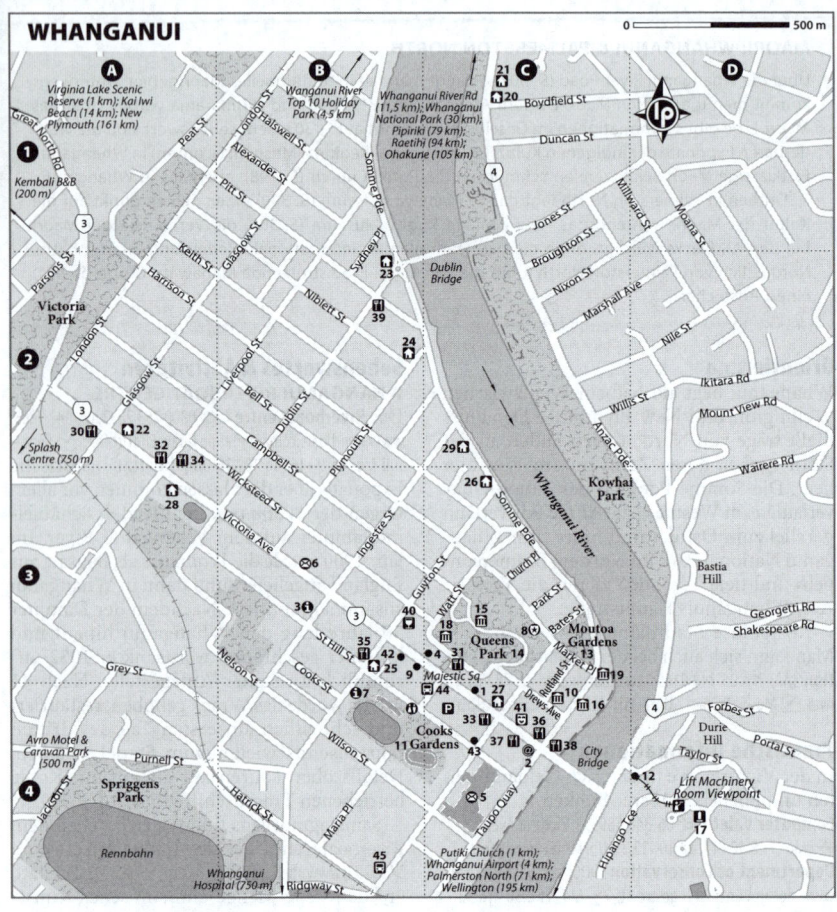

WHANGANUI

frei; 10.30–16.30 Uhr) lässt mit ihrer umfangreichen Dauerausstellung und den häufigen Sonderschauen (darunter auch Glaskunst vom jährlichen Wanganui Festival of Glass; S. 300) keine Wünsche offen.

Die beste Adresse unter den vielen Glaswerkstätten ist das **Chronicle Glass Studio** (06-347 1921; www.chronicleglass.co.nz; 2 Rutland St; Eintritt frei; Mo–Fr 9–17, Sa & So 10–16 Uhr). Dort kann man Glasbläsern bei der Arbeit zuschauen, eine Galerie besichtigen, am Wochenende einen Glasbläserkurs (375 NZ$) oder den Kurs „Wir machen einen Briefbeschwerer" (100 NZ$) besuchen oder auch einfach nur einen kühlen Nachmittag im Warmem verbringen.

Am Uferrand steht das **Wanganui Community Arts Centre** (06-345 1551; www.communityartscentre.

org.nz; 19 Taupo Quay; Eintritt frei; Mo–Sa 10–16, So 13–16 Uhr), das hauptsächlich Werke einheimischer Künstler ausstellt und mit seiner Glaskunst, den Keramiken, Schmuckstücken, Fotografien und Gemälden echte Südseeatmosphäre heraufzaubert.

Jenseits der City Bridge steht 1 km entfernt in Richtung zum Meer die **Putiki Church**, eigentlich St. Paul's Memorial Church. Wie bei gläubigen Kirchgängern zählt hier nicht das Äußere, sondern das Innere. Der prächtige Innenraum ist komplett mit Maori-Schnitzereien und *tukutuku* (Wandpaneelen) ausgekleidet. Außer am Sonntag (Gottesdienst 9 Uhr) ist die Kirche meist verschlossen, man kann sie sich aber vielleicht vom Küster (06-347 8087) zeigen lassen oder sich einfach einen Schlüssel vom i-SITE (5 NZ$ zzgl. 20 NZ$ Kaution) geben lassen.

PARKS, AUSSICHTSPUNKTE & STRÄNDE

In Whanganui gibt's einige Parks mit Wiesen, darunter den **Queens Park** (wo sich das Museum und die Galerie befinden) und die **Cooks Gardens**. Im i-SITE sind einige kostenlose Broschüren über Spaziergänge oder -fahrten erhältlich, die die gesamte Stadt abdecken.

Die **Moutoa Gardens** gelten als heiliges Maoriland. Im Jahr 1995 hielten Maoris das Gelände vier Monate lang besetzt. Der erbitterte Streit um das Land belastete die örtlichen Beziehungen zwischen den Maoris und Pakehas. Der von Wellington im Stich gelassene Stadt-

rat brachte den Fall vor das Oberste Gericht, während aufgebrachte Pakehas unter dem Motto „Ein Neuseeland" Gegendemonstrationen veranstalteten. Polizeiattacken verschärften die Lage. Als die Landforderung der Maori schließlich gerichtlich verworfen wurde, befürchtete man den Ausbruch von Gewalttätigkeiten, aber schließlich wurde das Gelände nach einer bewegenden, die ganze Nacht dauernden Versammlung, bei der wichtige Maori-Häuptlinge sprachen, von den Besetzern friedlich geräumt.

Das **Virginia Lake Scenic Reserve** (Great North Rd; Eintritt frei; ☼ Wintergarten 9–17 Uhr, Voliere 8.30–17 Uhr), rund 1 km nördlich des oberen Endes der Victoria Ave, ist ein weitläufiges Naturschutz-

---

WHANGANUI ODER WANGANUI?

Schon verwirrend: Schreibt sich Whanganui nun mit „h" oder ohne? Die Aussprache bleibt allemal gleich, weil *whanga* (Hafen) im örtlichen Maori-Dialekt „wanga" und nicht, wie anderswo, „fanga" ausgesprochen wird.

Die ursprüngliche Schreibung war einheitlich Wanganui, aber 1991 führte das New Zealand Geographic Board offiziell die korrekte Maori-Schreibung mit „h" für den Whanganui River und den Whanganui National Park ein. Das war eine kulturell rücksichtsvolle Entscheidung, weil die mehrheitlich von Pakeha bewohnte Stadt mit ihrem Umland die alte Schreibung behielt, während das von Maori dominierte Gebiet am Fluss die neue übernahm.

2009 stimmte das Board zu, dass auch die Stadt und das Umland das „h" einführen sollten – sehr zum Ärger in Teilen der Gemeinde, die sich in der Frage fast paritätisch spaltete (der freimütige Bürgermeister Michael Laws tat sich besonders als Gegner des „h" hervor). Schließlich beschied Maurice Williamson, der für die geografischen Bezeichnungen zuständige neuseeländische Minister, dass beide Schreibweisen zulässig seien und es den Einzelpersonen und Unternehmen überlassen bleibe, ob sie in ihre Adressen das „h" übernehmen oder nicht. Ein typisch neuseeländischer Kompromiss – whundervoll!

gebiet mit einem See, einem farbenprächtigen Wintergarten, einer begehbaren Großvoliere und der Higginbottom Fountain – dem wohl einzigen Pay-per-View-Geysir weltweit(1 NZ$ für eine 10-minütige Fontäne).

Vom Stadtzentrum aus jenseits der City Bridge befindet sich der **Durie Hill Elevator** (☎/Fax 06-345 8525; Anzac Pde; einfache Strecke 2 NZ$; ☾ Mo–Fr 8–18, Sa & So 10–17 Uhr), der als Ausdruck großartiger Visionen von einem künftigen Ausbau Durie Hills als Wohnviertel erbaut wurde. Ein Tunnel bohrt sich 200 m tief in den Hügel, von wo aus der Aufzug 65 m hoch bis zur Spitze rattert. Auf dem Hügel gibt es zwei Aussichtspunkte: das Dach des Maschinenraums des Aufzugs und den **War Memorial Tower**, zu dessen Spitze 176 Stufen führen. Von oben hat man einen Blick auf die Dächer Whanganuis; im Hintergrund sieht man den Mt. Taranaki, den Mt. Ruapehu und bei klarem Wetter sogar die Südinsel.

Ein wilder Ozeanstrand mit schwarzem Sand und jeder Menge zersplittertem Treibholz ist der **Kai Iwi Beach**. Von Whanganui aus folgt man der Great North Rd zunächst 4 km nach Norden aus der Stadt heraus, biegt dann links in die Rapanui Rd ein und folgt dieser 10 km in Richtung Meer. Bei unruhiger See bietet sich als sichere Alternative zum Schwimmen das **Splash Centre** (☎ 06-349 0113; www.splashcentre.co.nz; Springvale Park, London St; Eintritt Erw./Kind 4,50/3 NZ$; ☾ Mo–Fr 6–20, Sa & So 8–18 Uhr) an.

Geführte Touren
Details zu Kanu-, Kajak- und Jetboat-Touren auf dem Whanganui River stehen auf S. 305.
Scenic Flights (☎ 06-345 0914; wanganui.aero.club@xtra.co.nz; Whanganui Airport, Airport Rd; 15-minütiger–2-stündiger Flug ab 45 NZ$) Kilometerweite Panoramablicke über Whanganui, Moutoua Island, den Mt. Ruapehu und den Whanganui National Park.
Waimarie Paddle-Steamer Tours (☎ 0800 783 2637, 06-347 1863; www.riverboats.co.nz; 1a Taupo Quay; Erw./Kind/Fam. 45/15/105 NZ$; ☾ Touren Nov.–Mai tgl. 14 Uhr, Juni–Okt. Sa & So 13 Uhr, Aug. keine Touren) Werktags zweistündige, am Wochende dreistündige Touren (mit einstündigem Zwischenstopp). Ebenfalls im Angebot sind sechstündige Touren weiter den Fluss hinauf mit dem 1904 gebauten Motorboot *Wairua* (Erw./Kind 50/20 NZ$).
Whanganui Tours (☎ 06-347 7534; www.whanganuitours.co.nz) Die Passagiere können dem Postboten auf der Whanganui River Road nach Pipiriki (werktags/Wochenende 55/60 NZ$; Abfahrt 7.30 Uhr) Gesellschaft leisten und erfahren viel über Geschichte und Gesellschaft. Man kann auch den Postwagen bis Pipiriki nehmen und

dann mit dem Kanu (Einer-/Zweierkanu 80/115 NZ$, Führer 120 NZ$) oder dem Fahrrad (ein-/zweitägige Tour 80/120 NZ$, Unterkunft 55–70 NZ$) zurück nach Whanganui fahren. Optional gibt's auch Jetboattouren von Pipiriki zur Bridge to Nowhere (55 NZ$).

Festivals & Events
NZ Masters Games (☎ 06-349 1815; www.nzmg.com) Anfang Februar in allen ungeraden Jahren findet Neuseelands größtes Multisportevent statt.
Heritage Weekend (☎ 06-349 0511; www.wanganuiheritage.org.nz) Mitte März stehen Flussboote, historische Bauten und Märkte im Mittelpunkt.
Wanganui Festival of Glass (☎ 06-349 0508; www.wanganuiglass.com) Im September steigt das hochkarätige Glaskunstfest.
Wanganui Literary Festival (☎ 06-349 0511; www.writersfest.co.nz) Ebenfalls im September: Worte, Gedanken und Gedanken über Worte.
Cemetery Circuit Motorcycle Race (☎ 06-349 1815; www.cemeterycircuit.co.nz) Mit Höllenlärm geht's beim Motorradrennen am 2. Weihnachtsfeiertag um den Friedhof.

Schlafen
BUDGETUNTERKÜNFTE
Tamara Backpackers Lodge (☎ 06-347 6300; www.tamaralodge.com; 24 Somme Pde; B 25 NZ$, EZ 45–55 NZ$, 2 BZ 54–64 NZ$, DZ 60–64 NZ$; ☐) Das Tamara ist ein unübersichtliches, zweistöckiges historisches Gebäude mit breitem Balkon, Küche, TV-Lounge, kostenlosen Fahrrädern und einem grünen Garten voller Hängematten hinter dem Haus. Am besten eines der schönen Doppelzimmer mit Flussblick verlangen.

Braemar House YHA (☎ 06-348 2301; www.braemarhouse.co.nz, www.yha.co.nz; 2 Plymouth St; B 25 NZ$, Hütte EZ/DZ 50/60 NZ$, Pension inkl. Frühstück EZ/DZ 80/100 NZ$; ☐ ☒) Das am Fluss gelegenen Braemar besteht aus einem viktorianischen B&B von 1895 und einer brummenden Backpacker-Herberge. Die zentral geheizten Pensionszimmer geben sich geblümt-verspielt. Die luftigen Schlafsäle und einfachen Hütten grenzen hinten an ein paar Stellplätze für Zelte.

Avro Motel & Caravan Park (☎ 0800 367 287, 06-345 5279; www.wanganuiaccommodation.co.nz; 36 Alma Rd; Stellplatz ohne/mit Strom ab 30 NZ$, Wohneinheiten ab 80 NZ$; ☎ ☒) Ein gelber Doppeldecker ist das Zeichen des der Stadt am nächsten gelegenen Campingplatzes (1,5 km westlich vom Zentrum). Die Stellplätze mit und ohne Strom haben eigene, freistehende Bäder, und die Lagerküche ist toll. Auch Motelzimmer mit üblichem Standard werden angeboten.

LP Tipp **Anndion Lodge** (☎ 0800 343 056, 06-343 3593; www.anndionlodge.co.nz; 143 Anzac Pde; B/EZ 35/65 NZ$, DZ 85–135 NZ$, Suite 140 NZ$; 🖥 📶 💺) Die Betreiber Ann und Dion (daher der Name) sind ganz verseessen darauf, ihr Anwesen ständig zu verbessern und zu vergrößern. Die Gäste sollen sich wohlfühlen und werden u. a. mit Stereoanlagen, großen Fernsehern, Playstation, Spa, Swimmingpool, Grillbereich und einem kostenlosen Shuttle verwöhnt. Der Aufenthalt ist teurer als in einem durchschnittlichen Hostel, aber dafür ist alles neu, sauber und den Preis absolut wert.

Whanganui River Top 10 Holiday Park (☎ 0800 272 664, 06-343 8402; www.wrivertop10.co.nz; 460 Somme Pde; Stellplatz ohne/mit Strom 38–50 NZ$, Hütte 55–85 NZ$, Wohneinheit 115–170 NZ$; 🖥 📶 💺) Der spitzenmäßige Top-10-Park liegt am Westufer des Whanganui 6 km nördlich der Dublin Bridge. Die vielfältigen Einrichtungen (inkl. Pool und hüpfburgartiges *jumping pillow*) sind makellos. Auch Kajaks kann man ausleihen: Die Betreiber bringen einen flussaufwärts, von dort kann man zur Anlage zurückpaddeln. In Sachen Essen versorgt man sich am besten selbst oder isst in der Stadt zu Abend.

MITTEL- & SPITZENKLASSEHOTELS

Grand Hotel (☎ 0800 843 472, 06-345 0955; www.the grandhotel.co.nz; Ecke St Hill & Guyton St; EZ/DZ 75/95 NZ$, Suite 120–150 NZ$; 🖥 📶) Wer die gesichtslosen Motels satt hat, findet in diesem stattlichen Veteranen in Whanganui eine Bliebe mit mehr Charakter. Die Einzel- und Doppelzimmer sind einfach, aber ordentlich, die Suiten geräumig. Im EG befinden sich Rosie O'Grady's Irish Pub (S. 302) und ein Restaurant.

Kembali B&B (☎ 06-347 1727; www.bnb.co.nz/ kembali.html; 26 Taranaki St, St Johns Hill; EZ/DZ mit Frühstück ab 80/110 NZ$) Oben auf dem grünen St. Johns Hill, der auf dem Weg nach Taranaki liegt, bietet das Familien-B&B zwei private Gästezimmer im Obergeschoss, in denen vier Personen unterkommen und die man ganz für sich allein nutzen kann. Ruhiges Plätzchen mit Aussicht auf ein Feuchtgebiet voller Tuis, Pukekos und brauner Laubfrösche.

Astral Motel (☎ 0800 509 063, 06-347 9063; www. astralmotel.co.nz; 46 Somme Pde; EZ/DZ/FZ ab 85/95/110 NZ$; 💺) Die nahe gelegene Dublin Bridge gibt dem Astral Erdhaftung. Die Zimmer sind etwas betagt, aber gut gepflegt. Keine Sorge, wenn die Autobahnabfahrt erst nach Mitternacht in Sicht kommt: Man kann hier rund um die Uhr einchecken.

Acacia Park Motel (☎ 0800 800 225, 06-343 9093; www.acacia-park-motel.co.nz; 140 Anzac Pde; Zi. 95–120 NZ$) Die zwölf jadegrünen Bungalows des Acacia stehen unter hohen Bäumen, in deren Ästen Tauben nisten. Die altmodischen Zimmer haben schon bessere Tage gesehen, sind aber für den Preis durchaus in Ordnung.

Riverview Motel (☎ 0800 102 001; 06-345 2888; www. wanganuimotels.co.nz; 14 Somme Pde; DZ 95–150 NZ$; 📶) Hier hat man die Wahl zwischen 15 Wohneinheiten im Stil der 1980er-Jahre mit Einbauküche (im Hauptblock) und fünf schickeren Suiten mit Whirlpool (nach hinten hinaus). Eine recht schlichte, aber ordentliche und zentral gelegene Option.

Siena Motor Lodge (☎ 0800 888 802, 06-345 9009; www.siena.co.nz; 335 Victoria Ave; Suite 125–145 NZ$; 📶) Die kompakten, tadellos sauberen Fünf-Sterne-Zimmer wollen sich ganz toskanisch geben, erinnern aber eher an Taranaki. Geschäftsreisende schätzen die Doppelverglasung, die DVD-Videothek, die beheizten Handtuchhalter und das Vorhandensein von Stempelkannen und echtem Kaffee.

Rutland Arms Inn (☎ 0800 788 5263, 06-347 7677; www.rutland-arms.co.nz; 48 Ridgway St; Suite 130–180 NZ$; 📶) Das restaurierte Gebäude von 1849 wirbt mit einem „luxuriösen Geschichtserlebnis". Unten befindet sich ein altmodischer Pub, oben liegen die im Stil der Kolonialzeit dekorierten Zimmer, die mit TV, dicken Kissen und Betten mit rückenfreundlichen Matratzen ausgestattet sind. Die Zapfhähne in der Bar sind mit englischen Jagdszenen geschmückt.

Aotea Motor Lodge (☎ 06-345 0303; www.aotea motorlodge.co.nz; 390 Victoria Ave; DZ 160–200 NZ$; 🖥) Man sieht es gerne, wenn jemand seine Arbeit richtig macht, und genau das lässt sich von den Betreibern des neuesten Motels in Whanganui sagen. Im oberen Bereich der Victoria Ave bietet das elegante, moderne, zweistöckige Motel geräumige Suiten mit luxuriöser Bettwäsche, dunklen Holzmöbeln und viel Marmor und Naturstein – echt schick.

Essen

Rapido Espresso House (☎ 06-347 9475; 71 Liverpool St; Snacks 3–6 NZ$; ⏲ Mo–Fr 7.30–18, Sa 9–15 Uhr) Hungrige dürfen in diesem unkonventionellen, königsblauen Café nicht mehr erwarten als ein Stück Kuchen oder etwas Sushi: hierher kommt man wegen des Kaffees. Er ist Bioware aus fairem Handel und der beste der Stadt.

Red Eye Café (☎ 06-345 5646; 96 Guyton St; Gerichte 5–18 NZ$; ⏲ Mo & Di 7.30–15.30, Mi–Fr bis 16, Sa 8–15 Uhr;

V) Dieses städtische Künstlercafé mit bunten Werken lokaler Künstler wirkt wegen des freundlichen Personals ganz familiär. Es gibt herzhafte kleine Snacks (Bagels, Salate), aber auch Handfesteres (Currys, Sandwiches mit Biohähnchen) und guten Kaffee.

Yellow House Café (☎ 06-345 0083; Ecke Pitt & Dublin St; Brunch 5–19 NZ$, Abendessen 27–34 NZ$; So–Mi 8–16, Do–Sa bis 21 Uhr; V) Werke einheimischer Künstler, schrille Töne, Tische im Freien, Buttermilchpfannkuchen und großartige Omelettes. Das Abendessen wechselt von Lamm zu Lasagne. Das Haus ist allerdings nicht gelb, sondern eher braungrau …

Ceramic (☎ 06-348 4449; 51 Victoria Ave; Tapas 6–14 NZ$, Hauptgerichte 27–29 NZ$; Di–Sa 15 Uhr–open end;) Das Ceramic teilt sich die Räumlichkeiten mit dem Orange (s. unten) und übernimmt die Abendschicht. In dem gedämpft beleuchteten, rostfarbenen Innenraum werden gehobene Cafékost und Tapas serviert. Gelegentlich beschallen DJs die cocktailschlürfenden Gäste.

Orange (☎ 06-348 4449; 51 Victoria Ave; Gerichte 8–22 NZ$; Mo–Fr 7.30–17, Sa & So 9–17 Uhr;) Gesellige Espressobar, die Gourmetburger, große Frühstücksgerichte, Muffins, Kuchen und Sandwiches (empfehlenswert das mit Schinken, Salat und Tomate) serviert. Im Sommer sind die Tische draußen heiß begehrt.

Vega (☎ 06-345 9955; 49 Taupo Quay; Hauptgerichte 10–18 NZ$; Mo–Fr 9.30 Uhr–open end, Sa & So 9 Uhr–open end;) Das Gebäude am Flussufer beherbergte einst ein Warenlager und ein Bordell, doch heute ist hier alles piekfein. Der gute Zuspruch ist Lohn für eine virtuose Speisekarte, professionellen Service und eine peinlich genau zusammengestellte Weinkarte. Fischfreunde kommen hier voll auf ihre Kosten, aber auch für Vegetarier und für Kinder gibt es Angebote. Da der Laden bis in die frühen Morgenstunden geöffnet ist, kann man auch noch spät ein, zwei Gläser Wein in stimmungsvoller Atmosphäre genießen.

Thai Villa (☎ 06-348 9089; 7 Victoria Ave; Hauptgerichte mittags ab 10 NZ$, abends 19–25 NZ$; mittags & abends) An der Victoria Ave gibt es ein paar Thai-Restaurants, von denen die Thai Villa das bei Weitem authentischste ist. Empfehlenswert sind das Rindercurry (*Kaeng Masaman*) oder der Fleischsalat (*Larb*) mit Ente. Dazu gibt's ein Singha-Bier.

LP Tipp **Indigo** (☎ 06-348 7459; Ecke Majestic Sq & Watt St; Hauptgerichte mittags 12–19 NZ$, abends 18–31 NZ$; Mo & Di 10–16, Mi–Fr 10 Uhr–open end, Sa 9–23, So 9–16

Uhr) Zusammen mit dem Vega hat das Indigo die hiesige Restaurantszene ins neue Jahrtausend geführt. Zehn Jahre später geht es immer noch todschick zu: Der hohe Innenraum und die Außenterrasse ertrinken in neuseeländischen Weinen, und die modernen Fleisch-, Pasta- und Fischgerichte sind auf dem neusten Stand. Die Lammpasteten sind gewaltig.

Stellar (☎ 06-345 7278; 2 Victoria Ave; Hauptgerichte mittags 15 NZ$, abends 20–31 NZ$; Mo–Fr 10 Uhr–open end, Sa & So 8.30 Uhr–open end;) Die große Restaurantbar mit gesellig-familiärer Atmosphäre macht ihrem Namen alle Ehre und ist der Stolz der Stadt. Einheimische und Touristen machen es sich auf den Ledersofas bequem, schlürfen erstklassige Lagerbiere und laben sich an Barhäppchen, Gourmetpizzas oder Surf 'n' Turf. Außerdem gibt's häufig Bandauftritte, DJs oder Quizabende.

Selbstversorger können sich in folgenden Supermärkten eindecken:

Countdown (☎ 06-348 9470; Ecke Victoria Ave & Glasgow St; 6–24 Uhr)

New World (☎ 06-349 0990; 374 Victoria Ave; 7–21 Uhr)

Ausgehen

Rosie O'Grady's (☎ 06-345 0955; Ecke St Hill & Guyton St; 11 Uhr–open end) Das Rosie's im Grand Hotel setzt auf die unersättliche (ja nervtötende) Vorliebe der Neuseeländer für irische Pubs und ist zweifellos auch kein schlechter Ort, um an diesigen Nachmittagen ein paar Pints Guinness am Fluss zu stemmen. Es gibt auch gutes Kneipenessen.

Spirit'd (☎ 0800 737 793; 75 Guyton St; 10 Uhr–open end) Billardtische, Jack Daniels, Metallica aus der Jukebox und junge Typen, die sich gegenseitig ausstechen wollen – so schön wie 1989, bloß ohne Zigaretten.

Weiteres unter Rutland Arms Inn (S. 301), Stellar (S. 302) und Ceramic (S. 302).

Unterhaltung

Embassy 3 Cinemas (☎ 06-345 7958; www.embassy3.co.nz; 34 Victoria Ave; Tickets Erw./Kind/erm. 12/9/8 NZ$; 11–24 Uhr) Die Blockbuster füllen abends die Plätze schneller als man „gelangweilte Teenager aus Whanganui" sagen kann. Dienstag ist Kinotag, dann kosten alle Tickets 7,50 NZ$.

An- & Weiterreise
BUS

Busse von **InterCity** (☎ 09-583 5780; www.intercity.co.nz) fahren am **Whanganui Travel Centre** (☎ 06-

345 7100; www.tranzit.co.nz; 160 Ridgway St; ☺ Mo–Fr 8.15–17.15 Uhr) ab. Zu den Fahrzielen gehören:

Ziel	Preis (NZ$)	Dauer (Std.)	Häufigkeit
Auckland	80	8	2- bis 4-mal tgl.
New Plymouth	29	2½	1- bis 2-mal tgl.
Palmerston North	20	1½	1- bis 3-mal tgl.
Taumarunui	47	2¾	1-mal tgl.
Wellington	39	4	1- bis 4-mal tgl.

Naked Bus (☎ 0900 625 33; www.nakedbus.co.nz) fährt vom Whanganui i-SITE die meisten Zentren der Nordinsel an, u. a.:

Ziel	Preis (NZ$)	Dauer (Std.)	Häufigkeit
Auckland	39	9¼	1-mal tgl.
Hamilton	27	6½	1-mal tgl.
New Plymouth	17	2½	1-mal tgl.
Palmerston North	9	1¼	1-mal tgl.
Wellington	19	3½	1-mal tgl.

Ebenfalls vom/zum i-SITE fährt **White Star** (☎ 0800 465 622, 06-349 0508 www.whitestarbus.co.nz) nach/von Wellington (30 NZ$, 3½ Std., Sa–Mi 1-mal tgl., Do & Fr 2-mal tgl.) über Palmerston North (20 NZ$, 1 Std.) und New Plymouth (27 NZ$, 2½ Std.).

FLUGZEUG

Der **Whanganui Airport** (WAG; ☎ 06-345 5593; www. airport.u.nu/WAG) liegt 4 km südlich der Stadt und jenseits des Flusses in Richtung auf das Meer. **Air New Zealand** (☎ 06-348 3500; www.airnewzealand. co.nz; 133 Victoria Ave; ☺ Mo–Fr 9–17 Uhr) hat Direktflüge von Whanganui nach Auckland (1 Std., 1- bis 4-mal tgl.) und Wellington (35 Min., 1-mal tgl.) mit Anschlussverbindungen.

Unterwegs vor Ort

AUTO

Die folgenden Autovermieter haben Abhol- und Annahmestationen am Flughafen:
Avis (☎ 06-358 7528; www.avis.co.nz)
Budget (☎ 06-345 5122; www.budget.co.nz)
Hertz (☎ 06-348 7624; www.hertz.co.nz)

BUS

Tranzit City Link (☎ 0508 800 800, 06-345 4433; www. horizons.govt.nz; Einzelfahrt/Tageskarte 2/6 NZ$) hat vier Nahverkehrsbuslinien, die Schleifen ab der Haltestelle Maria Pl fahren, u. a. die Busse 5 und 6, die am Whanganui River Top 10 Holiday Park in Aramoho vorbeifahren. Die Betriebszeiten der Busse sind montags bis freitags 7 bis 18 und samstags 10.30 bis 17.30 Uhr.

FAHRRAD

Bike Shed (☎ 06-345 5500; www.bikeshed.co.nz; Ecke Ridgway & St Hill St; ☺ Mo–Fr 8.30–17.30, Sa 9–14 Uhr) vermietet Mountainbikes ab 35 NZ$ pro Tag inklusive Helm und Fahrradschloss. Hier kann man sich auch nach dem Zustand des Fahrradwegs **Mountain to Sea** (von Ohakune nach Whanganui) erkundigen, dessen Bau im Rahmen des Projekts **New Zealand Cycle Trail** (www.tourism.govt.nz/our-work/new-zealand-cycle-trail -project) unmittelbar bevorstehen soll.

TAXI

Rivercity Cabs (☎ 0800 345 3333, 06-345 3333)
Wanganui Taxis (☎ 06-343 5555)

WHANGANUI NATIONAL PARK

Der Whanganui River – die Hauptschlagader des Whanganui National Park – fließt von seiner Quelle am Mt. Tongariro (S. 337) 329 km weit bis in die Tasmansee. Er ist der längste schiffbare Fluss des Landes, eine Tatsache, die jahrhundertelang sein Schicksal prägte (s. unten). Heute tummeln sich Kanus, Kajaks und Jetboats auf dem Fluss, der im Sommer tief grün und spiegelglatt und im Winter aufgewühlt und braun ist.

An einheimischen Pflanzen wachsen hier Steineiben und Farne. Gelegentlich sieht man am Fluss Pappeln und andere eingeführte Baumarten, Überbleibsel lang verschwundener Siedlungen.

Entlang des Flusses tauchen auch Spuren von Maoriwohnstätten mit alten *pa* (befestigtes Dorf) und *kainga* (Dorf) auf, und am Zusammenfluss der Flüsse Whanganui und Ohura bei Maraekowhai stehen *niu*-Pfähle (Kriegs- und Friedenspfähle) der Hauhau. An den Wasserfällen Ratakura, Reinga Kokiri und Te Rerehapa, alle in der Nähe von Maraekowhai am Ohura, fingen die Maori einst den *tuna riki* (Süßwasseraal).

Die unglaublich malerische Whanganui River Road, eine größtenteils unbefestigte Straße, die dem Flussverlauf von Wanganui nach Pipiriki folgt, ist eine fabelhafte Alternative zum schneller befahrbaren, aber weniger zauberhaften SH4.

Geschichte

Nach einer Legende der Maori entstand der Whanganui River, als der Mt. Taranaki, nachdem er mit dem Mt. Tongariro um den schönen Mt. Pihanga gekämpft hatte, aus dem Zentrum der Nordinsel zum Meer hin floh und dabei eine lange Furche hinterließ. An der Küste wandte er sich nach Westen und machte an seinem gegenwärtigen Standort Halt. Der Mt. Tongariro schickte kühles Wasser, um die entstandene Verwundung der Erde zu heilen – so entstand der Whanganui River.

Kupe, der große polynesische Entdecker, soll gegen 800 n. Chr. den Whanganui 20 km hinaufgefahren sein. Als die Europäer in den späten 1830er-Jahren hier Fuß fassten, säumten Maori-Siedlungen die Ufer im Flusstal. Missionare reisten stromaufwärts; ihre Siedlungen – Hiruharama, Ranana, Koriniti and Atene – blieben bis heute bestehen, obwohl die Bevölkerung am Fluss zurückgegangen ist.

Dampfboote wagten sich Mitte der 1860er-Jahre auf den Fluss, zu einer Zeit, die für Pakehas gefährlich war. Während der Taranaki Land Wars schlossen sich einige Stämme am Fluss den Taranaki-Maori an, die versuchten, die weißen Siedler zu vertreiben.

1886 richtete ein in Whanganui ansässiges Unternehmen die erste kommerzielle Dampfschifffahrtslinie ein. Bald folgten weitere, die den Fluss zwischen Whanganui und Taumarunui als Transportverbindung nutzten. Sie versorgten die Gemeinden am Fluss mit Gütern und schufen eine Verbindung zwischen dem Meer und dem Landesinneren. Die Bedeutung des Verkehrswegs nahm weiter zu, als 1903 die von Auckland ausgehende Eisenbahnstrecke südwärts bis nach Taumarunui ausgebaut war.

Neuseelands moderne Tourismusindustrie hatte hier ihren Ursprung. Die auch im Ausland angepriesenen Ausflüge auf dem „Rhein des Maorilands" wurden so beliebt, dass 1905 bereits 12 000 Touristen die Flussfahrt stromaufwärts von Whanganui nach Pipiriki oder stromabwärts von Taumarunui aus unternahmen. Die Anforderungen, die der Fluss Technik und Mannschaft abverlangte, wurden legendär.

Nach 1918 wurde das Land stromaufwärts von Pipiriki Kriegsheimkehrern des Ersten Weltkriegs überlassen. Die Bedingungen für die Landwirtschaft waren ungünstig: Viele Familien kämpften jahrelang darum, dem wilden Land ihren Lebensunterhalt abzutrotzen. Nur einige wenige hielten bis in die frühen 1940er-Jahre durch.

Die Fertigstellung der Eisenbahnlinie von Auckland nach Wellington und der Ausbau der Straßen versetzten schließlich der kommerziellen Flussschifffahrt den Todesstoß;

1959 stellte das letzte Schiff seinen Betrieb ein. Heute ist nur noch ein Schiff der alten Dampferflotte auf dem Fluss unterwegs: die *Waimarie* (S. 297).

Orientierung & Praktische Informationen

Pipiriki und Taumarunui sind die wichtigsten Zugangspunkte zum Fluss mit dem größten Dienstleistungsangebot, man erreicht den Fluss aber auch von den kleineren Ohinepane und Whakahoro aus.

Infos über den Nationalpark erhält man im freundlichen Whanganui i-SITE oder im DOC-Büro (S. 297). DOC-Büros gibt's auch in **Pipiriki** (☎ 06-385 5022; Owairua Rd; www.doc.govt. co.nz; ⊙ Mo–Fr 8–17 Uhr) und **Taumarunui** (☎ 07-895 8201; Cherry Grove Domain; ⊙ Mo–Fr 8–17 Uhr). Das sind jedoch beides Außenstellen und keine Touristeninformationen und daher auch nicht immer besetzt. Sicherer fährt man da mit dem i-SITE in Taumarunui (S. 272).

Infos im Netz gibt's unter www.whanganui river.co.nz online; wer Gedrucktes vorzieht, sollte zum *Guide to the Whanganui River* (10 NZ$) der NZ Recreational Canoeing Association greifen. Über Wanderstrecken informieren der vom DOC herausgegebene Führer *In and Around Whanganui National Park* (3 NZ$) und die viermal jährlich erscheinende, mit Infos zur Region vollgestopfte Zeitschrift *Wanganui Tramper* des Wanganui Tramping Club (☎ 06-346 5597 www.wanganui trampingclub.org.nz).

Sehenswertes

Die Landschaft an der **Whanganui River Road** (Karte S. 295) auf dem Weg nach Pipiriki ist ausgesprochen fotogen: nackte, feuchte Hügelhänge fallen zu dem trägen, jadegrünen Wasser des Whangani River ab. Eine französische katholische Mission unter Leitung von Suzanne Aubert gründete 1892 in Jerusalem (Hiruharama) den Orden der Daughters of Our Lady of Compassion. Hinter einer Straßenbiegung steht die **St. Joseph's Church** (s. S. 308) malerisch auf einem Landvorsprung über einer tiefen Flussbiegung.

Zu den weiteren Sehenswürdigkeiten an der Straße zählen die restaurierte, 1854 errichtete **Kawana Flour Mill** in der Nähe von Matahiwi, der **Operiki Pa** und weitere *pa*-Stätten sowie der **Aramoana Hill**, von dem aus sich ein weiter Rundblick bietet. Unterwegs kommt man durch die Maoridörfer **Atene,**

Koriniti, **Ranana** und **Hiruharama** – unbedingt erst einen Einheimischen um Erlaubnis fragen, ehe man hier herumschnüffelt! Achtung: Ab Matahiwi ist die River Road bis 3 km südlich von Pipiriki unbefestigt.

Pipiriki (Karte S. 295) liegt am nördlichen Ende der Whanganui River Road am Fluss. In der verregneten Ortschaft ist heute nicht mehr viel los (es gibt weder Läden noch eine Tankstelle), aber früher war sie ein vielbesuchter Ferienort, der von Dampfschiffen und Schaufelraddampfern angefahren wurde. Auf dem alten Pipiriki Hotel, das früher ein glanzvolles Resort voller ausländischer Touristen war, muss wohl ein Fluch liegen, denn es brannte zweimal bis auf die Grundmauern nieder. Neuere Versuche eines Wiederaufbaus scheiterten an der Finanzierung. Die Ruine wurde geplündert und alles, was irgendwie verwertbar war, entfernt. Übriggeblieben ist eine leere Backsteinhülle voller Potenzial. Pipiriki ist die Endstation für Kanutouren den Fluss hinab und das Sprungbrett für Jetboatfahrten.

Als stummes Zeugnis für den Optimismus der frühen Siedler steht die 1936 errichtete **Bridge to Nowhere** (Karte S. 295) in der Landschaft. Der Wanderweg von der Anlegestelle Mangapurua (stromaufwärts von Pipiriki, mit dem Jetboat erreichbar) zur einsamen Brücke ist Teil einer schon lange aufgegebenen, 4,5 m breiten Straße, die einst von Raetihi bis zum Fluss führte.

Aktivitäten

JETBOAT FAHREN

Den Hut gut festhalten: bei Jetboattouren bekommt man Teile des Flusses zu sehen, die man sonst erst nach tagelanger Paddelfahrt erreichen würde. Jetboote legen in Pipiriki und Whanganui ab; vierstündige Ausflüge gibt es ab ca. 105 NZ$/Pers. Die folgenden Anbieter können einen auch zu den Stellen am Fluss bringen, von denen aus man den Matemateaonga und den Mangapurua Track erreicht (s. Wandern, S. 306).

Bridge to Nowhere Tours (☎ 0800 480 308, 06-385 4622; www.bridgetonowheretours.co.nz; Pipiriki)

Spirit of the River Jet (☎ 0800 538 8687, 06-342 5572; www.spiritoftheriverjet.co.nz; Whanganui)

Whanganui River Adventures (☎ 0800 862 743, 06-385 3246; www.whanganuiriveradventures.co.nz; Pipiriki)

Whanganui Scenic Experience Jet (☎ 0800 945 335, 06-342 5599; www.whanganuiscenicjet.com; Whanganui)

KANU- & KAJAKFAHREN

Der bei Kanu- und Kajakfahrern beliebteste Flussabschnitt ist die Strecke flussabwärts von Taumarunui nach Pipiriki. Er wurde in die Liste der Great Walks Neuseelands aufgenommen (S. 82) und wird Whanganui Journey genannt (auch wenn man dabei mehr sitzt als läuft …). Der Fluss hat den Schwierigkeitsgrad II – leicht genug für Unerfahrene, doch mit genügend Stromschnellen, um sich abzurackern und die Sache interessant zu machen. Nähere Infos findet man in der kostenlosen DOC-Broschüre *Whanganui Journey*.

Zwischen dem 1. Oktober und dem 30. April braucht man einen **Great Walks Hut & Campsite Pass** (Erw./Kind 45 NZ$/kostenlos) für Bootsfahrten zwischen Taumarunui und Pipiriki. Die Regelung gilt nur für diesen Abschnitt des Flusses. Der Pass ist vier Nächte und fünf Tage gültig. Man kann in den Hütten übernachten oder neben ihnen oder auf anderen ausgewiesenen Campingplätzen entlang des Flusses zelten. Wer nur die Übernachtfahrt von Taumarunui nach Whakahoro macht, bezahlt 10 NZ$; wenn man die *marae* (Versammlungshaus) Tieke Kainga auslässt, kostet der Pass 50 NZ$. Nur auf dem Fluss zu fahren und nicht zu übernachten ist kostenlos. Für die Hütten auf den Campingplätzen ist keine Reservierung nötig.

Außerhalb der Saison brauchen man einen ein Jahr gültigen **Backcountry Hut Pass** (Erw./Kind für 1 Jahr 90/45 NZ$, für 6 Mon. 60/30 NZ$) oder man bezahlt an einer Basisstation für die Hütten (15–45 NZ$/Nacht). Pässe und Tickets gibt's beim Wanganui i-SITE und bei den örtlichen DOC-Büros; auch einige Kanu-Betreiber verkaufen sie. Im Sommer patrouillieren Hüttenwärter und Naturschutzbeamte auf dem Fluss.

Von Taumarunui nach Pipiriki braucht man fünf Tage/vier Nächte, von Ohinepane nach Pipiriki vier Tage/drei Nächte und von Whakahoro nach Pipiriki drei Tage/zwei Nächte. Die Route von Taumarunui nach Whakahoro mit Übernachtung ist beliebt, besonders bei Wochenendausflüglern. Man kann auch einen eintägigen Trip von Taumarunui nach Ohinepane oder von Ohinepane nach Whakahoro machen. Von Whakahoro bis nach Pipiriki, 88 km flussabwärts, gibt's keinen Zugang von der Straße aus, also ist man ein paar Tage lang nur mit dem Fluss verheiratet. Auf diesen Ausflug sind alle versessen. Die meisten Kanuten legen einen Stopp in Pipiriki ein.

Die Saison für Kanufahrten dauert gewöhnlich von September bis Ostern. Bis zu 5000 Menschen machen jährlich die Flussreise, meistens zwischen Weihnachten und Ende Januar. Im Winter ist der Fluss nahezu leer – die winterlichen Ströme sind schnell und tief, kaltes Wetter und kurze Tage schrecken die Paddler ab.

Die Leihgebühr pro Kanadier für zwei Personen beträgt für ein/drei/fünf Tage etwa 80/220/ 300 NZ$ inklusive Transport. Ein Kajak für eine Person kostet etwa 50 NZ$ pro Tag ohne Transport (etwa 50 NZ$/Pers.). Die Betreiber statten einen mit allem aus, was man braucht, auch mit Rettungswesten und wasserdichten Fässchen (unentbehrlich, wenn man kentert).

Man kann auch geführte Kanu- oder Kajaktouren buchen. Sie kosten ab etwa 300/ 800 NZ$ pro Person für einen zwei-/fünftägigen Ausflug.

Es gibt u. a. folgende Betreiber:

Awa Tours (☎ 06-385 8297; www.wakatours.com; Raetihi)

Blazing Paddles (☎ 0800 252 946, 07-895 5261; www.blazingpaddles.co.nz; Taumarunui)

Bridge to Nowhere Tours (s. Jetboot fahren, S. 305)

Canoe Safaris (☎ 0800 272 335, 06-385.9237; www.canoesafaris.co.nz; Ohakune)

Taumarunui Canoe Hire (☎ 0800 226 6348, 07-895 7483; www.taumarunuicanoehire.co.nz; Taumarunui)

Wades Landing Outdoors (☎ 0800 226 631, 07-895 5995; www.whanganui.co.nz; Whakahoro)

Whanganui Kayak Hire (☎ 0211 336 938; www.kayakhire.co.nz; Whanganui)

Whanganui River Adventures (s. Jetboot fahren, S. 305)

Whanganui River Guides (☎ 07-896 6727; www.whanganuiriverguides.co.nz; Taumarunui)

Whanganui Tours (☎ 06-347 7534; www.whanganuitours.co.nz; Whanganui)

Yeti Tours (☎ 0800 322 388, 06-385 8197; www.canoe.co.nz; Ohakune)

Anbieter von Kanutouren auf dem Whanganui River finden sich auch im Dorf National Park (S. 342) und in Ohakune (S. 346).

WANDERN

Der 40-minütige Wanderweg von **Mangapurua Landing** (Karte S. 295) bis zur Bridge to Nowhere, 30 km flussaufwärts von Pipiriki mit dem Jetboat, ist der am meisten begangene Wanderweg innerhalb des Whanganui National Park.

Bei den Matemateaonga und Mangapurua/ Kaiwhakauka Tracks handelt es sich um großartige längere Wanderungen (DOC-Broschüre 1 NZ$). Beide sind Einbahnstrecken, die an entlegenen Plätzen des Flusses beginnen (oder enden); man muss also einen Transport mit dem Jetboat zur An- bzw. Ablegestelle organisieren. Dazu kann man jeden Jetboot-Betreiber fragen (s. S. 305). Die Fahrt vom Matemateaonga Track nach Pipiriki kostet pro Person etwa 50 NZ$, vom Mangapurua Track rund 100 NZ$.

Drei bis vier Tage braucht man insgesamt für den 42 km langen **Matemateaonga Track**, der als einer der besten Wanderwege Neuseelands gilt. Da er sehr abgeschieden liegt, zieht er nicht die Horden von Wanderern an, die ansonsten Neuseelands berühmtere Wanderwege bevölkern. Der Wanderweg, der tief in wilden Busch und in hügeliges Land hinein führt, folgt einem alten Maoriweg und einer nicht mehr benutzten Siedlerstraße zwischen den Regionen Wanganui und Taranaki. Er führt am Kamm der Matemateaonga Range die Whakaihuwaka Rd entlang, die 1911 eine direktere Verbindung von Stratford mit der Bahn nach Raetihi schaffen sollte. Der Erste Weltkrieg unterbrach die Planung, und die Straße wurde nie zu Ende gebaut.

Der eineinhalbstündige Abstecher zum Gipfel des Mt. Humphries (730 m) lockt mit atemberaubenden Aussichten bis zum Mt. Taranaki und zu den Vulkanen von Tongariro. Es gibt einen steilen Abschnitt zwischen dem Whanganui River (75 m über dem Meeresspiegel) und der Puketotara-Hütte (Karte S. 295; 427 m über dem Meeresspiegel), doch meistens ist die Strecke leicht zu bewältigen. Am Weg stehen drei DOC-Backcountry-Hütten: Omaru, Pouri und Puketotara (s. Karte S. 295).; die Übernachtung in einer Hütte kostet 15 NZ$ pro Nase.

Mangapurua/Kaiwhakauka Track heißt ein 40 km langer Wanderweg zwischen Whakahoro und Mangapurua Landing, die beide am Whanganui liegen. Er folgt zwei kleinen Nebenflüssen des Whanganui, Mangapurua und Kaiwhakauka. Zwischen den Tälern verläuft ein Nebenpfad zum 663 m hohen Mangapurua Trig, dem höchsten Punkt der Region. Hier blickt man ungehindert hinüber zum Tongariro und den Vulkanen im Egmont National Park. Dann geht's vorbei an der Bridge to Nowhere und brachliegendem Farmland, das Anfang des 20. Jhs. von Siedlern gerodet wurde. Sofern man kein rastloser Wanderfanatiker ist, dauert der gesamte Marsch etwa 20 Stunden bzw. drei bis vier Tage. Die einzige vorhandene Hütte ist die Whakahoro Hut (Karte S. 295) bei Whakahoro am Ende des Wegs. Dafür gibt's jede Menge tolle Campingmöglichkeiten. Am Ende bei Whakahoro ist der Weg von der Straße aus zugänglich. Dies gilt auch für eine Nebenstrecke, die am Ende der Ruatiti Valley-Ohura Rd (aus Richtung Raetihi) beginnt.

Die DOC-Broschüre *In and Around Whanganui National Park* (2,50 NZ$) beschreibt detailliert ein paar Kurzwanderungen ab der Whanganui River Rd, die einen Eindruck von der hiesigen Wildnis vermitteln.

Rund 22 km nördlich der Kreuzung mit dem SH4 beginnt der 18 km lange **Atene Skyline Track** bei Atene an der Whanganui River Rd. Während der sechs- bis achtstündigen Wanderung offenbaren sich u. a. naturbelassene Wälder und Sandsteinfelsen. Vom 523 m hohen **Taumata Trig** hat man eine schöne Aussicht auf Mt. Ruapehu, Mt. Taranaki und die Tasmansee. Etwa 2 km flussabwärts vom Ausgangspunkt endet der Weg wieder an der Whanganui River Rd.

Vom DOC-Außenposten Pipiriki führt ein 1 km langer Weg durch den natürlichen Busch zum Gipfel des Pukehinau, eines Hügels mit tollem Talblick.

Schlafen
WHANGANUI NATIONAL PARK
Im Park gibt es einige Hütten, eine Lodge und zahlreiche Campingplätze (s. Karte S. 295). Am Abschnitt zwischen Taumarunui und Pipiriki stehen drei Hütten, die während des Sommers als Great Walks Huts und in der Nebensaison als Serviced Huts klassifiziert werden: die Whakahoro Hut, die John Coull Hut und Tieke Kainga, eine wiederbelebte *marae*. Eine Übernachtung im Tieke Kainga ist möglich, man muss aber das volle *marae*-Protokoll einhalten (s. S. 62). Am unteren Abschnitt des Flusses findet sich am Westufer, gegenüber von Atene, die Downes Hut.

Bridge to Nowhere Lodge (Karte S. 295; ☎ 0800 480 308, 06-385 4622; www.bridgetonowheretours.co.nz; Stellplatz ohne Strom 20 NZ$, Zi. Selbstversorger/mit Frühstück & Abendessen 45/125 NZ$ pro Pers.) Von der Tieke-Kainga-*marae* aus liegt auf der anderen Uferseite tief im Nationalpark diese einsame Lodge, und zwar 21 km stromaufwärts von Pipiriki in der Nähe des Matemateaonga Track. Zu erreichen ist sie nur mit dem Jetboat ab Pipiriki oder zu Fuß. Die Lodge hat eine Bar mit Schanklizenz und tischt gute Hausmannskost auf. Angeboten werden auch Jetboottouren (S. 305) und Kanutrips (S. 305).

WHANGANUI RIVER ROAD
Die folgenden Unterkünfte sollte man besser im Voraus buchen. Zwar wird niemand abgewiesen, aber die Betreiber wissen doch gern vorher, mit wie vielen Gästen sie zu rechnen haben. An der Straße gibt es weder Handyempfang noch Tankstellen oder Läden. Im Sommer stehen in Pipiriki ein paar mobile Imbissstände. Die folgende Auswahl von Unterkünften an der Straße ist von Süden nach Norden geordnet.

Rivertime Lodge (Karte S. 295; ☎ 06-342 5595; www.rivertimelodge.co.nz; Whanganui River Rd; DZ Selbstversorger/mit Frühstück 110/130 NZ$) Die zum Fluss abfallenden Hügel und blökende Schafe sorgen für ländliche Idylle. Das freundlich-bäuerliche Rivertime ist ein moosgrünes Bauernhaus mit drei Schlafzimmern und einem Grillplatz. Fernseher gibt es keinen!

Flying Fox (Karte S. 295; ☎ 06-342 8160; www.theflyingfox.co.nz; Whanganui River Rd; Stellplatz ohne Strom 20 NZ$, DZ 100–200 NZ$) Erstklassiges umweltfreundliches Refugium am Flussufer gegenüber von Koriniti. Selbstversorger übernachten in den freistehenden Hütten Brewhouse, James K oder Glory Cart. Man kann sich auch für B&B (120 NZ$/Pers.) entscheiden oder sein Zelt auf einer einsamen Lichtung im Busch aufschlagen. Zu erreichen ist die Anlage per Jetboat. Autofahrer parken jenseits des Flusses und schweben dann mit dem „Flying Fox" (einer Art Seilbahn) ans andere Ufer.

Kohu Cottage (Karte S. 295; ☎ 06-342 8178; kohu.cottage@xtra.co.nz; Whanganui River Rd, Koriniti; DZ 70 NZ$) Die niedliche, limonengrüne, 100 Jahre alte kleine Hütte oberhalb der Straße in Koriniti hat für drei bis vier Personen Platz. Es gibt eine einfache Küche und für die kühlen Nächte am Fluss einen mit Holz zu beheizenden Ofen.

Koriniti Marae (Karte S. 295; ☎ 06-348 0303, 021 365 176; www.koriniti.com; Koriniti Pa Rd, Koriniti; B 30 NZ$) Diese *marae* am Ostufer bietet Besuchern, die reserviert haben, Betten in Schlafbaracken; neben dem geforderten Preis wird ein *koha* (eine Spende) erwartet. Im Angebot ist auch ein 24 Stunden dauerndes „Kulturerlebnis" für Gruppen inklusive *haka* (Kriegstanz), Weben, Geschichtenerzählen und drei Mahlzeiten (190 NZ$/Pers.).

Operiki Farmstay (Karte S. 295; ☎ 06-342 8159; www.whanganuiriver.co.nz; Whanganui River Rd, Operiki; mit Frühstück & Abendessen EZ/DZ 55/110 NZ$) Das hübsche Farmhaus, in dem man mit der Familie wohnt, steht an einem steilen Hang 1,5 km nördlich von Koriniti. Rund um das Anwesen gibt es malerische Wanderwege, die Macadamia-Muffins kommen heiß aus dem Ofen.

St. Joseph's Church (Karte S. 295; ☎ 06-342 8190; www.compassion.org.nz; Whanganui River Rd, Hiruharama; B 20 NZ$) Die Schwestern in St. Joseph haben 20 Betten in Schlafbaracken für abgekämpfte Reisende, deren Nöte sie gerne lindern – dafür sollte man vorab reservieren. Direkt stromabwärts befindet sich Moutoa Island, der Schauplatz einer Schlacht von 1864.

Einen wilden Campingplatz mit Toiletten und Kaltwasser gibt's in Pipiriki; einen weiteren (noch wilderen) unmittelbar nördlich von Atene (s. Karte S. 295).

An- & Weiterreise

Vom Norden hat man über Straßen Zugang zum Whanganui River bei Taumarunui, Ohinepane und Whakahoro. Die letztgenannte Verbindung bedeutet jedoch eine lange Fahrt über abgelegene, meist unbefestigte Pisten. Straßen nach Whakahoro gehen bei Owhango und Raurimu ab, die beide am SH4 liegen. Danach gibt es bis Pipiriki keinen weiteren Straßenzugang zum Fluss.

Aus Süden kommend geht die Whanganui River Rd 14 km nördlich von Whanganui vom SH4 ab, in den sie bei Raetihi, 91 km nördlich von Whanganui, wieder einmündet. Man braucht ungefähr zwei Stunden für die 79 km lange Strecke zwischen Whanganui und Pipiriki. Für den vollen Rundkurs von Whanganui über Pipiriki und Raetihi und zurück auf dem SH4 durch Paraparas und die Mangawhero River Gorge muss man rund vier Stunden veranschlagen. Die Whanganui River Rd ist zwischen Matahiwi und Mangeatoroa unbefestigt; Benzin erhält man in Raetihi und Upokongaro, aber nirgendwo dazwischen.

Eine Alternative ist eine der in Whanganui angebotenen River-Road-Touren (S. 300).

PALMERSTON NORTH

80 700 Ew.

Die wohlhabende, von Schafzucht und Milchwirtschaft geprägte Region Manawatu umfasst die Bezirke Rangitikei im Norden und Horowhenua im Süden. Das Zentrum bildet das an den Ufern des Manawatu River gelegene Palmerston North, dessen nicht allzu hohe Hochhaustürme aus den Ebenen emporragen. Als Neuseelands größte Universität prägt die Massey University das kulturelle und soziale Leben der Stadt. Dank der Universität besitzt „Palmy" eine aufgeschlossene, zugleich ländliche und akademische Atmosphäre.

John Cleese ließ das alles völlig kalt: Nach einem Besuch spottete er: „Wer sich umbringen will, aber einfach nicht genug Mut dafür aufbringt, sollte nach Palmerston North fahren. Das wirkt todsicher." Die Stadt rächte sich, indem sie eine Müllhalde nach ihm benannte.

Orientierung

Die große Rasenfläche des Square bildet das Zentrum des städtischen Lebens. Die einen Block westlich gelegene George St ist die wichtigste Café- und Restaurantmeile. Die Massey University liegt 3 km südlich der Stadt.

Kostenlose Stadtpläne gibt's im i-SITE. Karten sind auch bei der **Automobile Association** (AA; ☎ 06-357 7039; www.aatravel.co.nz; 185 Broadway Ave; ⏲ Mo–Fr 8.30–17 Uhr) zu haben.

Praktische Informationen

Am Square und in der Main St finden sich viele Banken und Geldautomaten.

Bruce McKenzie Booksellers (☎ 06-356 9922; books@bmbooks.co.nz; 37 George St; ⏲ Mo–Do 9–18, Fr bis 20, Sa bis 17, So 10–17 Uhr) Die einzige eigenständige Buchhandlung in Palmerston North. Betreibt auch ein Modernes Antiquariat (16 Coleman Pl).

Department of Conservation (DOC; ☎ 06-350 9700; www.doc.govt.nz; 717 Tremaine Ave; ⏲ Mo–Fr 8–16.30 Uhr) Die Touristeninformation liegt 3 km nördlich des Square.

i Café (☎ 06-353 7899; 39 Broadway Ave; ⏲ Sa–Do 9–23 Uhr, Fr 24 Std.) Internetzugang.

Palmerston North City Portal (www.palmy.net.nz)

Palmerston North Hospital (☎ 06-356 9169; www.midcentraldhb.govt.nz; 50 Ruahine St; ⏲ 24 Std.)

Palmerston North i-SITE (☎ 06-350 1922; www.manawatunz.co.nz; The Square; ⏲ Mo–Fr 9–17, Sa & So 10–16 Uhr) Touristeninformation.

Polizei (☎ 06-351 3600; www.police.govt.nz; 400 Church St; ⏲ 24 Std.)

Post (☎ 06-356 9495; www.nzpost.co.nz; Ecke Main St & The Square; ⏲ Mo–Fr 8.30–17.30, Sa 9–17.30 Uhr)

Radius Medical, The Palms (☎ 06-354 7737; www.radiusmedical.co.nz; 445 Ferguson St; ⏲ Mo–Fr 8–19, Sa & So 9–18 Uhr) Arzttermine nach Vereinbarung, eine Apotheke befindet sich gleich nebenan.

Student City Palmerston North (www.studentcity.co.nz)

Sehenswertes & Aktivitäten

Als Palmys Herz und Seele hebt der **Square** das englische Stadtbegrünungskonzept auf ein ganz neues Niveau. Auf das 6,9 ha große Gelände verteilen sich ein Uhrenturm, ein Ententeich, Maorischnitzereien, Statuen und Bäume für alle Jahreszeiten. Auf dem gepflegten Rasen genießen Einheimische in der Sonne ihr Mittagessen.

Te Manawa (☎ 06-355 5000; www.temanawa.co.nz; 326 Main St; Museum & Galerie Eintritt frei, Wissenschaftsmuseum Erw./Kind/Fam. 8/5/20 NZ$; ☽ 10–17 Uhr) ist Museum, Kunstgalerie und Wissenschaftsmuseum in einem. Die umfangreichen Sammlungen (rund 55 000 Exponate) knüpfen Verbindungen zwischen Leben, Kunst und Geist. Der Schwerpunkt liegt im Museum auf der Kultur der Maori, während die Galerie Ausstellungen in schnellem Wechsel zeigt. Die interaktiven Exponate im Wissenschaftsmuseum werden vor allem die Kids begeistern. Im Rahmen einer umfassenden Neugestaltung wird auch das New Zealand Rugby Museum in den Komplex umziehen.

Das **New Zealand Rugby Museum** (☎ 06-358 6947; www.rugbymuseum.co.nz; 87 Cuba St; Eintritt Erw./Kind 5/2 NZ$; ☽ Mo–Sa 10–16, So 13.30–16 Uhr) begeistert Rugbyfans. Die schönen Räume strotzen nur so vor Rugby-Reliquien – von einem All-Blacks-Trikot aus dem Jahr 1905 bis hin zu der Pfeife, mit der das erste Spiel jeder Rugby-WM angepfiffen wird. Nach dem beschämenden Ausscheiden bei der Weltmeisterschaft 2007 in Frankreich ist Neuseeland nun Gastgeber der nächsten WM im Jahr 2011 – Zeit, den *haka* wieder einzuüben. Rechtzeitig zur WM soll das Museum ins Te Manawa (oben) umziehen; wenn es nicht mehr in der Cuba St zu finden ist, sollte man dort vorbeischauen.

Die **Victoria Esplanade** (☽ April–Sept. 8–18 Uhr, Okt.–März bis 21 Uhr), ein Park am Flussufer, lockt mit einem Abenteuerspielplatz, einer Voliere, einem Gewächshaus, Rad- und Wanderwegen sowie der **Esplanade Scenic Railway** (☎ 06-357 3049; www.esplanaderail.org.nz; Fahrt 2 NZ$; ☽ Sa & So 13–16 Uhr). Man kann aber auch einfach gemütlich auf dem Rasen liegen. Der **Dugald MacKenzie Rose Garden** wurde mal unter die fünf schönsten Gärten der Welt gewählt und ist noch heute der Stolz der Lokalpatrioten. Hier ist eine ganzjährige **Orientierungslaufstrecke** (☎ 06-357 1288; www.rk.orienteering.org.nz; Plan 2 NZ$). Streckenpläne gibt's im Parkcafé oder im i-SITE.

Wenn die Ebenen in der Sommerhitze glühen, sorgt ein Sprung ins kühle Nass des **Lido**

Aquatic Centre (☎ 06-357 2684; www.lidoaquaticcentre.co.nz; 50 Park Rd; Erw./Kind 3,50/2,50 NZ$, Wasserrutsche 5 NZ$; ☽ Mo–Do 6–20, Fr bis 21, Sa & So 8–20 Uhr) für Abkühlung. An den venezianischen Lido darf man zwar nicht denken, doch immerhin gibt's ein 50-m-Becken, Wasserrutschen, ein Café und ein Fitnesszentrum.

Palmerston North ist völlig flach. Detaillierte Infos zu Stadtspaziergängen stehen in den Broschüren *City Heritage Trail* und *City Walkways*, die es kostenlos im i-SITE gibt. Fahrräder verleiht Crank It Cycles (S. 314).

Geführte Touren

Feilding Saleyard Tours (☎ 06-323 3318; www.feilding.co.nz; 10 Manchester Sq, Feilding; Tour 5 NZ$; ☽ Tour Fr 11 Uhr) In der kleinen Siedlung nördlich vom Stadtzentrum weisen einen einheimische Farmer in die hohe Kunst der Viehauktion ein. Freitags findet außerdem noch ein Bauernmarkt statt (9–14 Uhr).

Manawatu Gorge Experience Jet (☎ 0800 945 335, 06-342 5599; www.manawatugorgejet.com; 25-minütige Tour 65 NZ$/Pers.) Jetboattouren durch die Manawatu Gorge. Abfahrt ist an der Woodville Ferry Domain am SH3.

Manawatu Wind Farm & Gorge Tour (☎ 0800 626 292, 06-350 1922; www.manawatunz.co.nz; 3-stündige Tour 55 NZ$/Pers.; ☽ Touren Mo–Fr 14 Uhr) Besuch des Te-Apiti-Windparks und der Manawatu Gorge; Reservierung und Abfahrt beim i-SITE.

Festivals & Events

Festival of Cultures (☎ 0212 715 862; www.foc.co.nz) Kulinarisches aus vielen Kulturen, Kunsthandwerk, Tänze und Musik. Das Fest findet Ende März statt.

Manawatu Jazz & Blues Festival (☎ 0800 484 253, 06-357 9740; www.manawatunz.co.nz) Anfang Juni dreht sich hier alles um Jazz, Blues und Swing. Mit Workshops.

Manawatu Wine & Food Festival (☎ 0800 484 253, 06-357 9740; www.mwff.co.nz) An einem Wochenende Mitte Juni gibt's Kulinarisches und dazu die besten Weine aus der Region.

Schlafen

BUDGETUNTERKÜNFTE

Peppertree Backpackers (☎ 06-355 4054; peppertreehostel@clear.net.nz; 121 Grey St; B/EZ/DZ 26/48/62 BZ$; 🖳) Das alteingesessene, reizende Hostel, in dem sich überall grün bemalte Stiefel befinden, ist die beste Budgetunterkunft vor Ort. Die Matratzen sind dick, in der Küche gehen die Pfannenwender nicht aus, und das Klavier und der Holzofen sorgen für eine heimelige Atmosphäre. Die Doppelzimmer in der Nähe der Küche sind etwas lärmgeplagt – besser eines nach hinten raus nehmen.

Grandma's Place (☎ 06-358 6928; www.grandmas -place.com; 146 Grey St; B/EZ/DZ 26/49/66 NZ$) Die gespenstische Oma auf dem Schild vorne einfach nicht zur Kenntnis nehmen: Drinnen finden sich ordentliche, altmodische Zimmer mit Blümchentapete und Makramee-Läufern. An Betten herrscht kein Mangel, und es gibt eine funktionale Küche.

Palmerston North Holiday Park (☎ 06-358 0349; www.holidayparks.co.nz; 133 Dittmer Dr; Stellplatz ohne/mit Strom 30 NZ$, Hütten & Wohneinheiten 35–75 NZ$) Diese schattige Anlage befindet sich ungefähr 2 km vom Square abseits der Ruha St. Sie erinnert an ein spartanisches Boot Camp, ist aber dennoch eine ruhige Option direkt an der Victoria Esplanade.

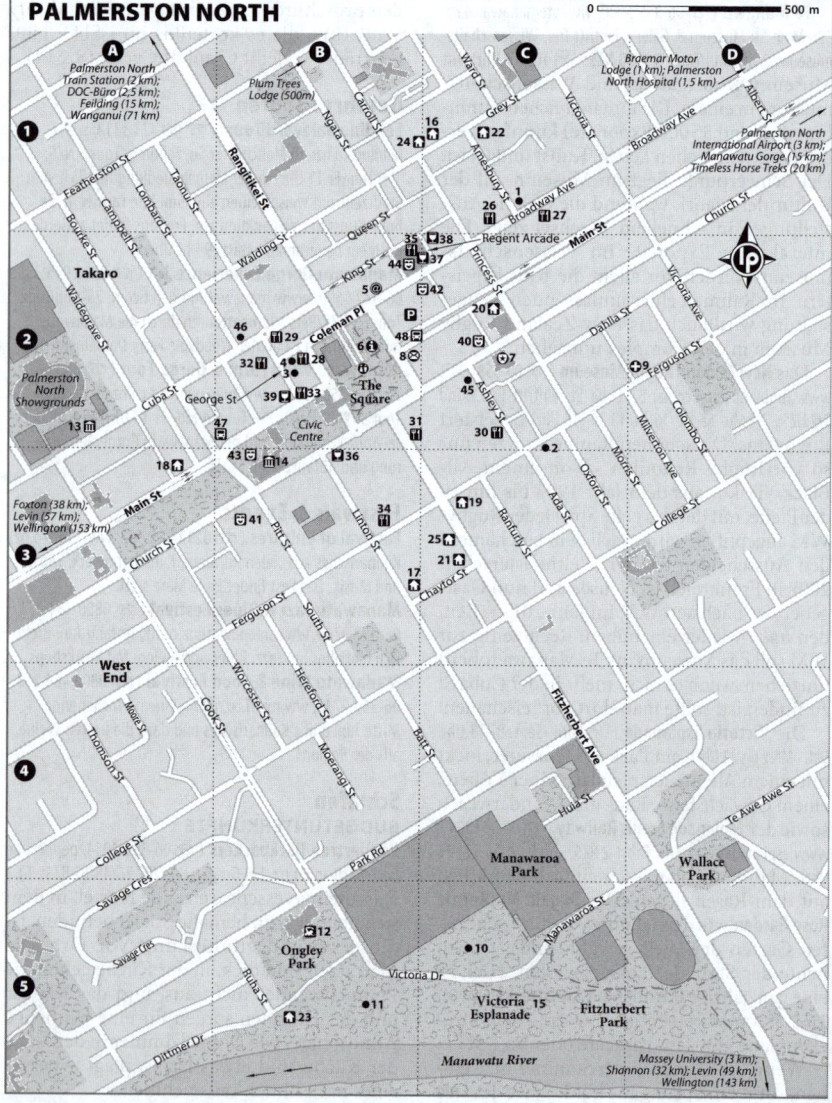

PALMERSTON NORTH

Café de Paris Inn (☎ 06-355 2130; www.cafedeparis inn.co.nz; 267 Main St; EZ/DZ 60/80 NZ$) Hier ist zwar nicht der Montmartre, aber die freundliche, altmodische Kneipe in drei Minuten Gehentfernung vom Square hat überraschend ordentliche Zimmer im Obergeschoss, die alle mit Fernseher und Bad ausgestattet sind. Begrenztes Parkplatzangebot.

Empire Hotel (☎ 06-357 8002; www.empirehotel.co.nz; Ecke Princess & Main St; EZ/DZ/FZ 80/90/140 NZ$) Die Gastzimmer mit TV und Kühlschrank im OG sind etwas besser als der Durchschnitt und im Kolonialstil gehalten. Im Treppenhaus bildet das aufgehängte Tandem einen bizarren Anblick. Im Pub unten geht's recht rau zu – besser ein Zimmer nehmen, wo man dem Lärm der Zecher nicht so ausgesetzt ist. Insgesamt ist das Empire eine solide Option in zentraler Lage.

Ann Keith's B&B Hotel (☎ 06-358 6928; www.back packersnbnb.co.nz; 123 Grey St; EZ/DZ/2BZ/FZ ab 80/100/110/140 NZ$) In einem altmodischen Wohnhaus bietet dieses B&B fünf Zimmer mit TV, Tee-/Kaffeemaschine und Heizdecken für kalte Nächte. Das Haus hat dieselben Betreiber wie Grandma's Place; wie dort gibt's viel Chintz und ein großzügiges Frühstück.

MITTEL- & SPITZENKLASSEHOTELS

Fitzherbert Castle Motel (☎ 0800 115 262, 06-358 3888; www.fitzherbertcastle.co.nz; 124 Fitzherbert Ave; DZ 110–125 NZ$; 🖥️) Von außen gibt sich das Haus dreist als englische Burg der Tudorzeit, doch hinter der Fassade verbirgt sich ein intimes Hotel mit vierzehn makellosen, mit hochwertigen Teppichen ausgestatteten Zimmern, zu denen Bäder mit Korkfliesen gehören. Einige

Wohneinheiten verfügen auch über kleine Küchen. Das Personal ist freundlich. Viele Bäume schmücken die Anlage. Kostenloser WLAN-Zugang.

Rose City Motel (☎ 06-356 5388; www.rosecitymotel. co.nz; 120 Fitzherbert Ave; Wohneinheit 125–145 NZ$; 🖥️) Die Wohneinheiten im Stadtvilla-Stil sind etwas für Fans postmoderner Ästhetik. Sie sind geräumig (vor allem die zweistöckigen) und tadellos sauber, stilistisch aber ziemlich den 1980er-Jahren verhaftet. Als Extras gibt's kostenlose DVDs, einen Squashplatz sowie eine Spielfläche für Kinder.

[LP Tipp] Plum Trees Lodge (☎ 06-358 7813; www. plumtreeslodge.co.nz; 97 Russell St; DZ 135–185 NZ$; 💻) In der flachen, rasterförmig angelegten Stadt mit unglaublich vielen Motels wirkt diese Anlage richtig erholsam. Von einer ruhigen Straße gelangt man über eine grüne Zufahrt und durch bleiverglaste Türen zu der abgeschiedenen Lodge. Die schräge Holzdecke, für die einheimisches Holz aus Abbruchhäusern rund um Palmerston North genutzt wurde, ist mit Oberlichtern durchsetzt; auf dem Balkon befindet man sich inmitten des wogenden Blätterdachs. Die romantische Nacht unter dem Moskitonetz geht hier übergangslos ins Frühstück über: mit einem großen Korb mit frischem Obst, Croissants, Schinken, Eiern und Käse sowie Kaffee und Saft.

Braemar Motor Lodge (☎ 0800 355 805, 06-355 8053; www.braemarmotorlodge.co.nz; 177 Ruahine St; Suite 135–205 NZ$; 💻 🖥️) Bis zur Stadt ist der Weg zwar recht weit, dafür bieten die Apartments des Braemar große Betten, TV, Whirlpool, Einbauküche, DVD-Player und Stereoanlage. Mit mehr als 50 Filmen dürfte in der DVD-Video-thek für jeden was dabei sein. Die Wohnein-heiten zur Straße haben Doppelfenster.

Bentleys Motor Inn (☎ 0800 2368 5397, 06-358 7074; www.bentleysmotorinn.co.nz; 67 Linton St; Suite 140–300 NZ$) Die Fünf-Sterne-Apartments des Bentleys gehören zu den prächtigsten Ästen am Motel-baum von Palmerston North – die Ausgabe lohnt sich. Drinnen locken neue Geräte, DVD-Player,Whirlpool, Stereoanlage, moderne Möbel und Sky TV, draußen das große Fit-nesscenter, die Squashanlage und die Sauna.

Cornwall Motor Lodge (☎ 0800 170 000, 06-354 9010; www.cornwallmotorlodge.co.nz; 101 Fitzherbert Ave; Suite 160–240 NZ$) Die 27 riesigen, in sich abgeschlos-senen Apartments des Cornwall stehen auf einem tristen Eckgrundstück. Das braucht einen aber nicht abzuschrecken, denn die Zimmer haben einen Whirlpool, Sky TV, übergroße Betten und Balkone. Die Doppel-fenster halten den Lärm von der Fitzherbert Ave draußen.

Essen

Moxies (☎ 06-355 4238; 67 George St; Gerichte 6–20 NZ$; ⏱ Mo–Sa 7–17, So 7.30–17 Uhr; Ⓥ) Das muntere Eckcafé mit großen Fenstern ist in Primärfar-ben gestrichen. Die Angestellten sind gut drauf, die leckeren Gerichte (darunter prima Omelettes) sind den ganzen Tag über zu ha-ben. Und wer glutenfreie Speisen sucht, ist hier genau richtig.

Café Cuba (☎ 06-356 5750; Ecke George & Cuba St; Gerichte 7–21 NZ$; ⏱ 7–24 Uhr) Unterzuckert? Dann ab ins Café Cuba: Die Kuchen sind das Rich-tige für Schokosüchtige. Aber auch die Kaf-feespezialitäten und die klassischen Cafége-richte (Risotto, Salate, frittierte Maisplätzchen) überzeugen. Freitagabends gibt's Livemusik.

Indian2nite (☎ 06-353 7400; 22 George St; Hauptge-richte 10–20 NZ$; ⏱ Mi–Fr 11.30–14.30, tgl. 17 Uhr–open end; Ⓥ) Weltenweit entfernt vom Bollywood-Schmalz reißt dieses gehobene Restaurant dennoch kein Loch in den Geldbeutel. Hinter den Panoramafenstern an der George St ser-vieren überaus höfliche Kellner nordindische Currys. Zu empfehlen ist das *dahl makhani*.

Bella's Café (☎ 06-357 8616; 2 The Square; Brunch 10–22 NZ$, Abendessen 35 NZ$; ⏱ Di–Sa 7.30 Uhr–open end) Mit romantischem Kerzenschein und Wänden in warmen Rottönen lockt das schon lange bestehende Bella's immer noch eine reifere Kundschaft an. Durch die im Sommer offenen Fenster fällt das Licht auf eine itali-enisch-pazifische Speisekarte. Zu Mittag steht

Pasta im Vordergrund, abends eher Rind, Lamm, Hähnchen und Lachs.

Aqaba (☎ 06-357 8922; 186 Broadway Ave; Gerichte 13–20 NZ$; ⏱ Mo–Fr 7.30 Uhr–open end, Sa & So 9 Uhr–open end) In der riesigen ehemaligen Freimaurerlo-ge (geheime Handzeichen kann man sich schenken) kommen familienfreundliche Café-Klassiker wie Pasta, Fish & Chips, Suppen, Nachos, Steaks und Pies auf den Tisch. R&B dudelt, während man in dem ägyptisch ange-hauchten Ambiente speist.

Stage Door Café (☎ 06-359 2233; 96 King St; Haupt-gerichte 16–18 NZ$; ⏱ Mo–Fr 7.30–17, Sa 8–16, So 9–16 Uhr) Dieses Café ist ein entspannter Laden mit sanfter Musik, stacheligen Grünpflanzen, orangefarbenen Plastikstühlen und Studenten auf der Flucht vor den Büchern. Pluspunkte sind der Kaffee, Eier, Currys, Salate, Wraps, Muffins und Kuchen.

LP Tipp Halikarnas Café (☎ 06-357 5777; 23 Fitzher-bert Ave; Hauptgerichte 18–23 NZ$; ⏱ 11 Uhr–open end) Fliegende Teppiche, Wasserpfeifen aus Mes-sing und abgefahrene Trans-Bosporus-Klänge wollen eine Atmosphäre wie aus Tausend und einer Nacht zaubern. Fürs leibliche Wohl sor-gen türkische Spezialitäten von Lammkebab bis Falafel und erstklassiger türkischer Mokka. Kebab zum Mitnehmen gibt's nebenan.

Aberdeen Steakhouse & Bar (☎ 06-952 5570; 161 Broadway Ave; Hauptgerichte 26–36 NZ$; ⏱ Di–Fr 11–15, tgl. 17 Uhr–open end) Fotos von Preisbullen zieren den edlen, in Kuhfarben gehaltenen Speisesaal dieses Steakhauses. Spezialitäten sind u. a. „The Buster", das Steak aus der Hochrippe, und „The Contender" vom Kobe-Rind, „der Urahn aller durchwachsenen Steaks".

Alternativen für Selbstversorger:

Countdown (☎ 06-356 6066; Ecke Ferguson & Ashley St; ⏱ 7–24 Uhr)

Pak N Save (☎ 06-356 4043; 335 Ferguson St; ⏱ 8–24 Uhr)

Ausgehen

Fish (☎ 06-359 3474; Regent Arcade; Eintritt frei; ⏱ 4Mi 16–23, Do bis 1, Fr & Sa bis 3 Uhr) Die progressive, stilvolle, pazifisch angehauchte Cocktailbar hat den Finger fest am Puls von Palmerston North. Am Freitag- und Samstagabend, wenn DJs auflegen, vergisst das hippe, städtische Publikum bei Manhattans und Tamarillo Mules den Ärger der Woche.

Brewer's Apprentice (☎ 06-358 8888; 324 Church St; Eintritt frei; ⏱ Mo–Fr 11 Uhr–open end, Sa & So 10 Uhr–open end) Die frühere schäbige Studentenpinte hat sich zu einer schicken Bar gemausert, die von

Monteiths gesponsert wird. Mittags kommen Angestellte zum Essen her (Hauptgerichte mittags 10–17 NZ$, abends 27–29 NZ$), und abends bevölkern Nachtschwärmer zwischen 20 und 30 die Schankterrasse. Freitags und samstags gibt's abends Livemusik.

Mao Bar (☎ 06-354 8410; 64 George St; Eintritt frei; ☻ 7 Uhr–open end) Diese Bar ist tagsüber ein cooles Café und abends eine richtige Cocktailbar. Die Küche verbindet östliche und westliche Einflüsse (Hauptgerichte mittags 10–20 NZ$, abends 18–32 NZ$). Spanische Wände aus Bambus, rote Laternen und dunkles Holz prägen den Innenraum.

Celtic Inn (☎ 06-357 5571; Regent Arcade; Eintritt frei; ☻ Mo–Sa 11–3, So 16–23 Uhr) Mit guter altmodischer Kneipenatmosphäre macht das Celtic dem Fish in seiner Nähe mächtig Konkurrenz. Arbeiter, Traveller und Studenten heben hier einträchtig ein paar Humpen des schwarzen, würzigen Gebräus. Freundliches Personal, Livemusik, rote Samtstühle, Kinder, die um die Beine ihrer Eltern wuseln – nichts fehlt.

Unterhaltung
Downtown Cinemas (☎ 06-355 56; www.dtcinemas.co.nz; Downtown Shopping Arcade, Broadway Ave; Tickets Erw./Kind 13,50/8,50 NZ$, Di alle Tickets 8,50 NZ$; ☻ 10–24 Uhr) Kinokomplex mit dem neusetem Mainstream.

CinemaGold (☎ 06-353 1902; www.cinemagold.co.nz; Downtown Shopping Arcade, Broadway Ave; Tickets Erw./Kind 16/11 NZ$; ☻ 10–24 Uhr) Im selben Komplex wie die Downtown Cinemas. Schicke Sitze und Schanklizenz. Es laufen Kunstfilmklassiker und selten gezeigte Streifen.

Die Theaterszene in Palmy brummt. Hier lohnt sich ein Blick auf den Spielplan:

Abbey Theatre (☎ 06-355 4165; www.abbeymusical theatre.co.nz; 369 Church St) Gute Amateuraufführungen mit einer Neigung zu schmalzigen Musicals.

Centrepoint Theatre (☎ 06-354 5740; www.centre point.co.nz; 280 Church St) Profi-Shows mit bekannteren Namen, Theatersport, Stücke zu besonderen Anlässen.

Globe Theatre (☎ 06-351 4409; www.globetheatre. co.nz; Ecke Pitt & Main St) Großes Kommunaltheater, Sitz der Manawatu Theatre Society.

Regent Theatre (☎ 06-350 2100; www.regent.co.nz; 63 Broadway Ave) Erstklassig gestaltetes Theater, das internationale Kassenschlager wie das Russische Ballett oder die Platters auf die Bühne bringt.

An- & Weiterreise
BUS
Die Busse von **InterCity** (☎ 09-583 5780; www.inter city.co.nz) fahren vom **Palmerston North Travel Centre** (☎ 06-355 4955; Ecke Main & Pitt St; ☻ Mo–Do 8.45–17, Fr bis 19.30, Sa bis 15.30, So bis 19 Uhr) u. a. folgende Ziele an:

Ziel	Preis (NZ$)	Dauer (Std.)	Häufigkeit
Auckland	81	9	2-mal tgl.
Napier	29	2¾	2- bis 3-mal tgl.
Taupo	32	4¼	3-mal tgl.
Wellington	31	2¼	6-mal tgl.
Whanganui	19	1½	3-mal tgl.

Naked Bus (☎ 0900 625 33; www.nakedbus.co.nz) fährt ebenfalls vom Travel Centre u. a. zu folgenden Zentren der Nordinsel:

Ziel	Preis (NZ$)	Dauer (Std.)	Häufigkeit
Auckland	36	10¼	2- bis 3-mal tgl.
Napier	19	2½	1-mal tgl.
Taupo	23	3½	1-mal tgl.
Wellington	12	2¼	2- bis 3-mal tgl.
Whanganui	11	1¼	1-mal tgl.

Auch **White Star** (☎ 0800 465 622, 06-349 0508 www. whitestarbus.co.nz) nutzt das Travel Centre. Busse dieses Unternehmens fahren nach/von Wellington (25 BZ$, 2¼ Std., Sa–Mi 1-mal tgl., Do & Fr 2-mal tgl.) und nach/von New Plymouth (30 NZ$, 4¼ Std., Sa–Mi 1-mal tgl., Do & Fr 2-mal tgl.) über Whanganui (20 NZ$, 1 Std.).

FLUGZEUG
Der **Palmerston North International Airport** (PMR; ☎ 06-351 4415; www.pnairport.co.nz; Airport Dr) liegt 4 km nördlich vom Stadtzentrum. **Air New Zealand** (☎ 06-351 8800; www.airnewzealand.co.nz; 382 Church St; ☻ Mo–Fr 9–17 Uhr) fliegt täglich nach Auckland, Christchurch und Wellington.

Die **Sunair Aviation Ltd** (☎ 07-575 7799; www. sunair.co.nz) bietet Direktflüge nach Gisborne, Hamilton, Napier, Rotorua, Tauranga und Whakatane.

ZUG
Tranz Scenic (☎ 0800 872 467, 04-495 0775; www.tranz scenic.co.nz) betreibt Fernverkehrszüge zwischen Wellington und Auckland, die an der alten, heruntergekommenen **Palmerston North Train Station** (Mathews Ave) abseits der Tremaine Ave, rund 2,5 km nördlich vom Square, halten. Von Palmy nach Wellington fahren einmal täglich um 17 Uhr (Mai–Nov. nur Fr–So) der *Overlander* (53 NZ$, 2½ Std.) und montags bis freitags um 6.20 Uhr der *Capital Connection* (24 NZ$, 2 Std.). Tickets gibt's direkt bei Tranz Scenic und nicht am Bahnhof.

Unterwegs vor Ort

AUTO
Flughafen-Büros der Autovermieter:

Avis (☎ 06-357 0168, 06-358 7528; www.avis.co.nz)

Budget (☎ 06-356 8565, 06-345 5122; www.budget.co.nz)

Europcar (☎ 06-353 0001; www.europcar.co.nz)

Hertz (☎ 06-357 0921, 06-348 7624; www.hertz.co.nz)

Thrifty (☎ 06-355 4365; www.thrifty.co.nz)

BUS
Busse von **Tranzit City Link** (☎ 0508 800 800, 06-952 2800; www.horizons.govt.nz; Ticket 2 NZ$) fahren tagsüber von der Bushaltestelle Main St an der Ostseite des Square ab. Bus 12 fährt zur Massey University. Einen Bus zum Flughafen gibt es nicht.

FAHRRAD
Crank It Cycles (☎ 06-358 9810; www.crankitcycles.co.nz; 203 Cuba St; ☾ Mo–Fr 8–18, Sa 9–15 Uhr) verleiht Mountainbikes (ab 40 NZ$/Tag) inklusive Helm und Sicherheitsschloss.

VOM/ZUM FLUGHAFEN
Zwischen der Stadt und dem Flughafen fahren keine öffentlichen Verkehrsmittel. Es gibt jedoch jede Menge Taxis und auch den **Super Shuttle** (☎ 0800 748 885; www.supershuttle.co.nz), einen Kleintransporter, der einen in die Stadt bringt (13 NZ$; Reservierung erforderlich).

Wer vom Flughafen ins Geschäftsviertel fahren willen, nimmt die Ruahine St und biegt dann rechts in die Main St ein. Wenn man weiter nach Wellington will, nimmt man entweder die Main St, die dann zum SH56 wird, und erreicht Wellington über Foxton. Oder man biegt am Square links in die Fitzherbert Ave ab. Über sie kommt man zum SH57 und fährt über Shannon nach Wellington. Beide Touren dauern zwei bis drei Stunden.

TAXI
Eine Taxifahrt aus der Stadt zum Flughafen kostet rund 15 NZ$.

Gold & Black Taxis (☎ 06-351 2345)

Manawatu Taxis (☎ 06-355 5111)

Taxis Palmerston North (☎ 06-355 5333)

RUND UM PALMERSTON NORTH
Auf dem Weg nach Wellington liegen gleich südlich der „Studentenstadt" die verschlafenen Landstädtchen **Shannon** (1510 Ew.) und **Foxton** (2000 Ew.) im unterschätzten Bezirk Horowhenua.

Unseren gefiederten Freunden im **Owlcatraz** (Karte S. 295; ☎ 06-362 7872; www.owlcatraz.co.nz; SH57, Shannon; Erw./Kind inkl. Führung 20/7 NZ$; ☾ 9–17 Uhr) hat man so neckische Namen wie Owlvis Presley oder Owl Capone verpasst. Das Eulenparadies liegt 30 Autominuten südlich von Palmerston North.

Der **Foxton Beach** ist einer von einer Reihe breiter, flacher Strände am Rand der Tasmansee an diesem Teil der Küste – hier gibt es jede Menge braunen Sand, Treibholz und Ferienhäuser. Auch die Strände Himatangi, Hokio und Waikawa lohnen sich.

Die Stadt **Levin** ist zwar größer (19 550 Ew.), liegt aber Wellington und Palmerston North zu nahe, um sich als Zwischenstopp aufzudrängen.

Rund um die Manawatu Gorge
Rund 15 km nordöstlich von Palmerston North taucht der SH2 in die **Manawatu Gorge** (Karte S. 295) ein. Die Maori tauften die Schlucht Te Apiti (enger Durchgang) und glaubten, dass der große, rötliche Felsen fast in ihrer Mitte ihr Wächtergeist sei. Angeblich ändert der Felsen die Intensität seiner Farbe, wenn ein bedeutendes Mitglied des Rangitane-Stammes stirbt oder verletzt wird. Für eine Wanderung durch die gesamte Schlucht braucht man von beiden Enden aus rund vier Stunden, man kann sie aber auch per Jetboot besuchen (s. S. 309).

Am südwestlichen Rand der Schlucht, rund 40 Autominuten von Palmerston North entfernt, liegt die **Tararua Wind Farm** (Karte S. 295; ☎ 07-574 4754; www.trustpower.co.nz; Hall Block Rd), der angeblich größte Windpark der südlichen Hemisphäre. Von der Hall Block Rd aus hat man einen prächtigen Blick auf die Turbinen. Drehende Windräder gibt's auch nördlich der Schlucht in der **Te Apiti Wind Farm** (Karte S. 295; ☎ 0800 946 463; www.meridianenergy.co.nz; Saddle Rd, Ashhurst). Man kann sich den Weg im i-SITE erklären lassen oder an einer Tour teilnehmen (S. 309).

Eine weitere Möglichkeit, der Stadt zu entfliehen, bietet **Timeless Horse Treks** (☎ 06-376 6157; www.timelesshorsetreks.co.nz; Gorge Rd, Ballance; 1-/2-std. Ausritt 35/60 NZ$). Auf leichten Reitwegen besucht man den Manawatu River und die umliegenden Hügel. Angeboten wird auch ein Ausritt mit Übernachtung (alles inkl.) zur Tararua Wind Farm (175 NZ$). Die Abholung und der Rücktransport in/nach Palmerston North kosten 40 NZ$ pro Person.

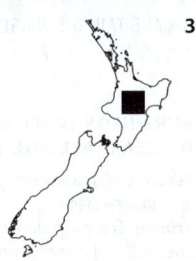

Taupo & die zentrale Hochebene

Wer meint, diese Region sei eine triste topfebene Landschaft, täuscht sich gewaltig. Zunächst einmal ist sie gar nicht flach. In der Mitte der Hochebene und im Herzen des Tongariro National Park erheben sich drei gewaltige Gipfel: der Tongariro, der Ruapehu und der Ngauruhoe. Und auch der größte See Neuseelands, der Lake Taupo, ist hier zu Hause: ein riesiger, mit Wasser gefüllter Krater – das Vermächtnis eines Vulkanausbruchs, der vor über 26 500 Jahren die Insel erschütterte und die ganze Welt ins Wanken brachte. All das gehört zur bis heute aktiven Taupo Volcanic Zone, die sich über Rotorua bis nach Whakaari bzw. White Island erstreckt. Der Mt. Ruapehu zischt immer noch häufig und brach zuletzt 2007 aus.

Doch damit nicht genug: Das Gebiet macht Rotorua mit spektakulären Freizeitunternehmungen und waghalsigen Abenteuern mächtig Konkurrenz. Wie wär's mit Fliegenfischen am erstklassigen Tongariro River, Bungeejumping am Waikato River oder einem Fallschirmsprung? Auch Wanderer kommen auf ihre Kosten: Der Tongariro Northern Circuit zählt zu den am besten zu bewältigenden Great Walks Neuseelands, der Tongariro Alpine Crossing zu den beliebtesten Tageswanderungen weltweit. Und im Winter lässt es sich in den erstklassigen Skigebieten Turoa und Whakapapa hervorragend die verschneiten Hänge herunterwedeln.

Von tiefen Flüssen und hohen Bergen bis zum verführerisch tiefblauen See – hier zeigt sich Neuseeland in all seinen Facetten und erfüllt einfach alle Wünsche.

HIGHLIGHTS

- Auf dem **Tongariro Alpine Crossing** (S. 338) das vulkanische Gebiet erkunden
- In **Taupo** (S. 320) an einen wildfremden Menschen gegurtet bei 200 km/h aus über 4500 m Höhe springen
- In den Skigebieten **Turoa** und **Whaka-papa** (S. 340) durch Pulverschnee carven
- Auf der **42 Traverse** (S. 342) Rad fahren, bis der Hintern streikt
- Bei einer Paddeltour auf dem **Lake Taupo** (S. 321) die Maorireliefs entdecken
- In **Orakei Korako** (S. 330) auf die Suche nach dem „verlorenen Tal" gehen
- In einem Jetboot den Waikato River bis zu den **Huka Falls** (S. 327) hinaufdüsen
- An einem Gummiseil 47 m über dem **Waikato River** (S. 320) baumeln

- Vorwahl: 07
- www.laketauponz.com
- www.visitruapehu.com

**KURZINFOS TAUPO &
DIE ZENTRALE HOCHEBENE**

Essen Forellen, am besten geräuchert. Aber zuerst muss man sie fangen!

Trinken Eine Handvoll Wasser aus dem Waikato River, während man an einem Bungee-Seil über ihm baumelt (S. 320)

Lesen *Awesome Forces* von Hamish Campbell und Geoff Hicks. Es erzählt die geologische Geschichte Neuseelands in packenden Details

Anhören *Ka mate* – den berühmten Haka-Tanz, der am Ufer des Lake Rotoaira geschrieben wurde

Ansehen *Die Rückkehr des Königs* aus der Trilogie *Der Herr der Ringe*, in dem der Mt. Ngauruhoe (S. 337) als Schicksalsberg in Erscheinung tritt

Schwimmen Im Lake Taupo – sehr belebend

Festival Das verrückte Carrot Festival in Ohakune, bei dem alles gefeiert wird, was orange und spitz ist (S. 347)

Schrägste Touristenattraktion Shawn the Prawn in der Huka Prawn Farm (S. 329)

Grünes Gewissen Die alpine Flora und die geologischen Launen des Tongariro National Park erkunden

Klima

Aufgrund ihrer Höhe herrscht auf der Hochebene ein verhältnismäßig kühles Klima mit Temperaturen um 3 °C im Winter und bis zu 24 °C im Sommer. Oberhalb von 2500 m gibt es ein kleines Gebiet, in dem das ganze Jahr über Schnee liegt. Die Skisaison in Whakapapa und Turoa dauert von Juli bis Oktober; an manchen Stellen liegt aber noch bis ins Frühjahr hinein Schnee. In den Bergen kann es jederzeit stürmen und zu plötzlichen Frosteinbrüchen kommen.

Anreise & Unterwegs vor Ort

Die Busse von **InterCity** (www.intercity.co.nz) fahren zu allen größeren Ortschaften in der Region und haben Anschluss an die wichtigsten Großstädte in Neuseeland. **Naked Bus** (www.nakedbus.com) ist hingegen nützlich für Fahrten nach Taupo und Turangi. Es gibt keine Direktbusse zwischen den am State Hwy 1 (SH1) gelegenen Ortschaften (Taupo und Turangi) und denen am State Hwy 4 (SH4; National Park und Ohakune). Private Shuttlebusse verkehren rund um den Tongariro National Park; manche holen Traveller in Taupo und Turangi ab.

Air New Zealand (www.airnz.co.nz) fliegt regelmäßig von Taupo nach Auckland und Wellington.

Der **Tranz Scenic Overlander** (www.tranzscenic.co.nz) zwischen Auckland und Wellington hält im Ort National Park, in Ohakune und in Taihape.

LAKE TAUPO & UMGEBUNG

Der Lake Taupo ist Neuseelands größter See. Er liegt im Krater eines Vulkans, der vor über 300 000 Jahren das erste Mal ausbrach. Die Caldera entstand vor etwa 26 500 Jahren bei dem Ausbruch des Oruanui, bei dem 750 km³ Asche und Bimsstein in die Luft geschleudert wurden – da erscheint der Ausbruch des Krakatau mit 8 km³ als unbedeutende Kleinigkeit. In der Gegend gibt es immer noch vulkanische Aktivitäten und – wie in Rotorua – faszinierende Thermalquellen.

Heute präsentiert sich der 606 km² große See mit seinen umliegenden Wasserwegen derart ruhig, dass ihn begeisterte Angler aus der ganzen Welt ansteuern. Aufgrund ihrer guten Lage am See sind Taupo und Turangi beliebte Touristenziele. Vor allem in Taupo werden etliche Unternehmungen und Einrichtungen angeboten, sowohl für Familien als auch für Individualreisende.

TAUPO
21 040 Ew.

In der immer aufregender werdenden Stadt Taupo stehen Unmengen an Aktivitäten zur Auswahl, die einem das Herz höher schlagen lassen – mittlerweile konkurriert es mit Rotorua um den Titel „Adrenalin-Hauptstadt der Nordinsel". Mit seiner postkartenreifen Lage am Nordostufer des Sees hat es einen ungetrübten Blick auf die schneebedeckten Berge des Tongariro National Park. Im Lake Taupo entspringt auf der Höhe der Stadt der längste Fluss Neuseelands, der Waikato River: Er bahnt sich krachend seinen Weg über die Huka Falls und die Aratiatia Rapids, bevor er behäbig bis zur Westküste dahinplätschert und unmittelbar südlich von Auckland ins Meer mündet.

Der SH1 verläuft mitten durch Taupo, das daher für Traveller leicht zu erreichen ist, und wird in der Hochsaison oft von Staus geplagt.

Geschichte

Als der Maorihäuptling Tamatea-arikinui die Gegend zum ersten Mal besuchte, glaubte er,

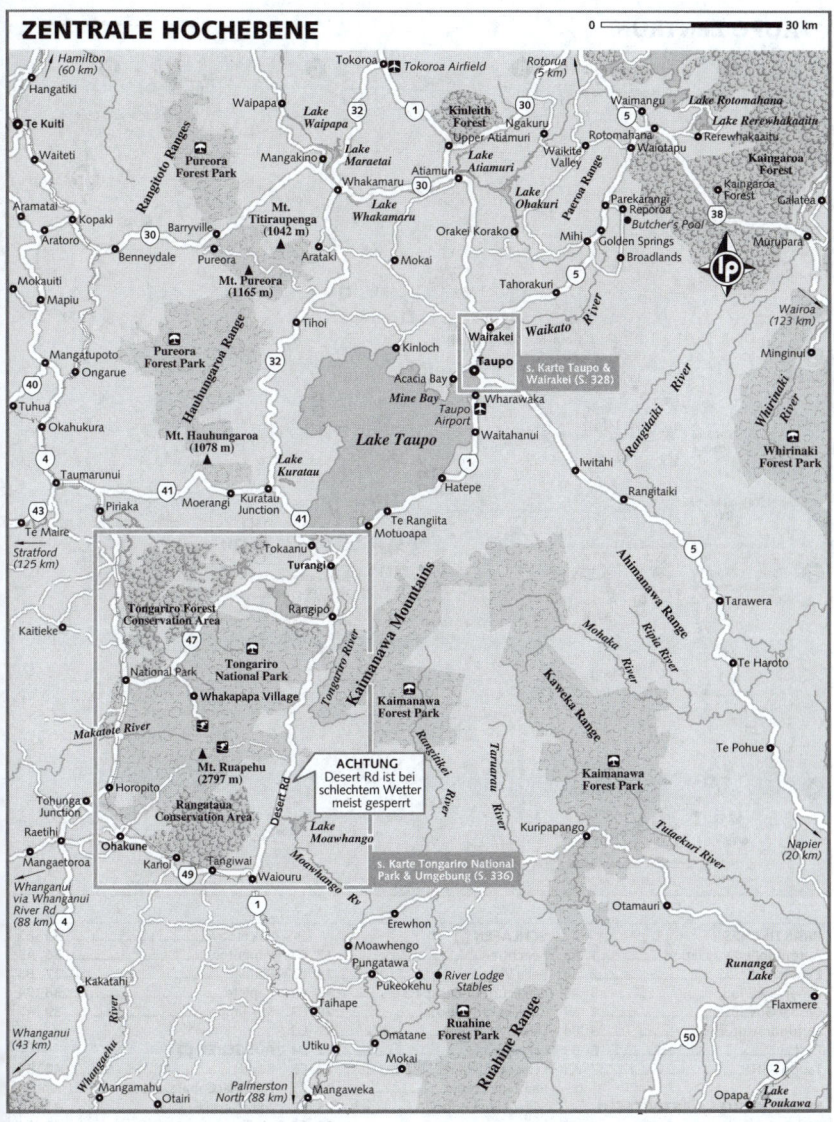

ZENTRALE HOCHEBENE

s. Karte Taupo & Wairakei (S. 328)

s. Karte Tongariro National Park & Umgebung (S. 336)

ACHTUNG
Desert Rd ist bei schlechtem Wetter meist gesperrt

TAUPO & DIE ZENTRALE HOCHEBENE

der Boden sei hohl, weil seine Schritte einen Nachhall erzeugten. Deshalb nannte er sie Tapuaeharuru (nachhallende Schritte). Der heutige Name bezieht sich allerdings auf die Geschichte Tias, der den See entdeckte und, in seinen Umhang gehüllt, neben ihm schlief. So wurde das Gebiet dann Taupo Nui a Tia (großer Umhang des Tia) genannt.

Die ersten europäischen Siedler ließen sich hier während des Ostküstenkriegs (1868–1872) nieder, in dem Taupo zu einem strategisch wichtigen Militärstützpunkt wurde: Colonel J. M. Roberts legte hier 1869 eine Schanze an und im selben Jahr wurde eine Garnison berittener Polizisten bis zur Niederlage von Te Kooti (s. S. 407) stationiert.

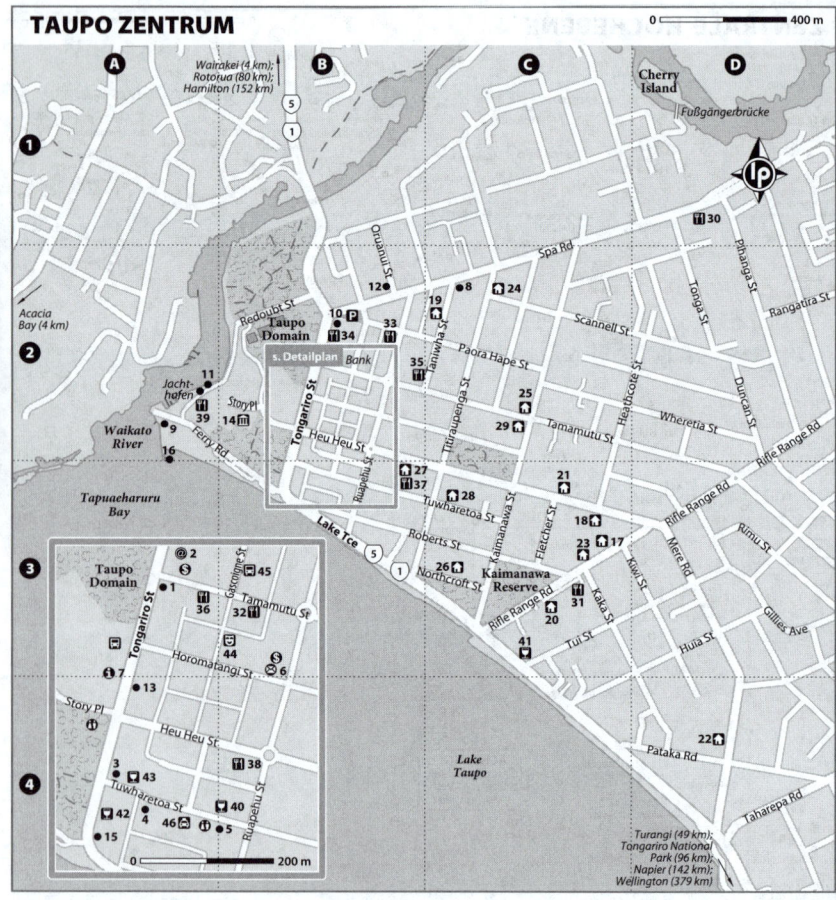

TAUPO ZENTRUM

Dank der zunehmenden Motorisierung wuchs Taupo im 20. Jh. von einem Seedorf mit rund 750 Einwohnern zu einem größeren Ferienstädtchen an, das von den meisten Orten der Nordinsel aus leicht zu erreichen ist. Auch heute steigt die Zahl der Einwohner in der Hochsaison erheblich an, wenn Neuseeländer und ausländische Touristen gleichermaßen ans Seeufer strömen.

Praktische Informationen

Automobile Association (AA; Karte S. 318; ☎ 07-378 6000; 3 Tamamutu St)
Cybershed (Karte S. 318; 115 Tongariro St; ⊕ 9–22 Uhr) Bietet IT-Dienste und Internetzugang und verkauft britische Leckereien.
Experience Taupo (Karte S. 318; ☎ 07-377 0704; www.experiencetaupo.com; 29 Tongariro St) Bucht die meisten Reisedienstleistungen vor Ort und hat Internetzugang.
Global Gossip (Karte S. 318; 11 Tuwharetoa St) Internetzugang.
Post (46 Horomatangi St) Hat einen postlagernden Dienst.
Taupo i-SITE (Karte S. 318; ☎ 07-376 0027; www.laketauponz.com; Tongariro St; ⊕ 8.30–17 Uhr) Nimmt Buchungen von Unterkünften, Transportmitteln und Unternehmungen vor und hat einen kostenlosen Stadtplan, Karten und Infos des Department of Conservation (DOC) auf Lager.

Sehenswertes

Taupos größte Attraktion ist der See – und alles, was man in ihm, auf ihm und an seinem Ufer unternehmen kann. Das Wasser ist herrlich kühl, an manchen Stellen (z. B. am **Hot Water Beach**, Karte S. 328, gleich südlich

vom Zentrum) gibt es jedoch direkt unter der Wasseroberfläche warme Thermalquellen. Man kann direkt im Ort baden, besonders schön ist allerdings die **Acacia Bay** (Karte S. 317), 5 km westlich von Taupo.

Das **Taupo Museum & Art Gallery** (Karte S. 318; ☎ 07-376 0414; www.taupomuseum.co.nz; Story Pl; Erw./Kind 5 NZ$/frei; ⊕ 10–16.30 Uhr) zeigt historische Exponate zur einheimischen Forstwirtschaft, zur Schifffahrt und zum Forellenfang. Zu sehen sind auch der Nachbau eines Ladens aus dem 19. Jh. und das Skelett eines Moas, ein ausgestorbener flugunfähiger Laufvogel. Außerdem gastieren hier regelmäßig Wanderausstellungen. Den Mittelpunkt der Sammlung bildet ein Maoriversammlungshaus, das mit aufwendigen Schnitzereien verzierte Te Aroha o Rongoheikume. Im Hof findet man den Ora Garden of Wellbeing, eine Nachbildung des Beitrags Neuseelands zur Chelsea Flower Show von 2004, der mit einer Goldmedaille ausgezeichnet wurde. Der recht kleine Garten beherbergt immerhin mehr als 1000 einheimische Pflanzen und zahlreiche Eidechsen.

An der Mine Bay (Karte S. 317; für Details zu Charterbooten, s. S. 320 & S. 321) am See gibt es nur mit dem Boot zu erreichende, 10 m hohe **Maorireliefs**. Sie wurden Ende der 1970er-Jahre vom Künstler Matahi Whakataka-Brightwell in den Stein gemeißelt und zeigen Ngatoro-i-rangi, den visionären Maoriseefahrer, der vor mehr als 1000 Jahren die Stämme Tuwharetoa und Te Arawa in die Taupo-Region führte. Von Matahi stammen

---

MAORI: DIE ZENTRALE HOCHEBENE

Um eine Gruppe von Bergen im Zentrum der Nordinsel ranken sich mehrere Maorilegenden von Lust und Untreue, die damit enden, dass einige Berge in andere Teile der Insel fliehen (die traurige Geschichte des Mt. Taranaki kann man auf S. 286 nachlesen).

Lange Zeit nach diesen Begebenheiten ging der Häuptling Ngatoro-i-rangi (s. Kasten S. 338), der mit dem Boot aus Hawaiki ankam, hier an Land. Bei seiner Erkundung der Region gab er den verbliebenen Bergen Namen. Der heiligste unter ihnen war der Tongariro, der mindestens zwölf Vulkankegel besaß und somit als Anführer aller anderen Berge betrachtet wurde.

Der größte *iwi* (Stamm) der Region sind die **Tuwharetoa** (www.tuwharetoa.co.nz). Sie sind einer der wenigen *iwi* in Neuseeland, die immer noch einen unumstrittenen *ariki* (Oberhäuptling) haben. Der derzeitige *ariki*, Tumu Te Heuheu Tukino VIII., ist ein Ururenkel von Te Heuheu Tukino IV., der wiederum ein Nachkomme von Ngatoro-i-rangi ist und 1887 die Berge von Tongariro dem neuseeländischen Staat übereignete.

Wer Interesse an den Geschichten der einheimischen Maori und ihrer Ahnen hat, sollte das Versammlungshaus im Taupo Museum (s. oben), die in den Klippen gemeißelten Gesichter an der Mine Bay (s. oben) und die Wairakei Terraces (S. 329) besuchen oder mit pureORAwalks (S. 323) einen Nature-Culture Walk unternehmen.

auch die beiden kleineren, keltisch wirkenden Figuren, die den Südwind und eine Meerjungfrau darstellen.

Aktivitäten

Adrenalinjunkies sollten nach Sonderangeboten Ausschau halten, bei denen es mehrere Aktivitäten zum reduzierten Paketpreis gibt.

FALLSCHIRMSPRINGEN

Mehr als 30 000 Sprünge pro Jahr werden in Taupo gemacht. Damit ist es weltweit die Hauptstadt des Fallschirmspringens. Das Städtchen ist aber auch wie geschaffen für diesen Sport: All die wunderschönen Plätze, die man am Boden sieht, schillern aus der Luft wie eine brillante Decke aus natürlichen Farben, die Highlights sind jedoch unbestritten das tiefblaue Wasser des Sees und das leuchtende Weiß der schneebedeckten Gipfel. Die folgenden Anbieter liegen am Flughafen Tür an Tür und haben mit die günstigsten Preise in Neuseeland. Ihre Angebote unterscheiden sich kaum; sie umfassen in der Regel einen Abholservice in der Stadt, ein Video und Fotos des Sprungs sowie T-Shirts.

Skydive Taupo (☎ 0800 586 766; www.skydivetaupo.co.nz; 12 000/15 000 Fuß 250/340 NZ$)

Taupo Tandem Skydiving (☎ 07-377 0428; www.tts.net.nz; 12 000/15 000 Fuß 249/339 NZ$)

BUNGEEJUMPING

Taupo Bungy (Karte S. 328; ☎ 07-377 1135; www.taupobungy.co.nz; Sprung 109 NZ$; ☼ 8.30–17 Uhr) ist der beliebteste Veranstalter auf der Nordinsel. Er residiert malerisch auf einer Klippe über dem gewaltigen Waikato River und bietet viele gute Aussichtspunkte auch für diejenigen, die dann doch lieber festen Boden unter den Füßen haben. Die Wagemutigen werden auf eine Plattform geführt, die 20 m über eine Klippe hinausragt, und mit Engelszungen dazu überredet, sich in den Abgrund zu stürzen. (Kurze Info für alle Technik-Freaks: Hier fand der erste Sprung der Welt von einer freitragenden Konstruktion aus statt.) Nach dem Fall 47 m in die Tiefe, bei dem einem das Herz stehenbleibt, und ein paar Rückfederungen sitzt man dann schon wieder sicher im Boot. Beim Sprung gibt es verschiedene Alternativen: Man kann auch kurz ins Wasser eintauchen, an einen Freund gegurtet zu zweit in die Tiefe springen oder die Riesenschaukel ausprobieren.

ANGELN & BOOTFAHREN

Angler sind am Lake Taupo genau richtig: Die Region ist weltbekannt für ihre Forellen. An allen Flüssen, die in den See münden, ist in einem Radius von 300 m zur Flussmündung nur Fliegenfischen erlaubt. Mit einem Köder angeln darf man lediglich am Waikato River (weil der aus dem See hinausfließt) und auf der anderen Seite des Sees im Wasserauslauf der Tokaanu Power Station, der in den See mündet. Wer am See und am Fluss angeln will, benötigt eine Genehmigung und sollte diese auch stets dabeihaben – andernfalls kann ein saftiges Bußgeld fällig werden. Eine Genehmigung (pro Tag/Woche/Saison 16/36/85 NZ$) erhält man an allen oben genannten Stellen oder über das i-SITE (S. 319).

Es gibt zahlreiche Angeltourveranstalter rund um Taupo und Turangi (s. S. 331). Mit den meisten kann man problemlos einen Preis je nach Trip aushandeln (angemessener Richtwert: 250 NZ$ inkl. Ausrüstung und Genehmigung für einen halben Tag).

Bei **Greenstone Fishing** (Karte S. 318; ☎ 07-378 3714; www.greenstonefishing.co.nz; 147 Tongariro St; Ausrüstungsverleih ab 10 NZ$; ☼ Mo–Fr 8.30–17.30, Sa & So bis 16.30 Uhr) und **Taupo Rod & Tackle** (Karte S. 318; ☎ 07-378 5337; www.tauporodandtackle.co.nz; 7 Tongariro St; Ausrüstungsverleih 15–45 NZ$; ☼ Mo–Sa 8.30–18, So 9.30–17 Uhr) kann man geführte Angeltouren buchen oder sich die Ausrüstung und die Genehmigung für Trips auf eigene Faust besorgen.

Es gibt jede Menge Charterboote für Angelausflüge am bzw. auf dem See und Bootstouren. Die meisten bringen einen zu den Maorireliefs an der Mine Bay (S. 319) und dauern eine bis zweieinhalb Stunden. Beliebt ist die Fahrt mit der 15 m langen Jacht **Barbary** (☎ 07-378 3444; Erw./Kind 40/10 NZ$; ☼ 10.30, 14 & 17 Uhr) von 1926. Mehr Action bietet an ruhigen Tagen die **Cruise Cat** (Karte S. 318; ☎ 07-378 0623; www.chrisjolly.co.nz; Erw./Kind 40/16 NZ$; ☼ 10.30 & 13.30 Uhr), eine große moderne Barkasse, mit der sich vor allem die sonntäglichen Brunch-Trips (58 NZ$) lohnen.

Am besten bucht man Angel- oder Bootsausflüge im **Launch Office** (Lake Taupo Charter Office; Karte S. 318; ☎ 07-378 3444; www.fishcruisetaupo.co.nz; Marina; ☼ Dez.–März 9–17 Uhr, April–Nov. 9.30–15 Uhr), das für Reisegruppen und unabhängige Traveller Buchungen für rund 20 Boote vornimmt.

SCHWIMMEN & BADEN

Ungefähr 2 km östlich der Stadt gibt es in den **AC Baths** (Karte S. 328; ☎ 07-376 0350; www.taupovenues.

co.nz; AC Baths Ave; Erw./Kind 6,50/2,50 NZ$, Rutschen 4 NZ$; ☺ 6–21 Uhr) im Taupo Events Centre einen großen beheizten Pool mit einer Wasserrutsche, ein überdachtes Kinderbecken, kleine Mineralbecken, die man für sich allein hat, eine Sauna und eine **Kletterwand** (Erw./Kind 13/9 NZ$; ☺ wechselnde Öffnungszeiten).

Ein 20-minütiger Spaziergang führt von der Stadt zu den **Thermalquellen** (Karte S. 328) am Huka Falls Walkway. An dem hübschen, recht abgenutzten Ort unter einer Brücke kann man in freier Natur und umsonst ins Wasser springen.

Im **Taupo Hot Springs Spa** (Karte S. 328; ☎ 07-377 6502; www.taupohotsprings.com; SH5; Erw./Kind 15/4 NZ$; ☺ 8.30–21.30 Uhr) gibt es drinnen und draußen eine Vielzahl von Thermalbecken mit mineralhaltigem Wasser und Süßwasserbecken. Während die Kids auf der riesigen, als überdimensionaler Drachen gestaltete Wasserrutsche ihren Spaß haben, können Erwachsene sich mit diversen Anwendungen wie Massage und Körperpeeling verwöhnen lassen. Auf dem Gelände gibt's auch ein Café mit gesundem Essen sowie Picknick- und Grillstellen.

WASSERSPORT

Mit dem großen See mittendrin, dem Waikato River und dem Tongariro River an dessen beiden Enden und den nicht weit entfernten wilden Wasserläufen des Rangitaiki River und des Wairoa River gibt es rund um Taupo natürlich unzählige Möglichkeiten, sich im Wasser auszutoben. Kajakfahren ist ein beliebter Freizeitsport auf dem See und auf den Flüssen, ferner gibt es Raftingangebote sowohl auf den Wildwasserstromschnellen als auch in ruhigen Flussabschnitten. Vor Ort kann man die notwendige Ausrüstung ausleihen und sich in die jeweiligen Aktivitäten einweisen lassen – es gibt also keine Ausrede dafür, auf dem Trockenen zu bleiben!

Big Sky Parasail (☎ 0800 724 475; www.bigskyparasail.co.nz; Lake Tce; ☺ nur im Sommer 8–18 Uhr) Bietet vom Ufer aus Parasailing (1150 m/2625 m 75/85 NZ$) auf dem See.

Canoe & Kayak (Karte S. 318; ☎ 07-378 1003; www.canoeandkayak.co.nz; 77 Spa Rd; ☺ Mo–Sa 9–17 Uhr) Einweisung und Bootsverleih (im Hochsommer am Seeufer). Veranstaltet auch geführte Trips, z. B. eine zweistündige Bootsfahrt auf dem Waikato River (45 NZ$) und einen Halbtagsausflug zu den Maorireliefs (90 NZ$).

Chris Jolly Outdoors (Karte S. 318; ☎ 07-378 5596; www.chrisjolly.co.nz; Marina; ☺ 9–17.30 Uhr) Hat alle Arten von Wassersport im Angebot, darunter Kajakverleih

(1er/2er 20/30 NZ$/Std.) und Bootsverleih (70–85 NZ$/Std.). Organisiert außerdem Hubschrauberrundflüge und bucht andere Aktivitäten.

Kiwi River Safaris (☎ 07-377 6597; www.krs.co.nz) Jeweils zweistündige Wildwasserraftings auf dem Rangitaiki River (110 NZ$), dem Wairoa River (115 NZ$) und dem Tongariro River (110 NZ$); die Fahrt ab Taupo und das Mittagessen sind im Preis enthalten. Veranstaltet auch Kajaktrips auf dem Waikato River (Erw./Kind 45/25 NZ$).

Rapid Sensations/Kayaking Kiwi (Karte S. 328; ☎ 07-378 7902; www.rapids.co.nz, www.kayakingkiwi.com; 413 Huka Falls Rd) Kajaktrips zu den Maorireliefs (4½ Std., 108 NZ$) und ruhige Paddeltrips auf dem Waikato River (2 Std., 45 NZ$); außerdem sechsstündige Wildwasserraftings auf dem Tongariro River (135 NZ$) und kürzere Trips auf einem ruhigeren Abschnitt (2½ Std., 115 NZ$).

Sailing Centre (Karte S. 328; ☎ 0274 967 350; www.sailingcentre.co.nz; Lake Tce; ☺ 8.30–20.30 Uhr) Verleiht im Sommer Kajaks (25 NZ$/Std.), Kanus (35 NZ$/Std.), Surfbretter (35 NZ$/Std.), Katamarane (65 NZ$/Std.) und Segelboote (60 NZ$/Std.).

Wilderness Escapes (☎ 07-378 3413; www.wildernessescapes.co.nz) Halb- bis mehrtägige Kajaktrips, u. a. zu den Maorireliefs (halber Tag 85 NZ$), und Paddelausflüge auf dem See in der Abenddämmerung (85 NZ$). Verleiht auch Kajaks (60 NZ$/Tag). Es gibt Kombiangebote: Kajaktrip plus Hubschrauberflug, Bootsfahrt oder Wanderung.

RAD FAHREN & MOUNTAINBIKEN

Taupo mit zwei Rädern zu erkunden, ist unkompliziert und macht richtig Spaß. Es gibt ausgewiesene Radwege an der Lake Tce und der Heu Heu St und sonst auch Wege, die man sich mit Wanderern teilt. Überall in der Stadt gibt's blaue Fahrradständer. Am Lake Taupo finden auch jährlich zwei der größten Radrennen Neuseelands statt: Die 160 km lange **Lake Taupo Cycle Challenge** (www.cyclechallenge.org.nz) am letzten Samstag im November und der zwölfstündige **Day-Night Thriller** (www.daynightthriller.co.nz) im September locken regelmäßig über 3000 Mountainbiker an. Gleich außerhalb der Stadt findet man im Wairakei Forest und im Pureoro Forest sowie entlang des Waikato River gute Mountainbikewege. Karten für diese Gegenden kann man auf www.biketaupo.org.nz herunterladen.

Rapid Sensations (s. oben) veranstaltet dreistündige geführte Radtouren im Wairakei Forest (geführte Tour 75 NZ$, Fahrradverleih halber/ganzer Tag 45/55 NZ$). Fahrräder verleihen auch die Rainbow Lodge (S. 323) und **Life Cycles** (Karte S. 318; ☎ 07-378 6117; 16 Oruanui St; 40 NZ$/Tag; ☺ Mo–Fr 8.30–17 Uhr). Extrembiking der Luxusklasse wartet auf die Kunden von **Heli-**

Biking (☎ 07-384 2816; www.kaimanawahelibiking.co.nz; 4-Std.-Trip 395 NZ$): Mit einem Hubschrauber geht's bis zum höchsten Punkt in den Kaimanawas, von wo aus man dann die ganze Strecke mit dem Rad hinunterdüst.

WANDERN

In und um Taupo herum gibt's einige tolle Wanderwege – von ruhigen Pässen bis zu knackigen Touren, die den ganzen Tag in Anspruch nehmen. Ein guter Anfang ist die DOC-Broschüre *Lake Taupo – A Guide to Walks and Hikes* (2,50 NZ$).

Der **Huka Falls Walkway** ist eine angenehme, leichte Wanderung von Taupo zu den Wasserfällen am Ostufer des Waikato River entlang, bei der man einen heißen Strom überquert. Die Wasserfälle sind eine bis eineinhalb Stunden vom Stadtzentrum entfernt. Um zum Wanderweg zu gelangen, geht man die Spa Rd hinauf, vorbei an Taupo Bungy. An der County Ave links abbiegen und weiter durch den Spa Thermal Park bis zum Ende der Straße. Am Ende des Parkplatzes zweigt der Pfad links ab und führt über einen Hügel und hinunter zu den Thermalquellen am Fluss.

Von den Wasserfällen führt der **Huka Falls to Aratiatia Rapids Walking Track** weiter zu den 7 km entfernten Stromschnellen (weitere 2 Std.). Von hier aus sieht man wunderbar auf den Fluss, die Huka Falls und das Wasserkraftwerk am anderen Ufer. Wer nur diese Strecke wandern möchte, fährt zum Parkplatz der Wasserfälle und überquert die Brücke.

Ein anderer Weg hat den **Mt. Tauhara** (Karte S. 328) zum Ziel, wo einem ein prächtiges Panorama zu Füßen liegt. Die Ausfahrt Taupo–Napier Hwy (SH5) 2 km südlich des Ortskerns von Taupo nehmen, dem SH5 für etwa 6 km folgen und dann links in die Mountain Rd einbiegen. Der Startpunkt des Wanderwegs ist auf der rechten Seite ausgeschildert. Zum Gipfel braucht man in gemütlichem Tempo rund zwei Stunden.

Der hübsche **Great Lake Walkway** folgt der Uferpromenade in Taupo gen Süden zur Five Mile Bay (8 km), ein flacher, bequemer Spazierweg vorbei an öffentlichen Stränden.

Taupo ist zudem ein guter Ausgangspunkt für eine Wanderung auf dem Tongariro Alpine Crossing (s. S. 338).

GOLF

Taupo Golf Club (Karte S. 328; ☎ 07-378 6933; www.taupogolf.co.nz; 32 Centennial Dr; 9/18 Löcher 35/60 NZ$)

Zwei gute Golfplätze mit 18 Löchern – ein Parkkurs und ein sogenannter Links-Platz.

Wairakei International Golf Course (Karte S. 328; ☎ 07-374 8152; www.wairakeigolfcourse.co.nz; SH1, Wairakei; 18 Löcher 100–200 NZ$) Der 8 km nördlich von Taupo gelegene, 150 ha große Golfplatz ist eine echte Herausforderung. Er ist in eine wunderschöne Landschaft eingebettet und zählt zu den 100 besten Golfplätzen der Welt. Ende 2009 wurde ein 2 m hoher und 5 km langer, schädlingssicherer Zaun gezogen, sodass der ganze Golfplatz inzwischen auch ein Naturschutzgebiet für einheimische Vögel ist.

Wairakei Resort (Karte S. 328; ☎ 07-374 8021; www.wairakei.co.nz; SH1, Wairakei; Erw./Kind 12/8 NZ$) Der Golfplatz mit neun Löchern liegt in einer ähnlich grünen Anlage, vom Wairakei International 1 km die Straße hinauf.

REITEN

Moehiwa Horse Ventures (Karte S. 328; ☎ 07-378 3727; moehiwa.tripod.com; 73 Poihipi Rd; 1- bis 2-stündiger Ausritt 45–80 NZ$) Hoch zu Ross geht's durch Wiesen, Kiefernwälder und Flussbetten.

Taupo Horse Treks (Karte S. 328; ☎ 07-378 0356; www.taupohorsetreks.co.nz; Karapiti Rd; 60 NZ$/Std.) Organisiert Ausritte durch hübsche Wälder mit tollem Blick auf die Craters of the Moon (S. 329).

SKIFAHREN

Taupo liegt verlockend nah an den Skigebieten: Bis nach Whakapapa fährt man 75 Minuten, nach Turoa (s. S. 340) sind es zwei Stunden. Überall in der Gegend, oben auf dem Berg und im **Pointons Ski Shop** (Karte S. 318; ☎ 07-377 0087; 57 Tongariro St; Ski-/Snowboardverleih 30/40 NZ$; ☻ April–Sept. 7–19 Uhr, Okt.–März Mo–Fr 8.30–17.30, Sa 8.30–16, So 10–15 Uhr) kann man sich Ausrüstungen ausleihen.

NOCH MEHR AKTIVITÄTEN

Abenteuerlustige, die Benzin im Blut haben, sollten den **Taupo Motorsport Park** (außerhalb der Karte S. 328; ☎ 07-376 5033; www.tauporacetrack.co.nz; Broadlands Rd) besuchen. Auf dem modernen, 3,5 km langen Kurs mit Dragster-Ring wurden auch schon Rennen der inzwischen insolventen A1GP-Serie ausgetragen. Hier gibt's ständig etwas zu sehen – von Sidecar- bis zu „Bummler"-Rennen; manchmal testet auch die Polizei hier ihr Können. Wer selbst einmal in einem V8 oder in einem Formula Challenge Race Car die Rennstrecke testen will, kann sich an **Formula Challenge** (☎ 07-377 0338; www.fcr.co.nz; 1–3 Runden 290–695 NZ$) wenden. Und wer gerne einmal bei einer superschnellen Fahrt als Beifahrer mit einem Profi fahren oder von einem solchen Fahrunterricht erhalten will, kann dies mit **Track Drive** (☎ 027 288 9037; www. trackdrive.co.nz) tun.

Taupo Quad Adventures (☎ 07-377 6404; www. 4x4quads.com; SH1; 1- bis 3-stündige Fahrt 79–189 NZ$) bietet vollständig geführte Off-Road-Trips mit Quads an. Der Veranstalter findet sich gegenüber der Abzweigung nach Orakei Korako, 24 km nördlich der Stadt

Etwas sanfter geht's beim **Taupo Gliding Club** (Karte S. 328; ☎ 07-378 5627; www.taupoglidingclub.co.nz; Centennial Dr; Flug 120–180 NZ$) zu, der je nach Wetterlage täglich nach Vereinbarung Segelflüge im Centennial Park organisiert.

Geführte Touren
PANORAMAFLÜGE
Air Charter Taupo (☎ 07-378 5467; www.aircharter taupo.co.nz; Taupo Airport; Flug 80–250 NZ$) Zur Auswahl stehen Rundflüge (15 Min.–1 Std.) über die Huka Falls, den Lake Taupo und den Tongariro National Park.

Helipro (☎ 07-377 8805; www.helipro.co.nz; Taupo Airport; Flug 95–1695 NZ$) Hat sich auf Hubschraubertouren spezialisiert, bei denen man u. a. auf den Bergen und auf der White Island landet; bei kürzeren Rundflüge bekommt man die Stadt, den See und die Vulkane aus der Luft zu sehen (mind. 10 Min.).

Helistar Helicopters (Karte S. 328; ☎ 07-374 8405; www.helistar.co.nz; 415 Huka Falls Rd; Flug 99–995 NZ$) Liegt rund 3 km nordöstlich der Stadt und bietet eine Reihe Hubschrauberrundflüge (10 Min.–2 Std.) an. Mit dem Kombiangebot „Huka Star" (ab 193 NZ$) kann man einen Helistar-Flug mit dem Huka Falls Jet verbinden.

Taupo Air Services (☎ 07-378 5325; taupoair@ xtra.co.nz; Taupo Airport; Flug 90–500 NZ$) Veranstaltet diverse Rundflüge – vom 15-minütigen „Local Look" bis zum fast zweistündigen Flug zur White Island.

Taupo's Floatplane (Karte S. 318; ☎ 07-378 7500; www.tauposfloatplane.co.nz; Flug 75–590 NZ$) Das am Eingang des Jachthafens gelegene Floatplane steht für eine Reihe von Trips zur Verfügung, darunter Kurzflüge über den See und längere über den Mt. Ruapehu bzw. zur White Island. Als Paketangebot gibt's die „Taupo Trifecta Combo" (Trip mit dem Wasserflugzeug, danach eine Jetboat-Tour und eine Wanderung durch Orakei Korako; 385 NZ$).

NOCH MEHR TOUREN
Paradise Tours (☎ 07-378 9955; www.paradisetours. co.nz; Tour Erw./Kind 99/45 NZ$) Dreistündige Touren zu den Aratiatia Rapids, den Craters of the Moon und den Huka Falls. Weitere Ausflüge im Programm: zum Tongariro National Park, nach Orakei Korako, nach Rotorua, nach Hawke's Bay und zu den Waitomo Caves.

pureORAwalks (☎ 021-042 2722; www.pureorawalks. com; Erw./Kind 85/62 NZ$) Die vierstündigen Nature-Culture-Walks durch den Pureora Forest Park, zum Lake Rotopounamu und durch den Whirinaki Forest Park gewähren einen Einblick in die *maoritanga* (Kultur der Maori); man erfährt Wissenswertes u. a. zur traditionellen Nutzung von Flora und Fauna, zur Lokalgeschichte und zu den Legenden.

Whirinaki Rainforest Experiences (☎ 07-377 2363; www.rainforest-treks.co.nz) Veranstaltet faszinierende, lehrreiche ökokulturelle Wanderungen im Whirinaki Forest Park (1–3 Tage 155–745 NZ$). Im Preis enthalten ist die Anreise ab Taupo, Verpflegung und Campingausrüstung.

Schlafen
BUDGETUNTERKÜNFTE
YHA Taupo Action Downunder (Karte S. 318; ☎ 07-378 3311; www.yha.co.nz; 56 Kaimanawa St; Stellplatz/B/EZ/3BZ 16/29/58/97 NZ$, DZ 78–88 NZ$; 🖥 🛜) Ein gutes Hostel mit gemütlichen Gemeinschaftsbereichen und einer sonnenüberfluteten Terrasse mit Grillstellen, einem Whirlpool und einer umfangreichen DVD-Bibliothek. Der Gitarrenverleih macht den etwas beengten Küchenbereich wieder wett.

Taupo DeBretts Spa Resort (Karte S. 328; ☎ 07-378 8559; www.taupodebretts.com; SH5; Stellplatz Erw./Kind 20/10 NZ$, Hütte 60–115 NZ$, Wohneinheit 130–190 NZ$; 🖥 🛜 🐾) Das DeBretts hat eher etwas von einem gehobenen Ferienpark als von einem prunkvollen Resort. Es bietet in einer gepflegten Anlage ein breites Spektrum von Unterkünften an: von Zeltplätzen bis zu Wohneinheiten im Motelstil. Familien werden sich über die kinderfreundlichen Extras wie Spielplatz und Trampolin freuen. Vom Zentrum sind es fünf Autominuten bis zur Anlage, was man aber angesichts der friedlichen Lage und den dazugehörigen Taupo Hot Springs (s. S. 321) gerne in Kauf nimmt. Zur Zeit unserer Recherche wurde das benachbarte Terraces Hotel (1889) in ein Hilton umgebaut, in dem es dann auch teure Restaurants geben wird.

LP Tipp **Blackcurrant Backpackers** (Karte S. 318; ☎ 07-378 9292; www.blackcurrentbp.co.nz; 20 Taniwha St; B 22–25 NZ$, EZ/DZ/3BZ 50/70/84 NZ$) Das alternde Motel wurde mit schicken Zimmern mit Bad und superkomfortablen Betten aufgemöbelt und roch bei unserem Besuch noch immer nach frischer Farbe und neuen Teppichen. Die Angestellten sind so putzmunter wie die schwarzen Johannisbeeren in der englischen Ribena-Werbung (Tipp: mal bei Youtube vorbeischauen).

Rainbow Lodge (Karte S. 318; ☎ 07-378 5754; www. rainbowlodge.co.nz; 99 Titiraupenga St; B 23–26 NZ$, EZ 45–55 NZ$, DZ 52–64 NZ$, 3BZ/4BZ 78/104 NZ$; 🖥 🛜) Ein solides, geselliges Hostel mit sauberen Zimmern, darunter einige mit Bad. Zu den Extras zählen der Verleih von Fahrrädern (20 NZ$/Tag) und Angelausrüstung, kostenloser Kaffee und eine Sauna.

Taupo Urban Retreat (Karte S. 318; ☎ 07-378 6124; www.tur.co.nz; 65 Heu Heu St; B 23–27 NZ$, DZ 68 NZ$; 🖥 📶) Das zweckmäßige Hostel mit einem pubähnlichen Treff wird vor allem von jüngeren Gästen besucht, die sich in dem zwanglosen Ambiente wohlfühlen. Das Design ist erfrischend modern und erzeugt eine Strandhaus-Atmosphäre, obwohl es an einer geschäftigen Straße liegt.

Lake Taupo Top 10 Holiday Resort (Karte S. 328; ☎ 07-378 6860; www.taupotop10.co.nz; 28 Centennial Dr; Stellplatz Erw./Kind 23/13 NZ$, Hütte 99–128 NZ$, Wohneinheit 149–365 NZ$; 🖥 📶 🏊) Der rund 8 ha große Ferienpark liegt ungefähr 2,5 km vom i-SITE entfernt und ist der schickste unter den hiesigen Campingplätzen. Gäste dürfen sich auf etliche moderne Annehmlichkeiten freuen, z. B. einen beheizten Swimmingpool, Tennisplätze und einen Laden auf dem Gelände.

All Seasons Holiday Park (Karte S. 328; ☎ 0800 777 272; www.taupoallseasons.co.nz; 16 Rangatira St; Stellplatz 25/40 NZ$ pro 1/2 Pers., B 37 NZ$, Hütte 60–129 NZ$, Wohneinheit 95–212 NZ$) Der angenehme Ferienpark ist nur fünf Gehminuten von der Stadt entfernt. Er wartet mit großen Bäumen und Hecken zwischen den Stellplätzen, Spielplatz, Spielezimmer, Thermalbecken und guter Kücheneinrichtung auf.

Ebenfalls zu empfehlen:

Reid's Farm Recreation Reserve (Karte S. 328; Huka Falls Rd; in einem Zeitraum von 14 Tagen max. 7 Übernachtungen kostenlos; 🕐 Ende Okt.–Anfang April) Hübscher Ort zum wild Campen neben dem Waikato River (nur im Sommer). Außer ein paar Toilettenhäuschen gibt's keine weiteren Einrichtungen.

Silver Fern Lodge (Karte S. 318; ☎ 07-377 4929; www.silverfernlodge.co.nz; Ecke Tamamutu St & Kaimanawa St; B 25 NZ$, Zi. 90–110 NZ$; 🖥) Das Schild draußen schreit „Flashpackers". Drinnen erwartet eine hübsche, wenn auch etwas leblose Einrichtung in einem glänzenden Zweckbau-Komplex mit viel Wellblech. Es gibt eine große Auswahl an Zimmern von Schlafräumen mit zehn Betten bis zu Wohnstudios mit Bad, eine große Gemeinschaftsküche und eine Lounge.

Tiki Lodge (Karte S. 318; ☎ 07-377 4545; www.tikilodge.co.nz; 104 Tuwharetoa St; B 26 NZ$, DZ 75–85 NZ$; 3BZ 84–90 NZ$, 4BZ 112–120 NZ$; 🖥) Das schicke Hostel hat vom Balkon aus einen tollen Blick auf den See und die Berge, eine geräumige Küche, komfortable Lounges, viel Maorikunst und einen Whirlpool.

Dunrovin Motel (Karte S. 318; ☎ 07-378 7384; www.dunrovintaupo.co.nz; 140 Heu Heu St; Zi. 90–130 NZ$; 🖥 📶) Ein munterer, alter Vogel. Das Motel hat vor Kurzem einen frischen Anstrich bekommen, die funktional gestalteten Wohneinheiten sind aber der guten alten Zeit (Baujahr 1962) treu geblieben. Rundherum erstreckt sich ein hübscher Garten, in dem oft Tuis herumzwitschern.

MITTELKLASSEHOTELS

Lynwood Lodge (Karte S. 318; ☎ 07-378 4967; 52 Rifle Range Rd; DZ/3BZ/4BZ 110/130/150 NZ$; 🏊) Taupos erstes Motel stammt von 1952. Insofern bekommt man hier Zimmer mit Kieselrauputz, die so groß wie ein kleines Häuschen und wie Omas Wohnung eingerichtet sind. Trotzdem ist alles tipptopp und heimelig – echte Kiwi-Gastlichkeit!

Bella Vista (Karte S. 318; ☎ 07-378 9043; www.bellavistamotels.co.nz; 143 Heu Heu St; DZ 110–145 NZ$, 3BZ 145–165 NZ$, 4BZ 185 NZ$; 📶) Motel der landesweit expandierenden Bella-Vista-Kette. Diese Ausgabe hier bietet dank der Inhaber und Hundeliebhaber Aaron und Tracey einen persönlichen Service. Die Zimmer sind sauber und komfortabel, wenn auch ein wenig kahl. Der gemeinschaftliche Grillbereich liegt schön weit weg von der Straße und ist perfekt für einen Dämmerschoppen.

Chelmswood Motel (Karte S. 328; ☎ 07-378 2715; www.chelmswood.co.nz; 250 Lake Tce; Zi. 110–250 NZ$; 🖥 🏊) Das unprätentiöse Herrenhaus im Tudor-Stil im Süden der Stadt hat einfache Wohnstudios und größere Familienzimmer – die meisten mit eigenem Mineralbecken. Es gibt auch einen beheizten Freiluftpool, eine Sauna und für die Kleinsten einen Sandkasten.

Catelli's of Taupo (Karte S. 318; ☎ 0800 88 44 77; www.catellis.co.nz; 23–27 Rifle Range Rd; Zi. 135–145 NZ$, Suite 160–235 NZ$; 📶) Von außen erinnern die systematisch angeordneten Motel-Wohneinheiten mit ihren hobbitartigen Kurven, den Schrägdächern und der rosaroten Aufmachung an die 1980er-Jahre, drinnen jedoch zeichnet sie ein frisches, modernes Flair aus. Im Sommer lohnt es sich, für ein Studio mit Garten und Sitzbereich im Freien 5 NZ$ mehr zu investieren.

Suncourt (Karte S. 318; ☎ 07-378 8265; www.suncourt.co.nz; 14 Northcroft St; DZ 135–170 NZ$, 3BZ 155–190 NZ$, 4BZ 170–220 NZ$; 🖥 📶 🏊) Die weitläufige Anlage mit Blick auf den See hat automatisch gut möblierte Wohneinheiten und Extras wie Whirlpool und Kinderspielplatz. Die größeren Zimmer mit Veranda und voll ausgestatteter Küche sind ideal für Familien. Allerdings ist die ganze Anlage regelmäßig wegen Konferenzen ausgebucht.

Beechtree (Karte S. 318; ☎ 07-377 0181; www. beechtreemotel.co.nz; 56 Rifle Range Rd; DZ 140–180 NZ$, 3BZ 170 NZ$, Apt. 220–250 NZ$; 🖳 📶) Das Beechtree und sein Schwestermotel Miro direkt daneben vermieten elegante Zimmer zu vernünftigen Preisen. Das in neutralen Farben gehaltene Dekor wirkt frisch und modern und erzeugt eine sonnig-luftige Atmosphäre. Dazu tragen auch die großen Fenster, die Patios im Erdgeschoss und die Balkone im Obergeschoss bei.

Lake (Karte S. 318; ☎ 07-378 4222; www.thelakeonline. co.nz; 63 Mere Rd; Zi. 150–195 NZ$) Das Lake erinnert daran, dass die 1960er- und 1970er-Jahre nicht nur vom exzentrischen Austin-Powers-Stil und von Schlaghosen geprägt waren. Das ungewöhnliche Boutiquemotel ist voller klassischer Möbel im Stil von Saarinen und Mies Van der Rohe. Das Studio ist recht klein, die vier Wohneinheiten mit jeweils einem Schlafzimmer haben Kochnische und Ess- bzw. Wohnbereich.

SPITZENKLASSEHOTELS

Acacia Cliffs Lodge (außerhalb der Karte S. 328; ☎ 07-378 1551; acaciacliffslodge.co.nz; 133 Mapara Rd, Acacia Bay; Zi. 650 NZ$; 🖳 📶) Das luxuriöse, in den Hügeln oberhalb der Acacia Bay gelegene B & B lässt die Romantik alter Zeiten wieder aufleben. Es bietet vier moderne Suiten – drei mit herrlichem Blick auf den See und eine, die stattdessen ein Bad mit geschwungenen Formen und einen eigenen Garten zu bieten hat. Wer sich vom Schlafzimmer nicht zu weit entfernen will, kann auch im Haus Abendessen bestellen.

Huka Lodge (Karte S. 328; ☎ 07-378 5791; www.huka lodge.com; Huka Falls Rd; EZ/DZ/3BZ/Cottage ab 1095/ 1460/1905/3060 NZ$; 🖳 🚲) Willkommen im Paradies! Die Huka Lodge ist eines der besten Hotels in Neuseeland und schmückt sich mit Auszeichnungen und vielen berühmten Gästen, darunter nicht zuletzt drei Königinnen. Die von üppigem Buschwerk und traumhaften Gartenanlagen umgebene Hauptlodge versprüht eine heimelige Atmosphäre (eines Heims allerdings, das einem wohlhabenden Schöngeist gehören muss). Dazu gehören Gemeinschaftsbereiche wie Speisesaal, Lounges und Bibliothek. Am Flussufer gibt's noch einzelne Gästelodges mit schöner Aussicht und Privatsphäre. Im Preis enthalten sind das Frühstück und ein Abendessen mit fünf Gängen. Außerdem stehen auf dem Anwesen et-

was abseits zwei vollständig in sich abgeschlossene Cottages.

Essen

Taupo ist groß genug, um eine Vielzahl an Optionen zu bieten – von Burgerläden bis zu Restaurants von Weltklasse.

RESTAURANTS

Lotus Thai (Karte S. 318; ☎ 07-376 9497; 137 Tongariro St; Hauptgerichte 16–21 NZ$; 🕒 Mi–Fr mittags, Mi–Mo abends) Freundliches, einladendes Restaurant mit siamesischem Dekor, das üppig portionierte thailändische Standardgerichte serviert.

LP Tipp Pimentos (Karte S. 318; ☎ 07-377 4549; 17 Tamamutu St; Hauptgerichte 26–29 NZ$; 🕒 Mi–Mo abends) Das Restaurant ist bei den Einheimischen so beliebt, dass man besser reservieren sollte, wenn man in gastlichem Umfeld das beste Essen der Stadt genießen möchte. Legendär sind die Lammhaxen mit Püree, doch die recht kleine Speisekarte wartet auch noch mit genügend anderen schmackhaften Kreationen auf.

Plateau (Karte S. 318; ☎ 07-377 2425; 64 Tuwharetoa St; Hauptgerichte 30–34 NZ$; 🕒 mittags & abends) Eines der immer zahlreicher vertretenen Lokale, die zu einer Brauerei gehören und auch Essen servieren. Das Plateau ist ein tolle Ort, um etwas zu trinken (am besten natürlich ein Bier der Marke Monteith's), im Mittelpunkt aber steht das Essen. Auf der Speisekarte überwiegen moderne neuseeländische Gerichte wie Lammrücken und Rib-Eye-Steak, doch es gibt auch viele raffinierte internationale Gerichte.

Brantry (Karte S. 318; ☎ 07-378 0484; 45 Rifle Range Rd; Hauptgerichte 32–37 NZ$; 🕒 abends) Chefköchin Prue Campbell und ihre Schwester Felicity betreiben in diesem Stadthaus aus den 1950er-Jahren, das nur ein paar Minuten vom Zentrum entfernt ist, das beste und beständigste Restaurant in der Region. Man diniert in intimer, zurückhaltender Atmosphäre drinnen oder draußen. Prue und Felicity verwenden beste neuseeländische Zutaten; es gibt z.B. erstklassige Rinder- und Lammsteaks. Das Tagesmenü (2/3 Gänge 40/50 NZ$) ist ein Geschenk des Himmels!

CAFÉS

Stir Taupo (Karte S. 318; Ecke Redoubt St & Ferry Rd; Crêpes 5–10 NZ$; 🕒 Di–So morgens & mittags) Obwohl das Stir eigentlich nur ein Wohnwagen am Jachthafen ist, hat es 2009 einen Preis für das beste Café ergattert. Das Erfolgsrezept ist denkbar einfach: mordsguter Kaffee und knusprige süße bzw. herzhafte Crêpes.

Fine Fettle (Karte S. 318; ☎ 07-378 7674; 39 Paora Hape St; Hauptgerichte 6–15 NZ$; ☺ morgens & mittags) Ein luftiges Café in einer ruhigeren Ecke der Stadt, das vollwertiges, gentechnik- und glutenfreies Bio-Essen anbietet. Unter den gesunden Sattmachern sind Quiches und frische Salate. Säfte, Smoothies und Eistee stillen den Durst.

Replete (Karte S. 318; ☎ 07-378 0606; 45 Heu Heu St; Hauptgerichte 6–16 NZ$; ☺ morgens & mittags) Das Replete gilt weit und breit als eines der besten Cafés in Taupo. Der Tresen ist vollgepackt mit leckeren Delikatessen, von Sandwiches und Salaten bis zu allerlei Süßkram. Vor allem die Auswahl an Backwaren ist klasse. Die auf eine Tafel geschriebene Speisekarte bietet preiswerte und spannende kleine Gerichte.

Eruption (Karte S. 318; ☎ 027-310 0421; Suncourt Centre, Tamamutu St; Hauptgerichte 7–15 NZ$; ☺ Mo–Sa morgens & mittags) Im Eruption kann man sich hinter einer der kostenlos ausliegenden Zeitungen verkriechen, während die Espressomaschine dampfend und zischend das schwarze Gebräu en masse mit cremigem Schaum ausspuckt. An Essen hat man keine große Auswahl, dafür ist alles lecker.

L'Arté (außerhalb der Karte S. 328; ☎ 07-378 2962; 255 Mapara Rd, Acacia Bay; Hauptgerichte 10–25 NZ$; ☺ Mi–So 9–16 Uhr, Jan. tgl.) Für die zehnminütige Anfahrt aus der Stadt wird man mit diesem fantastischen, kunstvollen Café in einem überbordenden Skulpturengarten mit einer Galerie nebenan belohnt. Bei den vielen leckeren Dingen, die vor Ort hergestellt werden, läuft einem das Wasser im Mund zusammen. Dazu zählt auch das Pesto, das den unverzichtbaren Vorspeisenteller krönt. Das hausgemachte Gebäck ist eine Wucht!

SELBSTVERSORGER

Pak N Save (Karte S. 318; Taniwha St; ☺ 8–21.30 Uhr)

Beaut Bakery (Karte S. 318; 179 Spa Rd; ☺ 5–15.30 Uhr) Unbedingt die preisgekrönten Pasteten mit Hackfleisch und Würzsauce probieren!

Ausgehen

Wenn sich im Hochsommer die Stadt mit Travellern füllt, ist ziemlich was geboten. Den Rest des Jahres sollte man vielleicht zur Unterhaltung beim Bier Zeitung lesen.

Bond (Karte S. 318; ☎ 07-377 2434; 40 Tuwharetoa St) Das wegen seiner 007-artigen Raffinesse beliebte Bond ist Taupos eleganteste Bar. Sie lockt mit europäischen Bieren, Tapas und DJs,

die bis spät in die Nacht auflegen. Die Drinks kosten ein hübsches Money-Penny-Vermögen, dafür sichtet man mit etwas Glück Q an der Bar.

Finn MacCuhal's (Karte S. 318; ☎ 07-378 6165; Ecke Tongariro St & Tuwharetoa St) Bei dem vielen irischen Krimskrams an den Wänden und einem Backpackerhostel nebenan kann man sich sicher sein, dass hier jede Menge Spaß geboten ist. Am Wochenende legen DJs auf.

Jolly Good Fellows (Karte S. 318; ☎ 07-378 0457; 76 Lake Tce) So einen Pub hat man seit Urzeiten schon nicht mehr gesehen. Hier werden alle kulturellen Klischees humorvoll bedient, und zum Kneipenessen gibt's Old Speckled Hen, Tetleys und Bulmers Cider vom Fass.

Mulligans (Karte S. 318; ☎ 07-376 9101; 15 Tongariro St) Die bei Einheimischen beliebte irische Kneipe punktet mit herzhaftem Essen und Drinks zu fairen Preisen. Ein guter Ort für ein ruhiges Guinness.

Shed (Karte S. 318; ☎ 07-376 5393; 18 Tuwharetoa St) Ein munteres Plätzchen, an dem man ein Bier trinken und sich eines der großen Matches anschauen kann. Man kann aber auch draußen sitzen und Gott und die Welt beobachten oder am Wochenende zur Musik der DJs zeigen, was man drauf hat. Zu essen gibt's normale Kneipenkost in großen Portionen.

Unterhaltung

Great Lake Centre (Karte S. 318; ☎ 07-376 0340; Tongariro St) Hier finden Aufführungen, Ausstellungen und Kongresse statt. Das aktuelle Veranstaltungsprogramm erhält man beim i-SITE.

Starlight Cinema Centre (Karte S. 318; ☎ 07-377 1085; Starlight Arcade, abseits der Horomatangi St; Erw./Kind 13/8,50 NZ$) Zeigt die neuesten Hollywood-Blockbuster.

An- & Weiterreise

BUS

Der Busbahnhof befindet sich am **Taupo Travel Centre** (Karte S. 318; ☎ 07-378 9032; 16 Gascoigne St), das auch Fahrkarten verkauft. **InterCity/Newmans** (☎ 09-583 5780; www.intercity.co.nz) schickt täglich mehrere Busse nach Turangi (25 NZ$, 44 Min.), Auckland (57 NZ$, 5 Std.), Hamilton (51 NZ$, 3 Std.), Rotorua (29 NZ$, 1 Std.), Tauranga (47 NZ$, 2¾ Std.), Napier (35 NZ$, 2 Std.), Palmerston North (51 NZ$, 4¼ Std.) und Wellington (61 NZ$, 6 Std.).

Der Billiganbieter **Naked Bus** (☎ 0900 625 33, 1,80 NZ$/Min.; www.nakedbus.com) fährt täglich zu denselben Zielen (außer Tauranga); die supergünstigen Preise (ab 1 NZ$) gibt es, wenn man rechtzeitig vorab bucht. Die Busse halten vor dem i-SITE.

Das ganze Jahr über pendeln Shuttlebusse zwischen Taupo, Turangi und dem Tongariro National Park hin und her. Im Winter fahren die Busse bis zum Skigebiet Whakapapa (1½ Std.); dann gibt's auch Kombiangebote für Skiverleih und Lift. Für Details, s. S. 342.

FLUGZEUG

Der **Taupo Airport** (☎ 07-378 7771; www.taupoairport. co.nz; Anzac Memorial Dr) liegt 8 km südlich der Stadt. **Air New Zealand** (☎ 0800 737 000; www.airnz. co.nz) hat täglich Direktflüge nach Auckland (45 Min.) und Wellington (1 Std.); von den beiden Städten kann man dann weitere Anschlussflüge nehmen.

Unterwegs vor Ort

Taupo's Hotbus (Karte S. 318; ☎ 0508 468 287; www. hotbus.co.nz; 1. Halt 15 NZ$, danach 5 NZ$/Halt; ☼ Okt.–März 9–16 Uhr, April–Sept. 10–15 Uhr) Fährt stündlich auf einem Rundkurs alle großen Attraktionen in und rund um Taupo an. Abfahrt ist am i-SITE. An den Haltestellen kann man aus- und in den nächsten Bus wieder einsteigen.

Die hiesigen Taxidienstleister sind **Taupo Taxis** (☎ 07-378 5100) und **Top Cabs** (Karte S. 318; ☎ 07-378 9250; Tuwharetoa St). Vom Flughafen zum Stadtzentrum zahlt man ungefähr 23 NZ$.

RUND UM TAUPO
Wairakei Park

Überquert man den Fluss an der Tongariro St und fährt auf dem SH1 aus der Stadt in Richtung Norden, kommt man in das Gebiet des Wairakei Park, auch bekannt als Huka Falls Tourist Loop. Auf der anderen Seite des Flusses nimmt man die erste Abzweigung nach rechts und befindet sich auf der Huka Falls Rd. Sie führt am Fluss entlang und schlängelt sich durch die Gegend, bis sie weiter im Norden auf den SH1 trifft; dort biegt man nach links ab. Auf dem Rückweg in die Stadt passiert man weitere interessante Ortschaften.

HUKA FALLS

Die Wasserfälle werden von einem Parkplatz und einem Kiosk daneben angekündigt und markieren die Stelle, an der der längste Fluss Neuseelands – der gerade erst dem Lake Taupo entsprungene Waikato River – in eine enge Schlucht gepresst wird und spektakulär

10 m tief in ein tosendes Becken hinabschießt. Wer über die Fußgängerbrücke geht, kann die ganze Kraft dieses Sturzbaches sehen, den die Maori „Hukanui" („große Gischtmasse") nannten. An sonnigen Tagen ist das Wasser kristallklar; vom Aussichtspunkt auf der anderen Seite der Fußgängerbrücke kann man großartige Fotos schießen. Man kann auch ein bisschen in der Gegend herumwandern oder den längeren Huka Falls Walkway zurück in die Stadt nehmen. Der Aratiatia Rapids Walking Track führt weiter zu den Stromschnellen (s. S. 322).

ROCK'N ROPES & HONEY HIVE

Weniger als 1 km hinter der Abzweigung zu den Huka Falls findet sich **Honey Hive** (Karte S. 328; ☎ 07-374 8553; www.honeyhivetaupo.com; Karetoto Rd; Eintritt frei; ☼ 10–17 Uhr). Besucher können durch eine Glasscheibe geschützt einen Bienenschwarm beobachten, vom Honig kosten sowie alle möglichen essbaren, medizinischen und kosmetischen Produkte aus Bienenhonig oder auch aus Met kaufen. Im Café gibt's sogar Honigeis.

Gleich nebenan ist **Rock'n Ropes** (☎ 07-374 8111; www.rocknropes.co.nz; Karetoto Rd; Riesenschaukel 20 NZ$, Adrenalin-Kombi 40 NZ$, halber Tag 65 NZ$) zu Hause, ein schwindelerregender, anspruchsvoller Hochseilgarten: Man balanciert in wippenden Baumkronen, geht über eine knifflige, aus nur zwei Seilen bestehende Brücke und klettert an Seilen hoch. Das Kombi-Ticket gilt für die Schaukel, den Hochbalken und das Trapez.

VOLCANIC ACTIVITY CENTRE

Wer der geothermischen Aktivität in der Region auf den Grund gehen will, ist im **Volcanic Activity Centre** (Karte S. 328; ☎ 07-374 8375; www.volcanoes.co.nz; Karetoto Rd; Erw./Kind 9,50/5 NZ$; ☼ Mo–Fr 9–17, Sa & So 10–16 Uhr) an der richtigen Adresse. Das Observatorium überwacht alle vulkanischen Aktivitäten in der launischen Taupo Volcanic Zone. Das Besucherzentrum bietet ausgezeichnetes, wenn auch etwas textlastiges Ausstellungsmaterial zur geothermischen und vulkanischen Aktivität in Neuseeland, darunter auch einen funktionierenden Seismographen.

Besonders bei Kindern beliebt ist der Erdbebensimulator: Man sitzt in einer kleinen Kabine und erlebt, wie sich ein Erdbeben mit seinen urplötzlichen heftigen Stößen anfühlt – Zähneklappern inklusive. Man kann auch

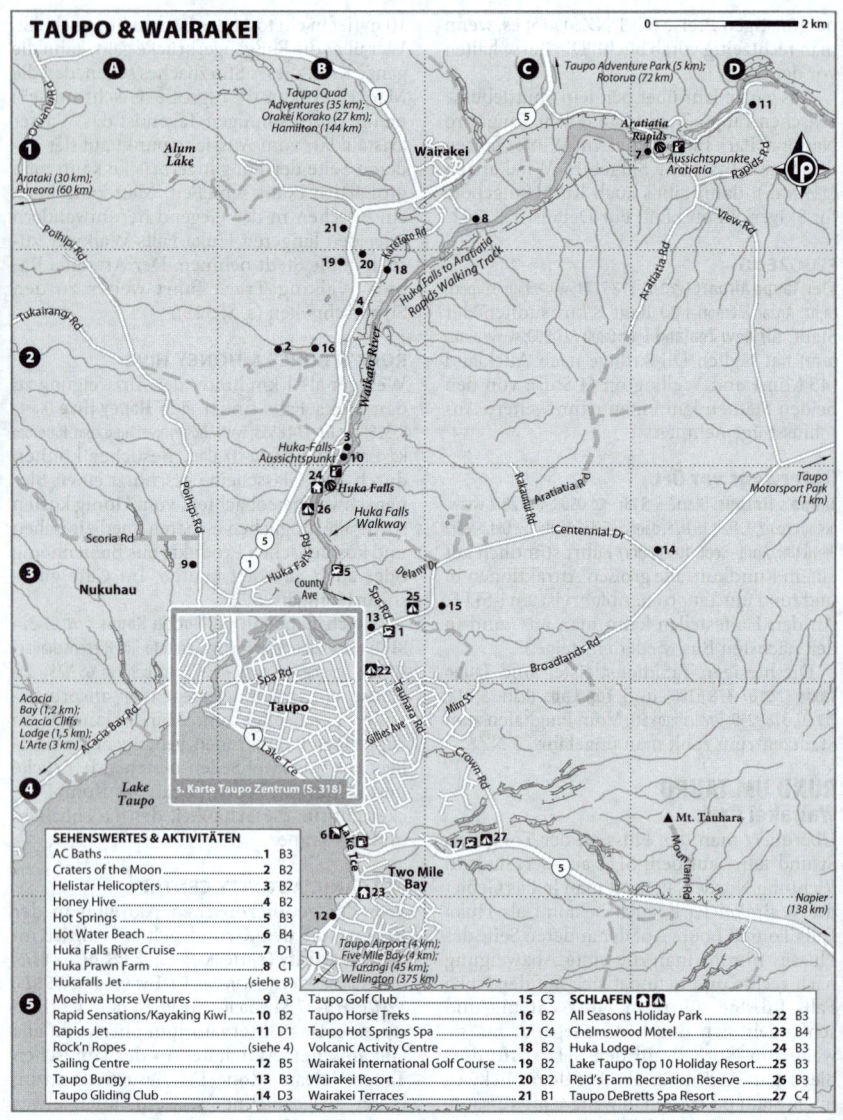

TAUPO & WAIRAKEI

SEHENSWERTES & AKTIVITÄTEN		
AC Baths	1	B3
Craters of the Moon	2	B2
Helistar Helicopters	3	B2
Honey Hive	4	B2
Hot Springs	5	B3
Hot Water Beach	6	B4
Huka Falls River Cruise	7	D1
Huka Prawn Farm	8	C1
Hukafalls Jet	(siehe 8)	
Moehiwa Horse Ventures	9	A3
Rapid Sensations/Kayaking Kiwi	10	B2
Rapids Jet	11	D1
Rock'n Ropes	(siehe 4)	
Sailing Centre	12	B5
Taupo Bungy	13	B3
Taupo Gliding Club	14	D3
Taupo Golf Club	15	C3
Taupo Horse Treks	16	B2
Taupo Hot Springs Spa	17	C4
Volcanic Activity Centre	18	B2
Wairakei International Golf Course	19	B2
Wairakei Resort	20	B2
Wairakei Terraces	21	B1

SCHLAFEN		
All Seasons Holiday Park	22	B3
Chelmswood Motel	23	B4
Huka Lodge	24	B3
Lake Taupo Top 10 Holiday Resort	25	B3
Reid's Farm Recreation Reserve	26	B3
Taupo DeBretts Spa Resort	27	C4

seinen eigenen Tornado zusammenbasteln und beobachten, welche Schäden er anrichtet, oder sich einen künstlichen Geysir ober- und unterirdisch anschauen. Ein kleines Kino zeigt Filmmaterial vom Ausbruch des Ruapehu 1995 und vom Durchbruch des Kratersees 2007, der als Lahar (vulkanische Schlammlawine) ins Tal abging.

HUKAFALLS JET & PRAWN FARM
Fährt man die Falls Loop Rd weiter, gelangt man zum Startplatz von **Hukafalls Jet** (Karte S. 328; ☎ 07-374 8572; www.hukafallsjet.com; Trip Erw./Kind 99/59 NZ$). Die 30-minütige Abenteuerfahrt bringt einen flussaufwärts zum unteren Ende der Huka Falls, wo einem die Gischt nur so um die Ohren sprüht, und flussabwärts zum

Aratiatia Dam. Auf der ganzen Strecke gibt's immer wieder gewagte Ausweichmanöver und akrobatische 360-Grad-Drehungen. Die Trip's finden den ganzen Tag über statt (im Preis ist der Transport ab Taupo enthalten), und man kann ihn mit einem Hubschrauberflug kombinieren (s. S. 323).

Die **Huka Prawn Farm** (Karte S. 328; ☎ 07-374 8474; www.hukaprawnpark.co.nz; Erw./Kind 24/14 NZ$; 9–15.30 Uhr, im Sommer verlängerte Öffnungszeiten) gleich nebenan ist eine der weltweit wenigen Süßwasser-Garnelen-Farmen, die ihre Becken mit Erdwärme beheizen. Hier erwarten einen überraschend viele Freizeitangebote, z. B. Garnelenangeln und Killer Prawn Golf (1 NZ$/Ball, 20 Bälle 10 NZ$), bei dem man die Golfbälle über die Garnelenbecken schlägt. Wer lieber etwas lernen möchte, kann sich einer der stündlich stattfindenden Führungen (11–16 Uhr; Erw./Kind 15/10 NZ$) anschließen. Das Beste von allem ist jedoch das Restaurant, wo man Garnelen in allen erdenklichen Varianten, aber auch Gerichte ganz ohne diese Tierchen bekommt (Hauptgerichte 13–30 NZ$).

CRATERS OF THE MOON
Dieses weniger bekannte geothermische Areal entstand in den 1950er-Jahren, als bei dem Versuch, die Wasserkraft nutzbar zu machen, das Kraftwerk gebaut wurde. Als der Grundwasserspiegel sank und sich der Druck verlagerte, kamen die **Craters of the Moon** (Karte S. 328; www.cratersofthemoon.co.nz; Erw./Kind 6/2,50 NZ$; 8.30–17.30 Uhr) zum Vorschein: mit verstreut in der Landschaft liegenden neuen Dampföffnungen und blubbernden Schlammbecken. Der Rundweg dauert ungefähr 45 Minuten und bietet einen tollen Blick auf den See und die Berge dahinter. Am Eingang gibt's einen Kiosk mit Volunteers, die auch gern das Auto auf dem Parkplatz im Auge behalten. Die Craters of the Moon sind vom SH1 aus ungefähr 5 km nördlich von Taupo ausgeschildert.

WAIRAKEI TERRACES
Die von den Maori als Waiora und später als Geyser Valley bezeichnete Gegend war früher eines der aktivsten Thermalgebiete der Welt, in dem 22 Geysire sowie 240 Schlammbecken und Thermalquellen brodelten und zischten. Mit dem Bau des geothermischen Kraftwerks 1958 veränderte sich das Tal entscheidend. Heute befinden sich hier die **Wairakei Terraces**

(Karte S. 328; ☎ 07-378 0913; www.wairakeiterraces.co.nz; Erw./Kind 18/9 NZ$; 9–17 Uhr), künstlich angelegte Quarzterrassen, Wasserbecken und Geysire. Sie bilden in kleinerem Maßstab die berühmten Pink & White Terraces nach, die beim Ausbruch des Tarawera 1886 zerstört wurden. Besucher finden auch ein kleines Versammlungshaus, ein nachgebautes Maoridorf und ein Zentrum für Schnitzkunst vor. Die hiesige **Maori Cultural Experience** (Erw./Kind 85/42,50 NZ$; 18 Uhr), zu der natürlich traditionelle Elemente wie Begrüßung und *hangi*-Mahlzeit gehören, gibt einen guten Einblick in das Leben der Maori in den geothermisch aktiven Regionen.

ARATIATIA RAPIDS
Die Aratiatia Rapids liegen 2 km abseits des SH5. Bevor der Staat am Waikato River einen Staudamm zur Stromerzeugung hinsetzte und damit den Flusslauf blockierte, waren diese Stromschnellen wahrhaftig spektakulär. Traveller müssen jedoch nicht ganz auf das Spektakel verzichten, da zu bestimmten Zeiten die Schleusen geöffnet werden (1. Okt.–31. März 10, 12, 14 & 16 Uhr, April–Sept. 10, 12 & 14 Uhr). Von zwei guten Aussichtspunkten aus kann man dann sehen, wie das Wasser durch den Damm donnert.

Eine ganz andere Sicht bietet **Rapids Jet** (Karte S. 328; ☎ 07-374 8066; www.rapidsjet.com; Rapids Rd, abseits des SH5; Erw./Kind 90/50 NZ$): Der Veranstalter bietet Jetboat-Trips auf dem unteren Abschnitt der Stromschnellen an. Die sensationelle 35-minütige Fahrt kann es nach Meinung vieler problemlos mit dem Jetboat-Abenteuer zu den Huka Falls aufnehmen. Die Boote legen am Ende der Zugangsstraße zu den Aratiatia-Aussichtspunkten ab. Einfach die Rapids Rd hinuntergehen und nach dem Schild zum National Equestrian Centre Ausschau halten.

Wer es weniger abenteuerlustig mag, dafür aber gerne hübsche Fotos knipst, kann mit **Huka Falls River Cruise** (Karte S. 328; ☎ 0800 278 336; www.hukafallscruise.co.nz; Aratiatia Dam; Erw./Kind 35/10 NZ$; Abfahrt ganzjährig 12.30 & 14.30 Uhr, Sommer zusätzl. 10.30 & 16.30 Uhr) eine entspannte Fahrt (80 Min.) vom Aratiatia Dam zu den Huka Falls machen.

Etwa 5 km weiter nördlich am SH1 liegt der **Taupo Adventure Park** (außerhalb der Karte S. 328; ☎ 07-374 8495; www.taupoadventurepark.com; Aktivitäten 3–40 NZ$; Mi–So, Schulferien & öffentl. Feiertage 10–16 Uhr), ein familienorientierter Vergnügungspark mit Minigolf, Labyrinth, Laser-, Paintball- und Videospielen, Tierpark, Quads und Gokarts.

Orakei Korako

Der etwas abseits gelegene **Orakei Korako Cave & Thermal Park** (☎ 07-378 3131; www.orakeikorako.co.nz; Erw./Kind 34/14 NZ$; ✆ Sommer 8–17.30 Uhr, Winter bis 17 Uhr) lockt weniger Besucher an als die anderen geothermischen Areale, stellt aber seit der Zerstörung der Pink and White Terraces die wohl am besten erhaltene Thermalzone Neuseelands dar. Obwohl inzwischen drei Viertel des Geländes unter dem Stausee Lake Ohakuri liegen, ist doch das verbleibende Viertel sehr interessant.

Ein teilweise recht steiler Wanderweg (rund 1½ Std.) verläuft überwiegend über einen Holzsteg rund um die farbenprächtigen Quarzterrassen, für die der Park berühmt ist, und führt zudem an Geysiren und der **Ruatapu Cave** vorbei. In der eindrucksvollen Naturhöhle schimmert ein Wasserbecken jadegrün – es diente angeblich Maorifrauen, die sich hier für ihre Rituale schmückten, als Spiegel. Daher auch der Name des Areals: Orakei Korako bedeutet „Ort des Schmückens". Im Eintritt ist eine Bootsfahrt über den Lake Ohakuri enthalten.

Von Taupo sind es etwa 25 Minuten bis nach Orakei Korako. Man fährt 23 km über den SH1 Richtung Hamilton; von der ausgeschilderten Abzweigung sind es nochmals 14 km. Von Rotorua aus kommend auf dem SH5 die Abzweigung bei Mihi nehmen.

Alternativ dazu bringt einen **NZ River Jet** (☎ 07-333 7111; www.riverjet.co.nz; SH5, Mihi; 2½-stünd. Fahrt inkl. Eintritt zum Orakei Korako Erw./Kind 145/75 NZ$) mit einer abenteuerlichen Jetboat-Fahrt ruck-zuck von Mihi, das 20 km flussaufwärts am Waikato River liegt, nach Orakei Korako. Wer will kann sich auch für das Abenteuer namens „Squeeze" entscheiden: Mit dem Jetboat geht's durch die Tutukau Gorge; die Teilnehmer können unterwegs an einer Stelle in warmem Wasser aussteigen und sich langsam durch eine Felsspalte bis zu einer versteckten, von einheimischem Buschwerk umgebenen natürlichen Thermalquelle vorkämpfen (130 NZ$).

Eine andere Option bietet **Riverboat Waireka** (☎ 07-333 8845; www.riverboatwaireka.com) an: Mit einem Flussboot von 1908 geht's in dreieinhalb Stunden ganz entspannt von der Mihi-Brücke nach Orakei Korako.

Wer dem verführerischen, aber kochend heißen Wasser in Orakei Korako kaum widerstehen kann, die „Squeeze"-Tour aber nicht mitmachen will, für den bietet sich ein Abstecher zum 30 km entfernten **Butcher's Pool** (Eintritt frei) an, einer geschmückten, aber ansonsten völlig natürlichen Thermalquelle mitten auf einer Bauernweide, zu der ein kleiner Parkplatz und Umkleidekabinen gehören. Anfahrt: bei Mihi links auf den SH5 fahren (Ausschilderung nach Rotorua), nach 4 km rechts in die Homestead Rd einbiegen und ihr bis zum Ende folgen. Dort geht's nach links; nach etwa 300 m sollten rechts eine Reihe von Bäumen zu sehen sein, die eine Schotterstraße säumen (die Ausschilderung ist leicht zu übersehen, weil sie an der anderen Straßenseite angebracht ist).

Mangakino & Whakamaru

Diese beiden benachbarten Ortschaften wie auch ihre entsprechenden Seen (Lake Maraetai und Lake Whakamaru) sind „Nebenprodukte" der Wasserkraftnutzung am Waikato River. Mangakinos Einwohnerzahl beträgt heute etwa ein Fünftel von seinem Spitzenwert 1959, als es in dem damals gerade 14 Jahre alten Städtchen nur so von Bauarbeitern, Ingenieuren und deren Familien wimmelte. Die Kraftwerke sind zwar noch immer in Betrieb, doch heute lockt Mangakino vor allem mit seinem Freizeitangebot rund um die Seen.

M-I-A Wakeboarding (☎ 021 864 254; www.m-i-a.co.nz; Wakeboarden od. -skaten/-surfen 100/75 NZ$) mischt in Mangakino das Wasser des Lake Maraetai auf und bietet Wakeboarden, -skaten und -surfen sowie Kanutouren, Mountainbike-Trips und Backpackerunterkünfte (B/DZ 23/54 NZ$) an.

Wildes Campen ist in der Nähe des **Bus Stop Café** (☎ 027 203 7110; Hauptgerichte 7–12 NZ$) möglich, wo das lokale Unikat Garry Gradwell am Ufer des Lake Maraetai in einem alten Bedford-Bus Burger und Toasts verkauft.

Mangakino und Whakamaru sollen miteinander verbunden werden – und zwar über den **Waikato River Trail** (www.waikatorivertrail.com), der laut Plan auf einer Strecke von 425 km dem Flusslauf vom Lake Taupo bis Port Waikato folgen soll. Ein 26 km langer Abschnitt der Strecke ist bereits fertiggestellt und führt von Whakamaru flussaufwärts nach Atiamuri.

Pureora Forest Park

Der 78 000 ha große Pureora Forest liegt am westlichen Ufer des Lake Taupo. Hier steht der höchste Totara-Baum Neuseelands. Nach einer langen Kampagne von Umweltschützern wurde in den 1980er-Jahren die Abholzung in diesem Waldgebiet gestoppt. Inzwischen hat sich der Wald auf eindrucksvolle Weise erholt. Durch den Park führen Mountainbike- und Wanderwege, darunter die Tracks zu den Gipfeln des Mt. Pureora (1165 m) und zur Felsnadel des Mt. Titiraupenga (1042 m). Von dem 12 m hohen Turm unweit des Parkplatzes an der Bismarck Rd können Naturfreunde im Stockwerk des Blätterdachs wunderbar Vögel beobachten.

Wer in einer der drei DOC-Standardhütten (Erw./Kind 5/2,50 NZ$) übernachten will, muss sich vorab ein Backcountry Hut Ticket besorgen. Auf den drei Campingplätzen (Erw./Kind 8/2 NZ$) registriert man sich durch Einwurf des Tickets in den dafür vorgesehenen Kasten. Die Tickets sowie Karten und Infos über den Park sind bei den DOC-Büros in Turangi (s. unten) und bei Te Kuiti (S. 270) erhältlich.

TURANGI
3900 Ew.

Einst ein Dienstleistungsstädtchen für das nahe gelegene Wasserkraftwerk, verdankt Turangi heute seinen Ruf zweifellos seinen Forellen. Kurzerhand hat es sich deshalb zur „Welthauptstadt des Forellenangelns" ernannt. Am und auf dem Tongariro River sind jedoch auch etliche andere Freizeitunternehmungen möglich: Man kann an Raftingtouren teilnehmen oder schwimmen und ist im Nu auf den Skipisten und Wanderwegen des Tongariro National Park.

Praktische Informationen

Das **Turangi i-SITE** (☎ 07-386 8999; www.laketauponz.com; Ngawaka Pl; ⏰ 8.30–17 Uhr) informiert verlässlich über den Tongariro National Park, den Kaimanawa Forest Park sowie Schnee- und Straßenbedingungen und gibt Tipps zum Forellenangeln. Es verkauft Tickets für DOC-Hütten (dies könnte sich ändern, sodass diese nur noch online verkauft werden), stellt Skipässe, Jagd- und Angelgenehmigungen aus, übernimmt Buchungen von Transportmitteln, Unterkünften und Aktivitäten und hat einen Internetzugang und ein detailliertes Reliefmodell des Nationalparks. Der Busbahnhof ist direkt vor der Tür.

Die **DOC-Touristeninformation** (☎ 07-386 8607; Turanga Pl; ⏰ Mo–Fr 8–16.30 Uhr) für die Region

Turangi–Taupo liegt nahe der Kreuzung SH41/Ohuanga Rd.

Im Ortszentrum gibt's zahlreiche Geldautomaten und eine Post.

Sehenswertes & Aktivitäten
FORELLENANGELN

Seit 1898 in den Lake Taupo Forellen eingesetzt wurden, kursieren Geschichten über Fische, die mehr als ein Sack Kartoffeln wiegen und so groß wie ein Surfbrett sein sollen. Die Wahrheit liest sich aber auch nicht schlecht: Jährlich werden mehr als 28 000 Bach- und Regenbogenforellen von normaler Größe gefangen.

Im Februar und März lassen sich Bachforellen am besten angeln; Regenbogenforellen gibt's das ganze Jahr über im Fluss. Das einzigartige Fischvorkommen wird durch bestimmte Angelvorschriften geschützt: So darf man höchstens drei Fische fangen, die abhängig vom Ort, an dem man angelt, mindestens 40 cm groß sein müssen; außer Fliegen sind keine Köder erlaubt. Die Bestimmungen sind auf der Angelgenehmigung detailliert aufgeführt; man erhält sie vom DOC oder beim i-SITE und muss sie unbedingt bei jedem Angelausflug dabeihaben.

Wer einen guten Ort zum Angeln sucht, engagiert am besten einen Guide, der einen in die örtlichen Geheimnisse des Angelns einführt und sich um den Transport, die Ausrüstung, die Genehmigung und nach Vereinbarung sogar um die Verpflegung kümmert: **Brett Cameron** (☎ 07-378 8192; www.cpf.net.nz; halber/ganzer Tag ab 280/580 NZ$) Bietet auch Charterboote (100 NZ$/Std., mind. 3 Std.) und Angel-Abenteuertrips mit dem Quad im Nationalpark (1/2 Pers. 750/850 NZ$) an; Angelgenehmigungen werden extra berechnet. **Ian Jenkins** (☎ 07-386 0840; www.tui-lodge.co.nz/guides.php; halber/ganzer Tag 350/600 NZ$) **Brent Pirie** (☎ 07-377 8054; www.flyfishtaupo.com; halber/ganzer Tag 350/685 NZ$) **John Sommervell** (☎ 07-386 5931, www.nymphfish.com; halber/ganzer Tag ab 250/500 NZ$) **Tightline Charters** (☎ 07-386 0033; www.tightlinecharters.co.nz; 85 NZ$/Std.)

Mehrere Unternehmen im Ort verleihen und verkaufen Ausrüstung und nehmen Buchungen für Guides und Charterboote vor. **Barry Greig's Sporting World** (☎ 07-386 6911; www.greigsport.co.nz; 59 Town Centre; ⏰ 9–17 Uhr) **Creel Tackle House** (☎ 07-386 7929; 183 Taupahi Rd; ⏰ Mo–Fr 8–17, Sa & So 7.30–15.30 Uhr)

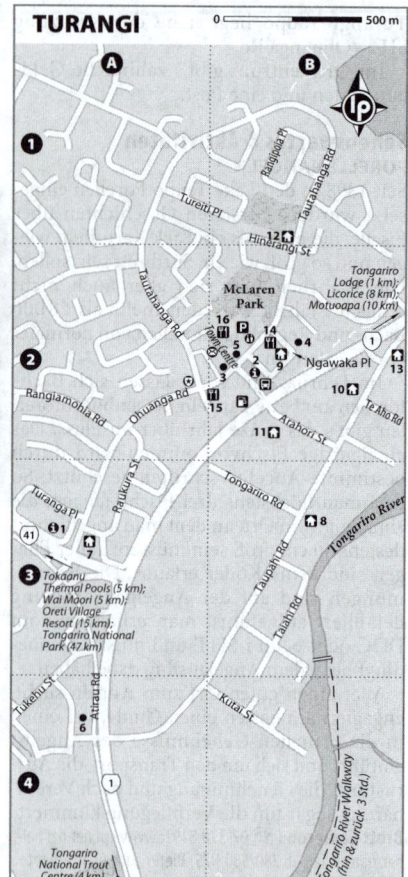

TURANGI

kein Fischfan ist. Der landschaftlich schöne Wanderweg eignet sich hervorragend für einen kurzen, entspannten Spaziergang; unterwegs warten mehrere interessante Zwischenstationen, u. a. ein Unterwasserschaukasten, eine Brutstätte, Fischweiher und eine Picknickzone. Das von Freiwilligen betriebene **River Walk Visitor Centre** (☎ 07-386 8085; www. troutcentre.org.nz; Erw./Kind 2 NZ$/frei; ☺ 10–15 Uhr) beherbergt ausgefeilte lehrreiche Exponate, eine Sammlung von Angelruten und Spulen, die bis in die 1880er-Jahre zurückreichen, und einen Vorführraum, in dem ein 14-minütiger Film über den Fluss gezeigt wird.

WANDERN
Rund um den Ort gibt es mehrere kurze Wanderstrecken; die meisten sind, wie andere Wanderwege der Region auch, detailliert im DOC-Führer *Lake Taupo – A Guide to Walks and Hikes* (2,50 NZ$) aufgeführt.

Besonders beliebt ist der **Tongariro River Lookout Track** (Rundweg 1 Std.), ein Wanderweg entlang des Flusses mit Blick auf den Mt. Pihanga. Er trifft auf den **Tongariro River Walkway** (hin & zurück 3 Std.), der dem Ostufer folgt und zur Hängebrücke Red Hut führt.

Weitere gute Wege, auf denen man sich die Beine vertreten kann, sind u. a. der **Hinemihi's Track** in der Nähe vom Gipfel des Te Ponanga Saddle, am SH47 und 8 km westlich von Turangi (hin & zurück 15 Min.), der **Maunganamu Track**, am SH41 und 4 km westlich von Turangi (hin & zurück 40 Min.), und der

Sporting Life (☎ 07-386 8996; www.sportinglife-turangi.co.nz; Town Centre; ☺ 8–17.30 Uhr) Auf der Website findet man die aktuellsten Infos zu den Angelvorschriften.

Angelausflüge kann man auch über das Launch Office (S. 320) in Taupo buchen.

Bei **Motuoapa Hire Boats** (☎ 07-386 7000; 39 NZ$/Std.), zu finden 10 km östlich von Turangi in Motuoapa, kann man Alu-Dingis mieten und auf dem See angeln. Mit diesen Booten darf man aber nur in der Bucht fahren.

TONGARIRO NATIONAL TROUT CENTRE
Am SH1, ca. 4 km südlich von Turangi, liegt die vom DOC betriebene Forellenbrutstätte – ein netter Zwischenstopp, auch wenn man

Tauranga-Taupo River Walk (30 Min.); letzerer beginnt bei Te Rangiita, das am SH1 12 km nördlich von Turangi liegt.

Hervorragende Spazierwege finden sich auch am **Lake Rotopounamu** (Greenstone Lake), der 11 km südwestlich von Turangi am SH47 liegt – der See ist gleichermaßen beliebt bei Wanderern, Schwimmern, Vogelbeobachtern und Umweltschützern. Die Strecke vom Parkplatz zum See dauert 30 Minuten, dessen Umrundung zwei Stunden. Ideale Plätzchen für ein Picknick sind der Ten Minute Beach und der Long Beach.

TOKAANU THERMAL POOLS

Die **Tokaanu Thermal Pools** (☎ 07-386 8575; Mangaroa St; öffentliche Becken Erw./Kind 6/4 NZ$, separate Becken pro 20 Min. 9/5 NZ$; ☒ 10–21 Uhr) liegen 5 km nordwestlich von Turangi. In der schlichten Anlage gibt's Becken mit Thermalwasser, einen Forellenbach, einen Picknickplatz, Schaukästen und einen Laden. Ein 20-minütiger Spaziergang über den Holzsteg (rollstuhlgerecht) führt vorbei an Schlammbecken und Thermalquellen.

NOCH MEHR AKTIVITÄTEN

Der Tongariro River wartet für Raftingfans mit ein paar hervorragenden Stromschnellen der Kategorie III auf. Im Sommer gibt es bei niedrigem Wasserstand auch für Anfänger geeignete Abschnitte der Kategorie I. **Tongariro River Rafting** (☎ 07-386 6409; www.trr.co.nz; Atirau Rd; Erw./Kind 109/99 NZ$) veranstaltet dreistündige Trips über die Tongariro Rapids (Kategorie II) und Ganztagesausflüge mit Rafting und Angeln (nur im Sommer, Preis auf Anfrage). Das Unternehmen verleiht auch Mountainbikes (2 Std./halber Tag/ganzer Tag/42 Traverse 25/35/45/65 NZ$) und bietet geführte und nicht geführte Radtouren auf dem 42 Traverse (s. S. 342), dem Tongariro River Track, zur Moerangi Station, in der Tree Trunk Gorge und auf dem Fishers Track (2 Std.–ganzer Tag, 70–160 NZ$) an.

Rafting NZ (☎ 0800 865 226; www.raftingnewzealand. com; 41 Ngawaka Pl) hat den Whitewater-Tongariro-Trip (Kategorie III) im Programm, bei dem auch ein Wasserfall gemeistert wird (Erw./Kind 4 Std. 119/109 NZ$), und den Raftingtrip Family Fun über leichtere Stromschnellen (Kategorie II, Erw./Kind 3 Std. 75/65 NZ$). Gruppen von vier oder mehr Personen können eine Tour mit Übernachtung (Kategorie III+, 350 NZ$/Pers.) wählen,

bei der man zu einem Campingplatz am Flussufer raftet und den Ritt über die Stromschnellen am nächsten Tag fortsetzt.

Wai Maori (☎ 07-386 0315; www.waimaori.com; 203 Puanga St, Tokaanu) organisiert geführte Wildwasser-Kajaktouren (Nov.–April, 129 NZ$/Pers.) und Trips, bei denen es – nur von Forellen begleitet – den sanften Tokaanu Stream hinab bis zum Lake Taupo (90 Min./halber Tag/ganzer Tag 30/40/65 NZ$) geht, vorbei an blubbernden Schlammlöchern, Thermalquellen und Sümpfen.

Auch Rapid Sensations in Taupo organisiert Wildwassertrips auf dem Tongariro River (s. S. 321).

Viel Spaß hat man auch in der Kletterhalle **Vertical Assault Climbing Wall** (☎ 07-386 8949; 22 Ngawaka Pl; Erw./Kind 15/11 NZ$), in der Kletterwände aller Schwierigkeitsstufen bezwungen werden können.

Schlafen

Parklands Motor Lodge (☎ 07-386 7515; www.parklands motorlodge.co.nz; 25 Arahori St; Stellplatz 16 NZ$/Pers., Zi. 94–140 NZ$; ☒ ☒) Die Motor Lodge hinter einer riesigen Grünfläche an SH1 hat für Camper einen kleinen, aber praktischen Campingbereich und verteilt liegende, gepflegte Motel-Wohneinheiten. Es gibt auch einen Swimmingpool und einen Spielbereich für Kinder, und im Freien kann man kostenlos verschiedenen Ballsportarten frönen.

Extreme Backpackers (☎ 07-386 8949; www.extreme backpackers.co.nz; 22 Ngawaka Pl; B 23–25 NZ$, EZ 43–53 NZ$, DZ 56–66 NZ$; ☒ ☒) Die moderne Backpackerherberge aus Kiefernholz und Wellblech hat als Bonus eine Kletterwand und ein Café. In den günstigeren Schlafräumen ohne Teppich stehen jeweils acht Etagenbetten, die teureren Doppelzimmer haben ein Bad. Alle Zimmer sind sauber und komfortabel. Die Lounge mit offenem Kamin und der sonnige Innenhof mit Hängematten und Grillstellen machen die Unterkunft zu einem relaxten Jackpot für Traveller mit knappem Budget.

Riverstone Backpackers (☎ 07-386 7004; www.river stonebackpackers.com; 222 Tautahanga Rd; B 25–30 NZ$, DZ 61–84 NZ$; ☒) Robs schmuckes Backpackerhostel ist ein pfiffig renoviertes altes Haus. Zur Anlage gehören ein Sportausrüstungslager, eine beneidenswerte Küche und Lounge sowie ein stilvoll landschaftlich gestalteter Hof (mit Pizzaofen), auf den jeder neuseeländische Hausbesitzer stolz wäre. Hier fühlt man sich auch fern der Heimat wie zu Hause – und Rob

hilft einem sehr gerne, aus dem Haus rauszu-
kommen, um an Aktivitäten in der Gegend
teilzunehmen.

Sportmans Lodge (☎ 07-386 8150; www.sportmans
lodge.co.nz; 15 Taupahi Rd; Zi. 69 NZ$, Cottage 105–120 NZ$)
Die motelähnliche Lodge mit ihrem hübschen
Garten liegt direkt am Fluss und ist ein Ge-
heimtipp für Forellenangler. Alle Zimmer
teilen sich die Lounge und die gut ausgestattete Küche. Das Cottage für bis zu drei Personen ist in sich abgeschlossen.

Judges Pool Motel (☎ 07-386 7892; www.judgespool
motel.co.nz; 92 Taupahi Rd; EZ/DZ/4BZ 90/100/140 NZ$) Das
ältere Motel bietet ordentliche, geräumige
Zimmer mit Kochnische und neuem Bad und
einen Bereich zum Putzen von Fischen. Alle
Wohneinheiten mit einem Schlafzimmer haben eine offene Terrasse, auf der man entspannt ein Bierchen trinken kann. Der beste
Ort für ein Schwätzchen ist allerdings der
hübsche neue Grillbereich.

LP Tipp **Creel Lodge** (☎ 07-386 8081; www.creel.
co.nz; 183 Taupahi Rd; EZ 95–130 NZ$, DZ 110–150 NZ$, 3BZ
130–170 NZ$, 4BZ 150–190 NZ$; 🖱 🖭) Das himmlische Refugium auf einem grünen, friedvollen
Grundstück liegt an einem schönen Abschnitt
des Tongariro River. Alle Suiten im Erdgeschoss sind mit eigener Küche ausgestattet
(sehr angenehm!) und haben eine Veranda
mit Blick auf den bezaubernden Garten zu
bieten.

Anglers Paradise Motel (☎ 07-386 8980; www.
anglersparadise.co.nz; Ecke Ohuanga Rd & Raukura St; DZ
115–160 NZ$, 3BZ 130–160 NZ$, 4BZ 145–160 NZ$; 🖵 🖭)
Ein ca. 1 ha großes grünes Grundstück umgibt
das Motel mit viel Privatsphäre, das ein wenig
so aussieht, als stamme es aus Twin Peaks. Die
in dunklem Holz gehaltenen Zimmer haben
große Fernseher und riesige Betten. Hier
gibt's jedes erdenkliche Zubehör für Angler
und sogar eine Räucherkammer. Gerne werden auch Führer organisiert. Das Restaurant
punktet mit einem knisternden Kamin.

Oreti Village Resort (☎ 07-386 7070; www.oreti
village.com; Mission House Dr, Pukawa Bay; Apt. 210–270 NZ$;
🖱) Vorsicht: Die Enklave mit in sich abgeschlossenen Luxusapartments macht süchtig.
Das „Dorfleben" im Oreti besteht gänzlich aus
Komfort. Man lümmelt sich gemütlich in eine
komfortable Ledercouch mit Armrollen und
genießt den herrlichen Blick auf den See, bevor
man sich zur exzellenten Restaurant-Bar (unten) oder zum Strand aufmacht. Auf dem
SH41 von Turangi aus 15 km gen Nordosten
fahren und der Ausschilderung folgen.

Essen

LP Tipp **Oreti**(☎ 07-386 7070; Mission House Dr, Pukawa
Bay; Hauptgerichte 29–34 NZ$; 🕒 Do–So mittags, Di–So
abends) Nur schwer kann man sich einen
romantischeren Ort für einen milden Som-
merabend vorstellen als die Terrasse des
Oreti mit Blick auf den See. Obendrein ist
auch das Essen noch dementsprechend – die
moderne neuseeländische Küche enttäuscht
nicht. Und wenn man sich am Mittag über
den überbordenden Antipasti-Teller her-
macht, könnte man fast glauben, man sei am
Mittelmeer.

Tongariro Lodge (☎ 07-386 7946; Grace Rd; Hauptgerichte 35 NZ$; 🕒 abends) Einige Berühmtheiten
wie Robert Mitchum, Liam Neeson, Larry
Hagman, Jimmy Carter oder Timothy Dalton
sind in dieser luxuriösen, mit Holz verkleideten Anglerlodge schon zu Gast gewesen. Sie
liegt inmitten einer 9 ha großen Parklandschaft am Fluss und eignet sich somit perfekt,
um unbehelligt zu entspannen. Die Speisekarte konzentriert sich – wenig überraschend
– auf riesige Fleischportionen. Echte Freude
kommt aber auf, wenn einem Gast sein eigener Fang von Tage abends geräuchert und
perfekt zubereitet serviert wird.

Überall im Ort gibt's auch Cafés:

Grand Central Fry (☎ 07-386 5344; 8 Ohuanga Rd;
Gerichte 6–9 NZ$; 🕒 11–20.30 Uhr) Eine lokale Legende,
die neben Fish & Chips und Burgern alles serviert, was sich
frittieren lässt.

Thyme for Food (☎ 07-386 0552; Town Centre;
Gerichte 6–16 NZ$; 🕒 morgens & mittags) Beliebte
Teestube, die auch gute kleine und schnelle Gerichte wie
Pasteten, Burger und Milkshakes im Angebot hat. Früh-
stück gibt's den ganzen Tag.

Licorice (☎ 07-386 5551; SH1, Motuoapa; Gerichte
9–17 NZ$; 🕒 Mi–So morgens & mittags) Es lohnt sich,
8 km nördlich im Turangi hier aufzutanken – mit ausgezeichnetem Kaffee, günstigen, kleinen Gerichten und tollen
hausgemachten Backwaren.

Selbstversorger sollten sich an den zentral
gelegenen großen Supermarkt **New World**
(☎ 07-386-8780; Ohuanga Rd; 🕒 8–20 Uhr) halten.

An- & Weiterreise

Die Busse von **InterCity/Newmans** (☎ 09-583 5780;
www.intercity.co.nz) halten vor dem i-SITE. Turangi wird von allen Busse angesteuert, die
von Auckland nach Wellington bzw. von
Tauranga über Rotorua und Wellington an
der Ostseite des Sees entlang fahren (ab
Taupo 16 NZ$, 45 Min.).

Von derselben Bushaltestelle aus schickt **Naked Bus** (☎ 0900 625 33, 1,80 NZ$/Min.; www.nakedbus. com; bei Vorabbuchung ab 1 NZ$) täglich Busse nach Auckland (6½ Std.) via Taupo (1 Std.) und Rotorua (2 Std.). In Richtung Süden fahren Busse nach Wellington (5½ Std.) mit Halt in allen größeren Ortschaften, u. a. in Palmerston North (3 Std.).

Infos zum Busshuttle nach Tongariro gibt's auf S. 341.

TONGARIRO & UMGEBUNG

TONGARIRO NATIONAL PARK

Der Tongariro war bei seiner Gründung 1887 der erste Nationalpark Neuseelands und der vierte weltweit. Heute zählt er zu den drei Welterbestätten Neuseelands. Ursprünglich umfasste der Nationalpark die drei Berge Tongariro, Ngauruhoe und Ruapehu. Sein Name Tongariro ist eine Zusammensetzung aus *tonga* (Südwind) und *riro* (weggetragen). Die drei Berge waren ein Geschenk des örtlichen *iwi* (Stamm) an die neuseeländische Regierung, der darin die einzige Möglichkeit sah, dieses für ihn spirituell bedeutende Gebiet zu bewahren.

Mit seinen hoch aufragenden aktiven Vulkanen ist Tongariro einer der spektakulärsten Nationalparks Neuseelands. Zur Weltberühmtheit wurde er durch Peter Jacksons *Herr-der-Ringe*-Trilogie, in der er das schaurige Land Mordor verkörpert. Im Sommer können in dem Park hervorragende kürzere und längere Wanderwege gemeistert werden; die bemerkenswertesten sind der Tongariro Northern Circuit und der Tongariro Alpine Crossing. Im Winter verwandelt er sich in ein super Skigebiet, in dem ordentlich Betrieb herrscht.

Praktische Informationen

Die **DOC-Touristeninformation** (Karte S. 337; ☎ 07-892 3729; www.doc.govt.nz; ⏲ Dez.–März 8–18 Uhr, April–Nov. bis 17 Uhr) befindet sich in Whakapapa Village (sprich fa-ka-pa-pa) auf der nordwestlichen Seite des Parks. Hier bekommt man Karten und Infos zu allen Ecken des Nationalparks, z. B. zu Wanderstrecken, Hütten, dem aktuellen Zustand von Skipisten und Wanderwegen und der Wetterlage. Es gibt auch eine interessante Ausstellung zur geologischen Be-

Besiedlungsgeschichte der Region, darunter eine audiovisuelle Darstellung und einen kleinen Laden – der perfekte Ort für regnerische Tage. Bevor man sich zum Wandern aufmacht, sollte man sich hier die detaillierte Karte *Tongariro National Park* (19 NZ$) besorgen.

Jedes Jahr im Januar bietet das DOC ein ausgezeichnetes Programm mit geführten Wanderungen im und rund um den Park an. Infos dazu erhält man in den DOC-Zentren; man kann aber auch online (www.doc.govt. nz) buchen. Weitere Infos über den Nationalpark gibt's im DOC-Center in Turangi (S. 331) und im i-SITE in Ohakune (S. 345).

Viele Neuseelandbesucher erleben in den Bergen ihr blaues Wunder: Das Wetter kann schneller als gedacht umschlagen und Rettungsaktionen – wie auch Unglücksfälle – sind leider keine Seltenheit. Wer den Tongariro National Park besucht, muss daher gut ausgerüstet sein und alle notwendigen Sicherheitsvorkehrungen treffen. Dazu gehört, dass man die zuständigen Stellen über seine Pläne informiert. Weitere Infos zum sicheren Wandern stehen auf S. 82.

Es gibt viele Transportunternehmen, die einen gern bis zum Anfang der Wege bringen und nach der Wanderung wieder abholen (s. S. 342); unbedingt im Voraus buchen!

Sehenswertes & Aktivitäten
BERGGIPFEL
Mt. Ruapehu

Der Mt. Ruapehu (2797 m) hat einen lang gezogenen Gipfel mit vielen Spitzen. Er ist der höchste und aktivste Vulkan des Parks. Die oberen Hänge wurden während der Ausbrüche von 1969 und 1975 mit heißem Schlamm bedeckt, im Dezember 1988 spuckte der Vulkan heiße Steine. Doch das waren nur harmlose Vorboten der spektakulären Ausbrüche im Jahr 1995, als der Ruapehu vulkanisches Gestein ausspie und die ganze Gegend in Wolken aus Asche und Dampf hüllte. Von Juni bis September des folgenden Jahres polterte und ächzte der Vulkan und spie Aschewolken hoch in den Himmel, sodass man die Skisaison im Jahr 1996 abschreiben musste. Der letzte Ausbruch – er ereignete sich ohne Vorwarnung im September 2007 – wurde von einem schwachen Erdbeben begleitet, bei dem ein Kletterer, der in einer Berghütte übernachtete, schwer verletzt wurde.

TONGARIRO NATIONAL PARK & UMGEBUNG

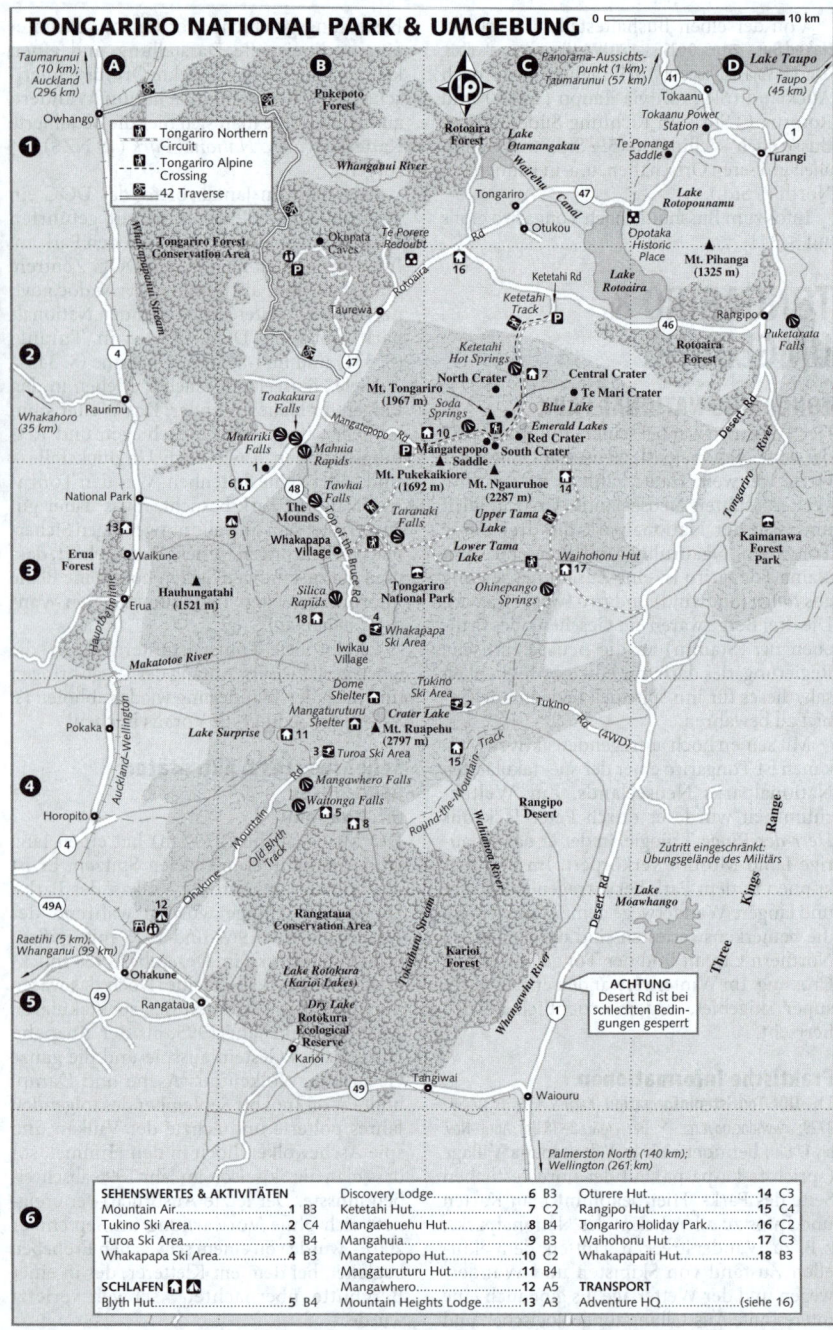

0   10 km

SEHENSWERTES & AKTIVITÄTEN

Mountain Air	1 B3
Tukino Ski Area	2 C4
Turoa Ski Area	3 B4
Whakapapa Ski Area	4 B3

SCHLAFEN 🏠 🏔

Blyth Hut	5 B4

Discovery Lodge	6 B3
Ketetahi Hut	7 C2
Mangaehuehu Hut	8 B4
Mangahuia	9 B3
Mangatepopo Hut	10 C2
Mangaturuturu Hut	11 B4
Mangawhero	12 A5
Mountain Heights Lodge	13 A3

Oturere Hut	14 C3
Rangipo Hut	15 C4
Tongariro Holiday Park	16 C2
Waihohonu Hut	17 C3
Whakapapaiti Hut	18 B3

TRANSPORT

Adventure HQ	(siehe 16)

Es sind aber auch größere Katastrophen passiert: In der Tat war der Mt. Ruapehu 1953 die Ursache für eine der verheerendsten Naturkatastrophen Neuseelands: Von 1945 an war der Wasserspiegel des Crater Lake dramatisch angestiegen, weil Eruptionen den Überlauf blockiert hatten. An Weihnachten des Jahres 1953 brach der natürliche Damm – eine Flut aus vulkanischem Schlamm (auch als Lahar bezeichnet) schwappte den Berg hinunter und riss eine Eisenbahnbrücke bei Tangiwai zwischen Ohakune und Waiouru mit sich. Kurz darauf raste ein vollbesetzter Expresszug heran und entgleiste. 153 Menschen kamen ums Leben.

Der Kratersee wurde durch die Eruption von 1995/1996 erneut blockiert. Als der Wasserspiegel anstieg, war vorherzusehen, dass ein größerer Lahar wieder zu einer Katastrophe führen würde. Alarmsysteme wurden am Rand des Kratersees installiert, und als im März 2007 ein kleinerer Lahar ins Whangaehu Valley schwappte, löste er Alarm aus. Es gab aber keine Verletzten und nur geringen Schaden an der Infrastruktur.

Der Ruapehu bildet den Mittelpunkt des Nationalparks. An seinen Hängen liegt Whakapapa Village (mit der Touristeninformation des DOC); auch gibt es hier zahlreiche Wanderwege und drei Skigebiete.

Mt. Tongariro

Der Red Crater des Mt. Tongariro (1968 m) brach zuletzt 1926 aus. Auf dem unebenen Gipfel dieses alten, aber noch immer aktiven Vulkans gibt es eine Reihe von farbenprächtigen Seen; an der Seite bei Ketetahi ergießen sich Thermalquellen. Der Tongariro Alpine Crossing (S. 338), ein herrlicher Wanderweg, führt an den Seen vorbei direkt durch mehrere Krater und dann hinunter durch üppigen einheimischen Wald.

Mt. Ngauruhoe

Der Ngauruhoe (2290 m) ist viel jünger als die anderen beiden Vulkane; er entstand wahrscheinlich in den letzten 2500 Jahren. Im Gegensatz zu den beiden anderen Feuerbergen, die mehrere Krateröffnungen aufweisen, ist der Ngauruhoe ein konischer Vulkan mit nur einer Krateröffnung und perfekt symmetrischen Hängen. Er ist von den dreien der einzige, der wie ein typischer Vulkan aussieht – weshalb er in der Filmtrilogie *Der Herr der Ringe* den Schicksalsberg verkörperte. Im

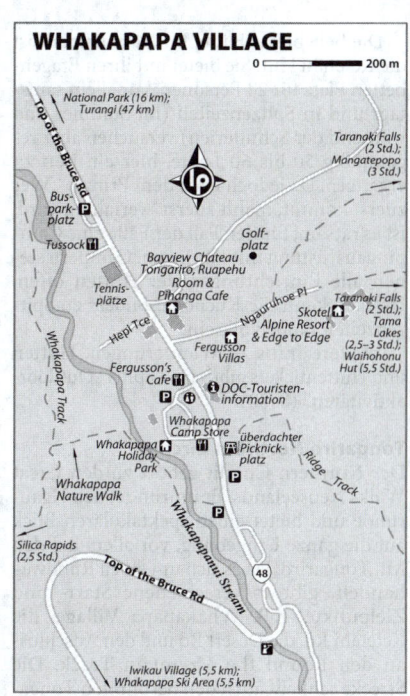

Sommer kann man gut hinaufklettern, liegt im Winter jedoch Schnee, sollten sich definitiv nur erfahrene Bergsteiger an die steilen Hänge wagen.

WANDERN

An den Wanderwegen des Nationalparks liegen verstreut zehn Hütten (Karte S. 336), in denen Wanderer Unterschlupf finden (je nach Hütte & Saison 15–25 NZ$/Pers.). Man kann auch neben den Hütten zelten (5–20 NZ$/Pers.). Die DOC-Zentren und i-SITEs in Turangi, Whakapaka und Ohakune verkaufen Hüttentickets und Backcountry Hut Passes.

In der Sommersaison – zwischen dem Labour Weekend (Ende Okt.) und Queen's Birthday (Anfang Juni) – benötigt man für die vier beliebten Hütten am Tongariro Northern Circuit (Mangatepopo, Ketetahi, Oturere & Waihohonu) ein Great Walks Ticket, das im Voraus gekauft werden muss. Dieses Ticket erhält man auch in den DOC-Zentren, i-SITEs oder online auf www.doc.govt.nz; die normalen Hüttentickets und der Backcountry Hut Pass sind während dieser Zeit nicht gültig.

TAUPO & DIE ZENTRALE HOCHEBENE

Die beliebteste Hütte im Nationalpark ist die Ketetahi Hut. Sie bietet mit ihren Etagenbetten Platz für 24 Personen, vor allem samstags und in Spitzenzeiten (im Sommer und während der Schulferien) versuchen aber regelmäßig 50 bis 60 Leute, hier ein Bett zu ergattern. Da jedoch nach dem Prinzip „Wer zuerst kommt, mahlt zuerst" verfahren wird, ist es ratsam, für den Fall der Fälle eine Campingausrüstung mitzubringen. Campern stehen alle Einrichtungen der Hütten offen. Deshalb kann die Küche besonders zu Spitzenzeiten rappelvoll sein.

Weitere Infos zu Wanderungen, Hütten und Hüttentickets gibt's im Kapitel „Outdooraktivitäten" (S. 80).

Tongariro Northern Circuit

Der Northern Circuit gehört zu den Great Walks Neuseelands. Er umrundet den Ngauruhoe und bietet einen spektakulären Blick auf die ganze Umgebung, vor allem auf den Mt. Tongariro. Da es sich um einen Rundweg handelt, gibt es verschiedene Start- und Zielpunkte, z. B. Whakapapa Village, die Ketetahi Rd, die Desert Rd und den Anschluss an den Round the Mountain Track. Die Strecke schließt auch den berühmten Tongariro Alpine Crossing (S. 338) mit ein.

Highlights des Rundwegs sind die Abschnitte, die durch mehrere Vulkankrater bzw. an ihnen vorbeiführen. Zu kennen wären der **South Crater**, der **Central Crater** und der **Red Crater**, die brillant schillernden farbenprächtigen Vulkanseen wie die **Emerald Lakes**, der **Blue Lake** sowie der **Upper** und der **Lower Tama Lake**, die kalten **Soda Springs** und diverse andere Formationen wie Vulkankegel, Lavaströme und Gletschertäler.

Es gibt mehrere Nebenstrecken, die einige Stunden bis mehr als einen Tag in Anspruch nehmen. Die beliebteste unter ihnen ist die Strecke vom Hauptweg zum Gipfel des Ngauruhoe (hin & zurück 3 Std.). Man kann aber auch vom Red Crater aus auf den Tongariro klettern (hin & zurück 2 Std.) oder von der Waihohonu Hut zu den Ohinepango Springs mit ihrem eisigen Wasser wandern (hin & zurück 1 Std.).

Die sicherste und beliebteste Wanderzeit für diesen Track ist von Dezember bis März. An der Strecke gibt es vier Hütten, die gut in Schuss sind: **Mangatepopo, Ketetahi, Oturere** und **Waihohonu** (s. Karte S. 336). Die Hütten sind mit Matratzen, Gaskochern (im Sommer),

Toiletten und Wasser ausgestattet. Sobald im Winter der erste Schnee gefallen ist, verwandelt sich diese Strecke in einen anspruchsvollen, steinharten alpinen Track, den man nur mit Eispickel und Klettereisen bewältigen kann. Dann heißt es, entweder sehr viel Zeit einplanen oder nicht die ganze Strecke in Angriff nehmen.

Im Sommer beträgt die geschätzte Dauer der Wanderungen:

Strecke	Dauer (Std.)
Whakapapa Village–Mangatepopo Hut	3–5
Mangatepopo Hut–Emerald Lakes	3½
Emerald Lakes–Oturere Hut	1½
Oturere Hut–Waihohonu Hut	3
Waihohonu Hut–Whakapapa Village	5½

Tongariro Alpine Crossing

Der in Neuseeland als eine der besten Tageswanderungen geltende Tongariro Alpine Crossing führt durch spektakuläres vulkanisches Gelände – von einem aktiven Krater bis zu Öffnungen, aus denen heißer Dampf austritt, und wunderschönen, farbenprächtigen Seen. Auch die Aussicht ist nicht minder herrlich. Der Weg führt durch verschiedene Vegetationszonen, von alpinem Gestrüpp und Stauden und höher gelegenen vegetationsfreien Stellen bis zu dem üppigen Steineibenwald beim Abstieg von der Ketetahi Hut hinunter zum Streckenende. Die spektakulärsten Abschnitte des Tongariro Northern Circuit liegen zwischen der Mangatepopo Hut und der Ketetahi Hut. Wanderer, die den gesamten Northern Circuit bewältigen, heben sich diesen Abschnitt meist für den zweiten Tag auf und machen noch einen Abstecher über den Ketetahi Track.

Der Crossing kann zwar an einem Tag bewältigt werden, ist aber anstrengend und sollte nicht auf die leichte Schulter genommen werden. Das Wetter kann schlagartig und ohne große Vorwarnung umschlagen – man muss also adäquat ausgerüstet sein.

Wer nicht topfit ist, sollte für die Route besser zwei Tage einplanen und dafür ein paar Nebenstrecken mitnehmen, die den Ausflug noch interessanter machen. Lohnende Nebenstrecken vom Hauptweg aus sind z.B. die Aufstiege auf die Gipfel des Mt. Ngauruhoe und des Mt. Tongariro. Am leichtesten ist der Aufstieg auf den Mt. Ngauruhoe vom Mangatepopo Saddle aus, den man kurz nach Beginn der Strecke nach dem ersten steilen Anstieg erreicht. Zum Gipfel des Tongariro führt vom Red Crater aus eine abgesteckte Strecke.

Die über die Mangatepopo Rd zu erreichende Mangatepopo Hut befindet sich in der Nähe des Streckenbeginns, die Ketetahi Hut ein paar Stunden vor Ende des Tracks.

Geschätzte Dauer der Wanderungen im Sommer:

Strecke	Dauer (Std.)
Ende Mangatepopo Rd–Mangatepopo Hut	¼
Mangatepopo Hut–Mangatepopo Saddle	1½
Mangatepopo Saddle–Gipfel des	2
Mt. Ngauruhoe (Nebenstrecke)	(hin & zurück)
Red Crater–Gipfel des	1½
Mt. Tongariro (Nebenstrecke)	(hin & zurück)
Mangatepopo Saddle–Emerald Lakes	1½–2
Emerald Lakes–Ketetahi Hut	1½
Ketetahi Hut–Streckenende	1½

Den Tongariro Alpine Crossing erreicht man über die vom SH47 abzweigende Mangatepopo Rd und über die vom SH46 abzweigende Ketetahi Rd. An seinen beiden Enden treiben Diebe ihr Unwesen, die geparkte Autos aufknacken – also keine Wertsachen zurücklassen und alles blickdicht verstauen.

Wegen der Beliebtheit der Wanderstrecke fahren viele Shuttles zu beiden Endpunkten des Tracks. Man muss den Shuttle im Voraus buchen und rechtzeitig von der Wanderung zurück sein, um den Bus nicht zu verpassen, der wartet nämlich nicht auf Bummler.

Achtung: Der Tongariro Alpine Crossing ist zwar eine der tollsten Wanderrouten der Welt, macht aber keinen Spaß, wenn man schlecht vorbereitet ist oder sich das Wetter von seiner schlechtesten Seite präsentiert. Im Winter verstecken sich die farbenprächtigen Seen unter einer Decke von Schnee und sehen aus wie jeder andere See. Wenn ein Sturm tobt, es wie aus Eimern gießt oder man unpassend gekleidet ist – Jeans und Flipflops sind in den Bergen absolut fehl am Platz –, wird die Tour mit Sicherheit zu einer Tortur, wenn nicht gar zu einem gefährlichem Unterfangen.

Round the Mountain

Der abgelegene Wanderweg gilt als ruhigere Alternative zum überlaufenen Northern Circuit, ist aber sehr anspruchsvoll. Er hat ein paar ziemlich knifflige Flussübergänge und ist nichts für Anfänger oder schlecht vorbereitete Bergwanderer. Der Weg macht eine Runde um den Mt. Ruapehu und schließt verschiedene Landschaftsformen mit ein – von Gletscherflüssen bis zu von Büschen bewachsenen Sümpfen. Zugleich bietet er einen majestätischen Blick auf die Berge. Für diese Wanderung sollte man mindestens vier Tage einplanen, sechs Tage, wenn man auch die Nebenstrecken zur abgelegenen Blyth Hut oder zu den Tama Lakes mitnimmt.

Man erreicht den Round the Mountain von Whakapapa Village, von der Kreuzung bei der Waihohonu Hut, von der Ohakune Mountain Rd oder von der Whakapapaiti Hut aus. Die meisten Bergwanderer starten in Whakapapa Village und kehren nach Abschluss der Rundwanderung wieder dorthin zurück.

Am sichersten ist der Track in den Monaten Dezember bis März, wenn nur wenig oder gar kein Schnee liegt und die Lawinengefahr geringer ist. Das restliche Jahr über kann es in einer verschneiten Landschaft schwierig sein, sich zu orientieren; auch sonst wird die Wanderung anspruchsvoller und man braucht unbedingt eine vollständige alpine Ausrüstung (Eispickel, Klettereisen und Spezialkleidung). Eine gewissenhafte Vorbereitung ist unerlässlich! Ausreichend detaillierte Karten besorgen, die aktuellen Wetter-, Schnee- und Wegbedingungen prüfen, Kleidung für jedes Klima und reichlich Lebensmittel mitnehmen. Außerdem unbedingt einem Verantwortlichen die Wanderpläne und das voraussichtliche Datum der Rückkehr mitteilen und sich nach der Rückkehr bei diesem abmelden.

Entlang des Tracks gibt's mehrere Hütten: die **Waihohonu Hut**, die **Rangipo Hut**, die **Mangaehuehu Hut**, die **Mangaturuturu Hut** und die **Whakapapaiti Hut**; eine Nebenstrecke führt zur **Blyth Hut** (s. Karte S. 336).

Geschätzte Dauer der Wanderungen im Sommer:

Strecke	Dauer (Std.)
Whakapapa Village–Waihohonu Hut	5–6
Waihohonu Hut–Rangipo Hut	5
Rangipo Hut–Mangaehuehu Hut	5–6
Mangaehuehu Hut–Mangaturuturu Hut	5
Mangaturuturu Hut–Whakapapaiti Hut	6
Whakapapaiti Hut–Whakapapa Village	2–3
Tama Lakes (Nebenstrecke)	1½
Blyth Hut (Nebenstrecke)	1

Noch mehr Wanderwege

Die DOC- und i-SITE-Zentren in Whakapapa, Ohakune und Turangi haben Karten und Infos zu interessanten kürzeren und längeren Wanderungen im Park und erteilen Auskünfte zu den Tracks und den aktuellen Wetterbedingungen.

Die Wanderung zum **Crater Lake** des Ruapehu (hin & zurück 7 Std.) ist besonders schön, da man den säurehaltigen See aus der Nähe betrachten kann. Allerdings ist diese Strecke bei vulkanischen Aktivitäten absolut tabu. Die mittelschwere bis schwere Wanderung beginnt bei Iwikau Village an der Top of the Bruce Rd. Man spart drei Stunden, wenn man vom Whakapapa Ski Area aus den **Sessellift** (Erw./Kind 23/13 NZ\$; ☺ Mitte Dez.–April 9–15.30 Uhr) nimmt. **Geführte Wanderungen** (☎ Reservierung 07-892 3738; Erw./Kind inkl. Liftpass 90/55 NZ\$) zum Crater Lake starten täglich um 9 Uhr am Laden Vertical in Iwikau Village. Wie bei den meisten Wanderungen in Tongariro sollte man vor dem Aufbruch die aktuellen Wetter- und Wegbedingungen prüfen und im Winter lieber die Finger davon lassen, sofern man kein professioneller Bergsteiger ist.

Neben den unten aufgelisteten Wanderwegen gibt es noch mehrere andere gute Strecken an der Ohakune Mountain Rd.

Eine Reihe von guten Tracks, die beim Whakapapa Visitor Centre und an der dorthin führenden Straße beginnen (s. Karte S. 337), sind in dem DOC-Führer *Walks in and around Tongariro National Park* (3 NZ\$) aufgelistet, darunter die folgenden:

Ridge Track Ein 30-minütiger Rundweg, der durch einen Buchenwald in Gebiete mit alpinen Sträuchern hinaufführt und einen tollen Blick auf den Ruapehu und den Ngauruhoe bietet.

Silica Rapids Ein zweieinhalbstündiger, 7 km langer Rundweg zu den Silica Rapids. Diese sind nach den Quarzablagerungen benannt, die durch die Stromschnellen am Waikare Stream entstanden sind. Der Track führt durch interessantes alpines Terrain und auf den letzten 2,5 km über die Top of the Bruce Rd nach Whakapapa Village hinab.

Tama Lakes Ein 17 km langer Track zu den Tama Lakes (hin & zurück 5–6 Std.) auf dem Tama Saddle zwischen dem Ruapehu und dem Ngauruhoe. Vom oberen See aus hat man einen tollen Blick auf den Ngauruhoe und den Tongariro. (Achtung: Auf dem Saddle weht oft eine steife Brise.)

Taranaki Falls Ein zweistündiger, 6 km langer Rundweg zu den 20 m hohen Taranaki Falls am Wairere Stream.

Whakapapa Nature Walk Ein 15-minütiger, rollstuhlgerechter Rundweg, der ca. 200 m oberhalb des Visitor Centre beginnt. Er führt durch einen Buchenwald und Gärten, die für die Vegetationszonen des Nationalparks typisch sind.

SKIFAHREN

Die beiden Skigebiete des Ruapehu, **Whakapapa Ski Area** (Karte S. 336; ☎ 07-892 3738; www.mtruapehu.com; Liftpass halber/ganzer Tag 52/83 NZ\$) und **Turoa Ski Area** (Karte S. 336; ☎ 06-385 8456; Website & Preise s. oben), bieten ähnliche Skibedingungen mit allen Schwierigkeitsgraden: Auf einem Gebiet von je rund 400 ha geht's hinauf bis zu einer Höhe von rund 2300 m. Auch Anfänger werden hier bestens bedient: Es gibt einen Skiverleih, eine Skischule, gute Anfängerhänge und ein paar schöne, einfache Pisten. In der Saison bringen die Radiosender SKI FM 93,4, Aerial FM 96,6 und Peak FM 95,8 aktuelle Pisteninfos; telefonische Schneeberichte liefert das **Snowphone** (☎ Turoa 083 222 180, Whakapapa 083 222 182).

Ausrüstung kann man sich in Taupo, National Park, Ohakune oder Whakapapa bei **Edge to Edge** (Karte S. 337; ☎ 0800 800 754; www.edgetoedge.co.nz; Skotel Alpine Resort; komplette Skiausrüstung 35–43 NZ\$/Tag, Snowboardausrüstung 43–50 NZ\$/Tag) ausleihen, die auch eine ganze Palette an Kletter- und Bergsteigerausrüstung auf Lager haben. Die einzigen Unterkünfte in den Skigebieten sind private Lodges; Skifahrer müssen sich deshalb in den Orten Whakapapa (s. S. 340) National Park (s. S. 342) oder Ohakune (s. S. 345) ein Quartier organisieren.

Die **Tukino Ski Area** (Karte S. 336) auf der Ostseite des Ruapehu ist nur mit Geländewagen erreichbar. S. auch S. 91.

Schlafen

In dem Gebiet gibt's zwei einfache DOC-Campingplätze: **Mangahuia** (Karte S. 336; SH47; Stellplatz 4 NZ$/Pers.) zwischen dem Ort National Park und der SH48-Abzweigung nach Whakapapa und **Mangawhero** (Karte S. 336; Ohakune Mountain Rd; Stellplatz Erw./Kind 4/2 NZ$) nahe Ohakune. Beide haben fließendes kaltes Wasser und Hocktoiletten. Infos zu DOC-Hütten und Wanderwegen im Nationalpark gibt's auf S. 337.

In Whakapapa Village gibt's nur eine begrenzte Anzahl an Unterkünften. Die hier aufgeführten Preise beziehen sich auf die Sommersaison; in der Skisaison liegen die Preise in der Regel deutlich höher. Eine größere Auswahl an Unterkünften gibt's in National Park (S. 343) und Ohakune (S. 347). Die besseren Budgetunterkünfte findet man in National Park, dafür hat Ohakune als echte Kleinstadt die besseren Lokale und Geschäfte zu bieten.

Tongariro Holiday Park (Karte S. 336; ☎ 07-386 8062; www.thp.co.nz; SH47; Stellplatz 15–17 NZ$/Pers., Hütte 55–80 NZ$, Wohneinheit 130–140 NZ$) Dieser alte neuseeländische Klassiker am SH47 auf halbem Weg zwischen Turangi und National Park (jeweils ca. 24 km) bringt seine Gäste in einfachen Hütten und neueren Wohneinheiten unter. Der Campingplatz ist angenehm, die Gemeinschaftseinrichtungen sind mehr als adäquat. Direkt nebenan findet man ein Café, Adventure HQ (Skiverleih) und das Büro von Tongariro Expeditions (S. 342).

Whakapapa Holiday Park (Karte S. 337; ☎ 07-892 3897; www.whakapapa.net.nz; Whakapapa Village; Stellplatz Erw./Kind 17/10 NZ$, B/Hütte/Wohneinheit 25/70/99 NZ$) Der gepflegte, beliebte Ferienpark im Dorf bietet eine große Auswahl an Unterkünften, darunter eine Backpackerlodge mit 32 Betten, Stellplätze am Rand eines wunderschönen Buschlands und in sich abgeschlossene Wohneinheiten für Paare.

Skotel Alpine Resort (Karte S. 337; ☎ 07-892 3719; www.skotel.co.nz; Whakapapa Village; EZ/DZ/3BZ/Hütte 40/55/80/160 NZ$, Zi. 135–215 NZ$; 🖳 🛜) Neuseelands höchstgelegenes Hotel hat Backpackerzimmer mit je drei Betten, Hütten und normale Hotelzimmer. Der mit Holz verzierte Komplex mit alpinem Flair punktet auch mit etwas Luxus: Sauna, Whirlpool, Gymnastikraum, Skishop, Spielezimmer, Restaurant mit Ausschanklizenz (nur abends; Hauptgerichte 19–29 NZ$) und – am wichtigsten – eine Bar.

Fergusson Villas (Karte S. 337; ☎ 07-892 3809; www.chateau.co.nz; Whakapapa Village; DZ/4BZ 155/175 NZ$) Diese kleinen, in sich abgeschlossenen Berghütten mit Küche und kleiner Terrasse zum Relaxen eignen sich für Familien oder Kleingruppen. Gebucht und eingecheckt wird über das Bayview Chateau Tongariro.

Bayview Chateau Tongariro (Karte S. 337; ☎ 07-892 3809; www.chateau.co.nz; Whakapapa Village; DZ 190–280 NZ$, Suite 350–1000 NZ$; 🖳 🛜) Das Wahrzeichen des Dorfes ist das mit 106 Zimmern bestückte Chateau, eine edle Reminiszenz an die Pracht eines klassischen europäischen Herrenhauses. Es wurde 1929 eröffnet, doch trotz der Renovierungen sind reichlich altertümlicher Charme und der dramatisch anmutende Stil eines Billardsalons erhalten geblieben. Das Hotel hat auch ein Kino, ein Restaurant, eine Bar mit Café, einen öffentlichen Golfplatz mit neun Löchern, einen Tennisplatz und selbstverständlich den Blick auf die Berge im Hintergrund und die atemberaubende Hochebene darunter.

Essen & Ausgehen

Fergusson's Cafe (Karte S. 337; Hauptgerichte 5–8 NZ$; 🕓 morgens & mittags; 🖳 🛜) Das Fergusson's gegenüber vom Chateau ist eine gemütliche Teestube mit Tischen im Freien. Serviert werden Pasteten, Sandwiches, Kuchen und Kaffee.

Lorenz Bar & Cafe (Hauptgerichte 9–23 NZ$; 🕓 morgens & mittags) Im Lorenz direkt am Rand des Skigebiets kommt ähnliche Standardkost auf den Tisch.

Tussock (Karte S. 337; Hauptgerichte 14–18 NZ$; 🕓 15 Uhr–open end) Das Tussock am Fuß des Dorfes hat einen Biergarten, einen schönen Ausblick und im Winter manchmal Liveunterhaltung.

Pihanga Cafe (Karte S. 337; Hauptgerichte 19–25 NZ$; 🕓 mittags & abends) Das Pihanga ist eines der zwei hoteleigenen Lokale im Chateau – ein alter Hase mit preiswerten Gerichten wie Suppen, Salaten und ausgefalleneren Sachen wie Ossobuco. In der gemütlichen T-Bar nebenan kann man sich im Winter aufwärmen und im Sonnenschein draußen ein kühles Bier trinken.

Ruapehu Room (Karte S. 337; Hauptgerichte 34–39 NZ$; 🕓 abends) Das elegante à-la-carte-Restaurant des Chateau.

Der **Whakapapa Camp Store** (Karte S. 337) im Whakapapa Holiday Park verkauft zwar die nötigsten Lebensmittel, aber man sollte seine Vorräte lieber unterwegs aufstocken.

Anreise & Unterwegs vor Ort
AUTO & MOTORRAD
Der Tongariro National Park ist von Straßen umzingelt: dem SH1 (Desert Rd genannt – auch ohne Sand) im Osten, dem SH4 im Westen, dem SH46 und dem SH47 im Norden und dem SH49 im Süden. Die Hauptstraße in den Nationalpark hinein ist der SH48, der nach Whakapapa Village und dann weiter in die Berge zum Skigebiet Whakapapa führt. Die Ohakune Mountain Rd führt von Ohakune hinauf zum Skigebiet Turoa. Die Desert Rd ist bei schlechtem Wetter regelmäßig gesperrt – nicht zu übersehende Straßenschilder leiten einen dann auf andere Strecken um. Ebenso können manchmal auch die Ohakune Mountain Rd und die Top of the Bruce Rd gesperrt oder die Weiterfahrt ab bestimmten Punkten nur mit Geländewagen oder Schneeketten erlaubt sein.

BUS
Zahlreiche Shuttle-Unternehmen bedienen von Taupo, Turangi, National Park und Ohakune aus Whakapapa Village, den Tongariro Alpine Crossing und andere wichtige Touristenziele. Im Sommer konzentrieren sie sich darauf, Wanderer zu den Tracks zu bringen und wieder abzuholen, im Winter die Wintersportler zu den Skigebieten. Um unnötige Wartezeiten zu vermeiden, den Bus im Voraus buchen. Neben den unten aufgeführten Optionen haben die meisten Backpackerunterkünfte in National Park ihre eigenen Shuttles zu ähnlichen Preisen (s. S. 347).
Adventure HQ (☎ 07-386 0969; www.adventureheadquarters.co.nz) Betreibt von seinem Büro im Tongariro Holiday Park aus fahrplanmäßigen Transport zum Tongariro Alpine Crossing (30 NZ$).Verkauft und verleiht auch Equipment.
Extreme Backpackers (S. 333) Betreibt Busshuttles von Turangi zum Crossing (35 NZ$) und zum Northern Circuit (40 NZ$) und im Winter zum Skigebiet Whakapapa (40 NZ$).
Matai Shuttles (S. 348) Shuttlebusse von Ohakune, National Park und Whakapapa zum Crossing (hin & zurück 35 NZ$).
Mountain Shuttle (☎ 0800 117 686; mountainman989@hotmail.com) Pendelt täglich zwischen Turangi und Whakapapa/Tongariro Alpine Crossing (35 NZ$).
Tongariro Expeditions (☎ 0800 828 763; www.tongariroexpeditions.com) Betreibt Shuttle von Turangi (35 NZ$, 40 Min.), Taupo (55 NZ$, 1¼ Std.), dem Ort

National Park (35 NZ$, 30 Min.) und Whakapapa (35 NZ$, 15 Min.) zum Crossing und Northern Circuit.
Turangi Coachlines (☎ 07-386 8226; turangicoachlines@xtra.co.nz) Fährt auf der Strecke Turangi–Whakapapa (40 NZ$).

NATIONAL PARK
460 Ew.
Der nach dem nahe gelegenen Tongariro National Park benannte kleine Außenposten liegt 15 km von Whakapapa Village entfernt an der Kreuzung SH4/SH47. Während es in dem Örtchen in der Skisaison nur so von Urlaubern wimmelt, ist es im Sommer ein recht verschlafenes Nest – obwohl es sich als Basislager für Aktivitäten im und rund um den Nationalpark gut eignet.

In National Park selber gibt's nur wenig zu tun. Das macht aber gar nichts, schließlich befinden sich die Skigebiete, Wanderwege im Nationalpark (S. 337), der Mountainbike-Trail 42 Traverse (s. unten) und die Kanutrips auf dem Whanganui River in unmittelbarer Nähe. Täglich fahren Shuttles im Sommer zum Tongariro Alpine Crossing und nach Whakapapa Village und im Winter zu den Skigebieten.

Man wird schnell feststellen, dass die Gegend hier Eisenbahnerland ist. Am SH4, ca. 20 km südlich von National Park, steht bei Horopito ein Denkmal für den „Last Spike", den letzten Schienennagel der Fertigstellung der Main Trunk Railway Line zwischen Auckland und Wellington 1908 (bis heute fährt der Zug hier vorbei). Bei Raurimu, 5 km nördlich von National Park, findet man ein Zeugnis der Ingenieur-Meisterleistung: die „Spirale" (S. 273). Trainspotter werden staunen – und alle anderen werden sich wohl fragen, was zum Teufel die sich da anschauen (zu sehen gibt's nicht viel …).

Praktische Informationen
In National Park gibt's kein i-SITE; Infos bekommt man aber auf www.nationalpark.co.nz. Für alles andere wendet man sich einfach an Gasoline Alley an der Hauptstraße: Hier gibt's Benzin, Post, Lebensmittel, Freizeit-Equipment, einen Geldautomaten und etwas dubiose Fertiggerichte.

Aktivitäten
MOUNTAINBIKEN
Am bekanntesten ist diese Gegend für den **42 Traverse**. Die 45 km lange Mountainbike-

strecke (3–6 Std.) durch den Tongariro Forest ist bei Tagesausflüglern eine der beliebtesten Routen der Nordinsel. Die Piste führt über alte Holzfällerstraßen, sodass man recht gut vorankommt, obwohl es sehr oft bergauf und bergab geht – überwiegend bergab, wenn man am SH47 startet und Richtung Owhango hinunterfährt.

Ein weiterer beliebter Radweg ist der 50 km lange **Fishers Track**. In National Park beginnend, geht er ungefähr 21 km lang hauptsächlich den Berg hinunter. Einige Warmduscher lassen sich am tiefsten Punkt in der Nähe von Owhango wieder abholen. Andere folgen dem Rundweg zurück nach National Park – und merken angesichts der Schinderei recht schnell, warum sich andere abholen lassen.

Die Howard's Lodge bietet von National Park einen Transport und einen Fahrradverleih an, die Plateau und Adventure Lodge nur den Transport (s. S. 343).

NOCH MEHR AKTIVITÄTEN

Infos zum **Skifahren** in den Gebieten Whakapapa und Turoa gibt's auf S. 340. Ausrüstung bekommt man bei **Eivins** (☎ 07-892 2843; www.nationalpark.co.nz/eivins; Carroll St), **Roy Turner** (☎ 07-892 2757; www.snowzone.co.nz; Buddo St) und **Ski Biz** (☎ 07-892 2717; www.skibiz.co.nz; 10 Carroll St). Die meisten Unterkünfte im Ort bieten Kombipakete mit Liftpass und Skiverleih an – so spart man sich die höheren Preise weiter oben am Berg.

Mountain Air (Karte S. 336; ☎ 0800 922 812; www.mountainair.co.nz; Flug 110–195 NZ$), am SH47 nahe der Abzweigung nach Whakapapa gelegen, bietet drei **Standard-Rundflüge** (15–35 Min.) zu den Vulkanen und Seen an. Sie starten auch ab Turangi (265 NZ$, 45 Min.) und Taupo (295 NZ$, 65 Min.).

Die **Tongariro Forest Conservation Area** lässt sich mit relativ wenig Anstrengung mit den Fahrzeugen von **Quad Biking NZ** (☎ 07-378 8349; www.quadbikingnz.co.nz; halber/ganzer Tag 195/295 NZ$) erkunden.

Adrift Guided Outdoor Adventures (☎ 07-892 2751; www.adriftnz.co.nz) veranstaltet geführte **Kanutrips** auf dem Whanganui River (halber Tag– 6 Tage, 130–950 NZ$), verleiht Kanus für Paddler, die auf eigene Faust losziehen, und sorgt für die notwendigen Transfers. Auch im Angebot: ein- bis dreitägige geführte Wanderungen im Nationalpark (125–725 NZ$).

Wade's Landing Outdoors (☎ 07-895 5995; www.whanganui.co.nz) veranstaltet ebenfalls geführte Kanutrips auf dem Whanganui River, verleiht

Kajaks und organisiert den Transfer (1– 5 Tage, 80–180 NZ$), veranstaltet Jetboatfahrten (95–150 NZ$) und befördert Traveller per Jetboat oder Auto zum Startpunkt der Trails (150–270 NZ$).

An regnerischen Tagen kann man in der **Kletterhalle** (☎ 07-892 2870; www.npbp.co.nz; Finlay St; Erw./Kind 15/10 NZ$; ☻ 9–21 Uhr) des National Park Backpackers eine 8 m hohe Kletterwand erklimmen. Wer lieber in freier Natur klettert und seine eigene Ausrüstung dabeihat, findet in der Nähe des Manataupo Valley und der Whakapapa Gorge gute Kletterspots.

Schlafen

In National Park gibt es vor allem Budget- und Mittelklasseunterkünfte. Das macht Sinn, verbringen die Gäste doch ohnehin die meiste Zeit im Freien. Die hier aufgelisteten Preise gelten in der Sommersaison. Aber Achtung: In der Skisaison muss man deutlich mehr berappen – Unterkünfte sind dann schwer zu finden und sollten unbedingt im Voraus reserviert werden!

Discovery Lodge (Karte S. 336; ☎ 07-892 2744; www.discovery.net.nz; Stellplatz 14 NZ$/Pers., Hütte/DZ 50/90 NZ$, Wohneinheit 135–175 NZ$; ☐) Die für Skifahrer praktisch gelegene Lodge befindet sich am SH47 zwischen National Park und der Abzweigung nach Whakapapa. Vom Restaurant aus hat man einen herrlichen Blick auf den Ruapehu. Außerdem gibt's eine Bar und eine komfortable Lounge. Die Hütten sind schlicht, die größeren Chalets tolle Refugien für bis zu vier Personen.

Howard's Lodge (☎ 07-892 2827; www.howardslodge.co.nz; Carroll St; B 27 NZ$, EZ 60–75 NZ$, DZ 68–105 NZ$, 3BZ 84–120 NZ$, 4BZ 140 NZ$; ☐ ☎) Howard weilt zwar nicht mehr unter uns, doch in der großen, frisch eingerichteten Lodge mit Spa, zwei komfortablen Lounges mit riesigem Fernseher und einer makellosen, gut ausgestatteten Küche lebt sein Vermächtnis weiter. Die Schlafsäle mit jeweils nur drei oder vier Etagenbetten sind relativ geräumig. Für jede Menge Spaß im Freien sorgen die zum Verleih stehenden Skier, Snowboards, Wanderutensilien und Mountainbikes. Es gibt auch ein Shuttle durch den Park, und man kann Tickets für InterCity-Busse und Interisland-Fähren buchen.

Plateau (☎ 07-892 2993; www.plateaulodge.co.nz; Carroll St; B 28 NZ$, DZ 65–85 NZ$, 3BZ 93–113 NZ$, 4BZ 141 NZ$, Apt. 155–235 NZ$; ☐ ☎) Das Plateau ist eine Backpackerunterkunft der schickeren Art – man muss also nicht gerade im Collegealter sein, um hier reinzupassen. Es hat makellose, gemütliche Zimmer, manche mit Bad und TV, sowie eine attraktive Gemeinschaftslounge, eine Küche und eine Badewanne. In die Schlafsäle passen gerade mal zwei Etagenbetten rein. Es werden auch Apartments mit zwei Schlafzimmern (für bis zu 6 Pers.) vermietet.

Adventure Lodge & Motel (☎ 07-892 2991; www.adventurenationalpark.co.nz; Carroll St; Lodge B/EZ/DZ/3BZ/4BZ 30/50/65/90/120 NZ$, B & B 2BZ/DZ 130/170 NZ$, Wohneinheit 130–190 NZ$; 🖳 📶) Die Lodge für Wanderer, die den Tongariro Alpine Crossing angehen wollen, ist ein gemütliches, komfortables Quartier. Preisgünstig ist das All-Inclusive-Paket (2 Übernachtungen mit Frühstück, Mittagessen, Abendessen, T-Shirt & Transport, 165–195 NZ$). Und wer einfach mal genug vom Outdoorerlebnis hat, kann die guten Einrichtungen wie die Lounge zum Relaxen, Whirlpools und den Grill nutzen. Die B & B-Zimmer haben ein eigenes Bad.

Park Travellers' Lodge (☎ 07-892 2748; www.the-park.co.nz; Millar St; B 30–35 NZ$, DZ 100–130 NZ$, Apt. 150–340 NZ$; 🖳 📶) Die große Flashpacker-Unterkunft an der Hauptstraße ist nicht zu übersehen. Drinnen erwartet Gäste eine elegante und komfortable Lodge. Um den gemütlichen Innenhof verteilen sich 200 Betten in Schlafsälen, Doppelzimmern und separaten kleinen Apartments. Die Ausstattung ist modern und strapazierfähig. Im hauseigenen Café Spiral gibt's Abendessen für 11 bis 23 NZ$; die Speisekarte steht an der Tafel. Die Hausbar im Eisenbahnstil ist ein Highlight (und zwar nicht nur wegen des Biers).

Mountain Heights Lodge (Karte S. 336; ☎ 07-892 2833; www.mountainheights.co.nz; Wohneinheit 110–170 NZ$, DZ 140–160 NZ$) Die freundliche Lodge im Stil einer Schweizer Berghütte liegt am SH4, 2 km südlich von National Park, und hat gute separate Motel-Wohneinheiten für bis zu sechs Personen und komfortable B & B-Zimmer mit Bad, Fernseher und Teekocher. Nach Vereinbarung gibt's auch andere Mahlzeiten. Mountainbikes können ausgeliehen werden (2 Std./halber Tag/ganzer Tag/42 Traverse 20/30/40/60 NZ$).

LP Tipp Tongariro Crossing Lodge (☎ 07-892 2688; www.tongarirocrossinglodge.com; 37 Carroll St; DZ 145–164 NZ$, 3BZ 165–184 NZ$, 4BZ 205 NZ$; 🖳) Wie aus dem Bilderbuch: Die Lodge ist mit weißen Brettern verkleidet, hat babyblaue Zierleisten und wird im Sommer von einer Blütenpracht umgeben. Die Zimmerauswahl reicht von Standard-Doppelzimmern bis zu größeren

separaten Zimmern mit voll ausgestatteter Küche. Die Lodge bietet auch B & B an, wahlweise mit Abendessen (nach Vereinbarung).

Essen & Ausgehen

In der Wintersaison platzt der Ort aus allen Nähten und fast alle Lokalitäten sind tagtäglich geöffnet. Nach Ende der Skisaison muss man allerdings etwas langfristiger planen; die Auswahl ist dann erheblich geringer – etwas Essbares wird man aber immer irgendwoher bekommen.

Basekamp (☎ 07-892 2872; Carroll St; Hauptgerichte 17–18 NZ$; ⌚ Sommer Fr–So abends, Winter tgl.) Holzofenpizzen, leckere Gourmetburger und andere Sattmacher für hungrige Skifahrer.

National Park Hotel (☎ 07-892 2805; 61 Carroll St; Hauptgerichte 18–25 NZ$; ⌚ 10–23 Uhr) Die einzige Kiwi-Kneipe im Ort, und eine schöne, altmodische obendrein. Hier gibt's Billardtische, diverses Fleisch vom Grill, Chicken Kiev, Bier im Glas oder im Krug und echte Einheimische, die sich in Ruhe ein paar Drinks gönnen.

Schnapps (☎ 07-892 2788; Finlay St; Hauptgerichte 19–27 NZ$; ⌚ Sa & So mittags, tgl. abends) In dem beliebten Pub gibt's exzellente Pizzen, großzügige Burger und überdurchschnittlich gute Kneipenkost. Im Winter spielen samstagabends Bands.

LP Tipp Station (☎ 07-892 2881; Ecke Station St & Finlay St; Hauptgerichte 24–32 NZ$; ⌚ 10–23 Uhr) Wer diesen kleinen Bahnhof an der Bahnstrecke findet, hat echt Glück. Das hübsche alte Gebäude wurde liebevoll restauriert und serviert heute Brunch mit Eiern, Mittagessen, Kaffee und Kuchen sowie ein eindrucksvolles Abendessen à la carte.

An- & Weiterreise

BUS

Die Busse von **InterCity** (☎ 09-583 5780; www.intercity.co.nz) halten und starten vor dem Ski Haus an der Carroll St. Es gibt täglich Busverbindungen nach Auckland (62 NZ$, 5½ Std.) über Hamilton (43 NZ$, 3½ Std.) und Palmerston North (47 NZ$, 4 Std.) via Whanganui (37 NZ$, 2 Std.). Gebucht wird in der Howard's Lodge (S. 343).

Infos zu den örtlichen Shuttlebussen gibt's auf S. 342.

ZUG

Die Züge des **Tranz Scenic Overlander** (☎ 04-495 0775; www.tranzscenic.co.nz; Fahrkarte 49–81 NZ$) auf der Strecke Auckland–Wellington (in beide

Richtungen Mai–Sept. Fr–So, Okt.–April tgl.) halten in National Park (und Ohakune). Fahrkarten bekommt man nicht am Bahnhof, sondern in der Howard's Lodge.

OHAKUNE

1100 Ew.

In Ohakune muss man damit rechnen, überall Karotten zu sehen, denn das kleine Städtchen ist die Karottenhauptstadt des Landes. Nicht nur, dass sie sich in Burger und Pizzen einschleichen, während der Saison verschmutzen sie auch noch die Straßenränder. Wer mehr darüber erfahren will, sollte im Oktober zum alljährlich stattfindenden Carrot Carnival (s. Kasten S. 347) anreisen.

Eigentlich müsste man ja gar nicht erwähnen, dass Karotten die Leber reinigen und gut für die Augen sind. Ohakune überzeugt auch so durch seinen Charme. Im Sommer ist es ein hübsches Refugium, das jede Menge Outdoor-Abenteuer bereithält. Richtig lebt der Ort dann aber im Winter auf, wenn in der Turoa Ski Area der erste Schnee gefallen ist und die Schneehasen (die zweifellos auch Karotten lieben …) Ohakune fest in ihrer Hand haben.

Der Ort hat zwei Zentren: Das Geschäftsviertel erstreckt sich entlang des Highway, aber im Winter ist das nördliche Ende rund um den Bahnhof, „The Junction" (die Kreuzung) genannt, das Zentrum aller Action.

Praktische Informationen

Bibliothek (☎ 06-385 8364; Ayr St; ☺ Mo–Fr 9–17 Uhr) Kostenloser Internetzugang.

Ruapehu i-SITE (☎ 06-385 8427; 54 Clyde St; ☺ Mo–So 9–17 Uhr) Übernimmt die Buchung von Aktivitäten, Transportmitteln und Unterkünften. Mittwochs bis sonntags um 9 bis 15.30 Uhr ist auch ein DOC-Mitarbeiter da.

Take Note (5 Goldfinch St; ☺ Mo–Fr 7–17, Sa bis 16 Uhr) Hat auch eine Post.

Aktivitäten

SKIFAHREN & SNOWBOARDEN

Im Winter wimmelt es in Ohakune nur so von Skifahrern, Snowboardern und Personal, das sich um diese kümmert. Skipässe (halber/ganzer Tag 52/83 NZ$) bekommt man an den Skipisten, Ausrüstung bei diversen Anbietern im Ort, u. a.:

Powderhorn Snow Centre (☎ 06-385 9100; www.snowcentre.co.nz; 194 Mangawhero Tce)

Ski Shed (☎ 06-385 9173; www.skished.com; 71 Clyde St)

SLR (☎ 06-385 8018; www.slr.co.nz; 60 Thames St)

TCB (☎ 06-385 8433; www.tcbskiandboard.co.nz; 27 Ayr St)

Weitere Infos zum Skifahren und Snowboarden gibt's auf S. 91.

WANDERN

Es gibt mehrere malerische Wanderwege in der Nähe des Ortes. Viele beginnen am Ohakune Mountain Rd, die von Ohakune über 17 km bis zur Turoa Ski Area am Mt. Ruapehu verläuft. Die praktische DOC-Broschüre *Walks in and around Tongariro National Park* (3 NZ$), erhältlich beim i-SITE, gibt einen guten Überblick.

Ein einfacher Spazierweg ziemlich am Anfang der Ohakune Mountain Rd ist der **Mangawhero Forest Walk** (hin & zurück 1 Std., 3 km), der durch unberührten Wald und am Mangawhero River entlang führt. Er ist nicht zu steil und daher auch für Rollstuhlfahrer und Eltern mit Kinderwagen geeignet. An der Ohakune Mountain Rd starten weitere beliebte und anstrengendere Wanderwege, z. B. zu den **Waitonga Falls** (hin & zurück 1½ Std., 4 km), wo man einen herrlichen Blick auf den Mt. Ruapehu und den höchsten Wasserfall Tongariros (39 m) hat; ein anderer führt zum **Lake Surprise** (hin & zurück 5 Std., 9 km).

Von Ohakune aus erreicht man leicht die Wanderwege im Tongariro National Park (S. 337), so auch den Tongariro Alpine Crossing. Matai Shuttles (S. 348) bietet einen Shuttleservice an. Den Round the Mountain Track (S. 339) erreicht man über die Verlängerung des Weges zu den Waitonga Falls.

Im Juli 2010 wurde der Wander- und Radweg **Old Coach Road** eröffnet. Für diesen Weg ließ das Städtchen die ursprüngliche Kutschenstrecke von Ohakune nach Horopito sanieren. Mit ihrem Bau wurde 1886 begonnen – damals schufteten die Menschen mit bloßer Muskelkraft, mussten harte Anstrengungen und Mühsal erdulden, in Leinenzelten leben und im Winter Frost und Kälte trotzen. Stück für Stück wurde die Strecke verbessert, um auch Passagiere und Waren befördern zu können. In Betrieb war sie jedoch nur bis 1909, dem Jahr der Eröffnung des SH49. Nicht mehr benötigt, blieb die Route bis vor Kurzem größtenteils ihrem Schicksal überlassen.

Auf dem leicht ansteigenden Wanderweg gibt es eine Reihe einzigartiger technischer Errungenschaften, darunter die historischen Viadukte von Hapuawhenua und Toanui, die

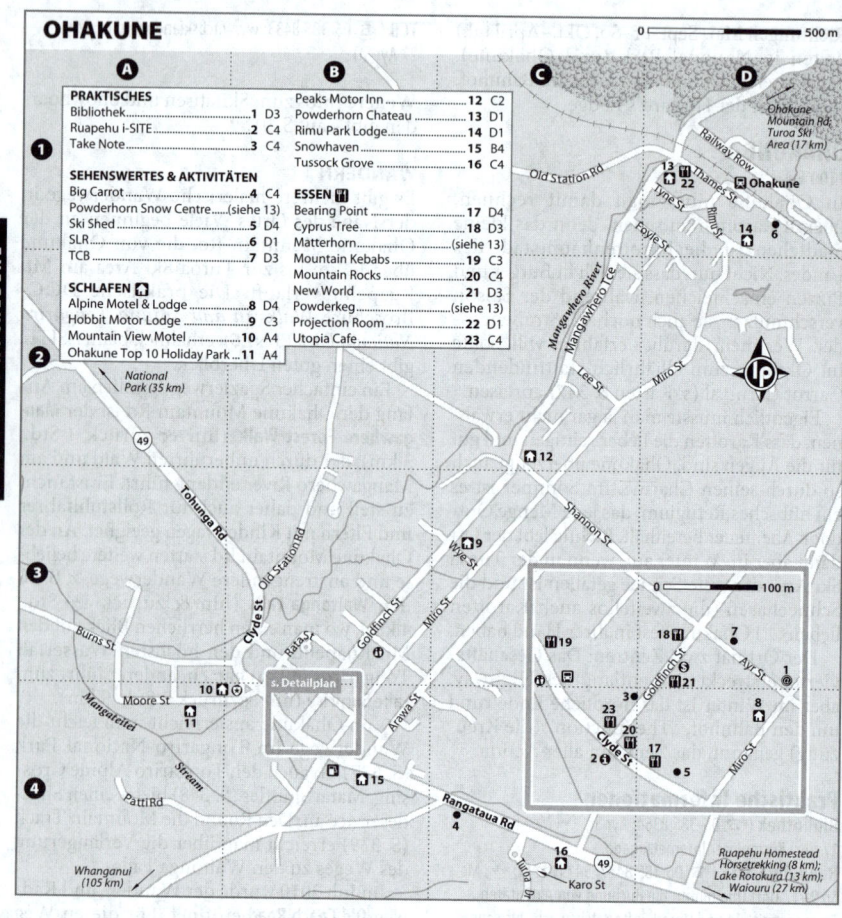

OHAKUNE

0 ────────── 500 m

PRAKTISCHES
Bibliothek...1 D3
Ruapehu i-SITE.................................2 C4
Take Note..3 C4

SEHENSWERTES & AKTIVITÄTEN
Big Carrot...4 C4
Powderhorn Snow Centre.....(siehe 13)
Ski Shed..5 D4
SLR..6 D1
TCB..7 D3

SCHLAFEN 🏠
Alpine Motel & Lodge.....................8 D4
Hobbit Motor Lodge.........................9 C3
Mountain View Motel....................10 A4
Ohakune Top 10 Holiday Park ...11 A4

Peaks Motor Inn...............................12 C2
Powderhorn Chateau....................13 D1
Rimu Park Lodge..............................14 D1
Snowhaven...15 B4
Tussock Grove....................................16 C4

ESSEN 🍴
Bearing Point.....................................17 D4
Cyprus Tree..18 D3
Matterhorn................................(siehe 13)
Mountain Kebabs.............................19 C3
Mountain Rocks................................20 C4
New World...21 D3
Powderkeg.................................(siehe 13)
Projection Room...............................22 D1
Utopia Cafe..23 C4

---

einzigen zwei verbliebenen Viadukte auf der Südhalbkugel, die eine Kurve beschreiben. Der Weg führt durch uralte Wälder, die den Ausbruch des Taupo überlebten, weil sie im Windschatten des Ruapehu liegen. Insofern bekommt man gigantische Rimu-Harzeiben und Totara-Bäume zu Gesicht.

NOCH MEHR AKTIVITÄTEN

In der Region gibt's viele gute **Mountainbikewege**. Beginnen kann man mit dem 1 km langen, bergab führenden Abschnitt der asphaltierten Ohakune Mountain Rd (Achtung: vor der Downhill-Fahrt die Bremsen checken!). Der frisch eingeweihte Radweg auf der Old Coach Rd soll irgendwann Teil der 245 km langen Radstrecke Mountain-to-Sea

werden, die bei Whanganui die Küste erreichen wird. TCB (S. 345) ist eine gute Infoquelle und verleiht auch Fahrräder (halber/ganzer Tag ab 30/40 NZ$).

Kajaktrips auf dem Whanganui River kann man von Ohakune aus mit **Canoe Safaris** (☎ 06-385 9237; www.canoesafaris.co.nz; geführte Touren 2–5 Tage 365–840 NZ$, Kanuverleih ohne Führer 2–5 Tage 140–190 NZ$) unternehmen, die auch geführte Raftingtrips auf dem Mohaka (2–4 Tage, 405–895 NZ$) und dem Rangitikei (1–4 Tage, 105–765 NZ$) veranstalten. Ähnliche Angebote hat **Yeti Tours** (☎ 06-385 8197; www.canoe.co.nz; geführte Touren 2–6 Tage 375–795 NZ$, Kanuverleih ohne Führer 2–5 Tage 140–215 NZ$).

Fünf Minuten außerhalb von Ohakune veranstaltet **Ruapehu Homestead Horsetrekking**

(☎ 06-385 8799; ruapehuhomestead@xtra.co.nz; SH49, Rangataua; 30 Min.–ganzer Tag Erw. 20–95 NZ$, Kind 15–80 NZ$) in Rangataua geführte **Ausritte** auf seinen Weiden und längere Reittouren entlang des Flusses und auf den Wegen im Hinterland mit Blick auf den Berg.

Schlafen

Im Sommer sieht die Junction ein wenig wie eine Geisterstadt aus und man sucht sich besser eine Unterkunft in der Nähe der SH49. Die hier genannten Preise gelten im Sommer (Okt.–März); im Winter muss man bis zu 50 % mehr berappen und im Voraus buchen. Im Winter wird es günstiger, wenn man den Aufenthalt für die Wochenmitte plant.

BUDGETUNTERKÜNFTE

Ohakune Top 10 Holiday Park (☎ 0800 825 825; www.ohakune.net.nz; 5 Moore St; Stellplatz Erw./Kind 19/12 NZ$, EZ 29–145 NZ$, DZ 58–145 NZ$, 3BZ 75–166 NZ$, 4BZ 97–186 NZ$; 🖥 🛜) Der Ferienpark am Flussufer bietet geräumige Gemeinschaftsbereiche und mehrere Unterkünfte für Selbstversorger. Zu den Extras zählen ein Spielplatz, ein Pétanquefeld, ein Grillbereich und ein Spa.

Hobbit Motorlodge (☎ 06-385 8248; www.the-hobbit.co.nz; Ecke Goldfinch St & Wye St; B 22 NZ$, Wohneinheit 90–180 NZ$; 🛜) Das grüne, ruhige Hobbit auf halbem Wege zwischen dem Ort und der Junction hat einen Backpackerflügel, Motel-Wohneinheiten und ausgefallenere Suiten. Die Badewanne mitten im Busch ist das Sahnehäubchen. Außerdem gibt's einen Kinderspielplatz.

KAROTTEN-WAHNSINN

Ganz gleich, wen man in Neuseeland fragt, bei dem Namen Ohakune denken alle sofort an Karotten. Der Ort produziert zwei Drittel der gesamten Karottenernte der Nordinsel. 1984 feierte das Städtchen seine größte Karottenernte mit der Errichtung der **Big Carrot** (Rangataua Rd), die schnell zu einem der beliebtesten Wahrzeichen unter den „Big Things" wurde. In der Region wurden Karotten erstmals in den 1920er-Jahren angebaut – und zwar von chinesischen Siedlern, die das Land von Hand und mit Sprengstoff rodeten! Heute wird Anfang Oktober der **Carrot Carnival** (www.carrot carnival.org.nz) mit einem Umzug und viel orangefarbener Kleidung gefeiert.

LP Tipp **Rimu Park Lodge** (☎ 06-385 9023; www.rimupark.co.nz; 27 Rimu St; Backpacker B/DZ 25/60 NZ$, Hütte DZ/3BZ/4BZ 60/80/100 NZ$, Eisenbahnwaggon 100–120 NZ$, Apt. 210–490 NZ$; 🖥 🛜) Der weitläufige Komplex voller Charakter liegt in der Nähe der Junction und bietet Unterkünfte für jeden Geldbeutel. In der Pine Tree Lodge kommen bis zu zehn Leute unter (180 NZ$); es gibt auch Hütten, schicke separate Apartments und einen Eisenbahnwaggon aus dem Jahr 1934, der bei Familien sehr beliebt ist.

Alpine Motel & Lodge (☎ 06-385 8758; www.alpinemotel.co.nz; 7 Miro St; B 25 NZ$, DZ 105–110 NZ$, 3BZ 115–125 NZ$, 4BZ 130–250 NZ$; 🖥 🛜) Das Alpine mitten im Ort bietet 40 Betten in Zimmern, die einer Motorlodge gerecht werden. Direkt daneben liegt ein Stadthaus mit vier Schlafzimmern – toll für Familien oder Gruppen. Es gibt auch einen sehr einfachen Backpackerflügel und ein hauseigenes Restaurant.

Mountain View Motel (☎ 06-385 8675; www.mountain-viewmotel.co.nz; 2 Moore St; DZ 60–90 NZ$, 3BZ 90–100 NZ$, 4BZ 110 NZ$) In dem altmodischen Motel sind die komfortablen Zimmer sauber, ruhig und preiswert. Vor der Tür findet man auch all die anderen nötigen Einrichtungen (inkl. Spa).

Peaks Motor Inn (☎ 06-385 9144; www.thepeaks.co.nz; Ecke Mangawhero Tce & Shannon St; DZ 95–109 NZ$, 3BZ 110–124 NZ$, 4BZ 139 NZ$; 🖥 🛜) Das viereckige, moderne Motel bietet geräumige Zimmer mit guten Badezimmern. Zu den Gemeinschaftsbereichen gehören ein einfacher Gymnastikraum, ein großer Whirlpool im Freien und eine Sauna.

MITTEL- & SPITZENKLASSEHOTELS

Snowhaven (☎ 06-385 9498; www.snowhaven.co.nz; 92 Clyde St; Apt./Stadthaus/Zi. 95/180/190 NZ$; 🛜) Hier steht ein gutes Trio zur Auswahl: moderne Studio-Apartments in einem mit Schieferplatten verkleideten Block an der Hauptstraße, drei separate Stadthäuser mit jeweils drei Schlafzimmern in der Nähe der Junction und luxuriöse B & B-Zimmer irgendwo dazwischen. Alle Optionen sind top!

Tussock Grove (☎ 06-385 8771; www.tussockgrove.co.nz; 3 Karo St; Zi. 120–160 NZ$, 3BZ 175–190 NZ$, Suite 220–250 NZ$; 🛜) Im Urlaub kochen? Nein, danke! In einem Städtchen voller Motels schließt dieses Boutiquehotel eine Lücke für diejenigen, die ein ordentliches Mittelklassehotelzimmer – vielleicht sogar mit Blick auf die Berge –vorziehen. Zu den Extras zählen Sky TV, Sauna, Spa, Pétanque- und Tennisplätze.

Powderhorn Chateau (☎ 06-385 8888; www. powderhorn.co.nz; Ecke Thames St & Mangawhero Tce; Suite/ Apt. 198/750 NZ$; ⚡ 🛜 💻) Das Powderhorn verströmt die Atmosphäre einer Schweizer Berghütte, es hat viel Holz und freiliegende Balken an den Decken und genießt den beständigen Ruf, während der Skisaison das Zentrum allen Geschehens zu sein. In dem einer Grotte nachempfundenen Indoor-Pool kann man nach einem langen Tag auf der Skipiste entspannen, bevor die Party im beliebten hauseigenen Powderkeg & Matterhorn (s. unten) losgeht.

Essen & Ausgehen

Im Winter ist die Junction ein Tummelplatz für Après-Ski-Partylöwen, im Sommer sind hier jedoch nur wenige Lokale geöffnet. Während der Skisaison öffnen auch viele Hotels ihre Restaurants.

LP Tipp Utopia Cafe (☎ 06-385 9120; 47 Clyde St; Hauptgerichte 7–20 NZ$; ☽ morgens & mittags) Ein schrilles, peppiges und stets bei Einheimischen wie Besuchern gleichermaßen beliebtes Café – und das aus gutem Grund: Hier gibt's großartiges Frühstück, z.B. Eggs Benedict und Brioche mit Schinken und Banane, eine gute Auswahl an vegetarischen Gerichten und eine Wärmtheke mit frisch zubereiteten hausgemachten Gerichten.

Mountain Kebabs (☎ 06-385 9047; 29 Clyde St; Kebabs 9–12 NZ$; ☽ mittags & abends) In jeder gewöhnlichen Kebabbude gibt's die üblichen Lamm-, Hühnchen- und Falafel-Variationen. Man bekommt aber auch Camembert, Hummus, Sprossen und Oliven mit eingerollt.

Projection Room (☎ 06-385 8664; 4 Thames St; Hauptgerichte 14–30 NZ$; ☽ Winter Mi–So 18 Uhr–open end) Der schrille kleine Laden zeigt gelegentlich Filme, hin und wieder schneien auch DJs rein. Ansonsten gibt's einfache Hausmannskost, z.B. Burger, Currys, Nudeln und Steaks.

Powderkeg & Matterhorn (☎ 06-385 8888; Ecke Thames St & Mangawhero Tce; Bargerichte 16–22 NZ$; à la carte 21–32 NZ$; ☽ mittags & abends) Das Powderkeg ist die Partylocation des Powderhorn Chateau. Im Winter heizen Bands ein, und es wird regelmäßig auf den Tischen getanzt – wenn die Reste von Burger, Pizza und dergleichen beiseite geräumt wurden. Das Matterhorn im Obergeschoss ist protziger und serviert Cocktails und anspruchsvolle Bar-Snacks. Hier genießen die Gäste entspannt, aber dennoch elegant ein Abendessen à la carte.

Mountain Rocks (☎ 06-385 8295; Ecke Clyde St & Goldfinch St; Hauptgerichte 20–29 NZ$; ☽ 20 Uhr–open end) Der wie eine Blockhütte gestaltete Raum wirkt eher wie eine Kneipe denn wie ein Lokal. Trotzdem bekommt man ordentliche Sandwiches, hausgemachte Burger und großartigen Kuchen sowie handfesteres Abendessen, um den Alkohol zu verdauen.

Cyprus Tree (☎ 06-385 8857; 19a Goldfinch St; Hauptgerichte 22–30 NZ$; ☽ Sa & So mittags, Do–Mo abends) In dem schicken und doch entspannten Lokal ist das Essen eindeutig italienisch: Pizza, Pasta, Antipasti. Donnerstags ist „Pizza-and-Pint"-Abend – eine preisgünstige Aktion, bei der „Pizza" auch Pasta und „Pint" auch Hauswein sein kann.

Bearing Point (☎ 06-385 9006; Clyde St; Hauptgerichte 23–33 NZ$; ☽ Sa & So mittags, Di–So abends) In dem gehobenen, von einheimischen Persönlichkeiten geführten Lokal bekommt man nach einem anstrengenden Tag auf der Skipiste herzhaftes Essen, z.B. Filetsteak, mit Ahornsirup glasierter Lachs, Lammrücken und Meeresfrüchtecurry.

Selbstversorger können sich im **New World** (☎ 06-385 8587; 14 Goldfinch St; ☽ 7–19 Uhr) mit allem Nötigen eindecken – die letzte Möglichkeit vor National Park oder Whakapapa.

An- & Weiterreise

Die Busse von InterCity (☎ 09-583 5780; www.inter city.co.nz) halten vor Mountain Kebabs. Sie fahren nach Auckland (66 NZ$, 6 Std.) via Hamilton (49 NZ$, 4 Std.) und nach Palmerston North (41 NZ$, 3 Std.) via Whanganui (31 NZ$, 1½ Std.).

Ohakune ist nach National Park der nächste Halt der südwärts fahrenden Züge des Tranz Scenic Overlander; für Details, s. S. 344.

Unterwegs vor Ort

Mehrere Anbieter betreiben Busse in der Region und bedienen auch die Skigebiete und Wanderwege im Nationalpark.

Matai Shuttles (☎ 06-385 8724; www.mataishuttles. co.nz) Shuttle zum Skigebiet Turoa (hin & zurück 20 NZ$); unterwegs kann man überall in der Vulkanebene aussteigen, u.a. am Tongariro Alpine Crossing (hin & zurück 35 NZ$). Praktisch ist auch der Shuttlebus, der in der Skisaison die Kneipen von Ohakune abklappert (4 NZ$).

Snow Express (☎ 06-385 4022; hin & zurück 20 NZ$) Transport nach Turoa.

LAKE ROTOKURA

Das Rotokura Ecological Reserve befindet sich 14 km südöstlich von Ohakune bei Karioi, unmittelbar abseits des SH49 (*karioi* bedeutet

„Orte zum Verweilen"). Es gibt zwei Seen: Der Dry Lake ist eigentlich recht nass und perfekt für ein Picknick, der weiter entfernte Lake Rotokura wird von den Maori als *tapu* (heilig) verehrt, weshalb Essen, Angeln und Baden dort verboten ist. Der Rundweg dauert 45 Minuten – oder länger, wenn man ein bisschen *verweilt*, um die uralten Buchen und Wasservögel wie Zwergtaucher und Paradieskasarkas zu bestaunen.

WAIOURU
1400 Ew.

Waiouru liegt 27 km östlich von Ohakune an der Kreuzung von SH1 und SH49. Der Ort ist in erster Linie ein Militärstützpunkt und ein Rastpunkt vor der Fahrt auf der 56 km langen Desert Rd nach Turangi. Die Rangipo Desert ist nicht wirklich eine Wüste, regnet es hier doch recht ergiebig. Ihre verkümmerte Vegetation ist vielmehr Folge der großen Höhe, der heftigen Winde und des Ausbruch des Taupo, der die uralten Wälder ausradierte, den Boden nachhaltig schädigte und in großem Maßstab die Samen vernichtete. Im Winter ist die Straße wegen Schnee oft gesperrt.

Am Südende des Ortes residiert in einer großen Betonburg das **National Army Museum** (☎ 0800 369 999; www.armymuseum.co.nz; Erw./Kind 12/7 NZ$; ☉ 9–16.30 Uhr), das sich der Geschichte der neuseeländischen Armee und ihrer diversen Feldzüge von der Kolonialzeit bis zur Gegenwart widmet. Waffen, Uniformen, Memorabilien und weitere Militaria dokumentieren die bewegenden Geschichten.

Hat man sich genügend mit den Soldaten beschäftigt, kann man 11 km weiter südlich bei **Lazy H Horseback Riding & Adventures** (☎ 06-388 1144; www.lazyh.co.nz; 159 Maukuku Rd; 1½ Std./halber Tag/ganzer Tag/mit Übernachtung 110/180/250/410 NZ$) seinen inneren Cowboy von der Leine lassen.

TAIHAPE & UMGEBUNG
1800 Ew.

Wer sich für Gummistiefel interessiert, kommt an Taihape 20 km südlich von Waiouru nicht vorbei. Der Ort hat die zweifelhafte Bestimmung, „Welthauptstadt der Gummistiefel" zu sein. Deswegen steht – wen wundert's – ein riesiger ausgelatschter Gummistiefel an der Hauptstraße. Der Ort ist zudem das Tor zum 20 km weiter südöstlich gelegenen **Gravity Canyon** (☎ 06-388 9109; www.gravitycanyon.co.nz; Mokai; 1/2/3 Aktivitäten 110/175/240 NZ$). Echte Adrenalinjunkies wagen hier eine 1 km lange Fahrt mit dem Flying Fox, bei dem man bis zu 170 m über dem Boden mit bis zu 160 km/h dahinrast, stürzen sich an einem Gummiseil befestigt von einer Brücke 80 m in die Tiefe (der höchste Brücken-Bungeejump der Nordinsel!) oder schwingen mit der höchsten Tandemschaukel der Welt hin und her.

Wer in Ohakune oder Waiouru nicht auf einem Pferd geritten ist, kann bei den **River Lodge Stables** (☎ 06-388 1444; www.rivervalley.co.nz) 28 km nordöstlich von Taihape aufsatteln (vom Gretna Hotel in Taihape der Ausschilderung folgen). Bei den Ausritten (2 Std./halber Tag/ganzer Tag 105/165/215 NZ$) genießt man den Ausblick auf den Mt. Ruapehu, die Ruahine Ranges und den Rangitikei River. Zum Ausklang des zweistündigen Sunset Ride (im Sommer) gibt's ein Glas Sekt. Und die Kleinen kommen bei dem halbstündigen, an der Hand geführten Ponyritt auf ihre Kosten.

TAUPO & DIE ZENTRALE HOCHEBENE

Rotorua & Bay of Plenty

Als Cook 1769 an dieser Bucht vorbeisegelte, taufte er sie Bay of Plenty („Bucht des Überflusses") – und noch heute macht sie ihrem Namen alle Ehre: Von Waihi Beach im Westen bis nach Opotiki im Osten findet man Sonnenschein en masse und eine Küste voller Sandstrände. Dazwischen locken Küstenstädtchen und das belebte Tauranga, dessen Vorort Mt. Maunganui schon seit Generationen ein beliebtes Reiseziel neuseeländischer Urlauber ist.

Weiter östlich, entlang der von Pohutukawa-Bäumen gesäumten Küste, liegt Whakatane, Ausgangspunkt für Ausflüge zum Whakaari (White Island), Neuseelands aktivstem Vulkan. Von hier bis zum zentralen Hochland prägt vulkanische Aktivität die Landschaft und erinnert ständig daran, dass der Lavakern unter dem fruchtbaren Boden an die Oberfläche drängt.

Nirgends ist diese faszinierende unterirdische Aktivität so offensichtlich wie in Neuseelands bekanntestem Touriziel Rotorua, wo der Alltag zwischen heißen Quellen, explosiven Geysiren, blubberndem Schlamm und Schwefelwolken mit unverkennbarem Duft stattfindet.

Rotorua und die Bay sind noch heute Zentren der Tradition und der Geschichte der Maori und bieten zahlreiche Gelegenheiten, die reiche indigene Kultur des Landes kennenzulernen: mitreißende Konzerte, leckere *hangis*, Maorikunsthandwerk …

ROTORUA &
BAY OF PLENTY

HIGHLIGHTS

- Sich bei einem *hangi* (S. 356) den Bauch vollschlagen und dabei zusehen, wie Rotoruas berühmter Geysir **Pohutu** (S. 354) Wasser in die Luft spritzt
- In **Wai-O-Tapu** (S. 372) blubbernde Schlammtümpel und eine Farbenpracht wie in einem Kaleidoskop entdecken
- Im **Redwoods–Whakarewarewa Forest** (S. 358) Mountainbike-Abenteuer erleben von leicht bis Hardcore
- In **Mt. Maunganui** (S. 381) durch Neuseelands erstes künstlich angelegtes Riff surfen
- Per Flieger oder Schiff Neuseelands einzige aktive Vulkaninsel **Whakaari** (White Island; S. 392) besuchen
- Sich in **Whakatane** (S. 387), dem wohl am meisten unterschätzten Küstenort Neuseelands, eine Auszeit gönnen
- In **Tauranga** (S. 375) oder **Whakatane** (S. 389) mit Delfinen schwimmen

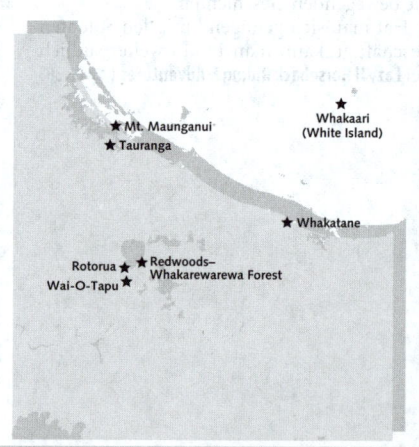

★ Mt. Maunganui
★ Tauranga
★ Whakaari (White Island)
★ Whakatane
Rotorua ★ ★ Redwoods–Whakarewarewa Forest
Wai-O-Tapu ★

| Vorwahl: 07 | www.rotoruanz.com | www.bayofplenty.co.nz |

BAY OF PLENTY

Klima

Die Bay of Plenty ist eine der sonnigsten Regionen Neuseelands. Whakatane und die Eastern Bay bekommen mit durchschnittlich 2350 Sonnenstunden pro Jahr am meisten davon ab. Im Sommer liegen die Temperaturen zwischen 20 und 27 °C, im Winter fällt das Thermometer schon mal auf 5 °C; an der Küste ist es generell etwas wärmer. In küstenfernen Regionen wie Rotorua regnet es verstärkt, wobei hier im Sommer auch teilweise lange Trockenperioden zu verzeichnen sind.

Anreise & Unterwegs vor Ort

Air New Zealand bietet Flüge von Tauranga und Whakatane nach Auckland und Wellington sowie von Rotorua nach Sydney (Di & Sa), Auckland, Wellington und Christchurch. Qantas verbindet Auckland mit Tauranga, Whakatane und Rotorua.

Die Busse von InterCity und Naked Bus bedienen von Tauranga, Rotorua und Whakatane aus die meisten anderen großen Städte im Land. Bay-Hopper-Busse verbinden Tauranga, Whakatane und Opotiki. Twin City Express verkehrt zwischen Tauranga und Rotorua.

ROTORUA

70 400 Ew.

Man nimmt eine Nase von der schwefelreichen Luft Rotoruas, und schon weiß man, was einen in Neuseelands dynamischster Thermalgegend erwartet: sprühende Geysire, dampfende Thermalquellen und brodelnde Schlammtümpel. Die Maori verehrten diesen Ort und benannten eine der spektakulärsten Quellen mit Wai-O-Tapu (Heilige Wasser). Heute machen die Maori 35 % der Gesamtbevölkerung aus und sind mit ihren kulturellen Darbietungen und traditionellen *hangi* selbst mindestens so bemerkenswert wie die Landschaft, die sie bewohnen.

Trotz des durchdringenden Geruchs nach faulen Eiern ist die „Schwefelstadt" mit beinahe 3 Mio. Besuchern jährlich eine der touristischsten Gegenden der gesamten Nordinsel. Einige Einheimische sind der Meinung, dass dieser Erfolg die Stadt dazu verleitet hat, sich auf ihren Lorbeeren auszuruhen, und dass Rotorua in sozialer Hinsicht meilenweit hinter fortschrittlicheren Orten wie beispielsweise Tauranga und Taupo zurückliegt. Mit mehr als 30 Motels ist die städtische Maschinerie „RotoVegas" auch alles andere als einladend ... Aber wo sonst bekommt man schon einen 30 m hohen geothermischen Geysir zu Gesicht?!

GESCHICHTE

Die Region wurde erstmals im 14. Jh. besiedelt, als das Kanu *Te Arawa* unter der Führung von Tamatekapua aus Hawaiki kommend bei Maketu im Zentrum der Bay of Plenty landete. Die Siedler nahmen den Stammesnamen Te Arawa an, um des Bootes zu gedenken, mit dem sie die weite Reise zurückgelegt hatten. Tamatekapuas Enkel Ihenga erkundete große Teile des Waldes im Inland und benannte auffällige Landmarken, so auch den Lake Rotorua, den „Zweiten See" – wobei hier die Namenswahl zugegebenermaßen etwas einfallslos ausfiel: Dieser war einfach der zweite See, an dem er vorbeikam.

In den folgenden Jahrhunderten bildeten sich Unterstämme, die das Territorium untereinander aufteilten, sich schließlich aber wegen des knapper werdenden Landes zerstritten. Eine Zäsur ereignete sich 1823, als Stämme aus Northland in den sogenannten Musketenkriegen (für Details zu diesen Konflikten, s. S. 31) in das Land der Arawa einfielen. Nachdem sowohl die Arawa als auch die Northland-Maori schwere Verluste erlitten hatten, zogen sich letztere schließlich zurück.

ROTORUA UND UMGEBUNG IN ...

... zwei Tagen

Mit den Hühnern aufstehen und in der **Lime Caffeteria** (S. 366) direkt am See frühstücken; danach hat dann auch das **Rotorua Museum of Art & History** (S. 357) geöffnet. Im Anschluss geht's am Wasser entlang nach **Ohinemutu** (S. 358) und durch den in Dampf gehüllten **Kuirau Park** (S. 355) zurück in die Stadt. Nächstes Ziel sind die **Blue Baths** (S. 358), wo ein entspannendes Bad auf einen wartet. Der Abend ist für ein *hangi* und ein Konzert in den Maoridörfern **Tamaki** (S. 356) oder **Mitai** (S. 356) reserviert.

Der zweite Tag beginnt mit einer Führung durch das **Whakarewarewa Thermal Village** (S. 355), wo man dem spektakulären Schauspiel beiwohnen kann, das der Geysir **Pohutu** gibt. Von hier aus ist der **Redwoods–Whakarewarewa Forest** (S. 358) nur einen Katzensprung entfernt, dessen Erkundung auf dem Mountainbike locker ein paar Stunden in Anspruch nimmt. Am anderen Ende der Stadt erwartet **Skyline Skyrides** (S. 370) seine Passagiere, um sie nach oben zu gondeln, damit sie nach unten rodeln und bei der Sky Swing durch die Luft schaukeln können. Davor aber unbedingt den Falken bei **Wingspan Birds of Prey Trust** (S. 368) einen Besuch abstatten!

... vier Tagen

Zunächst wird das Programm für zwei Tage absolviert, am dritten Tag geht's dann etwas raus aus der Stadt – zuerst zu **Agroventures** (S. 370), das einen mit einer Landwirtschaftsausstellung, Bungee, einer Riesenschaukel und dem verrückten Zorbing mehrere Stunden lang beschäftigt. Naturliebhaber sollten unterwegs unbedingt im **Rainbow Springs Kiwi Wildlife Park** (S. 368) Halt machen und bei einer Tour mit **Kiwi Encounter** dem Kultvogel nachspüren. Am letzten Tag geht's in südöstlicher Richtung entweder zur **Buried Village** (S. 371), zum Schwimmen im **Lake Tarawera** (S. 371) oder zum nahen **Lake Okataina** (S. 360), der mit zahlreichen Wanderwegen zu einem langen Spaziergang einlädt.

Im Waikato-Landkrieg (1863–1864) schlossen die Te Arawa dann mit der Regierung ein Bündnis gegen ihre Erzfeinde, die Waikato. Mit dieser Verstärkung im Rücken verhinderten die Te Awara erfolgreich, dass die Kingitanga-Bewegung durch Nachschub von der Ostküste weiteren Auftrieb bekam (s. Kasten S. 245).

Als in den 1870er-Jahren endlich wieder friedlichere Zeiten anbrachen, verbreitete sich rasant die Kunde von der landschaftlichen Schönheit der Gegend und dem heilenden Wasser, das alle möglichen Krankheiten kurieren sollte. Die Stadt erlebte daraufhin einen gigantischen Aufschwung und die Pink and White Terraces entwickelten sich zur Hauptattraktion. Diese Quarzablagerungen, infolge vulkanischer Aktivität entstanden, bezeichnete man seinerzeit ehrfürchtig als achtes Weltwunder. Leider wurden die Terrassen bereits im Jahr 1886 durch einen Ausbruch des Mt. Tarawera zerstört (s. S. 371).

ORIENTIERUNG
Um die Tutanekai St herum erstreckt sich die zentrale Einkaufsmeile, zu der auch eine verkehrsberuhigte Fußgängerzone gehört. Parallel dazu verläuft die Fenton St, die wichtigste Verkehrsader, an der sich – besonders in südlicher Richtung – viele Motels befinden.

PRAKTISCHE INFORMATIONEN
Buchläden
McLeods Booksellers (Karte S. 354; ☎ 07-348 5388; www.mcleodsbooks.co.nz; 1269 Tutanekai St; ⏰ Mo–Do 8.30–17.30, Fr bis 19, Sa 9–16, So 10–15 Uhr) Unabhängiger Buchladen mit Karten, Magazinen und einer großen Abteilung für Reise- und Maoriliteratur.

Geld
Travelex im i-SITE und die meisten Banken, z. B. die Kiwibank in der Post, wechseln Geld.

Internetzugang
Cyber World (Karte S. 354; 1174 Haupapa St; ⏰ 10–20 Uhr)
Cybershed (Karte S. 354; 1176 Pukuatua St; ⏰ Mo & Fr 9.15–19, Di–Do bis 20.30, Sa 10 Uhr–open end)

Medizinische Versorgung
Lakes Care Medical Centre (Karte S. 354; ☎ 07-348 1000; 1165 Tutanekai St; ⏰ 8–23 Uhr) Dringende medizinische Versorgung.
Rotorua Hospital (Karte S. 354; ☎ 07-348 1199; www.lakesdhb.govt.nz; Arawa St; ⏰ 24 Std.)

KURZINFOS ROTORUA & BAY OF PLENTY

Essen Einen vor Butter triefenden Maiskolben direkt aus Rotoruas einzigem echtem Thermal-*hangi* in Whakarewarewa (S. 355)
Trinken Ein helles Pale Ale aus der kleinen Brauerei Croucher Brewing Co, am besten in Rotoruas Underground Bar (S. 366)
Lesen *How to Watch a Bird,* eine Darstellung über die Faszination der Vogelbeobachtung, verfasst von Steve Braunias, einem Schuljungen aus Mt. Maunganui
Anhören *Kora,* das bodenständige Album der gleichnamigen Soul-Band aus Whakatane
Ansehen Maori TV und Te Reo, die beiden Maorifernsehsender Neuseelands
Schwimmen Am Mount Beach, Mt. Maunganui (S. 381)
Festival Das National Jazz Festival in Tauranga (S. 376)
Schrägste Touristenattraktion Der Aussichtsturm in Form einer Kiwi, zu finden im Kiwi360 (S. 386)
Grünes Gewissen Der Waimarino Adventure Park (S. 376), wo man bei „sauberem" Spaß sogar nass hinter den Ohren wird

---

Notfall
Krankenwagen, Feuerwehr & Polizei (☎ 111)

Post
Post (Karte S. 354; www.nzpost.co.nz; 1189 Hinemoa St; ⏰ Mo–Fr 7.30–17, Sa 8.30–14 Uhr)

Touristeninformation
Automobile Association (AA; Karte S. 354; ☎ 07-348 3069; www.aatravel.co.nz; 1121 Eruera St; ⏰ Mo–Fr 8.30–17 Uhr) Hat Karten und weitere Reiseinformationen.
Rotorua i-SITE (Karte S. 354; ☎ 0800 768 678, 07-348 5179; www.rotoruanz.com; 1167 Fenton St; ⏰ 8–18 Uhr) Die Adresse für alle Reiseinfos und Buchungen, auch für das vom Department of Conservation (DOC) organisierte Wanderungen. Außerdem gibt's hier eine Wechselstube, Duschen und Schließfächer.
Rotorua Sustainable Tourism (www.sustainablenz.com) Infos, um seinen Rotorua-Besuch umweltfreundlich zu gestalten.

SEHENSWERTES
Geothermische Attraktionen
Der Touristenmagnet Rotoruas ist **Te Whakarewarewa** (sprich: fa-ka-re-wa-re-wa), ein thermisches Schutzgebiet, 3 km vom Stadt-

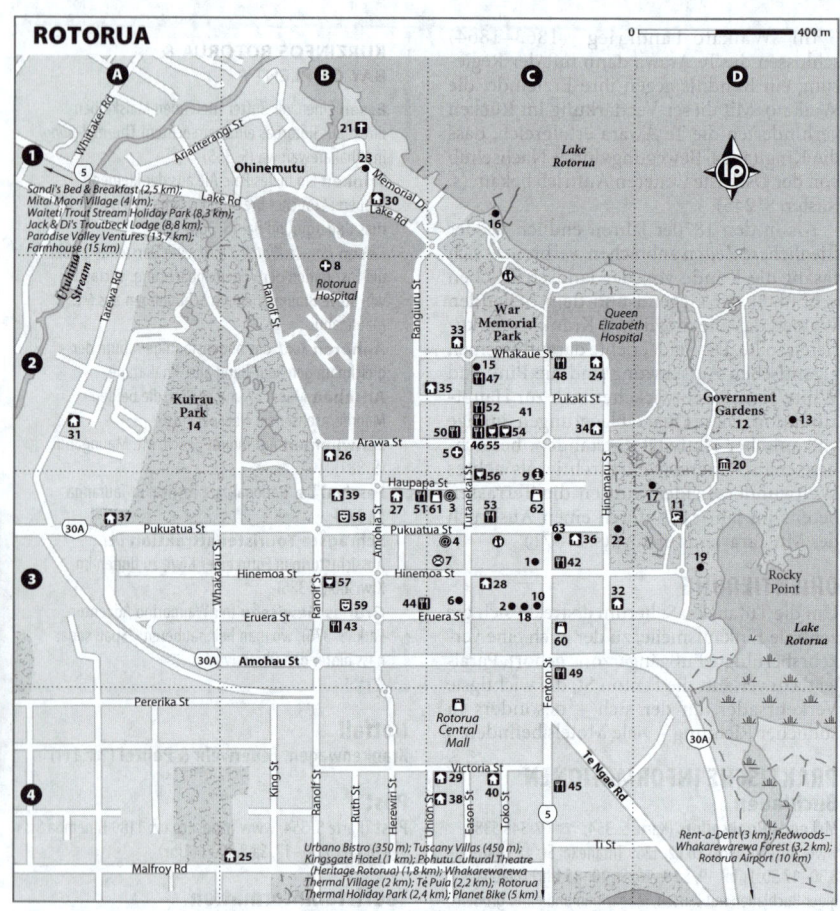

zentrum entfernt, am südlichen Ende der Fenton Street. Der vollständige Name dieser Gegend lautet Te Whakarewarewatanga o te Ope Taua a Wahiao und bedeutet „Die Versammlung der Kriegsparteien von Wahiao", viele nennen es aber einfach nur „Whaka". Ganz gleich, welche Version man bevorzugt, das Schutzgebiet ist für seine Bedeutung für die Maorikultur ebenso bekannt wie für Dampfschwaden und blubbernden Schlamm. Hier gibt's über 500 Quellen mit Wassertemperaturen von kalt bis kochend heiß. Die berühmteste Quelle ist **Pohutu** („Großer Spritzer" oder „Explosion"), ein Geysir, der bis zu 20-mal täglich ausbricht und dabei heißes Wasser bis zu 30 m hoch in die Luft spritzt. Man weiß immer genau, wann es so-

weit ist, denn der Geysir **Prince of Wales' Feathers** geht stets kurz vorher in die Luft.

Te Pui und Whakarewarewa Thermal Village sind die beiden Hauptattraktionen hier. Die Geysire Pohutu und Prince of Wales' Feathers gehören zu **Te Puia** (Karte S. 369; ☎ 0800 837 842, 07-348 9047; www.tepuia.com; Hemo Rd; Eintritt inkl. Führung & Kulturdarbietung tagsüber Erw./Kind 50/25 NZ$, Führung mit Te Po Abendkonzert & *hangi* 99/50 NZ$, Kombi 130/65 NZ$; ☾ Sommer 8–18 Uhr, Winter bis 17 Uhr), der am meisten herausgeputzten Maorikulturstätte im Land. Hier befindet sich auch die National Carving & Weaving School, wo man die Werke und Techniken traditioneller Maorikünstler wie Weber oder Holzschnitzer bewundern kann. Viele dieser Kunstwerke sind in der Rotowhio Marae ausgestellt, wo auch ein geschnitztes Versammlungshaus zu sehen ist. Daneben gibt's ein Café, zwei Museen, ein Kiwi-Reservat und einen Souvenirladen, der eine ausgezeichnete Auswahl an Kunstgegenständen und Kunsthandwerk anbietet.

Führungen durch Te Puia dauern 90 Minuten und beginnen ab 9 Uhr zu jeder vollen Stunde (letzte Führung im Winter um 16, im Sommer um 17 Uhr). Die Kulturdarbietungen bei Tag (Dauer 45 Min.) fangen um 10.15, 12.15 und 15.15 Uhr an, die nächtlichen *hangi*-Konzerte von **Te Po Indigenous Experience** beginnen abends um 18.15 Uhr.

Das **Whakarewarewa Thermal Village** (☎ 07-349 3463; www.whakarewarewa.com; 17 Tryon St; Eintritt inkl. Führung & Konzert Erw./Kind/Fam. 28/12,50/68,50 NZ$; ⏰ 8.30–17 Uhr, Führungen 9–16 Uhr, Konzerte 11.15 & 14 Uhr), an der Ostseite von Te Whakarewarewa gelegen, ist ein lebendiges Dorf, dessen *tangata whenua* (Einheimische) immer noch genauso leben wie ihre Vorfahren vor Jahrhunderten. Die einheimischen Dorfbewohner führen die Besucher auch herum und erzählen von ihrem Leben und der Bedeutung der dampfenden, blubbernden Tümpel, Quarzterrassen und Geysire. Diese sind zwar vom Dorf aus nicht erreichbar, aber von einigen

Aussichtspunkten aus kann man sie sehr gut sehen (der Blick auf den Pohutu ist von hier aus genauso toll wie von Te Puia – und erheblich billiger).

Die Läden im Dorf verkaufen authentische Kunst und Kunsthandwerk, und man kann mehr über die Traditionen der Maori erfahren, z. B. über Flachsweben, Schnitzen und *ta moko* (Tätowierkunst). Ganz in der Nähe gibt's leckere Maiskolben mit Butter, direkt aus einem heißen Mineralbecken – das einzige echte geothermische *hangi* der Stadt! Um 11.15 und 14 Uhr finden Kulturdarbietungen statt, und um 9.30, 10.30, 11.45, 12.30, 13.30 und 15.30 werden Führungen angeboten.

Geothermische Action für den kleinen Geldbeutel gibt's nahe dem Zentrum von Rotorua im **Kuirau Park**, einem vulkanischen Gebiet, das man kostenlos erkunden kann. Beim letzten Ausbruch Ende 2003 wurde ein Großteil des Parks (mitsamt den Bäumen) von Schlamm begraben, was Scharen von Schaulustigen anzog, die hofften, noch weitere Spektakel zu sehen zu bekommen. Es gibt hier einen Kratersee, Tümpel mit brodelndem Schlamm und jede Menge wabernde Dampfwolken.

ROTORUA & BAY OF PLENTY

Maorikonzerte & Hangi

Die Maorikultur ist Rotoruas Touristenmagnet, und obwohl einige sie für hoffnungslos kommerzialisiert halten, bietet sich hier eine großartige Gelegenheit, die indigene Kultur Neuseelands besser kennenzulernen. Wichtigster Teil dieser Kultur sind die Konzerte und die *hangi*-Essen, die oft als abendfüllendes Kombipaket angeboten werden. Dazu gehören auch die berühmten Tänze *hongi*, *haka* und *poi*.

Tamaki Maori Village (Karte S. 354; ☎ 07-349 2999; www.maoriculture.co.nz; Kartenverkauf 1220 Hinemaru St; Eintritt Erw./Kind 100/58 NZ$; ☼ Touren Sommer 17, 18 & 19 Uhr, Winter 17 & 19 Uhr) ist und bleibt ein sehr beliebter Veranstalter. Im Angebot ist eine ausgezeichnete Tour bei Abenddämmerung zu einer *marae* (Versammlungshaus) und einem Maoridorf 15 km südlich von Rotorua. Busse sammeln die Teilnehmer an der Verkaufsstelle in der Hinemaru St und an den meisten Unterkünften ein. Unterwegs gibt ein Maori-„Alleinunterhalter" (und zwar der urkomische Busfahrer) eine kurze Einführung in die Regeln für einen *marae*-Besuch. Nach dem Konzert wird ein fleischreiches *hangi* serviert.

Ein ähnliches Paket bekommt man bei **Mitai Maori Village** (Karte S. 369; ☎ 07-343 9132; www.mitai.co.nz; 196 Fairy Springs Rd; Konzert & *hangi* Erw./Kind 5–9 Jahre/Kind 10–15 Jahre/Fam. 99/19/49/259 NZ$; ☼ 18.30 Uhr). Das Familienunternehmen bietet eine dreistündige Abendveranstaltung mit Konzert, *hangi* und Glühwürmchenwanderung an. Diese kann mit einer Tour durch den Rainbow Springs Kiwi Wildlife Park (s. S. 368) gleich nebenan kombiniert werden, wo bunte Nachtlichter den Weg durch das offene Kiwi-Gehege erhellen (zusammen 4 Std., Erw./Kind bis 9 Jahre/Kind bis 15 Jahre 116/31,50/63 NZ$). Bei Bedarf kann man sich an der Unterkunft abholen lassen.

In **Te Puia** (S. 354) finden tagsüber drei Aufführungen (10.15, 12.15 & 15.15 Uhr) statt und am Abend eine (18.15 Uhr), im **Whakarewarewa Thermal Village** (S. 355) gibt's tagsüber zwei Darbietungen (11.15 & 14 Uhr; im Eintrittspreis enthalten) – eine prima Option für alle, deren Zeit knapp bemessen ist.

Viele große Hotels bieten Maorikonzerte und *hangi* an. Das Ambiente passt zwar nicht ganz, aber es ist eine bequeme Alternative. Einige der wichtigsten Hotels:

Kingsgate Hotel (Karte S. 369; ☎ 07-348 0199; www.millenniumhotels.co.nz; Fenton St; Konzert Erw./Kind 30/15 NZ$, inkl. *hangi* 45/22,50 NZ$; ☼ 18.45 Uhr)

Millennium Hotel (Karte S. 354; ☎ 07-347 1234; www.millenniumrotorua.co.nz; Ecke Eruera St & Hinemaru St; Konzert Erw./Kind 20/10 NZ$, inkl. *hangi* 65/32,50 NZ$; ☼ 18.30 Uhr)

Novotel Rotorua Lakeside (Karte S. 354; ☎ 07-346 3888; www.novotelrotorua.co.nz; 11 Tutanekai St; Konzert Erw./Kind 35/15 NZ$, inkl. *hangi* 65/30 NZ$; ☼ 18.30 Uhr)

Pohutu Cultural Theatre (Heritage Rotorua) (Karte S. 369; ☎ 0800 108 114, 07-348 1189; www.pohutu theatre.co.nz; Ecke Froude St & Tryon St; Konzert & *hangi* Erw./Kind 65/32,50 NZ$; ☼ 18.30 Uhr)

Lake Rotorua

Der Lake Rotorua ist der größte der 16 Seen der Gegend und – unter der Wasseroberfläche – ein erloschener Vulkan. Mitten im See liegt **Mokoia Island**, die über Jahrhunderte hinweg von verschiedenen Maori-Unterstämmen bewohnt wurde. Am Seeufer gibt's mehrere Anbieter für Bootstouren über den See.

Mokoia Island Wai Ora Experiences (Karte S. 354; ☎ 0800 665 642; www.mokoiaisland.co.nz; am Seeufer, bei Volcanic Air Safaris; Ultimate Island Experience Erw./Kind 120/60 NZ$, Taste of Mokoia 75/38 NZ$) besitzt die Exklusivrechte dazu, Besucher nach Mokoia Island zu bringen, und hat mehrere Touren im Angebot. Auf der Ultimate Island Experience Tour (2½–3 Std., 9.30, 13 & 15 Uhr) bekommt man bekannte Geschichten über die Insel erzählt und legt am legendären heißen Tümpel von Hinemoa (s. Kasten S. 357) einen Stopp ein. Danach gibt's eine Kostprobe typischer Maorigerichte. Die kürzere Tour Taste of Mokoia (1½–2 Std.) ist ähnlich, aber man legt dabei weniger Strecke zu Fuß zurück.

Auf dem **Lakeland Queen Paddle Steamer** (Karte S. 354; ☎ 0800 572 784; www.lakelandqueen.com; am Seeufer) gibt's einstündige Touren mit Frühstück (Erw./Kind 40/20 NZ$) und längere Ausfahrten (mit Mittagessen 48/24 NZ$; Sa abends mit Sommerdinner 60/30 NZ$).

Wer den See auf eigene Faust erkunden will, schaut bei **Mana Adventures** (Karte S. 354; ☎ 0800 333 660, 07-348 4186; www.manaadventures.co.nz; am Seeufer; ☼ 9–17 Uhr) vorbei: Wenn es das Wetter zulässt, kann man hier Pontonboote (95 NZ$/Std.), Tretboote (20 Min. pro Erw./Kind 8/5 NZ$) und Kajaks (Std./halber Tag 25/50 NZ$) ausleihen. Daneben werden zweistündige Seerundfahrten (Erw./Kind 55/30 NZ$) und Forellenfischen (s. S. 360) angeboten.

Ein wenig schneller geht's bei **Kawarau Jet** (☎ 0800 538 7746; www.nzjetboat.com; am Seeufer; 30 Min.

HINEMOA & TUTANEKAI

Hinemoa war eine junge Frau aus einem *hapu* (Unterstamm), der am Westufer des Lake Rotorua lebte. Der junge Tutanekai hingegen gehörte dem *hapu* der Mokoia Island an. Die beiden begegneten sich auf einem der regelmäßigen Stammestreffen und verliebten sich ineinander. Zwar waren beide edler Abstammung, aber Tutanekai war ein uneheliches Kind, und obwohl Hinemoas Familie den jungen Mann für rechtschaffen hielt, war eine Hochzeit darum unmöglich.

Zuhause auf Mokoia spielte der von Liebeskummer geplagte Tutanekai für seine Liebste auf der Flöte, und der Wind trug die Melodie über das Wasser. Hinemoa hörte seine Liebeserklärung, und die Mitglieder ihres Stammes banden nachts die Kanus fest, um sie davon abzuhalten, zu ihm zu fahren.

Tutanekais Musik war jedoch stärker, und so legte Hinemoa die Kleider ab und schwamm den langen Weg vom Ufer bis zur Insel. Als sie auf Mokoia ankam, befand sie sich in einem Dilemma: Sie hatte zum Schwimmen ihre Kleider zurückgelassen und konnte den Inselbewohnern nun doch nicht nackt entgegentreten! Sie sprang in einen heißen Tümpel, um in Ruhe über ihren nächsten Schritt nachzudenken.

Schließlich kam ein Mann, um aus der kühlen Quelle neben dem Tümpel Wasser zu schöpfen. Mit tiefer Männerstimme rief Hinemoa: „Wer ist da?" Der Mann antwortete, er sei Tutanekais Sklave und hole Wasser für ihn. Hinemoa ergriff die Kalebasse des Sklaven und zerschmetterte sie. Weitere Sklaven kamen und Hinemoa zerschmetterte auch deren Gefäße, bis zuletzt Tutanekai zum Tümpel kam und von dem Eindringling verlangte, dass er sich zu erkennen gäbe. Die Überraschung war groß, als dieser sich als Hinemoa entpuppte! Heimlich brachte er sie in seine Hütte.

Nachdem Tutanekai am nächsten Morgen verdächtig lange nicht aufstand, ließ ein Sklave verlauten, dass jemand in Tutanekais Bett sei. Man entdeckte die beiden Liebenden, und als bekannt wurde, welch übermenschliche Anstrengungen Hinemoa auf sich genommen hatte, um zu ihrem Geliebten zu kommen, wurde die Vereinigung der beiden gefeiert.

Die Nachkommen von Hinemoa und Tutanekai leben noch heute in der Gegend um Rotorua.

69 NZ\$, 2½ Std. 120 NZ\$) zu, wenn man in einem Jetboot über den See rast.

Rotorua Museum of Art & History

Dieses eindrucksvolle **Museum** (Karte S. 354; ☎ 07-350 1814; www.rotoruamuseum.co.nz; Government Gardens; Eintritt Erw./Kind/Fam. 12/5,50/28 NZ\$; ⊗ April–Sept. 9–17 Uhr, Okt.–März bis 20 Uhr, Führungen stündl. 10–16 Uhr, Dez.–Feb. bis 17 Uhr) ist in einem riesigen, im imitierten Tudor-Stil gehaltenen Gebäude von 1908 untergebracht, das ursprünglich als Spa diente. Die Ausstellungen in den ehemaligen Duschräumen gewähren einen Einblick in die ausgefallenen Therapiemethoden, die hier einst angewandt wurden, u. a. Radiumbestrahlung als Mittel gegen Gicht oder durch Badewannen geleitete Elektrostöße zur Behandlung von „Nervenschwäche".

Ab 9 Uhr wird alle 20 Minuten ein spannender 20-minütiger Film über die Geschichte Rotoruas gezeigt; darin ist auch der Ausbruch des Tarawera zu sehen (nichts für Kleinkinder – die Sitze wackeln, und die Geräuschkulisse ist sehr authentisch!). Außerdem gibt's eine Sammlung von *taonga* (Schätze) der Te Arawa, z. B. Holzschnitzereien,

Webkunst aus Flachs und Jade. Andere Ausstellungen erzählen die Geschichte des Maoribataillon 28 aus dem Zweiten Weltkrieg, einer hoch angesehenen Militäreinheit aus Angehörigen der hier ansässigen Arawa (ab 9.30 Uhr läuft alle 30 Min. ein Film über das Bataillon). Es gibt hier außerdem ein sehr schönes Café mit tollem Ausblick auf den malerischen Garten; den besten Blick über die Stadt bietet die Aussichtsplattform auf dem Dach.

Government Gardens

Die im englischen Stil angelegten **Government Gardens** (Karte S. 354), die das Rotorua Museum of Art & History umgeben, sind eine Pracht. Zwischen unzähligen Rosen kann man hier Freizeitaktivitäten wie Krocket und Rasen-Bowling nachgehen oder sich in einem der überall verstreuten dampfenden Thermalbecken entspannen. Wer sich für **Rasen-Bowling** (☎ 07-348 0385; 30 Min./1 Std. 15/20 NZ\$; ⊗ Sept.–April Di & Do 13–15.30 Uhr) interessiert, muss auf jeden Fall reservieren. Ansonsten wäre da noch **Government Gardens Golf** (Karte S. 354; ☎ 07-348 9126; www.governmentgardensgolf.co.nz; Queens Dr; ⊗ 7.30–

20 Uhr) mit einem Neun-Loch-Platz (Erw./Kind 20/14 NZ$), Minigolf (10/8 NZ$) und einem Driving Range (80 Bälle 11 NZ$) oder eine **Baseball-Wurfmaschine**, mit der man Homeruns üben kann (35 Bälle 8 NZ$).

Zu den Gärten gehören außerdem die wunderschönen, im Spanish-Mission-Stil erbauten **Blue Baths** (Karte S. 354; ☎ 07-350 2119; www.bluebaths.co.nz; Eintritt Erw./Kind/Fam. 11/6/30 NZ$; Mo–Fr 12–18 Uhr, April–Nov. Sa & So10–18 Uhr, Dez.–März tgl. 10–19 Uhr), die 1933 eröffnet wurden (und überraschenderweise von 1982–1999 geschlossen waren). Heute erinnert ein kleines Museum (geöffnet 10–17 Uhr) mit aufgezeichneten Anekdoten und verschiedenen Ausstellungen in den einstigen Umkleidekabinen an die Blütezeit des Gebäudes. Wer mittlerweile selbst Lust auf ein Bad bekommen hat, den erwartet schon ein beheiztes Becken. Gelegentlich gibt es auch Dinner- und Varietéshows (ab 125 NZ$/Pers.) – nachfragen lohnt sich.

Das Polynesian Spa (s. S. 359) befindet sich auch in den Gärten.

Ohinemutu

Ohinemutu ist ein bezauberndes, wenn auch etwas baufälliges Maoridorf direkt am See. Hier kann man der Verschmelzung der europäischen und der Maorikultur nachspüren. Die historische **St. Faith's Anglican Church** (Karte S. 354; ☎ 07-348 2393; Ecke Mataiawhea St & Korokai St; Eintritt gegen Spende; 8–18 Uhr, Gottesdienst So 9, Mi 10 Uhr) ist aufwendig mit Maorischnitzereien, *tukutuku* (Webarbeiten), bemalten Ornamenten und bunten Glasfenstern geschmückt. In einem Fenster ist Jesus mit einem Maori-Umhang zu sehen, wie er offenbar über das Wasser des Lake Rotorua geht.

Gegenüber der Kirche befindet sich das 1905 erbaute **Tama-te-kapua Meeting House**, das nach dem Kapitän des Kanus *Arawa* benannt wurde. Dieses Versammlungshaus ist für das Volk der Te Arawa heilig und Besuchern nicht zugänglich. Von außen ist es aber auch bewundernswert.

AKTIVITÄTEN

Man muss wissen, dass sich einige der genannten Anbieter unter den Namen **Rotorua Adventure Combos** (☎ 0800 338 786, 07-357 2236; www.rotoruacombos.com) und **Rotorua Hot Deals** (☎ 0800 768 678; www.rotoruahotdeals.com) zusammengeschlossen haben. Sie bieten eine ganze Reihe von günstigen Aktivitäten wie Fallschirmsprünge, Wildwasser-Rafting, Sledging, Jetbootfahren und Helikopterflüge an (daneben Zorbing, Gondelfahrten, Mountainbiken …).

S. auch Argoventures (S. 370) und Skyline Skyrides (S. 370).

Mountainbiken

Am Stadtrand befindet sich der **Redwoods–Whakarewarewa Forest** (s. S. 371), durch den sich einige der besten **Mountainbikewege** im Land schlängeln. Es gibt hier ein Wegenetz von fast 100 km, das für jeden Radfahrer etwas zu bieten hat – und das tagelang. Da nicht auf allen Wegen im Wald das Radfahren gestattet

MAORI: BAY OF PLENTY

Der traditionelle Name der Bay of Plenty lautet Te Rohe oder Mataatua, und erinnert an das antike Kanu *Mataatua*, das aus Hawaiki kam und bei der Landung in Whakatane (s. Kasten S. 391) viel Aufsehen erregte. Die Geschichte der Region reicht allerdings noch weiter zurück, bis zum polynesischen Siedler Toi, der um das Jahr 800 n. Chr. hier eine Siedlung errichtete, die als erste Aotearoas gilt.

Die großen Stammesgruppen der Region sind die Ngati Awa (www.ngatiawa.iwi.nz) aus der Gegend um Whakatane, die Whakatohea (www.whakatohea.co.nz) aus Opotiki, die Ngai Te Rangi (www.ngaiterangi.org.nz) aus Tauranga und die Te Arawa (www.tearawa.iwi.nz) aus Rotorua. Die Stämme in dieser Gegend kämpften in den Neuseelandkriegen Ende des 19. Jhs. auf beiden Seiten (s. Kasten S. 36), wobei diejenigen, die sich gegen die Regierung stellten, beträchtliche Landenteignungen hinzunehmen hatten, die bis heute rechtliche Probleme aufwerfen.

In der Bay leben sehr viele Maori, und Besucher haben zahlreiche Möglichkeiten, deren Kultur kennenzulernen. In Opotiki steht die Hiona St. Stephen's Church (S. 394) – Pfarrer Volkner, ein Spion der Regierung, fand hier 1865 den Tod, was die reizende Augapfelszene im Film *Utu* inspiriert hat. In Whakatane befindet sich Toi's Pa (S. 389), das vielleicht älteste *pa* Neuseelands. In Rotorua sind die traditionellen Dörfer in Te Whakarewarewa (S. 353) und Ohinemutu (S. 358) zu sehen, außerdem gibt's Kulturdarbietungen, *hangi*-Essen (S. 356) und vieles, vieles mehr.

ist, sind die Schilder unbedingt zu beachten. Das Redwoods-Waldgebiet hat eine **Touristeninformation**, wo man Karten bekommt und etwas über die Gegend erfährt.

Am Parkplatz Waipa Mill befindet sich einer der Zugänge zum Wald, und hier beginnen auch die Radwege. Bei **Planet Bike** (Karte S. 369; ☎ 07-346 1717; 027 280 2817; www.planetbike.co.nz; Waipa State Mill Rd; Fahrräder 2 Std./Tag 35/55 NZ$, geführte 2-stünd. Radtouren ab 65 NZ$; ☺ Nov.–April tgl. 10–15 Uhr, Mai–Okt. nur Sa & So), ebenfalls am Parkplatz zu finden, kann man Räder leihen und sich einen Shuttle zum Park organisieren lassen.

In Rotorua selbst bieten **Bike Vegas** (Karte S. 354; ☎ 07-347 1151; www.bikevegas.co.nz; 1275 Fenton St; Mountainbikes halber/ganzer Tag 40/80 NZ$; ☺ Mo, Di, Do & Fr 9–17.30, Sa bis 15, So 10–14 Uhr) und **Lady Jane's Ice Cream Parlour** (Karte S. 354; ☎ 07-347 9340; 1092 Tutanekai St; Fahrräder Std./Tag 10/30 NZ$; ☺ 10 Uhr–open end) Leihräder an.

Im i-SITE (S. 353) gibt's die Radkarte *Get on Your Bike* und die Broschüre *Rotorua Mountain Biking* mit Infos fürs Radfahren in und um Rotorua.

Thermalbecken & Massage

Das **Polynesian Spa** (Karte S. 354; ☎ 07-348 1328; www.polynesianspa.co.nz; Government Gardens, abseits Hinemoa St; Hauptbecken nur für Erw. 20 NZ$, private Becken pro 30 Min. Erw./Kind 25/4 NZ$, Familienbecken Erw./Kind/Fam. 13/6/32 NZ$, Anwendungen ab 80 NZ$; ☺ 8–23 Uhr, Anwendungen 9–20 Uhr) befindet sich in den Government Gardens. 1882 wurde an diesen Quellen ein Badehaus eröffnet, und seither schwören die Badenden auf die Wirkung des Wassers.

In ein paar malerisch gelegenen Pools am See, einem größeren Hauptbecken und einigen mit Marmor verkleideten, terrassenförmig angelegten Becken nimmt man bei 36–42°C ein entspannendes Mineralbad. Der moderne Komplex beherbergt auch kommerzielle Angebote, z. B. Verwöhntherapien (Massagen, Schlamm- und Schönheitsanwendungen), ein Café und einen Souvenirladen.

Hinter dem Flughafen bietet Wai Ora Spa in Hell's Gate (S. 370) das volle Programm: Massagen, Schlammbehandlungen, Wellness. Wem das noch nicht reicht, der hüpft südlich von Rotorua in die im Freien gelegenen Waikite Valley Thermal Pools (S. 372).

Wildwasser-Rafting & Sledging

Wer Nervenkitzel sucht, bekommt in der Gegend von Rotorua wilden Wasserspaß en masse. Dazu gehören der Kaituna River mit seinen Stromschnellen der Kategorie V und einem spektakulärer Abfall von 7 m an den Okere Falls. Die meisten der Ausflüge dauern einen Tag, die Zeiten sind aber meist verhandelbar. Einige Anbieter fahren weiter aus der Stadt hinaus zum Rangitaiki (Kategorie III–VI) und zum Wairoa River (Kategorie V). Dieser ist nur jeden zweiten Sonntag befahrbar, wenn der Staudamm geöffnet ist. Sledging heißt (für alle, die es noch nicht wissen) auf einem äußerst beweglichen Bodyboard einen Fluss hinunterrasen.

Die meisten der folgenden Anbieter holen die Teilnehmer bei Bedarf auch ab.

Kaitiaki Adventures (☎ 0800 338 736, 07-357 2236; www.kaitiaki.co.nz) Bietet Wildwasser-Rafting-Trips auf dem Kaituna (85 NZ$) und dem Wairoa (99 NZ$) sowie Sledging auf dem Kaituna (99 NZ$) und dem Wairoa (1 Guide pro Pers.; 299 NZ$) an.

Kaituna Cascades (☎ 0800 524 8862, 07-345 4199; www.kaitunacascades.co.nz) Rafting auf dem Kaituna (82 NZ$), dem Rangitaiki (108 NZ$) und dem Wairoa (98 NZ$).

Raftabout (☎ 0800 723 822, 07-343 9500; www.raftabout.co.nz) Geht auf dem Kaituna (89 NZ$), dem Rangitaiki (120 NZ$) und dem Wairoa (120 NZ$) raften und bietet außerdem Rafting-Sledging-Pakete auf dem Kaituna (175 NZ$) an.

River Rats (☎ 0800 333 000, 07-345 6543; www.riverrats.co.nz) Rafting auf dem Wairoa (110 NZ$), dem Kaituna (90 NZ$) und dem Rangitaiki (120 NZ$), außerdem Ausflüge auf dem Rangitaiki; besonders toll für Jugendliche (Erw./Kind 120/80 NZ$). Auf Anfrage auch Tongariro-Trips.

Wet 'n' Wild (☎ 0800 462 7238, 07-348 3191; www.wetnwildrafting.co.nz) Hat Trips zum Kaituna (95 NZ$), zum Wairoa (99 NZ$) und zum Mokau (145 NZ$) im Angebot sowie einen gemächlicheren Trip auf dem Rangitaiki (Erw./Kind 120/80 NZ$) und längere Ausflüge zu abgelegenen Teilen der Flüsse Motu und Mohaka (2–5 Tage 550–925 NZ$), die nur per Helikopter erreichbar sind.

Kajakfahren

Drei Anbieter für Paddelerlebnisse auf den Wasserwegen in dieser Gegend:

Adventure Kayaking (☎ 027-4997 402; www.adventurekayaking.co.nz; Miete 40 NZ$/Tag, Ausflüge halber/ganzer Tag ab 70/110 NZ$) Hat Ausflüge auf den Seen Rotorua, Rotoiti, Tarawera und Okataina im Programm; man kann auch einfach Kajaks ausleihen.

Kaituna Kayaks (☎ 07-362 4486; www.kaitunakayaks.com; Halbtagestrip 149 NZ$, Miete halber/ganzer Tag 149/290 NZ$) Geführte Tandemausflüge und Kajakunterricht auf dem Kaituna.

River Rats (☎ 0800 333 900, 07-345 6543; www.riverrats.co.nz; Miete halber/ganzer Tag ab 25/45 NZ$, Trip

ROTORUA & BAY OF PLENTY

2/4 Std. 40/95 NZ$) Leihkajaks, zweistündige selbstge-
führte Ausflüge auf dem Ohau Channel und vierstündige
geführte Paddeltouren zu den Manupirua Springs Hot Pools
am Lake Rotoiti.

Wandern

In der Umgebung Rotoruas gibt's eine Vielzahl von Möglichkeiten, sich die Füße zu
vertreten, wobei besonders die Tageswanderungen empfehlenswert sind. Das Heft *Walks
in the Rotorua Lakes area* (2,50 NZ$) ist im
i-SITE erhältlich und liefert Infos über Stadtspaziergänge, u. a. den beliebten Bummel
entlang des Seeufers (20 Min.).

Alle folgenden Wanderungen sind auf der
Karte S. 369 verzeichnet.

Das Gebiet um den **Lake Okataina** bietet dem
Wanderer Routen von unterschiedlicher Länge und mit unterschiedlichem Schwierigkeitsgrad. Eine der beliebtesten ist der **Western
Okataina Walkway** (einfache Strecke 7 Std.), von
dem man einen schönen Blick auf den See
und den ausgetrockneten Krater, auch als
„Stierkampfarena" bekannt, hat – allerdings
ist das nichts für Ungeübte. Die Route verläuft
von der Millar Rd am Lake Okareka nach
Ruato am Lake Rotoiti; öffentliche Verkehrsmittel bedienen nur den Endpunkt in Ruato.

Der **Eastern Okataina Walkway** (einfache Strecke 3 Std.) verläuft am Ostufer des Lake Okataina entlang zum Lake Tarawera und passiert
die **Soundshell**, ein natürliches Amphitheater
mit Überresten eines *pa* (befestigtes Dorf)
und mehreren Badeplätzen. Der **Northern
Tarawera Track** (einfache Strecke 3 Std.) geht
in den Eastern Okataina Walkway über
und wird so zu einer zweitägigen Wanderung
entweder ab dem Lake Okataina oder ab
Ruato zum Lake Tarawera, mit Übernachtung
an der **Humphries Bay** (kostenlose Stellplätze)
oder auf dem Campingplatz **Tarawera Outlet**
(Stellplatz Erw./Kind 7/2 NZ$). Vom Tara-
wera Outlet kann man zu den **Tarawera Falls**
(hin & zurück 4 Std.; s. S. 393) weiterwandern.
Von Kawerau verläuft eine Forststraße zum
Tarawera Outlet (Zufahrt 4 NZ$; die Erlaub-
nis bekommt man im Kawerau Visitor Centre,
S. 393).

Die **Okere Falls** liegen etwa 21 km nordöstlich von Rotorua am SH33. Ein einfacher
Wanderweg (hin & zurück 30 Min.) führt an
dem 7 m hohen Wasserfall vorbei (Rafting ist
hier sehr beliebt), durch einen Wald aus heimischen Steineiben und am Kaituna River
entlang. Auf dem Weg befindet sich bei

Hinemoa's Steps ein Aussichtspunkt mit Blick
über den Fluss.

Unmittelbar nördlich von Wai-O-Tapu, am
SH5 (s. S. 372), findet sich der **Rainbow Mountain Track** (einfache Strecke 1½ Std.), eine anstrengende Wanderung zum Gipfel eines
Berges, der von den Maori Maungakakaramea
(„Berg farbiger Erde") genannt wird. Von dort
hat man einen beeindruckenden Panoramablick auf den Lake Taupo, den Tongariro
National Park und die Paeroa Range.

Angeln

Rund um die Seen finden sich überall schöne
Plätzchen zum Angeln. Man kann sich zum
Forellenangeln einen Führer nehmen oder auf
eigene Faust losziehen, in jedem Fall aber ist
eine Genehmigung (Tag/Saison 21/105 NZ$)
Pflicht. Diese gibt's bei **O'Keefe's Fishing Specia-
lists** (Karte S. 354; ☎ 07-346 0178; www.okeefesfishing.
co.nz; 1113 Eruera St; ☺ Mo–Fr 8–16.30, Sa bis 14, So
8.30–12.30 Uhr). In Rotorua gilt diese Genehmigung auch am Seeufer, Angeln ist aber nicht
in allen Seen ganzjährig möglich. Infos dazu
gibt's bei O'Keefe's oder im i-SITE (S. 353).

Empfehlenswerte Führer:

Clark Gregor (☎ 07-347 1123; www.troutnz.co.nz;
105 NZ$/Std.) Fliegenfischen und Angelausflüge mit
Booten.

Gordon Randle (☎ 07-349 2555; www.rotoruatrout.
co.nz; Miete halber/ganzer Tag 350/680 NZ$) Transport, An-
leitung und Ausrüstung sind inklusive, außerdem wird der
persönliche Fang geputzt, geräuchert und vakuumverpackt.

Mana Adventures (S. 356) Vermietung von Angel-
booten (ab 95 NZ$/Std.) und Ausflüge zum Forellenangeln
(Bootsvermietung mit Skipper ab 285 NZ$/3 Std.).

Silver Hilton Trout Fishing (☎ 07-332 3488; www.
troutfly.co.nz; Angelausflüge mit dem Boot und Fluss-
angeln ab 285/380 NZ$, Miete 760 NZ$/Tag) Angelausflüge mit dem Boot und Fliegenfischen; Ausrüstung und
Mittagessen sind inbegriffen.

Trout Man (☎ 021 951 174; www.waiteti.com; Ausflüge 2 Std./ganzer Tag ab 30/120 NZ$) Der erfahrene Angler
und Angelsportreporter Harvey Clark bringt einem die
Kunst und die Leidenschaft des Angelns näher; Ausflüge
von 2 Std. bis zu mehreren Tagen.

Noch mehr Aktivitäten

Eine andere Möglichkeit, sich locker zu machen, ist die **Wall Climbing Gym** (Karte S. 354;
☎ 07-350 1400; www.basementcinema.co.nz; UG, 1140 Hinemoa St; Eintritt inkl. Ausrüstung Erw./Kind 16/12 NZ$;
☺ Mo–Fr 12–22, Sa & So 10–22 Uhr), die eine drei-
stöckige Kletterwand mit zahlreichen Über-
hängen zu bieten hat.

NZONE (☎ 0800 376 796, 07-345 7520; www.nzone.biz; Rotorua Airport; Sprung 249–399 NZ$) bietet Tandemsprünge aus 2750, 3650 oder 4570 m Höhe, eine herrliche Vogelperspektive über die Seen und Vulkane inklusive. Die Wagemutigen werden auch in der Stadt abgeholt.

Mehrere Anbieter helfen einem in den Sattel und organisieren Ausritte auf idyllischen Pfaden rund um Rotorua. Nördlich des Lake Rotorua kann man bei **Farmhouse** (Karte S. 369; ☎ 07-332 3771; www.thefarmhouse.co.nz; 55 Sunnex Rd, abseits Central Rd, Ngongotaha; Ausritt 30 Min./1 Std./2 Std. 25/40/70 NZ$) zwischen einer kürzeren Strecke für Anfänger und einem längeren Ausritt für erfahrenere Reiter wählen. **Paradise Valley Ventures** (außerhalb der Karte S. 369; ☎ 07-348 3300; www.paradisetreks.co.nz; 679 Paradise Valley Rd; Ausritt 1/1,5 Std. 65/90 NZ$) ist nicht nur ein sehr zuverlässiger, sondern auch professioneller Anbieter von Ausritten für Anfänger und Fortgeschrittene über eine rund 280 ha große Farm nördlich von Rotorua. Auch hier gibt's kürzere und längere Varianten.

STADTSPAZIERGANG

Startpunkt ist das **Rotorua Museum of Art & History** (**1**; S. 357); das einstige Badehaus für die Reichen ist und bleibt das beeindruckendste Gebäude der Stadt. Weiter Richtung Westen durch die eleganten **Government Gardens** (**2**; S. 357) gelangt man schließlich zu den Princes Gate Arches. Durch den Bogen ist das prachtvolle **Princes Gate Hotel** (**3**; S. 365) zu sehen, das in den 1920er-Jahren von Waihi hierher umgesiedelt wurde.

Wenn man der Arawa St weiter in Richtung Westen folgt, erreicht man einen Kreisverkehr; hier biegt man nach rechts in Richtung See auf die Fenton St ab. Dann geht's nach links in die Pukaki St und wieder rechts in die **Tutanekai St** (**4**; S. 365), der wichtigsten Adresse für jeglichen Gaumenschmaus. Weiter nach Norden durchquert man den War Memorial Park und kommt zum **Lake Rotorua** (**5**; S. 356), an dessen funkelndem Wasser man ein Stück

ROUTENINFOS

Start Rotorua Museum
Ziel Pig & Whistle
Strecke 2,8 km

ROTORUA &
BAY OF PLENTY

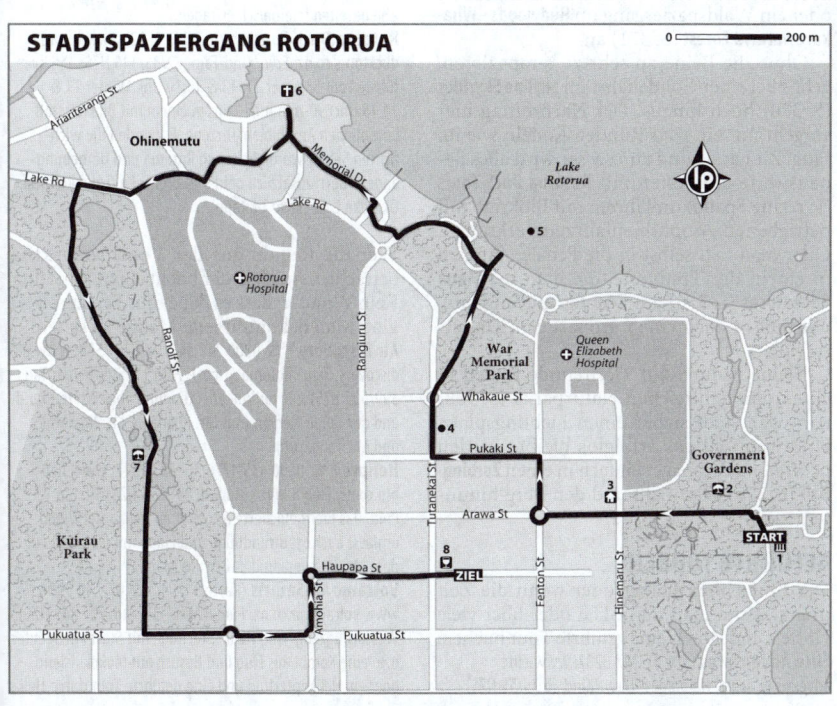

STADTSPAZIERGANG ROTORUA

0 — 200 m

entlangspaziert. Dann führt die Straße vom See weg und geht in den Memorial Dr über, der direkt zum historischen Maoridorf Ohinemutu führt, in dem das mit aufwendigen Schnitzereien versehene Tama-te-kapua Meeting House und die **St. Faith's Anglican Church** (6; S. 358) zu sehen sind, die christliche und Maoritraditionen verbindet.

Nun geht's zurück zur Lake Rd und den Hügel hinauf zum **Kuirau Park** (7; S. 355) mit seinen Dampf- und Schwefelschwaden. Nach dessen Erkundung biegt man links in die Pukuatua St ein, hält sich dann wieder links in der Amohia St und wendet sich schließlich nach rechts in die Haupapa St. In dieser Straße befindet sich die alte Polizeistation, das heutige **Pig & Whistle** (8; S. 366) – hat man sich den Drink schon verdient?

ROTORUA MIT KINDERN

Rotorua kommt bei Kindern immer super an. Viele geothermische Gebiete wie Wai-O-Tapu und Te Puia haben breite Gehwege, sodass man müde Krieger perfekt in Kinderwagen umherkarren kann. Für engergiegeladene Kids bietet sich eine kleine Mountainbiketour oder ein Waldspaziergang im **Redwoods–Whakarewarewa Forest** (S. 371) an.

Ohne die Beine zu sehr zu strapazieren, geht's bei einer Gondelfahrt im **Skyline Skyrides** (S. 370) hoch hinaus. Der Nachmittag hier vergeht mit ein paar Runden Rodeln wie im Flug. Zu Lande und zu Wasser wird alles Sehenswerte am besten mit **Rotorua Duck Tours** (s. rechte Spalte) und ihrem mit Biokraftstoff betriebenen Amphibienfahrzeug erkundet. Oder man tritt selbst in die Pedale, nämlich in einem der Tretboote, die man bei **Mana Adventures** (S. 356) am Seeufer mieten kann. Dort gibt's auch einen großartigen Kinderspielplatz.

Kleine Natur- und Tierfreunde finden in einem der zahlreichen Naturparks (S. 368) nahe der Stadt sicher einen Lieblingsplatz. Und wenn all das erfolglos bleibt, werden nervtötende Teenager einfach in einen **Zorbing-Ball** (S. 370) geschnallt und den Berg hinuntergerollt.

GEFÜHRTE TOUREN

Der Einfachheit halber oder wenn die Zeit drängt, kann man im i-SITE oder über viele Hostels und Hotels eine geführte Tour buchen. **Elite Adventures** (☎ 07-347 8282; www.elite adventures.co.nz) Halbtages- (Erw./Kind ab 75/55 NZ$)

und Ganztagestouren (Erw./Kind ab 200/110 NZ$) mit einer Auswahl aus Rotoruas wichtigsten Kultur- und Naturattraktionen.
Geyser Link Tours (☎ 07-343 6764; www.geyser link.co.nz) Touren zu einigen der wichtigsten Sehenswürdigkeiten, u. a. zum Wai-O-Tapu (Erw./Kind 58/29 NZ$, halber Tag) und ins Waimangu Volcanic Valley (58/29 NZ$, halber Tag) oder beides (98/49 NZ$, ganzer Tag). Es kann auch nur der Transport dorthin gebucht werden.
Indigenous Trails (☎ 07-542 1074; www.itrails.co.nz; Tagestrip 338 NZ$) Ganztägige Tour mit Maoriführern in Rotorua und Umgebung mit einem Bungee-Sprung, einer Flussfahrt, einer Begegnung mit einem Kiwi, Kulturdarbietung und einem *hangi*.
Mt. Tarawera New Zealand (☎ 07-349 3714; www. mt-tarawera.co.nz) Geführte, halbtägige Jeeptouren auf den Mt. Tarawera (Erw./Kind 133/78 NZ$), halbtägige Jeep/Helikopter-Kombitrips (435 NZ$/Pers.) und ganztägige Volcanic Eco Tour, bei der die Jeeptour mit Wai-O-Tapu und Waimangu verbunden wird (Erw./Kind 255/90 NZ$). Außerdem gibt's Kombinationen mit Jeep und Mountainbike (325 NZ$) und mit Heli und Mountainbike (610 NZ$).
Pure Cruise New Zealand (☎ 0800 272 456, 027 272 4561; www.purecruise.co.nz) Gemächliche Katamaran-Kreuzfahrten auf dem Lake Rotoiti, sowohl exklusiv gechartert als auch mit anderen zusammen. Preise und Ablegezeiten telefonisch erfragen.
Rotorua Duck Tours (☎ 07-345 6522; www.rotorua ducktours.co.nz; Erw./Kind/Fam. 62/35/145 NZ$; ☀ geführte Tour Sommer 11, 13 & 15.30 Uhr, Winter 11 & 14.15 Uhr) 90-minütige Trips in einem mit Biokraftstoff betriebenen Amphibienfahrzeug. Es werden die wichtigsten Sehenswürdigkeiten in Rotorua und Umgebung angesteuert, zusätzlich geht's zu drei Seen (Lake Rotorua, Okareka Lake, Lake Tikitapu).

Wer die Region aus der Vogelperspektive betrachten möchte, der bucht einen Rundflug. Kein Wunder, dass es dabei nur Fensterplätze gibt: Man bekommt jede Menge zu sehen!
Air Discovery (☎ 0800 247 347, 07-575 7584; www.air discovery.co.nz; Rotorua Airport; Flug 1½ Std./halber Tag 399/599 NZ$) Auf zur Vulkanerkundung über White Island und der Taupo-Region (mit Mt. Ruapehu, Mt. Ngarahoe und Mt. Tongariro).
Helipro (☎ 0800 435 4776, 07-357 2512; www.heli pro.co.nz; Flug 8 Min.–3½ Std. 89–855 NZ$) Sitzt in Te Puia. Das breitgefächerte Angebot an Helikopterflügen umfasst auch Stadtrundflüge und Flüge mit Landung auf dem Mt. Tarawera und auf White Island.
Volcanic Air Safaris (Karte S. 354; ☎ 07-348 9984; www.volcanicair.co.nz; Flug 6 Min.–3¼ Std. 70–845 NZ$) Wasserflugzeug- und Helikopterflüge mit Start am Seeufer, u. a. eine Kombi aus Flug und Besuch auf Mokoia Island oder ein Helikopterflug und eine geführte Tour durch Hell's

Gate. Auf einem 3¼-stündigen Trip kann man White Island und den Mt. Tarawera erkunden.

SCHLAFEN
Budgetunterkünfte

Rotorua hat zahlreiche Wohnmobilparks und einen sich schnell verändernden Markt für Backpackerhostels, wodurch auch in zentraler Lage gute Preise zu bekommen sind.

Crank Backpackers (Karte S. 354; ☎ 0508 224 466, 07-348 0852; www.crankbackpackers.com; B 23–25 NZ$, DZ mit/ohne Bad 69/59 NZ$; 🖥 🛜) Ein riesengroßer Newcomer, der fest entschlossen ist, es mit den alten Hasen im Geschäft aufzunehmen. Das Crank befindet sich in einer alten Shopping-Mall (in den Zimmern gab's vielleicht früher mal Blumen oder Delikatessen zu kaufen). Die Schlafsäle zur Straße hin sind sonnig, die Gemeinschaftsbäder unisex. Außerdem gibt's ein kostenlos benutzbares Fitnessstudio, eine Kletterwand und ein Programmkino im Untergeschoss.

Cactus Jacks Backpackers (Karte S. 354; ☎ 07-348 3121; www.cactusjackbackpackers.co.nz; 1210 Haupapa St; B/EZ/2BZ/DZ 24/39/52/57 NZ$; 🖥) Wer sich eine charaktervolle Unterkunft wünscht, in der man sich auf Anhieb wohl fühlt, ist in diesem auf Western getrimmten Haus goldrichtig. Die Zimmer im Shabby-Chic-Stil reichen vom Gefängnis (Schlafsäle) bis zu Madam Fifis Bordell (2 Zweibettzimmer). Umgängliches Personal, relaxte Gemeinschaftsbereiche, ein Innenhof und ein überdachtes Thermalbecken sind genau das, wovon müde Cowboys und -girls träumen.

LP Tipp Funky Green Voyager (Karte S. 354; ☎ 07-346 1754; www.funkygreenvoyager.com; 4 Union St; B ab 24 NZ$, DZ mit/ohne Bad 65/57 NZ$; 🖥 🛜) Grün sowohl von außen als auch von innen, was einem ganzen Haufen Farbeimern und einer engagierten Umweltpolitik zu verdanken ist. Die Atmosphäre im Funky GV ist entspannt, und es findet sich immer jemand, der etwas zu erzählen hat. Die Gäste sind cool drauf und die welterfahrenen Besitzer wissen genau, was Traveller brauchen. Die besten Doppelzimmer haben ein eigenes Bad, in den geräumigen Schlafsälen nächtigt man auf super Matratzen.

Rotorua Central Backpackers (Karte S. 354; ☎ 07-349 3285; 1076 Pukuatua St; www.bbh.co.nz; B 24–27 NZ$, DZ 58 NZ$; 🖥 🛜) Dieses historische Hostel wurde 1936 erbaut und hat sich einige seiner typischen Merkmale erhalten, z. B. die Sockelleisten und Türrahmen aus dunklem Holz, die großen Badewannen und die Erdwärmehei-

zung. In den Schlafsälen stehen nie mehr als sechs Betten (keine Stockbetten), es gibt einen Whirlpool und eine Grillstelle, und das Ganze liegt zudem noch nur einen Katzensprung vom Museum entfernt.

Treks Rotorua YHA (Karte S. 354; ☎ 0508 487 357; www.yha.co.nz; 1278 Haupapa St; B 24–29 NZ$, DZ 68–84 NZ$; 🖥 🛜) Dieses helle, blitzblanke Hostel ist zweckmäßig und gut in Schuss. Die Angestellten freuen sich, ihren naturbegeisterten Gästen beim Buchen von Touren oder der Unterbringung von Rädern und Kajaks zu helfen. Die teureren Zimmer haben ein Bad und es gibt eine Grillstelle und eine Dachterrasse zum Entspannen. Hauseigene Parkplätze sind ein willkommenes Extra.

Kiwi Paka (Karte S. 354; ☎ 07-347 0931; www.kiwipaka.co.nz; 60 Tarewa Rd; Stellplatz ohne & mit Strom 21 NZ$, B 27 NZ$, Chalets mit Bad DZ/3BZ/4BZ 80/100/140 NZ$, Lodge EZ/DZ 50/60 NZ$; 🖥 🛜 🚲) Dieses Hostel liegt 1 km außerhalb der Stadt und verströmt, derart ab vom Schuss, schon fast die Atmosphäre eines Landschulheims. Die Einrichtungen sind akzeptabel, und es gibt viele verschiedene Schlafoptionen, vom Zeltplatz über Schlafsäle mit vier Betten bis hin zu Zimmern in Lodges und Chalets inmitten von Pinienhainen. Angeschlossen ist das Twisted Pippie Café.

Regent Flashpackers (Karte S. 354; ☎ 07-348 3338; www.regentflashpackers.co.nz; 1181 Pukaki St; B/DZ ab 25/90 NZ$; 🖥 🛜) Das Regent bemüht sich darum, den Markt für reifere, qualitätsbewusste Backpacker zu erobern (falls es so etwas überhaupt gibt). Es ist eine sehr angenehme Unterkunft, die Wert auf Stil legt, wie die massiven Stockbetten, die nette Küche, die Qualitätsbettwäsche, die Fußbodenheizung und die Mineralpools zum Selbstfüllen hinterm Haus zeigen. Zum Zeitpunkt der Recherche wurde gerade eine Bar angebaut, die die Stimmung hier etwas auflockern sollte.

Base Rotorua (Karte S. 354; ☎ 0800 227 369, 07-348 8636; www.stayatbase.com; 1286 Arawa St; B/EZ/DZ ab 27/70/70 NZ$; 🖥 🛜 🚲) Dieses weitere Exemplar der Base-Hostel-Kette kommt beim Partyvolk unter den Backpackern sehr gut an, insbesondere die Lava Bar mit ihrem preiswerten Essen, den Kostümpartys, den Discoabenden usw. In den Zimmern kann's recht eng werden (bis zu 12 Betten in den Schlafsälen). Die Extras, z. B. Zimmer nur für Frauen, ein großer beheizter Pool im Freien und hauseigene Parkplätze, stimmen jedoch versöhnlich.

Waiteti Trout Stream Holiday Park (Karte S. 369; ☎ 07-357 5255; www.waiteti.com; 14 Okona Cres, Ngongotaha; Stellplatz 30 NZ$, B ab 20 NZ$, DZ Hütte/Motel ab 45/80 NZ$; 🖳 🛜) Wer es rustikal mag und sich mit einer 10-minütigen Fahrt in die Stadt anfreunden kann, wird sich hier wohl fühlen. Der schnuckelige Klassiker hat Motelwohneinheiten mit Charakter, kompakte Hütten, eine Backpacker-Lodge sowie einen angenehmen Campingplatz und nimmt einen 0,8 ha großen Garten am Ufer eines forellenreichen Baches ein. Kajaks und Schlauchboote können kostenlos ausgeliehen werden.

Rotorua Thermal Holiday Park (Karte S. 369; ☎ 07-346 3140; www.rotoruathermal.co.nz; Old Taupo Rd; Stellplatz ohne/mit Strom 30/34 NZ$, B ab 21 NZ$, DZ Hütte/Motel ab 54/95 NZ$; 🖳 🛜 🐾) Ein gewaltiger Wohnmobilpark am Stadtrand mit dem Flair eines echten Urlaubsorts, wozu aneinander gereihte Hütten und Touristenwohnungen, eine Lodge mit 100 Betten, unzählige Stellplätze und praktische Einrichtungen wie ein Laden und ein Café beitragen. Bewegungsfreiheit ist dank zahlreicher Grünflächen garantiert, und es gibt heiße Mineralbecken für Badenixen.

Rotorua Top 10 Holiday Park (Karte S. 354; ☎ 07-348 1886; www.rotoruatop10.co.nz; 1495 Pukuatua St; Stellplatz ohne/mit Strom 38/40 NZ$, DZ Hütte 65 NZ$, DZ Motel 95–130 NZ$, 2-Schlafzi.-Apt. 150 NZ$; 🖳 🛜 🐾) Dieser kleine, perfekt ausgestattete Wohnmobilpark ist immer darum bemüht, noch besser zu werden. Er bietet einen netten neuen Pool und weitere Neuerungen sind in Planung. Die Hütten sind gut in Schuss und haben kleine Kühlschränke und Mikrowellen und draußen findet man jede Menge Sträucher und Picknicktische.

Mittelklassehotels

Typische Motels gibt's in der Fenton St zuhauf, bessere und oft auch interessantere Unterkünfte finden sich abseits der Hauptstraße.

Six on Union (Karte S. 354; ☎ 0800 100 062, 07-347 8062; www.sixonunion.co.nz; 6 Union St; DZ/FZ ab 95/150 NZ$; 🛜 🐾) Die Blumenampeln lassen grüßen! Diese schlichte Anlage ist der King unter den Mittelklassehotels dank Swimmingpool, Whirlpool und kleinen Küchen. Die Zimmer sind funktional und haben einen frischen Anstrich bekommen, und der Pool ist gut in Schuss. Hier wohnt man fernab vom Verkehrslärm und ist doch nur einen kurzen Spaziergang vom Zentrum entfernt.

Ann's Volcanic Rotorua (Karte S. 354; ☎ 0800 768 683, 07-347 1007; www.rotoruamotel.co.nz; 107 Malfroy Rd; DZ 99–149 NZ$, 2-Schlafzi.-Suite & Haus 159–179 NZ$; 🛜) Ann's ist ein einfaches, erschwingliches Motel

mit familiärem Charme und einer unerschütterlich freundlichen Gastgeberin, die Unmengen von Tipps zu Sehenswertem und Aktivitäten bereithält. Die größeren Zimmer haben einen Innenhof mit Whirlpool und sind gut für Reisende mit Behinderung geeignet; für größere Gruppen steht auch ein Haus bereit. Die Zimmer zur Straße hin sind etwas laut.

Jack & Di's Troutbeck Lodge (Karte S. 369; ☎ 0800 522 526; www.jackanddis.co.nz; 5 Arnold St, Ngongotaha; Cottage ab 99/450 NZ$; 🛜) Eine große Lodge an einem ruhigen, einsamen Plätzchen direkt am See – prima für alle, die eine Pause vom Stadtzentrum brauchen. In den verschiedenen Zimmern, in denen auch Familien und Gruppen bis zu elf Personen Platz finden, garantieren luxuriöse Extras wie Geschirrspüler, Whirlpools und komplett ausgestattete Küchen einen angenehmen Aufenthalt. Gute Angebote im Winter, kostenlose Leihkajaks.

Ambassador Thermal Motel (Karte S. 354; ☎ 0800 479 581, 07-347 9581; www.ambassrotorua.co.nz; Ecke Whakaue St & Hinemaru St; DZ/FZ ab 105/165 NZ$; 🛜 🐾) Etwas abgefahrenes Motel in ruhiger, bequemer Lage, Ort und Seeufer sind zu Fuß in wenigen Minuten zu erreichen. Es gibt hier sage und schreibe vier Pools: zwei Mineralbecken drinnen, einen Whirlpool im Freien und ein großes Becken in Form einer Acht. In den komfortablen Zimmern unterschiedlicher Größe kommen jeweils bis zu sieben Personen unter; viele haben eine komplett ausgestattete Küche.

Jack & Di's Lake Road Lodge (Karte S. 354; ☎ 0800 522 526; www.jackanddis.co.nz; 21 Lake Rd; EZ/DZ/Apt. 99/119/250 NZ$; 🛜) Sowohl der Blick auf den See als auch die zentrale und doch abgeschiedene Lage dieses Boutiquehotels überzeugen. Das Penthouse im Obergeschoss ist ideal für Paare, unten sind Familien und Gruppen besser aufgehoben. Ein Whirlpool, bequeme Aufenthaltsräume, die zum Faulenzen einladen, und vollständig ausgestattete Küchen machen diese Option noch attraktiver.

Sandi's Bed & Breakfast (Karte S. 369; ☎ 0800 726 3422, 07-348 0884; www.sandisbedandbreakfast.co.nz; 103 Fairy Springs Rd; DZ/FZ inkl. Frühstück 120/150 NZ$; 🛜 🐾) Das freundliche B & B in Familienbesitz wird von der gut gelaunten Sandi geführt, die neben hilfreichen Infos für Traveller immer ein Lächeln parat hat. Am besten fährt man mit den beiden Chalets (TVs, viel Platz). Aufmerksame Extras wie frisches Obst zum Frühstück oder die Sonnenterrasse bescheren dem Sandi's glänzende Kritiken von ehemaligen Gästen. Ein paar Kilometer nördlich der Stadt.

Victoria Lodge (Karte S. 354; ☎ 0800 100 039, 07-348 4039; www.victorialodge.co.nz; 10 Victoria St; DZ/Apt. 120/180 NZ$; 🛜) Das freundliche Vic sieht allmählich etwas abgenutzt aus – Schrammen hier und da, alte Tapeten, ein unordentlicher Garten –, aber die Zimmer haben alle ein persönliches Flair und die Studios mit eigenem Thermal-Tauchbecken sind besonders schön. In die komplett ausgestatteten Apartments passen theoretisch sieben Erwachsene, zu viert wohnt es sich aber komfortabler.

Tuscany Villas (Karte S. 369; ☎ 0800 802 050, 07-348 3500; www.tuscanyvillasrotorua.co.nz; 280 Fenton St; DZ ab 140 NZ$) Mit seinem italienisch angehauchten Architekturstil sticht dieses Hotel in Familienbesitz schon von der Straße aus ins Auge. Es trifft sowohl den Geschmack von Geschäftsreisenden als auch von Urlaubern: Jeder wird das noble Mobiliar, die vielen Fernseher, den DVD-Player und die riesigen, tiefen Whirlpools lieben!

Spitzenklassehotels

Princes Gate Hotel (Karte S. 354; ☎ 07-348 1179; www.princesgate.co.nz; 1057 Arawa St; DZ/Suite ab 165/275 NZ$; 🖥️🛜📺) Eine allseits beliebte, herzliche alte Dame aus dem 19. Jh. – das ist dieses Hotel mit 56 Zimmern und der reich geschmückten Marvelly-Suite. Diese ist vielleicht einen Tick zu rosa geraten, in der riesigen Badewanne vergisst man derartige Nebensächlichkeiten aber schnell. Außerdem erwähnenswert sind die plätschernden Mineralbäder, die Sauna, das Restaurant und das Café zur Straße hin.

Millennium Hotel (Karte S. 354; ☎ 07-347 1234; www.millenniumrotorua.co.nz; Ecke Eruera St & Hinemaru St; DZ ab 340 NZ$; 🖥️🛜📺) Die auf Hochglanz polierte, mit Maorikunst geschmückte Lobby ist das Herz des eleganten fünfstöckigen Motels. Von den Zimmern in Richtung See hat man einen wundervollen Ausblick, genau wie vom Clubraum, einer Lounge mit entspannter Atmosphäre, die den Gästen vorbehalten ist. Das am Pool bereitete *hangi* gehört zu den besseren in der Stadt (s. S. 356).

ESSEN

Am See, wo die Tutanekai St endet, gibt's einige gute Restaurants, wobei man überall in der Stadt weitere gute Optionen findet.

Restaurants

Urbano Bistro (Karte S. 369; ☎ 07-349 3770; Ecke Fenton St & Grey St; Frühstück & Mittagessen Hauptgerichte 13–20 NZ$, Abendessen 20–38 NZ$; 🕐 Mo–Sa 9–23, So bis 15 Uhr) Mit der Eröffnung dieses Vorstadtcafés mit riesigem Schachbrettmuster auf dem Boden und auffälligen Tapeten, haben angesehene Gastronomen aus Rotorua Köpfchen bewiesen. Das Bistro serviert einige der besten Gerichte der Stadt (z. B. das Curry mit Rind, Ananas und Paprika), die Portionen sind groß, außerdem gibt's feine Weine. Tolles Management, ausgezeichneter Service.

Indian Star (Karte S. 354; ☎ 07-343 6222; 1118 Tutanekai St; Hauptgerichte 14–25 NZ$; 🕐 mittags & abends; 🅥) Das Indian Star, eine von mehreren Optionen für indisches Essen im Ort, bekommt von unseren Lesern nur hervorragendes Feedback. Es hebt sich von der Konkurrenz durch einwandfreien Service und seine großartige Umsetzung altbekannter Klassiker ab. Die Portionen sind üppig, und es gibt eine große Auswahl an vegetarischen Speisen.

Amazing Thai (Karte S. 354; ☎ 07-343 9494; 1246 Fenton St; Hauptgerichte 15–19 NZ$; 🕐 mittags & abends) Dieses große Restaurant mit Glasfront bringt überdurchschnittlich gute thailändische Spezialitäten in großzügigen Portionen auf den Tisch. Den Schärfegrad bestimmt man selbst. An den Wänden hängen die obligatorischen Bilder von der thailändischen Königsfamilie und mehreren Elefanten.

Sabroso (Karte S. 354; ☎ 07-349 0591; 1184 Haupapa St; Hauptgerichte 15–36 NZ$; 🕐 Do–Di 17–22 Uhr) Eine echte Überraschung! Dieses schlichte lateinamerikanische Lokal tischt abenteuerliche Gerichte aus Zentralamerika auf und bringt etwas Pfeffer in die alles andere als scharfe Kiwi-Küche. Die Deko besteht aus Sombreros, Gitarren, Tischdecken aus Sackleinen und Salz- und Pfefferstreuern aus Corona-Flaschen. Das Chili mit schwarzen Bohnen haut einen um – genau wie die Margaritas …

Bistro 1284 (Karte S. 354; ☎ 07-346 1284; 1284 Eruera St; Hauptgerichte 30–35 NZ$; 🕐 18 Uhr–open end) Sicher eine der angesagtesten Optionen von Roto-Vegas. Dieses heimelige Restaurant (Schokoladenbraun und Graubraun dominieren) kündigt auf seiner Speisekarte stylishe neuseeländische Küche mit asiatischem Touch an. Hier ist man genau richtig, um hervorragende einheimische Zutaten zu probieren. Unbedingt etwas Platz für eines der köstlichen Desserts lassen!

Cafés

Zippy Central Bar & Café (Karte S. 354; ☎ 07-348 8288; 1153 Pukuatua St; Snacks 4–10 NZ$, Hauptgerichte 10–22 NZ$; 🕐 7–19 Uhr) Zippy tischt in diesem flotten, unverkennbar auf alt getrimmten Café (mit Laminex-Tischen und einem ultracoolen Separée …) jede Menge leckes Essen auf, vom Frühstück über Sandwiches und Snacks bis zu Gebratenem und Currygerichten. Daneben gibt's zuhauf sehr gesundes Essen, was es wohl auch bei Radfahrern und anderen ernährungsbewussten Gästen so beliebt macht.

Capers Epicurean (Karte S. 354; ☎ 07-348 8818; 1181 Eruera St; Frühstück & Mittagessen Hauptgerichte 6–20 NZ$, Abendessen 13–28 NZ$; ☺ 7.30 Uhr–open end; [V]) Der schicke Feinkostladen ist riesig und trotzdem immer voll. Die Gäste strömen hierher wegen der leckeren Gourmetsandwiches, wegen des Gebäcks, der Salate und der Kuchen. Außerdem gibt's ausgezeichnete, regelmäßig wechselnde Angebote fürs Frühstück und schmackhafte warme Gerichte (z. B. Lasagne mit Karotten, Lauch und Feta). Im dazugehörigen Deli gibt's Olivenöle, Marinaden, Würzsaucen, Marmeladen und Schokolade.

Relish (Karte S. 354; ☎ 07-343 9195; 1149 Tutanekai St; Frühstück 9–22 NZ$, Mittag- & Abendessen Hauptgerichte 19–33 NZ$; ☺ Mo & Di 7–16, Mi–Fr bis 21, Sa 8–21, So bis 16 Uhr) Hervorragender Laden, in dem es den ganzen Tag über Frühstück, Pizza und ähnliches gibt und der auf erlesene Gewürze, aromatische Kräuter und die richtige Zubereitung sehr viel Wert legt. Die Einrichtung ist modern und entspannt, die Wände zieren Werke einheimischer Künstler.

Fat Dog Café (Karte S. 354; ☎ 07-347 7586; 1161 Arawa St; Frühstück & Mittagessen Hauptgerichte 11–17 NZ$, Abendessen 26–30 NZ$; ☺ morgens, mittags & abends; [V]) Spuren von Hundepfoten an den Wänden, alberne Verse auf den Stühlen – dies ist das verspielteste, kinderfreundlichste Caféerlebnis der Stadt! Tagsüber werden in großen Schüsseln Frühstück, Nachos, Salate und Sandwiches serviert, abends bei Kerzenschein gibt's Lamm und Wild. Nur die Musikauswahl ist manchmal etwas gewöhnungsbedürftig.

LP Tipp Lime Caffeteria (Karte S. 354; ☎ 07-350 2033; Ecke Fenton St & Whakaue St; Hauptgerichte 13–24 NZ$; ☺ 7.30–16.30 Uhr; [V]) Weil es so schön ruhig in einer grünen Ecke in Seenähe liegt, eignet sich das erfrischende Lime bestens für ein Frühstück im Freien und willkommene kulinarische Abwechslungen. Der Salat mit Hühnchen und Chorizo oder das Risotto mit Krabben und Lachs in Limettensauce sind empfehlenswert. Daneben gibt's klassische Snacks aus der Vitrine, hervorragenden Kaffee und Tische im Freien. „Das beste Mittagessen seit langem", sagte uns ein glücklicher Gast.

Auf die Schnelle

Weilin's Noodle House (Karte S. 354; ☎ 07-343 9998; 1148 Tutanekai St; Hauptgerichte 11–17 NZ$; ☺ Mi–Mo mittags & abends) Kleines, aber feines und sauberes Lokal, das traditionelle chinesische Klöße feilbietet und allerhand Nudeln, als Suppe oder angebraten (auch zum Mitnehmen).

Ali Baba's Tunisian Takeaway (Karte S. 354; ☎ 07-348 2983; 1146 Tutanekai St; Gerichte 13–15 NZ$; ☺ 11.30 Uhr–open end; [V]) Immer der Bauchtanzmusik – und der Nase – nach, schon ist man in diesem kleinen, netten Lokal mit tunesisch angehauchten Kebabs und Pizzen, Salaten, Pasta und Reisgerichten (auch zum Mitnehmen).

Selbstversorger

Countdown (Karte S. 354; ☎ 07-350 3277; 246 Fenton St; ☺ 6–24 Uhr)

Pak N Save (Karte S. 354; ☎ 07-347 8440; Ecke Fenton St & Amohau St; ☺ 8–22 Uhr)

AUSGEHEN

Es gibt einige gute Kneipen und Bars, um seinen Durst zu stillen, wobei auf europäisch getrimmte Pubs zahlreich vertreten sind.

LP Tipp Underground Bar (Karte S. 354; ☎ 07-348 3612; www.croucherbrewing.co.nz; UG, 1282 Hinemoa St; ☺ Mi & Do 16–20, Fr & Sa bis 23, So 14–18 Uhr) „Hier dreht sich alles um Bier" laut den Besitzern der Croucher Brewing Co., Rotoruas bester Kleinbrauerei, die auch dieses Laden im Keller clever führen. Im Angebot sind fruchtiges Pale Ale, aromatisches Drunken Hop Bitter und malziges Pilsener. Da wird man sich schon mal eine gute Ausrede überlegen müssen, um am nächsten Tag ausschlafen zu dürfen.

Pig & Whistle (Karte S. 354; ☎ 07-347 3025; www.pigandwhistle.co.nz; Ecke Haupapa St & Tutanekai St; ☺ 11.30 Uhr–open end) Dieses ausgezeichnete Pub gehört zu einer Kleinbrauerei und ist in einer ehemaligen Polizeistation zuhause. Zum Swine Lager gibt's eine optimale Atmosphäre (Großbild-TV, Biergarten, Do–So Livemusik) und eines der besten einfachen Essen der Stadt (Hauptgerichte 19–30 NZ$). Die Speisekarte bietet das ganze Spektrum, von Spare Ribs bis zu glutenfreien vegetarischen Toasts.

Belgian Bar (Karte S. 354; ☎ 07-348 6190; 1151 Arawa St; ☺ Di 16 Uhr–open end, Mi–So 11.30 Uhr–open end) Für Livemusik und gutes Bier ist das hier *die* Adresse schlechthin. Bei einem halben Dutzend europäischer Biere vom Fass und 42 verschiedenen Flaschenbieren wird auch der größte Durst gestillt, und Fleischklößchen, Kartoffelbrei und *moules et frites* verführen dazu,

ROTORUA & BAY OF PLENTY

noch länger zu bleiben und noch einen mehr über den Durst zu trinken. Regelmäßig gibt's hier Blues- und Akustikkonzerte.

Pheasant Plucker (Karte S. 354; ☎ 07-343 7071; www.thepheasantplucker.co.nz; 1153 Arawa St; ☽ Mo–Fr 16 Uhr–open end, Sa 15 Uhr–open end, So 11 Uhr–open end) Auch hier gibt's echtes Bier, jedoch auf die feine englische Art. Im Pheasant wird sowohl lokal gebrautes als auch britisches Bier getrunken. Dazu gibt's Würstchen mit Kartoffelbrei und bergeweise Fleisch mit Yorkshirepudding (Hauptgerichte 15–36 NZ$).

UNTERHALTUNG

In einigen der Pubs im Ort, z.B. im Pig & Whistle oder im Chambers, spielen regelmäßig Bands. Wer zu später Stunde noch feiern will, geht in die **Bar Barella** (Karte S. 354; ☎ 07-347 6776; 1263 Pukuatua St; Eintritt frei–10 NZ$; ☽ Mi, Fr & Sa 23–3 Uhr): Hier bekommen Nachtschwärmer von Bands und DJs Metal, Hip-Hop, Reggae, Rock und Dub auf die Ohren.

Das **Princes Gate Hotel** (Karte S. 354; ☎ 07-348 1179; www.princesgate.co.nz; 1057 Arawa St; Show & Gericht 85 NZ$) organisiert regelmäßig Abendessen mit Varietéshows im Stil der 1930er-Jahre. Die Shows gibt's auch in den Blue Baths (s. S. 358) zu sehen.

Im **Reading Cinema** (Karte S. 354; ☎ 07-349 0061; www.readingcinemas.co.nz; 1281 Eruera St; Eintritt Erw./Kind 15/10 NZ$; ☽ 10.30–23 Uhr) flimmern die neuesten Hollywoodstreifen über die Leinwand, während das **Basement Cinema** (Karte S. 354; ☎ 07-350 1400; www.basementcinema.co.nz; UG, 1140 Hinemoa St; Erw. 14 NZ$; ☽ wechselnde Öffnungszeiten) Programmkino und internationale Filme zeigt.

SHOPPEN

Als Touristenhochburg Neuseelands finden sich in Rotorua Unmengen von Souvenirs. Echte Maorikunst und anderes im Land hergestelltes Kunsthandwerk ist als solches gekennzeichnet.

Jade Factory (Karte S. 354; ☎ 07-349 1828; www.jadefactory.com; 1288 Fenton St; ☽ 9–18 Uhr) Spezialisiert auf teuren, handgemachten Schmuck und Schnitzereien aus Pounamu (grüne Jade).

Of Hand & Heart (Karte S. 354; ☎ 07-348 9505; 1180 Haupapa St; ☽ 10–17 Uhr) Wunderschöne, handgemachte Keramikarbeiten; man kann Töpfern bei der Arbeit zusehen.

Out of New Zealand (Karte S. 354; ☎ 07-346 2968; 1189 Fenton St; ☽ 9–18 Uhr) Hat vor allem Kunst aus Neuseeland und Geschenkartikel wie Schnitzereien, Keramik und Schmuck im Angebot, außerdem jede Menge erschwinglicher, gut zu transportierender Souvenirs.

Südlich der Stadt in Te Puia und Te Whakarewarewa (S. 353) findet man eine ausgezeichnete Auswahl an echter Maorikunst.

AN- & WEITERREISE
Bus

Alle großen Unternehmen halten vor dem i-SITE (s. S. 353), das auch Tickets bucht.

Busse von **InterCity** (☎ 09-583 5780; www.intercity.co.nz) fahren folgende Ziele an:

Ziel	Preis (NZ$)	Dauer (Std.)	Häufigkeit (tgl.)
Auckland	50	4	8-mal
Gisborne	60	4½	1-mal
Hamilton	35	1½	6-mal
Napier	52	3	4-mal
Taupo	32	1	5-mal
Tauranga	25	1½	4-mal
Wellington	57	8	4-mal
Whakatane	33	1½	1-mal

Naked Bus (☎ 0900 625 33; www.nakedbus.com) fährt, wie hier aufgelistet, die gleichen Ziele an. Wer vorab bucht, kann einiges sparen.

Ziel	Preis (NZ$)	Dauer (Std.)	Häufigkeit (tgl.)
Auckland	35	4	3-mal
Gisborne	43	4¾	1-mal
Hamilton	24	1½	3-mal
Napier	29	3	1-mal
Taupo	19	1	2-mal
Tauranga	11	1½–4	2–3-mal
Wellington	39	8	1-mal
Whakatane	21	1½	1-mal

Twin City Express (☎ 0800 422 9287; www.baybus.co.nz) fährt montags bis freitags zweimal täglich zwischen Rotorua und Tauranga/Mt. Maunganui mit Halt in Te Puke (11 NZ$, 1½ Std.).

Flugzeug

Air New Zealand (Karte S. 354; ☎ 07-343 1100; www.airnewzealand.co.nz; 1103 Hinemoa St; ☽ Mo–Fr 9–17 Uhr) fliegt täglich direkt nach Auckland, Christchurch und Wellington mit Anschluss zu weiteren Zielen, außerdem dienstags und samstags auf der Route Rotorua–Sydney.

UNTERWEGS VOR ORT
Auto

In Rotorua ist die Konkurrenz unter den Leihwagenanbietern groß, und darum gibt es gute Angebote. Hier ein paar Optionen:

Avis (☎ 07-345-6055; www.avis.co.nz; Rotorua Airport; ☺ Mo–Fr 8–20, Sa 8.30–15, So bis 16 Uhr)
Budget (Karte S. 354; ☎ 07-348 8127; www.budget.co.nz; 1230 Fenton St; ☺ Mo–Fr 7.30–17.30, Sa & So 8–12 Uhr)
Rent-a-Dent (Karte S. 369; ☎ 0800 736 823, 07-349 3993; www.rotoruacarrentals.co.nz; 316 Te Ngae Rd; ☺ Mo–Fr 8.30–17.30, Sa 8–12 Uhr)

Bus

Die Sehenswürdigkeiten in der Gegend bieten oft kostenlos einen Shuttleservice; vor einem Besuch dort nachzufragen, kann sich lohnen.

Cityride (☎ 0800 422 9287; www.baybus.co.nz) ist ein bequemer, örtlicher Busservice, der zwischen der Stadt und Ngongotaha (2,20 NZ$) sowie dem Flughafen (2,50 NZ$) verkehrt.

Mehrere Shuttles fahren die Sehenswürdigkeiten Rotoruas an und holen Passagiere in den meisten Hotels und Hostels ab:
Affordable Adventures (☎ 0508 278 946; www.afford ableadventures.co.nz) Hat einen kleinen Bus, von dem man sich überall hinfahren lassen kann – wenn man entsprechend bezahlt; eine gute Option für Gruppen.
Geyser Link Tour Service (☎ 07-343 6764; www.gey serlink.co.nz) Fährt zu Wai-O-Tapu (hin & zurück 35 NZ$) und zu den Paradise Valley Springs (hin & zurück 25 NZ$).
Tim's Thermal Shuttle (☎ 027 494 5508) Hat einen Service nach Wai-O-Tapu (hin & zurück inkl. Eintritt 50 NZ$) und auf Anfrage zur Buried Village.

Vom/Zum Flughafen

Der Flughafen liegt etwa 10 km außerhalb der Stadt Richtung Osten. **Super Shuttle** (☎ 0800 748 885, 07-345 7790; www.supershuttle.co.nz) bietet einen Tür-zu-Tür-Service für 20 NZ$ für die erste Person und 6 NZ$ für jeden zusätzlichen Passagier. Ein Taxi vom Zentrum kostet um die 25 NZ$. Cityride (s. oben) bietet einen täglichen Busservice zum Flughafen an.

Taxi

Fast Taxis (☎ 07-348 2444)
Rotorua Taxis (☎ 07-348 1111)

RUND UM ROTORUA

NÖRDLICH VON ROTORUA
Naturparks
In der Umgebung von Rotorua sind mehrere Örtlichkeiten zu finden, die sich der einheimischen Tierwelt widmen.

Der **Rainbow Springs Kiwi Wildlife Park** (Karte S. 369; ☎ 0800 724 626, 07-350 0440; www.rainbowsprings. co.nz; 192 Fairy Springs Rd; 24-Std.-Pass Erw./Kind/Fam. 26/

15/69 NZ$; ☺ 8–22 Uhr) ist für alle Naturliebhaber ein Muss. Mitten im Park befinden sich natürliche Quellen, in denen man wild lebende Forellen und Aale durch ein Unterwasser-Guckloch beobachten kann, und es gibt Wanderpfade mit lehrreichen Tafeln am Wegesrand. Tiere findet man zuhauf, von hier angesiedelten Wallabys, Emus und Allfarbloris bis zu einheimischen Vögeln wie Keas, Kakas und Pukekos.

Das Highlight des Parks ist **Kiwi Encounter** (www.kiwiencounter.co.nz; Eintritt Erw./Kind/Fam. 27,50/ 17,50/75 NZ$; ☺ Führungen 10–16 Uhr stündl.), in dem Neuseelands größtes Rettungsprogramm für Kiwis beheimatet ist. Das gemeinnützige Naturschutzprojekt ist von größter Bedeutung für das ganze Land. Besucher haben die seltene Möglichkeit, einen Einblick nicht nur in das Leben dieses stark vom Aussterben bedrohten Vogels zu erhaschen, sondern auch in das der Menschen, die darum kämpfen, ihn zu retten. Die ausgezeichnete 45-minütige Tour, bei der man durch Räume mit Brutkästen und Aufzuchtgehegen schleicht, ist zutiefst beeindruckend. Es gibt Kombitickets für Kiwi Encounter und Wildlife Park (Erw./ Kind/Fam. 42/23/110 NZ$).

In der Dunkelheit geht es im farbenfroh erleuchteten Rainbow Springs sehr lebhaft zu und man darf durch das Freigehege der Kiwis bummeln. Zusammen mit dem benachbarten Mitai Maori Village (s. S. 356) sind auch vierstündige Abendtouren möglich. Der Rainbow Springs Park befindet sich 3 km nördlich vom Zentrum Rotoruas auf dem SH5 in Richtung Hamilton und Auckland.

Im Paradise Valley, am Fuß des Mt. Ngongotaha, liegen zwei Wildparks. Das 8 km von der Stadt entfernte **Paradise Valley Springs** (außerhalb der Karte S. 369; ☎ 07-348 9667; 467 Paradise Valley Rd, www.paradisevalleysprings.co.nz; Erw./Kind 26/13 NZ$; ☺ 8–17 Uhr) ist ein 6 ha großer Park mit Forellenteichen, großen, glitschigen Aalen und mehreren Landtieren wie Rotwild, Alpakas, Possums und einem Rudel Löwen (Fütterung um 14.30 Uhr). Außerdem gibt's hier ein Café und einen kürzlich eröffneten, schwindelerregenden Weg durch die Baumkronen.

Im **Wingspan Birds of Prey Trust** (außerhalb der Karte S. 369; ☎ 07-357 4469; www.wingspan.co.nz; 1164 Paradise Valley Rd; Erw./Kind 15/5 NZ$; ☺ 9–15 Uhr) dreht sich alles um den Schutz dreier bedrohter neuseeländischer Vogelarten: des Falken, des Habichts und der Eule. Nach dem Besuch des informativen Museums kann man noch einen

RUND UM ROTORUA

0 _____ 10 km

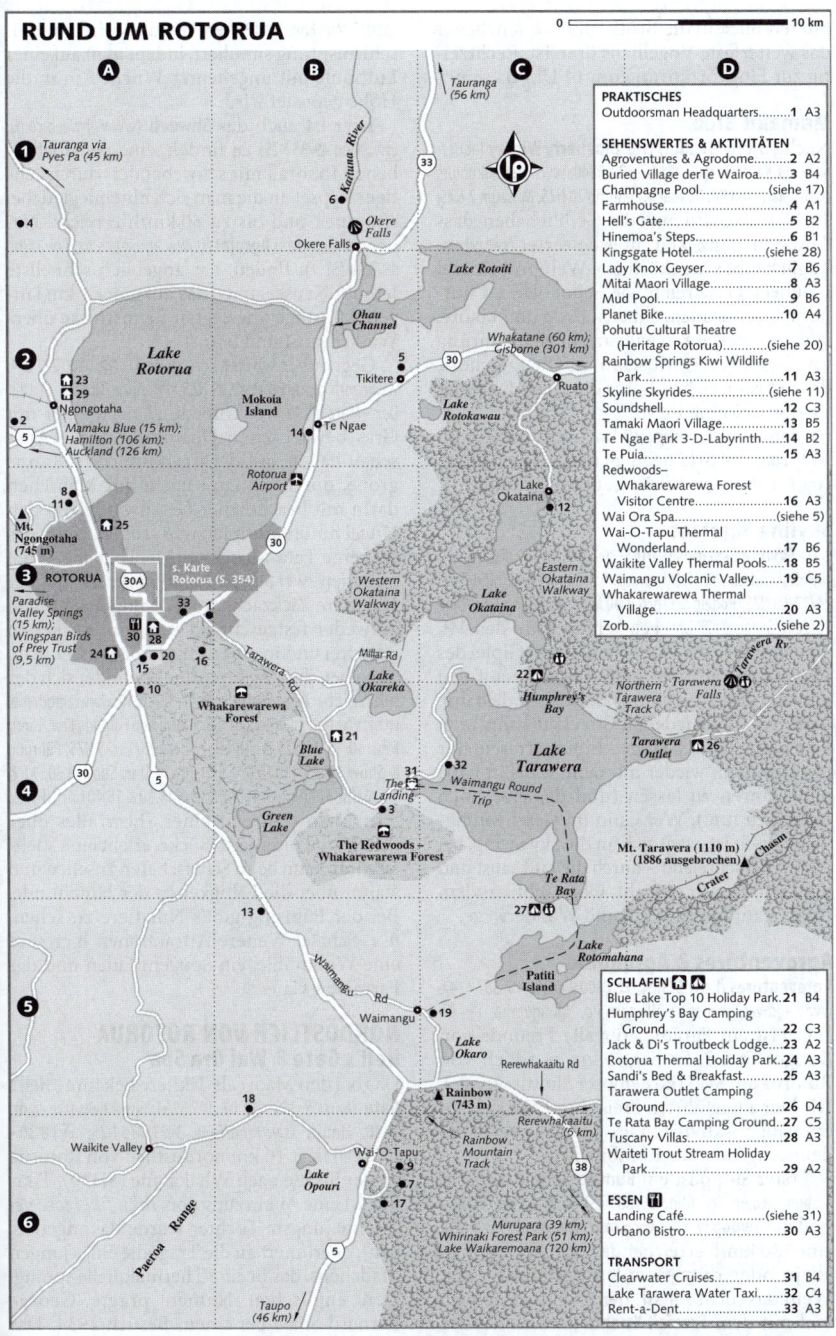

ROTORUA &
BAY OF PLENTY

kurzen Blick in die Brutkästen werfen, bevor das wetterfeste Vogelhaus dran ist. Rechtzeitig zur Flugvorführung um 14 Uhr da sein!

Mamaku Blue

Nach einem Besuch der **Blueberry Winery** (außerhalb der Karte S. 369; ☎ 07-332 5840; www.mamakublue. co.nz; Maraeroa Rd, Mamaku; Führung 20 NZ$, Museum 2 NZ$; ☻ 10–17 Uhr) wird man das Gefühl haben, dass Trauben ganz klar überbewertet werden. Täglich gibt's hier köstliche Weinproben und Blaubeer-Leckereien wie Schokolade, Chutneys, Marmeladen, Saucen, Essig und Liköre. Wer mehr erfahren will, macht eine Führung und besucht das Museum im Obergeschoss, das auf zahlreichen Fotos die Geschichte der Region dokumentiert.

Mamaku Blue liegt 20 km nordwestlich von Rotorua; den SH5 nehmen und auf die Maraeroa Rd abbiegen. Es ist gut ausgeschildert.

Skyline Skyrides

Mit **Skyline Skyrides** (Karte S. 369; ☎ 07-347 0027; www. skylineskyrides.co.nz; Fairy Springs Rd; Gondel Erw./Kind/Fam. 24/12/60 NZ$, Rodeln 5 Fahrten 30 NZ$, Sky Swing Erw./Kind 30/20 NZ$; ☻ 9–23 Uhr) geht's hinauf auf den Mt. Ngongotaha. Die Gondelfahrt zum Gipfel des Vergnügens eröffnet tolle Ausblicke auf den See und führt zu einer rasanten Rodelbahn. Auf drei verschiedenen Strecken kann man hier einen Teil des Hügels hinunterrasen, nur um sich dann wieder mit dem Sessellift nach oben fahren zu lassen (und dasselbe noch einmal zu tun!). Wer dann im Geschwindigkeitsrausch ist, wagt sich an die Sky Swing, bei der man – schreiend – durch die Luft saust und bis zu 160 km/h erreicht. Oben gibt's zudem ein Restaurant, ein Café und Wanderwege.

Agroventures & Agrodome

Agroventures (Karte S. 369; ☎ 0800 949 888, 07-357 4747; www.agroventures.co.nz; Western Rd, Ngongotaha; ☻ 9–17 Uhr) ist ein Paradies für alle Freunde von Bungee & Co. Es liegt 9 km nördlich von Rotorua am SH5 (kostenloser Shuttleservice). Die hier aufgeführten Preise beziehen sich auf einmalige Aktivitäten, es gibt aber verschiedene Angebote für Kombipakete.

Erster Stopp ist ein **Bungee-Sprung** (www.roto ruabungy.co.nz; Erw./Kind 95/80 NZ$) auf 43 m Höhe und die **Swoop** (www.swoop.co.nz; Erw./Kind 49/35 NZ$), eine 130 km/h erreichende Schaukel, die man allein oder mit Freunden besteigen kann. Wem das nicht reicht, der probiert's einfach mal mit dem **Freefall Xtreme** (www.freefallxtreme.

co.nz; 3 Min. Erw./Kind 85/49 NZ$): Dabei wird ein Fallschirmsprung simuliert, indem man auf einer Luftsäule mit ungeheurer Wucht 5 m in die Höhe gepustet wird.

Hier ist auch das **Shweeb** (www.shweeb.co.nz; Erw./Kind 49/35 NZ$) zu finden, eine pedalbetriebene Monorail mit schwebender, durchsichtiger Kapsel, in die man sich hineinlegt, dabei strampelt und bis zu 60 km/h erreicht. Nebenan ist das **Agrojet** (www.agrojet.co.nz; Erw./Kind 49/35 NZ$) zu finden, das angeblich schnellste Jetboot Neuseelands, das auf einer 1 km langen, künstlich angelegten Rennstrecke übers Wasser saust und braust.

Gegenüber wartet schon **Zorb** (☎ 0800 227 474; www.zorb.co.nz; Fahrt ab 49 NZ$; ☻ April–Nov. 9–17 Uhr, Dez.–März bis 19 Uhr). Unbedingt nach einer mit Gras bewachsenen Downhill-Strecke Ausschau halten, auf der irgendwelche seltsame große, durchsichtige Kugeln mit Menschen darin mit beachtlicher Geschwindigkeit den Hügel hinunterhüpfen und -rollen. Nein, das ist keine Fata Morgana! Man hat die Wahl zwischen zwei Strecken: 150 m geradeaus oder 180 m im Zickzackkurs. Zorbing macht man entweder festgeschnallt und im Trockenen oder frei und in einer Kugel mit Wasser drin.

Neben dem Agroventures befindet sich der lehrreiche **Agrodome** (☎ 07-357 1050; www.agrodome. co.nz; Western Rd, Ngongotaha; 1-stündige Führung Erw./Kind/Fam. 30/15/78 NZ$, 1-stündige Show 26/13/75 NZ$, Führung & Show 50/25/110 NZ$; ☻ 8.30–17 Uhr, Show 9.30, 11 & 14.30 Uhr, Führungen 10.40, 12.10, 13.30 & 15.40 Uhr). Hier lernt man während einer Show alles über Schafe und prämierte Böcke, erlebt eine Viehauktion, kann beim Schafscheren zusehen und staunt über die Fähigkeiten der Hütehunde. Bei der Führung gibt's Nutztiere zu sehen, u. a. Schafe. Weitere Attraktionen hier sind eine Wollmühle, ein Souvenirladen und das Farmview Café.

NORDÖSTLICH VON ROTORUA
Hell's Gate & Wai Ora Spa

Das bei den Maori als Tikitere bekannte **Hell's Gate** (Karte S. 369; ☎ 07-345 3151; www.hellsgate.co.nz; SH30; Eintritt Erw./Kind/Fam. 30/15/75 NZ$; ☻ 8.30–20.30 Uhr) liegt 16 km nordöstlich von Rotorua an der Straße nach Whakatane (SH30). Tikitere ist eine Abkürzung von *Taku tiki i tere nei* (Meine jüngste Tochter wurde davongetrieben); es erinnert an die Tragödie eines jungen Mädchens, das in eine Thermalquelle sprang. Den englischen Namen prägte George Bernard Shaw bei einem Besuch 1934. Das beeindruckende geothermische Reservat umfasst 10 ha und einen 2,5 km langen Wanderweg zu den verschiedenen Attraktionen, zu denen auch der größte Heißwasserfall der südlichen Hemisphäre zählt. Hier kann man auch einem Meister der Holzschnitzkunst bei der Arbeit zusehen und mehr über das Flachsweben und andere Maoritraditionen erfahren.

Lange Zeit war Tikitere für die Maori ein Ort der Heilung, und noch heute ist hier das **Wai Ora Spa** (Schlamm- & Thermalbad Erw./Kind/Fam. 105/55/265 NZ$, Massage pro 30 Min./1 Std. 80/130 NZ$), in dem man sich bei verschiedenen Schlamm- und Thermalanwendungen entspannen kann. Das UltiMUD-Paket (Erw./Kind 235/180 NZ$) beinhaltet neben dem Eintritt zum Reservat ein Schlamm- oder Thermalbad oder eine einstündige Massage; dazu gibt's Manukatee. Ein kostenloser Shuttleservice nach bzw. ab Rotorua ist verfügbar.

3-D-Labyrinth

3 km vom Flughafen entfernt befindet sich der **Te Ngae Park** (Karte S. 369; ☎ 07-345 5275; 3dmaze@wave.co.nz; 1135 Te Ngae Rd; Erw./Kind 7,50/5 NZ$; 🕑 9–17 Uhr), ein 1,7 km langes, dreidimensionales Labyrinth aus Holz, mit dem die Kleinen eine Stunde oder länger beschäftigt sind und wo man prima picknicken kann.

SÜDÖSTLICH VON ROTORUA

Redwoods–Whakarewarewa Forest

Dieser **Waldpark** (Karte S. 369; www.redwoods.co.nz; Eintritt frei) liegt 3 km südöstlich der Stadt an der Tarawera Rd. Ursprünglich gab es hier über 170 Baumarten (heute sind es etwas weniger), die seit 1899 angepflanzt wurden, um herauszufinden, welche Bäume sich am besten als Bauholz eignen. Die Monterey-Kiefer erwies sich dabei als Volltreffer (wie man in ganz Neuseeland sehen kann), heute sind es jedoch die mächtigen kalifornischen Redwoods, die den Park so großartig machen.

Zu den gut ausgeschilderten Wanderwegen gehören der halbstündige Weg durch den **Redwood Grove** und die angenehme Tageswanderung zu den Seen Blue Lake und Green Lake. Die meisten Wege beginnen am **Redwoods Gift Shop & Visitor Centre** (Karte S. 369; ☎ 07-350 0110; Long Mile Rd; 🕑 Okt.–März Mo–Fr 8.30–17.30, Sa & So 10–17 Uhr; April–Sept. Mo–Fr 8.30–16.30, Sa & So 10–16 Uhr), in dem man Wanderkarten kaufen und sich Infotafeln zum Wald anschauen kann. In dem Laden gibt's eine große Auswahl an handgearbeiteten Holzgegenständen und von der Natur inspirierten Geschenken.

Neben dem Wandern eignet sich der Park aber auch zum Picknicken, und die leicht zugänglichen Mountainbikewege (s. S. 358) sind schon über die Grenzen der Stadt hinaus bekannt.

Buried Village der Te Wairoa

15 km von Rotorua entfernt an der Tarawera Rd, die an den wunderschönen Seen Blue Lake und Green Lake vorbeiführt, liegt das **Buried Village** (Karte S. 369; ☎ 07-362 8287; www.buriedvillage.co.nz; Tarawera Rd; Erw./Kind/Fam. 30/8/68 NZ$; 🕑 Nov.–März 9–17 Uhr, April–Okt. bis 16.30 Uhr). Es ist der Ort des Ausbruchs des Mt. Tarawera im Jahr 1886, einer der schlimmsten Naturkatastrophen in den letzten 150 Jahren. Hier sieht man unter Schlamm begrabene Gebäude und fühlt sich wie in das Neuseeland des 19. Jhs. zurückversetzt. Zu den Highlights gehören das Rotomahana Hotel, eine Schmiede und ein paar *whare* (Wohnhäuser).

Ein kleines Museum erzählt, u. a. anhand eines kurzen, interessanten Films, Geschichten rund um den Ausbruch. Von besonderem Interesse ist die Geschichte des *tohunga* (Priester) Tuhoto Aika, der von einigen Einwohnern für den Ausbruch verantwortlich gemacht wurde. Sein *whare* wurde ausgegraben und wieder aufgebaut.

Ein kurzer Spaziergang in der Wildnis führt durch das Tal zu den Wairoa Falls, wo der Wairoa River über felsige Klippen 30 m in die Tiefe stürzt. Das Ende des Weges ist steil, rutschig und für kleine Kinder nicht geeignet.

Lake Tarawera

Tarawera bedeutet „verbrannter Speer". Den Namen bekam der See von einem Jäger, der nach einer Jagdsaison hier vorbeikam und seine Vogelspeere in einer Hütte zurückließ, die er in der darauffolgenden Saison mitsamt den Speeren abgebrannt vorfand. Der See ist schön gelegen und eignet sich zum Schwimmen, Angeln und Bootfahren und zu Spaziergängen in der Natur.

The Landing, etwa 2 km hinter Buried Village, ist ein guter Zugangspunkt zum See. Hier befinden sich auch **Clearwater Cruises** (☎ 07-362 8590; www.clearwater.co.nz; The Landing, Lake Tarawera; Ausflugsboot/Kleinboot zum Selbststeuern 510/125 NZ$ pro Std.), die Panorama-Rundfahrten für Gruppen und Ausflüge zum Forellenangeln auf unterschiedlichen Booten anbieten – darunter auch welche zum Selbststeuern. Ebenfalls bei The Landing befindet sich das **Landing Café** (☎ 07-362 8502; Hauptgerichte 26–30 NZ$; ☺ morgens & mittags), das so herzhafte Gerichte wie würzige Lamm-Rumpsteaks, Lachspasta und Meeresfrüchte-eintopf serviert. Etwa 2 km hinter The Landing sitzt **Lake Tarawera Water Taxi** (☎ 07-362 8080; www.scenictarawera.co.nz; 93 Spencer Rd; Seerundfahrten ab 60 NZ$), das einen jederzeit überall hinbringt (auf dem See).

DOC-Campingplätze (www.doc.govt.nz) finden sich am Hot Water Beach (Erw./Kind 8/4 NZ$) in der nur mit dem Boot zugänglichen Te Rata Bay, im Tarawera Outlet (Erw./Kind 7/2 NZ$) und in Humphrey's Bay (kostenlos). Im **Blue Lake Top 10 Holiday Park** (☎ 0800 808 292, 07-362 8120; www.bluelaketop10.co.nz; 723 Tarawera Rd; Stellplatz ohne/ mit Strom 36/40 NZ$, Hütte 55–229 NZ$) campt man direkt am Blue Lake, 6 km vor dem Lake Tarawera; gute Einrichtungen, gutes Management, gute Auswahl an Hütten.

SÜDLICH VON ROTORUA
Waimangu Volcanic Valley

Das interessante **Thermalgebiet** (außerhalb der Karte S. 369; ☎ 07-366 6137; www.waimangu.com; 587 Waimangu Rd; Erw./Kind Spaziergang 32,50/10 NZ$, Bootsfahrt 40/10 NZ$; ☺ tgl. 8.30–17 Uhr, Jan. bis 18 Uhr) entstand durch einen Ausbruch des Mt. Tarawera im Jahr 1886 und ist somit geologisch gesehen sehr jung. Für den Namen Waimangu („schwarzes Wasser") stand das dunkle, schlammige Wasser Pate.

Auf dem einfachen Weg bergab kommt man an vielen spektakulären thermalen und vulkanischen Phänomenen vorbei, u. a. dem Inferno Crater Lake, dessen Wasser bis zu 80° C heiß wird, und dem Frying Pan Lake, der größten Heißwasserquelle der Erde. Der Weg führt weiter hinunter zum Lake Rotomahana (was „warmer See" bedeutet). Von hier aus kann man sich entweder zum Ausgangspunkt zurückbringen oder während einer 45-minütigen Bootsfahrt über den See an dampfenden Klippen und den früheren Pink and White Terraces vorbeischippern lassen.

Waimangu liegt etwa 20 Autominuten südlich von Rotorua, 14 km auf dem SH5 (Richtung Taupo), dann weitere 6 km von der ausgeschilderten Abzweigung. Letzter Einlass ist um 15.45 Uhr (Jan. 16.45 Uhr).

Wai-O-Tapu Thermal Wonderland

Ebenfalls südlich von Rotorua liegt **Wai-O-Tapu** (Karte S. 369; ☎ 07-366 6333; www.waiotapu.co.nz; 201 Loop Rd, abseits der SH5; Erw./Kind/Fam. 30/10/75 NZ$; ☺ 8.30–17 Uhr), eines der berühmtesten thermischen Schutzgebiete des Landes; sein Name bedeutet „Heilige Wasser". Hier findet sich auf relativ kleinem Gebiet viel Interessantes, etwa der brodelnde, farbenfrohe **Champagne Pool**, der blubbernde **Schlammpool**, beeindruckende Mineralsteinterrassen und der **Lady Knox Geyser**, der pünktlich um 10.15 Uhr (mit biologisch abbaubarer Seife provoziert) ausbricht und seine Wasserfontäne für ca. 1 Stunde 20 m in die Höhe schießt – eine ziemlich kommerzielle Attraktion mit vielen Läden und einem Café, das so gut ist, dass sich der Abstecher allein seinetwegen lohnt.

Wai-O-Tapu ist auf der SH5 (Richtung Taupo) 27 km Richtung Süden von Rotorua und weitere 2 km von der Abfahrt entfernt. Letzter Einlass ist um 15.45 Uhr.

Waikite Valley Thermal Pools

Etwa 30 km südlich von Rotorua findet man am SH5 die im Freien liegenden **Waikite Valley Thermal Pools** (Karte S. 369; ☎ 07-333 1861; www.hot pools.co.nz; 648 Waikite Valley Rd; öffentliche Becken Erw./Kind/ Fam. 12/6/30 NZ$, privater Pool 15 NZ$/40 Min.; ☺ 10–21 Uhr). Neben den vier Hauptbecken gibt's noch zwei kleinere, entspannendere Pools und vier private Whirlpools. Die Wassertemperaturen aller Becken liegen zwischen 35 und 40°C. Auch ein Café und ein Campingplatz (Stellplatz ohne/mit Strom 32/36 NZ$; Pools für Camper kostenlos) gehören dazu.

Auf dem SH5 am Wegweiser gegenüber der Abzweigung zum Wai-O-Tapu nach rechts abbiegen und der Straße 6 km folgen.

Whirinaki Forest Park

Das Highlight dieses **Waldparks** (www.doc.govt.nz, www.whirinakirainforest.info) ist einer der schönsten Steineibenwälder (Nadelwald) in ganz Neuseeland, obwohl es hier natürlich noch viel mehr zu sehen gibt: Canyons, Wasserfälle, Aussichtspunkte, viele Bäche und Flüsse. Hier befinden sich auch die Oriuwaka Ecological Area und die Arahaki Lagoon.

Der Park kann durch ein Netzwerk von Wegen mit unterschiedlicher Länge und unterschiedlichem Schwierigkeitsgrad erkundet werden. Informationen holt man sich am besten beim **DOC-Rangitaiki Visitor Centre** (☎ 07-366 1080; SH38) in Murupara. Die DOC-Broschüre *Walks in Whirinaki Forest* (2,50 NZ$) informiert ausführlich über Wandern und Campen im Park.

Eine gute, kurze Wanderung ist der **Whirinaki Waterfalls Track** (hin & zurück 4 Std.), der am Whirinaki River entlang verläuft; unter den längeren Wanderungen ist der **Whirinaki Track** (2 Tage, 27 km) empfehlenswert, der mit dem **Te Hoe Track** (4 Tage) verbunden werden kann. Auf der 16 km langen **Mountainbikestrecke** kann man sich richtig austoben.

Es gibt einige leicht zugängliche **Zeltplätze** und zehn **Backcountry Huts** (5–15 NZ$) im Park; bezahlt werden diese im DOC-Büro.

Der Whirinaki Forest Park liegt 90 km südöstlich von Rotorua und kann auf dem Weg zum Te Urewera National Park vom SH38 aus erreicht werden; an der Abfahrt Te Whaiti die Abzweigung nach Minginui nehmen. Der dem Park am nächsten gelegene Ort ist das kleine Städtchen Murupara, wo sämtlich Einrichtungen zur Grundversorgung vorhanden sind.

WESTERN BAY OF PLENTY

Die Western Bay of Plenty zieht sich an der Küste entlang vom Waihi Beach bis nach Maketu und reicht im Landesinneren bis zur Kaimai Range. Schon seit Generationen kommen die Einheimischen hierher, um Urlaub zu machen, Wasserspaß zu genießen und Sonne zu tanken.

TAURANGA
118 200 Ew.

Tauranga (sprich Tao-wronga) boomt seit den 1990er-Jahren und gehört bis heute zu den Städten Neuseelands, die sich am schnellsten ausdehnen. Sein geschäftiger Hafen – mit Ölraffinerien und Unmengen an Kohle und Holz – ernährt Land und Leute auch noch im Umland. Wirklich groß gemacht haben Tauranga aber die Einwanderer (darunter viele aus Auckland) und Urlauber, dank derer sich die alte Ackermähre in ein schickes Sportpferd verwandelt hat. Restaurants und Bars säumen das herausgeputzte Ufer, edle Hotels schießen aus dem Boden, und die ehemals verschlafenen Vororte Mt. Maunganui und Papamoa wurden aufgemischt und gelangten zu neuem Reichtum und zu Homogenität.

Tauranga erfüllt jeden Wunsch, der mit Wasser zu tun hat, mit Jachthäfen voller unzähliger wunderschöner Boote, sandigen Surfstränden und Sportangeboten en masse. Das alles macht Tauranga zu Neuseelands Riviera!

Praktische Informationen
Automobile Association (Karte S. 374; AA; ☎ 07-927 7760; www.aa.co.nz; Ecke Devonport Rd & First Ave; ⊙ Mo–Fr 8.30–17, Sa 9–12 Uhr) Straßenkarten und Infos rund ums Autofahren.

BA Reader (Karte S. 374; ☎ 07-577 0990; www.barea der.co.nz; 26 Wharf St; ⊙ Mo–Fr 9.30–17, Sa 10–21.30, So bis 16 Uhr) Gebrauchte Bücher, die ideale Strandlektüre.

Dymocks (Karte S. 374; ☎ 07-927 7476; www.dymocks. co.nz; 50 Devonport Rd; ⊙ Mo–Fr 9–17, Sa bis 16, So 10–16 Uhr) Bücher und Karten.

Gateway Cyber Cafe (Karte S. 374; ☎ 07-571 1112; 26 Devonport Rd; ⊙ 9–22 Uhr) Internetzugang.

Paper Plus (Karte S. 374; www.nzpost.co.nz; 17 Grey St; ⊙ Mo–Fr 8.30–17.30, Sa 9–16, So 10–15 Uhr) Die lokale Postagentur.

Tauranga Hospital (Karte S. 378; ☎ 07-579 8000; www.bopdhb.govt.nz; 375 Cameron Rd; ⊙ 24 Std.) Ein paar Kilometer südlich der Stadt gelegen.

Tauranga i-SITE (Karte S. 374; ☎ 07-578 8103; www. bayofplentynz.com; 95 Willow St; ⊙ Mo–Fr 8.30–17.30, Sa & So 9–17 Uhr) Örtliche Touristeninformation, Buchungen, InterCity-Bustickets und DOC-Karten.

Sehenswertes
Die **Tauranga Art Gallery** (Karte S. 374; ☎ 07-578 7933; www.artgallery.org.nz; Ecke Wharf St & Willow St; Eintritt gegen Spende; ⊙ 10–16.30 Uhr) stellt historische und zeitgenössische Kunst aus und beherbergt neben einer ständigen Sammlung auch häufig wechselnde Lokal- und Gastausstellungen. Der Komplex selbst war einst eine Bank, was heute aber kaum mehr zu erkennen ist. Das herausragende Gebäude eignet sich perfekt für seine heutige Aufgabe (na, wenn das keinen Applaus wert ist!). Der Besuch der Galerien im Erd- und Zwischengeschoss inklusive eines Zwischenstopps im Video-Würfel dauert etwa eine Stunde.

Die 1847 errichtete **Elms Mission Station** (Karte S. 374; ☎ 07-577 9772; www.theelms.org.nz; Mission St; Eintritt Haus Erw./Kind 5/0,50 NZ$, Garten frei; ⊙ Haus Mi, Sa & So 14–16 Uhr, Garten tgl. 9–17 Uhr) ist das älteste Gebäude in der Bay of Plenty. Es ist im Stil der damaligen Zeit eingerichtet und steht, von viel Grün umgeben, zwischen anderen gut erhaltenen Missionshäusern. Der unheimliche **Mission Cemetery** (Karte S. 378) liegt in der Nähe der Kreuzung Marsh Street und Dive Crescent und eignet sich hervorragend für ein wenig Grabstein-Lektüre.

Das nüchterne **Brain Watkins House** (Karte S. 374; ☎ 07-578 1835; www.library.tauranga.govt.nz/localhistory; Ecke Elizabeth St & Cameron Rd; Eintritt 2 NZ$; ◷ So 14–16 Uhr) wurde 1881 aus Kauriholz erbaut und ist und bleibt eines der am besten erhaltenen Kolonialhäuser in Tauranga.

Te Awanui Waka (Karte S. 374; The Strand), der Nachbau eines Maorikanus, ist in einem Gebäude mit offenen Seiten am oberen Ende der Strand zu sehen. Geht man den Hügel hinauf, gelangt man zum **Monmouth Redoubt** (Karte S. 374; Monmouth St), das zur Zeit der Neuseelandkriege als Festung diente. **Robbins Park** (Karte S. 374; Cliff Rd) ist ein grünes Fleckchen voller Rosen und mit tollem Blick hinüber zum Mt. Maunganui.

In der **Mills Reef Winery** (außerhalb der Karte S. 378; ☎ 0800 645 577, 07-576 8800; www.millsreef.co.nz;

143 Moffat Rd, Bethlehem; ◷ Weinproben 10–17 Uhr), 7 km vom Zentrum in Bethlehem zu finden, kann man preisgekrönte Weine probieren (den Cabernet Sauvignon muss man einfach lieben!) und sich im Restaurant (tgl. mittags & abends; Hauptgerichte 24–33 NZ$) einen Happen genehmigen.

Der **Minden Lookout** (außerhalb der Karte S. 378) liegt rund 10 km westlich von Tauranga in Richtung Katikati und eröffnet einen tollen Ausblick über die Bay of Plenty. Auf dem SH2 Richtung Te Puna fahren und dann nach Süden auf die Minden Rd abbiegen; der Aussichtspunkt ist etwa 4 km nach der Abzweigung zu finden.

Am Flughafen befindet sich das **Classic Flyers NZ** (Karte S. 378; ☎ 07-572 4000; www.classicflyersnz.com;

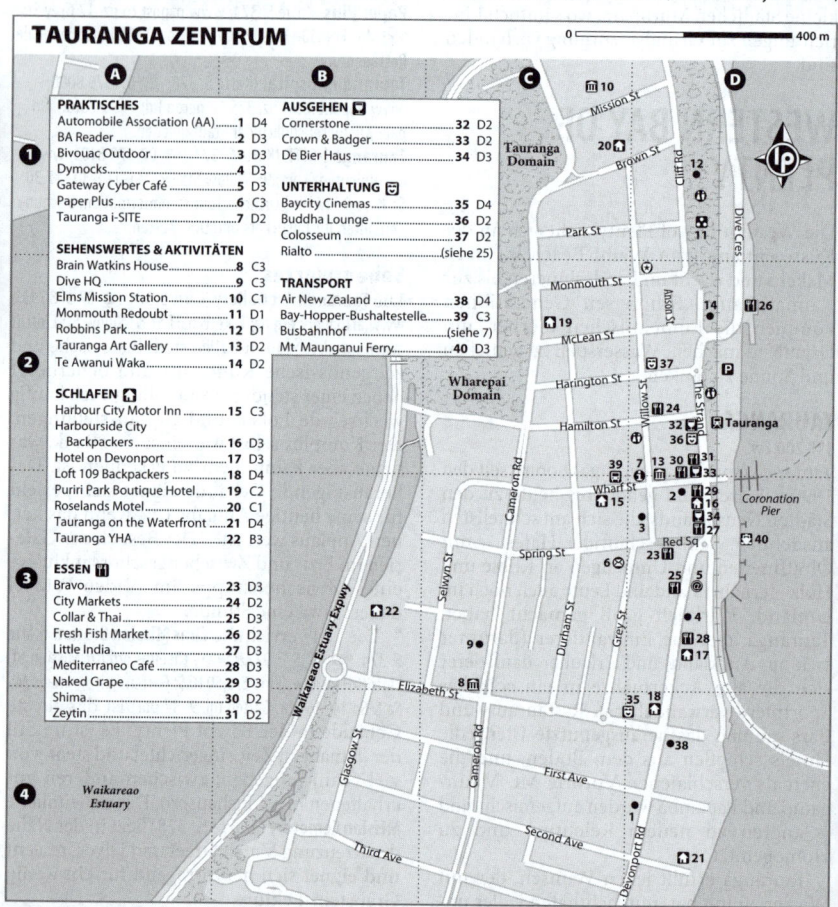

TAURANGA ZENTRUM

0 ————— 400 m

PRAKTISCHES
Automobile Association (AA)......1 D4
BA Reader.................................2 D3
Bivouac Outdoor........................3 D3
Dymocks...................................4 D3
Gateway Cyber Café...................5 D3
Paper Plus.................................6 C3
Tauranga i-SITE.........................7 D2

SEHENSWERTES & AKTIVITÄTEN
Brain Watkins House...................8 C3
Dive HQ....................................9 D3
Elms Mission Station................10 C1
Monmouth Redoubt..................11 D1
Robbins Park...........................12 D1
Tauranga Art Gallery................13 D3
Te Awanui Waka......................14 D2

SCHLAFEN
Harbour City Motor Inn............15 C3
Harbourside City
  Backpackers..........................16 D3
Hotel on Devonport.................17 D3
Loft 109 Backpackers...............18 D3
Puriri Park Boutique Hotel.........19 C2
Roselands Motel......................20 C1
Tauranga on the Waterfront......21 D4
Tauranga YHA.........................22 B3

ESSEN
Bravo......................................23 D3
City Markets............................24 D2
Collar & Thai...........................25 D3
Fresh Fish Market....................26 D2
Little India..............................27 D3
Mediterraneo Café...................28 D3
Naked Grape...........................29 D3
Shima.....................................30 D2
Zeytin.....................................31 D2

AUSGEHEN
Cornerstone.............................32 D2
Crown & Badger.......................33 D2
De Bier Haus...........................34 D3

UNTERHALTUNG
Baycity Cinemas......................35 D4
Buddha Lounge........................36 D2
Colosseum...............................37 D2
Rialto..................................(siehe 25)

TRANSPORT
Air New Zealand......................38 D4
Bay-Hopper-Bushaltestelle........39 C3
Busbahnhof.........................(siehe 7)
Mt. Maunganui Ferry...............40 D3

Mission St
Tauranga Domain
Brown St
Cliff Rd
Park St
Dive Cres
Monmouth St
Alison St
McLean St
Wharepai Domain
Harington St
Willow St
The Strand
Hamilton St
Tauranga
Cameron Rd
Wharf St
Coronation Pier
Spring St
Red Sq
Selwyn St
Durham St
Grey St
Elizabeth St
Waikareao Estuary Expwy
Glasgow St
First Ave
Waikareao Estuary
Second Ave
Devonport Rd
Third Ave

8 Jean Batten Dr; Eintritt Erw./Kind 10/5 NZ$; ☉ 10–16 Uhr), ein faszinierendes Luftfahrtmuseum mit angeschlossenem Café.

Wer sich für *marae* interessiert, ist in der **Huria Marae** (Karte S. 378; ☎ 07-578 7838; www.teara.govt. nz; Te Kaponga St, Judea; Eintritt frei; ☉ wechselnde Öffnungszeiten) richtig: In einer unscheinbaren Vorstadtstraße steht das Gebäude mit den wundervollen Schnitzereien innen und außen. Vor dem Besuch telefonisch eine Erlaubnis einholen.

Aktivitäten

WANDERN

Die kostenlose Broschüre *Tauranga City Walkways* beschreibt ausführlich Wanderungen in der Gegend um Tauranga und Mt. Maunganui, darunter der faszinierende **Waikareao Estuary Walkway** (9 km, 2 Std.) und der beliebte **Mauao Base Track** (s. S. 382) in Mt. Maunganui. Wer Geschichte mag, sollte sich den kostenlosen Prospekt *Historic Tauranga* holen und einen Spaziergang zu den versteckten historischen Plätzen der Stadt unternehmen.

Die Hintergrundkulisse der Western Bay of Plenty bildet der wilde, 70 km lange **Kaimai Mamaku Forest Park** (außerhalb der Karte S. 378), 35 km südwestlich von Tauranga am SH29, mit Wanderungen für Unerschrockene und einfachen Campingmöglichkeiten (Stellplatz frei–5 NZ$, Hütte 5–10 NZ$). Mehr Infos bietet die DOC-Broschüre *Kaimai Mamaku Forest Park Day Walks* (1,50 NZ$).

Im Wairoa River Valley, 15 km südwestlich von Tauranga gleich beim SH29, liegt der 190 ha große **McLaren Falls Park** (außerhalb der Karte S. 378; ☎ 07-577 7000; www.tauranga.govt.nz/mclaren falls; Eintritt frei; ☉ Winter 8–17.30 Uhr, Sommer bis 19.30 Uhr), eine Seenlandschaft mit spektakulären Bäumen und Picknickplätzen. Hier gibt's drei einfache, moderne Hostels (Bett 20 NZ$) und Stellplätze (5 NZ$/Pers.). Von den McLaren Falls kann man außerdem den **Marshalls Animal Park** (außerhalb der Karte S. 378; ☎ 07-543 1099; www.mar shallsanimalpark.co.nz; Eintritt Erw./Kind/Fam. 10/5/30 NZ$; ☉ Mi & Do 10–14, Sa & So bis 16.30 Uhr) erreichen, der tolle Angebote für Familien hat, z. B. einen Streichelzoo, eine Seilrutsche, einen Spielplatz und die Möglichkeit zum Ponyreiten.

SCHWIMMEN MIT DELFINEN

In den Gewässern rund um Tauranga tummeln sich besonders viele Delfine (im Sommer sogar auch der eine oder andere Wal), und es gibt mehrere Veranstalter, die einen ganz nah zu den Tieren bringen – entweder zum Anschauen oder um mit ihnen zu schwimmen. **Butler's Swim With Dolphins** (☎ 0508 288 537, 07-578 3197; www.swimwithdolphins.co.nz; Ganztagesausflug Erw./Kind 125/100 NZ$; ☉ Abfahrt Tauranga 9 Uhr, Mt. Maunganui 9.30 Uhr) Selbst ohne Delfine sind diese Ausflüge unterhaltsam, vor allem wenn Kapitän Butler dabei ist. Er ist ein echter Seebär, der bei den Protesten gegen die Atomtests am Mururoa Atoll vor Ort dabei war. **Dolphin Seafaris** (☎ 0800 326 8747, 07-577 0105; www.nzdolphin.com; Halbtagsausflug Erw./Kind 140/ 90 NZ$; ☉ 8 Uhr) Ökologisch verträgliche Ausflüge; Abfahrt in Tauranga und Mt. Maunganui. **South Sea Vagabond** (☎ 07-579 6376; www.south seasailing.com; Ausflüge Erw./Kind ab 120/85 NZ$) Das Ausflugsboot ist ein 18 m langer Katamaran; für Nichtschwimmer steht ein Kajak zur Verfügung.

ANGELN & TAUCHEN

Die Bay of Plenty ist berühmt für ihre reiche Unterwasserwelt und die guten Angelmöglichkeiten, besonders für große Fische wie Marline und Makohaie; aber auch Schnapper fürs Abendessen bekommt man hier an den Haken. Ein ganztägiger Angelausflug kostet zwischen 70 und 90 NZ$ pro Person, 24-Stunden-Trips werden von vielen Veranstaltern für etwa 120 NZ$ angeboten. Das i-SITE hilft bei der Buchung.

Bay Fishing Charters (☎ 0800 229 347; www.bay fishingcharters.co.nz) Halb- oder ganztägige Angelausflüge in kleinen Gruppen auf dem tollen Boot *Resolution*. **Blue Ocean Charters** (☎ 0800 224 278; www.blue ocean.co.nz) Angeln, Tauchen und Sightseeing-Touren (u. a. ein Trip zur Tuhua Island) auf der TS *Ohorere*, MV *Te Kuia* und MV *Ratahi*. **Dive HQ** (Karte S. 374; ☎ 07-578 4050; www.divehq tauranga.co.nz; 213 Cameron Rd; Kurs ab 600 NZ$, Ausflüge ab 95 NZ$) PADI-zertifizierte Tauchkurse und Ausflüge zu Wracks und Riffen in der Umgebung. Vermietet auch Ausrüstung. **Earth2ocean** (☎ 07-571 5286; www.earth2ocean. co.nz; Kurs ab 500 NZ$, Ausflüge ab 100 NZ$) Bietet eine breite Palette an Tauchkursen und -ausflügen. **Fat Boy Charters** (☎ 07-575 5986; fatboycharters@ xtra.co.nz) Hat Angel- und Tauchtrips in Kleingruppen auf einem 7 m langen Motor-Flitzer im Angebot. **Tauranga Marine Charters** (☎ 07-552 6283; www. taurangamarinecharters.co.nz) Ganztägige Angelausflüge und einmal im Monat ein Tauchausflug auf der MV *Manutere*.

KAJAKFAHREN

Der Wairoa River eignet sich prima zum Kajakfahren. Da ist für jeden Paddler was dabei.

ROTORUA & BAY OF PLENTY

Im **Waimarino Adventure Park** (außerhalb der Karte S. 378; ☎ 07-576 4233; www.waimarino.com; 36 Taniwha Pl, Bethlehem; Kajakausflüge ab 55 NZ$, Tagespass Park Erw./Kind 39/30 NZ$), direkt am Flussufer gelegen, kann man sich Kajaks ausleihen und auf einem 12 km langen, ruhigen Flussabschnitt ganz entspannt drauflospaddeln. Auch werden weiter flussaufwärts ungeführte Kajaktouren und Seekajakausflüge angeboten. Die Glowworm Tour (120 NZ$/Pers.) ist eine zauberhafte nächtliche Reise in den McLaren Falls Park, ein geheimnisvolles, von Glühwürmchen beleuchtetes Wunderland. Waimarino bietet außerdem einen Erlebnispark mit einer Kajakrutsche, Sprungbrett, Hochseilgarten, Warmwasserbecken und Tierbeobachtung – optimal, um einen ganzen Tag zu füllen, vor allem wenn man Kinder im Schlepptau hat.

WILDWASSERRAFTING & SLEDGING
Wildwasserrafting ist in der Gegend von Tauranga weit verbreitet, insbesondere auf dem Wairoa River, obwohl dieser eher etwas für Adrenalinjunkies ist. Der Wasserstand des Wairoa wird von einem Staudamm kontrolliert, was den Fluss nur an 26 Tagen im Jahr befahrbar macht: unbedingt vorab buchen. Auf S. 359 stehen einige Raftinganbieter.

NOCH MEHR AKTIVITÄTEN
Wer auf dem Gebiet des Wassersports noch unerfahren ist und sicher ins Geschehen eingeführt werden will, der meldet sich bei **Elements Watersports** (☎ 0800 486 729; www.elements online.co.nz; Übungsstunde ab 20 NZ$). Es gibt Anfängerkurse fürs Segeln, Windsurfen sowie Rennboot- und Jetskifahren, und Leihausrüstung ist auch erhältlich.

Wem das mit dem Wasser nicht ganz geheuer ist, der zieht vielleicht in Erwägung, sich aus einem Flugzeug zu stürzen … Das geht bei **Tauranga Tandem Skydiving** (Karte S. 378; ☎ 07-576 7990; www.tandemskydive.co.nz; Tauranga Airport; Sprung aus 2450/3050/3650 m Höhe 245/275/345 NZ$) mit Blick über White Island, den Mount Ruapehu und das East Cape.

Geführte Touren
Adventure Bay of Plenty (☎ 0800 238 267; www.ad venturebop.co.nz; Ausflüge 2 Std./halber Tag/ganzer Tag ab 85/125/150 NZ$) Eine aufregende Auswahl an Abenteuertouren mit Boot, Kajak, Mountainbike oder Pferd. Ausflüge zur Matakana Island kosten 180 NZ$.
Mount Classic Tours (☎ 07-574 1779; www.mctours. co.nz; 3–6-tägige Touren 1675–3445 NZ$) Hier werden längere Touren um die Bay of Plenty angeboten; Unterkunft und die meisten Mahlzeiten sind inbegriffen.
No.8 Farm Tours (☎ 07-579 3981; www.no8farm tours.co.nz; Touren 210 NZ$) Halbtagesausflüge mit dem Jeep auf einen noch bewirtschafteten neuseeländischen Bauernhof, auf dem man beim Schafescheren und Melken zuschauen kann, Hütehunde und Rotwild trifft und ein zweites Frühstück bekommt.
Tauranga Tasting Tours (☎ 07-544 1383; www.tas tingtours.co.nz; Touren 130 NZ$) Klappert eine örtliche Brauerei und die Weingüter Mills Reef und Morton Estate ab; den Abschluss bildet ein Cocktail in der Stadt.
Touring Company (☎ 07-577 0057; www.newzealand adventure.co.nz; Touren ab 140 NZ$) Schöne Halb- und Ganztagesausflüge in die Umgebung sowie weitere Touren nach Waitomo, Rotorua und White Island.

In die Luft gehen kann man mit den folgenden Anbietern, die fast alle vom Tauranga Airport (s. Karte S. 378) starten und über das i-SITE oder direkt gebucht werden können. Oft gibt es eine Mindestteilnehmerzahl.
Aerius Helicopters (☎ 0800 864 354; www.aerius. co.nz; Flüge ab 59 NZ$) Flüge in der Region, aber auch längere Touren bis nach Waitomo und White Island.
Air Discovery (☎ 0800 247 347, 07-575 7588; www.air discovery.co.nz; Flüge ab 299 NZ$) 1–2-stündige Starrflügler-Flüge über White Island und Mt. Tarawera.
Gyrate (☎ 07-575 6583; www.gyrate.co.nz; Flüge ab 95 NZ$) Mit dem Tragschrauber (dem Jetski unter den Flugzeugen) wird zu Rundflügen in der Umgebung gestartet und man kann sogar Flugstunden nehmen.
M*A*S*H Chopper Scenic Flights (☎ 07-572 4077; www.adventureaviation.co.nz; Flüge 12/20 Min. 110/150 NZ$) Wie in der TV-Serie, nur ohne Margaret „Hot Lips" Houlihan. Fliegt über Stadt und Land.

Festivals & Events
Der Veranstaltungskalender zeigt, dass hier kulturell einiges geboten wird:
National Jazz Festival (☎ 07-577 7018; www.jazz. org.nz) Österliche Extravaganz mit imposanten Bläsern und feinsten Beats zum Abtanzen, zudem Konzerte und Leckereien en masse.
Tauranga Arts Festival (☎ 07-577 7018; www.tauran gafestival.co.nz) Am Labour-Day-Wochenende im Oktober (in ungeraden Jahren) geht's hier bei Tanz, Comedy, Theater und weiteren Darbietungen ganz schön künstlerisch zu.

Schlafen
BUDGETUNTERKÜNFTE
Tauranga Tourist Park (Karte S. 378; ☎ 07-578 3323; www.taurangatouristpark.co.nz; 9 Mayfair St; Stellplatz ohne/ mit Strom 24/28 NZ$, Hütte ab 50 NZ$; ☎) Wer mit Zelt oder Campervan reist, wird die schönen

Grünflächen und die neue TV-Lounge lieben. Die Anlage am Rande des Hafens hat zwar nur wirklich winzige Einrichtungen, dafür sind die gut erhalten, ordentlich und sauber.

Just the Ducks Nuts Backpackers (Karte S. 378; ☎ 07-576 1366; www.justtheducksnuts.co.nz; 6 Vale St; B ab 24 NZ$; DZ mit/ohne Bad 62/56 NZ$; 🖳 🛜) Sehr nah beim Zentrum gelegen. Dieses freundliche Backpackers trumpft mit bunten Zimmern, einer umfangreichen Bibliothek, TVs, unzähligen Videos und einigen Skurrilitäten auf, etwa bepflanzten Badewannen oder Toiletten mit Enten-Deko. Hier fühlt man sich wie im Studentenwohnheim – nur die Partys fehlen! Es gibt ein kostenloses Shuttle zur bzw. ab der Bushaltestelle und separate Apartments.

Loft 109 Backpackers (Karte S. 374; ☎ 07-579 5638; www.loft109.co.nz; OG, 109 Devonport Rd; B/DZ/3BZ 25/58/80 NZ$; 🖳) Die nette Küche und Lounge in dieser zentral gelegenen Unterkunft lassen einen glauben, man sei in einer Privatwohnung gelandet – etwas seltsam ist allerdings das in die Wand eingelassene Boot. Die oberen Zimmer haben Dachterrassen, zahlreiche Dachfenster lassen viel Licht herein, an kälteren Tagen sorgt ein Gaskamin für Wärme.

Harbourside City Backpackers (Karte S. 374; ☎ 07-579 4066; www.backpacktauranga.co.nz; OG, 105 The Strand; B/DZ ab 28/72 NZ$; 🖳 🛜) Freundliches Hotel mit Meerblick in unmittelbarer Nähe zu den Bars von The Strand. Die Zimmer sind sauber, wenngleich etwas klein, doch die meiste Zeit wird man sowieso auf der Dachterrasse verbringen. Zwar gibt es keine hauseigenen Stellplätze, die Straße hinunter ist aber ein öffentlicher Parkplatz, auf dem meist auch ein Plätzchen frei ist.

Tauranga YHA (Karte S. 374; ☎ 07-578 5064; www.yha.co.nz; 171 Elizabeth St; Stellplatz ohne Strom/B 36/28 NZ$; DZ mit/ohne Bad 80/72 NZ$; 🖳 🛜) Eine gut geführte, überraschend weitläufige YHA-Unterkunft mit einem großen, grasbewachsenen Hinterhof. Der nahe gelegene Bohlenweg durch einen Mangrovensumpf wartet nur darauf, erkundet zu werden. Zur YHA gehören auch einige Zeltstellplätze und einladende Schlafsäle mit eigenen Schließfächern. Man kann hier Infos zu den vor Ort geltenden Regeln zum Schutz des Küstengebiets bekommen und das Schwarze Brett informiert über alles, was ökologisch interessant ist.

MITTELKLASSEHOTELS
Ambassador Motor Inn (Karte S. 378; ☎ 0800 735 294, 07-578 5665; 9 Fifteenth Ave; www.ambassador-motorinn.

co.nz; DZ/FZ ab 105/165 NZ$; 🛜 🖳) Trotz der Lage an einer der Hauptzufahrtsstraßen in die Stadt schläft man in diesem ordentlichen Hotel wie ein Baby – den Lärmschutzfenstern sei Dank. Zu den familienfreundlichen Einrichtungen gehören ein Schwimmbecken und ein Trampolin, und einige der Zimmer haben einen Whirlpool. Alle Zimmer haben eine Küche und werden mit ihrer Innenausstattung, die an die 1990er-Jahre erinnert, zwar nicht den Ansprüchen eines Botschafters gerecht, sind dafür aber tadellos sauber.

Roselands Motel (Karte S. 374; ☎ 07-578 2294; www.roselands.co.nz; 21 Brown St; DZ/Suite ab 115/135 NZ$; 🛜) Dieses nette, altmodische Motel in ruhiger, aber zentraler Lage wurde kürzlich mit orangefarbenen Tupfern und neuer Bettwäsche schön herausgeputzt. Die Wohneinheiten sind geräumig (alle mit Küche), es gibt Hochstühle für die Kleinen und auf Anfrage auch Yogaunterricht. Mit der Katze des Hauses sollte man sich gut stellen …

Puriri Park Boutique Hotel (Karte S. 374; ☎ 0800 4787 474, 07-577 1480; www.puriri.co.nz; 32 Cameron Rd, Suite 130–225 NZ$; 🖳) Große Zimmer (alle entweder mit Terrasse oder Balkon), übergroße Betten, Whirl- und Swimmingpools und sichere Parkmöglichkeiten – dieses vornehme Motel steht bei Geschäftsleuten, die viel unterwegs sind, hoch im Kurs. Die Schildkröte mit Namen Picasso überwacht das Geschehen von der Hotellobby aus.

Harbour City Motor Inn (Karte S. 374; ☎ 07-571 1435; www.taurangaharbourcity.co.nz; 50 Wharf St; DZ ab 150 NZ$; 🛜) Mitten in der Stadt hat dieses recht neue Motel nicht nur genügend Parkplätze, sondern auch Zimmer mit vielen modernen Annehmlichkeiten wie Whirlpool, TV und Schreibtisch. Die freundlichen Angestellten geben zuverlässige Ratschläge zur Planung der Reiseroute.

Tauranga on the Waterfront (Karte S. 374; ☎ 0800 109 007, 07-578 7079; www.thetauranga.co.nz; 1 Second Ave; DZ/Suite ab 150/195 NZ$; 🖳) Nur einen kurzen Fußmarsch vom Zentrum entfernt liegt diese ruhige Unterkunft mit ausgezeichneten Suiten mit Blick auf den Hafen – toll für die Romantiker unter den Gästen. Und wem das noch nicht reicht, den stellen die luxuriösen Whirlpools, über die einige Zimmer verfügen, garantiert zufrieden.

SPITZENKLASSEHOTELS
Hotel on Devonport (Karte S. 374; ☎ 07-578 2668; www.hotelondevonport.net.nz; 72 Devonport Rd; DZ/Suite 160/

TAURANGA & MT. MAUNGANUI

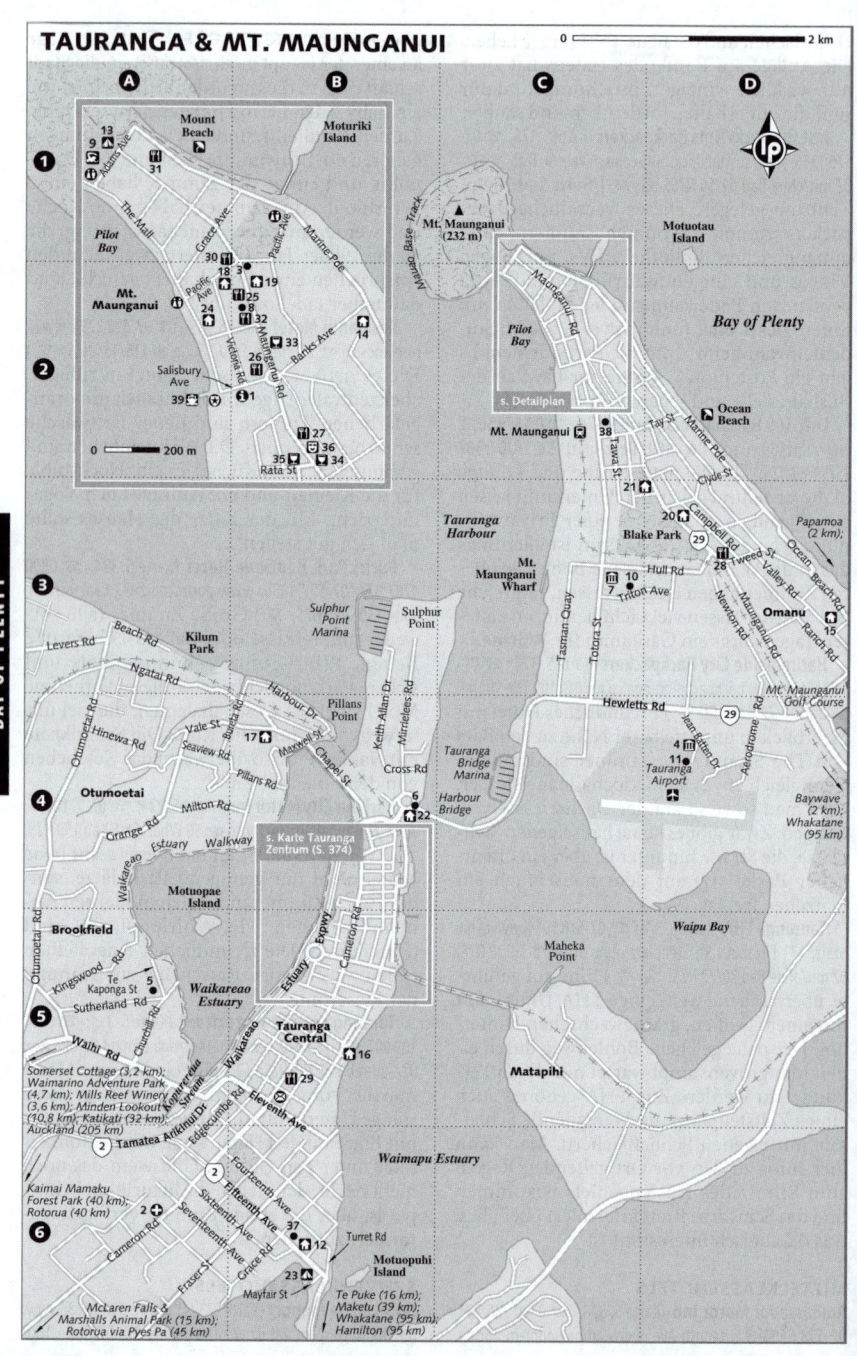

ROTORUA &
BAY OF PLENTY

200 NZ$) Die beste Adresse der Stadt. Die Angestellten sind schwer auf Zack und die Zimmer mit Blick auf die Bucht, Lärmschutzfenstern und aalglatter Innenausstattung sind genau das, was Geschäftsreisende und Luxusurlauber wollen.

Sebel Trinty Wharf (Karte S. 378; ☎ 0800 937 373, 07-577 8700; www.mirvachotels.com; 51 Dive Cres; DZ ab 180 NZ$; 🖥 🛜 🅿) Neben der Hafenbrücke direkt am Wasser steht dieser Hotelturm mit einer schicken, modernen Lobby – weißer Retro-PVC und die Einrichtung in angesagtem, vornehmem Grau –, durch die man auch zum hauseigenen Restaurant Halo gelangt, das mit seiner Küche Maßstäbe in der Stadt setzt. Die luxuriösen Zimmer sind riesig und in dezenten Pastelltönen gehalten. Außerdem stehen ein kaum benutztes Fitnessstudio und ein Infinity Pool zur Verfügung.

Essen

Auf der Devonport Rd isst man zu Mittag, bei Abendessen und Ausgehen hat hingegen The Strand die Nase vorn. Die Pubs der Stadt haben ebenfalls deftiges Essen auf der Speisekarte (s. S. 380).

Fresh Fish Market (Karte S. 374; ☎ 07-578 1789; 1 Dive Cres; Gerichte ab 5 NZ$; 🕒 mittags & abends) Dieser Klassiker direkt am Wasser bringt quasi fangfrische Fish & Chips auf den Tisch.

Naked Grape (Karte S. 374; ☎ 07-579 5555; 97 The Strand; Frühstück & Mittagessen 7–21 NZ$, Abendessen Hauptgerichte 28–32 NZ$; 🕒 19 Uhr–open end) Die Angestellten dieses angesagten Weinlokals auf The Strand sind immer fröhlich, die Teppiche sind in Weinrot gehalten und im Hintergrund säuselt angenehme Jazzmusik. Tagsüber zieht die „Nackte Traube" die Massen mit Pasta, Pizza, Salaten, gutem Kaffee und leckerem

Frühstück an. Abends herrscht eine andere Atmosphäre, mit Hauptgerichten wie in Honig geschmortem Lamm oder marinierter Hähnchenbrust in Limone.

Shima (Karte S. 374; ☎ 07-571 1382; 15 Wharf St; Hauptgerichte 10–21 NZ$; 🕒 Mo–Sa mittags & abends) Das Shima ist eine einfache, bescheidene Sushiund Sashimi-Bar, dekoriert mit japanischen Fächern, Schirmen und Lampions. Die Bento-Boxen und Menüs zu festen Preisen sind sehr geldbeutelfreundlich.

Mediterraneo Café (Karte S. 374; ☎ 07-577 0487; 62 Devonport Rd; Hauptgerichte 12–19 NZ$; 🕒 Mo–Fr 7–16, Sa 7–16, So 8–16 Uhr) Ein angesagtes Café mit vielen Stammgästen, die sich an sensationellem Kaffee und leckerem, ganztägig serviertem Frühstück laben. Von der Kreidetafel bestellen oder aus der vollgepackten Vitrine Sandwiches, Obstkuchen und Torten auswählen. Um die Mittagszeit herum kann es schon mal hektisch werden (für den Geflügelsalat nimmt man das aber gerne in Kauf).

Collar & Thai (Karte S. 374; ☎ 07-577 6655; Goddards Centre, 21 Devonport Rd; Hauptgerichte 16–30 NZ$; 🕒 Mo–Sa mittags, tgl. abends) In diesem gehobenen Restaurant im ersten Stock genießt man in lockerer Atmosphäre ausgeklügelte thailändische Standardgerichte und viele Speisen mit frischen Meeresfrüchten. Zum Mittagessen gibt's günstige Angebote.

Little India (Karte S. 374; ☎ 07-579 0910; 113 The Strand; Hauptgerichte 17–20 NZ$; 🕒 mittags & abends; Ⓥ) Als Teil einer erfolgreichen, nationalen Restaurantkette bietet das Little India auf The Strand geschmacklich hochwertige Curry-Gerichte zum kleinen Preis; mittags gibt's besonders günstige Angebote. An den Tischen im Freien kann man an lauen Abenden prima scharfes Krabben-*jhalfrezee* genießen.

ROTORUA & BAY OF PLENTY

Zeytin (Karte S. 374; ☎ 07-579 0099; 83 The Strand; Hauptgerichte 19–27 NZ$; ☺ Di–So mittags & abends) Wenn man Einheimische nach ihrem Lieblingsrestaurant fragt, werden sie mit großer Wahrscheinlichkeit das Zeytin nennen – ein echter türkischer Leckerbissen. Traditionelle Gerichte zu sehr guten Preisen mit einer großen Auswahl für jeden Geschmack, von Kebab über köstliches hausgemachtes Brot, Dips und gesunde Salate bis zur Holzofenpizza und einigen exotischen Überraschungen.

Bravo (Karte S. 374; ☎ 07-578 4700; Red Sq; Hauptgerichte 23–33 NZ$; ☺ morgens, mittags & abends; Ⓥ) Angesagtes und angesehenes Restaurant mit Bar, in dem in angenehmer Umgebung Frühstück, ausgefallene Sandwiches, Salate, Holzofenpizzas und frisch gepresste Säfte serviert werden. Mit der Fußgängerzone direkt vor der Tür lässt es sich hier wunderbar draußen sitzen. Für Vegetarier sind auch ein paar Leckerbissen im Angebot.

Somerset Cottage (außerhalb der Karte S. 378; ☎ 07-576 6889; 30 Bethlehem Rd, Bethlehem; Hauptgerichte 35 NZ$; ☺ Mi–Fr mittags, Di–So abends) Das am häufigsten ausgezeichnete Restaurant der Bay ist einfach, aber elegant, optimal also für ein besonderes kulinarisches Erlebnis. Die Gerichte orientieren sich stark an der Jahreszeit, sind nur aus besten neuseeländischen Zutaten gemacht und werden eindrucksvoll angerichtet, ohne übertrieben zu wirken. Herausragend sind z. B. der Blauschimmelkäse-Auflauf, die Ente mit Kokos-Kumara und das berühmte Lakritzeis.

Selbstversorger schauen im **Pak N Save** (Karte S. 378; ☎ 07-578 7037, 476 Cameron Rd; ☺ 8–22 Uhr) vorbei oder decken sich auf dem **City Markets** (Karte S. 374; ☎ 07-577 0270; Ecke Willow St & Hamilton St; ☺ Mo–Fr 9–17, Sa bis 12 Uhr) mit Obst und Gemüse ein.

Ausgehen

De Bier Haus (Karte S. 374; ☎ 07-928 0833; 109 The Strand; ☺ 23 Uhr–open end) Diese angesagte Kneipe schenkt in gehobener Atmosphäre belgisches Bier aus. Ihre fröhlichen Gäste tummeln sich auch gerne mal vor dem Haus auf der Straße, drinnen kommt man sich dank des einen oder anderen Geweihs an den Wänden wie in der typischen Jagdhütte eines gestandenen Mannes vor. Die Küche zaubert schnelle und leckere Gerichte auf den Tisch, die meist etwas europäisch angehaucht sind, z. B. deutsche Würstchen und Brezeln, *moules frites* und einen ausgezeichneten Tintenfischsalat (Hauptgerichte 16–30 NZ$).

Crown & Badger (Karte S. 374; ☎ 07-571 3038; Ecke The Strand & Wharf St; Eintritt frei; ☺ 21 Uhr–open end) Ein besonders überzeugendes englisches Pub, das echtes Tennent's und Guinness ausschenkt und Essen (Hauptgerichte 13–20 NZ$) à la „Würstchen mit Kartoffelbrei" serviert. Wenn am Wochenende Livebands auf der Bühne stehen, geht's hier noch lebhafter zu.

Cornerstone (Karte S. 374; ☎ 07-928 1120; 55 The Strand; Eintritt frei; ☺ 22 Uhr–open end) Die fröhliche Kneipe mit ihren flotten Bedienungen zieht vor allem reifere Gäste (also über 25) an. Die üblichen deftigen Gerichte werden in riesigen Portionen serviert (Hauptgerichte 12–35 NZ$), und Sportsfreunde können vor dem Großbild-TV ihr Team anfeuern. Von Donnerstag bis Sonntag gibt's Livemusik zum Abtanzen.

Unterhaltung

Colosseum (Karte S. 374; ☎ 07-571 0718; www.colosseumbar.co.nz; 17 Harington St; Eintrittspreise variieren; ☺ Do 19 Uhr–open end, Fr & Sa 20–3 Uhr) Wer auf Sport und große Bildschirme steht (30 an der Zahl!) und Livemusik mag (die Reggaeband Katchafire, Dub-DJs, Jimi-Hendrix-Tribute-Bands etc.), ist hier genau richtig.

Buddha Lounge (Karte S. 374; ☎ 07-928 1516; www.thebuddhalounge.co.nz; OG, 61b The Strand; Eintrittspreise variieren; ☺ Do 19 Uhr–open end, Fr & Sa 20–3 Uhr) Cocktail-Lounge und Tanzladen mit einheimischen und Gast-DJs.

In der Stadt gibt's zwei Kinos: das Programmkino **Rialto** (Karte S. 374; ☎ 07-577 0445; www.rialtotauranga.co.nz; Goddards Centre, 21 Devonport Rd; Karten Erw./Kind 15/9 NZ$; ☺ wechselnde Öffnungszeiten) und das kommerzielle **Baycity Cinemas** (Karte S. 374; ☎ 07-577 0800; www.baycitycinemas.co.nz; 45 Elizabeth St; Karten Erw./Kind 15/9 NZ$ ☺ 10.30 Uhr–open end).

An- & Weiterreise

AUTO
Bitte beachten: Auf der Route K nach Hamilton wird eine Mautgebühr von 1 NZ$ fällig.

BUS
InterCity (☎ 09-583 5780; www.intercity.co.nz) Tickets und den Fahrplan gibt's im i-SITE. Zu den Fahrtzielen gehören die folgenden:

Ziel	Preis (NZ$)	Dauer (Std.)	Häufigkeit (tgl.)
Auckland	45	4¼	6-mal
Hamilton	31	2–3	5-mal
Rotorua	25	1½	4-mal
Taupo	40	3	4-mal
Wellington	96	9	3-mal

Wer bei **Naked Bus** (☎ 0900 625 33; www.nakedbus. com) vorab bucht, kann einiges sparen. Folgende Städte sind nur einige der Ziele, die von Tauranga aus angesteuert werden:

Ziel	Preis (NZ$)	Dauer (Std.)	Häufigkeit (tgl.)
Auckland	25	4¼	2-mal
Hamilton	22	2	2-mal
Napier	57	12	1-mal
Rotorua	11	1½	3-mal
Taupo	29	6	3-mal
Wellington	41	12½	1-mal
Whakatane	19	1½	1-mal

Bay Hopper (☎ 0800 422 928; www.baybus.co.nz) Der Twin-City-Express-Bus pendelt zweimal täglich zwischen Tauranga/Mt. Maunganui und Rotorua und hält auch in Te Puke (11 NZ$, 1½ Std.). Zu Bay Hopper gehört zudem der Whakatane–Tauranga-Bus, der Montag bis Samstag (12 NZ$, 2 Std.) unterwegs ist; es gibt Anschlussmöglichkeiten nach Ohope und Opotiki.

Luxury & Coastline Shuttles (☎ 0800 454 678, 07-574 9600; www.coastlineshuttles.co.nz) bringt seine Passagiere zu den Flughäfen in Auckland (90 NZ$), Hamilton (75 NZ$) und Rotorua (90 NZ$) und fährt vom Tauranga Airport ins Zentrum von Tauranga (15 NZ$).

FLUGZEUG
Air New Zealand (Karte S. 374; ☎ 07-577 7300; www. airnewzealand.co.nz; Ecke Devonport Rd & Elizabeth St ◷ Mo–Fr 9–17 Uhr) bietet täglich Direktflüge nach Auckland, Wellington und Christchurch, mit Anschlussflügen zu weiteren Zielen.

Unterwegs vor Ort

Taurangas quietschgelbe **Bay-Hopper-Busse** (☎ 0800 4229 287; www.baybus.co.nz) fahren von Montag bis Samstag die meisten Ziele in der Umgebung an, u.a. Mt. Maunganui (2,50 NZ$, 15 Min.) und Papamoa (3 NZ$, 30 Min.). An der Wharf St ist eine zentrale Haltestelle, den Fahrplan gibt's im i-SITE. Die **Mt. Maunganui Ferry** (☎ 07-579 1325; www.kiwicoast cruises.co.nz; einfache Strecke Erw./Kind 8/5 NZ$; ◷ Dez.– März) zu bzw. ab Mt. Maunganui legt an The Strand ab; Abfahrtszeiten im i-SITE erfragen.

In Tauranga sind zahlreiche Leihwagenfirmen vertreten, darunter **Rent-a-Dent** (Karte S. 378; ☎ 0800 736 823, 07-578 1772; www.rentadent.co.nz; 19 Fifteenth Ave) und **Rite Price Rentals** (Karte S. 378; ☎ 0800 250 251; www.ritepricerentals.co.nz; 25 Totara St, Mt. Maunganui).

Ein Taxi vom Zentrum Taurangas zum Flughafen kostet um die 18 NZ$. Örtliche Taxiunternehmen sind:
Citicabs (☎ 07-577 0999)
Tauranga Mount Taxis (☎ 07-578 6086)

MT. MAUNGANUI
18 600 Ew.

Mt. Maunganui ist nach dem massiven, 232 m hohen Hügel benannt, der die sandige Halbinsel, auf der die Stadt erbaut ist, dominiert. Oft wird die Stadt aber nur als „The Mount" bezeichnet oder als „Mauao", was soviel heißt wie „in Tageslicht getaucht". Allgemein wird sie als Teil des Großraums Taurangas betrachtet, aber sie ist eigentlich eine Enklave für sich, mit großartigen Cafés und Restaurants, angesagten Bars und wunderschönen Stränden. Sonnenanbeter strömen im Sommer in Scharen nach The Mount, auf dessen Landzunge immer mehr zehnstöckige Apartmentblocks das Bild bestimmen.

Praktische Informationen
Die freundlichen Angestellten des **Mt. Maunganui i-SITE** (Karte S. 378; ☎ 07-575 5099; www.bayof plentynz.com; Salisbury Ave; ◷ 9–17 Uhr) helfen mit Infos und Buchungen weiter.

Sehenswertes & Aktivitäten
The Mount beansprucht für sich, die führende Surferstadt Neuseelands zu sein (hier wird den Kindern schon in der Schule das Surfen beigebracht!). Am **Mount Beach** mit seinem 100 m langen, künstlich angelegten Riff kurz vor der Küste kann man sich in die Wellen stürzen. Alternativ gibt's an der Westseite der Halbinsel einen Strand, an dem man sicher schwimmen kann. Surfstunden gibt's bei folgenden Anbietern:
Backdoor (Karte S. 378; ☎ 07-575 7831; www.back door.co.nz; 24 Pacific Ave; Unterricht 2 Std. 66 NZ$)
Hibiscus (☎ 07-575 3792; www.surfschool.co.nz; Unterricht 2 Std./2 Tage 80/150 NZ$) Von der erfahrenen Surferin Rebecca Taylor geleitet.
Mount Surfshop (Karte S. 378; ☎ 07-575 9133; www. mountsurfshop.co.nz; 96 Maunganui Rd; Verleih pro Tag Neoprenanzug/Surfbrett 15/40 NZ$, Unterricht 2 Std. 60 NZ$)
New Zealand Surf School (☎ 021 477 873; www.nz surfschools.co.nz; Unterricht 1/2 Std. 50/80 NZ$)

Mehr Infos über die Geschichte des Surfens in der Umgebung (auch in der weiteren) gibt's im ausgezeichneten **Mount Surf Museum** (Karte

ROTORUA & BAY OF PLENTY

S. 378; ☎ 07-927 7234; www.mountsurfshop.co.nz; 139 Totara St; Eintritt frei; ⏱ Mo–Sa 9–17, So 9.30–17 Uhr). Kein Interesse am Surfen? Dann ist eine Kiteboard-Stunde mit **Assault** (☎ 027 245 7540; www.assault.co.nz; Unterricht 1 Std. 100 NZ$) vielleicht das Richtige, oder aber eine Runde Klettern im **Rock House** (Karte S. 378; ☎ 07-572 4920; www.the rockhouse.co.nz; 9 Triton Ave; Eintritt Erw./Kind 14/10 NZ$; ⏱ Di–Fr 12 Uhr–open end, So 10–18 Uhr).

Mauao selbst kann über **Wanderwege** erkundet werden, die sich an seinen Hängen entlang bis zum Gipfel hinaufwinden. Der Gipfelsturm nimmt etwa eine Stunde in Anspruch und wird gegen Ende recht steil. Auf **Moturiki Island**, das an die Halbinsel grenzt, kann man auch zwischen Felsen herumklettern. Die Insel und der Fuß des Mauao sind Teil des **Mauao Base Track** (3½ km, 45 Min.), der durch märchenhafte Wäldchen aus Pohutukawa-Bäumen führt, die zwischen November und Januar in voller Blüte stehen. **Mauao Tours** (☎ 027 218 1816, 07-575 6961; www.mauaotours.co.nz; Touren ab 1 Std. 30 NZ$) bietet geführte Wanderungen um The Mount und Papamoa mit dem Fokus auf der Geschichte der Maori.

Das viele Wandern macht Lust auf ein entspannendes Bad in den **Mt. Maunganui Hot Saltwater Pools** (Karte S. 378; ☎ 07-575 0868; www.tcal.co. nz; 9 Adams Ave; Eintritt Erw./Kind 9,50/7 NZ$; ⏱ Mo–Sa 6–22, So 8–22 Uhr) am Fuße des Hügels. Ein herkömmliches Schwimmbad inklusive Wellenbad, Wasserrutsche und Wasseraerobic gibt's im **Baywave** (außerhalb der Karte S. 378; ☎ 07-575 0276; www.tcal.co.nz; Ecke Girven Rd & Gloucester Rd; Eintritt Erw./ Kind 6,50/4,50 NZ$; ⏱ Mo–Fr 6–21, Sa & So 7–19 Uhr).

Schlafen

Mt. Maunganui ist ein enorm beliebtes Urlaubsziel mit unzähligen Unterkünften, vor allem Apartments; die Preise hier sind allerdings höher als in Tauranga.

Pacific Coast Lodge & Backpackers (Karte S. 378; ☎ 0800 666 622; www.pacificcoastlodge.co.nz; 432 Maunganui Rd; B/DZ ab 24/70 NZ$; 💻) Nicht weit vom Zentrum entfernt liegt dieses effizient geführte, saubere Hostel. Es ist ein Garant für einen ruhigen Schlaf: Wer etwas trinken möchte, wird nach 22 Uhr gebeten, dafür in die Stadt zu gehen. Die extra für Stockbetten konzipierten Zimmer sind geräumig und mit dschungelartigen Wandmalereien verziert.

Mount Backpackers (Karte S. 378; ☎ 07-575 0860; www.mountbackpackers.co.nz; 87 Maunganui Rd; B/DZ ab 25/70 NZ$; 💻 📶) Das sehr saubere Hostel besticht nicht gerade durch Geräumigkeit, dafür

aber durch seine Lage in Strandnähe und ist buchstäblich nur einen Katzensprung von Restaurants und Kneipen entfernt. Zusätzlich gibt's hier ein kleines Infobüro für Reisen und Ausflüge, ein schwarzes Brett mit Jobangeboten, günstige Wochentarife und gute Angebote für viele Aktivitäten, z. B. Surfen.

Beachside Holiday Park (Karte S. 378; ☎ 07-575 4471; www.mountbeachside.co.nz; 1 Adams Ave; Stellplatz 30–50 NZ$; 📶) Dieser gemeinschaftlich geführte Park am Fuß des Mt. Maunganui bietet spektakuläre Campingmöglichkeiten auf drei verschiedenen Anlagen. Die Einrichtungen haben alles, was das Camperherz begehrt, und die Nähe zu den Salzwasserbecken und einer Reihe guter Restaurants ist ein weiterer Pluspunkt.

Cosy Corner Holiday Park (Karte S. 378; ☎ 07-575 5899; www.cosycorner.co.nz; 40 Ocean Beach Rd; Stellplatz mit Strom 40 NZ$, Hütte & Apt. 75–155 NZ$; 💻 📶 🎣) Der spartanisch ausgestattete Campingplatz ist ungezwungen und bietet Grillstellen, Trampolins und ein Spielzimmer. Die Hütten werden den manche vielleicht etwas zu eng und zu kuschelig finden (noch schlimmer, wenn man Laminex nicht ausstehen kann), aber die Nähe zum Strand entschädigt dafür.

Mount Maunganui B&B (Karte S. 378; ☎ 07-575 4013; www.mountbednbreakfast.co.nz; 463 Maunganui Rd; EZ/DZ inkl. warmes Frühstück ab 60/100 NZ$) Das B & B liegt mit seinen fünf Zimmern direkt an der Hauptzufahrtsstraße in die Stadt und bekommt so reichlich Verkehrslärm ab. Die Zimmer sind aber recht ansehnlich (wenn auch etwas eng), und wer nicht zu viel erwartet, wird sich hier wohl fühlen.

Westhaven Motel (Karte S. 378; ☎ 07-575 4753; www.westhavenmotel.co.nz; 27a The Mall; DZ ab 100 NZ$; 📶) Der 1970er-Jahre-Stil erinnert stark an die US-Fernsehserie *Drei Mädchen und drei Jungen*, Küche und Wohnzimmer sind durch Holzregale getrennt und in den abgefahrenen Spiegeln lässt sich prima eine Afro-Frisur stylen. Selbstversorger werden sich über die komplett ausgestatteten Küchen freuen. Angelruten und Schlauchboote können kostenlos geliehen werden. Das günstigste Hotel weit und breit!

Mission Belle Motel (Karte S. 378; ☎ 0800 202 434; www.missionbellemotel.co.nz; Ecke Victoria Rd & Pacific Ave; DZ/FZ 120/180 NZ$; 📶) Dieses Motel in Familienbesitz, von außen eine Mischung aus USA und Mexiko (wie einem alten Clint-Eastwood-Film entsprungen), ist innen sehr modern eingerichtet. Die Familienzimmer über zwei Ebenen haben große Badewannen und draußen gibt's eine überdachte Grillstelle und einen Innenhof.

Belle Mer (Karte S. 378; ☎ 0800 100 235, 07-575 0011; www.bellemer.co.nz; 53 Marine Pde; Apt. 190–450 NZ$; 🛜 🖳) Eine typische Strandanlage mit Zwei- und Drei-Zimmer-Apartments, von denen einige einen Balkon mit Meerblick haben und andere einen eigenen Innenhof – obwohl die an ein Urlaubsresort erinnernde Terrasse mit Pool sicher attraktiver ist. Die Zimmer sind in fein abgestimmten, warmen Farben geschmackvoll eingerichtet und haben alles zu bieten, was man für einen längeren Aufenthalt braucht, etwa eine funktionstüchtige Küche und eine Wäscherei.

Essen

LP Tipp **Providores Urban Food Store** (Karte S. 378; ☎ 07-572 1300; 19a Pacific Ave; Gerichte 5–18 NZ$; 🕒 7.30–17 Uhr; **V**) Unterhalten von Surfvideos im Hintergrund wählt man aus frischgebackenem Brot, fluffigen Croissants, selbstgeräuchertem Fleisch und Käse, Bio-Marmelade und Eiern aus Freilandhaltung die perfekten Zutaten für ein energiespendendes Frühstück oder ein Picknick am Strand. Grandios!

Slow Fish (Karte S. 378; ☎ 07-574 2949; Shop 5, Twin Towers, Marine Pde; Gerichte 6–19 NZ$; 🕒 7–16.30 Uhr) In der Küche dieses preisgekrönten, ökologisch angehauchten Cafés gibt es kein „slow". Nur die Gäste werden dazu angehalten, die Kunst des Genießens zu zelebrieren – und das mit feinstem Essen aus der Region. Es ist so beliebt, dass man sich richtiggehend hineinzwängen und sich erbarmungslos auf jeden freien Tisch draußen stürzen muss. Die Eier aus Freilandhaltung mit Schinken, der griechische Salat und die himmlische Auswahl in der Vitrine sind diese Mühen aber absolut wert!

Gusto (Karte S. 378; ☎ 07-575 5675; 200 Maunganui Rd; Frühstück 5–15 NZ$, Mittagessen 12–16 NZ$; 🕒 7–16 Uhr) Die Speisekarte dieses freundlichen Restaurants ist erschwinglich und dennoch interessant. Neuseeländische Standardgerichte wie Lamm mit Kumara werden erfrischend anders zubereitet. Coole Musik und aufgeweckte Bedienungen runden das Ganze ab.

Zambezi (Karte S. 378; ☎ 07-575 4202; 108 Maunganui Rd; Frühstück 9–16 NZ$, Mittagessen 13–18 NZ$; 🕒 9–16 Uhr) Ein günstiges und fröhliches Café, in dem man Burger, Paninis und auch mal ein stinknormales, aber leckeres Sandwich bekommt. Natürlich gibt's auch das herkömmliche Frühstücksei und Kaffee, ergänzt aber

um jede Menge gesunde Komponenten wie Säfte und Salate. Auch Alkohol ist zu haben, falls jemandem nach einem Mac's oder einem Monteiths zumute ist.

Astrolabe (Karte S. 378; ☎ 07-574 8155; 82 Maunganui Rd; Brunch 12–20 NZ$, Abendessen 22–34 NZ$; 🕒 Mo–Sa 10–1, So 9–1 Uhr) Das vielleicht beste Restaurant der Stadt besticht mit einer cleveren Mischung aus Chic, Style und pazifisch-rustikalem Touch und spricht damit insbesondere gut betuchte, hippe Gäste an, die sich so deliziösen Kreationen wie Wildbret, Entenconfit und Austern hingeben. Alternativ gönnt man sich einfach nur einen edlen Tropfen im Biergarten und spielt eine Runde Billard.

Kwang Chow (Karte S. 378; ☎ 07-575 5063; 241 Maunganui Rd; Mittag-/Abendessen 13/19 NZ$; 🕒 mittags & abends) Bei den Einheimischen sehr beliebtes chinesisches All-you-can-eat-Buffet zum guten Preis. Statt der üblichen Einheitspampe wird hier schmackhafte Abwechslung serviert, und von Montag bis Mittwoch sind die Abendessen besonders günstig.

Zeytin Café (Karte S. 378; ☎ 07-574 3040; 118 Maunganui Rd; Hauptgerichte 19–27 NZ$; 🕒 Di–So mittags & abends) Das griechisch-marokkanische Zeytin ist ein heißer Lesertipp und wegen seiner schonend gegarten Tajines, dem Spanakopita und dem Moussaka sehr beliebt. Donnerstagabends gibt's Live-Jazz oder -Swing auf die Ohren. Das höhlenartige Innere mit den gestreiften Kissen und den arabischen Lampen sorgt für die passende Stimmung.

Selbstversorger sind südlich der Stadt in **New World** (Karte S. 378; ☎ 07-572 7080; Ecke Tweed St & Maunganui Rd; 🕒 7–21 Uhr) richtig.

Ausgehen

Latitude 37 (Karte S. 378; ☎ 07-572 3037; 181 Maunganui Rd; 🕒 Mo 16–1, Di–Fr 12–1, Sa & So 11.30–1 Uhr; 🛜) Die Wände dieser klassischen und exklusiven Bar sind mit Steinen verkleidet und haben verglaste Falttüren, vor der Tür lodern Fackeln. Viele Gäste kommen zum Essen hierher (Brunch 14–26 NZ$, Abendessen 21–42 NZ$), aber das hier ist auch die beste Adresse für ein kaltes Heineken nach einem langen Tag auf dem Surfbrett.

Mount Mellick Hotel (Karte S. 378; ☎ 07-574 0047; 317 Maunganui Rd; Gerichte 9–28 NZ$; 🕒 11–1 Uhr) Typisch derbes Irish Pub mit deftigen Speisen, regelmäßigen Jam-Sessions sowie Poker- und Quizabenden. Am Wochenende spielen verschiedene Livebands.

Rosie O'Grady's (Karte S. 378; ☎ 07-575 3135; 2 Rata St; Gerichte ab 10 NZ$; ☺ 7–1 Uhr) Hier geht's ein kleines bisschen weniger derb zu als im Mellick. Es gibt ausgewähltes neuseeländisches Fassbier, DJ-Abende auf der Veranda draußen, große Fernsehbildschirme und preiswertes Kneipenessen.

Unterhaltung

Nach Sonnenuntergang hört man in den Pubs und Kneipen von Mt. Maunganui des Öfteren Livebands spielen und DJs auflegen (s. S. 383). Das **Cinema 4** (Karte S. 378; ☎ 07-572 3311; www.bay citycinemas.co.nz; 249 Maunganui Rd; Eintritt Erw./Kind 15/9 NZ$) ist das Kino der Stadt.

An- & Weiterreise

Mt. Maunganui liegt am anderen Ende von Taurangas Hafenbrücke; von Süden aus kommt man auf dem SH2 über Te Maunga in die Stadt. Für Informationen über die städtischen Bay-Hopper-Busse, s. S. 381. **InterCity** (☎ 09-583 5780; www.intercity.co.nz) und **Naked Bus** (☎ 0900 625 33; www.nakedbus.com) halten in Mt. Maunganui, die Preise sind ähnlich wie nach bzw. ab Tauranga (s. S. 380). Alle Busse fahren am i-SITE ab.

Die **Tauranga Ferry** (☎ 07-579 1325 www.kiwicoast cruises.co.nz; einfache Strecke Erw./Kind 8/5 NZ$; ☺ Dez.–März) nach bzw. ab Tauranga legt an der Salisbury Wharf ab bzw. an; den Fahrplan gibt's im i-SITE (s. S. 381).

RUND UM TAURANGA
Papamoa
17 500 Ew.

Papamoa, ein rasant wachsender Vorort am Rande von Mt. Maunganui, ist mittlerweile nur noch durch eine oder zwei Grünflächen von The Mount getrennt, die aber vermutlich auch bald als Bauland genutzt werden. Die großen, neuen Häuser, die rechts und links der makellosen Straßen aus dem Boden schießen, verleihen Teilen Papamoas das Flair einer bewachten Wohnsiedlung. Dennoch sind die Strände hinter den schützenden Dünen einfach spektakulär, und man kann gut verstehen, warum so viele Leute hierher ziehen.

Wer Geschwindigkeit liebt, ist bei **Game On Activities** (☎ 07-572 4033; www.gameonactivities.co.nz; 176 Parton Rd, Papamoa; Blokart-Fahren 15 Min. 15 NZ$; ☺ nach Vereinbarung) genau richtig. Hier wird nicht im Wasser gesurft, sondern an Land, und zwar in flinken „Blokarts" auf Neusee-

lands erster, eigens dafür gebauter Rennstrecke.

Das riesige **Papamoa Beach Top 10 Holiday Resort** (☎ 07-572 0816; www.papamoabeach.co.nz; 535 Papamoa Beach Rd; Stellplatz ab 36 NZ$, Villa & Wohneinheit 120–210 NZ$; ☐ ☎) ist eine picobello saubere, moderne Anlage. Seit einer Erweiterung (gefolgt von einer Preiserhöhung) ist der Standard deutlich besser als auf einem durchschnittlichen Campingplatz. Zu den verschiedenen Unterkünften gehören auch einige separate Häuschen.

Das entspannte **Beach House Motel** (☎ 0800 429 999, 07-572 1424; www.beachhousemotel.co.nz; 224 Papamoa Beach Rd; DZ ab 110 NZ$; ☐ ☎ ☎) liegt in Strandnähe und bietet mit seiner kantigen Wellblechfassade und der geschmackvollen Einrichtung aus Bambus eine gehobenere Version des typisch neuseeländischen Strandurlaubs.

Die kleinen Kebabs im **Turkish to Go** (☎ 07-542 1404; Ecke Beach Rd & Domain Rd; Kebab 8–12 NZ$; ☺ mittags & abends) sind schon sehr groß, die großen demnach noch viel größer. Dazu gibt's kostenlos Kaffee und Apfeltee.

Das **Bluebiyou** (☎ 07-572 2099; 559 Papamoa Beach Rd; Hauptgerichte 15–35 NZ$; ☺ 11 Uhr–open end) ist ein luftig-lässiges Restaurant hoch oben auf den Dünen mit einem ausgiebigen Brunch und Spezialitäten mit Meeresfrüchten auf der Speisekarte.

Tuhua (Mayor Island)

Der schlafende Vulkan, 35 km nördlich von Tauranga, wird gemeinhin Mayor Island genannt. Die Insel ist für ihre schwarzen, glasartigen Obsidianfelsen und ihre vielfältige Vogelwelt bekannt – auch einige Kiwis leben auf dieser Insel, auf der es für diese Spezies, die 2006 hier ausgewildert wurde, keine natürlichen Feinde gibt. Wanderwege durchziehen das mittlerweile zugewucherte Kratertal, und im nordwestlichen Teil befindet sich ein Meeresschutzgebiet. Das Gebiet wird vom Tuhua Trust Board verwaltet; um die Insel zu betreten, braucht man eine Genehmigung des **DOC** (☎ 07-578 7677; taurangainfo@doc.govt.nz) und muss eine Landegebühr von 5 NZ$ bezahlen.

Die **Campingmöglichkeiten und Unterkünfte** (☎ 07-578 7677; Stellplatz ohne Strom 10 NZ$, B ab 10 NZ$) auf der Insel sind beschränkt, Essen und Wasser muss man selbst mitbringen; es gibt keine Kühlschränke). Die Landegebühr ist in den Kosten für die Unterkunft enthalten. Mehrere Anbieter bringen einen mit dem Boot auf die Insel, darunter Blue Ocean Charters (S. 375).

Matakana Island

Die 24 km lange Matakana Island bildet weitgehend die Meerseite des Hafens von Tauranga; an ihrer östlichen Seite liegen einsame, weiße Surfstrände (die allerdings nur für erfahrene Surfer geeignet sind). Am besten erforscht man die entspannte Insel auf einer **Tour** mit Adventure Bay of Plenty (s. S. 376). Alternativ bringt einen auch die **Autofähre** (☎ 0274 927 251; Passagier/Auto & Passagier hin & zurück 8/50 NZ$; ⌚ Abfahrt 7.45, 9, 14 & 16 Uhr) von Omokoroa aus (zwischen Tauranga und Katikati) auf die Insel.

Katikati

3580 Ew.

Diese kleine Stadt, die von den Einheimischen nur „Katikat" genannt wird, war weltweit die einzige geplante Ulster-Siedlung und würdigt diese historische Tatsache mit bunten **Wandmalereien**, die die Gebäude der Stadt schmücken – den Beinamen „Mural Town" (Stadt der Wandmalereien) hat sie sich damit wirklich verdient. Das **Mural Town Information Centre** (☎ 07-549 1658; www.katikati.co.nz; 36 Main Rd; ⌚ Mo–Fr 9–16.30, Sa 9.30–14, So 10–14 Uhr) hat eine Broschüre mit Infos über die Wandmalereien für 2,50 NZ$ (und kann auch sonst gut weiterhelfen), eine **geführte Tour** (☎ 07-549 0869; 4 NZ$/Pers.) in Kleingruppen an. Vom Information Centre führt der **Haiku Pathway** am Uretara River entlang und passiert Felsblöcke, in die Haiku-Verse gemeißelt sind.

Das **Katikati Heritage Museum** (☎ 07-549 0651; katikati.heritage.museum@xtra.co.nz; Ecke SH2 & Wharawhara Rd; Eintritt Erw./Kind 6/4 NZ$, Minigolf Erw./Kind 4/3 NZ$; ⌚ 8.30–16.30 Uhr) beleuchtet die Geschichte der Region mit einer angenehmen Mischung aus Maori-Artefakten und Ulster-Geschichte, mit einigen Moa-Knochen und der angeblich größten Flaschensammlung der südlichen Hemisphäre. Es gibt auch ein fleischlastiges Buffetrestaurant, das zum Mittag- und Abendessen gebratene Leckereien serviert.

Etwa 7 km südlich der Stadt liegen die 4 ha großen **Katikati Bird Gardens** (☎ 07-549 0912; www.birdgardens.co.nz; Walker Rd East; Eintritt Erw./Kind 9/4 NZ$; ⌚ 10–16.30 Uhr), in denen es von einheimischen Vögeln nur so wimmelt. Hier gibt's außerdem ein Café und eine Galerie.

Das klosterähnliche **Morton Estate** (☎ 07-552 0795; www.mortonestatewines.co.nz; SH2; ⌚ 9.30–17 Uhr), eine der größeren Weinkellereien im Land, liegt am SH2, 8 km südlich von Katikati. Hier kann Wein gekostet und auch gleich erworben werden; nicht verpassen sollte man den berühmten Chardonnay.

SCHLAFEN

Wanderlust Backpackers (☎ 07-549 5102; info@wanderlustbackpackers.com; 5 Main Rd; B/DZ 25/50 NZ$; 🖳) Mit über 80 Rugby-Trikots und 418 Spielzeug-Feuerwehrautos(!) ist das Wanderlust ein angenehm verrücktes Hostel in einem umgebauten Friseursalon von 1935. Die Besitzer helfen bei der Suche nach Farmarbeit (Blumen-, Avocado- und Kiwiernte) und überreden einen problemlos zu einer Partie Poker.

Kaimai View Motel (☎ 07-549 0398; www.kaimaiview.co.nz; 78 Main Rd; DZ ab 120 NZ$; 🛜 🖳) Hinter einer flippigen Wandmalerei verbirgt sich dieses muntere und moderne Motel mit hübschen Zimmern mit CD-Playern, Kochnischen und Whirlpools (in den größeren Zimmern). Frühstück gibt's auf Anfrage.

Panorama Country Lodge (☎ 07-549 1882; www.panoramalodge.co.nz; 901 Pacific Coast Hwy; DZ ab 170 NZ$; 🛜 🖳) Das hübsche kleine B & B wird von spaßigen Briten geführt und liegt in einem bunten Obstgarten, 10 km nördlich der Stadt. Der Name ist Programm: Man genießt einen eindrucksvollen, weitreichenden Blick über die Bucht. Die Wachteln und Alpakas, die hier überall zu sehen sind, tragen zur authentischen Farmatmosphäre bei. Zu den Luxuszimmern gehörten Extras wie Messingbetten und DVDs, aber auch Hausschuhe und frisch gebrühter Kaffee sind inklusive.

Warm Earth Cottage (☎ 07-549 0962; www.warmearthcottage.co.nz; 202 Thompson's Track; DZ 200 NZ$) Am Ufer des Waitekohe River, von der Stadt aus zuerst 5 km Richtung Süden, dann 2 km westlich auf dem SH2, liegen zwei wunderschöne idyllische Cottages, in denen die Gäste entweder ihre romantische Ader (wieder)entdecken oder sich einfach nur an der Einfachheit der Dinge erfreuen können. Ohne elektrischen Strom genießt man hier die mit offenem Feuer beheizten Bäder im Freien und gemütliche Abende bei Kerzen- oder gelegentlich auch bei Mondschein. Auch eine Küche ist hier Fehlanzeige, darum muss man schon den Grill anwerfen (großzügige Grillpakete gibt's für 80 NZ$). Ein großer Brunch ist im Preis enthalten.

ESSEN

Rustic Pumpkin (☎ 07-549 1924; 603 SH2; Mittagessen 8–17 NZ$; ⌚ 8–16 Uhr; Ⓥ) Die 5 km lange Fahrt Richtung Norden zu diesem tollen, kleinen

Café lohnt sich allemal. Es liegt an der Hauptstraße und serviert großzügige Portionen hausgemachter Suppen, Burger, Quiches, Sandwiches und Kuchen. Die Zimtwaffeln und das Kumara-Curry sind absolut preisverdächtig.

Katz Pyjamas (☎ 07-549 1902; Ecke SH2 & Beach Rd; Gerichte 12–22 NZ$; ☿ Mo–Fr 8–16 Uhr) Eine königsblaue Außenfassade birgt den in grellem Orange gehaltenen Innenraum des künstlerisch angehauchten Cafés in der Hauptstraße, das hausgemachte Suppen, Salate, Panini und Kuchen anbieten – und den besten Kaffee der Stadt!

Talisman Hotel (☎ 07-549 3218; 7 Main Rd; Gerichte 15–36 NZ$; ☿ mittags & abends) In dem örtlichen Pub gibt's gelegentlich Livemusik und Karaoke; das Restaurant „Landing" serviert den ganzen Tag über typisches Pubessen wie Pizza und Steak.

Twickenham Café & Restaurant (☎ 07-549 1383; Ecke SH2 & Mulgan St; Mittagessen 13–29 NZ$, Abendessen 24–38 NZ$; ☿ Di–So 9.30–15.30, Di–Sa abends ab 17.30 Uhr) Das etwas zu niedliche Restaurant (was mit dem großartigen Cream Tea wieder wett gemacht wird) befindet sich in einer Anfang des 20. Jhs. erbauten Villa, die inmitten eleganter Gärten steht. Zum Mittag- und Abendessen gibt's Gerichte wie Paninis und Rib-Eye-Steaks.

Te Puke
6775 Ew.

Willkommen in der „Kiwi-Hauptstadt der Welt". Während der Erntezeit geht's im Ort dank der vielen Jobs sehr geschäftig zu (s. Kasten unten), wenn viele Arbeitswillige für einige Zeit ihre Zelte hier aufschlagen. Das **Te Puke Visitor Information Centre** (☎ 07-573 9172; www.tepuke.co.nz; 130 Jellicoe St; ☿ Mo–Fr 8–17, Sa 9–12 Uhr) befindet sich im gleichen Gebäude wie die Stadtbücherei (die Angestellten werden gerne die Aussprache von „Puke" erklären: nicht „Pjuuk" sondern „Pukkie").

Alles, was es über die Kiwifrüchte zu erfahren gibt, wird einem im **Kiwi360** (☎ 0800 549 4360, 07-573 6340; www.kiwi360.com; 35 Young Rd, abseits SH2; Eintritt Erw./Kind 20/6 NZ$; ☿ 9–17 Uhr) an der Abzweigung nach Maketu beigebracht. Inmitten einer Obstplantage mit Nashibirnen, Zitrusfrüchten, Avocados und (Überraschung!) Kiwis hält das Visitor Centre eine Reihe von Attraktionen bereit, darunter eine 35-minütige Fahrt in einem Kiwi-Kart durch die Plantagen, einen Aussichtsturm in Form einer Kiwi und ein Café mit Kiwi-Leckereien.

Etwas süßer geht's 10 km südlich von Te Puke im **Comvita** (☎ 0800 493 782, 07-533 1987; www.comvita.com; 23 Wilson Rd South, Paengaroa; Eintritt frei; ☿ 8.30–17 Uhr, Vortrag 10 & 14 Uhr) zu, der Heimat von Neuseelands berühmtesten Gesundheitsmittelchen aus Honig und Bienenprodukten. Auf dem Gelände befinden sich außerdem eine Galerie, ein Laden und ein Café, und es gibt zweimal täglich lehrreiche Vorträge. Ein Glas Bienenpollen-Creme mit Vitamin E oder Manuka-Honig eignen sich hervorragend als Mitbringsel.

Ganz in der Nähe liegt **Spring Loaded** (☎ 0800 867 386, 07-533 1515; www.springloadedfunpark.co.nz; 316 SH33, Paengaroa; Erw./Kind Jetboot 95/45 NZ$, Jeep 75/35 NZ$, Helikopterflüge 10 Min. 105 NZ$; ☿ Sommer 8.30–17 Uhr, Winter 9–16.30 Uhr), das jede Menge Abenteuer-

---

PELZIGES FRÜCHTCHEN

Die bescheidene Kiwi bringt Neuseeland jedes Jahr über 1 Mrd. Dollar ein, und da die Bay of Plenty in diesem Geschäft dick mitmischt, überrascht es nicht, dass die Bewohner der Gegend diese Frucht ganz besonders lieben.

Der Ursprung der Kiwi liegt in China, wo sie als Affenpfirsich bekannt war: Wenn die Affen die Frucht verspeisten, wusste man, dass sie reif war. Als sie in Neuseeland heimisch wurde, nannte man sie Chinesische Stachelbeere. Damals waren die Früchte noch sehr klein, doch ein paar schlaue Kiwis züchteten sie um einiges größer und begannen in den 1950er-Jahren, die Frucht zu exportieren. Mit Zespri war auch ein neuer, attraktiver Name für sie gefunden, und heute gibt es zwei verschiedene Zespri-Kiwis: die häufiger anzutreffende grüne Kiwi mit der pelzigen Schale, und die goldene, relativ glatte Version. Noch mehr Wissenswertes rund um die Kiwifrucht vermittelt ein Besuch im Kiwi360 (s. oben).

Wer sich etwas dazuverdienen will, kann überall in der Gegend ins Kiwigeschäft einsteigen – am einfachsten ist es während der Erntezeit (Mai & Juni), aber auch sonst findet sich immer irgendwo ein Job. Am besten fragt man im Wanderlust Hostel in Katikati (S. 385) oder im örtlichen i-SITE nach, oder man informiert sich im Internet auf www.picknz.co.nz.

liches zu bieten hat – von Jetbootfahrten auf einem wunderschönen Abschnitt des Kaituna River über schlammige Jeeptrips und Heliflüge bis zu Rafting und Sledging. Auch ein Café und einen Laden gibt's hier.

In Te Puke selbst gibt's nur wenige Übernachtungsmöglichkeiten, in der Umgebung aber finden sich zahlreiche Unterkünfte in Privathäusern oder auf Bauernhöfen. Die Touristeninformation kann dazu eine Liste bereitstellen. Ein hübsches, separates Cottage ist das **Lazy Daze B&B** (☎ 07-573 8188; www.lazydaze cottage.co.nz; 144 Boucher Ave; Cottage DZ mit/ohne Frühstück 130/120 NZ$, Haus 120 NZ$), das auf Mels und Sharrons Grundstück steht und von dessen entspannender Sonnenterrasse man den eigenen Garten überblicken kann. Ein leckeres Frühstück ist im Preis enthalten. Es gibt auch ein sauberes kleines Haus mit zwei Schlafzimmern gleich nebenan, in dem sechs Personen Platz finden. Den Weg kann man sich am Telefon erklären lassen. Direkt an der Hauptstraße im Ort liegt das **Beacon** (☎ 07-573 7825; beacon.motel@wave.co.nz; 173 Jellicoe St; EZ/DZ 99/120 NZ$; 🖭), ein altmodisches Motel mit senffarbenem Anstrich. Es ist etwas laut, aber erträglich, wenn man hier nur eine oder zwei Nächte verbringt. Entlang der Jellicoe St findet sich eine Reihe von billigen Burgerbuden und Cafés. Das zitronengelbe **Pizza Place** (☎ 07-573 3324; 33 Jellicoe St; Hauptgerichte 9–14 NZ$; ⏱ 16.30 Uhr-open end) ist davon die beste Option, hier werden ganz passable Gerichte serviert.

Maketu
1240 Ew.

Man erreicht das historische, wenn auch etwas schäbige Städtchen am Meer über den durch Te Puke führenden SH2, von dem man nach links auf die Maketu Rd abbiegt.

Maketu spielte als Anlegestelle des Kanus *Te Arawa* (s. S. 352) eine wichtige Rolle in der Geschichte. An das Ereignis erinnert ein wenig berauschendes Steindenkmal am Ufer. Bekannt geworden ist der Ort aber wohl erst durch seine **Maketu Pies** (☎ 07-533 2358; www. maketupies.co.nz; 6 Little Waihi Rd; Pies ab 3 NZ$; ⏱ Mo–Fr 10–15 Uhr), die hier täglich frisch gebacken werden und einem Großteil der Bevölkerung einen sicheren Arbeitsplatz garantieren. Und die Pies sind wirklich hervorragend, das muss man ihnen lassen.

Wer Lust auf Strand hat, folgt der Town Point Rd bis zu einem kleinen Feldweg, der zum **Newdick's Beach** führt. Dieser verläuft über

ein Grundstück in Privatbesitz, weshalb am Tor eine Spende von 3 NZ$ pro Auto fällig wird. Von hier aus kann man in südlicher Richtung ein paar Kilometer an der Küste entlang bis nach Little Waihi gehen. **Briars Seaside Ride** (☎ 07-533 2582, 0274 062 477; www.briars horsetrek.co.nz; Town Point Rd, Ausritt 1½/2/3 Std. 70/90/120 NZ$) organisieren Ausritte am Strand.

Der **Maketu Beach Holiday Park** (☎ 07-533 2165; www.maketubeach.co.nz; 1 Town Point Rd; Stellplatz mit Strom 25 NZ$, DZ 55–115 NZ$) ist ein schäbiger Campingplatz mit Zeltplätzen, Hütten und Motelzimmern – dies ist ganz sicher nicht die erste Wahl …

EASTERN BAY OF PLENTY

Die Eastern Bay of Plenty erstreckt sich von Maketu bis nach Opotiki. Ihre Highlights sind lange Sandstrände vor Klippen, auf denen majestätische Pohutukawa-Bäume wachsen. Es ist ein schönes Fleckchen Erde, das oft übersehen wird, und genau das macht seinen Charme erst aus.

WHAKATANE
17 700 Ew.

Whakatane (sprich: fa-ka-ta-ne) ist ein wahres Paradies aus Pohutukawa-Bäumen, das in einem natürlichen Hafenbecken an der Mündung des gleichnamigen Flusses liegt. Für den landwirtschaftlichen Bezirk Rangitaiki ist die Stadt der Dreh- und Angelpunkt. Whakatane hat aber noch mehr Reize – herrliche Strände, eine Hauptstraße mit sonnigem Flair und das vulkanische Whakaari (White Island) sind nur ein paar davon. Außerdem ist es (trotz Nelsons Protesten) offiziell die sonnigste Stadt Neuseelands!

Praktische Informationen
Whakatane Hospital (07-306 0999; www.bopdhb. govt.nz; Ecke Stewart St & Garaway St; ⏱ 24 Std.) Medizinische Versorgung im Notfall.
Post (www.nzpost.co.nz; 4 Commerce St) Wechselt auch ausländische Währungen.
Whakatane i-SITE (☎ 0800 942 528, 07-308 6058; www.whakatane.com; Quay St; ⏱ Mo–Fr 8–17, Sa & So 10–16 Uhr; 🖳 🛜) Kostenloser Internetzugang (auf der Terrasse vor dem Gebäude hat man rund um die Uhr WLAN), Buchung von Touren und Unterkünften sowie allgemeine DOC-Auskünfte.

WHAKATANE

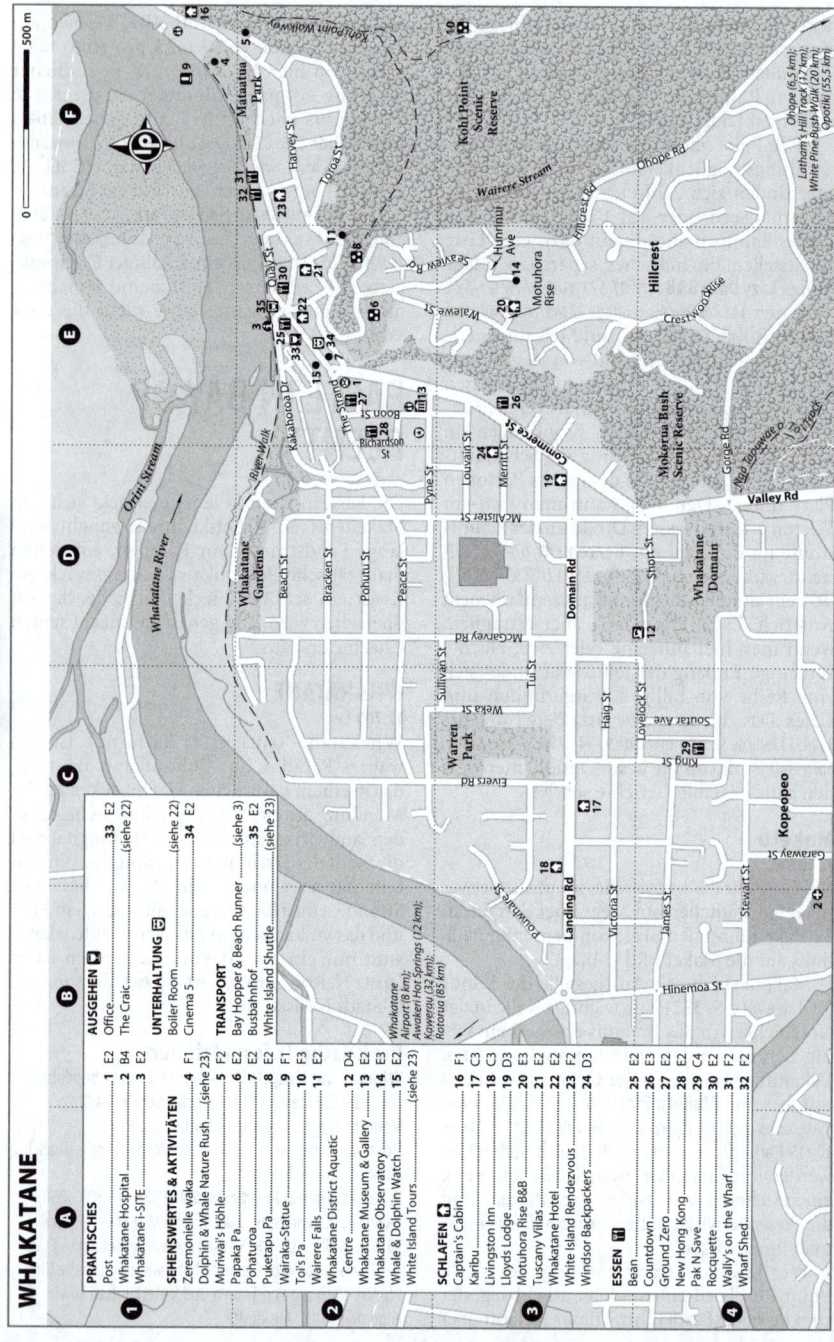

ROTORUA &
BAY OF PLENTY

Sehenswertes

Das **Whakatane Museum & Gallery** (☎ 07-306 0505; www.whakatanemuseum.org.nz; 11 Boon St; Eintritt gegen Spende; ☻ Mo–Fr 10–16.30, Sa & So 11–15 Uhr) ist ein beeindruckendes regionales Museum mit kunstvoll arrangierten Ausstellungen zur Geschichte der frühen Maori- und der europäischen Siedler. Besonders interessant sind die *taonga* der örtlichen Maori, durch die ihre Abstammungslinie bis auf das *Mataatua waka* (s. Kasten S. 391) zurückverfolgt werden kann. Die Kunstgalerie beherbergt die verschiedensten Ausstellungen nationaler und internationaler Kunst.

Neben dem Kreisverkehr erhebt sich der **Pohaturoa** (Ecke The Strand & Commerce St), ein großer Felsvorsprung, der *tapu* (heilig) ist und auf dem Tauf-, Todes-, Kriegs- und *moko*-(Tätowierkunst-)Rituale durchgeführt wurden. Auch der Vertrag von Waitangi wurde hier im Jahr 1840 von den Ngati-Awa-Häuptlingen unterzeichnet, und dem Häuptling Te Hurinui Apanui wurde an dieser Stelle ein Denkmal gesetzt. Eine weitere Maoristätte ist **Muriwais Höhle** (Te Ano o Muriwa), die ursprünglich 122 m in den Berg hinein verlief und in der einst 60 Menschen Schutz fanden, darunter Muriwai, Wairakas Tante und eine berühmte Seherin; die Höhle ist heute teilweise eingefallen. Ihr gegenüber sind zwei herausragend geschnitzte **zeremonielle *waka*** ausgestellt.

An den Klippen hinter der Stadt befinden sich zwei altertümliche *pa*-Stätten der Ngati Awa – **Te Papaka** und **Puketapu** –, die beide einen sensationellen (und für die Verteidigung sehr wichtigen) Blick über Whakatane gewähren. Die **Wairere Falls** (Te Wairere) plätschern hier an einem wundervollen Plätzchen die Klippen hinunter. Ihre Aufgabe war es früher, die Flachs- und Getreidemühlen anzutreiben und Whakatane mit Trinkwasser zu versorgen.

Aktivitäten
MEERESSÄUGER BEOBACHTEN, TAUCHEN & ANGELN

Im Meer vor der Küste Whakatanes tummeln sich jede Menge Meeressäuger, darunter Delfine (unglaubliche 25 000 Stück!), Pelzrobben, Orkas, Zwerg- und Grindwale. Auch Vögel sind vertreten, z.B. Basstölpel und Zwergpinguine. Das Gebiet ist außerdem ein beliebtes Ziel für Taucher und Angler auf der Suche nach dem großen Fang. Mehrere Veranstalter bringen einen ganz nah ran, und wer will, kann sogar ein paar Runden mit den Delfinen schwimmen.

Whale & Dolphin Watch (☎ 0800 354 7737, 07-308 2001; www.whalesanddolphinwatch.co.nz; 96 The Strand; Beobachtung Erw./Kind 110/80 NZ$, Schwimmen 150/130; NZ$ ☻ 7.15, 8.30 & 13 Uhr) bietet das ganze Jahr über Delfinbeobachtungen und Schwimmen mit den Säugern an.

Dolphin & Whale Nature Rush (☎ 0800 733 529, 07-308 9588; www.dolphinandwhale.co.nz; 15 The Strand; Ausflüge Erw./Kind 80/50 NZ$; ☻ Jan.–März tgl. 10 Uhr) wird von White Island Tours (s. S. 392) betrieben und veranstaltet zweistündige Trips nach Motuhora (Whale Island), auf denen man allerlei Getier im Wasser und in der Luft zu Gesicht bekommt.

Diveworks Charters (☎ 0800 308 5896, 07-308 5896; www.whaleislandtours.com; Ausflüge 85 NZ$/Pers.) Zweistündige Ökotrips nach Motuhora und längere Ausflüge, auf denen man mit Delfinen und Robben schwimmen kann (Erw./Kind 150/125 NZ$). Außerdem sind Angel- und Tauchausflüge im Angebot.

Für weitere Infos, s. auch Dive White Island (S. 392).

WANDERN

Im i-SITE kann man die Broschüre *Discover the Walks Around Whakatane* (2 NZ$) kaufen, in der Wanderungen von 30 Minuten bis zu einem halben Tag detailliert beschrieben sind. Die meisten Routen sind Teil des **Nga Tapuwae o Toi Track** („Fußstapfen des Toi"; 13 Std., 18 km), eines großen Rundweges, der unterwegs den Ohope Beach sowie einige historische Stätten passiert. Eine etwas ebenere Alternative ist der **River Walk** (2–3 Std.), der entlang des Whakatane River verläuft, am Botanischen Garten und an Muruwais Höhle vorbeiführt und schließlich die Wairaka-Statue erreicht.

Ein anderer beliebter Weg ist der **Kohi Point Walkway** (4 Std., 5,5 km), der durch das Kohi Point Scenic Reserve verläuft; man passiert unterwegs Aussichtspunkte sowie **Toi's Pa** (Kapua te Rangi), die angeblich älteste *pa*-Stätte Neuseelands. Zu den weiteren Optionen für Wanderungen in dieser Gegend gehören der **Latham's Hill Track** (1½–2 Std.), der 17 km südlich der Stadt am SH30 beginnt, und der **White Pine Bush Walk** (30 Min.); Letzterer ist auch für Rollstuhlfahrer geeignet und mit Kinderwagen zugänglich. Er startet 20 km südlich von Whakatane.

NOCH MEHR AKTIVITÄTEN
Im **Whakatane District Aquatic Centre** (☎ 07-308 4192; www.tlc.net.nz; 28 Short St; Eintritt Erw./Kind 3,60/1,80 NZ$; ☺ Mo–Fr 6–20, Sa & So 7–18 Uhr) findet man Schwimmbecken drinnen und draußen, Whirlpools sowie eine Wasserrutsche.

Whakatane Observatory (☎ 07-308 6495; www.sky ofplenty.com; Hurinui Ave, Hillcrest; Erw./Kind/Fam. 10/4/15 NZ$; ☺ Di & Fr Sonnenuntergang) Bei klarem Himmel ist der Blick auf die Sterne schlicht fantastisch.

Geführte Touren

Für mehr Infos zu Bootsausflügen und Helikopterflügen zur explosiven Whakaari (White Island), s. S. 392.

Matata Eco Tours (☎ 0800 628 282, 07-322 2102; www.matataecotours.co.nz; Touren halb-/ganztägig 75/135 NZ$) bietet Touren durch das Tarawera Valley an, auf denen man viel über Flora, Fauna und das kulturelle Erbe der Gegend erfährt.

Schlafen

Whakatane Hotel (☎ 07-307 1670; whakatanehotel@ newzealandhotelgroup.co.nz; 79 The Strand; B/EZ 20/40 NZ$, DZ 50–65 NZ$) Die einfachen Zimmer dieses Art-déco-Klassikers sind wie gemacht für kontaktfreudige Backpacker. Die einen stürzen sich mitten ins Geschehen, die anderen haben zur Sicherheit Ohrstöpsel dabei, um am Wochenende den Lärm der unten spielenden Bands wenigstens etwas zu dämpfen.

Windsor Backpackers (☎ 07-308 8040; www.windsor lodge-backpackers.co.nz; 10 Merritt St; B/EZ 25/35 NZ$, DZ 50–80 NZ$; ▯ ☎) Whakatanes beste Backpacker-Unterkunft ist in einem ehemaligen Bestattungsinstitut untergebracht. Hier ruht man also ganz sicher in Frieden. Die ausgezeichneten Zimmer reichen von Schlafsälen bis zu Doppelzimmern mit Motelstandard. Gemeinschaftsraum und -küche und der Innenhof mit Grillstelle sind groß und sauber.

Karibu (☎ 07-307 8276; www.karibubackpackers.co.nz; 13 Landing Rd; Stellplatz 28 NZ$, B 25–27 NZ$, EZ/2BZ 35/60 NZ$, 2-Schlafzi.-Apt. 80–150 NZ$; ▯) Das umgebaute Privathaus ist einen kurzen Fußweg von der Stadt entfernt und hat einfache Schlafsäle, Zwei-Bett-Apartments und einen Garten mit ein paar Zelt-Stellplätzen. Es gibt Grills und kostenlose Leihfahrräder.

Lloyds Lodge (☎ 07-307 8005; www.lloydslodge.co.nz; 10 Domain Rd; B 27 NZ$; ▯) Im Lloyds ist jede freie Fläche mit Omas Blümchentapete zugekleistert. Das alte Haus ist eine persönliche und freundliche Option mit nur 16 Betten und

einer heimeligen Küche mit Essbereich. Sollte sich hier jemand den Zeh verstauchen, kann der Manager sicher helfen: Er ist nämlich Orthopäde und hat seine Praxis im vorderen Teil des Hauses.

Captain's Cabin (☎ 07-308 5719; www.captainscabin. co.nz; 23 Muriwai Dr; Zi. 115 NZ$) In einem ruhigen Teil der Stadt gelegen und mit einem atemberaubenden Ausblick auf die Hafenzufahrt gesegnet. Die heimelige, autarke Unterkunft ist der perfekte Ort für alle, die mehrere Tage bleiben möchten. Der gemütliche Wohnbereich kombiniert auf clevere Weise Schlafzimmer, Lounge, Küche und Essbereich. Außerdem gibt's noch einen zweiten, kleineren Raum und ein kleines, aber feines Bad. Alles ist liebevoll im maritimen Stil dekoriert.

Livingston Inn (☎ 0800 770 777, 07-308 5665; www. livingston.co.nz; 42 Landing Rd; DZ/FZ 125/210 NZ$; ☎) Das Livingston erinnert an eine Ranch und ist schon lange eines der besseren Motels der Stadt. Die Gäste lieben die großen, ordentlichen Zimmer, und in den edlen Suiten findet man sogar große Whirlpools – ein sehr entspannendes Extra!

White Island Rendezvous (☎ 0800 242 299; www. whiteisland.co.nz; The Strand; DZ/FZ ab 130/150 NZ$, 2-Schlafzi.-Apt. 260 NZ$/4 Pers.; ☎) Ein tadelloser Komplex mit 26 Zimmern, der von den Leuten von White Island Tour verwaltet wird – die alle sind schwer auf Zack! Auf den zahlreichen Balkonen und Sonnenterrassen kann man prima Seeluft schnuppern, während innen der Holzboden für Strandhüttenatmosphäre sorgt. Die luxuriöseren Zimmer haben Whirlpools, und es gibt spezielle Einrichtungen für Traveller mit Behinderungen.

Tuscany Villas (☎ 0800 801 040, 07-308 2244; www. tuscanyvillas.co.nz; 57 The Strand; DZ 140–200 NZ$; ☎) Bis nach Florenz ist es zwar eine halbe Weltreise, aber dieses moderne Motel schafft es dennoch, ein paar italienische Sonnenstrahlen hierher zu bringen. Das gelingt durch die interessante Architektur – Balkone, die rundherum verlaufen, und hübscher Blumenschmuck in jeder Ecke. Die Zimmer sind luxuriös, komfortabel und mit Whirlpools und riesigen Betten ausgestattet.

Motuhora Rise B&B (☎ 07-307 0224; www.motu horarise.com; 2 Motuhora Rise; EZ/DZ inkl. Frühstück 200/215 NZ$; ☎) Das beste Hotel der Stadt ist gleichzeitig auch das höchstgelegene (mit einer sehr steilen Zufahrt!). Von diesem Hügel aus kann man einen Blick auf Whale Island in der Ferne erhaschen. Bei der Ankunft wird man mit einer Gourmet-Käseplatte begrüßt; und eine Suite mit DVD-Heimkino, ein Whirlpool auf der Terrasse, Angelausrüstung und ein Golfclub reihen sich perfekt in die Liste der Extras ein.

Essen

Bean (☎ 07-307 0494; 72 The Strand; Bagels & Suppe 5–12 NZ$; ☻ Mo–Fr 8.30–16, Sa 9.30–13.30 Uhr) Für einen guten Kaffee (vor Ort geröstet) das gemütlichste Café der Stadt. Es heißt also Platz nehmen und bei einer ordentlichen Portion Koffein und frisch gebackenen Keksen oder einem Bagel neue Energie tanken.

Wally's on the Wharf (☎ 07-307 1100; The Wharf, The Strand; Gerichte 6–18 NZ$; ☻ 11–20 Uhr) Wally ist hier der Experte in Sachen Fish & Chips, egal ob Hoki, Schnapper, Flunder, Petersfisch oder Tarakihi, ob frittiert, gegrillt oder im Burger. Wenn gerade Saison ist, gibt's auch leckere Whitebait-Bratlinge. Die Pommes sind vom Allerfeinsten.

New Hong Kong (☎ 07-308 6864; 32 Richardson St; Hauptgerichte 6–23 NZ$; ☻ Di–Fr mittags, Di–So abends) Dieses chinesische Restaurant ist unprätentiös und serviert neuseeländisch-chinesische Gerichte wie Chop Suey, Chow Mein und natürlich Pommes. Der Mittagstisch (6 NZ$) ist ein ebenso guter Deal wie die zweistündige „Happy Hour" ab 17.30 Uhr, in denen man für Gerichte für 10 NZ$ bekommt.

Ground Zero (☎ 07-308 8548; 163 The Strand; Gerichte 7–17 NZ$; ☻ 8–16.30 Uhr) Es ist ein gutes Zeichen, wenn Angestellte und Chef gemeinsam lachen können! Die gute Laune im Ground Zero ist ansteckend. Hinzu kommen Café-Snacks wie jamaikanische Hähnchenburger, Gemüse mit Hummus und Knoblauch-Aioli, marokkanische Wraps und hervorragender Kaffee in Begleitung von Kuchen. Über den Tischen im Freien lacht auch noch die Sonne.

Wharf Shed (☎ 07-308 5698; The Wharf, The Strand; Mittagessen 11–21 NZ$, Abendessen 27–45 NZ$; ☻ mittags & abends) Die Rind- und Lammgerichte sind zwar preisgekrönt, bekannt ist das Lokal aber für seinen Fisch, darunter vor Ort gefangene Flusskrebse, saftige Muscheln und frische Pazifische Felsenaustern. An milden Abenden kann man draußen am Ufer sitzen und essen.

Rocquette (☎ 07-307 0722; 23 Quay St; Mittagessen 14–30 NZ$, Abendessen 18–35 NZ$; ☻ Mo–Sa 10 Uhr–open end) Dieses moderne Restaurant am Ufer befindet sich im Erdgeschoss eines der größten Apartmentblocks in der Stadt. Das sonnige Rocquette bringt erfrischende, mediterran angehauchte Speisen auf den Tisch, z. B. sommerliche Salate, Risotto und Fischgerichte. Obendrein gibt's relaxte Musik, guten Kaffee und attraktives Personal.

Für Selbstversorger:

Countdown (☎ 07-306 0014; 105 Commerce St; ☻ 7–22 Uhr)

Pak N Save (☎ 07-308-0388; King St; ☻ 8–21 Uhr)

Ausgehen & Unterhaltung

Nachtschwärmer haben hier keine große Auswahl. Das stattliche **Whakatane Hotel** (☎ 07-307 1670; 79 The Strand; ☻ 11 Uhr–open end) beherbergt gleich zwei der möglichen Optionen: Das Craic ist ein gut besuchtes Irish Pub mit hauptsächlich einheimischer Klientel. Ein oder zwei Bier gehen hier immer, aber auch eine heiße Schokolade darf bestellt werden. Im riesigen Boiler Room nebenan stehen Billardtische, freitags legen verschiedene DJs auf, samstags spielt eine Liveband.

Das **Office** (☎ 07-307 0123; 82 The Strand; ☻ 10 Uhr–open end) auf der gegenüberliegenden Straßenseite setzt auf ein etwas gehobeneres Ambiente und tut dabei einfach das, was es am besten kann: Bier ausschenken und große Portionen von Gerichten mit Pommes und Salat servieren. Freitagabends sorgen hier Livebands für Unterhaltung.

Im **Cinema 5** (☎ 07-308 7623; 100 The Strand; Eintritt Erw./Kind 13/8 NZ$; ☻ 10–22 Uhr) laufen die neuesten Kinofilme.

FRAUENPOWER

Der Name Whakatanes entstand vor rund 800 Jahren, 200 Jahre nach Ankunft der ersten Maori. Der Krieger Toroa und seine Familie segelten in einem riesigen seetüchtigen *waka* (Kanu), dem *Mataatua*, in die Gegend um den Meeresarm. Als die Männer an Land gingen, um die einheimischen Stammesführer zu begrüßen, kam die Flut und das *waka* wurde – mitsamt den Frauen an Bord – hinaus aufs offene Meer getrieben. Toroas Tochter, Wairaka, aber rief: „E! Kia whakatane au i ahau!" (Lass mich handeln wie ein Mann!) Sie missachtete das traditionelle *tapu* (ein *waka* zu steuern), ergriff das Paddel und brachte das Boot sicher ans Ufer zurück. Eine etwas skurrile **Statue Wairakas** steht heute stolz auf einem Felsen im Hafen von Whakatane und erinnert an diese tapfere Tat.

Anreise & Unterwegs vor Ort

Air New Zealand (☎ 0800 737 000, 07-308 8397; www. airnewzealand.com) hat täglich Flüge zwischen Whakatane und Auckland, mit Anschlussflügen zu weiteren Zielen.

Sunair Aviation Ltd (☎ 07-575 7799; www.sunair. co.nz) bietet Direktflüge nach Gisborne, Hamilton, Napier, New Plymouth und Palmerston North.

Busse von **InterCity** (☎ 09-583 5780; www.inter city.co.nz) halten vor dem i-SITE und verbinden Whakatane mit Rotorua (33 NZ$, 1½ Std., 1-mal tgl.) und Gisborne (44 NZ$, 3 Std., 1-mal tgl.) mit Anschluss zu weiteren Zielen. Die Busse nach Gisborne fahren über Opotiki.

Naked Bus (☎ 0900 625 33; www.nakedbus.com) fährt die folgenden Ziele an – wer im Voraus bucht, kann einiges sparen.

Ziel	Preis (NZ$)	Dauer (Std.)	Häufigkeit (tgl.)
Auckland	54	6½	1-mal
Gisborne	24	3¼	1-mal
Hamilton	37	3	1-mal
Rotorua	24	1½	1-mal
Tauranga	18	1½	1-mal
Wellington	55	10	1-mal

Die Busse der örtlichen Gesellschaft **Bay Hopper and Beach Runner** (☎ 0800 422 928; www.baybus.co.nz) fahren nach Ohope (3 NZ$, 30 Min., 4–6-mal tgl.), Opotiki (7,50 NZ$, 1 Std., Mo & Mi 1-mal tgl.) und Tauranga (12 NZ$, 2 Std., Mo–Sa 1-mal tgl.).

Eine Fahrt mit **GKM Shuttles** (☎ 0800 007 005, 07-308 9906) zum bzw. vom Flughafen kostet für den ersten erwachsenen Passagier 20 NZ$, jede zusätzliche Person bezahlt weniger. Über **Dial a Cab** (☎ 0800 342 522, 07-308 0222) kann man ein Taxi rufen.

White Island Shuttle (☎ 0800 733 529; hin & zurück Erw./Kind 60/35 NZ$; ☺ Mo–Sa) verkehrt zwischen Rotorua und Whakatane und kann auch von Personen genutzt werden, die nicht zu einer Tour gehören. Das Shuttle fährt in Rotorua zwischen 7 und 7.30 Uhr an vorab vereinbarten Abholpunkten los. Rückkehr ist zwischen 16 und 17 Uhr.

WHAKAARI (WHITE ISLAND)

Neuseelands aktivster Vulkan (der letzte Ausbruch war 2002) liegt 49 km vor der Küste Whakatanes. Die kleine Insel bestand ursprünglich aus drei separaten Vulkan-kegeln, die unterschiedlich alt waren. Inzwischen hat der jüngste die beiden älteren unter sich begraben: Er schoss einfach zwischen ihnen in die Höhe. Der Mt. Gisborne ist mit 321 m der höchste Punkt der Insel. Geologisch gesehen ist Whakaari mit Motuhora (Whale Island) und Putauaki (Mt. Edgecumbe) verwandt, da alle in der Taupo-Vulkanzone liegen.

Hier spielt sich wahrlich Dramatisches ab: Aus den Spalten des Kraterbodens zischt und dampft es nur so hervor, teilweise wurden Temperaturen von 600–800° C gemessen! Die Insel ist in Privatbesitz, daher darf sie nur von lizenzierten Tourveranstaltern besucht werden. Einfache Panoramaflüge in Flugzeugen sind ebenso zu haben wie Boots- und Helitouren mit Wanderung auf der Insel, die u. a. zu den Überresten einer Schwefelmine mit äußerst interessanter Geschichte führt.

Zahlreiche Anbieter fliegen die Insel mit Helikoptern und Flugzeugen aus Rotorua (s. S. 362) und Tauranga (s. S. 376) an; hier einige der lokalen Veranstalter:

Dive White Island (☎ 0800 348 394, 07-307 0714; www.divewhite.co.nz; Schnorchel-/Tauchausflüge pro Pers. 180/325 NZ$) Ganztägige Schnorchel- und Tauchausflüge mit Mittagessen und Ausrüstung inklusive.

Vulcan Helicopters (☎ 0800 804 354, 07-308 4188; www.vulcanheli.co.nz; ab 455 NZ$/Pers.) Ein 2½-stündiger Ausflug nach Whakaari mit einer 1-stündigen geführten Wanderung auf dem Vulkan.

White Island Tours (Karte S. 388; ☎ 0800 733 529; www.whiteisland.co.nz; 15 The Strand; 6-stündige Touren Erw./Kind 185/120 NZ$; ☺ Abfahrtszeiten 7 & 9.15 Uhr, Sommer auch 12.30 Uhr) Die einzige offizielle Bootstour nach Whakaari mit Delfinbeobachtung auf dem Hin- und Rückweg und einer 90-minütigen Tour auf der Insel.

MOTUHORA (WHALE ISLAND)

Motuhora oder Whale Island – so genannt wegen ihrer an einen Wal erinnernden Form – liegt 9 km von Whakatane entfernt. Auch diese Insel gehört zu den Vulkanen der Taupo Volcanic Zone, ist aber weit weniger aktiv, obwohl sich an ihrer Küste einige heiße Quellen finden. Auf der Insel mit ihrem 353 m hohen Gipfel befinden sich mehrere historische Stätten, darunter eine sehr alte *pa*, ein Steinbruch und ein Lager.

Auf Whale Island befand sich ursprünglich eine Maorisiedlung. Im Jahr 1829 metzelten die Maori die Seeleute des Handelsschiffs *Haweis* nieder, das in Sulphur Bay vor Anker lag, und in den 1840er-Jahren ging die Insel dann in europäischen Besitz über. Sie befindet sich weiterhin in privater Hand, ist seit 1965 aber ein vom DOC ausgewiesenes Schutzgebiet für See- und Küstenvögel.

Wegen des Status eines Naturschutzgebiets ist die Zahl der Inselbesucher begrenzt. Touren auf die Insel dürfen nur zwischen Januar und März durchgeführt werden. Anbieter sind z. B. Dolphin & Whale Nature Rush (s. S. 389), Diveworks Charters (s. S. 389) und KG Kayaks (s. unten).

OHOPE
3010 Ew.

Nur 7 km von Whakatane aus hinter dem Hügel liegt Ohope, das tolle Strände zum Faulenzen oder Surfen bietet und im Hintergrund vom verschlafenen **Ohiwa Harbour** eingerahmt wird. Gleich hinter dem Hafen befindet sich das kleine Schutzgebiet Sandspit Wildlife Refuge. Mit **KG Kayaks** (☎ 07-315 4005; www.kgkayaks.co.nz; Ausflüge 70–135 NZ$, Vermietung 2 Std. 1er/2er-Kajak 40/60 NZ$) kann man eine 2½-stündige geführte Paddeltour durch den Hafen machen oder sich selbst ein Kajak mieten. Auch zur Whale Island werden Kajaktrips angeboten.

Wer sich in die Wellen stürzen möchte, kann in der **By Salt Surf School** (☎ 07-312 4909, 0211 491 972; beaver@e3.net.nz; Unterricht 2 Std. 90 NZ$) ein paar Stunden bei Beaver nehmen. Die Ausrüstung ist inklusive, und Gruppen bekommen einen Rabatt.

Die Stadt bietet jede Menge Übernachtungsmöglichkeiten, darunter den **Ohope Beach Top 10 Holiday Park** (☎ 0800 264 673, 07-312 4460; www.ohopebeach.co.nz; 367 Harbour Rd; Stellplatz ohne/mit Strom 42/44 NZ$, Hütte 70–130 NZ$, Wohneinheit 90–195 NZ$, Apt. 170–285 NZ$; 🖳 🤶 🛒), ein familienfreundlicher Wohnmobilpark mit Sportplätzen, Minigolfanlage, einem Pool und Apartments, die über die Dünen hinweg den Blick auf die Bay of Plenty freigeben. Ruhiger nächtigt man in der **Aquarius Motor Lodge** (☎ 07-312 4550; www.aquariusmotorlodge.co.nz; 103 Harbour Rd; DZ ab 75 NZ$, 1-/2-Bett-Zi. ab 110/120 NZ$; 🤶) im Stil eines Motels, ein schlichter Komplex mit verschiedenen Angeboten, alle mit Küche und nur 100 m vom Strand entfernt.

Hunger? Der riesige **Ohope Chartered Club** (☎ 07-312 5008; Bluett Rd; Hauptgerichte 11–16 NZ$; 😋 abends) schafft da Abhilfe – allerdings muss man sich vorab als Gast eintragen lassen. Hier trifft man die Einheimischen, kann preiswer-

tes Bier trinken und sich das typische Pubessen genehmigen. Das Restaurant **C'Vue** (☎ 07-312 5808; Hauptgerichte 20–35 NZ$; 😋 Mi–So abends) im Obergeschoss ist die ruhigere Option.

Gleich in der Nähe des Wohnmobilparks liegt das **Sea Thai** (☎ 07-312 4005; Pier 5, Fisherman's Wharf, Harbour Rd; Hauptgerichte 19–27 NZ$; 😋 Sa & So mittags, Di–So abends; Ⓥ), ein wunderschönes Plätzchen mit Blick auf die leicht schwankenden Boote im Hafen. Am Highway nach Opotiki liegt die **Ohiwa Oyster Farm** (☎ 07-312 4565; Wainui Rd; Gerichte 6–16 NZ$; 😋 9–20 Uhr), die ein hervorragendes Ziel ist, wenn man sich für ein Picknick mit Fish & Chips (und Austern) eindecken möchte.

VON WHAKATANE NACH ROTORUA

Auf dem SH30 zwischen Whakatane und Rotorua hat man nach 16 km die makellosen **Awakeri Hot Springs** (☎ 07-304 9117; www.awakerisprings.co.nz; SH30; Stellplatz 30 NZ$, pro 2 Pers. Hütte/kleine Wohnung/Wohneinheit 70/80/95 NZ$) erreicht. Hier gibt es heiße **Quellen** (Eintritt Erw./Kind 5/3 NZ$; 😋 8–21.30 Uhr), Picknickbänke und ein Bett für jeden Geldbeutel.

Nur 18 km hinter Awakeri liegt, von Wäldern umgeben, das trostlose Örtchen **Kawerau**, dessen einziges Highlight die **Aotearoa Breweries** (☎ 07-323 8370; www.mata.net.nz; 57 Onslow St; 😋 wechselnde Öffnungszeiten) mit ihrem Mata-Bier ist, „ein Bier vom Ende" (dem Ende der Welt etwa?). Für eine Besichtigung muss man vorher anrufen. Das Kawerau **Visitor Centre** (☎ 07-323 7550; www.kawerau.co.nz; Busbahnhof in der Plunkett St; 😋 9–16 Uhr) hat Informationen über Unterkünfte im Ort und vergibt Genehmigungen für die Wanderwege und Campingplätze im Tarawera Outlet und bei den Tarawera Falls (s. S. 360).

Über Kawerau erhebt sich der Vulkankegel **Putauaki (Mt. Edgecumbe)** und gewährt einen tollen Ausblick über die gesamte Bay of Plenty (im Sommer oft wegen großer Feuergefahr gesperrt). Für den Zugang werden 4 NZ$ fällig, zu begleichen bei **Maori Investments** (☎ 07-323 8146) auf dem Weg nach oben. Am Wochenende ist hier geschlossen; wer dann wandern möchte, muss sich die Erlaubnis schon vorher geholt haben.

In der Nähe von Kawerau bietet die **Tui Glen Farm** (☎ 07-323 6457; www.tuiglen.net.nz; Kawerau Loop Rd; Ausritt Erw./Kind ab 40/30 NZ$) für Anfänger und Abenteuerlustige Ausritte durch den Busch oder auf der Farm an. Hier kommt man auch in Schlafsälen (20 NZ$) unter.

OPOTIKI

9200 Ew.

Die Gegend um Opotiki wurde spätestens ab 1150 besiedelt, etwa 200 Jahre vor der großen Migration im 14. Jh. Die Maoritraditionen sind hier sehr lebendig – entlang der Hauptstraße kann man die Werke hervorragender Holzschnitzer bewundern, und gelegentlich sieht man das eine oder andere Gesichts-*moko*. Opotiki, das Tor zur East Coast, hat wunderschöne Strände – Ohiwa und Waiotahi – und ein hervorragendes Museum.

Praktische Informationen

Das **Opotiki i-SITE** (☎ 07-315 3031; www.opotikinz.com; Ecke St. John St & Elliott St; ✦ Sommer 9–17 Uhr, Winter kürzere Öffnungszeiten) und das **DOC** (☎ 07-315 1001; www.doc.govt.nz; ✦ 8–14.30 Uhr) befinden sich im gleichen Gebäude. Im i-SITE können Aktivitäten gebucht werden, und es gibt hier die kostenlose, unverzichtbare East-Coast-Broschüre *Pacific Coast Highway*. Online geht man im **Opotiki Internet Café** (97 Church St; ✦ Mo–Sa 7–17, So 14–17 Uhr).

Die **Post** (www.nzpost.co.nz; 106 Church St) liegt an der Hauptstraße.

Sehenswertes & Aktivitäten

Die im i-SITE erhältliche Broschüre *Historic Opotiki* informiert über die historischen Gebäude im Ort.

Das ausgezeichnete **Opotiki Museum** (☎ 07-315 5169; ohas@xtra.co.nz; 123 Church St; Eintritt Erw./Kind./Fam. 5/2,50/10 NZ$; ✦ Mo–Fr 10–16, Sa bis 14 Uhr) eröffnet die Möglichkeit, mehr über die bewegte Vergangenheit der Gegend zu erfahren. Es wird von Freiwilligen betrieben und präsentiert interessante historische Ausstellungen einschließlich einiger Maori-*taonga* und historischer Militärgegenstände. Auch landwirtschaftliche Ausstellungsstücke wie z. B. ein Pferdewagen sind zu sehen. In derselben Straße schließt sich direkt das zugehörige **Shalfoon & Francis Museum** (129 Church St) an. Hier wurde Opotikis ursprünglicher Gemischtwarenladen zu neuem Leben erweckt, mit Regalen, auf denen sich meterhoch Lebensmittel und Haushaltswaren türmen. Es gibt nichts, was es hier nicht gibt!

Der einheimische Whakatohea-Stamm wusste, dass Pfarrer Carl Volkner ein Spion der Regierung war, weshalb er 1865 in der an der Hauptstraße gelegenen **Hiona St. Stephen's Church** (☎ 07-315 8319; 126 Church St; Eintritt frei; ✦ Gottesdienst So 8 & 9.30, Do 10 Uhr) ermordet wurde.

Etwa 8 km südlich des Zentrums liegt die **Hukutaia Domain** (☎ 07-315 6167; Woodlands Rd; Eintritt frei; ✦ tgl.). Hier ist eine von Neuseelands besten Sammlungen einheimischer Pflanzen zu sehen. Mitten drin steht Taketakerau, ein 23 m hoher Puriri-Baum, der auf über 2000 Jahre geschätzt wird und als Ruhestätte hoch angesehener Angehöriger des Upokorere-*hapu* (Unterstamm) der Whakatohea diente. Mittlerweile hat man die sterblichen Überreste jedoch an einen anderen Ort gebracht.

Mitten in Opotikis Shoppingmeile befindet sich die **Tangata Whenua Gallery** (☎ 07-315 5558; 106 Church St, ✦ Mo–Fr 9–17, Sa & So bis 14 Uhr), die Maori- und neuseeländische Kunst und Kunsthandwerk ausstellt, darunter *kete* (Körbe) und *pounamu*-Schmuck.

Motu River Jet Boat Tours (☎ 07-325 2735; www.motujet.co.nz; Ausflug ab 85 NZ$/Pers.) legt dreimal täglich zu einem 1½-stündigen Ausflug auf dem Motu River ab. Mit **Wet 'n' Wild** (☎ 0800 462 7238, 07-348 3191; www.wetnwildrafting.co.nz; Ausflug ab 795 NZ$) geht es für zwei bis vier Tage zu Abenteuerausflügen mit Rafting und Camping auf den Motu River.

Waioeka River Kayaks (☎ 07-315 5553; www.newzealandsbestspot.co.nz; Ausflug Erw./Kind 1 Std. 40/30 NZ$, 2 Std. 60/40 NZ$) bietet ein- und zweistündige Kajaktrips auf dem schönen und einfach zu befahrenden Wasserlauf des Waioeka River an.

Im Dezember, beim jährlichen **Opotiki Rodeo** (www.opotikirodeo.co.nz), wartet der Cowboyhut auf seinen Einsatz.

Schlafen

Central Oasis Backpackers (☎ 07-315 5165; www.centraloasisbackpackers.co.nz; 30 King St; B/DZ 20/48 NZ$ 🖳) In einem Haus, das Ende des 19. Jhs. erbaut wurde, ist heute dieses zentral gelegene Backpackerhostel untergebracht, ein gemütlicher Ort mit großen Zimmern, prasselndem Kaminfeuer und einem großen Garten vor dem Haus zum Relaxen. Um den Rasen kümmert sich der hauseigene Hase.

LP Tipp **Opotiki Beach House Backpackers** (☎ 07-315 5117; www.opotikibeachhouse.co.nz; 7 Appleton Rd; B/DZ 28/66 NZ$) Diese entspannte Herberge direkt am Strand ist eine schuhfreie Zone. Auf der sonnigen Terrasse kann man sich in eine der zahlreichen Hängematten werfen und den tollen Blick aufs Meer genießen. Wasserspaß ist dank der kostenlosen Kajaks und Bodyboards garantiert. Hinter den Schlafsälen und der luftigen Lounge befinden sich attraktive Doppelzimmer, und wer auf authentisches

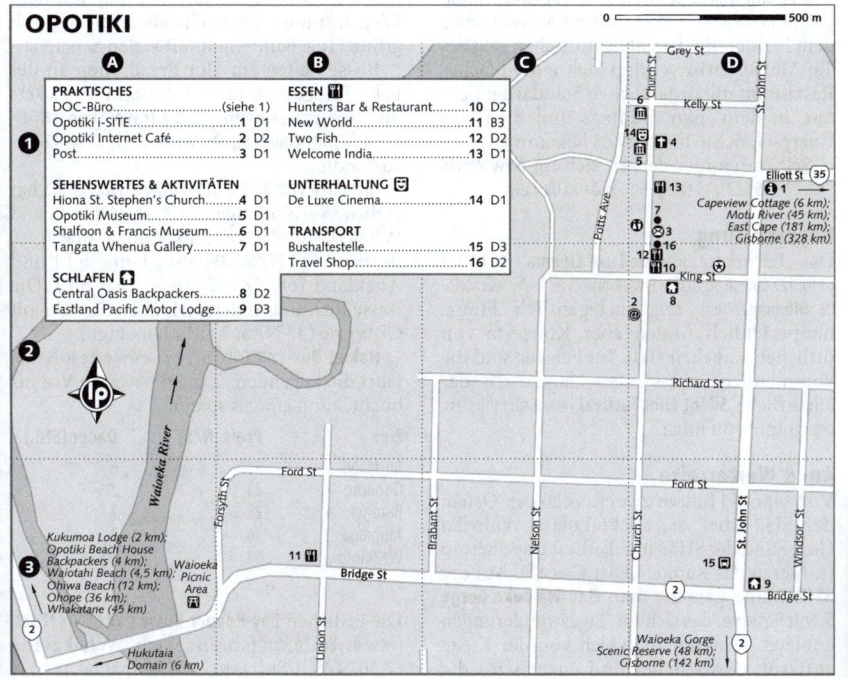

OPOTIKI

0 |————————| 500 m

PRAKTISCHES
DOC-Büro...........................(siehe 1)
Opotiki i-SITE.............................**1** D1
Opotiki Internet Café.................**2** D2
Post..**3** D1

SEHENSWERTES & AKTIVITÄTEN
Hiona St. Stephen's Church.......**4** D1
Opotiki Museum.........................**5** D1
Shalfoon & Francis Museum.......**6** D1
Tangata Whenua Gallery............**7** D1

SCHLAFEN
Central Oasis Backpackers..........**8** D2
Eastland Pacific Motor Lodge......**9** D3

ESSEN
Hunters Bar & Restaurant.........**10** D2
New World.................................**11** B3
Two Fish....................................**12** D2
Welcome India...........................**13** D1

UNTERHALTUNG
De Luxe Cinema.........................**14** D1

TRANSPORT
Bushaltestelle.............................**15** D3
Travel Shop................................**16** D2

Kukumoa Lodge (2 km);
Opotiki Beach House
Backpackers (4 km);
Waiotahi Beach (4,5 km);
Ohiwa Beach (12 km);
Ohope (36 km);
Whakatane (45 km)

Hukutaia
Domain (6 km)

Capeview Cottage (6 km);
Motu River (45 km);
East Cape (181 km);
Gisborne (328 km)

Waioeka Gorge
Scenic Reserve (48 km);
Gisborne (142 km)

Kiwi-Summerfeeling aus ist, mietet sich einfach nebenan in dem eigentümlichen Wohnwagen ein.

Kukumoa Lodge (☎ 07-315 8545; www.kukumoa lodge.co.nz; 19a Bairds Rd; DZ 90–110 NZ$; FZ 300 NZ$; 🛜 🖥) Fünf Minuten außerhalb des Ortes in Richtung Ohope findet man in einem imposanten Farmhaus diese Lodge mit einem großzügigen Doppelzimmer und einem Familienbereich, in dem bis zu sechs Personen Platz finden. Es gibt einen Pool, einen Whirlpool, einen großen Balkon und einen Hof, die beide zum Faulenzen in der Sonne einladen. Für die Kleinen ist ein Spielzimmer vorhanden.

Eastland Pacific Motor Lodge (☎ 0800 103 003, 07-315 5524; www.eastlandpacific.co.nz; Ecke Bridge St & St. John St; DZ/2-Schlafzi.-Apt. ab 100/140 NZ$; 🛜) Das helle, saubere Eastland ist ein gut geführtes Motel mit neuen Tapeten, Whirlpools als Standard und einem Rosenbeet in Form eines Schiffes auf dem Parkplatz. Die Wohneinheiten mit zwei Schlafzimmern sind ein tolles Angebot.

Capeview Cottage (☎ 0800 227 384, 07-315 7877; www.capeview.co.nz; 167 Tablelands Rd; DZ 145 NZ$; 🛜) Zwischen zwitschernden Vögeln und Kiwi-

plantagen steht dieses ruhige, separate Cottage mit zwei Schlafzimmern, einer Grillstelle und einem wunderbaren Whirlpool im Freien, von dem aus man einen atemberaubenden Blick auf die Küste hat. Es gibt auch Wochenpreise.

Essen

Two Fish (☎ 07-315 5548; 102 Church St; Snacks 4–8 NZ$, Hauptgerichte 9–19 NZ$; 🕑 Mo–Fr 8–16, Sa 9–14 Uhr) Zweifellos die beste Adresse für Café-Spezialitäten und einen schnellen, leckeren Kaffee ist das Two Fish, das außerdem riesige Burger, Suppen, Toasts und Salate serviert; die Auswahl weiterer Gerichte in der Vitrine ist riesengroß. Retro-hippe Innenausstattung, Hinterhof, fröhliche Bedienungen.

Hunters Bar & Restaurant (☎ 07-315 5760; Ecke Church St & King St; Hauptgerichte 12–25 NZ$; 🕑 17.30–22 Uhr) Im Erdgeschoss des alten Royal Hotel ist diese relativ stylische Weinbar mit etwas gehobenerem Pubessen untergebracht (natürlich bekommt man auch ein Steak mit Eiern). An den Wänden hängen skurrile Schallplattenhüllen, und gelegentlich gibt's Abende mit Weinproben.

ROTORUA &
BAY OF PLENTY

Welcome India (☎ 07-315 5879; 120 Church St; Hauptgerichte 13–18 NZ$; 🕑 Mo–Sa mittags & abends) Hinter dem Fenster mit dem obligatorischen Bild des Taj Mahal darin verbirgt sich ein einfaches Restaurant mit ordentlichen Standardgerichten, in dem man montags und dienstags Curry-Gerichte für 10 NZ$ bekommt.

Selbstversorger decken sich im **New World** (☎ 07-315 6723; 19 Bridge St; 🕑 8–20 Uhr) ein.

Unterhaltung

Das charmante, alte **De Luxe Cinema** (☎ 07-315 6110; 127 Church St; Tickets Erw./Kind 8/5 NZ$; 🕑 wechselnde Öffnungszeiten) zeigt gelegentlich Filme, hauptsächlich finden aber Konzerte von örtlichen Kapellen statt. Im Fenster sind die kommenden Events angeschlagen, z. B. das alljährliche **Silent Film Festival** (www.silentfilmfest. org.nz) im September.

An- & Weiterreise

Von Opotiki führen zwei Routen gen Osten: der SH2 über die spektakuläre Waioeka Gorge und der SH35 um das East Cape herum (s. hierzu das Kapitel „East Coast"). Auf der SH2-Route passiert man das **Waioeka Gorge Scenic Reserve**, das sich für Tageswanderungen anbietet. Je weiter man sich von der Küste entfernt, desto steiler und enger wird die Schlucht; schließlich erreicht man auf dem Weg hinunter nach Gisborne die typisch grüne Hügellandschaft mit vielen Schafen.

Busse halten am Hot Bread Shop an der Ecke Bridge St und St. John St. Für Tickets und Reservierungen ist der **Travel Shop** (☎ 07-315 8881; 104 Church St; 🕑 Mo–Fr 9–17, Sa bis 12 Uhr) zuständig.

InterCity (☎ 09-583 5780; www.intercity.co.nz) hat tägliche Verbindungen zwischen Opotiki und Whakatane (21 NZ$, 45 Min., 1-mal tgl.), Rotorua (33 NZ$, 2½ Std., 1-mal tgl.) und Auckland (68 NZ$, 7 Std., 1-mal tgl.). Die Busse Richtung Süden verbinden Opotiki mit Gisborne (33 NZ$, 2 Std., 1-mal tgl.).

Naked Bus (☎ 0900 625 33; www.nakedbus.com) fährt die folgenden Ziele an – wer im Voraus bucht, kann einiges sparen.

Ziel	Preis (NZ$)	Dauer (Std.)
Auckland	57	6
Gisborne	23	2¼
Rotorua	29	2
Tauranga	36	3
Wellington	64	10½

Die örtlichen **Bay-Hopper-Busse** (☎ 0800 422 928; www.baybus.co.nz) fahren nach Whakatane (7,50 NZ$, 1 Std., Mo & Mi 1-mal tgl.).

East Coast

Neuseeland ist für seinen Mix aus ganz unterschiedlichen Landschaften bekannt, doch an der East Coast stehen vor allem die soziologischen Kontraste im Vordergrund. Von den abgelegenen Siedlungen am East Cape bis zu den reichen, weingetränkten Straßen von Havelock North bietet die Region eine ganze Palette authentisch neuseeländischer Erlebnisse, die jeden, der sich für *Maoritanga* (Maorikultur) begeistert, faszinieren werden.

Nirgendwo ist die Maorikultur so präsent wie an der East Coast. Hier stehen viele prachtvoll geschnitzte *marae* (Versammlungshäuser), und auch wenn die Einheimischen keine Flachsröcke tragen und keine *poi* (an Schnüre gebundene Flachsbälle) schwingen, wie sie es in Rotorua für die Touristen tun, sind *te reo* (Sprache) und *tikanga* (Sitten) der Maori sehr lebendig.

Wagemutige Traveller haben keine Schwierigkeiten, den Massen aus dem Weg zu gehen und sich auf Entdeckungsreise am Pacific Coast Hwy, auf ländlichen Nebenstraßen, an abgelegenen Stränden oder in der mystischen Wildnis des Te Urewera National Park zu begeben.

Wenn der Koffeinentzug einem den Ruf der Wildnis verleidet, sorgen die städtischen Zentren Gisborne und Napier schnell für Abhilfe. Auch Wein gibt es jede Menge, die Region biegt sich geradezu unter der Last der Trauben. Von *kaimoana* (Meeresfrüchte) bis zu Beeren und allerlei mehr: Diese Region birgt Reichtümer für jeden Geschmack.

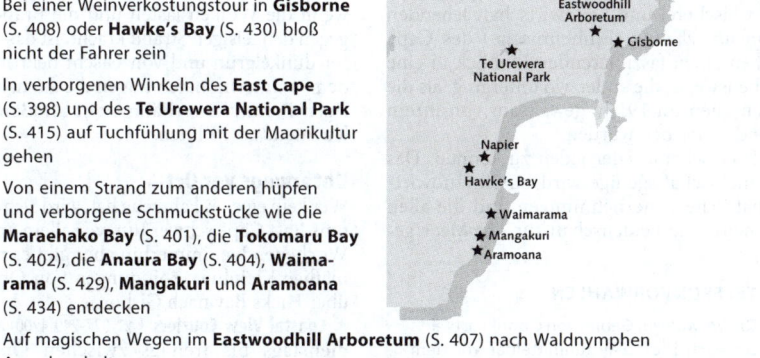

HIGHLIGHTS

- Einen Sprung zurück in die 1930er-Jahre machen und die Art-déco-Architektur von **Napier** (S. 420) bewundern

- Bei einer Weinverkostungstour in **Gisborne** (S. 408) oder **Hawke's Bay** (S. 430) bloß nicht der Fahrer sein

- In verborgenen Winkeln des **East Cape** (S. 398) und des **Te Urewera National Park** (S. 415) auf Tuchfühlung mit der Maorikultur gehen

- Von einem Strand zum anderen hüpfen und verborgene Schmuckstücke wie die **Maraehako Bay** (S. 401), die **Tokomaru Bay** (S. 402), die **Anaura Bay** (S. 404), **Waimarama** (S. 429), **Mangakuri** und **Aramoana** (S. 434) entdecken

- Auf magischen Wegen im **Eastwoodhill Arboretum** (S. 407) nach Waldnymphen Ausschau halten

---

- Vorwahl: 07 & 06
- www.hawkesbaynz.com
- www.gisbornenz.com

Klima

Die Ostküste schwelgt in einem warmen, trockenen Klima. Im Sommer erreichen die Temperaturen um Napier und Gisborne 25 °C, im Winter fallen sie selten unter 8 °C. Die Hawke's Bay erfreut sich ebenfalls eines milden, trockenen Klimas mit durchschnittlich 800 mm Regen pro Jahr – ideale Bedingungen für den Weinbau. Rund um das Kap unterspülen manchmal heftige Platzregen Abschnitte des Pacific Coast Hwy (SH35).

Anreise & Unterwegs vor Ort

Die einzigen Flughäfen der Region befinden sich in Gisborne und Napier. Air New Zealand fliegt beide von Auckland und Wellington aus an und verkehrt zusätzlich von Christchurch nach Napier. Sunair Aviation verbindet Gisborne und Napier mit Hamilton, Palmerston North, Rotorua, Tauranga und Whakatane.

Regelmäßige Linienbusse fahren auf dem SH2 und SH5. Sie verbinden Gisborne, Wairoa, Napier, Hastings und Waipukurau mit allen wichtigen Zentren. Rund um das East Cape (s. unten) und den Te Urewera National Park (S. 417) ist das Angebot öffentlicher Verkehrsmittel wesentlich dürftiger.

EAST CAPE

Das East Cape unterscheidet sich von allen anderen Teilen Neuseelands. Hier steht das Leben der Maori im Vordergrund. Verschlafene Dörfer lagern sich um die vielen *marae* an den wunderschönen Buchten. Die in eng verbundenen Gemeinschaften hauptsächlich von Fischerei und Landwirtschaft lebenden *tangata whenua* (Einheimische) des Cape geben einen faszinierenden Einblick in eine Lebensweise, die anderswo unterging, als die Menschen im 19. Jh. gewaltsam von ihrem Land vertrieben wurden.

Hier scheint jeder jeden zu kennen. Das Gemeinschaftsgefüge wird durch landwirtschaftliche Unternehmungen und die allen gemeinsame Leidenschaft für das Meer ge-

---

KURZINFOS EAST COAST

Essen Frische *kaimoana* (Meeresfrüchte), wo immer vorhanden

Lesen Judith Binney, *Encircled Lands: Te Urewera, 1820–1921* (2009) – die faszinierende Geschichte der Maori auf 680 Seiten

Hören Uawa FM (88,5 & 99,3 FM) in Tolaga Bay (S. 404)

Anschauen *Whale Rider* (2002), und dann die Tour machen (S. 409)

Schwimmen Anaura Bay (S. 404)

Festival Art Deco Weekend in Napier und Hastings (S. 422)

Schrägste Touristenattraktion Die Statue des unbekannten Mannes vor dem Cook's Plaza am Titirangi, Gisborne (S. 407)

Grünes Gewissen Millton Vineyard (S. 408) – ökologisch, biodynamisch und obendrein lecker

---

stärkt. Es geht gemächlich zu; die Menschen sind entspannt. Leute, die zu Pferd herumzockeln, Traktoren am Strand, nachmittags frischer Fisch zum Tee – das gehört hier alles zum Alltag.

Im Hinterland bildet die raue Raukumara Range das zerklüftete Rückgrat des Cape. Nahe dem Meeresrand verläuft der Pacific Coast Hwy (SH35) von Opotiki nach Gisborne. Auf der insgesamt 323 km langen Strecke bieten sich immer wieder fabelhafte Anblicke. Hier gibt es einsame Strände voller Treibholz, aber auch postkartenschöne, sandige Buchten, die eine bescheidene Zahl von Besuchern anlocken. An sonnigen Tagen schimmert das Meer türkisfarben; an anderen, wenn die Wolken lasten und die Brandung gegen den felsigen Strand kracht, ist das Wasser dunkelgrün und von Gischt bekrönt. In den Sommermonaten tragen die alten, knorrigen Pohutukawa-Bäume am Straßenrand leuchtend rote Blüten.

Unterwegs vor Ort

Wer kein eigenes Fahrzeug hat, wird sich rund ums East Cape schwer tun, vor allem an den Wochenenden, immerhin aber gibt es regelmäßige Kleinbusverbindungen von Opotiki über Hicks Bay nach Gisborne.

Coastal View Couriers (☎ 027-249 4200) fährt dienstags bis freitags zwischen Opotiki (45 NZ$, 3 Std., Abfahrt 13.15 & 14.30 Uhr) und Hicks Bay (Abfahrt 6.30 Uhr). **Polly's Passenger Couriers** (☎ 06-864 4728) fährt von dort aus

---

TELEFONVORWAHLEN

Die Vorwahl im Gebiet von Opotiki ostwärts bis nach Hicks Bay (unmittelbar vor dem East Cape) lautet ☎ 07. Im Rest der Region gilt die ☎ 06.

EAST COAST

montags bis freitags nach Gisborne. Abfahrt in Hicks Bay (40 NZ$, 3½ Std.) ist um 6.30 Uhr, in Gisborne um 13 Uhr. **Cook's Couriers** (☎ 021-371 364) deckt ungefähr die gleiche Strecke ab. Abfahrt hier ist montags bis freitags um 7.15 Uhr in Te Araroa (40 NZ$, 3½ Std.) und in Gisborne um 14 Uhr (zusätzliche Fahrt Sa 13 Uhr).

Eine Alternative ist der „East-As"-Backpackerbus von **Kiwi Experience** (☎ 09-366 9830; www.kiwiexperience.com; 395 NZ$/Pers.); die Fahrt dauert vier Tage und startet in Taupo oder Rotorua.

PACIFIC COAST HWY

Neuseeland fehlt es wahrlich nicht an malerischen Straßen, und der SH35 gehört zwei-

MAORI: EAST COAST

Die wichtigsten *iwi* (Stämme) in der Region sind die Te Whanau-a-Apanui (Westseite des East Cape), die Ngati Porou (Ostseite des East Cape), die Ngati Kahungunu (im Küstengebiet ab der Hawke's Bay) und die Tuhoe (landeinwärts in Te Urewera).

Die Ngati Porou und die Ngati Kahungunu sind der zweit- bzw. drittgrößte *iwi* des Landes. Im späten 19. Jh. brachten diese Stämme so bedeutende Politiker wie James Carroll (den ersten Minister mit Maorivorfahren) und Apirana Ngata (der kurzzeitig sogar amtierender Premierminister war) hervor. Ngata, dessen Bildnis die 50-NZ$-Note ziert, setzte sich im Parlament unermüdlich für eine Wiederbelebung der Kultur der Maori ein. Die Versammlungshäuser mit ihren prachtvollen Schnitzereien, die man dieser Region findet, sind Teil seines Vermächtnisses.

In der Region gibt es viele Möglichkeiten, mit der Maorikultur in Kontakt zu kommen. Unterkünfte mit ausgeprägtem Maoritouch sind u. a. die Te Kaha Homestead Lodge (S. 401), das Maraehako Bay Retreat (S. 401), Mel's Place (S. 402) und das Eastender Backpackers (S. 403).

Für eine hautnahe Einführung in *Maoritanga* (die Kultur der Maori) sollte man eine geführte Tour in Erwägung ziehen. Wegen einer Besteigung des Mt. Hikurangi kann man sich im Ngati Porou Visitors Centre (S. 403) erkundigen, zu empfehlen sind auch Motu River AAA Jet Boating (s. unten), die Whale Rider Tour von Tipuna Tours (S. 409), Long Island Tours (S. 429) und Te Hakakino (S. 429). Das Te Aute College (S. 434) empfängt Besucher gerne nach vorheriger telefonischer Anmeldung.

Te Urewera blickt auf eine lange und stolze Geschichte des Widerstands gegen die Kolonialisierung zurück: Man beginnt die Erkundung in Aniwaniwa (S. 416) und besucht dann, wenn man Zeit hat, die einzigartigen Gemeinden Ruatahuna und Maungapohatu (S. 417).

Wer sich einfach nur über die Kultur informieren will, sollte das Tairawhiti Museum (S. 407) in Gisborne, das Hawke's Bay Museum & Art Gallery (S. 421), Otatara Pa (S. 421) sowie Tikitikis St. Mary's Church (S. 402) besuchen. Im Text sind außerdem fortlaufend *marae* aufgelistet, die man von der Straße aus bewundern kann.

fellos zu den schönsten. Auf dieser Strecke kommt man zwar nicht schnell voran, aber darum geht es auch nicht. Zwar ließe sich die ganze Strecke in sechs Stunden bewältigen, aber es lohnt sich, unterwegs zu verweilen. Wer dieses Mal allerdings keine Zeit für die gesamte Küstenstraße hat, braucht auch nicht zu verzweifeln. Die kürzere Strecke (SH2, 144 km) zwischen Opotiki und Gisborne führt zunächst durch die waldige Waioeka Gorge und dann durch malerische Obstgärten und Weinberge.

Bevor man sich auf den Weg macht, sollte man im i-SITE in Opotiki oder Gisborne die kostenlose Broschüre *Pacific Coast Highway* abgreifen. Unbedingt vor der Abfahrt volltanken und sich mit Snacks und Lebensmitteln eindecken, denn Läden und Tankstellen sind unterwegs Mangelware. Da sich die Unterkünfte und Restaurants ganz schön verteilen, sind sie in diesem Kapitel in der Reihenfolge aufgelistet, in der man ihnen begegnet.

Von Opotiki nach Te Kaha

Der erste Abschnitt bietet diesige Ausblicke hinüber zum Whakaari (White Island; S. 392),

einem kettenrauchenden aktiven Vulkan. Die einsamen Strände bei **Torere**, **Hawai** und **Omaio** fallen steil ab und sind mit Strandgut übersät. Unbedingt die herrlichen *whakairo* (Schnitzereien) am Schultor in Torere ansehen. Hawai markiert die Grenze des Stammesgebiets der Whanau-a-Apanui, deren *rohe* (traditionelles Land) sich bis zum Cape Runaway erstreckt.

Ungefähr 42 km östlich von Opotiki kreuzt die Straße die breite steinige Fläche des **Motu River**, des ersten Flusses in Neuseeland, der zum Naturschutzgebiet erklärt wurde. Wer ein Abenteuer sucht, findet hier Zurück-zur-Natur-Rafting und Jetboatfahren. **Wet 'n' Wild Rafting** (☎ 0800 462 7238; www.wetnwildrafting.co.nz; 2–5 Tage 795–925 NZ$) organisiert mehrtägige Ausflüge, von denen der längste 100 km den Fluss hinunter führt. Der Fluss ist so abgelegen, dass man für die zwei Tage dauernde Tour mit dem Helikopter hinfliegen muss, daher kostet sie fast so viel wie die fünftägige Fahrt. **Motu River AAA Jet Boating** (☎ 027-686 6489; 1-stünd. Fahrt 130 NZ$/2 Pers.) bieten dazu eine ökologische und historische Erläuterung aus Maoriperspektive (Abfahrt ist vom 1. Dez.–30. April tgl. in der

Nähe der Motu Bridge, wenn das Wetter es erlaubt).

25 km weiter liegt der Fischerort **Te Kaha**, wo man einst Jagd auf vorbeiziehende Wale machte. Von der Straße aus hat man einen recht guten Blick auf die wunderbaren Schnitzereien des Tukaki *marae*. Im Ort gibt es einen Laden, am Wasser ein modernes Hotel mit (zur Zeit der Recherche) ungewisser Zukunft und mehrere Unterkunftsoptionen.

Die abgelegene **Maungaroa Station** (☎ 07-325 2727; www.maungaroa.co.nz; Maungaroa Access Rd; Stellplatz 10 NZ$, B 20 NZ$) ist eine Lodge in der Raukumara Range, die man nur über eine 45-minütige Fahrt auf einer malerischen (von der Copenhagen Rd abgehenden) Schotterpiste samt zwei Flussüberquerungen erreicht. Übernachten kann man in dem in sich abgeschlossenen Cottage (mit 4 Schlafzi. für insgesamt 12 Pers.), oder man zeltet draußen. Je nach Gusto springt man in den Kereu River, umarmt einen Baum oder sattelt ein Pferd für einen Ausritt (35–65 NZ$, 1–4 Std.).

Am Wasser befindet sich die **Te Kaha Homestead Lodge** (☎ 07-325 2194; Fax 07-325 2193; SH35; Stellplatz 10 NZ$/Pers., B/EZ/2BZ/DZ 30/40/60/80 NZ$; 🖳). Das freundliche Hostel steht inmitten alter Pohutukawa-Bäume und bietet einen sagenhaften Ausblick auf White Island. Die Zimmer sind einfach, aber der begeisterte Betreiber organisiert Angelausflüge und stimmt bei jedem Anlass nach der Melodie von *Hotel California* „Welcome to the Homestead at Te Kaha" an.

Die geräumige, moderne Pension **Tui Lodge** (☎ 07-325 2922; www.tuilodge.co.nz; Copenhagen Rd, Te Kaha; EZ/DZ mit Frühstück 125/150 NZ$; 🖳) steht inmitten einer gepflegten, 1,2 ha großen Parkanlage, die Tuis und viele andere Vögel unwiderstehlich finden. Auf Anfrage werden köstliche Gerichte gezaubert. Ausritte, Angel- und Tauchausflüge können ebenfalls organisiert werden.

Von Kaha zum Cape Runaway

Es folgt eine Reihe verschlafener Buchten. An der **Papatea Bay** sollte man anhalten, um das Tor der **Hinemahuru-marae** zu bewundern, dessen Schnitzereien Soldaten des Maoribataillons darstellen, das im Ersten Weltkrieg kämpfte. In der Nähe steht auf einer einsamen Landspitze die 1894 erbaute **Christ Church Raukokore**, ein makellos erhaltenes Wahrzeichen des Glaubens. Am westlichen Ende der **Waihau Bay** gibt's neben dem Pub einen Laden, der zugleich als Tankstelle, Postamt und Imbisslokal fungiert. Ein weiterer Laden mit Imbiss findet sich im Ferienpark in der Mitte des Strandes. Das **Cape Runaway**, von wo die Süßkartoffel (Kumara) nach Neuseeland eingeführt wurde, ist nur zu Fuß zu erreichen. In dieser Gegend gibt's nur wenige Unterkunftsoptionen, allesamt kleine, privat geführte Herbergen.

Der gleiche *hapu* (Stammesgruppe), der auch das Retreat nebenan betreibt, unterhält den **Maraehako Camping Ground** (☎ 07-325 2901; SH35; Stellplatz Erw./Kind 12/18 NZ$). Außer sauberen Toiletten (Toilettenpapier selber mitbringen), Wasser (muss abgekocht werden) und Strandnirwana ist hier nicht viel geboten. Kleinkinder werden es lieben, im klaren Bach zu planschen.

Das **Maraehako Bay Retreat** (☎ 07-325 2648; www.maraehako.co.nz; SH35; B/EZ/DZ 28/43/63 NZ$; 🖳) befindet sich am Ufer unter alten Pohutukawa-Bäumen. Es ist ein Hostel, das wirkt wie aus Treibgut zusammengezimmert, das in der felsigen Bucht angespült wurde. Die Anlage ist zwar rustikal, aber einmalig, denn alles, was man vielleicht vermisst, wird durch *manaakitanga* (Gastfreundschaft) wieder wettgemacht. Hier genießt man ein Thermalbad unter dem Sternenhimmel (5 NZ$), kann ein Kajak ausleihen, zum Angeln mit dem Boot hinausfahren, eine Besichtigungstour in der *marae* mitmachen, an geführten Wanderun-

EAST COAST

„WILD" CAMPEN

Der Gisborne District Council (GDC) gehört zu den wenigen Behörden, die „Freedom-Camping" (extrem billiges, wildes Zelten) erlauben, allerdings nur zwischen Ende September und April auf einer Handvoll eigens ausgewiesener Stellen. Die Genehmigung kann man online (www.gdc.govt.nz/freedom-camping-permit-request) für 2, 10 oder 28 aufeinanderfolgende Tage beantragen (10/25/60 NZ$). Das freie Campen ist ein Privileg, daher unbedingt die Anweisungen im Faltblatt *Freedom Camping* des GDC einhalten, das es online oder in den Besucherzentren gibt. Zwingend erforderlich sind ein eigener Gaskocher und eine chemische Toilette. Seinen Wasservorrat muss man selber mitbringen.

gen oder Ausritten teilnehmen – und das alles zu moderaten Preisen.

Auf dem Weg nach Whanarua Bay liegt das zauberhafte **Waikawa B & B** (☎ 07-325 2070; www. waikawa.net; 7541 SH35; DZ 100–130 NZ$; 🖳) in einer privaten, felsigen Bucht, von der aus man einen schönen Blick auf den Sonnenuntergang und nach White Island hat. Bei den Gebäuden wurden verwittertes Holz, Wellblech und Paua-Intarsien künstlerisch effektvoll eingesetzt. Neben zwei B & B-Doppelzimmern gibt es eine in sich abgeschlossene Ferienhütte (130–200 NZ$) mit zwei Schlafzimmern, die für eine Gruppe von zwei bis vier Personen ideal ist.

In den zwei gepflegten Apartments und der Ferienhütte von **Oceanside Apartments** (☎ 07-325 3699; www.waihaubay.co.nz; 10932 SH35; DZ 110–130 NZ$; 🛜) gleich daneben kommen viele Gäste unter (für jede zusätzliche Person werden 30 NZ$ auf den DZ-Preis aufgeschlagen). Gerichte und Lunchpakete bekommt man auf Anfrage. Außerdem werden Kajaks verliehen und Aktivitäten vor Ort angeboten.

Herrliches hausgemachtes Eis mit Macadamia-Nüssen und Honig gibt's bei **Pacific Coast Macadamias** (☎ 07-325 2960; SH35, Whanarua Bay; Snacks 2–9 NZ$; 🕙 10–15 Uhr) und dazu noch den Ausblick auf einen der spektakulärsten Abschnitte der Küste. Dank der getoasteten Sandwiches und der nussigen Süßspeisen ist dies ein idealer Stopp für einen Mittagsimbiss.

Von Cape Runaway zum East Cape

Die Straße führt von Whangaparaoa landeinwärts ins Gebiet der Ngati Porou und trifft bei **Hicks Bay**, einer Siedlung mitten im Nirgendwo mit großartigem Strand, wieder auf die Küste.

Knapp 10 km weiter kommt man nach **Te Araroa**. Es ist ein einsames Dorf mit einem Laden, einer Tankstelle, einem Imbisslokal und einer *marae* mit wunderschönen Schnitzereien. Statt Lavaformationen sieht man nun Sandsteinklippen. Im Schulhof von Te Araroa steht der Te-Waha-O-Rerekohu, angeblich Neuseelands ältester Pohutukawa-Baum; er ist 20 m hoch und 40 m breit und mehr als 350 Jahre alt. Hier befindet sich auch die fortschrittliche **East Cape Manuka Company** (☎ 0508 626 852; www.eastcapemanuka.co.nz; 4464 Te Araroa Rd; 🕙 Nov.–März tgl. 9–16 Uhr, April–Okt. Mo–Fr), die Seifen, Öle, Cremes und Honig verkauft, die aus der würzigen Südseemyrte des East Cape hergestellt sind. Hier kann man sehr gut einen

Zwischenstopp für Kaffee und *kai* (Essen) einlegen.

Von Te Araroa kann man zum **East Cape Lighthouse** fahren, das die östliche Spitze der Nordinsel markiert. Vom Ort aus fährt man 21 km (30 Min.) nach Osten auf einer überwiegend unbefestigten Straße, an deren Ende ein 25-minütiger Anstieg zum Leuchtturm wartet. Wer den Wecker stellt, kann rechtzeitig zum Sonnenaufgang dort sein.

In diesem Abschnitt sind die Distanzen zwischen Unterkünften und Erfrischungsgelegenheiten weit. **Mel's Place** (☎ 06-864 4694; www.eastcape.co.nz; 89 Onepoto Beach Rd, Hicks Bay; Stellplatz 20 NZ$/Pers., B 30 NZ$) liegt auf dem Gelände eines alten *pa* (Wehrdorf). Mel und Joe führen das Hotel souverän und vermitteln ihren Gästen reiche Einblicke in die örtliche Geschichte der Maori. Neben dem gemütlichen Schlafsaal gibt es auch Stellplätze mit einer prachtvollen Aussicht auf die Bucht (eigenes Kochgeschirr mitbringen), eine niedliche Hütte (DZ 125 NZ$) und einen schicken Wohnwagen am Strand (75 NZ$). Hundefans treffen auf der Anlage viele freundliche Vierbeiner.

Die tolle Aussicht lenkt vom barackenartigen Äußeren der großen **Hicks Bay Motel Lodge** (☎ 06-864 4880; www.hicksbaymotel.co.nz; 5198 SH35; B 25 NZ$, DZ 75–145 NZ$; 🛜 🖳) oberhalb von Hicks Bay ab. Die altmodischen Zimmer sind wahrlich nicht schick, aber das Restaurant, der Laden, der Pool und die Glühwürmchengrotte sorgen für eine gewisse Entschädigung.

Vom East Cape nach Tokomaru Bay

Wenn man durch das Farmland südlich von Te Araroa fährt, trifft man als erstes auf **Tikitiki**. Wer schon immer darauf gebrannt hat, ins Innere einer *marae* zu schauen, bekommt vielleicht beim Besuch der außergewöhnlichen **St. Mary's Church** (1924) einen Eindruck davon, was er verpasst. Von außen ist sie nichts Besonderes, aber man sollte eintreten, um sie mit allen Sinnen zu erleben. An den Wänden gibt es gewebte *tukutuku* (Stoffbahnen aus Flachs), geometrisch gemusterte Buntglasfenster, bemalte Balken und tolle Schnitzereien – nicht die kleinen Jungs übersehen, die die Kanzel halten. Eine Kreuzigungsszene in einem Buntglasfenster hinter der Kanzel stellt Soldaten des Maoribataillons aus dem Ersten Weltkrieg im Dienst dar.

Der **Mt. Hikurangi** (1752 m), der aus der Raukumara Range hinausragt, ist der höchste nicht vulkanische Gipfel der Nordinsel und der erste Ort auf Erden, den am Morgen die Sonne berührt. Der einheimischen Überlieferung nach war es das erste Stück Land, das auftauchte, als Maui die Nordinsel (S. 58) aus dem Meer angelte. In der Version, die die Ngati Porou von der Geschichte Mauis erzählen, befinden sich sein Kanu und seine irdischen Reste hier auf diesem heiligen Berg. Das **Maui Whakairo**, neun massive hölzerne Schnitzereien, wurde in einer Höhe von 1000 m auf Hikurangis Schulter aufgestellt, um die Ahnen zu ehren.

Hikurangi ist keine Wanderung für Unerfahrene, aber Bergfexe können zum Berg gelangen, indem sie bei der Tapuaeroa Valley Rd, 3 km nördlich von Ruatoria, vom SH35 ab- und dann in Richtung Pakihiroa Station fahren. Von hier sind es vier Stunden bis zur Hütte (15 NZ$; beim Ngati Porou Visitors Centre buchen) und dann noch einmal zwei Stunden bis zum Gipfel.

Ein paar Kilometer abseits vom SH35 und 20 km südlich von Tikitiki liegt **Ruatoria**, die größte Siedlung der Ngati Porou. In dem geruhsamen Ort gibt's einen Minimarkt, eine Tankstelle, einen Pub und mehrere Cafés. Im freundlichen **Ngati Porou Visitors Centre** (☎ 06-864 8660; www.ngatiporou.com; 144 Waiomatatini Rd; ✆ Mo–Fr 8.30–17 Uhr) kann man authentische Kunstwerke aus der Region erwerben, vor allem aber werden maßgeschneiderte Kulturtouren organisiert, darunter Trips zum Hikurangi. Zum Standardrepertoire gehören eine geführte Tour mit dem Geländewagen zum Maui Whakairo (4 Std.), eine Tour zum Sonnenaufgang (Abfahrt 4.30 Uhr) sowie eine geführte Tour zum Gipfel (8 Std./mit Übernachtung). Die Preise liegen zwischen 165 und 500 NZ$, variieren aber stark je nach Teilnehmerzahl. Das Besucherzentrum betreibt auch einen Transportservice vom bzw. zum Berg (einfache Strecke 20–50 NZ$) und arrangiert Aufenthalte in der *marae*, Angel- und Tauchausflüge, Ausritte, Surftrips und Kajakfahrten.

Rund 26 km südlich liegt **Te Puia Springs**, ein winziges Dorf mit Thermalquellen und einer praktischen Tankstelle mit angeschlossenem Laden. Die Thermalbecken befinden sich in einem alten Schuppen (ohne Umkleidekabinen) auf der Rückseite des **Te Puia Hot Springs Hotel** (☎ 06-864 6755; 4689 SH35; Pools 5 NZ$). Die Einrichtung ist ganz zwanglos: einfach im Hotel um Zugang zu dem kleinen Pool mit milchigem Wasser bitten, das angeblich die weltweit höchste Konzentration an Minera-

lien haben soll. Aber Vorsicht: Nicht herumspritzen – man könnte sich sonst eine Primäre Amöben-Meningoenzephalitis (PAME) zuziehen. Die nahe gelegene **Waipiro Bay** ist absolute Spitze.

11 km weiter südlich folgt **Tokomaru Bay**, der wohl schönste Ort der gesamten Strecke mit einem breiten, von mächtigen Klippen eingerahmten Strand. Der romantisch verfallene Ort hat harte Zeiten erlebt, seit in den 1950er-Jahren die örtlichen Tiefkühlfabriken geschlossen wurden. Die größten Attraktionen hier sind die berühmte Surfbrandung, der Toko Point und der großartige Pub der Ortschaft. Außerdem findet man hier eine Tankstelle, einen kleinen Supermarkt mit Poststelle, ein paar Imbisslokale und ein Café, das nur im Sommer geöffnet ist.

Beim fröhlichen Beisammensein rund um das Lagerfeuer erinnert das **Eastender Backpackers** (☎ 06-864 3033; www.eastenderhorsetreks.co.nz; 836 Rangitukia Rd; Stellplatz 10 NZ$/Pers., B 23 NZ$, DZ 50–60 NZ$; 🖳) überhaupt nicht an die düstere Londoner Seifenoper. Diese Farmstay-Unterkunft hat saubere Zimmer und flotte Gemeinschaftsbereiche. Schwimmen ist am Strand zwar zu riskant, es gibt aber eine sichere Schwimmstelle ganz in der Nähe. Im Angebot sind Ausritte (2 Std., 85 NZ$) und Unterricht in Knochenschnitzerei (ab 35 NZ$), vielleicht kann man sogar ein *hangi* (Maorifestmahl; 14 NZ$) probieren.

Nur einen Block vom Strand entfernt steht das **Footprints in the Sand** (☎ 06-864 5858; www.footprintsinthesand.co.nz; 13 Potae St, Tokomaru Bay; Stellplatz 15 NZ$, B/DZ/DBZ 20/60/80 NZ$), ein sehr angenehmes Hostel mit einem blitzsauberen, komfortablen Schlafsaal, einer Hütte und schönen Stellplätzen. Es gibt einen tollen Essbereich im Freien sowie einen Kajak- und Fahrradverleih. Die Anlage wird ständig weiter verbessert.

Oben auf dem Hügel punktet **Brian's Place** (☎ 06-864 5870; www.briansplace.co.nz; 21 Potae St, Tokomaru Bay; Stellplatz 15 NZ$, B/EZ/DZ 25/43/60 NZ$) mit bester Aussicht und Umweltfreundlichkeit. Die Zimmer im Dachgeschoss der Schlafbaracke sind schwierig zu erreichen (nüchtern bleiben!), außerdem gibt's ein paar rustikale Stellplätze auf der Anhöhe sowie hübsche Hütten.

Die **Te Puka Tavern** (☎ 06-864 5466; Beach Rd, Tokomaru Bay; Gerichte 5–20 NZ$; ✆ Di 14.30 Uhr–open end, Mi–So 11 Uhr–open end) verströmt Gastlichkeit: ein freundlicher Pub mit klasse Aussicht und ordentlichen Burgern.

EAST COAST

Von Tokomaru Bay nach Gisborne

Nach idyllischen 22 km auf dem Highway und weiteren 7 km bis zur Küste kommt plötzlich tief unten die abgelegene **Anaura Bay** in Sicht – ein hinreißender Anblick. Eine Tafel nahe dem Zentrum der Bucht erinnert an die Ankunft von Kapitän Cook im Jahr 1769, der sich begeistert zeigte von dem „tiefen Frieden", den die Menschen hier genossen, und ihre „wahrhaft erstaunliche" Bewirtschaftung des Bodens pries. Der **Anaura Bay Walkway** ist ein 3,5 km langer Spaziergang durch urtümlichen Wald und Wiesen und beginnt am nördlichen Ende der Bucht. Es gibt hier einen einfachen, kostenlosen Campingplatz des Department of Conservation (DOC), für dessen Benutzung aber das Mitführen einer eigenen chemischen Toilette erforderlich ist.

Die größte Gemeinde am East Cape ist das 14 km weiter südlich gelegene **Tolaga Bay**. Hier gibt es ein **Informationszentrum** (☎ 06-862 6862; 55 Cook St; ☺ Mo–Fr 6–18 Uhr) im Foyer des örtlichen Radiosenders (Uawa 88,5 & 99,3 FM). Gleich neben der Hauptstraße nutzt die **Tolaga Bay Cashmere Company** (☎ 06-862 6746; www. cashmere.co.nz; 31 Solander St; ☺ Mo–Sa 10–16 Uhr) das im Art-déco-Stil errichtete frühere Gebäude des Gemeinderats. Man kann den Strickerinnen bei der Arbeit zuschauen und die feinen, kostspieligen Produkte kaufen – für Stücke zweiter Wahl gibt's Rabatt.

Tolagas bestimmendes Baudenkmal ist der bemerkenswerte **historische Kai** von 1929 – die mit 660 m längste Kaianlage der südlichen Hemisphäre, die sich das Meer langsam zurückerobert, wenngleich Einheimische Spenden sammeln, um den Kai bewahren zu können. Man sollte sich die Zeit nehmen, die ganze Länge abzulaufen. In der Nähe befindet sich der **Cooks Cove Walkway** (2½ Std., 5,8 km, Aug.–Okt. geschl.), ein einfacher Rundkurs durch Ackerland und unberührten Busch, der zu einer weiteren Bucht führt, in der Cook an Land ging. Am nördlichen Ende des Strandes liegt der **Tatarahake Cliffs Lookout**; ein zehnminütiger Spaziergang führt zu diesem ausgezeichneten Aussichtspunkt.

Das **Te Tapuwae o Rongokako Marine Reserve** ist ein 2450 ha großes Refugium für viele Meeresbewohner, darunter Seebären, Delfine und Wale, und außerdem ein Paradies für Taucher und Schnorchler.

Dive Tatapouri (☎ 06-686 6139; www.divetatapouri. com; SH35, Tatapouri Beach) veranstaltet allerlei Aktivitäten, die mit dem Wasser zu tun haben:

Angeboten werden Tauchgänge, geführte Touren zur Ökologie des Riffs und die Möglichkeit, im Käfig zu Haien abzutauchen. Man kann auch Stachelrochen füttern. Schnorchelausrüstung wird ebenfalls verliehen.

Camper fahren in dieser Gegend am besten, aber auch ein paar B & Bs kommen und gehen. Das **Anaura Bay Motor Camp** (☎ 06-862 6380; Anaura Bay Rd; Stellplatz ohne/mit Strom Erw. 12/14 NZ$, Kind 6/8 NZ$) liegt ganz von seiner Lage direkt am Ufer bei dem kleinen Bach, wo James Cook einst die Wasserfässer auffüllen ließ. Es gibt eine ordentliche Küche und vollkommen akzeptable Toiletten.

Tolaga Bay Holiday Park (☎ 06-862 6716; www. tolagabayholidaypark.co.nz; 167 Wharf Rd; Stellplatz ohne/mit Strom 12/14 NZ$, Hütte 60–75 NZ$) Außer dem berühmten alten Kai gibt es hier wenig, aber das Wenige bedeutet Reichtum. Die steife Meeresbrise zerzaust die Norfolk-Tannen, die offenen Rasenflächen baden im Sonnenlicht – wer will noch mehr?

Schäbigen Charme verströmt das in den 1930er-Jahren im imitierten Tudor-Stil errichtete **Tolaga Inn** (☎ 06-862 6856; hutchroy@xtra. co.nz; 12 Cook St; B/EZ/DZ 25/50/75 NZ$). Die Zimmer sind einfach, aber sauber. Im Erdgeschoss befindet sich ein ordentliches Café (Gerichte 8–27 NZ$) mit tollen Keksen und Tischen im Sonnenschein.

Wildes Campen (S. 401) ist am Nordende von Tolaga Bay, in Waihau Bay und in Pouawa Beach, gleich neben dem SH35 am Rand des Meeresreservats, möglich.

GISBORNE

32 700 Ew.

Gisborne, für ihre Freunde „Gizzy", ist ein hübsches Ding und wird zunehmend selbstbewusster. Es liegt eingequetscht zwischen Surfstränden und einem Meer aus Chardonnay. Die meisten Neuseeländer würden den Lebensstil hier als „nicht schlecht" beschreiben – was soviel bedeutet wie: spitzenmäßig.

Gisborne behauptet stolz von sich, die Stadt auf Erden zu sein, die die Sonne als erste sieht. Und ist die Sonne erst einmal da, lässt die Stadt sie nicht wieder gehen – dann strömt alles zum Strand. Hier beginnt die Poverty Bay und wird dann weiter südlich zu Young Nick's Head.

Vielleicht hat gerade seine isolierte Lage Gisborne geholfen, sich seinen Kleinstadtcharme und die interessante Hauptstraße zu bewahren. Große eduardianische Gebäude

GISBORNE

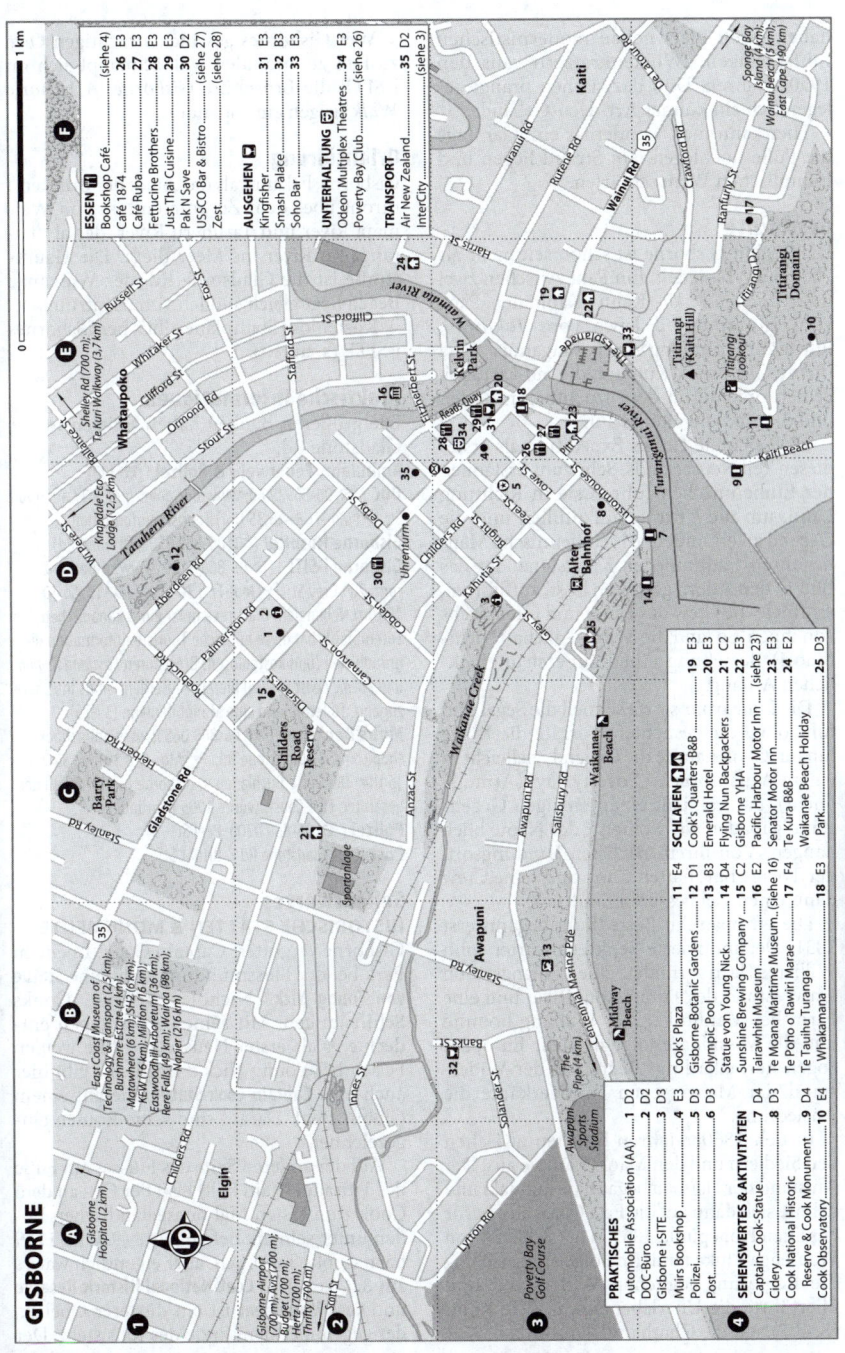

ESSEN 🍴
Bookshop Café.............................(siehe 4)
Café 1874.......................................26 E3
Café Ruba.......................................27 E3
Fettucine Brothers......................28 E3
Just Thai Cuisine.........................29 E3
Pak N Save....................................30 D2
USSCO Bar & Bistro.................(siehe 27)
Zest...(siehe 28)

AUSGEHEN 🍸
Kingfisher......................................31 E3
Smash Palace...............................32 B3
Soho Bar.......................................33 E3

UNTERHALTUNG 🎬
Odeon Multiplex Theatres.......34 E3
Poverty Bay Club.......................(siehe 26)

TRANSPORT
Air New Zealand.........................35 D2
InterCity.......................................(siehe 3)

SCHLAFEN 🏠
Cook's Quarters B&B..................19 E3
Emerald Hotel..............................20 E3
Flying Nun Backpackers.............21 C2
Gisborne YHA...............................22 E3
Pacific Harbour Motor Inn......(siehe 23)
Senator Motor Inn.......................23 E2
Te Kura B&B.................................24 E2
Waikanae Beach Holiday
Park...25 D3

PRAKTISCHES
Automobile Association (AA)........1 D2
DOC-Büro.......................................2 D2
Gisborne i-SITE..............................3 D3
Muirs Bookshop.............................4 E3
Polizei...5 D3
Post...6 D3

SEHENSWERTES & AKTIVITÄTEN
Captain-Cook-Statue....................7 D4
Cidery..8 D4
Cook National Historic
Reserve & Cook Monument........9 D4
Cook Observatory.......................10 E4
Cook's Plaza.................................11 E4
Gisborne Botanic Gardens........12 D1
Olympic Pool................................13 B3
Statue von Young Nick..............14 D4
Sunshine Brewing Company......15 C2
Tairawhiti Museum......................16 E2
Te Moana Maritime Museum...(siehe 16)
Te Poho o Rawiri Marae............17 F4
Te Tauihu Turanga
Whakamana.................................18 E3

haben ihren Platz neben modernistischen fünfstöckigen „Wolkenkratzern" aus den 1950er-Jahren. Und dazwischen prangt gelegentlich ein kühnes Art-déco-Gebäude.

Hier kann man wunderbar ein paar Tage die Füße hochlegen, am Strand liegen und himmlischen Wein schlürfen.

Geschichte

Die Region Gisborne ist schon seit mehr als 700 Jahren besiedelt. Ein Pakt zwischen zwei nomadischen *waka*-(Kanu-)Kapitänen, Paoa vom *Horouta* und Kiwa vom *Takitimu*, führte zur Gründung von Turanganui a Kiwa (heute Gisborne). Kumara, die Süßkartoffel, gedieh prächtig in dem fruchtbaren Boden und die Siedlung blühte auf.

1769 sichtete Cooks Expedition als erstes diesen Teil Neuseelands. Sehr zum Erstaunen der Einheimischen fuhren sie in Richtung Land, um die Vorräte aufzufüllen und die Gegend zu erkunden. Als einheimische Männer ihren traditionellen Kriegstanz, der das Blut in den Adern gefrieren lässt, aufführten, eröffnete die Crew das Feuer und tötete sechs von ihnen. So fand die Maori-Pakeha-(Nicht-Maori)-Beziehung einen äußerst unglücklichen Anfang.

Die *Endeavour* setzte schnell die Segel und fuhr ohne die gesuchten Vorräte die Küste hinauf. Cook nannte die Gegend, vielleicht in einem Wutausbruch, „Poverty Bay" (Armutsbucht), da „es nicht einen einzigen Gegenstand gab, den wir wollten"; der Name blieb hängen. Von ihrem nächsten Landungsort, der Tolaga Bay, hatten Cook und seine Crew dann einen viel besseren Eindruck.

Die europäische Besiedlung begann erst 1831. Der motivierte Senkrechtstarter John Williams Harris gründete eine Walfangstation am Westufer des Turanganui River und eine Farm bei Manutuke. Der Walfang boomte und die Missionare folgten. Mehr Europäer zogen her, allerdings begrenzte der Widerstand der Maori gegen Landverkäufe die Ansiedlung.

In den 1860er-Jahren brachen zwischen den Siedlern und den Maori Kämpfe aus. Der Aufstand der Hauhau begann in Taranaki und dehnte sich dann auf die East Coast aus, bevor er seinen Höhepunkt 1865 in der Schlacht von Waerenga a hika fand. Im Folgejahr zerschlug die Regierung jeglichen Widerstand und überführte die Überlebenden, u. a. Te Kooti (S. 407), auf die Chatham Islands.

Wer Gisbornes geschichtsträchtigen Orte zu Fuß zu erkunden will, schnappt sich in der i-SITE die Broschüre *Gisborne: A Historic Walk* (gegen eine Spende).

Orientierung

Gisborne, bekannt als die „Stadt der Brücken", thront über dem Zusammenfluss von Waimata River und Taruheru River, der als Turanganui River ins Meer fließt. Die Hauptstraße ist die Gladstone Rd; der Waikanae Beach liegt gleich südlich vom Zentrum.

Kostenlose Stadtpläne gibt's bei Gisbornes i-SITE (s. unten).

Praktische Informationen

Die größeren Banken haben Filialen in der Gladstone Rd.

Ambulanz, Feuerwehr & Polizei (☎ 111)

DOC (☎ 06-869 0460; www.doc.govt.co.nz; 63 Carnarvon St; ☽ Mo–Fr 8–16.35 Uhr) Touristeninformation.

Gisborne Hospital (☎ 06-869 0500; Ormond Rd)

Gisborne i-SITE (☎ 06-868 6139; www.gisbornenz. com; 209 Grey St; ☽ Mo–Fr 8.30–17, Sa 9–17, So 10–16 Uhr) Neben dem Prachtexemplar eines kanadischen Totempfahls hat diese hilfreiche Touristeninformation die gründlichen (und kostenlosen) Broschüren *Eastland Region* und *Pacific Coast Hwy* zu bieten. Außerdem gibt's Internetzugang, Toiletten und eine Minigolfanlage (3 NZ$).

Muirs Bookshop (☎ 06-869 0651; www.muirsbook shop.co.nz; 62 Gladstone Rd; ☽ Mo–Fr 8.30–16, Sa 9–15 Uhr) Der beste Buchladen in Gisborne (und wohl an der gesamten East Coast) wurde 1905 gegründet.

Polizei (☎ 06-869 0200; Peel St)

Post (Ecke Gladstone Rd & Bright St)

Sehenswertes

HISTORISCHE STÄTTEN & MONUMENTE

Gisborne vergöttert Captain Cook. In einem Park bei der Flussmündung steht eine **Statue von Young Nick** (Nicholas Young), Cooks Schiffsjungen. Mit seinen Adleraugen entdeckte er als erster Neuseeland (die weißen Felsen bei Young Nick's Head). Es gibt hier auch eine **Captain-Cook-Statue**, die auf einem Globus steht. Darauf sind seine Routen eingezeichnet.

Auf der anderen Seite des Flusses am Fuße des Titirangi (Kaiti Hill) liegt der Ort, an dem Cook zum ersten Mal neuseeländischen Boden unter seinen Stiefeln hatte (9. Okt. 1769 nach Cooks Tagebuch, aber eigentlich war es am 8. Okt.). Das **Cook National Historic Reserve** und **Cook Monument** ist ein düsterer Obelisk, der gegenüber dem Ende des Kais steht. Der schäbige Ort ist noch bedeutungsvoller, weil er der Landepunkt des Horouta-*waka* ist.

Versteckt auf der anderen Seite des Titirangi liegt die **Te Poho o Rawiri Marae** (☎ 06-868 5364; Ecke Ranfurly St & Queens Dr; Eintritt nach Einladung) mit ihrem kunstvoll geschnitzten Versammlungshaus. Man kann es vom Tor aus gut sehen, muss aber im Voraus anrufen und um Erlaubnis bitten, sich das verzierte Innere anschauen zu dürfen.

Vom Titirangi hat man eine super Aussicht auf die Stadt. Er war einst ein *pa* (befestigtes Dorf); auf dem steilen Weg nach oben, der in der Nähe des Cook-Monuments beginnt, kann man nach den Überresten von Terrassen und Kumaralöchern Ausschau halten. Wem egal ist, dass ihn die schwitzenden Jogger verächtlich anschauen, der kann schummeln und hochfahren. In der Nähe des Gipfels befindet sich ein weiteres Cook-Gebäude, **Cook's Plaza**. Aufgrund einer Schlamperei historischen Ausmaßes ist die Cook-Statue hier nicht in der britischen Marineuniform gekleidet und

hat auch im Gesicht keine Ähnlichkeit mit Captain Jim. Eine Tafel verkündet: „Wer war er? Wir haben keine Ahnung!" Ein Stück weiter steht das **Cook Observatory** (☎ 06-867 7901; Eintritt 2 NZ$; ⏱ Di 20.30 Uhr), die östlichste Sterneguck-Einrichtung der Welt.

Um all dem Cook-Tamtam ein bisschen Gewicht entgegenzusetzen: **Te Tauihu Turanga Whakamana** (Der Bug des Kanus; Ecke Gladstone Rd & Customhouse Rd) ist eine große moderne Maoriskulptur. Es ist ein Abbild zweier Männer, die bei Cooks erstem Zusammentreffen mit den Einheimischen getötet wurden.

Matawhero liegt 7 km westlich von Gisborne am SH2. Die historische **Presbyterian Church** (☎ 868 5573; Church Ln) ist das einzige Gebäude im Ort, das Te Kootis Überfall 1868 überstanden hat. Es ist ein hübsches einfaches Haus mit liebevoll gepflegten Gärten.

GÄRTEN
Das Baumnirwana **Eastwoodhill Arboretum** (Karte S. 399; ☎ 06-863 9003; www.eastwoodhill.org.nz;

TE KOOTI

Die Geschichte der Maori ist durchzogen von Mystikern, Propheten und Kriegern – oft vereint in ein und derselben Person. Ein besonders faszinierendes Beispiel ist Te Kooti.

1865 kämpfte er mit der Regierung gegen die Hauhau (Anhänger des Pai-Marire-Glaubens, der von einem anderen Kriegerpropheten begründet wurde). Jedoch wurde er beschuldigt, ein Spion zu sein, und ohne Gerichtsverfahren auf den Chatham Islands inhaftiert. Seine Unschuldsbeteuerungen und Forderungen nach Gerechtigkeit wurden einfach ignoriert.

Während er auf den Chathams war, befasste sich Te Kooti mit der Bibel und behauptete, Visionen des Erzengels Michael zu haben. Seine charismatischen Predigten und seine „Wunder" – u.a. erzeugte er mit seinen Händen Flammen (seine Gegner behaupteten, dass er dazu das Phosphor von Streichholzköpfen benutzte) – halfen, die Pai Marire für sein Christentum einzunehmen, das eindeutig von den Maori beeinflusst war.

1867 führte Te Kooti eine erstaunliche, fast unblutige Flucht von den Chathams an: Er überfiel ein Versorgungsschiff und segelte mit 200 Anhängern zur Poverty Bay. Unterwegs warf er einen Zweifler als Opfer über Bord. Als sie sicher angekommen waren, hoben Te Kootis Jünger als Huldigung für Gott lieber ihre rechte Hand in die Höhe, als sich demütig zu verbeugen; *ringa tu* (erhobene Hand) wurde der Name seiner Kirche.

Te Kooti verlangte einen Dialog mit der Kolonialregierung, wurde aber wieder einmal zurückgewiesen, und Magistrat Reginald Biggs forderte seine sofortige Kapitulation. Te Kooti ließ sich vom *Pakeha*-Recht nicht beeindrucken und begann einen besonders effektiven Guerillakampf – der damit begann, dass er Biggs und etwa 50 andere Menschen (einschließlich Frauen und Kinder, Maori und *Pakeha*) in Matawhero tötete.

Vier Jahre lang verfolgten sie ihn heftig. Schließlich suchte Te Kooti Zuflucht im King Country, dem weiten Herrschaftsgebiet des Königs der Maori, das die Regierungstruppen nicht zu betreten wagten.

Als klar wurde, wie sinnlos die Vorgehensweise der Regierung bei der ganzen Sache war, wurde Te Kooti 1883 offiziell begnadigt. Zu diesem Zeitpunkt hatte sich sein Ruf als Prophet und Heiler schon verbreitet und seine Ringatu-Kirche war fest etabliert – bei der jüngsten Zählung hatte sie mehr als 16 000 Anhänger.

2392 Wharekopae Rd, Ngatapa; Erw./Kind 10 NZ$/frei; ⊙ 9–17 Uhr) liegt 35 km nordwestlich von Gisborne. Es ist umwerfend schön. Man kann mit vollem Genuss einen ganzen Tag auf den thematisch angelegten Wegen (25 km) in diesem nach Kiefern duftenden Paradies verbringen. Hier steht die größte Sammlung an importierten Bäumen und Sträuchern des Landes (die Vögel lieben sie trotzdem).

Die weniger ambitionierten **Gisborne Botanic Gardens** (Aberdeen Rd) liegen am Taruheru River.

MUSEEN

Das **Tairawhiti Museum** (☎ 06-867 3832; www.taira whitimuseum.org.nz; 18 Stout St; Erw./Kind unter 12 Jahren 5 NZ$/frei, Mo frei; ⊙ Mo–Sa 10–16, So 13.30–16 Uhr) ist auf East-Coast-Maori- und Kolonialgeschichte spezialisiert. Seine Galerie ist das Zentrum von Gisbornes Kunstszene mit wechselnden Ausstellungen und einer Dauerausstellung von „Shutterbug Jacks" Fotografien. Es gibt ein Café im Stil eines Teesalons mit Blick auf den Kelvin Park, und draußen befindet sich das rekonstruierte Wyllie Cottage (1872), Gisbornes ältestes Haus.

Das **Te Moana Maritime Museum** nimmt einen Flügel des Tairawhiti-Komplexes ein. Als die *Star of Canada* 1912 auf ein Riff vor Gisborne lief, wurden die Schiffsbrücke und die Kabine des Kapitäns gerettet, ins Haus eines Einheimischen eingebaut und dann später zur Restaurierung hierher gebracht. Ausstellungen zu *waka*, Walfang und Cooks Besuch in Poverty Bay verblassen vor der sensationellen Sammlung alter Surfbretter.

Das **East Coast Museum of Technology & Transport** (SH2, Makaraka; Erw./Kind 5/2 NZ$; ⊙ 10–16.30 Uhr) ist eine unglaubliche Sammlung an rostigen Traktoren, Rasenmähern, Motoren, Schraubenschlüsseln, Pflügen, Öfen, Kettensägen, Lastern, Pumpen, Mähdreschern, Motorrädern usw. – ein Schrein für den Erfindungsreichtum der Menschen. Oder für ihr Talent, Krempel zu sammeln …

WEINGÜTER

Gisborne ist ein großes Weinanbaugebiet, das traditionell für seinen Chardonnay berühmt ist (es produziert fast ein Drittel der Gesamtmenge des Landes), aber zunehmend auch für seine anderen Weißweine, vor allem Gewürztraminer und Pinot Gris, Aufmerksamkeit bekommt. Die meisten örtlichen Weingüter bieten kostenlose Verkostungen an, manche erheben eine Gebühr, die anschließend beim

Kauf verrechnet wird. Im *Winery Guide* (kostenlos beim i-SITE) findet man eine Karte und die aktuellen Öffnungszeiten für die meisten Weingüter. Die folgenden haben feste Zeiten für Weinproben, viele sind im Sommer länger geöffnet:

Bushmere Estate (☎ 06-868 9317; www.bushmere. com; 166 Main Rd, Matawhero; ⊙ Fr–So 11–18 Uhr). Großartiger Chardonnay, Gewürztraminer und Lunchangebote im Café-Stil.

KEW (☎ 06-862 7722; www.kew.co.nz; 569 Wharekopae Rd, Patutahi; ⊙ 11–16 Uhr) Gute Weine aller Art liefert dieses preisgekrönte, dem nachhaltigen Anbau verpflichtete Weingut. Im Winter oder wenn man eine Führung mitmachen und einen Vorspeisenteller genießen will, vorab anrufen.

Matawhero (☎ 06-867 6140; www.matawhero.co.nz; Riverpoint Rd, Matawhero; ⊙ Do, Fr & Mo 14–17, Sa & So 13–17 Uhr) Hier gibt es einen besonders süffigen Chardonnay. Man kann in hübschem Ambiente picknicken und dabei Weine verkosten (10 NZ$; wer etwas kauft, bekommt den Betrag erstattet).

Millton (☎ 06-862 8680; www.millton.co.nz; 119 Papatu Rd, Manutuke; ⊙ Mo–Sa 10–17 Uhr) Das Weingut setzt auf Nachhaltigkeit und biodynamischen Anbau. In dem schönen Garten kann man picknicken.

BRAUEREIEN

Die **Sunshine Brewing Company** (Karte S. 405; ☎ 06-867 7777; www.gisbornegold.co.nz; 109 Disraeli St; ⊙ Mo–Sa 9–18 Uhr), Gisbornes Naturbierbrauerei, produziert vier Qualitätsbiere, darunter das berühmte Gisborne Gold und seinen großen Bruder, das Gisborne Green. Kostenlose Führungen und Verkostungen gibt's nach Vereinbarung.

Cidery (Karte S. 405; ☎ 06-868 8300; www.harvestcider. co.nz; 91 Customhouse St; ⊙ Mo–Fr 9–16.30 Uhr) ist der apfelfarbene Produzent von Bulmers Original, Scrumpy, Harvest und Pear Cider. Kostenlose Verkostungen und Betriebsbesichtigungen.

Aktivitäten
SCHWIMMEN

Um sicher zwischen den Fahnen am Waikanae und am Midway Beach zu schwimmen, muss man sich seinen Weg durch das Treibholz bahnen; rechtzeitig zum Sommer wird der Weg freigeräumt. Ist das Meer zu kalt, bietet **Olympic Pool** (☎ 06-867 6220; Centennial Marine Pde, Midway Beach; Erw./Kind 3,50/2,50 NZ$; ⊙ 6–20 Uhr) mit einem 50 m langen Innen-/Außenpool, einer 98 m langen, gewundenen Wasserrutsche (3,50 NZ$) und Aquafitness-Kursen (6,50 NZ$) eine lauwarme Alternative.

SURFEN & KITEBOARDEN

Surfen ist in Gisborne eine Hauptfreizeitaktivität, und die männlichen Jugendlichen sehen entsprechend zerzaust aus. Der **Waikanae Beach** ist für Anfänger und Kinder gut geeignet; erfahrene Surfer fahren von der Stadt aus nach Süden bis zum **Pipe** oder nach Osten zur **Sponge Bay** und nach **Tuamotu Island**. Weiter östlich am SH35 bieten auch die Strände von **Wainui** (Karte S. 399) und **Makarori** (Karte S. 399) erstklassige Brecher. Die Surfschule **Surfing with Frank** (☎ 06-867 0823; www.surfingwithfrank.com; 58 Murphy Rd, Wainui Beach) bietet Surfunterricht (50–75 NZ$) und Touren zu den besten Surfspots in der Region (und auf der ganzen Nordinsel).

Freestyle NZ (☎ 06-868 8840; www.freestylenz.com; 50 NZ$/Std., Kajakvermietung 20 NZ$/Std.) bietet Kitesurfing-Unterricht und verleiht Surfausrüstung sowie Kajaks. Auch nach Kundenwünschen zusammengestellte Kajaktouren werden angeboten.

NOCH MEHR AKTIVITÄTEN

Es gibt eine Menge Wanderungen, die man in der Gegend unternehmen kann. Zunächst wäre da ein sanfter Spaziergang am Fluss. Das i-SITE hat Broschüren über den **Arts & Crafts Trail** und den **Historic Walk**. Der **Te Kuri Walkway** (2 Std., 5,6 km, Aug.–Okt. geschl.), der sich mit eindrucksvollen Aussichten durch Felder und Wälder schlängelt, beginnt 4 km nördlich der Stadt am Ende der Shelley Rd.

Was kostenlose knochenbrecherische Aktivitäten angeht, die man in Neuseeland machen kann, ist die **Rere Rockslide** (Karte S. 399) nicht zu toppen. Dieses Naturphänomen befindet sich in einem Abschnitt des Rere River 60 km nordwestlich von Gisborne entlang der Wharekopae Rd. Einen Reifen oder ein Bodyboard schnappen, um die schlimmsten Blutergüsse abzumildern, und die 50 m lange steinige Strecke in einem Winkel von 60° in den Pool hinunterrutschen. 3 km flussabwärts fällt bei den **Rere Falls** (Karte S. 399) ein 30 m breiter Wasservorhang 10 m hinab; wem es nichts ausmacht, nass zu werden, der kann hinter dem Wasserfall entlanggehen. Beides kann man mit einem Besuch im Eastwoodhill Arboretum (S. 407) kombinieren.

Wer mal richtigen Nervenkitzel erleben will, taucht in einem Haikäfig mit **Surfit Charters** (☎ 06-867 2970; www.surfit.co.nz; 300 NZ$/Pers.). Zahmere Angel- und Schnorchelausflüge organisieren diese ebenfalls.

Geführte Touren

Nachdem der Film *Whale Rider* angelaufen war, überschwemmten Touristen das verschlafene Maoridorf Whangara, 21 km nördlich von Gisborne – manche führten sich auf, als wären die *marae* und die Wohnhäuser der Einwohner Filmkulissen. Aus diesem Grunde findet man am SH35 keine Schilder, die auf diesen magischen Ort hinweisen. Die beste Alternative, um Whangara kennenzulernen und Einblicke in die Kultur der Maori zu gewinnen, sind die maßgeschneiderten, geführten Kleingruppentouren von **Tipuna Tours** (☎ 06-862 6118; www.tipunatours.com), darunter die **Whale Rider Tour** (50–70 NZ$/2 Std.). Außerdem werden Ausflüge zu den Sehenswürdigkeiten rund um Gisborne und rund um den Pacific Coast Hwy bis hin nach Opotiki veranstaltet.

Paradise Leisure Tours (☎ 027 223 9440; grantsue.hughes@ihug.co.nz; geführte Touren 25–150 NZ$) bietet eine große Palette ganz- und halbtägiger geführter Touren zu Attraktionen in der Gegend, u. a. zu den Weingütern, zum Eastwoodhill Arboretum, den Morere Hot Springs und zum Lake Waikaremoana (150 NZ$, 9 Std.); im i-SITE buchen.

Festivals & Events

Am Labour Weekend (Labour Day ist in Neuseeland am 4. Montag im Okt.) bündeln die örtlichen Winzer und Gourmets ihre Talente beim **Gisborne Food & Wine Festival** (☎ 0800 447 267; www.gisbornewine.co.nz/festival; Ticket 60 NZ$), das am Sonntag in einer ausgelassenen Party gipfelt. Im Preis inbegriffen sind der Bustransport zwischen den Weingütern sowie Verkostungen. Nicht das kostenlose Straßenfest am Samstag und den Staffellauf der Weinkellner verpassen!

Das größte musikalische Event im Jahr ist **Rhythm & Vines** (www.rhythmandvines.co.nz; Waiohika Estate; Ticket 95–215 NZ$), ein dreitägiges Festival, das vor Silvester stattfindet. Dann finden sich hier bekannte lokale Bands und internationale Stars und es ist schwierig, irgendwo in der Nähe von Gisborne eine Unterkunft zu finden.

Schlafen

In Gisborne gibt es hauptsächlich Mittelklassemotels und nicht besonders schicke Strandmotels, daneben aber auch ein paar ordentliche Budgetunterkünfte und Spitzenklasseoptionen.

EAST COAST

BUDGETUNTERKÜNFTE

Flying Nun Backpackers (☎ 06-868 0461; yager@xtra. co.nz; 147 Roebuck Rd; Stellplatz 15 NZ$/Pers., B/DZ 23/56 NZ$; 🖳 🛜) Als Nonnenkloster war es sicherlich etwas gepflegter und ordentlicher, aber diese schäbige alte Anlage hat viel Charakter und strenge Sicherheitsvorkehrungen.

Gisborne YHA (☎ 06-867 3269; www.yha.co.nz; 32 Harris St; B/EZ/DZ 26/40/62 NZ$; 🖳 🛜) Das gepflegte Hostel liegt ein kleines Stück vor der Stadt auf der anderen Seite des Flusses und füllt ein großes Herrenhaus mit Farbe und Vergänglichkeit. Die Zimmer sind groß und komfortabel, die Badezimmer liegen aber draußen.

Eastwoodhill Arboretum (Karte S. 399; ☎ 06-863 9003; www.eastwoodhill.org.nz; 2392 Wharekopae Rd, Ngatapa; B/2BZ 25/80 NZ$) Die Schlafstellen und Privatzimmer sind einfach und man muss am ersten Tag erst einmal Eintritt bezahlen, aber wenn man dann angekommen ist, kann man Tag und Nacht in Waldfreuden schwelgen. Es gibt zwar eine ordentliche Küche, doch sein Essen muss man mitbringen, weil im Umkreis kilometerweit nichts zu bekommen ist.

Waikanae Beach Holiday Park (☎ 06-867 5634; www.gisborneholidaypark.co.nz; Grey St; Stellplatz ohne Strom 26–28 NZ$, Stellplatz mit Strom 32–35 NZ$, DZ 40–62 NZ$, Suite 72–94 NZ$; 🖳 🛜) Da die Anlage direkt am Strand und nur ein paar Minuten außerhalb der Stadt liegt, ist sie praktisch, um hier sein Zelt aufzuschlagen. Trotz bunter Kunstwerke wirken die in sich abgeschlossenen Wohneinheiten wie Rentnerwohnungen. Genauso wie die „Ranch"-Hütten haben sie jedoch ein ausgezeichnetes Preis-Leistungs-Verhältnis.

MITTEL- & SPITZENKLASSEHOTELS

Te Kura B&B (☎ 06-863 3497; www.tekura.co.nz; 14 Cheeseman Rd; Zi. 90–140 NZ$; 🖳 🛜 🖭) In diesem hübschen, am Fluss gelegenen Wohnhaus der 1920er-Jahre im Arts-and-Crafts-Stil kann man den Gutsherren spielen. Es gibt zwei Gästezimmer (eines mit Bad und freistehender Wanne), ein gemeinschaftliches stattliches Wohnzimmer, einen hellen, zum Fluss offenen Frühstücksraum, außerdem Pool und Whirlpool.

Cook's Quarters B&B (☎ 06-863 3708; Cooks-Quarters @hotmail.com; 66 Wainui Rd; DZ 120 NZ$) Die blitzblanke Pension im imitierten Tudor-Stil ist geschmackvoll maritim gestaltet. Es gibt zwei hübsch möblierte Zimmer mit Bad, eine komfortable Lounge und einen schönen Garten.

Pacific Harbour Motor Inn (☎ 06-867 8847; www. pacific-harbour.co.nz; 24 Reads Quay; Zi. 130 NZ$, Suite 130–190 NZ$; 🖳 🛜) Diese Unterkunft im Apartmentstil hat Ausblick auf den Hafen. Die Wohneinheiten sind sauber und gepflegt, das Dekor ist allerdings betagt. Kostenloser WLAN-Zugang.

Senator Motor Inn (☎ 06-868 8877; www.senator motorinn.co.nz; 2 Childers Rd; EZ/DZ/3BZ/4BZ 140/140/160/180 NZ$; 🖳 🛜) Gleich neben dem Pacific Harbour hat man von den privaten Balkonen des Senator einen wunderbaren Ausblick – ideal, um ein Glas Chardonnay zu genießen. Die Zimmer im Obergeschoss bieten mehr Privatsphäre.

Emerald Hotel (☎ 06-868 8055; www.emeraldhotel. co.nz; Ecke Reads Quay & Gladstone Rd; Zi. 130–280 NZ$; 🖳 🛜 🖭) Im Mittelpunkt des 2006 eröffneten Emerald stehen der Swimmingpool und der Terrassenbereich, die wirklich sehr toll aussehen. Umgeben sind sie von 48 Luxussuiten, die von langen Korridoren abgehen. Durch die Korridore werden die verschiedenen Flügel miteinander verbunden. Vor Ort gibt's außerdem ein Fitnesscenter, ein tagsüber geöffnetes Wellnessbad und das Restaurant Grill Room (Hauptgerichte 22–36 NZ$).

Knapdale Eco Lodge (☎ 06-862 5444; www.knapdale. co.nz; 114 Snowsill Rd, Waihirere; EZ/2BZ inkl. Frühstück 200/300 NZ$, DZ inkl. Frühstück 362–418 NZ$; 🖳 🛜) In diesem ruhigen, grünen Idyll mit See, Farmtieren und selbst angebautem Obst und Gemüse kann man herrlich genießen und entspannen. Die überraschend moderne Lodge ist angefüllt mit Kunstwerken aus dem Ausland, die Glasfront öffnet sich zu einem weitläufigen Terrassenbereich mit Kohlenbecken, Grill und Pizzaofen. Nach Vereinbarung wird ein Fünf-Gänge-Menü (85 NZ$) gezaubert.

Essen

Bookshop Café (☎ 06-867 9742; 62 Gladstone Rd; Gerichte 4–14 NZ$; 🕑 Mo–Fr 8.30–16, Sa 9–15 Uhr) Das in einem denkmalgeschützten Gebäude oberhalb vom Muirs Bookshop untergebrachte Café hat Sichtziegelwände, freiliegende Dachbalken, hübsche Bleiglasfenster und eine Terrasse über der Straße. Es gibt eine kleine, aber gute Auswahl an Speisen aus der Theke und ausgezeichnete Salate. Freunde von erstklassigem Kaffee und guter Literatur können sich hier kaum losreißen.

Café Ruba (☎ 06-868 6516; 14 Childers Rd; Gerichte 5–19 NZ$; 🕑 Di–Fr 7–15, Sa & So 8.30–15 Uhr; 🅥) Das urbane Ruba ist Gisbornes stilvollstes Tagescafé. Hier kriegt man herzhafte Frühstücksgerichte, nach Wunsch belegte Sandwiches und Mittagsgerichte für Entdeckungslustige. Zum Abschluss kann man sich einen starken Kaffee oder einen kleinen Nachmittagsdrink gönnen.

Zest (☎ 06-867 5787; 22 Peel St; Gerichte 7–19 NZ$; 🕒 Mo–Sa 7–16 Uhr) Das eifrige und beliebte Café mit limonengrüner Fassade serviert guten Kaffee und eine Reihe von Süßspeisen, Sandwiches, Salaten und Spezialitäten, die auf der Kreidetafel stehen. Wenn möglich, werden saisonale Produkte aus Bio-Anbau verwendet.

Café 1874 (☎ 06-863 2006; 38 Childers Rd; Gerichte 8–19 NZ$; 🕒 7–15 Uhr) Die knarrende alte Pracht des 1874 errichteten Gentleman's Club der Poverty Bay ist allein schon Grund genug für einen Besuch. Das Café mit ansprechenden Thekengerichten, ganztägigem Brunch, Spezialitäten auf der Kreidetafel, vernünftigen Preisen und einem netten Garten wirkt zusätzlich stimulierend.

Just Thai Cuisine (☎ 06-867 8028; 2 Lowe St; Hauptgerichte 11–17 NZ$; 🕒 Mo–Sa mittags & abends, So abends; Ⓥ) In einem erfrischend einfachen Raum an einer Straßenecke mit Blick auf die Taruheru River liefert dieses Lokal traditionelle Thai-Klassiker in verlässlicher Qualität. Außerdem gibt's guten Espresso und feine Tees.

Fettuccine Brothers (☎ 06-868 5700; 12 Peel St; Hauptgerichte 24–33 NZ$; 🕒 Mo–Sa abends) Ein elegantes, aber entspanntes Restaurant mit separater Bar (Mi–Fr Livemusik). Auf der Karte steht alles von Knoblauchbrot und Antipasti über Pasta bis hin zu riesigen Steaks. Besonders gut fanden wir die Spaghetti marinara (mit feinen Meeresfrüchten).

LP Tipp **USSCO Bar & Bistro** (☎ 06-868 3246; 16 Childers Rd; Hauptgerichte 26–39 NZ$; 🕒 abends) Dieses Lokal im restaurierten Gebäude der Union Steam Ship Company (daher der Name) hat viel Klasse. Mit vielfältigen, interessanten Gerichten wie gebratener Ente mit Kokossauce, knuspriger Polenta und geschmortem Rotkohl demonstriert der Chefkoch und Besitzer seine Küchentalente. Hinzu kommen gute Desserts und eine Getränkekarte mit vielen Weinen aus der Region und neuseeländischen Bieren. Dienstags bis samstags gibt's live Klaviermusik.

Selbstversorger decken sich bei **Pak N Save** (☎ 06-868 9029; 274 Gladstone Rd; 🕒 7–21 Uhr) ein.

Ausgehen & Unterhaltung

Kingfisher (☎ 06-868 8787; 33 Gladstone Rd; 🕒 Mi–So 11.30 Uhr–open end, Di 15 Uhr–open end) Die relativ neue Bar hat sich in einem pompösen alten Bankgebäude eingerichtet. Sie hat aufmerksames Personal, die Musik ist nicht zu laut, und die knusprige Pizza kommt von dem Imbiss gleich nebenan.

Soho Bar (☎ 06-868 3888; www.sohobar.co.nz; 2 Crawford Rd; 🕒 Mi–So 11 Uhr–open end) Der hippe Treff verwandelt sich von einem respektablen Restaurant zu einer angesagten Location für spätabends. An den Wochenenden legen DJs aus der Region auf, manchmal sind auch bekanntere dabei.

Smash Palace (☎ 06-867 7769; 24 Banks St; Mo–Fr 15 Uhr–open end, Sa 12 Uhr–open end, So 14 Uhr–open end) Auf diesem Schrottplatz kann man gepflegt einen heben. Die malerische Kaschemme ist nämlich randvoll mit allerlei Krempel; sogar ein abgestürztes Kleinflugzeug, eine DC3, ziert die Gartenbar. An den meisten Wochenenden gibt's Livemusik.

Poverty Bay Club (☎ 06-863 2006; 38 Childers Rd; 🕒 im Café nachfragen) Augen auf, wenn der Club

---

DAME KIRI TE KANAWA

Die berühmteste Tochter Neuseelands wurde 1944 in Gisborne geboren. Als echter Megastar der Opernwelt sang Te Kanawa die Primadonnenrollen in vielen der berühmtesten Opernhäuser der Welt an der Seite der bekanntesten Tenöre ihrer Zeit. Das brachte ihr u.a. einen Grammy und den Ritterschlag ein. Bei der Hochzeit von Prinz Charles und Prinzessin Diana sang sie vor einem Publikum von 600 Mio. Menschen.

2005 sagte sie ein Konzert mit dem australischen Popsänger John Farnham ab, nachdem sie ein Video von einem seiner Konzertauftritte gesehen hatte. Grund waren nicht die schmalzigen Soft-Rock-Balladen des Schnulzenkönigs, sondern seine weiblichen Fans, die ihre Unterwäsche auf die Bühne warfen. Für eine angesehene E-Musikerin, deren Vorstellung von einem gewagten Auftritt darin besteht, in all die Arien mal eine Showmelodie einfließen zu lassen, waren herumfliegende Höschen dann doch zu viel.

Die Konzertveranstalter fanden die Absage nicht lustig und verklagten die Künstlerin, verloren aber den Prozess.

im Café 1874 (S. 411) für die Auftritte von Livebands oder DJs geöffnet wird. Das **Dome Cinema** (www.domecinema.co.nz) teilt sich die Räumlichkeiten mit dem Club und zeigt dreimal in der Woche ordentliche Filme.

In den **Odeon Multiplex Theatres** (☎ 06-867 3339; 79 Gladstone Rd) flimmern den ganzen Tag über neue Filme über die Leinwände.

Anreise & Unterwegs vor Ort

AUTO

Die folgenden Autovermieter haben Schalter am Flughafen:

Avis (☎ 06-868 9084; www.avis.co.nz)
Budget (☎ 06-867 9794; www.budget.co.nz)
Hertz (☎ 06-867 9348; www.hertz.co.nz)
Thrifty (☎ 06-867 4543; www.thrifty.co.nz)

BUS

Busse von **InterCity** (☎ 06-868 6139; www.intercity. co.nz) fahren täglich vom i-SITE nach Napier (44 NZ$, 4 Std.) über Wairoa (27 NZ$, 90 Min.) und nach Auckland (81 NZ$, 9½ Std.) über Opotiki (33 NZ$, 2 Std.) und Rotorua (60 NZ$, 4½ Std.).

Aufmerksame Pfennigfuchser können eines der nur begrenzt im Vorverkauf erhältlichen 1-NZ$-Tickets von **Naked Bus** (www.naked bus.com) für die Fahrt nach Auckland über Opotiki und Rotorua ergattern.

Infos über Kurierfahrten in Kleinbussen von Gisborne nach Opotiki auf dem malerischen SH35 am East Cape stehen auf S. 398.

FLUGZEUG

Der **Gisborne Airport** (☎ 06-868 7951; www.eastland. co.nz/airport; Aerodrome Rd) liegt 3 km westlich der Stadt. **Air New Zealand** (☎ 06-868 2700; www.airnew zealand.co.nz; 37 Bright St) fliegt ab bzw. nach Auckland (1 Std., 6-mal tgl.) und Wellington (70 Min., 4-mal tgl.), wo man Anschlussflüge findet. Flugpreise und Sonderangebote stehen auf der Website.

Sunair Aviation (☎ 0800 786 247; www.sunair.co.nz) fliegt werktags nach Hamilton (380 NZ$, 75 Min.) und Napier (280 NZ$, 45 Min.) mit Anschluss nach New Plymouth, Palmerston North, Rotorua, Tauranga und Whakatane (280–380 NZ$).

TAXI

Eine Taxifahrt von der Stadt zum Flughafen kostet rund 15 NZ$.
Eastland Taxis (☎ 0800 868 294, 06-867 6767)
Gisborne Taxis (☎ 0800 505 555, 06-867 2222)

VON GISBORNE ZUR HAWKE'S BAY

Auf dem Weg nach Süden Richtung Napier steht man vor der Wahl, dem SH2 die Küste entlang zu folgen oder auf dem SH36 durchs Binnenland über Tiniroto zu fahren. Auf beiden Strecken landet man schließlich in Wairoa.

Die Küstenstraße ist die bessere Wahl, aber auch der SH36 ist eine angenehme Strecke. Der **Doneraille Park**, 49 km hinter Gisborne, ist ein friedvolles Waldreservat mit einem kalten Gebirgsbach, in den man hineinhüpfen kann. Hier ist wildes Campen (S. 401) erlaubt. Die schäumend weißen Kaskaden der **Te Reinga Falls**, 18 km weiter südlich, lohnen den kurzen Umweg.

Südlich von Gisborne führt der SH2 ein paar Kilometer von der Küste ins Binnenland, bevor er den Wharerata State Forest erreicht. Gleich hinter dem Wald, 55 km von Gisborne entfernt, sprudeln die **Morere Hot Springs** (☎ 06-837 8856; www.morerehotsprings.co.nz; SH2; Erw./Kind 6/3 NZ$; ☉ 10–17 Uhr, Sommer bis 21 Uhr) aus einer Verwerfungslinie im wunderschönen **Morere Springs Scenic Reserve**. Vor dem Sprung ins heiße Wasser kann man durch den Busch wandern (20 Min.–2 Std.). Das Hauptschwimmbecken liegt nahe dem Eingang, aber nach einer fünfminütigen Wanderung am Bach durch jungfräulichen Regenwald kommt man zu den in im Wald gelegenen Nikau Baths. Es ist ehemaliges Meerwasser, das hier mit rund 50 °C zur Oberfläche schießt, aber um 10 °C abkühlt, bevor es in die kleinen Edelstahlwannen gepumpt wird.

Gegenüber von den Quellen befindet sich der **Morere Tearooms & Camping Ground** (☎ 06-837 8792; SH2; Stellplatz 30 NZ$, DZ 60–90 NZ$). Die Stellplätze liegen am plätschernden Tunanui Stream und haben einfache Einrichtungen, das Café liefert ordentliche getoastete Sandwiches und hat Grundnahrungsmittel auf Lager.

Die **Moonlight Lodge** (☎ 06-837 8824; www.morere hotsprings.co.nz; SH2, Morere; EZ/DZ/3BZ/4BZ 60/75/95/120 NZ$) ist eine friedvolle, grasbedeckte Enklave und besteht aus einem Farmhaus von 1917, einem Cottage und zwei niedlichen Hütten gleich abseits des Highway. Anmutige Bäume fassen das kleine ländliche Idyll ein, zu dem ein Bach, Schafe und die freundliche Hündin Molly gehören.

Bei der Weiterfahrt auf dem SH2 sollte man nach der ungewöhnlich bunt angemalten **Taane-nui-a-Rangi Marae** Ausschau halten. Von der Straße aus hat man einen ordentlichen

Blick auf die Anlage, die man allerdings nicht ohne Einladung betreten darf.

Der SH2 führt weiter gen Süden nach Nuhaka am nördlichen Ende der Hawke Bay. Von hier aus geht es westwärts weiter nach Wairoa oder ostwärts zur urtümlichen Mahia Peninsula. Unweit der Kreuzung in Nuhaka steht die **Kahungunu Marae** (Ihaka St). Von der Straße aus sieht man am Giebel des Hauses einen geschnitzten stehenden Krieger, der einen *taiaha* (Speer) hält. Die Darstellung ist weniger abstrakt als die meisten traditionellen Schnitzereien und wirkt sehr realistisch.

HAWKE'S BAY

Die Hawke Bay, das Gewässer, das sich von der sonnenverbrannten Mahia Peninsula bis zum Cape Kidnappers erstreckt, sieht aus, als sei sie aus der Ostseite der Nordinsel herausgebissen worden. Fügt man ein „'s" an, erhält man den Namen der Region, die sich in Richtung Süden und ins Landesinnere ausdehnt, mit fruchtbaren Feldern, Surfstränden, Gebirgsketten und Urwäldern.

Das südliche Ende der Bucht wirkt wie ein lebendig gewordener Lifestyle-Fernsehsender – Essen, Wein und Architektur sind die gemeinsamen Laster. Es ist selbstgefällig gemütlich, aber durchaus anziehend, und man sieht es sich am besten durch ein rosafarbenes Weinglas an. Wenn das Wetter die Strandpläne vereitelt, ist das sowieso eine tolle Alternative.

MAHIA PENINSULA

Mit den erodierten Hügeln, den Sandstränden und dem lebhaft blauen Meer wirkt die Mahia Peninsula wie eine Miniversion der Coromandel Peninsula, allerdings ohne schicke Touristen und modische Ferienorte. Dafür hat man hier als Plus schroffe, an Dover erinnernde Klippen. Die Halbinsel ist ein bezaubernder Ferienort für die Einheimischen, die hierher zum Angeln, Tauchen, Surfen und Vögel beobachten kommen oder sich einfach die Sonne auf den Pelz brennen lassen. Mahia besitzt mehrere kleine Siedlungen, ein idyllisches Naturschutzgebiet und die von Vögeln nur so wimmelnde Maungawhio Lagoon. Für alle diese Ziele benötigt man ein eigenes Verkehrsmittel.

Die **Cappamore Lodge** (☎ 06-837 5523; oconnell capamore@clear.net.nz; 435 East Coast Rd; EZ/DZ/3BZ/4BZ

80/120/140/160 NZ$) ist ein schrulliges, freistehendes Blockhaus im skandinavischen Stil, das von Margaret und Bill erbaut wurde. Das Haus ist riesig (sechs Personen kommen bequem unter) und bietet zwei Wohnbereiche und einen tollen Ausblick schon von der Türschwelle aus.

Das **Seashore B&B** (☎ 06-837 5525; www.mahianz. com; 182 Newcastle St, Taylors Bay; EZ/2BZ/3BZ 80/140/ 180 NZ$; 🖳) liegt tatsächlich direkt am Meeresstrand. Die moderne Unterkunft mit den freundlichen Gastgebern hat zwei helle Zimmer mit Bad, einen Schlafsaal mit Stockbetten für fünf Personen und eine Gästelounge. Kajaks sind vorhanden.

An der Ostküste hat das **Café Mahia** (☎ 06-837 5094; 476 East Coast Rd; Gerichte 14–20 NZ$; ⏰ Do–So 10–16 Uhr, Sommer tgl. 10–16 Uhr, Do & Sa abends; 🖳) eine erstaunliche Auswahl an Konserven und dient zugleich als Postamt und Bäcker. Außerdem gibt's Essen wie bei Oma, zweifelhaften Kaffee und eine hübsche Terrasse, von der aus man den Blick genießen kann. Zum Abendessen vorab reservieren.

Die **Sunset Point Sports Bar & Bistro** (☎ 06-837 5071; Ecke Newcastle St & Ratau St; Hauptgerichte 20–30 NZ$; ⏰ 10 Uhr–open end) ist der einzige Treff vor Ort, wo man ein Bier trinken und mit den Einheimischen in Kontakt kommen kann. Hier gibt's einen Billardtisch, Darts, Fish & Chips (frisch!), eine gute Gartenbar und an den meisten Wochenenden überraschend gute Livemusik.

WAIROA
5228 Ew.

Das arme kleine Wairoa müht sich redlich, seinen rauen Ruf loszuwerden. Der neue **Wairoa Township River Walkway** erfasst die interessanten Stätten an der Hauptstraße, darunter das solide alte **Portland Island Lighthouse** (1877) aus Kauriholz, das einst vor der Mahia Peninsula stand und nun stolz den Eingang zum Ortszentrum schmückt.

Wie in vielen kleinen Orten scheint der wirtschaftliche Niedergang interessante alte Gebäude vor der Abrissbirne gerettet zu haben. Zur Zeit unserer Recherche war von einer Wiedereröffnung des restaurierten, 1931 erbauten **Gaiety Theatre** (252 Marine Pde) die Rede, also einfach mal vorbeischauen. Das **Wairoa Museum** (☎ 06-838 3108; wairoamuseum@xtra.co.nz; 142 Marine Pde; Spende erbeten; ⏰ Mo–Fr 10–16, Sa bis 13 Uhr) hat eine italienisch anmutende Fassade, die von seiner früheren Nutzung als Bank stammt.

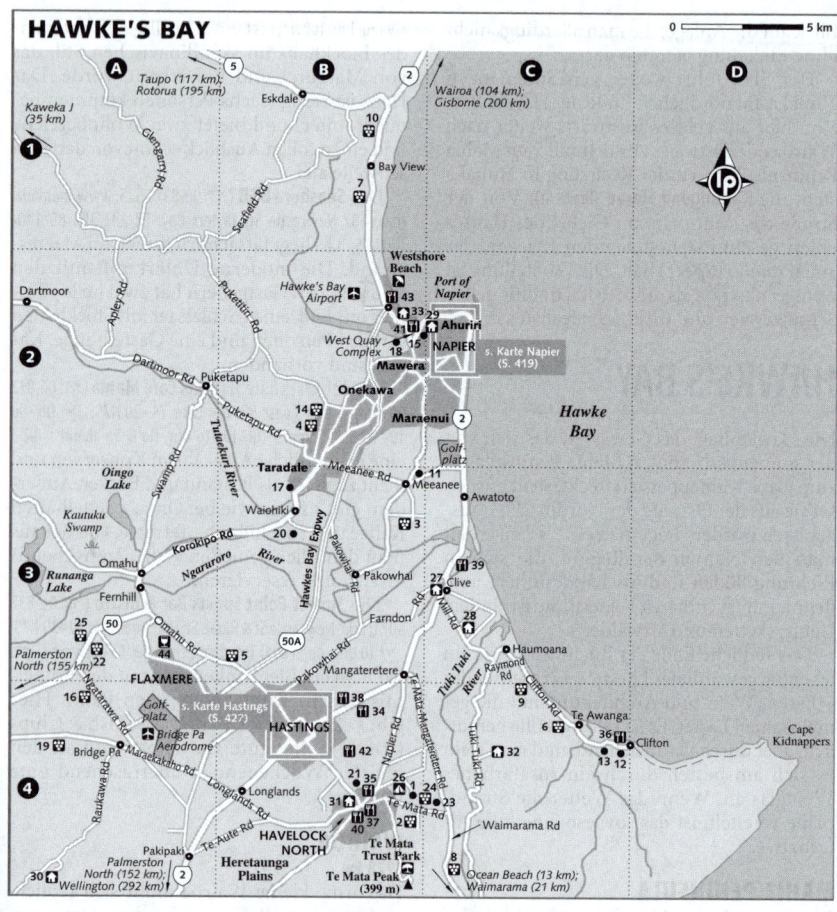

Vogelfreunde sollten die **Whakamahi Lagoon** an der Flussmündung sowie die 10 km östlich des Ortes gelegene **Whakaki Lagoon** erkunden.

Das engagierte Personal im **Wairoa i-SITE** (☎ 06-838 7440; www.wairoadc.govt.nz; Ecke SH2 & Queen St; 🕒 Mo–Fr 9–16.45, Sa & So 10–11 & 15.15–16 Uhr; 🖳) hat Infos zur Gegend, außerdem gibt's Karten und Internetzugang (3 NZ\$/15 Min.), Angelscheine und DOC-Pässe.

Schlafen & Essen

LP Tipp **Riverside Motor Camp** (☎ 06-838 6301; www. riversidemotorcamp.co.nz; 19 Marine Pde; Stellplatz 30 NZ\$, B/DZ/3BZ 20/60/80 NZ\$; 🖳) Muntere Eigentümer und der schönste Sanitärblock, den man je gesehen hat, sind ein dickes Plus dieser Anlage. Es gibt angenehme Stellplätze und nette

Hütten, der Backpacker-Schlafsaal ist ein großes Zimmer mit Stockbetten und TV.

Oslers Bakery & Café (☎ 06-838 8299; 116 Marine Pde; Gerichte 5–15 NZ\$; 🕒 Mo–Fr 8–16, Sa & So bis 15 Uhr) Hier warten preisgekrönte Pies (3–4 NZ\$), Süßspeisen, ordentlicher Kaffee und ein warmes Frühstück. Da fällt die Auswahl schwer.

East End Café (☎ 06-838 6070; 250 Marine Pde; Gerichte 8–18 NZ\$; 🕒 Di–Fr 7.30–16, Sa 8.30 Uhr–open end, So 8.30–16 Uhr) Im gleichen Gebäude wie das Gaiety Theatre sorgt das East End mit dem luftigen, geräumigen Schankraum, getoasteten Sandwiches (6 NZ\$), sagenhaften Friands und einem knappen Angebot an Gerichten auf der Tafel (von Eiern am Morgen über Pizza bis Fischsuppe) für gute Stimmung. Auch der Kaffee und die Säfte sind prima.

NAPIER

0 —————— 400 m

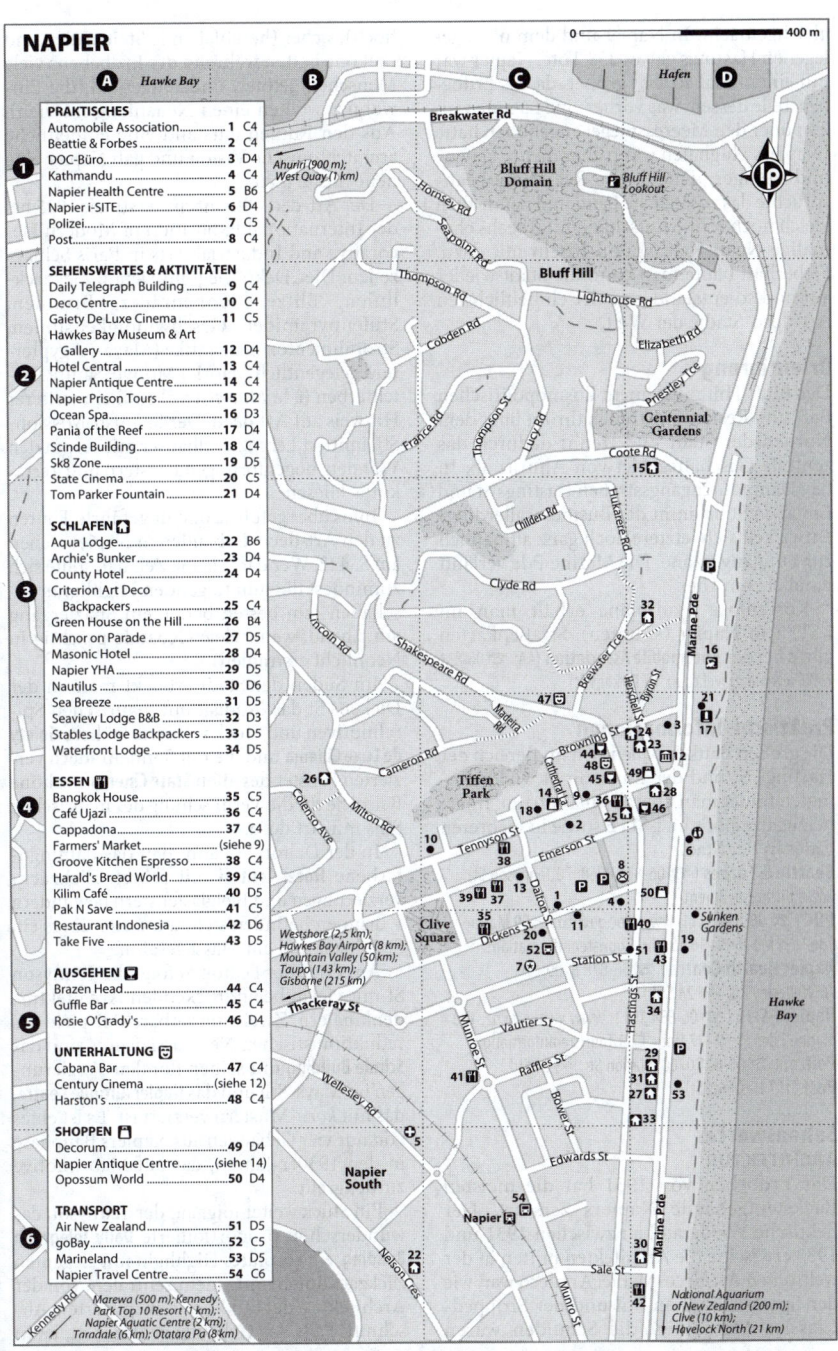

EAST COAST

gleichgemacht. In Napier und dem nahe gelegenen Hastings gab es 258 Tote. Napier war mit einem Mal 40 km² größer, da das Erdbeben Teile dessen, was vorher eine Lagune war, 2 m über den Meeresspiegel angehoben hatte (Napiers Flughafen war früher mehr „Hafen" und weniger „Flug"). Die Regierung beanspruchte das zusätzliche Land und nahm auch gleich noch (ohne Entschädigung) sechs ehemalige Ngati-Kahungunu-Inseln mit dazu. Fieberhaft baute man dann die Stadt wieder auf und so entstand eine der einheitlichsten Art-déco-Städte der Welt.

Orientierung

Der Bluff Hill mit seinem kosmopolitischen Bar- und Restaurantstreifen thront über dem Norden der Stadt und trennt dadurch das zentrale Geschäftsgebiet von Ahuriri ab. In den Hauptdurchgangsstraßen Hastings St und Emerson St brummt das Business, allerdings entwickelt sich letztere dem ganz allmählich zur Fußgängerzone. Die Marine Pde verläuft parallel zum Ufer.

Kostenlose Stadtpläne erhält man im i-SITE in Napier (s. unten), Straßenkarten gibt's bei der **Automobile Association** (AA; ☎ 06-834 2590; www.aatravel.co.nz; 87 Dickens St).

Praktische Informationen

Die großen Banken ballen sich im Bereich der Hastings St und der Emerson St, Geldautomaten findet man überall im Zentrum. Internetzugang gibt's im i-SITE sowie in mehreren Cafés in der Stadt.

Beattie & Forbes (☎ 06-835 8968; 70 Tennyson St) Gutes Büchersortiment.

DOC (☎ 06-834 3111; www.doc.govt.co.nz; 59 Marine Pde; ☺ Mo–Fr 9–16.15 Uhr) Touristeninformation.

Napier Health Centre (☎ 06-878 8109; 76 Wellesley Rd; ☺ 24 Std.)

Napier i-SITE (☎ 06-834 1911; www.visitus.co.nz; 100 Marine Pde; ☺ 9–17 Uhr; 🖳) Touristeninformation.

Polizei (☎ 06-831 0700; Station St; ☺ 24 Std.)

Post (151 Hastings St)

Sehenswertes
ARCHITEKTUR

Das Erdbeben von 1931 hat die meisten Backsteingebäude Napiers zerstört. Der hektische Wiederaufbau zwischen 1931 und 1933 erwischte die Architekten mitten in der weltweiten Art-déco-Manie. Art déco war, wie der Spanish-Mission-Stil und der Stripped-Classical-Stil, billig (die Schulden waren

hoch), sicher (herabfallende Steinsäulen und Balkone hatten während des Erdbebens viele Menschen getötet) und zeitgemäß (die Einwohner wollten einen Neuanfang machen). Aus den Ruinen entstand eine einheitliche architektonische Vision und gab Napier eine neue *raison d'être*.

Der Art-déco-Stil machte erstmals 1925 bei der International Exposition of Modern Decorative and Industrial Arts in Paris Schlagzeilen. Die „Deko" liegt im Detail: Zickzacklinien, Blitze, Sonnenräder, Brunnen, Stufenpyramiden, Geschwindigkeitslinien, Stromlinienformen, antike (Maya-, Ägypter- und gelegentlich Maori-) Motive. Sanfte Pastellfarben (à la *Miami Vice*) sind ein weiterer Hinweis auf Art déco. Der Spanish-Mission-Stil imitiert Lehmziegelhäuser mit verputzten Wänden, bogenförmigen Fenstern und Terrakotta-Fliesen.

Infos über geführte und ungeführte Touren zu den Art-déco-Gebäuden in Napier stehen auf S. 422. Wer dafür keine Zeit hat, sollte sich zumindest die nun folgenden Highlights anschauen (am besten bei einem Spaziergang am Abend, wenn viele Gebäude prächtig in Neonlicht erstrahlen).

Im Süden der Stadt erblickt man an der Dickens St das exquisit mit maurischen Spiralmotiven und Stuck verzierte frühere **Gaiety de Luxe Cinema** und die mit Sonnenrädern verzierten Fenster des alten **State Cinema** – schöne Beispiele für die Vermischung des maurischen Stils mit Art déco.

In der Dalton St kann man das flamingofarbene **Hotel Central** mit seinen Zickzackverzierungen und Bleiglasfenstern bewundern – drinnen befinden sich heute allerdings ein Striplokal und ein Massagesalon.

Am Ende der Dalton St folgt die Tennyson St mit vielen beeindruckenden Architekturdenkmälern. Zwei wunderbare Beispiele des reduktionistischen Neoklassizismus sind das **Scinde Building** mit seinen floralen Verzierungen im Maya-Stil und das **Napier Antique Centre**, das mit *koru*-Mustern verziert ist. Es ist eines von nur vier Gebäuden aus Napiers Bauphase in den 1930er-Jahren, das auf Maorimotive zurückgreift.

Ein Stück weiter folgt auf der Tennyson das wunderschön proportionierte **Daily Telegraph Building**, ein absolutes Highlight mit eleganten Zickzacklinien und einem zentralen, von der Architektur der Zikkurats inspirierten Abschnitt. Falls das Gebäude geöffnet ist, kann man hineinschauen und das meisterhaft restaurierte Foyer bewundern.

Das **National Tobacco Company Building** (Karte S. 414; Ecke Bridge St & Ossian St; ☺ Mo–Fr 9–17 Uhr) ist zweifellos eines der Meisterwerke des Art déco in der Region und steht eine kurze Autofahrt vom Stadtzentrum entfernt in Ahuriri. Das 1933 errichtete Gebäude verbindet die Formensprache des Art déco mit den Naturmotiven des Jugendstils. Rosen, Rohrkolben und Weinranken umrahmen den eleganten, runden Eingang. Während der Geschäftszeiten kommt man in die ersten beiden Räume hinein. Die Außentüren haben Messinggriffe in Blattform.

MARINE PARADE
Die Marine Parade ist eine elegante, von Bäumen gesäumte Allee mit Motels und restaurierten Holzgebäuden, die das Erdbeben überstanden haben. Hier befinden sich Parks, abgesenkte Gartenanlagen, eine Minigolfanlage, ein Schwimmbad, ein Aquarium und ein Museum.

Nahe dem nördlichen Ende der Marine Parade steht der **Tom Parker Fountain**, der abends, wenn er angestrahlt wird, am eindrucksvollsten wirkt. Gleich daneben befindet sich **Pania of the Reef** (1954), das Wahrzeichen Napiers. Die Statue der tragisch-romantischen Gestalt aus der Maorimythologie wirkt recht wenig maorimäßig und erinnert deutlicher an Disney: Ihr Gesicht mit dem breiten, gezwungenen Lächeln wird von einer Frisur à la Rita Hayworth eingerahmt. Mit dem Tiki-Amulett zwischen ihren wohlgeformten Brüsten ist sie jedenfalls die Verkörperung einer dunkelhäutigen Schönheit. Sie besitzt eine gewisse Ähnlichkeit mit der *Kleinen Meerjungfrau* in Kopenhagen, und wie diese wurde sie einmal (2005) gestohlen, aber wiedergefunden.

Das **Hawke's Bay Museum & Art Gallery** (☎ 06-835 7781; www.hbmag.co.nz; 9 Herschell St; Erw./Kind/Fam. 10/5/20 NZ$; ☺ 10–18 Uhr) besitzt breitgefächerte, interessante Sammlungen. Sehenswert sind vor allem die Dauerausstellung mit Maori-Artefakten und der faszinierende Saal zum Gedenken an das Erdbeben von 1931 – unbedingt auch den anrührenden Film anschauen! Außerdem gibt's ausgezeichnete Sonderausstellungen des Museums und Wanderausstellungen. Ab Ende 2010 wird es wegen der Bauarbeiten für die Erweiterung Einschränkungen geben. Die Pläne zur Umgestaltung sehen äußerst vielversprechend aus.

Das **National Aquarium of New Zealand** (☎ 06-834 1404; www.nationalaquarium.co.nz; 546 Marine Pde; Erw./Kind 16/8 NZ$; ☺ 9–17 Uhr, Fütterungen 10 & 14 Uhr) ist ein moderner Komplex, dessen Dach an einen Stachelrochen erinnert. Drinnen kann man ein Krokodil, Piranhas, Schildkröten, Aale, Kiwis, Brückenechsen und natürlich Unmengen von Fischen bestaunen. Bei den Führungen um 9 und um 13 Uhr (Erw./Kind 31/16 NZ$) wirft man einen Blick hinter die Kulissen. Erfahrene Taucher können auch mit Haien schwimmen (Tauchen 68 NZ$, Ausrüstung 36 NZ$).

WEINGÜTER
Es gibt zwar auch ein paar Weingüter rund um Napier, die Mehrzahl der Weingüter von Hawke's Bay liegt aber im Umland von Hastings. Eine komplette Übersicht der Weingüter findet sich auf S. 430. Hinweise zu Tourveranstaltern, mit denen man dorthin kommt, stehen im Abschnitt „Geführte Touren" (S. 422).

BLUFF HILL LOOKOUT
Vom 102 m hohen Bluff Hill hat man einen weiten Ausblick über die Hawke Bay. Der tagsüber geöffnete Rundweg zum Gipfel ist ein netter Spaziergang, der beliebte Aussichtspunkt selber ein hübsches Plätzchen für ein Picknick.

OTATARA PA
Holzpalisaden, geschnitzte *pou* (Gedenkpfähle) und das mit Schnitzereien verzierte Tor machen dieses *pa* (Karte S. 414) zu einer interessanten kulturellen Stätte. Auf dem einstündigen Rundweg sieht man die archäologischen Zeugnisse und genießt einen herrlichen Ausblick ins Umland. Von der Stadt aus geht es auf der Taradale Rd und der Gloucester St nach Südwesten. Unmittelbar vor dem Fluss nach rechts in die Springfield Rd abbiegen!

Aktivitäten
Napiers kieseliger Stadtstrand ist für Schwimmer ungeeignet. Die Einheimischen fahren gerne nordwärts nach **Westshore** (Karte S. 414) oder zu den Surfstränden südlich des Cape Kidnappers (S. 433). Ansonsten bleibt noch das **Ocean Spa** (☎ 06-835 8553; 42 Marine Pde; Erw./Kind 8/6 NZ$; ☺ Mo–Sa 6–22, So 8–22 Uhr), ein schicker Schwimmbadkomplex am Wasser mit Beauty Spa, Fitnesscenter und einem Café.

EAST COAST

Südlich der Stadt liegt das **Napier Aquatic Centre** (☎ 06-834 4150; www.napieraquatic.co.nz; Maadi Rd, Onekawa; Erw./Kind 4,20/3,10 NZ$; unbegrenzte Nutzung der Wasserrutschen 4,20 NZ$; ⊗ Mo–Fr 6–21, Sa & So 11–18 Uhr) mit einem 50 m langen Becken, Wasserrutschen, Whirlpools und einem Kinderbecken.

Skater sind in der **Sk8 Zone** (☎ 06-835 6003; Marine Pde; inkl. Inlinerausleihe Erw./Kind 11/9 NZ$; ⊗ Mo–Fr 15.30–17.30, Sa & So 10–17 Uhr) richtig. Die Anlage bietet eine mit Rampen versehene Skatingbahn drinnen und draußen. Wer eine Runde auf der Marine Parade drehen will, kann hier auch Inliner ausleihen (Erw./Kind 10/8 NZ$).

Pandora Kayaks (Karte S. 414; ☎ 06-835 0684; www.pandorakayaks.co.nz; 53 Pandora Rd; Kajak ab 14 NZ$/Std.; Fahrrad 30 NZ$/Tag; ⊗ tgl.) verleiht Kajaks, Surfbretter, kleine Jachten und Fahrräder.

Bei **Kiwi Adventure Co** (Karte S. 414; ☎ 06-834 3500; www.kiwi-adventure.co.nz; 58 West Quay, Ahuriri; Erw./Kind 15/12 NZ$; ⊗ Di & So 15–21, Sa & So 10–18 Uhr) kann man an der Kletterwand Spiderman nacheifern. Veranstaltet werden auch Höhlenwanderungen und Kajaktouren.

60 km nördlich von Napier am SH5 bietet **Mountain Valley** (☎ 06-834 9756; www.mountainvalley.co.nz; McVicar Rd, Te Pohue) Ausritte sowie Wildwasser- und Kajaktouren (25–150 NZ$) an. Vor Ort gibt's auch Unterkünfte.

Die **Hawke's Bay Wine Country Cat** (Karte S. 414; ☎ 0800 946 3228; www.hbwinecountrycat.com; West Quay, Ahuriri; Schiffstour 25–65 NZ$) fährt nach unterschiedlichem Fahrplan in die Hawke Bay hinaus. Der gleiche Anbieter betreibt auch die **Hawke's Bay Wine Country Duck** (☎ 0800 946 338; www.hbwinecountryduck.com; Abfahrt am i-SITE; 1-stünd. Tour Erw./Kind 40/25 NZ$; ⊗ 10.30, 13.30 & 15 Uhr), ein Amphibienfahrzeug, das auf der (Gnade!) „Art-Ducko"-Tour auf den Straßen und Gewässern von Napier unterwegs ist.

Geführte Touren

Die Mehrzahl der geführten Touren in und um Napier stehen im Zeichen der Architektur oder der Weingüter.

Napiers Art Deco Trust hat sich dem Schutz und der Förderung des architektonischen Erbes der Stadt verschrieben. Der einstündige Art-déco-Spaziergang (14 NZ$) startet täglich um 10 Uhr am i-SITE, der zweistündige (20 NZ$) täglich um 14 Uhr am **Deco Centre** (☎ 06-835 0022; www.artdeconapier.com; 163 Tennyson St; ⊗ 9–17 Uhr). Diese ausgezeichneten Ausflüge umfassen auch eine Einführung, eine DVD-Vorführung und Erfrischungen. Im Deco Centre gibt's diverses Material, darunter Broschüren für Leute, die sich auf eigene Faust an die Erkundung machen wollen. Ausgezeichnete Vorschläge bieten *Art Deco Walk* (5 NZ$), *Art Deco Scenic Drive* (5 NZ$) und *Marewa Meander* (3 NZ$). Marewa ist ein südwestlich von Napiers Stadtzentrum gelegener Vorort, der ganz und gar von Art déco geprägt ist.

Zahlreiche Veranstalter bieten geführte Touren zu den Art-déco-Highlights und Exkursionen im Ort an:

Absolute de Tours (☎ 06-844 8699; www.absolutedetours.co.nz) Veranstaltet in Zusammenarbeit mit dem Deco Centre die „Deco Tour", die die Stadt, Marewa und den Bluff Hill (38 NZ$, 75 Min.) berücksichtigt, sowie halbtägige Touren durch Napier und Hastings (60 NZ$).

Deco Affair Tours (☎ 06-835 4492; www.decoaffair.com; geführte Touren 20–90 NZ$) In voller zeittypischer Montur fährt einen der liebenswert exzentrische Bertie in einem kirschroten Buick von 1934 durch die Gegend.

Ferg's Fantastic Tours (☎ 0800 428 687; www.fairwaytours.co.nz; halber/ganzer Tag 65/149 NZ$) Erkundungen in Napier und den umliegenden Gebieten.

Packard Promenade (☎ 06-835 1455; www.packardpromenades.co.nz; geführte Touren 130–600 NZ$) In einem Packard Six von 1939 geht's zu den Art-déco-Bauten oder zu den Weingütern.

Selbstgeführte Fahrradtouren bietet **Takaro Trails** (☎ 06-836 5385; www.takarotrails.co.nz; halb- bis 5-tägige Touren 55–799 NZ$). Im Preis enthalten sind Ausrüstung, Gepäcktransport und gegebenenfalls Unterkünfte und Frühstück. Nach den Mountainbike-Abenteuern im Eskdale Mountain Bike Park fragen!

Wer einmal ins Gefängnis will, kann mit **Napier Prison Tours** (☎ 06-835 9933; www.napierprison.com; 55 Coote Rd; Tour 20 NZ$) das Gefängnis mit Audioguide (9–21 Uhr) oder Führung (9.30 & 15 Uhr) besuchen.

Für Infos zu geführten Touren zu den Weingütern von Hawke's Bay, s. S. 430.

Festivals & Events

In der dritten Februarwoche sind Napier und Hastings gemeinsam Gastgeber des sensationellen **Art Deco Weekend** (☎ 06-835 0022; www.artdeconapier.com). Essen, Tanzen, Trinken, Bälle, Bands und Klamotten à la Gatsby sorgen die ganze Woche für Jubel, Trubel, Heiterkeit. Bertie, Napiers Art-déco-Botschafter (s. oben), ist immer mitten drin.

Mitte Februar veranstaltet Mission Estate (S. 430) das beliebte **Mission Concert** (☎ 06-845

9350; www.missionconcert.co.nz; Ticket 105–205 NZ$), bei dem betagte Superstars wie Tom Jones, Jimmy Barnes oder die Four Tops unter freiem Himmel ein paar Klassiker zum Besten geben.

Nicht zu verachten ist auch das **Church Road Jazz** (Ticket 45 NZ$), das Church Road (S. 430) im Rahmen von Harvest Hawke's Bay (S. 429) Anfang Februar veranstaltet.

Schlafen

BUDGETUNTERKÜNFTE

Aqua Lodge (Karte S. 419; ☎ 06-835 4523; aquaback@inhb. co.nz; 53 Nelson Cres; Stellplatz 17 NZ$/Pers., B 25 NZ$, DZ 60–74 NZ$; 🖳 🛜 🖭) Die Aqua Lodge nimmt in einer ruhigen Seitenstraße großen Raum zwischen den Nachbarhäusern ein. Auf dem Rasen hinter dem Haus gibt es Stellplätze. Es geht lustig zu, auch wenn „Sex und Pinkeln" am Pool verboten sind.

Kennedy Park Top 10 Resort (☎ 06-843 9126; www. kennedypark.co.nz; Storkey St, Marewa; Stellplatz 19–21 NZ$/ Pers., Wohneinheit 107–150 NZ$; 🖳 🖭) Diese Anlage ist eher schon eine Urlaubersiedlung als ein Campingplatz und wurde 2009 mit dem Sustainable Business Award der Bay ausgezeichnet. Von allen Campinganlagen liegt sie der Stadt am nächsten (2,5 km entfernt). Sie bietet alle erdenklichen Einrichtungen, nur eine größere Küche wäre wünschenswert.

LP Tipp **Criterion Art Deco Backpackers** (Karte S. 419; ☎ 06-835 2059; www.criterionartdeco.co.nz; 48 Emerson St; B 20 NZ$, EZ 40–75 NZ$, DZ 55–80 NZ$, 3BZ/4BZ 78/87 NZ$ jeweils mit kontinentalem Frühstück; 🖳 🛜) Hier kommen interessante Architektur und zentrale Lage zusammen. Im großen Gemeinschaftsbereich kann man die eindrucksvolle Innengestaltung des besten Gebäudes im Spanish-Mission-Stil bewundern, das Napier zu bieten hat. Im Bar-Restaurant unten gibt's Sonderpreise für Übernachtungsgäste.

Waterfront Lodge (Karte S. 419; ☎ 06-835 3429; www. napierwaterfront.co.nz; 217 Marine Pde; B 21–24 NZ$, EZ/DZ 42/62 NZ$; 🖳 🛜) Die umgänglichen Betreiber bemühen sich sehr darum, in ihrem gepflegten Hostel allseits für gute Stimmung zu sorgen. Das Haus ist eine tolle Wahl, wenn man Saisonarbeit sucht: Die Besitzer überprüfen potenzielle Arbeitgeber und sortieren zwielichtige Kandidaten aus.

Stables Lodge Backpackers (Karte S. 419; ☎ 06-835 6242; www.stableslodge.co.nz; 370 Hastings St; B 22–26 NZ$, DZ 58 NZ$; 🖳 🛜) Früher waren das wirklich Ställe, und wenn man heute einen der kleinen Schlafsäle mit Kerlen füllt, riecht es morgens auch nicht wesentlich anders. Es gibt einen

Grillbereich im Hof, Wandmalereien, Hängematten, eine zum Haus gehörende Katze und kostenloses Internet.

Archie's Bunker (Karte S. 419; ☎ 06-833 7990; www. archiesbunker.co.nz; 14 Herschell St; B/EZ 23/35 NZ$, DZ 56–60 NZ$; 🖳 🛜) Das Archie's liegt eine Straße vom Ufervorland entfernt und ist ein gepflegtes, modernes Hostel in einem alten Bürogebäude. Einige Zimmer haben keine Fenster, aber insgesamt handelt es sich doch um eine gut belüftete, ruhige und sichere Anlage mit freundlichen Betreibern und einem Fahrradverleih.

Napier YHA (Karte S. 419; ☎ 06-835 7039; www.yha. co.nz; 277 Marine Pde; B 29–33 NZ$, EZ/DZ 40/68 NZ$; 🖳 🛜) Napiers freundliches YHA-Hostel residiert in einem Gebäude am Strand, das das Erdbeben überstanden hat und heute eine scheinbar endlose Reihe von Zimmern bietet; am besten eines nehmen, das der Straße fern ist. Es gibt eine sagenhafte vorkragende Lesenische und einen sonnigen Hinterhof.

MITTELKLASSEHOTELS

Masonic Hotel (Karte S. 419; ☎ 06-835 8689; www. masonic.co.nz; Ecke Herschell St & Tennyson St; EZ/DZ/3BZ 85/105/130 NZ$) Das Masonic profitiert von seinem Art-déco-Erbe und liegt im Herzen der Stadt; seine Unterkünfte, Restaurants und der Pub nehmen den größten Teil eines Blocks ein. Die altmodischen Zimmer haben zweifellos nostalgischen Charme, was sich allerdings von der verwohnten Einrichtung sicher nicht behaupten lässt.

Sea Breeze (Karte S. 419; ☎ 06-835 8067; seabreeze. napier@xtra.co.nz; 281 Marine Pde; EZ 95 NZ$, DZ 110–130 NZ$) In dieser viktorianischen Villa am Meer gibt's drei farbenfrohe, thematisch (chinesisch, indisch und türkisch) gestaltete Zimmer voller exotischem Flair und mit vielen Kunstwerken.

Green House on the Hill (Karte S. 419; ☎ 06-835 4475; www.the-green-house.co.nz; 18b Milton Oaks, Milton Rd; EZ/DZ 110/135 NZ$; 🖳 🛜) Dieses vegetarische B & B liegt auf einem steilen Hügel und belohnt mit einer grünen Umgebung und dem Blick auf die Stadt. Im Gästeflügel gibt es ein Zimmer mit Bad und eines mit Bad außerhalb. Höchstwahrscheinlich lassen im Haus gebackene Köstlichkeiten und feine Kräutertees nicht lange auf sich warten.

Rocks Motorlodge (Karte S. 414; ☎ 06-835 9626; www. therocksmotel.co.nz; 27 Meeanee Quay, Westshore; Wohneinheiten 110–180 NZ$; 🖳 🛜) Das nur 80 m vom Strand entfernte Rocks hat mit seinen Well-

EAST COAST

blechdetails und Holzschnitzereien die Mess-latte an die Westshore-Motels höher gelegt. Die Innenräume sind luxuriös und farbenfroh gestaltet, einige Wohneinheiten sind mit Whirlpool, andere mit freistehenden Bade-wannen ausgestattet. Es gibt kostenloses Inter-net, einen kostenlosen Fitnessraum und eine Waschküche.

Seaview Lodge B&B (Karte S. 419; ☎ 06-835 0202; cvulodge@xtra.co.nz; 5 Seaview Tce; EZ 120–130 NZ$, DZ 150–170 NZ$) Diese prächtige viktorianische Villa von 1890 thront wie Königin über allem – und zwar einem Großteil der Stadt sowie einem schönen Stück vom Ozean. Die eleganten Zimmer zeigen geschmackvolle Details aus der Entstehungszeit und besitzen entweder eigene Bäder oder Nasszellen. Einem Drink zum Sonnenuntergang auf der Veranda, die sich von der schicken Gästelounge aus öffnet, lässt sich kaum widerstehen.

Manor on Parade (Karte S. 419; ☎ 06-834 3885; manoronparade@xtra.co.nz; 283 Marine Pde; DZ 140–180 NZ$) Die zweistöckige Holzvilla ist eine solide, komfortable und freundliche Alternative, die das Erdbeben und die Zeit als B & B gut über-standen hat.

SPITZENKLASSEHOTELS

Crown Hotel (Karte S. 414; ☎ 06-833 8300; www.the crownnapier.co.nz; Ecke Bridge St & Hardinge Rd, Ahuriri; Apt. 150–600 NZ$; 🖳 🛜) Der Umbau dieses Pubs von 1932 zu einem noblen Apartmenthotel hat sicher einigen Fischern das Herz ge-brochen. Der neue Flügel ist zwar ein moder-ner Zweckbau, bietet aber auch eine prächti-ge Aussicht aufs Meer. Es gibt außerdem ein Fitnessstudio.

Nautilus (Karte S. 419; ☎ 06-974 6550; www.nautilus napier.co.nz; 387 Marine Pde; Studio & Suite 175–300 NZ$; 🖳 🛜) Napiers neuestes Hotel ist architekto-nisch ziemlich gut gelungen. Alle Zimmer bieten Aussicht, das Dekor rockt. Dazu kom-men Whirlpools, private Balkone und ein Restaurant im Haus.

County Hotel (Karte S. 419; ☎ 06-835 7800; www. countyhotel.co.nz; 12 Browning St; Zi./Suite 350/488 NZ$; 🖳 🛜) Im Mauerwerk dieses elegant restau-rierten eduardianischen Gebäudes (einer der wenigen Ziegelbauten, der das Erdbeben überstanden hat) wohnt der Luxus. Das Res-taurant Chambers lädt zu Abendessen (Hauptgerichte 30–42 NZ$) in feiner Förm-lichkeit, während Winstons Porträt majestä-tisch von den Wänden der Churchill's Cham-pagne and Snug Bar hinunterblickt.

Essen

RESTAURANTS

Provedore (Karte S. 414; ☎ 06-834 0189; 60 West Quay; Tapas 6–15 NZ$, Hauptgerichte 27–35 NZ$; 🕑 Di–Fr 17 Uhr–open end, Sa & So 10 Uhr–open end) Ein schickes kleines Restaurant mit Art-déco-Fassade. Von den Tapas über die Hauptgerichte bis zum Käse und den Nachspeisen gehört das Essen hier zum Besten in Napier. Auch kultivierte Bar-gänger kommen bei der Auswahl guter neu-seeländischer Biere und Weine auf ihre Kosten.

Kilim Café (Karte S. 419; ☎ 06-835 9100; 193 Hastings St; Hauptgerichte 15–19 NZ$; 🕑 11 Uhr–open end; V) Authentische türkische Küche in recht smar-tem, mit osmanischen Kissen und Wand-behängen dekoriertem Ambiente. Kebab, Falafel, Hummus, Dolmas, Pide und Meze – alles frisch und lecker. Auch zum Mitnehmen.

Bangkok House (Karte S. 419; ☎ 06-835 5335; 205 Dickens St; Hauptgerichte 16–25 NZ$; 🕑 Di–Sa mittags, Di–So abends; V) Ein nettes Thai-Restaurant mit einer großen Auswahl typischer Thai-Gerich-te. Die Speisen sind frisch, würzig und preis-wert. Entsprechend beliebt ist das Lokal bei den Einheimischen.

Restaurant Indonesia (Karte S. 419; ☎ 06-835 8303; 409 Marine Pde; Hauptgerichte 25–29 NZ$; 🕑 Mi–So abends; V) Der intime Raum ist mit indonesischem Krimskrams vollgestopft und wirkt authen-tisch. Die leckere Spezialität des Hauses ist die niederländisch-indonesische *rijsttafel* (14 Ge-richte, 35 NZ$).

CAFÉS

LP Tipp **Cappadona** (Karte S. 419; ☎ 06-835 3368; 189 Emerson St; Snacks 2–9 NZ$, Hauptgerichte 9–16 NZ$; 🕑 7–17 Uhr) In einer Stadt mit vielen guten Cafés ragt das Cappadona mit seinem geho-benen, modernen Ambiente und der Vielzahl absolut leckerer Gerichte heraus. Neben Keksen aller Art, geeisten Muffins und Ku-chen gibt's frische Sandwiches, Salate und Pasteten. Außerdem kommen warme, zum Brunchen einladende Mittagsgerichte auf den Tisch.

Westshore Fish Café (Karte S. 414; ☎ 06-834 0227; 112a Charles St; Imbiss 4–7 NZ$, Gerichte 14–26 NZ$; 🕑 Mi–So mittags, Di–So abends) Wer zum Essen ein Be-steck braucht, ist an den Tischen richtig. Alle anderen schnappen sich eine Portion der ge-rühmten Fish & Chips und streiten sich am Strand mit den Möwen darum.

Café Ujazi (Karte S. 419; ☎ 06-835 1490; 28 Tennyson St; Snacks 4–9 NZ$, Gerichte 10–19 NZ$; 🕑 8–17 Uhr; V) Das Ujazi klappt seine Fenster auf, sodass das alternative Flair nach draußen auf die Straße schwappt. Der erstklassige Kaffee, die substanziellen Frühstücksgerichte und die putzmunteren Angestellten vertreiben jeden Kater. Das „*rewana special*" probieren – ein großes Frühstück auf traditionellem Maoribrot.

Hep Set Mooch (Karte S. 414; ☎ 06-833 6332; 58 West Quay; Hauptgerichte 9–17 NZ$; ⏰ 9–15 Uhr) Wer einen Blick auf den Hafen, einen riesigen Brunch, frische Backwaren und guten Kaffee zu schätzen weiß, ist hier genau richtig. Allerdings nur, wenn ihm Wände in Knallgelb und -grün und Kunstwerke zweifelhafter Güte nichts ausmachen.

Groove Kitchen Espresso (Karte S. 419; ☎ 06-835 8530; 112 Tennyson St; Frühstück & Mittagessen 8–19 NZ$, Abendessen 24–27 NZ$; ⏰ Mo–So morgens & mittags, Fr & Sa abends) Der Name passt zu diesem relativ neuen Lokal in Napier. Die raffinierten Café-Speisen, das zurückhaltende Dekor und die coole Musik sprechen für sich. Abends wird hier gelegentlich richtig gegroovt.

Take Five (Karte S. 419; ☎ 06-835 4050; 189 Marine Pde; Hauptgerichte 28–35 NZ$; ⏰ 18 Uhr–open end) „Wein, Essen, Jazz, Kunst, Ambiente" da fehlt wahrlich nichts! Zum Livejazz am Wochenende gibt es Abendessen aus Bioprodukten und üppige Nachspeisen.

AUF DIE SCHNELLE & SELBSTVERSORGER

Harald's Bread World (Karte S. 419; ☎ 06-833 6246; 205 Emerson St; Mittagessen 3–7 NZ$; ⏰ Di–Fr 8–15, Sa bis 13 Uhr) Eine billige, gute Anlaufstelle für Liebhaber von europäischen Backwaren, würzigen Broten, Croissants, deftigen Sandwiches und Konditorwaren.

Der wöchentliche **Farmers Market** (Karte S. 419; 49 Tennyson St; ⏰ Sa 8.30–12.30 Uhr) findet unter dem Daily Telegraph Building statt. Hier gibt's Lebensmittel aus der Region.

Pak N Save (Karte S. 419; ☎ 06-834 3450; 25 Munroe St; ⏰ 8–24 Uhr) ist fünf Gehminuten vom Stadtzentrum entfernt.

Ausgehen

Wenn man abends etwas erleben will, ist Ahuriri (Karte S. 414), die schönste Feder in Napiers Kopfschmuck, die beste Option. Die Reihe der recht neuen Barrestaurants liefert aber nur durchschnittliches Essen (Ausnahme: das ausgezeichnete Provedore, S. 424), denn das Hauptinteresse besteht eindeutig darin, trinklustigen Erlebnishungrigen, die vor allem im Hochsommer an den Wochenenden in die Stadt kommen, das Geld aus der Tasche zu ziehen. In den meisten Lokalen erwarten einen scheunenartige Innenräume, Großbildschirme, nautisches Dekor, offenes Feuer, Sitzbereiche im Freien (das ist schon ein Highlight) und ein langweiliges Bierangebot. DJs oder Livemusik sorgen für Unterhaltung, ebenso Einheimische, die ihre besten Tanzschritte präsentieren – und die schnellen Rhythmen des Rock der 1970er-Jahre bringen die Leute immer noch mächtig auf Touren. Ahuriris beste Bars sind wohl der **Thirsty Whale** (☎ 06-835 8815), gefolgt vom **Shed 2** (☎ 06-835 2202) und dem **Gintrap** (☎ 06-835 0199). Naja, eigentlich war's das auch schon …

Die Alternativen zum Ausgehen und Tanzen in Napier selber sind etwas charaktervoller. Sie konzentrieren sich im Umkreis der Hastings St:

Brazen Head (☎ 06-834 3587; 21 Hastings St) Pokerautomaten beeinträchtigen die Stimmung in dieser irischen Bar, aber das Bier ist kalt und schmeckt auf der tollen Außenterrasse am besten.

Guffle Bar (29a Hastings St) Coole Musik, nette Drinks und gut aufgelegtes Barpersonal hinter dem Tresen. Da kommen auch die eleganteren Leute der Stadt gerne hin.

Rosie O'Grady's (☎ 06-835 8689; 68 Hastings St) Das Rosie ist Teil des Masonic Megaplex. Das übliche irische Wesen füllt die Lücken zwischen den schwach beleuchteten Ecken, den Humpen voll Guinness und der gelegentlichen Livemusik.

Unterhaltung

Cabana Bar (☎ 06-835 1102; 11 Shakespeare Rd) Dieser legendäre Musikschuppen der 1970er-, 1980er- und 1990er-Jahre ging 1997 ein, aber dank vorausschauender, musikbegeisterter Menschen ist er wieder auferstanden. Auf der Website (www.cabana.net.nz) nachschauen, wer gerade auftritt, und los geht's.

Harstons (☎ 06-834 1209; 35 Hastings St) Der angesagte Ort für Livemusik und DJs. Das Harstons ist in einem ehemaligen Verkaufsraum für Pianos untergebracht, der sich erstaunlich gut in einen Musiktreff umwandeln ließ (gute Akustik, netter Tanzboden). Hier unterhalten nationale und manchmal auch durchreisende internationale Künstler die spätabendlichen Besucher. Ein toller Versuch, großstädtische Raffinesse in einer Stadt zu bieten, die darauf wahrscheinlich gar keinen Wert legt.

Century Cinema (☎ 06-835 7781; www.centurycinema. co.nz; 65 Marine Pde; Ticket Erw./Kind 13/9 NZ$) Das Kino gehört zum Komplex des Hawke's Bay Museum. Gezeigt werden künstlerisch anspruchs-

EAST COAST

volle und ausländische Filme, außerdem gibt es Theatervorstellungen und Konzerte mit klassischer Musik.

Shoppen

Art-déco-Fans, die das Deco Centre (S. 422) überstanden haben, ohne völlig pleite zu gehen, werden in den zahlreichen Antiquitätenläden in Napier, darunter das **Decorum** (☎ 06-835 8951; Ecke Tennyson St & Herschell St) und das **Napier Antique Centre** (☎ 06-835 9865; Ecke Tennyson St & Cathedral Ln), sicherlich problemlos den letzten Dollar los.

Wem der Sinn nach kuschelig-warmen Wollsachen steht, sollte **Opossum World** (☎ 06-835 7697; 157 Marine Pde; 🕑 9–17 Uhr) oder **Classic Sheepskins** (Karte S. 414; ☎ 06-835 9662; 22 Thames St; 🕑 Mo–Fr 7.30–17, Sa & So 9–16 Uhr) einen Besuch abstatten.

An- & Weiterreise

BUS

Die Busse von **InterCity** (www.intercity.co.nz) fahren am **Napier Travel Centre** (☎ 06-834 2720; Munroe St; 🕑 Mo–Fr 8–17, Sa & So 8–11.30 & 12.30–13.30 Uhr) los und kurven täglich nach Auckland (89 NZ$, 7 Std.) über Taupo (35 NZ$, 2 Std.), nach Gisborne (44 NZ$, 4 Std.) über Wairoa (31 NZ$, 2½ Std.) sowie nach Wellington (37 NZ$, 5½ Std.) über Hastings (16–20 NZ$, 25 Min.) und Waipukurau (12–27 NZ$, 1 Std.).

Wer gut organisiert ist, kann bei **Naked Bus** (www.nakedbus.com) im Vorverkauf Tickets für 1 NZ$ für die Strecke Auckland–Wellington via Hastings und Taupo ergattern.

Bay Xpress (☎ 0800 422 997; www.bayxpress.co.nz) hat eine tägliche Verbindung von bzw. nach Wellington (40 NZ$, 5 Std.) über Waipukurau (10 NZ$, 1 Std.).

FLUGZEUG

Der **Hawke's Bay Airport** (☎ 06-835 3427; www. hawkesbay-airport.co.nz) liegt 8 km nördlich der Stadt.

Air New Zealand (☎ 06-833 5400; www.airnewzea land.co.nz; Ecke Hastings St & Station St) Hat tägliche Direktflüge nach Auckland (55 Min.), Wellington (50 Min.) und Christchurch (100 Min.); für Preise und Sonderangebote die Website checken.

Sunair Aviation (☎ 0800 786 247; www.sunair.co.nz) Bietet werktags Direktflüge nach Gisborne (280 NZ$, 45 Min.) und Hamilton (380 NZ$, 1 Std.) sowie Anschlussflüge nach New Plymouth, Palmerston North, Rotorua, Tauranga und Whakatane (280–380 NZ$).

Unterwegs vor Ort

AUTO

Die folgenden Anbieter haben Vertretungen am Napier Airport:

Avis (☎ 06-835 1828; www.avis.co.nz)
Hertz (☎ 06-835 6169; www.hertz.co.nz)
Rent-a-Dent (☎ 06-834 0688; www.napier carrentals.co.nz)

BUS

goBay (☎ 06-878 9250; www.hbrc.govt.nz) betreibt das Nahverkehrsbusnetz, das Napier, Hastings, Havelock North und das Umland abdeckt. Zwischen den wichtigsten Zentren ist montags bis freitags das Angebot ziemlich dicht; so gibt es allein drei verschiedene Linien zwischen Napier und Hastings, die für die Fahrt 30 (Expresslinie) oder 55 Minuten (bedient alle Haltestellen) brauchen. Die Busse fahren ab der Dalton St nahe der Kreuzung mit der Station St (Karte S. 419). Samstags gibt es zwischen 9 und 17 Uhr nur fünf Busse, die alle Haltestellen anfahren (Erw./Kind 4,50/2,50 NZ$); will man mitfahren, dem Fahrer ein Zeichen geben und im Bus bezahlen.

FAHRRAD

Fahrräder (auch Tandems und Kinderräder) verleiht **Marineland** (☎ 06-834 4027; 290 Marine Pde; Std./halber Tag/ganzer Tag 10/20/30 NZ$; 🕑 8–17 Uhr).

TAXI

Die Taxifahrt von der Stadt zum Flughafen kostet rund 15 NZ$.

Napier Taxis (☎ 06-835 7777)
Super Shuttle (☎ 0800 748 885; www.super shuttle.co.nz)

HASTINGS & UMGEBUNG

67 443 Ew.

Mitten im Obstkorb der Hawke's Bay liegt Hastings, das wirtschaftliche Zentrum der Region, 20 km südlich von Napier. Auch dieser Ort wurde vom Erdbeben von 1931 ähnlich stark verwüstet, und auch hier entstanden danach schöne Gebäude im Art-déco-oder Spanish-Mission-Stil. Doch abgesehen von der Architektur ist Hastings nicht besonders reizvoll. Dafür aber werden im Umland Epikureerträume wahr.

Ein paar Kilometer voller Obstgärten trennen Havelock North immer noch von Hastings, auch wenn diese Gemeinde heute praktisch Hastings' schickster Vorort ist. Geländewagen und BMWs kurven durch die Straßen, während blondierte 50-Jährige ihren Milchkaffee schlürfen und die Atmosphäre eines wohlhabenden Dorfes fördern. Im Hintergrund rückt der hohe Gipfel des Te Mata Peak die Dinge wieder in die richtige Perspektive.

Orientierung

Hastings' flaches Stadtraster richtet sich an der Bahnlinie aus. Die wichtigsten Einkaufsstraßen sind die Heretaunga East und West St beiderseits der Schienenstränge. Der SH2 führt in nordöstlicher Richtung nach Napier und durchquert Clive, wenn man sich der Küste nähert. Havelock North liegt südwestlich von Hastings.

Praktische Informationen

Hastings i-SITE (Karte S. 427; ☎ 06-873 0080; www.hastings.co.nz; Ecke Russell St & Heretaunga St E; ☺ Mo–Fr 8.30–17, Sa 9–16, So bis 15 Uhr) Internetzugang, kostenlose Stadtpläne, Broschüren zu Trails und Buchungen.

Havelock North Visitor Information Centre
(☎ 06-877 9600; www.villageinfo.co.nz; The Roundabout; ☺ Mo–Fr 10–16, Sa & So bis 14 Uhr)

Hawke's Bay Hospital (☎ 06-878 8109; Omahu Rd)

Polizei (Karte S. 427; ☎ 06-873 0500; Railway Rd, Hastings)

Post (Karte S. 427; Ecke Market St & Heretaunga St W)

Sehenswertes
ARCHITEKTUR & KUNST

Art déco ist zwar reich vertreten, aber der Spanish-Mission-Stil hat hier die Oberhand.

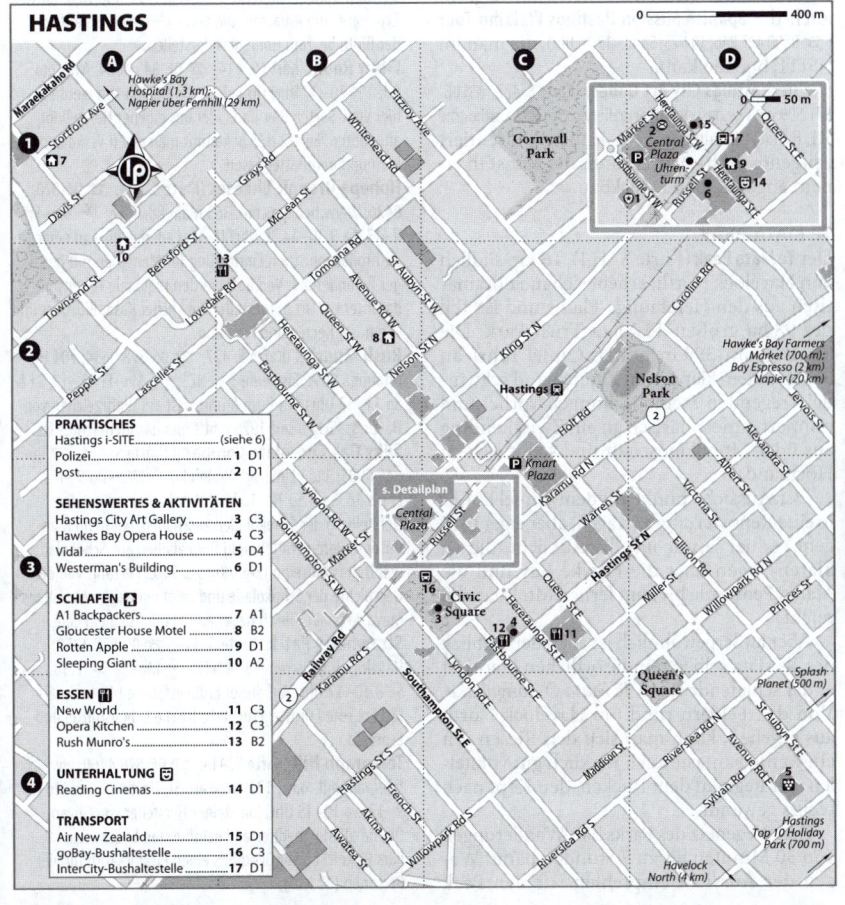

HASTINGS

0 — 400 m

PRAKTISCHES
Hastings i-SITE.............................(siehe 6)
Polizei......................................**1** D1
Post..**2** D1

SEHENSWERTES & AKTIVITÄTEN
Hastings City Art Gallery.................**3** C3
Hawkes Bay Opera House...............**4** C3
Vidal.......................................**5** D4
Westerman's Building.....................**6** D1

SCHLAFEN
A1 Backpackers...........................**7** A1
Gloucester House Motel..................**8** B2
Rotten Apple..............................**9** D1
Sleeping Giant............................**10** A2

ESSEN
New World................................**11** C3
Opera Kitchen............................**12** C3
Rush Munro's.............................**13** B2

UNTERHALTUNG
Reading Cinemas..........................**14** D1

TRANSPORT
Air New Zealand..........................**15** D1
goBay-Bushaltestelle.....................**16** C3
InterCity-Bushaltestelle...................**17** D1

EAST COAST

Das Sahnehäubchen ist das **Hawke's Bay Opera House** (Karte S. 427; ☎ 06-873 8962; www.hawkesbay operahouse.co.nz; Hastings St S, Hastings) mit seiner massiven Fassade im Spanish-Mission-Stil. Nur das üppige Jugendstilinterieur verrät, dass das Gebäude das Erdbeben überstanden hat. Es wurde 1910 erbaut und kürzlich für viele Millionen NZ-Dollar renoviert, wobei eine moderne Plaza und ein Foyer hinzugefügt wurden. Während des Art Deco Weekend (S. 422) werden Führungen veranstaltet.

Im Wettbewerb glamouröser Architektur landet das **Westerman's Building** (Karte S. 427; Ecke Russell St & Heretaunga St E, Hastings) dicht dahinter auf dem zweiten Platz. Einfach im i-SITE vorbeischauen, um einen genaueren Blick auf die bleiverglaste Schaufensterfront und die intakten Terrazzoböden zu werfen. Hier beginnt auch die **Spanish Mission Hastings Walking Tour** (☎ 0800 427 846; 10 NZ\$; Sa 11–12.15 Uhr), die man im i-SITE buchen kann.

Die **Hastings City Art Gallery** (Karte S. 427; ☎ 06-871 5095; www.hastingscityartgallery.co.nz; 201 Eastbourne St E, Hastings; Eintritt frei; ⏰ 10–16.30 Uhr) präsentiert zeitgenössische neuseeländische Kunst in einem angenehmen Zweckbau.

TE MATA PEAK

Der **Te Mata Peak** (Karte S. 414), 16 km südlich von Havelock North, erhebt sich melodramatisch aus den Heretaunga Plains und ist Teil des 98 ha großen Te Mata Trust Park. Die Straße zum 399 m hohen Gipfel führt an Schafpfaden, klapprigen Zäunen und schwindelerregenden Steinböschungen vorbei und erinnert atmosphärisch an ein Zwischending aus öder Mondlandschaft und schottischem Hochland.

Der Aussichtspunkt auf dem Gipfel könnte eine Renovierung vertragen, aber eigentlich geht es hier ja nur um die Aussicht, die an klaren Tagen über die Hawke Bay und die Mahia Peninsula bis zum fernen Mt. Ruapehu reicht.

Aber außergewöhnlich ist auch der Anblick des Te Mata selber. Für die örtlichen Maori ist er der schlafende Riese *Te Mata O Rongokako*. Von den Feldern rund um Havelock North aus gesehen, kann man sich den Riesen mit ein wenig Fantasie auch wirklich gut vorstellen – er liegt auf dem Rücken, den Kopf nach rechts gewandt.

Das Wegenetz des Parks hält Wanderungen von 30 Minuten bis zu 2 Stunden parat. Wegen der Aussicht empfehlen wir den Peak

Trail; alle Strecken sind in der Broschüre *Te Mata Trust Park* ausführlich beschrieben, die in den Besucherzentren der Gegend zu bekommen ist.

Aktivitäten

ESSEN & WEIN

Das Gebiet um Hastings scheint nur zur Befriedigung unserer Gelüste zu existieren (wer das bezweifelt, schaut in die Broschüre *Hawke's Bay Food Trail*, die im i-SITE zu haben ist). Neben einer großen Zahl Weingüter (S. 430) gibt's auch jede Menge Produzenten leckerer Lebensmittel:

Arataki Honey (Karte S. 414; ☎ 06-877 7300; www.ara takihoney.co.nz; 66 Arataki Rd, Havelock North; ⏰ 9–17 Uhr) Hier kann man sich mit Honig für den Toast und die Körperpflege eindecken. Dazu gibt's kinderfreundliche Exponate zum Anfassen, die den klebrigen Kreislauf von der Blüte bis zum Honigglas darstellen.

Filter Room (Karte S. 414; ☎ 06-845 4084; Awatoto Rd; ⏰ 10–17 Uhr) Umgeben von Obstgärten werden hier viele Sorten Bier und Cider aus eigener Herstellung angeboten. Für 12 NZ\$ bekommt man einen Verkostungskorb und nahrhaftes Essen.

Hohepa Organic Cheeses (Karte S. 414; ☎ 06-870 0426; www.hohepa.com; 363 Main Rd, Clive; ⏰ Mo–Fr 9–17, Sa 9.30–14.30 Uhr) Dieser Laden gehört zu einer anthroposophischen Einrichtung für Menschen mit geistiger Behinderung. Verkauft werden regionale Lebensmittel, darunter vor allem hergestellter köstlicher Käse, Bio-Obst und -Gemüse, Kerzen und Kleidung.

Rush Munro's (Karte S. 427; ☎ 06-878 9634; 704 Heretaunga St W; Eiscreme 3–8 NZ\$; ⏰ Mo–Fr 12–17, Sa & So 11–17 Uhr) Das Rush Munro's ist ein Wahrzeichen von Hastings. Schon seit 1926 gibt's hier hausgemachtes Eis.

Silky Oak Chocolate Company (Karte S. 414; ☎ 06-845 0908; 1131 Links Rd, Waiohiki; ⏰ Mo–Do 9–17, Fr bis 16, Sa & So 10–16 Uhr) Hier kann man bei der Herstellung der Schokoladen zuschauen, während man unter leckeren Trüffeln und Rugbybällen aus Schokolade wählt. Das Museum (Erw./Kind 8/5 NZ\$) erzählt von der Geschichte der Schokolade und zeigt ein einsames antikes Maya-Artefakt. Gleich nebenan befindet sich ein Café.

Strawberry Patch (Karte S. 414; ☎ 06-877 1350; Havelock Rd; Eiscreme 3–4 NZ\$; ⏰ Mo–Sa 9–17.30, So 8.30–17 Uhr) Auf dieser Erdbeerfarm gibt's mehr als leckere rote Früchte: Fruchteis, frische Lebensmittel und Espresso.

Telegraph Hill (Karte S. 414; ☎ 06-878 4460; www. telegraphhill.co.nz; 1279 Howard St, Hastings; ⏰ Mo–Fr 9–17, Sa 10–15 Uhr) Hier kann man kleiner Hersteller von Oliven, Öl und allerlei mediterran beeinflussten Leckereien. Fürs Picknicken vor Ort gibt's einen Picknickkorb für vier Personen (30 NZ\$).

Te Mata Cheese Company (Karte S. 414; ☎ 06-875 8282; 393 Te Mata Rd, Havelock North; ☼ 10–15.30 Uhr) Durch das Fenster kann man bei der Käseherstellung zuschauen, im Garten eine Käseplatte bei einem Glas Wein genießen und sich anschließend noch etwas für ein Picknick mitnehmen.

NOCH MEHR AKTIVITÄTEN

Südlich von Cape Kidnappers liegen der Ocean Beach und Waimarama, die bei **Surfern** berühmt sind. Hastings' riesiger Vergnügungspark **Splash Planet** (☎ 06-873 8033; www. splashplanet.co.nz; Grove Rd, Hastings; Erw./Kind 25/18 NZ$; ☼ Nov.–Feb. 10–17.30 Uhr) mit vielen Pools, Rutschen und Wasserspaß ist die nächstbeste Alternative.

Early Morning Balloons (☎ 06-879 4229; www.hotair. co.nz; Erw./Kind 325 NZ$) Ein weiter Blick über die Trauben von Hawke's Bay aus dem Heißluftballon.

Te Mata ist ein Hotspot fürs **Paragliding** – kräftige Aufwinde sorgen für begeisternde Flüge durch die Luft. **Airplay Paragliding** (☎ 06-845 1977; www.airplay.co.nz) bietet Tandem-Paragliden (140 NZ$) und ganztägige Kurse für Anfänger (180 NZ$).

Geführte Touren

Long Island Tours (☎ 0800 875 021; www.longisland toursnz.com) bietet nach Kundenwünschen zusammengestellte Touren, darunter welche mit Schwerpunkt auf der Maorikultur, außerdem Wanderungen durch den Busch, Kajaktouren, Ausritte sowie – unvermeidlich – Gourmet- und Weintouren.

Te Hakakino (☎ 06-879 9302; www.waimaramaori. com; 2½-stünd. Tour Erw./Kind 50/25 NZ$) bietet geführte Touren zu einer historischen Hügelfestung, wobei man viel über die Geschichte und Kultur erfährt und die archäologischen Überreste bestaunt.

Für weitere Touren, s. Absolute de Tours (S. 422) und Spanish Mission Hastings Walking Tour (S. 428).

WEINTOUREN

Die Mehrzahl der geführten Touren in dieser Region konzentrieren sich auf Wein. Bei den meisten Touren fährt man mit einem Kleinbus. Sie dauern in der Regel rund vier Stunden und beginnen bei 55 NZ$ pro Person, wobei der Besuch von vier bis fünf Weingütern ansteht. Zahlreiche Veranstalter bieten verschiedene (oft auf die Kundenwünsche zugeschnittene) Touren an:

Bay Tours & Charters (☎ 06-844 0601; www.bay tours.co.nz)
Friendly Kiwi Tours (☎ 021 229 6223; www.friendly kiwi.co.nz)
Grape Escape (☎ 0800 100 489; www.grape escape.net.nz)
Odyssey NZ (☎ 0508 639 773; www.odysseynz.com)
Prinsy's (☎ 06-845 3703; www.prinsyexperience.co.nz)
Vince's World Of Wine (☎ 06-836 6705; www.vinces tours.co.nz)

FAHRRADTOUREN

Eine Fahrradtour auf eigene Faust, die für einen ganzen Tag zwischen 35 und 50 NZ$ kostet, bringt den Körper bei all dem Wein wieder in Schwung. Die folgenden Anbieter versehen euch mit Fahrrad, Karte, Helm, Wasserflasche, Rucksack und Handy (falls man müde wird oder sonstwie verschütt geht):

Bike About Tours (☎ 06-845 4836; www.bikeabout tours.co.nz)
Bike D'Vine (☎ 06-833 6697; www.bikedevine.com)
On Yer Bike (☎ 06-879 8735; www.onyerbikehb.co.nz)

Festivals & Events

Das **Harvest Hawke's Bay** (☎ 0800 442 9463; www. harvesthawkesbay.co.nz; Eintritt 45 NZ$, Bus aus Napier, Hastings od. Havelock North 20 NZ$), das Ende Januar in Roy's Hill bei Hastings stattfindet, ist das größte Fest der Region. Im Mittelpunkt stehen Wein, Essen und Unterhaltung.

Hastings und Napier veranstalten Mitte Februar gemeinsam das Art Deco Weekend (S. 422). In der zweiten Septemberhälfte steht das **Hastings Blossom Festival** (☎ 06-878 9447; www. blossomfestival.co.nz) an, ein blütenreicher Frühlingsspaß mit Umzügen, Kunsthandwerk und gastierenden Künstlern.

Schlafen

Viele der besseren Unterkünfte liegen außerhalb der Stadtgrenzen. Um die Hostelbetten muss man sich in Hastings mit Scharen von Saisonarbeitern prügeln.

BUDGETUNTERKÜNFTE

Arataki Holiday Park (Karte S. 414; ☎ 06-877 7479; arataki.motel.holiday.park@xtra.co.nz; 139 Arataki Rd, Havelock North; Stellplatz 16 NZ$/Pers., Wohnwagen ab 55 NZ$, Hütte 60 NZ$, Wohneinheiten ab 125 NZ$; ☒) Die ausgebleichte Minigolfanlage und die museumsreifen Öfen verraten, dass der kleine Campingplatz schon viele Sommer erlebt hat. Aber er ist günstig, angenehm ländlich und liegt in praktischer Nähe zu den Attraktionen.

EAST COAST

DIE WEINGÜTER VON HAWKE'S BAY

Einstmals war diese Region für ihre Obstplantagen berühmt, doch heute steht der Wein im Mittelpunkt: Hawke's Bay ist Neuseelands zweitgrößtes Weinanbaugebiet. Aufwendige moderne Gebäude mit Restaurants und Verkostungsräumen wurden errichtet, aber die besten Weingüter wirken immer noch bäuerlich-authentisch. Die steinige Gegend gleich westlich von Flaxmere, die für Obstbäume ungeeignet ist, ist unter dem Namen Gimblett Gravels zu einer eigenen Herkunftsbezeichnung geworden und liefert ausgezeichneten Bordeaux, Syrah und Chardonnay.

Die folgenden Weingüter bieten den ganzen Sommer und meist auch im Winter Verkostungen an. Sie sind generell kostenlos, aber einige Weingüter erheben einen kleinen Eintritt (der bei einem Kauf verrechnet wird). Alle Weingüter der Region sind im *Hawke's Bay Winery Guide* beschrieben, der auch eine nützliche Karte enthält. Auch ein Blick auf *Classic New Zealand Wine Trail* (www. classicwinetrail.co.nz) lohnt sich, um eine Übersicht über alle Produzenten in den Weinbaugebieten Hawke's Bay, Wairarapa und Marlborough zu erhalten. Für Infos zu Weintouren, s. S. 429.

- **Black Barn Vineyards** (Karte S. 414; ☎ 06-877 7985; www.blackbarn.com; Black Barn Rd; ⏱ 10–17 Uhr) Bistrogalerie, samstags Bauernmarkt und ein Amphitheater.

- **Brookfields** (Karte S. 414; ☎ 06-834 4615; www.brookfieldsvineyards.co.nz; 376 Brookfields Rd; ⏱ 11–16.30 Uhr) Ausgezeichnete Rotweine und ein Restaurant inmitten von Rosenbeeten.

- **Church Road** (Karte S. 414; ☎ 06-844 2053; www.churchroad.co.nz; 150 Church Rd; ⏱ 10–17 Uhr) Führungen durch Weingut und Museum (11 & 14 Uhr).

- **C J Pask** (Karte S. 414; ☎ 06-879 7906; www.cjpaskwinery.co.nz; 1133 Omahu Rd; ⏱ Mo–Sa 10–17, So 11–16 Uhr) Eines der ursprünglichen Weingüter von Hawke's Bay, bekannt für erstklassige Rote.

- **Clearview Estate Winery** (Karte S. 414; ☎ 06-875 0150; www.clearviewestate.co.nz; 194 Clifton Rd, Te Awanga; ⏱ 10–17 Uhr) Preisgekrönte Weine, gutes Restaurant. Freundlich, rustikal, ideal für Familien.

- **Crab Farm** (Karte S. 414; ☎ 06-836 6678; www.crabfarmwinery.co.nz; 511 Main Rd, Bay View; ⏱ Do–Mo 10–17 Uhr) Ordentliche Weine zu vernünftigen Preisen und ein tolles Café (S. 418).

- **Craggy Range** (Karte S. 414; ☎ 06-873 0141; www.craggyrange.com; 253 Waimarama Rd; ⏱ 10–17 Uhr) Definitiv eines der glanzvollsten Weingüter: wunderbare Weine, ein ausgezeichnetes Restaurant (S. 432) und eine Unterkunft.

- **Elephant Hill** (Karte S. 414; ☎ 06-873 0400; www.elephanthill.co.nz; 86 Clifton Rd, Te Awanga; ⏱ 11–17 Uhr) Hypermodernes Weingut und Restaurant mit Meerblick (S. 432).

- **Esk Valley** (Karte S. 414; ☎ 06-872 7430; www.eskvalley.co.nz; 745 Main Rd, Bay View; ⏱ 10–17 Uhr) Ausgezeichneter Bordeaux, Chardonnay und Riesling; s. auch S. 418.

- **Mission Estate** (Karte S. 414; ☎ 06-845 9350; www.missionestate.co.nz; 198 Church Rd, Napier; ⏱ Mo–Sa 9–17, So 10–16.30 Uhr) Neuseelands ältestes Weingut mit wunderschönem Gelände und einem Restaurant in dem restaurierten historischen Seminarsgebäude.

- **Ngatarawa** (Karte S. 414; ☎ 06-879 7603; www.ngatarawa.co.nz; 305 Ngatarawa Rd; ⏱ 10–17 Uhr) Ein 1890 gegründetes Gehöft mit tollen Picknickstellen.

- **Sileni Estates** (Karte S. 414; ☎ 06-879 8768; www.sileni.co.nz; 2016 Maraekakaho Rd; ⏱ 10–17 Uhr) Sieht aus wie aus dem Weltraum hergebeamt. Verkostungsraum und Feinschmeckerladen.

- **Te Awa** (Karte S. 414; ☎ 06-879 7602; www.teawa.com; 2375 SH50; ⏱ 10–16 Uhr) Zwanglos-stilvolles Weingut mit ausgezeichnetem Restaurant (S. 432) – ein Muss fürs Mittagessen, auch für Kinder geeignet.

- **Te Mata Estate** (Karte S. 414; ☎ 06-877 4399; www.temata.co.nz; 349 Te Mata Rd; ⏱ Mo–Fr 9a–17, Sa 10–17, So 11–16 Uhr) Produzent des berühmten Rotweins Coleraine und des Elston-Chardonnay.

- **Trinity Hill** (Karte S. 414; ☎ 06-879 7778; www.trinityhill.com; 2396 SH50; ⏱ 10–17 Uhr) Gute Rotweine und erstklassiger Chardonnay.

- **Vidal** (Karte S. 427; ☎ 06-872 7440; www.vidal.co.nz; 913 St. Aubyn St E, Hastings; ⏱ 10–17 Uhr) Eines der ältesten Weingüter von Hawke's Bay. Hochwertige Weine und Restaurant.

EAST COAST

Sleeping Giant (Karte S. 427; ☎ 06-878 5393; sleeping giant@xtra.co.nz; 109 Davis St; B/2BZ 20/50 NZ$; 🖥 📶) Eine bequeme Backpackerunterkunft in einer Vorstadtstraße, zehn Gehminuten von der Stadt entfernt. Die Schar der gebräunten, drahtigen Landarbeiter sorgt für eine entspannte, gesellige Atmosphäre in den recht engen Gemeinschaftsbereichen von Lounge und Hof, wo ab und an ein Barbecue stattfindet. Parkplätze abseits der Straße sind vorhanden.

Rotten Apple (Karte S. 427; ☎ 06-878 4363; www. rottenapple.co.nz; 114 Heretaunga St, Hastings; B 22–26 NZ$, EZ/DZ 40/70 NZ$; 🖥) Diese Unterkunft liegt zentral in der Stadt und ist recht nichtssagend trotz des frischen Anstrichs, einem angenehmen Fernsehzimmer und hier und da einem Balkon. Im Apple wohnen immer eine Menge Obstpflücker; günstige Wochenpreise verlocken sie zum Bleiben Es gibt auch praktische kostenlose Parkplätze, um abends sein Auto abzustellen.

A1 Backpackers (Karte S. 427; ☎ 06-873 4285; a1back packers@xtra.co.nz; 122 Stortford St, Hastings; B/EZ/DZ 23/ 33/56 NZ$; 🖥) Diese Unterkunft beweist, dass die Hostels von Hawke's Bay während der Obsternte nicht unbedingt schäbigen Arbeitslagern gleichen müssen. Das umgebaute Vorstadthaus ist fröhlich und attraktiv, hat bleiverglaste Fenster, Parkettböden und einen anheimelnden Garten.

Hastings Top 10 Holiday Park (☎ 06-878 6692; www. hastingstop10.co.nz; 610 Windsor Ave; Stellplatz 30 NZ$, Wohneinheiten 55–155 NZ$; 🖥 📶) Dieser Ferienpark ist tatsächlich ein Park, und zwar mit Maulbeerfeigen, einer zu einem Willkommensschild zurechtgestutzten Hecke, einem Bach, einem Ententeich, einer Voliere und viel grüner Abgeschiedenheit.

Clive Chalets (Karte S. 414; ☎ 06-870 0609; 31 Farndon Rd, Clive; EZ/DZ 55/65 NZ$) Chalet ist etwas hochgegriffen für diese einfachen Hütten und Wohneinheiten, wie man sie in jeder Motelanlage findet. Vielleicht soll das Miniwäldchen mit den Tannenbäumen für alpine Stimmung sorgen. Gleich nebenan befindet sich ein Campingplatz, auf dem viele Dauercamper wohnen (15 NZ$/Pers.).

MITTEL- & SPITZENKLASSEHOTELS
Gloucester House Motel (Karte S. 427; ☎ 06-876 3741; www.gloucesterhousemotel.co.nz; 404 Avenue Rd; Wohneinheiten 135–190 NZ$; 🖥 📺) Lattenzäune und farbenprächtige Rosen begrüßen einen in diesem blitzblanken Motel, das fünf Geh-

minuten vom Stadtzentrum entfernt ist. Die elf Wohneinheiten sind makellos sauber und geräumig und bieten Küchen und separate Wohn-/Essbereiche. Bei einem Sprung in den Meerwasserpool kann man abkühlen.

Havelock North Motor Lodge (Karte S. 414; ☎ 06-877 8627; www.havelocknorthmotorlodge.co.nz; 7 Havelock Rd; Wohneinheiten 135–190 NZ$) Mitten in Havelock North liegt dieses moderne Motel, das etwas aus dem Durchschnitt herausragt. Es hat ordentliche Wohneinheiten mit einem oder zwei Schlafzimmern, Whirlpool, Sky TV und Kochgelegenheit.

LP Tipp **Clive Colonial Cottages** (Karte S. 414; ☎ 06-870 1018; m.jstones@xtra.co.nz; 198 School Rd, Clive; DZ ab 150 NZ$) Die vier eigens errichteten Ferienhütten in fast gleicher Entfernung von Hastings, Napier und Havelock stehen zwei Gehminuten vom Strand entfernt in einem hübschen, duftenden Garten inmitten eines knapp 1 ha großen Waldgrundstücks. Zu den netten Gemeinschaftseinrichtungen gehören ein Grillbereich, ein Spielezimmer und ein Boule-Platz. Auch Fahrräder werden verliehen.

Millar Road (Karte S. 414; ☎ 06-875 1977; www.millar road.co.nz; 83 Millar Rd; DZ 400–500 NZ$; 📺) Das über einem jungen Weinberg in den Tuki Tuki Hills stehende Millar Road ist ein architektonisches Wunder. Die zwei in sich abgeschlossenen, durch einen Swimmingpool und eine Bar voneinander abgetrennten, echt luxuriösen Cottages beeindrucken mit neuseeländischen Möbeln und regionalen Kunstwerken. In beiden können in den separaten Zimmern mit Bad bequem zwei Paare unterkommen. Stilvoll, unkompliziert, einfach perfekt.

Greenhill Lodge (Karte S. 414; ☎ 06-879 9944; www. greenhill.co.nz; 103 Greenhill Rd; EZ 690–920 NZ$, DZ 980 NZ$, Suite 1240 NZ$; 🖥 📶 📺) Das stolz auf einem abgeschiedenen Hügel thronende viktorianische Herrenhaus von 1895 ist schön und gut erhalten. Es bietet seinen Gästen die wahrhaft bezaubernde Kombination aus luxuriösen Zimmern, aufwendigen Gerichten, einem Billardzimmer, einer Grillterrasse, einem Swimmingpool, einem Spa, Gartenanlagen und einer prächtigen Veranda mit Blick über die grünen Hügel.

Essen
Die neuseeländische Provinz ist in Sachen erstklassiger Kaffee, Caféspeisen und Backwaren ziemlich verlässlich, und die Region um Hastings macht da keine Ausnahme. Für die kulinarischen Highlights sorgen jedoch

EAST COAST

die Produzenten hochwertiger Lebensmittel und die Weingüter. Daher hat die Region einige ausgezeichnete Rotweine in Richtung Bordeaux zu bieten (am besten zu genießen in den Restaurants auf den Weingütern), außerdem Eiscreme, wunderbaren Käse und jede Menge eingelegtes Obst und Gemüse. Infos zu den Weingütern stehen auf S. 430, ein paar der vielen besucherfreundlichen Hersteller kulinarischer Genüsse sind auf S. 428 genannt.

RESTAURANTS

Diva (Karte S. 414; ☎ 06-877 5149; Napier Rd, Havelock North; Hauptgerichte mittags 15–20 NZ$, abends 28–33 NZ$; ⏰ mittags & abends) Das Restaurant in Havelock, in dem am meisten los ist. Das Diva serviert gutes Mittagessen (von Fish & Chips bis zu Caesar Salad) und Bistrogerichte mit frischen Meeresfrüchten und saisonalen Spezialitäten. Das durch und durch als Ort des kulinarischen Genusses gestaltete Haus unterteilt sich in einen schicken Speisesaal und eine stimmungsvolle Bar (Snacks ab 5 NZ$), und muntere Tische auf der Straße gibt's auch.

LP Tipp Pipi (Karte S. 414; ☎ 06-877 8993; 16 Joll Rd, Havelock North; Hauptgerichte 16–30 NZ$; ⏰ Mi–So 16–22 Uhr; Ⓥ) Mit seinem Anstrich in Pink, mit bonbonfarbenen Streifen und den wild zusammengewürfelten Möbeln dreht das Pipi dem kleinstädtischen Geschmack frech die Nase. Beim Essen stehen einfache Pastagerichte und dünnkrustige Pizzen nach römischer Art im Vordergrund.

Elephant Hill (Karte S. 414; ☎ 06-873 6060; 86 Clifton Rd, Te Awanga; Hauptgerichte 21–34 NZ$; ⏰ 11–22 Uhr) Modernes Weingut mit topmoderner Architektur. Das Essen, der Wein und der Service können problemlos mit dem tollen Meerblick mithalten

Te Awa (Karte S. 414; ☎ 06-879 7602; 2375 SH50; Hauptgerichte 24–35 NZ$; ⏰ mittags) Der Wintergarten mit unverkleideten Holzbalken und Ausblick auf den Weinberg ist ein wunderbarer Platz für ein entspanntes Mittagessen, und das gleiche gilt für den hübschen Garten. Auf der Karte stehen viele frische, saisonale Produkte (klasse Salate!), Schokoladenfondant und Käse. Das kombiniert man am besten mit dem „Wine Flight" (20 NZ$) des Te Awa.

Terrôir at Craggy Range (Karte S. 414; ☎ 06-873 0143; 253 Waimarama Rd, Havelock North; Hauptgerichte 27–35 NZ$; ⏰ Mo–So mittags, Mo–Sa abends) Im überraschend rustikalen Speisesaal, der in dem kathedralenartigen „Weinfass" des Craggy-

Komplexes untergebracht ist, wartet verlässlich eines der besten kulinarischen Erlebnisse in der Region. Der Blick von der Terrasse auf den Te Mata Peak ist fast so beeindruckend wie die Weinkarte.

CAFÉS

Jackson's Bakery & Café (Karte S. 414; ☎ 06-877 5708; 15 Middle Rd, Havelock North; Pies 3–6 NZ$; ⏰ Mo–Fr 6–17, Sa bis 16, So 7–16 Uhr) Die Backwaren, vor allem die Pies, sind so gut, dass sich am Wochenende die Leute auf dem Bürgersteig stauen.

Bay Espresso (Karte S. 414; ☎ 06-876 5682; 141 Karamu Rd; Snacks/Mittagessen 4–16 NZ$; ⏰ Mo–Fr 7–16, Sa & So 8–16 Uhr) Das immer beliebte Café an der Hauptstraße bietet sich als kleiner Zwischenstopp an. Es gibt hausgerösteten Biokaffee, nette Speisen aus der Theke und einen ordentlichen Brunch, den man sich am besten im sonnigen Hinterhof schmecken lässt.

LP Tipp Opera Kitchen (Karte S. 427; ☎ 06-870 6020; 312 Eastbourne St E; Snacks 5–7 NZ$, Frühstück & Mittagessen 10–22 NZ$; ⏰ Mo–Sa morgens & mittags) Das moderne, stilvolle Café hat eine interessante Speisekarte. U. a. gibt es gesunde Frühstücksangebote wie Erdbeeren mit Passionsfruchtquark und Joghurt. Weniger Kalorienbewusste kommen beim großen Frühstück voll auf ihre Kosten. Tolle Speisen aus der Theke, großartiger Kaffee und das freundliche Personal runden alles ab. Man kann drinnen oder draußen im sonnigen Hof essen.

SELBSTVERSORGER

Toi, toi, toi, dass man am Wochenende hier ist – denn dann kann man entweder den **Hawke's Bay Farmers Market** (Karte S. 414; ☎ 06-974 8931; Hawke's Bay Showgrounds, Kenilworth Rd, Hastings; ⏰ So 8.30–12.30 Uhr) oder den **Black Barn Market** (Karte S. 414; ☎ 06-877 7985; www.blackbarn.com; Black Barn Rd; ⏰ Nov.–April Sa 9–12 Uhr) besuchen.

Picknickfreunde sind bei **Bellatino's** (Karte S. 414; ☎ 06-875 8103; 9 Napier Rd, Havelock North; ⏰ Mo–Fr 8–19, Sa & So bis 17.30 Uhr) richtig. Dort gibt's Leckereien aus der Region und von weiter weg, außerdem Kaffee und Kuchen. Essen kann man im Laden, oder man nimmt die Sachen einfach mit.

In Hastings und Havelock North gibt's mehrere Supermärkte, u. a. **New World** (Karte S. 427; ☎ 06-876 9881; 400 Heretaunga E St; ⏰ 7–22 Uhr).

Ausgehen

Abgesehen von den Weingütern ist das Angebot nicht gerade überwältigend.

EAST COAST

Roosters Brewhouse (Karte S. 414; ☎ 06-879 4127; 1470 Omahu Rd; ☼ Mo–Sa 10–19 Uhr) Das Roosters produziert eine Reihe von Bio-Bieren, „gebraut mit Leidenschaft und großem Desinteresse an vernünftiger Buchführung". Neben fünf regulären gibt es ein Spezialbier, das nur saisonal gebraut wird. Es gibt einen Verkostungsraum, Führungen und einen sonnigen Hof, in dem man etwas essen kann.

Rose & Shamrock (☎ 06-877 2999; Ecke Napier Rd & Porter Dr, Havelock North; ☼ 10.30 Uhr–open end) Eine mit Teppichen ausgelegte und mit dunklem Holz verkleidete Kneipe britischer Art. Es gibt einige englische Biere vom Fass und herzhaftes Kneipenessen (14–26 NZ$) sowie an den meisten Samstagabenden Livemusik.

Loading Ramp (☎ 06-877 6820; 6 Treachers Lane, Havelock North; ☼ 15 Uhr–open end) Der hohe Saal aus Holz zieht ein gemischtes jüngeres Publikum an, vor allem an den Wochenenden, wenn die Schlange teilweise bis auf die Straße reicht. Es gibt auch Kneipengerichte.

Eine weitere Option ist das Diva (S. 432).

Unterhaltung

Auf dem Spielplan des Hawke's Bay Opera House (S. 428) stehen regelmäßig Konzerte und Theateraufführungen. Der Kartenverkauf befindet sich vor Ort.

Reading Cinemas (Karte S. 427; ☎ 06-873 0345; www.readingcinemas.co.nz; 124 Heretaunga St E; Ticket Erw./Kind 14,50/10,50 NZ$) zeigt Blockbuster.

An- & Weiterreise

Napiers Hawke's Bay Airport (S. 426) liegt 20 Autominuten entfernt. Air New Zealand hat ein Büro im Zentrum von Hastings.

Busse von **InterCity** (www.intercity.co.nz), **Bay Xpress** (www.bayxpress.co.nz) und **Naked Bus** (www.nakedbus.com) bedienen Napier (S. 426).

Unterwegs vor Ort

goBay (☎ 06-878 9250; www.hbrc.govt.nz) betreibt das Nahverkehrsbusnetz, das Napier, Hastings, Havelock North und das Umland abdeckt. Zwischen den wichtigsten Zentren ist montags bis freitags das Angebot ziemlich dicht; so gibt es allein drei verschiedene Linien zwischen Napier und Hastings, die für die Fahrt 30 (Expresslinie) bzw. 55 Minuten (bedient alle Haltestellen) brauchen. Die Busse fahren ab der Bushaltestelle am Civic Sq (Karte S. 427). Samstags gibt es zwischen 9 und 17 Uhr nur fünf Busse, die alle Haltestellen anfahren (Erw./Kind 4,50/2,50 NZ$).

Zwischen Hastings und Havelock North fahren die Busse montags bis freitags stündlich (Erw./Kind 3/2 NZ$, 35 Min.); will man mitfahren, muss man dem Fahrer ein Zeichen geben und im Bus bezahlen.

Hastings Taxis (☎ 06-878 5055) ist der örtliche Taxidienst.

CAPE KIDNAPPERS

Von Mitte September bis Ende April drängen sich am Cape Kidnappers (so benannt, weil einheimische Maori hier versuchten, Cooks tahitianischen Dienstjungen zu entführen) kreischende Australtölpel (S. 157). Normalerweise nisten die großen Vögel auf abgelegenen Inseln, aber hier haben sie sich fürs Festland entschieden und lassen sich von menschlichen Beobachtern nicht stören.

Die Vögel nisten gleich nach ihrer Ankunft. Nachdem die Eier etwa sechs Wochen bebrütet wurden, schlüpfen die Jungen ab Anfang November. Im März beginnen die Tölpel ihre Wanderung; im Mai sind alle Vögel verschwunden.

Anfang November bis Ende Februar ist die beste Zeit für den Besuch. Man kann an einer geführten Tour (s. unten) teilnehmen oder auf dem **Walkway** spazieren: vom Parkplatz des Clifton Reserve (Parken 2 NZ$) beim Clifton Motor Camp (S. 434) sind es hin und zurück ungefähr 5 Stunden. Auf dem Weg entdeckt man interessante Klippenformationen, Felsteiche, einen geschützten Picknickplatz und natürlich die Vögel. Bei der Wanderung muss man den Gezeitenstand beachten: nicht früher als drei Stunden nach der Flut losgehen und nicht später als anderthalb Stunden nach Ebbe den Rückweg antreten!

Nach Clifton gibt's keinen regelmäßigen Busverkehr, aber **Kiwi Shuttle** (☎ 027-459 3669; einfache Strecke 30 NZ$/Pers.) fährt auf Anfrage; Gruppen erhalten Rabatt.

Geführte Touren

Alle Touren richten sich nach dem Gezeitenstand; Gezeitenpläne haben die i-SITEs in der Region sowie die einzelnen Veranstalter.

Gannet Beach Adventures (Karte S. 414; ☎ 0800 426 638; www.gannets.com; Erw./Kind/Fam. 38/23/105 NZ$) Zunächst geht's auf einem von einem Traktor gezogenen Anhänger den Strand entlang. Dann startet die Wanderung zum Cape (90 Min.). Die gesamte tolle Tour dauert 4 Stunden, Start ist am Clifton Reserve.

Gannet Safaris (Karte S. 414; ☎ 0800 427 232; www.gannetsafaris.co.nz; Summerlee Station, Clifton; Erw./Kind

60/30 NZ\$) Geländewagenfahrten quer über Farmland hin zur Tölpelkolonie. Die dreistündigen Ausflüge starten um 9.30 und 13.30 Uhr. Erkundigen sollte man sich auch nach den Wilderness Safaris (www.kidnapperssafaris.co.nz), bei denen es in kleinen Gruppen in das Naturschutzgebiet hinter dem Schutzzaun hineingeht.

Schlafen & Essen

Das **Clifton Motor Camp** (Karte S. 414; ☎ 06-875 0263; Fax 06-875 0265; Clifton Rd; Stellplatz 21–25 NZ\$, Hütte ab 50 NZ\$) ist ein uriger Ort am Ende der Welt, am Startpunkt des Weges zu den Tölpeln. Es gibt Stellplätze direkt am Strand und andere im Schatten einer Reihe dauerhaft hier abgestellter Wohnwagen. Die freundlichen Betreiber setzen in der gesamten gepflegten Anlage auf eine altmodische Kiwi-Stimmung.

Das **Clifton Bay Café** (Karte S. 414; ☎ 06-875 0096; 468 Clifton Rd; Gerichte 9–30 NZ\$; ☒ 10–16 Uhr) ist ein luftiger, zivilisierter Ort, in dem man vor oder nach dem Tölpelmarsch schön essen kann.

CENTRAL HAWKE'S BAY

Südlich von Hastings erstrecken sich Weiden und zwischendrin die prächtigen Gehöfte der viktorianischen Viehzüchter. In diese Gegend verirren sich kaum Touristen, aber sie ist reich an Geschichte und einsamen Stränden. Waipukurau (alias „Wai-puk"), die wichtigste Siedlung, ist nicht gerade spannend, aber es lohnt ein Halt beim äußerst hilfreichen **Central Hawke's Bay Information Centre** (☎ 06-858 6488; www.centralhawkesbay.co.nz; Railway Esp; ☒ Mo–Fr 9–17, Sa bis 13 Uhr) im alten Bahnhof. Hier erhält man die ausführliche Broschüre *Experience Central Hawke's Bay* und Faltblätter, die historische Trails, DOC-Reservate und Wanderungen beschreiben.

Sehenswertes

Es gibt an der hiesigen Küste nicht weniger als sechs windgepeitschte, interessante Strände: **Kairakau**, **Mangakuri**, **Pourerere**, **Aramoana**, **Blackhead** und **Porangahau**. Die ersten fünf sind zum Schwimmen geeignet, und außerdem werden eine ganze Reihe Aktivitäten rund um Sand und Salzwasser angeboten, darunter Surfen, Angeln und Wanderungen zwischen Treibholz und Felsteichen. Zwischen dem Aramoana und dem Blackhead Beach liegt das **Te Angiangi Marine Reserve** – Schnorchel mitbringen!

Das hochgeachtete **Te Aute College** (☎ 06-856 8016; SH2, Pukehou) wurde von vielen bedeutenden Maori besucht, u. a. von James Carroll und Apirana Ngata. Vorher anrufen, falls man das Versammlungshaus mit seinen wunderbaren Schnitzereien und die Kirche besichtigen will. Auf der anderen Straßenseite steht neben einer *marae* die kleine **Christ Church** von 1859, die älteste Kirche des Bezirks.

Im **Central Hawke's Bay Settler's Museum** (☎ 06-857 7288; High St, Waipawa; Eintritt gegen Spende; ☒ 10–16 Uhr) sind Artefakte der Pioniere, eine informative Ausstellung über Gehöfte und ein gutes Beispiel eines Fluss-*waka* ausgestellt.

Ongaonga ist ein historisches Dorf 16 km westlich von Waipawa mit interessanten viktorianischen und eduardianischen Gebäuden. Ein Faltblatt für eine Besichtigungstour auf eigene Faust erhält man im Informationszentrum in Waipukurau. Die nächste Ortschaft weiter östlich ist **Tikokino**, einst eine Holzfällersiedlung, die aber heute für ihre hübschen Privatgärten berühmt ist, die im Frühling und Frühsommer für Besucher geöffnet sind. Auch hier kann das Informationszentrum mit Hinweisen weiterhelfen.

Der Hügel ist zwar unscheinbar und liegt mitten im Nirgendwo, da er aber den längsten Ortsnamen der Welt trägt, steht natürlich ein Fototermin an. **Taumatawhakatangihangakoauauotamateaturipukakapikimaungahoronukupokaiwhenuakitanatahu** heißt übersetzt ungefähr: „Der Ort, an dem Tamatea, der Mann mit den großen Knien, der Berge hinabrutschte, sie emporkletterte und verschluckte, bekannt als der Landfresser, seine Flöte für seinen Bruder spielte". Tamatea Pokaiwhenua, der „Landfresser", war so berühmt für seine langen Reisen auf der Nordinsel, dass die Menschen von ihm sagten, er fräße das Land mit seinen Schritten. Nach dem Tod seines Bruders in der Schlacht von Matanui setzte sich Tamatea mit seiner Nasenflöte auf den Hügel und spielte eine Totenklage für den gefallenen Bruder. Un hierherzukommen, in Waipukurau volltanken und auf der Route 52 40 km bis zur Abzweigung Mangaorapa fahren, dort links abbiegen und 4 km in Richtung Porangahau fahren; an der Kreuzung mit der Ausschilderung rechts abbiegen und 4,3 km bis zum Namensschild fahren.

Schlafen & Essen

Lochlea Backpacker Farmstay (☎ 06-855 4816; www. lochleafarm.co.nz; 344 Lake Rd, Wanstead; Stellplatz 23 NZ\$/ Pers., B/EZ 28/37 NZ\$, DZ 56–60 NZ\$, Cottage 125 NZ\$; ☒) Kleine Baumgruppen auf Weidehängen begrüßen einen auf der idyllischen Farm, wo man dem Stress der Stadt so fern wie nur möglich ist. Die Zimmer sind einfach, aber die Gemeinschaftslounge ist gemütlich. Es gibt einen Pool, einen Tennisplatz und endlose Weiden zum Umherstreifen.

Gwavas Garden Homestead (☎ 06-856 5810; www. gwavasgarden.co.nz; 5740 SH50, Tikokino; DZ mit Frühstück 265–345 NZ$) 6 km außerhalb von Tikokino liegt dieses prachtvolle Gehöft von 1890, das Zimmer für Zimmer sorgfältig renoviert und mit hübschen Blumentapeten, Möbeln im Stil der Zeit und prima Bettwäsche versehen wird. Man genießt sein Frühstück auf der Veranda, spielt dann etwas Rasentennis oder ergeht sich in dem 9 ha großen, international berühmten Cornwall-Garten, der weithin als die beste private Baumpflanzung im ganzen Land bekannt ist.

Paper Mulberry Café (☎ 06-856 8688; SH2, Pukehou; Gerichte 8–17 NZ$; ☯ Do–Mo 7–16 Uhr) Direkt gegenüber dem Te Aute College gibt dieses hippe Café Kuscheltiere statt Tischnummern aus und serviert ausgezeichneten Havanna-Kaffee nebst großartiger Hausmannskost.

LP Tipp **Misty River Café** (☎ 06-857 8911; 12 High Street, Waipawa; Hauptgerichte 14–18 NZ$; ☯ Mi–So 9–16 Uhr) Das beliebte kleine Café bietet ein wenig europäischen Chic an der tristen High Street. Zu haben sind superleckerer Waldorfsalat, frischer Schinken, Pasta, Nachos und andere kulinarische Favoriten aus aller Welt. Die Backwaren sind absolute Spitze. Alle Gerichte werden frisch zubereitet, auch nach Kundenwunsch. Nach dem Hähnchensalat-Sandwich fragen!

Oruawharo (☎ 06-855 8274; www.oruawharo.com; 379 Oruawharo Rd; Morgen- & Nachmittagstee 14 NZ$, Mittagessen 20 NZ$) Das Oruawharo von 1879 ist eines der prachtvollen ländlichen Herrenhäuser in der Region und bietet ein prima Ambiente für einen High Tea oder Lunch, der auf feinem Knochenporzellan serviert wird. Den Tisch telefonisch reservieren!

An- & Weiterreise

Busse von **Bay Xpress** (☎ 0800 422 997; www.bay xpress.co.nz) halten auf der Strecke zwischen Wellington (36 NZ$, 4 Std.) und Napier (10 NZ$, 1 Std.) über Palmerston North (22 NZ$, 90 Min.) in Waipawa und Waipukurau. **InterCity** (www.intercity.co.nz) verkehrt ebenfalls auf der Route Wellington–Napier, ist aber erheblich teurer. Frühbucher können bei **Naked Bus** (www.nakedbus.com) vielleicht eines der günstigen Tickets ab 1 NZ$ erstehen.

KAWEKA & RUAHINE RANGES

Die entlegenen Kaweka- und Ruahine-Gebirgsketten trennen Hawke's Bay von der zentralen Hochebene. In dieser bewaldeten Wildnis gibt's einige der besten Wandertouren der Nordinsel. Die DOC-Broschüren *Kaweka Forest Park & Puketitiri Reserves* und *Eastern Ruahine Forest Park* informieren über Wege und Hütten.

Ein alter Maoripfad, jetzt eine Straße, verläuft landeinwärts von Omahu bei Hastings nach Taihape über Otamauri und Kuripapango (wo es einen einfachen, aber netten DOC-Campingplatz gibt, 5 NZ$). Die Strecke ist landschaftlich schön, aber teilweise unbefestigt, und man ist etwa 3 Stunden unterwegs.

Kaweka J, den höchsten Punkt der Gebirgskette (1724 m), kann man nach einer drei- bis fünfstündigen Wanderung vom Ende der Kaweka Rd aus erreichen; von Napier die Puketitiri Rd und dann die Whittle Rd nehmen. Die Fahrt selbst lohnt sich; die Strecke ist teilweise unbefestigt und dauert hin und zurück 3 Stunden.

EAST COAST

Wellington & Umgebung

Wen es auf seiner Neuseelandreise bislang nur in die Wildnis und in Kuhdörfer verschlagen hat, der kann sich in Wellington nun die Spinnweben aus den Haaren pusten lassen. Programmkinos, hippe Boutiquen, angesagte Bars, Livemusik und Restaurants – „Windy Welly" hat alles! Wellington beansprucht, Kulturhauptstadt des Landes zu sein, und diese Ehre gebührt ihm zweifelsfrei. Zwar tummeln sich hier zahllose Beamte in Anzügen, doch die Stadt bietet auch einer beachtlichen Zahl kreativer Köpfe ein Zuhause, die eine bewundernswert lebendige, zugängliche Kunstszene geschaffen haben. Wellington ist eine stolze Stadt, deren Bewohner davon überzeugt sind, im bestgehüteten Geheimnis der Welt zu leben.

Die Stadt ist der Knotenpunkt zwischen Nord- und Südinsel und seit jeher Bestandteil der meisten Reiserouten. Heute locken das Te Papa und das Zealandia Traveller an, aber schon nach wenigen Tagen zeigt sich, dass es hier noch viele weitere Attraktionen gibt: einen tollen Hafen, eine Küste, die zu Spaziergängen einlädt, Hügel voller hübscher, verwitterter Holzhäuser, unzählige Überraschungen in der Innenstadt und die vielleicht frischeste Stadtluft der Welt.

Weniger als eine Stunde Richtung Norden beginnt die Kapiti Coast, die gemäßigteres Wetter und lockeres Strandflair zu bieten hat; ein Highlight ist das Naturschutzgebiet Kapiti Island. In einer anderen Ecke und doch nur eine Stunde entfernt hinter der Rimutaka Range liegt Wairarapa. Diese landwirtschaftlich geprägte Gegend ist mit hübschen Städten und berühmten Weingütern gesprenkelt und besitzt eine raue, windgepeitschte Küste.

HIGHLIGHTS

- In Neuseelands bestem Museum, Wellingtons **Te Papa**, selbst Hand anlegen (S. 446)
- Am rauen, abgelegenen **Cape Palliser** die Stufen zum Leuchtturm erklimmen (S. 472)
- Die großartigen Kaffees und köstlichen Biere kosten, die Wellingtoner gerne in den schicken **Bars** (S. 456) und den lässigen **Cafés** (S. 455) der Stadt bestellen
- **Kapiti Island** (S. 467) erkunden und der Takahe Hallo sagen, die zu Neuseelands seltensten Vogelarten zählt
- Mit dem Rad die malerischen **Weingüter von Martinborough** (S. 470) abklappern, ohne irgendwann Schlangenlinien zu fahren
- Mit der ächzenden **Seilbahn** (S. 444) vom Lambton Quay zu den herrlich grünen **Wellington Botanic Gardens** (S. 444) schaukeln
- Im **Makara Peak Mountain Bike Park** (S. 447) die Wege entlangsausen

Kapiti Island ★

★ Martinborough

★ Wellington

★ Cape Palliser

- Vorwahl: 04
- www.wellingtonnz.com
- www.wairarapanz.com

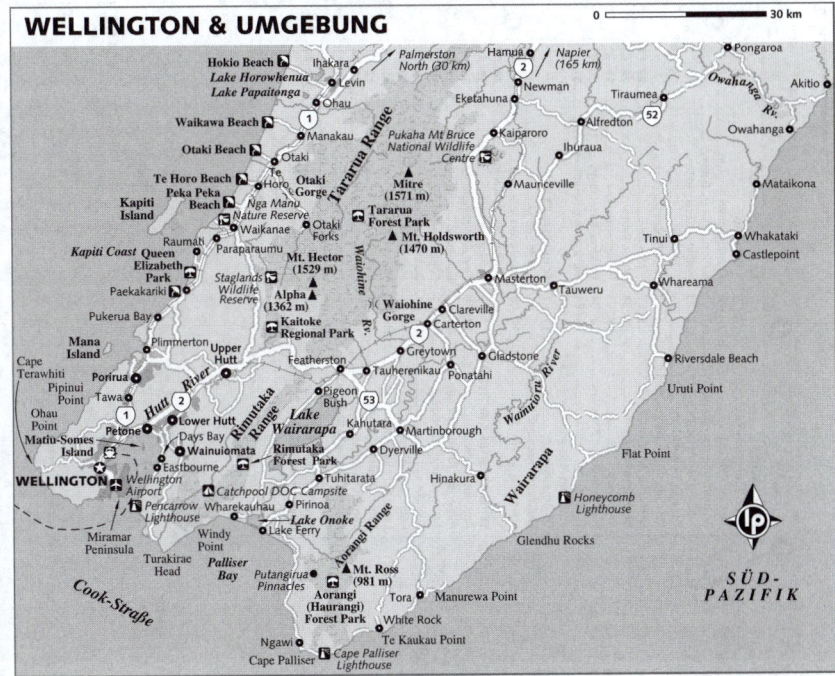

WELLINGTON & UMGEBUNG

Klima

Wenn das Wetter in Wellington schlecht ist, dann nicht selten *richtig* fies: peitschende Winde und eiskalter Regen von der Seite – man nennt die Stadt nicht umsonst „Windy Wellington" …

November bis April sind die wärmeren Monate und die beste Zeit für einen Besuch. Dann herrschen Durchschnittstemperaturen um die 20 °C. Von Mai bis August ist es kühler und nasser, dann klettert die Quecksilbersäule tagsüber nur etwa auf 12 °C.

Anreise & Unterwegs vor Ort

Wellington ist ein wichtiger Verkehrsknotenpunkt und der Nordinsel-Hafen der Fähren zwischen den beiden Hauptinseln. Der Wellington Airport wird von nationalen und internationalen Fluglinien angeflogen.

Durch die guten Bahn- und Busverbindungen kann man prima nach Wellington pendeln – viele Menschen kommen tagtäglich zum Arbeiten (oder Feiern) aus dem Umland nach Wellington. Wer sich der Stadt von Norden nähert, erreicht sie entweder über den State Highway 1 (SH1) entlang der Kapiti Coast im Westen oder durch Wairarapa und das dicht besiedelte Hutt Valley über den State Highway 2 (SH2) im Osten.

InterCity (www.intercity.co.nz) ist das wichtigste Busunternehmen auf der Nordinsel und fährt fast überall hin. Pendlerzüge tuckern von Wellington an die Kapiti Coast und nach Wairarapa; die Fernzüge von **Tranz Scenic** (www.tranzscenic.co.nz) verkehren zwischen Wellington und Auckland bzw. Palmerston North. Näheres zum Transport nach oder von Wellington gibt's auf S. 460.

WELLINGTON

164 000 Ew. (Stadt), 424 000 Ew. (Region)

Das kleine Wellington mit dem recht großen Ruf ist den meisten Leuten bekannt, weil es die Hauptstadt Neuseelands ist. Für sein Wetter hingegen ist es berüchtigt, besonders für orkanartige Winde, die durch die Stadt fegen und Regenschirme und Frisuren zerstören. Darüber hinaus liegt es direkt über der Grenze zweier Kontinentalplatten. Und sich im Einbahnstraßenlabyrinth der Innenstadt

GROSSRAUM WELLINGTON

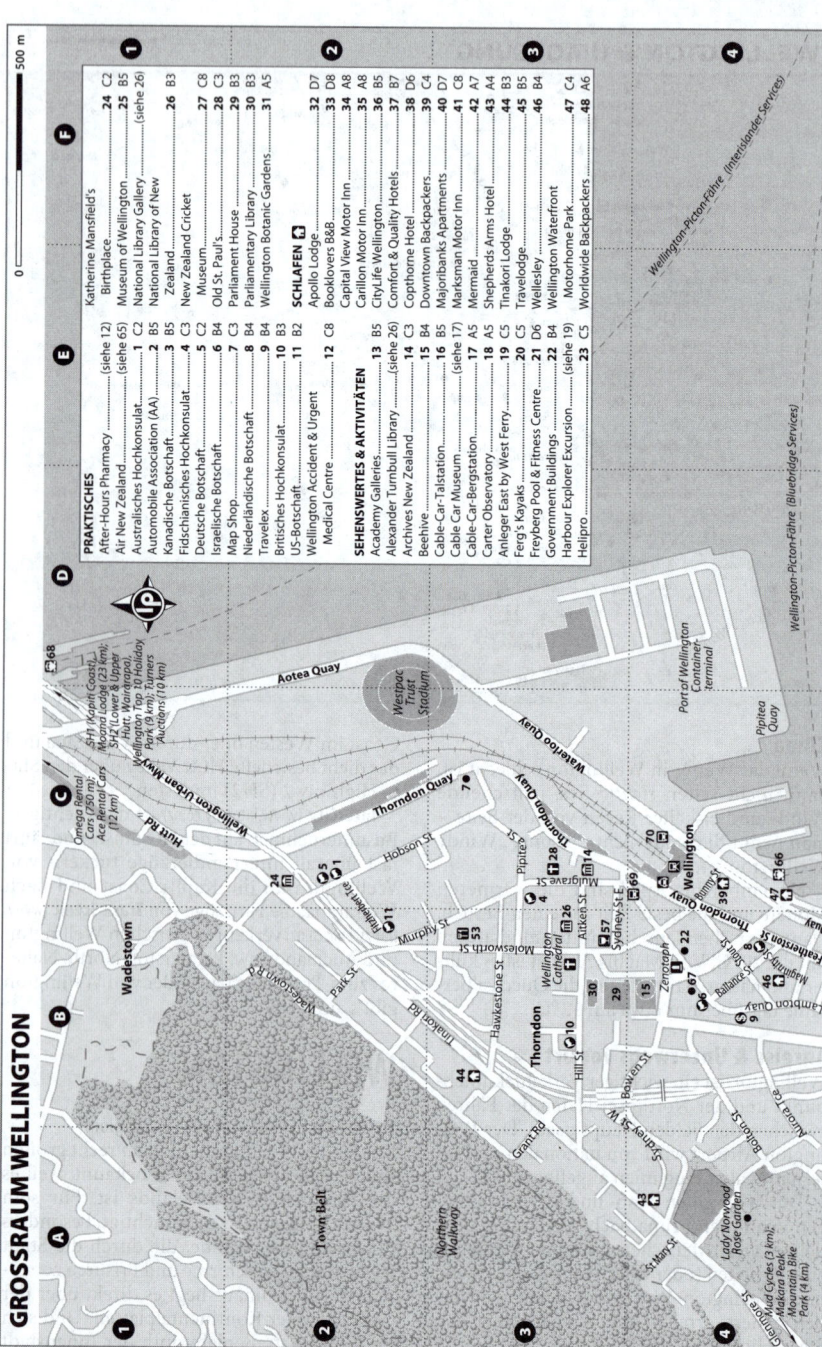

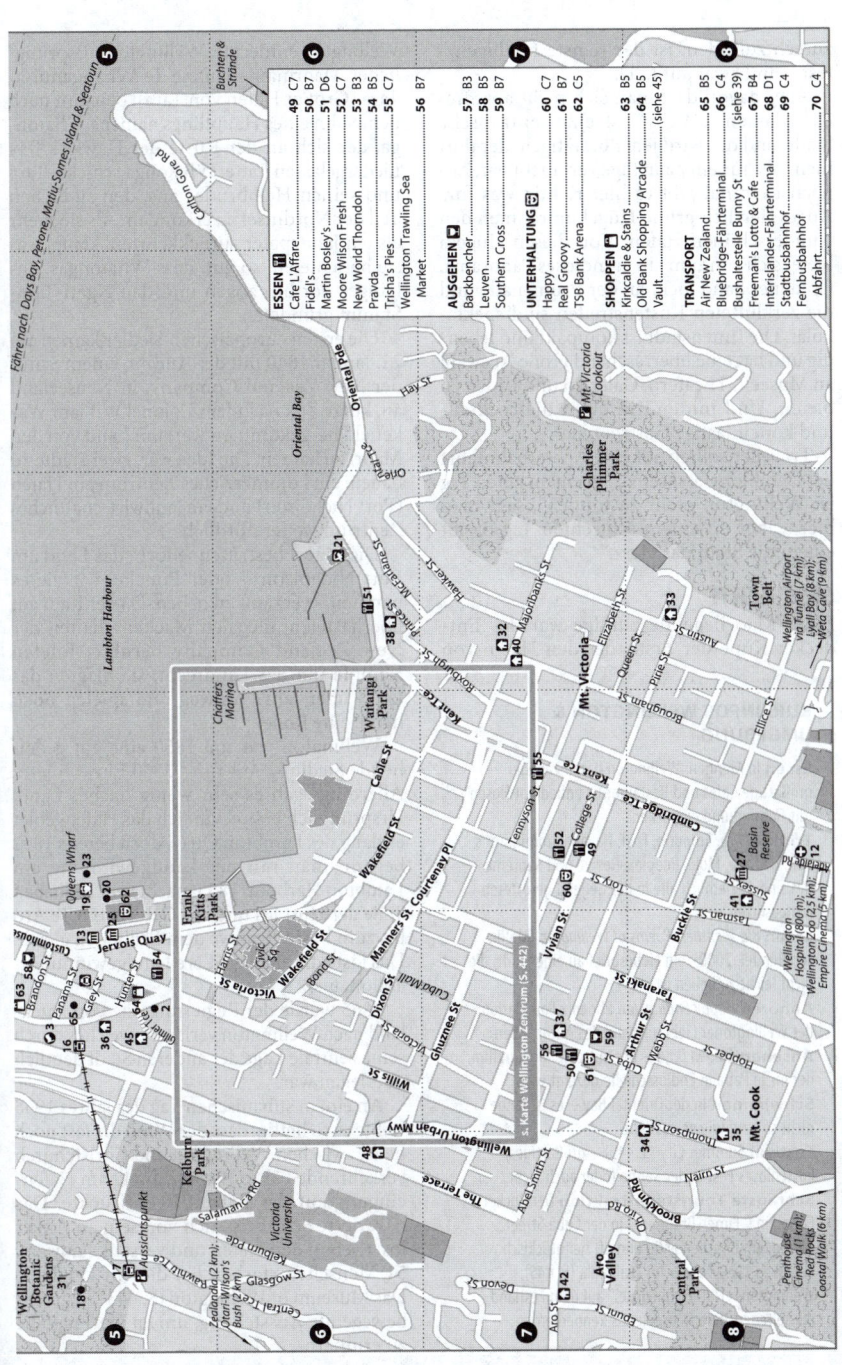

ESSEN 🍴	
Cafe L'Affare	**49** C7
Fidel's	**50** B7
Martin Bosley's	**51** D6
Moore Wilson Fresh	**52** C7
New World Thorndon	**53** B3
Pravda	**54** B5
Trisha's Pies	**55** C7
Wellington Trawling Sea Market	**56** B7

AUSGEHEN 🍸	
Backbencher	**57** B3
Leuven	**58** B5
Southern Cross	**59** B7

UNTERHALTUNG 🎭	
Happy	**60** C7
Real Groovy	**61** B7
TSB Bank Arena	**62** C5

SHOPPEN 🛍	
Kirkcaldie & Stains	**63** B5
Old Bank Shopping Arcade	**64** B5
Vault	(siehe 45)

TRANSPORT	
Air New Zealand	**65** B5
Bluebridge-Fährterminal	**66** C4
Bushaltestelle Bunny St	(siehe 39)
Freeman's Lotto & Cafe	**67** B4
Interislander-Fährterminal	**68** D1
Stadtbusbahnhof	**69** C4
Fernbusbahnhof Abfahrt	**70** C4

WELLINGTON & UMGEBUNG

zurechtzufinden, ist der reinste Intelligenztest – und zwar auf LSD.

Aber davon darf man sich nicht abschrecken lassen. „Welly" ist eine fantastische Stadt, und das wird jeder bestätigen, der dort mehr als nur ein paar Tage verbracht hat. Zunächst einmal gibt es hier richtig was fürs Auge: Herrlich grüne Hügel umrahmen den wunderschönen Hafen. Von diesen Hügeln bietet sich rundum ein grandioses Panorama. Goldener Sand lockt an der Promenade und die zerklüfteten Küstenstreifen sind spektakulär. Die Innenstadt ist kompakt und lebendig und hat eine überraschend große Auswahl an Museen, Theatern, Galerien und Läden zu bieten. Und mittendrin blüht die cocktail- und koffeinlastige Gastroszene.

Traveller sollten auf eine Achterbahnfahrt der Gefühle gefasst sein: „An einem guten Tag ist Wellington nicht zu toppen", sagt man hier, „aber an einem schlechten Tag bricht einem die Stadt das Herz."

GESCHICHTE

Einer Maorilegende zufolge war der Entdecker Kupe der Erste, der den Hafen von Wellington entdeckte. Wellingtons ursprünglicher Maoriname lautete Te Whanganui-a-Tara (Großer Hafen von Tara), benannt nach dem Sohn eines Häuptlings namens Whatonga, der sich an der Küste der Hawke's Bay niedergelassen hatte. Whatonga schickte Tara und seinen Halbbruder aus, den südlichen Teil der Nordinsel zu erkunden. Als sie mehr als ein Jahr später zurückkehrten, klang, wie sie berichteten, so gut, dass Whatongas Anhänger dorthin zogen und den Ngati-Tara-Stamm gründeten.

Die ersten europäischen Siedler kamen am 22. Januar 1840 mit der *Aurora*, einem Schiff der New Zealand Company, in Neuseeland an, kurze Zeit nachdem Colonel William Wakefield hergekommen war, um Land von den Maori zu kaufen. Die Idee war, zwei Städte zu bauen: ein kommerzielles Zentrum am Hafen (Port Nicholson) und ein landwirtschaftliches Zentrum weiter nördlich.

Die Maori bestritten jedoch, das Land am Port Nicholson – oder Poneke, wie sie es nannten – verkauft zu haben. Da der Kauf auf überhasteten, illegalen Machenschaften der New Zealand Company beruhte, folgten Kämpfe um das Landrecht; sie plagten das Land über Jahre hinweg und spielen noch heute eine Rolle.

Wellington war um 1850 eine gut gedeihende Siedlung mit rund 5500 Einwohnern. Allerdings gab es sehr wenig flaches Land. Ursprünglich erstreckte sich das Hafengebiet entlang des Lambton Quay, doch bereits 1852 begann man mit der Landgewinnung am Lambton Harbour. 1855 machte ein Erdbeben Teile der Hutt Rd und das Gebiet vom Te Aro bis zum Basin Reserve dem Erdboden gleich. Das löste die erste größere Landgewinnungsaktion aus.

1865 wurde der Regierungssitz von Auckland nach Wellington verlagert, welches durch seine zentrale Lage der anderen Stadt deutlich überlegen war.

An einem stürmischen Tag des Jahres 1968 wehte es so heftig, dass der Wind die fast noch neue, zwischen Wellington und Christchurch verkehrende Fähre *Wahine* direkt am Hafeneingang auf das Barrett Reef drückte. Das havarierte Schiff riss sich von seinem Anker los, trieb in den Hafen und versank langsam. 51 Menschen starben bei diesem Unglück. Das Museum of Wellington (S. 443) zeigt eine bewegende Ausstellung, um an die Tragödie zu erinnern.

KURZINFOS WELLINGTON & UMGEBUNG

Essen In Mengen: Wellington hat unzählige großartige Cafés und Restaurants; unbedingt Hosen mit Gummibund einpacken!

Trinken Aro, Emporio, Fuel, Havana, Immigrant's Son, L'Affare, Mojo, Peoples, Revive und Supreme – das sind so ziemlich alle in der Gegend gerösteten Kaffeesorten

Lesen *Big Weather: Poems of Wellington* (Mallinson Rendel, 2000), ein Liebesbrief an eine Stadt, die nicht leicht zu lieben ist

Anhören *Happy Ending* von Phoenix Foundation, der Wellingtoner Lieblingsband des Autors oben

Ansehen *Golden Days* – der mitreißende Kurzfilm, der im Te Papa in Endlosschleife gezeigt wird

Schwimmen In der Oriental Bay – es ist lange nicht so kalt, wie es aussieht

Festival Summer City (S. 449) – großartiges, kostenloses Fest in der Sonne (oder auch nicht …)

Schrägste Touristenattraktion Der Bucket Fountain („Eimer-Brunnen") in der Cuba Street: schräg, ein bisschen eklig und oft heimtückisch

Grünes Gewissen Im Zealandia (S. 445), Wellingtons „Naturschutzinsel" auf dem Festland, die seltenen Tiere Neuseelands kennenlernen

ORIENTIERUNG

Das Stadtzentrum ballt sich um die westliche Ecke des Wellingtoner Hafens und ist auf allen Seiten von Vororten umgeben, die in den steilen Tälern und Hügeln rundum liegen. Der Lambton Quay, die Hauptschlagader der Stadt, verläuft mehr oder weniger parallel zur Promenade (einst *war* er die Promenade). Das Geschäftszentrum erstreckt sich vom Bahnhof am Nordende des Lambton Quay nach Südosten bis zur Cambridge bzw. Kent Terrace.

Das Parlament befindet sich am Nordende des Stadtzentrums am Übergang zum historischen Thorndon, wo auch mehrere Botschaften zuhause sind. Der Küstenstreifen entlang des Jervois Quay, der Cable Street und der Oriental Parade entwickelt sich zu einer immer lebendigeren Wohngegend; hier befinden sich auch das Te Papa Museum, der Waitangi Park und ein künstlich angelegter Strand. Die historischen Schuppen der Queens Wharf sind als Museum, Galerien, Restaurants und Kaffeerösterei wiederauferstanden und um einige neue Gebäude erweitert worden.

In der Cuba Street (gebildete Künstlerszene) und am Courtenay Place (junge Wilde) tobt das Nachtleben, aber auch die Willis Street, Queens Wharf und der Lambton Quay sind mit Restaurants, Bars und Läden gespickt.

Der Flughafen liegt 8 km südöstlich des Stadtzentrums.

Karten & Stadtpläne

Wellingtons i-SITE-Touristeninformation hält kostenlose Stadtpläne bereit.

Der **Map Shop** (Karte S. 438 f.; ☎ 04-385 1462; www.mapshop.co.nz; 121 Thorndon Quay; ☿ Mo–Fr 8.30–17.30, Sa 10–13 Uhr) bietet eine große Auswahl an Neuseeland- und Regionalkarten sowie topografische Karten und GPS für Wanderer.

PRAKTISCHE INFORMATIONEN
Buchläden

Arty Bees Books (Karte S. 442; ☎ 04-384 5339; www.artybees.co.nz; The Oaks, Manners St; ☿ Mo–Do 9–21, Fr 9–22, Sa 10–22, So 11–21 Uhr) Gute Secondhandbücher.

Unity Books (Karte S. 442; ☎ 04-499 4245; www.unitybooks.co.nz; 57 Willis St; ☿ Mo–Fr 9–18, Sa 10–17, So 11–17 Uhr) Institution in Wellington; hat eine klasse Romanabteilung mit viel neuseeländischer Literatur.

Geld

Die großen Banken haben Filialen am Courtenay Place, an der Willis Street und am Lambton Quay. Geld wechselt man hier:

MAORI: WELLINGTON & UMGEBUNG

Die Gegend um Wellington, die in der Legende das Maul von Mauis Fisch (s. S. 58) war und traditionell als Te Whanganui-a-Tara bezeichnet wird, ist bei den Maori seit Mitte des 19. Jhs. als „Poneke" (eine Verballhornung von Port Nicholas, dem damaligen europäischen Namen) bekannt.

Die größten *iwi* (Stämme) der Region waren damals die Te Ati Awa und die Ngati Toa. Zu Letzteren gehörte auch Te Rauparaha, der den heute sehr berühmten Ka Mate Haka (s. S. 61) komponierte. Wie in den meisten städtischen Gebieten leben auch in Wellington heute Maori zahlreicher *iwi*, die manchmal kollektiv als Ngati Poneke bezeichnet werden.

Neuseelands Nationalmuseum Te Papa (S. 446) zeigt ausgezeichnete Ausstellungen zur traditionellen und modernen Kultur der Maori sowie eine farbenfrohe *marae*. Geschichtlich Interessierte können in den Archives New Zealand (S. 444) außerdem den Vertrag von Waitangi bewundern.

City Stop (Karte S. 442; ☎ 04-801 8669; 107 Manners St; ☿ 24 Std.) Kleiner Lebensmittelladen, der auch Reisechecks einlöst.

Travelex (Karte S. 438 f.; ☎ 04-472 8346; www.travelex.com/nz; 120 Lambton Quay; ☿ Mo–Fr 8.30–17.30, Sa 9–16 Uhr) Geldwechselbüro. Hat auch eine Filiale am Flughafen.

Infos im Internet

Feeling Great (www.feelinggreat.co.nz) Der Stadtrat organisiert Events, Aktivitäten und Kurse.

Positively Wellington Tourism (www.wellingtonnz.com) Offizielle Tourismuswebsite der Stadt.

View Wellington (www.viewwellington.co.nz) Restaurant- und Barkritiken, Aktivitäten und Sonderangebote.

Word on the Street (www.wordonthestreet.nz) Leserfreundliche, unterhaltsame, werbefreie Website, die sich dem Besten widmet, das in der Stadt so los ist.

Wotzon.com (www.wotzon.com) Kunst- und Eventkalender für Wellington und Umgebung.

Internetzugang

Internetzugang gibt's fast überall; meist kostet eine Stunde um die 3 NZ$.

Cybernomad (Karte S. 442; 43 Courtenay Pl; ☿ Mo–Fr 9–23, Sa & So 10–23 Uhr)

Cyber City (Karte S. 442; 97-99 Courtenay Pl; ☿ 9–23 Uhr)

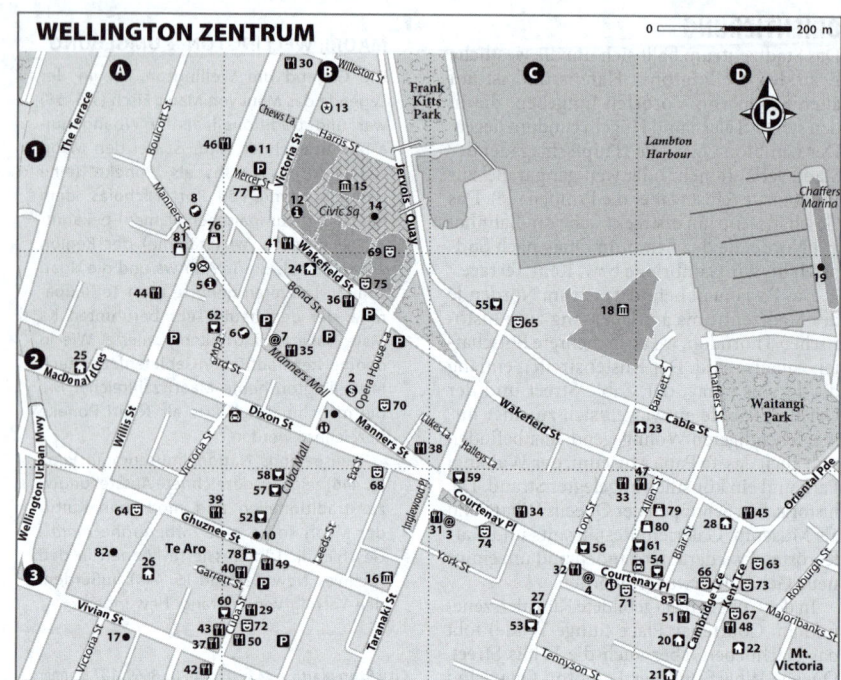

WELLINGTON ZENTRUM

0 ——— 200 m

iPlay (Karte S. 442; 1. Stock, 49 Manners Mall; ☯ 24 Std.)
Wellington i-SITE (Karte S. 442; www.wellingtonnz.
com; Civic Sq, Ecke Wakefield St & Victoria St; ☯ Mo–Fr
8.30–17, Sa & So 9.30–16.30 Uhr)

Medien
Capital Times (www.capitaltimes.co.nz) Kostenlose
Wochenzeitung mit Lokalnachrichten, Klatsch und einem
Eventkalender.
Stuff (www.stuff.co.nz) Online-Nachrichten aus der
Wellingtoner Zeitung *Dominion Post*.

Medizinische Versorgung
Wellington Accident & Urgent Medical Centre
(Karte S. 438 f.; ☎ 04-384 4944; 17 Adelaide Rd, New-
town; ☯ 8–23 Uhr) Keine Anmeldung notwendig; hier
gibt's auch eine Apotheke mit den gleichen Öffnungszeiten.
Wellington Hospital (außerhalb der Karte S. 438 f.;
☎ 04-385 5999; www.ccdhb.org.nz; Riddiford St,
Newtown; ☯ 24 Std.) Befindet sich 1 km südlich des
Stadtzentrums.

Notfall
Ambulanz, Feuerwehr, Polizei (☎ 111)
Wellingtoner Polizei (Karte S. 442; ☎ 04-381 2000;
www.police.govt.nz; Ecke Victoria St & Harris St; ☯ 24 Std.)

Post
Post (Karte S. 442; www.nzpost.co.nz; 2 Manners St)
Mitten im Stadtzentrum; hierher können auch postlagern-
de Sendungen geschickt werden.

Reisebüros
Air New Zealand (Karte S. 438 f.; ☎ 0800 737 000, 04-
474 8950 od. 04-388 9900; www.airnewzealand.co.nz; Ecke
Lambton Quay & Grey St; ☯ Mo–Fr 9–17, Sa 10–13 Uhr)
STA Travel (Karte S. 442; ☎ 04-385 0561; www.sta
travel.co.nz; Ecke Cuba St & Ghuznee St; ☯ Mo–Fr
9–17.30, Sa 11–17 Uhr)

Touristeninformation
Automobile Association (AA; Karte S. 438 f.; ☎ 04-
931 9999; www.aa.co.nz; 1. Stock, 42-352 Lambton Quay;
☯ Mo–Fr 8.30–17, Sa 9–13 Uhr)
DOC-Touristeninformation (Department of Conserva-
tion; Karte S. 442; ☎ 04-384 7770; www.doc.govt.nz; 18
Manners St; ☯ Mo–Fr 9–17, Sa 10–15.30 Uhr) Buchun-
gen, Pässe und Informationen zu Wanderungen in der
Gegend und im ganzen Land sowie zu Parks, Hütten und
Camping, außerdem Genehmigungen für Kapiti Island.
Wellington Airport Information (☎ 04-385 5104;
www.wellington-airport.co.nz; Main Terminal; ☯ 24 Std.)
Touchscreen-Infostationen.

Wellington i-SITE (Karte S. 442; ☎ 04-802 4860; www.wellingtonnz.com; Civic Sq, Ecke Wakefield St & Victoria St; ⏰ Mo–Fr 8.30–17, Sa & So 9.30–16.30 Uhr; 🖥) Das Personal bucht so gut wie alles und verteilt gut gelaunt den *Official Visitor Guide to Wellington*. Mit Internetzugang und Café.

SEHENSWERTES
Museen & Galerien

Wer Wellingtons ereignisreiche Seefahrtsgeschichte und sein soziales Erbe auf fantasievolle, interaktive Weise kennenlernen möchte, sollte einen Abstecher ins **Museum of Wellington** (Karte S. 438 f.; ☎ 04-472 8904; www.museumofwellington.co.nz; Queens Wharf; Eintritt frei; ⏰ 10–17 Uhr) machen. Zu den Highlights zählen eine bewegende Dokumentation über die Tragödie der *Wahine* (s. S. 440) und die Darstellung uralter Maori-Legenden, die durch winzige Hologrammmännchen und Spezialeffekte plastisch werden. Das Gebäude selbst ist ein altes Zolllager aus dem Jahr 1892.

Die äußerst beliebte **City Gallery** (Karte S. 442; ☎ 04-801 3021; www.citygallery.org.nz; Civic Sq, Wakefield St; Eintritt gegen Spende, größere Ausstellungen mit festem Eintritt; ⏰ 10–17 Uhr) wurde 2009 nach Renovierungsarbeiten mit einem neuen Flügel wiedereröffnet. Es warten Überraschungen: Die Galerie ist ein ziemlicher Kracher. Sie sichert sich nicht nur Werke renommierter zeitgenössischer Künstler aus aller Welt, sondern rückt auch Talente ins Licht der Öffentlichkeit, die in der neuseeländischen Kunstszene ganz vorne mit dabei sind. Das hauseigene Nikau Gallery Cafe ist ausgezeichnet.

Das **New Zealand Film Archive** (Karte S. 442; ☎ 04-384 7647, Film-Infoline 04-499 3456; www.filmarchive.org.nz; Ecke Taranaki St & Ghuznee St; Eintritt frei, Film 8 NZ$; ⏰ Mo–Fr ab 9, Sa ab 12 Uhr) wurde 1981 gegründet, um Neuseelands Filmgeschichte zu dokumentieren. Die Sammlungen, die sämtliche Filmgenres umfassen, reichen bis ins Jahr 1895 zurück. Die Bibliothek umfasst über 30 000 Titel, die man kostenlos anschauen kann. An vier Tagen pro Woche wird ein Programm auf der großen Leinwand gezeigt. Da es auch ein Café und eine Galerie gibt, kann man hier gut mehrere Stunden (oder gar Tage) zubringen.

Die **Academy Galleries** (Karte S. 438 f.; ☎ 04-499 8807; www.nzafa.com; 1 Queens Wharf; Eintritt frei; ⏰ 10–17

Uhr), die Teil der New Zealand Academy of Fine Arts sind, zeigen Werke neuseeländischer Künstler.

Der mächtige graue Betonbau der **National Library of New Zealand** (Karte S. 438 f.; ☎ 04-474 3000; www.natlib.govt.nz; Ecke Molesworth St & Aitken St; Eintritt frei; ☾ Mo–Fr 9–17, Sa bis 13 Uhr) beherbergt verschiedene Sammlungen von nationaler Bedeutung. Hier ist auch die **Alexander Turnbull Library** untergebracht, in der historische Fotografien, Zeichnungen, Drucke, Karten usw. zu sehen sind. In der **National Library Gallery** (Eintritt frei; ☾ Mo–Fr 9–17, Sa bis 16.30, Sa 13–16.30 Uhr), die wechselnde Ausstellungen zeigt, finden regelmäßig Veranstaltungen statt. Achtung: Wegen Renovierungsarbeiten können einzelne Ausstellungen geschlossen sein.

Einen Block entfernt finden sich die **Archives New Zealand** (Karte S. 438 f.; ☎ 04-499 5595, www.archives.govt.nz; 10 Mulgrave St; Eintritt frei; ☾ Mo–Fr 9–17, Sa bis 13 Uhr), der offizielle Wächter über Neuseelands geschichtsträchtige Dokumente. Drinnen sind bedeutende nationale Schätze ausgestellt, darunter das Original des Vertrags von Waitangi (S. 33), das Gründungsdokument Neuseelands.

Kricketfans werden die historischen Erinnerungsstücke im **New Zealand Cricket Museum** (Karte S. 438 f.; ☎ 04-385 6602; www.nzcricket.co.nz; Old Grandstand, Basin Reserve; Erw./Kind 5/2 NZ$; ☾ Nov.–April tgl., Mai–Okt. Sa & So 10.30–15.30 Uhr) umhauen. Umfassende Sammlungen erzählen aus der Geschichte und von der Entwicklung des neuseeländischen Krickets, u. a. von der Ankunft des Sports in den Kolonien und von Neuseelands erstem Testmatch im Jahre 1894. Der original Addington-Schläger von 1743 ist der größte Publikumsmagnet.

Gärten & Aussichtspunkte

Die weitläufigen **Wellington Botanic Gardens** (Karte S. 438 f.; ☎ 04-499 1400; www.wellington.govt.nz; Eintritt frei; ☾ Sonnenaufgang–Sonnenuntergang; **P**) befinden sich auf der Kuppe eines Hügels und sind ganz bequem mit einer Seilbahn erreichbar (dufte Stadtplanung, oder?). In einer Ecke der 25 ha großen, hügeligen Gärten wächst noch original einheimischer Wald. Insgesamt bieten die Gärten aber eine herrliche Vielfalt, es gibt u. a. einen wunderschönen Rosengarten und eine internationale Pflanzensammlung. Hinzu kommen Springbrunnen, ein fröhlicher Spielplatz, Skulpturen, ein Ententeich, ein Café, der magische Blick auf die Stadt und noch viel, viel mehr – hier kann man einen wirklich wundervollen Tag verbringen. Die Gärten sind außerdem über den Centennial Entrance an der Tinakori Road (Karori-Bus 3) zugänglich.

Eine der berühmtesten Attraktionen Wellingtons ist die kleine rote **Cable Car** (Karte S. 438 f.; ☎ 04-472 2199; www.wellingtoncablecar.co.nz; Erw./Kind

---

WELLINGTON & UMGEBUNG IN …

… zwei Tagen

Um ein Gefühl dafür zu bekommen, wo man sich hier befindet, geht's rauf auf den **Mt. Victoria** (S. 445) oder mit der **Cable Car** (S. 444) zu den **Wellington Botanic Gardens** (S. 444). Nach dem Mittagessen auf der coolen **Cuba Street** (S. 454) erfährt man im **Te Papa** (S. 446) oder im **Museum of Wellington** (S. 443) alles rund um die Kiwis. Im **Mighty Mighty** (S. 456) lässt man den Tag dann mit einem Krug Bier ausklingen.

Der nächste Tag beginnt mit Kaffee und Eiern im **Cafe L'Affare** (S. 455), dann geht's weiter ins **Zealandia** (S. 445), wo man Vögel beobachten und Wichtiges über den Naturschutz in Neuseeland lernen kann. Alternativ empfiehlt sich ein Abstecher zum **Beehive** (S. 445). Abendessen gibt's im **Chow** (S. 454) oder im **Pravda** (S. 454), und anschließend geht es zum **Bar-Hopping** (S. 456) auf den Courtenay Place. Mit Livemusik, einem Film im glanzvoll renovierten **Embassy Theatre** (S. 459) oder einem Mitternachtssnack in einem der bis spät geöffneten Cafés lässt sich der Abend gut rumbringen – oder man macht einfach alles nacheinander.

… vier Tagen

Man nehme das Zwei-Tages-Programm und garniere es mit folgenden Zutaten: Auf eine Weinprobe geht es in die Gegend rund um **Martinborough** (S. 470) und anschließend zu einer Seehund-Safari entlang des wilden **Cape Palliser** (S. 471). Der nächste Tag beginnt mit einem Picknick in **Paekakariki** (S. 465) gefolgt von einer Runde Baden und einem Spaziergang durch den **Queen Elizabeth Park** (S. 465) nebenan.

einfach 3/1 NZ$, hin & zurück 5/2 NZ$; Abfahrt alle 10 Min.,
Mo–Fr 7–22, Sa 8.30–22, So 9–22 Uhr), die über einen
steilen Hang vom Lambton Quay nach Kel-
burn rattert. Oben warten ein Café, die Wellington Botanic Gardens, ein Observatorium
und das kleine, aber feine **Cable Car Museum**
(Karte S. 438 f.; 04-475 3578; www.cablecarmuseum.co.nz;
Eintritt frei; Nov.–April 9.30–17.30 Uhr, Mai–Okt. 10–
17 Uhr), das die Geschichte der Seilbahn erzählt,
die 1902 erbaut wurde, um das hügelige Kel-
burn zu erschließen. Man kann mit der Bahn
wieder hinunterrumpeln oder durch den
botanischen Garten spazieren (30–60 Min., je
nachdem, wie viele Schlenker man macht).

Am höchsten Punkt im botanischen Garten
steht das **Carter Observatory** (Karte S. 438 f.; 04-910
3140; www.carterobservatory.org; 10–17 Uhr), das
nach umfassender Renovierung wieder geöffnet wurde. Zu den Neuerungen zählen ein
Ganzkuppelplanetarium, in dem man eine
virtuelle Reise durch das Universum unternehmen kann, Multimedia-Ausstellungen zur
polynesichen Schifffahrt, zu Maori-Kosmo-
logie und zu europäischen Forschern sowie
einige der bisten Teleskope und astronomi-
schen Artefakte Neuseelands. Wessen Sterne
günstig stehen, der kann vielleicht sogar unseren nächsten Nachbarstern, die Sonne,
durch den Solarfilter des Thomas-Cooke-
Teleskops bewundern.

Der schönste Ausblick über die Stadt, den
Hafen und die Umgebung bietet sich vom
Aussichtspunkt des 196 m hohen **Mt. Victoria**
(Karte S. 438 f.) östlich des Stadtzentrums.
Bus 20 (Mo–Fr) fährt fast ganz hinauf; wer
vor Energie fast platzt, kann sich auch den
kompletten Weg bis zum Gipfel zu Fuß hoch-
kämpfen. Wenn man selbst motorisiert ist,
hat man die Möglichkeit, dem Ufer entlang
der Oriental Parade zu folgen und dann die
Carlton Gore Road hochzufahren.

3 km westlich der Innenstadt liegt **Otari-
Wilton's Bush** (außerhalb der Karte S. 438 f.; 04-475
3245; www.wellington.govt.nz; 160 Wilton Rd; Eintritt frei;
 Sonnenaufgang–Sonnenuntergang;), der einzige
botanische Garten in Neuseeland, der sich auf die
einheimische Flora spezialisiert ist. Auf den
insgesamt 11 km Spazierwegen sieht und hört
man unzählige Vögel. Bus 14 aus Richtung
Innenstadt fährt am Eingang vorbei.

Wer ein Auto hat, kann einen langen, kurvenreichen Ausflug an Wellingtons **Buchten
und Stränden** (s. auch www.greatharbourway.
org.nz) entlang machen – auf der Oriental Pde
geht's raus aus der Stadt und dann immer

geradeaus, das Meer zur Linken. Vor der
meist zerklüfteten Küste liegen hübsche Inselchen, millionenschwere Häuser und das
eine oder andere Café. Schließlich landet man
in der Owhiro Bay, von wo aus man die
Happy Valley Rd zurück in die Stadt nehmen
kann. Die ganze Schleife umfasst etwa 30 km.

Tiere & Pflanzen

Das bahnbrechende Naturschutzgebiet **Zea-
landia** (außerhalb der Karte S. 438 f.; 04-920 9200; www.
visitzealandia.com; Waiapu Rd; Erw./Kind/Fam. 15/7/37 NZ$;
 9–17 Uhr, letzter Einlass 16 Uhr;) liegt zwischen
Hügeln versteckt 2 km westlich der Stadt (die
Busse 3, 18, 21, 22 und 23 tuckern in der Nähe
vorbei). Die eingezäunte „Naturschutzinsel"
auf dem Festland bietet über 30 einheimische
Vogelarten, darunter Kiwis, Kakas, Sattelvögel
und Honigfresser, sowie der weltweit am
einfachsten zugänglichen Population wilder
Tuataras ein Zuhause. Außerdem stehen über
30 km ansprechender Spazierwege und eine
Reihe geführter Touren zur Auswahl. Ein
großes, neues Ausstellungszentrum zeigt
Exponate zu Neuseelands Natur- und welt-
bekannter Naturschutzgeschichte.

Der **Wellington Zoo** (außerhalb der Karte S. 438 f.;
 04-381 6755; www.wellingtonzoo.com; 200 Daniell St;
Erw./erm./Kind 15/10/7,50 NZ$; 9.30–17 Uhr, letzter
Einlass 16.15 Uhr;) ist dem Naturschutz und der
Forschung gewidmet. Hier lebt eine Vielzahl
einheimischer und nicht-einheimischer Tiere
und Pflanzen. Da wären u. a. Löwen und
Schimpansen in großen Freigehegen und die
Bewohner des Kiwi-Nachthauses, in dem
auch Tuataras untergebracht sind. Auf der
Website gibt's Informationen zu Close En-
counters („Nahe Begegnungen"), bei denen
man (gegen Bezahlung) Großkatzen, Kleine
Pandas und Giraffen hautnah erleben kann.
Der Zoo liegt 4 km südlich der Innenstadt und
ist mit Bus 10 oder 23 erreichbar.

Sehenswerte Gebäude

Drei Gebäude in der Bowen St sind der Sitz
von Neuseelands parlamentarischer Macht.
Rund um den unübersehbaren, modernisti-
schen **Beehive** („Bienenkorb"; Karte S. 438 f.; Bowen St),
der genauso aussieht, wie er heißt, schwirren
Büroangestellte. Er wurde vom britischen
Architekten Sir Basil Spence entworfen und
zwischen 1969 und 1980 erbaut. Sein Bau war
von Kontroversen begleitet. Egal ob man ihn
toll findet oder nicht, inzwischen ist er das
architektonische Wahrzeichen der Stadt.

DIE SCHÄTZE DES TE PAPA

Das **Te Papa** (Karte S. 442; ☎ 04-381 7000; www.tepapa.govt.nz; 55 Cable St; Eintritt frei; ☻ Mo–Mi & Fr–So 10–18, Do bis 21 Uhr; ℗), *das* Museum Neuseelands, ist eine inspirierende, interaktive Fundgrube voller historischer und kultureller Artefakte: „Te Papa Tongarewa" bedeutet frei übersetzt „Schatzkiste". Das Gebäude dominiert Wellingtons Küstenstreifen und hat sich zu einem Nationalsymbol entwickelt – hier wird auf innovative Weise all das gefeiert, was Neuseeland ausmacht.

Zu den Schätzen des Te Papa gehören eine riesige Maorisammlung, eine hauseigene *marae*, lehrreiche „Forschungszentren" für Kinder, Ausstellungen zu Naturgeschichte und Umwelt, historische Sammlungen über Neuseeland und den Pazifik sowie traditionelle und zeitgenössische Kunst und Kultur. Die Ausstellungen sind in beeindruckenden Galerien mit einem Hauch von Hightech untergebracht (man kann z. B. in einem Bewegungssimulator fahren und es gibt ein Haus, das von einem „Erdbeben" geschüttelt wird). Größere Wechselausstellungen kosten Eintritt.

Man könnte einen ganzen Tag damit zubringen, die sechs Stockwerke des Te Papa zu erkunden, und hätte trotzdem noch nicht alles gesehen. Um gezielt ansteuern können, was einen am meisten interessiert, kann man zu Beginn die Besucherinformation im 2. Stock aufsuchen. Die einstündige Tour „Introducing Te Papa" (12 NZ$) ist eine gute Orientierungshilfe; die Touren beginnen im Winter täglich um 10.15 und 14 Uhr an der Besucherinformation, im Sommer finden sie häufiger statt. Zwei Cafés und zwei Souvenirläden runden das Te-Papa-Erlebnis ab.

Neben dem Beehive befindet sich das ehrwürdige, in Grau und Creme gehaltene **Parliament House** (Karte S. 438 f.; ☎ 04-471 9503; www.parliament.nz; Bowen St; Touren frei; ☻ Touren zur vollen Stunde Mo–Fr 10–16, Sa 10–15, So 11–15 Uhr), das 1922 fertiggestellt wurde. Kostenlose einstündige Touren beginnen im Foyer im Erdgeschoss (ca. 15 Min. vorher da sein). Nebenan steht das neugotische Gebäude der **Parliamentary Library** (Karte S. 438 f.) aus dem Jahr 1899.

Gegenüber dem Beehive befinden sich die wunderschönen **Government Buildings** (Karte S. 438 f.) von 1876, die zu den größten Holzbauten der Welt gehören. Bei den klobigen Eckbauten und der perfekten Holzverschalung muss man schon zweimal hinschauen, um zu erkennen, dass sie nicht aus Stein sind (wer's dann immer noch nicht glauben kann, klopfe mal gegen eine der Wände).

1866 wurde die letzte Ladung Farbe an die Wand von **Old St. Paul's** (Karte S. 438 f.; ☎ 04-473 6722; www.oldsaintpauls.co.nz; 34 Mulgrave St; Eintritt gegen Spende; ☻ 10–17 Uhr) geklatscht, aber von außen sieht sie immer noch so gut wie neu aus. Das beeindruckende Innere ist ein Paradebeispiel für frühe englisch-gotische Holzkonstruktionen, mit wunderschönen Buntglasfenstern und Ausstellungen zu Wellingtons früher Geschichte.

Hafenfähren

Einheimische schippern schon seit Jahrzehnten mit der Hafenfähre zum Schwimmen in die Days Bay hinüber. Bei **East by West Ferry** (Karte S. 438 f.; ☎ 04-499 1282; www.eastbywest.co.nz; Queens Wharf; einfache Strecke Erw./Kind 10/5 NZ$; ☻ Mo–Fr 6.25–19, Sa & So 10–17 Uhr) kann man einen Platz buchen; die Fähren legen an Werktagen 16-mal täglich an der Queens Wharf ab, am Wochenende achtmal täglich. Sie tuckern in 30 bis 40 Minuten zur **Days Bay** hinüber; dort warten Strände, ein Park und ein Bootshaus mit einem Kanu- und Ruderbootverleih. Ein zehnminütiger Spaziergang führt von der Days Bay nach **Eastbourne**, in ein Viertel mit Cafés und anderen Freizeitoptionen.

Die Fähren von East by West halten auch an der **Matiu-Somes Island** (hin & zurück Erw./Kind 21/11 NZ$), einem Naturschutzgebiet, das vom Department of Conservation (DOC) geführt wird. Hier bekommt man etwas Glück Wetas, Tuataras, Kakarikis, Zwergpinguine und andere Tiere vor die Linse. Die Insel verfügt über eine bunte Geschichte und war schon Kriegsgefangenenlager und Quarantänestation. Man kann sich für mittags ein Picknick einpacken, und wer besonders neugierig ist, kann im Zelt (Erw./Kind 10/5 NZ$) oder in einem DOC-Haus übernachten – Buchungen sind online auf www.doc.govt.nz oder in der DOC-Touristeninformation in Wellington (s. S. 442) möglich.

Am Wochenende kann man sich außerdem der **Harbour Explorer Excursion** anschließen, die zwischen der Queens Wharf und der Days Bay über Somes Island, Petone und Seatoun verkehrt (hin & zurück Erw./Kind 20/10 NZ$, Sa & So 3-mal tgl.).

AKTIVITÄTEN
Klettern & Mountainbiken

In Wellington kann man prima Rad fahren, wenn einem Hügel nichts ausmachen. Der ausgezeichnete **Makara Peak Mountain Bike Park** (außerhalb der Karte S. 438 f.; www.makarapeak.org.nz) liegt in den Hügeln von Karori, 4 km westlich des Stadtzentrums. Der Haupteingang befindet sich an der South Karori Rd – die Busse 3 und 18 fahren hierher. Durch das 200 ha großen Park schlängelt sich ein Radwegenetz von 24 km Länge für Anfänger und Profis. **Mud Cycles** (außerhalb der Karte S. 438 f.; ☎ 04-476 4961; www.mudcycles.co.nz; 338 Karori Rd, Karori; Leihfahrrad halber Tag/ganzer Tag/Wochenende 30/45/70 NZ$; ☾ Mo–Fr 9.30–18 Uhr) hat einen Mountainbikeverleih, liegt ganz nahe am Park und veranstaltet außerdem geführte Touren für jedes Level.

On Yer Bike (Karte S. 442; ☎ 04-384 8480; www.onyerbikeavantiplus.co.nz; 181 Vivian St; Leihfahrrad halber Tag/ganzer Tag/Woche 30/40/150 NZ$; ☾ Mo–Fr 8.30–17.30, Sa 9–17 Uhr) hält eine große Auswahl an Fahrrädern zum Kaufen oder Leihen bereit und hilft mit Informationen zu örtlichen Clubs und Routen weiter.

Spaziergänge

Wellington ist klasse für Spaziergänger. Es dauert nur eine Stunde, um von einem Ende der Innenstadt zum anderen zu schlendern, und in der unmittelbaren Umgebung bieten sich zahlreiche gute Wandermöglichkeiten, z. B. am Mt. Victoria, im Aro Valley und in

Thorndon, oder auf einem der fünf Stadtrand-Routen (*City to Sea*, *Skyline* sowie die Süd-, die Nord- und die Ostroute, die alle auch mit dem Bus abgeklappert werden können). Der Stadtrat gibt die ausgezeichneten *Explore*-Wanderkarten heraus, die sowohl die geschichtsträchtigen Stadtspaziergänge als auch alle Wanderwege erläutern (erhältlich beim i-SITE oder auf www.feelinggreat.co.nz). Auf S. 449 finden sich nähere Infos zu Wanderführern.

Der wilde, ungezähmte **Red Rocks Coastal Walk** (außerhalb der Karte S. 438 f.; 2–3 Std., hin & zurück 8 km) 7 km südlich der Stadt folgt der stürmischen vulkanischen Küste von der Owhiro Bay durch das Naturschutzgebiet Te Kopahou nach Red Rocks und Sinclair Head, wo eine Seehundkolonie lebt. Bus 4 fährt zur Owhiro Bay Parade, von dort ist es noch 1 km zum Tor des Steinbruchs, an dem der Weg beginnt.

Noch mehr Aktivitäten

Mit all dem Wind und dem Wasser ist Wellington wie geschaffen zum **Wind**- und **Kitesurfen**, und in einem Umkreis von 30 Fahrminuten bieten sich rund um die Stadt eine Menge guter Gelegenheiten dazu. **Wild Winds** (Karte S. 442; ☎ 04-384 1010; www.wildwinds.co.nz; Chaffers Marina, Oriental Bay; ☾ Mo–Fr 10–18, Sa 10–15, So 11–15 Uhr) bietet zweistündige Windsurfkurse für Anfänger (110 NZ$) sowie dreistündigen Kitesurfunterricht ab 195 NZ$ an. In diesen

---

KATHERINE MANSFIELD

Katherine Mansfield, die oft mit Tschechow und Maupassant verglichen wird, ist Neuseelands angesehenste Schriftstellerin und auf der ganzen Welt für ihre Kurzgeschichten bekannt.

1888 als Kathleen Mansfield Beauchamp geboren, zog sie im Alter von 14 Jahren nach Europa, wo sie den größten Teil ihres kurzen Lebens verbrachte. Sie verkehrte mit Europas berühmtesten Schriftstellern (D. H. Lawrence, T. S. Eliot, Virginia Woolf) und heiratete 1918 den Literaturkritiker und Autor John Middleton Murry. 1923 starb sie im Alter von 34 Jahren in Fontainebleau in Frankreich an Tuberkulose. Erst 1945 wurden ihre fünf Kurzgeschichtenbände (*In einer deutschen Pension, Glück, Das Gartenfest, Das Taubennest* und *Etwas Kindliches, aber sehr Natürliches*) als *Sämtliche Erzählungen* in einem Buch zusammengefasst.

Sie lebte als Kind fünf Jahre lang in der Tinakori Rd 25 in Wellington, was sie auch in ihren Geschichten *Prelude* und *Ein Geburtstag* (eine literarische Darstellung ihrer eigenen Geburt) erwähnt. Heute heißt das Haus **Katherine Mansfield's Birthplace** (Karte S. 438 f.; ☎ 04-473 7268; www.katherinemansfield.com; 25 Tinakori Rd; Erw./Kind 5,50/2 NZ$; ☾ Di–So 10–16 Uhr) und ist für Publikum geöffnet; es wurde liebevoll renoviert und besitzt einen friedlichen, denkmalgeschützten Garten. Hier wird auch der ausgezeichnete Film *A Portrait of Katherine Mansfield* gezeigt, und die Ausstellung „Sense of Living" enthält Fotografien aus der damaligen Zeit sowie Auszüge aus ihren Werken. Außerdem wurde eigens das Puppenhaus aus der gleichnamigen Kurzgeschichte nachgebaut. Der Wilton-Bus 14 hält ganz in der Nähe.

Preisen ist die Ausrüstung inbegriffen, nicht aber der Transport.

Beim alteingesessenen **Ferg's Kayaks** (Karte S. 438 f.; ☎ 04-449 8898; www.fergskayaks.co.nz; Shed 6, Queens Wharf; Mo–Fr 10–20, Sa & So 9–18 Uhr) können Interessierte ihre Sehnen beim Indoor-Klettern (Erw./Kind 15/9 NZ$) dehnen, mit Inlinern über die Uferpromenade rollen (2 Std. 15 NZ$) oder in einem Kajak im Hafen herumpaddeln (ab 15 NZ$/Std.). Außerdem kann man sich ein Fahrrad ausleihen (ab 20 NZ$/Std.) oder an einer geführten Kajaktour teilnehmen.

In der **Lyall Bay** (außerhalb der Karte S. 438 f.) in der Nähe des Flughafens (in der es allerdings oft entweder zu böig oder zu lau ist), in der **Palliser Bay** (S. 471) und an der Wainuiomata Coast südöstlich von Wellington gibt's eine tolle Brandung. Das i-SITE hilft mit Informationen zu Angel- und Tauchtouren weiter.

Das **Freyberg Pool & Fitness Centre** (Karte S. 438 f.; ☎ 04-801 4530; www.wellingtonwaterfront.co.nz; 139 Oriental Pde; Erw./Kind 4/2 NZ$; 6–21 Uhr) hat ein beheiztes Innenbecken, ein Spa, eine Sauna und ein Fitnessstudio (lockere Fitnesskurse 9,50 NZ$).

STADTSPAZIERGANG

Ein prima Start für einen Spaziergang durch Wellington ist ein bewundernder (oder missbilligender, je nach eigenem ästhetischem Empfinden) Blick auf den modernistischen **Beehive** (1; S. 445), danach geht's an der Bowen St Richtung Osten und über den Lambton Quay zu den **Government Buildings** (2; S. 446) – jep, die sind wirklich aus Holz.

Anschließend folgt man dem Lambton Quay mit all seiner Einkaufspracht – er ist auch als „Golden Mile" bekannt – nach Süden. Hier kann man ein bisschen durch das einzige Kaufhaus der Stadt bummeln, das elegante **Kirkcaldie & Stains** (3; S. 460). Wer die Fahrt noch nicht gemacht hat, sollte unbedingt einen Abstecher zur Cable Car Lane machen und mit der **Cable Car** (4; S. 444) den Berg hinaufzockeln. Ansonsten geht's auf dem Lambton Quay weiter, wo man in der edwardianischen **Old Bank Shopping Arcade** (5; S. 460) ein bisschen Geld liegen lassen kann. Jetzt rechts in die Willis St abbiegen, dann links in die Mercer St; der Civic Sq liegt direkt voraus. Hier können im **Wellington i-SITE** (6; S. 443) Theaterkarten gekauft werden. Auch die **City Gallery** (7; S. 443) ist einen Besuch wert, und

ROUTENINFOS

Start Beehive
Ziel Courtenay Pl
Strecke 3 km
Dauer 2 Std.–1 Tag, je nach Zwischenstopps

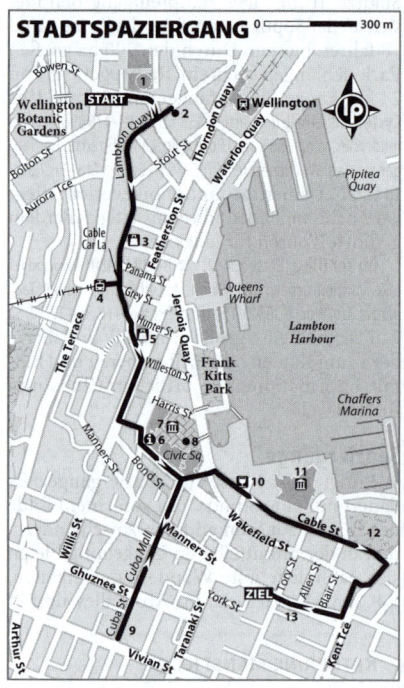

STADTSPAZIERGANG 0 — 300 m

wenn man Kinder im Schlepptau hat, kann man nachschauen, was im **Capital E** (8; S. 449) geboten wird.

Vom Civic Sq geht es nach Süden zu einem Bummel über die **Cuba St** (9): Bars, Boutiquen und Cafés im angesagten Herzen der Stadt. Wieder zurück auf dem Civic Sq, führt die Fußgängerbrücke City to Sea zur Uferpromenade, wo man an Bootshäusern vorbei zu **Mac's Brewery Bar** (10; S. 457) spazieren und dort auf ein schnelles Glas Sassy Red und eine Portion Pommes Frites einkehren kann. So erfrischt, ist es nun Zeit, das **Te Papa** (11; S. 446) in Angriff zu nehmen. Wer die volle Dosis Museum intus hat, kann sich im **Waitangi Park** (12) ein Fleckchen Gras aussuchen oder sich am **Courtenay Pl** (13) ins ausgelassene abendliche Getümmel stürzen.

WELLINGTON & UMGEBUNG

WELLINGTON MIT KINDERN

Wer kleine Racker im Schlepptau hat, ist mit einem Besuch im bunten **Capital E** (Karte S. 442; ☎ 04-913 3720; www.capitale.org.nz; Civic Sq; Events frei– 12 NZ$; ☻ 9–17 Uhr) am besten beraten, einem Lern- und Unterhaltungskomplex, der speziell für Kinder entworfen wurde. Hier werden wechselnde interaktive Ausstellungen, Kindertheater und -fernsehen, Vorlesestunden, Workshops und Kurse geboten. Den Veranstaltungskalender und die Preise gibt's telefonisch oder über die Website.

Das **Te Papa** (S. 446) ist für Kinder einfach fantastisch. Die Discovery Centres bieten jede Menge Dinge zum Selbst- oder Mitmachen, und der StoryPlace ist speziell für Kids bis fünf Jahre gedacht. Näheres gibt's auf der Kinderseite der Website. An der Uferpromenade erstrecken sich zu beiden Seiten des Te Papa der **Frank Kitts Park** bzw. der **Waitangi Park**, die jeweils einen Spielplatz zu bieten haben, auf dem die Kleinen prima überschüssige Energie loswerden können.

Eine Fahrt mit der **Cable Car** (S. 444) und eine Runde durch die **Wellington Botanic Gardens** (S. 444) bringt ordentlich frische Luft in junge Lungen, und wenn die Dunkelheit hereinbricht, lohnt sich ein Besuch im **Carter Observatory** (S. 445), in dem die Kinder unendlich weit entfernte Galaxien erforschen können. Etwas erdverbundener geht's bei den lebenden Dinosauriern – auch als Tuataras bekannt – im **Wellington Zoo** (S. 445) oder im **Zealandia** (S. 445) zu.

Wer online nach Ideen suchen möchte, kann auf der städtischen Website www.feelinggreat.co.nz vorbeischauen und dem Link „Young People" folgen, der zu einem Veranstaltungs- und Kurskalender für Kids führt.

GEFÜHRTE TOUREN

Flat Earth (☎ 0800 775 805, 04-977 5805; www.flatearth.co.nz; ganztägige Touren 120–220 NZ$) Eine Auswahl von Touren für Kleingruppen (City Highlights, Maorischätze, Kunst und Mittelerde-Filmschauplätze).
Hammonds Scenic Tours (☎ 04-472 0869; www.wellingtonsightseeingtours.com; Erw./Kind Stadttour 55/27,50 NZ$, Kapiti Coast 95/47,50 NZ$, Wairarapa 200/100 NZ$; ☻ Beginn Stadttour 10 & 14 Uhr, Kapiti Coast 9 & 13.30 Uhr, Martinborough & Wairarapa 8.30 Uhr) Hat eine zweieinhalbstündige Tour zu den Highlights der Stadt, eine vierstündige Tour an die Kapiti Coast und einen ganztägigen Wairarapa-Ausflug mit Abstecher zum Cape Palliser im Programm. Ein langer Trip nach Martinborough kostet 230/115 NZ$.

Helipro (Karte S. 438 f.; ☎ 04-472 1550; www.helipro.co.nz; Shed 1, Queens Wharf; 10-/15-/25-/35-minütiger Flug pro Pers. 95/185/225/370 NZ$) Hubschrauberrundflüge und Ausflüge zum Mittagessen nach Wairarapa, in die Marlborough Sounds oder an Wellingtons South Coast.
Walk Wellington (☎ 04-802 4860; www.walk.wellington.net.nz; Erw./Kind 20/10 NZ$; ☻ Führungen tgl. 10 Uhr & Nov.–März Mo, Mi & Fr 17.30 Uhr) Informative zweistündige Spaziergänge mit Schwerpunkt auf Innenstadt und Küstenzone, die am i-SITE beginnen. Online buchen oder einfach hingehen!
Wellington Movie Tours (☎ 027 419 3077; www.movietours.co.nz; Touren ab Erw./Kind 40/30 NZ$) Vier- bis achteinhalbstündige Touren für echte Filmfans: Hier gibt's fast mehr Kulissen, Filmsets und *Herr der Ringe* zu sehen, als man erfassen kann. Bei der Buchung den Abholort bestätigen!
Wellington Rover (☎ 0800 426 211, 04-471 0044; www.wellingtonrover.co.nz; Erw./Kind 40/25 NZ$; ☻ Start am i-SITE 9, 11.30 & 14.30 Uhr) Die zweieinhalbstündige *Explorer*-Tour mit der Option, überall aus- bzw. zuzusteigen, führt zu Orten, die ohne Auto schwerer erreichbar sind (Mt. Victoria, Strände an der South Coast, Seehundkolonie an den Red Rocks). Außerdem sind maßgeschneiderte Touren sowie *Herr-der-Ringe*-Halb- und Ganztagestouren (90 NZ$ bzw. 150 NZ$) inklusive Hobbit-Ohren im Angebot.
Wellington Sights (☎ 0800 775 805, 04-977 5805; www.wellingtonsights.co.nz; 2–3-stündige Touren pro Erw./Kind 65/40 NZ$) Zwei Touren: *Herr der Ringe* und *Snapshot*.
Wild About Wellington (☎ 0274 419 010; www.wildaboutwellington.co.nz; Touren ab 95 NZ$) Touren in Kleingruppen, zu Fuß und mit öffentlichen Verkehrsmitteln, z. B. *City of Style*, *Sights & Bites*, *Wild About Chocolate* oder *Boutique Beer Tasting*. Die Dauer variiert zwischen wenigen Stunden und einem ganzen Tag.
Zest Food Tours (☎ 04-801 9198; www.zestfoodtours.co.nz; Touren ab 125 NZ$) Veranstaltet zweieinhalb- bis vierstündige Touren in kleinen Gruppen zu Sehenswürdigkeiten der Stadt; längere Touren schließen ein Mittagessen mit passendem Wein in einem edlen Restaurant ein. Außerdem werden *Food-&-Wine*-Touren nach Wairarapa angeboten (ab 230 NZ$).

FESTIVALS & EVENTS

Im Wellington i-SITE oder auf www.wellingtonnz.com/event gibt's einen ausführlichen Eventkalender; Tickets kann man meist über Ticketek (S. 459) buchen.

Januar/Februar
Summer City (☎ 04-499 4444; www.feelinggreat.co.nz) Zweimonatige Feiern, die an Silvester beginnen, u. a. mit unzähligen Events unter freiem Himmel.

Februar
Cuba Street Carnival (☎ 04-801 9390; www.cuba
carnival.org.nz) Neuseelands größter Straßenkarneval, bei
dem sich die Einheimischen ganz untypisch bunt kleiden.
Findet alle zwei Jahre (ungerade Jahreszahl) statt.
New Zealand International Sevens (☎ 04-389
0020; www.nzisevens.co.nz) Die besten Rugby-Mann-
schaften kämpfen 7 gegen 7, aber noch stärker dreht das
Publikum auf.

Februar/März
International Jazz Festival (☎ 04-473 0149; www.
jazzfestival.co.nz) Eine Woche Schubidubop mit lokalen
und internationalen Künstlern. Findet alle zwei Jahre
(ungerade Jahreszahl) statt.

März
Fringe NZ (☎ 04-382 8015; www.fringe.org.nz) Mehr
als drei Wochen voller abgefahrener experimenteller Kunst,
Musik, Tanz und Theater.
New Zealand International Arts Festival (☎ 04-
473 0149; www.nzfestival.nzpost.co.nz) Einmonatiges
Spektakel alle zwei Jahre (gerade Jahreszahl) mit Theater,
Tanz, Musik, Kunst und Literatur. Viele internationale Stars.

April
New Zealand Comedy Festival (www.comedyfestival.
co.nz) Drei Wochen hysterischer Lachanfälle mit neuseeländischen Berühmtheiten und ein paar Weltstars.

Juni
Matariki (www.tepapa.govt.nz) Feierlichkeiten zum
Maorineujahr mit einem kostenlosen Festival mit Tanz,
Musik und anderen Events im Te Papa.

Juli/August
International Film Festival (☎ 04-384 3840;
www.nzff.co.nz) Zweiwöchiges Indie-Filmfest, bei dem die
besten neuseeländischen und internationalen Produktionen gezeigt werden.

September
World of Wearable Art (WOW; ☎ 0800 4969 746;
www.worldofwearableart.com) Zwei Wochen lang gibt's
jeden Abend unglaublich extravagante Roben zu sehen.
Mehr auf S. 509.

November
Toast Martinborough (☎ 06-306 9183; www.toast
martinborough.co.nz) Ein Tag des hemmungslosen Genusses in den Weingütern Martinboroughs.

SCHLAFEN

In Wellington sind Unterkünfte in der Regel
teurer als in ländlichen Gegenden. Die hier

angegebenen Preise für Unterkünfte in der
Stadt sind in folgende Kategorien aufgeteilt:
Budgetunterkünfte – Doppelzimmer (mit od.
ohne Bad) für unter 100 NZ$; Mittelklassehotels – Doppelzimmer (mit Bad) zwischen
101 NZ$ und 200 NZ$; Spitzenklassehotels –
Doppelzimmer ab 201 NZ$. Der Standard der
Unterkünfte ist recht hoch, und es gibt eine
Menge guter Optionen im Stadtzentrum oder
in Fußmarschentfernung davon. Ein Problem
ist der Parkplatzmangel; wer ein Auto hat,
sollte bei der Hotelbuchung nach Parkmöglichkeiten fragen (und kann davon ausgehen,
dass er dafür bezahlen muss). Die Beschreibungen in diesem Kapitel sind mit einem
🅿 -Symbol versehen, wenn Parkplätze vorhanden sind.

Bei Wellingtons Budgetunterkünften handelt es sich meist um mehrstöckige Hostelblö-
cke. In Wellington gibt es keine „Motelallee"
im eigentlichen Sinn, die Motels liegen vielmehr am ganzen Stadtrand verstreut. Da sich
hier alles um Regierungs- und Geschäftsan-
gelegenheiten dreht, sind Selbstversorger-
apartments sehr beliebt. Am Wochenende
gibt es oft Sonderangebote.

In der Hauptsaison (Dez.–Feb.) oder während großer Festivals sollte man sich sein Bett
lange im Voraus sichern.

Budgetunterkünfte
HOSTELS
Downtown Backpackers (Karte S. 438 f.; ☎ 0800 225 725,
04-473 8482; www.downtownbackpackers.co.nz; 1 Bunny St;
B 23 NZ$; EZ 62–70 NZ$; DZ 60–92 NZ$; 🖳 🛜) Char-
mantes Hostel in Bahnhofsnähe, untergebracht in einem großartigen Art-déco-
Gebäude. Das Downtown Backpackers hat
saubere, helle Zimmer und jede Menge atmosphärische Gemeinschaftsbereiche (unbedingt
den mit Schnitzereien verzierten Kamin in
der Bar anschauen). Morgens und abends
bekommt man im Café günstiges Essen.
Base Backpackers (Karte S. 442; ☎ 0800 227 369,
04-801 5666; www.basebackpackers.com; 21-23 Cambridge
Tce; B 25–28 NZ$; DZ & 3BZ mit Bad ab 87 NZ$; 🅿 🖳 🛜)
Ein schickes Kettenhostel, das ausschließlich
auf ein junges Publikum abzielt. Perfekte
Partylage (nur wenige Meter vom Courtenay
Place entfernt), moderne Zimmer und eine
Etage nur für Frauen dürften für einige eine
Erleichterung sein. Unten in der Basement
Bar finden Traveller schnell Anschluss … Wir
haben nur zu bemängeln, dass die Küche und
die Lounge im Verhältnis zu den über 200

Betten viel zu klein sind. Begrenzte Parkmöglichkeiten für 10 NZ$ pro Tag.

Nomads Capital (Karte S. 442; ☎ 0508 666 237, 04-978 7800; www.nomadscapital.com; 118 Wakefield St; B 25–31 NZ$, DZ mit Bad ab 89 NZ$; 🖳 🛜) Mitten im Herzen der Stadt bietet das Nomads Sicherheit, brandneue Zimmer, eine hauseigene Café-Bar (bescheidenes Abendessen gratis) und Rabatt für Langzeitgäste. In Küche und Lounges hat man nur wenig Ellenbogenfreiheit, dafür finden sich denkmalgeschützte Details wie etwa das unglaubliche Treppenhaus, die einen die Mankos schnell vergessen lassen.

Rosemere Backpackers (Karte S. 442; ☎ 04-384 3041; www.backpackerswellington.co.nz; 6 MacDonald Cres; B/EZ/2BZ/DZ inkl. Frühstück 27/50/62/66 NZ$; 🖳) Ein farbenfrohes ehemaliges Bordell, das nur einen kurzen (aber steilen!) Anstieg von der Innenstadt entfernt liegt. Internet und Bettwäsche sind kostenlos, und auf der kleinen Wiese vorne gibt's ein paar Zeltplätze. Fröhliche Atmosphäre.

Wellywood Backpackers (Karte S. 442; ☎ 0508 005 858, 04-381 3899; www.wellywoodbackpackers.co.nz; 58 Tory St; B 27 NZ$, EZ 50 NZ$, DZ mit/ohne Bad 80/70 NZ$; 🖳 🛜) Man muss schon Zoowärter sein, um von diesem riesigen Gebäude mit Zebrastreifen abseits des Courtenay Pl nicht beeindruckt zu sein. Die Zimmer sind geräumig, im ganzen Haus stehen abgewohnte Retro-Möbel, und auf den Fluren befinden sich Unisex-Waschbecken – sehr gesellig! Über Lautsprecher dröhnt Rockmusik in die Gemeinschaftsräume (außer ins Lesezimmer).

Worldwide Backpackers (Karte S. 438 f.; ☎ 0508 888 555, 04-802 5590; www.worldwidenz.co.nz; 291 The Terrace; B/DZ inkl. Frühstück 27/66 NZ$; 🖳) Das Worldwide, das in einem 110 Jahre alten Haus untergebracht ist, ist das ansprechendste kleine Hostel der Stadt. Sauber und heimelig, mit netten Annehmlichkeiten wie kostenlosem Internet, regelmäßigen Barbecues und nautisch angehauchten Leselampen. Jung, bodenständig und entspannt.

Moana Lodge (abseits Karte S. 438 f.; ☎ 04-233 2010; www.moanalodge.co.nz; 49 Moana Rd, Plimmerton; B 29–32 NZ$, DZ 60–90 NZ$; 🖳 🛜) Gleich neben dem SH1 und nur eine kurze Bahn- oder Autofahrt von Wellington entfernt (25 km), liegt dieses außergewöhnliche Hostel direkt am Strand. Es ist absolut makellos und sehr einladend. Die freundlichen Besitzer sind ganz wild darauf, ihr Insiderwissen über die Stadt weiterzugeben. Kajaks und Golfschläger stehen zur Verfügung, gelegentlich werden

Bootstouren nach Mana Island veranstaltet. Von Wellington aus kommt man mit dem Paraparaumu-Zug der Tranz Metro Richtung Plimmerton hier raus.

LP Tipp **YHA Wellington City** (Karte S. 442; ☎ 04-801 7280; www.yha.co.nz; Ecke Cambridge Tce & Wakefield St; B 30–33 NZ$, DZ mit/ohne Bad 108/88 NZ$; 🖳 🛜) Das YHA Welly sichert sich Punkte für die größten und besten Gemeinschaftsbereiche: super Küche, riesiger Speisesaal (die „Group Dinner Nights" sind der Hit), Spielzimmer, Leseraum und ein perfekter Filmraum mit Hightech-Projektor. Beeindruckend ist, dass hier auf Nachhaltigkeit geachtet wird (Recycling, Kompostierung, energiesparendes Warmwasser). Die Rezeption bietet einen umfassenden Buchungsservice.

HOTELS & MOTELS

Cambridge Hotel (Karte S. 442; ☎ 0800 375 021, 04-385 8829; www.cambridgehotel.co.nz; 28 Cambridge Tce; B 23–25 NZ$, EZ/DZ/2BZ ohne Bad 61/80/85 NZ$, EZ/DZ/2BZ/3BZ/FZ 90/99/109/130/140 NZ$; 🖳 🛜) Top Kneipenunterkunft zu einem erschwinglichen Preis in einem denkmalgeschützten Hotel. Die Zimmer mit Bad sind mit Sky TV, Telefon und einem Kühlschrank ausgestattet (wer einen leichten Schlaf hat, sollte nach einem Zimmer hinten raus fragen). Zum Backpacker-Flügel gehören eine gut ausgestattete Küche, schicke Bäder und Schlafsäle ohne Fenster, aber mit sehr hohen Decken. Das günstige Kneipenessen ist ein weiteres Plus.

Shepherds Arms Hotel (Karte S. 438 f.; ☎ 0800 393 782, 04-472 1320; www.shepherds.co.nz; 285 Tinakori Rd; EZ ohne Bad 65–85 NZ$, DZ mit Bad 99–169 NZ$; 🅿) Mit den vielen denkmalgeschützten Gebäuden und dem botanischen Garten direkt nebenan ist Thorndon ein ausgezeichnetes Basislager. Dieses gut erhaltene Hotel verwöhnt seine Gäste mit einem Restaurant, einer Bar und den charmanten Zimmern darüber angemessen stilvoll. Für ein paar Dollar mehr bekommt man ein größeres Quartier.

Carillon Motor Inn (Karte S. 438 f.; ☎ 04-384 8795; www.carillon.co.nz; 33 Thompson St; EZ/DZ/2BZ/3BZ 80/90/110/139 NZ$; 🅿) Wow, was für ein Relikt! Das Carillon ist ein wackliges, altes viktorianisches Herrenhaus, das sich irgendwie zwischen der Abrissbirne, dem Ehrgeiz der Städteplaner und den Pinselstrichen der Restauratoren durchschummeln konnte. Liebenswert, altmodisch und chaotisch in bester *Fawlty-Towers*-Tradition, sauber, zentral und supergünstig.

Halswell Lodge (Karte S. 442; ☎ 04-385 0196; www.
halswell.co.nz; 21 Kent Tce; Hotel Zi. 90 NZ$, Wohneinheit
135–160 NZ$; P 🛜) Verdammt günstig gelegen,
um die wichtigsten Sehenswürdigkeiten besichtigen zu können – und trotzdem nicht zu
laut. Das im Tudor-Stil gehaltene Halswell
verfügt über verschiedene Unterkunft-
optionen, darunter auch kleine, erschwingliche Hotelzimmer mit TV, Kühlschrank und
Bad. Die teureren Lodge-Suiten mit Spa sind
die bessere Wahl, wenn der Geldbeutel dick
genug ist; Familien steigen gerne in den Zwei-
Zimmer-Motelsuiten ab.

CAMPING
Zeltplätze sind in Wellington so rar wie
schlechter Kaffee. Das Rosemere Backpackers
(s. S. 451) hat Platz für ein paar Zelte, alternativ kann man ins Hutt Valley rausfahren
(S. 464). Wer ein Wohnmobil hat, kommt
allerdings in den Genuss des brandneuen und
unglaublich praktischen **Wellington Waterfront
Motorhome Park** (Karte S. 438 f.; ☎ 04-384 4511; www.
wwmp.co.nz; 12 Waterloo Quay; Stellplatz mit Strom 50 NZ$;
🛜). Hier kann man das fahrbare Zuhause
tagsüber (zu moderaten Stundenpreisen)
abstellen oder über Nacht bleiben und die
schönen neuen Waschhäuser und die Stromversorgung nutzen.

Mittelklassehotels
PENSIONEN & B&BS
Mermaid (Karte S. 438 f.; ☎ 04-384 4511; www.mermaid.
co.nz; 1 Epuni St; EZ 90–150 NZ$, DZ 100–145 NZ$; 🛜) Das
im ultracoolen Stadtteil Aro Valley gelegene
Mermaid ist eine kleine Pension nur für
Frauen in einer bunt renovierten Villa. Jedes
Zimmer ist individuell und sehr künstlerisch
gestaltet (eines hat ein eigenes Bad, drei teilen
sich ein Gemeinschaftsbad). Die Lounge, die
Küche und die Veranda sind heimelig und
entspannt. Ein tolles Café, eine tolle Bäckerei
und ein tolles Deli befinden sich direkt vor
der Tür.

Tinakori Lodge (Karte S. 438 f.; ☎ 0800 939 347, 04-939
3478; www.tinakorilodge.co.nz; 182 Tinakori Rd; EZ 99–
120 NZ$, DZ 140–170 NZ$, alle inkl. Frühstück; P 🛜)
Diese Lodge wurde 1868 aus heimischem
Holz erbaut und steht im historischen Thorndon, aber für vollkommene Ruhe etwas zu
dicht an der Autobahn. Trotzdem ist sie eine
gute Alternative mit hübsch mütterlich eingerichteten Zimmern (fünf mit eigenem, vier
mit Gemeinschaftsbad). Gäste bekommen
eine kostenlose Parkerlaubnis für die Straße.

Booklovers B&B (Karte S. 438 f.; ☎ 04-384 2714; www.
booklovers.co.nz; 123 Pirie St; EZ/DZ ab 150/180 NZ$; P
🖥 🛜) Das Booklovers ist ein stilvolles B&B,
das von der preisgekrönten Autorin Jane To-
lerton geführt wird (ihre Bücher stehen irgendwo im Haus zwischen den anderen 1000
in einem Regal). Vier der hiesigen Zimmer
verfügen über TV, CDs und einen CD/DVD-
Player; drei haben eigene Duschen, eines ein
richtiges Bad. Bus 2 fährt vom Tor zum Courtenay Pl und zum Bahnhof, und der „grüne
Gürtel" der Stadt beginnt gleich nebenan.
Kostenloses WLAN und begrenzte Parkplätze
vorhanden.

HOTELS
Comfort & Quality Hotels (Karte S. 438 f.; ☎ 0800 873
553, 04-385 2156; www.hotelwellington.co.nz; 223 Cuba St;
DZ 100–170 NZ$; 🖥 🍽) Zwei Hotels in einem:
einerseits das nett renovierte historische
Trekkers mit seinen kleinen, günstigeren
Zimmern (Comfort), andererseits das kürz-
lich erbaute schickere Quality-Hochhaus mit
zeitgenössischem Flair und Swimmingpool.
Beide teilen sich die hauseigene Bar und den
Speisesaal (Mahlzeiten 14–28 NZ$) und sind
solide Optionen mitten auf der Cuba.

Travelodge (Karte S. 438 f.; ☎ 0800 101 100, 04-499
9911; www.travelodge.co.nz; 2-6 Gilmer Tce; DZ 105–270 NZ$;
P 🖥 🛜) Der superteure Umbau ist ebenso
charmefrei wie ein Fertigpudding, aber über
die Lage und den Preis kann man nicht me-
ckern. Gästen stehen sage und schreibe 132
kleine Zimmer mit Mikrowelle, Kühlschrank
und Privatsafe zur Verfügung. Die hauseigene
Bar und das Restaurant (Hauptgerichte 25–
30 NZ$) bemühen sich wirklich, einem direkt
vor der Nase einige der besten Speisen von
ganz Wellington zu bieten. Parken kostet
20 NZ$ pro Tag.

Copthorne Hotel (Karte S. 438 f.; ☎ 0800 782 548,
04-385 0279; www.millenniumhotels.co.nz/copthorneorien-
talbay/ 100 Oriental Pde; DZ 160–290 NZ$; P 🖥 🛜 🍽)
Nach einer geschmackvollen Renovierung
sieht dieses teurere Haus auf der edlen Oriental Pde wieder so gut wie neu aus – von der
glänzenden Rezeption über das scheinbar
endlose Labyrinth der Flure bis hin zur schicken Bar und dem Speisesaal. Die hübschen
Zimmer liegen auf zwei Flügel verteilt: Der
Bay-Flügel verfügt über die größeren Zimmer
mit Hafenblick, im Roxbourgh-Flügel gibt es
kleinere Quartiere, die nur teilweise Hafenblick bieten. Ihre Autos können Traveller hier
für 20 NZ$ pro Tag abstellen.

MOTELS

Apollo Lodge (Karte S. 438 f.; ☎ 0800 361 645, 04-385 1849; www.apollolodge.co.nz; 49 Majoribanks St; DZ 125–175 NZ$; Ⓟ 🛜) Nur einen Steinwurf vom Courtenay Pl entfernt. Die Apollo Lodge ist ein loser Verbund aus 35 Motel-Wohneinheiten (1 od. 2 Schlafzi.) – von altmodischen Selbstversorgerwohnstudios bis zu luftigen Suiten.

Victoria Court (Karte S. 442; ☎ 04-472 4297; www.victoriacourt.co.nz; 201 Victoria St; Zi. 145–200 NZ$; Ⓟ 🛜) Unsere erste Motelwahl, mitten im Stadtzentrum und mit jeder Menge Parkplätze. Die freundlichen Besitzer bieten makellose, stilvolle Wohnstudios und Apartments mit Spa, Küchenzeile, Samtsofas, edlen hellen Holzmöbeln und neuen Fernsehern an. Zwei Wohneinheiten sind rollstuhlgerecht, und in die größeren passen bis zu sechs Personen.

Weitere Optionen:

Capital View Motor Inn (Karte S. 438 f.; ☎ 0800 438 505, 04-385 0515; www.capitalview.co.nz; 12 Thompson St; DZ 120–155 NZ$; Ⓟ 🛜) Eine zuverlässige Alternative in der Nähe der Cuba Street; von vielen Zimmern hat man tatsächlich einen tollen Ausblick. Wird zurzeit teilweise renoviert, also immer nach verfügbaren Optionen fragen.

Marksman Motor Inn (Karte S. 438 f.; ☎ 0800 627 574, 04-385 2499; www.marksmanmotel.co.nz; 40-44 Sussex St; Wohneinheit 125–275 NZ$; Ⓟ 🛜) Saubere, gemütliche Wohnstudios und Apartments gegenüber dem Basin Reserve. Kann ein bisschen lärmgeplagt sein, liegt aber günstig nah am Flughafen (oder am Kricketspiel).

Majoribanks Apartments (Karte S. 438 f.; ☎ 0800 361 645, 04-385 1849; www.apollolodge.co.nz; 38 Majoribanks St; Apt. für 6 Pers. 800 NZ$/Woche; Ⓟ 🛜) Wird von den Apollo-Lodge-Leuten geleitet.

Spitzenklassehotels

Museum Hotel (Karte S. 442; ☎ 0800 994 335, 04-802 8900; www.museumhotel.co.nz; 90 Cable St; Zi. & Apt. Mo–Do 190–325 NZ$, Fr–So 150–325 NZ$; Ⓟ 🖥 🛜 🍴) Das Museum Hotel, das manchmal auch „Museum Hotel de Wheels" genannt wird (um Platz für das Te Papa zu machen, wurde es von seinem ursprünglichen Standort, 120 m entfernt, hierher gerollt), ist ein skurriles Boutiquehotel. Die ungewöhnliche Einrichtung (Kronleuchter, ausgefallene moderne Kunst), das kecke Personal, ein anständiges Restaurant und die schmissigen Beats, die durch die Lobby tönen, machen diese Option zu einer erfrischenden Abwechslung von all den monotonen Geschäftshotels. Durch die günstigen Wochen- bzw. Wochenendpreise ist es eine attraktive Übernachtungsmöglichkeit.

CityLife Wellington (Karte S. 438 f.; ☎ 0800 368 888, 04-922 2800; www.heritagehotels.co.nz; 300 Lambton Quay; DZ Mo–Do ab 200 NZ$, Fr–So ab 169 NZ$; Ⓟ 🖥 🛜) Apartments mit zuvorkommendem Service im Stadtzentrum. Es gibt sowohl Wohnstudios als auch Quartiere mit drei Schlafzimmern, einige mit wenigstens erahnbarem Hafenblick. Zu den Annehmlichkeiten hier zählen voll ausgestattete Küchen, CD/DVD-Player und Waschmaschinen im Zimmer. Die Wochenendpreise sind ein echt guter Deal. Die Zufahrt ist in der Gilmer Tce, abseits der Boulcott St (Parken 15 NZ$/Tag).

Wellesley (Karte S. 438 f.; ☎ 04-474 1308; www.wellesleyboutiquehotel.co.nz; 2-8 Maginnity St; DZ 180–300 NZ$) Ein stattliches, zentrales Haus mit einer Menge Alte-Welt-Charme und supergutem Service. Das Wellesley, das einst ein Herrenclub war, hat sich sein edles Flair erhalten – man möchte sich am liebsten direkt eine Zigarre anzünden. Die 13 Zimmer sind mit echten Kunstwerken, Antiquitäten und der einen oder anderen freistehenden Badewanne ausgestattet. Das zugehörige Bar-Restaurant Maginnity's serviert alles Mögliche, von bescheidenem Abendessen bis zu edlen Menüs.

ESSEN

Wellington ist eine aufregende Stadt für Feinschmecker. Wenn man ihre Größe bedenkt, bietet sie eine erstaunliche Auswahl an Restaurants, Cafés und Bars mit Gastroangebot. Die starke Konkurrenz garantiert hohe Standards und vernünftige Preise. Ausgezeichnete Optionen, zeitgenössische, edle Neuseeland-Cuisine zu genießen, werden durch viele günstige Alternativen abgerundet. Nudelfans können sich überhaupt nicht beschweren.

Restaurants

KK Malaysian Cafe (Karte S. 442; ☎ 04-385 6698; 54 Ghuznee St; Hauptgerichte 8–14 NZ$; 🕑 Mo–Sa 11.30–14.30, tgl. 17–21.30 Uhr; Ⓥ) Die Einrichtung ist eher spartanisch, aber das winzige KK ist eines der beliebtesten günstigen malaysischen Restaurants in einer Stadt, die von südostasiatischer Küche geradezu besessen ist. Das Satay ist zum Reinsetzen und das *redang* zaubert jedem ein Lächeln ins Gesicht. Dazu gibt's natürlich Roti. Kein Alkoholausschank.

Aunty Mena's (Karte S. 442; ☎ 04-382 8288; 167 Cuba St; Gerichte 9–14 NZ$; 🕑 So & Mo 17.30–21.30, Di & Mi 11.30–21.30, Do–Sa 11.30–22 Uhr; Ⓥ) Eine von zahlreichen Nudelküchen an der Cuba St. Das ebenso günstige wie fröhliche Aunty Mena's bereitet köstliche vegetarische bzw. vegane malaysische und chinesische Gerichte für seine bunte Gästeschar zu. Der Innenraum ist allerdings etwas steril und grell beleuchtet. Kein Alkohol.

Sweet Mother's Kitchen (Karte S. 442; ☎ 04-385 444; 5 Courtenay Pl; Hauptgerichte 10–26 NZ$; 🕑 8 Uhr–open end; **V**) Das Sweet Mother's ist immer voll, meist quillt es vor lauter coolen Leuten nur so über. Serviert werden dubiose Varianten von Gerichten aus dem Süden der USA, z. B. Burritos, Nachos oder *po'boys* und New Orleans Muffaletta. Der Key Lime Pie könnte durchaus authentischer sein, aber das ist uns egal. Es ist billig, nett, kredenzt leckere Kuchen und kriegt herrlich viel Sonne ab.

LP Tipp **Scopa** (Karte S. 442; ☎ 04-384 6020; Ecke Cuba St & Ghuznee St; Hauptgerichte 14–30 NZ$; 🕑 Mo–So 9 Uhr–open end) Perfekte Pizza, anständige Pasta und andere authentische italienische Leckereien. Diese 2006 eröffnete moderne *cucina* ist bereits eine Institution in Wellington – wegen des professionellen, freundlichen Services und des konstant guten Essens absolut verdient. Von einem Platz im Fenster kann man die trendigen „Cubaner" beobachten. Mittagstisch und heiße Cocktailnächte.

Great India (Karte S. 442; ☎ 04-384 5755; 141 Manners St; Hauptgerichte 15–26 NZ$; 🕑 Mo–Fr 12–14, Sa & So 12–15, Mo–Fr 17 Uhr–open end; **V**) Das ist kein gewöhnliches Curry-Lokal! Auch wenn es einen Tick teurer ist als die Konkurrenz, hat es sich seinen Namen mehr als verdient. Mit etwas Glück wird man von Rakesh bedient, einem der feschesten Oberkellner der Hauptstadt.

Miyabi Sushi (Karte S. 442; ☎ 04-801 9688; Willis St Village, 142 Willis St; Hauptgerichte 15–27 NZ$; 🕑 Mo–Fr 11.30 Uhr–open end, Sa 17.30 Uhr–open end) Der rege Gästestrom zeugt von der guten Qualität des Essens, das in diesem entspannten japanischen Café serviert wird, das sich abseits der Hauptstraße versteckt. Der lächelnde Mr. Chuck bereitet superfrisches Sushi, Nudeln, Suppen und Fertigmenüs zu, u. a. Teriyaki (Hühnchen, Rind oder Fisch) mit Misosuppe, Reis und Salat – köstlich und preiswert. Die *gyoza* (gefüllte Teigtaschen) muss man einfach probiert haben.

Osteria del Toro (Karte S. 442; ☎ 04-381 2299; 60 Tory St; Hauptgerichte 18–28 NZ$; 🕑 So–Fr 11.30 Uhr–open end, Sa 17 Uhr–open end) Das Lokal ist auffällig im Barockstil mit mediterranen Einflüssen eingerichtet. Auf der Karte stehen bunt gemischte beliebte Klassiker aus der Region. Pasta, Piz-

za und Paella gesellen sich gut gelaunt zu Souvlaki, Tagine und Tapas. In maurischem Ambiente schmeckt das Essen nach mehr – aber die Preise sind durchaus gemäßigt.

Chow (Karte S. 442; ☎ 04-382 8585; 1. Stock, 45 Tory St; Gerichte 18–30 NZ$; 🕑 12–24 Uhr) Das Chow ist die Heimat des legendären Blaukäses und der Erdnuss-Wontons. Das stilvolle panasiatische Bar-Restaurant ist ein Muss für alle, die aufregendes Essen, interessante Deko und den einen oder anderen Cocktail mögen – der perfekte Ort, um gutes Essen mit guten Gesprächen zu verbinden. Die angesagte Motel-Bar ist gleich nebenan.

Flying Burrito Brothers (Karte S. 442; ☎ 04-385 8811; Ecke Cuba St & Vivian St; Hauptgerichte 18–32 NZ$; 🕑 16.30 Uhr–open end) In dieser lebhaften Tex-Mex-Cantina kann man herrlich die Seele baumeln lassen. Es gibt Quesadillas, Tortillas, Tacos und Tostadas mit viel Avocado und Chili, dazu *bocaditos* (kleine Häppchen, wie Tapas) und ein Kindermenü. Die umfangreiche (und informative) Tequilakarte und die hervorragenden Margaritas geben dem Ganzen den letzten Kick.

Capitol (Karte S. 442; ☎ 04-384 2855; Ecke Kent Tce & Majoribanks St; Hauptgerichte 20–30 NZ$; 🕑 Mo–Fr mittags & abends, Sa & So Brunch, mittags & abends) Einfaches, saisonabhängig zusammengestelltes Essen aus ausgewählten heimischen Zutaten, liebevoll im klassisch italienischen Stil zubereitet. Der Speisesaal ist elegant und traulich und hat große Fenster, die auf den lebendigen Courtenay-Distrikt zeigen. Es werden keine Reservierungen für abends angenommen, aber es lohnt sich, bei einem Aperitif an der winzigen Bar auf einen Platz zu warten.

Le Métropolitain (Karte S. 442; ☎ 04-801 8007; Ecke Garrett St & Cuba St; Hauptgerichte 25–29 NZ$; 🕑 Di–Sa 12–14.30 & 17–22 Uhr) Hier begeben sich die Gäste, geleitet von den charmanten Gastgebern, auf eine Reise ins Herz von Frankreich. Es gibt schlichtes Bistro-Essen in der passenden gallisch inspirierten Umgebung. Klassiker sind gut vertreten, z. B. *moules*, Zwiebelsuppe, *steak frites*, Coq au Vin und Escargots (lecker). Noch jemand Käse, eine leckere Tarte oder einen süßen Wein zum Dessert?

Pravda (Karte S. 438 f.; ☎ 04-499 5570; 107 Customhouse Quay; Hauptgerichte 25–35 NZ$; 🕑 Mo–Fr 7.30 Uhr–open end, Sa 9 Uhr–open end) Ein Innenstadtcafé mit Klasse (an Wellington-Standards gemessen eher ein schickes Restaurant), das beim gemeinen Volk ebenso ankommt wie bei denen, die Preise für kulinarische Exzellenz verleihen.

Der opulente Raum auf zwei Ebenen (im Pseudo-UDSSR-Stil eingerichtet) bildet die förmliche Kulisse, vor der man lecker zubereitete Ente, Hühnchen, Fisch und neuseeländisches Lamm verspeisen kann. Desserts und Kaffee sind fantastisch.

Martin Bosley's (Karte S. 438 f.; ☎ 04-920 8302; 103 Oriental Pde; Hauptgerichte 28–47 NZ$; ☺ Mo–Fr mittags, Di–So abends) Edler Fisch von einem der besten Köche des Landes in einem eleganten Restaurant mit Panoramablick auf den Hafen. Das Probiermenü ist eine ausgezeichnete Möglichkeit, das Talent der Köche zu testen – diese 100 NZ$ sind gut angelegt. Für 70 NZ$ zusätzlich bekommt man zu jedem köstlichen Gang den passenden Wein. Erste Klasse!

Logan-Brown (Karte S. 442; ☎ 04-801 5114; 192 Cuba St; Hauptgerichte 39–48 NZ$; ☺ Mo–Fr 12–14, tgl. ab 17.30 Uhr) Das in einer Bank aus den 1920ern untergebrachte Logan-Brown strahlt Klasse aus, ohne prätentiös oder übertrieben formell zu sein. Das Essen ist richtig gut und wird von den Wellingtonern des Jahres 2009 in ihrem preisgekrönten Restaurant serviert. Am besten vertraut man dem Hype und probiert die Paua Ravioli – die stehen schon seit Jahr und Tag auf der Karte. Die Weinkarte ist schier endlos. Reservierung erforderlich.

Cafés

Deluxe (Karte S. 442; ☎ 04-801 5455; 10 Kent Tce; Snacks 5–8 NZ$; ☺ Mo–Fr 7 Uhr–open end, Sa & So 8 Uhr–open end; Ⓥ) Ein treuer Angehöriger der nächtlichen Café-Szene mit ungewöhnlicher, häufig wechselnder Kunst an den Wänden. Auf winzig kleinem Raum werden der treuen Kundschaft hier neben dem Embassy Cinema (S. 459) täglich über 500 Kaffees und hauptsächlich vegtarische oder vegane Gerichte und Pizzaecken über den Tresen gereicht.

Lido (Karte S. 442; ☎ 04-499 6666; Ecke Victoria St & Wakefield St; Brunch & Mittagessen 5–18 NZ$, Abendessen 16–26 NZ$; ☺ Mo 7.30–15, Di–Fr 7.30 Uhr–open end, Sa & So 9 Uhr–open end) Einfach mal im Lido vorbeischauen, das im unteren Stock eines schicken, alten Büroblocks liegt, und die große Auswahl an leckeren, mediterran inspirierten Gerichten zu vernünftigen Preisen genießen! Pancakes und Pasta mischen sich fröhlich unter Fisch, Burger, Antipasti und Salate. Großartigen Kaffee und süße Leckereien kriegt man auch. Samstag- und sonntagabends gibt's Livejazz.

Felix (Karte S. 442; ☎ 04-499 5523; Ecke Wakefield St & Cuba St; Brunch 5–22 NZ$, Abendessen 10–24 NZ$; ☺ Mo–Fr 7.30–21, Sa 8.30–20, So 8.30–17.30 Uhr) Trotz der vielen Kanten der modernen Industriestil-Einrichtung ist das Felix ein gemütliches, ansprechendes Café, das morgens, mittags und abends gutes Essen auftischt. Dank der großen Fenster und des fröhlichen Personals scheint die Sonne hier immer. Der Burger ist spitze und die Pommes Frites einfach himmlisch.

Midnight Espresso (Karte S. 442; ☎ 04-384 7014; 178 Cuba St; Gerichte 6–16 NZ$; ☺ Mo–Fr 7.30–3, Sa & So 8–3 Uhr; Ⓥ) *Das* original Nachtcafé der Stadt. Es serviert herzhaftes, leckeres und günstiges Essen mit Schwerpunkt auf gesunden und vegetarischen Gerichten. Traveller sollten sich mit einem Havanna-Kaffee und einem Stück Kuchen ins Fenster setzen: Das ist die ultimative Wellington-Café-Erfahrung!

Cafe L'Affare (Karte S. 438 f.; ☎ 04-385 9748; 27 College St; Gerichte 6–18 NZ$; ☺ 8–16 Uhr) Das Cafe L'Affare ist das Herz eines kleinen Unternehmens, das seine eigenen Bohnen röstet und vertreibt. Im Inneren geht's immer geschäftig zu: Blitzschnelle Baristas bedienen Gäste an überfüllten Gemeinschaftstischen unter einer Diskokugel. Am Wochenende wimmelt es nur so vor krakelenden Kindern, aber alle Leute bedanken sich fröhlich für den flotten Service und das sensationelle Frühstück mit himmlischen Eiern.

Fidel's (Karte S. 438 f.; ☎ 04-801 6868; 234 Cuba St; Gerichte 6–18 NZ$; ☺ Mo–Fr 7.30–24, Sa & So 9–24 Uhr; Ⓥ) Eine Cuba-Street-Institution für koffeinsüchtige, gut gelaunte Linke und Alternative. Aus der Küche kommen Eier in allen Darreichungsformen, Pizzen und unglaubliche Salate, außerdem Wellys beste Milchshakes. Revolutionäre Erinnerungsstücke zieren die Wände des abgefahrenen Innenraums, aber auch draußen sitzt man ganz gut. Die supergeschäftige Crew wird beeindruckend gut mit dem Chaos fertig.

Nikau Gallery Cafe (Karte S. 442; ☎ 04-801 4168; Civic Sq; Mittagessen 11–24 NZ$; ☺ Mo–Fr 7–16, Sa 8–16 Uhr; Ⓥ) In der City Gallery (S. 443) gibt's feinste zeitgenössische Kunst – und deren kulinarisches Gegenstück wird im Nikau serviert. Effizienter Service, stilvolles Interieur und vielleicht die besten Café-Gerichte der Stadt machen es zu einem guten Zwischenstopp um die Mittagszeit, bei dem man nebenbei zahlreiche Kunstwerke bewundern kann. Das Kedgeree ist legendär, der Innenhof sonnig.

Auf die Schnelle

Pandoro Panetteria (Karte S. 442; ☎ 04-385 4478; 2 Allen St; Gerichte 3–6 NZ$; ☺ Mo–Fr 7–17, Sa & So bis 16

Uhr; V) Eine fabelhafte italienische Bäckerei, die leckeren Kaffee, süße und salzige Muffins, Brottaschen, Schnecken, Kuchen und Tartes macht.

Trisha's Pies (Karte S. 438 f.; ☎ 04-801 5515; 32 Cambridge Tce; Pies 4–5 NZ$; ☻ Mo–Fr 8–15.30 Uhr) Verboten köstliche traditionelle Pies (Pfeffersteak, Rind und Pilze) oder neue Kreationen (Hühnchen, Aprikosen und Brie). Vegetarische und fruchtige Alternativen gibt's auch.

Sushi of Japan (Karte S. 442; ☎ 04-385 0290; 189 Cuba St; Gerichte 5–9 NZ$; ☻ 8.30–18 Uhr; V) Superfrisches, verzehrfertiges Sushi – günstig und köstlich.

Crêpes a Go-Go (Karte S. 442; 57 Manners Mall; Crêpes 5–9 NZ$; ☻ 9–21 Uhr; V) In einem winzigen gelben Häuschen in der Manners Mall bereitet ein bretonischer Meister günstige Crêpes zu, je nach Wunsch mit süßer oder herzhafter Füllung.

Burger Fuel (Karte S. 442; ☎ 04-801 9222; 101 Courtenay Pl; Burger 5–12 NZ$; ☻ So–Do 11–22, Fr & Sa bis 4 Uhr; V) Fastfood, wie es sein sollte. Köstliche Burger in allen Varianten, zubereitet mit frischen, natürlichen Zutaten – die fegen Ronald und den King vom Platz.

Wellington Trawling Sea Market (Karte S. 438 f.; ☎ 04-384 8461; 220 Cuba St; Gerichte 6–14 NZ$; ☻ mittags–21 Uhr) Hier genießen die Einheimischen ihren frisch vom Boot gefallenen Fisch und ihre Pommes Frites am liebsten. Je nach Saison gibt's Austern, Jakobsmuscheln oder Whitebait. Und Burger.

Phoenician Falafel (Karte S. 442; ☎ 04-385 9997; 10 Kent Tce; Gerichte 8–15 NZ$; ☻ So–Mi 11.30–21.30, Do–Sa bis 23 Uhr; V) Authentische Falafel, Shish und *shawarma* (Kebab), serviert von den libanesischen Besitzern. Die besten Kebabs der Stadt!

Preiswerte (und sehr internationale) Food Courts sind:

BNZ Centre (Karte S. 442; ☎ 04-499 9300; Willis St; Gerichte 4–10 NZ$; ☻ Mo–Fr 8–20, Sa 10–16 Uhr)

Courtenay Central (Karte S. 442; ☎ 04-382 9526; Courtenay Pl; Gerichte 5–10 NZ$; ☻ 10–22 Uhr)

Selbstversorger

Sonntagvormittags kann man unter zwei tollen Wochenmärkten wählen – einem neben dem Te Papa (Wakefield Street) und einem an der Ecke Victoria St und Vivian St.

Commonsense Organics (Karte S. 442; ☎ 04-384 3314; 260 Wakefield St; ☻ Mo–Fr 9–19, Sa & So bis 18 Uhr) Bioprodukte (Wein, Obst, Gemüse, Nüsse, Tee, Kräuter usw.) und Lebensmittel für Allergiker.

New World Metro (Karte S. 442; ☎ 04-417 6580; 70 Willis St; ☻ Mo–Fr 7–23, Sa 8–23, So bis 22 Uhr); Chaffers (Karte S. 442; ☎ 04-384 8054; 279 Wakefield St; ☻ 7–24 Uhr); Thorndon (Karte S. 438 f.; ☎ 04-499 9041; Molesworth St; ☻ 7–23 Uhr)

Moore Wilson Fresh (Karte S. 438 f.; ☎ 04-384 9906; Ecke College St & Tory St; ☻ Mo–Fr 7.30–19, Sa 7.30–18, So 9–17 Uhr) Eine unübertreffliche Auswahl an (vorwiegend neuseeländischen) Produkten, Backwaren, Käse … kurz: Leckereien allüberall. Nix wie hin!

AUSGEHEN

Wellingtoner gehen gerne spät aus – es ist nicht ungewöhnlich, dass die Massen erst in die Stadt strömen, wenn anständige Leute schon die Milch für ihren Kakao heiß machen. All die Bars und Musikkneipen der Stadt sorgen dafür, dass die Stimmung immer kocht – es gibt zahlreiche Locations mit gutem Ruf, viel Livemusik, Tanzschuppen, Quizabende und, und, und. Außerdem kriegt man fast überall grandiose Cocktails, feine Weine, hausgebrautes Bier und beeindruckendes Bar-Essen. Viele der im Folgenden aufgeführten Läden könnten genauso gut unter „Essen" stehen (am besten zuerst im legendären Matterhorn oder im Hummingbird reinschauen!).

Die meiste Action spielt sich rund um zwei Epizentren ab: am Courtenay Pl – hektisch, lässig und in bestem Sinne ordinär – und an der Cuba St – unangepasst, hip und manchmal fast schon zu cool.

LP Tipp **Mighty Mighty** (Karte S. 442; ☎ 04-384 9085; 104 Cuba St; ☻ Mi–Sa 16 Uhr–open end) Vielleicht der angesagteste Laden und Livemusikschuppen in der ganzen Stadt. Drinnen warten Flipper, pinkfarbene Samtvorhänge, kitschiger Tand und Wellingtons beste Bardame – wer das Beste erleben möchte, was Neuseelands Barszene zu bieten hat, muss hier vorbeischauen. Und tanzen.

Matterhorn (Karte S. 442; ☎ 04-384 3359; 106 Cuba St; ☻ 10 Uhr–open end) Ganzjährig beliebte Bar, deren Publikum genauso interessant ist wie ihre Getränkekarte. Sie hat zu Recht zahlreiche Auszeichnungen gewonnen, u. a. als Neuseelands beste Bar mit Restaurant. Schick und ultracool, mit Liebe zum Detail. Gelegentlich gibt's Livemusik von einigen der besten Bands und Musikern, die Aotearoa zu bieten hat.

Malthouse (Karte S. 442; ☎ 04-802 5484; 48 Courtenay Pl; ☻ Mo–Sa mittags–open end) Das Biervana! Es gibt eine gigantische Bierauswahl (lokal und international), bei der selbst dem standhaftesten Hopfenfreund die Knie zittern. Neuseeland *hat* tolle Biere, und hier kann man sie probieren. Die Herrentoilette im *Forty-Licks*-Look ist einen Besuch wert.

Vivo (Karte S. 442; ☎ 04-384 6400; 19 Edward St; ⊙ Mo–Fr 15 Uhr–open end, Sa 17 Uhr–open end) Die Weinkarte hat den Umfang eines Wälzers: Hier locken etwa 700 Weine aus aller Welt, über 50 werden glasweise serviert. Das offene Ziegel- und Balkenwerk verleiht dem Vivo ein bodenständiges Kellerflair, und die Lichterketten an der dunklen Decke wirken wie Sterne. Ein Paradies für Weinliebhaber, das obendrein anständiges Essen serviert.

Southern Cross (Karte S. 438 f.; ☎ 04-384 9085; 35 Abel Smith St; ⊙ 9 Uhr–open end) Wellys stilvollste Kneipe ist eine Kombination aus entspanntem Restaurant, lebhafter Bar, einer Tanzfläche und der besten Gartenbar der Stadt. Man serviert Bier kleiner Brauereien vom Fass und großzügige Portionen Pommes.

Mac's Brewery Bar (Karte S. 442; ☎ 04-381 2282; Ecke Taranaki St & Cable St; ⊙ 10.30 Uhr–open end) Die in einem renovierten Lagerhaus in bester Hafenlage untergebrachte Mikrobrauerei übt ihr Handwerk mit viel Hingabe aus. Wir empfehlen: Sassy Red in der Sonne genießen und den Skateboardern dabei zuschauen, wie sie sich auf der Promenade die Knöchel verstauchen. Ausgezeichnete Fish & Chips.

Leuven (Karte S. 438 f.; ☎ 04-499 2939; 135 Featherston St; ⊙ Mo–Fr 7 Uhr–open end, Sa & So 9 Uhr–open end) Die Karte in diesem Biercafé ist eine Ode an das Beste aus Belgien: Darauf stehen Muscheln in zehn Variationen, die *frites* sind einfach per-

fekt, und hinter der Bar reihen sich die Zapfhähne der ganz Großen aneinander (Hoegaarden, Leffe, Chimay). Die Frühstücksangebote sind beliebt (jemand 'ne Waffel?).

Hummingbird (Karte S. 442; ☎ 04-801 6336; 22 Courtenay Pl; ⊙ 9 Uhr–open end) Das bei Intellektuellen beliebte Hummingbird ist eigentlich immer voll – sowohl das trauliche, stilvolle Bar-Restaurant drinnen als auch die Tische draußen an der Straße. Hier werden chillige Musik (regelmäßig Livejazz), eine aufregende Brunch-bis-Abendessen-Karte und eine beeindruckende Weinkarte inklusive edler Weine und Cocktails geboten.

Backbencher (Karte S. 438 f.; ☎ 04-472 3065; 34 Molesworth St; ⊙ 11 Uhr–open end) Im Backbencher, dem Pub gegenüber dem Beehive, könnte man auf den einen oder anderen angetrunkenen Parlamentarier treffen. Die Wände zieren trophäenartig Gummipuppen neuseeländischer Politiker (David Lange, ehemaliger Premier, ist besonders schön). Guter Brunch am Wochenende.

Good Luck (Karte S. 442; ☎ 04-801 9950; Keller, 126 Cuba St; ⊙ Di–So 17 Uhr–open end) Die chinesische Opiumhöhle der Cuba St, nur ohne Opium. In der flott geführten, schwülen Kellerbar werden frischer Hip-Hop und Electronica gespielt. Sie bietet außerdem, was sonst kein Lokal hat: eine Freiluft-Lounge mitten auf der Einkaufsstraße. Von hier kann man prima Leute gucken.

Molly Malone's (Karte S. 442; ☎ 04-384 2896; Ecke Courtenay Pl & Taranaki St; ⊙ 11 Uhr–open end) Eine superschicke irische Bar, komplett mit Guin-

---

SCHWULEN- & LESBENSZENE IN WELLINGTON

Wellington ist offen und kultiviert, und Schwule und Lesben fühlen sich eigentlich überall sofort willkommen. Die Schwulen- und Lesbenszene hier ist eher klein, aber freundlich und aufgeschlossen, was besonders eine der nur zwei Schwulenbars der Stadt beweist, das **Scotty & Mal's** (Karte S. 442; ☎ 04-802 5335; 176 Cuba St; ⊙ 17 Uhr–open end). Dies ist eine stilvolle, einladende Bar (bzw. ein Club), in der man Cocktails genießen, Smalltalk machen und sich oben bei Quizabenden vergnügen oder bei einer Partie Billard in der Bar unten seine Fähigkeiten unter Beweis stellen kann (freitags und samstags legen DJs auf).

Größere Zeitungsläden führen das zweiwöchentlich erscheinende Magazin **express** (www.gayexpress.co.nz; 3 NZ$), das über Neuigkeiten und Events berichtet und Kritiken veröffentlicht. Im Internet findet man nützliche Infos auf www.gaynz.com, das umfassend und aus allen Ecken des Landes über alles Wichtige aus der Szene berichtet. Die Sites www.gayline.gen.nz, www.gaywellington. org und www.wellington.lesbian.net.nz konzentrieren sich auf Wellington. Auf www.gaystay.co.nz findet sich eine Liste von Unterkünften überall in der Stadt, die von Schwulen oder Lesben geführt werden. Wer sich telefonisch informieren oder einfach mal plaudern möchte, kann das bei der **Wellington Gay Welfare Group** (☎ 04-473 7878; helpline@gaywellington.org; ⊙ 7.30–21.30 Uhr) tun.

Für noch mehr Infos, s. auch S. 771.

ness, Livemusik, günstigem Kneipenessen und einem Spirituosenladen. Das Red Head Restaurant oben serviert edlere Speisen und hat einen Balkon, auf den ab und zu einmal die Nachmittagssonne scheint.

Das Nachtleben am Courtenay Pl ist hip und überrascht mit großer Bardichte und Vielfalt. Hier nur ein paar der zahlreichen Läden, die man am besten donnerstags, freitags oder samstags aufsucht:

Betty's (Karte S. 442; ☎ 04-803 3766; 32 Blair St) Lärmiger Laden mit Apotheken-Deko und Rundum-Digitalbildschirm über drei Wände.

Hawthorn Lounge (Karte S. 442; ☎ 04-890 3724; 82 Tory St) Erinnert an einen Herrenclub aus den 1920ern. Hier spielt man Poker, trinkt Cocktails und lauscht Bigband-Medleys.

Library (Karte S. 442; ☎ 04-382 8593; 1/53 Courtenay Pl) Veloursamtpolster, Bücher, Alkohol und Beats. Regelmäßig Livemusik.

Vespa Lounge (Karte S. 442; ☎ 04-385 2438; 7/21 Allen St) Wenn sich alle anderen längst ins Bett kuscheln, legt das Vespa-Publikum erst richtig los.

UNTERHALTUNG

Wellingtons Unterhaltungsangebot ist ein bisschen wie eine Raum-Zeit-Maschine: von außen klein und unscheinbar, aber drinnen voller großer Überraschungen. Es hat nicht nur eine sehr lebendige Theaterszene und unzählige heimische Bands zu bieten, hier schauen auch eine Menge großartiger Künstler aus ganz Neuseeland und dem Ausland vorbei. Dass das Publikum immer nach Neuem hungert und sehr dankbar ist, sorgt für dauerhaft gute Stimmung.

Ein Veranstaltungskalender findet sich in der *Capital Times* – dieses kostenlose Wochenblatt liegt überall in der Stadt aus. Auch der *Groove Guide* (www.grooveguide.co.nz), der einen Musikkalender und interessante Artikel beinhaltet, ist einen Blick wert.

Livemusik & Clubs

Den Eintritt für die meisten Konzerte und Clubs kann man direkt an der Tür bezahlen. Beliebte Gigs sind aber auch oft ausverkauft, sodass es sich lohnt, sich vorher bei einschlägigen Stellen Karten zu sichern – oft ist **Real Groovy** (Karte S. 438 f.; ☎ 04-385 2020; www.realgroovy. conz; Ecke Cuba St & Abel Smith St) oder **Under the Radar** (www.undertheradar.co.nz) die richtige Anlaufstelle. Die Preise schwanken je nach Künstler, liegen aber normalerweise zwischen 5 NZ$ und 70 NZ$.

San Francisco Bath House (Karte S. 442; ☎ 04-801 6797; www.sfbh.co.nz; 171 Cuba St; ⌚ Mi–Fr 17 Uhr–open end, Sa 20 Uhr–open end) Wellingtons bester mittelgroßer Musikveranstaltungsort, in dem die Crème de la Crème neuseeländischer Künstler ebenso auftritt wie tolle Acts aus dem Ausland (Fleet Foxes, Gomez …). Auf dem Balkon kann's ganz schön kuschelig werden und an der Bar muss man oft in der fünften Reihe warten, aber ansonsten ist es toll geführt und eine echt witzige Location.

Bodega (Karte S. 442; ☎ 04-384 8212; www.bodega. co.nz; 101 Ghuznee St; ⌚ 16 Uhr–open end) Die Bodega ist ein Pionier der modernen Livemusikszene der Stadt und noch immer eine Institution, auch wenn sie aus ihrem baufälligen, denkmalgeschützten Gebäude in einen Betonbunker gezogen ist. „The Bodge" bietet ein vielfältiges Konzertprogramm in angenehmer Umgebung samt ordentlicher Tanzfläche und Verpflegung für Hungrige.

Garden Club (Karte S. 442; ☎ 04-381 2341; www.the gardenclub.co.nz; 13b Dixon St; ⌚ Mi–Sa 17 Uhr–open end) Gedränge bei Dance-Music auf drei Ebenen. Der Garden Club zielt primär auf ein jüngeres Publikum ab. Auf der ersten Ebene befindet sich der eigentliche Club, in dem regelmäßig Gigs stattfinden und DJs auflegen, auf der obersten Ebene ist Wellys zweite Schwulenbar zuhause. Die Zwischenebene ist eine Gifthöhle, in der Neuseelands Rauchergesetze bis an die Grenzen ausgelotet werden. Gut geführt und immer witzig.

Happy (Karte S. 438 f.; ☎ 04-970 1741; www.myspace. com/happybar; Ecke Tory St & Vivian St) Das Happy ist eine Kellerbar, in der sich all die coolen Künstler versammeln (große wie kleine), die sonst nirgendwo reinzupassen scheinen: Hier gibt's Poetry Slams, Fusion-Jazz, Akustikkonzerte von Liedermachern, Electronica, Kurzfilme und experimentelles Theater. Die Bühne steht jeden Abend jedem offen.

Sandwiches (Karte S. 442; ☎ 04-385 7698; www.sand wiches.co.nz; 8 Kent Tce; ⌚ Di–Sa 16 Uhr–open end) Hier kommen Gäste in den Genuss neuseeländischer Electro-Künstler und DJs, regelmäßiger Gigs von international bekannten Bands aller Musikrichtungen und des besten Soundsystems der Hauptstadt. Wer will, kann sich im abgefahrenen Clubraum auf der Tanzfläche austoben oder sich in der sinnlichen Bar Cocktails und Pizzen schmecken lassen. Toller Club, der von einem engagierten Team geführt wird, das nicht nur der Kohle wegen dabei ist!

Theater

Wellingtons leicht zugängliche Theaterszene besteht aus einer beachtlichen Anzahl professioneller und Amateurensembles. An den **Ticketek-Schaltern** (☎ 04-384 3840; www.ticketek.co.nz; ☺ Mo–Fr 9–17.30, Sa 10–14 Uhr) im St. James Theatre (Karte S. 442) oder im Michael Fowler Centre (Karte S. 442) gibt's Karten für die meisten Aufführungen. Im i-SITE werden oft günstigere Tickets für Vorstellungen am selben Tag angeboten.

BATS (Karte S. 442; ☎ 04-802 4175; www.bats.co.nz; 1 Kent Tce; Tickets 15–20 NZ$; ☺ Abendkasse ab 2 Std. vor jeder Show) Das ungezähmte, alternative BATS zeigt sehr modernes und experimentelles Theater aus Neuseeland – vielfältig, günstig und in traulicher Atmosphäre.

Downstage (Karte S. 442; ☎ 04-801 6946; www.downstage.co.nz; Ecke Courtenay Pl & Cambridge Tce; Tickets 25–45 NZ$; ☺ Ticketschalter Mo 9–17.30 Uhr, Di–Sa bis Vorstellungsbeginn) Hier spielt Neuseelands am längsten existierende professionelle Theatertruppe, die eine Institution in Wellington ist (gegründet 1964). Auf die Bühne vor 250 Zuschauern kommen Originalstücke aus Neuseeland, Tanz, Comedy und Musicals.

Circa (Karte S. 442; ☎ 04-801 7992; www.circa.co.nz; 1 Taranaki St; Tickets Erw./Stand-by 35/18 NZ$; ☺ Ticketschalter Mo–Sa 10–16 Uhr) Der große Saal des Circa bietet 240 Zuschauern Platz, das Studio 100. Für die Generalprobe (am Abend vor der Premiere) sind billigere Tickets erhältlich, und eine Stunde vor Beginn kann man nach Stand-by-Tickets fragen. Gegeben wird alles Mögliche von Pantomime bis zu internationaler Comedy.

Außerdem kann man aus vier weiteren guten Häusern wählen, in denen Tourneestücke und einmalige Aufführungen auf die Bretter kommen:

Michael Fowler Centre (Karte S. 442; ☎ 04-801 4231; www.wellingtonconventioncentre.com; 111 Wakefield St) Hier ist das New Zealand Symphony Orchestra zu Hause. Im Rathaus nebenan finden gelegentlich Konzerte und andere Events statt.

St. James Theatre (Karte S. 442; ☎ 04-802 4060; www.stjames.co.nz; 77 Courtenay Pl) Ein altehrwürdiger denkmalgeschützter Theatersaal, in dem große Produktionen aufgeführt werden, z. B. Ballett und Opern (www.nzballet.org.nz; www.nzopera.com).

Opera House (Karte S. 442; 111-113 Manners St) Noch ein denkmalgeschütztes Theater: Der oberste Rang ist erschreckend steil und weit oben; unten werden klassische Konzerte, Tourneetheater und das eine oder andere Musical aufgeführt.

TSB Bank Arena (Karte S. 438 f.; www.wellington conventioncentre.com; Jervois Quay) Ein Veranstaltungsort so groß wie ein Hangar, in dem überdimensionierte Shows stattfinden.

Kinos

Das Kinoprogramm steht in Lokalzeitungen und auf www.film.wellington.net.nz. Die meisten Kinos haben zu Wochenbeginn (Mo od. Di) einen Kinotag.

Echte Filmfans möchten vielleicht einen Abstecher in die **Weta Cave** (außerhalb der Karte S. 438 f.; ☎ 04-380 9361; www.wetanz.com; Ecke Camperdown Rd & Weka St, Miramar; Eintritt frei; ☺ Mo–Fr 11–18, Sa bis 16 Uhr) machen, in das winzige Museum der oscarprämierten Firma, die *Herr der Ringe*, *King Kong* und *Narnia* drehte.

Embassy Theatre (Karte S. 442; ☎ 04-384 7656; www.deluxe.co.nz; 10 Kent Tce; Tickets Erw./Kind 15/9 NZ$; ☺ 11–24 Uhr) Wellywoods Kino-Mutterschiff – in den 1920ern erbaut, 2003 renoviert. Zeigt Mainstream-Kino und hat eine eigene Bar und ein Café.

Paramount (Karte S. 442; ☎ 04-384 4080; www.paramount.co.nz; 25 Courtenay Pl; Tickets Erw./Kind 14,50/9 NZ$; ☺ 12–24 Uhr) Ein hübscher alter Komplex, in dem hauptsächlich Arthouse-, Dokumentar- und fremdsprachige Filme gezeigt werden.

Reading Cinemas (Karte S. 442; ☎ 04-801 4600; www.readingcinemas.co.nz; Courtenay Central, Courtenay Pl; Tickets Erw./Kind 16/10,50 NZ$; ☺ 9.30–24 Uhr) Immer die neuesten Mainstream-Streifen.

Penthouse Cinema (außerhalb der Karte S. 438 f.; ☎ 04-384 3157; www.penthousecinema.co.nz; 205 Ohiro Rd, Brooklyn; Tickets Erw./Kind 15/11 NZ$; ☺ 9–23 Uhr)

WILLKOMMEN IN WELLYWOOD

In den letzten Jahren hat sich Wellington weltweit einen Namen als Heimat der dynamischen Filmindustrie Neuseelands gemacht und sich so den Spitznamen „Wellywood" verdient. Der gefeierte Regisseur Peter Jackson lebt noch immer in Wellington. Der Erfolg seiner *Herr-der-Ringe*-Filme (*Lord of the Rings*, LOTR) und der darauffolgenden Produktion *King Kong* hat ihn zu einem ganz Großen in Hollywood gemacht und Wellingtons Ruf alles andere als geschadet. *Ringe*-Fans und Filmfreunde können vor Ort bei einem Besuch bei Weta Cave (S. 459) einen kleinen Teil dieser Magie erleben oder einen der zahlreichen Filmschauplätze der Region besuchen (s. S. 449 & S. 464).

Charmantes Art-déco-Kino, das die Filme clever auswählt. Das Café ist auch nett. Die Busfahrt hierher lohnt sich auf alle Fälle – in der Innenstadt in Bus 7 oder 8 steigen. **Empire Cinema** (außerhalb der Karte S. 438 f.; ☎ 04-939 7557; www.empirecinema.co.nz; Ecke Parade St & Mersey St, Island Bay; Tickets Erw./Kind 16/12 NZ$; ⊗ 10–24 Uhr) Ein tolles Indie-Kino, das alles von Hollywood bis Harbicht zeigt. Bus 1 aus der Stadt fährt her.

SHOPPEN

Der Lambton Quay ist wegen der vielen Geldfallen, in denen man seine hart verdienten Moneten allzu leicht verjubeln kann, als „Golden Mile" bekannt. Wer Sachen „made by Kiwis" kaufen möchte, landet an der Cuba St garantiert ein paar gute Treffer.

Das edelste Kaufhaus der Stadt ist **Kirkcaldie & Stains** (Karte S. 438 f.; ☎ 04-472 5899; 165-177 Lambton Quay; ⊗ Mo–Do 9.30–17.30, Fr 9.30–19, Sa 10–17, So 10–16 Uhr), Neuseelands Antwort auf Bloomingdale's und Harrods; es existiert seit 1863. Ganz in der Nähe liegt die **Old Bank Shopping Arcade** (Karte S. 438 f.; ☎ 04-922 0600; Ecke Lambton Quay & Willis St; ⊗ Mo–Do 9–18, Fr 9–19, Sa 10–16, So 11–15 Uhr), ein liebenswertes altes Gebäude, in dem ein paar hübsche Boutiquen (Kleidung, Accessoires und Geschenke) locken.

Wellington hat superviele unabhängige Designerläden und Boutiquen. Hier sind nur einige wenige:

Aquamerino (Karte S. 442; ☎ 04-384 9290; 97 Willis St) Vom Rücken der Schafe direkt in den Laden: Hier werden strapazierfähige, stilvolle Wollwaren in allen Formen und Größen verkauft.

Hunters & Collectors (Karte S. 442; ☎ 04-384 8948; 134 Cuba St) Leder von der Stange und aus zweiter Hand (Punk-, Skate- und Modstil) sowie Schuhe und Accessoires plus die schönsten Schaufenster in ganz Neuseeland.

Starfish (Karte S. 442; ☎ 04-385 3722; 128 Willis St) Das Lieblingsziel des modebewussten Wellingtoners. Schöne Kleidung, nachhaltig produziert.

Wer nach etwas einzigartig Neuseeländischem sucht, sollte es in den Souvenirläden des Te Papa Museum (S. 444) oder bei einem der folgenden bewährten Geschäfte versuchen:

Kura (Karte S. 442; ☎ 04-802 4934; 19 Allen St) Zeitgenössische Maorikunst: Gemälde, Keramik, Schmuck und Skulpturen.

Ora Design Gallery (Karte S. 442; ☎ 04-384 4157; 23 Allen St) Das Aktuellste aus der pazifischen und der Maorikunst: tolle Skulpturen, Webarbeiten und Schmuck.

Vault (Karte S. 438 f.; ☎ 04-471 1404; 2 Plimmer Steps) Schmuck, Kleidung, Taschen, Keramik, Kosmetik – ein wunderschöner Laden voller wunderschöner Dinge.

Rund um die Mercer St gibt es verschiedene Outdoorläden, der beste ist **Bivouac Outdoor** (Karte S. 442; ☎ 04-473 2587; 39 Mercer St; ⊗ Mo–Do 9–17.30, Fr 9–19, Sa 10–17, So 11–17 Uhr).

AN- & WEITERREISE
Bus

Wellington ist ein Verkehrsknotenpunkt für Reisebusse. Von hier gibt es Verbindungen nach Auckland im Norden und zu allen größeren Städten auf dem Weg dorthin. Busse von **InterCity** (☎ 04-385 0520; www.intercity.co.nz) und **Newmans** (☎ 04-385 0521; www.newmanscoach.co.nz) fahren am Gleis 9 am Bahnhof ab. Fahrkarten sind am Intercity-/Newmans-Schalter im Bahnhof erhältlich. Es geht nach Auckland (ab 30 NZ$, 11 Std., 3-mal tgl.), Palmerston North (ab 13 NZ$, 2¼ Std., 6-mal tgl.) und Rotorua (ab 30 NZ$, 7½ Std., 2-mal tgl.). Wer online bucht, kann oft einiges sparen.

White Star Express (☎ 0800 465 622, 04-478 4734; www.whitestarbus.co.nz) fährt einmal täglich (Do & Fr 2-mal) von der Bunny Street vor dem Bahnhof nach Palmerston North (23 NZ$, 2¼ Std.), Whanganui (30 NZ$, 4 Std.) und New Plymouth (47 NZ$, 6½ Std.). Nach Masterton, Hastings, Napier und Gisborne muss man in Palmerston North umsteigen. Informationen zu den Fahrkarten lassen sich telefonisch, im **Freeman's Lotto & Cafe** (Karte S. 438 f.; 23 Lambton Quay) oder im i-SITE einholen.

Bay Xpress (☎ 0800 422 997; www.bayxpress.co.nz) verbindet Wellington einmal täglich mit Palmerston North (25 NZ$, 2¼ Std.); dort hat man Anschluss nach Hastings (40 NZ$, 4¾ Std.) und Napier (40 NZ$, 5 Std.).

Naked Bus (☎ 0900 625 33; www.nakedbus.com) fährt von Wellington Richtung Norden zu allen wichtigeren Zielen auf der Nordinsel, u. a. nach Palmerston North (1–22 NZ$, 2½ Std., 2-mal tgl.), Napier (1–35 NZ$, 5 Std., 4-mal wöchentl.), Taupo (1–43 NZ$, 6½ Std., 1-mal tgl.) und Auckland (1–34 NZ$, 12 Std., 1-mal tgl.), und macht unterwegs unzählige Zwischenstopps. Bustickets kann man auf der Fähre nach Picton kaufen, die mit dem Naked Bus South Island Network in Verbindung steht. Buchungen sind online oder im Wellington i-SITE möglich; je früher man bucht, desto billiger fährt man.

Flugzeug

Wellington ist eines von Neuseelands Toren zur Welt. Näheres zu internationalen Flügen gibt's ab S. 782. Die Gepäckhalle des **Wellington Airport** (WLG; ☎ 04-385 5100; www.wellington-airport. co.nz; ☽ 4–1.30 Uhr) ist mit Touchscreen-Infoterminals ausgerüstet. Außerdem gibt's hier Geldwechselstuben, Geldautomaten, Autovermietungen, Cafés, Läden usw. Wer nur auf der Durchreise ist oder einen frühen Flug gebucht hat, darf nicht über Nacht im Terminal bleiben. Für internationale Flüge wird eine Abflugsteuer erhoben (Erw./Kind 25/10 NZ$).

Air New Zealand (Karte S. 438 f.; ☎ 0800 737 000, 04-474 8950 od. 04-388 9900; www.airnewzealand.co.nz; Ecke Lambton Quay & Grey St; ☽ Mo–Fr 9–17, Sa 10–13 Uhr) fliegt von Wellington zu den meisten größeren Städten des Landes, z. B. zu folgenden:

Ziel	Preis (NZ$)	Häufigkeit (tgl.)
Auckland	ab 49	bis zu 20-mal
Christchurch	ab 49	bis zu 14-mal
Dunedin	ab 120	bis zu 6-mal
Queenstown	ab 116	1-mal
Rotorua	ab 95	bis zu 3-mal
Westport	ab 84	2-mal

Jetstar (☎ 0800 800 995; www.jetstar.com) pendelt zwischen Wellington und Auckland (ab 49 NZ$, 3-mal tgl.) bzw. Christchurch (ab 50 NZ$, 1-mal tgl.). Auch **Pacific Blue** (☎ 0800 670 000; www.pacificblue.co.nz) fliegt zwischen Wellington und Auckland (ab 65 NZ$, 3-mal tgl.) bzw. Christchurch (ab 50 NZ$, 2-mal tgl.).

Soundsair (☎ 0800 505 005, 03-520 3080; www.sounds air.com) fliegt zwischen Wellington und Picton (ab 79 NZ$, bis zu 8-mal tgl.) bzw. Nelson (ab 90 NZ$, bis zu 3-mal tgl.) oder Blenheim (ab 79 NZ$, 1-mal tgl.).

Air2there (☎ 0800 777 000; www.air2there.com) verbindet Wellington mit Blenheim (99 NZ$, bis zu 4-mal tgl.) und fliegt vom Flughafen Paraparaumu, der eine 40-minütige Zug- oder Autofahrt entfernt an der Küste liegt, auch andere regionale Ziele an.

Schiff/Fähre

An einem klaren Tag ist es wirklich eine magische Erfahrung, in den Wellington Harbour oder durch die Marlborough Sounds zu segeln. Die Cook Strait ist berüchtigt dafür, rau zu sein, aber für die großen Fähren ist das kein Problem. Sie sind mit Lounges, Cafés, Bars, Infoschaltern und Kinos ausgestattet (nur Billardtische gibt's nicht). Man hat zwei Möglichkeiten, die Meerenge zwischen Wellington und Picton zu überqueren (Fahrplanänderungen vorbehalten):

Bluebridge Ferries (Karte S. 438 f.; ☎ 0800 844 844, 04-471 6188; www.bluebridge.co.nz; Erw./Kind 50/25 NZ$) Die Überfahrt dauert 3 Stunden und 20 Minuten. Los geht es in Wellington täglich um 3, 8, 13 und 21 Uhr (Sa nur 8 & 13 Uhr). Abfahrt in Picton ist täglich um 2, 8, 14 und 19 Uhr (Sa nicht um 8 Uhr, So nicht um 2 Uhr). Für Autos und Wohnwagen bis 4 m Länge zahlt man mindestens 110 NZ$, für Wohnwagen unter 5,50 m mindestens 150 NZ$. Motorräder mitnehmen kostet 50 NZ$, Fahrräder 10 NZ$.

Interislander (Karte S. 438 f.; ☎ 0800 802 802, 04-498 3302; www.interislander.co.nz; Erw./Kind ab 46/23 NZ$) Die Überfahrt dauert 3 Stunden und 10 Minuten. In Wellington legen die Schiffe um 2.25, 8.25, 14.05 und 18.25 Uhr ab; Abfahrt in Picton ist um 6.25, 10.05, 13.10, 18.05 und 22.25 Uhr. Von November bis April verkehrt um 10.25 Uhr eine zusätzliche Fähre ab Wellington und um 14.25 Uhr eine von Picton. Fürs Auto blecht man mindestens 101 NZ$, Wohnwagen (bis 5,50 m) kosten 126 NZ$ oder mehr, Motorräder 46 NZ$ und Fahrräder 15 NZ$.

Den Platz auf der Fähre kann man in Hotels, online, in Reisebüros oder direkt bei einer Vermittlung buchen (online ist es am günstigsten). Das Bluebridge-Büro liegt am Waterloo Quay gegenüber vom Bahnhof. Der Interislander-Terminal liegt 2 km nordöstlich des Stadtzentrums; ein Shuttlebus (2 NZ$) fährt ab Gleis 9 am Bahnhof (von dem auch Überlandbusse abfahren) um 7.35, 9.35 (nur HS), 13.15 und 17.35 Uhr zur Interislander-Fähre. Er wartet auch auf ankommende Fähren und nimmt die Passagiere mit zurück zum Gleis 9. Am Terminal gibt's außerdem einen Taxistand.

Leihwagenfirmen ermöglichen ihren Kunden, die Leihwagen an den Fährterminals abzuholen und abzugeben. Wer außerhalb der Geschäftszeiten eintreffen wird, kann vorher ausmachen, dass er den Wagen auf dem Parkplatz des Terminals abholen kann.

Zug

Der Bahnhof in Wellington verfügt über vier **Ticketschalter** (☎ 04-498 3000, Durchwahl 44324; ☽ Mo–Do 6.30–20, Fr & Sa 6.30–13, So 6.30–15 Uhr); an einem werden Tickets für die Tranz-Scenic-Züge, die Interislander-Fähren sowie Intercity- und Newmans-Busse verkauft, an den anderen Fahrkarten für lokale bzw. regionale Tranz-Metro-Züge (für die Linien Johnsonville, Melling, Hutt Valley, Paraparaumu und Wairarapa).

Zu den Langstreckenzügen des **Tranz Scenic** (☎ 0800 872 467; www.tranzscenic.co.nz) gehören der *Overlander* zwischen Wellington und Auckland (ab 49 NZ$, 12 Std., 1-mal tgl.), der Wellington um 7.25 Uhr verlässt (Mai–Sept. nur Fr, Sa & So), und der *Capital Connection* zwischen Wellington und Palmerston North (24 NZ$, 2¼ Std., Mo–Fr 1-mal tgl.), der um 17.17 Uhr in Wellington abfährt.

UNTERWEGS VOR ORT

Metlink (☎ 0800 801 700; www.metlink.org.nz) ist die Anlaufstelle für Wellingtons regionale Bus-, Bahn- und Hafenfährenverbindungen; für Näheres, s. unten.

Auto

Wellington hat unzählige Einbahnstraßen, eine sehr verwirrende Verkehrsführung und nur wenige (und teure) Parkplätze. Wer also mit dem Auto oder Wohnwagen unterwegs ist, parkt besser am Stadtrand und läuft ins Zentrum oder benutzt die öffentlichen Verkehrsmittel.

Neben den großen internationalen Mietwagenfirmen (s. S. 787) gibt es in Wellington mehrere Unternehmen, die besonders für längere Zeiträume von zwei oder mehr Wochen günstige Preise anbieten; allerdings können sie mit den Preisen in Auckland nicht konkurrieren. Standardvermietungen kosten 40 bis 85 NZ$ pro Tag. Die Autos haben meistens schon ein paar Jahre auf dem Buckel, sind aber in gutem Zustand. Einige Anbieter:

Ace Rental Cars (außerhalb der Karte S. 438 f.; ☎ 0800 535 500, 04-471 1176; www.acerentalcars.co.nz; 126 Hutt Rd; ⏰ 8–17 Uhr)

Apex Car Rental (Karte S. 442; ☎ 0800 300 110, 04-385 2163; www.apexrentals.co.nz; 186 Victoria St; ⏰ 8–17 Uhr)

Omega Rental Cars (außerhalb der Karte S. 438 f.; ☎ 0800 667 722, 04-472 8465; www.omegarentals.com; 96 Hutt Rd; ⏰ 8–17 Uhr)

Wer Nord- und Südinsel erkunden will, ist in der Regel besser beraten, das Auto in Wellington abzugeben und sich nach der Überquerung der Cook-Straße ein neues Auto zu mieten. Das ist die übliche (und billigere) Praxis und völlig unproblematisch.

Oft gibt es gute Deals für die Überführung eines Autos von Wellington nach Auckland (da die meisten Mieter in die Gegenrichtung fahren). Viele Unternehmen bieten enorme Rabatte an. Der Nachteil: Oft hat man nur 24 bis 48 Stunden Zeit für die Strecke.

Turners Auctions (außerhalb der Karte S. 438 f., ☎ 04-587 1400; www.turners.co.nz; 120 Hutt Park Rd, Lower Hutt;

⏰ Mo–Mi & Fr 8–17.30, Do 8–20, Sa 9–15 Uhr), in der Nähe des Wellington Top 10 Holiday Park (S. 464), versteigert und kauft Gebrauchtwagen. Auch an den schwarzen Brettern der Hostels findet man billige Angebote.

Bus

Busse der effizienten Unternehmen Go Wellington, Valley Flyer, Newlands Coach Services und Mana Coach Services verkehren zwischen 7 und 23.30 Uhr regelmäßig auf der meisten Vorstadtrouten. Die Busse fahren vom Bahnhof in Wellington oder an der größten Bushaltestelle am Courtenay Pl nahe der Kreuzung Cambridge Tce ab. Fahrpläne sowie Busroutenpläne mit farbig markierten Strecken sind am i-SITE und in Lebensmittelläden in der ganzen Stadt erhältlich. Die Fahrpreise richten sich nach Zonen: Es gibt 14 Zonen, die günstigste Fahrt innerhalb der Innenstadt kostet 1 NZ$, 3 NZ$ zahlt man für die Zonen 1 und 2 (Maximalpreis 15 NZ$). Das Daytripper-Ticket von Go Wellington (Zonen 1–3) kostet 6 NZ$ und berechtigt zu unbegrenzt vielen Busfahrten an einem Tag. Mit dem Metlink-Explorer-Ticket (18 NZ$) kann man außerhalb der Stoßzeiten und am Wochenende unbegrenzt oft auf den meisten Strecken fahren.

Busse von **After Midnight** (☎ 0800 801 700; www.metlink.org.nz) fahren samstags und sonntags zwischen Mitternacht und 4.30 Uhr von den zentralen Vergnügungsmeilen (Courtenay Pl & Cuba St) auf verschiedenen Routen in die äußeren Vororte. Die Preise liegen zwischen 5 NZ$ und 10 NZ$, je nachdem wie weit die Fahrt bis zum Bett ist.

Vom/zum Flughafen

Super Shuttle (☎ 0800 748 885; www.supershuttle.co.nz; 1/2 Pers. 15/21 NZ$; ⏰ 24 Std.) bietet einen Tür-zu-Tür-Minibusservice zwischen Zentrum und dem 8 km südöstlich der Stadt gelegenen Flughafen an. Es ist günstiger, wenn zwei oder mehr Passagiere dasselbe Ziel haben. Die Shuttles passen alle ankommenden Flüge ab.

Die Busse von **Airport Flyer** (☎ 0800 801 700; www.metlink.co.nz; Flughafen–Zentrum pro Erw./Kind 8/4,50 NZ$) fahren den Flughafen, Wellington und Lower Hutt an (eingeschränkte Verbindungen nach Upper Hutt) und stoppen unterwegs an den wichtigsten Haltestellen. Busse fahren zwischen 5.50 und 20.50 Uhr von der Innenstadt zum Flughafen und zwischen 6.30 und 21.30 Uhr vom Flughafen in die Stadt.

Eine Taxifahrt zwischen Stadtzentrum und Flughafen kostet etwa 30 NZ$.

Taxi

Am Courtenay Pl, an der Ecke Dixon St und Victoria St, an der Featherston St und vor dem Bahnhof stehen die meisten Taxis. Einige Unternehmen sind:

Green Cabs (☎ 0508 447 336)
Wellington City Cabs (☎ 0800 388 8000)
Wellington Combined Taxis (☎ 0800 384 444)

Zug

Tranz Metro (☎ 0800 801 700; www.tranzmetro.co.nz) unterhält vier Bahnlinien zu Wellingtons Vororten und zu anderen Zielen in der Region. Züge fahren zwischen etwa 6 und 23 Uhr regelmäßig vom Bahnhof in Wellington ab. Die Strecken führen nach Johnsonville über Ngaio und Khandallah, nach Paraparaumu über Porirua, Plimmerton und Paekakariki, nach Melling über Petone und durchs Hutt Valley über Waterloo nach Upper Hutt. Ein Zug verbindet die Stadt außerdem mit Wairarapa und hält in Featherston, Carterton und Masterton. Fahrpläne sind in Lebensmittelläden, am Bahnhof, im Wellington i-SITE und online erhältlich. Die Standardpreise von Wellington bis zur Endstation der fünf Strecken liegen zwischen 4 NZ$ und 15 NZ$. Ein Day-Rover-Ticket (10 NZ$) berechtigt zu unbegrenzt vielen Fahrten außerhalb der Stoßzeiten und am Wochenende auf allen Strecken außer der nach Wairarapa.

HUTT VALLEY

110 000 Ew.

Im Hutt Valley liegen die beiden Trabantenstädte Wellingtons – passenderweise Upper Hutt und Lower Hutt getauft –, die sich auf den Terrassen des Hutt River ausbreiten. Die mit mehreren Zentren und guten Einkaufsmöglichkeiten gespickten Siedlungen sind eher funktionell, und die Hauptattraktionen am Hutt sind die bewaldeten Parks, die Campingmöglichkeiten und die vereinzelten Museen.

Das Hutt Valley beginnt am Fuß der Tararua Ranges. Upper Hutt liegt am oberen Ende (40 km vom Zentrum Wellingtons entfernt), Lower Hutt 15 km weiter stromabwärts. Das Tal endet in Petone, der historischen Siedlung am Wellington Harbour. Alles rund um die Gegend erfährt man bei einem Besuch des

Hutt City i-SITE (☎ 04-560 4715; www.huttvalleynz.com; 25 Laings Rd, Lower Hutt; ◷ Mo–Fr 9–17, Sa & So bis 16 Uhr).

SEHENSWERTES & AKTIVITÄTEN

An dem mit Muscheln übersäten Küstenstreifen in Petone steht das **Petone Settlers Museum** (☎ 04-568 8373; www.petonesettlers.org.nz; The Esplanade; Eintritt gegen Spende; ◷ Di–Fr 12–16, Sa & So 13–17 Uhr) im Art-déco-Stil, das an die hiesigen Einwanderer und Siedlungen erinnert und verschiedene Ausstellungen zeigt. Die **Jackson St** verläuft ein paar Blocks weiter im Landesinneren parallel zur Esplanade und ist einen Abstecher zum Mittagessen oder Einkaufen wert. Eine kurze Fahrt südlich von Petone liegen die **Days Bay** und **Eastbourne**, die sich für einen entspannten Nachmittagsausflug mit dem Auto oder der Fähre (s. S. 446) anbieten.

Von Lower Hutt aus gesehen liegt Wainuiomata gleich hinter dem Hügel und weitere 14 km südlich befindet sich das Catchpool Valley, das Haupttor zum **Rimutaka Forest Park** (45 Min. Fahrt von Wellington). Hier warten ein **Campingplatz** (Erw./Kind 10/5 NZ$) am Bach und sechs Buschhütten (mit Platz für 8–18 Pers.) – ein tolles Basislager für kurze oder längere Wanderungen in den Wald oder das wunderschöne Tal des Orongorongo River. Gebucht werden kann in der DOC-Touristeninformation in Wellington (s. S. 442) oder online (www.doc.govt.nz).

Ein Besuch im **NewDowse** (☎ 04-570 6500; www.newdowse.org.nz; 45 Laings Rd, Lower Hutt; Eintritt frei; ◷ Mo–Fr 10–16.30, Sa & So bis 17 Uhr) von Lower Hutt lohnt sich schon wegen dessen Architektur (das Pink ist wirklich waghalsig). Außerdem ist es ein freundliches, gut zugängliches Kunstmuseum, in dem neuseeländische Kunst, Kunsthandwerk und Design zu sehen sind. Ein nettes Café gibt's ebenfalls.

Auf der Fahrt von Upper Hutt nach Waikane (an der Kapiti Coast) entlang der windigen, landschaftlich wunderschönen Akatarawa Rd, kommt man am 10 ha großen **Staglands Wildlife Reserve** (☎ 04-526 7529; www.staglands.co.nz; Akatarawa Valley; Erw./Kind 16/8 NZ$; ◷ 10–17 Uhr) vorbei, das dabei helfen will, einheimische Vögel wie etwa die Saumschnabelente (Whio) und andere Tiere zu schützen. Das Schutzgebiet liegt 16 km vom SH2 und 20 km vom SH1 entfernt.

Der **Kaitoke Regional Park**, von Upper Hutt aus 16 km auf dem SH2 Richtung Norden, hat einen netten **Campingplatz** (Erw./Kind 5/2 NZ$), Bademöglichkeiten, Picknickflächen und Spazierwege, die 15 Minuten bis sechs Stunden in Anspruch nehmen. *Ringe*-Fans pilgern hierher, um das sagenumwobene Bruchtal zu besuchen.

SCHLAFEN

Harcourt Holiday Park (☎ 04-526 7400; www.harcourtholidaypark.co.nz; 45 Akatarawa Rd, Upper Hutt; Stellplatz ohne/mit Strom 30/32 NZ$, Hütte & Traveller-Apt. 45–90 NZ$, Motel 110 NZ$; 🖳) Ein wirklich grüner Park, 35 km nordöstlich von Wellington (35 Min. Fahrt) gleich am SH2, der von Parkland umgeben und am Hutt River mit den vielen Forellen gelegen ist. Die Einrichtungen sind zwar nicht so üppig vorhanden wie im Wellington Top 10 Holiday Park, aber dafür ist die Lage ansprechender.

Wellington Top 10 Holiday Park (außerhalb der Karte S. 438 f.; ☎ 0800 488 872, 04-568 5913; www.wellington-top10.co.nz; 95 Hutt Park Rd, Seaview, Lower Hutt; Stellplatz 40 NZ$, Hütte 55–75 NZ$, Wohneinheit 105–135 NZ$, Motel 120–160 NZ$; 🖳) Zweckmäßiger Park, 13 km nordöstlich von Wellington. Zu den familienfreundlichen Einrichtungen gehören u. a. drei Gemeinschaftsküchen, ein Spielzimmer, ein Hüpfkissen und ein Spielplatz. Nur die Lage des Parks ist ein Minuspunkt: Er liegt 15 Fahrminuten von der Fähre entfernt (den Schildern vom SH2 Richtung Petone und Seaview folgen); wer will, kann auch mit den Eastbourne-Bussen 81 und 83 herfahren.

KAPITI COAST

Die Kapiti Coast mit ihren weiten, menschenleeren Stränden dient den Wellingtonern als suburbaner sommerlicher Tummelplatz. Der Name der Region leitet sich vom großen Kapiti Island ab, einem Vogel- und Meeresschutzgebiet 5 km vor der Küste von Paraparaumu.

Der Tararua Forest Park im Tararua Range ist eine atemberaubend schöne Kulisse, die sich entlang der kompletten Küste erstreckt. Er eignet sich hervorragend für Tages- oder auch längere Wanderungen.

Die Kapiti Coast ist ein von Wellington aus bequem erreichbares Tagesziel. Wer jedoch ein paar erholsame Tage verbringen will oder auf dem Weg nach Norden ist, findet hier auch einige gute Unterkünfte für einen längeren Zwischenstopp. Wer etwas über die vielen Galerien, Künstler und Ateliers der Region erfahren will, bekommt in der Tou-

risteninformation die Broschüre *Kapiti Coast Arts Guide*.

Orientierung & Praktische Informationen

Die Kapiti Coast erstreckt sich auf 30 km Länge an der Westküste der Nordinsel, von Paekakariki (41 km nördlich von Wellington) bis Otaki. Die meisten Städte sind zweigeteilt: Ein Teil mit Banken, Tankstellen und Hamburgerbuden liegt am Highway, ein anderer mit Cafés, Motels und Wohnungen am Wasser. Paraparaumu ist die größte Stadt an der Kapiti Coast, hat sich aber eine lockere Strandatmosphäre bewahrt.

Die nützlichsten Touristeninformationen befinden sich in Paraparaumu (S. 466) und Otaki (S. 468). Infos im Internet gibt's auf www.naturecoast.co.nz.

Anreise & Unterwegs vor Ort

Es ist ein Leichtes, von Wellington aus an die Westküste zu gelangen: einfach auf dem SH1 in Richtung Norden fahren. Mit dem Auto braucht man von Wellington bis Paraparaumu etwa 45 Minuten, bis Otaki eine Stunde; die meiste Zeit davon ist man auf der Autobahn unterwegs.

BUS

InterCity (☎ 04-385 0520; www.intercitycoach.co.nz) hat Busse, die zwischen Wellington und Palmerston North (29–36 NZ$, 2¼ Std., 7-mal tgl.) fahren und auf dem Weg in Paekakariki (20 NZ$, 40 Min.), Paraparaumu (22 NZ$, 45 Min.) und Otaki (29 NZ$, 1¼ Std.) halten.

Die täglich verkehrenden Busse von White Star Express, Naked Bus und Bay Xpress (s. S. 460) nach bzw. ab Wellington halten ebenfalls in Städten entlang der Kapiti Coast.

Vom SH1 in Paraparaumu aus fahren die Nahverkehrsbusse 260, 261 und 262 zum Strand. Bus 290 geht nach Otaki, die Linien 280 und 285 bringen einen nach Waikanae und haben Zwischenstationen in den Dörfern entlang dem Highway und am Strand.

FLUGZEUG

Es gibt Pläne, den Flughafen Paraparaumu zu modernisieren und zu erweitern. In der Zwischenzeit bietet **Air2there** (☎ 0800 777 000; www.air2there.com) regelmäßig Flüge von der bereits vorhandenen Landebahn an, die die Kapiti Coast mit Blenheim und Nelson verbinden.

ZUG

Die Pendlerzüge von **Tranz Metro** (☎ 0800 801 700; www.tranzmetro.co.nz) zwischen Wellington und der Küste sind praktischer und fahren häufiger als Busse. Züge von Wellington nach Paraparaumu (10 NZ$, 55 Min., 6–23 Uhr, halbstündl. außerhalb der Stoßzeiten, häufiger zu den Stoßzeiten) halten unterwegs in Paekakariki (9 NZ$). Am Wochenende sind die Preise außerhalb der Stoßzeiten (9–15 Uhr) bis zu 2,50 NZ$ niedriger.

Zu **Tranz Scenic** (☎ 0800 872 467; www.tranzscenic. co.nz) gehört der Langstreckenzug *Overlander*, der Wellington mit Auckland verbindet und auch in Paraparaumu hält. Der nur an Werktagen und zu Stoßzeiten verkehrende *Capital Connection* fährt morgens von Wellington nach Palmerston North und abends wieder zurück; er hält in Paraparaumu, Waikanae und Otaki. Nähere Informationen zu diesen Verbindungen finden sich auf S. 461.

PAEKAKARIKI

1730 Ew.

Paekakariki ist ein kleines Dorf am Meer, das sich an einem schwarzsandigen Strand entlang erstreckt. Es gibt einen Bahnhof, und auch der Highway führt hier vorbei. Der Ort liegt fast direkt bei Wellington (41 km südl.) und ist ein entspanntes Fleckchen, wo man dem Trubel für ein paar Tage entfliehen kann.

Sehenswertes & Aktivitäten

Der **Queen Elizabeth Park** (☎ 04-292 8625; qepranger@ gw.govt.nz; Eintritt frei; ◷ 8–20 Uhr) ist ein weitläufiger, 650 ha großer Dünenpark hinter dem Strand, der eine Menge Möglichkeiten zum Schwimmen, Wandern, Radfahren und Picknicken bietet. Es gibt drei Eingänge: abseits der Wellington Rd in Paekakariki, an der MacKay's Crossing am SH1 und abseits der Esplanade in Raumati im Norden.

5 km nördlich von Paekakariki, direkt am SH1, zeigt das **Tramway Museum** (☎ 04-292 8361; www.wellingtontrams.org.nz; Queen Elizabeth Park, MacKay's Crossing; Eintritt Erw./Kind 5/3 NZ$, mit Tramfahrt Erw./Kind/ Fam. 9,50/4/24 NZ$; ◷ Museum tgl. 10–16.30 Uhr, Tram Sa & So 11–16.30 Uhr, 26. Dez.–Ende Jan. tgl.) restaurierte Holzstraßenbahnen, die bis 1964 in Wellington gefahren sind. Eine 2 km lange Strecke schlängelt sich vom Museum durch den Queen Elizabeth Park zum Strand.

Stables on the Park (☎ 06-364 3336; www.stables onthepark.co.nz; Queen Elizabeth Park, MacKay's Crossing; halb-/1-/1½-stündige Fahrt 35/55/75 NZ$; ◷ tgl. nach Ver-einbarung) bietet Ausritte entlang der Küste an, die an den Stallungen hinter dem Tramway Museum beginnen. Auf dem eineinhalbstündigen Ritt trabt man mit Blick auf Kapiti Island am Strand entlang, bevor man sich auf den Parkwegen ins Landesinnere bewegt. Auch Anfänger sind willkommen.

Schlafen & Essen

Paekakariki Holiday Park (☎ 04-292 8292; www.paeka karikiholidaypark.co.nz; 180 Wellington Rd; Stellplatz 13 NZ$/ Erw., Hütte & Apt. 65–85 NZ$) Ein hübscher, großer, grüner Park, etwa 1,5 km nördlich des Ortes am Südeingang zum Queen Elizabeth Park gelegen und nur einen Katzensprung vom Strand entfernt.

Paekakariki Backpackers (☎ 04-902 5967; www. wellingtonbeachbackpackers.co.nz; 11 Wellington Rd; B 28 NZ$, DZ mit/ohne Bad 76/66 NZ$; 🖳) Mehrere Zimmer in zwei Häusern, viele mit Meerblick und tollem Sonnenuntergangspanorama, stehen Gästen auf einem steilen Hügel zur Verfügung, der mit üppigen Gärten bedeckt ist. Am besten fragt man nach dem Doppelzimmer mit nagelneuem Bad – es ist einfach luxuriös! Aber der eine oder andere bevorzugt ja vielleicht auch die Jurte im Vorgarten: Dort kann man im Bett liegen und den Sonnenuntergang bewundern, während man vom Rauschen der Meeresbrandung in den Schlaf gewiegt wird.

LP Tipp **Beach Road Deli** (☎ 04-902 9029; 5 Beach Rd; Snacks 3–8 NZ$, Pizza 9–21 NZ$; ◷ Mi–So 7–20 Uhr) Schmuckes Deli und Pizzeria: Es gibt massenweise hausgemachtes Brot und Gebäck, Käse, Wurst und verschiedene importierte Leckereien. Ein Paradies für Reisende auf dem Highway, Picknicker und alle, die es einfach nach einem Würstchen zum Grillen und einem Brötchen dazu gelüstet! Frische Säfte und Spitzenkaffee kriegt man auch.

Finn's (☎ 04-292 8081; www.kapiticoasthotel.co.nz; 2 Beach Rd; Hauptgerichte 15–23 NZ$; ◷ Di–Fr 10–15, Sa & So 9–15, Di–So 18–20.30 Uhr) Das 2007 eröffnete Finn's wirkt in diesem hübschen Eisenbahndörfchen ein bisschen wie ein Exot, macht das aber mit großen Zimmern (DZ 125–135 NZ$), preiswertem Essen und Bier aus kleinen Brauereien vom Fass wieder wett. Die Schallschutzfenster halten den Highwaylärm fern.

PARAPARAUMU

6840 Ew.

Paraparaumu, eine gemütliche Trabantenstadt von Wellington, stellt den wichtigsten Ort an der Kapiti Coast dar. Sein rauer Strand mit den vielen Cafés, Motels und Imbissen ist zudem der am besten erschlossene an der Küste. Hier beginnen die Bootsausflüge nach Kapiti Island (S. 467).

Damit man sich nicht gleich als Tourist outet: Richtig ausgesprochen wird der Ort „Pah-ra-pah-ra-u-muh". Der Name bedeutet soviel wie „Reste aus dem Ofen" – angeblich griff eine Maoritruppe einst die Siedlung an, fand aber nur noch Essensreste in einem Ofen vor. Jedoch haben auch die Einheimischen mit dem Zungenbrecher ihre liebe Mühe, weshalb sie ihn meistens zu „Para-par-am" verballhornen.

Orientierung & Praktische Informationen

Coastlands Shoppingtown, den Knotenpunkt der Highway-Siedlung von Paraparaumu, sieht man auf der linken Seite, wenn man von Wellington aus in die Stadt fährt. 3 km westlich entlang der Kapiti Rd (gleich hinter den Coastlands) liegt dann Paraparaumu Beach mit der Seaview Rd als Hauptstraße. Die gemütlichsten (und meisten) Schlaf- und Essgelegenheiten gibt's hier.

In den Coastlands finden Reisende alles, was sie brauchen: Banken, Geldautomaten, eine Post, Supermärkte, ein Kino. Das **Paraparaumu Visitor Information Centre** (☎ 04-298 8195; www.naturecoast.co.nz; Parkplatz Coastlands, SH1; ☷ Mo–Fr 9–17, Sa & So 10–15 Uhr) befindet sich mitten auf dem Parkplatz der Coastlands. Die Broschüre *Nature Coast* mitnehmen!

Sehenswertes & Aktivitäten

Der **Paraparaumu Beach** mit seinem Strandpark, den guten Bademöglichkeiten und den anderen Aktivitätsoptionen rund ums Wasser ist der einzige Daseinszweck der Stadt.

Der **Paraparaumu Beach Golf Club** (☎ 04-902 8200; www.paraparaumubeachgolfclub.co.nz; 376 Kapiti Rd; 9/18 Löcher 55/130 NZ$; ☷ 7.30 Uhr–Sonnenuntergang) ist ein anspruchsvoller, wunderschöner Links-Golfplatz (solche Plätze sind bei jedem Wetter bespielbar), der als einer der besten in ganz Neuseeland gilt. Er war bereits zwölf Mal Gastgeber der NZ Open und hat 2002 auch den Tiger gezähmt. Besucher sind willkommen; Abschlagzeiten telefonisch oder online buchen, Schläger, Wagen und Schuhe können ausgeliehen werden.

In einem riesigen Hangar 1 km nördlich direkt neben dem SH1 ist das **Southward Car Museum** (☎ 04-297 1221; www.southward.org.nz; Otai-

hanga Rd; Erw./Kind 10/3 NZ$; ☷ 9–16.30 Uhr) untergebracht, das eine der umfangreichsten Sammlungen antiker und ungewöhnlicher Autos in Australasien zeigt. Den DeLorean und den Gangster-Cadillac von 1950 muss man einfach gesehen haben.

Schlafen

Barnacles Seaside Inn (☎ 0800 555 856, 04-902 5856; www.seasideyha.co.nz; 3 Marine Pde; B/EZ/FZ 28/50/90 NZ$; DZ 62–80 NZ$; 💻) Gegenüber vom Paraparaumu Beach steht das Barnacles, ein knarrendes, altmodisches YHA-Hostel in einem denkmalgeschützten Gebäude aus den 1920ern. Die gemütlichen Zimmer sind individuell eingerichtet mit Antikmöbel-Kommoden und verfügen über Waschbecken und Heizungen, einige sogar zusätzlich über Heizdecken und Meerblick.

Wrights by the Sea (☎ 0508 902 760, 04-902 7600; www.wrightsmotel.co.nz; 387 Kapiti Rd; Wohneinheit 100–150 NZ$; 💻 📶) Zwar nicht direkt am Meer, aber nahe genug, und sogar noch näher am Golfplatz. Der moderne Motelkomplex ist in konservativem Stil gehalten und hat helle, luftige Zimmer, Sky-TV und Parkplätze abseits der Straße. Einige Zimmer besitzen sogar komplette Küchen.

Essen

Fed Up Fast Foods (☎ 04-902 6686; 40 Marine Pde; Gerichte 5–15 NZ$; ☷ Mo–Do 10–21, Fr–So 9.30–21.30 Uhr) Der Laden ist eine bessere Pommesbude mit dem üblichen Angebot an Frittiertem; es gibt aber auch Döner und ausgefallene Burger. Die Angebote zum Abendessen sind unfassbar günstig; man bekommt außerdem Frühstück mit Ei, Espresso und Kapiti-Eiscreme. Die Essecke ist blitzsauber und von den Tischen im Freien hat man Ausblick auf die blaue Weite.

Mediterranean Food Warehouse (☎ 0800 334 477, 04-892 0010; Coastlands-Parkplatz, SH1; Gerichte 13–18 NZ$; ☷ 9–21 Uhr) Praktischer Highway-Boxenstopp mit ausgezeichneter Holzofenpizza, herrlichen Kuchen, Eiscreme und einem Minimarkt, der alles für ein Picknick hat. Das Essen ist so gut, dass man glatt vergisst, dass man sich mitten auf einem Parkplatz befindet.

Ambience Café (☎ 04-298 9898; 10 Seaview Rd; Mittagessen 14–18 NZ$; Abendessen 20–29 NZ$; ☷ So–Do 8–16 Uhr, Fr & Sa bis open end; Ⓥ) Das Ambience ist ein Café, wie es typisch wäre für Wellington. Es serviert sowohl leichte Snacks als auch komplette, würzige Mahlzeiten, z. B. Fischfrikadellen, klassische Sandwiches und vielfältige vegetarische Gerichte. Die Kuchentheke ist immer voll und der Kaffee (natürlich) grandios.

Soprano Ristorante (☎ 04-298 8892; 7 Seaview Rd; Hauptgerichte 21–28 NZ$; ✆ Mo–Sa 18 Uhr–open end) In dem freundlichen, familiengeführten Restaurant herrscht die lebendigste Atmosphäre von allen Lokalen des Strandstädtchens. Auf der Karte stehen Pizza, Pasta und weitere italienische Klassiker wie Saltimbocca. Zu den süßen Sünden gehören das übliche Tiramisu und der köstliche hausgemachte *limoncello* (Zitronenlikör). Unkompliziertes, erschwingliches Essen und Wein in heimeliger Umgebung – *bella*!

KAPITI ISLAND

Kapiti Island ist das hervorstechendste Merkmal dieses Küstenstreifens: ein 10 km auf 2 km großes Eiland, das 1897 zum Naturschutzgebiet erklärt wurde. Es ist völlig raubtierfrei – viele Vogelarten, die auf dem Festland mittlerweile selten oder ausgestorben sind, sind auf der Insel noch zahlreich vertreten. **Kapiti Island Alive** (☎ 06-362 6606; www.kapiti islandalive.co.nz; Spaziertouren 20 NZ$) bietet einstündige geführte Touren und Unterkünfte in Privathaushalten an.

Die Insel ist für Besucher zugänglich, aber pro Tag werden nur 68 zugelassen, und man muss unbedingt vorher buchen und bei der DOC-Touristeninformation in Wellington (S. 442) eine Genehmigung beantragen (Erw./Kind 11/5 NZ$) – persönlich, telefonisch oder per E-Mail (kapiti.island@doc.govt.nz). Im Sommer ist es sinnvoll, weit im Voraus zu buchen, besonders fürs Wochenende. Das DOC gibt außerdem die detaillierte Broschüre *Visiting Kapiti Island* heraus.

Der Transport muss getrennt von der Genehmigung gebucht werden (erst um den Schein, dann um die Bootsfahrt kümmern). Zwei kommerzielle Veranstalter dürfen Besucher auf die Insel führen; beide fahren am Paraparaumu Beach (mit dem Zug erreichbar, s. S. 465) ab und legen dort auch wieder an. Abfahrt ist täglich zwischen 9 und 9.30 Uhr, Rückfahrt zwischen 15 und 16 Uhr. Am besten ruft man morgens an und lässt sich die Abfahrt bestätigen (Überfahrten sind wetterabhängig). Alle Besucher bekommen eine kleine Einführung. Mittagessen mitbringen! **Kapiti Marine Charter** (☎ 0800 433 779, 04-297 2585; www.kapitimarinecharter.co.nz; Erw./Kind 55/30 NZ$)

Kapiti Tours (☎ 0800 527 484, 04-237 7965; www.kapititours.co.nz; Erw./Kind 55/30 NZ$)

WAIKANAE
6930 Ew.

Wegen seines besonders schönen Strandstreifens – und des Titels „Neuseelands Top Town 2008" (ein Favorit der Rentnergeneration) – bietet sich Waikanae als Zwischenstopp an der Kapiti Coast an.

5 km nördlich von Paraparaumu in Waikanae befindet sich auch die Abzweigung zur **Nga Manu Nature Reserve** (☎ 04-293 4131; www.nga manu.co.nz; 281 Ngarara Rd; Erw./Kind/Fam. 12/4/24 NZ$; ✆ 10–17 Uhr), einem 15 ha großen Vogelschutzgebiet mit Picknickplätzen, Buschwanderwegen, Volièren und einem Nachthaus mit Kiwis, Eulen und Tuataras. Die Aale werden täglich um 14 Uhr gefüttert, und am Wochenende (im Winter nur So) finden um 13.30 Uhr geführte Touren statt. Um hinzukommen, vom SH1 Richtung Meer auf die Te Moana Rd abfahren und dann rechts auf die Ngarara Rd abbiegen und den Schildern folgen; das Schutzgebiet liegt 3,5 km von der Ausfahrt entfernt.

Das alte, aber gut erhaltene **Waikanae Beach Motel** (☎ 0800 486 533, 04-293 6199; www.kapitimotel. co.nz; 95 Te Moana Rd, DZ 110 NZ$, FZ 140 NZ$; ⊡ ▣) bietet geräumige Wohneinheiten mit kompletter Küche, etwa 1 km vom Strand entfernt. Alle Zimmer haben Zugang zum oder Blick auf den Garten und die malerische Golfanlage dahinter. Pool und Spielplatz machen das Haus zur idealen Adresse für Familien.

Das **Front Room** (☎ 04-905 4142; 42 Tutere St; Gerichte 6–25 NZ$; ✆ Mo–Fr 9–16, Fr & Sa 18–21, So 17–21 Uhr) lockt mit einem stilvollen, eher minimalistischen Inneren und serviert etwas aufwendigere Speisen als das Duchschnittscafé. Unbedingt die Waikanae-Krebse kosten, eine regionale Spezialität! Im hübschen Garten hinten steht ein Kamin, über den man sich an kühlen Abenden besonders freut.

OTAKI
5650 Ew.

Das unscheinbare Otaki ist in erster Linie Zugang zur Tararua Range. Es hat eine starke Maorivergangenheit und -gegenwart: In der kleinen Stadt gibt es mehrere *marae* und ein Maoricollege. Die alte Rangiatea Church, vor fast 150 Jahren unter der Leitung von Ngati-Toa-Häuptling Te Rauparaha erbaut, brannte 1995 auf tragische Weise ab, wurde aber inzwischen wieder aufgebaut. Hier war die ursprüngliche Grabstätte von Te Rauparaha.

Orientierung & Praktische Informationen

Die meisten Servicebereiche befinden sich am SH1, so etwa der Bahnhof, an dem auch die Busse halten. Im Ortskern von Otaki gibt es ein Postamt und Geschäfte; er liegt 2 km Richtung Meer an der Tasman Rd. Folgt man der Straße weitere 3 km, gelangt man zum windigen Strand. Die Vorwahl von Otaki lautet übrigens ☎ 06 und nicht ☎ 04 wie im fast kompletten restlichen Teil der Kapiti-Region.

Das **Otaki i-SITE** (☎ 06-364 7620; www.naturecoast. co.nz; Centennial Park, SH1; ☺ Mo–Fr 9–17, Sa & So 10–15 Uhr) ist in einem Gerichtsgebäude aus dem Jahr 1891 untergebracht und liegt direkt südlich des zentralen Kreisverkehrs.

Aktivitäten

2 km südlich von Otaki führt die malerische Otaki Gorge Rd vom SH1 19 km landeinwärts (5 km davon ungeteert) bis **Otaki Forks**, dem westlichen Hauptzugang zum **Tararua Forest Park**. Otaki Forks hat Picknick-, Bade- und **Campingplätze** (Stellplatz ohne Strom pro Erw./Kind 6/ 2 NZ$). Buschwanderwege von 30 Minuten bis dreieinhalb Stunden Länge befinden sich in unmittelbarer Nähe. Die längeren Wanderwege führen zu Hütten. Das Visitor Information Centre hält detaillierte Wanderkarten bereit, sein Personal kennt sich außerdem gut aus und hilft mit Infos und Wandertipps weiter. Auch beim DOC in Wellington (S. 442) können sich Traveller Tipps zu längeren Touren durch den Park holen. Wer die Tararua Ranges durchstreifen will, sollte geeignete Kleidung und Ausrüstung mitnehmen und auf schlechtes Wetter vorbereitet sein.

Schlafen & Essen

Byron's Resort (☎ 0800 800 122, 06-364 8119; www.by ronsresort.co.nz; 20 Tasman Rd; Stellplatz ohne/mit Strom 31/35 NZ$, Wohneinheit & Motel 100–150 NZ$; ☐ ☙) Ein traditionelles Strandresort, das hauptsächlich auf Familien ausgerichtet ist. Das Restaurant Scuttlebutt und die Gartenbar (Gerichte 19–27 NZ$, geöffnet Di–So) sind willkommene Häfen nach einem Tag am Pool, im Spa, in der Sauna und auf dem Tennis- oder dem Spielplatz.

Red House Café (☎ 06-364 3022; 885 Main Rd, SH1, Te Horo; Mittagessen 10–17 NZ$, Abendessen 22–29 NZ$;

☺ Mo–Fr 9 Uhr–open end, Sa & So 20.30 Uhr–open end) Dieses feuerwehrrote Café, einer der besten Highway-Boxenstopps in der Gegend, liegt 5 km südlich von Otaki. Drinnen bekommt man in einem Ambiente, das von warmem, poliertem Holz geprägt ist, den ganzen Tag lang Frühstück, ausgezeichnete Backwaren und Leckeres von der als Karte dienenden Tafel. Sonntags gibt's ein günstiges Zwei-Gänge-Menü mit Braten und Dessert.

DIE REGION WAIRARAPA

Wairarapa ist der ausgedehnte Landstrich, der sich östlich und nordöstlich von Wellington hinter den zerklüfteten Tararua und Rimutaka Ranges erstreckt. Die nach dem Lake Waira-rapa (Schimmerndes Wasser), einem flachen, 8000 ha großen See benannte Region hatte sich traditionell leidenschaftlich der Schaf-zucht verschrieben. In jüngster Zeit schießen jedoch immer mehr Weingüter wie Pilze dem Boden – die berühmtesten rund um Martinborough –, die die Region in ein deka-dentes Wochenendausflugsziel verwandelt haben. Mit den Weingütern und restaurierten B&B-Cottages hat sich hier auch eine leben-dige Gastrokultur entwickelt.

Auf www.wairarapanz.com gibt es Infor-mationen über die Gegend, aber auch ein Blick auf die Website des **Classic New Zealand Wine Trail** (www.classicwinetrail.co.nz) lohnt sich – ein nützliches Werkzeug, das dabei hilft, die An-laufpunkte in Wairarapa und in den benach-barten Weinregionen Hawke's Bay und Marl-borough miteinander zu verbinden.

Übrigens: Die Ortsvorwahl hier ist ☎ 06, nicht ☎ 04, wie im größten Teil der restlichen Region Wellington.

Anreise & Unterwegs vor Ort

Von Wellington aus fahren Pendlerzüge von **Tranz Metro** (☎ 0800 801 700; www.tranzmetro.co.nz) nach Masterton (15 NZ$, 1½ Std., werktags 5- od. 6-mal, Wochenende 2-mal tgl.); zu den sieben Zwischenstationen gehören auch Featherston und Carterton. Um in andere Städte in Wairarapa zu kommen, muss man in Nahverkehrsbusse umsteigen.

Tranzit Coachlines (☎ 0800 471 227, 06-370 6600; www.tranzit.co.nz; 316 Queen St, Masterton) hat einen Bus zwischen Masterton und Palmerston

North (einfache Strecke 21 NZ$, 1¾ Std., 1-mal tgl.) sowie täglich Nahverkehrsbusse (Linie 200) zwischen Martinborough und Masterton (4 NZ$) über Featherston, Greytown und Carterton.

Wairarapa Coach Lines (☎ 0800 666 355, 06-308 9352; www.waicoach.co.nz) verkehrt zwischen Masterton und Martinborough (6 NZ$, 1¼ Std., 3-mal tgl.) und bietet Anschluss zu allen Featherton-Zügen zur Weiterfahrt nach Martinborough (4 NZ$, 20 Min., 4- od. 5-mal tgl.).

MARTINBOROUGH
1360 Ew.

Martinborough, das beliebteste Ausflugsziel in Wairarapa, ist eine hübsche Stadt mit bepflanztem Stadtplatz und einigen charmanten alten Gebäuden. Um die Stadt herum erstreckt sich ein Flickenteppich aus Weideland mit Streifen aus Weinreben. Berühmt ist sie für ihre Weingüter. Zahlreiche Besucher kommen und stecken die Nasen in den Pinot, genießen die ausgezeichneten Restaurants und erholen sich in hübschen Boutiqueunterkünften. Der beste Zeitpunkt für eine Übernachtung hier ist in der Wochenmitte, denn dann sind die Unterkünfte billiger. (Aber Achtung: Viele Restaurants haben montags und dienstags geschlossen.)

Orientierung & Praktische Informationen

Martinborough ist sowohl aus Richtung Featherston als auch von Greytown her am SH2 ausgeschildert; es liegt je ca. 20 km von beiden Städten entfernt. Der Siedler und Städteplaner John Martin entwarf Martinboroughs klassisches Straßennetz, ein Union-Jack-Muster, das einen grünen Stadtplatz umschließt. Das **Martinborough i-SITE** (☎ 06-306 5010; www.wairarapanz.com; 18 Kitchener St; ⌚ Mo–Fr 9–17, Sa & So 10–16 Uhr) hat massenweise Broschüren und Informationen.

Sehenswertes & Aktivitäten

Bei all den **Weingütern**, die über die Stadt verteilt sind, ist nicht schwer zu erraten, was wohl die Hauptattraktion der Stadt ist. Aber gleich danach folgt das ausgezeichnete Essen, das wunderbar dazu passt – Martinborough kämpft weit über seiner Gewichtsklasse, wenn es um Cafés und Restaurants geht.

Das kulturelle Herz der Stadt ist wohl das **Circus** (s. S. 471), ein stilvolles Arthouse-Kino, in dem man sowohl die besten zeitgenössi-

schen Filme sehen als sich auch im geselligen Speisesaal oder im sonnigen Innenhof genussvoll verköstigen lassen kann.

3 km von der Stadt entfernt liegt das **Olivo** (☎ 06-306 9074; www.olivo.co.nz; Hinakura Rd; Eintritt frei; ⌚ Mo–Fr 10–17 Uhr) abseits der Oxford Street, ein einladender Olivenhain, in dem man die Besitzer treffen, an einer Tour mit Verkostung teilnehmen und Olivenöl kaufen kann.

Patuna Farm Adventures (☎ 06-306 9966; www.patunafarm.co.nz; Ruakokoputuna Rd) bietet Ausritte (ab 40 NZ$), einen anspruchsvollen Klettergarten (ab 20 NZ$) und einen vierstündigen Gang auf einem Abenteuerpfad durch einheimischen Busch und eine Kalksteinschlucht (Erw./Kind 15/10 NZ$) an. Die Schlucht ist von Oktober bis Ostern geöffnet, die anderen Aktivitäten werden ganzjährig angeboten.

Schlafen

Eine Liste der hiesigen B&Bs, Wochenend-Cottages für Selbstversorger und Bauernhofunterkünfte gibt's auf www.wairarapanz.com; das i-SITE hilft beim Buchen. Zwei Personen sollten pro Nacht etwa 160 NZ$ einplanen.

LP Tipp **Martinborough Village Camping** (☎ 06-306 8946; www.martinboroughcamping.com; Ecke Princess St & Dublin St; Stellplatz ohne Strom 30 NZ$, Hütte EZ/DZ 45/60 NZ$; 🖥 📶) Ansprechender Campingplatz mit Blick auf die Weinreben, nur fünf Minuten zu Fuß von der Stadt entfernt. Es gibt hier schattenspendende Bäume, und hinter dem Zaun lockt das städtische Schwimmbad als kühle Oase an schwülen Tagen. Die Hütten sind einfach, aber preiswert, sodass man wichtige Dollar für die Kellerbars spart. Für 35 NZ$ pro Tag kann man sich ein Fahrrad ausleihen.

Kate's Place (☎ 06-306 9935; www.katesplace.co.nz; 7 Cologne St; B/DZ 30/80 NZ$; 🖥) Eine unprätentiöse Backpacker- und Privatunterkunft mit freundlicher Besitzerin und entspannter Atmosphäre, nur einen Katzensprung von Square entfernt. Die beiden Schlafsäle verfügen über solide Stockbetten mit extrabreiten Matratzen. Auf der Veranda kann man über die Ausschweifungen des Tages nachsinnen.

Claremont (☎ 0800 809 162, 06-306 9162; www.theclaremont.co.nz; 38 Regent St; DZ 125–160 NZ$, Apt. für 4 Pers. 275 NZ$; 🖥) Eine noble Enklave abseits der Jellicoe St sind diese Selbstversorger-Wohneinheiten auf zwei Ebenen: moderne Wohnstudios mit Spa-Bädern sowie Apartments mit zwei Schlafzimmern, alle zu vernünftigen Preisen (Winter und/od. Wochenmitte noch

---

WEINREGION WAIRARAPA

Wairarapas Winzer erfreuen sich eines guten internationalen Rufs – auch wenn die heute weltbe-rühmte Industrie die erste Zeit fast nicht überlebt hätte. Die ersten Reben wurden 1883 gepflanzt, aber die Prohibitionsbewegung machte der Idee 1908 schnell den Garaus. Erst in den 1980er-Jahren wurde der Weinanbau wiederbelebt, nachdem man festgestellt hatte, dass Martinboroughs *terroir* dem Burgunds in Frankreich sehr ähnlich war. Bald schossen die ersten Weingüter aus dem Boden, und bis heute ist ihre Zahl in der Region auf beinahe 50 angestiegen. Martinborough ist der unumstrittene Mittelpunkt des hiesigen Weinbaus und für seine Kieserde berühmt, in der besonders bemerkenswerte Pinot Noirs und charakteristische Weißweine gedeihen.

Eine gute Einführung zu den Weinen des Wairarapa ist ein Besuch im stilvollen Kino **Circus** (☎ 06-306 9442; www.circus.net.nz; 34 Jellicoe St; ☽ Vorstellungen tgl. 15 Uhr; zusätzl. Vorstellungen in der HS), in dem **Vintners' Choice** (www.vintnerschoice.co.nz) gezeigt wird, eine 40-minütige Dokumentation mit anschließender Weinprobe.

Die Stadt ist außerdem Gastgeber des besten Wein-, Gourmet- und Musikfestivals in ganz Neuseeland: **Toast Martinborough** (☎ 06-306 9183; www.toastmartinborough.co.nz; Tickets 60 NZ$) fin-det alljährlich am dritten Sonntag im November statt. Das Event ist überaus beliebt und in allen Positionen herrlich (im Stehen ebenso wie – wahrscheinlicher – im Gras liegend), aber man muss schnell sein, wenn man noch ein Ticket erwischen möchte.

Das **Wairarapa Wines Harvest Festival** (☎ 027 477 4717; www.wairarapawines.co.nz; Tickets 25–35 NZ$) feiert den Beginn der Weinlese mit Wein, Essen und Events für Familien. Es findet an einem Samstag Mitte März etwa zehn Minuten von Carterton entfernt in abgeschiedener Lage am Flussufer statt.

Wairarapas Weingüter sind gut besucht; die etwa 30 in Martinborough heißen Gäste mit üppigen Verkostungen und anderen Köstlichkeiten, die in Gärten und Höfen serviert werden, besonders herzlich willkommen. Die *Wairarapa Wine Trail Map* (erhältlich im i-SITE und an vielen anderen Stellen) hilft bei der Navigation. Alles Wichtige gibt's auf www.winesfrommartinborough.com.

Im **Martinborough Wine Centre** (☎ 06-306 9040; www.martinboroughwinecentre.co.nz; 6 Kitchener St; Verkostungen mögl.; ☽ 10–17 Uhr) findet sich alles unter einem Dach: Hier kann man Weine kosten und erwerben, darüber hinaus stehen Olivenöl, Bücher, Kleidung und Kunst zum Verkauf.

Empfehlenswerte Weingüter

Ata Rangi (☎ 06-306 9570; www.atarangi.co.nz; Puruatanga Rd) Einer der Winzer-Pioniere der Gegend. Es gibt ein Sortiment edler Tropfen und eine nette Kellerbar.

---

günstiger). Hübsche Grünanlagen, Barbecue und Fahrradverleih.

Peppers Martinborough Hotel (☎ 06-306 9350; www.martinboroughhotel.co.nz; The Square; DZ inkl. Frühstück 300–385 NZ$; 🖳 🛜) Altehrwürdiges Hotel am Square, das wunderschön renoviert wurde und 16 geräumige, luxuriöse Zimmer besitzt, die alle individuell mit jeder Menge Flair ein-gerichtet wurden. Alle haben entweder Zu-gang zur breiten Veranda oder zum Garten. Die Settlers Bar (Hauptgerichte 12–20 NZ$) unten serviert stilvolles Pubessen und lokale Weine im Glas.

Essen & Ausgehen

In Martinborough dreht sich alles ums Essen und Trinken. In dem Städtchen sind sowohl zahlreiche preisgekrönte Restaurants und Cafés als auch Delikatessen- und Lebens-mittelläden ansässig. Das Peppers Martinbo-rough Hotel und die klassische Kneipe auf der anderen Straßenseite sind die besten Orte der Stadt, um sich bei einem Gläschen unter die Einheimischen zu mischen.

Café Medici (☎ 06-306 9965; 9 Kitchener St; Frühstück & Mittagessen 7–19 NZ$, Abendessen 22–30 NZ$; ☽ Mi–Mo 8.30–16 Uhr, Sommer auch abends) Ganzjährig ein Favorit der Einheimischen und Stammgäste. Dieses luftige Café verströmt florentinisch-neuseeländisches Flair, hat einen Innenhof und serviert schlichte, hausgemachte Gerich-te. An der Theke kann man aus einem Sorti-ment köstlicher Muffins, Pies, Quiches und der berühmten Scones des Hauses wählen. Das Angebot auf der Tafel ist übersichtlich, wird aber durch zahlreiche Salatoptionen er-gänzt. Der Kaffee ist auch toll.

Trio Café at Coney Winery (☎ 06-306 8345; Dry River Rd; Snacks 10 NZ$, Hauptgerichte 24–25 NZ$; ☽ Sa & So 12–15 Uhr) Hier kann man sich Wein und Essen

Coney (☎ 06-306 8345; www.coneywines.co.nz; Dry River Rd) Nette Verkostungen und ein hübsches Restaurant (S. 470). Touren über das Weingut nach Vereinbarung.

Margrain (☎ 06-306 9292; www.margrainvineyard.co.nz; Ecke Princess St & Huangarua Rd) Hübsches Weingut und Heimat des Old Winery Cafe; ein guter Boxenstopp mit Blick auf die Weinreben.

Vynfields (☎ 06-306 9901; www.vynfields.com; 22 Omarere Rd) Würziger Edel-Pinot-Noir und eine herrliche Wiese, auf der man eine Platte mit Leckereien genießen kann. Weine aus biologischem bzw. biodynamischem Anbau.

Geführte Touren

Wer Zeit hat und fit ist, erkundet die Weingegend Wairarapa am umweltfreundlichsten mit dem Fahrrad, denn das platte Land garantiert hechelfreie Touren.

Von Masterton aus kann man bei **March Hare** (☎ 021 668 970; www.march-hare.co.nz; Touren inkl. Ausrüstung & Picknick 65 NZ$) Radtouren durch die Weinregion Opaki machen.

In Martinborough gibt's drei Optionen:

Christina Estate Vineyard (☎ 06-306 8920; christinaestate@xtra.co.nz; 28 Puruatanga Rd; ☽ 8.30–18 Uhr) Pro Std./Tag 15/25 NZ$. Tandems für eingespielte Teams erhältlich.

Martinborough Village Camping (☎ 06-306 8946; www.martinboroughcamping.com; Ecke Princess St & Dublin St) Pro Tag 35 NZ$.

Martinborough Wine Centre (☎ 06-306 9040; www.martinboroughwinecentre.co.nz; 6 Kitchener St) Halber/ganzer Tag 25/35 NZ$

Zahlreiche Firmen veranstalten Bustouren rund um Martinborough und in der Region:

Dynamic Tours (☎ 04-478 8533; www.dynamictours.co.nz; ab 225 NZ$) Nach Kundenwünschen maßgeschneiderte Weintouren ab Wellington.

Hammond's Scenic Tours (☎ 04-472 0869; www.wellingtonsightseeingtours.com; ganztätige Tour Erw./Kind 195/97,50 NZ$) Ganztägige Weinguttouren mit Feinschmecker-Mittagessen.

Tranzit Coachlines (☎ 0800 471 227, 06-370 6600; www.tranzit.co.nz; 316 Queen St, Masterton) Zwei Touren täglich ab Wellington und den größeren Städten Wairarapas: *Gourmet Wine Escape* (161 NZ$) zu Weingütern in Martinborough (inkl. Verkostung & Mittagessen) und *Garden Gourmet Escape* (Erw./Kind 182/115 NZ$) zu zwei Gärten, inklusive Mittagessen im Gladstone Country Inn und Weinproben.

Zest Food Tours (☎ 04-801 9198; www.zestfoodtours.co.nz; Touren inkl. Mittagessen & Wein ab 230 NZ$) Gastro- und Weintouren für Kleingruppen (2½–5 Std.) in Greytown und Martinborough.

wahlweise im Innenhof voller weißer Rosen oder in der hellen, luftigen Probierstube schmecken lassen. Das preiswerte Essen ist stilvoll, frisch und köstlich, und alles ist hausgemacht. Die entspannt-fröhliche Atmosphäre ist Gastgeber Tim Coney zu verdanken, einem ebenso freundlichen wie kompetenten Mann, der auch mal spontan ein Liedchen trällert.

Circus (☎ 06-306 9442; www.circus.net.nz; 34 Jellicoe St; Hauptgerichte 18–28 NZ$; Tickets Erw./Kind 14/10 NZ$; ☽ Mi–Mo 14.30 Uhr–open end) Ein moderner kleiner Kinokomplex mit zwei gemütlichen Sälen. Das stylishe Foyer/Café, das in einen Zen-Garten übergeht, gehört zu den gesellig sten Locations der Stadt. Die saisonalen Gerichte reichen von kleinen Barsnacks und Pizza bis zu Hauptgerichten mit jeder Menge frischem Gemüse und einer kleinen Auswahl süßer Köstlichkeiten. Vernünftige Preise.

French Bistro (☎ 06-306 8863; 3 Kitchener St; Hauptgerichte 36–40 NZ$; ☽ Mi–So 18 Uhr–open end) Wendy Campbells provinzielle Küche in diesem winzigen, aber schicken, familiengeführten Bistro heimst sowohl in Neuseeland als auch im Ausland nichts als Lob ein. Frankophile werden von den Gerichten, die sie aus regionalen und anderen Zutaten zubereitet, begeistert sein. Die Einrichtung des Ladens ist ebenso vielfältig wie die sorgfältig zusammengestellte Weinkarte, auf der hauptsächlich lokale Tropfen stehen.

CAPE PALLISER

Die Küste von Wairarapa rund um die **Palliser Bay** und das **Cape Palliser** südlich von Martinborough ist entlegen und spärlich besiedelt. Die kurvenreiche Straße nach Cape Palliser ist ausgesprochen malerisch: der große Ozean und schwarze Sandstrände zur einen Seite, karge Hügel und steile Klippen zu anderen. An klaren Tagen kann man vielleicht die Südinsel erkennen.

Die an riesige Orgelpfeifen erinnernden **Putangirua Pinnacles** stehen im Putangirua Scenic Reserve. Sie entstanden durch Regen, der Schlamm und Sand weggewaschen und das darunterliegende Felsgestein freigelegt hat. Zugänglich sind sie über einen Weg, der in der Nähe des Parkplatzes auf der Cape Palliser Rd verläuft. Der anspruchslose dreistündige Weg (hin & zurück) führt an einem Flussbett entlang bis zu den Pinnacles. Alternativ kann man den dreieinhalbstündigen Rundwanderweg wählen, der über Hügel führt und zudem Aussichten auf die Küste offenbart. Wer in Wairarapas rustikaler Landschaft wandern will, sollte den **Aorangi (Haurangi) Forest Park** aufsuchen; Karten und Infos über den Zugang zum Park gibt's beim DOC in Wellington (S. 442).

Ein Stück weiter südlich liegt ein windgepeitschtes altes Fischerdorf namens **Ngawi**. Was sofort auffällt, sind die merkwürdigen rostigen Bulldozer am Strand, die früher die Fischerboote an Land zogen. Nächstes Ziel ist die etwas streng riechende **Seehundkolonie**, das größte Aufzuchtgebiet der Nordinsel. Auch wenn man eine Menge für ein gutes Foto geben würde – auf keinen Fall zwischen die Seehunde und das Meer geraten! Wird den Tieren der Fluchtweg versperrt, greifen sie wahrscheinlich an!

250 Stufen (oder sind es 249?) muss man zum **Cape Palliser Lighthouse** hinaufschnaufen. Oben wird man an klaren Tagen mit einer großartigen Sicht auf die Südinsel belohnt.

Auf dem Hin- oder Rückweg zum Leuchtturm kann man einen kleinen Umweg zur windumtosten Siedlung **Lake Ferry** oberhalb des **Lake Onoke** machen. Der See ist ein kleines Paradies für Vogelbeobachter. Die Gegend eignet sich auch für eine kleine Entdeckertour – das Seeufer, die wildromantische Küste (ausgezeichnet zum Surfen) und die Klippen dahinter laden zu einer Erkundung ein. Hier befindet sich außerdem das **Lake Ferry Hotel** (☎ 06-307 7831; ☺ ab 11 Uhr) mit Retro-Einrichtung (allein das Resopal!), das einen tollen Ausblick und Fish & Chips bietet.

Die Touristeninformation (S. 469) in Martinborough hilft Travellern, rund um den Lake Ferry und das Cape Palliser eine Unterkunft zu finden, auch auf Campingplätzen und in Ferienhäusern.

GREYTOWN
2000 Ew.

Die beliebteste von mehreren Kleinstädten am SH2, Greytown, hat sich in den letzten Jahren ganz schön herausgeputzt und ist mittlerweile am Wochenende voller Wellingtoner. Sie hat zahlreiche Unterkünfte, ein paar gute Restaurants, drei Kneipen an der Hauptstraße und ein paar edlere Geschäfte. Nähere Informationen gibt's auf www.greytown.co.nz.

Sehenswertes

Greytown war die erste neuseeländische Stadt im Landesinneren: Die Hauptstraße ist von noch immer intakten Beispielen viktorianischer Architektur gesäumt. Das skurrile **Cobblestones Village Museum** (☎ 06-304 9687; www. cobblestonesmuseum.org.nz; 169 Main St; Erw./Kind/Fam. 2,50/1/6 NZ$; ☺ 10–16 Uhr) ist eine Enklave mit alten Gebäuden und verschiedenen historischen Objekten auf einem hübschen Anwesen. Hier lässt es sich wunderbar picknicken. Kein Picknick dabei? Kein Problem! Ein Besuch im **Schoc Chocolate** (☎ 06-304 8960; www.chocolatetherapy. com; 177 Main St; ☺ Mo–Fr 10–17, Sa & So 10.30–17 Uhr), einem Cottage aus den 1920er-Jahren, schafft Abhilfe: Das phänomenale Geschmackserlebnis ist jeden einzelnen Penny der 10 NZ$ pro Tafel wert. Trüffel, Rocky Road (ein Dessert) und Erdnusskrokant gibt's auch. Und man darf kostenlos probieren!

10 km südöstlich von Carterton liegt **Stonehenge Aotearoa** (☎ 06-377 1600; www.stonehenge -aotearoa.com; Touren Erw. 15 NZ$, Kind 6–10 NZ$; ☺ Mi–So 10–16 Uhr, Touren Sa, So & an Feiertagen 14 Uhr und nach Vereinbarung). In diesem maßstabsgetreuen Nachbau des britischen Stonehenge kann man – auch bei Tag – den Südhimmel beobachten. Der Standort wurde wegen seiner Lage auf einem Hügel mit Blick über die Wairarapa-Ebene ausgewählt. Die Einführung und die Audiovision-Show vor der geführten Tour sind ausgezeichnet. Das Monument selbst ist bei Tag und Nacht ein ziemlich surrealer Anblick, besonders, wenn man den Ausführungen eines Tourleiters lauscht. Alle Führer sind leidenschaftliche Geschichtenerzähler. Touren auf eigene Faust kosten 5 NZ$.

Schlafen & Essen

Greytown Camping Ground (☎ 06-304 9837; Kuratawhiti St; Stellplatz ohne/mit Strom 30/36 NZ$) Eine schlichte Campingoption (mit ebenso schlichten Einrichtungen) 500 m außerhalb der Stadt im schön gelegenen Greytown Park.

Greytown Hotel (☎ 06-304 9138; www.greytown hotel.co.nz; 33 Main St; EZ/DZ 50/80 NZ$; 🖵) Ein ernstzunehmender Konkurrent um den Titel „ältestes Hotel in Neuseeland". Der Top Pub (wie er allgemein genannt wird) sieht für sein Alter großartig aus, nachdem er sich kürzlich einem Facelifting unterzogen hat. Die Zimmer oben sind klein und einfach, aber gemütlich, und verfügen über schlichte Möbel und Gemeinschaftsbad. Unten warten ein schicker neuer Speisesaal (klassische Gerichte 22–29 NZ$), eine gute alte Lounge-Bar und ein beliebter Garten im Hof.

Oak Estate Motor Lodge (☎ 0800 843 625, 06-304 8188; www.oakestate.co.nz; Ecke Main St & Hospital Rd; Zi. 125–185 NZ$) Dieser elegante Komplex aus Wohneinheiten für Selbstversorger ist von der Straße durch ein nettes Eichenwäldchen und einen hübschen Garten abgeschirmt. Zur Wahl stehen Wohnstudios und Apartments mit einem oder zwei Schlafzimmern.

French Baker (☎ 06-304 8873; 81 Main St; Snacks 4–7 NZ$, Hauptgerichte 13–19 NZ$; ☻ Di–Fr 7.30–15, Sa & So bis 16 Uhr) Buttercroissants, verführerische Tartes, authentisches Brot – Bäcker Moïse Cerson beherrscht sein Handwerk meisterlich, um nicht zu sagen königlich. Außerdem gibt's grandiosen Kaffee zum Mitnehmen und eine kompakte Karte mit weiteren gallischen Genüssen, beispielsweise Roquefort-Salat und French Toast.

Cuckoo Pizza (☎ 06-304 8992; 128 Main St; Hauptgerichte 15–24 NZ$; ☻ Mi–So 11–20.30 Uhr) Erfrischend ungezwungene Pizzeria mit bunt zusammengewürfelten Retromöbeln in einem alten Haus an der Hauptstraße. Die Pizza „Moa" (Pepperoni, Pilze, Anchovis, Oliven und Chili) ist empfehlenswert, aber auch die Pasta-Tagesgerichte sind lecker. Der Kaffee ist ebenfalls prima.

MASTERTON & UMGEBUNG
19 500 Ew.
Masterton ist das „Geschäftszentrum" von Wairarapa, ein unbefangenes Städtchen, in dem alles ruhig seinen Gang geht. Der einzige Grund, warum es in die Geschichtsbücher eingegangen ist, ist der mittlerweile seit 50 Jahren stattfindende internationale Schafschurwettbewerb Golden Shears (S. 474).

Orientierung & Praktische Informationen
Der SH2 führt durch das Stadtzentrum. Von Süden hereinkommend heißt der SH1 High

St und wird anschließend zur Chapel St. Die Queen St verläuft einen Block östlich parallel zur High/Chapel St. Die Hauptattraktionen der Stadt liegen einen weiteren Block östlich an der Dixon St; hier befindet sich auch das **Masterton i-SITE** (☎ 06-370 0900; www.wairarapanz.com; Ecke Dixon St & Bruce St; ☻ Mo–Fr 9–17, Sa & So 10–16 Uhr).

Sehenswertes & Aktivitäten
Im 32 ha großen **Queen Elizabeth Park** (Dixon St; ☻ 24 Std.), in dem es Volièren, einen Ententeich, einen Kinderspielplatz, Minigolfanlagen und ein Kricket-Oval gibt, kann man sich die von der Autofahrt steifen Beine vertreten. Gegenüber vom Park liegt das **Aratoi Wairarapa Museum of Art & History** (☎ 06-370 0001; www.aratoi.co.nz; Ecke Bruce St & Dixon St; Eintritt gegen Spende; ☻ 10–16.30 Uhr), das die Kunst und das kulturelle Erbe der Maori und Pakeha der Region dokumentiert.

Neben dem Aratoi belegt das **Shear Discovery** (☎ 06-378 8008; www.sheardiscovery.co.nz; Dixon St; Erw./Kind/Fam. 5/2/10 NZ$; ☻ 10–16 Uhr) zwei historische Wollschuppen. Das hübsche kleine Museum ist ein määäähr als angemessenes Denkmal für die Wolle produzierende Industrie Neuseelands.

Castlepoint, 68 km von Masterton an der Küste gelegen, ist ein faszinierender Ort am Ende der Welt, der ein Riff, den erhabenen, 162 m hohen Castle Rock, geschützte Bademöglichkeiten und Wanderwege zu bieten hat. Man kann auf einem leicht zu bewältigenden (aber oft wahnsinnig windigen) Weg in 30 Minuten über das Riff zum Leuchtturm spazieren, wo mehr als 70 Muschelarten auf den Klippen versteinert sind. Ein weiterer einstündiger Rundweg führt zu einer riesigen Kalksteinhöhle (Taschenlampe mitnehmen), ein anderer in eineinhalb Stunden von der Deliverance Cove zum Castle Rock. Bei starkem Seegang sollte man in angemessener Entfernung zum unteren Riff bleiben. Das Personal im i-SITE in Masterton (s. oben) hilft bei der Unterkunftssuche.

Das **Pukaha Mt. Bruce National Wildlife Centre** (☎ 06-375 8004; www.mtbruce.org.nz; Erw./Kind/Fam. 15/4/38 NZ$; ☻ 9–16.30 Uhr) ist nicht nur ein wichtiger Zufluchtsort für die einheimischen Tiere (hauptsächlich Vögel), hier findet man auch den am leichtesten zugänglichen Busch in Highwaynähe vor. Das Visitor Centre zeigt verschiedene Ausstellungen, und draußen warten Volièren, ein Kiwihaus, Urwald und ein landschaftlich sehr schöner, einstündiger

Rundweg mit herrlichen Panoramablicken. Glitschige Aale, Tuataras und andere Kreaturen leben hier ebenfalls. Wer will, kann eine Tour mit dem Ranger machen (Sa & So 10.30 & 14 Uhr; Erw./Kind 25/12,50 NZ$) oder sich der Lookout Lunch Tour (So 11 Uhr, Erw./Kind 50/25 NZ$, inkl. Mittagessen) anschließen. Ein Café gibt's auch. Das Zentrum liegt 30 km nördlich von Masterton am SH2.

Die Abfahrt zum Haupteingang des **Tararua Forest Park** liegt gleich südlich von Masterton am SH2; einfach der Norfolk Rd über 15 km zu den Toren folgen. Bergbäche fließen kreuz und quer durch dieses Naturschutzgebiet, das als „Holdsworth" bekannt ist. Am Parkeingang befinden sich Badetümpel, Picknickstellen und **Campingplätze** (Stellplatz ohne Strom Erw./Kind 6/2 NZ$). Die Wandermöglichkeiten umfassen kurze, leichte Pfade für Familien, ausgezeichnete Ein- oder Zwei-Tages-Wanderstrecken und längere, anspruchsvollere Routen für erfahrene Buschgänger (Richtung Westen nach Otaki Forks). Der hiesige Parkwächter (☎ 06-377 0022) hält Karten und Informationen zu Hüttenübernachtungen bereit. Man sollte sich vor Aufbruch über das Wetter und den Zustand der Wege informieren und sich darauf einstellen, durchnässt, vom Wind gebeutelt und gebraten zu werden – das Wetter hier ist einfach sehr unbeständig.

Festivals & Events

Näheres zu Wein- und Gourmet-Events gibt's auf S. 470.

Golden Shears (www.goldenshears.co.nz) Wird alljährlich in der ersten Märzwoche abgehalten.

Wings over Wairarapa (☎ 06-370 0900; www.wings.org.nz) Eine aufregende dreitägige Flugschau (alle zwei Jahre; ungerade Jahreszahl) mit über 70 Flugzeugen – von Kampfflugzeugen über Gleiter, Gyrokopter und Jets bis zu verrückten Kunstfliegern.

Schlafen & Essen

Empire Lodge (☎ 06-377 1902; www.empirelodge.co.nz; 94 Queen St; Backpacker B/EZ/DZ 25/30/55 NZ$, Hotel EZ/DZ 80/90 NZ$; 💻) Budgethotel und Backpackerunterkunft aus den 1870ern, ziemlich abgenutzt und mit üblem Farbkonzept. Am Ende der langen Flure finden sich eine Gemeinschaftsküche, ein Fernsehraum und andere Überraschungen. Von der hinteren Veranda hat man

Ausblick auf die Tararua Range. Fazit: Hier schläft man günstig in praktischer Lage.

Copthorne Solway Park (☎ 0800 808 228, 06-370 0500; www.solway.co.nz; High St; DZ 130–345 NZ$; 💻 🐕) Eine sehr teure Renovierung hat diesem Resort aus den 1970er-Jahren zu neuem altem Glanz verholfen. Es verfügt über eine Bar, ein renommiertes Restaurant, zwei Pools, einen Tennisplatz und eine Driving Range. Das alles nimmt aber nur einen Teil des 24 ha großen Anwesens ein. Es gibt mehrere Zimmeroptionen, alle mit edler Einrichtung und einigen besonders stilvollen Textilien.

LP Tipp **Ten O'Clock Cookie** (☎ 06-377 4551; 180 Queen St; Snacks 3–15 NZ$; 🕑 Mo–Fr 7–16.30, Sa 8–14.30 Uhr) Gürtel lockern und bereit machen zum Schlemmen! Hier gibt's himmlisches Gebäck, köstliche Pies, einfache Sandwiches und (natürlich) Cookies zum Mitnehmen oder Genießen vor Ort. Dazu schmeckt eine Tasse Kaffee oder Tee herrlich. Entspannt und günstig – dieses Café hat die vielen Auszeichnungen absolut verdient.

Lounge Wine Bar (☎ 06-379 6065; 78-81 Main St, Carterton; Snacks & Gerichte 5–18 NZ$; 🕑 Mi–So 15.30 Uhr-open end; V) Dieser Lokalheld rettet die Stadt Carterton (ach was, die ganze Region) mit regelmäßiger Livemusik (Fr & Sa), lokal erzeugten Weinen, Bieren von kleinen Brauereien und spanischem Essen. All dies und mehr wird in lässiger Secondhandladen-Atmosphäre serviert.

Café Cecille (☎ 06-370 1166; Queen Elizabeth Park; Brunch 9–18 NZ$, Abendessen 15–30 NZ$; 🕑 tgl. 10–15, Fr & Sa 17–20 Uhr) Im Herzen des Queen Elizabeth Park steht die 100 Jahre alte Coronation Hall, die das Café Cecille beherbergt. Es ist wegen der Veranda rundherum und des einfachen, aber gesunden Essens an einem sonnigen Tag kaum zu toppen. Die hausgemachten Pommes Frites sind göttlich!

Gladstone Inn (☎ 06-372 7866; 51 Gladstone Rd, Gladstone; Mittagessen 12–28 NZ$, Abendessen 18–30 NZ$; 🕑 11 Uhr-open end) Gladstone, 18 km südlich von Masterton, ist weniger eine Stadt als eine innere Einstellung. Hier gibt's nicht viel außer diesem stolzen Inn – ein Hafen der durstigen Einheimischen, Motorradfreaks, Sonntagsausflügler und faulen Radler-Schlürfer, die nachmittags die Tische in der herrlichen Gartenbar belagern.

Marlborough & Nelson

Für viele Traveller sind Marlborough und Nelson die erste Begegnung mit der – wie die Bewohner der Südinsel sagen – „Hauptinsel" Neuseelands. Nachdem sie das windige Wellington verlassen und die Überfahrt über die Cook Strait überstanden haben, sind viele Leute überrascht, dass hier die Sonne scheint und es bis zu 10 °C wärmer ist.

Die beiden benachbarten Regionen Nelson und Marlborough haben noch mehr gemeinsam als das freundliche Klima: Beide haben berühmte Ferienziele an der Küste, z. B. die Marlborough Sounds und den Abel Tasman National Park. Dann gibt es hier noch zwei weitere Nationalparks (Kahurangi und Nelson Lakes) und unzählige Gebirgszüge.

Kein Wunder, dass die beiden Regionen auch eine Menge leckerer Erzeugnisse zu bieten haben, z. B. prima Kirschen im Sommer. Am berühmtesten aber sind die Trauben, die ihren Weg in die Weingläser der besten Restaurants der Welt gefunden haben. Hier sollte man wirklich stets Taschenmesser und Picknickkorb griffbereit haben!

In der Hauptsaison sind die Regionen zu Recht sehr beliebt. Da sollte man rechtzeitig planen – und sich darauf einrichten, dass man sich wahrscheinlich mit urlaubenden Neuseeländern um die Eiscreme streiten muss …

HIGHLIGHTS

- Bei **Kaikoura** (S. 499) mit Wildtieren– z. B. Seebären, Delfinen und Albatrossen – auf Tuchfühlung gehen

- Sich durch die **Marlborough Wine Region** (S. 494) testen

- Auf dem **Queen Charlotte Track** (S. 485) in den Marlborough Sounds wandern

- Über **Nelson** (S. 508) und **Motueka** (S. 517) einen Gleitschirmflug oder Fallschirmsprung erleben

- Im wunderschönen **Abel Tasman National Park** (S. 525) in einem seetüchtigen Kajak paddeln gehen

- Sich in Blenheims **Omaka Aviation Heritage Museum** (S. 490), einem der besten Provinzmuseen Neuseelands, für die Luftfahrt begeistern lassen

- Am **Farewell Spit** (S. 531) das Ende der Welt erreichen und sich in Gesellschaft von Tölpeln und Schnepfen wiederfinden

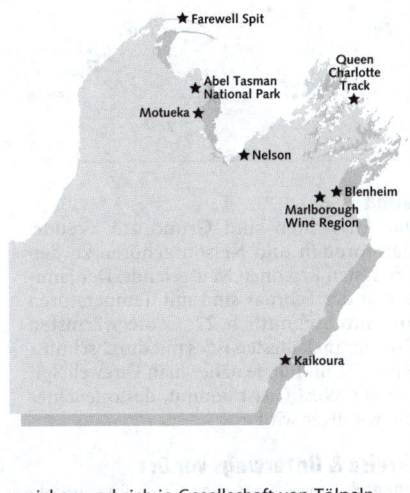

Vorwahl: 03   www.destinationmarlborough.com   www.nelsonnz.com

MARLBOROUGH & NELSON

Klima

Die Aussichten sind Grund zur Freude: Marlborough und Nelson gehören zu den sonnigsten Regionen Neuseelands. Der Januar und der Februar sind mit Temperaturen von durchschnittlich 22 °C die wärmsten Monate; am kältesten ist es mit durchschnittlich 12 °C im Juli. Je näher man Farewell Spit und der West Coast kommt, desto feuchter und windiger wird es.

Anreise & Unterwegs vor Ort

Soundsair (www.soundsair.com) ist eine lokale Fluglinie, die Wellington mit Blenheim, Nelson und Picton verbindet. Auch **Air New Zealand** (www.airnewzealand.com) hat einige Inlandsflüge.

Weil die Fähren, die die Cook Strait überqueren, in Picton ankommen, ist der Ort für viele Traveller der Ausgangspunkt für eine Erkundung der Südinsel. Von hier aus kommt man per Bus in fast jede Ecke der Südinsel: InterCity ist das größte Busunternehmen, es gibt aber auch lokale Shuttle-Busse. Der Zug *TranzCoastal* der Bahngesellschaft Tranz Scenic befährt die malerische Strecke von Picton nach Christchurch über Blenheim und Kaikoura.

Ein Auto zu mieten, ist kein Problem: In Picton gibt es viele Autovermietungen.

Die beliebten Küstengebiete, z. B. die Marlborough Sounds und den Abel Tasman National Park, erkundet man am besten per Schiff, mit dem Kajak oder auf Wanderungen.

MARLBOROUGH

Picton ist das Tor zur Südinsel und der Ausgangspunkt zur Erkundung der Marlborough Sounds. Einen Katzensprung südlich von Picton liegen das ländliche Blenheim und die weltberühmte Marlborough Wine Region und noch weiter südlich befindet sich Kaikoura, das wegen seiner Wale berühmt ist.

Geschichte

Schon lange bevor Abel Tasman 1642 (mehr als 100 Jahre vor der Durchreise von James Cook im Jahr 1770) an der Ostküste von D'Urville Island Zuflucht suchte, war das Gebiet um Marlborough den Händlern und Kriegern der Maori bekannt; sie nannten es Te Tau Ihu o Te Waka a Maui („Bug von Mauis Kanu"). Cook taufte den Queen Charlotte Sound; seine genauen Beschreibungen machten das Gebiet zum am besten bekannten geschützten Ankerplatz der südlichen Hemisphäre. 1827 entdeckte der französische Seefahrer Jules Dumont d'Urville die Meerenge, die heute French Pass heißt. Seine Offiziere benannten die nördlich davon gelegene Insel nach ihm. Im selben Jahr wurde bei Te Awaiti am Tory Channel eine Walfangstation errichtet, die erste ständig bewohnte europäische Ansiedlung in diesem Bezirk.

PICTON

4000 Ew.

Im Winter verschlafen, im Sommer mit bis zu acht voll beladen ankommenden Fähren täglich geradezu hyperaktiv, ballt sich Picton rund um eine tiefe Schlucht am Eingang des Queen Charlotte Sound. Picton ist für Traveller der wichtigste Zugangshafen zur Südinsel und der beste Ausgangspunkt zur Erkundung der Marlborough Sounds und zum Wandern auf dem Queen Charlotte Track. Obwohl der Ort auf Durchreise und Massentourismus angelegt ist, gelingt es ihm, entspannt und authentisch zu bleiben.

Praktische Informationen

Creek Pottery (☎ 03-573 6313; 26 High St; ◷ 9–17.30 Uhr) Souvenirs und Internetzugang (6 NZ$/Std.).
Picton i-SITE (☎ 03-520 3113; www.destinationmarlborough.com; Foreshore; ◷ Mo–Fr 9–17, Sa & So bis 16 Uhr) Alles, was Traveller brauchen: Landkarten, Infos über den Queen Charlotte Track, Internetzugang (6 NZ$/Std.). Der Schalter des Department of Conservation (DOC) ist nur im Sommer besetzt.
Picton Library (☎ 03-520 7493; 67 High St; ◷ Mo–Fr 8–17, Sa 10–13 Uhr) Kostenloser WLAN-Zugang.
Polizei (☎ 03-520 3120; picton.police@police.govt.nz; 36 Broadway; ◷ Mo–Fr 8.30–16.30 Uhr)
Post (Mariners Mall, 72 High St)

Sehenswertes & Aktivitäten

Die *Edwin Fox* ist angeblich das neuntälteste Holzschiff der Welt (wer auch immer das ermittelt hat). Das 48 m lange und 750 t schwere Schiff wurde in Bengalen aus Teakholz gebaut und lief 1853 vom Stapel. In seiner wechselvollen Geschichte transportierte es Soldaten in den Krimkrieg, Sträflinge nach Australien und Einwanderer nach Neuseeland. Das **Edwin Fox Maritime Museum** (☎ 03-573 6868; www.edwinfoxsociety.co.nz; Dunbar Wharf; Erw./Kind 10/4 NZ$; ◷ 9–17 Uhr) zeigt Ausstellungsstücke rund um die Seefahrt, darunter das altersschwache Schiffe, das unter geschützten Bedingungen konserviert wird.

Gleich nebenan gibt es im **Eco World Aquarium** (☎ 03-573 6030; www.ecoworldnz.co.nz; Dunbar Wharf; Erw./Kind/Fam. 19/9/49 NZ$; ◷ Dez.–Feb. 10–20 Uhr, März–Nov. 10–17.30 Uhr) Hunderte von Fischen und einen ganzen Zoo einheimischer Tiere zu sehen, darunter Brückenechsen, Geckos und Riesen-Wetas. Die Fütterung der Fische (11 & 14 Uhr) ist ein toller Spaß für Kinder. Unmittelbar vor der Dämmerung kann man zusehen, wie die hiesigen Zwergpinguine von

MARLBOROUGH & NELSON

PICTON

0 ━━━━━━━ 500 m

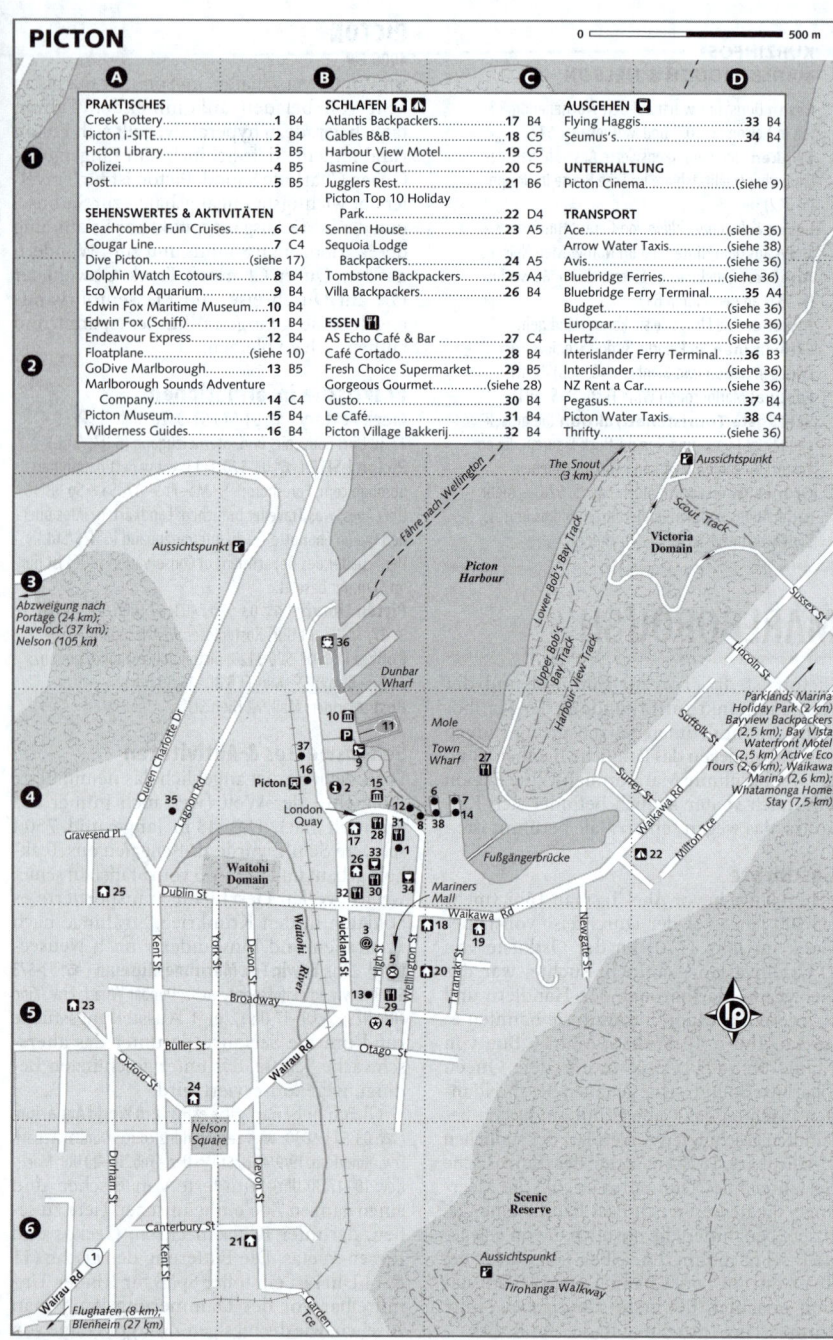

der Fischjagd zurückkehren. Außerdem gibt es hier ein Arthouse-Kino (S. 481).

Das **Picton Museum** (☎ 03-573 8283; pictonmuse um@xtra.co.nz; London Quay; Erw./Kind 4/1 NZ$; ☺ März– Nov. 9–16 Uhr, Dez.–Feb. bis 17 Uhr) oberhalb des Strandes besitzt eine Sammlung von Walknochen, Muscheln und Schiffsmodellen sowie Exponate zur Lokalgeschichte und zur Kultur der Maori.

Ein kostenlos im i-SITE erhältlicher Stadtplan beschreibt detailliert mehrere Wege rund um das Städtchen, darunter die leichte, 1 km lange Strecke an der Ostseite des Picton Harbour entlang zur Bob's Bay. Der **Snout Walkway** (hin & zurück 3 Std.) führt dann auf dem Hügelkamm von der Bob's Bay weiter und gewährt einen erstklassigen Blick auf den Queen Charlotte Sound.

Zu den Tauchspots um die Sounds gehört das Wrack des 176 m langen russischen Kreuzfahrtschiffs *Mikhail Lermontov*, das 1986 in Port Gore sank. Zwei Unternehmen veranstalten Tauchkurse und Tauchausflüge (beides ab ca. 185 NZ$ inkl. Ausrüstung):

Dive Picton (☎ 0800 423 483, 03-573 7323; www. scubadive.co.nz; Ecke Auckland St & London Quay)

GoDive Marlborough (☎ 0800 463 483, 03-573 9181; www.godive.co.nz; 97 High St)

Floatplane (☎ 021 704 248; www.nz-scenic-flights.co.nz; Picton Ferry Terminal) bietet Transporte und Rundflüge (min. 2 Pers.) nach Ship Cove (Transfer zum Track 125 NZ$; 20-minütige Tour 140 NZ$) sowie zu den äußeren Sounds (40 Min./1 Std. 210/325 NZ$) an. Außerdem werden Flüge über die Cook Strait von Porirua (bei Wellington) nach Nelson und zum Abel Tasman National Park (ab 275 NZ$) durchgeführt.

Geführte Touren

Es werden jede Menge Touren ins Umland angeboten, bei den meisten stehen der Queen Charlotte Track (Wanderungen, Fahrradoder Kajaktouren), das Vogelschutzgebiet Motuara Island und weitere Schutzgebiete in der Gegend im Zentrum. Eine Übersicht findet sich auf S. 483. Hinweise zu Weintouren rund um Blenheim gibt's auf S. 491.

Schlafen
BUDGETUNTERKÜNFTE

Atlantis Backpackers (☎ 03-573 7390; www.atlantis hostel.co.nz; Ecke Auckland Quay & London Quay; B 25–28 NZ$, 2BZ/DZ NZ$55/65, Wohneinheit 150 NZ$, alle inkl. Frühstück;

MAORI: MARLBOROUGH & NELSON

Auf der Südinsel fällt die Maorikultur häufig weniger ins Auge als im Norden, was aber nicht bedeutet, dass sie geringer ausgeprägt wäre. In den Regionen Marlborough und Nelson widmen sich folgende Veranstalter der *Maoritanga* (Maorikultur):

- **Maori Tours Kaikoura** (S. 500) Kleingruppentouren zur Geschichte und Kultur rund um Kaikoura

- **Myths & Legends Eco-tours** (S. 483) Ökologisch orientierte Bootstouren zum Thema Kultur und Wildtierbeobachtung in den Marlborough Sounds

- **Shark Nett Gallery** (S. 488) Galerie für zeitgenössische Maorischnitzereien

---

▫ ⏶ ⏺) Die einfachen Zimmer des in der Nähe der Fähranlegestelle gelegenen Atlantis sind preisgünstig. Die Schlafsäle sind riesig (bis zu 28 Betten). Zu den Einrichtungen gehören ein beheiztes Schwimmbad, ein Billardtisch und ein Filmraum. In den einfachen Wohneinheiten gleich nebenan kommen jeweils vier Personen unter.

Tombstone Backpackers (☎ 0800 573 7116, 03-573 7116; www.tombstonebp.co.nz; 16 Gravesend Pl; B 25 NZ$, DZ mit/ohne Bad 75/70 NZ$; ▫ ⏶) Der Friedhof von Picton liegt gleich auf der anderen Straßenseite, ein Umstand, aus dem die Betreiber Kapital schlagen: Hinter der wie ein Sargdeckel gestalteten Tür befindet sich eines der besten Hostels, die wir besucht haben. Es ist ganz auf die neue Generation der „Flashpacker" eingerichtet und bietet u. a. Doppelzimmer in Hotelqualität, makellose Schlafsäle, einen Whirlpool mit Ausblick auf den Hafen, kostenloses Frühstück, ein sonniges Lesezimmer, einen Billardtisch, eine DVD-Sammlung und einen kostenlosen Abhol- und Bringservice von der bzw. zur Fähre.

Villa Backpackers (☎ 03-573 6598; www.thevilla. co.nz; 34 Auckland St; B 25–29 NZ$, DZ mit/ohne Bad 72/63 NZ$; ▫ ⏶) Durch einen blühenden Garten gelangt man in das 1904 errichtete Haus mit netter Küche, Holzöfen, kostenlosem Fahrradverleih und einem Whirlpool. Es gibt Loungebereiche drinnen und draußen und begehrte Zimmer mit eigenem Bad. Dank dem freundlichen Personal, den frischen Blumen und kostenlosem Apple Crumble an Winterabenden fühlt man sich hier ganz wie zu Hause. Das Personal kümmert sich um Buchungen für den Queen Charlotte Track und Ähnliches. Campingausrüstung wird verliehen.

Sequoia Lodge Backpackers (☎ 0800 222 257, 03-573 8399; www.sequoialodge.co.nz; 3a Nelson Sq; B 25 NZ$, DZ mit/ohne Bad 78/64 NZ$ jeweils inkl. Frühstück; 🖥 🛜) Eine gut geführte Backpackerherberge in einem bunten viktorianischen Haus mit hohen Decken. Es steht etwas außerhalb, aber nur einen Steinwurf entfernt von einer Kneipe, einem Gemischtwarenladen und den namensgebenden Nadelbäumen. Zu den Extras gehören hochwertige Bettwäsche, Großbildfernseher, Videos, Hängematten, Grills, ein Whirlpool und abendlicher Schokopudding.

Parklands Marina Holiday Park (☎ 0800 111 104, 03-573 6343; www.parktostay.co.nz; 10 Beach Rd; Stellplatz ohne/mit Strom 26/28 NZ$, Hütte 45–55 NZ$, Wohneinheit 70–88 NZ$; 🖥 🛜 🚿) Großer, grüner Campingplatz in üppiger Waldkulisse. Die Anlage liegt 3 km außerhalb der Stadt, aber nahe der hübschen Waikawa Bay. Kostenloser Abhol- und Bringservice von bzw. nach Picton.

Bayview Backpackers (☎ 03-573 7668; www.truenz.co.nz/bayviewbackpackers; 318 Waikawa Rd; B NZ$27, DZ mit/ohne Bad 78/64 NZ$; 🖥) Das Bayview liegt 4 km außerhalb der Stadt mit Blick hinunter auf die Waikawa Bay. Das Haus wirkt, als sei immer noch 1987. Trotzdem ist es ein relaxter Ort mit sonnigen Plätzchen auf den Veranden und freundlichen Betreibern. Kostenloser Kajak- und Fahrradverleih.

Jugglers Rest (☎ 03-573 5570; www.jugglersrest.com; 8 Canterbury St; Stellplatz ohne Strom 36 NZ$, B 30 NZ$, DZ 64–68 NZ$; 🖥 🛜) In dieser gut geführten, heimeligen Backpackerherberge (ohne Stockbetten) halten die lustigen Betreiber ihre Gäste stets bei Laune. Das Haus steht friedlich in der Vorstadt, zehn Gehminuten vom Zentrum entfernt – mit einem kostenlos ausleihbaren Fahrrad geht's noch schneller. Die netten, Gartenanlagen sind prima, um mit anderen Travellern in Kontakt zu kommen oder ein Bad im Freien zu nehmen. Von Juni bis Oktober geschlossen.

Picton Top 10 Holiday Park (☎ 0800 277 444, 03-573 7212; www.pictontop10.co.nz; 70–78 Waikawa Rd; Stellplatz ohne/mit Strom 38/40 NZ$, Hütte 65–85 NZ$, separate Wohneinheit 105–140 NZ$; 🖥 🛜 🚿) Ungefähr 500 m außerhalb der Stadt liegt dieser gepflegte Park mit modernen, familienfreundlichen Einrichtungen, zu denen ein Spielplatz, ein überdachter Grillbereich, ein beheizter Swimmingpool und ein toller Freizeitraum gehören.

MITTEL- & SPITZENKLASSEHOTELS

Gables B&B (☎ 03-573 6772; www.thegables.co.nz; 20 Waikawa Rd; EZ 100 NZ$, DZ 130–160 NZ$, Wohneinheit 155–175 NZ$, jeweils inkl. Frühstück; 🖥) Das historische B&B (das frühere Wohnhaus des Bürgermeisters von Picton) hat drei geräumige, thematisch gestaltete Zimmer mit Bad im Hauptgebäude und dahinter zwei teurere Wohneinheiten mit Einbauküchen und Lounges. Billiger wird's, wenn man auf das Frühstück verzichtet. Die Gastgeber sind liebenswürdig und humorvoll (nach dem Muffin Club fragen!).

Bay Vista Waterfront Motel (☎ 03-573 6733; www.bayvistapicton.co.nz; 303 Waikawa Rd; DZ 120–165 NZ$; 🛜) Das kürzlich umgestaltete und superordentliche Motel mit üppigem Rasen befindet sich direkt am Ufer mit Blick über den Queen Charlotte Sound. Alle Einheiten verfügen über Küchen. Die Anlage liegt 4 km außerhalb von Picton (kostenlose Abholung auf Anfrage möglich).

Harbour View Motel (☎ 0800 101 133, 03-573 6259; www.harbourviewpicton.co.nz; 30 Waikawa Rd; DZ 120–170 NZ$; 🛜) Da das geschmackvoll dekorierte Motel erhöht liegt, genießt man von den in sich abgeschlossenen Studios mit Holzterrassen einen Blick auf die vielen Schiffsmasten im Hafen von Picton.

Jasmine Court (☎ 0800 421 999, 03-573 7110; www.jasminecourt.co.nz; 78 Wellington St; DZ 130–210 NZ$, FZ 185–225 NZ$; 🖥 🛜) Erstklassiges geräumiges Motel mit edler Innenraumgestaltung, Einbauküche, kostenlosem DVD-Player und klasse Kaffee. Einige Zimmer haben einen Whirlpool; von den Balkonen im Obergeschoss hat man Ausblick auf den Hafen.

Whatamonga Home Stay (☎ 03-573 7192; www.whsl.co.nz; 425 Port Underwood Rd; DZ mit Frühstück 155 NZ$; 🖥 🛜) Folgt man der Waikawa Rd 8 km rund um die Ostseite des Picton Harbour (die Waikawa Rd wird zur Port Underwood Rd), landet man an einer noblen, am Wasser gelegenen Unterkunft. Das von einem munteren schottischen Paar geführte Haus bietet zwei separate, freistehende Wohneinheiten mit großen Betten und Balkonen, von denen man eine tolle Aussicht hat. Außerdem gibt es zwei Zimmer im Haupthaus, die sich das Bad teilen, aber auch eine gute Aussicht bieten. Kostenloser Verleih von Kajaks, Dingis und Angelausrüstung.

Sennen House (☎ 03-573 5216; www.sennenhouse.co.nz; 9 Oxford St; DZ inkl. Gourmet-Frühstückskorb 269–479 NZ$; 🖥 🛜) An einem steilen Hang mit sich gerade wieder erholendem Busch (und ein paar schwarzköpfigen Schafen) liegt das exquisit restaurierte Schindelhaus von 1886, in dessen Inneren es fünf schicke Apartments und Suiten gibt, jeweils mit eigenem Eingang, Kochnische, sonniger Veranda und eigenem Wohn- und Essbereich.

Essen & Ausgehen

LP Tipp **Picton Village Bakkerij** (☎ 03-573 7082; 46 Auckland St; Stück 2–7 NZ$; ⏰ 6–15.30 Uhr; **V**) Die niederländischen Eigentümer produzieren körbeweise europäische Backwaren, darunter interessante Brote, leckere Pies, tolle Sandwiches, Kuchen und Torten. Zu erkennen ist die Bäckerei am ausgeschnittenen Umriss von Amsterdamer Dächern an der Regenrinne.

Gorgeous Gourmet (☎ 03-573 8388; 3a High St; Stück 6–14,50 NZ$; ⏰ Mo–Fr 7.30–18, Sa & So 8–16 Uhr; **V**) Ein Zwischending aus einem Sandwich-Imbiss und einem kleinen Deli, wo es obendrein großartigen Kaffee gibt und außerdem leckere Salate, Fleisch, gefüllte Röllchen, Fertiggerichte und hochwertigen Käse (den Brie „Over the Moon" muss man probiert haben).

Seamus's (☎ 03-573 8994; 25 Wellington St; Gerichte 7–24 NZ$; ⏰ 12–1 Uhr) Eine authentische, gemütliche Kneipe, in der verlässlich gutes Guinness und eine prima Auswahl von Whiskys ausgeschenkt werden. Dazu gibt's herzhaftes Kneipenessen und regelmäßig Livemusik – genau die richtige Mischung für den muntersten Treff vor Ort.

Flying Haggis (☎ 03-573 6969; 27 High St; Gerichte 8–24 NZ$; ⏰ 12 Uhr–open end) In dieser ansonsten unscheinbaren Kneipe, in der man stolz ist auf die Verbundenheit mit Glasgow, werden Ofenkartoffeln, getoastete Sandwiches und Fish & Chips serviert, die man mit importierten schottischen Ales herunterspülen kann. Gelegentlich schneien Musiker aus den Hügeln herein und spielen Gitarre.

AS Echo Café & Bar (☎ 03-573 7498; Shelley Beach; Gerichte 6–30 NZ$; ⏰ tgl. 10–20.30 Uhr) Das Deck dieses alten Handelslastkahns von 1905, der jetzt sicher im Trockenen auf Betonstützen ruht, ist ein uriges Fleckchen für einen Drink oder deftiges Essen. Von hier aus kann man prima die Vorgänge im Jachthafen beobachten.

Gusto (☎ 03-573 7171; 33 High St; Gerichte 12–19 NZ$; ⏰ 7.30–14.30 Uhr) Dieser tagsüber geöffnete Laden mit freundlicher Bedienung und Tischen im Freien verleiht der Cafészene in Picton etwas Klasse. Hier gibt's Schlemmerfrühstück (French Toast mit Schinken, Ahornsirup und Beerenpüree), fantastischen Kaffee und Hauptgerichte mit Zutaten aus der Region (Muscheln, Lamm, Wild).

Le Café (☎ 03-573 5588; London Quay; Mittagessen 10–20 NZ$, Abendessen 19–28 NZ$; ⏰ 7.30–22.30 Uhr) Zwar muss man anerkennen, dass dieses Lokal schon lange besteht und Gerichte auftischt, die von Einheimischen immer noch hoch geschätzt werden. Wir haben den Laden bei unserem Besuch aber als etwas ältlich und den Service als unzuverlässig empfunden. Das Essen war allerdings wie früher: Salamisandwiches, Quiches, Pasta und Muscheln, dazu süße Tartes als Dessert. Außerdem bekommt man großartigen Havanna-Kaffee. Gelegentlich wird Livemusik gespielt.

Café Cortado (☎ 03-573 5630; Ecke High St & London Quay; Hauptgerichte 17–29 NZ$; ⏰ 8 Uhr–open end) Ein angenehmes Eckcafé mit Blick auf den Hafen – allerdings muss man durch die Pohutukawa-Bäume und Palmen am Ufer gucken. Den Schwerpunkt der Karte bilden Fisch, Steaks und Lamm aus der Region, Pizzas und Salate. Es gibt aber auch Barsnacks.

Selbstversorger decken sich im **Fresh Choice Supermarket** (☎ 03-573 6463; Mariners Mall, 100 High St; ⏰ 7–21 Uhr) ein.

Unterhaltung

Picton Cinema (☎ 03-573 6030; www.pictoncinemas.co.nz; Dunbar Wharf; Erw./Kind 15/9 NZ$; ⏰ 10–20 Uhr) Die beiden kleinen Kinos im Komplex des Eco World Aquarium bieten ein ausgezeichnetes Programm mit anspruchsvollen Filmen. Es gibt auch eine Kombikarte für Kino und Aquarium (Erw./Kind 28/15 NZ$).

An- & Weiterreise

Fahrkarten für Züge, Fähren und Busse sind im Picton i-SITE sowie am Bahnhof des Städtchens erhältlich.

BUS

Busse fahren in Picton am Interislander-Terminal oder vor dem i-SITE in der Nähe ab.

Busse von **InterCity** (☎ 03-365 1113; www.intercitycoach.co.nz; Picton Ferry Terminal) fahren südwärts über Kaikoura (35 NZ$, 2½ Std., 2-mal tgl.) nach Christchurch (55 NZ$, 5½ Std., 2-mal tgl.) mit Anschlüssen nach Dunedin, Queenstown und Invercargill. Außerdem gibt es Busse von/nach Nelson (34 NZ$, 2¼ Std., 3-mal tgl.), von wo aus man nach Motueka und zur Westküste kommt, sowie von/nach Blenheim (15 NZ$, 30 Min., 5-mal tgl.). Pro

Tag hat mindestens ein Bus dieser Linien Anschluss zur Fähre nach Wellington. Auf Sonderangebote im Internet achten: Zur Zeit der Recherche konnte man schon für günstige 25 NZ$ von Picton nach Christchurch reisen.

Von Picton nach Christchurch fahren auch kleinere Shuttlebusse (ca. 40 NZ$, Haustürservice) u. a. folgender Unternehmen:

Atomic Shuttles (☎ 03-349 0697; www.atomictravel. co.nz)

Naked Bus (☎ 0900 625 33; www.nakedbus.com)

Southern Link (☎ 0508 458 835, 03-358 8355; www. southernlinkcoaches.co.nz)

FLUGZEUG

Soundsair (☎ 0800 505 005, 03-520 3080; www.soundsair. com) fliegt zwischen Picton und Wellington (Erw./Kind 89/77 NZ$, bis zu 8-mal tgl.). Für Onlinebuchungen gibt es Rabatt. Die Fahrt mit dem Shuttlebus zum bzw. vom Flugfeld bei Koromiko, 8 km südlich, kostet 3 NZ$.

SCHIFF/FÄHRE

Fähren zweier Unternehmen überqueren die Cook Strait zwischen Picton und Wellington. Obwohl die Fähren fast an derselben Stelle ablegen, haben beide Unternehmen eigene Terminals. Den Hauptverkehrsknotenpunkt (und die Autovermieter) findet man am Interislander Terminal, wo es auch Duschen, ein Café und Internetzugang gibt. Die unten angegebenen Fahrpläne können sich ändern.

Bluebridge Ferries (☎ 0800 844 844, in Wellington 04-471 6188; www.bluebridge.co.nz; Erw./Kind 50/25 NZ$) Die Überfahrt dauert drei Stunden und 20 Minuten. Abfahrt in Wellington ist täglich um 3, 8, 13 und 21 Uhr (So nicht um 3 & 21 Uhr). In Picton geht es täglich um 2, 8, 14 und 19 Uhr los (Sa nicht um 8, So nicht um 2 Uhr). Autos und Wohnmobile bis zu einer Länge von 4 m mitzunehmen kostet ab 110 NZ$, für Wohnmobile unter 5,5 m zahlt man ab 150 NZ$, für Motorräder 50 NZ$, für Fahrräder 10 NZ$.

Interislander (☎ 0800 802 802, in Wellington 04-498 3302; www.interislander.co.nz; Erw./Kind ab 46/23 NZ$) Die Überfahrt dauert drei Stunden und zehn Minuten. In Wellington legt die Fähre um 2.25, 8.25, 14.05 und 18.25 Uhr ab, in Picton um 6.25, 10.05, 13.10, 18.05 und 22.25 Uhr. Von November bis April gibt es eine zusätzliche Überfahrt um 10.25 Uhr ab Wellington und um 14.25 Uhr ab Picton. Autos kommen ab 101 NZ$ mit, Wohnmobile (bis zu 5,5 m Länge) ab 126 NZ$; Motorräder mitnehmen kostet 46 NZ$, für Fahrräder zahlt man je 15 NZ$.

ZUG

Tranz Scenic (☎ 0800 872 467, 04-495 0775; www.tranz scenic.co.nz) betreibt den *TranzCoastal*, der

täglich über Blenheim und Kaikoura (und durch 22 Tunnel sowie über 175 Brücken!) zwischen Picton und Christchurch hin und her fährt. In Christchurch geht's um 7 Uhr los, in Picton um 13 Uhr. Der Normalpreis für einen Erwachsenen für die einfache Fahrt Picton–Christchurch beträgt 104 NZ$, es gibt aber auch Sonderpreise schon ab 39 NZ$. Der Zug hat Anschluss an die Interislander-Fähre (im Fahrpreis von Wellington nach Christchurch inkl.).

Unterwegs vor Ort

In Picton ein Auto zu mieten, ist einfach und billig: Angebote gibt es schon für 35 NZ$ pro Tag, wenn man sich etwas umschaut. Bei den meisten Vermietern ist es möglich, das Auto in Christchurch abzugeben; wer auch auf die Nordinsel fahren will, dem wird meist geraten, das Fahrzeug in Picton zu lassen und nach der Überquerung der Cookstraße in Wellington ein anderes zu mieten. Autos gibt's bei den billigeren örtlichen Anbietern oder bei den großen Unternehmen am Fähranleger beim Interisland-Terminal:

Ace (☎ 03-573 8939; www.acerentalcars.co.nz)

Apex (☎ 03-573 7009; www.apexrentals.co.nz)

Avis (☎ 03-520 3156; www.avis.co.nz)

Budget (☎ 03-573 6081; www.budget.co.nz)

Europcar (☎ 03-573 8800; www.europcar.co.nz)

Hertz (☎ 03-520 3044; www.hertz.co.nz)

NZ Rent a car (☎ 03-573 7282; www.nzrentacar.co.nz)

Pegasus (☎ 03-577 9066; www.carrentalsblenheim. co.nz)

Thrifty (☎ 03-573 7387; www.thrifty.co.nz)

Shuttlebusfahrten (und geführte Touren) rund um Picton und in der Region Marlborough bietet **Marlborough Sounds Shuttles & Tours** (☎ 03-573 7122). Zwischen Picton und Havelock (über Anakiwa) kann man mit dem Lkw von **Coleman Post** (☎ 027 255 8882; 15 NZ$) mitfahren. Der fährt in Picton um 8.15 Uhr und in Havelock um 10.45 Uhr ab, weitere Strecken auf Anfrage.

Detaillierte Infos über die Wassertaxis zu den Sounds gibt's auf S. 482.

MARLBOROUGH SOUNDS

Die Marlborough Sounds sind ein geografisches Labyrinth aus Meeresarmen, Landspitzen, Gipfeln, Stränden und Wasserflächen, das entstand, als das Meer nach dem Ende der letzten Eiszeit tiefe Täler überflutete. Teile der Sounds gehören zum Marlborough Sounds

Maritime Park, einer Reihe kleiner Reservate, die durch Privatgelände voneinander getrennt sind. Um eine ungefähre Vorstellung davon zu vermitteln, wie zerrissen die Sounds sind: Der Pelorus Sound ist 42 km lang, hat aber eine Küstenlinie von 379 km Länge. Wenn man mit dem Auto unterwegs ist, vermittelt einem die kurvenreiche, grüne, 35 km lange Fahrt auf dem Queen Charlotte Dr von Picton nach Havelock (selbst an einem regnerischen Tag) einen tollen ersten Eindruck.

Der Queen Charlotte Track ist die Hauptattraktion für Wanderer, aber auch der zweitägige Nydia Track (S. 489) lohnt sich. Abgeschiedene Unterkünfte (einfache, aber auch Boutiquehotels) liegen verstreut in den Sounds.

Geführte Touren
AB PICTON

Die Mehrzahl der geführten Touren in die Marlborough Sounds beginnen in Picton, viele an der neuen Town Wharf.

Active Eco Tours (☎ 03-573 7199; www.sealswimming.com; Essons Valley; ganztägige Tour mit Sightseeing & Schwimmen mit Seehunden inkl. Ausrüstung Erw./Kind 125/95 NZ$; ⏱ 9–17 Uhr) Hier schwimmt man mit den wendigen Seehunden der Sounds. Die Touren gehen in Picton oder Waikawa los; kostenlose Abholung.

Arrow Water Taxis (☎ 03-573 8229, 027 444 4689; www.arrowwatertaxis.co.nz; Town Wharf)

Beachcomber Fun Cruises (☎ 0800 624 526, 03-573 6175; www.beachcombercruises.co.nz; Town Wharf; Postboot 85 NZ$, Bootsausflüge 69–85 NZ$) Zwei- bis vierstündige Fahrten, einige mit Mittagessen. Auch Kombis aus Bootsfahrt und Wanderung, Bootsfahrt und Radtour sowie Touren auf dem Queen Charlotte Track sind im Angebot.

Cougar Line (☎ 0800 504 090, 03-573 7925; www.cougarlinecruises.co.nz; Town Wharf; Bootstouren Erw./Kind ab 68/34 NZ$) Transport zum Queen Charlotte Track, außerdem verschiedene halb- und ganztägige Bootstouren/Wanderungen, darunter die sehr spezielle (und flexible) Ökotour zum Vogelschutzgebiet Motuara Island.

Dolphin Watch Ecotours (☎ 0800 9453 5433, 03-573 8040; www.naturetours.co.nz; Town Wharf; Beobachtungs-/Schwimmtour 150/100 NZ$) Halbtägiges Schwimmen mit Delfinen und Beobachtungstouren rund um den Queen Charlotte Sound und das Vogelschutzgebiet Motuara Island. Hat auch Kombinationen aus Bootsfahrt und Wanderung auf dem Queen Charlotte Track im Angebot.

Endeavour Express (☎ 03-573 5456; www.boatrides.co.nz; Town Wharf; 1- bis 4-tägige Boots-/Wandertouren 35–90 NZ$) Das backpackerfreundliche Unternehmen veranstaltet Bootstouren, Wanderungen und Transporte zum Queen Charlotte Track. Außerdem werden Mountainbikes und Campingausrüstung verliehen.

Marlborough Sounds Adventure Company (☎ 0800 283 283, 03-573 6078; www.marlboroughsounds.co.nz; Town Wharf; Tour halber Tag–3 Tage 75–245 NZ$) Rad-/Kajak-/Wandertouren für jeden Geschmack. Die eintägige geführte Kajaktour mit anschließender Wanderung (135 NZ$) oder die Fahrradtour (155 NZ$) auf dem Queen Charlotte Track bietet einen prima Einblick in die Sounds. Man kann auch Fahrräder, Kajaks und Campingausrüstung ausleihen.

Myths & Legends Eco-tours(☎ 03-573 6901; www.eco-tours.co.nz; Bootstouren halber/ganzer Tag 150/200 NZ$) Ein Tag auf den Gewässern der Sounds mit einer einheimischen Maorifamilie. Sie lebt schon lange hier, kennt viele Geschichten und kümmert sich um die Umwelt. Fünf Touren sind im Angebot, darunter eine Vogelbeobachtungstour und ein Besuch der Ship Cove.

Picton Water Taxis (☎ 03-573 7853, 027 227 0284; www.pictonwatertaxis.co.nz; Town Wharf; ⏱ 24 Std.)

Sea Kayak Adventure Tours (☎ 0800 262 5492, 03-574 2765; www.nzseakayaking.com; Anakiwa Rd, Anakiwa; geführte Tour halber/ganzer Tag 65/95 NZ$) Geführte Kajaktouren und Trips auf eigene Faust rund um den Queen Charlotte und den Kenepuru Sound. Auch eintägige Kombinationen aus Paddeltour und Wanderung (85 NZ$) oder Paddel- und Fahrradtour (120 NZ$) sind im Angebot. Kajaks und Fahrräder kann man ab 50 NZ$/Tag leihen.

Waterways Boating Safaris (☎ 03-574 1372; www.waterways.co.nz; 745 Kenepuru Rd; halber Tag 95 NZ$, ganzer Tag 125 NZ$) Dies ist zwar ein Bootstour, aber eine ungewöhnliche: Man fährt in seinem eigenen Boot durch den majestätischen Kenepuru Sound und lernt gleichzeitig etwas über die Ökologie und Geschichte der Gegend – eine einmalige und unterhaltsame Art, die Sounds kennenzulernen (2 Pers./Boot & max. 5 Boote/Tour). Mittagessen muss jeder selbst mitbringen.

Wilderness Guides (☎ 0800 266 266, 03-520 3095; www.wildernessguidesnz.com; Picton Railway Station, 3 Auckland St; Tour 1–4 Tage inkl. Mittagessen 90–570 NZ$) Geführte und ungeführte Kajak- und Wander- oder Kajak- und Radtouren auf dem Queen Charlotte Track oder dem Nydia Track. Die Fahrradmiete beträgt 50 NZ$/Tag.

AB HAVELOCK

Ausflüge rund um den Pelorus und Kenepuru Sound beginnen in der Regel in Havelock (s. S. 488).

Captain Clay's Snapper Fishing Charters (☎ 03-574 2911; bluecottage@actrix.co.nz; Havelock Marina; 125 NZ$/Pers., min. 2 Pers.) Halbtägige und längere Angeltouren. Der Fang wird entweder wieder freigelassen oder zum Abendessen mit nach Hause genommen.

Green Shell Mussel Cruise (☎ 0800 990 800, 03-577 9997; www.greenshellmusselcruise.co.nz; Havelock Marina; Erw./Kind 120 NZ$/frei; ⏱ Abfahrt 13.30 Uhr) Halbtägige Ausflugsfahrt mit einem Luxus-Katamaran zu

MARLBOROUGH & NELSON

MARLBOROUGH SOUNDS

0 _____ 10 km

SEHENSWERTES & AKTIVITÄTEN
Portage Adventure Centre............(siehe 19)
Sea Kayaking Adventure Tours..........1 B6
Shark Nett Gallery..............................2 A6
Waterways Boating Safaris.................3 B6

SCHLAFEN
Anakiwa Backpackers.........................4 B6
Anakiwa Lodge............................(siehe 4)
Bay of Many Coves Campsite.............5 D2
Bay of Many Coves Resort.................6 D2
Black Rock Campsite.........................7 D2

Camp Bay Campsite............................8 C5
Cowshed Bay Campsite.......................9 C2
Davies Bay Campsite.........................10 B6
DeBretts & Treetops...................(siehe 19)
Endeavour Resort.............................11 C5
Furneaux Lodge...............................12 C5
Hopewell..13 B5
Lochmara Lodge................................14 C3
Mahana Lodge..................................15 C5
Mistletoe Bay Eco Village...................16 C3
Noeline's Homestay...................(siehe 15)
Nydia Bay Campsite...........................17 A5

Nydia Lodge....................................18 A5
Portage Resort Hotel.........................19 C2
Punga Cove Resort............................20 C5
Queen Charlotte Wilderness Park.........21 D4
Schoolhouse Bay Campsite..................22 D5
Smiths Farm Holiday Park...................23 B6
Te Mahia Bay Resort..........................24 C2
Te Mahoerangi.................................25 A5
Tirimoana House..............................26 B6

ESSEN
Kenepuru Store..........................(siehe 19)

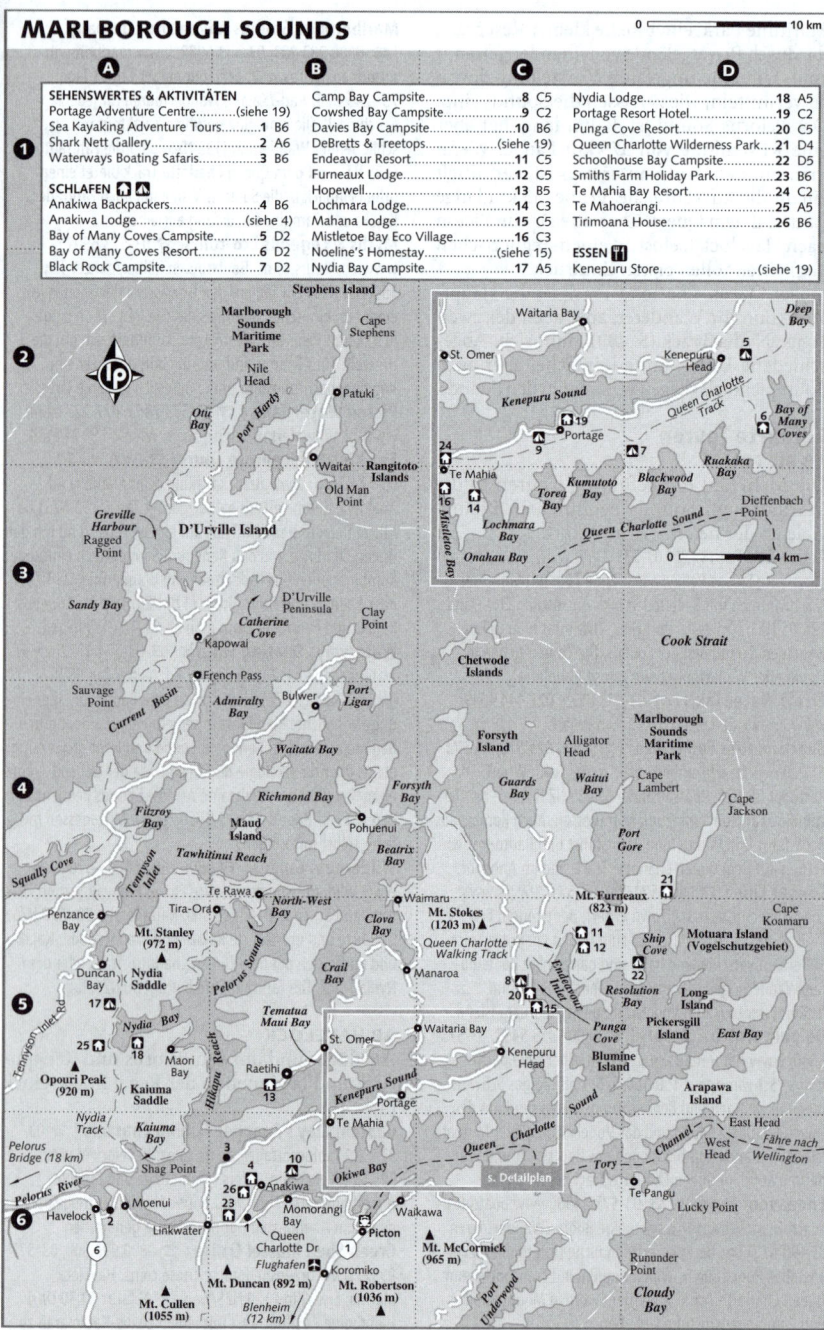

den Muschelgründen von Kenepuru. Im Preis inbegriffen sind eine Portion gedämpfte Muscheln und ein Glas Wein. Reservierung erforderlich.

Pelorus Mail Run (☎ 03-574 1088; www.mail-boat. co.nz; Jetty 1, Havelock Marina; Erw./Kind 120 NZ$/frei; ☸ Abfahrt Di, Do & Fr 9.30 Uhr) Beliebte ganztägige Bootsfahrt durch die abgelegenen Ecken des Pelorus Sound mit einem echten neuseeländischen Postboot. Reservieren ist erforderlich; das Mittagessen muss mitgebracht werden. Man kann sich in Picton abholen bzw. absetzen lassen.

Pelorus Sound Water Taxi (☎ 03-574 2151; www. pelorusbelle.com; Jetty 1a, Havelock Marina) Wassertaxifahrten und maßgeschneiderte Sightseeingtouren.

Schlafen & Essen

Einige Unterkünfte in den Sounds sind nur mit dem Boot erreichbar und wunderbar einsam, am beliebtesten sind jedoch jene am (oder in der Nähe des) Queen Charlotte Track (s. rechte Spalte). Einige Unterkünfte schließen im Winter; besser vorher anrufen!

In den Sounds unterhält das DOC über 30 Campingplätze, von denen viele nur per Boot erreichbar sind. Auf den Plätzen gibt es Wasser und Toiletten, aber sonst nicht viel; keiner der Plätze hat Kochgelegenheiten.

Im Picton i-SITE (S. 477) bekommt man eine Liste der mietbaren Ferienhütten vor Ort, ansonsten kann man es auch bei **Sounds Great Holiday Homes** (☎ 03-574 1221; www.soundsgreat.co.nz) versuchen.

Queen Charlotte Wilderness Park (☎ 03-579 9025; www.truenz.co.nz/wilderness; Cape Jackson; 2 Nächte/3 Tage pro Pers. 329 NZ$ od. 3 Nächte/4 Tage pro Pers. 429 NZ$) Von diesem privaten Naturschutzgebiet aus kann man den Outer Queen Charlotte Track nördlich der Ship Cove und bis zum Cape Jackson vordringen. Das Pauschalangebot umfasst die Unterkunft in Zweibett- oder Doppelzimmern mit Bad, die Mahlzeiten und einen Abhol- bzw. Bringservice von und nach Picton. Hier kann man Tiere beobachten, angeln, Kajak fahren und wandern und hat die Gelegenheit, etwas über die örtliche Umwelt und ihre Erhaltung zu erfahren.

Hopewell (☎ 03-573 4341; www.hopewell.co.nz; Kenepuru Sound; B ab 30 NZ$, DZ mit/ohne Bad 120/98 NZ$, Cottage für 4 Pers. (2 Erw.) 160 NZ$; ☸ Juni–Aug. geschl.; ▯ ☏) Das Hopewell ist eine der beliebtesten Backpackerherbergen Neuseelands. Es nimmt eine abgelegene Ecke am Kenepuru Sound ein und ist von urtümlichem Wald umgeben, der sich zum Meer hin öffnet. Die Anlage ist über eine lange, holperige Straße erreichbar, aber die Anreise mit einem Wassertaxi von Te Ma-

hia ist bei Weitem vorzuziehen. Einmal angekommen, kann man ausspannen oder sich mit den vielen Extras (Büchern, Spielen, dem Whirlpool im Freien, Mountainbikes, Kajaks, Angelausrüstung, Gourmetpizza) vergnügen.

Smiths Farm Holiday Park (☎ 03-574 2806; www. smithsfarm.co.nz; 1419 Queen Charlotte Dr, Linkwater; Stellplatz ohne/mit Strom 32/36 NZ$, Hütte 60–110 NZ$, Motelwohneinheit 130 NZ$; ▯ ☏) Gleich östlich der Abzweigung nach Portage liegt dieser praktische Wohnwagenpark mit üppigen Rasenflächen zum Campen und komfortablen, gepflegten Hütten und Wohneinheiten. Vieh grast hinter den Zäunen. Die Wanderwege führen zu einem nahe gelegenen Wasserfall und einer Senke voller Glühwürmchen.

Anreise & Unterwegs vor Ort

Am besten kommt man per Boot in den Sounds herum, und glücklicherweise gibt es unzählige Anbieter, die nach Fahrplan oder auf Anfrage fahren (S. 482).

Ein großer Teil des Gebiets ist mit dem Auto erreichbar. Die Straße ist bis zur Mündung des Kenepuru Sound befestigt, aber dahinter gibt es nur noch schmale Schotterpisten mit unglaublich vielen Kurven. Die Fahrt von Picton nach Punga Cove dauert zwei bis drei Stunden (per Boot nur 45 Min.).

QUEEN CHARLOTTE TRACK

Der unglaublich beliebte, gewundene Queen Charlotte Track hat eine prachtvolle Küstenlandschaft, einsame Buchten, verschiedene Unterkünfte und naturnahe Campingplätze zu bieten. Der Küstenwald ist üppig und von den Hängen aus hat man einen Blick sowohl auf den Queen Charlotte Sound als auch auf den Kenepuru Sound. Der 71 km lange Weg verbindet die historische Ship Cove mit Anakiwa. Er führt über Privatgelände (40 % der Strecke) und durch DOC-Reservate. Der Zugang hängt von den jeweiligen Grundeigentümern ab; man sollte ihr Eigentum respektieren, indem man nur ausgewiesene Campingplätze und Toiletten benutzt und seinen Müll wieder mitnimmt. Jeder kann seinen Beitrag zum Erhalt des Tracks leisten, indem er die sehr moderate „Track-Gebühr" von 5 NZ$ zahlt – bei der Anlegestelle in Picton oder überall, wo eine Kasse ist.

Der Queen Charlotte Track ist gut ausgeschildert und eignet sich für Wanderlustige mit durchschnittlicher Fitness. Man kann entweder nur Teile des Wegs laufen und den Rest mit den örtlichen Wassertaxis fahren oder die ganze Strecke in drei bis fünf Tagen zu Fuß bewältigen. Übernachtungsmöglichkeiten gibt es im Abstand von je einer halben Tageswanderung, und man kann sein Gepäck per Boot transportieren lassen. Auch wenn hier nicht solche Massen unterwegs sind wie auf dem Abel Tasman Track, trifft man im Sommer doch viele Menschen. Teile der Strecke lassen sich per Kajak zurücklegen (s. S. 483).

Auch das Mountainbike ist eine gute Option für fitte, erfahrene Off-Roader: Damit braucht man allein oder im Rahmen einer geführten Tour zwei bis drei Tage. Allerdings ist der Abschnitt zwischen der Ship Cove und dem Kenepuru Saddle von Dezember bis Februar für Radler gesperrt. Während dieser Monate kann man sich mit dem Boot am Saddle absetzen lassen und bis nach Anakiwa radeln.

Die Ship Cove ist der übliche (und sehr empfehlendswerte) Ausgangspunkt – vor allem deshalb, weil man leichter ein Boot von Picton zur Ship Cove kriegt als umgekehrt –, man kann aber auch in Anakiwa losmarschieren. In Anakiwa gibt es ein öffentliches Telefon, in der Ship Cove nicht. Zwischen Camp Bay und dem Torea Saddle ist der Weg am schwierigsten. Ungefähr auf halber Strecke befindet sich der tolle Aussichtspunkt Eatwell's Lookout, der rund 20 Minuten vom Hauptweg entfernt ist.

Geschätzte Wanderzeiten:

Etappe	Strecke (km)	Dauer (Std.)
Ship Cove–Resolution Bay	4,5	1½–2
Resolution Bay–Beginn des Endeavour Inlet	10,5	2–2¾
Endeavour Inlet–Camp Bay/Punga Cove	12	3–4
Camp Bay/Punga Cove–Torea Saddle/Portage	24	5½–7½
Torea Saddle/Portage–Mistletoe Bay	8	2½–3
Mistletoe Bay–Anakiwa	13	2½–3¾

Praktische Informationen

Im Picton i-SITE (S. 477), wo es auch die besten Infos gibt, sind das Faltblatt *Queen Charlotte Track Visitor Guide* und die DOC-Broschüre *Queen Charlotte Track* erhältlich. Auch das Villa Backpackers in Picton ist eine gute Infoquelle und nimmt Buchungen vor. Im Internet sind auf www.qctrack.co.nz Details zu finden.

Geführte Touren

Die meisten Tourveranstalter mit Sitz in Picton (s. S. 483) bieten Bootsfahrten zum Queen Charlotte Track und geführte Wanderungen, Rad- oder Kajakausflüge an.

Schlafen & Essen

Wer nicht campen will, sollte sich eine Unterkunft am Queen Charlotte Track sehr lange im Voraus buchen, insbesondere für den Sommer. Es gibt sechs **DOC-Campingplätze** (Erw./Kind 6/1,50 NZ$) an der Strecke, die alle Toiletten und Wasser, aber keine Kochgelegenheiten bieten. Außerdem ist eine gute Auswahl von Resorts, Lodges, Backpackerherbergen und Pensionen vorhanden.

Die folgende Liste ist von Nord nach Süd geordnet und beginnt in der Ship Cove (wo Campen verboten ist). Wo man übernachtet, hängt davon ab, wie weit man an einem Tag laufen kann oder will – unbedingt genau planen und die Unterkünfte im Voraus buchen! In der folgenden Liste sind nicht alle Unterkünfte am Track aufgeführt.

Schoolhouse Bay Campsite (Resolution Bay) Dieser schön gelegene DOC-Campingplatz ist der erste der Reihe.

Furneaux Lodge (☎ 03-579 8259; www.furneauxlodge. co.nz; Endeavour Inlet; B 30–40 NZ$, Chalet/Studio 195/245 NZ$; 💻) Diese Unterkunft gehört zu den altbewährten Resorts an den Sounds. Highlights sind die historische Lodge und die große, ebene Rasenfläche. Backpacker haben die Wahl zwischen einem alten Cottage aus Stein (kostet 10 NZ$ weniger) und zwei neuen Schlafsälen näher beim Wasser. Schickere Alternativen sind die separaten Chalets mit zwei Schlafzimmern (für bis zu 6 Pers.) und die flotten Wohnstudios am Ufer. Im Barrestaurant bekommt man Bier und eine Schüssel Chips oder eine richtige Mahlzeit (16–35 NZ$).

Endeavour Resort (☎ 03-579 8381; www.endeavour resort.co.nz; Endeavour Inlet; B 30–40 NZ$, Hütte 75–90 NZ$, Motel 100–125 NZ$) Unterkunft im Bretterhüttenstil der 1950er-Jahre in einer der schönsten Gegenden der Sounds. Die klassische Anlage ist einfach und sauber. Acht Einheiten, meist mit Toilette und Dusche sowie Kochgelegenheit verteilen sich im Garten. Es gibt ein Spielzimmer und eine Bibliothek/Videoraum. Kostenloser Kajak- und Dingiverleih.

Camp Bay Campsite (Punga Cove) Auf der Westseite des Endeavour Inlet.

Punga Cove Resort (☎ 03-579 8561; www.punga cove.co.nz; Endeavour Inlet; B NZ$40, Lodge 140–175 NZ$,

Chalet 175–425 NZ$; 🖳 💽) Das recht rustikale Resort verfügt über in sich abgeschlossene Wohnstudios sowie Familien- und Luxuschalets in A-Form, von denen die meisten einen weiten Blick über das Meer bieten. Für Backpacker gibt's eine Reihe ordentlicher Hütten und eine Lounge mit Ausblick vom Balkon. Vorhanden sind allerlei Extras (Pool, Whirlpool, Spiele, Kajak- und Fahrradverleih) sowie ein Laden, ein Restaurant (Gerichte 26–37 NZ$) und eine Bar (ordentliche Biere und Pizza für 22 NZ$).

Mahana Lodge (☎ 03-579 8373; www.mahanahome stead.com; Endeavour Inlet; DZ 110–150 NZ$) Ann und John bauen ihr Anwesen, das aus einer hübschen Rasenfläche am Ufer, einer eigens errichteten Lodge mit vier Doppelzimmern mit Bad und einem weiteren in einer hinten gelegenen winzigen Hütte besteht, immer weiter aus. Sie pflanzen außerdem einheimische Bäume an und dämmen den Schädlingsbefall ein, um etwas für die Umwelt zu tun. Für Gäste noch interessanter ist das Biogemüse, das für das (optionale) Frühstück, die Lunchpakete oder die abendlichen Drei-Gänge-Menüs (15–45 NZ$) verwendet wird. Angelausrüstung und Kajaks werden kostenlos verliehen.

Noeline's Homestay (☎ 03-579 8375; Endeavour Inlet; EZ/2BZ 30/70 NZ$) Wer den rosa Pfeilen von der Camp Bay zu dieser entspannten Privatunterkunft folgt, wird von Noeline, der über 70-jährigen „Oma für alle" mit selbstgemachtem Gebäck begrüßt. Die freundliche Unterkunft verfügt über Betten für fünf Personen, Kochgelegenheiten und eine tolle Aussicht.

Bay of Many Coves Campsite (Bay of Many Coves) Auf einem Hügelsattel oberhalb des Tracks.

Bay of Many Coves Resort (☎ 0800 5799 771, 03-579 9771; www.bayofmanycovesresort.co.nz; Apt. mit 1/2/3 Schlaf- zimmern 500/695/950 NZ$; 🖳 💽) In den Flitterwochen? Dann sind diese luxuriösen, frei stehenden Apartments genau das Richtige. Alle haben eigene Balkons, auf denen Gäste dem Wasser ganz nah sind, Designerbäder und allen modernen Komfort. Eine Crew eifriger Köche arbeitet in dem gehobenen Café und Restaurant. Das Resort ist per Boot oder über einen steilen Pfad, der vom Hauptweg hinunterführt, erreichbar.

Black Rock Campsite (Kumutoto Bay) Liegt hinter der Bay of Many Coves und oberhalb der Kumutoto Bay.

Portage Resort Hotel (☎ 03-573 4309; www.portage. co.nz; Kenepuru Sound; B 40 NZ$, DZ 165–365 NZ$; 🖳 🛜 💽) Mittelpunkt dieser schicken Feri-

enanlage ist die smarte Lodge mit dem Restaurant Te Weka (Hauptgerichte 28–35 NZ$), einer Lounge und der Sonnenterrasse, von der aus man den Blick über den Hof mit dem Pool und in das umliegende grüne Gelände genießt. Das entspannte Snapper Café (Hauptgerichte 15–30 NZ$) ist bei Hotelgästen und Einheimischen gleichermaßen beliebt. Der Backpackerflügel mit 22 Betten, kleiner Lounge und Kochmöglichkeit ist recht gut; die ordentlichen, zurückhaltend stilvollen Zimmer sind entsprechend teurer. Der vor Ort befindliche **Kenepuru Store** (☎ 03-573 4445; 🕑 Okt.–April 8–20 Uhr, Mai–Sept. bis 16.30 Uhr) verkauft Zeitungen, Snacks, ausgewählte Lebensmittel sowie bemerkenswerte Pies , die (wie die gefüllten Röllchen und das Brot zum Mitnehmen) aus der Bäckerei hinten stammen. Unterhalb des Ladens befindet sich das **Portage Adventure Centre** (☎ 03-573 4111), eine Filiale der Marlborough Sounds Adventure Company (s. S. 483), die geführte Touren veranstaltet und Fahrräder und Boote vermietet

DeBretts (☎ 03-573 4522; www.stayportage.co.nz; EZ/ DZ 40/80 NZ$) und **Treetops** (☎ 03-573 4404; www. staytreetops.com; EZ/DZ 40/80 NZ$) werden von der gleichen Familie geführt und umfassen zusammen sechs Schlafzimmer in zwei gemütlichen Backpackerunterkünften hoch auf dem Hügel oberhalb des Portage Resorts.

Cowshed Bay Campsite (Cowshed Bay) Unweit vom Portage Resort Hotel.

Lochmara Lodge (☎ 03-573 4554; www.lochmara lodge.co.nz; Lochmara Bay; DZ 90–120 NZ$, separate Wohneinheit/Chalet 180–260 NZ$; 🖳 🛜) Das tolle Refugium an der Lochmara Bay ist über einen Seitenweg südlich des Queen Charlotte Track oder per Boot ab Picton zu erreichen. Für Entspannung sorgen u. a. ein Whirlpool im Freien, Hängematten und Grillplätze. Die Doppelzimmer mit Bad, Wohneinheiten und Chalets sind von üppigem Grün umgeben. Es gibt ein Caférestaurant mit Schanklizenz, in dem heimische wild gewachsenes und biologisch angebautes Gemüse serviert wird.

Mistletoe Bay Eco Village (☎ 03-573 4048; www. mistletoebay.co.nz; Mistletoe Bay; Stellplatz ohne Strom Erw./ Kind 15/5 NZ$, B 25 NZ$, Hütte 120 NZ$, Bettwäsche 7,50 NZ$) In einem früheren DOC-Schutzgebiet betreibt ein vorausschauendes Gemeindeunternehmen diese nette Anlage mit attraktiven Stellplätzen, acht unwiderstehlichen Hütten für bis zu sechs Personen, zu denen eine Gemeinschaftsküche gehört, sowie einem Cottage mit Schlafstätten. Dass auf Nachhaltigkeit Wert gelegt wird, zeigen u. a. der Einsatz von Solarstrom und der sparsame Wasserverbrauch mit Aufbereitung und Wiederverwendung. Es gibt auch einen Kajak- und Fahrradverleih.

LP Tipp Te Mahia Bay Resort (☎ 03-573 4089; www.temahia.co.nz; Kenepuru Sound; DZ 148–245 NZ$; 🛜) Diese nette, bescheidene Anlage befindet sich nördlich des Tracks neben der Hauptstraße in einer malerischen, dem Kenepuru Sound zugewandten Bucht. Sie bietet geräumige, bezahlbare, separate Wohneinheiten in einem Haus aus dem späten 19. Jh., hübsche Motelzimmer sowie neue, separate Luxusapartments. Der Laden verkauft Fertiggerichte, Pizzas, Kaffee und Campingverpflegung (Wein!) und vermietet außerdem Kajaks.

Davies Bay Campsite (Umungata) Dieser Campingplatz ist auch eine beliebte Picknickstelle mit Grillplätzen in der Nähe.

Anakiwa Backpackers (☎ 03-574 1338; www.anaki wabackpackers.co.nz; 401 Anakiwa Rd; B 33 NZ$, DZ 76–96 NZ$, Wohneinheit (für 4 Pers.) 155 NZ$; 🖳 🛜) Das frühere Schulgebäude von 1926 steht am südlichen Ende des Tracks. Es ist ein nettes Plätzchen zum Ausruhen und Nachdenken. Die beiden Doppelzimmer (eines mit Bad), der Schlafraum mit vier Betten und die separate Wohneinheit am Strand sind frisch gestaltet. Man kann vom Anleger aus ins Wasser springen, allerlei Wassersport betreiben, und die begeisterten Betreiber versorgen einen aus ihrem kleinen grünen Wohnwagencafé (nachmittags geöffnet) mit Espresso und Eis (halleluja!). Kajaks werden kostenlos verliehen.

Anakiwa Lodge (☎ 03-574 2115; www.anakiwa.co.nz; 9 Lady Cobham Gr; B 31 NZ$, DZ 77–127 NZ$; 🖳 🛜) Das moderne YHA-Backpackerhostel steht 70 m vom Wasser entfernt vor einer Kulisse aus Wald und Wiesen. Es gibt Schlafräume mit vier Betten sowie Doppelzimmer (einige mit Bad und DVD-Player), einen Whirlpool, DVDs zum Ausleihen, einen kostenlosen Kajakverleih und einen Grillbereich.

Tirimoana House (☎ 03-574 2627; www.tirimoana house.com; 257 Anakiwa Rd; DZ mit Frühstück 200–320 NZ$; 🛜 ♨) Das von einem fleißigen Malerehepaar geführte wunderbare B&B liegt vom Ende des Tracks ungefähr 1,5 km die Straße hinunter und ist bis unter die Dachluke mit sagenhaften Antiquitäten möbliert. Jedes Zimmer hat ein eigenes Bad, Meerblick und einen Balkon. Außerdem gibt es einen Whirlpool mit Aussicht und einen Swimmingpool. Zum Frühstück wird ein Gourmetbuffet aufgestellt und Abendessen bekommt man auf Anfrage.

Unterwegs vor Ort

Zahlreiche Bootsunternehmen bieten am Track ihre Dienste an, sodass man loswandern und aufhören kann, wo immer man will. Der Transport hin & zurück kostet rund 90 NZ$ und die einfache Fahrt um die 50 NZ$ (je nachdem, wohin es gehen soll). In der Regel ist im Preis der Gepäcktransport inbegriffen, sodass man nur sein Tagesgepäck tragen muss, während man einen die schwere Ausrüstung schon in der gewählten Unterkunft erwartet. Auch Fahrräder und Kajaks werden befördert.

Eine komplette Liste der Transportunternehmen (von denen viele auch Kombinationen mit Wander-, Rad- und Kajaktouren, Ausflugsfahrten oder Wassertaxiservice anbieten) findet sich auf S. 482.

HAVELOCK
470 Ew.

Die Hauptattraktion im winzigen Havelock ist der geschäftige Hafen, dem der Ort den Titel „Welthauptstadt der Grünschalmuscheln" verdankt. Havelock liegt am Zusammenfluss des Pelorus Sound und des Kaiuma River, 36 km westlich von Picton, und ist ein praktischer Ausgangspunkt, um den weniger besuchten Pelorus und den Kenepuru Sound zu erkunden.

Die Mitarbeiter des im YHA-Hostel untergebrachten **Havelock Infocentre** (☎ 03-574 2104; www.havelockinfocentre.co.nz; 46 Main Rd; ☽ 8.30–21 Uhr) buchen Touren und Transporte und geben Infos zur Region. Das Centre fungiert zugleich auch als DOC-Zweigstelle.

Sehenswertes & Aktivitäten

Oberhalb der Mündung des Pelorus zeigt die einmalige **Shark Nett Gallery** (☎ 03-574 2877; admin@ sharknett.co.nz; 129 Queen Charlotte Dr; Erw./Kind 12/6,50 NZ$; ☽ 10–16 Uhr) zeitgenössische Schnitzereien des örtlichen Rangitane-*iwi* (Stammes). Die Führungen geben spannende Einblicke in die Rolle, die die Schnitzereien für die Aufzeichnung der *tikanga* (Sitten) des Stammes und die *whakapapa* (Ahnenverehrung) spielen. Vor Ort befindet sich auch ein Café.

18 km westlich von Havelock liegt das **Pelorus Bridge Scenic Reserve**, ein hübsches Wald- und Erholungsgebiet am Fluss. Hier kann man auf vielen Wegen wandern, einen Sprung ins klare (aber kalte) Wasser des Pelorus River wagen oder hausgemachte Backwaren im Café genießen. Camper können auf dem wunderbaren **DOC-Campingplatz** (☎ 03-571 6019; www.doc.

govt.nz; Stellplatz ohne/mit Strom 20/22 NZ$) übernachten, der von den Caféinhabern geführt wird.

Der **Nydia Track** (27 km, 10 Std.) führt von der Kaiuma Bay zur Duncan Bay (oder umgekehrt). Etwa auf halber Strecke befindet sich die schöne Nydia Bay. Dort gibt es einen **DOC-Campingplatz** (Erw./Kind 6/1,50 NZ$) und die **Nydia Lodge** (Karte S. 484; ☎ 03-520 3002; www.doc.govt.nz; B 15 NZ$) des DOC, eine Hütte ohne Bewirtschaftung mit 50 Betten (min. 4 Pers.). Um die Tour zu vollenden, braucht man Wasser und ein Transportmittel: Blue Moon (s. unten) betreibt einen Shuttle zur Duncan Bay, ansonsten kann man den Transport im Havelock Infocentre organisieren, wo man auch die Campinggebühren zahlt oder die Lodge bucht. **Te Mahoerangi** (Karte S. 484; ☎ 03-579 8411; www.nydiatrack.org.nz; B/DZ 30/90 NZ$) bietet an der Nydia Bay Unterkunft in einer ruhigen, auf Nachhaltigkeit ausgerichteten Backpackerherberge. Die Einnahmen kommen Umweltschutzprojekten zugute. Möglichkeiten zur Freiwilligenarbeit gibt es ebenfalls.

Geführte Touren

Touren finden in dieser Gegend auf dem Wasser statt. Eine Liste gibt's auf S. 483; buchen kann man im Havelock Infocentre.

Schlafen & Essen

Rutherford YHA (☎ 03-574 2104; www.yha.co.nz; 46 Main Rd; Stellplatz ohne Strom 24 NZ$, B/DZ 28/66 NZ$; 🖳 🛜) Die gut ausgestattete YHA-Herberge ist in einem 1881 erbauten Schulgebäude untergebracht, in dem einst auch Lord Ernest Rutherford, der Vater der Atomphysik, büffelte. Die Zimmer sind einfach und gemütlich (und die Doppelzimmer schöner als die Schlafsäle). Besser Ohrenstöpsel mitbringen!

Blue Moon (☎ 03-574 2212; www.bluemoonhavelock. co.nz; 48 Main Rd; B 25 NZ$, DZ 66–86 NZ$; 🖳) Die relativ unauffällige Lodge hat gemütliche Zimmer im Haupthaus (eines mit Bad) sowie Hütten und eine Schlafbaracke im Hof (dort gibt es auch einen Whirlpool). Die Lounge, die Küche und die Grillterrasse sind nett und relaxt.

Havelock Motor Camp (☎ 03-574 2339; www.have lockmotorcamp.co.nz; 24 Inglis St; Stellplatz ohne/mit Strom 26/30 NZ$, Hütte 44 NZ$; 🖳) Nahe dem Hafen bietet diese gepflegte Anlage akzeptable Stellplätze, einfache Hütten und blitzblanke Toiletten.

Havelock Garden Motel (☎ 03-574 2387; www.gar denmotels.com; 71 Main Rd; DZ 99–150 NZ$) Ein beispielhaftes, familiengeführtes Motel in einer großen, hübschen Gartenanlage mit alten Bäumen und einem Bach, in dem Enten paddeln. Die langen, niedrigen Wohneinheiten aus den 1960ern wurden geschmackvoll renoviert und bieten jetzt gemütlichen Komfort und Gaskocher. Da bleibt man gerne länger.

LP Tipp **Wakamarinian Café** (☎ 03-574 1180; 70 Main Rd; Snacks 2–7 NZ$; ⏲ 9.30–17 Uhr) Leckere hausgemachte Backwaren serviert dieses niedliche Cottage. Man muss früh kommen, um eine der beliebten Pies abzukriegen – oder sich mit den ordentlichen Quiches oder einem Stück Kuchen begnügen. Der Himbeerkuchen mit weißer Schokolade ist unschlagbar. Beth und Laurie sind wirklich ein Segen für Havelock! Klasse Kaffee gibt's auch. Die Preise sind o. k.

Slip Inn (☎ 03-574 2345; Havelock Marina; Gerichte 9–25 NZ$; ⏲ 8 Uhr–open end) In diesem überraschend schicken Restaurant mit Bar am Hafen herrscht maritimes Flair. Die Spezialitäten sind Muscheln sowie Sandbarsch in Biersauce, Pizza, Pasta und hausgemachte Desserts. Prima auch, um nur auf ein Bier einzukehren!

An- & Weiterreise

Busse von **InterCity** (☎ 03-365 1113; www.intercity coach.co.nz) fahren täglich von Picton über Blenheim nach Havelock (21 NZ$, 1 Std., 3-mal tgl.) sowie von Havelock nach Nelson (22 NZ$, 1¼ Std., 3-mal tgl.). **Atomic Shuttles** (☎ 03-349 0697; www.atomictravel.co.nz) verkehrt auf denselben Strecken. Wer zwischen Havelock und Picton über den idyllischen Queen Charlotte Drive fahren will, wendet sich an den Coleman Post (s. S. 482).

BLENHEIM
26 500 Ew.

Blenheim (sprich: „Blenim") ist eine absolut flache, landwirtschaftlich geprägte Stadt 29 km südlich von Picton in der Wairau Plain zwischen den Wither Hills und den Richmond Ranges. Abgesehen vom mitreißenden Aviation Heritage Centre bietet die Stadt wenig, was begeistern oder unterhalten könnte, aber die weltberühmten Weingüter liegen praktisch gleich vor der Hintertür.

Praktische Informationen

Automobile Association (AA; ☎ 03-578 3399; www. aa.co.nz; 23 Maxwell Rd; ⏲ Mo–Fr 8.30–17, Di ab 9 Uhr)
Blenheim i-SITE (☎ 03-577 8080; www.destination marlborough.com; Railway Station, Sinclair St; ⏲ Mo–Fr 8.30–17, Sa & So 9–15 Uhr) Infos zu Marlborough und Umgebung. Außerdem Karten zum Wine Trail und Buchungen für alles Erdenkliche.

MARLBOROUGH & NELSON

Paperplus (☎ 03-578 3904; The Forum, Market Pl; ⓒ Mo–Fr 8.30–17.30, Sa & So 10–16 Uhr) Bücher und Zeitschriften.

Polizei (☎ 03-578 5279; 8 Main St; ⓒ 24 Std.)

Post (Ecke Scott & Main St)

Travel Stop Cyber Centre (☎ 03-579 1902; Shop 17, 1 Market St; ⓒ Mo–Sa 10–21, So bis 16 Uhr) Internet.

Wairau Hospital (☎ 03-520 9999; www.nmdhb.govt. nz; Hospital Rd; ⓒ 24 Std.)

Sehenswertes & Aktivitäten

Blenheims „Attraktionen" sind immer die Weingüter gewesen, doch nun setzt das **Omaka Aviation Heritage Centre** (Karte S. 492; ☎ 03-579 1305; www.omaka.org.nz; Aerodrome Rd; Erw./Kind./Fam. 20/8/48 NZ$; ⓒ 10–16 Uhr) dem etwas entgegen. Dank der Hilfe jener Kreativer, die uns die

Herrn-der-Ringe-Verfilmung beschert haben (Peter Jackson, Wingnut Films und Weta Workshop), ist diese erstaunliche Sammlung von originalen und nachgebauten Flugzeugen aus dem Ersten Weltkrieg und von Dioramen, die dramatische Kriegsszenen wie den Tod des „Roten Barons" Manfred von Richthofen darstellen, wirklich sehenswert geworden. Die ausgestellten Erinnerungsstücke und Fotos geben weitere Hintergrundinformationen – spannend und anrührend. Vor Ort gibt es einen Shop und ein Café.

Auf dem Rückweg in die Stadt lohnt sich ein Besuch im **Marlborough Museum** (☎ 03-578 1712; www.marlboroughmuseum.org.nz; 26 Arthur Baker Pl abseits der New Renwick Rd; Eintritt Erw./Kind 10/5 NZ$; ⓒ 10–16 Uhr), das sich mit Leidenschaft der

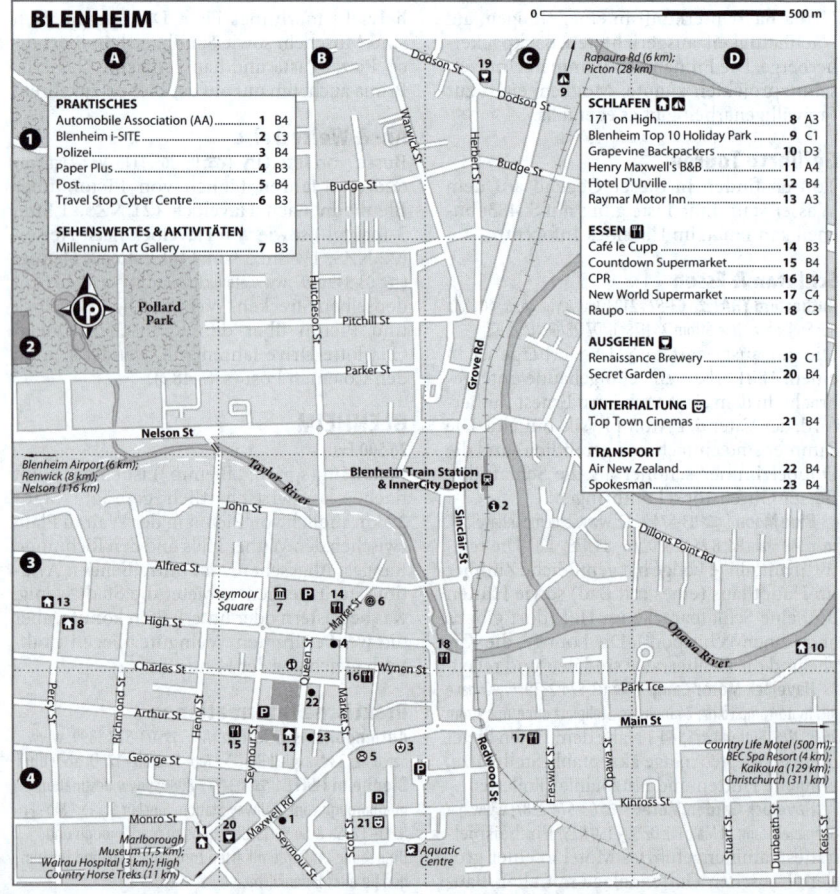

BLENHEIM

0 — 500 m

PRAKTISCHES
Automobile Association (AA)	1	B4
Blenheim i-SITE	2	C3
Polizei	3	B4
Paper Plus	4	B3
Post	5	B4
Travel Stop Cyber Centre	6	B3

SEHENSWERTES & AKTIVITÄTEN
Millennium Art Gallery	7	B3

SCHLAFEN
171 on High	8	A3
Blenheim Top 10 Holiday Park	9	C1
Grapevine Backpackers	10	D3
Henry Maxwell's B&B	11	A4
Hotel D'Urville	12	B4
Raymar Motor Inn	13	A3

ESSEN
Café le Cupp	14	B3
Countdown Supermarket	15	B4
CPR	16	B4
New World Supermarket	17	C4
Raupo	18	C3

AUSGEHEN
Renaissance Brewery	19	C1
Secret Garden	20	B4

UNTERHALTUNG
Top Town Cinemas	21	B4

TRANSPORT
Air New Zealand	22	B4
Spokesman	23	B4

Geschichte der Region widmet. Neben dem Nachbau einer Siedlung, alten Gerätschaften und gut präsentierten Artefakten gibt es eine kürzlich eröffnete „Wine Exhibition", wo man Wissenswertes für seine Weintour erfährt.

Die auffällig blaue **Millennium Art Gallery** (☎ 03-579 2001; marlpublicart@xtra.co.nz; 13 Seymour Sq; Eintritt gegen Spende; ⊙ Mo – Fr 10.30 – 16.30, Sa & So 13 – 16 Uhr) gegenüber dem Seymour Sq zeigt Wechselausstellungen aktueller Werke von Künstlern aus der Region und dem ganzen Land.

Einen tollen Blick über das Wairau Valley bis zur Cloudy Bay hat man bei einer Wanderung oder Radtour im 1100 ha großen **Wither Hills Farm Park** (Karte S. 492), mit der man je nach Strecke 30 Minuten oder einen Tag zubringen kann. Die beiden Hauptzugänge liegen am oberen Ende der Redwood St bzw. der Taylor Pass Rd; man kann eine Karte im i-SITE mitnehmen oder sich die Tafeln an den Eingängen anschauen. Feuer zu machen ist im Hochsommer oft verboten, also nachfragen! Räder vermietet Spokesman (s. S. 496).

High Country Horse Treks (☎ 03-577 9424; www.high-horse.co.nz; 961 Taylor Pass Rd; Ausritt 1/4 Std. 50/150 NZ$) veranstaltet Ausritte ab den Stallungen, die sich 11 km südwestlich der Stadt befinden (nach dem Weg fragen).

Geführte Touren
WEINTOUREN

Weintouren werden meist mit Kleinbussen unternommen. Sie dauern zwischen drei und sieben Stunden, in denen vier bis sieben Weingüter besucht werden, und kosten zwischen 45 und 90 NZ$ (einige ganztägige Touren auch bis zu 200 NZ$). Ein Mittagessen auf einem Weingut steht in der Regel mit auf dem Programm. Zahlreiche Anbieter veranstalten verschiedene (oft nach Kundenwünschen maßgeschneiderte) Touren:

Bubbly Grape Wine Tours (☎ 0800 228 2253; www.bubblygrape.co.nz)

Highlight Wine Tours (☎ 03-577-9046; www.highlight-tours.co.nz)

Marlborough Wine Tours (☎ 03-578 9515; www.marlboroughwinetours.co.nz)

Na Clachan Wine Tours (☎ 03-578 8881; www.naclachan.co.nz)

Sounds Connection (☎ 0800 742 866, 03-573 8843; www.soundsconnection.co.nz)

Eine andere Möglichkeit ist es, mit dem Fahrrad zu fahren. Drahtesel kann man überall in der Stadt ausleihen. **Wine Tours by**

Bike (☎ 03-577 6954; www.winetoursbybike.co.nz; Fahrradverleih halber/ganzer Tag 40/55 NZ$) hat eine Radel-Weintour im Programm. Inklusive sind der An- und Abtransport, eine Karte der Weingüter, Wasser in Flaschen, Lenkerkörbe fürs Fahrrad und ein Anhänger (falls jemand zu viele Flaschen kauft). Auch Unterkünfte gibt's.

NOCH MEHR TOUREN

Neuseelands größte High-Country-Station – mit Pferdeställen, einem historischen Gasthof und sagenhaftem Ausblick – kann man über die **Molesworth Tour Company** (☎ 03-577 9897; www.molesworthtours.co.nz) kennenlernen. Angeboten werden ein- bis viertägige Geländewagentouren (235 – 1500 NZ$, inkl. allem) sowie viertägige Mountainbikeabenteuer (1135 NZ$, inkl. Service und Rundumversorgung). Auch Weintouren sind im Angebot.

Festivals & Events

Marlborough Wine Festival (☎ 03-577 9299; www.wine-marlborough-festival.co.nz; Tickets 50 NZ$) Das Fest findet am zweiten Februarwochenende auf dem Montana Brancott Estate statt. Es gibt Weine aus 50 Kellereien, gutes Essen und Unterhaltung. Die Unterkunft weit im Voraus reservieren!

Blues, Brews & BBQs (☎ 0800 224 224; www.bluesbrews.co.nz; Tickets 28 NZ$) Zum Ausgleich findet am Wochenende vor dem Weinfest auf Blenheims A&P-Gelände dieses Bierfest mit Bluesmusik, Essen, Trinken und Grölen statt.

Schlafen
IN DER STADT

Blenheims Budgetunterkünfte sind auf Langzeitgäste ausgelegt, die in den Weinbergen und auf den Obstplantagen der Region arbeiten; die Hostelbetreiber helfen bei der Suche nach Saisonarbeit und bieten günstige Wochenpreise. Es gibt viele Mittelklassemotels, vor allem an der Middle Renwick Rd westlich vom Stadtzentrum, sowie eine Handvoll von SH1 in Richtung Christchurch.

Grapevine Backpackers (☎ 03-578 6062; www.thegrapevine.co.nz; 29 Park Tce; Stellplatz 17 NZ$, B 24 NZ$, DZ 52 – 66 NZ$, 3BZ 78 NZ$; 💻 🛜) Eine ehemalige Entbindungsklinik außerhalb des Stadtzentrums beherbergt dieses auf Arbeiter ausgerichtete Hostel mit einer tollen Sonnenterrasse am Opawa River. Kanus werden kostenlos verliehen, Fahrräder für 15 NZ$ pro Tag. Die Dreistockbetten sind nur was für Schwindelfreie.

Blenheim Top 10 Holiday Park (☎ 0800 268 666, 03-578 3667; www.blenheimtop10.co.nz; 78 Grove Rd; Stell-

MARLBOROUGH WINE REGION

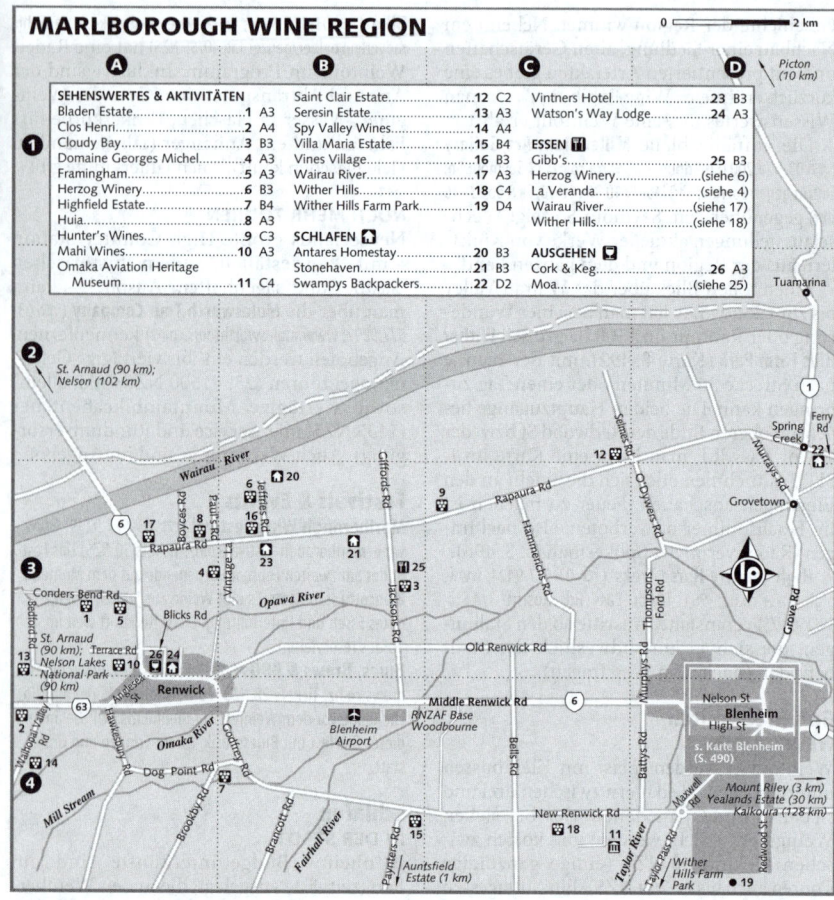

0 — 2 km

Picton (10 km)

A | **B** | **C** | **D**

SEHENSWERTES & AKTIVITÄTEN
Bladen Estate.............................1 A3
Clos Henri.................................2 A4
Cloudy Bay................................3 B3
Domaine Georges Michel...........4 A3
Framingham..............................5 A3
Herzog Winery...........................6 B3
Highfield Estate.........................7 B4
Huia...8 A3
Hunter's Wines..........................9 C3
Mahi Wines.............................10 A3
Omaka Aviation Heritage
    Museum...............................11 C4

Saint Clair Estate....................12 C2
Seresin Estate.........................13 A3
Spy Valley Wines....................14 A4
Villa Maria Estate....................15 B4
Vines Village...........................16 B3
Wairau River..........................17 A3
Wither Hills...........................18 C4
Wither Hills Farm Park............19 D4

SCHLAFEN
Antares Homestay...................20 B3
Stonehaven............................21 B3
Swampys Backpackers.............22 D2

Vintners Hotel........................23 B3
Watson's Way Lodge...............24 A3

ESSEN
Gibb's...................................25 B3
Herzog Winery....................(siehe 6)
La Veranda.........................(siehe 4)
Wairau River.....................(siehe 17)
Wither Hills.....................(siehe 18)

AUSGEHEN
Cork & Keg............................26 A3
Moa.................................(siehe 25)

Tuamarina

St. Arnaud (90 km);
Nelson (102 km)

Spring Creek
Ferry Rd
Wairau River
Clifford Rd
Rapaura Rd
Grovetown
Opawa River
Conders Bend Rd
Blicks Rd
Old Renwick Rd
St. Arnaud (90 km);
Nelson Lakes National Park (90 km)
Terrace Rd
Renwick
Middle Renwick Rd
RNZAF Base Woodbourne
Blenheim Airport
Omaka River
Dog Point Rd
Mill Stream
Fairhall River
New Renwick Rd
Auntsfield Estate (1 km)
Nelson St
Blenheim
High St
s. Karte Blenheim (S. 490)
Mount Riley (3 km)
Yealands Estate (30 km)
Kaikoura (128 km)
Wither Hills Farm Park

platz ohne Strom 32–36 NZ$, Stellplatz mit Strom 36–40 NZ$, Hütte 65–85 NZ$, Wohneinheit & Motel 90–140 NZ$;) Rund fünf Minuten nördlich der Stadt bietet dieser saubere Ferienpark gut zugängliche Stellplätze für Wohnmobile und Zeltstellplätze am Opawa River. Hinzu kommen ein Whirlpool, ein Spielplatz und die üblichen Hütten und Wohneinheiten. Fahrräder werden vermietet (30 NZ$/Tag).

Henry Maxwell's B&B (☎ 0800 436 796, 03-578 8086; www.henrymaxwells.co.nz; 28 Henry St; EZ 80 NZ$, DZ 120–140 NZ$, alle inkl. Frühstück;) Fünf Gehminuten von der Stadtmitte entfernt bietet dieses überraschend ruhige große, alte Haus fünf heimelige, geräumige Zimmer mit eigenem Bad. Hinzu kommen Gästelounge und -küche, Kaffeemaschinen in allen Zimmern, kos-

tenloser Portwein und die Unterstützung der Betreiber Diana und Graham. Außerdem gibt es ein üppiges warmes Frühstück.

Country Life Motel (☎ 03-578 7069; countrylifemotel@ clear.net.nz; Main Rd South; DZ 85 NZ$;) Die Anlage liegt zwar am SH1 am Stadtrand, ist mit der weiten Auffahrt, den gepflegten Rasenflächen, dem blühenden Rosengarten und günstigen Preisen eine Überlegung wert. Für nur 20 NZ$ mehr als in einer Backpackerunterkunft wohnt man hier in einer ordentlichen, alten Motelwohneinheit mit Kühlschrank, Mikrowelle und Toaster. Es gibt sogar einen Pool.

Raymar Motor Inn (☎ 03-578 5104; raymar@slingshot. co.nz; 164 High St; DZ 95 NZ$, zusätzl. Pers. 20 NZ$;) Die Aufhübschung hat diesen Oldtimer nicht ganz von den Sünden der Vergangenheit befreien können: Das geschmacklose Laminat und das gemusterte Glas sind geblieben. Immerhin ist das Haus recht sauber, zentral gelegen und billig. Mit Gemeinschaftsküche.

171 on High (☎ 0800 587 856, 03-579 5098; www.171onhighmotel.co.nz; Ecke High & Percy St; DZ 125– 185 NZ$; 🖳 🛜) Eine freundliche Option in Stadtnähe: die geschmackvollen, in Purpurrot gehaltenen Studios und Apartments sind tagsüber hell und luftig und abends warm und gemütlich. Zu den vielen Extras gehören voll ausgestattete Küchen, Satelliten-TV und eine Gäste-Waschküche. Das Personal ist für ausgezeichneten Service bekannt.

Hotel D'Urville (☎ 03-577 9945; www.durville.com; 52 Queen St; DZ 185–300 NZ$; 🖳 🛜) Das Boutiquehotel verleiht Blenheims alten Public-Trust-Gebäuden etwas Klasse. Die elf prächtigen Zimmer sind üppig dekoriert und individuell thematisch gestaltet. Im Erdgeschoss befinden sich eine stilvolle Lounge-Bar und ein Spitzenrestaurant (nur Abendessen, Hauptgerichte ca. 38 NZ$). Draußen in der neuen Terrassenbar genießt man die Nachmittagssonne.

BEC Spa Resort (☎ 03-579 4446; www.becspa.co.nz; 81 Cobb Cottage Rd; DZ inkl. Frühstück 325–525 NZ$; 🖳 🛜 🖳) Auf einer Anhöhe in den goldenen Wither Hills besticht dieses Boutiqueresort mit wunderbarer Aussicht und sehr stilvoller Architektur. Die Betreiber haben die fünf Zimmer mit Bad, die schicken Suiten und den gemeinsamen Wohnbereich mit toller Kunst geschmackvoll ausgestattet, trotzdem ist die Atmosphäre in der Anlage ungezwungen. Hier lässt sich's prima entspannen: Es gibt ein Schwimmbecken, ein Wellnessbad, eine Sauna und ein Spa.

IN DER WEINREGION
Die folgenden Unterkünfte liegen außerhalb Blenheims in der eigentlichen Weinregion.

Swampys Backpackers (Karte S. 492; ☎ 03-570 2180; www.swampys.co.nz; 2 Ferry Rd, Spring Creek; B/DZ 25/60 NZ$; 🖳) Der muntere Treffpunkt für Traveller und Langzeitgäste hat einen heruntergekommenen alten und einen neuen Flügel. In der Nähe gibt es eine Kneipe und einen kleinen Supermarkt, in der Anlage schrille Wohnräume, zwei Küchen, ordentliche Bäder, einen Hof zum Entspannen und einen Fahrradverleih.

Watson's Way Lodge (Karte S. 492; ☎ 03-572 8228; www.watsonswaybackpackers.co.nz; 56 High St; B NZ$28, DZ 58–68 NZ$; 🕑 Aug. geschl.; 🖳) Das eigens auf Traveller ausgerichtete Hostel hat Schlafräume mit drei und vier Betten sowie pieksaubere

Doppelzimmer (einige mit eigenem Bad) in einer Lodge, die in einem grünen Garten mit Obstbäumen und Hängematten steht. Es gibt einen Fahrradverleih (Sondertarif für Gäste 25 NZ$/Tag), eine freistehende Badewanne im Freien und jede Menge Infos zur Region.

LP Tipp **Vintners Hotel** (Karte S. 492; ☎ 03-572 5094; www.mvh.co.nz; 190 Rapaura Rd; DZ 150–260 NZ$; 🛜 🖳) Eine der besten Unterkünfte hier: Dank den Panoramafenstern an zwei Seiten hat man von den 16 von Architekten gestalteten Suiten klasse Ausblick auf die Weingüter und das Tal. Die Zimmer sind sehr stilvoll mit abstrakter Kunst dekoriert und besitzen luxuriöse Bäder. Im eleganten Empfangsgebäude befinden sich eine Bar und ein renommiertes Restaurant, das sich zu einem Garten voller Kirschbäume öffnet. Die engagierten Betreiber stellen Kontakte her, um Gästen alles zu ermöglichen, was die Region zu bieten hat.

Antares Homestay (Karte S. 492; ☎ 03-572 9951; 106 Jeffries Rd; EZ/DZ mit Frühstück 175/195 NZ$, DZ-Wohneinheit 230 NZ$, zusätzl. Pers. 35 NZ$; 🖳 🛜 🖳) Auf dem 1,6 ha großen Gelände, auf dem saftige Zitronen wachsen, kommen Gäste in zwei Zimmern mit Bad in einem Flügel abseits des Haupthauses sowie in einer in sich abgeschlossenen Loft-Einheit (max. 5 Pers.) über der Garage unter. Fahrräder sind verfügbar.

Stonehaven (Karte S. 492; ☎ 03-572 9730; www.stone havenhomestay.co.nz; 414 Rapaura Rd; DZ mit Frühstück 185–280 NZ$; 🖳 🛜 🖳) Das wunderbare, aus Stein und Holz errichtete B&B steht inmitten malerischer Weinberge und bietet drei komfortable Gästezimmer. Bei den Betten wird an Kissen nicht gespart. Das kontinentale Frühstück gibt's in der Laube. Abendessen wird auf Anfrage zubereitet, dazu kommen seltene Weine aus dem Keller auf den Tisch. Vor Ort werden auch Fahrräder verliehen.

Essen & Ausgehen
Essen und Ausgehen in Blenheim sind häufig Glückssache; viele der besten Optionen liegen jenseits der Stadt auf den Weingütern oder in den Brauereien (s. S. 494 & S. 496).

Café le Cupp (☎ 03-577 7311; 30 Market St; Snacks 2–5 NZ$, Gerichte 6–18 NZ$; 🕑 Mo–Fr 8–15.30, Sa 9–13 Uhr) Die beste Teestube im Umkreis von Kilometern. Man wählt aus der Vitrine (Eiersandwiches, Hackfleischtaschen, saftige Kokoskuchen, Karottenkuchen) oder bestellt ein Frühstück (englisch, Arme Ritter oder Müsli).

CPR (☎ 03-579 5030; 18 Wynen St; 🕑 Mo–Fr 7–16, Sa 8.30–13 Uhr) Hier gibt's Kaffee aus Blenheims

WEINGÜTER IN MARLBOROUGH

Marlborough ist Neuseelands größtes Weinbaugebiet; hier werden rund drei Viertel des neuseeländischen Weins produziert. Auf 23 810 ha wird Wein angebaut – das entspricht ca. 34 000 Rugbyfeldern! Sonnige Tage und kühle Nächte bilden das perfekte Mikroklima für Trauben, die Kühle vertragen: für den berühmten Sauvignon Blanc, erstklassigen Pinot Noir und guten Gewürztraminer, Riesling, Pinot Gris und Sekt. Wer auf der Südinsel ist, sollte ein paar Tage mit Weinproben zubringen und in den Restaurants der Güter dinieren. Infos zu Unterkünften gibt's auf S. 493.

Die meisten der fast 200 Weingüter Marlboroughs liegen im Wairau Valley rund um Blenheim und Renwick; weitere finden sich im kühleren Awatere Valley oder in den Tälern südlich des Wairau. Von den rund 40 öffentlich zugänglichen Gütern lohnen die unten genannten (s. Karte S. 492) einen Besuch und sorgen für klasse Weinerlebnisse. Näheres zu Weintouren auf S. 491.

Verkostungen

Die meisten Weinproben sind kostenlos. Angegeben sind die Öffnungszeiten im Sommer, manche Weingüter schränken den Betrieb im Winter ein. Mitnehmen sollte man die Karte *The Marlborough Wine Trail*, die es im i-SITE von Blenheim und online unter www.wine-marlborough.co.nz gibt.

- **Auntsfield Estate** (☎ 03-578 0622; www.auntsfield.co.nz; 270 Paynters Rd; ☽ 11–17 Uhr) Das malerische historische Weingut an den Wither Hills bietet hochwertige Weine und dienstags bis samstags Führungen (10 NZ$) an.

- **Bladen Estate** (☎ 03-572 9417; www.bladen.co.nz; Conders Bend Rd; ☽ 11–17 Uhr) Kleines, sehr charmantes Familienweingut. Preisgekrönter Verkostungsraum.

- **Clos Henri** (☎ 03-572 7923; www.closhenri.com; 639 SH63; ☽ Mo–Fr 10–16 Uhr) Hier verbinden sich Marlborough und französische Winzerkunst – die Resultate sind sehr überzeugend. Der Probenraum befindet sich in der wunderschön restaurierten örtlichen Kirche.

- **Cloudy Bay** (☎ 03-520 9147; www.cloudybay.co.nz; Jacksons Rd; ☽ 10–17 Uhr) Hinter dem zurückhaltenden Äußeren des preisgekrönten Guts verbergen sich edle Innenräume. Angeboten werden international hoch geschätzter Sauvignon Blanc, Sekt und Pinot Noir.

- **Domaine Georges Michel** (☎ 03-572 7230; www.georgesmichel.co.nz; 56 Vintage La; ☽ 10.30–16.30 Uhr) Ein Stück Frankreich im Herzen Marlboroughs. Hier gibt's ausgewogenen Pinot Noir und *La Veranda* – einen unserer Lieblingsplätze für ein Mittagessen (S. 495).

- **Framingham** (☎ 03-572 8884; www.framingham.co.nz; 19 Conders Bend Rd; ☽ 10.30–16.30 Uhr) Verlässliche Qualitätsweine, darunter ausgezeichneter Riesling.

- **Herzog Winery** (☎ 03-572 8770; www.herzog.co.nz; 81 Jeffries Rd; ☽ Mo–Fr 9–17, Sa & So 11–16 Uhr) Kleines Familienweingut mit hoch geschätztem Restaurant (S. 495). Hier sollte man den Montepulciano probieren, einen Wein mit viel Körper, der hierzulande selten ist.

- **Highfield Estate** (☎ 03-572 9244; www.highfield.co.nz; Brookby Rd; ☽ 10–17 Uhr) Vom Turm dieses Weinguts im toskanischen Stil hat man einen eindrucksvollen Blick über das Wairau Valley. Hier steht der Sekt im Mittelpunkt. Das Restaurant ist von 11.30 bis 16.30 Uhr geöffnet.

- **Huia** (☎ 03-572 8326; www.huia.net.nz; Boyces Rd; ☽ 10.30–17 Uhr) Nachhaltiger Weinbau (kleine Mengen) und ein netter gelber Probenraum vor Ort. Köstlicher trockener Gewürztraminer.

- **Hunter's Wines** (☎ 03-572 8489; www.hunters.co.nz; 603 Rapaura Rd; ☽ 9–17 Uhr) Sitz der Winzerlegende Jane Hunter. Hier gibt es auch ein Gartencafé (Mi–Sa Mittagessen 11–15 Uhr, Abendessen 18–21 Uhr).

- **Mahi Wines** (☎ 03-572 8859; www.mahiwine.co.nz; 9 Terrace Rd; ☽ 10–16.30 Uhr) Fachkundiges, freundliches Personal, das zu Recht stolz auf den Keller voller feiner Weine ist. Im Vordergrund stehen unverschnittene Weine von nur einem Hang.

- **Mount Riley** (☎ 03-577 9900; www.mountriley.co.nz; 10 Malthouse Rd, Riverlands; ☽ 10–16.30 Uhr) Von einer Familie geführtes Weingut, das ordentliche Weine zu vernünftigen Preisen produziert. In dem auffälligen Betonsarkophag in den Weinbergen ist der Verkostungsraum untergebracht.

■ **Saint Clair Estate** (☎ 03-570 5280; www.saintclair.co.nz; Ecke Rapaura & Selmes Rd; 🕒 9–17 Uhr) Der Sauvignon Blanc ist klasse und gehört zu den besten Neuseelands. Cafébetrieb 9–17 Uhr.

■ **Seresin Estate** (☎ 03-572 9408; www.seresin.co.nz; 85 Bedford Rd; 🕒 10–16.30 Uhr) Das Weingut des Filmemachers Michael Seresin produziert Weine und Olivenöl – alles bio. Es gibt einen scheunenartigen Verkostungsraum (Verkostung 5 NZ$). Schicke Skulpturen stehen auf dem Gelände.

■ **Spy Valley Wines** (☎ 03-572 9830; www.spyvalleywine.co.nz; Waihopai Valley Rd; 🕒 10–16 Uhr) Das Weingut mit Spionagedeko besitzt eine stilvolle, moderne Architektur. Die Weine sind durch die Bank großartig. Kreative Vermarktung!

■ **Villa Maria Estate** (☎ 03-520 8470; www.villamaria.co.nz; Ecke New Renwick & Paynters Rd; 🕒 10–17 Uhr) Einer der Giganten im neuseeländischen Weingeschäft, schon vielfach ausgezeichnet. Der Black-Label-Pinot-Noir ist für Weinkenner eine Offenbarung.

■ **Vines Village** (☎ 03-572 8444; www.thevinesvillage.co.nz; 193 Rapaura Rd; 🕒 9–17 Uhr) Hier sind der Probenraum Bouldevines (www.bouldevineswine.co.nz) und vieles mehr zu finden: die Prenzel Distillery Company, Olivenöl, Patchworkdecken und ein gutes Café, das bezahlbare Hausmannskost anbietet.

■ **Wairau River** (☎ 03-572 9800; www.wairauriverwines.co.nz; 11 Rapaura Rd; 🕒 10–17 Uhr) CO_2-neutral arbeitendes Familiengut, zu dem einige der ältesten Weinberge Marlboroughs gehören. Es gibt eine herrliche Gartenanlage und ein ordentliches Mittagsmenü (s. unten).

■ **Wither Hills** (☎ 03-578 4036; www.witherhills.co.nz; 211 New Renwick Rd; 🕒 10–16.30 Uhr) Ein architektonisches Schmuckstück und eines der führenden Weingüter der Region. Prädikatsweine und ausgezeichnetes Mittagessen (s. unten).

■ **Yealands Estate** (☎ 03-575 7618; www.yealands.com; Ecke Seaview & Reserve Rd, Seddon; 🕒 10–16.30 Uhr) Produziert Bioweine in großem Maßstab (mehr als 1000 ha Anbaufläche). Führungen durch das hochmoderne Weingut nach Vereinbarung.

Wer keinen Wein mehr sehen kann, dem bleiben noch die köstlichen Biere Marlboroughs (S. 496).

Die besten Wein- und Dinneradressen

Zum Wein gehört Essen – hier sind unsere Empfehlungen für ein Mahl zwischen Weinstöcken. Die angegebenen Öffnungszeiten gelten für den Sommer; Reservieren wird empfohlen.

■ **La Veranda** (Platten 16 NZ$; 🕒 10–17 Uhr) Preisgünstige Platte mit Wurst, Käse und französischen Desserts – genau die Art von Mittagessen, die für ein Weingut zu empfehlen ist. Essen kann man im Freien oder in dem eleganten Restaurant der Domaine George Michel.

■ **Wairau River** (Hauptgerichte 17–23 NZ$; 🕒 12–15 Uhr) Lehmziegelbistro mit großer Veranda und einem Garten mit vielen schattigen Plätzchen. Zu empfehlen sind das doppelt überbackene Blauschimmelkäsesoufflé und der üppige Schweinefleisch-Erdnuss-Salat. Nett und entspannt.

■ **Wither Hills** (Hauptgerichte 17–24 NZ$, Platte 28–45 NZ$; 🕒 11–16 Uhr) Einfaches, gut zubereitetes Essen in stilvollem Ambiente. Man setzt sich auf einen Sitzsack auf dem Rasen und verleibt sich Steak mit Sauce Café de Paris ein, ehe man die Zikkurat besteigt, um den eindrucksvollen Blick über das Wairau Valley zu genießen.

■ **Gibb's** (☎ 03-572 8048; 258 Jacksons Rd; Hauptgerichte 37–40 NZ$; 🕒 18.30 Uhr–open end) Kein Weingut, sondern nur ein Restaurant inmitten des Weingebiets. Hier bekommt man kreative saisonale Gerichte mit frischen Zutaten und europäischem Touch. Die Weinkarte ist spitze. Super für ein intimes Abendessen in zurückhaltenden Ambiente.

■ **Herzog Winery** (Hauptgerichte 82–129 NZ$, 5-Gänge-Verkostungsmenü mit/ohne Wein 191/125 NZ$; 🕒 Mitte Okt.–Mitte Mai 18.30–21.30 Uhr) Im opulenten Speisesaal der Herzog Winery kann man elegant essen. Es gibt wunderbar hergerichtete Speisen und eine bemerkenswerte Weinkarte. Mittags wird weniger extravagante Bistrokost serviert (🕒 12–15 Uhr).

eigener Rösterei. Mit Glück bekommt man auch einen Muffin, aber der Kaffee ist und bleibt das Wichtigste.

Raupo (☎ 03-577 8822; 2 Symons St; Mittagessen 12–18 NZ$, Abendessen 22–28 NZ$; 🕑 7 Uhr–open end) Das Restaurant befindet sich am Opawa River in einem luftigen, aus Stein und Holz errichteten Gebäude mit hoher Decke. Tagsüber bekommt man gute Cafékost (Frühstück, Burger, Muscheln, Lammkotelett) und Süßspeisen, abends etwas aufwendigere Gerichte. Es gibt geschützte Sitzbereiche draußen. Aus der Stereoanlage plätschert leiser Jazz.

Secret Garden (☎ 03-579 5025; 30 Maxwell Rd; Gerichte 16–23 NZ$; 🕑 9 Uhr–open end) Dieses elegante Restaurant mit Gartenbar ist eine grüne Oase in einem ziemlich öden Stadtteil. Zum Frühstücks gibt's Brote mit Frühstücksspeck und Kaffee mit frisch gemahlenen Bohnen, später sind Pies mit Wild, Spezialbiere, gute Whiskys und Zigarren dran. Der Service ist prima.

Näheres steht bei Hotel D'Urville (S. 493). Supermärkte für Selbstversorger:

Countdown Supermarket (☎ 03-579 2946; 51 Arthur St; 🕑 7–24 Uhr)
New World Supermarket (☎ 03-520 9030; 1 Freswick St; 🕑 7–22 Uhr)

Unterhaltung

Top Town Cinemas (☎ 03-577 8273; www.toptowncinemas.co.nz; 4 Kinross St; Erw./Kind/erm. ab 11/8/10 NZ$; 🕑 10–24 Uhr) In den Hauptkinos laufen große Hollywoodproduktionen; unkonventionellere Filme werden in der „Lounge" gezeigt. Dienstag ist Kinotag (8 NZ$).

Anreise & Unterwegs vor Ort
BUS

Busse von **InterCity** (☎ 03-365 1113; www.intercitycoach.co.nz) fahren täglich vom Blenheim i-SITE nach Picton (15 NZ$, 30 Min., 5-mal tgl.) mit Weiterfahrt nach Nelson (31 NZ$, 1¾ Std., 3-mal tgl.). Außerdem verkehren Busse Richtung Süden über Kaikoura (33 NZ$, 1¾ Std.) nach Christchurch (54 NZ$, 5 Std., 2-mal tgl.). Einige Shuttlebusse halten auf der Strecke Nelson–Picton–Christchurch (s. S. 481) auch in Blenheim.

Busse von **Ritchies Transport** (☎ 03-578 5467; www.ritchies.co.nz) bedienen die Strecke Blenheim–Picton (10 NZ$, 25 Min., Schulzeit Mo–Fr 3-mal tgl.), los geht's am Blenheimer Bahnhof.

Naked Bus (☎ 0900 625 33; www.nakedbus.com) fährt von Blenheim aus viele Ziele auf der Südinsel an, z. B. Kaikoura (20 NZ$, 2 Std., 2-mal tgl.), Nelson (ab 13 NZ$, 1¾ Std., 1–2-mal tgl.) und Motueka (27 NZ$, 3¾ Std., 1-mal tgl.). Die Busse fahren ab dem i-SITE; buchen kann man dort oder online – bei Vorabbuchung gibt es Rabatt.

FAHRRAD

Spokesman (☎ 03-578 0433; www.bikemarlborough.co.nz; 61 Queen St; Fahrrad halber/ganzer Tag inkl. Helm 25/40 NZ$; 🕑 Mo–Fr 8–17.30, Sa 10–13 Uhr) verleiht Räder; längere Leihdauer und Lieferung nach Absprache.

FLUGZEUG

Der Blenheim Airport liegt 6 km westlich der Stadt an der Middle Renwick Rd. **Air New Zea-**

ECHTES BIER

Hier gibt's nicht nur Wein. Marlborough produziert auch einige Qualitätsbiere. In den folgenden Lokalen kann man einige Proben des ältesten Getränks der Welt zu sich nehmen – ein gutes Gegengift nach zu viel Sauvignon Blanc:

- **Cork & Keg** (☎ 03-572 9328; Inkerman St, Renwick; 🕑 12 Uhr–open end) Landschenke englischen Stils mit einem hübschen Hof und Kneipenessen. Hier gibt's Moa, West Coast und Benger Gold Cider vom Fass.

- **Moa** (☎ 03-572 5146; www.moabeer.co.nz; Jacksons Rd; 🕑 Sommer 12 Uhr–open end, Winter Fr–So 12 Uhr–open end) Josh Scott, Sohn eines Winzers, bietet in seinem Verkostungsraum mit Bar mitten in der Marlborough Wine Region eine ausgezeichnete Auswahl an flaschengereiften Bieren und durstlöschenden Ciders. Netter Biergarten mit Blick in die Weinberge. Teures Essen.

- **Renaissance** (Karte S. 490; ☎ 03-579 3400; www.renaissancebrewing.co.nz; 1 Dodson St; 🕑 Di–Fr 11 Uhr–open end, Sa & So 10 Uhr–open end) Qualitäts-Ales von Renaissance kann man im Dodson Street Bistro & Ale House gleich neben der Brauerei probieren. Das malzige Stonecutter Scotch Ale ist köstlich und vollmundig. Es gibt aber auch noch weitere Qualitätsbiere, darunter Emerson's, 666 und 8-Wired, sowie ordentliches Essen.

land (☎ 0800 747 000, 03-577 2200; www.airnewzealand.
co.nz; 29 Queen St; ⏰ Mo–Fr 9–17 Uhr) hat Direktflüge
nach/aus Wellington (ab 75 NZ$, 12-mal tgl.),
Auckland (109 NZ$, 5-mal tgl.) und Christ-
church (89 NZ$, 3-mal tgl.) mit Anschluss-
verbindungen.

TAXI

Zum Reservieren oder um sich nach einer
Weintour ins Hotel zurückbringen zu lassen,
bei **Marlborough Taxis** (☎ 03-577 5511) anrufen.

ZUG

Tranz Scenic (☎ 0800 872 467, 04-495 0775; www.tranz
scenic.co.nz) betreibt den *TranzCoastal*, der täglich auf dem Weg nach Picton (27 NZ$,
27 Min., Abfahrt 11.46 Uhr) im Norden und
auf dem Weg über Kaikoura (48 NZ$, 2 Std.)
nach Christchurch (95 NZ$, 5 Std., Abfahrt
13.33 Uhr) im Süden in Blenheim hält. Auf
die Fahrpreise gibt es häufig Rabatt.

KAIKOURA

3850 Ew.

Fährt man auf dem SH1 von Blenheim aus
132 km nach Südosten (oder von Christchurch 183 km nach Norden), bewegt man
sich an der Küste entlang auf Kaikoura zu, das
malerisch auf einer Halbinsel vor der Kulisse
der schneebedeckten Gipfel der Seaward
Kaikoura Range liegt. Es gibt wenige Orte auf
Erden, wo gewaltige Berge und das Meer ei-
nander so nahe kommen und gleichzeitig so
viele Wildtiere nahezu direkt vor der Haustür
leben: Wale, Delfine, Pelzrobben, Pinguine,
Sturmtaucher, Sturmvögel und Albatrosse,
die auf der Durchreise sind oder sich dieses
Gebiet als Heimat ausgesucht haben.

Dass hier so viele Meerestiere leben, liegt
an den Strömungsverhältnissen im Ozean und
an den geografischen Gegebenheiten: Der
Meeresboden sinkt vom Land aus zunächst
allmählich bis auf rund 90 m ab und fällt dann
steil bis auf mehr als 800 m Tiefe, sodass warmes und kaltes Wasser ineinanderfließen.
Wenn die südliche Strömung auf die Konti-
nentalplatte trifft, entsteht ein Aufwärtsstrom,
der Nahrung vom Meeresboden hinauf in die
Zone schwemmt, in der sich die großen Meeresbewohner aufhalten.

Bis in die 1980er-Jahre wurde Kaikoura
kaum beachtet: Es war ein verschlafener Fischerort mit Langustenfischerei („Kai" bedeutet „Essen" und „koura" „Languste") und sonst
nichts. Heute ist es ein Touristenmekka mit

teuren Unterkünften und vielen Verlockungen
wie den erstaunlichen Wildlife-Touren.

Geschichte

Einer Legende der Maori zufolge saß der
Halbgott Maui auf der Halbinsel Kaikoura
(Taumanu o Te Waka a Maui), als er die
Nordinsel aus den Tiefen der See holte. Vor
der Ankunft der Europäer war die Gegend
dicht besiedelt: Mindestens 14 Maori-*pa*-
Stätten wurden gefunden und Ausgrabungen
belegen, dass hier schon vor 800 bis 1000
Jahren Moa-Jäger gesiedelt hatten. Das
größte je gefundene Moa-Ei wurde 1857 in
einer Begräbnisstätte in der Nähe des heutigen
Fyffe House entdeckt: Es hatte eine Länge von
240 mm und einen Durchmesser von 178 mm.

1828 tobte am Strand von Kaikoura eine
furchtbare Schlacht. Eine Einheit der Ngati
Toa unter Häuptling Te Rauparaha überfiel
Kaikoura und tötete Hunderte Stammesangehörige der Ngai Tahu oder nahm sie gefangen.

1770 segelte James Cook an der Halbinsel
vorbei, ging aber nicht an Land. In seinem
Tagebuch heißt es, dass 57 Maori in vier Dop-
pelkanus auf die *Endeavour* zuruderten, sich
aber „nicht zum Anlegen bewegen ließen".
Die Europäer errichteten hier 1842 eine Walfangstation, und der Ort blieb bis 1922 ein
Walfangzentrum. Auch Schafzucht und Landwirtschaft florierten. Nach Ende des Walfangs
sicherten das Meer und das fruchtbare Land
weiterhin den Lebensunterhalt der Gemeinde.

Praktische Informationen

Global Gossip (☎ 03-319 7970; 19 West End; ⏰ 9–21
Uhr) Internetzugang.
Kaikoura i-SITE (☎ 03-319 5641; www.kaikoura.co.nz;
West End; ⏰ Mo–Fr 9–17, Sa & So bis 16 Uhr, im Som-
mer verlängerte Öffnungszeiten) Das hilfsbereite Personal
bucht Touren, Unterkünfte und Verkehrsmittel und hilft in
DOC-Angelegenheiten weiter.
Paperplus/Post (☎ 03-319 6808, 41 West End;
⏰ Mo–Fr 8.30–17.30, Sa bis 19, So bis 16 Uhr) Ein
ordentlicher Buchladen mit Postschalter.

Sehenswertes

Kaikouras ältestes erhaltenes Gebäude ist das
Fyffe House (☎ 03-319 5835; www.fyffehouse.co.nz; 62
Avoca St; Erw./Kind/Fam. 7/2/15 NZ$; ⏰ Nov.–April tgl.
10–18 Uhr, Mai–Okt. Do–Mo bis 16 Uhr). Der Schotte
George Fyffe, dessen Vetter Robert der erste
europäische Siedler in Kaikoura war, begann
1842 mit der Errichtung eines kleines Land-
hauses, dessen Fundamente aus Walwirbeln

MARLBOROUGH & NELSON

KAIKOURA

0 ━━━━━ 1 km

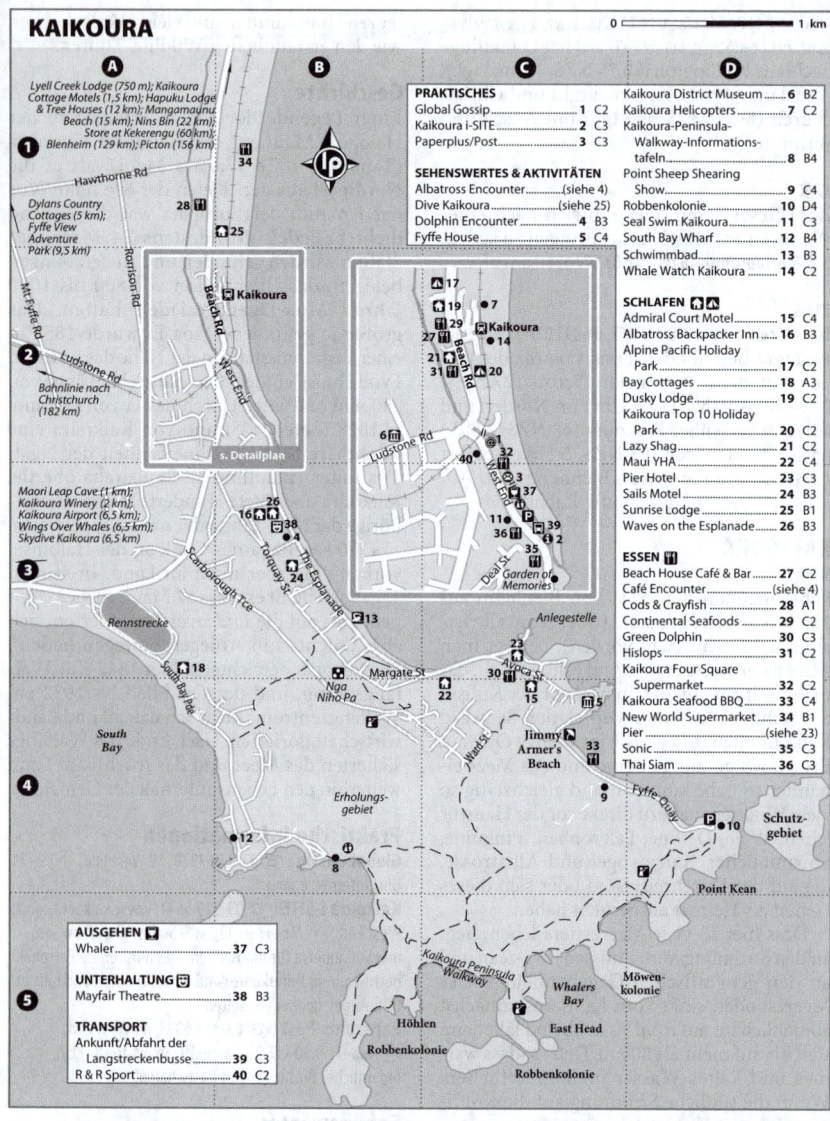

PRAKTISCHES
Global Gossip	1	C2
Kaikoura i-SITE	2	C3
Paperplus/Post	3	C3

SEHENSWERTES & AKTIVITÄTEN
Albatross Encounter	(siehe 4)	
Dive Kaikoura	(siehe 25)	
Dolphin Encounter	4	B3
Fyffe House	5	C4

SCHLAFEN
Admiral Court Motel	15	C4
Albatross Backpacker Inn	16	B3
Alpine Pacific Holiday Park	17	C2
Bay Cottages	18	A3
Dusky Lodge	19	C2
Kaikoura Top 10 Holiday Park	20	C2
Lazy Shag	21	C2
Maui YHA	22	C4
Pier Hotel	23	C3
Sails Motel	24	B3
Sunrise Lodge	25	B1
Waves on the Esplanade	26	B3

Kaikoura District Museum	6	B2
Kaikoura Helicopters	7	C2
Kaikoura-Peninsula-Walkway-Informationstafeln	8	B4
Point Sheep Shearing Show	9	C4
Robbenkolonie	10	D4
Seal Swim Kaikoura	11	C3
South Bay Wharf	12	B4
Schwimmbad	13	B3
Whale Watch Kaikoura	14	C2

ESSEN
Beach House Café & Bar	27	C2
Café Encounter	(siehe 4)	
Cods & Crayfish	28	A1
Continental Seafoods	29	C3
Green Dolphin	30	C3
Hislops	31	C2
Kaikoura Four Square Supermarket	32	C2
Kaikoura Seafood BBQ	33	C4
New World Supermarket	34	B1
Pier	(siehe 23)	
Sonic	35	C3
Thai Siam	36	C3

AUSGEHEN
Whaler	37	C3

UNTERHALTUNG
Mayfair Theatre	38	B3

TRANSPORT
Ankunft/Abfahrt der Langstreckenbusse	39	C3
R & R Sport	40	C2

bestehen. Fertiggestellt wurde das Gebäude 1860. Drinnen und draußen gibt es viel zu sehen, z. B. den originalen Backsteinofen, historische Exponate und den Garten.

Das **Kaikoura District Museum** (☎ 03-319 7440; kk.museum@xtra.co.nz; 14 Ludstone Rd; Erw./Kind 3/0,50 NZ$; Mo–Fr 12.30–16.30, Sa & So 14–16 Uhr; im Sommer verlängerte Öffnungszeiten) umfasst das alte Stadtge-

fängnis (1910), eine Ausstellung über die Walfang-Ära in der Region (u. a. ist ein Pottwalkiefer zu sehen), historische Fotos sowie Artefakte der Maori und der frühen Siedler.

Die 30-minütige **Point Sheep Shearing Show** (☎ 03-319 5422; www.pointsheepshearing.co.nz; Fyffe Quay; Erw./Kind 10/5 NZ$; Shows 13.30 & 16 Uhr) im Point B&B ist lustig und informiert über das Thema

Schafe. Man kann hier auch einen Widder und – von September bis Februar – Lämmer füttern. Ein klassisches Neuseelanderlebnis!

In der Nähe des Parkplatzes bei Point Kean haust eine ziemlich geruchsintensive **Robbenkolonie**. Die Robben dösen im Gras und auf den Felsen und fragen sich wohl, warum alle sie anstarren. Besucher sollten den Tieren viel Raum (min. 10 m) lassen und sich nie zwischen sie und das Meer begeben – die Robben greifen an, wenn sie sich in die Enge getrieben fühlen und bewegen sich überraschend schnell.

Wer nicht schon in Blenheim sein jährliches Weinquantum zu sich genommen hat, kann in der **Kaikoura Winery** (☎ 03-319 7966; www. kaikourawinery.co.nz; Verkostung 5 NZ$, Führung & Verkostung 15 NZ$; ◷ 10–17.30 Uhr, Führungen 11, 14, 16 Uhr), 2 km südlich der Stadt am SH1, einige lokale Tröpfchen probieren. Das Gebäude und die Aussicht entschädigen reichlich für die wenig besonderen Weine (wir raten zum Sekt).

Unweit des Weinguts befindet sich die **Maori Leap Cave** (☎ 03-319 5023; mary.and.scott@xtra.co.nz; SH1; 40-min. Führung Erw./Kind 12/5 NZ$; ◷ Führungen 10.30–15.30 Uhr immer zur vollen Stunde), eine vom Meer geformte Kalksteinhöhle, die 1958 entdeckt wurde. Die Führungen beginnen am Caves Restaurant 3 km südlich der Stadt. Man bucht sie im Restaurant oder im i-SITE.

Aktivitäten

Den **Kaikoura Peninsula Walkway** sollte man, wenn irgend möglich, nicht auslassen. Von der Stadt aus führt dieser drei- bis vierstündige Rundweg hinaus nach Point Kean, dann an den Klippen entlang zur South Bay und schließlich über die Landenge wieder zurück in die Stadt. Auf dem Weg sieht man Kolonien von Pelzrobben, Neuseeland-Möwen und Sturmtauchern und findet jede Menge Aussichtspunkte und informative Schautafeln. Eine Karte der Strecke gibt's im i-SITE, man kann aber auch einfach seiner Nase folgen.

Vor der Esplanade gibt es einen sicheren **Schwimmstrand** und ein **Schwimmbad** (Erw./Kind 3/1,50 NZ$; ◷ Nov.–März 10–17 Uhr) für Leute mit einer Abneigung gegen Salzwasser.

Die Küste bietet mit ihren Felsformationen und der reichen Meeresfauna sagenhafte Schnorchel- und Tauchmöglichkeiten. **Dive Kaikoura** (☎ 0800 348 352, 03-319 6622; www.divekai koura.co.nz; Yarmouth St; halber Tag 250 NZ$) veranstaltet Kleingruppentouren und Tauchtrainings.

Am **Mangamaunu Beach**, 15 km nördlich von Kaikoura, branden gewaltige Wellen für Sur

fer an (manchmal gibt's einen 500 m langen Point Break). Bei **Board Silly Surf Adventures** (☎ 0800 787 352, 03-319 6464; boardsilly@clear.net.nz; 3 Std. Unterricht Erw. Kind 80/65 NZ$) kann man surfen lernen oder – falls man das bereits kann – einen Neoprenanzug und ein Surfbrett ausleihen (40 NZ$). R&R Sport (S. 504) verleiht ebenfalls Neoprenanzüge und Surfbretter.

Ein Stück weiter nördlich liegt der Clarence River, über dessen Stromschnellen (Grad II) man mit **Clarence River Rafting** (☎ 03-319 6993; www.clarenceriverrafting.co.nz; 5-stünd. Trip 30/50 NZ$) eine Raftingtour machen kann. Auch längere Touren sind im Angebot.

Im bäuerlichen **Fyffe View Ranch Adventure Park** (☎ 03-319 5069; www.kaikourahorsetrekking.co.nz; Chapmans Rd abseits der Postmans Rd; Trek ½-1 Std. 30/50 NZ$; ◷ 10.30–14 Uhr) kann man Reitausflüge unternehmen, z. B. einen Ritt in den Sonnenuntergang (mit/ohne Abendessen 95/75 NZ$). Man kann außerdem knochendurchrüttelnde Rodelpartien am Berg unternehmen, Tiere füttern und sich im Bogenschießen üben.

Skydive Kaikoura (☎ 0800 843 759; www.skydivekai koura.co.nz; 2750/3350/3960 m 259/319/359 NZ$), geführt von Sarah und Henk, hat seinen Sitz am Kaikoura Airport. Hier kann man sich mit dem Fallschirm Richtung Erde stürzen. Den Sprung kann man auch filmen (zzgl. 129 NZ$) oder fotografieren (zzgl. 39 NZ$) lassen.

Wer im Winter hier ist, kann am nahe gelegenen Mt. Lyford (S. 94) **Skifahren** bis zum Umfallen. Sobald die Hänge mit Schnee bedeckt sind, fahren Shuttlebusse von Kaikoura zum Berg; im i-SITE nachfragen!

Geführte Touren

Touren sind in Kaikoura ein wichtiger Geschäftszweig. Alles dreht sich um Meeressäuger: Man sollte sich die Chance nicht entgehen lassen, Wale (Pott-, Zwerg-, Schwert- und Buckelwale sowie Südkaper), Delfine (Hector-Delfine, Tümmler und Schwarzdelfine) sowie Neuseeländische Seebären aus der Nähe zu beobachten. Im Sommer empfiehlt es sich, Wal- und Delfinbeobachtungstouren ein paar Wochen im Voraus zu buchen und wegen des Wetters etwas Spielraum einzuplanen.

WALBEOBACHTUNG

Waltouren, ob per Boot, Flugzeug oder Helikopter, sind ein tolles Erlebnis. Whalewatching aus der Luft ist schneller vorbei und teurer, dafür sieht man nicht nur Flipper, Fluke oder Blasloch wie vom Wasser aus.

MARLBOROUGH & NELSON

Kaikoura Helicopters (☎ 03-319 6609; www.
worldofwhales.co.nz; Railway Station; Flug 15–60 Min. ab
100–455 NZ$) Verlässlicher Veranstalter, der Walbeobach-
tungsflüge (Standardtour 30 Min. 195 NZ$ für 3 od. mehr
Pers.) sowie Trips rund um die Halbinsel, zum Mt. Fyffe und
zu den dahinter liegenden Gipfeln anbietet.

Whale Watch Kaikoura (☎ 0800 655 121, 03-319
6767; www.whalewatch.co.nz; Whaleway Station (wo
sonst?); 3-stündige Tour Erw./Kind 145/60 NZ$) Kaikouras
größter Veranstalter fährt (bemerkenswert häufig) mit
Booten hinaus, die mit Hydrophonen (Unterwassermikros)
ausgestattet sind. Diese registrieren die Geräusche der
Wale. An Bord gibt es kundige Guides und das faszinierende Programm „Welt der Wale". Falls kein Wal gesichtet
wird (Erfolgsquote 98 %), werden 80 % des Preises
zurückerstattet. Wenn das Wetter schlecht wird, können
Touren abgesagt werden. Wer unbedingt teilnehmen will,
sollte also unbedingt ein paar Tage Zeit einplanen.

Wings over Whales (☎ 0800 226 629, 03-319
6580; www.whales.co.nz; 30-minütiger Flug Erw./Kind
165/75 NZ$) Die Flüge im Kleinflugzeug starten am Kai-
koura Airport 7 km südlich der Stadt. Sichtungsquote 95 %.

DELFIN- & ROBBENBEOBACHTUNG

Dolphin Encounter (☎ 0800 733 365, 03-319 6777;
www.dolphin.co.nz; 96 The Esplanade; Schwimmen Erw./
Kind 165/150 NZ$, Beobachtung 80/40 NZ$; ☺ Touren
ganzjährig 8.30 & 12.30 Uhr, Sommer zusätzl. 5.30
Uhr) Bei den dreistündigen Touren hat man die Chance,
inmitten einer Schule von Schwarzdelfinen zu schwimmen;
Neoprenanzüge, Taucherbrillen und Schnorchel werden
gestellt. Begrenzte Teilnehmerzahl – im Voraus buchen!

Kaikoura Kayaks (☎ 0800 452 456, 03-319 7118;
www.kaikourakayaks.co.nz; 19 Killarney St; Touren zu den
Robben Erw./Kind 85/70 NZ$; ☺ Touren Nov.–April 8.30,
12.30 & 16.30 Uhr, Mai–Okt. 9 & 13 Uhr) Geführte Touren
in hochseetauglichen Kajaks zu den Seebären, wobei auch
die Küste der Halbinsel erkundet wird. Außerdem gehören
Kajakunterricht, Kajakvermietung und Angelausflüge mit
dem Kajak zum Angebot.

Seal Swim Kaikoura (☎ 0800 732 579, 03-319 6182;
www.sealswimkaikoura.co.nz; Tour vom Ufer aus Erw./
Kind 70/60 NZ$, Bootstour 90/70 NZ$; ☺ Touren Okt.–
Mai) Zweistündige geführte Schnorcheltouren.

Top Spot Seal Swim (☎ 03-319 5540; Tour vom Ufer
aus Erw. 70 NZ$) Zweistündige geführte Schnorcheltouren.

VOGELBEOBACHTUNG

Vogelfreaks fliegen auf die Gelegenheit,
Meeresvögel wie Albatrosse, Sturmtaucher,
Kormorane und Sturmtaucher mal aus der
Nähe zu sehen. **Albatross Encounter** (☎ 0800 733
365, 03-319 6777; www.oceanwings.co.nz; 96 The Esplanade;
Erw./Kind 110/55 NZ$; ☺ Touren ganzjährig 9 & 13 Uhr, im
Sommer zusätzl. 6 Uhr) wird von denselben Veran-

staltern angeboten, die auch Dolphin Encounter betreiben.

ANGELAUSFLÜGE

Fish Kaikoura (☎ 0800 768 020, 03-319 6277; www.
fishkaikoura.co.nz; ½-stündiger Trip 55/75 NZ$) Kurze
Angelausflüge (Zacken- und Sandbarsche sind die Opfer)
und Trips zum Langustenfangen. Los geht's am Kaikoura
Beach. Auf Anfrage sind längere Touren möglich. Wenn
keine Fische gefangen werden, wird der Preis erstattet.

Kaikoura Fishing Charters (☎ 03-319 6888; www.
kaikourafishing.co.nz; ¾-stündiger Trip 100/110 NZ$)
Zuerst von der *Takapu* die Angel auswerfen, dann den
filettierten Fang zum Essen mit nach Hause nehmen. Die
Ausflüge beginnen an der South Bay Wharf.

WANDERTOUREN

Kaikoura Coast Track (☎ 03-319 2715; www.
kaikouratrack.co.nz; Pauschalpreis 185 NZ$) Eine dreitägi-
ge, audiogeführte 40 km lange Wandertour über privates
Farmland und entlang der malerischen Amuri Coast
50 km südlich von Kaikoura. Im Preis enthalten sind drei
Übernachtungen in Farmcottages und der Transport des
Gepäcks; Schlafsack und Verpflegung müssen mitgebracht
werden (etwas Verpflegung und einige Mahlzeiten sind
aber erhältlich). Die zweitägige Alternative mit dem
Mountainbike kostet 85 NZ$.

Kaikoura Wilderness Walks (☎ 0800 945 337,
03-319 6966; www.kaikourawilderness.co.nz; Pauschlan-
gebot mit 1/2 Übernachtungen 995/1395 NZ$) Diese
Tour ist bequemer als der Coast Track und außerdem
stehen erfahrene Führer zur Verfügung. Die zwei- oder
dreitägigen Touren (1 od. 2 Übernachtungen) sind leichte
bis mittelschwere Wanderungen durch Wälder und
Gebirgslandschaften mit Übernachtung in abgeschiedenen
Unterkünften. Im Preis inbegriffen sind die Abholung und
der Rücktransport aus bzw. nach Kaikoura, die Mahlzeiten
und der Gepäcktransport.

NOCH MEHR TOUREN

Kaikoura Mountain Safaris (☎ 021 869 643; www.
kaikouramountainsafaris.co.nz; Halbtagesausflug Erw./
Kind 100/55 NZ$, Tagesausflug Erw./Kind 175/125 NZ$)
Fahrten ins Hinterland mit Geländewagen oder Unimogs:
Im Angebot sind drei Touren (2–3 tgl.), bei denen man die
Aussicht von den Bergen genießt und abgelegene Farmen
und das Clarence River Valley besucht.

Maori Tours Kaikoura (☎ 0800 866 267, 03-319
5567; www.maoritours.co.nz; 3½-stündige Tour Erw./Kind
115/65 NZ$; ☺ 9 & 13.30 Uhr) Die einzigartige, faszi-
nierende Halbtagestour in Kleingruppen macht Besucher
mit der Gastfreundschaft und dem Brauchtum der Maori
bekannt. Man besucht alte Stätten, lauscht Legenden
und erfährt, wie die Maori Bäume und Pflanzen nutzen.
Vorabbuchung erforderlich.

Festivals & Events

Seafest (☎ 0800 4732 337, 03 319 5641; www.seafest.co.nz; Tickets 30 NZ$; ☽ Anfang Okt.) Wer von Meeresfrüchten nicht genug kriegen kann, sollte seinen Besuch in Kaikoura auf den ersten Samstag im Oktober legen, den Tag des jährlichen Fischfestes, und Ticket und Unterkunft weit im Voraus buchen. Beim Seafest wird das Fischer-Knowhow der Region bewiesen. An den Ständen gibt's Meeresfrüchte und Wein, weitere Attraktionen sind Livebands, Familienunterhaltung und eine Riesenparty am Freitagabend.

Schlafen

Im Sommer und rund um das Seafest muss im Voraus gebucht werden.

BUDGETUNTERKÜNFTE

Dusky Lodge (☎ 03-319 5959; www.duskylodge.com; 67 Beach Rd; B 24–26 NZ$, DZ 58–80 NZ$; 🖳 🛜 📺) Was für ein Riesending! Kaikouras bei Weitem größtes Hostel ist ein geschäftiger und geselliger Ort mit entsprechend großen Service-Einrichtungen (u. a. drei Loungebereichen und drei Küchen). Das Highlight ist die Außenterrasse mit beheiztem Pool, Whirlpool und Blick in die Berge. Richtig gut leben lässt es sich in den Luxus-Doppelzimmern mit Bad und Flachbild-TV. Auf dem Gelände befindet sich auch ein Restaurant.

Lazy Shag (☎ 03-319 6662; lazy-shag@hotmail.com; 37 Beach Rd; B/EZ/DZ 25/50/65 NZ$; 🖳 🛜) Der Name bezieht sich auf eine einheimische Kormoranart und nicht auf das Verhalten der Gäste (ohne diesbezüglich irgendetwas auszuschließen). Die nette Lodge ist erstklassig gelegen: Zu beiden Seiten finden sich Cafés, und es gibt eine Terrasse mit Blick in die Berge, die ideal für Partys ist. Alle Zimmer haben ein eigenes Bad; es gibt ein separates Fernsehzimmer und einen netten Hinterhof.

Sunrise Lodge (☎ 03-319 7444; sunrisehostel@xtra. co.nz; 74 Beach Rd; B/3BZ 28/74 NZ$, 2BZ 60–65 NZ$; 🖳 🛜) Diese gemütliche und gesellige, von Travellern immer sehr gut bewertete Lodge wird von einem sehr engagierten Paar geführt, das dem Büroalltag den Rücken gekehrt hat. Alle Zimmer sind hell und komfortabel, und in den Quartieren für drei Personen stehen normale, keine Stockbetten. Fahrräder kann man kostenlos ausleihen, freitags ist Pub Night, und es gibt kostenlose Fahrten in den Sonnenuntergang mit einem Kleinbus – beste Voraussetzungen für einen perfekten Aufenthalt.

Albatross Backpacker Inn (☎ 0800 222 247, 03-319 6090; www.albatross-kaikoura.co.nz; 1 Torquay St; B/EZ/DZ 28/48/65 NZ$, Wohneinheit mit 6 Betten 150 NZ$; 🖳 🛜) Die hochwertige, saubere und ordentliche Backpackerunterkunft nimmt zwei hübsche historische Gebäude (eines ist die frühere Post) ein, die in Strandnähe stehen, aber vor der Meeresbrise geschützt sind. Neben einer Lounge zum Relaxen gibt es eine separate Fernsehlounge und Terrassen und Veranden zum Ausspannen. Die gemütlichen Zimmer sind mit farbenfroher Bettwäsche ausgestattet.

Maui YH A (☎ 0800 278 299, 03-319 5931; www.yha. co.nz; 270 The Esplanade; B 32 NZ$, DZ 76–106 NZ$; 🖳 🛜) Dieses vielfach preisgekrönte YHA-Hostel hat eine unschlagbare Uferlage mit Blick über die Bucht und die von Scheinbuchen gesäumte Promenade bis zu den mächtigen Gipfeln dahinter. Viele Zimmer und auch der Speisesaal mit den Panoramafenstern bieten eine ähnlich prächtige Aussicht. Das 1962 eigens errichtete Hostel ist insgesamt ordentlich, nur die Ecken sind etwas versifft. Fahrräder werden verliehen (halber/ganzer Tag 20/30 NZ$.

Kaikoura Top 10 Holiday Park (☎ 0800 363 638, 03-319 5362; www.kaikouratop10.co.nz; 34 Beach Rd; Stellplatz ohne/mit Strom 35/38 NZ$, Hütte 55–85 NZ$, Wohneinheit/Motel 95–180 NZ$; 🖳 🛜) Eine mächtige Hecke verbirgt den gut besuchten, gepflegten Campingplatz mit familienfreundlichen Einrichtungen (beheizter Pool, Whirlpool, Trampolin), Hütten und Wohneinheiten vom üblichen Top-10-Standard.

Alpine Pacific Holiday Park (☎ 0800 692 322, 03-319 6275; www.alpine-pacific.co.nz; 69 Beach Rd; Stellplatz ohne/mit Strom 38/40 NZ$, Hütte 70 NZ$, Wohneinheit/Motel 120–160 NZ$; 🖳 🛜) Ein ruhiger, kleiner Ferienpark an einem Bach mit Blick in die Berge, prima gepflegten Rasenflächen, einem hübschen Pool und einem Grillpavillon. Zu den guten Einrichtungen gehören eine makellose Küche (eigene Kochutensilien mitbringen) und Hütten, die etwas stilvoller sind als der Durchschnitt. Im Winter sind die Preise niedriger.

MITTELKLASSEHOTELS

Pier Hotel (☎ 03-319 5037; www.thepierhotel.co.nz; 1 Avoca St; EZ/DZ mit kontinentalem Frühstück ab 75/115 NZ$; 🛜) Das klassische historische Hotel, von dem aus man Ausblick in alle Himmelsrichtungen hat, gewinnt durch Restaurierung nach und nach seinen alten Glanz zurück. Die Bar und das Restaurant sind bereits jetzt beliebt, aber die Unterkünfte im Obergeschoss sind noch nicht so bekannt, wie sie es verdienen, auch wenn man manche Armaturen abgegriffen sind und die eine oder andere Tür knarrt.

Bay Cottages (☎ 03-319 5506; www.baycottages.co.nz; 29 South Bay Pde; Cottage/Motel 90/120 NZ$) Eine tolle Alternative an der South Bay, ein paar Kilometer südlich der Stadt: Die Anlage umfasst fünf Urlaubercottages für bis zu vier Personen mit Einbauküche und Bad sowie zwei schicke Motelzimmer mit Edelstahlbänken, Energiesparlampen und Flachbildfernsehern. Bei gutem Wetter nimmt einen der freundliche Besitzer vielleicht zum Langustenfang mit.

Sails Motel (☎ 03-319 6145; www.sailsmotel.co.nz; 134 The Esplanade; DZ 95–110 NZ$, Apt. 120–140 NZ$) Da das Motel keinen Blick aufs Meer (oder auf Segel) bietet, müssen die netten Betreiber schon mit Qualität beeindrucken. Die vier traulichen, geschmackvoll eingerichteten Wohneinheiten liegen am Ende einer Zufahrtsstraßen in einem Garten (sodass man im Freien viel ungestörten Platz hat). In dem Apartment können vier Personen wohnen.

Kaikoura Cottage Motels (☎ 0800 526 882, 03-319 5599; www.kaikouracottagemotels.co.nz; Ecke Old Beach & Mill Rd; DZ 95–140 NZ$; 🛜) Die Enklave aus acht modernen Ferienapartments, die von blühenden einheimischen Pflanzen umgeben ist, ist ein toller Anblick. In den frei stehenden, zu den Bergen hin ausgerichteten Wohneinheiten mit großem, offenem Wohnbereich und einem Schlafzimmer finden vier Traveller Platz. Alles ist in ruhigen Blau- und Cremetönen gehalten und hochwertig möbliert.

Admiral Court Motel (☎ 0800 555 525, 03-319 5525; www.kaikouramotel.co.nz; 16 Avoca St; DZ/4BZ ab 115/180 NZ$; 🖥 🛜) Abseits vom Stadtverkehr bietet diese solide Alternative saubere, gute, in sich abgeschlossene Wohneinheiten (Studioapartments und Wohnungen mit zwei Schlafzimmern), die über Satelliten-TV verfügen. Sie sind recht nichtssagend; ein künstlerischer Touch verleiht ihnen etwas Charakter.

Dylans Country Cottages (☎ 03-319 5473; www. dylanscottages.co.nz; 268 Postmans Rd; Cottage mit Frühstück 150 NZ$) Auf dem Gelände der entzückenden Lavendelfarm Lavendyl nordwestlich der Stadt stellen diese beiden frei stehenden Cottages einen wohlriechenden Rückzugsort vor dem Getümmel am Strand dar. Das eine hat ein Bad im Freien mit einer aus einem Baum ragenden Dusche; das andere einen Whirlpool im Haus und einen handtuchgroßen Rasen. Zum Frühstück gibt's selbst gebackenes Brot, Konfitüre und Eier von freilaufenden Hüh-

nern. Die stilvolle und romantische Unterkunft ist von Mai bis August geschlossen.

SPITZENKLASSEHOTELS

Waves on the Esplanade (☎ 0800 319 589, 03-319 5890; www.kaikouraapartments.co.nz; 78 The Esplanade; Apt. 190–325 NZ$; 🛜) Wer auf den heimischen Komfort nicht verzichten kann, findet hier Luxusapartments mit zwei Schlafzimmern, Satelliten-TV, DVD-Playern, zwei Badezimmern, Waschmaschine und voll ausgestatteter Küche. Vom Balkon aus hat man einen wunderbaren Ausblick auf den Ozean. Die Preise gelten für bis zu vier Personen.

Hapuku Lodge & Tree Houses (☎ 0800 524 5672, 03-319 6559; SH1 an der Hapuku Rd; www.hapukulodge.com; DZ 390–850 NZ$; 🛜 🐾) 12 km nördlich der Stadt liegt diese sagenhafte, perfekt für einen luxuriösen Landaufenthalt geeignete Anlage. Freundliches zeitgenössisches Dekor und Designermöbel zeichnen die gut ausgestatteten Suiten in der Lodge, die separaten Apartments und die prächtigen „Baumhäuser" (in einem Manuka-Hain auf Wipfelhöhe errichtet, damit man über die Dünen hinweg Meerblick hat) aus. Zu den neuen Einrichtungen gehören ein Barrestaurant (nur für Gäste) im Haus, ein Swimmingpool, ein Whirlpool und eine Sauna. Einfach klasse!

Essen & Ausgehen

Café Encounter (☎ 03-319 6064; 96 The Esplanade; Snacks 4–22 NZ$; ⏰ 7–17 Uhr; 🅥) Das im Komplex von Dolphin Encounter (S. 500) untergebrachte Café ist mehr als nur ein Aufenthaltsraum, in dem man auf den Beginn seiner Tour wartet. Es gibt gute Thekengerichte, Kaffee und Kuchen, Crêpes, Bagels, getoastete Sandwiches und Tagesgerichte wie warmen Räucherlachs auf Focaccia. Vom sonnigen Hof hat man Ausblick auf das Meer und die Promenade.

Beach House Café & Bar (☎ 03-319 6030; 39 Beach Rd; Hauptgerichte 8–20 NZ$; ⏰ 9–16 Uhr) Dank dem besten Brunch und Kaffee in der Stadt sichert sich dieses lebhafte Straßencafé den Großteil der Laufkundschaft. Man sitzt auf der Veranda vorn oder hinten auf der Terrasse und labt sich an Bio-Eiern und Schinken, Fish & Chips oder einem Meeresfrüchteeintopf. Es gibt auch gute Thekengerichte.

Whaler (☎ 03-319 3333; 49–51 West End; Hauptgerichte 14–38 NZ$; ⏰ 15 Uhr–open end) Ein munterer Leviathan unter den Kneipen mit Plätzen am Fenster zum Leutegucken, Billardtischen, Großbildschirmen und einer spartanisch aus-

LANGUSTEN BIS ZUM ABWINKEN

Unter den vielen Meerestieren Kaikouras ist eine Spezies, an der man praktisch nicht vorbeikommt: die Languste. Ihr delikates, weißes Fleisch dominiert die Speisekarten der Restaurants und die Anschlagtafeln der Imbissbuden. Unglücklicherweise (manche meinen auch überflüssigerweise) sind die Tierchen teuer: In Restaurants muss man rund 50 NZ$ für eine halbe bzw. fast 100 NZ$ für eine ganze Languste berappen. Bei Fischhändlern zahlt man Exportpreise, d. h. rund 85 NZ$ pro Kilo. Frische gekochte oder ungekochte Langusten erhält man auch bei **Cods & Crayfish** (☎ 03-319 7899; 81 Beach Rd; ✹ 8–18 Uhr) oder am berühmten **Nins Bin** (☎ 03-319 6454; SH1; ✹ 8–18 Uhr), einem Imbisswagen am Strand 23 km nördlich der Stadt. Hier bekommt man für 35 NZ$ aufwärts schon ein ordentliches Exemplar.

Fish-&-Chips-Imbissbuden bieten meist eine halbe Languste mit Salat und Pommes zu einem ähnlichen Preis an. Empfehlenswert sind **Continental Seafoods** (☎ 03-319 5509; 47 Beach Rd; ✹ 7–21 Uhr) oder unter freiem Himmel das **Kaikoura Seafood BBQ** (☎ 027 376 3619; Fyffe Quay; ✹ 10.30 Uhr–Sonnenuntergang), ein Stand am Straßenrand in der Nähe der Seebärenkolonie. Die Fisch- oder Muschelsandwiches (auf Weißbrot) sind eine ausgezeichnete, günstige Alternative. Ansonsten kann man natürlich auch selbst eine Angeltour unternehmen (S. 500) oder sich mit einem Einheimischen anfreunden, der einen dann zum Angeln mitnimmt und den Fang mit einem teilt.

gestatteten Terrasse im Obergeschoss. Es gibt Monteith's und Murphy's vom Fass, und aus den Lautsprechern dudelt Neil Young.

Store at Kekerengu (☎ 03-575 8600; SH1, Kekerengu; Hauptgerichte 16–42 NZ$; ✹ 7.30–19 Uhr) Ein gutes Plätzchen für einen Zwischenstopp auf halbem Weg zwischen Blenheim und Kaikoura. Am besten hält man sich an die Speisen von der Theke oder an Kaffee und Kuchen und verzichtet auf die überteuerten A-la-carte-Gerichte. Man speist am Feuer in dem rustikalen Innenraum oder draußen auf großen Sonnenterrassen mit herrlichem Meerblick.

LP Tipp **Pier Hotel** (☎ 03-319 5037; 1 Avoca St; Mittagessen 14–22 NZ$, Abendessen 25–36 NZ$; ✹ 12–15 & 17 Uhr–open end) Hier befindet sich das prächtigste Lokal des Ortes, von dem aus man Ausblick über die Bucht und die Berge hat. Das fröhliche Personal serviert großzügige Portionen gehaltvoller Gerichte, darunter Fisch aus der Region, Wildmedaillons und – für Traveller mit dicker Brieftasche – Langusten. In der verlockenden Pub-Bar kriegt man Bier zu vernünftigen Preisen und Barsnacks. An den Wänden hängen historische Fotos und es gibt einen Biergarten. Was will man mehr?

Thai Siam (☎ 03-319 6992; 54 West End; Hauptgerichte 17–28 NZ$; ✹ 12–14.30, 17–22 Uhr) Das schöne Lokal mit gewölbter Decke an der Hauptstraße bietet mit 45 Gerichten (u. a. einer guten Auswahl asiatischer Salate) die für ein Thai-Restaurant typische große Karte. Das Mittagsmenü für 10 NZ$ ist ein Schnäppchen.

Sonic (☎ 03-319 6414; West End; ✹ Mo–Fr 15 Uhr–open end, Sa & So 12 Uhr–open end; Hauptgerichte 20–31 NZ$)

Das lässige Barlokal am Südende der West End hat einen Billardtisch, zapft Mac's-Bier in Strömen und gelegentlich wird Livemusik gespielt. Man setzt sich mit seinem Sundowner auf die überdachte Veranda oder die Terrasse und blickt über die prächtigen Norfolk-Tannen der Promenade raus aufs Meer.

Hislops (☎ 03-319 6971; 33 Beach Rd; Mittagessen 9–21 NZ$, Abendessen 20–36 NZ$; ✹ 9–21 Uhr, im Winter Di & Mi geschl.; **V**) Dieses flotte Wohlfühl-Café ist bekannt für frisches, gesundes Essen. Morgens bekommt man hier Obstsalat und geröstetes Müsli, abends wird man mit Biofleischgerichten, großartigen Meeresfrüchten, aber auch Gerichten für Vegetarier und Veganer verwöhnt. Köstlich ist der Salat mit karamellisiertem Kürbis und Blauschimmelkäse.

Green Dolphin (☎ 03-319 6666; 12 Avoca St; Hauptgerichte 29–38 NZ$; ✹ 17 Uhr–open end) Hier gibt's auf asiatische Art zubereiteten Fisch aus Kaikoura und die allgegenwärtigen Rind-, Lamm- und Langustengerichte. Alles wird mit Sorgfalt und einer Vorliebe für gute, regionale Produkte zubereitet. Für gut ausgelastete Abende muss man vorab reservieren oder bei einem Cocktail oder Aperitif in der angenehmen Bar oder im Garten warten. Wer clever ist, reserviert sich einen Tisch mit Ausblick durch die zimmerhohen Fenster.

Selbstversorger finden alles Nötige in den folgenden Supermärkten:

Kaikoura Four Square Supermarket (☎ 03-319 5332; 31–33 West End; ✹ 8–19 Uhr)

New World Supermarket (☎ 03-319 5723; 124 Beach Rd; ✹ 8–20 Uhr)

Unterhaltung

Mayfair Theatre (☎ 03-319 5859; 80 The Esplanade; Erw./ Kind 10/6 NZ$; ⊙ Do–Sa 18.30–22 Uhr, im Sommer tgl.) Das bunte Kino am Ufer zeigt relativ neue Filme.

An- & Weiterreise
BUS

Busse von **InterCity** (☎ 03-365 1113; www.intercity. co.nz) fahren zwischen Kaikoura und Nelson (64 NZ$, 3½ Std., 1-mal tgl.), Picton (35 NZ$, 2¼ Std., 2-mal tgl.) und Christchurch (31 NZ$, 2¾ Std., 2-mal tgl.). Die Busse halten auf dem Parkplatz neben dem i-SITE (Fahrkarten und Infos sind drinnen erhältlich).

Naked Bus (☎ 0900 625 33; www.nakedbus.com) fährt Kaikoura von den meisten Zielen auf der Südinsel aus an (bzw. umgekehrt). Die Busse halten am i-SITE. Buchen kann man online oder im i-SITE; wer das vorab tut, fährt billiger.

ZUG

Tranz Scenic (☎ 0800 872 467, 04-495 0775; www.tranz scenic.co.nz) betreibt den *TranzCoastal*, der in Kaikoura auf der täglichen Fahrt zwischen Picton (58 NZ$, 2 Std. 20 Min.) und Christchurch (60 NZ$, 3 Std.) Halt macht. Der Zug Richtung Norden verlässt Kaikoura um 9.54 Uhr, der nach Süden um 15.28 Uhr. Online gibt es häufig Sonderangebote (nach Picton/ Christchurch schon ab 28/29 NZ$).

Unterwegs vor Ort

Fahrräder mieten kann man bei **R&R Sport** (☎ 03-319 5028; 14 West End; Fahrradverleih 1 Std./halber/ ganzer Tag 10/20/30 NZ$; ⊙ Mo–Sa 9–19 Uhr, Winter 17.30 Uhr, So 10–16 Uhr). Auch das YHA-Hostel Maui YHA (S. 501) verleiht Fahrräder.

Zum Kaikoura Airport gibt's keinen öffentlichen Nahverkehr, aber **Kaikoura Shuttles** (☎ 03-319 6166; www.kaikourashuttles.co.nz) bringt einen für wenig Geld hin.

NELSON & UMGEBUNG

Die Region um Nelson, deren Zentrum die Tasman Bay bildet und die sich nordwärts bis zur Golden Bay und dem Farewell Spit sowie südwärts bis zu den Nelson Lakes erstreckt, ist ein beliebtes Reiseziel für Ausländer wie Einheimische. Das ist nur zu verständlich: Hier gibt es nicht nur drei Nationalparks (den Kahurangi, den Nelson Lakes und den Abel Tasman), auch in Sachen Essen, Wein und Qualitätsbier, Kunst, Festivals, Ökotourismus

und Abenteuersport bleiben fast keine Wünsche offen. Aber das größte Ferienvergnügen ist, hier einfach im Sonnenschein zu dösen.

NELSON
43 500 Ew.

Wegen der wunderbaren Kombination aus tollem Wetter, schöner Landschaft, beliebten Kunstevents und charmanten Holzhäusern wird Nelson als eine der „lebenswertesten" Städte Neuseelands gepriesen. Dem Klischee zufolge sind die Einwohner vielgestaltige, künstlerisch und alternativ angehauchte Typen, die Yogakurse besuchen und ihr eigenes Gemüse ziehen. Tatsächlich leben hier aber auch andere Gruppen: Rentner auf der Suche nach Sonne, Denkmalschützer, Unternehmer, Outdoorfreaks und ganz normale Familien. Dazu kommen die Gäste: Menschen wie du und ich, die sich von der lebendigen Stadt und ihrer Nähe zu sonnenverwöhnter Natur und Urlaubsaktivitäten begeistern lassen.

Praktische Informationen
BUCHLÄDEN

Litter Arty (Karte S. 506; ☎ 03-546 8009; litterarty@tas man.net; 91 Hardy St; ⊙ Mo–Fr 10–17.30, Sa 9.30–14.30 Uhr) Schräge Tauschbörse für gebrauchte Bücher.
Page & Blackmore Booksellers (Karte S. 506; ☎ 03-548 9992; www.pageandblackmore.co.nz; 254 Trafalgar St; ⊙ Mo–Fr 9–17.30, Sa bis 16, So 10–16 Uhr) Buchladen.

GELD

Banken und Geldautomaten gibt's an der Trafalgar St en masse.

INFOS IM INTERNET

Backpack Nelson (www.backpacknelson.com) Infos für Budgettraveller.
Eat Drink Nelson (www.eatdrinknelson.co.nz) Gastronomieführer für Restaurants, Cafés und zu Weinen und Delikatessen.
Nelson NZ (www.nelsonnz.com) Tourismus-Website.
Nelson Wines (www.wineart.co.nz) Örtliche Weingüter und Weinläden.

INTERNETZUGANG

Aurora (Karte S. 506; 161 Trafalgar St; ⊙ 9 Uhr–open end)
Boots Off Traveller Centre (Karte S. 506; 53 Bridge St; ⊙ 9.30 Uhr–open end)

MEDIZINISCHE VERSORGUNG

After Hours & Duty Doctors (Karte S. 505; ☎ 03-546 8881; 96 Waimea Rd; ⊙ 8–22 Uhr) Allgemeinmediziner und Bereitschaftsdienst außerhalb der Sprechzeiten.

GROSSRAUM NELSON

PRAKTISCHES
After Hours & Duty Doctors........1 C2
Nelson Hospital.........................2 C3

SEHENSWERTES & AKTIVITÄTEN
Botanical Reserve.......................3 D2
Cat Sailing & Launch Charters....4 C1
Founders Heritage Park..............5 D1
Miyazu Japanese Garden............6 D1
Nelson Bonecarving...................7 B3
World of WearableArt & Classic
     Cars Museum........................8 B3

SCHLAFEN
Arrow Motel...............................9 B2
Bug Backpackers.......................10 C2
Footprints.................................11 B2
Nelson Beach Hostel.................12 B2
Nelson City Holiday Park............13 C2
Tahuna Beach Accommodation
     Park....................................14 B2

ESSEN
Founders Brewery & Café.......(siehe 5)
Haven Fish & Chips.................(siehe 4)
New World Supermarket...........15 C2
Smugglers Pub & Café..............16 B2

Nelson Hospital (Karte S. 505; ☎ 03-546 1800; www.nmdhb.govt.nz; Waimea Rd; ☺ 24 Std.) Notfall-versorgung, auch zahnärztlich; Eingang abseits der Tipahi St.

NOTFALL
Ambulanz, Feuerwehr & Polizei (☎ 111)
Polizei (Karte S. 506; ☎ 03-546 3840; Ecke St. John St & Harley St; ☺ 24 Std.)

POST
Post (Karte S. 506; 209 Hardy St)

TOURISTENINFORMATION
Automobile Association (AA; Karte S. 506; ☎ 03-548 8339; www.aa.co.nz; 45 Halifax St; ☺ Mo–Fr 8.30–17, Di ab 9 Uhr)

Nelson i-SITE (Karte S. 506; ☎ 03-548 2304; www.nelsonnz.com; Ecke Trafalgar St & Halifax St; ☺ Mo–Fr 8.30–17, Sa & So 9–17 Uhr) Hier ist der *Nelson/Tasman Region Visitor Guide* erhältlich. Am Informationsschalter des DOC erfährt man alles über die Nationalparks und Wander-wege (z. B. den Abel Tasman und den Heaphy Track).

Sehenswertes
HISTORISCHE GEBÄUDE
Das traditionelle Wahrzeichen von Nelson ist die im Art-déco-Stil begonnene **Christ Church Cathedral** (Karte S. 506; ☎ 03-548 1008; www.nelsoncathedral.org; Trafalgar Sq; Eintritt frei; ☺ Sommer 8–19 Uhr, Winter bis 17 Uhr), die am Ende der Trafalgar St über der Stadt thront. Die Bauarbeiten began-nen 1925, verzögerten sich dann aber. In den 1950er-Jahren gab es einen Streit, ob man sich

an den ursprünglichen Entwurf halten oder eine modernere Formensprache verwenden sollte. So entstand ein architektonischer Mischmasch. Das Gotteshaus wurde schließlich 1965 fertiggestellt und 1972, 47 Jahre nach der Grundsteinlegung, geweiht.

Westlich der Kathedrale steht in der **South Street** (Karte S. 506) eine Reihe malerischer Arbeiterhäuser, die zwischen 1863 und 1867 errichtet wurden: Fachleute sagen, es handele sich um den ältesten vollständig erhaltenen Straßenzug Neuseelands. In einigen der Häuser kann man übernachten (s. S. 511).

MUSEEN & GALERIEN

Das **Nelson Provincial Museum** (Karte S. 506; ☎ 03-548 9588; www.nelsonmuseum.co.nz; Ecke Hardy St & Trafalgar St;

Eintritt gegen Spende; ⏲ Mo–Fr 9–17, Sa & So 10–16.30 Uhr) ist eines der Highlights von Nelson. Im modernen Ausstellungsraum werden Exponate zum kulturellen Erbe und zur Naturgeschichte gezeigt; der Schwerpunkt liegt auf solchen aus der Region. Es gibt einen großen Dachgarten. Manchmal wird Eintritt verlangt.

Neben den Queen's Gardens befindet sich Nelsons Kulturhochburg, das **Suter** (Karte S. 506; ☎ 03-548 4699; www.thesuter.org.nz; 208 Bridge St; Erw./Kind/erm. 3/0,50/1 NZ$; ⏲ 10.30–16.30 Uhr). Hier finden die Wanderausstellungen, Musical-, Theater- und Filmabende statt und es gibt einen Kunsthandwerksladen und ein Café.

In Nelson gibt es ungewöhnlich viele kommerzielle Galerien, die alle in der im i-SITE erhältlichen Broschüre *Art & Crafts Nelson*

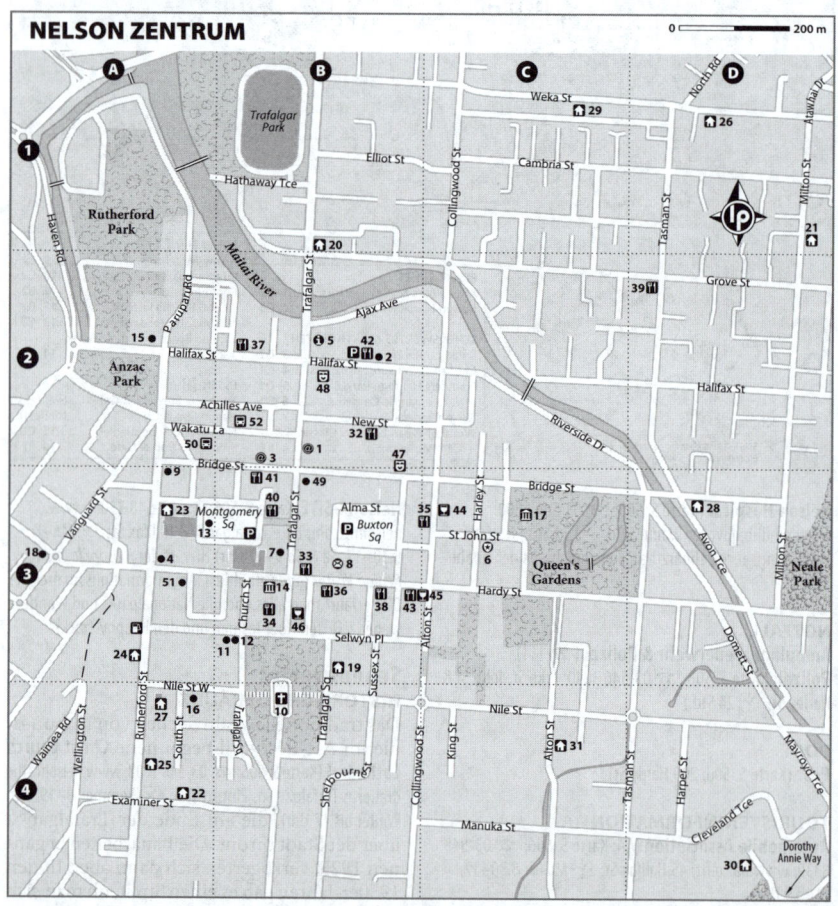

NELSON ZENTRUM

0 ——— 200 m

City (mit Wegeplan) aufgeführt sind. Unsere Favoriten:

Flamedaisy Glass Design (Karte S. 506; ☎ 03-548 4475; www.flamedaisy.com; 324 Trafalgar Sq; Mo–Fr 10–17, Sa bis 16 Uhr) Kleines, feines Glaskunstatelier.

Jens Hansen (Karte S. 506; ☎ 03-548 0640; www.jenshansen.com; 320 Trafalgar Sq; Mo–Fr 9–17, Sa bis 14 Uhr) Gold- und Silberschmied, der zeitgenössischen Schmuck herstellt (der verfluchte Ring aus der Verfilmung des *Herrn der Ringe* stammt von ihm).

Refinery Artspace (Karte S. 506; ☎ 03-548 1721; www.refineryartspace.org; 31 Halifax St; Mo–Fr 9–17, Sa 10–14 Uhr) Häufig wechselnde regionale Ausstellungen, Kunst von Privatleuten und Workshops.

South St Gallery (Karte S. 506; ☎ 03-548 8117; www.nelsonpottery.co.nz; 10 Nile St W; Mo–Fr 8–16.30, Sa & So 10–16 Uhr) Große Auswahl von sonderbaren, stilvollen und bunten Töpferwaren.

Wer in der Umgebung unterwegs ist, sollte auch bei Höglund (S. 516) und der Cool Store Gallery (S. 516) vorbeischauen, die nicht weit von Nelson City entfernt zu finden sind.

PARKS & MÄRKTE

Im **Founders Heritage Park** (Karte S. 505; ☎ 03-548 2649; www.founderspark.co.nz; 87 Atawhai Dr; Erw./Kind/Fam. 7/5/15 NZ$, Kinder unter 12 Jahren frei; 10–16.30 Uhr), in Ufernähe, 1 km vom Stadtzentrum weg, finden sich der Nachbau eines historischen Dorfs mit Bäckerei, Chocolatier und Museen sowie (wichtiger) **Founders Brewery & Café** (Karte S. 505; ☎ 03-548 4638; www.foundersbrewery.co.nz; Gerichte 13–16 NZ$, Verkostung 5 NZ$, Führung & Verkostung 7 NZ$; 10–20 Uhr, Winter bis 16.30 Uhr), Neuseelands erste zertifizierte Biobrauerei. Man kann eine Führung machen oder die Produkte (Tall Blonde, Red Head, Long Black, Generation Ale und Fair Maiden) beim Mittagessen im Café probieren. Wer nur die Brauerei besichtigen will, bezahlt keinen Eintritt für den Park. Auf dem Gelände gibt's auch einen wöchentlichen **Bauernmarkt** (Eintritt frei; Fr 15–18 Uhr).

Die Wege in Nelsons **Botanical Reserve** (Karte S. 505; Milton St; Eintritt frei; 24 Std.) führen auf den Botanical Hill, wo ein spitzer Pfahl verkündet, hier sei Neuseelands geografischer Mittelpunkt. Das erste Rugbymatch Neuseelands wurde am 14. Mai 1870 am Fuß des Hügels ausgetragen: Der Nelson Rugby Club schlug die feigen Jungs des Nelson College mit 2:0.

Vom Founders Park die Straße hinunter liegt der heitere **Miyazu Japanese Garden** (Karte S. 505; Atawhai Dr; Eintritt frei; 24 Std.) voller Skulpturen, Laternen und Enten, die auf ruhigen Teichen schwimmen. Hier kann man sich hinsetzen und eine Weile vor sich hin träumen.

Einen Besuch wert ist auch der **Nelson Market** (Karte S. 506; ☎ 03-546 6454; Montgomery Sq; Sa 8–13 Uhr), ein munteres Durcheinander aus Gemüse, Imbissständen, Mode, lokalem Kunsthandwerk und Straßenmusikanten. An gleicher Stelle findet sonntags der Flohmarkt **Monty's Sunday Market** (So 9–13 Uhr) statt.

Aktivitäten

Nelson bietet unendliche Möglichkeiten für Outdooraktivitäten (was wohl mit dem Son-

PRAKTISCHES
- Aurora ... 1 B2
- Automobile Association (AA) ... 2 B2
- Boots Off Traveller Centre ... 3 B2
- Litter Arty ... 4 A3
- Nelson i-SITE ... 5 B2
- Polizei ... 6 C3
- Page & Blackmore Booksellers ... 7 B3
- Post ... 8 B3
- R&R Sport ... 9 A3

SEHENSWERTES & AKTIVITÄTEN
- Christ Church Cathedral ... 10 B4
- Flamedaisy Glass Design ... 11 B3
- Jens Hansen ... 12 B3
- Monty's Sunday Market ... (siehe 13)
- Nelson Market ... 13 A3
- Nelson Provincial Museum ... 14 B3
- Refinery Artspace ... 15 A2
- South St Gallery ... 16 A4
- South St Worker's Cottages ... (siehe 27)
- Suter ... 17 C3
- Vertical Limits ... 18 A3

SCHLAFEN
- Accents on the Park ... 19 B3
- Cedar Grove ... 20 B1
- Green Monkey ... 21 D1
- Lynton Lodge ... 22 A4
- Nelson YHA ... 23 A3
- Palace Backpackers ... 24 A3
- Palazzo Motor Lodge ... 25 A4
- Paradiso Backpackers ... 26 D1
- South St Cottages ... 27 A4
- Sussex House ... 28 D3
- Tasman Bay Backpackers ... 29 C1
- Te Maunga ... 30 D4
- Trampers Rest ... 31 C4

ESSEN
- DeVille ... 32 B2
- Falafel Gourmet ... 33 B3
- Hopgoods ... 34 B3
- Indian Café ... 35 C3
- Lambretta's ... 36 B3
- Mediterranean Foods ... 37 B2
- Morrison St Café ... 38 B3
- Organic Greengrocer ... 39 D2
- Penguino Ice Cream Café ... 40 B3
- Stefano's ... (siehe 48)
- Swedish Bakery & Café ... 41 B3
- Tozzetti Panetteria ... 42 B2
- When in Rome ... 43 B3

AUSGEHEN
- Free House ... 44 C3
- Sprig & Fern ... 45 C3
- Vic ... 46 B3

UNTERHALTUNG
- Phat Club ... 47 B2
- State Cinema 6 ... 48 B2

TRANSPORT
- Abel Tasman Coachlines ... (siehe 50)
- Air New Zealand ... 49 B3
- InterCity Bus Depot ... (siehe 50)
- Nelson SBL Travel Centre ... 50 A2
- Nelson Suburban Bus Lines ... (siehe 50)
- Stewarts Avanti Plus Nelson ... 51 A3
- „The Bus"-Abfahrt ... 52 B2

nenschein zusammenhängt). Der klare blaue Himmel ist wie geschaffen zum Paragliding, Kiteboarden und Drachenfliegen. Die meisten Anbieter sitzen etwas außerhalb von Nelson, haben aber einen Abhol- bzw. Bringservice von und nach Nelson.

Tandem-Gleitschirmflüge kosten rund 180 NZ$, Einführungskurse rund 250 NZ$. Zu den Anbietern gehören:

Adventure Paragliding & Kiteboarding (☎ 0800 212 359, 03-540 2183; www.skyout.co.nz)

Cumulus Paragliding (☎ 03-929 5515; www.cumulus-tandems.co.nz)

Nelson Paragliding (☎ 0508 359 669, 03-544 1182; www.nelsonparagliding.co.nz)

Vertical Limits (Karte S. 506; ☎ 03-545 7511; www.verticallimits.co.nz; 34 Vanguard St; ⊙ Mo–Fr 12–21, Sa & So bis 16 Uhr)

Ein Kiteboarding-Einführungskurs kostet rund 170 NZ$:

Adventure Paragliding & Kiteboarding (s. oben)

Kitescool (☎ 021 354 837; www.kitescool.co.nz)

Kite Surf Nelson (☎ 0800 548 363; www.kitesurfnelson.co.nz)

Drachenfliegen wird von zwei Veranstaltern angeboten: **Nelson Hang Gliding Adventures** (☎ 03-548 9151; www.flynelson.co.nz; Flug 165 NZ$) und **Hang Gliding New Zealand** (☎ 0800 212 359, 03-540 2183; www.hanggliding.co.nz; Flug 180 NZ$).

Beliebt bei Abenteurern ist das Klettern an den Kalksteinklippen rund um die Golden Bay und Takaka. Vertical Limits (s. oben) bietet halb-/ganztägige Klettertrips (65/130 NZ$) sowie eine Kletterwand in der Halle in Nelson (16 NZ$/Tag inkl. Ausrüstung). Auch Tandem-Gleitschirmflüge gibt es hier.

An einen „Skywire" (Mix aus Sessellift und Seilrutsche) gebunden durch die Luft sausen kann man im Vergnügungspark **Happy Valley Adventures** (außerhalb der Karte S. 505; ☎ 03-545 0304; www.happyvalleyadventures.co.nz; 194 Cable Bay Rd), der über die SH16 Richtung Nordosten in 15 Fahrminuten zu erreichen ist. Am 1,65 km langen Skywire rast man in bis zu 150 m Höhe über den Urwald (Erw./Kind 85/55 NZ$). Es gibt auch einstündige Quadbiketouren durch den Wald (Fahrer/Mitfahrer ab 80/20 NZ$), für die zweieinhalbstündigen Ausritte werden jeweils 95 NZ$ pro Person fällig.

Von Happy Valley Adventures 4 km die Straße runter kommt **Cable Bay Kayaks** (außerhalb der Karte S. 505; ☎ 0508 222 532, 03-545 0332; www.cablebaykayaks.co.nz; Cable Bay Rd) in Sicht. Hier werden

geführte Kajaktouren auf dem Meer angeboten (halber/ganzer Tag ab 85/135 NZ$), bei denen man die Küstenlinie in der Gegend und die Meeresfauna erkundet.

Cat Sailing & Launch Charters (Karte S. 505; ☎ 03-547 6666; www.sailingcharters.co.nz; ab 70 NZ$) veranstaltet halbtägige, ganztägige und Segeltörns mit Übernachtung zu vernünftigen Preisen. Angeboten werden u. a. Fahrten im Hafen, Angeltouren, „Mittwochabendrennen" und Törns mit Übernachtung zum Abel Tasman. **Sail Nelson** (☎ 03-546 7275; www.sailnelson.co.nz) veranstaltet Charterfahrten (rund 100 NZ$/Std.) und offizielle Segelkurse von Yachting New Zealand (2 Tage, 500 NZ$).

Wieder auf dem Trockenen bietet **Stonehurst Farm Horse Treks** (außerhalb der Karte S. 505; ☎ 0800 487 357, 03-542 4121; www.stonehurstfarm.co.nz; RD 1, Richmond; Ausritt 1 Std./halber Tag 65/145 NZ$) 22 km südlich der Stadt Ponyreiten für Kinder, einstündige Ritte über das Farmgelände, zweieinhalbstündige Ritte in den Sonnenuntergang, „Musterers" (Viehtrieb) und halbtägige Ausritte am Fluss.

Auf den Mountainbikestrecken auf den Hügeln kann man sich mit **Biking Nelson** (☎ 021 861 725; www.bikingnelson.co.nz) tummeln. Das Unternehmen bietet dreistündige geführte Mountainbiketouren (inkl. Ausrüstung 99 NZ$) an und vermietet Mountainbikes (halber/ganzer Tag 40/60 NZ$).

Wer eine kreative Ader hat, wird Stephans Knochenschnitzkurse bei **Nelson Bonecarving** (Karte S. 505; ☎ 03-546 4275; www.carvingbone.co.nz; 87 Green St, Tahunanui; Tageskurs 79 NZ$) lieben. Er stellt Materialien und Werkzeug, gibt Anleitung, ermutigt und macht Tee (falls nötig werden Teilnehmer aus der Stadt geholt und wieder zurückgebracht). Wenn man etwas Fantasie und Talent mitbringt, hat man am Ende des Tages sein eigenes kleines Kunstwerk.

Geführte Touren

Avocado Adventures (☎ 03-548 2311; www.avocadoadventures.co.nz) Individuell gestaltete Abenteuertouren in der Gegend in Kleingruppen.

Bay Tours (☎ 0800 229 868, 03-548 6486; www.baytoursnelson.co.nz; Tour halber/ganzer Tag ab 78/130 NZ$) Stadtführungen, Touren in der Region, Wein-, Gastronomie- und Kunsttouren. Die ganztägige Landschaftstour beinhaltet einen Besuch in Kaiteriteri und eine Bootsfahrt im Abel Tasman National Park.

JJ's Quality Tours (☎ 0800 229 868, 03-548 6486; www.jjstours.co.nz; Tour ab 78 NZ$) Bietet Touren zu den Themen Landschaft, Wein und Kunsthandwerk an und

---

DIE WUNDERSAME WELT VON WEARABLEART

Nelson verströmt Kreativität – kein Wunder also, dass hier Neuseelands inspirierendste Fashion-Show ins Leben gerufen wurde. Es begann ganz bescheiden damit, dass die Modeschöpferin Suzie Moncrieff 1987 eine alternative Modenschau veranstaltete. Dem Konzept zufolge ging es um tragbare und gestaltungsfähige Kunstwerke. Diese Idee kam an, und die World of WearableArt Awards Show wurde zum jährlich stattfindenden Event. Holz, Pappmaché, Pauamuscheln, Ohrenstöpsel, Getränkedosen, Pingpongbälle, Nahrungsmittel und alles Mögliche und Unmögliche wurden zu Kleidungsstücken verarbeitet; Highlights sind die „Bizarre Bra"-Entwürfe.

Der Wettbewerb wurde inzwischen nach Wellington (S. 450) verlegt, aber man kann in Nelsons **World of WearableArt & Classic Cars Museum** (WOW; Karte S. 505; ☎ 03-547 4573; www.wowcars. co.nz; 1 Cadillac Way; Erw./Kind 20/8 NZ$; 🕙 10–17 Uhr) noch immer Entwürfe bewundern. Zu den Hightech-Ausstellungsräumen gehören ein zum Laufsteg umfunktioniertes Karussell sowie ein abgedunkelter Raum mit Lichteffekten.

Wer eher an Autos interessiert ist, findet unterm selben Dach 50 gut erhaltene Auto- und Motorradklassiker. Die Ausstellungen wechseln; zur Sammlung gehören ein rosa Cadillac von 1959, ein gelber Bullet-Nose-Studebaker-Cabrio von 1950 und eine BMW Isetta. 70 weitere alte Kisten können gleich nebenan in der *Classic Collection* (zzgl. 8 NZ$) bewundert werden. Vor Ort gibt es ein Café und eine Kunstgalerie.

---

außerdem den halbtägigen Brewery Trail, auf dem man an vier Kleinbrauereien vorbeikommt.

New Zealand Nature Tours (☎ 0800 326 868, 03-539 4477; www.newzealandnaturetours.com; Tour ab 123 NZ$) Wein-, Landschafts- und Naturtouren rund um Nelson, Marlborough, die Golden Bay und die Westküste.

Simply Wild (☎ 03-548 8500; www.simplywild.co.nz) Es gibt halb- bis fünftägige Abenteuertouren: Wandern, mountainbiken, segeln, höhlenwandern, raften und Kanu fahren in Nelsons Nationalparks. Preise auf Anfrage.

Tasman Helicopters (☎ 03-528 8075; www.tasman helicopters.co.nz; Tour ab 150 NZ$) Hubschrauberflüge und -touren, u. a. nach D'Urville Island, zum Forellenangeln, zum Mittagessen, über Farewell Spit sowie zum Kahurangi und zum Abel Tasman National Park.

Festivals & Events

Nelson Jazz & Blues Festival (☎ 03-547 7211; www. nelsonjazzfest.co.nz) 60 Jazz-Events an acht Tagen im Januar. Regionale und internationale Künstler treten in Hallen und an Straßenecken überall in der Region auf.

Nelson Summer Festival (☎ 03-546 0200; www. nelsonfestivals.co.nz) Einmonatiges Familienfest von Mitte Januar bis Mitte Februar. Straßenmusikanten, Open-Air-Kino, Theateraufführungen und Konzerte.

Marchfest (☎ 03-548 3887; www.marchfest.com) Ein Fest mit Bier, Wein, Musik und noch mehr Bier. Findet an nur einem Tag im April statt, aber unter www.deadgood beerevents.com kann man sich über Nelsons vierteljährliche Bierfestivals informieren.

Nelson Arts Festival (☎ 03-546 0212; www.nelson festivals.co.nz) Das Kunstfest im Oktober dauert zehn Tage. Zu den Events gehören ein Straßenkarneval, Ausstellungen, Kabarett, Lesungen, Theateraufführungen und Konzerte.

Schlafen

BUDGETUNTERKÜNFTE

LP Tipp **Accents on the Park** (Karte S. 506; ☎ 0800 888 335, 03-548 4335; www.accentsonthepark.com; 335 Trafalgar Sq; Stellplatz 30 NZ$, B 20–28 NZ$, DZ mit/ohne Bad 92/60 NZ$; 🖥 🛜) Überraschung: Dieses perfekt gelegene Hostel wirkt eher wie ein Hotel. Es hat professionelle Mitarbeiter, Balkons, ein Café vor Ort (mit Hausmannskost und Filmabenden, an denen es kostenlos Popcorn gibt), schalldichte Zimmer, hochwertige Bettwäsche, supersaubere Badezimmer und einen Fahrradverleih. Bravo! (Frühzeitig buchen.)

Bug Backpackers (Karte S. 505; ☎ 03-539 4227; www. thebug.co.nz; 226 Vanguard St; B 23–26 NZ$, DZ 62–70 NZ$; 🖥 🛜) Das moderne, ausgezeichnete Hotel liegt 15 Gehminuten von der Stadt entfernt und nimmt eine umgebaute Villa und ein brandneues Gebäude gleich nebenan ein. Durch die mutig-bunten Farben und massenhaft VW-Käfer-Kitsch verströmt das Bug Lebensfreude. Hochwertige Betten, nette Küchen, ein Schlafsaal nur für Frauen und ein heimeliger Hinterhof sind feine Extras, genauso wie die kostenlosen Leihfahrräder und der kostenlose Abhol- und Bringservice.

Paradiso Backpackers (Karte S. 506; ☎ 0800 269 667, 03-546 6703; www.backpackernelson.co.nz; 42 Weka St; Stellplatz ohne Strom 36 NZ$, B/DZ 25/64 NZ$; 🖥 🛜 🖳) Club Med für weniger gut Betuchte: Das Paradiso ist eine weitläufige Anlage, wo sich schöne, junge Backpacker auf der Terrasse am Pool tummeln. Es gibt zwei Küchen, eine begehrte Hängematte, einen Volleyballplatz und eine

Sauna. Man sollte vorab buchen, um noch ein Plätzchen abzukriegen.

Trampers Rest (Karte S. 506; ☎ /Fax 03-545 7477; 31 Alton St; B/EZ/DZ 26/42/62 NZ$; 🖳 🛜) Das sehr beliebte Trampers hat nur wenige Betten (keine Stockbetten) und ist in Sachen heimelige Umgebung kaum zu toppen. Der engagierte Betreiber ist ein begeisterter Wanderer und Radfahrer und stellt sowohl seine umfassende Ortskenntnis als auch kostenlose Fahrräder zur Verfügung. Es gibt eine kleine Küche, eine Büchertauschbörse, ein Klavier und Bruce Springsteen aus der Stereoanlage.

Green Monkey (Karte S. 506; ☎ 03-545 7421; www. thegreenmonkey.co.nz; 129 Milton St; B/DZ 26/62 NZ$; 🖳 🛜) Die kleine, heimelige und gemütliche Unterkunft (Teppiche, gute Bettwäsche) wird von einem freundlichen englischen Ehepaar geführt. Es gibt nur zwei Schlafsäle und zwei Doppelzimmer mit TV. Hier können Gäste unter den Obstbäumen ein Schwätzchen halten oder sich am Holzfeuer wärmen. Kostenlose Fahrräder; abends gibt's Kuchen.

Tasman Bay Backpackers (Karte S. 506; ☎ 0800 222 572, 03-548 7950; www.tasmanbaybackpackers.co.nz; 10 Weka St; Stellplatz ohne Strom 36 NZ$, B 27–27 NZ$, DZ 64–85 NZ$; 🖳 🛜) Dieses gut gestaltete Hostel ist ein typisches Exemplar der hochwertigen Backpackerunterkünfte in Nelson. Es bietet luftige Gemeinschaftsbereiche, farbenfrohe Zimmer, eine sonnige Terrasse und eine gern genutzte Hängematte. Als kostenlose Extras gibt's Fahrräder, im Winter Frühstück und das ganze Jahr über Schokoladenpudding.

Nelson YHA (Karte S. 506; ☎ 03-545 9988; www.yha. co.nz; 59 Rutherford St; B/EZ/DZ ab 31/63/84 NZ$; DZ mit Bad 104 NZ$; 🖳 🛜) Ein makelloses, zweckmäßiges, zentral gelegenes Hostel mit hochwertigen Einrichtungen. Es gibt u. a. ein schallisoliertes Fernsehzimmer (mit kostenlosen Videos und DVDs), zwei gute Küchen und eine sonnige Terrasse. Man kann Touren und Aktivitäten buchen und wird gut umsorgt.

Tahuna Beach Accommodation Park (Karte S. 505; ☎ 0800 500 501, 03-548 5159; www.tahunabeach.co.nz; 70 Beach Rd; Stellplatz mit & ohne Strom 34 NZ$, Hütte/Wohneinheit 50–110 NZ$; 🖳 🛜) Ein paar Gehminuten vom Strand und 5 km von der Stadt entfernt liegt dieser riesige Ferienpark, in dem sich im Hochsommer Tausende tummeln. Für die einen ist das die Hölle, andere finden es super. Vor Ort gibt es einen Supermarkt, eine Minigolfanlage und Spielplätze.

Nelson City Holiday Park (Karte S. 505; ☎ 0800 778 898, 03-548 1445; www.nelsonholidaypark.co.nz; 230 Vangu-

ard St; Stellplatz mit & ohne Strom 36 NZ$, Hütte/Wohneinheit 60–120 NZ$; 🖳) Dieser der Stadt am nächsten gelegene Campingplatz ist komfortabel, gepflegt und sauber, aber beengt (die Motel-Einheiten sind aber echt gut). Hinten am Bach gibt's eine begrenzte Zahl von Stellplätzen.

Weiter Alternativen für Backpacker:

Footprints (Karte S. 505; ☎ 03-546 5441; www. footprints.co.nz; 31 Beach Rd; B/EZ/DZ/Apt. ab 25/32/68/130 NZ$; 🖳 🛜) In dieser gut geführten Unterkunft mit vielen Quartieren in einem früher als Versammlungshalle dienenden Betonklotz nahe Tahunanui Beach sollte man sich ein Zimmer mit Fenster geben lassen.

Nelson Beach Hostel (Karte S. 505; ☎ 03-548 6817; www.nelsonbeachhostel.co.nz; 25 Muritai St; B/DZ 26/60 NZ$; 🖳 🛜) Entspanntes Hostel nahe Tahunanui Beach, 4 km außerhalb der Stadt. Es gibt kostenlose Fahrräder und gleich auf der anderen Straßenseite einen Pub.

Palace Backpackers (Karte S. 506; ☎ 03-548 4691; www.thepalace.co.nz; 114 Rutherford St; B/DZ mit Frühstück 25/60 NZ$; 🖳 🛜) Ein großer, schäbiger, alter Kasten mit viel Charakter und netten Balkonen.

MITTEL- & SPITZENKLASSEHOTELS

Te Maunga (Karte S. 506; ☎ 03-548 8605; temaungahouse@ xtra.co.nz; 15 Dorothy Annie Way; EZ 80 NZ$, DZ 90–120 NZ$; 🛜) Der Name bedeutet „der Berg" – und den trägt dieses prächtige, alte, auf einer Anhöhe thronende Familienhaus mit großartiger Aussicht auch zu Recht. Möbel mit Charakter und gute Bettwäsche prägen die beiden Doppel- und das Einzelzimmer, zu denen jeweils ein Bad gehört. Das fettige Frühstück arbeitet man beim Auf- und Absteigen am Hügel gleich wieder ab. Rauf und runter sind es zwar nur fünf Minuten (bis zur Stadt insgesamt 15 Min.), aber nur begeisterte Fußgänger werden daran ihre Freude haben. Von Mai bis September ist das Haus geschlossen.

Lynton Lodge (Karte S. 506; ☎ 03-548 7112; www.holi dayguide.co.nz/Nelson/LyntonLodge.aspx; 25 Examiner St; Apt. 95–130 NZ$) Auf dem Hügel nahe der Kathedrale bietet die unverholen altmodische Lynton Lodge einen Blick über die Stadt, separate Apartments und Pensionsatmosphäre. Am besten wählt man eine der Wohneinheiten mit Balkon. Pluspunkte sind der umgängliche Gastgeber, der grasbewachsene Garten und die sehr kurze Entfernung zur Stadt.

Sussex House (Karte S. 506; ☎ 03-548 9972; www. sussex.co.nz; 238 Bridge St; EZ 110–150 NZ$, DZ 150–180 NZ$; 🖳 🛜) Das Sussex ist in einem historischen Wohnhaus am Flussufer untergebracht und besitzt fünf nette B&B-Zimmer mit Bad, die nach Komponisten (Strauss, Beethoven, Mozart usw.) benannt sind. Es gibt einen umlaufenden Balkon, gute Aussicht und einen Garten. Die Betreiber sprechen auch französisch.

Cedar Grove (Karte S. 506; ☎ 0800 233 274, 03-545 1133; www.cedargrove.co.nz; Ecke Trafalgar St & Grove St; Wohnstudios 130–180 NZ$, DZ 170–220 NZ$; 🖥) Eine große alte Zeder ist das Wahrzeichen dieses schicken, modernen Blocks mit geräumigen Apartments, der nur drei Gehminuten von der Stadt entfernt ist. Die Wohnstudios und Doppelzimmer sind vornehm und elegant, sie bieten Kochgelegenheiten und die volle Business-Ausstattung (Telefon, Fax, Internetanschluss).

Palazzo Motor Lodge (Karte S. 506; ☎ 0800 472 5293, 03-545 8171; www.palazzomotorlodge.co.nz; 159 Rutherford St; Studio 130–225 NZ$, Apt. 225–290 NZ$; 🖥 🛜) In dieser beliebten, modernen Motor Lodge italienischen Stils wird man von den Gastgebern freundlich begrüßt. Die stylishen Studiowohnungen und Apartments mit ein oder zwei Zimmern haben beneidenswert gut ausgestattete Küchen (mit hochwertigem Geschirr, guten Kochutensilien und Geschirrspüler) und edle Textilien. Die hie und da zweifelhaften Kunstwerke übersieht man da leicht. Es gibt Frühstück und Zimmer mit Spa-Bad.

Arrow Motel (Karte S. 505; ☎ 03-546 4030; www.arrowmotel.co.nz; 24 Golf Rd; DZ 145–160 NZ$, 4BZ 205–225 NZ$; Zi. mit 6 Betten 240–300 NZ$; 🖥 🛜 🐾) Gästen stehen in diesem ordentlichen Motel in Gehentfernung von Tahunanui Beach Wohneinheiten mit ein bis drei Schlafzimmern zur Verfügung. Die Betreiber sind nette Leute, die Wert auf Umweltschutz legen. Alle Wohneinheiten sind in sich abgeschlossen, einige bieten vom Balkon Ausblick auf den Campingplatz und das Mündungsgebiet dahinter. Zur Anlage gehört auch ein kleiner Pool.

South Street Cottages (Karte S. 506; ☎ 03-540 2769; www.cottageaccommodation.co.nz; 1, 3 & 12 South St; DZ 215 NZ$, Apt. 240 NZ$) An Neuseelands ältestem Straßenzug können Gäste in drei bezaubernden separaten Cottages (je 2 Schlafzi.) aus den 1860ern wohnen. Alle bieten sämtlichen von daheim gewohnten Komfort inklusive Küche, Waschküche, Kamin und Hof; die Zutaten fürs Frühstück werden gestellt. Der Mindestaufenthalt beträgt zwei Nächte. Die Betreiber haben in derselben Straße noch ein modernes Apartment mit zwei Schlafzimmern.

Essen
RESTAURANTS

Stefano's (Karte S. 506; ☎ 03-546 7530; 91 Trafalgar St; Pizza 9–25 NZ$; 🕙 9–22 Uhr; **V**) Das im Oberge-

schoss des State-Cinema-Komplexes untergebrachte Stefanos wird für seine Deko keinen Preis gewinnen. Lobenswert in diesem von Italienern geführten Lokal sind aber die traditionellen Pizzen: dünn, knusprig, delikat. An den beiden Balkontischen bleibt man von dem Gedränge bei Filmbeginn im Kino und dem Geruch von Popcorn unbehelligt.

When in Rome (Karte S. 506; ☎ 03-548 1586; 278 Hardy St; Hauptgerichte 10–19 NZ$; 🕙 tgl. Mo–Sa 12–14, 17 Uhr–open end) Angesichts der schicken Gestaltung à la Rom könnte man befürchten, die Preise seien in Euro angegeben. Aber keine Sorge: Man zahlt in Neuseeländischen Dollar. Die Gerichte dieses neuen italienischen Restaurants sind also sehr günstig und zudem lecker. Es gibt große Portionen Pasta, kreative Salate und dünne, knusprige Pizzen: *bellissimo*.

Indian Café (Karte S. 506; ☎ 03-548 4089; 94 Collingwood St; Hauptgerichte 12–23 NZ$; 🕙 tgl. Mo–Fr 12–14, 17 Uhr–open end) Die weitläufige, safranfarbene eduardianische Villa beherbergt ein gutes indisches Restaurant, das beeindruckende Interpretationen anglo-indischer Standardgerichte wie Chicken Tandoori, Rogan Josh und Beef Madras serviert. Zuerst sollte man sich einen Vorspeisenteller teilen. Zum Hauptgericht stehen zehn Brotsorten zur Wahl.

Smugglers Pub & Café (Karte S. 505; ☎ 03-546 4084; 8 Muritai St; Hauptgerichte 15–34 NZ$; 🕙 11 Uhr–open end) Diese Kneipe mit Seemannsthema war tipptopp, als wir hier das letzte Mal vor Anker gingen. Das freundliche Personal tischt hungrigen Landratten herzhafte Mahlzeiten auf. In dem verlässlichen Familienlokal gibt's Typisches wie Braten des Tages, Burger und Fish & Chips. Ein netter Hof gehört dazu.

Lambretta's (Karte S. 506; ☎ 03-545 8555; 204 Hardy St; Hauptgerichte 16–28 NZ$; 🕙 Mo–Sa 7.30–22 Uhr, Winter bis 17 Uhr, So 8.30–15 Uhr) Hier scheint halb Nelson zu essen: Das Lambretta's ist ein stets gut besuchtes Lokal mit vielen Sitzplätzen drinnen und draußen. In dem familienfreundlichen Laden bekommt man Frühstück, Mittag- und Abendessen (Pizza, Pasta, Salat) und auch herzhafte Speisen aus der Vitrine, z. B. riesige Muffins, Pies, belegte Croissants und Sandwiches. Der Kaffee ist auch gut.

Hopgood's (Karte S. 506; ☎ 03-545 7191; 284 Trafalgar St; Mittagessen 14–20 NZ$, Abendessen 33–36 NZ$; 🕙 Do & Fr 11–14, Mo–Sa 17.30 Uhr–open end) Das innen getäfelte Hopgood's ist perfekt für ein romantisches Abendessen oder wenn man sich einfach mal verwöhnen lassen will. Das Essen ist raffiniert und sorgfältig zubereitet, aber unprätentiös, sodass die hochwertigen regionalen Zutaten gut zur Geltung kommen. Das Menü aus knusprig gebratener asiatischer Ente, Schweinebauch mit Brunnenkresse und Apfelmus ist klasse. Auf der Weinkarte stehen erlesene Tropfen, überwiegend aus Neuseeland.

CAFÉS

Swedish Bakery & Café (Karte S. 506; ☎ 03-546 8685; 54 Bridge St; Snacks 2–7 NZ$; ◷ Mo–Fr 8.30–16, Sa 9–13.30 Uhr) Der hiesige skandinavische Bäcker liefert köstliche Brote, Croissants, Gebäck und Kuchen. Außerdem gibt es Teigtaschen mit Hackfleisch oder Roter Bete und Bagels mit Räucherlachs. Entweder isst man in dem netten Café oder nimmt seine Leckereien mit.

Morrison St Café (Karte S. 506; ☎ 03-548 8110; 244 Hardy St; Gerichte 12–19 NZ$; ◷ Mo–Fr 7.30–16, Sa 8.30–15, So 9–15 Uhr) Teils Café, teils Galerie – und recht elegant. Das Morrison St Café tut sich durch sein Angebot hervor: Zum Frühstück gibt's Butterpfannkuchen mit Himbeeren und Zimt, mittags einen pikanten birmanischen Hähnchensalat und nachmittags Kaffee und Kuchen.

DeVille (Karte S. 506; ☎ 03-545 6911; 22 New St; Gerichte 15–25 NZ$; ◷ Mo–Sa 9–16 Uhr) Das DeVille mit Sitzplätzen drinnen und draußen ist ein cooles Café. Auf dem kiesbedeckten Hof finden sich Sofas, Spiegelmosaike und gepflegtes Grün. Hier kann man sich abseits des Gedränges mit Bagels, vegetarischen Burgern, Nachos und enormem Frühstück verwöhnen lassen.

AUF DIE SCHNELLE

Penguino Ice Cream Café (Karte S. 506; ☎ 03-545 6450; Montgomery Sq; Stk. 2–9 NZ$; ◷ 11–17 Uhr) In Nelson ist es ein Ritual, sich in die Schlange vor dem Penguino einzureihen, das erstklassiges, täglich frisch zubereitetes Eis und Sorbet anbietet. Das Boysenbeeren-Sorbet ist preisgekrönt.

Tozzetti Panetteria (Karte S. 506; ☎ 03-546 8484; 41 Halifax St; Stk. 4–7 NZ$; ◷ Mo–Fr 7–16, Sa bis 12 Uhr; Ⓥ) Das frische Brot riecht man schon, ehe man das Tozzetti sieht: In der kleinen Bäckerei gibt's super Brot, Sandwiches und Süßes.

Falafel Gourmet (Karte S. 506; ☎ 03-545 6220; 195 Hardy St; Gerichte 9–22 NZ$; ◷ Mo–Do 10–18, Fr bis 20, Sa bis 16 Uhr) Hyperaktives nahöstliches Lokal, das mit viel Salat die besten Kebabs hier serviert.

Haven Fish & Chips (Karte S. 505; ☎ 03-548 7969; 268 Wakefield Quay; Fish & Chips 7–8 NZ$; ◷ Di–So 11.30–13.30 & 16.30–19.30 Uhr) Man wählt sein Filet aus und verzehrt dann seine Mahlzeit am Ufer. Gibt's etwas Besseres?

SELBSTVERSORGER

Mediterranean Foods (Karte S. 506; ☎ 03-546 7964; 23 Halifax St; ◷ Mo–Fr 9–17.30, Sa bis 14 Uhr) Prima Feinkostladen mit toller Wurst, Käse, Pasta etc. zum Mitnehmen sowie Kaffee und Sandwiches.

New World Supermarket (Karte S. 505; ☎ 03-548 9111; Ecke Vanguard & Gloucester St; ◷ 9–21 Uhr)

Organic Greengrocer (Karte S. 506; ☎ 03-548 3650; Ecke Tasman & Grove St; ◷ Mo–Fr 9–18, Sa bis 15 Uhr; Ⓥ) Allergikerkost, Biogemüse, Ökowein, Naturkosmetik.

Ausgehen

LP Tipp **Free House** (Karte S. 506; ☎ 03-548 9391; 95 Collingwood St; ◷ Mo–Fr 16 Uhr–open end, Sa 12 Uhr–open end, So bis 18 Uhr) Halleluja! In dem geschmackvoll für seinen neuen – profanen – Zweck umgebauten Kirchengebäude bekommt man eine ausgezeichnete, häufig wechselnde Auswahl neuseeländischer Spezialbiere. Man kann drinnen oder draußen trinken und sich sogar ein Curry zum Mitnehmen aus dem indischen Café gegenüber holen. Amen.

Sprig & Fern (Karte S. 506; ☎ 03-548 1154; 280 Hardy St; ◷ Mo–Fr 14 Uhr–open end, Sa & So 10 Uhr–open end) Die Sprig & Fern Brewery in Richmond versorgt die S&F-Pubs, die überall in der Region entstehen, mit einer Reihe verschiedener Biere. Fast 20 Sorten kommen vom Fass, darunter Lager, Doppelbock und Beeren-Cider. Einarmige Banditen oder TVs gibt es hier nicht, nur ordentliches Bier, Essen, gelegentlich Livemusik und einen netten Außenbereich.

Vic (Karte S. 506; ☎ 03-548 7631; 281 Trafalgar St; ◷ 11 Uhr–open end) Ein löbliches Beispiel einer Mac's Brewbar: Der Laden ist mit schrägem Neuseelandkitsch ausstaffiert, z. B. einem gestreiften Strickhirschkopf. Einfach ein paar Krüge leeren, etwas essen (Hauptgerichte 13–30 NZ$) und bei der regelmäßigen Livemusik (Di–Sa) mitwippen! Von den Sitzplätzen an der Straße kann man die Nachmittagssonne genießen und Leute beobachten.

Unterhaltung

Phat Club (Karte S. 506; ☎ 03-548 3311; www.phatclub.co.nz; 137 Bridge St; Eintritt ab 5 NZ$; ◷ Mi–Sa 22 Uhr–open end) DJs legen Techno, Dub, Drum 'n' Bass, Breaks und Hip-Hop auf, häufig finden auch Liveauftritte bekannter nationaler und internationaler Bands statt. Der Club ist schon fast ein Jahrzehnt lang der Vorreiter der örtlichen Dance-Szene.

Im **State Cinema 6** (Karte S. 506; ☎ 03-548 8123; www.statecinema6.co.nz; 91 Trafalgar St; Erw./Kind 14,50/9 NZ$; ◷ 10–24 Uhr) laufen neue Mainstream-Streifen.

Theater, Konzerte und Tanz finden häufig im Theatersaal des Suter (S. 506) statt.

An- & Weiterreise

BUS

Tickets für Abel Tasman Coachlines, InterCity und die Fähren von Interisland kann man im **Nelson SBL Travel Centre** (Karte S. 506; ☎ 03-548 1539; www.nelsoncoaches.co.nz; 27 Bridge St) buchen.

Abel Tasman Coachlines (☎ 03-548 0285; www. abeltasmantravel.co.nz; departs SLB Travel Centre, Bridge St) fährt nach Motueka (12 NZ$, 1 Std., 4-mal tgl.), Takaka (32 NZ$, 2 Std., 2-mal tgl.), Kaiteriteri (20 NZ$, 2 Std., 4-mal tgl.) und Marahau (20 NZ$, 2 Std., 4-mal tgl.). Im Sommer verkehren auch Busse nach Totaranui (20 NZ$) und zum Heaphy Track (52 NZ$).

Atomic Shuttles (☎ 03-349 0697; www.atomictravel. co.nz) fährt von Picton nach Nelson (24 NZ$, 2¼ Std., 2-mal tgl.) und von Nelson aus weiter zu Zentren an der Westküste wie Greymouth (40 NZ$, 5¾ Std., 1-mal tgl.) und Fox Glacier (65 NZ$, 9½ Std., 1-mal tgl.). Die Busse fahren in Nelson vor dem i-SITE ab.

Von Nelson aus fährt **Naked Bus** (☎ 0900 625 33; www.nakedbus.com) auf der Südinsel u. a. Blenheim (ab 14 NZ$, 1¾ Std., bis zu 2-mal tgl.), Motueka (11 NZ$, 1 Std., 1-mal tgl.) und Westport (34 NZ$, 3¾ Std., 1-mal tgl.) an. Die Busse fahren vor dem i-SITE ab. Buchen kann man online oder im i-SITE; wer im Voraus bucht, reist günstiger.

Busse von **InterCity** (☎ 03-548 1538; www.inter city.co.nz; Abfahrt SLB Travel Centre, Bridge St) fahren von Nelson zu folgenden Zielen:

Ziel	Preis (NZ$)	Dauer (Std.)	Häufigkeit
Christchurch	71	7	1-mal tgl.
Greymouth	80	6	1-mal tgl.
Kaikoura	64	3½	1-mal tgl.
Picton	34	2	1–3-mal tgl.
Westport	59	3¾	1-mal tgl.

Hinweise zu Verbindungen vom/zum Abel Tasman National Park gibt's auf S. 526, wie man zu Zielen rund um die Golden Bay, z. B. zum Heaphy Track, kommt, steht auf S. 529. Achtung: Viele Unternehmen fahren zwischen Mai und September nur eingeschränkt.

FLUGZEUG

Air New Zealand (Karte S. 506; ☎ 0800 737 000, 03-546 3100; www.airnewzealand.co.nz; Ecke Trafalgar & Bridge St; ☉ Mo–Fr 9–17 Uhr) hat Direktflüge von/nach Wellington (ab 79 NZ$, bis zu 12-mal tgl.),

Auckland (ab 99 NZ$, bis zu 10-mal tgl.) und Christchurch (ab 79 NZ$, bis zu 6-mal tgl.).

Soundsair (☎ 0800 505 005, 03-520 3080; www.sounds air.com) fliegt täglich zwischen Nelson und Wellington (ab 90 NZ$, bis zu 3-mal tgl.).

Air2there (☎ 0800 777 000; www.air2there.com) fliegt zwischen Nelson und Paraparaumu an der Kapiti Coast (135 NZ$, 1-mal tgl.) und weiter nach Wellington (45 NZ$, Fr).

Unterwegs vor Ort

BUS

Nelson Suburban Bus Lines (SBL; ☎ 03-548 3290; www. nelsoncoaches.co.nz; 27 Bridge St; Erw. 3,80 NZ$; Abfahrt am SLB Travel Centre, Bridge St) betreibt Nahverkehrsbusse von Nelson nach Richmond über Tahunanui und Stoke. Die Busse fahren werktags bis gegen 18 und an den Wochenenden bis ca. 16.30 Uhr. Zum Unternehmen gehört auch der **Late Late Bus** (Ticket 3 NZ$; ☉ Fr & Sa stündl. 22-3 Uhr) von Nelson nach Richmond über Tahunanui, der vor der Westpac Bank in der Trafalgar St abfährt.

Vom Wakatu Sq fährt **The Bus** (Karte S. 506; ☎ 03-548 3290; www.nelsoncoaches.co.nz; Ticket Erw. 2 NZ$) auf vier Strecken zwischen 7 und 17 Uhr ungefähr stündlich in die Außengebiete (z. B. nach Tahunanui).

FAHRRAD

Fahrräder, Mountainbikes und Tourenräder vermietet **Stewarts Avanti Plus Nelson** (Karte S. 506; ☎ 03-548 1666; www.avantiplusnelson.co.nz; 114 Hardy St; Fahrradverleih 35–95 NZ$/Tag, ab 140 NZ$/Woche; ☉ Mo–Fr 8–17.30, Sa 9–16 Uhr). Außerdem gibt es hier Zubehör und einen Reparaturservice.

VOM/ZUM FLUGHAFEN

Ein Taxi zum Flughafen kostet um die 21 NZ$, außerdem bietet **Super Shuttle** (☎ 0800 748 885, 03-522 5100; www.supershuttle.co.nz; 1/2 Passagiere 15/18 NZ$; ☉ 24 Std.) einen Haustürservice vom/ zum Nelson Airport, der 6 km südwestlich der Stadt liegt. Wenn zwei oder mehr Fahrgäste die gleiche Strecke fahren, wird's billiger.

TAXI

Nelson City Taxis (☎ 0800 108 855, 03-548 8225)
Sun City Taxis (☎ 0800 422 666, 03-548 2666)

NELSON LAKES NATIONAL PARK

Der unberührte Nelson Lakes National Park breitet sich um zwei spiegelglatte Gletscherseen, den Lake Rotoiti und den Lake Rotoroa, herum aus, die von Buchenwäldern umgeben sind. Die Kulisse bilden bewaldete Berge. Das Ganze erinnert erstaunlich stark an eine Fjordlandschaft, nur dass die Menschenmassen fehlen – Traveller befinden sich hier wirklich abseits der ausgetretenen Pfade.

Östlich des Lake Rotoiti ist ein Teil des Parks zur „Festlandinsel" erklärt worden und wird durch ein strenges Naturschutzprogramm geschützt, dessen Ziel es ist, eingeschleppte Arten wie Possums oder Wiesel auszurotten und die endemische Flora und Fauna zu regenerieren. Ausgezeichnete – auch kurze – Wanderwege führen durch eine Seenlandschaft, und im Winter kann man im Rainbow Skigebiet (S. 94) über die Pisten wedeln. Der Park besitzt eine vielfältige Vogelwelt und ist wegen seiner Bachforellen als Anglerparadies bekannt.

Orientierung & Praktische Informationen

Den Park erreicht man, wenn man von Nelson aus über den SH6 nach Süden (Richtung Murchison) fährt oder von Blenheim aus auf dem SH65 nach Südwesten. Beide Touren dauern etwa 105 Minuten. Der Park selbst ist vom Lake Rotoiti und Lake Rotoroa aus zugänglich. Die wichtigste Ortschaft ist das winzige St. Arnaud in der Nähe des Lake Rotoiti. Zum 11 km vom Highway entfernten Lake Rotoroa kommen weniger Besucher (hauptsächlich Wanderer, Sandfliegen und Angler), obwohl es auch dort Unterkünfte gibt.

Im **DOC Visitors Centre** (☎ 03-521 1806; www.doc. govt.nz; View Rd, St. Arnaud; ☷ 8–17 Uhr, Hochsommer bis 18 Uhr) erhält man Infos zum Park (Wetter, Aktivitäten, Tickets für die Hütten) und Material zur Ökologie sowie zur Geschichte der Maori. Infos auch unter www.starnaud.co.nz.

Aktivitäten

Es sind viele spektakuläre Wanderungen möglich, auf denen man die raue Landschaft erkunden kann. Zuvor allerdings sollten Traveller beim DOC Visitors Centre vorbeischauen, sich mit Karten und aktuellen Infos zu Wetter und Streckenzustand eindecken und dort Strecke und Zeitplan der beabsichtigten Wanderung hinterlassen.

Der fünfstündige **Mt. Robert Circuit Track** beginnt südlich von St. Arnaud und führt um den Berg herum, wobei die Möglichkeit besteht, einen Seitenweg entlang der Robert Ridge einzuschlagen. Ansonsten führt der **St. Arnaud Range Track** (hin & zurück 5 Std.) an der

Ostseite des Sees über die Parachute Rocks stetig bis zur Kammlinie. Beide Tracks sind schwierig, belohnen die Anstrengung aber mit atemberaubenden Blicken in vergletscherte Täler, über Gebirgsgrate und auf den Lake Rotoiti. Achtung: Nur bei gutem Wetter gehen! Ist es schlecht, sind die Touren sinnlos (keine Aussicht) und gefährlich.

Zu den kürzeren Wanderwegen am Lake Rotoiti, die meist am Parkplatz an der Kerr Bay beginnen, gehören der **Bellbird Walk** (15 Min.), der **Honeydew Walk** (45 Min.), der **Peninsula Nature Walk** (1½ Std.), der **Black Hill Walk** (1½ Std.) und der **Loop Track** (1½ Std.).

Zu den Wanderwegen um den Lake Rotoroa gehören der **Nature Walk** (25 Min.), der **Porika Lookout Track** (hin & zurück 1–3 Std.) am Nordende des Sees sowie der **Braeburn Walk** (hin & zurück 2 Std.) auf der Westseite.

Der 80 km lange und fünf bis sieben Tage dauernde **Travers–Sabine Circuit** ab St. Arnaud ist eine Wanderung für Fitte und Erfahrene, die abseits der Zivilisation zurechtkommen.

Schlafen & Essen

DOC Campsite (☎ 03-521 1806; Stellplatz ohne/mit Strom Okt.–Mai 20/24 NZ$, Juni–Sept. 14/16 NZ$) Der einladende Platz an der Kerr Bay am Ufer des Lake Rotoiti bietet Toiletten, Warmwasserduschen (nur im Sommer) und eine Küche. Der 3 km von St. Arnaud an der West Bay gelegene Campingplatz hat ein Minimum an Einrichtungen und ist nur im Sommer geöffnet. Während der Weihnachts- und Osterferien unbedingt vorab reservieren!

Travers-Sabine Lodge (☎ 03-521 1887; www.nelson lakes.co.nz; Main Rd, St. Arnaud; B/DZ 26/59 NZ$; ☐ ☎) Diese moderne Lodge ist eine prima Basis für Outdoor-Abenteuer. Sie ist preisgünstig, sauber und komfortabel und liegt nur ein kurzes Stück vom Lake Rotoiti entfernt. In den Schlafsälen, Doppelzimmern und dem Familienzimmer findet sich Bettwäsche in fröhlichen, bunten Farben. Die Betreiber sind erfahrene Outdoor-Abenteurer, sodass für gute Tipps gesorgt ist. Wanderausrüstung und Schneeschuhe können ausgeliehen werden.

Nelson Lakes Motels (☎ 03-521 1887; www.nelson lakes.co.nz; Main Rd, St. Arnaud; DZ 110–129 NZ$; ☐ ☎) Die Anlage neben der Travers-Sabine Lodge wird von denselben Leuten geführt. Die Blockhütten und die neueren Holzwohneinheiten bieten allen Komfort, auch Einbauküchen und Satelliten-TV. In den größeren Einheiten finden bis zu sechs Personen Platz.

Alpine Lodge (☎ 03-521 1869; www.alpinelodge.co.nz; Main Rd, St. Arnaud; DZ 145–180 NZ$; 🖥 📶) Hier versucht man alles, um eine Alpenstimmung zu zaubern. Zur Auswahl stehen Quartiere verschiedener Arten; am besten sind die Doppelzimmer mit Schlafzimmer im Mezzanin, Spa und viel Kiefernholzdeko. Das recht spartanische Budgetchalet (B/DZ 25/65 NZ$) ist sauber und warm und steuert auf eine Renovierung zu. Das Restaurant der Anlage ist gemütlich und familienfreundlich; serviert werden massentaugliche Gerichte (Gemischtes vom Grill, Nachos, 17–33 NZ$). Kids werden auf der Kinderkarte fündig.

Das zum gleichen Komplex gehörende **Alpine Lodge Café** (☎ 03-521 1288; Main Rd, St. Arnaud; Gerichte 9–27 NZ$; ⏰ Mi–Mo 8–17 Uhr) ist ein gemütlich warmes, mit altmodischem Neuseelandkitsch ausstaffiertes Café. Das jugendliche, engagierte Personal serviert eine kleine, aber stimmige Auswahl an Gerichten, Gesundes aus der Vitrine und prima Kaffee. Dazu kommt coole Musik aus der Stereoanlage.

St. Arnaud Alpine Village Store (☎ 03-521 1854; Main Rd, St. Arnaud; ⏰ 7.30–20.30 Uhr) Der einzige Gemischtwarenladen vor Ort verkauft Lebensmittel, Benzin, gutes Bier und Socken aus Possumwolle und vermietet Mountainbikes (halber/ganzer Tag 20/40 NZ$). Außerdem bekommt man Sandwiches, Pies und Milchshakes. Zwischen 16.30 und 20.30 Uhr sind auch Fish & Chips zu haben (4–9 NZ$).

Tophouse Historic Hotel (☎ 03-521 1848; www.tophouse.co.nz; Tophouse Rd; EZ/DZ 75/135 NZ$, Chalet DZ 135 NZ$) Das 1887 erbaute Tophouse steht auf einem Hügel 9 km außerhalb von St. Arnaud nahe der Straße nach Blenheim. Das Highway-Rasthaus mit der langen Geschichte hat große, offene Kamine und eine schöne Einrichtung. Gäste finden hier komfortable Betten mit guter Bettwäsche, Gerichte nach Hausmannsart (Kaffee und Kuchen, Pies mit Wild, ein Vier-Gänge-Menü für 45 NZ$ – Reservierung erforderlich) und fröhliche Gastlichkeit vor. Die nach 40 Jahren wiedereröffnete „kleinste Bar Neuseelands" hat gutes Bier aus der Region und bietet wirklich wenig Ellbogenfreiheit. Von der Gartenbar hat man einen super Ausblick auf die St. Arnaud Range. Auf der Koppel hinter dem Haus stehen vier Chalets für je bis zu fünf Personen.

Anreise & Unterwegs vor Ort
Nelson Lakes Shuttles (☎ 03-521 1900, 021 490 095; www.nelsonlakesshuttles.co.nz) fährt auf Anfrage von St. Arnaud zum Parkplatz des Mt. Robert (10 NZ$/Pers.), zum Lake Rotoroa (25 NZ$/Pers.), nach Murchison (30 NZ$/Pers.) sowie weiter hinaus u. a. nach Nelson (30 NZ$/Pers.), Picton (35 NZ$/Pers.) und zum Heaphy Track (60 NZ$/Pers.). Für alle Fahrten gilt ein Mindestpreis, der je nach Ziel variiert. Um bei Preisen und Angeboten auf dem Laufenden zu sein, die Website checken.

Rotoiti Water Taxis (☎ 03-521 1894, 021 702 278; www.rotoitiwatertaxis.co.nz) fährt von der Kerr Bay und der West Bay zum Lakehead Jetty (75 NZ$, für bis zu 4 Pers.) und Coldwater Jetty (90 NZ$, für bis zu 4 Pers.) sowie in die umgekehrte Richtung. Man kann auch Kajaks, Kanus und Ruderboote mieten (ab 40 NZ$/halber Tag). Angeltrips und Bootsausflüge auf dem See können vereinbart werden.

VON NELSON NACH MOTUEKA
Von Richmond, südlich von Nelson, führt der SH60 nordwestwärts nach Motueka. Dieser Abschnitt der Tasman Bay wimmelt von einheimischen Feriengästen: Es gibt hier viele Unterkünfte, eine Menge Kunsthandwerk, Weingüter, Obststände und Bademöglichkeiten, die dazu einladen, den Highway auf einen Abstecher zu verlassen. In der Gegend leben zudem viele Vogelarten, vor allem arktische Zugvögel.

Sehenswertes & Aktivitäten
WEINGÜTER
In der Region Nelson blüht die Weinproduktion, und auch wenn es das Gebiet mit dem Schwergewicht Marlborough nicht aufnehmen kann, gibt es doch genügend Qualitätsweingüter, um Weinliebhaber auf Trab zu halten: Bei der letzten Zählung waren es 23, die alle in der Broschüre *Nelson Wine Guide* (www.wineart.co.nz) aufgeführt sind. Chardonnay, Pinot Noir und aromatische Rebsorten werden bevorzugt. Infos zu Weintouren in der Region finden sich auf S. 508, man kann die Weingüter auch auf einer Schleife von Nelson nach Motueka abklappern. Dabei fährt man auf dem Hinweg über den SH60 an der Küste und nimmt zurück den im Binnenland verlaufenden Moutere Hwy. Auf den Weingütern kann gekostet und gekauft werden; mehrere haben auch Cafés und Restaurants.

Zu unseren Favoriten zählen:
Neudorf (☎ 03-543 2643; www.neudorf.co.nz; 138 Neudorf Rd, Upper Moutere; ⏰ 11–17 Uhr) In dem moosbedeckten, scheunenartigen Komplex bekommt man

einen tollen Pinot Noir und einen Chardonnay, der zu den besten in Neuseeland zählt.

Seifried (☎ 03-544 5599; www.seifried.co.nz; Ecke SH60 & Redwood Rd; ☾ 10–17 Uhr) Das Weingut an der Abzweigung nach Rabbit Island gehört zu den größten der Region und besitzt ein nettes Gartenrestaurant.

Waimea (☎ 03-544 4963; www.waimeaestates.co.nz; SH60, Richmond; ☾ 11–17 Uhr) Tolles Café und Tische in der Nähe der Reben.

Woollaston (☎ 03-543 2817; www.woollaston.co.nz; SH60, Richmond; ☾ 11–17 Uhr) Mehrgeschossiges Weingut, das in einen Hang hineingebaut wurde. Es besitzt ein Grasdach und eine Galerie und ist malerisch gelegen. Die Häppchenplatte schmeckt auch draußen auf dem Rasen.

NOCH MEHR SEHENSWERTES & AKTIVITÄTEN

An der Strecke gibt es auch eine ganze Menge Kunstgewerbeläden; Einzelheiten ist den Broschüren *Nelson's Creative Pathways* und *Nelson Art Guide* zu entnehmen, die im i-SITE von Nelson und auch sonst überall in der Region erhältlich sind.

Meisterwerke der Glasbläserkunst bewundern und/oder kaufen kann man bei **Höglund Glass Art** (☎ 03-544 6500; www.hoglundartglass.com; 52 Landsdowne Rd, Appleby; ☾ 10–17 Uhr), fünf Fahrminuten westlich von Richmond. Der Schmelzofen ist zwischen Weihnachten und Ostern in Betrieb: Wer will, kann zuschauen, wenn Meister Ola und seine Lehrlinge Glas blasen, was sie in dieser Zeit an den meisten Tagen tun.

Etwas weiter die Straße (SH60) entlang kommt die Abzweigung nach **Rabbit Island** in Sicht. Kaninchen haben wir bei unserem Besuch in dem Erholungsgebiet mit unberührten Badestränden und Kiefernwäldern nicht gesehen, aber viele Wanderer, Bootsfahrer, Schwimmer und Sonnenhungrige. Die Brücke zur Insel wird bei Sonnenuntergang geschlossen; auf der Insel zu übernachten ist verboten.

Ein Stück weiter trifft man dann auf das malerische Waimea Inlet und die Nachbardörfer **Mapua** und **Ruby Bay** an der Mündung des Waimea River. Dies ist eines der größten Mündungsgebiete Neuseelands und beherbergt eine riesige Menge Vögel. Rund um den Kai von Mapua gibt es schicke Läden und Galerien, von denen die **Cool Store Gallery** (☎ 03-540 3778; www.coolstoregallery.co.nz; 7 Aranui Rd, Mapua; ☾ 11–17 Uhr) die beste ist. Hier ist hochwertige Kunst aus der Region zu haben – eine wunderbare Möglichkeit zum Stöbern! Wer gut bei Kasse ist, wird hier bestimmt nicht mit leeren Händen abziehen. Traveller mit Kin-

dern sollten bei **Touch the Sea** (☎ 03-540 3557; www.seatouchaquarium.co.nz; 8 Aranui Rd, Mapua; Erw./Kind/Fam. 8,50/5/19 NZ$; ☾ 10–17.30 Uhr) vorbeischauen. In dem kleinen Aquarium darf alles angefasst werden, das sich freiwillig berühren lässt.

Schlafen & Essen

Die Mitarbeiter der i-SITEs in Nelson oder Motueka können Travellern eine Menge abgelegener Privatunterkünfte, Cottages und B&Bs in der Region nennen.

Mapua Leisure Park (☎ 03-540 2666; www.mapualeisurepark.co.nz; 33 Toru St, Mapua; Stellplatz ohne/mit Strom 32/34 NZ$, Hütte 70–85 NZ$, Motel 115–135 NZ$; 🖥 🛜 🎬) Das ist Neuseelands einziger Ferienpark, in dem man die Hüllen fallen lassen darf. Man muss aber nicht. Die FKK-Erlaubnis gilt nur für die Monate Februar und März. Die Anlage ist etwas ungepflegt, aber die Lage und Bademöglichkeiten sind gut; außerdem gibt es einen Tennis- und einen Volleyballplatz, einen Kajakverleih, einen Pool, eine Sauna, ein Spa und ein Café am Ufer.

Clayridge House (☎ 03-540 2548; www.clayridge.co.nz; 77 Pinehill Rd, Ruby Bay; B&B EZ/DZ 180/250 NZ$, Cottage 180–200 NZ$, zusätzl. Pers. 25 NZ$; 🖥) Das Anwesen liegt, umgeben von Obstplantagen und Weingärten, hoch über der Ruby Bay und bietet einen weiten Blick übers Meer von der Tasman Bay bis nach Nelson – kurz: Es ist ideal zum Entspannen. Neben B&B-Gästezimmern gibt es moderne separate Cottages mit zwei Schlafzimmern. In den Cottages sind zwei Übernachtungen das Minimum.

Golden Bear Brewing Company (☎ 03-540 3210; 12 Aranui Rd; Snacks 3–16 NZ$; ☾ Do–Sa 12–22, So bis 20 Uhr) Eine neue Brauerei am Kai mit vielen Stahlbottichen hinter dem Haus. Hier gibt es acht nur mit Zutaten von der Südinsel gebraute Qualitätsbiere vom Fass und dazu authentisches mexikanisches Essen (Burritos, Quesadillas und Huevos Rancheros), um späteren Kopfschmerzen entgegenzuwirken. Bier zum Mitnehmen und Führungen durch den Betrieb sind ebenfalls im Angebot.

Jester House (☎ 03-526 6742; SH60, Tasman; Gerichte 13–20 NZ$; ☾ 9–17 Uhr) Das schon lange beliebte Jester am Highway, je 8 km von Mapua und Motueka entfernt, lockt mit zahmen Aalen (die man füttern kann) und einem friedlichen Skulpturengarten, der dazu einlädt, nach dem Essen noch zu bleiben. Die Karte ist kurz, bietet aber ein paar interessante Dinge (Wildschweinburger, Lavendelkekse). Es gibt Weine aus der Region und Biere von Mussel Inn.

Smokehouse (☎ 03-540 2280; www.smokehouse.co.nz; Mapua Wharf; Hauptgerichte 26–33 NZ$; ☻ 9–21 Uhr) Hamish, der weiße Fischreiher, beobachtet, was in diesem Uferlokal so vor sich geht. In Seefahrtsambiente gibt es hier frischen und über Holzfeuer geräucherten Fisch sowie eine große Auswahl an Meeresfrüchtegerichten. Im angrenzenden Laden sind ausgezeichnete, frische Fish & Chips, Räucherfisch und Pasteten zum Mitnehmen zu haben.

MOTUEKA
6900 Ew.

Motueka (sprich: Mo-tu-ecka; das bedeutet „Insel der Wekas") hat sich von einer unscheinbaren Siedlung in einen Ort verwandelt, den die Einheimischen mit Stolz ihre Heimat nennen. Das muntere Städtchen ist Verkehrszentrum eines großen ländlichen Gebiets und für Besucher ein praktischer Zwischenstopp auf dem Weg zur Golden Bay und zu den Nationalparks Abel Tasman und Kahurangi. Man findet hier alle Annehmlichkeiten, reichlich Unterkünfte, Cafés, Obststände am Straßenrand und einen schönen, sauberen Fluss zum Schwimmen und Angeln.

Praktische Informationen
Cyberworld (☎ 03-528 8090; www.abeltasmaninformation.co.nz; 178 High St; ☻ 9–21 Uhr) Internetzugang und ähnliche Dienstleistungen, außerdem Buchungen und Infos zum Ort.
Motueka i-SITE (☎ 03-528 6543; www.motuekaisite. co.nz; 20 Wallace St; ☻ Mo–Fr 8.30–17, Sa & So 9–16 Uhr) Ein ausgezeichnetes Informationszentrum mit sehr hilfreichem Personal. Hier werden Buchungen für alles Mögliche von Kaitaia bis Bluff vorgenommen, und man bekommt alle Infos zu den Nationalparks in der Gegend.
Polizei (☎ 03-528 1220; 68 High St; ☻ 24 Std.)
Take Note/Post (☎ 03-528 6600; 207 High St; ☻ Mo–Fr 8–17.30, Sa 9–16, So 10–16 Uhr) Der Buchladen fungiert zugleich als Postamt.

Sehenswertes & Aktivitäten
Wer wissen möchte, was es in der Stadt bezüglich Skulpturen, Wandmalereien und Merkwürdigkeiten zu sehen gibt, sollte sich im i-SITE die Broschüre *Motueka Art Walk* holen. Im **Motueka District Museum** (☎ 03-528 7660; savepast@ihug.co.nz; 140 High St; Eintritt gegen Spende; ☻ Mo–Sa 10–16 Uhr, Winter Mo geschl.) finden sich Exponate, die die koloniale Vergangenheit der Region aufleben lassen, sowie ein Café.

Am Sonntag füllen Tapeziertische den Parkplatz hinter dem i-SITE. Auf dem **Motue-**

ka Sunday Market (☎ 03-540 2709; Wallace St; ☻ So 8–Uhr) werden Obst und Gemüse, Schmuck, Kunsthandwerk und Doris' tolle Bratwurst verkauft; außerdem spielen Straßenmusiker.

Zehn Gehminuten vom Stadtzentrum entfernt (Zugang über die College St) befindet sich eine der besten kleinen Flugpisten in Neuseeland, wo man gut eine Weile den Fliegern zuschauen kann (im Sommer gibt's auch Imbissstände mit Kaffee). Besucher haben drei Möglichkeiten, sich dem Nervenkitzel in der Luft hinzugeben: **Skydive Abel Tasman** (☎ 0800 422 899, 03-528 4091; www.skydive.co.nz; Sprung aus 3600/3900 m 279/299 NZ$) bietet Tandemsprünge an. Gegenüber Taupo sind die Fallschirmsprünge über Motueka besser – so denken jedenfalls die vielen Springer, die sich lieber hier fallen lassen (einige sieht man vielleicht gerade auf dem Flugfeld landen). Zusätzliche Kosten fallen an, wenn man eine DVD und Fotos vom eigenen Sprung haben will. Die Firma hat einen kostenlosen Abhol-/Bringservice von/nach Motueka und Nelson.

Wer sich lieber in die Höhe schwingen als in die Tiefe stürzen möchte, hat bei **Tasman Sky Adventures** (☎ 0800 114 386, 027 229 9693; www.skyadventures.co.nz) die seltene Gelegenheit, einen Flug in einem Ultraleichtflugzeug zu mitzumachen. Der 30-minütige Rundflug über den Abel Tasman National Park (155 NZ$) ist ein echtes Erlebnis. Und wer noch nicht genug hat, kann auch einen Tandemdrachenflug (15/30 Min. aus 750/1580 m 185/275 NZ$) absolvieren.

Mutige gehen noch einen Schritt weiter und wagen sich an einen Kunstflug im offenen Cockpit einer Pitt Special. **U-fly Extreme** (☎ 0800 360 180, 03-528 8290; www.uflyextreme.co.nz; 20 Min. 285 NZ$) bietet dieses Erlebnis, für das man keine Erfahrung, aber einen starken Magen braucht. Wem das zu heftig ist, der kann auf einen Rundflug in der Cessna (min. 2 Pers. ½/1 Std. 135/265 NZ$) ausweichen.

Energiegeladene, aber vernünftigere Traveller können sich bei **Bike Tasman** (☎ 0508 254 464, 021 958 890; www.biketasman.co.nz; 195 High St; halber/ganzer Tag 40/60 NZ$) ein Fahrrad leihen. Geführte Touren werden auch angeboten (ab 79 NZ$).

Schlafen
BUDGETUNTERKÜNFTE
Lagoon Lodge (☎ 03-528 8652; www.happyapplebackpackers.co.nz; 500 High St; Stellplatz 14 NZ$/Pers., B/EZ/DZ 27/40/60 NZ$; ☐ ☎) Die neuen Eigentümer haben dieses Hostel, das frühere Happy

MARLBOROUGH & NELSON

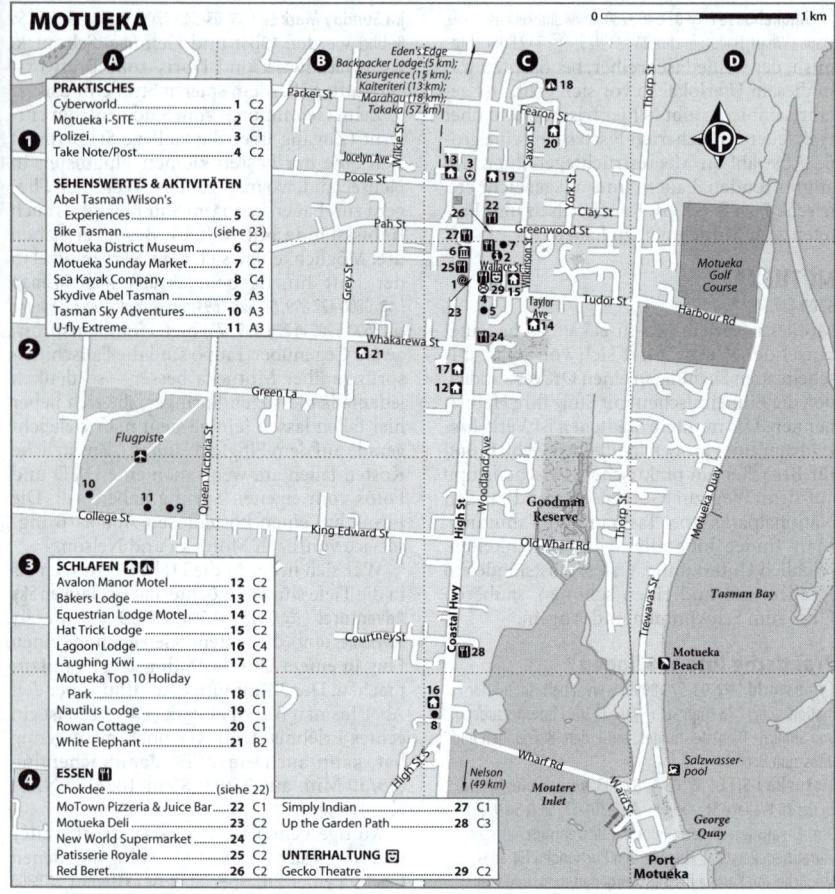

MOTUEKA

0 — 1 km

PRAKTISCHES
Cyberworld	1	C2
Motueka i-SITE	2	C2
Polizei	3	C1
Take Note/Post	4	C2

SEHENSWERTES & AKTIVITÄTEN
Abel Tasman Wilson's Experiences	5	C2
Bike Tasman	(siehe 23)	
Motueka District Museum	6	C2
Motueka Sunday Market	7	C2
Sea Kayak Company	8	C4
Skydive Abel Tasman	9	A3
Tasman Sky Adventures	10	A3
U-fly Extreme	11	A3

SCHLAFEN
Avalon Manor Motel	12	C2
Bakers Lodge	13	C1
Equestrian Lodge Motel	14	C2
Hat Trick Lodge	15	C2
Lagoon Lodge	16	C4
Laughing Kiwi	17	C2
Motueka Top 10 Holiday Park	18	C1
Nautilus Lodge	19	C1
Rowan Cottage	20	C1
White Elephant	21	B2

ESSEN
Chokdee	(siehe 22)	
MoTown Pizzeria & Juice Bar	22	C1
Motueka Deli	23	C2
New World Supermarket	24	C2
Patisserie Royale	25	C2
Red Beret	26	C2
Simply Indian	27	C1
Up the Garden Path	28	C3

UNTERHALTUNG
Gecko Theatre	29	C2

Eden's Edge Backpacker Lodge (5 km);
Resurgence (15 km);
Kaiteriteri (13 km);
Marahau (18 km);
Takaka (57 km)

Motueka Golf Course

Tasman Bay

Motueka Beach

Salzwasserpool

George Quay

Port Motueka

Moutere Inlet

Nelson (49 km)

Goodman Reserve

Apple, aufgebessert, frisch gestrichen sowie neu und gemütlich möbliert. Im Haus gibt es nette Doppelzimmer; die Schlafsäle sind in einem anderen Flügel untergebracht. Das Geschehen konzentriert sich auf den Bereich hinter dem Haus: Hier gibt es eine große Wiese für Camper, Gartenanlagen, Liegebereiche und ein Wellenbad.

LP Tipp Eden's Edge Backpacker Lodge (☎ 03-528 4242; www.edensedge.co.nz; 137 Lodder Ln, Riwaka; Stellplatz 15 NZ$, B 30 NZ$, DZ mit/ohne Bad 80/70 NZ$, 3BZ mit/ohne Bad 105/100 NZ$; ☐ ☎ ☎) Diese neue, von Obstplantagen umgebene und nur fünf Fahrminuten von Motueka entfernte Lodge kommt einem Backpackerparadies ziemlich nahe. Zu den gut gestalteten Einrichtungen gehören eine makellose Küche, einladende Gemein-

schaftsbereiche und geräumige Terrassen. Es gibt außerdem einen verträumten, 10 m großen, von Regenwasser gespeisten Pool. Das Beste: Alles liegt in Gehweite zu Bier, Eiscreme, Kaffee und frischem Brot.

Motueka Top 10 Holiday Park (☎ 0800 668 835, 03-528 7189; www.motuekatop10.co.nz; 10 Fearon St; Stellplatz ohne & mit Strom 40 NZ$, Hütte 50–60 NZ$, Wohneinheit/ Motelzi. 105–150 NZ$; ☐ ☎ ☎) Der geschäftige Park am nördlichen Ende der Stadt hat alle nötigen Einrichtungen, darunter Hütten und Motelzimmer. Den grasbedeckten Stellplätzen spenden viele einheimische Bäume Schatten, und der zentrale Sanitärblock ist nagelneu. Anfang Dezember steigen und Ende Januar sinken die Preise. Weintouren in die Region lassen sich organisieren.

Noch mehr Hostels:

Bakers Lodge (☎ 03-528 0102; www.bakerslodge. co.nz; 4 Poole St; B 23 NZ$, DZ mit/ohne Bad 75/65 NZ$, FZ mit/ohne Bad 125/115 NZ$; 🖳 📶) Ein geräumiges YHA-Hostel mit hohen Decken gleich abseits der Hauptstraße. Die Einrichtungen sind in ordentlichem Zustand – es gibt großzügige Gemeinschaftsbereiche, darunter zwei Küchen, und eine Terrasse zum Grillen. Die Muffins am Abend sind legendär.

Hat Trick Lodge (☎ 03-528 5353; www.hattrick lodge.co.nz; 25 Wallace St; B 25 NZ$, DZ mit/ohne Bad 70/62 NZ$; 🖳 📶) Ein Zweckbau mit wenig Persönlichkeit. Dafür ist diese Lodge immerhin sauber und ordentlich und bietet einen angenehmen Küchen-/Essbereich und im 2. Stock zwei Terrassen.

Laughing Kiwi (☎ 03-528 9229; www.laughingkiwi. co.nz; 310 High St; B 24–26 NZ$, DZ mit/ohne Bad 66/60 NZ$; 🖳 📶) Die Unterkünfte verteilen sich auf ein großes, altes Haus und eine moderne Schlafbaracke. Der neue Teil ist mit seiner luftigen Küche und der Sonnenterrasse die bessere Wahl. Es gibt einen Whirlpool.

White Elephant (☎ 03-528 6208; www.white elephant.co.nz; 55 Whakarewa St; B 24 NZ$, DZ mit/ohne Bad 74/70 NZ$; 🖳 📶) Die Schlafsäle in der Villa im Kolonialstil mit hohen Decken haben durchaus Charme, empfehlenswerter sind aber die im Garten stehenden Hütten mit eigenen Bädern.

MITTEL- & SPITZENKLASSEHOTELS

In der Gegend gibt es zahlreiche B&Bs und Ferienhäuser der Mittelklasse, über die man sich im i-SITE informieren kann.

Equestrian Lodge Motel (☎ 0800 668 782, 03-528 9369; www.equestrianlodge.co.nz; Avalon Ct, abseits der Tudor St; DZ 110–135 NZ$, 4BZ 160–195 NZ$; 🖳 📶 🐾) Dass weder von Pferden noch von einer Lodge die geringste Spur zu sehen ist, macht nichts. Denn die hübsche Anlage liegt ruhig und stadtnah und bietet weite Rasenflächen, einen Rosengarten und schattige Ecken. Zu den familienfreundlichen Einrichtungen zählen mehrere Trampolins und ein beheizter Pool (mit Whirlpool). Die Zimmer sind sauber, könnten aber eine Renovierung vertragen (die glücklicherweise schon im Gang ist).

Nautilus Lodge (☎ 0800 628 845, 03-528 4658; www. nautiluslodge.co.nz; 67 High St; DZ 110–220 NZ$; 🖳 📶) Diese Unterkunft ist wahrscheinlich das beste Motel nördlich von Christchurch. Es umfasst zwölf erstklassige mit Lehmziegeln verkleidete Wohneinheiten. Die Zimmer sind in dezenten Farben gehalten und verfügen über Betten mit Lattenrost, wunderschöne Badezimmer, Flachbild-TV und luxuriöse Bettwäsche. In der Nebensaison sind die Preise sehr

günstig. Zu den größeren Wohneinheiten gehören auch Whirlpools und Einbauküchen.

Avalon Manor Motel (☎ 0800 282 566, 03-528 8320; www.avalonmotels.co.nz; 314 High St; DZ 125–225 NZ$; 🖳 📶) Das auffällig L-förmige Motel steht am Highway, der von Nelson aus in die Stadt führt. Die sehr großen Vier-Sterne-Zimmer sind hochmodern eingerichtet. Sie bieten Kochgelegenheiten, kostenlose Videos und DVDs. Die aufwendigen Studiowohnungen verfügen über große Betten und riesige Flachbildfernseher. Es gibt auch einen Garten und einen Grillplatz.

Außerdem empfehlenswert:

Resurgence (☎ 03-528 4664; www.resurgence.co.nz; Riwaka Valley Rd, Riwaka; Lodge 545–645 NZ$, Chalet 445–595 NZ$; 🖳 📶) In diesem magisch wirkenden, rund 20 ha großen Waldrefugium, das 15 Fahrminuten nördlich von Montueka und einen halbstündigen Fußmarsch von der malerischen Quelle des Riwaka River entfernt liegt, kann man zwischen luxuriösen Lodge-Zimmern mit Bad und separaten Chalets wählen. Im Preis für die Lodge-Zimmer sind Cocktails, ein viergängiges Abendessen und das Frühstück inbegriffen, und wer in einem der Chalets übernachtet, kann grillen. Die Preise für die Chalets gelten für Übernachtung und Frühstück; für das Abendessen in der Lodge werden 90 NZ$ extra berechnet.

Rowan Cottage (☎ 03-528 6492; www.rowancottage. net; 27 Fearon St; DZ inkl. Frühstück 110–150 NZ$) Von den beiden Zimmern sollte man das Studio mit Terrasse und Whirlpool wählen. Es gibt Biofrühstück. Billiger ist es aber ohne.

Essen & Ausgehen

Red Beret (☎ 03-528 0087; 145 High St; Gerichte 9–19 NZ$; 🕒 8–17 Uhr; 🅥) Der moderne, schicke Familienbetrieb hat die Messlatte für die Cafés in Motueka höher gelegt. Auf der Karte stehen leckere, großzügig portionierte Gerichte – Frühstück mit Ei, Sandwiches mit Steak oder Schinken, Salat, Ei und Tomate, außerdem Salate. Hier kriegt man auch die besten Thekengerichte der Stadt.

MoTown Pizzeria & Juice Bar (☎ 03-528 6060; 107 High St; Gerichte 9–21 NZ$; 🕒 11 Uhr–open end; 🅥) Das im Retro-Stil gehaltene MoTown ist ein nettes Plätzchen, um bei einer ordentlichen Pizza und frischem Saft eine Runde zu quatschen. Man isst in der kleinen Lounge im Zwischengeschoss oder unten im mit Resopaltischen und Musical-Motiven aus den 1960ern ausstaffierten Speisesaal. Die Pizzas haben alberne Namen (Diana Ross, Smokey Robinson) und belegt sind sie mit traditionellen Zutaten oder Extravagantem.

Simply Indian (☎ 03-528 6364; 130 High St; Hauptgerichte 15–21 NZ$; ☺ Mo–Sa 11–14 & 17.30–21, So 17.30–21 Uhr; V) Wie der Name schon sagt: Dies ist ein einfaches Currylokal mit schlichtem Ambiente. Das Essen ist aber durchgängig gut und vergleichsweise billig. Serviert werden die üblichen Tikkas, Tandoor-Gerichte, Madras und Vindaloos und das allgegenwärtige Naan in acht Varianten – auch zum Mitnehmen.

Up the Garden Path (☎ 03-528 9588; 473 High St; Gerichte 15–30 NZ$; ☺ Mo–So 9–17 Uhr; V) Dieses Galerie-Café mit Schanklizenz ist der ideale Ort für ein Mittagessen oder einen starken Kaffee. Es befindet sich in einem Haus aus den 1890er-Jahren, das inmitten einer idyllischen Gartenanlage steht. Die Kids können im Spielzimmer von der Leine gelassen werden, während man selbst sich mit einer Käseplatte, einem Meeresfrüchteeintopf, einer Laksa, einem Pastagericht oder einem Lemon Tart stärkt. Für Vegetarier, Gluten- und Laktoseallergiker ist gesorgt.

Chokdee (☎ 03-528 0318; 109 High St; Hauptgerichte 16–26 NZ$; ☺ 11–14 & 17.30 Uhr–open end; V) bedeutet im Thailändischen so viel wie „glücklicher Zufall", aber den braucht man in diesem verlässlichen und gemütlichen thailändischen Restaurant gar nicht. Zu den vielen würzigen bis pikanten Gerichten zählen *tom yams*, bunte Currys und jede Menge Nudel- und Reisgerichte. Die Mittagsgerichte für 9 NZ$ sind ein Schnäppchen. Auch zum Mitnehmen.

Für Selbstversorger und den Happen zwischendurch empfehlen sich:

Motueka Deli (☎ 03-528 0385; 195 High St; ☺ Mo–Fr 9–17.30, Sa & So bis 13 Uhr) Leckereien fürs Picknick (Prosciutto, importierter Käse) und köstliche Eiscreme.

New World Supermarket (☎ 03-528 6245; 271 High St; ☺ 8–20.30 Uhr)

Patisserie Royale (☎ 03-528 7200; 152–154 High St; ☺ 6–16.30 Uhr) Feine süße Stückchen, Sandwiches, Quiches und Pies.

Unterhaltung

Gecko Theatre (☎ 03-528 4272; www.geckotheatre.co.nz; 23b Wallace St; Erw./Kind 12/9 NZ$; ☺ 17–24 Uhr) Wenn das Wetter mal nicht mitspielt, kann man es sich in diesem winzigen, unabhängigen Kino in einem Polstersessel gemütlich machen und interessante anspruchsvolle Filme anschauen. Montags und dienstags kommt man schon für 9 NZ$ rein.

An- & Weiterreise

Alle Busse fahren vor dem i-SITE in Motueka ab. Hinweise zu den Verbindungen vom/zum Abel Tasman National Park gibt's auf S. 526.

Abel Tasman Coachlines (☎ 03-528 8850; www.abeltasmantravel.co.nz) fährt zwischen Motueka und Nelson (12 NZ$, 1 Std., bis zu 5-mal tgl.), Marahau (10 NZ$, 30 Min., 3 oder 4-mal tgl.), Kaiteriteri (10 NZ$, 25 Min., 3 oder 4-mal tgl.) sowie Takaka (23 NZ$, 1 Std., 2-mal tgl.). Im Sommer haben die Busse Anschluss zu den Bussen von Golden Bay Coachline, die zum Heaphy Track, zum Abel Tasman und zu weiteren Zielen in der Golden Bay fahren. Von Mai bis September gilt auf allen Linien ein eingeschränkter Fahrplan.

Die Busse von **Golden Bay Coachlines** (☎ 03-525 8352; www.goldenbaycoachlines.co.nz) verkehren von Motueka nach Takaka (23 NZ$, 1 Std., 2-mal tgl.) und Collingwood (42 NZ$, 1½ Std., 1-mal tgl.). Im Sommer fahren Busse rund einmal täglich von Takaka zum Parkplatz Wainui (16 NZ$) und weiter nach Totaranui (20 NZ$); auf Anfrage wird man am Heaphy Track abgesetzt (ab Motueka 51 NZ$).

Naked Bus (☎ 0900 625 33; www.nakedbus.com) fährt von Motueka nach Nelson (11 NZ$, 1 Std., 1-mal tgl.). Man kann online oder im i-SITE buchen (Rabatt bei Vorausbuchung).

VON MOTUEKA ZUM ABEL TASMAN NATIONAL PARK
Kaiteriteri

Das kurz „Kaiteri" genannte winzige Dorf am Meer liegt 13 km von Motueka entfernt und ist der beliebteste Ferienort der Gegend. An sonnigen Sommertagen fühlt man sich an dem herrlichen, sicheren Strand eher wie in Nouméa als wie in Neuseeland, denn vor lauter Badetüchern ist von dem goldgelben Sand kaum was zu sehen. Trotz eines Immobilienbooms, der das typisch Neuseeländische verdrängt hat, ist Kaiteri ideal für Urlaub mit Kindern und ein Tor zum Abel Tasman National Park (verschiedene Touren beginnen am Strand von Kaiteriteri, auch wenn Marahau der wichtigste Ausgangspunkt ist). Kaiteri besitzt neuerdings auch einen unübersehbaren Mountainbikepark – es wimmelt von Fahrradvermietungen und viele Traveller sind mit Abel Tasman Mountain Biking (S. 521) auf Tour.

SCHLAFEN & ESSEN

Kaiteri Lodge (☎ 03-527 8281; www.kaiterilodge.co.nz; Inlet Rd; B 20–35 NZ$, DZ 80–160 NZ$, FZ 120–200 NZ$; 🖳)

Die moderne, zweckmäßige Lodge hat kleine, einfache Quartiere, überwiegend Doppelzimmer mit Bad. Überall herrschen die Meeresfarben marineblau und weiß vor; die Gemeinschaftseinrichtungen (Küche, Waschküche, Grill, Fahrradvermietung) sind ausgezeichnet.

Kaiteriteri Beach Motor Camp (☎ 03-527 8010; www.kaiteriteribeach.co.nz; Sandy Bay Rd; Stellplatz ohne & mit Strom 30 NZ$, Hütte 43–75 NZ$; 🖳 🛜) Ein riesiger Platz mit 430 Stellplätzen in Spitzenlage gegenüber vom Strand. Die Anlage ist sehr beliebt (den Platz für den Sommer schon im Winter buchen!), aber auch groß genug, um mit dem Ansturm fertig zu werden. Auf dem Gelände gibt es einen Gemischtwarenladen. Duschen kostet schlappe 0,50 NZ$.

Torlesse Coastal Motels (☎ 03-527 8063; www.torlessemotels.co.nz; Kotare Pl, Little Kaiteriteri Beach; DZ 120–190 NZ$, 4BZ & FZ 195–280 NZ$; 🛜) Nur 200 m vom Little Kaiteriteri Beach (vom Hauptstrand gleich um die Ecke) an einem Hang steht dieser Komplex aus geräumigen Wohneinheiten mit Küche und Waschküche. Die Einheiten mit zwei Schlafzimmern haben hohe Decken; die meisten bieten auch Meerblick.

Bellbird Lodge (☎ 03-527 8555; www.bellbirdlodge.com; Sandy Bay Rd; DZ mit Frühstück 275–325 NZ$; 🖳 🛜) Das teurere B&B mit freundlichen Gastgebern 1,5 km vom Kaiteri Beach den Hügel rauf bietet Wald- und Meerblick, einen großen Garten, flauschige Handtücher und ein erstklassiges Frühstück (Croissants, Arme Ritter, gedünstete Birnen etc.). Im Winter, wenn die hiesigen Restaurants nur sporadisch geöffnet sind, lässt sich auch ein Dinner vereinbaren.

Shoreline (☎ 03-527 8507; Ecke Inlet & Sandy Bay Rd; Gerichte 14–28 NZ$, Abendessen 17–30 NZ$; 🕙 8–21 Uhr) Die moderne, schicke Kombination aus Café, Bar und Restaurant befindet sich direkt am Strand. Die Gäste entspannen sich auf der Sonnenterrasse bei Panini, Pizza, Pasta oder frischem Fisch, man kann aber auch nur auf einen Kaffee und einen Jumbo-Muffin hereinschauen. Im Winter ist das Shoreline nur sporadisch geöffnet. Hinten gibt's einen Schalter für Essen zum Mitnehmen.

Beached Whale (☎ 03-527 8114; Inlet Rd; Abendessen 20–32 NZ$; 🕙 16 Uhr–open end) Neben der Kaiteri Lodge steht das Beached Whale, ein lässiges, familienfreundliches Lokal, in dem man leckere Hauptgerichte (Holzofenpizza, Steaks, Fish & Chips) bekommt und in dem der Lodgebetreiber an den meisten Abenden zur Gitarre greift. Von Mai bis September ist es geschlossen.

AN- & WEITERREISE
Kaiteriteri wird von Abel Tasman Coachlines angefahren (S. 520).

Marahau
Wenn man von Kaiteriteri weiter die Küste entlangfährt, stößt man auf Marahau, das 18 km nördlich von Motueka liegt und der wichtigste Zugang zum Abel Tasman National Park ist. Hier kann man Wassertaxis buchen, Kajaks mieten, mit Robben schwimmen oder zu Fuß in den Park losziehen. Marahau selbst wirkt nicht wie eine richtige Ortschaft, sondern eher wie eine lockere Ansammlung von Häusern und Unternehmen.

Abel Tasman Mountain Biking (☎ 0800 808 018, 03-527 8176; www.abeltasmanmountainbiking.co.nz; Abel Tasman Centre, Franklin St, Marahau; Tour ½–2 Tage 84–339 NZ$) veranstaltet Radtouren in das Gebiet des Abel Tasman National Park, zum Kaiteriteri MTB Park und auf dem Canaan Downs/Rameka Track (S. 527).

Pferdefans können sich mit **Marahau Horse Treks** (☎ 03 527-8425; clydesdaleadventures@yahoo.com; Harvey Rd) oder bei **Pegasus Park** (☎ 0800 200 888; www.pegasuspark.co.nz; Sandy Bay Rd), beide an der Sandy Bay Rd, in den Sattel schwingen und mit wehendem Haar am Strand entlangpreschen (Ponyritt für Kinder 30–35 NZ$, Ausritt 2 Std. 80–85 NZ$.)

SCHLAFEN & ESSEN
Barn (☎ 03-527 8043; Harvey Rd; Stellplatz ohne Strom 15 NZ$, B 25–27 NZ$, DZ 60–70 NZ$; 🖳 🛜) Diese rustikale, beschauliche Anlage inmitten von Eukalyptusbäumen ist, was die Architektur betrifft, ein ziemliches Sammelsurium. Gästen stehen winzige, sehr einfache Hütten, Schlafsäle im Haupthaus und Doppelzimmer im Dachgeschoss zur Verfügung. Highlight der Gemeinschaftseinrichtungen ist die sagenhafte neue Terrasse (mit Sonnensegeln, Sitzsäcken und Bädern unter freiem Himmel), aber es gibt auch alles Notwendige wie eine separate Küche für die Hüttenbewohner/Camper und sichere Parkplätze. Auch Touren können gebucht werden.

Old MacDonald's Farm (☎ 03-527 8288; www.oldmacs.co.nz; Harvey Rd; Stellplatz ohne/mit Strom 28/40 NZ$, B 25 NZ$, Hütte/Wohneinheit 80–140 NZ$; 🖳 🛜) Auf diesem großen, fast 40 ha umfassenden Grundstück leben eine Menge Farmtiere (z. B. Lamas). Die Besucher finden Stellplätze, Backpackerhütten, bessere Hütten sowie separate Wohneinheiten. Es gibt Badestellen am

Fluss und in der Nähe auch Wanderwege durch den Wald.

Marahau Beach Camp (☎ 0800 808 018, 03-527 8176; www.abeltasmancentre.co.nz; Franklin St; Stellplatz ohne & mit Strom 30 NZ$, B/DZ/Hütte 20/45/70 NZ$; 🖳 🛜) Der schon lange bestehende Campingplatz am Marahau Beach bietet Übernachtungsmöglichkeiten von Schlafsälen für Backpacker bis hin zu brauchbaren Hütten. Marahau Sea Kayaks (S. 525), Marahau Water Taxis (S. 526) und Abel Tasman Mountain Biking (s. 521) haben ihre Büros vorne im Abel Tasman Centre; außerdem befinden sich noch das Restaurant Hooked on Marahau (s. unten) und ein Laden (Lebensmittel, Bier und Wein) auf dem Gelände.

Ocean View Chalets (☎ 03-527 8232; www.accommodationabeltasman.co.nz; Marahau Beach Rd; DZ 118–165 NZ$, 4BZ 235–255 NZ$; 🛜) Die preisgünstigen, von Zypressen umgebenen Chalets befinden sich 300 m entfernt vom Abel Tasman Track und bieten Ausblick über die Tasman Bay bis nach Fisherman Island. Die Chalets stehen an einem grünen Hang, sodass Gäste völlig ungestört sind. Die Unterkünfte haben alle einen separaten Zugang, manche sind auch für Rollstuhlfahrer geeignet. Frühstück und Lunchpakete sind verfügbar.

Abel Tasman Marahau Lodge (☎ 03-527 8250; www.abeltasmanmarahaulodge.co.nz; Marahau Beach Rd; DZ 130–240 NZ$; 🖳 🛜) In der bogenförmigen Anlage mit zwölf hübschen Studiowohnungen und separaten Wohneinheiten mit Giebeldach, Ventilator, Fernseher, Telefon und Mikrowelle lässt es sich wunderbar relaxen. Es gibt auch eine voll ausgestattete Küche für Selbstversorger, außerdem einen Whirlpool und eine Sauna. Kuckucke, Tuis und Neuseeländische Glockenvögel singen im umliegenden Gehölz.

Park Café (☎ 03-527 8270; Harvey Rd; Snacks 4–8 NZ$, Gerichte 9–18 NZ$; 🕙 Mitte Sept.–Mai 8–22 Uhr; Ⓥ) Da es fast genau am Startpunkt des Abel Tasman Coast Track liegt, ist dieses luftige Café mit Schanklizenz ideal, um auszuruhen und frische Kraft zu tanken. Frühstück mit Ei, saftige Kuchen, getoastete Sandwiches, Nachos und Pizza sorgen für guten Kaloriennachschub. Weil die Aussicht gut ist und ordentliche Drinks serviert werden, kann man hier auch gut auf einen Sundowner einkehren.

Hooked on Marahau (☎ 03-527 8576; Franklin St; Gerichte 13–33 NZ$; 🕙 Okt.–Mai 18 Uhr–open end, Dez.–April 8 Uhr–open end) Dieses Restaurant ist bei den Einheimischen sehr beliebt – zum Abendessen

sollte man besser reservieren. Der mit Kunstwerken hiesiger Künstler geschmückte Innenraum öffnet sich zu einer Terrasse mit einem Ausblick, der einen fast vom Essen abhält. Mittags kommen hier vor allem Sandwiches und Salate auf den Tisch, während abends frischer Fisch des Tages, Grünschalmuscheln und Neuseeland-Lamm auf der Karte stehen.

AN- & WEITERREISE
Marahau wird von Bussen von Abel Tasman Coachlines (s. S. 520) angefahren.

ABEL TASMAN NATIONAL PARK
Der gut erreichbare, an der Küste gelegene Abel Tasman National Park ist Neuseelands meistbesuchter Nationalpark. Er nimmt das nördliche Ende einer Kette von Marmor- und Kalksteinhügeln ein, die im Kahurangi National Park beginnt und von Höhlen und Löchern durchsetzt ist. Es gibt verschiedene Wanderwege im Park, u. a. auch eine Route im Binnenland; hauptsächlich aber kommen die Besucher wegen des Coast Track.

Abel Tasman Coast Track
Der 51 km lange Weg nimmt drei bis fünf Tage in Anspruch. Er ist einer der malerischsten des Landes und führt durch urtümlichen Wald. Zwischendurch hat man Ausblick auf goldene Strände, an die azurblau schimmerndes Wasser schwappt. Die vielen kleinen und großen Buchten wirken wie direkt dem Werbeprospekt eines Reiseveranstalters entstiegen. Besucher können im Park spazieren gehen, mit Wassertaxis an Strände und zu Resorts entlang des Tracks fahren oder auch mit dem Kajak an der Küste paddeln.

Kaum zu glauben: Der Coast Track war einst über die Region Nelson/Tasman hinaus kaum bekannt, aber inzwischen ist er wirklich in jeder Hinsicht „entdeckt". Im Sommer machen sich Hunderte von Wanderern gleichzeitig auf den Weg (weit mehr, als in den Hütten unterkommen – am besten ein Zelt mitnehmen!). Die Unterkünfte werden über ein Buchungssystem reserviert: Die Hütten und Stellplätze müssen vorab gebucht werden, und zwar für jede Jahreszeit. Tageswanderungen sind kostenlos – wer nur mal schnuppern will, ist mit dem zweieinhalbstündigen Marsch im malerischen Abschnitt von der Torrent Bay zur Bark Bay bestens bedient.

Zwischen der Bark Bay und Awaroa Head liegt ein Gebiet, das als das **Tonga Island Marine**

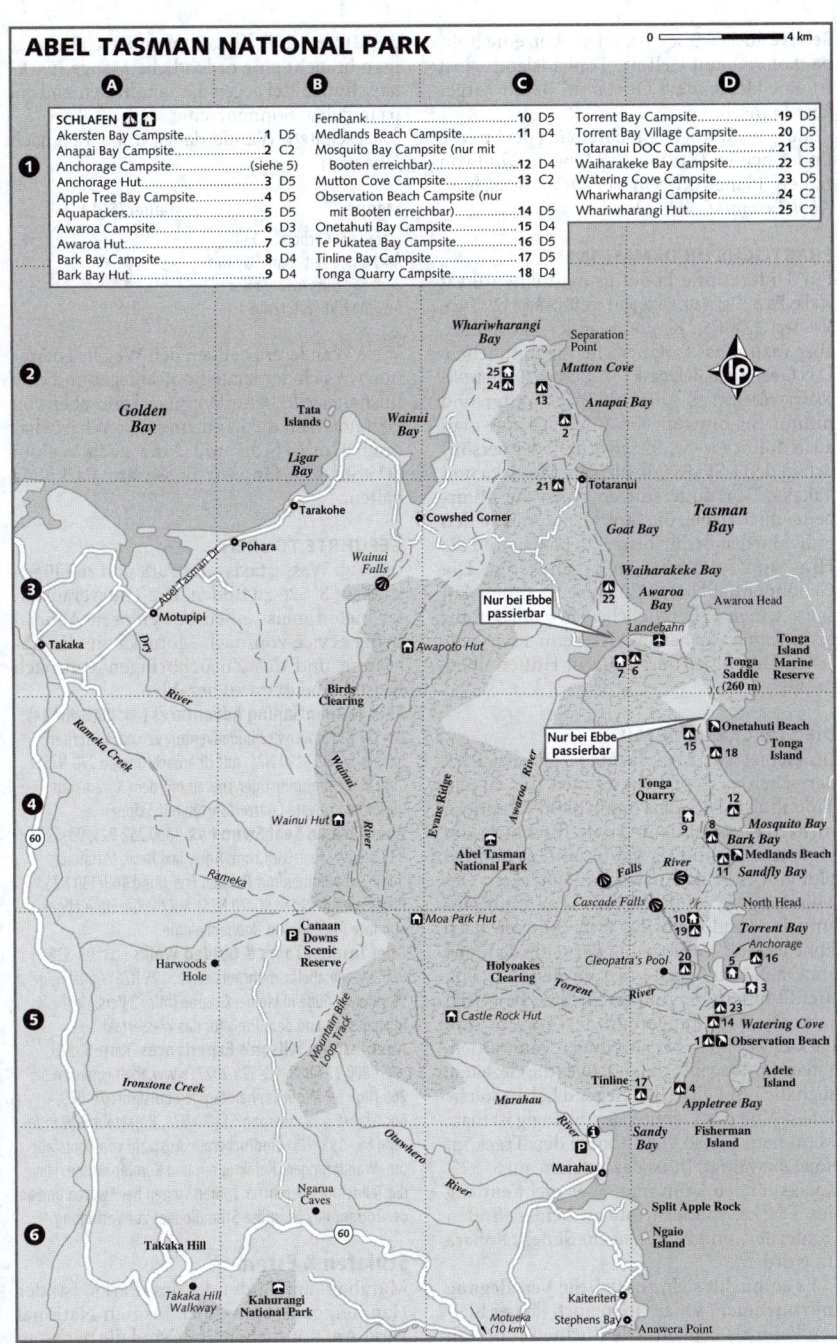

ABEL TASMAN NATIONAL PARK

0 — 4 km

Reserve ausgewiesen ist. Hier leben eine Robbenkolonie und Delfine. Tonga Island selbst ist eine kleine, dem Onetahuti Beach vorgelagerte Insel.

Eine ausführliche Beschreibung der Strecke findet sich in *Tramping in New Zealand* von Lonely Planet oder in der DOC-Broschüre *Abel Tasman Coast Track*.

PRAKTISCHE INFORMATIONEN

Für Unterkünfte benötigt man einen **Great Walks Pass** (Stellplatz/Hütte pro Pers. Okt.–April 12/30 NZ$, Mai–Sept. 12/8 NZ$). Kinder wandern kostenlos, aber man muss trotzdem für sie mitbuchen. Das **Great Walks Helpdesk** (☎ 03-546 8210; greatwalks booking@doc.govt.nz) hilft mit Infos weiter und nimmt Buchungen vor. Buchen kann man auch online (www.doc.govt.nz) oder persönlich in den i-SITEs von Nelson, Motueka und Takaka. Dort unterstützen einen die Mitarbeiter auch dabei, die Strecke passend zu den individuellen Bedürfnissen zu planen und die Hin- und Rückfahrt zu organisieren. Die Gebühr entfällt bei Onlinereservierung. Man sollte seinen Trip möglichst lange im Voraus festmachen, insbesondere wenn man zwischen Dezember und März in Hütten übernachten will.

DIE STRECKE IM DETAIL

Im Gebiet des Abel Tasman National Park herrschen ausgeprägte Gezeiten (bis zu 6 m Tidenhub). Das darf man beim Wandern nicht vergessen, denn zwei Abschnitte des Haupttracks sind davon betroffen, und bei Flut gibt es keine Ausweichmöglichkeit. Das Mündungsgebiet des Awaroa kann nur eineinhalb Stunden vor bis zwei Stunden nach Ebbe passiert werden, und der schmale Kanal am Onetahuti Beach muss im Zeitraum von drei Stunden vor und nach Ebbe bewältigt sein. Die Mündungen an der Torrent und Bark Bay können bei Flut umgangen werden. Tafeln am Weg informieren über die Gezeiten; auch die i-SITES in der Gegend haben solche Tafeln. Von den Gezeiten unabhängig ist man, wenn man wie so viele andere den Track im Kajak bewältigt; Infos dazu stehen auf S. 525. Kajaks mieten kann man aber nicht entlang des Tracks, sondern nur an beiden Enden (Kaiteriteri und Marahau im Süden, Pohara im Norden).

Es empfiehlt sich, zusätzliche Verpflegung mitzunehmen, sodass man auch länger bleiben kann als geplant. Die Buchten rund um

die Hütten sind allesamt wunderschön, aber man braucht eine ordentliche Menge Insektenschutzmittel gegen die Sandfliegen und ein paar Tuben Sonnencreme.

Geschätzte Wanderdauer von Süden nach Norden:

Etappe	Dauer (Std.)
Marahau–Anchorage Hut	4
Anchorage Hut–Bark Bay Hut	3
Bark Bay Hut–Awaroa Hut	4
Awaroa Hut–Totaranui	1½

Viele Wanderer beenden den Weg in Totaranui, wo sich der letzte Bootsanleger und eine Bushaltestelle befinden; man kann aber von dort noch um die Landzunge zur Whariwharangi Hut (3 Std.) und dann nach Wainui (1½ Std.) laufen, wo Busse am Parkplatz halten.

GEFÜHRTE TOUREN

Infos zu Wassertaxis zum Park und zu Flügen sind auf S. 526 zu finden. Die Tourveranstalter bieten meist einen kostenlosen Abhol-/ Bringservice von/nach Motueka an; die Abholung und das Zurückbringen von/nach Nelson sind extra zu bezahlen.

Abel Tasman Sailing Adventures (☎ 0800 467 245, 03-527 8375; www.sailingadventures.co.nz; Kaiteriteri; ganzer Tag 75–190 NZ$, mit Übernachtung ab 270 NZ$) Eine Reihe preisgünstiger Touren mit dem Katamaran, außerdem private Charterfahrten mit Skipper.

Abel Tasman Seal Swim (☎ 0800 252 925, 03-527 8383; www.sealswim.com; Aqua Taxi Base, Marahau; 5 Std. Schwimmen mit Robben Erw./Kind 169/130 NZ$, Robben beobachten 90/70 NZ$) Auf die Gezeiten abgestimmte Ausflüge zur Robbenkolonie.

Abel Tasman Tours & Guided Walks (☎ 03-528 9602; www.abeltasmantours.co.nz; 195 NZ$) Ganztägige Wanderausflüge in kleiner Gruppe (min. 2 Pers.) inklusive Mittagessen und dem Preis für das Wassertaxi.

Abel Tasman Wilson's Experiences (Karte S. 518; ☎ 0800 221 888, 03-528 2027; www.abeltasman.co.nz; 265 High St, Motueka; halbtägige Bootsfahrt 70 NZ$, Bootsfahrt & Wanderung 55–70 NZ$, Kajaktour & Wanderung 89–195 NZ$) Eindrucksvolle Auswahl von Bootsfahrten, Wanderungen, Kajaktouren und Kombipaketen. Für die Teilnehmer geführter Touren stehen bei Awaroa und an der Torrent Bay luxuriöse Strandlodges zur Verfügung.

Schlafen & Essen

Marahau am Südende des Parks ist der Haupteingang zum Abel Tasman National Park. Am nördlichen Ende sind die nächsten

PADDELN ENTLANG DES ABEL TASMAN COAST TRACK

Der Abel Tasman Coast Track ist schon lange Wandererterritorium, doch seine Hauptattraktionen – die malerischen Strände, abgelegenen Buchten und Felsformationen – lassen sich genauso gut auch mit einem seetüchtigen Kajak erkunden. Glücklicherweise lassen sich hier Kajakfahren, Wandern und Campen leicht miteinander verbinden.

Man braucht nicht unbedingt ein Kajak zu mieten und dann ganz auf sich allein gestellt auf Tour zu gehen (was allerdings auch möglich ist), denn eine Vielzahl professioneller Veranstalter kann Traveller aufs Wasser bringen. Die Auswahl von geführten und ungeführten Touren ist enorm. Halbtägige Kajaktouren gibt es genauso wie dreitägige, man kann campen (12 NZ$/Nacht) oder in DOC-Hütten (30 NZ$/Nacht), Ferienwohnungen oder sogar einem Backpackerhostel auf dem Wasser (S. 526) übernachten und sich dabei komplett versorgen lassen oder das selber tun. Es ist auch möglich, einen Tag lang Kajak zu fahren, über Nacht zu campen und dann zurückwandern bzw. weiterzuwandern und für den Rückweg ein Wassertaxi nehmen.

Die meisten Veranstalter haben viel Erfahrung und bieten ähnliche Touren zu ähnlichen Preisen an. Marahau ist der Hauptstartpunkt, es gibt aber auch Touren ab Kaiteriteri. Eine beliebte Option für Traveller mit wenig Zeit ist eine halbtägige geführte Kajaktour im Süden des Parks, an die sich eine Wanderung auf dem Track zwischen der Bark Bay und der Torrent Bay anschließt. Das kostet einschließlich Fahrten mit dem Wassertaxi rund 160 NZ$. Bei dreitägigen Touren wird man in der Regel am nördlichen Ende des Parks abgesetzt und paddelt dann zurück (oder paddelt erst und lässt sich dann zurückbringen); der Preis einschließlich Essen liegt bei rund 550 NZ$. Für eintägige geführte Touren muss man rund 190 NZ$, für zweitägige rund 360 NZ$ berappen.

Zweierkajaks inklusive Ausrüstung werden für rund 100 NZ$ pro Nase und zwei Tage vermietet. Die meisten Unternehmen verleihen keine Kajaks an Einzelfahrer.

Die Hauptsaison dauert von November bis Ostern, man kann aber das ganze Jahr über paddeln. Zwischen Dezember und Februar ist am meisten los, daher plant man seine Reise besser davor oder danach. Im Winter sind mehr Vögel zu sehen, und das Wetter ist erstaunlich mild.

Alle Teilnehmer erhalten eine Einweisung. Die meisten Veranstalter bestehen je nach Tour auf ein Mindestalter von acht oder 14 Jahren. Bei Touren mit Übernachtung wird die Campingausrüstung in der Regel gestellt; wer ein paar Tage im Park wandern will, darf bei den meisten Veranstaltern kostenlos parken.

Der Markt ist heiß umkämpft, ein Preis- und Leistungsvergleich lohnt sich also. Die wichtigsten Anbieter sind:

- **Abel Tasman Kayaks** (☎ 0800 732 529, 03-527 8022; www.abeltasmankayaks.co.nz; Main Rd, Marahau)
- **Golden Bay Kayaks** (S. 530) Audiotouren ab dem Nordende des Parks.
- **Kahu Kayaks** (☎ 0800 300 101, 03-527 8300; www.kahukayaks.co.nz; Sandy Bay Rd, Marahau)
- **Kaiteriteri Kayaks** (☎ 0800 252 925, 03-527 8383; www.seakayak.co.nz; Kaiteriteri Beach & Marahau Beach Rd, Marahau)
- **Marahau Sea Kayaks** (☎ 0800 529 257, 03-527 8176; www.msk.net.nz; Abel Tasman Centre, Franklin St, Marahau)
- **Sea Kayak Company** (Karte S. 518; ☎ 0508 252 925, 03-528 7251; www.seakayaknz.co.nz; 506 High St, Motueka)

Ortschaften mit Unterkünften Pohara und Takaka. Der riesige **DOC-Campingplatz Totaranui** (☎ 03-528 8083; www.doc.govt.nz; Stellplatz ohne Strom Erw./Kind 12/6 NZ$) liegt ebenfalls im Norden, 32 km von Takaka entfernt und ist von dort über eine schmale, kurvenreiche, auf 12 km unbefestigte Straße zu erreichen. Von Oktober bis April fahren Busse dorthin (S. 526). Wer zwischen Dezember und Mitte Februar auf dem Totaranui einen Stellplatz kriegt, wird mittlerweile sogar schon ausgelost. Man lädt sich von der Website des DOC ein Buchungsformular herunter, reicht es innerhalb der festgelegten Frist beim DOC-Büro in Takaka (S. 527) ein (meistens in der ersten Juliwoche) und kann dann nur noch die Daumen drücken. Es gibt keine Stellplätze mit Stromanschluss.

Am Coast Track durch den Park stehen vier Hütten bereit: Anchorage (24 Betten), Bark Bay (34 Betten), Awaroa (26 Betten) und Whariwharangi (20 Betten); außerdem gibt es 19 ausgewiesene Campingplätze. Kochvorrichtungen gibt es nirgendwo, man muss den eigenen Campingkocher mitbringen. Einige der Campingplätze haben Feuerstellen, aber auch hierfür muss man Geschirr mitbringen. Pässe für Hütten und Campingplätze sollten vor dem Betreten des Parks gekauft werden (s. S. 524); zwischen Weihnachten und Februar platzen die Hütten und Campingplätze aus allen Nähten (Buchung beim DOC).

Weitere Unterkünfte im Park, die zu Fuß, per Kajak oder Wassertaxi, aber nicht über Straßen erreicht werden können, sind:

Aquapackers (☎ 0800 430 744, 027 230 7002; www.aquapackers.co.nz; B/DZ mit Frühstück 65/180 NZ$) Die *MV Parore* (ein ehemaliges Marinepatrouilleboot) und die *Catarac* (ein 13 m langer Katamaran) liegen in der Anchorage Bay fest vor Anker und dienen als ungewöhnliche, aber witzige schwimmende Backpackerunterkunft. Die Einrichtungen sind einfach, aber ordentlich; Bettzeug und Abendessen sind inklusive.

Fernbank (☎ 027 369 9555; www.abeltasmanaccommodation.co.nz; Torrent Bay; DZ 160 NZ$, zusätzl. Erw./Kind 15/10 NZ$) Das Fernbank besteht aus zwei klassischen Ferienhäusern an der Torrent Bay in nur einer Minute Entfernung zum Strand. In jedem der beiden separaten Häuser kommen bis zu sieben Personen unter. Man muss eigenes Bettzeug mitbringen (oder einen Aufpreis zahlen) und seine Verpflegung ebenso.

Abel Tasman Wilson's Experiences (s. rechte Spalte) unterhält zwei Lodges am Track, die aber weitgehend den Teilnehmern von Touren dieses Unternehmens vorbehalten sind. Nachfragen lohnt sich jedoch, da einen das Personal gern unterbringt, falls es freie Plätze gibt.

An- & Weiterreise
BUS

Abel Tasman Coachlines (☎ 03-528 8850; www.abeltasmantravel.co.nz) fährt von Nelson nach Motueka, dann weiter nach:

Ziel	Preis (NZ$)	Dauer (Min.)	Häufigkeit
Kaiteriteri	10	25	3-mal tgl.
Marahau	10	30	3–4-mal tgl.
Takaka	23	60	2-mal tgl.

Busse von **Golden Bay Coachlines** (☎ 03-525 8352; www.goldenbaycoachlines.co.nz) fahren zwischen November und April ungefähr einmal täglich von Takaka zum Parkplatz Wainui (16 NZ$) und nach Totaranui (20 NZ$).

FLUGZEUG
Wer genügend Geld, aber wenig Zeit hat, kann einen Flug in Erwägung ziehen. Die folgenden Unternehmen fliegen nach Awaroa und veranstalten Rundflüge:

Abel Tasman Air (☎ 0800 304 560, 03-528 8290; www.abeltasmanair.co.nz) Fliegt zwischen Awaroa und Motueka (175 NZ$) oder Nelson (265 NZ$). Im Angebot sind auch Panoramaflüge und Flüge zum Heaphy Track.

Tasman Helicopters (S. 509) Ein Hubschrauberflug von Motueka nach Awaroa kostet ab 150 NZ$ (einfache Strecke).

Unterwegs vor Ort
Das Schöne am Abel Tasman National Park ist, dass man jeden Punkt leicht per Wassertaxi von Kaiteriteri oder Marahau aus erreichen und sich ebenso auch von jedem Punkt abholen lassen kann. Einfache Fahrten von Marahau oder Kaiteriteri kosten normalerweise zur Anchorage und Torrent Bay 32 NZ$, zur Bark Bay 37 NZ$, nach Tonga 39 NZ$, nach Awaroa 42 NZ$ und nach Totaranui 44 NZ$. Zu den Anbietern gehören:

Abel Tasman Aqua Taxi (☎ 0800 278 282, 03-527 8083; www.aquataxi.co.nz; Kaiteriteri & Marahau)

Abel Tasman Sea Shuttle (☎ 0800 732 748, 03-527 8688; www.abeltasmanseashuttles.co.nz; Kaiteriteri)

Abel Tasman Wilson's Experiences (Karte S. 518; ☎ 0800 221 888, 03-528 2027; www.abeltasmannz.com; 265 High St, Motueka) Hat einen „Explorerpass" im Angebot (Erw./Kind 135/67,50 NZ$), der an drei Tagen innerhalb eines Zeitraums von fünf Tagen zur unbegrenzten Nutzung der Wassertaxis des Unternehmens berechtigt.

Marahau Water Taxis (☎ 0800 808 018, 03-527 8176; www.abeltasmancentre.co.nz; Abel Tasman Centre, Franklin St, Marahau)

GOLDEN BAY

VON MOTUEKA NACH TAKAKA
Hinter Motueka windet sich der SH60 in schwindelerregenden Kurven den Takaka Hill hinauf, vorbei an Aussichtspunkten, die einen spektakulären Ausblick über die Tasman Bay und den Abel Tasman National Park gewähren. Danach führt die Strecke dann nach Takaka und Collingwood hinunter. Am besten erkundet man diese Region mit dem eigenen Fahrzeug.

Der **Takaka Hill** (791 m) trennt die Tasman Bay von der Golden Bay. Gleich unterhalb des Gipfels finden sich die **Ngarua Caves** (☎ 03-528 8093; janetdavid@paradise.net.nz; SH60; Erw./Kind 15/5 NZ$; ☽ 45-min. Führungen stündl. Sept.–Mai 10–16 Uhr, Juni–Aug. nur Sa & So), in denen unzählige unterirdische Schätze zu sehen sind, darunter auch Moaknochen. In die Höhlen kommt man nur im Rahmen einer Führung, eine Besichtigung auf eigene Faust ist nicht möglich.

Kurz vor dem Gipfel befindet sich auch die Abzweigung zum **Canaan Downs Scenic Reserve** (Karte S. 523), das am Ende der 11 km langen Schotterpiste liegt. Das Gebiet stellte den Chetwald in den *Herr-der-Ringe*-Filmen dar. Aber das berühmteste Naturdenkmal hier ist **Harwood's Hole**, mit 357 m Tiefe, 70 m Breite und einem Höhenunterschied von 176 m eine der größten *tomo* (Höhlen) im ganzen Land. Die Höhle ist 30 Gehminuten vom Parkplatz entfernt. Vorsicht bei der Ankunft: Es hat hier schon Unfälle gegeben! Nur sehr erfahrene Höhlenwanderer können versuchen, in die Höhle selbst einzudringen. Für viele Crossradfahrer ist die magische Landschaft des Canaan unwiderstehlich. Der neue **Mountain Bike Loop Track** (14 km, 2 Std., mittelschwer) bietet abwechslungsreiches Gelände, einige technisch anspruchsvolle Stellen und eine wunderbare Aussicht. Von hier hat man Anschluss an den Rameka Track; weitere Radwege sind gegenwärtig in Planung. Fahrräder und der Transport zum Track lassen sich von Takaka (S. 527) oder Marahau (S. 521) aus organisieren.

Nahe dem Gipfel liegt der **Takaka Hill Walkway**, ein dreistündiger Rundkurs zwischen Felsformationen aus Marmorkarst, durch urtümlichen Wald und über privates Farmland (es gehört den Harwoods, nach denen die Höhle benannt ist). Hier befindet sich auch der **Harwood Lookout**, von dem aus man eine prima Aussicht ins Takaka River Valley bis nach Takaka und zur Golden Bay hat.

TAKAKA
1230 Ew.
Das absolut relaxte Takaka ist das Geschäftszentrum der Golden Bay und die letzte größere Ortschaft auf dem Weg zum Farewell Spit im äußersten Nordwesten der Südinsel. Hier leben Künstler auf der Suche nach dem einfachen Leben und bärtige Aussteiger mit Rastalocken in harmonischem Miteinander mit abgehärteten Bauern und urigen Fischern.

Praktische Informationen
DOC-Büro (☎ 03-525 8026; www.doc.govt.co.nz; 62 Commercial St; ☽ Mo–Fr 8.30–16 Uhr) Informationen zum Abel Tasman und zum Kahurangi National Park, zum Heaphy Track, zu Farewell Spit und dem Cobb Valley. Verkauf von Hüttenpässen.

Golden Bay i-SITE (☎ 03-525 9136; www.golden baynz.co.nz; Willow St; ☽ Sommer 9–18 Uhr; Winter Mo–Fr 10–17, Sa & So bis 16 Uhr) Nettes, kleines Informationszentrum mit allen notwendigen Infos und einem Buchungsservice.

Unlimited Copies 07 (☎ 03-525 8355; 4 Commercial St; ☽ 9–17 Uhr) Internetzugang (6 NZ$/Std.) und andere nützliche Serviceleistungen.

Sehenswertes & Aktivitäten
Die kurz „Pupu" genannten **Te Waikoropupu Springs** sind die größten Süßwasserquellen Neuseelands und angeblich die reinsten der Welt. Rund 14 000 l Wasser strömen pro Sekunde durch unterirdische Öffnungen, die über das Gebiet des Pupu Springs Scenic Reserve verteilt sind. Unter ihnen ist eine, bei der mit dem Wasser auch „tanzender Sand" nach oben geschleudert wird. Das Wasser lockt, aber schwimmen ist verboten. Von Takaka aus geht es zunächst auf dem SH60 4 km Richtung Nordwesten, bei der Waitapu Bridge dann auf der Pupu Springs Rd 3 km ins Binnenland. Vom Parkplatz führt ein Spazierweg (hin & zurück 30 Min.) zu einer schon etwas schäbigen verglasten Aussichtsplattform.

In der Nähe beginnt der **Pupu Hydro Walkway**, eine zweistündige Rundtour durch Buchenwald, die an Relikten von Industrie und Goldbergbau vorbei zum restaurierten (und funktionstüchtigen) Pupu-Wasserkraftwerk führt, das 1929 errichtet wurde. Man gelangt hierher über die 4 km lange, als „Pupu Walkway" ausgeschilderte Schotterpiste, die von der Pupu Springs Rd abgeht.

An der Straße nach Pohara weist ein Schild den Weg zum **Labyrinth Rocks Park** (Scotts Rd; Eintritt frei; ☽ Sonnenaufgang–Sonnenuntergang), einem faszinierenden, 2 ha großen Gelände mit Kalksteinschluchten und urtümlichen Wäldern, in dem man prima wandern kann. Unten in Clifton findet sich der **Grove** (von der Clifton Rd ausgeschildert) mit weiteren interessanten geologischen Formationen und Pflanzen.

Eine Vielzahl ausgezeichneter Mountainbike-Tracks wartet auf Anfänger und Erfahrene gleichermaßen. Der **Quiet Revolution Cycle Shop** (☎ 03-525 9555; quietrev@hotmail.com; 11 Commercial St; 20–40 NZ$/Tag; Mo–Fr 9–17, Sa bis 12.30 Uhr) vermietet Fahrräder und Mountainbikes, gibt Infos zu den örtlichen Tracks und nimmt Reparaturen vor. **Escape Adventures** (03-525 8783; www.escapeadventures.co.nz; behind the Post Shop; 35–75 NZ$/Tag; Mo–Sa 9–17 Uhr) hat Ähnliches im Programm und bietet darüber hinaus maßgeschneiderte geführte Touren sowie Streckeninfos mit GPS-Daten.

Remote Adventures (0800 150 338, 03-525 6167; www.remoteadventures.co.nz) veranstaltet Rundflüge über die Bay schon für 35 NZ$.

Das **Golden Bay Museum** (03-525 6268; www. virtualbay.co.nz/gbmuseum; Commercial St; Eintritt frei; 10–16 Uhr, im Winter So geschl.) zeigt allerlei historische Gegenstände. Zu den Highlights zählen ein Diorama, das die Abel Tasmans Landung in der Golden Bay (1642) darstellt, und einige merkwürdige menschliche Präparate. Im gleichen Gebäude ist die **Golden Bay Gallery** (03-525 9990; Commercial St; Eintritt frei; 10–16.30 Uhr, im Winter So geschl.) untergebracht, ein gutes Beispiel für die vielen Galerien und Künstlerwerkstätten in der Golden-Bay-Region. In der Broschüre *Guide to Artists in Golden Bay* finden sich Infos zu weiteren Galerien.

Am Anatoki River 6 km südlich der Stadt liegt das **Bencarri Nature Park & Café** (03-525 8261; www.bencarri.co.nz; McCallum Rd; Erw./Kind/Fam. 12/6/35 NZ$, Gerichte 8–16 NZ$; 10–17 Uhr, April–Mitte Sept. geschl.). Dort leben verschiedene Farmtiere, darunter auch Lamas und Longhorn-Rinder. Aber die Hauptattraktion ist es, die fetten, zahmen Flussaale zu füttern, die bis zu 100 Jahre alt werden können und hier angeblich schon seit 1914 leben.

Nebenan kann man auf der **Anatoki Salmon Farm** (03-525 7251; www.anatokisalmon.co.nz; McCallum Rd; Eintritt & Angelausrüstung frei, Lachs 19 NZ$/kg; 9–17 Uhr) Lachse angeln. Die Besitzer nehmen den Fang aus und räuchern ihn – so kann man ihn gleich an Ort und Stelle verzehren. Wer nicht selber angeln will, kann hier aber auch einfach frischen oder geräucherten Fisch kaufen.

Geführte Touren

Wie nicht anders zu erwarten, sind die hiesigen Touren ganz auf Outdoor-Erlebnisse ausgerichtet.

Bush & Beyond (03-528 9054; www.bushand beyond.co.nz; Wanderung 1 Tag/mehrere Tage ab 150/1150 NZ$) Veranstaltet diverse Wandertrips, darunter Tageswanderungen zum Mt. Arthur oder ins Cobb Valley (195 NZ$), aber auch fünftägige Wanderungen mit Übernachtung auf dem Heaphy Track (1395 NZ$).

Kahurangi Guided Walks (03-525 7177; www. kahurangiwalks.co.nz) Auf Kleingruppentouren spezialisiert. Angeboten werden u. a. fünftägige Wanderungen auf dem Heaphy Track oder dem Abel Tasman Coast Track (1300 NZ$) sowie Tagestouren ins Cobb Valley (140 NZ$).

Southern Wilderness (0800 666 044, 03-546 7349; www.southernwilderness.com) Veranstaltet vier- bis fünftägige Wanderungen auf dem Heaphy Track (1495–1595 NZ$) sowie Tageswanderungen im Nelson Lakes National Parks (220 NZ$).

Einzelheiten über Touren zum Farewell Spit gibt's auf S. 531.

Schlafen

Kiwiana (0800 805 494, 03-525 7676; http://kiwiana backpackers.co.nz; 73 Motupipi St; Stellplatz 18 NZ$/Pers., B/EZ/DZ 27/42/64 NZ$;) In dem niedlichen Cottage mit einladendem Garten sind die Zimmer mit typisch neuseeländischen Begriffen benannt: als *jandal* (Flipflops) , Buzzy Bee (ein Kinderspielzeug) usw. Draußen gibt es einen kostenlos nutzbaren Whirlpool und eine umgebaute Garage voller Schätze. Da finden sich ein Kamin, ein Billardtisch, ein CD-Player, Bücher, Spiele und Fahrräder, die die Gäste kostenlos nutzen dürfen.

Annie's Nirvana Lodge (03-525 8766; www.nirva nalodge.co.nz; 25 Motupipi St; B/DZ 28/66 NZ$;) Das liebenswerte YHA-Hostel mit freundlicher Betreiberin ist sauber, ordentlich und frisch. Es bietet Schlafsäle im Haupthaus und vier Doppelzimmer am Ende des wunderschönen Gartens. Fluffy, die Katze, versteht es prima, sich einzuschmeicheln. Es gibt auch einen Fahrradverleih (5 NZ$/Tag).

Golden Bay Motel (0800 401 212, 03-525 9428; www.goldenbaymotel.co.nz; 132 Commercial St; DZ 95–135 NZ$, zusätzl. Pers. 20 NZ$;) Die Anlage ist wirklich golden angestrichen! Die anständigen, betagten Gastgeber bieten saubere, geräumige, separate Wohneinheiten mit ebenso anständiger, aber betagter Einrichtung an. Von den hinteren Terrassen blickt man auf eine üppige, grüne Rasenfläche mit Spielplatz.

Anatoki Lodge Motel (0800 262 333, 03-525 8047; www.anatokimotels.co.nz; 87 Commercial St; DZ 105–155 NZ$;) Rhododendren gibt's hier en masse. Das ordentliche Motel hat Studios und Wohneinheiten mit ein oder zwei Schlafzimmern, die alle mit Kochnische, einem Wohn-/Essbereich und eigener Veranda ausgestattet sind. Der Pool wird mit Solarenergie beheizt.

Shady Rest (03-525 9669; www.shadyrest.co.nz; 139 Commercial St; DZ mit Frühstück 130–230 NZ$;) Die nette zweistöckige Unterkunft liegt an der Hauptstraße nur einen kurzen Fußweg von der Stadt entfernt und bietet vier frisch im Haus passend dekorierte Doppelzimmer (zwei mit eigenem Bad). Holztäfelung und schwere Vorhänge prägen das Ambiente, die Badezimmer sorgen für etwas modernen Glanz. Sehr schön ist der Garten hinter dem Haus: Gäste können am Bach sitzen und in der Grotte ein Bad nehmen.

Essen & Ausgehen

Takaka besitzt zwar einige ordentliche Gaststätten, aber außerhalb des Ortes gibt es noch bessere Alternativen.

Dangerous Kitchen (☎ 03-525 8686; 46a Commercial St; Gerichte 11–28 NZ$; ⏱ Mo–Sa 10–22 Uhr) Das Lokal hat seinen Namen einem Song von Frank Zappa („In the kitchen of danger, you can feel like a stranger") entlehnt. Die Highlights sind Gourmetpizzas und starker Kaffee, mächtige Stücke Kuchen und Riesenburritos. Der freundliche, entspannte Laden hat einen sonnigen Hinterhof und eine Terrasse an der Hauptstraße, von der aus man gut Leute beobachten kann.

Brigand Café Bar (☎ 03-525 9636; 90 Commercial St; Mittagessen 14–28 NZ$, Abendessen 16–32 NZ$; ⏱ Mo–Sa 11 Uhr–open end) Das Brigand ist die Hauptstütze der örtlichen Unterhaltungsszene: Hier finden allerlei Gigs statt, und donnerstags darf jeder ans Mikro, der will. Versteckt hinter Stahltoren und einem üppigen Garten serviert das Café Sandwiches, Fish & Chips, Meeresfrüchteeintopf und fleischlastige Hauptgerichte in entspannter Kneipenatmosphäre.

Das **Telegraph Hotel** (☎ 03-525 9445; Ecke Commercial & Motupipi St; Hauptgerichte 15–26 NZ$; ⏱ 11 Uhr–open end) und das **Junction Hotel** (☎ 03-525 9207; 15 Commercial St; Hauptgerichte 12–23 NZ$; ⏱ 11 Uhr–open end) sind altmodische Kneipen, in denen man in Ruhe ein Lager trinken und ein Pubgericht verspeisen kann.

Zu den besten Optionen für einen schnellen Happen zählt **Top Shop** (☎ 03-525 9387; 9 Willow St; Stück 2–9 NZ$; ⏱ Mo–Fr 6–18, Sa & So 7.30–18 Uhr), Milchbar, Teestube und Imbiss in einem am Ortseingang. Die Pies werden allgemein gepriesen. Auf der anderen Straßenseite befindet sich der Supermarkt **Fresh Choice** (☎ 03-525 9383; 13 Willow St; ⏱ 8–20 Uhr). In der Ortsmitte steht auf dem Parkplatz der Bibliothek **Paul's Coffee Caravan** – etwas zwischen die Kiefer gibt es hier zwar nicht, dafür aber den besten Kaffee im ganzen Ort.

Unterhaltung

Village Theatre (☎ 03-525 8453; www.villagetheatre.org.nz; 34 Commercial St; Erw./Kind 12/6 NZ$; ⏱ 14–22 Uhr) In Takakas Kino laufen relativ neue Streifen.

Anreise & Unterwegs vor Ort

Busse von **Abel Tasman Coachlines** (☎ 03-528 8850; www.abeltasmantravel.co.nz) fahren zwischen Takaka und Nelson (32 NZ$, 2½ Std., 2-mal tgl.). Das Unternehmen bietet in Kooperation mit **Golden Bay Coachlines** (☎ 03-525 8352; www.goldenbaycoachlines.co.nz) darüber hinaus Busse von Takaka nach Collingwood (19 NZ$, 25 Min., 2-mal tgl.), zum Heaphy Track (28 NZ$, 1 Std., 1-mal tgl.), nach Totaranui (20 NZ$, 1 Std., 1-mal tgl.) und zu dazwischen liegenden Zielen an.

Golden Bay Air (☎ 0800 588 885, 03-525 8725; www.goldenbayair.co.nz) hat jeden Tag Flüge zwischen Wellington und Takaka (99–165 NZ$) sowie auf Anfrage zwischen Takaka und Karamea, einem Ausgangspunkt für Wanderungen auf dem Heaphy Track (min. 2 Pers., 169 NZ$/Pers.).

Remote Adventures/Star Line (☎ 0800 150 338, 03-525 6167; www.remoteadventures.co.nz) fliegt täglich zwischen Takaka und Nelson (ab 90 NZ$).

Taxis kann man beim **Takaka Taxi Service** (☎ 0800 825 252) rufen.

POHARA

350 Ew.

Rund 10 km nordöstlich von Takaka liegt das winzige Pohara, ein Ferienort am Strand, dessen Bevölkerung sich im Sommer vervierfacht. Der Ort ist yuppielastiger als andere Teile der Golden Bay, denn es gibt hier große, moderne Häuser, mithilfe derer man versucht, aus dem Meerblick Kapital zu schlagen. Trotzdem ist die Atmosphäre noch angenehm, und es gibt einige gute Unterkünfte.

Der Strand liegt auf dem Weg zum nördlichen Ende des Abel Tasman Coastal Track; die weitgehend unbefestigte Straße in den Park führt am **Tarakohe Harbour** (Poharas Hafen) und der **Ligar Bay** vorbei, wo sich ein Aussichtspunkt und ein Denkmal für Abel Tasman befinden, der hier im Dezember 1642 vor Anker ging.

Ein hinreißender Anblick ist der weite, atemberaubende Eingang zur **Rawhiti Cave**. Die Höhle liegt zwischen Takaka und Pohara. Man nimmt 2,5 km hinter Motupipi die Packard Rd oder wendet sich an **Kahurangi Guided Walks** (☎ 03-525 7177; www.kahurangiwalks.co.nz), ein Unternehmen, das dreistündige Führungen veranstaltet (35 NZ$).

Golden Bay Kayaks (☎ 03-525 9095; www.golden baykayaks.co.nz; Strand von Pohara; geführte halbtägige Tour Erw./Kind 75/35 NZ$, Kajakverleih 3 Tage ohne Führer 135 NZ$) vermietet Kajaks für stundenlange Paddeltouren und lässt Besucher für eine dreitägige Erkundung des Abel Tasman National Park zu Wasser. Die Tour führt vom Tarakohe Harbour südwärts nach Marahau oder Kaiteriteri.

Schlafen & Essen

Pohara Beach Top 10 Holiday Park (☎ 0800 764 272, 03-525 9500; www.poharabeach.com; Abel Tasman Dr; Stellplatz ohne & mit Strom 36–42 NZ$, Hütte 58–89 NZ$, Motel/ Wohneinheit 108–158 NZ$; 🖳 🛜) Was für ein Riesending! Der Ferienpark auf einem langen, grünen Streifen zwischen den Dünen und der Hauptstraße hat eine erstklassige Lage, doch im Sommer fühlt man sich hier manchmal mehr wie in der Vorstadt als wie am Meer. Vorne gibt es einen Gemischtwarenladen.

Nook (☎ 0800 806 665, 03-525 8501; www.the nookguesthouse.co.nz; Abel Tasman Dr; Stellplatz ohne Strom 30 NZ$, B/2BZ/DZ 28/56/70 NZ$, Cottage 120–160 NZ$) Die gemütliche kleine Backpackerunterkunft hat Holzböden und Zimmer, die sich zu einem anheimelnden Garten öffnen. In dem separaten, mit Stroh gedeckten Cottage kommen sechs Personen unter. Auf der Weide hinter dem Haus steht ein zur Wohnung umgebauter Truck. Außerdem ist hier Platz für Zelter. Fahrräder werden vermietet – aber Fernseher sind verpönt.

Sans Souci Inn (☎ 03-525 8663; www.sanssouciinn. co.nz; 11 Richmond Rd; EZ/DZ/FZ 80/105/150 NZ$; 🕑 Juli-Mitte Sept. geschl.) „Sans Souci" bedeutet bekanntlich auf Französisch „sorgenfrei", und dieses Motto passt auf Übernachtungen in einem der sieben mediterran angehauchten, aus Lehmziegeln errichteten Zimmer dieser Anlage. Die Gäste teilen sich den schön mit Pflanzen und einem Bodenmosaik geschmückten Baderaum, der mit Komposttoiletten ausgestattet ist, sowie die luftige Lounge und die Küche, die sich zu einem fast tropisch anmutenden Hof hin öffnen. Das Abendessen im Restaurant (30–33 NZ$; Reservierung erforderlich) vor Ort ist sehr zu empfehlen; Frühstück gibt's auf Anfrage.

Sandcastle (☎ 0800 433 909, 03-525 9087; www. goldenbayaccommodation.co.nz; Haile Lane; DZ 90–110 NZ$; 🛜) Der Name klingt nach Adel und Strand, doch in Wirklichkeit handelt es sich um einen Komplex ständig von Vögeln umflatterter,

umweltfreundlicher Chalets mit einer holzbefeuerten Sauna, einem Wellenbad im Freien und dem Schwerpunkt auf Familienspaß. Ein Schild 600 m hinter der Penguin Café & Bar wiest den Weg. Großartiges Preis-Leistungs-Verhältnis!

Penguin Café & Bar (☎ 03-525 6126; 818 Abel Tasman Dr; Mittagessen 12–19 NZ$, Abendessen 18–29 NZ$; 🕑 Mo & Di 16–22, Mi–So 11–22 Uhr) Ein belebtes Café mit großem Außenbereich, in dem man an sonnigen Tagen seinen Durst löschen oder sich einen abendlichen Drink genehmigen kann. Für die wenigen rauen Tage gibt's drinnen offenes Kaminfeuer und einen Billardtisch. Zum Brunch kommen u. a. Pizzas, Burger und Barsnacks auf den Tisch; die Hauptgerichte zum Abendessen sind fleischlastiger.

Totally Roasted Café (☎ 03-525 9396; Abel Tasman Dr; Gerichte 10–18 NZ$; 🕑 8.30–17 Uhr) Dieses von einer Mauer umgebene, als Ranch gestaltete Gartencafé hat immer erstklassigen Kaffee, weil es seine Biobohnen selber röstet. Aber auch die täglichen Angebote zum Frühstück können sich sehen lassen. Das englische Frühstück mit Ei und Schinken ist extrem beliebt, und auch die selbstgebackenen Kuchen, Muffins und Pasteten sind richtig gut.

An- & Weiterreise

Golden Bay Coachlines (☎ 03-525 8352; www.golden baycoachlines.co.nz) fährt von Takaka nach Pohara und weiter nach Totaranui (10 NZ$, 15 Min., 1-mal tgl.).

COLLINGWOOD & UMGEBUNG

Das entlegene Collingwood (250 Ew.) ist die letzte Ortschaft in diesem Teil des Landes – und so fühlt man sich hier auch. Im Sommer ist der Collingwood recht belebt, für die meisten Besucher allerdings nur eine Durchgangsstation zum Heaphy Track oder für Ausflüge zum Farewell Spit.

Das **Collingwood Museum** (☎ 03-524 8131; Tasman St; Eintritt gegen Spende; 🕑 10–16 Uhr) ohne Personal nimmt einen kleinen Korridor ein. Die seltsame Sammlung umfasst Sattelzeug, Artefakte der Maori, Moa-Knochen, Muscheln und alte Schreibmaschinen. Gleich nebenan zeigt das **Aorere Centre** multimediale Präsentationen, darunter die Arbeiten des genialen Foto-Pioniers Fred Tyree.

Kein Besuch in Collingwood wäre komplett, ohne dass man ins **Rosy Glow Chocolate House** (☎ 03-524 8348; 54 Beach Rd; Schokolade 3–5 NZ$; 🕑 Sa–Do 10–17 Uhr) hineingeschnuppert hat.

Schokojunkies werden von den liebevoll hausgemachten Pralinen begeistert sein.

Schlafen

Innlet Backpackers & Cottages (☎ 03-524 8040; www. goldenbayindex.co.nz; Main Rd; Stellplatz ohne Strom 42 NZ$, B/DZ 29/68 NZ$, Cottage/Wohneinheit 70–180 NZ$; 🖳) Diese tolle Unterkunft liegt 10 km von Collingwood entfernt am Weg nach Pakawau. Im Haupthaus finden sich elegante Backpackerzimmer und auf dem Gelände diverse Stellplätze und Hütten, darunter ein Cottage für sechs bis acht Personen. Die umweltbewussten Betreiber verleihen Kajaks und Fahrräder.

Somerset House (☎ 03-524 8624; www.backpackerscollingwood.co.nz; Lower Gibbs Rd; B/EZ/DZ mit Frühstück 29/45/70 NZ$; 🖳 🛜) Das kleine, entspannte Hostel ist in einem überall knarrenden historischen Gebäude an einem Hügel untergebracht. Von der Veranda hat man einen guten Ausblick. Die kundigen Betreiber können Gästen gute Wanderhinweise geben und bringen sie auch zu den Wanderwegen. Fahrräder werden kostenlos verliehen; zum Frühstück gibt's frisch gebackenes Brot.

Beachcomber Motel (☎ 0800 270 520, 03-524 8499; www.collingwoodbeachcomber.co.nz; Tasman St; DZ 100–135 NZ$; 🖳 🛜) Saubere, geräumige, separate Wohneinheiten in ausgezeichneter Lage zwischen Straße und Flussmündung. Ein gutes Preis-Leistungs-Verhältnis bieten die auf Familien ausgelegten Wohneinheiten mit schickem Mezzanin.

Essen & Ausgehen

Mussel Inn (☎ 03-525 9241; SH60, Onekaka; Tagesessen 4–16 NZ$, Abendessen 21–26 NZ$; 🕙 11 Uhr–open end, Juli–Aug. geschl.) Das Mussel Inn ist eine Institution der Bay: ein Zwischending aus uriger Schenke, Café und Brauerei auf halbem Weg zwischen Takaka und Collingwood. Ein Totempfahl, an dem abgelegte Handys hängen, verdeutlicht, dass einen hier nicht die Versuchungen der Stadt erwarten, sondern nur ausgezeichnetes Bier, gesundes Essen (Muscheln der Saison, frischer Fisch und Steaks), Lagerfeuer und Livemusik. Man kann ein, zwei Humpen „Captain Cooker" leeren – ein Braunbier, das auf natürliche Weise mit Südseemyrte gebraut wird – oder sich auch an das köstliche „Pale Whale Ale" halten.

Courthouse Café (☎ 03-525 8472; Ecke Gibbs & Tasman St; Gerichte 8–28 NZ$; 🕙 Do–Mo 9–17, Fr & Sa zusätzl. 18–21 Uhr) Das schicke Café im 1901 errichteten Gerichtsgebäude von Collingwood hat Gerichte aus einheimischem Biogemüse und frische Meeresfrüchte auf seiner Karte. Kunst aus der Region, guter Kaffee und eine interessante Weinkarte runden den Besuch in einem der besten Restaurants der Bay ab.

LP Tipp Naked Possum Café (☎ 03-524 8433; Kaituna River, 10 km von Collingwood entfernt; Gerichte 10–24 NZ$; 🕙 Sa–Do 10–18, Fr bis 22 Uhr) In diesem tollen, auf rustikal gemachten Café kann man nach der Erkundung des gleich daneben verlaufenden Kaituna Track mit den Goldgräberrelikten und schönen Flussgabelungen (hin & zurück 2 Std.) gemütlich abhängen. Es gibt hier ein Lagerfeuer, große Rasenflächen, tolles Bier und eine Possumfell-Gerberei. Wildgerichte sind die Spezialität des Hauses. Vorher reservieren, wenn man zum beliebten Steak-Barbecue am Freitagabend kommen oder hier einen Sonntagsbraten genießen will.

An- & Weiterreise

Busse von **Golden Bay Coachlines** (☎ 03-525 8352; www.goldenbaycoachlines.co.nz) fahren von Takaka aus nach Collingwood (19 NZ$, 25 Min., 2-mal tgl.).

FAREWELL SPIT & UMGEBUNG

Das unwirtliche, offene, außergewöhnliche **Farewell Spit** ist ein Feuchtgebiet von internationaler Bedeutung und ein bekanntes Vogelschutzrevier: Im Sommer tummeln sich hier Tausende von Watvögeln, z. B. Schnepfen (die aus der arktischen Tundra kommen), Raubseeschwalben und Australische Tölpel. Den 35 km langen Strand säumen gigantische, halbmondförmige Dünen, von denen aus man einen weiten Blick über die Golden Bay und die gewaltige, bei Ebbe freiliegende Salzmarsch hat. Spaziergänger können die ersten 4 km des Spit auf verschiedenen Wegen erkunden, doch darüber hinaus kommt man nur im Rahmen einer geführten Tour (s. unten).

Die Anlaufstelle beim Spit ist das **Farewell Spit Visitor Centre** (☎ 03-524 8454; Farewell Spit; 🕙 9.30–18.30 Uhr) das 24 km nördlich von Collingwood liegt, das Infos zur Region gibt und Touren zum Spit bucht. Es teilt sich das Anwesen auf dem Hügel mit dem **Paddlecrab Café** (Gerichte 11–24 NZ$), einem denkwürdigen Plätzchen für Kaffee und Kuchen oder ein herzhaftes Mittagessen mit unglaublichem Ausblick.

Geführte Touren

Zwei Anbieter veranstalten Führungen zum Spit, bei denen man alle Sehenswürdigkeiten

von versteinerten Schalentieren über Vogel-kolonien bis hin zu einem alten Leuchtturm erkundet. Die Touren beginnen täglich bei Ebbe (der Zeitplan ist auf den Websites zu finden oder telefonisch beim Visitor Centre zu erfragen); kleine Erfrischungen sind in der Regel im Preis enthalten.
Farewell Spit Eco Tours (☎ 0800 808 257, 03-524 8257; www.farewellspit.com; Tasman St, Collingwood; Tour 90–150 NZ$) Der erfahrene Veranstalter, der seit mehr als 60 Jahren im Geschäft ist, hat eine Reihe von drei- bis sechseinhalbstündigen Touren von Collingwood zum Spit im Programm, bei denen man den Leuchtturm, die Tölpel und die Schnepfen zu sehen bekommt.
Farewell Spit Nature Experience (☎ 0800 250 500, 03-524 8992; www.farewellspittours.com; Tour 90–110 NZ$) Die vierstündigen Touren zum Spit beginnen am Farewell Spit Visitor Centre; die sechsstündigen am Old School Café in Pakawau.

Noch mehr Aktivitäten

Der abgelegene, einsame **Wharariki Beach** ist von der Abzweigung zum Visitor Information Centre aus über eine 6 km lange, unbefestigte Straße zu erreichen. Am Ende der Straße sind es vom Parkplatz aus noch 20 Gehminuten über Farmland (das zu dem vom DOC verwalteten Puponga Farm Park gehört). Der Strand gibt einen Vorgeschmack auf die raue Westküste: Man sieht mächtige Dünen, hoch aufragende Felsspitzen unmittelbar vor der Küste und eine Robbenkolonie am östlichen Ende (sogar im Bach, an dem der Weg entlangführt, tummeln sich Robben). Das Meer scheint zum Baden einzuladen, aber es gibt starke Unterströmungen, deshalb heißt es aufgepasst!
Wie bei unwirtlichen Regionen nicht anders zu erwarten, kann man die Gegend auch zu Pferd erkunden: **Cape Farewell Horse Treks** (☎ 03-524 8031; www.horsetreksnz.com; 23 McGowan St, Puponga) liegt auf dem Weg zum Wharariki Beach. Die Ausritte in dieser windgepeitsch-ten Landschaft dauern zwischen eineinhalb (50 NZ$, nach Pillar Point) und drei Stunden (105 NZ$, zum Wharariki Beach); längere Trips (auch über Nacht) können arrangiert werden.

KAHURANGI NATIONAL PARK

Der Kahurangi, dessen Name „geschätzter Besitz" bedeutet, ist der zweitgrößte Natio-nalpark Neuseelands und zweifellos einer der tollsten. Auf 452 000 ha gibt es hier eine Art ökologisches Wunderland, auf dem 18 ein-

heimische Vogelarten, über 50 % aller neusee-ländischen Pflanzenarten, inklusive 80 % aller alpinen Pflanzenarten Neuseelands, eine Karstlandschaft sowie das größte bekannte Höhlensystem der südlichen Hemisphäre zu finden sind. (Letzteres wird von Gruppen einheimischer Höhlenwanderer erkundet, ist aber nur für Erfahrene geeignet.)

Heaphy Track

Einer der bekanntesten Wanderwege Neusee-lands ist der 78 km lange Heaphy Track, für den man vier bis sechs Tage braucht. Er kann es zwar nicht mit der spektakulären Landschaft des Routeburn oder Milford Track aufneh-men, hat aber durchaus seinen Reiz. Der Weg liegt fast ganz innerhalb des Kahurangi Nati-onal Park. Zu seinen Highlights zählen die mystische Gouland Downs und die mit Ni-kaupalmen gesprenkelte Küste, insbesondere die Gegend um die Heaphy Hut (hier min. 1 od. 2 Tage verbringen). Bei Ebbe kann man die Mündung des Heaphy River überqueren; den Abschnitt am Crayfish Point sollte man aber nur im Zeitraum zwischen eine Stunde vor und eine Stunde nach Ebbe angehen.
An der Strecke gibt es sieben Hütten, in denen jeweils rund 20 Personen unterkom-men; alle sind mit Gasherden ausgestattet, nur nicht die Brown and Gouland Downs Hut – für sie wird Holz gebraucht. Außerdem stehen neun Campingplätze mit begrenzter Kapazi-tät zur Verfügung (der an der James Mackay Hut nimmt maximal acht Camper auf, der an der Heaphy Hut immerhin bis zu 40). Die Hütten/Stellplätze kosten pro Erwachsenem und Übernachtung zwischen Mai und Sep-tember 15/8 NZ$, zwischen Oktober und April 25/12 NZ$; sowohl die Hütten als auch die Stellplätze müssen im Voraus über das DOC oder das i-SITE gebucht werden.

PRAKTISCHE INFORMATIONEN

Die beste Quelle für ausführliche Infos zum Heaphy Track und der beste Ort, um Buchun-gen vorzunehmen, ist der Schalter des DOC im i-SITE von Nelson (S. 505). Man kann auch im Golden Bay i-SITE in Takaka (S. 527), online unter www.doc.got.nz sowie per Post, per E-mail (greatwalksbookings@doc.govt.nz) oder telefonisch (☎ 03-546 8210) buchen. S. auch www.heaphytrack.com.
Eine detaillierte Beschreibung des Tracks findet sich in *Tramping in New Zealand* von Lonely Planet.

DIE STRECKE IM DETAIL

Die meisten wandern von Collingwood aus in südwestlicher Richtung nach Karamea. Von der Brown Hut führt der Weg durch Buchenwald zum Perry Saddle. Dann öffnet sich die Landschaft zu den sumpfigen Gouland Downs, wird aber im Verlauf des Wegs zur MacKay Hut wieder zu lichtem Busch, der sich verdichtet, je näher man der Heaphy Hut kommt. Weiter unten wachsen schöne Nikaupalmen.

Den letzten Abschnitt marschiert man an der Küste entlang, teils zwischen Nikaupalmen hindurch, teils direkt am Strand. Leider lieben Sandfliegen dieses schöne Teilstück auch. Das Klima ist überraschend mild, trotzdem sollte man besser nicht im Meer schwimmen, denn die Unterströmungen und Strömungen sind gefährlich. Zum Schwimmen eignet sich die Lagune an der Heaphy Hut. Der Heaphy River wimmelt von Fischen.

Am Track gibt es Kilometermarkierungen – die Markierung für Kilometer Null befindet sich am Südende des Tracks am Kohaihai River in der Nähe von Karamea. Geschätzte Wanderzeiten:

Etappe	Dauer (Std.)
Brown Hut–Perry Saddle Hut	5
Perry Saddle Hut–Gouland Downs Hut	2
Gouland Downs Hut–Saxon Hut	1½
Saxon Hut–James MacKay Hut	3
James MacKay Hut–Lewis Hut	3½
Lewis Hut–Heaphy Hut	2½
Heaphy Hut–Kohaihai River	5

Noch mehr Tracks im Kahurangi

Nachdem man den Heaphy Track von Norden nach Süden bewältigt hat, kann man über den landschaftlich noch schöneren, aber anstrengenderen **Wangapeka Track** zur Golden Bay zurückkehren. Zwar ist dieser Weg nicht so bekannt wie der Heaphy, aber viele finden den Wangapeka sogar noch lohnender. Der Track, für den man ungefähr fünf Tage benötigt, beginnt 25 km südlich von Karamea bei Little Wanganui und führt dann 52 km nach Osten zum Rolling River in der Nähe von Tapawera. An der Strecke gibt es eine Reihe von Hütten.

Der **Leslie-Karamea Track** ist eine mittelschwere bis schwierige Wanderung, für die man fünf bis sieben Tage braucht. Er führt vom Cobb Valley bei Takaka nach Little Wanganui, wobei der Schlussabschnitt mit einem Teil des Wangapeka Track identisch ist.

Unter www.doc.govt.nz gibt's detaillierte Infos zu beiden Tracks sowie zu ausgezeichneten Tageswanderungen und Wanderungen mit Übernachtung im Gebiet des **Cobb Valley**, des **Mount Arthur** und der **Tablelands**.

Geführte Touren

Auf S. 528 finden sich Infos zu Veranstaltern, die ganz- und mehrtägige Touren im Kahurangi National Park anbieten.

An- & Weiterreise

Mit Bussen von **Abel Tasman Coachlines** (☎ 03-528 8850; www.abeltasmantravel.co.nz) kommt man bis Takaka (23 NZ$, 1 Std., 2-mal tgl.). Von dort bietet **Golden Bay Coachlines** (☎ 03-525 8352; www.goldenbaycoachlines.co.nz) Anschluss zum Heaphy Track über Collingwood (28 NZ$, 1 Std., 1-mal tgl.).

Heaphy Track Help (☎ 03-525 9576; www.heaphytrackhelp.co.nz) setzt einem das Auto um (200–300 NZ$, je nach Zeitpunkt und Entfernung), bringt Lebensmittel und steht einem mit einem Shuttleservice, Rat und Hilfe zur Seite.

Golden Bay Air (☎ 0800 588 885, 03-525 8725; www.goldenbayair.co.nz) fliegt auf Anfrage zwischen Takaka und Karamea (min. 2 Pers., 169 NZ$/Pers.). **Remote Adventures** (☎ 0800 150 338, 03-525 6167; www.remoteadventures.co.nz) bietet ebenfalls einen Abholservice aus der Luft in Karamea (Preise auf Anfrage) an.

Wadsworths Motors (☎ 03-522 4248; Main Rd, Tapawera) bedient auf Nachfrage das östliche Ende des Wangapeka Track. Preis auf Anfrage.

Einzelheiten zu Transportmitteln am Streckenende in Karamea gibt's auf S. 544.

West Coast

Was für einen Unterschied doch eine Gebirgskette ausmacht! Eingeklemmt zwischen der wilden Tasmansee und den Gipfeln der Southern Alps ist die West Coast (auch Westland genannt) mit nichts in Neuseeland zu vergleichen.

Im Norden führt der brandungsgepeitschte Küstenhighway ins verschlafene Karamea, das dank seiner Abgelegenheit und des milden Klimas ein bevorzugtes Refugium für Menschen auf der Suche nach einem alternativen Lebensstil ist. Im Süden setzt sich der spektakuläre State Hwy 6 bis nach Haast fort, das als Tor zur umliegenden prächtigen Wildnis dient.

An der West Coast leben weniger als 1 % der Neuseeländer verstreut auf einer Fläche, die fast 9 % des Landes entspricht. Die Westküstler sind dementsprechend ein raues, individuelles Völkchen. Für die Vorgänge in den Städten des Landes interessieren sie sich kaum, dafür ist einem in den traditionellen Kneipen hier ein freundliches Willkommen sicher.

Die Küstenlandschaft ist fast *zu* populär: Im Sommer klappert eine Phalanx von Wohnmobilen und Bussen die Hauptattraktionen – die Punakaiki Rocks, den Franz Josef Glacier und den Fox Glacier – ab. Und die muss man tatsächlich gesehen haben. Danach fällt die Rückkehr ins Kernland leicht, in entspannte Küstendörfer wie Okarito, Granity oder Jackson Bay.

HIGHLIGHTS

- Sich bei **Barrytown Knifemaking** (S. 547) sein eigenes, einzigartiges Andenken schmieden
- Mit dem Kajak durch die vogelreichen Kanäle der **Okarito Lagoon** (S. 562) paddeln
- Wilde und nasse Abenteuer auf den Flüssen rund um **Murchison** (S. 535) erleben
- Bei den Pancake Rocks bei **Punakaiki** (S. 545) die Macht der Natur in ihrer ganzen Pracht bestaunen
- In die Kalksteinhöhlen des **Oparara Basin** (S. 542) abtauchen
- In den Kunsthandwerksläden von **Hokitika** (S. 559) nach echter Jade aus der Region stöbern
- Bei einer Flussfahrt in die abgelegensten Winkel rund um **Haast** (S. 572) die echte Wildnis der West Coast erforschen
- Sich angesichts der beeindruckenden Eismassen des **Franz Josef Glacier** (S. 564) und des **Fox Glacier** (S. 568) klitzeklein und unbedeutend fühlen

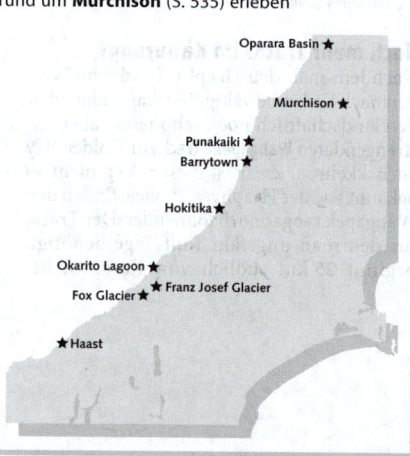

Oparara Basin ★
Murchison ★
Punakaiki ★
Barrytown ★
Hokitika ★
Okarito Lagoon ★
Fox Glacier ★ ★ Franz Josef Glacier
★ Haast

- Vorwahl: 03
- www.west-coast.co.nz
- www.westcoast.org.nz:

WEST COAST

WEST COAST

Klima

Im Sommer sind zahllose Wohnmobile auf den Küstenstraßen unterwegs, aber auch in der Zeit von Mai bis September gibt's warme und klare Tage – mit weniger Touristen und günstigeren Unterkünften. Zugegeben: Mit rund 5000 mm jährlich regnet es an der West Coast extrem viel (Westland = Wetland) – und doch ist im Westland die Sonne genauso oft zu sehen wie in Christchurch. Wenn es drüben im Osten schüttet, lacht hier höchstwahrscheinlich die Sonne.

Anreise & Unterwegs vor Ort

Air New Zealand fliegt zwischen Westport und Wellington sowie zwischen Hokitika und Christchurch.

Reise- und Shuttlebusse fahren in Zentren wie Christchurch, Dunedin, Queenstown und Nelson; wichtige Busunternehmen in der Region sind Atomic Shuttles, InterCity und Naked Bus.

Der *TranzAlpine*, einer der berühmten Züge der Welt, verbindet Greymouth mit Christchurch; s. S. 554.

MURCHISON

850 Ew.

Das aufstrebende Murchison liegt 125 km südlich von Nelson (95 km östlich von Westport) am Buller Gorge Heritage Hwy/ State Hwy 6 (SH6). Der Ort ist das nördliche Tor zur Westküste und der Serviceort für die Upper Buller Gorge, die eine Menge Möglich-

KURZINFOS WEST COAST

Essen Eine Whitebait-Pizza im Fat Pipi Pizza (S. 558) in Hokitika

Trinken Ein Green Fern Bio-Lager in der West Coast Brewing Co (S. 539) in Westport

Lesen Keri Hulmes *Unter dem Tagmond*, das rund um das friedliche Okarito (S. 562) spielt

Hören Karameas lässigen freien Radiosender auf 107,5 FM (S. 544); sogar Hörerwünsche werden hier gespielt

Ansehen *Böses Blut* (1982), eine fesselnde Darstellung der Ereignisse in Kowhitirangi (S. 560)

Schwimmen Nicht mal dran denken! Bei diesen Wassertemperaturen hält man sich besser im Whirlpool auf

Festival Hokitikas Wildfoods Festival mit verrückten Leckereien aus dem Busch (S. 557)

Schrägste Touristenattraktion Das Bushmans Museum in Pukekura (S. 561). Wer Freunde in Auckland hat, sollte das besser nicht erwähnen!

Grünes Gewissen Freiwilligenarbeit im Bio-Gemüsegarten des Rongo Backpackers in Karamea (S. 544)

keiten bietet, sich im Sommer sportlich auf dem Wasser zu betätigen.

Praktische Informationen

Das **Murchison i-SITE** (☎ 03-523 9350; www.murchison nz.com; 47 Waller St; ⏲ 10–18 Uhr, Winter verkürzte Öffnungszeiten) liefert Informationen zu Aktivitäten und Verkehrsmitteln vor Ort. In der Stadt gibt's keine Bank; die Post ist in der Fairfax St. Das **Commercial Hotel** (Ecke Waller St & Fairfax St) hat einen Internetzugang.

Sehenswertes & Aktivitäten

Ob Angeln, Mountainbiken, Raften oder Kajakfahren: Rund um Murchison ist alles möglich.

Ultimate Descents (☎ 0800 748 377, 03-523 9899; www.rivers.co.nz; 51 Fairfax St; Rafting halber/ganzer Tag 120/220 NZ$, Kajakfahren halber Tag 125 NZ$) hat Wildwasser-Rafting und Kajakausflüge auf dem Buller River im Programm, darunter auch etwas geruhsamere Halbtagestrips für Familien (Erw./Kind 105/85 NZ$). Die Preise für Helirafting beginnen bei 450 NZ$ und es gibt sogar eine Kombi aus Rafting und Angeln (2 Tage, 395 NZ$).

Die **New Zealand Kayak School** (☎ 03-523 9611; www.nzkayakschool.com; 22 Grey St; Kajak pro Tag 50 NZ$, 4-tägiger Einführungskurs 795 NZ$; ⏲ Sept.–April) verleiht

(nur an erfahrene Paddler) und verkauft Kajaks und bietet professionelle Kurse für jedes Niveau an. Im Preis inbegriffen sind Transport und Unterkunft, die Verpflegung muss allerdings jeder selbst mitbringen.

White Water Action Rafting Tours (☎ 0800 100 582, 03-523 9581; www.whitewateraction.com; Waller St; Rafting halber Tag Erw./Jugendl. 120/105 NZ$) befindet sich hinter dem i-SITE und bietet Halbtagestrips mit einem Mittagessen am Flussufer an. Zu den anspruchsvollen Stromschnellen der Kategorie III und V kommen freiwillige Klippensprünge aus 9 m Höhe hinzu, die den Adrenalinspiegel nach oben schnellen lassen.

In der Gegend gibt es zahlreiche **Mountainbikewege**, so beispielsweise am Westufer des Matakitaki River (hin & zurück 16 km) oder auf dem Maruia Saddle Trip (hin & zurück 83 km). Karten gibt's im i-SITE, und Fahrräder kann man bei **Murchison Motels** (☎ 0800 166 500, 03-523 9026; www.murchisonmotels.co.nz; 53 Fairfax St) ausleihen.

Im **Murchison Museum** (☎ 03-523 9335; 60 Fairfax St; Eintritt gegen Spende; ⏲ 10–16 Uhr) sind historische Gegenstände der Region ausgestellt, darunter traditionelle landwirtschaftliche Geräte und Fotos, die die Nachwirkungen des Erdbebens von 1929 dokumentieren.

In Murchison kann man ausgezeichnet **Forellen angeln**. Geführte Halbtagesausflüge kosten um die 350 NZ$ (2 Pers.); Infos dazu gibt's im i-SITE.

Im Lyell Creek, im Buller River oder im Howard Valley kann man sein Glück beim **Goldwaschen** (Verleih von Ausrüstung 10 NZ$) versuchen; das i-SITE verleiht Pfannen und Schaufeln.

Festivals & Events

Beim **Buller Festival** (www.bullerfestival.co.nz) finden am ersten Märzwochenende Kajak- und Raftingspektakel statt.

Schlafen

Riverview Holiday Park (☎ 03-523 9591; riverview.hp@xtra.co.nz; Riverside Tce; Stellplatz ohne/mit Strom 24/26 NZ$, DZ 44 NZ$) Nördlich des Ortes nahe dem Fluss gelegen. Dieser Park bietet Motelzimmer, erst kürzlich renovierte Hütten und das hervorragende River View Café (S. 537).

LP Tipp Lazy Cow (☎ 03-523 9451; lazycow@xnet. co.nz; 37 Waller St; B/DZ 28/66 NZ$; 🖳) Faul sein fällt in der Lazy Cow tatsächlich nicht schwer – hier ist es fast so gemütlich wie zu Hause. Kostenlose Muffins steigern die Attraktivität ungemein und man findet sich in einer intimen und heimeligen Umgebung wieder. Die Duschen sind den Besitzern zufolge die besten in Neuseeland – das muss aber jeder selbst beurteilen.

Hu-Ha Bikepackers (☎ 03-548 2707; smidgley@ihug. co.nz; SH6; Stellplatz ohne Strom 28 NZ$, B/DZ ohne Bad 23/60 NZ$, DZ mit Bad 70 NZ$) Diese lässige, radlerfreundliche Farm 45 km nördlich von Murchison hat Schlafsäle und Doppelzimmer (einige davon sein neu und mit Bad) und unzählige Nutztiere, darunter das größte und entspannteste Schwein der Welt. Das Haus liegt leicht erhöht über der Straße, 10 km nördlich der Kawatiri-Kreuzung. Nur Barzahlung möglich.

Commercial Hotel (☎ 03-523 9848; thecommercial hotel@xtra.co.nz; Ecke Waller St & Fairfax St; EZ/DZ ohne Bad 40/75 NZ$; 🖳) Hervorragendes Preis-Leistungs-Verhältnis für komfortable Zimmer mit einem leichten Art-déco-Touch. Alle Zimmer mit Gemeinschaftsbad.

River Song (☎ 03-523 9011; www.riversong.co.nz; 30 Fairfax St; DZ ab 95 NZ$) Zwei Gehminuten außerhalb des Ortskaufs befindet sich diese Anlage mit recht neuen separaten Hütten samt großen Sonnenterrassen und einem großen Garten. Wer nach dem Kajakfahren eine Massage braucht, kann hier auch diese bekommen.

Murchison Lodge (☎ 03-523 9196; www.murchison lodge.co.nz; 15 Grey St; EZ 125–185 NZ$, DZ 150–210 NZ$, alle mit Frühstück) Das B&B ist von heimischen Bäumen umgeben und thront direkt über dem Buller River. Das hübsche Design im Innern trägt zur gemütlichen Atmosphäre bei. Die freundlichen Besitzer sind immer vor Ort und geben Geschichten von Kajakabenteuern zum Besten, die sich direkt vor der Haustür zugetragen haben.

Murchison Motels (☎ 0800 166 500, 03-523 9026; www.murchisonmotels.co.nz; 53 Fairfax St; DZ 130–170 NZ$) Hinter dem Rivers Café versteckt sich diese Anlage mit schicken Wohneinheiten mit ein bis zwei Zimmern. Es gibt auch eine Hütte mit acht Schlafplätzen und es werden Mountainbikes verliehen (halber/ganzer Tag 15/30 NZ$).

Triple Tui (☎ 03-548 4481; www.tripletui.co.nz; 3360 Dry Weather Rd; DZ 130–180 NZ$ (min. 3 Nächte); 🕑 Sept.– Mai) Was passiert, wenn zwei gestresste Auckländer beschließen, ihren Traum zu verwirklichen und die Großstadt hinter sich zu lassen? Wie wär's denn mit zwei luxuriösen Holzhütten auf einem über 20 ha großen, wunderschönen Gelände im Tadmore Valley, 35 Minuten nördlich von Murchison? Die

beiden Selbstversorgerhütten haben solarbeheiztes Wasser und Strom von Triple Tuis eigenem kleinen Wasserkraftwerk. Nach dem Erkunden der ganz in der Nähe verlaufenden Wanderwege lässt man es sich beim Grillen (mit Gasgrill) und einer Flasche Wein gut gehen. Reservierung erforderlich.

Essen & Ausgehen

Commercial Hotel (☎ 03-523 9696; Ecke Waller St & Fairfax St; Mittagessen 10–17 NZ$, Abendessen 19–27 NZ$; 🕑 8–21 Uhr; 🖳) Vor dem Raften gibt's hier zur Stärkung ein gutes Frühstück, und danach wird ein langer Tag auf dem Wasser mit ein paar Bier und einem deftigen Kneipenessen gefeiert.

River View Café (☎ 03-523 9591; Riverview Holiday Park; Pizza 14–21 NZ$; 🕑 Okt.–April 10–20 Uhr; 🖳) Bei gutem Wetter ist dieses Café im Freien unschlagbar. Hier kann man sich zurücklehnen und die Lage am Fluss, eine Gourmet-Pizza und eine Flasche Murchison Moonlight Ale genießen, während die Kajaks an einem vorbeitreiben.

Im **Rivers Cafe** (☎ 03-523 9009; 51 Fairfax St; Hauptgerichte 18–30 NZ$; 🕑 Okt.–März 9–21 Uhr, April–Sept. Do–Mo 10–14 Uhr) gibt es alles, von Hähnchen-Kebab und Falafel bis zum Rib Eye Steak und Braten. Zwischen einem Bio-Kaffee und einem schäumenden Monteith's Bier muss sich jeder selbst entscheiden.

An- & Weiterreise

Die Busse von **Atomic Shuttles** (☎ 03-349 0697; www.atomictravel.co.nz) und **InterCity** (☎ 03-365 1113; www.intercity.co.nz) fahren auf ihrem Weg zwischen West Coast und Picton unter anderem auch durch Murchison. **Naked Bus** (www.nakedbus. com) fährt von hier sowohl nach Norden als auch nach Süden. Atomic hält am i-SITE, InterCity und Naked Bus stoppen am Beechwoods Café an der Waller St.

BULLER GORGE

Die Straße von Murchison zur Küste wurde 1929 und 1968 von Erdbeben erschüttert, windet sich aber immer noch durch die Buller Gorge. Die Schlucht ist ein Ausgangspunkt für Wildwasser-Rafting- und Kajaktouren, s. S. 536.

Ungefähr 14 km westlich von Murchison befindet sich die **Buller Gorge Swingbridge** (☎ 0800 285 537; www.bullergorge.co.nz; SH6; Brückenüberquerung Erw./Kind 5/2 NZ$; 🕑 Okt.–April 8–19 Uhr, Mai– Sept. 9–17.30 Uhr), Neuseelands längste Hänge-

> ## MAORI: DIE WEST COAST
>
> Für die Maori waren die Flusstäler und Berge der West Coast traditionell der Ort, wo sie *pounamu* (Greenstone) fanden. Die schimmernde Jade dominiert heute noch die Kunsthandwerksläden und -galerien von Greymouth und Hokitika. Bevor man im Jagosi Jade (S. 559) in Hokitika die erstklassig geschnitzten Stücke von Aden Hoglund bewundert, lohnt sich ein Besuch der Mana-Pounamu-Ausstellung im West Coast Historical Museum (S. 556), um das Wissen über den wertvollen Stein etwas aufzubessern. Wer das Glück hat, im Awatuna Homestead (S. 558) nahe Hokitika zu wohnen, bekommt vom Besitzer Hemi Geschichten über die frühe Migration der Pazifikvölker nach Neuseeland erzählt.

brücke (110 m). Jenseits der Brücke gibt's einige kurze Wanderwege, darunter einen zur White-Creek-Verwerfung, dem Epizentrum des Bebens von 1929. Nach der Rückkehr kann man eine Fahrt auf dem 160 m langen **Comet Line Flying Fox** (im Sitz Erw./Kind 25/13 NZ$, Supaman 45 NZ$, Tandem 30/15 NZ$) machen. **Goldrush Jet** (☎ 0800 802 023, 03-523 9595; www.murchison.co.nz; Erw./Kind 75/50 NZ$) bietet 40-minütige Jetboattrips, die Boote legen unter der Brücke ab.

Weiter westlich gabelt sich die Straße an der Kreuzung Inangahua. Auf dem SH6 geht's durch die Lower Buller Gorge zur Küste, auf dem SH69 fährt man südwärts über Reefton nach Greymouth. Die Strecke über den SH6 ist zwar länger, aber interessanter.

Es gibt einen **DOC-Campingplatz** (Erw./Kind 6/1,50 NZ$) am SH6 bei Lyell (Upper Buller Gorge), 10 km nordöstlich der Kreuzung Inangahua.

Die Buller Gorge ist düster und unheimlich; urzeitliche Farne und Keulenlilien klammern sich an die steilen Hänge; *toi toi* (hohes einheimisches Gras) säumt die Straße zwischen der Schlucht und dem Fluss. Der **Hawks Crag** ist nach dem Goldsucher Robert Hawks benannt; der Überhang ist gerade einmal hoch genug, dass noch ein Bus unter ihm durchpasst – dieser Durchgang wurde von Hand aus dem Fels geschlagen.

Buller Adventure Tours (☎ 0800 697 286, 03-789 7286; www.adventuretours.co.nz; SH6) hat seinen Sitz 4 km von der Küste entfernt und organisiert Wildwasser-Rafting der Kategorien III bis IV

auf den „Earthquake Slip"-Stromschnellen (Erw./Jugendl. 120/105 NZ$), 105-minütige Jetboatfahrten (Erw./Jugendl. 79/65 NZ$), zweistündige Ausritte am Ufer entlang (Erw./Jugendl. 80/75 NZ$) und 105-minütige Quadtouren (140 NZ$).

Das **Berlins** (☎ 0800 526 405, 03-789 0295; www.xtremeadventures.co.nz; SH6; B 25–30, DZ 62 NZ$) ist ein stylishes Backpacker-Café und befindet sich dort, wo früher das alte Berlins Hotel stand. Die kürzlich durchgeführten Renovierungsarbeiten haben auch das heutige Berlins etwas aufgemöbelt und das Restaurant (Hauptgerichte 14–17,50 NZ$; geöffnet 9.30 Uhr–open end) ist außerdem noch eine verdammt gute Kneipe. Dieses Plätzchen ist ein gut gelegener Zwischenstopp für Radler auf dem Weg zur West Coast. Die Bilder vom Buller River mit gefährlich hohem Wasserstand an der Wand sind auch sehenswert.

WESTPORT
4850 Ew.

Der Hafen Westport verdankt seinen Wohlstand dem Kohlebergbau, die größte Mine befindet sich im 38 km weiter nördlich gelegenen Stockton. Westport ist recht uninteressant, aber ein guter Ausgangspunkt für Touren in der Buller Gorge und den Charleston Ranges. Ansonsten geht es von hier nordwärts ins entspannte Karamea (und zum Heaphy Track) oder nach Süden zu den Punakaiki Rocks. Für Tierfreunde interessant ist die Robbenkolonie (S. 541), die sich westlich der Stadt niedergelassen hat.

Orientierung

Die Stadt dehnt sich aus, wo das Ostufer des Buller River auf die Tasmansee trifft. Die Palmerston St ist die Hauptverkehrsstraße, die Brougham St führt ins nordöstlich gelegene Karamea. Kostenlose Stadtpläne und Karten der Region sind im i-SITE erhältlich.

Praktische Informationen

Alle großen Banken haben Filialen an der Palmerston St.

Buller Hospital (☎ 03-788 9030; Cobden St)

Department of Conservation (DOC; ☎ 03-788 8008; 72 Russell St; ◷ Mo–Fr 8–12 & 13–16.30 Uhr) Hier gibt's Tickets für den Wangapeka Track und allgemeine Wanderinfos.

Habitat Sports (204 Palmerston St) Internetzugang 6 NZ$/Std.

Polizei (☎ 03-788 8310; 13 Wakefield St)

Post (Ecke Brougham St & Palmerston St)
Take Note (☎ 03-789 8731; 106 Palmerston St)
Buchladen.
Westport i-SITE (☎ 03-789 6658; www.westport.org.
nz; 1 Brougham St; ⏲ Nov.–März 9–18 Uhr, April–Okt.
bis 16 Uhr) Informiert über Wanderwege in der Gegend,
Spazierwege, geführte Touren, Unterkünfte und Ver-
kehrsmittel. Verkauft auch Tickets für die DOC-Hütten am
Heaphy Track.

Sehenswertes

Im **Coaltown Museum** (☎ 03-789 8204; Queen St; www.
geocities.com/coaltownnz/; Erw./Kind 12/5 NZ$; ⏲ 9–
16.30 Uhr) gibt's einen interaktiven Spaziergang
durch eine nachgebaute Mine. Rostige Berg-
werksutensilien findet man hier Seite an
Seite mit einer Brauerei; außerdem gibt es
Fotos und einen gewaltigen, funktionstüchtigen Dampfbagger zu sehen.

Die **West Coast Brewing Co** (☎ 03-789 6201; www.
westcoastbrewing.com; 10 Lyndhurst St; ⏲ Mo–Fr 8.30–
17.30, Sa 11–17.30 Uhr) braut sieben verschiedene
Biere, darunter das Bio-Lager Green Fern und
das dunkle Ale mit dem Namen Good Bas-
tards. In der Brauerei werden auch Bierproben angeboten, die wärmstens zu empfehlen

sind – die Leute hier wissen wirklich, was
gutes Bier ist!

Aktivitäten

In Charleston, südlich von Westport, hat
Norwest Adventures (☎ 0800 116 686, 03-788 8168;
www.caverafting.com) seinen Sitz und organisiert
Cave-Rafting-Touren (Underworld Rafting,
145 NZ$, 4 Std.) in die mit Glühwürmchen
bevölkerten Nile River Caves. Wen nur das
„Glühen" (und nicht das Rafting) interessiert,
der bezahlt 90 NZ$ pro Person. Beide Optio-
nen beginnen mit einer Bahnfahrt durch den
Regenwald, für die auch separat Tickets gekauft werden können (Erw./Kind 20/15 NZ$,
1½ Std.). Der Adventure Caving Trip
(295 NZ$, 5 Std.) beinhaltet einen 30 m lan-
gen Abseilabschnitt in das Te Tahi *tomo*
(Loch) mit ganz schön engen Felsspalten,
Wasserfällen, prähistorischen Fossilien und
bizarren Felsformationen.

Westports nagelneues **Schwimmbad**, das **So-
lid Energy Centre** (☎ 03-789 8316; Pakington St; Erw./
Kind/Fam. 5/2,50/12,50 NZ$; ⏲ Mo–Do 6–21, Fr bis 20, Sa &
So 8–17 Uhr), ist eine hochmoderne Einrichtung
mit Schwimmbad, Squashcourts, Fitnessbe-

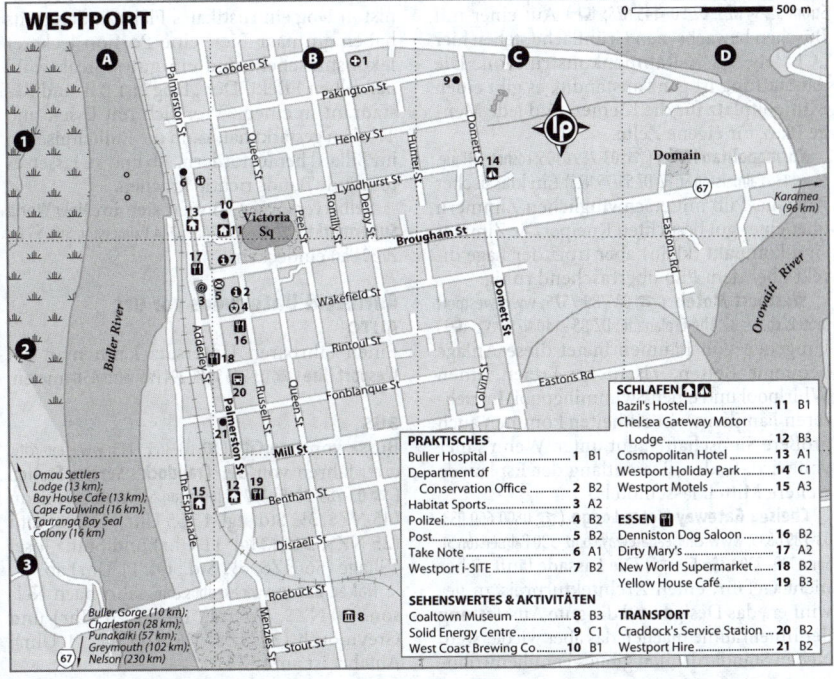

WESTPORT   0 _____ 500 m

reich und Sporthalle – vielleicht regnet es ja zufällig mal.

Festivals & Events

Der **Buller Gorge Marathon** (www.bullermarathon.org.nz) führt am zweiten Wochenende im Februar über eine malerische Route am Fluss entlang. Beim **Cape Classic Surfing** geht's am Labour-Day-Wochenende Ende Oktober in Tauranga Bay ordentlich zur Sache.

Schlafen

Bazil's Hostel (☎ 0800 303 741, 03-789 6410; www.bazils.com; 54 Russell St; B/DZ/4BZ 25/58/80 NZ$; 🖳 🛜) Beim Bazil's gibt es wirklich nichts zu meckern. Die Ausstattung ist durchweg gut, vor allem auch die Küche, in der man wie ein richtiger Meisterkoch hantieren kann. Es gibt für jeden Geldbeutel eine Übernachtungsoption, und wer zu viert unterwegs ist, kann sich eines der Miniapartments nehmen, die mit 80 NZ$ ein großartiges Preis-Leistungs-Verhältnis haben. Manchmal sind im Bazil's Hostel auch größere Gruppen aus den Backpackerbussen anzutreffen.

Westport Holiday Park (☎ 03-789 7043; www.westportholidaypark.co.nz; 31-37 Domett St; Stellplatz ohne/mit Strom 32/34 NZ$, DZ 90–145 NZ$; 🖳) Auf einer mit Büschen bewachsenen Grünfläche stehen hier „Chalets" in A-Rahmenkonstruktion. Die Ausstattung ist ganz anständig, es gibt einen Minigolfplatz für die Kleinen und jede Menge Platz für eigene Zelte.

Cosmopolitan Hotel (☎ 03-789 6305; coshotel@ihug.co.nz; 136 Palmerston St; EZ/DZ 55/75 NZ$) Ein klassischer Kiwiana-Pub mit erschwinglichen Zimmern über einer gut besuchten Kneipe. Die Zimmer sind kompakt (klein) aber trotz der Lage direkt über dem Pub überraschend ruhig.

Westport Motels (☎ 03-789 7575; www.westportmotels.co.nz; 32 The Esplanade; DZ 85–140 NZ$; 🖳 🛜) Umgeben von Bäumen bietet diese Anlage bequeme Betten, Tische im Freien, einen Whirlpool und einen Swimmingpool. In mehreren Familienwohneinheiten kommen auch größere Sippschaften gut unter. Wenn's hier voll wird, finden sich entlang der Esplanade weitere Mittelklassemotels.

Chelsea Gateway Motor Lodge (☎ 0800 660 033, 03-789 6835; www.chelseagateway.co.nz; 330 Palmerston St; Suite 130–230 NZ$; 🖳 🛜) Die Fassade läuft sicher nicht Gefahr, einen Architekturpreis zu gewinnen, das Design und die gute Ausstattung der Innenräume machen das aber wieder wett. Neben Standardsuiten gibt es Familienwohn-

einheiten mit zwei und drei Schlafzimmern und noblere Wohneinheiten mit Whirlpool.

Essen & Ausgehen

Dirty Mary's (☎ 03-789 7959; 198 Palmerston St; Hauptgerichte 7–18 NZ$; 🕑 8 Uhr–open end; 🖳) Der Tag beginnt mit einem Kaffee aus fairem Handel und einem Burrito oder Bagel zum Frühstück. Für Langschläfer gibt's leckeren Lunch. Am Abend geht es bei guter Pizza, Wein und Bier schon etwas lauter zu.

LP Tipp **Yellow House Cafe** (☎ 03-789 8765; 243 Palmerston St; Hauptgerichte mittags 14–17 NZ$, Hauptgerichte abends 25–30 NZ$; 🕑 8 Uhr–open end, Winter kürzere Öffnungszeiten; 🖳 🛜 🅅) Dieses entspannte und sonnige Café hat warme Holzböden, den besten Kaffee der Stadt und leckere Biokost auf der Speisekarte. Die Dips und das hausgemachte Brot sind besonders zu einem Glas Wein aus dem nahe gelegenen Marlbourough zu empfehlen. Alternativ bestellt man sich einen Milchkaffee und wählt sich mit dem Laptop über WLAN ins Internet ein.

Denniston Dog Saloon (☎ 03-789 5030; 18 Wakefield St; Hauptgerichte 15–30 NZ$; 🕑 11 Uhr–open end; 🖳) Jede Menge raues Holz von der West Coast und Kiwiana-Antiquitäten geben dem Denniston Dog ein rustikales Flair. Andererseits haben ein paar Bier, eine Portion leckerer Jakobsmuscheln und ein gutes Steak wohl denselben Effekt. Der „Dog" ist Bar und Restaurant in einem. Wer sich mit Essen und Trinken gestärkt hat, kann die Einheimischen im Billard herausfordern. Ab und zu lassen es tourende Bands richtig krachen.

Selbstversorger können sich im **New World Supermarkt** (☎ 03-789 7669; 244 Palmerston St; 🕑 8–20.30 Uhr) eindecken.

Anreise & Unterwegs vor Ort

AUTO

Einen fahrbaren Untersatz kann man bei **Wesport Hire** (☎ 03-789 5038; 294 Palmerston St) mieten.

BUS

Busse von **InterCity** (☎ 03-365 1113; www.intercity.co.nz) fahren von der **Craddock's Service Station** (☎ 03-789 7819; 197 Palmerston St) nach Nelson (45 NZ$, 3½ Std., tgl. 15.55 Uhr), Greymouth (25 NZ$, 2 Std., tgl. 11 Uhr) und Franz Josef Village (56 NZ$, 6½ Std., tgl. 11 Uhr) ab.

Der **Naked Bus** (www.nakedbus.com) fährt nach Nelson (20 NZ$, 3½ Std., tgl. 15.25 Uhr) und Greymouth (20 NZ$, 1½ Std., tgl. 11 Uhr); Abfahrt ist am i-SITE.

East West Coach (☎ 0800 142 622, 03-789 6251) bedient Christchurch (55 NZ$, 5 Std., tgl. 8 Uhr) und fährt vom Craddock's ab; Ankunft aus Richtung Christchurch ist um 14 Uhr.

Karamea Express (☎ 03-782 6757; info@karamea-express.co.nz) verbindet Westport mit Karamea (30 NZ$, 1½ Std., Mai–Okt. Mo–Fr 11.30 Uhr, Nov.–April zusätzl. Sa); Abfahrt ist am i-SITE.

FLUGZEUG
Air New Zealand (☎ 0800 737 000; www.airnz.co.nz) fliegt täglich zweimal nach/ab Wellington (ab 129 NZ$, 50 Min.).

TAXI
Buller Taxis (☎ 03-789 6900) bringt einen zum Flughafen oder von dort in den Ort (ca. 20 NZ$).

RUND UM WESTPORT

In der **Tauranga Bay Seal Colony** machen es sich je nach Jahreszeit zwischen 20 und 200 neuseeländische Pelzrobben auf den Felsen bequem; die Kolonie liegt 16 km von Westport entfernt. Die Jungen kommen in der Zeit von Ende November bis Anfang Dezember auf die Welt. Danach kümmern sich die Muttertiere einen Monat lang am Ufer um ihren Nachwuchs, bevor alle gemeinsam zu Fischzügen ins offene Meer aufbrechen.

Der **Cape Foulwind Walkway** (hin & zurück 1½ Std.) beginnt am Südende der Robbenkolonie. Er erstreckt sich 4 km entlang der Küste bis hinaus nach Cape Foulwind und führt unterwegs an dem Nachbau von Abel Tasmans Astrolabium (ein Navigationsinstrument) und einem Leuchtturm vorbei. Das Nordende des Wegs ist von der Lighthouse Rd aus mit dem Auto zugänglich.

Die Maori tauften das Kap Tauranga, was „geschützter Ankerplatz" bedeutet. Als erster Europäer kam Abel Tasman im Dezember 1642 hier vorbei und gab ihm den Namen „Clyppygen Hoek" (Felsspitze). Schließlich vertäute James Cook im März 1770 die *Endeavour* hier, erlebte jedoch eine böse Überraschung: Ein Sturm machte aus dem Ort alles andere als einen „geschützten Ankerplatz". Daher stammt denn auch der aktuelle Name.

Vom Parkplatz sind es nur fünf Minuten zu Fuß bis zum Aussichtspunkt an der Robbenkolonie. Die Klippen sind nicht besonders stabil, daher den Weg nicht verlassen!

Ein kurzer Fußweg führt von der Cape Foulwind Taverne zur **Omau Settlers Lodge** (☎ 03-789 5200; www.omausettlerslodge.co.nz; 1054 Cape Rd, Cape Foulwind; EZ/DZ inkl. Frühstück 145/155 NZ$). Die modernen und stylishen Wohneinheiten bieten Erholung, Entspannung und riesige Frühstücksbüfetts. Ein heißes Bad mitten in der Natur macht das Wohlfühl-Erlebnis perfekt.

Eines der besten Restaurants Neuseelands ist das **LP Tipp** **Bay House Cafe** (☎ 03-789 7133; Tauranga Bay, Cape Foulwind; Mittagessen 18–22 NZ$, Abendessen 22–33 NZ$; Mo–Fr 10.30 Uhr–open end, Sa & So ab 9 Uhr). Es ist elegant und doch modern. Die Küchenchefs bereiten Meeresfrüchte, West-Coast-Wildgerichte, Canterbury-Lamm und viele andere Gerichte mit einheimischen Zutaten wie *piko piko* (Farntriebe) und *horopito* (neuseeländischer Pfefferbaum) zu. Die Weinkarte toppt problemlos alles, was die West Coast sonst noch zu bieten hat.

VON WESTPORT NACH KARAMEA

Nach Norden hin drängen grüne Hügel den SH67 gegen die felsige Küste. Die erste Ortschaft hinter Westport ist Waimangaroa, wo es eine Abzweigung nach **Denniston** gibt, das 9 km landeinwärts und 600 m über dem Meeresspiegel liegt. Denniston war einst Neuseelands größter Kohleproduzent und hatte 1911 immerhin 1500 Einwohner. Im Jahr 1981 lebten nur noch acht Menschen hier. Der **Denniston Bridle Track** folgt Abschnitten der fantastisch steilen **Denniston Incline**. Die Bergbahn ist ein Meisterstück der Ingenieurskunst: Die leeren Kohlewagen wurden durch das Gewicht der herabfahrenden beladenen Wagen über den 45 Grad steilen Abhang hinaufgezogen. Ein Informationskiosk und das Museum **Friends of the Hill** (nur an Sommerwochenenden) erinnern an die harten Lebensbedingungen der Bergarbeiter und ihrer Familien. 4 km nördlich von Waimangaroa windet sich der **Britannia Track** (hin & zurück 4 Std.) durch die Abraumhalden der Britannia-Battery-Goldmine.

Bei Granity, 30 km nördlich von Westport, geht es 5 km hügelauf zur halb verlassenen Ortschaft **Millerton** und dann weitere 3 km nach **Stockton**, wo sich Neuseelands größtes Kohlebergwerk befindet, das noch in Betrieb ist. Der **Millerton Incline Walk** (hin & zurück 20 Min.) führt über Teilstrecken der alten Bergbahn, eine Brücke und einen alten Damm. Granity ist heute ein verschlafener Zufluchtsort für Leute, die das einfache Leben suchen. Gleich nördlich bei Hector kann man manchmal die Hector-Delfine beobachten, Neuseelands kleinste Delfinart.

Weiter nördlich bei Ngakawau, unmittelbar südlich von Hector, ist der **Charming Creek Walk** (hin & zurück 6 Std.) zu finden, ein Allwetterweg, der einer alten Kohlebahn durch die Ngakawau River Gorge folgt. Alternativ kann man auch noch 10 km über den Umkehrpunkt hinaus auf dem gleichen Weg bleiben, bis man **Seddonville** erreicht, ein kleines Buschnest am Mohikinui River. Der kurze **Chasm Creek Walkway** verbindet Seddonville mit dem SH67.

Ein gutes Basislager ist das **Charming Creek B&B** (☎ 03-782 8007; www.bullerbeachstay.co.nz; DZ 75–220 NZ$; 💻) in Ngakawau. Die Zimmer hier sind stylish, sauber und – wie der Name schon sagt – charmant. Es gibt eine durch ein offenes Feuer beheizte Wasserwanne mit Blick über die Tasmansee – für Genießer ein echtes Urlaubs-Highlight. Traveller mit knappem Budget übernachten im Wohnwagen am Strand und erleben so ein Stück echten Kiwiana-Style.

Weiter nördlich führt die Straße von Seddonville zur **Rough and Tumble Bush Lodge** (☎ 03-782 1337; www.roughandtumble.co.nz; EZ/DZ 300/450 NZ$; 💻). Die luxuriöse Ökolodge liegt an einer sanften Kehre des Mohikinui River und ist von Wanderwegen und urtümlichem Wald umgeben. Die Anlage ist wunderschön und einsam; am Abend gibt's ein Gourmetdiner. Reservierung ist unbedingt erforderlich. Im Übernachtungspreis sind alle Mahlzeiten enthalten – und die Ausgabe lohnt sich.

An der Mündung des Mohikinui River liegen 3 km abseits des Highways der gar nicht so sanfte **Gentle Annie Beach** und die **Gentle Annie Coastal Enclave** (☎ 03-782 1826; www.gentleannie.co.nz; De Malmanche Rd, Mohikinui; Stellplatz ohne Strom 20 NZ$, B 25 NZ$ Hütte DZ 150–180 NZ$). An diesem abgelegenen Ort, wo die Brandung gegen die Küste donnert und der Wind die Palmen peitscht, lässt es sich prima zur Ruhe kommen. Es gibt Campingmöglichkeiten, eine einfache Backpackerlodge und rustikale Hütten für bis zu acht Personen. Das Cabbage Tree Beach Cottage ist ein bescheidenes Meisterwerk ländlicher Kiwi-Architektur.

Zwischen Mohikinui und Little Wanganui führt die Straße in vielen Kurven über den **Karamea Bluff**. Zwischen den Rata- und Mataiwäldern bietet sich immer wieder ein weiter Ausblick auf die Tasmansee drunten.

KARAMEA
420 Ew.

In der entspannten Ortschaft Karamea ist man wortwörtlich am Ende: Hier endet der SH67, und in der Nähe befinden sich auch die südlichen Endpunkte des Heaphy Track und des Wangapeka Track. Es tobt eine Debatte um die Verlängerung der Straße bis nach Nelson, weil der Highway bei jeder Streckenführung den Kahurangi National Park zerschneiden würde. Nun, diese Frage wird einen Traveller kaum in Aufregung versetzen. Mit seinem subtropischen Meeresklima ist es in Karamea häufig wärmer und trockener als in der übrigen Küstenregion; der Ort liegt tatsächlich auch nördlicher als Wellington. Der Mix aus Einheimischen und relaxten Zugezogenen sorgt dafür, dass man hier gut auf ein paar faule Tage die ausgetretenen Touristenpfade verlassen kann. Wen es aber zu Aktivitäten drängt, der findet hier gute Gelegenheiten zum Höhlenwandern, Mountainbiken und Wandern.

Praktische Informationen

Das **Karamea Visitor Information Centre** (☎ 03-782 6652; www.karameainfo.co.nz; Market Cross; 🕐 Jan.–April tgl. 9–17 Uhr, Mai–Dez. Mo–Fr bis 17, Sa bis 13 Uhr; 💻) bietet Infos zur Region, Internetzugang, Landkarten und DOC-Hüttentickets. Detaillierte Infos über den Heaphy Track gibt's unter www.heaphytrack.com.

Sehenswertes

Nördlich von Karamea sind im **Oparara Basin** spektakuläre Kalksteinbogen und die einmaligen Honeycomb Hill Caves zu sehen (früher Heimstätten von Moas), die umliegende Karstlandschaft ist von urtümlichem Regenwald bedeckt. Moosbärte hängen von den Bäumen herab über den Oparara River, und das Licht dringt nur gedämpft durch das dichte Blätterdach des Waldes.

10 km vom Beginn des Heaphy Track entfernt zweigt von der Straße die McCallum's Mill Rd ab. Hinter der Sägemühle geht's 15 km über eine kurvenreiche (und teilweise holprige) Schotterpiste zu den Bogen. Eine kurze Wanderung (hin & zurück 45 Min.) führt durch alten Waldbestand zum 200 m langen und 37 m hohen **Oparara Arch**, der den Oparara River überspannt. Sein schärfster Konkurrent ist der **Moria Gate Arch** (43 m lang, 19 m hoch), der über einen ähnlichen Weg erreichbar ist (hin & zurück 1 Std.). Als dieses

WEST COAST

Buch geschrieben wurde, plante der neu geschaffene Oparara Valley Trust gerade die Schaffung weiterer Wanderwege. Zu maßgeschneiderten Touren, u. a. auch zu einer geführten Wanderung im Busch, gibt's Infos im Visitor Information Centre.

Weitere seltsame Kalksteinformationen sind der **Mirror Tarn** (leichter Weg, hin & zurück 20 Min.), ein von Bäumen gesäumter Tümpel voller Spiegelungen, und die **Crazy Paving & Box Canyon Caves** (hin & zurück 10 Min., eigene Taschenlampe mitnehmen), ein aufgebrochener Höhlenboden und ein geräumiges Höhlensystem mit Fossilien an der Decke. Dahinter finden sich, in einem geschützten Bereich des Kahurangi National Park, die prachtvollen **Honeycomb Hill Caves & Arch**, die nur im Rahmen einer vorab gebuchten **Führung** (☎ 03-782 6652; Erw./Kind 75/35 NZ$) besichtigt werden können; Infos hat das Visitor Information Centre. In den Höhlen finden sich Knochen von neun ausgestorbenen Moaarten sowie des ebenfalls ausgestorbenen gewaltigen Haast-Adlers. Einfache Kajakausflüge auf dem Fluss (Tour 75 NZ$; ☎ Mitte Dez.–April) sind ebenfalls im Angebot, aber nur außerhalb der Brutsaison der seltenen Kowhiowhio (Saumschnabelente).

Aktivitäten

Der Karamea River bietet zwar gute Möglichkeiten zum Schwimmen, Angeln, Whitebait-Fischen und Kajakfahren, doch sollte man vor dem Sprung ins Nass immer erst die Einheimischen befragen oder seinen gesunden Menschenverstand benutzen. **Karamea Outdoor Adventures** (☎ 03-782 6181; sylvia.mike@slingshot.co.nz; Bridge St) veranstaltet Kajak- und Mountainbiketouren, darunter auf der **K-Road** (nur Fahrradleihgebühr 35 NZ$, inkl. Transport 55 NZ$), einer speziell angelegten Mountainbikestrecke (hin & zurück 27 km) auf Waldschneisen.

Am Little Wanganui, Oparara und Kohaihai River gibt's gute Stellen zum Schwimmen. Am besten fragt man bei Einheimischen nach. Es gibt sogar gute Strände, aber auch Heerscharen von Sandfliegen. Dagegen hilft nur Wind oder eine ordentliche Portion Insektenspray.

Zu den längeren Wanderwegen rund um Karamea gehört der **Fenian Track** (hin & zurück 4 Std.), der zu den **Cavern Creek Caves** und nach **Adams Flat** führt, wo der Nachbau einer Goldsucherhütte steht. Wanderer mit guter Kondition können den steilen Aufstieg zum 1084 m hohen **Mt. Stormy** (hin & zurück 8 Std.) in Angriff nehmen; außerdem gibt es hier noch die erste Etappe des **Wangapeka Track** zur Belltown Hut. Kürzere Wege sind u. a. die Strecke zum **Lake Hanlon** (hin & zurück 30 Min.), nach **Big Remu** (hin & zurück 45 Min.), **Flagstaff** (hin & zurück 1 Std.) sowie der **Zig Zag Track** (hin & zurück 1 Std.).

Wer keine Lust hat, den gesamten **Heaphy Track** zu absolvieren, kann auch einfach nur bis zur **Heaphy Hut** (5 Std., Erw./Kind 25 NZ$/ frei) wandern, dort übernachten und dann wieder zurückkehren. Die Hütten des Heaphy Track müssen das ganze Jahr über im Voraus über das DOC oder das Visitor Information Centre in Karamea gebucht werden. Ansonsten gibt's noch die Wanderung durch Nikau-Palmenhaine zum **Scotts Beach** (hin & zurück 1½ Std.) oder weiter bis zum **Crayfish Point**. Detaillierte Infos zum Heaphy und Wangapeka Track gibt's auf S. 532 und S. 533.

Helicopter Charter Karamea (☎ 03-782 6111; www. adventuresnz.co.nz; 79 Waverley St) bringt einen in der Gegend überall hin. Zu den Angeboten gehört u. a. ein Eintagesausflug (400 NZ$ für 3 Pers.), bei dem man mit dem Hubschrauber an der Heaphy Hut abgesetzt wird und dann nach Kohaihai am südlichen Ende des Tracks zurückwandert.

Schlafen

Wangapeka Backpackers Retreat & Farmstay (☎ 03-782 6663; www.wangapeka.co.nz; Atawhai Farm, Wangapeka Valley; Zeltplatz 10 NZ$/Pers., B 20 NZ$, EZ/DZ 40/65 NZ$; ☐) Entspannte und freundliche Unterkunft auf einem Bauernhof. Nach dem Wangapeka Track ist dies ein prima Ort, um sich zu erholen. Die Schlafsäle sind einfach, aber es gibt eine Wanne im Grünen, die mit offenem Feuer beheizt wird. Camper sind jederzeit willkommen und Essen gibt es auch. Gleich nördlich von Little Wanganui in die Wangapeka Rd einbiegen und der Ausschilderung folgen. Von Karamea aus sind es 20 km.

Karamea Holiday Park (☎ 03-782 6758; www.kara mea.com; Maori Point Rd; Stellplatz ohne/mit Strom 22/24 NZ$, Hütte 30–40 NZ$, DZ 70 NZ$) 3 km südlich von Market Cross gelegen und von einheimischer Vegetation umgeben. Dies ist der ideale Ort, um seine Fähigkeiten im Whitebait-Fischen zu perfektionieren.

Last Resort (☎ 0800 505 042, 03-782 6617; www. lastresort.co.nz; 71 Waverley St; Stellplatz 24 NZ$, B 30 NZ$, DZ 75–150 NZ$) Die neuen Eigentümer leisten tolle

Arbeit und möbeln dieses Wahrzeichen Karameas wieder auf. Die Optionen reichen von Zeltplätzen bis zu komfortablen Motel-Wohneinheiten. Gegen das Ziehen und Zwicken nach dem Heaphy Track helfen der Whirlpool oder eine Massage.

Rongo Backpackers (☎ 03-782 6667; www.rongo backpackers.com; Waverley St; Stellplatz ohne Strom für 2 „Rongolier" 50 NZ$, B/DZ 27/76 NZ$; 🖳 🛜) Teils Künstlerparadies der Neo-Hippies, teils Bio-Gemüsegarten. Das absolut relaxte Hostel hat sogar seine eigene Radiostation (107,5 FM oder www.karamearadio.com). Es ist bei Langzeit-Gästen sehr beliebt, die dann meistens auch im Hostel arbeiten – entweder im Garten oder als Freizeit-DJ im Tagesprogramm des Senders.

Karamea Farm Baches (☎ 03-782 6838; www.kara meamotels.com; Bridge Rd; Hütte 80–100 NZ$) Jeder andere, der diese Hütten aus den 1960er-Jahren gekauft hätte, würde eine Rundumerneuerung durchführen. Die Besitzer Paul und Sanae haben die Retro-Kiwiana-Atmosphäre aber auf eine herrliche Art und Weise bewahrt. Dazu gehören kunterbunte Teppiche, die an Omas Wohnzimmer erinnern. Wem so etwas gefällt, der wird diesen Ort lieben.

Karamea River Motels (☎ 03-782 6955; www.kara meamotels.co.nz; Bridge St; Zi. 120–140 NZ$) In diesem ländlichen Motel gibt es an Übernachtungsmöglichkeiten alles Mögliche, vom Studio bis zu Wohneinheiten mit zwei Schlafzimmern. Die neuen Besitzer drücken dem Hotel ihren Stempel auf: Es ist schön herausgeputzt und überall herrscht ein freundliches Flair.

Karamea Beachfront Farmstay B&B (☎ 03-782 676; www.westcoastbeachaccommodation.co.nz; SH67; DZ inkl. Frühstück 160–180 NZ$) Nette Unterkunft auf einer Farm mit drei komfortablen Zimmern und einem 2,5 km langen unberührten Strand 15 km südlich von Karamea. Die Gastgeberin hat ihre Kochkünste aus Frankreich – so darf man sich vom Frühstück einiges erhoffen.

Essen & Ausgehen

Last Resort (☎ 03-782 6617; 71 Waverley St; Hauptgerichte mittags 8–12 NZ$, Hauptgerichte abends 22–30 NZ$; 🕑 7 Uhr–open end) Das angenehme Ambiente des Speisebereichs passt hervorragend zur besten Küche der Stadt, die entweder im ganztägig geöffneten Café gekostet werden kann oder aber im schickeren Abendrestaurant, wo leckere einheimische Gerichte wie „Reef and Beef" aus Karamea (29,50 NZ$) auf der Karte stehen.

Saracens Café (☎ 03-782 6600; 99 Bridge St; Hauptgerichte 10–15 NZ$; 🕑 11 Uhr–open end) Wer einen schnellen Happen und einen Kaffee braucht, ist hier genau an der richtigen Adresse. Im Sommer wird abends Livemusik gespielt und es gibt ab und zu Konzerte.

Karamea Village Hotel (☎ 03-782 6800; Waverley St; Hauptgerichte 18–22 NZ$; 🕑 11–23 Uhr) Hier werden die einfachen Vergnügen des Lebens groß geschrieben: eine Partie Billard oder Darts mit den Einheimischen, ein großes Monteith's Original Ale und ein Sandwich mit frittiertem Whitebait (12 NZ$). Einfach perfekt.

Gleich hinter dem Saracens liegt die **Bush Lounge** (☎ 03-782 6711; Hauptgerichte 15–20 NZ$; 🕑 18 Uhr–open end), wo passend zum rustikalen Flair der Innenausstattung rustikales Essen serviert wird.

An- & Weiterreise

Wer mit dem Auto von Westport nach Karamea unterwegs ist, sollte in Westport volltanken, da es auf den 98 km bis Karamea keine Tankstelle gibt.

Karamea Express (☎ 03-782 6757; info@karamea-express.co.nz) verkehrt zwischen Karamea und Westport (Erw./Kind 27/17 NZ$, 1½ Std., Mai–Okt. Mo–Fr 7.50 Uhr, Nov.–April zusätzl. Sa); Abfahrt ist am Last Resort.

Karamea Express steuert auch Kohaihai am südlichen Ende des Heaphy Track an und fährt im Sommer um 13 und 14 Uhr von dort ab. Preise und Fahrplan außerhalb der Hauptsaison telefonisch erfragen! Auf Anfrage wird auch der Wangapeka Track angefahren. An den Ausgangspunkten gibt es Telefone, um den Transport nach Karamea zu arrangieren.

Eine weitere Option ist es, einen Flug von Karamea nach Takaka zu nehmen (ca. 175 NZ$/Pers.) und dann den Heaphy Track zurück zu wandern; das Visitor Information Centre hat hierzu Details.

Das Rongo Backpackers (s. linke Spalte) organisiert den Transport zu den Ausgangspunkten der Wanderwege (Heaphy 10 NZ$/Pers., Wangapeka 15 NZ$/Pers.) und zu anderen Zielen in der Umgebung, z. B. zum Oparara Basin (35 NZ$/Pers.)

VON WESTPORT NACH GREYMOUTH

Die Fahrt auf dem SH6 an der von Wellen gepeitschten Küste entlang bietet einen wunderschönen Blick auf die Tasmansee; so schön, dass Lonely Planets *Best of Travel* den West Coast Highway in die Liste der zehn besten Roadtrips der Welt aufgenommen hat. In Westport sollten sowohl Tank als auch Geldbörse noch einmal aufgefüllt werden – bis zum 92 km entfernten Runanga gibt es kein Benzin, der nächste Geldautomat kommt erst in Greymouth. Das Highlight dieser Strecke sind die beeindruckenden geologischen Formationen der Pancake Rocks bei Punakaiki. Übernachtungsmöglichkeiten unterwegs sind:

LP Tipp **Beaconstone** (☎ 027 431 0491; www.beacon stone.co.nz; Birds Ferry Rd; B/DZ 25/65 NZ$; ☺ Okt.–Juni) liegt 17 km südlich von Westport und ist ein ruhiges, 52 ha großes Fleckchen Erde. Solarstrom, biologischer Anbau und energieeffiziente Geräte setzen ein klares Zeichen für Umweltschutz und Nachhaltigkeit. Dies ist eine Spitzenlocation mit Charakter und Charme. Da hier nur Platz für zwölf Gäste ist, sollte im Voraus reserviert werden.

Jack's Gasthof (☎ 03-789 6501; jack.schubert@xtra. co.nz; SH6; Stellplatz 10 NZ$, DZ 50 NZ$; ☺ Okt.–Mai) befindet sich 23 km südlich von Westport am Little Totara River. Der etwas wortkarge Jack hat vor über 20 Jahren Berlin gegen diesen liebenswürdigen Ort getauscht. Es gibt zwei gemütliche Doppelzimmer und eine Pizzeria (Hauptgerichte 16–30 NZ$; geöffnet 11 Uhr– open end), in der das Biogemüse auf der Pizza aus dem eigenen Garten kommt. Jack hat einen enorm großen (und enorm lieben) Hund.

Einen Einblick in die Bergbauvergangenheit der Region gewährt **Mitchell's Gully Gold Mine** (☎ 03-789 6553; www.mitchellsgullygoldmine.co.nz; SH6; Erw./Kind 10 NZ$/frei; ☺ 9–16 Uhr), 22 km südlich von Westport, mit einem baufälligen Wasserrad, alten Bahngleisen und in den Berg gehauenen Tunneln (eigene Taschenlampe mitbringen).

Das 28 km südlich von Westport gelegene **Charleston** erlebte während des Goldrausches der 1860er-Jahre einen Aufschwung mit 80 Hotels, drei Brauereien und Hunderten durstiger Goldgräber, die am Nile River Ansprüche anmeldeten. Obwohl Charleston früher ein angesagter Treffpunkt war, wird sich heute kaum jemand freiwillig länger hier aufhalten. Der einzige übriggebliebene Pub ist die **Charleston European Tavern** (☎ 03-789 8862; SH6; Hauptgerichte 16–26 NZ$; ☺ 9 Uhr–open end), die mittlerweile tagsüber als Café und abends als Kneipe fungiert. Hier beginnen die unterirdischen und sehr wasserlastigen Ausflüge von Norwest Adventures (S. 539).

Nebenan bietet das **Charleston Motel** (☎ 03-789 7599; www.charlestonmotel.co.nz; SH6; DZ 110 NZ$) komfortable Wohneinheiten abseits des Highways.

Wer gerne im Zelt schläft, ist im **Charleston Motor Camp** (☎ 03-789 6773; www.charlestonmotorcamp. co.nz; SH6; Stellplatz 10 NZ$/Pers.; Hütte 25 NZ$/Pers.) richtig. Das Ganze ist nichts Besonderes, aber der Preis stimmt.

Die schroffe Küste zwischen Fox River und Runanga erinnert an den Big Sur Kaliforniens. Die gnadenlose Gewalt des Ozeans hat folgende **Strände** geformt: Woodpecker Bay, Tiromoana, Punakaiki, Barrytown, Fourteen Mile, Motukiekie, Ten Mile, Nine Mile und Seven Mile.

Punakaiki & Paparoa National Park

Auf halbem Weg zwischen Westport und Greymouth liegt Punakaiki, eine kleine Siedlung am Rand des urtümlichen, 38 000 ha großen Paparoa National Park. Die meisten Reisenden machen hier nur einen kurzen Zwischenstopp, bei dem sie ein Eis essen und einen schnellen Blick auf die Pancake Rocks werfen. Das ist schade, weil es hier auch ausgezeichnete Wandermöglichkeiten und einige bedauernswert wenig besuchte, charismatische Unterkünfte gibt.

PRAKTISCHE INFORMATIONEN

Im **Paparoa National Park Visitor Information Centre** (☎ 03-731 1895; punakaiki@doc.govt.nz; SH6; ☺ Okt.–Dez. 9–17 Uhr, Jan.–Mai bis 18 Uhr, Juni–Sept. bis 16.30 Uhr) hat sehr informative Ausstellungen zum Park und alle Infos zu Aktivitäten, Unterkünften und zum Wegezustand. Online-Infos gibt's unter www.punakaiki.co.nz.

SEHENSWERTES

Punakaiki ist berühmt für die fantastischen **Pancake Rocks** und **Spritzlöcher**. Durch den Prozess der Schichtverwitterung, das sogenannte „Stylobedding", hat der Dolomite-Point-Kalkstein die Form von dicken Pfannkuchenstapeln angenommen. Bei Flut (die Tidenzeiten sind im Visitor Information Centre angeschlagen) strömt das Meer in Aushöhlungen hinein und schießt dann brüllend aus Spritzlöchern ins Freie. Wenn man das Phänomen an einem stürmischen Tag beobachtet, begreift man, wie ausgeliefert der Mensch der Natur ist. Ein leichter, 15-minütiger Rundkurs führt vom Highway hinaus zu den Felsen und Spritzlöchern.

Darüber hinaus begeistert der Paparoa National Park mit Meeresklippen, den Bergen der Paparoa Range, mit Flüssen und einer vielfältigen Flora. Außerdem findet sich hier der weltweit einzige Nistplatz einer Kolonie von Westland-Sturmvögeln.

AKTIVITÄTEN

Die **Wanderwege** im Nationalpark beschreibt die DOC-Broschüre *Paparoa National Park* (1 NZ$) im Detail; zu ihnen gehört der **Inland Pack Track** (2–3 Tage), der 1867 von Bergleuten angelegt wurde, um schwieriges Küstenterrain zu umgehen. Der **Croesus Track** (1–2 Tage), über den es eine eigene DOC-Broschüre (0,50 NZ$) gibt, ist eine Wanderstrecke über die Paparoa Range von Blackball nach Barrytown, vorbei an historischen Goldgräbergebieten. Bevor man zum Wandern aufbricht, sollte man sich auf alle Fälle beim Visitor Information Centre in Greymouth oder Paparoa melden: Einige Wege im Hinterland sind häufig von Flüssen überflutet, deswegen muss man sich vorab über den Wegezustand informieren.

An kürzeren Wegen gibt es u. a. den **Truman Track** (hin & zurück 30 Min.) und den **Porari River Track** (hin & zurück 2½ Std.), der einer spektakulären Kalksteinschlucht folgt. Die **Fox River Tourist Cave** (hin & zurück 3 Std.) ist für Amateur-Höhlenforscher zugänglich, man braucht allerdings gute Wanderschuhe und eine Taschenlampe.

Punakaiki Canoes (☎ 03-731 1870; www.river kayaking.co.nz; SH6; Kanus 2 Std./ganzer Tag 35/55 NZ$) verleiht nahe der Brücke über den Pororari River Kanus und Kajaks. Geführte Touren sind ab 70 NZ$ zu haben. Reitausflüge am Nationalpark entlang bietet **Punakaiki Horse Treks** (☎ 03-731 1839; www.pancake-rocks.co.nz; SH6; 2½-stündiger Ausritt 125 NZ$; ☉ Okt.–Mai), zu finden in den Hydrangea Cottages.

GEFÜHRTE TOUREN

Green Kiwi Tours (☎ 03 731 1843; www.greenkiwitours. co.nz; geführte Wanderungen ab 60 NZ$, Caving ab 100 NZ$) bietet informative Exkursionen in der Region an und richtet seinen Fokus auf Umweltfreundlichkeit. Bei den Ausflügen geht es um die einheimische Flora und Fauna und um die Geschichte der Region. Außerdem werden Caving-Touren organisiert.

SCHLAFEN & ESSEN

Punakaiki Beach Hostel (☎ 03-731 1852; www. punakaikibeachhostel.co.nz; 4 Webb St; Zelt 20 NZ$/Pers., B/ EZ/DZ 28/50/70 NZ$; ☐ ☎) Das sandige Strandhostel lädt zum Entspannen ein. Es hat eine weitläufige Veranda mit Meerblick und einen Whirlpool im Freien. Die Pancake Rocks und der Strand sind nur einen kurzen Fußweg entfernt. Als wir zu Besuch waren, wurde gerade Ordnung geschaffen, sodass man einen frischen Wind erwarten darf.

Te Nikau Retreat (☎ 03-731 1111; www.tenikau retreat.co.nz; Hartmount Pl; B 23 NZ$, DZ 60–85 NZ$, Hütte 90 NZ$; ☐) Diese unkonventionelle Unterkunft ist wunderschön mitten im Regenwald gelegen. Auf dem Areal liegen mehrere Gebäude verstreut – alle mit ihrem eigenen Charakter. Von einfachen Schlafsälen in relaxter Atmosphäre bis hin zu den offen konzipierten Hütten (die Küche ist in einem angrenzenden Gewächshaus). Wer nachts Sterne gucken möchte, übernachtet in der „Stargazer Hut".

Punakaiki Beach Camp (☎ 03-731 1894; beachcamp @xtra.co.nz; 5 Owen St; Stellplatz ohne/mit Strom 30 NZ$, DZ 45 NZ$) Auf diesem Campingplatz riecht es durch und durch nach Meer und es gibt saubere, auf alt getrimmte Hütten mit makellosen sanitären Anlagen.

Rocks Homestay (☎ 03-731 1141; www.therocks homestay.com; 33 Hartmount Pl; EZ/DZ inkl. Frühstück ab 135/195 NZ$) liegt 3 km nördlich von Punakaiki (und 100 m nördlich des Truman Track) und bietet einen Blick über wildes Gestrüpp, hinaus auf die wogende See. Das Frühstück ist lecker; Abendessen gibt's auf Anfrage. Wer sich an den Pancake Rocks sattgesehen hat, kann sich mit einem guten Buch ins sonnige Gewächshaus zurückziehen.

Hydrangea Cottages (☎ 03-731 1839; www.pancake -rocks.co.nz; SH6; DZ 140–295 NZ$) Auf einem Hügel mit Blick auf die Pancake Rocks stehen diese fünf separaten Hütten im klassischen Stil aus wiederverwertetem Rimuholz und Steinen aus den Flüssen der Umgebung. Hier hat auch Punakaiki Horse Treks seinen Sitz.

Punakaiki Crafts (☎ 03-731 1813; SH6; Kaffee & Kuchen 7 NZ$; ☉ 9–16.30 Uhr, Galerie bis 19 Uhr) In der interessanten Galerie, die die Arbeiten einheimischer Künstler ausstellt, gibt es guten Kaffee, Kuchen und belegte Brote.

Wild Coast Café (☎ 03-731 1873; SH6; Hauptgerichte 18–26 NZ$; ☉ 8–21 Uhr; ☐ ☎) Das von Touristen überschwemmte Café neben dem Visitor Information Centre serviert stapelweise Pancakes, gute Pies und Eiscreme. Und wer ganz dringend eine Dosis Internet benötigt, kann seiner Sucht hier für 3 NZ$ pro Stunde nachgeben.

Punakaiki Tavern (☎ 03-731 1188; SH6; Hauptgerichte 19–31 NZ$; ☺ 8.30 Uhr–open end) An den meisten Abenden besteht die Klientel aus einer Mischung aus Einheimischen und internationalen Gästen. Gleiches gilt für die Küche, die Steaks, Fischgerichte und Pasta serviert. Nach dem Essen eine Stecknadel in die Landkarte stecken um allen zu zeigen, wie lang der Weg hierher war!

AN- & WEITERREISE

InterCity (☎ 03-365 1113; www.intercity.co.nz) fährt nach Westport (19 NZ$) und Greymouth (25 NZ$). **Naked Bus** (www.nakedbus.com) bietet eine ähnliche Strecke über den SH6 nach Westport (22 NZ$) und Greymouth (12 NZ$) an. Beide Busunternehmen machen lange genug Halt, dass sich die Fahrgäste die Pancake Rocks anschauen können.

Die Küstenstraße

Zwischen Punakaiki und Greymouth wird der SH6 auf der einen Seite von schaumgekrönten Wellen und felsigen Buchten und auf der anderen von den steilen, von Strauchwerk bewachsenen Paparoa Ranges flankiert.

Früher einmal hat Steve Damenunterwäsche designt, aber heute betreibt er eine der überraschendsten Attraktionen auf der Südinsel, **Barrytown Knifemaking** (☎ 0800 256 433; www.barrytownknifemaking.com; SH6; Kurse 120 NZ$). An einem Tag (9.30–15.30 Uhr) lernt man hier von Steve und seiner Frau Robyn, wie man sein eigenes Messer herstellt. Dabei wird alles geboten, vom Schmieden der Klinge bis zum Schnitzen des Griffs aus einheimischem Rimuholz. Zwischendurch gibt's Mittagessen, Bogenschießen, Unterricht im Axtwurf und zur Unterhaltung jede Menge recht schmutziger Witze von Steve. Reservierung empfohlen; der Transport aus Greymouth oder Punakaiki lässt sich arrangieren.

In **Barrytown**, 16 km südlich von Punakaiki, steht das **All Nations Hotel** (☎ 03-731 1812; allnations@xtra.co.nz; SH6; Stellplatz ohne Strom 28 NZ$, B/EZ/DZ 25/35/70 NZ$). Das Haus mit den mit Bierdeckeln tapezierten Wänden steht gleich gegenüber vom westlichen Ende des Croesus Track – bequem für Wanderer, die ein Bier und ein Bett brauchen (in dieser Reihenfolge). Pub-Essen gibt's auch. Das Haus wird auch gern von Backpacker-Bussen angefahren.

Das **Ti Kouka House** (☎ 03-731 1460; www.tikoukahouse.co.nz; SH6; DZ inkl. Frühstück 295 NZ$) beherrschen der Blick aufs wilde Meer, Antiquitäten aus aller Welt und viel wiederverwertetes Holz, darunter auch geschichtsträchtige Türen und Fenster. Drei Luxuszimmer stehen in diesem ausgezeichneten B&B zur Verfügung, das vor einer üppigen Kulisse subtropischen Regenwalds steht. Wenn man so will, gibt sich hier der Adobe-Stil aus Santa Fe ein unerwartetes Stelldichein und vermischt sich mit der Rustikalität der West Coast.

Zum Essen bietet sich **Darcy's Buffalo Bar & Grill** (☎ 03-731 1151; SH6, Barrytown; Hauptgerichte 10–22 NZ$; ☺ 11 Uhr–open end) an, ein geräumiges Café oberhalb der Straße, wo man im Freien speisen kann.

Das **Breakers** (☎ 03-762 7743; www.breakers.co.nz; SH6; DZ inkl. Frühstück 200–330 NZ$; ☎), 14 km nördlich von Greymouth, ist bisher ein echter Geheimtipp an der Küste. Es bietet mit seiner atemberaubenden Lage mit Blick über das Meer einen guten Ausgangspunkt für unerschrockene Surfer. Die Zimmer sind sehr schön eingerichtet und die Gastgeber äußerst freundlich.

GREY VALLEY

Anstatt von Murchison aus den SH6 die Küste entlang zu nehmen, kann man an der Inangahua Junction abbiegen und im Hinterland über gewundene Straßen nach Reefton und von dort aus über die Berge ins Grey Valley fahren.

Inmitten des sich wieder erholenden Waldes erinnern kleine Ortschaften an den vergeblichen Versuch, hier Landwirtschaft zu betreiben, und an den Goldrausch der 1860er-Jahre.

Reefton
1000 Ew.

Das unbekümmerte Reefton ist ein kleiner Ort inmitten eines tollen Wander- und Forellenfanggebietes. Schon 1888 hatte Reefton als erste Siedlung in ganz Neuseeland seine eigene Stromversorgung und Straßenbeleuchtung. Wer von Christchurch aus den Lewis Pass überquert, stößt hier erstmals wieder auf einen größeren Ort.

PRAKTISCHE INFORMATIONEN
Das **Reefton i-SITE** (☎ 03-732 8391; www.reefton.co.nz; 67 Broadway; ☺ Nov.–März 8.30–18 Uhr, April–Okt. bis 16.30 Uhr; ☐) hat sehr hilfsbereite Mitarbeiter und zeigt in einem Raum einen Nachbau der Quartzopolis Mine (0,50 NZ$). Zum Zeitpunkt der Recherche wurde geplant, Ausflüge

zu alten Bergwerken in der Region ins Programm zu nehmen.

SEHENSWERTES & AKTIVITÄTEN

Etliche Läden am Broadway stammen noch aus den 1870er-Jahren, und so wirkt der Ort wie die Filmkulisse zu einem Western. Weitere Infos gibt's in der Broschüre *Historic Reefton* (1 NZ$).

Das von der Gemeinde betriebene **Blacks Point Museum** (Franklin St, Blacks Point; Erw./Kind/Fam. 5/3/15 NZ$; ☻ Mi–Fr & So 9–12 & 13–16 Uhr, Okt.–April Sa 13–16 Uhr) liegt 2 km östlich von Reefton an der Straße nach Christchurch. Es ist im Innern einer ehemaligen Methodistenkirche untergebracht und mit Unmengen von Goldgräberutensilien vollgestopft. Weiter die Straße hinauf kommt man zur immer noch funktionstüchtigen **Golden Fleece Battery** (Erw./Kind 1 NZ$/ frei; ☻ Okt.–April Mi & So 13–16 Uhr), in der goldhaltiger Quarz aufgeschlagen wird.

In der **Bearded Miner Company** (☎ 03-732 8377; Broadway; Eintritt gegen Spende; ☻ 11–16 Uhr) wird man von den freundlichen, bärtigen Gestalten dort auf ein Schwätzchen eingeladen und nimmt in einer Bergarbeiterhütte im Stil der 1860er-Jahre mit einer Tasse Billy-Tee aus dem Kochkessel Platz. Und dann fragt man sich, warum sie sich nicht zu einer ZZ-Top-Coverband zusammentun.

Ausführlichere Infos gibt's bei **Globe Gold Mine Tours** (☎ 027 442 4777; www.reeftongold.co.nz; Erw./ Kind 45/28 NZ$; ☻ geführte Touren Di–Sa 13.30 Uhr). Dieser neue Veranstalter hat viele der gold-igen Attraktionen des Ortes im Programm, so z. B. das Bearded Miners und das Blacks Point Museum. Ein echtes Highlight ist allerdings die Chance, einen wirklich tiefen Einblick in eine noch betriebene Goldmine zu bekommen – Hartschalenhelm und Schutzweste werden bereitgestellt.

Zu den kurzen Wanderwegen rund um den Ort zählen der **Powerhouse Walk** (hin & zurück 40 Min.) und der **Reefton Heritage Walk** (hin & zurück 30 Min.). Der **Murray Creek Track** (hin & zurück 2–7 Std.) beginnt am Blacks Point und passiert verlassene Kohlegruben und Goldminen.

Im 182 000 ha großen **Victoria Forest Park** (Neuseelands größtes Waldschutzgebiet – im Park wachsen fünf verschiedene Buchenarten) bieten sich gute Wandermöglichkeiten. Empfehlenswert sind die jeweils dreitägigen **Kirwans**, **Lake Christabel** und **Robinson River Tracks** oder der zwei Tage dauernde **Big River Track** mit

guten Gelegenheiten zum **Mountainbiken**. Infos und Karten gibt's im i-SITE.

SCHLAFEN & ESSEN

Reefton Motor Camp (☎ 03-732 8477; roa.reuben@xtra. co.nz; 1 Ross St; Stellplatz ohne/mit Strom 20/25 NZ$, DZ 40 NZ$) Dieser Campingplatz liegt am Inangahua River am östlichen Rand der Ortschaft inmitten von stattlichen Nadelbäumen und Vogelgezwitscher.

Old Nurses Home (☎ 03-732 8881; reeftonretreat@ hotmail.com; 104 Shiel St; B/EZ/DZ 25/33/54 NZ$; ☐ ☻) In Reefton versteht man es, stattliche alte Gebäude in gemütliche Hostels zu verwandeln. Die bunten Steppdecken und hübschen Gärten und Veranden lassen kaum mehr etwas von der steifen Zeit des Hauses als Schwesternwohnheim ahnen.

Reef Cottage (☎ 0800 770 440, 03-732 8440; www. reefcottage.co.nz; 51-55 Broadway; DZ 100–150 NZ$) Dieses Cottage von 1867 ist bei Pärchen und Kleingruppen bis acht Personen sehr beliebt und war früher eine Anwaltskanzlei. Es ist mit reichlich altem Holz ausgebaut, was die Stimmung hebt, wenn es (wie gelegentlich an der West Coast) mal wieder einen Platzregen gibt. Gleich neben dem Cottage befindet sich das Reef Cottage Café (Gerichte 8–20 NZ$), das Pies, Kuchen, Quiches, Pasta und Salate für Feinschmecker auftischt.

Das **Alfresco** (☎ 03-732 8513; 16 Broadway; Hauptgerichte 12–25 NZ$; ☻ 11–19 Uhr) versprüht eine familiäre Atmosphäre und hat gegrilltes Fleisch und Meeresfrüchte und ein halbes Dutzend schmackhafte Pizzas auf der Karte. Sollte es im Alfresco etwas zu frisch werden, stehen Gasheizer oder Tische im Innern bereit. Im Nebengebäude werden auch bezaubernde Unterkünfte angeboten – für ein Doppelzimmer muss man 60 bis 120 NZ$ berappen, doch die Ausgabe lohnt sich.

AUSGEHEN

Wilson's (☎ 03-732 8800; 32 Broadway; Hauptgerichte 12–20 NZ$; ☻ 11–23 Uhr) Das verschlafene Reefton ist vielleicht sowieso schon der entspannteste Ort, in den man je gekommen ist. Wer aber *richtig* relaxen will, findet in den beiden Gartenbars des Wilson's das Passende. Gelegentlich auftretende Bands sorgen für Stimmung.

AN- & WEITERREISE

East West Coach (☎ 0800 142 622, 03-789 6251; eastwest co@xtra.co.nz) fährt täglich nach Westport

(22 NZ$, 1¼ Std.) und Christchurch (44 NZ$, 3¾ Std.). Die Busse von **Atomic Shuttles** (☎ 03 349 0697; www.atomictravel.co.nz) kommen auf dem Weg nach Nelson (40 NZ$, 6 Std.) und Franz Josef (32 NZ$, 5¾ Std.) hier vorbei.

State Highway 7 nach Greymouth

Bei Hukarere (21 km südlich von Reefton) führt eine Abzweigung nach Osten ins 14 km entfernte **Waiuta**. Die einst blühende Goldgräberstadt besteht heute aus einer unheimlichen Ansammlung von Ruinen. Am Geburtstag König Edwards VII. entdeckte man hier 1905 das „Birthday Reef" – und schon 1906 boomte die Blackwater Mine. Die Bevölkerung war auf 500 Einwohner angewachsen. 1951 stellte die Mine den Betrieb ein und Waiuta wurde praktisch über Nacht zur Geisterstadt.

Die einsame Atmosphäre der Ruinen macht eine Fahrt nach Waiuta lohnend; sie führt zunächst durch üppige Buchenwälder und die letzten 7 km über eine kurvige und schmale Piste. Die **Waiuta Lodge** (Erw./Kind 15/7,50 NZ$ zzgl. Schlüsselkaution 10 NZ$), hat 30 Schlafplätze und eine voll ausgestattete Küche. Das **Reefton i-SITE** (☎ 03-732 8391; www.reefton.co.nz; 67 Broadway, Reefton) nimmt Buchungen entgegen und ist für die Schlüsselausgabe zuständig.

BLACKBALL

Blackball liegt ca. 25 km nördlich von Greymouth, nordöstlich des Grey River. Die heute noch bewohnte Stadt wurde 1866 als Goldgräberquartier angelegt. Zwischen 1890 und 1964 waren die Kohlebergwerke in Betrieb. Infolge der verhängnisvollen Streiks von 1908 und 1931 wurde hier die Gewerkschaft National Federation of Labour gegründet.

1 km hinter Blackball liegt an der Straße der Ausgangspunkt des **Croesus Track** (DOC-Broschüre 1 NZ$). Er führt auf 18 km über die Paparoa Range nach Barrytown an der West Coast. Ehrgeizige oder Durchgeknallte bewältigen die Strecke an einem Tag. Ansonsten kann man auf halber Strecke in der vom DOC geführten **Ces Clark Hut** (Erw. 10 NZ$) übernachten. Die Hütte muss vor Antritt der Wanderung im i-SITE von Greymouth (S. 550) gebucht werden.

Mittelpunkt des öffentlichen Lebens in Blackball ist das **Formerly the Blackball Hilton** (☎ 0800 4252 252 255, 03-732 4705; www.blackballhilton. co.nz; 26 Hart St; B/DZ 30/110 NZ$), das zu einem New Zealand Historic Place ernannt wurde. Das „Formerly" (ehemals) wurde hinzugefügt,

nachdem eine gewisse internationale Hotelkette unangenehm wurde. Es gibt hier B&B-Doppelzimmer und flippige Schlafsäle. Das Bier ist kalt, die Atmosphäre im Pub gut und die Küche wurde kürzlich erst neu ausgestattet, damit die Gerichte dem Namen Hilton auch gerecht werden. Allein dieses charaktervollen und abwechslungsreichen Hotels wegen lohnt der Abstecher vom Highway.

Die **Blackball Salami Co** (☎ 03-732 4111; www. blackballsalami.co.nz; 11 Hilton St; ☾ Mo–Fr 8–16, Sa 9–15 Uhr) verkauft fettarme Salami vom Wild und Rind. Wer grillen möchte, kann sich hier mit leckeren Würstchen eindecken (bei den Kiwis heißen sie *snarlers*).

LAKE BRUNNER

Die Abzweigung bei Stillwater führt zum Lake Brunner, besser bekannt als Moana Kotuku (Reihermeer). Nach Ansicht der Einheimischen haben der Lake Brunner und der Arnold River weltweit die besten Gründe zum **Forellenangeln** – eine Behauptung, die auch für andere Gewässer in Neuseeland recht verbreitet ist. Entweder einen Angelführer in Moana (im Moana Hotel) engagieren oder einen Einheimischen um Rat fragen! Moana mausert sich langsam; es gibt viele schicke neue Ferienwohnungen. Ruhe und Frieden sind aber meist nur eine kurze Bootsfahrt entfernt.

Kürzere Wanderwege sind z. B. der **Velenski Walk** (einfache Strecke 20 Min.), der vom Motor Camp aus durch einheimischen Wald führt; der **Arnold Dam Walk** (hin & zurück 45 Min.), bei dem man auf einer Hängebrücke den Arnold River überquert; und der **Rakaitane Track** (hin & zurück 45 Min.), der sich durch einen Steineibenmischwald voller Glühwürmchen schlängelt.

Das **Lake Brunner Motor Camp** (☎ 03-738 0600; lake.brunner@paradise.net.nz; Ahau St; Stellplatz mit Strom 26 NZ$, EZ 20 NZ$) braucht dringend einen neuen Anstrich (oder vielleicht eher eine Rundumerneuerung) – aber es ist die beste und einzige Budgetoption im Ort.

Das **Lake Brunner Resort** (☎ 03-738 0083; www. lakebrunnerresort.net.nz; Ahau St; DZ 145–320 NZ$) ist etwas über den meisten anderen Unterkünften im Ort anzusiedeln. Die Ausstattung ist ausreichend, die Zimmer sind sauber und der Ausblick ist schön. Das Restaurant (Hauptgerichte 15–20 NZ$; geöffnet 12–21 Uhr) des Resorts bietet altmodische Lieblingsgerichte wie Chicken Kiev an. Wer nach einem Guide fürs Angeln sucht, schaut sich am besten in der Gartenbar des Hotels um und streckt dort seine Fühler aus.

Das **Lake Brunner Country Motel** (☎ 03-738 0144; www.lakebrunnermotel.co.nz; 2014 Arnold Valley Rd; Zeltplatz 24 NZ$, Stellplatz mit Strom 35 NZ$, Hütte 52–119 NZ$) bietet Hütten, Cottages und Stellplätze für Wohnmobile umgeben von einheimischem Busch. Der Ort ist ruhig und friedlich, wobei der Whirlpool und das regelmäßige Vogelgezwitscher die Entspannung perfekt machen. Die Anlage liegt 2 km westlich von Moana, aus Greymouth kommend findet man sie auf der rechten Seite.

Das **Station House Cafe** (☎ 03-738 0158; 40 Koe St; Mittagessen 12–18 NZ$, Abendessen 20–28 NZ$; ☽ 12–22 Uhr, Sommer ab 10 Uhr) liegt an einem Hang gegenüber dem Bahnhof von Moana, wo der *TranzAlpine* Halt macht. Zielpublikum sind eigentlich Bahnreisende, aber egal wie man den Weg hierher gefunden hat – hier gibt's das beste Essen im Ort.

GREYMOUTH

10 000 Ew.

Willkommen im „Big Smoke", der Großstadt des Westland. Sie liegt an der Mündung des Grey River (daher der nicht gerade einfallsreiche Name, aber zur Zeit der ersten europäischen Siedler gab es einfach zu viel zu benennen) und ist die größte Stadt der West Coast. Greymouth blickt auf eine stolze Goldgrabervergangenheit zurück – und auf früher immer wieder auftretende Überflutungen, denen jetzt ein Deich entgegenwirkt.

Weil Greymouth an der Hauptstraße und der Bahnstrecke liegt, die über den Arthur's Pass und die Southern Alps führen, kommen hier viele Traveller vorbei, die die hervorragenden Budgetunterkünfte dankend nutzen. Nach Absolvieren der Monteith's-Brewery-Führung können noch weitere ein bis zwei Tage mit Outdoor-Aktivitäten wie Rafting, Kajakfahren, Canyoning und Quadbiking gefüllt werden. Motorradfans lassen es beim Downtown Street Racing am Labour Day-Wochenende im Oktober krachen.

Orientierung

Das Stadtzentrum liegt am Südufer des Grey River, 1 km von der Flussmündung entfernt; Mittelpunkt ist das Gebiet um die Kreuzung der Mackay und Tainui St. Kostenlose Stadtpläne und Regionalkarten sind im i-SITE und bei der **Automobile Association** (AA; ☎ 03-768 4300; www.aatravel.co.nz; 84 Tainui St) erhältlich.

Praktische Informationen

Die großen Banken liegen alle rund um die Mackay und die Tainui St verstreut. Internetzugang gibt's im i-SITE und in der Bücherei.

DP:One Cafe (108 Mawhera Quay) Internetzugang.

Greymouth Hospital (☎ 03-768 0499; High St)

Greymouth i-SITE (☎ 0800 473 966, 03-768 5101; www.greydistrict.co.nz; Ecke Herbert St & Mackay St; ☽ Nov.–April Mo–Fr 8.30–19, Sa 9–18, So 10–17 Uhr, Mai–Okt. verkürzte Öffnungszeiten; ☐) Sehr hilfsbereites Personal und Infos des DOC.

Paper Plus (☎ 03-768 5175; 62 Mackay St) Buchladen.

Polizei (☎ 03-768 1600; 45-47 Guinness St)

Post (Tainui St)

Sehenswertes

History House Museum (☎ 03-768 4028; www.history -house.co.nz; Gresson St; Erw./Kind 5/2 NZ$; ☽ Mo–Fr 10–16 Uhr) Hier wird die Vergangenheit Greymouths als Goldgräberstadt beleuchtet.

Die **Left Bank Art Gallery** (☎ 03-768 0038; www. leftbankart.co.nz; 1 Tainui St; ☽ Winter 10–14 Uhr, Sommer bis 16 Uhr) stellt zeitgenössische Jadeschnitzereien aus Neuseeland aus. Drucke, Gemälde und Fotografien werden auch gezeigt.

Jade Country Greymouth (☎ 03-768 0700; 1 Guinness St; Eintritt frei; ☽ Okt.–April 8.30–20 Uhr, Mai–Sept. bis 17 Uhr) hat originalen Jadeschmuck zu Preisen zwischen 30 NZ$ und Tausenden von Dollar im Angebot. Es lohnt ein Gang durch den Jade Trail, wo verschiedene Ausstellungsstücke des wertvollen *pounamu* gezeigt werden. Im Jade Boulder Café (Hauptgerichte 10–21 NZ$; geöffnet 8.30–16 Uhr) werden Biokaffee, Whitebait und andere „wilde Happen" serviert, die etwas schwieriger zu fangen sind.

Die eigenen Fotos sind nichts geworden? In der **Stewart Nimmo Gallery** (☎ 03-768 6499; www. stewartnimmo.co.nz; Ecke Mackay St & Tainui St; Eintritt frei) werden Schnappschüsse der traumhaften Landschaft der West Coast zum Kauf angeboten.

Aktivitäten

Der **Point Elizabeth Walkway** (hin & zurück 3 Std.) führt nördlich von Greymouth in das Rapahoe Range Scenic Reserve. Der **Floodwall Walk** von der Cobden Bridge Richtung Blaketown ist kürzer (hin & zurück 30 Min.).

Wild West Adventure Co (☎ 0800 147 483, 03-768 6649; www.nzholidayheaven.com; 8 Whall St) bietet Rafting-Ausflüge (160–845 NZ$), eine dreistündige Flussfahrt (145 NZ$) auf einem „Dschungelboot" und eine fünfeinhalbstündige „Dragons Cave" Blackwater-Rafting-Expedi-

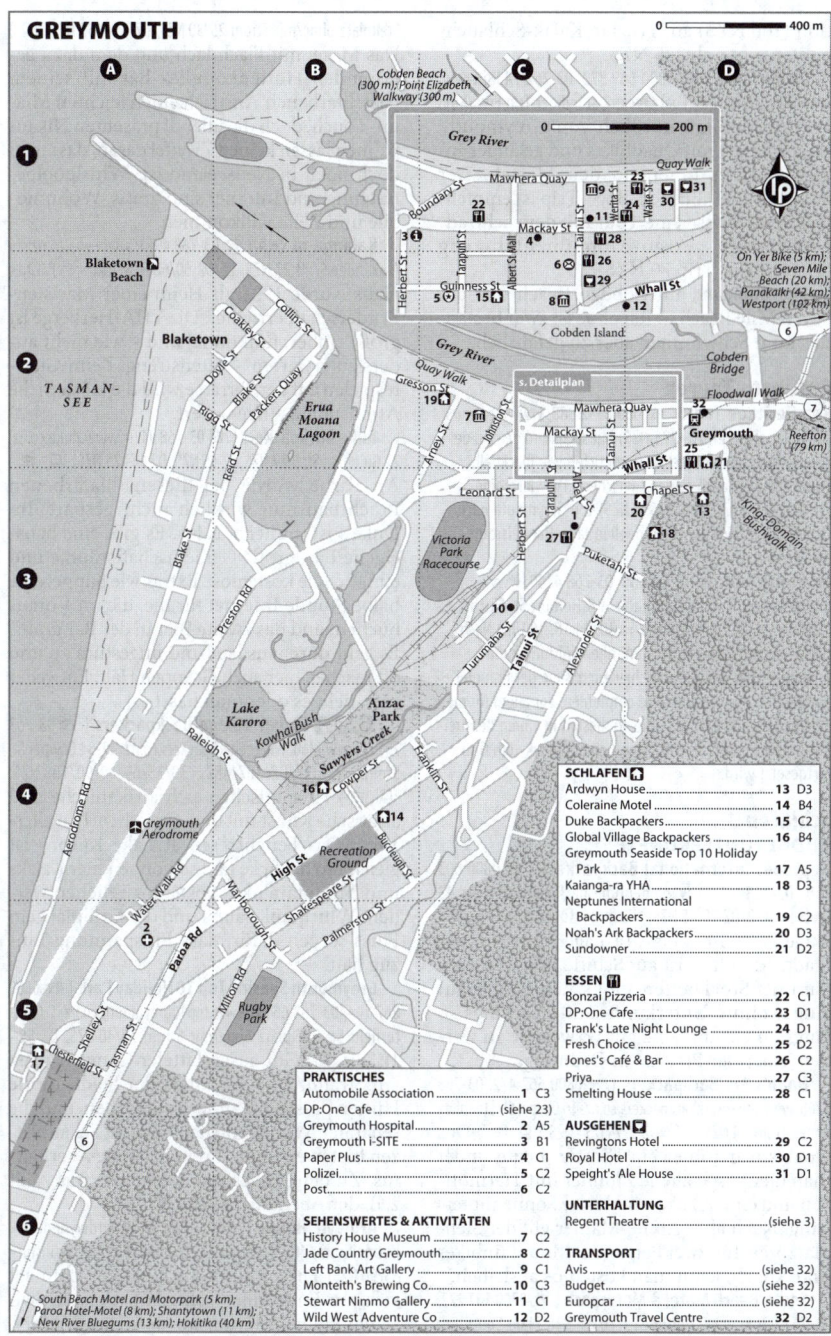

GREYMOUTH

0 ————— 400 m

Cobden Beach (300 m); Point Elizabeth Walkway (300 m)

Grey River

0 ————— 200 m

Quay Walk

Mawhera Quay

Boundary St

22

Mackay St

Herbert St

Tarapuhi St

3

4

Albert St Mall

Guinness St

5

15

Werita St

Tainui St

Waite St

23

11

24

30

31

28

6

26

29

8

12

Whall St

Cobden Island

Blaketown Beach

Blaketown

Collins St

Coakley St

Doyle St

Blake St

Rigg St

Reid St

Packers Quay

Grey River

Quay Walk

Gresson St

19

7

Johnston St

Erua Moana Lagoon

Anney St

Mawhera Quay

Mackay St

Tainui St

Tarapuhi St

Albert St

Whall St

s. Detailplan

Greymouth

Cobden Bridge

Floodwall Walk

32

25

21

TASMAN-SEE

On Yer Bike (5 km); Seven Mile Beach (20 km); Panakaiki (42 km); Westport (102 km)

Reefton (79 km)

6

7

Blake St

Preston Rd

Leonard St

Herbert St

Tainui St

Tarapuhi St

Alexander St

Chapel St

20

13

18

1

27

Puketahi St

Victoria Park Racecourse

10

Lake Karoro

Kowhai Bush Walk

Raleigh St

Anzac Park

Sawyers Creek

Turumaha St

Tainui St

Franklin St

Kings Domain Bushwalk

16

Cowper St

14

Greymouth Aerodrome

Aerodrome Rd

Water Walk Rd

Paroa Rd

Marlborough St

High St

Buddleigh St

Recreation Ground

Shakespeare St

Palmerston St

Milton Rd

Rugby Park

Shelley St

Tasman St

Chesterfield St

17

2

6

South Beach Motel and Motorpark (5 km); Paroa Hotel-Motel (8 km); Shantytown (11 km); New River Bluegums (13 km); Hokitika (40 km)

WEST COAST

PRAKTISCHES
Automobile Association	**1** C3
DP:One Cafe	(siehe 23)
Greymouth Hospital	**2** A5
Greymouth i-SITE	**3** B1
Paper Plus	**4** C1
Polizei	**5** C2
Post	**6** C2

SEHENSWERTES & AKTIVITÄTEN
History House Museum	**7** C2
Jade Country Greymouth	**8** C2
Left Bank Art Gallery	**9** C1
Monteith's Brewing Co	**10** C3
Stewart Nimmo Gallery	**11** C1
Wild West Adventure Co	**12** D2

SCHLAFEN
Ardwyn House	**13** D3
Coleraine Motel	**14** B4
Duke Backpackers	**15** C2
Global Village Backpackers	**16** B4
Greymouth Seaside Top 10 Holiday Park	**17** A5
Kaianga-ra YHA	**18** D3
Neptunes International Backpackers	**19** C2
Noah's Ark Backpackers	**20** D3
Sundowner	**21** D2

ESSEN
Bonzai Pizzeria	**22** C1
DP:One Cafe	**23** D1
Frank's Late Night Lounge	**24** D1
Fresh Choice	**25** D2
Jones's Café & Bar	**26** C2
Priya	**27** C3
Smelting House	**28** C1

AUSGEHEN
Revingtons Hotel	**29** C2
Royal Hotel	**30** D1
Speight's Ale House	**31** D1

UNTERHALTUNG
Regent Theatre	(siehe 3)

TRANSPORT
Avis	(siehe 32)
Budget	(siehe 32)
Europcar	(siehe 32)
Greymouth Travel Centre	**32** D2

tion (160 NZ$) an. Trips in Kajak-Schlauchbooten gibt's ab 225 NZ$.

On Yer Bike (☎ 0800 669 372, 03-762 7438; www.onyerbike.co.nz; SH6, Coal Creek; 2-stündiger Trip Erw./Kind 140/120 NZ$), 5 km nördlich von Greymouth, schickt einen mit Quadbikes und geländegängige Gokarts hinein in den Matsch. Der zweistündige „Bush ’n’ Bog“-Trip ist empfehlenswert, ebenso eine Tour mit dem achtradgetriebenen Argo-Amphibienfahrzeug (1-stündiger Trip 70 NZ$).

Die **Brandung** am Cobden Beach und am Seven Mile Beach in Rapahoe ist zwar beständig, zum Schwimmen aber zu gefährlich.

Geführte Touren

Kea Heritage Tours (☎ 0800 532 868; www.keatours.co.nz; Tagestouren 70–275 NZ$) Mit sachkundigen Guides kommt man an der West Coast zu Orten wie Blackball, Punakaiki oder auch zu den Gletschern. Die viertägige „Te Ara Pounamu“-Tour (1595 NZ$) von Greymouth nach Queenstown folgt der traditionellen Jade-Handelsroute der Maori.

Monteith's Brewing Co (☎ 03-768 4149; www.monteiths.co.nz; Ecke Turumaha St & Herbert St; Eintritt 15 NZ$; ☯ geführte Touren 11.30, 14,16, 18 Uhr) Nach dieser ausgezeichneten 75-minütigen Führung kann man in der Bar die acht verschiedenen Biere der Brauerei probieren. Reservierung empfohlen, vor allem für die 18-Uhr-Führung (25 NZ$), die am besten in einem der drei Restaurants im Stadtzentrum mit einem Steak vom Grill fortgesetzt wird.

Schlafen

BUDGETUNTERKÜNFTE

Neptunes International Backpackers (☎ 0800 003 768, 03-768 4425; www.neptunesbackpackers.co.nz; 43 Gresson St; B/DZ 18/45 NZ$; ☐ 🛜) Dieses zweistöckige Hostel hat eine 1a-Lage mitten in der Stadt. Alles hier ist auf Schiffe und Meer getrimmt, Stockbetten gibt's keine. Die gut eingewohnte Unterkunft läuft allerdings so langsam Gefahr, eine gut *ver*wohnte zu werden. Aber der Preis ist in Ordnung.

Noah's Ark Backpackers (☎ 0800 662 472, 03-768 4868; www.noahsarkbackpackers.co.nz; 16 Chapel St; Stellplatz ohne Strom 34 NZ$, B/EZ/DZ 22/43/54 NZ$; ☐ 🛜) Das Noah's war früher ein Kloster, heute findet man hier ausgefallene Zimmer mit Tiermotiven und einen Balkon inklusive Sonnenuntergang. Nach alter Arche-Manier gilt der Stellplatzpreis für zwei Personen. Mountainbikes und Angeln kann man kostenlos ausleihen.

South Beach Motel & Motorpark (☎ 0800 101 222, 03-762 6768; www.southbeach.co.nz; 318 Main South Rd; Stellplatz ohne/mit Strom 25/30 NZ$, DZ 45–135 NZ$; ☐) Das Motel mit Flachdach und dem dazu gehörenden Hüttenkomplex hat mit seinem pastellfarbenen Anstrich einen leichten Miami-Touch, doch die überall präsenten Nikaupalmen lassen keinen Zweifel daran, dass man doch noch in Neuseeland ist. Whirlpoolbenutzung und Internet sind gratis, Wohnmobile und Zelte willkommen.

Kaianga-ra YHA (☎ 03-768 4951; www.yha.co.nz; 15 Alexander St; B 27 NZ$, EZ/DZ 60/68 NZ$; ☐ 🛜) Das Haus wurde 1938 als Heim einer Maristen-Bruderschaft errichtet. Die YHA-Herberge ist groß, sauber, funktional und – wie nicht anders zu erwarten – sittenstreng. Beim Gitarrespielen auf der Terrasse wird die klösterliche Atmosphäre aufgelockert.

Duke Backpackers (☎ 03-768 9470; www.duke.co.nz; 27 Guinness St; B 27 NZ$, EZ 45 NZ$, DZ 64–75 NZ$; ☐ 🛜) An Farbe wurde bei diesem lilafarbenen Prachtbau nun wirklich nicht gespart. Im Duke's ist immer was los. Es gibt eine hauseigene Bar, große Gemeinschaftsräume und einige coole kostenlose Extras wie Suppe, eine halbe Stunde Internet für die, die im Voraus buchen, und das zweite Bier in der Bar gratis. Es geht durchaus laut und ungestüm zu und oft machen hier auch Gruppen Halt. Entweder man liebt es oder man hasst es!

LP Tipp **Global Village Backpackers** (☎ 03-768 7272; www.globalvillagebackpackers.co.nz; 42-54 Cowper St; Stellplatz/B/EZ/DZ/3BZ/4BZ 30/25/60/60/90/108 NZ$; ☐ 🛜) Hier mischen sich afrikanische und asiatische Kunst mit dem typischen Traveller-Vibe. Das Feuchtreservat Lake Karoro ist gleich um die Ecke und so können hier Kajaks und Mountainbikes kostenlos geliehen werden. Whirlpool, Sauna und der Grillplatz am Fluss sorgen dafür, dass Entspannung Einzug hält.

Greymouth Seaside Top 10 Holiday Park (☎ 0800 867 104, 03-768 6618; www.top10greymouth.co.nz; 2 Chesterfield St; Stellplatz ohne/mit Strom 36/40 NZ$, DZ 55–115 NZ$; ☐) Gut ausgestatteter Campingplatz am Strand, 2,5 km südlich der Stadt. In die Hütten passen bis zu sechs Personen, und die separaten Wohneinheiten mit acht Schlafplätzen bieten ein gutes Preis-Leistungs-Verhältnis. Zu den kinderfreundlichen Extras zählt z. B. der Abenteuerspielplatz.

Ardwyn House (☎ 03-768 6107; ardwynhouse@hotmail.com; 48 Chapel St; EZ/DZ ohne Bad inkl. Frühstück 55/90 NZ$) Dieses altmodische B&B schmiegt sich am Ende einer ruhigen Sackgasse zwischen steilen Gärten an den Hang. Mary,

Gastgeberin mit jeder Menge Reiseerfahrung, macht traumhaftes Frühstück.

MITTEL- & SPITZENKLASSEHOTELS

Sundowner (☎ 0800 080 859, 03-768 4666; www.sundowner.co.nz; 14 Smith St; DZ 105–115 NZ$; 🖳 🛜) Nur ein kurzes Stück vom Bahnhof entfernt, beeindruckt der Sundowner mit einer breiten Palette von Übernachtungsmöglichkeiten, von günstigeren Familienwohneinheiten bis zu neueren Studios. Bunte Steppdecken verbreiten ein positives Flair.

Coleraine Motel (☎ 0800 270 027, 03-768 077; www.colerainemotel.co.nz; 61 High St; DZ 139–200 NZ$; 🖳 🛜) Rattanmöbel, Bäder mit Whirlpool und extra große Betten machen dieses Motel zur besten Unterkunft der ganzen Stadt. Das gilt für die Luxusoptionen – die günstigeren Studios mit ein bis zwei Schlafzimmern sind aber fast genauso gut.

New River Bluegums (☎ 03-762 6678; www.bluegumsnz.com; 985 Main South Rd; DZ inkl. Frühstück 165 NZ$; 🖳 🛜) Zur Auswahl stehen entweder ein gemütliches Zimmer im Obergeschoss des rustikalen Familienwohnhauses oder eine separate Hütte. In jedem Fall warten hier eine Farm darauf, erkundet zu werden, Schafe darauf geschoren zu werden (saisonal) und ein gewaltiges warmes Frühstück darauf, verschlungen zu werden. Die Extraportion Speck wird auf dem Tennisplatz wieder abtrainiert.

Essen

DP:One Cafe (☎ 03-768 4005; 108 Mawhera Quay; Gerichte 6–15 NZ$; 🕙 8–17 Uhr, So geschl.; 🖳 🛜) Das unkonventionelle Lokal kombiniert das etwas schäbige Ambiente eines Großstadtcafés mit dem künstlerischen Flair eines Garagenflohmarkts. Auf der Speisekarte stehen gesunde Pies, Focaccias, Salate und Kuchen, hinzu kommen guter Kaffee und sündhafte Smoothies.

Jones's Café & Bar (☎ 03-768 6468; 37 Tainui St; Mittagessen 8–15 NZ$, Abendessen 19–30 NZ$; 🕙 11.30–14, 17.50–21 Uhr) Das Jones's deklariert sich selbst als Bluesbar, der Vibe ist aber müder als Stevie Ray Vaughan. Es ist bei Einheimischen extrem beliebt und auf die herkömmlichen Fleisch- und Fischgerichte kann man ebenso zählen wie auf die zwölf Takte im Blues.

Das **Smelting House** (☎ 03-768 0012; 102 Mackay St; Hauptgerichte 10–16 NZ$; 🕙 8–17 Uhr) gehört zu den Cafés, die dazu verlocken, sich häuslich niederzulassen. Unmengen von Magazinen, toller Kaffee, leckere Bagels, Sandwiches und

eine riesige Auswahl an Frühstücksoptionen – alles vorhanden. Da lohnt ein Besuch gleich fünffach.

Priya (☎ 03-768 7377; 84 Tainui St; Hauptgerichte 13–16 NZ$; 🕙 12–12.30 Uhr & 17–22 Uhr; V) Hier trifft die Würze Indiens auf den gemäßigten Gaumen der West Coast: Eine Explosion ist programmiert. Das Lokal gibt es schon länger und es ist gut besucht. Es gibt kühles Kingfisher-Bier und auch eine gesunde Auswahl vegetarischer Leckereien.

LP Tipp **Frank's Late Night Lounge** (☎ 03-768 9075; 115 Mackay St; Hauptgerichte 13–20 NZ$; 🕙 Do–Sa 17 Uhr–open end; V) Dieser Mischung aus Late-Night-Lounge, Bar und Café gelingt es mühelos, cool und retro zugleich zu sein. Eine Diskokugel hängt glitzernd über dem vor dem Sperrmüll geretteten Mobiliar aus den 1950er-Jahren, während dazu passend im Hintergrund Frank Sinatra und Dean Martin vor sich hin singen. Neben einer großen Auswahl von Teesorten und den besten Spezialbieren Neuseelands wartet die kleine internationale Speisekarte mit Leckerbissen wie tibetischen *momos* (Klößen) und marokkanischen Fischgerichten auf. Gelegentliche Livemusik rundet die Sache ab.

Bonzai Pizzeria (☎ 03-768 4170; 31 Mackay St; Hauptgerichte 15–25 NZ$; 🕙 Mo–Sa 8 Uhr–open end, So ab 15 Uhr) Der Name klingt japanisch, das Dekor entstammt dem Neuseeland der 1970er-Jahre und Pizza, Pasta und Suppen sind irgendwie italienisch angehaucht: Dieses Paket kommt gut an und wird von Lesern empfohlen. Auf jeden Fall Platz lassen für die fantastischen hausgemachten Kuchen!

Selbstversorger gehen am besten im Supermarkt **Fresh Choice** (☎ 03-768 7545; 174b Mawhera Quay; 🕙 7–21 Uhr) einkaufen.

Ausgehen

Speight's Ale House (☎ 03-768 0667; 130 Mawhera Quay; Hauptgerichte 20–30 NZ$; 🕙 11 Uhr–open end) Dunedins bestes Bier hat es über die Southern Alps geschafft und macht nun dem Monteith's Konkurrenz. In dem am Ufer stehenden Gebäude von 1909 werden die besten Weine Greymouths und leckere Gerichte nach Bauernart serviert, und so fällt es nicht schwer zu verstehen, warum Speight's der Einheimischen *zweites* Lieblingsbier ist.

Royal Hotel (☎ 03-768 4022; 128 Mawhera Quay; 🕙 11 Uhr–open end) Das Royal ist ein altmodischer Pub mit umgänglichen Besitzern, bei denen jeder Gast herzlich willkommen ist.

Hier heißt es: Bier schnappen, Schwätzchen halten oder auf Sky TV Fußball gucken.

Revingtons Hotel (☎ 03-768 7055; 46 Tainui St; 🕒 8.30 Uhr–open end) Hier kann man abwechselnd ein Monteith's in Revy's Sports Bar und ein Guinness oder Kilkenny nebenan in Danny Doolan's trinken. Mit Steaks und Wild-Pies ist auch für typische Kneipenkost gesorgt (Hauptgerichte 12–25 NZ$).

Unterhaltung

Im **Regent Theatre** (☎ 03-768 0920; www.regent greymouth.co.nz; Ecke Herbert St & Mackay St; Erw./Kind 12/6 NZ$) gibt's neben Filmen gelegentlich auch Live-Veranstaltungen.

Anreise & Unterwegs vor Ort

Das **Greymouth Travel Centre** (☎ 03-768 7080; www. westcoasttravel.co.nz; Railway Station, 164 Mackay St; 🕒 Mo–Fr 9–17, Sa & So 10–15 Uhr; 🖥 🛜) kann Tickets für alle Transportmittel buchen, z. B. für Busse, Züge und für die Fähren zwischen den beiden Hauptinseln. Außerdem gibt es hier eine Gepäckaufbewahrung. Das Travel Centre ist zugleich ein Busdepot und bietet WLAN-Zugang.

AUTOVERMIETUNG

Filialen der großen Autovermietungen im Greymouth Travel Centre:

Avis (☎ 03-768 0902; www.avis.com)
Budget (☎ 03-768 4343; www.budget.co.nz)
Europcar (☎ 03-768 9980; www.europcar.co.nz)

Ein lokaler Anbieter ist **Alpine West** (☎ 0800 257 736, 03-736 4002; www.alpinerentals.co.nz; 11 Shelley St).

BUS

InterCity (☎ 03-365 1113; www.intercity.co.nz) fährt täglich um 13.30 Uhr in Richtung Norden nach Westport (25 NZ$, 2 Std.) und Nelson (60 NZ$, 6 Std.) und in Richtung Süden zum Franz Josef Glacier (42 NZ$, 3½ Std.) und zum Fox Glacier (45 NZ$, 4¼ Std.). Preise variieren je nach Jahreszeit und Auslastung.

Naked Bus (www.nakedbus.com) hat Busse nordwärts nach Nelson und südwärts nach Queenstown mit Stopps in Hokitika, Franz Josef Glacier und Fox Glacier, Haast und Wanaka.

Atomic Shuttles (☎ 03-349 0697; www.atomictravel. co.nz) fährt täglich nach Queenstown (70 NZ$, 10½ Std., Abfahrt 7.30 Uhr) und ebenfalls täglich zum Fox Glacier (35 NZ$, 4¼ Std., Abfahrt 15.15 Uhr), nach Picton (60 NZ$, 7½ Std., Abfahrt 13.15 Uhr) und nach Hokitika (15 NZ$, 1 Std., Abfahrt 14 Uhr).

TAXI

Bei **Greymouth Taxis** (☎ 03-768 7078) anrufen. Die Fahrt zum Flughafen kostet etwa 20 NZ$.

DER TRANZALPINE

Der **TranzAlpine** (☎ 0800 872 467, 03-768 7080; www.tranzscenic.co.nz; Erw./Kind 118/70 NZ$, Fahrpreise variieren je nach Saison) befährt eine der großartigsten Eisenbahnstrecken der Welt. Auf seinem Weg über die Southern Alps zwischen Christchurch und Greymouth und zwischen dem Pazifischen Ozean und der Tasmansee durchquert er mehrere unglaubliche Landschaftsformen. Nach der Abfahrt in Christchurch um 8.15 Uhr rast er durch das flache Schwemmland der Canterbury Plains zu den Ausläufern der Southern Alps. Hier taucht der Zug in ein Labyrinth von Schluchten und Hügeln ein, „Staircase" (Treppenhaus) genannt. Dieser Aufstieg wird durch drei große Viadukte und zahlreiche Tunnels ermöglicht.

Danach fährt der Zug durch die weiten Täler Waimakariri Valley und Bealey Valley – bei gutem Wetter ein überwältigender Anblick. Nun weicht das mit Buchenwäldern bewachsene Flusstal den schneebedeckten Gipfeln des Arthur's Pass National Park. Am Arthur's Pass selbst (einem kleinen Bergdorf), fährt der Zug in den mit 8,5 km längsten Tunnel, den „Otira" ein, der unter den Bergen hindurch bis zur West Coast verläuft.

Der Westen ist mit dem Otira Valley, dem Taramakau Valley und dem Grey River Valley, den Steineibenwäldern und dem von Keulenlilien umgebenen und mit Forellenschwärmen gefüllten Lake Brunner (Moana Kotuku) nicht minder atemberaubend als die andere Seite der Alps. Um 12.45 Uhr rollt der TranzAlpine in Greymouth ein, von wo er eine Stunde später wieder zurück in Richtung Christchurch startet. Ankunft dort ist um 18.05 Uhr.

Nur schlechtes Wetter kann diese herrliche Zugfahrt trüben, jedoch ist die Wahrscheinlichkeit groß, dass auf der anderen Seite der Southern Alps die Sonne scheint, wenn es auf der einen schlechtes Wetter hat.

DER COAST TO COAST

Die Kiwis sind schon ein verrücktes Volk – man nehme nur einmal den **Coast to Coast** (www.coasttocoast.co.nz), der sich zum begehrtesten eintägigen Multisport-Rennen des Landes entwickelt hat. Dieses einmal im Jahr stattfindende Rennen beginnt in Kumara an der West Coast und endet in Christchurch. Die unerschrockenen Teilnehmer starten in den frühen Morgenstunden mit einem leichten 3 km langen Lauf, darauf folgt eine 55 km lange Radstrecke, die selbst den müdesten Sportsfreund hellwach macht. Nächste Etappe ist ein Berglauf von 33 km Länge über den Goat Pass – und ein Pass, der nach einer Ziege benannt ist, ist alles andere als eben. Ist das geschafft, werden noch einmal 15 km mit dem Rad gefahren, 67 km mit dem Kajak gepaddelt und ein letztes Mal 70 km mit dem Drahtesel zurückgelegt.

Die Starken, Mutigen und Hyperfitten, die diese Tour schaffen, werden am Ende mit Pauken und Trompeten in Christchurch empfangen. Die Strecke ist insgesamt 243 km lang und ein Spitzensportler schafft das in knapp unter elf Stunden – Normalsterbliche brauchen fast doppelt so lange. Das Rennen findet jedes Jahr Mitte Februar statt und ist für die Zuschauer ein Riesenspektakel – übrigens auch für die Teilnehmer, falls jemand daran interessiert sein sollte.

RUND UM GREYMOUTH

Von Greymouth nach Hokitika folgt der SH6 der wilden West Coast, die von tosenden Wellen und zerschmettertem Treibholz geprägt ist.

Shantytown (☎ 03-762 6634; www.shantytown.co.nz; Rutherglen Rd, Paroa; Erw./Kind 16/10 NZ$; ⏱ 8.30–17 Uhr), 8 km südlich von Greymouth und 3 km landeinwärts vom SH6 gelegen, macht die Geschichte der West Coast zum greifbaren Erlebnis. Hier wurde eine Goldgräberstadt der 1860er-Jahre nachgebaut – komplett mit Post, Pub und „Rosie's House of Ill Repute". Man kann Gold waschen (für Erw. zzgl. 5 NZ$), mit Zügen durchs Gelände fahren und eine Sägemühle besichtigen.

Beliebt bei Einheimischen und Highway-Erkundern gleichermaßen ist das **Paroa Hotel-Motel** (☎ 0800 762 6860, 03-762 6860; www.paroa.co.nz; 508 Main South Rd; DZ 125–140 NZ$; ☐). Es befindet sich gleich gegenüber der Abzweigung vom Highway nach Shantytown und bietet geräumige Wohneinheiten mit Garten. Im zugehörigen Restaurant **Ham's** (Hauptgerichte 16–23 NZ$; ⏱ 7–20 Uhr) tischt das Personal mächtige Schnitzel in einem mit Rugby-Trikots lässig gestalteten Ambiente auf.

Nach Osten über den Arthur's Pass kommt man auf dem SH73 39 km hinter Greymouth zu der winzigen Siedlung **Jacksons** am Taramakau River. Wohnmobilisten und Camper mit Zelten finden Stellplätze im **Jacksons Retreat** (☎ 03-738 0474; www.jacksonscampervanretreat.com; Stellplatz ohne/mit Strom 32/37 NZ$), einer 6 ha großen Anlage mit prima Einrichtungen. Die Eigentümer bieten Sightseeing-Ausflüge im Jetboat auf dem Taramakau River (Erw./Kind ab 110/55 NZ$) an; ein Stück die Straße weiter ist die historische **Jackson's Tavern** (☎ 03-738 0457; ⏱ 11–23 Uhr) der perfekte Ort für eine Pie und ein Pint.

HOKITIKA

3100 Ew.

Wer die breiten und ruhigen Straßen von Hokitika außerhalb der Saison besucht, könnte auf den Gedanken verfallen, in einer echten Stadt des Wilden Westens gelandet zu sein. Doch den ganzen Sommer über ist in den weiten Straßen kein Platz für Buschkugeln, denn da ist in „Hoki" dank der Besucher bestimmt nicht weniger los als in den 1860er-Jahren, als der Ort während des Goldrauschs ein blühender Hafen war. Heute ist hier allerdings Grün (nämlich das Grün der Jade) und nicht mehr Gold die bevorzugte Farbe.

Orientierung

Hokitika bildet an der Mündung des Hokitika River um die Weld St und Tancred St ein Raster. Kostenlose Stadtpläne gibt's beim **Westland i-SITE** (☎ 03-755 6166; hkkvin@xtra.co.nz; 7 Tancred St).

Praktische Informationen

Banken findet man in der Weld St und der Revell St.

Bookworms 102 Books (26b Weld St.; ⏱ 9–17 Uhr) Kauft, verkauft und tauscht Bücher.

DOC-Büro (☎ 03-756 9100; 10 Sewell St; ⏱ Mo–Fr 8–16.45 Uhr)

Hokitika Travel Centre (☎ 03-755 5251; 64 Tancred St; ⏱ Mo–Fr 8.30–17 Uhr) Hat seinen Sitz im National Kiwi Centre und bucht Rundflüge und Transportmittel.

Photo Corner (☎ 03-755 7768; 15 Weld St) Internetzugang; auch über WLAN.

Polizei (☎ 03-756 8310; 50 Sewell St)

Post (Revell St)

Take Note (☎ 03-755 8167; Ecke Weld St & Revell St) Karten, Magazine und Bücher über die West Coast.

Westland i-SITE (☎ 03-755 6166; www.hokitika.org; 7 Tancred St; ☻ Mo–Fr 10–18, Sa & So bis 16 Uhr)

Westland Medical Centre (☎ 03-755 8180; 54a Sewell St; ☻ 8.30–22 Uhr)

Sehenswertes

Hokis Hauptattraktionen sind zweifellos seine Kunstgewerbeläden, s. S. 559.

Das **West Coast Historical Museum** (☎ 03-755 6898; enquiries@hokitikamuseum.co.nz; Tancred St; Erw./Kind

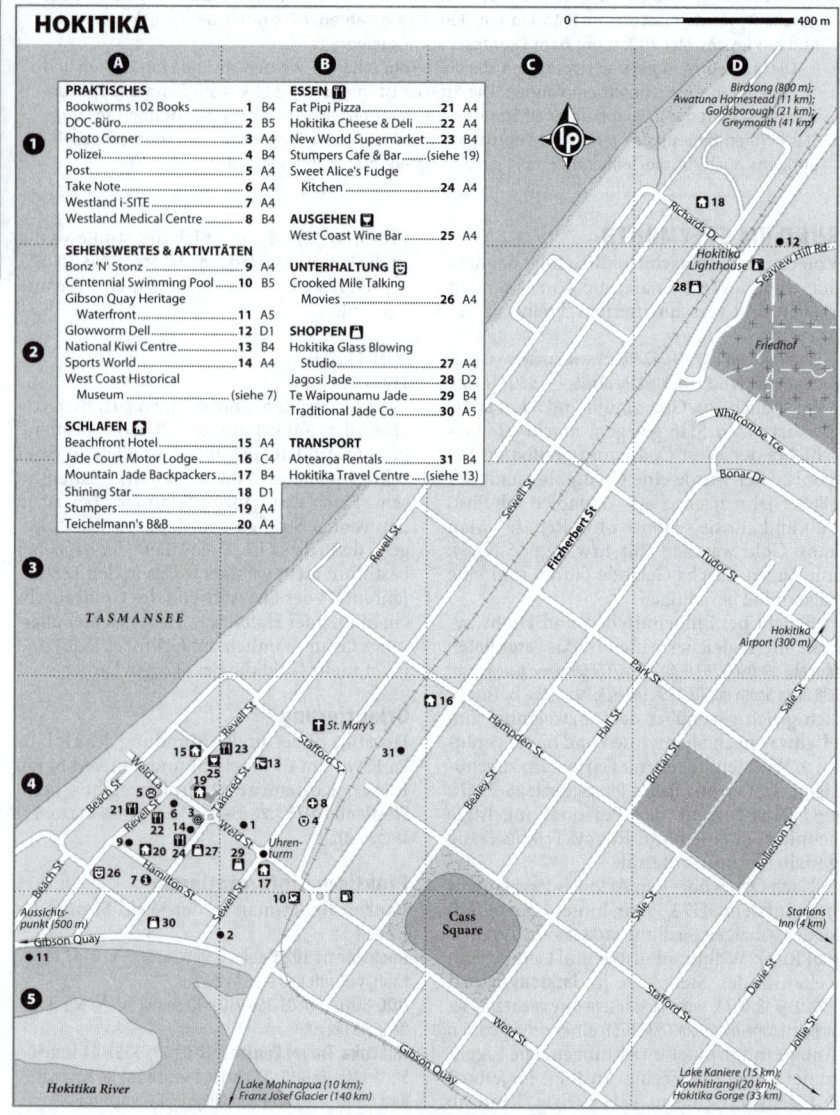

HOKITIKA

0 ———— 400 m

PRAKTISCHES
Bookworms 102 Books **1** B4
DOC-Büro.. **2** B5
Photo Corner **3** A4
Polizei.. **4** B4
Post.. **5** A4
Take Note **6** A4
Westland i-SITE **7** A4
Westland Medical Centre **8** B4

SEHENSWERTES & AKTIVITÄTEN
Bonz 'N' Stonz **9** A4
Centennial Swimming Pool **10** B5
Gibson Quay Heritage
    Waterfront.................................... **11** A5
Glowworm Dell **12** D1
National Kiwi Centre **13** B4
Sports World **14** A4
West Coast Historical
    Museum .... (siehe 7)

SCHLAFEN
Beachfront Hotel............................. **15** A4
Jade Court Motor Lodge.............. **16** C4
Mountain Jade Backpackers...... **17** B4
Shining Star **18** D1
Stumpers... **19** A4
Teichelmann's B&B........................ **20** A4

ESSEN
Fat Pipi Pizza.................................... **21** A4
Hokitika Cheese & Deli **22** A4
New World Supermarket **23** B4
Stumpers Cafe & Bar........(siehe 19)
Sweet Alice's Fudge
    Kitchen **24** A4

AUSGEHEN
West Coast Wine Bar..................... **25** A4

UNTERHALTUNG
Crooked Mile Talking
    Movies **26** A4

SHOPPEN
Hokitika Glass Blowing
    Studio.. **27** A4
Jagosi Jade....................................... **28** D2
Te Waipounamu Jade.................... **29** B4
Traditional Jade Co **30** A5

TRANSPORT
Aotearoa Rentals **31** B4
Hokitika Travel Centre .....(siehe 13)

Birdsong (800 m);
Awatuna Homestead (11 km);
Goldsborough (21 km);
Greymouth (41 km)

Richards Dr

☐18

●12

Hokitika
Lighthouse

Gearview Hill Rd

28☐

Friedhof

Whitcombe Tce

Bonar Dr

Tudor St

Hokitika
Airport (300 m)

TASMANSEE

Revell St

Sewell St

Fitzherbert St

Park St

Sale St

Rolleston St

St. Mary's

Stafford St

15☐ ☐23
19☐
25   ☐13
21☐ 5
    3
6   ☐
14☐
22   Weld St
    ●1
9● ●27 29☐
20 24   ☐
☐26 7☐   17
        10☐ ☐

Beach St

Weld La

Revell St

Tancred St

Sewell St

Hamilton St

Aussichts-
punkt (500 m)
← Gibson Quay
●11

☐30

●2

☐16

31●

Hampden St

Bealey St

Hall St

Brittan St

☐8
●4

Uhren-
turm

Cass
Square

Stations
Inn (4 km)

Stafford St

Davie St

Jollie St

Hokitika River

Lake Mahinapua (10 km);
Franz Josef Glacier (140 km)

Weld St

Gibson Quay

Lake Kaniere (15 km);
Kowhitirangi (20 km);
Hokitika Gorge (33 km)

5/1 NZ$; 8–18 Uhr) zeigt alte Fotos, Maori-Artefakte, Ausstellungen zum Leben am Fluss und in den Pubs sowie das größte Meccano-Modell der südlichen Hemisphäre (den Nachbau eines Goldbaggers). Die Mana-Pounamu-Ausstellung ist die ideale Vorbereitung auf einen Besuch in den Jadeschmuckläden.

Am besten holt man sich die kostenlose Broschüre *Hokitika Heritage Walk* im örtlichen i-SITE, spaziert dann die **Gibson Quay Heritage Waterfront** entlang und versucht sich vorzustellen, wie an den Kais einst jede Menge Segelschiffe lagen.

Das ziemlich veraltete **National Kiwi Centre** (☎ 03-755 5251; natkiwi@xtra.co.nz; 60 Tancred St; Erw./Kind/Fam. 14/8/36 NZ$; Mo–Fr 9–17 Uhr) hat schon bessere Tage erlebt – aber zumindest kann man hier einen Kiwi sehen, wenn man in das schwach beleuchtete Gehege blickt und schaut, was dort herumscharrt. Außerdem gibt es hier Schildkröten, Tuataras und 150 Jahre alte Aale, die täglich um 10, 12 und 15 Uhr gefüttert werden.

Gleich nördlich der Stadt gelangt man über einen kurzen Spaziergang vom SH6 zu einer **Glühwürmchenhöhle**. Abends bei Dunkelheit zeigen die kleinen Tierchen eine tolle Lightshow.

Aktivitäten

Mit Steve Gwaliasi kann man sich bei **Bonz 'N' Stonz** (☎ 0800 214 949, 03-755 6504; www.bonz-n-stonz.co.nz; 16 Hamilton St; ganztägiger Workshop 80–150 NZ$; Mo–Sa 8.30–17 Uhr) in Jadeschnitzerei versuchen, sein eigenes Meisterstück aus Jade, Knochen oder Pauamuschel gestalten, schnitzen und polieren. Die Preise variieren je nach Material und der Komplexität des Entwurfs; im Sommer empfiehlt es sich, einen Platz zu reservieren. In vier Stunden hat man ein kleines vorzeigbares Kunstwerk geschaffen.

An Regentagen lohnt sich der Besuch im beheizten **Centennial Swimming Pool** (☎ 03-755 8119; 53 Weld St; Erw./Kind 4/2 NZ$; Sept.–Mai 9–17 Uhr).

Einige der alten Forst- und Bergwerkswege der Gegend bilden heute eine gute Auswahl von Mountainbike-Trails. Fahrräder, Wegekarten und Tipps erhält man bei **Sports World** (☎ 03-755 8662; 33 Tancred St; Leihräder 25 NZ$/Std.; Mo–Fr 8–17, Sa 9–13 Uhr).

Geführte Touren

Scenic Waterways (☎ 03-755 7239; www.paddleboatcruises.com; Erw./Kind 30/15 NZ$; geführte Touren Dez.–April 14 Uhr, Mai–Nov. auf Anfrage) Organisiert eineinhalbstündige Paddeltouren auf dem Mahinapua Creek, 10 km südlich von Hokitika.

Wilderness Wings (☎ 0800 755 8118; www.wildernesswings.co.nz; Hokitika Airport; Flüge ab 320 NZ$) Bietet vierstündige Rundflüge über Hokitika, Aoraki (Mt. Cook) und die Gletscher an.

Festivals & Events

Anfang März zieht das **Wildfoods Festival** 20 000 Neugierige und wagemutige Feinschmecker an. Auf www.wildfoods.co.nz findet man Infos über Leckerbissen wie Huhu-Käfer und Gebirgsaustern. Der weniger abenteuerlustige Gaumen kann auch Wild und Schwein kosten.

Schlafen

BUDGETUNTERKÜNFTE & MITTELKLASSEHOTELS

Mountain Jade Backpackers (☎ 0800 838 301, 03-755 8007; mtjade@minidata.co.nz; 41 Weld St; B 21 NZ$, DZ 41–44 NZ$;) Dieser Betonblock kann zwar nicht mit viel Ambiente, dafür aber mit einem echt guten Preis-Leistungs-Verhältnis auftrumpfen. Hier herrscht Massenabfertigung zu extrem billigen Preisen und in absolut zentraler Lage.

Stumpers (☎ 0800 788 673, 03-755 6154; www.stumpers.co.nz; 2 Weld St; B 25 NZ$, DZ 50–80 NZ$;) Die komfortablen Zimmer liegen direkt über der gut besuchten Cafébar. Die Doppelzimmer haben TV, die Schlafsäle maximal drei Betten und die meisten Zimmer ein Gemeinschaftsbad. Für Doppelzimmer mit eigenem Bad bezahlt man 10 NZ$ extra.

Shining Star (☎ 03-755 8921; www.shiningstar.co.nz; 11 Richards Dr; Stellplatz ohne/mit Strom 25/32 NZ$, DZ 85–160 NZ$;) Diese weitläufige und vielseitige Strandlocation hat alles, vom Campen bis zur schicken neuen Wohneinheit direkt am Meer. Die Kleinen werden die vielen Tiere lieben, die es hier gibt, darunter auch Enten und Alpakas – Doktor Dolittle lässt grüßen. Für die etwas Älteren kommen wohl eher Whirlpool und Sauna infrage.

Birdsong (☎ 03-755 9179; www.birdsong.co.nz; SH6; B/EZ 28/55 NZ$, DZ 70–88 NZ$;) Gleich nördlich der Stadt bietet dieses Hostel Meerblick und eine Atmosphäre, die nicht so leicht zu toppen ist. Man sollte sich nicht von der nicht ganz zentralen Lage abschrecken lassen; das Haus mit seinen vielen Kunstwerken zieht jeden in seinen Bann, sodass man seinen Aufenthalt sowieso am liebsten verlängern würde.

Jade Court Motor Lodge (☎ 0800 755 885, 03-755 8855; www.jadecourt.co.nz; 85 Fitzherbert St; DZ 95–140 NZ$)

Hier wird mit überragender Gastfreundschaft geworben. Das Mittelklassehotel hat an sich nichts Neues zu bieten, hebt sich aber leicht von den restlichen Einheitshotels ab. Ganz in der Nähe, in der Fitzherbert St, finden sich noch weitere Motels – falls das Jade Court ausgebucht sein sollte, hat man es also nicht weit zu den Alternativen.

Beachfront Hotel (☎ 03-755 8344; www.beachfront hotel.co.nz; 111 Revell St; DZ 125–300 NZ$; ☎) Dieses Hotel mit zwei Gesichtern hat die Messlatte in Hokitika ein wenig höher gelegt. Die ursprünglichen Zimmer sind vom Preis her ganz in Ordnung, haben aber auch nichts Besonderes zu bieten (der Lärm des angrenzenden Pubs kann manchmal störend sein). Die Räume im Ocean-View-Flügel gehören allerdings zu einer ganz anderen Kategorie: Modernes Dekor, Flachbildfernseher und Blick aufs Meer machen die Zimmer zu einer erstklassigen Wahl.

SPITZENKLASSEHOTELS

Stations Inn (☎ 0508 782 846, 03-755 5499; www.stations. co.nz; Blue Spur Rd; DZ 170–250 NZ$) Hier liegen inmitten von schönen Hügeln brandneue Cottages mit übergroßen Betten, Flachbildfernseher und Whirlpool. Nur einen Katzensprung entfernt befindet sich ein historisches Restaurant mit preisgekrönten Wild-, Rind- und Lammgerichten (Hauptgerichte 26–35 NZ$; geöffnet tgl. ab 18 Uhr). Über die Hampden St und die Hau Hau Rd erreicht man die Blue Spur Rd, in der sich die weitläufige Anlage befindet.

Teichelmann's B&B (☎ 0800 743 742, 03-755 8232; www.teichelmanns.co.nz; 20 Hamilton St; DZ 195–240 NZ$) Früher wohnte in diesem Haus der Chirurg, Bergsteiger und professionelle Bart-Kultivierer Ebenezer Teichelmann, heute ist es ein luxuriöses B&B mit freundlichen Gastgebern. Alle Zimmer haben ein eigenes Bad; wer es etwas abgeschotteter mag, mietet sich in Teichy's Cottage ein.

Awatuna Homestead (☎ 0800 006 888, 03-755 6834; www.awatunahomestead.co.nz; 9 Stafford Rd, Awatuna; DZ inkl. Frühstück 280–360 NZ$) Der familienbetriebene Hof liegt in einer ruhigen Straße, 11 km nördlich von Hokitika, und hat drei reizende Gästezimmer und ein separates Apartment zu vermieten. Abendessen wird auf Anfrage serviert, und abends erzählen die Besitzer Hemi und Pauline gerne mal Sagen von der Entdeckung Neuseelands durch die frühen Pazifikvölker.

Essen & Ausgehen

Sweet Alice's Fudge Kitchen (☎ 03-755 5359; 27 Tancred St; 6 NZ$/Stück; ☽ Mo–Fr 10–16, Sa & So bis 14 Uhr) Alices selbstgemachte, aus natürlichen Zutaten hergestellte Fondants sind ein wahres Verwöhnerlebnis. Es könnte eine Herausforderung werden, sich für eine Geschmacksrichtung zu entscheiden. Empfehlenswert sind Pfefferminzschokolade und das beschwipste „Boozy Fruit and Nut" mit Früchten und Nüssen.

Hokitika Cheese & Deli (☎ 03-755 5432; 84 Revell St; Hauptgerichte 7–16 NZ$; ☽ 8–16 Uhr) In diesem luftigen Café im Freien mit Käserei lässt es sich hervorragend in den Tag starten. Seine Stärke sind der Brunch und die leichten Gerichte, auch immer lecker sind der frische Kaffee und der gereifte Käse. Schon allein die Pies mit Hühnchen und Pilzen lohnen den Besuch.

Stumpers Cafe & Bar (☎ 03-755 6154; 2 Weld St; Hauptgerichte 12–28 NZ$; ☽ 7 Uhr–open end) Das Essen in Hokitikas Kneipen ist alles andere als aufregend. In dieser Hinsicht noch am besten ist das Stumpers. Es hat eine Caféhaus-Atmosphäre und ist mit einer bunten Palette von Blue Cod bis Grünschalmuscheln (etwas) einfallsreicher.

LP Tipp Fat Pipi Pizza (☎ 03-755 6263; 83a Revell St; Pizza 19–24 NZ$; ☽ Do–So 17 Uhr–open end; **V**) Hier wird die Pizza noch mit Liebe und vor den Augen der Gäste zubereitet. Egal ob Vegetarier oder Fleischliebhaber – hier läuft jedem das Wasser im Mund zusammen. Während der Whitebait-Saison (Sept.–Mitte Nov.) sollte man die Fat Pipi Whitebait Pizza probieren. Oft gibt's nur Take-Away-Pizza, denn es ist fast unmöglich, hier einen Sitzplatz zu kriegen.

West Coast Wine Bar (☎ 03-755 5417; 108 Revell St; ☽ Mo–Sa 11–16 Uhr, Fr bis open end) Keine Fata Morgana, sondern vermutlich das Nobelste, was die West Coast zu bieten hat – zum Knabbern gibt's hier Käsehäppchen und marinierte Oliven. Aber keine Angst: Wem das zu dekadent erscheint, der kann sich auch einfach nur ein Bierchen genehmigen.

Selbstversorger können sich im Supermarkt **New World** (☎ 03-755 8390; 116 Revell St; ☽ Mo–Fr 8–19, So 9–18 Uhr) eindecken.

Unterhaltung

Crooked Mile Talking Movies (☎ 03-755 5309; www. crookedmile.co.nz; 36 Revell St; Ticket Erw./Kind 11/6 NZ$) In diesem historischen Gebäude gibt es alte Sofas, Bio-Schokolade, eine hauseigene Bar und Programmkino – das verspricht ein perfekter Abend zu werden.

Shoppen

Die meisten der Kunsthandwerksläden in Hokitika sind in der Tancred St, wo Steine und Holz (und Glas, Gold, Knochen und Muscheln) bearbeitet werden. Die Angestellten erzählen gerne etwas über *pounamu* und in einigen der Werkstätten kann man den Handwerkern sogar bei der Arbeit zusehen. Man muss wissen, dass manche Läden importierte Jade aus Europa und Asien verkaufen, da in Neuseeland *pounamu*-Funde in der freien Natur selten oder nur unter großem (finanziellem) Aufwand möglich sind.

Traditional Jade Co (☎ 03-755 5233; 2 Tancred St) Dieses Studio in Familienbesitz hat trotz des Jade-Hypes die Bedeutung der Tradition nicht vergessen. Man kann hier begabten Schnitzkünstlern zusehen, wie sie die Jade nach klassischem Maori-Design verarbeiten.

Te Waipounamu Jade (☎ 03-755 8304; 19 Sewell St) Te Waipounamu ist gnadenlos authentisch und verkauft ausschließlich *pounamu* aus Neuseeland. Die Jade wird hier zu traditionellen und zu modernen Designs verarbeitet – alles wunderschöne kleine Kunstwerke.

Jagosi Jade (☎ 03-755 6243; 246 Sewell St; ⏰ Mo–Fr 8.30–16 Uhr) Der Schnitzer Aden Hoglund stellt hier sowohl traditionelle als auch moderne Maori-Designs her. Dazu benutzt er ausschließlich Jade der Südinsel Neuseelands.

Hokitika Glass Blowing Studio (☎ 03-755 7775; 28 Tancred St; ⏰ Mo–Fr 9–16 Uhr) Dieses Studio hat sich auf die Glaskunst spezialisiert und deckt damit so ziemlich alles ab, von kitschig bis prunkvoll. Wer den Glasbläsern zuschauen möchte, sollte etwas Kurzärmeliges tragen – es kann ganz schön heiß werden.

Anreise & Unterwegs vor Ort

AUTO

Diese Autovermietungen haben Filialen am Flughafen von Hokitika:

Avis (☎ 03-768 0902; www.avis.com)

Budget (☎ 03-768 4343; www.budget.co.nz)

Hertz (☎ 03-768 0196; www.hertz.co.nz)

Ein lokaler Anbieter mit guten Preisen für tageweise Vermietungen ist **Aotearoa Rentals** (☎ 03-755 5222; hokitikacc@xtra.co.nz; Hokitika Car Court, 65 Fitzherbert St).

BUS

Die Busse von **InterCity** (☎ 03-365 1113; www.intercity.co.nz) starten täglich vor dem **National Kiwi Centre** (03-755 5251; 60 Tancred St) und fahren nach Greymouth (14 NZ$, 45 Min., Abfahrt 12.30 Uhr), Nelson (65 NZ$, 7 Std., Abfahrt 12.30 Uhr) und zum Fox Glacier (39 NZ$, 3½ Std., Abfahrt 14.55 Uhr).

Atomic Shuttles (☎ 03-349 0697; www.atomictravel.co.nz) fährt am i-SITE ab, Ziele sind der Fox Glacier (35 NZ$, 3½ Std., Abfahrt 8 & 15.15 Uhr), Greymouth (15 NZ$, 1 Std., Abfahrt 11.30 & 16.50 Uhr) und Queenstown (70 NZ$, 10 Std., Abfahrt 8 Uhr).

Naked Bus (www.nakedbus.com) fährt nordwärts nach Greymouth und südwärts nach Queenstown mit Zwischenstopps am Franz Josef Glacier und am Fox Glacier, in Haast und in Wanaka.

FLUGZEUG

Der Flughafen von Hokitika liegt 1,5 km östlich des Zentrums am Airport Dr (der von der Tudor St abzweigt). **Air New Zealand** (☎ 0800

WHITEBAIT-FIEBER

Unter dem Tagmond-Autorin Keri Hulme hat einst gesagt: „Ich nehme nichts besonders ernst, außer das Whitebait-Fischen." Die bekannteste in Okarito wohnende Einsiedlerin hat da wohl der gesamten West Coast aus dem Herzen gesprochen, denn zwischen September und Mitte November sind sämtliche Flüsse und Flussmündungen in Meeresnähe von Fischern jeden Alters bevölkert, die darauf aus sind, ein paar kostbare Kilos der noch nicht ausgewachsenen Inangas (Flussstinte) zu fangen. Die Fänge der letzten Jahre waren geringer als üblich und 2007 stieg der Kilopreis für die kleinen Viecher auf 150 NZ$. Manche der Whitebait-Fischer fangen an einem guten Tag bis zu 15 kg – ein lukratives Geschäft. Es verwundert also nicht, dass viele eifrige Kiwis dieses Hobby teilen, alle mit ihrem eigenen finanziellen Ziel vor Augen. Teenager sparen auf ein schönes neues Handy, während die Eltern vielleicht eher von einem neuen Digitalreceiver träumen. Die Erfahrenen unter den Fischern sind jedoch meist schon zufrieden, wenn ihre Beute sie für ein paar weitere Wochen mit Bier und der Miete für das Cottage oder den Wohnwagen am Fluss versorgt.

Empfehlenswert sind Whitebait-Bratlinge in frischem Weißbrot oder die schmackhafte Whitebait-Pizza in Hokitikas Fat Pipi Pizza (S. 558).

WEST COAST

737 000, 09-357 3000; www.airnz.co.nz) fliegt viermal täglich (ab 65 NZ$/einfache Strecke) nach/ von Christchurch.

TAXI

Wer ein Taxi braucht, muss bei **Hokitika Taxis** (☎ 03-755 5075) anrufen.

RUND UM HOKITIKA

Eine 33 km lange Autofahrt oder Radtour durch Farmland führt zur **Hokitika Gorge**. Die reizende kleine Schlucht begeistert mit herrlich türkisfarbenem Wasser. Das Gletschermehl (mitgeführte Felspartikel) gibt ihm die milchige Eintrübung. Auf, hinüber über die Hängebrücke und hinein in den Wald zu ein paar Kurzwanderungen! Um hierher zu kommen, zunächst die Stafford St hinter der Molkerei von Hoki entlangfahren und dann den Schildern folgen.

Auf dem Weg zur Schlucht kommt man auch an **Kowhitirangi** vorbei, 1941 Schauplatz einer groß angelegten zwölftägigen Menschenjagd unter Mitwirkung der neuseeländischen Armee: Der geisteskranke Farmer Stanley Graham erschoss damals vier Polizisten aus Hokitika und verschwand dann im Busch. Er kehrte zurück, ermordete drei weitere Beamte und wurde schließlich selbst getötet. Mit einem Gewehrlauf aus Stein markiert heute ein düsteres Denkmal an der Straße das Farmgelände. Der neuseeländische Spielfilm *Böses Blut* von 1981 mit Jack Thompson in der Hauptrolle schildert das schreckliche Ereignis.

Eine gepflasterte Waldstraße (ziemlich schlecht für größere Fahrzeuge) umgibt den **Lake Kaniere** und führt dabei an den **Dorothy Falls**, dem **Kahikatea Forest** und der **Canoe Cove** vorbei. Das i-SITE in Westland und das DOC in Hokitika haben Informationen zu weiteren Wanderungen in der Umgebung wie dem **Lake Kaniere Walkway** (einfache Strecke 4 Std.) am westlichen Seeufer. Auf dem **Mahinapua Walkway** (einfache Strecke 2½ Std.) geht's durch ein Schutzgebiet auf der Nordostseite des Lake Mahinapua zu einem Sumpf mit vielen Tier- und Pflanzenarten.

Einen **DOC-Campingplatz** (Erw./Kind 6/1,50 NZ$) gibt's z. B. in **Goldsborough**; der Ort liegt 17 km von Hoki entfernt am „Gold Trail" von 1876. Auch an der **Hans Bay** (19 km von Hokitika entfernt) am Ostufer des Lake Kaniere und am **Lake Mahinapua** (10 km südlich von Hokitika) sind welche zu finden.

VON HOKITIKA ZUM WESTLAND TAI POUTINI NATIONAL PARK

Von Hokitika aus sind es in südlicher Richtung 140 km bis zum Franz Josef Glacier. Die meisten Traveller fahren ohne Halt durch, aber es gibt einige interessante historische Highlights sowie Möglichkeiten zum Wandern, Kajakfahren und zur Vogelbeobachtung an dieser Strecke. Die Busse von **InterCity** (☎ 03-365 1113; www.intercity.co.nz) und **Atomic Shuttles** (☎ 03-349 0697; www.atomictravel.co.nz) halten unterwegs am SH6.

Ross

Ross ist eine Stadt verblassten Ruhms. 30 km südlich von Hokitika wurde mit dem 2772 g schweren „Honourable Roddy" Neuseelands größtes Goldnugget gefunden, was 1907 für gewaltigen Wirbel sorgte. Das **Ross Visitor Information Centre** (☎ 03-755 4077; www.ross.org.nz; 4 Aylmer St; ⏰ Dez.–Feb. 9–17 Uhr, März–Nov. bis 15 Uhr) zeigt ein maßstabsgetreues Modell der Stadt zu ihrer Blütezeit (2 NZ$).

Gegenüber beherbergt das **Miner's Cottage Museum** (Eintritt frei; ⏰ 9–17 Uhr) in einem Cottage von 1885 zwei alte Pianolas und ein Imitat des Roddy. Beim Anblick des Nachbaus des **Ross Gaol** nebenan freut man sich, dass man dort nicht die Nacht verbringen muss.

Der **Water Race Walk** (hin & zurück 1 Std.) beginnt in der Nähe des Museums und führt an alten Goldgräberstollen, Höhlen, Tunnels und einem Friedhof vorbei. **Goldwaschen** kann man am Visitor Information Centre (10 NZ$). Man kann sich aber auch eine Pfanne leihen (10 NZ$), sich zum Jones Creek aufmachen und nach den Urururenkeln des Roddy-Nuggets suchen.

Das **Empire Hotel** (☎ 03-755 4005; basilcybil@xtra. co.nz; 19 Aylmer St; Stellplatz ohne/mit Strom 15/20 NZ$, EZ 40 NZ$, DZ 60–75 NZ$) hat einige einfache Hütten und Backpacker-Schlafsäle mit authentischen, altertümlichen Kneipenräumen im Obergeschoss. Wer mit Zelt oder Wohnwagen unterwegs ist, kann sein Lager im angrenzenden Garten aufschlagen. Die Bar ist ein echtes Juwel der West Coast. Sie stammt, wie schon der Geruch verrät, aus einer längst vergangenen Zeit: absolut authentisch und unglaublich cool. Das Empire Hotel ist typisch Kiwi und auf dem besten Weg, die beste Kneipe der Südinsel zu werden.

Das rustikale **Roddy Nugget Cafe & Bar** (☎ 03-755 4245; 5 Moorhouse St; Gerichte 6–15 NZ$; ⏰ 7–23 Uhr) ist ein Country-Café mit hausgemachtem Es-

sen – z. B. himmlischer Blaubeer-Pfannku-
chen. Gelegentlich gelingt es der Bar, und bei
schönem Wetter auch dem Biergarten, die
Lebenslust der glorreichen Tage des Ortes
wieder aufleben zu lassen.

Von Ross nach Okarito
Südlich von Ross wird der Wald dichter und
oft hängen Nebel und Regen über dieser
grünen Gegend.

Etwa 16 km südlich von Ross steht die **Old
Church** (☎ 03-755 4000; SH6; Stellplatz ohne Strom
12,50 NZ$, B/DZ 20/50 NZ$) ganz einsam am Kaka-
potahi River. Es gibt hier Räder, Kajaks und
Angelausrüstung, Essen muss aber selbst mitgebracht werden, da es keinen Laden in der
Nähe gibt.

PUKEKURA
Gleich nördlich des Lake Ianthe liegt mitten
im dichten Wald dieser winzige Ort mit nur
zwei Einwohnern.

Die Reisebusse halten am **Bushmans Centre**
(☎ 03-755 4144; www.pukekura.co.nz; SH6; Eintritt frei;
⏰ 9–18 Uhr), einem etwas zu rustikalen Café
mit Laden und einem überaus großen Miss-
trauen gegenüber Possums, Tierschützern
und Leuten aus Auckland. Drinnen gibt es
einen Souvenirshop und das **Bushmans Museum**
(Erw. 4 NZ$), das in einem 20-minütigen Video
mit hinterwäldlerischem Humor über die
Wirtschaft der Gegend informiert und eine
possumfeindliche Ausstellung sowie riesige
Aale zeigt. Im Café werden Snacks wie Pos-
sum-Trockenfleisch, Possum-Pie und Pos-
sum-Pâté angeboten. Draußen auf einer Koppel sieht man Gämsen und Tahr-Ziegen, die
glücklicher wirken als die Possums drinnen
in ihren Käfigen.

Auf der anderen Straßenseite steht der
Puke Pub und das **Wild Foods Restaurant** (☎ 03-
755 4008; Hauptgerichte 10–15 NZ$; ⏰ 12 Uhr–open end),
das sich auf „Road Kill"-Gerichte spezialisiert
hat, beispielsweise „Possum mit Reifenprofil"
oder „Scheinwerfer-Genuss". Das Motto lautet: „Sie killen es, wir grillen es".

Gleich nebenan hat die **Pukekura Lodge**
(☎ 03-755 4008; SH6; Stellplatz ohne/mit Strom 15 NZ$, B
15 NZ$, DZ 40 NZ$) vier rustikale Zimmer, und beim
Lake Ianthe, 6 km südlich von Pukekura, gibt's
einen **DOC Campingplatz** (Erw./Kind 6/1,50 NZ$).

HARI HARI
Etwa 22 km südlich vom Lake Ianthe liegt
Hari Hari, das 1931 für Schlagzeilen sorgte als
der draufgängerische australische Flieger Guy
Menzies den ersten Alleinflug von Sydney
über die Tasmansee hier vollendete. Menzies
legte mit seiner *Southern Cross Junior* eine
Bruchlandung im Sumpfgebiet La Fontaine
hin. Sein Flug dauerte mit 11¾ Stunden
ganze zweieinhalb Stunden weniger als der
seines Landsmanns Charles Kingsford Smith
im Jahr 1928. Am Südende des Ortes ist eine
Nachbildung seines treuen Doppeldeckers zu
sehen. Internetzugang gibt's im Pioneer
Cottage Craft Store am nördlichen Ende des
Ortes.

Der **Hari Hari Coastal Walk** (auch Doughboy
Walk oder Coastal Pack Track; hin & zurück
2¾ Std.) ist ein sehr beliebter Rundweg, der
nur bei Niedrigwasser begehbar ist, da er den
Poerua River und den Wanganui River passiert. Die Wanderung beginnt 20 km abseits
vom SH6, die letzten 8 km ist die Straße unbefestigt. Der Wanganui Flats Rd und dann
dem La Fontaine Dr folgen. Am Ausgangspunkt gibt's Infos zum Wasserstand; auch das
Ross Visitor Information Centre hat sie parat.

Flaxbush Motels (☎ 03-753 3116; flaxbush123@xtra.
co.nz; SH6; DZ 50–150 NZ$; 💻) In den letzten Jahren
wurde dieses sehr unkonventionelle Motel
rundum erneuert, die gesamte Anlage wurde
herausgeputzt und neue Einrichtungen kamen hinzu. Die Hütten und Wohneinheiten
halten etwas für jeden Geldbeutel bereit. Die
Besitzer sind bekennende Tierliebhaber und
halten freilaufende Pfauen und ein Possum
als Haustier. Letzteres hat sogar sein eigenes
Zimmer – im Haus.

Das **Hari Hari Motor Inn** (☎ 03-753 3026; hhmi@
paradise.net; SH6; Stellplatz ohne/mit Strom 19/22 NZ$, B/DZ
18,50/100 NZ$) hat funktionelle Doppelzimmer,
allerdings keine Gemeinschaftsküche für
Camper. Das Bistro (Hauptgerichte 11–
29 NZ$; geöffnet 12 Uhr–open end) ist die
einzige Möglichkeit, in Hari Hari abends etwas zu essen zu bekommen. Es gibt leckere
Pizzas, Steaks, Braten und kühles Bier.

WHATAROA & KOTUKU SANCTUARY
In der Nähe von Whataroa, 35 km südlich von
Hari Hari, befindet sich Neuseelands einziges
Brutgebiet des Kotuku (Silberreihers), der hier
zwischen November und Februar nistet. Da-
nach gehen die Vögel getrennte Wege und
denken dann während des Winters über ihre
Einstellung zum Singledasein nach.

White Heron Sanctuary Tours (☎ 0800 523 456,
03-753 4120; www.whiteherontours.co.nz; SH6, Whataroa;

Erw./Kind 110/45 NZ$; ☽ Ende Okt.–März tgl. 4 Touren) hat als einziges Unternehmen eine DOC-Konzession für Führungen zu den Reihern. Das geschieht in zweieinhalbstündigen „Jetboat-Ökotouren" – die Vögel fühlen sich durch die Jetboats nicht gestört. Ansonsten gibt's das ganze Jahr über eine Regenwald-Tour (ohne Reiher) zum gleichen Preis.

Gleich nebenan befindet sich das **Sanctuary Tours Motel** (☎ 0800 523 456, 03-753 4120; www.white herontours.co.nz; SH6, Whataroa; Hütte 55–65 NZ$, DZ 95–125 NZ$). Die einfachen Hütten haben Gemeinschaftsbäder (Bettwäsche kostet 8 NZ$ extra), außerdem gibt's bunt angestrichene Motel-Wohneinheiten.

Okarito

Weitere 15 km südlich von Whataroa folgen The Forks und die Abzweigung zum 13 km entfernten friedlichen Küstendorf Okarito. Keri Hulmes mit dem Booker Prize ausgezeichneter Bestseller *Unter dem Tagmond* spielt in dieser menschenverlassenen Region. Die menschenscheue Autorin gehört zu den ein paar Handvoll zählenden ständigen Einwohnern in diesem abgeschiedenen Küstenweiler. In Okarito gibt's keine Läden; seine Vorräte muss man aus dem New World in Hokitika mitbringen.

Am Südende von The Strand beginnen ein paar Küstenwanderwege zur **Three Mile Lagoon** (hin & zurück 3 Std.; nur bei Ebbe) und zum **Okarito Trig** (hin & zurück 1½ Std.). Hier hat man eine prima Aussicht auf die Southern Alps und die Okarito Lagoon.

Okarito Nature Tours (☎ 0800 524 666, 03-753 4014; www.okarito.co.nz; Kajakverleih halber/ganzer Tag 50/60 NZ$) verleiht Kajaks für Ausflüge in die friedliche **Okarito Lagoon**, ein fischreiches Festmahl für Wasservögel. Die Lagune ist Neuseelands größtes naturbelassenes Feuchtgebiet, ein komplexes Ökosystem aus seichtem Gewässer und Wattgebieten, das von Regenwald umgeben ist. Es werden geführte Touren angeboten (ab 75 NZ$). Erfahrene Paddler können die Kajaks über Nacht ausleihen (80 NZ$) und den abgelegenen North Beach oder Lake Windemere erkunden.

Okarito Boat Tours (☎ 03-753 4223; www.okarito boattours.co.nz) bieten Touren durch die Lagune an. Preise für morgens und abends beginnen bei 45 NZ$. Mehr Chancen, wild lebende Tiere auszumachen, hat man bei der morgendlichen Nature-Tour (2 Std., 75 NZ$), weshalb hier auch im Voraus gebucht werden sollte.

Okarito Kiwi Tours (☎ 03-753 4330; www.okarito kiwitours.co.nz; 60 NZ$) hat Nachtexpeditionen (2–3 Std.) im Angebot. Hier können nur je acht Personen mitfahren, deshalb sollte im Sommer im Voraus gebucht werden. Der Veranstalter holt die Kiwi-Fans auch aus Franz Josef ab und wirbt mit einer 90%-igen Wahrscheinlichkeit, den Vogel zu sichten.

Der **Okarito Campground** (abseits der Russell St; Erw./Kind 7,50 NZ$/frei) ist eine luftige kommunale Grünfläche mit Grillstellen, Toiletten, warmen Duschen (1 NZ$) und Telefon. Den fälligen Betrag legt man in die „Honesty Box".

Das alte Schulgebäude von 1892 beherbergt heute das kommunale **Okarito YHA Hostel** (☎ 03-379 9970; www.yha.co.nz; The Strand; B 21 NZ$). Das reizende historische Gebäude ist sogar die kleinste Jugendherberge Neuseelands und kann nur komplett gemietet werden, einzelne Betten buchen geht nicht. Für nur 60 NZ$ pro Nacht finden zwölf Personen Platz. Also ein paar Leute zusammentrommeln und ab dafür!

Das **Okarito Beach House & Royal Hostel** (☎ 03-753 4080; www.okaritobeachhouse.com; The Strand; B 25 NZ$, DZ 60–90 NZ$) bietet viele Übernachtungsoptionen und alle haben sie einen gewissen Charme. Das verwitterte, separate „Hutel" (90 NZ$) ist sein Geld wert. Die Summit Lodge besticht durch ihre Aussicht und den besten Esszimmertisch, den man sich vorstellen kann. Diese Anlage ist bei Gruppen sehr beliebt, also sollte im Voraus gebucht werden.

WESTLAND TAI POUTINI NATIONAL PARK

Die Highlights im Westland Tai Poutini National Park sind die Gletscher Franz Josef und Fox. Nirgendwo sonst an diesem Breitengrad reichen Gletscher so nah an die Küste heran.

Ihre erstaunliche Entstehung verdanken die Gletscher dem vielen Regen. Der Schnee, der auf die großen Nährgebiete fällt, wird in 20 m Tiefe zu Eis und rutscht dann in die Täler hinunter. Weil die Gletscher steil sind, wandert das Eis lange, bevor es schmilzt.

Die Geschwindigkeit dieser Talfahrt ist atemberaubend: 1943 zerschellte ein Flugzeug 3,5 km vom Gletschertor des Franz Josef Glacier entfernt. Sechseinhalb Jahre später war das Wrack am Ende der Zunge angekommen, was eine Geschwindigkeit von ca. 1,5 m pro Tag bedeutet. „Big Franz" bewegt sich 1 m pro Tag, woraus aber zeitweise bis zu 5 m werden können. Somit ist er zehnmal schneller als die Gletscher in den Schweizer Alpen.

WESTLAND TAI POUTINI NATIONAL PARK

0 ———— 5 km

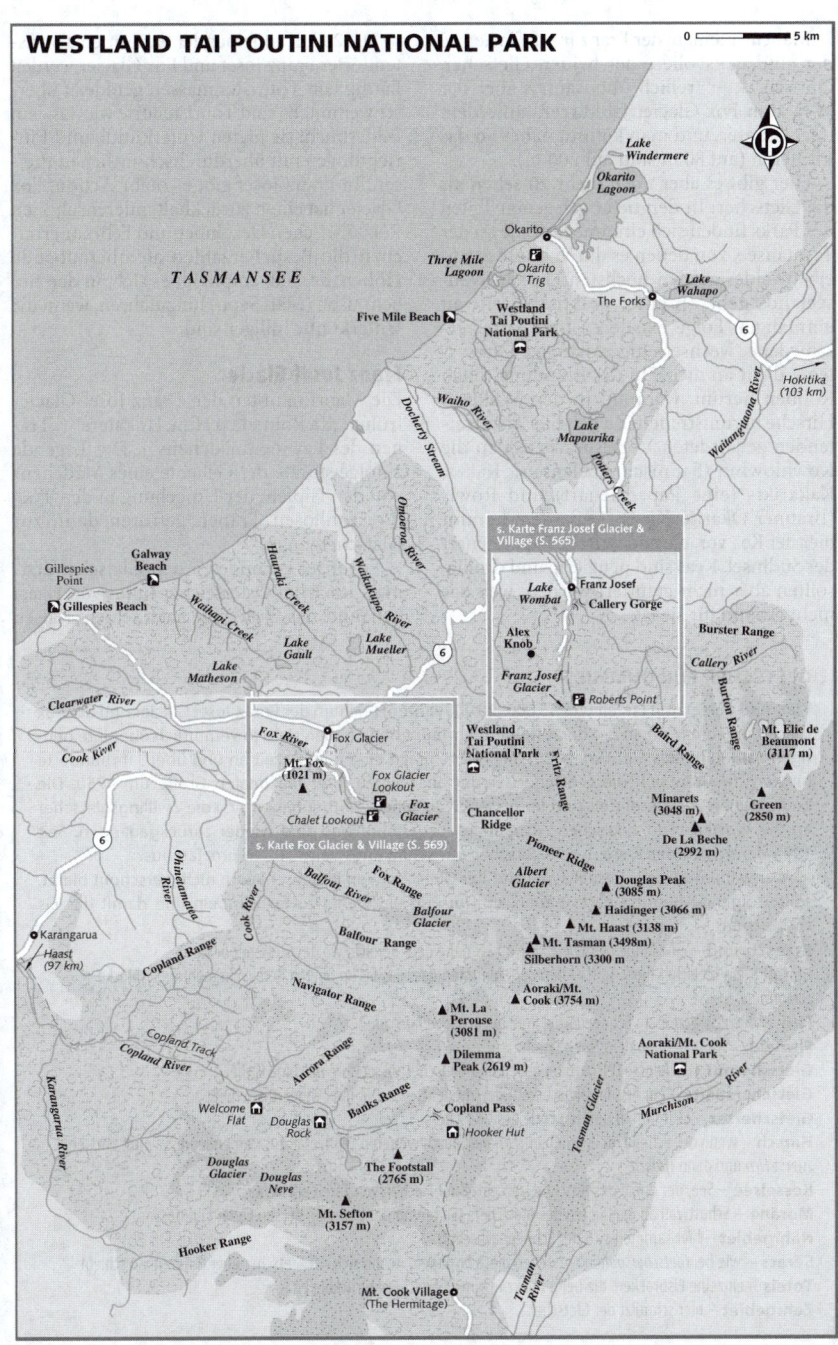

Lake Windermere

Okarito Lagoon

Okarito

Three Mile Lagoon

Okarito Trig

TASMANSEE

Five Mile Beach

Westland Tai Poutini National Park

The Forks

Lake Wahapo

6

Hokitika (103 km)

Waiho River

Dochery Stream

Lake Mapourika

Penters Creek

Omoeroa River

Waitangitaona River

s. Karte Franz Josef Glacier & Village (S. 565)

Lake Wombat

Franz Josef

Callery Gorge

Galway Beach

Gillespies Point

Gillespies Beach

Hauraki Creek

Waikukupa River

Waihapi Creek

Lake Gault

Lake Mueller

6

Alex Knob

Franz Josef Glacier

Roberts Point

Burster Range

Callery River

Burton Range

Lake Matheson

Clearwater River

Cook River

Fox River

Fox Glacier

Mt. Fox (1021 m)

Fox Glacier Lookout

Chalet Lookout

Fox Glacier

s. Karte Fox Glacier & Village (S. 569)

Westland Tai Poutini National Park

Fritz Range

Baird Range

Mt. Elie de Beaumont (3117 m)

Chancellor Ridge

Minarets (3048 m)

De La Beche (2992 m)

Green (2850 m)

Ohinemataca River

6

Cook River

Balfour River

Fox Range

Balfour Glacier

Balfour Range

Pioneer Ridge

Albert Glacier

Douglas Peak (3085 m)

Haidinger (3066 m)

Mt. Haast (3138 m)

Mt. Tasman (3498 m)

Silberhorn (3300 m)

Karangarua

Haast (97 km)

Copland Range

Navigator Range

Aurora Range

Copland Track

Copland River

Mt. La Perouse (3081 m)

Dilemma Peak (2619 m)

Aoraki/Mt. Cook (3754 m)

Aoraki/Mt. Cook National Park

Tasman Glacier

Murchison River

Karangarua River

Welcome Flat

Douglas Rock

Banks Range

Copland Pass

Hooker Hut

Douglas Glacier

Douglas Neve

The Footstall (2765 m)

Mt. Sefton (3157 m)

Hooker Range

Mt. Cook Village (The Hermitage)

Tasman River

Manche meinen, der Franz Josef Glacier sei der eindrucksvollere der beiden Gletscher. Optisch ist er freilich imposanter, aber der Weg zum Fox Glacier ist kürzer, außerdem interessanter, und man kommt näher an das Eis heran (auf 80 m statt auf 200 m).

Hier gibt es aber noch mehr zu sehen als die Gletscher: In den tiefer gelegenen Teilen des Parks finden sich einsame Strände an der Tasmansee, von denen es durch bunte Steineibenwälder zu den höchsten Gipfeln Neuseelands geht. In einer praktisch weltweit einmaligen Folge existieren hier ganz verschiedene, wechselseitig abhängige Ökosysteme dicht an dicht. In der Brandung tollen Robben herum, während in den Wäldern Hirsche herumstreifen. Zu den hier anzutreffenden gefährdeten Vogelspezies zählen die Kowhiowhio (Saumschnabelenten), Kakas, Kakarikis (eine Papageienart) und Rowis (Brauner Okarito-Kiwi). Außerdem kommt hier der Kea vor, die endemische Papageienart der Südinsel. Keas sind neugierig und drollig, sollten aber nicht gefüttert werden, weil das nicht gesund für sie ist.

Die 23 km voneinander entfernten Touristendörfer Franz Josef und Fox Glacier werden häufig von Touristenmassen geradezu überschwemmt. Es sind Touristenorte wie aus dem Bilderbuch; sie bieten Unterkünfte und Einrichtungen mit überdurchschnittlichen Preisen. In Franz Josef gibt es mehr Action, Fox Glacier hat einen zurückhaltenderen, alpinen Reiz. Zwischen Dezember und Februar erreichen die Besucherzahlen atemberaubende Höhen, deshalb empfiehlt es sich, in der Nebensaison (Mai–Sept.) hinzufahren, wenn die Unterkünfte billiger sind.

Franz Josef Glacier

Die Maori nannten den Franz Josef Glacier früher „Ka Roimata o Hine Hukatere" („Tränen des Lawinenmädchens"). Der Legende zufolge stürzte der Geliebte eines Mädchens von den Gipfeln der Umgebung in den Tod; ihre zahllosen Tränen gefroren dann zur Gletscherzunge.

Europäer erkundeten den Gletscher erstmals 1865; der Österreicher Julius von Haast benannte das Eisgebirge nach seinem Kaiser.

GLETSCHER FÜR DUMMIES

Während der letzten Eiszeit (vor 15 000–20 000 Jahren) reichten der Franz Josef Glacier und der Fox Glacier bis zum Meer. In der darauffolgenden Tauperiode haben sie sich vermutlich über ihre heutige Position hinaus zurückgebildet. Im 14. Jh. brach eine Mini-Eiszeit an und über Jahrhunderte hinweg dehnten sich die Gletscher wieder aus, bis zu ihrer maximalen Größe um 1750. Die Endmoränen aus dieser Zeit sind immer noch zu sehen. Seither haben sich die Zwillingsgletscher an der Westküste in zyklischen Abständen ausgedehnt und sind wieder zurückgegangen. Seit 1985 dehnt sich der Franz-Josef-Gletscher um schätzungsweise 70 cm pro Tag aus.

Wer während seines Besuchs im Land der Gletscher von Regenschauern nicht verschont bleibt, sollte folgende Begriffe parat haben, um im Pub ein wenig zu fachsimpeln und damit das Eis zu brechen:

Bergschrund – eine lange *Gletscherspalte* im Eis nahe dem Bereich, wo der Gletscher beginnt

Eisfall – ein Gletscher fließt so steil den Berg hinunter, dass das Eis im oberen Bereich in mehrere Eisblöcke zerspringt

Firn – teilweise gepresste Schneedecke, kurz bevor sie *verharscht*

Firnfeld – Schneefeld, in dem *Firn* entsteht

Gletschermilch – feinste Felspartikel geben den Gletscherflüssen ihre milchige Farbe

Gletscherspalte – ein Riss im Gletschereis, der entsteht, wenn es über Hindernisse fließt

Gletschertor – Eisfront am unteren Ende des Gletschers

Harsch – wenn der Schnee im Zehrgebiet *(Firnfeld)* durch weiteren Schneefall zusammengepresst wird, entsteht zuerst *Firn* und dann *Harsch*

Kesselsee – See, der durch das Abschmelzen einzelner Flächen von *Toteis* entsteht

Moräne – Schuttwall an den Seiten des Gletschers (Seitenmoräne) oder an dessen Ende (Endmoräne)

Nährgebiet – hier sammelt sich der Schneenachschub

Séracs – wie bei *Gletscherspalten* entstehen diese Eisnadeln, wenn sich der Gletscher über Hindernisse schiebt

Toteis – einzelne Eisbrocken, die beim Rückzug eines Gletschers zurückbleiben

Zehrgebiet – hier schmilzt der Gletscher

Wie zerronnen, so gewonnen: Nach einer langen Rückzugsphase (s. Kasten S. 564) begann der Gletscher 1985 wieder zu wachsen.

Der Gletscher ist 5 km vom Franz Josef Village entfernt; vom Parkplatz bis zum Gletschertor ist man zu Fuß rund 40 Minuten unterwegs. Beide Gletscher sind mit Seilen abgesperrt, damit Besucher nicht von Eisbrüchen getroffen oder von Gletscherflüssen mitgerissen werden. Und die Gefahr ist wirklich groß: 2009 verunglückten zwei Touristen tödlich, die sich zu nah herangewagt hatten und von herunterfallendem Eis getroffen wurden. Man sollte also unbedingt eine geführte Tour mitmachen, wenn man nah – aber eben nicht zu nah – an das Geschehen herankommen will.

PRAKTISCHE INFORMATIONEN

Internetzugang gibt's bei **Glacier Country Tours & Kayaks** (☎ 03-752 0230; 20 Cron St) und im **Scott Base Tourist Information Centre** (☎ 03-752 0288; SH6); in der Hauptstraße steht ein Geldautomat zur Verfügung – wer weiter gen Süden reist, hat hier die letzte Gelegenheit, Geld abzuheben.

Alpine Adventure Centre (☎ 0800 800 793, 03-752 0793; www.scenic-flights.co.nz; SH6) Hier kann man Aktivitäten buchen. Auf einer Großleinwand wird der 20-minütige Film *Flowing West* (Erw./Kind 12/6 NZ$) gezeigt. Die Bilder sind toll, aber der Soundtrack aus den 1980er-Jahren ist zum Davonlaufen.

Franz Josef Visitor Information Centre (☎ 03-752 0796; www.glaciercountry.co.nz, www.doc.govt.nz; SH6; ⏰ Dez.–Feb. 8.30–18 Uhr, März–Nov. bis 17 Uhr) Das

WEST COAST

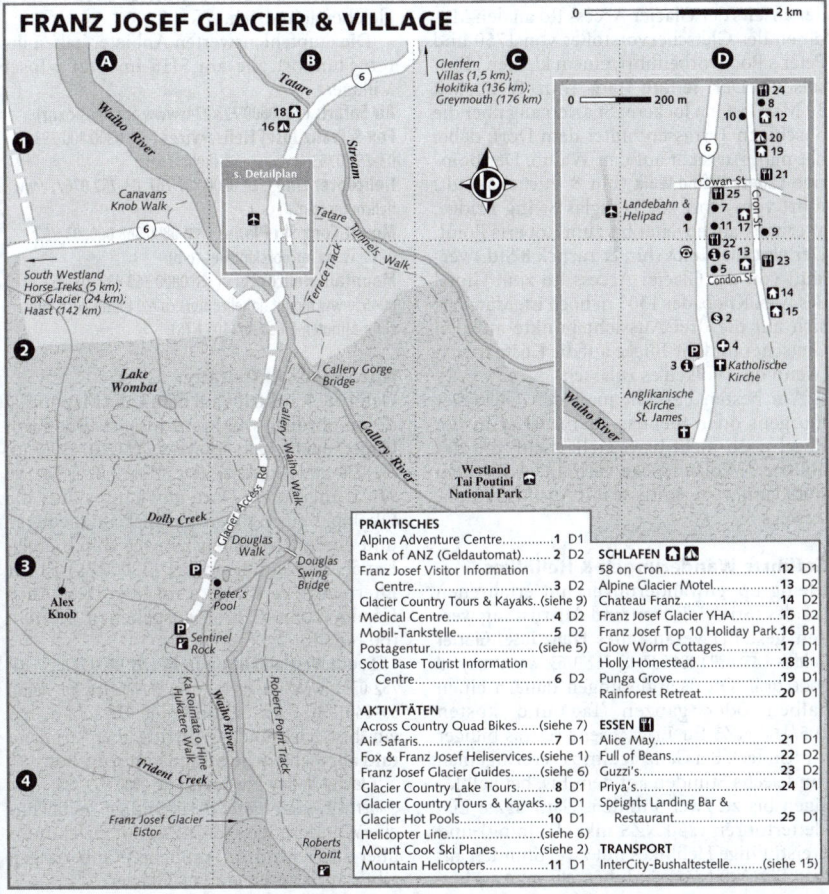

FRANZ JOSEF GLACIER & VILLAGE

PRAKTISCHES	
Alpine Adventure Centre.............1 D1	
Bank of ANZ (Geldautomat).......2 D2	**SCHLAFEN**
Franz Josef Visitor Information	58 on Cron........................12 D1
Centre...............................3 D2	Alpine Glacier Motel..............13 D2
Glacier Country Tours & Kayaks..(siehe 9)	Chateau Franz.....................14 D2
Medical Centre......................4 D2	Franz Josef Glacier YHA..........15 D2
Mobil-Tankstelle.....................5 D2	Franz Josef Top 10 Holiday Park.16 B1
Postagentur........................(siehe 5)	Glow Worm Cottages...............17 D1
Scott Base Tourist Information	Holly Homestead....................18 B1
Centre...............................6 D2	Punga Grove.........................19 D1
	Rainforest Retreat..................20 D1
AKTIVITÄTEN	
Across Country Quad Bikes......(siehe 7)	**ESSEN**
Air Safaris..............................7 D1	Alice May..........................21 D1
Fox & Franz Josef Heliservices..(siehe 1)	Full of Beans......................22 D2
Franz Josef Glacier Guides........(siehe 6)	Guzzi's.............................23 D2
Glacier Country Lake Tours........8 D1	Priya's.............................24 D1
Glacier Country Tours & Kayaks..9 D1	Speights Landing Bar &
Glacier Hot Pools..................10 D1	Restaurant......................25 D1
Helicopter Line....................(siehe 6)	
Mount Cook Ski Planes...........(siehe 2)	**TRANSPORT**
Mountain Helicopters.............11 D1	InterCity-Bushaltestelle.........(siehe 15)

Visitor Information Centre ist gleichzeitig das regionale DOC-Büro; es bietet eine ausgezeichnete Ausstellung sowie Informationen zum Wetter und zu den aktuellen Wander-bedingungen.

Medical Centre (☎ 03-752 0700; SH6; ☺ Mo–Fr 8.30–17 Uhr, Arzt Mo–Do 9–12 Uhr, nur Sommer)

Postagentur (Ecke Condon St & SH6) In der Mobil-Tankstelle.

AKTIVITÄTEN
Ungeführte Wanderungen

Mehrere Gletscher-Aussichtspunkte sind vom Parkplatz aus erreichbar, z. B. der **Sentinel Rock Walk** (hin & zurück 20 Min.) und der **Ka Roimata o Hine Hukatere Walk** (hin & zurück 1½ Std.) zum Gletschertor.

Zu den anderen längeren Wanderungen gehört der **Douglas Walk** (hin & zurück 1 Std.), der abseits der Glacier Access Rd an den Moränen des Gletschervorstoßes von 1750 und Peter's Pool vorbeiführt, einem kleinen „Kesselsee". Der **Terrace Track** (hin & zurück 30 Min.) ist ein lockerer Spaziergang über die buschigen Terrassen hinter dem Dorf; dabei hat man Aussicht auf den Waiho. Der holprige **Callery-Waiho Walk** (hin & zurück 4 Std.) führt vom Dorf zur Douglas Swing Bridge, alternativ auch weiter bis zum Roberts Point. Der **Alex Knob Track** (hin & zurück 8 Std.) verläuft von der Glacier Access Rd zum Gipfel des Alex Knob, der 1303 m hoch ist. Man darf sich auf die drei Aussichtspunkte auf den Gletscher und die Blicke auf die Küste freuen (wenn die Wolken es zulassen).

Am besten besucht man den Gletscher morgens oder abends – dann ist er in der Regel noch nicht bzw. nicht mehr von der üblichen Wolkendecke verhüllt. Außerdem sind dann weniger Busse mit Ausflüglern unterwegs.

Geführte Wanderungen & Helihikes

Kleingruppenwanderungen mit erfahrenen Guides (Stiefel, Jacken und Ausrüstung werden gestellt) veranstaltet **Franz Josef Glacier Guides** (☎ 0800 484 337, 03-752 0763; www.franzjosefglacier.com). Die Wanderungen dauern einen halben oder ganzen Tag und kosten 105/160 NZ$ für Erwachsene (etwas billiger für Kinder). Bei Ganztagestrips verbringt man rund sechs Stunden auf dem Eis, bei halbtägigen bis zu zwei Stunden. Ganztägige Eisklettertouren (250 NZ$ inkl. Training) und dreistündige Helihikes mit zwei Stunden auf dem Eis (390 NZ$) sind ebenfalls im Angebot.

Bei den Helihikes kommt man in höhere Regionen des Gletschers und kann blaue Eishöhlen, Séracs und unberührte Eisformationen erkunden.

Rundflüge

Keine Sorge: Das Brummen kommt hier nicht von Sandfliegen oder Moskitos – hier kreisen Hubschrauber und Flugzeuge über die Gletscher und den Aoraki (Mt. Cook). Bei den meisten Flügen ist auch eine Landung im Schnee inbegriffen. Ein 20-minütiger Flug zum Tor des Franz Josef oder Fox Glacier kostet rund 180 NZ$. Flüge, die über beide Gletscher und zum Mt. Cook führen, kosten zwischen 280 und 340 NZ$. Diese Preise gelten für Erwachsene; Kinder unter 15 Jahren zahlen etwa 60 bis 70 % dieses Preises. Vergleichen lohnt sich.

Die empfehlenswerten Anbieter haben ihren Standort alle am SH6 in Franz Josef Village:

Air Safaris (☎ 0800 723 274; www.airsafaris.co.nz)

Fox & Franz Josef Heliservices (☎ 0800 800 793, 03-752 0793; www.scenic-flights.co.nz)

Helicopter Line (☎ 0800 807 767, 03-752 0767; www.helicopter.co.nz)

Mount Cook Ski Planes (☎ 0800 368 000, 03-752 0714; www.mtcookskiplanes.com)

Mountain Helicopters (☎ 0800 369 432, 03-752 0046; www.mountainhelicopters.co.nz) Bietet auch kurze Zehn-Minuten-Flüge an (105 NZ$).

Noch mehr Aktivitäten

Geführte Kajaktrips auf dem Lake Mapourika (7 km nördlich von Franz Josef) werden von **Glacier Country Tours & Kayaks** (☎ 0800 423 262, 03-752 0230; www.glacierkayaks.com; 20 Cron St; 3-stündige Tour 90 NZ$) angeboten. Dazu gibt's Infos über die Ökologie, einen tollen Ausblick auf die Berge und einen friedlichen Umweg durch einen Kanal. Das Familienpaket (220 NZ$) ist für Eltern mit zwei Kindern ein guter Deal. Auch Kajaks können hier ausgeliehen werden (60 NZ$ für 2½ Std.).

South Westland Horse Treks (☎ 0800 187 357, 03-752 0223; www.horsetreknz.com; Waiho Flats Rd; Ausritt 60–240 NZ$), 5 km südlich der Ortschaft, hat ein- bis sechsstündige Ausritte über Farmland und abgeschiedene Strände im Angebot.

Glacier Valley Eco-Tours (☎ 0800 999 739; www.glaciervalley.co.nz) bietet dreistündige, gemächliche Wanderungen (65 NZ$) mit vielen Infos über die Gegend an. Ähnliche Wanderungen gibt's auch unten am Fox Glacier.

Schneller (und um einiges lauter) geht es bei den Quad-Ausflügen zu, die **Across Country Quad Bikes**(☎ 0800 234 288, 03-752 0123; www.across countryquadbikes.co.nz Air Safaris Bldg, SH6) organisiert. Auf vier Rädern wird hier eine actionreiche Tour durch den Regenwald (2 Std., Erw./Kind 150/75 NZ$) veranstaltet. Ebenfalls im Angebot sind Geländefahrten in achtradgetriebenen Argo-Amphibienfahrzeugen (1 Std., 60 NZ$). Das Heliquad-Abenteuer (2½ Std., 395 NZ$) beinhaltet einen Flug über die Berge und entlang der Küste, gefolgt von einer spaßigen Fahrt über einen abgelegenen Strand der West Coast.

Glacier Country Lake Tours (☎ 0800 525 386, 03-752 0244; www.laketours.co.nz; 64 Cron St) organisiert sowohl Angel- also auch Ökotouren (1½ Std., 98 NZ$) zum beschaulichen Lake Mapourika.

Chateau Franz, Glow Worm Cottages und Across Country Quad Bikes verleihen Fahrräder.

Glacier Hot Pools (☎ 0800 044 044; www.glacier hotpools.co.nz; Cron St; Erw./Kind 22,50/16 NZ$; ⊙ 12–22 Uhr) ist eine echte Bereicherung für den Ort und setzt als Thermalbad im Freien neue Standards. Die warmen Pools mitten im Regenwald sind die perfekte Entspannung nach dem Wandern oder an einem regnerischen Tag. Es gibt auch private Pools (40 NZ$ pro 45 Min.) und für alle, die sich so richtig verwöhnen lassen wollen, werden Massagen (80 NZ$ pro 30 Min.) angeboten.

SCHLAFEN
Budgetunterkünfte & Mittelklassehotels
Rainforest Retreat (☎ 0800 873 346, 03-752 0220; www. rainforestretreat.co.nz; 46 Cron St; Stellplatz ohne/mit Strom 22/30 NZ$, B 21–27 NZ$, DZ 99–209 NZ$; 🖳 🛜) Campingplätze und Schlafsäle teilen sich die erstklassigen Einrichtungen (dazu gehören Sauna und Whirlpool) und es gibt auch Cottages mit Bad und separate „Baumhäuser" (259–329 NZ$), in denen bis zu sieben Personen Platz finden. Die Monsoon Bar – das Motto lautet: „Wenn es regnet, gießen wir ein" – ist bei Regen eine gesellige Option.

Chateau Franz (☎ 0800 728 372, 03-752 0738; www. chateaufranz.co.nz; 8 Cron St; B 23–26 NZ$, DZ 53–95 NZ$; 🖳 🛜) Wenn das Wetter draußen mal wieder ganz grässlich ist, kann man sich hier über Nacht wunderbar davor in Sicherheit bringen. Hier gibt's angenehme Extras wie einen Whirlpool, kostenlose Suppe, Popcorn und jede Menge DVDs. Alles ist ein bisschen baufällig und scheint wahllos zusammengesucht

zu sein. Entweder man liebt es oder man hasst es – das muss jeder selbst entscheiden.

Glow Worm Cottages (☎ 0800 151 027, 03-752 0172; www.glowwormcottages.co.nz; 27 Cron St; B ab 24 NZ$, DZ 55–110 NZ$; 🖳 🛜) Nach einem erlebnisreichen Tag lässt es sich in dieser von einheimischen Farnen umgebenen Unterkunft herrlich entspannen. Um 18 Uhr gibt's kostenlose Gemüsesuppe, und wenn es sich einmal einregnet hat, relaxt man im Whirlpool oder bei einer guten DVD.

Franz Josef Glacier YHA (☎ 03-752 0754; www.yha. co.nz; 2-4 Cron St; B 28–30 NZ$, EZ 55 NZ$, DZ 75–96 NZ$; 🖳 🛜) Das farbenfrohe Hostel hat einen hohen Standard und bietet über 100 Betten (inkl. Bettzeug) in 36 beheizten Zimmern. Es gibt drei Familienzimmer, eine neuseeländische Sauna (Badekleidung ist Pflicht) und den Regenwald direkt hinterm Haus. Für Reisende mit Behinderung ist hier alles bestens ausgestattet.

Franz Josef Top 10 Holiday Park (☎ 0800 467 897, 03-752 0735; www.mountainview.co.nz; SH6; Stellplatz ohne/ mit Strom 42 NZ$, DZ 55–300 NZ$; 🖳 🛒 🛜) Dieser Campingplatz wurde kürzlich erst generalüberholt und bietet für jeden Geldbeutel einen Schlafplatz. Die Zeltplätze sind zahlreich und liegen über das ganze Areal verstreut, während die, die lieber ein Dach über dem Kopf haben, sich in den etwas schickeren Wohneinheiten einmieten können.

Alpine Glacier Motel (☎ 0800 757 111, 03-752 0226; www.alpineglaciermotel.com; 14 Cron St; DZ 150 NZ$) Standard-Motelzimmer für Traveller, die keine Schlafsäle mehr sehen können. Die Anlage ist U-förmig ausgerichtet und zwei der Wohneinheiten haben einen Whirlpool, die King-Size-Einheiten auch Kochgelegenheiten.

Spitzenklassehotels
58 on Cron (☎ 0800 662 766, 03-752 0627; www.58oncron. co.nz; 58 Cron St; DZ 170–225 NZ$; 🛜) Der Name ist zwar recht einfallslos, das trendige Dekor in dunkelbraun und die schicke Möblierung machen diese neue Anlage am Wald aber zu einem der besseren Motels in Franz Josef.

Punga Grove (☎ 0800 437 269, 03-752 0001; www. pungagrove.co.nz; 40 Cron St; DZ 190–250 NZ$) Das Punga ist ein qualitativ hochwertiges Motel am Rand des Regenwalds und rühmt selbst seinen erstklassigen Service. Es gibt mehrstöckige, separate Familienwohneinheiten und geräumige Wohnstudios. Wer sich etwas gönnen will, mietet sich in einem der luxuriösen Regenwald-Studios mit Ledersofas ein.

WEST COAST

Glenfern Villas (☎ 0800 453 633, 03-752 0054; www.glenfern.co.nz; SH6; DZ 205–260 NZ$) Inmitten von Nikaupalmen und bequeme 3 km abseits der Touristenhochburg stehen diese separaten Designervillen, alle mit eigenen Veranden und Gärten. Hier genehmigt man sich gerne ein Glas Wein, prostet den nahen Berggipfeln zu und stößt auf einen tollen Urlaub an.

Holly Homestead (☎ 03-752 0299; www.hollyhomestead.co.nz; SH6; DZ 260–420 NZ$) In diesem luxuriösen, von Glyzinien umrankten B&B aus den 1920er-Jahren werden die Gäste mit frischem Selbstgebackenem willkommen geheißen. Fünf wunderschöne Zimmer haben ihr eigenes Bad, und die neue Gästesuite mit der eigenen Veranda eignet sich hervorragend für eine kleine Weinprobe am frühen Abend. Kinder unter zwölf Jahren werden allerdings im Auto schlafen müssen.

ESSEN & AUSGEHEN

Full of Beans (☎ 03-752 0139; SH6; Hauptgerichte 5–17 NZ$; ☺ 7.30 Uhr–open end) Das lässige Café hat sensationellen Kaffee – den besten im Ort – und ausnahmslos leckere hausgemachte Kuchen. Zu den preiswerten Lunchangeboten zählen Burger, Thai-Curry und Hähnchen-Pies, die bei den Einheimischen besonders gut ankommen.

Speights Landing Bar & Restaurant (☎ 03-752 0229; SH6; Hauptgerichte 10–30 NZ$; ☺ 7.30 Uhr–open end) Unter den Sonnenschirmen dieses gemütlichen Pubcafés ist von früh bis spät was los. Bei Burgern, Suppe, Pasta und Wraps kann man prima andere Traveller belauschen, wie sie begeistert von den Gletschern schwärmen.

Guzzi's (☎ 03-752 0085; 18 Cron St; Pizza 12–24 NZ$; ☺ 12 Uhr–open end; Ⓥ) Den Pizzabelag, darunter viele vegetarische Optionen, kann man sich in dieser knallgelb und purpurrot eingerichteten Pizzabude selbst aussuchen. Der Lieferservice ist mit einem supersüßen Van unterwegs. Aufgrund des Platzmangels gibt's die Pizzas allerdings nur zum Mitnehmen.

Alice May (☎ 03-752 0740; Ecke Cowan St & Cron St; Hauptgerichte 12–30 NZ$; ☺ 16 Uhr–open end) Die rustikale Lodge im nordischen Stil wirkt, als sei sie direkt vom Polarkreis hierher versetzt worden. Es gibt zwar kein Smörgåsbord, dafür aber viele Fleischgerichte wie Schweinerippchen oder Wildeintopf. Zur Happy Hour (16–19 Uhr) schnappt man sich einen rustikalen Barhocker.

Priya's (☎ 03-752 0060; 70 Cron St; Hauptgerichte 14–20 NZ$; ☺ 11.30–14.30 Uhr, 17 Uhr–open end) Für alle,

die ganz dringend ein schnelles Curry brauchen, ist das Priya's die beste Adresse im Ort. Die Atmosphäre mit grellen Neonleuchten an der Decke und einer Bar mit dem Flair einer Imbissbude ist zwar noch ausbaufähig, das Essen ist aber sehr geschmackvoll, und bei den Curry-Gerichten läuft einem das Wasser im Mund (und in den Augen) zusammen. Diese sind die Spezialität des Hauses und halten, was sie versprechen.

ANREISE & UNTERWEGS VOR ORT

InterCity (☎ 03-365 1113; www.intercity.co.nz) fährt täglich südwärts nach Fox Glacier (11 NZ$, 40 Min., Abfahrt 8 & 17.05 Uhr) und nach Queenstown (62 NZ$, 8 Std., Abfahrt 8 Uhr); und nordwärts nach Nelson (84 NZ$, 10 Std., Abfahrt 9.15 Uhr). Tickets gibt's im YHA und im Scott Base Tourist Information Centre; Abfahrt der Busse ist vor dem YHA.

Atomic Shuttles (☎ 03-349 0697; www.atomictravel.co.nz) hat täglich Busse in den Süden nach Queenstown (50 NZ$, 7¼ Std., Abfahrt 10.15 Uhr) über Fox Glacier (15 NZ$, 30 Min.) und in den Norden nach Greymouth (30 NZ$, 2½ Std., Abfahrt 14.40 Uhr). Abfahrt ist am Alpine Adventure Centre.

Glacier Valley Eco Tours (☎ 03-752 0699; www.glaciervalley.co.nz) bietet einen Shuttledienst zum Gletscherparkplatz an (hin & zurück 12,50 NZ$).

Naked Bus (www.nakedbus.com) hat Busse gen Norden nach Hokitika und Greymouth und gen Süden nach Queenstown mit Halt in Fox Glacier, Haast und Wanaka.

Fox Glacier

Sir William Fox war neuseeländischer Premierminister und alles andere als schüchtern und bescheiden und benannte den Eisstrom 1872 kurzerhand nach sich selbst. Selbst wer den Franz Josef Glacier schon gesehen hat sollte den Fox Glacier nicht verpassen. Ein Spaziergang um den schönen Lake Matheson und die zahlreichen Attraktionen, die zum Fox Glacier gehören – Gletscherwanderungen, Flüge über den Gletscher und Traveller in Thermo-Unterwäsche – lohnen allemal.

PRAKTISCHE INFORMATIONEN

Im Ort gibt es weder Banken noch einen Geldautomaten; BP ist die letzte Tankstelle vor dem 120 km südlich gelegenen Haast. Internet gibt's im Internet Outpost neben dem Büro von Helicopter Line.

DOC South Westland Area Office (☎ 03-751 0807; SH6; ☽ Mo–Fr 9–12 & 13–16.30 Uhr) Es ist zwar keine allgemeine Touristeninformation mehr, bietet aber die üblichen DOC-Infos und Aktuelles zum Wetter- und Wanderwegezustand.

Fox Glacier Guiding (☎ 0800 111 600, 03-751 0825; www.foxguides.co.nz; SH6) Hier kann man die meisten Aktivitäten und Transportmittel buchen. Fungiert auch als Post und Wechselstube.

Fox Glacier Health Centre (☎ 03-751 0836, nach Dienstschluss 027 464 1193; SH6) Eine Schwester kümmert sich werktags von 9 bis 12 Uhr und an den meisten Nachmittagen um die Patienten. Donnerstags ist zwischen 14 und 17 Uhr ein Arzt vor Ort.

AKTIVITÄTEN
Ungeführte Wanderungen
Vom Fox Village bis zur Abzweigung zum Gletscher sind es 1,5 km, nach weiteren 2 km erreicht man den Parkplatz. Zum Gletschertor kommt man von hier aus nach einem 30 bis 40 Minuten langen Fußmarsch; der Weg endet ca. 80 m vor dem Eis.

Zu den Kurzwanderungen rund um den Gletscher gehören u. a. der **Moraine Walk** (über eine große Moräne, die aus 18. Jh. stammt) und der **Minnehaha Walk**. Der **River Walk** mündet in den **Chalet Lookout Track** (hin & zurück 1½ Std.); er führt zu einem Aussichtspunkt am Gletscher.

Fährt man die Cook Flat Rd 6 km lang hinunter, kommt man an die Abzweigung zum **Lake Matheson**. Die Uferwanderung um den See dauert etwa eine Stunde; an seinem äußersten Ende spiegeln sich an klaren Tagen unglaublich malerische Ansichten des Mt. Tasman und des Mt. Cook im Wasser. Am besten genießt man diese Eindrücke in der Ruhe der frühen Morgenstunden – Spätnachmittage bei tiefem Sonnenstand sind aber ebenfalls „erste Wahl".

Nach 21 km (von denen die letzten 12 km unbefestigt sind) erreicht die Cook Flat Rd die abgelegenen schwarzen Sandstrände und Rimuwälder am **Gillespies Beach**. Von hier aus verläuft ein Dünenpfad zum **Galway Beach** (hin & zurück 3½ Std., 5 km). Der **Mt. Fox Walk** (1021 m hoch; hin & zurück 8 Std.) liegt abseits vom Highway 3 km südlich der Stadt. Die anspruchsvolle Wanderung ist nur für gut ausgerüstete und erfahrene Outdoorfans geeignet.

WEST COAST

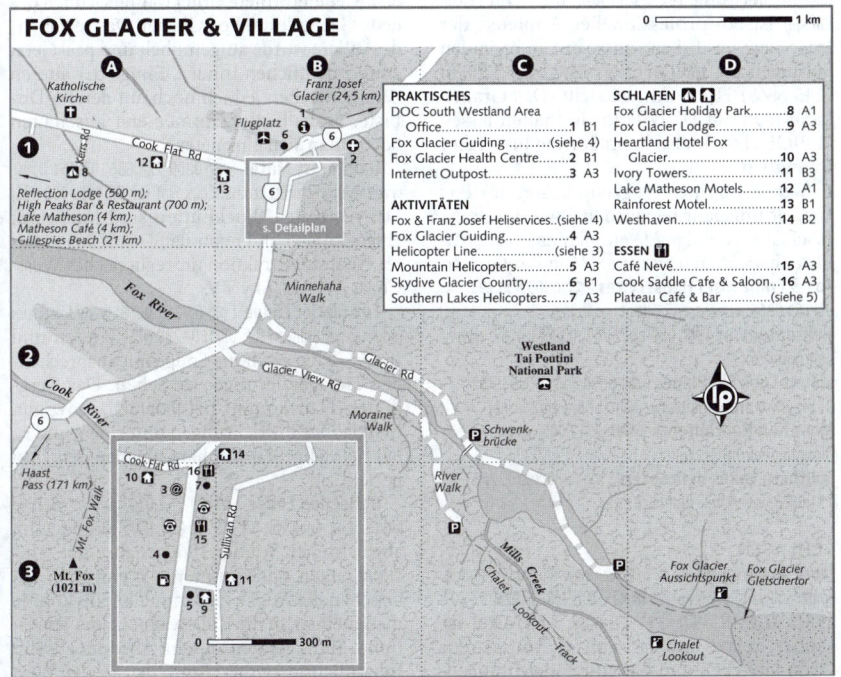

WEST COAST

Gletscherwanderungen & Helihikes

Fox Glacier Guiding (☎ 0800 111 600, 03-751 0825; www.foxguides.co.nz; SH6) organisiert geführte Wanderungen (inkl. Ausrüstung). Der halbe Tag kostet 95/75 NZ$ für Erwachsene/Kinder, bei der Ganztagesvariante zahlt man 145 NZ$ (Mindestalter 13 Jahre). Wer fit ist, sollte die Ganztageswanderung in die höheren Gletscherregionen in Betracht ziehen (Mittagessen selbst mitbringen).

Helihikes kosten 395 NZ$ pro Person, für einen ganztägigen Einführungskurs ins Eisklettern bezahlen Erwachsene jeweils 235 NZ$. Von Oktober bis April bieten Bergführer auch eine leicht zu meisternde und sehr informative Wanderung zum Gletscher an (2 Std., Erw./Kind 49/35 NZ$). Zudem sind längere geführte Helitrek-Abenteuer im Programm.

Fallschirmspringen & Rundflüge

Einen besseren Ort zum Fallschirmspringen als die grandiose Umgebung des Fox Glacier mit den Southern Alps, dem Regenwald und dem Ozean kann man sich kaum vorstellen. **Skydive Glacier Country** (☎ 0800 751 0080, 03-751 0080; www.skydiving.co.nz; Fox Glacier Airfield, SH6, Fox Glacier Village) ist ein professioneller Anbieter, der Isaac Newtons Erkenntnisse mit aufregenden Sprüngen aus 3650 m (295 NZ$) oder 2700 m (245 NZ$) Höhe infrage stellt. Das Grauen kann man auf DVD/Fotos festhalten lassen (180/35 NZ$) – also beim Sprung bitte recht freundlich!

Sightseeing per Flugzeug kostet am Fox Glacier ungefähr genauso viel wie am Franz Josef Glacier. Folgende empfehlenswerte Anbieter haben ihren Sitz am SH6 in Fox Glacier:

Fox & Franz Josef Heliservices (☎ 0800 800 793, 03-751 0866; www.scenic-flights.co.nz)

Helicopter Line (☎ 0800 807 767, 03-751 0767; www.helicopter.co.nz)

Mount Cook Ski Planes (☎ 0800 368 000, 03-752 0714; www.mtcookskiplanes.com; SH6, Franz Josef)

Mountain Helicopters (☎ 03-751 0045; www.mountainhelicopters.co.nz)

Southern Lakes Helicopters (☎ 0800 800 732, 03-751 0803; www.heli-flights.co.nz)

SCHLAFEN

Ivory Towers (☎ 03-751 0838; www.ivorytowerslodge.co.nz; Sullivan Rd; Stellplatz 18 NZ$, B/EZ 28/55 NZ$, DZ 70–85 NZ$, FZ 95 NZ$ ☐ ⬚ 🛜) Dieses 1a-Hostel ist sauber, relaxt und farbenfroh, von sattem Grün umgeben und hat gute Einrichtungen.

Das freundliche, zuvorkommende Personal und die properen Einrichtungen verlocken dazu, doch noch etwas länger zu bleiben.

Fox Glacier Holiday Park (☎ 0800 154 366, 03-751 0821; www.foxglacierholidaypark.co.nz; Kerrs Rd; Stellplatz ohne/mit Strom 34/38 NZ$, Hütte 62 NZ$, DZ 95–194 NZ$; ☐ 🛜) In diesem Park gibt es Unterkünfte für jeden Geldbeutel und die kürzlich durchgeführten Renovierungsarbeiten haben diese gute Option noch einmal verbessert. Neue Duschen, ein Spielplatz für die Kleinen und Grillstellen sind angenehme Extras.

LP Tipp **Lake Matheson Motels** (☎ 0800 452 2437, 03-751 0830; www.lakematheson.co.nz; Cook Flat Rd; DZ 135–190 NZ$) Das unaufdringliche Motel wurde mit großer Sorgfalt hergerichtet. Von außen sieht es eher durchschnittlich aus, die Zimmer sind aber eine Klasse für sich. Die Besitzer haben bisher ihren Gewinn weiter in die Verbesserung des Motels gesteckt und so findet man hier enorm saubere Zimmer mit Einrichtungen der Spitzenklasse, die erstaunlicherweise immer noch zum Preis eines Mittelklassehotels zu haben sind.

Heartland Hotel Fox Glacier (☎ 03-751 0839; Ecke SH6 & Cook Flat Rd; DZ 140–180 NZ$; ☐ 🛜) Das gerade erst wiedereröffnete Hotel war tatsächlich das erste Gebäude am Fox Glacier. Das verfallende Äußere wurde aufgemöbelt und passt jetzt zum ordentlichen Innern. Einige der älteren Zimmer stehen jedoch noch auf der To-Do-Liste; deshalb die Zimmer erst anschauen bevor man sich einmietet.

Rainforest Motel (☎ 0800 724 636, 03-751 0140; www.rainforestmotel.co.nz; Cook Flat Rd; DZ 145–150 NZ$) Die rustikalen Blockhütten sind innen mit einem kühlen und neutralen Dekor ausgestattet. Neueste Attraktion für regnerisches West-Coast-Wetter: Sky TV.

Fox Glacier Lodge (☎ 03-751 0888; www.foxglacierlodge.co.nz; Sullivan Rd; DZ 180–230 NZ$) Außen und Innen ist diese schöne Lodge mit ansprechenden Holzverzierungen versehen. Das Berghütten-Flair kommt bei jeder Diashow gut. Erstklassige Einrichtungen und eine wunderbar heimelige Atmosphäre machen den Deal perfekt.

Reflection Lodge (☎ 03-751 0707; www.reflectionlodge.co.nz; Cook Flat Rd; DZ 210 NZ$; ☐) Skilodge im abgefahrenen Stil der 1960er-Jahre mit schicken neuen Badezimmern. Wenn man ein bisschen die Augen zusammenkneift, könnte man meinen, in die Kulisse eines alten James-Bond-Films geraten zu sein. Aber der absolut freundlichste kleine Hund, der an der West

Coast zu finden ist, bringt einen sicher bald wieder auf den komfortablen Boden der Tatsachen zurück.

Westhaven (☎ 03-751 0084; www.thewesthaven.co.nz; SH6; DZ 215 NZ$; 🖵) Die architektonisch schön gestalteten Suiten bestechen durch einen Mix aus gewelltem Stahl, einheimischem Gestein und Wänden in Ziegelrot und Elfenbein. Die riesigen Deluxe-Zimmer haben einen Whirlpool, außerdem gibt's gemütliche Sessel zum Relaxen im Freien.

ESSEN & AUSGEHEN

LP Tipp **Matheson Café** (☎ 03-751 0878; Lake Matheson Rd; Hauptgerichte 10–17 NZ$; ⏱ 7.30 Uhr–open end) Dieses Café nicht weit vom Ufer des Lake Matheson macht alles richtig: Es begeistert durch ein schickes Interieur, einen tollen Blick in die Berge, starken Kaffee und gehobene neuseeländische Küche. Hier kann man mit seinem Skizzenblock leicht den Nachmittag vertrödeln.

High Peaks Bar & Restaurant (☎ 03-751 0131; Cooks Flat Rd; Bargerichte 14–24 NZ$, Hauptgerichte im Restaurant 27–34 NZ$; ⏱ 18 Uhr–open end) Im auf den Mt. Cook ausgerichteten High Peaks sollte man keinen Gedanken an die Kalorien verschwenden. Hier wird Genuss großgeschrieben: Steaks, Pasta, Fish & Chips, Braten, gehaltvolle Suppen und Eintöpfe. Da gönnt man sich gern noch ein Bier von Monteith und wartet darauf, dass die Wolkendecke aufreißt.

Café Nevé (☎ 03-751 0110; SH6; Hauptgerichte 15–30 NZ$; ⏱ 8 Uhr–open end) Zu den prima Alternativen auf der Speisekarte zählen Pizza und preisgekrönte Gerichte mit Rind und Lamm. Außerdem gibt's den ganzen Tag über hausgemachte Kekse und Kuchen. Wer auf eine Wanderung geht, sollte sich eines der Focaccia-Sandwiches einpacken.

Plateau Café & Bar (☎ 03-751 0058; Ecke Sullivan Rd & SH6; Hauptgerichte 18–30 NZ$; ⏱ 10 Uhr–open end) Das geschäftige und (jedenfalls für die Verhältnisse an der West Coast) raffinierte Plateau verbindet flotten Service mit einer bunten Speisekarte, neuseeländischen Spitzenbieren und einer ausgezeichneten Auswahl an Weinen. Man kann ein wenig auf der mit Glyzinien überrankten Terrasse entspannen oder – wenn die Sonne sich hinter grauen Wolken versteckt – die heimelige warme Atmosphäre innen genießen.

Cook Saddle Cafe & Saloon (☎ 03-751 0700; SH6; Gerichte 18–30 NZ$; ⏱ 8 Uhr–open end) Die Speisekarte lässt kein Cowboyklischee aus – wie wäre es mit „Lonely-Ranger-Lamm"? Später am Abend ist der Saloon wirklich ein richtig prima Treffpunkt für Einheimische und Traveller.

ANREISE & UNTERWEGS VOR ORT

Die meisten Busse halten vor dem Gebäude von Fox Glacier Guiding.

Busse von **InterCity** (☎ 03-365 1113; www.intercity.co.nz) fahren täglich nordwärts nach Franz Josef (11 NZ$, 40 Min., Abfahrt 8.30 & 15.25 Uhr), der Bus am Morgen fährt weiter nach Nelson (85 NZ$, 11 Std.). Die täglichen Busse Richtung Süden fahren nach Queenstown (58 NZ$, 7½ Std., Abfahrt 8.45 Uhr).

Atomic Shuttles (☎ 03-349 0697; www.atomictravel.co.nz) fährt täglich nach Franz Josef (15 NZ$, 30 Min., Abfahrt 9 & 13.55 Uhr) und weiter nach Greymouth (35 NZ$, 3¼ Std.). Die täglichen Busse Richtung Süden fahren nach Queenstown (45 NZ$, 6½ Std., Abfahrt 11 Uhr).

Fox Glacier Shuttle (☎ 0800 369 287) bringt seine Gäste zum Lake Matheson oder zum Fox Glacier und lässt ihnen genug Zeit für einen Spaziergang (hin & zurück 12 NZ$, min. 2 Pers.).

Naked Bus (www.nakedbus.com) fährt nordwärts zum Franz Josef Glacier, nach Hokitika und Greymouth sowie südwärts nach Queenstown mit Stopps in Haast und Wanaka.

IN RICHTUNG SÜDEN NACH HAAST

Etwa 26 km südlich des Fox Glacier bildet das **Copland Valley** am SH6 das westliche Ende des **Copland Track**. Hier wartet die beste Belohnung, die Neuseeland nach einem Track zu bieten hat: Nach sechs bis sieben Stunden Wandern ist die **Welcome Flat DOC Hut** (15 NZ$/Übernachtung) erreicht, wo nur ein paar Meter entfernt Thermalquellen aus dem Boden sprudeln. Backcountry-Hut-Pässe sind hier nicht gültig; Tickets können aber in jedem West-Coast-DOC-Büro oder im Visitor Information Centre gekauft werden.

Bei Radlern auf der Route Haast–Fox Glacier und bei Wanderern auf dem Copland Track ist das 8 km südlich vom Startpunkt gelegene **Pine Grove Motel** (☎ 03-751 0898; SH6; Stellplatz mit/ohne Strom 20 NZ$; DZ 50–90 NZ$) sehr beliebt. Die Wohneinheiten sind erschwinglich und in annehmbaren Zustand.

Wie riesige Aquarien, deren Inhalt zum Verzehr bestimmt ist, laden die proppevollen Fischteiche beim **Salmon Farm Café & Shop** (☎ 03-751 0837; SH6; Gerichte 10–32 NZ$; ⏱ 8–16 Uhr) zum Essen … äh, zum Fische bestaunen ein. Im

WEST COAST

Café gibt's Lachsomeletts, Lachsplatten, Pasta mit Lachs und frische Pastete. Fische füttern kostet 1 NZ$, aber die vollschlanken Tiere sehen nicht gerade hungrig aus.

Etwa 70 km südlich von Fox Glacier gibt es einen einfachen **DOC-Campingplatz** (Erw./Kind 6/1,50 NZ$). Er liegt am **Lake Paringa**, einem ruhigen, von Forellen bewohnten See inmitten wogender Bäume.

Der historische **Haast–Paringa Cattle Track** zweigt vom SH6 (unmittelbar südlich vom Lake Paringa und 43 km nordöstlich von Haast) in Richtung Küste ab, die er am Waita River, gleich nördlich von Haast, erreicht. Die erste Etappe des Tracks bis zur **Blowfly Hut** (hin & zurück 4 Std.) ist eine einfache Halbtageswanderung. Der gesamte Track dauert, mit Übernachtungen in der **Maori Saddle Hut** und der **Coppermine Creek Hut**, drei Tage. Unterwegs kann es ganz schön schlammig werden – Informationen über den Wegezustand und Tickets für die Hütten (5 NZ$/Nacht) gibt's im DOC Visitor Information Centre (s. rechte Spalte) in Haast.

Der **Lake Moeraki**, 31 km nördlich von Haast gelegen, ist ein weiterer netter See zum Angeln. Eine einfache 40-minütige Wanderung führt zum **Monro Beach**. Der nach Westen weisende Kiesstrand ist der vollen Wucht der Tasmansee ausgeliefert. Hier brüten Dickschnabelpinguine (Juli–Dez.) und ziehen Seebären ihre Jungen auf. Die **Wilderness Lodge Lake Moeraki** (☎ 03-750 0881; www.wildernesslodge. co.nz; SH6; DZ inkl. Frühstück & Abendessen 780–980 NZ$) ist ein eindrucksvolles Beispiel umweltfreundlicher Unterkünfte vor einer lebendigen Wildnis-Kulisse. Die Zimmer sind vornehm, das Essen fast schon dekadent und die angebotenen Aktivitäten sind erstklassig. Das alles hat zwar seinen Preis, der sehr gute Service ist aber jeden Cent wert.

Etwa 5 km südlich vom Lake Moeraki liegt der viel fotografierte **Knights Point** (benannt nach dem Hund eines Landvermessers), wo 1965 endlich die Straße nach Haast eröffnet wurde. Tiefe Gewässer direkt vor der Küste und ungebremste, antarktische Wellen machen diesen Ort zu einem beliebten Futterplatz für Seebären, Vögel und manchmal auch Wale.

Ship Creek, 15 km nördlich von Haast, bietet eine Aussichtsplattform und zwei interessante Lehrpfade: den **Dune Lake Walk** (hin & zurück 30 Min.) und den **Kahikatea Swamp Forest Walk** (hin & zurück 20 Min.).

DIE REGION HAAST

Die Region Haast ist ein Naturschutzgebiet; riesige Regenwaldareale erstrecken sich an ausgedehnten Feuchtgebieten. Dazu zählen Wälder aus Kahikateas und flammend roten Rimus, Sümpfe und Sanddünen. Auch wegen der Robben- und Pinguinkolonien, der vielen Vogelarten und ausgedehnten Strände wurde das Gebiet in die Southwest New Zealand (Te Wahipounamu) World Heritage Area aufgenommen. Vogelliebhaber bekommen hier Fächerschwänzchen, Makomakos, Kererus (neuseeländische Tauben), Falken, Kakas, Kiwis und Kuckuckskäuze zu Gesicht.

Haast

300 Ew.

Rund 120 km südlich von Fox Glacier liegt Haast an der Mündung des breiten Haast River. Der Ort gliedert sich in drei Teile: Haast Junction, Haast Village und Haast Beach. Nach dem Erlebnis der atemberaubenden Landschaft rund um die Gletscher oder den Haast Pass präsentiert sich das Örtchen geradezu ernüchternd als ein funktionaler Serviceknotenpunkt. Aber es gibt genügend Anbieter vor Ort, die nur darauf warten, Besucher zu den schönsten Naturhighlights Neuseelands zu bringen.

Haast mischt auch kräftig in der Whitebait-Fischerei mit; s. Kasten S. 559.

PRAKTISCHE INFORMATIONEN

Das **DOC Haast Visitor Information Centre** (☎ 03-750 0809; www.doc.govt.nz; Ecke SH6 & Jackson Bay Rd; ⏱ Nov.–März 9–18 Uhr, April–Okt. bis 16.30 Uhr) liefert aus erster Hand Informationen zur Region und zeigt alle 30 Minuten den viel zu kurzen Landschaftsfilm *Edge of Wilderness* (Erw./Kind 3 NZ$/frei).

GEFÜHRTE TOUREN

Mit Öko-Jetboats veranstaltet **Waiatoto River Safaris** (☎ 03-750 0780; www.riversafaris.co.nz; Jackson Bay Rd; Erw./Kind 199/129 NZ$; ⏱ 10, 13 & 16 Uhr) haarsträubende „Sea-to-Mountain"-Trips auf dem wilden Waiatoto (2½ Std.). Abgelegt wird an der Waiatoto River Bridge 30 km südlich von Haast. **Haast River Safari** (☎ 0800 865 382, 03-750 0101; www.haastriver.co.nz; Erw./Kind 132/55 NZ$; ⏱ 9 & 14 Uhr) hat seinen Sitz im Red Barn zwischen Haast Village und dem Visitor Information Centre. Er bietet etwas entspanntere 90-minütige Touren in überdachten Jetboats auf dem Haast River.

Round About Haast (☎ 03-750 0890; www.round abouthaast.co.nz; Touren 65–135 NZ$) organisiert Boots- und Minibustouren in die Umgebung. Draußen auf der Jackson Bay lassen sich Robben, Delfine und (je nach Jahreszeit) auch Pinguine blicken. Per Bus gelangen die Teilnehmer zu Stränden, Flussmündungen und Wäldern; dabei sorgen Wanderungen und einheimische Folklore für Abwechslung.

SCHLAFEN

Wilderness Accommodation (☎ 03-750 0029; www. wildernessaccommodation.co.nz; Marks Rd; B/EZ 24/40 NZ$, DZ 65–90 NZ$; ☐) Die beste Budgetoption im Ort ist genau so, wie man sich ein Hostel vorstellt. Preiswert, mit sauberen sanitären Einrichtungen, geräumigen Schlafsälen und freundlichen Angestellten. Der große, grüne, mit Glas überdachte Innenhof eignet sich an regnerischen Tagen für ein Update des Reisetagebuchs.

Haast Beach Holiday Park (☎ 0800 843 226, 03-750 0860; haastpark@xtra.co.nz; Jackson Bay Rd; Stellplatz ohne/ mit Strom 28 NZ$, B 25 NZ$, DZ 45–110 NZ$) In Strandnähe und etwa 15 km südlich von Haast liegt dieser Wohnmobilpark mit alten, aber funktionellen Einrichtungen. Der Hapuka Estuary Walk (S. 573) beginnt auf der anderen Straßenseite.

Haast Lodge (☎ 0800 500 703, 03-750 0703; www. haastlodge.com; Marks Rd; Stellplatz 30 NZ$, B/DZ 25/60 NZ$; ☐) Hier gibt es etwas zu viel Beige und glänzendes Linoleum, die Zimmer sind aber funktionell und picobello sauber; außerdem wird der Laden gut geführt.

Das **Aspiring Court Motel** (☎ 0800 500 703, 03-750 0777; www.aspiringcourtmotel.com; Marks Rd; DZ 79–140 NZ$; ☐) hat die gleichen Betreiber wie die Haast Lodge und ist deshalb genauso sauber und gut geführt. Die komfortablen Motel-Wohneinheiten liegen auch gleich nebenan.

Heartland World Heritage Hotel (☎ 0800 696 963, 03-750 0828; www.world-heritage-hotel.com; SH6; DZ 184–260 NZ$; ☐) Ein weitläufiges Hotel, das für sich selbst beansprucht, das komfortabelste Hotel im Ort zu sein. Das Frontier Café hat zum Lunch (Hauptgerichte 12–22 NZ$) und zum Abendessen (Hauptgerichte 18–32 NZ$) geöffnet, und die Bar eignet sich mit großen Fernsehgeräten prima für Sportübertragungen und hat Billardtische. Livebands mischen gelegentlich die freundlichen und entspannten Einheimischen ein bisschen auf.

LP Tipp **Collyer House** (☎ 03-750 0022; www.collyer house.co.nz; Jackson Bay Rd; EZ/DZ inkl. warmes Frühstück 250 NZ$) Ein kleines Juwel mit dicken Bademän-

teln, qualitativ hochwertiger Bettwäsche und Strandblick. Die Besitzerin ist ein echter Fotografie-Fan und tut alles dafür, dass ihre Gäste einen fantastischen Aufenthalt haben. All dies macht Collyer House zu einer entspannten und gleichzeitig schönen Unterkunft für Genießer. Einfach den vom SH6 wegführenden Schildern folgen und 12 km die Jackson Bay Rd entlangfahren.

ESSEN & AUSGEHEN

Fantail Café (☎ 03-750 0055; Marks Rd; Frühstück & Mittagessen 10–15 NZ$, Abendessen 15–27 NZ$; ⏲ 8–21 Uhr) Hier gibt's typische Café-Snacks wie getoastete Sandwiches und, die Spezialität des Hauses, Fish & Chips. Nobel geht es hier zwar nicht zu, aber das Essen ist gut und der Ausblick fantastisch, vor allem vom Tisch draußen vor dem Eingang.

Hard Antler (☎ 03-750 0034; Marks Rd; Abendessen 18–27 NZ$; ⏲ zum Essen geöffnet 11–21 Uhr) An Freitagabenden steppt hier nicht nur der Bär. Die ständig wachsende Anzahl von Hirschgeweihen, Billardtischen und Dartscheiben kombiniert mit robustem Kneipenessen (Lamm, Steaks, Schwein) geben diesem Laden ein unprätentiöses und zwanglose Flair.

AN- & WEITERREISE

Die Busse von **InterCity** (☎ 03-365 1113; www.inter city.co.nz) und **Atomic Shuttles** (☎ 03-322 8883; www. atomictravel.co.nz) halten auf ihrer Route zwischen Fox Glacier und Wanaka am Visitor Information Centre. **TrackNET**(☎ 0800 483 262, 03-249 7777; www.tracknet.net) kommt auf seinem Weg zwischen Queenstown und Greymouth auch durch Haast durch.

Naked Bus (www.nakedbus.com) fährt nordwärts zu den Gletschern, nach Hokitika und Greymouth und südwärts nach Queenstown mit Halt in Wanaka.

Von Haast zur Jackson Bay & zum Cascade River

Von der Haast Junction führt eine Seitenstraße zur Jackson Bay. Von dieser Straße hat man Zugang zu vielen Wanderwegen, die durch die Wildnis führen.

In der Nähe von Okuru ist der **Hapuka Estuary Walk** (hin & zurück 20 Min.) zu finden, ein enorm informativer Rundweg, der sich über einen Bohlenweg durch ein verschlafenes Whitebait-Schutzgebiet schlängelt.

Nach der Arawhata Bridge führt die Straße in westlicher Richtung zum abgeschiedenen

Fischerdörfchen **Jackson Bay**. Von hier ist der Blick auf die Southern Alps einfach unvergesslich und nahe der Straße haben sich Kolonien von Dickschnabelpinguinen angesiedelt. Im Rahmen von gezielten Immigrations-Programmen kamen im Jahr 1875 Einwanderer in die Gegend. Doch ihre Zukunft stand von vorne herein unter einem schlechten Stern, denn der endlose Regen erstickte ihre landwirtschaftlichen Bemühungen gnadenlos im Keim, und auch ein Landungssteg ließ bis 1938 auf sich warten. Heute tummeln sich Fischerboote in der Bucht, die auf Hummer-, Thunfisch-, Tarakihi- und Knurrhahnfang sind.

Ein Abendessen im **Craypot** (☎ 03-750 0035; Gerichte 7–20 NZ$; ⏲ Sept.–Ostern 12–17 Uhr, Sommer bis 20 Uhr) ist mehr als nur ein typisches Kiwi-Dinner – es ist ein echtes Muss. Das Restaurant befindet sich in bester Uferlage und die Fish & Chips, Whitebait-Sandwiches und gemischten Grillteller sind allesamt aus frischem Fang (gestern noch im Meer, heute schon auf dem Tisch!). Der alte Wohnwagen mit Blick auf die schneebedeckten Gipfel ist wirklich kaum zu toppen.

Rund um die Jackson Bay gibt es einige Wanderungen, beispielsweise den **Smoothwater Bay Track** (hin & zurück 3 Std.) und den **Wharekai Te Kau Walk** (hin & zurück 40 Min.) bis zum Ocean Beach, eine winzige Bucht, in der die Wellen gegen interessante Felsformationen schlagen.

HAAST PASS

Von Haast aus schlängelt sich der SH6 landeinwärts entlang des Haast River nach Wanaka (145 km, 2½ Std.); die Strecke führt dabei hinauf zum Haast Pass und zum Mt. Aspiring National Park. Auf der Fahrt landeinwärts und bis zur Passhöhe (563 m) wird die Vegetation immer dünner – das ist Schneegebiet, das von Grasbüscheln und Unterholz bedeckt ist. Unterwegs laden ein paar herrliche Wasserfälle zum Staunen ein (besonders an Regentagen). Sie stürzen nur ein paar Minuten vom Highway entfernt in die Tiefe. Die Fälle am **Fantail** und **Thunder Creek** sind besonders sehenswert. Außerdem gibt es hier noch den **Bridle Track** (einfache Strecke 1½ Std.) zwischen dem Pass und Davis Flat. Alles Wissenswerte steht in der DOC-Broschüre *Haast Pass/Tioripatea Highway: Walking Opportunities* (1 NZ$).

Die Straße über den Haast Pass (auf Maori „Tioripatea" bzw. „Freier Weg") wurde 1965 eröffnet. Davor transportierten die Maori auf dieser Route Jade von der West Coast zum Makarora River in Otago. Pass, Fluss und Siedlung verdanken ihren europäischen Namen dem Geologen Julius von Haast, der 1863 hier vorbeikam.

Lebensmittel und Benzin gibt's in Makarora und am Lake Hawea. Auf der Fahrt Richtung Norden sollte man seine Tankanzeige im Auge behalten: Die Tankstelle in Haast ist die letzte bis Fox Glacier (120 km nördlich).

Christchurch & Canterbury

Es ist wohl nur halb im Scherz, wenn die Bürger von Canterbury erklären, eigentlich müsse die Südinsel ein eigener Staat sein. Schaut man sich die Region an, versteht man, warum sie so viel Stolz und Selbstvertrauen haben: Zunächst einmal wäre da Christchurch, zweifellos eine der Städte Neuseelands, in denen es sich richtig gut lebt. Sie verbindet lässig-provinziellen Charme mit der Energie und der Verve einer Metropole. Moderne Bars und Restaurants ergänzen die neugotische Architektur, und die Einwohner, die gern hier leben, schätzen sowohl städtische Attraktionen als auch die relaxte Kleinstadtatmosphäre. Naturfreaks sind dagegen im Osten richtig, wo sich zwischen den vulkanisch geformten Hügeln der Banks Peninsula Buchten und einsame Strände verbergen. Sie bilden eine tolle Kulisse für Kajakfahrten oder die Fotojagd nach Meerestieren. Am Ende eines Tages begleitet einen der Sonnenuntergang bei der Rückfahrt zu den frankophilen Attraktionen von Akaroa. Im Norden schließlich liegen die Weinberge des Waipara Valley und das entspannte Wellness-Städtchen Hanmer Springs, westwärts die Canterbury Plains mit Bilderbuchfarmen und die Wildnis der Southern Alps.

Im Sommer gehen viele Besucher in den von kurvigen Flussläufen durchzogenen alpinen Tälern rund um den Arthur's Pass wandern oder machen eine Mountainbike-Tour um die türkisfarbenen Seen des Mackenzie Country. Im Winter geht es in die Berge zum Skifahren am Mt. Hutt. Das ganze Jahr über aber wacht der Aoraki alias Mt. Cook, der höchste Gipfel des Landes, über Canterbury und die Südinsel. Der erste Blick auf ihn ist unvergesslich, ganz egal, ob man ihn dann bei einem Rundflug oder zu Fuß näher in Augenschein nimmt.

HIGHLIGHTS

- Mit der Straßenbahn, dem Stechkahn oder per pedes die Geschichte **Christchurchs** (S. 577) erkunden
- Vom **Mt. John** (S. 625) die Aussicht auf das Mackenzie Country genießen
- Die flippigen Restaurants und die netten Einheimischen im unkonventionellen **Lyttelton** (S. 601) kennenlernen
- Im **Alpine Springs & Spa** (S. 626) am Lake Tekapo ein wohltuendes Bad nehmen
- Per Fahrrad, Kajak oder Boot die Buchten der **Banks Peninsula** (S. 603) erkunden
- Im **Aoraki/Mt. Cook National Park** (S. 630) im Schatten des Bergriesen Neuseelands wandern
- Bei einem Ballonflug von **Methven** (S. 616) aus die Weite der Canterbury Plains bewundern

★ Aoraki/Mt. Cook National Park ★ Methven
★ Christchurch
★ Lyttelton
★ Banks Peninsula
★ Lake Tekapo
★ Mt. John

- Vorwahl: 03
- www.christchurchnz.com
- www.mtcooknz.com

CHRISTCHURCH & CANTERBURY

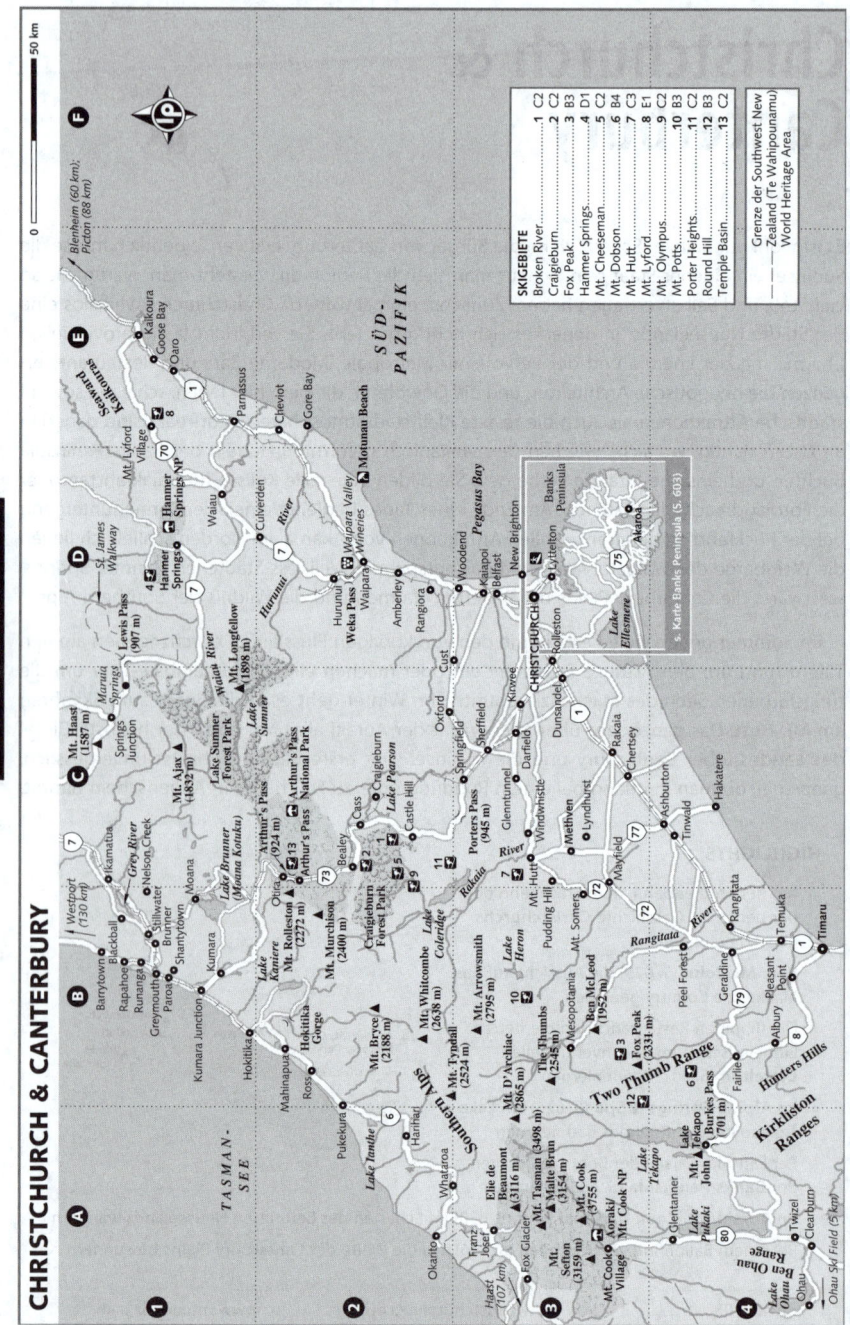

SKIGEBIETE
Broken River....................1 C2
Craigieburn.....................2 C2
Fox Peak.........................3 B3
Hanmer Springs.............4 D1
Mt. Cheeseman..............5 C2
Mt. Dobson....................6 B4
Mt. Hutt.........................7 C3
Mt. Lyford......................8 E1
Mt. Olympus...................9 C2
Mt. Potts......................10 B3
Porter Heights.............11 C2
Round Hill....................12 B3
Temple Basin...............13 C2

Grenze der Southwest New
Zealand (Te Wahipounamu)
World Heritage Area

Klima

Canterbury ist eine der trockensten Regionen Neuseelands. Die feuchten Westwinde, die von der Tasmansee herüberwehen, treffen auf die Southern Alps und lassen Wolken über der West Coast abregnen, noch bevor sie den Osten der Südinsel erreichen können. Daher beträgt die jährliche Niederschlagsmenge in Canterbury nur 750 mm, an der West Coast dagegen heftige 5000 mm.

Anreise & Unterwegs vor Ort

Entlang der Ostküste gibt es Bus- und Shuttleunternehmen, die Canterburys Siedlungen an der Küste und in der Nähe der Küste wie Picton und Nelson im Norden mit Ortschaften im Süden wie Dunedin verbinden. Einige Unternehmen fahren von Christchurch nach Arthur's Pass, zur West Coast und zum Mt. Cook.

Der internationale Flughafen von Christchurch wird von verschiedenen Inlandsfluglinien angeflogen, die wichtige Ziele in ganz Neuseeland bedienen.

Das Unternehmen Tranz Scenic unterhält Bahnverbindungen an der Ostküste und von Küste zu Küste. Der TranzAlpine fährt von Christchurch nach Greymouth, der TranzCoastal nordwärts nach Picton, von wo aus man zur Nordinsel gelangt. Infos zur An- und Abreise ab/nach Christchurch gibt's auf S. 599.

CHRISTCHURCH

344 100 Ew.

Christchurch gilt traditionell als englischste Stadt Neuseelands, aber heute hat sich hier eine multikulturelle Gesellschaft entwickelt. Der Wandel wird aber von ethnisch bunt gemischten Einwanderern forciert, sodass sich in der früher so konservativen Stadt ein kosmopolitischer Touch bemerkbar macht. Zwar erinnert immer noch vieles an Christchurchs englisches Erbe: die mächtige anglikanische Kathedrale, die würdevoll über dem repräsentativen Platz zu ihren Füßen thront, die Stechkähne, die über den verschlafenen Avon River gleiten, oder die Straßenbahnen, die gemütlich durch die Worcester St rattern. Schaut man jedoch näher hin, entdeckt man in den restaurierten Alleen und Plätzen rund um die Lichfield St ein dynamischeres Christchurch – in der angesagten Café-Szene der High St oder in dem liebevoll geführten Arts

Centre, auf das man hier besonders stolz ist. Doch auch das Arts Centre gehörte mit zu den unzähligen Gebäuden, die bei dem schweren Erdbeben am 4. September 2010 (s. S. 38) in Mitleidenschaft gezogen wurden.

GESCHICHTE

Obwohl es in Christchurch immer noch die neogotische Architektur und die Holzvillen aus der Gründerzeit gibt, hat sich die Stadt von der ursprünglichen Vision der Stadtplaner entfernt. Die Kirche von England organisierte 1850 die Besiedlung von Christchurch. Fruchtbares Ackerland wurde ganz gezielt dem Adel übertragen. Christchurch sollte ein nach Klassen strukturiertes England im Südpazifik sein, nicht einfach ein weiterer kolonialer Vorposten. Man baute Kirchen statt Pubs und dank des Wollhandels kam die Elite Christchurchs schnell zu Wohlstand. 1862 war es eine sehr englische Stadt, deren Charakter sich aber änderte, als neue Einwanderer kamen, weitere Industriezweige gegründet wurden und die Stadt ihre eigenen ästhetischen und kulturellen Maßstäbe entwickelte. Wie Auckland und Wellington, die Konkurrenten in Sachen Wirtschaft und Sport im Norden, entwickelt sich Christchurch zu einer multikulturellen Gesellschaft. Die steigende Zahl von Einwanderern bringt sogar den engstirnigsten der Cantabrians ins Bewusstsein, dass es da draußen eine große weite Welt gibt.

ORIENTIERUNG

Der Cathedral Sq, Mittelpunkt der Stadt, wird durch den Spitzturm der ChristChurch Cathedral markiert. Der Botanische Garten liegt im Zentrum der westlichen Innenstadt.

Christchurch ist dicht bebaut und leicht zu Fuß zu erkunden. Das einzige kleine Hindernis ist der Fluss, der sich durch das Zentrum zieht und einen ständig zu Umwegen nötigt.

Die Colombo St, größte Shoppingmeile der Stadt, verläuft als Nord-Süd-Achse über den Cathedral Sq. Im Südosten bietet das aufstrebende Viertel um die Lichfield St und die High St interessante Boutiquen, Galerien, Cafés und Restaurants. Gute Restaurants und Bars gibt's auch an der Oxford Tce in der Nähe des Avon River.

Karten & Stadtpläne

Im i-SITE von Christchurch gibt's kostenlos Stadtpläne, Landkarten und Straßenatlanten.

Map World (Karte S. 582 f.; ☎ 03-374 5399; www.map world.co.nz; Ecke Manchester & Gloucester St) führt zu ganz Neuseeland Stadtpläne und Landkarten, Reiseführer und topografische Karten für Wanderer.

PRAKTISCHE INFORMATIONEN
Buchläden

Arts Centre Bookshop (Karte S. 582 f.; ☎ 03-365 5277; www.booksnz.com; Arts Centre, 2 Worcester St) Ausgezeichnete Auswahl von Titeln rund um Neuseeland.

Scorpio Books (Karte S. 582 f.; ☎ 03-379 2882; 79 Hereford St) Reisen, Geschichte und Maori-Kultur.

Smith's Bookshop (Karte S. 582 f.; ☎ 03-379 7976; 133 Manchester St) Secondhandbücher-Eldorado.

Whitcoulls (Karte S. 582 f.; ☎ 03-379 4580; 111 Cashel St)

Geld

An der Kreuzung Hereford und Columbo St finden sich alle wichtigen Banken.

Travelex i-SITE (Karte S. 582 f.; Cathedral Sq); United Travel (Karte S. 582 f.; Ecke Colombo St & Armagh St)

Infos im Internet

Christchurch & Canterbury (www.christchurchnz.com) Offizielle Tourismus-Website für Stadt und Region.

Christchurch.org.nz (www.christchurch.org.nz) Wird von Christchurchs Stadtrat unterhalten.

Local Eye (www.localeye.info) Online-Portal für die Region.

Internetzugang

Aktuell liegen die Preise in Christchurch um 3 NZ$ pro Stunde. Auch die meisten Unterkünfte bieten Internetdienste inklusive WLAN an.

dub dub dub (Karte S. 582 f.; 140 Gloucester St; 🛜)

E Blah Blah (Karte S. 582 f.; 77 Cathedral Sq; 🛜) Bietet auch einen Handy-Verleih, WLAN und eine Gepäckaufbewahrung.

high://NET (Karte S. 582 f.; 230 High St; 🛜)

Medien

Cityscape (www.cityscape-christchurch.co.nz) Unterhaltungs- und Eventmagazin, das in der Innenstadt in Cafés und Läden erhältlich ist.

Indulge (www.brownbear.co.nz) Essen, Trinken und Shoppen.

Press (www.stuff.co.nz) Christchurchs Zeitung erscheint montags bis samstags.

Medizinische Versorgung

24-Stunden-Arztpraxis (Bealey Ave Medical Centre; Karte S. 582 f.; ☎ 03-365 7777; Ecke Bealey Ave & Colombo St; ⏰ 24 Std.) Nördlich der Stadt; es ist keine Anmeldung erforderlich.

After-Hours Pharmacy (Karte S. 582 f.; ☎ 03-366 4439; 931 Colombo St; ⏰ Mo–Fr 18–23, Sa, So & Feiertage 9–23 Uhr) Befindet sich gleich neben der 24-Stunden-Arztpraxis.

Christchurch Hospital (Karte S. 582 f.; ☎ 03-364 0640, Notfall-Station 03-364 0270; 2 Riccarton Ave)

Notfall

Ambulanz, Feuerwehr & Polizei (☎ 111)

Polizei (Karte S. 582 f.; ☎ 03-363 7400; Ecke Hereford St & Cambridge Tce) Auf dem Cathedral Square ist ebenfalls ein Polizeistand.

Post

Post (Karte S. 582 f.; 736 Colombo St)

Touristeninformation

Adventure Centre (Karte S. 582 f.; ☎ 0800 847 486, 03-366 0302; www.adventures.net.nz; 69 Cathedral Sq; ⏰ Mo–Fr 9–20, Sa & So 10–18 Uhr) Hier kann man unter einem Dach alles Mögliche buchen; es gibt eine weitere Filiale in der 94 Worcester St (Karte S. 582 f.; ⏰ 9–18 Uhr).

Automobile Association (AA; Karte S. 582 f.; ☎ 03-964 3650; Unit 19/293 Durham St N; Mo–Fr 8.30–17 Uhr)

Christchurch i-SITE (Karte S. 582 f.; ☎ 03-379 9629; www.christchurchnz.com; Cathedral Sq; ⏰ 8.30–17 Uhr, Sommer länger) Transport, Aktivitäten und Unterkünfte.

Department of Conservation (DOC; Karte S. 582 f.; ☎ 03-371 3700; www.doc.govt.nz; Level 4, Torrens House, 195 Hereford St; ⏰ Mo–Fr 8.30–17 Uhr) Hat

Informationen zu Nationalparks und Wanderwegen auf der Südinsel zu bieten.

Informationsschalter am Flughafen (☎ 03-353 7774) Sie sind immer dann geöffnet, wenn Flugzeuge landen, und helfen bei der Buchung von Transport und Unterkünften.

Waschsalon
Central City Laundrette (Karte S. 582 f.; ☎ 03-379 6622; 247 Armagh St; Waschen & Trocknen 10 NZ$/Ladung; ☺ Mo–Fr 7.30–17.30 & Sa 9–16 Uhr)

SEHENSWERTES
Cathedral Square
Auf dem Cathedral Square treffen sich Einheimische und Traveller und verleihen dem ebenen Herzen der Stadt seine lebendige Atmosphäre. Hier steht auch die 18 m hohe *Metal Chalice*-**Skulptur**, die zum neuen Jahrtausend von Neil Dawson geschaffen wurde.

Die **ChristChurch Cathedral** (Karte S. 582 f.; ☎ 03-366 0046; www.christchurchcathedral.co.nz; Cathedral Sq; Eintritt frei; ☺ Okt–März 8.30–19, April–Sept. 9–17 Uhr) wurde 1881 geweiht und hat ein beeindruckendes Rosenfenster, eine geriffelte Holzdecke und Fliesenarbeiten mit der charakteristischen Swastika. Man kann den 63 m hohen gotischen **Kirchturm** (Erw./Kind/Fam. 5/2/10 NZ$, Eintritts-Chips an der Touristeninformation) bis zur Hälfte erklimmen. Gegen eine Spende werden 45-minütige geführte Touren (☺ Touren Mo–Fr 11 & 14, Sa 11 & S0 11.30 Uhr) angeboten. Audiotouren auf eigene Faust kosten 10 NZ$.

Das **Southern Encounter Aquarium & Kiwi House** (Karte S. 582 f.; ☎ 03-359 0581; www.southernencounter.co.nz; Cathedral Sq; Erw./Kind/Fam. 17/7/41 NZ$; ☺ 9–17 Uhr) befindet sich neben dem i-SITE und beherbergt Aale, Seepferdchen, Schildkröten und andere Meerestiere, die zu festen Zeiten gefüttert werden. Vom **Kiwi-Käfig** (☺ 10.30–16.30 Uhr) sollte man nicht zu viel erwarten, da die bedrohten Tiere, was Geräusche und Licht betrifft, hyperempfindlich sind.

Ufer des Avon River
Der **Botanische Garten** (Karte S. 582 f.; ☎ 03-941 8999; www.ccc.govt.nz/parks/botanicgardens; Rolleston Ave; Eintritt frei; ☺ Gelände 7 Uhr–1 Std. vor Sonnenuntergang, Gewächshäuser 10.15–16 Uhr; 🅿) erstreckt sich am Flussufer über 30 ha und beherbergt über 10 000 Arten einheimischer und eingeführter Pflanzen. Es gibt Gewächshäuser und Themengärten zu entdecken, Rasenflächen zum Relaxen und ein Café im **Visitor Centre des botanischen Gartens** (Karte S. 582 f.; ☎ 03-941 8999; Rolleston Ave;

☺ Mo–Fr 9–16, Sa & So 10.15–16 Uhr). Auf dem Spielplatz neben dem Café kann sich der Nachwuchs austoben. **Geführte Spaziergänge** (Erw./Kind 5 NZ$/frei; ☺ Spaziergänge Sept.–April 13.30 Uhr) beginnen täglich vor dem Canterbury Museum (S. 581), aber man kann auch mit dem Elektrozug **Caterpillar** („Raupe") durch den Garten fahren. Die **Tickets** (www.gardentour.co.nz; Erw./erm. 15/6 NZ$; ☺ 10–16 Uhr) sind zwei Tage lang gültig (man kann so oft ein- und aussteigen, wie man will) und beinhalten sogar Erläuterungen.

Das **Mona Vale** (Karte S. 580; ☎ 03-348 9660; www.monavale.co.nz; 63 Fendalton Rd; Eintritt frei; ☺ Okt.–April 9.30–17 Uhr, Mai–Sept. bis 16 Uhr; 🅿) ist ein charmantes Herrenhaus im elisabethanischen Stil, das inmitten eines 5,5 ha großen künstlich angelegten Gartens mit Teichen und Springbrunnen liegt. Man kann im Café des Hauses zu Abend essen, über das wunderschöne Anwesen flanieren oder eine halbstündige **Stocherkahnfahrt** (20 NZ$/Pers.; ☺ Okt.–April) auf dem Avon River machen. Die lecker gefüllten Picknickkörbe (27–65 NZ$/Paar) müssen bis zum Mittag des Vortags bestellt werden. Das Mona Vale liegt gleich nordwestlich des Hagley Park und ist mit Bus 9 erreichbar.

Arts Centre
Das Gelände des ehemaligen Canterbury College (später Canterbury University) mit seinen vielen neogotischen Gebäuden bildet heute das großartige **Arts Centre** (Karte S. 582 f.; www.artscentre.org.nz; 2 Worcester St; Eintritt frei; 🅿), in dem sich Kunst- und Kunsthandwerksläden den Platz mit Kinos, einem Theater, Restaurants und Cafés teilen. Wer nach traditionellen und zeitgenössischen Maori-Schnitzereien und -Design sucht, kann das Atelier und die Galerie **Te Toi Mana** (☎ 03-366 4943; toimanamaori@xtra.co.nz) besuchen. **Visually Maori** (☎ 03-379 7855; visually.maori@xtra.co.nz) zeigt ebenfalls interessante Maori-Kunst.

Auf dem ausgezeichneten **Markt** (☺ Sa & So 10–16 Uhr) werden Kunsthandwerk und Gourmet-Köstlichkeiten verkauft, und oft gibt's dort auch Liveunterhaltung und Stände mit günstigen Leckereien.

Das **Arts Centre Visitors Centre** (Karte S. 582 f.; ☎ 03-363 2836; 2 Worcester St; ☺ 9.30–17 Uhr) befindet sich im Uhrenturm auf der Worcester St. Das hilfsbereite Personal hält Informationen bereit und bietet kostenlose **geführte Touren** (☺ 10.30–15.30 Uhr) durch die Anlage an, die auch die Ausstellung **Rutherford's Den** (www.rutherfordsden.

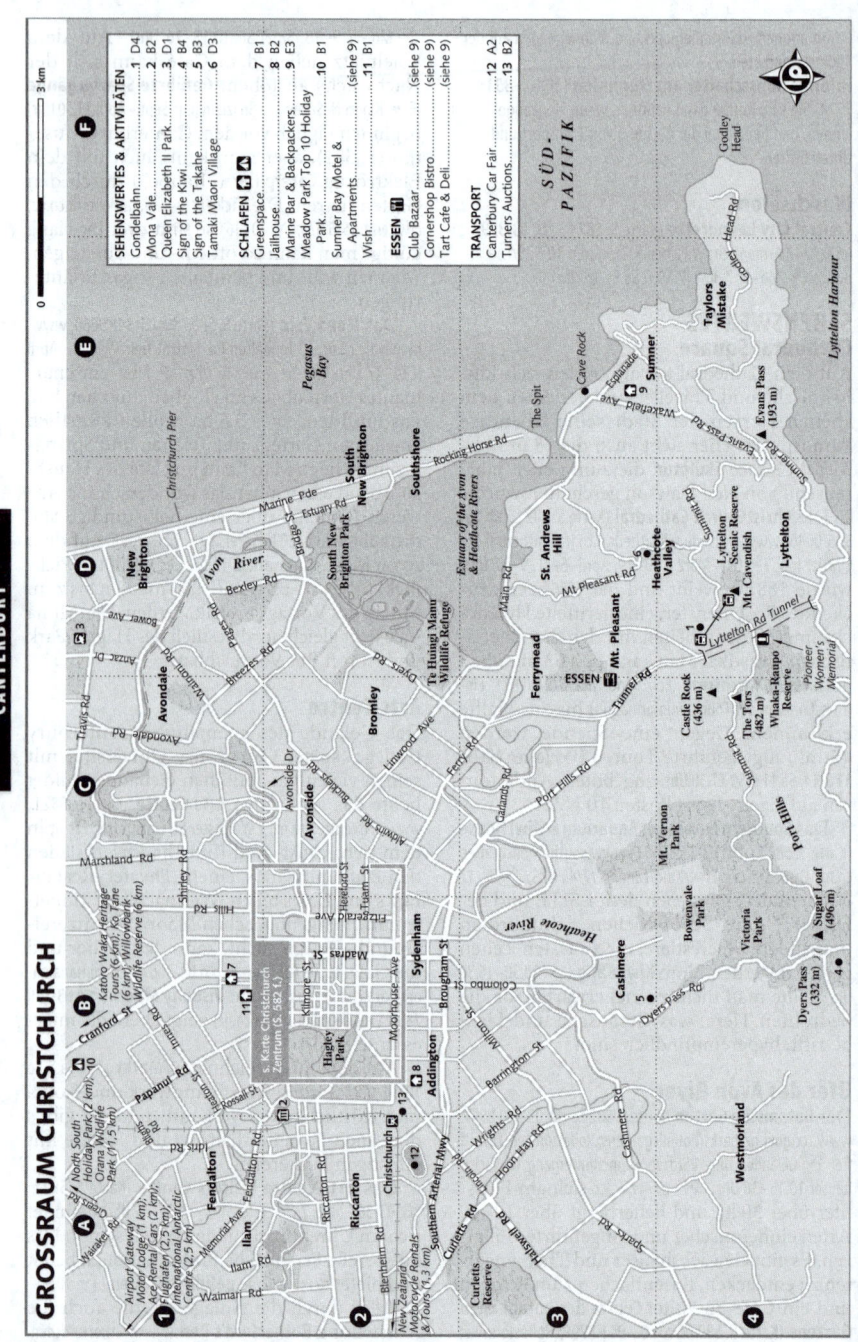

GROSSRAUM CHRISTCHURCH

0 — 3 km

SÜD-PAZIFIK

SEHENSWERTES & AKTIVITÄTEN

Gondelbahn	1 D4
Mona Vale	2 B2
Queen Elizabeth II Park	3 D1
Sign of the Kiwi	4 B4
Sign of the Takahe	5 B3
Tamaki Maori Village	6 D3

SCHLAFEN

Greenspace	7 B1
Jailhouse	8 B2
Marine Bar & Backpackers	9 E3
Meadow Park Top 10 Holiday Park	10 B1
Summer Bay Motel & Apartments	(siehe 9)
Wish	11 B1

ESSEN

Club Bazaar	(siehe 9)
Cornershop Bistro	(siehe 9)
Tart Cafe & Deli	(siehe 9)

TRANSPORT

Canterbury Car Fair	12 A2
Turners Auctions	13 B2

org.nz; ⊙ 10–17 Uhr) einschließen, die Leben und Werk von Ernest Rutherford feiert, jenes neuseeländischen Physikers, der 1917 als Erster ein Atom spaltete.

Straßenbahn

Straßenbahnen wurden 1905 in Christchurch eingeführt, 50 Jahre später als Transportmittel aber wieder abgeschafft. Restaurierte **Trams** (☎ 03-366 7830; www.tram.co.nz; Erw./Kind 15/5 NZ$; ⊙ Nov.–März 9–21 Uhr, April–Okt. bis 18 Uhr) fahren heute auf einer 2,5 km langen Schleife durch die Innenstadt und kommen auch an lokalen Attraktionen und Einkaufsvierteln vorbei. Die Tickets gelten für 48 Stunden und können beim Fahrer gekauft werden. Im Sommer sorgen gelegentlich Jazzbands für musikalische Untermalung in der Bahn, und die Fahrt durch das gläserne Atrium an der Cathedral Junction ist auch etwas Besonderes. Eine der Trams ist sogar mit einem **Restaurant** (☎ 03-366 7511; Fahrt inkl. Abendessen 73–125 NZ$; ⊙ Sept.–Mai 19.30 Uhr–open end, Juni–Aug. ab 19 Uhr) ausgestattet.

Zum Zeitpunkt der Recherche gab es Pläne, die bestehende Linie auszubauen und die High St sowie die Cashel St rechtzeitig zur Rugby-WM 2011 mit einzubeziehen.

Beim Tram- und Gondelpersonal sind außerdem Kombitickets (Erw./Kind/Fam. 35/12/80 NZ$) für Tram und Gondel (S. 586) erhältlich. Auch für Stocherkahnfahrten auf dem Avon River (S. 579) gibt's Kombitickets, die Straßenbahnfahrten (Erw./Kind 30/15 NZ$) beinhalten. Wer einen Dreifach-Pass für Tram, Gondel und Stechkahn (Erw./Kind/Fam. 50/20/120 NZ$) kauft, bekommt drei berühmte Christchurch-Attraktionen auf einmal.

Canterbury Museum

Das fesselnde **Canterbury Museum** (Karte S. 582 f.; ☎ 03-366 5000; www.canterburymuseum.com; Rolleston Ave; Spende 2 NZ$; ⊙ April–Sept. 9–17 Uhr, Okt.–Mai bis 17.30 Uhr) zeigt eine wunderbare Sammlung bedeutender neuseeländischer Exponate. Zu den Highlights gehören die Maori-Galerie mit einigen atemberaubenden *pounamu*-Stücken (aus Greenstone, einer Art Jade), das geflochtene Ruderboot in der Antarctic Hall, das 1907 von einer Gruppe Schiffbrüchiger auf der Disappointment Island genutzt wurde, sowie die große Sammlung ausgestopfter Vögel aus dem Pazifik und anderen Gefilden. Den statuenartigen Kaiserpinguin muss man

---

MAORI: CHRISTCHURCH & CANTERBURY

Nur 5 % der Maori Neuseelands leben auf der Südinsel: Der Süden wurde ein paar Jahrhunderte später besiedelt als der Norden, und es kam erst eine größere Zahl von Siedlern auf die Südinsel, als das Land auf der Nordinsel knapp wurde. Bis dahin waren die Maori nur auf der Suche nach Moas, Fisch und – natürlich – dem *pounamu* (Greenstone) an die Westküste der Südinsel gereist.

Den größten *iwi* (Stamm) auf der Südinsel bilden die Ngai Tahu (www.ngaitahu.iwi.nz), heute ironischerweise einer der wohlhabendsten Stämme des ganzen Landes, da hier jeder Einzelne sehr viel mehr Land besitzt als bei den Stämmen der Nordinsel. In Christchurch leben, wie in anderen Städten, auch Maori zahlreicher anderer *iwi*.

Ko Tane (☎ 03-359 6226; www.kotane.co.nz; 60 Hussey Rd; Paket Tanz & Tour & Abendessen Erw./Kind 110/54 NZ$; ⊙ Pakete Okt.–Mai 17.30 & 18.30 Uhr, Juni–Sept. 18.30 Uhr) im Willowbank Wildlife Reserve (S. 586) hat traditionelle Tänze, eine Tiere-und-Pflanzen-Tour und ein Büfett-Abendessen im Programm. Günstiger wird's, wenn man auf Tour und/oder Abendessen verzichtet – die Vorführung allein kostet 48/24 NZ$ pro Erw./Kind. Außerdem kann man eine Fahrt in einem traditionellen *waka* (Maori-Kanu) mitmachen, die von dem ebenfalls im Willowbank ansässigen Unternehmen Katoro Waka Heritage Tours (S. 586) angeboten wird.

Die Show „Chronicles of Uitara" im **Tamaki Maori Village** (Karte S. 580; ☎ 03-366 7333; www.christchurchinfo.co.nz; Erw./Kind unter 5 Jahren/Kind 5–15 Jahre 126 NZ$/frei/73 NZ$) lässt die ersten Begegnungen zwischen Maori und europäischen Siedlern wieder aufleben. Der Abend findet in einem nachgebauten Maoridorf statt und endet mit einem traditionellen *hangi* (Maorifestessen).

Etwas moderner wirken die Knochenschnitzereien von „Bone Dude" John Fraser, der Besuchern in seinem Atelier (S. 587) das Schnitzen beibringt, sowie die Werke in der Galerie Te Toi Mana (S. 579) im Arts Centre.

In den Museen in Akaroa (S. 604) und Okains Bay (Maori & Colonial Museum; S. 605) findet man ebenso schöne Maori-Artefakte wie in Christchurchs Canterbury Museum (S. 581).

CHRISTCHURCH ZENTRUM

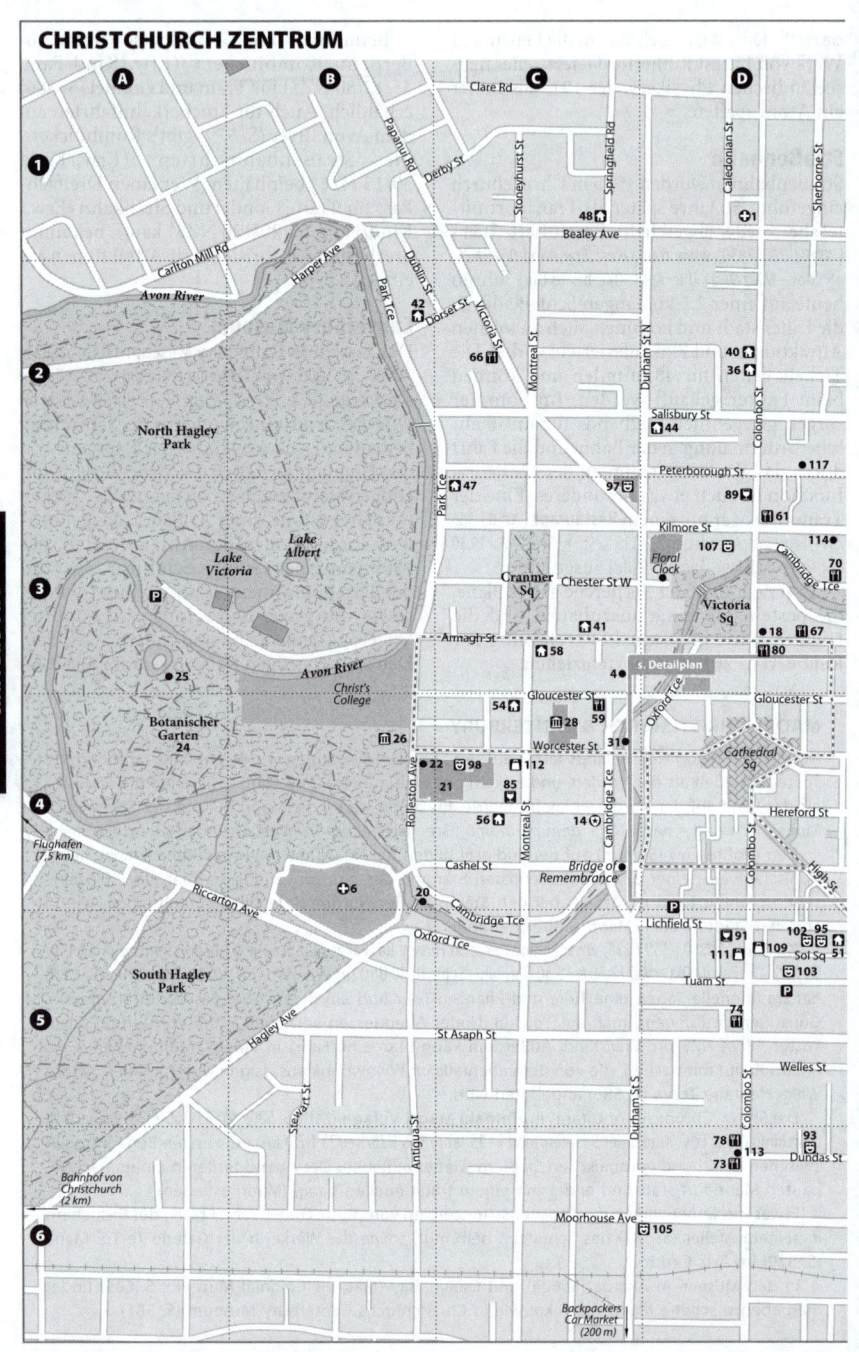

CHRISTCHURCH & CANTERBURY

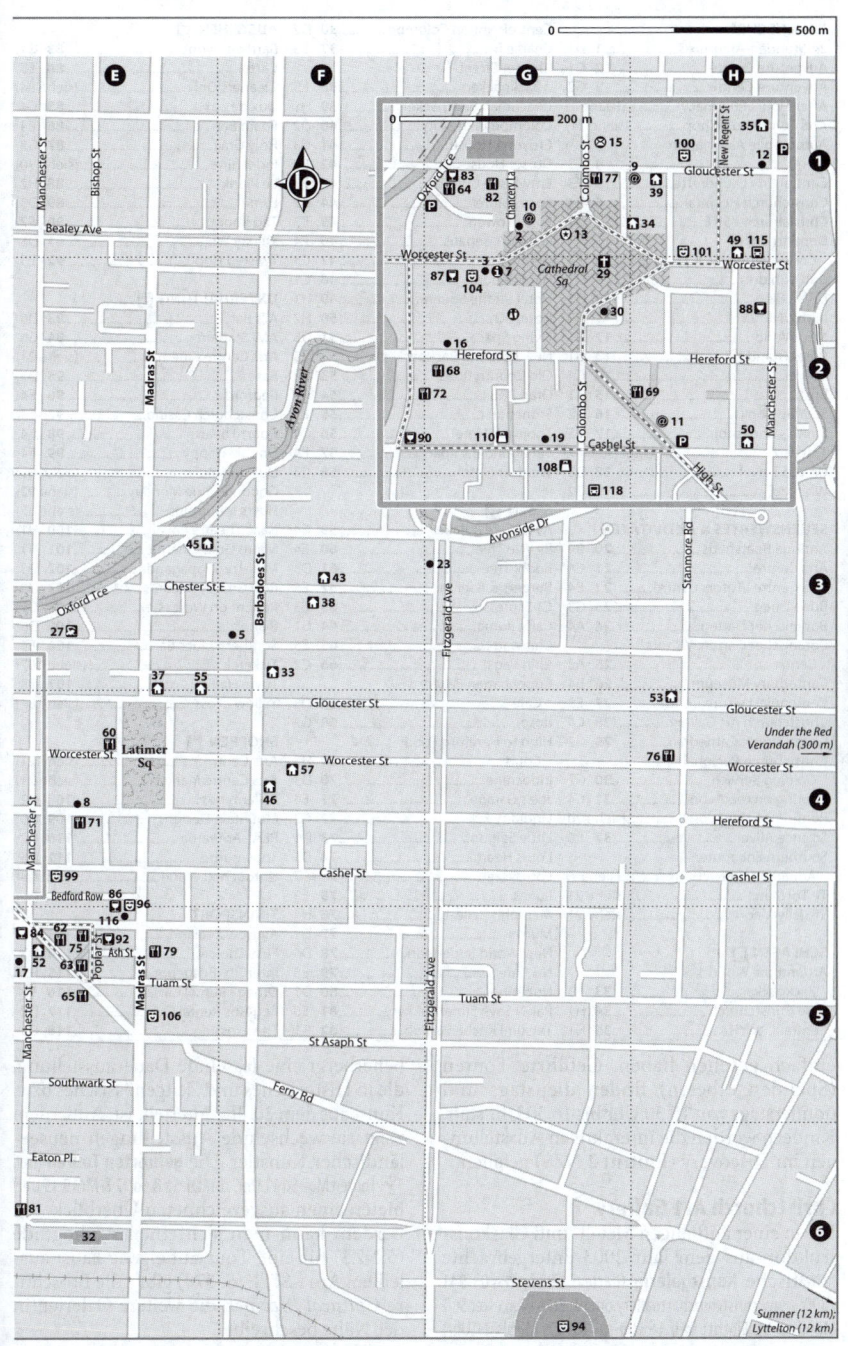

einfach gesehen haben. Geführte Touren (Spenden erbeten) finden dienstags und donnerstags von 15.30 Uhr bis 16.30 Uhr statt. Kindern werden die interaktiven Ausstellungen im Discovery (Eintritt 2 NZ$) gefallen.

Christchurch Art Gallery
Die in einer auffälligen Metall- und Glaskonstruktion aus dem Jahr 2003 untergebrachte städtische **Kunstgalerie** (Karte S. 582 f.; ☎ 03-941 7300; www.christchurchartgallery.org.nz; Ecke Worcester St & Montreal St; Eintritt frei; ☯ Do–Di 10–17, Mi bis 21 Uhr)

beherbergt eine fesselnde Dauerausstellung, die in Historisches und Zeitgenössisches bzw. Kunst aus dem 20. Jh. unterteilt ist. Außerdem zeigt sie wechselnde Ausstellungen neuseeländischer Künstler. Die **geführten Touren** (frei; ☯ Touren Mo–So 11 Uhr, zusätzl. Sa & So 17 & Mi 19.15 Uhr) bieten einen ausgezeichneten Überblick, außerdem kann man sich einen Audioguide (5 NZ$) für eine Tour auf eigene Faust ausleihen. Am i-SITE (S. 578) gibt's die Broschüre *Cultural Precinct*, die weitere Galerien in der Nähe beschreibt.

International Antarctic Centre

Das **International Antarctic Centre** (außerhalb der Karte S. 580; ☎ 0508 736 4846, 03-353 7798; www.iceberg. co.nz; 38 Orchard Rd; Erw./Kind/Fam. 55/36/145 NZ$, Audioguide 6 NZ$; ⏱ Okt.–Mai 9–19 Uhr, April–Sept. bis 17.30 Uhr; Ⓟ) ist Teil eines riesigen Komplexes, der für die Verwaltung des Antarktisprogramms von Neuseeland, den USA und Italien erbaut wurde. Hier kann man Pinguine beobachten und in historischen, geologischen und zoologischen Ausstellungen alles über den eisigen Kontinent lernen, u. a. durch Filme über das Leben auf der Scott Base. Außerdem gibt's ein Aquarium mit Lebewesen aus dem Eis des McMurdo-Sounds und eine „Antarctic Storm"-Kammer, in der man am eigenen Leib erfährt, wie sich Winde von –18 °C anfühlen (den „Wetterbericht" erhält man an der Rezeption). Im Eintrittspreis sind auch unbegrenzt viele Fahrten mit dem **Hägglund** inbegriffen, einem Geländefahrzeug, das sich durch einen Abenteuer-Parcours im Außenbereich arbeitet. Optional kann man zusätzlich den **Penguin Backstage Pass** (Erw./Kind 20/15 NZ$) erwerben, der den Besucher hinter die Kulissen des Pinguin-Geheges führt. Hin kommt man mit dem Flughafenbus City Flyer (S. 600) – die Haltestelle ist einen kurzen Fußweg vom Terminal entfernt – oder dem Penguin Express Shuttle, der ab 9 Uhr jede volle Stunde am Cathedral Square abfährt (Erw./Kind hin & zurück 6/3 NZ$).

Science Alive!

Das **Science Alive!** (Karte S. 582 f.; ☎ 03-365 5199; www. sciencealive.co.nz; 392 Moorhouse Ave; Erw./Kind/Fam. 14/10/45 NZ$; ⏱ 10–17 Uhr; Ⓟ) im ehemaligen Bahnhof der Stadt ist vollgepackt mit ständig wechselnden interaktiven Ausstellungen: von optischen Illusionen bis zu unzähligen Dingen, die der Nachwuchs drücken, ziehen und erklettern kann. Auch die Kletterwand und Neuseelands höchste Steilrutsche sind beliebt. Wenn den Kurzen die Realität zu langweilig wird, können sie gleich nebenan in die fantastische Welt des Films (S. 598) eintauchen.

Naturschutzgebiete

Im **Orana Wildlife Park** (außerhalb der Karte S. 580; ☎ 03-359 7109; www.oranawildlifepark.co.nz; McLeans Island Rd; Erw./Kind/Fam. 24/8/56 NZ$; ⏱ 10–17 Uhr; Ⓟ) gibt es eine ausgezeichnete begehbare Voliere, ein Kiwi-Nachthaus und eine Reptilienausstellung mit faltigen Brückenechsen. Der Großteil der Anlage ist Afrika gewidmet und zeigt u. a. Löwen, Nilpferde, Giraffen, Zebras, Lemuren, Antilopen und Geparde, aber auch Asien ist mit ein paar Sumatra-Tigern gut vertreten. Geführte Touren beginnen um 10.45 Uhr mit der Fütterung der einheimischen Vögel bzw. gegen 14.30 Uhr vor dem Gehege der afrikanischen Löwen. Auf der Website finden sich unter „Exciting Encounters" weitere regelmäßige Führungen sowie die täglichen Fütterungszeiten. Der Shuttle

---

CHRISTCHURCH IN ...

... zwei Tagen

Nach dem Frühstück in einem der **Cafés an der High Street** in die **Straßenbahn** (S. 581) steigen und zur Orientierung eine komplette Runde drehen. Dann am **Arts Centre** (S. 579) aussteigen, die Galerien dieser geschichtsträchtigen Gegend erkunden und beim Mittagessen im **Dux de Lux** (S. 596) wieder auftanken. Im hübschen **Botanischen Garten** (S. 579) kann man die Kalorien wieder abspazieren und sich zu den **Antigua Boatsheds** (S. 586) begeben, wo am Nachmittag eine **Stocherkahnfahrt auf dem Avon River** (S. 586) ansteht. Der Tag endet mit einem Essen und Bar-Hopping in den hübschen Winkeln der **Poplar Street** und des **SOL Square** (S. 596).

Der zweite Tag beginnt mit einem Besuch im **Canterbury Museum** (S. 581) und der **Christchurch Art Gallery** (S. 584), bevor es mit der **Gondel** (S. 586) aus der Stadt hinaus geht und man ein bisschen in den Bergen wandert. Abends fährt man mit dem Bus zu einem der ausgezeichneten Restaurants in **Lyttelton** (S. 602) oder **Sumner** (S. 593).

... vier Tagen

Dem Zwei-Tages-Programm folgen und am dritten Tag nach **Akaroa** (S. 603) fahren, um Flora und Fauna des Hafens und die herrlichen anderen Buchten der Halbinsel zu erkunden. Am vierten Tag ist es Zeit für eine **Einkaufstour** (S. 599) auf der trendigen High St, bevor man sich im **International Antarctic Centre** (s. oben) wieder abkühlt oder eine Fahrt in einem Maori-Kanu mit anschließendem Maori-Festessen im **Willowbank Wildlife Reserve** (S. 586) genießt.

des Orana Wildlife Park fährt täglich um 10 und 13 Uhr am Cathedral Square ab.

Das **Willowbank Wildlife Reserve** (außerhalb der Karte S. 580; ☎ 03-359 6226; www.willowbank.co.nz; 60 Hussey Rd; Erw./Kind unter 5 Jahren/Kind 5–15 Jahre/Fam. 25/frei/10/65 NZ$; ◷ 9.30 Uhr–Sonnenuntergang; P) etwa 6 km nördlich der Stadt ist ein weiteres gutes Naturschutzgebiet, das auf die in Neuseeland heimischen Tiere spezialisiert ist und über Gehege verfügt, in denen man die Alpakas, Wallabys und Hirsche praktisch anfassen kann. Touren finden mehrmals täglich statt. Die geführten Touren nach Einbruch der Dunkelheit sind eine gute Möglichkeit, Neuseelands Nationalvogel, den Kiwi, zu sehen. Abends finden außerdem Maoridarbietungen statt (S. 581). Die **Katoro Waka Heritage Tours** (außerhalb der Karte S. 580; ☎ 0800 528 676; www.katoro.co.nz; Erw./Kind ab 70/35 NZ$), die Maori-Folklore mit einer Paddeltour in einem traditionellen *waka* (Kriegskanu) und einem Besuch in einem *pa* (Maoridorf) zu verbinden, gehören ebenfalls zum Angebot des Willowbank.

Gondelbahn

Die **Gondelbahn** (Karte S. 580; ☎ 03-384 0700; www.gondola.co.nz; 10 Bridle Path Rd; hin & zurück Erw./Kind/Fam. 24/10/59 NZ$; ◷ 10–21 Uhr; P) bringt Passagiere in nur zehn Minuten von der Station am Heathcote Valley zum Café-Restaurant auf dem Mt. Cavendish (500 m). Wer die Fahrt mitmacht, kann sich auf eine grandiose Aussicht über Lyttelton Harbour und die Southern Alps freuen. Pfade führen zum Crater Rim Walkway, und wer will, kann mit der Gondel auf den Berg und mit dem Fahrrad wieder runterfahren (s. rechte Spalte). Der Lyttelton-Bus 28 fährt hierher. Es empfiehlt sich, ein Kombiticket (Erw./Kind/Fam. 35/12/80 NZ$) zu kaufen, wenn man vorhat, auch mal mit der Straßenbahn zu fahren (s. S. 581).

AKTIVITÄTEN

In Christchurch sind die beliebtesten Aktivitäten relaxter als im adrenalingepeitschten Queenstown oder in Wanaka. In Christchurch macht man eher eine Stechkahnfahrt auf dem Avon River, eine Radtour durch das einfache Gelände des Hagley Park oder eine Tour auf den Wanderwegen von Lyttelton Harbour. Die besten Bademöglichkeiten der Stadt hat man an den Stränden in Sumner und New Brighton. Am nahen Mt. Hutt (S. 93) kann man ganz gut Ski fahren.

Bootsausflüge

Die malerischen grün-weißen **Antigua Boatsheds** (Karte S. 582 f.; ☎ 03-366 5885; www.boatsheds.co.nz; 2 Cambridge Tce; Kajak pro Std. ab 10 NZ$, Ruderboot/Paddelboot pro 30 Min./Std. 20/30 NZ$; ◷ 9–17 Uhr) stammen aus dem Jahr 1882. Hier werden verschiedene Boote verliehen, mit denen man den Avon River auf eigene Faust erkunden kann. Außerdem steht hier ein hervorragendes **Café** (Hauptgerichte 10–20 NZ$; ◷ 7–17 Uhr), das ein tolles Ziel für einen Brunch oder ein Mittagessen abgibt. Die Bootshäuser sind auch der Ausgangspunkt für **Stocherkahnfahrten auf dem Avon River** (☎ 03-366 0337; www.punting.co.nz; 30-minütige Fahrt Erw./Kind 20/10 NZ$; ◷ Okt.–April 9–18 Uhr, Mai–Sept. 10–16 Uhr). Bei dieser halbstündigen Rundfahrt in einem Flachkahn schuften dann andere fürs Vorwärtskommen. Am Anleger an der Brücke in der Worcester St befindet sich ein weiterer Abfahrtspunkt. Ein Kombi-Ticket (Erw./Kind 30/15 NZ$) für Stocherkahn und Straßenbahn ist ebenfalls erhältlich (S. 581).

Radfahren

City Cycle Hire (☎ 0800 424 534, 03-377 5952; www.cyclehire-tours.co.nz; halber/ganzer Tag 25/35 NZ$) bringt Fahrräder direkt an die Unterkunft. Mountainbikes (halber/ganzer Tag 30/45 NZ$) sind prima fürs Gelände. Außerdem werden Tagesausflüge (Erw./Kind 95/50 NZ$) auf den Little River Rail Trail (s. unten) angeboten,

---

DER LANGE WEG NACH LITTLE RIVER

Der Little River Rail Trail wird eines Tages die kompletten 45 km vom Christchurcher Vorort Hornby zum kleinen Örtchen Little River auf der Banks Peninsula abdecken. Zum Zeitpunkt der Recherche waren bis auf einen 14 km langen Abschnitt alle Strecken geöffnet. Unter www.littleriverrailtrail.co.nz finden sich stets aktuelle Informationen. Den besten Teil der Strecke lernt man kennen, wenn man in Motukarara, 20 km von Little River entfernt, zusteigt. Das Christchurch i-SITE (S. 578) informiert über Fahrradverleihe und den ÖPNV. Rail-Trail-Tagesausflüge können bei City Hire (s. oben) und Natural High (S. 587) gebucht werden. Natural High vermietet außerdem Fahrräder und gibt Tipps zu mehrtägigen Radtouren auf eigene Faust, die auch den Little River Rail Trail einschließen.

und man kann von der Gondelstation (S. 586) mit dem Mountainbike (50 NZ$) ins Tal fahren. Im Preis ist die Fahrt mit der Gondelbahn enthalten. Buchungen erforderlich.

Natural High (☎ 0800 444 144; 03-982 2966; www. naturalhigh.co.nz) verleiht Tourenräder und Mountainbikes (pro Tag/Woche ab 40/154 NZ$) und gibt Tipps zu geführten Touren und Fahrten auf eigene Faust durch Canterbury und über die Südinsel.

Näheres zu geführten Citytouren auf zwei Rädern gibt's auf S. 589.

Spaziergänge/Wanderungen

Beim i-SITE gibt's Informationen zu Spaziergängen in Christchurch. Innerhalb der Stadt verlaufen der **Riverside Walk** und historische Strecken, während der Weg zum **Taylors Mistake** etwas außerhalb über spektakuläre Klippen führt (2½ Std.).

Einen großartigen Blick auf die Stadt bietet der Weg, der am **Sign of the Takahe** (Karte S. 580) an der Dyers Pass Rd beginnt. Die Orte mit dem Namen "Sign of the ..." in dieser Gegend waren ursprünglich Rasthäuser, die während der Weltwirtschaftskrise errichtet wurden. Jetzt sind sie prächtige Teehäuser wie das Sign of the Takahe oder einfache Schutzhütten wie das Sign of the Bellbird. Sie gelten als Wahrzeichen. Der Weg führt durch den Victoria Park zum **Sign of the Kiwi** (Karte S. 580), dann über die Summit Rd zur Scotts Reserve; unterwegs gibt es zahlreiche Aussichtspunkte.

Von Heathcote Valley aus (zu erreichen mit Bus 28) führt der **Bridle Path** (1½ Std.) nach Lyttelton. Der **Godley Head Walkway** (hin & zurück 2 Std.) beginnt beim Taylors Mistake, überquert zweimal die Summit Rd und bietet an klaren Tagen wunderbare Aussichten.

Der **Crater Rim Walkway** (9 Std.) um den Lyttelton Harbour herum führt rund 20 km vom Evans Pass zur Ahuriri Scenic Reserve. Von der Endstation der Gondelbahn auf dem Mt. Cavendish kann man zum **Cavendish Bluff Lookout** (hin & zurück 30 Min.) oder zum **Pioneer Women's Memorial** (hin & zurück 1 Std.) laufen.

Noch mehr Aktivitäten

Der **Queen Elizabeth II Park** (Karte S. 580; ☎ 03-941 6849; www.qeiipark.org.nz; Travis Rd, New Brighton; Pool Erw./ Kind 5/3 NZ$; ☽ Mo–Fr 6–21, Sa & So 7–20 Uhr) hat ein Schwimmbad (mit Wellenbad), Wasserrutschen, ein Fitnesszentrum und Squashplätze. Hin kommt man mit Bus 43. Näher an der Innenstadt liegt das **Centennial Leisure Centre**

(Karte S. 582 f.; ☎ 03-941 7080; www.centennial.org.nz; 181 Armagh St; Erw./Kind 5/3 NZ$; ☽ Mo–Fr 6–21, Sa & So 7–19 Uhr) mit einem beheizten Innenpool.

Die **Strände**, die der Stadt am nächsten liegen, sind Waimairi, North Beach, New Brighton und South Brighton; die Busse 5, 49 und 60 fahren hin. Sumner (s. S. 593) im Südosten der Stadt ist ebenfalls beliebt (Bus 3), nicht zuletzt wegen der guten Restaurants hier. Weiter östlich bei Taylors Mistake warten gute **Surfstrände**.

Mehrere **Skigebiete** sind keine zwei Autostunden von Christchurch entfernt (s. S. 93). Weiteren Freizeitspaß in der Umgebung von Christchurch bieten Bootstouren auf dem Lyttelton Harbour (S. 601), Raftingtouren auf dem Rangitata River (S. 623), Fallschirmsprünge, Paragliden, Fahrten im Heißluftballon, Jetboat-Touren auf dem Waimakariri River und Ausritte. Nähere Infos gibt's beim i-SITE (s. S. 578).

Wer seiner Kreativität freien Lauf lassen möchte, sollte unbedingt eine Sitzung beim **Bone Dude** (☎ 03-379 7530; www.thebonedude.co.nz; 229B Fitzgerald Ave; ab 60 NZ$; ☎ Mo–Fr 9–12 & 13–16, Sa 10–13 Uhr) buchen. In drei Stunden fertigt man in kreativem Ambiente und mit guter Anleitung seine eigene Knochenschnitzerei an. Der Inhaber John Fraser vom Stamm der Ngati Rangitahi stellt eine Reihe von traditionellen Maori-Vorlagen zur Verfügung; man kann aber auch nach eigenem Entwurf arbeiten. Die Kurse sind auf zwölf Teilnehmer beschränkt – man sollte also dringend reservieren. Vom Stadtzentrum aus braucht man zu Fuß 15 Minuten oder fährt mit dem Bus 70.

STADTSPAZIERGANG

Der Tag beginnt in der **High St** (**1**; S. 599) mit einem entspannten Frühstück im C1 Espresso (S. 596), bevor man durch die nahen Boutiquen und Galerien bummelt. Bei einem Abstecher auf die Poplar St kann man in den interessanten Locations der **Lichfield Lanes** (**2**; S. 596) stöbern und sich schon mal notieren, zu welchen Bars man später wieder zurückkehren möchte. Wieder auf der High St geht's weiter zur Kreuzung Manchester und Lichfield St. Jetzt links auf die Lichfield St abbiegen, dann wieder links auf die His Lordship's Lane, wo man die skurrilen Desgin-Läden rund um den **SOL Square** (**3**; S. 596) erkunden kann. Anschließend geht's wieder auf die High St und durch die Fußgängerzone zur Colombo St. Als wir recherchiert haben, wurde das

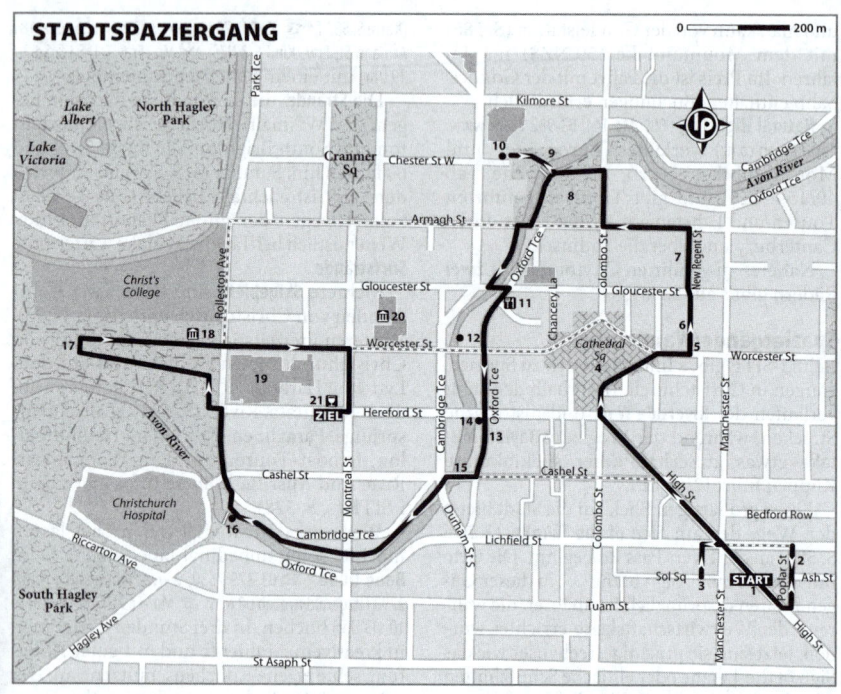

STADTSPAZIERGANG

0 ▭▭▭ 200 m

ROUTENINFOS

Start High St
Ziel Dux de Lux
Strecke Etwa 5 km
Dauer 3 Std.–1 Tag, je nach Zwischenstopps

Straßenbahnnetz gerade entlang der High St ausgebaut, also muss man inzwischen vielleicht schon auf durchfahrende Straßenbahnen achtgeben. Entlang der Colombo St geht's zum **Cathedral Sq (4**; S. 579). Wer Zeit hat, sollte auf den Kirchturm der ChristChurch Cathedral (S. 579) steigen. Jetzt der Worcester St mit der Kathedrale zur Linken vom Cathedral Sq aus folgen und links in das weitläufige Glas-Atrium der **Cathedral Junction (5)** einbiegen. Aufgepasst: Dies ist auch eine der Hauptverkehrszonen der **Straßenbahn von Christchurch (6;** S. 581). Dann überquert man die Gloucester St und läuft an der hübschen **New Regent St (7)** mit der pastellfarbenen Architektur im spanischen Missionsstil entlang.

Nun der Straßenbahnlinie nach links entlang der Armagh St folgen und dann rechts auf die Colombo St abbiegen. Links befindet sich der **Victoria Square (8)**. Auf dem Platz kann man die Statuen von Queen Victoria und dem englischen Entdecker Captain James Cook bestaunen – immerhin sind wir hier in Neuseelands englischster Stadt.

Weiter geht's nach links auf dem Weg gegenüber der Oxford Tce und über die Brücke, die den sanften **Avon River (9**; S. 579) überspannt; hier kann man an der **Floral Clock (10)** die Zeit erschnuppern. Danach läuft man zurück zur Statue von James Cook, biegt rechts ab und folgt dem Flussufer. An der Armagh St rechts halten und die Armagh St Bridge überqueren. Vor dem Belgian Beer Café (nach dem Stella-Artois-Schild Ausschau halten) nach links gehen und dann dem sich schlängelnden Pfad folgen, den Fluss zur Linken. An der Brücke in der Gloucester St links abbiegen und dann rechts auf die Oxford Tce, wo man sich im **Caffe Roma (11**; S. 596) einen Kaffee oder ein Mittagessen gönnen kann.

Weiter geht's auf der Oxford Tce zur Worcester St Bridge und zu einer **Stocherkahnfahrt auf dem Avon River (12**; S. 586). Wieder an Land, folgt man der Oxford Tce weiter bis zu jener Ansammlung von Bars und Restaurants, die als „**The Strip**" (**13**; S. 596) bekannt ist. Hier kann man im Sommer wunderbar im Freien essen und sich das ganze Jahr über in etwas wilderes Nachtleben stürzen. An der Ecke Oxford Tce und Hereford St kann man einen Blick auf das Wasserrad auf **Mill Island (14)** werfen. Am Ende des „Strip" an der **Bridge of Remembrance (15)** rechts abbiegen und über die Durham St zur Cambridge Tce weiterlaufen. Dort links abbiegen und dem Pfad am Flussufer bis zu den bunt gestreiften **Antigua Boatsheds (16**; S. 586) folgen. Hier kann man sich ein Ruderboot ausleihen und den Avon im eigenen Tempo erkunden. Stechkahnfahrten lassen sich hier natürlich auch buchen.

Nun der Rolleston Ave folgen und eintauchen in die blühende Pracht des **Botanischen Gartens (17**; S. 579), bevor man sich zum **Canterbury Museum (18**; S. 581) an der Ecke Rolleston Ave und Worcester St aufmacht.

Nach einer Museumstour das Gebäude am Ausgang Hereford St verlassen und diese Richtung **Arts Centre (19**; S. 579) überqueren, wo man verschiedene Galerien und Ateliers entdecken und – wenn man den richtigen Zeitpunkt erwischt – über den regelmäßig stattfindenden Wochenendmarkt flanieren kann. Vom Arts Centre aus kann man auch die **Christchurch Art Gallery (20**; S. 584) an der Ecke Worcester und Montreal St besuchen. Wer genug Kunst und Kultur getankt hat, kehrt zurück auf die Montreal St, wo es sich bei den lokalen Spitzenbieren des **Dux de Lux (21**; S. 596) gut ein paar Stunden zubringen lässt. Viel Glück bei der Suche nach einem Tisch im Freien – der wäre mehr als verdient!

CHRISTCHURCH MIT KINDERN

In Christchurch herrscht kein Mangel an kinderfreundlichen Sehenswürdigkeiten und Aktivitäten. Wenn der Spaß mit der ganzen Familie an erster Stelle steht, sollten Traveller ihren Besuch für die Zeit von Neuseelands größtem Kinderfestival **KidsFest** (www.kidsfest.org. nz) planen. Dieses Festival findet jedes Jahr im Juli statt und bietet jede Menge Shows, Workshops und Partys. Das alljährliche **World Buskers Festival** (Straßenkünstlerfestival, S. 590) Ende Januar ist auch immer ein Hit.

Für ein Picknick und zum Herumtoben im Freien bietet sich der **Botanische Garten** (S. 579) an; neben dem Café ist ein Spielplatz und Kindern macht die Fahrt mit dem Raupen-Zug immer viel Spaß. Die Naturerfahrungen

kann man dann durch den Besuch eines **Naturschutzgebiets** (S. 585) ausbauen. Alternativ bietet sich eine Fahrt mit der **Gondelbahn** (S. 586) an, bevor man an den **Antigua Boatsheds** (S. 586) zu einem Ausflug mit dem Ruder- oder Paddelboot startet, um überschüssige Energie loszuwerden. Im faszinierenden **International Antarctic Centre** (S. 585) werden die Kleinen die Sturm-Kammer, die Hägglund-Fahrt und (natürlich) die Pinguine lieben. Das Discovery Centre des **Canterbury Museum** (S. 581) und das **Science Alive!** (S. 585) sind ebenso anziehend wie lehrreich für Kinder; in Letzterem kann man sein Geschick bei einer Partie Minigolf auf einer Bahn versuchen, die im Dunkeln leuchtet.

Wenn das Wetter gut und der Nachwuchs hibbelig ist, bietet sich ein Ausflug zu den Wasserrutschen im **Queen Elizabeth II Park** (S. 587) oder zu den **Stränden** (S. 587) in Sumner oder New Brighton an.

GEFÜHRTE TOUREN

Zahlreiche Veranstalter bieten Führungen durch die Stadt an und haben auch Besuche anderer Städte in der Nähe (Lyttelton, Akaroa) sowie weiter entfernt gelegener Sehenswürdigkeiten (Arthur's Pass, Hanmer Springs, Waipara Valley) im Programm. Einfach am i-SITE (S. 578) nachfragen!

Canterbury Leisure Tours (☎ 0800 484 485, 03-384 0999; www.leisuretours.co.nz; Touren ab 100 NZ$) Bietet Touren in und um Christchurch, von dreistündigen Stadttouren bis zu ganztägigen Ausflügen nach Akaroa, zum Mt. Cook, Arthur's Pass und nach Kaikoura (Tagestouren sind nett, wenn man wenig Zeit hat, aber diese Ziele verdienen eigentlich einen längeren Aufenthalt).

Canterbury Sightseeing (☎ 027 321 0116; www. christchurchsightseeing.co.nz; Touren ab 260 NZ$) Thematische Sightseeing-Touren in der ganzen Region mit Schwerpunkt auf Essen und Wein, die meisten in den Weingütern des Waipara Valley.

Canterbury Wine Tours (☎ 0800 081 155; www.wai paravalley.co.nz; Touren ab 75 NZ$) Hier besucht man drei Waipara-Weingüter bei einem Halbtagsausflug oder nimmt sich einen ganzen Tag Zeit und besichtigt vier verschiedene Weingüter (inkl. Mittagessen 119 NZ$).

Christchurch Bike Tours (☎ 0800 733 257; www. chchbiketours.co.nz; Touren ab 35 NZ$) Diese unterhaltsamen, informativen Strampeltouren dauern zwei Stunden und führen durch eine Stadt, die wie geschaffen ist fürs Radeln. Abfahrt ist am i-SITE; Reservierungen werden empfohlen. Gourmets sollten nach den speziellen Touren „Farmers Market" (45 NZ$) und „Gourmet Christchurch" (110 NZ$) fragen.

Christchurch Personal Guiding Service (Karte S. 582 f.; ☎ 03-379 9629; Touren 15 NZ$; ☺ Touren Okt.–April 10 & 13 Uhr, Mai–Sept. 13 Uhr) Gemeinnützige Organisation, die informative zweistündige Stadtspaziergänge anbietet. Tickets gibt's im i-SITE oder am schwarzroten Kiosk am Cathedral Sq.

Christchurch Sightseeing Tours (☎ 0508 669 660, 03-366 9660; www.christchurchtours.co.nz; Touren 40–46 NZ$) Bietet ganzjährig umfangreiche Halbtagestouren, im Frühling und Sommer eine dreieinhalbstündige Tour durch Privatgärten und zweimal die Woche Führungen zu historischen Wohnhäusern an.

Hassle Free Tours (☎ 0800 427 753, 03-385-5755; www.hasslefree.co.nz; Touren ab 215 NZ$) Kunden können u. a. zwischen einer Bergsafari mit Vierradantrieb, Jetbootfahrten auf dem Waimakariri River und einem Besuch in Edoras (aus der *Ringe*-Trilogie) wählen. Die Landschaft ist toll, aber vom Filmset ist längst nichts mehr zu sehen.

Ghost Walk (☎ 03-963 0870; Tour 20 NZ$; ☺ Touren Okt.–März Mi–Fr 21 Uhr, April–Sept. Mi–Fr 20 Uhr) Dr. Aloysius Mort (eigentlich Schauspieler im Court Theatre) führt diese gruseligen Nachtspaziergänge durch die gotischen Kreuzgänge des Arts Centre. Buchungen sind im i-SITE oder am Court Theatre (S. 597) möglich.

Unlimited NZ (☎ 03-960 9119; www.unlimitednz. co.nz; Erw./Kind 315/210 NZ$) Tagestouren inklusive einer Fahrt mit dem TranzAlpine (S. 554) und einer Wanderung rund um Arthur's Pass.

FESTIVALS & EVENTS

Im i-SITE oder unter www.bethere.co.nz gibt's eine umfassende Liste. Einige der interessanteren regelmäßigen Events:

Januar
World Buskers Festival (☎ 03-377 2365; www.world buskersfestival.com) Nationale und internationale Talente unterhalten Ende Januar zehn Tage Passanten lang auf den Straßen der Stadt. Geld in den Hut werfen!

Januar–März
Garden City SummerTimes (☎ 03-941 8999; www. summertimes.co.nz) Mit vielen Freiluft-Events begrüßt die Stadt den Sommer.

Februar–März
Festival of Flowers (☎ 03-365 5403; www.festivalof flowers.co.nz) Christchurchs Gärten erblühen beim Christ-Church Cathedral Carpet of Flowers und der Wearable Flowers Parade. Mitte Februar bis Mitte März.

März
Ellerslie Flower Show (☎ 03-379 4581; www. ellerslieflowershow.co.nz) Der Hagley Park erwacht Mitte März bei Neuseelands größter Blumenschau zum Leben.

Juli
Christchurch Arts Festival (☎ 03-365 2223; www. artsfestival.co.nz) Zweijähriges Kunst-Event in der Mitte des Winters (in Jahren mit ungerader Zahl).

November
NZ Cup and Show Week (☎ 03-379 9629; www. nzcupandshow.co.nz) Umfasst das NZ-Cup-Pferderennen, Modeschauen und Feuerwerke rund um die landwirtschaftliche A&P Show (Agricultural & Pastoral Show; www.theshow.co.nz), bei der sich das ganze Land in der Stadt trifft. Außerdem gehört das Southern Amp (www. southernamp.co.nz), das größte Open-Air-Musikfestival der Südinsel, dazu.

SCHLAFEN

Christchurch hat eine Menge Hostels; die meisten liegen nicht mehr als zehn Gehminuten vom Cathedral Sq entfernt. Rund um den Latimer Sq finden sich mehrere Budgetoptionen, ein paar kleinere Alternativen gibt's etwas weiter östlich. Außerdem kann man unter verschiedenen renommierten Hostels in der Nähe der Botanic Gardens wählen.

Motels verteilen sich rund um die Bealay Ave und die Papanui Rd nördlich des Zentrums; weitere befinden sich westlich der Stadt rund um die Riccarton Rd hinter dem Hagley Park. Einige Spitzenklassehotels liegen rund um den Cathedral Sq.

Es lohnt sich durchaus, darüber nachzudenken, alternativ in Lyttelton (S. 601) oder Sumner (S. 593) abzusteigen. Beides sind nette Vororte am Wasser, die leicht mit öffentlichen Verkehrsmitteln zu erreichen sind und jede Menge gute Restaurants bieten.

Budgetunterkünfte
CAMPING

North South Holiday Park (außerhalb der Karte S. 580; ☎ 0800 567 765, 03-359 5993; www.northsouth.co.nz; Ecke John's Rd & Sawyers Arms Rd, SH1; Stellplatz ohne/mit Strom 30/32 NZ$, Hütte & Wohneinheit 52–117 NZ$; ⓟ ▣ ⌨ ▨) Dieser Park liegt nur fünf Minuten vom Flughafen entfernt – eine gute Option für die erste Nacht, wenn man gerade den Wohnwagen abgeholt hat. Zu den Einrichtungen gehören ein Pool, eine Sauna und ein Spielplatz sowie ein paar neuere Motel-Wohneinheiten. Flughafentransfer möglich.

Meadow Park Top 10 Holiday Park (Karte S. 580; ☎ 0800 396 323, 03-352 9176; www.christchurchtop10.co. nz; 39 Meadow St; Stellplatz 37–46 NZ$, Hütte & Chalet 64–126 NZ$, Motel-Wohneinheit 136–176 NZ$; ⓟ ▣ ⌨ ▨) Hier stehen die Wohnwagen Wand an Wand, und darüber hinaus kann man aus Hütten und Motel-Unterkünften wählen. Der Park bietet außerdem gute Freizeitmöglichkeiten, z. B. ein Innenschwimmbecken, ein Spielzimmer und einen Kinderspielplatz.

Näher an der Stadt bietet das Stonehurst (s. unten) Wohnwagenstellplätze mit Strom.

HOSTELS

Stonehurst (Karte S. 582 f.; ☎ 0508 786 633, 03-379 4620; www.stonehurst.co.nz; 241 Gloucester St; Stellplatz für Wohnmobil 35 NZ$, B 21 NZ$, EZ ab 50 NZ$, DZ 55–65 NZ$; P 🖥 🛜 🍴) Große Auswahl in drei Gebäuden, die einen halben Straßenblock einnehmen: Hier gibt's alles von Wohnwagenstellplätzen über Schlafsäle bis hin zu Ferienwohnungen mit drei Schlafzimmern (s. S. 592). Man sollte sich vorher überlegen, was man sucht (also z. B. kein Zimmer zum Pool raus buchen, wenn man seine Ruhe haben möchte) und für die Hauptsaison vorab reservieren. Die Innenstadt ist nur einen kurzen Spaziergang entfernt.

Foley Towers (Karte S. 582 f.; ☎ 03-366 9720; foley.towers@backpack.co.nz; 208 Kilmore St; B 23–26 NZ$, DZ mit/ohne Bad 64/58 NZ$; P 🖥 🛜) Im Schatten alter Bäume bietet das Foley Towers gut ausgestattete Zimmer, die rund um ruhige Innenhöfe angeordnet sind. Die Schlafsäle haben Fußbodenheizung. Gäste werden herzlich empfangen.

Old Countryhouse (Karte S. 582 f.; ☎ 03-381 5504; www.oldcountryhousenz.com; 437 Gloucester St; B 24–31 NZ$, DZ 56–78 NZ$; P 🖥 🛜) Das wegen seines entspannten Ambientes äußerst beliebte Countryhouse verfügt über zwei separate Villen mit selbst gebauten Holzmöbeln, eine Lese-Lounge und einen hübschen Garten voller einheimischer Farne. Es liegt etwas weiter außerhalb als andere Hostels, aber trotzdem nur 1 km vom Latimer Sq entfernt; Bus 21 hält gegenüber.

Vagabond Backpackers (Karte S. 582 f.; ☎ 03-379 9677; vagabondbackpackers@hotmail.com; 232 Worcester St; B/EZ/DZ 25/39/58 NZ$; P 🖥 🛜) Ein kleines, freundliches Haus, das an eine große WG erinnert. Es gibt einen ansprechenden Garten und rustikale, aber gemütliche Einrichtungen. An den Frisbees und Barbecues erkennt man, dass man sich definitiv in Neuseeland befindet.

Coachman Backpackers (Karte S. 582 f.; ☎ 0800 692 622, 03-377 0908; www.coachmanbackpackers.co.nz; 144 Gloucester St; B/DZ ab 25/66 NZ$; 🖥 🛜) In zentraler Lage in einem denkmalgeschützten Gebäude mit Buntglas, Holzvertäfelungen und einer

grandiosen Treppe untergebracht. Die meisten der hellen Zimmer haben eigene Bäder.

Frauenreisehaus (Karte S. 582 f.; ☎ 03-366 2585; www.womanshostel.co.nz; 272 Barbadoes St; B/EZ/2BZ 26/43/66 NZ$; P 🖥) Sorry Jungs, aber dieses freundliche Hostel ist wirklich nur für Frauen. Es bietet kostenlos nutzbare Fahrräder und Waschmaschinen, eine riesige Auswahl von Büchern und DVDs, zwei gut ausgestattete Küchen und einen Garten voller frischer Kräuter. Buchung vor der Ankunft bestätigen!

LP Tipp **Jailhouse** (Karte S. 580; ☎ 0800 524 546, 03-982 7777; www.jail.co.nz; 338 Lincoln Rd; B/EZ/DZ 26/49/70 NZ$; P 🖥 🛜) Das in einem alten Gefängnis aus dem Jahr 1874 untergebrachte Jailhouse, das erst 1999 seinen ursprünglichen Dienst einstellte, ist eines der skurrilsten Hostels in ganz Neuseeland. Die Zweibett- und Doppelzimmer sind etwas klein (Zellen eben), aber trotzdem ist dies ein außergewöhnlich gut geführtes Haus. Die Innenstadt ist einen angenehmen 25-minütigen Spaziergang durch den Hagley Park entfernt, daher liegt das Jailhouse auch ruhiger als einige zentralere Hostels – ein weiterer Pluspunkt.

Dorset House (Karte S. 582 f.; ☎ 03-366 8268; www.dorsethouse.co.nz; 1 Dorset St; B/EZ/DZ 27/55/74 NZ$; P 🖥 🛜) Diese 145 Jahre alte Holzvilla verfügt über eine große, königliche Lounge mit Holzfeuer, einen Billardtisch und DVDs sowie normale Betten statt Stockbetten. Bis zum Hagley Park ist es nur ein kurzer Spaziergang. Von November bis April vermietet das Dorset auch ein paar Selbstversorger-Apartments (2/4 Betten 89/142) ganz in der Nähe, die Platz für bis zu vier Personen bieten.

Chester Street Backpackers (Karte S. 582 f.; ☎ 03-377 1897; www.chesterst.co.nz; 148 Chester St; B/2BZ/DZ 27/58/60 NZ$; P 🖥 🛜) Diese entspannte Holzvilla ist bunt gestrichen und bietet eine große Bibliothek im sonnigen Vorderzimmer. Wer hier absteigt, kann am weltberühmten „Carbe-cue" im Kofferraum eines alten Ford Anglia teilnehmen. Die freundliche Katze des Chester Street schaut dabei regelmäßig vorbei. Das Haus ist sehr beliebt, deshalb sollte man möglichst vorab buchen. Auf der anderen Straßenseite steht das gemütliche Entwhistle Cottage für Selbstversorger (S. 592).

Base Christchurch (Karte S. 582 f.; ☎ 0800 227 369, 03-982 2225; www.stayatbase.com; 56 Cathedral Sq; B 27,50–31 NZ$; 🖥 🛜) Schickes, geschäftiges Hostel, das sich an junge Reisende wendet, die auf Geselligkeit und Spaß aus sind. Es liegt direkt am Cathedral Sq und lockt mit unzähligen modernen Einrichtungen, u. a. den vornehmeren „Sanctuary"-Schlafsälen nur für Frauen.

Central City YHA (Karte S. 582 f.; ☎ 03-379 9535; www. yha.co.nz; yha.christchurch@yha.co.nz; 273 Manchester St; B 30 NZ$, DZ mit/ohne Bad 95/80 NZ$; 🖥 🛜) Gemütliche Stock- und normale Betten, riesige, makellose Gemeinschaftsräume und Küchen, ein Billardtisch und das hilfreiche Personal sind die Pluspunkte dieses gut ausgestatteten, effizient geführten Hostels.

Ebenfalls empfehlenswert:

Around the World Backpackers (Karte S. 582 f.; ☎ 03-365 4363; www.aroundtheworld.co.nz; 314 Barbadoes St; B/DZ 22/50 NZ$; 🅿 🖥) Das Around the World im Besitz einer freundlichen Familie erntet begeisterte Kritiken für seine „Kiwiana"-Einrichtung und seinen sonnigen Garten.

Charlie B's (Karte S. 582 f.; ☎ 03-379 8429; www. charliebs.co.nz; 268 Madras St; B 24,50–27,50 NZ$, EZ 55 NZ$, DZ 60–65 NZ$; 🖥 🛜) Zu diesem geräumigen, zentral gelegenen Haus gehört eine grüne Wiese, die zum Entspannen einlädt.

Thomas's Hotel (Karte S. 582 f.; ☎ 03-379 9536; www. gaanz.com; 36 Hereford St; B 25–28 NZ$, DZ 65–130 NZ$; 🅿 🖥 🛜) Gut geführte Budgetoption nahe dem Arts Centre mit vielen verschiedenen Zimmern; eine gute Wahl für Gruppen.

New Excelsior Backpackers (Karte S. 582 f.; ☎ 0800 666 237, 03-366 7570; www.newexcelsior.co.nz; Ecke Manchester St & High St; B 27–30 NZ$; DZ mit/ohne Bad 75/63 NZ$; 🖥 🛜) In der Nähe von Restaurants, Nachtleben und Einkaufsoptionen an der High bzw. Lichfield St.

Mittelklassehotels
PENSIONEN & B&BS

Greenspace (Karte S. 580; ☎ 03-377 8832; www.green space.co.nz; 5/48 Trafalgar St, St Albans; DZ mit/ohne Frühstück 140/110 NZ$; 🅿 🖥) Dieses umweltfreundliche, sonnige B & B – die Besitzer wohnen ein Stück die Straße rauf – bietet dank seiner abgeschiedenen Gartenlage an einem Bach und einem kleinen einheimischen Wäldchen ein wunderbar privates Ambiente. Die Einrichtung verströmt hier und da Retro-Kiwiana-Flair, und sorgfältig ausgewählte Kiwi-Musik begleitet einen in jeden (und aus jedem) Tag. Das Haus ist einen einfachen, 20-minütigen Spaziergang von der Innenstadt entfernt; man kann auch mit Bus 14 oder 16 fahren.

LP Tipp **Wish** (Karte S. 580; ☎ 03-356 2455; www.wish nz.com; 38 Edgeware Rd, St Albans; EZ/DZ inkl. Frühstück 110/140 NZ$; 🅿 🖥 🛜) Zimmer und Betten des stilvollen, modernen Wish sind supergemütlich, aber was man am Ende weiterempfiehlt, ist wahrscheinlich doch das Bio-Frühstück aus lokalen, nachhaltig erzeugten Zutaten. Die

Wände ziert zeitgenössische Kunst aus Neuseeland, und der riesige Küchentisch aus einheimischen Hölzern ist wie gemacht für ein gepflegtes Glas Wein zum Ausklang des Tages. Christchurchs Innenstadt ist einen 15-minütigen Fußmarsch entfernt, und Bus 14 und 16 halten praktisch direkt vor der Tür.

Entwhistle Cottage (Karte S. 582 f.; ☎ 03-377 2001; www.chesterst.co.nz; 147 Chester St E; DZ 125 NZ$; 🅿) Dieses Selbstversorger-Cottage im Kolonialstil gehört zum Chester Street Backpackers (S. 591). 1870 erbaut, versprüht es heute modernen Charme und bietet einen sonnigen Innenhof, der einen durchaus davon abhalten könnte, Christchurch zu erkunden. Es gibt zwei Zimmer; jede zusätzliche Person bezahlt 15 NZ$. Der Mindestaufenthalt beträgt zwei Nächte. Reisebettchen, Hochstuhl und jede Menge Spielzeug machen diese Option zu einer guten Wahl für Familien.

Orari B&B (Karte S. 582 f.; ☎ 03-365 6569; www.orari. net.nz; 42 Gloucester St; DZ inkl. Frühstück 190–230 NZ$; 🅿 🛜) Das Orari ist ein Wohnhaus aus dem 19. Jh., das stilvoll modernisiert wurde. Es bietet lichtdurchflutete Zimmer in Pastelltönen, einen einladenden Gästebereich und einen hübschen Vorgarten. Kunstfans aufgemerkt: Es liegt direkt gegenüber der Christchurch Art Gallery. Weinliebhaber können sich auf den Wein auf Kosten des Hauses freuen. Die neu gebauten Selbstversorgerapartments mit drei Schlafzimmern sind genauso gemütlich (ab 300 NZ$/Nacht).

An der Armagh St liegen verschiedene Pensionen mit Charakter:

Windsor Hotel (Karte S. 582 f.; ☎ 0800 366 1503, 03-366 1503; www.windsorhotel.co.nz; 52 Armagh St; EZ/DZ/3BZ/4BZ inkl. Frühstück 98/140/180/200 NZ$; 🅿 🖥 🛜) Das denkmalgeschützte Haus aus festen, roten Ziegeln bietet 40 einfache, gemütliche Zimmer. Es gibt nur Gemeinschaftseinrichtungen (kuschelige Bademäntel vorhanden). Wer herkommt, grüße den netten Hund von uns, der normalerweise die Veranda belegt!

Croydon House (Karte S. 582 f.; ☎ 03-366 5111; www.croydon.co.nz; 63 Armagh St; EZ 110–140 NZ$, DZ 140–180 NZ$, alle inkl. Frühstück; 🅿) Blumenkästen zieren dieses B & B, das in einem charmanten Gebäude aus den 1920er-Jahren untergebracht ist. Die Zimmer haben eigene oder Gemeinschaftsbäder. Der Garten ist ein angenehmer Zufluchtsort nach einem anstrengenden Tag, und für Familien gibt's ein spezielles Zimmer voller Spielsachen.

HOTELS & APARTMENTS
Hotel SO (Karte S. 582 f.; ☎ 0508 165 165, 03-968 5050; www.hotelso.co.nz; 165 Cashel St; EZ 69, DZ 89–135 NZ$;

P ☐ 🛜) Das gepflegte Hotel SO hat (sehr) kompakte Zimmer, die ein leuchtendes Beispiel für elegantes, ergonomisches Design sind. Gäste können sich über Flachbild-TVs, schicke Bäder und iPod-Stationen in trendigem Ambiente freuen. Das Hotel liegt nahe bei Christchurchs Nachtleben, man kann am Wochenende also davon ausgehen, dass es abends etwas lauter wird. Übrigens haben nicht alle Zimmer ein Fenster.

Living Space (Karte S. 582 f.; ☎ 0508 454 846, 03-964 5212; www.livingspace.net; 96 Lichfield St; DZ 80–120 NZ$; ☐ 🛜) Praktischerweise zentral gelegene Unterkunft für Feierwütige, aber wegen der kompakten Wohnstudios auch prima für Langzeitgäste. Das Living Space ist mit Miniküchen, schnellem Internet und Sky TV ausgestattet. Es gibt außerdem eine Gemeinschaftsküche mit Industrieausmaßen und DVD-Kinos. Fürs Wochenende und bei Langzeitaufenthalten sind günstigere Preise drin.

Hotel off the Square (Karte S. 582 f.; ☎ 0800 633 843, 03-374 9980; www.offthesquare.com; 115 Worcester St; DZ 140–180 NZ$, Apt. 280 NZ$; ☐ 🛜) Dieses Boutiquehotel ist ein stilvoller Gegenentwurf zu all den klinischen Geschäftshotels. Kein Zimmer gleicht dem anderen, und das Haus strahlt durch die lebendigen Farben, viel Originalkunst und die echten Pflanzen viel Wärme aus. Die Apartments im Loftstil sind auch was für Selbstversorger.

MOTELS

Stonehurst (Karte S. 582 f.; ☎ 0508 786 633, 03-379 4620; www.stonehurst.co.nz; 241 Gloucester St; Motel DZ 110–210, 4BZ 260 NZ$, Apt. 805–1400 NZ$/Woche; P ☐ 🛜 🖵) Hier gibt's tolle Angebote für verschiedene Motelzimmer (von Wohnstudios bis zu Zweibett-Wohneinheiten) und komplett ausgestattete Selbstversorgerferienwohnungen für bis zu sechs Personen (gut für Gruppen und nicht viel teurer als ein Hostel). Das Stonehurst liegt zentral und ist modern und klasse ausgestattet. Eine Backpacker-Unterkunft (s. S. 591) gehört auch dazu.

Airport Gateway Motor Lodge (außerhalb der Karte S. 580; ☎ 0800 242 8392, 03-358 7093; www.airportgateway. co.nz; 45 Roydvale Ave; DZ/4BZ ab 125/165 NZ$; P ☐ 🛜) Praktisch, wenn man unchristlich früh fliegen muss. Die Lodge hat eine Auswahl verschiedener Zimmer mit guter Ausstattung; der Transport ab dem Flughafen ist kostenlos.

Das **Colombo in the City** (Karte S. 582 f.; ☎ 0800 265 662, 03-366 8775; www.motelcolombo.co.nz; 863 Colombo St; DZ 140–155 NZ$, Apt. 165–240 NZ$; P ☐ 🛜) hat attraktive Wohneinheiten mit luxuriöser Ausstattung (Sky TV, CD-Player, Doppelverglasung, Whirlpool) zu bieten. Sein Doppel-

---

SUMNER AM MEER

Der nur 12 km südöstlich von Christchurch gelegene Strandvorort Sumner ist ein entspanntes Plätzchen und eine gute Übernachtungsalternative, die ganz leicht mit Bus 3 zu erreichen ist. Zum Sightseeing kann man nach Christchurch pendeln und abends zurück in Sumner die guten Restaurants und das Kino genießen.

Marine Bar & Backpackers (Karte S. 580; ☎ 03-326 6609; www.themarine.co.nz; 26 Nayland St; B/EZ/DZ 25/35/55 NZ$, EZ/DZ mit Bad 45/65 NZ$, alle inkl. Frühstück; P ☐ 🛜) Ein freundliches, geselliges Haus mit hervorragenden Einrichtungen. Einige Doppelzimmer oben haben Zugang zum großen Balkon. Unten warten eine Bar mit Billardtischen und ein sonniger Außenbereich.

Sumner Bay Motel and Apartments (Karte S. 580; ☎ 0800 496 949, 03-326 5969; www.sumnermotel. co.nz; 26 Marriner St; DZ 155–205 NZ$; P 🛜) Wohnstudios und Ein- und Zweizimmerwohneinheiten, alle mit Balkon oder Terrasse, hochwertigen Möbeln, Sky TV und DVD-Playern. Man kann Fahrräder und Surfbretter ausleihen.

Cornershop Bistro (Karte S. 580; ☎ 03-3266720; 32 Nayland St; Brunch 10–17 NZ$, Abendessen Hauptgerichte 22–27 NZ$; 🕑 Mi–Fr 9.30 Uhr–open end, Sa & So ab 8.30 Uhr) Großartiges Bistro im französischen Stil, in dem man sich aber trotzdem immer bewusst ist, dass man sich in einem entspannten Strandvorort befindet. Beim Brunch werden sich Gäste wahrscheinlich länger aufhalten als geplant.

Tart Café & Deli (Karte S. 580; ☎ 03-326 7111; 26 Marriner St; Brunch 10–15 NZ$; 🕑 Mo–Fr 7.30–17, Sa & So 8.30–18 Uhr) Helles, luftiges Dekor à la Cape Cod und tolle Café-Gerichte wie Bagels, Eier auf alle Arten und die vielleicht größten und besten Würstchen im Schlafrock auf der Südinsel.

Club Bazaar (Karte S. 580; ☎ 03-326 6155; 15 Wakefield St; Pizza 11–30 NZ$; 🕑 15 Uhr–open end, So ab 12 Uhr, Di geschl.) Pizza- und Pasta-Bar mit Surfdeko und Tischen aus ausgedienten Longboards. Und ja, es gibt Pizza Hawaii.

gänger nebenan, das **CentrePoint on Colombo** (Karte S. 582 f.; ☎ 0800 859 000, 03-377 0859; www.centre pointoncolombo.co.nz; 859 Colombo St; DZ 145–165 NZ$, Apt. 175–290 NZ$; P ⬛ 🛜), lockt mit der gleichen sensationell gemütlichen Einrichtung und dem zusätzlichen Bonus eines freundlichen, neuseeländisch-japanischen Managements. Der Cathedral Sq ist nur 500 m entfernt, und beide Motels befinden sich in der Nähe guter internationaler Restaurants.

Ebenfalls empfehlenswert ist das **Focus Motel** (Karte S. 582 f.; ☎ 03-943 0800; www.focusmotel.com; 344 Durham St N; DZ 140–350 NZ$; P ⬛ 🛜), ein elegantes, zentral gelegenes neues Haus mit großen Fernsehern und ultramoderner Einrichtung.

Spitzenklassehotels

Hambledon (Karte S. 582 f.; ☎ 03-379 0723; www.hamb ledon.co.nz; 103 Bealey Ave; Suite 250–295 NZ$, Apt. 380 NZ$; P ⬛ 🛜) Dieses opulente, mit Antikmöbeln eingerichtete Herrenhaus steht unter Denkmalschutz und besitzt elegant-altmodische Zimmer mit Bad (einige mit Himmelbetten), die einen alle Sorgen der modernen Welt vergessen lassen … wobei das aber auch an Bier und Wein auf Kosten des Hauses liegen könnte. Das größere Apartment Camellia ist eine wunderschöne Option für Selbstversorger und hat einen eigenen Garten, eine sonnige Küche und eine Riesenauswahl interessanter Bücher zu bieten.

George (Karte S. 582 f.; ☎ 0800 100 220, 03-379 4560; www.thegeorge.com; 50 Park Tce; Zi. ab 350–620 NZ$; P ⬛ 🛜) Das George verfügt über 53 hübsch eingerichtete Zimmer und Suiten am Rand von Christchurchs weitläufigem Hagley Park. Das diskrete Personal erfüllt sämtliche Wünsche, und es gibt zwei ausgezeichnete Restaurants und schicke Extras wie Plasma-TV, Luxustoilettenartikel und Hochglanzmagazine.

ESSEN

Die Vielfalt von Restaurants in Christchurch hat sich in den letzten Jahren ordentlich erweitert. In der Colombo St gibt es nördlich des Cathedral Sq von der Kilmore bis zur Salisbury St eine recht große Auswahl internationaler Restaurants, und an den nahen Lichfield Lanes befindet sich eine Reihe guter Cafés. Auf dem „Strip" an der Ostseite der Oxford Tce, zwischen Hereford und Cashel St, bekommt man in mehreren guten Restaurants mit Tischen draußen verschiedene Tapas-Platten zum Teilen sowie Steaks und Meeresfrüchte.

Restaurants

Tatsumi Kitchen & Pub (Karte S. 582 f.; ☎ 03-366 1038; Chancery Lane, 100 Gloucester St; Vorspeisen 8–13 NZ$, Hauptgerichte 14–18 NZ$; ⏲ Do–Di 11.30–14.30 & 18 Uhr–open end) Einfach einen Tisch schnappen oder sich mit einem Asahi-Bier vom Fass an die Bar setzen und aus der beinahe schon zu großen Karte japanische Snacks und Vorspeisen wählen! Sushi und Sashimi sind herrlich frisch und es gibt Kreativeres – möchte jemand Weichschalenkrebse oder Fisch-Carpaccio? – als beim Durchschnittsjapaner. Der Mittagstisch (15 NZ$) ist besonders preiswert.

Mum's (Karte S. 582 f.; ☎ 03-365 2211; Ecke Colombo St & Gloucester St; Hauptgerichte 10–20 NZ$; ⏲ 11–23 Uhr) Unkompliziertes Essen wie früher bei Muttern – jedenfalls, wenn man in Seoul oder Tokio aufgewachsen ist. Scharen japanischer und koreanischer Sprachstudenten nehmen das Mum's regelmäßig als Zuhause fernab von Zuhause in Beschlag. Sushi, Sashimi und ramen-Suppe sind und bleiben authentisch.

LP Tipp **Bodhi Tree** (Karte S. 582 f.; ☎ 03-377 6808; 808 Colombo St; Gerichte 11–19 NZ$; ⏲ Di–So 18–22 Uhr; V) Christchurchs einziges burmesisches Restaurant ist auch eines der besten der ganzen Stadt. Die gewagten Gewürze des benachbarten Thailand darf man zwar nicht erwarten, aber man kann sich trotzdem auf feines Essen aus außergewöhnlich frischen Zutaten freuen. Zu den besten Gerichten gehören *le pet thoke* (Salat aus eingelegten Teeblättern) und *ciandi thoke* (gegrillte Aubergine). Fleisch und Meeresfrüchte sind ebenfalls auf der Karte vertreten. Die Gerichte haben eher Vorspeisengröße, also trommelt man am besten eine Truppe zusammen und probiert möglichst viele Leckereien. Reservierung erforderlich.

Memphis Belle (Karte S. 582 f.; ☎ 03-389 4590; 391 Worcester St, Linwood; Pizza 15–24 NZ$; ⏲ Di–Di & So 17–21.30, Fr & Sa bis 23 Uhr) Der kurze Weg ab dem Zentrum lohnt sich wegen der besten Pizza der Stadt auf jeden Fall. Es gibt Retro-Möbel und herzhafte Pizzas mit dünnem Boden, die internationale Ketten alt aussehen lassen. Nur Barzahlung; Reservierung erforderlich.

Bicycle Thief (Karte S. 582 f.; ☎ 03-379 2264; 21 Latimer Sq; Hauptgerichte 15–30 NZ$; ⏲ Mo–Fr 8 Uhr–open end, Sa ab 17 Uhr) Tom Waits auf die Ohren, ein nettes Eckplätzchen mit Blick auf den Latimer Sq und eine großartige Wein- und Bierkarte – was will man mehr? Wie wär's mit herrlich dünner Pizza und liebevoll zubereiteter rustikaler italienischer Küche? Café, Bar oder Restaurant? Jedem das Seine.

Nobanno (Karte S. 582 f.; ☎ 03-943 1616; Ecke Armagh St & Colombo St; Hauptgerichte 17–24 NZ$; ⏰ 11.30–14.30 & 17 Uhr–open end) Neuseelands einziges bangladeschisches Restaurant serviert Geschmackserlebnisse aus Asien, die feiner und unaufdringlicher sind als die manchmal etwas zu kräftige Würze der indischen Küche. Die Meeresfrüchte – u. a. Krabben- und Fisch-Currys – sind besonders lecker.

Indochine (Karte S. 582 f.; ☎ 03-365 7323; 209 Cambridge Tce; Hauptgerichte 20–32 NZ$; ⏰ Mo–Sa 17 Uhr–open end) Auf der Karte des Indochine steht alles Mögliche von Chinesisch bis Thailändisch. Bei den Hauptgerichten ist nicht selten mutige panasiatische Fusion-Küche angesagt. Solche erfolgreichen Experimente durchziehen auch die Cocktailkarte: Der grandiose Indochine Mojito vereint z. B. Vanille-Rum und Palmzucker.

Chinwag (Karte S. 582 f.; ☎ 03-365 7363; 161 High St; Hauptgerichte 20–34 NZ$; ⏰ 17 Uhr–open end) Hier bekommt man thailändische Designer-Gerichte, die gegenüber den Varianten aus dem traditionellen thailändischen Kochbuch leicht abgewandelt sind. Wer möchte, kann den Abend mit dem berauschenden Cocktail Wild Thang beginnen und sich anschließend die pikanten Gerichte schmecken lassen, z. B. grünes Curry mit Krabben und Babymais. Um Reservierung wird gebeten. In der 131 Victoria Street befindet sich eine zweite Filiale namens Chinwag II (☎ 03-366 4544), die Öffnungszeiten sind gleich.

Liquidity (Karte S. 582 f.; ☎ 03-365 6088; 128 Oxford Tce; Hauptgerichte 26–35 NZ$; ⏰ 10 Uhr–open end) Das ausgewählt stilvolle Dekor des Liquidity besteht aus Kronleuchtern und warmen Holztönen. Die Speisekarte ist vielfältig und beweist viel Lokalpatriotismus. Die Freilandhühnchen mit israelischem Couscous und das leckere Canterbury-Lamm spielen in einer ganz anderen Kategorie als das Essen auf dem restlichen „Strip". Später am Abend gibt's leckere Cocktails und jede Menge europäisches Bier vom Fass, was die Metamorphose des Liquidity zur Bar endgültig besiegelt. Ausgewählte Beats tönen an den meisten Abenden ab 22 Uhr aus den Boxen. Am Morgen danach bietet sich das Liquidity für einen netten Brunch am Flussufer an (13–20 NZ$).

Cafés

Christchurch kann Kaffee richtig gut und macht Wellington als Koffeinhauptstadt des Landes ernstzunehmende Konkurrenz.

Avon Café & Bakery (Karte S. 582 f.; ☎ 03-366 0836; Ecke Gloucester St & Cambridge Tce; Snacks 6–10 NZ$; ⏰ 8–16 Uhr) Das Leben ist wirklich einfach. Manchmal ist alles, was man braucht, ein Kaffee zum Mitnehmen am Ufer des Avon River.

LP Tipp **Lunes** (Karte S. 582 f.; ☎ 03-379 7221; 126 Lichfield St; Kaffee & Kuchen 6–10 NZ$; ⏰ 8–17 Uhr) Vielleicht das perfekte Christchurch-Café: Das Lunes mixt coolen Jazz mit professioneller Kaffeezubereitung und grandiosen Leckereien am Nachmittag, z. B. New York Cheesecake. Es war erst seit sechs Wochen geöffnet, als wir vorbeischauten, und trotzdem schon unser Lieblingscafé in der ganzen Stadt.

Lotus Heart (Karte S. 582 f.; ☎ 03-379 0324; 595 Colombo St; Hauptgerichte 6–14 NZ$; ⏰ Mo–Sa 8–16 Uhr; Ⓥ) Dieses vegetarische Bio-Lokal serviert Currys, frisch gepresste Säfte und gefüllte Pita-Taschen. Über dem i-SITE auf dem Cathedral Sq befindet sich eine weitere, zentraler gelegene Filiale mit längeren Öffnungszeiten, die eher ein geräumiges Restaurant mit leckerer vegetarischer Pizza und Auflaufen als ein Café ist (Hauptgerichte 8–16 NZ$).

dose (Karte S. 582 f.; ☎ 03-374 9907; 90 Hereford St; Hauptgerichte 7–16 NZ$; ⏰ Mo–Fr 7–16, Sa 8–15 Uhr) Hübsch zusammengestelltes Mobiliar, auffällige Werke lokaler Künstler und hohe Artdéco-Decken machen das Café zu einer tollen Wahl. Es gibt verflixt starken Kaffee, Bagels der Superlative und die vermutlich besten Eggs Benedict in ganz Christchurch.

NG Café (Karte S. 582 f.; ☎ 03-366 8683; 212 Madras St; Snacks 8–12 NZ$; ⏰ Mo–Fr 9–16, Sa ab 10 Uhr) Das ehemalige Lager beherbergt heute eine offene Galerie mitsamt Klamottenladen. Alt trifft Neu in diesem Café: Man bekommt legendäre neuseeländische Snacks wie Anzac-Kekse und hört dazu entspannte Weltmusik-Rhythmen. Suppen und Sandwiches fallen in die Kategorie „Wohlfühlessen".

Under the Red Verandah (außerhalb der Karte S. 582 f.; ☎ 03-381 1109; Ecke Tancred St & Worcester St; Frühstück 8–18 NZ$, Mittagessen 14–24 NZ$; ⏰ Di–Fr 7.30–17, Sa & So 8.30–16 Uhr) Diese hübsche, alte Villa ist immer voller Stammgäste, besonders morgens an den geschäftigen Wochenenden. An Werktagen ist es etwas leerer, es herrscht aber immer noch gute Stimmung. Serviert werden glutenfreies Bio-Gebäck und Hauptgerichte wie gegrillter Halloumi auf Ciabatta oder wunderbar dicke Haferpfannkuchen. Das angeschlossene Deli und die Galeriefläche sind zwei weitere Gründe, den 30-minütigen Fußweg aus der Stadt auf sich zu nehmen.

Caffe Roma (Karte S. 582 f.; ☎ 03-379 3879; 176 Oxford Tce; Hauptgerichte 9–19 NZ$; ⏱ 7–16 Uhr) Das Caffe Roma wurde schon oft zur besten Frühstücksoption in Christchurch gewählt. Außer der relaxten Atmosphäre gibt's hier auch Leckereien wie Lachs mit Rösti (tgl. bis 15.30 Uhr erhältlich).

C1 Espresso (Karte S. 582 f.; ☎ 03-379 1917; 150 High St; Hauptgerichte 10–15 NZ$; ⏱ Mo–Fr 7–22, Sa 8.30–22, So bis 17.30 Uhr) Das C1 ist ein vielseitiges Café mit riesiger Tee- und Kaffeeauswahl, vielen lokalen Bieren und einer Karte, die von üppigem Frühstück über Bagels und Wraps bis zu Burritos alles beinhaltet. Am besten auch einen Blick auf die eingerahmten Postkarten werfen und die nächste Reise planen!

Joe's Garage (Karte S. 582 f.; ☎ 03-366 8317; 194 Hereford St; Hauptgerichte 10–15 NZ$; ⏱ 7–16 Uhr) Queenstowns ganzer Stolz bringt preiswertes Frühstück und Mittagessen nach Christchurch.

Auf die Schnelle

Am Cathedral Sq werden jeden Tag Imbiss- und Kaffeestände aufgestellt, und auf dem Wochenendmarkt im Arts Centre (S. 599) kann man unter vielen internationalen Essensständen wählen.

Copenhagen Bakery & Café (Karte S. 582 f.; ☎ 03-379 3935; PricewaterhouseCoopers Centre, 119 Armagh St; Pies 4 NZ$; ⏱ Mo–Fr 7–17 Uhr) Gewinnt regelmäßig die Supreme Pie Awards – unbedingt die Pie mit Satay-Hühnchen kosten –, ist bei Einheimischen aber auch wegen der köstlichen Sandwiches und Kuchen sehr beliebt.

Little Saigon (Karte S. 582 f.; ☎ 03-365 5889; 547 Colombo St; Snacks 8–10 NZ$; ⏱ 11.30–15 & 17–21 Uhr) Ebenso günstig wie fröhlich. Hier bekommen Hungrige alle vietnamesischen Favoriten, u. a. ausgezeichnete frische Frühlingsrollen.

High to Hereford Food Court (Karte S. 582 f.; 250 High St & 150 Hereford St; Hauptgerichte 10–15 NZ$; ⏱ 11–17 Uhr) Makelloser Food-Court mit Aromen aus Griechenland, Indien, Kambodscha, China und Italien.

Burgers & Beer Inc (Karte S. 582 f.; ☎ 03-366 3339; 178 High St; Burger 12,50 NZ$; ⏱ 11 Uhr–open end) Gourmet-Burger mit skurrilen Namen – unbedingt den marokkanisch gewürzten Woolly Sahara Sand Hopper probieren! – und Kiwi-Bier.

Selbstversorger

New World Supermarket (Karte S. 582 f.; South City Centre, Colombo St; ⏱ 7.30–21 Uhr).

Pak N Save Supermarket (Karte S. 582 f.; 297 Moorhouse Ave; ⏱ 8–22 Uhr)

AUSGEHEN

Viele der Restaurants und Cafés Christchurchs räumen am späten Abend ihre Speisekarten weg und schenken Cocktails, Weine und Biere aus. Die Oxford Tce am Flussufer („The Strip") ist beliebt bei jungen Leuten, aber die interessantesten Locations für einen Drink am Abend finden sich im Viertel Lichfield Lanes um den SOL (South of Lichfield) Sq und in der Poplar St.

LP Tipp Cartel (Karte S. 582 f.; ☎ 021 576 857; His Lordships Lane, SOL Sq; ⏱ 16 Uhr–open end) Das Cartel sieht vielleicht aus wie das Ergebnis eines Garagenausverkaufs bei Onkel Willy, aber für die Wein- und Cocktailkarte der auf Retro gestylten Bar könnte man glatt zum Verbrecher werden. In den kälteren Monaten kann man es sich im Freien vor dem wärmenden Feuer auf einem Sitzsack gemütlich machen und Musik lauschen, von der man dachte, nur man selber kenne sie. Platz ist zwar nur für 30 Leute, doch das hält das Cartel nicht davon ab, manchmal DJs und Livebands einzuladen.

Dux de Lux (Karte S. 582 f.; ☎ 03-366 6919; Ecke Hereford St & Montreal St; ⏱ 10.30 Uhr–open end) Qualitativ hochwertige Biere aus Kleinbrauereien gibt's in dieser Ikone von Christchurch. Klasse ist auch das Essen, vor allem die Meeresfrüchte und die vegetarischen Gerichte. Und mindestens viermal pro Woche gibt's auch Livemusik. An den Wochenenden kann man nachmittags nach dem Herumstöbern auf dem Markt des Arts Centre in der Gartenbar entspannen.

Indochine (Karte S. 582 f.; ☎ 03-365 7323; 209 Cambridge Tce; ⏱ Mo–Sa 17 Uhr–open end) Wer in dem beliebten Restaurant keinen Tisch fürs Abendessen ergattert hat, kann hier später auf einen asiatisch angehauchten Cocktail reinschauen.

Twisted Hop (Karte S. 582 f.; ☎ 03-962 3688; 6 Poplar St; ⏱ 12 Uhr–open end) Wer glaubt, dass eine Bar, die sich auf englisches Fassbier spezialisiert hat, altmodisch sei, täuscht sich. Der architektonische Elan des Twisted Hop hat die Poplar St erst recht zu Christchurchs coolstem Barviertel gemacht. Außerdem gibt's eine ausgezeichnete Weinkarte, schmackhafte Tapas und Spezialbiere aus ganz Neuseeland – kurz gesagt: eine Bar fast wie in Good Old England.

Cleaners Only (Karte S. 582 f.; SOL Sq; ⏱ Mi–So 17 Uhr–open end) Viel Glück bei der Suche nach dieser Bar. Das Cleaners Only, Christchurchs schrulligste Bar, liegt versteckt in einer Ecke des SOL Sq. Offensichtlich war es früher der Speisesaal für Putzleute der nahe gelegenen

Lagerhäuser. Das herrliche Retro-Ambiente ist noch immer intakt und wird komplettiert durch bequeme, alte Sofas wie aus einer Studentenbude.

Thirsty Weta (Karte S. 582 f.; ☎ 03-372 9232; 56 Lichfield St; ☺ Mi–Do 17 Uhr–open end, Fr & Sa 16 Uhr–open end) Es ist noch gar nicht so lange her, dass die Bierszene in Neuseeland so langweilig war wie ein Geschirrspüler. Heute kann man in diesem kleinen Lokal, das merkwürdigerweise im Herzen von Christchurchs Einkaufsgegend liegt, über 70 lokale Kiwi-Biere kosten. Wer Hunger hat, kann sich an einer der köstlichen Pies laben oder sich in dem indischen Restaurant darüber was bestellen.

Le Plonk (Karte S. 582 f.; ☎ 03-377 7724; 211 Manchester St; ☺ Mo–Fr 15 Uhr–open end, Sa & So 16 Uhr–open end) Diese Weinbar serviert hervorragende neuseeländische Weine und hat gemütliche Ledersofas. Donnerstags wird ab 20 Uhr Livejazz gespielt. Für die ausgezeichneten Bar-Snacks muss man 8 NZ$ oder mehr hinlegen.

Holy Grail (Karte S. 582 f.; ☎ 03-365 9816; 88 Worcester St; ☺ 11 Uhr–open end) Das in einem umgebauten Art-déco-Theater untergebrachte Holy Grail ist etwa so subtil wie die Reaktion eines All-Blacks-Fans auf eine Fehlentscheidung des Schiedsrichters. Vom ehemaligen Rang aus kann man auf der riesigen 10-m-Leinwand Livesport anschauen – wenn ein Spiel des Rugby-Teams Canterbury Crusaders läuft, empfiehlt es sich, rot und schwarz zu tragen, auch wenn das nicht verpflichtend ist.

Lyme (Karte S. 582 f.; ☎ 03-365 2393; 817 Colombo St; ☺ Mi–Sa 16.30 Uhr–open end) Eignet sich prima für ein Gläschen vor oder nach dem Abendessen in einem der Restaurants auf der Colombo St. Das Lyme wurde vor ein paar Jahren als Neuseelands beste neue Bar ausgezeichnet. Der preisgekrönte Barkeeper mixt immer noch verflixt leckere Cocktails, und freitagabends trifft man hier jede Menge junge Berufstätige, die das Ende der Arbeitswoche feiern.

Bard on Avon (Karte S. 582 f.; ☎ 03-377 1493; Ecke Gloucester St & Oxford Tce; ☺ 11 Uhr–open end) Das Bard hat ein authentisch englisches Ambiente, bietet zahlreiche touristenfreundliche Events wie Pub-Quizabende (So 19 Uhr) und donnerstags bis samstags Livemusik. Der Pub liegt ein paar Blocks vom „Strip" entfernt, aber das macht ihn nur umso besser.

Tap Room (Karte S. 582 f.; ☎ 03-365 0547; 124 Oxford Tce; ☺ 11 Uhr–open end) Geschäftige Location auf dem „Strip" mit Monteith's-Bieren vom Fass. Die Bands spielen Lieder zum Mitsingen.

Foam Bar (Karte S. 582 f.; ☎ 03-365 2926; 30 Bedford Row; ☺ Mi–Sa 17 Uhr–open end) Niveauvolle Bar in einer Seitengasse, die allein wegen ihres entspannten Publikums, der mit Kunst bedeckten Wände und der DJs einen Besuch lohnt. Manchmal gibt's Livemusik und Jam-Sessions.

UNTERHALTUNG

Christchurchs lebendige Bar- und Clubszene sitzt rund um die Lichfield St (normalerweise steppt von Mittwoch bis Samstag ab 22 Uhr der Bär), und viele Bars/Restaurants auf der Oxford Tce verwandeln sich oft ganz plötzlich in Clubs samt DJ. Die Eintrittspreise für die Nachtclubs variieren von 0 bis 15 NZ$, aber Events mit bekannten DJs können von 40 NZ$ und mehr kosten. Livemusik in Pubs, Bars und Cafés ist meist kostenlos. Ein Veranstaltungskalender kann unter www.jagg.co.nz abgerufen werden. Auch der wöchentliche Groove Guide listet lokale Gigs auf; er ist bei **Real Groovy Records** (Karte S. 582 f.; ☎ 03-366-7140; 179 Tuam St; ☺ Mo–Sa 9–18, So 10–17 Uhr) um die Ecke vom Sol Sq erhältlich. Im Real Groovy hängen auch Plakate zu fast allen Konzerten, und oft bekommt man hier Tickets für lokale und internationale Acts.

Christchurch ist das Herz der darstellenden Kunstszene der Südinsel und besitzt ein paar ausgezeichnete Theater. Der wichtigste Ticketanbieter ist **Ticketek** (Karte S. 582 f.; ☎ 03-377 8899; http://premier.ticketek.co.nz); Filialen befinden sich in der Town Hall und im Isaac Theatre Royal.

Theater

Town Hall (Karte S. 582 f.; ☎ 03-366 8899; 86 Kilmore St) Die Town Hall am Flussufer ist mit ihren beiden Hauptbühnen (das 2500 Plätze umfassende Auditorium und das James Hay Theatre mit 1000 Plätzen) der wichtigste Veranstaltungsort für darstellende Künste – es finden Orchester-, Chor- und Bandkonzerte statt. Die Akustik ist sensationell.

Isaac Theatre Royal (Karte S. 582 f.; ☎ 03-366 6326; www.isaactheatreroyal.co.nz; 145 Gloucester St) Eine weitere vielseitige Location der lokalen Szene, in der u. a. Stücke des Royal New Zealand Ballet, der Canterbury Opera und gelegentlicher Tourneetheater gegeben werden.

Court Theatre (Karte S. 582 f.; ☎ 0800 333 100, 03-963 0870; www.courttheatre.org.nz; 20 Worcester St) Das im Arts Centre untergebrachte Theater bringt alles Mögliche auf die Bühne, von Beckett über Tschechow bis zu Stücken neuseeländischer Dramatiker wie Roger Hall. Die einheimische Truppe Court Jesters zeigt schon seit Jahren freitags und samstags um 22 Uhr ihre Improvisations-Comedy-Show *Scared Scriptless* (15 NZ$). Auch der regelmäßige Ghost Walk (s. S. 590) des Theaters ist sehr beliebt.

Kinos

Das Kinoprogramm ist in den Lokalzeitungen aufgeführt. Erwachsene zahlen um die 16 NZ$, Kinder 10 NZ$, aber die meisten Filme sind dienstags günstiger. Von Ende Juli bis Mitte August wird in der Stadt das NZ International Film Festival (www.nzff.telecom.co.nz) veranstaltet.

Arts Centre Cinemas (Karte S. 582 f.; ☎ 03-366 0167; www.artfilms.co.nz; Arts Centre, Worcester St) Hat zwei Säle (Academy und Cloisters) im Arts Centre.

Metro Gold Cinema (Karte S. 582 f.; ☎ 03-377 5705; 105 Worcester St) Ein weiterer Zweig des Arts Centre Cinema neben der ChristChurch Cathedral.

Weitere Optionen:

Hoyts Moorhouse (Karte S. 582 f.; ☎ 0508 446 987;www.hoyts.co.nz; 392 Moorhouse Ave) Zeigt alle aktuellen Hollywood-Blockbuster.

Regent on Worcester (Karte S. 582 f.; ☎ 0508 446 987; www.hoyts.co.nz; 94 Worcester St) Arthouse- und Mainstreamfilme.

Rialto (Karte S. 582 f.; ☎ 03-379 9404; www.rialto. co.nz; Ecke Moorhouse Ave & Durham St) Größtes Arthouse-Kino, das zahlreiche fremdsprachige Filme zeigt und hin und wieder ein Mini-Filmfestival veranstaltet.

Livemusik

Dux de Lux (Karte S. 582 f.; ☎ 03-366 6919; www.thedux. co.nz; Ecke Hereford St & Montreal St; ☽ 10.30 Uhr–open end) Lädt Ska-, Reggae-, Rock-, Pop- und Dub-Künstler ein, die dem Publikum an mindestens vier Tagen pro Woche einheizen. An sonnigen Tagen wogt über den Tischen im Freien ein Meer aus erhobenen Gläsern, in denen sich exzellente hausgebraute Biere des Dux befinden.

Southern Blues Bar (Karte S. 582 f.; ☎ 03-365 1654; 198 Madras St; ☽ 7.30 Uhr–open end) Neuseelands älteste Blues-Bar ist noch immer ganz oben mit dabei; die Gigs beginnen jeden Abend um 22.30 Uhr. Hier trifft man auf ein Publikum aus freundlichen Musikfans, Büroangestellten und selbstbewussten Alternativen.

Yellow Cross (Karte S. 582 f.; SOL Sq; ☽ 12 Uhr–open end) Eine vielseitige Livemusik-Location inmitten der Dauerberieselung rund um den SOL Sq. Die Holzofenpizza und das europäische Bier sind das Sahnehäubchen obendrauf.

Bedford (Karte S. 582 f.; ☎ 03-374 9988; www.thebed ford.co.nz; 46 Bedford Row; ☽ je nach Event) Das Ziegelgebäude stammt aus dem Jahr 1903. Das Bedford serviert eine sehr moderne Mischung aus aufstrebenden internationalen Bands und den besten Kiwi-Acts mit Betonung auf Rock.

Goodbye Blue Monday (Karte S. 582 f.; 03-961 3353; www.goodbyebluemonday.co.nz; Poplar Lane; ☽ Mo–Sa 17 Uhr–open end) Das versteckt in der Poplar Lane gelegene Goodbye Blue Monday mit seinen zusammengewürfelten Retro-Sofas ist ein prima Plätzchen für ein Gläschen am frühen Abend. Später verwandelt sich der Laden in eine Bühne für Livebands und DJ-Beats, nicht selten mit Indie-Touch. Hier spielen Kiwi-Bands kurz vor dem großen Durchbruch am liebsten. Es ist außerdem der einzige Ort auf der ganzen Welt, an dem man das Bio-Pils von Bodgie Beer bekommt.

Al's Bar (Karte S. 582 f.; www.alsbar.co.nz; 33 Dundas St; ☽ Mi–Sa 20 Uhr–open end) Livemusik ist in Al's Bar definitiv das Wichtigste, aber sie hat auch ein gemütliches Ziegelambiente und ein ausgezeichnetes Soundsystem und zieht eine bunte Mischung aus einheimischen und internationalen Bands an

Nachtclubs

Double Happy (Karte S. 582 f.; ☎ 03-374 6463; 182 Cashel St; ☽ Mi–So 20 Uhr–open end) Der beste Bar-Club-Hybrid der Stadt. Es gibt hier tolle Cocktails, europäisches Bier vom Fass und eine immer neue Mischung aus Dub, House und Soul. Perfekt für entspannte lange Nächte bzw. frühe Morgen, findet das Stammpublikum.

Base (Karte S. 582 f.; ☎ 03-377 7149; www.thebase. co.nz; 92 Struthers Lane; ☽ Do–Sa ab 21 Uhr) In einer leicht zwielichtigen Seitengasse ein paar Meter vom SOL Sq entfernt laufen im Base Elektro, House und Trance. Vor Mitternacht ist der Eintritt billiger.

Ministry/Propaganda (Karte S. 582 f.; ☎ 03-379 2910; www.ministry.co.nz; 90 Lichfield St) Zwei in einem: Eine intime Lounge-Bar und ein Club, aus dem immer Musik wummert, teilen sich eine riesige Fläche. House und Drum'n'Base sind hier üblich, aber gelegentlich wird auch mal eine Metal-Nacht mit Livebands eingeschoben.

Sport

AMI Stadium (Karte S. 582 f.; ☎ Tickets 03-377 8899, http:// premier.ticketek.co.nz; www.amistadium.co.nz; 30 Stevens St) In diesem Stadion werden u. a. internationale Kricket-Spiele ausgetragen, aber besser bekannt ist es als das Eldorado des Rugby in

CHRISTCHURCH & CANTERBURY

Canterbury. Von Februar bis Mai kann man die Crusaders bei den Super-14-Spielen in Aktion erleben. Das Stadion wurde für die Rugby-WM 2011 generalüberholt.

Casino

Christchurch Casino (Karte S. 582 f.; ☎ 03-365 9999; www.christchurchcasino.co.nz; 30 Victoria St; ⏰ 24 Std.)

SHOPPEN

In der Colombo St, der High St und der Fußgängerzone Cashel St gibt es eine Menge kreditkartenhungrige Läden. Am trendigen Südende der High St (zw. Lichfield & St. Asaph St) findet sich der kreative Output junger Designer aus Neuseeland, und in der nahen Poplar St und der His Lordship's Lane teilen sich Designläden die Gassen mit Bars und Restaurants. Eine größere Auswahl von Kunst und Kunsthandwerk hat man, wenn man das Arts Centre und die Verkaufsstellen der Kunstgalerien besucht.

Arts Centre (Karte S. 582 f.; ☎ 03-363 2836; www.artscentre.org.nz; 2 Worcester St) Dutzende von Kunsthandwerksläden und Kunstgalerien verkaufen Keramik, Schmuck, Wollwaren und handgemachtes Spielzeug. Visually Maori und Te Toi Mana sind am besten, wenn man Maorikunst und -design sucht (s. S. 579).

Arts-Centre-Markt (Karte S. 582 f.; ⏰ Sa & So 10–16 Uhr) Jedes Wochenende findet im Arts Centre ein Kunsthandwerks- und Obst-und-Gemüse-Markt statt.

REAL Aotearoa (Karte S. 582 f.; ☎ 03-377 5418; www.realaotearoa.co.nz; 101 Cashel St) Vielseitiges Kiwi-Design von Keramik bis Glas.

Untouched World (Karte S. 582 f.; ☎ 03-962 6551; www.untouchedworld.com; 301 Montreal St) Das Untouched World im Arts Centre bietet hochwertige Kleidung *Made in New Zealand*. Einige Stücke sind aus „Bergseide" (maschinenwaschbare feine Merinowolle) oder „Merino-Nerz" (eine Mischung aus Merinowolle und Kusu-Fell) gefertigt.

Ballantynes (Karte S. 582 f.; ☎ 03-379 7400; Ecke Colombo St & Cashel St) Altehrwürdiges Kaufhaus der Stadt, in dem Damen- und Herrenmode, Kosmetik, Reisezubehör und besondere Neuseeland-Souvenirs verkauft werden.

Campingausrüstung, Wanderstiefel und sonstiges Outdoor-Zubehör sind bei **Snowgum** (Karte S. 582 f.; ☎ 03-365 4336; 637 Colombo St) und **Mountain Designs** (Karte S. 582 f.; ☎ 03-377 8522; 654 Colombo St) in der Nähe der Kreuzung Colombo und Lichfield St erhältlich.

AN- & WEITERREISE
Bus

Busse von **InterCity** (Karte S. 582 f.; ☎ 03-365 1113; www.intercity.co.nz; 123 Worcester St; ⏰ Mo–Sa 7–17.15, So bis 17.30 Uhr) fahren in der Worcester St (zwischen Kathedrale und Manchester St) ab. Busse Richtung Norden fahren zweimal täglich nach Kaikoura (ab 14 NZ$, 2¾ Std.), Blenheim (ab 24 NZ$, 5 Std.) und Picton (ab 25 NZ$, 5½ Std.) mit Anschluss nach Nelson (71 NZ$, 8 Std.). Täglich fährt auch ein Bus direkt nach Queenstown (ab 49 NZ$, 8 Std.) im Südwesten. Außerdem gibt's Verbindungen nach Wanaka (ab 79 NZ$, 7 Std.), aber da muss man in Tarras umsteigen. Richtung Süden fahren entlang der Küste täglich zwei Busse durch die Städte am SH1 und bis nach Dunedin (ab 37 NZ$, 6 Std.). Über Gore hat man auch Anschluss nach Invercargill (ab 53 NZ$, 9¾ Std.) und Te Anau (ab 59 NZ$, 10½ Std.).

Naked Bus (www.nakedbus.com) fährt nach Picton und Nelson im Norden, nach Dunedin im Süden und nach Queenstown im Südwesten. Die Busse starten gegenüber der Kneipe Holy Grail in der 88 Worcester St.

Shuttle-Busse verkehren nach Akaroa, Arthur's Pass, Dunedin, Greymouth, Hanmer Springs, Picton, Queenstown, Twizel, Wanaka, Westport und zu verschiedenen Stationen dazwischen; über Einzelheiten informiert das i-SITE (S. 578).

Flugzeug

Der **Christchurch Airport** (außerhalb der Karte S. 580; ☎ 03-358 5029; www.christchurchairport.co.nz) ist das wichtigste internationale Tor zur Südinsel. Näheres zu internationalen Flügen findet sich auf S. 782. Der Flughafen ist mit ausgezeichneten Einrichtungen ausgestattet, u. a. Geldwechselmöglichkeiten und Geldautomaten, einer Gepäckaufbewahrung (⏰ 8–18.30 Uhr) sowie Reisezentren (☎ 03-353 7774) im Inlands- (⏰ 7.30–20 Uhr) und im internationalen Terminal (immer geöffnet, wenn Flüge aus dem Ausland ankommen). Die Flughafengebühr für Flüge ins Ausland beträgt 25 NZ$, für Kinder unter 12 Jahren muss nicht gezahlt werden. Die unten genannten Preise gelten für die einfache Strecke.

Air New Zealand (Karte S. 582 f.; ☎ 0800 737 000, 03-363 0600; www.airnz.co.nz; 549 Colombo St; ⏰ Mo–Fr 9–17, Sa 9.30–13 Uhr) hat zahlreiche direkte Inlandsflüge mit Anschluss zu anderen Städten. Es gibt Direktflüge von und nach Auckland (59–239 NZ$, 20-mal tgl.), Blenheim (79–

179 NZ$, 3-mal tgl.), Dunedin (59–169 NZ$, 8-mal tgl.), Hamilton (109–259 NZ$, 3-mal tgl.), Hokitika (65–135 NZ$, 5-mal tgl.), Invercargill (79–189 NZ$, 8-mal tgl.), Napier (99–229 NZ$, 2-mal tgl.), Nelson (89–219 NZ$, 8-mal tgl.), New Plymouth (139–229 NZ$, 1-mal tgl.), Palmerston North (99–189 NZ$, 4-mal tgl.), Queenstown (59–199 NZ$, 5-mal tgl.), Rotorua (129–259 NZ$, 3-mal tgl.), Tauranga (99–239 NZ$, 1-mal tgl.), Wanaka (169–199 NZ$, 1-mal tgl.) und Wellington (49–1792 NZ$, 15-mal tgl.). Last-Minute-Angebote finden sich unter www.grabaseat.co.nz.

Jetstar (☎ 0800 800 995; www.jetstar.com) bietet Direktflüge nach und von Auckland (49–219 NZ$, 6-mal tgl.), Queenstown (59–189 NZ$, 1-mal tgl.) und Wellington (99–169 NZ$, 1-mal tgl.).

Pacific Blue (☎ 0800 670 000; www.flypacificblue.com) fliegt nach und ab Auckland (90–230 NZ$, 2-mal tgl.) und Wellington (60–180 NZ$, 2-mal tgl.).

Zug

Der **Bahnhof von Christchurch** (Karte S. 580; ☎ 0800 872 467, 03-341 2588; Troup Dr, Addington; ⊗ Fahrkartenschalter Mo–Fr 6.30–15.30, Sa & So bis 15 Uhr) wird von einem kostenlosen Shuttle-Bus angefahren, der Passagiere an verschiedenen Unterkünften einsammelt; man kann die Abholung telefonisch beim i-SITE (S. 578) buchen.

Der TranzCoastal fährt täglich einmal von Christchurch über Kaikoura und Blenheim nach Picton und wieder zurück; Abfahrt ist um 7 Uhr in Christchurch, Ankunft in Picton um 12.13 Uhr.

Der TranzAlpine verkehrt täglich auf der Strecke Christchurch–Greymouth mit Halt in Arthur's Pass (s. S. 554). Der Standardpreis beträgt für Erwachsene für die einfache Strecke 137 NZ$, aber manchmal bekommt man auch Tickets für 89 NZ$. Immer nach aktuellen Sonderangeboten fragen!

Alles Weitere lässt sich bei **Tranz Scenic** (☎ 0800 872 467; www.tranzscenic.co.nz) erfragen.

UNTERWEGS VOR ORT
Auto & Motorrad
MIETEN

Alle größeren Auto- und Wohnmobilvermietungen haben Büros in Christchurch, dazu kommen viele kleinere lokale Unternehmen. Anbieter mit landesweiten Netzwerken müssen oft Autos von Christchurch wieder

nach Auckland transportieren, da die meisten Kunden in die andere Richtung reisen – für die Nordroute erwischt man also manchmal ein Sonderangebot. Mehr zu zuverlässigen nationalen Leihfirmen gibt's auf S. 788.

Ein paar kleinere Unternehmen:

Ace Rental Cars (außerhalb der Karte S. 580; ☎ 0800 202 029, 03-360 3270; www.acerentalcars.co.nz; 20 Abros Pl)

First Choice (Karte S. 582 f.; ☎ 0800 736 822, 03-365 9261; www.firstchoice.co.nz; 132 Kilmore St)

New Zealand Motorcycle Rentals & Tours (außerhalb der Karte S. 580; ☎ 03-348 1106; www.nzbike.com; 22 Lowther St) Bietet auch geführte Motorradtouren an.

Omega Rental Cars (Karte S. 582 f.; ☎ 0800 112 121, 03-377 4558; www.omegarentalcars.com; 20 Lichfield St)

Pegasus Rental Cars (Karte S. 582 f.; ☎ 0800 354 506, 03-365 1100; www.rentalcars.co.nz; 127 Peterborough St)

KAUFEN

An den schwarzen Brettern in Hostels, Cafés und Internetläden werden oft Fahrzeuge zum Kauf angeboten. Traveller können es auch beim **Backpackers Car Market** (Karte S. 582 f.; ☎ 03-377 3177; www.backpackerscarmarket.co.nz; 33 Battersea St; ⊗ 9.30–17 Uhr) oder auf der wöchentlichen **Canterbury Car Fair** (Karte S. 580; ☎ 03-338 5525; Eingang Wrights Rd; ⊗ So 9–12 Uhr) am Addington Raceway versuchen. **Turners Auctions** (Karte S. 580; ☎ 03-343 9850; www.turners.co.nz; 1 Detroit Place) kauft und verkauft Gebrauchtwagen bei Auktionen; Fahrzeuge unter 7000 NZ$ werden dienstags und donnerstags um 18 Uhr versteigert.

Online kann man sein Glück auf www.trademe.co.nz und www.autotrader.co.nz versuchen.

Vom/Zum Flughafen

Der Flughafen liegt 12 km außerhalb des Stadtzentrums.

Super Shuttle (☎ 0800 748 885; www.supershuttle. co.nz) schiebt 24 Stunden Dienst und verlangt 17 NZ$, um eine Person von der Innenstadt zum Flughafen zu bringen. Für jede weitere Person werden 4 NZ$ fällig. Preiswerter ist der **Seven Dollar Bus** (⊗ 8–17 Uhr; einfache Strecke 7 NZ$), der alle 20 Minuten zwischen dem Flughafen und dem Cathedral Sq verkehrt.

Der Flughafen wird auch vom **City Flyer Bus** (☎ 0800 733 287; www.redbus.co.nz; Erw./Kind 7,50/4,50 NZ$) angefahren, der montags bis freitags zwischen 17.30 Uhr und 23.30 Uhr und samstags und sonntags zwischen 7.30 Uhr und 23.30 Uhr verkehrt (vom Flughafen immer 35 Min. später). Am i-SITE (S. 578) gibt's den roten Fahrplan für den City Flyer.

Ein Taxi zwischen dem Stadtzentrum und dem Flughafen kostet zwischen 40 und 45 NZ$.

Öffentliche Verkehrsmittel

Christchurchs **Busnetz** (Metro; ☎ 03-366 8855; www. metroinfo.org.nz; Mo–Sa 6.30–22.30, So 9–21 Uhr) ist günstig und effizient. Die meisten Busse fahren an der Haltestelle The Crossing (Karte S. 582 f.) ab; der Fußgängereingang befindet sich an der Colombo St gegenüber von Ballantynes. Hier ist auch ein Infoschalter; Fahrpläne gibt's aber auch im i-SITE (S. 578). Eine Fahrt innerhalb der Stadt kostet 2,80 NZ$ (bar); das Ticket gilt für zwei Stunden und eine Richtung. Mit einer Metrocard kann man zwei Stunden/einen Tag für 2,10/4,20 NZ$ fahren, aber man muss die Karten mit mindestens 10 NZ$ aufladen.

Nähere Informationen zu den beiden folgenden Unternehmen sind über **Red Bus** (☎ 0800 733 287; www.redbus.co.nz) erhältlich. Das große gelbe **Central City Shuttle** (kostenlos; Mo–Fr 7.30–22.30, Sa 8–22.30, So 10–20 Uhr) ist ein Innenstadt-Service (bis zur Peterborough St im Norden und der Moorhouse Ave im Süden), der etwa 20 Haltestellen umfasst. Der **After Midnight Express** (Fahrt 6 NZ$; Sa & So 0–4 Uhr) verkehrt stündlich auf fünf Vorstadtrouten; die meisten Busse fahren an der Oxford Tce ab.

Taxi

Christchurchs wichtigste Taxiunternehmen:
Blue Star (☎ 0800 379 979)
First Direct (☎ 0800 505 555)
Gold Band (☎ 0800 379 5795)

RUND UM CHRISTCHURCH

LYTTELTON

3100 Ew.

Südlich von Christchurch liegen die markanten Port Hills, die zum Lyttelton Harbour, dem Hafen der Stadt, hin abfallen. Hier gingen 1850 die ersten europäischen Siedler von Christchurch an Land und begannen ihren historischen Marsch über die Hügel. Lyttelton mit seinen hübschen alten Gebäuden und bunt gemischten Cafébars ist heute für Feinschmecker am Wochenende ein beliebtes Ausflugsziel. Der Hafen ist noch immer in Betrieb und der raue Charme der alten

Kneipen am Ufer bildet einen Kontrast zu der luxuriös sanierten Szene oberhalb des Hügels an der London St.

Regelmäßig sind Fähren und Schiffe zu den geschützten Inseln und zum verschlafenen Diamond Harbour unterwegs. Wer ein eigenes Auto hat, kann auf der malerischen Harbour Rd die 15 Minuten lange Strecke zur hübschen Governors Bay fahren, wo man in ein paar Lokalen gut zu Mittag essen kann.

Das **Lyttelton Visitor Information Centre** (☎ 03-328 9093; www.lytteltonharbour.co.nz; 20 Oxford St St; Sept.–Mai 9–17 Uhr, Juni–Aug. bis 16 Uhr) hat Informationen zu Unterkunft und Transport.

Sehenswertes

Ein **Straßentunnel** führt von Christchurch nach Lyttelton, die 10 km längere Strecke über die schmale **Summit Road** ist jedoch weitaus malerischer: Unterwegs hat man einen atemberaubenden Blick auf die Stadt, den Hügel, den Hafen und die Southern Alps; Infos stehen in der Broschüre Lyttelton Port Hills Drive (1 NZ$).

Im **Lyttelton Museum** (☎ 03-328 8972; Gladstone Quay; Eintritt gegen Spende; Di, Do, Sa & So 14–16 Uhr) sind interessante maritime Exponate ausgestellt, darunter Funde aus Wracks sowie Schiffsmodelle. Außerdem sieht man historische Objekte aus Lyttelton, etwa eine Orgel aus dem 19. Jh., und einen Antarktis-Raum (Scott und Shackleton nutzten den Hafen als Ausgangspunkt für ihre Expeditionen).

Die **Timeball Station** (☎ 03-328 7311; 2 Reserve Tce; Erw./Kind/Fam. 7/2/15 NZ$; 10–17.30 Uhr) wurde 1876 in neugotischem Stil errichtet. Hier wurde 58 Jahre lang eine Kugel an einem Mast hinaufgezogen und genau um 13 Uhr nach Greenwich-Zeit fallen gelassen. Auf den Schiffen im Hafen konnte man dann die Uhren danach stellen, um auf Hoher See die geografische Breite exakt berechnen zu können. Sofern die Station geöffnet ist, wird die Kugel auch heute noch um 13 Uhr fallen gelassen. Die Timeball Station ist über einen kurzen, aber steilen Anstieg zu erreichen.

Geführte Touren

Black Cat (☎ 0800 436 574, 03-328 9078; www.blackcat. co.nz; 17 Norwich Quay; Bootsfahrt Erw./Kind 60/25 NZ$; Tour 13.30 Uhr) betreibt die zweistündigen „Christchurch Wildlife Cruises" im Lyttelton Harbour, bei denen man vielleicht die seltenen Hector-Delphine, Zwergpinguine und verschiedene Meeresvögel sieht. Ein kostenloser Shuttlebus holt die Teilnehmer um 12.50 Uhr am Cathedral Sq in Christchurch ab. Black Cat setzt auch über zur nahe gelegenen **Quail Island** (Erw./Kind 20/10 NZ$; ☺ Touren Dez.–März 10.20 & 12.20 Uhr, April & Sept.–Nov. 12.20 Uhr, Mai–Aug. keine Touren) und zum hübschen Diamond Harbour (Erw./Kind 10/5 NZ$; Abfahrt 23-mal tgl.).

Infos zu anderen Unternehmungen am Hafen, etwa Kajak- oder Segeltörns, erhält man bei der Touristeninformation.

Schlafen & Essen

Auf den Hügeln ringsum liegen ein paar B & Bs verstreut; die Touristeninformation hilft mit Buchungen weiter.

Dockside Accommodation (☎ 03-325 5707; www. dockside.co.nz; 22 Sumner Rd; Apt. 80–120 NZ$; 🖳 🛜) Die drei heimeligen Selbstversorger-Apartments für bis zu vier Personen sind einen kurzen, leichten Spaziergang von der Stadt entfernt. Wer will, kann aber auch einfach hierbleiben und von seiner eigenen Terrasse aus den Hafenblick genießen. Das ist die Art Unterkunft, in der man sich wie zu Hause fühlt.

Lyttelton Lounge (☎ 03-328 7114; 17 Oxford St; Gebäck 4–6 NZ$; ☺ Mo–Sa 8–16.30, So 9–16.30 Uhr) In dieser stimmungsvollen, mit Holz verkleideten Oase werden zu Dub-Reggae frisch gebackene Muffins und extra starker Kaffee serviert. Hier kann man ein bisschen verweilen, bevor man durch die Secondhandläden den Hügel hinunterbummelt.

Lyttelton Roasting Company (☎ 03-328 8096; 29 London St; Hauptgerichte 6–17 NZ$; ☺ Di–Fr 7.30–16.30, Sa & So ab 20 Uhr) Der beste Kaffee der Stadt, vielleicht sogar in ganz Canterbury, wird in diesem trendigen Laden mit sehr hohen Decken und vielfältiger Frühstücks- und Mittagskarte täglich frisch geröstet. Hier kostet man den armenischen Joghurtkuchen, während man an Samstagnachmittagen der Livemusik lauscht, die dann regelmäßig geboten wird.

LP Tipp **Monster Yakitori** (☎ 03-328 9166; 29 London St; 2 Spieße 7–11 NZ$; ☺ Mi–So 17 Uhr–open end) Klassische Cocktails sowie feine Kiwi-Biere und -Weine bilden die flüssige Grundlage für eine lange, feuchtfröhliche Nacht in dieser skurrilen Yakitori-Bar mit Anime-Dekoration. Alle aufgespießten Köstlichkeiten werden gegrillt, während man daneben wartet; unser Favorit ist der „Ebi Bacon": in Schinken gewickelte Krabben mit Pflaumen-Wasabi. An den meisten Samstagabenden legen hier ab 22 Uhr DJs auf.

Volcano Cafe (☎ 03-328 7077; 42 London St; Hauptgerichte 27–33 NZ$; ☺ 17 Uhr–open end) Das mexikanisch angehauchte und extrem freundliche Volcano ist ein geselliges Café im Retro-Stil, das Meeresfrüchte-Risotto, Enchiladas und gute Currys und Pasta serviert. Die angeschlossene Lava Bar hat billigeres Bar-Essen.

An der Westseite des Hafens serviert das **Governor's Bay Hotel** (☎ 03-329 9433; www.governors bayhotel.co.nz; Main Rd, Governors Bay; Hauptgerichte 15–30 NZ$; ☺ 11–22 Uhr) leckere Burger, Fish & Chips und innovativere Gerichte wie Thunfisch vom Holzkohlegrill und Curry-Krabben-Laksa. Auf der kühlen Veranda, die mit Erinnerungsstücken aus der 140-jährigen Geschichte des Hotels dekoriert ist, kann man prima ein Bier genießen. Oben warten Übernachtungsmöglichkeiten in einfachen, aber sonnigen Zimmern mit Gemeinschaftsbad (DZ 100 NZ$).

Auf der anderen Straßenseite serviert das **She Chocolat** (☎ 03-328 9285; www.shechocolat.com; 79 Main Rd, Governors Bay; Hauptgerichte 15–26 NZ$; ☺ Mi–Fr 10–16, Sa & So bis 17 Uhr) ausgezeichneten Brunch und Mittagessen mit Bio- und New-Age-Touch. Nach den Kumara- (Süßkartoffel-) Haferplätzchen sollte noch Platz im Magen bleiben für die hausgemachte belgische Schokolade! Der Hafenblick ist toll.

Lytteltons sich verbreitender Ruf als Gourmetreiseziel wird durch den samstäglichen **Farmers Market** (www.lyttelton.net.nz; ☺ Sa 10–13 Uhr) noch unterstützt, der in der hiesigen Schule in der Oxford St stattfindet. Unbedingt auch mal im **Ground** (☎ 03-328 7275; www.ground.co.nz; 44a London St; ☺ Mo–Do 9.30–19.30, Fr & Sa bis 20, So 10–17 Uhr) vorbeischauen – das ist *die* Anlaufstelle für das Beste, was Neuseeland in Sachen Essen, Wein und Bier zu bieten hat. Für den Hunger zwischendurch gibt's Megasandwiches (6,50 NZ$) und eine ausgezeichnete Brunch-Karte (7–18 NZ$). Wer über Nacht in Lyttelton bleibt, kann sich auch eines der leckeren Feinschmeckergerichte mitnehmen.

Ausgehen & Unterhaltung

Wunderbar (☎ 03-328 8818; www.wunderbar.co.nz; 19 London St; ☺ Mo–Fr 17 Uhr–open end, Sa & So 13 Uhr–open end) Dies ist *der* Laden, wenn man Neuseelands interessantere Bands sehen möchte, egal ob Rock oder Dub. Schon die trendige Einrichtung ist den Ausflug nach Lyttelton wert. Um hinzukommen, an der London St nach dem Schild mit der Aufschrift „Sorry, nice people only" Ausschau halten und dann die Treppe runter. Und immer *nice* sein!

Lava Bar (☎ 03-328 7077; 42 London St; ⌚ 17 Uhr–open end) Der Ableger des Volcano Cafe (wovon sonst?) ist allnächtlich ideal für gesellige Runden bei einem Gläschen (und Snacks). Die Terrasse ist mit skurrilen, künstlerischen Details vollgestopft, die nach ein paar Drinks irgendwie gar nicht mehr so skurril wirken.

Harbour Light (☎ 03-328 8615; www.harbourlight.co.nz; 24 London St; Eintritt 15–25 NZ$) Dieses wundervolle alte Theater (1916 erbaut) bildet die Brücke zwischen dem alten und dem neuen Lyttelton. Regelmäßig finden Gigs aus der Jazz-, Celtic- und Weltmusikecke statt. Auf der Website steht, was abgeht; normalerweise gibt's an drei Abenden pro Woche Livemusik. An Konzertabenden werden auch Getränke und Essen serviert.

An- & Weiterreise

Bus 28 und 35 fahren von Christchurch nach Lyttelton (25 Min.). Von Lyttelton kann man mit dem Auto um Lyttelton Harbour herum nach Akaroa fahren. Die kurvige Strecke ist länger, aber malerischer als die Route über den SH75 zwischen Christchurch und Akaroa.

AKAROA & BANKS PENINSULA

Die Banks Peninsula und ihre Hügel sind bei zwei gigantischen Vulkanausbrüchen entstanden. Um die Mitte der Halbinsel gruppieren sich kleine Häfen wie die Le Bons, die Pigeon und Little Akaloa Bay, sodass sie aus der Vogelperspektive einem Zahnrad ähnelt. Die historische Stadt Akaroa ist ein Highlight, ebenso die atemberaubend schöne Fahrt auf

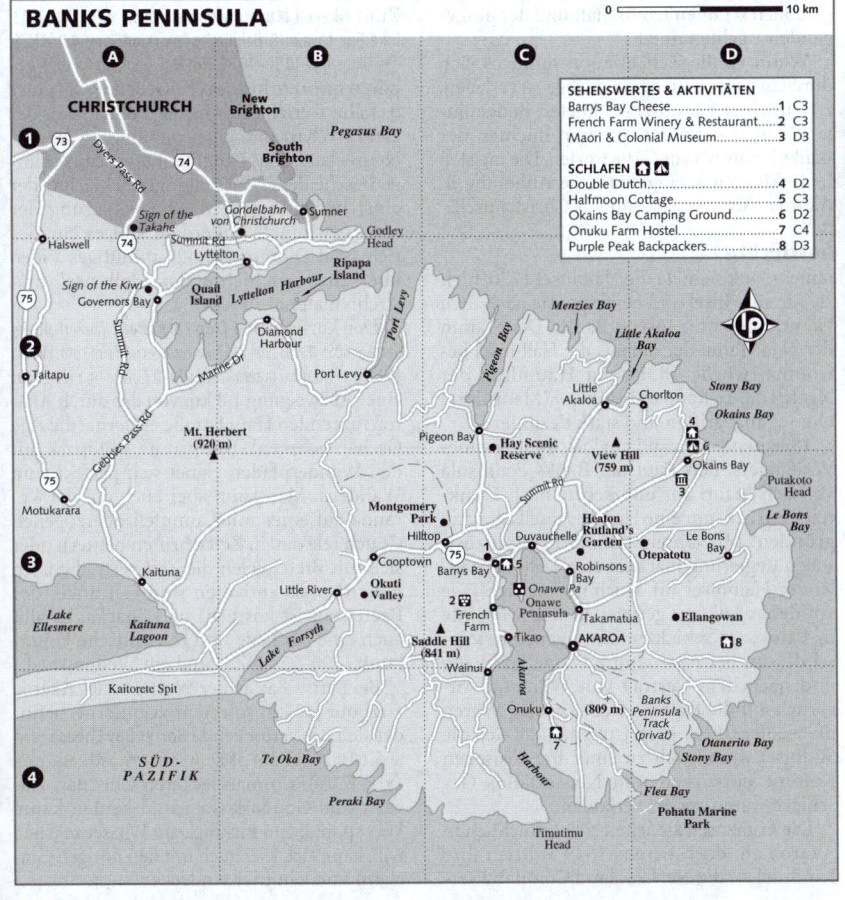

BANKS PENINSULA

0 — 10 km

SEHENSWERTES & AKTIVITÄTEN
Barrys Bay Cheese	1 C3
French Farm Winery & Restaurant	2 C3
Maori & Colonial Museum	3 D3

SCHLAFEN
Double Dutch	4 D2
Halfmoon Cottage	5 C3
Okains Bay Camping Ground	6 D2
Onuku Farm Hostel	7 C4
Purple Peak Backpackers	8 D3

CHRISTCHURCH & CANTERBURY

der Summit Rd rund um den Rand des ursprünglichen Kraters.

Das Maoriwort Akaroa bedeutet „langer Hafen". An diesem ließen sich die ersten französischen Siedler in Neuseeland nieder – und einige ihrer Nachkommen leben noch heute hier. Das charmante Städtchen liegt 83 km von Christchurch entfernt und ist emsig bemüht, die Atmosphäre eines französischen Provinznests zu erschaffen – so heißen die Straßen dann auch Rue Lavaud, Rue Balguerie, Rue Jolie und die Häuser beispielsweise Langlois-Eteveneaux. Auch in den Lokalen ist das französische Flair zu spüren. Und obwohl der französische Anstrich mitunter etwas gekünstelt wirkt, ist Akaroa absolut malerisch, erst recht, wenn man es als Ausgangspunkt für die Erkundung der unglaublich schönen Landschaft und der umliegenden Buchten nutzt.

Wenn es die Zeit erlaubt, lohnt es sich durchaus, hier einige ruhige Tage zu verleben, z. B. in einer der ausgezeichneten Budgetunterkünfte, die an den äußeren Buchten der Banks Peninsula auf Gäste warten. Die meisten Unterkünften arrangieren eine Abholung in Akaroa nach der Ankunft aus Christchurch.

Geschichte

James Cook sichtete die Halbinsel 1770, hielt sie für eine Insel und benannte sie nach dem Naturkundler Sir Joseph Banks. Der Stamm der Ngai Tahu, der damals die Halbinsel bewohnte, wurde 1831 vom Häuptling der Ngati Toa, Te Rauparaha, im pa (Maoridorf) Onawe angegriffen und stark dezimiert.

1838 handelte Jean Langlois, Kapitän eines Walfängers, den Kauf der Banks Peninsula von den Maori aus und kehrte nach Frankreich zurück, um eine Handelsgesellschaft zu gründen. Mit Unterstützung der französischen Regierung machten sich 1840 63 Siedler zur Halbinsel auf. Doch nur wenige Tage vor deren Ankunft gerieten britische Beamte in Panik; sie schickten ein eigenes Kriegsschiff, um bei Akaroa ihre Fahne zu hissen und nach dem Vertrag von Waitangi Anspruch auf die Halbinsel zu erheben. Wären die Siedler früher eingetroffen, hätte sich die Südinsel womöglich zu einer französischen Kolonie entwickelt und Neuseelands Geschicke wären anders verlaufen.

Die Franzosen siedelten sich tatsächlich in Akaroa an, doch bereits 1849 wurden ihre Landtitel an die New Zealand Company verkauft. Bereits ein Jahr später kam eine große Gruppe britischer Siedler an. Das dicht bewaldete Gebiet wurde abgeholzt und schon bald wurde die Landwirtschaft zum wichtigsten Wirtschaftszweig der Halbinsel.

Praktische Informationen

Akaroa Touristeninformation (Karte S. 605; ☎ 03-304 8600; www.akaroa.com; 80 Rue Lavaud; ⏰ 9–17 Uhr) Informationen zu Touren, Aktivitäten und Unterkünften (u. a. auf Bauernhöfen).

Bank of New Zealand (Karte S. 605; Rue Lavaud) Mit Geldautomat; gegenüber der Touristeninformation.

Bon-E-Mail (Karte S. 605; ☎ 03-304 7447; 41 Rue Lavaud; ⏰ 9–20 Uhr; 📶) Internetzugang inkl. WLAN. Im Café an der Tree Crop Farm (S. 604) gibt's auch WLAN.

Sehenswertes

Zum **Akaroa Museum** (Karte S. 605; ☎ 03-304 1013; Ecke Rue Lavaud & Balguerie; Erw./Kind/Fam. 4/1/8 NZ$; ⏰ Okt.–April 10.30–16.30 Uhr, Mai–Sept. bis 16 Uhr) gehören mehrere historische Gebäude, darunter das alte Gericht, das kleine Zollhaus an der Daly's Wharf und eines der ältesten Häuser Neuseelands, das Langlois-Eteveneaux. Einige bescheidene Ausstellungsstücke sind der einst bedeutsamen Maoribevölkerung der Insel gewidmet. Außerdem gibt es ein Gerichtssaal-Diorama, ein 20-minütiges Video über die Geschichte der Halbinsel und Archivmaterial zu Akaroa.

Der kuriose **Tree Crop Farm Park** (außerhalb der Karte S. 605; ☎ 03-304 7158; www.treecropfarm.com; Eintritt 10 NZ$; ⏰ nur bei gutem Wetter 10–17 Uhr; 📶) liegt an einer Abzweigung 1,8 km von der durch Akaroa führenden Hauptstraße entfernt (die Rue Grehan nehmen). Der private Wildpark mit den Wanderpfaden eignet sich perfekt zum Wandern. Man kann aber auch auf der Veranda auf einer mit Lammfell überzogenen Couch relaxen, in Zeitschriften blättern oder sich mit Brettspielen die Zeit vertreiben. Im Eintrittspreis enthalten sind Getränke (der Beerensaft ist köstlich) und Snacks. Es gibt auch eine rustikale und romantische Unterkunft (200–250 NZ$) und ein Wellnessbad.

Bei Barrys Bay an der Westseite des Akaroa Harbour (12 km von Akaroa entfernt) befindet sich das verlockende **Barrys Bay Cheese** (Karte S. 603; ☎ 03-304 5809; www.barrysbacheese.co.nz; ⏰ 9–17 Uhr), wo man leckeren Cheddar, Havarti und Gouda kosten und kaufen kann. Wer spontan ein Picknick am Wasser machen will, kann sich hier auch mit den nötigen Crackern und Chutney eindecken.

Westlich der Käserei liegt die Abzweigung zur **French Farm Winery & Restaurant** (Karte S. 603; ☎ 03-304 5784; www.frenchfarm.co.nz; French Farm Valley Rd; Platte 2544 NZ$; Pizza 24–26 NZ$; ⏰ 10–16 Uhr). Das Weingut befindet sich auf einem schönen Grundstück mit südfranzösischem Flair. Hier bekommt man aus eigener Lese gekelterten Chardonnay und Pinot Noir (1 NZ$/Probierglas). Dazu kann man eine Antipasti-Platte oder das Spezial-Lachstörtchen genießen. Im Sommer (Ende Okt.–Ostern) wird ab mittags im Freien auch Holzofenpizza serviert.

Das **Maori & Colonial Museum** (Karte S. 603; ☎ 03-304 8611; Okains Bay; Erw./Kind 6/2 NZ$; ⏰ 10–17 Uhr) an der Okains Bay nordöstlich von Akaroa war ursprünglich eine private Sammlung von Artefakten der Ureinwohner und frühen Siedler, bis die Exponate vor 28 Jahren der Öffentlichkeit übergeben wurden. Zu sehen sind eine Reproduktion eines Maori-Versammlungshauses, ein heiliger Gottesstab aus dem 15. Jh. und ein Kriegskanu.

Aktivitäten

Die Touristeninformation vermittelt Jetboat-, Kajak- und Segeltouren durch den Akaroa Harbour, Führungen über Schaf-Farmen sowie Ausflüge zu Robbenkolonien.

Der **Banks Peninsula Track** (☎ 03-304 7612; www. bankstrack.co.nz; 240 NZ$/Pers.) ist ein 35 km langer, vier Tage in Anspruch nehmender Wanderweg über privates Weideland und entlang der dramatischen Küste der Banks Peninsula. Im Preis enthalten sind der Transport ab Akaroa und die Unterbringung in Hütten. Konditionsstarke Wanderer können diese Tour auch in der halben Zeit meistern (160 NZ$).

Der **Akaroa Walk** (☎ 0800 377 378, 03-962 3280; www.tuataratours.co.nz; 1486 NZ$/Pers.) ist ein leicht zu bewältigender, herrlicher 42 km langer Wanderweg, der in drei Tagen von Christchurch nach Akaroa führt. Fürs Geld bekommt man gute Unterkünfte und eine Menge leckeres Essen. Man braucht nur einen Rucksack dabei zu haben.

Die Broschüre *Akaroa – an Historic Walk* (9,50 NZ$) beschreibt eine Wandertour, die am Waeckerle Cottage (Karte S. 605; Rue Lavaud) von 1876 beginnt und am alten Taylor's Emporium in der Nähe des Hauptkais endet. Sie führt vorbei an alten Holzhäusern und Kirchen, die Akaroas Charakter prägen. In der

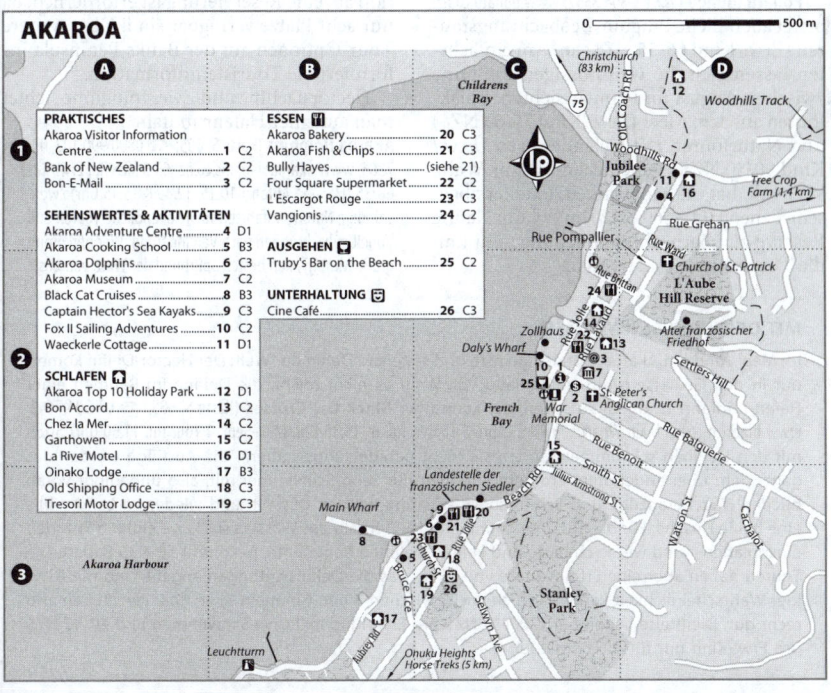

AKAROA

0 — 500 m

PRAKTISCHES
Akaroa Visitor Information
Centre **1** C2
Bank of New Zealand **2** C2
Bon-E-Mail **3** C2

SEHENSWERTES & AKTIVITÄTEN
Akaroa Adventure Centre.......**4** D1
Akaroa Cooking School..........**5** B3
Akaroa Dolphins **6** C3
Akaroa Museum.......................**7** C2
Black Cat Cruises.....................**8** B3
Captain Hector's Sea Kayaks..**9** C3
Fox II Sailing Adventures **10** C2
Waeckerle Cottage **11** D1

SCHLAFEN
Akaroa Top 10 Holiday Park ..**12** D1
Bon Accord.............................**13** C2
Chez la Mer.............................**14** C2
Garthowen **15** C2
La Rive Motel.........................**16** D1
Oinako Lodge.........................**17** B3
Old Shipping Office **18** C3
Tresori Motor Lodge **19** C3

ESSEN
Akaroa Bakery.......................**20** C3
Akaroa Fish & Chips **21** C3
Bully Hayes ....(siehe 21)
Four Square Supermarket......**22** C2
L'Escargot Rouge **23** C3
Vangionis **24** C2

AUSGEHEN
Truby's Bar on the Beach **25** C2

UNTERHALTUNG
Cine Café **26** C3

Christchurch (83 km)
Childrens Bay
Woodhills Track
Old Coach Rd
Woodhills Rd
Jubilee Park
Tree Crop Farm (1,4 km)
Rue Grehan
Rue Pompallier
Rue Wang
Rue Brittan
Jolie St
Rue Jolie
Church of St. Patrick
L'Aube Hill Reserve
Alter französischer Friedhof
Zollhaus
Daly's Wharf
St. Peter's Anglican Church
French Bay
War Memorial
Settlers Hill
Rue Balguerie
Rue Benoit
Smith St
Julius Armstrong St
Watson St
Cachalot
Landestelle der französischen Siedler
Main Wharf
Bruce Tce
Beach Rd
Stanley Park
Selwyn Ave
Akaroa Harbour
Aubrey Rd
Leuchtturm
Onuku Heights Horse Treks (5 km)

Touristeninformation erhält man auch Audioguides, mit denen man sich allein auf den Weg machen kann (10 NZ$/1½ Std.).

Das **Akaroa Adventure Centre** (Karte S. 605; ☎ 03-304 8709; 64 Rue Lavaud; Seekajak pro Std./Tag 15/55 NZ$, Fahrrad 15 NZ$/Std.) vermietet Seekajaks, Fahrräder, Golfschläger, Angelruten und Windsurf-Equipment. Für 39 NZ$ (inkl. Leihfahrrad) wird man rund um die Banks Peninsula auf den Gipfel des Vulkankraters gebracht, von wo aus man dann bis nach Akaroa hinunterradelt. Man kann hier nachfragen, wenn man im Purple Peak Backpackers (S. 608) übernachten will.

Captain Hector's Sea Kayaks (Karte S. 605; ☎ 03-304 7866; Beach Rd; www.akaroaseakayaks.co.nz; Kajakverleih pro halber/ganzer Tag 35/60 NZ$) ist ein weiterer Ausrüster, der Kajaks, Kanus und Ruderboote für eigene Erkundungstouren anbietet.

Die **Akaroa Cooking School** (Karte S. 605; ☎ 021 166 3737; www.akaroacooking.co.nz; 81 Beach Rd; 175 NZ$/Pers.) veranstaltet freitags und samstags die beliebten Kurse „Gourmet in a Day" (10–15 Uhr) sowie gelegentlich Spezialkurse zu Meeresfrüchten und Barbecues. Alle Kurse enden mit dem Verzehr des selbst gekochten Festmahls.

Pohatu Plunge (☎ 03-304 8552; www.pohatu.co.nz) bietet abendliche Pinguin-Beobachtungstouren (Erw./Kind 66/55 NZ$) an. Am einfachsten lassen sich die weißflossigen Pinguine zwischen August und Januar sichten. Kajaktouren auf dem Meer (Erw./Kind 75/60 NZ$) und Naturtouren mit Geländewagen (Erw./Kind 90/50 NZ$) stehen ebenfalls zur Wahl. Wer will, hat die Möglichkeit, in einer abgeschiedenen Hütte (60 NZ$) im Pohutu Nature Reserve zu übernachten. Buchungen nimmt die Touristeninformation vor.

Bei einem Ausritt mit **Onuku Heights Horse Treks** (außerhalb der Karte S. 605; ☎ 03-304 7112; www.onuku-heights.co.nz; 166 Haylocks Rd; ab 110 NZ$; ☺ Nov.–Mai) ist man von der spektakulärsten Landschaft der Banks Peninsula umgeben. Onuku Heights liegt 15 Minuten von Akaroa entfernt. Einfach den Schildern zur Onuku Marae folgen, dann bergauf fahren und links auf die Haylocks Rd abbiegen.

On 2 Wheels (☎ 0800 662 943; www.on2wheels.co.nz; Radtouren 80 NZ$) veranstaltet Radtouren durch 14 km grandiose Landschaft (meist bergab). Die Touren beginnen am Rand eines uralten Vulkans und enden mit einem Strandpicknick und einem kühlen Bier. Buchen kann man bei der Touristeninformation in Akaroa.

Geführte Touren

Eastern Bays Scenic Mail Run (☎ 03-304 8600; Tour 50 NZ$; ☺ Mo–Sa 9 Uhr) Der Postservice umfasst 120 km und braucht viereinhalb Stunden, um die abgeschiedenen Ecken der Halbinsel zu bedienen. Traveller können die Zusteller auf ihrer Tour zu den abgelegenen Gemeinden und Buchten begleiten (inkl. Strandpicknick). Der Minibus fährt an der Touristeninformation ab; eine Reservierung ist erforderlich, da nur acht Plätze verfügbar sind. Über weitere Tour-Optionen auf der Banks Peninsula informiert die Touristeninformation.

Hector-Delfine und Zwergpinguine sichtet man auf einer Hafenrundfahrt.

Akaroa Dolphins (Karte S. 605; ☎ 0800 990 102, 03-304 7866; www.akaroadolphins.co.nz; 65 Beach Rd; Erw./Kind 68/35 NZ$; ☺ Abfahrt 10.15, 12.45 & 15.15 Uhr) Zweistündige Naturrundfahrten sowie abendliche Touren und Vogelbeobachtungen nach Vereinbarung. Wer herkommt, grüße Murphy, den besten Spürhund der Welt, von uns!

MIT DELFINEN SCHWIMMEN

Im Meer rund um Akaroa lebt der kleinste und seltenste Delfin der Welt: Der Hector-Delfin kommt nur in den Gewässern um Neuseeland vor. Wem es nicht reicht, die Delfine im Rahmen einer Hafenrundfahrt (s. oben) zu sehen, der kann über **Black Cat Cruises** (Karte S. 605; ☎ 03-304 7641; www.blackcat.co.nz; Main Wharf; ☺ Okt.–April 5 Touren tgl. 6–15.30 Uhr, Mai–Sept. 1 Tour tgl. 11.30 Uhr) auch mit den Delfinen schwimmen (sofern sie nicht gerade Junge haben). Die Ausflüge werden das ganze Jahr über angeboten. Pro Boot kommen nur zehn Schwimmer mit, also unbedingt vorab buchen! Taucheranzüge und Schnorchelausrüstung werden gestellt, und wieder an Land gibt's eine heiße Dusche. Für die gesamte Tour im und außerhalb des Wassers sind zweieinhalb Stunden einzuplanen – und wer Pech hatte und keinen Delfinen begegnete, bekommt 50 NZ$ Rabatt. Die Touren haben aber eine Erfolgsquote von 98 %, was die Delfinsichtungen angeht, und mit 81%-iger Wahrscheinlichkeit kann man sich auch zwischen ihnen tummeln – die Chancen stehen also recht gut. Die Preise liegen bei 130/110 NZ$ pro Erw./Kind inklusive Schwimmen und 70/35 NZ$ pro Erw./Kind nur für die Bootstour.

Black Cat Cruises (Karte S. 605; ☎ 03-304 7641; www.blackcat.co.nz; Main Wharf; Erw./Kind 65/25 NZ$; ⊙ Abfahrt 11, 13.30 & 15.40 Uhr, im Winter seltener) Zweistündige Fahrten zu Tieren, Höhlen und Klippen.

Fox II Sailing Adventures (Karte S. 605; ☎ 0800 369 7245; www.akaroafoxsail.co.nz; Daly's Wharf; ⊙ Abfahrt Dez.–Mitte Mai 10.30 & 13.30 Uhr) Geschichte, Landschaft, Tiere & Pflanzen und Neuseelands ältester Gaffelsegler.

Festivals & Events

Das **French Fest Akaroa** (www.frenchfest.co.nz) ist ein gallisch inspiriertes Fest, das alljährlich Ende September bzw. Anfang Oktober stattfindet und den Schwerpunkt auf Kulinarischem, Wein, Musik und Kunst hat. Bloß nicht *Le Race D'Escargots* verpassen (oder reintreten): Geschmeidige, bestens trainierte Schnecken meistern einen komplexen Parcours. Später am Tag findet auch noch ein Wettrennen französischer Kellner statt.

Schlafen

Die meisten Unterkünfte auf der Banks Peninsula befinden sich rund um Akaroa, aber auch die äußeren Buchten sind mit ausgezeichneten Alternativen gesegnet. Akaroa hat ein paar romantische B & Bs zu bieten, die ein paar Kröten mehr auf jeden Fall wert sind.

Akaroa

Akaroa Top 10 Holiday Park (Karte S. 605; ☎ 0800 727 525, 03-304 7471; www.akaroa-holidaypark.co.nz; 96 Morgans Rd; Stellplatz 32–36 NZ$, Hütte & Wohneinheit 65–115 NZ$; ⊡ 🛜) Der an einem terrassierten Hang oberhalb der Stadt gelegene und durch einen Fußweg mit der Woodhills Rd verbundene nette Park bietet einen tollen Hafenblick und verschiedene Optionen für jeden Geldbeutel.

Chez la Mer (Karte S. 605; ☎ 03-304 7024; www.chezlamer.co.nz; 50 Rue Lavaud; B 25 NZ$, DZ mit/ohne Bad 70/60 NZ$; ⊡ 🛜) Freundliches Hostel mit ordentlichen Zimmern und einem schattigen Garten mit Fischteichen, Hängematten, Grillstellen und Tischen. Gäste können kostenlos Fahrräder und Angeln ausleihen, und das ganze Haus ist eine TV-freie Zone.

Bon Accord (Karte S. 605; ☎ 03-304 7782; www.bon-accord.co.nz; 57 Rue Lavaud; B 27, DZ 60–70 NZ$; ⊡ 🛜) Das bunte, skurrile Hostel ist in einem 155 Jahre alten Haus untergebracht. Wer will, kann auf der Veranda oder einer der beiden gemütlichen Lounges entspannen oder in den Kräutergarten gehen und den französischen Starkoch in sich wecken. Mit den kostenlosen Leihrädern geht es auf Erkundungstour.

La Rive Motel (Karte S. 605; ☎ 0800 247 651, 03-304 7651; www.larivemotel.co.nz; 1 Rue Lavaud; DZ 115–165 NZ$; ⊡ 🛜) Altmodisches Motel mit großen Zimmern und guten Einrichtungen. Es ist preisgünstig, da alle Wohneinheiten (Wohnstudios, Zwei- und Dreizimmeroptionen) auf Selbstversorger ausgerichtet sind. Die neuen Besitzer haben das La Rive kürzlich renoviert.

Tresori Motor Lodge (Karte S. 605; ☎ 0800 273 747, 03-304 7500; www.tresori.co.nz; Ecke Rue Jolie & Church St; DZ 170–200 NZ$; ⊡ 🛜) Wer in einer echten Designer-Unterkunft absteigen will, ist mit dem Tresori gut beraten, das dank der farbenfrohen Deko alles andere als langweilig ist.

Old Shipping Office (Karte S. 605; ☎ 0800 695 2000; www.akaroavillageinn.co.nz; Church St; DZ 200 NZ$) Selbstversorger-Apartment in einem renovierten denkmalgeschützten Gebäude mit interessanter Vergangenheit. Die zwei Zimmer, der großzügige Gemeinschaftsraum und ein Whirlpool machen das Old Shipping Office perfekt für Familien oder zwei Paare. Wer errät, wofür das Gebäude früher genutzt wurde, gewinnt eine aufblasbare Waschmaschine.

Oinako Lodge (Karte S. 605; ☎ 03-304 8787; www.oinako.co.nz; 99 Beach Rd; DZ inkl. Frühstück 245–285; ⊡ 🛜) Diese herrliche Holzvilla wurde 1865 für den damaligen britischen Friedensrichter erbaut. Fast 15 Jahrzehnte später ist sie ein teureres B & B mit sechs Themenzimmern, großzügigen Erkerfenstern mit Blick auf Meer und Garten und einem Feinschmeckerfrühstück, das garantiert etwas länger dauern wird.

Garthowen (Karte S. 605; ☎ 03-304 7419; www.garthowen.co.nz; 7 Beach Rd; EZ/DZ 265–295 NZ$; ⊡ 🛜) Zwei Citroën-Oldtimer, zwei freundliche Jack-Russell-Terrier und zwei ultragemütliche Zimmer mit Bad – in diesem teureren B & B, das im altmodischen Stil aus wiederverwertetem Zedernholz erbaut wurde, gibt's (fast) alles paarweise. Beim Frühstück auf der Veranda hat man die beste Aussicht der Stadt.

Rund um die Banks Peninsula

Okains Bay Camping Ground (Karte S. 603; ☎ 03-304 8789; 1162 Okains Bay Rd; Erw./Kind 8/5 NZ$) Zu der mit Kiefern gesprenkelten Anlage direkt am Strand gehören Kochgelegenheiten und Münzduschen mit warmem Wasser. Die Gebühr wird am Häuschen am Eingang bezahlt. Ein paar Hundert Meter runter ist ein kleiner Gemischtwarenladen.

LP Tipp Onuku Farm Hostel (Karte S. 603; ☎ 03-304 7066; www.onukufarm.com; Onuku Rd; Stellplatz für Zelt od. Wohnmobil 15 NZ$/Pers., B/DZ ab 28/66 NZ$; ⊙ Juni–Aug.)

geschl.; 🖳) Eine umweltbewusste Backpacker-unterkunft (einfache Hütten, Zeltplätze und ein gemütliches Haus) auf einer Schaffarm in der Nähe von Onuku, 6 km südlich von Akaroa. Von November bis März organisieren die Besitzer Touren, bei denen man mit Delfinen schwimmen kann (100 NZ$), und Kajakausflüge (45 NZ$). Die Teilnehmer werden auch in Akaroa abgeholt. Die Farm ist seit den 1860er-Jahren im Besitz derselben Familie – man kann den Leuten also ruhig glauben, wenn sie sagen, auf dem 340 ha großen Gelände gäbe es ein paar schöne Wanderwege.

Purple Peak Backpackers (Karte S. 603; ☎ 03-420 0199; Camping gegen Spende, B/DZ/3BZ 25/60/90 NZ$; 🖳) Diese rustikale Surfer- und Backpacker-Lodge bietet einen grandiosen Meerblick und ein herrlich zerklüftetes, abgeschiedenes Umland. Die Unterkünfte sind schlicht, aber sauber, und im Sommer gibt's hin und wieder ein leckeres Meeresfrüchte-Barbecue (12 NZ$/Pers.). Man kann Surfbretter und Ausrüstung leihen. Von Akaroa aus kann man sich kostenlos abholen lassen – bei Darin im Akaroa Adventure Centre (S. 606) nachfragen.

Halfmoon Cottage (Karte S. 603; ☎ 03-304 5050; www.halfmoon.co.nz; Barrys Bay; B/EZ/DZ 28/48/66 NZ$; 🕒 Juni–Sept. oft geschl.) Dieses schöne Cottage in der Barrys Bay (12 km von Akaroa) ist ein herrliches Plätzchen, an dem man ein paar Tage entspannen und auf der großen Veranda oder in den Hängematten im grünen Garten faulenzen kann. Die Zimmer – meist Doppelzimmer – sind freundlich eingerichtet. Gäste dürfen kostenlos Fahrräder und Kajaks ausleihen.

Double Dutch (Karte S. 603; ☎ 03-304 7229; www.double-dutch.co.nz; 32 Chorlton Rd, Okains Bay; B/EZ 28/53 NZ$, DZ mit/ohne Bad 72/66 NZ$; 🖳) Schick genug, um als B & B durchzugehen, aber der Reisekasse trotzdem wohlgesonnen: Das entspannte Fleckchen Haus liegt versteckt auf Farmland an einer abgeschiedenen Flussmündung. Ein Gemischtwarenladen liegt einen kurzen Fußmarsch entfernt (ebenso wie der Strand), aber am besten bringt man eigene Zutaten in die luxuriöse Küche mit.

Essen & Ausgehen

L'Escargot Rouge (Karte S. 605; ☎ 03-304 8774; 67 Beach Rd; Gerichte 6–14 NZ$; 🕒 ab 20 Uhr) Köstliche Pies (6 NZ$), vorbereitete Picknicks und Frühstück mit französischem Touch sind die Hauptattraktionen in der „Roten Schnecke". Die Gerichte zum Mitnehmen (8–14 NZ$) sind perfekt für ein Abendessen am Hafen.

Vangionis (Karte S. 605; ☎ 03-308 7144; Rue Brittan; Tapas 8–15 NZ$, Pizza 18–28 NZ$; 🕒 11 Uhr–open end) Herrlich dünne Pizzas, Tapas, Pasta sowie Canterbury-Bier und -Wein kommen in dieser Trattoria im Toskana-Stil auf den Tisch. An einem Tisch im Freien lässt sich ein Nachmittag oder Abend gemütlich verbummeln. Pizza zum Mitnehmen gibt's auch.

Bully Hayes (Karte S. 605; ☎ 03-304 7533; 57 Beach Rd; Mittagessen 13–20 NZ$, Hauptgerichte Abendessen 22–30 NZ$; 🕒 8 Uhr–open end) Den Auftakt auf der Karte dieses nach einem weit gereisten amerikanischen Freibeuter benannten sonnigen Lokals macht Akaroa-Lachs. Weiter geht es dann mit Gourmet-Burgern à la New York, italienischer Pasta und spanischen Tapas. Auch wegen des Monteith's-Biers und der guten Auswahl lokaler Weine lässt es sich hier sehr gut aushalten.

Truby's Bar on the Beach (Karte S. 605; ☎ 03-308 7144; Rue Jolie; 🕒 10 Uhr–open end) Die perfekte Lage am Ufer und die rustikalen Außentische machen diese Bar zum besten Plätzchen in Akaroa für ein Gläschen bei Sonnenuntergang. Wer früher am Tag kommt, wird die getoasteten Ciabatta-Brötchen (9,50 NZ$) und den guten Kaffee lieben.

In der **Akaroa Bakery** (Karte S. 605; ☎ 03-304 7663; 51 Beach Rd; Snacks & Gerichte 5–15 NZ$; 🕒 7–16 Uhr) kann man den ganzen Tag über Frühstück genießen oder sich wahlweise etwas bei **Akaroa Fish & Chips** (Karte S. 605; ☎ 03-304 7464; 59 Beach Rd; Gerichte 6–10 NZ$; 🕒 So–Do 10–19, Fr & Sa 10.30–20 Uhr) mitnehmen.

Im **Four Square Supermarkt** (Karte S. 605; Rue Lavaud; 🕒 Mo–Sa 9–18 Uhr) gibt's ein gutes Deli.

Unterhaltung

Cine Café (Karte S. 605; ☎ 03-304 7678; www.cinecafe.co.nz; Ecke Rue Jolie & Selwyn Ave; Erw./Kind 15/13 NZ$; 🕒 14–22 Uhr) Teils ein Café mit ausgezeichnetem Gebäck und leckeren Suppen, teils ein Kino, in dem Arthouse-Filme gezeigt werden.

An- & Weiterreise

Der **Akaroa Shuttle** (☎ 0800 500 929; hin & zurück 45 NZ$) fährt vor dem i-SITE am Cathedral Sq in Christchurch um 8.30 und 14 Uhr ab, in Akaroa um 10.30 Uhr, 15.35 Uhr und 16.30 Uhr. Freitags wird von Christchurch ein zusätzlicher Shuttle-Bus um 16.30 Uhr angeboten. Reservierung empfehlenswert.

French Connection (☎ 0800 800 575; www.akaroabus.co.nz; hin & zurück ab 20 NZ$) bietet das ganze Jahr über täglich um 8.45 Uhr Verbindungen vom i-SITE in Christchurch nach Akaroa an, Rückfahrt von Akaroa ist um 14.30 und 16.30 Uhr. Manchmal werden im Sommer zusätzliche Fahrten angesetzt – einfach im i-SITE in Christchurch nachfragen.

Beide Unternehmen veranstalten ab Christchurch auch Rundfahrten über die Banks Peninsula (110 NZ$).

NÖRDLICHES CANTERBURY

Von Christchurch aus führt der SH1 in Richtung Norden über 57 km durch Woodend und Amberley nach Waipara und von dort nach Kaikoura im Nordosten. Der SH7 verläuft über flaches Farmland direkt nach Norden nach Hurunui und erreicht schließlich Culverden. 27 km von Culverden entfernt befindet sich die SH7-Ausfahrt nach Hanmer Springs, einem Örtchen mit Thermalquellen. Der *Alpine Pacific Triangle Touring Guide* informiert über alles, was Traveller in der Region sehen und erleben können. Alles Weitere gibt's unter www.visithurunui.co.nz.

Weinkenner und Feinschmecker sollten sich am i-SITE in Christchurch (S. 578) die Karte des North Canterbury Food & Wine Trail besorgen oder sich online unter www.foodandwinetrail.co.nz informieren.

Die **Brew Moon Garden Café & Brewery** (☎ 03-314 0830; 150 Ashworths Rd, Amberley; Hauptgerichte 15–26 NZ$; ⏲ Mo–Fr 10.30 Uhr–open end, Sa & So 10 Uhr–open end) am SH75 in Amberley braut vier verschiedene Biere; für 8,80 NZ$ kann man sie alle probieren. Unser Favorit ist das herrlich hopfige Hophead IPA. Gourmet-Pizzas (20–25 NZ$) und Gerichte wie Akaroa-Lachs und Steak-Sandwiches gibt's auch.

Ein paar Kilometer weiter (auf dem SH1) lockt das **Waipara Valley** mit etwa 20 Weingütern; Näheres gibt's unter www.waiparawines. co.nz. Hier lässt es sich prima einen Pinot Noir oder Riesling probieren und zum Mittagessen in eines der spektakulären Weinberg-Restaurants einkehren. **Waipara Springs** (☎ 03-314 6777; www.waiparasprings.co.nz; SH1, nördl. von Waipara), **Pegasus Bay** (☎ 03-314 6869; www.pegasusbay. com; Stockgrove Rd, südl. von Waipara) und das **Mud House** (☎ 03-314 6900; www.themudhouse.co.nz; SH1, südl. von Waipara) sind täglich für Weinproben und zum Verkauf geöffnet, und alle haben Café-Restaurants für ein entspanntes Mittagessen.

Das alljährliche **Waipara Wine and Food Festival** (www.waiparawineandfood.co.nz) findet immer Anfang März statt.

Verschiedene Unternehmen bieten Weintouren ab Christchurch an (S. 589).

Das **Pegasus Bay Restaurant** (☎ 03-314 6869; www.pegasusbay.com; Stockgrove Rd, südl. von Waipara; Hauptgerichte 29–36 NZ$, ⏲ 12–16 Uhr) mit seinem Alte-Welt-Ambiente liegt inmitten eines hübschen Gartens im europäischen Stil. Auf der Karte stehen Gerichte aus den hervorragenden lokalen Produkten und die passenden Weinempfehlungen. Das Pegasus Bay ist ein regelmäßiger Anwärter auf den Titel „Neuseelands bestes Weingut-Restaurant".

Nahe der Kreuzung mit dem SH7 befindet sich das **Waipara Sleepers** (☎ 03-314 6003; www. waiparasleepers.co.nz; 12 Glenmark Dr; Stellplatz ohne/mit Strom 20/25 NZ$, B 22 NZ$, EZ 35–42 NZ$, DZ ab 48 NZ$; 💻 🛜). Dort können Traveller campen, in einem Stockbett in einem der umgebauten Eisenbahnwaggons übernachten und sich im „Bahnhofshäuschen" etwas kochen. Pub und Gemischtwarenladen sind auch nicht weit.

HANMER SPRINGS
750 Ew.

Hanmer Springs, der wichtigste Thermalkurort auf der Südinsel, liegt 10 km abseits des SH7. Es ist ein angenehm unaufgeregtes Fleckchen Erde, wo man sich selbst mit einem Bad in den Thermalquellen oder einem Besuch des brandneuen Spa-Komplexes verwöhnen kann. Außerdem besitzt es ein paar gute Restaurants und bietet familienfreundliche Aktivitäten wie Waldwanderwege, Minigolf, Pferde-Treks und Jetbootfahrten.

Praktische Informationen
Bank of New Zealand (⏲ Mo–Fr 10–14 Uhr) Am i-SITE. Im Four Square Supermarkt ist ein weiterer Geldautomat.
Hanmer Springs Foodway (43 Amuri Ave; ⏲ 10–22 Uhr) Internetzugang.
Hamner Springs i-SITE (☎ 0800 733 426, 03-315 7128; www.visithanmersprings.co.nz, www.visithurunui. co.nz; 42 Amuri Ave; ⏲ 10–17 Uhr) Bucht Transport, Unterkünfte und Aktivitäten.
Powerhouse Café (p550) Wer was bestellt, darf das WLAN nutzen.

Sehenswertes
THERMALBÄDER
Seit über 100 Jahren relaxen Besucher im Mineralwasser der **Hanmer Springs Thermal Pools**

(☎ 0800 442 663, 03-315 7511; www.hanmersprings.co.nz; Eingang an der Jacks Pass Rd; Erw./Kind 18/7 NZ$; ✆ 10–21 Uhr). Einer Legende zufolge gehörten die Quellen zum Feuer von Tamatea, das nach dem Ausbruch des Mt. Ngauruhoe auf der Nordinsel vom Himmel fiel; bei den Maori heißen sie Waitapu (heilige Wasser).

Das Wasser der Thermalquellen wird mit frischem kaltem Wasser gemischt, um den Badegästen Becken mit unterschiedlichen Temperaturen bieten zu können. Es gibt Pools mit dampfendem Mineralwasser, der Natur nachempfundene Steinbecken, Schwefelpools, ein 25-m-Schwimmbecken, private Saunen und Dampfbäder (24 NZ$ für 30 Min.), ein Restaurant und einen Familienbereich mit Wasserrutsche (6 NZ$). Im **Hanmer Springs Spa** (☎ 0800 873 527, 03-315 0029; www.hanmerspa.co.nz; ✆ 10–19 Uhr) bekommt man Massagen und Behandlungen ab 65 NZ$.

MOLESWORTH STATION

Nordöstlich von Hanmer Springs liegt Molesworth Station, mit 1805 km² und bis zu 10 000 Tieren Neuseelands größte Farm. Bei Interesse kann man sich beim i-SITE nach der Besichtigung der Farm erkundigen, die dem DOC untersteht. Besichtigungen sind normalerweise nur dann möglich, wenn die durch die Farm führende Acheron Rd von Ende Dezember bis Anfang April geöffnet ist (nur bei gutem Wetter). Für die Fahrt auf der schmalen ungeteerten Nebenstraße von Hanmer Springs Richtung Norden nach Blenheim sollten gut und gern sechs Stunden einkalkuliert werden. Die Tore sind nur zwischen 7 und 19 Uhr geöffnet. An einigen Stellen ist **Campen** (Erw./Kind 6/1,50 NZ$) erlaubt (kein offenes Feuer). In Hanmer Springs i-SITE gibt's die DOC-Broschüre Molesworth Station.

Trailways Safaris (☎ 03-315 7401; www.molesworth. co.nz; Touren 195–665 NZ$; ✆ Okt.–Mai) veranstaltet Touren im Geländefahrzeug durch die Farm und die abgelegenen Privatgrundstücke nördlich von St. Arnaud. Zur Tagestour gehört ein Picknick am Mittag. Für diejenigen, die weniger Zeit haben, wird eine fünfstündige Tour ohne Extras angeboten.

Aktivitäten

Hanmer Springs Adventure Centre (☎ 03-315 7233; www.hanmeradventure.co.nz; 20 Conical Hill Rd; ✆ 9–17 Uhr) nimmt Buchungen von unterschiedlichen Aktivitäten vor und verleiht Mountainbikes

(pro Std./Tag ab 19/45 NZ$), Angelruten (25 NZ$/Tag) sowie Skier und Snowboards. Mountainbike-Karten (2 NZ$) gibt's im i-SITE.

Zwei Skigebiete liegen in der Nähe: Das **Hanmer Springs Ski Field** ist am nächsten; es liegt 17 km (über eine unbefestigte Straße) vom Ort entfernt. Das **Mt. Lyford Ski Field** ist 60 km weit weg. Beide sind nicht so teuer wie die größeren Skigebiete (s. S. 93). Das Hanmer Springs Adventure Centre organisiert den Transport.

Die Broschüre Hanmer Forest Recreation (2 NZ$) beschreibt kurze Wanderwege in der Nähe des Orts, die meisten davon verlaufen durch malerisches Waldgebiet. Der einfache **Woodland Walk** beginnt an der Jollies Pass Rd 1 km außerhalb des Orts und verläuft durch Douglasien-, Pappel- und Redwoodwälder. Er trifft auf den **Majuba Walk** (1½ Std.), der zum Conical Hill Lookout und dann zurück Richtung Stadt führt. Im i-SITE erhält man Infos zu längeren Wanderungen, u. a. im westlich gelegenen Lake Sumner Forest Park.

Der **Thrillseekers Canyon** (☎ 03-315 7046; www. thrillseekerscanyon.co.nz; SH7) ist Hanmer Springs' Mekka für Adrenalinjunkies. Mutige können einen Bungee-Sprung von einer 35 m hohen Brücke wagen (145 NZ$), mit dem Jetboot durch die Waiau Gorge rauschen (Erw./Kind 110/59 NZ$) oder auf dem Waiau River Wildwasserraften (Grad II & III; Erw./Kind 145/75 NZ$). Quad-Fahrten (Erw./Kind 99/90 NZ$) werden ebenfalls angeboten. Buchungen nimmt das Thrillseekers Canyon Centre vor, das sich neben der Brücke an der Hanmer-Springs-Ausfahrt vom SH7 befindet. In der Stadt gibt's ein weiteres **Reservierungsbüro** (☎ 03-315 7346; 37 Amuri Ave; ✆ 10–18 Uhr).

Ausritte mit **Hanmer Horses** (☎ 0800 873 546; www.hanmerhorses.co.nz; The Mall; 1 Std. reiten Erw./Kind 50/45 NZ$, 2½-stündige Ritte 95 NZ$) beginnen in einem Waldstück an der Rogerson Rd, zehn Minuten von der Stadt entfernt. Kleinere Kinder können sich 30 Minuten auf einem Pony führen lassen (20 NZ$).

BackTrax (☎ 0800 422 258, 03-315 7073; www.back trax.co.nz; Ecke Jacks Pass Rd & Conical Hill Rd; Ausflüge ab 90 NZ$) organisiert geführte Quad-Touren durch die Hügel und am (bzw. durch den) Hanmer River. Die Region ist auch bei Mountainbike-Fahrern beliebt – das Hanmer Springs Adventure Centre (s. linke Spalte) bietet Karten, Tipps und einen Fahrradverleih und veranstaltet Touren über den Jacks bzw. Jollies Pass.

Hot Tracks (☎ 021 718 551; www.hottracks.co.nz; 37 Amuri Ave; Erw./Kind ab 45/35 NZ$) fährt mit Hägglund-Geländewagen durch die Wälder und über die Hügel rund um Hanmer. Wer sich draufgängerisch fühlt, kann die Tour auch auf eigene Faust (180 NZ$) machen.

Kajakfahrten, Rundflüge, Angeltouren und Tontaubenschießen sind auch im Angebot.

Schlafen

Mountain View Top 10 Holiday Park (☎ 0800 904 545, 03-315 7113; www.mountainviewtop10.co.nz; Bath St; Stellplatz ohne/mit Strom 30/35 NZ$, Hütte & Motel 65–140 NZ$; 🖳 🛜) Familienfreundlicher Park, nur ein paar Gehminuten vom Thermalbad entfernt. Kinder werden den Spielplatz, das Trampolin und die Mountainbikes, die man sich hier ausleihen kann (10 NZ$/Std.), lieben. Untergebracht wird man in schlichten Hütten (alles selbst mitbringen!) oder komplett ausgestatteten Zweizimmer-Motelwohneinheiten. Falls der Platz voll ist, gibt's in der Stadt noch zwei weitere Campingplätze.

Hanmer Backpackers (☎ 03-315 7196; hanmerbackpackers@xtra.co.nz; 41 Conical Hill Rd; B/EZ/DZ 27/55/58 NZ$; 🖳 🛜) Die zentral gelegene erste Backpacker-unterkunft der Stadt wurde erst kürzlich durch die neuen Besitzer renoviert. Weitere dicke Pluspunkte sind die gemütlichen Gemeinschaftsbereiche sowie Obst, Kaffee und Eiscreme (!) gratis.

Le Gîte (☎ 03-315 5111; www.legite.co.nz; 3 Devon St; B 27 NZ$, DZ mit/ohne Bad 70/60 NZ$; 🖳 🛜) Ein charmantes, umgebautes altes Wohnhaus, zehn Gehminuten vom Zentrum entfernt. Große Zimmer (keine Stockbetten), ein Garten zum Erholen und ein hübscher Lounge-Bereich sind hier die Trümpfe. Wer etwas mehr Privatsphäre wünscht, kann ein Garten-„Chalet" mit Bad buchen.

Kakapo Lodge (☎ 03-315 7472; ww.kakapolodge.co.nz; 14 Amuri Ave; B 28 NZ$, DZ 66–90 NZ$; 🖳 🛜) Das spartanische YHA-Hostel verfügt über eine geräumige Küche, eine große Lounge, Fußbodenheizung und eine Veranda. Die stockbettfreien Schlafsäle (einige mit Bad) werden durch motelartige Wohneinheiten (100 NZ$) mit TV und Kochmöglichkeit ergänzt.

Rosie's (☎ 03-315 7095; roxyrosie@clearnet.nz; 9 Cheltenham St; EZ 55–90 NZ$, DZ 80–130 NZ$, alle inkl. Frühstück) Rosie stammt ursprünglich aus Australien, aber heute empfängt sie ihre Gäste mit der

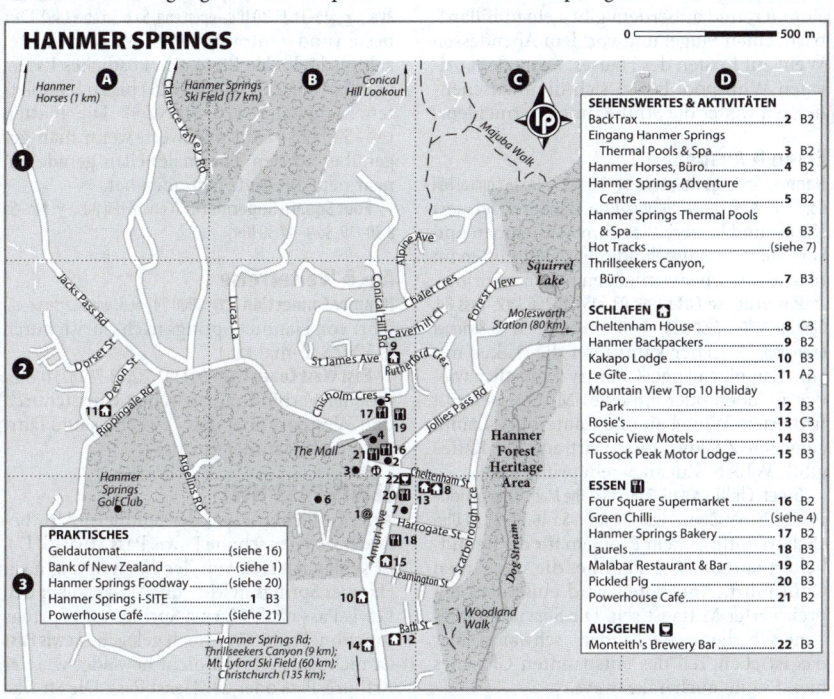

HANMER SPRINGS

0 — 500 m

Hanmer Horses (1 km)
Hanmer Springs Ski Field (17 km)
Conical Hill Lookout
Clarence Valley Rd
Majuba Walk
Alpine Ave
Jacks Pass Rd
Lucas La
Conical Hill Rd
Chalet Cres
Forest View
Squirrel Lake
Molesworth Station (80 km)
Dorset St
Devon St
Rippingale Rd
Cheltenham
Caverhill Cr
St James Ave
Rutherford Cres
Jollies Pass Rd
Hanmer Forest Heritage Area
Chisholm Cres
The Mall
Hanmer Springs Golf Club
Angelus Rd
Amuri Ave
Cheltenham St
Harrogate St
Scarborough St
Leamington St
Dog Stream
Bath St
Woodland Walk
Hanmer Springs Rd; Thrillseekers Canyon (9 km); Mt. Lyford Ski Field (60 km); Christchurch (135 km);

PRAKTISCHES
Geldautomat	(siehe 16)
Bank of New Zealand	(siehe 1)
Hanmer Springs Foodway	(siehe 20)
Hanmer Springs i-SITE	1 B3
Powerhouse Café	(siehe 21)

SEHENSWERTES & AKTIVITÄTEN
BackTrax	2 B2
Eingang Hanmer Springs Thermal Pools & Spa	3 B2
Hanmer Horses, Büro	4 B2
Hanmer Springs Adventure Centre	5 B2
Hanmer Springs Thermal Pools & Spa	6 B3
Hot Tracks	(siehe 7)
Thrillseekers Canyon, Büro	7 B3

SCHLAFEN 🛏
Cheltenham House	8 C3
Hanmer Backpackers	9 B2
Kakapo Lodge	10 B3
Le Gîte	11 A2
Mountain View Top 10 Holiday Park	12 B3
Rosie's	13 B3
Scenic View Motels	14 B3
Tussock Peak Motor Lodge	15 B3

ESSEN 🍴
Four Square Supermarket	16 B2
Green Chilli	(siehe 4)
Hanmer Springs Bakery	17 B3
Laurels	18 B3
Malabar Restaurant & Bar	19 B2
Pickled Pig	20 B3
Powerhouse Café	21 B2

AUSGEHEN 🍸
Monteith's Brewery Bar	22 B3

CHRISTCHURCH & CANTERBURY

typischen Kiwi-Herzlichkeit in diesem von Lesern empfohlenen Haus. Die Zimmer haben entweder ein eigenes oder ein Gemeinschaftsbad. Die Bäder sind neu renoviert und eine freundliche Katze gibt's auch.

Scenic View Motels (☎ 03-315 7419; www.hanmer scenicviews.co.nz; 10 Amuri Ave; DZ 130–200 NZ$; 🖳 🛜) Ansprechender Komplex aus Holz und Stein mit modernen, farbenfrohen Wohnstudios und Zwei- und Dreizimmerapartments. Blick auf die Berge hat man aus jedem.

Tussock Peak Motor Lodge (☎ 0800 8877 625, 03-315 5191; www.tussockpeak.co.nz; Ecke Amuri Ave & Leamington St; DZ 145–200 NZ$; 🛜) Das Tussock Peak lockt mit bunter Deko, die etwas ausgefallener ist als die der anderen Motels an der Hauptstraße in Hanmer. Das Schwierigste ist, sich für ein Zimmer zu entscheiden: Studio, Ein- oder Zweizimmerwohneinheit? Mit Whirlpool, Hof oder Balkon?

Cheltenham House (☎ 03-315 7545; www.chelten ham.co.nz; 13 Cheltenham St; EZ 190–220 NZ$, DZ 220–260 NZ$; 🖳 🛜) Zentral gelegenes B&B mit sechs Suiten zum Träumen – alle mit Bad – sowie zwei gemütlichen Garten-Cottages. Das Gourmet-Frühstück kommt auf Wunsch aufs Zimmer, und außerdem gibt's einen Billardtisch, einen Flügel und vor dem Abendessen Wein auf Kosten des Hauses. Dank dem privaten Whirlpool lassen sich die Menschenmassen weiter die Straße runter vermeiden.

Essen & Ausgehen

Hanmer Springs Bakery (☎ 03-315 7714; 16 Conical Hill Rd; Pies 5 NZ$; 🕑 6–16 Uhr) Die Bäckerei serviert Kaffee und leckere Pies zum Mitnehmen und verströmt altneuseeländisches Flair mitten im rasant moderner werdenden Hanmer Springs.

Powerhouse Café (☎ 03-315 5252; 6 Jacks Pass Rd; Gerichte 8,50–16,50 NZ$; 🕑 8–15 Uhr, Do–Sa im Sommer open end; 🛜) Hier kann man die Akkus mit einem üppigen High-Country-Frühstück wieder aufladen oder ein edles Mittagessen mit frittiertem Whitebait und Canterbury-Lamm genießen. Zu einer Tasse Fairtrade-Bio-Kaffee gibt's WLAN-Zugang – ein prima Deal.

Green Chilli (☎ 03-315 5188; The Mall; Hauptgerichte 14–20 NZ$; 🕑 Di–Fr 11.30–14 & Di–So 16.30–21.30 Uhr) „Scharf, bitte" – kein Problem für die freundliche thailändische Familie, die das Green Chili führt. Angeboten wird außerdem ein preiswerter Mittagstisch. Die Servicequalität – meist bedienen die Kinder – schwankt, aber das ist eben Teil des entspannten Charmes hier. Es gibt auch Takeaways.

Pickled Pig (☎ 03-315 7441; 47 Amuri Ave; Pizza 14–22 NZ$; 🕑 11–21 Uhr) Pizza, Pasta und hausgemachtes Eis sind die Highlights dieses Hauses mit italienischem Touch. Im kleinen Deli lässt sich der Picknickkorb füllen.

Malabar Restaurant & Bar (☎ 03-315 7745; 5 Conical Hill Rd; Hauptgerichte 28–32 NZ$; 🕑 Mittagessen 11–15 & Abendessen 17.30 Uhr–open end) Dieses elegante Restaurant serviert asiatische Küche von Peking bis Bangalore. Das Malabar-Thali mit vier verschiedenen Currys ist toll, aber auch die Ente mit Senf und Sternanis ist nicht zu verachten. Es gibt ein paar Gerichte zum Mitnehmen (10–15 NZ$).

Laurels (☎ 03-315 7788; 31 Amuri Ave; Hauptgerichte 30–35 NZ$; 🕑 18 Uhr–open end) „Das Laurels", ist die häufigste Antwort auf die Frage, welches das romantischste Lokal der Stadt ist. Hier bemüht man sich, Wairapa-Valley-Weine und lokale Erzeugnisse wie Lamm und Lachs ins Scheinwerferlicht zu rücken. An kühleren Abenden gibt's keinen besseren Platz als neben dem offenen Kamin, im Sommer ist es im wunderschönen Ziegelmauerhof draußen am schönsten.

Monteith's Brewery Bar (☎ 03-315 5133; 47 Amuri Ave; 🕑 Mo–Fr 11.30 Uhr–open end, Sa & So ab 9 Uhr) Der beste (und zentralste) Pub der Stadt bietet zahlreiche lokale Biere und köstliches Essen, von Bar-Snacks (10–15 NZ$) bis zu kompletten Mahlzeiten (20–30 NZ$). Die Platten (44–52 NZ$) sind preiswert, wenn man gegenüber an den Thermalquellen gerade ein paar neue Freunde gefunden hat.

Four Square Supermarkt (Conical Hill Rd; 🕑 Mo–Sa 8.30–19, So 9–17.30 Uhr).

An- & Weiterreise

Hanmer Connection (☎ 0800 242 663; www.atsnz.com) fährt von Hanmer Springs nach Christchurch (33 NZ$, 2-mal tgl.).

East West Coach (☎ 0800 142 622, 03-789 6251) bietet eine Verbindung zwischen Christchurch und Westport über den Lewis Pass und fährt auch nach Hanmer Springs.

LEWIS PASS HWY

Am nördlichen Ende der Southern Alps befindet sich der schöne Lewis Pass Hwy (SH7). Er schlängelt sich von der Abzweigung nach Hanmer Springs in Richtung Westen über den Lewis Pass nach Maruia Springs und Springs Junction. Der 907 m hoch gelegene **Lewis Pass** ist nicht so steil und dicht bewaldet wie der Arthur's Pass oder der Haast Pass. Die Strecke ist überwiegend von Rot- und Weißbuchen gesäumt, an den Terrassen entlang dem Fluss wachsen zudem Kowhaibäume.

In dem Gebiet gibt es einige interessante Wanderwege – die DOC-Broschüre *Lake Sumner/Lewis Pass Recreation* (1 NZ$) verrät mehr. Die meisten Wege verlaufen durch Buchenwälder vor einer Kulisse mit schneebedeckten Bergen, Seen, alpinen Bergseen und Flüssen. Die beliebtesten Strecken sind der Rundkurs um den **Lake Sumner** im Lake Sumner Forest Park und der **St. James Walkway** (66 km; 3–5 Tage) im Lewis Pass National Reserve. Die Bedingungen sind fast alpin; man sollte seine Wanderung also vor Aufbruch am Start des St. James Walkway bzw. für die Lake-Sumner-Route am Windy Point registrieren.

Maruia Springs (☎ 03-523 8840; www.maruiasprings. co.nz; SH7; DZ 179–199 NZ$, FZ 259 NZ$; 🖳 🛜) ist ein kleines Thermalbad am Ufer des Maruia River, 69 km von der Abzweigung nach Hanmer entfernt. Hier gibt es Wohneinheiten (inkl. Einlass zu den Bädern), eine Café-Bar und ein japanisches Restaurant. In den **Thermalbecken** (Erw./Kind/Fam. 18/8/45 NZ$; 🕗 8–20.30 Uhr) wird das Wasser in traditionell japanische, nach Geschlechtern getrennte Badehäuser und Felsbecken im Freien gepumpt. Vor allem im Winter, wenn es schneit, ist das Baden toll, im Sommer gibt's Mücken. Man kann sich auch mit Massagen (pro 30/50 Min. 45/65 NZ$) oder in einem privaten Badehaus (45 Min. 25 NZ$/Pers.) verwöhnen lassen. Auf der Website gibt's manchmal Sonderpreise für Unterkunft und Wellness.

Der SH7 führt weiter nach **Springs Junction**, wo der Shenandoah Hwy (SH65) nach Norden abzweigt und bei Murchison auf den SH6 trifft, während der SH7 weiter nach Westen über Reefton nach Greymouth führt. In Springs Junction gibt's eine Tankstelle und ein Café.

DAS ZENTRALE CANTERBURY

Wenn man von Christchurch aus dem SH73 in westlicher Richtung folgt, gelangt man nach etwa zwei Stunden zum Arthur's Pass National Park. Die Strecke quer über die Südinsel von Christchurch über den Arthur's Pass nach Greymouth wird von vielen Bussen und auch dem TranzAlpine (s. S. 554) bedient.

Nirgendwo sonst in Neuseeland liegen Küste und Berge so eng beieinander. Von Christchurch aus verläuft die Straße zunächst durch die Canterbury Plains, steigt dann jäh zu den Skigebieten Porter Heights und Craigieburn hinauf, folgt dem Verlauf der Flüsse Waimakariri und Bealey und führt dann am Lake Pearson bzw. am Lake Grasmere vorbei zum Arthur's Pass. Südwestlich von Christchurch (via SH73 und SH77) liegt das Skigebiet am Mt. Hutt und Methven.

CRAIGIEBURN FOREST PARK

Das Waldgebiet 110 km nordwestlich von Christchurch und 42 km südlich vom Arthur's Pass ist über den SH73 zu erreichen. Es wird von vielen Wanderwegen durchzogen. In den Tälern westlich der Craigieburn Range sind längere Wanderungen möglich; die DOC-Broschüre *Craigieburn Forest Park: Day Walks* (1 NZ$) hat weitere Infos. Das umliegende Gebiet eignet sich auch zum Skifahren und Klettern. Überwiegend wachsen hier Buchen, Rispengräser, Totarabäume und Sträucher; mit etwas Glück erspäht man sogar ein Südinsel-Edelweiß *(Leucogenes grandiceps)*.

Das Craigieburn-Skigebiet, eines der besten Neuseelands, weist einen Höhenunterschied von 503 m auf. Die unpräparierten Pisten sind eher etwas für Cracks (s. S. 94).

Zwischen Parkeingang und der Broken River Bridge im Süden liegt das **Cave Stream Scenic Reserve**, in dem man eine 594 m lange Höhle mit einem kleinen Wasserfall am Ende erkunden kann. Wer die einstündige Erkundungstour durch die stockfinstere Höhle wagt, sollte alle notwendigen Vorkehrungen treffen (zwei Taschenlampen pro Person usw.). Genaue Infos gibt's in der DOC-Broschüre *Cave Stream Scenic Reserve* (0,50 NZ$). Das Reservat liegt in der Gegend des **Castle Hill**, dessen markante Kalksteinfelsen bei Kletterern und Boulderern sehr beliebt sind. Hier wurden auch einige Szenen der *Herr der Ringe*-Trilogie und für *Chroniken von Narnia: Der König von Narnia* gedreht.

Schlafen & Essen

Smylie's Accommodation (☎ 03-318 4740; www.smylies. co.nz; Main Rd, Springfield; B/EZ/DZ 26/43/58 NZ$; 🖳 🛜) Einladendes YHA-Hostel im Städtchen Springfield, 30 km südöstlich von Craigieburn. Das von einer niederländisch-japanischen Familie geführte Haus verfügt über ein beliebtes japanisches Bad, einen *kotatsu*

(Fußwärmer) und ein paar Zimmer mit Futons. Eine Handvoll Motelwohneinheiten für Selbstversorger (85–120 NZ$) und ein Cottage mit drei Zimmern (180 NZ$) gibt es ebenfalls. Im Winter sind Komplettpakete inklusive Ski-Leihausrüstung und Transport zur Piste erhältlich. Das ganze Jahr über kann man in der Nähe Jetboot fahren, klettern, Mountainbike fahren und reiten.

Flock Hill Lodge (☎ 03-318 8196; www.flockhill.co.nz; SH73; B/DZ 30/135 NZ$; ☐ 🛜) Schafstation im High Country, 44 km östlich von Arthur's Pass am Lake Pearson und dem Craigieburn Forest Park. Backpacker können hier in den rustikalen Quartieren der Schafscherer absteigen, größere Gruppen finden in den Zweizimmer-Motelwohneinheiten oder größeren Cottages mit Küchenzeile Platz. Nach dem Angeln, Erkunden, Reiten oder Mountainbiken ist das gemütliche Bar-Restaurant herrlich.

Bealey Hotel (☎ 03-318 9277; www.bealeyhotel.co.nz; EZ/DZ ohne Bad 60/80 NZ$, Wohneinheit 140–170 NZ$; ☐) Das 12 km östlich von Arthur's Pass entfernte winzige Bealey ist berühmt für einen Scherz, den der hiesige Pub-Besitzer 1993 gemacht hat. Er behauptete felsenfest, einen Moa gesehen zu haben – daher die lustige Bibo-Statue auf dem Felsvorsprung. Gäste wohnen in Motelwohneinheiten für Selbstversorger oder der günstigen Moa-Lodge mit acht Doppelzimmern und genießen vom Mad Moa Restaurant aus das Bergpanorama.

Wilderness Lodge (☎ 03-318 9246; www.wildernesslodge.co.nz; SH73; EZ 490–640 NZ$, DZ 780–980 NZ$, alle inkl. Frühstück & Abendessen; ☐) Luxuriöse Lodge auf einer mit Bergsüdbuchen gesprenkelten Schafstation (2400 ha), 16 km östlich von Arthur's Pass. Der Bergblick und die längste Auffahrt der Welt schaffen ein wunderbar abgeschiedenes Flair – und in den freistehenden Studios mit eigenem Whirlpool fühlt man sich noch einsamer. Zahme Abenteuer wie Wanderungen, Vogelbeobachtungen und Kanufahrten sind im Angebot.

Original Sheffield Pie Shop (☎ 03-318 3876; Main Rd, Sheffield; Pies 4–5 NZ$; ☼ 11–18 Uhr) Diese Bäckerei am Straßenrand im ruhigen Örtchen Sheffield in den Canterbury Plains serviert einige der besten Pies Neuseelands.

ARTHUR'S PASS
62 Ew.
Das Dörfchen Arthur's Pass liegt 4 km vom gleichnamigen Pass entfernt und ist die höchstgelegene Siedlung Neuseelands. Den in 924 m Höhe gelegenen Pass nutzten die Maori, als sie ins Westland zogen. Für die Europäer entdeckte ihn 1864 Arthur Dobson, als anlässlich des in Westland ausgebrochenen Goldrauschs ein Weg von Christchurch über die Southern Alps gesucht wurde. Innerhalb eines Jahres wurde ein Kutschweg gebaut; später erforderte der Handel mit Kohle und Holz eine Bahnlinie, die schließlich 1923 eröffnet wurde.

Der Ort mit der herrlichen Aussicht ist eine gute Basis für Wanderungen und Klettertouren, im Winter auch zum Skifahren im Arthur's Pass National Park.

Praktische Informationen
Im **DOC Arthur's Pass Visitor Information Centre** (☎ 03-318 9211; www.apinfo.co.nz, arthurspassvc@doc.govt.nz; SH73; ☼ 8–17 Uhr) sind Infos zu allen Wanderwegen im Park erhältlich, auch Beschreibungen mehrtägiger Wanderungen mit Übernachtungen in Hütten. Weitere Buchungen und Reservierungen sind nicht möglich, wohl aber Infos über lokale Unterkünfte und Verkehrsmittel. In der Touristeninformation werden außerdem ein 17-minütiges Video (Erw./Kind 1 NZ$/frei) über die Geschichte des Arthur's Pass und tolle Exponate gezeigt – besonders sehenswert: die Cobb & Co.-Kutsche von 1888.

Im DOC kann man detaillierte topografische Karten kaufen (9 NZ$) und die obligatorischen Leuchtsignale (35 NZ$) ausleihen. Die Belegschaft gibt auch Auskünfte über die oft plötzlichen Wetterumschwünge. Vor dem Aufbruch im DOC Erkundigungen einholen und die geplante Wanderung eintragen – und nach der Rückkehr nicht vergessen, sich hier wieder abzumelden, damit nicht fälschlicherweise ein Suchtrupp losgeschickt wird.

Im Arthur's Pass Store gibt's einen Internetzugang. Aber in ganz Arthur's Pass findet man keinen einzigen Geldautomaten.

Infos im Internet bekommt man auf www.arthurspass.com. Spezielle Wetterinfos stehen auf www.softrock.co.nz.

Sehenswertes & Aktivitäten
In der Nähe des DOC befindet sich die kleine ökumenische **Kapelle**, die einen wunderschönen Ausblick bietet.

Auf Tageswanderungen hat man einen tollen Rundumblick auf die schneebedeckten Gipfel. Viele der Berge sind über 2000 m hoch; der höchste ist der Mt. Murchison

(2400 m). Entlang der Wanderwege gibt es Hütten und einige zum Campen geeignete Plätze. Die trockeneren Monate Januar bis April eignen sich am besten für eine Tour. In der Broschüre *Walks in Arthur's Pass National Park* (2 NZ$) sind Wanderungen zu malerischen Stellen aufgeführt, z. B. zum **Devils Punchbowl Waterfall** (hin & zurück 1 Std.), zum **Temple Basin** (hin & zurück 3 Std.) und zum **Avalanche Peak** (hin & zurück 6–8 Std.). Der nette **Dobson Nature Walk** (hin & zurück 30 Min.) ist besonders zwischen November und Februar reizvoll, wenn die Blumen in voller Blüte stehen. Wer genug Energie hat, kann sich auf den **Bealey Spur Track** (hin & zurück 4–6 Std.) wagen, der einen herrlichen Blick auf das Tal des Waimakariri River und die umliegenden Berge bietet. Zu den längeren Wanderwegen vor fantastischer alpiner Kulisse gehören der **Goat Pass Track** (2 Tage) und die beiden längeren und schwierigeren **Harman Pass Track** und **Harpers Pass Track**. Beide Tracks sind nichts für Laien – die Flüsse sind bei Überflutung gefährlich und das Wetter ist extrem wechselhaft. Auf jeden Fall vorher beim DOC erkundigen!

Home in the Hills (☎ 027 451 1550; www.homeinthe hills.co.nz) organisiert kurze Ausflüge in die Berge (3–5 Std., 100 NZ$), geführte Wanderungen durch die Natur mit Vogelbeobachtung (2–3 Std., 80 NZ$) und längere individuelle Touren in der bergigen Wildnis.

Am Temple Basin kann man auch Ski fahren (s. S. 93).

Schlafen & Essen

In Arthur's Pass findet sich eine einfache **öffentliche Schutzhütte** (Erw./Kind 6/3) gegenüber dem DOC. Hier gibt's Wasser aus dem Bach,

ein Spülbecken, Tische und Toiletten. **Klondyke Corner**, 8 km südlich von Arthur's Pass, und **Kelly Shelter**, 20 km nordwestlich, sind kostenlose Campinggelegenheiten; beide verfügen über Toiletten und Wasser, das aber vor dem Trinken abgekocht werden muss.

Mountain House YHA Backpackers & Cottages (☎ 03-318 9258; www.trampers.co.nz; SH73; B 27 NZ$, EZ/DZ/3BZ/4BZ 73/76/93/116 NZ$, Cottage für bis zu 10 Pers. ab 220 NZ$; 💻 📶) Ausgezeichnete Schlafsäle und Einzelzimmer auf der einen Seite des Highway, auf der anderen Seite ältere, aber noch immer komfortable Zimmer in einer der ersten Jugendherbergen Neuseelands. Der Inhaber hat jede Menge Infos über die hier möglichen Aktivitäten auf Lager und bringt die Gäste auch zu den Trails (S. 616). In sich ab-

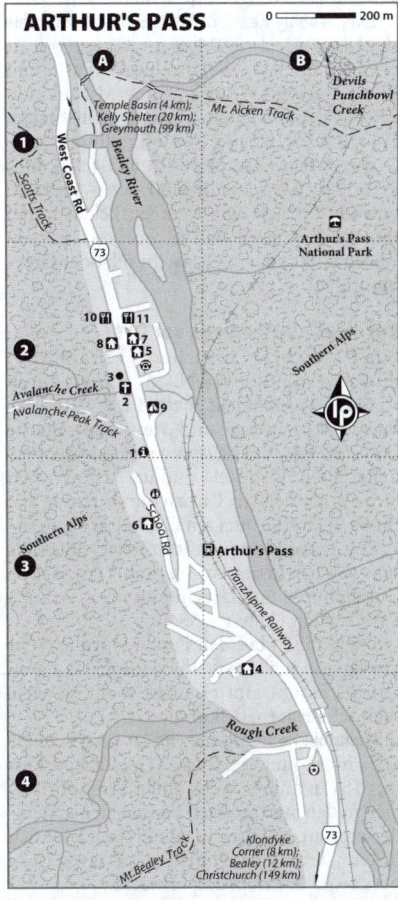

ARTHUR'S PASS

0   200 m

geschlossene Cottages mit gemütlichem Kamin gibt's ebenfalls. Zwischen November und April besser reservieren. Manchmal kann man in der Nähe der Cottages zelten (20 NZ$/ Pers.) – vorher anrufen und nachfragen!

Im südlichen Teil der Stadt bietet das **Arthur's Pass Alpine Motel** (☎ 03-318 9233; www.apam. co.nz; SH73; DZ 115–135 NZ$; 🖳 🛜) einfache, aber gemütliche Motelzimmer, einige neu renoviert und mit neuen Betten. Wenn draußen der Schneesturm tobt, sorgen die gute DVD-Bibliothek und Satelliten-TV für Kurzweil.

Das zentral gelegene **Arthur's Pass Village Motel** (☎ 021 131 0616; www.apmotel.co.nz; SH73; DZ 145 NZ$) verfügt über zwei luxuriöse Wohneinheiten mit gemütlichen Ledermöbeln und warmen, natürlichen Farben. Von November bis April sind Reservierungen empfehlenswert.

Das **Wobbly Kea** (☎ 03-318 9101; SH73; Gerichte 15–24 NZ$; 🕙 So–Do 9–22.30 Uhr, Fr & Sa open end) ist ein freundliches Café, das Steaks, Pasta und Pizza serviert. Pizza zum Mitnehmen (26 NZ$) gibt's auch. Hier zu frühstücken (13–19 NZ$), ist eine lokale Tradition.

Der **Arthur's Pass Store** (☎ 03-318 9235; SH73; 🕙 7–19 Uhr; 🖳) verkauft Sandwiches, Pies und gutes Frühstück. Die wenigen Lebensmittel und das Benzin sind ausgesprochen teuer; am besten tankt man in Christchurch oder Greymouth auf.

Anreise & Unterwegs vor Ort
Busse zwischen Christchurch (25–36 NZ$) und Greymouth (26 NZ$) fahren durch Arthur's Pass; **Atomic Shuttles** (☎ 03-349 0697; www.atomictravel.co.nz) und **West Coast Shuttle** (☎ 027 492 7488, 03-768 0028; www.westcoastshuttle.co.nz) halten hier. Bustickets sind im Arthur's Pass Store erhältlich. In Christchurch fahren die Busse beider Firmen am Cathedral Sq ab.

Der *TranzAlpine* von **Tranz Scenic** (☎ 0800 872 467; www.tranzscenic.co.nz) verkehrt zwischen Christchurch und Greymouth über Arthur's Pass; s. auch Kasten S. 554.

Die Straße über den Pass war früher sehr kurvig und steil, aber dank des spektakulären Otira-Viadukt gibt es nicht mehr so viele tückische Haarnadelkurven.

Mountain House Shuttle (☎ 027 419 2354, 03-318 9258), im Mountain House YHA Backpackers (S. 615) zu finden, bietet einen Transportservice zu den Startpunkten verschiedener Wanderwege an. Näheres zu den Preisen lässt sich unter „Trampers Shuttle" auf www.tram pers.co.nz in Erfahrung bringen.

METHVEN
1140 Ew.

Methven ist im Winter am lebendigsten, denn dann treffen sich hier Wintersportfreunde und machen den nahen Mt. Hutt unsicher. Im Sommer ist Methven eine entspannte Alternative mit ruhigeren (und preiswerteren) Unterkünften als in anderen Ecken des Landes. Die Freizeitoptionen reichen an warmen Tagen von Ballonfahrten über Wandern und Angeln bis zu Fallschirmspringen.

Praktische Informationen
Ärztezentrum (☎ 03-302 8105; Main St)
Bank of New Zealand (Main St) Mit Geldautomat.
Methven i-SITE (☎ 03-302 8955; www.methveninfo. co.nz, www.amazingspace.co.nz; 160 Main St; 🕙 Mai–Okt tgl. 8–18 Uhr, Nov.–April Mo–Fr 9–17, Sa & So 11–16 Uhr; 🖳) Bucht Unterkünfte, Ski-Pakete, Transport und Aktivitäten. Internet gibt's auch.
PC House (McMillan St; 🕙 Mo–Di 11–17, Mi–Sa bis 18 Uhr) Internetzugang. Im Café 131 (S. 618) kann man gegen Gebühr das WLAN nutzen.

Aktivitäten
Der nahe **Mount Hutt** (s. S. 93) hat eine fünfmonatige Skisaison (Juni–Okt., je nach Wetter), oft die längste in ganz Neuseeland.

Bei **Big Al's Snow Sports** (☎ 03-302 8003; www. bigals.co.nz; Ecke Main St & Forest Dr; Mountainbikes pro Std./Tag 12/39 NZ$) gibt's Mountainbikes, Ski-Leihausrüstung und wertvolle Tipps.

Methven Heliskiing (☎ 03-302 8108; www.methven heliski.co.nz, www.heliskiing.co.nz; Main St; Tagesausflüge inkl. 5 Abfahrten 525 NZ$; 🕙 Mai–Okt.) hat Ausflüge inklusive Bergführer, Sicherheitsausrüstung und Mittagessen im Programm. **Black Diamond Safaris** (☎ 03-302 1884; www.blackdiamondsafaris.co.nz) bringt die Kunden in Geländewagen zu weniger überfüllten Club-Skipisten. Die Preise beginnen bei 150 NZ$ nur für den Transport, für 270 NZ$ bekommt man Transport, Skipass, Tourführer und Mittagessen.

Das nahe Pudding Hill ist ein Fallschirmspringerzentrum. **Skydiving NZ** (☎ 03-302 9143; www.skydivingnz.com; Pudding Hill Airfield) bietet Tandemsprünge aus 3600 m Höhe (369 NZ$), und die **NZ Skydiving School** (☎ 03-302 9143; www.nzskydi vingschool.com) gibt Anfängerkurse (ab 395 NZ$).

Aoraki Balloon Safaris (☎ 0800 256 837, 03-302 8172; www.nzballooning.co.nz; Fahrt 385 NZ$) hat Ballonfahrten zu schneebedeckten Gipfeln inklusive Champagnerfrühstück im Programm.

Der **Mount Hutt Forest** besteht hauptsächlich aus Bergsüdbuchen; er breitet sich 14 km

CHRISTCHURCH & CANTERBURY

westlich von Methven aus. An ihn grenzen das **Awa Awa Rata Reserve** und das **Pudding Hill Scenic Reserve**. Es gibt zwei Zufahrtsstraßen: die Pudding Hill Rd führt zum Fußweg zum Pudding Hill Stream, die McLennan's Bush Rd zu beiden Schutzgebieten. Es existieren mehrere Wanderwege, u. a. die **Pudding Hill Stream Route** (2 Std.), die auch durch Wasser führt.

Eine schöne, einfache Wanderung führt über Farmland zur beeindruckenden **Rakaia Gorge** (hin & zurück 3–4 Std.); sie beginnt am Parkplatz gleich südlich der Brücke am SH77. Rund um die Brücke gibt's gute Picknickstellen. **Rakaia Gorge Alpine Jet** (☎ 03-318 6574; www. rivertours.co.nz; Tour 68 NZ$) und **Rakaia Gorge Scenic Jet** (☎ 03-318 6515; Tour 65 NZ$) bieten 40-minütige Jetbootfahrten durch die Schlucht an.

Terrace Downs (☎ 03-318 6943; www.terracedowns. co.nz; SH72; Platzgebühr 140 NZ$, Leihschläger 45 NZ$), 30 km von Methven entfernt nahe Windwhistle gelegen, ist eine Ferienanlage im High Country mit erstklassigem 18-Loch-Golfplatz. Gäste können unter drei Restaurants wählen, eins edler als das andere, oder den Härten des Lebens im kürzlich eröffneten Terrace Downs Spa (geöffnet Mi–So 10–18 Uhr) entfliehen.

Das i-SITE informiert über Ausritte, Mountainbikestrecken, Angeln, Helikopterrundflüge und Farmtouren.

Schlafen

Einige Unterkünfte sind im Sommer geschlossen, aber die folgenden sind das ganze Jahr über geöffnet und außerhalb der Skisaison oft preisgünstiger. Während der Skisaison lohnt es sich, vorab zu buchen, besonders für die Budgetunterkünfte.

LP Tipp Alpenhorn Chalet (☎ 03-302 8779; www. alpenhorn.co.nz; 44 Allen St; B 25 NZ$, DZ 60–85 NZ$; 🖳) Das kleine, einladende Haus besitzt einen Wintergarten und einen Whirlpool. Der Kamin, kostenloses Internet und Espresso auf Kosten des Hauses überzeugen auch Skeptiker. Die hellen Zimmer wurden vor Kurzem neu eingerichtet, und der hauseigene Reflexzonen- und Massagetherapeut ist allzeit bereit, auf der Piste Gestürzte wieder fit zu machen.

Snow Denn Lodge (☎ 03-302 8999; www.methven accommodation.co.nz; Ecke McMillan & Bank St; B/DZ 25/70 NZ$, DZ ohne bad 80 NZ$; 🖳 🛜) Diese YHA-Lodge hat einen Speisesaal, einen Wohnbereich, eine große Küche und Pools drinnen und draußen. In den Preisen sind Frühstück und Leihausrüstung (Fahrräder, Golfschläger, Angeln usw.) inbegriffen.

Glenthorne Station (☎ 0800 926 868, 03-318 5818; www.glenthorne.co.nz; Lodge 25–35 NZ$/Pers., Ferienhaus 50 NZ$/Pers., Chalet 160 NZ$/Pers.) Wunderbar isolierte, 25 800 ha große Schafstation 60 km nordwestlich von Methven am Nordufer des Lake Coleridge. Die Unterkünfte reichen von einer 15-Betten-Budgetlodge (mit Küche, aber man kann auch im Haupthaus essen) über Ferienhäuser für Selbstversorger bis zu *Dinner, Bed & Breakfast*-Chalets mit Seeblick. Es gibt viel zu tun: Geländewagentouren, angeln, ausreiten, wandern …

Methven Camping Ground (☎ 03-302 8005; methvennz@hotmail.com; Barkers Rd; Stellplatz ohne/mit Strom 26/28 NZ$, Hütte 40–55 NZ$) Kleiner Park in hübscher Lage nahe dem Stadtzentrum. Die Einrichtungen (inkl. Fernsehzimmer) sind zweckmäßig. Die winzigen Budgethütten sind o. k., aber es lohnt sich, ein bisschen mehr für die Backpackerunterkunft auszugeben.

Big Tree Lodge (☎ 03-302 9575; www.bigtreelodge. co.nz; 25 South Belt; B 27–29 NZ$, EZ/3BZ 45/90 NZ$, DZ 65–110 NZ$; 🖳 🛜) Aus einem ehemaligen Pfarrhaus entstand diese freundliche, entspannte Lodge mit hübschen Holzbädern und gemütlich-altmodischem Ambiente. Langzeitbewohner kriegen Rabatt.

Redwood Lodge (☎ 03-302 8964; www.snowboardnz. com; 3 Wayne Pl; EZ 55 NZ$, DZ 65–90 NZ$, 3BZ & 4BZ 120 NZ$; 🖳 🛜) Türkische Teppiche und freundliches Dekor verleihen diesem familienfreundlichen Haus mit Einzel-, Doppel- und Dreiund Vierbettzimmern eine Menge Charme. Die Zimmer mit Bad haben TV und bieten mehr Privatsphäre. Ein riesiges Fernsehzimmer und eine Küche sind vorhanden.

Beluga Lodge (☎ 03-302 8290; www.beluga.co.nz;40 Allen St; DZ inkl. Frühstück 210–250 NZ$; 🖳) Ein B&B so richtig zum Relaxen: mit französischen Betten, kuscheligen Bademänteln und eigenen Veranden. Wer es lieber ganz traulich mag, steigt in der Gartensuite ab, die eine eigene Terrasse und eine Grillstelle hat. Außerdem gibt's ein Vierzimmer-Cottage (350 NZ$; Juni–Okt., Mindestaufenthalt 3 Nächte).

Ebenfalls empfehlenswert:
Skiwi House (☎ 03-302 8872; www.skiwihouse.co.nz; 30 Chapman St; B 25 NZ$, DZ 58 NZ$; P 🖳) Kleineres Hostel mit familiärer Atmosphäre und jeder Menge DVDs (gut, wenn der Berg gesperrt ist). Geschützter Stauraum für Fahrräder sowie Trocken- und Wachsraum für Skier.
Mount Taylor Lodge (☎ 03-302 9699; www.mount taylorlodge.co.nz; 32 Lampard St; EZ/DZ inkl. Frühstück 90/180 NZ$; 🖳) Die stilvolle Elfzimmer-Lodge verfügt über Holzböden.

METHVEN

0   300 m

PRAKTISCHES
Bank of New Zealand..................1 C2
Cafe 131.......................(siehe 18)
Ärztezentrum...........................2 D2
Methven i-SITE.........................3 D2
PC House.................................4 C2

SEHENSWERTES & AKTIVITÄTEN
Big Al's Snow Sports..................5 C2
Methven Heliskiing....................6 D3

SCHLAFEN
Alpenhorn Chalet......................7 B1
Beluga Lodge...........................8 C1
Big Tree Lodge.........................9 C3
Breckenridge Lodge..................10 B3
Methven Camping Ground.......11 D1
Mount Taylor Lodge................12 C2
Redwood Lodge.....................13 C3
Skiwi House...........................14 C2
Snow Denn Lodge...................15 C3

ESSEN
Arabica.................................16 C2
Blue Pub...............................17 D2
Cafe 131...............................18 C2
Café Primo e Secundo.............19 C2
Deli(cious)............................20 C2
Last Post..............................21 D2
Supervalue Supermarket.........22 C2

UNTERHALTUNG
Cinema Paradiso.....................23 D3

TRANSPORT
Methven Travel.......................24 C2

Mt. Hutt Forest (14 km)

Racecourse Ave
Spaxton St
Allen St
Lampard St

SH72 (12 km);
Mt. Hutt (14 km);
Rakaia Gorge (18 km);
Windwhistle (25 km);
Terrace Downs (30 km);
Glenthorne Station (60 km)

Pudding Hill (15 km)
Forest Dr
McKerrow St
Chapman St
Alington St
The Mall
Bank St
South Belt

Sportplatz
Methven Chertsey Rd
Christchurch (104 km)

Patton St
Alford St
Blackford St
Morgan St
Main St
Hall St
Mackie St
Kilworth St
Barkers Rd

Ashburton (34 km)
Jackson St
Cameron St
McMillan St
Colcord Pl
Wayne Pl

Breckenridge Lodge (☎ 03-302 8902; www.brecken ridgelodge.com; 49–51 South Belt; EZ/DZ/3BZ/4BZ inkl. Frühstück 95/115/140/165/185 NZ$; 📖 🛜) Vielseitige Lodge mit großer Zimmerauswahl, warmem Holzdekor und Lounge-Bar. Der Whirlpool, die Sauna und das Spielezimmer sorgen für Zerstreuung vor oder nach der Piste.

Essen & Ausgehen

Cafe 131 (☎ 03-302 9131; Main St; Gerichte 6–17 NZ$; 🕑 7.30 Uhr–open end; 📖 🛜) Ein heimeliges Plätzchen mit Einrichtung aus poliertem Holz und Zierfenstern. Den ganzen Tag über werden Frühstück sowie preiswerte Menüs, Suppen, Pasta und Sandwiches serviert. Später übernehmen dann Bier und Wein. Gegen Bezahlung gibt's auch WLAN.

Café Primo e Secundo (☎ 03-302 9309; 38 McMillan St; Gerichte 10–18 NZ$; 🕑 8–17 Uhr) Eine wahre Schatzkiste des Retro-Kiwiana – und das Coolste ist, dass man alles auch kaufen kann. Zwischen den Souvenirteelöffeln und Buzzy-Bee-Buchstützen ist noch Platz für leckere Kuchen, Paninis, die legendären Schinken-Ei-Sandwiches und Methvens besten Kaffee.

Blue Pub (☎ 03-302 8046; Main St; Gerichte 10–30 NZ$; 🕑 12 Uhr–open end) Entweder gönnt man sich an der Bar, die aus einem riesigen Stück eines einheimischen Baumes gebaut wurde, ein Gläschen oder lässt sich im ruhigeren Restaurant eines der überraschend edlen Gerichte schmecken, z. B. Sandbarsch in Parmesanhülle. Wer will, fordert die Einheimischen aber auch zu einer Partie Billard heraus oder schaut sich auf dem Großbild-TV ein Rugbyspiel an (an den meisten Freitagen und Samstagen von März–Juni).

Arabica (☎ 03-302 8455; 36 McMillan St; Hauptgerichte 15–20 NZ$; 🕑 Di–Do & Sa 9–16 Uhr, Fr open end) Lässig-kosmopolitisches Café mit ganztägig gültiger Karte, auf der Frühstücksleckereien wie Corned-Beef-Hackfleischpfanne und Lachsfrikadellen stehen. Bier und Wein passen gut zum Abendmenü, das es nur freitags gibt.

Last Post (☎ 03-302 8259; Main St; Hauptgerichte 25–35 NZ$; 🕑 Di–Sa 18 Uhr–open end, Winter tgl. ab 17 Uhr) Beliebter Après-Ski-Treff. Bei einem Cocktail und kreativen Gerichten vom Grill (z. B. Gelbflossen-Thunfisch oder Canterbury-Lammrücken mit Kruste) redet es sich gut über die Pistenabenteuer des Tages. Auf der ausgezeichneten Weinkarte steht nur das Beste der Südinsel.

Ebenfalls empfehlenswert:

Deli(cious) (☎ 03-302 9239; Bank St; Tapas 3 für 25 NZ$; ✆ Mo 11–15 & Di–Sa 9–18 Uhr) Die spanischen Fleischbällchen und die Chorizo sind eine nette Alternative zu den Erzeunissen aus der Hostelküche.

Supervalue Supermarkt (Ecke The Mall & MacMillan St; ✆ 7–21).

Unterhaltung

Cinema Paradiso (☎ 03-302 1957; www.cinema paradiso.co.nz; Main St; Erw./Kind 14/11 NZ$)

Anreise & Unterwegs vor Ort

Methven Travel (☎ 03-302 8106; www.methventravel. co.nz; 93 Main St; Erw./Kind einfache Strecke 36/18 NZ$; ✆ Sommer Mo, Mi, Fr, Sa, Winter bis zu 3-mal tgl.) holt Fahrgäste auch in Christchurch ab. Abfahrten am Cathedral Sq und am Flughafen Christchurch sind ebenfalls möglich. Auch andere Unternehmen bieten diesen Service im Winter an. Einzelheiten gibt's beim Christchurch i-SITE (S. 578).

Im Winter fahren Shuttles für ca. 35 NZ$ von Methven zum Skigebiet am Mt. Hutt; Informationen bekommt man am i-SITE in Methven, wo die Busse auch starten.

MT. SOMERS

Mt. Somers ist ein kleiner Ort abseits des SH72, der Hauptstraße zwischen Geraldine und dem Mt. Hutt. Der **Mt. Somers Subalpine Walkway** (17 km, 10 Std.) führt an der Nordseite des Mt. Somers entlang und verbindet die beliebten Picknickplätze an den Sharplin Falls mit denen am Woolshed Creek. Zu den Highlights am Wegrand gehören die Formationen aus Vulkangestein, Maorifelszeichnungen, tiefe Canyons und eine unglaubliche Pflanzenvielfalt. Unterwegs gibt es zwei Hütten: die **Pinnacles Hut** und die **Woolshed Creek Hut** (jeweils 10 NZ$). Weil das Wetter auf dieser Strecke unglaublich schnell umschlagen kann, sollte man Vorkehrungen treffen. Infos und Tickets für die Hütten erhält man im **Mt. Somers General Store** (☎ 03-303 9831; Pattons Rd). In dem Gebiet gibt es auch andere, kürzere Wanderwege.

Der **Mt. Somers Holiday Park** (☎ 03-303 9719; www.mountsomers.co.nz; Hoods Rd; Stellplatz 26 NZ$, Hütte 54–69 NZ$) ist klein, aber fein.

An der Abfahrt vom Highway nach Mt. Somers liegt **Stronechrubie** (☎ 03-303 9814; www. stronechrubie.co.nz; SH72; DZ 110–160 NZ$) mit Einzelzimmern und luxuriösen Chalets in einem Garten voller Vögel. In dem traulichen Res-taurant (Hauptgerichte 29–31 NZ$; ✆ Mi–Sa 18.30 Uhr–open end, So 12–14 Uhr) gibt's ausgezeichnetes Canterbury-Lamm, einheimisches Wild und Ente. Wer nicht allein unterwegs ist, sollte das DB & B-Paket (2 Pers. 230–280 NZ$) in Erwägung ziehen.

SÜDLICHES CANTERBURY

Der stark befahrene SH1 verläuft südlich von Christchurch die Küste entlang über Timaru nach Dunedin. Auch auf dem SH8 im Inland herrscht ein ganz schöner Betrieb. Auf den Blick auf den Ozean muss man zwar verzichten, dafür geht's durch die atemberaubende Landschaft des Mackenzie Country. Vorbei an den tiefblauen Seen Tekapo und Ohau macht der SH80 bei Twizel einen Schwenk ins Mackenzie Country und führt am Lake Pukaki entlang bis zu den herrlichen Höhenzügen des Aoraki/Mt. Cook National Park.

TIMARU

26 750 Ew.

Die Hafenstadt Timaru ist ein günstiger Zwischenstopp auf halbem Weg von Christchurch nach Dunedin. Viele Traveller halten zwar lieber in dem 85 km weiter südlich gelegenen kleineren und charmanteren Oamaru, aber auch in Timaru wird man nicht enttäuscht: Es gibt ein paar gute Restaurants und Motels. Der Name der Stadt ist Maori und bedeutet „Zufluchtsort". Bis 1839 gab es hier keine ständig bewohnte Siedlung; dann gründeten die Gebrüder Weller aus Sydney eine Walfangstation. Die Caroline, ein Segelschiff zum Abtransport des Trans, gab der malerischen Bucht ihren Namen.

Orientierung

Der SH1 wechselt auf seinem Weg durch Timaru mehrfach den Namen: Hilton Hwy heißt er nördlich der Stadt, Evans St an der Stadtgrenze, Theodosia St und Craigie Ave auf Höhe des Geschäftsviertels um die Stafford St. Weiter südlich nimmt er den Namen King St an, um sich an der Stadtgrenze wieder in den SH1 zu verwandeln. Alles klar?

Praktische Informationen

Das **Timaru i-SITE** (☎ 0800 484 6278, 03-688 6163; www. southisland.org.nz; 2 George St; ✆ Mo–Fr 8.30–17, Sa & So

CHRISTCHURCH & CANTERBURY

10–15 Uhr) befindet sich gegenüber dem Bahnhof (hier fahren nur Güter-, keine Personenzüge). Im i-SITE bekommt man Stadtpläne und Infos zu Wanderwegen vor Ort und kann auch Verkehrsmittel buchen. Einen Internetzugang gibt's im i-SITE und auf der anderen Straßenseite im Off the Rail Café (S. 621).

Sehenswertes

Im **South Canterbury Museum** (☎ 03-687 7212; www.timaru.govt.nz; Perth St; Eintritt gegen Spende; ⏰ Di–Fr 10–16.30, Sa & So 13.30–16.30 Uhr) sind historische Artefakte und geologische Funde aus der Region ausgestellt. An der Decke hängt der Nachbau eines Flugzeugs, das vom einheimischen Flugzeugpionier und Erfinder Richard Pearse entworfen wurde. Es heißt, dass er mit seinen Flugversuchen noch vor dem ersten geglückten Flug der Gebrüder Wright 1903 erfolgreich war.

Zum Zeitpunkt der Recherchen war die Eröffnung eines **Maori Rock Art Centre** in der Nähe des i-SITE geplant, das auch Touren zu den Felskunstwerken in der Region anbieten soll. Aktuelle Infos erfragen.

Die **Aigantighe Art Gallery** (☎ 03-688 4424; www.timaru.govt.nz; 49 Wai-iti Rd; Eintritt frei; ⏰ Di–Fr 10–16, Sa & So 12–16 Uhr) ist eine der größten öffentlichen Galerien der Südinsel. Hier findet sich eine Sammlung von 900 Ausstellungsstücken neuseeländischer und europäischer Kunst der letzten vier Jahrhunderte. Untergebracht ist die Galerie in einem Herrenhaus von 1908, zu dem auch ein Skulpturengarten (immer geöffnet) gehört. Übrigens: Der Name der Galerie – "eg-end-tai" ausgesprochen – kommt aus dem Gälischen und bedeutet „Zuhause".

Die **DB Mainland Brewery** (☎ 03-688 2059; Sheffield St; Führung 10 NZ$; ⏰ Führungen Mo–Sa 13 Uhr) liegt 6 km nördlich der Stadt. Besucher sollten festes Schuhwerk tragen und reservieren.

Im 1864 angelegten **Botanischen Garten** (Ecke King St & Queen St; Eintritt frei; ⏰ 8 Uhr–Sonnenuntergang) gibt's Teiche, ein Gewächshaus und eine beachtliche Sammlung von Rosenstöcken und einheimischen Baumfarnen zu sehen. Der Botanische Garten liegt südlich der Stadt; der Eingang befindet sich an der Queen St. Passionierte Rosenliebhaber sollten auch den **Trevor Griffiths Rose Garden** (Caroline Bay; Eintritt frei; ⏰ bei Tageslicht) besuchen, der rund um Lauben und Wasserspiele mehr als 1000 Sorten der romantischen Blumen zu bieten hat. Am schönsten ist der Garten in der Zeit von Dezember bis Februar.

Anfang November wird in Timaru das **Timaru Festival of Roses** (www.festivalofroses.co.nz) gefeiert. Zwei Wochen lang finden Führungen durch Gärten, Ausstellungen und Blumen-Workshops statt.

Aktivitäten

Einer der wenigen sicheren und geschützten Strände an der Ostküste liegt an der Caroline Bay. Hier beginnt am 26. Dezember der **Christmas Carnival** (www.carolinebay.org.nz), der zehn Tage lang mit Konzerten und Events für viel Spaß sorgt. Im **Park** am Strand gibt es eine begehbare Voliere, einen flachen Pool, einen Minigolfplatz (3 NZ$), einen Spielplatz und eine hübsche Promenade.

Ein einstündiger **Spaziergang** führt von der Stadt in nördlicher Richtung an der Caroline Bay entlang, vorbei an den Benvenue Cliffs zu den Dashing Rocks und Felspools am Ende der Bucht. Im i-SITE kennt man weitere Wanderwege.

Schlafen

1873 Wanderer Backpackers (☎ 0800 187 392, 03-688 8795; 1873wandererbackpackers@xtra.co.nz; 24 Evans St; Stellplatz/B/EZ/DZ 16/23/29/58 NZ$; 🖥) Weitläufige Anlage mit freundlichen Besitzern. Der Transport vom bzw. zum Busbahnhof ist kostenlos. Gäste können sich Mountainbikes ausleihen, den Grill anwerfen oder im hübschen Garten entspannen.

Timaru Top 10 Holiday Park (☎ 0800 242 121, 03-684 7690; www.timaruholidaypark.co.nz; 154a Selwyn St; Stellplatz ohne/mit Strom 32/35 NZ$; Hütte & Motel DZ 65–115 NZ$; 🖥 🛜) Die Anlage inmitten einer Parklandschaft hat ausgezeichnete Einrichtungen und einen Golfplatz nebenan, dessen Benutzung im Übernachtungspreis enthalten ist.

Panorama Motor Lodge (☎ 03-688 0097; www.panorama.net.nz; 52 The Bay Hill; DZ ab 120 NZ$; 🖥 🛜) Moderne, gut ausgestattete Wohneinheiten mit Spa, Sauna und Fitnessstudio. Ein bisschen mehr Grünzeug rund um den Beton wäre schön, aber der Caroline Bay Park und die Cafés in Bay Hill sind nur ein paar Gehminuten entfernt. Die Familienwohneinheiten sind besonders geräumig.

Aspen on King (☎ 0800 822 344, 03-688 3034; www.aspenonking.co.nz; 51 King St; DZ 145–155 NZ$; 🖥 🛜) Ein Dreizimmerapartment mit Retro-Bad inklusive leuchtend roter Badewanne, die auch aus dem Playboy stammen könnte. Die neueren Wohneinheiten sind genauso geräumig, frisch und modern und haben kostenlosen, schnel-

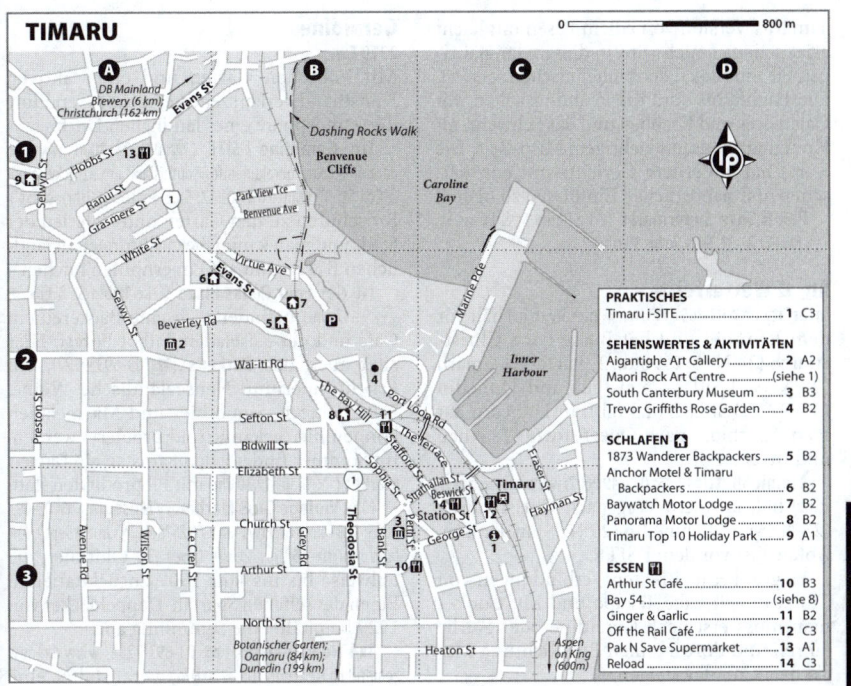

TIMARU

PRAKTISCHES	
Timaru i-SITE **1**	C3

SEHENSWERTES & AKTIVITÄTEN	
Aigantighe Art Gallery **2**	A2
Maori Rock Art Centre ....(siehe 1)	
South Canterbury Museum **3**	B3
Trevor Griffiths Rose Garden **4**	B2

SCHLAFEN	
1873 Wanderer Backpackers **5**	B2
Anchor Motel & Timaru	
Backpackers **6**	B2
Baywatch Motor Lodge **7**	B2
Panorama Motor Lodge **8**	B2
Timaru Top 10 Holiday Park **9**	A1

ESSEN	
Arthur St Café **10**	B3
Bay 54 ....(siehe 8)	
Ginger & Garlic **11**	B2
Off the Rail Café **12**	C3
Pak N Save Supermarket **13**	A1
Reload **14**	C3

CHRISTCHURCH & CANTERBURY

len Internetzugang. Die Lage abseits der geschäftigen Evans St ist ruhig.

An der lebendigen Evans St stehen die Motels Wand an Wand. Wer einen leichten Schlaf hat, dem sei empfohlen, nach einem Zimmer nach hinten raus zu fragen. Die beste Wahl ist die **Baywatch Motor Lodge** (☎ 0800 929 828, 03-688 1886; www.baywatchtimaru.co.nz; 7 Evans St; DZ 120–140 NZ$; 💻 🛜). Von den Zimmern aus hat man einen baywatchmäßigen Blick auf die Bucht, und die Doppelglasfenster halten den schlimmsten Straßenlärm vom SH1 fern.

Ebenfalls empfehlenswert ist das **Anchor Moteland Timaru Backpackers** (☎ 03-684 5067; 42 Evans St; Backpacker B/DZ 25/60 NZ$, Motels 49–95 NZ$; 💻 🛜), eine saubere, einfache Unterkunft nur einen kurzen Fußweg vom Strand in der Caroline Bay entfernt.

Essen & Ausgehen

Reload (☎ 03-688 6616; Ecke Stafford St & Beswick St; Wraps, Salate & Säfte 5–9 NZ$; ⏰ Mo–Fr 8.30–17.30, Sa bis 15.30 Uhr) Selbsternannte „Gesundheitstankstelle", an der man sich mit Wraps, Salaten und Smoothies stärken kann. Wer nicht ganz so viel Wert auf Gesundes legt, kann aber auch einen Kaffee bestellen und sich in die große Auswahl von Illustrierten vertiefen.

Off the Rail Café (☎ 03-688 3594; Station St; Gerichte 8–17 NZ$; ⏰ Mo–Fr 7.30–17, Sa bis 21.30 Uhr; 💻) Dieses trendige Café mit Ausschanklizenz befindet sich am Bahnhof. Aus der Jukebox tönen Hits aus den 1970er-Jahren, zu denen sich die Gäste mit köstlichen Kiwi-Gebäckklassikern und international inspirierten, moderneren Gerichten stärken. Samstagabends gibt's Drinks und gelegentlich Livemusik.

Arthur St Café (☎ 03-688 9449; 8 Arthur St; Snacks & Gerichte 10–15 NZ$; ⏰ Mo–Do 7.30–17.30, Fr bis 20, Sa 8.30–15 Uhr) Mit dem ausgezeichneten Kaffee und den leichten Kiwi-Klassikern startet man bestens in den Tag. Timarus trendigstes Lokal serviert Sandwiches, Bagels und ein timaruweit berühmtes Frühstück.

Bay 54 (☎ 03-688 4367; 56 The Bay Hill; Mittagessen Hauptgerichte 10–18 NZ$, Abendessen Hauptgerichte 19–32 NZ$; ⏰ 11 Uhr–open end) Kiwi-Bier von Monteith's, klassisches Kiwi-Kneipenessen und wahlweise Blick auf die Caroline Bay oder Sport auf dem Großbild-TV. Spitze.

Ginger & Garlic (☎ 03-688 3981; 335 Stafford St; Hauptgerichte 25–34 NZ$; ⏰ Mo–Fr 12–14 & Mo–Sa 17–22 Uhr)

Timarus Version von edlem Essen mit leicht asiatischem Touch wird in diesem langjährigen Lieblingslokal der Einheimischen serviert. Die Highlights sind die Frühlingsrollen mit Calamares und Krabben und das Schwein mit Honigmarinade auf klebrigem Miso-Reis. Die Karte hat außerdem Gerichte mit europäischen und nahöstlichen Einflüssen zu bieten.

Pak N Save Supermarkt (Ecke Ranui St & Evans St; 🕐 Mo–Fr 8–21, Sa & So bis 19 Uhr).

An- & Weiterreise

InterCity (☎ 03-365 1113; www.intercity.co.nz) hält vor dem Bahnhof und hat Busse nach Christchurch (34 NZ\$, 2½ Std., 2-mal tgl.), Oamaru (28 NZ\$, 1 Std., 2-mal tgl.) und Dunedin (37 NZ\$, 3 Std., 2-mal tgl.). In Dunedin hat man Anschluss nach Queenstown, Te Anau und Invercargill.

Atomic Shuttles (☎ 03-349 0697; www.atomictravel. co.nz) hält auf dem Weg nach Christchurch (25 NZ\$) und Dunedin (25 NZ\$) in Timaru. Abfahrt ist vor dem i-SITE.

Es gibt keine direkten Verbindungen von Timaru nach Lake Tekapo und Mt. Cook – man muss erst nach Geraldine oder Fairlie fahren und dort in einen Bus Richtung Mackenzie Country steigen.

LANDESINNERES & MACKENZIE COUNTRY

Um Queenstown und die Seen im Süden von Christchurch aus anzufahren, wechselt man vom SH1 auf den SH79, eine malerische Strecke, die ins Hochland und zu den östlichen Ausläufern des Aoraki/Mt. Cook National Park führt. Die Straße verläuft durch Geraldine und Fairlie, bevor sie auf den SH8 trifft, der über den Burkes Pass zum tiefblauen Lake Tekapo führt.

Das weite Hochland, über dem die prächtigen Gipfel des Aoraki/Mt. Cook National Park aufragen, ist als Mackenzie Country bekannt und wurde nach dem legendären James „Jock" MacKenzie benannt, der in den 1840er-Jahren gestohlenes Vieh durch die damals unbewohnte Region trieb. Als man ihn fasste, erkannten andere Siedler das Potenzial des Landes und zogen her. Die ersten Menschen, die das Mackenzie Country durchquerten, waren jedoch Maori, die vor Jahrhunderten von der Banks Peninsula nach Otago zogen.

Näheres gibt's online unter www.mtcook nz.com; über winterliche Aktivitäten informiert die Seite www.mackenziewinter.co.nz.

Geraldine
2210 Ew.

Mit hübschen Gärten und einer aktiven Kunsthandwerkerszene versprüht Geraldine die Atmosphäre eines ländlichen Dorfes.

Im **Geraldine i-SITE** (☎ 03-693 1006; www.go geraldine.co.nz; geraldineinfo@southisland.org.nz; Ecke Talbot & Cox St; 🕐 Mo–Fr 8.30–17, Sa 6 So 10–16 Uhr) gibt's Broschüren zu den Gärten und Galerien der Stadt und man kann Übernachtungen in ländlichen B & Bs und auf Bauernhöfen buchen.

In der **Four Peaks Plaza** (Ecke Talbot St & Cox St; 🕐 9–17 Uhr) befinden sich eine Bäckerei, ein Café und der Käseladen Talbot Forest. Hier sitzt auch das **Barker's** (☎ 03-693 9727), ein Fruchtimperium: Neuseeländische Weine, Säfte, Saucen, Smoothies und Marmeladen können hier gekauft (und probiert) werden. Im Sommer findet jeden Samstag ein **Farmers Market** (🕐 9.30–12.30 Uhr) mit Bioprodukten statt.

Das **Vintage Car & Machinery Museum** (☎ 03-693 8005; 178 Talbot St; Erw./Kind 7 NZ\$/frei; 🕐 Mitte Sept.–Anfang Juni 10–16 Uhr) zeigt über 30 Oldtimer, die teilweise bis ins Jahr 1907 zurückdatieren. Einen der seltenen Spartan-Doppeldecker von 1929 beinhaltet die Sammlung auch.

4x4 New Zealand (☎ 03-693 7254; www.4x4new zealand.co.nz; Tour 105–220 NZ\$) veranstaltet eine Reihe von Geländewagentouren ins umliegende High Country, u. a. zu Schafstationen, verwilderten Flüssen und *Herr der Ringe*-Schauplätzen. Die Preise variieren je nach Route und Länge der Touren.

Das unglaubliche **Medieval Mosaic** (☎ 03-693 9820; www.1066.co.nz; 10 Wilson St; Eintritt frei; 🕐 Mo–Fr 9–17, Sa 6 So 10–16 Uhr) ist ideal für Fans von mittelalterlicher Geschichte, Wortspielen und Höherer Mathematik. Bisschen kühl? Kein Problem: Hier ist auch der größte Wollpulli der Welt ausgestellt.

SCHLAFEN & ESSEN

Geraldine Holiday Park (☎ 03-693 8147; www.geral dineholidaypark.co.nz; 39 Hislop St; Stellplatz ohne/mit Strom 24/26 NZ\$, Hütte & Wohneinheit 45–105 NZ\$; 🖳) Dieser Ferienpark liegt zwischen mächtigen Bäumen gegenüber einer ovalen Rasenfläche. Neben günstigen Hütten und Wohneinheiten für Selbstversorger bietet er auch ein Fernsehzimmer und einen Spielplatz.

Rawhiti Backpackers (☎ 03-693 8252; www.rawhiti backpackers.co.nz; 27 Hewlings St; B/EZ/DZ/3BZ 30/40/68/90 NZ\$; 🖳 🛜) Das Management ist neu und freundlich und hält den Standard in dieser ehemaligen Entbindungsklinik hoch, die heute ein sonniges, geräumiges Hostel mit Solarstrom ist. Die Zimmer sind bunt und nach Themen dekoriert, z. B. „Frankreich" oder „Pazifik". Mountainbikes stehen gratis zur Verfügung, und Traveller singen Lobeshymnen auf die komfortablen Betten. Das Rawhiti liegt oberhalb der Stadt abseits der Peel St; einen Stadtplan mitnehmen! Wenn man bei der Buchung darum bittet, wird man normalerweise an der Bushaltestelle abgeholt.

Scenic Route Motor Lodge (☎ 0800 723 643; www.motelscenicroute.co.nz; 28 Waihi Terrace; DZ 110–130 NZ$; 🖳 🛜) Dieses geräumige Motel wurde im frühen Siedler-Stil erbaut, aber die modernen Wohnstudios haben Doppelglasfenster, Sky-TV – und die ungeteilte Aufmerksamkeit von Molly, der freundlichen Katze, die definitiv der Ansicht ist, ihr gehöre der ganze Laden. Molly und ihre menschlichen Angestellten Rob und Elaine sind am Nordende der Stadt zu finden.

Cafe Verde (☎ 03-693 9616; 45 Talbot St; Hauptgerichte 8–15 NZ$; 🕙 9–16 Uhr) In der Gasse neben der alten Post liegt dieses wunderschöne Gartencafé. Den Erwachsenen dürfte die köstliche Mittagskarte gefallen, auf der u. a. Lachs im Filoteig steht, während die Kinder sich – mit angemessen gezügelter Begeisterung – auf dem niedlichen, briefmarkengroßen Spielplatz austoben dürfen.

Taste (☎ 03-693 8877; 7 Talbot St; Hauptgerichte 20–30 NZ$; 🕙 Di–Sa 17 Uhr–open end) Der schickste Laden der Stadt beköstigt die hiesigen Farmer mit dicken Angus-Steaks, und die feineren Gaumen sind mit den Jakobsmuscheln in Filoteig gut bedient.

Geraldines beste Kneipenkost lässt sich auch im Freien genießen: in der Gartenbar des **Village Inn** (☎ 03-693 1004; 41 Talbot St; Hauptgerichte 10–19 NZ$; 🕙 10 Uhr–open end).

Die Restaurants an der Four Peaks Plaza (S. 621) sind ideal für einen kleinen Happen zwischendurch. Bei unserem letzten Besuch hatten gerade ein paar Läden für Sushi, Bagels und frisch gepresste Fruchtsäfte neu eröffnet. Einen leckeren Zuckerschub erhalten Süßmäuler im **Coco** (☎ 03-693 9982; 10 Talbot St; 🕙 Mo–Fr 10–17, Sa bis 15, So bis 16 Uhr), das selbstgemachte Schokolade sowie edle Tees, Kaffees, heiße Schokolade und Kuchen anbietet.

UNTERHALTUNG

Das **Geraldine Cinema** (☎ 03-693 8118; Talbot St; Erw./Kind 10/7 NZ$) ist ein skurriles Kino, in dem man auf alten Sofas sitzt.

Peel Forest

Der Peel Forest, 22 km nördlich von Geraldine (vom SH72 aus beschildert) zählt zu Neuseelands wichtigsten einheimischen Koniferenwäldern. Von der nahen Mt. Peel Station führt eine Straße nach **Mesopotamia**, wo in den 1860er-Jahren der englische Schriftsteller Samuel Butler (Autor der Satire *Erewhon*) lebte.

Die Broschüre *Peel Forest Park: Track Information* (☎ 03-696 3567; 🕙 Mo–Do 9–18, Fr & Sa bis 19, So 10–17.30 Uhr; 🖳) erhältlich, in dem auch Benzin, Lebensmittel und Gerichte zum Mitnehmen verkauft werden. Internetzugang und ein Café-Restaurant sind ebenfalls vorhanden. Der Laden unterhält außerdem den hübschen **DOC-Campingplatz** (☎ 03-696 3567, Stellplatz ohne/mit Strom 18/22 NZ$, Hütte 36 NZ$) am Rangitata River, 3 km hinter dem Laden. Dort stehen u. a. einfache Zwei- und Vierkojenhütten, Duschen, eine Küche, Waschmaschinen und ein Kartentelefon zur Verfügung. Eingecheckt wird im Laden, wo auch Mountainbikes verliehen werden (pro Std./Tag 12/35 NZ$).

Etwas edler ist die **Peel Forest Lodge** (☎ 03-696 3703; www.peelforestlodge.co.nz; DZ 350 NZ$), eine Lodge im Blockhausstil tief im Wald. Gäste sollten sich für die entspannten Barbecues Grillgut mitbringen. Und auch wer nicht kochen kann oder will, muss nicht verhungern (Frühstück/Abendessen pro Pers. 25/50 NZ$). Die Besitzer wohnen nicht auf dem Anwesen, deshalb muss vorab gebucht werden.

An den **Ausritten** (☎ 0800 022 536; 03-696 3703; www.peelforesthorsetrekking.co.nz; 1 Std./2 Std./halber/ganzer Tag 55/110/220/380 NZ$) durch die grünen Wälder kann auch teilnehmen, wer nicht in der Lodge wohnt. Mehrtägige Wanderritte (982–1673 NZ$) sowie Unterkunfts- und Reit-Pakete (550 NZ$) sind in der Peel Forest Lodge ebenfalls erhältlich (s. oben).

In dem schönen Koniferenwald wachsen Totaras, Neuseeländische Warzeneiben und Matais. Ein Prachtexemplar eines Totara an der Strecke des **Big Tree Walk** (hin & zurück 30 Min.) hat einen Umfang von 9 m und ist über 1000 Jahre alt. Zu den hiesigen Vogelarten gehören Grünschlüpfer, Neuseeländische Tauben, Glockenvögel, Fächerschwänze und Maori-Graubuschpfeifer. Mehrere Wege führen außerdem zu den Wasserfällen **Emily Falls** (hin & zurück 1½ Std.), **Rata Falls** (hin & zurück 2 Std.) und **Acland Falls** (hin & zurück 1 Std.).

Rangitata Rafts (☎ 0800 251 251, 03-696 3534; www.rafts.co.nz; 🕙 Okt.–April) hat Wildwasserrafting-

Touren auf dem Rangitata River im Programm, bei denen die Teilnehmer auch aufregende Stromschnellen vom Grad V zu bewältigen haben. Das Unternehmen liegt am Mt. Peel, 13 km hinter dem Campingplatz, und vermietet auch günstige **Lodge-Unterkünfte** (Stellplatz ohne Strom/B/DZ 20/20/48 NZ$). Die Rafting-Trips beginnen entweder an der Rangitata-Lodge (185 NZ$) oder in Christchurch (194 NZ$) inkl. Rücktransport) und beinhalten eine warme Dusche und ein Barbecue. Man verbringt etwa drei Stunden auf dem Fluss. Eine etwas weniger aufregende Alternative für Familien ist der Family Fun Trip (Erw./Kind 165/120 NZ$) auf dem Lower Rangitata River (Grad II). In aufblasbaren Kajaks tummeln sich die Teilnehmer rund zwei Stunden auf dem Fluss, und hinterher gibt's in der Lodge etwas zwischen die Kiefer.

Wer von Neuseelands Flüssen gar nicht genug kriegen kann, sollte einen dreitägigen Rafting-Ausflug mit **Hidden Valleys** (☎ 03-696 3560; www.hiddenvalleys.co.nz; ab 1350 NZ$; ⏰ Okt.–März) in Erwägung ziehen. Außerdem gibt's eintägige bis einwöchige Abenteuertouren durch den Peel Forest und auf dem Rangitata River.

Fairlie
725 Ew.

Fairlie wird oft als „Tor zum Mackenzie" bezeichnet. Im Westen weitet sich die Landschaft allmählich zum Mackenzie Country, während es den Burkes Pass hinaufgeht.

Das Personal des **Fairlie Visitor Information Centre** (☎ 03-685 8496; www.fairlie.co.nz; Allandale St; ⏰ 10–16 Uhr) weiß alles über **Mountainbike-Wege** in der Gegend. Am 29 km nordwestlich gelegenen **Fox Peak** in der Two Thumb Range kann man Ski fahren. Das Skigebiet **Mt. Dobson**, 26 km nordwestlich von Fairlie, nimmt eine 3 km breite Kuhle ein (s. S. 93). Die **Ski Shack** (☎ 03-685 8088; Allandale St) hat Informationen und Leihausrüstung. Internet gibt's bei **eat** (s. rechte Spalte).

SCHLAFEN & ESSEN
Beide Pubs an der Main St bieten Budgetunterkünfte, aber man kann auch für ca. 90 NZ$ in einem der örtlichen Motels absteigen.

Fairlie Gateway Top 10 Holiday Park (☎ 0800 324 754, 03-685 8375; www.fairlietop10.co.nz; 10 Allandale Rd; Stellplatz ohne & mit Strom 30 NZ$, Hütte & Wohneinheit 50–150 NZ$; 🖥 ⏾) Ruhiger Park am Bach, perfekt für Familien und mit großem Kinderspielplatz. Angelausrüstung wird verliehen.

Pinewood Motels (☎ 0800 858 599, 03-685 8599; www.pinewoodmotels.co.nz; 25-27 Mt. Cook Rd; DZ ab 90 NZ$; ⏾) Gemütliche Wohneinheiten für Selbstversorger, eine ist sogar rollstuhlgerecht.

eat (☎ 03-685 6275; 76 Main St; Hauptgerichte 10–18 NZ$; ⏰ Di–So 8–17 Uhr; 🖥) Das eat ist familienfreundlich, hat einen Kinderspielbereich und gefällt wegen seines ausgezeichneten Essens – unbedingt das scharfe Hühnchen-Sandwich (17,50 NZ$) probieren – des Biers, Weins und der schnellen Internetverbindung auch den Erwachsenen.

Old Library Café (☎ 03-685 8999; 6 Allandale Rd; Hauptgerichte Abendessen 20–30 NZ$; ⏰ 11 Uhr–open end; 🖥) Das Lokal hat ein elegantes Flair, zu dem u. a. die alte Decke aus gestanztem Metall beiträgt, und serviert frische Gerichte aus heimischen Zutaten, z. B. gegrilltes Mackenzie-Lamm oder geräucherten Alpen-Lachs. Die normale Tageskarte ist mit Pasta, Salaten und Suppen etwas bodenständiger.

Lake Tekapo
315 Ew.

Von diesem Ort am Südende des gleichnamigen Sees aus eröffnet sich ein unverstellter Blick über das türkisfarbene Wasser und die Kulisse aus sanft geschwungenen Hügeln und Bergen, die eines Peter-Jackson-Films würdig wäre. In letzter Zeit hat Lake Tekapo einen Boom erlebt und lockt mit neuen B&Bs, Ferienwohnungen und Resort-Anlagen, die von dem malerischen Panorama rundum profitieren, viele Gäste an.

Lake Tekapo ist ein beliebter Zwischenstopp auf dem Weg in die Southern Alps, und Busse nach Mt. Cook oder Queenstown legen hier auf ein Eis oder einen Kaffee einen kurzen Boxenstopp ein. Statt gleich wieder weiterzuhasten, lohnt es sich, wenigstens ein paar Tage zu bleiben und den grandiosen Nachthimmel dieser Gegend vom Gipfel des nahen Mt. John aus zu bewundern.

Eine Erklärung, weshalb dieser und andere Seen der Region in so vielen Blautönen funkeln, liefert der Kasten auf S. 627.

PRAKTISCHE INFORMATIONEN
Das **Lake Tekapo i-SITE** (☎ 03-680 6579; www.lake tekapountouched.co.nz; Godley Hotel, SH8; ⏰ 9–17 Uhr) kümmert sich um Buchungen von Aktivitäten und Transporten; s. auch unter www.tekapo tourism.co.nz.

Im Büro von Tekapo Helicopters (S. 626) gibt's Internetzugang und WLAN.

SEHENSWERTES & AKTIVITÄTEN

Die winzige, malerische **Church of the Good Shepherd** (9–17 Uhr) neben dem See wurde 1935 aus Stein und Eichenholz erbaut und ist wegen der hier herrschenden Postkartenidylle ein beliebter Ort für Hochzeiten. Ganz in der Nähe steht die **Statue** eines Collies; sie zollt den Schäferhunden Tribut, die eine wichtige Rolle in der Geschichte des Mackenzie Country spielten. Am allerschönsten ist diese Ecke kurz bevor die ersten Reisebusse ankommen bzw. wenn die letzten wieder verschwunden sind, sonst wimmelt es hier von Touristen auf Durchreise. Am besten also ganz früh oder am späten Nachmittag herkommen! Mittlerweile ist der Ort ein begehrtes Fotomotiv bei asiatischen Flitterwöchnern – gar nicht so einfach, da nicht ins Bild zu laufen.

Zu den beliebtesten Routen gehört die Wanderung zum Gipfel des **Mt. John** (hin & zurück 3 Std.), die direkt hinter dem Campingplatz beginnt. Von dort kann man zu einer Ganztageswanderung zum Alexandrina bzw. McGregor Lake weiterziehen. Weitere Wege sind in der Broschüre *Lake Tekapo Walkway* (1 NZ$) aufgelistet.

Cruise Tekapo (027 479 7675; www.cruisetekapo. co.nz; 25-/40-minütige Rundfahrt 30/45 NZ$, Angeln 80 NZ$/ Std.) bringt Passagiere raus aufs Wasser.

Mountainbikes (pro Std./halber Tag 10/ 25 NZ$) lassen sich in der Lakefront Backpackers Lodge und im Lake Tekapo YHA mieten.

Mackenzie Alpine Horse Trekking (0800 628 269; www.maht.co.nz; ½-stündiger Ritt 50/80 NZ$, halber/ganzer Tag 125/250 NZ$) organisiert Erkundungstouren auf Vierbeinern durch das Hochland. Campingausflüge mit Übernachtung (300 NZ$) sind ebenfalls im Angebot.

Wegen des klaren Himmels und der Distanz zu größeren Städten kann man in Lake Tekapo wunderbar in den Nachthimmel gucken – die Gegend ist als eine der besten für Astronomen bekannt. Interessierte können sich einer zweistündigen nächtlichen Sternguckertour von **Earth & Sky** (03-680 6960; www. earthandsky.co.nz; Erw./Kind 80/45 NZ$) anschließen. Tagsüber veranstaltet das Observatorium der University of Canterbury auf Anfrage zwischen 10 und 16 Uhr 40-minütige Touren (Erw./Kind 30/15 NZ$) ab dem Astro Café auf dem Mt. John. Die Startzeiten lässt man sich besser telefonisch bestätigen, da sie sich

CHRISTCHURCH & CANTERBURY

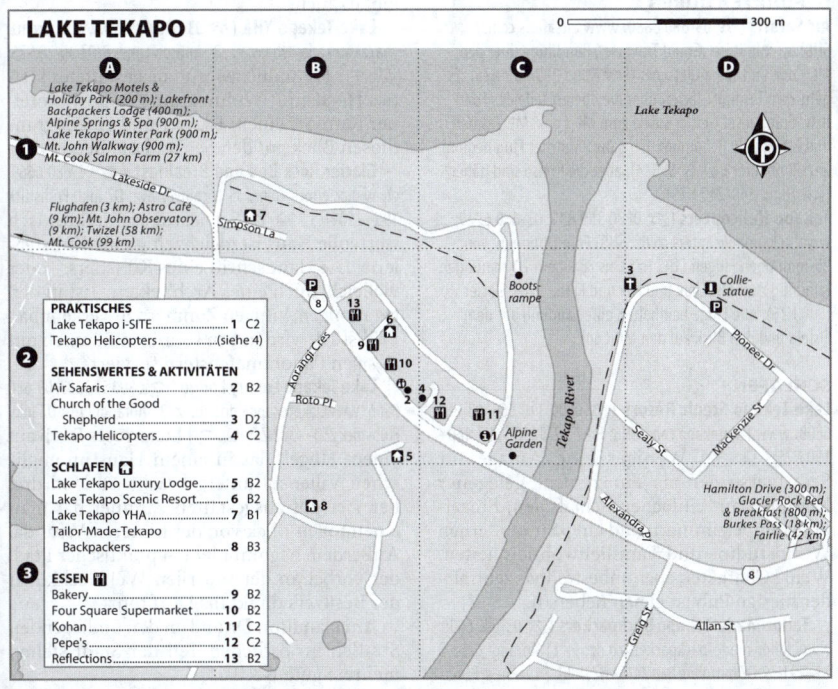

LAKE TEKAPO

0 ————————— 300 m

Lake Tekapo Motels & Holiday Park (200 m); Lakefront Backpackers Lodge (400 m); Alpine Springs & Spa (900 m); Lake Tekapo Winter Park (900 m); Mt. John Walkway (900 m); Mt. Cook Salmon Farm (27 km)

Flughafen (3 km); Astro Café (9 km); Mt. John Observatory (9 km); Twizel (58 km); Mt. Cook (99 km)

Lakeside Dr

Simpson La

Aorangi Cres

Roto Pl

Lake Tekapo

Boots-rampe

Tekapo River

Alpine Garden

Collie-statue

Pioneer Dr

Sealy St

Mackenzie Dr

Hamilton Drive (300 m); Glacier Rock Bed & Breakfast (800 m); Burkes Pass (18 km); Fairlie (42 km)

Alexandria Pl

Gregg St

Allan St

PRAKTISCHES	
Lake Tekapo i-SITE	1 C2
Tekapo Helicopters	(siehe 4)

SEHENSWERTES & AKTIVITÄTEN	
Air Safaris	2 B2
Church of the Good Shepherd	3 D2
Tekapo Helicopters	4 C2

SCHLAFEN	
Lake Tekapo Luxury Lodge	5 B2
Lake Tekapo Scenic Resort	6 B2
Lake Tekapo YHA	7 B1
Tailor-Made-Tekapo Backpackers	8 B3

ESSEN	
Bakery	9 B2
Four Square Supermarket	10 B2
Kohan	11 C2
Pepe's	12 C2
Reflections	13 B2

saisonal ändern können. Auf der Nachttour können die Teilnehmer ihre Kameras zücken und sich mit dem Fotografen Fraser Gunn in Astrofotografie üben (www.laketekapo.cc).

Im Winter dient Lake Tekapo als Basislager für **Alpin-Skifahrer**, die am Mt. Dobson oder Round Hill unterwegs sind bzw. **Langläufer**, die in der Two Thumb Range fahren.

Im am Westufer des Sees gelegenen **Lake Tekapo Winter Park** (☎ 0800 353 8283, 03-680 6550; www.winterpark.co.nz; Lakeside Dr; Eislaufen Erw./Kind 14/11 NZ$, Reifenrodeln Erw./Kind 15/11 NZ$; ☽ 10–22 Uhr) stehen den Gästen eine ganzjährig befahrbare Eislaufbahn und ein kleiner Schneehügel für sanfte Rodel-Abfahrten auf Reifen zur Verfügung. Nebenan ist auch das **Alpine Springs & Spa** (www.alpinesprings.co.nz; Warmbecken Erw./Kind 16/9 NZ$; ☽ 10–22 Uhr) ganzjährig geöffnet; es hat Warmbecken, die zwischen schnell wachsenden einheimischen Bäumen verstreut liegen. Private Pools und Saunen (24 NZ$/Std.) sind ebenfalls vorhanden; Wellness-Pakete kosten ab 80 NZ$. „Skate und Soak"-Kombis gibt's auch. Das gute **Café** (Snacks 5–10 NZ$; ☽ 10–19 Uhr) serviert Kaffee, Kuchen, Snacks und Stärkeres.

GEFÜHRTE TOUREN
Air Safaris (☎ 03-680 6880; www.airsafaris.co.nz; SH8) 50-minütige „Grand Traverse"-Rundflüge über den Mt. Cook und seine Gletscher (Erw./Kind 295/195 NZ$). Es geht zum Tasman Glacier, über die oberen Teile des Fox bzw. Franz Josef Glacier sowie zum Mt. Cook, Mt. Tasman und Mt. Elie de Beaumont. Ein ganz ähnlicher Flug beginnt am Glentanner Park (s. S. 634), aber die Preise sind höher (Erw./Kind 340/240 NZ$).

Tekapo Helicopters (☎ 0800 359 835, 03-680 6229; www.tekapohelicopters.co.nz; SH8) Fünf Optionen: von 25-minütigen Flügen (195 NZ$) bis zu einem 70-minütigen Rundflug zum Mt. Cook und Fox und Franz Josef Glacier (500 NZ$). Alle Flüge beinhalten eine Landung auf dem Eisfeld und den Blick auf den Mt. Cook.

SCHLAFEN
Lake Tekapo Scenic Resort (☎ 0800 118 666, 03-680 6808; www.laketekapo.com; SH8; B/EZ 22/50 NZ$, DZ 160–190 NZ$; ☐ ☎) Weniger eine Anlage für Selbstversorger als ein zentral gelegener Komplex mit einfachen Schlafsälen, Einzel- und Doppelzimmern und ein paar modernen Wohnstudios und Familienwohneinheiten. Wenig Charakter, aber unbestreitbar zentral – der hiesige Pub ist gleich nebenan.

Tailor-Made-Tekapo Backpackers (☎ 03-680 6700; www.tailor-made-backpackers.co.nz; 9–11 Aorangi Cres; B 25–29 NZ$, DZ mit/ohne Bad 74/62 NZ$; ☐) Dieses Hos-

tel besitzt normale Betten statt Stockbetten und nimmt mehrere ordentliche Häuser entlang einer friedlichen Straße abseits der Hauptstraße ein. Drinnen ist es blitzblank. Außerdem gibt's einen Garten mit Grillstelle und alten Bäumen, Vogelgezwitscher und einen Kinderspielplatz.

Lakefront Backpackers Lodge (☎ 03-680 6227; www.laketekapo-accommodation.co.nz; Lakeside Dr; B/D 27/80 NZ$; ☐ ☎) Beeindruckendes Haus am See, das zum nahen Ferienpark (1 km außerhalb) gehört. Man kann in der gemütlichen Lounge am Feuer entspannen oder von der vorderen Veranda aus den tollen Blick auf den See genießen. Die Zimmer sind modern, die Bäder vom Feinsten. Backpacker-Busse halten auch hier, es kann also recht gesellig zugehen.

Lake Tekapo Motels & Holiday Park (☎ 0800 853 853, 03-680 6825; www.laketekapo-accommodation.co.nz; Lakeside Dr; Stellplatz ohne/mit Strom 30/36 NZ$, Hütte & Wohneinheit 70–150 NZ$; ☐ ☎) In herrlich friedlicher Lage am See liegen hier schlichte Hütten ebenso wie Motelwohneinheiten mit kompletter Küche und Sky-TV. Gäste der neueren Chalets teilen sich die Picknicktische. Grillstellen und einen spektakulären Seeblick gibt es auch.

Lake Tekapo YHA (☎ 03-680 6857; www.yha.co.nz; yha.laketekapo@yha.co.nz; 3 Simpson Lane; B/DZ 30/78 NZ$; ☐ ☎) Freundliches, gut ausgestattetes kleines Hostel mit Wohnzimmer inklusive offener Kamine, einem Klavier und einem grandiosen Blick auf den See und die Berge.

Glacier Rock Bed and Breakfast (☎ 03-680 6669; www.glacierrock.co.nz; 35 Lochinver Ave; DZ inkl. Frühstück 195–250 NZ$; ☐ ☎) Dieses architektonisch wertvolle Haus ist gleichzeitig eine Kunstgalerie. Die Handschrift eines Künstlers – oder vielleicht auch eines Architekten – ist in den geräumigen, luftigen Zimmern unverkennbar. Frühstück wird in den sonnigen Räumen mit riesigen Panoramafenstern serviert.

Lake Tekapo Luxury Lodge (☎ 0800 525 383, 03-680 6566; www.laketekapolodge.co.nz; 24 Aorangi Cres; DZ inkl. Frühstück 250–430 NZ$; ☐ ☎) Luxuriöses B & B auf einem Hügel, das in einem Haus im englischen Villenstil untergebracht ist. Von drei der vier gut ausgestatteten Zimmer hat man einen tollen Blick von der hinteren Veranda. Außerdem beginnt hier ein praktischer Pfad, der vorbei an der skurrilen Wellblechkunst des Besitzers direkt ins Dorf führt.

Am Hamilton Dr und an den umliegenden Straßen im östlichen Teil der Stadt stehen mehrere gute B & Bs.

ESSEN

Die Restaurantszene von Lake Tekapo ist nach wie vor eher unspektakulär, aber die meisten Lokale halten sich dank dem Durchreiseverkehr und den Buskarawanen ganz gut über Wasser. Zum Mittagessen kann man sich im Supermarkt oder in der Bäckerei auch ein Picknick zusammenpuzzeln.

LP Tipp **Astro Café** (Mt. John Observatory; Kaffee & Kuchen 4–8 NZ$; ☻ 9–18 Uhr) Von diesem winzigen Glaspavillon auf dem Mt. John bietet sich ein atemberaubender Rundblick über das gesamte Mackenzie-Becken. Besser könnte die Location für ein Café nicht sein. Kaffee und Kuchen sind auch ganz gut. Bei unserem letzten Besuch hatte sich das Sortiment um Sandwiches mit saftig-frischem Schinken erweitert. Nach Einbruch der Dunkelheit wird das Café zum Schauplatz für Astrofotografie (S. 626) mit dem örtlichen Fotografen Fraser Gunn.

Pepe's (☎ 03-680 6677; SH8; Gerichte 15–30 NZ$; ☻ 18 Uhr–open end) Große Sitzecken und Deko rund ums Thema Ski an den Wänden – das rustikale Pepe's ist ein gemütliches Lokal, das gute Pizza und Pasta auftischt. Einige Bezeichnungen sind albern (jemand eine Portion Vinnie's Venison oder Spag Bol Bada Bing?), aber alles schmeckt lecker. Abends kann man hier prima in Ruhe ein Gläschen genießen.

Kohan (☎ 03-680 6688; SH8; Mittagessen 10–14 NZ$, Abendessen 22–35 NZ$; ☻ Mo–So 11–14 & Mo–Sa 18–19 Uhr) Die Deko wirkt etwas uninspiriert, aber eigentlich schaut man sowieso auf den See und die Berge draußen. Das japanische Essen gehört definitiv zum besten auf der gesamten Insel. Die Lachsfarm gleich um die Ecke garantiert, dass das Sashimi immer ultrafrisch ist. Der Mittagstisch ist preiswert.

Reflections (☎ 03-680 6808; SH8; Mittagessen Hauptgerichte 10–17 NZ$, Abendessen Hauptgerichte 25–32 NZ$; ☻ 8 Uhr–open end) Unbedingt einen Tisch draußen mit Seeblick schnappen – und versuchen, über den Minigolfplatz hinwegzusehen – und dann von der Karte wählen, auf der gebratenes Wild und gebackener Mt.-Cook-Lachs stehen. Der Mittagstisch ist bodenständiger (Burger, Salate). Nebenan im städtischen Pub kann's auch mal später werden.

Im **Four Square Supermarket** (SH8; ☻ 7–21 Uhr) und der nahen **Bäckerei** (☎ 03-680 655; SH8; ☻ 7–16 Uhr) können Vorräte aufgefüllt werden.

AN- & WEITERREISE

Busverbindungen nach Queenstown und Wanaka im Süden sowie nach Christchurch im Norden werden von **Atomic Shuttles** (☎ 03-349 0697; www.atomictravel.co.nz), **InterCity** (☎ 03-365 1113; www.intercity.co.nz) und **Southern Link Coaches** (☎ 0508 458 835; www.southernlinkcoaches.co.nz) angeboten. Eine einfache Fahrt kostet ca. 30 NZ$.

Cook Connection (☎ 0800 266 526; www.cookconnect.co.nz) verkehrt nach Mt. Cook (einfache Strecke 30 NZ$, 1-mal tgl.); für 20 NZ$ mehr kann man von Mt. Cook bis nach Twizel weiterfahren. Die Reise dauert allerdings länger als einen Tag.

Mt. Cook Salmon Farm

15 km westlich von Lake Tekapo zeigt ein Schild am SH8 die Abzweigung zu einer Lachszucht, der **Mt. Cook Salmon Farm** (☎ 03-435 0585; www.mtcooksalmon.com; Canal Rd; Erw./Kind 2 NZ$/frei; ☻ bei Tageslicht) an. Der Zuchtbetrieb arbeitet mit einem hydroelektrischen Kanalsystem und liegt 12 km hinter der Ausfahrt. Die malerische Fahrt am Kanal entlang führt an einigen beliebten Angelstellen vorbei. Unterwegs hat man einen tollen Blick auf den Mt. Cook. Wer will, kann an der Farm anhalten und die Fische füttern oder Räucherlachs oder frischen Fisch zum Abendessen mitnehmen.

Lake Pukaki

Am Südufer des Lake Pukaki, 45 km südwestlich von Lake Tekapo und 2 km nordöstlich der Ausfahrt zum Mt. Cook, befindet sich das **Lake Pukaki Visitor Information Centre** (☎ 03-435 3280; info@mtcooknz.com; SH8; ☻ Okt.–April 9–18 Uhr, Mai-Sept. 10–16 Uhr), das massenweise Informationen über das Mackenzie Country bereithält.

BLAUE WEITE

Die leuchtend türkisblaue Farbe des Lake Pukaki – der dieses Merkmal mit anderen Seen der Region teilt, z.B. mit dem Lake Tekapo – ist auf das „Gesteinsmehl" (Sediment) im Wasser zurückzuführen. Dieses Mehl entstand, als das Becken des Sees von Gletschern mit Steinen an der Unterseite ausgehöhlt wurde, die über die Erdoberfläche wanderten. Dabei wurden durch die Reibung von Stein auf Stein feine Partikel abgeschmirgelt, die sich schließlich mit dem Schmelzwasser des Gletschers vermischten. Dieses Sediment gibt dem Wasser sein milchiges Aussehen und bricht das Licht der Sonnenstrahlen, wodurch die leuchtende Farbe entsteht.

Das Highlight hier ist jedoch zweifellos der tolle **Aussichtspunkt**, von dem aus man an klaren Tagen einen fantastischen Blick auf den ultrablauen See sowie den Mt. Cook und die umliegenden Gipfel hat – fast wie gemalt.

Twizel
1015 Ew.
Noch vor nicht allzu langer Zeit wurde Twizel knapp 10 km südlich des Lake Pukaki von den Neuseeländern belächelt. Ursprünglich wurde der Ort 1968 als Basis für den Bau eines nahe gelegenen Wasserkraftwerks gegründet und sollte bei dessen Fertigstellung 1984 wieder aufgegeben werden. Doch dank der Hartnäckigkeit der Bewohner hat die Stadt überlebt. Und die Grundstückspreise steigen sogar. Am Seeufer werden neue Viertel errichtet, um die tolle Lage zwischen friedlichen Seen und Bergen zu nutzen. Da der Mt. Cook nur 63 km entfernt liegt, hat sich Twizel mit seinen erschwinglichen Unterkünften und einigen guten Lokalen zur Alternative zum teureren Mt. Cook Village gemausert.

Mitten im Ort liegt das **Twizel i-SITE** (☎ 03-435 3124; www.twizel.com; Twizel Events Centre; ☼ Okt.–April tgl. 9–18 Uhr, Mai–Sept. Di–Sa 10–16 Uhr; 🖳), das auch einen Internetzugang bietet. Ende Januar findet in Twizel das lebhafte Mackenzie Summer Salmon and Wine Festival statt.

Einen Geldautomaten gibt es im Einkaufsviertel. Nicht vergessen: Am Mt. Cook sind keine Geldautomaten vorhanden – also lieber ein paar Dollar extra abheben. Wer mit eigenem Fahrzeug unterwegs ist, sollte vor der Weiterfahrt zum Mt. Cook in Twizel tanken.

AKTIVITÄTEN
Der nahe Lake Ruataniwha ist ein beliebtes Ziel für Ruderer, Bootsausflügler und Surfer. Auch Angler kommen an den Flüssen, Kanälen und Seen auf ihre Kosten. Es gibt hier zahlreiche Führer; im i-SITE nachfragen.

Discovery Tours (☎ 0800 213 868, 03-435 0114; www. discoverytours.co.nz) mit Sitz in Twizel veranstaltet für Kleingruppen geführte Touren im Mackenzie Country und rund um den Aoraki/Mt. Cook, darunter Wanderungen, Helibiking-Trips und einen beliebten zweistündigen Ausflug (Erw./Kind 75/40 NZ$) zu dem Drehort der Schlacht auf dem Pelennor, in der König Théoden von Rohan tödlich verwundet wird (den Film müssen wir nicht mehr nennen, oder?). Es gibt auch eine kürzere Tour (Erw./Kind 30/5 NZ$).

Der Kaki (Schwarzer Stelzenläufer) kommt nur in Neuseeland vor und ist einer der seltensten Vögel des Landes, wenn nicht des Planeten. Ein Zuchtprogramm soll die Population vergrößern, der Ahuriri Conservation Park ist Teil dieses Programms. Im südlich von Twizel gelegenen **Kaki Visitor Hide** (☎ 03-435 3124; Erw./Kind 15/7 NZ$; ☼ Okt.–April 9.30–16.30 Uhr) kann man die scheuen Burschen aus der Nähe betrachten. Die einstündige Führung unbedingt im Voraus buchen; weitere Infos gibt's beim i-SITE von Twizel (um zum Hide zu gelangen, braucht man ein eigenes Verkehrsmittel).

Helicopter Line (☎ 0800 650 652, 03-435 0370; www. helicopter.co.nz; Wairepo Rd) fliegt von einem Stützpunkt neben dem Mackenzie Country Inn über die Umgebung des Mt. Cook. Zu den Panoramaflügen (25–60 Min.; 220–525 NZ$) gehört eine Landung im Schnee.

SCHLAFEN
High Country Lodge & Backpackers (☎ 03-435 0671; www.highcountrylodge.co.nz; Mackenzie Dr; B 25 NZ$, DZ mit/ohne Bad 85/75 NZ$, Wohneinheit 115–150 NZ$; 🖳 🛜) Diese ausgezeichnete, preisgünstige Unterkunft war mal ein Hostel für Bauarbeiter, aber die neuen Besitzer haben ihm eine Rundumerneuerung mit bunten Vorhängen und Leintüchern gegönnt. Auch in den paar separaten Motelwohneinheiten bekommt man richtig was für seine Kiwi-Pesos. YHA-Mitglieder erhalten Rabatt.

Parklands Alpine Tourists Park (☎ 03-435 0507; www.parklandstwizel.co.nz; 122 Mackenzie Dr; Stellplatz ohne/mit Strom 28/30 NZ$, B 25 NZ$, Hütte & Cottage DZ 85–100 NZ$; 🖳 🛜) Die Unterkünfte befinden sich in einer bunt renovierten ehemaligen Entbindungsklinik auf einem grünen, mit Blumen verzierten Gelände. Die modernen Cottages für Selbstversorger sind recht preiswert.

Mountain Chalet Motels (☎ 0800 629 999, 03-435 0785; www.mountainchalets.co.nz; Wairepo Rd; B/DZ ab 25/105 NZ$) Vielfach empfohlenes Haus mit gut ausgestatteten Selbstversorger-Chalets in A-Form. Die günstigsten Quartiere sind die Wohnstudios, aber für Familien und größere Gruppen stehen auch mehrere Zweizimmer-Optionen zur Verfügung. Außerdem gibt's eine kleine, entspannte Lodge, die sich bestens für Backpacker eignet.

`LP Tipp` **Omahau Downs** (☎ 03-435 0199; www. omahau.co.nz; SH8; Cottage DZ 115 NZ$, B&B DZ 135 NZ$; ☼ Juni–Aug. geschl.) Nichts ist erholsamer, als in diesem ländlichen Bauernhaus 2 km nördlich von Twizel die Seele baumeln zu lassen. Das Omahau Downs wird von einem sehr relaxten neuseeländisch-südafrikanischen Pärchen geführt und hat mit zwei gemütlichen Selbstversorger-Cottages für bis zu vier Gäste und einer B & B-Lodge mit supermodernen Zimmern und Panoramaveranda zur Ben Ohau Range für jeden Geschmack das Richtige. Die Erfahrung, draußen ein mit Holz beheiztes Bad (20 NZ$) im Mondlicht zu nehmen, sollte man sich nicht entgehen lassen. Nur nicht den Fehler machen, nur eine Nacht zu buchen!

Matuka Lodge (☎ 03-435 0144; www.matukalodge. co.nz; Old Station Rd; DZ inkl. Frühstück 465–535 NZ$; 🖥 🛜) Das von Farmland und Bergen umgebene luxuriöse B & B verbindet modernes Design mit Antiquitäten und Orientteppichen, die von den Reisen des Besitzers stammen. Die Bibliothek voller Lonely Planet Bände zeugt von seiner Wanderlust – Traveller dürfen sich also auf interessante Plaudereien bei einem Gläschen nach dem Abendessen freuen. Das Frühstück mit Freilandeiern aus der Region und Lachs, das ein Stück die Straße rauf im Twizel Aoraki Smokehouse serviert wird, ist ebenfalls ein Anlass für Vorfreude.

Ebenfalls empfehlenswert:

Colonial Motel (☎ 0800 355 722, 03-435 0100; www.colonialmoteltwizel.co.nz; 38 Mackenzie Dr; DZ 110–120 NZ$; 🖥 🛜)

Aspen Court Motel (☎ 0800 277 364, 03-435 0274; www.aspencourt.co.nz; 10 Mackenzie Dr; DZ 130–150 NZ$; 🖥 🛜)

ESSEN & AUSGEHEN

Poppies Cafe (☎ 03-435 3308; 1 Benmore Pl; Frühstück/ Mittagessen 9–18 NZ$, Abendessen Hauptgerichte 24–32 NZ$; 🕑 Sommer 9 Uhr–open end, im Winter kürzer) Das vielseitige Poppies ist eine noble Erweiterung der Restaurantszene von Twizel. Mittags gibt's leichtere Gerichte wie thailändischen Rindfleischsalat, während das Abendessen mit Steak *frites* und Rehschnitzel eine etwas formellere Angelegenheit ist. Das Poppies befindet sich am Stadtrand in der Nähe des Mackenzie Country Inn.

Shawty's Café (☎ 03-435 3155; 4 Market Pl; Frühstück & Mittagessen 9–19 NZ$, Abendessen Hauptgerichte 20– 28 NZ$; 🕑 8.30 Uhr–open end) Coole Beats und hervorragendes lokales Bier schaffen eine für Twizel überraschend stilvolle Atmosphäre. Das üppige Frühstück und die Gourmet-Pizzas (12–25 NZ$) sind ein guter Start in bzw. ein guter Abschluss für einen aktiven Tag in der bergigen Region.

Jasmine Thai Café (☎ 03-435 3232; 1 Market Pl; Mittagessen 10 NZ$, Abendessen Hauptgerichte 10–16 NZ$; 🕑 Di–So 11–14 & 17–22 Uhr) Thailand *meets* Twizel und bringt die pikanten Aromen unseres südostasiatischen Lieblingsstrands mit. Alkohol muss jeder selbst mitbringen; wer will, kann sich vor dem Essen im Four Square Supermarket ein paar kühle Biere holen, um der – authentischen – Hitze entgegenzuwirken.

Hunter's Cafe & Bar (☎ 03-435 0303; 2 Market Pl; Gerichte 18–30 NZ$; 🕑 Mo–Do & Sa 11–14.30 & 17–20.30, Fr 11–20.30, So 11–14.30 Uhr) Ein luftiges Lokal mit großzügigen Hauptgerichten, die aus heimischen Produkten hergestellt werden (Lachs aus dem nahen Lake Benmore und feines Rinderfilet), sowie billigeren Barsnacks. Später am Abend verwandelt es sich in eine Kneipe.

Die neu eröffnete **Grappa Lounge** (🕑 Mi–Fr 17 Uhr–open end, Sa & So 13 Uhr–open end) neben dem Shawty's ist perfekt für Cocktailfans. Der eine oder andere bleibt hier womöglich länger auf, als er wollte. Im Sommer gibt's gelegentlich Livemusik und DJ-Auftritte.

AN- & WEITERREISE

Zahlreiche Busunternehmen wie **Atomic Shuttles** (☎ 03-349 0697; www.atomictravel.co.nz), **InterCity/ Newmans** (☎ 03-365 1113; www.intercity coach.co.nz) und **Southern Link Coaches** (☎ 0508 458 835; www. southernlinkcoaches.co.nz) fahren weiter nach Mt. Cook, Queenstown und Wanaka sowie Richtung Norden nach Christchurch.

Cook Connection (☎ 0800 266 526; www.cookconnect. co.nz) fährt nach Mt. Cook (einfache Strecke 22 NZ$, 1-mal tgl.), für 28 NZ$ extra geht's weiter nach Tekapo. Die Fahrt kann länger als einen Tag dauern.

Naked Bus (www.nakedbus.com) fährt nach Christchurch und Queenstown/Wanaka.

Lake Ohau & Ohau Forests

Das DOC verwaltet sechs Wälder in der Gegend des Lake Ohau (Dobson, Hopkins, Huxley, Temple, Ohau und Ahuriri). Die vielen Wanderwege in dem riesigen Freizeitgebiet sind in der DOC-Broschüre *Ohau Conservation Area* (1 NZ$) beschrieben; für abenteuerlustige Wanderer stehen überall Hütten und Campingplätze zur Verfügung.

Die **Lake Ohau Lodge** (☎ 03-438 9885; www.ohau. co.nz; Lake Ohau Rd; EZ 94–165 NZ$, DZ 100–190 NZ$) liegt idyllisch am Westufer des Lake Ohau, 42 km westlich von Twizel. Die angegebenen Preise beziehen sich nur auf die Unterkunft – von Backpacker-Style bis vornehm mit Terrasse und Bergblick ist alles zu bekommen. Es gibt allerdings auch gute DB & B-Angebote.

Im Winter ist die Lodge Ausgangsbasis für das **Skigebiet Ohau** (s. S. 92). Im Sommer hat man hier mehr Ruhe.

AORAKI/MT. COOK NATIONAL PARK

Der spektakuläre 700 km² große Aoraki/Mt. Cook National Park bildet mit den Nationalparks Fiordland, Mt. Aspiring und Westland die Southwest New Zealand (Te Wahipounamu) World Heritage Area, die sich vom Cook River in Westland bis Fiordland erstreckt. Der Park wird von den Southern Alps und den Gebirgsketten Two Thumb, Liebig und Ben Ohau begrenzt. Mehr als ein Drittel des Gebiets ist dauerhaft von Schnee und Gletschereis bedeckt.

Von den 27 Dreitausendern Neuseelands liegen 22 in diesem Park. Der höchste ist der mächtige Mt. Cook – mit 3755 m ist er zugleich der Rekordhalter Australasiens. Die Maori haben ihn nach einer Gottheit Aoraki (der die Wolken durchbohrt) benannt, Kapitän John Lort Stokes vom Erkundungsschiff HMS Acheron diente James Cook als Namensgeber.

Das Gebiet um den Mt. Cook war immer das Ziel von Bergsteigern in Neuseeland. Am 2. März 1882 scheiterten William Spotswood Green und seine zwei Schweizer Kameraden bei einem dramatischen 62-stündigen Aufstieg mit ihrem Versuch, den Mt. Cook zu bezwingen. Zwei Jahre später wurden drei Bergsteiger aus der Umgebung, Tom Fyfe, George Graham und Jack Clarke, durch die Nachricht angespornt, dass zwei bekannte europäische Bergsteiger sich am Berg versuchen wollten. Sie setzten sich in den Kopf, den Berg vor ihnen zu erklimmen. An Weihnachten 1884 erreichten sie über den Hooker Glacier und den Nordgrat den Gipfel – eine für die damalige Zeit brillante Leistung.

1913 war die australische Bergsteigerin Freda du Faur die erste Frau auf dem Gipfel. 1948 wählte Sir Edmund Hillary zusammen mit Tenzing Norgay den südlichen Grat als Route – Hillary war später der erste Mensch auf dem Mt. Everest. Seither ist der Berg auch über die gefährlichen Strecken erklommen worden. Die anderen großen Berge der Region haben so klangvolle Namen wie: Sefton, Tasman, Silberhorn, Malte Brun, La Perouse, Hicks, De la Beche, Douglas und The Minarets. Viele können vom Westland National

Park aus bestiegen werden. Auf beiden Seiten der Wasserscheide gibt es ein Netz von Bergsteigerhütten.

Der Mt. Cook bietet einen wundervollen Anblick – sofern keine Wolken stören. Die meisten Besucher werden in Reisebussen herangekarrt; sie steigen vor dem Hermitage Hotel aus, machen ein paar Fotos und rasen dann auf dem SH80 wieder ins Tal. Man sollte den großartigen Gipfel und die ebenso prächtige Landschaft der Umgebung aber lieber in Ruhe genießen und einen der tollen kurzen Wanderwege ausprobieren. Unterwegs begegnet man vielleicht einem Tahr (Hemitragus), einem Paarhufer, der einer Ziege ähnelt und ein ausgezeichneter Kletterer ist; außerdem sind die etwas kleineren und leichter gebauten, ebenfalls klettertüchtigen Gämsen und auch Rotwild zu erspähen. Und am Wegrand blühen im Sommer die Mt.-Cook-Lilie (eine Hahnenfußsorte), Berggänseblumen, Enzian und das Edelweiß.

Praktische Informationen

Das **DOC Aoraki/Mt. Cook Visitor Information Centre** (☎ 03-435 1186; mtcookvc@doc.govt.nz; 1 Larch Grove; ⏰ Okt.–April 8.30–17, Mai–Sept. bis 16.30 Uhr) informiert über Wetterbedingungen, geführte Touren und Wanderrouten und verleiht Signalleuchten für Wanderer (35 NZ$). Das Zentrum wurde kürzlich erweitert und zeigt ausgezeichnete Ausstellungen zu Flora, Fauna und zur Geschichte der Mt.-Cook-Region. Näheres gibt's online unter www.mtcooknz.com. Die meisten Aktivitäten kann man hier oder am Activities Desk im Sir Edmund Hillary Alpine Centre buchen.

Der **Alpine Guides Shop** (☎ 03-435 1834; www.alpineguides.co.nz; Retail Centre, The Hermitage; ⏰ 8–17 Uhr) verkauft Reisebekleidung und -accessoires sowie Bergsteigerausrüstung und verleiht außerdem Eispickel, Steigeisen, Marschrucksäcke und Schlafsäcke.

Internetzugang – auch WLAN – gibt's im Old Mountaineer's Café (S. 635).

In Twizel und Lake Tekapo kann man Lebensmittel und Benzin kaufen. Gut zu wissen: In Mt. Cook gibt's keine Banken.

Sehenswertes
TASMAN GLACIER

Zugegeben, weiter oben offenbart der **Tasman Glacier** zwar eine spektakuläre Eisfläche, unten ist er jedoch ziemlich hässlich. Wenn ein Gletscher schrumpft, schmilzt er normalerweise von unten nach oben. Der Tasman Glacier allerdings verläuft auf den letzten Kilometern fast waagerecht, weshalb er in den letzten Jahrzehnten von oben nach unten geschmolzen ist und dabei ein Geröllchaos freigelegt hat. So kommt es, dass das Ablationsgebiet (die Schmelzzone) des Gletschers fast durchgängig mit Ablagerungen bedeckt ist, die die Schmelzgeschwindigkeit verzögern und ihn wenig attraktiv erscheinen lassen.

Obwohl der Gletscher stark geschmolzen ist, soll sein Eis bei der Ball Hut immer noch mehr als 600 m dick sein! Bei seinem letzten großen Wachstum vor 17 000 Jahren hat er sich so weit nach Süden vorgeschoben, dass er das Becken des Lake Pukaki ausgeschliffen hat. Als er das nächste Mal vorrückte, hat er das Tal nicht mehr erreicht. Somit verläuft die Old Ball Hut Rd zwischen den Wänden des äußeren Tals und den seitlichen Muränen der letzten Ausdehnung.

Wie der Fox und der Franz Josef Glacier jenseits der Wasserscheide bewegen sich auch die Gletscher am Mt. Cook recht flott vorwärts. Das **Alpine Memorial**, untergebracht am ehemaligen Standort des Hermitage am Hoo-ker Valley Track, erinnert an einen der ersten Bergsteigerunfälle am Mt. Cook und verdeutlicht dabei zugleich das Tempo des Gletschers: 1914 kamen drei Kletterer durch eine Lawine ums Leben. Seinerzeit konnte nur eine der Leichen geborgen werden; zwölf Jahre später kam dann eine weitere mit dem Schmelzwasser am weiter unten gelegenen Hochstetter Gletscherbruch zum Vorschein – 2000 m unterhalb der Unglückstelle!

HERMITAGE

Das Hermitage mit seiner phantastischen Sicht auf den Mt. Cook ist wahrscheinlich das berühmteste Hotel Neuseelands. Das ursprüngliche Hotel wurde 1884 gebaut – damals waren Reisende von Christchurch zum Mt. Cook noch mehrere Tage unterwegs. Es wurde 1913 bei einer Überschwemmung zerstört; die Fundamente kann man im Hooker Valley, 2 km abseits des heutigen Hermitage, noch sehen. Der zweite Bau wurde 1957 durch ein Feuer zerstört. Das heutige Hermitage wurde an derselben Stelle errichtet und erhielt zu Beginn des neuen Jahrtausends einen neuen Flügel.

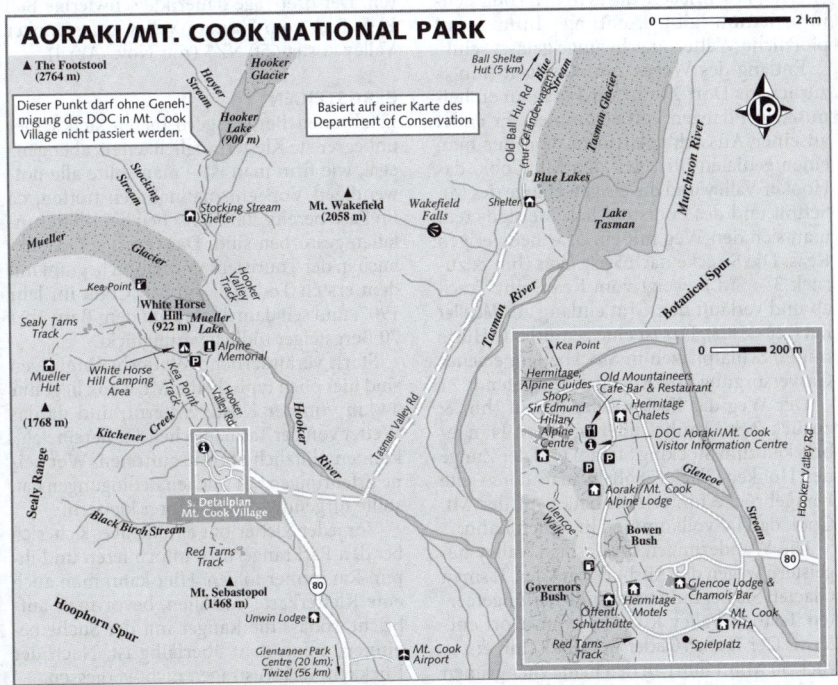

AORAKI/MT. COOK NATIONAL PARK

Ende 2007 feierte das **Sir Edmund Hillary Alpine Centre** (☎ 0800 686 800; www.hermitage.co.nz; The Hermitage; Erw./Kind/Fam. ab 26/13/52 NZ$; ⏰ 8 Uhr–open end) seine Eröffnung – nur drei Wochen vor dem Tod des vielleicht größten Neuseeländers aller Zeiten. Sir Eds Kommentare für das Museum wurden nur wenige Monate vor seinem Tod im Januar 2008 aufgezeichnet.

Zum Zentrum gehören auch ein Kuppelplanetarium und ein Kino, in dem drei Spielfilme sowie der eigens produzierte 3D-Streifen *Mount Cook Magic* gezeigt werden. Am ergreifendsten sind aber die zahllosen persönlichen Erinnerungsstücke des im ganzen Land geliebten „Sir Ed". Im Museum wird in Dauerschleife eine Dokumentation gezeigt, die sich mit der Wohltätigkeits- und Entwicklungsarbeit befasst, die Sir Edmund Hillary in den Jahrzehnten nach dem Bezwingen des Mt. Everest im Jahr 1953 leistete.

Aktivitäten
WANDERN & TREKKEN
Mehrere leichte Wanderungen in der Umgebung des Hermitage sind in der Broschüre *Walks in Aoraki/Mt. Cook National Park* (1 NZ$) beschrieben, die es in der Touristeninformation gibt. Achtung: Immer auf plötzliche Wetterumschwünge gefasst sein!

Entlang des Weges zum **Kea Point** (hin & zurück ins Dorf 2 Std.) wird man an einheimischen Pflanzen vorbeikommen. Er endet an einer Aussichtsplattform, von der man einen genialen Blick auf den Mt. Cook, das Hooker Valley und die eisigen Hänge des Mt. Sefton und des Footstool hat. Meistens teilt man sich den Weg mit ein paar neugierigen Keas. Die Strecke nach **Sealy Tarns** (hin & zurück 3–4 Std.) zweigt vom Kea Point Track ab und verläuft den Grat entlang zur **Mueller Hut** (B 30–35 NZ$). Das ist eine gemütliche Hütte mit 30 Schlafplätzen in Stockbetten, eigener Gasversorgung und Kochgelegenheiten.

Der Weg das **Hooker Valley** hinauf (hin & zurück 3 Std.) führt über mehrere Hängebrücken zum Stocking Stream und der Zunge des Hooker Glacier. Sobald man die zweite Hängebrücke hinter sich hat, zieht der Mt. Cook das Tal vollkommen in seinen Bann.

Die Wanderungen im Tasman Valley begeistern wegen der Ausblicke auf den Tasman Glacier. Sie beginnen am Ende der ungeteerten Tasman Valley Rd, 8 km vom Dorf entfernt. Der **Tasman Glacier View Track** (hin & zurück 50 Min.) führt an den heute eher grünen

als blauen **Blue Lakes** vorbei zu einem Aussichtspunkt an der Muräne.

Wer in einer der Hütten des Parks unterkommen möchte, muss sich im Visitor Information Centre anmelden und dort die Übernachtungsgebühr bezahlen.

Längere Wanderungen
Längere Touren sind nur etwas für erfahrene Bergsteiger: Die Bedingungen in größeren Höhen sind hart und die Tracks gefährlich. Viele ließen hier ihr Leben. Die meisten Wanderer sollten nicht mal im Traum daran denken, sich hier auf den Weg zu machen.

Geführte Wanderungen
Von November bis März bietet **Ultimate Hikes** (☎ 0800 686 800, 03-435 1899; www.ultimatehikes.co.nz; ganztägige Wanderung Erw./Kind 105/65 NZ$) 8 km lange Tageswanderungen vom Hermitage durch das Hooker Valley zum See am Ende des Hooker Glacier an.

Alpine Recreation (☎ 0800 006 096, 03-680 6736; www.alpinerecreation.com) mit Sitz in Lake Tekapo organisiert in der Gegend geführte Höhenwanderungen, Bergsteigerkurse und Skitouren. Der drei Tage dauernde schwierige Ball Pass Trek vom Tasman Valley zum Hooker Valley kostet 650 NZ$ (nur Nov.–April).

BERGSTEIGEN
Erfahrenen Bergsteigern bieten sich schier unbegrenzte Klettermöglichkeiten, aber ganz egal, wie firm man ist – man sollte alle notwendigen Vorsichtsmaßnahmen treffen, da im Park bereits 200 Menschen bei Kletterunfällen gestorben sind. Das traurige Gedenkbuch in der Touristeninformation beginnt mit dem ersten Todesfall am Mt. Cook im Jahr 1907, und seit damals sind auf dem Berg über 70 Bergsteiger tödlich verunglückt.

Stark veränderliche Wetterbedingungen sind hier oben typisch; der Mt. Cook liegt nur 44 km von der Küste entfernt, und da das Wetter von der Tasmanischen See hereinzieht, können plötzlich Stürme auftreten. Wer keine Erfahrungen mit solchen Bedingungen hat, sollte nirgendwo ohne Führer klettern.

Vor jeder Klettertour empfiehlt es sich, sich bei den Parkrangern zu informieren und ihrem Rat immer folgen. Hier kann man auch eine Kletterkarte ausfüllen, bevor man aufbricht, sodass die Ranger mit der Suche beginnen, wenn man überfällig ist. Nach der Rückkehr das Austragen nicht vergessen!

TITANIC-SZENERIE AUF DEM LAKE TASMAN

Das Letzte, was man nur einige Kilometer vom höchsten Berg Neuseelands entfernt zu sehen erwartet, ist ein Labyrinth aus riesigen Eisbergen. Es ist total surreal, in einem Schlauchboot (S. 633) zwischen den 500 Jahre alten Eisinseln auf dem Lake Tasman im Aoraki/Mt. Cook National Park hindurchzufahren. Das Eis mag Jahrhunderte alt sein, aber den See gibt es erst seit ein paar Jahrzehnten. Der Lake Tasman entstand vor etwa 30 Jahren, als riesige Eisbrocken von der Zunge des Tasman-Gletschers abbrachen.

Der mit Eis übersäte See ist ständigen Veränderungen ausgesetzt, und es besteht stets die Gefahr, dass einer der Eisberge bricht. Es kann schon ausreichen, dass über Nacht eine Puderzuckerschicht Schnee fällt, um das Gleichgewicht eines Eisbergs zu stören und dazu führen, dass er im kalten Wasser trudelt. Schon bei mäßigem Wind kann sich die Position der schwimmenden Inseln stündlich ändern.

Wer in ein paar Jahren wiederkommt, wird sehen, dass sich einer der jüngsten und kältesten Seen Neuseelands durch die Auswirkungen des Klimawandels weiter vergrößert haben wird.

Alpine Guides (☎ 03-435 1834; www.alpineguides. co.nz; Retail Centre, The Hermitage; ⊙ Nov.–April) veranstaltet geführte Klettertouren und Kurse, von den sechstägigen Einführungskursen „Mountain Experience" (1995 NZ$) bis zu einer sechstägigen Besteigung des Mt. Cook (4950 NZ$). Alpine Guides verleiht und verkauft außerdem Bergsteiger- und Wanderausrüstung im **Laden** (⊙ 8–17 Uhr) neben dem Sir Edmund Hillary Centre.

Alpine Recreation (☎ 0800 006 096, 03-680 6736; www.alpinerecreation.com; ⊙ Nov.–April) hat ebenfalls ein Winterprogramm (Juli–Sept.) mit Kletterkursen (4-tägige Klettereinführung 1350 NZ$) sowie geführte Besteigungen des Mt. Cook oder Mt. Tasman (4000 NZ$) im Programm.

SKITOUREN & HELISKIING

Alpine Guides (☎ 03-435 1834; www.alpineguides.co.nz; Retail Centre, The Hermitage; ⊙ Juli–Sept.) veranstaltet maßgeschneiderte Skitouren, Skiwanderungen und im Winter Bergkurse. Die Firma ist auf Gletscher-Skitouren (www.skithetasman. co.nz) und Heliskiing (www.wildernessheli. co.nz) auf den höchsten Gipfeln Neuseelands spezialisiert. Von Queenstown aus werden außerdem die Touren „Ski the Tasman" und „Wilderness Heliski" angeboten.

Southern Alps Guiding (☎ 027 342 277, 03-435 1890; www.mtcook.com) bietet verschiedene Heliski- und Snowboardoptionen an, u. a. am Tasman Glacier (775 NZ$). Näheres erfährt man im Old Mountaineers Café (S. 635).

Alpine Recreation (☎ 0800 006 096, 03-680 6736; www.alpinerecreation.com) veranstaltet ein Winterprogramm (Juli–Sept.) mit zweitägigen Touren durch das Hochland rund um den Lake Tekapo, wahlweise mit Skiern oder Schneeschuhen (650 NZ$), und bietet weitere Möglichkeiten, die Berge zu Fuß zu erkunden.

RUNDFLÜGE

Mount Cook Ski Planes (☎ 0800 800 702, 03-430 8034; www.mtcookskiplanes.com), stationiert am Mt. Cook Airport, veranstaltet 40-minütige (Erw./Kind 375/275 NZ$) und 55-minütige (Erw./Kind 495/375 NZ$) Rundflüge, beide mit Schneelandungen. Rundflüge ohne Landung sind billiger (25-minütiger Mini-Tasman-Flug Erw./Kind 255/210 NZ$).

Vom Glentanner Park aus kann man mit **Helicopter Line** (☎ 0800 650 651, 03-435 1801; www. helicopter.co.nz) 20-minütige Bergrundflüge (210 NZ$), einen atemberaubenden 30-Minuten-Flug über die Ben Ohau Range (295 NZ$) und einen 45-minütigen Mountains-High-Rundflug über den Tasman Glacier und zum Mt. Cook (390 NZ$) unternehmen. Alle Flüge beinhalten eine Landung im Schnee.

Weitere Anbieter sind Air Safaris (s. S. 626) und die Filiale von Helicopter Line (s. S. 628) in Twizel.

SONSTIGE AKTIVITÄTEN

Das Visitor Information Centre, das Hermitage, das YHA und der Glentanner Park halten Informationen bereit und führen Buchungen von Aktivitäten und Touren durch. Letztere sind jedoch wetter- und saisonabhängig.

Glacier Explorers (☎ 0800 686 800, 03-435 1809; www. glacierexplorers.com; Erw./Kind 130/65 NZ$) veranstaltet Ausflüge auf den See am Fuß des Tasman Glacier. Sie beginnen mit einer 20-minütigen Wanderung zum Ufer des Lake Tasman, wo man in ein eigens dafür konstruiertes Motor-schlauchboot steigt, mit dem man den Jahr-hunderte alten Eisbergen ganz nahe kommt; Details stehen im Kasten auf S. 633. Buchun-gen können am Activities Desk im Sir Ed-mund Hillary Alpine Centre (S. 632) verge-nommen werden.

Glacier Sea-kayaking (☎ 03-435 1890; www.mtcook. com; Ausflüge 110 NZ$; ☽ Mitte April–Okt.) unternimmt dreistündige Kajaktouren um die Eisberge der Gletscherbuchten im Hooker Valley.

Glentanner Horse Trekking (☎ 03-435 1855; www. glentanner.co.nz; 1/2/3 Std. reiten 60/80/150 NZ$; ☽ Nov.–April) veranstaltet geführte Ausritte über das Gelände einer Schafstation im High Country für Anfänger und Fortgeschrittene.

Mit **Tasman Valley 4WD & Argo Tours** (☎ 0800 686 800, 03-435 1809; www.mountcooktours.co.nz; Erw./Kind 130/65 NZ$) können Traveller dreistündige Tou-ren (hin & zurück) mit Geländewagen und Argos (Fahrzeugen mit Achtradantrieb) ent-lang der Moränenwände des Tasman Glacier unternehmen. Begeistern werden die vielfäl-tige Alpenflora und der interessante Kom-mentar unterwegs. Vorab online (empfehlens-wert) oder am Tourenschalter im Hotel Hermitage (S. 631) buchen.

Discovery Tours (☎ 0800 213 868; www.discoverytours. co.nz; Tour 395 NZ$; ☽ Okt.–Mai) veranstaltet Heli-biking-Touren auf einer Station im High Country. Danach kann man bei einer Runde über die Farm wieder runterkommen und die Schafe kennenlernen. Außerdem werden ge-führte Touren angeboten, die Sightseeing vom Van aus mit Wanderungen verbinden, u. a. eine geführte Wanderung durch die wilde Natur der Ball Rigde (ab 130 NZ$, Nov.–Mai).

Schlafen

Camper und Wanderer können die **öffentliche Schutzhütte** (☽ Okt.–April 8–19 Uhr, Mai–Sept. bis 17 Uhr) im Dorf nutzen, die fließendes Wasser, Toiletten und Münzduschen hat. Die Unter-künfte im Mt. Cook Village sind teuer; es ist zu überlegen, in Twizel (S. 628) abzusteigen und den Mt. Cook im Rahmen eines Tages-ausflugs zu besuchen.

White Horse Hill Camping Area (☎ 03-435 1186; Hooker Valley; Erw./Kind 6/3 NZ$) Der schlechte DOC-Campingplatz am Beginn des Hooker Valley Track 2 km vom Aoraki/Mt. Cook Vil-lage entfernt. Hier muss man sich selbst an-melden. Es gibt fließendes Wasser (vor dem Trinken abkochen) und neue Sanitäranlagen, aber weder Strom noch Kochgelegenheit.

Unwin Lodge (☎ 03-435 1100; www.alpineclub.org. nz; SH80; B 25 NZ$; ▣) Etwa 3,5 km vor dem Ort liegt diese Lodge des New Zealand Alpine Club (NZAC). Clubmitglieder werden vor-rangig behandelt, in der Regel ist aber immer noch ein Bett zu haben. Es gibt einfache Dop-pelstockbetten und einen großen Gemein-schaftsraum mit Kamin, Küche und tollem Blick auf den Tasman Glacier.

Glentanner Park Centre (☎ 0800 453 682, 03-435 1855; www.glentanner.co.nz; Stellplatz ohne/mit Strom 32/36 NZ$, B 25 NZ$, Hütte 80–125 NZ$) Die Anlage am Nordufer des Lake Pukaki ist der am nächsten zum Nationalpark gelegene komplett ausge-stattete Campingplatz. Auf den 25 km weiter nördlich gelegenen Mt. Cook hat man einen großartigen Ausblick. Es gibt auch diverse Hütten, einen Schlafsaal (Okt.–April geöffnet) und ein Restaurant. Außerdem kann man hier Touren und Aktivitäten buchen.

Mt. Cook YHA (☎ 03-435 1820; www.yha.co.nz, mt cook@yha.org.nz; Ecke Bowen & Kitchener Dr; B/DZ 30/100 NZ$; ▣ ⓦ) Das exzellente Hostel hat eine kosten-lose Sauna, einen Raum zum Wäschetrock-nen, wärmende Kamine und DVDs. Die Zim-mer sind sauber und geräumig. Es gibt auch familien- und behindertengerechte Zimmer. Es ist dringend zu empfehlen, mindestens ein paar Tage im Voraus zu buchen. Wer auf dem Weg in die Berge ist, kann hier auch sein Ge-päck zur Aufbewahrung lassen.

LP Tipp **Aoraki/Mt. Cook Alpine Lodge** (☎ 03-435 1860; www.aorakialpinelodge.co.nz; Bowen Dr; DZ 159–179 NZ$, 3BZ/4BZ 164/164 NZ$, FZ 200–225 NZ$; ▣ ⓦ) Mit den bunten türkischen Teppichen und Fußbodenheizung heißt diese Lodge Gäste stets herzlich willkommen. Sie ist erst ein paar Jahre alt, gemütlich und mit ihren Zweibett-, Doppel- und Familienzimmern die beste Un-terkunft des Dorfes. Zu den Gemeinschafts-einrichtungen gehören eine riesige Lounge und eine Küche. Wenn man in der Grillecke draußen steht, öffnet sich einem ein grandio-ses Bergpanorama – da kann schon mal Streit darüber aufkommen, wer die Steaks im Auge behalten muss. Zwei neue, geräumigere Zim-mer im Erdgeschoss locken mit einem schlicht spektakulären Blick auf den Mt. Cook.

Hermitage (☎ 0800 686 800, 03-435 1809; www.her mitage.co.nz; Terrace Rd; Zi. 160–585 NZ$; ▣ ⓦ) Ein weitläufiger Komplex, der schon lange die Unterkunft des Dorfes ist und diesen Status, was die Zimmerpreise betrifft, auch zu seinem Vorteil nutzt. Die Zimmer der gut ausgestat-teten A-förmigen Chalets (DZ 235 NZ$) sind

mit einer Küche ausgestattet und bieten Platz
für bis zu vier Personen. In verschiedenen
Flügeln des eigentlichen Hotels stehen auch
Motelwohneinheiten (DZ ab 160 NZ$) und
renovierte Zimmer (DZ 175–585 NZ$) zur
Wahl. Die teureren Zimmer sind wirklich edel
und haben riesige Panoramafenster, aus denen man einen unglaublichen Blick auf den
Mt. Cook hat. Im Winter (Mai–Sept.) sinken
die Preise für die Quartiere.

Essen & Ausgehen

Glentanner Restaurant (☎ 03-435 1855; SH80, Glentanner; Gerichte 10–20 NZ$; ⏲ 9–16 Uhr) Die Einrichtung
mag an eine Schulcafeteria erinnern, aber auf
der Karte stehen eine Menge rustikaler Kiwi-
Klassiker. Mit den Steak-Sandwiches oder den
Fish & Chips kommt man prima auch durch
den längsten Wandertag.

LP Tipp **Old Mountaineers Café, Bar & Restaurant**
(☎ 03-435 1890; Bowen Dr; Hauptgerichte 20–35 NZ$; ⏲ 11
Uhr–open end; 🖳 📶) Im Winter ist es hier urge-
mütlich, und im Sommer genießt man den
Bergblick von den Tischen draußen. Das Lokal bringt erstklassige Burger, Pizza, Pasta und
Salate auf den Tisch und ist eine preiswerte
Alternative zu den Restaurants des Hermitage. Wer ein bisschen länger bleibt und sich
die Zeit mit dem Betrachten der alten
Schwarzweißfotos und der Bergsteiger-Erin-
nerungsstücke vertreibt, ist noch da, wenn um
17 Uhr die zweistündige Happy Hour beginnt.
Gegen Gebühr gibt's auch WLAN.

Das Hermitage (S. 631) hat mehrere Restaurants und Bars. Hungrige können sich
draußen auf der weitläufigen Veranda des
Cafés (⏲ 9–17.30 Uhr) an einen Tisch setzen oder
bis zum Abendessen warten und im **Panorama
Restaurant** (Abendessen Hauptgerichte 25–40 NZ$; ⏲ 18
Uhr–open end) speisen, einem ausgezeichneten
À-la-Carte-Restaurant, das lokale Leckereien
wie gegrillten Mt.-Cook-Lachs, Canterbury-
Lammkarree und in der Pfanne sautiertes
Wild serviert. Das Alpine Restaurant nebenan hat Frühstücks- (17–38 NZ$), Mittags-
(44 NZ$) und Abendessenbüfetts (63 NZ$).

In der Sir Ed's Bar im Sir Edmund Hillary
Alpine Centre oder in der Snowline Lounge
kann man anschließend das Glas auf das phänomenale Alpenpanorama erheben. Es gibt
spezielle Bier- und Weinverkostungstouren,
die auf eigene Faust unternommen werden
können. Sofern Wetter und Wolkendecke es

erlauben, genießt man nebenbei die fantastische Landschaft des Tals, das sich bis zum
charakteristischen Profil des Aoraki/Mt. Cook
erstreckt. Am Nachmittag wird im Hermitage
High Tea (25–55 NZ$) serviert.

Die kleinere, weniger noble **Chamois Bar**
(⏲ Okt.–März tgl. 17 Uhr–open end, April–Sept. nur Do–Sa)
befindet sich im oberen Stock der Glencoe
Lodge, 500 m vom YHA entfernt, und unterhält die Gäste mit einem Billardtisch, Großbild-TV und gelegentlicher Livemusik. Ein
prima Plätzchen, um sich bei einem Burger
oder einer Portion Nachos mit der internationalen Schar der Bergführer und anderen
Reisenden auszutauschen, die das Dorf im
Sommer ihr Zuhause nennen!

An- & Weiterreise

Den kleinen Flughafen des Dorfes nutzen nur
Rundflugunternehmen. Einige von ihnen
lassen sich vielleicht darauf ein, den Transport
an die, sagen wir, West Coast (z. B. Franz
Josef) mit einem Rundflug zu verbinden, aber
die Flüge sind stark wettergebunden.

Das nationale Busunternehmen **InterCity**
(☎ 03-365 1113; www.intercitycoach.co.nz) verbindet
Mt. Cook mit Christchurch (165 NZ$, 5 Std.),
Queenstown (145 NZ$, 4 Std.) und Wanaka
(umsteigen in Tarras, 195 NZ$, 4½ Std.). Die
Busse halten am YHA und am Hermitage, die
beide auch Buchungen durchführen.

Der InterCity-Ableger **Great Sights** (☎ 0800
744 487; www.greatsights.co.nz) bietet von Christchurch Sightseeing-Tagesausflüge (199 NZ$)
sowie Touren von Christchurch nach Queenstown (235 NZ$) über Mt. Cook an.

Die **Cook Connection** (☎ 0800 266 526, 021 583 211;
www.cookconnect.co.nz) unterhält ein Shuttle nach
Glentanner (einfache Strecke 15 NZ$), Twizel
(einfache Strecke 22 NZ$) und Lake Tekapo
(einfache Strecke 28 NZ$). Ab diesen Orten
fahren Anschlussbusse zu größeren Städten
wie Christchurch, Queenstown, Wanaka und
Dunedin. Wer von Lake Tekapo über Mt.
Cook nach Twizel reist oder umgekehrt, muss
insgesamt 50 NZ$ bezahlen; die Fahrt dauert
mehr als einen Tag.

Wer selbst fährt, tankt am besten in Lake
Tekapo oder Twizel auf. In Mt. Cook gibt's
zwar auch Benzin, aber das ist sehr teuer, und
man muss sich normalerweise (gegen Gebühr) einen „Tankwart" im Hermitage organisieren.

CHRISTCHURCH &
CANTERBURY

Dunedin & Otago

Otago birgt städtische wie ländliche Highlights: Hier kann man den Massen von Queenstown entfliehen, in der coolsten Stadt der Südinsel feiern und wilde Tiere hautnah erleben.

Im Herzen Otagos liegt Dunedin, schon lange bekannt als Neuseelands Hochburg der Indie-Musik und studentische Partystadt. Einige fabelhafte Restaurants und Cafés lassen Fast-Food-Essen vergessen und sind eine Labsal für den Magen. Am stattlichen Bahnhof – einem von vielen großartigen viktorianischen Gebäuden der Stadt – starten die berühmte Taieri Gorge Railway ins Landesinnere und Neuseelands beste Radstrecke, der Otago Central Rail Trail.

Wer unbewohnte, entlegene Gegenden mag, wird die winzigen Orte im Inland lieben: Das historische Clyde, das niedliche St. Bathans, oder das scheinbar einem Disney-Film entsprungene Naseby sind wundervolle Fleckchen, die der Tourismus weitgehend verschont hat. Auf der Otago Peninsula sind massenhaft wild lebende Pinguine, Albatrosse, Seelöwen und Robben zu Hause. Und in Oamaru an der Küste warten ein lebhaftes historisches Viertel und nicht weniger quirlige Pinguinkolonien. Fazit: Das gemütliche Otago steckt voller malerischer Landschaften und hat Entdeckern, die es gerne gemächlich angehen lassen, jede Menge zu bieten.

DUNEDIN & OTAGO

HIGHLIGHTS

- In den Bars und Clubs von **Dunedin** (S. 648) zu Livemusik Luftgitarre spielen oder zu den Beats der DJs abtanzen
- An der ruhigen Nordküste des **Otago Harbour** (S. 655) gelassenen Charme erleben
- Auf der **Otago Peninsula** (S. 651) Pinguine, Albatrosse, Seelöwen und Pelzrobben bewundern
- Auf dem **Otago Central Rail Trail** (S. 659) durch wunderschöne braun-goldene Landschaften radeln
- In den Kopfsteinpflasterstraßen des **Oamaru Historic Precinct** (S. 665) den Tagen des Goldrauschs nachspüren

Clyde ★

Otago Central Rail Trail

Oamaru ★

Taieri Gorge Railway

Otago Harbour ★

Otago ★ Peninsula

★ Dunedin

- Sich mit der **Taieri Gorge Railway** (S. 651) durch Schluchten schlängeln, Canyons passieren und über riesige Viadukte fahren
- In malerischen, abgelegenen Dörfern wie **Clyde** (S. 658) Neuseelands südländisches Erbe erkunden
- In den Cafés und Restaurants von **Dunedin** (S. 645) ausgezeichnetes einheimisches Bier und die vielseitige, vorzügliche Gastronomie auskosten

| Vorwahl: 03 | www.dunedinnz.com | www.otago.co.nz |

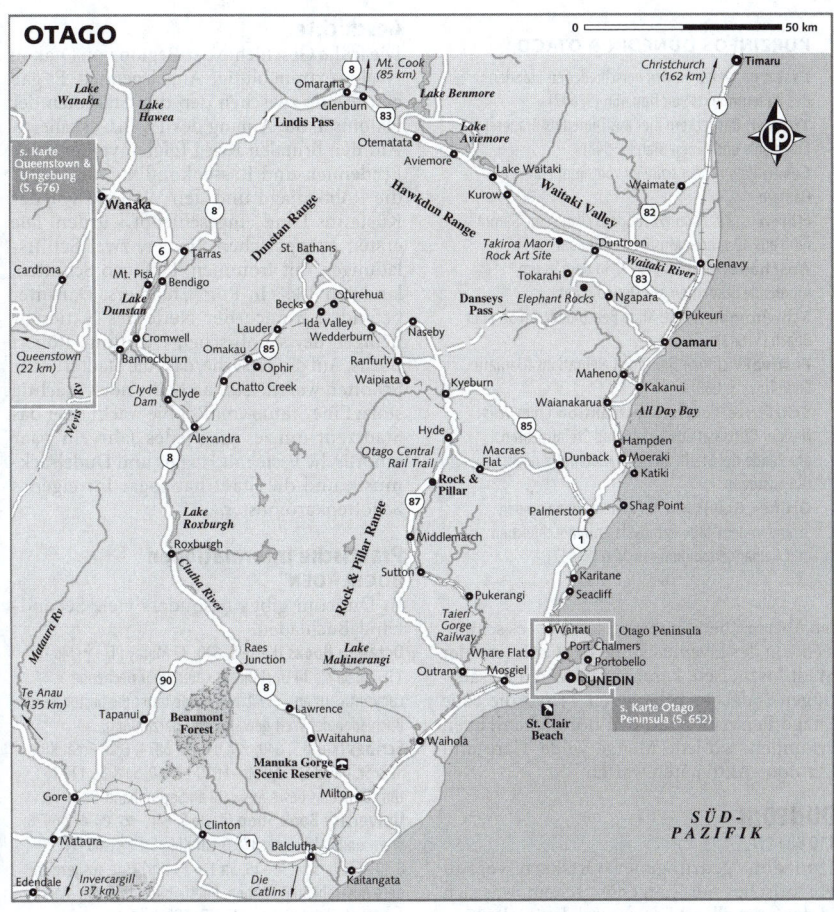

Klima

Da die Neuseeländischen Alpen die vorherr-
schenden feuchten Winde der Tasmansee
abfangen, ist das Klima an der Ostküste
Otagos relativ trocken, etwa wie im nördli-
cheren Canterbury. Im Sommer ist es hier
meist warm bis heiß und es regnet eher selten.
Im Winter hingegen können die Temperaturen weit unter den Gefrierpunkt sinken
– der Name von Neuseelands berühmtester
Motorradrallye, Brass Monkey (wie in *freeze
the nuts off a brass monkey*, etwa: „sich den
Hintern abfrieren"), deutet es an …

Anreise & Unterwegs vor Ort

Air New Zealand (www.airnewzealand.co.nz) fliegt von
Dunedin nach Christchurch, Wellington und
Auckland. **Pacific Blue** (www.flypacificblue.co.nz)
verbindet Dunedin mit Auckland und Brisbane in Australien.

Zu den großen Bus- und Shuttleunterneh-
men gehören InterCity, Atomic Shuttles,
Bottom Bus, Catch-A-Bus, Naked Bus und
Wanaka Connexions.

Für weitere Infos über die An- und Weiterreise nach/ab Dunedin, s. S. 650.

DUNEDIN &
OTAGO PENINSULA

Dunedin liegt am Ende des Otago Harbour
und gibt sich mit ihren vielen Bars und Loka-

KURZINFOS DUNEDIN & OTAGO

Essen Im Freien an den verschiedenen Ständen des Bauernmarkts von Dunedin (S. 647)

Trinken Das leckere Bier aus Dunedins Brauereien Emerson's und Green Man (S. 648)

Lesen *Wenn Eulen schreien* von Janet Frame aus Oamaru

Hören *...But I Can Write Songs Okay*, eine Sammlung aus 40 Jahren Musik aus Dunedin

Anschauen *Scarfies* (1999), in dem es um mordende Studenten aus Dunedin geht

Schwimmen Am St. Kilda Beach oder am St. Clair Beach (S. 642)

Festival Victorian Heritage Celebrations (Oamaru; Ende Nov.; S. 668)

Schrägste Touristenattraktion Cromwells riesiger Obstsalat aus Äpfeln und Steinfrüchten am Rande der Stadt, an der Hauptstraße nach Queenstown

Grünes Gewissen Auf Zehenspitzen an den Stränden der Otago Peninsula entlangschleichen und Gelbaugenpinguine suchen (S. 652)

len überraschend künstlerisch. Wer es schafft, sich von der Livemusik und der Cafészene der Stadt loszueisen, kann auf kurzen Tagesausflügen (oder auch längeren Trips) die raue Otago Peninsula und den nördlichen Hafen erkunden, wo jede Menge wilde Tiere und Outdoor-Aktivitäten warten.

DUNEDIN
110 800 Ew.

Dunedins gedrungener Ortskern vereint Historisches mit Zeitgenössischem, was sich in den reizvollen Museen und den verlockenden Bars, Cafés und Restaurants widerspiegelt. Holzvertäfelte Häuser, von stattlich bis heruntergekommen, zieren den hügeligen Stadtrand, und viktorianische Basaltsteingebäude dominieren das Stadtzentrum. Die älteste Universität des Landes fördert eine studentische Atmosphäre, die der Motor für die gut gehende Theater- und Livemusikszene und für das Nachtleben ist.

In Dunedin verstreichen die Tage wie im Flug – einige Traveller werden länger bleiben als geplant. Hier erholen sie sich von dem Lärm, der Aufregung und den Menschenmengen in Queenstown. Außerdem bieten sich ganz in der Nähe auf der Otago Peninsula ausgezeichnete Möglichkeiten, wild lebende Tiere zu beobachten.

Geschichte

Die frühe Geschichte der Region von Otakou ist eine extrem blutige Angelegenheit: Es gab eine Fehde zwischen den drei Stämmen der Halbinsel, die Anfang des 19. Jhs. eskalierte. Auf den brutalen Krieg folgten verheerende Epidemien und Rassenkonflikte, die durch die Robbenjagd und den Walfang vor der Küste ins Land eingeschleppt wurden. Die ersten europäischen Siedler, zwei Schiffsladungen mit frommen, fleißigen Schotten, landeten 1848 in Port Chalmers. Darunter befand sich auch der Neffe des Nationalheiligen der schottischen Dichtung, Robert Burns. Auf die Tatsache, dass die Stadtgründer Schotten waren, ist man heute noch mächtig stolz: Eine Statue von Robbie wacht über das Stadtzentrum, es gibt jedes Jahr ein paar schottische Feste mit Haggis und Dudelsackmusik und die Stadt hat sogar ihr eigenes Schottenkaromuster.

Praktische Informationen
BUCHLÄDEN

In Dunedin gibt's besonders viele Secondhand-Buchläden.

Octagon Books (Karte S. 640; 32 Moray Pl; ☾ Mo–Fr 11–16, Sa bis 14 Uhr) Dieses wunderbar riechende Labyrinth aus alten Wälzern wurde unter die besten zehn Buchläden der Welt gewählt. Nur Barzahlung.

Scribes (Karte S. 640; ☎ 03-477 6874; Ecke Great King St & St. David St; ☾ Mo–Fr 10–17.30, Sa & So 11–16 Uhr) Dunedins beste Auswahl an Secondhand-Büchern.

University Book Shop (Karte S. 640; ☎ 03-477 6976; www.unibooks.co.nz; 378 Great King St; ☾ Mo–Fr 8.30–17.30, Sa 9.30–15, So 11–15 Uhr) Eine ausgezeichnete Auswahl an Romanen, Poesie und Titeln von Maori, aus Neuseeland und aus dem Pazifikraum.

INTERNETZUGANG

In den meisten Hotels und Unterkünften gibt's Internetzugang. WLAN findet man am Flughafen und im Otago Museum.

Common Room (Karte S. 640; 18 George St; ☾ Mo–Mi 8.30–21, Do–Fr bis 17, Sa 9–13 Uhr) Kaffee und Internet.

Net Planet (Karte S. 640; 78 St. Andrew St; ☾ Mo–Sa 10 Uhr–open end, So 12 Uhr–open end; ☎) LAN- und WLAN-Zugang.

PC Internet (Karte S. 640; 237 Moray Pl; ☾ 10–20 Uhr; ☎)

NOTFALL

Krankenwagen, Feuerwehr & Polizei (☎ 111)

Dunedin Hospital (Karte S. 640; ☎ 03-474 0999; 201 Great King St)

Urgent Doctors & Accident Centre (Karte S. 640; ☎ 03-479 2900; 95 Hanover St; ☺ 8–23.30 Uhr) Kümmert sich um Notfälle und hat eine Apotheke, die außerhalb der normalen Geschäftszeiten geöffnet ist.

POST
Post (Karte S. 640; 233 Moray Pl)

TOURISTENINFORMATION
Automobile Association (Karte S. 640; AA; ☎ 0800 500 222, 03-477 5945; 450 Moray Pl; ☺ Mo–Fr 8.30–17 Uhr) Für Mitglieder, die Fragen rund ums Autofahren haben.
Department of Conservation (DOC; Karte S. 640; ☎ 03-477 0677; www.doc.govt.nz, dunedinvc@doc.govt. nz; 1. Stock, 77 Lower Stuart St; ☺ Mo–Fr 8.30–17 Uhr) Informationen und Karten zu örtlichen Wanderwegen sowie Great-Walk-Buchungen.
Dunedin i-SITE (Karte S. 640; ☎ 03-474 3300; www. dunedinnz.com; 48 The Octagon; ☺ Mo–Fr 8.30–17, Sa & So 8.45–17 Uhr) Tipps und Buchungen von Unterkünften, Aktivitäten, Transport und geführten Wanderungen.

Sehenswertes

Zu den beliebtesten Aktivitäten in Dunedin gehört es, aus der Stadt hinauszufahren. S. dazu auch Otago Peninsula (S. 651), Otago Central Rail Trail (S. 659) und Taieri Gorge Railway (S. 651).

OTAGO MUSEUM
Das moderne und interaktive **Otago Museum** (Karte S. 640; ☎ 03-474 7474; www.otagomuseum.govt.nz; 419 Great King St; Eintritt gegen Spende, Führung 10 NZ$; ☺ 10–17 Uhr) erforscht Otagos kulturelle und technische Vergangenheit und Gegenwart, von der Geologie und Dinosauriern bis zum heutigen Tag. Die hervorragend gestalteten Tangata-Whenua-Galerien beherbergen ein eindrucksvolles *waka taua* (Kriegskanu), wunderbar verschlissene, alte Schnitzereien und einige schöne *pounamu*-(Jade)-Arbeiten. Das Museum ist eine der reichhaltigsten Fundgruben für Maoriwissen auf der Südinsel. Wer schon auf der Halbinsel Pinguine und Albatrosse bewundert hat, den wird die Sammlung mit Exponaten rund um die (ausgestorbene) Flora und Fauna der Südinsel faszinieren. Es empfiehlt sich, an einer geführten Thementour teilzunehmen (10 NZ$, für Zeiten & Themen, s. Website). Kinder können in der interaktiven Discovery World (Erw./ Kind/Fam. 9,50/4,50/24 NZ$) auf Entdeckungsreise gehen und es gibt ein schickes, kürzlich vergrößertes Café mit überraschend gutem Essen. Auf der Website finden sich

Infos über die immer ausgezeichneten Wechselausstellungen und den Gesprächsrunden zu ausgewählten Exponaten.

DUNEDIN PUBLIC ART GALLERY
In Dunedins ausladender, luftiger **Public Art Gallery** (Karte S. 640; ☎ 03-474 4000; www.dunedin.art. museum; 30 The Octagon; Dauerausstellung frei; ☺ 10–17 Uhr) kann man die Kunstszene Neuseelands erkunden. Am Ende der eisernen Wendeltreppe bietet sich ein toller Ausblick über die Stadt. Die dauerhaft ausgestellten Arbeiten sind überwiegend zeitgenössisch, darunter eine große neuseeländische Sammlung mit Werken von einheimischen Künstlern wie Ralph Hotere, Frances Hodgkins oder Colin McCahon aus Canterbury und einige alte Ölbilder von C. F. Goldie. Wechselausstellungen zeigen ein paar europäische Arbeiten und Meisterwerke der Kiwis.

NOCH MEHR MUSEEN & GALERIEN
Die vielseitige Sammlung im **Otago Settlers Museum** (Karte S. 640; ☎ 03-477 5052; www.otago.settlers. museum; 31 Queens Gardens; Eintritt frei; ☺ 10–17 Uhr) gewährt Einblicke in das Leben einstiger Bewohner, ob Maori oder Schotten, Walfänger oder Bauern. Motoren- und Eisenbahnfans werden die alte Dampflok Buick Straight Eight aus dem Jahr 1872 lieben, während Stilliebhaber am Originalfoyer eines Art-déco-Busbahnhofs ihre wahre Freude haben werden. Auf S. 642 finden sich Hinweise zu Stadtspaziergängen, auf denen die Geschichte der Stadt erzählt wird.

In der **New Zealand Sports Hall of Fame** (Karte S. 640; ☎ 03-477 7775; www.nzhalloffame.co.nz; Dunedin Railway Station, Anzac Ave; Erw./Kind 5/2 NZ$; ☺ 10–16 Uhr) können Besucher versuchen, die Durchschnittsgeschwindigkeit der Radrennfahrerin Karen Holliday (45,629 km/h) zu erreichen. Oder man schaut sich den berühmten steilen Laufstil von George Nepia, dem legendären Verteidiger der All Blacks, an. Hier wird man erkennen, dass Neuseeland in der Welt des Sports immer wieder unerwartet stark auftritt.

Die **Temple Gallery** (Karte S. 640; ☎ 03-477 7235; 29 Moray Pl; Eintritt frei; ☺ Mo–Fr 10–18, Sa bis 14 Uhr) war 1863 Dunedins erste Synagoge und danach 30 Jahre lang ein Freimaurertempel. Das Gebäude birgt Wahrzeichen von beiden und ist ein grandioser Ort der Kunst. Die Band „The Chills" hat hier ihr letztes Album aufgenommen und Bands aus Dunedin stellen hier immer noch ihre Neuheiten vor. Ausgestellt

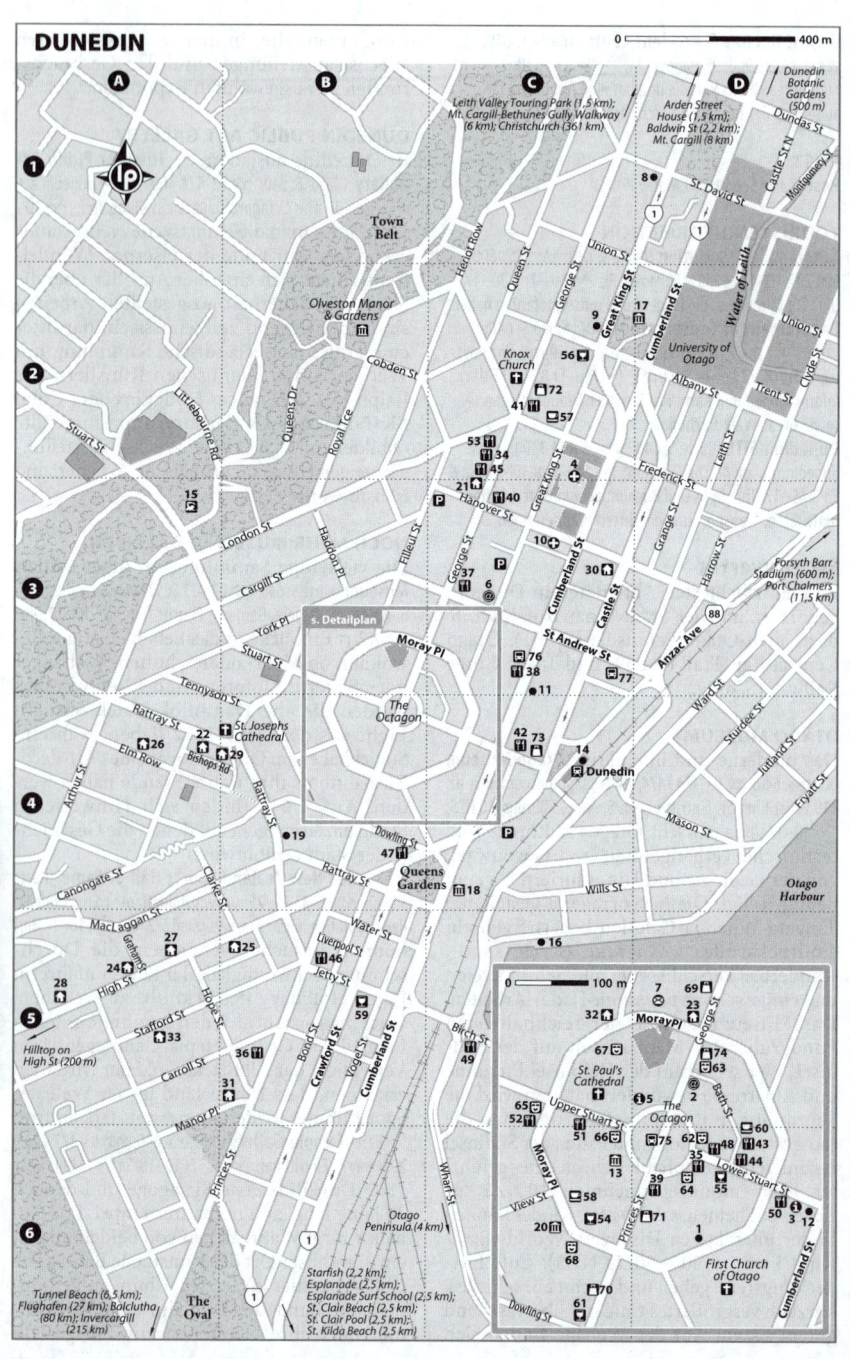

werden Werke von Künstlern überwiegend aus Otago, u. a. von Ralph Hotere, Donna Demente und Anita DeSoto.

NOCH MEHR SEHENSWERTES

Man folge seinen Schokoladengelüsten in die wuchtige **Cadbury World** (Karte S. 640; ☎ 0800 223 287, 03-467 7967; www.cadburyworld.co.nz; 280 Cumberland St; große Führung Erw./Kind/Fam. 18/12/48 NZ$, verkürzte Führung Erw./Kind 12/7 NZ$; ⌚ große Führung Mo–Fr 9–15.30 Uhr, verkürzte Führung Sa & So 9–15.30 Uhr), setze ein Haarnetz auf und nehme an der großen 75-minütigen Führung durch die Fabrik teil. Hier wird den Besuchern ein Vortrag über Geschichte und Produktion gehalten, man kann einen Wasserfall aus flüssiger Schokolade bewundern und schließlich das Endprodukt selbst probieren. Die verkürzte 45-minütige Führung am Wochenende lässt den Rundgang durch die Fabrik aus und beschränkt sich auf den wirklich leckeren Teil.

Nach soviel Schokolade kommt die 90-minütige, interaktive Führung durch die **Speight's Brewery** (Karte S. 640; ☎ 03-477 7697; www.speights.co.nz; 200 Rattray St; Erw./Kind/Fam. 20/8/42 NZ$; ⌚ Führungen Mo–Do 10, 12, 14, 18 & 19, Fr–So 10, 12, 14, 16 & 18 Uhr) gerade recht. Hier wird seit Anfang des 19. Jhs. Bier gebraut. Während der Führung können die Besucher jedes der sechs verschiedenen Gebräue probieren.

Die **Baldwin St** (außerhalb der Karte S. 640) ist laut *Guinness-Buch der Rekorde* die steilste Anliegerstraße der Welt: Ihre Steigung beträgt 19,3° bzw. ca. 35 %. Vom Stadtzentrum geht es 2 km nach Norden die Great King St hinauf, wo die Straße eine scharfe Linkskurve Richtung Timaru macht. Auf der rechten Spur geht es weiter geradeaus. Diese Spur wird zur North Rd; die Baldwin St befindet sich nach 1 km auf der rechten Seite. Wer seinen Bremsen nicht traut, sollte unten parken. Alternativ nimmt man am Octagon den Normanby-Bus (1,90 NZ$) und bittet den Fahrer, einem zu sagen, wenn man dort ist. Beim jährlichen Gutbuster Race im Februar laufen bis zu 1000 Athleten bis zum Ende der Baldwin St und zurück. Jeden Juli werden 10 000 überdimensionale Jaffas (Schokobonbons) zu wohltäti-

PRAKTISCHES

Automobile Association (AA)	1	D6
Common Room	2	D5
Department of Conservation (DOC)	3	D6
Dunedin Hospital	4	C2
Dunedin i-SITE	5	D5
Net Planet	6	C3
Octagon Books	(siehe 58)	
PC Internet	(siehe 23)	
Post	7	D5
Scribes	8	D1
University Book Shop	9	C2
Urgent Doctors & Accident Centre	10	C3

SEHENSWERTES & AKTIVITÄTEN

Cadbury World	11	C3
Cycle Surgery	12	D6
Dunedin Public Art Gallery	13	C6
Bahnhof Dunedin	14	C4
Moana Pool	15	A3
Monarch Wildlife Cruises & Tours	16	C5
New Zealand Sports Hall of Fame	(siehe 14)	
Otago Museum	17	D2
Otago Settlers Museum	18	C4
Speight's Brewery	19	B4
Taieri Gorge Railway	(siehe 14)	
Temple Gallery	20	C6

SCHLAFEN

315 Euro	21	C3
Brothers Boutique Hotel	22	A4
Central Backpackers	23	D5
Chalet Backpackers	24	A5
Dunedin Palms Motel	25	B5
Elm Lodge	26	A4
Fletcher Lodge	27	A5
Grandview Bed & Breakfast	28	A5
Hogwartz	29	B4
Living Space	30	C3
Manor House Backpackers	31	B5
On Top Backpackers	32	C5
Stafford Gables YHA	33	A5

ESSEN

Anarkali	34	C2
Bacchus Wine Bar & Restaurant	35	D6
Bell Pepper Blues	36	B5
Circadian Rhythm Café	37	C3
Countdown-Supermarkt	38	C3
Dost	39	D6
Bauernmarkt	(siehe 14)	
Good Oil	40	C3
Governors	41	C2
Guilty by Confection	42	C4
Izakaya Yuki	43	D6
Minami	44	D6
Modaks	45	C2
Mojo	46	B5
Nova Cafe	(siehe 13)	
Palms Restaurant	47	B4
Perc	48	D6
Plato	49	C5
Potpourri	50	D6
Reef Seafood	(siehe 45)	
Saigon Van	(siehe 37)	
Scotia	51	C5
Tangente	52	C5
Velvet Burger	53	C2
Velvet Burger	(siehe 48)	

AUSGEHEN

12 Below	54	C6
Albar	55	D6
Captain Cook	56	C2
Carousel	(siehe 35)	
Fix	57	C2
Mazagran Espresso Bar	58	C6
Mou Very	(siehe 34)	
Pequeno	(siehe 54)	
Sammy's	59	B5
Speight's Ale House	(siehe 19)	
Strictly Coffee	60	D6
Tonic	61	C6

UNTERHALTUNG

10 Bar	62	D6
Bath Street	63	D5
di lusso	64	D6
Fortune Theatre	65	C5
Hoyts Cinema	66	C6
Metro Cinema	67	C5
Pop	(siehe 64)	
Rialto Cinemas	68	C6

SHOPPEN

Bivouac	69	D5
Disk Den	70	C6
Fern	71	D6
McKinlays	72	C2
Stuart St Potters Cooperative	73	C4
Wild South	74	D5

TRANSPORT

City-Bushaltestelle	75	D6
Haltestelle für Busse in die Bezirke	76	C3
InterCity-Depot	77	C3

gen Zwecken den Berg hinuntergerollt. Im November 2009 wurden drei besonders dämliche Studenten aus Dunedin wegen Ordnungswidrigkeit angeklagt, nachdem sie die Baldwin St in einer isolierten Kühlbox, die von einem Auto gezogen wurde, hintergefahren waren. Zu ihrer Verteidigung sagten sie, die Pubs seien zu gewesen und sie hätten nichts Besseres zu tun gehabt …

Die **Dunedin Botanic Gardens** (außerhalb der Karte S. 640; Ecke Great King St & Opoho Rd; Eintritt frei; ☾ Sonnenaufgang–Sonnenuntergang) wurden in den 1860er-Jahren angelegt und erstrecken sich über 22 friedliche, grasbewachsene, schattige Hektar. Hier gibt's auch einen Spielplatz und ein Café.

Dunedins eindrucksvolle **Eisenbahnstation** (Karte S. 640) aus dem Zeitalter Eduards VII., die kürzlich ihren 100. Geburtstag feierte, erhebt den Anspruch, Neuseelands am häufigsten fotografiertes Gebäude zu sein. Außer den Mosaikböden und den prächtigen Buntglasfenstern gibt's jede Menge Gründe, hierher zu kommen: Im Bahnhof sind nicht nur die neuseeländische Sports Hall of Fame (S. 639) und der Dunedin Farmers Market (S. 647) untergebracht, hier fährt auch die Taieri Gorge Railway (s. S. 651) ab.

Das **Orokonui Ecosanctuary** (Karte S. 652; ☎ 03-482 1755; www.orokonui.org.nz; ☾ 9.30–16.30 Uhr) liegt in einem 300 ha großen Naturschutzgebiet an der Nordküste des Otago Harbour. Sein Ziel ist es, einen raubtierfreien Zufluchtsort zu schaffen, um Arten neu anzusiedeln, die zuvor auf kleineren Inseln vor der Küste verbannt worden sind. Die Chancen stehen gut, hier eine Tuatara zu sehen, Neuseelands lebende Kultechse, die sich seit 200 Mio. Jahren nicht verändert hat. Zur Zeit der Recherche konnte das Umweltschutzgebiet nur im Rahmen einer 90-minütigen Führung (Führung 38 NZ$; ☾ 10.30 & 13.30 Uhr) betreten werden, aber eine Möglichkeit für nicht geführte Besuche war in Planung. Aktuelle Infos gibt's beim Dunedin i-SITE (S. 639).

Aktivitäten

Auf der Otago Peninsula (S. 654) bieten sich noch weitere Gelegenheiten zum Wandern und Kajakfahren.

SCHWIMMEN, SURFEN & TAUCHEN

Der St. Clair Beach und der St. Kilda Beach sind zwei beliebte Strände zum Schwimmen (Vorsicht vor dem Brandungsrückstrom am St. Clair!). Am St. Clair Beach gibt es auch ein

beheiztes Freibad mit Meerwasser, den **St. Clair Pool** (außerhalb der Karte S. 640; ☎ 03-455 6352; Esplanade, St. Clair Beach; Erw./Kind 5,50/2,50 NZ$; ☾ Mo–Fr 6–19, Sa & So 7–19 Uhr, April–Okt. geschl.).

An den Stränden von St. Clair und St. Kilda gibt's immer wieder gute Left-Hand-Breaks, auch bei Blackhead weiter im Süden sowie bei Aramoan an der Nordküste des Otago Harbour bieten sich gute Möglichkeiten zum Surfen. Die **Esplanade Surf School** (außerhalb der Karte S. 640; ☎ 03-455 7728; www.espsurfschool.co.nz; Stunden ab 45 NZ$) am St. Clair Beach verleiht Ausrüstung und erteilt Unterricht.

Um nach St. Clair zu kommen, nimmt man die Busse 8, 9, 28 oder 29 (1,90 NZ$) ab Steig 1 am Octagon. Nach St. Kilda fährt Bus 27 (1,90 NZ$) ebenfalls vom Steig 1 am Octagon.

In der Stadt selbst gibt's im Bad **Moana Pool** (Karte S. 640; ☎ 03-471 9780; 60 Littlebourne Rd; Erw./Kind 5,50/2,50 NZ$; ☾ Mo–Fr 6–22, Sa & So 7–19 Uhr) Sprungbretter, Wasserrutschen, Wellenmaschinen und einen Wellnessbereich.

WANDERN, TRAMPING & KLETTERN

Der **Tunnel Beach Walkway** (Karte S. 640; hin & zurück 45 Min.; Aug.–Okt. geschl.) führt über Ackerland, bevor er zu den Klippen am Tunnel Beach hinunterführt. Felsnadeln, Bögen und ungewöhnliche Felsformationen wurden vom wilden Pazifik geschaffen, Fossilien bedecken die Sandsteinklippen. Das beeindruckte den Gemeindepfarrer John Cargill so sehr, dass er von Hand einen Steintunnel bauen ließ, der seiner Familie Zugang zu abgelegenen Strandabschnitten verschaffte, wo sie picknicken konnte. Der Wanderweg erstreckt sich südwestlich von Dunedins Zentrum. Am besten nimmt man den Corstorphine-Bus vom Octagon nach Stenhope Cres und läuft 1,4 km entlang der Blackhead Rd zur Tunnel Beach Rd, dann weitere 400 m zum Anfang des Weges. Aufgrund starker Strömungen ist Schwimmen hier gefährlich.

Der Normanby-Bus bringt einen zum Anfang der Norwood St, die zur Cluny St und zum **Mt. Cargill-Bethunes Gully Walkway** (Karte S. 640; hin & zurück 3½ Std.) führt. Der Höhepunkt ist die Aussicht vom Mt. Cargill (auch mit dem Auto zu erreichen). Vom Mt. Cargill führt ein Weg weiter zu den 10 Mio. Jahre alten, aus Lava geformten **Organ Pipes** und zur Mt. Cargill Rd auf der anderen Seite des Berges, die man nach einer weiteren halben Stunde erreicht.

Der **Otago Tramping and Mountaineering Club**
(www.otmc.co.nz) organisiert am Wochenende
ein- und zweitägige Wanderungen, meistens
zum Silver Peaks Reserve nördlich von Dunedin. Auch Nicht-Mitglieder sind herzlich willkommen, müssen aber vorher die Wanderführer kontaktieren (Details s. Website).

Beliebte Kletterziele (ohne Bohrhaken) sind
der **Long Beach** (außerhalb der Karte S. 652) und
die Klippen bei **Mihiwaka** (Karte S. 652) – beide Punkte sind zugänglich über die Blueskin
Rd nördlich von Port Chalmers – sowie **Lovers
Leap** (Karte S. 652; gesichert und ungesichert)
auf der Halbinsel. Dave Brash, Dunedins Klet-
terguru, hat *Dunedin Rock* geschrieben, das
Infos zu hiesigen Klettermöglichkeiten liefert;
man bekommt es beim Dunedin i-SITE oder
bei Bivouac (S. 650).

NOCH MEHR AKTIVITÄTEN
Cycle Surgery (Karte S. 640; ☎ 03-477 7473; www.cycle
surgery.co.nz; 67 Lower Stuart St; 35 NZ$/Tag) verleiht
Fahrräder und informiert über die Möglichkeiten zum Mountainbiken.

Hare Hill (Karte S. 652; ☎ 0800 437 837, 03-472 8496;
www.horseriding-dunedin.co.nz; 207 Aramoana Rd, Deborah
Bay) organisiert Reitausflüge (75–210 NZ$),
z. B. abenteuerliche Ausritte an den Stränden
und Farm-Treks.

Geführte Touren
Weitere spezialisierte Stadtführungen gibt's
beim Dunedin i-SITE (S. 639).
First City Tours (Erw./Kind 20/10 NZ$; ⊙ Abfahrt um
9, 10.15, 13, 14.15 & 15.30 Uhr am Octagon) Hop-on-hop-
off-Fahrten in Doppeldeckerbussen rund um die Stadt. Hält
u. a. am Otago Museum, bei Speight's, an den Botanischen
Gärten und an der Baldwin St.
Walk Dunedin (☎ 03-477 5052; Stadtspaziergang
1/2 Std. 12/20 NZ$; ⊙ 1-stündiger Spaziergang ganz-
jährig tgl. 19 Uhr, Okt.–April tgl. 9.30 Uhr, 2-stündiger
Spaziergang tgl. 11 Uhr) Historische Spaziergänge durch
die Stadt, organisiert vom Otago Settlers Museum.
Treffpunkt beim i-SITE.

Infos über Tierbeobachtungen in der Nähe
stehen auf S. 654.

Schlafen
Die meisten Unterkünfte sind vom Stadtzentrum aus leicht zu Fuß zu erreichen, auch
wenn bei einigen der Rückweg aus der Stadt
nur über einen steilen Anstieg führt. Die
meisten Motels befinden sich am nördlichen
Ende der George St.

BUDGETUNTERKÜNFTE
Dunedin Holiday Park (Karte S. 652; ☎ 0800 945 455,
03-455 4690; www.dunedinholidaypark.co.nz; 41 Victoria Rd;
Campen pro Erw./Kind 16/8 NZ$, Stellplätze mit Strom 34 NZ$,
Hütten 44–79 NZ$, Wohneinheiten 89–110 NZ$; 💻 🔊)
Diese riesige Anlage auf der anderen Seite der
Sanddünen vom St. Kilda Beach hat einen
Spielplatz, einen Grillbereich, unendlich
viele Stellplätze und eine große Auswahl an
gut ausgestatteten Hütten, Apartments und
Moteleinheiten.

Arden Street House (außerhalb der Karte S. 640; ☎ 03-
473 8860; www.ardenstreethouse.co.nz; 36 Arden St; B/EZ/DZ
20/40/80 NZ$, EZ/DZ inkl. Frühstück ab 55/85 NZ$; 💻)
Nördlich der Stadt oberhalb des Northeast
Valley stehen diese Häuschen auf einem (steilen) Hügel und teilen sich einen Biogarten
sowie einen sehr herzlichen Gastgeber. Das
B & B mit dem immer wiederkehrenden Leo-
pardenmuster, schrägen Kunstwerken und
einem Bullauge im Badezimmer ist ein ziemlich erstaunlicher Ort. Lonely Planet Leser
haben begeistert über die fabelhaften Abendessen (10–25 NZ$) mit Nachbarn, Künstlern,
Wwoofern und Gästen berichtet. Die North
Rd hinauf Richtung Baldwin St, dann rechts
die Glendining St rauf.

Chalet Backpackers (Karte S. 640; ☎ 0800 242 538,
03-479 2075; www.chaletbackpackers.co.nz; 296 High St; B/
EZ/DZ 24/39/56 NZ$; 💻 🔊) Auf einem ziemlich
steilen Hügel mit einer dementsprechend
wundervollen Aussicht vermittelt dieses weitläufige alte Gebäude seinen Gästen ein Gefühl
von Heimat. Die Küche ist groß, sonnig und
mit Blumen geschmückt. Im Speisesaal steht
ein einziger langer Tisch, an dem man seine
Nachbarn schnell kennenlernt. Es gibt außerdem einen kleinen, kompakten Garten, einen
Billardtisch, ein Klavier – und Gerüchte um
einen Geist …

Stafford Gables YHA (Karte S. 640; ☎ 0800 600 100,
03-474 1919; www.yha.co.nz; yha.dunedin@yha.org.nz;
71 Stafford St; B/EZ/DZ ab 25/55/72 NZ$; 💻 🔊) Die At-
mosphäre, die dieses Jahrhundert alte ehemalige Krankenhaus verströmt, ist einfach
gemütlich. Die Zimmer in dem äußerst weitläufigen, einem Labyrinth ähnlichen Komplex sind ziemlich groß und individuell eingerichtet; viele haben einen eigenen Balkon
(nach Zimmer 38 fragen!). Die Gemeinschaftsküche ist wahnsinnig geräumig.
Im verliesähnlichen Keller können Sportfans
fernsehen, ohne mit ihrer Leidenschaft ir-
gendjemanden zu stören. Auf dem Dach befindet sich ein sonniger Garten.

Elm Lodge (Karte S. 640; ☎ 03-474 1872; www.elm lodge.co.nz; 74 Elm Row; B/EZ/DZ 26/40/60 NZ$; ☐ 🛜) Besteht aus zwei süßen alten Häuschen mit Blick auf den Hafen und die Halbinsel und ist eine beliebte Unterkunft bei Reisenden, die eine Weile entspannen wollen. Die Zimmer sind altmodisch, aber gemütlich und der Garten ist wie geschaffen für Abende mit Grillen und kaltem Bier. Von der Elm Lodge führt ein ziemlich steiler Weg in die Stadt (und vor allem *aus ihr heraus*).

Central Backpackers (Karte S. 640; ☎ 0800 423 6872; www.centralbackpackers.co.nz; 243 Moray Pl; B/2BZ/DZ 27/58/64 NZ$; ☐ 🛜) Das kürzlich renovierte Hostel mitten in der Stadt birgt einen einladenden gemeinschaftlich genutzten TV-Raum, ebensolche Küchenbereiche und einen herzlichen Gastgeber: Gizmo, die Katze. In den Schlafsälen haben bis zu zehn Personen in Stockbetten Platz. Die privaten Zimmer sind sehr geräumig.

Leith Valley Touring Park (außerhalb der Karte S. 640; ☎ 0800 555 331, 03-467 9936; www.leithvalleytouringpark. co.nz; 103 Malvern St; Stellplätze mit Strom 32 NZ$, Hütten 50 NZ$, Wohneinheiten DZ 79–99 NZ$; ☐) Nur eine kurze Autofahrt von Dunedin entfernt liegt dieser Campingplatz inmitten von einheimischem Buschland mit Wanderwegen, Glühwürmchenhöhlen und einem winzigen Bach. Die modernen separaten Motelwohneinheiten sind sehr geräumig, dagegen verströmen die etwas kleineren Ferienapartments eine bodenständigere Atmosphäre (Bettwäsche mitbringen). Der Garden-Village-Bus fährt vom Octagon hierher.

LP Tipp Hogwartz (Karte S. 640; ☎ 03-474 1487; www.hogwartz.co.nz; 277 Rattray St; B 27–28 NZ$, EZ/DZ/3BZ 40/64/90 NZ$; ☐ 🛜) Das wunderschöne alte Gebäude war seit den 1870er-Jahren die Residenz des katholischen Bischofs und wurde jetzt in einen herrlich komplizierten Bau aus gemütlichen Zimmern umgewandelt. Der Schlafsaal mit fünf Betten war einst der Speisesaal des Bischofs und ist mit ziemlicher Sicherheit der größte Schlafsaal, den man je gesehen hat. Von der Rattray St führt ein kurzer, steiler, kurvenreicher Weg durch üppiges Buschland hier hinauf.

Weitere Empfehlungen:

Manor House Backpackers (Karte S. 640; ☎ 0800 477 0484, 03-477 0484; www.manorhousebackpackers. co.nz; 28 Manor Pl; B 22–24 NZ$, DZ 60 NZ$; ☐) Zwei stattliche alte Villen, umgeben von Gärten und Bäumen.

On Top Backpackers (Karte S. 640; ☎ 0800 668 672, 03-477 6121; www.ontopbackpackers.co.nz; Ecke Filleul St

& Moray Pl; B 25–26 NZ$, EZ 50 NZ$, DZ mit/ohne Bad 78/60 NZ$; ☐ 🛜) Modernes, gut gelegenes Hostel über einem Billardsaal und einer Bar. Große Sonnenterrasse und Gemeinschaftsgrillbereich.

MITTELKLASSEHOTELS

Living Space (Karte S. 640; ☎ 03-951 5000; www.living space.net; 192 Castle St; DZ 89–149 NZ$; ☐ 🛜) Dieses Hotel in zentraler Lage verbindet Küchenzeilen in schrillen Farben mit schwungvollpfiffigem ergonomischem Design. Im Hotel gibt's einen Waschsalon, eine riesige Gemeinschaftsküche, die Kommunikation fördernde Aufenthaltsräume und ein privates DVD-Kino. Einige Zimmer sind ziemlich klein, aber sie haben alles, was man braucht, und bieten ein gutes Preis-Leistungs-Verhältnis. Es gibt erhebliche Rabatte bei längeren Aufenthalten. Das Hotel ist besonders bei Studenten aus Übersee beliebt.

Hilltop on High St (Karte S. 640; ☎ 03-477 1053; www. hilltoponhighst.co.nz; 433 High St; DZ 120–170 NZ$; ☐ 🛜) Die wundervolle Villa mit vier Schlafräumen liegt auf einem steilen Hügel und ist ihr Geld wirklich wert. In dem fabelhaften Gemeinschaftsraum befinden sich Ledersessel und eine nette, kleine Bibliothek. Die Küche schreit geradezu danach, ein großes Mahl zu zaubern, und die individuell eingerichteten Zimmer verströmen alle einen Hauch von Luxus. Auch die Aussicht ist überwältigend.

Grandview Bed & Breakfast (Karte S. 640; ☎ 0800 749 472, 03-474 9472; www.grandview.co.nz; 360 High St; DZ inkl. Frühstück 125–195 NZ$; ☐ 🛜) Gewagte Farben, freiliegende Ziegelwände und todschicke Art-déco-Badezimmer sind die Highlights in diesem Familienbetrieb am Hang über der Stadt. Von Grillstelle und Dachterrasse haben die Gäste Ausblick auf den Hafen; es gibt viele sonnige Gemeinschaftsplätze. Die größeren Zimmer haben eigene Whirlpools.

SPITZENKLASSEHOTELS

315 Euro (Karte S. 640; ☎ 0800 387 638, 03-477 9929; www. eurodunedin.co.nz; 315 George St; DZ 150–250 NZ$; 🛜) Das prächtige, erst kürzlich eröffnete Hotel liegt tagsüber mitten im Einkaufstrubel der George St und nachts im Herzen der Restaurant- und Kneipenszene. Hier können Gäste wählen zwischen modernen Studios und größeren Apartments mit separatem Schlafzimmer und kompletter Küche. Die Einrichtung ist modern und luxuriös. Schalldichte, doppelt verglaste Fenster halten den unvermeidlichen Lärm der George St fern.

Dunedin Palms Motel (Karte S. 640; ☎ 0800 782 938, 03-477 8293; www.dunedinpalmsmotel.co.nz; 185–195 High St; DZ 170–210 NZ$; 🖳 🛜) Nur einen kurzen Spaziergang vom Speight's Ale House entfernt. Das im Art-déco-Stil gehaltene Motel bringt seine Gäste in elegant geschmückten Studios und Wohneinheiten mit einem oder zwei Schlafzimmern unter, die um einen Innenhof angeordnet sind. Die Gäste haben es nicht weit in die Innenstadt und müssen auch nicht erst lange über steile Hügel laufen. In den teureren Wohneinheiten gibt's Whirlpools.

Brothers Boutique Hotel (Karte S. 640; ☎ 0800 477 004, 03-477 0043; www.brothershotel.co.nz; 295 Rattray St; DZ inkl. Frühstück 170–320 NZ$; 🖳 🛜) Die Zimmer in der unverwechselbaren ehemaligen Residenz der Christlichen Brüder aus den 1920er-Jahren wurden derart restauriert, wie es sich die Mönche sicher nie hätten träumen lassen. Viele einzigartige Merkmale sind erhalten geblieben. Im Kapellraum (285 NZ$) findet man noch immer die originalen Buntglasfenster aus vergangenen Zeiten. Von den Wohneinheiten unterm Dach genießt man eine grandiose Aussicht.

Fletcher Lodge (Karte S. 640; ☎ 03-477 5552; www.fletcherlodge.co.nz; 276 High St; DZ 325–450 NZ$, Suite 595–650 NZ$, jeweils inkl. Frühstück; 🖳 🛜) Das traumhafte Herrenhaus aus Backstein, das einst im Besitz von einer der reichsten Industriellenfamilien Neuseelands war, liegt nur wenige Minuten von der Innenstadt entfernt. Der abgelegene Garten ist trotzdem wunderbar ruhig. Die mit antiken Möbeln elegant eingerichteten Zimmer und die kunstvoll verschnörkelten Gipsdecken erklären beredt, warum das Gebäude auf der Liste des Historic Places Trust steht.

Essen
Ob preiswerte, gute Lokale mit einlaminierten Speisekarten, Buden mit veganen Bio-Kräuteromelettes oder Restaurants mit schönen weißen Tischdecken – Dunedin hat sie alle!

RESTAURANTS
Izakaya Yuki (Karte S. 640; ☎ 03-477 9539; 29 Bath St; Gerichte 5–12 NZ$; 🕑 Mo–Sa 12–14, Mo–So 17 Uhr–open end; Ⓥ) Nett und gemütlich mit einer großen Auswahl an kleinen Gerichten zum Naschen: Das Yuki ist der ideale Ort für ein kleines Abendessen oder eine entspannte, ausgiebige japanische Mahlzeit. Will man den ganzen Abend dort verbringen, bestellt man Sake oder Asahi-Bier vom Fass und verschiedene

Platten mit *yakitori* (gegrillte Spieße), *gyoza* (Knödel) oder Sushi und Sashimi. Die Sumo-Wrestlingvideos an den Wänden halten einen davon ab, zuviel zu essen.

Minami (Karte S. 640; ☎ 03-477 9596; 126-132 Lower Stuart St; Gerichte 8–20 NZ$; 🕑 Mo–So 12–14 & 17 Uhr–open end) Für seine Einfachheit und seine Preise beliebt und fast immer voller einheimischer Fans von japanischem Essen. Die eine Hälfte des Minami hat sich auf Nudelgerichte spezialisiert, die andere ist – zumindest ein bisschen – formeller.

Saigon Van (Karte S. 640; ☎ 03-474 1445; 66 St. Andrew St; Hauptgerichte 10–15 NZ$; 🕑 Di–So 11.30–14, Mo–So 17–22 Uhr; Ⓥ) Die elegante, asiatische Einrichtung sieht sehr vornehm aus, das vietnamesische Essen ist jedoch absolut preiswert. Einfach eine Frühlingsrollen-Combo (6 Stück 9 NZ$) und eine Flasche vietnamesisches Bier bestellen, schon kommt man sich vor wie an einem faulen Abend in Saigon. Die mit Sojasprossen überladene *pho* (Nudelsuppe) und die Salate sind auch lecker.

Anarkali (Karte S. 640; ☎ 03-477 1120; 365 George St; Gerichte 11–18 NZ$; 🕑 Mo–Fr 11.30–14, Mo–So 17–22 Uhr; Ⓥ) Sogar die anspruchsvollsten Liebhaber indischer Küche schwärmen vom Anarkali. Beim sogenannten „Sampler Dinner" können die Gäste von allem etwas probieren.

Reef Seafood (Karte S. 640; ☎ 03-471 7185; 333 George St; Hauptgerichte 23–35 NZ$; 🕑 Mo–Sa 11.30–14 & 17.30 Uhr–open end, So ab 18 Uhr) Großzügige Teller mit Austern, Jakobsmuscheln, Surf'n'Turf und Langusten (Hummer) locken stämmige Bauern aus Otago in die Stadt, die sich hier einmal im Monat ein Festmahl gönnen. Die Mittagsangebote kosten nur 10 NZ$.

Palms Restaurant (Karte S. 640; ☎ 03-477 6534; 18 Queens Garden; Abendessen 28–35 NZ$; 🕑 Mo–Sa 12–14 & 18 Uhr–open end; Ⓥ) Am Ende der Dowling St versteckt sich das Palms, das lange ein Wahrzeichen unter den Restaurants von Dunedin war. Das Essen ist einfallsreich und kommt normalerweise aus der Region, die täglichen Mittagsangebote (10 NZ$) sind ausgezeichnet. Wie wär's mal mit Knoblauchrisotto mit gegrilltem Halloumi-Käse oder mit gedünsteten Muscheln mit Chorizo?

Scotia (Karte S. 640; ☎ 03-477 7704; 199 Upper Stuart St; Hauptgerichte 30–32 NZ$; 🕑 15 Uhr–open end) Das Scotia wurde von Dunedins Bahnhof in ein gemütliches, historisches Stadthaus verlegt und hat alles im Angebot, was schottisch ist: eine Wand voll mit Single-Malt-Whisky und herzhafte Gerichte wie Räucherlachs und

Wild vom Holzkohlengrill. Die beiden schottischen Burschen Burns und Coltrane können voller Stolz auf eine Speisekarte blicken, auf der auch Haggis sowie Ente- und Whiskypastete stehen.

LP Tipp **Plato** (Karte S. 640; ☎ 03-477 4235; 2 Birch St; Hauptgerichte abends 30–35 NZ$, mittags 15–23 NZ$; ⏰ Mo–Sa 18 Uhr–open end & So 11 Uhr–open end) Das in der Nähe des Hafens gelegene Plato ist eine feste Größe im Ranking der Top-Restaurants des neuseeländischen Magazins *Cuisine*. Hier werden in Retro-Ambiente jede Menge Biere und Weine verköstigt. Unbedingt das hervorragende Goa-Fischcurry oder den langsam geschmorten Schweinebauch mit der knusprigen Kruste probieren! Das Angebot an Meeresfrüchten im Plato ist immer ausgezeichnet und auch der Sonntagsbrunch lohnt den kurzen Spaziergang vom Stadtzentrum. Reservierungen werden empfohlen.

Bell Pepper Blues (Karte S. 640; ☎ 03-474 0973; 474 Princes St; Hauptgerichte 30–39 NZ$; ⏰ Di–Sa 18 Uhr–open end) Das Restaurant ist eines der besten in Dunedin und kann sich mit dem bekanntesten Koch der Region rühmen. Es ist berühmt für seine Wildgerichte, das frisch gebackene Brot und die Nachtische. Wer seine eigenen Getränke mitbringt, zahlt ein Korkgeld in Höhe von 10 NZ$.

Bacchus Wine Bar & Restaurant (Karte S. 640; ☎ 03-474 824; oben, 12 The Octagon; Hauptgerichte 33–38 NZ$; ⏰ Mo–Fr 12–15, Mo–Sa 18 Uhr–open end) Das Bacchus ist perfekt für ein Essen zu zweit oder aus einem besonderen Anlass. Auf die Weinkarte wäre der Gott mit Sicherheit stolz. In mehr als nur ein paar Gerichten werden einheimische Produkte mit einem feinen asiatischen Touch versehen. Unbedingt den Schweinebauch probieren, der in asiatischen Gewürzen langsam gekocht wurde.

CAFÉS
Wo es den besten Kaffee der Stadt gibt, steht im Kasten auf S. 647.

Potpourri (Karte S. 640; ☎ 03-477 9983; 97 Lower Stuart St; Snacks 7–10 NZ$, Gerichte 10–14 NZ$; ⏰ Mo–Fr 9.30–15 Uhr; Ⓥ) Das kleine, unkonventionelle, gemütliche und sehr kinderfreundliche Café füttert seit fast 40 Jahren Dunedins Vegetarier und Veganer durch. Es serviert Quiche, Pizza, Fladenbrotsandwiches und würzige Samosas in großen preiswerten Portionen, zudem gibt's glutenfreie Gerichte mit Obst und Gemüse aus Bioanbau und Tierisches aus artgerechter Haltung. Auch zum Mitnehmen.

Tangente (Karte S. 640; ☎ 03-477 0232; 111 Moray Pl; Gerichte 7,50–17 NZ$; ⏰ Di–Sa 8–15, So 9–15 Uhr; Ⓥ) Fröhlicher, einladender Ort mit bunt zusammengewürfelten Tischen, Spielsachen für Kinder, fetziger Hintergrundmusik und dem herrlichen Duft von frisch gebackenem Brot. Das Essen im Tangente wird überwiegend mit regionalen Erzeugnissen aus Bioanbau und argerechter Haltung zubereitet.

Mojo (Karte S. 640; ☎ 03-742 1061; 329 Princes St; Hauptgerichte 8–18 NZ$; ⏰ Mo–Fr 7–17.30, Sa & So 8.30–17.30 Uhr) Der wohl sonnigste Ort in Dunedin für einen faulen Brunch: Das geräumige Mojo mit den hohen Wänden kombiniert leckere Snacks, Bagels und Müsli mit erstklassigem Kaffee, der den ganzen Weg aus Wellington hierher gebracht wurde. Ab 11 Uhr morgens stehen reichhaltigere Gerichte – z.B. Pizza und Steaksandwiches – zur Auswahl, die auf Wunsch mit Wein oder Bier serviert werden.

Governors (Karte S. 640; ☎ 03-477 6871; 438 George St; Hauptgerichte 9–16 NZ$; ⏰ Mo–Fr 7–21, Sa & So 8–21 Uhr) Bei Studenten sehr beliebt; serviert früh am Morgen gute Pancakes und andere leichte Gerichte. Wem die letzte Nacht noch in den Knochen steckt, für den sind ein starker Kaffee und ein Omelette aus vielen Eiern genau das Richtige.

Modaks (Karte S. 640; ☎ 03-477 6563; 337-339 George St; Gerichte ab 9 NZ$; ⏰ 8–19 Uhr; Ⓥ) Die schrille kleine Cafébar mit Ziegelwänden, bunt zusammengewürfelten Resopaltischen und Sofas zum Rumlungern ist besonders beliebt bei Studenten und allen, die entspannte Reggaemusik und eine Tasse Tee lieben. Im Sommer bieten Eisbecher, Smoothies und Bier eine willkommene Abkühlung, im Winter wärmen gegrillte, hausgemachte Focaccia mit leckeren, interessanten Belägen den Bauch von innen.

Circadian Rhythm Café (Karte S. 640; ☎ 03-474 9994; 72 St. Andrew St; Currybuffet 9,50 NZ$; ⏰ Mo–Sa 8.30–21 Uhr; Ⓥ) Das komplett vegane Café hat sich auf indische Currys spezialisiert und ist auch für seine Kekse und Kuchen bekannt. Das überfreundliche Personal bemüht sich, selbst Anfragen nach glutenfreien Gerichten nachzukommen. Freitagabends ab 17.30 Uhr treten hier verschiedene Bands auf. Wer es mit dem gesunden Essen nicht übertreiben möchte, für den gibt es Bier von Emerson's und von Green Man aus Dunedin.

Perc (Karte S. 640; ☎ 03-477 5462; 142 Lower Stuart St; Hauptgerichte 10–18 NZ$; ⏰ Mo–Fr 7–17, Sa 9–17, So 10–17 Uhr) Das Perc ist aus gutem Grund immer voll und eignet sich hervorragend, um schwungvoll in den Tag zu starten. Die Einrichtung ist ein bisschen Retro und ein bisschen Art déco, auf den Tisch kommen herzhafte Cafégerichte wie Lachsbagels, Paninis und wärmendes Porridge.

Good Oil (Karte S. 640; ☎ 03-479 9900; 314 George St; Hauptgerichte 10–18 NZ$; ⏰ 8–17 Uhr) Dieses geschniegelte kleine Café ist Dunedins erste Adresse für Kaffee- und Kuchenfreunde. Unbedingt den Zitronen-Schmandkuchen (4 NZ$) probieren! Wer noch nicht ganz wach ist, sollte seinen Tag mit so einfallsreichen Brunchangeboten wie „Kumara Hash" (Süßkartoffelpuffer) mit heißem Räucherlachs (15 NZ$) beginnen.

Nova Cafe (Karte S. 640; ☎ 03-479 0808; 29 The Octagon; Hauptgerichte 15 NZ$; ⏰ Mo–Fr 7–23, Sa & So ab 8.30 Uhr; Ⓥ) Wie zu erwarten war, fiel die Erweiterung der Public Art Gallery sehr stilvoll aus. Die Kuchen und Snacks hier sind bekanntermaßen kreativ, zudem darf das Nova auch Bier und Wein ausschenken – willkommen in Dunedins bester Location für interessantes Essen, Reise- und Kunstmagazine.

Starfish (außerhalb der Karte S. 640; ☎ 03-455 5940; 7/240 Forbury Rd, St. Clair; Hauptgerichte 18–30 NZ$; ⏰ Di–Sa 8.30 Uhr–open end, So–Mo bis 16.30 Uhr) In einem gemütlichen Ziegelsteingebäude untergebracht. Das Starfish ist wohl das Beste, was die aufkeimende Café- und Restaurantszene am St Clair Beach zu bieten hat! Unter der Woche bekommt man mühelos einen Platz draußen, um seine Pizza und ein Glas Wein zu genießen. Die Busse 8, 9, 28 oder 29 (1,90 NZ$) fahren vom Steig 1 am Octagon hierher.

AUF DIE SCHNELLE & SELBSTVERSORGER

Preiswerte asiatische Restaurants säumen die George St, kurz vor der St. Andrew St. Die meisten bieten ihre Gerichte auch zum Mitnehmen an.

Dost (Karte S. 640; ☎ 03-477 2477; 19 Princes St; Hauptgerichte 8–12 NZ$; ⏰ Mo–Mi 10–22, Do–Sa 11 Uhr–open end, So 11–21.30 Uhr; Ⓥ) Das Leben kann so einfach sein! Manchmal ist alles, was man dazu braucht, ein guter, preiswerter Kebab oder eine Falafel – vor allem wenn man gerade Dunedins ausgezeichnetem Nachtleben den Rücken gekehrt hat.

Velvet Burger (Karte S. 640; ☎ 03-477 7089; 150 Lower Stuart St; Hauptgerichte 10–18 NZ$; ⏰ 11.30 Uhr–open end; Ⓥ) Interessante Burger mit interessanten Namen versprechen eine interessante Zeit. Am besten schmecken die Burger nach ein paar Bier – zum Glück darf das Velvet Burger auch am frühen Abend schon Alkohol ausschenken. Es gibt noch ein VB in der 375 George St (Öffnungszeiten identisch).

Guilty by Confection (Karte S. 640; ☎ 03-474 0835; 44-46 Lower Stuart St; ⏰ Mo 9–14, Di–Fr 10–17, Sa 9.30–13.30 Uhr) Selbstgemachte Schokolade, Buttertoffee und Süßigkeiten.

Der gut gehende **Bauernmarkt** (Karte S. 640; www.otagofarmersmarket.org.nz; ⏰ Sa 8–12.30 Uhr) findet am Bahnhof in Dunedin statt. Alle Produkte sind aus der Region, alle essbar (oder trinkbar) und die meisten aus Bioanbau. Hier gibt's alles von Eis mit Speight's-Bier-Geschmack über Gourmetwürstchen bis zu russischen Pancakes, die mit *blue cod* (Kabeljau) gefüllt sind. Normalerweise gibt's Livemusik dazu und es herrscht eine mitreißende Atmosphäre des kulinarischen Genusses. Beim Bummeln stärkt man sich am besten mit Falafel und Espresso, um dann besonderes, frisches Fleisch, Meeresfrüchte, Gemüse und Käse für die Reise einzukaufen. Man bekommt auch Bio-Bier von Green Man.

HER MIT DEM KAFFEE, UND NIEMAND WIRD VERLETZT!

In Dunedin gibt es einige ausgezeichnete Cafébars zum Auftanken und Akku aufladen.

Fix (Karte S. 640; ☎ 03-479 2660; 15 Frederick St; ⏰ Mo–Fr 7.30–17, Sa 8.30–15.30, So 9.30 Uhr–open end) Jeden Morgen stehen hier am Straßenverkauf Lohnsklaven Schlange, während sich Studenten und andere Kunden mit jeder Menge Zeit im Innenhof zurücklehnen. Das Fix serviert kein Essen, die Gäste dürfen aber ihr eigenes mitbringen.

Mazagran Espresso Bar (Karte S. 640; ☎ 03-477 9959; 36 Moray Pl; ⏰ Mo–Fr 8–18, Sa 10–14 Uhr) Das kompakte, aus Holz und Ziegelsteinen errichtete Kaffeehaus ist die Mutter aller Dunedin-Cafés. Von hier beziehen viele Restaurants und Cafés der Stadt die „magischen Bohnen".

Strictly Coffee (Karte S. 640; ☎ 03-479 0017; 23 Bath St; ⏰ Mo–Fr 8–16 Uhr) ist die zweite wirklich ernst zu nehmende Kaffeebar in Dunedin. Der im eleganten Retrostil gestaltete Landen versteckt sich in der schäbigen Bath St. In verschiedenen Räumen kann man unterschiedliche Aussichten und Kunstwerke bewundern, während man seinen Kaffee schlürft.

DUNEDIN & OTAGO

Der **Countdown-Supermarkt** (Karte S. 640; 309 Cumberland St; ⏰ 6–24 Uhr) ist die Hauptanlaufstelle für Selbstversorger.

Frisch geröstete Kaffeebohnen gibt's entweder bei Mazagran oder bei Strictly Coffee, s. Kasten S. 647.

Ausgehen

In Dunedin gibt's tolle Bars und Pubs, die von stets durstigen Studenten und der Kunstszene in der Stadt Leben eingehaucht bekommen. Man sollte sich unbedingt die Zeit nehmen, die einheimischen Biere zu probieren: Green Man (Bio-Bier) und Emerson's (einfach köstlich).

Das Octagon ist das Herz der Barszene von Dunedin. Hier gibt's nicht weniger als acht verschiedene Bars auf Straßenniveau (dazu noch zwei über der Straße und außerhalb der Sichtweite gelegen).

News und Programme zu Clubnächten und Bandauftritten in der Stadt gibt's auf www.dunedinmusic.co.nz.

Albar (Karte S. 640; ☎ 03-479 2468; 135 Lower Stuart St; ⏰ 11 Uhr–open end) Die ehemalige Metzgerei ist heute eine unkonventionelle kleine Bar, deren Publikum die wahrscheinlich größte Altersspanne in ganz Dunedin aufweist. Die meisten kommen wegen der 50 Single-Malt-Whiskys, dem wechselnden Angebot an interessanten Fassbieren und einer kurz gefassten Speisekarte mit saubilligen Barsnacks (4–8 NZ$) her. Dass die Hintergrundmusik wirklich im Hintergrund bleibt, macht das Albar auch zu einem perfekten Ort für ein kleines Schwätzchen.

Mou Very (Karte S. 640; ☎ 03-477 2180; www.mouvery.co.nz; 357 George St; ⏰ 11 Uhr–open end) Das winzige Mou Very ist bestimmt die kleinste Bar der Welt. Es ist nur 1,8 m breit, bietet aber den Funk- und Soul-DJ-Sessions, die an den meisten Freitagabenden ab 17 Uhr stattfinden, genug Raum. Es gibt nur sechs Barhocker, weshalb sich die unkonventionellen Stammgäste vom Mou Very oft auch in der angrenzenden Gasse ausbreiten. Tagsüber kann man gemütlich Morgenkaffee oder Nachmittagsespresso trinken.

LP Tipp **Pequeno** (Karte S. 640; ☎ 03-477 7830; www.pequeno.co.nz; Gasse hinter 12 Moray Pl; ⏰ Mo–Fr 17 Uhr–open end, Sa ab 19 Uhr) Das Pequeno am Ende der Gasse gegenüber den Rialto Cinemas zieht eine etwas ältere und anspruchsvollere Kundschaft an. Hier gibt's gemütliche Ledersofas, einen wärmenden Kamin, eine erstklassige

Weinauswahl und interessante Tapas. Die Musik ist normalerweise entspannt und nie zu laut, sodass man sich toll über die neuesten Trends in der Architektur unterhalten kann.

Tonic (Karte S. 640; ☎ 03-471 9194; www.tonicbar.co.nz; 138 Princes St; ⏰ Di–Fr 16 Uhr–open end, Sa 18 Uhr–open end) Hier gibt's Bier von den besten neuseeländischen Brauereien und weit mehr interessante Importe als im Durchschnitts-Pub. Spezialbiere, jede Menge Single-Malt-Whisky und ausgezeichnete Cocktails ziehen eine ältere Kundschaft an als die Studentenpubs von Dunedin. Antipasti-Teller und Käseplatten sind ein guter Grund, noch auf einen weiteren Drink zu bleiben.

12 Below (Karte S. 640; ☎ 03-474 5055; Gasse hinter 12 Moray Pl; gelegentlich Eintritt 5–10 NZ$; ⏰ Di–Sa 20 Uhr–open end) In derselben Gasse wie das Pequeno liegt die angesagte, kuschelige Undergroundbar 12 Below. Hier gibt's nicht wild zusammengewürfelte, bequeme Sessel und Sofas sowie jede Menge Nischen, in denen man sich unterhalten kann. Wer Livemusik (vor allem Funk und Reggae) hören oder sich zu den Hip-Hop- und Drum 'n' Bass-Rhythmen der DJs bewegen möchte, kann dies auf einer Art Tanzfläche tun.

Carousel (Karte S. 640; ☎ 03-477 4141; www.carouselbar.co.nz; oben in der 141 Lower Stuart St; ⏰ Di–Sa 16 Uhr–open end) Dunkel und kultiviert mit großartigen Cocktails, entspannter Musik und einer Klientel um die Ende 30, die mit sich selbst ziemlich zufrieden ist – und es genießt, an einem so todschicken Ort gesehen zu werden.

Captain Cook (Karte S. 640; ☎ 03-474 1935; 354 Great King St; ⏰ 11 Uhr–open end) Die Großmutter aller Studentenpubs von Dunedin hat eine lustige Gartenbar, die im Winter voll ist mit den jungen Leuten des Landes – in den Sommermonaten verkümmert sie jedoch zu einer traurigen Spielhalle.

Speight's Ale House (Karte S. 640; ☎ 03-477 9480; 200 Rattray St; ⏰ 11 Uhr–open end) Sogar in der Nebensaison ist es hier voll! Junge, stramme Kerle in ihren saubersten „dreckigen Shirts" kommen bevorzugt hierher. Ein guter Platz, um im Fernsehen Rugby zu schauen oder die ganze Bandbreite der Speight's-Biere zu kosten.

Unterhaltung

CLUBS

10 Bar (Karte S. 640; ☎ 03-477 6310; www.10bar.co.nz; 10 The Octagon; ⏰ Do–So 10 Uhr–open end) Tief unten, am Ende der Treppe, findet man diese kompakte Bar mit lauter Musik, pulsierenden

Lichtern und tanzenden Proll-Prinzessinnen. Nach Mitternacht wird Eintritt verlangt.

Bath Street (Karte S. 640; ☎ 03-477 6750; www.my space.com/bathst; 1 Bath St; ☾ Di–Sa 21 Uhr–open end) Wenn alle anderen Bars schon geschlossen haben, lockt das bekanntermaßen gute Soundsystem der Bath Street noch immer die tanzenden Nachtschwärmer Dunedins mit Drum'n' Bass, House und Hip-Hop an.

di lusso (Karte S. 640; ☎ 03-477 3776; 12 The Octagon; ☾ So–Do 18.30 Uhr–open end, Fr & Sa 17 Uhr–open end) Der Haus-DJ ist überdurchschnittlich sexy, die purpurfarbenen Wände und die von hinten beleuchtete Getränkevitrine verbreiten düstere Coolness, die Cocktails sind echt gut und die maritime Deko hat sich gar bis in die Toiletten ausgebreitet.

Pop (Karte S. 640; ☎ 03-474 0842; im Untergeschoss, 14 The Octagon; ☾ Di–Do 20 Uhr–open end, Fr & Sa 18 Uhr–open end) Liegt unter dem di lusso und ist vielleicht sogar noch cooler. Es serviert die besten Martinis in Dunedin und rühmt sich mit wirklich guten DJs, die Funk und House auflegen.

KINOS

Dienstags ist oft Kinotag.

Hoyts Cinema (Karte S. 640; ☎ 03-477 3250; Infoline 03-477 7019; www.hoyts.co.nz; 33 The Octagon; Erw./Kind 15/8 NZ$) Blockbuster-Paradies.

Metro Cinema (Karte S. 640; ☎ 03-471 9635; www. metrocinema.co.nz; Moray Pl; Erw./Student 13/10 NZ$) Unter dem Rathaus sind nostalgische und Arthaus-Filme zu sehen. Wer einen Studentenausweis vorlegen kann, kommt für 10 NZ$ rein.

Rialto Cinemas (Karte S. 640; ☎ 03-474 2200; www.rialto.co.nz; 11 Moray Pl; Erw./Kind 15/9 NZ$) Eine Mischung aus Hollywood- und Arthaus-Filmen mit umfangreichem Programm an speziellen Festivals.

THEATER

Fortune Theatre (Karte S. 640; ☎ 03-477 8323; www. fortunetheatre.co.nz; 231 Upper Stuart St; Erw./Kind 35/15 NZ$) Das südlichste Profiensemble der Welt führt seit fast 40 Jahren Dramen, Komödien, Märchenspiele, Klassiker und zeitgenössische nationale Produktionen auf. Die Bühne ist eine alte Wesleyaner-Kirche im gotischen Stil, in der natürlich auch der obligatorische Theatergeist zuhause ist.

LIVEMUSIK

Sammy's (Karte S. 640; ☎ 03-477 2185; www.sammys. co.nz; 65 Crawford St; ☾ je nach Event) In Dunedins erster Adresse in puncto Livemusik gibt's eine vielseitige Mischung aus Genres auf die Oh-ren, von lärmendem Punk über relaxten Reggae bis zu kernigem Dubstep. Immer mehr tourende Kiwi-Bands und aufstrebende internationale Künstler machen hier Halt.

Chick's Hotel (Karte S. 652; ☎ 03-472 5074; 2 Mount St, Port Chalmers; ☾ je nach Event) Drüben in Port Chalmers ist das Chicks der Prototyp eines Rock'n'Roll-Pubs. Die Steinmauern des Clubs stammen aus dem 19. Jh. und bilden mittlerweile die Kulisse für Auftritte aller möglichen Acts, von Alternative-Country-Gruppen aus den Vereinigten Staaten bis zu einheimischen Metal-Bands. Wenn Künstler des angesehenen Labels Flying Nun aus Dunedin auf Tour sind, stehen die Chancen gut, dass sie hier (oder im Sammy's) auftreten. Die Busse 13 und 14 fahren von Steig 4 vor dem Countdown-Supermarkt in der Cumberland St hierher.

SPORT

Forsyth Barr Stadium (außerhalb der Karte S. 640; www. otagostadium.co.nz; Awatea St, North Dunedin) Dunedins neuester Austragungsort wurde für die Rugby-Weltmeisterschaft 2011 gebaut und liegt 2 km vom Stadtzentrum entfernt. Das einzige große Stadion in Neuseeland, das komplett überdacht ist, wird ab 2011 die Heimat des Otago NPC-Rugbyteams und ab 2012 die des Rugbyteams Highlanders Super 14 sein. Spielpläne gibt's unter www.orfu. co.nz und www.highlanders-rugby.co.nz.

Shoppen

Auf der George St, Dunedins Haupteinkaufsmeile, tummeln sich zahllose praktische, aber größtenteils gewöhnliche Kettenläden. Die folgenden Geschäfte sind schwerer zu finden und interessanter. Der Moray Place – nahe den Rialto Cinemas – tanzt aus der Reihe.

Disk Den (Karte S. 640; ☎ 03-477 2280; 118 Princes St) Hier gibt's überwiegend neue und erst kürzlich veröffentlichte CDs (sowie die entsprechenden Poster, DVDs und anderen Ramsch). Doch das Den führt auch eine Sammlung alter Schallplatten und sogar einige Kassetten – besonders praktisch, wenn das Mietauto aus der Steinzeit stammt.

Fern (Karte S. 640; ☎ 03-477 7292; 67 Princes St; ☾ Mo 11.30–17.30, Di–Fr 10–17.30, Sa 11–16 Uhr) Hat sich auf einzigartige Klamotten, Design und Schmuck spezialisiert; die meisten Sachen stammen von aufstrebenden Künstlern und Designern aus Dunedin.

Stuart St Potters Cooperative (Karte S. 640; ☎ 03-471 8484; 14 Lower Stuart St; ☾ Mo–Fr 10–17, Sa 9–15 Uhr)

Ton- und Keramikkunst von zwölf Kunsthandwerkern aus Dunedin und der Region Otago.

Outdoor-Ausrüstung und -Klamotten gibt es bei:

Bivouac (Karte S. 640; ☎ 03-477 3679; 171 George St) Kletter-, Camping- und Wanderausrüstung, außerdem Karten und spezielle Führer.

McKinlays (Karte S. 640; ☎ 03-477 1389; 454 George St; ☿ Mo–Sa 9–17.30 Uhr) Stellt seit 130 Jahren von Hand Stiefel und Schuhe her. Maßgeschneiderte Schuhe und Lieferungen nach Übersee sind ebenfalls zu haben.

Wild South (Karte S. 640; ☎ 03-477 7856; 78 George St) Modische und nützliche Outdoor-Klamotten.

An- & Weiterreise
BUS

Die meisten Busse fahren am Bahnhof ab (InterCity startet in der St. Andrew St); bei der Reservierung nachfragen.

InterCity (Karte S. 640; ☎ 03-471 7143; www.intercity. co.nz; 205 St. Andrew St; ☿ Fahrkartenschalter Mo–Fr 7.30–17, Sa 11–15, So 11–17.15 Uhr, Telefon-Ticketline tgl. 7–21 Uhr) schickt Direktbusse nach Oamaru (28 NZ$, 1 Std. 40 Min.), Christchurch (50 NZ$, 6 Std.), Queenstown (45 NZ$, 4½ Std.), Te Anau (45 NZ$, 4½ Std.) und Invercargill (43 NZ$, 4 Std.).

Southern Link (☎ 0508 458 835; www.southernlink coaches.co.nz) verbindet Dunedin mit Christchurch (40 NZ$) und Oamaru (28 NZ$).

Coastline Tours (☎ 03-434 7744; www.coastline-tours. co.nz) fährt zwischen Dunedin und Oamaru (30 NZ$) und auf Nachfrage nach Moeraki, Karitane, Seacliff oder zum Flughafen. **Naked Bus** (☎ 0900 625 33; www.nakedbus.com) verbindet Dunedin mit Christchurch (18 NZ$), Queenstown (29 NZ$) und Invercargill (29 NZ$).

Einige Gesellschaften fahren von Dunedin zu den Catlins und nach Southland. Der **Bottom Bus** (☎ 03-477 9083; www.bottombus.co.nz) ist auf einer Schleife von Dunedin durch die Catlins nach Invercargill, Te Anau, Queenstown und zurück nach Dunedin unterwegs. **Catlins Coaster** (☎ 03-477 9083; www.catlinscoaster.co.nz) verbindet Dunedin mit Invercargill und fährt über die landschaftlich schönen Catlins zurück; s. S. 743.

Weitere Shuttlebusse:

Atomic Shuttles (☎ 03-349 0697; www.atomic travel.co.nz) Ab/nach Christchurch (35 NZ$), Oamaru (20 NZ$), Invercargill (35 NZ$), Queenstown (40 NZ$) und Wanaka (40 NZ$).

Catch-A-Bus (☎ 03-449-2024; www.catchabus.co.nz) Fährt täglich zwischen Dunedin und Wanaka (50 NZ$) und

hält unterwegs an Wegstationen des Otago Central Rail Trail. Fahrräder kosten 10 NZ$ extra.

Knightrider (☎ 03-342 8055; www.knightrider.co.nz) Nachtbusse nach Christchurch (56 NZ$), Oamaru (36 NZ$) und Invercargill (46 NZ$).

Wanaka Connexions (☎ 03-443 9122; www.time2. co.nz) Shuttlebusse zwischen Dunedin und Wanaka (45 NZ$) sowie Queenstown (45 NZ$).

FLUGZEUG

Internationale Flüge von **Air New Zealand** (☎ 0800 737 000; www.airnewzealand.co.nz) bringen einen von Sydney und Melbourne nach Dunedin, **Pacific Blue** (☎ 0800 670 000; www.flypacific blue.co.nz) verbindet die Stadt mit Brisbane.

Air New Zealand bietet Inlandsflüge ab/nach Auckland (ab 109 NZ$), Christchurch (ab 59 NZ$) und Wellington (ab 99 NZ$). Pacific Blue bringt Fluggäste von Dunedin nach Christchurch (ab 60 NZ$) und Auckland (ab 100 NZ$).

ZUG

Zwei interessante Zugrouten beginnen am **Bahnhof Dunedin** (Anzac Ave): die des Taieri Gorge Railway (s. Kasten S. 651) und die des Seasider (www.seasider.co.nz), der an der Küste entlang nach Palmerston und zurück fährt (Abfahrt 9.30 Uhr, Rückfahrt 13.30 Uhr, einfach/ hin & zurück 48/72 NZ$). Über die Taieri Gorge Railway reservieren.

Unterwegs vor Ort
AUTO

Alle großen landesweiten Autovermieter unterhalten in Dunedin Filialen. Hier gibt's auch ein paar preiswerte örtliche Vermietungen wie **Getaway** (☎ 0800 489 761, 03-489 7614; www. getawaycarhire.co.nz) und **Driven Rentals** (☎ 03-456 3600; www.drivengroup.co.nz).

In der Innenstadt ist es schwer, einen Parkplatz zu finden – und erst vor Kurzem wurden so ziemlich überall Parkuhren aufgestellt. Die billigsten Parkplätze gibt's (natürlich) an den steilsten Straßen. Am besten versucht man es in der London St oder in der Cargill St nordwestlich vom Stadtzentrum.

BUS

City-Busse (☎ 0800 474 082; www.orc.govt.nz) fahren von Haltestellen am Octagon ab, Busse in die Bezirke rund um Dunedin starten eine Straße weiter, an Haltestellen entlang der Cumberland St in der Nähe des Supermarkts Countdown. Unter der Woche verkehren die Busse

---

TAIERI GORGE RAILWAY

Die landschaftlich schöne Strecke der **Taieri Gorge Railway** (☎ 03-477 4449; www.taieri.co.nz; Bahnhof Dunedin, Anzac Ave) steht dank enger Tunnels, tiefer Schluchten, kurviger Gleise, wilder Canyons und mehr als einem Dutzend Viadukten aus Stein und Eisen (bis zu 50 m hoch) bei Reisenden hoch im Kurs.

Die vierstündige Fahrt an Bord alter Waggons aus den 1920er-Jahren führt bis ins 58 km entfernte Pukerangi und wieder zurück (einfach/hin & zurück 51/76 NZ$); einige Fahrten gehen weiter bis nach Middlemarch (einfach/hin & zurück 58/87 NZ$). Man kann auch eine kombinierte Fahrt mit Zug und Reisebus nach Queenstown unternehmen (einfache Strecke 115 NZ$) oder von Middlemarch aus mit seinem mitgebrachten Fahrrad an den Gleisen entlangfahren; s. Kasten S. 659. Im Sommer (Okt.–April) starten täglich um 14.30 Uhr Züge nach Pukerangi, gelegentlich gibt's außerdem morgendliche Verbindungen nach Middlemarch oder Pukerangi. Im Winter (Mai–Sept.) fahren täglich um 12.30 Uhr Züge nach Pukerangi.

---

regelmäßig, am Wochenende und an Feiertagen ist der Service aber sehr eingeschränkt (oder komplett eingestellt). Beim Dunedin i-SITE oder unter www.orc.govt.nz gibt's die Buspläne von Dunedin.

Infos zu den Hop-on-hop-off-Stadtrundfahrten von First City Tours stehen auf S. 643.

VOM/ZUM FLUGHAFEN

Der **Dunedin Airport** (außerhalb der Karte S. 640; ☎ 03-486 2879; www.dnairport.co.nz) liegt 27 km südwestlich der Stadt. Am günstigsten sind die Tür-zu-Tür-Shuttlebusse (ab 15 NZ$/Pers.). Man versucht es am besten bei **Kiwi Shuttles** (☎ 03-487 9790; www.kiwishuttles.co.nz), **Super Shuttle** (☎ 0800 748 885; www.supershuttle.co.nz) oder **Southern Taxis** (☎ 03-476 6300; www.southerntaxis.co.nz).

Ein normales Taxi zwischen Innenstadt und Flughafen kostet um die 80 NZ$. Zum Flughafen fahren keine öffentlichen Busse.

TAXI

Dunedin Taxis (☎ 03-477 7777) und **Otago Taxis** (☎ 03-477 3333).

OTAGO PENINSULA

Auf der Otago Peninsula lassen sich die meisten und unterschiedlichsten Tiere der Südinsel blicken. Albatrosse, Pinguine, Pelzrobben und Seelöwen bevölkern die zerklüftete Landschaft, raue Wanderwege führen u. a. zu schönen Stränden und interessanten historischen Stätten. Trotz der vielen Touren, die auf der Halbinsel veranstaltet werden, konnte sich die Gegend ihre ruhige, ländliche Atmosphäre bewahren. Infos liefern die Broschüre und die Karte *Otago Peninsula* vom Dunedin i-SITE und die Website www.otago -peninsula.co.nz.

Sehenswertes
ROYAL ALBATROSS CENTRE

Bei Taiaroa Head am östlichsten Zipfel der Halbinsel ist die einzige auf dem Festland lebende Königsalbatroskolonie der Welt angesiedelt. Die beste Zeit für einen Besuch ist zwischen Dezember und Februar, wenn ein Elternteil ständig das Junge bewacht, während der andere den ganzen Tag über Futter heranschafft. Die meisten Vögel lassen sich am Nachmittag blicken, wenn der Wind aufkommt. An ruhigen Tagen bekommt man sie dagegen kaum zu Gesicht.

Der einzige öffentliche Zugang führt durch das **Royal Albatross Centre** (☎ 03-478 0499; www.albatross.org.nz; Taiaroa Head; ☼ Sommer 9 Uhr–Sonnenuntergang, Winter 10–16 Uhr). Bei den einstündigen Führungen (Erw./Kind 45/22,50 NZ$) können die Besucher aus einer verglasten Hütte die Brutstätten beobachten. Von Mitte September bis Ende November können keine Vögel beobachtet werden, während von Ende November bis Dezember die Vögel in ihren Nestern bleiben, sodass man ihre großartige Flügelspannweite kaum sehen kann. Dienstags beginnt die erste Führung um 10.30 Uhr.

Man sollte sich vor dem Bezahlen fragen, um man die majestätischen Vögel auch tatsächlich beim Fliegen beobachtet. Manchmal kann man die Albatrosse auch vom Parkplatz aus sehen, besonders von dem tollen Aussichtspunkt auf den Klippen über dem Meer aus – die beste Zeit hierzu ist spätnachmittags, wenn der Wind am stärksten weht. Am Pilot Beach, auf der Hafenseite des Parkplatzes, lassen sich häufig Zwergpinguine, Seelöwen und Robben blicken.

Auf dem Areal des Albatroszentrums befinden sich auch Überreste des **Fort Taiaroa** und

DUNEDIN & OTAGO

OTAGO PENINSULA

seiner Verschwindlafette von 1886. Diese wurde zusammen mit anderen Kanonenlagern auf der Halbinsel errichtet, als sich die Neuseeländer sicher waren, dass eine russische Invasion unmittelbar bevorstehe. Die Kanone wird unterirdisch geladen und ausgerichtet, bevor sie wie der langsamste Schachtelteufel der Welt nach oben „schnellt" und abgefeuert wird. Offenbar funktioniert die Kanone noch ausgezeichnet. Bei den geführten Touren durch das Fort Taiaroa (Erw./Kind 20/10 NZ$) oder bei der Unique Taiaroa Experience (Erw./Kind 50/25 NZ$) bekommen Besucher sowohl die Kanonen als auch die Vögel zu Gesicht. Es gibt zudem eine Ausstellung über die Flora und Fauna der Insel und ein Café (Hauptgerichte 10–23 NZ$).

Die aufgeführten Preise gelten für Dezember bis März; in den anderen Monaten bezahlt man weniger.

SCHUTZGEBIETE FÜR GELBAUGENPINGUINE

An der Küste von Otago ist eine der seltensten Pinguinarten der Welt beheimatet, der *hoiho* (Gelbaugenpinguin). An mehreren Stränden kann man gut beobachten, wie er ans Ufer watschelt (nach 16 Uhr).

Es gibt zwei private Anbieter, die Führungen über privaten Grundbesitz zu den Gelbaugenpinguinen (s. S. 652) und andere Touren (s. S. 654) zu Lebensräumen auf der Allgemeinheit unzugänglichem Farmland organisieren. Die Vögel leben auch an einigen öffentlichen Stränden, u. a. an der **Sandfly Bay**, wo es einen vom DOC geschaffenen Unterstand gibt. Wer auf eigene Faust unterwegs ist, sollte auf den Wegen bleiben, die Pinguine nur vom Unterstand aus beobachten und sich den scheuen Kreaturen nicht nähern. Schon eine laute Stimme kann sie aufscheuchen. Die Pinguine hatten schon sehr unter Stress zu leiden, als Touristen mit Blitz fotografierten und über ihre Nistplätze trampelten. Man sollte keinen Müll am Strand hinterlassen, weil sie sonst nicht an Land kommen.

Die **Yellow-Eyed Penguin Conservation Reserve** (☎ 03-478 0286; www.penguinplace.co.nz; McGrouther's Farm, Harington Point Rd; geführte Touren Erw./Kind 40/ 12 NZ$) hat die Brutplätze der Pinguine erneuert, Nistplätze angelegt, kranke und verletzte Vögel betreut und Raubtiere eingefangen. Auf der 90-minütigen Führung hört man einen Vortrag über den Schutz der Pinguine und beobachtet die Tiere aus der Nähe von mehreren Unterständen aus. Die Vögel sind das ganze Jahr über zu sehen, aber am besten ist es im Sommer. Zwischen Oktober und März finden die Führungen regelmäßig von 10.15 Uhr bis 90 Minuten vor Sonnenuntergang statt, zwischen April und September nur von 15.15 bis 16.45 Uhr. Die Touren sind sehr beliebt, darum vorab buchen! Infos zur Unterkunft Penguin Place Lodge, s. S. 654.

Nur 1 km hinter der Albatroskolonie auf dem Gelände einer riesigen Schaffarm, die den Großteil der Halbinselspitze einnimmt, befindet sich **Nature's Wonders** (☎ 0800 246 446, 03-478 1150; www.natureswondersnaturally.com; Taiaroa Head; geführte Touren Erw./Kind 50/45 NZ$; ☼ geführte Touren ab 10.15 Uhr). Auf den einstündigen Führungen kommen die Besucher Krähenscharben und neuseeländischen Seebären näher und begegnen schließlich an einem kleinen Privatstrand einer Gelbaugenpinguinkolonie; hier kann man sich den Vögeln bis auf wenige Meter nähern, ohne sie zu stören. Die Touren werden in Geländefahrzeugen unternommen, die überall hinkommen – Teilnehmer erleben einen aufregenden Mix aus sagenhafter Landschaft und toller Fauna und Flora. Allein wegen der wunderschönen Aussichten lohnt sich die Tour.

ZWERGPINGUINE

Direkt unterhalb des Parkplatzes vom Albatroszentrum kann man am Pilot Beach Zwergpinguine beobachten. Die Pinguine kommen kurz vor Sonnenuntergang an Land. Am besten läuft man die Schotterstraße zum Aussichtspunkt in der Nähe des Strandes hinunter und bleibt dort, bis die Vögel in ihre Höhlen zurückkehren. Im Sommer lassen sich hier 80 oder noch mehr Pinguine blicken, im Winter hingegen manchmal kein einziger.

SEELÖWEN

Seelöwen kann man am besten bei einer Führung (s. S. 654) beobachten, aber sie treiben sich auch regelmäßig in der **Sandfly Bay**, am **Allans Beach** und am **Victory Beach** rum. Es sind überwiegend männliche Junggesellen von der Campbell Island oder den Auckland Islands, die hier Urlaub machen. Man sollte ihnen nicht zu nahe kommen, da sie auf den ersten 20 m richtig schnell werden können.

LARNACH CASTLE

Am höchsten Punkt der Halbinsel erhebt sich das stolze **Larnach Castle** (☎ 03-476 1616; www.larnachcastle.co.nz; Camp Rd; Schloss & Außenanlagen Erw./Kind 25/10 NZ$, nur Außenanlagen 10/3 NZ$; ☼ 9–19 Uhr, Winter bis 17 Uhr). Der Händler, Bankier und Politiker William Larnach aus Dunedin leistete sich diesen Luxus und ließ es 1871 errichten, um seine Frau zu beeindrucken, die aus dem französischen Adel stammte (ihr hat es nur anscheinend nicht gefallen). Das pompöse, gotische Herrenhaus ist voller exquisiter antiker Möbel. Larnach beging 1898 im Parliament House Selbstmord, nachdem er finanziell am Ende war und seine letzte Frau eine Affäre mit seinem Lieblingssohn hatte.

Die **Gärten** bieten eine fantastische Aussicht über die Halbinsel und den Hafen, während aus dem umliegenden einheimischen Regenwald eindrucksvoller Vogelgesang an die Ohren der Besucher dringt. Im prächtigen Ballsaal ist ein Café untergebracht, außerdem gibt's hier einzigartige Übernachtungsmöglichkeiten (s. S. 654). Der Portobello-Bus fährt bis Company Bay, dann geht es noch 4 km bergauf.

NOCH MEHR SEHENSWERTES

Der **Glenfalloch Woodland Garden** (☎ 03-476 1006; www.glenfalloch.co.nz; 430 Portobello Rd; Eintritt gegen Spende; ☼ Gärten 9.30 Uhr–Sonnenuntergang, Café-Weinbar Sept.–April Mo–Fr 11–15.30, Sa & So 11–16.30 Uhr) liegt auf einer 12 ha großen Fläche mit Blumen, Wanderwegen und sich im Wind wiegenden, alten Bäumen, zu denen auch ein 1000 Jahre alter Matai gehört. Spektakuläre Ausblicke auf den Hafen gehören auch dazu. Der Portobello-Bus hält direkt davor.

Im **Marine Studies Centre** (☎ 03-479 5826; www.marine.ac.nz; Hatchery Rd; Erw./Kind/Fam. 12/6/24 NZ$; ☺ 12–16.30 Uhr) gibt es Kraken, Seepferdchen, Krebse, Haie und einen riesigen rosafarbenen Modelltintenfisch zu sehen. Besucher können bei der Fischfütterung (Mi & Sa 14–15 Uhr) helfen oder um 10.30 Uhr eine Führung mitmachen (Eintritt & Führung Erw./Kind/Fam. 21/11/48 NZ$). Das Zentrum stellt die Arbeit des angrenzenden Meereslabors vor, das von der Universität betrieben wird.

Aktivitäten

Die Wanderwege auf der Halbinsel bieten sowohl an der Küste als auch auf den Feldern beeindruckende Ausblicke und die Möglichkeit, ganz ohne Führung Tiere und Pflanzen zu sehen. Beim Dunedin i-SITE gibt's die kostenlose Broschüre *Otago Peninsula Tracks* mit ausführlichen Wanderwegen. Ein beliebtes Wanderziel ist die wunderschöne **Sandfly Bay**, die man von der Seal Point Rd (mittelschwer; 40 Min.) oder der Ridge Rd (schwer; 40 Min.) erreicht. Vom Ende der Sandymount Rd führt ein Weg zu einer eindrucksvollen **Schlucht** (20 Min.). Die meisten Wanderwege sind während der Lammungszeit zwischen September und Oktober geschlossen.

Wild Earth Adventures (☎ 03-489 1951; www.wildearth.co.nz; Trips ab 95 NZ$) veranstaltet Ausflüge in Zweier-Seekajaks, auf denen man oft Wildtiere erspäht. Die Ausflüge dauern zwischen vier Stunden und einem Tag, einige beginnen in Dunedin, andere auf der Halbinsel.

Peninsula Bike & Kayak (☎ 03-478 0724; www.bike-kayak.com) verleiht Fahrräder (Std./Tag 25/35 NZ$) und Kajaks (50 NZ$/2 Std.). Geführte Kajaktouren starten Portobello und dauern zwei oder drei Stunden (120/170 NZ$ für 1/2 Pers.).

Geführte Touren

Back to Nature Tours (☎ 03-479 2009; www.backtonaturetours.co.nz; Erw./Kind 89/45 NZ$)

Citibus (☎ 03-477 5577; www.transportplace.co.nz; Erw./Kind ab 90/30 NZ$) Auf den Ausflügen zeigen sich Albatrosse und Pinguine.

Elm Wildlife Tours (☎ 0800 356 563, 03-454 4121; www.elmwildlifetours.co.nz; Standardtour 89 NZ$) Bis zu sechsstündige Touren in kleinen Gruppen. Der Transport von und nach Dunedin ist im Preis enthalten.

Monarch Wildlife Cruises & Tours (Karte S. 652; ☎ 03-477 4276; www.wildlife.co.nz) Eintägige Boots-

touren von Wellers Rock (Erw./Kind 45/20 NZ$), halbtägige (85/30 NZ$) und ganztägige (210/105 NZ$) Ausflüge von Dunedin. Es werden die „Kinderstuben" von Seelöwen, Pinguinen, Albatrossen und Robben besucht, die vom Land aus oft nicht zu erreichen sind.

Otago Explorer (☎ 0800 322 240, 03-474 3300; www.otagoexplorer.com) Veranstaltet zweieinhalbstündige geführte Touren zum Larnach Castle (Erw./Kind 55/27,50 NZ$) und im Sommer Ausflüge zum Tiere beobachten. Der Transport von Dunedin ist inklusive.

Twilight Wildlife Tour (☎ 03-454 4121; www.twilighttours.co.nz; Erw. 91 NZ$, Student & Kind 79 NZ$)

Schlafen

Portobello Village Tourist Park (☎ 03-478 0359; portobellopark@xtra.co.nz; 27 Hereweka St, Portobello; Campen ohne/mit Strom Erw. 13/15 NZ$, Wohneinheiten DZ 45–85 NZ$, Touristenapt. 90–120 NZ$) Dank vieler Bäume und Wiesen ein angenehmer Platz, um sein Zelt aufzuschlagen. Es gibt einen Spielplatz, eine moderne Küche und für Rollstuhlfahrer zugängliche Einrichtungen. In den Backpacker-Zimmern muss man alles selbst mitbringen und die Wohneinheiten für Selbstversorger sind elegant eingerichtet.

Penguin Place Lodge (☎ 03-478 0286; McGrouther's Farm, Harington Point Rd; Erw./Kind 25/10 NZ$) Diese von Ackerland umgeben Lodge liegt auf einem Hügel. Sie hat eine gute Gemeinschaftsküche, eine helle Lounge sowie einfache Doppel- und Zwei-Bett-Zimmer. Die Gäste genießen die Aussicht auf die Farm und den Hafen und die Nähe zu den Robben und Albatrossen; ihre nächsten Nachbarn sind Pinguine. Bettwäsche kostet 5 NZ$ extra.

LP Tipp **McFarmers Backpackers** (☎ 03-478 0389; mcfarmers@xtra.co.nz; 774 Portobello Rd; Lodge B/EZ 27/40 NZ$, DZ 55–65 NZ$, Cottage DZ 90 NZ$) Die rustikale Holzlodge und das separate Cottage auf einer bewirtschafteten Farm mit Blick auf den Hafen haben sehr viel Charakter und geben einem sofort das Gefühl, zu Hause zu sein. Man kann am Fenster oder auf der Sonnenterrasse entspannen, im Garten grillen oder sich vor dem prasselnden Feuer im Holzofen wärmen. Dabei vergisst man fast, dass man eigentlich hier ist, um die benachbarten Albatrosse und Pinguine zu besuchen. Das Cottage eignet sich prima für Familien. Es gibt Bio-Gemüse und Eier zu kaufen. Der Portobello-Bus fährt bis hinters Tor.

Bus Stop Backpackers (☎ 03-478 0330; www.bus-stop.co.nz; 252 Harington Point Rd; B 35 NZ$, Cottage DZ 120–140 NZ$; 🖳) In dem niedlichen kleinen Haus genießen die Gäste den Ausblick auf den Hafen und den salzigen Geruch vom Meer. Um beim Essen Seelöwen zu beobachten, muss man die gemütliche Lounge nicht einmal verlassen. Man kann sich auch ein Dinghi mieten und sein eigenes Abendessen fangen, das dann gekocht, geräuchert oder gegrillt wird. Im Haus gibt's ein Drei-Bett- und ein Doppelzimmer, zudem kann man in Betten in einem Bedford-Bus aus den 1970er-Jahren nächtigen. Neu ist auch das Cottage für Selbstversorger. Während der Saison gibt's Bio-Gemüse.

Portobello Motels (☎ 03-478 0155; www.portobello motels.com; 10 Harington Point Rd, Portobello; DZ 135–145 NZ$; ☜) Sonnige, moderne separate Wohneinheiten direkt an der Hauptstraße in Portobello. Die Studios haben kleine Sonnenterrassen mit Blick auf die Bucht. Es gibt auch Wohneinheiten mit einem oder zwei Schlafzimmern (zusätzl. Erw./Kind 25/15 NZ$), allerdings ohne Ausblick.

Larnach Lodge (☎ 03-476 1616; www.larnachcastle. co.nz; Camp Rd; Stall DZ 155 NZ$, Lodge DZ 260–280 NZ$, jeweils inkl. Frühstück; ▯ ☜) Larnach Castles Gartenlodge hat zwölf individuell eingerichtete Zimmer. Im Queen Victoria Room steht ein riesiges Himmelbett, im Goldrush Room schlafen die Gäste in einer alten Pferdekutsche. Die Zimmer in dem 125 Jahre alten Coach House mit schrägen Tudor-Decken sind weniger ausgefallen, aber stimmungsvoll. Nach Vereinbarung gibt's auch Abendessen.

Kaimata Retreat (☎ 03-456 3443; www.kaimatanz. com; 297 Cape Saunders Rd; EZ/DZ 380/450 NZ$) Diese luxuriöse Ökolodge verfügt über drei Zimmer mit Blick auf eine wunderbar einsame Bucht am östlichen Rand der Otago Peninsula. Von den geräumigen Sonnenterrassen aus kann man prima Seelöwen und Vögel beobachten, oder man kommt ihnen bei einer Ökoexpedition mit dem einheimischen Farmer Dave noch näher. Auf keinen Fall verpassen sollte man das intime Drei-Gänge-Menü (99 NZ$/ Pers.) aus Danis Küche. Und nicht den Fehler machen, nur eine Nacht zu bleiben!

Essen

1908 Café (☎ 03-478 0801; 7 Harington Point Rd, Portobello; Hauptgerichte 20–34 NZ$; ☼ 11.30–22 Uhr) Lachs, Wild und Steaks werden hier von frischem Fisch und Tagesgerichten begleitet. Es gibt eine Kiste mit Spielsachen für Kinder, einheimische Kunstwerke schmücken fröhlich das hübsche alte Gebäude.

Weitere Lokalen in der Nähe des 1908 Café sind das Portobello Hotel und das Portobello

Coffee Shop & Café, das ausgezeichnete Burger (13,50 NZ$) zubereitet und einen teuren Internetzugang bereitstellt. Wer früh am Morgen aus Dunedin losfährt, bekommt hier gutes Frühstück (8–14 NZ$). Im Portobello Store gibt's Essen zum Mitnehmen; auch zum Larnach Castle, zu Nature's Wonders, zum Glenfalloch Woodland Garden sowie zum Royal Albatross Centre gehören jeweils Cafés.

Auf der Strecke gibt's jede Menge hübsche Picknickplätze, man sollte sich also eindecken, bevor man Dunedin verlässt.

Anreise & Unterwegs vor Ort

An jedem Wochentag fahren bis zu zehn Busse zwischen Dunedins Cumberland St und Portobello Village (4 NZ$), einer oder zwei am Tag fahren weiter nach Harington Point. Am Wochenende ist der Service eingeschränkter. Wer erst einmal auf der Halbinsel ist, kann sich ohne eigenes Fahrzeug nur mühsam fortbewegen. Die meisten Veranstalter holen einen bei der Unterkunft ab.

In Portobello gibt's eine Tankstelle, aber die Öffnungszeiten sind schwer einschätzbar. Also am besten in Dunedin volltanken, bevor es losgeht!

NORDKÜSTE DES OTAGO HARBOUR

Die Nordküste des Otago Harbour stellt einen lohnenden Umweg abseits der Touristenroute dar und hat eine ausgezeichnete Unterkunft zu bieten. Das Orokonui Ecosanctuary (S. 642) ist etwas für Naturfreaks.

Das kleine **Port Chalmers** (3000 Ew.) liegt nur 15 km außerhalb der Stadt (15 Min. mit dem Auto oder mit Bus 13 oder 14 von Steig 4 vor dem Supermarkt Countdown in der Cumberland St), doch kommt man sich hier vor wie in einer anderen Welt. Das irgendwo zwischen Arbeiterklasse und Bohème schwebende Port Chalmers blickt auf eine Geschichte als Hafenstadt zurück, zieht aber immer mehr Künstler aus Dunedin an. Dunedins bester Rock'n'Roll-Pub, das **Chick's Hotel** (S. 649), ist ein Muss nach Einbruch der Dunkelheit. Und tagsüber gibt's eine immer größer werdende Auswahl an unkonventionellen Cafés, Designerläden und Galerien.

Das 150 Jahre alte **Carey's Bay Hotel** (☎ 03-472 8022; 17 MacAndrew Rd, Carey's Bay; Hauptgerichte 15–25 NZ$; ☼ Bar Mo–So 11.30 Uhr–open end, Restaurant Mo–Do 11–15, Fr–So 11–21 Uhr) liegt 1 km hinter der Hafenanlage und hat eine Bar mit Blick auf die Fischerboote und den Hafen zu bieten.

Hier findet man eine tolle Kunstsammlung des einheimischen Malers Ralph Hotere und weitere Kunstwerke aus Otago. Das Essen besteht meistens aus Meeresfrüchten; die Lachsfrikadellen (18,50 NZ$) beispielsweise sind sehr gut.

Auf einer Schaf- und Wildfarm, von Port Chalmers 5 km die Straße hinunter, ist das **Billy Brown Backpackers** (☎ 03-472 8323; www.billy browns.co.nz; 423 Aramoana Rd, Hamilton Bay; B/DZ 27/66 NZ$) zuhause. Der Ausblick über den Hafen zur Halbinsel hinüber ist herrlich. Es gibt eine nette, rustikale Gemeinschaftslounge mit gemütlichem Kamin und jede Menge Retro-Schallplatten zum Auflegen.

CENTRAL OTAGO

Sanfte Hügel, Wiesen und kleine, charmante Orte aus der Zeit des Goldrauschs machen diese Gegend zu einem netten Ausflugsziel. Die meisten Reisenden rasen hier zwar einfach durch, aber etwas guter Wille wird belohnt: Naseby und Clyde streiten sich um den Titel der niedlichsten Stadt Neuseelands, an den Bars der ländlichen Hotels trifft man den derben, lakonischen „Southern Man" und es gibt tolle Ausflugsziele für alle, die gerne auf zwei Rädern unterwegs sind, von alten Goldminenstraßen bis zu einfach zu meisternden Bahnstrecken (s. S. 659). Mehr Infos gibt's online auf www.centralotagonz.com.

CROMWELL
2610 Ew.
Cromwell hat eine charmante, kleine Altstadt am See und – dank der einheimischen Farmen

und Obstplantagen – mehr als nur ein paar gute Lokale zu bieten. Wer Richtung Osten nach Dunedin oder gen Westen nach Queenstown unterwegs ist, sollte hier seine Mittagspause einlegen. In der nahe gelegenen Region Bannockburn gibt's gute Weingüter, die ausgezeichneten Pinot Noir herstellen; einige davon haben auch nette Restaurants (s. Kasten unten).

Zur Zeit der Recherche war das **Cromwell i-SITE** (☎ 03-445 0212; www.centralotagonz.com; ◷ 9–18 Uhr; ▯) in Cromwells Einkaufszentrum untergebracht, inzwischen könnte es aber an seine neue Adresse in der Hauptstraße nach Queenstown umgezogen sein.

Die Broschüre *Walk Cromwell* beschreibt tolle Mountainbike- und Wanderwege, u.a. zur nahe gelegenen verlassenen Goldgräberstadt Bendigo. Räder kann man sich für 35 NZ$ am Tag in der **Cycle Surgery** (☎ 03-445 4100; www.cyclesurgery.co.nz) ausleihen.

Beim i-SITE gibt's einen Internetrechner, wer ein Laptop dabeihat, kann zudem das LAN-Netzwerk (2 NZ$) in der **öffentlichen Bibliothek** (◷ Mo–Fr 10–17, Sa 10–13 Uhr) oder im Einkaufszentrum von Cromwell benutzen.

1992 wurde der Clyde Dam fertiggestellt und das alte Cromwell überflutet. Er bestand aus einem Zentrum, 280 Häusern, sechs Bauernhöfen und 17 Obstplantagen. Viele der historischen Gebäude wurden vor der Überflutung auseinander- und in der **Old Cromwell Town** wieder aufgebaut; diese Fußgängerzone erstreckt sich neben dem See, der die ursprüngliche Stadt verschlungen hat. Neben interessanten historischen Gebäuden gibt's hier sehr gute Restaurants und ein paar interessante Galerien. Zu empfehlen ist ein Blick

---

AUF DER SUCHE NACH DEM PERFEKTEN PINOT NOIR

Im Bannockburn Valley in der Nähe von Cromwell gibt's die besten Pinot Noirs Neuseelands. Über die Hälfte der gesamten Weinherstellung in Central Otago spielt sich hier ab. Zu den Weingütern, die der Öffentlichkeit zugänglich sind, gehören **Mt. Difficulty Wines** (☎ 03-445 3445; www.mt difficulty.co.nz; Felton Rd, Bannockburn; gemischte Platten 12–40 NZ$, Hauptgerichte 25–28 NZ$; ◷ Weinkeller 10.30–16.30 Uhr, Restaurant 12–15 Uhr) und **Carrick Wines** (☎ 03-445 3480; www.carrick.co.nz; Cairnmuir Rd, Bannockburn; gemischte Platten 12–25 NZ$, Hauptgerichte 18–25 NZ$; ◷ Weinkeller 11–16 Uhr, Restaurant 12–15 Uhr). Beide Weingüter haben sehr angesehene Restaurants, die zum Mittagessen geöffnet sind. Die Lokale unter freiem Himmel sind schnell voll, es empfiehlt sich also, vorher anzurufen und zu reservieren. Bevor es nach Bannockburn geht, sollte man dem Cromwell i-SITE einen Besuch abstatten und einen Blick auf die praktische Infotafel mit den Weingütern der Region werfen.

Travel Collective (☎ 0800 326 228, 03-445 4927; www.travelcollectivegroup.com; 8 Pinot Noir Dr; Cromwell; 145 NZ$/Pers. inkl. Mittagessen) organisiert Führungen auf den Weingütern.

Online gibt's Informationen auf www.otagowine.com.

auf die coolen Werke des **Hullabaloo Art Space** (www.odelle.com) und die interessanten Metallarbeiten in der **Stoop Gallery** (www.stoop.co.nz). Und auf keinen Fall das Grain & Seed Café (s. rechte Spalte) versäumen! Mit der Broschüre *Old Cromwell Town Historic Precinct* kann man das Viertel auf eigene Faust erkunden. Im Sommer findet jeden Sonntag um 8 Uhr ein **Bauernmarkt** statt.

Ein 40-minütiger Ausflug im Jetboot von **Goldfields Jet** (☎ 0800 111 038, 03-445 1038; www.goldfieldsjet.co.nz; Erw./Kind 90/49 NZ$) führt über den Kawarau River.

Die geschwungenen und hügeligen Straßen von Central Otago eignen sich hervorragend zum Motorradfahren. Bei **Central Otago Motorcycle Hire** (☎ 03-445 4487; www.comotorcyclehire.co.nz; 271 Bannockburn Rd; Motorradverleih ab 275 NZ$/Tag) kann man sich Motorräder leihen, u. a. Harley Davidsons. Die viel kleineren italienischen Motorroller (90 NZ$/Tag) eignen sich prima für Spritztouren zu den Seen, Obstplantagen und Weinbergen der Gegend – für sie benötigt man nur einen Autoführerschein. Das Unternehmen gibt auch Auskunft über unglaublich schöne Strecken rund um Queenstown, Glenorchy und Wanaka.

Schlafen

Die meisten Motels von Cromwell liegen rund um das Einkaufszentrum der Stadt.

Cairnmuir Camping Ground (☎ 03-445 1956; Cairnmuir Rd, Bannockburn; Campen Erw./Kind 14/7 NZ$, Hütten Erw./Kind 20/10 NZ$) Friedlicher Campingplatz mit Wiesen am See, mit dem Auto von Cromwell aus in zehn Minuten zu erreichen.

Cromwell Top 10 Holiday Park (☎ 0800 107 275, 03-445 0164; www.cromwellholidaypark.co.nz; 1 Alpha St; Stellplatz ohne & mit Strom 36 NZ$, Hütten DZ 60–70 NZ$, Wohneinheiten 90–170 NZ$; 🖳) Der Platz ist so groß wie europäische Zwergstaaten und voller Hütten, Wohneinheiten für Selbstversorger und Zimmer mit unterschiedlicher Ausstattung. Alle Unterkunftsoptionen befinden sich auf von Bäumen gesäumten Flächen.

Quartz Reef Creek (☎ 03-445 0404; www.quartzreefcreek.co.nz; Rapid 349, SH8, Northburn, Cromwell; DZ inkl. Frühstück 130 NZ$) Dieses moderne B & B bietet Ausblicke auf den See und eine ruhige Lage 3 km nördlich der Stadt. Gäste werden in drei privaten Studios untergebracht, zum Frühstück gibt's oft frisch gebackenes Brot und selbstgemachte Marmelade. Nach dem sonnenverwöhnten Studio im Obergeschoss fragen!

Hills of Gold (☎ 03-445 4487; www.comotorcyclehire.co.nz/accommodation; 271 Bannockburn Rd; DZ 140 NZ$) Liegt 2,7 km von Cromwell entfernt auf dem Weg zu den ausgezeichneten Weingütern von Bannockburn und verfügt über ein modernes und komfortables Apartment in ländlicher Lage nahe dem Lake Dunstan. Ein Großbildfernseher, ein Audiosystem und ein eigener Garten bieten weiteren Luxus. Mountainbikes können ausgeliehen werden; Central Otago Motorcycle Hire (S. 657) hat hier ebenfalls seinen Sitz.

Essen & Ausgehen

Juice Café (☎ 03-445 2211; SH8; Gerichte ab 10 NZ$; ⏲ 8–17 Uhr) Das sonnige kleine Café am Highway in der Nähe des Ortseingangs tischt vorzügliche Salate und die zumindest in Cromwell weltberühmten frischen Smoothies (6 NZ$) auf.

Grain & Seed Café (☎ 03-445 1007; Old Cromwell Town; Mittagessen ab 10 NZ$; ⏲ 8–16 Uhr) Das niedliche Café in einem schönen Steinhaus, in dem einst Jolly's Grain Store untergebracht war, serviert große, leckere und günstige Gerichte. Am schönsten sitzt man an einem Tisch draußen am See.

Thai Crom (☎ 03-445 1546; 50 The Mall; Abendhauptgerichte 15–22 NZ$; ⏲ Mo–Sa 12–21, So 17–21 Uhr) Dieser Thai ist sehr authentisch: Immer mal wieder schaut die Schwiegermutter des Besitzers vorbei, die Schärfegrade werden penibel eingehalten und es gibt kaltes Singha-Bier zur Erfrischung des Gaumens. Die Mittagsangebote für 10 NZ$ helfen auf leckere Art und Weise, das tägliche Budget nicht zu überschreiten.

Brewhouse Bar & Bistro (☎ 03-445 0725; 71 The Mall; Hauptgerichte 15–30 NZ$; ⏲ 11 Uhr–open end) Cromwells bester Ort für ein entspanntes Bier. Hier gibt's herzhaftes Pubessen in Portionen, die selbst den Appetit eines Goldgräbers aus dem 19. Jh. hätten stillen können. Außerdem laufen Popvideos aus dem späten 20. Jh. und Sportfernsehen aus dem 21. Jh. auf Großbildleinwand. Eine überdurchschnittlich große Auswahl aus den besten Bieren von Speight's ergänzt die Weinkarte, auf der edle Tropfen aus der direkten Nachbarschaft stehen.

An- & Weiterreise

Atomic Shuttles (☎ 03-349 0697; www.atomictravel.co.nz), **InterCity** (☎ 03-474 9600; www.intercity.co.nz), **Naked Bus** (☎ 0900 625 33; www.nakedbus.com) und **Wanaka Connexions** (☎ 03-443 9122; www.time2.co.nz)

fahren allesamt für 15 bis 20 NZ$ von Cromwell nach Queenstown und Alexandra und für 35 bis 40 NZ$ nach Dunedin. Einige Busse bringen Passagiere auch weiter bis nach Christchurch und Invercargill. **Catch-a-Bus** (☎ 03-449 2024; www.catchabus.co.nz) betreibt eine praktische Linie, die Dunedin mit Wanaka verbindet und in Middlemarch, Ranfurly, Alexandra und Cromwell hält. Auf Anfrage halten die Busse auch an anderen Orten in der Nähe des Otago Central Rail Trail (z. B. in Naseby).

CLYDE
850 Ew.

Das Dörfchen Clyde (www.clyde.co.nz) am Ufer des smaragdgrünen Clutha River wirkt eher wie ein nettes Dorf aus einem Film über den Goldrausch im 19. Jh. als wie ein wirklicher Ort. Der Anteil an Rentnern wächst, aber Clyde hat sich seine freundliche Dorfatmosphäre bewahrt. Selbst wenn im Sommer die Feriengäste in Scharen einfallen, kann man hier noch super ein paar Tage ausspannen. Zudem liegt Clyde an einem Ende des Otago Central Rail Trail (s. S. 659).

Sehenswertes & Aktivitäten
Beim Alexandra i-SITE gibt's die kostenlose Broschüre *Walk Around Historic Clyde*. Im **Clyde Historical Museum** (☎ 03-449 2711; Blyth St; Erw./Kind 3/1 NZ$; Di–Sa 14–16 Uhr, Mai–Okt. geschl.) gibt's ein paar viktorianische und Maori-Ausstellungsstücke und Infos über den Clyde Dam.

Der **Alexandra-Clyde 150th Anniversary Walk** (einfache Strecke 3 Std.) ist ein relativ ebener Uferweg mit vielen Picknickstellen und reichlich Schatten. **Trail Journeys** (☎ 0800 724 587; www.trailjourneys.co.nz; Clyde Railhead; geführte Touren Sept.–April) verleiht Räder (ab 35 NZ$/Tag) und Kajaks (ab 40 NZ$) und organisiert Radtouren.

Jeden Ostersonntag stellt das **Clyde Wine & Food Festival** (www.promotedunstan.org.nz) die reichhaltigen Produkte und angesehenen Weine der Region zur Schau. Im übrigen Jahr kann man der **Central Gourmet Galleria** (☎ 03-449 3331; www.centralone.co.nz; 27 Sunderland St; Mo–Fr 9.30–17, Sa & So 10–16 Uhr) einen Besuch abstatten, in der es eine ausgezeichnete Auswahl an preisgekrönten lokalen Weinen gibt, von denen man viele reingende anders finden kann.

Mit **Grape Escape** (☎ 03-449 2696; geführte Touren 60–80 NZ$/Pers.) kann man die schicken Weingüter der Gegend in einem restaurierten, altmodischen Schulbus erkunden.

Schlafen & Essen
Im Februar und März ist in Clyde ziemlich viel los – die Unterkünfte in der Zeit also besser vorab buchen!

Hartley Arms Backpackers (☎ 03-449 2700; hartleyarms@xtra.co.nz; 25 Sunderland St; 40 NZ$/Pers.) Die drei gemütlichen Zimmer befinden sich in dem ehemaligen Stall hinter einem schönen Gebäude aus dem Jahr 1869, dem einstigen Hartley Arms Hotel. Sie gehen hinaus auf einen friedvollen, von einer Steinmauer eingefassten Garten und teilen sich eine kleine Küche mit Wohnzimmer. Tische und Stühle im Schatten eines Kirschbaums sind der richtige Ort, um sich vom 150 km langen Rail Trail zu erholen.

Dunstan House (☎ 03-449 2295; www.dunstanhouse.co.nz; 29 Sunderland St; DZ 100–200 NZ$; 🖳) Das restaurierte Gasthaus aus viktorianischer Zeit hat Balkone und wunderbare Lounge- und Barbereiche für Gäste. Die Zimmer mit eigenem Bad sind individuell im Stil der damaligen Zeit eingerichtet und etwas teurer, aber dafür haben die meisten freistehende Badewannen. Die billigeren (aber immer noch eleganten) Zimmer liegen nebenan in der „Miners Lane". Das Dunstan House hat nur von September bis Mai geöffnet.

Bank Café (☎ 03-449 2955; 31 Sunderland St; Snacks 8–10 NZ$; 9–16.30 Uhr) Die Besitzer des Bank Café sind leidenschaftliche einheimische Gourmets und bereiten sämtliche Gerichte jeden Tag frisch zu. Zu ihrem Repertoire gehören auch Kuchen und belegte Brote der Superlative, ganz zu schweigen von den auf Anfrage zubereiteten Ciabatta-Sandwiches (8 NZ$), die einen perfekten Snack für den Rail Trail abgeben.

Post Office Café & Bar (☎ 03-449 2488; 2 Blyth St; Hauptgerichte 12–28 NZ$; 10–21 Uhr) In Clydes prächtiger alter Post aus dem Jahr 1899 ist heute ein beliebtes Restaurant untergebracht, das wegen seiner Gartentische und seiner Gourmetversionen von sättigenden Speisen wie gegrillten Steaksandwiches und Eintöpfen bekannt ist. Daneben im ehemaligen Haus des Postvorstehers kann man schöne Zimmer (DZ ab 95 NZ$) mit Antiquitäten wie Reisetruhen und Schreibtischen beziehen.

An- & Weiterreise
Obwohl keine Linie hier offiziell hält, stoppen alle zwischen Cromwell und Alexandra verkehrenden Busse auf Anfrage in Clyde (manchmal gegen einen kleinen Aufpreis). Nähere Infos, s. S. 657.

ALEXANDRA

4620 Ew.

Wer nicht extra nach Alexandra kommt, um im Frühjahr die Easter Bunny Hunt oder im September die neuseeländischen Merino Shearing Championships mitzuerleben, wird wohl nur eines wollen: mountainbiken. Manche Traveller, die an den gut geschorenen Schafen und den hasenfreien Hängen Gefallen finden, helfen als Saisonarbeiter bei der Ernte.

Das **Alexandra i-SITE** (☎ 03-448 9515; www.central otagonz.com, www.alexandra.co.nz; 22 Centennial Ave; ☒ 9–18 Uhr; ☒) bietet Internetzugang und eine notwendige, kostenlose Karte der ausladend angelegten Stadt.

Eine für viele Reisende unerlässliche Kombination – Internet und Waschmaschinen –

gibt's bei **www.wash** (3 Limerick St; Waschen & Trocknen 10 NZ$/Maschine; ☒ 8–20 Uhr; ☒ ☒).

Sehenswertes & Aktivitäten

Das moderne **Alexandra Museum** (☎ 03-448 6230; 22 Centennial Ave; Eintritt gegen Spende; ☒ 9–18 Uhr) neben dem i-SITE zeigt Exponate zu Geologie und dem Abbau von Bodenschätzen und Gold. Im i-SITE bekommt man Infos über einheimische Tourveranstalter, die historische Goldgräberstätten besuchen.

Mountainbiker werden die alten Goldstraßen, die sich über die Hügel winden, und natürlich den **Otago Central Rail Trail** (s. Kasten unten) lieben. Beim i-SITE gibt's alle wichtigen Karten und eine Reihe von Broschüren für Mountainbiker, in denen zahlreiche Wege aller Schwierigkeitsgrade beschrieben werden.

RADLER AUFGEPASST: DER OTAGO CENTRAL RAIL TRAIL

Die von Dunedin nach Clyde führende Central-Otago-Bahnlinie verband vom frühen 20. Jh. bis in die 1990er-Jahre hinein kleine Goldgräberstädte im Inland mit der Großstadt. Nach der Stilllegung der 150 km langen Strecke von Middlemarch bis Clyde wurden die Schienen entfernt und die Wege asphaltiert. Das Ergebnis war ein ganzjährig befahrbarer Weg, auf dem Radfahrer, Wanderer und Reiter der historischen Route mit alten Eisenbahnbrücken, Viadukten und Tunneln folgen können. Die Strecke hat eine hervorragende Infrastruktur (Toiletten, Unterstände, Infos), keine steilen Anstiege, eine atemberaubende Landschaftskulisse und echte Wildnis zu bieten. Jährlich kommen über 10 000 Besucher – rund 95 % davon sind Kiwis. Für Besucher aus Übersee bietet sich hier damit eine sehr gute Möglichkeit, Neuseeländer zu treffen und gleichzeitig einen der schönsten Teile des Landes kennenzulernen. Von März bis April ist am meisten los – dann ist der Trail voll mit Menschen aus Auckland, Wellington, Christchurch und zunehmend auch mit Australiern, die ihren Großstädten entfliehen möchten.

Man kann die Strecke in beide Richtungen absolvieren. Eine Möglichkeit ist es, von Dunedin die landschaftlich schöne Taieri Gorge Railway (s. S. 651) und dann von Pukerangi nach Middlemarch zu radeln (19 Straßenkilometer), um am nächsten Tag mit dem Trail zu beginnen. Für den gesamten Trail braucht man mit dem Rad etwa drei bis fünf Tage (oder eine Woche zu Fuß), aber man kann natürlich auch nach Belieben nur einzelne Teilstücke wählen. Es gibt auch einfache Abstecher zu Orten wie Naseby und St. Bathans. Details zur Streckenführung kann man der Karte auf S. 637 entnehmen. Viele Siedlungen entlang der Strecke bieten Unterkünfte und Restaurants an. Immer beliebter werden Übernachtungen in restaurierten Cottages und ländlichen Bauernhäusern entlang des Trail. Infos dazu liefern die beiden Websites, die unten angegeben sind.

Von Middlemarch aus passiert man die folgenden Orte (jeweils mit Angabe der Entfernung von Dunedin): Hyde (27 km), Waipiata (49 km), Ranfurly (59 km, mit möglichem Abstecher nach Naseby), Wedderburn (63 km), Oturehua (75 km), Ida Valley (90 km), Lauder (107 km, mit möglichem Abstecher nach St. Bathans), Omakau (117 km), Chatto Creek (106 km), Alexandra (143 km) und schließlich Clyde (151 km).

Mountainbikes kann man in Dunedin, Middlemarch, Alexandra und Clyde ausleihen. Bei jedem größeren i-SITE oder bei anderen Touristeninformationen der Region (z. B. in Dunedin, Cromwell und Alexandra) gibt's genaue Infos zum Trail. Die Websites www.otagocentralrailtrail.co.nz und www.otagorailtrail.co.nz informieren ebenfalls über die Strecke, Unterkünfte und Touranbieter. Die Broschüre *Otago Rail Trail Guide Book* – erhältlich bei Touristeninformationen der Gegend und online auf www.otagorailtrail.co.nz – ist sowohl eine ausgezeichnete Informationsquelle zur Vorausplanung des Trips als auch ein tolles, farbenfrohes Souvenir von diesem Erlebnis.

Altitude Adventures (☎ 03-448 8917; www.altitude adventures.co.nz; 88 Centennial Ave) und **Trail Journeys** (☎ 0800 724 587; www.trailjourneys.co.nz; Clyde Railhead) verleihen Drahtesel, organisieren Radtouren im Hinterland und transportieren einen zu den Wegen.

Um die Landschaft und die Geschichte der Region mit dem Boot zu erkunden, sollte man an dem zweieinhalbstündigen **Clutha River Cruise** (☎ 03-449 3155; www.clutharivercruises.co.nz; Cruise 65 NZ$) teilnehmen, der beim Alexandra i-SITE gebucht werden kann.

Schlafen
Gewöhnliche Motels säumen die Centennial Ave auf dem Weg in die Stadt.

Marj's Place (☎ 03-448 7098; www.marjsplace.co.nz; 5 Theyers St; B 25 NZ$; 🖳) In den beiden Häusern findet sich ein Labyrinth aus unzähligen Zimmern und eine nette Gemeinschaftsatmosphäre, die der friedliche Rosengarten auf der Rückseite noch betont. Die modernen Gästezimmer neben dem Haupthaus kosten 45 NZ$ pro Person. Kreditkarten werden nicht akzeptiert.

Alexandra Holiday Park (☎ 03-448 8297; www.ale xandraholidaypark.com; 44 Manuherikia Rd; Campen 30 NZ$, Hütte DZ 40–60 NZ$; 🖳 🛜) Jede Menge Schatten gibt's in dem Park an der Straße nach Ranfurly. Er grenzt an den Manuherikia River, in dem man prima schwimmen kann, und liegt in der Nähe des Rail Trail. Separate Wohneinheiten (max. 6 Pers.) kosten mindestens 95 NZ$ für zwei Personen.

Quail Rock (☎ 03-448 7098; www.quailrock.co.nz; 5 Fairway Dr; DZ mit Frühstück 120–150 NZ$; 🖳 🛜) Das sehr komfortable B & B hoch über der Stadt bietet Privatsphäre und Bergblick gleichermaßen. Die hausgemachten Marmeladen machen das Frühstück einzigartig; man bekommt auch Abendessen. Die Steine im Garten werden häufig von Wachteln bevölkert, nach denen die Unterkunft benannt ist.

Das Speargrass Inn (S. 663), 13 km südlich in Richtung Roxburgh gelegen, ist eine weitere interessante Übernachtungsmöglichkeit.

Essen
Monteith's Brewery Bar (☎ 03-448 9189; 26 Centennial Ave; Mittagessen 15–20 NZ$, Abendessen 25–30 NZ$; 🕒 11 Uhr–open end) Dieser Umschlagplatz für selbstgebrautes Bier gegenüber dem i-SITE ist in einem Steinhäuschen untergebracht und hat eine Sonnenterrasse sowie eine breit gefächerte Speisekarte mit günstigen, leckeren

Barsnacks und herzhaften Abendessen wie Sandbarsch, Lamm und Schwein.

Shaky Bridge Café (☎ 03-448 5111; Graveyard Gully Rd; Hauptgerichte 15–30 NZ$; 🕒 Di, Mi & So 10–16, Do–Sa 10 Uhr–open end) Über eine 110 Jahre alte Fußgängerbrücke in der Nähe des Rail Trail erreicht man dieses weinlastige Café, das in einem alten Lehmziegelgebäude untergebracht ist und einen Blick auf den Manuherikia River eröffnet. Man labt sich an Delikatessen wie Wild, Ente oder Lachs aus regionaler Herstellung. Und Kaffee und Kuchen werden einem hier schon allein wegen der Aussicht auf die Weinberge immer hervorragend munden.

Red Brick Café (☎ 03-448 9174; Centrepoint-Parkplatz an der Limerick St; Hauptgerichte 15–30 NZ$; 🕒 Mo 10.30–16, Di–Sa 10.30 Uhr–open end, So 10.30–14 Uhr; 🅥) Das ausgefallene Café mit Weinbar liegt neben einem Shoppers-Parkplatz in Alexandra. Das ist wohl der letzte Ort, an dem man ein so schickes Café oder so perfekt sautierte Muscheln erwarten würde. Die meisten Zutaten (und Weine) stammen aus heimischer Produktion.

Weitere Empfehlungen:

Courthouse Café (☎ 03-448 7818; 8 Centennial Ave; 🕒 8–17 Uhr) Hier gibt's erwiesenermaßen den besten Kaffee in Alexandra.

Foursquare (91 Tarbert St) Die Hauptanlaufstelle für Selbstversorger.

An- & Weiterreise
Im Abschnitt zu Cromwell (S. 656) stehen Infos zu Bussen, die auf dieser Strecke verkehren. Von Alexandra aus kann man Richtung Nordwesten über Cromwell nach Queenstown, südlich über Roxburgh und Lawrence zur Ostküste oder gen Nordosten über die Pig Root (s. unten) fahren.

VON ALEXANDRA NACH PALMERSTON
Nordöstlich von Alexandra säumt ein künstlich bewässerter Streifen Land den Highway. Die Dunstan Range und die North Rough Range erheben sich beeindruckend zu beiden Seiten der Straße. Das ist das Manuherikia Valley, das in die Maniototo Plain übergeht, auf der die State Hwy 85 (SH85) führt. Die landschaftlich schöne Strecke schlängelt sich von hier nach Palmerston und zum Meer und wird liebevoll als Pig Root bezeichnet.

Die **Chatto Creek Tavern** (☎ 03-447 3710; www. chattocreektavern.co.nz; SH85; Gerichte 8–28 NZ$) ist ein niedliches Steinhotel aus den 1880er-Jahren direkt am Rail Trail und am Highway. In der Saison gibt's guten frittierten Fisch, ansonsten Steaksandwiches. Man kann auch in einem Bett im Schlafsaal (20 NZ$) oder in einem Doppelzimmer (60 NZ$) seine müde Wadenmuskulatur ausruhen.

Das winzige Örtchen **Ophir** besteht aus einer Handvoll historischer Gebäude und ist die Heimat von nur 50 Seelen. Es liegt am anderen Ufer des Manuherikia River und weist die angeblich größten Temperaturunterschiede im Land auf (von +35 °C bis –22 °C). Die Kiesausfahrt südlich vom SH85 nehmen und über die nette hölzerne Dan O'Connell Bridge aus den 1870er-Jahren rattern – ein holpriges, aber schönes Erlebnis. Das **Black's Hotel** (☎ 03-447 3826; steven.chapman@clear.net.nz; EZ/DZ inkl. Frühstück 80/110 NZ$) bietet für Radfahrer geeignete Unterkünfte an.

Zurück auf dem SH85 finden sich mit Omakau und Lauder gute Zwischenstopps für hungrige Radler auf dem Rail Trail, die einen wunden Hintern haben und dringend ein Bett brauchen. Preiswerte Zimmer, ausgezeichnetes Essen und die Gesellschaft der Einheimischen gibt's im **Omakau Commercial Hotel** (☎ 03-447 3715; omakaucommercial@xtra.co.nz; 1 Harvey St; EZ/DZ 45/80 NZ$). Zu den Unterkünften im nahe gelegenen Lauder gehören das **Pedal Inn** (☎ 03-447 3460; benandcatherine@farmside.co.nz; SH85, Lauder; DZ 120 NZ$) – zwei brandneue Wohneinheiten für Selbstversorger auf einem bewirtschafteten Bauernhof – und das gemütliche **Muddy Creek Cutting** (☎ 03-447 3682; muddycreekcutting@clear.net.nz; 60 NZ$/Pers.), ein liebevoll renoviertes Lehmbauernhaus aus den 1930er-Jahren. Außerdem gibt's regional und biologisch angehauchtes Abendessen (40 NZ$/Pers.).

Wenn man die Abzweigung nach Norden ins Vorgebirge der imposanten Dunstan Range nimmt, kommt man ins winzige, 17 km vom SH85 entfernte **St. Bathans**. Die ehemals blühende Goldgräberstadt mit damals 2000 Einwohnern zählt heute nur noch ein halbes Dutzend ständige Bewohner. Der **Blue Lake** ist ein Zufallsprodukt menschlicher Tätigkeit: ein großer, mit verblüffend blauem Mineralwasser gefüllter Kessel, entstanden durch den früheren Goldabbau. Man kann um den außerirdisch anmutenden See zu einem Aussichtspunkt wandern (hin & zurück 1 Std.). Das **Vulcan Hotel** (☎ 03-447 3629; www.stbathans nz.co.nz; Main Rd; B/DZ 50/100 NZ$) aus dem Jahre 1863 vermietet Zimmer und tischt Kneipengerichte auf (Hauptgerichte 20–25 NZ$). Angesichts

der Tatsache, dass es hier nur sechs Einwohner gibt (plus einen Labrador und einen oder zwei Geister), ist die Bar freitagabends ganz schön voll. Dann kommen durstige Schafscherer aus dem ganzen Tal in Scharen hierher. Das Vulcan vermietet auch ein paar leer stehende Häuser in der Nähe. Guide, der schwarze Labrador, führt einen zu einer Handvoll niedlicher Hütten (DZ ab 100–220 NZ$/Nacht), u. a. zum alten Gefängnis. Außerdem liebt er seinen ramponierten, alten Rugbyball – den also auf keinen Fall verlieren!

Wer kann, sollte sich das alljährliche Wooden-Cup-Rugbyspiel im September anschauen, wenn St. Bathans (mit Verstärkung) gegen die Leute aus dem nahe gelegenen Becks spielt – eine fast legendäre kleinstädtische Rugby-Feier. Weit und breit sind dann alle Zimmer ausgebucht; einen Zeltplatz am Rugbyfeld sollte man aber noch bekommen.

Man fährt wieder auf den SH85, der sich gen Südosten wendet und an der historischen **Wedderburn Tavern** (☎ 03-444 9548; www.wedderburn tavern.co.nz; SH85; B/DZ 40/90 NZ$) vorbeiführt. 7 km später kommt die Abzweigung nach Naseby; alternativ geht es weiter nach Ranfurly.

Naseby
100 Ew.

Das supersüße Naseby – von Wald umgeben und mit Steingebäuden aus dem 19. Jh. gesegnet – gehört zu der Art von Kleinstädten, in denen die Uhren langsamer ticken. Dass es vom relativ unbedeutenden neuseeländischen Curling besessen ist, deutet darauf hin, dass hier einfach nicht viel los ist. Die entspannte Kleinstadtatmosphäre und die guten Rad- und Wanderwege durch den umliegenden Wald machen Naseby aber trotzdem zu einem lohnenden Aufenthaltsort für ein paar Tage.

Naseby Information & Crafts (☎ 03-444 9961; Derwent St) in der alten Post hat Infos zu Wander- und Radwegen in der Gegend. Noch mehr Infos rund ums Mountainbiken sowie einen Fahrradverleih gibt's beim **Kila's Bike Shop** (☎ 03-444 9088; kilasbikeshop@xtra.co.nz; Derwent St; 35 NZ$/Tag) in der Nähe des Black Forest Café. Auch beim **Naseby Forest Headquarters** (☎ 03-444 9995; Derwent St) bekommt man gute Wanderkarten für den Black Forest.

Auf der überdachten Eislaufbahn des **Naseby Alpine Park** (☎ 03-444 9878; www.curling.co.nz; Channel Rd; Curling 15 NZ$/Std.; ☺ 10–17 Uhr) kann man das ganze Jahr über Curlingsteinen hinterherrutschen. Es gibt auch Curlingkurse.

Von Juni bis August hat die angrenzende Freilufteisbahn geöffnet, ferner kann man auf einer halsbrecherischen, 360 m langen eisigen Strecke einen nahe gelegenen Hügel hinunterrodeln; die **Eisrodelbahn** ☎ 03-444 9270; www.lugenz.co.nz; ☺ Juli–Aug.) ist für jedermann zugänglich, Interessenten sollten aber unbedingt vorher reservieren.

Der **Larchview Holiday Park** (☎ 03-444 9904; www.larchviewholidaypark.co.nz; Swimming Dam Rd; Stellplatz 13 NZ$/Pers., Hütten 45 NZ$, separate Cottages 75 NZ$; 🖳 🛜) liegt inmitten von knapp 7 ha Wald und verströmt eine alpine Atmosphäre. Es gibt einen kleinen Spielplatz und am nahe gelegenen Damm Badeplätze. Man kann auch in schlichten Holzhütten und Cottages nächtigen.

Mountain View Accommodation (☎ 03-444 9972; www.mountainviewaccommodation.co.nz; 13a Channel Rd; DZ 95–120 NZ$) vermietet neben dem Haus der Eigentümer komfortable zitronengelbe Wohnungen mit noblen Betten sowie teurere Zimmer mit Kochgelegenheit. Die Hütte auf dem Hügel auf der anderen Straßenseite ist mit 130 NZ$ für zwei Personen (zusätzl. Erw. 20 NZ$) echt geschenkt. Das neue Haus für Selbstversorger mit drei Schlafzimmern (150 NZ$/2 Pers., zusätzl. Erw. 25 NZ$) eignet sich prima für Familien.

Das **Ancient Briton** (☎ 03-444 9990; www.ancientbriton.co.nz; 16 Leven St; EZ 60 NZ$, DZ ab 105 NZ$), ein Lehmziegelhotel aus dem Jahr 1863, bietet eine riesige Auswahl an Unterkünften, von einfach bis komfortabel. Im Pub kann man seinen Hunger mit traditionellen Kneipengerichten stillen (Hauptgerichte ab 17–27 NZ$), seinen Durst an der Bar, wo außerdem die Trophäen des Curlingteams Blue Hats zu bewundern sind; hier lernt man auch Einheimische kennen.

Frisches Gebäck und guter Kaffee erfreuen den Gaumen im **Black Forest Café** (☎ 03-444 9820; 5 Derwent St; Gerichte ab 10 NZ$; ☺ 9–17 Uhr), das innen von unverputzten Steinmauern, hellen Farben und warmem, poliertem Holz dominiert wird. Auf der breitgefächerten Speisekarte stehen Bagels, Panini und cremige Smoothies aus Früchten aus Central Otago.

Das Ancient Briton hat einen Minibus, der einen in Ranfurly oder am Rail Trail kostenlos abholt. Bei Vorabbuchung hält **Catch-a-bus** (☎ 03-449 2024; www.catchabus.co.nz) in Naseby auf seiner Route von Dunedin nach Cromwell. Wer selbst fährt, sollte die Ausfahrt am SH85 gleich nördlich von Ranfurly nehmen. Wer

will, kann sich von Naseby Richtung Nordosten über die sensationelle Landschaft um den **Danseys Pass** und durch die Täler von Duntroon und Waitaki (S. 670) kämpfen.

Ranfurly
840 Ew.

Ranfurly gibt sich alle Mühe, Kapital aus seinen Art-déco-Gebäuden zu schlagen (ein Großteil des Ortes wurde nach einigen Bränden in den 1930ern im Stil der Zeit wieder aufgebaut). Ein paar hübsche Gebäude und Antiquitätenläden säumen die verschlafene Hauptstraße. Jedes Jahr am letzten Februarwochenende findet in der Stadt das **Art Deco Festival** (www.ranfurlyartdeco.co.nz) statt.

Das **Maniototo Visitor Information Centre** (☎ 03-444 1005; www.maniototo.co.nz; Charlemont St; ☺ Okt.–April tgl. 10–16 Uhr, Mai–Sept. Mo–Fr; 🖳) befindet sich im ehemaligen Bahnhof. Bei einer Stadtführung auf eigene Faust hilft die Broschüre *Rural Art Deco – Ranfurly Walk*.

Das **Old Post Office Backpackers** (☎ 03-444 9588; www.oldpobackpackers.co.nz; 11 Pery St; B/EZ/DZ 25/40/60 NZ$) ist beliebt bei Leuten, die auf dem Rail Trail unterwegs sind. Das **Ranfurly Lion Hotel** (☎ 03-444 9140; www.ranfurlyhotel.co.nz; 10 Charlemont St; EZ 50 NZ$, DZ ab 70 NZ$; 🖳) im Art-déco-Stil bietet 16 komfortable Zimmer, ein paar Bars und sättigendes Kneipenessen (Abendessen 20–27 NZ$); kurz: alles, was man nach einem langen Tag auf zwei Rädern und einem Sattel braucht.

Im herzlichen und warmen **E-Central Café** (☎ 03-444 8300; 14 Charlemont St; Hauptgerichte 7–15 NZ$; ☺ morgens & mittags) findet man ein Kaminfeuer, einheimische Kunst und eine Wand voller Fotos von den sportlichen Berühmtheiten von Maniototo vor. Zweifellos der beste Ort zum Mittagessen in der Stadt! Die hausgemachten Panini und die riesigen Toasts sind sehr lecker. Den besten Kaffee von Ranfurly schenkt der waggonähnliche Espresso-Caravan am nördlichen Ende der Stadt aus.

Um das zerfurchte Terrain zu erkunden, das der einheimische Landschaftsmaler Grahame Sydney berühmt gemacht hat, wendet man sich am besten an **Maniototo 4WD Safaris** (☎ 03-444 9703; www.maniototo4wdsafaris.co.nz; halber/ganzer Tag 80/140 NZ$ pro Pers.).

Täglich kommt ein Shuttlebus von **Catch-a-Bus** (☎ 03-449 2024; www.catchabus.co.nz) auf der Strecke zwischen Wanaka und Dunedin in Ranfurly durch. **Ranfurly Bike Hire** (☎ 03-444 9245; 20 Charlemont St; 35 NZ$/Tag) verleiht Räder.

DUNEDIN & OTAGO

Waipiata

Etwa 10 km südöstlich von Ranfurly und direkt am Rail Trail liegt das winzige Örtchen Waipiata. Das hiesige **Waipiata Country Hotel** (☎ 03-444 9470; www.waipiatahotel.co.nz; Hauptgerichte abends 19–22 NZ$; 🖥) ist eine klasse Adresse für ein kaltes Bier und ein bequemes Bett (60 NZ$/Pers.), außerdem gibt's hier einen sonnigen Grillbereich, wo man sein eigenes Fleisch grillen kann. Auf der Speisekarte des Restaurants stehen Leckereien wie Pig Root Spare Ribs und Bike Faster Pasta.

Inmitten von Ackerland, 4 km von Waipiata entfernt, befindet sich **LP Tipp** **Peter's Farm Lodge** (☎ 0800 427 548, 027 686 1692; www.petersfarm.co.nz, peter@otagorailtrail.co.nz; Tregonning Rd; 35–45 NZ$/Pers.) mit einfachen, komfortablen Zimmern in einem rustikalen Bauernhaus aus dem 19. Jh. Große Esstische laden dazu ein, am Ende des Tages ein Schwätzchen zu halten. Ohne Aufpreis stehen den Gästen Kajaks, Angeln und Goldschürfpfannen zur Verfügung. Es lohnt sich, hier ein paar Nächte zu bleiben. Peter betreibt auch das nahe gelegene Tregonnings Cottage (45 NZ$/Pers.), das schon 1880 erbaut wurde, aber mittlerweile mit einer modernen, gut bestückten Küche ausgestattet ist. Er holt seine Gäste umsonst vom Waipiata-Stop am Rail Trail ab.

Von Ranfurly nach Dunedin

Hinter Ranfurly führt der SH85 62 km nach Palmerston, dann 55 km nach Süden bis Dunedin oder 59 km gen Norden bis nach Oamaru. Eine andere Möglichkeit besteht darin, auf dem SH87 Richtung Süden direkt nach Dunedin zu fahren, 129 km über **Hyde** und Middlemarch. In Hyde lockt das Boutiquehotel **Otago Central Hotel** (☎ 03-444 4800; www.hydehotel.co.nz; B 50 NZ$, DZ 140–200 NZ$, alle inkl. Frühstück). Bevor man sich wieder in den Sattel schwingt, sollte man sich auf der sonnigen Caféterrasse mit dem freundlichen hauseigenen Terrier einen zweiten Espresso gönnen.

Das Örtchen **Middlemarch** (200 Ew.; www.middlemarch.co.nz) liegt vor der beeindruckenden Kulisse der Rock and Pillar Range und an einem Ende der Taieri Gorge Railway (s. S. 651). Man kann auch den Otago Central Rail Trail (s. S. 659) hier beginnen oder beenden. **Cycle Surgery** (☎ 03-464 3630; www.cyclesurgery.co.nz; Snow Ave, Middlemarch; 35 NZ$/Tag) verleiht Räder und Ausrüstung; das Unternehmen betreibt eine weitere Filiale am anderen Ende des Rail Trail in Clyde.

In ungeraden Jahren findet über Ostern der berühmte **Middlemarch Singles Ball** statt. Dann strömen Männer aus dem Süden der Region zusammen, um den Stadtmädchen den Hof zu machen.

Blind Billy's Holiday Camp (☎ 03-464 3355; www.middlemarch-motels.co.nz; Mold St, Middlemarch; Stellplatz 22 NZ$/Pers., B 22 NZ$, Hütte DZ 60 NZ$) bietet eine Auswahl an billigen Unterkünften (z. B. separate Wohneinheiten 100–110 NZ$/2 Pers., zusätzl. Pers. 40 NZ$), Essen und super Ratschläge für Radfahrer.

Auf einem Bauernhof in Familienbesitz, nur ein paar hundert Meter vom Rail Trail entfernt, vermietet **Trail's End** (☎ 03-464 3474; www.trailsend.co.nz; 91 Mason Rd, Middlemarch; DZ inkl. Frühstück 130 NZ$) abgelegene luxuriöse Hütten mit Blick auf die Rock and Pillar Mountain Range. Im Whirlpool kommen die müden Muskeln wieder zu Kräften.

Gegenüber dem Bahnhof befindet sich die vielseitige **Quench Café & Bar** (☎ 03-464 3070; 29 Snow Ave, Middlemarch; Hauptgerichte 10–30 NZ$; 🕒 8 Uhr–open end) mit Frühstücksleckereien wie Cajun Corn Fritter Stacks (10 NZ$), die sehr zu empfehlen sind, wenn man den Rail Trail gerade beginnt. Das eiskalte Speight's vom Fass sei dagegen all denen ans Herz gelegt, die den Trail gerade beendet haben: Sie haben es sich verdient!

VON ALEXANDRA NACH DUNEDIN

Von Alexandra führt der SH8 nach Süden oberhalb von Lake Roxburgh an schroffen, felsigen Hügeln vorbei und danach am Clutha River entlang, vorbei an üppig grünen Bauernhöfen, Obstgärten und kühlen, schattigen Waldplantagen. An der Strecke liegen mehrere kleine Orte, von denen viele aus der Zeit des Goldrauschs stammen.

Nur 13 km südlich von Alexandra wartet das **Speargrass Inn** (☎ 03-449 2192; www.speargrassinn.co.nz; SH8; DZ 140 NZ$) mit drei Wohneinheiten in schönen Gärten auf, die hinter einem charmanten Gebäude aus den 1860er-Jahren mit eleganten Gästebereichen liegen. Das **Restaurant** (Hauptgerichte 15–30 NZ$; 🕒 Mo, Mi & Do 10–17, Fr–So 10 Uhr–open end) vor Ort kreiert kosmopolitische Gerichte, beispielsweise sautierten Lachs oder Champignon- und Blauschimmelkäsetorte.

Von hier führt die Straße durch Roxburgh, Lawrence und das **Manuka Gorge Scenic Reserve**, eine schöne Strecke durch bewaldete Hügel und Schluchten. Der SH8 stößt in Milton auf den SH1.

DUNEDIN & OTAGO

Roxburgh

Die Obstplantagen um Roxburgh verkaufen an der Straße exzellentes Obst und haben während der Saison reichlich Jobs für Erntehelfer zu vergeben. Das **Roxburgh i-SITE** (☎ 03-446 8920; 120 Scotland St; 9.30–16 Uhr) informiert über Mountainbiketouren und Wassersport.

Das **Villa Rose Backpackers** (☎ 03-446 8761; www.villarose.co.nz; 79 Scotland St; B 30 NZ$, Wohneinheiten 95 NZ$) ist eine altmodische Villa mit geräumigen Schlafsälen und einer riesigen, modernen Küche. Die kürzlich errichteten, separaten altertümelnden Wohneinheiten sind super komfortabel. Der Manager hilft Gästen, die als Erntehelfer arbeiten möchten, und gewährt Rabatte für Wochenaufenthalte.

Etwas mehr Luxus bietet die **Lake Roxburgh Lodge** (☎ 03-446 8220; www.lakeroxburghlodge.co.nz; Lake Roxburgh Village; Studios 120–150 NZ$, DZ mit 2 Schlafzi. 180 NZ$) mit sehr komfortablen, schicken Wohneinheiten. Die Belegschaft hilft einem, Touren, Tagesausflüge oder Rad- und Kajaktrips zu organisieren. Man kann aber auch einfach im Restaurant am See entspannen.

Das legendäre **Jimmy's Pies** (☎ 03-444-8596; 143 Scotland St; Kuchen 3–5 NZ$; 7.30–17 Uhr) in Roxburgh lohnt auf jeden Fall einen Zwischenstopp. Das leckere Gebäck von Jimmy ist seit 1960 auf der ganzen Südinsel bekannt und schmeckt am besten, wenn es frisch aus dem Ofen kommt. Unbedingt den Aprikosen- und Apfelkuchen probieren – man befindet sich schließlich im Land der Obstplantagen. In Richtung Süden findet man Jimmy's auf der rechten Seite, bevor es zur Stadt hinausgeht.

Lawrence

480 Ew.

Lawrence liegt in einem Tal und ist umgeben von Ackerland und Waldplantagen. Das **Visitor Information Centre** (☎ 03-485 9222; www.lawrence.co.nz; 17 Ross Pl; 9.30–16.30 Uhr, mittags geschl.) gibt Auskunft über Stätten des Goldrauschs, Wander- und Radwege sowie Jetboat-Touren.

Die aus dem Jahr 1875 stammende **Marama Lodge** (☎ 03-485 9638; www.maramalodge.co.nz; SH8; Lodge-DZ inkl. Frühstück 90–120 NZ$, Wohneinheiten 80–90 NZ$) verfügt über eine große Gästelounge und beeindruckende Zimmer im Country-Stil. Die separaten Wohneinheiten sind nicht ganz so prächtig, aber sehr komfortabel. Es gibt auch Frühstück und Abendessen.

Die zwei Wohnungen mit einem Schlafzimmer und die drei Studioeinheiten von **Jafas**

Motels (☎ 03-485 9005; www.jafaslawrence.co.nz; DZ 120 NZ$;) sind komfortabel und modern. Für 40 NZ$ pro Tag kann man sich ein Mountainbike leihen und die Landschaft in der Umgebung erkunden.

Das **Lemon Tree Café** (☎ 03-485 9965; 28 Ross Pl; Brunch 7,50–17 NZ$; Okt.–Mai 9–17 Uhr, Juni–Sept. Do–Di 10–16 Uhr) ist das beste Restaurant zwischen Dunedin und Gore. Die entspannte Oase im ländlichen Otago serviert so etwas wie Mittelmeerkost mit vielen Zutaten aus biologischem Anbau. Bei schönem Wetter sollte man im Garten sitzen.

CLUTHA DISTRICT

Der mächtige Clutha River ist der wasserreichste Fluss Neuseelands und im wahrsten Sinne des Wortes dazu ver*damm*t, mehrere Wasserkraftwerke zu füttern. **Balclutha** ist die größte Stadt im südlichen Otago, aber für Reisende höchstens zum Einkaufen interessant, bevor sie weiter in die Catlins (S. 743) fahren. Beim **Balclutha i-SITE** (☎ 03-418 0388; balclutha@i-SITE.org; 4 Clyde St) gibt's Infos zur Region und einen Internetzugang. Näheres liefert auch die Website www.cluthacountry.co.nz.

NORTH OTAGO & WAITAKI

Der breite, verästelte Waitaki River stellt im Norden von Otago die Grenze zu Canterbury dar. Südlich vom Fluss liegt an der Küste Oamaru, ein von Pinguinen und alter Architektur geprägter Ort. Die Route durch das Waitaki Valley ist eine alternative Strecke ins Inland. Hier sind verrückte Felsformationen, Felsmalereien der Maori und Fossilien zu sehen. Die Gegend ist zudem eine der jüngsten Weinanbauregionen des Landes (s. S. 671).

OAMARU

12 000 Ew.

Nichts in Oamaru bewegt sich schnell: Die Touristen schlendern, die Einheimischen schlurfen, die Pinguine watscheln, ja sogar die oft gerühmten altmodischen Verkehrsmittel – Hochräder und Dampfloks – eilen mit Weile. Für Reisende sind insbesondere die Pinguine und die Altstadt Hingucker, aber es gibt auch ausgefallene Attraktionen wie die beste Käsefabrik der Südinsel, coole Galerien und einen besonderen Veranstaltungsort für Livemusik.

Die Verschiffung von Kühlfleisch bescherte Oamaru im 19. Jh. den Reichtum, um die imposanten Kalksteingebäude zu errichten, die heute die Stadt zieren. In seiner Glanzzeit in den 1880er-Jahren war Oamaru so groß wie das damalige Los Angeles. Die Stadt hegt auch eine Liebe zur Kunst, die vielleicht in ihrer Nähe zu Janet Frame (s. Kasten S. 667) wurzelt, sich heute aber vor allem in einer lebendigen Gemeinde von Künstlern und Kunsthandwerkern äußert.

Praktische Informationen

Geldautomaten säumen die Thames St, Oamarus Hauptstraße.

Oamaru i-SITE (☎ 03-434 1656; www.visitoamaru. co.nz; 1 Thames St; ☺ 9–18 Uhr; 🖳) Hier gibt's Tonnen von Infomaterial, u. a. über Spazierwege und Tiere. Außerdem im Angebot: ein Internetzugang, ein Fahrradverleih und eine interessante, zehnminütige DVD über die Geschichte der Stadt. Draußen sind die täglichen Zeiten zum Beobachten der Pinguine angeschrieben.

Post (Ecke Coquet St & Severn St)

Small Bytes Computing (191 Thames St; ☺ 9–16.30 Uhr; 🖳 🛜) Internetrechner und WLAN (kostenpflichtig); integriert in das Zentrum für Reservierungen für Verkehrsmittel bei den Lagonda Tearooms.

Sehenswertes

HARBOUR-TYNE HISTORIC PRECINCT

In Oamaru stehen einige der besterhaltenen historischen Geschäftsgebäude Neuseelands, besonders am Hafen und in der Tyne St, die gemeinsam als Historic Precinct bezeichnet werden. Die Häuser wurden vom 19. Jh. an meistens aus dem Kalkstein der Gegend (genannt Oamaru Stone oder Whitestone) in klassischen Formen errichtet, von der Neugotik über italienischen Neoklassizismus bis zum venezianischen Palazzo-Stil. Mehr Informationen liefern die kostenlose Broschüre *Historic Oamaru* und www.historicoamaru. co.nz. Die Thames St, Oamarus teure Hauptstraße, wurde so angelegt, dass ein Ochsenkarren bequem wenden konnte. In dieser Straße befinden sich die **National Bank** (Nr. 11) und das **Oamaru Opera House** (Nr. 92).

In dem faszinierenden Viertel mit seinen alten Gebäuden und schmalen Straßen stößt man auf Buchläden, Antiquitätengeschäfte, Galerien, Shops mit altmodischen Klamotten und Buchbinder. Im **Woolstore** (1 Tyne St) gibt's ein Café und Souvenirs, das **Auto Museum**

(☎ 03-434 1556; Erw./Kind 6 NZ$/frei; ☺ 10–16.30 Uhr) ist ein Eldorado für Autofans (cool sind besonders die Rennwagen aus den Jahren 1930 bis 1990). Im Obergeschoss befindet sich ein **Kunsthandwerksmarkt** (☺ So 10–16 Uhr). Im **Photo Shoppe** (☎ 03-434 3372; ☺ 10.30–13, 14–16 Uhr) um die Ecke bekommt man für 30 NZ$ ein auf alt getrimmtes Foto von sich selbst in alten Kleidern. Donna Demente, Oamarus bekannteste Künstlerin, gehört zu den Leuten, die die nahe gelegene **Grainstore Gallery** (☎ 027-261 3764; ☺ Mo–Fr 12–16, Sa & So 10–16 Uhr) betreiben.

In der **Ian Andersen's Gallery** (www.ianandersen sculptor.co.nz; 15 Tyne St) kann man zuschauen, wie der Kalkstein von Oamaru behauen wird, und kleinere Arbeiten als Andenken kaufen. In der **Crucible Gallery** (16 Tyne St) auf der anderen Straßenseite gibt's schöne Bronzeskulpturen und individuell gefertigten Schmuck. Kunstfans sollten sich beim Oamaru i-SITE die Broschüre *Oamaru Arts & Crafts* holen.

Die **NZ Malt Whisky Company** (☎ 03-434 8842; www. nzmaltwhisky.co.nz; 14 Harbour St; ☺ 10–17 Uhr) befindet sich im Obergeschoss eines hübschen, 130 Jahre alten Lagerhauses am Ende der Harbour St. In unzähligen Fässern reifen dort Single Malt und verschnittene Whiskys. Hier kann man Whisky und Portwein für 2 NZ$ pro Gläschen probieren und an einer der Führungen um 11 und 15 Uhr teilnehmen (15 NZ$ inkl. 4 Gläser). Die Café-Bar serviert Snacks und Essen ab 6 NZ$ und im Shop kann man die guten Tropfen gleich flaschenweise kaufen. Es lohnt sich auch auf jeden Fall, die verschlungene Holztreppe zur Kunstgalerie (Eintritt frei) in den oberen Stockwerken zu erklimmen.

Wer an einem Sonntag da ist, kann in der alten **Dampflok** (www.oamaru-steam.org.nz; Erw./Kind/ Fam. einfach 5/2/12 NZ$, hin & zurück 8/3/18 NZ$; ☺ 11–16 Uhr) von der Altstadt bis zum Ufer fahren. Die beiden Dampfloks stammen von 1877 und 1924; im Winter fährt stattdessen manchmal eine Diesellok.

PINGUINE

Im alten Kalksteinlager am Ufer lebt Oamarus **Zwergpinguinkolonie**. Die Tiere gehen beim **Visitor Centre** (☎ 03-433 1195; www.penguins.co.nz; Waterfront Rd; Erw./Kind 22/10 NZ$; ☺ 9 Uhr–Sonnenuntergang) an Land und watscheln hier auch wieder ins Wasser. Los geht's kurz vor Sonnenuntergang (Wintersonnenwende 17.30 Uhr, Sommersonnenwende 21.30 Uhr); es dauert etwa eine Stunde, bis sie alle am Ufer sind. Im November und Dezember sieht man die meisten

OAMARU

0 ——— 400 m

Pinguine (bis zu 150), in den kalten Monaten von März bis August sind es vielleicht nur 30 bis 50. Die besten Zeiten zur Beobachtung sind jeden Abend beim Oamaru i-SITE angeschrieben. Blitzlicht ist verboten. Es kann kalt sein, also warm anziehen!

Wer sich für das Artenschutzprogramm des Zentrums interessiert, sollte tagsüber die 30-minütige Führung durch die Kolonie mitmachen (Erw./Kind mit Führung 17,50/ 7,50 NZ$, ohne Führung 10/4 NZ$). Auf www. penguins.co.nz kann man im Voraus reservieren. Es gibt Kombipakete für die Führung und das Beobachten der Pinguine am Abend.

Wenn man nach Einbruch der Dunkelheit zum Visitor Centre läuft und ruhig auf dem

Parkplatz wartet, kann man zuschauen, wie ein paar Pinguine über den Parkplatz watscheln, während sich das Pinguinzentrum leert und die Leute zu ihren Autos und Bussen zurückkehren. Wer den Tieren etwas Gutes tun will, sollte im Zentrum vorbeischauen und ein paar Münzen in die Spendenbox werfen – die Schutzmaßnahmen haben zu einer beachtlichen Vermehrung der Pinguinpopulation geführt.

Man sollte unter keinen Umständen nachts über die Felsen klettern, um nach Pinguinen zu suchen. Das zerstört ihren Lebensraum und verfälscht die Untersuchungen über den menschlichen Einfluss auf die Vögel.

Es gibt gute Wege zur **Gelbaugenpinguinkolonie** am Bushy Beach und dort gute Unterstände. Die Pinguine kommen hier am Spätnachmittag an Land, um ihre Jungen zu füttern; zwei Stunden vor Einbruch der Dunkelheit ist die beste Zeit, sie zu sehen. Trotz ihres Maorinamens *hoiho* (lautes Gebrüll) sind sie sehr scheu: Wenn sie jemanden sehen oder hören, laufen sie zurück ins Wasser. Der **Graves Trail**, ein 2,5 km langer Weg, führt bei Ebbe vom Ende der Waterfront Rd an der schroffen Küste entlang zur Gelbaugenpinguinkolonie am Bushy Beach. Sich vor Seebären in Acht nehmen und Pinguine nur ohne Blitzlicht fotografieren!

FORRESTER GALLERY

Die **Forrester Gallery** (☎ 03-434 1653; www.forrestergallery.com; 9 Thames St; Eintritt frei; ✹ 10.30–16.30 Uhr), untergebracht in einem schönen, mit Säulen verzierten Bankgebäude aus den 1880er-Jahren, zeigt eine hervorragende Sammlung regionaler Kunst und verschiedene Wanderausstellungen, u. a. zu zeitgenössischen Medien. Dies ist der beste Ort, um sich Werke von Colin McCahon (S. 55) anzuschauen, der für seinen düster-melancholischen Stil bekannt ist.

NOCH MEHR SEHENSWERTES

Die **Oamaru Public Gardens** (Haupteingang an der Severn St) öffnete 1876 zum ersten Mal ihre Pforten. Hier kann man an einem heißen Tag optimal entspannen. Endlose Rasenflächen, kleine Kanäle, Brücken und ein Spielplatz machen die Gärten zu einem herrlichen Ort.

Das in der prächtigen Bibliothek aus dem 19. Jh. beheimatete **North Otago Museum** (☎ 03-434 1652; www.northotagomuseum.co.nz; 60 Thames St; Eintritt frei; ✹ Mo–Fr 10.30–16.30, Sa & So 13–16.30 Uhr) zeigt Exponate über die Geschichte der Maori und Pakeha, über die Schriftstellerin Janet Frame und über Architektur und Geologie.

Aktivitäten

Wer Mountainbikes leihen (45 NZ$/Tag) oder an einer geführten Mountainbike-Tour auf

---

DAS OAMARU DER JANET FRAME

Das Schicksal einer der bekanntesten Schriftstellerinnen Neuseelands, Janet Frame, ist untrennbar mit Oamaru verknüpft. In der Stadt, die sie in ihren Romanen Waimaru nennt, verbrachte sie einen großen Teil ihrer Kindheit. Ihr Stil wird oft als „dicht" bezeichnet, ihre frühen Bücher auch als etwas düster, worin sich zweifellos ihr schwieriges Leben widerspiegelt. Aufbau und Erzählfluss ihrer Romane sind einzigartig. Auch die späteren Werke sind intensiv und voller Wortspiele, mythologischer Andeutungen und Illusionen, dabei jedoch weniger düster.

1951 saß Frame mit der (falschen) Diagnose einer Schizophrenie im Seacliff Lunatic Asylum (S. 673), als sie plötzlich als Schriftstellerin Anerkennung fand. Daraufhin überdachten ihre Ärzte glücklicherweise noch einmal ihre bevorstehende Lobotomie. Nach der Entlassung mit intaktem Großhirn erlangte Janet Frame 1957 mit ihrem ersten Roman *Wenn Eulen schreien*, in dem Waimaru eine wichtige Rolle spielt, internationale Berühmtheit. Zu ihren weiteren Büchern zählen *Gesichter im Wasser* (1961), *Am Rande des Alphabets* (1962), *Scented Gardens for the Blind* (1963), *A State of Siege* (1967) und *Intensive Care* (1970). In den Buchläden Neuseelands findet man die Werke als neue oder gebrauchte Exemplare. Oder man besorgt sich eine DVD von Jane Campions Film *Ein Engel an meiner Tafel*, der auf dem zweiten Band von Frames dreiteiliger Autobiografie basiert.

Die Romane spielen größtenteils in Oamaru. Beim Oamaru i-SITE gibt's die kostenlose Broschüre *Janet Frame's Oamaru*, die Anleitung für einen eineinhalbstündigen Rundgang auf eigene Faust.

Janet Frame erhielt mehrere neuseeländische und internationale Preise und kam zweimal in die engere Auswahl für den Literatur-Nobelpreis, zuletzt 2003. Ein Jahr später starb sie.

Das Haus in der 56 Eden St, in dem Janet Frame ihre Kindheit verbrachte, ist für die Öffentlichkeit zugänglich (✹ Nov.–April 14–16 Uhr).

Waldwegen und an der Küste entlang teilnehmen möchte, der wendet sich am besten an Rob von **Vertical Ventures** (☎ 03-434 5010, 021 894 427; www.verticalventures.co.nz). Um in die Vertikale zu gehen, schließt man sich am besten einer Abseil- oder Klettergruppe an. Die findet man u. a. an den Elephant Rocks (S. 670).

Festivals & Events
Oamaru Wine & Food Festival (www.oamaruwine andfoodfest.co.nz) Findet am dritten Sonntag im Februar statt und ist das Vorzeigeprojekt der Gourmet- und Weinszene in North Otago.
Victorian Heritage Celebrations (www.historic oamaru.co.nz) Ende November lebt Oamaru für fünf Tage auf: Dann tragen die Einheimischen viktorianische Kleider, machen Hochradrennen, singen, tanzen und spielen Theater.

Geführte Touren
Living History Players (☎ 0800 548 344; www.living historynz.com; Erw./Kind/Fam. 25/15/75 NZ$) Professionelle Schauspieler sind während eines 50-minütigen Stadtspaziergangs, der jeden Abend um 19 Uhr beim i-SITE beginnt, den Geheimnissen der Altstadt auf der Spur.
MP3-Touren in Eigenregie (15 NZ$) MP3-Player gibt's beim i-SITE.
Penguins Crossing (☎ 03-477 9083; www.travel headfirst.com; Erw./Kind/Fam. 46/23/115 NZ$) Eine zweieinhalbstündige Tour zu den Zwerg- und Gelbaugenpinguinen; der Preis enthält den Eintritt zur Zwergpinguinkolonie. Je nach Jahreszeit variieren die Zeiten zwischen 16 und 19 Uhr.
Ralph's Rambles (✆ nach Vereinbarung) Kurze (20 NZ$) und lange (30 NZ$) Touren zu den Highlights von Oamaru und zu Stätten aus Janet Frames Leben und Werk. Die Touren dauern zwischen 45 Minuten und 3 Stunden (50 NZ$). Beim i-SITE erkundigen!
Victorian Oamaru Passport Tours Von November bis April beginnen beim i-SITE täglich um 10 Uhr geführte Touren (10 NZ$).

Schlafen
Empire Hotel (☎ 03-434 3446; www.empirebackpackers oamaru.co.nz; 13 Thames St; B/EZ/DZ 25/35/56 NZ$; 🖳 🛜) Die Zimmer des 150 Jahre alten Hotels wurden in gemütliche, moderne Backpackerzimmer verwandelt. Die beiden Küchen sind geräumig, der Gemeinschaftsraum mit TV wird von einem Holzofen gewärmt und die Bäder sind sauber und modern. Direkt an der Hauptstraße bietet das Empire die beste Lage aller Unterkünfte von Oamaru.
Red Kettle YHA (☎ 03-434 5008; www.yha.co.nz; Ecke Reed St & Cross St; B/DZ 28/60 NZ$; ✆ Mai–Aug. geschl.;

🖳 🛜) Dieses Cottage hat ein rotes Dach, bunt bemalte Innenwände, eine gut ausgestattete Küche und eine gemütliche Lounge. Eine tolle Plattensammlung aus alten Tagen sorgt für Unterhaltung. Die Jugendherberge liegt in einer ruhigen Nebenstraße, einen kurzen Fußweg vom Stadtzentrum entfernt.
Oamaru Top 10 Holiday Park (☎ 0800 280 202, 03-434 7666; www.top10.co.nz; Chelmer St; Stellplatz ohne/mit Strom 34/38 NZ$, Hütte DZ 60 NZ$, DZ für Selbstversorger 80–150 NZ$; 🖳 🛜) Der gepflegte Park hat einen schönen Rasen und Bäume im hinteren Teil; der öffentliche Park ist gleich nebenan. Die Hütten sind ziemlich einfach, viel schöner kommen die separaten Wohneinheiten in verschiedenen Luxusausführungen mit Küche daher.
Anne Mieke Guest House (☎ 03-434 8051; www. theoamarubnb.com; 47 Tees St; EZ/DZ mit Frühstück 60/85 NZ$) Die Einrichtung ist ein bisschen kitschig, die Atmosphäre gedämpft wie bei Großmutter zu Hause. Dafür werden die Gäste dieses preiswerten B & B mit einer Aussicht auf den Hafen belohnt und können sich auf makellos saubere Gemeinschaftsbäder und eine geräumige Gästelounge freuen.
Criterion Hotel (☎ 03-434 6247; www.criterion.net. nz; 3 Tyne St; EZ/2BZ/DZ ohne Bad 80/100/130 NZ$, DZ mit Bad 160 NZ$, jew. inkl. Frühstück) Die Zimmer im alten Stil des Hotels von 1877 sind klein, aber die Gästelounge ist groß und beide hat man sehr liebevoll restauriert. In einem gemütlichen Speisesaal gibt's selbstgemachtes Gebäck und Marmeladen. Im Untergeschoss befindet sich eines der besten Pubs auf der Südinsel.
AAA Thames Court Motel (☎ 0800 223 644, 03-434 6963; www.aaathamescourt.co.nz; 252 Thames St; DZ 105–130 NZ$; 🖳 🛜) Mit den komfortablen, kürzlich renovierten Wohneinheiten und dem Spielplatz ist dieses Hotel eine gute Option für Familien. Jede zusätzliche Person zahlt 15 NZ$. Man kann auch den günstigeren separaten Wohnwagen (70 NZ$) in Beschlag nehmen.
Pen-y-bryn Lodge (☎ 03-434 7939; www.penybryn. co.nz; 41 Towey St; EZ/DZ inkl. Frühstück 556/888 NZ$; 🖳) Dieses alte Herrenhaus hat gerade seinen 120. Geburtstag gefeiert. Die Zimmer und Gästebereiche sind großzügig und im Stil der Zeit gehalten. Im Preis enthalten sind ein reichhaltiges Frühstück, Aperitifs im Salon und ein Fünf-Gänge-Gourmetmenü im fantastischen Speisesaal. Danach zieht man sich ins Billardzimmer zurück und gibt am gigantischen Billardtisch an.

Die Motelmeile von Oamaru beginnt am nördlichen Ende der Stadt, wo der SH1 zur Thames St wird.

Essen

Steam (☎ 03-434 3344; 7 Thames St; ✆ Mo–Fr 8.30–16.30, Sa & So 10–16.30 Uhr) Ist auf Kaffee und Fruchtsäfte spezialisiert und bietet sich an, um frisch gemahlenen Kaffee für die Reise zu kaufen.

Whitestone Cheese Factory & Café (☎ 03-434 8098; www.whitestonecheese.co.nz; 3 Torridge St; Snacks & Hauptgerichte 5–10 NZ$; ✆ 9–17.30 Uhr) Die Heimat von köstlichem, preisgekröntem Biokäse! Zu empfehlen sind der cremige Mature Windsor Blue oder der ultrafette Mt. Domet Double Cream. Man kann den Käse hier kaufen oder in verschiedenen Zubereitungsformen gleich essen, nachdem man die große Auswahl an Kostproben probiert hat (gegen eine kleine Spende). Die Käsebrötchen gelten als Spezialität in Otago. Es gibt auch regionale Fruchtsäfte und Weine aus Central Otago.

Roost (☎ 03-434 1165; 30 Thames St; Gerichte 5–15 NZ$; ✆ Mo–Sa 8.30–16.30, So 9–16 Uhr) Hier beginnt der Tag mit gutem Kaffee. Die getoasteten Sandwiches (7–12 NZ$) sind ein prima Mittagessen. Wer einen Tisch auf der Rückseite im Freien ergattert, kann sich die Nachmittagssonne auf den Bauch scheinen lassen.

LP Tipp **Riverstone Kitchen** (☎ 03-431 3505; 1431 SH1; Hauptgerichte 15–30 NZ$; ✆ Mo & Mi 9–17, Do–So 9 Uhr–open end, Nov.–Feb. Di geschl., März–Okt. Di & Mi geschl.; **V**) Der geräumige Zufluchtsort 12 km nördlich von Oamaru am SH1 erschafft aus Ledersofas und poliertem Beton eine kultivierte Atmosphäre. Auf der Speisekarte stehen einfach zubereitete Produkte mit regionalen Aromen, etwa das hervorragende Lamm mit geräucherten Auberginen und Rühreier aus Freilandhaltung mit Pesto auf Ciabatta. Hier gibt's die besten Biere der Süd- und Nordinsel zusammen. Und im coolen Feinkostladen vor Ort kann man Konfitüren und Marmeladen aus Bio-Obst kaufen.

Filadelfios (☎ 03-434 8884; 70 Thames St; Pizza 21,50–31,50 NZ$; ✆ 11.30 Uhr–open end; **V**) Ein Restaurant mit Bar aus Backsteinen, das sich auf ausgefallene Pasta und Pizza spezialisiert hat. Die Wartezeit aufs Essen kann man sich mit den Notizen vertreiben, die andere Reisende an den Wänden hinterlassen haben. Dips und Antipasti sind auch beliebt, besonders nachts, wenn aus dem Filadelfios eine lebhafte Kneipe wird.

Die **Harbour St Bakkeri** (☎ 434 0444; Harbour St; ✆ Di–So 8–16 Uhr) im historischen Viertel hat leckere Kuchen und das beste Sauerteigbrot der Südinsel, das perfekt zu einem Stück regionalen Whitestone-Käse passt.

Selbstversorger gehen in den gut sortierten **Countdown-Supermarkt** (Ecke Thames St & Coquet St; ✆ 7–21 Uhr) im Stadtzentrum.

Ausgehen

Fat Sallys (☎ 03-434 8368; 84 Thames St; Mo geschl.) Beliebt bei den Einheimischen, vor allem um früh am Abend ein sättigendes Kneipenessen zu verzehren. Mittwochabends findet hier ein fröhliches Pubquiz statt.

LP Tipp **Criterion Hotel** (3 Tyne St) Dieses restaurierte Gebäude beherbergt das ultimative Ecklokal in Oamarus historischem Viertel. Der gemütliche Besitzer bietet eine ständig wechselnde Auswahl an Fassbieren und ausgezeichnetes Kneipenessen an. Wohl kaum unsere Schuld, wenn man den ebenfalls erhältlichen Single Malts nicht widerstehen kann! Von den einst 13 Kneipen, die es in Oamarus altem Viertel einmal gab, ist das Criterion die einzige, die überlebt hat.

Unterhaltung

Penguin Club (☎ 03-434 1402; www.thepenguinclub.co.nz; Emulsion Lane abseits der Harbour St; Eintritt 10–15 NZ$) Versteckt sich im Gewerbegebiet in einer Gasse, die von einer historischen Straße abzweigt. Die bizarre Lage passt zur Musik: Hier gibt's alles von der Flying-Nun-Band The Clean bis zu Punk-, Grunge-, Rock- und Countrygrößen aus der Gegend. Auch bekannte nationale und aufstrebende internationale Bands spielen hier manchmal. Die freitäglichen Jam Nights für jedermann kosten keinen Eintritt. Wenn im Penguin etwas los ist (egal was), muss man hin! Normalerweise kommen hier nur Mitglieder rein, man sollte also beim Oamaru i-SITE nach einem Gästepass fragen.

Movie World 3 (☎ 03-434 1077, Infoline 03-434 1070; www.movieworld3.co.nz; 239 Thames St; Erw./Kind 13/8 NZ$) Dienstag ist Kinotag.

Das **Globe** (12 Coquet St; ✆ Fr & Sa) ist der Nachtclub der Stadt. Das Café Filadelfios (s. linke Spalte) ist ein weiterer guter Laden, in dem gelegentlich Livemusik spielt.

Anreise & Unterwegs vor Ort

Bustickets bekommt man über Oamarus i-SITE und am Ticketschalter der **Lagonda Tearooms** (191 Thames St; ✆ 9–16.30 Uhr). Hier fahren die Busse und Shuttlebusse auch ab.

DUNEDIN & OTAGO

Busse der folgenden Unternehmen bringen einen nach Dunedin (1¾ Std.) und Christchurch (3½ Std.).

Atomic Shuttles (☎ 03-349 0697; www.atomic travel.co.nz) Nach Dunedin/Christchurch für 20/30 NZ$.

Coastline Tours (☎ 03-434 7744; www.coastline-tours.co.nz) Verkehren zwischen Dunedin und Oamaru (30 NZ$) und fahren auf Wunsch nach Moeraki, Karitane, Seacliff oder zum Flughafen von Dunedin.

InterCity (☎ 03-474 9600; www.intercity.co.nz) Nach Dunedin/Christchurch für 28/40 NZ$.

Knightrider (☎ 0800 317 057; www.knightrider.co.nz) Nach Dunedin/Christchurch für 31/41 NZ$.

Naked Bus (☎ 0900 625 33; www.nakedbus.com) Nach Dunedin/Christchurch für 11/16 NZ$.

Southern Link (☎ 0508 458 835; www.southern link.co.nz) Nach Dunedin/Christchurch für 11/16 NZ$.

WAITAKI VALLEY

Nur wenige Reisende kommen ins flache, ländliche Waitaki Valley, obwohl zwischen der Abzweigung am SH1 und Omarama einmalige Sehenswürdigkeiten und eine tolle Landschaft warten. Das Tal besteht überwiegend aus Farmland und ist ein Paradies für Frischluftfanatiker, in dem man Enten jagen, Forellen und Lachse fangen und auf tiefblauen Stauseen Wasserski fahren kann. Der Weg durch das Tal ist eine mögliche Reiseroute gen Süden nach Wanaka und Queenstown oder in Richtung Norden nach Twizel und zum Mt. Cook.

Nachdem man dem SH83 fast bis Duntroon gefolgt ist, biegt man links Richtung Danseys Pass (ausgeschildert) ab. Auf der linken Seite sieht man unter einem imposanten Kalksteinüberhang an einem Hügel mit tollem Blick auf die Berge die **Maorifelsmalereien** bei Maraewhenua. Diese Gemälde aus Kohle und Ocker sind mehrere Jahrhunderte alt und illustrieren unterschiedliche Themen — da sind Jagdszenen vor der Ankunft der Europäer zu sehen und Segelschiffe, aber auch Huldigungen neueren Datums an die neuseeländische Funkband Supergroove aus den 1980er-Jahren.

Der Straße weitere 4 km nach Süden folgen, dann links Richtung Ngapara abbiegen. 2 km weiter erheben sich auf einer friedvollen Schafweide die **Elephant Rocks**, riesige, von Wind, Regen und Flüssen geformte Kalksteinfelsen, die wie schlafende Monster daliegen. Diese bizarre Landschaft wurde auserkoren als Kulisse für Aslans Lager im neuseeländischen Erfolgsfilm *Die Chroniken von Narnia:* *Der König von Narnia* (2005). Wen nun die Abenteuerlust packt, der kann die 2 km zurück zur Kreuzung und dann über den Danseys Pass nach Naseby (S. 661) fahren.

Am SH83 bei Duntroon liegt das **Vanished World Centre** (☎ 03-431 2024; www.vanishedworld.co.nz; 7 Campbell St; Erw./Fam. 5/10 NZ$; ⏱ Okt.–Juni 10–16 Uhr, Juli–Sept. Sa & So 11–15 Uhr), ein kleines, aber interessantes Museum mit 25 Mio. Jahre alten Fossilien, u. a. neuseeländischen Delfinen mit haifischartigen Zähnen und Riesenpinguinen. Es gibt auch eine Auswahl an Büchern über Geologie, Geschichte und sprechende Löwen. Wer sich wirklich für Fossilien und Geologie interessiert, der sollte sich die Karte *Vanished World Fossil Trail* besorgen, in der 20 verschiedene archäologische Stätten in North Otago verzeichnet sind. Unmittelbar westlich von Duntroon befindet sich die **Takiroa Maori Rock Art Site** mit jahrhundertealten Felsmalereien. Die Formen sind immer noch klar erkennbar und werden nichts als Bewunderung auslösen.

Das winzige **Kurow** liegt am Zusammenfluss von Waitaki River und Hakataramea River. Wer jetzt Lust auf einen guten Kaffee und selbstgemachtes Gebäck hat, kann am **Te Kohurau Restaurant & Café** (☎ 03-436 0603) einen Zwischenstopp einlegen. Das **Kurow Heritage & Information Centre** (☎ 03-436 0950; museum@ kurow.co.nz; SH83) beherbergt ein interessantes einheimisches Museum. Anstatt von Kurow auf dem SH83 nach Westen zu fahren, sollte man den 21 km langen, landschaftlich schönen Umweg über den Aviemore Dam wählen, der einen am nördlichen Seeufer entlang und vorbei an Wanderwegen und schönen Campingplätzen (10 NZ$) bis zu den riesigen Erdhügeln des Benmore Dam führt, bevor man westlich von Otematata wieder auf den SH83 trifft.

Omarama

360 Ew.

Am Ende des Waitaki Valley umgeben Bergketten Omarama, den Mittelpunkt einer großartigen Landschaft. Die bizarre Mondlandschaft der **Clay Cliffs** (Eintritt 5 NZ$) ist das Ergebnis einer 2 Mio. Jahre dauernden Erosion der Schlamm- und Schotterschichten, die an der aktiven Osler-Störungszone freigelegt wurden. Die Klippen liegen auf privatem Land, die Abzweigung dorthin findet sich 3,5 km nördlich von Omarama; von da aus sind es weitere 10 km auf einer unbefestigten Straße.

Wrinkly Rams (☎ 03-438 9751; www.thewrinkly rams.co.nz; SH8; Erw./Kind/Fam. 20/10/50 NZ$; ☺ tgl. 2 od. 3 Shows 10.30–16.30 Uhr) veranstaltet 30-minütige Shows, bei denen Merinoschafe auf moderne und auf traditionelle Weise geschoren und Schäferhunde vorgeführt werden. Mittägliches Grillen ist im Preis inbegriffen. Eines der besten Restaurants des Ortes gehört zu dieser Anlage (S. 672).

Wer seinen Besuch auf das **Rodeo** (28. Dez.) oder die **Schäferhundwettbewerbe** (März) von Omarama abstimmen kann, sollte sich diese Events nicht entgehen lassen.

Die Westwinde und warmen Sommeraufwinde der Region ermöglichen Segelfliegen der Weltklasse über die Hügel und die spektakulären Southern Alps. Im Dezember oder Januar findet hier ein **nationales Segelfliegertreffen** statt. Zwei Unternehmen bringen einen für rund 285 NZ$ in die Lüfte: **Glideomarama.com** (☎ 03-438 9555; www.glideo marama.com) **Southern Soaring** (☎ 0800 762 746; www.soaring. co.nz)

Wer nach dem Mountainbiken oder Wandern seine müden Beine entspannen oder sich einfach nur an die/den Liebste/n kuscheln möchte, für den sind die **Omarama Hot Tubs** (☎ 03-438 9703; www.hottubsomarama.co.nz; 25 Omarama Ave; ☺ 10–22 Uhr) genau das Richtige. Das Konzept – eigene Whirlpools (30–40 NZ$/ Pers.), eigene „Wellness-Bottiche" (125 NZ$/2 Pers.) und intime, persönliche Saunen – mu-

tet zwar japanisch an, aber die umliegenden Bergketten und der sternenklare Nachthimmel lassen einen keine Sekunde vergessen, dass man sich auf der Südinsel Neuseelands befindet. Das Bergwasser ist frei von Chemikalien und wird nach jeder Benutzung gewechselt. Das gebrauchte Wasser wird zur Bewässerung eingesetzt.

Die Omarama Hot Tubs dienen gleichzeitig als Touristeninformation und geben Auskünfte zu Unterkunft und Transport.

SCHLAFEN & ESSEN

Buscot Station (☎ 03-438 9646; SH8; B/EZ/DZ 21/ 43/52 NZ$; 💻) Ein etwas kitschiges, aber sehr gemütliches Bauernhaus auf einer riesigen Farm mit weitläufigem, unverstelltem Ausblick. Die großen Doppelzimmer im Haupthaus und der große moderne Schlafsaal hinten sind allesamt komfortabel. Tony teilt mit seinen Gästen gerne Küche und Wohnzimmer – und seine Theorien über Landwirtschaft und Politik. Die Abzweigung zum Buscot liegt 10 km nördlich von Omarama.

Omarama Top 10 Holiday Park (☎ 03-438 9875; www.omaramatop10.co.nz; SH8; Stellplatz ohne/mit Strom 30/35 NZ$, Hütte DZ 45–80 NZ$; 💻 🛜) Auf dem friedlichen grünen Campingplatz am Bach gibt's sogar einen Ententeich. Die Hütten sind recht kompakt, aber es gibt auch größere separate Wohneinheiten mit eigenem Bad (105 NZ$/2 Pers.).

Heritage Gateway Hotel (☎ 03-438 9850; www. heritagegateway.co.nz; SH8; DZ 135–165 NZ$; 💻 🛜) Ein

WAITAKI-WEINE: SCHWER IM KOMMEN

Die Weine aus dem nahe gelegenen Central Otago genießen bereits weltweit einen hervorragenden Ruf, aber auch ein paar Pioniere des Weinanbaus im Waitaki Valley in North Otago schaffen es, Weinexperten von ihren Tropfen zu überzeugen.

6 km östlich von Kurow am SH83 liegt die **Kurow Winery** (☎ 03-436 0443; www.kurowwinery. co.nz; Duntroon; ☺ Weinkeller 11–17 Uhr). Dieses Weingut gibt es zwar erst seit 2007, aber es hat sich schon einen ausgezeichneten Ruf für frischen, ausgewogenen Riesling und rauchigen, würzigen Pinot Noir erarbeitet. Zur Zeit der Recherche wurde der Probierstube gerade der letzte Schliff gegeben. Auch die Vorspeisenteller sind vorzüglich!

Pinot Gris und Pinot Noir heißen die Stars von **Sublime Wine** (☎ 03-436 0089; www.sublimewine. co.nz; 511 Grants Rd, RD7K, Oamaru), einem kompakten Weingut in Familienbesitz, 2 km weiter östlich auf dem SH83 hinter der Kurow Winery zu finden. Die weitgereisten Besitzer betreiben auch das ausgefallene **Sublime Bed & Breakfast** (thelodge@sublimewine.co.nz; DZ inkl. Frühstück 150 NZ$; 🛜). Das weitläufige alte Gehöft ist umgeben von Weinbergen und Bergtälern. Ein Zwei-Bett- und ein Doppelzimmer sind mit einer ungewöhnlichen Mischung aus alten Wertarbeln, künstlerischen Möbeln und künstlich gealterten Holzfußböden ausgestattet. Hier gibt's das Drei-Gänge-Menü „Special Taste of Waitaki" (50 NZ$/Pers. inkl. Wein), das aus regionalen Produkten zubereitet wird. Man sollte Steve nach seiner Zeit als Bassist in einer der erfolgreichsten Bands Neuseelands fragen!

großer Komplex mit komfortablen, modernen Zimmern (alle mit eigenem Bad) und einem Restaurant mit Bar an der Straße nach Queenstown.

Wrinkly Rams (☎ 03-438 9751; SH8; Frühstück 10–15 NZ$, Abendessen 20–30 NZ$; ☻ 7–21 Uhr) Restaurants, die zu Touristenattraktionen gehören, sind selten toll, das Abendessen hier (gebratener Kabeljau, zarte Lammschenkel) ist jedoch ziemlich lecker. Durch die großen Glasfenster und an den Tischen draußen genießt man beim Essen eine tolle Aussicht auf die Berge. Dazu gibt's Weine aus dem nahe gelegenen Waitaki Valley (s. Kasten S. 671).

Omarama Hotel (☎ 03-438 9713; Ecke SH8 & SH83; Gerichte 15–25 NZ$) Gutes Kneipenessen und Ehrungen der einheimischen Schäferhund-Preisträger an den Wänden.

AN- & WEITERREISE

Von Omarama aus kann man auf dem SH8 Richtung Norden am schönen Lake Ohau vorbei nach Twizel und zum Mt. Cook fahren oder Richtung Südwesten über den atemberaubenden Lindis Pass nach Cromwell und Queenstown. Vor dem Lindis Pass sollte man anhalten, um an der Straße seinen eigenen Steinhaufen zu errichten.

Omarama liegt auf der Hauptroute von Christchurch; sowohl Busse von **Atomic Shuttles** (☎ 03-349 0697; www.atomictravel.co.nz) als auch von **InterCity** (☎ 03-474 9600; www.intercity.co.nz) kommen hier vorbei.

VON OAMARU NACH DUNEDIN

Es ist nur allzu verlockend, die 114 km auf dem SH1 von Oamaru nach Dunedin mit der erlaubten Höchstgeschwindigkeit durchzufahren, ohne auch nur einmal anzuhalten. Allerdings gibt's an der Strecke doch ein paar wirklich nette Orte, die einen Zwischenstopp verdienen. Die schmale Straße am Ozean, die von Oamaru gen Süden führt, ist eine Alternative zum SH1 und bietet tolle Ausblicke auf die Küste – dazu muss man der Wharfe St aus der Stadt heraus folgen (immer den Schildern nach Kakanui nach).

5 km südlich von Oamaru liegt das schön gestaltete **Old Bones Backpackers** (☎ 03-434 8115; www.oldbones.co.nz; Beach Rd; B/EZ/DZ 30/43/60 NZ$; ☐ ☜) mit Zimmern um einen sonnigen Gemeinschaftsbereich, der den Gästen ein Gefühl von Sicherheit und Gemeinschaft gibt. Man ist so nah am Meer, dass man nachts die Brandung hört. Und vor den großen Fenstern

mit Blick über das Farmland bis zum Meer kann man wunderbar entspannen oder sein Lieblingsbuch lesen. Eines der besten Hostels in Neuseeland!

Ebenfalls nahe am Strand, 16 km von Oamaru entfernt an der All Day Bay, liegt das **Coastal Backpackers** (☎ 03-439 5411; www.coastal backpackers.co.nz; Waianakarua Rd, All Day Bay; B/DZ 26/54 NZ$, DZ für Selbstversorger 85 NZ$). Der große Garten und die guten Schwimmplätze am Strand überzeugen einen schnell davon, seinen Aufenthalt zu verlängern. Man hat die Wahl zwischen Zimmern in der Hauptlodge, einer kleinen Hütte für zwei Personen und einer separaten Wohneinheit im Haupthaus. Zur Zeit der Recherche war das freundliche walisisch-neuseeländische Besitzerpaar gerade dabei, den Kirschgarten herzurichten, sich um die Lamababys zu kümmern und die Wiedereröffnung des ausgedehnten Gartenpubs zu planen. Kein schlechtes Leben!

Bei Waianakarua kommt man wieder auf den SH1. Wer jetzt nur wenige 100 m zurück nach Norden fährt, erreicht den **Olive Grove Lodge and Holiday Park** (☎ 03-439 5830; www.olive branch.co.nz; SH1, Waianakarua; Stellplatz Erw./Kind 12/6 NZ$, mit Strom 24 NZ$, B/DZ 25/60 NZ$; ☐). Der an den Waianakarua River angrenzende Campingplatz inmitten von Ackerland hat schattige Bäume und wird von Vogelgezwitscher beschallt. Bei den Kiwis ist er den ganzen Sommer über sehr beliebt. Die Backpackerzimmer sind mit interessanten Motiven in fröhlichen Farben verziert und die sonnige Gemeinschaftslounge ist wirklich toll. Die Kids werden begeistert sein vom Abenteuerspielplatz und von den Hochlandrindern, während ihre Eltern mit Sicherheit den Spa, den umweltbewussten Lebensstil, das Bio-Gemüse und die friedvolle Atmosphäre lieben. Die Zimmer mit eigenem Bad (DZ 70 NZ$, zusätzl. Pers. 15 NZ$) sind eine gute Alternative für Familien.

Weiter den SH1 entlang liegen 30 km südlich von Oamaru an einem atemberaubenden Strandabschnitt die **Moeraki Boulders** (*Te Kaihinaki*), mehrere große, runde Felsen, die aussehen wie von Riesenkindern vergessene Murmeln. Möglichst bei Ebbe herkommen. Hier gibt es ein sehr gutes Restaurant, doch wäre es eigentlich eine Sünde, nicht bei Fleur's (S. 673) zu speisen!

Die Gemeinde **Moeraki** ist ein charmantes Fischerdörfchen, das man noch schnell besuchen sollte, bevor es von Rentnern aus Christchurch überlaufen wird. Ein netter eineinhalbstündiger Spaziergang führt vom Dorf aus am Strand entlang zu den Felsen. Man kann auch in die andere Richtung zum Kaiks Wildlife Trail und einem niedlichen alten Holzleuchtturm spazieren – super, um Gelbaugenpinguine und Pelzrobben aus der Nähe zu beobachten. Für so einen kleinen Ort hat Moeraki mehr als genug zur Kultur des Landes beigetragen – von Francis Hodgkins' Gemälden bis zu Keri Hulmes *Unter dem Tagmond … und nicht zuletzt Fleur Sullivans Kochkünste!

LP Tipp **Fleur's Place** (☎ 03-439 4480; www.fleurs place.com; Old Jetty, Moeraki; Hauptgerichte 20–35 NZ$; ☽ Mi–Sa 10.30 Uhr–open end) Sieht etwas chaotisch aus, aber in der stilvollen Holzhütte gibt es mit das beste Essen auf der Südinsel. Die Spezialität sind Meeresfrüchte frisch von den Booten, die nur wenige Meter entfernt anlegen. Bei den Einheimischen ist das Restaurant aber auch für einen Drink am Abend und gelegentliche Livemusik beliebt. Man sollte sich auf die Terrasse oben setzen und sich den Duft des Ozeans um die Nase wehen lassen, während frische Eintöpfe, zarte Dunkle Sturmtaucher oder fangfrischer Fisch der letzten Nacht aufgetischt werden. Von Freitag bis Dienstag ab 8 Uhr bietet der angrenzende Imbisswagen von **Fleur's Place Food 2 Go** die Gerichte des Fleur's zu sehr humanen Preisen an, z. B. Meeresfrüchteeintopf für 10 NZ$, geräucherte Muscheln für 8 NZ$ und *kadoka* (Salat mit rohem Fisch) für 8 NZ$. Dies ist auch ein gemütlicher Ort für einen Espresso im Freien mit Blick auf den perfekten kleinen Fischerhafen von Moeraki. Für das Restaurant sind Reservierungen dringend empfohlen, vielleicht ergattert man aber auch ohne einen Tisch, wenn man zwischen den Stoßzeiten mittags und abends kommt.

Das **Moeraki Motel** (☎ 03-439 4862; www.moeraki beachmotel.co.nz; Ecke Beach St & Haven St; DZ 95 NZ$) hat separate Wohneinheiten mit Balkonen. Der **Moeraki Village Holiday Park** (☎ 03-439 4759; www. moerakivillageholidaypark.co.nz; 114 Haven St; Stellplatz ohne/ mit Strom 25/26 NZ$, DZ 45–125 NZ$; ☐ ☎) nimmt ein kleines Feld oberhalb der Straße in die Stadt

in Beschlag und bringt Gäste in Hütten und Moteleinheiten unter.

Immer mehr Bewohner von Moeraki bieten in ihren Häusern B & B an.

Wenn man bei Karitane noch einmal vom SH1 Richtung Küste abfährt, gelangt man auf die landschaftlich reizvolle Küstenstraße nach **Seacliff**.

LP Tipp **Asylum Backpackers** (☎ 03-465 8123; Russell Rd, Seacliff; B/EZ/DZ 25/40/62 NZ$; ☽ Nov.–Mai; ☐), auf dem Gelände der alten Anstalt des Seacliff Lunatic Asylum gelegen, ist ein wunderbar entspannter Ort. Im Gemeinschaftsbereich steht eine riesige Palme, auf die Ohren gibt's eine hervorragende Musikauswahl. Die Gäste können auch Kajak fahren, angeln (35 NZ$), surfen (15 NZ$), Rad fahren (kostenlos) oder reiten (55 NZ$). Manchmal gucken die Pferde durch die Fenster des Hostels. Manch Traveller kam schon für einen Tag und blieb dann mehrere Wochen. Wer handwerklich begabt ist, packt vielleicht bei der Instandsetzung der ungefähr 50 wundervollen Oldtimer aus den 1920er- bis 1960er-Jahren oder bei der Restaurierung des alten Basalsteingebäudes an. Man kann hier nur bar bezahlen.

Den Rest des ehemaligen Anstaltsgeländes nimmt heute das **Truby King Reserve** ein. Dank der Parklandschaft, der überwucherten Gärten und des einheimischen Walds kann man hier perfekt ein Picknick oder einen Spaziergang machen. Der Park ist wirklich schön, hat aber eine grausige Geschichte: Zu viele Leute waren hier eingesperrt, obwohl es nicht notwendig gewesen wäre, und viel zu viele von ihnen wurden durch diese Erfahrung oder durch das Personal für immer traumatisiert oder geschädigt – in jener Zeit gehörten Lobotomien und Sterilisationen noch zum Usus. Bei einem Feuer 1942 kamen fast 30 Frauen ums Leben, die in ihren Schlafsälen eingesperrt waren. Zu den bekanntesten Insassen von Seacliff zählte eine der berühmtesten Schriftstellerinnen Neuseelands: Janet Frame aus Oamaru (s. S. 667). In den Gärten sind einige ihrer Gedanken auf einer Tafel verewigt.

Queenstown & Wanaka

Gäbe es Queenstown noch nicht, müsste man es erfinden. Angesichts der filmreifen Kulisse aus Bergen und Seen und der enormen Bandbreite von Aktivitäten ist es oft schwer zu entscheiden, was man als Nächstes unternehmen soll. Kein Wunder also, dass *das* Topziel auf der Südinsel bei vielen Neuseelandbesuchern ganz oben auf der Liste steht. Das Disneyland für Waghalsige wird Hunderte Synonyme für „aufregend" und „spannend" im Reisetagebuch erfordern. Doch inmitten all der Bungee-Seile kann man auch Erfahrungen machen, die länger anhalten als ein paar Sekunden.

Auf dem Greenstone und dem Routeburn Track kann man mitten in der wohl tollsten Landschaft Neuseelands wandern. Oder man probiert die genialen Weine in der ebenso genialen Umgebung des Gibbston Valley. Wer genau hinhört, vernimmt vielleicht sogar die Jauchzer von der anderen Straßenseite, vom Geburtsort des Bungee-Jumpings am Kawarau River. In Wanaka, Queenstowns kleinerer Schwester, geht es (etwas) ruhiger zu. Und im Mt. Aspiring National Park merkt man, dass man von Neuseelands wahrer Wildnis nicht weit entfernt ist.

Eine noch geringere Schlagzahl wird in Glenorchy vorgegeben, jedenfalls bevor im Sommer die Abenteuerlustigen einfallen. Auch eine Stippvisite im kleinen Arrowtown lohnt sich, wo man bei einem relaxten Abendessen vielleicht über die Goldgräbergeschichte der Stadt nachdenkt, ehe man am nächsten Tag wieder auf den Spaßzug der Region aufspringt.

HIGHLIGHTS

- Inmitten der herrlichen Landschaft des **Gibbston Valley** (S. 693) tolle Weine probieren
- In **Arrowtown** (S. 696) gut essen und relaxen, nachdem die Tagesausflügler weg sind
- In **Queenstown** (S. 680), der Adrenalin-metropole Neuseelands, Dinge tun, von denen man bisher nicht mal zu träumen wagte
- Auf dem friedvollen **Routeburn Track** (S. 702) wandern
- Vom verschlafenen, tollen **Glenorchy** (S. 699) aus hoch zu Ross, im Kajak oder im Jetboot den Lake Wakatipu erkunden
- In Wanakas **Cinema Paradiso** (S. 712) einen Film anschauen und sich auf die Pizza in der Pause freuen
- Im kosmopolitischen Queenstown eine Tour durch die **Bars** (S. 692) und **Restaurants** (S. 691) machen

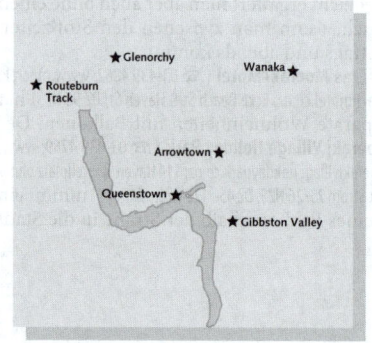

- Vorwahl: 03
- www.queenstown-nz.co.nz
- www.queenstown-vacation.com

QUEENSTOWN & WANAKA

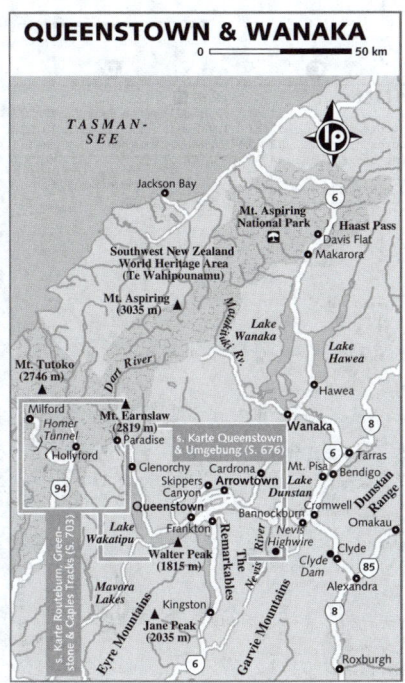

QUEENSTOWN & WANAKA

den größten Anbietern zählen InterCity, Atomic Shuttles, Naked Bus, Tracknet und Wanaka Connexions.

QUEENSTOWN & UMGEBUNG

Umgeben von den indigofarbenen Gipfeln der Remarkables, gekrönt vom Coronet Peak und eingerahmt von den gewundenen Buchten des Lake Wakatipu – so präsentiert sich das eigentlich beschauliche Städtchen im Süden Neuseelands. Kein Wunder also, dass Queenstown mit stolzgeschwellter Brust daherkommt. Die Stadt wird nicht müde, ihren Ruf als Adventure-Kapitale des Planeten zu betonen. Und so verbringen viele Besucher hier auch die meiste Zeit damit, irgendwelche verrückten Dinge zu tun, von denen sie vielleicht kurz zuvor noch gar nicht gewusst haben, dass es sie überhaupt gibt. Doch so ganz langsam zeigt sich Queenstown auch von einer anderen Seite: kosmopolitischer, mit einer tollen Restaurant- und Kunstszene und ausgezeichneten Weingütern. Nach einem „Hopser" von einer Brücke oder aus einem Flugzeug sollte man sich also auch die Zeit nehmen, Queenstown ohne Adrenalin-Flush zu erkunden. Und wenn man sich dann ausgetobt hat, könnte ein Abstecher ins historische Arrowtown oder ins hübsche Glenorchy folgen.

QUEENSTOWN
11 000 Ew.
Langeweile in Queenstown? Ein Ding der Unmöglichkeit! Queenstown mag vielleicht

Klima
Im Sommer (Dez.–Feb.) sind die Tage am längsten und die Temperaturen klettern auf bis zu 30 °C. Allerdings regnet es im Januar in der Region auch am häufigsten. Im Winter (Juni–Aug.) wird es recht kühl mit Temperaturen um die 5 bis 10 °C. Nachts können sie auf den Gefrierpunkt oder darunter purzeln und auf den Bergen liegt eine Menge Schnee. Der Herbst (März–Mai) ist mit seinen relativ milden Temperaturen (15–20 °C) angenehm, während man sich im Frühling (Sept.–Nov.) auf etwas kühleres Wetter einstellen sollte.

An- & Weiterreise
Air New Zealand verbindet Queenstown mit Auckland, Wellington und Christchurch, ferner gibt es Flüge nach Wanaka. Jetstar fliegt von Queenstown nach Auckland, Christchurch und Rotorua. Bus- und Shuttleunternehmen fahren quer durch Otago von Dunedin nach Queenstown und Wanaka. Einige machen den Umweg in den Süden nach Te Anau und Invercargill, andere fahren Richtung Norden nach Christchurch oder über den Haast Pass und rauf an die Westküste. Zu

---

MAORI: QUEENSTOWN

Die Kiwi Haka (S. 694) treten jeden Abend an der Bergstation der Seilbahn in Queenstown auf, die Te Maori (S. 679) bieten tagsüber Kulturevents im Kiwi Birdlife Park. Wer sich für zeitgenössische Maorikunst und -design interessiert, sollte in Queenstown in den beiden Galerien Kapa (S. 695) und toi o tahuna (S. 695) vorbeischauen. Aktivurlauber können sich können sie bei Kawarau Jet unter der Führung von Maori den sehr renommierten kulturorientierten Jetboottouren anschließen (S. 682).

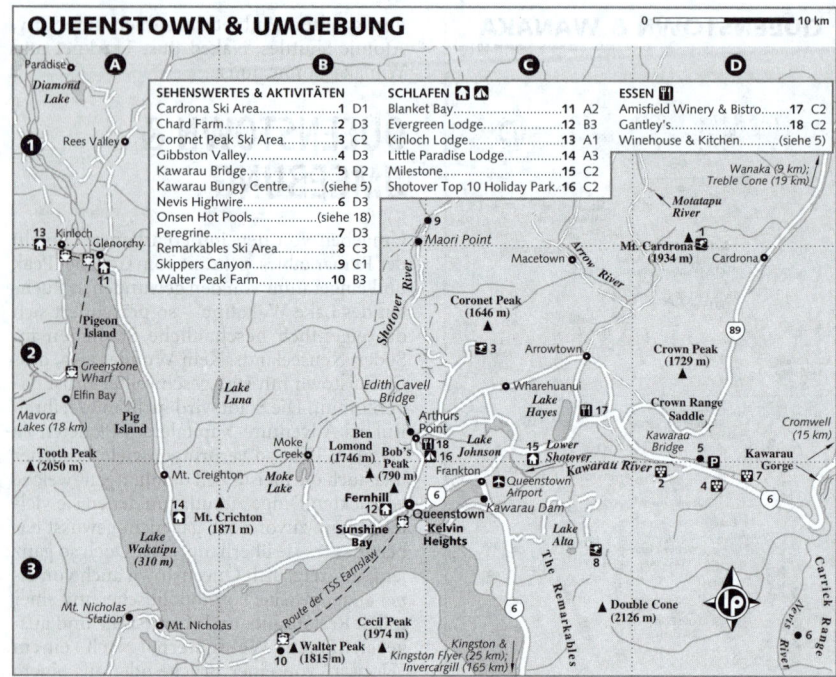

QUEENSTOWN & UMGEBUNG

0 ——————— 10 km

SEHENSWERTES & AKTIVITÄTEN		SCHLAFEN		ESSEN	
Cardrona Ski Area	1 D1	Blanket Bay	11 A2	Amisfield Winery & Bistro	17 C2
Chard Farm	2 D3	Evergreen Lodge	12 B3	Gantley's	18 C2
Coronet Peak Ski Area	3 C2	Kinloch Lodge	13 A1	Winehouse & Kitchen	(siehe 5)
Gibbston Valley	4 D3	Little Paradise Lodge	14 A3		
Kawarau Bridge	5 D2	Milestone	15 C2		
Kawarau Bungy Centre	(siehe 5)	Shotover Top 10 Holiday Park	16 C2		
Nevis Highwire	6 D3				
Onsen Hot Pools	(siehe 18)				
Peregrine	7 D3				
Remarkables Ski Area	8 C3				
Skippers Canyon	9 C1				
Walter Peak Farm	10 B3				

aussehen wie ein kleines Dorf, versprüht aber die Energie einer pulsierenden Stadt und bietet dabei bergeweise Aktivitäten. Ob man nun einen Bungee-Sprung, Höhlenwanderungen, Rafting-Touren, Schlitten-, Jetboot- oder Skifahren, Fallschirmspringen oder Drachenfliegen auf der To-Do-Liste stehen hat, hier wird man für alles erfahrene Anbieter finden.

Um danach so richtig in den stimmungsvollen Restaurants, relaxten Cafés und belebten Bars mit seinen Abenteuern prahlen zu können, darf das Souvenir-T-Shirt natürlich nicht fehlen. Sucht man dagegen ein wenig Ruhe, kann man bei Sonnenaufgang oder -untergang auf einer Bank am Seeufer einen der schönsten Ausblicke Neuseelands genießen. Und sicher wird sich hier auch ein nettes Plätzchen für ein Nachmittagspicknick im Freien finden.

Das selbstbewusste Queenstown ist nur allzu vertraut mit Besuchern aus aller Herren Länder. Man kann also großartige Touristeneinrichtungen erwarten, muss aber auch auf riesige Menschenmassen vorbereitet sein, vor allem im Sommer und Winter. Im Herbst (März–Mai) und Frühling (Okt. & Nov.) geht

es dagegen etwas ruhiger zu, auch wenn Queenstown ganzjährig ein tolles Reiseziel ist. Die Restaurants und Bars der Stadt sind die meiste Zeit mit einem überwiegend jungen Völkchen gefüllt, das es wirklich versteht, im Urlaub Spaß zu haben. Wer eher der zurückgezogene Typ ist, sollte zumindest kurz ins Geschehen eintauchen und hautnah erfahren, warum um die Stadt so viel Aufhebens gemacht wird, bevor es dann auf und davon in die erhabene Wildnis bei Glenorchy geht.

Geschichte

Als die ersten Paheka Mitte der 1850er-Jahre in der Gegend des heutigen Queenstown ankamen, war diese menschenleer. Dennoch sind auch heute noch Spuren ehemaliger Maorisiedlungen anzutreffen. Zuerst kamen die Schafzüchter; nachdem jedoch zwei Männer 1862 am Ufer des Shotover River Gold gefunden hatten, folgte ein wahres Heer von Glücksrittern. Innerhalb eines Jahres war Queenstown eine Goldgräberstadt mit Straßen, Gebäuden und mehreren tausend Einwohnern. Die neuseeländische Regierung erklärte die Siedlung „fit for a queen" – so wurde Queenstown geboren. Der Lake Wakatipu war Transportweg Nummer eins. Zu Hochzeiten pflügten vier Raddampfer und über 30 weitere Fahrzeuge durch die Fluten.

Um 1900 waren die Goldvorkommen erschöpft, die Einwohnerzahl schrumpfte auf 190. Erst in den 1950er-Jahren wurde Queenstown zu einem beliebten Reiseziel. Seit einigen Jahren kämpft die Stadt jedoch mit dem steigenden Pegel des Lake Wakatipu; 1999 stand ein Drittel des Stadtgebiets kräftig unter Wasser. Um weiteren Überflutungen vorzubeugen, sollte ursprünglich der Pegel des Sees dauerhaft gesenkt werden. Doch stattdessen hat man mittlerweile beschlossen, Queenstowns Straßenniveau anzuheben und weitere Hochwasserschutzmaßnahmen zu ergreifen.

Orientierung

Das kompakte Stadtzentrum ist perfekt, um zu Fuß erkundet zu werden. Die meisten Touri-Einrichtungen finden sich auf der Shotover St, der Beach St und der Mall. Der Flughafen ist 8 km östlich der Stadt (S. 696).

Praktische Informationen

GELD

Geldautomaten und Banken gibt's überall in der Stadt.

INTERNETZUGANG

Fast alle Hostels bieten Internetzugang.
Budget Communications (Karte S. 680; O'Connell's Shopping Centre) Hat Laptop-Anschlüsse und Computer.
Global Gossip (Karte S. 680; 27 Shotover St)
Internet Laundry (Karte S. 680; 1 Shotover St) Während die Wäsche gewaschen wird, kann man im Internet surfen.

NOTFALL

Ambulanz, Feuerwehr & Polizei (☎ 111)
Queenstown Medical Centre (Karte S. 680; ☎ 03-441 0500; www.qmc.co.nz; 9 Isle St; ☒ 8.30–20 Uhr) Notaufnahme und Apotheke.

POST

Post (Karte S. 680; 13 Camp St)

REISEBÜROS

Kiwi Discovery (Karte S. 680; ☎ 0800 505 504, 03-442 7340; www.kiwidiscovery.com; 37 Camp St) Vermittelt Wandertouren und den Transport zu den Skigebieten. Außerdem kann man sich Ausrüstung ausleihen.
Real Journeys (Karte S. 680; ☎ 0800 656 501, 03-249-7416; www.realjourneys.co.nz; Steamer Wharf, Beach St) Riesige Auswahl an Ausflügen auf dem See und Touren.

**KURZINFOS
QUEENSTOWN & WANAKA**

Essen Einen ordentlichen Fergburger in Queenstown (S. 692)
Trinken Das gute Brewski Lager von Wanaka Beerworks (S. 703)
Lesen *Walking the Routeburn Track* von Philip Holden – eine Wanderung durch die Geschichte und die Flora und Fauna dieser Gegend, angereichert mit einer guten Portion Kiwikultur und einigen anregenden Fotos
Anhören Die Stille, wenn man mit dem Kajak (S. 700) bei Glenorchy und Kinloch umherpaddelt
Ansehen Kunstfilme im schrulligen kleinen Kino Dorothy Browns (S. 699) in Arrowtown – dazu gibt's neuseeländisches Peanut-Slab-Eis
Schwimmen Im nördlichen Arm des Lake Wakatipu in der Nähe des Anlegestegs in Glenorchy (S. 699)
Festival Warbirds over Wanaka (S. 709) – eine spektakuläre Flugshow inmitten einer spektakulären Berg- und Seenlandschaft
Schrägste Touristenattraktion Der gelbe amerikanische Schulbus im Cardrona Adventure Park (S. 715), der in einen haarsträubenden Monster Truck verwandelt wurde

Station (Karte S. 680; ☎ 03-442 5252; www.thestation.co.nz; Ecke Camp St & Shotover St) Hier sind AJ Hackett Bungy und Shotover Jet untergebracht.

TOURISTENINFORMATION

Department of Conservation Visitor Information Centre (DOC; Karte S. 680; ☎ 03-442 7935; queenstownvc@doc.govt.nz; 38 Shotover St; ☒ Mai–Nov. 8.30–17 Uhr, Dez.–April bis 18 Uhr) Hier bekommt man die Backcountry Hut Passes sowie aktuelle Infos zu Wetterlage und Wegezustand. Befindet sich im Zwischengeschoss über Outdoor Sports.
Info & Track Centre (Karte S. 680; ☎ 03-442 9708; www.infotrack.co.nz; 37 Shotover St) Infos über den Transport zu den Startpunkten der Wanderwege.
Queenstown i-SITE (Karte S. 680; ☎ 0800 668 888, 03-442 4100; www.queenstown-vacation.com; Clocktower Centre, Ecke Shotover St & Camp St; ☒ Dez.–April 7–19 Uhr, Mai–Nov. bis 18 Uhr) Auch die Website www.queenstown-nz.co.nz ist nützlich.

Sehenswertes

Bei einer Fahrt mit der **Skyline Gondola** (Karte S. 678; ☎ 03-441 0101; www.skyline.co.nz; Brecon St; Erw./Kind/Fam. hin & zurück 23/12/59 NZ$; ☒ 9.30–18.30 Uhr) hat man einen fantastischen Blick auf Queens-

QUEENSTOWN

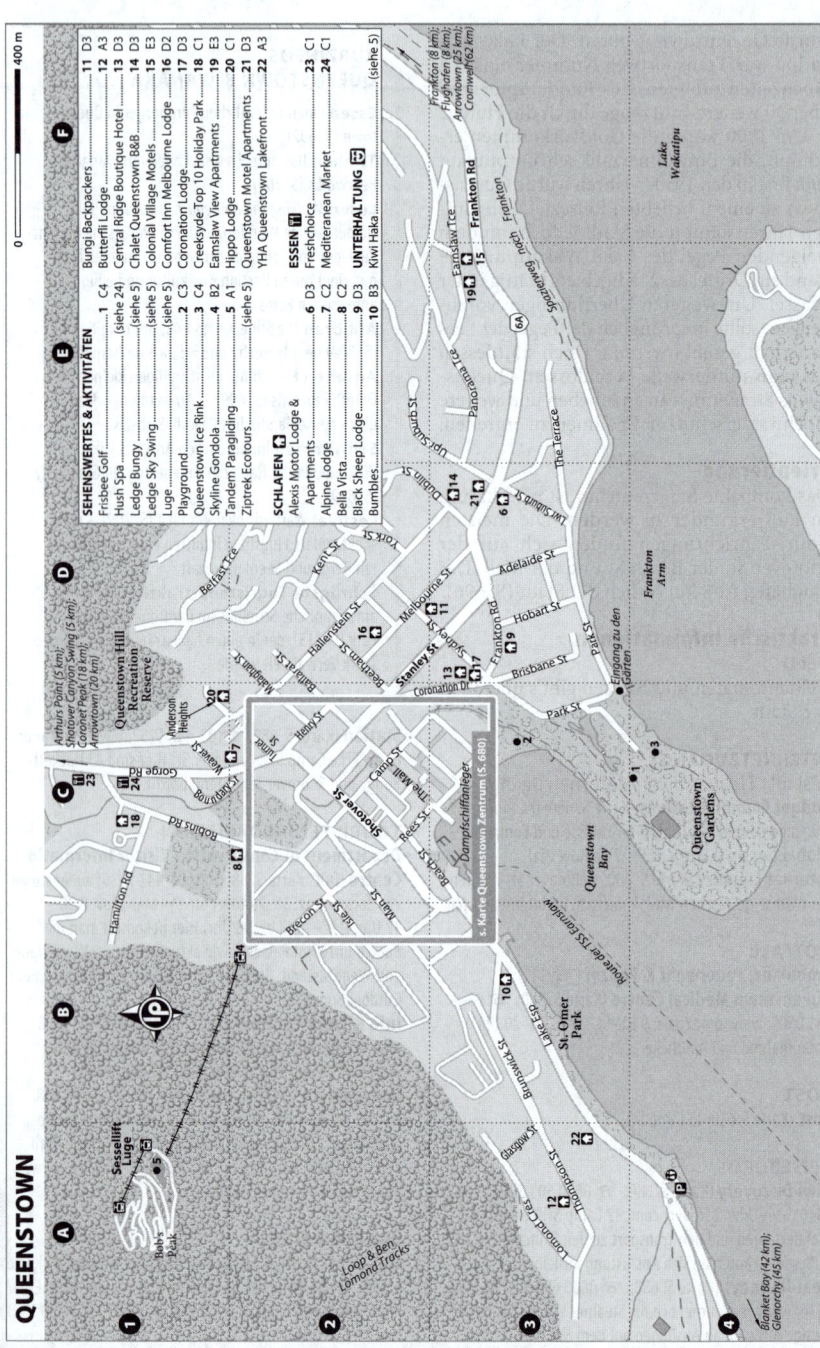

SEHENSWERTES & AKTIVITÄTEN

Frisbee Golf	1 C4
Hush Spa	(siehe 24)
Ledge Bungy	(siehe 5)
Ledge Sky Swing	(siehe 5)
Luge	(siehe 5)
Playground	2 C3
Queenstown Ice Rink	3 C4
Skyline Gondola	4 B2
Tandem Paragliding	5 A1
Ziptrek Ecotours	(siehe 5)

SCHLAFEN

Alexis Motor Lodge & Apartments	6 D3
Alpine Lodge	7 C2
Bella Vista	8 C2
Black Sheep Lodge	9 D3
Bumbles	10 B3
Bungi Backpackers	11 D3
Butterfli Lodge	12 A3
Central Ridge Boutique Hotel	13 D3
Chalet Queenstown B&B	14 D3
Colonial Village Motels	15 E3
Comfort Inn Melbourne Lodge	16 D2
Coronation Lodge	17 D3
Creekyde Top 10 Holiday Park	18 C1
Earnslaw View Apartments	19 E3
Hippo Lodge	20 C1
Queenstown Motel Apartments	21 D3
YHA Queenstown Lakefront	22 A3

ESSEN

Freshchoice	23 C1
Mediteranean Market	24 C1

UNTERHALTUNG

Kiwi Haka	(siehe 5)

town, den See und die Berge. Oben gibt es auch ein Café, ein Restaurant, in dem regelmäßig Maori-Kulturshows gezeigt werden, und Souvenirläden. Wer will, kann sich die Beine vertreten, z. B. auf dem **Rundweg** (hin & zurück 30 Min.), oder eine Fahrt auf der Sommerrodelbahn Luge (S. 685) wagen. Bei zu viel überschüssiger Energie kann man die Seilbahn auch links liegen lassen und bis zum Gipfel hinaufwandern (1 Std.) – einfach den oberen Schotterweg links vom Ausgangspunkt bei Lomond Cres nehmen.

Der **Kiwi Birdlife Park** (Karte S. 680; ☎ 03-442 8059; www.kiwibird.co.nz; Brecon St; Erw./Kind 35/15 NZ$; ☒ Okt.– März 9–17 Uhr, April–Sept. bis 18 Uhr, Vorführungen 11 & 15 Uhr) bietet die beste Chance, einen Kiwi zu sehen. Hier gibt's auch 10 000 einheimische Pflanzen und viele andere Vögel, darunter die seltenen Schwarzen Stelzenläufer, Keas, Neuseeland-Kuckuckskäuze und Sittiche. Besucher können im Naturschutzgebiet umherwandern, leise durch die abgedunkelten Kiwi-Häuser schleichen und sich die Show zum Naturschutz ansehen. Die Vorführungen beinhalten auch eine Kulturshow der Te Maori. Kinder unter 15 Jahren haben in Begleitung eines zahlenden Erwachsenen freien Eintritt.

Das **Williams Cottage** (Karte S. 680; Ecke Marine Pde & Earl St; ☒ Mo–Sa 10–17 Uhr) ist Queenstowns ältestes Haus. Es wurde 1864 erbaut und ist noch fast gänzlich in seinem ursprünglichen Zustand – sogar die Tapeten sind noch die alten aus den 1930er-Jahren, und der Garten stammt aus den 1920ern. Heute ist das Cottage der Lake District Museum & Gallery (S. 696) von Arrowtown angegliedert und beherbergt auf seinem Grundstück den coolen Vesta Shop (S. 695) und ein Café (S. 692).

Gleich um die Ecke liegt die **Church of St. Peter** (Karte S. 680; www.stpeters.co.nz; Ecke Church St & Camp St; ☒ Gottesdienst Mi 10, So 10.30 Uhr), auch eine Oase der Ruhe. Das hübsche Gebäude mit Holzbalken, einer wunderschönen Orgel und farbenprächtigen Buntglasfenstern war das Geschenk eines Gemeindemitglieds. Einen genaueren Blick verdient auch die Kanzel aus Zedernholz, die in den 1870er-Jahren von einem chinesischen Einwanderer namens Ah Tong geschnitzt wurde.

Im **Underwater Observatory** (Karte S. 680; ☎ 03-442 6142; Queenstown Bay Jetty; Eintritt frei; ☒ 9–17 Uhr) kann man durch sechs gigantische Glasscheiben hindurch das Leben unter der Oberfläche des Sees beobachten. Es gibt jede Menge Bach-

QUEENSTOWN IN ...

... zwei Tagen

Der Tag beginnt mit einem Burrito zum Frühstück im **Halo** (S. 692), bevor es dann zur Shotover St geht, um für den nächsten Tag einen Abenteuertrip zu buchen. Den Rest des Tages stehen das **Williams Cottage** (S. 679), die **Skyline Gondola** (S. 677) und der **Kiwi Birdlife Park** (S. 679) an. Danach kann man eine aufregende Fahrt mit dem **Shotover Jet** (S. 682) unternehmen oder mit der **TSS Earnslaw** (S. 686) über den See schippern. Ein Spaziergang durch die **Queenstown Gardens** (S. 683) bei Dämmerung eröffnet einen dramatischen Blick auf die Remarkables. Und bei Sonnenuntergang gönnt man sich einen Drink im **Pub on Wharf** (S. 693) oder im **Monty's** (S. 694), danach ein Abendessen im **Cow** (S. 691) oder in der **Wai Waterfront Restaurant & Wine Bar** (S. 691). Und weil der Abend noch jung ist, geht's im Anschluss in die **Minibar** (S. 693) oder ins **Bardeaux** (S. 692). Der nächste Tag ist ganz dem Bungeejumping, Fallschirmspringen oder Wildwasserrafting gewidmet. Alternativ dazu kann man auch die Kunstgalerien der Church Lane in Augenschein nehmen. Abendessen gibt's im **Winnies** (S. 691), wo man den Tag bei Livemusik oder den Sounds von DJs ausklingen lässt.

... vier Tagen

Die ersten beiden Tage verbringt man wie oben beschrieben. Am dritten Tag geht's nach **Arrowtown** (S. 696), wo man durch die rätselhafte **chinesische Siedlung** (S. 697) schlendert, die hiesigen Läden durchstöbert und ein hervorragendes Mittagessen genießt. Am folgenden Tag fährt man am Ufer des Lake Wakatipu entlang bis zum winzigen **Glenorchy** (S. 699). Zu Mittag geht's ins **Glenorchy Café** (S. 701) und mit Wanderschuhen ausgerüstet zum **Mt. Aspiring National Park** (S. 705), wo man in der Nähe des **Routeburn Track** (S. 702) ein paar wunderschöne kurze Wanderungen unternehmen kann. Wer sich lieber sportlich betätigen will, kann auf der anderen Seite des Sees bei **Kinloch** (S. 700) das Kajakpaddel schwingen.

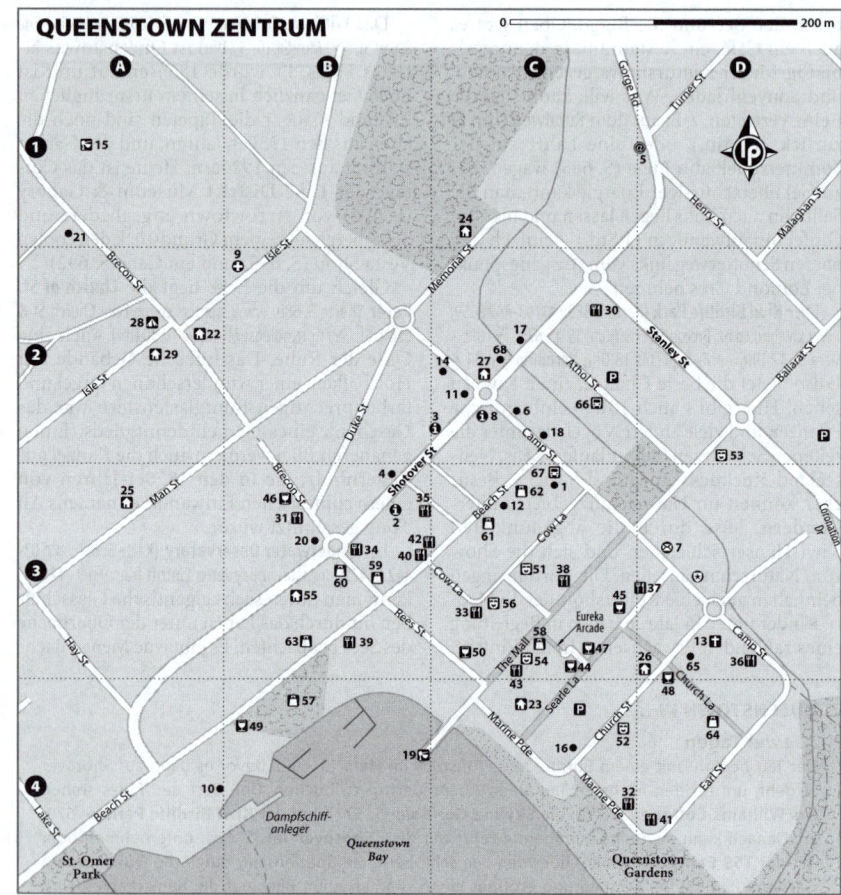

QUEENSTOWN ZENTRUM

0 —————————————— 200 m

forellen, die unglaublich gut im Futter stehen müssen, so groß wie sie sind. Sehenswert sind auch die Süßwasseraale und die vor allem von Kindern bestaunten Maori-Enten (Neuseeland-Tauchenten), die abtauchen und direkt bis an die Glasscheiben schwimmen.

Aktivitäten

Für eine Reihe von Abenteueraktivitäten in Queenstown bekommt man bei **Queenstown Combos** (☎ 0800 423 836, 03-442 7318; www.combos. co.nz) Kombitickets.

Manche Anbieter haben ihre eigenen Büros, in denen Traveller direkt bei ihnen Aktivitäten buchen können; die meisten Firmen werden jedoch vom Queenstown i-SITE (S. 677) vertreten.

BUNGEE-JUMPING

Queenstown ist berühmt für Bungeejumping, und der bekannteste Anbieter ist **AJ Hackett Bungy** (Karte S. 680; ☎ 03-442 7100; www.bungy.co.nz; Station, Ecke Camp St & Shotover St). Die im Folgenden aufgelisteten Preise beinhalten den Transport aus der Stadt und, wenn nötig, auch die Fahrt mit der Seilbahn.

Die historische **Kawarau Bridge** (Karte S. 676; 175 NZ$/Pers.) von 1880, 23 km von Queenstown entfernt, war 1988 die weltweit erste kommerzielle Bungeejumping-Stelle. Von dieser Brücke aus stürzen sich die Waghalsigen 43 m in die Tiefe. Direkt daneben liegt das **Kawarau Bungy Centre** (Karte S. 676; ☎ 03-442 1177; SH6; ☷ 8–17.45 Uhr), das in seiner **Secrets of Bungy Tour** (Erw./Kind/Fam. inkl. Transport 45/35/125 NZ$) die Geschichte des Bungeejumpings erzählt und Warmduschern auch ohne Sprung ein Gefühl dieses Erlebnisses vermittelt.

An der Bergstation der Seilbahn von Queenstown steht der 47 m hohe **Ledge Bungy** (Karte S. 678; 175 NZ$/Pers.), die einzige Möglichkeit, auch nach Sonnenuntergang einen Bungee-Sprung zu wagen.

Der Gold-Standard-Sprung vom 134 m hohen **Nevis Highwire** (Karte S. 676; 250 NZ$/Pers.), bei dem man von einer kleinen Plattform über dem Nevis River in die Tiefe stürzt, ist echt abgefahren, furchterregend, wenn nicht total verrückt. Wer sich genug bekommen kann, hat bei AJ Hackett die Chance, mit dem Paketangebot 3Thrillogy (450 NZ$/Pers.) alle drei Sprünge (Kawarau, Ledge und Nevis) zu machen.

BUNGEEJUMPING-VARIATIONEN

Die **Shotover Canyon Swing** (außerhalb der Karte S. 678; ☎ 0800 279 464, 03-442 6990; www.canyonswing.co.nz; 199 NZ$/Pers., zusätzl. Durchgang 39 NZ$) ist keine gewöhnliche Hinterhofschaukel. Wer sich keinen Bungee-Sprung zutraut, bekommt in dieser Seilschaukel auf verschiedenste Weise „Starthilfe": rückwärts, in einem Sessel, mit dem Kopf nach unten – schlicht auf alle Arten, die man sich vorstellen kann. Und dann geht's 60 m in freiem Fall in die Tiefe, gefolgt von einem wilden Schaukeln quer durch die Schlucht mit einer Geschwindigkeit von 150 km/h. Für Zartbesaitete ist das sicher nichts, aber es gehört zu den coolsten Dingen, die man in der Stadt machen kann.

Es gibt noch eine neuere Bungee-Schaukel: die **Nevis Arc** (Karte S. 678; ☎ 03-442 4007; www.nevisarc. co.nz) bei Nevis Highwire, einer Bungeejumping-Stätte von AJ Hackett. Sie gilt mit 120 m als höchste Seilschaukel der Welt. Hier kann man mit einer weiteren Person im Tandem (300 NZ$) oder alleine (170 NZ$) fliegen.

Das Gleiche, aber doch irgendwie anders, ist die **Ledge Sky Swing** (Karte S. 678; 120 NZ$) bei AJ Hacketts Ledge Bungy. Der Schaukelsprung ist kürzer, aber während man sich die Lunge

QUEENSTOWN & WANAKA

aus dem Hals schreit, hat man einen atemberaubenden Blick auf Queenstown.

JETBOOT FAHREN

Der Shotover und der Kawarau sind Queenstowns beliebteste Flüsse für eine rasante Fahrt. Weniger los ist auf dem längeren und landschaftlich schöneren Dart River (s. S. 700). Wenn die Trips nicht in Queenstown beginnen, geht's mit dem Minibus bis zum Fluss, wo schon das Jetboot wartet.

Shotover Jet (☎ 0800 746 868; www.shotoverjet.co.nz; Erw./Kind 109/69 NZ$) veranstaltet halbstündige Trips durch die zerklüfteten Shotover Canyons mit vielen 360°-Drehungen, bei denen einem der Atem stockt. Bei **Kawarau Jet** (Karte S. 680; ☎ 0800 529 272, 03-442 6142; www.kjet.co.nz; Queenstown Bay Jetty; Erw./Kind 95/55 NZ$) gibt's einstündige Trips auf dem Kawarau und dem Lower Shotover sowie einen speziellen fünfstündigen Weinprobentrip (Erw./Kind 229/142 NZ$), bei dem man in der Gibbston Winery zu Mittag isst und auf dem Weg dorthin auch ein paar Tropfen probiert.

Zu den dreistündigen Trips von **Skippers Canyon Jet** (☎ 03-442 9434; www.skipperscanyon.co.nz; Erw./Kind 109/69 NZ$) gehören eine halbstündige Spritztour durch die engen Schluchten des Skippers Canyon und eine gute Einführung in die Goldgräbergeschichte der Region.

WILDWASSERRAFTING

Der wilde Shotover und der ruhigere Kawarau eignen sich beide hervorragend zum Raften. Die Trips dauern vier bis fünf Stunden, bei denen man zwei bis drei Stunden auf dem Fluss verbringt. Das Mindestalter ist 13 Jahre!

Zu den Anbietern gehören **Queenstown Rafting** (☎ 0800 723 8464, 03-442 9792; www.rafting.co.nz), **Extreme Green Rafting** (☎ 03-442 8517; www.nzraft. com) und **Challenge Rafting** (☎ 0800 423 836, 03-442 7318; www.raft.co.nz); die Preise beginnen bei rund 175 NZ$.

Family Adventures (☎ 03-442 8836; www.family adventures.co.nz; Erw./Kind 155/110 NZ$) hat einfachere

---

AUFGESCHNAPPT

„Meine Lieblingsfragen, die mir Leute bei einer Jetboottour gestellt haben, waren ‚Läuft das Boot auf Schienen?' und ‚Wie lange hat es gedauert, den Canyon aus all diesen Steinen zu bauen?'" – Brett Black, Fahrer bei Shotover Jet

---

Trips (Schwierigkeitsgrad I–II) auf dem Shotover im Angebot, an denen auch Kinder ab 3 Jahren teilnehmen können. Unterwegs gibt's Pausen zum Baden, Essen und für alle Arten von Unternehmungen mit der Familie.

FLUSSSURFEN & WILDWASSERRODELN

Bei **Serious Fun** (☎ 0800 737 468, 03-442 5262; www. riversurfing.co.nz) und **Mad Dog River Boarding** (☎ 03-442 7797; www.riverboarding.co.nz) kann man auf einem Brett den Kawarau River hinabsurfen. Die Trips dauern etwa vier Stunden (1½ Std. im Wasser), kosten ungefähr 150 NZ$ und werden von September bis Juni angeboten.

Mit **Frogz Have More Fun** (☎ 0800 437 649, 03-441 2318; www.frogz.co.nz) steuert man auf schwimmenden Schlitten den anspruchsvollen Kawarau River (Tagestrip 370 NZ$) hinab oder wählt die sanftere halbtägige Achterbahnfahrt auf dem Roaring Meg (149 NZ$).

CANYONING

Canyoning.co.nz (☎ 03-441 3003; www.canyoning.co.nz; 155 NZ$/Pers.) veranstaltet halbtägige Touren in den nahe gelegenen 12-Mile Delta Canyons. Zum Programm gehören Wasserrutschen, Sprünge von Felsen, Abseilen und sogar eine Seilrutsche. Canyoning ist auch im abgelegenen Routeburn Valley (195 NZ$) möglich - mit Canyoning.co.nz und **Routeburn Canyoning** (☎ 0800 222 696, 03-441 4386; www.gycanyoning. co.nz; 195 NZ$/Pers.).

DRACHEN-, GLEITSCHIRMFLIEGEN & FALLSCHIRMSPRINGEN

Tandem Paragliding (Karte S. 678; ☎ 0800 759 688, 03-441 8581; www.paraglide.net.nz; 199 NZ$/Pers., Besucher, die bis 9 Uhr mit der Seilbahn kommen 169 NZ$) lässt bei der Bergstation der Seilbahn abheben. **Flight Park Tandems** (☎ 0800 467 325; www.tandemparagliding.com; aus 1140/1620 m Höhe 179/205 NZ$) bietet vom Coronet Peak aus einen spektakulären Ausblick.

Wer lieber angebunden sein möchte, kann sich für einen relaxteren Gleitschirmflug entscheiden, z. B. mit **Queenstown Paraflights** (Karte S. 680; ☎ 0800 225 520; www.paraflights.co.nz; Queenstown Bay Jetty; Solo Erw./Kind 129/109 NZ$, Tandem 95/75 NZ$), die einen mit dem Boot ziehen, während man selber 200 m über dem See fliegt. Mit **Skytrek Hang Gliding** (☎ 0800 759 873; www.skytrek.co.nz; 210 NZ$/Pers.) steigt man vom Coronet Peak oder den Remarkables aus in die Lüfte.

Extreme Air (☎ 0800 727 245; www.extremeair.co.nz; Tag/Monat 295/2200 NZ$) veranstaltet Kurse im Gleitschirm- und Drachenfliegen.

ESPRESSO, LATTE ODER KOFFEINFREI?

Schon abgecheckt, was man in Queenstown erleben kann? Angesichts der enormen Auswahl von großartigen Outdoor-Aktivitäten verliert man schnell den Überblick. Eine praktische Eselsbrücke aus der Welt des Kaffees hilft, die Angebote nach der Stärke des Nervenkitzels einzuordnen.

- **Espresso** – Extremer geht's nicht: Nach einer Runde mit der Shotover Canyon Swing (S. 681) oder dem Nevis Highwire (S. 681) steht man bis zu den Knien in Adrenalin und zittert noch stundenlang am ganzen Körper.

- **Latte** – Man kombiniere handfesten Nervenkitzel mit einem gemächlicheren Blick auf die gewaltige Landschaft rundherum, während man sich vom Gipfel eines Berges auf einem Mountainbike oder mit einem Drachen (S. 682) auf den Weg nach unten macht.

- **Koffeinfrei** – Man düst in einem Jetboot (S. 682) durch die gewundenen, kurvenreichen Schluchten des Shotover River (das fühlt sich vielleicht lebensgefährlich an, ist aber eigentlich sehr sicher) oder paddelt entspannt in einem Kajak (S. 700) auf dem wunderschönen oberen Arm des Lake Wakatipu bei Kinloch.

Bei den Fallschirmsprüngen von **NZONE** (☎ 0800 376 796, 03-442 5867; www.nzone.biz; ab 249 NZ$) springt man aus einem Flugzeug in die Tiefe – angeschnallt an jemanden, der weiß, wie man den Fallschirm öffnet.

SKIFAHREN

Die Skigebiete Remarkables (S. 92) und Coronet Peak (S. 92) sind die wichtigsten Wintersportzentren der Region (s. Karte S. 676). Auf 99,2 FM gibt's von 6.45 bis 9 Uhr die aktuellen Pistenberichte.

Skiprofis können sich mit **Heli Ski Queenstown** (☎ 03-442 7733; www.flynz.co.nz; ab 895 NZ$), **Harris Mountains Heli-Ski** (☎ 03-442 6722; www.heliski. co.nz; ab 775 NZ$) oder **Southern Lakes Heliski** (☎ 03-442 6222; www.southernlakesheliski.co.nz; ab 675 NZ$) so richtig austoben.

Skiverleih haben:

Gravity Action (Karte S. 680; ☎ 03-442 5277; 19 Shotover St)

Green Toad (Karte S. 680; ☎ 03-442 5311; 48 Camp St)

Outside Sports (Karte S. 680; ☎ 03-441 0074; Shotover St)

Snowrental (Karte S. 680; ☎ 03-442 4187; 39 Camp St)

MOUNTAINBIKEN

Rund um Queenstown kann man hervorragend mountainbiken. **Fat Tyre Adventures** (☎ 0800 328 897; www.fat-tyre.co.nz; ab 195 NZ$) unternimmt kleine Radtouren abseits der Hauptwege. Je nach Kondition und Können sind neben ein- oder mehrtägigen Touren auch Helibiking und Single-Track-Abfahrten möglich. Fahrradverleih und Snacks sind inklusive.

Wer nicht genug Puste hat für eine anstrengende Fahrt bergauf, kann mit **Vertigo** (Karte S. 680; ☎ 0800 837 8446, 03-442 8378; www.vertigobikes. co.nz; 4 Brecon St) geführte Radtouren bergab in den Skippers Canyon und von der Bergstation der Seilbahn aus unternehmen (je 149 NZ$). Im Angebot sind auch Helibiking-Trips.

Fahrradverleih gibt's hier:

Outside Sports (Karte S. 680; ☎ 03-441 0074; 36 Shotover St; halber/ganzer Tag ab 30/50 NZ$) Hat Mountainbikes – mit ungefedertem Hinterrad oder komplett gefedert –, Fahrräder, Tandems und Kinderfahrräder.

Queenstown Bike Hire (Karte S. 680; ☎ 03-442 6039; Ecke Marine Pde & Church St; ab 14 NZ$/Std.)

Vertigo (Karte S. 680; ☎ 0800 837 8446, 03-442 8378; www.vertigobikes.co.nz; 4 Brecon St) Hat jede Menge Räder (halber/ganzer Tag ab 30/50 NZ$), darunter auch welche für Bergabfahrten.

WANDERN & KLETTERN

In der kostenlosen Broschüre *Queenstown Walks and Trails* des **DOC Visitor Information Centre** (Karte S. 680; ☎ 03-442 7935; queenstownvc@doc. govt.nz; 38 Shotover St) werden Wanderwege in der Region beschrieben, von einfachen einstündigen Spaziergängen bis hin zu achtstündigen strapaziösen Torturen.

In den friedlichen **Queenstown Gardens** (Karte S. 678) gibt es zahlreiche Wanderwege. Man kann sich auch zur Bergstation auf den **Bob's Peak** hinaufschleppen; der Weg ist landschaftlich zwar nicht übermäßig schön, die Aussicht am Ziel dafür ausgezeichnet. Eine weiterer kurzer Weg führt über 900 Höhenmeter auf den **Queenstown Hill** (Karte S. 678; hin & zurück 2–3 Std.; Zugang über die Belfast Tce).

Spektakuläre Ausblicke bietet der 1746 m hohe **Ben Lomond** (Karte S. 676; hin & zurück 6–8 Std.), der von Lomond Cres (Karte

S. 678) aus erreicht wird. Für die anspruchsvolle, nicht zu unterschätzende Wanderung
braucht man eine gute Kondition. Das DOC
gibt Tipps zu dieser und anderen Routen in
der Region.

Guided Nature Walks (☎ 03-442 7126; www.nzwalks.
com; Erw./Kind ab 103/60 NZ$) veranstaltet ausge-
zeichnete Wanderungen in der Gegend, darunter den „Walk-and-Wine"-Trip und Helihikes. **Encounter Guided Day Walks** (☎ 03-442 8200;
www.ultimatehikes.co.nz; ⊗ Okt.–April) bietet Tageswanderungen auf dem Routeburn Track
(Erw./Kind 145/85 NZ$), dem Milford Track
(Erw./Kind 165/95 NZ$) und in der Nähe des
Mt. Cook (Erw./Kind 105/65 NZ$) an; mehr-
tägige Wanderungen ergänzen das Programm.

Kletterer können mit **Climbing Queenstown**
(☎ 03-450 2119; www.climbingqueenstown.com) eine
Reihe schwindelerregender Klettertouren unternehmen, z. B. Felsklettern (ab 169 NZ$),
Abseilen (Erw./Kind 99/59 NZ$), Klettersteig
(ein mit Eisenleitern, Eisenstiften, Klammern
und Seilen gesicherter Kletterweg am Fels;
Erw./Kind 159/89 NZ$) und Bergsteigen (ab

REZEPT FÜRS RICHTIGE ABENTEUER

- Wer gern schnelle Sportautos fährt, für
  den ist Jetbootfahren das Richtige.

- All diejenigen, die sich gern hängen
  lassen und es reizvoll finden, die Kontrolle zu verlieren, sollten es mit Bungeejumping probieren.

- Wer dagegen lieber die Kontrolle behalten und das Sagen haben will, kann
  sich beim Mountainbiken und Klettern
  verausgaben.

- Wer Spaß an irren Achterbahnfahrten
  und keine Angst vor zerzaustem Haar
  hat, ist der Richtige fürs Raften und
  Flusssurfen.

- Jeansträger, die keine Angst vorm
  Wundscheuern haben, sollten es mit
  Reiten versuchen.

- Wer schon immer mal an einen Fremden gebunden aus dem Flugzeug
  springen wollte, für den ist Tandem-
  Fallschirmspringen ideal.

- Muttersprachler des Elbischen und
  Hobbitliebhaber können sich einer *Herr-
  der-Ringe*-Tour anschließen.

---

250 NZ$). Bei sämtlichen Touren sind absolut
professionelle und sehr gut ausgebildete
Führer dabei.

Ausrüstungsverleih bieten:
Outside Sports (Karte S. 680; ☎ 03-441-0074; 36 Shotover St) Hat die größte Auswahl von Outdoor-Ausrüstung
in der Stadt und vermietet fast alles, was man nur
irgendwann gebrauchen könnte.
Small Planet Sports Co (Karte S. 680; ☎ 03-442 6393;
17 Shotover St) Hier bekommt man neue und gebrauchte
Outdoor-Ausrüstung.

REITEN
Moonlight Stables (☎ 03-442 1229; www.moonlight
country.co.nz; Erw./Kind 99/65 NZ$) organisiert von
seiner 324 ha großen Farm aus Ausritte durch
die herrliche Landschaft. Mit **Shotover Stables**
(☎ 03-442 7486; www.shotoverstables.net; Erw./Kind
65/40 NZ$) geht's gemächlicher durch Wälder
und Flüsse.

ANGELN
In den Flüssen und Seen rund um Queenstown gibt's viele Bach- und Regenbogenforellen. Alle Anbieter lassen die gefangenen Fische
im Anschluss wieder frei. Halbtägige geführte Angelausflüge kosten ab 120 NZ$.

Einige Angeltourveranstalter:
Stu's Guiding Service (☎ 03-248 8890; www.born
tofish.co.nz) Befindet sich 77 km südlich von Queenstown
in Athol. Organisiert geführte Touren zum Fliegenfischen,
mehrtägige Angeltouren und Kurse. Bei zwei oder mehr
Teilnehmern sinken die Preise.
Fly Fishing (☎ 03-442 5363; www.wakatipu.co.nz)
Helifishing, Schleppangeln auf dem See, Angeln mit Köder
und Fliegenfischen.
Stu Dever Fishing Charters (☎ 03-442 6371; www.
fishing-queenstown.co.nz) Lachs- und Forellenangeln
von der 10 m langen Barkasse *Chinook*. Der Inhaber Stu
kann auch organisieren, dass der Fang in einem örtlichen
Restaurant zubereitet wird.

NOCH MEHR AKTIVITÄTEN
Ziptrek Ecotours (Karte S. 678; ☎ 0800 947 8735; www.
ziptrek.com; Erw./Kind 119/69 NZ$) ist ein Neuzugang
im Bereich Abenteuertourismus, aber schon
jetzt *das* Stadtgespräch. An Sicherheitsgurten
befestigt geht es bei dieser tollkühnen Fahrt,
bei der man auch eine Reihe von Seilrutschen
(Flying Foxes) zu bewältigen hat, hoch über
Queenstown von Baumwipfel zu Baumwipfel.
Die geniale Anlage und die Tatsache, dass hier
umweltfreundlich gearbeitet wird, sind die
Pluspunkte der adrenalingeschwängerten
zweistündigen Tour.

An der Bergstation der Seilbahn kann man auf der Sommerrodelbahn **Luge** (Karte S. 678; ☎ 03-441 0101; www.skyline.co.nz; Brecon St; 2/3/5 Fahrten inkl. Seilbahnfahrt 35/40/45 NZ$) eine Fahrt auf einem dreirädrigen „Schlitten" machen. Nach der „Panoramastrecke" darf man auf den Parcours für Fortgeschrittene mit geneigten Kurven und Tunneln.

Frisbee Golf (Karte S. 678; www.discgolf.co.nz) hat einen abgesteckten Golfplatz in den Queenstown Gardens. Die Abwurfpunkte sind mit nummerierten Pfeilen auf dem Boden markiert; die Ziele sind entweder Bäume oder Metallkörbe. Frisbees muss man selber mitbringen. In der Nähe liegt der **Queenstown Ice Rink** (Karte S. 678; ☎ 03-441 8000; www.queenstownice-rink.co.nz; Erw./Kind inkl. Schlittschuhverleih 15/12 NZ$; ☽ Mo–Do 9–17.30, Fr 9–21, Sa & So 10.30–17 Uhr), in dem Interessierte Schlittschuhlaufen oder Eishockey spielen können.

Central Otago Wine Experience (Karte S. 680; ☎ 03-409 2226; www.winetastes.com; 14 Beach St; Probierkarte 20 NZ$; ☽ 10–22 Uhr) hat mehr als 80 Weine zur Verkostung. Mit einer Karte für 20 NZ$ darf man ungefähr acht bis zehn verschiedene Weine probieren.

Natürlich kann man auch Golf und Minigolf spielen, Quadbike fahren, Segeln, Tauchen und noch vieles mehr. Dazu einfach ans Queenstown i-SITE oder eine andere Buchungsagentur wenden. Für Paddeltouren auf dem See vermietet **Queenstown Bike Hire** (Karte S. 680; Ecke Marine Pde & Church St) Kajaks.

Nach all der Aufregung ist Entspannung angesagt: **Hush Spa** (Karte S. 678; ☎ 03-4009 0901; www.hushspa.co.nz; Ecke Gorge Rd & Robins Rd; Massage 30/60 Min. ab 65/120 NZ$; ☽ Di–Fr 9–21, Sa bis 19 Uhr) bietet Massagen, Aroma-Stein-Therapien und Ganzkörperbäder. Durch einen Anruf bei **Mobile Massage Co** (☎ 027 442 6161; www.queenstownmassage.co.nz; ☽ 9–21 Uhr) kann man sich die Massage auch aufs Zimmer bestellen (1 Std. 110 NZ$).

Onsen Hot Pools (Karte S. 676; ☎ 03-442 5707; www.onsen.co.nz; 160 Arthurs Point Rd; Erw./Kind 46/10 NZ$; ☽ 11–22 Uhr) hat Wannen im japanischen Stil mit Blick auf die Berge. Im Voraus reservieren, damit das Bad vorbereitet wird!

Stadtspaziergang

Gestartet wird mit einem Hafenspaziergang an der Beach St, auf der man nach der **TSS Earnslaw** (1; S. 687) Ausschau halten kann, die in die Queenstown Bay schippert. Nachdem man sich im **Patagonia** (2; S. 692) mit Kaffee, Eis oder heißer Schokolade gestärkt hat, geht

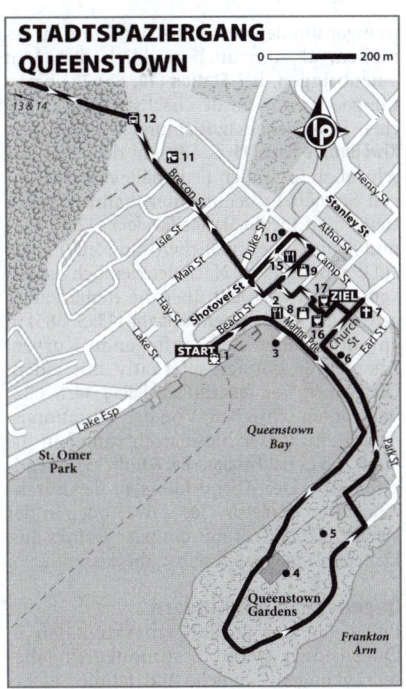

STADTSPAZIERGANG QUEENSTOWN

0 ————— 200 m

ROUTENINFOS

Start Beach St
Ziel Minibar
Strecke 3,5 km
Dauer 3–4 Std.

es hinaus auf die Mole zum **Underwater Observatory** (3; S. 679), in dem man dem Treiben unter der Wasseroberfläche zuschaut. Am Strand entlang geht es zu den **Queenstown Gardens** (4; S. 683), in denen man einfach nur die Ruhe genießen oder auch eine Runde **Frisbee Golf** (5; S. 685) spielen kann. Nach dem Rundweg durch die Anlage marschiert man über die Marine Pde zum **Williams Cottage** (6; S. 679); hier schnuppert man ein bisschen vom Duft der Geschichte, geht ein wenig shoppen oder isst zu Mittag. An der Church St geht es nach rechts zur hübschen **Church of St. Peter** (7; S. 679) und dann im Zickzack durch die Gassen zur Mall, wo man einige **Boutiquen** (8; S. 694) abklappert. Anschließend steht ein Besuch der **Central Otago Wine Experience** (9; s. linke Spalte) auf dem Programm –

weniger um den einheimischen Pinot zu genießen, als um auch wirklich den Mut aufzubringen, bei **Station** (**10**; S. 677) einen Bungee-Sprung für den nächsten Tag zu buchen. Dann geht es in Richtung Brecon St zum **Kiwi Birdlife Park** (**11**; S. 679), in dem man die schwer zu fassenden Federbälle mit den langen Schnäbeln begutachten kann. Danach steigt man in die **Skyline Gondola** (**12**; S. 677) und genießt die friedliche (und steile) Fahrt auf den Bob's Peak. Nach der ziemlich bemerkenswerten Aussicht über die Remarkables geht es auf der **Sommerrodelbahn** (**13**; S. 685) in anmutige, aber auch aufregende Kurven. Abenteurer können alternativ mit einem Gleitschirm von **Tandem Paragliding** (**14**; S. 682) nach unten schweben. Von der Talstation ist es nur ein kurzer Fußmarsch runter in die Stadt, wo es bei **Fishbone Bar & Grill** (**15**) Abendessen gibt. Der Abend klingt in der Eureka Arcade im **Bardeaux** (**16**; S. 692) oder in der **Minibar** (**17**; S. 693) mit ein paar Drinks aus. Danach ist jeder sich selbst überlassen …

Queenstown mit Kindern

Bei vielen der unzähligen Aktivitäten in Queenstown gelten bestimmte Altersbeschränkungen – manche sind definitiv nichts für Kleinkinder! Doch keine Sorge: Der Nachwuchs ist auch so problemlos bei Laune zu halten.

Abenteuerlustige Kids werden eine Fahrt mit dem Shotover Jet (S. 682) sogar einem Sack voll Süßigkeiten vorziehen. Etwas Ältere kommen mit der Ledge Sky Swing (S. 681) in den Genuss einer relativ harmlosen Bungee-Variante. Auch Tandemflüge mit Queenstown Paraflights (S. 682) sorgen in den meisten Fällen für Jubel, Trubel, Heiterkeit. Im Kawarau Bungy Centre (S. 680) schauen Kinder den Leuten bei ihren Jumps von der Brücke zu, unternehmen gleich selbst einen Hüpfer – rein virtuell, versteht sich – und erforschen das Bungee-Museum. Wenn die Kleinen auch real auf diesen Spaß abfahren sollten, katapultiert sie ein sicheres Bungee-Trampolin namens **Zoom** (Karte S. 680; ☎ 0800 124 224; Brecon St Hill; Kind 10 NZ$; ☺ Mi–So 11–17 Uhr) bis zu 8 m hoch in die Luft.

Nach solchen Höhenflügen garantiert eine Fahrt mit der Skyline Gondola (S. 677) ein einmal Erholung und Ruhe. Die Sommerrodelbahn (S. 685) mit ihren fantastischen Kurven unterhalb des Gipfels ist für Kinder ab 3 Jahren geeignet.

Kleine Dr. Doolittles werden den Kiwi Birdlife Park (S. 679) lieben. Die Vorführungen wenden sich in erster Linie an jüngere Zuschauer. In den Queenstown Gardens (S. 683) können die Kleinen ihren müden Füßen eine Pause gönnen oder sich auf dem schönen Spielplatz in der Nähe des Eingangs am Marine Pde austoben. Ebenfalls im Park liegt der Queenstown Ice Rink (S. 685), der sich für verregnete Tage eignet.

Verschiedene Unternehmen in der Stadt verleihen Mountainbikes für Kinder (S. 683). Queenstown Bike Hire (S. 683) vermietet zudem Springstöcke (Pogo Sticks; 5 NZ$/Tag), Tretroller (5 NZ$/Tag) und Kinderwagen (15 NZ$/Tag), im Winter auch Schlitten (10 NZ$/Tag), und Rookies (S. 695) Schneeanzüge für Kinder bis 14 Jahre. Auch die meisten Skiverleiher (S. 683) haben Ausrüstung für die Kleinen auf Lager.

Ein netter Zeitvertreib sind auch Fahrten mit der TSS *Earnslaw* (S. 687) oder dem Geländewagen durch den engen, sich windenden Skippers Canyon (S. 687). Family Adventures (S. 682) hat familienfreundliche Raftingtouren im Programm.

Noch mehr Ideen und Infos (inkl. einer Liste mit Babysittern) enthält die kostenlose Broschüre *Kidz Go!* vom i-SITE. Das kleine Magazin liefert auch zu jeder der zahlreichen Aktivitäten in der Gegend von Queenstown Angaben zum Mindestalter. Und wenn die Kleinen wählerische Esser sind, hilft die Liste von Restaurants in der Stadt, die spezielle Kindergerichte auf der Speisekarte haben.

Geführte Touren
PANORAMAFLÜGE
Wer aus der Vogelperspektive einen Blick auf die Stadt werfen will, kann sich einer Flightseeing-Tour anschließen.

Air Fiordland (☎ 0800 103 404, 03-442 3404; www.air fiordland.com; ab 325 NZ$) Rundflüge um den Milford Sound, über Queenstown und über die Umgebung (inkl. Weinverkostung).

Jag Air (☎ 03-442 3177; www.jagair.co.nz; 220 NZ$/ Pers.) Im Rahmen dieser 15-minütigen Kunstflüge sieht man die Welt mal andersrum.

Milford Sound Scenic Flights (☎ 03-442 3065; www. milfordflights.co.nz; Erw./Kind ab 325/195 NZ$) Fliegt Richtung Süden nach Milford; holt die Teilnehmer ab und bringt sie wieder zurück.

Over the Top Helicopters (☎ 03-442 2233; www.fly nz.co.nz; ab 225 NZ$) Bietet viele Rundflüge, auf denen man den besten Blick auf Queenstown und Umgebung hat.

AUFGESCHNAPPT

„Das Wasser schmeckt für einen Ozean gar nicht so salzig." – Bemerkung eines Touristen nach dem Bad im Lake Wakatipu

---

Sunrise Balloons (☎ 0800 468 247, 03-442 0781; www.balloningnz.com; Erw./Kind 375/245 NZ$) Fahrten in einem Heißluftballon über den See und die Berge.

GELÄNDEWAGENTOUREN

Nomad Safaris (☎ 03-442 6699; www.nomad safaris.co.nz; Erw./Kind 149/75 NZ$) Veranstaltet vierstündige Touren rund ums Thema *Herr der Ringe*, bei denen man die Filmschauplätze der Kult-Trilogie besucht. Wer von dem Film die Nase voll hat, kann mit Nomad aber auch einfach Trips in atemberaubende Landschaften und zu schwer erreichbaren Gegenden im Hinterland unternehmen. Wenn man möchte, kann man auch selbst Geländewagen (260 NZ$) oder Quad (220 NZ$) fahren.

Off Road Adventures (☎ 03-442 7858; www.off road.co.nz; Erw./Kind 140/70 NZ$) Bietet ähnliche Touren, z. B. eine *Herr-der-Ringe*-Tour zu den Filmschauplätzen sowie Geländerad- (229 NZ$) und Quad-Touren (190 NZ$).

Skippers Canyon Heritage Tours (☎ 03-442 5949; www.queenstown-heritage.co.nz; Erw./Kind 150/75 NZ$) Den Skippers Canyon erreicht man über eine schmale, gewundene Straße, die im 19. Jh. von Goldgräbern gebaut wurde. Diese malerische, aber haarsträubende Geländewagenstrecke führt vom Arthurs Point Richtung Coronet Peak und dann oberhalb des Shotover River an Goldgräberstätten vorbei. Die vierstündige Tour ist vollgepackt mit Goldgräbergeschichten und beinhaltet auch ein Picknick. Im Angebot sind außerdem besondere Weintouren.

TOUREN AUF DEM SEE

Der stattliche Dampfer TSS *Earnslaw* (Karte S. 680) feiert 2012 ein Jubiläum: Dann ist er 100 Jahre ununterbrochen unterwegs. Die elegante Lady schippert mit 13 Knoten (ca. 24 km/h) über den Lake Wakatipu. Das einstige Hauptverkehrsmittel auf dem See transportierte ursprünglich über 800 Passagiere. Heute kann man auf dem Dampfer die eineinhalbstündige Standardtour über den Lake Wakatipu (Erw./Kind 48/20 NZ$) oder den dreieinhalbstündigen Ausflug ins Hochland zur **Walter Peak Farm** (Karte S. 676; Erw./Kind 68/20 NZ$) mitmachen, wo einem gezeigt wird, wie Schafe geschoren werden und welche Kunststückchen Hirtenhunde draufhaben. Andere Touren beinhalten z. B. ein Grillpicknick mit Mittag- oder Abendessen oder einen Ausritt. Zu buchen sind sie über **Real Journeys**

(Karte S. 680; ☎ 0800 656 503; www.realjourneys.co.nz; Steamer Wharf, Beach St).

MILFORD SOUND

Die Tagesausflüge über Te Anau zum Milford Sound (S. 728) dauern 12 bis 13 Stunden (Erw./Kind 225/115 NZ$) und beinhalten eine zweistündige Bootsfahrt in der Meerenge. Es gibt auch die Möglichkeit, Bus, Bootsfahrt und Flug zu kombinieren oder sich am Ende des Routeburn Track abholen zu lassen. Veranstalter sind u. a.:

Great Sights (☎ 0800 744 487; www.greatsights.co.nz)

Kiwi Discovery (Karte S. 680; ☎ 03-442 7340; www.kiwi discovery.com)

Real Journeys (Karte S. 680; ☎ 0800 656 503, 03-442 7500; www.realjourneys.co.nz; Steamer Wharf, Beach St)

Der **BBQ Bus** (☎ 03-442 1045; www.milford.net.nz; Erw./Kind 174/98 NZ$) transportiert kleinere Gruppen (max. 22 Pers.) – Fahrgäste dürfen sich auf Würstchen und marinierten Rindfleischkebab freuen. Für Vegetarier ist auch gesorgt.

Um Reisezeit und Kosten zu sparen, kann man von Te Anau (S. 717) aus gleich auch noch Milford besuchen.

WEINTOUREN

Eine geführte Tour durch die Weingüter der Region hat den Vorteil, dass man sich entspannt dem Rebensaft hingeben kann, ohne sich Gedanken über den Nachhauseweg machen zu müssen.

Appellation Central Wine Tours (☎ 03-442 0246; www.appellationcentral.co.nz; ab 155 NZ$) Veranstaltet

---

QUEENSTOWN FÜR WENIG GELD

Ein Besuch in Queenstown muss nicht unbedingt teuer sein. In den Queenstown Gardens kann man **Frisbee Golf** (S. 685) spielen oder sich am Seeufer ein Fahrrad oder ein **Kajak** (S. 685) ausleihen. Mit dem Bus geht es nach Arrowtown zur einen Besuch im abgefahrenen Nobelkino **Dorothy Browns** (S. 699). Man kann sich aber auch im **Underwater Observatory** (S. 679) den Tauchenten widmen. Die notwendigen Zutaten für ein Picknick am See bekommt man leicht auf dem **Mediterranean Market** (S. 702). Wer sich für Kunst interessiert, stöbert am Samstagmorgen auf dem **Kunst- & Kunsthandwerkermarkt** (S. 695) von Queenstown.

Verkostungstouren, darunter Tagesausflüge (195 NZ$), die sich dem hiesigen Käse widmen. Näheres dazu im Kasten auf S. 693.

Queenstown Wine Trail (☎ 03-442 3799; www. queenstownwinetrail.co.nz; Erw. ab 118 NZ$) Bietet informative Touren, bei denen es ganz und gar nicht hektisch zugeht. Man hat die Wahl zwischen der fünfstündigen Verkostungstour auf vier Weingütern oder der kürzeren Tour (136 NZ$), bei der es auch Mittagessen gibt.

NOCH MEHR TOUREN

Die **Doppeldecker-Bustour** (Karte S. 680; ☎ 03-441 4421; 48 NZ$; ☺ Abfahrt in Queenstown 9.30 & 13.30 Uhr) ins historische Arrowtown (S. 696) schließt einen Besuch der Weingüter im Gibbston Valley (s. Kasten S. 693) und eine Stippvisite am Lake Hayes mit ein. Man hat 50 Minuten, um sich in Arrowtown umzuschauen. Die Touren beginnen vor dem O'Connell's Shopping Centre.

Festivals & Events

Gibbston Harvest Festival (www.gibbstonharvest festival.com; Gibbston) Weinliebhaber sollten ihren Neuseelandbesuch so planen, dass sie dieses jährlich stattfindende Fest miterleben. Es gibt viel zu essen, viel Wein und viel Spaß.

Queenstown Winter Festival (www.winter festival.co.nz) Das Festival findet Ende Juni/Anfang Juli statt und bietet verrückte Ski- und Snowboard-Aktivitäten, Livemusik, eine Faschingsparty, Feuerwerk und jede Menge Ausgelassenheit.

Schlafen

In Queenstown gibt's unendlich viele Unterkünfte, aber es sind auch viele Besucher auf der Suche nach einer Bleibe. In der Kategorie Mittelklasse ist die Auswahl recht knapp – daher steigt man besser in einem Nobelhotel ab oder wählt eine der hervorragenden Budgetunterkünfte und gibt das gesparte Geld für aufregende Aktivitäten aus. Im Hochsommer (Dez.–Feb.) und während der Skisaison (Juni–Sept.) sind Unterkünfte oft ausgebucht und deutlich teurer – für diese Zeiträume unbedingt weit im Voraus buchen! Für Zimmer mit Blick auf den See zahlt man oft einen Aufpreis.

Das **Queenstown Accommodation Centre** (Karte S. 680; ☎ 03-442 7518; www.qac.co.nz; Ecke Camp St & Shotover St) vermittelt über sein Büro und seine Website eine ganze Reihe von Ferienhäusern und Apartments (ab ungefähr 200–500 NZ$/ Woche). Oft wird dabei eine Mindestaufenthaltsdauer gefordert.

BUDGETUNTERKÜNFTE

Bumbles (Karte S. 678; ☎ 03-442 6298, 0800 286 2537; www.bumblesbackpackers.co.nz; Ecke Lake Esplanade & Brunswick St; Stellplatz/B/DZ 15/28/60 NZ$; 🖥 🛜) Das beliebte Hostel wurde kürzlich gründlich renoviert. Dank seiner perfekten Lage (man muss vom Zentrum aus nur den See hinunter) hat es eine der schönsten Aussichten zu bieten. Die kompakten Gemeinschaftsbereiche lassen eine Art WG-Atmosphäre aufkommen, und dass es hier die modernen Annehmlichkeiten gibt, die Traveller mittlerweile erwarten, macht das Hostel zu einer guten Wahl.

Butterfli Lodge (Karte S. 678; ☎ 03-442 6367; www. butterfli.co.nz; 62 Thompson St; B/DZ 24/58 NZ$; 🖥) Das kleinere Hostel befindet sich in einem ruhigen Vorort am Hang. Bei einem Grillabend auf der Veranda kann man Steaks und Würstchen mampfen und dabei die wunderschöne Aussicht genießen. Die Zimmer versprühen zwar nicht allzu viel Charme, sind aber modern und gepflegt.

Nomads (Karte S. 680; ☎ 03-441 3922; www.nomads hostels.com; 5 Church St; B 25–34 NZ$, 2BZ/DZ 110/130 NZ$; 🖥 🛜) Das mit einer Top-Lage und einer umwerfenden Außenfassade gesegnete brandneue Hostel ist auf dem Weg, einer der ganz Großen zu werden. Auch drinnen ist alles erstklassig – es gibt viele Zimmer mit Bad, große Küchen und andere Extras wie ein hauseigenes Internetcafé und Reisebüro. Der einzige Nachteil ist die Größe der Anlage – sie ist nämlich riesig.

YHA Queenstown Lakefront (Karte S. 678; ☎ 03-442 8413; www.yha.co.nz; 88–90 Lake Esplanade; B/DZ ab 26/74 NZ$; 🖥 🛜) Die Angestellten der netten Berghütte kennen sich bestens mit den vielen Aktivitäten in Queenstown aus. Die Zimmer sind schlicht, aber sauber; von manchen hat man (wie auch vom Speisesaal) einen Blick auf den See und die Berge. Das etwas sehr weitläufige Haus verfügt über gute Einrichtungen, eine gut ausgestattete Küche und viele Brettspiele, DVDs und Bücher. Queenstowns Nachtleben ist nur einen zehn- bis 15-minütigen Uferspaziergang entfernt.

Black Sheep Lodge (Karte S. 678; ☎ 03-442 7289; www.blacksheepbackpackers.co.nz; 13 Frankton Rd; B/DZ 27/70 NZ$; 🖥 🛜) Das „Schwarze Schaf" punktet bei jüngeren, kontaktfreudigen Travellern mit einem Spa, einem Billardtisch und einer Wagenladung voll DVDs. Die Zimmer sind schlicht, doch dafür bietet diese freundliche Unterkunft jede Menge Erholung vor dem nächsten Outdoor-Abenteuer. Und in der hauseigenen Bar können sich die Gäste die Nacht um die Ohren schlagen.

Shotover Top 10 Holiday Park (Karte S. 676; ☎ 03-442 9306; www.shotoverholidaypark.co.nz; 70 Arthurs Pt Rd; Stellplatz 35 NZ$, DZ 60–140 NZ$; 🖳 🛜) Hoch über dem Shotover River liegt dieser familienfreundliche Ferienpark nur zehn Fahrminuten vom Trubel Queenstowns entfernt. Man kann von seinem Wohnmobil aus direkt in den berühmten Shotover Jet (S. 682) plumpsen.

Creeksyde Top 10 Holiday Park (Karte S. 678; ☎ 0800 786 222, 03-442 9447; www.camp.co.nz; 54 Robins Rd; Stellplatz 45 NZ$, DZ 60–165 NZ$; 🖳 🛜) Die hübsche Anlage ist von viel Grün umgeben und bietet von einfachen Zeltstellplätzen bis zu in sich abgeschlossenen Motel-Wohneinheiten alles. Umweltschutz wird hier großgeschrieben, man recycelt diszipliniert und treibt die Anpflanzung einheimischer Bäume voran.

Ebenfalls empfehlenswert:

Bungi Backpackers (Karte S. 678; ☎ 03-442 8725; www.bungibackpackers.co.nz; 15 Sydney St; B 23–26 NZ$, DZ 53 NZ$; 🖳 🛜) Entspanntes Hostel mit Hängematten und grasbewachsenem Volleyball-Spielfeld. Der Whirlpool und kostenlose vegetarische Suppen sorgen für heimeligen Komfort fern der Heimat.

Southern Laughter (Karte S. 680; ☎ 03-442 8828; www.southernlaughter.co.nz; 4 Isle St; B 25–28 NZ$, 2BZ 56 NZ$, DZ 58–68 NZ$; 🖳 🛜) Witziges Hostel mit verschiedenen, über den großen Komplex verteilten Küchen. Zuerst die alten Schwarzweißfotos von Queenstown betrachten, und dann die moderne Stadt erkunden.

Alpine Lodge (Karte S. 678; ☎ 03-442 7220; www.alpinelodgebackpackers.co.nz; 13 Gorge Rd; B 26 NZ$, DZ 62 NZ$; 🖳 🛜) Freundliches, kleineres Hostel mit Angestellten aus aller Herren Länder, die all die zahlreichen Abenteueraktivitäten in der Stadt schon aus eigener Erfahrung kennen.

Hippo Lodge (Karte S. 678; ☎ 03-442 5785; www.hippolodge.co.nz; 4 Anderson Heights; B 28 NZ$, EZ/DZ ab 40/65 NZ$; 🖳 🛜) Gepflegtes, entspanntes Hostel mit einem guten Ausblick und entsprechend vielen Treppen. Hier kann man auch sein Zelt aufstellen (18 NZ$/Pers.).

Last Resort (Karte S. 680; ☎ 03-442 4320; www.tlrqtn.com; 6 Memorial St; B 30 NZ$; 🖳 🛜) Superzentral gelegenes, kleineres Hostel, nur eine Minute von der Haltestelle der meisten Transportmittel entfernt. Hinter dem Haus führt eine winzige Brücke aus Ziegelstein und Holz über einen plätschernden Bach.

MITTELKLASSEHOTELS

Queenstown Lakeview Holiday Park (Karte S. 680; ☎ 0800 482 735, 03-442 7252; www.holidaypark.net.nz; Brecon St; Stellplatz 36 NZ$, DZ 120–160 NZ$; 🖳 🛜) Der von der Seilbahn nur einen kurzen Fußmarsch entfernte Ferienpark hat ein großes offenes Feld zum Zelten und hervorragende Einrichtungen. Ein paar größere Bäume würden das spartanische Ambiente für Camper aber auflockern. Es gibt hier auch schickere Motelwohneinheiten und Lodges.

Colonial Village Motels (Karte S. 678; ☎ 03-442 7629; www.colonialvillage.co.nz; 136 Frankton Rd; EZ/DZ 115/120 NZ$) Die Motelwohneinheiten älteren Stils wurden mit Edelbettwäsche und Miniküche aufgebessert und bieten einen herrlichen Blick auf den See. Tagsüber muss man mit Straßenlärm rechnen, aber nachts ist es wesentlich ruhiger.

Lomond Lodge (Karte S. 680; ☎ 03-442 8235; www.lomondlodge.com; 33 Man St; DZ 130–160 NZ$; 🖳 🛜) Die Einrichtung ist zwar etwas altmodisch, dafür haben die Besitzer jede Menge Ideen, wie man aus dem Aufenthalt in Queenstown das Beste herausholen kann. In der Gemeinschaftsküche und beim Grillen im Garten kann man sich mit anderen Travellern austauschen. Es gibt auch größere Apartments für Familien (250 NZ$ für bis zu 4 Pers.).

Milestone (Karte S. 676; ☎ 03-441 4460; www.themilestone.co.nz; Ladies Mile, RD1; EZ/DZ 140/185 NZ$) Das einladende B & B liegt zwar eine zehnminütige Autofahrt von Queenstown entfernt, bietet aber auf seinem wundervoll abgelegen anmutenden, 1,6 ha großen Grundstück Teiche, Wasserfälle und 300 Rosenstöcke. Das charmante Haus ist vollgestopft mit Antiquitäten, und für 75 NZ$ pro Person gibt's bei der freundlichen Familie Turnbull auch Abendessen mit einheimischem Wein. Wer das lieber will, kann auch preisgünstig das separate Cottage mieten.

Queenstown Motel Apartments (Karte S. 678; ☎ 0800 661 668, 03-442 6095; www.qma.co.nz; 62 Frankton Rd; DZ 145 NZ$) In der gut geführten Anlage hat man die Wahl zwischen neueren Wohneinheiten mit Wellness-Badezimmer, trendigem Dekor und privatem Minigarten und älteren Wohneinheiten im Stil der 1970er-Jahre, die besonders für größere Gruppen mit knapper Reisekasse geeignet sind.

Ebenfalls empfehlenswert:

Little Paradise Lodge (Karte S. 676; ☎ 03-442 6196; www.littleparadise.co.nz; Glenorchy-Queenstown Rd; EZ 45 NZ$, DZ 120–140 NZ$; 🛜) Das künstlerisch angehauchte, wundervoll bunt zusammengewürfelte Paradies ist die eigentümliche Vision des Schweizer Besitzers. Jedes Zimmer ist rustikal eingerichtet – mit Holzböden, schrulligen Kunstwerken und handgemachtem Mobiliar. Draußen geht der Spaß mit einem natürlichen Schwimmbecken und gut gestalteten Wanderwegen entlang des Hügels weiter. Frühstück und Leihboote gibt's für jeweils 15 NZ$. Die Lodge liegt an der Busstrecke Queenstown–Glenorchy (für Infos zu Busverbindungen, s. S. 696).

Comfort Inn Melbourne Lodge (Karte S. 678; ☎ 03-442 8431; www.mmlodge.co.nz; 35 Melbourne St; EZ/DZ ab 75/115 NZ$) Hier hat man die Wahl zwischen billigeren Zimmern mit Gemeinschaftsbad im Melbourne House und den etwas teureren Zimmern mit Bad direkt nebenan in der Melbourne Lodge.

Bella Vista (Karte S. 678; ☎ 03-442 4468; www.bella vistamotels.co.nz; 36 Robins Rd; DZ 150 NZ$; 🛜) Identisch mit allen anderen Häusern der neuseeländischen Bella-Vista-Kette; sauber und preiswert.

SPITZENKLASSEHOTELS

Coronation Lodge (Karte S. 678; ☎ 0800 420 777, 03-442 0860; www.coronationlodge.co.nz; 10 Coronation Dr; DZ 170 NZ$; 🖥 🛜) Die kürzlich eröffnete Lodge liegt gleich neben den Queenstown Gardens und bietet Zimmer mit edler Bettwäsche, gemütlichen Holzböden, türkischen Teppichen und Satelliten-TV. In einer Stadt, in der gute Mittelklasseunterkünfte rar sind, ist diese Lodge sehr zu empfehlen. Zwei größere Zimmer haben Kochnischen.

Alexis Motor Lodge & Apartments (Karte S. 678; ☎ 03-409 0052; www.alexisqueenstown.co.nz; 69 Frankton Rd; DZ 170 NZ$; 🖥 🛜) Das moderne Motel am Hang mit in sich abgeschlossenen Wohneinheiten gehört einer dynamischen Familie und liegt vom Zentrum nur zehn Gehminuten entfernt am See. Die Hündin Molly ist ein zuverlässiger Wegbegleiter, und manchmal schließt sich auch Kater Louis mit an. Am besten fragt man nach einem Zimmer an einer Außenwand mit Ausblick.

LP Tipp **Chalet Queenstown B&B** (Karte S. 678; ☎ 0800 222 457, 03-442 7117; www.chalet.co.nz; 1 Dublin St; DZ 195 NZ$; 🛜) Das kürzlich renovierte B&B ist der neue Standard für Boutique-Unterkünfte in Queenstown. Die perfekt geschnittenen Zimmer glänzen mit modernen Annehmlichkeiten wie Flachbildfernsehern, eindrucksvollen Kunstwerken, die einen innehalten lassen, und Bettwäsche, aus der man sich gar nicht mehr rausschälen will. Man sollte rechtzeitig im Voraus buchen, um sich eines der Zimmer mit Seeblick zu sichern – die gehören zu denen mit der besten Aussicht in der ganzen Stadt.

Central Ridge Boutique Hotel (Karte S. 678; ☎ 03-442 8832; www.centralridge.co.nz; 4 Sydney St; DZ mit Frühstück 245–455 NZ$) Die Gäste schwärmen vom Frühstück, aber es gibt noch viel mehr, das

Lobeshymnen wert ist, etwa die Häppchen mit Weinen aus Central Otago vor dem Abendessen, die Fußbodenheizung und die geräumigen, modernen Badezimmer. Da es nur 14 Zimmer gibt, ist der Service sehr persönlich.

Earnslaw View Apartments (Karte S. 678; ☎ 0800 226 652, 03-442 7629; www.earnslawviewapartments.co.nz; 21 Earnslaw Tce; DZ ab 285 NZ$; 🖥 🛜) Durch und durch moderne, in sich abgeschlossene Unterkünfte für durch und durch moderne Selbstversorgerfamilien (435 NZ$ für bis zu 6 Pers.). Die Aussicht auf den See und die Berge gibt es dagegen nicht erst seit gestern.

Dairy (Karte S. 680; ☎ 0800 333 393, 03-442 5164; www.thedairy.co.nz; 10 Isle St; EZ/DZ mit Frühstück 450/480 NZ$; 🖥 🛜) Das Dairy war früher ein Eckladen. Heute ist es eine luxuriöse Pension mit 13 Zimmern voller Nobelaccessoires wie Designerbettwäsche, Seidenkissen und Mohairteppichen. Im Preis inbegriffen sind frische Backwaren zum Nachmittagstee. Zwischen Juni und September können sich Skifahrer das preiswerte Angebot für drei Übernachtungen (DZ 825–945 NZ$) sichern.

Evergreen Lodge (Karte S. 676; ☎ 03-442 6636; www.evergreenlodge.co.nz; 28 Evergreen Pl, Sunshine Bay; DZ 795 NZ$; 🖥 🛜) Von einem Queenstowner Schreiner handgeschnitzte Holzmöbel, kombiniert mit modernen Annehmlichkeiten aus dem 21. Jh. wie DVD-Player und WLAN-Internet, kennzeichnen die vier makellosen Zimmer der modernen Lodge. Extras wie die erstklassige trauliche Lage mit unverstelltem Blick auf die Remarkables, Gratisbier und -wein sowie eine Sauna und ein Gymnastikbereich machen das Evergreen zu einem absolut entspannenden Refugium, weit weg von Queenstowns internationalen Massen.

Eichardt's Private Hotel (Karte S. 680; ☎ 03-441 0450; www.eichardtshotel.co.nz; Ecke Marine Pde & Searle Lane; DZ 1425–1645 NZ$) Das ursprünglich aus den 1860er-Jahren stammende, restaurierte und kürzlich wiedereröffnete Boutiquehotel hat eine herrliche Lage direkt am See. Jede der fünf gigantischen Suiten besitzt einen Kamin, Seeblick und eine durch Antiquitäten aufgelockerte moderne Ausstattung. Die riesigen Betten, die Fußbodenheizung und die großen Badewannen sind der ideale Empfang nach einem anstrengenden Tag in den Weingütern von Central Otago.

Essen

Queenstowns Stadtzentrum ist gepflastert mit lebhaften Lokalen. Viele davon sind auf schnelle Travellerdollar aus, aber wer genauer hinschaut, entdeckt tolle Lokale mit einer überraschend großen Auswahl an internationalen Gerichten. Bei den beliebten Restaurants sollte man am Wochenende fürs Abendessen reservieren.

RESTAURANTS

@Thai (Karte S. 680; ☎ 03-442 3683; 3. Stock, 8 Church St; Hauptgerichte 15–25 NZ$; ☯ 12–22 Uhr) Der Titel des besten Thailänders ist in Queenstown hart umkämpft – und der Gewinner ist @Thai. Die fast versteckten Treppen zu dem Lokal finden und nach oben steigen, denn dort erwartet einen großartiges Essen! Das permanent volle Thai ist sogar so gut, dass man auf einer Ansichtskarte gen Heimat von ihm schwärmen möchte, und das rote *hor-mok*-Meeresfrüchtecurry verzaubert einem die Sinne.

Winnies (Karte S. 680; ☎ 03-442 8635; 1. OG, 7 The Mall; Pizza 15–25 NZ$; ☯ 12 Uhr–open end; ☎) Das Winnies hat coole und freche Angestellte aus allen möglichen Ländern und bietet eine bunte Auswahl an Pizzen mit thailändischem, mexikanischem oder marokkanischem Touch. Noch lange nachdem die Gäste ihren letzten Bissen runtergeschluckt haben, sorgen gelegentliche Livemusik und DJs für gute Stimmung. Das Winnies – einerseits Bar, andererseits Restaurant – scheint immer voll zu sein, und das wird schon seinen Grund haben.

LP Tipp Cow (Karte S. 680; ☎ 03-442 8588; Cow Lane; Hauptgerichte 18–30 NZ$; ☯ 12–24 Uhr) Versteckt in einer Ecke der Cow Lane liegt dieses klassische Queenstown-Lokal. Es ist in einem ehemaligen Kuhstall untergebracht (daher der Name des Restaurants und der Straße) und hat seine Speisekarte seit 1976 nicht verändert – darauf ist das Cow besonders stolz. Wegen der unglaublichen Pizza, der einfachen Pasta und des hervorragenden Knoblauchbrots verlässt man das Lokal rundum zufrieden. Die heimelige Atmosphäre wird durch niedrige Decken, einen knisternden Kamin, Tische aus dickem Holz und rustikales Kerzenlicht erzeugt.

Solero Vino (Karte S. 680; ☎ 03-442 6082; 25 Beach St; Hauptgerichte 19–35 NZ$; ☯ 11 Uhr–open end) Das winzige französische Restaurant ist schwer zu finden, aber unmöglich zu vergessen. Das exquisite Essen wird in einfach-elegantem Stil präsentiert, und die traditionellen Gerichte wie Schnecken und Lachs sind perfekt zubereitet. Wenn man Glück hat, ist Gazpacho die Suppe des Tages – einfach himmlisch!

Bella Cucina (Karte S. 680; ☎ 03-442 6762; 6 Brecon St; Hauptgerichte 22–29 NZ$; ☯ 18 Uhr–open end) Ein erstklassiger Italiener war in Queenstown schon lange überfällig – bis 2008 die „hübsche Küche" diesen Part übernahm. Frische Pasta und Risotto sind die hiesigen Highlights, und die Pizza reicht für zwei. Tolles, einfaches, perfekt zubereitetes Essen.

Gantley's (Karte S. 676; ☎ 03-442 8999; Arthurs Point Rd; Hauptgerichte 30–40 NZ$; ☯ 18.30 Uhr–open end) Ein stimmungsvolles Abendlokal in einem historischen, aus dem Jahr 1863 stammenden Haus aus Stein und Holz in Arthurs Point. Die moderne neuseeländische Küche und die hochgeschätzte (und mehrfach prämierte) Weinkarte lohnen die Anfahrt. Reservierungen sind unerlässlich. Es gibt einen kostenlosen Zubringerbus zu diesem À-la-carte-Restaurant.

Botswana Butchery (Karte S. 680; ☎ 03-442 6994; Marine Pde; Hauptgerichte 30–50 NZ$; ☯ 12 Uhr–open end) Das stilvolle neue Restaurant bringt frischen Wind in die örtliche Gastronomieszene. Das opulente, geschmackvolle Innendesign bildet die Kulisse für eine Weinkarte, die sich mit denen aller anderen Restaurants durchaus messen kann. Die Gerichte sind himmlische Kombinationen aus saisonalem Gemüse und erstklassigen großen Stücken Rind-, Lamm- oder Geflügelfleisch bzw. Meeresfrüchten. In jeder Hinsicht herrscht hier der Geschmack – ob das nun die Innenarchitektur, die kreative Anrichtung der Speisen oder deren ausgezeichnete Qualität betrifft.

Wai Waterfront Restaurant & Wine Bar (Karte S. 680; ☎ 03-442 5969; Steamer Wharf, Beach St; Hauptgerichte 35–50 NZ$; ☯ 11–22 Uhr) Klein und intim. Das Wai (bedeutet in der Maorisprache „Wasser") ist ein Klassiker mit weißen Tischtüchern und Blick auf den See und die Berge. Es ist bekannt für seine Lamm- und Meeresfrüchtegerichte, und in der Oyster Bar gibt's die weltweit beliebten Austern auf 17 verschiedene Arten. Das Probiermenü mit sieben Gängen (ohne/mit Wein 115/175 NZ$) ist ein tolles kulinarisches Abenteuer, das sich zu genießen wirklich lohnt – zumal es weniger kostet als irgendein Outdoor-Abenteuer und man länger etwas davon hat.

CAFÉS & AUF DIE SCHNELLE

Joe's Garage (Karte S. 680; ☎ 03-442 5282; Searle Lane; Hauptgerichte 6–20 NZ$; ☯ 7–15 Uhr) Das Joe's ist in Sachen morgendlicher Muntermacher-Kaffee der absolute Favorit bei den Einheimischen. Die hippe Einrichtung wirkt fast schon zu cool, aber eben nur fast. Hier gibt's großartigen Kaffee und fantastische Speisen zum Brunch.

LP Tipp **Patagonia** (Karte S. 680; ☎ 03-442 9066; 50 Beach St; Kaffee & Schokolade 5–7 NZ$; ◷ 10–22 Uhr; ☎) Köstliche heiße Schokolade, hausgemachte Schoki und das beste Speiseeis in ganz Queenstown – was will man mehr? Beispielsweise eine top Uferlage am See und kostenloses WLAN? Das Patagonia hat das alles und ist zudem bis 22 Uhr geöffnet, sodass man hier auch abends noch einen Kaffee bekommt.

Vesta (Karte S. 680; ☎ 03-442 5687; Ecke Marine Pde & Earl St; Hauptgerichte 6–10 NZ$; ◷ Mo–Sa 10–17 Uhr) Manchmal ist es ganz gut, wenn man nicht alles ganz genau beschreiben kann. Ein Beweis gefällig? Auf die Gäste warten im Vesta ein herrlich überwucherter Garten im Stil der 1920er-Jahre, eine Galerie, ein Souvenirladen, der sich auf neuseeländische Kunst spezialisiert hat, und ein kompaktes, kleines Café, das nachmittags Energie spendenden Kaffee und Kuchen serviert. Um die Dinge noch undurchsichtiger zu machen, ist das Vesta im Williams Cottage (S. 679) untergebracht, Queenstown ältestem Haus, das heute ein interessantes Museum beherbergt.

Kappa Sushi Cafe (Karte S. 680; ☎ 03-441 1423; Ebene 1, 36a the Mall; Sushi 6–10 NZ$, Hauptgerichte 13–29 NZ$; ◷ Mo–Fr 12–14.30, Mo–Sa 18 Uhr–open end) Queenstowns bestes japanisches Lokal ist gleichzeitig auch das gemütlichste. Mittags gibt es furchterregend frischen Thunfisch und Lachs in preiswerten Bento-Boxen. Später am Abend können die Gäste ausgezeichnete Tempura mit japanischem Bier und Sake genießen. Im Sommer kann man von der oberen Passage die vorbeiziehende Menschenparade auf der Mall beobachten.

Vudu Cafe (Karte S. 680; ☎ 03-442 5357; 23 Beach St; Frühstück 6–15 NZ$, Mittag- & Abendessen 8–25 NZ$; ◷ 8 Uhr–open end; ☐) Schon ewig fließt in dem bei Einheimischen beliebten Café das Koffeingebräu ununterbrochen. In Sachen Essen übertrifft sich das Vudu selbst mit tollen Eiern, Suppen und vegetarischer Lasagne, die einen die Lust auf Fleisch total vergessen lässt. Das witzige Ambiente mit lokalen Kunstwerken an den Wänden vervollständigt das Ganze.

Habebes (Karte S. 680; ☎ 03-442 9861; zw. Beach St & Shotover St; Gerichte 7–12 NZ$; ◷ 10–17 Uhr; Ⓥ) Supergesund und dekadent köstlich: Die Salate und Wraps hier sind die Renner. Das Lokal hat kürzlich umgezogen und hat sich „vergrößert", sodass es jetzt zwei Tische gibt – also

vielleicht eher das Essen mitnehmen und es am Strand genießen.

Fergburger (Karte S. 680; ☎ 03-441 1232; 42 Shotover St; Burger 9–15 NZ$; ◷ 9–5 Uhr) Dies ist kein gewöhnliches Burger-Lokal – es gehört zum Pflichtprogramm eines jeden Queenstown-Besuchers. Das Ferg serviert bis in die Puppen die besten Burger der Stadt. Es gibt sie in allen Geschmacksrichtungen und Variationen – für Vegetarier, für Fischliebhaber und natürlich auch für Fleischesser. Die Burger sind riesig und die Atmosphäre ist gesellig – das ist wohl der beste Burger-Laden in ganz Aotearoa.

Halo (Karte S. 680; ☎ 03-441 1411; Camp St; Hauptgerichte 12–16 NZ$; ◷ 7–22 Uhr) Ein stilvolles, sonniges Lokal, das mühelos die Grenzen zwischen Frühstück, Mittag- und Abendessen verwischt. Der Burrito zum Frühstück macht einen fit für die kommenden Abenteuer des Tages, abends kann man sich dann bei einem Caribbean Jerk Chicken Burger und einem Glas einheimischen Weines von den Strapazen erholen. Das Halo liegt neben der St. James Church.

SELBSTVERSORGER

Mediterranean Market (Karte S. 678; ☎ 03-442 4161; Ecke Gorge Rd & Robins Rd; ◷ Mo–Sa 8–18.30, So 10–18 Uhr) Hier bekommt man alles für ein Picknick am See. Es gibt frische Pasta, Saucen, asiatische Gerichte, gutes Gemüse aus der Region und einen fantastischen Feinkostladen mit Bäckerei. Für alle, die erst einmal über ihren Einkaufszettel nachdenken müssen: Im angeschlossenen Café gibt's Kaffee und Kuchen!

Gleich um die Ecke ist der gut sortierte, große Supermarkt von Queenstown, das **Freshchoice** (Karte S. 678; 64 Gorge Rd; ◷ 7–24 Uhr). Der **Alpine Supermarket** (Karte S. 680; Ecke Stanley St & Shotover St; ◷ Mo–Fr 8–21, Sa & So 9–21 Uhr) in der Stadt hat fast alle Lebensmittel; nebenan gibt's praktischerweise gleich einen Getränkeladen.

Ausgehen

Trinken ist in Queenstown fast ein Wettkampfsport, und folglich gibt's eine große Auswahl an Kneipen. Allerdings darf nicht mehr die ganze Nacht durch Party gemacht werden – Punkt 4 Uhr machen alle Bars dicht.

Bardeaux (Karte S. 680; ☎ 03-442 8284; Eureka Arcade, 11 The Mall; ◷ 18–4 Uhr) Die kleine, unauffällige Weinstube in einer schmalen Gasse ist absolut erstklassig. Unter der niedrigen Decke erwarten einen elegante Ledersessel und ein Kamin, der aus dem Schiefer der Felsen von

FLUSSWASSER ODER PINOT NOIR – DIE QUAL DER WAHL

Abenteuerlustigere Queenstown-Besucher sind vielleicht am glücklichsten, wenn sie an einem superlangen Gummiseil baumelnd in den eiskalten Kawarau River eintauchen. Dabei wissen sie oft gar nicht, dass ihnen nur wenige Meter die Straße hinauf einige der interessantesten Weingüter von Central Otago entgehen. Ein Glas des überragenden Pinot Noirs aus der Region oder ein Mundvoll Flusswasser? Hmm … schwierige Entscheidung!

An einer spektakulären Flussterrasse in der Nähe der Kawarau Bridge hat Henry van Asch, der ehemalige Bungee-Partner von AJ Hackett, das **Winehouse & Kitchen** (Karte S. 676; ☎ 03-442 7310; www.winehouse.co.nz; Hauptgerichte 15–30 NZ$; ✆ 10–17 Uhr) aufgebaut. Die wunderschöne restaurierte Holzvilla hat auch ein Gartencafé und bietet die einmalige Möglichkeit, van Aschs Weine der Marken Freefall und Rock Ferry und auch die seines eigenen Labels van Asch zu probieren.

Nahezu gegenüber führt eine malerische, gewundene Straße zur wunderschönen **Chard Farm** (Karte S. 676; ☎ 03-442 6110; www.chardfarm.co.nz; ✆ 11–17 Uhr), und 700 m weiter liegt das **Gibbston Valley** (Karte S. 676; ☎ 03-442 6910; www.gvwines.co.nz), der größte Weinproduzent der Region. Unbedingt mal den Pinot Noir hier probieren und an einer Führung durch den eindrucksvollen Weinkeller teilnehmen! Hier gibt's auch eine Käserei und ein Restaurant.

Fährt man auf dem SH6 4 km weiter, kommt man zum Weingut **Peregrine** (Karte S. 676; ☎ 03-442 4000; www.peregrinewines.co.nz; ✆ 10–17 Uhr), in dem ausgezeichneter Sauvignon Blanc, Pinot Noir und Pinot Gris hergestellt wird. Im Sommer finden manchmal Open-Air-Konzerte statt, hin und wieder sind auch internationale Größen darunter.

Weiter westlich nahe dem Ufer des Lake Hayes liegt das **Amisfield Winery & Bistro** (Karte S. 676; ☎ 03-442 0556; www.amisfield.co.nz; kleiner Teller 16,50 NZ$; ✆ Di–So 11.30–20 Uhr), das von der Zeitschrift *Cuisine* regelmäßig zum besten Weingutrestaurant Neuseelands gekürt wird. Das hoch angesehene Restaurant serviert Vorspeisenteller, die man sich mit ein paar Freunden auf der Sonnenterrasse teilen kann. Und der Pinot Noir von Amisfield ist international preisgekrönt.

Karten und Infos über Touren im Gibbston Valley erhält man im Queenstown i-SITE. Auch auf www.gibbstonvalley.co.nz gibt's jede Menge Infos über das kompakte Weinbaugebiet mit seinem einzigartigen Mikroklima. Wer auf Nummer sicher gehen will, sollte an einer geführten Weintour (S. 687) teilnehmen.

Central Otago gemacht wurde. Mützen, Rugby-Trikots und Arbeitsstiefel sind tabu.

Monty's (Karte S. 680; ☎ 03-441 1081; Church St; ✆ 11 Uhr–open end) An warmen Sommertagen ist der Hof des Monty's ein beliebtes und tolles Refugium. Dasselbe gilt, wenn es schneit, für den mit einem Kamin ausgestatteten Innenraum. Das Monteith's-Bier vom Fass macht die Kneipe zu einer guten Adresse für ein ruhiges Bier unter überwiegend einheimischem Publikum. An den meisten Abenden tritt eine Band auf, die für Stimmung sorgt.

Pub on Wharf (Karte S. 680; ☎ 03-441 2155; Steamer Wharf; ✆ 10.30 Uhr–open end) Die neueste Kneipe der Stadt ist auch eine der stylishsten. Das obercoole Innendesign entsteht durch hübsche Holzarbeiten, eine gedämpfte Beleuchtung und Tierköpfe an den Wänden, die einen daran erinnern, dass man sich noch immer in Neuseeland befindet. Mac's-Bier vom Fass, leckeres Knabberzeug und eine ordentliche Weinkarte verführen dazu, den ganzen Abend hier zu verbringen.

Surreal (Karte S. 680; ☎ 03-441 8492; 7 Rees St; ✆ 11 Uhr–open end) Abgefahrene Musik, dezente Beleuchtung und Sitzecken aus rotem Samt – hier kann man in Ruhe seinen Drink genießen, bis dann zu fortgeschrittener Stunde die Party richtig losgeht und die Tanzfläche zum Leben erwacht. Happy Hour ist ab 22 Uhr.

Winnies (Karte S. 680; ☎ 03-442 8635; 1. Stock, 7 The Mall; ✆ 12 Uhr–open end; 🛜) Eine zu Recht beliebte Bar mit entspannter Atmosphäre, einziehbarem Dach, Billardtisch und Innenhof. Die Happy Hour täglich um 21 Uhr zieht die Massen an, und die gute Stimmung hält sie hier.

Minibar (Karte S. 680; ☎ 03-441 3212; Eureka Arcade, 11 The Mall; ✆ 16–4 Uhr) Bier, Bier und noch mehr Bier. In der zu Recht so benannten Minibar werden über 100 in- und ausländische Biere ausgeschenkt. Ein cooler Name für eine coole Bar, die vor Stil nur so strotzt.

Buffalo Club (Karte S. 680; ☎ 03-442 4144; 8 Brecon St; ✆ 15 Uhr–open end) Ein beliebtes Feierabendlokal mit viel Kerzenlicht und einem großen offenen Feuer in der Mitte des Raumes. Mit

Billardtischen und Sportsendungen auf dem Großbildfernseher lässt sich hier entspannt die Nacht einläuten. Happy Hour ist immer ab 17 Uhr.

Barmuda (Karte S. 680; ☎ 03-442 7300; Searle Lane; ⏰ 15–3 Uhr) Ein riesiges offenes Feuer macht den stimmungsvollen Hof des Barmuda zu einem beliebten Plätzchen bei kühlerem Wetter. Im Sommer steht freitags und samstags manchmal Livejazz auf dem Programm.

Barup (Karte S. 680; ☎ 03-442 7067; Ecke Searle Lane & Eureka Arcade; ⏰ 17–4 Uhr) Man steigt die Treppen hinauf (der Name sagt's ja schon) zu dieser traulichen Cocktailbar, in der man von dem ganzen Trubel unten auf der Eureka Lane nichts mitbekommt.

Unterhaltung

Der kostenlose Flyer *Source* (www.thesource online.com) mit Konzert- und Veranstaltungskalender erscheint wöchentlich. Über Events vor Ort informieren auch die Poster von **Play It Again** (Karte S. 680; ☎ 03-442 8940; O'Connell's Shopping Centre, Beach St). In Queenstown gibt's allabendlich jede Menge Livemusik und Clubabende, und die meisten sind bis in die Morgenstunden geöffnet. Die meisten DJ-Auftritte und Livemusikkonzerte kosten keinen Eintritt, aber in manchen Nachtclubs muss man einen kleinen Grundpreis zahlen.

LIVEMUSIK

Dux de Lux (Karte S. 680; ☎ 03-442 9688; 14 Church St) Viele Livebands und DJs, die von Reggae bis Drum'n'Bass alles spielen.

Buffalo Club (Karte S. 680; ☎ 03-442 4144; 8 Brecon St) Allabendlich legen DJs in rauer Atmosphäre die Top 40 auf.

Monty's (Karte S. 680; ☎ 03-441 1081; Church St) Mittwoch- und samstagabends spielt eine Cover-Liveband Hits und Ohrwürmer.

Pig & Whistle (Karte S. 680; ☎ 03-442 9055; 41 Ballarat St) Coverbands spielen Songs, die man ungeniert mitsingen kann.

NACHTCLUBS

Surreal (Karte S. 680; ☎ 03-441 8492; 7 Rees St) DJs legen House, Retro und manchmal Break auf, und hin und wieder steht das Mikro dem Publikum zur Verfügung.

Subculture (Karte S. 680; ☎ 03-442 7685; UG 12–14 Church St) Talentierte Einheimische und von auswärts kommende DJs stehen hier an den Plattentellern, und heraus kommen tanzbarer Drum'n'Bass, Hip-Hop, Dub und Reggae.

Debajo (Karte S. 680; ☎ 03-442 6099; Cow Lane) In dem Tanzclub lassen viele die Nacht ausklingen. Bis der Laden schließt, bebt die Tanzfläche zu House und Big Beats.

Tardis Bar (Karte S. 680; ☎ 03-441 8397; Skyline Arcade, 20 Cow Lane) Guter Tanzclub, in dem regelmäßig DJs Hip-Hop, Dancehall und Dub auflegen. Wie Dr. Whos Telefonzelle ist die Location innen erstaunlich geräumig.

Revolver Bar (Karte S. 680; ☎ 03-441 8911; 54 Shotover St) Hin und wieder sind hier bekannte neuseeländische Bands und Solokünstler zu Gast.

HAKA

Kiwi Haka (Karte S. 678; ☎ 03-441 0101; www.skyline. co.nz; Brecon St; Erw./Kind inkl. Seilbahn 53/27 NZ$; ⏰ ab 17.30 Uhr) Wer traditionellen Tanz und Gesang der Maori hautnah erleben möchte, sollte sich diese Gruppe an der Bergstation der Seilbahn anschauen. Die 30-minütigen Vorstellungen finden zwar jeden Abend mehrfach statt, trotzdem muss vorab gebucht werden.

KINO

Reading Cinemas (Karte S. 680; ☎ 03-442 9990; www. readingcinemas.co.nz; 11 The Mall; Erw./Kind 15,50/10,50 NZ$) Zeigt überwiegend Hollywood-Blockbuster, manchmal aber auch Kunstfilme und neuseeländische Streifen.

Shoppen

In Queenstown kann man sehr gut Souvenirs und Geschenke kaufen. Wer sich beim Stöbern Zeit nimmt, wird ungewöhnliche Dinge entdecken. Viele Läden haben sich auf Outdoor- und Abenteuerausrüstung spezialisiert, die es daher günstig und in großer Auswahl gibt. Am besten beginnt man die Shoppingtour an der Mall, der Shotover St und der Beach St. Auch die Gegend rund um die Church Lane mit der Church St und der Earl St mit den vielen Galerien lohnt sich. Man kann aber auch einfach nur der Nase nach direkt zu **Central Otago Wine Experience** (Karte S. 680; ☎ 03-409 2226; www.winetastes.com; 14 Beach St; ⏰ 10–22 Uhr) gehen, um herauszufinden, was die hiesigen Weine so besonders macht.

BEKLEIDUNG

Detour (Karte S. 680; ☎ 03-442 7918; O'Connell's Mall) Modebewusste Stadtjungs und aufgetakelte Mädels kleiden sich hier mit den neuesten, coolen Sachen ein.

CSTM (Karte S. 680; ☎ 03-441 2344; www.cstmprint. com; The Mall) Hier muss man sich nicht mit einem T-Shirt zufrieden geben, das man eigentlich gar nicht mag: Im CSTM kann man sich das Shirt seiner Träume anfertigen lassen – und sollte es an Inspiration mangeln, gibt's auch eine gute Auswahl von fertigen Shirts.

rookies (Karte S. 680; ☎ 03-442 8153; 49 Beach St) Wer den Schneeanzug für den Nachwuchs vergessen hat, kann hier die richtige Bekleidung ausleihen oder kaufen, um die Kids warm zu halten. Für wärmere Jahreszeiten gibt es hier auch Designerklamotten für Kinder.

OUTDOOR-AUSRÜSTUNG
Outside Sports (Karte S. 680; ☎ 03-441 0074; 32 Shotover St) Alteingesessener Outdoor-Ausrüster, der jede Menge Utensilien fürs Campen, Wandern, Skifahren und Klettern anbietet.

Kathmandu (Karte S. 680; ☎ 03-409 0880; 88 Beach St) Eine bekannte, preisgünstige Kette mit regelmäßigen Preisaktionen. Wer dem „Summit Club" beitritt, bekommt Extrarabatte.

DESIGN, MUSIK & KUNST
Vesta (Karte S. 680; ☎ 03-442 5687; Ecke Marine Pde & Earl St) Dieser Laden in der historischen Umgebung des Williams Cottage verkauft moderne Haushaltswaren, Schmuck, Glückwunschkarten, Babyklamotten, Parfüm und Accessoires. Das meiste davon wurde in Neuseeland entworfen und hergestellt.

Kapa (Karte S. 680; ☎ 03-442 4401; 29 Rees St) Hier gibt es jede Menge schrullige und vielseitige Einrichtungsgegenstände aus Neuseeland, die von der zeitgenössischen Kultur der Maori beeinflusst wurden.

Koha (Karte S. 680; ☎ 03-442 8887; 18 Beach St) Der Name des Ladens bedeutet in der Sprache der Maori „Geschenk". Koha hat authentische und einzigartige Geschenke. Alles, was hier verkauft wird, stammt aus Neuseeland, auch der Schmuck, die Wellnessprodukte und die Designerklamotten.

toi o tahuna (Karte S. 680; ☎ 03-409 0787; Church Lane) Exklusive neuseeländische Kunst, wobei rund die Hälfte davon von zeitgenössischen Maorikünstlern hergestellt wurde. Beim Besitzer Mark Moran ist der kostenlose Führer *Galleries & Artist Studios in the Wakatipu* erhältlich, der beweist, dass Queenstown definitiv noch mehr zu bieten hat als vielfältigen Nervenkitzel.

Play It Again (Karte S. 680; ☎ 03-442 8940; O'Connells Shopping Centre, Beach St) Hier gibt's CDs und DVDs, auch eine gute Musikabteilung mit Kiwi-Musik.

Kunst- & Kunsthandwerksmarkt (Karte S. 680; www. marketplace.net.nz; ☺ Nov.–April 9–16.30 Uhr, Mai–Okt. 10–15.30 Uhr) Samstags im Earnslaw Park am Seeufer neben dem Anlegeplatz der Dampfschiffe.

An- & Weiterreise
BUS
Sitzplätze für den **InterCity** (☎ 03-442 4100; www. intercity.co.nz) bucht man im i-SITE. Das Unternehmen bietet täglich Busverbindungen von Queenstown nach Christchurch (50 NZ$), Te Anau (30 NZ$), Milford Sound (80 NZ$), Dunedin (40 NZ$) und Invercargill (45 NZ$). Es gibt auch pro Tag einen Bus, der die Westküste entlang über Wanaka (17 NZ$) und Haast Township (36 NZ$) zu den Gletschern (60 NZ$) fährt. Abfahrt ist jeweils am Busbahnhof Athol St (Karte S. 680). Manche Busse stammen von der Firma Newmans.

Naked Bus (www.nakedbus.com) fährt zur Westküste, nach Te Anau, Christchurch, Dunedin und Invercargill.

Der **Bottom Bus** (www.bottombus.co.nz) fährt eine Rundstrecke im Süden der Südinsel (s. S. 744); bei **Info & Track Centre** (Karte S. 680; ☎ 03-442 9708; 37 Shotover St) buchen.

Es gibt Shuttlebusse nach Wanaka (20–25 NZ$), Dunedin (40 NZ$), Te Anau (30 NZ$) und Christchurch (50 NZ$). Im i-SITE buchen.

Atomic Shuttles (☎ 03-349 0697; www.atomic travel.co.nz) Fährt nach Wanaka, Christchurch, Dunedin, Greymouth und Invercargill.

Catch-a-Bus (☎ 03-479 9960) Fährt nach Dunedin.

Wanaka Connexions (☎ 03-443 9122; www.time2. co.nz) Hat regelmäßig Busverbindungen nach Wanaka.

FLUGZEUG
Air New Zealand (Karte S. 680; ☎ 0800 737 000, 03-441 1900; www.airnz.co.nz; 8 Church St) hat täglich Direktflüge zwischen Queenstown und Auckland (ab 139 NZ$), Wellington (ab 149 NZ$) und Christchurch (ab 89 NZ$) mit Anschluss nach

---

AUFGESCHNAPPT

„An der Straße nach Kingston stehen mehrere Schilder, die vor *Road Slumps* warnen. Da erzählt man den Tourteilnehmern schon gerne mal, dass es sich dabei um eine sehr seltene einheimische Tierart handelte. In Wirklichkeit sind es aber nur Schlaglöcher." – ein Tourguide in Queenstown

Wanaka. **Jetstar** (☎ 0800 800 995; www.jetstar.com) fliegt täglich nach Auckland (ab 139 NZ$) und Christchurch (ab 100 NZ$).

VERKEHRSMITTEL FÜR WANDERER & SKIFAHRER

Der Backpacker Express beim **Info & Track Centre** (Karte S. 680; ☎ 03-442 9708; www.infotrack.co.nz; 37 Shotover St) organisiert den Transport zu und von den Tracks Routeburn, Greenstone, Caples und Rees-Dart – bei allen kommt man über Glenorchy. Der Service kostet 40 NZ$ (von Queenstown zum Anfang der Wander-wege). Es gibt noch viele andere Transport-möglichkeiten. **Kiwi Discovery** (Karte S. 680; ☎ 0800 505 504, 03-442 7340; www.kiwidiscovery.com; 37 Camp St) kann ebenso den Transport zu den Tracks arrangieren.

Auch mit den Bussen zwischen Queens-town und Milford Sound über Te Anau kommt man zu den Tracks. Infos über den Wandererservice von TrackNet gibt's auf S. 724.

Um zu den Skipisten zu gelangen, sollte man im Vorfeld ein Liftticket für die Remark-ables kaufen, mit dem man kostenlos den Skishuttle von der Station (Karte S. 680) be-nutzen kann – der Shuttle zum Coronet Peak kostet 10 NZ$, der Bus nach Cardrona 38 NZ$ und nach Treble Cone 45 NZ$. Die meisten Anbieter haben Kombiangebote für Transport und Liftpass sowie ermäßigte Sonderpreise für Kinder:

Gravity Action (Karte S. 680; ☎ 03-442 5277; 19 Shotover St)

Info & Track Centre (Karte S. 680; ☎ 03-442 9708; www.infotrack.co.nz; 37 Shotover St) Fährt nur nach Cardrona.

Kiwi Discovery (Karte S. 680; ☎ 0800 505 504, 03-442 7340; www.kiwidiscovery.com; 37 Camp St)

Snowrental (Karte S. 680; ☎ 03-442 4187; 39 Camp St)

Unterwegs vor Ort

VOM/ZUM FLUGHAFEN

Der **Queenstown Airport** (Karte S. 676; ☎ 03-450 9031; www.queenstownairport.co.nz; Frankton) liegt 8 km östlich der Stadt. **Super Shuttle** (☎ 0800 748 885; www.supershuttle.co.nz) gabelt Fluggäste auf und setzt sie in Queenstown ab (ab 15 NZ$). **Con-nectabus** (Karte S. 680; ☎ 03-441 4471; www.connectabus. com; Ecke Beach St & Camp St) fährt stündlich zwi-schen 6.30 und 22.20 Uhr zum Flughafen (6 NZ$). Die Fahrt mit **Alpine Taxis** (☎ 03-442 6666) oder **Queenstown Taxis** (☎ 03-442 7788) kostet ungefähr 25 NZ$.

ÖFFENTLICHE VERKEHRSMITTEL

Connnectabus (☎ 03-441 4471; www.connectabus.com) fährt auf drei farblich gekennzeichneten Strecken. Auf der blauen Strecke gelangt man zu Unterkünften in Fernhill (6 NZ$), auf der roten und grünen geht's nach Frankton (6 NZ$). Die grüne Linie führt weiter nach Lake Hayes (7 NZ$) und Arrowtown (8 NZ$). Mit einer Tageskarte (19 NZ$) kann man alle Linien uneingeschränkt nutzen. Strecken-und Fahrpläne bekommt man im i-SITE. Die Busse fahren jeweils an der Ecke Beach St/ Camp St ab.

ARROWTOWN

2400 Ew.

Nachdem man im Arrow River Gold gefun-den hatte, entstand in den 1860er-Jahren der äußerst malerische Ort Arrowtown, der heute ein beliebtes Ziel für einen Tagesausflug von Queenstown aus ist. Noch heute stehen in dem Ort mehr als 60 der ursprünglichen Gebäude aus Holz und Stein, und es gibt hübsche, von Bäumen gesäumte Straßen, Alleen, ausgezeichnete Galerien und ein wachsendes Angebot moderner Einkaufs-möglichkeiten.

Das einzige Gold, das heute noch zur Schau gestellt wird, ziert Kreditkarten. Die einstige Goldgrube zieht keine Glücksritter, dafür umso mehr Tagestouristen magnetisch an. Wer von dem malerischen, historischen Am-biente genug hat, kann Arrowtown dank des zuletzt verbesserten öffentlichen Verkehrs-mittelnetzes in die Stadt als Basis für Ausflü-ge nach Queenstown und in die weitere Um-gebung nutzen. Auf diese Weise kann man die Geschichte, den Charme und die klasse Restaurants von Arrowtown abends genießen, wenn sich der große Ansturm gelegt hat und die meisten Besucher wieder in die Busse nach Queenstown eingestiegen sind.

Sehenswertes & Aktivitäten

Das **Arrowtown Visitor Information Centre** (☎ 03-442 1824; www.arrowtown.com; 49 Buckingham St; ☉ 8.30–17 Uhr) teilt sich das Grundstück mit der **Lake District Museum & Gallery** (www.museum queenstown.com; Erw./Kind 6/1 NZ$; ☉ 8.30–17 Uhr). Das Museum zeigt Ausstellungen über die Zeit des Goldrauschs. Jüngere Reisende werden ihren Spaß mit dem Museum Fun Pack (5 NZ$) haben, das Blätter zum Ausfüllen, Schatz-suchen im Museum, Aufkleber und einige Goldsprenkel beinhaltet.

In Arrowtown befindet sich Neuseelands bestes Beispiel für eine **Chinesische Siedlung** (Eintritt gegen Spende einer Goldmünze; 🕐 24 Std.) aus der Zeit des Goldrauschs. Informative Schilder erläutern das Leben der chinesischen Goldgräber während des Booms und danach; und restaurierte Hütten und Läden machen die Geschichte noch greifbarer. Die Chinesen wurden oft Opfer von unverblümtem Rassismus und hatten keine andere Wahl, als die alten Abräume nachzubearbeiten, anstatt sich neuen Claims zuzuwenden. Die Chinesische Siedlung liegt an der Buckingham St.

Am Arrow River kann man sein Glück beim **Goldwaschen** versuchen. Bei der Touristeninformation kann man sich Pfannen leihen (3 NZ$), mit denen es dann ans nördliche Ende der Stadt geht; hier gibt es auch schöne **Wanderwege**. In der kostenlosen Broschüre *Arrowtown Area Walks* der Touristeninformation stehen Routen und Geschichten zu den Wanderwegen nach Macetown (14 km, 7 Std.) und zum **Tobins Track** (1 Std.).

Der **Arrowtown Golf Course** (☎ 03-442 1719; www. arrowtown.nzgolf.net; Nutzungsgebühr 55 NZ$, Schlägerverleih 30 NZ$) liegt malerisch und ist anspruchsvoll. Luxusverwöhnte Golfer sollten zum **Millbrook Golf Course** (☎ 03-441 7010; www.millbrook.co.nz; Malaghans Rd; Nutzungsgebühr 165 NZ$, Schlägerverleih 55 NZ$) fahren. Im Januar finden die **New Zealand Golf Open** (www.nzga.co.nz) auf dem privaten „Hills-Golfplatz" von Neuseelands Verkaufsmagnaten Michael Hill statt. In Queenstown und Arrowtown ist am Wochenende sehr viel los, man sollte also im Voraus reservieren.

Schlafen

In Arrowtown gibt's die verschiedensten Unterkünfte von der Budget- bis zur Spitzenklasse, aber im Sommer ist schnell mal alles ausgebucht.

Poplar Lodge (☎ 03-442 1466; www.poplarlodge.co.nz; 4 Merioneth St; B/EZ/DZ 27/60/65 NZ$; 🛜) Budgetunterkünfte sind Mangelware in A-Town, und diese Lodge ist die beste. Das umgebaute Haus verströmt eine gemütliche Atmosphäre und liegt abseits der mit dem Bus erreichbaren Touristenpfade. Es gibt hier auch ein paar separate Wohneinheiten (95–120 NZ$).

Arrowtown Holiday Park (☎ 03-442 1876; www. arrowtownholidaypark.co.nz; 11 Suffolk St; Stellplatz 34 NZ$, DZ 60–130 NZ$) Hier sind Ausblicke auf die Berge Standard. Die luxuriösen, neuen Studios sind dennoch teurer. Die gut ausgestatteten Apartments sind ähnlich makellos.

Viking Lodge (☎ 03-442 1765; www.vikinglodge. co.nz; 21 Inverness Cres; DZ 95–150 NZ$; 🖳) Diese älteren, A-förmigen Wohneinheiten sind komfortabel und familienfreundlich. Wenn die Kinder nach einem anstrengenden Tag immer noch Energie haben, bekommt man sie im Swimmingpool oder auf dem Spielplatz müde.

Shades (☎ 03-442 1613; www.shadesofarrowtown. co.nz; Ecke Buckingham St & Merioneth St; DZ 100–150 NZ$) Durch die Lage im Garten herrscht in diesen Cottages im Bungalow-Stil eine relaxte Atmosphäre. Die Wohneinheiten für Familien (175 NZ$) sind sehr preiswert, wenn man mit der ganzen Meute anreist.

Old Villa Homestay B&B (☎ 03-442 1682; www. arrowtownoldvilla.co.nz; 13 Anglesea St; EZ/DZ 110/160 NZ$) Frisch gebackenes Brot und selbst Eingemachtes heißen die Gäste in dieser historischen Villa willkommen. Zur Anlage gehört ein Garten, der sich für ein sommerliches Barbecue regelrecht aufdrängt. Die zwei Zimmer mit eigenem Bad sind mit frischen Lavendelzweigchen geschmückt. In einem der Zimmer steht ein zusätzliches Einzelbett für eine dritte Person.

Arrowtown Lodge (☎ 03-442 1101; www.arrowtown lodge.co.nz; 7 Anglesea St; DZ inkl. Frühstück 200 NZ$; 🖳 🛜) Von außen sehen die Gästezimmer wie uralte Cottages aus, aber innen sind sie gemütlich und modern. Die Besitzerfamilie ist sehr freundlich, und es gibt herzhaftes Frühstück.

Millbrook (☎ 0800 800 604, 03-441 7000; www.mill brook.co.nz; Malaghans Rd; DZ 395–630 NZ$; 🖳 🛜 🖳) Gleich außerhalb von Arrowtown liegt diese enorme Ferienanlage, die eine Stadt für sich ist. Am Ende des Tages können die Gäste im Wellness-Center eine Massage genießen und unter vier Restaurants wählen.

Essen

In Anbetracht der Größe Arrowtowns gibt's eine gute Auswahl an Restaurants.

Arrowtown Bakery (☎ 03-442 1587; Buckingham St; Gourmetpasteten 5 NZ$; 🕐 7–19 Uhr) Hat einen der Arrowtown Bakery erst einmal mit leckeren Düften angelockt, ist man ihr machtlos ausgeliefert. Sehr zu empfehlen sind die Pasteten mit geräuchertem Fisch oder die Satée-Hühnerspieße. Da kann es gut passieren, dass man eine zweite Portion bestellt.

Café Mondo (☎ 03-442 0227; Ballarat Arcade, Buckingham St; Frühstück 7–15 NZ$, Mittag- & Abendessen 12–25 NZ$; 🕐 8 Uhr–open end; 🖳) Das Café in einem Innenhof ist ein ausgezeichneter Ort für ein relaxtes Frühstück. Wer es eilig hat, gönnt sich schnell einen Kaffee und einen Snack, ansonsten kann man auch bei einem Gläschen Wein aus einer großen Auswahl an lokalen Angeboten verweilen. Es gibt auch eine gute Speisekarte für Kinder.

Stables (☎ 03-442 1818; 28 Buckingham St; Hauptgerichte 15–32 NZ$; ☺ 11–21 Uhr) Hier können die Gäste an Tischen im Hof neben einer Grünfläche Platz nehmen und sich eine Probierplatte (29,50 NZ$) teilen. Dazu gibt's ein einheimisches Brewski-Bier aus Wanaka oder ein Glas Wein aus Central Otago. Später am Abend kann man im Innern dieses Steingebäudes aus den 1860er-Jahren in gemütlicher Atmosphäre das Abendessen einnehmen.

Pesto (☎ 03-442 0885; 18 Buckingham St; Hauptgerichte 17–30 NZ$; ☺ 17 Uhr–open end) In diesem von Kerzen beleuchteten Restaurant gibt es italienisches Essen mit modernem Touch. Das Pesto ist der etwas lautere, jüngere und familienfreundlichere Bruder des Saffron, und die kulinarischen Erwartungen werden mit guter Pasta und Gourmetpizzen sehr hoch gehalten.

Bonjour Cafe (☎ 03-409 8946; Ramshaw Lane; Hauptgerichte 18–30 NZ$; ☺ 8.30 Uhr–open end) Hier gibt's echte französische Küche direkt aus Europa.

Zum Frühstück erwarten einen 17 verschiedene Crêpesorten – da fällt die Wahl garantiert schwer. Und abends wird man mit leckerem Käsefondue verwöhnt.

Saffron (☎ 03-442 0131; 18 Buckingham St; Mittagessen 12–28 NZ$, Abendessen 30–50 NZ$; ☺ 12 Uhr–open end) Eines der besten Restaurants der Südinsel. Es serviert ausgeklügelte Gerichte wie Enten-Cassoulet und ein Trio aus Currys mit Schwein, Ente und Riesengarnelen. Verglichen mit dem Pesto ist das Ambiente hier anspruchsvoller.

Ausgehen

Blue Door (☎ 03-442 0415; 18 Buckingham St; ☺ 15 Uhr–open end) Der schwer zu entdeckende Laden versteckt sich – passenderweise – hinter einer blauen Tür. Die niedrigen Decken, das gedämpfte Licht und die vielen Kerzen sorgen für eine intime Atmosphäre, in der man entspannt ein Gläschen trinken kann. Die eindrucksvolle Weinkarte und das rustikale Ambiente können einen den ganzen Abend lang unterhalten.

Tap (☎ 03-442 1860; 51 Buckingham St; ☺ 11 Uhr–open end) Das Tap stammt noch aus der Zeit des

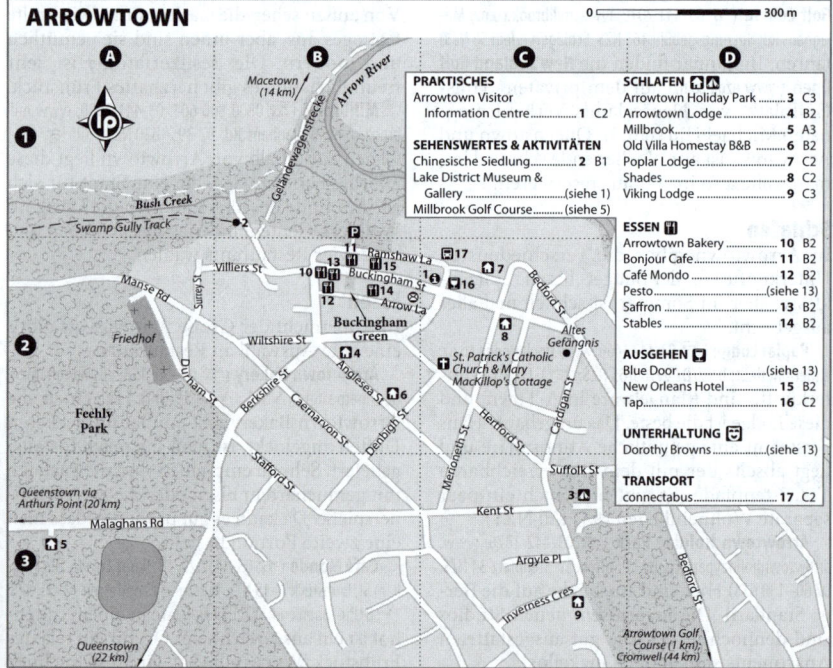

ARROWTOWN

0 — 300 m

PRAKTISCHES
Arrowtown Visitor
Information Centre 1 C2

SEHENSWERTES & AKTIVITÄTEN
Chinesische Siedlung 2 B1
Lake District Museum &
Gallery ....(siehe 1)
Millbrook Golf Course ....(siehe 5)

SCHLAFEN
Arrowtown Holiday Park 3 C3
Arrowtown Lodge 4 B2
Millbrook 5 A3
Old Villa Homestay B&B 6 B2
Poplar Lodge 7 C2
Shades 8 C2
Viking Lodge 9 C3

ESSEN
Arrowtown Bakery 10 B2
Bonjour Cafe 11 B2
Café Mondo 12 B2
Pesto ....(siehe 13)
Saffron 13 B2
Stables 14 B2

AUSGEHEN
Blue Door ....(siehe 13)
New Orleans Hotel 15 B2
Tap 16 C2

UNTERHALTUNG
Dorothy Browns ....(siehe 13)

TRANSPORT
connectabus 17 C2

Macetown
(14 km)

Arrow River

Geländewagenstrecke

Bush Creek

Swamp Gully Track

Ramshaw La

Buckingham St

Arrow La

Buckingham
Green

Villiers St

Manse Rd

St James St

Wiltshire St

Friedhof

Feehly
Park

Durham St

Berkshire St

Caernarvon St

Anglesea St

Denbigh St

St. Patrick's Catholic
Church & Mary
MacKillop's Cottage

Altes
Gefängnis

Bedford St

Merioneth St

Hertford St

Cardigan St

Suffolk St

Queenstown via
Arthurs Point (20 km)

Malaghans Rd

Stafford St

Kent St

Argyle Pl

Inverness Cres

Bedford St

Queenstown
(22 km)

Arrowtown Golf
Course (1 km);
Cromwell (44 km)

Goldrauschs. Drinnen gibt's Weine, einen Billardtisch, Kneipenkost und kühles Blondes vom Fass. Wenn man draußen sitzt, kann man sich der gemächlichen Gangart Arrowtowns anpassen.

New Orleans Hotel (☎ 03-442 1860; 51 Buckingham St; ⏱ 11 Uhr–open end) Die traditionsreiche Kneipe wirkt eher, als stamme sie aus dem Wilden Westen, und nicht aus dem tiefen Süden. Sie ist eine willkommene Abwechslung zu den immer zahlreicher werdenden Designerschuppen in Arrowtown.

Unterhaltung
Dorothy Browns (☎ 03-442 1964; www.dorothybrowns. com; Ballarat Arcade, Buckingham St; Erw./Kind/Student 18/ 6,50/12 NZ$) Das ist ein Kino, wie es sein soll: Es verfügt über superbequeme Sitzplätze, in denen man sich auch an seinen Sitznachbarn kuscheln kann, und zu den Kunstfilmen, die hier überwiegend gezeigt werden, gibt's guten Wein und Käseplatten. In jede Vorführung wird eine Pause eingebaut – die perfekte Gelegenheit, sich einen Becher Gourmeteis zu besorgen.

An- & Weiterreise
Von Queenstown fährt **Connectabus** (☎ 03-441 4471; www.connectabus.com) regelmäßig (7.15– 22 Uhr) auf seiner grünen Route nach Arrowtown (Erw./Kind 8/5 NZ$). Wer einen Tagesausflug nach Arrowtown plant, kommt mit einer Tageskarte (Erw./Kind 19/9,50 NZ$) etwas billiger weg. Der Bus hält auch in Millbrook.

Die **Doppeldecker-Bustour** (☎ 03-441 4421; 48 NZ$) kommt auf ihrer dreistündigen Rundfahrt zweimal täglich in Arrowtown vorbei. Der **Arrowtown Scenic Bus** (☎ 03-442 1900; www.arrow townbus.co.nz) fährt dreimal täglich (hin & zurück 25 NZ$).

RUND UM ARROWTOWN
Die Geisterstadt **Macetown** liegt 14 km nördlich von Arrowtown; sie ist über eine unbefestigte Straße zu erreichen (der ehemalige Kutschpfad der Bergleute). Die regelmäßig überflutete Strecke überquert den Arrow River an mehr als 25 Stellen. Man sollte nicht einmal daran denken, seinen Mietwagen hierhin mitzubringen – stattdessen sind ab Queenstown vierstündige Geländewagentouren in diese Ecke möglich (inkl. Goldwaschen). Hauptanbieter ist **Nomad Safaris** (☎ 03-442 6699; www.nomadsafaris.co.nz; Erw./Kind ab

149/75 NZ$); die Firma holt ihre Kunden auch in Arrowtown ab.

GLENORCHY
220 Ew.
In einer fast schmerzhaft schönen Umgebung liegt der briefmarkengroße Ort Glenorchy, ein perfekt unauffälliges Gegenstück zum Trubel von Queenstown. Eine wachsende Anzahl von Abenteueranbietern sorgt dafür, dass Besucher auf dem See und in den nahe gelegenen Bergtälern aktiv sind: entweder im Kajak, hoch zu Ross oder in einem Jetboot. Wer sich lieber nur die Beine vertritt, hat im winzigen Kinloch am anderen Seeufer einen guten Ausgangspunkt zu einigen der schönsten Wanderwege der Südinsel. Glenorchy liegt am oberen Ende des Lake Wakatipu nordwestlich von Queenstown; von hier aus braucht man für die landschaftlich schöne Route (68 km) 40 Minuten.

Praktische Informationen
Die besten Infos zur Region, zur aktuellen Wetterlage und zu Wanderwegen sowie Hüttentickets gibt's im **Glenorchy Visitor Information Centre** (☎ 03-409 2049; www.glenorchy-nz.co.nz; Oban St). Es ist im Gemischtwarenladen am Eingang zur Stadt untergebracht und mit Infos über alle Aktivitäten in der Gegend ausgestattet. Die Website ist eine ausgezeichnete Quelle.

Auch beim Buchungsbüro **Destination Glenorchy** (Karte S. 680; ☎ 03-441 3003; 39 Camp St) in Queenstown und auf www.glenorchy.com gibt es Infos.

Es gibt zwar eine Tankstelle in Glenorchy, doch es empfiehlt sich, in Queenstown nochmal vollzutanken – dort ist das Benzin billiger.

Aktivitäten
Gegen geringen Aufpreis fahren zu fast allen organisierten Aktivitäten Shuttlebusse aus Queenstown.

WANDERN & LANDSCHAFTSFAHRTEN
Die kostenlose DOC-Broschüre *Glenorchy Walkway* beschreibt einen leicht zu meisternden Uferspaziergang rund um den Ort – der ist zwar ganz nett, aber nicht gerade aufregend. Etwas anspruchsvollere Wanderungen sind in dem kostenlosen Führer *Great Wilderness Walks* zu finden, den man im Visitor Information Centre bekommt: Zwischen zwei Stunden und zwei Tagen sind Fußmarsch-

Fanatiker im Routeburn Valley, am Lake Silvan, entlang des Dart River und am Lake Rere unterwegs. Snacks und Wegproviant unbedingt vor dem Start in den Lebensmittelläden in Queenstown einkaufen!

Mit einem robusten Fahrzeug steht einer Erkundung der herrlichen Täler nördlich von Glenorchy nichts im Wege. **Paradise** liegt in der Nähe vom Anfang des Dart-Tracks 15 km nordwestlich der Stadt. Trotz des Namens braucht man hier nicht zu viel erwarten – es ist nicht viel mehr als eine Pferdekoppel. Von hier aus verläuft aber eine befestigte Straße durch eine malerische Farmlandschaft mit herrlichem Bergpanorama. Ansonsten kann auch noch das Rees Valley erforscht werden. Über die Dart River Bridge geht's hinüber zum Routeburn Track. An dessen Startpunkt im Mt. Aspiring National Park steht eine Tageshütte; hier beginnen auch die Wanderungen zum **Double Barrel** und zum **Lake Sylvan**.

Wer sich lieber chauffieren lässt, besucht mit den Geländewagentouren von **Mountainland Rovers** (☎ 03-441 1323; www.mountainlandrovers. co.nz; 37 Mull St; Erw./Kind ab 109/60 NZ$) die abgelegene Wildnis im Rees Valley. Teilnehmer können sich in Queenstown abholen lassen.

Rural Discovery Tours (☎ 0800 738 687; www.rdtours. co.nz; Erw./Kind 180/90 NZ$) veranstaltet halbtägige Ausflüge auf eine Schaffarm im Hochland in einem abgelegenen Tal zwischen Mt. Earnslaw und Mt. Alfred.

JETBOOT- & KAJAKFAHREN

Dart River Safaris (☎ 0800 327 8538, 03-442 9992; www. dartriver.co.nz; Mull St; Erw./Kind 199/99 NZ$) fährt mit dem Jetboot mitten ins Herz der spektakulären Wildnis am Dart River, gefolgt von einer kurzen Wanderung durch die Natur und einer Fahrt im Geländewagen auf einer abgelegenen Straße nach Paradise. Die Rundfahrt ab Glenorchy dauert drei Stunden. Bei einer längeren, zweieinhalbstündigen Fahrt mit dem Jetboot auf dem Dart River (Erw./Kind 229/129 NZ$) steigt der Adrenalinpegel noch etwas, zudem kann man die Jetbootfahrt mit einem Ausflug in einem aufblasbaren „Funyak" (Erw./Kind 279/179 NZ$) mit drei Sitzen kombinieren. Insgesamt ist man von Glenorchy aus sieben Stunden unterwegs. Wer von Queenstown aus startet, sollte bei allen Ausflügen noch ein paar Stunden zusätzlich einplanen.

Kayak Kinloch (☎ 03-442 4900; www.kayakkinloch. co.nz; Erw. 40–80 NZ$, Kind 35–50 NZ$) veranstaltet ausgezeichnete geführte Erkundungstouren zum See. Los geht's in Queenstown, Glenorchy oder Kinloch.

NOCH MEHR AKTIVITÄTEN

Eine extreme Art und Weise, die Landschaft zu besichtigen, ist ein 45 Sekunden dauernder freier Fall aus 3600 m Höhe. **NZSkydive** (☎ 0800 586 749, 03-409 0363; www.nzskydive.com; 2750/3660/4570 m Höhe 245/295/395 NZ$) bietet die atemberaubende Gelegenheit, über Glenorchy aus einem Flugzeug abzuspringen. Im Preis inbegriffen ist der Transport ab Queenstown.

Für Pferdenarren bietet **Dart Stables** (☎ 0800 474 3464, 03-442 5688; www.dartstables.com; Coll St) zweistündige (145 NZ$) und ganztägige (305 NZ$) Ausritte an. Hobbitfans dürfte der eineinhalbstündige *Ride of the Rings* (165 NZ$) begeistern. Und wer einfach nicht genug bekommen kann, schließt sich dem zweitägigen Wanderritt mit einer Übernachtung in Paradise (595 NZ$) an.

High Country Horses (☎ 0508 595 959, 03-442 9915; www.high-country-horses.co.nz) veranstaltet ebenfalls Ausritte (2 Std./ganzer Tag 105/205 NZ$).

Wer zu seinem Ausflug hoch zu Ross in Queenstown startet, muss noch ein paar Stunden mehr veranschlagen.

Schlafen & Essen

Am Fuß der Kinloch Lodge gibt es einen DOC-Campingplatz (7 NZ$) mit einfachen Einrichtungen am Seeufer.

Glenorchy Holiday Park (☎ 03-441 0303; www. glenorchy-nz.co.nz; 2 Oban St; Stellplatz ohne/mit Strom 20/ 25 NZ$, B/Hütte 20/45 NZ$) Hier kann man sein Zelt auf einem von einfachen Hütten und Grillstellen umgebenen Feld aufschlagen. Davor befinden sich ein kleiner Laden und – sehr praktisch – das Glenorchy Visitor Information Centre.

Glenorchy Hotel (☎ 03-442 9902; www.glenorchynz. com; Mull St; B NZ$30, DZ 90–105 NZ$; 🛜) Das an eine Kneipe angeschlossene Hotel hat erstaunlich komfortable Zimmer. Die helle, schlichte Backpacker-Wohneinheit ist ein beliebtes Basislager für Wanderer.

LP Tipp **Kinloch Lodge** (Karte S. 676; ☎ 03-442 4900; www.kinlochlodge.co.nz; Kinloch Rd; B 30–33 NZ$, DZ 80– 120 NZ$, Zi. 175–195 NZ$; 🖳) Das ausgezeichnete Refugium auf der anderen Seite des Lake Wakatipu gegenüber von Glenorchy eignet sich perfekt zum Entspannen oder für Vorbereitungen auf eine Wanderung. Die farbenfrohen Zimmer in der Schlafbaracke sind gemütlich, zudem gibt's einen Whirlpool im Freien und eine mit DVDs vollgestopfte Lounge drinnen. Beides eignet sich hervorragend zum Relaxen nach einer langen, anstrengenden Tour. Die Heritage Rooms aus dem 19. Jh. sind klein, aber edler. Vor Ort gibt es auch ein Café, eine Bar und ein gutes Restaurant (Hauptgerichte 15–31 NZ$; geöffnet 8–20 Uhr). Wer draußen isst, kann sich auf wunderschöne Ausblicke auf den See und die Aufmerksamkeit der vielleicht freundlichsten Hunde der Südinsel freuen. Kinloch liegt mit dem Auto 26 km und mit dem Boot 5 Minuten (15 NZ$) von Glenorchy entfernt. Die Kinloch Lodge arrangiert auch den Transfer zu den Ausgangspunkten vieler Wanderungen. Auch wer nicht gerne wandert, sollte sich hier vielleicht für eine Nacht (oder auch länger) einquartieren – die relaxte Atmosphäre lohnt sich allemal.

Mt. Earnslaw Motels (☎ 03-442 6993; mtearnslaw@ xtra.co.nz; Mull St; DZ 110 NZ$; 🛜) Diese niedlichen, in einer Reihe angeordneten Wohneinheiten sehen von außen recht alt aus, sind drinnen aber renoviert. Die gemütlichen Zimmer mit großen, bequemen Liegestühlen, kleinen Küchen und riesigen Betten sind zudem auch noch preiswert.

Glenorchy Lodge (☎ 03-442 9968; wakatipu@xtra. co.nz; Mull St; DZ 120–140 NZ$; 🛜) Die sauberen, wenn auch winzigen Zimmer befinden sich im Obergeschoss eines zentral gelegenen Hauses. Manche haben loftartige Zimmerdecken, andere ein eigenes Bad, aber alle bieten eine tolle Aussicht. Auf den zimmereigenen Balkonen kann man die Stille genießen, bevor es auf einen exzellenten Kaffee nach unten ins Foxy's Café geht.

Glenorchy Lake House (☎ 03-442 7084; www.glen orchylakehouse.co.nz; Mull St; DZ 345–400 NZ$) Das Ende 2007 eröffnete luxuriöse B & B am Seeufer hat drei Zimmer mit Bettwäsche aus ägyptischer Baumwolle, Flachbildfernsehern und Luxus-Toilettenartikeln. Nur schweren Herzens reißt man sich von den Annehmlichkeiten des Hauses los, um etwas in der Gegend um Wakatipu zu unternehmen. Aber wenn man zurück ist, kann man im Whirlpool oder bei einer Massage wieder auftanken.

Blanket Bay (Karte S. 676; ☎ 03-442 9442; www.blan ketbay.com; Glenorchy Rd; Zi. 1450–2750 NZ$; 🖥 🛜 🎮) Ein durch und durch diskretes Weltklasse-Resort, das den Reichen und Berühmten fern der Heimat ein Zuhause bietet. Diese alpine Lodge besteht gänzlich aus einheimischem Holz und Schiefer aus der Region und verfügt über einen atemberaubenden Ausblick. Das mehrfach prämierte Blanket Bay ist vor allem bei Wohlhabenden beliebt – ob nun Hollywood-Stars, Halbgötter der Baubranche oder normale Leute, die sich nicht scheuen, einmal so richtig Knete auszugeben.

LP Tipp **Glenorchy Café** (☎ 03-442 9958; Mull St; Frühstück & Mittagessen Hauptgerichte 10–15 NZ$, Pizza 20 NZ$; 🌙 Mai–Okt. 8 Uhr–open end, Nov.–April abends) Der hervorragende Ruf des Glenorchy Café reicht bis weit über die Grenzen des kleinen alten Glenorchy hinaus. Es ist eine Institution, die Coolness und natürlichen Style ausstrahlt. Die Portionen sind so riesig wie die umliegenden Berge, und der Kaffee hat schon viele Bergsteiger beflügelt. Das allezeit beliebte Essen wie Pizza und unzählige Frühstücksvariationen lassen die Einheimischen immer wiederkommen. Man sitzt im Garten hinten im Schatten der Berge – und will gar nicht mehr gehen …

An- & Weiterreise

Die asphaltierte Straße zwischen Glenorchy und Queenstown ist mit ihrem hinreißenden Ausblick auf das edelsteinfarbene Wasser herrlich malerisch. Das ewige Auf und Ab macht Radfahrern aber das Leben schwer. Im Queenstown i-SITE erhält man die Broschüre *Queenstown to Glenorchy Road*, die auf interessante Punkte an der Strecke hinweist.

Der Backpacker Express im **Info & Track Centre** (Karte S. 680; ☎ 03-442 9708; www.infotrack.co.nz; 37 Shotover St) bietet Transportmöglichkeiten von Queenstown nach Glenorchy (Erw./Kind 20/15 NZ$). Man kann auch am Routeburn Track und am Greenstone Track aus- bzw. einsteigen.

LAKE WAKATIPU

Die Bergregion am Nordende des Lake Wakatipu begeistert Traveller mit einer herrlich einsamen Landschaft. Die lässt sich am besten auf Schusters Rappen bei einer Tour entlang des berühmten Routeburn Track erkunden. Auch die weniger bekannten Tracks Greenstone, Caples und Rees-Dart haben ihren Reiz. Über kürzere Wanderstrecken informiert die DOC-Broschüre *Lake Wakatipu Walks and Trails* (1 NZ$). Glenorchy ist in allen Fällen ein idealer Ausgangspunkt.

Ultimate Hikes (☎ 03-442 8200; www.ultimatehikes. co.nz) bietet neben einer dreitägigen geführten Wandertour auf dem Routeburn Track (NS/

QUEENSTOWN & WANAKA

HS 1100/1240 NZ$) auch die sechstägige „Grand Traverse" (1525/1725 NZ$) an, die den Routeburn und den Greenstone Track miteinander verbindet. Von Mitte Oktober bis April kann auch die eintägige „Routeburn-Encounter"-Tour (165 NZ$) angegangen werden (die Preise verstehen sich inklusive Rücktransport, Kost & Logis).

Wanderinfos

Ab S. 675 und S. 717 finden sich nähere Details zu den Unterkünften und zum Transport zu und ab den Startpunkten der Wanderwege. Auch die jeweiligen Informationsstellen des DOC werden dort aufgelistet.

Das DOC-Personal erläutert Karten und verkauft Pässe für die Hütten und die Great Walks. Bevor man die Stiefel schnürt, sollte man unbedingt Erkundigungen zum aktuellen Zustand der Wege einholen – es ist auch ratsam, dem DOC die genaue Route und den Zeitpunkt der Rückkehr mitzuteilen. Mehr Infos stehen in Lonely Planets *Tramping in New Zealand*.

Routeburn Track

Die drei- bis viertägige Wanderung auf dem Routeburn Track führt durch eine äußerst abwechslungsreiche Landschaft, in der einem auf Schritt und Tritt die herrlichsten Panoramen begegnen. Der Track dürfte der wohl bekannteste Marsch Neuseelands durch Regenwald und subalpine Zonen sein. Die gestiegenen Besucherzahlen haben mittlerweile ein Buchungssystem erforderlich gemacht. Während der Hauptsaison (Okt.–April) geht ohne Reservierung nichts; gebucht werden kann entweder die Informationsbüros des DOC oder aber online über greatwalks booking@doc.govt.nz oder auf www.doc.govt.nz. Inhaber des **Great-Walks-Hüttenpasses** (pro Übernachtung Erw./Kind 45 NZ$/frei) kommen in folgenden Quartieren am Weg unter: Routeburn Flats Hut, Routeburn Falls Hut, Mackenzie Hut, Howden Hut. Außerdem gibt es verschiedene Familienpässe. Ein **Campingpass** (pro Übernachtung Erw./Kind 15/7,50 NZ$) gestattet das Zelten lediglich in den Routeburn Flats und am Lake Mackenzie.

Auch außerhalb der Hauptsaison kommt man um einen Pass nicht herum. Hüttenübernachtungen kosten dann 15 NZ$ für Erwachsene, fürs Campen bezahlt man zu dieser Zeit 5 NZ$; Kinder kommen jeweils kostenlos unter. Achtung: Aufgrund starker Schneefälle ist

der Routeburn Track im Winter oft gesperrt; bei schlechtem Wetter sind einzelne Abschnitte der Witterung schutzlos ausgesetzt und daher gefährlich. Vor dem Loslaufen also unbedingt beim DOC nach dem aktuellen Zustand der Strecke fragen.

Die Parkplätze an den beiden Enden des Routeburn Track – The Divide und Glenorchy – sind nicht bewacht. Auf gar keinen Fall darf man hier Wertsachen im Auto liegen lassen!

Die Route kann von beiden Enden aus begonnen werden. Viele Besucher machen sich aus Queenstown kommend auf den Weg und versuchen, The Divide rechtzeitig zur Abfahrt des Busses nach Milford zu erreichen. Von hier aus lässt sich dann wunderbar eine Kreuzfahrt auf dem Sund anschließen. Unterwegs winken super Aussichten vom Harris Saddle und vom Gipfel des nahen Conical Hill – von hier oben schweift der Blick hinüber bis zur Brandung in der Martins Bay. Vom Key Summit aus hat man einen Panoramablick: Das Hollyford Valley und die Flusstäler von Eglinton und Greenstone liegen einem hier zu Füßen.

Geschätzte Wanderzeiten:

Etappe	Dauer
Routeburn Shelter–Flats Hut	1½–2½ Std.
Flats Hut–Falls Hut	1–1½ Std.
Falls Hut–Mackenzie Hut	4½–6 Std.
Mackenzie Hut–Howden Hut	3–4 Std.
Howden Hut–The Divide	1–1½ Std.

Greenstone Track & Caples Track

Die beiden Wanderwege schmiegen sich eng an sich windende Flüsse und führen durch üppig bewachsene und wunderbar friedvolle Täler. Sie bilden einen Rundkurs, den viele Wanderer ohne größere Eile innerhalb von vier oder fünf Tagen absolvieren. Unterwegs bieten die einfachen Hütten Mid Caples, Upper Caples, McKellar und Greenstone Unterschlupf (jeweils pro Übernachtung Erw./Kind 11 Jahre 15/5 NZ$; Hüttenpässe müssen im Voraus gekauft werden). Außerdem dürfen Wanderer kostenlos campen; Privatgrundstücke sind von dieser Regelung allerdings ausgenommen – das DOC informiert Interessierte über alle „Tabuzonen". Beide Pfade gehen schließlich in den Routeburn Track über; entweder marschiert man dann diesen bis zu seinem Ende (The Divide) entlang oder macht sich auf den Rückweg

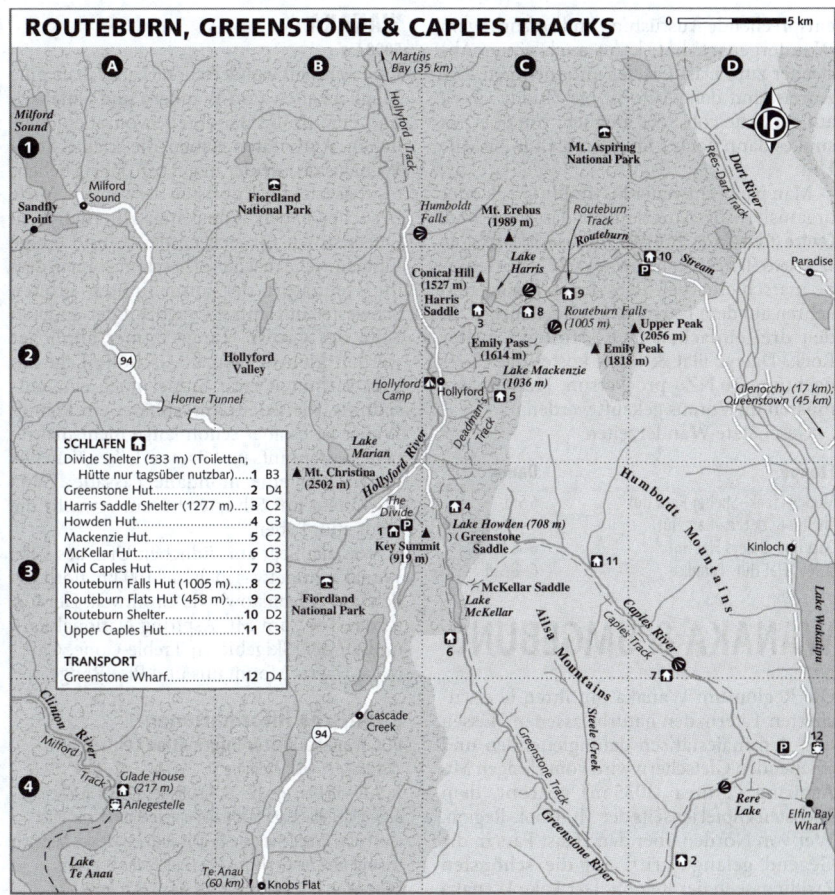

ROUTEBURN, GREENSTONE & CAPLES TRACKS

SCHLAFEN
Divide Shelter (533 m) (Toiletten,
    Hütte nur tagsüber nutzbar)....**1** B3
Greenstone Hut.........................**2** D4
Harris Saddle Shelter (1277 m)....**3** C2
Howden Hut............................**4** C3
Mackenzie Hut.........................**5** C3
McKellar Hut............................**6** C3
Mid Caples Hut........................**7** D3
Routeburn Falls Hut (1005 m)......**8** C2
Routeburn Flats Hut (458 m).......**9** C2
Routeburn Shelter....................**10** D2
Upper Caples Hut....................**11** C3

TRANSPORT
Greenstone Wharf....................**12** D4

nach Glenorchy (vorausgesetzt, man hat entsprechend reserviert).

Von der McKellar Hut aus ist die Howden Hut auf dem Routeburn Track in zwei bis drei Stunden zu erreichen. Bei letzterer Hütte ist von Oktober bis April eine Reservierung unbedingt erforderlich; sie liegt eine Stunde von The Divide entfernt.

Der Zugang zum Greenstone Track und zum Caples Track erfolgt über die Anlegestelle am Greenstone; hier befindet sich auch ein unbewachter Parkplatz. Die Straße von der Kinloch Lodge bis zur Anlegestelle ist unbefestigt und schüttelt Autos (und natürlich auch deren Insassen) wirklich ganz schön durch. Im Sommer schicken **Backpacker Express** (☎ 03-442 9939) und die Kinloch Lodge (S. 700)

normalerweise ein Boot von Glenorchy aus quer über den See.

Geschätzte Wanderzeiten:

Etappe	Dauer
Greenstone Wharf–Mid Caples Hut	3 Std.
Mid Caples Hut–Upper Caples Hut	2–3 Std.
Upper Caples Hut–McKellar Hut	5–8 Std.
McKellar Hut–Greenstone Hut	5–7 Std.
Greenstone Hut–Greenstone Wharf	4–6 Std.

Rees-Dart Track

Für den schwierigen und ausgesprochen anspruchsvollen Wanderweg sollten vier bis fünf Tage einkalkuliert werden; er beginnt am oberen Ende des Lake Wakatipu und führt durch Täler und über einen Bergpass. Wer die

QUEENSTOWN & WANAKA

entsprechende Ausrüstung und Erfahrung im Wandergepäck hat, kann auch einen Abstecher zum Dart Glacier unternehmen. Die Anreise mit dem Auto ist bis Muddy Creek auf der Seite von Rees möglich; von dort aus sind es dann noch 2 Stunden bis zur 25-Mile Hut.

Man parkt entweder in Muddy Creek oder organisiert die Anreise über das **Info & Track Centre** (Karte S. 678; ☎ 03-442 9708; www.infotrack.co.nz; 37 Shotover St) in Queenstown. Viele Naturfreunde marschieren den Rees Track hinauf und kehren auf dem Dart Track wieder zurück. In den drei einfachen DOC-Hütten (Shelter Rock, Daleys Flat & Dart) kostet die Übernachtung 10 NZ$ pro Person, Hüttenpässe müssen im Voraus gekauft werden.

Geschätzte Wanderzeiten:

Etappe	Dauer
Muddy Creek–Shelter Rock Hut	6 Std.
Shelter Rock Hut–Dart Hut	5–7 Std.
Dart Hut–Daleys Flat Hut	6–8 Std.
Daleys Flat Hut–Paradise	6–8 Std.

WANAKA & UMGEBUNG

Die Region um Wanaka mit ihren überwucherten Tälern, den naturbelassenen Flüssen und den majestätisch dahingleitenden und -fließenden Gletschern wird vom riesigen Mt. Aspiring (Tititea; 3035 m) gekrönt, dem höchsten Gipfel jenseits der Mt.-Cook-Region. Wer von Norden über den Haast Pass in die Gegend gelangt, trifft auf die schönsten Zwillingsseen der Region. Der Lake Wanaka und der Lake Hawea sind zwei weitläufige Süßwasserseen, die zwischen prächtigen Hügeln und Klippen gelegen sind. Wer von Süden über Cardrona anreist, dem bieten sich atemberaubende Ausblicke auf die Täler und Berge. Immer mehr Traveller haben Wanaka und dessen Umgebung in ihrem Reiseprogramm, nicht zuletzt weil in der Stadt jede Menge Aktivitäten geboten werden. Dennoch geht es hier ruhiger zu als im pulsierenden Queenstown. Und wer erst einmal an ein paar Unternehmungen in der Nähe von Wanaka teilgenommen und in den Pubs und Bars der Stadt damit geprahlt hat, kann die ausgetretenen touristischen Pfade verlassen und sich in den Mt. Aspiring National Park oder in die bewaldete Wildnis um Makarora herum begeben.

WANAKA
5000 Ew.

Eine wahrhaft wunderschöne Landschaft, gute Möglichkeiten zum Wandern und Skifahren und eine große Bandbreite von abenteuerlichen Aktivitäten haben die kleine Stadt Wanaka am Seeufer in ein ganzjährig beliebtes Reiseziel für Touristen verwandelt. Viele Besucher haben Wanaka als Alternative zu Queenstown für sich entdeckt, und einige Einheimische machen sich schon Sorgen, dass ihr Heimatort der ausgeflippten großen Schwester in Central Otago auf der anderen Seite des Crown Range immer ähnlicher werden könnte. Wanakas schöne Lage am Ufer vermittelt zwar immer noch eine entspannte Kleinstadtatmosphäre, ein kleiner Weiler ist es aber schon lange nicht mehr – neue Restaurants und Bars verleihen dem Ort inzwischen eine mondäne Fassade. Ganz besonders um Silvester herum erwacht die Stadt zum Leben.

Wanaka liegt am südlichen Ufer des Lake Wanaka, nur etwas mehr als 100 km nordöstlich von Queenstown via Cromwell. Der Ort ist das Tor zum Mt. Aspiring National Park und zu den Skigebieten Treble Cone, Cardrona, Harris Mountains und Pisa Range.

Praktische Informationen
DOC Wanaka Visitor Information Centre (DOC; ☎ 03-443 7660; Ardmore St; ☼ Mo–Fr 8–16.30, Sa & So 9.30–16 Uhr, tgl. 12–12.30 Uhr geschl.) Ist in einem A-förmigen Haus am Stadtrand untergebracht und informiert über Wanderungen. Es gibt auch ein kleines Museum (Eintritt frei) zur Geologie, Flora und Fauna Wanakas.
Lake Wanaka i-SITE (☎ 03-443 1233; www.lake wanaka.co.nz; ☼ 8.30–17.30 Uhr, im Sommer bis 19 Uhr) Liegt in einer Seitenstraße der Ardmore St am Wasser.
Wanaka Medical Centre (☎ 03-443 7811; 21 Russell St; ☼ Mo–Fr 9–17 Uhr, Sprechstunde Sa & So 9 & 17 Uhr) Behandelt Abenteuersportverletzungen.
Wanakaweb (1. Stock, 3 Helwick St) Internetzugang.

Sehenswertes
Der Schwerpunkt von Wanaka liegt auf der atemberaubenden Natur; Sehenswürdigkeiten im klassischen Sinn sind dagegen eher Mangelware. Doch für den Zeitvertreib an einem verregneten Tag sollten sie allemal ausreichen.

Die **Puzzling World** (☎ 03-443 7489; www.puzzling world.com; 188 Main Hwy 84; Erw./Kind 12,50/9 NZ$; ☼ 8.30–17.30 Uhr) hat einen tollen 3-D-Irrgarten und visuelle Spielereien vom Typ „Mal sieht man sie und dann wieder nicht". Hier werden

Kinder aller Altersklassen verwirrt, ein bisschen geärgert und verblüfft. Die Puzzling World liegt an der Strecke nach Cromwell, 2 km außerhalb der Stadt.

Das ergreifende und interessante **New Zealand Fighter Pilots Museum** (☎ 03-443 7010; www.nzfpm.co.nz; Wanaka Airport; Erw./Kind/Fam. 10/5/25 NZ$; 🕙 9–16 Uhr) ist den neuseeländischen Kampffliegern gewidmet, ihren Flugzeugen und den Opfern, die sie forderten. Hier gibt es eine gut erhaltene Sammlung mit Hawker Hurricanes, de Havilland Vampires und uralten sowjetischen Kampfjets. Zum Zeitpunkt unserer Recherche war eine größere Erweiterung der Sammlung in Planung.

Etwas unbeschwerter ist ein Besuch im benachbarten **Wanaka Transport & Toy Museum** (☎ 03-443 8765; www.wanakatransportandtoymuseum.com; SH6; Erw./Kind/Fam. 8/4/20 NZ$; 🕙 8.30–17 Uhr), welches das Resultat der fast schon manischen Sammelleidenschaft eines Mannes ist. Unter den 40 000 Gegenständen befinden sich auch ein Cadillac Coupe de Ville, ein auf mysteriöse Weise erworbener MiG-Jet und Spielsachen, die einen sicherlich mit einem wehmütigen Lächeln an verregnete Nachmittage aus der Kindheit denken lassen.

Hinterher kann man bei **Wanaka Beerworks** (☎ 03-443 1865; www.wanakabeerworks.co.nz; SH6; 🕙 9–16 Uhr, Touren 14 Uhr) sowohl auf die Vergangenheit als auch auf die Zukunft anstoßen. Dabei helfen die drei preisgekrönten Biere dieser kleinen Brauerei: ein Lagerbier Wiener Machart, ein dunkles Bier im deutschen Stil und das hopfenbetonte böhmische Pils „Brewski". Führungen durch die Brauerei müssen im Voraus gebucht werden.

Aktivitäten

Der **Mt. Aspiring National Park**, ein wahres Outdoor-Paradies, umfasst neben breiten Tälern und Bergwiesen auch über 100 Gletscher und kahle Berge. Das Gebiet wurde 1964 zum Nationalpark erklärt und später in die Southwest New Zealand (Te Wahipounamu) World Heritage Area integriert. Der Park erstreckt sich heute auf über 3500 km² entlang der Southern Alps; seinen Nordrand markiert der Haast, im Süden wird er vom Fiordland National Park begrenzt.

WANDERN

Der stark frequentierte Süden des Mt. Aspiring National Park umfasst populäre Routen wie den Routeburn Track (S. 702). Tolle Kurzwanderungen und anspruchsvollere mehrtägige Märsche sind aber auch im Matukituki Valley in der Nähe von Wanaka möglich. Detaillierte Informationen hierzu stehen in der DOC-Broschüre *Matukituki Valley Tracks* (1 NZ$). Auf dem spektakulären (aber leicht zu meisternden) **Rob Roy Valley Track** (hin & zurück 3–4 Std.) kommen Naturfreunde an Gletschern, Wasserfällen und einer Hängebrücke vorbei. Die ebenso malerische, aber schwierigere Route durch das **West Matukituki Valley** führt dagegen größtenteils über grüne Ebenen zur Aspiring Hut (hin & zurück 4–5 Std.). Nach einer zwei- oder auch mehrtägigen Tour erreicht man die **Liverpool Hut** in der oberen Talsenke. Von hier aus ist die Aussicht auf den Mt. Aspiring einfach unschlagbar. Eine weitere Möglichkeit ist der sehr anspruchsvolle Marsch über den **Cascade Saddle** zum Rees-Dart Track (s. S. 703) nördlich von Glenorchy.

Auf vielen der Wanderungen muss immer wieder mit Schneefällen und Lawinen gerechnet werden. Vor dem Start sollten Wanderer unbedingt ihre geplante Route dem DOC in Wanaka mitteilen und sich dort umfassend informieren. Auch Hüttenpässe sind ein Muss. Die Wege sind über Raspberry Creek am Ende der Mt. Aspiring Rd, 54 km von Wanaka entfernt, zu erreichen. Details zu Shuttleservices finden sich auf S. 713.

Über Wanderungen rund um die Stadt gibt der DOC-Prospekt *Wanaka Walks and Trails* (1 NZ$) Aufschluss. Darin ist u. a. der einfache Uferspazierweg zum **Eely Point** (20 Min.) und weiter zum **Beacon Point** (30 Min.) aufgeführt. Der **Waterfall Creek Walk** (hin & zurück 1 Std.) erstreckt sich gen Osten am Seeufer entlang.

Am Ende des recht harmlosen Aufstiegs zum Gipfel des **Mt. Iron** (549 m; hin & zurück 1½ Std.) winkt ein tolle Aussicht. Bei entsprechender Kondition können Panoramasüchtige auch die anstrengende, kurvige Wanderung auf den **Mt. Roy** (1578 m, hin & zurück 5–6 Std.) in Angriff nehmen. Los geht's dabei 6 km von Wanaka entfernt an der Mt. Aspiring Rd. Der Höhenwanderweg führt über Privatbesitz und ist von Oktober bis Mitte November während der Lammungszeit geschlossen. Vom Mt. Roy führt der **Skyline Track** (5–6 Std.) zur Cardrona Rd 10 km südlich von Wanaka. Im Winter sollte man diese Tour allerdings bleiben lassen: Aufgrund tief hängender Wolken ist die Sicht dann gleich Null

WANAKA

und der Marsch wird zu einem ziemlich riskanten Unterfangen.

Nördlich von Wanaka liegt der **Minaret Burn Track** (6–7 Std.) im Mt. Alta Conservation Area. Hier kann man gut wandern und mountainbiken. Beim DOC gibt's eine Karte (0,50 NZ$).

Viele Anbieter bieten geführte Wanderungen rund um Wanaka, einige auch in den Mt. Aspiring National Park:

Alpinism & Ski Wanaka (☎ 03-442 6593; www.alpinismski.co.nz; halber/ganzer Tag 130/195 NZ$) Tageswanderungen und Wanderungen mit Übernachtung.

Eco Wanaka Adventures (☎ 03-443 2869; www.ecowanaka.co.nz; halber/ganzer Tag ab 105/1709 NZ$) Ganztägige, halbtägige und mehrtägige Wanderungen.

Wild Walks (☎ 03-442 4476; www.wildwalks.co.nz; 3 Tage ab 720 NZ$) Mehrtägige Wanderungen.

JETBOOTFAHREN & RAFTING

Lakeland Adventures (☎ 03-443 7495; www.lakelandadventures.co.nz; Erw./Kind 95/45 NZ$) beim i-SITE bietet einstündige Jetbootfahrten über den See, die auch eine aufregende Fahrt auf dem kurvenreichen Clutha River beinhalten. **Pioneer Rafting** (☎ 03-443 1246; www.ecoraft.co.nz; Erw./Kind halber Tag 135/75 NZ$, ganzer Tag 185/95 NZ$) veranstaltet umweltfreundliche Raftingtouren auf dem tosenden Clutha. Dabei meistert man Stromschnellen der Klasse II bis III, versucht sich im Goldwaschen und kann Vögel beobachten.

CANYONING & KAJAKFAHREN

Abenteuerlustige werden das Canyoning lieben. Der Freizeitspaß ist jedoch nur im Sommer möglich und wird von **Deep Canyon** (☎ 03-443 7922; www.deepcanyon.co.nz; ab 225 NZ$; ⚘ Mitte Nov.–April) angeboten. Dabei müssen die Teilnehmer klettern, schwimmen und sich in Wasserfällen durch enge, steile und wilde Schluchten abseilen. Der Transport bis zur Schlucht, Mittagessen, Einführung und Ausrüstung sind im Preis inbegriffen. Für eingefleischte Abenteuerjunkies gibt's den Leaping Burn Trip (460 NZ$).

Mit **Alpine Kayak Guides** (☎ 03-443 9023; www.alpinekayaks.co.nz; halber/ganzer Tag 149/195 NZ$; ⚘ Nov.–Mai) paddelt man die Flüsse Hawea, Clutha und Matukituki hinunter. Für Kinder gibt's den gemächlicheren halbtägigen Grandview Trip (2 Erw. & 2 Kinder 450 NZ$). Wer Gefallen am Paddeln gefunden hat, kann einen Grundkurs im Kajakfahren (280 NZ$) mitmachen, der einen ganzen Tag dauert.

Wanaka Kayaks (☎ 0800 926 925; www.wanakakayaks.co.nz; ⚘ nur im Sommer), gegenüber von Subway am Strand, verleiht Kajaks (10–18 NZ$) und bietet geführte Touren auf dem See (ab 60 NZ$/Pers.).

Kajaks verleiht auch **Lakeland Adventures** (☎ 03-443 7495; www.lakelandadventures.co.nz), abseits der Ardmore St am Ufer (15 NZ$/Std.).

FALLSCHIRMSPRINGEN & GLEITSCHIRMFLIEGEN

Skydive Lake Wanaka (☎ 03-443 7207; www.skydivewanaka.com; Erw. 295–395 NZ$) bietet Fallschirmsprünge aus 3660 m und beängstigenden 4570 m Höhe an. Bei Letzteren befindet man sich 60 Sekunden lang im freien Fall. Für weitere 130 NZ$ gibt's den Sprung auch auf Video – als Beweis für die Daheimgebliebenen.

Wanaka Paragliding (☎ 0800 359 754; www.wanakaparagliding.co.nz; Erw. 180 NZ$) organisiert Tandemflüge aus 800 m Höhe vom Treble Cone aus. Hierbei gleitet man rund 20 Minuten durch die warmen Lüfte von Central Otago.

KLETTERN & BERGSTEIGEN

Der Mt. Aspiring National Park ist ein beliebter Spielplatz für Bergsteiger und Kletterer. Die Unternehmen **Aspiring Guides** (☎ 03-443 9422; www.aspiringguides.com; 5 Tage ab 3350 NZ$), **Adventure Consultants** (☎ 03-443 8711; www.adventure.co.nz; 5 Tage ab 4100 NZ$; mit 1:1-Betreuung) und **Alpinism & Ski** (☎ 03-443 6593; www.alpinismski.co.nz; 5 Tage ab 3385 NZ$) bieten sowohl Anfängerkurse als auch mehrtägige geführte Bergsteigertouren auf den Mt. Aspiring, den Mt. Tasman und den Mt. Tutoko an.

Am **Hospital Flat** – 25 km Richtung Mt. Aspiring National Park von Wanaka entfernt – kann man hervorragend klettern. Anfänger können ihre ersten Kraxelversuche mit **Wanaka Rock Climbing & Abseil Adventures** (☎ 03-443 6411; www.wanakarock.co.nz) wagen, die auch Einführungskurse im Klettern (halber/ganzer Tag 120/190 NZ$), halbtägige Einführungen im Abseilen (120 NZ$) und für Fortgeschrittene Boulder- und Mehrseillängen-Klettertouren anbieten.

Bevor man sich in die Berge wagt, sollte man im **Basecamp Wanaka** (☎ 03-443 1110; www.basecampwanaka.com; 50 Cardrona Valley Rd; Erw./Kind 15/12 NZ$; ⚘ 10–21, Sa & So bis 19 Uhr) an Kletterwänden drinnen und draußen den Umgang mit den Seilen üben. Hier kann man auch die Kletterausrüstung ausleihen.

MOUNTAINBIKEN

Viele Feld- und Wanderwege in der Region sind für Radfahrer zugänglich. Die DOC-Broschüre *Mountain-Biking Around Wanaka* (0,50 NZ$) beschreibt Mountainbike-Routen von 2 km (der steile Weg auf den Mt. Iron) bis 20 km (West Matukituki Valley) Länge.

Spektakuläre geführte Mountainbike-Touren organisiert das Unternehmen **Freeride NZ** (☎ 0800 743 369; www.freeridenz.com), das auch Tagesausflüge (ab 185 NZ$) inklusive Helibiking anbietet. Für eingefleischte Radfahrer gibt's auch dreitägige (1050 NZ$) bzw. achttägige (2750 NZ$) Touren.

Lakeland Adventures (☎ 03-443 7495; www.lakelandadventures.co.nz; 1 Std./ganzer Tag 10/40 NZ$) hat einen Fahrradverleih.

ANGELN

Im Lake Wanaka und im Lake Hawea (16 km weiter) kann man hervorragend Forellen angeln. Auch die Flüsse in der Gegend sind beliebte Angelspots. In Wanaka sitzen zahlreiche Angelveranstalter, darunter **Hatch** (☎ 03-443 8446; www.hatchfishing.co.nz; 2 Erw. halber/ganzer Tag 390/650 NZ$) und **Riversong** (☎ 03-443 8567; www.wanakaflyfishingguides.co.nz; halber/ganzer Tag 400/600 NZ$). Hatch organisiert auch Abenteuer-Angelausflüge, die mit Wanderungen verbunden sind (650 NZ$/Tag). Die Profis von Riversong veranstalten Einführungen in die Kunst des Fliegenfischens (75 NZ$/Std.).

Bei **Lakeland Adventures** (☎ 03-443 7495; www.lakelandadventures.co.nz; bis zu 3 Pers. 299 NZ$) geht es mit einem Führer zum Forellenangeln auf den Lake Wanaka.

NOCH MEHR AKTIVITÄTEN

Einige Unternehmen bieten auch Heliskiing (S. 94) an, um das Bedürfnis der Skifahrer nach herrlicher Aussicht und unberührtem Pulverschnee zu bedienen. Zu den leichter erreichbaren Skipisten gehören Treble Cone (S. 92), Cardrona (S. 92) und Snow Farm New Zealand (Skilanglauf; S. 92).

Der **Wanaka Golf Club** (☎ 03-443 7888; www.wanakagolf.co.nz; Ballantyne Rd; Nutzungsgebühr 55 NZ$, Schlägerverleih ab 20 NZ$) hat einen Golfplatz mit 18 Löchern und einer tollen Aussicht.

Outside Sports (☎ 03-443 7966; www.outsidesports.co.nz; 17 Dunmore St) verkauft und verleiht eine große Auswahl an Outdoor-Ausrüstung – zum Wandern, Skifahren, Klettern, Campen und für alles andere, was man in freier Natur unternehmen kann.

Geführte Touren

PANORAMAFLÜGE

Folgende Unternehmen haben ihren Sitz am Flughafen von Wanaka. Rundflüge bucht man über das i-SITE.

Aspiring Air (☎ 0800 100 943, 03-443 7943; www.aspiringair.com) Große Auswahl an Rundflügen, darunter ein 50-minütiger Flug über den Mt. Aspiring (Erw./Kind 210/120 NZ$), ein Flug über den Milford Sound mit Zwischenlandung (375/230 NZ$) und ein Kurzflug über den Mt. Cook und die Gletscher (395/230 NZ$).

Classic Flights (☎ 027 220 9277; www.classicflights.co.nz; ab 225 NZ$) Veranstaltet Sightseeing-Flüge in einer alten Tigermoth. „Biggles"-Brillen stehen zur Verfügung, den stilechten Seidenschal muss man selbst mitbringen.

Wanaka Flightseeing (☎ 0800 105 105, 03-443 8787; www.flightseeing.co.nz) Bietet ähnliche Rundflüge zum Mt. Aspiring zu ähnlichen Preisen. Als Zugaben gibt's kostenfreien Eintritt ins benachbarte Fighter Pilots Museum (S. 705) und Frühaufsteherrabatt bei den Morgenflügen.

Folgende Anbieter haben 20-minütige Flüge um Wanaka (rund 175 NZ$) und 60-minütige Rundflüge über den Mt. Aspiring und die Gletscher (rund 450 NZ$) im Programm.

Alpine Helicopters (☎ 03-443 4000; www.alpineheli.co.nz)

Aspiring Helicopters (☎ 03-443 7152; www.aspiringhelicopters.co.nz)

Wanaka Helicopters (☎ 03-443 1085; www.heliflights.co.nz)

NOCH MEHR TOUREN

Im i-SITE buchen.

Clean Green Photo Tours (☎ 03-443 7951; www.cleangreen.co.nz; 3 Std./halber Tag/ganzer Tag 300/400/750 NZ$) Vermittelt Expertenwissen und Tipps zum Fotografieren in der atemberaubenden Landschaft von Central Otago.

Lake Wanaka Cruises (☎ 03-443 1230; www.wanakacruises.co.nz; ab 60 NZ$) Hat ähnliche Touren wie Lakeland Adventures an Bord eines Katamarans im Angebot – auch mit Übernachtung.

Lakeland Adventures (☎ 03-443 7495; www.lakelandadventures.co.nz) Bietet zweieinhalbstündige Trips zur Stevensons Island (Erw./Kind 70/40 NZ$) und eine dreieinhalbstündige geführte Buschwanderung auf Mou Waho (90/45 NZ$). Wer den See auf eigene Faust erkunden will, kann sich Kajaks (ab 10 NZ$/Std.) und Tretboote (15 NZ$/20 Min.) ausleihen.

Ridgeline (☎ 0800 234 000; www.ridgelinenz.com) Der Veranstalter hat Touren (3½ Std. 195 NZ$) im Programm, im Rahmen derer eine Farmsafari im Geländewagen mit einer Weinprobe auf dem schönen Weingut Rippon Vineyard verbunden wird.

Wanaka Sightseeing (☎ 03-443 1855; www.wanaka sightseeing.co.nz; halber/ganzer Tag 170/299 NZ$) Für alle *Herr-der-Ringe*-Fans gibt's hier umfangreiche Touren zu den Drehorten der Trilogie, bei denen man sich wie ein Hobbit verkleiden kann. Manchmal steht auch ein Treffen mit Ian Brodie an, *Ringe-„Guru"* und Autor von *The Lord of the Rings: Location Guidebook*.

Festivals & Events

Rippon Festival (www.ripponfestival.co.nz) Musikfans sollten sich dieses beliebte Festival, das alle zwei Jahre Anfang Februar im Rippon Vineyard am Seeufer steigt, im Kalender notieren. Hier treten große Namen der neuseeländischen Musikszene auf, und es sind verschiedene Musikrichtungen vertreten – Dance, Reggae, Rock und Electronica, um nur einige zu nennen. Sorgt die Musik nicht ausreichend für Entspannung (was höchst unwahrscheinlich ist), tut es der Wein. Der Riesling von Rippon ist auch prima für ein Sommerpicknick.

Warbirds over Wanaka (☎ 0800 496 920, 03-443 8619; www.warbirdsoverwanaka.com; Wanaka Airport; 3 Tage Erw./Kind 165/25 NZ$, nur 1. Tag 45/10 NZ$, nur vorletzter od. letzter Tag 70/10 NZ$) Alle zwei Jahre zu Ostern (gerade Jahreszahl) findet in Wanaka diese riesige und unglaublich beliebte internationale Flugshow statt, zu der 100 000 Besucher anrücken.

Wanaka Fest (www.wanakafest.co.nz) Das viertägige Festival Mitte Oktober hat die Atmosphäre eines Kleinstadtjahrmarkts. Mit Straßenumzügen, Livemusik und verrückten Wettbewerben heißen die Einheimischen die Frühlingswärme willkommen.

Schlafen

Wie in Queenstown gibt es in Wanaka jede Menge Hostels und Luxusunterkünfte. Gute Mittelklassehotels sind aber auch hier schwerer zu finden. Im Sommer und vor allem rund um Neujahr steigen Preise und Nachfrage erheblich, und im Winter wird die Stadt von Snowboardern aus aller Herren Länder überschwemmt.

BUDGETUNTERKÜNFTE

LP Tipp **YHA Wanaka Purple Cow** (☎ 03-443 1880; www.yha.co.nz; 94 Brownston St; B 24–31 NZ$; DZ 90–96 NZ$; 🖵 🛜) Das zu jeder Zeit beliebte Hostel hat eine Lounge, in der ein wärmendes Holzfeuer knistert, und bietet einen tollen Blick auf den See und die Berge – wenn man sich von den regelmäßig stattfindenden Filmabenden lösen kann. Es gibt Schlafräume mit vier oder sechs Betten und eine kleine Auswahl an hübschen Doppelzimmern mit Bad. Dank den Veranden draußen und dem Fahrradverleih kann man auch viel Bergluft schnuppern.

Fern Lodge (☎ 0800 555 556; www.fernlodge.co.nz; 122 Brownston St; B 25 NZ$, DZ 80–120 NZ$) Die Unterkünfte in dieser von Lesern empfohlenen weitläufigen Lodge reichen von schlichten Doppelzimmern bis zu eleganteren Lodgezimmern mit Satellitenfernseher, Whirlpool und schicker Küche mit Gasherd. Hier bekommen Gäste was für ihr Geld!

Matterhorn South (☎ 03-443 1119; www.matterhorn south.co.nz; 56 Brownston St; B 25–30 NZ$, EZ 65 NZ$, DZ 65–90 NZ$, 3BZ & 4BZ 110–120 NZ$; 🖵 🛜) Die freundliche Unterkunft direkt am Rand von Wanakas Zentrum besitzt saubere, günstige Schlafsäle und Wohnstudios sowie ein sonniges Fernseh- und ein Spielezimmer. Die Küche im Landhausstil teilen die Gäste sich, und in dem privaten Garten kann man sich nach den Outdoor-Abenteuern des Tages richtig gut erholen. Die Drei- und Vier-Bett-Zimmer mit Bad sind echt günstig.

Wanaka Bakpaka (☎ 03-443 7837; www.wanaka bakpaka.co.nz; B 26–28 NZ$, EZ 50 NZ$, DZ 62–76 NZ$; 🖵 🛜) Inhaber des freundlichen, oberhalb des Sees gelegenen Hostels mit fantastischem Blick ist ein energiegeladenes Geschwisterpaar, das ständig irgendwelche Verbesserungen einführt. Die Einrichtungen sind erstklassig und die Angestellten jederzeit bereit, für erschöpfte Traveller den roten Teppich auszurollen. Die farbenfrohen Zimmer sind preiswert, und der Ausblick von der Lounge aus ist perfekt, um hier zu sitzen und das Reisetagebuch (endlich) auf den neuesten Stand zu bringen.

Wanaka Lakeview Holiday Park (☎ 03-443 7883; www.wanakalakeview.kiwiholidayparks.com; 212 Brownston St; Stellplatz/Hütte 32/46 NZ$) Hier gibt's grasbewachsene Stellplätze unter großen Kiefern, einen Kinderspielplatz und viel Fläche zum Campen. Die Unterkünfte reichen von einfachen Hütten bis zu Apartments mit Bad.

Aspiring Campervan Park (☎ 0800 229 8439, 03-443 6603; www.campervanpark.co.nz; Studholme Rd; Stellplatz 45 NZ$; 🖵 🛜) Gepflegte grüne Stellplätze, Bäume und eine hübsche Aussicht machen diesen Wohnwagenpark zu so einem erholsamen Plätzchen. Obendrein gibt's hier großartige Extras wie einen Grillbereich mit Gaskochern, einen Whirlpool und eine Sauna – alles ohne jeden Aufpreis. Ein Haken ist da aber doch: Es sind nur Wohnmobile erlaubt, keine Zelte.

Altamont Lodge (☎ 03-443 8864; www.altamont lodge.co.nz; 121 Mt Aspiring Rd; DZ 65 NZ$; 🖵 🛜) Am ruhigeren Ende der Stadt befindet sich diese Lodge aus Naturholz, das ihr das Ambiente einer Skihütte verleiht. Tennisplätze, ein Whirlpool und eine Lounge mit großem Kamin sorgen dafür, dass man auch abseits der Skipisten Spaß hat. Es empfiehlt sich, vorab zu reservieren, da die Loge oft von großen Gruppen in Beschlag genommen wird.

Ebenfalls empfehlenswert:

Base Backpackers (☎ 03-443 4291; www.stayatbase. com; 73 Brownston St; B 25–29 NZ$, DZ 43 NZ$; 🖳 🛜) In dem neuen Hostel tummeln sich haufenweise Backpacker. Neben den makellosen Einrichtungen sorgt die zugehörige Bar Mint für gute Laune.

Mountain View Backpackers (☎ 03-443 9050; www. mtnview.co.nz; 7 Russell St; B/DZ 25/68 NZ$) Ein neu renoviertes Haus voller Charakter mit einem großen Rasen und heimeligen, komfortablen Zimmern.

Holly's (☎ 03-443 8187; www.hollybackpacker.co.nz; 71 Upton St; B 26–28 NZ$, DZ 64 NZ$; 🖳 🛜) Das entspannte, von einer Familie geführte Hostel ist eine gute Alternative zu den belebteren Unterkünften in der Stadt. Es zeigt zwar schon Verschleißerscheinungen, ist aber ausgesprochen freundlich. Es gibt auch einen Fahrradverleih (halber/ganzer Tag 10/20 NZ$).

MITTELKLASSEHOTELS

Harpers (☎ 03-443 8894; www.harpers.co.nz; 95 McDougall St; EZ/DZ inkl. Frühstück 100/140 NZ$) Der Garten (mit Teich und Wasserfall) dieses freundlichen B & Bs in ruhiger Lage am Ende einer langen Einfahrt ist außerordentlich liebevoll gestaltet. Das legendäre Frühstück wird auf einer sonnigen Terrasse mit herrlich weiter Aussicht serviert. Am besten nimmt man sich beim Frühstück Zeit für eine zweite Tasse Kaffee.

Aspiring Lodge (☎ 03-443 7816; www.aspiringlodge. co.nz; Ecke Dunmore St & Dungarvon St; DZ 135 NZ$) Ältere, aber gepflegte Motelwohneinheiten aus Naturholz und mit schnellem Zugang zu den Bars und Restaurants am Seeufer. Das hilfsbereite Team des Motels hat jede Menge Ideen für Aktivitäten in der Gegend.

Brook Vale (☎ 0800 438 333, 03-443 8333; www.brook vale.co.nz; 35 Brownston St; DZ 135 NZ$; 🛜 🐾) In sich abgeschlossene Wohnstudios und Wohneinheiten für Familien, die über einige tolle Extras und Terrassen verfügen. Letztere führen auf einen Rasen hinaus, durch den ein Bach plätschert. Es gibt auch einen Grill, einen Whirlpool und einen Swimmingpool für die sonnigen Tage in Central Otago.

Bay View Motel (☎ 0800 229 843, 03-443 7766; www. bayviewwanaka.co.nz; Studholme Rd; Zi. 135–155 NZ$; 🖳 🛜) Die Wohneinheiten sind eigentlich schon 40 Jahre alt, aber die aufgeweckten Besitzer haben sie drinnen hübsch mit Fern-

sehern und DVD-Playern modernisiert, um mit dem wundervollen Ausblick mithalten zu können.

Riversong (☎ 03-443 8567; www.riversongwanaka. co.nz; 5 Wicklow Tce, Albert Town; DZ 150–170 NZ$) An den Ufern des Clutha River im nahe gelegenen Dörfchen Albert Town bietet das Riversong zwei Zimmer in einem reizenden, historischen B & B, die umgeben ist von alten Obstbäumen. Die weit gereisten Besitzer haben die wohl beste Sachbuchbibliothek in ganz Neuseeland. Und wer sich von den Büchern losreißen kann, auf den warten nur wenige Meter entfernt ausgezeichnete Fleckchen zum Forellenangeln. Abendessen mit Wein gibt's für 55 NZ$ pro Person. Das Riversong liegt am Ende einer Sackgasse und ist daher sehr ruhig.

SPITZENKLASSEHOTELS

LP Tipp **Mountain Range Lodge** (☎ 03-443 7400; www. mountainrange.co.nz; Heritage Park, Cardrona Valley Rd; Zi. inkl. Frühstück 280–390 NZ$; 🖳 🛜) Die atemberaubende Lodge ist ein Traum aus rustikalem Luxus. Die sieben nach den nahe gelegenen Bergen benannten Zimmer bieten komfortable Federbetten, flauschige Bademäntel und einen Ausblick, der einen die nahen Skipisten und Wanderwege fast vergessen lassen könnte. Coole Extras wie das kostenlose Glas Wein der eigenen Hausmarke und ein warmer Whirlpool vervollkommnen das ohnehin schon hübsche Bild.

Wanaka Homestead (☎ 03-443 5022; www.wanaka homestead.co.nz; 1 Homestead Close; DZ 295 NZ$, Cottage 410–525 NZ$; 🖳 🛜) Gemütliche Holzmöbel, orientalische Teppiche und Werke einheimischer Künstler prägen diese Boutique-Lodge, die für ihre Umweltfreundlichkeit schon ausgezeichnet wurde. Sie beweist, dass Luxus auch umweltverträglich sein kann, und bietet Annehmlichkeiten wie Fußbodenheizung und Badewanne unterm Sternenhimmel. Die Gäste haben die Wahl zwischen Zimmern in der Hauptlodge und separaten Cottages für bis zu sieben Personen.

Essen

In Wanaka gibt's erstaunlich viele Lokale, in denen man essen, trinken und die Tatsache, dass man im Urlaub ist, feiern kann.

RESTAURANTS

White House Café & Bar (☎ 03-443 9595; 33 Dunmore St; Hauptgerichte 35–45 NZ$; 🕒 18.30 Uhr–open end; V)

Das alteingesessene, bei Einheimischen beliebte Restaurant sieht aus wie ein griechisches Stadthaus, das auf wundersame Weise aus Santorini hierher versetzt wurde. Drinnen können Gäste über die Teller mit Köstlichkeiten der mediterranen und nahöstlichen Küche herfallen. Es gibt auch eine große Auswahl von vegetarischen Gerichten. Die lackierten Holzböden und die türkischen Teppiche machen den Zauber perfekt. Im Sommer kann man unter dem endlosen blauen Himmel von Central Otago entspannen, der ebenso direkt vom Mittelmeer importiert worden zu sein scheint.

Relishes (☎ 03-443 9018; 99 Ardmore St; Hauptgerichte 15–30 NZ$; ⏰ 8–21 Uhr) Tagsüber ein Café, abends ein schickes Restaurant mit weißen Tischdecken und einer guten Weinkarte. Unbedingt den Vorspeisenteller (26 NZ$) mit einheimischem Lachs probieren und dabei auf die schöne Lage am See anstoßen!

Missy's Kitchen (☎ 03-443 5099; Level 1, 80 Ardmore St; Hauptgerichte 30–35 NZ$; ⏰ 16 Uhr–open end) Missys Küche ist ein im Obergeschoss gelegenes spektakuläres, mehrfach prämiertes Lokal mit ebenso spektakulärer Aussicht, in dem kreative Gerichte mit Rind, Lamm und Lachs aus der Region serviert werden. Nach dem Essen geht's auf einen Cocktail an die Bar. Und die Getränkekarte mit einheimischen Bieren und Weinen ist ein guter Grund, ein zweites Mal herzukommen.

Botswana Butchery (☎ 03-443 6745; Post Office Lane; Hauptgerichte 30–45 NZ$; ⏰ 17 Uhr–open end) Was für ein bescheidener Name für Wanakas elegantestes Lokal ... In dem Speisesaal, der mit dunklem Holz und Leder eingerichtet ist, werden neben der Spezialität des Hauses – gut abgehangenen Rindersteaks – auch asiatisch angehauchte Gerichte wie Großaugenthunfisch mit sieben Gewürzen serviert. Das Essen ist definitiv etwas für Erwachsene, genau wie die Weinkarte, auf der hervorragende Weine aus Central Otago stehen. Am besten kommt man mit ein paar trinkfesten Freunden, weil nur erstaunlich wenige Weine glasweise bestellt werden können. Und nach dem Essen kann man die immer zahlreicher werdenden Bars unten in der Post Office Lane erkunden. Wir warten auf Empfehlungen!

Lone Star (☎ 03-443 6901; 50 Cardrona Valley Rd; Hauptgerichte 25–33 NZ$; ⏰ 11 Uhr–open end) Das Motto „In Texas ist alles größer" scheint genau auf das Essen hier zu passen. Die riesigen Portionen sind das Markenzeichen des Lone Star.

Die texanisch-mexikanisch angehauchten Gerichte und die fröhliche Atmosphäre halten die Gäste bei Laune – die angesichts der sich weitenden Gürtellinie allerdings verfliegen kann, wenn man hier zu viel in sich reinstopft. Am besten macht man sich über die Rippchen her, wenn man gerade eine Klettertour mit Basecamp Wanaka (S. 707) hinter sich hat, das im selben Gebäude seinen Sitz hat.

CAFÉS & AUF DIE SCHNELLE

Soulfood Store & Cafe (☎ 03-443 7885; 74 Ardmore St; Hauptgerichte 7–15 NZ$; ⏰ Mo–Fr 8–17, Sa & So bis 15 Uhr; Ⓥ) Hier können die Gäste in rustikalen Holzstecken gesunde Biogerichte wie Suppen, Pizza, Pasta und Muffins essen. Nicht alles ist streng vegetarisch, das Frühstück mit Eiern von freilaufenden Hühnern bricht diese Regel auf leckere Art und Weise. In dem angeschlossenen Bioladen gibt's frisch gebackenes Brot und alle Zutaten für ein gutes Picknick.

Yohei (03-443 4222; Spencer House Mall, 23 Ardmore St; Snacks 8–12 NZ$; ⏰ 7.30–18 Uhr; Ⓥ) Das witzige, japanisch inspirierte Lokal liegt versteckt in einer Einkaufspassage und bereitet interessante neuseeländische Sushi-Varianten zu (Sushi mit Wild oder Lamm gefällig?). Es gibt auch erstklassige Säfte und Smoothies, absolut coole Musik und eine gute Auswahl an vegetarischen Gerichten.

Kai Whakapai (☎ 03-443 7795; Ecke Helwick St & Ardmore St; Gerichte 10–30 NZ$; ⏰ 7 Uhr–open end) Das Kai (bedeutet in der Maori-Sprache „Essen") ist eine Institution in Wanaka. Hier ist man an sonnigen Tagen genau richtig, denn das Kai hat den wohl schönsten Patio in ganz Aotearoa. Außerdem gibt's riesige Sandwiches, tollen Kaffee – und einen ausgesprochen langsamen Service. Hier bekommt man auch das Bier der örtlichen Brauerei Wanaka Beerworks vom Fass und ein paar Weine aus Central Otago.

Ardmore St Food Company (☎ 03-443 2230; The Waterfront, 155 Ardmore St; Gerichte 12–18 NZ$; ⏰ 8–16 Uhr) Das kosmopolitische Ufercafé hat alles von Muffins in der Größe des Mt. Aspiring bis hin zu Frühstücksgerichten mit seltsamen Namen wie Green Eggs & Ham (Schinken, Eier und Pesto, falls es jemanden interessiert). Auf der Getränkekarte stehen nur wenige, aber erlesene Weine und Edelbiere aus der Region. Der angeschlossene Feinkostladen bietet zudem alles Nötige für ein Feinschmecker-Picknick am See.

Café Gusto (☎ 03-443 6639; 1 Lakeside Rd; Hauptgerichte 15–20 NZ$; ⊗ 8–17 Uhr) Fragt man die Leute nach dem Café mit dem besten Kaffee in der Stadt, antworten die meisten „Café Gusto". Hier gibt's herzhafte Gerichte wie Frühstücks-Burrito mit Jalapenos oder geräucherten Lachs mit Rührei. So etwas ist die richtige Grundlage für jede noch so abenteuerliche Aktivität, und nach der Kajak-, Mountainbike-, Rafting- oder Wandertour kann man die Abenteuer hier bei ausgezeichnetem Kuchen und dem besten Kaffee in ganz Wanaka Revue passieren lassen.

Red Star (☎ 03-443 9322; 26 Ardmore St; Burger 9–15 NZ$; ⊗ 11 Uhr–open end) Burger sind Burger? Nein, nicht immer. Fastfood muss kein minderwertiges Essen und auch nicht schnell sein. Das Red Star beweist, dass es auch anders geht – mit einer Speisekarte, auf der 17 verschiedene Burger mit einfallsreichen Zutaten stehen. Hier findet jeder etwas nach seinem Geschmack, selbst Vegetarier, auf die gleich drei beliebte Optionen warten.

Am Ufer, wo die Pembroke Mall auf die Ardmore St trifft, finden sich mehrere kleinere Imbisse mit preiswertem Essen zum Mitnehmen. Im **Sagun** (☎ 03-443 9220; 139 Ardmore St), von den Einheimischen auch „Curry in a Hurry" genannt, gibt's gutes indisches Essen. Die **Doughbin Bakery** (☎ 03-443 7290; 123 Ardmore St) hat sich getreu ihrem Motto „Schon seit Adams Zeiten wird hier in aller Frühe bereits gebacken" auf McGregors gute Pasteten spezialisiert. Na, da weiß man doch, dass hier alles frisch ist!

Der **Supermarkt New World** (Dunmore St; ⊗ 8–20 Uhr) verfügt über eine große Auswahl für Selbstversorger.

Ausgehen

Barluga (☎ 03-442 5400; Post Office Lane; ⊗ 16 Uhr–open end) Auf den ersten Blick wirkt das in dem aufstrebenden Gebiet rund um die Post Office Lane angesiedelte Barluga mit seinen Ledersesseln und coolen Retro-Tapeten wie ein nobler Herrenclub. Doch die verrückten Cocktails und die hämmernden Beats zerstören diese Illusion gleich wieder.

Uno (☎ 03-443 4911; 99 Ardmore St; ⊗ 16 Uhr–open end) Die schicke, moderne Weinstube ist perfekt, um den Sonnenuntergang zu beobachten. Hier kann man aber auch gut nach dem Abendessen einkehren.

Red Rock (☎ 03-443 5545; Level 1, 68 Ardmore St; ⊗ 17 Uhr–open end) Terrakottafarbene Wände,

Terrassen unter freiem Himmel und am Wochenende DJs oder manchmal auch Livemusik (ab 22 Uhr) machen das Red Rock zu einer freundlichen Bar, in der man es sich in bequemen, mit Kuhleder bezogenen Sitzecken gemütlich machen kann. Im Winter sind die Snowboarder hier Stammgäste, im Sommer allerdings ist in den Bars am Ufer mehr los.

Trout (☎ 03-443 2600; 151 Ardmore St; ⊗ Mi–So 11 Uhr–open end, Mo & Di 15 Uhr–open end) Die beste der belebteren Bierkneipen am Seeufer ist ein super Fang: In dem schicken Designer-Pub neuseeländischen Stils gibt's die ganze Bandbreite von frisch gezapften West-Coast-Bieren aus dem Hause Monteith's.

Wanaka Ale House (☎ 03-443 2920; 155 Ardmore St; ⊗ 11 Uhr–open end) Die Bierkneipe direkt neben dem Trout hat eine der begehrten Ecklagen. Das rustikale Ambiente mit den unverputzten Balken, dem Blick auf die Berge und dem schier unendlichen Vorrat von Monteith's-Bier, das in Strömen fließt, ist der Traum aller Männer auf der Südinsel.

Unterhaltung

LP Tipp **Cinema Paradiso** (☎ 03-443 1505; www.paradiso.net.nz; 1 Ardmore St; Erw./Kind 14/9 NZ$; ☐) Das Cinema Paradiso, das neue Filme und Klassiker zeigt, muss das coolste Kino weit und breit sein. Statt der üblichen langweiligen, harten Kinositze gibt es hier alte Sofas, in die man sich hineinkuscheln kann. Es sind sogar extra Kissen da, damit man sich auf dem Boden ausstrecken kann, und ein altes Morris-Minor-Auto, in dem man sich wie in einem Autokino fühlt. Zur Pause werden die Türen geöffnet, und der Duft von frisch gebackenen Keksen weht in den Saal, sodass man gar nicht anders kann, als dem Duft zu folgen. In dem großartigen Café lässt sich vorher Essen bestellen, das dann zur Pause fertig ist. Mit dem Essen kann man wieder zu seinem Platz gehen und sich die zweite Hälfte des Films anschauen – einfach fantastisch, so ein Kinoabend komplett mit Abendessen! Unbedingt probieren sollte man auch das hausgemachte Speiseeis. Und frühzeitig da sein, um sich eine gute Couch zu sichern!

Shoppen

Auch wenn Wanaka nicht gerade eine Megacity ist, hat es viele interessante Läden.

Originz (☎ 03-443 4488; Pembroke Mall) Der Souvenirladen ist vollgestopft mit einheimischem Kunsthandwerk wie Spielkarten, Seifen, Uhren, Kerzen, Gemälden und Töpferwaren. Hier gibt es einzigartige und preiswerte Stücke, die alle mit viel Stolz in Neuseeland hergestellt wurden. Ein guter Ort für ungewöhnliche Geschenke, die sich gut nach Hause transportieren lassen! In der Ardmore St.

Gallery Thirty Three (☎ 03-443 4330; 33 Helwick St) Hier stehen Töpferwaren, Glasartikel und Schmuck zum Verkauf. Teuer, doch die Schöpfungen lokaler Künstler sind auch sehenswert, wenn man keine kaufen will.

Mainly Tramping (☎ 03-443 2888; Dunmore St) In diesem Laden stapeln sich bis unters Dach Kleidung, Stiefel, Zelte, Skier und alles andere, was man zum Überleben in Gottes Natur braucht.

Outside Sports (☎ 03-443 7966; www.outsidesports. co.nz; Dunmore St) Noch mehr davon, zum Kaufen oder Leihen.

An- & Weiterreise
BUS
Die Haltestelle der **InterCity-Busse** (☎ 03-443 7885; www.intercity.co.nz) ist vor dem i-SITE am Seeufer. Es gibt täglich Busse von Queenstown (17 NZ$) nach Wanaka, die von hier über den Haast Pass (23 NZ$) weiter nach Franz Josef (46 NZ$) fahren. Wer nach Christchurch (79 NZ$) will, muss in Tarras umsteigen.

Naked Bus (www.nakedbus.com) fährt nach Queenstown, Christchurch und Cromwell sowie zur Westküste.

In Wanaka gibt's ein gutes Netzwerk von Shuttlebussen, die von Tür zu Tür fahren und nahezu alle im i-SITE gebucht werden können. **Wanaka Connexions** (☎ 03-443 9122; www.time2.co.nz) und **Atomic Shuttles** (☎ 03-349 0697; www.atomictravel. co.nz) fahren nach Christchurch (50–60 NZ$) und Queenstown (20–30 NZ$), Wanaka Connexions und **Catch-a-Bus** (☎ 03-479 9960; www. catchabus.co.nz) nach Dunedin (50 NZ$) und Atomic Shuttles über den Fox Glacier (40 NZ$) und den Franz Josef Glacier (45 NZ$) nach Greymouth (80 NZ$). Die meisten Shuttles starten in der Nähe des i-SITE; Details erfährt man bei der Reservierung.

FLUGZEUG
Air New Zealand (☎ 0800 737 000; www.airnz.co.nz) hat täglich Flüge zwischen Wanaka und Christchurch (ab 99 NZ$). **Aspiring Air** (☎ 0800 100 943, 03-443 7943; www.aspiringair.com) fliegt jeden Tag mit kleinen, zweimotorigen Flugzeugen zwischen Queenstown und Wanaka (155 NZ$, 20 Min.) hin und her.

Unterwegs vor Ort
Alpine Coachlines (☎ 03-443 7966; www.alpinecoachlines. co.nz; Dunmore St) bedient alle Abflüge und Ankünfte am Wanaka Airport (15 NZ$) und hat im Sommer zwei Shuttles pro Tag, die Wanderer (35 NZ$) zum Mt. Aspiring National Park und nach Raspberry Creek bringen. Im Winter fahren die Shuttles nach Treble Cone. **Wanaka Taxis** (☎ 03-443 7999; www.wanakataxis.com) fährt ebenfalls vom bzw. zum Flughafen, und **Adventure Rentals** (☎ 03-443 6050; adventurerentals@ xtra.co.nz; 20 Ardmore St) vermietet Autos und Geländewagen.

MAKARORA
40 Ew.
Bei Makarora hat man die Westküste verlassen und ist in der Region Otago angekommen, wobei man dies dem Dorf nicht unbedingt anmerkt. Wer Wanderungen in der Gegend unternehmen will, sollte vorher beim **DOC Visitor Information Centre** (☎ 03-443 8365; www.maka rora.co.nz; SH6; Nov.–April tgl. 8–16.45 Uhr, Mai–Okt. Mo–Fr 8–16.45 Uhr) im Makarora Wilderness Resort nach Bedingungen und Routen fragen.

Aktivitäten
WANDERN
Zu den kurzen Wanderwegen in dieser abgelegenen Ecke zählen z. B. der **Bridal Track** (einfache Strecke 1½ Std., 5 km) vom Scheitelpunkt des Haast Pass nach Davis Flat und der **Blue Pools Walk** (hin & zurück 30 Min.); bei Letzterem können Naturfreunde unterwegs riesige Regenbogenforellen beobachten.

Durch die herrliche Landschaft führen auch längere Routen, die es jedoch in sich haben. Alpine Bedingungen, Überflutungen und Lawinengefahr machen eine sorgfältige Vorbereitung zum absoluten Muss; vor dem Start daher immer Rücksprache mit dem DOC halten. Die 2 NZ$ für den DOC-Führer *Tramping Guide to the Makarora Region* sind auf jeden Fall nicht zum Fenster hinausgeschmissen.

Der dreitägige Marsch über den **Gillespie Pass** kreuzt den Young, den Siberia und den Wilkin River; auf dem Hochpass besteht Lawinengefahr. In Jetbooten ist die Rückkehr auf dem Wilkin River möglich. Zusammen mit dem Milford Track zählt dieser zu den tollsten Wanderrouten Neuseelands. Der **Wilkin Valley Track** zweigt an der Kerin Forks Hut am Oberlauf des Wilkin River ab; von hier aus geht's dann weiter zur Top Forks Hut und den malerischen **Seen Diana, Lucidus** und **Castalia** (1/1½/3–4 Std. jeweils ab der Top Forks Hut).

Jetboote düsen nach Kerin Forks; wenn der Makarora River Hochwasser führt, gibt's auch einen Service über den Young River. Bei **Wilkin River Jets** (☎ 0800 538 945, 03-443 8351; www.wilkin riverjets.co.nz; Kerin Forks 75 NZ$) oder beim DOC nachfragen.

NOCH MEHR AKTIVITÄTEN

Das üppige Siberia Valley hält eines von Neuseelands genialsten Outdoor-Abenteuern bereit. Die **Siberia Experience** (☎ 0800 345 666, 03-443 8666; www.siberiaexperience.co.nz; Erw. 310 NZ$) ist ein spannendes Spektakel, das u. a. einen 30-minütigen Panoramaflug in einer kleinen Maschine mit einer dreistündigen Wanderung durch das Unterholz eines abgelegenen Bergtals kombiniert. Den Abschluss bildet dann ein halbstündiger Jetboottrip den Wilkin River und den Kakarora River hinunter (im Mt. Aspiring National Park). Verirren sollte man sich nicht, darum beim Abstieg vom Siberia Valley die Wegmarkierungen stets gut im Auge behalten! Man kann zu diesem Ausflug auch von Wanaka aus starten.

Die herrlichen Jetbootausflüge von Wilkin River Jets (s. oben; 1 Std., 50 km, 95 NZ$) folgen im Mt. Aspiring National Park dem Makarora und dem Wilkin River. Das Unternehmen ist etwas günstiger als die Konkurrenz in Queenstown und bietet auch Hubschrauberflüge und Wanderungen an.

Southern Alps Air (☎ 0800 345 666, 03-443 4385; www.southernalpsair.co.nz) schwirrt zum Mt. Cook und den Gletschern (Erw./Kind 395/230 NZ$) und landet auch am Milford Sound (350/210 NZ$).

Schlafen & Essen

Die nächsten DOC-Campingplätze liegen am SH6 bei der Cameron Flat 10 km nördlich von Makarora und im Boundary Creek Reserve 18 km südlich von Makarora am Ufer des Lake Wanaka. Beide verlangen 6 bzw. 3 NZ$ pro Erwachsenem bzw. Kind.

Makarora Wilderness Resort (☎ 03-443 8372; www.makarora.co.nz; SH6; Stellplatz mit Strom 28 NZ$, B 30 NZ$, DZ 70–120 NZ$; 🖳 🐾) Struppiges Gebüsch umgibt in sich abgeschlossene Chalets, einfache Hütten und Unterkünfte mit Doppelzimmern und Schlafsälen für Backpacker. Alle Optionen vermitteln ein behagliches, alpines Ambiente, zudem gibt es ein Café, einen Pool im Freien, ein Lebensmittelgeschäft und eine

Tankstelle. Camper in Wohnwagen sind ebenfalls herzlich willkommen. Und abends übernimmt das Café mühelos die Rolle einer Kneipe für ganz Makarora.

Larrivee Homestay (☎ 03-443 9177; www.larrivee homestay.co.nz; am SH6; DZ inkl. Frühstück 120–150 NZ$) Das rustikale, in sich abgeschlossene Cottage mit zwei Schlafzimmern bietet Platz für bis zu vier Personen. Umgeben von Buschwerk liegt es an einer Nebenstraße zwischen dem DOC und der Touristeninformation. Dank der gut sortierten Bibliothek kann man sich hier gut ein paar Tage vom Reisen erholen.

An- & Weiterreise

InterCity (☎ 03-442 8238; www.intercity.co.nz) und **Atomic Shuttles** (☎ 03-349 0697; www.atomictravel.co.nz) fahren beide auf ihrer Strecke nach Haast und an die Westküste durch Makarora.

HAWEA
1600 Ew.

Das Städtchen Hawea 15 km nördlich von Wanaka besteht hauptsächlich aus Ferienunterkünften und Seniorenheimen. Die Aussicht auf See und Berge ist hammermäßig. Vom **Lake Hawea** schweift der Blick hinüber zum unbezwingbaren Corner Peak am Westufer und zur Barrier Range im Hintergrund. Eine schmale Landenge namens „The Neck" trennt den Lake Wanaka vom 35 km langen und 410 m tiefen Lake Hawea. Im Wasser tummeln sich Forellen und Lachse. 1958 wurde der Wasserspiegel um 20 m angehoben, um die Kraftwerke weiter flussabwärts betreiben zu können.

Das **Lake Hawea Motor Inn** (☎ 0800 429 324, 03-443 1224; www.lakehawea.co.nz; 1 Capell Ave; B 30 NZ$, 140–160 NZ$) überzeugt mit unschlagbarer Aussicht auf den See und einem hauseigenen Restaurant.

Am Ufer erstreckt sich der weitläufige und relativ ruhige **Lake Hawea Holiday Park** (☎ 03-443 1767; www.haweaholidaypark.co.nz; SH6; Stellplatz für 2 Pers. 28 NZ$, DZ 50–100 NZ$); zahlreiche passionierte Angler und Bootsfahrer fühlen sich hier pudelwohl.

CARDRONA

Die asphaltierte **Crown Range Road** von Wanaka über Cardrona nach Queenstown ist viel kürzer als die Strecke über Cromwell. Allerdings ist auf dieser schmalen, kurvenreichen Bergstraße äußerste Vorsicht geboten, vor allem bei schlechtem Wetter. Im Winter ist sie oft verschneit, sodass man nur mit Schneeketten vorankommt. Und manchmal ist sie dann auch gesperrt.

Mit ihrem Ausblick auf grüne Täler, Gebirgsausläufer und endlose, schneebedeckte Gipfel ist sie eine der malerischsten Autostrecken der Südinsel. Umgeben von hohem, sanft wogendem Tussockgras führt die Straße in die **Pisa Conservation Area**, wo es auch ein paar kurze Wanderwege gibt. Am Straßenrand liegen viele **Rastplätze**, von denen aus man die Aussicht genießen kann, vor allem am Queenstowner Ende der Straße, wenn es im Zickzack hinunter nach Arrowtown geht.

Das bescheiden aussehende **Cardrona Hotel** (☎ 03-443 8153; www.cardronahotel.co.nz; Crown Range Rd; DZ 135–185 NZ$) öffnete bereits 1863 seine Tore. Heute findet man hier liebevoll restaurierte, friedvolle Zimmer mit gemütlichen Möbeln im Landhausstil und Patios, die sich zu einem Garten öffnen. Es gibt auch eine zu Recht beliebte Kneipe mit einem guten **Restaurant** (Hauptgerichte 15–20 NZ$; ⊙ mittags & abends) und einer Gartenbar, die durchaus die beste Neuseelands sein könnte.

Das Hotel liegt nahe der Abzweigung zur **Waiorau Snow Farm** (☎ 03-443 7542; www.snowfarmnz. com). Im Winter kann man hier hervorragend Ski laufen. Skiunterricht und Skiverleih (jeweils 80 NZ$) werden auch angeboten.

Ebenfalls in der Nähe sitzt der Veranstalter **Backcountry Saddle Expeditions** (☎ 03-443 8151; Crown Range Rd; Erw./Kind ab 70/50 NZ$). Hier kann man auf Appaloosa-Pferden durch das Cardrona Valley reiten.

Wem das zu ruhig ist, der kann sich an die ungestümen und lauten Monstertrucks (bei denen man auch ans Steuer darf), Quads und Gelände-Gokarts im **Cardrona Adventure Park** (☎ 0800 102 122; www.adventurepark.co.nz; Monster Truck ab 140 NZ$, Quad ab 75 NZ$, Gokart ab 60 NZ$; ⊙ 10–17 Uhr) halten.

Fiordland & Southland

Das untere Ende der Südinsel verfügt über einige der spektakulärsten Landschaften des Landes. Im Westen liegt der Fiordland National Park mit seinen gezackten, nebligen Gipfeln, glitzernden Seen und einem Hauch von abweisender Einsamkeit. Man erreicht den Park über den weltberühmten Milford Track, eine der vielen Strecken, die sich durch dichte Wälder winden und einen Blick auf spektakuläre Berge und eisbedeckte Canyons bieten. In Fiordland liegen auch der Milford Sound und der Doubtful Sound. Die baumbestandenen Klippen erheben sich fast senkrecht aus den stillen, tiefen Wassern und sind über die Straße oder zu Wasser per Boot oder Kajak recht einfach zu erreichen.

Im Osten von Southland, vom ausgetretenen Pfad aus scharf links, liegen die friedvollen Catlins, ein Gebiet mit Wäldern voller Vögel, üppigem, grünem Weideland und rauen, windigen Küsten. Außer den Waldvögeln gehört das Gebiet auch den Pinguinen, Robben, Seelöwen, Delfinen und dem einen oder anderen Wal. Es wimmelt nur so von wunderschönen Unterkünften an den wilden Stränden, in den Wäldern und kleinen Küstendörfchen.

Southland bietet die Art von Neuseelandambiente, von der Reisende träumen und die Postkarten nicht wiedergeben können. Mehr als einmal biegt man ahnungslos um eine Ecke, bleibt wie angewurzelt stehen, stößt ein „Boah" aus – und greift zur Kamera.

HIGHLIGHTS

- Im Kajak vor den steilen Meeresklippen am **Milford Sound** (S. 728) umherpaddeln
- Die Nebenstraßen, Waldwasserfälle und einsamen Südstrände der friedvoll-windigen **Catlins** (S. 743) entdecken
- Dem atemberaubenden **Milford Track** (S. 726) und dem **Hollyford Track** (S. 725) durch Wald und Berge folgen
- Auf dem gewaltigen und abgeschiedenen **Doubtful Sound** (S. 731) übernachten
- Sich mit Delfinen, Walen, Seelöwen und Pinguinen den Strand der **Porpoise Bay** (S. 745) in den Catlins teilen
- Die Kunst in Invercargills **Anderson Park Art Gallery** (S. 736) bewundern
- Die Waldwanderwege und stillen Bergseen abseits des **Te Anau–Milford Hwy** (S. 724) erkunden

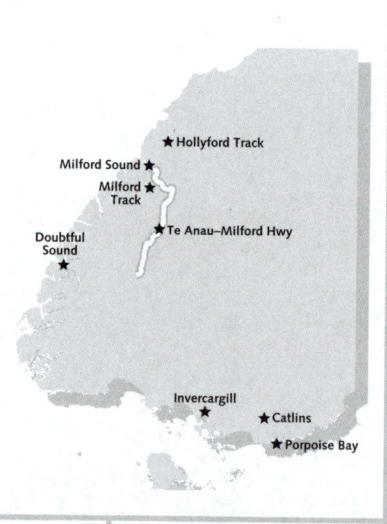

- Vorwahl: 03
- www.southland.org.nz
- www.fiordland.org.nz

Klima

Aufgrund des ziemlich launischen Southland-Wetters kommt es auch im Sommer oft zu Wolkenbrüchen. Daher heißt es entsprechend vorbereiten – ob auf Buschwanderungen, Autotouren, Bootstrips auf den Sounds (dort 6000 mm durchschnittlicher Jahresnieder-schlag) oder andere Outdooraktivitäten.

Zur Winterzeit gibt's dagegen auch knackig kalte Sonnentage. Allgemein ist es in Southland immer etwas kühler als weiter nördlich.

Anreise & Unterwegs vor Ort

Ab Invercargill geht's per Flieger nach Christchurch (Air New Zealand) und Oban (Stewart Island Flights).

Große Busfirmen fahren ab Queenstown oder Dunedin nach Te Anau und Invercargill. Manche davon folgen der Southern Scenic Route und besuchen den Milford Sound (inkl. Bootstrip). Dazu zählen InterCity, Topline Tours, Atomic Shuttles, Bottom und Naked Bus. Firmen wie TrackNet und Scenic Shuttle sind hauptsächlich in Southland unterwegs.

FIORDLAND

Fiordland repräsentiert Neuseelands ursprünglichste Wildnis. Das bewaldete Gebiet mit schroffen Bergen wird von vielen tiefen Sounds (Sunden, eigentlich Fjorden) durchtrennt, die wie krumme Finger von der Tasmansee aus landeinwärts reichen. Als Teil der Te Wahipounamu Southwest New Zealand World Heritage Area ist Fiordland bis heute größtenteils beeindruckend und entlegen. Te Anau und der Milford Sound verzeichnen die meisten Touristen. Die regionalen Kleinstädte haben relativ wenige ständige Einwohner.

Vor Ort warten ein paar wunderbare Buschwanderungen. Der Milford Track mag am schönsten sein, doch der Kepler und der Hollyford Track erweisen sich als würdige Konkurrenten. Der Routeburn, der Greenstone und der Caples Track enden ebenfalls hier, beginnen aber jeweils in Queenstown.

TE ANAU

3000 Ew.

Die friedvolle Ortschaft Te Anau am Seeufer ist eine prima Basis für Wanderer und Besucher des Milford Sound. Zudem kann man hier perfekt neue Kraft tanken: Im Angebot sind z. B. zahlreiche Aktivitäten. Andererseits

---

**KURZINFOS
FIORDLAND & SOUTHLAND**

Essen Bluff-Austern in Bluff (S. 741) oder Tuatapere-Würstchen in Tuatapere (S. 733)

Trinken Das tolle Bier der Invercargill Brewery (S. 737)

Lesen *The Gorse Blooms Pale* von Dan Davin, eine Kurzgeschichtensammlung über Southland

Anhören Die „Sundesstille" beim Kajakfahren auf dem Doubtful Sound (S. 731)

Ansehen Die Fernsehserie *South* (2009) unter Moderation der schrägen einheimischen Medienlegende Marcus Lush.

Schwimmen In der Porpoise Bay (S. 745), wo Delfine spielen und Pinguine watscheln

Festival Die New Zealand Gold Guitar Awards (S. 742) in Gore

Schrägste Touristenattraktion Die Riesenforelle in Gore (S. 742)

Grünes Gewissen Ökotouren per Boot auf dem Doubtful Sound (S. 732) oder zu Fuß in den Catlins (S. 743)

---

ist Te Anau an Sonnentagen ein tolles Plätzchen, um sich vom Reisestress zu erholen.

Der Lake Te Anau bildet die Grenze zwischen zwei grundverschiedenen Landschaften: Im Osten liegen die relativ ebenen Weideflächen des zentralen Southland. Am anderen Seeufer erheben sich unmittelbar gen Westen die schroffen, bewaldeten Berge Fiordlands. Neuseelands zweitgrößter See wurde einst von einem riesigen Gletscher geschürft. Er hat mehrere Arme, die das bergig-bewaldete Westufer durchziehen. Mit 417 m liegt sein tiefster Punkt in etwa doppelt so weit unten wie der Grund von Loch Ness.

Praktische Informationen

Te Anaus Hauptgeschäftsstraße wird verwirrenderweise als „Town Centre" bezeichnet (seltener: Milford Rd). Geldautomaten gibt's nahe Te Anau Outside Sports (S. 721). Das Sandfly Café (S. 724) und das Café im Fiordland Cinema (S. 724) haben WLAN.

Adventure Fiordland (☎ 03-249 8500; Town Centre; ☺ 9–17 Uhr) Informationskiosk mit Schwerpunkt auf Abenteueraktivitäten wie Kajakfahren.

Department of Conservation Visitor Information Centre (DOC; ☎ 03-249 0200; www.doc.govt.nz; fiordlandvc@doc.govt.nz; Ecke Lakefront Dr & Manapouri Hwy; ☺ 8.30–18 Uhr) Hier gibt's super Regionalinfos, interessante Ausstellungen und eine sehenswerte DVD zu

FIORDLAND & SOUTHLAND

0   50 km

Fiordlands Flora und Fauna. Der „Great-Walks"-Schalter (☎ 03-249 8514; greatwalksbooking@doc.govt.nz; ☷ 8.30–17 Uhr) bietet Routeninfos und Buchungsservice für den Milford, den Routeburn und den Kepler Track. Zudem gibt's Computerterminals mit landesweiten DOC-Infos.

Discover NZ Information Centre (☎ 03-249 7516; Lakefront Dr; ☷ 8–19.30 Uhr) Für noch mehr Infos und Aktivitäten.

Fiordland i-SITE (☎ 03-249 8900; fiordland-isite@real journeys.co.nz; 85 Lakefront Dr; ☷ Sommer 8.30–18 Uhr, Winter bis 17 Uhr) Broschüren und zahllose Infos, u. a. zu Aktivitäten, Straßenzustand sowie Unterkunfts- und Busreservierungen.

Gateway Bookshop (64 Town Centre; ☷ Mo–Do 9–20, Fr & Sa bis 21, So bis 19 Uhr) Prima, um nach dem Wandern seine Taschenbücher in Zahlung zu geben.

TE ANAU

0 — 500 m

PRAKTISCHES

Adventure Fiordland	(siehe 35)
Geldautomaten	**1** C2
Discover NZ Information Centre	**2** B3
DOC Visitor Information Centre	**3** C4
Fiordland i-SITE	**4** B3
Gateway Bookshop	**5** C2
Medical Centre	**6** C2
Photocentre.com	**7** C2
Post	**8** C2
Real Journeys	(siehe 4)
Wash'n'Surf	**9** C2

SEHENSWERTES & AKTIVITÄTEN

Bev's Tramping Gear	**10** D3
Southern Lakes Helicopters	**11** B3
Stardome	**12** B3
Te Anau Bike Hire	**13** B2
Te Anau Outside Sports	**14** C2
Te Anau Wildlife Centre	**15** C4
Wings & Water Te Anau	**16** B3

SCHLAFEN

Anchorage Motel	**17** C3
Cat's Whiskers B&B	**18** C3
Cosy Kiwi	**19** C2
Edgewater Motel	**20** C3
Keiko's B&B	**21** D2
Lakeside Motel	**22** C3
Rosies Backpacker Homestay	**23** D1
Te Anau Great Lakes Holiday Park	**24** C2
Te Anau Lakefront Backpackers	**25** C3
Te Anau Lakeview Holiday Park	**26** C4
Te Anau Lodge B&B	**27** D1
Te Anau Top 10 Holiday Park	**28** B2
Te Anau YHA	**29** B2

ESSEN

Fat Duck	**30** C2
Fresh-Choice-Supermarkt	(siehe 37)
Glasshouse	**31** C2
La Dolce Vita	**32** C2
La Toscana	**33** C2
Miles Better Pies	**34** B2
Olive Tree Café & Restaurant	**35** C2
Redcliff Bar & Restaurant	**36** B2
Ruchee	(siehe 37)
Sandfly Café	**37** C2

AUSGEHEN

Moose	**38** B2
Ranch Bar & Grill	**39** C2

UNTERHALTUNG

Fiordland Cinema	(siehe 37)

TRANSPORT

InterCity Departure	**40** C2
Kepler Water Taxi	**41** B2

Te Anau Glowworm Caves (16 km)

Sports Domain

Fiordland Community Pool

Bob & Maxines (500 m); Te Anau Downs (29 km); Milford Sound (120 km)

Fergus Sq

The Lane

Schule

Lions Park

Town Centre

Te Anau Memorial Gardens

Bootsroute

Brod Bay (3 km)

Lake Te Anau

Mossburn (58 km); Lumsden (72 km); Invercargill (152 km)

Te Anau–Manapouri Rd

Kepler Track (3 km); Blue Mountain Cottages (8 km); Barnyard Backpackers (9 km); Manapouri (20 km)

Medical Centre (☎ 03-249 7007; Luxmore Dr; Mo–Fr 8–18, Sa 9–12 Uhr)

Photocentre.com (☎ 03-249 7620; 62 Town Centre;) Internetterminals, Digitalfotodruck und LAN-Zugang.

Post (102 Town Centre) In der Nachrichtenagentur Paper Plus untergebracht.

Real Journeys (☎ 0800 656 501; www.realjourneys.co.nz) Im Gebäude des i-SITE. Bietet diverse geführte Touren und Aktivitäten in Fiordland an.

Wash'n'Surf (122 Town Centre; 8 NZ$/Maschine; 9–21 Uhr) Kombi aus Waschsalon und Internetcafé.

Sehenswertes

TE ANAU GLOWWORM CAVES

Das eindrucksvolle, 200 m lange Höhlensystem am westlichen Seeufer existierte einst nur in Maorilegenden und wurde erst 1948 wiederdeckt. Dieser magische Ort ist nur per Boot zugänglich. Im Inneren verbergen sich Felsskulpturen, Strudel, kleine und große Wasserfälle sowie eine schimmernde Glühwürmchengrotte. Die geführten Touren von Real Journeys (s. linke Spalte; Erw./Kind 63/20 NZ$, 2¼ Std.) erreichen das Herz der Höhlen mittels eines Laufstegs und einer kurzen unterirdischen Bootsfahrt.

TE ANAU WILDLIFE CENTRE

Das DOC-geführte **Te Anau Wildlife Centre** (☎ 03-249 0200; Te Anau–Manapouri Rd; Eintritt gegen Spende; Sonnenaufgang–Sonnenuntergang) beherbergt einheimische Federträger wie Maori-Fruchttauben, Tuis, Kakas, Wekas (Wekarallen), verschiedene Wasservögel und den seltenen, flugunfähigen Takahe.

Aktivitäten

WANDERN & TREKKEN

Wer Wanderungen plant, wendet sich zwecks Infos und Routenregistrierung idealerweise an das DOC-Büro (s. S. 717).

Kepler Track

Dieser „Great-Walks"-Rundweg (60 km) beginnt weniger als 60 Gehminuten von Te Anau entfernt und führt westwärts in die Kepler Mountains hinein. Unterwegs passiert er den See, Flüsse, Schluchten, von Gletschern geformte Täler und Buchenwälder. Die Wanderung dauert vier Tage – oder drei, wenn man am Rainbow Reach abbricht. Am ersten Tag erreicht man die Baumgrenze mit tollen Panoramablicken. Das alpine Teilstück zwischen Luxmore und Iris Burn Hut folgt einem hohen Bergrücken weit oberhalb des Buschlands und bietet an klaren Tagen eine herrliche Aussicht. Bei Schlechtwetter kann's hier allerdings gefährlich werden! Es ist ratsam, die Route in Richtung Luxmore–Iris Burn–Moturau zu absolvieren.

Wie bei allen Wegen in Fiordland wird das Wandern stark vom Wetter beeinflusst: So sollte man sich auf mindestens einen Regentag und auf eine Runde Waten einstellen. Die alpinen Abschnitte erfordern eine ordentliche Kondition und sind bei schlechtem Winterwetter eventuell gesperrt. In mittelschweren Bereichen warten dagegen Steigungen bzw.

Gefälle von bis zu 1000 m und brückenlose Flussüberquerungen.

Während der Hauptsaison (Okt.–April) müssen alle Wanderer im Voraus buchen – entweder online (www.booking.doc.govt.nz) oder bei einem beliebigen DOC Visitor Centre. Zu dieser Zeit ermöglicht der **Great Walks Hut Pass** (pro Nacht Erw./Kind 45 NZ$/frei) Übernachtungen in den drei gut gepflegten Kepler-Hütten (Luxmore, Iris Burn und Moturau), die jeweils über Heizung und Kochgelegenheit verfügen. Der **Camping Pass** (pro Nacht Erw./Kind 15 NZ$/frei) berechtigt zum Campen an ausgewiesenen Stellen rund um Brod Bay und Iris Burn Hut. Auch außerhalb der Hauptsaison muss ein Hüttenpass bzw. Backcountry Hut Pass im Voraus erworben werden (pro Nacht Erw./Kind 15 NZ$/frei), wobei Heizung und Kochgelegenheit wegfallen. Camping außerhalb der Saison ist kostenlos.

Geschätzte Wanderzeit:

Tag	Strecke	Dauer (Std.)
1	Te Anau DOC-Büro–Kontrollpunkt	¾
1	Kontrollpunkt–Brod Bay	1½
1	Brod Bay–Luxmore Hut	3½–4½
2	Luxmore Hut–Iris Burn Hut	5–6
3	Iris Burn Hut–Moturau Hut	5–6
4	Moturau Hut–Rainbow Reach	1½–2
4	Rainbow Reach–Kontrollpunkt	2½–3½

TrackNet (☎ 0800 483 262; www.tracknet.net) und **Topline Tours** (☎ 03-249 8059; www.toplinetours.co.nz) betreiben Wanderershuttles (5–11 NZ$) zu bzw. ab den Weganfängen bzw. -enden.

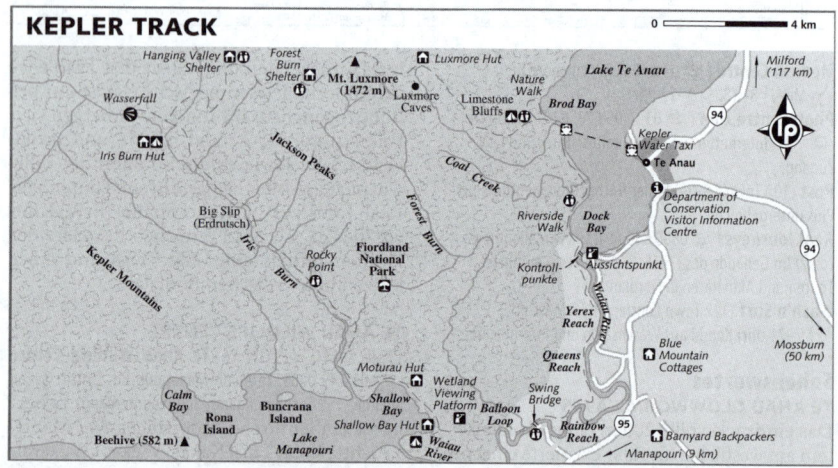

KEPLER TRACK

0 —— 4 km

Hanging Valley Shelter • Forest Burn Shelter • Mt. Luxmore (1472 m) • Luxmore Hut • Luxmore Caves • Nature Walk • Limestone Bluffs • Brod Bay • Lake Te Anau • Milford (117 km)

Wasserfall • Kepler Water Taxi • Te Anau • 94

Iris Burn Hut • Jackson Peaks • Coal Creek

Big Slip (Erdrutsch) • Forest Burn • Riverside Walk • Dock Bay • Department of Conservation Visitor Information Centre

Kepler Mountains • Iris Burn • Rocky Point • Fiordland National Park • Kontrollpunkte • Aussichtspunkt • 94

Waiau River • Yerex Reach

Moturau Hut • Queens Reach • Blue Mountain Cottages • Mossburn (50 km)

Calm Bay • Rona Island • Buncrana Island • Shallow Bay • Wetland Viewing Platform • Balloon Loop • Swing Bridge

Beehive (582 m) ▲ • Shallow Bay Hut • Lake Manapouri • Waiau River • Rainbow Reach • 95 • Barnyard Backpackers • Manapouri (9 km)

Kurzwanderungen

Der Kepler Track ermöglicht kostenlose Tageswanderungen. Mit dem **Kepler Water Taxi** (☎ 03-249 8364; stevsaunders@xtra.co.nz; einfach/hin & zurück 25/40 NZ$) kommt man fix hinüber zur Brod Bay. Von dort geht's entweder zum Mt. Luxmore (7–8 Std.) oder am südlichen Seeufer entlang zurück nach Te Anau (2–3 Std.). Im Sommer starten dort regelmäßig Shuttles am Ufer (8.30 & 9.30 Uhr). Und es gibt viele Kurzstrecken in der ganzen Gegend (s. S. 724).

Im Sommer führt **Trips'n'Tramps** (☎ 03-249 7081; www.tripsandtramps.com; ☾ Okt.–April) kleine Gruppen über Teile des Routeburn, des Kepler oder des Hollyford Track (½–2 Tage). Manche Optionen schließen Kajaktrips auf dem Milford Sound ein. Real Journeys (S. 719) veranstaltet geführte Tagesmärsche (Erw./Kind 190/123,50 NZ$; Nov.–Mitte April) auf einem 11 km langen Stück des Milford Track.

Die Broschüre *Fiordland National Park Day Walks* (1 NZ$ beim Fiordland i-SITE) informiert über weitere Alternativen.

Ausrüstung

Gute Ausrüstung und solides Regenzeug sollten vor dem Aufbruch grundsätzlich vorhanden sein.

Bev's Tramping Gear (☎ 03-249 7389; www.bevs -hire.co.nz; 16 Homer St; ☾ 9–12 & 18.30–20 Uhr, So morgens geschl.) Topografische Karten zum Kaufen und Wander- bzw. Campingausrüstung zum Ausleihen.

Te Anau Outside Sports (☎ 03-249 8195; 38 Town Centre) Ausrüstungsverkauf und -verleih.

KAJAK- & JETBOATFAHREN

Kajaktrips auf den unberührten Wasserwegen der World Heritage Area sind einfach der Hit. **Fiordland Wilderness Experiences** (☎ 0800 200 434; www.fiordlandseakayak.co.nz) organisiert ein- oder mehrtägige Paddelausflüge auf dem Lake Te Anau und dem Manapouri (ab 130 NZ$/Tag). Auf S. 728 stehen Kajaktipps zum Milford Sound und dem Doubtful Sound.

Luxmore Jet (☎ 0800 253 826, 03-249 6951; www.lux morejet.com; Erw./Kind 95/45 NZ$) veranstaltet einstündige Fahrten auf dem wunderschönen Waiau River zwischen Lake Te Anau und Manapouri. Dabei werden Drehorte des *Herrn der Ringe* besucht.

NOCH MEHR AKTIVITÄTEN

Das i-SITE informiert über geführte **Forellenangeltrips** (Fliegen-, Schlepp- oder Spinnfischen). In Flüssen und Bächen wird grob von Oktober bis Mai gefischt, in Seen ganzjährig. Genehmigungen gibt's beim DOC.

Te Anau Bike Hire (☎ 03-249 7211; 7 Mokonui St; Leihfahrräder pro Std./Tag ab 10/25 NZ$; ☾ Sept.–April ab 10 Uhr) verleiht Mountainbikes, Kinderfahrräder und Tandems. **High Ride Adventures** (☎ 03-249 8591; www.highride.co.nz; Quadtouren/Ausritte 145/80 NZ$) bietet Quadtouren durch die Wildnis und Ausritte entlang des Whitestone River an (je 3½ Std.).

Bei den „Night Sky Safaris" von **Fiordland Astronomy** (☎ 0508 COSMOS; www.astronomyfiordland. co.nz; 40 NZ$/Pers.; ☾ wetterabhängig) können maximal achtköpfige Kleingruppen den Nachthimmel durch Ferngläser und ein 30 cm langes Teleskop beobachten. **Stardome** (Events Centre, Luxmore Dr; 30 NZ$/Pers.) heißt ein neu eröffnetes Planetarium, das ganze Gruppen auf digitalinteraktive Weise prima unterhält. Das Fiordland i-SITE liefert Details zu Ticketbuchungen und Öffnungszeiten.

Geführte Touren

Da hier blaue Seen, dunkle Wälder und steile, verschneite Berge schon beim Abheben sichtbar sind, ist dies eine der besten neuseeländischen Rundflugregionen. Direkt am Lakefront Dr starten die Wasserflugzeuge von **Wings & Water Te Anau** (☎ 03-249 7405; www.wings andwater.co.nz; Lakefront Dr) zu zehnminütigen Flügen über die nähere Umgebung (Erw./Kind 95/55 NZ$) oder längeren Trips über Kepler Track, Doubtful Sound und Milford Sound (ab 295 NZ$). **Air Fiordland** (☎ 0800 107 505; www. airfiordland.co.nz) hat ein ähnliches Angebot.

Southern Lakes Helicopters (☎ 03-249 7167; www. southernlakeshelicopters.co.nz; Lakefront Dr) brummt 25 Minuten lang über Te Anau (190 NZ$) hinweg. Eine längere Option umfasst Doubtful Sound, Dusky Sound und Milford Sound (ab 530 NZ$), eine Kombination aus Hubschrauberflug, Fußmarsch und Bootsfahrt folgt einem Abschnitt des Kepler Track (180 NZ$).

Schlafen

Trotz vieler Hostels, Hütten, Hotels und Motels in Te Anau können alle Unterkünfte zur Mitte der Hauptsaison (Ende Dez.–Feb.) ausgebucht sein. Daher möglichst früh reservieren!

BUDGETUNTERKÜNFTE

Te Anau Lakeview Holiday Park (☎ 03-249 7457; www. teanau.info; 77 Te Anau-Manapouri Rd; Stellplatz ab 15,50 NZ$/ Pers., B 27 NZ$, EZ 35 NZ$, DZ 60–89 NZ$, Hütte DZ 68–78 NZ$, separates DZ 90–130 NZ$; 🖳 🛜) Etwa 1,5 km außerhalb des Ortes vereint diese große Uferanlage gleich mehrere Optionen: erstens den Campingplatz Te Anau Lakeview mit Stellplätzen für Zelte oder Wohnmobile, verschiedenen Hütten und separaten Moteleinheiten für maximal sieben Personen, zweitens die einfachen und langweiligen Einzelzimmer von West Arm, die jedoch mehr Privatsphäre als Schlafsäle bieten, und drittens das Steamers Backpackers mit charakterlosen Zimmern, aber modern-komfortabler Gemeinschaftsküche und -lounge.

Te Anau Great Lakes Holiday Park (☎ 0800 249 555; www.greatlakes.co.nz; Ecke Luxmore Dr & Milford Rd; Stellplatz 16,50 NZ$/Pers., B 25 NZ$, Hütte 58–65 NZ$, Wohneinheit 95–195 NZ$; 🖳 🛜) Grüne Ferienanlage mit diversen Hütten bzw. Wohneinheiten und großer, moderner Küche.

Te Anau Lakefront Backpackers (☎ 03-249 7713; www.teanaubackpackers.co.nz; 48–50 Lakefront Dr; Stellplatz für Zelt 18 NZ$/Pers., B 26–28 NZ$, DZ 72–92 NZ$; 🖳 🛜) Weitläufiger Gebäudekomplex mit vielen verschiedenen Zimmern – einige sonnig und geräumig, andere eng und verwohnt. Trotzdem gibt's hier nettes, hilfsbereites Personal, ein angenehmes Gemeinschaftsleben, einen Fahrradverleih und viele warme Winterfeuer. Hinzu kommen ein schattiger, ruhiger Garten mit trällernden Tuis und eine herrliche Lage direkt am Ufer. Schlafsäle mit Seeblick und Quasi-Partypflicht heißen Backpacker stets herzlich willkommen. Das große Unterkunftsspektrum umfasst aber auch ruhigere Familienquartiere im hinteren Bereich.

Barnyard Backpackers (Karte S. 720; ☎ 03-249 8006; www.barnyardbackpackers.com; 80 Mt. York Rd, abseits SH95; B 26–28 NZ$, DZ 66 NZ$; 🖳) Das Barnyard auf einer Hirschfarm liegt 9 km südlich des Ortes in Richtung Manapouri. Ein charmant-rustikales Gemeinschaftshaus und mehrere Blockhütten stehen an einer Hügelflanke mit Blick auf die Kepler Mountains. Die komfortablen Hütten haben eigene Bäder, und der Gemeinschaftsbereich eignet sich super für eine Runde Poolbillard oder Relaxen am zentralen Feuer. Prima Basislager für den Kepler Track!

Te Anau YHA (☎ 03-249 7847; yha.teanau@yha.co.nz; www.yha.co.nz; 29 Mokonui St; B/EZ/DZ ab 28/51/74 NZ$; 🖳 🛜) Te Anaus zentralste Backpackerunterkunft ist ein helles, modernes Hostel mit tollen Einrichtungen und farbenfrohen Wohlfühlzimmern. Hier kann man in Hängematten relaxen, im grünen Hintergarten grillen oder am Holzfeuer kuscheln.

LP Tipp **Bob & Maxines** (☎ 03-931 3161; bob. anderson@woosh.co.nz; 20 Paton Pl, abseits Oraka St; B/2BZ 30/80 NZ$; 🖳) Das relaxte Hostel abseits des Te Anau–Milford Hwy liegt zwar nur 2,5 km außerhalb des Ortes, scheint aber gefühlte 1 Mio. Kilometer davon entfernt zu sein. Dank des tollen Bergpanoramas vor den Fenstern heimst die Gemeinschaftslounge begeisterte Kritiken ein. Gäste können sich am Holzofen wärmen, in der geräumigen, modernen Küche kochen oder einfach entspannen. Das komplett rollstuhlgerechte Haus verfügt neuerdings über Wärmepumpen. Leihfahrräder erleichtern den Weg nach Te Anau.

Rosie's Backpacker Homestay (☎ 03-249 8431; backpack@paradise.net.nz; 23 Tom Plato Dr; B/DZ 31/74 NZ$; 🖳 🛜) In diesem kleinen, vertraulichen Homestay am Ortsrand wird man praktisch sofort zum Familienmitglied. Das Rosie's liegt einen kurzen Fußmarsch nördlich vom Zentrum und hat von Juni bis Juli geschlossen.

Te Anau Top 10 Holiday Park (☎ 0800 249 746, 03-249 7462; www.teanautop10.co.nz; 128 Te Anau Tce; Stellplatz ab 34 NZ$, Hütte 52–68 NZ$, DZ 120–170 NZ$; 🖳 🛜) Der klassische Ferienpark in Orts- und Seenähe hat hervorragende Einrichtungen und kleine, aber geschützte Stellplätze. Hinzu kommen Kinderspielplatz, Sauna, Fahrradverleih, Grillbereich und eine moderne Küche. Das Spektrum der Hütten und Wohneinheiten reicht von schick bis einfach.

MITTEL- & SPITZENKLASSEHOTELS

Im Winter lohnt es sich immer, bei den hiesigen Motels und B & Bs nach Rabatten auf Hauptsaisonpreise zu fragen.

Lakeside Motel (☎ 0800 452 537, 03-249 7435; www. lakesideteanau.com; 36 Lakefront Dr; DZ 130–220 NZ$; 🖳 🛜) Von den meisten Wohneinheiten blicken Gäste über grüne Wiesen direkt auf den See. Damit bietet dieses rollstuhlgerechte Motel super Ausblicke – besonders vom ersten Stock aus. Drinnen gibt's prima Kochgelegenheiten und dank großer Fenster viel Tageslicht.

Cosy Kiwi (☎ 0800 249 700, 03-249 7475; www.cosy kiwi.com; 186 Milford Rd; EZ 170–320 NZ$, DZ 150–165 NZ$; 🖳 🛜) Trotz B & B-Schild ist die freundliche Option eigentlich eher ein fesches Motel. Die modernen und gut gepflegten Zimmer liegen nur wenige Gehminuten von Te Anaus Zentrum entfernt. Das Frühstück ist im Preis enthalten und wird von Gastgeberin Eleanor normalerweise auch in warmen Varianten serviert: Schließlich braucht man für anstrengende Aktivitäten einen guten Start in den Tag.

Te Anau Lodge B&B (☎ 03-249 7477; www.teanau lodge.com; 52 Howden St; EZ 170–320 NZ$, DZ 200–350 NZ$; 🖥 🛜) Das Ex-Kloster der Sisters of Mercy (Barmherzige Schwestern) von 1930 wurde gleich nördlich der Stadt in toller Lage wiederaufgebaut. Diese in positivem Sinne dekadente Unterkunft bietet z. B. die Möglichkeit, Drinks auf einem Chesterfield-Sofa vor dem Kaminfeuer zu kippen. Dann heißt es im Wellnessbereich relaxen, bevor man in sein übergroßes Bett fällt. Am nächsten Morgen wartet ein frisches, leckeres Frühstück in der alten Kapelle. Zukünftig sollen Konzerte auf den weiten Rasenflächen stattfinden.

Cat's Whiskers B&B (☎ 03-249 8112; www.cats whiskers.co.nz; 2 Lakefront Dr; DZ 175–215 NZ$; 🖥 🛜) Das familiäre B&B vermietet vier frisch renovierte Zimmer mit eigenen Bädern. Hinzu kommen ein toller Blick auf den direkt gegenüberliegenden See und ein sonniger Freiluftbereich, der zum Relaxen hinter dem Haus einlädt. Das Familienzimmer nimmt vier Personen auf.

Keiko's B&B (☎ 03-249 9248; www.keikos.co.nz; 228 Milford Rd; DZ 195 NZ$; 🌣 Juni–Aug. geschl.; 🛜) Die wunderbar privaten Selbstversorgerhütten sind komplett von einem Blumenmeer und japanischen Gärten umgeben. Zu den wunderbaren Extras zählen japanisches Frühstück am Morgen und eine bambusumrandete Badewanne für den Abend.

Blue Mountain Cottages (Karte S. 720; ☎ 03-249 9030; www.bluemountaincottages.co.nz; Hwy 95; Hütte 260 NZ$) Inmitten von Weideland liegen die beiden vornehmen Selbstversorgerhütten 8 km südlich der Stadt. Sie bieten Platz für bis zu sechs Personen sind daher eine gute Familienoption. Für Gäste gibt's Fleisch und Gemüse aus eigener Produktion.

Eine kleine Auswahl Motels:

Anchorage Motel (☎ 03-249 7256; www.teanaumotel. co.nz; 47 Quintin Dr; DZ 85–175 NZ$; 🖥 🛜) Kinderfreundlich und behindertengerecht.

Edgewater Motel (☎ 0800 483 439, 03-249 7258; www.edgewater.net.nz; 52 Lakefront Dr; DZ 140–250 NZ$; 🖥 🛜) Helle Wohlfühlzimmer mit prima Kochgelegenheiten plus separate Luxusvilla mit zwei Schlafzimmern (400 NZ$).

Essen
RESTAURANTS & CAFÉS

Olive Tree Café & Restaurant (☎ 03-249 8496; 52 Town Centre; Snacks & Burger ab 7 NZ$, Hauptgerichte 21–38 NZ$; 🌣 Sept.–Mai 8–21.30 Uhr, Juni–Aug. 9–20 Uhr) Das Olive Tree versteckt sich am Ende einer langweilig wirkenden Arkade. Das Innere ist sympathisch und abgefahren, während super Freiluftbereiche zum Kaffeeschlürfen in der Sonne einladen. Es gibt auch leckere Gerichte mit mediterranem Touch.

La Toscana (☎ 03-249 7756; 108 Town Centre; Nudelgerichte 12–20 NZ$, Pizzen 12–24 NZ$; 🌣 17.30 Uhr–open end) Brummend, laut und relaxt zugleich: Dieser lebhafte Laden mit hölzernen Sitzgarnituren eignet sich prima für nächtliche Snacks oder ein schmackhaftes Abendessen. Die üppigen Pizzen und Nudelgerichte haben ein klasse Preis-Leistungs-Verhältnis. Essen zum Mitnehmen und Lieferservice.

Ruchee (☎ 03-249 9298; 5 The Lane; Hauptgerichte 16–22 NZ$; 🌣 Mo 17 Uhr–open end, Di–So 12–15 & 17 Uhr –open end, Mai–Okt. geschl.; **V**) Wie toll, dass es eine indische Alternative zu Te Anaus zahllosen Italienern gibt! Das angenehme und relaxte Lokal ist immer gut für ein Curry. Die hiesige Kost verdient zwar keinen Nobelpreis, schmeckt aber fürs ländliche Neuseeland gar nicht so schlecht und kann auch mitgenommen werden.

Glasshouse (Milford Cres; Hauptgerichte 20–33 NZ$; 🌣 9.30 Uhr–open end) Erst einmal bekommt man hier das ultimative Frühstück vor Trips zum Milford Sound. Und nach der Rückkehr kommt dann ein innovatives Abendmenü (Lamm, Wildbret oder Hühnchen) mit prima Preis-Leistungs-Verhältnis auf den Tisch. Der freundliche und engagierte Service entschädigt für die leicht klinische Wirkung des minimalistischen Dekors.

Fat Duck (☎ 03-249 8480; 124 Town Centre; Hauptgerichte abends 22–38 NZ$; 🌣 Mo–Fr 12 Uhr–open end, Sa & So ab 10 Uhr) Der freundliche Service kompensiert die etwas langweilige Einrichtung. Und auch sonst erntet das Fat Duck begeisterte Kritiken von den meisten Travellern: Das leckere Essen wird in großen Portionen serviert. Die Variationen von Klassikern wie Knusperente, Schweinebauch oder Lachs sind ziemlich innovativ. Die Bar ist so lang wie der Doubtful Sound – nur für den Fall, dass man vor dem Weiterziehen noch einen Drink kippen möchte. Außerhalb der Hauptsaison montags und dienstags geschlossen.

La Dolce Vita (☎ 03-249 8895; 90 Town Centre; Nudel- & Hauptgerichte 28–32 NZ$; 🌣 15 Uhr–open end) Die Familie Lombarid führt dieses super stilvolle und ultramodern aussehende Restaurant. Sie sprengt die Grenzen einfacher Italoküche durch Integration typischer Southland-Elemente (z. B. frische Meeresfrüchte, einheimisches Lamm, Riesensteaks). Die frische Pasta (22 NZ$) ist ebenfalls beliebt.

Redcliff Bar & Restaurant (☎ 03-249 7431; 12 Mokonui St; Hauptgerichte 30–39 NZ$; ☽ 17 Uhr–open end) Im Nachbau einer alten Siedlerhütte serviert das Redcliff gezielt einheimische Produkte in lebendiger, gastlicher Atmosphäre. Empfehlenswert sind z. B. das Fiordland-Reh oder der zarte Kräuterhase. Der erschwingliche Wein könnte durchaus noch in weiteren Varianten glasweise ausgeschenkt werden. Mangels Reservierungsmöglichkeit beginnt hier der Abend idealerweise an der rustikalen Vorderbar – zudem der Ort in Te Anau für gediegene Drinks nach dem Abendessen. Die dauerfreundliche Atmosphäre und der Superservice werden gelegentlich durch Livemusik ergänzt.

AUF DIE SCHNELLE & SELBSTVERSORGER
Miles Better Pies (☎ 03-249 9044; Ecke Town Centre & Mokonui St; Pies 5 NZ$; ☽ 6–16 Uhr) Noch nie hat klassischer Kiwi-Pie besser ausgesehen: Frisch zubereitet stehen hier z. B. Gourmetvarianten mit Wildbret, Thai-Curry oder Aprikosen zur Auswahl. Es gibt ein paar Straßentische, doch die Sitzgelegenheiten am See sind vergleichsweise netter. Die Pies eignen sich auch prima als Reiseimbiss.

Sandfly Café (☎ 03-249 9529; 9 The Lane; Frühstück & Mittagessen 6–15 NZ$; ☽ 7–16.30 Uhr; 💻 📶) Der ruhige, reizende Laden lädt mit Kaffee bestem Kaffee zum Relaxen ein. Genießer freuen sich hier über Musik, Ganztagsfrühstück und leckere Backwaren (z. B. wunderbare Wraps). Im Winter montags geschlossen.

Selbstversorger können sich im **Fresh-Choice-Supermarkt** (1 The Lane; ☽ 7–20 Uhr) eindecken.

Ausgehen & Unterhaltung
Als stimmungsvollste Ausgehoption lässt das Redcliff Bar & Restaurant (s. oben) gelegentlich Livebands auftreten. Etwas wilder gibt sich die **Ranch Bar & Grill** (☎ 03-249 8801; Town Centre; ☽ 12 Uhr–open end) mit Happy Hour (20–21 Uhr) und bezahlbarem Braten am Sonntagabend (13,50 NZ$). Das riesige **Moose** (☎ 03-249 7100; 84 Lakefront Dr) am Ufer punktet mit Sport auf Großbildschirmen, sonniger Terrasse, verschiedenen Gerichten und Barsnacks.

Neben zahllosen Wiederholungen der tollen Doku *Ata Whenua* (10 NZ$) – im Prinzip eine 32-minütige Werbung für Fiordlands herrliche Landschaft – zeigt das **Fiordland Cinema** (☎ 03-249 8812; www.fiordlandcinema.co.nz; 7 The Lane; Tickets 15 NZ$; 📶) auch noch andere Filme.

Zudem hat es eine gute Bar mit WLAN, verschiedenen Bieren und vielen Weinsorten von der Südinsel.

An- & Weiterreise
Die Busse von **InterCity** (☎ 03-249 7559; www.intercity.co.nz) pendeln täglich zwischen Te Anau und Queenstown (38 NZ$, 2½ Std.), Invercargill (48 NZ$, 2½ Std.) oder Dunedin (45 NZ$, 4¾ Std.). Sie starten vor dem Kiwi Country in der Miro St. Achtung, Online-Rabatte!

Weitere Busverbindungen:
Bottom Bus (☎ 03-477 9083; http://travelheadfirst.com/bottom-bus/) Von Te Anau nach Queenstown, Invercargill und zum Milford Sound. Beliebiges Aus- und Zusteigen.
Naked Bus (☎ 0900 625 33; www.nakedbus.com) Von Te Anau nach Queenstown (29 NZ$), Invercargill (24 NZ$) und zum Milford Sound (24 NZ$).
Scenic Shuttle (☎ 0800 277 483; www.scenicshuttle.co.nz) Entlang der Southern Scenic Route über Manapouri und Tuatapere nach Invercargill (49 NZ$).
Topline Tours (☎ 03-249 8059; www.toplinetours.co.nz) Täglich von Tür zu Tür zwischen Te Anau und Queenstown (38 NZ$).
TrackNet (☎ 0800 483 262; www.tracknet.net) Von Te Anau nach Queenstown (Erw. 43 NZ$), Milford (47 NZ$, 2½ Std.) und Invercargill (45 NZ$) sowie zwischen diversen Wanderrouten.

Wanderer können zwischen diesen Transportoptionen wählen: Shuttlebusse von TrackNet (s. oben) bedienen täglich den Kepler, den Hollyford und den Milford Track, ebenso das westliche Ende des Routeburn, des Greenstone und des Caples Track an der Divide.

Im Sommer schippert das **Kepler Water Taxi** (☎ 03-249 8364; stevsaunders@xtra.co.nz) regelmäßig über den See zur Brod Bay (einfache Strecke 20 NZ$, 10 Min.) am Kepler Track. Wer am Dusky Sound wandern möchte, gelangt mit **Wings & Water** (☎ 03-249 7405; www.wingsandwater.co.nz) zur Supper Cove (315 NZ$/Pers., mind. 2 Pers.).

TE ANAU–MILFORD HIGHWAY
Wenn man nicht die Möglichkeit hat, durch die Wildnis von Fiordland zu wandern, bringt einen die 119 km lange Straße von Te Anau nach Milford noch am nächsten an die Weite und Schönheit der Gegend heran. Auch wenn man am anderen Ende keine Kreuzfahrt gebucht hat, ist dies allein wegen der schieren landschaftlichen Schönheit eine Supertour.

Man sollte Te Anau früh verlassen (8 Uhr) oder am späten Vormittag (11 Uhr), um den Tourbussen zu entgehen, die zur Mittagszeit beim Sound sein wollen. Auf S. 730 gibt's wichtige Informationen zu Schneeketten und Lawinen (im Winter) sowie zu Benzin (immer). Die Strecke ist tückisch, also aufgepasst!

Die Tour dauert zweieinhalb Stunden, wenn man sie in einem Rutsch durchfährt, aber es geht ja genau darum, viele Pausen einzulegen und die majestätische Landschaft zu genießen. Am besten von der Straße abfahren und die vielen Aussichtspunkte und Naturpfade an der Strecke erkunden. Ein paar davon werden im folgenden Abschnitt beschrieben, und die Broschüre *Fiordland National Park Day Walks* (1 NZ$ beim DOC oder i-SITE) präpariert einen ordentlich für den Trip auf eigene Faust.

Der erste Teil der Straße windet sich durch das Weideland oben auf der Seitenmoräne des Gletschers, der einst den Lake Te Anau ausgefräst hat. Die Straße geht nach 29 km an den **Te Anau Downs** (Unterkünfte gibt's hier in der Fiordland National Park Lodge, s. S. 728) vorbei und verläuft weiter zum Eingang des Fiordland National Park, an Wäldern von Rot-, Silber- und Bergsüdbuchen, angeschwemmten Ebenen und Wiesen entlang.

Gleich hinter dem Campingplatz **McKay Creek** (nach 51 km) hat man einen tollen Blick über das Eglinton Valley mit steilen Bergen zu beiden Seiten sowie dem Pyramid Peak (2295 m) und dem Ngatimamoe Peak (2164 m) geradeaus. Der Weg in **Mirror Lakes** (nach 58 km) führt durch Buchenwälder und Sümpfe. An einem ruhigen Tag reflektieren die Seen die Berge auf der anderen Seite des Tals. In **Knobs Flat** (nach 63 km) findet man auch Unterkünfte (S. 728).

An der 77-km-Marke befindet sich die Gegend, die O Tapara genannt wird, im Volksmund auch **Cascade Creek**. O Tapara ist der ursprüngliche Name des nebenan liegenden Lake Gunn, und es war ein historischer Zwischenstopp für Maorigruppen, die auf der Suche nach *pounamu* (Jade) in Richtung Anita Bay unterwegs waren. Ein Wanderweg (45 Min.) verläuft durch einen hohen Rotbuchenwald, in dem die Vögel zwitschern. Seitenwege führen zu ruhigen Seestränden.

Bei Kilometer 84 verändert sich die Vegetation, wenn man über die **Divide** kommt, den tiefsten ost-westlichen Pass der Neuseeländischen Alpen. Es gibt eine große Unterkunft

am Wegrand für Wanderer, die hier ihre Touren auf dem Routeburn, den Greenstone oder den Caples Track starten oder beenden. Hier befindet sich auch eine Haltestelle für den Transport von Wanderern (s. S. 724). Ein Spaziergang nach **Key Summit** (hin & zurück 2 Std.) bietet eine spektakuläre Aussicht über alle drei Täler, die sich von hier ausbreiten. Der Weg beginnt im Buchenwald am Anfang des Routeburn Trail und führt dann durch alpines Grasland weiter nach oben.

Von der Divide aus fällt die Straße ab in den Buchenwald des **Hollyford Valley** (eine tolle Aussicht gibt's bei Pop's View), und der Umweg zum **Gunn's Camp & Museum** (S. 728), 8 km weit auf einer unbefestigten Straße, lohnt sich. Etwa 9 km weiter, am Ende der Straße, geht es hoch zu den **Humboldt Falls** (hin & zurück 30 Min.), wo auch der Hollyford Track (s. unten) beginnt.

Zurück auf der Hauptstraße nach Milford geht es wieder hoch zum **Homer Tunnel**. Er ist 101 km von Te Anau entfernt und umgeben von einem spektakulären, hohen, aus dem Eis gehauenen Amphitheater. Durch den Tunnel kommt man außerhalb der Lawinensaison nur in eine Richtung, und die wohl weltweit einzige Hochgebirgsampelanlage regelt den Verkehr. Keas, die kleinkriminellen Berufsteenager der Papageienwelt, hängen im Ostende des Tunnels ab und spekulieren darauf, dass die vor der Ampel wartenden Touristen dumm genug sind, sie zu füttern. (Bitte widerstehen, Menschenessen tut den Tieren einfach nicht gut!) Der 1207 m lange Tunnel ist dunkel, majestätisch und grob behauen. Von der Decke tropft Wasser, doch man kommt schließlich am anderen Ende des spektakulären **Cleddau Valley** wieder heraus.

Ungefähr 10 km vor Milford ist der **Chasm Walk** (20 Min. hin & zurück, sogar mit dem Rollstuhl befahrbar, auch wenn für die etwas steilen Stücke Unterstützung willkommen sein dürfte) einen Zwischenstopp wert. Der bewaldete Cleddau River stürzt durch verwitterte Felsblöcke in einen schmalen Spalt, was zur Bildung von noch steileren Wasserfällen und einer natürlichen Steinbrücke führte. Von hier aus blickt man hin und wieder auf den **Mt.Tutoko** (2746 m), Fiordlands höchsten Berg über dem Buchenwald gleich vor Milford.

Hollyford Track

Dieser dramatische Weg beginnt mitten im Flachlandwald und führt über Bergflüsse und

TE WAHIPOUNAMU SOUTHWEST NZ WORLD HERITAGE AREA

In Neuseelands Südwesten bilden vier riesige Nationalparks die Te Wahipounamu Southwest New Zealand World Heritage Area. Die 2,6 Mio. ha von Te Wahipounamu (Ort der Jade) sind weltweit wegen ihrer kulturellen Bedeutung für die Ngai Tahu sowie für ihre einzigartige Flora und Fauna bekannt. Das Gebiet umfasst folgende Nationalparks:

■ Fiordland National Park (S. 717)

■ Aoraki/Mt. Cook National Park (S. 630)

■ Westland Tai Poutini National Park (S. 562)

■ Mt. Aspiring National Park (S. 705)

vorbei an hübschen Wasserfällen, während er dem breiten Hollyford River Valley auf dem Weg zum Meer folgt. Die Tasmanische Küste bildet einen schönen Endpunkt. In der Regel werden Wanderer bei ihrer Ankunft von Delfinen, Seelöwen und Pinguinen begrüßt. Das bedeutet aber auch, dass man noch mal vier Tage zurückwandern muss zum Ausgangspunkt, wenn man nicht gerade eine der raffinierten Abkürzungsstrecken nimmt.

Der 56 km lange Weg ist als mittelschwer eingestuft, aber man muss einige Buchten durchqueren, und er leidet unter den häufigen Überschwemmungen, während denen die Wanderer mehrere Tage darauf warten müssen, dass die Strecke wieder passierbar wird. Der schwierigste Teil des Wegs ist der nicht umsonst so benannte Demon Trail (10 km) entlang dem Lake McKerrow. Man muss sich unbedingt beim DOC in Te Anau nach den neusten Weg- und Wetterdaten und nach detaillierten Karten erkundigen.

TrackNet (☎ 0800 483 262; www.tracknet.net) betreibt Shuttles zwischen der Abfahrt Hollyford Rd und Te Anau (47 NZ$, 1 Std.) bzw. Queenstown (87 NZ$, 3¾ Std.).

Wer die Gesamtreisedauer stark verkürzen möchte, flitzt mit einem Jetboat von **Hollyford Track Guided Walks** (☎ 0800 832 226, 03-442 3000; www.hollyfordtrack.com; 110 NZ$, Reservierung erforderl.) südwärts den ganzen Lake McKerrow entlang. Die Firma organisiert zudem luxuriösere, geführte Dreitageswanderungen (1655 NZ$) – inklusive schicker Unterkunft, Jetboattrips in

beide (See-)Richtungen und Rückflug zum Milford Sound, der am Tourende küstenseitig an der Martins Bay beginnt.

Air Fiordland (☎ 03-249 6720; www.airfiordland.com; nach Milford/Te Anau 580/1160 NZ$) fliegt maximal vier Personen zum teilbaren Pauschalpreis von der Martins Bay zurück in die Zivilisation. Bei Flügen ab Milford hat Hollyford Track Guided Walks manchmal noch Plätze frei, wenn Wanderer an der Martins Bay abgeholt werden: Bei rechtzeitiger Reservierung (!) kann man sich dort per Flugzeug (135 NZ$) oder Hubschrauber (185 NZ$) absetzen lassen.

Milford Track

Der berühmte Milford Track ist ein 53,5 km langer Weg, der oft als einer der schönsten der Welt beschrieben wird. Die Anzahl der Wanderer wird in der Great-Walks-Saison (Ende Okt.–Ende April) begrenzt, und man muss einem viertägigen Reiseplan in einer bestimmten Richtung folgen. Unterkunft gibt es nur in Hütten (Campen nicht erlaubt).

Auch im Sommer sollte man mit viel Regen rechnen, bei dem das Wasser überall runterrauscht und aus kleinen Flüssen innerhalb von Minuten reißende Ströme werden. Auf keinen Fall das Regenzeug vergessen und das Gepäck in eine oder mehrere Plastiktüten einwickeln!

In der Nebensaison können erfahrene Wanderer den Weg in beide Richtungen bewandern, ohne zu buchen (Hüttentickets müssen gekauft werden). In dieser Zeit ist der Verkehr auf dem Trail eingeschränkt, die Hütten sind nicht bewirtschaftet, einige der Brücken sind nicht da, und mitten im Winter sind Schnee und Lawinen gegen einen. Es ist unbedingt erforderlich, zuerst beim DOC (S. 717) das Lawinenrisiko zu checken, denn die Geografie des Tals macht es unmöglich, das selber abzuschätzen.

RESERVIERUNGEN

Wanderer können auf eigene Faust oder im Rahmen geführter Touren losziehen. Individualbuchungen sind online (http://booking.doc.govt.nz/) oder beim DOC in Te Anau (S. 717) möglich. Während der „Great-Walks"-Saison (Okt.–April) muss der Trip reserviert werden, und zwar so rechtzeitig wie möglich. Frühestens kann man zwölf Monate vor Beginn der jeweils nächsten Saison buchen. Der Great Walks Pass (Erw./Kind 135 NZ$/frei) ermöglicht insgesamt drei

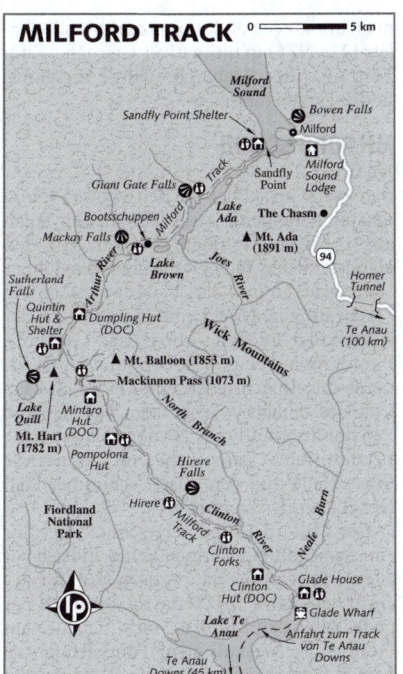

MILFORD TRACK　　0 ▭▭▭ 5 km

wald und kristallklare Flüsse bis hoch zum Lake Mintaro. Vom Mintaro aus überquert man den dramatischen **Mackinnon Pass**, von wo man an klaren Tagen einen spektakulären Blick auf das altmodische Clinton Valley und das futuristische Arthur Valley hat. (Wenn das Wetter bei der Ankunft an der Hütte gerade gut ist, sollte man den Pass hochklettern, denn am nächsten Tag könnte es mit der Aussicht schon wieder vorbei sein.) Vom Pass führt eine lange Holztreppe die Stromschnellen entlang runter zum Arthur River. Dann geht es weiter hinunter nach Quintin und Dumpling Huts und durch den Regenwald im Tal bis zum Milford Sound. Man kann seine Sachen im Quintin Public Shelter lassen und einen Abstecher zu den tollen 630 m hohen **Sutherland Falls** machen, Neuseelands höchsten Wasserfällen. Geschätzte Wanderzeiten sind:

Tag	Strecke	Dauer (Std.)
1	Anleger–Glade House	1/3
1	Glade House–Clinton Hut	1–1½
2	Clinton Hut–Mintaro Hut	6
3	Mintaro Hut–Dumpling Hut	6–7
3	Abstecher zu den	1½
	Sutherland Falls	(hin & zurück)
4	Dumpling Hut–Sandfly Point	5½–6

TRANSPORT ZUR GLADE WHARF

Während der „Great-Walks"-Saison fährt **TrackNet** (☎ 0800 483 262; www.tracknet.net) ab Te Anau (22 NZ$) oder Queenstown (65 NZ$) hinauf nach Te Anau Downs. Von dort aus geht's mit **Real Journeys** (☎ 0800 656 501; www.real journeys.co.nz; 65 NZ$) per Boot zur Glade Wharf nahe dem Weganfang. Beide erwähnten Verbindungsoptionen können zusammen mit der eigentlichen Wanderung beim DOC in Te Anau gebucht werden. Außerhalb der Saison bei TrackNet nach Direkttransport zur Glade Wharf fragen.

TRANSPORT AB SANDFLY POINT

Vom Sandfly Point schippern Fähren um 14 und 15.15 Uhr hinüber zum Kreuzfahrthafen am Milford Sound (Erw./Kind 34/19,50 NZ$). Dort starten TrackNet-Busse in Richtung Te Anau (47 NZ$, 2½ Std.). Beides lässt sich beim dortigen DOC-Büro buchen.

PAUSCHALANGEBOTE

Cruise Te Anau (☎ 03-249 7593; www.cruiseteanau.co.nz) bietet Bus-Boot-Kombitrips an (ca. 150 NZ$).

Hüttenübernachtungen. Während der „Great-Walks"-Saison kann der Track nur in einer Richtung (Lake Te Anau–Milford) abgewandert werden. Das Startdatum in der DOC-Genehmigung ist dabei verbindlich.

Ultimate Hikes (☎ 0800 659 255, 03-442 8200; www.milfordtrack.co.nz; Dez.–März Erw./Kind 1900/1700 NZ$, April & Nov. Erw./Kind 1740/1540 NZ$) veranstaltet fünftägige geführte Wanderungen samt Rucksäcken, Snacks, Regenmänteln und Übernachtungen in deutlich schöneren Unterkünften. Krönender Abschluss an der letzten Station: ein feierliches Abendessen in der Mitre Peak Lodge am Milford Sound.

Real Journeys (☎ 0800 656 501; www.realjourneys. co.nz; Erw./Kind 190/123,50 NZ$; ⌚ Nov.–Mitte April) organisiert geführte Tageswanderungen auf einem 11 km langen Teilstück des Milford Track.

DIE STRECKE IM DETAIL

Der Weg beginnt am Glade House, am nördlichen Ende des Lake Te Anau, zu dem man per Boot von Te Anau Downs oder Te Anau kommt. Der Track folgt der flachen Ebene des Clinton River Valley durch Regen-

FIORDLAND & SOUTHLAND

Schlafen

In größtenteils 45 bis 81 km Entfernung von Te Anau liegen viele einfache **DOC-Campingplätze** (Stellplatz 10 NZ$) am SH94. Alle sind in der Broschüre *Conservation Campsites – South Island* (kostenlos beim DOC in Te Anau erhältlich) aufgeführt und lassen sich auch online (www.doc.govt.nz) ausfindig machen.

In Te Anau Downs (29 km hinter Te Anau) starten Boote am Seeende zum Milford Track. Dort steht die **Fiordland National Park Lodge** (☎ 0800 500 805, 03-249 7811; www.teanau-milfordsound. co.nz; SH94; Hotel DZ 65–140 NZ$, Motel DZ 130–160 NZ$; 🖳 🛜) mit leicht betagten Wohneinheiten im Motelstil. Die Hotelzimmer offerieren einen herrlichen See- und Bergblick, der in den nichtsdestotrotz komfortablen Moteleinheiten weniger spektakulär ist. Die Lodge ist bei „Milford-Trackern" beliebt, heißt aber auch andere Gäste willkommen.

Im grünen Eglinton Valley (63 km hinter Te Anau) beherbergt das **Knob's Flat** (☎ 03-249 9122; www.knobsflat.co.nz; Wohnstudio/Moteleinheit 115/135 NZ$) Wanderer und Angler in behaglichen Wohneinheiten. Fernsehen, Handys, E-Mails und Stress sind hier tabu.

Gunn's Camp (Hollyford Rd; gunnscamp@ruralinzone. net; Stellplatz 10 NZ$/Pers., DZ/2BZ 20/48 NZ$) alias Hollyford Camp liegt an der Hollyford Rd auf ungefähr halbem Weg zwischen SH94 (8 km) und dem Beginn des Hollyford Track (7 km). Die alten, ultra einfachen Bauarbeiterhütten (Leihbettwäsche 5 NZ$/Bett) werden mittels Kohle- bzw. Holzofen beheizt (Brennmaterial vorhanden). Ein Generator sorgt eingeschränkt für Strom und wird um 22.30 Uhr abgeschaltet. Gas zum Kochen und für warme Duschen gibt's ebenfalls – zudem ein Lädchen und ein kleines, wunderbar schräges **Museum** (Eintritt Erw./Kind 1/0,30 NZ$, Gäste frei) mit Erinnerungsstücken aus der Pionierzeit.

Die **Milford Sound Lodge** (☎ 03-249 8071; www. milfordlodge.com; gleich abseits SH94; Stellplatz ohne/mit Strom pro Pers. 16/20 NZ$, B/DZ 30/80 NZ$; 🖳 🛜) am Cleddau River liegt spektakulär inmitten von dichten Wäldern und himmelhohen Bergen. Das einfache, aber gemütliche Haus verbreitet eine entspannte Atmosphäre à la Ende der Welt. Hier gibt's kein Fernsehen, während Traveller und Wanderer ihre Erfahrungen entspannt in großen Wohnbereichen austauschen. Das Angebot umfasst auch einen Mini-Mix aus Laden, Café und Bar sowie kostenlose Shuttles zum nur 1,5 km entfernten Milford Sound. Schließlich wären da auch

noch brandneue und super komfortable Chalets (225 NZ$) in ultimativer Ufernähe. Zum Zeitpunkt der Recherche wurde die ganze Lodge gerade renoviert.

MILFORD SOUND
170 Ew.

Bereits der erste Blick auf den Milford Sound ist atemberaubend: Steile Felsklippen ragen aus ruhigem, dunklem Wasser. An den Hängen kleben Wälder, die manchmal ihren Halt verlieren und als „Baumlawine" in die Fluten stürzen. Direkt voraus erhebt sich der spektakulär fotogene Mitre Peak (1692 m). Bootstrips auf dem Milford Sound repräsentieren die einfachste Art eines Fiordland-Erlebnisse – inklusive Seehunden, Delfinen und 7 m durchschnittlicher Niederschlagsmenge. Letztere reicht ganz locker für donnernde Wasserfälle und den düster schimmernden Nebel über der Landschaft.

Der Milford Sound verzeichnet ungefähr eine halbe Million Jahresbesucher, die sich vor allem während der Hauptsaison (Jan. & Febr.) einfinden. Etwa 14 000 davon kommen per pedes über den Milford Track, der hier am Fjord endet. Weitaus mehr Touristen fahren von Te Anau hinüber. Die große Masse sitzt jedoch in den vielen Bussen, die vom Kreuzfahrthafen kommen. Doch keine Panik: Draußen auf dem Wasser lässt die Weite der Natur die Menschenmassen geradezu winzig erscheinen.

Außer Kreuzfahrtterminal und Parkplatz hat der Ort nicht sonderlich viel zu bieten. Wer ca. 1 km außerhalb die Abzweigung zum Deep Water Basin nimmt, kann einen kleinen Fischereihafen erkunden.

Aktivitäten
KAJAKFAHREN AUF DEM MEER

Einen der besten Blicke auf den Milford Sound hat man knapp oberhalb der Wasseroberfläche, genauer als winziger Kanute im Schatten senkrechter Klippen. Die Touren von **Rosco's Milford Sound Sea Kayaks** (☎ 03-249 8500; www.roscosmilfordkayaks.com; 115–169 NZ$) zeigen die schönsten Fjordpanoramen. Zu den empfehlenswerten Optionen zählt z. B. die anspruchsvolle „Morning Glory" am frühen Morgen (Paddelzeit ca. 5 Std.), die dem kompletten Fjord bis zur Anita Bay folgt. Gleichermaßen toll ist die „Stirling Sunrise", bei der man das Ruder auch unter den 151 m hohen Stirling Falls schwingt – extra Morgendusche höchstwahrscheinlich unnötig! Eine weitere Option kombiniert 20 Paddelminuten zum Sandfly Point mit dreieinhalb Wanderstunden auf dem Milford Track (89 NZ$). In Te Anau ist Rosco's bei Adventure Fiordland (S. 717) vertreten.

Fiordland Wilderness Experiences (☎ 0800 200 434, 03-249-7700; www.fiordlandseakayak.co.nz) veranstaltet ebenfalls geführte Tagespaddeltrips auf dem Sound (ohne/mit Rücktransport nach Te Anau 155/125 NZ$).

UNTERWASSER-ERKUNDUNGSTOUREN
Einzigartige Umweltfaktoren machen den Sound zur Heimat seltener Meereslebewesen: Heftige Regengüsse waschen die Felswände aus und spülen große Mengen organischen Materials ins Meer. Ergebnis ist eine ständige, 5 m dicke und tanninhaltige Süßwasserschicht oberhalb des wärmeren Meerwassers. Diese dunkle Schicht filtert das meiste Sonnenlicht heraus und schafft zusammen mit dem ruhigen, geschützten Fjordwasser quasi Tiefseebedingungen. Dadurch gedeihen Tiefseekreaturen recht dicht unter der Meeresoberfläche. Ähnlich verhält es sich im Doubtful Sound (S. 731).

Milford Deep Underwater Observatory (Erw./Kind 29/15 NZ$; ☽ 9–15.45 Uhr) heißt eine Konstruktion, deren fünf größtenteils versenkte Ebenen von einem Pontonsystem getragen werden. Letzteres ist wiederum an den Felsen befestigt. Vier Stockwerke unter der Meeresoberfläche lassen sich so die draußen lebenden Tiefseekorallen, Zylinderrosen und Weißen Zackenbarsche beobachten. Das Observatorium ist sehr informativ, aber die Tourgruppen um einen herum trüben das Erlebnis eventuell etwas. Hier halten diverse Tourveranstalter (pro Erw./Kind zusätzl. ca. 29/15 NZ$) – allerdings nie am späten Nachmittag.

Tawaki Adventures (☎ 0800 829 254; www.tawaki dive.co.nz) organisiert Tauchausflüge auf dem Sound. Die Exkursionen beinhalten eine dreistündige Bootstour und zwei geführte Tauchgänge von insgesamt 30 Minuten (159 NZ$; Leihausrüstung Tauchen zzgl. 99 NZ$). Auch Nichttaucher dürfen mitfahren (99 NZ$; Leihausrüstung Schnorcheln zzgl. 45 NZ$).

Geführte Touren
MILFORD SOUND CRUISES
Jeder Kreuzfahrtanbieter am Milford Sound ist angeblich ruhiger, kleiner, größer, günstiger oder sonstwie besser als die Konkurrenz.

Den wichtigsten Unterschied macht aber der genaue Abfahrtszeitpunkt: Die meisten Tourbusse peilen die Trips um 13 Uhr an. Wer diese Zeit meidet, begegnet an Bord (und auf der Straße!) weniger Menschen. Zudem gewähren manche Firmen sogar Rabatte auf Bootstrips außerhalb der Stoßzeiten. Leidenschaftliche Tierfreunde sollten nach einem Naturkundler an Bord fragen. Allgemein ist eine Reservierung unbedingt ratsam! Normalerweise muss man sich 20 Minuten vor der Abfahrt einfinden. Gegen eine Zusatzgebühr sammeln die meisten Unternehmen ihre Passagiere auch in Te Anau ein. Tagesausflüge ab Queenstown bedeuten einen sehr langen 13-Stunden-Tag.

Alle Kreuzfahrten besuchen die Mündung des Sounds in nur 15 km Entfernung zum Hafen. Dabei gerät der Bug in die rauen Wogen der Tasmansee. Bei kürzeren Trips ist die Anzahl der „Highlights" (z.B. Bowen Falls, Mitre Peak, Anita Bay, Stirling Falls) auf dem Weg vergleichsweise geringer. Man hat immer gute Chancen auf die Sichtung von Delfinen, Seehunden und Pinguinen. Alle Bootsausflüge starten am riesigen **Cruise Terminal** (☽ Okt.–April 8–17.15 Uhr, Mai–Sept. 9–16.15 Uhr) in zehn Gehminuten Entfernung zu Café und Parkplatz.

Real Journeys (☎ 0800 656 501; www.realjourneys. co.nz) veranstaltet Panoramafahrten (Erw. 62–84 NZ$, Kind 15 NZ$, 1¾ Std.) und Naturlehrtörns (Erw. 68–88 NZ$, Kind 15 NZ$) mit speziellen Führern, die erklären und Fragen beantworten.

Mitre Peak Cruises (☎ 0800 744 633; www.mitrepeak. com) bietet zweistündige Touren (Erw. 64–74 NZ$, Kind 15 NZ$) in kleineren Kähnen für maximal 75 Personen an. Der Sommertrip um 16.30 Uhr ist prima, da dann viele größere Boote gerade zum Hafen zurückfahren.

Mit **Red Boat Cruises** (☎ 0800 264 536, 03-441 1137; www.redboats.co.nz) geht's für eindreiviertel Stunden hinaus (Erw./Kind 65/15 NZ$). Die beliebte Mittagstour (12 Uhr) kostet 75 NZ$. Die Naturtour (Erw. 74–90 NZ$, Kind 15 NZ$, 2¼ Std.) wirkt etwas intimer.

Cruising Milford Sound (☎ 0800 500 121; www. cruizemilford.co.nz) steht für eineinhalbstündige Ausflüge (Erw. 55–70 NZ$, Kind 15 NZ$) auf einem recht kleinen, aber komfortablen Boot mit viel Platz an Deck.

BOOTSAUSFLÜGE MIT ÜBERNACHTUNG
Real Journeys (☎ 0800 656 501, 03-249 7416; www.real journeys.co.nz) bietet Übernachtungskreuzfahrten

auf zwei firmeneigenen Booten an. Teilnehmer können unterwegs Kajakausflüge oder Naturtouren in kleinen Schlauchbooten unternehmen. Der Preis beinhaltet alle Mahlzeiten, nicht aber die Abholung in Te Anau. Alle Optionen verlassen das Cruise Terminal um ca. 16.30 Uhr und kehren am nächsten Tag um ca. 9.30 Uhr zurück. Im April, Mai, September und Oktober ist es günstiger.

Die *Milford Wanderer* nach Vorbild eines alten Handelsprahms beherbergt 61 Personen in Vierbettkabinen mit Gemeinschaftsbädern (Erw./Kind 230/115 NZ$). Auf der *Milford Mariner* übernachten 60 Passagiere in luxuriöseren Zwei-Bett-Kabinen mit eigenen Bädern (Erw./Kind 470/235 NZ$).

Schlafen & Essen

Nur 1,5 km die Straße in Richtung Te Anau entlang liegt die hervorragende Milford Sound Lodge (S. 728) mit einem kleinen Café.

Das **Blue Duck Café & Bar** (☎ 03-249 7931; Parkplatz; ⊗ 8.30 Uhr–open end; 🖳) serviert Sandwiches und Buffetkost. Die dazugehörige Bar füllt sich abends mit einem Mix aus Travellern, Wanderern und Einheimischen.

An- & Weiterreise

AUTO & MOTORRAD

Die Fahrt von Te Anau nach Milford (s. S. 724) ist äußerst reizvoll. Vor dem Start heißt es in Te Anau volltanken. Die meisten dortigen Tankstellen verleihen auch Schneeketten, die bei Lawinengefahr (auf Warnschilder achten!) zwischen Mai und November mitgeführt werden müssen.

BUS

InterCity (☎ 03-249 7559; www.intercity.co.nz) betreibt täglich Busse ab Queenstown (80 NZ$) und Te Anau (39 NZ$). Wanderershuttles ab Te Anau (S. 724) und Queenstown (S. 696) sammeln Passagiere an der Milford Sound Lodge auf. All diese Verbindungen passieren die Divide und Anfang bzw. Ende des Routeburn-, des Greenstone und des Caples Track.

Viele Bustrips beinhalten Bootsausflüge auf dem Sound (meistens ca. 160/230 NZ$ ab Te Anau/Queenstown).

MANAPOURI

210 Ew.

Manapouri dient hauptsächlich als Wandererbasis und Ausgangspunkt für Bootsausflüge zum herrlichen Doubtful Sound (S. 731).

1969 fand hier Neuseelands erste große Umweltkampange statt: Das Kraftwerk West Arm wurde konzipiert, um billigen Strom für die Aluminiumhütte bei Invercargill zu liefern. Nach dem ursprünglichen Plan wäre der Pegel des Lake Manapouri dabei allerdings um 30 m angestiegen. Dagegen wandte sich eine Petition mit beeindruckenden 265 000 Unterschriften (damals 17 % aller wahlberechtigten Neuseeländer), die letztendlich zur Niederlage der Regierung bei den folgenden Wahlen beitrug. Die Aktion war erfolgreich: Das Kraftwerk entstand schließlich ohne Anhebung des Wasserspiegels. Dieser Erfolg war der Grundstein für landesweit zunehmende Umweltschutzkampagnen in den 1970er- und 1980er-Jahren. Bis heute ist West Arm der größte neuseeländische Stromproduzent: Zwischen See und Sound führt ein Tunnel über steile 180 m quer durch den Berg hinab und treibt die Kraftwerksturbinen an.

Fiordland Ecology Holidays (☎ 0800 249 660; www.fiordland.gen.nz; 5 Waiau St) auf dem Gelände der 45 South verkauft gebrauchte, neue und seltene Bücher zu Spezialthemen wie Lokalgeschichte, Entdeckungen oder Tier- bzw. Pflanzenwelt. Wer sich für die hauseigenen Ökotouren interessiert, kann hier z. B. nach Trips zum Doubtful Sound fragen.

Aktivitäten

Adventure Kayak & Cruise (☎ 0800 324 966; www.fiordlandadventure.co.nz) neben der Autowerkstatt in Manapouri verleiht Kajaks für 50 NZ$ pro Person und Tag (Okt.–April), mit denen sich der See paddelnd erkunden lässt – allerdings nur von mindestens zweiköpfigen Gruppen, die aus Sicherheitsgründen auch kostenlose UKW-Funkgeräte erhalten. Auf S. 732 gibt's Infos zu Kajaktrips, die das Unternehmen auf dem Doubtful Sound veranstaltet.

Bei **Manapouri Stores** (☎ 03-249 6619; 20 NZ$/Tag) kann man Ruderboote ausleihen. **Fish Fiordland** (☎ 03-249 6855; www.fishfiordland.co.nz) veranstaltet Ausflugstouren über den Lake Manapouri, geführte Naturwanderungen und Angeltouren und betreibt ein Wassertaxi zu den Wanderwegen der Gegend. **Adventure Manapouri** (☎ 03-249 8070; www.adventuremanapouri.co.nz; 2 Std. Angeln 195 NZ$) ist eine weitere Alternative, was Ruderbootverleih (20 NZ$/Tag), Wassertaxis und Angeltouren angeht.

Mit einem Kajak, Dingi oder Wassertaxi kann man den Waiau River überqueren und auf der anderen Seite Tageswanderungen in geringer Höhe unternehmen. Nähere Informationen enthält die DOC-Broschüre *Manapouri Tracks* (1 NZ$). Eine Wanderung auf dem **Circle Track** (hin & zurück 3 Std.) kann bis zum **Hope Arm** (hin & zurück 5–6 Std.) ausgedehnt werden. Unterwegs überquert man den dem Namen nach wenig verlockenden Stinking Creek. Zwar ist Te Anau der übliche Ausgangspunkt für den Kepler Track (S. 720), aber der Weg führt auch am Nordufer des Lake Manapouri vorbei, und ein Teil des Tracks kann deshalb als Tageswanderung ab Manapouri begangen werden. Ausgangspunkt hierfür ist die Hängebrücke an der Rainbow Reach, 10 km nördlich von Manapouri. Vom Pearl Harbour führt ein Wanderweg entlang des Flusses zum **Frasers Beach** (hin & zurück 1½ Std.), von wo man herrliche Ausblicke auf den See genießt.

Manapouri ist außerdem Ausgangspunkt für den abgeschiedenen, 84 km langen **Dusky Track**, eine achttägige Wanderung vom Lake Manapouri zum Lake Hauroko mit einem möglichen zweitägigen Abstecher von der Loch Maree Hut zur Supper Cove am Dusky Sound. Regelmäßige Baumstürze, tiefer Schlamm, zeitraubende Überschwemmungen und 21 Drahtseilbrücken machen den Dusky Track zu einer extrem anspruchsvollen Wanderung durch die Wildnis, die nur von gut ausgerüsteten und erfahrenen Wanderern unternommen werden sollte. Nähere Informationen gibt's im DOC-Büro und im englischsprachigen Lonely Planet Wanderführer *Tramping in New Zealand*. Näheres zum Transport ab Te Anau oder Tuatapere zum Dusky Track weiß **Lake Hauroko Tours** (☎ 03-226 6681; www.duskytrack.co.nz).

Schlafen

LP Tipp **Freestone Backpackers** (☎ 03-249 6893; freestonebackpackers@vodafone.co.nz; Manapouri–Hillside Rd; B/Hütte 30/60 NZ$) Etwa 3 km östlich der Stadt kleben diese sauberen, komfortablen und rustikalen Hütten mit herrlicher Aussicht an einem Hang. Alle verfügen über kleine Küchen, Kanonenöfen und Veranden. Bäder und Kühlschränke werden gemeinsam genutzt. Auch Schlafsäle sind vorhanden. Mehr Komfort bieten die Zimmer mit Küche und eigenem Bad (70 NZ$) oder die luxuriöse B & B-Option mit Wellnessbereich (190 NZ$).

Manapouri Lakeview Chalets & Motor Park (☎ 03-249 6624; www.manapourimotels.co.nz; SH95; Stellplatz ohne/ mit Strom 30/32 NZ$, Hütte DZ 52–62 NZ$, Moteleinheit 95–

120 NZ$; 🖳 📶) Das kunterbunte Hüttenspektrum der Campinganlage mit Spielplatz reicht vom pseudomäßigen Schweizer Bergdomizil bis zur gefakten Slumbaracke. Zudem steht hier eine tolle Flotte alter Morris Minors in unterschiedlichen Zuständen, ergänzt durch eine Sammlung von Oldtimer-Flipperautomaten fürs innere Kind.

Possum Lodge (☎ 03-249 6623; www.possumlodge. co.nz; 13 Murrell Ave; Stellplatz 30 NZ$, Hütte DZ 42–50 NZ$; 🌙 Okt.–Ostern; 🖳 📶) Der schattig-charmante kleine Campingplatz liegt nur einen Steinwurf vom See entfernt. Ein Teil der hiesigen Hütten ist altmodisch und relativ einfach. Alternativ gibt's noch modernere Wohneinheiten im Motelstil (95 NZ$). Sandfliegen-Abwehrmittel nicht vergessen!

Manapouri Lakeview Motor Inn (☎ 03-249 6652; www.manapouri.com; 68 Cathedral Dr; DZ 85–140 NZ$; 🖳 📶) Hier warten alle Zimmer mit See- bzw. Bergblick und eigenen Bädern auf. Manche Quartiere haben auch Kochgelegenheiten. Dank großer Fenster bieten die Budgetoptionen im obersten Stock die allerbeste Aussicht. Das Haus beherbergt zudem eine Gemeinschaftsküche und ein lässiges Kneipenrestaurant im Untergeschoss.

Essen & Ausgehen

Café 23 (☎ 03-249 6988; 23 Waiau St; Mittagessen ab 8 NZ$, Gerichte 25–28 NZ$; 🌙 7.30–19.30 Uhr; 🖳) Das Café in einer charmanten alten Presbyterianerkirche serviert klasse Kaffee zu leckeren Panini oder Gourmetsandwiches. Wer hinaus aufs Wasser will, sollte sich hier vorher sein Mittagessen holen.

Lakeside Café & Bar (☎ 03-249 6652; 68 Cathedral Dr; Mittagessen 9–16 NZ$, Abendessen 18–33 NZ$; 🌙 11.30 Uhr –open end; 🖳 📶) Das Lakeside garniert Gehaltvolles mit einem ordentlichen Schuss Seeblick. Die dazugehörige Bar hat open end für jedermann geöffnet. Sie ist groß, fröhlich und wird von abgefahrenen Hubschraubern in Silber gekühlt.

An- & Weiterreise

Auf dem Weg von Invercargill nach Te Anau hält **Scenic Shuttle** (☎ 0800 277 483; www.scenicshuttle. co.nz) in Manapouri. **Topline Tours** (☎ 03-249 8059; www.toplinetours.co.nz; 20 NZ$) verkehrt täglich zwischen Manapouri und Te Anau.

DOUBTFUL SOUND

Die Wildnis des gewaltigen, herrlichen Doubtful Sound besteht aus schroffen Gipfeln,

dichten Wäldern und donnernden Wasserfällen nach Regengüssen. Als einer der
größten Fjorde Neuseelands ist der Doubtful
dreimal länger und zehnmal breiter als der
Milford – und zudem weitaus weniger befahren. Wenn Zeit und Geld reichen, warten hier
ein einmaliges Erlebnis und gelegentlich auch
Pelzrobben, Delfine, Fiordlandpinguine oder
Seehunde.

Bis vor nicht allzu langer Zeit haben nur
die abgebrühtesten Wanderer oder Seeleute
eine Erkundung des Doubtful Sound unternommen. Selbst Kapitän Cook betrachtete
den Fjord 1770 nur vom Land aus und war
„unsicher" („doubtful"), ob die Winde im
Sound das Schiff überhaupt wieder ins Meer
hinaustrügen. Die Meerenge wurde zugäng-
licher, als man 1959 die Straße über den Wilmot Pass eröffnete, um den Bau des Kraftwerks West Arm zu ermöglichen.

Geführte Touren

Der Doubtful Sound kann nur im Rahmen
geführter Touren besucht werden. Zuerst
geht's per Boot über den Lake Manapouri zum
Kraftwerk West Arm. Dann führen 22 gewundene Buskilometer durch dichten Regenwald
nach Deep Cove (ein einziger Einwohner), wo
man mit einem anderen Boot hinaus auf den
Sound schippert. Viele Touren besichtigen
das Kraftwerk. Beste Ausgangsbasis ist Manapouri, aber diverse Veranstalter holen ihre
Kunden auch in Te Anau oder sogar Queenstown ab.

Die „Wilderness" Cruise von **Real Journeys**
(☎ 0800 656 502; www.realjourneys.co.nz; Pearl Harbour,
Manapouri; Tagesausflug Erw./Kind 275/60 NZ$) beginnt
mit einem 45-minütigen Bootstrip über den
Lake Manapouri zum Kraftwerk West Arm.
Dann überquert man den Wilmot Pass per
Bus, um anschließend den Sound auf einer
dreistündigen Kreuzfahrt zu erkunden. Passagiere werden in Te Anau (Erw./Kind 21/
10,50 NZ$) oder Queenstown (82/41 NZ$)
eingesammelt.

Wer sich nur für die unterirdischen
Technologiewunder des Kraftwerks interessiert und nicht zum Sound hinüber möchte,
sollte eine separate Lake-Manapouri-Tour
buchen (Erw./Kind 65/20 NZ$, Okt.–April).

Von September bis Mai bietet Real Journeys auch Übernachtungskreuzfahrten auf
dem Doubtful Sound an. An Bord des *Fiordland Navigator* können insgesamt 70 Personen
in Zweibettkabinen mit eigenen Bädern
(Erw./Kind 675/348 NZ$) oder in gemein-
schaftlich genutzten Viererkabinen (365/
182,50 NZ$) übernachten. Bei Bedarf ist auch
der Transport nach und ab Te Anau oder
Queenstown möglich. Die Preise beinhalten
alle Mahlzeiten und Kajak- oder Schlauch-
boottrips.

Fiordland Ecology Holidays (☎ 0800 249 660, 03-249
6600; www.fiordland.gen.nz; 5 Waiau St, Manapouri) organisiert bis zu einwöchige Bootsausflüge (max.
10 Pers.), die von leidenschaftlichen Liebha-
bern der örtlichen Flora und Fauna geleitet
werden. Die super ausgestattete Jacht segelt
in entlegene Winkel des Weltnaturerbes entlang des Doubtful und des Dusky Sound.
Ausflüge mit Übernachtung kosten mindestens 745 NZ$.

SOUND OF SILENCE *Brett Atkinson*

Wenn man die Ortschaft Manapouri in der Morgensonne verlässt, kommt nach nur 90 Minuten
die diesige, düstere und windige Deep Cove am Doubtful Sound in Sicht. Doch Nebel und Regen
bedeuten keine Enttäuschung: Eine Sinfonie südlicher Vogelgesänge und gelegentlich vorbeitrei-
bende Gruppen von Gelbaugenpinguinen animieren mich zum Weiterpaddeln.

Bei Doubtful und Milford Sound handelt es sich streng genommen um Fjorde – schmale
Meerengen mit glazialen Steilwänden. Doch das war's dann schon mit den Gemeinsamkeiten:
Die beinahe nackten Granitklippen des Milford Sound wirken schroff und imposant, während der
Doubtful Sound vergleichsweise länger, tiefer und landschaftlich sanfter ist. Seine schwächer ge-
neigten Wände sind stärker bewachsen. Als ich eine Reihe von Moosvorhängen am Ufer passiere,
fühle ich mich ganz im Schoß von Mutter Natur.

Als breiter Naturhafen wird der Hall Arm rundherum von Wasserfällen geziert und bietet
Gelegenheit zur Selbsterforschung. Inmitten ursprünglicher Stille tauche ich mein Paddel bewusst
ins obsidianfarbene Wasser und erspähe entlang des Hall Arm kurz den Mt. Danae. Dabei reise
ich Jahrhunderte zurück und begreife, dass sich eines von Neuseelands kultigsten Landschafts-
panoramen seit Ewigkeiten nicht verändert hat.

Adventure Kayak & Cruise (☎ 0800 324 966; www. fiordlandadventure.co.nz; ☺ Ende Sept.–Mai) veranstaltet Tagestrips auf dem Doubtful Sound. Der Startpreis von Boots- und Kajakausflügen liegt bei 255 NZ$, während man für Paddelabenteuer mit Übernachtung am Sound-Ufer mindestens 235 NZ$ zahlt.

Fiordland Wilderness Experiences (☎ 0800 200 434; www.fiordlandseakayak.co.nz; ☺ Okt.–April) erforscht den Sound ebenfalls mittels geführter Kajakexkursionen – entweder in Form von Übernachtungsfahrten (380 NZ$) oder maximal fünftägigen Touren (750 NZ$).

Weitere Bootsbetreiber:

Deep Cove Charters (☎ 0800 249 682; www.doubtful -sound.com; Übernachtungskreuzfahrt 380 NZ$/Pers.) Vertrauliche Übernachtungskreuzfahrten für maximal zwölf Passagiere. Inklusive aller Mahlzeiten oder der Option, sich das Abendessen selbst zu angeln.

Fiordland Cruises (☎ 0800 483 262; www.fiordland cruises.co.nz; Übernachtungskreuzfahrt ab 495 NZ$) Übernachtungskreuzfahrten für maximal zwölf Passagiere. Inklusive aller Mahlzeiten, Tierbeobachtungen, Angeln und Shuttles nach bzw. ab Te Anau.

Fiordland Expeditions (☎ 0508 888 656; www. fiordlandexpeditions.co.nz; Übernachtungskreuzfahrt Erw./Kind 499/350 NZ$) Übernachtungskreuzfahrten für maximal zehn Passagiere. Inklusive Kajakfahren, Tauchen und abendlichem Angeln (der Fang kommt danach auf den Teller).

Fiordland Explorer Charters (☎ 0800 434 673; www.doubtfulsoundcruise.com; Tageskreuzfahrt Erw./Kind 250/80 NZ$) Tageskreuzfahrten für maximal 20 Passagiere, die insgesamt drei Stunden auf dem Sund verbringen und ein Kraftwerk besichtigen. Inklusive Shuttles nach und ab Te Anau.

Schlafen

Wer auf dem bzw. am Sound übernachten möchte, muss normalerweise eine Übernachtungskreuzfahrt oder eine Kajak-Camping-Kombination buchen. Ansonsten bleibt nur das **Deep Cove Hostel** (☎ 03-218 7655; www.deepcove hostel.co.nz; justinet@woosh.co.nz; B 25–40 NZ$/Pers.; 🖳) mit Stockbetten, Kochgelegenheiten und Ruderbooten. Das Ganze liegt direkt am Doubtful Sound und ist Ausgangspunkt diverser Buschwanderungen. Obwohl hier hauptsächlich Schulklassen absteigen, sind auch andere Gäste herzlich willkommen. Unbedingt reservieren!

SOUTHERN SCENIC ROUTE

Ab Te Anau führt die ruhige, gemächliche Southern Scenic Route südwärts nach Tuata-

pere, Riverton und Invercargill. Details finden sich online (www.southernscenicroute.co.nz) oder in der kostenlosen Broschüre *Southern Scenic Route*. Die regelmäßigen Shuttles von **Bottom Bus** (☎ 03-477 9083; www.travelheadfirst.com) und **Scenic Shuttle** (☎ 03-477 9083; www.scenicshuttle. co.nz) erweitern die begrenzten öffentlichen Verkehrsverbindungen.

Von Manapouri aus folgt die Straße dem Waiau River südwärts zwischen den bewaldeten Takitimu Mountains und den Hunter Mountains. Nahe Clifden steht mit der eleganten **Clifden Suspension Bridge** von 1899 eine der längsten Brücken der Südinsel. In ca. 2 km Entfernung zur Ecke Clifden Rd sind die **Clifden (Waiau) Caves** an der Otautau Rd ausgeschildert. Im Inneren der Höhlen heißt es kraxeln, durch Spalten kriechen und Leitern hinaufsteigen – Begleiter, Ersatztaschenlampe und jede Menge Vorsicht mitbringen! Zwecks aktuellen Bedingungen und Karten sollte man vorher auch unbedingt beim Tuatapere Visitor Information Centre (S. 734) vorbeischauen.

Gleich südlich des Hängebrücke beginnt eine Abzweigung zu einem Wanderweg durch den **Dean Forest**. Dieses Schutzgebiet für uralte Totara-Bäume erstreckt sich 23 km abseits der Hauptstraße. Von Clifden aus geht's über 30 größtenteils unbefestigte Autokilometer zum **Lake Hauroko**. Neuseelands tiefster See ist von düsteren, bewaldeten und bedrohlich wirkenden Steilhängen umgeben. Aufgrund der vielen alten *urupa* (Begräbnisstätten) in dieser Ecke verhält man sich idealerweise entsprechend respektvoll und bleibt auf den Wegen. Hier beginnt bzw. endet auch der Dusky Track (S. 731). **Lake Hauroko Tours** (☎ 03-226 6681; www.duskytrack.co.nz; Touren inkl. Mittagessen 100 NZ$; ☺ Touren Nov.–April) veranstaltet Tagesausflüge mit Start bzw. Ziel Tuatapere und Anschluss an das Scenic Shuttle.

Tuatapere
740 Ew.

Die Ex-Holzfällersiedlung Tuatapere ist mittlerweile größtenteils ein verschlafenes Landwirtschaftszentrum. Die alten Axtschwinger waren sehr eifrig: Vom einst so üppigen Steineibenwald existiert heute nur noch ein Bruchteil. Die Kiwis bezeichnen Tuatapere liebevoll als Neuseelands „Würstchenhauptstadt", obwohl der Ort wahrscheinlich eher als Basisstation für den Hump Ridge Track bekannt ist. Würstchenfans holen sich einfach ein paar der Originale beim örtlichen

Metzger – das Abalone- bzw. Paua-Aroma ist besonders interessant!

Das **Tuatapere Visitor Information Centre** (☎ 03-226 6739; www.humpridgetrack.co.nz; 31 Orawia Rd; ☻ 8.30–17 Uhr, Winter verkürzte Öffnungszeiten; 🖳) hilft gern in Sachen Clifden Caves, Hump-Ridge-Hüttenpässe und Verkehrsmittel. Zum Centre gehört das **Bushmans Museum** (Eintritt gegen Spende).

Weitere Infos zu Tuatapere und zum westlichen Southland gibt's im Internet auf www.westernsouthland.co.nz.

AKTIVITÄTEN

Hump Ridge Track

Der herrliche Hump Ridge Track (53 km) windet sich hinauf in subalpine Höhen, von deren schroffer Landschaft der Blick nordwärts nach Fiordland und südwärts gen Stewart Island schweift. Anschließend führt der Pfad durch dichte, natürliche Rimu- und Buchenwälder hinunter zur rauen Küste. Vögel gibt es hier reichlich. Wer dann der einsamen, windumtosten Küste zurück zum Ausgangspunkt folgt, erspäht eventuell Hector-Delfine. Unterwegs passiert die Route ein paar mächtige historische Holzviadukte, darunter das höchste des Landes. Der Track beginnt und endet 20 km von Tuatapere entfernt am Bluecliffs Beach (Te Waewae Bay). Er kann in drei ziemlich langen Wandertagen absolviert werden.

Geschätzte Wanderzeit

Strecke	Dauer (Std.)
Parkplatz Bluecliffs Beach–Okaka Hut	6–8
Okaka Hut–Port Craig Village	7–9
Port Craig Village–Parkplatz Bluecliffs Beach	3–5

Dieser Track erfordert unbedingt Vorabbuchung, da er eher privat als vom DOC verwaltet wird. Als Kontaktadresse fungiert **Tuatapere Hump Ridge Track** (☎ 03-226 6739; www.humpridgetrack.co.nz). Zwei Übernachtungen im Sommer kosten 90 NZ$, während man dafür im Winter (Mai–Okt.) die Hälfte hinblättert. Im Angebot sind auch geführte Touren, Jetboattrips und Helihiking (Wandern mit Hubschrauber-Support).

Jetboatfahren

Nach Überquerung des Lake Hauroko flitzen Jetboats den wilden Wairahurahiri River hinauf. Der atemberaubende Ritt dauert zwei bis drei Stunden. Zu den Veranstaltern zählen

beispielsweise **W-Jet** (☎ 0800 376 174; www.wjet.co.nz; Erw./Kind 225/119 NZ$) oder **Humpridge Jet** (☎ 0800 270 556; www.wildernessjet.co.nz; ab 150 NZ$) mit zusätzlichen Jetboat-Hubschrauber-Kombis. **Waiau Jet Tours** (☎ 0800 009 993) bringt Kunden von der Tuatapere Bridge zur Clifden Bridge (50 NZ$, 1 Std.) oder zum Dean Forest (100 NZ$, 3½ Std.). Dieses Unternehmen ist im Shooters Backpackers & Tuatapere Motel (s. unten) vertreten.

SCHLAFEN & ESSEN

Shooters Backpackers & Tuatapere Motel (☎ 03-226 6250; shooters.backpackers@xtra.co.nz; 73 Main St; Stellplatz ohne/mit Strom 12/30 NZ$, B 28 NZ$, DZ 60–90 NZ$, Motel EZ/DZ 70/110 NZ$; 🖳) Das Highlight hier sind die Gemeinschaftsbereiche. Es gibt eine moderne Küche mit Holzofen, eine große Terrasse mit Grill und einen Wellnessbereich mit Sauna. Auf einem grünen Rasenstreifen ist Camping möglich, außerdem werden Tauch- und Angelausflüge organisiert.

Waiau Hotel (☎ 03-226 6409; www.waiauhotel.co.nz; 47 Main St; EZ 35–55 NZ$, DZ 70–110 NZ$; 🖳) Das Hotel im Kneipenstil hat diverse Standardquartiere und Zimmer mit eigenen Bädern. Das Bistro (Mittagessen 5–12 NZ$, Abendessen 15–24 NZ$) ist für seinen Sandbarsch bekannt, serviert aber auch die weltberühmten Tuatapere-Würstchen.

Die **Tuatapere Butchery** (☎ 03-226 6596; 75 Main St) verkauft Würstchen für unterwegs.

Alternativ empfiehlt sich das **Yesteryears Café** (☎ 03-226 6681; 3a Orawia Rd; Imbissgerichte 8–12 NZ$; ☻ ab 9 Uhr) mit seiner Sammlung von schrulligen Haushaltsgegenständen, die von Familien aus der Gegend stammen. Neben super leckerem und selbstgekochtem Essen kommt hier auch herrlicher Kaffee auf den Tisch. Tante Daisys tolle Zuckerbrötchen, Kiwi-Milchshakes (*Frucht*milchshakes!), hausgemachte Marmelade und Proviant fürs weitere Frühstücken „on the road" sind ebenfalls zu haben.

Von Tuatapere nach Riverton

Rund 10 km südlich von Tuatapere lohnt sich ein Zwischenstopp am SH92: Vom spektakulären Aussichtspunkt am McCracken's Rest folgt der Blick dem weiten Bogen der **Te Waewae Bay** hinüber zu Fiordlands verschneiten Gipfeln. In der Bucht tummeln sich gelegentlich Delfine und Südkaper.

Die **Colac Bay** ist bei Urlaubern sehr beliebt und zudem ein guter Surfspot: Stetige Südwinde (Southerlies) sorgen hier für die besten Wellen. Die Bedingungen sind ganzjährig recht gut, während sich die Besucherzahlen in Grenzen halten. Der **Dustez Bak Paka's & Camping Ground** (☎ 03-234 8399; www.dustezbakpakas.co.nz; 15 Colac Bay Rd; Stellplatz 13 NZ$/Pers., B 27 NZ$, DZ 54–58 NZ$) besitzt neben einfachen Zimmern an einem überdachten Hof auch Stellplätze auf einer Rasenfläche. Gäste können Surfbretter ausleihen. Abendessen gibt's in der benachbarten Colac Bay Tavern. Zur **Pavilion Tavern** (☎ 03-234 8445; 188 Colac Foreshore Rd; ⏰ 10 Uhr–open end) unten am Strand pilgern sogar Besucher aus dem weit entfernten Invercargill – getrieben vom Appetit auf Frischfisch, Biolamm und Gartenkräuter.

Riverton
1850 Ew.
Vom ruhigen Riverton sind es nur 38 km bis nach Invercargill. Die Kleinstadt ist immer gut für ein Mittagessen. Bei akutem Bedürfnis nach südpolnahem Schwimmen bieten sich die Umgebung der **Riverton Rocks** und die **Taramea Bay** an. Über die Landspitze dieser Bucht sollte man sich allerdings nicht hinauswagen! Riverton ist auch ein beliebter Übernachtungsstopp zwischen den Catlins und Fiordland.

Das **Riverton Visitor Information Centre** (☎ 03-234 8260; www.riverton-aparima.co.nz; 127 Palmerston St; ⏰ 10–17 Uhr) hilft beim Erkunden des interessanten geologischen Erbes der Region. Hier erzählt die **Te Hikoi Southern Journey** (☎ 03-234 8260; www.tehikoi.co.nz; Erw./Kind 12/4 NZ$; ⏰ Sommer 10–16 Uhr, Winter 11–15 Uhr) die Frühgeschichte der hiesigen Maori bzw. Pakeha mittels Videos und interaktiver Ausstellungen. Auch die Galerien entlang der Palmerston St sind einen Blick wert.

Das Riverton Visitor Information Centre gibt Tipps zu Campingmöglichkeiten, Motels und B & Bs. Dank einfacher Wohlfühlzimmer eignet sich das **Globe Backpackers** (☎ 03-234 8527; www.theglobe.co.nz; 144 Palmerston St; B/DZ 25/65 NZ$) super für Traveller. Zum Haus gehören auch ein paar Moteleinheiten für Selbstversorger (100 NZ$/2 Pers.). Die Bar im Untergeschoss tischt tonnenweise Pizzen (ab 10 NZ$) und andere Barsnacks auf.

Beach House (☎ 03-234 8274; 126 Rocks Hwy; Snacks ab 10 NZ$, Abendessen 25–35 NZ$; ⏰ 10 Uhr–open end; 🖳) Das stilvolle, behagliche Café ist für seine Meeresfrüchte berühmt – insbesondere für die sämige Fischsuppe zum Mitnehmen

(12 NZ$). Wenn an Sonnentagen eine warme Brise von der Foveaux Strait herüberwabert, sind die Freilufttische Pflicht. Die anderen 90 % der Zeit heißt es dagegen im warmen Inneren relaxen und das Meer durch die Fenster bewundern. Um hierherzukommen, an der Küste den Schildern zum Aussichtspunkt folgen.

Das schicke kleine **Mrs. Clarks Café** (☎ 03-234 8600; 108 Palmerston St; Gerichte 9–16 NZ$; ⏰ 10–16 Uhr) belegt ein unglaublich türkisfarbenes Gebäude, das seit 1891 in verschiedener Form als Restaurant dient. Damals war der hiesige Espresso wohl noch nicht so lecker! Fürs Ambiente sorgen reichlich Recyclingholz und entspannte Musik. Unbedingt probieren: die leckeren Käseröllchen mit dem lustigen Spitznamen „Southland Sushi". Dazu gibt's Bier- und Weinsorten von der Südinsel.

Das **South Coast Environment Centre** (☎ 03-234 8717; www.sces.org.nz; 154 Palmerston St) hat ein prima Angebot an Biogemüse, -obst und -fleisch. Es fungiert als lokale WWOOF-Agentur (Willing Workers On Organic Farms) und organisiert Rivertons Bauernmarkt, der an freitagnachmittags stattfindet.

ZENTRALES SOUTHLAND

Obwohl hier der Großteil von Southlands ständigen Einwohnern lebt, dient der zentrale Provinzteil den meisten Reisenden nur als Durchgangsstation bzw. guter Ausgangspunkt für Catlins- oder Fiordland-Trips. Zudem ist dies das Tor nach Stewart Island.

INVERCARGILL
49 300 Ew.
Das flache, vorstädtische Invercargill mit seinen baumlosen Endlosstraßen wirkt wohl weniger attraktiv, wenn man aus Richtung Catlins oder Fiordland hier eintrifft. Trotzdem statten die meisten Southland-Touristen der Stadt früher oder später einen Besuch ab – und sei es nur, um Vorräte und Ausrüstung vor dem Start gen Catlins oder Stewart Island zu besorgen. Allerdings lohnt sich schon eine gewisse Erkundung: Invercargill wartet mit diversen Kunstwerken, ein paar guten Restaurants und einer tollen Lokalbrauerei auf. Der zukunftsorientierte Bürgermeister Tim Shadbolt war in den 1970er-Jahren noch Studentenaktivist. Mit einer starken Unterstützung der örtlichen Hochschulen

und Sportvereine hat er die Stadt inzwischen recht bekannt gemacht. Wer hier etwas urbanen Rummel vermisst, kann überall seine sozialen Kontaktfähigkeiten trainieren.

Praktische Informationen

Automobile Association (AA; ☎ 03-218 9033; 47 Gala St; ☼ Mo–Fr 8.30–17 Uhr)

Comzone.net (45 Dee St; ☼ 10–22 Uhr; 🖳 🛜) Internetzugang. WLAN gibt's auch im Tuatara Café (S. 739).

DOC-Büro (☎ 03-211 2400; 7. Stock, Cue on Don, 33 Don St; ☼ Mo–Fr 8.30–16.30 Uhr) Wander- bzw. Routeninfos zu Stewart Island und Southland.

Invercargill i-SITE (☎ 03-214 6243; www.invercargill. org.nz; Gala St, Queens Park; ☼ Okt.–April 8–18 Uhr, Mai–Sept. bis 17 Uhr; 🖳) Praktischerweise im gleichen Gebäude wie das Southland Museum & Art Gallery. Verleiht Fahrräder und liefert prima Infos zu den Catlins und Stewart Island.

Post (51 Don St)

Sehenswertes & Aktivitäten

SOUTHLAND MUSEUM & ART GALLERY

Nach dem Besuch des angrenzenden i-SITE empfiehlt sich unbedingt ein Blick in dieses **Museum mit Galerie** (☎ 03-218 9753; www.southland museum.com; Gala St, Queens Park; Eintritt gegen Goldmünzenspende; ☼ Mo–Fr 9–17, Sa & So 10–17 Uhr). Die Kunstgalerie zeigt immer wieder Wanderausstellungen mit zeitgenössischer Maorikunst oder anderen einheimischen Werken. Gelegentlich gibt's auch Internationales zu sehen.

Bevor man einen Abstecher nach Stewart Island macht, kann man sich in dieser interessanten Museumsausstellung namens „Beyond the Roaring 40s" („Jenseits der Roaring Forties") über die Naturgeschichte der rauen neuseeländischen Südinseln informieren. Fans von Burt Munro bzw. des Filmes *Mit Herz und Hand* (2005) sollten schleunigst das Minikino der Sportgalerie im ersten Stock aufsuchen: Dort läuft die Originalversion der Fernsehdoku *Burt Munro – Offerings to the God of Speed* (1971).

Stars der Ausstellung sind zweifellos die Tuataras: Diese echsenartigen Reptilien kommen nur in Neuseeland vor und leben dort unverändert seit 220 Mio. Jahren – daher der Beiname „lebende Fossilien". Und wenn der gemächliche Patriarch Henry mit seinen über 100 Lenzen als Beispiel gelten darf, haben die Tiere während der nächsten 220 Mio. Jahre wohl auch nicht viel vor.

Allerdings überraschte Henry die Reptilienwelt Anfang 2009, als er mit der munteren 80-jährigen Mildred endlich für Nachwuchs sorgte. Henry und seine Kumpels bewohnen in würdevoller Ruhe das Tuataragehege im Hinterbereich. Gefüttert werden sie jeden Freitag um 16 Uhr – dann besteht die größte Chance, Tuataras in (langsamer) Aktion zu sehen. Außerhalb der Öffnungszeiten lassen sich die Echsen durch die Fenster im hinteren Pyramidenteil beobachten.

ANDERSON PARK ART GALLERY

Diese **Galerie** (☎ 03-215 7432; McIvor Rd; Eintritt gegen Spende; ☼ Galerie 10.30–17 Uhr, Gärten 8 Uhr–Sonnenuntergang) in einem georgianisch gestalteten Herrenhaus von 1925 beherbergt Werke vieler neuseeländischer Künstler. So zeigt sie wunderschöne antike Originalmöbel, Handdrucke, Töpferwaren, Skulpturen, Porträts, großflächige Landschaftsmalereien und griechisch mystifizierte Szenen aus Maoridörfern. Im Teezimmer bekommt man eine sehr zivilisierte und kostenlose Tasse Tee. Draußen laden 24 ha Landschaftsgärten zum Lustwandeln zwischen den Bäumen ein. Die Wege führen auch an einem Kinderspielplatz und einem *wharepuni* (Schlafhaus) vorbei. Die Galerie liegt 7 km nördlich vom Stadtzentrum. Um sie zu erreichen, folgt man der North Rd und biegt dann nach rechts in die McIvor Rd ein.

NOCH MEHR SEHENSWERTES & AKTIVITÄTEN

Beim Spazierengehen im halb wilden, halb kultivierten **Queens Park** stößt man auf Bäume, Ententeiche, einen Kinderspielplatz und Alice' Schloss.

Die **City Gallery** (☎ 03-214 1319; 28 Don St; Eintritt frei; ☼ Di–Fr 11–16, Sa 10–14 Uhr) im Zentrum präsentiert Kunsttalente aus Neuseelands Süden – beispielsweise in Form von Skulpturen, Fotografien und Gemälden (größtenteils käuflich erwerbbar). Wer bereits auf der Südinsel unterwegs war, wird ein paar der Szenerien garantiert wiedererkennen.

Die temporeichen Höchstleistungen des Motorradfahrers Burt Munro sind im Film *Mit Herz und Hand* (2005) verewigt. Fans können sein **berühmtes Motorrad** bei E. Hayes & Sons (172 Dee St) besichtigen. Dort gibt's zudem noch weitere Oldtimerbikes und Merchandising zum Film. Der Oreti Beach (wo Burt das Rennen gegen die Truppe junger frecher Rüpel fuhr) liegt 10 km weiter südwestlich und eignet sich prima zum Schwim-

INVERGARGILL

0 —————— 800 m

PRAKTISCHES

Automobile Association (AA)	1 B3
Comzone.net	2 C4
DOC-Büro	3 D4
Invercargill i-SITE	4 B3
Post	5 D4
Tuatara Café	(siehe 11)

SEHENSWERTES & AKTIVITÄTEN

City Gallery	6 D4
E. Hayes & Sons	7 A3
Invercargill Brewery	8 C4
Southland Museum & Art Gallery	(siehe 4)

SCHLAFEN

Kackling Kea Backpackers	9 B4
Living Space	(siehe 33)
Southern Comfort Backpackers	10 A3
Tuatara Lodge	11 C4
Victoria Railway Hotel	12 C4

ESSEN

Buster Crabb	13 A2
Countdown	14 B4
Devil Burger	15 C4
Duo	16 D4
EuropaNZ	17 D4
Rocks & Shop 5	18 C3

Seriously Good Chocolate Company	19 D3
Sopranos Pizzeria	(siehe 31)
Three Bean Café	20 C4
Tuatara Café	(siehe 11)
Turkish Kebabs	21 C4
Zookeepers Cafe	22 D4

AUSGEHEN

Kiln	23 C4
Louie's Café	24 A3
One Blue Dog	25 C4
Saints & Sinners	26 D4
Speights Ale House	27 C4
Tillermans Music Lounge	(siehe 15)
Waxy O'Shea's	28 C3

UNTERHALTUNG

Reading Cinemas	29 C4
Stadium Southland	30 D3

SHOPPEN

H&J's Outdoor World	(siehe 31)
Southern Adventure	31 D4

TRANSPORT

Air New Zealand	32 D4
Cycle Surgery	33 C4

---

men. Das hilfsbereite Personal des örtlichen i-SITE weist einen gern auf weitere Orte hin, die etwas mit Burt und dem Film zu tun haben. Jeden November steigt mit der Burt Munro Challenge (www.burtmunrochallenge.com) ein extrem beliebtes Bikertreffen.

Für Wanderungen oder Autotouren auf eigene Faust verteilt die i-SITE ihre kostenlose Broschüre *Invercargill Heritage Trail*. **Thomson's Bush** liegt 1 km gen Norden den Queen's Dr entlang. Dort führt eine einstündige Rundroute unter den uralten Kahikatea- und Mataibäumen entlang, die einst Invercargills nun baumlose Ebenen bedeckten.

Die **Invercargill Brewery** (☎ 03-214 5070; www.invercargillbrewery.co.nz; 8 Wood St; ⏰ Mo–Do 11–17.30, Fr bis 18.30, Sa bis 16 Uhr) preist sich selbst als Neu-

seelands südlichste Kleinbrauerei. Tatsächlich ist ihr Bier auch gut genug für alle anderen Landesteile. Das komplette Sortenspektrum kann kostenlos durchprobiert werden! Das Personal führt Bierfreaks eventuell durch die Anlage – allerdings nur bei geringem Betrieb. Am liebsten mögen wir das frische Biman Pilsner und das hopfige Stanley Green Pale Ale. Regelmäßig komponiert die Brauerei auch Saisonbiere wie das Smokin' Bishop (entspricht deutschem Rauchbier, das mit geräuchertem Malz hergestellt wird).

Schlafen

Viele Unterkünfte in Invercargill offerieren eine Gepäckaufbewahrung für Gäste, die auf dem Weg nach Stewart Island sind. Zahllose

FIORDLAND & SOUTHLAND

Mittelklassemotels säumen den Hwy 1 East (Tay St) und den Hwy 6 North (North Rd).

Invercargill Top 10 Holiday Park (☎ 0800 486 873, 03-215 9032; www.invercargilltop10.co.nz; 77 McIvor Rd; Stellplatz 18 NZ$/Pers., Hütte 75 NZ$, Moteleinheit 96–110 NZ$; 🖳) Etwa 6,5 Autokilometer nördlich der Stadt liegt diese ruhige kleine Anlage in der Nähe eines Parks. Rundherum verläuft eine Hecke aus Monterey-Zypressen. Zwischen schattigen Bäumen gibt es hier angenehm abgeschirmte Stellplätze und gute Gemeinschaftseinrichtungen. Die modernen, gemütlichen Wohnstudios sowie die Selbstversorgerhütten haben jeweils eigene Bäder.

Tuatara Lodge (☎ 03-214 0954; www.tuataralodge.co.nz; 30–32 Dee St; B 25 NZ$, DZ 60–80 NZ$; 🖳 🛜) Die Zimmer sind ziemlich einfach, aber ausreichend sauber und komfortabel. Die ebenso angenehmen Gemeinschaftsbereiche umfassen gemütliche Fernsehecken und eine große, moderne Küche. Das Haus liegt von allen Budgetunterkünften der Stadt am zentralsten und hat freundliches Personal. Unten befindet sich eine nette kleine Cafébar für Traveller. Shuttlebusse nach bzw. ab Bluff (das Tor zu Stewart Island) halten direkt vor der Tür.

Kackling Kea Backpackers (☎ 03-214 7950; www.kacklingkea.co.nz; 25 Tweed St; B 26–28 NZ$, DZ 62 NZ$; 🖳) Das familiengeführte Haus südlich der Stadt ist hell und geräumig. Seine relaxten Gemeinschaftsbereiche und Zimmer wurden erst kürzlich renoviert. Gäste können sich auf eine große, gut ausgestattete Küche und einen herzlichen Empfang durch die Kids der Eigentümer freuen. Prima zum Erholen nach Wanderungen auf dem Hump Ridge Track oder dem Rakiura Track auf Stewart Island.

Southern Comfort Backpackers (☎ 03-218 3838; 30 Thomson St; B/DZ 27/66 NZ$; 🖳) Freundliches, behagliches Haus mit fernseloser Zen-Lounge (man beobachtet stattdessen das Kaminfeuer), farbenfrohen Zimmern und moderner, gut ausgestatteter Küche. Trotz geräumiger Doppelzimmer bevorzugen manche Gäste das einfache Spielhaus. Die reizenden Gärten liefern fern frische Kräuter fürs Kochen. Nur Barzahlung möglich.

Living Space (☎ 03-211 3800; www.livingspace.net; 15 Tay St; DZ 89–119 NZ$; 🖳 🛜) Das umgebaute Lagerhaus aus 1907 punktet mit farbenfrohem, modernem Dekor, ergobewusstem Design und entspanntem Service. Die Wohnstudios (vor allem deren Bäder) sind nicht gerade riesig. Dafür gibt's standardmäßig

schnelle Internetverbindungen, Kochecken für Selbstversorger und Fernseher mit vielen Sky-TV-Kanälen.

Bushy Point Fernbirds (☎ 03-213 1302; www.fernbirds.co.nz; 197 Grant Rd, Otatara; EZ/DZ inkl. Frühstück 100/120 NZ$) Zwei freundliche Corgis zählen zu den Gastgebern des sehr komfortablen und ökobewussten Homestays. Das Ganze steht am Rand eines privaten Schutzgebiets (4,5 ha) mit Wäldern, Feuchtbiotopen und teilweise über 400 Jahre alten Bäumen. An klaren Tagen schimmert Stewart Island in der Ferne. Da das Fernbirds bei Vogelfreunden hoch im Kurs steht, ist eine Reservierung ratsam. Invercargills Zentrum liegt fünf Autominuten entfernt, während man Ziff's und Cabbage Tree (S. 739) in unmittelbarer Nähe findet. Der Preis beinhaltet eine geführte Wanderung durch das Waldschutzgebiet.

Victoria Railway Hotel (☎ 0800 777 557, 03-218 1281; www.vrhotel.info; Ecke Leven St & Esk St; DZ 130–180 NZ$; 🖳 🛜) Wer sich nach etwas Luxus aus dem 19. Jh., vornehmen Zimmern und schicken Gemeinschaftsbereichen sehnt, ist bei diesem großen, ruhigen und renovierten Hoteloldtimer an der richtigen Adresse. Das Speisezimmer für Gäste wirkt elegant, während die opulente Hausbar viele einheimische Biere und Weine von der Südinsel führt. Der wirklich persönliche Service krönt dieses einzigartige Gesamtpaket.

Essen

Invercargills überraschend vielfältige Restaurantszene hat ein paar echte Juwelen zu bieten.

RESTAURANTS

Rocks & Shop 5 (☎ 03-218 7597; Courtville Pl, 101 Dee St; Mittagessen 13–20 NZ$, Abendessen 17–32 NZ$; ⏲ Di–Sa 11–14 & 17 Uhr–open end) Die stilvoll-entspannte Bar mit Kerzenbeleuchtung und mehreren Essbereichen versteckt sich inmitten einer Einkaufspassage. Der Laden ist immer gut für eine leckere Mahlzeit: Zu den Mittagshighlights zählen anständige Burger, Nudelgerichte und Salate. Abends dreht sich dann alles um Schweinebauch, marokkanisches Hühnchen und Stewart-Island-Lachs.

Duo (☎ 03-218 8322; 16 Kelvin St; Mittag-/Abendessen 15/30 NZ$; ⏲ 10.30 Uhr–open end) Gleich abseits von Invercargills Hauptstraße serviert das elegante Duo gute und günstige Mittagsgerichte (je 15 NZ$) sowie ein kostspieligeres Abendmenü. Die Karte glänzt insbesondere mit Räucherlachs, Schweinesteaks in Kräuter-

Feta-Kruste und Sandbarsch aus dem Backofen. Das Weinsortiment umfasst hauptsächlich schwer aufzutreibende Luxuslesen aus dem nahen Central Otago.

Buster Crabb (☎ 03-214 4214; 326 Dee St; Gerichte 25–34 NZ$; ☽ 10.30 Uhr–open end) Dieses Restaurant ist seltsamerweise nach einem britischen Kampfschwimmer benannt, der seit 1956 als vermisst gilt. Seinem unglücklich gewählten Namen wirkt das Buster Crabb entgegen, indem es seinen Gästen in einer geräumigen, denkmalgeschützten Villa kosmopolitische Küchenerlebnisse beschert. Einheimische Farmer futtern hier Jakobsmuscheln, Schweinebauch, Wildbret und Sandbarsch. Am späten Nachmittag bekommt die Miniterrasse viel Sonne ab. Zudem ist dies das einzige Lokal vor Ort, in dem das fabulöse Pitch Black Stout der Invercargill Brewery aus dem Zapfhahn läuft.

An der Hauptstraße zum Oreti Beach bei Otatara haben sich zwei Restaurants auf *üppige* Mahlzeiten spezialisiert und sind daher bei Einheimischen sehr beliebt:

Ziff's Café & Bar (☎ 03-213 0501; 143 Dunns Rd, Otatara; Hauptgerichte 18–34 NZ$; ☽ 10.30 Uhr–open end) Fröhliche Atmo, stylishes Interieur und Shuttles (2 NZ$) aus der Stadt.

Cabbage Tree (☎ 03-213 1443; 379 Dunns Rd, Otatara; Hauptgerichte 20–40 NZ$; ☽ 11 Uhr–open end; Ⓥ) Monsterspeisekarte, Monsterportionen und Monsterweinkarte plus Gratis-Shuttlebus.

CAFÉS & AUF DIE SCHNELLE
Seriously Good Chocolate Company (☎ 03-218 8060; 147 Spey St; Schokolade ca. 1,20 NZ$/Stück; ☽ Mo–Fr 8.30–17 Uhr) Das sonnige Lädchen befindet sich einen kurzen Spaziergang von Invercargills Zentrum entfernt und hat sich auf selbstgemachte Schokolade spezialisiert. Erst bestellt man sich einen Kaffee, dann gibt man sich der schwierigen Aufgabe hin, eine Geschmacksrichtung auszuwählen. Chili und Erdnuss waren beide so lecker, dass wir am nächsten Tag wiedergekommen sind. Denn wie heißt es doch ganz richtig auf dem Schild: *ernsthaft* gut!

EuropaNZ (☎ 03-214 6371; 82 Tay St; Gerichte 5–10 NZ$; ☽ Mo–Fr 8–17, Sa 10–15 Uhr) Diese Deli-Bäckerei-Kombi unter deutscher Leitung serviert z. B. preiswertes Frühstück im bayerischen Stil – Heimwehgeplagte freuen sich über ein Festmahl aus Eiern, Kartoffeln und Würstchen für 8 NZ$. Gleichzeitig gibt's Invercargills besten Käsekuchen und einen Spielbereich für

Kinder. Das Tagessuppen-Special mit Sauerteig (5 NZ$) ist beinahe schon zu billig.

Tuatara Café(☎ 03-214 0954; 30–32 Dee St; Gerichte 7–20 NZ$; ☽ 7 Uhr–open end; 🖥 🛈) Das Café des gleichnamigen Backpackerhotels (S. 738) versprüht travellergerechte Coolness à la Dreadlocks und Kiwi-Dub. Preiswerte Eier auf Toast (7,50 NZ$) sorgen für einen herzhaften Start in den Tag. Zu den leckeren, interessanten Burgern (15 NZ$) passt ideal ein Biman Lager.

Devil Burger (☎ 03-218 9666; 16 Don St; Burger 10–14 NZ$, Wraps 12–14 NZ$; ☽ So–Mi 11–21, Do bis 1, Fr & Sa bis 4 Uhr; Ⓥ) Zum Zeitpunkt der Recherche war das Devil gerade erst seit ein paar Wochen im Geschäft, machte aber schon dicke Umsätze mit leckeren Gourmetburgern und gesunden Wraps. Zum Hausbier vom Fass gibt's auch viele vegetarische Gerichte. Sogar die Telefonnummer ist ein intelligenter Insiderwitz. Am Wochenende wird der Laden von vielen hungrigen Burgerfans aus der darüber liegenden Tillermans Music Lounge (S. 740) gestürmt.

LP Tipp Three Bean Café (☎ 03-214 1914; 73 Dee St; Gerichte 10–15 NZ$; ☽ Mo–Fr 7–17, Sa 8.30–14 Uhr) Als anspruchsvolle Kaffeefans haben wir uns heftig die Hacken abgelaufen und können nun mit Überzeugung behaupten: Dieses kosmopolitische Café an der Hauptstraße kredenzt Invercargills beste Koffeingetränke. Sein aufmerksames Personal kennt einen auch noch am nächsten Tag. Das leckere Essensangebot lässt den Morgen beispielsweise mit einem Lachsbagel (11 NZ$) beginnen. Und noch Platz für ein Plunderstückchen oder etwas anderes Süßes lassen!

Turkish Kebabs (☎ 03-218 3399; 29 Esk St; Kebabs ab 11 NZ$; ☽ 8 Uhr–open end; Ⓥ) Diverse türkische Dekoelemente sorgen für Atmosphäre, so dass man seine Mahlzeit gerne an einem der Tische einnimmt. Aber auch das Essen zum Mitnehmen (z. B. hummuslastige Falafel oder die namengebenden Kebabs) ist sehr beliebt. Ein paar Türen weiter finden Unentschlossene rechts bzw. links ziemlich gute Kost aus Japan und Indien.

Zookeepers Cafe (☎ 03-218 3373; 50 Tay St; Gerichte 12–28 NZ$; ☽ Mo–Sa 10 Uhr–open end, So 11 Uhr–open end) Das Café ist leicht zu erkennen an dem riesigen Wellblechelefanten auf seinem Dach. Die relaxten Zoowärter sind freundlich, die Gerichte üppig und lecker. Zum warmen Rindfleischsalat mit Balsamico munden die Produkte der Invercargill Brewery, beispielsweise das Wasp Lager, ein traditionelles Pils mit typisch südlichem Honigzusatz.

Sopranos Pizzeria (☎ 03-218 3464; 33 Tay St; Pizzen 17–28 NZ$, Nudelgerichte 17–24 NZ$; ☒ Di–Do 17 Uhr–open end, Fr & Sa 11 Uhr–open end, So 16–21 Uhr) Das Café macht zwar etwas zu sehr auf Mafiakommerz, serviert aber prima Pizzen, leckere Pasta und Gourmetburger (21,50 NZ$).

SELBSTVERSORGER
Countdown (Ecke Doon St & Tay St; ☒ 8–24 Uhr)

Ausgehen & Unterhaltung

One Blue Dog (☎ 03-214 6970; 34 Esk St; ☒ Do–Sa 21 Uhr–open end) Zum Zeitpunkt der Recherche warb die übersichtliche Bar im Obergeschoss gerade mit vier Flying Hirschs (Jägermeister mit Red Bull) für 30 NZ$. Man kann kostenlos Poolbillard spielen, und die Gäste verbreiten Vollgas-Partyvibe. Zu späterer Stunde sorgen DJs und gelegentlich auch Livebands für Stimmung. Definitiv niveaulos – doch wen interessiert das schon nach vier *Jägerbombs* (so heißt der Mix hierzulande)?

LP Tipp **Tillermans Music Lounge** (☎ 03-218 9240; 16 Don St; Grundpreis 5 NZ$; ☒ 21 Uhr–open end) Der alternative Livemusik- und DJ-Club ist im Obergeschoss eines Hauses in der Don St zuhause. Das Bandprogramm reicht von einheimischen Thrashern bis zu Rock- und Reggaetalenten auf Tour, die DJs legen vor allem Dub und House auf. Schwarze Gammelsofas und die abgewetzte, betagte Tanzfläche zeugen von der Beliebtheit des Ladens. Donnerstags freier Eintritt.

Saints & Sinners (☎ 03-214 3366; 25 Tay St; wechselnder Grundpreis; ☒ 11 Uhr–open end) Dieser Nachtclub hat Invercargill gerade noch gefehlt! In dem verschlungenen Gewirr aus Bars, Billardhallen, Tanzflächen und blitzenden Lichtern könnte GPS ganz nützlich sein. Beim Herumirren findet man vielleicht das Saints & Sinners, in dem bevorzugt tourende Kiwi-Bands auftreten, oder das gleichermaßen lärmige Players Entertainment Venue.

Louie's Café (☎ 03-214 2913; 142 Dee St; Tapas 10 NZ$, Hauptgerichte 19–28 NZ$; ☒ Sa 17.30 Uhr–open end) Die kleine, gemütliche und freundliche Cafébar serviert vor allem leckere Tapas-Snacks, die durch eine immer aktuell angeschriebene Minispeisekarte ergänzt werden. Das Louie's ist auf jeden Fall auch ein prima Plätzchen für Wein oder Bio-Bier zu später Stunde. Zum chilligen Soundtrack relaxen Gäste am Feuer, ziehen sich in diverse Sitzecken und Winkel

zurück oder lümmeln auf einem bequemen Polstersofa herum. Gelegentlich wird auch Livemusik gespielt.

Kiln (☎ 03-218 2258; 7 Don St) Stilvolle Monteiths-Bierbar mit Hängelampen, indirekt beleuchtetem Tresen und Großtante Ediths Tapete. Die bei weitem niveauvollste Ausgehadresse der Stadt tischt auch überraschend gutes Essen auf. Tipp: Sandbarsch in Parmesankruste plus Summer Ale mit Honig-Gewürz-Aroma.

Speight's Ale House (☎ 03-214 5333; 38 Dee St) Zahllose Fernsehbildschirme für den Fall, dass jemand einen Kricketpunkt holt oder die All Blacks einen weiteren Try erzielen. Ein gutes Angebot an Speight's-Bieren aus dem südlich gelegenen Dunedin. Und Freilufttische, um Invercargills nervige Abendparade von jugendlichen Rasern in aufgemotzten Mazdas zu beobachten. Was würde wohl Burt Munro davon halten?

Waxy O'Sheas (☎ 03-214 0313; 90 Dee St) Lärmige Sickergrube des O'Bogan-Clans und angeblich der südlichsten Irish Pub des Planeten.

Die **Reading Cinemas** (☎ 03-211 1555; www.reading cinemas.co.nz; 29 Dee St; Erw./Kind 15/10 NZ$) zeigen aktuelle Blockbuster. Dienstagabend gibt's Ermäßigung. Im **Stadium Southland** (☎ 03-217 1200; www.stadiumsouth.co.nz; Surrey Park, Isabella St) ist Invercargills beliebte und erfolgreiche Frauen-Korbballmannschaft „Southern Steel" (www.southernsteel.co.nz; Spielsaison April–Juli) zuhause. Hier kann man auch Erstversuche als Sportkletterer starten (ab 5 NZ$; Di & Do 19 Uhr) oder Neuseelands einzige Indoor-Radrennbahn ausprobieren und sich zweirädrig in die Wand wagen (10 NZ$/Std.; Di 17.30 Uhr). Trainerbetreuung ist jeweils im Preis enthalten.

Shoppen

Die großen Universalsortimente von **Southern Adventure** (☎ 03-218 3239; 31 Tay St) oder **H&J's Outdoor World** (☎ 03-214 2052; 32 Tay St) nebenan reichen von Karten und Stiefeln bis zu Schlafsäcken und Trockennahrung.

An- & Weiterreise
BUS

Busse starten vom örtlichen i-SITE, das auch Tickets bucht. **InterCity** (☎ 03-214 6243; www.inter city.co.nz) verbindet Invercargill mit Dunedin (43 NZ$, 4 Std.), Te Anau (48 NZ$, 3 Std.) und Christchurch (70 NZ$, 10 Std.). Online gibt's kräftige Rabatte .

Weitere Busunternehmen:

Atomic Shuttles (☎ 03-214 6243; www.atomictravel. co.nz) Nach Dunedin (35 NZ$) und Christchurch (70 NZ$).

Knightrider (☎ 0800 317 057; www.knightrider. co.nz) Über Nacht nach Dunedin (41 NZ$) und Christchurch (76 NZ$).

Naked Bus (☎ 0900 625 33; www.nakedbus.com) Nach Te Anau (35 NZ$), Queenstown (39 NZ$) und Dunedin (34 NZ$). Online-Rabatte.

Scenic Shuttle (☎ 0800 277 483; www.scenicshuttle. co.nz) Folgt der Southern Scenic Route über Tuatapere (39 NZ$) nach Te Anau (49 NZ$).

TrackNet (☎ 0800 483 262; www.tracknet.net) Nach Te Anau (45 NZ$) und Queenstown (45 NZ$).

Auch Catlins Coaster und Bottom Bus bedienen Invercargill (s. S. 744). Weitere Busse fahren nach Bluff (s. unten), Fähren nach Stewart Island (Details auf S. 758).

FLUGZEUG

Air New Zealand (☎ 0800 737 000; www.airnewzealand. co.nz; 46 Esk St; ✆ Mo–Fr 9–17, Sa bis 12.30 Uhr) verbindet Invercargill mehrmals täglich mit Christchurch (ab 79 NZ$, 1 Std.). **Stewart Island Flights** (☎ 03-218 9129; www.stewartislandflights.com) fliegt dreimal pro Tag von Invercargill nach Oban (Erw./Kind einfach 105/65 NZ$, hin & zurück 185/105 NZ$, 30 Min.).

Unterwegs vor Ort

Der **Invercargill Airport** (☎ 03-218 6920; 106 Airport Ave) liegt 3 km westlich vom Stadtzentrum. Mit dem **Airport Shuttle** (☎ 03-214 3434) geht's vom Zentrum zum Flughafen (12 NZ$, von Tür zu Tür teurer). Ansonsten verlangen Taxifirmen wie **Blue Star Taxis** (☎ 03-218 6079) oder **City Cabs** (☎ 03-214 4444) dafür etwa 18 NZ$.

Cycle Surgery (☎ 03-218 8055; www.cyclesurgery. co.nz; 21 Tay St; ✆ Mo–Do 8.30–18, Fr bis 19, Sa 9.30–16, So 10–15 Uhr) verleiht Mountainbikes für 35 NZ$ pro Tag.

Invercargills kostenloser **Freebie Bus** (☎ 03-218 7108; www.icc.govt.nz; ✆ Mo–Sa 10–14.30 Uhr) fährt im Stadtzentrum, Abfahrt ist alle 15 Minuten. Routenpläne gibt's beim i-SITE. Andere **Stadtbusse** (Einzelfahrt Erw./Kind 2/1 NZ$, Tageskarte 4,50/ 2,50 NZ$, 9–14.30 Uhr kostenl.; ✆ Mo–Fr 7–18, Sa 9–15 Uhr) fahren in die Vororte.

BLUFF

2100 Ew.

Als Invercargills Hafen liegt Bluff (www.bluff. co.nz) 27 km südlich der Stadt. Hauptgründe für einen Besuch: Fähren nach Stewart Island,

Fürs-Foto-Posieren neben dem **Stirling-Point-Schilderpfahl** und die berühmten Bluff-Austern, die direkt am Kai verkauft werden. Am Stirling Point steht zudem eine riesige Skulptur des neuseeländischen Künstlers Russell Beck: Die Kettenglieder symbolisieren die Maorilegende, nach der die Südinsel Mauis Kanu ist und Stewart Island sein Anker. Am Stirling Point verschwindet die Kette im Meer, während sich das passende Gegen- bzw. Endstück drüben auf Stewart Island befindet.

Bluff ist jedoch nicht der südlichste Punkt der Südinsel – dieser Titel gebührt dem Slope Point in den Catlins. Stewart Island und weitere Felsinseln liegen noch weiter gen Antarktis. Trotzdem wird die Phrase „Von Cape Reinga bis nach Bluff" oft verwendet, um die Gesamtstreckung Neuseelands zu beschreiben. Als nationaler Haupthighway endet der SH1 südlich von Bluff am Stirling Point – deshalb fühlt man sich dort in der Tat wie am Ende des Landes.

Kindern wird das kleine **Bluff Maritime Museum** (☎ 03-212 7534; 241 Foreshore Rd; Erw./Kind 2 NZ$/ frei; ✆ Mo–Fr 10–16.30, Sa & So 13–17 Uhr) gefallen, in dem sie ein über 100 Jahre altes Austernboot besteigen können. Dampffans erfreuen sich dagegen an einer riesigen alten Schiffsmaschine mit 600 PS. Interessante Ausstellungen zur Lokalgeschichte runden das Ganze ab.

Ab dem Schilderpfahl führt der **Foveaux Walk** (6,6 km, hin & zurück 2½ Std.) an der zerklüfteten Küste entlang zum Ocean Beach. Alternativ kann man dem Weg 1 km weit folgen und dann durch Rimu- bzw. Ratawälder auf dem **Glory Track** (1,5 km) zurückmarschieren. Wer die 3 km zum Aussichtspunkt auf dem Gipfel des **Bluff Hill** (265 m; Zugang von der Lee St) per pedes oder Auto bewältigt, genießt einen super Blick auf Stewart Island. Invercargills i-SITE verteilt Ortspläne von Bluff und die kostenlose Broschüre *Bluff Walking Tracks*.

Das alljährliche **Bluff Oyster & Southland Seafood Festival** (www.bluffoysterfest.co.nz) feiert Bluffs berühmtesten Exportartikel normalerweise im Mai. Austernsaison ist von Ende März bis Ende August.

Schlafen & Essen

Bluff Camping Ground (☎ 027-626 2018; 11 Gregory St; Stellplatz ohne/mit Strom 25/34 NZ$, Hütte 44 NZ$) Über das weitläufige Rasengelände verteilen sich einfache Hütten, Stellplätze für Zelte bzw. Wohnmobile und prima Gemeinschaftseinrichtungen. Dusche, Küche und Waschmaschine kosten jedoch jeweils 6 NZ$ pro Nutzung. Bettwäsche selbst mitbringen!

Foveaux Hotel (☎ 03-212 7196; www.foveauxhotel.com; 40 Gore St; EZ 60–75 NZ$, DZ 90–110 NZ$) Das coole Art-déco-Gebäude hat eine Reihe von sauberen, geräumigen Zimmern und eine gemütliche Gästelounge mit Bar im Erdgeschoss. Dort gibt's große rote Kuschelsofas und eine große Kuschelkatze. Die Quartiere sind ihr Geld wert: Hier kann man schön entspannen und neue Kraft tanken. Wer Lust hat, holt sich nebenan im Hotel Fish & Chips fürs Abendessen.

Land's End (☎ 03-212 7575; www.landsend.net.nz; Stirling Point; EZ/DZ inkl. Frühstück 120/165 NZ$) Das markante Haus gegenüber dem Schilderpfahl am Stirling Point besitzt altmodische Luxuszimmer, die meist mit gutem Meerblick aufwarten. Das Restaurant im EG (Mittag-/Abendessen ab 13/27 NZ$) tischt vor allem frische Meeresfrüchte auf und hat von ca. 9.30 bis 20 Uhr geöffnet (im Winter kürzer).

Drunken Sailor Cafe & Bar (☎ 03-212 8855; Stirling Point; Hauptgerichte 18–32 NZ$; ⏰ So–Fr 11.30–16 Uhr, Sa bis open end) Hoch über dem Schilderpfahl am Stirling Point thront dieses Meeresfrüchtelokal mit großer, geschwungener Fensterfront – Garant für eine atemberaubende Aussicht auf den Ozean, die Inseln in der Ferne und den bewaldeten Bogen des örtlichen Felsufers.

Das **Gallery Takeaway** (☎ 03-312 7391; 42 Gore St; ⏰ So–Do 11.30–20, Fr & Sa bis 21 Uhr) neben dem Foveaux Hotel serviert die wohl besten Fish & Chips der Welt. Zudem zollt es Bluffs heftig betrauertem Paua Shell House etwas Tribut. Außerhalb der Austernsaison empfiehlt sich der Sandbarsch (13 NZ$). In Richtung Ortszentrum linkerhand verkauft **Fowlers Oysters** (☎ 03-212 8523; Ocean Beach Rd; ⏰ März–Aug. 9–17 Uhr) frische Bluff-Austern.

Das **Stella's** (☎ 03-212 8856; 64 Gore St; ⏰ 6.30–14 Uhr) nahe dem „4-Square"-Supermarkt ist die beste Wahl für einen Kaffee vor der Fährpassage nach Stewart Island. Die Meeresfrüchtesuppe und die Pies schmecken hier ebenfalls recht lecker.

An- & Weiterreise

Stewart Island Experience (☎ 0800 000 511, 03-212 7660; www.stewartislandexperience.co.nz) betreibt einen Shuttleservice (Erw./Kind 18/9 NZ$) zwischen Bluff und Invercargill mit Anschluss zur Fähre nach Stewart Island. Die Firma sorgt auch für eine sichere Fahrzeugunterstellung am Fährterminal (5 NZ$/Tag).

VON INVERCARGILL NACH DUNEDIN

Am schnellsten kommt man von Invercargill nach Dunedin über den SH1 durch das Ackerland im Landesinneren. Trotz ländlicher Szenerie ist diese Strecke aber lange nicht so schön wie die Route durch die Catlins. Bei genügend Zeit sollte deshalb diese die erste Wahl sein.

Gore
8500 Ew.

Gore ist Neuseelands stolze „Hauptstadt der Countrymusik". Während der alljährlichen **Gold Guitar Week** (www.goldguitars.co.nz; ⏰ Ende Mai/Anfang Juni) sind alle Unterkünfte im Ort garantiert und für mindestens zehn Tage ausgebucht. An den anderen 355 Tagen des Jahres werden Zwischenstopps z. B. durch eine überraschend coole Kunstgalerie und Whiskyproben im Hokonui Moonshine Museum gerechtfertigt. Vor der Weiterfahrt auch noch unbedingt Gores Monsterforelle knipsen! Deren Artgenossen lassen sich in der Umgebung super per Angel erbeuten.

Das **Gore i-SITE** (☎ 03-203 9288; www.gorenz.com; 16 Hokonui Dr; ⏰ Mo–Fr 8.30–17, Sa & So 9.30–16 Uhr) informiert über Unterkünfte, Verkehrsmittel und Angel- oder Wandermöglichkeiten. Das interessante **Hokonui Moonshine Museum** (Eintritt 5 NZ$; ⏰ Mo–Fr 9–16.30, Sa & So 10–15.30 Uhr) und das **Gore Historical Museum** (Eintritt gegen Spende; ⏰ wie Moonshine Museum) teilen sich ein Gebäude. Zusammen feiern sie Gores glorreiche Geschichte der Fischerei, Landwirtschaft und Schwarzbrennerei. Beim Moonshine Museum ist ein kleines Glas einheimischen Whiskys obligatorisch.

Die **öffentliche Bibliothek** (⏰ Mo–Fr 9.30–18, Sa 10.15–13 Uhr) jenseits des Parkplatzes hat einen Internetzugang.

Die exzellente **Eastern Southland Gallery** (☎ 03-208 9907; 14 Hokonui Dr; Eintritt gegen Spende; ⏰ Mo–Fr 10–16.30, Sa & So 13–16 Uhr) auf der anderen Straßenseite belegt Gores großartige, nunmehr 100 Jahre alte frühere Bücherei. Ihre mächtige Sammlung neuseeländischer Kunst umfasst z. B. viele Werke von Ralph Hotere. Die wunderbare John Money Collection kombiniert indigene Folklorekunst aus Westafrika und Australien mit Arbeiten der Kiwi-Kultkünstlerin Rita Angus. Die grandiose Galerie (Spitzname „Goreggenheim") ist immer einen Besuch wert und wäre eine Bereicherung für jede Großstadt.

Etwa 16 Straßenkilometer in Richtung Queenstown restauriert die **Croydon Aircraft**

Company (☎ 03-208 9755; www.croydonaircraft.com; SH94, Mandeville) fliegende Oldtimer. Möchtegern-Helden können hier Rundflüge in einem zweisitzigen Tiger-Moth-Doppeldecker aus den 1930er-Jahren (10/30 Min. 85/200 NZ$) oder anderen Kleinflugzeugen unternehmen. Hier gibt's auch ein Restaurant.

Old Fire Station Backpackers (☎ 03-208 1925; www. thefirestation.co.nz; 19 Hokonui Dr; B/DZ 25/60 NZ$, Bettwäsche zzgl. 2 NZ$; 💻 📶) heißt das kleine Hostel gegenüber vom i-SITE. Es besitzt eine gute Küche, eine Waschmaschine und eine nette Terrasse mit Grill.

Eines von Gores vielen Motels ist das angenehme und moderne **Riverlea Motel** (☎ 03-208 3130; www.riverleamotel.co.nz; 46 Hokonui Dr; EZ 98–110 NZ$, DZ 113–135 NZ$). Das örtliche i-SITE vermittelt weitere Optionen und hat auch Tipps zu nahe gelegenen B & Bs oder Farmstays.

Das ausgesprochen kinderfreundliche **Green Room Café** (☎ 03-208 1005; 59 Irk St; Hauptgerichte 8–10 NZ$; 🕐 Mo–Sa 7.30–17 Uhr; 💻) ist ein sonnenverwöhntes Café mit Holzböden, altmodischen Kinosesseln und aufgeschlossenem, entspanntem Service. Obendrein gibt's legendären Kaffee und leckere Kuchen.

Das **Howl at the Moon** (☎ 03-208 3851; 2 Main St; Hauptgerichte abends 17–28 NZ$; 🕐 12–14 & 18–21 Uhr; 💻) serviert erwartungsgemäß üppige und überraschend schmackhafte Abendgerichte in pseudotexanischem Scheunenambiente.

DIE CATLINS

Wer den SH1 verlässt und über den SH92 zur Küstenstraße zwischen Invercargill und Dunedin fährt, kurvt durch die bezaubernden Catlins. Diese Region vereint üppiges Weideland, einheimische Wälder und raue Buchten. Es lohnt sich definitiv, hier ein paar Tage mit Buschwanderungen, Tierbeobachtungen und dem Erkunden einsamer Strände zu verbringen. Für die spärlichen Serviceeinrichtungen unterwegs entschädigen viele wunderbare Unterkünfte.

An klaren Sommertagen gibt's nichts Schöneres als die Küste der Catlins. Inmitten von Waldesgrün und Meeresblau will jeder ein, zwei Tage länger bleiben. Wenn aber die grauen, graupeligen Southerlies (Südstürme) aus der Antarktis heranbrausen, flüchten die Traveller in Scharen. Die Küstenstraße hat viele Kurven, Biegungen und Engpässe. Sie ist zwar ungefähr gleich lang wie die Inlandroute ent-

lang des SH1, aber vergleichsweise langsamer befahrbar.

Tiere & Pflanzen

Die Catlins sind ein wunderbarer Ort für Tierbeobachtungen auf eigene Faust. Entlang der Küste faulenzen Seebären und Seelöwen, und am Nugget Point (S. 747) ziehen Seeelefanten ihre Jungen auf. Im Frühling heißt es nach Südkaper spähen, die gelegentlich im offenen Meer auftauchen. Auch Delfine lassen sich regelmäßig blicken.

Im Gegensatz zum Großteil von Southland gibt es in den Catlins bis heute mächtige Kahikatea-, Totara- und Rimuwälder. Und zu den zahllosen Vogelarten der Gegend zählt der herrlich laute Tui. Außerdem sieht man hier an einem Tag mehr Kererus (Maori-Fruchttauben) als in einem ganzen Monat im übrigen Neuseeland. In den Catlins sind auch noch viele weitere See-, Wat- und Waldvögel wie der bedrohte Gelbaugenpinguin oder das seltene Mohua (Gelbköpfchen) zuhause.

Praktische Informationen

Viele praktische Infos zur Region liefern das große **Catlins Information Centre** (☎ 03-415 8371; catlinsinfo@cluthadc.govt.nz; 20 Ryley St, Owaka; 🕐 Mo–Fr 9.30–13 & 13.30–16.30, Sa & So 10–16 Uhr; 💻) in Owaka (S. 748), das kleinere **Waikawa Visitors Centre** (☎ 03-246 8464; waikawamuseum@hyper.net.nz; Main Rd, Waikawa; 🕐 10–17 Uhr; 💻) und das i-SITE in Invercargill (S. 736).

Alle Zentren verteilen die zweiseitige Gratiskarte *Catlins Highway Guide* mit umfangreichem Unterkunfts-Telefonverzeichnis. Gute Regionalwebsites sind www.catlins.org. nz und www.catlins-nz.com.

In den Catlins gibt's keine Banken und nur wenige Möglichkeiten zum Essen gehen oder Lebensmittel kaufen (außer in Owaka). Owakas 4-Square-Supermarkt hat einen Geldautomaten. Teilweise unregelmäßig geöffnete Tankstellen findet man in Fortrose, Papatowai und Owaka. Am besten Tank und Vorräte schon vor der Ankunft ausreichend auffüllen!

Aktivitäten

Die raue Küste der Catlins ist ein gutes Surfrevier. An der Porpoise Bay nahe der Curio Bay veranstaltet die **Catlins Surf School** (☎ 03-246 8552; www.catlins-surf.co.nz) ihre 90-minütigen Surfkurse (50 NZ$). Die Teilnehmer werden gelegentlich (und kostenlos) von einer Delfingruppe besucht. Den einheimischen Surfguru

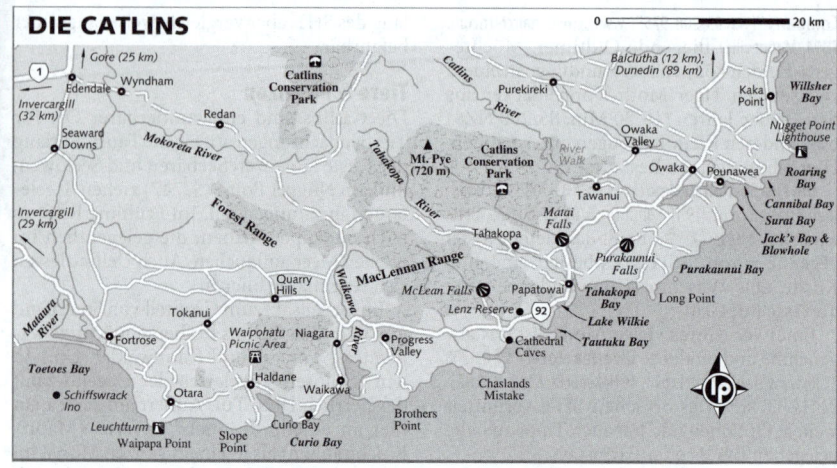

Nick trifft man normalerweise in seinem Wohnwagen auf dem Curio Bay Camping Ground (S. 746) an. Fortgeschrittene Surfer können Bretter plus dringend nötige Nassanzüge ausleihen (40 NZ$/3 Std.)

Dank **Catlins Horse Riding** (☎ 03-415 8368; www.catlinshorseriding.co.nz; 41 Newhaven Rd, RD1 Owaka; Ausritte 1/2/3 Std. 40/60/80 NZ$) lässt sich die eigentümliche Küstenlandschaft hoch zu Ross erkunden – beispielsweise bei ganztägigen Ausritten inklusive Mittagessen (140 NZ$).

Geführte Touren

Bottom Bus (☎ 03-477 9083; www.bottombus.co.nz) fährt regelmäßig eine Schleife von Queenstown nach Dunedin. Dabei geht's südwärts durch die Catlins nach Invercargill, dann auf der Southern Scenic Route nach Te Anau und schließlich zurück zum Ausgangspunkt. Gehalten wird an allen wichtigen Sehenswürdigkeiten, die Passagiere können jederzeit aussteigen und mit dem nächsten Bus weiterfahren. Das Unternehmen bietet viele verschiedene Pässe an. Mit dem Southlander Pass (425 NZ$) kann man beliebig auf der Rundroute zusteigen; er schließt auch einen Bootstrip auf dem Milford Sound mit ein.

Catlins Coaster (☎ 03-477 9083; www.catlinscoaster.co.nz) gehört zu Bottom Bus und veranstaltet Tagesausflüge bzw. längere Touren durch die Catlins (ab Dunedin oder Invercargill). Details gibt's online oder telefonisch. Der Winterfahrplan ist weniger umfangreich.

Von Papatowai aus organisiert **Catlins Wildlife Trackers** (☎ 0800 228 5467; www.catlins-ecotours.

co.nz) ökoorientierte Wanderungen und Touren (3 Nächte/1 Woche 600/1500 NZ$). Kost, Logis und Transport (bei Bedarf ab Balclutha) sind im Preis enthalten. Die Naturschutzgurus veranstalten ihre Trips seit 1990 und verwalten auch den **Top Track**: Auf der 26 km langen Wanderroute können Strände und Privatwälder auf eigene Faust erkundet werden. Wer den Top Track an einem Tag absolviert, bezahlt dafür 15 NZ$, zweitägige Märsche mit Übernachtung in einem umgebauten Trolleybus kosten 45 NZ$.

Catlins Natural Wonders (☎ 0800 304 333; www.catlinsnatural.co.nz) bietet ebenfalls geführte Touren mit Schwerpunkt Tier- und Pflanzenwelt an – entweder als Tagesausflug (ab Dunedin/Balclutha 130/85 NZ$) oder mit Übernachtung (200/150 NZ$ zzgl. Unterkunft).

VON INVERCARGILL NACH PAPATOWAI

Von Invercargill aus führt der SH92 ost- und südwärts in die Catlins hinein – genauer bei Fortrose, wo das **Schiffswrack Ino** gegenüber vom sandigen Hafen bei Ebbe sichtbar ist. Nun nimmt man am besten die Abzweigung in Richtung Waipapa Point und folgt der Küstenstraße über Haldane und Waikawa nach Niagara (dort zurück auf den SH92). Diese langsamere Route ist schöner und punktet zudem mit hohem Entdeckungspotenzial. Der **Leuchtturm am Waipapa Point** von 1884 wurde drei Jahre nach dem schrecklichen Untergang der SS *Tararua* erbaut, bei dem 131 Menschen ertranken.

Um den südlichsten Punkt der Südinsel zu erreichen, muss man bei Tokanui abbiegen, die 13 km zum **Slope Point** fahren und 20 Gehminuten über Weideland absolvieren. Dann kommen ein kleines Leuchtfeuer und ein noch kleinerer Wegweiser (obligatorisches Fotomotiv!) auf einem windumtosten Felsen in Sicht, von dem der Blick die Küste hinauf- und hinunterschweift. Achtung: Wegen der Lammsaison ist der Weg im September und Oktober gesperrt.

An der weiter östlich gelegenen **Curio Bay** erscheinen vier Stunden vor und nach Niedrigwasser versteinerte Bäume aus dem Jura. Es macht Spaß, die Felsbecken der Bucht auf Meeresniveau zu erkunden: Dort unten lässt sich die Struktur des fossilen Holzes besser erkennen. Etwa eine Stunde vor Sonnenuntergang sollte man am Aussichtspunkt sein, um die Gelbaugenpinguine bei ihrem watschelnden Landgang zu beobachten. Die benachbarte **Porpoise Bay** direkt vor der Curio Bay empfängt Besucher mit super Unterkünften (aufgelistet auf S. 746) und einem herrlich sandig-windigen Strand, der sicheres Schwimmen gestattet. Während Zwergpinguine in den Dünen nisten, ziehen Hector-Delfine hier im Sommer ihren Nachwuchs auf. Dies ist zudem ein prima Ort, um Surfen zu lernen (S. 743). Ab und zu schwimmen auch Wale an den Seebären und Seelöwen vorbei, die auf den Felsen faulenzen.

4 Autokilometer hinter dem McLean Falls Holiday Park führt der Pfad zu den **McLean Falls** (hin & zurück 40 Min.), vorbei an Baumfarnen und Rimubäumen. Nicht gleich an den ersten Wasserfällen stehenbleiben – die Hauptattraktion folgt in Kürze. Wer halbwegs fit ist, kann zu einem kühlen Pool hinaufklettern (Vorsicht beim Abstieg!).

Direkt am Strand ragen die gewaltigen Bögen der **Cathedral Caves** (www.cathedralcaves.co.nz; Erw./Kind 5/1 NZ$) landeinwärts in die Klippen. Die Höhlen sind nur zwei Stunden vor und nach Niedrigwasser zugänglich. Der genaue Gezeitenkalender steht auf der Website und hängt auch an der Highwayabfahrt, in Touristeninformationen und auf zahllosen Straßenschildern in den ganzen Catlins aus. Wer gerne watet, marschiert durch einen Eingang hinein und zu einem anderen wieder hinaus. Vom SH92 sind es zunächst 2 km bis zum Parkplatz, dann 15 ruhige Gehminuten durch den Wald zum Strand. Nach weiteren 25 Minuten erreicht man die Höhlen.

Ein leicht zu meisternder Waldweg führt hinunter zum dunklen, torfigen **Lake Wilkie** (hin & zurück 30 Min.). Um sein Ufer herum führt ein Steg. Gleich hinter dem See lohnt es sich, der Abzweigung hinunter zum Strand der einsamen **Tahakopa Bay** zu folgen. Im Spätsommer tauchen blühende Ratabäume (Eisenholz) die Hänge in strahlendes Purpurrot. Kurz vor dem Abstieg empfiehlt es sich, am Aussichtspunkt Florence Hill noch den atemberaubenden Blick auf den weiten Bogen der **Tautuku Bay** zu genießen.

Weiter östlich dient das nette Nest **Papatowai** als Ausgangspunkt für Abstecher in die umliegenden Wälder. Es hat eine Handvoll Unterkünfte und einen Gemischtwarenladen, der auch Benzin verkauft. Die nahe gelegene Mündung des Tahakopa River ist ein besonders guter Picknickplatz.

Die **Lost Gypsy Gallery** (☎ 03-415 8908; SH92, Papatowai; ⏱ 11–17 Uhr, Mi geschl.) belegt einen zum Wohnhaus umgebauten Bus an der Straße in Papatowai. Dieses Kuriosum ist schon fast allein einen Ausflug in die Catlins wert: Es ist mit Fundsachen bestückt und auf Aufziehspielzeug spezialisiert – vor allem auf Dinge, die „whirrr" machen. Das Ganze bringt einen garantiert gleichzeitig zum Lachen und zum Grübeln. Eine kürzlich eröffnete Galerie (Eintritt 5 NZ$) zeigt ein paar der größeren Einzelschöpfungen des Künstlers Blair Sommerville; Kleinkinder dürfen hier nicht mit hinein. Wir mögen besonders den Fernseher, der per Pedalkraft mit Strom versorgt wird. Blair hat immer Lust auf gute Gespräche. Zum Zeitpunkt der Recherche war gerade ein Caféwohnwagen in Planung. Unbedingt vorbeischauen!

Schlafen
SLOPE POINT

Slope Point Backpackers (☎ 03-246 8420; www.slope point.co.nz; Slope Point Rd; Stellplatz mit Strom 25 NZ$, B 21–26 NZ$, DZ 46 NZ$) Das Slope Point liegt inmitten von Bäumen und Ackerland. Sein Zimmerspektrum reicht von einfach bis modern und umfasst auch eine neue, gut ausgerüstete Wohneinheit für Selbstversorger (85 NZ$). Wiesen zum Zelten (11 NZ$/Pers.) sind reichlich vorhanden. Die kleinen Kinder des Eigentümers zeigen Besuchern gern die aktuellen Farmbetrieb.

Nadir Outpost (☎ 03-246 8544; www.catlins-slope point.com; 174 Slope Point Rd; DZ 90 NZ$) Das benachbarte Nadir offeriert Doppelzimmer im

Wohnhaus des Besitzers. Zudem gibt's eine gemütliche, freistehende Hütte mit Kochgelegenheit und einen bewaldeten Bereich mit Stellplätzen für Zelte (12 NZ$/Pers.) oder Wohnmobile (25 NZ$/2 Pers.), ergänzt durch einen schlichten Lebensmittelladen und Mahlzeiten (Frühstück 7–14 NZ$, Abendessen 20 NZ$). Bitte nicht denselben Fehler machen wie wir und das super freundliche Besitzerpaar als „schottisch" bezeichnen – es stammt aus Wales!

CURIO BAY

Curio Bay Camping Ground (☎ 03-246 8897; 601 Curio Bay Rd; Stellplatz ohne/mit Strom 15/25 NZ$) Sehr intime Stellplätze inmitten eines Meeres aus hohem Flachs machen diesen Campingplatz zu einer wirklich wunderschönen Option. Die Anlage klebt auf einem kleinen Felsvorsprung mitten zwischen Curio Bay und Porpoise Bay. Beide Buchten sind daher leicht per pedes erreichbar. Das Angebot umfasst auch geführte Naturwanderungen, und Nick von der Catlins Surf School (S. 743) ist meistens auch da.

Dolphin Lodge (☎ 03-246 8579; dolphin.lodge@yahoo.co.nz; 529 Curio Bay Rd; B/DZ 23/56 NZ$) Hier geht's größtenteils ums Surfen. Die Zimmer wirken allerdings etwas abgenutzt. Dafür bieten das große Wohnzimmer und die Terrasse einen attraktiven Blick auf die Brandung der Porpoise Bay. Daunendecken für die Betten im Schlafsaal kosten 3 NZ$ extra.

Catlins Beach House (☎ 03-246 8340; www.catlins beachhouse.co.nz; 499 Curio Bay Rd; B 25 NZ$, DZ 75–95 NZ$) Das extrem komfortable Haus punktet mit gemütlichem Holzofen, einer klasse Küche und einer Terrasse. Letztere grenzt an eine grüne Wiese, die sanft zum Strand hinunterführt. Den hier nistenden Zwergpinguinen kann man nachts dabei zuhören, wie sie beim Vorbeiwatscheln ihre knuffigen Geräusche machen.

Curio Bay Backpackers (☎ 03-246 8797; accommodation@curiobay.com; Curio Bay Rd; B/DZ 30/70 NZ$) Das charaktervolle Cottage mit angenehm entspannter Gemeinschaftsatmosphäre steht direkt in den Dünen oberhalb vom Strand.

Curio Bay Boutique Studios (☎ 03-246 8797; accommodation@curiobay.com; 501 Curio Bay Rd; DZ 180 NZ$) Dank großer Fenster und noch größerer Terrasse haben die beiden vornehmen Wohneinheiten am Strand einen atemberaubenden Meerblick zu bieten. Drinnen sorgen rustikale Riesenbetten mit Holzrahmen für königliche Entspannung.

Catlins Surf (☎ 03-246 8552; www.catlins-surf.co.nz; Ferienhaus 100–190 NZ$) Vermieter diverser weiterer Selbstversorgerhütten und -häuser im Bereich der Curio Bay. Die Unterkünfte eignen sich gut für Familien oder drei- bis vierköpfige Gruppen und lassen sich auch lässig nur für eine Übernachtung buchen.

WAIKAWA

Penguin Paradise Holiday Lodge (☎ 03-246 8552; www.catlins-surf.co.nz; 1612 Niagara–Waikawa Rd; B/DZ/2BZ 25/50/54 NZ$) Ein historisches Cottage beherbergt diese entspannte Backpackerunterkunft im Dorf Waikawa nahe der Flussmündung. Im Angebot auch ein spezielle Pauschalpakete (65 NZ$) inklusive einer Übernachtung und 90-minütigem Surfkurs.

Anchorage (☎ 03-205 8006, 03-246 8464; www.anchorage.co.nz; 52 Antrim St; Wohneinheit 90–180 NZ$) Diverse geräumige Wohneinheiten für maximal sechs Personen.

Waikawa Harbourview (☎ 03-246 8866; www.south catlins.co.nz; 14 Larne St; DZ 110–150 NZ$) Das Haus mit vier Schlafzimmern eignet sich prima für Familien oder Reisegruppen. Die neuen Wohneinheiten namens Harakeke und Toi Tois bieten jeweils ein oder zwei Schlafzimmer bei ebenso gutem Preis-Leistungs-Verhältnis.

MCLEAN FALLS

Der **McLean Falls Holiday Park** (☎ 03-415 8338; www.catlinsnz.com; SH92; Stellplatz 20 NZ$/Pers., DZ 65–195 NZ$; 🖳 🛜) gleich abseits der Hauptstraße besitzt neben typisch neuseeländischen Hütten auch neuere Moteleinheiten und Stellplätze für Zelte oder Wohnmobile. Die geräumigen Sanitäranlagen sind sehr gut gepflegt. Das dazugehörige **Whistling Frog Café & Bar** (Gerichte 10–30 NZ$; 🕑 8.30–21 Uhr) serviert Frühstück, Mittag- und Abendessen mit überraschend kosmopolitischem Touch. Dazu gibt's eine gute Auswahl an Wein und Bier von der Südinsel.

PAPATOWAI

Hilltop (☎ 03-415 8028; www.hilltopcatlins.co.nz; 77 Tahakopa Valley Rd; B 28 NZ$, DZ 75–90 NZ$) Die beiden reizend renovierten alten Häuser stehen 1,5 km außerhalb des Ortes hoch oben auf einem Hügel. Drum herum erstrecken sich Schafweiden, während direkt an der Hintertür ein natürlicher Wald beginnt. Nebenbei hat man eine geniale Aussicht auf Hügel und Meer. Das Doppelzimmer mit eigenem Bad animiert zu bescheidenen Luxusorgien.

Der Tourveranstalter **Catlins Wildlife Trackers** (☎ 0800 228 5467; www.catlins-ecotours.co.nz) vermietet zwei Unterkünfte in Papatowai: eine charmante, altmodische Hütte (70 NZ$/2 Pers.) inklusive Campingklo und ein größeres, moderneres und sehr umweltfreundliches Haus (145 NZ$/2 Pers.).

Weitere Optionen vor Ort:

Kauri Glen (☎ 03-415 8044; 13 Tahakopa Rd; DZ 50 NZ$) Winzige Hütte mit sonniger Terrasse.

Papatowai Scenic Highway Motel & Store (☎ 03-415 8147; b.bevin@paradise.net.nz; Main Rd; DZ 90 NZ$; **P**) Moderne Moteleinheiten hinter dem Laden.

Southern Secrets Motel (☎ 03-415 8777; southern secret@xtra.co.nz; Main Rd; DZ 99 NZ$) Sehr komfortable Zimmer mit schrägem Seefahrerdekor in einem einfachen, brettverkleideten Haus. Der Besitzer lagert 900 Videos für Schlechtwetterstunden und führt auch das Erewhon (DZ 135 NZ$), ein familienfreundliches Ferienhaus mit drei Schlafzimmern.

Essen

LP Tipp **Niagara Falls Café** (☎ 03-246 8577; Main Rd, Niagara; Gerichte 13–24 NZ$; ☻ 8–22 Uhr) Dieser warme, freundliche Ort ist in einem netten alten Schulhaus untergebracht, das sich zur Hälfte der einheimischen Kunst widmet. Eine gute Adresse für ein leckeres Essen. Durchs Fenster schauen die Gäste auf Garten- und Ackerflächen, während sie Schmackhaftes mit prima Preis-Leistungs-Verhältnis vertilgen. Selbstgebackene Kuchen bzw. Muffins und klasse Kaffee machen das Niagara Falls auch zu einer empfehlenswerten Adresse fürs Frühstück oder den Nachmittagskaffee. Bier- und Weinkarte beeindrucken, ebenso die mächtigen Wasserfälle in der Nähe, die fast so spektakulär sind wie ihre nordamerikanischen Verwandten.

In Waikawa und Papatowai gibt's auch Imbissbuden an der Straße. Papatowais **Gemischtwarenladen** (☻ Mo–Sa 9–18, So ab 10 Uhr) hat ein eingeschränktes Lebensmittelsortiment.

VON PAPATOWAI NACH BALCLUTHA

Von Papatowai aus geht's entlang des Highways zunächst nordwärts zu den **Matai Falls** (hin & zurück 30 Min. zu Fuß) am Maclennan River. Danach folgt man der ausgeschilderten Straße gen Süden zu den stufenförmigen **Purakaunui Falls** (20 Min.). Nach starken Regengüssen wirken beide Wasserfälle wesentlich eindrucksvoller. Sie sind jeweils über kühle Wanderwege durch dunkle Wälder voller Totaras und Baumfarne erreichbar.

Wer möchte, kann ab den Purakaunui Falls über die Schotterstraße zum 55 m tiefen **Jack's Blowhole** (☻ Sept. & Okt. wegen Lammzeit geschl.) weitermarschieren. Dieses riesige Spritzloch liegt in 200 m Entfernung zur Küste inmitten einer Schafweide, ist aber über eine unterirdische Höhle mit dem Meer verbunden. Es ist nach Chief Tuhawaiki benannt, dem seine Flucherei den Spitznamen „Bloody Jack" einbrachte. Hin- und Rückweg dauern bei strammem Marsch jeweils 30 Minuten.

Owaka mit seinen stolzen 395 Einwohnern ist die Hauptsiedlung der Catlins. Hier gibt's ein gutes Information Centre, eine Tankstelle und einen 4-Square-Supermarkt mit Geldautomat. Das tolle neue **Museum** (Erw./Kind 5 NZ$/ frei; ☻ Mo–Fr 9.30–13 & 13.30–16.30, Sa & So 10–16 Uhr) des Information Centre liefert Details zur Lokalgeschichte. Die Videos im dazugehörigen Minikino erläutern, warum die Catlins zu Recht als Wrackküste gelten. Obwohl Owaka ein paar Unterkünfte hat, begibt man sich nach kurzem Einkauf oder einem Restaurantbesuch (S. 749) besser in entlegenere und attraktivere Ecken der Region.

Das 4 km entfernte **Pounawea** ist ein schmuckes Flussstädtchen mit ein paar reizenden Übernachtungsmöglichkeiten (S. 748). Geschlafen werden kann auch im noch ruhigeren **Surat Bay** auf der anderen Seite des Meeresarms. Zwischen hier und der **Cannibal Bay** (30 Min. zu Fuß) treffen Strandspaziergänger oft auf Seelöwen.

Wer nun dem SH92 ab Owaka gen Norden folgt, sollte noch einen Abstecher zum **Nugget Point** unternehmen: Hier führt ein kurzer Spaziergang zu einem Leuchtturm an der Spitze einer Felszunge. Die letzten 100 m sind atemberaubend; rechts und links fallen die Wände steil zum Meer ab, während sich am Ende ein ebenso toller Blick auf wellenumtoste, vertikale Felsformationen offenbart. Rund um den Leuchtturm verläuft eine neue, breite Aussichtsplattform des DOC. Unten links aalen sich Seebären, Seelöwen und Seeelefanten manchmal zusammen auf den Felsen – eine seltene und geräuschvolle Gemeinschaft. Vor Ort brüten auch Krähenscharben, Dunkle Sturmtaucher, Gelbaugen- und Zwergpinguine. 10 Gehminuten unterhalb vom Parkplatz bietet ein gut platziertes Versteck die Möglichkeit, Gelbaugenpinguine beim Landgang an der **Roaring Bay** zu beobachten (idealerweise 2 Std. vor Sonnenuntergang). Den besten Blick erlaubt der neu eingerichtete Unterstand. Beim Fotografieren der Pinguine bitte unbedingt auf Blitzlicht verzichten! Autolose Interessenten können allabendlich an den **geführte Dämmerungstouren** (☎ 0800 525 278; www. catlins.co.nz; 20 NZ$/Pers.) der Nugget View & Kaka Point Motels (s. rechte Spalte) teilnehmen.

Ab dem Nugget Point windet sich die Straße zurück durch das kleine Örtchen **Kaka Point** mit ruhigem Sandstrand, Unterkünften und einem netten Restaurant. Von hier aus verläuft die Route nordwärts nach Balclutha (S. 664).

Schlafen
OWAKA & PURAKAUNUI
DOC-Campingplätze (Stellplatz 6 NZ$) gibt's an der Purakaunui Bay und weiter landeinwärts bei Tawanui.

In Laufentfernung zu den Purakaunui Falls liegt das behagliche **Falls Backpackers** (☎ 03-415 8724; rmsbkerr@ispnz.co.nz; Purakaunui Falls Rd; B/DZ 27/ 60 NZ$). Von manchen Fenstern und der Terrasse des alten Bauernhauses schaut man auf sanfte Hügel voller Schafe.

Das wunderschön renovierte **Catlins Backpackers** (☎ 03-454 5635; www.catlinsbackpackers.co.nz; 24 Main Rd; B/DZ 30/66 NZ$; 💻) besteht aus zwei hübschen Häusern in warmen Farben. Owakas wahrscheinlich attraktivste Unterkunft hat charaktervolle Wohlfühlzimmer und geräumige Gemeinschaftsküchen, akzeptiert aber nur Bargeld.

Ebenfalls in Owaka:

Thomas Catlins Lodge & Holiday Park (☎ 03-415 8333; www.thomascatlins.co.nz; Ecke Ryley St & Clark St; Stellplatz ohne/mit Strom pro Pers. 10/16 NZ$, B 28 NZ$, DZ 60–95 NZ$; 💻) Altes Krankenhausgelände mit Stellplätzen und weiteren Übernachtungsoptionen. Wirkt naturgemäß etwas eintönig.

Split Level Backpackers (☎ 03-415 8304; bookings@ thesplitlevel.co.nz; 9 Waikawa Rd; B 28 NZ$, DZ 64–72 NZ$)

Catlins Area Motel (☎ 03-415 8821; catlinsareamotel @hotmail.com; Ecke Ryley St & Clark St; DZ 95–110 NZ$) Moderne, geräumige Selbstversorgereinheiten mit Einzelterrassen.

POUNAWEA
LP Tipp **Pounawea Motor Camp** (☎ 03-415 8483; www. catlins-nz.com/pounawea-motor-camp/; Park Lane; Stellplatz ohne/mit Strom 22/26 NZ$, Hütte 22–60 NZ$/Pers.) Dieses Juwel von einem Campingplatz erstreckt sich unmittelbar an der Flussmündung: Manche Hüttenterrassen grenzen direkt ans Wasser, während im natürlichen Buschland drum

herum viele Vöglein zwitschern. Da so eine Kombination nicht nur uns gefällt, teilt man sich das grandiose Gelände während der umtriebigen Nachweihnachtszeit mit zahlreichen Urlaubern aus Neuseeland und der ganzen Welt.

Kiwi Crib (☎ 03-415 8411; galan@farmside.co.nz; 19 Ocean Grove; DZ 110 NZ$) Hat drei Schlafzimmer und steht inmitten von natürlichem Buschland an einer ruhigen Straße. Bis zum Wasser ist's nur ein kurzer Fußmarsch.

SURAT BAY
Newhaven Holiday Park (☎ 03-415 8834; www.new havenholiday.com; Newhaven Rd; Stellplatz ohne/mit Strom 26/30 NZ$, Hütte DZ 62 NZ$, Apt. DZ 90–100 NZ$; 💻 🛜) Die reizende kleine Campinganlage liegt nur ein paar Gehminuten vom Strand entfernt. Neben modernen Hütten und Einrichtungen besitzt sie auch drei neue Ferienwohnungen für Selbstversorger. Die benachbarte Surat Bay Lodge verleiht Kajaks und Fahrräder.

Surat Bay Lodge (☎ 03-415 8099; www.suratbay.co.nz; Surat Bay Rd; B/DZ 28/66 NZ$; 💻) Das hervorragend gelegene Hostel direkt am Anfang des abschüssigen Strandwegs bzw. in nächster Nähe zu den Seelöwen. Es empfängt Gäste mit gemütlichen, fröhlich dekorierten Zimmern und freundlicher Atmosphäre. Leihkajaks (12–40 NZ$) oder -fahrräder (30 NZ$/Tag) laden zu Erkundungstouren ein.

NUGGET & KAKA POINT
Kaka Point Camping Ground (☎ 03-412 8801; kaka point@hotmail.com; 39 Tarata St, Kaka Point; Stellplatz ohne/ mit Strom pro Erw. 12/12,50 NZ$, Hütte 22 NZ$/Erw.) Die einfachen, aber zweckmäßigen Hütten werden durch einen reizenden Rasenbereich mit Hecken und Zeltstellplätzen ergänzt. Wanderpfade führen durch die umliegende Busch- und Waldlandschaft. Ein kurzer, aber steiler Weg verläuft bergabwärts in Richtung Strand und Stadt.

Fernlea Backpackers (☎ 03-412 8834, 03-418 0117; Moana St, Kaka Point; B/DZ 20/50 NZ$) Ultra gemütliche, einfach eingerichtete Option mit tollem Meerblick: Der schlichte, winzige Bungalow auf einem Hügelgipfel ist von der darunterliegenden Straße über einen grünen Zickzackpfad erreichbar.

Nugget View & Kaka Point Motels (☎ 0800 525 278; www.catlins.co.nz; 11 Rata St, Kaka Point; DZ 85–160 NZ$) Wahrhaftiges Motel-Minidorf, dessen Angebot von älteren Einheiten mit prima Preis-Leistungs-Verhältnis bis zu moderneren Varianten mit eigenen Whirlpools und Verandas reicht. Die freundlichen Eigentümer organisieren auch ein- bis zweitägige Trips durch die Catlins, außerdem Dämmerungstouren, die den Nugget Point und die Pinguinkolonie an der Roaring Bay besuchen.

Nugget Lodge (☎ 03-412 8783; www.nuggetlodge. co.nz; Nugget Rd, Nugget Point; DZ 160 NZ$) Die beiden Selbstversorgereinheiten stehen hoch über dem Meer an der Straße, die südwärts zum Leuchtturm führt. Sie sind super komfortabel und punkten mit einem spektakulären Küstenblick in beiden Richtungen. Das üppige Frühstück (12,50 NZ$/Pers.) mit selbstgebackenem Brot und hausgemachtem Müsli bucht man am besten gleich mit. Das Nugget liegt wunderbar ruhig und ist den relativ hohen Preis wert. Mit etwas Glück räkeln sich sogar ein paar ortsansässige Seelöwen direkt darunter am Strand.

Essen
OWAKA

Da Owakas Bürgersteige früh hochgeklappt werden, geht man am besten zeitig zum Abendessen. Selbstversorger können sich im lokalen 4-Square-Supermarkt eindecken. Als gute Adresse zum Essen und Ausgehen ist **Ryley's Café & Bar** (☎ 03-415 8350; 21 Ryley St; Do–Mo 11–21 Uhr) im Catlin's Inn Hotel sehr zu empfehlen – es ist auch das Lieblingslokal der Einheimischen. Herzhaftes (beispielsweise Hühnchen, Steak oder Wildbret) gibt's ansonsten im **Lumberjack Bar & Café** (☎ 03-415 8747; 3 Saunders St; Hauptgerichte 15–30 NZ$; Di–So 11.30–21 Uhr) – genauer gesagt an dessen einteiligem Sechs-Meter-Tresen aus golden schimmerndem Holz.

KAKA POINT

Point Café & Bar (☎ 03-412 8800; 58 Esplanade; Barmenü 5–15 NZ$, Hauptgerichte 27–30 NZ$; 11 Uhr–open end) Die interessante Bar mit Stranddekoration serviert sowohl Barsnacks als auch gehaltvollere Abendgerichte. Hier genehmigt man sich ein kaltes Bier an der Treibholztheke oder besetzt einen Fensterplatz mit Meerblick. Auch der dazugehörige Laden verkauft Mitnahmekost als Wegzehrung, beispielsweise in Burgerform (5 NZ$).

Stewart Island

STEWART ISLAND

Bei einem Abstecher nach Stewart Island wird man von Kiwis mit und ohne Schnabel herzlich begrüßt. Auf Neuseelands „dritter" Insel lässt sich das scheue, gefiederte Nationalsymbol prima in freier Wildbahn beobachten, und die kleine Gemeinschaft von 420 relaxten Einheimischen gibt sich sehr gastfreundlich. Besucher sollten sich nicht allzu sehr wundern, dass die meisten Inselbewohner bereits nach wenigen Tagen wissen, wie man heißt und woher man kommt – vor allem wenn man in Neuseelands südlichster Kneipe ein Bier mit ihnen zusammen getrunken hat.

Nach dem Warmwerden mit den Einheimischen warten zahlreiche Aktivabenteuer wie Kajaktrips oder reizvolle Wanderungen durch den örtlichen Rakiura National Park. Mit etwas gutem Willen können hier selbst unerfahrene Wanderer einen der neuseeländischen Great Walks meistern und sich dabei ununterbrochen von den unterhaltsamen Arien der hiesigen Vögel überraschen lassen. Wem mehrtägige Märsche dann doch zu anstrengend sein sollten, der kann die wildlebenden Kiwis auch auf einer kurzen Bootsfahrt in Kombination mit einer noch kürzeren Busch- und Strandwanderung erspähen.

So viel Bewegung macht natürlich hungrig, darum sollte man sich vor der Fortsetzung der „Festlanderkundung" auf der Südinsel unbedingt noch vor Ort mit den frischesten Meeresfrüchten Neuseelands stärken.

HIGHLIGHTS

- Entlang des **Rakiura Track** (S. 754) perfekte Buchten und einsame Strände entdecken
- Auf der geschützten winzigen Insel **Ulva Island** (S. 753) dem Zwitschern der gefiederten Freunde lauschen
- In **Oban** (S. 757) Sandbarsche, Miesmuscheln und Krebse frisch aus dem Südpazifik verspeisen
- Mit dem Kajak gemächlich den natürlichen Hafen des **Paterson Inlet** (S. 755) erkunden
- In der Abenddämmerung aufbrechen, um an der **Mason Bay** (S. 755) mit dem Stewart-Streifenkiwi auf Tuchfühlung zu gehen

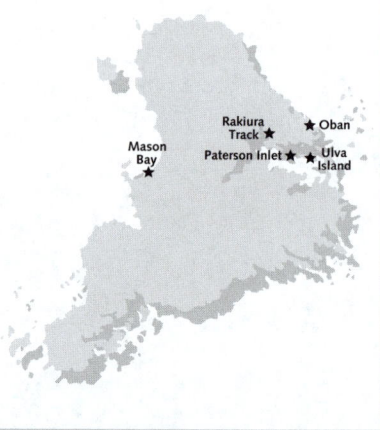

- Vorwahl: 03
- www.stewartisland.co.nz

KLIMA

Bei Stewart Islands launischem Wetter erlebt man manchmal vier Jahreszeiten an einem Tag. Regengüsse sorgen für neblig-mysteriöse Atmosphäre und viel Schlamm – ohne Stiefel und wasserfeste Kleidung geht hier gar nichts! Mit Durchschnittstemperaturen von 10 °C im Winter und 16,5 °C im Sommer ist es aber milder als vielleicht erwartet.

GESCHICHTE

Auf Maori heißt Stewart Island Rakiura, „Glühender Himmel" – und beim Anblick des spektakulären glutroten Sonnenuntergangs oder der Aurora australis (Südlicht) weiß man, warum. Der Legende nach wurde Neuseeland von Maui (S. 58) aus dem Meer gehoben; er sagte: „Lasst uns außer Sichtweite des Festlands gehen, weit hinaus in das offene Meer, und wenn wir kein Land mehr sehen können, lasst uns den Anker werfen." Die Nordinsel war der Fisch, den Maui gefangen hatte, die Südinsel sein Kanu und Rakiura der Anker – *Te Punga o te Waka o Maui*.

Es gibt Beweise, dass Teile von Rakiura schon im frühen 13. Jh. von Moa-Jägern be-

siedelt waren. Der *titi* (Dunkelsturmvogel) von den Nachbarinseln war in manchen Jahreszeiten eine wichtige Nahrungsquelle für die südlichen Maori.

Der erste europäische Besucher war Kapitän Cook, der 1770 um die Küsten im Osten, Süden und Westen segelte, dabei jedoch irgendwie nicht feststellen konnte, ob es sich bei dem Land nun um eine Insel oder eine Halbinsel handelte. Nachdem er entschieden hatte, dass es an der Südinsel hing, nannte er es South Cape. Im Jahr 1809 umsegelte schließlich der Robbenfänger *Pegasus* Rakiura, und die Insel wurde nach dessen ersten Offizier William Stewart benannt.

Im Juni 1864 kauften die eingewanderten Europäer den Maori Stewart Island und die benachbarten kleinen Inseln für 6000 £ ab. Zu den ersten Wirtschaftszweigen gehörten die Robbenjagd, die Holzfällerei, die Fischverarbeitung und der Schiffsbau, begleitet von einem klitzekleinen Goldrausch zum Ende des 19. Jhs. Heute hängt die Wirtschaft der Insel vom Tourismus und dem Fischfang ab – es gibt Flusskrebse, Paua (Seeohren), Lachse, Muscheln und Kabeljau.

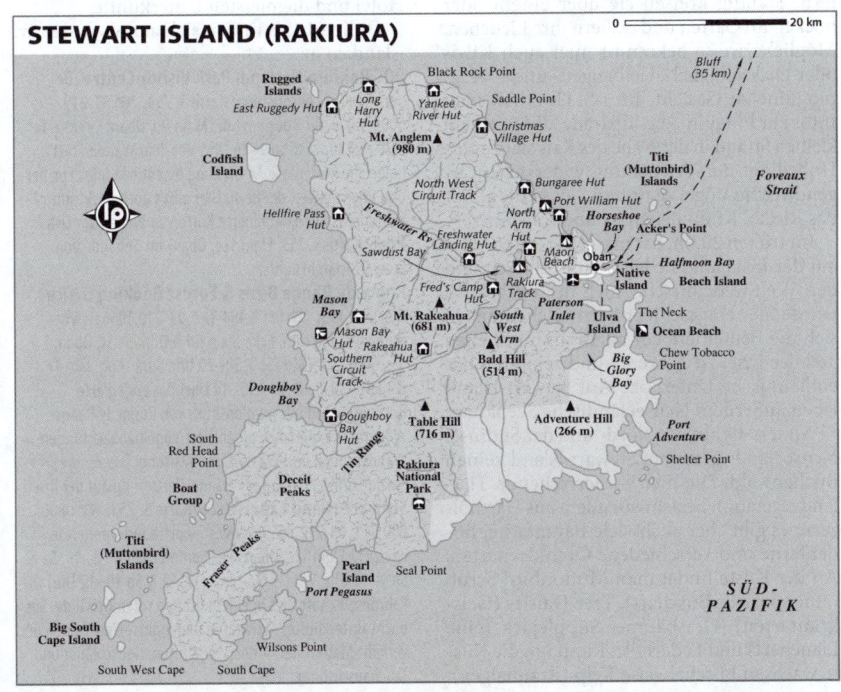

STEWART ISLAND (RAKIURA)

KURZINFOS STEWART ISLAND

Essen Frischer Sandbarsch im Kai Kart (S. 757)

Trinken Gesunde Fruchtsäfte und -shakes im Justcafé (S. 757), Neuseelands südlichstem Café

Lesen *Stewart Island – A Rakiura Ramble* von Neville Peat

Anhören Die Fragen beim südlichsten Kneipenquiz Neuseelands im South Sea Hotel (S. 757)

Ansehen Die wild wogende Süddünung der Foveaux-Straße von Bord der Inselfähre

Schwimmen Im kalten Wasser der einsamen Mason Bay, wo Kiwis am Sandstrand herumlaufen

Grünes Gewissen Das raubtierfreie Vogelschutzgebiet auf Ulva Island (S. 753) entdecken

---

TIERE & PFLANZEN

Man muss nicht einmal seinen Balkon verlassen, um die üppige Flora und Fauna der Insel zu genießen – aber je genauer man sich umsieht, desto mehr entdeckt man. Der Lautstärkepegel des Vogelgezwitschers scheint hier voll aufgedreht und überall wimmelt es nur so von Tuis, Sittichen, Kakas, Makomakos, Matatas (Farnsteigern), Schnäppern und Regenpfeifern. Ständig kreisen sie über einem oder hocken im Garten und trällern ihre Liedchen. Möglicherweise bekommt man auch Kiwis oder Dickschnabel-, Gelbaugen- und Zwergpinguine zu Gesicht. Im i-SITE erhält man Infos zur Pinguin-Abendparade, die an einem kleinen Strand in der Nähe des Kais stattfindet. Unbedingt der Versuchung widerstehen, irgendwelche Vögel zu füttern – das erhöht nur das Risiko, Krankheiten zu übertragen!

Im frühen 20. Jh. hat man zwei Arten Wild auf der Insel angesiedelt: den Rothirsch und den Weißwedelhirsch. Auch der Fuchskusu wurde hier eingeschleppt; inzwischen haben sich die Beuteltiere vor allem im nördlichen Teil der Insel ausgebreitet und zerstören das einheimische Unterholz. Auf Stewart Island leben außerdem Neuseeländische Seebären.

Anders als auf der Nord- und der Südinsel Neuseelands gibt's auf Stewart Island keinen Buchenwald. Die hier vorherrschende Tieflandvegetation besteht vor allem aus Harthölzern; es gibt aber auch viele Baumfarne, Bodenfarne und verschiedene Orchideenarten. An der Küste findet man Muttonbird Scrub (eine spezielle Buschart), Tree Daisies (Geiskrautarten), Grasbäume, Supplejack (eine Lianenart) und Lederholz. Rund um die Küste wachsen büschelweise Kelp (Braunalgen),

Klatschmohn, zarte, grüne Thallus (Flechten) und Blasenfarne.

ORIENTIERUNG

Stewart Island ist 65 km lang und misst an seiner breitesten Stelle 40 km, hat aber insgesamt nur 20 km Straße. Das Paterson Inlet ist die größte unter den vielen Buchten entlang der Küstenlinie. Den höchsten Punkt bildet der Mt. Anglem (980 m).

Die wenigen und relaxten Insulaner leben größtenteils im Fischerdorf **Oban** (s. Karte S. 753) an der Halfmoon Bay. Dank regelmäßiger Verkehrsverbindungen ab Invercargill ist Stewart Island recht einfach erreichbar.

PRAKTISCHE INFORMATIONEN

Verglichen mit den Hinweisen auf der Fähre ab Bluff ist Invercargills i-SITE (S. 736) wesentlich informativer.

Auf Stewart Island gibt's keine Banken. Auch wenn bei den meisten Aktivitäten mit Kreditkarte bezahlt werden kann, sollte man idealerweise auch genug Bargeld für andere Zwecke dabei haben. Internetzugänge besitzen das Justcafé (inkl. WLAN), das South Sea Hotel und die meisten Unterkünfte.

Online-Infos finden sich auf www.stewart island.co.nz.

DOC Rakiura National Park Visitor Centre (Department of Conservation; Karte S. 753; ☎ 03-219 0009; rakiuravc@doc.govt.nz; Main Rd, Oban; ⏰ Mo–Fr 8.30–19.30, Sa & So 9–16 Uhr) Vor dem Wanderstart liefert die kostenlose Ausstellung essentielle Infos zur Tier- und Pflanzenwelt der Insel. Hier gibt's auch Backcountry-Hüttenpässe und detaillierte Karten zu Wegen vor Ort.

Post (Karte S. 753; Elgin Tce, Oban) Im Gebäude von Stewart Island Flights.

Ruggedy Range Birds & Forest Booking Office (Karte S. 753; ☎ 0508 484 337, 03-219 1066; www. ruggedyrange.com; Ecke Main Rd & Dundee St, Oban; ⏰ Sept.–Mai Mo–So 7.30–20 Uhr, Juni–Aug. Mo–Fr 8.30–17.30, Sa & So 9.30–14 Uhr) Das engagierte Buchungs- und Informationsbüro von Ruggedy Range Wilderness Experience organisiert Vogelbeobachtungen, Wanderungen und Wassertaxis. Achtung: Dies ist die einzige offizielle Ruggedy-Range-Vertretung auf der Insel!

Stewart Island Experience (Karte S. 753; ☎ 0800 000 511, 03-212 7660; www.stewartislandexperience. co.nz; 12 Elgin Tce, Oban; ⏰ Sommer Mo–Fr 8–19, Sa & So 9–19 Uhr, Winter Mo–Fr 8–17, Sa & So 10–12 Uhr) Die Fährgesellschaft sitzt in einem großen roten Gebäude. Sie bucht Unterkünfte, Aktivitäten und Sightseeing-Touren und verleiht Motorroller, Autos, Angelruten, Golfschläger und Tauchausrüstung.

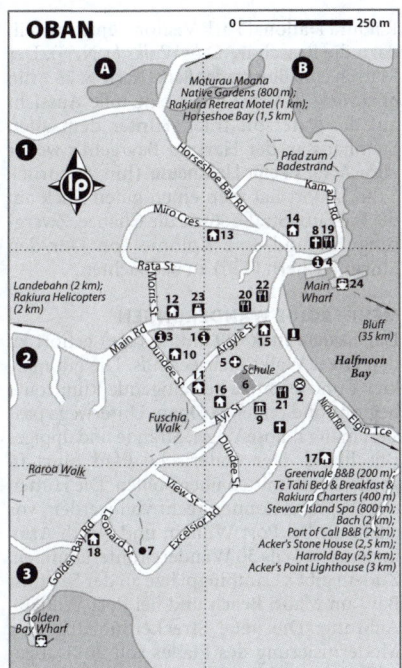

OBAN

STEWART ISLAND

Stewart Island Health Centre (Karte S. 753; ☎ 03-219 1098; Argyle St, Oban; ⏱ 10.30–12.30 Uhr) Mit 24-Stunden-Rufbereitschaft.

SEHENSWERTES

Das **Rakiura Museum** (Karte S. 753; Ayr St, Oban; Erw./Kind 2/0,50 NZ\$; ⏱ Mo–Sa 10–13.30, So 12–14 Uhr) zeigt diverse Modelle historischer Fähren sowie eine ernüchternde Ausstellung zu Walfang, Maorikunst und den frühen europäischen Siedlern.

Die hölzerne **Presbyterian Church Hall** (Karte S. 753; Kamahi Rd, Oban) zog 1937 von einer Walfangstation am Paterson Inlet nach Oban um. Etwa 2,5 km südwestlich der Stadt an der Harrold Bay steht seit ca. 1835 ein **Steinhaus** (außerhalb der Karte S. 753), eines der ältesten Steingebäuden im Land Es wurde von Lewis Acker errichtet.

Das **Halfmoon Bay Habitat Rehabilitation Project** (Karte S. 753) informiert die Besucher über aktuelle Aktivitäten, die der Wiederherstellung des einheimischen Vogelbestands entlang der Halfmoon Bay dienen.

Ulva Island

Die nur 250 ha große Ulva Island (Karte S. 751) ist ein klitzekleines Paradies. Der frühe Naturforscher Charles Traill war ehrenamtlicher Leiter des hiesigen Postamts. Wenn er zum Zeichen, dass die Post angekommen war, die Flagge hisste, kamen die Erwartungsfreudigen von den umliegenden Inseln sofort angepaddelt. Sein Postamt wurde 1921 durch eines in Oban ersetzt, ein Jahr später erklärte man Ulva Island zum Vogelschutzgebiet.

Da es auf Ulva Island keine Raubtiere gibt, leben hier große Scharen Tuis und Makomakos ungestört und erfüllen die Luft mit ihrem Gesang. Außerdem sieht man Kakas, Wekas, Kakarikis (Springsittiche) und Kererus (Neuseeländische Tauben).

Die detaillierte DOC-Broschüre *Ulva: Self-Guided Tour* (2 NZ\$) beschreibt prima Wanderrouten im Nordwesten der Insel. Beliebte Ziele sind z. B. der **Flagstaff Point Lookout** (hin

& zurück 20 Min.) und der **Boulder Beach** (hin & zurück 1½ Std.). Viele Wege kreuzen sich inmitten wunderschöner Haine von Rimu- (Harzeibe), Miro- (immergrüne Koniferenart), Totara- (Steineibe) und Ratabäumen (Südinsel-Eisenholz). Im Sommer schippert eine Fähre (hin & zurück Erw./Kind 20/10 NZ$) um 9, 12 und 16 Uhr vom Anleger an der Golden Bay nach Ulva Island. Wassertaxen (hin & zurück 25 NZ$; S. 758) sind die unabhängigere Alternative.

Das intensivste Ulva-Erlebnis bieten Führer von Ruggedy Range Wilderness Experience (S. 755) oder Ulva's Guided Walks (S. 755).

AKTIVITÄTEN

In der unberührten Wildnis von Neuseelands drittgrößter Insel wird der Vogelgesang zur Sinfonie. Der Rakiura National Park schützt 85 % von Stewart Island und macht es zu einem Mekka für Wanderer und Vogelbeobachter. Zudem eignen sich die zahllosen einsamen Sandbuchten prima zum Schwimmen – vorausgesetzt, man ist mutig (oder verrückt) genug für einen Sprung ins kühle Nass.

Wandern

Selbst für weniger wanderfreudige Besucher ist Stewart Island ein toller Ort, um sich aufzumachen und in die Wildnis einzutauchen. Ambitionierte Wanderer finden sogar hervorragende mehrtägige Routen, die vom DOC gepflegt werden. Das DOC Rakiura National Park Visitor Centre (S. 752) verkauft Hüttenpässe und verteilt detaillierte Broschüren zu örtlichen Pfaden. Dort gibt's auch Gepäckschließfächer (klein/groß 5/10 NZ$ pro Tag) und Aufbewahrungsbehälter (10 NZ$/Tag).

Das gut ausgebaute Wegenetz im Norden wird von reservierungsfreien Hütten gesäumt, die mit Schaumstoffmatratzen, Toiletten, fließendem Wasser und Holzöfen aufwarten. Selbst mitzubringen sind Kocher, Verpflegung, Schlafsäcke, Erste-Hilfe-Ausrüstung sowie Ess- und Kochgeschirr. Während der geschäftigen Sommerferien und über Ostern kann ein Zelt nützlich sein. Der südliche Inselteil ist vergleichsweise unerschlossen und sehr einsam – also nicht auf eigene Faust losziehen oder die bekannten Strecken verlassen!

TAGESWANDERUNGEN

Es gibt eine Reihe von Kurzwanderungen (½–7 Std.), die fast alle leicht von der Halfmoon Bay aus erreichbar sind. Das DOC

Rakiura National Park Visitor Centre verteilt dazu die Broschüre *Day Walks* (1 NZ$). Der Marsch zum **Observation Rock** (Karte S. 753; hin & zurück 30 Min.) bietet eine tolle Aussicht auf das Paterson Inlet. Hinter dem alten Steinhaus an der Harrold Bay geht's weiter zum **Acker's Point Lighthouse** (hin & zurück 3 Std.). Dort hat man einen guten Blick auf die Foveaux-Straße sowie die Chance, Zwergpinguine und eine Kolonie von Dunklen Sturmtauchern (Titi) zu beobachten.

MEHRTÄGIGE WANDERUNGEN

Der **Rakiura Track** (29 km, 3 Tage) gehört zu den Great Walks Neuseelands. Die gut markierte und leicht zu bewältigende Rundroute beginnt und endet in Oban. Unterwegs passiert man zahllose Vögel, Strände und üppiges Buschland. Der malerische Pfad führt in großen Abschnitten über Bohlen. Die Hütten am Wegrand können recht voll werden, vor allem die bei Port William und North Arm, in denen jeweils 30 Wanderer unterkommen. Zudem gibt's Campingplätze an der Sawdust Bay, am Maori Beach und bei Port William. Achtung: Die neue Streckenführung und Modernisierung des Pfades soll 2011 abgeschlossen werden, also unbedingt beim DOC aktuelle Infos einholen! Wer unterwegs übernachten möchte, muss sich beim DOC entweder einen **Great-Walks-Hüttenpass** (pro Nacht Erw./Kind 10 NZ$/frei) oder einen **Campingpass** (pro Nacht Erw./Kind 5/2,50 NZ$) holen. Pro Hütte sind maximal zwei Übernachtungen in Folge gestattet. Weitere Details liefert die DOC-Broschüre *Rakiura Track* (1 NZ$).

Der **North West Circuit Track** (125 km, 10–12 Tage) entlang der nördlichen Küste versinkt oft in tiefem, schwerem Schlamm und eignet sich daher nur für gut ausgerüstete, erfahrene Wanderer. Gleiches gilt für den **Southern Circuit Track** (56 km, 4 Tage), der unterwegs von ihm abzweigt. Mit dem **North West Circuit Pass** (45 NZ$) kann man in allen Hütten entlang dieser Routen jeweils einmal übernachten. Alternativ gibt's den zwölf Monate gültigen **Backcountry-Hüttenpass** (Erw./Kind 90/45 NZ$), der beide Rundwege abdeckt. Für die Hütten bei Port William und North Arm ist dennoch immer ein Great-Walks-Hüttenpass vonnöten. Weitere Infos liefert die DOC-Broschüre *North West & Southern Circuit Tracks* (1 NZ$). Der Rakiura und der North West Circuit Track sind zudem ausführlich im Lonely Planet Band *Tramping in New Zealand* beschrieben.

Kiwi-Beobachtungen

Größere Bein- und Schnabellänge unterscheiden den Stewart-Streifenkiwi *(Apteryx australis lawryi)* als eigene Unterart von seinen Verwandten im Norden. Kiwis kommen fast überall auf Stewart Island vor – insbesondere rund um die Strände, wo sie unter angeschwemmtem Seetang nach Schlickkrebsen suchen. Ungewöhnlicherweise sind die hiesigen Kiwis sowohl tag- als auch nachtaktiv: Die Vögel müssen länger nach Futter suchen, um sich fürs Brüten vollzufressen. So laufen sie vielen Wanderern entlang des North West Circuit Track über den Weg. Geführte Touren (s. rechte Spalte) bieten die besten Chancen für eine Sichtung; wegen des oft launischen Inselwetters werden die Trips jedoch manchmal abgesagt. Daher muss man eventuell länger auf Stewart Island bleiben, um auch wirklich einen Kiwi zu Gesicht zu bekommen.

Noch mehr Aktivitäten

Das 100 km² große Paterson Inlet besteht aus geschützten, kanutenfreundlichen Wasserwegen, 20 Inseln, DOC-Hütten und zwei befahrbaren Flüssen. Beliebt sind z. B. Paddeltouren nach **Freshwater Landing** (7 km flussaufwärts vom Inlet), gefolgt von Wanderungen zur Mason Bay (3–4 Std.) und den dort wild lebenden Kiwis. **Rakiura Kayaks** (☎ 03-219 1160; www.rakiura.co.nz) bietet Leihkajaks (ab 45 NZ\$/Tag) und Führungen durch das Inlet (halber/ganzer Tag 60/85 NZ\$). Chefin Liz ist im Bunkers Backpackers (S. 756) zu finden.

Ruggedy Range Wilderness Experience (Karte S. 753; ☎ 0508 484 337, 03-219 1066; www.ruggedyrange.com; Ecke Main Rd & Dundee St, Oban) veranstaltet geführte Wanderungen auf Ulva Island sowie weitere Touren (½–3½ Tage) mit Campen und Wandern. Sie kosten zwischen 100 und 2500 NZ\$.

Stewart Island Experience (Karte S. 753; ☎ 0800 000 511, 03-212 7660; www.stewartislandexperience.co.nz; 12 Elgin Tce, Oban; ☺ Sommer Mo–Fr 8–19, Sa & So 9–19 Uhr, Winter Mo–Fr 8–17, Sa & So 10–12 Uhr) verleiht Mountainbikes (halber/ganzer Tag 25/35 NZ\$) und Motorroller (halber/ganzer Tag 55/65 NZ\$). Das **Community Centre** (Karte S. 753; ☎ 03-219 1477; 10 Ayr St, Oban; Nichtmitglieder 5 NZ\$) der Insel empfängt Besucher mit Fitnessraum, Sauna, Korbball- und Squashplätzen sowie einer **Bibliothek** (☺ Mo 18.30–19.30, Mi 14–15, Fr & Sa 11–12 Uhr).

Das **Stewart Island Spa** (außerhalb der Karte S. 753; ☎ 03-219 1422; www.stewartislandspa.co.nz; ☺ Dez.–März) ist in einem renovierten Cottage auf einem Hügel untergebracht. Das Angebot umfasst z. B. Regenwaldbad, Sauna und Massagen. Es wird nur hochwertige Biokosmetik verwendet. Näheres weiß Britt vom Justcafé (S. 757).

GEFÜHRTE TOUREN

Ulva's Guided Walks (☎ 03-219 1216; www.ulva.co.nz) organisiert drei- bis fünfstündige Touren mit Schwerpunkt auf Maorigeschichte und Naturschutz (95–150 NZ\$ inkl. Transport), z. B. nach Ulva Island oder zur Maoristätte bzw. europäischen Robbenjagdstation Port William.

Coast to Coast (Karte S. 753; ☎ 03-218 9129; www.stewartislandflights.com; Elgin Tce, Oban; Erw./Kind ab 185/135 NZ\$) steht für echtes Abenteuer. Die Kunden heben in Oban ab und landen am Strand der Mason Bay. Hinzu kommen eine vierstündige Wanderung und ein einstündiger Bootsausflug durch das Paterson Inlet zur Golden Bay.

KIWIS BEOBACHTEN: DEN GÖTTERN GANZ NAH

Die Maori bezeichnen den Kiwi als König des Waldes. Die Tiere, die mit dem ausgestorbenen Moa verwandt sind, gibt es seit 70 Mio. Jahren. Wild lebende Kiwis lassen sich nur schwer beobachten: Ihr braunes Federkleid tarnt die nachtaktiven Tiere im Unterholz bestens. Die kleinen Vögel bauen ihre Nester sogar einige Monate im Voraus – so sorgen die nachgewachsenen Pflanzen zum Brutzeitpunkt für zusätzlichen Schutz.

Stewart Island gehört zu den wenigen Orten, an denen man Kiwis in freier Wildbahn erspähen kann. Mit der Größe eines Huhns ist der Stewart-Streifenkiwi oder Tokoeka größer als alle anderen Kiwi-Unterarten, die er mit 20 000 Exemplaren auch in puncto Population übertrifft. Zudem ist der Tokoeka als einzige Kiwi-Spezies auch bei Tageslicht unterwegs. Etwa zwei Stunden nach Sonnenaufgang und eine Stunde vor Sonnenuntergang sucht er in grasigem Gelände (vor allem an der Mason Bay) nach Futter. Wer Kiwis sichten will, muss auf die weißen Exkremente und die Löcher im Boden achten, die auf der Suche nach Nahrung durch die langen Schnäbel entstehen. Hat man einen Kiwi entdeckt, heißt es ruhig stehen bleiben und Abstand halten. Da die Tiere schlecht sehen und sich auf die Futtersuche konzentrieren, laufen sie einem oft genau vor die Füße.

STEWART ISLAND

Stewart Island Experience (Karte S. 753; ☎ 0800 000 511, 03-212 7660; www.stewartislandexperience.co.nz; 12 Elgin Tce, Oban; ☯ Sommer Mo–Fr 8–19, Sa & So 9–19 Uhr, Winter Mo–Fr 8–17, Sa & So 10–12 Uhr) veranstaltet Bootsfahrten durch das Paterson Inlet (über Ulva Island; Erw./Kind 80/20 NZ$, Okt.–April tgl. 12.45 Uhr, 2½ Std.). Zudem fährt täglich ein Halbtauchboot (Erw./Kind 35/120 NZ$, 45 Min.) und es gibt Minibustouren um Oban und die Buchten (Erw./Kind 42/20 NZ$, 1½ Std.).

Bravo Adventure Cruises (☎ 03-219 1144; philldi smith@xtra.co.nz) bietet abendliche Kiwi-Beobachtungstrips (120 NZ$) an. Aus Tierschutzgründen ist die Teilnehmerzahl begrenzt – unbedingt *weit* im Voraus buchen. Ruggedy Range (s. unten) hat ebenfalls Kiwi-Touren.

Ruggedy Range Wilderness Experience (Karte S. 753; ☎ 0508 484 337, 03-219 1066; www.ruggedyrange.com; Ecke Main Rd & Dundee St, Oban) schickt Kleingruppen auf Wanderungen mit Schwerpunkt auf Umwelt- und Naturschutz. Zudem ist die Firma auf das Beobachten von Meeresvögeln spezialisiert. Das Angebot reicht von Halbtagestouren nach Ulva Island (100 NZ$) bis zu dreieinhalbtägigen Wildnisabenteuern (2500 NZ$). Zudem gibt's Kiwi-Beobachtungen (425–835 NZ$) über eine oder zwei Nächte.

Charterfirmen bieten diverse Angelausflüge und Tierbeobachtungen per Boot an.

Bravo Adventure Cruises (☎ 03-219 1144; philldi smith@xtra.co.nz)

Rakiura Charters (außerhalb der Karte S. 753; ☎ 0800 725 487, 03-219 1487; www.rakiuracharters.co.nz) Sightseeing und Angeln mit der äußerst komfortablen *Rakiura Suzy*: Am beliebtesten sind die halbtägigen Angeltrips mit Halt an einer historischen Walfangstation (Erw./Kind 125/80 NZ$). Zudem gibt's mehrtägige Tauch-, Jagd- und Angelcharters sowie weitere Optionen mit Übernachtung.

Rawhiti Excursions (☎ 03-219 1023; halber/ganzer Tag 70/90 NZ$) Traditionelles Handfischen mit der Option, den gefangenen Sandbarsch in ein Mahl zu verwandeln.

Auf Panoramaflügen von Rakiura Helicopters (S. 758) lässt sich Stewart Island auch aus der Luft bewundern.

SCHLAFEN

Trotz überraschend vieler Motels, Hostels, Ferienhäuser und B&Bs in Oban kann die Unterkunftssuche schwierig sein – auch in der Nebensaison, da dann viele Optionen geschlossen haben. Es empfiehlt sich also Vorausbuchung. Ferienhäuser für Selbstversorger bieten insbesondere Familien und Gruppen ein prima Preis-Leistungs-Verhältnis.

Das Unterkunftsangebot auf einen Blick gibt's online unter www.stewartisland.co.nz.

Budgetunterkünfte

Stewart Island Backpackers (Karte S. 753; ☎ 03-219 1114; www.stewart-island.co.nz/backpackers; Ecke Dundee St & Ayr St, Oban; B/EZ/DZ 25/40/55 NZ$; ▣) Viele der einfachen, bunt gestrichenen Zimmer grenzen an einen Innenhof. Die Schlafsäle haben je nur drei Betten. Gemeinschaftsküche, Tischtennisplatte, Grillbereich und die geräumige Lounge sorgen für ein nettes Miteinander. Zelten kostet 10 NZ$ pro Person.

LP Tipp **Bunkers Backpackers** (Karte S. 753; ☎ 03-219 1160; www.bunkersbackpackers.co.nz; 13 Argyle St, Oban; B/EZ/DZ 28/48/76 NZ$; ▣ ☏) Das jüngste und sympathischste Inselhostel belegt eine kürzlich renovierte Holzvilla. Die geräumigen, blitzsauberen Zimmer werden durch moderne, sonnige Gemeinschaftsbereiche ergänzt. Die Eigentümer Liz und Heath organisieren Kajaktrips und Meeresfrüchte-Grillpartys. Der freundliche Haushund Pip freut sich stets über Würstchen oder Streicheleinheiten.

Jo & Andy's B&B (Karte S. 753; ☎ 03-219 1230; jarik sem@clear.net.nz; Ecke Morris St & Main Rd, Oban; EZ 45–60 NZ$, DZ 74 NZ$; ▣ ☏) Das gemütliche blaue Wohnhaus mit Zweibett-, Doppel- und Einzelzimmern ist eine tolle Sparoption. Das üppige Frühstück mit Müsli, Obst und selbstgebackenem Brot stärkt Gäste fürs Wandern. Nach einem langen Marsch erholt man sich beim Abendessen (20 NZ$) oder unter den kundigen Händen des hauseigenen Masseurs.

Mittelklassehotels

South Sea Hotel (Karte S. 753; ☎ 03-219 1059; www.ste wart-island.co.nz; 26 Elgin Tce, Oban; EZ 65–100 NZ$, DZ 85–110 NZ$, Wohneinheit 155 NZ$; ▣ ☏) Das Hotel von 1890 am Hafen hat blumengeschmückte Zimmer und eine große Sonnenterrasse. Am Wochenende übertönt der Kneipenlärm vom Untergeschoss oft das Rauschen des Meeres. Die sonnigen, polynesisch angehauchten Moteleinheiten hinter dem Haus haben hohe Decken, Kochnischen und Veranden.

Pilgrim Cottage (Karte S. 753; ☎ 03-219 1144; philldi smith@xtra.co.nz; 8 Horseshoe Bay Rd, Oban; DZ 120 NZ$) Das nette Cottage mit Bretterfassade steht nahe dem Ort in einer grünen Oase. Drinnen gibt's Holzmöbel, einen Ofen und eine gut ausgestattete Küche. Draußen tummeln sich Vögel.

Rakiura Retreat Motel (außerhalb der Karte S. 753; ☎ 03-219 1096; www.rakiuraretreat.co.nz; Horseshoe Bay Rd; Wohneinheit 140–160 NZ$; ▣) Diese Moteleinheiten mit komfortablen, ruhigen Zimmern liegen 20 Gehminuten vom Ort entfernt inmitten von Buschland. Vom Motel führt ein gewundener Pfad hinunter zur einsamen Bragg's Bay. Gratis-Mountainbikes für Gäste.

Spitzenklassehotels

Bay Motel (Karte S. 753; ☎ 03-219 1119; www.baymotel. co.nz; 9 Dundee St, Oban; DZ 160–200 NZ$) Die modernen, komfortablen Wohneinheiten bieten viel Licht, Hafenblick und komplett ausgestattete Küchen. Manche Zimmer haben einen Whirlpool; zwei Zimmer sind behindertengerecht. Wer vom Nachtleben der Insel genug hat, kann sich hier von Satelliten-TV unterhalten lassen.

Te Tahi Bed & Breakfast (außerhalb der Karte S. 753; ☎ 0800 725 487, 03-219 1487; www.rakiuracharters.co.nz; 14 Kaka Ridge Rd; DZ 200 NZ$) Das freundliche B & B liegt nur fünf Gehminuten vom geschäftigen Oban und der Halfmoon Bay entfernt. Es punktet mit Meerblick, bunt dekorierten Schlafzimmern und einem Wintergarten inmitten von üppigem Buschland.

Kaka Retreat (Karte S. 753; ☎ 03-219 1252; www.stewartisland.net; 7 & 9 Miro Cres, Oban; DZ 320 NZ$; 🖵 🤶) Die Studios mit eigenen Eingängen und netten Veranden sind luxuriös eingerichtet. Mit modernem Dekor und feschen Bädern zählen die frisch renovierten „Superior"-Räume zu den besten Optionen der Insel. Das altmodischere Familienquartier (299 NZ$) hat ein gutes Preis-Leistungs-Verhältnis für bis zu sechs Personen. Morgens wird man meist von Kakas geweckt – aber bitte nicht füttern!

Greenvale B&B (außerhalb der Karte S. 753; ☎ 03-219 1357; www.greenvalestewartisland.co.nz; Elgin Tce; EZ/DZ 300/375 NZ$; 🤶) Nur 50 m vom Meer bzw. fünf Gehminuten von der Halfmoon Bay entfernt bietet dieses moderne Wohnhaus einen tollen Blick auf die Foveaux Strait. Beide Zimmer verfügen über hochwertige Bettwäsche und schicke Möbel. Bis zur Sonnenterrasse sind es nur zwei Sekunden. Die Eigentümer leben seit mehreren Generationen auf Stewart Island.

Stewart Island Lodge (Karte S. 753; ☎ 03-219 1085; www.stewartislandlodge.co.nz; Nichol Rd, Oban; DZ inkl. Frühstück 390 NZ$) Dieses Luxusrefugium empfängt Gäste mit sechs Zimmern, Riesenbetten, Gemeinschaftsterrasse und einem Garten voller Vögel. Dank ihrer Hügellage am Ortsrand bietet die Lodge eine herrliche Aussicht. Zudem darf man sich um 17 Uhr auf Gratisdrinks und kostenloses Knabberzeug freuen.

Beim **Port of Call B&B** (außerhalb der Karte S. 753; ☎ 03-219 1394; www.portofcall.co.nz; Leask Bay Rd; EZ/DZ

inkl. Frühstück 345/385 NZ$) machen die kleinen Dinge den Unterschied. Dazu gehören ein Obstkorb zur Begrüßung und das Grundstück mit 20 ha Buschland. Ansonsten genießt man den Meerblick, relaxt vor dem Kamin oder erkundet einen abgelegenen Strand. Daneben liegt das **Bach** (außerhalb der Karte S. 753; Wohneinheit 250 NZ$), ein modernes Studio für Selbstversorger. Beide Unterkünfte finden sich 1,5 km südwestlich von Oban auf dem Weg zum Acker's Point. Das **Turner Cottage** (Karte S. 753; Golden Bay Rd; Hütte 180 NZ$) für Selbstversorger liegt im Zentralbereich der Halfmoon Bay und ist ideal für Inselromantiker. Bei allen Optionen sind zwei Nächte das Minimum. Auf Wunsch werden Führungen und Wassertaxis organisiert.

ESSEN & AUSGEHEN

LP Tipp **Kai Kart** (Karte S. 753; ☎ 03-219 1225; Ayr St, Oban; Gerichte 5–20 NZ$; 🕑 11.30–14.30 & 17–21 Uhr, Mai–Nov Mo & Di geschl.) Die winzige Wohnwagenküche wird von einem Muschelfarmer betrieben und serviert frische Meeresfrüchte. Der superleckere Sandbarsch könnte das beste Fischgericht aller Zeiten sein! Die Muscheln in pikanter Sataysauce stehen dem kaum nach. Gefuttert wird drinnen im Separee, an Freilufttischen oder am Strand – aber nicht schon auf dem Weg dorthin alles vertilgen!

Justcafé (Karte S. 753; ☎ 03-219 1422; Main Rd, Oban; Gerichte 10–14 NZ$; 🕑 8–20 Uhr; 🖵 🤶) In dem gemütlichen Café warten hölzerne Sitzgarnituren, viele Zeitschriften und WLAN. Auf der Karte stehen Suppen, leckere Sandwiches, Backwaren, klasse Kaffee und noch bessere Fruchtshakes bzw. frisch gepresste Säfte. Besitzerin Britt verkauft auch Edelsteinschmuck und Artikel aus Paua-Schalen.

South Sea Hotel (Karte S. 753; ☎ 03-219 1059; 26 Elgin Tce, Oban; Hauptgerichte 15–30 NZ$; 🕑 11 Uhr–open end) Das caféartige Lokal mit alten Schwarzweißfotos serviert leckeren Fisch und kräftige Meeresfrüchtesuppe. Letztere steht zwar unter „Vorspeisen", ist aber schon eine Mahlzeit für sich. Der dazugehörige Pub ist die beliebteste Kneipe des Ortes. An manchen Wochenenden sorgen dort Livebands für Unterhaltung, und sonntags um 18.30 Uhr steigt ein Kneipenquiz – einen schönen Gruß an Vicky, die unschlagbare Quizmasterin! Auch zur freitäglichen Happy Hour (17.30 Uhr) kann man sich prima unter die Einheimischen mischen.

Church Hill Cafe, Bar & Restaurant (Karte S. 753; ☎ 03-219 1323; 36 Kamahi Rd, Oban; Hauptgerichte 25–35 NZ$; 🕑 17.30–21 Uhr) Wer die werbewirksamen

Gerichte vom heißen Stein ignoriert, entdeckt auf der Karte regionale Köstlichkeiten wie Sandbarsch oder Dunkler Sturmtaucher (saisonal). Im Sommer punkten die sonnige, große Terrasse und der Rasen mit Hügelblick. In kühleren Monaten konkurriert man mit der netten Katze um einen gemütlichen Platz am offenen Kamin. Fürs Abendessen ist Reservierung bis spätestens 17 Uhr erforderlich.

LP Tipp **Perfect Dinner** (☎ 027 444 1802; annett_eiselt@web.de; 3-Gänge-Menü 70 NZ$/Pers.; ◷ Okt.–Mai) Annett Eiselt kommt aus Deutschland und ist Spezialistin für mobile Festessen: dreigängige Menüs oder Schlemmerplatten, die an beliebigen Orten auf der Insel serviert werden – in der Unterkunft, am Strand … Die Bio-Gerichte sind aus einheimischen Zutaten. Annett hat auch Tipps zu Lodge-Unterkünften.

Bei Obans Gemischtwarenladen **Ship to Shore** (Karte S. 753; ☎ 03-219 1069; Elgin Tce, Oban; ◷ 7.30–19 Uhr) können sich Selbstversorger mit Lebensmitteln, Bier, Wein, Sandwiches und Gebäck (3–6 NZ$) eindecken. Der gemütliche Laden stellt auch Lunchpakete für Wanderer zusammen. Die Tafel draußen verkündet, wenn Geburtstage Ortsansässiger anstehen.

Die Fishermen's Co-op am Hauptkai verkauft oft Frischfisch und Krebse.

SHOPPEN

Fernery (Karte S. 753; ☎ 03-219 1216; Main Rd, Oban; ◷ 11–17 Uhr) gegenüber der örtlichen DOC-Filiale bietet Kunsthandwerk, Gemälde und (vor allem Kinder-)Bücher über die Insel an. CDs mit Vogelrufen helfen, Kiwis von Kakas zu unterscheiden.

Glowing Sky (Karte S. 753; ☎ 03-219 1528; www.glowingsky.co.nz; Elgin Tce, Oban; ◷ 11–15 Uhr) verkauft handbedruckte T-Shirts.

SELBST GEFANGENES ZUBEREITEN

Auf Stewart Island ist man von Angelstellen umgeben. Wer aber nicht in einer komplett ausgestatteten Ferienwohnung wohnt, muss sich was ausdenken, um seine *kai moana* (Meeresfrüchte) zuzubereiten.

Gegen geringe Gebühr übernimmt das nette Team vom Kai Kart (S. 757) den Küchenstress. Wer gern selbst im Freien tätig wird, kann die öffentlichen Grills (Holzkohle gibt's bei Ship to Shore; s. oben) in den schönen **Moturau Moana Native Gardens** am Ostrand der Halfmoon Bay nutzen.

Das Birds & Forest Booking Office (S. 752) von Ruggedy Range Wilderness Experience führt Wander- und Campingbedarf.

AN- & WEITERREISE
Flugzeug/Hubschrauber
Rakiura Helicopters (außerhalb der Karte S. 753; ☎ 03-219 1155; www.rakiurahelicopters.co.nz; 151 Main Rd) ist Stewart Islands einzige Hubschrauberfirma. Es gibt Passagierflüge ab Bluff (250 NZ$/Pers.), Panoramatrips (50–560 NZ$/Pers.) sowie Charteroptionen für Jäger und Wanderer.

Ganzjährig pendelt **Stewart Island Flights** (Karte S. 753; ☎ 03-218 9129; www.stewartislandflights.co.nz; Elgin Tce, Oban) dreimal täglich zwischen Insel und Invercargill (Erw./Kind einfache Strecke 105/65 NZ$, hin & zurück 185/105 NZ$). Wegen Sonderangeboten und Standby-Tickets vorher anrufen! Der Preis beinhaltet die Busfahrt vom Flugfeld der Insel nach Oban.

Schiff/Fähre
Die Passagierfähre **Stewart Island Experience Ferry** (Karte S. 753; ☎ 0800 000 511, 03-212 7660; www.stewartislandexperience.co.nz; Main Wharf) verkehrt ca. dreimal täglich zwischen Bluff und Oban (Erw./Kind 63/31,50 NZ$). Im Sommer sollte man ein paar Tage im Voraus buchen. Die einstündige Passage kann ungemütlich sein. Das Unternehmen betreibt auch Busse zwischen Bluff und Invercargill (Erw./Kind 20/10 NZ$). In Invercargill kann vor dem i-SITE, Tuatara Backpackers oder am Flughafen ein- bzw. ausgestiegen werden. Für Autos und Wohnmobile gibt's einen bewachten gebührenpflichtigen Parkplatz in Bluff.

Weitere Shuttles bedienen die Strecken Bluff–Queenstown (Erw./Kind 65/32,50 NZ$) und Bluff–Te Anau (Erw./Kind 65/32,50 NZ$). Dabei werden Passagiere an den Real Journeys Visitor Centres eingesammelt bzw. abgesetzt.

UNTERWEGS VOR ORT
Wandererfreundliche Wassertaxis schippern zu abgelegenen Inselteilen und holen einen auch wieder ab. Sie fahren auch nach Ulva Island (hin & zurück 25 NZ$). Empfehlenswerte Anbieter sind z. B. **Stewart Island Water Taxi & Eco Guiding** (☎ 03-219 1394), **Aihe Eco Charters & Water Taxi** (☎ 03-219 1066; www.aihe.co.nz), **Sea View Water Taxi** (☎ 03-219 1014; www.seaviewwatertaxi.co.nz) oder **Rakiura Adventure** (☎ 03-219 1013).

Stewart Island Experience (S. 752) verleiht Motorroller (halber/ganzer Tag 55/65 NZ$) und Autos (halber/ganzer Tag 65/105 NZ$).

Allgemeine Informationen

AKTIVITÄTEN

Im Kapitel „Outdooraktivitäten" (S. 80) stehen weitere Infos zu Neuseelands gigantischem Outdoorangebot.

Angeln

Dank der Einführung von Fischarten wie Forelle, Lachs, Barsch und Saibling zählt Neuseeland mittlerweile zu den tollsten Freizeit-Angelrevieren der Welt. Die Seen und Flüsse im Herzen der Nordinsel stehen bei Forellenfans hoch im Kurs, vor allem der Lake Taupo und seine Umgebung mit der Forellenhochburg Turangi. Auch die Gewässer der Südinsel sind beliebte Forellenreviere – allen voran Mataura (Southland), der Lake Brunner und Arnold (jeweils West Coast). Die Flüsse von Otago und Southland bieten zudem ein paar der weltbesten Stellen zum Lachsangeln.

Rund um die Nordinsel gehen Brandungs- und Bootsanglern im warmen Pazifik u. a. Meeräschen, Stachelmakrelen, Maomaos, Fingerflosser, Petersfische, Schnapper, Knurrhähne, Flundern, Makrelen, Hapukus (Neuseeländische Zackenbarsche), Tarakihis (Großaugen-Morwongs), Mokis (Trompetenfische) und Kahawais an den Haken. Der Ninety Mile Beach in Northland und die Strände am Hauraki-Golf eignen sich prima zum Brandungsfischen. Die Bay of Islands, Whangaroa, Tutukaka bei Whangarei (jeweils Northland), Whitianga auf Coromandel und Tuhua (Mayor Island) in der Bay of Plenty sind berühmte Jagdreviere für Großfische.

Rund um die Südinsel ist das Wasser vergleichsweise kälter. Insbesondere im Bereich des Marlborough Sounds lassen sich hervorragend Schnapper, Seehechte, Hapukus, Trompeten-, Medusen- und Lengfische, Atune, Sandbarsche und Königsmakrelen erbeuten. Die Halbinsel Kaikoura bietet tolle Möglichkeiten zum Brandungsfischen. Vor Stewart Island kann man Sandbarsche eigenhändig fangen und zubereiten. Kurow im Waitaki Valley (North Otago) empfiehlt sich für Lachse und Forellen.

Angelausrüstung zum Ausleihen gibt's in Siedlungen wie Taupo und Rotorua sowie bei Sportgeschäften in größeren Städten. Eigene Ruten und Gerätschaften müssen möglicherweise von der neuseeländischen Quarantänebehörde untersucht werden – vor allem dann, wenn sie aus natürlichen Materialien wie Schilfrohr oder Federn bestehen.

Zum Angeln in Binnengewässern braucht man eine Genehmigung, die bei Sportgeschäften erhältlich ist. Sie gilt tage-, wochen- oder saisonweise und jeweils für eine bestimmte Region. Visitor Information Centres und das DOC (S. 775) liefern alle relevanten Informationen. Passionierte Petrijünger sollten zudem die umfangreiche Website www. fishing.net.nz durchforsten, die dem Freizeitangeln in Neuseeland gewidmet ist. Wer sich für geführte Angeltouren interessiert, surft am besten bei der **New Zealand Professional Fishing Guides Association** (www.nzpfga.com) vorbei.

Im Kasten auf S. 194 gibt's ein paar Tipps zum nachhaltigen Angeln.

PRAKTISCH & KONKRET

▪ Bei Maßen und Gewichten gilt das metrische System.

▪ Neuseeländische DVDs und Videos basieren auf dem PAL-System, das auch in Deutschland bzw. den meisten europäischen Ländern verwendet wird.

▪ Die Netzspannung beträgt 230 V Wechselstrom (bei 50 Hz). Um elektrische Geräte einzustöpseln, braucht man den gleichen dreipoligen Adapter wie in Australien.

▪ Über das aktuelle Tagesgeschehen informieren Zeitungen wie der *New Zealand Herald* aus Auckland, die *Dominion Post* aus Wellington oder *The Press* aus Christchurch. Alternativ empfiehlt sich die Website www.stuff.co.nz.

▪ Radio National sendet aktuelle Nachrichten, Concert FM klassische Klänge und Jazz (Frequenzen stehen auf www.radionz.co.nz). Kiwi FM (www.kiwifm.co.nz) spielt ausschließlich neuseeländische Musik. Radio Hauraki (www.hauraki.co.nz) ist dagegen für Rock-Klassiker zuständig – eine Überdosis Split Enz reicht wohl kaum …

▪ Es gibt viele von der Regierung betriebene Kanäle (TV One, TV2, TVNZ 6, TVNZ 7, Maori TV und Te Reo, der nur Beiträge auf Maori sendet) und den Abonnentensender Sky TV (www. skytv.co.nz).

Golf

Statistisch gesehen besitzt Neuseeland weltweit die meisten Golfplätze pro Einwohner. Unter den über 400 Anlagen sind ein paar Fairways und Greens in besonders attraktiver Lage. 2009 wählte das *Golf Magazine* zwei neuseeländische Golfplätze unter die 100 besten der Welt: **Cape Kidnappers** (www.capekidnappers.com) in Hawkes Bay (Platz 36) und **Kauri Cliffs** (www.kauricliffs.com) in der Bay of Islands (Platz 78). Auch **Paraparaumu Beach** (www.paraparaumubeachgolfclub.co.nz) bei Wellington hat schon mehrmals bei solchen Rankings gepunktet und gilt als einer der schönsten Golfplätze des Landes.

Ebenfalls sehr beliebt sind die Anlagen Wairakei bei Taupo und Clearwater außerhalb von Christchurch, Terrace Downs im Hochland bei Methven und Millbrook bei Queenstown. Der Golfkurs Hills in Arrowtown bezeichnet sich selbst als „Heimat der NZ Open". Der Haken dabei: Normalsterbliche werden hier kaum die Gelegenheit bekommen, dort ein paar Bälle zu schlagen – hier sind als Mitglieder nur Millionäre erwünscht! Plätze mit 18 Löchern verlangen in der Regel eine Gebühr von 30 bis 50 NZ$. Privatanlagen knöpfen einem jedoch manchmal wesentlich mehr ab. In Cape Kidnappers zahlen Privilegierte z B. heftige 300 bis 400 NZ$. Mit 110 NZ$ sind die Platzgebühren in Paraparaumu Beach da schon etwas erschwinglicher.

Weitere Golfinfos gibt's im Internet unter www.nzgolf.org.nz.

Rundflüge

Durch Neuseelands Himmel brummen zahlreiche Kleinflugzeuge und Hubschrauber. Rundflüge („Flightseeing") werden landesweit auf Regionalflugplätzen angeboten. Mittels dieser tollen, wenn auch nicht gerade umweltfreundlichen Methode lässt sich die facettenreiche Landschaft optimal genießen. Dabei erblickt man u. a. himmelhohe Berge und selten besuchtes Terrain im Herzen der Nationalparks. Ein paar der fototrächtigsten Flugtrips führen über die Bay of Islands (S. 177), die Bay of Plenty (besonders Whakaari Island; S. 376), den Tongariro National Park (ab Taupo; S. 323), Mt. Taranaki (S. 287) und Mt. Cook (S. 566), die Gletscher der West Coast (S. 566) und Fiordland (ab Te Anau; S. 721).

Ausflüge mit Heißluftballonen sind vergleichsweise entspannter. Gemächliche Ballonfahrten über Methven (S. 616) eröffnen herrliche Aussichten auf den landschaftlichen Kontrast zwischen Southern Alps und Canterbury Plains. Ab Queenstown, Auckland, Hamilton, Hastings und Masterton geht's ebenfalls per Ballon durch die Lüfte.

Segeln

Aufgrund seiner Lage mitten im Meer bringt Neuseeland regelmäßig ein paar der weltbesten Segler hervor. Den Spitznamen „City of Sails" trägt Auckland nicht von ungefähr. Wer Jachtrennen mag, kann sich bei den verschiedenen Segelclubs des Landes nach Anheuermöglichkeiten bei Wettbewerben erkundigen. Ansonsten gibt's jede Menge Segelveranstalter, wo man entweder gemütlich an Deck entspannt oder selbst Hand anlegt.

Tolle Möglichkeiten für Segelfans bieten u. a. die Bay of Islands und Whangaroa weiter nördlich – ebenso die Seen im Süden (Te Anau bzw. Wakatipu), Auckland und Nelson. Weitere Segelinfos finden sich unter www. yachtingnz.org.nz.

ARBEITEN IN NEUSEELAND

Wer mit einem Besuchervisum unterwegs ist, darf in Neuseeland keine bezahlten Jobs annehmen. Verletzt man diese oder andere Visumbestimmungen, kann man des Landes verwiesen werden.

Mit einem offiziellen WHS-Visum (S. 780) darf man sich auf die Suche nach einer vorübergehenden Beschäftigung machen. Vor allem im landwirtschaftlichen Bereich besteht großer Bedarf an Farmarbeitern, Obstpflückern oder ähnlichem. Zudem werden Aushilfen in Gastronomie und Skigebieten gesucht. Bürojobs im IT-, Finanz- und Telemarketing-Sektor bekommt man am leichtesten über regionale Vermittlungsagenturen.

Saisonjobs als Obstpflücker, Ernte- und Schnitthelfer eignen sich für Besucher besonders gut. Zwischen Sommer und Frühherbst wird auf über 30 000 ha Anbaufläche neben Äpfeln und Kiwis auch anderes Obst und Gemüse geerntet. Dies beschrieb ein Optimist einst mit den Worten: „Die Bezahlung ist schlecht, aber die Arbeit ist hart." Die Schufterei wird mit etwa 10 bis 15 NZ\$ pro Stunde entlohnt – dementsprechend hoch ist die Fluktuation von Arbeitskräften. Normalerweise berechnet sich der Lohn nach Pflückmenge (pro Behälter, Eimer oder Kilogramm). Die Haupterntezeit dauert von Dezember bis Mai. Auf der Nordinsel sind u. a. die Bay of Islands (Kerikeri und Paihia), Aucklands ländliche Umgebung, Tauranga, Gisborne und Hawke's Bay (Napier bzw. Hastings) interessant. Auf der Südinsel kann man sich in Nelson (Tapawera und Golden Bay), Marlborough (rund um Blenheim) und dem zentralen Otago (Alexandra bzw. Roxburgh) nach Arbeit umschauen. Am besten wendet man sich direkt an potenzielle Arbeitgeber. Ansonsten finden Traveller über Hostels oder Holiday Parks vor Ort einen Job. Das ganze Jahr über gibt's weitere Optionen im Agrarsektor.

Skigebiete und ihre Serviceeinrichtungen suchen im Winter u. a. Barkeeper, Kellner, Reinigungskräfte, Liftpersonal und entsprechend qualifizierte Ski- und Snowboardlehrer. Die Websites der Skigebiete (S. 90) informieren über Möglichkeiten in den verschiedenen Regionen.

Praktische Informationen

Über Backpacker-Zeitschriften, Hostelmanager und andere Traveller kann man sich am besten über Arbeitsmöglichkeiten in der Gegend informieren.

Die Verzeichnisse von **Kiwi Careers** (www.kiwicareers.govt.nz) enthalten Optionen in Bereichen wie Landwirtschaft, kreatives Arbeiten, Gesundheits- und Bildungswesen, Freiwilligenarbeit und Arbeitsvermittlung. Als eine von Neuseelands größten Jobbörsen vermittelt **Seek** (www.seek.co.nz) ebenfalls Tausende freier Stellen.

Seasonal Work NZ (www.seasonalwork.co.nz) unterhält eine Datenbank mit zahllosen Aushilfstätigkeiten, darunter auch Jobs für alle, die auf dem „Harvest Trail", also als Erntehelfer unterwegs sind. Die Kontaktdetails zu Arbeitgebern mit Jobberbedarf umfassen auch Angaben zu Löhnen und nahe gelegenen Unterkünften. Der ähnliche Service von **Pick NZ** (www.picknz.co.nz) konzentriert sich auf Saisonarbeit im Gartenbaugewerbe.

An die Website von **Base Backpackers** (www.stayatbase.com/work) ist ein Jobservice gekoppelt, während **Budget Backpacker Hostels** (BBH; www.bbh.co.nz) online beispielsweise über freie Stellen in BBH-Hostels informiert (unter „Networking").

IRD-Nummer

Wer als Traveller in Neuseeland bezahlte Arbeit annehmen möchte, muss beim Inland Revenue Department (IRD) eine Steuernummer beantragen. Auf der Website des **Inland Revenue Department** (www.ird.govt.nz) kann man das Antragsformular (Dokument IR595) mittels der Suchfunktion herunterladen. Eine IRD-Nummer wird gewöhnlich nach acht bis zehn Werktagen erteilt.

Steuern zahlen

Es gibt kein Entrinnen! Die überwiegende Mehrheit der Traveller muss jeden sauer verdienten Kiwi-Dollar versteuern; wie hierzulande ziehen die Arbeitgeber die Einkommensteuer direkt vom Lohn ab und leiten sie an die Finanzbehörden weiter – dieses Verfahren nennt sich Pay As You Earn (PAYE). Der Standardsteuersatz liegt bei 12,5 % für ein Jahreseinkommen von bis 17 500 NZ$; wer bis zu 40 000 NZ$ verdient, muss 21 % an den Fiskus überlassen, bis 75 000 NZ$ werden 33 % fällig, darüber 39 %. Zusätzlich wird ein Beitrag zur staatlichen Unfallversicherung (1,2 %) vom Lohn abgezogen. Zum Zeitpunkt der Recherchen hieß es, diese Sätze sollten sich ab April 2011 leicht verändern.

Neuseeland-Besucher, die für kurze Zeit arbeiten wollen (z. B. im Rahmen des WHS-Visums), haben eventuell Anspruch auf eine Steuerrückerstattung: dazu das Formular „Refund Application – People Leaving New Zealand" (Dokument IR50) ausfüllen und zusammen mit der Steuererklärung und einem Beleg für die Ausreise (z. B. eine Kopie des Rückreisetickets) beim Inland Revenue Department (IRD) einreichen. Mehr Infos finden sich auf der Website des IRD, alternativ kann man auch das **Inland Revenue Non-Resident Centre** (☎ 03-467 7020; nonres@ird.govt.nz; Private Bag 1932, Dunedin) kontaktieren.

BOTSCHAFTEN & KONSULATE

Die wichtigsten diplomatischen Vertretungen befinden sich in Wellington, ein paar wenige auch in Auckland. Hier ein paar Länder mit Botschaften und Konsulaten in Neuseeland:
Australien (Karte S. 438 f.; ☎ 04-473 6411; www.australia.org.nz; 72–76 Hobson St, Thorndon, Wellington)
Deutschland (Karte S. 438 f.; ☎ 04-473 6063; www.wellington.diplo.de; 90–92 Hobson St, Thorndon, Wellington)
Österreich (☎ 04-499 6393; austria@ihug.co.nz; Lvl 2, Willbank House, 57 Willis St, Wellington)
Schweiz (☎ 04-472 1593; http://www.eda.admin.ch/wellington; 22 Panama St, Wellington)

Wichtig für den Fall der Fälle: Man sollte unbedingt wissen, welche Hilfestellung die Botschaft des eigenen Heimatlandes leisten kann und darf, wenn man in Schwierigkeiten gerät. Bei selbstverschuldeten Problemen werden Botschaften allgemein keine große Hilfe sein. Schließlich gelten die neuseeländischen Gesetze auch für alle Ausländer. Die eigene Botschaft wird kaum Verständnis zeigen, wenn man wegen eines Verbrechens hinter Gitter wandert – auch wenn das Vergehen in der Heimat keinen Straftatbestand darstellt.

Mit Unterstützung sollte nur in echten Notfällen gerechnet werden. Das gilt jedoch nur dann, wenn bereits sämtliche anderen Möglichkeiten ausgeschöpft worden sind. Wer z. B. dringend in die Heimat zurückfliegen muss, wird höchstwahrscheinlich kein kostenloses Ticket bekommen – die Botschaft erwartet so gut wie sicher einen entsprechenden Versicherungsschutz. Bei Verlust der gesamten Reisekasse und aller Ausweisdokumente stellt die Botschaft möglicherweise einen neuen Reisepass aus. Darlehen für die Weiterreise stehen jedoch auf keinen Fall zur Debatte.

ERMÄSSIGUNGEN

Die **International Student Travel Confederation** (ISTC; www.istc.org) ist ein länderübergreifender Verbund von Organisationen und Veranstaltern, die sich speziell auf Reisen von Studenten spezialisiert haben. Zudem stellt die ISTC auch den Internationalen Studentenausweis (ISIC) aus. Mit ihm erhalten Vollzeitstudenten und -schüler ab zwölf Jahren äußerst attraktive Rabatte bei einigen Unterkünften und Verkehrsmitteln sowie ermäßigte Eintritte. Der ISTC gibt zudem die International Youth Travel Card (IYTC) heraus. Personen zwischen zwölf und 26 Jahren bekommen damit ähnliche Vergünstigungen wie Inhaber des ISIC. Schließlich können noch hauptberufliche Lehrkräfte die International Teacher Identity Card (ITIC) beantragen. Alle drei Karten können online gegen eine geringe Gebühr unter www.isic.de, www.isic.at oder www.isic.ch oder bei studentischen Reiseveranstaltern wie **STA Travel** (www.statravel.de, www.statravel.at, www.statravel.ch) beantragt werden.

Eine weitere Option ist die **New Zealand Card** (www.newzealandcard.com). Sie kostet 35 NZ$ und berechtigt bei vielen Unterkünften, Tourveranstaltern, Sehenswürdigkeiten und Aktivitäten zu Ermäßigungen zwischen 5 und 50 %.

Senioren und Reisende mit einer Behinderungen werden feststellen müssen, dass die Ausweise aus der Heimat in Neuseeland nicht offiziell anerkannt werden. Vielerorts werden aber dennoch europäische Rentner- oder Behindertenausweise akzeptiert und die Ermäßigungen gewährt.

ESSEN

Früher orientierte sich die neuseeländische Küche fast schon sklavisch an der angelsächsischen Pampe, inzwischen aber bedienen die Restaurants des Landes traditionelle Zutaten wie Lamm-, Rind- und Kalbsfleisch oder

Grünschalmuscheln mit kulinarischen Einflüssen aus Asien, Europa und dem Pazifikraum.

Neuseelands Gastroszene umfasst rustikale Fish-&-Chip-Buden und Kneipenbistros, Cafés mit europäischem Einschlag, im Schmuddel- oder Retrolook, Restaurant-Bars mit ausführlicher Speisekarte und edle Gourmettempel mit derart feinen gestärkten Tischdecken, dass man sie beinahe nicht mit dem Ellenbogen berühren möchte. Onlineverzeichnisse gibt es u. a. unter www.dineout.co.nz und www.menus.co.nz.

In den meisten größeren städtischen Zentren gibt es Cafés und Restaurants mit vegetarischem Angebot. Der Restaurantführer der **New Zealand Vegetarian Society** (www.vegsoc.org.nz) listet entsprechende Adressen auf.

An der Getränkefront müssen neuseeländischen Weine (besonders Sauvignon Blanc und Pinot Noir) keine Vergleiche scheuen. Und es sollte ein schwieriges Unterfangen werden, eine noch so kleine neuseeländische Ortschaft zu finden, in der es nicht einen köstlichen Espresso gibt. Ein neuer beliebter Trend sind Biere aus lokalen Kleinbrauereien.

Die Restaurantempfehlungen in diesem Reiseführer sind nach Preisen gestaffelt, wobei die günstigsten Adressen zuerst genannt werden. Cafés haben oft das beste Preis-Leistungs-Verhältnis, bombastische Menüs in lockerer Umgebung kosten mitunter keine 20 NZ$. Einige städtische Kneipen haben sich selbst das Label „Gastropub" verliehen und bieten recht klassische Restaurantkost an, doch in den meisten Pubs gibt es die typischen Bistrogerichte, ebenfalls meistens unter 20 NZ$. In mittelteuren Restaurants wird man für ein Hauptgericht bis zu 30 NZ$ bezahlen müssen, während man in trendigen Edelrestaurants nicht überrascht sein sollte, wenn für Hauptgerichte 35 bis 45 NZ$ fällig werden.

In allen Restaurants, Bars und Kneipen ist Rauchen verboten. Trinkgelder werden in Restaurants und Cafés nicht erwartet.

Weiterführende Informationen finden sich im Kapitel „Essen & Trinken" ab S. 65.

FEIERTAGE & FERIEN
Öffentliche Feiertage
Die wichtigsten Feiertage in Neuseeland:
Neujahr 1. & 2. Januar
Waitangi Day 6. Februar
Ostern Karfreitag & Ostermontag, März/April
Anzac Day 25. April

Queen's Birthday Erster Montag im Juni
Labour Day Vierter Montag im Oktober
Erster Weihnachtsfeiertag 25. Dezember
Boxing Day (Zweiter Weihnachtsfeiertag) 26. Dezember

Außerdem gibt es in jeder neuseeländischen Provinz einen eigenen Feiertag. Die Provinz-Feiertage finden mitunter nicht an den gleichen Tagen statt – fallen sie auf einen Freitag oder das Wochenende, werden sie in der Regel am darauffolgenden Montag gefeiert; fallen sie dagegen auf die Tage zwischen Dienstag und Donnerstag, kommt der vorausgehende Montag zum Zug. So kann die große Kiwi-Tradition des langen Wochenendes bewahrt werden.

Im Folgenden die Provinzfeiertage:
Southland 17. Januar
Wellington 22. Januar
Auckland 29 .Januar
Northland 29. Januar
Nelson 1. Februar
Otago 23. März
Taranaki 31. März
South Canterbury 25. September
Hawke's Bay 1. November
Marlborough 1. November
Chatham Islands 30. November
Westland 1. Dezember
Canterbury 16. Dezember

Schulferien
Von Mitte Dezember bis Ende Januar sind Schulferien. Dann ist es am wahrscheinlichsten, dass Verkehrsmittel oder Unterkünfte ausgebucht sind und vor Attraktionen unruhig hin- und hertippelnde Touristen Schlange stehen. Über das Jahr verteilen sich drei weitere, kürzere Schulferien: zwischen Mitte und Ende April, von Anfang bis Mitte Juli und von Mitte September bis Anfang Oktober. Die genauen Termine stehen auf der Website des **Ministry of Education** (www.minedu.govt.nz).

FESTIVALS & EVENTS
Wenn die landesweit stattfindenden Gastro-, Wein-, Sport und Kunstfestivals den Reiseplan bestimmen sollen, empfiehlt sich ein Blick auf die Website von **Tourism New Zealand** (www.newzealand.com/travel) – dort einfach unter „Sights & Activities" den „Events Calendar" anklicken. Weitere Infos gibt's unter www.nzlive.com und www.eventfinder.co.nz.Die Einzelbeschreibungen in den jeweiligen Regionenka-

piteln enthalten Details zu den regionalen Festivals und Events. Ein paar Highlights:

Gastro- & Weinfestivals

Harvest Hawke's Bay (www.harvesthawkesbay.co.nz) Facettenreiches Wein- und Gastrofestival im Februar. Mit von der Partie sind Weingüter aus Napier und Hastings.

Marlborough Wine Festival (www.wine-marlborough-festival.co.nz) Mit Produkten von über 50 Weingütern aus Marlborough, super Essen und Unterhaltung. Steigt im Februar und begeistert mit schier unglaublicher Vielfalt.

Wildfoods Festival (www.wildfoods.co.nz) Im März wird in Hokitika genüsslich allerlei Grenzwertiges gefuttert – z. B. Würmer, Hasenhoden oder Krebse.

Auckland Wine & Food Festival (www.aucklandwineandfoodfestival.com) Im April schwelgt Auckland im Besten, was Kiwi-Küche und -Keller zu bieten haben.

Toast Martinborough (www.toastmartinborough.co.nz) Weinliebhaber aus Wellington frönen in Martinborough einen hoffentlich sonnigen Novembertag lang ihrer Leidenschaft.

Kunst- & Kulturfestivals

Te Matatini National Kapa Haka Festival (www.tematatini.org.nz) In Jahren mit ungeraden Jahreszahlen finden im Februar *haka*-Wettbewerbe der Maori statt, bei denen die Tänzer wild gestikulieren, die Augen aufreißen und ihre Zungen weit herausstrecken. Die Veranstaltungsorte variieren.

New Zealand International Arts Festival (www.nzfestival.nzpost.co.nz) Einmonatiges Spektakel mit Theater, Tanz, Musik, bildender Kunst und jeder Menge internationaler Namen. Findet in geraden Jahren jeweils im Februar/März statt.

New Zealand International Comedy Festival (www.comedyfestival.co.nz) In ganz Auckland, Wellington und diversen Regionalzentren wird im Mai drei Wochen lang kräftig gelacht.

Matariki (Neujahrsfest der Maori; www.taitokerau.co.nz/matariki.htm) Im Juni stehen vor allem Auckland und Northland im Zeichen von Andenken, Wissensvermittlung und Baumpflanzungen.

New Zealand International Film Festivals (www.enzedff.co.nz) Nach speziellen Kinofestivals in Wellington, Auckland, Dunedin und Christchurch laufen ausgewählte Streifen von Juli bis Oktober in mehreren Provinzstädten.

World of Wearable Art Award Show (WOW; www.worldofwearableart.com) Bizarr im positivsten Sinn: In Wellington gibt's im September zwei Wochen lang tolle Klamotten zu sehen.

Musikfestivals

Rhythm & Vines (www.rhythmandvines.co.nz) Wein, Weib und Gesang – am Neujahrstag prägen die schönen Dinge des Lebens das sonnige Gisborne. Auf der Bühne stehen Top-DJs, Hip-Hop-Acts, diverse Bands und Liedermacher.

Big Day Out (www.bigdayout.com) Bei dem internationalen Riesen-Rockfestival im Januar headbangt Auckland, was das Zeug hält.

Splore (www.splore.net) Innovatives Outdoor-Sommerfestival im Tapapakanga Regional Park auf der Coromandel Peninsula. Steigt im Februar und punktet mit zeitgenössischer Livemusik, diversen Aufführungen, bildender Kunst und abgesicherten Badezonen!

WOMAD (World of Music Arts & Dance; www.womad.co.nz) Im März füllen neuseeländische und internationale Künstler die Brooklands Bowl in New Plymouth.

National Jazz Festival (www.jazz.org.nz) Jedes Jahr an Ostern gastiert das älteste Jazzfestival der Südhalbkugel in Tauranga.

Sportevents

New Zealand International Sevens (NZI Sevens; www.nzisevens.co.nz) Im Februar treten die besten Siebener-Rugby-Teams in Wellington gegeneinander an.

Auckland International Boat Show (www.aucklandinternationalboatshow.com) Aucklands Hafen ist im März mit bunten Segeln übersät, während ohne Unterlass das Knattern der Außenbordmotoren zu hören ist.

Goldrush Multisport Event (www.goldrush.co.nz) Unverwüstliche Sportler legen im März entlang einer alten Goldgräberroute in Central Otago 376 km zurück – und zwar im Kajak, auf dem Rad und in Joggingschuhen.

Rugby World Cup (www.rugbyworldcup.com) Im September und Oktober 2011 ist Neuseeland Gastgeber des größten Rugby-Events weltweit (Auf geht's, All Blacks!).

New Zealand Cup and Show Week (www.nzcupandshow.co.nz) Im November kann man in Christchurch auf Gäule kleine Wetter abschließen oder preisgekrönte Stiere unter die fachmännische Lupe nehmen.

FRAUEN UNTERWEGS

Allgemein ist Neuseeland für weibliche Traveller ein sehr sicheres Pflaster. Dennoch sind die üblichen Vorsichtsmaßnahmen angebracht – mit anderen Worten: In großen Städten und Ortschaften zu später Stunde am besten nicht allein herumlaufen und auf gar keinen Fall ohne Begleitung trampen. Wer in der Stadt unterwegs ist, sollte immer genug Geld für eine Taxifahrt zur Unterkunft in der Tasche haben. Dasselbe gilt für ländliche Ortschaften – auf dem Weg zum gebuchten Bett muss dort mit unbeleuchteten, halb verlassenen Straßen gerechnet werden. Alleinreisende Frauen lassen besser die Finger von einfachen Kneipenunterkünften, sofern sie keinen sicheren und gut geführten Eindruck machen.

Fälle von sexueller Belästigung sind in Neuseeland verhältnismäßig selten, kommen aber natürlich trotzdem vor.

Weitere Infos gibt's im Internet unter www.womentravel.co.nz.

GEFAHREN & ÄRGERNISSE

Zwar ist das Reisen in Neuseeland nicht gefährlicher als in anderen zivilisierten Staaten der westlichen Welt, doch ereignen sich auch hier Gewaltverbrechen. Nachts oder in entlegenen Regionen sollte man dementsprechend Vorsicht walten lassen. Gangs haben sich in einigen Regionen des Landes ausgebreitet; um Gruppen mit schwarzen Jacken und irgendwelchen Abzeichen macht man am besten einen großen Bogen.

Diebstähle (vor allem Autoaufbrüche) stellen landesweit ein *großes* Problem dar und Traveller gelten als leichte Beute. Man sollte niemals Wertsachen im Auto zurücklassen, ganz egal, wo man parkt; die denkbar schlechtesten Orte, um das Schicksal herauszufordern, sind Parkplätze für Touristen und an den Startpunkten von Wanderwegen. Sollte es sich einmal überhaupt nicht vermeiden lassen, einen „Schatz" im Fahrzeug zu deponieren, sollte man ihn außer Sichtweite im Kofferraum einschließen – den Reisepass sollte man jedoch für den Fall der Fälle immer mitnehmen.

Die oft unvorhersehbaren Wetterumschwünge in Neuseeland sollten nicht unterschätzt werden, besonders in höher gelegenen Regionen (auf S. 82 stehen weitere Infos).

Zum Glück tummeln sich in Neuseeland wesentlich weniger giftige Tierarten (z. B. Schlangen, Spinnen, Quallen) als im benachbarten Australien. Zwar bevölkern Haie die neuseeländischen Gewässer, finden aber aufgrund der artenreichen Unterwasserwelt immer genug Nahrung. Daher sind Angriffe auf Menschen zwar nicht gänzlich ausgeschlossen, aber äußerst selten. Eine größere Gefahr beim Bad im Ozean geht von starkem Seegang und Unterströmungen aus, die vor manchen Stränden Schwimmer ins offene Meer ziehen. Bevor man sich in die Fluten stürzt, um zu schwimmen, zu tauchen oder zu surfen, sollte man Warnungen vor Ort beachten und beherzigen.

Auf Neuseelands Straßen stellen einheimische Raser das größte Risiko dar, außerdem sind Schafe auf der Fahrbahn und in Kurven weit ausschwingende Wohnwagen mies. Am sichersten fährt man daher mit einem vernünftigen Zeitplan – so ist man wesentlich entspannter unterwegs und muss nicht ständig mit dem Bleifuß durch die Gegend rasen. Und auch wenn die Landschaft noch so malerisch ist, gebührt dem Verkehrsgeschehen immer die volle Aufmerksamkeit. Radfahrer sollte immer wachsam sein – auf schmalen Straßen ist es für motorisierte Verkehrsteilnehmer mitunter schwierig zu überholen.

Sandfliegen können eine nervtötende Plage sein (s. Kasten unten). Besonders an der Küste sind Insektenschutzmittel daher unverzichtbar.

GELD

In der Übersicht „Auf einen Blick" auf der Innenseite des Buchumschlags stehen aktuelle Wechselkurse aus der Zeit direkt vor Drucklegung des Bandes.

Bankkonten

Traveller haben verschiedene Erfahrungen mit der Schwierigkeit gemacht, als Ausländer

---

SANDFLIEGEN *Sir Ian McKellen*

Als unbezahlter, aber enthusiastischer Missionar alles Neuseeländischen inklusive des Tourismus spreche ich nur ungern das wohlbehütete Geheimnis der Sandfliege an. Sie begegnete mir erstmals in Riesenschwärmen am wunderbaren Milford Sound, wo die Besucher – nach einer der zumindest im Sommer schönsten Autofahrten weltweit – von großen Geschwadern der kleinen Biester empfangen werden. Es gibt Patentcremes, die helfen, auch Tabak vertreibt sie – ich hoffe aber, dass Traveller sie angesichts der Schönheit ihres Lebensraums als eine unbedeutende Belästigung empfinden.

Ich erinnere mich merkwürdigerweise nicht, dass wir, als wir den *Herrn der Ringe* drehten, von Sandfliegen belästigt worden wären. Und ehrlich, hätten sie sich blicken lassen, so hätten wir die Orks auf sie losgelassen.

Sir Ian McKellen ist ein in Großbritannien lebender Schauspieler, der mehrere Jahre in Neuseeland gefilmt hat und zu einer Art inoffiziellem Botschafter des neuseeländischen Tourismus geworden ist.

in Neuseeland ein Bankkonto eröffnen zu dürfen. Einerseits scheint es mit ein paar Ausweisdokumenten und einer vorübergehenden bzw. festen Postadresse problemlos innerhalb weniger Tage zu funktionieren. Anderen Stimmen zufolge verweigern Banken die Kontoeröffnung, wenn sich Ausländer nicht mindestens sechs Monate am Stück in Neuseeland aufhalten. Und dann gibt's ein neues Konto manchmal auch nur gegen Vorlage eines Arbeitsvertrags. Die Websites der Banken sind leider relativ undurchsichtig, was Serviceangebote für Kurzzeitbesucher anbelangt. Wer unbedingt ein neuseeländisches Konto braucht, sollte bereits vor der Abreise entsprechende Informationen einholen. Zudem empfiehlt sich dringend eine intensive Recherche vor Ort, um die besten Konditionen zu bekommen.

Geldwechsel

Fremdwährungen oder Reiseschecks können landesweit in den Banken oder in den größeren Städten in lizenzierten Wechselstuben wie Travelex (früher Thomas Cook) problemlos umgetauscht werden. Wechselstuben gibt's in allen größeren Touristenzentren, in den Städten und an Flughäfen. Meistens sind sie an Werktagen bis über die normalen Geschäftszeiten hinaus geöffnet (häufig sogar bis 21 Uhr).

Geldautomaten & Bargeldloses Bezahlen

Vor Ort findet man Filialen neuseeländischer Großbanken wie Bank of New Zealand, ANZ, Westpac und ASB. Ihre international vernetzten Geldautomaten akzeptieren Karten fremder Kreditinstitute rund um die Uhr. Geldautomaten gibt's zwar nicht unbedingt an jeder Ecke, sie sind aber auf beiden Inseln reichlich vorhanden.

Viele neuseeländische Geschäfte besitzen sogenannte EFTPOS-Terminals (Abkürzung für „Electronic Funds Transfer at Point Of Sale"). Dank diesem praktischen elektronischen Service lassen sich Beträge für Dienstleistungen oder Einkäufe direkt per Bank- oder Kreditkarte begleichen. Häufig kann man auf diese Weise auch Bargeld abheben. EFTPOS steht so gut wie überall zur Verfügung – sogar in Gebieten mit akutem Bankenmangel. Wie bei Geldautomaten braucht man die persönliche Identifikationsnummer (PIN).

Kredit- & Bankkarten

Die Reisekasse lässt sich wahrscheinlich in Form von Plastikgeld am sichersten durch Neuseeland transportieren. Maximale Flexibilität bietet eine Kombination aus Kredit- und Bankkarte.

Bekannte Kreditkarten wie Visa und MasterCard werden weithin akzeptiert – sei es beim Bezahlen von Hostelbetten oder Bungeesprüngen. Wer ein Fahrzeug mieten möchte, wird ohne Kreditkarte wohl nicht weit kommen. Zudem lässt sich damit Bargeld an Bankschaltern und Geldautomaten abheben, abhängig von der jeweiligen Karte; jedoch bezahlt man dafür Gebühren. Achtung: Weniger verbreitete Kreditkarten wie Diners Club und Amex sind als Zahlungsmittel nicht ganz so gern gesehen.

Abgesehen vom Verlustrisiko besteht bei Kreditkarten die Gefahr, dass man sein Limit bis zum Äußersten ausreizt und so einen riesigen Schuldenberg anhäuft. Diesbezüglich sind Bankkarten mit Lastschriftverfahren wesentlich sicherer: Wer damit Bares abhebt oder an EFTPOS-Terminals bezahlt, belastet direkt sein heimisches Konto und behält die Summen im Blick. Normalerweise können in Neuseeland alle Karten benutzt werden, die innerhalb des weltweiten Bankennetzwerks funktionieren (z. B. Cirrus, Maestro, Visa Plus oder EuroCard) – vorausgesetzt, man hat seine PIN-Nummer parat. Die Gebühren für das Abheben bei ausländischen Banken oder deren Geldautomaten hängen von den jeweiligen Konditionen des eigenen Kreditinstituts ab. Daher ist es ratsam, vor der Abreise die entsprechenden Informationen einzuholen. Manche Unternehmen bieten Bankkarten mit festen Abbuchungsgebühren an.

Reiseschecks

Angesichts der Tatsache, dass fast überall in Neuseeland Bank- und Kreditkarten genommen werden, wirken Reiseschecks vielleicht etwas umständlich und rückständig. Dennoch lassen sich Reiseschecks von American Express, Travelex und anderen internationalen Unternehmen problemlos eintauschen – vorausgesetzt, man kann sich mit dem Reisepass ausweisen. Die Gebühren für die Einlösung von in Fremdwährungen ausgestellten Reiseschecks unterscheiden sich von Bank zu Bank, in Filialen von American Express oder Travelex erfolgt der Umtausch der eigenen Schecks gebührenfrei. Private Wechselstuben in den größeren Städten lösen Reiseschecks oft ebenfalls gebührenfrei ein, man sollte sich aber nach dem besten Umtauschkurs umsehen.

Steuern & Erstattungen

Die Mehrwertsteuer (sogenannte Goods and Services Tax; GST) beträgt 12,5 % auf alle inländischen Waren und Dienstleistungen. In diesem Reiseführer sind die Preise inklusive GST angegeben, man muss aber unterwegs immer mal einen Blick darauf werfen, ob im Kleingedruckten vielleicht die Angabe „GST-exklusive" versteckt ist. Die bezahlte GST wird bei der Ausreise aus Neuseeland nicht zurückerstattet.

Trinkgelder

Trinkgelder sind in Neuseeland absolut freiwillig, die Angestellten sind für ihren Lebensunterhalt nicht auf Trinkgelder angewiesen – mehr als den angegebenen Rechnungsbetrag braucht man also in Restaurants nicht zu bezahlen (manchmal kommt ein Serviceaufschlag hinzu). Trotzdem ist es natürlich auch hier angebracht, einen guten Service mit einem Trinkgeld zu honorieren. Die Höhe ist jedem selbst überlassen; üblich sind zwischen 5 und 10 % des Rechnungsbetrags.

Währung

Ein Neuseeland-Dollar (NZ$) setzt sich aus 100 Cent (c) zusammen. Im Umlauf sind Münzen im Wert von 10, 20 und 50 c sowie 1 oder 2 NZ$. Dazu kommen Scheine im Wert von 5, 10, 20, 50 oder 100 NZ$. Preise werden häufig in einzelnen Cent angegeben und beim Bezahlen auf die nächsthöhere Zehn-Cent-Summe gerundet.

Sofern nicht anderweitig vermerkt, handelt es sich bei allen hier aufgeführten Preisangaben um Beträge in NZ$. Auf S. 20 steht, mit welchen Kosten man bei Neuseeland-Reisen durchschnittlich zu rechnen hat.

Die Ein- und Ausfuhr von Reiseschecks unterliegt keinen nennenswerten Beschränkungen. Bargeldsummen ab 10 000 NZ$ sind zwar nicht illegal, müssen aber unabhängig von der jeweiligen Währung bei der Ein- oder Ausreise angegeben werden. Zu diesem Zweck ist ein sogenannter Border Cash Report auszufüllen.

INTERNETZUGANG

Selbst in entlegenen Regionen stellt es keine große Schwierigkeit dar, ins Internet zu gelangen. Es kann aber nicht schaden, sich vor der Abreise nochmals die Internetadresse des E-Mail-Anbieters und die Log-in-Daten zu merken.

Die mit dem Computersymbol (🖳) gekennzeichneten Unterkünften, Restaurants, Kneipen und Bars verfügen über einen Internetzugang (als separate Zelle oder Gast-PC); das WLAN-Symbol vermerkt (🛜) einen drahtlosen Internetzugang.

Nützliche Reise-Websites zu Neuseeland sind auf S. 22 aufgelistet.

Internetcafés

Internetcafés in städtischen Zentren oder an Touristen-Hotspots sind in der Regel mit Highspeed-Zugängen ausgestattet. Nach Schulschluss werden die Geräte allerdings häufig von nervigen Teenagern belagert – man sollte also die Läden besser nicht zwischen 16 und 18 Uhr aufsuchen! In kleinen abgelegenen Ortschaften sind „Internetcafés" wesentlich rarer und könnten sich dort als einzelner Rechner in der hintersten Ecke einer Videothek entpuppen.

Die meisten Hostels stellen ihren Gästen z. T. kostenlose Internetzugänge zur Verfügung. Auch viele öffentliche Bibliotheken sind ans Netz angeschlossen; manche haben aber nur wenige Terminals – ein Internetcafé ist daher oft die bessere Wahl.

Internetcafés verlangen für eine Stunde Surfen in der Regel zwischen 4 und 6 NZ$ – am günstigsten kommt man oft in Städten weg, in denen ein harter Konkurrenzkampf Kampfpreise zur Folge hat. Häufig muss man sich zumindest für 10 oder 15 Minuten einloggen.

WLAN & Internetanbieter

Die Anzahl drahtloser Interzugänge (WLAN oder *wi-fi*) nimmt landesweit stetig zu – beispielsweise in Hotellobbys, Biergärten oder den Speiseräumen von Hostels. Normalerweise stehen die Hotspots nur den Gästen oder Kunden zur Verfügung. Man benötigt also das Passwort oder muss die Angestellten darum bitten, freigeschaltet zu werden. Nicht immer ist der drahtlose Internetzugang umsonst.

Als größter einheimischer Telekommunikationsanbieter unterhält **Telecom New Zealand** (www.telecom.co.nz) zahlreiche WLAN-Hotspots im ganzen Land. Wer ein WLAN-fähiges Gerät verfügt, kann bei den angeschlossenen Einrichtungen Prepaid-Karten der Telecom

NZ erwerben. Alternativ besorgt man sich über die Einwahlseite einen Prepaid-Code, der sich bei jedem beliebigen Hotspot per Kreditkarte bezahlen lässt. Die Website der NZ Telecom enthält ein komplettes Hotspot-Verzeichnis.

Wer ein mobiles Gerät dabeihat, kann sich auch über einen lokalen Internetprovider (ISP) einloggen. Es stehen eine Menge Optionen zur Auswahl, von denen einige jedoch auf bestimmte Städte oder Regionen beschränkt sind. Die größten ISPs sind:

Clearnet (☎ 0508 888 800; www.clearnet.co.nz)

Earthlight (☎ 03-479 0303; www.earthlight.co.nz)
Detaillierte Online-Infos über Prepaid-Internetzugänge für Neuseeland-Reisende.

Slingshot (☎ 0800 892 000; www.slingshot.co.nz)

Xtra (☎ 0800 003 040; www.xtra.co.nz/products)

Auch wenn WLAN inzwischen Standard ist, kann man sich mitunter auch per Kabel mit dem Internet verbinden. Es werden normalerweise britische BT431A- oder gängigere RJ-11-Stecker benötigt; da diese aber nicht überall Standard sind, muss man sich bei Elektronikläden vor Ort eventuell einen passenden Adapter besorgen. Die Zimmer vieler Mittelklassehotels und nahezu aller Nobelherbergen sind mit Telefon- bzw. Internetbuchsen ausgestattet. Allerdings ist in diesem Fall mit heftigen Gebühren zu rechnen. In den meisten günstigen Unterkünften stehen vermutlich nur fest verstöpselte Telefone zur Verfügung und man kann nicht auf die Buchsen zugreifen. Achtung: Kartenmodems funktionieren in Neuseeland vielleicht nicht. Es kann nicht schaden, sich diesbezüglich im Vorfeld der Reise zu informieren.

KARTEN & STADTPLÄNE

In ganz Neuseeland werden hervorragende Karten verkauft. Das Angebot reicht von detaillierten Straßenkarten und -atlanten bis zu topografischen Meisterstücken.

Die ausgezeichneten Stadt- und Ortschaftspläne, Regional-, Insel- und Highwaykarten der **Automobile Association** (AA; www.aa.co.nz) sind bei ihren regionalen Geschäftsstellen erhältlich. Gegen Vorlage des Mitgliedsausweises erhalten Mitglieder ausländischer Partner-Automobilclubs (z. B. ADAC) vergünstigte oder sogar kostenlose Karten. Die AA gibt zudem den detaillierten *New Zealand Road Atlas* heraus. Von Hema, KiwiMaps und Wises stammen weitere verlässliche Atlanten, die das ganze Land kartografieren. Sie sind u. a in Buchläden und Touristeninformationen erhältlich.

Zu den umfangreichen Kartenreihen von **Land Information New Zealand** (www.linz.govt.nz) gehören Straßenkarten, Freizeitkarten, Pläne von einzelnen Gegenden, von Nationalparks und Waldgebieten, außerdem topografische Karten für Wanderer. Bei größeren Buchläden und dem nächstgelegenen DOC-Büro oder Visitor Information Centre nachfragen!

Über **AA SmartMap** (www.aamaps.co.nz) und **Yellow Maps** (maps.yellowpages.co.nz) lassen sich online Adressen in neuseeländischen Städten und Ortschaften ermitteln.

KINDER

Travel with Children von Lonely Planet enthält viele nützliche Universaltipps, ist aber noch nicht auf Deutsch erschienen. Im Zentrum sämtlicher Städte und der meisten größeren Ortschaften gibt's öffentliche Räume, in denen Eltern ihre Babys füttern und die Windeln wechseln können. Über die genaue Lage solcher Einrichtungen informieren die Rathäuser und Touristeninformationen. Ansonsten einfach Einheimische ansprechen – Kiwis sind freundliche Zeitgenossen!

Praktisch & Konkret

Viele Motels und Holiday Parks haben Spielplätze, Spiele und DVD-Player sowie gelegentlich auch eingezäunte Swimmingpools und Trampoline. Kinderbettchen, -stühle und Babybadewannen sind in Budget- und Mittelklasseunterkünften nicht immer so einfach aufzutreiben, aber in der Mehrzahl der Spitzenklassehotels gehören sie zur Ausstattung; in den vornehmsten gibt's auch Babysitting. B&Bs sind in der Regel nichts für Familien, denn viele Betreiber setzen auf eine erwachsene Kundschaft, die hier vor allem Ruhe und Frieden finden will, und werben damit. Hostels, die auf jugendliche Backpacker ausgerichtet sind, sehen Kids ebenfalls nicht gern – aber es gibt auch genügend Hostels, bei denen das nicht so ist (z. B. die YHA-Hostels).

Es gibt sehr viele sogenannte Familienrestaurants in Neuseeland, die Kinderstühle und auch eine eigene Speisekarte für die Kleinen haben. Pubs bereiten häufig Kinderteller zu und die meisten Cafés und Restaurants sind ebenfalls auf kindgerechte Portionen eingestellt (eine Ausnahme bilden gehobene, auf ein erwachsenes Publikum ausgerichtete Speiselokale).

Wer eine Betreuung für die Kleinen braucht, erhält in den Gelben Seiten des Telefonbuchs unter den Stichwörtern „Baby Sitters" und „Child Care Centres" geeignete Adressen oder fragt bei der örtlichen Auskunft nach.

Für Unterkünfte, Touren, Eintritte zu Attraktionen und Flug-, Bus- und Bahnreisen gibt es oft Kinderermäßigungen und Familienrabatte; Kinder zahlen manchmal nur bis zu 50 % des Erwachsenenpreises. Allerdings sind die Ermäßigungen oft altersbezogen: Altersgrenzen pendeln zwischen zwölf und 18 Jahren; Kleinkinder unter vier Jahren haben normalerweise freien Eintritt und fahren auch umsonst.

Die medizinischen Dienste und Einrichtungen Neuseelands haben ein hohes Niveau. Dinge wie Babypuder und Windeln gibt's in den städtischen Zentren praktisch überall. Manche kleinere Autovermieter haben jedoch Probleme mit Kindersitzen – also genau überprüfen, ob das jeweilige Unternehmen den passenden Sitz für den Dreikäsehoch hat und ob er vor der Übernahme des Fahrzeugs korrekt angebracht wurde. Einige Firmen machen aber auch von ihrem Recht Gebrauch, die Anbringung des Kindersitzes den Kunden zu überlassen.

Sehenswertes & Aktivitäten

Tolle Spielplätze mit Rutschen, Schaukeln, Wippen u. v. m. finden sich in ganz Neuseeland. Manche Regionen geben kostenlose Broschüren heraus, die über kindergerechte Attraktionen informieren; *Kidz Go!* (www.kidzgo.co.nz) listet beispielsweise Aktivitäten und Restaurants in größeren Städten auf. Am besten erkundigt man sich bei den Touristeninformationen vor Ort. Zu den nützlichen Websites für Familien gehören: www.kidspot.co.nz mit Infos für Schwangere und Eltern und www.kidsnewzealand.com mit zahlreichen Tipps, um die Kleinen zu beschäftigen. Die Seite www.kidsfriendlynz.com hat schließlich eine ausführliche Linksammlung zu allen möglichen Aspekt.

KLIMATABELLEN

Aufgrund seiner Lage im Bereich des 40. Breitengrades wird Neuseeland vom kühlen, feuchten Wind der Tasmansee „erfrischt", manchen zufolge jedoch eher gebeutelt: Durch die Cookstraße blasen regelmäßig steife Brisen.

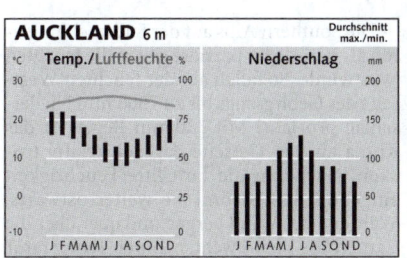
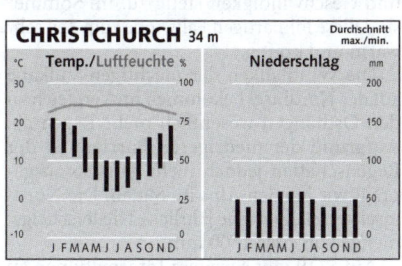
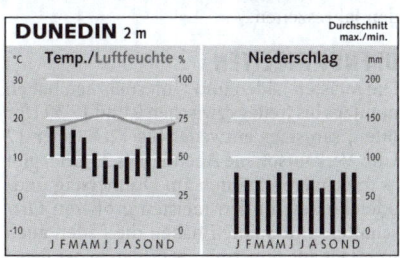
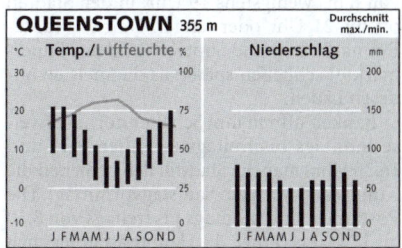
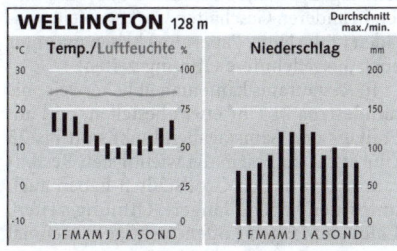

Die Southern Alps auf der Südinsel fungieren als natürliche Barriere gegen die feuchten Westwinde. So fallen auf der feuchten Westseite des Gebirgszugs bis zu 7500 mm Niederschlag pro Jahr! Mit 330 mm Regen ist das Klima auf der Ostseite dagegen relativ trocken. Nachdem die Luft ihre Feuchtigkeit eingebüßt hat, strömt sie weiter ostwärts. Während der Wind bergab und quer über die Canterbury Plains weht, nehmen Temperatur und Geschwindigkeit stetig zu. Im Sommer sind diese föhnartigen Fallwinde zum Teil sehr warm und kräftig.

Die Westflanken der mächtigen Vulkane auf der Nordinsel bekommen im Vergleich zu den Osthängen wesentlich mehr Regen ab. Aufgrund der niedrigeren Barriere ist der Regenschatten jedoch nicht ganz so ausgeprägt wie bei den Alps im Süden. Die Nordinsel verzeichnet eine jährliche Niederschlagsmenge von etwa 1300 mm.

Auf S. 19 gibt's weitere Informationen zu den Jahreszeiten.

ÖFFNUNGSZEITEN

Die meisten Läden und Unternehmen haben montags bis freitags zwischen 9 und 17.30 Uhr offen, samstags entweder bis 12.30 oder 17 Uhr. Verkaufsoffene Abende (bis 21 Uhr) gibt es in größeren Städten am Donnerstag und/oder Freitag; in den meisten größeren Ortschaften und Städten haben die Läden auch sonntags auf. Supermärkte öffnen in der Regel von 8 bis wenigstens 19 Uhr, in den Städten oft bis 21 Uhr oder länger. Dairies (Tante-Emma-Läden) und Superettes (kleine Supermärkte) schließen später als die meisten anderen Läden.

Banken öffnen ihre Schalter normalerweise montags bis freitags zwischen 9.30 und 16.30 Uhr (manche Stadtfilialen bedienen die Kundschaft auch am Samstagvormittag). Die Postämter sind montags bis freitags von 8.30 bis 17 Uhr geöffnet, die Hauptpostämter auch samstags zwischen 9.30 und 13 Uhr; Postfilialen in anderen Geschäften wie etwa Zeitungsläden (Take Note, Paperplus) haben mitunter auch ausgedehntere Öffnungszeiten.

In Restaurants kann man üblicherweise bis mindestens 21 Uhr etwas bestellen, und am Freitag- und Samstagabend gibt's oft bis 23 Uhr etwas zu Essen; die wichtigsten Restaurantmeilen in den Großstädten haben auch unter der Woche längere Öffnungszeiten. Cafés empfangen Koffeinsüchtige manchmal schon um 7.30 Uhr und schließen gegen 17 Uhr, es gibt aber auch Cafébars, wo man sich bis in die Nacht hinein bewirten lassen kann. Pubs servieren üblicherweise zwischen 12 und 14 und zwischen 18 und 20 Uhr Essen. Allgemein beginnt der Ausschank in Pubs und Bars um 12 Uhr und setzt sich – besonders donnerstags bis samstags – bis spät in die Nacht fort.

Am 25. Dezember und am Karfreitag sind sehr viele Attraktionen geschlossen.

POST

Die zuverlässigen Dienste der **New Zealand Post** (☎ 0800 501 501; www.nzpost.co.nz) sind relativ günstig. Innerhalb der Landesgrenzen können normale Briefe und Postkarten standardmäßig für 0,50 NZ$ verschickt werden. Größere Briefe kosten 1 NZ.

Für Sendungen ins Ausland gelten zwei Zonen: Australien/Südpazifik und alle Länder außerhalb davon. Post nach Europa benötigt ungefähr sechs bis zehn Arbeitstage bis zum Ziel. Die folgende Tabelle informiert über Standardpreise. Zusätzlich gibt's Expresstarife.

Sendung	Preis nach Europa
Postkarte	1,80 NZ$
Brief	2,30 NZ$
Großer Brief	2,80 NZ$
Extragroßer Brief	5 NZ$
Zustellung nach	ca. 6–10 Werktagen

Beim Paketversand gelten dieselben Zonen wie bei Briefsendungen. Das Porto berechnet sich nach Gewicht und Auslieferungsdauer: Zur Auswahl stehen „economy" (3–5 Wochen), „air" (1–2 Wochen) und „express" (einige Tage). Die Option „air" (Luftfracht) ist ca. 20 % teurer als ein Standardpaket, für „express" muss man mindestens 50 % mehr hinblättern. Zur genauen Berechnung empfiehlt sich der ungemein präzise Preiskalkulator auf der Website.

Viele neuseeländische Postämter heißen heutzutage „PostShops". Die meisten sind mittlerweile von traditionellen historischen Gebäuden in moderne, ladenähnliche Räumlichkeiten umgezogen. Dennoch werden sie in diesem Buch weiterhin als Postämter bezeichnet, deren übliche Öffnungszeiten auf der S. 770 genannt sind. Briefmarken sind normalerweise auch in Supermärkten und Buchläden erhältlich.

Postlagernde Sendungen kann man sich in jede beliebige Stadt zuschicken lassen. Hierzu müssen sie mit der Angabe „Poste Restante, Main PostShop" versehen sein. Die Post wird in der Regel 30 Tage lang aufbewahrt und gegen Vorlage eines geeigneten Ausweisdokuments (z. B. Reisepass) ausgehändigt.

RECHTSFRAGEN

Der Konsum von Marihuana (alias „New Zealand Green", „Electric Puha" oder „Dac") ist in Neuseeland weit verbreitet, aber höchst illegal. Wer mit Marihuana oder anderen verbotenen Betäubungsmitteln erwischt wird, hat harte Strafen zu fürchten. Selbst relativ niedrige Bußgelder, wegen geringer Drogenmengen verhängt, werden grundsätzlich registriert und beeinträchtigen möglicherweise den Visumstatus.

Autofahrer müssen ihren Führerschein immer griffbereit haben (Details s. S. 785). Trunkenheit am Steuer ist ein schweres Vergehen, aber trotz umfassender Aufklärungskampagnen und hoher Strafen immer noch ein alltägliches Problem. Bei Verkehrsteilnehmern über 20 Jahren liegt die Promillegrenze bei 0,8 – unter 20 Jahren sind höchstens 0,3 ‰ Blutalkohol erlaubt.

Bei einer Verhaftung kann man vor jeglicher formeller Befragung einen Anwalt verlangen.

REISEN MIT BEHINDERUNG

Neuseeländische Unterkünfte sind im Allgemeinen recht gut auf Reisende mit Behinderung eingestellt. Viele Hostels, Hotels, Motels und B&Bs besitzen rollstuhlgerechte Zimmer. Viele Touristenattraktionen sind ebenfalls für Rollstuhlfahrer zugänglich. Besonders beliebte Sehenswürdigkeiten stellen auf Anfrage sogar Rollstühle zur Verfügung.

In den meisten Touristenzentren gibt's Tourveranstalter mit behindertengerechten Fahrzeugen. Größere Städte betreiben zudem Niederflurbusse, deren hydraulische Absenkfunktion das Einsteigen erheblich erleichtert. Es gibt auch Taxiunternehmen mit rollstuhlgerechten Vans. Große Autovermieter wie Avis oder Hertz bieten ohne Aufpreis handgesteuerte Fahrzeuge an, die allerdings rechtzeitig reserviert werden müssen. In größeren Städten sind Ausweise für Behindertenparkplätze bei Ablegern von **CCS Disability Action** (☎ 0800 227 200, 04-384 5677; www.ccsdisabilityaction.org. nz) erhältlich.

Neuseelands **Infowebsite für Behinderte** (www. weka.net.nz) gibt einen guten Gesamtüberblick. Unter „Living with a Disability" (Leben mit einer Behinderung) können dort Kategorien wie „Transport" oder „Holiday Accommodation" (Ferienunterkünfte) aufgerufen werden. „Travel and Tourism" (Reisen & Tourismus) listet neuseeländische Tourveranstalter auf, die auf behinderte Reisende spezialisiert sind.

Traveller mit Handicap müssen keinesfalls aufs neuseeländische Outdoor-Vergnügen verzichten. *Accessible Walks* von Anna und Andrew Jameson (26 NZ$) eignet sich hervorragend für alle, die Wanderwege durch die Wildnis erkunden möchten. Die beiden Autoren beschreiben über 100 behindertengerechte Routen auf der Südinsel. Die Online-Version des Führers kann unter www. accessiblewalks.co.nz bezogen werden. Wer lieber bei kalter Witterung aktiv ist, surft am besten bei **Disabled Snowsports New Zealand** (www. disabledsnowsports.org.nz) vorbei.

Bei allgemeinen Fragen zum Reisen mit Behinderung kann man sich in Deutschland z. B. an die **Nationale Koordinierungsstelle Tourismus für Alle e. V.** (Natko; ☎ 049-6131-250410; www. natko.de; Kötherhofstr. 4, D-55116 Mainz) wenden. Auch folgende Organisationen erteilen universelle, nützliche Reiseinformationen: **Mobility International Schweiz** (☎ 041-6220-68835; www.mis-ch.ch; Froburgstr. 4, CH-4600 Olten) Weltweite „barrierefreie" Reiseinformationen mit Forum und umfassender Bibliothek.

MyHandicap (☎ 049-089-2189 86950; www.myhandi cap.de/touristik.html; Mandlstr. 22, D-80802 München) Hier gibt es einen Reise-Link unter „Zusammenleben & Freizeit".

SCHWULE & LESBEN

Neuseelands schwul-lesbische Tourismusindustrie ist nicht ganz so ausgeprägt wie die im benachbarten Australien. Dennoch haben Auckland und Wellington große Schwulengemeinden. Zudem greifen unzählige Hilfsorganisationen der Szene landesweit unter die Arme. Neuseelands Gesetzgebung handhabt den Schutz homosexueller Rechte relativ fortschrittlich. Das gesetzliche Mindestalter für einvernehmlichen Sex liegt bei 16 Jahren. Allgemein reagieren Kiwis auf Homosexuelle recht entspannt und tolerant – was nicht bedeutet, dass Homophobie völlig ausgestorben ist.

Szenespezifische Reisewebsites gibt's in Hülle und Fülle. **Gay Tourism New Zealand** (www.

gaytourismnewzealand.com) eignet sich ganz gut als Ausgangspunkt und liefert Links zu diversen anderen Online-Angeboten. Auch unter www. gaynz.com, www.gaynz.net.nz und www.lesbian.net.nz finden sich interessante Informationen. Entsprechende Unterkunftsverzeichnisse stehen auf www.gaystay.co.nz. Bei Aufenthalten in Queenstown empfiehlt sich www.gayqueenstown.com.

Ebenso lohnt ein Blick in landesweit erhältliche Magazine wie **express** (www.gayexpress. co.nz), das jeden zweiten Mittwoch erscheint. **Out!** (www.out.co.nz) versorgt Neuseelands Schwulenszene alle zwei Monate mit aktuellen Neuigkeiten, Veranstaltungshinweisen und Kritiken.

Die beste Partyoption (essen, trinken, Spaß) ist der kostenlose **Big Gay Out** (www.biggay out.co.nz), der im Februar in Auckland stattfindet. **Out Takes** (www.outtakes.org.nz) ist ein Filmfestival im Juni für Schwule und Lesben in Auckland, Wellington und Christchurch. In Queenstown gibt's die jährliche **Gay Ski Week** (www.gayskiweeknz.com) im August/September.

Mehr unter Schwulen- & Lesbenszene in Auckland (S. 135) bzw. Wellington (S. 457).

SHOPPEN

Neuseeland zählt nicht gerade zu den Ländern, in denen man sich unbedingt ein T-Shirt kaufen muss, damit man sich später an die Reise erinnert. Die Landschaft an sich ist so spektakulär, dass man sie wohl kaum vergisst – egal, ob die Eindrücke später aus dem Gedächtnis oder dem Inneren einer Kamera hervorgeholt werden. Trotzdem stellen einheimische Kunsthandwerker zahlreiche Gegenstände her, deren individueller Wert bereits Grund genug für einen Kauf ist.

Bekleidung

In den Großstädten Auckland (S. 136), Wellington (S. 460) und Christchurch (S. 599) präsentieren zahlreiche Modeboutiquen die elegante Schneiderkunst junger angesehener Designer aus Neuseeland. Aktuelle Infos zu den angesagtesten Designern, Labels und Adressen gibt's im Internet unter www.fashionz.co.nz. Zu den interessanten Marken gehören Zambesi, Kate Sylvester, Karen Walker, Trelise Cooper, NOM D und Little Brother.

In Auckland empfehlen sich Ecken wie Newmarket, Ponsonby Rd und High St. Wellingtons Cuba St ist von einem retromäßig angehauchten Stilmix geprägt, während Nobel-Fashion am Lambton Quay verkauft wird. In Christchurch kann man sich an Colombo, High und Cashel St neue Klamotten zulegen und damit anschließend über die Oxford Tce stolzieren. Das World of Wearable Art & Classic Cars Museum (S. 509) in Nelson vermittelt einen Eindruck davon, wie weit Kiwis die Grenzen modischer Kreativität ausreizen. Das gleichnamige Festival in Wellington (S. 764) steht dem in nichts nach.

Neuseelands Schafe lassen Haut und Haare für diverse Leder- und Wollprodukte. Dazu zählen Fußbekleidung wie die beliebten Ugg-Boots und wunderschöne Pullover bzw. Strickjacken aus handgesponnener und -gefärbter Wolle – ebenso weitere Strickwaren wie Mützen, Handschuhe und Schals. Besonders toll sind Kleidungsstücke aus einem herrlich weichen Garn, das aus Merinowolle und Possumfell hergestellt wird.

Lange Swanndri-Jacken, -Hemden und -Pullover aus Wolle sind so unschlagbar praktisch, dass sie draußen auf dem Land quasi jedermann trägt. Am häufigsten bekommt man rot- oder blau-schwarze Varianten zu Gesicht. Swanndri-Produkte, im Volksmund „Swannies" genannt, werden u. a. in Outdoor-Läden verkauft.

Kunsthandwerk

Tolles einheimisches Kunsthandwerk kann man in den meisten größeren Ortschaften erwerben. Fast in jedem Winkel fühlt sich jemand dazu berufen, Gegenstände von Hand herzustellen und Besuchern anzubieten. Das Arts Centre (S. 579) in Christchurch beherbergt Dutzende Läden bzw. Galerien, die Schmuck, Accessoires, Keramik- und Glaswaren aus heimischer Produktion verkaufen. Auch die Umgebung von Nelson (S. 504) ist mit zahllosen Galerien und diversen Märkten stark vom Kunsthandwerk geprägt. Dasselbe gilt für Devonports (S. 113) brummende Galerieszene in Aucklands unmittelbarer Nachbarschaft und die Künstlerenklave Arrowtown (S. 696) bei Queenstown.

Maorikunst

Ein paar attraktive Beispiele für *whakairo rakau* (Holzschnitzerei) liefern die Maorikünstler des Kulturviertels Te Whakarewarewa (S. 353) in Rotorua. Während des anschließenden Bummels durch die indigenen Handwerksläden der Stadt kann man

Artikel direkt beim jeweiligen Hersteller erstehen. Neben aufwendigen Kleinoden wie springenden Delfinen fertigen die Schnitzer auch traditionelle, extrem detaillierte Maorischnitzereien an. Hochwertige Stücke können ein kleines Vermögen kosten. Von den armseligen Varianten in Aucklands Souvenirläden lässt man jedoch besser die Finger.

Die Beinschnitzerei erlebt momentan eine gewisse Renaissance. Maorikünstler verwandeln Knochen seit jeher in Menschen- oder Tierfiguren. Heutzutage arbeiten sie für die Tourismusindustrie. Am häufigsten vertreten sind Knochenanhänger in Fischhakenform, die man im traditionellen Maoristil bzw. in moderneren Designs bekommt. Sie baumeln meistens an Lederschnüren um den Hals der Träger.

Das Markenzeichen **toi iho** (www.toiiho.com) garantiert die Echtheit eines Maoristücks. Eine Vereinigung von Maorikünstlern schuf dieses Symbol, um authentische Artikel aus rein indigener Produktion zweifelsfrei zu kennzeichnen. Modifizierte Versionen des Logos stehen für Stücke, die hauptsächlich von Maori stammen oder Ergebnis einer Zusammenarbeit zwischen Maori und anderen Künstlern sind. Allerdings haben sich nicht alle Maorikünstler dieser Vereinigung angeschlossen.

Paua

Die perlmuttreiche Schale der Seeohren (Paua bzw. Abalone) wird in Neuseeland zu wunderbaren Ornamenten und Schmuck verarbeitet. Zudem bestehen die Intarsien vieler Maorischnitzereien aus diesem Material. Liebhaber geschmacklosen Kitsches werden sich sicherlich über billige, schaurig-schöne Paua-Souvenirs freuen. An Orten mit üppiger Seeohren-Population dienen die Schalen sogar als Aschenbecher. Achtung: Neuseeland verbietet die Ausfuhr unbearbeiteter Pauas. Ins Gepäck dürfen daher lediglich die Ergebnisse der Handwerkskunst, beispielsweise Ornamente.

Pounamu

Grünliches *pounamu* (Jade oder Nephrit) ist für die Maori ein Rohmaterial von unschätzbarem kulturellem Wert. Man findet es vor allem an der Westküste der Südinsel. Die Maori nannten die Insel deshalb Te Wahi Pounamu (Ort der Jade) oder Te Wai Pounamu (Wasser der Jade).

In Jadewerkstätten und Souvenirläden wird man wahrscheinlich keine *mere* (Kriegskeulen) bekommen – dafür aber jede Menge Jadearbeiten mit Maorimotiven. Zu den beliebtesten zählen sogenannte *hei tiki*, was wörtlich übersetzt „hängende Menschengestalt" bedeutet. Die Maorilegende kennt Tiki als ersten Menschen, während *hei* eben einfach „hängen" heißt. In der Regel strecken die winzigen stilisierten Maorifiguren kriegerisch ihre Zunge heraus. Sie werden an Lederschnüren oder Ketten um den Hals getragen und stehen einerseits für große *mana* (magische Kraft), dienen aber auch als Fruchtbarkeitssymbole. Ebenfalls sehr beliebt sind *taniwha* (Ungeheuer) und *marakihau* (Seeungeheuer).

Der beste Ort zum Kauf von *pounamu* ist Hokitika (S. 559) mit seinen zahlreichen Jadewerkstätten und Geschenkläden. Auch Rotorua (S. 367) hat in puncto Jadehandwerk einiges zu bieten. Äußerst eindrucksvolle Sammlungen mit historischen und modernen Stücken zeigen das Otago Museum (S. 639) in Dunedin, Te Papa (S. 446) in Wellington, das Auckland Museum (S. 107) und das Canterbury Museum (S. 581) in Christchurch.

Traditionell wird *pounamu* als Geschenk und nicht für den persönlichen Gebrauch erworben. Wer sich für bestimmte Stücke interessiert, sollte nachfragen, ob sie vor Ort aus einheimischem Material hergestellt wurden – denn wer will in Neuseeland schon chinesische oder europäische Jade bei Importfirmen kaufen?

TELEFON

Die **Telecom New Zealand** (www.telecom.co.nz) ist das wichtigste Telekommunikationsunternehmen im Land; sie mischt auch auf dem Handymarkt mit. Ein anderer Mobilnetzbetreiber ist **Vodafone** (www.vodafone.co.nz).

Nationale & Internationale Gespräche
TELEFONAUSKUNFT & GEBÜHRENFREIE NUMMERN

Bei Nummern mit ☎ 0900 am Anfang handelt es sich in der Regel um Ansagedienste, die mehr als 1 NZ$ pro Minute kosten (von Handys aus sind die Anrufe noch teurer). Die Nummern können von Münz- oder Kartentelefonen aus nicht angerufen werden.

Gebührenfreie Nummern haben in Neuseeland die Vorwahl ☎ 0800 oder ☎ 0508 und können landesweit kostenlos angerufen werden, sind aber in bestimmten Gebieten oder vom Handy aus möglicherweise nicht erreichbar. Telefonnummern, die mit ☎ 0508, ☎ 0800 oder ☎ 0900 beginnen, können aus dem Ausland nicht angewählt werden.

INTERNATIONALE FERNGESPRÄCHE

Auslandsgespräche können von Münz- und Kartentelefonen aus getätigt werden, die Tarife und die internationale Vorwahlnummer können je nach Betreiber variieren. Auslandsgespräche sind in Neuseeland relativ billig (tagsüber je nach Anbieter 2–5 NZ$) – und es gibt Sondertarife, mit denen es noch billiger wird. Es lohnt sich also, zu vergleichen – in den *Yellow Pages* findet sich eine Liste der Anbieter.

Der kostenlose Country-Direct-Service verbindet Anrufer aus Neuseeland mit Anschlüssen in Übersee für R-Gespräche oder Anrufe auf Kreditkarte. Die Country-Direct-Nummern finden sich in den neuseeländischen Telefonbüchern ganz vorne oder sind bei der Auslandsauskunft zu erfragen. Die Vermittlung in der Heimat erreicht man üblicherweise mit der Vorwahl ☎ 000-9, gefolgt von der Landesvorwahl (für Deutschland also z. B. die Nummer ☎ 000-9-49).

Für Auslandsgespräche muss der Code für internationale Telefonate (☎ 00) gewählt werden, danach die Landes- und die Ortsvorwahl (ohne Null davor). Um z. B. einen Anschluss in Berlin zu erreichen, wählt man also zunächst ☎ 00-49-30. Bei bestimmten Anbietern muss außerdem noch eine zusätzliche Vorwahl gewählt werden, bevor man deren Dienst nutzen kann.

Um aus Deutschland, Österreich oder aus der Schweiz einen Anschluss in Neuseeland zu erreichen, wählt man ☎ 0064, gefolgt von der jeweiligen Ortsvorwahl ohne die Null am Anfang.

FERNGESPRÄCHE & ORTSVORWAHLEN

In Neuseeland braucht man für Ferngespräche die Ortsvorwahlen. Das funktioniert von jedem Münz- oder Kartentelefon aus.

Bei einem Ortsgespräch kann man sich die Ortsvorwahl sparen. Bei einem Gespräch innerhalb der gleichen Region – und sei es in die nächstgelegene Ortschaft – muss die Vorwahl aber gewählt werden, auch wenn die Rufnummer die gleiche Ortsvorwahl hat wie das Telefon, von dem aus man anruft. Alle in

diesem Reiseführer genannten Telefonnummern sind mit der Ortsvorwahl angegeben.

ORTSGESPRÄCHE

Ortsgespräche von privaten Anschlüssen sind kostenlos, von Münz- oder Kartenapparaten kosten sie 0,50 NZ$ (allerdings gibt's kaum noch Münztelefone; man benötigt fast immer eine Telefonkarte, s. unten); die Sprechzeit ist in beiden Fällen unbegrenzt. Anrufe zu einem Handy sind teurer und werden nach Zeit berechnet.

Handys

Die neuseeländischen Handynummern beginnen mit ☎ 021, ☎ 025 oder ☎ 027. Die Netzabdeckung ist in Städten, Ortschaften und in den meisten Teilen der Nordinsel gut, fernab der großen Städte gibt es aber auf der Südinsel doch das eine oder andere Funkloch.

Wer sein eigenes Handy mitbringt und mit einer Prepaid- und einer örtlichen SIM-Karte nutzen möchte, trifft mit **Vodafone** (www.vodafone.co.nz) die richtige Wahl. Jeder Vodafone-Laden – es gibt sie in den meisten größeren Ortschaften – verkauft SIM-Karten mit zugehöriger Telefonnummer (ca. 35 NZ$, inkl. 10 NZ$ Startguthaben). Aufladekarten gibt es in Zeitungsläden, bei der Post und in sonstigen Läden praktisch überall im Land.

Ansonsten kann man sich auch bei **Vodafone Rental** (www.vodarent.co.nz) ab 6/25 NZ$ pro Tag/Woche ein Handy ausleihen. Die Aus- und Rückgabe erfolgt in den Filialen an jedem größeren neuseeländischen Flughafen. Auch eine SIM-Karte bekommt man hier leihweise für 2,50 NZ$ pro Tag (Mindestbetrag 10 NZ$) oder 40 NZ$ pro Woche. Über die Website lässt sich ein Leihhandy auch vorbestellen. Positives wurde uns außerdem über **Phone Hire New Zealand** (www.phonehirenz.com) berichtet, einem Verleiher von Handys, SIM-Karten, Modems und GPS-Systemen.

Telefonkarten

In Neuseeland bekommt man jede Menge unterschiedliche Telefonkarten, verkauft werden sie in Herbergen, Zeitungsläden und Postämtern – üblicherweise mit Guthaben von 5, 10, 20 und 50 NZ$. Mit den Karten kann jedes öffentliche oder private Telefon genutzt werden. Dazu gibt man die kostenlose Zugangsnummer und anschließend die auf der Karte angegebene PIN ein. Preisfüchse aufgepasst: Die Tarife unterscheiden sich von

Anbieter zu Anbieter recht deutlich, ein Vergleich lohnt sich.

TOURISTENINFORMATION

Noch bevor internationale Marketing-kampagnen Früchte trugen und Neuseeland durch den Kultstatus als Pseudo-Mittelerde eine ordentliche Portion Prestige gewann, besaßen die Kiwis eine weit entwickelte touristische Infrastruktur, die Berge von Broschüren und Büchern und superinformative Internetseiten mit sich brachte.

Touristeninformationen vor Ort

Fast jede Stadt oder Ortschaft in Neuseeland – ob sie nun etwas Sehenswertes bietet oder nicht – scheint ein Besucherinformationszentrum (Visitor Information Centre) zu haben. Die größeren Zentren sind im hervorragenden Netzwerk von **i-SITE** (www.newzealand.com/travel/i-sites) zusammengeschlossen. Das wiederum ist mit Tourism New Zealand (der offiziellen nationalen Tourismusorganisation) verbunden. Die i-SITES haben deshalb ausgebildetes Personal, bieten umfassende Infos über Aktivitäten und Attraktionen in der Gegend sowie geben kostenlose Broschüren und Landkarten bzw. Stadtpläne aus. Die Zentren fungieren auch als Reiseagenturen und buchen Aktivitäten, Verkehrsmittel und Unterkünfte. Selbst die Mitarbeiter in den kleineren Zentren sind oft außerordentlich hilfsbereit.

Bei alledem sollte man aber beachten, dass viele Touristeninformationen nur Unterkünfte und Tourenveranstalter vermitteln, die auch zahlende Mitglieder der örtlichen Tourismusvereinigung sind. Andere Büros werden in ihrer Arbeit behindert, weil die vielen Anbieter vor Ort alle auf Gleichbehandlung drängen. Kurz gesagt: Oft dürfen die Mitarbeiter von Besucherzentren keine Empfehlungen geben – eine kuriose, aber für stark umkämpfte Märkte typische Situation.

Im Rahmen eines landesweiten Netzwerks helfen die Besucherzentren (Visitor Centres) des **Department Of Conservation** (DOC; www.doc.govt.nz) beim Planen von Freizeitaktivitäten und bieten zusätzlich einen Buchungsservice an. Normalerweise informieren Visitor Centres auch mit Ausstellungen über die jeweilige Lokalgeschichte und Neuseelands einzigartige Tier- und Pflanzenwelt. Auch das Bewahren der Artenvielfalt ist häufig ein Thema. Visitor Centres des DOC gibt's in National-

parks, großen Regionalzentren und sämtlichen Großstädten. Vor dem Aufbruch in die Wildnis ist es grundsätzlich ratsam, die aktuellen Wetterbedingungen beim nächstgelegenen Visitor Centre zu erfragen. Das DOC gibt eine Informationsbroschüre zu seinen Visitor Centres heraus. Sie kann über die Website bezogen werden und liegt zudem in sämtlichen Zentren aus. Kontaktdetails zu Visitor Information Centres vor Ort bzw. DOC-Büros sind im Abschnitt zur jeweiligen Stadt oder Ortschaft unter „Praktische Informationen" aufgeführt.

Touristeninformationen im Ausland

Tourism New Zealand (☎ 04-917 5400; www.newzealand.com) ist weltweit mehrmals vertreten. Der zuständige Ableger für den deutschsprachigen Raum befindet sich in London (s. unten). Vor Reisebeginn lohnt ein Blick auf die offizielle Website, die ungemein erfolgreich mit dem Slogan „100 % Pure New Zealand" beworben wird. Informationen gibt's dort auch auf Deutsch. Zu den Adressen in Übersee gehören:

Australien (☎ 02-8299 4800; L12, 61 York St, Sydney)
Großbritannien & Europa (☎ 020-7930 1662; New Zealand House, 80 Haymarket, London, UK)

UNTERKUNFT

Landesweit kann man sich in geschichtsträchtigen Pensionen und Hotels mit zahlreichen Service-Einrichtungen zur Ruhe betten – oder eben in komfortablen, aber leicht langweiligen Moteleinheiten und auf herrlich gelegenen Campingplätzen. Der Charakter neuseeländischer Hostels schwankt zwischen gediegen-relaxter Atmosphäre und fast endloser Party.

Die in diesem Buch genannten Übernachtungsmöglichkeiten unterteilen sich jeweils in Budgetunterkünfte, Mittel- und Spitzenklassehotels. In den Budgetbereich fallen Optio-

UNTERKÜNFTE ONLINE BUCHEN

Weitere Berichte zu Unterkünften und Empfehlungen von Lonely Planet Autoren gibt's im Online-Buchungsservice unter http://hotels.lonelyplanet.com. Hier findet man echte Insiderberichte zu den besten Unterkünften, wie immer gründlich und unabhängig recherchiert. Außerdem kann online gebucht werden.

nen, die für Einzel- bzw. Doppelzimmer maximal 100 NZ$ verlangen. Mittelklasse-Doppelzimmer kosten bis zu 100–160 NZ$, alle Doppelzimmer über 160 NZ$ zählen zum Spitzenklassebereich. In den drei größten Städten des Landes sind die Preise allerdings etwas höher: In Auckland, Wellington und Christchurch müssen Hotelgäste allgemein 20 bis 25 % mehr hinblättern. Dort gibt's ein Budget-Doppelzimmer zwar immer noch für bis zu 100 NZ$, aber die Mittelklassepreise liegen zwischen 100 und 200 NZ$, und Spitzenklassezimmer sind erst ab 200 NZ$ zu haben.

Wer zur Hauptsaison unterwegs ist, sollte sein Zimmer unbedingt rechtzeitig im Voraus buchen. Am gefragtesten und daher am teuersten sind Unterkünfte in den Sommerferien zwischen Weihnachten und Ende Januar. Das Gleiche gilt für die Osterzeit und den Winter in beliebten Wintersportorten wie Queenstown. Außerhalb dieser Zeiten bezahlt man unter der Woche manchmal weniger als am Wochenende. Bei Businesshotels in größeren Städten ist allerdings das Gegenteil der Fall. In der Nebensaison stehen so gut wie sicher zahlreiche Sonderangebote zur Verfügung. Wenn nicht gerade Hochbetrieb herrscht, gewähren viele Hotelbetreiber auch Walk-In-Rabatte. Die Preise liegen dann oft deutlich unter den Listenpreisen – einfach später am Tag nachfragen. Zusätzlich sollte man große internationale Online-Hotelverzeichnisse (z. B. www.wotif.co.nz, www.lastminute.co.nz, www.hotels.co.nz oder www.hrs.de) nach Last-Minute-Angeboten durchforsten.

Visitor Information Centres geben normalerweise ausführliche Tipps zu allen Arten von Unterkünften in der Gegend. Oft liegen dort Faltblätter mit aktuellen Preisen und Details zum jeweiligen Einrichtungsstandard aus. In vielen Fällen wird auch gleich ein Buchungsservice angeboten. Eine weitere Alternative, um ein Plätzchen für die Nacht zu finden, sind neuseeländische Unterkunftsverzeichnisse, die bei vielen Stellen kostenlos erhältlich sind. Die **Automobile Association** (AA; www.aatravel.co.nz) gibt z. B. alljährlich den *New Zealand Accommodation Guide* heraus, während **Jasons** (www.jasons.com) u. a. die beiden Führer *Holiday Parks & Campgrounds* und *Motels, Motor Lodges & Apartments* produziert.

B&Bs & Pensionen

B&Bs (Bed & Breakfasts) in Privathäusern sind landesweit schwer im Kommen – ob in Stadtzentren, kleinen Nestern auf dem Land oder an einsamen Küstenstreifen. Das Spektrum reicht von Vorstadtbungalows bis zu stattlichen Anwesen, die seit Generationen derselben Familie gehören.

Bei neuseeländischen Pensionen handelt es sich in der Regel um spartanische, günstige „Privathotels" (d. h. ohne offizielle Lizenz). Die schlichten Unterkünfte werden meistens von Gästen bevorzugt, die der oft unpersönlichen Motelatmosphäre nichts abgewinnen können. Manche Pensionen sind recht apart und haben separate Wohneinheiten.

Bei waschechten B&Bs ist das Frühstück standardmäßig im Angebot enthalten, was aber nicht automatisch für alle Pensionen gilt. Morgens bekommt man z. B. Getreideflocken und Toast zum Tee oder Kaffee vorgesetzt (also ein kontinentales Frühstück), z. T. zusätzlich Joghurt, Obst, selbstgebackenes Brot oder Muffins (das nennt sich „hearty continental"). Alternativ gibt's vielleicht eine magenfüllende warme Mahlzeit mit Eiern, Speck und Würstchen. Manche B&Bs servieren auch Abendessen. Solche DB&B-Optionen (Dinner, Bed & Breakfast) sind vor allem in abgelegenen Ecken oder kleineren Siedlungen mit wenigen Restaurants vorhanden.

Doppelzimmer kosten normalerweise 120 bis 180 NZ$, ab und zu aber über 300 NZ$. Die Frechheit mancher Betreiber erreicht beinahe Kea-Niveau – die quasi gewöhnlichen Schlafzimmer in ihren Wohnhäusern sind heftig überteuert. Bei vielen gehobenen B&Bs müssen Buchung und Anzahlung mindestens einen Monat im Voraus vorgenommen werden. Im Stornierungsfall greifen dann möglicherweise strenge und kostspielige Regelungen. Wer z. B. eine Woche vor dem geplanten Ankunftstermin absagt, verliert seine Anzahlung und darf obendrein den Rest des Übernachtungspreises entrichten. Deshalb ist es ratsam, die Konditionen vor dem Reservieren genau zu überprüfen.

Das *Bed and Breakfast Directory* (www.bed-and-breakfast.co.nz) und das *Bed & Breakfast Book* (www.bnb.co.nz) stehen online zur Verfügung und sind bei Buchläden und Visitor Information Centres erhältlich.

Camping & Wohnmobilparks

Bei Campingfans und Wohnmobiltouristen stehen Neuseelands Ferienparks (Holiday Parks) hoch im Kurs. Gäste machen es sich dort auf Stellplätzen mit und ohne Strom-

ARBEITEN AUF DEM BAUERNHOF (WWOOFING)

Keine Problem damit, sich die Hände schmutzig zu machen? Wer freiwillig für Willing Workers on Organic Farms (WWOOF; ☎ 03-544 9890; www.wwoof.co.nz; PO Box 1172, Nelson 7040) arbeitet, kann seinen Neuseeland-Trip relativ günstig gestalten. Die beliebte, renommierte Organisation ist weltweit auch in Afrika, Asien, Nordamerika, Europa und Australien vertreten. Mitglieder erhalten ein buchdickes Verzeichnis mit Kontaktdaten zu Hunderten Permakultur- und Bio-Bauernhöfen, Gärtnereien und anderen umweltbewussten Agrarbetrieben im ganzen Land. Die harte Arbeit auf einer Farm wird mit freier Kost und Logis entlohnt. Zudem sammelt man Erfahrungen mit biologisch-dynamischer Landwirtschaft. Interessenten sollten ihren Aufenthalt eine oder zwei Wochen vorher beim Farmbesitzer ankündigen – auf keinen Fall darf man unangemeldet vor der Tür stehen!

Wer online Mitglied wird, bezahlt für ein Jahr 40 NZ$; für insgesamt 50 NZ$ bekommt man neben der Mitgliedschaft für ein Jahr auch ein Verzeichnis der Bauernhöfe zugeschickt. Dasselbe bezahlen Traveller, die zu zweit unterwegs sind. Der Versand des Farmverzeichnisses nach Übersee kostet 45 NZ$. Weil Wwoofer von der Einwanderungsbehörde als Gastarbeiter angesehen werden, sollten sie Neuseeland im Rahmen eines Working Holiday Schemes (S. 780) besuchen.

Achtung: Mittlerweile missbrauchen gewisse Hostels offenbar das Wwoofing-Label. Sie stellen Traveller mitgliedschaftsfrei ein, vergüten die Arbeit aber nicht mit den üblichen Vergünstigungen. In gewisser Hinsicht ist das eine Form der Ausbeutung – zwar vielleicht recht harmlos, aber definitiv unter falschem Namen: Denn einen Bio-Bauernhof sucht man in diesem Fall vergeblich

anschluss oder in günstigen Schlafsälen gemütlich. Hinzu kommen Hütten und Wohneinheiten mit eigenen Eingängen, die oft als Motels oder *tourist flats* (Ferienwohnungen) bezeichnet werden. In vielen Fällen umfasst das Einrichtungsangebot u. a. gut ausgerüstete Gemeinschaftsküchen, Essbereiche, Spiele- und Fernsehzimmer. Städtische Holiday Parks liegen meistens ein gutes Stück vom urbanen Trubel entfernt. In kleineren Ortschaften findet man sie jedoch z. T. in beeindruckender Zentrumslage oder in der Nähe von Seen, Stränden, Flüssen und Wäldern.

Für Stellplätze in Holiday Parks bezahlen Erwachsene durchschnittlich 15 bis 18 NZ$ pro Übernachtung, Kinder die Hälfte. Plätze mit Stromanschluss kosten ein paar Dollar mehr. Für etwa 60 bis 120 NZ$ können zwei Personen eine Hütte oder Wohneinheit mieten. Sofern nicht anderweitig vermerkt, gelten alle genannten Preise bei Zelt- und Wohnmobilplätzen, Hütten und Blockhäusern jeweils für zwei Personen.

Eine fantastische Option für Reisende mit Wohnmobilen sind die über 200 entsprechend eingerichteten Campingplätze, die von **Department of Conservation** (DOC; www.doc.govt.nz) betrieben werden. Einige sind kostenlos (einfache Toiletten, Frischwasser), bei anderen zahlen Erwachsene bis zu 14 NZ$ (Dusche und Toilette mit Wasserspülung). Das DOC gibt kostenlose Broschüren heraus, die detail-

liert alle Plätze inklusive Anfahrtswege (sogar mit GPS-Koordinaten) beschreibt. Bevor es auf die Straße geht, sollte man sie sich in einem DOC-Büro besorgen oder auf der Website vorbeischauen.

Das DOC kümmert sich ferner um Hunderte von Hütten in entlegenen Gebieten, von denen viele nur zu Fuß zu erreichen sind. Weitere Infos finden sich auf S. 85.

Man sollte niemals davon ausgehen, dass es in Ordnung geht, irgendwo in der Landschaft sein Zelt aufzuschlagen, sondern stets vorher Einheimische fragen. Touristeninfos oder DOC-Büros sind gute Anlaufstellen – oder eben kommerzielle Campinglätze. Wer wild campt, sollte die Umwelt mit Respekt behandeln – mehr Infos hierzu unter www. camping.org.nz for.

Farmstays

Farmstays (Ferien auf dem Bauernhof) vermitteln einen prima Eindruck vom neuseeländischen Landleben: Diverse Obstplantagen, Milchwirtschafts-, Schaf- und Viehzuchtbetriebe ermuntern ihre Gäste zur aktiven Mitarbeit. In puncto Preise bestehen große Unterschiede. B & B-Angebote kosten normalerweise zwischen 80 und 120 NZ$. Manche Farmen bieten separate Hütten für Selbstversorger an, während andere günstige Gemeinschaftsunterkünfte im Backpacker-Stil zur Verfügung stellen.

ALLGEMEINE INFORMATIONEN

Farm Helpers in NZ (FHINZ; www.fhinz.co.nz) gibt eine Broschüre (25 NZ$) heraus, die rund 190 Bauernhöfe in ganz Neuseeland auflistet, in denen man für vier bis sechs Stunden Arbeit pro Tag kostenlose Logis bekommt. Auf der Website von **Rural Holidays NZ** (☎ 03-355 6218; www.ruralholidays.co.nz) werden Farmstays und Privatunterkünfte im ganzen Land genannt. Weitere Infos stehen im Kasten auf S. 777.

Hostels

In Neuseeland gibt es Backpacker-Hostels ohne Ende, das Spektrum reicht von kleinen Bleiben mit persönlichem Flair und einer Handvoll Betten bis hin zu aufpolierten Hotels mit abgenutzten Fassaden und überragenden modernen Einrichtungen, die man in größeren Städten vorfindet. Die in diesem Reiseführer genannten Preise gelten für Nicht-Mitglieder der jeweiligen Herbergsorganisation.

HOSTELORGANISATIONEN

Als Neuseelands größte Herbergsgruppe betreibt **Budget Backpacker Hostels** (BBH; ☎ 03-379 3014; www.bbh.co.nz) landesweit rund 320 Hostels, darunter Unterkünfte in Wohn- und Farmhäusern. In der Mitgliedsgebühr von 45 NZ$ ist eine Telefonkarte im Wert von 20 NZ$ enthalten. Zudem bezahlt man in angeschlossenen Hostels maximal so viel, wie in der kostenlosen Jahresbroschüre *BBH Backpacker Accommodation* angegeben ist. Nicht-Mitglieder zahlen pro Übernachtung 3 NZ$ extra, aber nicht alle Eigentümer kassieren diesen Zuschlag. Mitgliedsausweise sind bei angeschlossenen Herbergen erhältlich. Alternativ kann man sie sich für 50 NZ$ inklusive Versandgebühr nach Hause schicken lassen (s. Website). Das BBH-Bewertungssystem basiert auf Gäste-Feedbacks: Ein Prozentsatz gibt Aufschluss über die Qualität der Adresse – oder zumindest deren Beliebtheitsgrad.

Neuseelands **Youth Hostels Association** (YHA; ☎ 0800 278 299 oder 03-379 9970; www.yha.co.nz) ist seit über 75 Jahren aktiv und unterhält insgesamt 51 Herbergen in bester Lage. Die YHA gehört zum Netzwerk von **Hostelling International** (HI; www.hihostels.com). Wer dem Verband schon im Heimatland beigetreten ist, kann seinen internationalen Herbergsausweis für neuseeländische Hostels benutzen. Wer noch keinen Ausweis hat, bekommt ihn auch direkt in großen Hostels (Mitgliedschaft für 1 Jahr 40 NZ$), oder man bestellt ihn online und lässt ihn sich zusenden (mit Versandgebühr

50 NZ$). Mitglieder bezahlen pro Übernachtung in der Regel 20 bis 40 NZ$. Auch Nichtmitglieder werden aufgenommen, müssen aber pro Übernachtung einen Zuschlag von 3 NZ$ zahlen.

YHA-Hostels sind verlässliche Optionen für Alleinreisende, Familien und Gruppen. In ihren einfachen Schlafsälen stehen normalerweise Stockbetten für vier bis sechs Personen. Dazu kommen meistens diverse Einzel-, Doppel- und Zweibettzimmer (teilweise mit eigenem Bad). Gäste haben rund um die Uhr Zutritt. Das Einrichtungsangebot umfasst u. a. Kochgelegenheiten, Gemeinschaftsbereiche mit TV und Waschküchen. In manchen größeren Hostels gibt's auch ein Reisebüro. Häufig sind Aufenthalte zeitlich beschränkt – normalerweise auf fünf bis sieben Tage. Da neuseeländische YHA-Hostels die Bettwäsche stellen, muss man keinen eigenen Schlafsack mitbringen. Der jährlich erscheinende *YHA New Zealand Hostel & Discount Guide* enthält detaillierte Infos zu sämtlichen Kiwi-Herbergen und Vergünstigungen für Mitglieder (Verkehrsmittel, Aktivitäten etc.). Unterwegs ist die *Backpacker Map* sehr praktisch.

Hauptsächlich in den großen Städten und Touristenzentren Neuseelands betreibt **VIP Backpackers** (www.vip.co.nz) rund 70 Hostels. Als internationale Organisation unterhält VIP ein umfangreiches Herbergsnetz im nahen Fiji und in Australien, ebenso in Afrikas Süden, Europa und Amerika. Die zwölfmonatige Mitgliedschaft für 52 NZ$ (60 NZ$ mit Versandgebühren) beinhaltet einen Übernachtungsrabatt von jeweils 1 NZ$. Beitreten kann man online (www.vipbackpackers.com), in VIP-Hostels und in größeren Backpacker-Reisebüros.

Das Unterkunftsangebot von **Nomads Backpackers** (www.nomadsworld.com) beschränkt sich auf Auckland, Paihia, Taupo, Wellington und Rotorua. Jahresmitgliedschaften kosten 35 NZ$ und ermöglichen wie bei VIP Backpackers Übernachtungsrabatte von je 1 NZ$. Beitreten kann man auch wie oben genannt.

Auch die Kette **Base Backpackers** (www.stayatbase.com) ist mit acht Hostels in ganz Neuseeland vertreten. Ihre Gäste können mit sauberen Schlafsälen, separaten Frauenbereichen und jeder Menge Party rechnen.

UNABHÄNGIGE HOSTELS

Unabhängige Hostels schießen in Neuseeland wie Pilze aus dem Boden – auf beiden Inseln wächst ihre Zahl in einer beeindruckenden Geschwindigkeit. Damit sich ihre Häuser deutlich von der Ketten-Konkurrenz abheben, treiben die Eigentümer großen Aufwand: Manche sorgen inmitten lauschiger Gärten für entspanntes Ambiente und persönliche Betreuung. Außerdem werden möglichst keine lärmigen Backpacker-Busladungen aufgenommen. Anderswo kommt man in den Genuss zahlreicher Extras wie Frühstück, Leih-DVDs, Fahrräder und Kajaks „for free", ergänzt durch Whirlpools, Shuttlebusse, Themenabende und Buchungsservices für geführte Touren. An sich eine super Sache. Doch so viel Individualität birgt auch gewisse Risiken: Falls möglich, sollte die gewählte Unterkunft vor dem Bezahlen genau unter die Lupe genommen werden. So geht man sicher, dass Atmosphäre und Einrichtungen auch den persönlichen Erwartungen entsprechen. Achtung: Diverse Hostels eignen sich nach eigenen Angaben nicht für Aufenthalte mit Kindern („unsuitable for children").

Unabhängige Backpacker-Unterkünfte verlangen für ihre Schlafsaalbetten normalerweise 20 bis 30 NZ$. Einzelzimmer kosten 40 bis 50 NZ$. Bei Zweibett- und Doppelzimmern bekommt man für 50 bis 80 NZ$ meistens ein eigenes Bad. Manchmal gibt's auch ein paar Stellplätze für Zelte.

Hotels & Motels

Neuseelands günstigste Hotelvariante sind bescheidene Kneipen (Pubs). Wie anderswo auf der Welt punktet auch manche alte Kiwi-Kneipe mit jeder Menge Charme und Lokalkolorit. Bei anderen Pubs handelt es sich dagegen um schäbige Kaschemmen, von denen man besser die Finger lässt. Dies sollten besonders alleinreisende Frauen beherzigen. Wer gegen Ende der Woche ein Kneipenzimmer mieten möchte, sollte sich nach eventuell auftretenden Livebands erkundigen – dann ist an Schlaf nämlich kaum zu denken. Die günstigsten Kneipenunterkünfte verlangen für ihre Einzel-/Doppelzimmer gerade mal 30/50 NZ$, wobei sich das Gemeinschaftsbad am Ende des Flurs befindet. Preise von 50/70 NZ$ sind häufiger.

Am anderen Ende des Spektrums rangieren internationale Fünfsterne-Ketten, noble Ferienanlagen und architektonisch wunderschöne Boutiquehotels. Für ihre modernen Annehmlichkeiten, zuvorkommenden Angestellten und/oder historische Pracht knöpfen

sie Gästen jeweils ganz beträchtliche Beträge ab. In diesem Band sind ausschließlich Listenpreise („rack rates") aufgeführt. Dennoch kommt man bei noblen Adressen dank Ermäßigungen und Sonderangeboten oft günstiger davon.

Landesweit gibt's außerdem zahllose Motels und „Motor Lodges" in gesichtslosen Flachbauten. Ihre Doppelzimmer schlagen mit 80 bis 160 NZ$ zu Buche. Meistens ballen sich die niedrigen Gebäude direkt außerhalb zentraler Geschäftsbezirke oder am Stadtrand an den Highways. Trotz deutlicher Anleihen aus den 1980er-Jahren ist der Großteil einigermaßen modern eingerichtet und jeweils ähnlich ausgestattet (u. a. mit Tee- und Kaffeekocher, Kühlschrank und TV). Der Preis hängt vom Standard ab. In Neuseeland kann sich der Begriff „Motel" auch nur auf die eigentlichen Zimmer beziehen. So bekommt man auch in einem Hotel möglicherweise die Absage „Sorry, our motels are full tonight" (Unsere Zimmer sind heute leider ausgebucht) zu hören – im Gegensatz zu „Sorry, our motel is full tonight" (Unser Motel ist heute leider ausgebucht).

Mietunterkünfte & Ferienwohnungen

Einfache Ferienhäuser bezeichnen die Kiws als *bach*. Der Name leitet sich von *bachelor* (Junggeselle) ab, da sich in den Hütten häufig alleinreisenden Männer einquartierten, die einsame Jagd- oder Angelausflüge unternahmen. In Otago und Southland sind sich auch als *cribs* bekannt. Die freistehenden Hütten finden sich vor allem auf dem Land und an der Küste, meistens in entlegenen Regionen. Sie können ganz nützlich sein, wenn man etwas länger in einer Region bleiben möchte, wenngleich einige nur für eine oder zwei Nächte angemietet werden können. Die Preise betragen normalerweise 80 bis 130 NZ$ – gar nicht so übel für ein ganzes Haus oder einen Selbstversorger-Bungalow.

Ferienhäuser der gehobenen Art folgen heute dem Trend, auf ein rustikales Ambiente zu verzichten. Stattdessen werden luxuriöse Feriendomizile auf herrlichen Grundstücken mitten im Grünen errichtet. Zwei Personen zahlen dafür etwa 120 bis 400 NZ$.

Wer auf der Suche nach *baches* und Ferienhäusern ist, sollte auf den Websites www.holidayhomes.co.nz und the AA's www.bookabach.co.nz vorbeischauen. Mondäne Ferienwohnungenwerden unter www.newzea

land-apartments.co.nz vermittelt. Wer einen längeren Aufenthalt an einem Ort plant, sollte die Seite www.nzflats.co.nz besuchen.

VERSICHERUNG

Unbedingt notwendig ist eine umfassende Reiseversicherung, die neben medizinischen Behandlungskosten auch Fälle von Verlust und Diebstahl abdeckt – denn nichts ruiniert einen Urlaub schneller als Unfälle oder Langfinger, die sich zollfrei erworbene Digitalkameras unter den Nagel reißen. Das Angebot ist groß – deshalb auf jeden Fall die Konditionen vergleichen und das Kleingedruckte sorgfältig durchlesen.

Manche Verträge schließen explizit Risikosportarten wie Sporttauchen, Parasailing, Bungeespringen, Rafting, Motorrad- und Skifahren aus, teilweise sogar Bushwalking. Wer solche Aktivitäten plant – in Neuseeland ist das höchst wahrscheinlich –, sollte sich genauestens erkundigen, ob seine Police den umfassenden Schutz bietet.

Empfehlenswert sind Optionen, bei denen Ärzte und Krankenhäuser direkt vom Versicherer bezahlt werden. Sonst muss man vor Ort in Vorleistung gehen und bekommt sein Geld später zurückerstattet. In diesem Fall ist es unabdingbar, alle relevanten Dokumente sorgfältig aufzubewahren. Manche Versicherer bestehen auf R-Gesprächen mit ihren Zentralen in der Heimat, die das Problem umgehend bewerten. Die Police sollte auf jeden Fall Krankentransporte und Notfallflüge abdecken.

Achtung: Die neuseeländische Gesetzgebung lässt bei Personenschäden so gut wie keine Zivilklagen zu. Stattdessen tritt das Schadenersatzsystem der **Accident Compensation Corporation** (ACC; www.acc.co.nz) für alle Einheimischen und Touristen als Unfallversicherung ein – und das unabhängig vom jeweiligen Verursacher. Ausnahmen sind lediglich Klagen auf Strafschadenersatz (*exemplary damages*), die neuseeländische Gerichte aber nur sehr zurückhaltend behandeln.

Während diese Regelung möglicherweise unfair erscheint, verweisen ihre Befürworter lächelnd auf die kostspielige „Schadensersatz-Industrie" anderer Länder. Trotzdem macht die neuseeländische Regelung eine eigene umfassende Reiseversicherung keinesfalls überflüssig. Schließlich kommt die ACC nicht für Einkommensverluste, Behandlungskosten im Heimatland, chronische Krankheiten oder ähnliches auf.

Auf S. 796 stehen weitere Hinweise zur Krankenversicherung. Informationen zur Autoversicherung gibt's auf S. 790.

Unter www.lonelyplanet.com/bookings/insurance.do steht ein weltweiter Versicherungsschutz für Traveller aus über 44 Ländern online zur Verfügung, auch für solche aus Deutschland, Österreich und der Schweiz.

VISA

Falls erforderlich, erhält man Formulare für Visumanträge weltweit bei diplomatischen Auslandsvertretungen Neuseelands. Zudem können sie über Reisebüros oder den **Immigration New Zealand** (☎ 0508 558 855 od. 09-914 4100; www.immigration.govt.nz) bezogen werden. Immigration New Zealand unterhält über ein Dutzend Ableger in Übersee, die sich mittels der Website ausfindig machen lassen.

Touristenvisa

Aufgrund internationaler Vereinbarungen dürfen sich Staatsbürger Deutschlands, Österreichs und der Schweiz drei Monate lang visumfrei in Neuseeland aufhalten. Hierzu sind allerdings ein Rückflug- oder Anschlussticket und ausreichende Mittel für den Lebensunterhalt nachzuweisen (1000 NZ$/Monat oder 400 NZ$/Monat beim bereits bezahlten Unterkunftskosten). Außerdem muss der Reisepass noch drei Monate nach Rückreisedatum gültig sein. Ein Personalausweis genügt nicht!

Wer Neuseeland länger als drei Monate erkunden möchte, benötigt ein Besuchervisum. Anträge (65–70 € bzw. 125 SFr) können bei neuseeländischen Auslandsvertretungen im Heimatland gestellt werden. Die Bedingungen stehen auf der Website.

Innerhalb eines Zeitraums von 18 Monaten lässt sich die Gültigkeitsdauer eines Besuchervisums auf maximal neun Monate verlängern. Direkt vor Ort kann die Aufenthaltsdauer auch auf maximal zwölf Monate aufgestockt werden. Die Genehmigung wird individuell erteilt – Besucher müssen u. a. nachweisen, dass sie weiterhin selbst für ihren Lebensunterhalt aufkommen können. Alle Büros von Immigration New Zealand bearbeiten Anträge auf Visumsverlängerungen. Über den Sitz der Büros informiert die Website (www.nzembassy.com).

Arbeitsvisa & Working Holiday Scheme

Außer Australiern darf kein Ausländer mit Besuchervisum in Neuseeland einer bezahlten

Arbeit nachgehen. Wer sich vor Ort eine Stelle suchen möchte oder bereits ein entsprechendes Angebot hat, muss ein Arbeitsvisum beantragen. Es gilt maximal drei Jahre lang und verwandelt sich bei der Einreise automatisch in eine Arbeitserlaubnis. Letztere kann man auch nach der Ankunft in Neuseeland beantragen – allerdings wird der Gültigkeitsbeginn dann auf den Einreisezeitpunkt zurückdatiert. Je nach Ausstellungsort und Antragsart betragen die Gebühren für Arbeitsvisa aktuell 180 bis 280 NZ$.

Deutsche Traveller, die mit Gelegenheitsjobs ihre Reisekasse aufbessern möchten, können am neuseeländischen Working Holiday Scheme (WHS) teilnehmen. WHS-Visa mit einer maximalen Gültigkeitsdauer von zwölf Monaten stehen Bürgern aus insgesamt 31 Ländern zur Verfügung. Interessenten müssen zwischen 18 und 30 Jahren alt sein und dürfen Gelegenheitsjobs annehmen, aber keine festen Beschäftigungsverhältnisse eingehen. Mittlerweile wurde die Beschränkung aufgehoben, nur maximal drei Monate für denselben Arbeitgeber tätig sein zu dürfen.

WHS-Visa muss man meistens im eigenen Heimatland beantragen, der Antrag kann aber auch online gestellt werden. Antragssteller müssen ein Rückflug- oder Anschlussticket und den möglichen Zugriff auf finanzielle Mittel von mindestens 4200 NZ$ nachweisen. Zudem hat der Reisepass noch mindestens drei Monate nach Ausreisedatum gültig zu sein. Die Bearbeitungsgebühr beträgt 120 NZ$. Bei abgelehnten Anträgen wird der Betrag nicht zurückerstattet.

Das WHS-Visumkontingent für deutsche Bewerber ist nicht limitiert. Verbindliche Informationen und Online-Anträge gibt's unter www.immigration.govt.nz/migrant/stream/work/workingholiday/germanyworkingholidayscheme.htm.

ZEIT

Neuseeland liegt nahe an der internationalen Datumsgrenze. Somit zählt es zu den ersten Ländern, in denen ein neuer Tag beginnt: Pitt Island im Chatham-Archipel genießt stets den ersten Sonnenaufgang eines neuen Jahres. Neuseeland ist der Mitteleuropäischen Zeit (MEZ) generell um elf Stunden voraus, der Ostaustralischen Standardzeit (EST) zwei Stunden. Allerdings gibt es auch in Neuseeland eine Sommerzeit: Am letzten Septembersonntag werden die Uhren eine Stunde vorgestellt. Am ersten Sonntag im April wandern die Zeiger dann wieder eine Stunde zurück. Wer also im neuseeländischen Winter im Land ankommt, muss die Uhr um zehn Stunden vorstellen, im neuseeländischen Sommer sind es zwölf Stunden.

Die Chatham Islands sind den neuseeländischen Hauptinseln um 45 Minuten voraus.

ZOLL

Die genauen Bestimmungen darüber, was man nach Neuseeland einführen darf und was nicht, stehen auf der Website von **New Zealand Customs Service** (www.customs.govt.nz).

Bei der Einreise nach Neuseeland bleiben die meisten Artikel zollfrei, wenn die Zollbeamten davon überzeugt sind, dass die Ware dem persönlichen Gebrauch dient und auch wieder mit nach Hause genommen wird. Zollfrei bleiben außerdem 1125 ml Spirituosen oder Liköre pro Person, 4,5 l Wein oder Bier, 200 Zigaretten (bzw. 50 Zigarren oder 250 g Tabak) sowie zollpflichtige Güter bis zu einem Wert von 700 NZ$.

Die Zollbeamten suchen ausgesprochen gründlich nach Drogen, deshalb muss man alle Arzneien deklarieren! Bio-Security ist eine weitere Parole des Zolls: die Behörden achten sehr streng darauf, das Land vor allen möglichen Krankheiten und Seuchen abzuriegeln, die die wichtige Landwirtschaft Neuseelands gefährden könnten. Die Wanderausrüstung (Stiefel oder Zelte) wird aufs Gründlichste untersucht und muss möglicherweise gereinigt werden, ehe sie eingeführt werden darf; gleiches gilt für Golfschläger und Fahrräder. Alle pflanzlichen oder tierischen Produkte (dazu zählen auch Gegenstände aus Holz) sowie Nahrungsmittel jeglicher Art sind zu deklarieren. Gründlichere Überprüfungen haben Weltenbummler zu erwarten, die über Afrika, Südostasien oder Südamerika einreisen. Die Einfuhr von Feuer- und sonstigen Waffen ist entweder verboten oder nur mit einer Sondergenehmigung und einer Sicherheitsüberprüfung gestattet.

Verkehrsmittel & -wege

Neuseelands friedliche und isolierte Lage in einer entfernten Ecke des Südpazifiks ist eine der Hauptattraktionen des Landes. Wer seinen Neuseelandtrip nicht gerade von Australien aus startet, kommt nicht um einen Langstreckenflug herum. Wenn man aber erstmal im Land ist, gestaltet sich das Reisen dank guter Flug- und Busverbindungen weitaus angenehmer.

Flüge, geführte Touren und Zugtickets können über die Website www.lonelyplanet.com/bookings gebucht werden.

AN- & WEITERREISE

EINREISE

Die Einreise nach Neuseeland geht normalerweise relativ einfach vonstatten – nur die üblichen Zollformalitäten (s. S. 781) und die nervige Schlacht um die Gepäckausgabe muss man hinter sich bringen. Abgesehen davon hat die derzeitige globale Instabilität auch in den Inlands- wie internationalen Terminals der neuseeländischen Flughäfen zu verschärften Sicherheitsmaßnahmen geführt; die Zollkontrollen dauern nun wesentlich länger. Frei nach Orwell heißt eine dieser Maßnahmen „Advance Passenger Screening": Bei diesem System werden alle für die Einreise relevanten Dokumente (Reisepass, Visum etc.) bereits vor dem Abflug kontrolliert. Um einen möglichst reibungslosen Check-in zu ermöglichen, sollten alle Papiere geordnet und vollständig mitgeführt werden.

Reisepass

Normalerweise dürfen Ausländer ohne Einschränkungen nach Neuseeland einreisen. Passagiere mit einem gültigen Reisepass oder Visum (und alle, die kein Visum benötigen; S. 780) sollten also keine Probleme haben.

FLUGZEUG

Zahlreiche konkurrierende Fluglinien fliegen nach Neuseeland, und entsprechend groß ist die Preisspanne, die man zu erwarten hat. Neuseelands ungebrochene Popularität und das vielfältige ganzjährige Angebot an Aktivitäten sorgen für beinahe jeder Jahreszeit für Hochbetrieb auf den Flughäfen; bei Flügen zu besonders gefragten Zeiten (z. B. an Weihnachten) sollte alles Nötige rechtzeitig im Voraus organisiert werden.

Die Hauptsaison für Flüge nach Neuseeland ist der dortige Sommer (Dez.–Feb.). In den Brückenmonaten (Okt./Nov. & März/April) sind die Tickets etwas günstiger. Die Nebensaison fällt normalerweise auf die Wintermonate (Juni–Aug.); doch auch dann transportieren neuseeländische Inlandsfluglinien scharenweise passionierte Skifahrer.

Flughäfen & Fluglinien

Sieben neuseeländische Flughäfen wickeln internationale Flüge ab. Die meisten Maschinen setzen in Auckland auf.

DIE DINGE ÄNDERN SICH …

Die Informationen in diesem Kapitel sind besonders anfällig für Veränderungen. Alle relevanten Aspekte bezüglich Tickets und deren Kauf, Reiserouten und Sicherheitsbestimmungen im internationalen Reiseverkehr sollten vor dem Start mit der Fluglinie oder dem Reisebüro durchgesprochen werden. Und Augen auf beim Ticketkauf! Die Angaben in diesem Kapitel verstehen sich als Hinweise und sind kein Ersatz für eigene, gründliche und aktuelle Recherchen.

AUSREISESTEUER

Bei der Ausreise aus Neuseeland müssen alle Flugpassagiere ab zwölf Jahren eine Ausreisesteuer von 25 NZ$ entrichten (Kind 2–11 Jahre 10 NZ$, unter 2 Jahren kostenlos), die nur beim Start in Auckland entfällt. Die Steuer ist nicht im Ticketpreis enthalten und vor dem Boarding separat am Flughafen zu bezahlen (bar oder per Kreditkarte).

Auckland (AKL; ☎ 0800 247 767, 09-275 0789; www.aucklandairport.co.nz)
Christchurch (CHC; ☎ 03-358 5029; www.christchurch airport.co.nz)
Dunedin (DUD; ☎ 03-486 2879; www.dnairport.co.nz)
Hamilton (HLZ; ☎ 07-848 9027; www.hamilton airport.co.nz)
Palmerston North (PMR; ☎ 06-351 4415; www.pn airport.co.nz)
Queenstown (ZQN; ☎ 03-450 9031; www.queenstown airport.co.nz)
Wellington (WLG; ☎ 04-385 5100; www.wellington airport.co.nz)

FLUGLINIEN MIT VERBINDUNGEN NACH/ AB NEUSEELAND

Als Neuseelands eigene internationale Fluglinie steuert Air New Zealand Ziele in ganz Europa, Nordamerika, Ostasien und Ozeanien an. Innerhalb der Star Alliance kooperiert sie mit der Lufthansa. Folgende Anbieter verbinden das Land mit Zielen in aller Welt (Achtung: Die aufgeführten 0800- und 0508-Telefonnummern gelten nur innerhalb Neuseelands):

Air New Zealand (IATA-Code NZ; ☎ 0800 737 000, 09-357 3000; www.airnewzealand.co.nz)
Air Pacific (IATA-Code FJ; ☎ 0800 800 178, 09-379 2404; www.airpacific.com)
Air Vanuatu (IATA-Code NF; ☎ 09-373 3435; www.airvanuatu.com)
Austrian Airlines (IATA-Code OS; www.austrian.com)
Cathay Pacific (IATA-Code CX; ☎ 0800 800 454, 09-379 0861; www.cathaypacific.com)
Garuda Indonesia (IATA-Code GA; ☎ 09-366 1862; www.garuda-indonesia.com)
Jetstar (IATA-Code JQ; ☎ 0800 800 995; www.jetstar.com)
Korean Air (IATA-Code KE; ☎ 09-914 2000; www.koreanair.com)
Lufthansa (IATA-Code LH; ☎ 0800 945 220; www.lufthansa.com)

Malaysia Airlines (IATA-Code MH; ☎ 0800 777 747, 09-379 3743; www.malaysiaairlines.com)
Pacific Blue (IATA-Code DJ; ☎ 0800 670 000; www.flypacificblue.com)
Polynesian Blue (IATA-Code DJ; ☎ 0800 670 000; www.polynesianblue.com)
Qantas (IATA-Code QF; ☎ 0800 808 767, 09-357 8900; www.qantas.com.au)
Singapore Airlines (IATA-Code SQ; ☎ 0800 808 909, 09-379 3209; www.singaporeair.com)
Thai Airways International (IATA-Code TG; ☎ 09-256 8518; www.thaiairways.com)
Virgin Blue (IATA-Code DJ; ☎ 0800 670 000; www.virginblue.com.au)

Tickets

Bei einfachen One-Way-Trips oder der Buchung von Hin- und Rückflug zu einem bestimmten Datum ist der automatisierte Online-Ticketverkauf eine prima Sache. Er ist jedoch kein Ersatz für Reisebüros, die sich bestens mit Sonderangeboten auskennen und einem Strategien verraten, wie sich unnötige Wartezeiten vermeiden lassen; außerdem haben sie viele weitere nützliche Tipps und Tricks auf Lager.

INTERKONTINENTALTICKETS („ROUND THE WORLD"-TICKETS)

Wer von der anderen Seite der Welt nach Neuseeland fliegt, kann unter Umständen mit den sogenannten „Round the World"-Tickets (RTW) Geld sparen. Generell werden sie von den drei größten Fluglinien-Verbänden zusammengestellt: **Star Alliance** (www.staralliance.com), **Oneworld** (www.oneworldalliance.com) und **Skyteam** (www.skyteam.com). Innerhalb eines bestimmten Zeitraums (normalerweise ein Jahr) kann man damit kreuz und quer über den Globus reisen. Mit einem solchen Ticket stehen Travellern alle von den beteiligten Fluglinien abgedeckten Ziele offen; allerdings gelten dabei Beschränkungen für Flugkilometer und Anzahl der Zwischenstopps. Backtracking zwischen einzelnen Kontinenten ist nicht gestattet, wohl aber innerhalb eines einzigen Kontinents. Auch dies hat aber gewisse Grenzen – die jeweiligen Websites informieren über Details.

Alternativ stellen auch Reisebüros oder auf RTW spezialisierte Websites entsprechende Tickets zusammen; diese Variante ist allgemein teurer als die RTW-Preise der Fluglinien, ermöglicht jedoch einen individuell zugeschnittenen Reiseplan.

KLIMAWANDEL & REISEN

Der Klimawandel stellt eine ernste Bedrohung für unsere Ökosysteme dar. Zu diesem Problem tragen Flugreisen immer stärker bei. Lonely Planet sieht im Reisen grundsätzlich einen Gewinn, ist sich aber der Tatsache bewusst, dass jeder seinen Teil dazu beitragen muss, um die globale Erwärmung zu verringern.

Fliegen & Klimawandel

Fast jede Art der motorisierten Fortbewegung erzeugt CO_2 (die Hauptursache für die globale Erwärmung), doch Flugzeuge sind mit Abstand die schlimmsten Klimakiller – nicht nur wegen der großen Entfernungen und der entsprechend großen CO_2-Mengen, sondern auch weil sie diese Treibhausgase direkt in hohen Schichten der Atmosphäre freisetzen. Die Zahlen sind erschreckend: Zwei Personen, die von Europa in die USA und wieder zurück fliegen, erhöhen den Treibhauseffekt in demselben Maße wie ein durchschnittlicher Haushalt in einem ganzen Jahr.

Ausgleichsprogramme zum Emissionsschutz

Die englische Website www.climatecare.org und die deutsche Internetseite www.atmosfair.de bieten sogenannte CO_2-Rechner. Damit kann jeder ermitteln, wie viel Treibhausgase seine Reise produziert. Das Programm errechnet den zum Ausgleich erforderlichen Betrag, mit dem der Reisende nachhaltige Projekte zur Reduzierung der globalen Erwärmung unterstützen kann, beispielsweise Projekte in Indien, Honduras, Kasachstan und Uganda.

Lonely Planet unterstützt gemeinsam mit Rough Guides und anderen Partnern aus der Reisebranche das CO_2-Ausgleichs-Programm von climatecare.org. Alle Reisen von Mitarbeitern und Autoren von Lonely Planet werden ausgeglichen.

Weitere Informationen gibt's auf www.lonelyplanet.com.

Günstige, dafür aber leider relativ unflexible Round-the-World-Tickets gibt's bereits ab 1300 €.

RUNDREISEN IM PAZIFIKRAUM

Rundreisetickets für den Pazifikraum („Circle Pacific") ähneln den RTW-Tickets; ihr Geltungsbereich ist jedoch stärker eingeschränkt. Verschiedene Fluglinien arbeiten zusammen und verbinden Australien, Neuseeland, Nordamerika und Asien mit diversen Pazifikinseln, auf denen man zwischenlanden kann. Wie bei den RTW-Tickets ist die Zahl der Zwischenstopps festgelegt.

TICKETBUCHUNG ONLINE

Beispielsweise über die folgenden Websites können Flug- und RTW-Tickets online gebucht werden:

Expedia (www.expedia.de) Internationales Online-Reisebüro.

Flights.com (www.flights.com) Internationale Website mit günstigen Flügen und übersichtlicher Datenbank.

Opodo (www.opodo.de) Eine sehr beliebte Quelle für Schnäppchen, übersichtlich in der Bedienung.

Reisen.ch (www.reisen.ch) Online-Reisebüro mit günstigen Angeboten und Tarifen für Jugendliche und Studenten.

STA Travel (www.statravel.de) Ist für internationale Studentenreisen bekannt, transportiert aber auch Nicht-Akademiker; Links zu STA-Websites in aller Welt.

STA Travel (www.statravel.at) Auch die österreichische Webpräsenz des Anbieters ist sehr zu empfehlen.

Travel Online (www.travelonline.co.nz) Prima Angebot an weltweiten Flügen ab Neuseeland.

Travel24 (www.travel24.com) Etwas unübersichtlich, aber mit sehr guten Angeboten.

Travel Overland (www.travel-overland.de) Aufgeräumte Seite: Hier gibt's auch RTW-Tickets und Studententarife.

Flüge ab Europa

Frankfurt und London sind die wichtigsten Drehkreuze für Verbindungen nach Neuseeland. Normalerweise wird in einer asiatischen Hauptstadt, in Sydney oder auch in Kalifornien ein Zwischenstopp eingelegt. Hin- und Rückflug gibt's ab ca. 1500 €; manchmal werden aber auch deutlich über 2000 € zu blechen sein.

Flüge zwischen Australien und Neuseeland

Air New Zealand und Qantas verfügen über ein Flugnetz, dass die wichtigsten Städte in Neuseeland mit den meisten größeren Städten in Australien verbindet. Zahlreiche internationale Fluglinien fliegen Neuseeland und Australien auf ihrer Asien-Pazifik-Route an.

Cohorts Pacific Blue, Virgin Blue und Polynesian Blue bieten Direktverbindungen von Auckland, Wellington und Christchurch zu Großstädten an der Ostküste Australiens mit Anschluss an Flüge der inneraustralischen Virgin Blue.

Jetstar, der Billigableger von Qantas, verkehrt zwischen Auckland und Syndey, Cairns und der Gold Coast und Christchurch und Sydney, Melbourne, Hobart, Brisbane, Cairns und der Gold Coast.

Wer früh bucht, sich gut umschaut und die Götter auf seiner Seite hat, kann für unter 180 AU$ mit einem Billigflieger von Sydney oder Melbourne nach Auckland, Christchurch oder Wellington fliegen. Normalerweise kosten einfache Flüge 200 bis 250 AU$.

Aus den meisten größeren Städten in Neuseeland kostet ein Flug an die australische Ostküste 240–280 NZ$. In der Regel gibt's zwischen Haupt- und Nebensaison keine dramatischen Preisunterschiede, da die Strecke das ganze Jahr über beliebt ist. Der große Wettbewerb führt aber doch ab und an zu hübschen Schnäppchen.

Günstige Angebote gibt's teilweise auch bei **STA Travel** (☎ 134 782; www.statravel.com.au), die in vielen australischen Großstädten zu finden sind. **Flight Centre** (☎ 133 133; www.flightcentre. com.au) ist eine gute Alternative, landesweit mit Dutzenden von Büros vertreten.

ÜBERS MEER

Es ist möglich, aber weder einfach noch sicher, für die Strecke zwischen Neuseeland und Australien bzw. einigen kleineren Pazifikinseln auf einer Jacht anzuheuern oder per Anhalter mitzureisen. Am besten hört man sich in Häfen oder Jacht- und Segelclubs um. Beliebte Jachthäfen in Neuseeland befinden sich in der Bay of Islands und in Whangarei (beide in Northland) bzw. in Auckland und Wellington. Die Monate März und April sind die besten Monate, um nach Schiffen mit Ziel Australien Ausschau zu halten. Auf den Fidschi-Inseln legen die meisten Schiffe zwischen Oktober und November ab, da später häufig Zyklone die Gewässer unsicher machen.

Nach/ab Neuseeland verkehren keine Passagierschiffe und ein Platz auf einem Frachter ist nur schwer zu finden – und wirklich angenehm ist die Reise auch nicht.

UNTERWEGS VOR ORT

AUTO & MOTORRAD

Am intensivsten erkundet man Neuseeland zweifellos mit einem eigenen fahrbaren Untersatz – nur so ist ein unschlagbar relaxter und flexibler Reiseplan möglich. Preiswerte Mietwagen und -wohnmobile lassen sich problemlos auftreiben. Eine gute Alternative ist auch der Kauf eines eigenen Gefährts.

Automobile Association (AA)

Neuseelands **Automobile Association** (AA; ☎ 24-Std.-Notdienst 0800 500 222; www.aa.co.nz) leistet Pannenhilfe und stellt zudem exzellente Tourenkarten und detaillierte Unterkunftsverzeichnisse bereit, in denen von Ferienparks über Motels bis hin zu B&Bs wirklich alle Unterkunftsarten verzeichnet sind.

Mitglieder ausländischer Automobilclubs erhalten bei Vorlage ihres Mitgliedsausweises eventuell Vergünstigungen – viele Clubs haben eine Kooperation mit dem AA.

Benzin

Treibstoff gibt's an den Tankstellen bekannter internationaler Ölkonzerne. Vor allem auf dem Land ist LPG (Autogas) oft Mangelware; wer also auf einen umweltfreundlichen Gasantrieb Wert legt, sollte sich für einen Hybridmotor entscheiden. Die Spritpreise variieren zwar von Ort zu Ort, doch generell ist Tanken in Neuseeland für deutsche Verhältnisse noch recht billig (pro 1 l Super Bleifrei ca. 1,80 NZ$; Stand: Juni 2010). Allerdings kann es einem in entlegenen Ecken schon passieren, dass die Tankstellen ordentlich mehr verlangen – wer also rechtzeitig in größeren Ortschaften tankt, tut seiner Reisekasse einen Gefallen. Gegenden mit happigen Benzinpreisen sind beispielsweise der Milford Sound (in Te Anau tanken) und der Mt. Cook (in Twizel oder Lake Takepo tanken).

Führerschein

Grundsätzlich wird in Neuseeland der in der Heimat gültige Führerschein akzeptiert, allerdings nur wenn eine beglaubigte Übersetzung mitgeführt wird. Einfacher kann es daher sein, sich einen internationalen Führerschein (International Driving Permit, IDP) zu besorgen, der – allerdings nur in Verbindung mit dem nationalen Führerschein – drei Jahre lang gültig ist. In Deutschland und der Schweiz ist er bei den Straßenverkehrsbehörden (Führerscheinstelle), in Österreich bei den Automobilclubs (z. B. ÖAMTC) zu beantragen. In Deutschland und Österreich muss man hierzu außerdem den EU-Führerschein im Scheckkartenformat besitzen.

Gefahren im Straßenverkehr

Auf Neuseelands Straßen ist das gesamte Spektrum von Autofahrern und Fahrstilen anzutreffen: vom relaxten Fahrer, der bereitwillig Platz macht, damit schnellere Autos überholen können, bis zu Dränglern, die ihrem Vordermann quasi in den Kofferraum fahren und meinen, sich auch auf engen, kurvigen Straßen gut genug auszukennen, um hemmungslos rasen zu können. Normalerweise ist das Verkehrsaufkommen sehr gering. In den Bergen muss man aber damit rechnen, dass man hinter einem langsamen LKW oder Wohnmobil hängen bleibt – also immer ausreichend Geduld einpacken. Außerdem gibt's zahlreiche Schotterpisten oder unbefestigte Straßen, auf denen ein behutsamerer Fahrstil angebracht ist als auf geteerten Straßen. Und immer auf Amok laufende Schafe achten!

Kaufen

Bei längeren Aufenthalten und Gruppenreisen ist man oft am günstigsten unterwegs, wenn man sich einen fahrbaren Untersatz vor Ort kauft und diesen nach Ende der Reise wieder verkauft. Oft entspricht der Kaufpreis für ein Auto der Leihgebühr für einen oder zwei Monate (oder liegt sogar darunter) – auch der Wertverlust beim Wiederverkauf hält sich normalerweise in Grenzen. Natürlich kann man auch ein „Montagsmodell" erwischen, das alle fünf Minuten den Geist aufgibt.

Das größte Fahrzeugangebot hat Auckland, dicht gefolgt von Christchurch. Andere Traveller verkaufen ihre Fahrzeuge zum Ende ihrer Reise günstig über die Schwarzen Bretter der Herbergen; ältere Modelle sind bereits für ein paar Hundert Dollar zu haben. Manche Backpacker-Schnäppchen sind so günstig, dass es kein finanzielles Risiko darstellt, wenn sie nach der Reise den Geist ganz aufgeben. Abgesehen davon sind solche Fahrzeuge oft komplett mit Wasserbehältern, Werkzeug, Straßenkarten und sogar Campingausrüstung ausgestattet.

Auch Automärkte und -auktionen können durchaus interessant sein; Infos zu Automärkten stehen in den Kapiteln zu Auckland

(S. 137) und Christchurch (S. 600). Bei Auktionen kommen günstige Autos zwischen 1000 und 6000 NZ$ unter den Hammer. Mit gleich zehn Locations ist **Turners Auctions** (☎ 0800 282 8466; www.turners.co.nz) das größte Auktionshaus des Landes.

Gebrauchtwagenkäufer sollten grundsätzlich sicherstellen, dass das Fahrzeug über ein sogenanntes WoF-Zertifikat (Warrant of Fitness; quasi TÜV-Gutachten) und eine ausreichende Zulassungsdauer verfügt. Das WoF-Zertifikat bestätigt die Verkehrstüchtigkeit des Autos; es gilt jeweils für sechs Monate und darf beim Kauf maximal 28 Tage alt sein. Zwecks Zulassungsübertragung sind sowohl Käufer als auch Verkäufer gesetzlich verpflichtet, den Besitzerwechsel unabhängig voneinander innerhalb von sieben Tagen bei **Land Transport New Zealand** (www.landtransport.govt.nz) zu melden. Dazu dient das Formular *Notice of Change of Ownership of Motor Vehicle* (Nr. MR 13 oder MR 13B), das ausgefüllt bei allen AA- und Postfilialen abgegeben werden kann. Da die Zustellung der bearbeiteten Dokumente innerhalb von zehn Tagen per Post erfolgt, ist unbedingt eine entsprechende Anschrift bzw. Adresse vonnöten! Bei Bedarf sind Zulassungen für sechs (268 NZ$) oder zwölf Monate (388 NZ$) erhältlich. Zudem empfiehlt sich dringend eine Haftpflichtversicherung, die bei selbst verschuldeten Unfällen den Sachschaden der gegnerischen Partei bezahlt. Details dazu liefert die **Automobile Association** (AA; ☎ 0800 500 231; www.aainsurance.co.nz). Und auch wenn das Erstattungssystem der Accident Compensation Corporation (S. 780) unabhängig vom Verursacher bei allen Personenschäden greift, ist eine eigene und umfassende Reiseversicherung (S. 780) unabdingbar.

Fahrzeuginspektionen werden wärmstens empfohlen, da sie den Käufer vor dubiosen WoFs (alles schon vorgekommen!) schützen; außerdem bewahren sie einen eventuell vor viel Ärger und teuren späteren Reparaturen. Bei verschiedenen Werkstätten checkt ein Inspektionsservice potenziell interessante Fahrzeuge für unter 150 NZ$; man findet solche Inspektoren entweder auf Automärkten/ Auktionen, wo sie den Check vor Ort durchführen, oder sie kommen beim Kunden vorbei. Empfehlenswert: **Vehicle Inspection New Zealand** (VINZ; ☎ 0800 468 469; www.vinz.co.nz). Auch die AA betreibt einen mobilen Inspektionsservice – Mechaniker mit AA-Zulassung sind etwas günstiger. Die AA-Checks sind zwar gründlich, doch bei den meisten Werkstätten kommt man günstiger weg.

Vor dem Kauf ist es außerdem ratsam, sich vom Käufer dessen rechtmäßigen Besitz des Autos bestätigen zu lassen und sicherzustellen, dass keine sonstigen Verpflichtungen wie etwa offene Ratenzahlungen übernommen werden. Mehrere Firmen bieten Dienstleistungen dieser Art an, darunter die AA mit ihrem **LemonCheck** (☎ 04-233 8590; www.lemoncheck. co.nz). Eine Abfrage kostet 25 NZ$ und erfolgt über das Nummernschild oder die Fahrgestellnummer – die Vehicle Identification Number (VIN) ist auf einer Platte in der Nähe des Motorblocks eingraviert.

BUY-BACK DEALS

Eine Rücknahmevereinbarung zwischen Käufer und Auto-/Motorradhändler kann einem das lästige Kaufen und Verkaufen auf dem Privatmarkt ersparen. Allerdings versuchen Händler unter Umständen, den Rücknahmepreis zu drücken (selbst wenn dieser vertraglich fixiert wurde). Das Hauptargument lautet dabei oft, dass zum Erlangen des WoF-Zertifikats, also der Bedingung für den Besitzerwechsel, zuerst teure Reparaturen nötig seien. Die Summe, zu der das Auto zurückgenommen wird, kann zwar variieren, liegt aber manchmal bis zu 50 % unter dem Kaufpreis. Rein wirtschaftlich gesehen fährt man mit einem Mietwagen oder einem privat gekauften Wagen wesentlich besser – sofern man die Zeit dafür hat.

Mieten

AUTO

Der Wettbewerb zwischen neuseeländischen Autovermietern ist extrem stark. Im Rahmen der häufig schwankenden Preise gibt's immer wieder Sonderangebote, vergleichen lohnt sich immer: Angeblich hat es schon Schnäppchentarife für nur 15 NZ$ pro Tag gegeben. In Auckland, Christchurch, Wellington und Picton ist der Mietwagenmarkt besonders hart umkämpft. Das wichtigste Auswahlkriterium ist die angepeilte Reisestrecke: Bei großen Entfernungen sind unbegrenzte Fahrtkilometer vonnöten. Bei einigen (wenn auch nicht allen) Firmen muss der Fahrer mindestens 21 Jahre alt sein – einfach mal umhören.

VERKEHRSMITTEL & -WEGE

ENTFERNUNGSTABELLE: NORDINSEL (km)

Die hier angegebenen Werte sind geschätzt.

	Auckland	Cape Reinga	Dargaville	Gisborne	Hamilton	Hicks Bay	Kaitaia	Napier	New Plymouth	Paihia	Palmerston North	Rotorua	Taupo	Tauranga	Thames	Waitomo Caves	Whanganui	Wellington	Whakatane
Cape Reinga	430																		
Dargaville	175	280																	
Gisborne	490	920	675																
Hamilton	125	555	300	390															
Hicks Bay	510	945	690	180	400														
Kaitaia	325	115	170	820	440	800													
Napier	420	860	590	215	300	395	735												
New Plymouth	360	790	530	570	240	580	680	410											
Paihia	225	220	130	720	340	720	120	645	590										
Palmerston North	520	950	690	395	400	570	840	180	230	750									
Rotorua	235	670	405	295	110	285	550	220	300	460	325								
Taupo	280	720	450	330	155	365	600	140	300	505	250	80							
Tauranga	210	635	385	290	110	290	525	300	330	435	400	85	155						
Thames	115	540	280	410	110	400	430	360	340	345	470	170	210	115					
Waitomo Caves	200	620	360	440	75	440	515	300	180	420	340	165	170	150	175				
Whanganui	455	880	615	465	330	645	770	250	160	670	75	310	225	375	430	270			
Wellington	640	1080	805	530	520	730	960	320	350	860	140	450	375	530	590	460	190		
Whakatane	300	740	470	200	190	204	620	300	380	525	410	85	160	95	210	240	380	540	
Whangarei	160	280	55	640	280	650	165	580	515	70	680	390	430	350	265	345	600	790	450

VERKEHRSMITTEL & -WEGE

Folgende internationale Anbieter haben Ableger oder Vertretungen in den meisten größeren Städten und an wichtigen Flughäfen:

Avis (☎ 0800 655 111, 09-526-2847; www.avis.co.nz)
Budget (☎ 0800 283 438, 09-529 7784; www.budget.co.nz)
Europcar (☎ 0800 800 115, 03-357 0920; www.europcar.co.nz)
Hertz (☎ 0800 654 321, 03-520 3044; www.hertz.co.nz)
Thrifty (☎ 0800 737 070, 03-359 2720; www.thrifty.co.nz)

Einheimische Vermieter oder Firmen mit kleinerem Filialnetz stehen massenhaft in den Gelben Seiten (*Yellow Pages*; Details finden sich in den einzelnen Regionenkapiteln). Sie sind fast immer günstiger (teilweise um bis zu 50 %) als ihre großen Konkurrenten, haben dafür aber oft einen oder mehrere Haken: Ihre Fahrzeuge sind häufig älteren Datums, und reduzierter Papierkram kann eine geringere rechtliche Absicherung des Kunden bedeuten.

Erschwingliche eigenständige Anbieter mit Filialen im ganzen Land:

Ace Rental Cars (☎ 0800 502 277, 09-303 3112; www.acerentalcars.co.nz)

Apex Rentals (☎ 0800 939 597, 03-379 6897; www.apexrentals.co.nz)
Ezy Rentals (☎ 0800 399 736, 09-374 4360; www.ezy.co.nz)
Go Rentals (☎ 0800 467 368, 09-525 7321; www.gorentals.co.nz)
Omega Rental Cars (☎ 0800 525 210, 09-377 5573; www.omegarentalcars.com)
Pegasus Rental Cars (☎ 0800 803 580, 03-548 2852; www.rentalcars.co.nz)

Größere Firmen bieten mitunter die Überführung des gemieteten Autos an – man kann also den Wagen beispielsweise in Auckland leihen und in Wellington abgeben. Solche Angebote haben aber einige Beschränkungen und können mit zusätzlichen Kosten verbunden sein. Bei Leihfristen von einem Monat oder länger entfällt die Extragebühr für die Überführung zwischen Auckland und Wellington bzw. Christchurch allerdings oft. Schnäppchen für Einzelstrecken erhält man eventuell, wenn man für die Leihfirma die Überführung eines Autos übernimmt (oft von Christchurch nach Auckland). Budget und Thrifty bieten diese speziellen Angebote

ENTFERNUNGSTABELLE: SÜDINSEL (km)

Die hier angegebenen Werte sind geschätzt.

	Aoraki/Mt. Cook	Arthur's Pass	Blenheim	Christchurch	Dunedin	Franz Josef Glacier	Greymouth	Hanmer Springs	Hokitika	Invercargill	Kaikoura	Milford Sound	Nelson	Oamaru	Picton	Queenstown	Te Anau	Timaru	Wanaka
Arthur's Pass	410																		
Blenheim	635	420																	
Christchurch	330	150	310																
Dunedin	325	455	665	360															
Franz Josef Glacier	485	230	500	390	560														
Greymouth	510	95	330	250	550	180													
Hanmer Springs	460	265	260	140	490	395	215												
Hokitika	510	100	370	250	550	135	40	255											
Invercargill	440	660	870	570	210	530	710	700	665										
Kaikoura	505	290	130	185	535	540	330	135	390	745									
Milford Sound	540	840	1060	760	410	630	805	890	770	275	930								
Nelson	745	370	115	425	775	470	290	310	335	990	245	1100							
Oamaru	210	340	550	250	115	510	430	375	435	325	420	525	660						
Picton	660	450	30	340	690	530	355	290	400	900	160	1090	120	580					
Queenstown	260	565	785	480	285	355	530	610	490	190	660	290	820	290	815				
Te Anau	420	725	945	640	295	515	690	770	560	120	815	120	980	410	975	170			
Timaru	210	260	465	165	200	490	350	295	360	410	340	605	580	85	495	330	490		
Wanaka	210	510	730	430	280	285	465	555	420	245	600	345	755	230	760	70	230	275	
Westport	610	195	260	340	650	280	100	220	145	810	330	905	230	535	290	630	790	455	565

manchmal auf ihren Internetseiten als „Deals"
bzw. „Hot Deals" an.

Fast alle Autovermieter raten davon ab
(bzw. verbieten es), das Fahrzeug auf die Fähre über die Cook-Straße mitzunehmen. Stattdessen kann man das Auto in Wellington bzw.
Picton abgeben und sich nach der Überfahrt
ein neues besorgen. Man spart so einiges an
Aufwand und obendrein die Fährgebühr fürs
Auto.

Die meisten Unternehmen bieten entweder
unbegrenzte Kilometer oder täglich ca.
100 km gratis plus ein paar Cent für jeden
zusätzlichen Kilometer an. Die Tagespreise in
größeren Städten beginnen in der Regel bei
ca. 40 NZ$ für einen Kompaktwagen bzw.
75 NZ$ für einen Mittelklassewagen (inkl.
MwSt., unbegrenzten Kilometern und Versicherung). Preise neuseeländischer Firmen
liegen bei etwa 30 NZ$ für das kleinste Mo-
dell. Wer das Auto mindestens eine Woche
mietet, zahlt einen vergleichsweise geringeren
Tagessatz. Und oft purzeln die Preise in der
Nebensaison oder am Wochenende. Die Zahlung erfolgt für gewöhnlich per Kreditkarte.

MOTORRAD
Born to be wild? Trotz unbeständigen Wetters
in manchen Ecken ist Neuseeland ein tolles
Terrain für Motorradtouren. Wer sein eigenes
Bike mitbringen möchte, sollte sich über die
extrem hohen Verschiffungskosten im Klaren
sein. Zudem benötigt man eine gültige Zulas-
sung des eigenen Heimatlands und ein *Carnet
de Passages en Douanes* (Zolldokument zur
zweifelsfreien Fahrzeugidentifikation).

Die meisten neuseeländischen Motorrad-
verleiher sind in Auckland und Christchurch
ansässig. Ihr vielfältiges Angebot reicht vom
kleinen 50-ccm-Moped (alias Nifty-Fifty) für
rasante Stadterkundungen bis hin zu röhren-
den Tourenmaschinen mit 750 ccm oder
mehr. Empfehlenswerte Anbieter:

New Zealand Motorcycle Rentals & Tours (☎ 09-
634 9118; www.nzbike.com) Yamahas, BMWs, Hondas,
Harleys (ab 120–395 NZ$/Tag) und geführte Touren. Die
Preise hängen von Modell, Mietdauer und Saison ab.

Te Waipounamu Motorcycle Tours (☎ 03-372 3537;
www.motorcycle-hire.co.nz) Yamahas, Ducatis, Kawasakis,
BMWs, Hondas und Suzukis (ab 115–300 NZ$/Tag) sowie
geführte Touren.

WOHNMOBIL
Wer auf einer abgelegenen Straße Neuseelands einmal in den Rückspiegel blickt, wird
höchstwahrscheinlich ein strahlend weißes
Wohnmobil (alias *campervan*, *mobile home*,
motor home, RV) voller gut gelaunter Traveller, Mountainbikes und tragbarer Grills hinter
sich erblicken.

Größenunabhängig haben die allermeisten
Städte des Landes zumindest einen Camping-

BACKPACKER-VANS MIETEN

In der Wohnmobilbranche gibt's einige Billigfirmen, die mit tollen Angeboten und coolen, gut
ausgestatteten Fahrzeugen auf junge Individualreisende abzielen (die ohnehin weniger auf
größere, konventionelle Campingvehikel stehen). Alle Vans verfügen über Wohn-, Schlaf- und
Kochausrüstung. Hinzu kommen Karten, Reisetipps und Pannenhilfe rund um die Uhr. Die Preise
sind günstig (Mai–Sept. ab 35 NZ$/Tag, Dez.–Feb. ab 70 NZ$/Tag). Empfehlenswerte Anbieter:

■ **Backpacker Sleeper Vans** (☎ 0800 325 939, 03-359 4731; www.sleepervans.co.nz) Günstig und
familiengeführt.

■ **Escape Rentals** (☎ 0800 216 171; www.escaperentals.co.nz) „Die Freiheit, immer woanders zu
schlafen" – die auffällige, individuelle Außengestaltung der Vans ist explizit auf junge Traveller zugeschnitten, die das Besondere suchen. Verleiht auch DVDs, Fernseher und Outdoor-
Grillausrüstung.

■ **Jucy** (☎ 0800 399 736, 09-374 4360; www.jucy.co.nz) Bevorzugt von Backpackern mit etwas dicke-
rem Geldbeutel.

■ **Spaceships** (☎ 0800 772 237, 09-526 2130; www.spaceshipsrentals.co.nz) Individuell ausgestattetes
„Schweizer Taschenmesser unter den Wohnmobilen" mit Extras wie DVD- und CD-Playern,
Dachgepäckträgern und Solarduschen.

■ **Wicked Campers** (☎ 0800 246 870; www.wicked-campers.co.nz) Vans mit großflächiger Sprühkunst
von Mr. Spock bis Sly Stone.

platz oder einen Wohnmobilpark, dessen Stellplätze über alle nötigen Anschlüsse verfügen (ca. 35 NZ$/Nacht). Hinzu kommen mehr als 200 direkt befahrbare Stellplätze des **Department of Conservation** (DOC; www.doc.govt.nz), deren Preisspektrum zwischen kostenlos und 14 NZ$ pro Erwachsenem liegt. Diese lassen sich alle mittels kostenloser DOC-Broschüren finden, deren Anfahrtsbeschreibung sogar GPS-Koordinaten beinhalten. Die Broschüren gibt's bei den Ablegern des DOC – alternativ einfach dessen Website besuchen.

Man sollte ansonsten nie davon ausgehen, dass spontanes Camping überall erlaubt ist. Daher unbedingt immer zuerst Infos bei Einheimischen, örtlichen i-SITEs oder DOC-Büros einholen! Wer wild campt, sollte Natur und Umwelt grundsätzlich angemessen respektieren: Wer beispielsweise ein Wohnmobil ohne Bordtoiletten hat, sollte stets öffentliche Einrichtungen dieser Art aufsuchen. Auf www.camping.org.nz gibt's weitere Tipps zum wilden Campen.

Wohnmobile können vor Ort bei diversen Firmen gemietet werden. Die Preise variieren je nach Fahrzeuggröße, Saison und Leihdauer. Die größten Anbieter:

Britz (☎ 0800 831 900, 09-255 3910; www.britz.co.nz)
Kea Campers (☎ 0800 520 052, 09-441 7833; www.keacampers.com)
Maui (☎ 0800 651 080, 09-255 3910; www.maui.co.nz)

Kleine Vans für zwei Personen verfügen normalerweise über eine Miniküche und einen Klapptisch, der sich nach dem Essen in ein Doppelbett verwandeln lässt. Größere „Luxusvarianten" mit zwei Schlafplätzen besitzen zusätzlich Dusche und Bordtoilette, genau wie Wohnmobile mit vier bis sechs Kojen, die wesentlich geräumiger und so groß (und ähnlich lahm) wie Lastwagen sind.

Im Sommer verlangen Großanbieter für Fahrzeuge mit zwei Schlafplätzen mindestens ca. 160 NZ$ pro Tag mit 4/6 Schlafplätzen min. 290/320 NZ$), bei einmonatigen Mietzeiten im Winter können die Preise auf bis zu 50 NZ$ (80/95 NZ$) pro Tag purzeln. Der brancheninterne Konkurrenzkampf drückt die Kosten oft noch weiter.

Verkehrsregeln

Die Kiwis fahren auf der linken Straßenseite, allen Autos haben dementsprechend das Lenkrad rechts. Dennoch gilt „rechts vor links". Beim Abbiegen allerdings wird die Vorfahrt etwas seltsam ausgelegt: Wer in eine Straße links abbiegt, muss einem entgegenkommenden Fahrzeug, das rechts in dieselbe Straße einbiegen möchte, Vorfahrt gewähren – und das obwohl der Rechtsabbieger die eigene Fahrspur überqueren muss.

Auf Landstraßen gilt in der Regel ein Tempolimit von 100 km/h, innerhalb von Wohngebieten von 50 km/h. Ein „LSZ"-Schild weist auf *Limited Speed Zone* hin, in der man in bestimmten Situationen statt 100 nur noch 50 km/h fahren darf, etwa bei schlechten Straßen-, Wetter- oder Sichtverhältnissen, wenn sich Fußgänger, Radfahrer oder Tiere auf der Straße befinden oder wenn hohes Verkehrsaufkommen herrscht. Radarfallen sind weit verbreitet.

Auf Brücken mit nur einer Fahrspur – von denen es überraschend viele gibt – bedeutet ein kleiner roter Pfeil in die eigene Richtung, dass man Vorfahrt gewähren muss: beim Heranfahren also Fuß vom Gas und etwas an den Rand fahren, falls auf der anderen Seite der Brücke ein Auto im Anmarsch ist.

Alle neuen Autos in Neuseeland haben auf Vorder- und Hintersitzen Gurte und es herrscht Anschnallpflicht – wer unangegurtet erwischt wird, riskiert ein Bußgeld. Kinder müssen in zugelassenen Kindersitzen angeschnallt werden.

Zur Lektüre empfiehlt sich der *New Zealand Road Code*, in dem man alles über das korrekte Verhalten auf Neuseelands Straßen erfährt. In AA-Büros und Buchläden sind Versionen für Auto- und Motorradfahrer erhältlich. Außerdem informiert die Internetseite des **Land Transport New Zealand** (www.landtransport.govt.nz/roadcode) über die wichtigsten Verkehrsregeln.

Versicherung

Wer ein Fahrzeug mietet, sollte sich zuvor genau über die Haftungsbedingungen im Falle eines Unfalls erkundigen. Um nicht nach einem Crash eine böse Überraschung zu erleben – in Neuseeland scheppert es durchaus häufiger –, sollte man sich besser um einen umfassenden Versicherungsschutz kümmern. Normalerweise ist jedoch eine Option mit geringerer Selbstbeteiligung im Schadensfall („Insurance Excess Reduction") ausreichend – hierfür wird pro Leihtag meistens ein Preisaufschlag fällig. Der aber kann sich durchaus lohnen, etwa wenn man statt 1500 oder 2000 NZ$ nur 150 oder 200 NZ$ zahlen muss.

Kleinere Anbieter mit günstigen Preisen verpflichten Interessenten oft zu einer Selbstbeteiligung von rund 900 NZ$ (wird als Kaution per Kreditkarte hinterlegt).

Die meisten Versicherungsverträge decken jedoch keine Glas- oder Reifenschäden ab (inkl. Frontscheibe). Auch wer am Strand oder auf bestimmten unebenen (d. h. unbefestigten und daher nur für Allradfahrzeuge geeigneten) Straßen unterwegs ist, riskiert oftmals seinen Versicherungsschutz. Daher wie immer: das Kleingedruckte sorgfältig durchlesen.

Informationen über das „Accident-Compensation-Corporation"-Schema in Neuseeland finden sich auf S. 780.

BUS

Busreisen in Neuseeland gestalten sich relativ einfach. Die gut organisierten Unternehmen fahren bis in die hintersten Winkel beider Inseln und steuern auch die Start- bzw. Endpunkte diverser Wanderrouten an. Allerdings sind solche Trips teilweise teuer, ermüdend und zeitaufwendig. Die „Busbahnhöfe" kleinerer Orte bestehen meist aus einem Parkplatz vor einem leicht zu findenden Geschäft.

Branchenführer **InterCity** (☎ in Auckland 09-583 5780, in Wellington 04-385 0520, in Christchurch 03-365 1113, in Dunedin 03-471 7143; www.intercity.co.nz) betreibt auch den Ableger **Newmans Coach Lines** (☎ 09-623 1504; www.newmanscoach.co.nz), der Komfortbusse und Sightseeing-Optionen im Angebot hat. InterCity bedient praktisch die gesamte Nord- und Südinsel – von Invercargill und Milford Sound im Süden bis hinauf nach Paihia und Kaitaia im Norden.

Folgende kleinere Regionalanbieter decken einen Großteil der Nordinsel bzw. deren wichtigste Routen ab:

Alpine Scenic Tours (☎ 07-378 7412; www.alpine scenictours.co.nz) Bedient die Umgebung von Taupo, den Tongariro National Park sowie die Skigebiete rund um den Mt. Ruapehu und den Mt. Tongariro.

Bay Xpress (☎ 0800 422 997, 06-873 4984; www.bay xpress.co.nz) Verbindet Wellington über Palmerston North mit Hastings und Napier.

Dalroy Express (☎ 0508 465 622, 06-759-0197; www.dalroytours.co.nz) Verkehrt 1-mal täglich zwischen Auckland und Hawera (über New Plymouth und Hamilton). Weitere Routen: Auckland–Pahia, Hamilton–Rotorua, Hamilton–Taupo.

Go Kiwi Shuttles (☎ 07-866 0336; www.go-kiwi. co.nz) Verbindet Städte wie Auckland, Rotorua und Hamilton mit diversen Orten auf der Coromandel Peninsula.

Magic Travellers Network (☎ 09-358 5600; www. magicbus.co.nz) Praktische Auswahl verschiedener Buspässe, die wahlweise beide Inseln oder je eine abdecken.

Naked Bus (☎ 0900 625 33; www.nakedbus.com) Günstige Trips auf Nord- und Südinsel, von Auckland nach Wellington und zu den meisten Zielen dazwischen.

Waitomo Wanderer (☎ 0508 926 337, 03-477 9083; www.waitomotours.co.nz) Fährt eine Schleife von Rotorua nach Waitomo.

White Star City to City (☎ 06-759 0197; www.white starbus.co.nz) Pendelt zwischen Wellington, Palmerston North, Wanganui und New Plymouth.

Busunternehmen auf der Südinsel:

Abel Tasman Coachlines (☎ 03-548 0285; www.abel tasmantravel.co.nz) Unterwegs zwischen Nelson, Motueka, Golden Bay sowie dem Kahurangi National Park und dem Abel Tasman National Park.

Atomic Shuttles (☎ 03-349 0697; www.atomictravel. co.nz) Verbindungen auf der ganzen Südinsel, z. B. nach Christchurch, Dunedin, Invercargill, Picton, Nelson, Greymouth/Hokitika, Te Anau und Queenstown/Wanaka.

Cook Connection (☎ 0800 266 526; www.cook connect.co.nz) Bedient das Dreieck Mt. Cook–Twizel–Lake Tekapo.

East West Coaches (☎ 0800 142 622, 03-789 6251) Offeriert einen Service zwischen Christchurch und Westport (über Maruia Springs, Reefton und die Abfahrt nach Hanmer Springs).

Hanmer Connection (☎ 0800 242 663; www.atsnz. com) Verkehrt zwischen Hanmer Springs und Christchurch sowie 3-mal wöchentlich zwischen Hanmer und Kaikoura.

Knightrider (☎ 03-342 8055; www.knightrider.co.nz) Betreibt Nachtbusse auf der Strecke Christchurch–Dunedin–Invercargill. Aber weit und breit kein Hasselhoff …

Naked Bus (☎ 0900 625 33; www.nakedbus.com) Günstige Trips auf Süd- und Nordinsel, von Nelson nach Invercargill und zu den meisten Zielen dazwischen.

Scenic Shuttle (☎ 0800 304 333, 03-477 9083; www. scenicshuttle.co.nz) Rollt von Te Anau über Manapouri nach Invercargill.

Southern Link Travel (☎ 0508 458 835; www. southernlinkkbus.co.nz) Deckt einen Großteil der Südinsel ab – inklusive Christchurch, Nelson, Picton, Greymouth, Queenstown und Dunedin.

Topline Tours (☎ 03-249 8059; www.topline tours.co.nz) Verbindet Te Anau mit Queenstown.

Tracknet (☎ 0800 483 262, 03-249 7777; www.track net.net) Tägliche Wandershuttles (z. B. zum Milford Track, dem Routeburn Track, dem Hollyford Track und dem Kepler Track) zwischen Queenstown, Te Anau, Milford Sound, Invercargill, Fiordland und Westküste.

West Coast Shuttle (☎ 03-768 0028; www.westcoast shuttle.co.nz) Verbindet 1-mal täglich Greymouth mit Christchurch.

VERKEHRSMITTEL & ·WEGE

InterCity-Buspässe

Die Buspässe von **InterCity** (☎ in Auckland 09-583 5780, in Wellington 04-385 0520, in Christchurch 03-365 1113, in Dunedin 03-471 7143; www.intercity.co.nz) decken entweder das ganze Land oder jeweils nur die Nord- bzw. die Südinsel ab. Bei langen Trips können solche Pässe günstiger sein als mehrere Einzeltickets. Allerdings bedeuten sie quasi die Bindung an InterCity-Busse und gelten z.B. nicht für die Konkurrenz und deren praktische Shuttles, die einen Großteil Neuseelands abdecken. YHA-, BBH- und VIP-Mitglieder erhalten 15% Ermäßigung. Eventuell fallen separate Reservierungsgebühren an (3 NZ$/Abschnitt, verkäuferabhängig).

LANDESWEIT GÜLTIGE PÄSSE

InterCitys landesweit gültiger **Travelpass** (☎ 0800 339 966; www.travelpass.co.nz) kombiniert Bustrips mit einer Fährpassage über die Cook-Straße. Er ist in drei Varianten erhältlich, die jeweils ein Jahr lang gelten und beliebiges Aus- bzw. Zusteigen ermöglichen. Erwachsene und Kinder bezahlen dabei dasselbe.

Kia Ora New Zealand (579 NZ$; Mindestreisedauer 7 Tage) Einfache Strecke Auckland–Christchurch (über Rotorua, Wellington, Dunedin, Queenstown und Milford Sound) oder umgekehrt.

Kiwi Explorer (623 NZ$; Mindestreisedauer 9 Tage) Einfache Strecke Auckland–Christchurch (über Rotorua, Napier, Wellington, Westküste, Milford Sound und Queenstown) oder umgekehrt.

Aotearoa Adventurer (1283 NZ$; Mindestreisedauer 14 Tage) Monster-Rundroute von Auckland zum Milford Sound und zurück (über Northland, Rotorua, Wellington, Christchurch, Queenstown, die Westküste und Napier).

Auch der treffend benannte **Flexi-Pass** (☎ 0800 222 146; www.flexipass.co.nz) gilt ein Jahr lang. Richtungsunabhängig gestattet er Bustrips zu nahezu allen Zielen innerhalb des InterCity-Netzes. Seine Besitzer können beliebig aus- bzw. zusteigen und Buchungen bis zu zwei Stunden vor Abfahrt gebührenfrei abändern. Der Pass wird in Blöcken zu je fünf Reisestunden verkauft (mind./max. 15/60 Std. 169/605 NZ$) – je größer die Stundenanzahl, desto günstiger die Einzelblöcke. Bei Bedarf kann auch aufgestockt werden.

PÄSSE FÜR DIE NORDINSEL

InterCity bietet sieben verschiedene Nordinsel-Pässe an:

Thermal Explorer (39 NZ$; Mindestreisedauer 1 Tag) Rotorua–Taupo und zurück.

Bay Escape (106 NZ$; Mindestreisedauer 1 Tag) Auckland–Whangarei–Paihia und zurück.

Eastern Wanderer (119 NZ$; Mindestreisedauer 3 Tage) Rotorua–Napier und zurück (über Whakatane, Gisborne und Taupo).

Maui's Catch (169 NZ$; Mindestreisedauer 3 Tage) Einfache Strecke Auckland–Wellington (über Waitomo, Rotorua, Taupo, Napier und Palmerston North) oder umgekehrt.

Volcanic Explorer (184 NZ$; Mindestreisedauer 2 Tage) Auckland–Rotorua und zurück (über Tauranga, Taupo und Waitomo).

Northland Explorer (205 NZ$; Mindestreisedauer 3 Tage) Auckland–Whangarei–Paihia und zurück, inklusive Tagesausflug nach Cape Reinga.

North Island Discovery (243 NZ$; Mindestreisedauer 4 Tage) Auckland–Wellington und zurück (über Waitomo, Rotorua, Taupo, Napier, Palmerston North und Hamilton) oder umgekehrt.

PÄSSE FÜR DIE SÜDINSEL

Zehn Südinsel-Pässe sind im Angebot:

Kaikoura Discovery (40 NZ$; Mindestreisedauer 1 Tag) Christchurch–Kaikoura und zurück.

West Coast Passport ab-Greymouth (135 NZ$; Mindestreisedauer 2 Tage) Einfache Strecke Greymouth–Queenstown (über Franz Josef Glacier, Fox Glacier und Wanaka) oder umgekehrt.

West Coast Passport ab-Nelson (155 NZ$; Mindestreisedauer 2 Tage) Einfache Strecke Nelson–Queenstown (über Greymouth, Franz Josef Glacier, Fox Glacier und Wanaka) oder umgekehrt.

West Coast Passport ab-Picton (180 NZ$; Mindestreisedauer 3 Tage) Einfache Strecke Picton–Queenstown (über Nelson, Greymouth, Franz Josef Glacier, Fox Glacier und Wanaka) oder umgekehrt.

Southern Trail (188 NZ$; Mindestreisedauer 3 Tage) Einfache Strecke Greymouth–Christchurch (über Franz Josef Glacier, Fox Glacier, Wanaka, Queenstown und Tekapo) oder umgekehrt.

Greenstone Encounter (189 NZ$; Mindestreisedauer 2 Tage) Einfache Strecke Christchurch–Milford Sound (über Tekapo, Queenstown und Te Anau) oder umgekehrt.

Goldminers Trail (221 NZ$; Mindestreisedauer 2 Tage) Einfache Strecke Christchurch–Milford Sound (über Dunedin, Queenstown und Te Anau) oder umgekehrt.

Te Hamo's Adventure (259 NZ$; Mindestreisedauer 2 Tage) Einfache Strecke Christchurch–Milford Sound (über Aoraki/Mt. Cook, Queenstown und Te Anau) oder umgekehrt.

Maui's Canoe (442 NZ$; Mindestreisedauer 5 Tage) Rundreise mit Start und Ziel in Christchurch (über Queenstown, Milford Sound, Fox Glacier, Franz Josef Glacier, Nelson und Kaikoura); auch umgekehrt möglich.

Alpine Discovery (539 NZ$; Mindestreisedauer 5 Tage) Rundreise mit Start und Ziel in Christchurch (über Aoraki/

Mt. Cook, Queenstown, Te Anau, Milford Sound, Fox Glacier, Franz Josef Glacier, Greymouth, Nelson und Kaikoura);
auch umgekehrt möglich.

Reservierungen

Im Sommer und während der Schulferien und
Feiertage sollte man für beliebte Strecken so
früh wie möglich buchen. Das restliche Jahr
über sollte es aber kein Problem sein, einen
Platz im gewünschten Bus zu ergattern. Wenn
allerdings die langfristige Reiseplanung davon
abhängt, dass man einen bestimmten Bus
erwischt, geht man besser auf Nummer sicher
und reserviert einen oder zwei Tage vorab.

Die Preise bei InterCity variieren je nach
Nachfrage und Buchungsart (online oder über
eine Agentur) stark; bei einer Online-Bu-
chung ein paar Wochen im Voraus sind die
Tickets normalerweise am günstigsten.

Sitzklassen

Neuseeländische Busse kennen keine ausgewiesenen Erste- und Zweite-Klasse-Sitze.
Rauchen ist strikt verboten.

FAHRRAD

Irgendwo muss es ein Nest mit Radfahrern
geben! Seit ein paar Jahren schwärmen sie
vermehrt auf Neuseelands Straßen aus, besonders im Sommer, wenn Straßen und
Wanderwege vor fluoreszierend gekleideten
Kreaturen mit aerodynamischen behelmten
Köpfen fast überquellen. Das Land ist bei
Cyclisten beliebt: Kein Wunder, ist es doch
sauber, grün und relativ menschenleer, fast
überall gibt's günstige Unterkünfte und auch
Campingplätze en masse und leicht zugängliches Trinkwasser ohnehin. Die meisten
Straßen sind in gutem Zustand und die
Wetterverhältnisse moderat, d. h. im Allgemeinen weder zu heiß noch zu kalt (wenn
man mal die regennasse Westküste der Südinsel ausklammert). Gut, die Berge machen
den Radlern manchmal das Leben schwer,
aber meistens folgen auf hügeliges Gelände
lange, ebene Strecken und Abfahrten. Wie in
jedem Land ist die größte Gefahr der Straßen-
verkehr; man hört so einiges über rücksichts-
loses oder gefährdendes Fahrverhalten der
Kraftfahrzeugführer. Besonders überholende
Trucks, die zu dicht an die Radfahrer herankommen, sind gefährlich. Aufpassen! Fahrräder und Ausrüstung (zum Leihen und Kaufen)
sowie Reparaturwerkstätten gibt's in allen
größeren Städten. In einem großen, landes-

weiten Projekt, das 2009 in Gang gesetzt
wurde, weitet man das Radwegenetz in
Neuseeland aus und verbessert es. Auf der
Website des Tourismusministeriums gibt's
die aktuellen Infos (www.tourism.govt.nz).

Die Reiseplanung ist allein durch die eigene Fantasie begrenzt. Touren entlang der
Küste sind immer ein Highlight, andere Traveller schwärmen dagegen von Strecken im
Landesinneren. Und eine immer beliebtere
Tour führt über einen ausgebauten Weg entlang einer alten Eisenbahnlinie zu einer ehemaligen Goldgräberstadt ins Herz von Otago
(s. Kasten S. 659).

In Neuseeland besteht für Radfahrer eine
Helmpflicht (wer meint, dies ignorieren zu
müssen, riskiert ein Bußgeld). Außerdem ist
es extrem wichtig, reflektierende Kleidung zu
tragen, damit man von überholenden Auto-
und Truckfahrern gut gesehen wird. Wer mit
öffentlichen Verkehrsmitteln größere Distanzen überbrücken will, muss damit rechnen,
dass einige Busgesellschaften Fahrräder nur
mitnehmen, sofern „Plätze verfügbar sind"
(sprich: oft dürfen sie nicht mitgenommen
werden); außerdem fällt eine Gebühr von bis
zu 10 NZ$ an. Kleinere Busunternehmen sor-
gen hingegen immer für ausreichend Stauraum für Fahrräder, aber auch hier wird pro
Rad eine Gebühr fällig.

Wer sein eigenes Fahrrad nach Neuseeland
mitbringen will, sollte sich vorab bei der Fluglinie über anfallende Kosten und Verpa-
ckungsvorschriften informieren.

Kaufen

Fahrräder werden in größeren Städten zwar
an fast jeder Ecke verkauft, doch neuere
Modelle sind sehr teuer. Für ein anständiges
Trekkingrad oder ein robustes Mountainbike
wird man überall mindestens 700 NZ$ los –
nach oben keine Grenzen. Man braucht schon
etwas Glück, um an günstige Angebote zwischen 400 und 500 NZ$ ranzukommen. Doch
selbst dann werden noch Radtaschen, ein
Helm und weiteres Equipment notwendig;
das summiert sich. Wer sein eigenes Bike
nicht mitbringen kann, ist also mit dem Kauf
eines gebrauchten Drahtesels oft besser beraten. Gebrauchte Räder, die auch eine längere
Tour überleben, lassen sich aber schwerer
auftreiben, als man denkt. Schnäppchen gibt's
im Ausverkauf nach Weihnachten und bei
Inventuren mitten im Jahr; dann sind neuere
Modelle oft für relativ wenig Geld zu haben.

Leihen

Leihräder oder -mountainbikes kosten – wenn sie nicht von der Unterkunft günstiger oder umsonst bereitgestellt werden – 10 bis 20 NZ$ pro Stunde bzw. 30 bis 50 NZ$ pro Tag.

FLUGZEUG

Wer Neuseelands Attraktionen möglichst zeitsparend besuchen möchte oder muss, kann auf ein ausgedehntes und landesweites Flugliniennetz zurückgreifen.

Fluglinien in Neuseeland

Als größte einheimische Fluggesellschaft deckt Air New Zealand den Großteil des Landes ab. Auch die australische Jetstar ist zwischen den größten Städten Neuseelands unterwegs.

Viele kleine Regionalanbieter übernehmen wichtige Flüge zu abgelegenen Inseln (z. B. Great Barrier Island im Hauraki-Golf, Stewart Island, Chathams). Zu diesen Firmen zählen:
Air Chathams (☎ 0508 247 248, 03-305 0209; www.airchathams.co.nz) Bedient die entlegenen Chatham Islands ab Wellington, Christchurch, Auckland und gelegentlich auch ab Napier.
Air Fiordland (☎ 0800 107 505, 03-249 6720; www.airfiordland.com) Flüge im Umkreis von Milford Sound, Te Anau und Queenstown.
Air New Zealand (☎ 0800 737 000, 09-357 3000; www.airnewzealand.co.nz) Verbindet 26 Ziele im ganzen Land.
Air West Coast (☎ 0800 247 937, 03-738 0524; www.airwestcoast.co.nz) Zwischen Greymouth und Christchurch, außerdem Charterflüge.
Air2there.com (☎ 0800 777 000, 04-904 5130; www.air2there.com) Verbindet Ziele entlang der Cook-Straße (z. B. Blenheim, Napier, Nelson, Wellington).
Fly My Sky (☎ 09-256 7025; www.flymysky.co.nz) Startet mindestens 3-mal täglich in Auckland zur Great Barrier Island.
Golden Bay Air (☎ 0800 588 885, 03-525 8725; www.capitalair.co.nz) Regelmäßige Flüge zwischen Wellington und Takaka im Distrikt Golden Bay.
Great Barrier Airlines (☎ 0800 900 600, 09-275 9120; www.greatbarrierairlines.co.nz) Bedient die Great Barrier Island, Auckland und Whangarei.
Jetstar (☎ 0800 800 995; www.jetstar.com) Pendelt zwischen den wichtigsten Touristenzentren: Auckland, Wellington, Christchurch und Queenstown.
Salt Air Xpress (☎ 09-402 8338; www.saltair.co.nz) Ab Whangarei und Aucklands North Shore nach Kerikeri.
Soundsair (☎ 0800 505 005, 03-520 3080; www.soundsair.co.nz) Überquert bis zu 16-mal täglich die Cook-Straße zwischen Wellington und Picton. Ab Wellington geht's auch nach Blenheim und Nelson.

Stewart Island Flights (☎ 03-218 9129; www.stewartislandflights.com) Verbindungen zwischen Invercargill und Stewart Island.

Flugpässe

Heutzutage sind Rabatte an der Tagesordnung, außerdem fliegen mittlerweile zahlreiche Billiganbieter quer über die Tasmansee und zu diversen Pazifikinseln. Daher sind Flugpässe nicht mehr so lohnend wie einst.

Air New Zealand bietet u. a. den **South Pacific Airpass** (☎ 1800 262 1234; www.airnewzealand.com) an; er gilt für bestimmte Strecken innerhalb Neuseelands sowie zwischen Neuseeland, Australien und ein paar Pazifikinseln. Man muss ihn vor der Abreise nach Neuseeland beantragen. Ausgestellt wird er in Verbindung mit einem internationalen Ticket jeder beliebigen Airline; die Gültigkeitsdauer orientiert sich am Hin- und Rückflugticket.

Der Pass umfasst Coupons für landesweite Flüge (je nach Entfernung 99–378 NZ$); außerdem gilt er für Verbindungen mit großen australischen Städten oder Pazifikinseln wie den Fidji-Inseln, Neukaledonien oder Tonga. Auch weit entfernte Ziele wie die Cook-Inseln oder Samoa können abgedeckt werden (einfache Strecke 231–855 NZ$).

NAHVERKEHR
Bus, Zug & Straßenbahn

Die meisten neuseeländischen Stadtbuslinien sind mittlerweile privatisiert. In größeren Städten ist das Netz meist sehr dicht geknüpft. Bis auf ein paar lobenswerte Ausnahmen fahren Busse aber nur unter der Woche und dann auch nur tagsüber. An Wochenenden (vor allem sonntags) sind nur wenige Linien unterwegs; andere stellen den Betrieb komplett ein. Die Busse von Link und City Circuit erleichtern die Erkundung von Aucklands Innenstadt; in Christchurch fährt neben verschiedenen Shuttlebussen auch die historische Straßenbahn. Die meisten Großstädte betreiben auch einen Nachtbusservice, der an Wochenenden Nachschwärmer in den Unterhaltungsvierteln des Zentrums aufsammelt.

Mit fünf Pendlerstrecken ist Wellington die einzige Stadt mit einem anständigen Regionalbahnnetz.

Taxi

Zahlreiche Taxis kurven durch die Großstädte; sogar in kleinen Ortschaften gibt's oft lokale Anbieter. Taxis durchkämmen belebte

Viertel in Auckland, Wellington und Christchurch nach Fahrgästen; an sämtlichen anderen Orten muss man häufig zum Telefon greifen oder zum nächsten Taxistand marschieren.

SCHIFF/FÄHRE

Neuseeland ist zwar eine Inselnation, doch es gibt praktisch keine Personenschiffe, die auf den umgebenden Gewässern größere Distanzen zurücklegen. Ausnahmen sind lediglich die Verbindungen zwischen Auckland und verschiedenen Inseln im Hauraki-Golf (s. S. 140) und natürlich die Interisland Ferries über die Cook-Straße zwischen Wellington und Picton (s. S. 461 & S. 482). Eine Passagierfähre überquert außerdem die breite Foveaux Strait zwischen Bluff und Oban auf Stewart Island (s. S. 758).

TRAMPEN

„Wenn man irgendwo auf der Welt sicher trampen kann, dann in Neuseeland." Noch bis vor Kurzem hatte diese Aussage tatsächlich einen wahren Kern. In den letzten Jahren haben sich jedoch ein paar vereinzelte unschöne Zwischenfälle ereignet, aufgrund derer man zu dem Schluss kommen muss, dass Neuseeland für allein reisende Anhalter (besonders für Frauen) nicht mehr ganz so ungefährlich ist. Wer dennoch trampen will, sollte wissen, dass er damit ein kleines, auch möglicherweise ernstes Risiko eingeht. Der clevere Tramper tritt daher paarweise auf und teilt Dritten seine Reiseabsicht mit. Trotz der jüngsten Vorkommnisse sieht man auf Landstraßen nach wie vor noch häufig Anhalter am Straßenrand – als „Erkennungszeichen" gelten der ausgestreckte Daumen oder ein nach unten zeigender Finger. Dank guter Busnetze und günstiger Leihwagen ist Trampen aber nicht mehr so verbreitet wie einst.

Traveller mit Auto, die Mitfahrer zu den unterschiedlichsten Zielen suchen, nutzen gern schwarze Bretter in Backpacker-Unterkünften. Im Internet kann man auf der ausgezeichneten Internetseite www.carshare. co.nz Mitfahrer suchen oder freie Plätze anbieten.

ZUG

Abgesehen von Wellingtons Vorstadtzügen dienen neuseeländische Bahnverbindungen dem Reiseerlebnis, nicht dem schnellstmöglichen Vorankommen. **Tranz Scenic** (☎ 0800 872 467, 04-495 0775; www.tranzscenic.co.nz) verkehrt gleich auf mehreren Strecken mit besonderem landschaftlichem Reiz – beispielsweise mit dem *Overlander* (Auckland–Wellington), dem *TranzCoastal* (Christchurch–Picton) und dem *TranzAlpine* (Christchurch–Greymouth) durch die Southern Alps. All diese Trips gibt's täglich in beide Richtungen. Werktags verkehrt zusätzlich der Pendlerservice *Capital Connection* (Palmerston North–Wellington).

Reservierungen können direkt bei Tranz Scenic sowie in den meisten Bahnhöfen (aber *nicht* in Palmerston North und Hamilton), Reisebüros und Touristeninformationen vorgenommen werden. Die genannten Stellen verteilen auch detaillierte Fahrplanbroschüren. Zudem lohnt sich die Frage nach Ermäßigungen auf Standardpreise (Kind/Senior & Student/mit Backpackerkarte 50/30/20 %). *Overlander* und *Capital Connection* sind jedoch immer rabattfrei. Die Regionenkapitel informieren über örtliche Tarife und Fahrpläne.

Zugpässe

Neuseelands begrenztes Schienennetz macht Zugpässe nicht sonderlich sinnvoll.

Der **Scenic Rail Pass** (www.tranzscenic.co.nz) von Tranz Scenic erlaubt die unbegrenzte Nutzung aller Bahnverbindungen (mit Ausnahme des *Capital Connection*) mit der Zusatzoption einer Überfahrt auf der Interislander-Fähre (Wellington–Picton). Der 14 Tage gültige Pass kostet inklusive Fährpassage 517 NZ$ (Kind 394 NZ$).

Gesundheit Dr. David Millar

Neuseeland ist aus medizinischer Sicht eines der unproblematischsten Reiseländer weltweit. Das Risiko, an Krankheiten wie Malaria oder Typhus zu erkranken, geht gegen Null. Dank strenger Quarantänebestimmungen sind selbst einige Tierseuchen wie die Tollwut in Neuseeland bislang nicht aufgetreten. Und da hier keine Giftschlangen oder andere gefährliche Tiere leben, ist die Region so sicher, dass Traveller auch gefahrlos ausgetretene Pfade verlassen und in die freie Natur eintauchen können.

VOR DER REISE

Da die meisten Impfstoffe erst nach mindestens zwei Wochen ihre Wirkung entfalten, sollte man etwa vier bis acht Wochen vor Reiseantritt den Arzt aufsuchen. Es ist zu empfehlen, sich gegebenenfalls vom Hausarzt einen Internationalen Impfpass (das „gelbe Büchlein") ausstellen zu lassen, in dem alle erhaltenen Impfungen eingetragen werden. Der Impfpass ist zwar nicht obligatorisch, es ist aber grundsätzlich nicht das dümmste, ihn bei allen Reisen dabeizuhaben.

Mitgeführte Arzneimittel sollten in ihren gut beschrifteten Originalverpackungen aufbewahrt werden. Ratsam ist es außerdem, einen unterschriebenen und datierten Brief des Hausarztes bei sich zu haben, der alle Angaben zum Gesundheitszustand, zu den verordneten Medikamenten und deren Freinamen enthält. Wer Spritzen oder Injektionsnadeln mit sich führt, sollte sich durch einen Brief seines Arztes unbedingt bestätigen lassen, dass dies aus medizinischen Gründen erforderlich ist.

VERSICHERUNG

Wenn die eigene Krankenversicherung die medizinische Versorgung im Ausland nicht abdeckt, könnte eine Zusatzversicherung ratsam sein. Vor Reiseantritt sollte man klären, ob die eigene Versicherung medizinische Leistungen direkt bezahlt oder ob die Auslagen bei Auslandsreisen erst nachträglich erstattet werden. (In vielen Ländern müssen Ärzte bar bezahlt werden). Weitere Informationen dazu gibt's bei der Krankenkasse und privaten Versicherern.

EMPFOHLENE IMPFUNGEN

Für Reisen nach Neuseeland sind keine Impfungen erforderlich. Die Weltgesundheitsorganisation WHO empfiehlt allen Reisenden unabhängig vom Ziel Impfungen gegen Diphtherie, Tetanus, Masern, Mumps, Röteln, Windpocken und Polio (Kinderlähmung) sowie gegen Hepatitis B. Sich auf eine Reise vorzubereiten, ist eine gute Gelegenheit, alle Routineschutzimpfungen aufzufrischen. Immerhin können die Folgen der genannten Krankheiten sehr ernsthaft sein. Auch wenn in Neuseeland Impfungen gegen Kinderkrankheiten weit verbreitet sind, brechen diese trotzdem hin und wieder aus.

INFOS IM INTERNET

Es gibt eine Menge von reisemedizinischen Ratschlägen im Internet: **LonelyPlanet.com** (www.lonelyplanet.com) ist für den Anfang eine gute Seite. Weitere Empfehlungen sind: **Travelmed Service GmbH** (www.travelmed.de) Zusammenschluss von Reiseveranstaltern, Ärzten und Apothekern. **Tropeninstitut Hamburg** (www.gesundes-reisen.de) Umfangreiche Tipps und Ratschläge. **World Health Organization** (WHO; www.who.int/ith/) Das sehr gute, derzeit nur auf Englisch zu erhaltene Buch *International Travel and Health* wird jährlich aktualisiert und ist online kostenlos zu beziehen.

UNTERWEGS

JETLAG & REISEÜBELKEIT

Erfahrungsgemäß tritt ein Jetlag vor allem bei Reisen über mehr als fünf Zeitzonen auf. Ein Jetlag kann zu Schlaflosigkeit, Müdigkeit, Unwohlsein oder Brechreiz führen. Vorbeugen lässt sich, indem man reichlich trinkt (keinen Alkohol) und leichte Mahlzeiten zu sich nimmt. Nach der Ankunft sollte man bei Tageslicht viel an der frischen Luft sein und den eigenen Rhythmus (Mahlzeiten, Schlaf usw.) so schnell wie möglich den örtlichen Gegebenheiten anpassen.

Zur Behandlung von Reiseübelkeit sind vor allem Antihistamine zu empfehlen. Deren

Hauptnebenwirkung ist Schwindel. Eine pflanzliche Alternative ist Ingwer, der bei manchen geradezu Wunder wirkt.

THROMBOSE

Das sogenannte Touristenklasse-Syndrom kann während langer Flugreisen entstehen, wenn sich in den Beinen Blutgerinnsel bilden. Sie werden hauptsächlich durch längeres Stillsitzen verursacht. Je länger der Flug, desto größer ist das Risiko. Hauptsymptom einer Thrombose ist das schmerzhafte, meist einseitige Anschwellen der Füße, der Fußknöchel oder der Waden. Wandert ein solches Blutgerinnsel in die Lungen, können Atembeschwerden und Schmerzen im Brustbereich auftreten. Reisende mit solchen Symptomen brauchen sofort ärztliche Hilfe.

Um bei längeren Flugreisen der Entstehung von Thrombosen vorzubeugen, kann es hilfreich sein, im Gang des Flugzeugs auf und ab zu gehen, im Sitzen die Beinmuskeln spielen zu lassen, viel zu trinken und auf Alkohol- und Tabakkonsum zu verzichten.

IN NEUSEELAND

MEDIZINISCHE VERSORGUNG & KOSTEN

Eine Krankenversicherung ist für alle Reisenden dringend zu empfehlen. Die medizinische Versorgung in Neuseeland hat ein hohes Niveau und ist im internationalen Vergleich nicht übermäßig teuer. Allerdings können beträchtliche Kosten entstehen, besonders ein krankheitsbedingter Rückflug in die Heimat wird mitunter sehr teuer. Genauere Informationen zu Versicherungen sind auf S. 796 zu finden.

Medizinische Versorgung in Neuseeland

In Neuseeland gibt es keine staatlich finanzierten öffentlichen Krankenhäuser. Bei allen Reisenden trägt jedoch die Accident Compensation Corporation (ACC) die Kosten von Behandlungen, die aufgrund von Unfällen (z. B. Auto- oder Sportunfälle) in Neuseeland notwendig werden. Die Kosten, die während des Aufenthalts in Neuseeland durch die Behandlung einer Krankheit anfallen, deckt hingegen nur eine Reisekrankenversicherung ab. Weitere Informationen sind unter www.moh.govt.nz und www.acc.co.nz zu finden.

In den größeren Städten Neuseelands gibt es eine Reihe von ausgezeichneten öffentlichen Gesundheitseinrichtungen, die auf Frauen- und Kinderkrankheiten spezialisiert sind. Frauen müssen keine speziellen Gesundheitshinweise beachten. Bei Kindern jedoch heißt es in der freien Natur gut aufpassen: Hitze, Sonnenbrände, Erkältungen und Wasserunfälle können den Spaß am Urlaub schnell trüben.

Die gebührenfreie Gesundheitshotline (☎ 0800 611 116) ist rund um die Uhr freigeschaltet und gibt medizinische Ratschläge für ganz Neuseeland.

Selbsthilfe in Neuseeland

In abgelegenen Gebieten Neuseelands kann es bei schweren Unfällen oder ernsten Erkrankungen ziemlich lange dauern, bis ein Notarzt eintrifft. Vor allem auf der Südinsel können Wettereinflüsse und schlechte Wegstrecken zu Verzögerungen führen. Deshalb ist ein erhöhtes Maß an Eigenvorsorge geboten. Empfehlenswert ist, einen speziellen Erste-Hilfe-Kurs für Wildnistouren zu absolvieren. Zudem sollte man eine umfassende, genau auf die geplanten Aktivitäten zugeschnittene Erste-Hilfe-Ausrüstung dabeihaben. Um wirklich auf Nummer sicher zu gehen, sind geeignete Kommunikationsmittel das A und O. In Neuseeland gibt es zwar ein gut ausgebautes Handynetz, doch in entlegenen Regionen empfiehlt es sich, ein Funkgerät mitzunehmen, das in beliebten Wandergebieten üblicherweise in den Büros des Department of Conservation ausgeliehen werden kann.

Arzneimittelversorgung

Rezeptfreie Medikamente sind überall in Neuseeland in privaten Apotheken erhältlich. Das Angebot reicht von Schmerzmitteln und Antihistaminika gegen Allergien bis zu Hautpflegeprodukten.

Wie in Deutschland sind auch in Neuseeland zahlreiche Medikamente verschreibungspflichtig. Dazu gehören Anti-Baby-Pillen, die meisten Asthmamittel und alle Antibiotika. Sollte man ein bestimmtes Arzneimittel regelmäßig einnehmen müssen, ist es ratsam, einen ausreichenden Vorrat mitzunehmen und sich den Freinamen des Medikaments im Detail zu notieren, da Markennamen von Land zu Land variieren. Die meisten der in Europa gebräuchlichen Arzneimittel sind auch in Neuseeland erhältlich.

GESUNDHEIT

GESUNDHEIT

INFEKTIONEN
Bakterielle Gehirnhautentzündung
Vor allem in den Regionen um Rotorua und Taupo besteht ein – wenn auch nur sehr geringes – Risiko, sich beim Baden oder Schwimmen in Thermalwasser eine Gehirnhautentzündung (Meningitis) einzufangen. Deshalb sollte man in den entsprechenden Pools den Kopf über Wasser halten, um zu vermeiden, dass die Erreger in die Nase gelangen.

Bei dieser schweren Krankheit ist eine schnelle Diagnose sehr wichtig. Die Meningitis hat eine Inkubationszeit von drei bis sieben Tagen; sie macht sich mit Kopfschmerzen, Fieber und Erbrechen bemerkbar. Eine sofortige medizinische Behandlung ist auch deshalb notwendig, um die Erkrankung von anderen Formen der Gehirnhautentzündung unterscheiden und dementsprechend behandeln zu können.

Geschlechtskrankheiten
Die Zahl der Infektionen mit übertragbaren Geschlechtskrankheiten ist ähnlich groß wie in den meisten westlichen Ländern. Die häufigsten Symptome sind Schmerzen beim Wasserlassen und eitriger Ausfluss. Doch auch ohne Symptome kann eine Infektion vorliegen, sodass man sich nach jedem ungeschützten Verkehr mit einem neuen Partner bzw. einer neuen Partnerin ärztlich untersuchen lassen sollte. Größere Krankenhäuser informieren über das Risiko sexuell übertragbarer Krankheiten.

Giardiasis
Die Darmparasiten, die die Giardiasis verursachen, sind in australischen Binnengewässern weit verbreitet. Deshalb sollte man kein unbehandeltes Wasser aus Wasserläufen und Seen trinken, sondern Wasserfilter benutzen und das Wasser abkochen oder mit Jodpräparaten behandeln, um eine Erkrankung zu vermeiden. Die Symptome sind stoßweise auftretender, übel riechender Durchfall, Blähbauch und Flatulenzen. Die Krankheit lässt sich gut mit Tinidazol oder Metronidazol behandeln.

Hepatitis C
Die Krankheit ist noch immer ein ernstes Problem bei Abhängigen von intravenös verabreichten Drogen. In Einrichtungen, die Bluttransfusionen durchführen, wird das Blut jedoch vor dem Einsatz sorgfältig überprüft.

HIV
Der Anstieg der HIV-Infektionen im Land konnte mithilfe großer Medienkampagnen gebremst werden; der Anteil der AIDS-Infizierten an der Gesamtbevölkerung liegt im Durchschnitt anderer westlicher Länder. Saubere Nadeln und Spritzen sind überall zu erhalten.

Meningokokken-Infektion
Diese Krankheit tritt weltweit auf. Gefährdet ist, wer über einen längeren Zeitraum in Schlafsälen und ähnlichen Unterkünften nächtigt. Für einige Formen dieser Krankheit gibt es Impfstoffe, vor allem für Meningokokken A, C, Y und W. Für die virale Meningitis gibt es gegenwärtig keinen Impfstoff.

DURCHFALLERKRANKUNGEN
Bei Durchfall sollte viel Flüssigkeit getrunken werden, vorzugsweise eine Lösung mit Rehydratationstabletten, die viel Salz und Zucker enthält. Einige flüssige Stuhlgänge erfordern noch keine Behandlung, aber bei mehr als vier oder fünf am Tag sollten ein Antibiotikum (meist ein Chinolon-Präparat) und ein Durchfallmittel (wie z. B. Imodium) eingenommen werden. Wenn der Durchfall Blut enthält, länger als 72 Stunden anhält und/oder von Fieber, Schüttelfrost oder starken Bauchschmerzen begleitet ist, sollte unbedingt ein Arzt aufgesucht werden.

GESUNDHEITSRISIKEN
Spinnenbisse
In Neuseeland leben zwei Arten giftiger Spinnen: die heimische Katipo, die nicht sehr giftig und so selten ist, dass sie fast schon zu den gefährdeten Arten zählt, und die aus dem Ausland eingeschleppte White-tailed Spider (Danke, Australien!), die aber ebenfalls nicht sehr verbreitet ist. Bisse der White-tailed Spider können schlecht abheilende Geschwüre verursachen. Die Wunde sollte gründlich gereinigt werden – falls sich doch ein Geschwür bildet, einen Arzt aufsuchen.

Surfen & Tauchen
Neuseeland hat außergewöhnliche Surfstrände zu bieten, vorzugsweise an den West-, Süd- und Ostküsten. Die Stärke des Wellengangs kann allerdings variieren, was an vielen Stränden an dem sich verändernden Gefälle des Meeresbodens liegt. Bevor man über die Wellen reitet, sollte man vorsichts-

halber mit den örtlichen Rettungsschwimmern reden. Mitunter lebenswichtig kann es sein, die eigenen Grenzen und die eigenen Fähigkeiten richtig einzuschätzen.

Unterkühlung

Die Gefahr einer Unterkühlung besteht in Neuseeland besonders in den Wintermonaten oder ganzjährig in den Bergen der Nordinsel und auf der gesamten Südinsel. Die Gebirgszüge und/oder die starken Winde erzeugen hohe Kälteeinflüsse, die selbst bei mäßig kühlen Umgebungstemperaturen zu Unterkühlung führen können. Erste Anzeichen für eine Unterkühlung sind die Einschränkung der Feinmotorik (wie die Unfähigkeit, Knöpfe zu schließen), Schüttelfrost und allgemeine Unbeholfenheit. In diesem Fall ist es wichtig, schnell Maßnahmen zu ergreifen, die den Wärmeverlust minimieren: also gegebenenfalls feuchte Sachen aus- und wind- und wasserabweisende Kleider anziehen. Außerdem ist es ratsam, den Körper in eine Isomatte zu hüllen und ihm Nährstoffe (Wasser und Kohlenhydrate) zuzuführen, damit er – durch Zittern – seine Temperatur wieder erhöhen kann.

Bei schweren Fällen einer Unterkühlung hört das Zittern jedoch plötzlich auf – dann wird über die oben genannten Maßnahmen hinaus unverzüglich eine medizinische Versorgung durch geschulte Rettungskräfte notwendig.

UV-Strahlung

Die Hautkrebsrate in Neuseeland ist mit die höchste in der Welt. Man sollte also genau darauf achten, in welchem Ausmaß man sich der UV-Strahlung aussetzt. Zwischen 10 und 16 Uhr sind die UV-Strahlen am stärksten. Zu dieser Tageszeit sollte man es also vermeiden, die Haut ungeschützt der Sonne auszusetzen. Ratsam ist es, stets einen Sonnenschutz mit einem Lichtschutzfaktor von mindestens 30 zu verwenden. Um einem Sonnenbrand wirkungsvoll vorzubeugen, sollte er stets 30 Minuten, bevor man sich in die Sonne begibt, aufgetragen und regelmäßig erneuert werden.

Wasser

Das Leitungswasser in Neuseeland ist im Allgemeinen sauber. Eine steigende Zahl von Bächen, Flüssen und Seen sind jedoch mit Krankheitserregern verunreinigt, die Durchfall verursachen können. Deshalb ist es äußerst wichtig, bei Wanderungen das Wasser vor dem Trinken zu reinigen. Am einfachsten geschieht dies durch gründliches Abkochen. Doch auch der Kauf eines Wasserfilters ist sicher keine schlechte Investition – allerdings sollte man die Gebrauchsanweisung des Geräts gründlich durchlesen, um in Erfahrung zu bringen, was genau aus dem Wasser herausgefiltert wird und was nicht. Ein einfacher Filtervorgang beseitigt nicht alle gefährlichen Mikroorganismen; daher sollte das Wasser chemisch behandelt werden, sofern keine Möglichkeit zum Abkochen besteht. Chlortabletten töten zwar viele Krankheitserreger ab, jedoch keine Parasiten wie Giardiasis oder Zysten hervorrufende Bakterien. Jod ist ein effektiveres Mittel zur Wasserreinigung. Die Anwendungshinweise sollten jedoch genau befolgt werden – zu viel Jod kann dem Körper schaden.

GESUNDHEIT

Sprache

Neuseeland hat zwei offizielle Landessprachen: Englisch und Maori. Auf Englisch wird man im Alltag treffen, wenngleich Maori derzeit ein Comeback erlebt. Mit Englisch kann man sich in allen Situationen und mit jedem Neuseeländer verständigen. Es gibt jedoch einige Situationen, bei denen es sicher nützlich ist, ein paar Brocken Maori zu beherrschen, etwa beim Besuch einer *marae*, wo häufig nur Maori gesprochen wird. Maorikenntnisse sind auch deswegen nützlich, weil die Namen vieler Orte in Neuseeland der Maorisprache entnommen sind.

KIWI-ENGLISCH

Wie andere englischsprachige Völker haben auch die Neuseeländer beim Gebrauch dieser Sprache ihre Eigenheiten. Die montone Artikulation der Vokale– manche nennen das auch Nuscheln – ist das auffälligste Merkmal der Aussprache der Kiwis. Darüber dass die Neuseeländer „fish and chips" zu „fush and chups" machen, können sich besonders die Australier immer wieder königlich amüsieren. Auf der Nordinsel wird am Satzende gerne ein „eh!" angehängt. Im äußersten Süden des Landes hört man dagegen oft das gerollte R, das auf die schottischen Siedler in dieser Region zurückgeht – ganz besonders gilt das für Southland. Erklärungen für einige kiwi-englische Wörter und Ausdrücke finden sich auf S. 806 im Glossar.

Und was das „normale" Englisch angeht: Wie immer gilt auch in Neuseeland, dass man mit eigentlich relativ wenigen Formulierungen bereits erstaunlich viele Informationen austauschen kann. Im Folgenden sind die wichtigsten Wörter und Wendungen für die fast perfekte Konversation in fast allen Lebenslagen aufgelistet.

KONVERSATION & NÜTZLICHES

Wer einen Fremden nach etwas fragt, sollte die Frage oder Bitte auf jeden Fall mit einer höflichen Entschuldigung einleiten: Die Floskel „Excuse me, …" ist also immer ein guter Anfang.

Guten Tag.	Hello.
Hallo.	Hi.
Guten …	Good …
Tag	day
Morgen	morning
Tag	afternoon
Abend	evening
Auf Wiedersehen.	Goodbye.
Bis später.	See you later.
Tschüss.	Bye.
Wie geht es Ihnen?/	
Wie geht es dir?	How are you?
Danke, gut.	Fine. And you?
Und Ihnen?/Und dir?	… and you?
Wie ist Ihr Name?/	
Wie heißt du?	What's your name?
Mein Name ist …/	
Ich heiße …	My name is …
Ja.	Yes.
Nein.	No.
Bitte.	Please.
(Vielen) Dank.	Thank you (very much).
Bitteschön.	You're welcome.
Entschuldigen Sie, …/	
Entschuldige …	Excuse me, …

FRAGEWÖRTER

Wer?	Who?
Was?	What?
Wo?	Where?
Wann?	When?
Wie?	How?
Warum?	Why?
Welcher?	Which?
Wie viel?	How much?
Wie viele?	How many?

GESUNDHEIT

Wo ist der/die/das nächste …?
Where's the nearest …?

Apotheke	chemist
Zahnarzt	dentist
Arzt	doctor
Krankenhaus	hospital

Ich brauche einen Arzt. I need a doctor.
Gibt es in der Nähe eine (Nacht-)Apotheke?
  Is there a (night) chemist nearby?
Ich habe mich verirrt.
  I'm lost.
Wo ist die Toilette?
  Where are the toilets?

Ich bin krank.
I'm sick.
Es tut hier weh.
It hurts here.
Ich habe mich übergeben.
I've been vomiting.
Ich habe Durchfall/Fieber/Kopfschmerzen.
I have diarrhoea/fever/headache.
(Ich glaube,) Ich bin schwanger.
(I think) I'm pregnant.

Ich bin allergisch	*I'm allergic*
gegen ...	*to ...*
Antibiotika	*antibiotics*
Aspirin	*aspirin*
Penizillin	*penicillin*

MIT KINDERN REISEN

Ich brauche ...	*I need (a) ...*
Gibt es ...?	*Is there (a/an) ...?*
einen Wickelraum	*baby change room*
einen Babysitz	*baby seat*
einen Babysitter	*babysitter*
einen Kindersitz	*booster seat*
einen Babysitter-	*child-minding*
Service	*service*
eine Kinderkarte	*children's menu*
einen Kinderstuhl	*highchair*
(Wegwerf-)Windeln	*(disposable) nappies*
ein Kindertöpfchen	*potty*
einen Kinderwagen	*stroller*

Kann ich mein Kind hier stillen?
Do you mind if I breastfeed here?

Sind Kinder erlaubt?	*Are children allowed?*

PAPIERKRAM

Name	*name*
Staatsangehörigkeit	*nationality*
Geburtsdatum	*date of birth*
Geburtsort	*place of birth*
Geschlecht	*sex/gender*
(Reise-)Pass	*passport*
Visum	*visa*

RESERVIERUNGEN VORNEHMEN

An ...	*To ...*
Von ...	*From ...*
Datum	*Date*
Ich möchte ... reservieren.	*I'd like to book ...*
Auf den Namen ...	*in the name of ...*
Vom ... bis zum ...	*from ... to ...*
Kreditkarte	*credit card*
Nummer	*number*
gültig bis ...	*expiry date*

Bitte bestätigen Sie Verfügbarkeit und Preis.
Please confirm availability and price.

NOTFÄLLE

Hilfe!	*Help!*
Es ist ein Notfall!	*It's an emergency!*
Rufen Sie ...	*Call ...*
die Polizei!	*the police!*
einen Arzt!	*a doctor!*
einen Krankenwagen!	*an ambulance!*
Lassen Sie mich in	
Ruhe!	*Leave me alone!*
Gehen Sie weg!	*Go away!*

SHOPPEN & SERVICE

Ich suche ...
I'm looking for ...
Wo ist der/die/das (nächste) ...?
Where's the (nearest) ...?
Wo kann ich ... kaufen?
Where can I buy ...?
Ich möchte ... kaufen.
I'd like to buy ...
Wie viel (kostet das)?
How much (is this)?
Das ist zu viel/teuer.
That's too much/expensive.
Können Sie mit dem Preis heruntergehen?
Can you lower the price?
Haben Sie etwas Billigeres?
Do you have something cheaper?
Ich schaue mich nur um.
I'm just looking.
Können Sie den Preis aufschreiben?
Can you write down the price?
Haben Sie noch andere?
Do you have any others?
Können Sie ihn/sie/es mir zeigen?
Can I look at it?

mehr	*more*
weniger	*less*
kleiner	*smaller*
größer	*bigger*
Nehmen Sie ...?	*Do you accept ...?*
Kreditkarten	*credit cards*
Reiseschecks	*travellers cheques*
Ich möchte ...	*I'd like to ...*
Geld umtauschen	*change money (cash)*
einen Scheck einlösen	*cash a cheque*
Reiseschecks einlösen	*change some travellers cheques*

Ich suche

einen Geldautomaten	*an ATM*
eine Geldwechselstube	*an exchange office*
eine Bank	*a bank*
die ... Botschaft	*the ... embassy*
deutsche	*German*
österreichische	*Austrian*
Schweizer	*Swiss*
das Krankenhaus	*the hospital*
den Markt	*the market*
die Polizei	*the police*
die Post	*the post office*
ein öffentliches Telefon	*a public phone*
eine öffentliche Toilette	*a public toilet*

Wann macht er/sie/es auf/zu?
What time does it open/close?
Ich möchte eine Telefonkarte kaufen.
I want to buy a phone card.
Wo ist hier ein Internetcafé?
Where's the local Internet cafe?

UNTERKUNFT

Wo ist ...?	*Where's a ...?*
eine Pension	*bed and breakfast, guesthouse*
ein Campingplatz	*camping ground*
ein Hotel	*hotel*
ein Privatzimmer	*room in a private home*
eine Jugendherberge	*youth hostel*

Wie lautet die Adresse?
What's the address?
Ich möchte bitte ein Zimmer reservieren.
I'd like to book a room, please.
Für (drei) Nächte/Wochen.
For (three) nights/weeks.

Haben Sie ein ...?	
Do you have a ... room?	
Einzelzimmer	*single*
Doppelzimmer	*double*
Doppelzimmer mit	
zwei Einzelbetten	*twin*

Wie viel kostet es pro Nacht/Person?
How much is it per night/person?
Kann ich es sehen?
May I see it?
Kann ich ein anderes Zimmer bekommen?
Can I get another room?
Es ist gut, ich nehme es.
It's fine. I'll take it.
Ich reise jetzt ab.
I'm leaving now.

VERSTÄNDIGUNG

Verstehen Sie (mich)?
Do you understand (me)?
Ich verstehe (nicht).
I (don't) understand.

Könnten Sie...?	*Could you please ...?*
bitte langsamer	
sprechen	*speak more slowly*
das bitte wiederholen	*repeat that*
das bitte aufschreiben	*write it down*

VERKEHRSMITTEL & -WEGE
Öffentliche Verkehrsmittel

Wann fährt ... ab?	
What time does the ... leave?	
das Boot	*boat*
der Bus	*bus*
der Zug	*train*

Private Verkehrsmittel

Wo kann ich ... mieten?
Where can I hire a...?

Ich möchte ... mieten.	
I'd like to hire a/an ...	
ein Fahrrad	*bicycle*
ein Auto	*car*
ein Allradfahrzeug	*4WD*
einen Schaltwagen	*manual*
ein Motorrad	*motorbike*

Wie viel kostet es pro ...?	
How much is it per ...?	
Tag	*day*
Woche	*week*
Benzin	*petrol*
Diesel	*diesel*
bleifreies Benzin	*unleaded*
Autogas	*LPG*

Wo ist eine Tankstelle?
Where's a petrol station?
Führt diese Straße nach ...?
Does this road go to ...?
(Wie lange) Kann ich hier parken
(How long) Can I park here?
Wo muss ich bezahlen?
Where do I pay?
Ich brauche einen Mechaniker.
I need a mechanic.
Ich habe (in ...) eine Panne mit meinem Auto.
The car has broken down (at ...)
Ich hatte einen Unfall.   *I had an accident.*
Das Auto/Motorrad springt nicht an.
The car/motorbike won't start.

SPRACHE

Ich habe eine Reifenpanne. I have a flat tyre.
Ich habe kein Benzin mehr. I've run out of petrol.

WEGWEISER
Können Sie mir bitte helfen?
Could you help me, please?
Wo ist (eine Bank)?
Where's (a bank)?
Ich suche (die Kathedrale).
I'm looking for (the cathedral).
In welcher Richtung ist (eine öffentliche Toilette)?
Which way's (a public toilet)?
Wie kann ich da hinkommen?
How can I get there?
Wie weit ist es?
How far is it?
Können Sie es mir (auf der Karte) zeigen?
Can you show me (on the map)?

MAORI

Die Maori haben eine bewegte Geschichte, die in Liedern und Gesängen festgehalten ist. Sie berichten ganz dramatisch von vielen wichtigen Ereignissen, z. B. davon, wie die Maori vom polynesischen Hawaiki gekommen sind und das Land besiedelt haben. Die frühen Missionare haben die Sprache als Erste niedergeschrieben, wobei sie mit nur 15 Buchstaben des lateinischen Alphabets auskamen.

Maori ist eng mit anderen polynesischen Sprachen (wie dem Hawaiianischen, Tahitischen und der Sprache der Cookinseln-Maori) verwandt. Das Maori auf Neuseeland und das Hawaiianische sind sich sehr ähnlich – obwohl mehr als 7000 km zwischen Honolulu und Auckland liegen.

Maori war nie eine tote Sprache – bei Maorizeremonien wurde sie zu allen Zeiten benutzt –, doch im Lauf der Jahre waren immer weniger Menschen mit ihr vertraut. Glücklicherweise ist in letzter Zeit das Interesse an ihr wieder erwacht, ja bildet einen integralen Bestandteil des Wiederauflebens der Maoritanga (Maorikultur). Viele Maori, die die Sprache zwar in den *marae* immer gehört hatten, aber sie in ihrem Alltag nicht benutzten, lernen sie jetzt oder sprechen sie bereits fließend. Maori wird heute in ganz Neuseeland in Schulen unterrichtet, es gibt einige Fernsehprogramme und Nachrichtensendungen auf Maori, und viele eng-

lische Ortsnamen bekommen Maorinamen. Selbst Regierungsstellen haben Maoribezeichnungen erhalten; so ist beispielsweise das Inland Revenue Department (Finanzamt) auch als Te Tari Taake bekannt. (Das letzte Wort müsste eigentlich *take,* d. h. „Abgabe", heißen, die Behörde hat aber die Schreibweise „aa" vorgezogen, um anzudeuten, dass die Aussprache ähnlich dem deutschen „a" ist).

Vielerorts haben sich Maori zusammengetan, um ihren Kindern die eigene Sprache und Kultur zu vermitteln: Sie sollen zweisprachig aufwachsen und so mit der Maoritradition vertraut werden. Man ist stolz darauf, die Sprache fließend zu beherrschen. In einigen *marae* darf nur Maori gesprochen werden.

AUSSPRACHE
Maori ist eine melodische, poetische Sprache, die sehr leicht auszusprechen ist. Tipp: Jedes Wort – und manche können endlos lang sein – muss Silbe für Silbe ausgesprochen werden.

Die meisten Konsonanten des Maori – **h**, **k**, **m**, **n**, **p**, und **t** – werden ähnlich wie im Deutschen ausgesprochen, das **w** wie im Englischen. Das **r** ist ein Reibelaut (nicht gerollt), bei dem die Zunge sich am Vordergaumen befindet. Der Laut klingt für Deutsche eher wie das englische „l" in „full".

Das **ng** ist ein Konsonant wie im deutschen Wort „singen" oder „Gesang", kann aber auch am Anfang einer Silbe oder eines Wortes stehen (auszusprechen ohne nachklingendes „g") – einfach immer wieder „ing" sagen und dann das „i" weglassen.

Das **wh** klingt in der Regel wie ein schwach artikuliertes deutsches „f". Man findet diese Aussprache bei vielen neuseeländischen Ortsnamen wie Whakatane, Whangaroa und Whakapapa (alle am Anfang mit schwach artikuliertem „f"). Es gibt jedoch einige lokale Unterschiede: In der Gegend um den Whanganui River wird beispielsweise das **wh** wie in den englischen Wörtern „when" und „why" (in der verbreiteten Aussprache mit h-Vorschlag) ausgesprochen.

Ganz besonders wichtig ist die korrekte Aussprache der Vokale. Die genaue Lautfärbung kann man am besten von einem Muttersprachler lernen. Jeder Vokal existiert als Lang- und Kurzvokal, Langvokale

SPRACHE

GEOGRAFISCHE BEZEICHNUNGEN IN MAORI

Die folgenden Wörter finden sich in vielen neuseeländischen Ortsnamen:

a – von
ana – Höhle
ara – Weg, Pfad, Straße
awa – Fluss oder Tal
heke – hinabsteigen
hiku – Ende, Ausläufer
hine – Mädchen, Tochter
ika – Fisch
iti – klein
kahurangi – wertvoller Besitz; besonderes grünes Gestein
kai – Essen
kainga – Dorf
kaka – Papagei
kare – wellig
kati – schließen
koura – Flusskrebs
makariri – kalt
manga – Bach, Nebenfluss
manu – Vogel
maunga – Berg
moana – See oder Teich
moko – Tattoo
motu – Insel
mutu – beendet, vorbei
nga – die (Plural)
noa – gewöhnlich, normal; nicht *tapu*
nui – groß
nuku – Entfernung
o – von, Ort von …
one – Strand, Sand oder Schlamm
pa – befestigte Siedlung
papa – ebenes, weites Land
pipi – Schalentier
pohatu – Stein
poto – kurz

pouri – traurig, dunkel, düster
puke – Hügel
puna – Quelle, Loch, Brunnen
rangi – Himmel
raro – Norden
rei – wertvoller Besitz
roa – lang
roto – See
rua – Loch im Boden; zwei
runga – oberhalb
tahuna – Strand, Sandbank
tane – Mann
tangata – Menschen
tapu – heilig, tabu
tata – nahe; gegen etwas stoßen; zwei Inseln
tawaha – Eingang, Öffnung
tawahi – die andere Seite (eines Flusses oder Sees)
te – der, die, das
tonga – Süden
ure – männliche Geschlechtsorgane
uru – Westen
wahine – Frau
wai – Wasser
waingaro – verloren; Gewässer, die je nach Jahreszeit verschwinden
waha – zerbrochen
waka – Kanu
wera – verbrannt oder warm; treibend
wero – Herausforderung
whaka … – … – handeln als …
whanau – Großfamilie, Sippe
whanga – Hafen, Bucht oder Meeresarm
whare – Haus
whenua – Land
whiti – Osten

Wer nur ein paar dieser Wörter kennt, versteht viele Maori-Ortsnamen. Beispiele: Waikaremoana ist der See *(moana)* der gewellten *(kare)* Wasser *(wai)*; Rotorua bedeutet der zweite *(rua)* See *(roto)* und Taumatawhakatangihangakoauauotamateaturipukakapikimaungahoronukupokaiwhenuakitanatahu bedeutet … nun, die Übersetzung dieses längsten Ortsnamen der Welt findet man im Kapitel über die East Coast (S. 434). Einige einfachere Ortsnamen, die aus Wörtern der obigen Liste zusammengesetzt sind:

Aramoana – See-*(moana)* Weg *(ara)*
Awaroa – Langer *(roa)* Fluss *(awa)*
Kaitangata – Essen *(kai)* Menschen *(tangata)*
Maunganui – Großer *(nui)* Berg *(maunga)*
Opouri – Ort der *(o)* Trauer *(pouri)*
Te Araroa – Der *(te)* lange *(roa)* Weg *(ara)*

Te Puke – Der *(te)* Hügel *(puke)*
Urewera – Verbrannter *(wera)* Penis *(ure)*
Waimakariri – Kaltes *(makariri)* Wasser *(wai)*
Wainui – Große *(nui)* Gewässer *(wai)*
Whakatane – Handeln *(whaka)* wie ein Mann *(tane)*
Whangarei – Geschätzter *(rei)* Hafen *(whanga)*

(Hinweis: In der Maorisprache folgt das Adjektiv auf das Substantiv. „Kaltes Wasser" ist also *wai makariri*, nicht *makariri wai*.)

werden in der Schrift häufig durch einen Längenstrich über dem Buchstaben oder durch die Verdoppelung des Buchstabens markiert. (In diesem Buch sind Langvokale jedoch nicht extra bezeichnet.)

Vokale

a   wie in „haben"
e   wie in „Kette"
i   wie in „Igel"
o   wie in „Gott"
u   wie in „Huhn"

Diphthonge

ae, ai wie in „Schwein"
ao, au wie in „Haus"
ea   fast wie die berlinerische Aussprache von „eher"
ei   wie in englisch „Bay"
eo   e und o, schnell hintereinander artikuliert
eu   e und u, schnell hintereinander artikuliert (nicht wie ein deutsches „eu"!)
ia   fast wie im englischen Namen „Ian" (iän)
ie   fast wie in „jemand"
io   i und o, schnell hintereinander artikuliert
iu   i und u, schnell hintereinander artikuliert, fast wie das englische „ue" in „cue" (kju)
oa   o und a, schnell hintereinander artikuliert
oe   wie in englisch „toe" (tou)
oi   wie das „eu" in „Eule"
ou   wie das „ow" in englisch „how" (wie)
ua   u und a, schnell hintereinander artikuliert

Alle Silben sind offen, d. h. sie enden auf einen Vokal; ferner gibt es nie mehr als einen Vokal pro Silbe. Alle Buchstaben, die geschrieben werden, müssen auch ausgesprochen werden.

Wer sich näher mit dieser Sprache befassen will, kann aus einer Vielzahl von Sprachführern, Grammatiken und Englisch-Maori-Wörterbüchern wählen. (Im Internet gibt es sogar „kleine" Wörterbücher Maori-Deutsch.) Das *Collins Maori Phrase Book*

von Patricia Tauroa ist ein ausgezeichnetes Buch für Anfänger mit Kapiteln zum Sprachgebrauch im Alltag und zur Verwendung der Sprache im kulturellen Kontext. Lonely Planets *South Pacific Phrasebook* enthält ein Kapitel zur Maorisprache und mehreren pazifischen Sprachen, denen man in der Gegend von Wellington oder südlich von Auckland mitunter auch begegnen kann.

Zu den guten Nachschlagereferenzen gehören das *English-Maori Maori-English Dictionary* von Bruce Biggs oder das *Reed Dictionary of Modern Maori* von P. M. Ryan, das vielfach die höchste Wertschätzung genießt.

Es lohnt sich, ein paar Begrüßungsfloskeln zu lernen, besonders, wenn man eine *marae* besuchen will, in der man sicher auf Maori begrüßt wird.

BEGRÜSSUNGSFORMELN & SMALL TALK

Begrüßungen auf Maori werden immer beliebter – man sollte also nicht verdutzt aus der Wäsche schauen, wenn man mit einem *Kia ora* begrüßt wird. Weitere Ausdrücke:

Haere mai!	Willkommen!
Kia ora.	Hallo/Viel Glück/ Alles Gute.
Tena koe.	Hallo. (zu einer Person)
Tena korua.	Hallo. (zu zwei Personen)
Tena koutou.	Hallo. (zu drei oder mehr Personen)
E noho ra.	Auf Wiedersehen. (zu der Person, die bleibt)
Haere ra.	Auf Wiedersehen. (zu der Person, die geht)
Kei te pehea koe?	Wie geht es Ihnen? (zu einer Person)
Kei te pehea korua?	Wie geht es Ihnen? (zu zwei Personen)
Kei te pehea koutou?	Wie geht es Ihnen? (zu drei oder mehr Personen)
Kei te pai.	Gut, danke/ Das ist in Ordnung.

SPRACHE

Glossar

Dieses Glossar enthält eine Liste von Abkür-zungen und umgangssprachlichen Wendun-gen auf „Kiwi-Englisch" und auf Maori, denen man in Neuseeland begegnen kann. Informa-tionen zu Maori-Ortsnamen stehen im Kapi-tel „Sprache" auf S. 804 – hier erfährt man die Bedeutung von Maoriwörtern, die immer wieder in neuseeländischen Ortsnamen auf-tauchen.

AA – Der neuseeländische Automobilclub (Automobile Association) erteilt Informationen zum Straßenzustand und leistet Pannenhilfe.
across the ditch – „jenseits des Grabens"; meint Australien (jenseits der Tasmansee)
afghan – beliebter hausgemachter Schokokeks (der Ur-sprung des Rezepts ist unbekannt, es stammt aber gewiss nicht aus Afghanistan)
All Blacks – Neuseelands heiß geliebte Rugby-National-mannschaft. Einer Legende zufolge kreierte die Presse bei einem frühen Englandbesuch des Teams den Namen „All Backs" (alles Verteidiger), weil auch die Stürmer so schnell, wendig und passsicher spielten wie normalerweise nur die Abwehr einer Rugbymannschaft. (Dass sich der Name viel eher von dem komplett schwarzen Dress ableitet, ist da natürlich etwas langweiliger.) Mit dem Spitznamen setzte die Gewohnheit ein, auch Nationalteams anderer Sportarten mit ähnlichen Spitznamen zu versehen – das Basketballteam sind die „Tall Blacks", das Kricketteam die „Black Caps". Inzwischen wieder fallen gelassen wurde die Bezeichnung „Black Cocks" für die Badminton-National-mannschaft.
ANZAC – „Australia and New Zealand Army Corps", die gemeinsame Einsatztruppe von Australien und Neuseeland
Aoraki – Der Maoriname des Mt. Cook bedeutet „Wolken-durchdringer".
Aotearoa – Der Maoriname für Neuseeland wird meis-tens mit „Land der langen, weißen Wolke" übersetzt.
ariki – Häuptling
aroha – Liebe
atua – Geister oder Götter
awa – Fluss

B&B – „Bed and Breakfast"; Frühstückspension
bach – Ferienhaus, meist eine Holzhütte; „Betsch" ausgesprochen (s. auch *crib*)
Barrier, the – der örtliche Name für die Great Barrier Island im Hauraki-Golf
BBH – „Budget Backpacker Hostels"; eine beliebte Hostelkette

Beehive – „Bienenkorb"; Name des Parlamentsgebäudes in Wellington, der auf dessen auffällige Form anspielt
black-water rafting – Rafting oder Motorbootfahren in einer unterirdischen Höhle oder einem *tomo*
blokarting – Strandsegeln
bogan – s. *Westie*
boozer – öffentliche Bar
bro – wörtlich „brother"; bezeichnet meistens Freunde, so in „just off to see the bros"
BYO – „bring your own" (bezieht sich in Restaurants oder Cafés normalerweise auf alkoholische Getränke)
BYOW – „bring your own wine"; es darf Wein mitgebracht werden, Bier und andere alkoholische Getränke sind allerdings nicht erlaubt

cervena – Zuchtrehe
chardy – Chardonnay
chillie bin – große Kühlbox für Speisen und Getränke
choice/chur – fantastisch, großartig
ciggies – Zigaretten
crib – Bezeichnung für ein *bach* in Otago und Southland
cuzzie, cuz – „cousin"; Verwandte oder Freunde, meist von Maori mit Bezug auf andere Maori gebraucht, s. auch *bro*
cuzzie bro – Verstärkung von *cuzzie* und *bro*

dairy – kleiner Tante-Emma-Laden, der Milch, Brot, Zeitungen, Eiscreme uvm. verkauft
daggy – uncool; abgeleitet von der Bezeichnung für an Schafwolle klebenden Kotklumpen *(dags)*
DB&B – „Dinner, Bed und Breakfast"; Unterkunft mit Halbpension
DOC – Department of Conservation (auf Maori *Te Papa Atawhai*); staatliche Behörde, die die Nationalparks und damit alle Wanderwege und Hütten verwaltet
domain – offene Grasfläche in einer Ortschaft oder Stadt, oft ein Naherholungsgebiet mit Gärten, Picknickplätzen und Bowlingbahnen (und manchmal auch Campingplätzen)
Dorkland – verächtliche Bezeichnung für die Großstadt
dropkick – Spielweise im Rugby; persönliche Beleidigung

eh – so viel wie „nicht wahr?"; wird von den Kiwis gern am Satzende hinzugefügt, meist noch mit einem *bro* da-hinter (wie in „Choice jandals, eh bro?", also etwa „Klasse Sandalen, wa?")

Farmstay – Unterkunft auf einer neuseeländischen Farm, auf der man sich gern an der Alltagsarbeit beteiligen darf
Football – Rugby, entweder der Union oder der League; bedeutet gelegentlich aber auch Fußball

freezing works – Schlachthaus oder Abdeckerei für Schafe und/oder Rinder

Godzone – Neuseeland (nach Richard Seddon, der Neuseeland als „God's own country" bezeichnete)
good as gold, good as – sehr gut; kein Problem
Great Walks – eine Reihe von neun beliebten Wanderwegen in Neuseeland
greenstone – Jade; *pounamu*
gumboots – Gummistiefel; eingeführt von Arbeitern auf den Gummiplantagen
haka – Tanz jeder Art; der Begriff wird allerdings meistens für den traditionellen Kriegstanz gebraucht
hakari – Festmahl
handle – Bierglas mit Henkel
hangi – Ofen in Form eines Lochs, bei dem das Essen in Körben über der Glut gegart wird; Maori-Festmahl
hapu – kleinere Stammesgruppe oder Teil eines Stamms
hard case – komischer, seltsamer oder sturer Zeitgenosse
Hawaiki – die polynesische Heimat, aus der die Maori mit Kanus nach Neuseeland kamen (wahrscheinlich das zu den Gesellschaftsinseln gehörende Raiatea); auch eine Bezeichnung für das Jenseits
hei tiki – geschnitzte, stilisierte menschliche Figur; wird um den Hals getragen. Die Figur, die den ersten Menschen symbolisiert und Glück bringen soll, wird auch nur kurz *tiki* genannt.
hikoi – Marsch, Wanderung; manchmal auch ein Protestmarsch oder eine Pilgerreise
hoa – Freund; in der Regel „e hoa" ausgesprochen
hokey pokey – köstliche Sorte Vanilleeis mit Butterscotch-Stückchen
hoki – Fischart; wird häufig für Fish & Chips verwendet
homestay – Unterkunft in einem Familienhaus, wo man wie ein Familienmitglied behandelt wird
hongi – Maori-Art der Begrüßung: Nasen und Stirnen werden aneinandergepresst und der „Lebensatem" wird getauscht.
hui – Versammlung, Treffen

Interislander – die großen Fähren, die die Cook-Straße zwischen Wellington und Picton überqueren
i-SITE – Informationszentrum
Is it what! – starke Zustimmung
Islander – Einwohner von den pazifischen Inseln; s. auch *'Nesian, PI* und *Poly*
iwi – großer Stammesverband mit einer gemeinsamen Herkunft, die bis auf die Zeit der Einwanderung aus *Hawaiki* zurückgeht; Volk, Stamm

JAFA – „Just Another Fucking Aucklander" – noch so ein blöder Aucklander!
jandals – zusammengezogen aus „Japanese sandals"; Flip-Flops oder Latschen, die üblicherweise aus Gummi bestehen

jersey – meist langärmliges Shirt, üblicherweise aus Wolle; das Trikot der Rugbyspieler
jiff – Augenblick, Minütchen (wie in „I'll be back in a jiff"); s. auch *two ticks*
judder bars – Bodenschwellen zur Geschwindigkeitsbegrenzung

K Rd – die Karangahape Rd in Auckland
ka kite (ano) – auf Wiedersehen
ka pai – gut; ausgezeichnet
kai – Essen; praktisch jedes Wort, das *kai* als Bestandteil hat, dreht sich ums Essen
kainga – Dorf; präeuropäische, unbefestigte Maori-siedlung
kapa haka – Traditionelle Gruppentänze und -gesänge der Maori
karakia – Gebet, Beschwörung
kaumatua – hoch angesehenes Stammesmitglied; wer ein *marae* betreten will, bittet für gewöhnlich ein *kaumatua* um Erlaubnis
kauri – einheimische Kiefernart
kina – Seeigel, eine von Maori geschätzte Delikatesse
Kiwi – flugunfähiger, nachtaktiver, brauner Vogel mit langem Schnabel; neuseeländisches Nationalsymbol
Kiwi – kleine, fleischige Frucht mit rauer, brauner Schale und grünem oder gelbem Fruchtfleisch (Kiwi); wird auf Englisch niemals nur *kiwi* genannt; auch unter dem Markennamen „Zespri" bekannt
Kiwi – Neuseeländer; neuseeländisch (als Adjektiv verwendet)
Kiwiana – Kollektivbezeichnung für alles, was einzigartig mit dem Leben und der Kultur Neuseelands verbunden ist und oft aus vergangenen Zeiten stammt; solche Dinge erzeugen bei Kiwis im Ausland gewaltiges Heimweh (Beispiele sind *Buzzy Bee, hokey pokey, jandals* und die *pavlova*)

koha – Spende
kohanga reo – Schulen, auf denen die Maorisprache und -kultur im Vordergrund steht; werden auch Language Nest Schools genannt
korero – sprechen
kumara – polynesische Süßkartoffel, ein Grundnahrungsmittel der Maori
kunekune – eine Wildschweinart, die im 19. Jh. von chinesischen Goldgräbern eingeführt wurde
Kupe – früher polynesischer Seefahrer aus *Hawaiki,* der die Inseln, die heute Neuseeland bilden, entdeckt haben soll

L&P – „Lemon & Paeroa"; Zitronenlimonade
laters – „see you later" – bis später
league – Rugby League Football
lounge bar – vornehmer als eine normale Bar; in manchen Distrikten auch „Ladies' Bar" genannt

Mainlander – Selbstbezeichnung der Einwohner der Südinsel

mana – die spirituelle Eigenschaft einer Person oder eines Gegenstands; Ansehen; Autorität eines Häuptlings oder Priesters

manaia – traditionelles Schnitzmuster; wörtliche Bedeutung „vogelköpfiger Mann"

'Mandel, the – Coromandel Peninsula

manuhiri – Besucher, Gast

Maori – die ersten polynesischen Siedler Neuseelands

Maoritanga – die Kultur der Maori

marae – bezieht sich eigentlich auf das geheiligte Gelände vor dem Versammlungshaus der Maori, im allgemeineren Gebrauch aber auch auf den gesamten Gebäudekomplex

marakihau – ein Seeungeheuer

Maui – eine Gestalt aus der polynesischen und Maori-mythologie

maunga – Berg

mauri – Lebenskraft/Prinzip

mere – ein *patu* aus *greenstone*

metal/metalled road – (unbefestigte) Schotterstraße

MMP – „Mixed Member Proportional", das in Neuseeland und in Deutschland zur Anwendung kommende Verhältniswahlrecht

moa – großer, ausgestorbener, flugunfähiger Vogel

moe – schlafen

moko – Tattoo; üblicherweise Gesichtstätowierung

Moriori – isolierte polynesische Volksgruppe, die Einwohner der Chatham Islands

motorway – Land- oder Schnellstraße

marnis – etwas Schändliches; ein peinlicher Charakter

munted – zerstört

munter – s. *Westie*

naiad – stabiles Schlauchboot (benutzt man beim Schwimmen mit Delphinen, bei Walbeobachtungstouren etc.)

'Naki, the – Taranaki

'Nesian – Person, die von den pazifischen Inseln stammt; s. auch *Islander*, *PI* und *Poly*

nga – die (Artikel im Plural); s. auch *te*

ngai/ngati – wörtlich „die Leute von", „die Nachkommen von"; Stamm (auf der Südinsel „kai" ausgesprochen)

NZ – die Universalbezeichnung für Neuseeland; ausgesprochen „en zed"

OE – „Overseas Experience"; Arbeitsaufenthalt im Ausland, traditionellerweise in Großbritannien (für junge *Kiwis* fast schon obligatorisch)

pa – befestigte Maorisiedlung, üblicherweise auf einer Hügelkuppe

Pacific Rim – Bezeichnung für die moderne neuseeländische Küche, die regionale Produkte wie besonders Meeresfrüchte innovativ mit den Cuisines anderer Länder kombiniert

Pakeha – Maoriwort für einen Weißen oder einen Europäer

pakihi – unfruchtbares, häufig sumpfiges Land an der Westküste der Südinsel, ausgesprochen „pah-kih"

papa – große, blaugraue Steine im Schlamm; identisch mit der Bezeichnung der „Mutter Erde"

parapenting – Paragliding

Pasifika – die auf den Pazifischen Inseln verbreitete Kultur

patch – Gruppen-Logo auf der Kleidung

patu – flache Kriegskeule aus Holz, Stein oder Jade

paua – Seeohr; das feste Schalentier gibt's geklopft, gewürzt und frittiert in fast jeden neuseeländischen Fish-&-Chips-Laden; die schöne, schimmernde *paua*-Muschel wird häufig zu Dekoration und Schmuck verarbeitet

pavlova – Schaumgebäck, üblicherweise mit Schlagsahne und Kiwis gekrönt; der Inbegriff eines *Kiwi*-Desserts

PI – „Pacific Islander"; s. auch *Islander*, *Poly* und *'Nesian*

pig islander – abschätzige Bezeichnung für einen Neuseeländer, der von der jeweils anderen Insel stammt

pillocking – auf einem Mülldeckel über ein Schlammloch „surfen"

pipi – verbreitetes, essbares Schalentier

piss – Urin; Wasser lassen; aber auch im Sinn von „Alkohol" verwendet, etwa in „get on the piss"

poi – Ball aus gewebtem Flachs

poi dance – Gruppentanz von Frauen, der von Gesang und dem Balancieren eines *poi* begleitet wird

polly – Politiker

Poly – Polynesier; s. auch *Islander*, *PI* und *'Nesian*

pou – Holzpfosten, manchmal mit Schnitzereien

ponga – der *silver fern*; als „bungy" bezeichnet (in Teilen der Südinsel „bungee" mit weichem g ausgesprochen)

pounamu – Maoriwort für Jade

powhiri – traditioneller Willkommensgruß der Maori beim Betreten eines *marae*

quad bikes – vierrädrige Motorräder, die vor allem auf Farmen verwendet werden

Rakiura – wörtlich „Land der glühenden Himmel"; Maoribezeichnung für Stewart Island, das in der Maori-mythologie den Anker von *Mauis* Kanu bildet

rap jump – abseilen, Kopf voran

rattle your dags – frei übersetzt etwa „jetzt aber los", „Komm zu Potte" (s. *daggy*)

raupo – Binsen

Remuera tractor – SUV, Wagen mit Allradantrieb; bezeichnet nach wohlhabenden Vorstädtern, die mit ihnen herumfahren, obwohl es weit und breit keine Querfeldeinstraßen gibt

Rheiny – Kosename für Bier der Marke Rheineck

rigger – 2 l fassende Mehrwegflasche, in die man frisch gezapftes Bier füllt

rip – gefährliche starke Strömung am Strand, die einen ins Meer hinauszieht

Roaring Forties – Region zwischen dem 40. und 50. südlichen Breitengrad, die bekannt ist für ihre häufigen Stürme

Rotovegas – verächtliche Bezeichnung für den Touristenrummel in Rotorua

rumble – s. *scrap*

sav – Sauvignon blanc

scrap – Kampf, Prügelei

section – kleine Landparzelle

silver fern – Nationalsymbol, das u. a. die *All Blacks* und andere Nationalteams auf ihren Trikots führen; es stellt die Unterseite eines *ponga*- (Silbernfarn-)Blattes dar; das nationale Netball-Team sind die Silver Ferns

Steinie – Kosename für Steinlager-Bier

superette – Lebensmittelladen oder kleiner Supermarkt

sweet, sweet as – s. *choice;* fantastisch, großartig

taiaha – Speer

tall poppy syndrome – die Tendenz der Neuseeländer, erfolgreiche Leute klein zu reden; nach dem Motto: „ist auch nur aus Fleisch und Blut"

Tamaki Makaurau – Maoriname für Auckland

tane – Mann

tangata – Volk

tangata whenua – die „Leute des Landes"; die Einheimischen

taniwha – Ehrfurcht gebietender Wassergeist

taonga – etwas von großem Wert; ein Schatz

tapu – eine starke Macht im Leben der Maori mit zahlreichen Bedeutungen; in der einfachsten Bedeutung bedeutet es so viel wie „heilig", „verboten" oder „tabu"

tatts – Tattoos, häufig die Zeichen von Gangs; im Gegensatz zu *moko*

tauihu – Bug des Kanus

te – der, die, das (Artikel); s. auch *nga*

Te Kooti – Prophet und Anführer des Aufstands der Maori der Ostküste

Te Papa – wörtlich „unser Ort"; das Nationalmuseum in Wellington

Te Papa Atawhai – Maoriname für das *DOC*

te reo – wörtlich „die Sprache"; Maorisprache

tiki – Kurzform von *hei tiki*

tiki tour – reizvolle Strecke; Rundweg

toheroa – große Muschel

tohunga – Priester, Zauberer; jemand, der sich auskennt

toi toi – hohes, einheimisches Gras

tomo – Loch; Eingang zu einer Höhle

tramp – wandern

tua tua – ein Schalentier

tuatara – prähistorisches Reptil aus der Zeit der Dinosaurier

tui – einheimische Vogelart

tukutuku – Maoriwandtäfelungen in *marae* und Kirchen

tuna – Aal

two ticks – kurze Zeiteinheit (wie in „I'll be there in two ticks"); s. auch *jiff*

umu – Erdofen

urupa – Begräbnisstätte

varsity – Universität

wahine – Frau

wai – Wasser

waiata – Lied

Waikikamukau – mythische, imaginäre Ortschaft („Wai-kick-a-mu-kau" ausgesprochen); bedeutet im Sprachgebrauch eine x-beliebige neuseeländische Stadt, JWD; s. auch *wopwops*

wairua – Geist

Waitangi – gemeint ist der Vertrag von Waitangi

waka – Kanu

Warriors – Neuseelands beliebter Rugby-League-Club, der in der australischen NRL spielt

Watties – neuseeländischer Lebensmittel- und Konservengigant; die neuseeländische Antwort auf Heinz (bis Heinz die Firma kaufte)

Wellywood – Wellington (in Anspielung auf die dort blühende Filmindustrie)

Westie – Neuseeländer aus West Auckland; ungehobelter Charakter, wahrscheinlich einer mit schwarzem T-Shirt, der Bier trinkt und AC/DC hört; s. auch *bogan, munter*

whakairo rakau – Holzschnitzerei der Maori

whakapapa – Genealogie

whanau – Familie

whare – Haus

wharepuni – Haus zum Schlafen

whare runanga – Versammlungshaus

whare whakairo – mit Schnitzereien verziertes Versammlungshaus

whenua – Land

whitebait – winziger, durchsichtiger Fisch, der in Netzen gefangen und ganz (mit Kopf, Augen und Innereien) verzehrt oder frittiert wird

wopwops – abgelegen; „out in the *wopwops*" kann frei etwa mit „mitten in der Pampa" übersetzt werden

zorbing – Funaktivität, bei der man in einem aufblasbaren PVC-Kugel einen Hügel hinunterrollt

Die Autoren

CHARLES RAWLINGS-WAY
**Hauptautor, Waikato &
King Country, Taranaki, Whanganui &
Palmerston North, Rotorua & Bay of Plenty**

Gebürtig Engländer, zufällig Australier, bewusst All-Blacks-Fan – Charles hält
sich für weltgewandt, doch sein Wissen über Aotearoa war zunächst rudimen-
tär. Das begriff er, als ihm ein weitgereister Onkel 1981 ein Jade-*tiki* schenkte.
Er trug es mit Stolz, bis er 1982 die beigen Trikots des neuseeländischen
Cricketteams sah … Der Mt. Taranaki, die Wellen vor Raglan und Wanganuis
Charme halfen ihm zu vergeben: Charles ist erneut hingerissen von Neu-
seelands Landschaft, den Einheimischen und seiner Entschlossenheit, sein
Schicksal selbst zu formen. Wäre doch nur schon 2011 und die Rugby-WM!

BRETT ATKINSON
**Christchurch & Canterbury, Dunedin & Otago,
Fiordland & Southland, Stewart Island**

Obwohl er seit vier Jahrzehnten in Auckland lebt, zieht es Brett Atkinson
immer wieder in die zerklüfteten Berge, an die Seen und an die Küstenlinie
der Südinsel. Auf seiner zweiten langen Reise zum „Festland" befuhr er mit
dem Kajak den Doubtful Sound, begeisterte sich mit seiner Familie an der
kühnen Landschaft der Banks Peninsula und der Catlins und entdeckte so
einige Plätze, an denen ausgezeichnete Biere aus heimischen Kleinbrauereien
verkostet wurden. Brett schrieb für Reiseführer über vier Kontinente des
Planeten und als freiberuflicher Reiseautor über mehr als 40 Länder. Seine
neuesten Arbeiten findet man auf www.brett-atkinson.net.

SARAH BENNETT
East Coast, Wellington, Marlborough & Nelson

Sarah wuchs unter den Kirschbäumen von Marlborough auf und zog mit
16 nach Wellington, wo sie seither lebt – wenn sie nicht gerade reist oder
im Lonely Planet Büro in London arbeitet. Ihr ewiger Optimismus und ihr
unbändiger Patriotismus– „Was an Neuseeland kann man nicht mögen?" –
lassen sie vielleicht als Reiseautorin ungeeignet erscheinen, doch sie gab
stets ihr Bestes, um Fehler aufzudecken, besonders im Hinblick auf misslun-
gene Garnierungen und eine schlechte Bierauswahl. Sarah hat u. a. *The Best
of Wellington*, *Let's Go Camping* und *The New Zealand Tramper's Handbook*
verfasst, allesamt zusammen mit ihrem Mann Lee Slater.

DIE AUTOREN VON LONELY PLANET

Warum unsere Reiseführer die besten der Welt sind? Ganz einfach: Unsere Autoren sind unabhängige und leidenschaftliche Globetrotter. Sie recherchieren nicht einfach nur übers Internet oder
Telefon und sie lassen sich nicht mit Werbegeschenken für positive Berichterstattung schmieren.
Sie reisen weit – zu touristischen Highlights und entlegenen Orten. Sie schauen sich Tausende
von Hotels, Restaurants, Cafés, Bars, Galerien, Schlössern und Museen höchstpersönlich an und
beschreiben alles genau so, wie sie es vorfinden. Weitere Infos über die Arbeit der Autoren gibt's
auf **www.lonelyplanet.com**.

PETER DRAGICEVICH
Die Region Auckland, Northland & Bay of Islands, Coromandel, Taupo & die zentrale Hochebene

Peter arbeitete beinahe zehn Jahre lang für diverse Verlage in Übersee, bevor sich der Kreis schloss und er nach West-Auckland zurückkehrte, wo er aufgewachsen war. Als Chefredakteur der hier ansässigen Zeitung *Express* verfasste er in den 1990er-Jahren Artikel zur lokalen Kunst-, Club- und Barszene. Schon zum zweiten Mal ist er bei einer Auflage des Lonely Planet *Neuseeland* dabei – und auch wenn er schon für 17 Lonely Planet Bände als Autor tätig war, ist und bleibt dieser hier sein erklärter Liebling!

SCOTT KENNEDY
West Coast, Queenstown & Wanaka

Scott Kennedy wuchs in den Bergen Westkanadas auf und hatte schon immer ein Faible für wilde Gegenden. Als er vor zehn Jahren erstmals einen Fuß nach Neuseeland setzte, wusste er sich an dem Platz, nach dem er so lange gesucht hatte. Seit acht Jahren lebt er in Queenstown, und die Gelegenheit, den Lonely Planet Lesern alles darüber zu erzählen, elektrisierte ihn. Scott liebt Outdoor-Aktivitäten, ist begeisterter Skifahrer, Mountainbiker, Kletterer, Tramper, Läufer und Surfer. Wenn er nicht gerade die Welt bereist, um Reiseführer für Lonely Planet zu schreiben, arbeitet er als freiberuflicher Autor, Fotograf und Filmemacher – mit dem Schwerpunkt auf Abenteuern, versteht sich. Seine Website heißt www.adventureskope.com.

BEITRÄGE VON ...

Professor James Belich verfasste das Kapitel „Geschichte" (S. 29). James gehört zu Neuseelands renommiertesten Historikern und gewann Preise für *The New Zealand Wars, Making Peoples* und *Paradise Reforged*. Außerdem arbeitet er fürs Fernsehen: *New Zealand Wars* wurde in Neuseeland 1998 ausgestrahlt.

Tony Horwitz steuerte den Kasten über „James Cook" (S. 32) im Kapitel „Geschichte" bei. Tony wurde als Reporter und Sachbuchautor mit dem Pulitzerpreis ausgezeichnet. Seine Begeisterung für Cook und das Reisen führte ihn nach Neuseeland, Australien und in den Pazifikraum, heraus kam dabei „Cook: Die Entdeckung eines Entdeckers", eine Mischung aus Cook-Biografie und Reisebericht.

John Huria (Ngai Tahu, Muaupoko) ist der Verfasser des Kapitels „Kultur der Maori" (S. 56). Als Redakteur, Forscher und Autor beschäftigt er sich in erster Linie mit diesem Thema. Beim Maori-Verlag Huia war er Chefredakteur und leitet jetzt mit Ahi Text Solutions Ltd (www.ahitextsolutions.co.nz) seine eigene Firma für Redaktions- und Verlagsdienstleistungen.

Lauraine Jacobs schrieb das Kapitel „Essen & Trinken" (S. 65). Die preisgekrönte Gastro-Autorin und Redakteurin der Zeitschrift *Cuisine* hegt eine große Leidenschaft für neuseeländische Weine und Gerichte. Auf der Suche nach den besten kulinarischen Genüssen reist sie kreuz und quer durchs ganze Land.

Josh Kronfeld verfasste den Kasten „Surfen in Neuseeland" (S. 99) im Kapitel „Outdooraktivitäten". Der frühere Flügelstürmer der All Blacks wurde durch seine Leidenschaft für das Surfen an Neuseelands Stränden zur Legende. Dank seiner Reisen im Namen des Rugby kann John weltweit weitere Breaks testen.

DIE AUTOREN

Dr David Millar zeichnet für das Kapitel „Gesundheit" (S. 796) verantwortlich. Er ist Spezialist für Reisemedizin und Taucharzt und hält zudem Vorlesungen über ärztliche Maßnahmen in der Wildnis.

Gareth Shute war für den Abschnitt „Musik" im Kapitel „Kultur" (S. 52) zuständig. Er verfasste vier Bücher, darunter *Hip Hop Music in Aotearoa* und *NZ Rock 1987–2007*. Der Musiker tourte auch als Mitglied von The Ruby Suns durch Großbritannien, Europa und Australien. Aktuell spielt er für The Conjurors, The Investigations und The Cosbys.

Nandor Tanczos verantwortete den Kasten „Umweltprobleme in Aotearoa" (S. 74). Er zog als erster Rastafari für die Grünen ins Parlament und war dort der erste Abgeordnete mit Dreadlocks und Hanfanzug. Von 1999 bis 2008 war er außerdem verfassungs- und umweltpolitischer Sprecher seiner Partei.

Vaughan Yarwood schrieb das Kapitel „Natur & Umwelt" (S. 72). Das neueste Werk des aus Auckland stammenden Autors ist *The History Makers: Adventures in New Zealand Biography*. Zu seinen früheren Arbeiten zählen *The Best of New Zealand, a Collection of Essays on NZ Life and Culture by Prominent Kiwis*, bei dem er Herausgeber ist, und die Regionalgeschichte *Between Coasts: from Kaipara to Kawau*. Vaughan hat an vielen Publikationen in Neuseeland und aller Welt mitgewirkt und war früher Mitherausgeber des *New Zealand Geographic*, für das er auch heute noch schreibt.

Dank gebührt außerdem Sir Ian McKellen für den Kasten „Sandfliegen" (S. 765), Grace Hoet für ihren Beitrag zum Kapitel „Kultur der Maori" und allen Mitarbeitern der regionalen Tourismusverbände für ihre wichtigen Infos vor der Recherche.

Hinter den Kulissen

ÜBER DIESES BUCH

Bereits 1977 verfasste Lonely Planet Mitbegründer Tony Wheeler die erste englische Auflage von *New Zealand*, und seither hat eine ganze LP-Armada die Straßen und Pfade von Aotearoa bereist, um das Buch stetig zu verbessern. Diese 3. deutsche Auflage basiert auf der 15. englischen Auflage von *New Zealand* und wurde von Charles Rawlings-Way koordiniert, der auf das bewährte Kiwi-Autorenteam Brett Atkinson, Sarah Bennett, Peter Dragicevich und Scott Kennedy zurückgreifen konnte. Weiteres Material lieferte eine beeindruckende Anzahl von Spezialisten, darunter der Historiker Professor James Belich, der Journalist Tony Horwitz, der Maori-Verleger John Huria, die Kulinaria-Expertin Lauraine Jacobs, der Surfer Josh Kronfeld, der Gesundheitsexperte Dr. David Millar, der Musiker und Autor Gareth Shute, der Umweltaktivist Nandor Tanczos und der Autor Vaughan Yarwood. Die Bilder des neuen Kapitels „Highlights" stammen von Einheimischen aus dem ganzen Land. Die englische Auflage dieses Reiseführers wurde von der Lonely Planet Redaktion in Melbourne betreut und unter Mitwirkung folgender Personen produziert:

Verantwortlicher Redakteur Errol Hunt
Leitende Redakteurinnen Susan Paterson, Saralinda Turner
Leitender Kartograf Hunor Csutoros
Leitende Layoutdesignerin Yvonne Bischofberger
Redaktion Imogen Bannister, Bruce Evans, Liz Heynes, Laura Stansfeld
Kartografie Ross Butler, David Connolly, Corey Hutchison
Layoutdesign Indra Kilfoyle
Redaktionsassistenz Elisa Arduca, Jackey Coyle, Kate Evans, Anne Mulvaney, Alison Ridgway, Elizabeth Swan, Angela Tinson, Simon Williamson
Kartografieassistenz Julie Dodkins, Alex Leung, Peter Shields
Layoutdesignassistenz Nicholas Colicchia, Frank Deim
Umschlagdesign Naomi Parker, lonelyplanetimages.com
Interne Bildrecherche Jane Hart, lonelyplanet images.com
Projektmanagement Chris Girdler
Redaktion Sprachführer Laura Crawford
Dank an Glenn Beanland, Jessica Boland, Rosie Carnahan, Daniel Corbett, Melanie Dankel, Mark Germanchis, Kiri Gillespie, Michelle Glynn, James Hardy, Geoff Howard, Glenda Hughes, Lisa Knights, Rebecca Lalor, Katie Lynch, John Mazzocchi, Dan Moore, Darren O'Connell, Ainsley Pope, Emma Radcliffe, Kirsten Rawlings, Kate Richter, Averil Ro-

DIE LONELY PLANET STORY

Am Küchentisch fing alles an – nachdem Tony und Maureen Wheeler 1972 eine lange abenteuerliche Reise durch Europa, Asien und Australien unternommen hatten, trugen sie all ihre Informationen und Notizen zusammen. So entstand der erste Lonely Planet Reiseführer *Across Asia on the Cheap*.

Der Reiseführer wurde von Travellern geradezu verschlungen. Ermutigt durch ihren Erfolg veröffentlichten die Wheelers weitere Bücher über Südostasien, Indien und andere Länder. Die Nachfrage war so ungeheuerlich groß, dass die Wheelers ihr Unternehmen erweiterten. Über die Jahre deckten sie mit ihrer Reiseliteratur den ganzen Globus ab, und sie dehnten ihre Berichterstattung auf die virtuelle Welt von lonelyplanet.com und das Lonely Planet Messageboard Thorn Tree aus.

Lonely Planet wurde weltweit ein immer beliebterer Reisebuchverlag und Tony und Maureen erhielten einige Kaufangebote. Doch erst 2007 fanden sie einen verlässlichen Partner, bei dem sie sicher sein konnten, dass er dem Prinzip abenteuerlustiger, aber umweltbewusster Reisen treu blieb. Im Oktober dieses Jahres erwarb BBC Worldwide 75 % der Anteile von Lonely Planet mit dem Versprechen, die Grundsätze unabhängiges Reisen, vertrauenswürdige Auskünfte und redaktionelle Unabhängigkeit aufrechtzuerhalten.

Heute hat Lonely Planet Büros in Melbourne (Australien), London und Oakland (USA) mit über 500 Mitarbeitern und 300 Autoren. Tony und Maureen engagieren sich immer noch aktiv bei Lonely Planet. Sie reisen mehr als je zuvor, und in ihrer Freizeit widmen sie sich wohltätigen Projekten. Das Unternehmen wird nach wie vor von der Philosophie von *Across Asia on the Cheap* getragen: „Du musst dich nur entscheiden, loszugehen, dann hast du den härtesten Teil geschafft. Also, los geht's!"

bertson, Alice Shearman, Suzannah Shwer, Fiona Siseman, John Taufa, Nick Thorpe, Brian Turnbull, Juan Winata

DANK DER AUTOREN
CHARLES RAWLINGS-WAY
Ich danke all den großzügigen, sachkundigen, ruhigen und unbeirrbaren Kiwis, die mir unterwegs begegnet sind. Das gilt vor allem für das Personal der i-SITEs in Palmerston North, Matamata, Waitomo Caves und New Plymouth, das all meine Fragen mit größter Leichtigkeit beantwortete. Ein Dank auch an Errol Hunt für den Auftrag und an alle Mitarbeiter bei LP, die mit der Herstellung dieses Buches betraut waren. Ein riesiges Dankeschön geht wieder an meine rastlosen, geistreichen und professionellen Mitautoren – Sarah, Peter, Brett und Scott –, die dieses Buch mit Fakten unterfütterten. Danke auch an Eloise Jones für gebutterten Dattelkuchen und Tee. Und vor allem ein Dank an euch, Meg und Ione, meine beiden liebsten (sehr geduldigen) Reisebegleiterinnen.

BRETT ATKINSON
Als erstes danke ich meiner Mutter und meinem Vater und meiner Frau Carol, die mich auf einem Teil dieser Reise begleiteten. Jetzt wisst ihr, was ich wirklich anstelle, wenn ich sechs Wochen am Stück verschwinde. Ein Dank geht auch an das absolut professionelle Personal in den i-SITEs, DOC-Büros und Besucherinformationszentren, das ich vor, während und nach der Recherche mit Fragen löcherte. Es ist immer toll, mit dem verantwortlichen Redakteur Errol Hunt und dem Rest des Kiwi-Autorenteams zu arbeiten, besonders mit Charles Rawlings-Way, Kiwi ehrenhalber und All-Blacks-Fan wie ich.

SARAH BENNETT
Zuallererst geht ein Dank an folgende hilfsbereite Leute: Betzy Iannuzzi, Bonita Marshall, Jenny Allan, Reece Miller, Trecia Smith, Maria Grau, Fritz Kuckuck, Tricia und Stewart Macpherson, die Wellington-Bande und den Bennett-Clan. Dank auch an die vielen Menschen bei i-SITE und RTO, die Zeit und Wissen mit mir teilten, vor allem Tina Narsey, Rebecca Mitchell, Chris Barber, Gaylene Sanderson, Astrid Fisher, Amy Chandler, Rachael Brown, Tracy Johnston, Brent Matthews, Vicky Roebuck, Barbara Hyde und die Weinexperten Lucy Chambers und Julia Hill. Ich möchte mich für die Hilfe all der freundlichen Menschen bedanken, die ich unterwegs traf, und bei meinen Mitautoren und -redakteuren, die mir durch den Äther halfen. Das dickste Dankeschön gebührt wie immer Lee – du machst jeden Tag zu einem Flug in einem Ultraleichtflugzeug.

PETER DRAGICEVICH
Wenn ich mich bei jedem bedanken würde, der mich auf meinem Weg um die obere Nordinsel mit Essen und Getränken versorgt hat, wäre das wirklich eine lange Liste. Ein besonderes Dankeschön geht an Phillippa Steel und Scott Judson, Sally Burgess, Bob Dragicevich, Jack Dragicevich, Shenita und Carlos Palmer, Alison Curtis, Miranda Playfair, Mark und Amy Todd, Adrienne und Ben Preston, Tania Wong, Lesley Mensah und Tracey Hand. Das Personal der i-SITEs in Paihia, Whangarei, Coromandel Town, Tairua, Turangi und Ohakune gehört zum nettesten im ganzen Land. Ein spezieller Dank an das ausgezeichnete Neuseeland-Team, besonders an Scott, der mich nach Matakana begleitet und das Foto für „Unterwegs" geschossen hat – ihr seid alle teuflisch gut.

SCOTT KENNEDY
Ein Dank geht an meine Mitautoren Charles, Brett, Peter und Sarah – es ist ein Vergnügen, mit diesem tollen Haufen auf der Titelseite zu stehen. Ein dickes Dankeschön an unseren großartigen und furchtlosen Redakteur Errol Hunt, der uns immer bei Laune hielt. Vielen Travellern, denen ich unterwegs begegnet bin, schulde ich ein riesiges Danke für ihre Ratschläge, ihre Erfahrungen und ihre Hilfe. Alle Hotel- und Restaurantbesitzer, Outdoorveranstalter und das nimmermüde Personal der Besucherzentren, die ihr alle meine Fragen beantwortet habt – danke, Leute! Ein großes Dankeschön ans All-Star-Team: Christian Martin, Alice Hill, Brett Black, Adrian Nankivell, Ned Myopus, Mark Banham, Steve Wilson, „G. C." Mike, Katy Shorthouse, Debbie Nelson, Andy McDonald, Jan & Steve, Di Liddell, Shaun, Becs & Tannin. Mum und Dad, danke für eure Unterstützung während all der Jahre, und ein Dank an meine wunderbare Frau Sophie – für alles.

DANK VON LONELY PLANET
Wir danken allen Lesern, die uns auf die letzte Auflage hin hilfreiche Hinweise, nützliche Ratschläge und interessante Anekdoten schickten:

A Elisabeth Nordeng Aanes, John Adam, Nikki Annand, **B** Heike Baars, Selina Barlet, Rebecca Barnshaw, Bridget Beal, Neil Beaumont, Chris Beek, Nicolas Berger, Insa Beuse, Ben Blee, Jason Borthwick, Judy Bounds, Euan Brown, Catherine Bruckner, Anna Bucholz, Wilco Burghout, Lee

WIR FREUEN UNS ÜBER EIN FEEDBACK

Post von Travellern zu bekommen, ist für uns ungemein hilfreich – Kritik und Anregungen halten uns auf dem Laufenden und helfen, unsere Bücher zu verbessern. Unser reiseerfahrenes Team liest alle Zuschriften genau durch, um zu erfahren, was an unseren Reiseführern gut und was schlecht ist. Wir können solche Post zwar nicht individuell beantworten, aber jedes Feedback wird garantiert schnurstracks an die jeweiligen Autoren weitergeleitet, rechtzeitig vor der nächsten Nachauflage.

Wer uns schreiben will, erreicht uns über **www.lonelyplanet.de/kontakt**.

Hinweis: Da wir Beiträge möglicherweise in Lonely Planet Produkten (Reiseführer, Websites, digitale Medien) veröffentlichen, ggf. auch in gekürzter Form, bitten wir um Mitteilung, falls ein Kommentar nicht veröffentlicht oder ein Name nicht genannt werden soll. Wer Näheres über unsere Datenschutzpolitik wissen will, erfährt das auf www.lonelyplanet.com/privacy.

Burrows, **C** Geoff Caflisch, Sue Cebulko, Laura Claassen, Tiere Clynich, Brendan Connolly, Nicola Coombe, Georgie Curtis, Jonathan Cutler, **D** Matthew Dalton, Stuart & Pamela Davis, Annelies De Bruijne, Jan Dependahl, Jo Drew, Tarne Duffield, Angela Dunlop, Alison Dye, **E** Alec Edwards, Bernadette Ekberg, Rowan Enright, Jo Evans, **F** Robin Falvey, Mutiara Förster, Nick Fowler, **G** Franck Gally, Juliane Gansert, Eleanor Gee, Tanya Genthe, Bob Gilchrist, Katherine Golding, Sharine Gordon, Ed Groves, Peter Gush, Stuart Guy, **H** Steven Hankey, Bernie Healy, Glenda Heywood, Jo Hibbert, Dave Hill, Leah Holloway, Libby Howard-Blood, Barbara Huijgen,

I Jaki Ilbery, **K** Robert Kennedy, Huia Kirk, Rolf Knütter, **L** Barry Landesman, Steve Lavezzo, Carol Lee, Robert Levy, Ann Lewis, Brian & Lorna Lewis, Beate Lippold, **M** Michael Macbroom, Jerome Magisson, John Mandeville, Hanna Manski, Jane Manson, Stephen Marais, Lou Mccarthy, Gail Mcconnell, Gillian Mcilroy, Jan Mcverry, Lisa Moeller, Chris Monson, Melanie Morcom, Bruce Morris, Hugh & Eileen Morton, Alastair Moulton, **N** Patrick Näf, Greg Napp, Surasak Netraprajag, Nick Newman, David Nicola, Alexandra Nisbeck, Ronald Noordstrand, Graeme Nye, **O** Andrea O'Connor, Michael Ortiz, Jenny Owen, Maurice Owen, **P** Benoît Panizzon, Natasha Parker-Coughlin, Marie Parton, Lindsay Petrie, Daniela Petroni, Rochelle Pincini, Katerina Poddana, Neville Pulver, Kerrie Purrington, **R** Barbara Rausch, Jim Revell, John Rieley, Christine Rikihana, Valentina Baez Rizzi, Jeffrey Robinson, Louise Rothols, Alba Rull, Jenna Russell, **S** Kane Salanoa, Nathan Sandland-Jones, Miriam Schaefer, Miriam Scherpenzeel, Sybil Schlesinger, Lukas Schomann, Armand Schumer, Jonathan Sims, Frank Sinclair, Ray Sinniger, Maren Skrinjar, Afke Smolders, Raina Reva Snyder, Julie Stapleton, Sue Stone, Mona Strandberg, Anne Street, **T** Sarah Taylor, Steve Taylor, David Taylor, Monique Teggelove, Britta Thiel, Cathelijne Thiel, Petra Joho Thomma, Kay Toon, Steve Tritt, **W** Amanda Watson, Arthur Watts, Kim Whitty, Jackie Whyte, Sven Wiechert, Hanneke Wijkamp, Lynda Willow, Tim Wilson, Carol Wilson, David Wilson-Howarth, **Y** Holly Yelf, Kit Yoon, **Z** Cosetta Zanobetti-Lawlor

QUELLENNACHWEIS

Vielen Dank an folgende Firmen für die Nutzung ihrer Inhalte:

Globus auf S. 1 ©Mountain High Maps 1993 Digital Wisdom, Inc.

„Unterwegs": Foto von Scott Kennedy mit freundlicher Genehmigung von Shotover Canyon Swing.

Register

000 Kartenseiten
000 Abbildungen

000 Kartenseiten
000 Abbildungen

REGISTER

GreenDex

GRÜNES GEWISSEN

Kermit der Frosch kann ein Lied davon singen: „It's not easy being green!" In der Reisebranche will heutzutage jeder „öko" sein. Aber wie erkennt man, welche Veranstalter wirklich umweltbewusst arbeiten und welche nur als Trittbrettfahrer auf den Ökozug aufspringen?

Die folgenden Unternehmen wurden von Lonely Planet Autoren ausgewählt, weil sie zeigen, dass sie sich aktiv um nachhaltigen Tourismus bemühen. Einige wirken im Naturschutz mit oder arbeiten daran, anderen Umweltbewusstsein zu vermitteln. Viele Firmen gehören Einheimischen oder indigenen Einwohnern oder werden von solchen geführt, wodurch die lokale Mentalität und Kultur bewahrt werden. Manche sind auch durch **Qualmark Green** (www.qualmark.co.nz) anerkannt oder bei **Organic Explorer** (www.organicexplorer.co.nz) gelistet.

Alle Nationalparks, Naturschutzgebiete (s. Register) und vom DOC kontrollierten Gebiete (auf den Karten markiert) schützen den Busch und die Fauna vor Ort – sie sind also wortwörtlich „grün".

Wer meint, wir hätten ein Unternehmen vergessen, oder mit unserer Wahl nicht einverstanden ist, kann uns unter talk2us@lonelyplanet.com.au kontaktieren. Mehr Informationen zum Ökotourismus und zu Lonely Planet gibt es auf www.lonelyplanet.com/responsibletravel.

KARTENLEGENDE

VERKEHRSWEGE

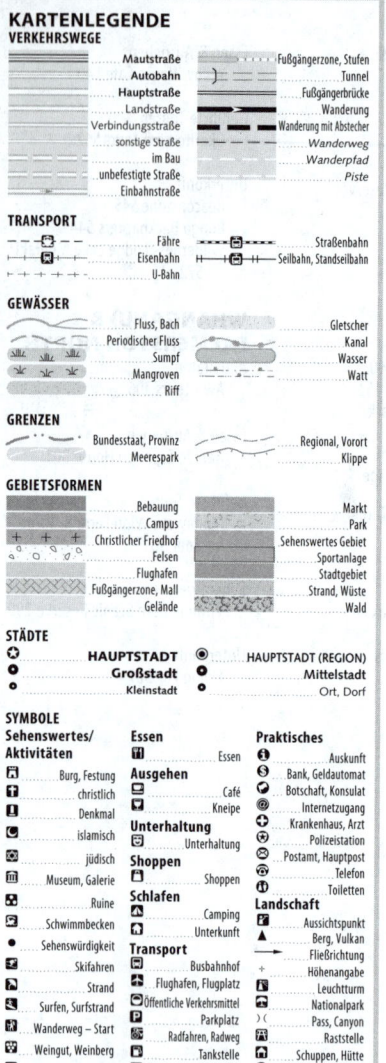

Mautstraße
Autobahn
Hauptstraße
Landstraße
Verbindungsstraße
sonstige Straße
im Bau
unbefestigte Straße
Einbahnstraße

Fußgängerzone, Stufen
Tunnel
Fußgängerbrücke
Wanderung
Wanderung mit Abstecher
Wanderweg
Wanderpfad
Piste

TRANSPORT

Fähre
Eisenbahn
U-Bahn

Straßenbahn
Seilbahn, Standseilbahn

GEWÄSSER

Fluss, Bach
Periodischer Fluss
Sumpf
Mangroven
Riff

Gletscher
Kanal
Wasser
Watt

GRENZEN

Bundesstaat, Provinz
Meerespark

Regional, Vorort
Klippe

GEBIETSFORMEN

Bebauung
Campus
Christlicher Friedhof
Felsen
Flughafen
Fußgängerzone, Mall
Gelände

Markt
Park
Sehenswertes Gebiet
Sportanlage
Stadtgebiet
Strand, Wüste
Wald

STÄDTE

○	**HAUPTSTADT**	◉ HAUPTSTADT (REGION)
◎	**Großstadt**	○ Mittelstadt
○	Kleinstadt	○ Ort, Dorf

SYMBOLE

Sehenswertes/Aktivitäten
Burg, Festung
christlich
Denkmal
islamisch
jüdisch
Museum, Galerie
Ruine
Schwimmbecken
Sehenswürdigkeit
Skifahren
Strand
Surfen, Surfstrand
Wanderweg – Start
Weingut, Weinberg
Zoo, Vogelschutzgebiet

Essen
Essen
Ausgehen
Café
Kneipe
Unterhaltung
Unterhaltung
Shoppen
Shoppen
Schlafen
Camping
Unterkunft
Transport
Busbahnhof
Flughafen, Flugplatz
Öffentliche Verkehrsmittel
Parkplatz
Radfahren, Radweg
Tankstelle
Taxistand

Praktisches
Auskunft
Bank, Geldautomat
Botschaft, Konsulat
Internetzugang
Krankenhaus, Arzt
Polizeistation
Postamt, Hauptpost
Telefon
Toiletten
Landschaft
Aussichtspunkt
Berg, Vulkan
Fließrichtung
Höhenangabe
Leuchtturm
Nationalpark
Pass, Canyon
Raststelle
Schuppen, Hütte
Wasserfall

Lonely Planet Publications, Locked Bag 1, Footscray, Melbourne, Victoria 3011, Australia

Verlag der deutschen Ausgabe:
MAIRDUMONT, Marco-Polo-Str. 1, 73760 Ostfildern,
www.mairdumont.com, lonelyplanet@mairdumont.com

Chefredakteurin deutsche Ausgabe: Birgit Borowski
Übersetzung: Berna Ercan, Tobias Ewert, Karen Gerwig, Christina Kagerer, Laura Leibold, Marion Matthäus, Ute Perchtold, Dr. Christian Rochow
Redaktion: Julia Berger, Stephanie Iber, Frank J. Müller, Olaf Rappold, Verena Stindl (red.sign, Stuttgart)
Satz: Neslihan Tatar (red.sign, Stuttgart)

Neuseeland
3. deutsche Auflage Januar 2011, übersetzt von *New Zealand 15th edition*, September 2010, Lonely Planet Publications Pty

Deutsche Ausgabe © Lonely Planet Publications Pty, Januar 2011
Fotos © wie angegeben 2010

Printed in China

Umschlagfoto: Mt. Taranaki, Egmont National Park, Harley Betts/ Hedgehog House/Photo New Zealand.

Die meisten Fotos in diesem Reiseführer können bei Lonely Planet Images, www.lonelyplanetimages.com, auch lizenziert werden.